AF861402

Lexis eLivres

Téléchargez la version numérique de votre ouvrage Lexis® Pratique Vente d'immeuble 2019/2020

1 Une fois connecté à Internet, **téléchargez gratuitement** l'application Lexis eLivres™ sur votre tablette depuis l'App Store ou Google Play

2 **Créez votre compte utilisateur** dans Lexis eLivres™ à partir de la rubrique « Se connecter » en haut à droite.

3 • Pour Apple, **sélectionnez votre eLivre** en haut de la page d'accueil de l'application.

• Pour Android, **rendez-vous dans l'espace LIBRAIRIE** sur la page d'accueil de l'application, **sélectionnez votre eLivre.**

➢ Puis **saisissez votre identifiant personnel** (à 20 caractères) inscrit sur la page ci-contre.

Pour bénéficier de la version numérique de votre ouvrage, vous devez activer votre identifiant avant la parution de la prochaine édition en mai 2020.

4 Une fois votre identifiant personnel saisi, **le téléchargement est automatiquement lancé.** Votre eLivre **sera ajouté dans la BIBLIOTHÈQUE** et consultable dès que le téléchargement sera terminé.

Vous pouvez désormais y accéder à tout moment, même hors connexion.

En cas de besoin, vous pouvez contacter le service client, par mail à assistance.internet@lexisnexis.fr, ou par téléphone au 01 71 72 47 70.

LexisNexis®

VENTE D'IMMEUBLE
2019-2020

LEXIS® PRATIQUE

Vente d'immeuble

2019-2020

Première édition

à jour au 1er avril 2019

LexisNexis®

Avertissement de l'Éditeur

Toute utilisation ou traitement automatisé, par des tiers, de données personnelles pouvant figurer dans cet ouvrage sont formellement interdits.

DANGER

LE PHOTOCOPILLAGE TUE LE LIVRE

Le logo qui figure sur la couverture de ce livre mérite une explication. Son objet est d'alerter le lecteur sur la menace que représente pour l'avenir de l'écrit, tout particulièrement dans les domaines du droit, de l'économie et de la gestion, le développement massif du photocopillage.
Le Code de la propriété intellectuelle du 1er juillet 1992 interdit en effet expressément la photocopie à usage collectif sans autorisation des ayants droit. Or, cette pratique s'est généralisée dans les établissements d'enseignement supérieur, provoquant une baisse brutale des achats de livres au point que la possibilité même pour les auteurs de créer des oeuvres nouvelles et de les faire éditer correctement soit aujourd'hui menacée.

ISBN : 978-2-7110-2875-7

Liste des auteurs

Auteurs

Sous la coordination de :

Vivien Zalewski-Sicard, maître de conférences à l'université Toulouse Capitole, membre de l'IEJUC

Avec :

Filiz Alparslan, avocate Fidal
Julien Chateauneuf, avocat au barreau de Montpellier
David Gantschnig, maître de conférences à l'université de Poitiers
Julien Laurent, maître de conférences à l'université Toulouse Capitole, membre de l'IEJUC
Matthieu Poumarède, professeur à l'université Toulouse Capitole, directeur de l'IEJUC
Cédric Provôt, avocat, Fidal
Sandrine Quilici, directrice de l'ingénierie patrimoniale, Pictet Wealth Management
Moussa Thioye, professeur à l'université Toulouse Capitole, membre de l'IEJUC
Vivien Zalewski-Sicard, maître de conférences à l'université Toulouse Capitole, membre de l'IEJUC
Béatrice Zilberstein, avocate associée, Fidal

Avec la collaboration de :

Fabrice Collard, notaire
Jean-François Pillebout, notaire honoraire

Rédaction LexisNexis

Stéphanie Desbois, rédactrice en chef Lexis360® Notaires, diplôme d'aptitude aux fonctions de notaire
Anaïs Gabriel-Schouflikir, rédactrice en chef Actes pratiques et stratégie patrimoniale, docteur en droit
Sophie Gonzalez-Moulin, éditrice, Commentaire du tarif des notaires, Guide fiscal des actes, diplôme supérieur de notariat
Bérangère Homo, éditrice JurisClasseur Notarial Formulaire, DESS droit international
Catherine Larée, rédactrice en chef de la Semaine juridique notariale et immobilière, diplôme supérieur de notariat
Christine Lebrun, rédactrice en chef Loyers et copropriété, JurisClasseur Bail à loyer et copropriété, DESS droit social
Éric Mallet, rédacteur en chef Revue de droit rural et JurisClasseur Roulois, DESS droit notarial
Véronique Marie, directrice de rédaction Notaires, Immobilier, Patrimoine, diplôme supérieur de notariat
Julia Orfanos, rédactrice en chef Actes pratiques et ingénierie immobilière, diplôme supérieur de notariat
Claire Richert, rédactrice en chef Revue fiscale du patrimoine, diplôme supérieur de notariat

Avant-propos

L'ouvrage que vous avez en main a pour objectif de faciliter le travail des praticiens chargés d'opérations immobilières. Chacun sait que la règlementation foisonnante depuis plusieurs années a rendu la matière ardue et riche en pièges. L'instabilité des lois, des décrets et de la doctrine administrative s'ajoute à l'inflation des normes pour rendre particulièrement difficile le rôle des professionnels.

Il est loin le temps où les notaires avaient comme genre de préoccupation, par exemple, le cantonnement de l'inaliénabilité de biens dotaux mêlés à d'autres dits paraphernaux de la femme mariée sous le régime dotal. Le vocabulaire a changé : on parle désormais d'audit de l'immeuble, de saturnisme, d'amiante, de performance énergétique, d'encadrement des loyers, etc.

Le travail s'est transformé. Déclinons les questions d'aujourd'hui :

- les parties, avec les mineurs, majeurs protégés, les entrepreneurs en difficulté, les époux séparés de fait, la protection de l'acquéreur et de l'emprunteur ;
- le bien, son origine, mais aussi ses qualités et ses défauts, les certificats à obtenir, les multiples droits de préemption, les règles d'urbanisme, les limites des terrains et les servitudes, les restrictions relatives à l'affectation et à la détermination des loyers ;
- le prix et son paiement, le financement, la lutte contre le blanchiment, les sûretés à prendre ;
- la fiscalité sous ses diverses aspects, l'impôt de mutation, celui de plus-value, et surtout le contrôle des avantages fiscaux qui ont pu séduire l'acquéreur.

L'énumération pourrait être poursuivie mais le panorama est suffisamment éloquent. Cet ouvrage est un guide efficace pour s'y retrouver dans le cheminement qui mène à une vente d'immeuble paisible et sécurisée. Le lecteur y trouve l'essentiel des règles applicables, à jour des dernières réformes importantes. Les développements sont appuyés sur la riche documentation qu'offre Lexis 360® : formules, commentaires et synthèses des encyclopédies, fiches pratiques rédigées par des praticiens.

Ce Lexis® Pratique fait partie d'une collection qui s'enrichit régulièrement et s'inscrit dans une tradition déjà ancienne de notre maison d'édition : donner des réponses aussi concrètes que possible pour répondre aux besoins des juristes et donc à ceux de leurs clients.

À tous, nous souhaitons bonne et fructueuse lecture.

Caroline Sordet,
Directrice éditoriale LexisNexis SA

Jean-François Pillebout,
Docteur en droit, Notaire honoraire
Codirecteur Scientifique
du JurisClasseur Notarial Formulaire

Véronique Marie
Directrice de la Rédaction Notaires
et professionnels du patrimoine

Sommaire général

Négociation précontractuelle

Contrats préparatoires

Protection de l'acquéreur

Parties à l'acte

Immeuble vendu

Effets de la vente

Ventes et clauses particulières

Acte notarié

Fiscalité

Contentieux

Négociation précontractuelle

Vivien Zalewski-Sicard
Maître de conférences, Université Toulouse Capitole, membre de l'IEJUC

Présentation générale

1 La négociation précontractuelle ne revêt pas la même importance suivant qu'est en cause la vente d'un immeuble à un particulier ou la vente d'un immeuble à un professionnel.
En effet, le plus souvent, un particulier n'a pas conscience des possibilités de négociation qui s'ouvrent à lui et dès lors émettra directement soit une offre de vente (*V. n°* ***29*** *et s.*) soit une offre d'achat (*V. n°* ***52*** *et s.*). Il en va différemment, en principe, pour les professionnels qui négocieront de façon plus conséquente les modalités de la vente.

2 Cette négociation précontractuelle, plus ou moins importante, fait l'objet, depuis l'ordonnance n° 2016-131 du 10 février 2016 portant réforme du droit des contrats, du régime général et de la preuve des obligations, de dispositions spécifiques dans le Code civil. Ces nouvelles dispositions peuvent conduire les parties à définir le cadre dans lequel elles mèneront leur négociation (*V. n°* ***3*** *et s.*).
Quelle que soit l'importance de ces négociations, celles-ci pourront ou non conduire à l'émission d'une offre de vente (*V. n°* ***29*** *et s.)* ou d'une offre d'achat (*V. n°* ***52*** *et s.),* suivie ou non d'une acceptation (*V. n°* ***54*** *et s.),* chacun étant libre de contracter ou de ne pas contracter *(C. civ., art. 1102).* Ces offres engageront alors leur émetteur.
Au cours de cette période de négociation, peuvent intervenir des intermédiaires, qu'il s'agisse d'un agent immobilier, d'un notaire ou d'un avocat, par exemple (*V. n°* ***70*** *et s.).*

Pour aller plus loin

Revues

- G. Durand-Pasquier, Courte liste didactique des modifications portées par l'ordonnance réformant le droit des contrats : Focus sur la formation des contrats (1re partie : négociation, offre, acceptation, avant-contrats) : Constr.-Urb. 2016, alerte 48
- M. Mekki, Réforme du droit des obligations : pourparlers, offre et acceptation : JCP N 2016, n° 48, act. 1278

Ouvrages

- Ph. Brun, Responsabilité civile extracontractuelle : LexisNexis, 4e éd., 2017
- O. Deshayes, Th. Genicon et Y.-M. Laithier, Réforme du droit des contrats, du régime général et de la preuve des obligations : LexisNexis, 2e éd., 2018

Pourparlers

I. Définition

3 Notion – La notion de pourparlers n'est pas définie dans le Code civil et le terme même de pourparlers n'est pas présent dans ledit code. Suivant le *Vocabulaire Juridique Cornu*, les pourparlers sont les « entretiens préalables à la conclusion d'un accord (convention, traité), négociations et tractations préliminaires ». Il apparaît ainsi que si le terme de pourparlers n'est pas présent dans le Code civil, cela est sans conséquence dès lors que ceux-ci correspondent aux négociations précontractuelles. Or, ces dernières ont donné lieu à des précisions avec l'ordonnance n° 2016-131 du 10 février 2016 qui a créé une sous-section consacrée aux négociations.
Négociation précontractuelle – Les négociations précontractuelles sont librement menées par les parties, sous réserve de l'abus et du respect des obligations de bonne foi, d'information et de confidentialité. Les parties disposent toutefois de la possibilité d'encadrer contractuellement les négociations précontractuelles, qu'il s'agisse de la procédure de négociation et/ou des résultats liés à l'avancement des négociations. Ces négociations auront pour objet les différents éléments relatifs à une vente immobilière.

Pour aller plus loin

- M. Faure-Abbad, L'impact des règles de conclusion des contrats : RDI 2016, p. 316
- F. Cohet, Incidences en matière de transactions immobilières : AJDI 2016, p. 324

II. Cadre

A. – PRINCIPE DE LIBERTÉ

4 L'article 1112 du Code civil dispose que « *l'initiative, le déroulement et la rupture des négociations précontractuelles sont libres* », sachant que suivant l'article 1102 du Code civil, « *chacun est libre de contracter ou de ne pas contracter, de choisir son cocontractant et de déterminer le contenu et la forme du contrat dans les limites fixées par la loi.* » Cette liberté est présente lors de l'engagement, de la poursuite et de la rupture des pourparlers.

5 Nul n'étant tenu de contracter *(C. civ., art. 1102)*, l'engagement de négociations précontractuelles est entièrement libre (*C. civ., art. 1112*). Pour autant, cette liberté n'est pleine et entière que si et seulement si les parties ne sont pas tenues par d'autres engagements. Ainsi et par exemple, cette liberté disparaît si un pacte de préférence a été signé antérieurement.
Cette liberté d'entrée en négociation permet aux parties de mener des négociations simultanément avec des tiers, sauf clause d'exclusivité.

1° Poursuite des pourparlers

6 Une fois les pourparlers engagés, la liberté des parties ne disparaît pas. Elles sont en effet libres d'organiser comme elles le veulent le déroulement des négociations. Chaque partie peut ainsi faire les propositions qui lui semblent les plus adéquates pour faire avancer les négociations. Elles peuvent également mener des négociations en parallèle, sans que ne soit retenu un manquement à l'obligation de bonne foi *(Cass. com., 15 déc. 1992, n° 90-19.608 : JurisData n° 1992-002764)*.

2° Rupture des pourparlers

7 Quel que soit l'avancement des négociations, des pourparlers, l'article 1112 du Code civil précise que la rupture des négociations précontractuelles est libre. Il faut toutefois réserver l'hypothèse de l'abus qui peut être considéré comme un manquement à l'obligation de bonne foi. En tout état de cause, il est toujours préférable, lorsqu'un négociateur entend mettre fin aux discussions, de le faire par écrit afin de pouvoir établir, si nécessaire, qu'il n'a pas laissé son interlocuteur dans l'ignorance quant à la rupture des négociations.

Conseil pratique Pour éviter toute confusion dans l'esprit des parties, il peut être conseillé de rappeler lors de la transmission de documents que ceux-ci ne valent pas offre de contracter.

B. – ENCADREMENT CONTRACTUEL DES POURPARLERS

1° Procédure des pourparlers

8 Principe – Le principe de liberté résultant de l'article 1112 du Code civil n'interdit bien évidemment pas aux parties d'encadrer la procédure des pourparlers.

Remarque Les parties peuvent s'engager l'une envers l'autre à respecter des règles de négociation qui peuvent être relatives à un calendrier de négociation (durée des négociations, délai de réponse entre chaque proposition, etc.), à la répartition du coût des négociations (études de faisabilité, diagnostics, etc.), à l'exclusivité des négociations... En ce cas, elles seront tenues par ces engagements et seront susceptibles de voir leur responsabilité contractuelle engagée en cas de violation de ces règles procédurales. Elles peuvent d'ailleurs insérer dans ledit contrat une clause pénale.

9 Data room – Dans le cadre des négociations précontractuelles, il pourra être recouru à la procédure de *data room*. Le vendeur va sélectionner les potentiels acquéreurs qui auront seuls accès aux documents relatifs à la vente. Cette consultation s'effectuera, en principe, dans une salle déterminée où seuls les potentiels acquéreurs sélectionnés pourront accéder.

La procédure peut s'effectuer en deux temps :

– premier temps, la sélection des acquéreurs sera large avec un accès à des documents en nombre limité.

– second temps, la sélection des acquéreurs sera restreinte avec un accès à des documents en plus grand nombre et plus précis avec la possibilité pour chaque candidat acquéreur de poser des questions.

Pour aller plus loin

- Th. Delesalle, Les dangers de la procédure de data room : AJDI 2001, p. 586

2° Résultat des pourparlers

10 Tout au long des pourparlers, les parties ont la possibilité de constater l'avancement des négociations par l'établissement d'accords partiels de négociation. Ainsi, lorsqu'elles sont parvenues à s'entendre sur un point précis, elles peuvent convenir de le constater, ponctuant ainsi la période des négociations précontractuelles, d'un accord partiel. Un tel accord partiel n'interdit pas aux parties de rompre les pourparlers. Pour autant, il pourra être pris en compte pour déterminer si la rupture des pourparlers n'a pas un caractère abusif, s'il n'y a pas eu de violation de l'obligation de bonne foi.

Les parties peuvent également préciser si les différents documents établis dans le cadre des négociations précontractuelles pourront ou non être utilisés pour interpréter ou compléter le contrat de vente.

III. Obligations

A. – OBLIGATION DE BONNE FOI

11 Si l'initiative, le déroulement et la rupture des négociations précontractuelles sont libres, pour autant, les parties doivent impérativement satisfaire aux exigences de la bonne foi. Cette obligation de bonne foi vient ainsi limiter la liberté qui prévaut au stade des négociations précontractuelles. Chaque partie est susceptible d'être sanctionnée si elle ne respecte pas cette obligation.

1° Exécution

12 L'article 1112 du Code civil, en précisant que les parties doivent impérativement satisfaire aux exigences de bonne foi, entend souligner l'importance et le caractère d'ordre public de l'obligation de bonne foi. Cette obligation de bonne foi doit être respectée à tous les stades de la négociation : l'engagement, la poursuite et la rupture.

13 Engagement – Chaque partie aux négociations doit engager celles-ci que dans le but de les voir aboutir. Celui qui engage des négociations tout en sachant pertinemment qu'il ne pourra conclure l'opération visée ne peut être considéré comme de bonne foi. Il en va de même de celui qui fournit des informations erronées lors de l'engagement des pourparlers.

Ainsi, a vu sa responsabilité engagée le négociateur qui a fait de fausses déclarations relativement à l'acquéreur en déclarant que ce dernier n'avait pas de nécessité de recourir à un prêt bancaire pour payer le prix et qui, la veille de la signature de la promesse, a informé le propriétaire que le candidat à l'acquisition ne pourrait conclure la vente, faute de prêt accordé *(Cass. 1re civ., 6 janv. 1998, n° 95-19.199 : JurisData n° 1998-000024 ; Bull. civ. I, n° 7)*.

14 Poursuite – De même, celui qui poursuit des négociations tout en sachant qu'elles ne pourront aboutir à un accord manque à son obligation de bonne foi. Un tel manquement peut également être constaté lorsque les négociations sont détournées de leur objectif et sont utilisées soit pour nuire à l'autre partie ou à un tiers soit en refusant de fournir toutes les informations nécessaires à l'avancée des négociations. En revanche, la poursuite de négociations en parallèle ne correspond pas à un manquement à l'obligation de bonne foi *(Cass. com., 15 déc. 1992, n° 90-19.608 : JurisData n° 1992-002764)*.

15 Rupture – C'est lors de la rupture des négociations que l'obligation de bonne foi doit jouer. Ainsi, en vertu de cette obligation de bonne foi, une personne devra éviter de rompre brutalement les négociations, ce d'autant plus que celles-ci sont avancées *(Cass. com., 8 juin 2017, n° 16-14.795)*.

Une rupture abusive n'est pas caractérisée dans les situations suivantes notamment :

- une personne, qui en cours de négociations contractuelles, rencontre des difficultés financières et décide dès lors de mettre fin aux négociations (*Cass. 3e civ., 9 mars 2017, n° 16-12.846*) ;
- une personne refuse une offre d'achat correspondant aux conditions du mandat qu'elle avait donné à l'agent immobilier afin de vendre son fonds de commerce, puis en subordonnant son acceptation de l'offre d'achat à de nouvelles conditions, inhabituelles (*Cass. 1re civ., 14 déc. 2016, n° 15-25.352*) ;
- une personne, qui par l'intermédiaire de son notaire, a envoyé au notaire de l'autre négociateur, un projet de « compromis de vente » comportant des blancs afin de recueillir ses observations, a rompu les négociations, après réception de nombreuses observations sur ledit projet qu'il ne signait pas et fait savoir qu'il exigeait l'obtention d'un bornage afin de connaître les limites exactes du bien vendu, les frais de géomètres devant être partagés pour moitié, un plan de localisation d'une servitude, une clause suspensive d'obtention d'un permis de construire, une clause suspensive d'obtention d'un prêt et une date de réitération *(Cass. 3e civ., 29 janv. 2013, n° 12-12.155)*.

L'appréciation du respect de l'obligation de bonne foi peut prendre en compte également le comportement de l'autre partie.

Ainsi, dans un arrêt de la troisième chambre civile du 15 juin 2017, il a été relevé qu'il ressortait des nombreux courriels échangés que le propriétaire de l'immeuble avait répondu avec patience à de multiples et incessantes nouvelles demandes du potentiel acquéreur et que ce dernier avait été de mauvaise foi en tentant de faire produire effet au projet de vente comportant une erreur sur le prix et qu'il y avait eu absence de transparence sur la personne même du ou des acquéreurs et sur leurs moyens de financement de sorte que le propriétaire n'avait pas mis fin abusivement aux pourparlers *(Cass. 3e civ., 15 juin 2017, n° 16-15.916)*.

2° Sanctions

16 Les parties n'étant pas engagées contractuellement l'une envers l'autre, dès lors du moins qu'elles n'ont pas conclu d'accord relativement à la tenue des négociations, elles ne peuvent être sanctionnées en application des articles 1217 à 1231-7 du Code civil, relatifs à l'inexécution du contrat.

Responsabilité extracontractuelle –Ainsi, lorsqu'un manquement à l'obligation de bonne foi est constaté, c'est la responsabilité extracontractuelle de l'auteur de ce manquement qui sera retenu.

Il sera donc nécessaire à celui qui demande réparation de prouver l'existence d'une faute, correspondant ici à un manquement à l'obligation de bonne foi, un préjudice et un lien de causalité entre le préjudice et la faute.

Relativement au préjudice susceptible d'être réparé, le second alinéa de l'article 1112 du Code civil précise qu'« *en cas de faute commise dans les négociations, la réparation du préjudice qui en résulte ne peut avoir pour objet de compenser ni la perte des avantages attendus du contrat non conclu ni la perte de chance d'obtenir ces avantages* ».

La limitation ainsi énoncée constitue la reprise à l'identique de la jurisprudence de la Cour de cassation *(Cass. 3e civ., 7 janv. 2009, n° 07-20.783 : JurisData n° 2009-046461 ; Bull. civ. III, n° 5)*.

Indemnisation – La personne ayant exposé des frais dans le cadre des négociations pourra être indemnisée en tout ou en partie en cas de faute commise par l'autre personne *(Cass. com., 26 nov. 2003, n° 00-10.243 et 00-10.949 : JurisData n° 2003-021243 ; Bull. civ. IV, n° 186)*. De même, le préjudice constitué par la déconvenue de ne pouvoir acquérir le bien convoité pourrait continuer à être indemnisé *(Cass. 3e civ., 18 oct. 2011, n° 10-22.902)* ou bien encore, la perte de loyers suite à la demande du potentiel acquéreur de ne pas louer le bien convoité *(Cass. 1re civ., 6 janv. 1998, n° 95-19.199 : JurisData n° 1998-000024 ; Bull. civ. I, n° 7)*.

Pour aller plus loin

- P. Grosser, La négociation dans l'ordonnance du 10 février 2016 portant réforme du droit des contrats, du régime général et de la preuve des obligations : AJCA 2016, p. 270

B. – OBLIGATION D'INFORMATION PRÉCONTRACTUELLE

1° Exécution

17 Débiteur – Principe – L'article 1112-1 du Code civil précise que « *celle des parties qui connaît une information dont l'importance est déterminante pour le consentement de l'autre doit l'en informer dès lors que, légitimement, cette dernière ignore cette information ou fait confiance à son cocontractant* ».

Précisions – Tout d'abord, n'est débiteur d'une information que celui qui détient celle-ci, sans qu'il soit nécessaire de rechercher s'il aurait dû connaître d'autres informations. Il n'y a dès lors pas d'obligation de s'informer pour informer, du moins suivant le texte.

Ensuite, l'information ne doit être délivrée que si, et seulement si, légitimement, soit le créancier ignore cette information soit fait confiance à son cocontractant.

Pour apprécier si l'ignorance relativement aux informations est légitime, il est probable que les juges procéderont à une appréciation au cas par cas, tout en prenant en considération l'aptitude de chaque négociant. Ainsi, un professionnel de la construction ou de l'immobilier sera moins légitime qu'un particulier à ignorer les défauts, par exemple, d'un bâtiment à rénover. La confiance dans l'autre contractant a également, suivant l'article 1112-1 du Code civil, un impact sur les informations qui doivent être délivrées.

Exemple Si un marchand de biens effectue régulièrement des acquisitions en contractant avec un promoteur, il est en droit d'attendre de ce dernier qu'il lui délivre les informations qu'il sait pertinentes pour le marchand de biens.

Quelle que soit la situation, le débiteur de l'obligation de transmettre les informations n'est tenu que de délivrer celles qui sont déterminantes pour le créancier, ce qui conduit à préciser l'objet de l'obligation.

18 Objet – L'article 1112-1 du Code civil indique qu'« *ont une importance déterminante les informations qui ont un lien direct et nécessaire avec le contenu du contrat ou la qualité des parties* ». La précision n'est guère éclairante, d'autant que la notion de contenu du contrat demeure floue. Il peut être considéré qu'une information est déterminante pour le créancier dès lors que si elle est connue de lui, elle impactera la rédaction du contrat.

Remarque Si l'objet de l'obligation d'information manque de précision, il résulte toutefois de l'article 1112-1 du Code civil que ce devoir d'information ne porte pas sur l'estimation de la valeur de la prestation. Il ne faut toutefois pas omettre l'article 1139 du Code civil suivant lequel l'erreur sur la valeur provoquée par un dol est une cause de nullité du contrat, à l'exception toutefois, suivant l'alinéa 3 de l'article 1137 du même code, de la réticence sur la valeur de la prestation. Autrement dit, le seul silence sur la valeur de la prestation ne peut conduire au prononcé de la nullité du contrat. Un acte positif, de nature à tromper sur la valeur de la prestation, doit être caractérisé.

19 Dol et obligation d'information – Sur le terrain du dol, l'innovation essentielle introduite par l'ordonnance du 10 février 2016 résiderait dans le détachement du dol par réticence de l'obligation d'information.

En effet, ainsi que l'énonce le rapport au président de la République, la réticence dolosive est consacrée au 2e alinéa de l'article 1137 sans toutefois la subordonner à l'existence d'une obligation d'information, le texte met l'accent sur l'intention de tromper en précisant que « constitue également un dol la dissimulation intentionnelle par l'un des contractants d'une information dont il sait le caractère déterminant pour l'autre partie ». Contrairement à ce qu'indique le rapport précité, il ne semble pas ici y avoir de véritable innovation. En effet, la jurisprudence ne liait pas de façon indissociable réticence dolosive et obligation d'information. Ainsi, la troisième chambre civile a-t-elle jugé que si aucune obligation légale spécifique d'information concernant la présence d'amiante dans l'immeuble ne pesait sur le vendeur avant l'entrée en vigueur de la loi SRU du 13 décembre 2000, celui-ci, tenu à un devoir général de loyauté, ne pouvait dissimuler intentionnellement à son cocontractant un fait dont il avait connaissance et qui aurait empêché l'acquéreur, s'il l'avait connu, de contracter aux conditions prévues (*Cass. 3e civ., 16 mars 2011, n° 10-10.503 : Bull. civ. III, n° 36*). De même, a-t-elle retenu que si le vendeur d'un appartement dans un immeuble en copropriété avait cru pouvoir ignorer pour lui-même l'arrêté d'interdiction d'habiter, il ne pouvait se croire de bonne foi autorisé à taire cette interdiction à ses acquéreurs, à déclarer dans l'acte de vente qu'il n'existait de son chef aucune restriction d'ordre légal à la disposition du bien vendu, et à s'abriter derrière l'absence de mention d'habitabilité dans le certificat d'urbanisme pour justifier sa fausse déclaration (*Cass. 3e civ., 29 nov. 2000, n° 98-21.224 : Bull. civ. III, n° 182*).

20 Position doctrinale – Pour autant, la doctrine a émis de fortes réserves sur ce détachement entre obligation d'information et réticence dolosive (par ex. : *C. Grimaldi, Proposition de modification de l'article 1137, alinéa 2, du Code civil relatif à la réticence dolosive : RDC 2017, p. 175*).

Lors de la discussion relative à la loi de ratification du 20 avril 2018, le Gouvernement a fait valoir que l'obligation précontractuelle d'information instaurée à l'article 1112-1 du Code civil est strictement encadrée : elle n'est en effet due que si l'ignorance de l'autre partie est légitime, ou si celle-ci peut, en raison des circonstances, faire une confiance particulière à son cocontractant. La réticence dolosive, qui implique une intention de tromper, ne doit pas être assujettie aux mêmes limites. La mauvaise foi implique en effet que le dol soit sanctionné de façon plus large et plus sévère que ne l'est la simple négligence dans la délivrance d'informations. Dès lors, certaines informations qui ne sont pas visées par le devoir d'information de l'article 1112-1 du Code civil, car elles ne sont pas déterminantes au sens de cet article, pourraient ainsi être considérées comme déterminantes au sens de l'article 1137 du même code, et justifier une sanction pour réticence dolosive. Telle est également l'interprétation soutenue par MM. Deshayes, Genicon et Laithier (*Réforme du droit des contrats, du régime général et de la preuve des obligations, 2e éd., 2018, p. 234, Ed. Lexisnexis*).

21 Charge de la preuve – La partie à qui incombe la charge de la preuve est précisée par l'article 1112-1 du Code civil. Il incombe à celui qui prétend qu'une information lui était due de prouver que l'autre partie la lui devait, à charge pour cette autre partie de prouver qu'elle l'a fournie.

22 Ordre public – En précisant que les parties ne peuvent ni limiter, ni exclure ce devoir, l'article 1112-1 du Code civil entend préciser que l'obligation d'information précontractuelle est une obligation d'ordre public.

Conseil pratique **Les questionnaires remis par le notaire au vendeur permettent à ce dernier d'exécuter tout ou partie de son obligation d'information.**

2° Sanctions

23 Outre l'annulation du contrat, ce qui suppose que le contrat ait été conclu, le manquement au devoir d'information peut entraîner la responsabilité de celui qui en était tenu. Il conviendra dès lors que le créancier de l'obligation d'information démontre l'existence d'un préjudice et un lien de causalité entre ce préjudice et la faute du débiteur de l'obligation d'information.

Pour aller plus loin

- M. Fabre-Magnan, Le devoir d'information dans les contrats : essai de tableau général après la réforme : JCP G 2016, 706, p. 1218
- Ph. Chauviré, La conclusion du contrat : négociation, offre et conditions générales : principes et clauses contractuelles : JCP N 2016, n° 13, 1111

C. – OBLIGATION DE CONFIDENTIALITÉ

1° Exécution

24 L'obligation de confidentialité est complémentaire de l'obligation d'information. En effet, alors que la seconde contraint à délivrer l'information, la première oblige à ne pas utiliser ou à ne pas révéler certaines des informations transmises. Une telle obligation trouve son siège à l'article 1112-2 du Code civil qui précise que *« celui utilise ou divulgue sans autorisation une information confidentielle obtenue à l'occasion des négociations engage sa responsabilité dans les conditions de droit commun »*.

Remarque De ce texte, il résulte que toutes les informations transmises ne sont pas concernées par l'obligation de confidentialité. Il faut, en effet, que cette information soit confidentielle. L'article 1112-2 du Code civil ne précise pas pour autant les critères permettant de déterminer quelles sont les informations qui doivent être considérées comme confidentielles.
Bien entendu, aucune difficulté ne se pose lorsque les parties ont organisé la procédure des négociations et précisé quelles informations étaient soumises à l'obligation de confidentialité. Dans une telle hypothèse, en cas de violation de l'obligation de confidentialité, la responsabilité en cause sera de nature contractuelle. Lorsque les parties n'ont rien précisé, il est délicat de déterminer quelle information est confidentielle et quelles sont celles qui ne le sont pas.
Dans le cadre d'une vente immobilière, on peut songer, par exemple, aux caractéristiques d'un système de sécurité révélées au potentiel acquéreur et que le propriétaire entend ne pas voir tranmises à des tiers.

2° Sanctions

25 Le manquement à l'obligation de confidentialité engage la responsabilité de son auteur dans les conditions de droit commun (*C. civ., art. 1112-2*). Ainsi, il sera nécessaire d'établir, outre le manquement à l'obligation de confidentialité, un préjudice et un lien de causalité entre ce préjudice et le manquement.
Pour éviter une telle difficulté, les parties ont la possibilité, dans le cadre d'un accord de négociation, de prévoir que le manquement à l'obligation de confidentialité donnera lieu à application d'une clause pénale.

Pour aller plus loin

- Ch.-E. Bucher, La clause de confidentialité ou de secret, Formule : Contrats conc. cons. 2018, form. 8
- W. Dross, Clausier, V° Confidentialité : 3e éd., Lexisnexis, 2016

IV. Objet des négociations

A. – NÉGOCIATIONS SUR LA CHOSE ET SUR LE PRIX

26 L'article 1582 du Code civil définit la vente comme la convention par laquelle l'un s'oblige à livrer une chose, et l'autre à la payer. Par conséquent, lorsque l'objectif des parties est de conclure une vente, les négociations précontractuelles vont avoir principalement pour objet la chose et le prix.

27 S'agissant du **prix de vente**, il donne lieu le plus souvent à négociation, le propriétaire souhaitant obtenir le prix le plus conséquent et le potentiel acquéreur le prix le plus juste, voire le plus bas possible. La négociation portera parfois sur la charge des frais d'acte, à la charge de l'acquéreur, faute de disposition contraire (*C. civ., art. 1593*).

S'agissant **de la chose** elle-même, les négociations peuvent concerner, par exemple, sa contenance, notamment lorsqu'il s'agit d'un terrain destiné à recevoir une construction. Lorsque l'immeuble à vendre est un immeuble bâti, des négociations peuvent être conduites relativement aux meubles que laissera le vendeur ou, à l'inverse, au retrait d'éléments qui pourtant reçoivent la qualification d'immeubles.

> **Exemple** Dans une espèce soumise à la Cour de cassation le 22 octobre 2014, la négociation portait sur la cession soit de la totalité des parts de sociétés civiles immobilières soit sur la vente des immeubles détenues par ces sociétés *(Cass. 3e civ., 22 oct. 2014, n° 10-24.834)*.

B. – NÉGOCIATIONS SUR LES MODALITÉS DE LA VENTE

28 Ainsi, les parties peuvent négocier sur la date de la signature de l'acte authentique, sur la date d'entrée dans les lieux et une éventuelle occupation antérieure à la vente, sur la réalisation de travaux avant la vente, sur les conditions suspensives pouvant être insérées dans le contrat comme l'obtention d'un crédit par l'acquéreur ou l'obtention d'un permis de construire, sur les garanties qui seront dues par le vendeur...

Offre de vente

29 Suivant l'article 1114 du Code civil, *l'offre, faite à personne déterminée ou indéterminée, comprend les éléments essentiels du contrat envisagé et exprime la volonté de son auteur d'être lié en cas d'acceptation. A défaut, il y a seulement invitation à entrer en négociation.*

De ce texte, combiné avec l'article 1583 du Code civil, il résulte qu'une offre de vente est caractérisée dès lors que son auteur précise à la fois le prix et la chose, tout en ayant la volonté d'être lié en cas d'acceptation.

I. Conditions

30 L'offre de vente peut être faite à personne déterminée ou indéterminée *(C. civ., art. 1114)*. Cette indifférence se traduit par la similitude de régime. Ainsi, l'offrant est-il lié de la même façon par une offre à personne déterminée ou par une offre à personne indéterminée et engage sa responsabilité extracontractuelle s'il se rétracte en violation du premier alinéa de l'article 1116 du Code civil.

S'il est indifférent que l'offre soit faite à une personne déterminée ou à personne indéterminée, l'existence d'une offre ne peut être retenue que si et seulement si deux conditions sont remplies : la volonté de son auteur d'être lié en cas d'acceptation et la précision sur les éléments essentiels du contrat envisagé.

A. – UNE OFFRE FERME

31 **Expression de volonté** – Une offre ne sera caractérisée que si et seulement si son auteur a exprimé sa volonté d'être lié en cas d'acceptation *(Cass. 3e civ., 8 oct. 2013, n° 12-20.381)*.

Cas – Relativement à l'existence d'une telle volonté, deux situations courantes conduisent à s'interroger :

Annonce de vente – La première situation correspond à celle où un particulier diffuse une annonce de vente immobilière. Le plus souvent, une telle annonce déterminera de façon précise tout à la fois la chose et le prix. Et, *a priori*, l'auteur de l'annonce a bien la volonté d'être lié en cas d'acceptation.

Dès lors, la qualification d'offre de vente devrait être retenue *(Cass. 3e civ., 28 nov. 1968 : Bull. civ. III, n° 507)*. Il demeure que compte tenu de l'accroissement tant des obligations du vendeur que de la protection de l'acquéreur, il serait sans doute plus opportun que l'auteur de l'annonce précise qu'il s'agit d'une invitation à entrer en pourparlers et non d'une offre de vente

Intermédiaire – La seconde situation est celle où le propriétaire a recours à un intermédiaire, qu'il s'agisse d'un notaire ou d'un agent immobilier. C'est alors cet intermédiaire qui diffusera des annonces de vente. Ces annonces peuvent-elles être qualifiées d'offres de vente ? Tout dépendra du mandat confié à l'intermédiaire.

S'il s'agit d'un mandat exprès de vendre, alors le mandataire dispose du pouvoir de vendre et donc d'émettre des offres de vente. À l'inverse, s'il ne dispose pas d'un tel mandat, l'intermédiaire n'a pas alors le pouvoir de vendre et ne peut donc émettre d'offres de vente. La mission du mandataire correspond en ce cas uniquement à rechercher de potentiels acquéreurs. Dès lors, ces derniers ne peuvent prétendre que le contrat est formé par l'acceptation de l'offre qui a été portée à leur connaissance *(Cass. 3e civ., 12 nov. 2015, n° 14-16.625. – Cass. 3e civ., 9 juill. 2013, n° 12-19.134. – Cass. 3e civ., 26 févr. 2013, n° 11-18.552. – Cass. 3e civ., 12 avr. 2012, n° 10-28.637 : JurisData n° 2012-007097 : Bull. civ. III, n° 61 ; JCP N 2012, I, 1359, obs. C. Coulon)*.

Existence de réserves – Si la volonté d'être lié en cas d'acceptation est absente, il ne s'agit plus alors d'une offre, mais seulement d'une invitation à entrer en négociation. Ainsi, lorsqu'une personne manifeste sa volonté de conclure un contrat tout en émettant des réserves consistant à préciser qu'il n'entend pas être lié en cas d'acceptation, il peut être retenu qu'il ne s'agit pas de l'émission d'une offre mais seulement d'une invitation à entrer en négociation.

Réserves principales ou secondaires – Toutes les réserves n'ont pas la même importance. Une distinction peut être réalisée entre les réserves principales, empêchant la qualification d'offre, et les réserves secondaires, qui ne feront pas obstacle à la reconnaissance de l'existence d'une offre.

Pour une offre de vente, les réserves principales porteront sur la chose et sur le prix tandis que les réserves secondaires porteront sur d'autres éléments comme, par exemple, la date d'entrée en jouissance. Bien entendu, chaque fois que celui qui a manifesté sa volonté a précisé expressément qu'il n'entendait pas être lié par une acceptation, cette distinction perd son importance. En outre, l'auteur de la manifestation de volonté peut préciser qu'il entend regarder un élément secondaire comme un élément essentiel qu'il réserve, faisant ainsi obstacle à la reconnaissance de l'existence d'une offre. Encore faut-il pouvoir établir l'existence d'une telle réserve.

Exemple Tel n'a pas été le cas dans une espèce soumise à la Cour de cassation le 7 juillet 2015 où la proposition de l'offrant détaillait le terrain concerné, le prix proposé, les conditions suspensives, les conditions particulières, la prorogation du délai de la promesse de vente en cas de recours sur le permis de construire, le planning prévisionnel, l'indemnité d'immobilisation et la durée de validité de l'offre fixée à 3 mois, pour laquelle les juges ont souverainement retenu que cette proposition s'analysait en une offre de contracter dont l'acceptation suffisait à former le contrat et n'était pas assortie d'une réserve tenant à la validation par le comité d'engagement foncier de l'offrant *(Cass. 3e civ., 7 juill. 2015, n° 14-20.536)*.
À l'inverse, la qualification d'offre de vente n'a pas été retenue dans une espèce où le propriétaire d'un immeuble avait donné mandat général à un office notarial de trouver un acquéreur et de finaliser la vente et où le notaire, en informant, par courriel, une personne intéressée du prix demandé par le vendeur, avait précisé qu'il soumettrait la réponse écrite à son client. Le courriel envoyé par le notaire a été considéré comme un mail d'information et non comme une offre de vente (*Cass. 3e civ., 8 nov. 2018, n° 17-22.660*).

B. – UNE OFFRE PRÉCISE

32 Une offre n'existe que si sont précisés les éléments essentiels du contrat envisagé. De l'article 1583 du Code civil, il résulte donc qu'une offre de vente n'existe que si sont précisés la chose et le prix.
Il conviendra donc que l'offre décrive suffisamment l'immeuble vendu et qu'il y ait fixation d'un prix déterminable.

Exemple Ainsi, ne peut être qualifiée d'offre de vente la proposition faite par un propriétaire dans laquelle le prix est à débattre. De même, est seulement une invitation à entrer en pourparlers et non une offre le courrier relatif à la vente de parcelles de terrain faute d'un objet de la vente précis et déterminé ou à tout le moins déterminable et d'une proposition de prix certain *(Cass. 3e civ., 8 juill. 2014, n° 13-17.160)*.
En revanche, le caractère ambigu des propos ou écrits du propriétaire ne fait pas nécessairement obstacle à l'existence d'une offre de vente dès lors que le prix et la chose sont précisés *(Cass. 3e civ., 24 oct. 2012, n° 11-17.077)*.
Bien entendu, il est toujours possible de préciser dans l'offre qu'un élément habituellement secondaire est pour son auteur essentiel. Peut être considéré comme essentiel le financement du prix, le vendeur ne souhaitant pas que la vente soit conclue sous condition suspensive d'obtention d'un prêt.

Conseil pratique **L'acceptation de l'offre de vente entraînera formation de la vente. Pour éviter toutes difficultés, il est donc préférable de rédiger cette offre de vente de la façon la plus précise possible en précisant la désignation de l'immeuble, le prix et les modalités de paiement, les conditions suspensives qui devront être prévues dans l'acte de vente, le respect des droits de préemption, la mise à disposition du dossier de diagnostic technique, les obligations du vendeur, les obligations de l'acquéreur, la date du transfert de propriété et de jouissance, la date de réalisation de la vente et l'existence d'une faculté de rétractation.**

II. Régime

33 Une fois l'offre émise, son auteur est tenu par celle-ci, tout en pouvant cependant, sous certaines conditions, rétracter celle-ci. Une telle rétractation est inutile lorsque l'offre a été frappée de caducité. Par ailleurs, l'offre peut, soit en vertu de la loi soit de par la volonté de l'offrant, ne pas être acceptée immédiatement.

A. – RÉTRACTATION DE L'OFFRE

34 La liberté de l'auteur de l'offre n'est pas la même suivant qu'il entend se rétracter avant la réception de l'offre ou suivant qu'il entend se rétracter après la réception de l'offre.

1° Rétractation avant réception

35 En vertu de l'article 1115 du Code civil, l'offre peut être librement rétractée tant qu'elle n'est pas parvenue à son destinataire. Dès lors que l'offre n'a pas été réceptionnée par son destinataire, l'offrant peut librement et sans encourir aucune responsabilité procéder à son retrait.
Une difficulté n'a pas été tranchée par cet article, celle de l'émission d'une rétractation avant réception de l'offre. Cette émission est-elle suffisante au regard des exigences de l'article 1115 du Code civil ?
Il en va différemment concernant l'article 1118 du même code relatif à l'acceptation. En effet, ce dernier précise que « *tant que l'acceptation n'est pas parvenue à l'offrant, elle peut être librement rétractée, pourvu que la rétractation parvienne à l'offrant avant l'acceptation* ».
Dès lors, deux solutions sont concevables et pourraient être retenues par les juridictions :
- la première serait directement inspirée de l'article 1118 du Code civil et conduirait dès lors à considérer que la rétractation n'est pas efficace, même si elle a été émise avant la réception de l'offre, dès lors qu'elle n'a pas été reçue avant l'offre par son destinataire ;
- la seconde s'éloignerait de l'article 1118 du Code civil et serait justifiée par l'idée qu'il ne peut y avoir de rencontre de volontés si au moment où est reçue l'acceptation, l'offrant s'est déjà rétracté. En ce sens, peut être invoqué le second alinéa de l'article 1116 du Code civil suivant lequel la rétractation illicite de l'offre empêche la conclusion du contrat.

NÉGOCIATION PRÉCONTRACTUELLE

2° Rétractation après réception

36 Interdiction d'une rétractation – L'article 1116 du Code civil précise que l'offre ne peut être rétractée avant l'expiration du délai fixé par son auteur ou, à défaut, l'issue d'un délai raisonnable.
Il résulte que l'auteur de l'offre ne peut, en réalité, procéder licitement à la rétractation de son offre après réception de celle-ci. En effet, tant que celle-ci n'est pas caduque, toute rétractation sera illicite. Il n'y a d'ailleurs pas à distinguer suivant que l'offre était ou non assortie d'un terme extinctif. En effet, lorsque l'offre est à durée indéterminée, son auteur ne peut la retirer mais doit attendre un délai raisonnable pour que celle-ci soit frappée de caducité.
L'appréciation du caractère raisonnable du délai relève de l'appréciation souveraine des juges du fond. Il peut être supposé que ce délai sera plus ou moins conséquent suivant la complexité de l'offre et au regard des enjeux en cause. Ainsi, ce délai raisonnable est celui qui doit permettre au destinataire de l'offre d'en prendre connaissance, de pouvoir en apprécier le contenu et d'y répondre.
Une fois le délai fixé par son auteur expiré ou une fois le délai raisonnable dépassé, l'auteur de l'offre n'a nul besoin de se rétracter, en principe. En effet, l'offre, ainsi qu'il résulte de l'article 1117 du Code civil, est caduque : « *l'offre est caduque à l'expiration du délai fixé par son auteur ou, à défaut, à l'issue d'un délai raisonnable* ».
Distinction délai d'irrévocabilité et délai d'efficacité de l'offre – Il peut en aller différemment si l'offrant a distingué le délai d'irrévocabilité de l'offre de son délai d'efficacité. Il y aurait ainsi lieu de distinguer deux périodes : la première au cours de laquelle l'offrant ne pourrait rétracter son offre sans engager sa responsabilité extracontractuelle ; la seconde au cours de laquelle l'offre serait toujours efficace mais où l'offrant pourrait la retirer sans engager sa responsabilité.
Une telle distinction entre délai de rétractation et délai d'efficacité donne alors tout son intérêt au premier alinéa de l'article 1116 du Code civil.

37 Conséquences d'une rétractation illicite – Elles sont précisées par l'article 1116 du Code civil et elles concernent toutes les hypothèses, que l'offre soit assortie d'un délai ou non, qu'elle soit faite à personne déterminée ou à personne indéterminée.
Non conclusion du contrat – La rétractation illicite de l'offre empêche la conclusion du contrat. Une telle solution repose sur l'idée qu'il ne peut y avoir de rencontre des volontés si l'offrant s'est rétracté avant l'acceptation de l'offre. Se pose la question de savoir si peut être prise en compte une rétractation émise avant que l'acceptation ne soit réceptionnée par l'offrant. L'article 1121 du Code civil, qui précise que le contrat est conclu dès que l'acceptation parvient à l'offrant, pourrait conduire à retenir que le contrat n'est pas formé si l'offrant s'est rétracté avant la réception de l'acceptation, seule comptant alors la date d'émission de la rétractation, celle-ci devant être antérieure à la date de réception de l'acceptation.
Responsabilité extracontractuelle – La rétractation illicite de l'offre engage la responsabilité extracontractuelle de son auteur dans les conditions du droit commun sans l'obliger à compenser la perte des avantages attendus du contrat.
Le préjudice correspondant seulement à la perte d'espoir de conclure la vente, le destinataire de l'offre pourra prétendre être indemnisé à hauteur des dépenses qu'il aura engagées en vue de la conclusion de ladite vente (frais de déplacement, frais liés à des études réalisées...) ou des occasions manquées comme la conclusion d'une autre vente qui lui aurait permis de bénéficier d'un régime fiscal avantageux.

38 Délai de rétractation de l'article 1122 du Code civil – Suivant l'article 1122 du Code civil, la loi ou le contrat peuvent prévoir un délai de rétractation, qui est le délai avant l'expiration duquel son bénéficiaire peut rétracter son consentement. Si l'offre prévoit un tel délai de rétractation, au profit des parties au contrat, alors l'offrant devenu partie au contrat apparaît bien comme le bénéficiaire potentiel dudit délai. Une telle rétractation de l'offre ne peut être fautive. Il demeure que l'on ne voit pas quel intérêt pourrait avoir le vendeur à se réserver une telle possibilité de se rétracter.

B. – DÉLAI AVANT LEQUEL AUCUNE ACCEPTATION NE PEUT INTERVENIR

39 Suivant l'article 1122 du Code civil, la loi ou le contrat peuvent prévoir un délai de réflexion, qui est le délai avant l'expiration duquel le destinataire de l'offre ne peut manifester son acceptation.
En matière de vente immobilière, s'appliquent, d'une part, l'article L. 442-8 du Code de l'urbanisme lorsqu'est cédé un lot de lotissement autorisé par un permis d'aménager et, d'autre part, l'article L. 271-1 du CCH dès lors que l'immeuble acquis est à usage d'habitation et que l'acquéreur est un non-professionnel *(V. n° **646** et s.)*.
Lorsqu'il n'aura pas été recouru à un avant-contrat, situation exceptionnelle en pratique, l'acquéreur non professionnel dispose d'un délai de réflexion de 10 jours à compter de la notification ou de la remise du projet d'acte et en aucun cas l'acte authentique ne peut être signé pendant ce délai de 10 jours. Le projet d'acte qui

est ainsi notifié à l'acquéreur n'est plus ni moins qu'une offre de vente. Et cette offre de vente ne peut donc être ni retirée efficacement pendant ce délai de 10 jours ni être acceptée. Il peut être soutenu que si l'offrant venait à notifier une rétractation de son offre pendant ledit délai, celle-ci serait inefficace et le destinataire de l'offre pourrait obtenir l'exécution forcée du contrat. Par contre, une fois le délai de 10 jours expiré, l'article 1116 du Code civil retrouverait son empire.
Lorsque l'immeuble vendu n'est pas à usage d'habitation et/ou que l'acquéreur est un professionnel ou qu'il ne correspond pas à un lot de lotissement autorisé par un permis d'aménager, les articles L. 271-1 du Code de la construction et de l'habitation et L. 442-8 du Code de l'urbanisme ne sont plus applicables. L'offrant peut alors user de l'article 1122 du Code civil et instaurer un délai de réflexion au profit du bénéficiaire de l'offre. Il conviendra en ce cas de préciser tant le point de départ du délai de réflexion que son terme (date d'émission de l'offre, date de réception de l'offre, lendemain du jour de réception de l'offre, etc.). La clause peut s'inspirer des modèles proposés lorsqu'il s'agit de mettre en œuvre l'article L. 271-1 du Code de la construction et de l'habitation ou l'article L. 442-8 du Code de l'urbanisme.

C. – CADUCITÉ DE L'OFFRE

40 Suivant l'article 1117 du Code civil, l'offre est caduque soit à l'expiration du délai fixé par son auteur ou, à défaut, à l'issue d'un délai raisonnable soit en cas de décès ou de l'incapacité de son auteur ou de décès de son destinataire. Au-delà de ces causes de caducité expressément prévues par l'article 1117 du Code civil, il en existe d'autres, qui bien que non visées par ledit article, continuent d'exister après la réforme du Code civil par l'ordonnance du 10 février 2016 et la loi du 20 avril 2018.

1° Causes de caducité visées par l'article 1117 du Code civil

41 Les causes de caducité visées par l'article 1117 du Code civil jouent indépendamment du point de savoir si, d'une part, l'offre est à durée déterminée ou à durée indéterminée et, d'autre part, l'offre a été faite à une personne déterminée ou à personne indéterminée.

42 **Arrivée du terme** – L'offre est caduque à l'expiration du délai fixé par son auteur ou, à défaut, à l'issue d'un délai raisonnable. Relativement à cette cause de caducité, il est souligné par certains auteurs que la durée d'efficacité de l'offre peut être différente de la durée d'irrévocabilité. En effet, l'offre peut être efficace pour une durée plus longue que sa durée d'irrévocabilité. Ainsi, l'auteur de l'offre, une fois la durée d'irrévocabilité terminée, pourra retirer librement son offre alors même que celle-ci est toujours efficace. Une fois la durée d'efficacité arrivée à son terme, l'offrant n'a plus à rétracter son offre puisque celle-ci est frappée de caducité en vertu de l'article 1117 du Code civil.

Remarque L'article 1117 du Code civil distingue suivant que l'offrant a fixé un délai ou non :
- **Lorsque l'offrant a fixé un délai**, l'offre sera caduque dès lors que le délai sera arrivé à son terme, s'agissant ici de la prise en compte du délai d'efficacité de l'offre et non du délai d'irrévocabilité de l'offre.
- **Si l'offrant n'a pas fixé de délai**, l'offre est caduque à l'issue d'un délai raisonnable. Pour déterminer si ledit délai est raisonnable, il est probable que les juges rechercheront si le ou les destinataires de l'offre disposaient d'un temps suffisant pour en apprécier les modalités et pour éventuellement accepter.

43 **Décès** – L'offre est caduque lorsque survient le décès de l'offrant. Il est totalement indifférent que l'offrant laisse des héritiers, ces derniers n'étant pas tenus par l'offre.
S'agissant du moment des effets du décès sur l'offre, l'article 1117 du Code civil ne précise rien. Il peut être soutenu que dès le décès, peu important que celui-ci soit connu ou non du destinataire de l'offre, l'offre est caduque puisque la volonté interne de l'offrant a disparu. Ainsi, si le bénéficiaire de l'offre accepte celle-ci après le décès de l'offrant, l'acceptation ne suffira pas à former le contrat, l'offre ayant disparu au moment de l'acceptation.

44 **Incapacité** – Tout comme le décès, l'incapacité de l'offrant entraîne la caducité de l'offre. Pour les mêmes raisons que pour le décès, il y a lieu de considérer que si l'acceptation intervient alors que l'offrant est incapable, le contrat ne peut se former.

45 **Décès du destinataire** – En cas de décès du destinataire de l'offre, l'article 1117 du Code civil, dans sa version modifiée par la loi n° 2018-287 du 20 avril 2018, retient la caducité de l'offre lors de la survenance du décès du destinataire. Aucune distinction n'est faite suivant que la personnalité du destinataire importe ou non.

Remarque Rien n'interdit, pour autant, à l'offrant de prévoir que l'offre ne sera pas caduque en cas de de décès de son destinataire et que ses héritiers pourront donc l'accepter (*O. Deshayes, Th. Genicon et Y.-M. Laithier, Ratification de l'ordonnance portant réforme du droit des contrats, du régime général et de la preuve des obligations. – Loi n° 2018-287 du 20 avril 2018 : JCP G 2018, doct. 529. – B. Farges, La conclusion du contrat et les vices du consentement dans la loi de ratification du 20 avril 2018 : RDC 2018, n° 115g1, p. 15*).

NÉGOCIATION PRÉCONTRACTUELLE

2° Causes de caducité non visées par l'article 1117 du Code civil

46 L'article 1117 du Code civil n'interdisant pas de prévoir des causes de caducité autres que celles prévues, l'offre peut être frappée de caducité pour des causes autres.

Conseil pratique **En pratique, il est utile d'encadrer l'offre et de prévoir d'autres causes de caducité afin de ne pas paralyser les parties. L'offre doit être aménagée selon la volonté de l'offrant.**

47 **Une condition suspensive** – Il est possible à l'offrant de soumettre son offre à une condition. L'existence d'une telle condition n'entraîne pas la disqualification de l'offre puisque la survenance de l'événement ne dépend pas de la volonté de l'offrant. L'offre est donc bien ferme.

48 **Acceptation de l'offre par l'un des destinataires** – Lorsque l'offre a été faite à plusieurs personnes, la première acceptation emportera impossibilité pour les autres destinataires d'accepter l'offre. À leur égard, elle est donc frappée de caducité.

49 **Refus de l'offre par son destinataire** – Si le destinataire de l'offre informe l'offrant qu'il n'entend pas accepter celle-ci, l'offre devrait être frappée de caducité, cela même si le délai d'efficacité de l'offre n'est pas expiré. En effet, il peut être considéré que le destinataire de l'offre a renoncé au bénéfice de celle-ci et qu'il ne peut, par la suite, revenir sur cette renonciation.

50 **Contre-proposition du destinataire de l'offre** – Proposer de conclure la vente dans des modalités autres que celles prévues dans l'offre reçue peut être analysé comme valant tout à la fois renonciation à l'offre initiale et proposition d'une nouvelle offre. En ce cas, l'offre initiale est donc également caduque. Il peut d'ailleurs tout à fait être précisé dans l'offre de vente que toute contre-proposition entraînera la caducité de l'offre de vente.

51 **Incapacité du destinataire** – En cas d'incapacité du destinataire de l'offre, il est possible que la jurisprudence retienne la caducité de l'offre dès la survenance de la cause d'incapacité. Elle pourrait aussi distinguer suivant que la personnalité du destinataire importe ou non. Ainsi, si l'offre tend à la conclusion d'un contrat *intuitu personae*, l'offre serait caduque, tandis qu'elle ne le serait pas dans le cas contraire. Toutefois, il peut être remarqué que l'article 1117 du Code civil, en cas de décès du destinataire de l'offre, n'effectue aucune distinction de ce type.

Offre d'achat

52 L'offre d'achat est soumise aux mêmes conditions et au même régime que l'offre de vente. Elle peut constituer la première offre d'une personne intéressée par l'acquisition d'un immeuble, notamment lorsque le vendeur a recours à un intermédiaire ayant uniquement un mandat de procéder à la recherche d'acquéreurs, ou intervenir suite à une offre de vente et correspondre alors à une contre-proposition.

Elle doit être ferme et précise.

Ainsi, elle indiquera à quel prix l'offrant se propose d'acquérir l'immeuble du propriétaire. Elle peut également contenir des conditions, comme l'obtention d'un prêt, la fourniture de diagnostics, etc.

Conseil pratique **L'acceptation de l'offre d'achat entraînera formation de la vente *(Cass. 3e civ., 9 mai 2012, n° 11-15.161 : JurisData n° 2003-017456 : Bull. civ. III, n° 74. – Cass. 3e civ., 22 sept. 2010, n° 09-63.967 : JurisData n° 2010-016651 : Bull. civ. III, n° 172).***
Pour éviter toutes difficultés, il est préférable de rédiger cette offre d'achat de la façon la plus concise possible en précisant la désignation de l'immeuble, le prix et les modalités de paiement, les conditions suspensives qui devront être prévues dans l'acte de vente, le respect des droits de préemption, la prise de connaissance par l'offrant du dossier de diagnostic technique, les obligations du vendeur, les obligations de l'acquéreur, la date du transfert de propriété et de jouissance, la date de réalisation de la vente et l'existence d'une faculté de rétractation.
Le vendeur, s'il a accepté l'offre d'achat ainsi rédigée, ne pourra plus alors refuser légitimement de signer le compromis de vente *(Cass. 3e civ., 28 mars 2006, n° 05-14.090).*

53 Une particularité de l'offre d'achat par rapport à l'offre de vente doit toutefois être soulignée. Elle correspond à l'application de l'article 1589-1 du Code civil qui précise qu'*est frappée de nullité tout engagement unilatéral souscrit en vue de l'acquisition d'un bien ou d'un droit immobilier pour lequel il est exigé ou reçu de celui qui s'engage un versement, quelle qu'en soit la cause et la forme*.

Des travaux parlementaires, il résulte que l'offre d'achat est notamment visée (*P. Jarlier, Avis de la Commission des lois du Sénat : doc. n° 307, ss art. 28, III. – P. Rimbert, Rapp. AN, n° 229 au nom de la Commission de la production et des échanges, ss art. 1598-1*). La réforme du Code civil par l'ordonnance du 10 février 2016 pourrait conduire à faire surgir de nouvelles interrogations quant à l'application de l'article 1589-1 du Code civil à une offre d'achat. En effet, le nouveau régime de l'offre (*V. n° **29** et s.*), tel que précédemment exposé, laisse transparaître que l'offre ne correspondrait plus à un engagement unilatéral mais à un simple fait juridique (en ce sens : *O. Deshayes, Th. Genicon et Y.-M. Laithier, Réforme du droit des contrats, du régime général et de la preuve des obligations : LexisNexis, 2e éd., 2018, p. 140*). Il demeure toutefois que la jurisprudence dépassant la lettre de l'article 1589-1 du Code civil pourrait continuer à en faire application à l'offre d'achat, l'intention du législateur étant bien de proscrire tout versement à l'occasion d'une offre d'achat.

Conseil pratique **En dépit de la lettre de l'article 1589-1 du Code civil et de la réforme du régime de l'offre par l'ordonnance du 10 février 2016, il est préférable de considérer qu'est toujours prohibé tout versement à l'occasion d'une offre d'achat.**

Acceptation

54 L'article 1118 du Code civil définit l'acceptation comme étant *la manifestation de volonté de son auteur d'être lié dans les termes de l'offre*. Les articles 1119 à 1122 du Code civil en déterminent le régime. L'acceptation entraîne formation du contrat de vente.
Les conditions d'existence d'une acceptation et le régime applicable à celle-ci sont exposés ci-après.

I. Conditions

55 Les conditions de l'acceptation sont énoncées par les articles 1113, 1118 et 1120 du Code civil. Si une manifestation de volonté est nécessaire, celle-ci ne pourra être qualifiée d'acceptation que si, d'une part, elle est ferme, c'est-à-dire que son auteur a la volonté d'être lié et, d'autre part, elle est concordante avec l'offre. La forme de l'acceptation doit également être précisée.

A. – ACCEPTATION FERME

56 La manifestation de volonté du destinataire de l'offre ne peut être qualifiée d'acceptation que s'il a la volonté d'être lié par ladite manifestation.
Ainsi, s'il émet des réserves portant sur les éléments essentiels du contrat de vente, démontrant qu'il n'entend pas être lié, alors il n'y a pas d'acceptation et donc de formation du contrat, faute de rencontre d'une offre et d'une acceptation.

B. – ACCEPTATION CONCORDANTE AVEC L'OFFRE

57 La manifestation de volonté émise par le destinataire de l'offre de vente ou d'achat ne correspond à une acceptation que si elle est en tout point concordante avec l'offre. Autrement dit, le destinataire n'a d'autre choix que d'accepter ou de refuser l'offre qui lui est faite.
À cet égard, l'alinéa 3 de l'article 1118 du Code civil précise que l'acceptation non conforme à l'offre est dépourvue d'effet, sauf à constituer une offre nouvelle. Il demeure qu'il semble possible à l'acceptant d'émettre des réserves portant sur des éléments secondaires. Lorsque le bénéficiaire de l'offre émet des réserves portant sur les éléments essentiels de la vente, le prix et/ou la chose, il devient à son tour auteur d'une offre, qu'il ne pourra rétracter sans engager sa responsabilité extracontractuelle, dans le délai qu'il aura fixé ou, à défaut, dans un délai raisonnable.

C. – FORME DE L'ACCEPTATION

58 Tout comme l'offre de vente, l'acceptation peut résulter d'une déclaration ou d'un comportement non équivoque de son auteur *(C. civ., art. 1113)*. L'article 1120 du Code civil précise que le silence ne vaut pas acceptation, à moins qu'il n'en résulte autrement de la loi, des usages, des relations d'affaires ou de circonstances particulières. En matière de vente immobilière, ni la loi ni les usages ne prévoient que le silence vaut acceptation. Il ne semble pas non plus qu'il soit habituel, dans le cadre de relations d'affaires, et pour l'acquisition d'un immeuble de prévoir que le silence vaut acceptation.
Quant aux circonstances particulières, l'article 1120 du Code civil n'en donne aucune définition. Pour autant, il nous semble que l'absence d'opposition expresse à l'offre de vente ne devrait que très exceptionnellement être considérée comme valant acceptation.

Conseil pratique **Il peut être conseillé au bénéficiaire de l'offre de vente ou d'achat de refuser expressément l'offre qui lui est personnellement adressée, afin d'éviter qu'un juge ne vienne retenir l'existence de circonstances particulières le conduisant à considérer que le silence vaut acceptation.**
Une telle précaution est inutile si l'offre d'achat ou de vente précise expressément que l'acceptation ne pourra qu'être expresse et intervenir par voie postale, par exemple.

II. Régime

59 Tout comme l'offre, l'acceptation peut être rétractée avant la formation du contrat. Des précisions ont été apportées par l'ordonnance du 10 février 2016 sur l'acceptation des conditions générales qui peuvent intéresser les contrats de vente. L'acceptation emportant formation du contrat, il importe de savoir à quelle date et en quel lieu celle-ci intervient.

Remarque Rappelons que l'offre peut prévoir un délai de réflexion au cours duquel le destinataire de l'offre ne peut manifester son acceptation *(C. civ., art. 1122)*.

A. – RÉTRACTATION DE L'ACCEPTATION

60 L'acceptation, peut être, sous certaines conditions, rétractée. Les parties disposent de la possibilité d'autoriser l'acceptant à revenir sur son consentement même après la formation du contrat, en prévoyant un délai de rétractation. Ledit délai de rétractation est d'ailleurs parfois prévu par la loi.

61 Rétractation avant la formation du contrat – L'article 1118 du Code civil *(C. civ., art. 1118, al. 2)* précise que tant que l'acceptation n'est pas parvenue à l'offrant, elle peut être librement rétractée, pourvu que la rétractation parvienne à l'offrant avant l'acceptation.

Remarque En retenant une telle solution, l'article 1118 du Code civil fait prévaloir la réception de l'acceptation sur son émission. Il en résulte que l'acceptant peut revenir sur son acceptation s'il parvient à transmettre sa rétractation avant la réception de son acceptation.

62 Rétractation après la formation du contrat – Suivant l'article 1122 du Code civil, la loi ou le contrat peuvent prévoir un délai de rétractation, qui est le délai avant l'expiration duquel son bénéficiaire peut rétracter son consentement.

Une différence doit ici être relevée entre le délai de réflexion et le délai de rétractation. L'article 1122 du Code civil laisse apparaître que seul le bénéficiaire de l'offre peut bénéficier d'un délai de réflexion, ce qui apparaît logique, alors que toutes les parties au contrat peuvent bénéficier d'un délai de rétractation (« son bénéficiaire »). Ainsi, tant le vendeur que l'acquéreur sont susceptibles de bénéficier dudit délai. Pour l'acquéreur, cela reviendrait à le faire bénéficier de l'équivalent de l'article L. 271-1 du CCH *(V. n° **646** et s.)*. Pour le vendeur, cela lui permettrait de revenir sur son consentement.

Exemple Il est possible d'imaginer, par exemple, un vendeur qui, ayant eu des difficultés pour trouver un acquéreur, consent à vendre à un prix plus bas que celui qu'il envisageait et qui a l'espoir d'une nouvelle proposition dans un bref délai, celui du délai de rétractation. Il pourrait en aller de même pour le vendeur qui souhaitait louer mais qui, faute de trouver un locataire, se décide à vendre, tout en espérant encore trouver un locataire, justifiant ainsi l'octroi d'un délai de rétractation.

Conseil pratique **Au final, il nous semble préférable qu'il soit demandé systématiquement au vendeur s'il souhaite bénéficier d'un délai de rétractation.**
Dès lors que vendeur et acquéreur en sont d'accord, un délai de rétractation peut être prévu au profit des deux parties.

Au-delà de l'article 1122 du Code civil, l'article L. 271-1 du CCH peut permettre à l'acquéreur de rétracter son acceptation après la formation du contrat. En matière de vente immobilière, cet article s'applique dès lors que l'immeuble acquis est à usage d'habitation et que l'acquéreur est un non-professionnel. Lorsqu'il aura été recouru à un avant-contrat, l'acquéreur non professionnel dispose d'un délai de rétractation de 10 jours à compter de la notification ou de la remise du projet d'acte. Sans aucune pénalité, l'acquéreur peut ainsi rétracter son acceptation *(V. n° **646** et s.)*. Une telle possibilité de rétractation existe également lors de l'acquisition d'un lot de lotissement ayant été autorisé par un permis d'aménager (*C. urb., art. L. 442-8*).

B. – ACCEPTATION DES CONDITIONS GÉNÉRALES

63 Une offre de vente, lorsqu'elle est faite par un professionnel de l'immobilier par exemple, peut contenir des conditions générales, conditions générales qui seront proposées à une multitude d'acquéreurs. Il en va ainsi notamment pour les contrats de vente en l'état futur d'achèvement proposés par de grands groupes de promotion immobilière. Dès lors, l'article 1119 du Code civil pourrait jouer un rôle dans le cadre de la vente immobilière.

64 Notion de conditions générales – L'article 1119 du Code civil ne définit pas les conditions générales. Les parlementaires, au cours des travaux préparatoires du projet de loi de ratification de l'ordonnance du 10 février 2016, ont débattu sur cette absence de définition. Ainsi et par exemple, dans le rapport n° 22 (2017-2018) de M. François Pillet, fait au nom de la commission des lois, déposé le 11 octobre 2017, il a été soutenu que « les conditions générales peuvent être entendues dans leur sens classique et se définir comme les clauses-types déterminées à l'avance par une partie et destinées à s'appliquer à une multitude de contrats ».

La loi de ratification n'a finalement pas apporté la définition attendue.

65 Effets des conditions générales – Les conditions générales invoquées par une partie n'ont effet à l'égard de l'autre que si elles ont été portées à la connaissance de celle-ci et si elle les a acceptées *(C. civ., art. 1119)*. En cas de discordance entre des conditions générales invoquées par l'une et l'autre des parties, les clauses incompatibles sont sans effet. En cas de discordance entre des conditions générales et des conditions particulières, les secondes l'emportent sur les premières.

De l'article 1119 du Code civil, il résulte que les conditions générales du vendeur ne pourront être opposées à l'acquéreur que si, et seulement si, elles ont été portées à sa connaissance et si l'acquéreur les a acceptées. Ainsi, la partie qui entend imposer des conditions générales à son cocontractant doit apporter la preuve qu'elles ont bien été portées à sa connaissance et qu'il les a acceptées.

Remarque Cela implique que l'offre de vente fasse mention de l'existence d'un document annexe, contenant les conditions générales, et que ce document soit remis en même temps que l'offre au bénéficiaire de celle-ci.

66 Conditions générales et conditions particulières – Si un conflit entre les conditions générales du vendeur et celles de l'acquéreur nous semblent peu probables en matière immobilière, il en va différemment d'un conflit entre conditions générales et conditions particulières. À cet égard, l'article 1119 du Code civil, s'inspirant du principe suivant lequel le spécial déroge au général, fait prévaloir les dispositions spéciales sur les dispositions générales.

Conseil pratique **Pour tenir compte d'une interprétation possible de l'article 1119 du Code civil, il est conseillé de rédiger les conditions générales en distinguant parmi celles-ci celles qui sont principales de celles qui sont secondaires. Il ne pourra alors être soutenu que l'attention de l'acquéreur n'a pas été spécialement attirée sur les clauses les plus importantes** ***(N. Molfessis, La formation du contrat : JCP G 2015, supplément n° 21, p. 6).***

C. – CONCLUSION DU CONTRAT

67 Une fois l'offre de vente ou d'achat acceptée, il reste à déterminer tout à la fois la date de conclusion du contrat et celle du lieu de conclusion du contrat.

68 Date de conclusion – L'article 1121 du Code civil précise que le contrat est conclu dès que l'acceptation parvient à l'offrant. Autrement dit et dans la suite logique du second alinéa de l'article 1118 du Code civil, la date de conclusion du contrat correspond à la date de réception de l'acceptation par l'offrant. La date de prise de connaissance de l'acceptation apparaît donc indifférente. Lorsque l'acceptation résulte du silence du destinataire de l'offre, l'article 1121 du Code civil apparaît difficilement applicable. *A priori*, puisque l'absence de réponse dans un certain délai finit par être analysée comme une acceptation, il peut être considéré que c'est au terme de ce délai que l'acceptation parvient à l'offrant.
Une difficulté est susceptible d'apparaître lorsque survient le décès ou l'incapacité de l'acceptant entre l'émission de l'acceptation et sa réception par l'offrant. Ni l'article 1118 du Code civil ni l'article 1121 du même code n'apportent de précision sur cette situation. *A priori*, compte tenu de la logique qui innerve la formation du contrat, puisque le contrat se forme par la rencontre de deux volontés internes, le décès ou l'incapacité de l'acceptant entre la date de l'émission et la date de la réception devrait faire obstacle à la conclusion du contrat.

69 Lieu de conclusion – L'article 1121 du Code civil, après avoir précisé la date de conclusion du contrat, précise le lieu de conclusion du contrat. Celui-ci correspond au lieu où l'acceptation est parvenue. Il ne s'agit toutefois que d'une disposition supplétive de volonté et il est donc tout à fait possible aux parties de prévoir un autre lieu de conclusion du contrat.

Pour aller plus loin

- Ph. Chauviré, La conclusion du contrat : négociation, offre et conditions générales : principes et clauses contractuelles : JCP N 2016, n° 13, 1111
- M. Mekki, Réforme du droit des obligations : pourparlers, offre et acceptation : JCP N 2016, n° 48, act. 1278

Intermédiation

Négociation notariale

70 Professionnels concernés – L'intervention d'un intermédiaire dans le cadre de négociations précontractuelles est habituelle pour les ventes immobilières. Principalement, ce sont l'agent immobilier et le notaire qui interviennent pour effectuer la recherche d'acquéreurs. Pour autant, d'autres professionnels sont également susceptibles d'intervenir comme, par exemple, les avocats. Qu'il s'agisse des uns ou des autres, les règles générales de la représentation s'appliquent, dès lors qu'elles ne sont pas incompatibles avec les règles particulières régissant ces professions.

L'arrêté du 10 janvier 2017 *(JO 18 janv. 2017)* relatif à l'information des consommateurs par les professionnels intervenant dans les transactions immobilières (adopté en application de l'article L. 112-1 du Code de la consommation), s'applique à tout professionnel qui, à quelque titre que ce soit, intervient pour mettre en relation acquéreurs ou locataires et vendeurs ou bailleurs de biens immobiliers. Il ne s'applique cependant pas aux personnes physiques ou morales qui interviennent en tant que simples supports des annonces immobilières. Il y a lieu également de tenir compte des règles spécifiques à chaque profession, lorsqu'elles sont en contradiction avec les exigences de l'arrêté, prévalant alors sur celui-ci.

Affichage – Les professionnels sont tenus d'afficher les prix effectivement pratiqués des prestations qu'ils assurent, notamment celles liées à la vente, en indiquant à qui incombe le paiement de cette rémunération *(A. 10 janv. 2017, art. 2 : JO 18 janv. 2017)*. Les prix des prestations doivent être indiqués toutes taxes comprises. Lorsque ces prix sont fixés en fonction de la valeur du bien vendu, l'affichage doit indiquer le ou les montants prélevés, en précisant, les tranches de prix correspondantes, et faire apparaître tous les éléments permettant de calculer les prix. Le cas échéant, une mention intelligible et figurant en caractère très apparent précise le caractère cumulatif des tranches entre elles.

Ces informations doivent être affichées de façon visible et lisible :

- à l'entrée des établissements recevant de la clientèle ;
- depuis l'extérieur sur la vitrine desdits établissements dans le même format et au même emplacement que celui normalement alloué aux annonces de vente ;
- sur chaque vitrine publicitaire située hors établissement destinée aux publicités de vente, de location ou de sous-location du professionnel. Lorsque cette vitrine est partagée par plusieurs professionnels, une mention précisant la possibilité de consulter le barème sur simple demande peut être substituée.

Elles doivent également être aisément accessibles sur tout service de communication au public en ligne dédié au professionnel et à partir de toute publicité relative à la vente d'un bien déterminé effectuée sur un support dématérialisé.

Publicité – Toute publicité effectuée par un professionnel et relative à la vente d'un bien déterminé, doit indiquer, quel que soit le support utilisé :

- le prix de vente du bien objet de la publicité ; le cas échéant, ce prix comprend obligatoirement la part des honoraires du professionnel à la charge de l'acquéreur et est exprimé à la fois honoraires inclus et exclus ; la taille des caractères du prix du bien mentionné honoraires inclus est plus importante que celle du prix du bien hors honoraires ; le prix de vente ne peut en aucun cas inclure la part des honoraires à la charge du vendeur ;
- à qui incombe le paiement des honoraires du professionnel à l'issue de la réalisation de la transaction ;
- le montant toutes taxes comprises (TTC) des honoraires du professionnel qui sont à la charge de l'acquéreur, exprimé en pourcentage de la valeur dudit bien entendue hors honoraires ; ce montant est précédé de la mention « Honoraires : » *(A. 10 janv. 2017, art.. 3)*.

Pour aller plus loin

• Direction Générale de la Concurrence, de la Consommation et de la Répression des Fraudes (DGCCRF), Éléments d'interprétation de certaines dispositions de l'arrêté du 10 janvier 2017 relatif à l'information des consommateurs par les professionnels intervenant dans une transaction immobilière, www.economie.gouv.fr/files/files/directions_services/dgccrf/documentation/fiches_pratiques/fiches/information-transaction-immobiliere.pdf

I. Règles générales de la représentation

71 Les règles générales relatives à la représentation sont contenues dans les articles 1153 à 1161 du Code civil (*V. n° 888*).

II. Agent immobilier

72 La loi n° 70-9 du 2 janvier 1970 réglementant les conditions d'exercice des activités relatives à certaines opérations portant sur les immeubles et les fonds de commerce, dite loi Hoguet, régit l'activité des agents immobiliers. Précisons le champ d'application de ladite loi relativement à la vente immobilière, les conditions d'exercice de l'activité d'agent immobilier, sa rémunération, ses obligations et sa responsabilité.

A. – CHAMP D'APPLICATION DE LA LOI HOGUET

73 Principe – Suivant l'article 1er, 1° de la loi Hoguet, ses dispositions s'appliquent aux personnes physiques ou morales qui, d'une manière habituelle, se livrent ou prêtent leur concours, même à titre accessoire, aux opérations portant sur les biens d'autrui et relatives à l'achat, la vente, la recherche, l'échange, la location ou sous-location, saisonnière ou non, en nu ou en meublé d'immeubles bâtis ou non bâtis.
Le caractère habituel des opérations est apprécié largement par les juridictions.

74 Exceptions – Suivant l'article 2 de la loi Hoguet, ses dispositions ne sont pas applicables :
- aux membres des professions dont la liste est fixée par décret, en considération du contrôle dont leur activité professionnelle fait l'objet ainsi que des garanties financières qu'ils offrent pour l'exercice de cette activité. Suivant l'article 95 du décret n° 72-678 du 20 juillet 1972, lesdites professions correspondent à celles de notaire, d'avoué, d'avocat, d'huissier de justice, de géomètre-expert, d'administrateur judiciaire, d'expert foncier et agricole et d'expert forestier ;
- aux personnes ou à leur conjoint qui, à titre non professionnel, se livrent ou prêtent leur concours à des opérations relatives à des biens sur lesquels elles ont des droits réels divis ou indivis ;
- aux personnes agissant pour le compte de leur conjoint, de parents en ordre successible, ou pour le compte de majeurs protégés ou de mineurs dans les conditions prévues aux titres X et XI du Code civil ;
- aux représentants légaux ou statutaires de sociétés de construction régies par les articles L. 212-1 et suivants du CCH pour la réalisation des premières cessions des parts ou actions ;
- aux organismes de placement collectif immobilier, organismes professionnels de placement collectif immobilier, sociétés civiles de placement immobilier et à leurs sociétés de gestion, sauf lorsqu'elles gèrent des actifs immobiliers faisant l'objet de mandats de gestion spécifiques ;
- aux associations œuvrant à la promotion de la cohabitation intergénérationnelle solidaire définie à l'article L. 118-1 du Code de l'action sociale et des familles et aux articles L. 631-17 à L. 631-19 du Code de la construction et de l'habitation.

B. – CONDITIONS D'ACCÈS À LA PROFESSION

75 Carte professionnelle – Tout agent immobilier doit être détenteur d'une carte professionnelle *(L. n° 70-9, 2 janv. 1970, art. 3)*.

Cette carte, s'agissant d'un agent intervenant pour une vente immobilière, mentionne « *Transactions sur immeubles et fonds de commerce* » *(D. n° 72-678, 20 juill. 1972, art. 1)*. Cette carte professionnelle peut être une carte européenne, telle que définie à l'article 1er de l'ordonnance n° 2016-1809 du 22 décembre 2016 relative à la reconnaissance des qualifications professionnelles de professions réglementées. Elle peut être demandée par voie électronique *(D. n° 72-678, 20 juill. 1972, art. 16-8)*.

76 Aptitude professionnelle – Cette aptitude professionnelle est appréciée tant avant la délivrance de la carte professionnelle qu'après sa délivrance.

Avant la délivrance de la carte professionnelle – Le demandeur doit justifier de l'aptitude à exercer l'activité d'agent immobilier *(D. n° 72-678, 20 juill. 1972, art. 11 à 16-7)*.
- Pour l'aptitude professionnelle acquise en France, le décret distingue suivant que le demandeur détient les diplômes suffisants ou l'expérience suffisante.

– **Diplômes nécessaires** : l'article 11 du décret précise que sont regardées comme justifiant de l'aptitude professionnelle requise pour obtenir la carte professionnelle prévue à l'article 1er les personnes qui produisent :

soit un diplôme délivré par l'État ou au nom de l'État, d'un niveau égal ou supérieur à 3 années d'études supérieures après le baccalauréat et sanctionnant des études juridiques, économiques ou commerciales ;

soit un diplôme ou un titre inscrit au répertoire national des certifications professionnelles d'un niveau équivalent (niveau II) et sanctionnant des études de même nature ;

soit le brevet de technicien supérieur professions immobilières ;

soit un diplôme de l'institut d'études économiques et juridiques appliquées à la construction et à l'habitation.

– **Expérience nécessaire** : les précisions sont apportées par les articles 12 et 14 du décret du 20 juillet 1972. Ainsi, pour justifier de son aptitude professionnelle, le demandeur peut établir soit :

qu'il est titulaire soit d'un baccalauréat, soit d'un diplôme ou d'un titre inscrit au répertoire national des certifications professionnelles d'un niveau équivalent (niveau IV) et sanctionnant des études juridiques, économiques ou commerciales et qu'il ait occupé pendant au moins 3 ans un emploi subordonné se rattachant à une activité mentionnée à l'article 1er de la loi Hoguet et correspondant à la mention demandée ;

qu'il a occupé un emploi subordonné se rattachant à une activité mentionnée à l'article 1er de la loi Hoguet et correspondant à la mention demandée pendant au moins 10 ans. Cette durée est réduite à 4 ans s'il s'agit d'un emploi de cadre au titre duquel le demandeur était affilié comme tel auprès d'une institution de retraite complémentaire ou d'un emploi public de catégorie A ou de niveau équivalent.

Après délivrance de la carte professionnelle – L'agent immobilier est soumis à une obligation de formation continue (*D. n° 2016-173,18 févr. 2016*).

La carte professionnelle ne peut être renouvelée si l'agent ne justifie pas avoir rempli cette obligation (*L. n° 70-9, 2 janv. 1970, art. 3-1)*. La durée de la formation continue est de 14 heures par an ou de 42 heures au cours de 3 années consécutives d'exercice (*D. n° 2016-173,18 févr. 2016, art. 2°*).

77 Assurance de responsabilité professionnelle – Le demandeur d'une carte professionnelle ne peut obtenir celle-ci que s'il justifie de la souscription d'une assurance de responsabilité professionnelle.

Ce dernier doit remettre une attestation d'assurance contre les conséquences pécuniaires de la responsabilité civile professionnelle délivrée (*D. n° 72-678 – 20 juill. 1972, art. 3)* Ledit contrat d'assurance doit couvrir, pour chaque établissement, succursale, agence ou bureau, les conséquences pécuniaires de la responsabilité civile professionnelle qu'elles peuvent encourir en raison de leur activité (D. *D. n° 72-678 – 20 juill. 1972, art. 49)*.

78 Garantie financière – Outre la souscription d'une assurance de responsabilité professionnelle, le demandeur doit, pour obtenir sa carte professionnelle puis la conserver, justifier d'une garantie financière permettant le remboursement des fonds, effets ou valeurs déposés, et spécialement affectée à ce dernier.

Ladite garantie résulte d'un engagement écrit fourni par une entreprise d'assurance spécialement agréée, par un établissement de crédit, une société de financement ou une institution mentionnée à l'article L. 518-1 du Code monétaire et financier.

La garantie financière peut aussi résulter d'une consignation qui est déposée à un compte ouvert par la caisse des dépôts et consignations au nom de l'agent immobilier (*D. n° 72-678 – 20 juill. 1972, art. 23*) et qui est spécialement affecté aux fins spécifiées par la loi susvisée du 2 janvier 1970.

Lorsque le demandeur déclare son intention de ne détenir aucun fonds, effet ou valeur, pour les activités mentionnées à l'article 1er de la loi du 2 janvier 1970, il n'a pas alors à justifier d'une garantie financière. Dans cette hypothèse, il doit accompagner sa demande d'une déclaration sur l'honneur qu'il n'est reçu ni détenu, directement ou indirectement, par le demandeur, à l'occasion de tout ou partie des activités pour lesquelles la carte est demandée, d'autres fonds, effets ou valeurs que ceux représentatifs de sa rémunération ou de ses honoraires. Afin d'assurer la protection des clients dudit agent, la carte qui lui est délivrée porte la mention : « Non-détention de fonds » ainsi que, le cas échéant, la mention : « Absence de garantie financière ». En outre, les documents et affiches doivent indiquer que l'intéressé ne doit recevoir ni détenir d'autres fonds, effets ou valeurs que ceux représentatifs de sa rémunération ou de ses honoraires. Cette indication figure également en caractères très apparents dans toute publicité commerciale émanant du titulaire. Une affiche comportant cette mention est apposée, en évidence, dans la vitrine ou sur le panneau publicitaire extérieur, s'il en existe un.

79 Absence d'incapacité d'exercer – Les articles 9, 10 et 11 de la loi Hoguet définissent les infractions dont la commission entraîne incapacité d'exercer.

> **Exemple** Celui qui a été condamné à une peine de prison de 3 ans au moins sans sursis pour corruption active ou passive, trafic d'influence, soustraction et détournement de biens est frappé d'une incapacité d'exercer l'activité d'agent immobilier.

Interdiction d'exercice – L'article 12 de la loi Hoguet précise ensuite que les personnes auxquelles l'exercice d'une activité d'agent immobilier est interdite ne peuvent ni exercer cette activité sous le couvert d'un tiers ni être employées à un titre quelconque, soit par l'établissement qu'elles exploitaient, soit par la société qu'elles dirigeaient, géraient, administraient ou dont elles avaient la signature, ni gérer, diriger, administrer une personne morale quelconque exerçant cette activité. Elles ne peuvent davantage être employées au service de l'acquéreur, du gérant ou du locataire de leur ancienne entreprise.

Par ailleurs, lorsqu'une condamnation intervient en cours d'exercice de l'activité d'agent immobilier, l'agent immobilier doit cesser sa profession ou activité dans le délai d'un mois à compter du jour où la décision entraînant l'incapacité est devenue définitive et lui a été notifiée. Ce délai peut être réduit ou supprimé par la juridiction qui a rendu cette décision.

80 Habilitation des agents commerciaux – Les personnes non salariées d'un agent immobilier ont la qualité d'agent commercial. Pour exercer en tant que tel, elles doivent faire l'objet d'une habilitation par l'agent immobilier (*L. n° 70-9, 2 janv. 1970, art. 4. – D. n° 72-678, 20 juill. 1972, art. 9*). Tout agent commercial ainsi habilité

doit contracter une assurance contre les conséquences pécuniaires de sa responsabilité civile professionnelle.
Par ailleurs, un agent commercial ne peut pas :

- recevoir ou détenir, directement ou indirectement, des sommes d'argent, des biens, des effets ou des valeurs, ou en disposer à l'occasion des activités mentionnées à l'article 1er de la loi Hoguet ;
- donner des consultations juridiques ni rédiger des actes sous seing privé, à l'exception de mandats conclus au profit du titulaire de la carte professionnelle ;
- assurer la direction d'un établissement, d'une succursale, d'une agence ou d'un bureau.

C. – MANDAT DE L'AGENT IMMOBILIER

81 Avant même de pouvoir conclure un « mandat », l'agent immobilier est tenu d'obligations spéciales d'information. Par ailleurs, le mandat de l'agent immobilier est soumis à des conditions de forme et de durée qui sont impératives. Au-delà de ces conditions, l'agent immobilier doit tenir un registre spécial et respecter des règles de détention de fonds de ses clients.

1° Obligations spéciales d'information

82 Ces obligations d'information sont relatives aux documents utilisés par l'agent immobilier, aux affichages réalisés, aux publicités commerciales et aux liens de l'agent immobilier avec les entreprises dont il propose les services à ses clients.

83 Documents – S'agissant des documents utilisés par l'agent immobilier, ils doivent, suivant l'article 92 du décret n° 72-678 du 20 juillet 1972, faire figurer sur tous documents, contrats et correspondance à usage professionnel :
- le numéro et le lieu de délivrance de la carte professionnelle ;
- le nom ou la raison sociale et l'adresse de l'entreprise ainsi que l'activité exercée ;
- le cas échéant, le nom et l'adresse du garant.

Attention **Ces indications ne doivent être accompagnées d'aucune mention de nature à faire croire, d'une quelconque manière, à une assermentation, à une inscription, à une commission, à un accréditement ou à un agrément. Par ailleurs, lorsqu'il utilise un support électronique, l'agent immobilier doit respecter les exigences de l'article 19 de la loi n° 2004-575 du 21 juin 2004 pour la confiance dans l'économie numérique.**

84 Affichage – S'agissant ensuite des affichages réalisés dans les locaux de l'agence, les articles 93 et 94 du décret n° 72-678 du 20 juillet 1972 imposent que l'agent immobilier appose une affiche indiquant le numéro de la carte professionnelle ; le cas échéant, le montant de la garantie ; le cas échéant, la dénomination et l'adresse du garant et le cas échéant, la précision suivant laquelle l'agent immobilier ne doit recevoir ni détenir d'autres fonds, effets ou valeurs que ceux représentatifs de sa rémunération ou de ses honoraires.

85 Publicités commerciales – S'agissant des publicités commerciales, en application de l'article 6-1 de la loi n° 70-9 du 2 janvier 1970, la publicité mentionne, quel que soit le support utilisé, le montant toutes taxes comprises de ses honoraires exprimé, pour ce qui concerne les opérations de vente, en pourcentage du prix, lorsqu'ils sont à la charge de l'acquéreur.
Lorsque l'agent ne doit recevoir ni détenir d'autres fonds, effets ou valeurs que ceux représentatifs de sa rémunération ou de ses honoraires, il doit le faire figurer dans toute publicité commerciale *(D. n° 72-678, 20 juill. 1972, art. 94)*.

86 Liens avec des entreprises – Enfin, s'agissant des liens entre les entreprises dont l'agent immobilier propose les services et ce dernier, l'article 4-1 de la loi Hoguet impose à l'agent d'informer ses clients, avant la conclusion de tout contrat avec ladite entreprise, des éventuels liens directs de nature capitalistique ou des liens de nature juridique qu'il a avec cette entreprise. Cette obligation s'applique également lorsque l'agent immobilier propose à ses clients les services d'un établissement bancaire ou d'une société financière. L'agent commercial habilité est tenu des mêmes obligations.

2° Moment de conclusion du mandat

87 L'agent immobilier ne peut négocier ou s'engager sans détenir un mandat écrit préalablement, délivré à cet effet par l'une des parties *(D. n° 72-628, 20 juill. 1972, art. 72)*.
L'agent immobilier doit, avant même de rencontrer de potentiels acquéreurs ou vendeurs, être détenteur d'un mandat. Le manquement à cette obligation est sanctionné par la nullité relative qui ne peut être demandée que par celui ayant conclu le mandat *(Cass. ch. mixte, 24 févr. 2017, n° 15-20.411 : JurisData n° 2017-00318 ; JCP N 2017, n° 9, act. 294 ; Contrats, conc. consom. 2017, comm. 93, L. Leveneur)*.

3° Forme

88 Écrit – Suivant l'article 6 de la loi Hoguet, le mandat de l'agent immobilier doit obligatoirement être établi par écrit et comporter des précisions sur l'objet du mandat, l'autorisation de manier des fonds, les conditions de rémunération, les conditions de la reddition des comptes.

Le mandat doit préciser si la rémunération est à la charge exclusive de l'une des parties à l'opération ou si elle est partagée. Dans ce dernier cas, les conditions et modalités de ce partage sont indiquées dans le mandat et reprises dans l'engagement des parties. Le montant de la rémunération ou des honoraires, ainsi que l'indication de la ou des parties qui en ont la charge sont portés dans l'engagement des parties. Il en est de même, des honoraires de rédaction d'actes et de séquestre.

Clause d'exclusivité – Lorsque le mandat comporte une clause d'exclusivité, il précise les actions que le mandataire s'engage à réaliser pour exécuter la prestation qui lui a été confiée ainsi que les modalités selon lesquelles il rend compte au mandant des actions effectuées pour son compte, selon une périodicité déterminée par les parties.

Conseil pratique Le mandat doit préciser l'étendue des pouvoirs de l'agent immobilier. Ainsi, lorsque ce dernier a l'autorisation de s'engager pour une vente, le mandat en fait expressément mention *(D. n° 72-678, 20 juill. 1972, art. 72)*. De cette exigence, il résulte qu'en l'absence d'une telle mention, l'agent immobilier ne dispose que d'un mandat pour rechercher des acquéreurs ou des vendeurs et que les publicités qu'il réalise ne peuvent être analysées comme des offres *(Cass. 3e civ., 12 nov. 2015, n° 14-16.625 : JurisData n° 2015-025729 ; Contrats, conc. consom. 2016, comm. 30, L. Leveneur)*.

4° Durée

89 L'article 7 de la loi Hoguet impose, à peine de nullité, que le mandat soit limité dans le temps,

90 Droit de la consommation – Lorsque le mandant n'agit pas dans le cadre de ses activités professionnelles, les modalités de non-reconduction des contrats définies aux deux premiers alinéas de l'article L. 215-1 du Code de la consommation sont mentionnées de manière lisible et visible dans le mandat.

L'agent immobilier doit informer le mandant par écrit, par lettre nominative ou courrier électronique dédiés, au plus tôt 3 mois et au plus tard 1 mois avant le terme de la période autorisant le rejet de la reconduction, de la possibilité de ne pas reconduire le contrat qu'il a conclu avec une clause de reconduction tacite. Cette information, délivrée dans des termes clairs et compréhensibles, mentionne, dans un encadré apparent, la date limite de non-reconduction. Lorsque cette information ne lui a pas été adressée, le mandant peut mettre gratuitement un terme au contrat, à tout moment à compter de la date de reconduction.

91 Mandat comportant une clause d'exclusivité – Lorsque le mandat comporte une clause d'exclusivité, il mentionne en caractères très apparents les dispositions du deuxième alinea de l'article 78 du décret n° 72-678 du 20 juillet 1972 qui précise que « *passé un délai de trois mois à compter de sa signature, le mandat contenant une telle clause peut être dénoncé à tout moment par chacune des parties, à charge pour celle qui entend y mettre fin d'en aviser l'autre partie quinze jours au moins à l'avance par lettre recommandée avec demande d'avis de réception* ».

Attention Ce mandat interdit au client de l'agent immobilier de faire appel à un autre professionnel pour trouver un acquéreur ou un vendeur. En cas de violation de cette obligation, le mandant peut être tenu d'indemniser l'agent immobilier. Lorsqu'une clause d'indemnisation a été prévue dans le contrat, il s'expose à devoir payer ladite indemnité à l'agent immobilier *(C. Sizaire, Validité et durée du mandat exclusif : Constr. - urb. 2010, comm. 77)*.

92 Mandat irrévocable, sans clause d'exclusivité – En application de l'article 2004 du Code civil, le mandant peut librement révoquer le mandat, en dépit de la clause d'irrévocabilité.

Ainsi, la Cour de cassation a-t-elle précisé que « le mandat même stipulé irrévocable ne prive pas le mandant du droit de renoncer à l'opération, la révocation du mandataire en violation du contrat produit ses effets sous réserve de la responsabilité du mandant envers le mandataire » *(Cass. 1re civ., 6 juill. 2006, n° 05-12.418 : JurisData n° 2006-034645)*.

5° Tenue d'un registre spécial

93 L'agent immobilier a l'obligation de tenir un registre des mandats conforme à un modèle fixé par arrêté du ministre chargé de l'économie.

Ce registre est à l'avance coté sans discontinuité et relié. Il peut être tenu sous forme électronique dans les conditions prescrites par les articles 1365 et suivants du Code civil.

Tous les mandats sont mentionnés par ordre chronologique sur ce registre. Par ailleurs, le numéro d'inscription sur le registre des mandats est reporté sur celui des exemplaires du mandat, qui reste en la possession du mandant.

6° Détention de fonds

94 Garantie financière – Seul l'agent immobilier ayant souscrit une garantie financière peut détenir des fonds de ses clients, sans que le montant de ceux-ci ne puisse dépasser le montant maximal de la garantie financière. Il convient également qu'il ne pas soit mentionné sur sa carte professionnelle qu'il ne peut détenir les fonds de ses clients.

Dépôt des fonds. – L'agent immobilier est tenu de faire ouvrir, à son nom, dans un établissement de crédit, un compte qui est spécialement affecté à la réception des versements ou remises, à l'exclusion des sommes représentatives des rémunérations ou honoraires.

Il ne peut être ouvert qu'un seul compte de cette nature par titulaire de carte professionnelle. Ce compte fonctionne exclusivement sous la signature de l'agent immobilier, de son ou de ses représentants légaux ou statutaires, s'il s'agit d'une personne morale, et, le cas échéant, du gérant, mandataire ou salarié, et des préposés spécialement habilités à cet effet. L'administrateur ou le liquidateur, en cas de redressement judiciaire ou de liquidation judiciaire, ou un mandataire de justice si le titulaire du compte est dans l'impossibilité de manifester sa volonté, peut opérer les retraits. Il ne peut y avoir compensation ou convention de fusion entre ce compte et tout autre compte ouvert au nom de son titulaire dans le même établissement de crédit *(D. n° 72-678, 20 juill. 1972, art. 55)*.

Tous les versements reçus par l'agent immobilier sont obligatoirement faits au moyen soit de chèques barrés à l'ordre de l'établissement de crédit où le compte est ouvert, soit par virements, soit par mandats à l'ordre dudit établissement de crédit, avec indication du numéro de compte, soit par carte de paiement *(D. n° 72-678, 20 juill. 1972, art. 56)*. Les effets, ainsi que les valeurs reçus par le titulaire du compte sont obligatoirement remis à l'établissement où est ouvert ce compte.

Tous les versements ou remises faits à l'agent immobilier doivent être immédiatement mentionnés sur un registre-répertoire conforme au modèle fixé par arrêté du ministre chargé de l'économie *(D. n° 72-678, 20 juill. 1972, art. 51)*.

Indépendamment du registre-répertoire tenu par l'agent immobilier pour l'ensemble des activités correspondant à cette carte, il est tenu un registre-répertoire pour les versements ou remises particuliers à chaque établissement, succursale, agence ou bureau, sous la responsabilité de la personne qui la dirige.

D. – OBLIGATIONS DE L'AGENT IMMOBILIER

95 Obligation de moyens de trouver un acquéreur ou un vendeur – L'agent immobilier ne peut garantir au mandant qu'il trouvera un acquéreur ou un vendeur. Il promet simplement de mettre en œuvre les moyens utiles pour trouver un acquéreur ou un vendeur. Par conséquent, l'agent immobilier doit faire preuve de toute la diligence pouvant être attendu d'un agent immobilier « standard ». Ainsi doit-il réaliser notamment la publicité nécessaire pour trouver un acquéreur ou un vendeur et faire visiter le bien aux personnes intéressées dans des délais corrects.

96 Obligation générale de conseil et d'information – L'agent immobilier est tenu d'une obligation générale de conseil et d'information. Cette obligation existe tout d'abord à l'égard du mandant qu'il doit avertir, conseiller et informer sur l'opération envisagée. Cette obligation a alors une nature contractuelle. Elle existe ensuite à l'égard des potentiels acquéreurs et vendeurs, ayant alors une nature extracontractuelle.
L'agent immobilier va ainsi devoir vérifier la qualité et la capacité des parties.

> **Exemple** Ainsi, manque à son obligation de conseil et d'information l'agent immobilier qui ne vérifie pas l'exactitude des déclarations du vendeur ayant déclaré ne pas être en liquidation judiciaire. La Cour de cassation a ainsi été conduite à préciser que « l'agent immobilier, rédigeant une promesse de vente en l'état de déclarations erronées d'une partie quant aux faits rapportés, n'engage sa responsabilité que s'il est établi qu'il disposait d'éléments de nature à faire douter de leur véracité ou de leur exactitude, il est, cependant, tenu de vérifier, par toutes investigations utiles, spécialement lorsqu'il existe une publicité légale aisément accessible, les déclarations faites par son mandant, promettant, et qui, par leur nature ou leur portée juridique, conditionnent la validité ou l'efficacité de l'acte qu'il dresse » *(Cass. 1re civ., 16 oct. 2013, n° 12-24.267 : JurisData n° 2013-022950 ; JCP N 2013, n° 47, act. 1127 ; JCP N 2014, n° 20, 1194, note Ph. Pierre)*.

Il devra de même renseigner les parties sur le bien pour lequel il est chargé de trouver des acquéreurs ou des vendeurs. Ainsi doit-il délivrer aux parties les informations dont il dispose sur la situation juridique et la situation matérielle de l'immeuble mis en vente.

97 Interdiction d'acquérir les biens mis en vente – Suivant l'article 1596 du Code civil, ne peuvent se rendre adjudicataires, sous peine de nullité, ni par eux-mêmes, ni par personnes interposées, les mandataires des biens qu'ils sont chargés de vendre.

Ainsi, un agent immobilier ne peut se rendre acquéreur du bien qu'il est chargé de vendre. Cette interdiction ne s'applique pas suivant la Cour de cassation au négociateur salarié de l'agent immobilier qui achète pour lui-même et non pour l'agent *(Cass. 1re civ., 18 juin 2014, n° 13-18.010 : JurisData n° 2014-014293)*. Lorsque le mandant prétend qu'il y a eu interposition de personne, il doit la prouver *(Cass. 3e civ., 18 mai 2017, n° 16-14.972)*. La nullité de l'article 1596 du Code civil étant relative, le mandant peut renoncer à l'invoquer et confirmer l'acte.

98 Lutte contre le blanchiment de capitaux et le terrorisme – Les agents immobiliers doivent mettre en œuvre les obligations relatives à la lutte contre le blanchiment des capitaux et le financement du terrorisme *(L. n° 70-9, 2 janv. 1970, art. 8-2)*.

À cette fin, ils doivent notamment déclarer à la cellule financière de renseignement national les sommes inscrites dans leurs livres ou les opérations portant sur des sommes dont ils savent, soupçonnent, ou ont de bonnes raisons de soupçonner, qu'elles proviennent d'une infraction passible d'une peine privative de liberté supérieure à un an ou sont liées au financement du terrorisme.

99 Lutte contre les marchands de sommeil – Les agents immobiliers sont tenus de signaler au procureur de la République les faits qui sont susceptibles de constituer une des infractions prévues aux articles 225-14 du Code pénal, L. 1337-4 du Code de la santé publique et L. 123-3, L. 511-6 et L. 521-4 du Code de la construction et de l'habitation. Ce signalement est effectué sans préjudice, le cas échéant, de la déclaration prévue à l'article L. 561-15 du Code monétaire et financier.

100 Obligation d'affichage des performances énergétiques – Afin de respecter l'article L. 134-3 du Code de la construction et de l'habitation, l'agent immobilier doit communiquer à l'acquéreur le diagnostic de performance énergétique. Par ailleurs, dans les annonces qu'il publie, il est tenu de mentionner le classement du bien au regard de sa performance énergétique *(CCH, art. L. 134-4-3)*. Les conditions de cette mention sont précisées dans les articles R. 134-5-1 à R. 134-5-4 du Code de la construction et de l'habitation.

101 Respect de la déontologie – Les agents immobiliers sont tenus de respecter le code de déontologie élaboré par le Conseil national de la transaction et de la gestion immobilière *(L. n° 70-9, 2 janv. 1970, art. 13-1)*.
Ce code est en annexe du décret n° 2015-1090 du 28 août 2015 fixant les règles constituant le code de déontologie applicable à certaines personnes exerçant les activités de transaction et de gestion des immeubles et des fonds de commerce. Ce code leur impose notamment d'agir dans le respect des lois, des règlements et du code de déontologie, de défendre les intérêts de leurs mandants...

E. – RÉMUNÉRATION ET INDEMNISATION DE L'AGENT IMMOBILIER

1° Conditions du droit à rémunération

102 Pour pouvoir prétendre à sa commission, l'agent immobilier doit avoir respecté les règles relatives à l'établissement du mandat et la vente doit avoir été effectivement conclue.

103 Respect des règles relativement au mandat – Pour que l'agent immobilier puisse prétendre à sa commission, il doit avoir respecté l'ensemble des règles énoncées tant par la loi n° 70-9 du 2 janvier 1970 que par son décret d'application n° 72-678 du 20 juillet 1972.

Exemple Ainsi, ne peut prétendre à une commission l'agent immobilier qui ne dispose pas d'un mandat écrit ou ne comportant pas l'une des mentions imposées. Il en va de même pour celui qui dispose d'un mandat contenant des clauses non respectueuses de la loi Hoguet et de son décret d'application *(Cass. 1re civ., 3 nov. 2016, n° 15-23.534 : JurisData n° 2016-022761 ; JCP N 2016, n° 46, act. 1239)*.

Lorsqu'il est ainsi privé de tout droit à commission, l'agent immobilier ne peut pas invoquer la gestion d'affaires, la responsabilité extracontractuelle, l'enrichissement injustifié ou l'existence d'une obligation naturelle. Pour la Cour de cassation, ces différents mécanismes ne peuvent tenir en échec les dispositions d'ordre public de la loi Hoguet et de son décret d'application, lesquels subordonnent la licéité de l'intervention d'un agent immobilier dans toute opération immobilière, et partant, son droit à rémunération comme à indemnisation, à la détention d'un mandat écrit préalablement délivré à cet effet par l'une des parties à l'opération *(Cass. 1re civ., 18 juin 2014, n° 13-13.553 : JurisData n°2014-013479 ; Contrats, conc. consom. 2014, comm. 213)*.

104 Conclusion de l'opération – Lorsque l'agent dispose d'un mandat conforme tant à la loi Hoguet qu'à son décret d'application, il ne peut prétendre à sa commission qu'en cas de conclusion de la vente. Ainsi, l'article 6 de la loi Hoguet précise-t-il qu'aucun bien, effet, valeur, somme d'argent, représentatif d'honoraires, de frais de recherche, de démarche, de publicité ou d'entremise quelconque, n'est dû ou ne peut être exigé ou accepté, avant que la vente ait été effectivement conclue et constatée dans un seul acte écrit contenant l'engagement des parties. S'il violait cette interdiction, il s'exposerait à des sanctions pénales, ainsi qu'il résulte de l'article 16 de la loi Hoguet.

Charge de la rémunération – Lorsque la vente est conclue, il faut en outre, suivant l'article 73 du décret n° 72-678 du 20 juillet 1972, qu'il soit fait mention dans l'acte si cette rémunération est à la charge exclusive de l'une des parties à l'opération ou si elle est partagée. Dans ce dernier cas, les conditions et modalités de ce partage sont indiquées dans l'engagement des parties. Le montant de la rémunération ou des honoraires, ainsi que l'indication de la ou des parties qui en ont la charge sont portés dans l'engagement des parties. Il en est de même, le cas échéant, des honoraires de rédaction d'actes et de séquestre.

Vente définitivement conclue – Quant à savoir quand la vente peut être considérée comme définitivement conclue, l'article 74 du décret n° 72-678 du 20 juillet 1972 apporte des précisions. Ainsi, lorsque l'engagement des parties contient une clause de dédit ou une condition suspensive, l'opération ne peut être regardée comme effectivement conclue s'il y a dédit ou tant que la faculté de dédit subsiste ou tant que la condition suspensive n'est pas réalisée *(V. n° **3613** et s.)*.

La Cour de cassation est également venue préciser que :

- l'agent immobilier peut prétendre à sa commission lorsque l'acte authentique de vente a été signée par les parties, fût-ce en exécution d'un jugement (*Cass. 1re civ., 12 déc. 2018, n° 17-31.639*) ;
- la signature d'une promesse synallagmatique de vente constitue un accord définitif sur la chose et sur le prix et que vendeur et acquéreur ne peuvent, sans commettre une faute, refuser de la réitérer, un refus ne pouvant avoir pour effet de priver l'intermédiaire de son droit à rémunération ou à indemnisation (*Cass. 3e civ., 10 oct. 2018, n° 16-21.044*).

L'agent immobilier perçoit sans délai sa rémunération ou ses honoraires une fois constatée par acte authentique l'opération conclue par son intermédiaire.

105 Droits de priorité – Lorsque la vente est conclue avec une personne disposant, en vertu de la loi, d'un droit de priorité, l'agent immobilier ne peut prétendre à une commission. Il n'a pas alors trouvé un acquéreur potentiel et il apparaît dès lors tout à fait justifié qu'il ne puisse prétendre à une commission.
Ainsi, le 28 juin 2018, la Cour de cassation, après avoir énoncé expressément que l'article L. 145-46-1 du Code de commerce est d'ordre public, a précisé que c'est préalablement à toute recherche d'acquéreur, que le propriétaire doit proposer à la vente le local commercial ou artisanal à son locataire. Une des conséquences qui en résulte est l'impossibilité pour l'agent immobilier mandaté par le propriétaire de pouvoir exiger le paiement d'une commission par le locataire si ce dernier exerce son droit ouvert par l'article L. 145-46-1 du Code de commerce (*Cass. 3e civ., 28 juin 2018, n° 17-14.605, FS-P+B : JurisData n° 2018-011180.– Ch. Gisjbers, Le sort des honoraires de négociation en cas de préemption par le locataire : regard critique sur un arrêt : JCP G 2018, 984. – J. Lafond, Droit de priorité du locataire « commercial » : des pratiques condamnées... : JCP N 2018, n° 39, 1291. – B. Alidor, Éclairages sur le droit de préférence du preneur à bail commercial : JCP E 2018, 1454. – Ph.-H. Brault, Sur le caractère d'ordre public du droit de préférence dont bénéficie le preneur : Loyers et copr. 2018, comm. 201. – V. Zalewski-Sicard, Les droits de priorité du locataire commercial ou artisanal : Lexis360 Notaires, 12 nov. 2018*).
Il en va de même lorsque la loi du 6 juillet 1989 est applicable et qu'est adressé un congé pour vendre au locataire (*Cass. 3e civ., 3 juill. 2013, n° 12-19.442 : JurisData n° 2013-013801 ; Bull. civ. 2013, III, n° 92*).

106 Droits de préemption – Par contre, lorsqu'est en cause un droit de préemption et que l'acquéreur se substitue au tiers trouvé par l'agent immobilier, l'agent immobilier est en droit de prétendre à sa commission. Cette solution est ainsi retenue pour divers droits de préemption comme par exemple le droit de préemption urbain, dès lors du moins que le montant de la rémunération de l'intermédiaire a été mentionné dans la déclaration d'intention d'aliéner (*Cass. 3e civ., 26 sept. 2007, n° 06-17.337 : JurisData n° 2007-040507 ; Bull. civ. 2007, III, n° 158 ; JCP N 2009, n° 13, 1125, chron. D. Dutrieux*), ou le droit de préemption de l'indivisaire (*Cass. 1re civ., 26 mars 1996, n° 93-15.714 : JurisData n° 1996-001176 ; Bull. civ. 1996, I, n° 153*).

2° Montant de la commission

107 Le montant de la commission est fixé librement par l'agent immobilier : elle peut être proportionnelle au prix de vente ou être forfaitaire. En ce dernier cas, l'article 75 du décret n° 72-678 du 20 juillet 1972 précise que la commission peut être modifiée lorsque le prix de vente ou de cession retenu par l'engagement des parties est différent du prix figurant dans le mandat.

Il n'est nullement certain qu'après la réforme du Code civil par l'ordonnance n° 2016-131 du 10 février 2016 et la loi n° 2018-187 du 20 avril 2018, le juge continue à exercer un contrôle sur le montant de la commission de l'agent immobilier et en réduise le montant lorsqu'elle apparaît hors de proportion avec le service rendu (*O. Deshayes, T. Genicon et Y.-M. Laithier, Réforme du droit des contrats, du régime général et de la preuve des obligations : LexisNexis, 2e éd., 2018, p. 319*).

La Cour de cassation retient également que l'ouverture du droit à rémunération de l'agent immobilier ne fait pas obstacle au pouvoir que le juge tient de l'article 1999 du Code civil, de réduire, voire supprimer cette rémunération, en considération des fautes que l'intermédiaire a commises dans l'exécution de sa mission (*Cass. 1re civ., 14 janv. 2016, n° 14-26.474 : JurisData n° 2016-000232 ; JCP N 2016, n° 4, act. 205*).

3° Débiteur de la commission

108 La commission peut être due soit par l'acquéreur soit par le vendeur soit par les deux. En tout état de cause, il doit être précisé tant dans le mandat que dans l'engagement définitif intervenu entre les parties qui aura la charge de la commission et s'il s'agit des deux, comment s'effectuera le partage de la commission due. La Cour de cassation est intransigeante et l'agent immobilier ne peut réclamer sa commission si les précisions n'ont pas été apportées dans les deux documents précités (*Cass. 1re civ., 10 juill. 2014, n° 13-21.809 : JurisData n° 2014-016619 ; JCP N 2014, n° 31-35, act. 879*).

4° Indemnisation de l'agent immobilier

109 Lorsque le mandant ne respecte pas ses obligations envers l'agent immobilier, il peut être condamné à indemniser l'agent immobilier.
Il en va ainsi notamment lorsque le mandat contient une clause d'exclusivité et que le mandant ne respecte pas celle-ci en contractant avec un nouvel agent immobilier. En ce cas, la clause pénale prévue dans le mandat peut recevoir application. Cette clause ne peut recevoir application que si elle résulte d'une stipulation expresse du mandat dont un exemplaire a été remis au mandant. Cette clause, mentionnée en caractères très apparents, ne peut prévoir le paiement d'une somme supérieure au montant des honoraires stipulés dans le mandat pour l'opération à réaliser (*D. n° 72-678, 20 juill. 1972, art. 78*).
Le mandant peut également être condamné à indemniser l'agent immobilier lorsqu'il conclut la vente avec un acquéreur ou un vendeur présenté par l'agent. Ainsi, la Cour de cassation, par un arrêt rendu en assemblée plénière, a-t-elle jugé que « même s'il n'est pas débiteur de la commission, l'acquéreur dont le comportement

fautif a fait perdre celle-ci à l'agence immobilière titulaire d'un mandat du vendeur par l'entremise de laquelle il a été mis en rapport, doit à l'agent immobilier sur le fondement de la responsabilité délictuelle réparation de son préjudice » *(Cass. ass. plén., 9 mai 2008, n° 07-12.449 : JurisData n° 2008-043881 ; JCP N 2008, n° 21, act. 458 ; JCP N 2008, n° 51, 1362, note H. Kenfack ; JCP N 2009, n° 1-2, 1001--18, obs. S. Piedelièvre).*

F. – RESPONSABILITÉ DE L'AGENT IMMOBILIER

110 Manquement aux obligations professionnelles – Lorsqu'un agent immobilier manque à ses obligations professionnelles, il est susceptible de voir sa responsabilité civile engagée et d'être sanctionné tant administrativement que pénalement et disciplinairement.

Sanctions pénales et sanctions administratives : Elles sont prévues par les articles 14 à 18 de la loi Hoguet.

Ainsi et par exemple, est puni de 6 mois d'emprisonnement et de 7 500 € d'amende le fait de se livrer ou prêter son concours, d'une manière habituelle, même à titre accessoire, à des opérations visées à l'article 1er sans être titulaire de la carte instituée par l'article 3 ou après l'avoir restituée ou en ayant omis de la restituer après injonction de l'autorité administrative compétente.

Sanctions disciplinaires – Le Conseil national de la transaction et de la gestion immobilière a pour mission de veiller au maintien et à la promotion des principes de moralité, de probité et de compétence nécessaires au bon accomplissement des activités des agents immobiliers. Ainsi, une commission de contrôle des activités de transaction et de gestion immobilière, issue dudit conseil, instruit les cas de pratiques abusives portées à la connaissance du conseil. La commission adresse son rapport pour avis audit conseil. Le président du conseil propose à la délibération du conseil la transmission du rapport de la commission à la DGCCRF (*L. n° 70-9, 2 janv. 1970., art. 13-3*).

111 Manquement aux obligations liées au mandat – Lorsque l'agent immobilier manque à son obligation de moyens de trouver un acquéreur ou un vendeur ou lorsqu'il n'exécute pas convenablement son obligation de conseil et d'information, sa responsabilité civile peut être engagée. Elle sera de nature contractuelle à l'égard de son mandant et de nature extracontractuelle à l'égard de l'acquéreur ou du vendeur qu'il a trouvé.

112 Responsabilité liée à la rédaction d'avant-contrats – Les agents immobiliers ne pouvant rédiger d'actes authentiques, leur responsabilité quant à la rédaction d'actes ne peut concerner que la rédaction des avant-contrats. Lorsque l'agent immobilier rédige un avant-contrat, il doit veiller à exécuter correctement son obligation d'information et de conseil et doit s'assurer que l'acte qu'il rédige présentera toute l'efficacité que les parties en attendent.

> **Exemple** Ainsi, la Cour de cassation a-t-elle retenu que l'intermédiaire professionnel, qui prête son concours à la rédaction d'un acte, après avoir été mandaté par l'une des parties, est tenu de s'assurer que se trouvent réunies toutes les conditions nécessaires à l'efficacité juridique de la convention, même à l'égard de l'autre partie *(Cass. 1re civ., 14 janv. 2016, n° 14-26.474 : JurisData n° 2016-000232 ; JCP N 2016, n° 4, act. 205).*

Pour aller plus loin

Formules
- JCl. Notarial Formulaire, V° Avant-contrat, fasc. 265, par D. Montoux

Commentaires
- JCl. Notarial Formulaire, Synthèse 1440, Préparation de l'acte, par V. Zalewski-Sicard
- JCl. Notarial Formulaire, V° Avant-contrat, fasc. 250, fasc. 260, par D. Montoux

Ouvrage
- M. Thioye, Droit des intermédiaires immobiliers : Activités et opérations d'entremise et de gestion. Achats ou ventes. Recherches. Échanges et locations : Éd. LexisNexis, 2016

III. Négociation notariale

113 Les notaires pratiquent parfois la négociation immobilière et assistent le vendeur comme l'acquéreur dans la vente, l'achat et la recherche de biens immobiliers. Ainsi, l'article 31 du règlement national, approuvé par arrêté du 22 mai 2018 portant approbation du règlement national et du règlement intercours du Conseil supérieur du notariat précise-t-il que « *la négociation de biens à vendre ou à louer constitue une des activités traditionnelles du notaire* ».

De par leur statut d'officier public, les notaires ne sont pas tenus de respecter les dispositions de la loi Hoguet. D'autres dispositions leur sont applicables tel le règlement national établi par le Conseil supérieur du notariat.

A. – ACTIVITÉ ACCESSOIRE

114 La négociation doit être pratiquée en vue de la réalisation d'un contrat et constitue pour le notaire une activité accessoire.

À cet égard, l'annexe 4-9 du Code de commerce précise que cette prestation correspond à celle par laquelle le notaire, agissant en vertu d'un mandat écrit que lui a donné à cette fin l'une des parties, recherche un cocontractant, le découvre et le met en relation avec son mandant, soit directement, soit par l'intermédiaire du représentant de ce cocontractant, reçoit l'acte ou participe à sa réception. Il apparaît donc essentiel lorsque le notaire intervient en tant que négociateur, qu'il reçoive l'acte ou participe à sa réception. S'il ne participait pas à la rédaction de l'acte, l'activité de négociation ne pourrait être considérée comme accessoire de son activité principale, la rédaction d'actes.

Ce caractère accessoire n'interdit pas pour autant de constituer un groupement (*A. 27 mai 1982, art. 4*).

Ainsi, les notaires ont la faculté de se grouper pour mettre en commun divers moyens dans le but d'assurer à la clientèle le meilleur service en matière de négociation. Ils peuvent, notamment, centraliser dans un fichier commun destiné à leur information et à celle de leurs clients, les offres de vente ou de location pour lesquelles ils ont reçu mandat de rechercher un acquéreur ou un locataire. Ces groupements doivent être constitués de telle sorte que tout notaire acceptant de respecter les conventions qui les régissent puisse y être admis. Toute création de groupement devra être portée à la connaissance de la ou des chambres des notaires concernées. Les statuts ou règlements devront y être déposés.

Attention **Le groupement, qu'il ait ou non la personnalité morale, ne peut être en relation directe avec la clientèle. Il ne doit avoir, en aucun cas, une activité propre de négociation. Aucun mandat ne peut être établi au nom d'un groupement** (*A. 27 mai 1982, art. 4, 2*)

B. – OBLIGATIONS DU NOTAIRE

115 Réserve et dignité – Le notaire doit respecter les obligations de réserve et de dignité qui, par tradition, s'imposent à tout officier public (*A. 27 mai 1982, art. 1*).

116 Loyauté, impartialité et objectivité – Dans l'exercice de ses activités de négociation, le notaire doit faire preuve d'indépendance, de loyauté, d'impartialité et d'objectivité (*A. 27 mai 1982, art. 3*).

117 Sollicitation personnalisée – Depuis la parution du décret n° 2019-257 du 29 mars 2019 relatif aux officiers publics ou ministériels pris en application de la loi n° 2016-1547 du 18 novembre 2016 de modernisation de la justice du XXIe siècle, les notaires sont autorisés à recourir à la sollicitation personnalisée et à la proposition de services en ligne. Celles-ci sont néanmoins encadrées. Ainsi, suivant l'article 42 du décret n° 73-1202 du 28 décembre 1973 modifié relatif à la discipline et au statut des officiers publics ou ministériels, toute sollicitation personnalisée et toute proposition de services en ligne procurent une information sincère sur la nature des prestations de services proposées par les notaires et leur mise en œuvre respecte les règles déontologiques applicables à la profession, notamment les principes de dignité, de loyauté, de confraternité et de délicatesse. Elles excluent tout élément comparatif ou dénigrant. L'article 43 du même texte ajoute ensuite que la sollicitation personnalisée ne peut être effectuée que sous la forme d'un envoi postal ou d'un courrier électronique adressé à une personne physique ou morale déterminée, destinataire de l'offre de service. Est en particulier exclu tout démarchage physique ou téléphonique, de même que tout message textuel envoyé sur un terminaltéléphonique mobile. Toute sollicitation personnalisée en rapport avec une affaire particulière est interdite. Par ailleurs, lorsqu'elle porte sur une prestation non soumise à un tarif réglementé, la sollicitation personnalisée précise les modalités de détermination des honoraires du professionnel, lesquels feront l'objet d'une convention. Lorsqu'elle porte sur une prestation soumise à un tarif réglementé, la sollicitation personnalisée le précise et mentionne les remises pratiquées, leur taux et les conditions dans lesquelles elles sont octroyées. Au-delà dudit décret, les notaires sont également tenus de prendre en considération le Règlement général pour la protection des données (RGPD). Il faut donc vérifier que le destinataire d'une sollicitation personnalisée envoyée par courriel a préalablement donné son accord pour recevoir de tels messages. En outre, le destinataire doit avoir la possibilité de s'opposer après réception d'un message à la réception de tout autre message. En outre, lorsque la sollicitation est effectuée parvoie postale, le destinataire doit être informé de ses droits dans le courrier qui lui est adressé, conformément à l'article 32 de la loi n° 78-17 du 6 janvier 1978, dite loi Informatique et libertés.

118 Lieu d'exercice – L'activité de négociation s'exerce, comme les autres activités du notaire, au sein et dans les locaux de l'office. Cette règle ne fait pas obstacle aux déplacements nécessaires en vue de la visite des biens à vendre ou à louer ni, selon les usages en vigueur, à la tenue des adjudications hors des locaux de l'étude (*A. 27 mai 1982, art. 3*).

119 Lutte contre le blanchiment – *V. n°* ***3048***.

C. – MANDAT

120 Forme – Le mandat obligatoirement écrit doit indiquer le mode de calcul de l'honoraire et préciser qui en sera le débiteur. Une copie doit en être remise au mandat (*A. 27 mai 1982, art. 2*).

121 Durée – En vertu de son devoir de conseil, le notaire ne doit accepter de mandat que limité à une durée raisonnable tenant compte, notamment, des pratiques habituelles et usages locaux en matière de négociation et des particularités du bien à négocier (*A. 27 mai 1982, art. 2*).

122 Objet – Le mandat donné au notaire est un mandat de procéder à la recherche de vendeurs ou d'acquéreurs. Sauf mandat exprès, les publicités qu'il réalise pour la recherche d'un bien ou la vente d'un bien ne peuvent donc être analysées comme des offres d'achat ou de vente.

123 Responsabilité – Le notaire peut voir sa responsabilité engagée non pas seulement en tant que rédacteur d'acte mais aussi en qualité de participant à la négociation immobilière.

Remarque Il est en effet tenu de diligences supplémentaires lorsqu'il participe à la négociation immobilière. Il doit ainsi procéder à la visite du bien et à la vérification de la situation matérielle et de la situation juridique celui-ci. Il peut également être tenu de vérifier l'équilibre économique d'une opération d'investissement immobilier (*Cass. com., 22 mars 2017, n° 15-18.405 : JurisData n° 2017-005106 ; Resp. civ. et assur. 2017, comm., 190*) et la solvabilité des acquéreurs et des vendeurs (*Cass. 1re civ., 28 juin 2007, n° 06-11.076 et 06-11.988 : JurisData n° 2007-039755 ; Resp. civ. et assur. 2007, comm., 279*). Plus généralement, le notaire est tenu d'un devoir de conseil à l'égard de toutes les parties (*Cass. 1re civ., 6 juill. 2005 : JurisData n° 2005-029387*).

D. – PUBLICITÉ

124 Publicité individuelle – La publicité sur les biens à vendre ou à louer, peut être faite, dans le respect de l'article 31 du règlement national, soit pour un seul bien par un ou plusieurs notaires, soit pour plusieurs biens par un même notaire, soit pour plusieurs biens par plusieurs notaires sur la même annonce à la condition que chaque offre puisse être attribuée au notaire détenteur du mandat (*A. 27 mai 1982, art. 5*).
Par ailleurs, la reproduction dans les publicités du panonceau notarial est autorisée alors que l'affichage dans une vitrine formant devanture de boutique est interdit (*A. 27 mai 1982, art. 5*). La Cour de cassation, relativement à cette interdiction, a été ainsi conduite à préciser que les annonces relatives à l'activité de négoce immobilier pratiqué par l'office notarial se situant soit sur des panneaux installés sur le trottoir en retrait du bâtiment et ne faisant pas partie intégrante du bâtiment abritant l'étude, soit sur un mur plein du bâtiment, ces panneaux ne se trouvant pas dans une devanture formant boutique et ne pouvant être assimilés à un espace vitré ni être considérés comme une vitrine, ne violaient pas ladite interdiction (*Cass. 1re civ., 30 oct. 2007, n° 06-16.796 : JurisData n° 2007-041143*).

Attention **La règlementation résultant de l'arrêté du 10 janvier 2017, qui encadre l'activité de mise en relation acquéreurs ou locataires et vendeurs ou bailleurs de biens immobiliers, s'applique aux notaires.**

125 Publicité par les organismes professionnels – Seuls les organismes professionnels, statutaires ou non, sur le plan national, régional ou départemental, peuvent faire, par tous les moyens à leur convenance, une publicité informative générale sur le notariat, les services qu'il peut offrir et les moyens dont il dispose pour répondre aux besoins de la clientèle (*A. 27 mai 1982, art. 5*).

E. – HONORAIRES DE NÉGOCIATION

126 Fixation – Les honoraires de négociation, depuis le 1er mars 2016, sont librement convenus entre le notaire et son client, ne figurant pas dans le tableau 5 du décret n° 2016-230 du 25 février 2016 (*V. n° **4280** et s.*).
Suivant le dernier alinéa de l'article L. 444-1 du Code de commerce, les honoraires rémunérant ces prestations tiennent compte, selon les usages, de la situation de fortune du client, de la difficulté de l'affaire, des frais exposés par les professionnels concernés, de leur notoriété et des diligences de ceux-ci. Les professionnels concernés concluent par écrit avec leur client une convention d'honoraires, qui précise, notamment, le montant ou le mode de détermination des honoraires couvrant les diligences prévisibles, ainsi que les divers frais et débours envisagés.

127 Créancier – Les honoraires destinés à rémunérer la négociation appartiennent au seul notaire négociateur. Ils se partagent, le cas échéant si plusieurs notaires ont effectivement la qualité de négociateurs, par parts égales entre eux, sauf convention contraire.

128 Débiteur – Suivant l'annexe 4-9 du Code de commerce, sauf stipulation contraire, l'honoraire de la négociation est à la charge de celle des parties qui supporte les frais de l'acte.

F. – TECHNIQUES NOUVELLES DE NÉGOCIATION NOTARIALE

1° Adjudications notariales volontaires

129 L'adjudication n'est pas un procédé de vente nouveau mais la mise en œuvre par le notariat est originale et généralement assurée par les organismes collectifs de la profession, chambres ou conseils régionaux. Elles sont connues sous dénomation de ventes aux enchères notariales volontaires ; on peut aussi dire ventes à la bougie si l'on veut leur donner un parfum balsacien en contraste avec leur modernité

Le succès de la formule tient à la qualité de son organisation mise au point par les notaires spécialistes de l'immobilier et familiers des transactions. La mise à prix est conseillée par des experts, les frais de publicité sont fixés et sensiblement réduits par des annonces groupées, les enchères sont portées par l'intermédaire de notaires participant à l'opération, un chèque de consignation est signée par les candidats et leur est remis immédiatement s'ils ne sont pas adjudicataires. Le prix est payable dans les 45 jours (Pour la plateforme Site officiel des notaires de France).

130 Avantage fiscal – Notons que comme toute adjudication, le prix obtenu est opposable à l'administration si l'adjudication a eu lieu, avec admission des étrangers, dans les deux années qui ont précédé ou suivi, soit l'acte de donation, soit le point de départ des délais pour souscrire la déclaration de succession (*CGI, art. 761*). Cette disposition est très utile, notamment lorsque l'immeuble est difficile à évaluer en raison de ses particularités.

2° Vente notariale interactive

131 Origine – Il y a une dizaine d'années, le Conseil supérieur du notariat à créé une plateforme nommée « le site officiel de l'immobilier des notaires de France » *(www.immobilier.notaires.fr)*. Cela permet à tous les notaires de France de procéder à toutes sortes de ventes immobilières, négociées, par vente aux enchères ou par ventes interactives ; ces dernières sont dites aussi Immo-Interactif (*L. Mauger-Vielpeau, Où en est la vente notariale interactive ? : JCP N 2018, n° 38, 1282*).

132 Appel d'offres – Il ne s'agit pas d'adjudication mais d'appel d'offres concernant des immeubles mis en vente par un notaire qui établit un dossier complet, description de l'immeuble, estimation, réunion de pièces et documents. Il fait cela avec le concours du vendeur qui a signé un mandat d'exclusivité de 6 à 8 semaines. Le notaire sert d'intermédaire entre le vendeur et les amateurs ; il doit agréer ceux qui auront le droit de faire des offres ; l'agrément porte notamment sur la capacité financière.

133 Offres progressives – Les offres chiffrées des participants agréés se succèdent sur Internet. Le vendeur a la liberté de ne pas vendre et celle de choisir le candidat sans être tenu de retenir le meilleur prix.

134 Réalisation de la vente – Si l'offre d'un participant est acceptée par le vendeur un avant-contrat est établi dans les conditions habituelles. Le droit de rétractation s'il existe peut troubler le jeu mais en l'état actuel doit être respecté bien que le candidat acquéreur a pu disposer du délai nécessaire en connaissance de cause puisque les conditions de la vente lui ont été indiquées (*L. Mauger-Vielpeau, préc.*).

Pour aller plus loin

Formules
- JCl. Notarial Formulaire, V° Avant-contrat, fasc. 265 (agent immobilier), par D. Montoux
- JCl. Notarial Formulaire, V° Responsabilité notariale, fasc. 35 (reconnaissance de conseils donnés), par HL Sanséau et J.-F. Pillebout
- JCl. Notarial Formulaire, V° Vente d'immeuble, fasc. 109 (reconnaissance de conseils donnés), par J. Lafond et J.-F. Pillebout

Fiches pratiques
- Fiche pratique n° 2631, Vérifier le mandat de l'agent immobilier et son droit à rémunération par A. Robert-Chary,
- Fiche pratique n° 1721, Rédiger une vente d'immeuble, par M. Suquet-Cozic

Commentaires
- JCl. Notarial Formulaire, V° Avant-contrat, fasc. 200 (négociation notariale), par D. Pichon et J.-F. Pillebout
- JCl. Notarial Formulaire, V° Avant-contrat, fasc. 250 et 260 (agents immobiliers), par D. Montoux

Revues
- J.-F. Humbert (entretien), La qualité de professionnel libéral ne peut pas toujours passer au second plan : JCP N 2008, n° 25-26,1225
- L. Mauger-Vielpeau, Où en est la vente notariale interactive ? : JCP N 2018, n° 38, 1282

IV. Intermédiation de l'avocat

135 Le mandat de transaction immobilière fait partie des activités pouvant être exercées par un avocat *(Cass. 2e civ., 22 mai 2014, n° 13-20.035 : JurisData n° 2014-010530)*.

De l'article 2 de la loi n° 70-9 du 2 janvier 1970, dite loi Hoguet, et de l'article 95 du décret n° 72-678 du 20 juillet 1972, il résulte que les dispositions réglementant les conditions d'exercice des activités relatives à certaines opérations portant sur les immeubles et les fonds de commerce ne sont pas applicables, pour les opérations qu'ils sont régulièrement habilités à réaliser dans le cadre de la réglementation de leur profession, aux avocats.

Par conséquent, comme les notaires, les avocats ne peuvent pratiquer l'activité de négociation qu'à titre accessoire et en respectant les règles de leur profession. Doit dès lors être pris en considération le règlement intérieur national de la profession d'avocat (RIN).

A. – UNE ACTIVITÉ ACCESSOIRE

136 L'article 111 du décret n° 91-1197 du 27 novembre 1991 organisant la profession d'avocat précise que la profession d'avocat est incompatible avec toutes les activités de caractère commercial, qu'elles soient exercées directement ou par personne interposée. Cette incompatibilité ne fait pas obstacle à la commercialisation, à titre accessoire, de biens ou de services connexes à l'exercice de la profession d'avocat si ces biens ou services sont destinés à des clients ou à d'autres membres de la profession.
L'article 6.3 du règlement précise que l'avocat peut accepter un mandat en transaction immobilière. Pour que cette activité ait un caractère accessoire, la mission de l'avocat ne peut se limiter à la seule opération de rapprochement des deux parties contractantes *(CNB, commission des règles et usages, L'activité de l'avocat mandataire en transactions : Le mandat en transactions immobilières : Guide pratique : 2e éd., 2014, p. 11)*. Elle doit être accessoire à la prestation juridique de rédaction d'acte ou de conseil. Relativement à ce caractère accessoire, le Conseil national des barreaux a précisé que le « mandat en transactions » fait nécessairement partie d'une mission principale plus large préalable ou au moins concomitante.

137 **Application** – Tel est le cas par exemple de l'avocat chargé :
- du règlement d'une situation (divorce, succession, etc.) ; l'avocat se voit confier le mandat de trouver un acquéreur pour un bien appartenant à l'actif à partager ou à transmettre ;
- de la transmission d'une entreprise ; cette opération suppose le plus souvent une restructuration ou en tout cas un audit juridique préalable afin que l'entreprise en cause puisse être cédée ou apportée dans les meilleures conditions possibles ;
- de la mission spécifique de préparer et d'accompagner la cession, la location ou l'acquisition d'un bien, à condition que sa mission ne se limite pas à la seule recherche du cocontractant ; dans cette hypothèse aussi, l'intermédiation doit rester accessoire à la mission juridique ; en conséquence, le mandat en transactions doit comprendre l'accompagnement juridique, fiscal et social de l'opération envisagée incluant les conseils sur les modalités et les conséquences de celle-ci et/ou la rédaction des contrats nécessaires à sa réalisation (avant contrats, lettres d'intention, promesses, compromis, actes divers...).

138 **Mission de l'avocat** – En matière immobilière, la mission de l'avocat comprend notamment la détermination exacte des caractéristiques juridiques de l'immeuble vendu en termes d'urbanisme, d'environnement, du droit de construire, des conditions de la vente lorsque le bien dépend d'une indivision successorale ou conventionnelle, de qualification au regard du régime matrimonial du vendeur, du régime fiscal de la vente, des droits de mutation et des conséquences en matière de plus-values, d'opérations subséquentes d'ores et déjà prévues, apport à une société de gestion ou acquisition directe par celle-ci, etc. L'étude des conditions juridiques et fiscales de l'opération n'est pas moins importante que la rédaction de l'acte qui les met en œuvre. Ainsi, l'activité de mandataire en transactions doit toujours s'inscrire dans un environnement juridique *(CNB, commission des règles et usages, L'activité de l'avocat mandataire en transactions : Le mandat en transactions immobilières : Guide pratique, 2e éd., 2014, p. 12)*.

B. – OBLIGATIONS DE L'AVOCAT

139 **Déclaration à l'Ordre** – L'avocat qui entend exercer l'activité de mandataire en transaction immobilière doit en faire la déclaration à l'Ordre, par lettre ou courriel adressé au Bâtonnier *(RIN, art. 6.4)*.

140 **Licéité de l'opération** – L'avocat s'assure au préalable de la licéité de l'opération pour laquelle il lui est donné mandat *(RIN, art. 6.2)*.

141 **Assurances** – L'activité de mandataire en transactions immobilières entrant dans le champ d'activité autorisé pour les avocats est couverte par l'assurance responsabilité civile professionnelle. Elle est également assurée par le contrat de base dès lors qu'elle est réalisée conformément aux règles de la profession. Pour autant, compte tenu de l'importance des opérations que peut réaliser l'avocat, il doit veiller à souscrire une couverture d'assurance suffisante en souscrivant à des lignes de couvertures complémentaires.

142 **Lutte contre le blanchiment des capitaux et le financement du terrorisme** – Suivant l'article L. 561-3 du Code monétaire et financier, les avocats sont assujettis aux obligations de lutte contre le blanchiment des capitaux et le financement du terrorisme dans le cadre de leur activité professionnel e lorsqu'ils participent au nom et pour le compte de leur client à toute transaction immobilière. Il en va toutefois différemment lorsque l'activité se rattache à une procédure juridictionnelle, que les informations dont ils disposent soient reçues ou obtenues avant, pendant ou après cette procédure, y compris dans le cadre de conseils relatifs à la manière d'engager ou

d'éviter une telle procédure, non plus que lorsqu'ils donnent des consultations juridiques, à moins qu'elles n'aient été fournies à des fins de blanchiment de capitaux ou de financement du terrorisme ou en sachant que le client les demande aux fins de blanchiment de capitaux ou de financement du terrorisme.
L'une des particularités relatives aux avocats est qu'ils sont tenus d'effectuer cette déclaration non pas directement au service Tracfin, mais de l'adresser, selon le cas, au président de l'ordre des avocats au Conseil d'État et à la Cour de cassation ou au bâtonnier de l'ordre auprès duquel l'avocat est inscrit. Ces instances jouent ainsi un rôle de filtre en vérifiant qu'il y a bien lieu à déclaration avant de transmettre éventuellement au service Tracfin *(C. mon. fin., art. L. 561-17)*.
Relativement à ce rôle de filtre, le CNB a précisé que « le bâtonnier peut ainsi décider de ne pas transmettre à Tracfin la déclaration faite par l'avocat s'il estime que les conditions posées par le Code monétaire et financier ne sont pas réunies ». Il doit informer l'avocat de sa décision, en lui donnant les raisons de ce refus de transmettre. Il doit également informer le Conseil national des barreaux. La lettre par laquelle le bâtonnier informe l'avocat de sa décision doit être à la fois clairement motivée et envoyée à l'avocat ayant fait la déclaration, et non à la structure à laquelle il peut appartenir, par lettre recommandée avec demande d'avis de réception, confirmée par lettre simple » *(CNB, Guide pratique. Lutte contre le blanchiment et le financement du terrorisme : 2e éd., 2017, p. 29. - V. n°* ***3048****)*.

143 Détention de fonds - L'avocat qui manie les fonds, effets ou valeurs de manière accessoire à une opération juridique ou judiciaire doit les déposer sans délai à la CARPA *(RIN, art. 6.2)*. Il en va dès lors ainsi lorsqu'il intervient dans le cadre d'une transaction immobilière.

144 Obligation d'information et de conseil - Si l'avocat est tenu d'une obligation d'information et de conseil à l'égard de son cocontractant, il en est également tenu à l'égard du vendeur ou de l'acquéreur qu'il a trouvé lorsqu'il intervient en qualité de rédacteur d'acte. L'avocat est en effet tenu de veiller à assurer l'équilibre de l'ensemble des intérêts en présence et de prendre l'initiative de conseiller les deux parties à la convention sur la portée des engagements souscrits de part et d'autre *(Cass. 1re civ., 27 nov. 2008, n° 07-18.142 : JurisData n° 2008-045973 ; Dr. sociétés 2009, comm. 53, obs. D. Gallois-Cochet)*.

C. – MANDAT DE L'AVOCAT

145 Forme - L'avocat doit justifier d'un mandat écrit *(RIN, art. 6.2)*. Le mandat écrit, ou la lettre de mission, doit déterminer la nature, l'étendue, la durée, les conditions et les modes d'exécution de la fin de la mission de l'avocat. Il doit être établi en autant d'exemplaires que de parties *(C. civ., art. 1375)*.

Pour le Conseil national des barreaux, le mandat doit impérativement :
- contenir l'identification précise du client ;
- définir précisément la mission ;
- rappeler la mission juridique principale, dont l'opération envisagée est l'accessoire ;
- identifier clairement le bien ou l'objet de la transaction ;
- préciser les conditions de l'opération envisagée (dont notamment le prix d'acquisition ou decession du bien, la marge de négociation, les modalités d'intervention de tiers et la prise en charge de celles-ci) ;
- d'une manière générale préciser le mandat d'initier avec tout contractant éventuel, les pourparlers propres à réaliser l'opération, tant dans son principe (contacter et négocier au nom du mandant), ses modalités pratiques d'exécution (cercle des destinataires de l'offre contractuelle et publicité éventuelle à mettre en œuvre), que ses limites (pouvoir ou non de conclure l'accord définitif) ;
- définir les modalités de maniement des fonds et l'obligation de reddition des comptes ;
- prévoir le montant et le mode de rémunération de l'avocat ;
- prévoir sa durée, les modalités de rupture et leurs conséquences. *(CNB, commission des règles et usages, L'activité de l'avocat mandataire en transactions : Le mandat en transactions immobilières : Guide pratique, 2e éd., 2014, p. 12)*.

146 Durée - La durée du mandat doit être précisée par celui-ci, sachant que le mandat de l'avocat est révocable *ad nutum*.

En application de l'article 2004 du Code civil, le mandant peut révoquer sa procuration quand bon lui semble et contraindre, s'il y a lieu, le mandataire à lui remettre soit l'écrit sous seing privé qui la contient, soit l'original de la procuration, si elle a été délivrée en brevet, soit la copie authentique si l'acte est notarié.

147 Objet - L'avocat va être chargé par son client de trouver un acquéreur ou un vendeur. En effet, il peut recevoir mandat de négocier, d'agir et de signer au nom et pour le compte de son client. Un tel mandat doit être spécifique et ne peut en conséquence avoir un caractère général. L'avocat respecte strictement l'objet du mandat et veille à obtenir du mandant une extension de ses pouvoirs si les circonstances l'exigent. L'avocat ne peut, sans y avoir été autorisé spécialement et par écrit par le mandant, transiger en son nom et pour son compte ou l'engager irrévocablement par une proposition ou une offre de contracter *(RIN, art. 6.2)*. De même, l'avocat ne peut disposer de fonds, effets ou valeurs ou aliéner les biens du mandant que si le mandat le stipule expressément ou, à défaut, après y avoir été autorisé spécialement et par écrit par le mandant.

L'avocat peut également être conduit à rédiger l'avant-contrat. En ce cas, conformément à l'article 7.2 du RIN, il doit assurer la validité et la pleine efficacité de l'acte selon les prévisions des parties. Il refuse de participer à la rédaction d'un acte ou d'une convention manifestement illicite ou frauduleux. Sauf s'il en est déchargé par les parties, il est tenu de procéder aux formalités légales ou réglementaires requises par l'acte qu'il rédige et de demander le versement préalable des fonds nécessaires. L'avocat, seul rédacteur d'un acte, veille à l'équilibre des intérêts des parties. Lorsqu'il a été saisi par une seule des parties, il informe l'autre partie de la possibilité qu'elle a d'être conseillée et de se faire assister par un autre avocat.

148 **Responsabilité** – L'avocat, comme l'agent immobilier ou le notaire, est susceptible de voir sa responsabilité engagée à l'occasion de son intermédiation dans le cadre d'une négociation immobilière. Sa responsabilité sera contractuelle à l'égard de son mandant alors qu'elle sera extracontractuelle relativement à l'autre partie.

D. – PUBLICITÉ

149 **Publicité fonctionnelle** – La publicité fonctionnelle est destinée à faire connaître la profession d'avocat et son organisation. Elle relève de la compétence des institutions représentatives de la profession.

150 **Publicité personnelle** – La publicité personnelle s'entend de toute forme de communication destinée à promouvoir les services de l'avocat. La sollicitation personnalisée, qui est un mode de publicité personnelle, s'entend de toute forme de communication directe ou indirecte, dépassant la simple information, destinée à promouvoir les services d'un avocat à l'attention d'une personne physique ou morale déterminée.

Lorsqu'elle concerne une transaction immobilière, elle doit être respectueuse de l'arrêté du 10 janvier 2017 *(JO 18 janv. 2017)* relatif à l'information des consommateurs par les professionnels intervenant dans les transactions immobilières.

Le Conseil national des barreaux a également précisé que « la question de la publicité recouvre en fait deux aspects : la publicité de l'avocat pour son activité de mandataire en transactions d'une part, et la publicité spécifique à chaque mandat d'autre part :

l'avocat a le droit de faire savoir que l'activité de mandataire en transactions fait partie de ses domaines d'activité. Néanmoins, le caractère nécessairement accessoire de celle-ci lui interdit de se présenter comme intervenant exclusivement dans ce domaine ;

la publicité spécifique à chaque mandat peut être affichée sur l'immeuble objet de la transaction, un panneau faisant apparaître le nom de l'avocat, sa qualité d'avocat, ses coordonnées ainsi que le logo « les avocats » de façon à mettre en valeur la profession. La publicité peut également être effectuée au sein du cabinet de l'avocat (accueil, salle d'attente, fenêtre, baie vitrée) ou à l'extérieur (panonceau). Cette publicité doit rester conforme aux principes essentiels de la profession que sont la dignité et la délicatesse. En cas de recours à une société commerciale, les coordonnées de l'avocat mandataire en charge de l'opération doivent être mentionnées, car ce dernier est le seul responsable de toutes les phases du mandat. Les règles régissant la publicité des avocats n'interdisent pas la distribution de publications regroupant les offres d'avocats mandataires en transactions, ni bien évidemment la création de sites Internet. Ne doivent figurer sur ces publications ou sites que les coordonnées des avocats mandataires concernés pour la raison susvisée » *(CNB, commission des règles et usages, L'activité de l'avocat mandataire en transactions : Le mandat en transactions immobilières, Guide pratique : 2e éd., 2014, p. 12).*

E. – HONORAIRES DE NÉGOCIATION

151 **Fixation** – Le mandat de transaction immobilière faisant désormais partie des activités pouvant être exercées par un avocat, la détermination des honoraires en proportion du seul résultat de la vente est prohibée et l'évaluation de leur montant doit être réalisée en fonction des critères de l'article 10, alinéa 2, de la loi n° 71-1130 du 31 décembre 1971 *(Cass. 2e civ., 22 mai 2014, n° 13-20.035 : JurisData n° 2014-010530).*

Les honoraires sont fixés selon les usages, en fonction de la situation de fortune du client, de la difficulté de l'affaire, des frais exposés par l'avocat, de sa notoriété et des diligences de celui-ci. L'avocat chargé d'un dossier peut demander des honoraires à son client même si ce dossier lui est retiré avant sa conclusion, dans la mesure du travail accompli.

La rémunération de l'avocat est fonction, notamment, de chacun des éléments suivants conformément aux usages :

- le temps consacré à l'affaire ;
- le travail de recherche ;
- la nature et la difficulté de l'affaire ;
- l'importance des intérêts en cause ;
- l'incidence des frais et charges du cabinet auquel il appartient ;
- sa notoriété, ses titres, son ancienneté, son expérience et la spécialisation dont il est titulaire ;
- les avantages et le résultat obtenus au profit du client par son travail, ainsi que le service rendu à celui-ci ;
- la situation de fortune du client.

152 **Débiteur** – L'avocat ne peut percevoir d'honoraires que de son client ou d'un mandataire de celui-ci.

153 **Créancier** – En matière de rédaction d'actes et lorsqu'un acte est établi conjointement par plusieurs avocats, la prestation de conseil et d'assistance de chaque intervenant ne peut être rétribuée que par le client ou par un tiers agissant d'ordre ou pour le compte de celui-ci.

Remarque Dans le cas où il est d'usage que les honoraires de rédaction soient à la charge exclusive de l'une des parties et à la condition que l'acte le stipule expressément, les honoraires doivent être, à défaut de convention contraire, partagés par parts égales entre les avocats ayant participé conjointement à la rédaction.

Pour aller plus loin

Commentaires
- JCl. Civil Annexes, V° Avocats, fasc. 25, par R. Martin et D. Landry

Ouvrages
- CNB, commission des règles et usages, L'activité de l'avocat mandataire en transactions : Le mandat en transactions immobilières : Guide pratique, 2e éd., 2014
- CNB, Guide pratique. Lutte contre le blanchiment et le financement du terrorisme, 2e éd., 2017

Contrats préparatoires

Vivien Zalewski-Sicard
Maître de conférences, Université Toulouse Capitole, membre de l'IEJUC

Présentation générale

154 Le pacte de préférence, avec la promesse unilatérale de vente et la promesse synallagmatique de vente, fait partie des contrats préparatoires traditionnellement utilisés dans le cadre de la vente immobilière. L'article 1123 du Code civil le définit comme *« le contrat par lequel une partie s'engage à proposer prioritairement à son bénéficiaire de traiter avec lui pour le cas où elle déciderait de contracter »*. Cet article précise les conséquences de la violation du pacte de préférence mais aucunement le régime du pacte de préférence tels notamment le prix et la durée

155

Le pacte de préférence peut être autonome ou accessoire à un autre contrat. Ainsi, peut-il être l'accessoire :

- d'un **contrat de bail**, le propriétaire s'engageant à proposer prioritairement la vente du bien loué au locataire ;
- d'un **contrat de vente**. Il en va ainsi notamment lorsque le vendeur ne vend qu'une partie de sa propriété et qu'il s'engage à proposer prioritairement la vente de la partie conservée à l'acquéreur dans l'hypothèse où il se déciderait à vendre. Il est également possible que l'acquéreur s'engage à l'égard du vendeur à lui proposer prioritairement la vente du bien s'il décidait d'aliéner le bien acquis ;
- d'un **contrat de donation**. Ainsi, lorsque le donataire dispose de la nue-propriété d'un bien, il peut être prévu que si le donataire cède la nue-propriété, il devra proposer prioritairement au donateur la cession de la nue-propriété. Le donateur peut également vouloir que le bien donné soit conservé au sein de la famille ;
- d'un **partage**. Lorsqu'un immeuble est attribué à l'un des copartageants, l'acte de partage peut contenir un pacte de préférence qui précisera qu'en cas de vente du bien ainsi attribué, le copartagé, attributaire dudit bien, devra, s'il décide de le vendre, le proposer prioritairement aux copartageants.

156 **Règlement de copropriété** – En revanche, pour la Cour de cassation, un pacte de préférence ne peut être accessoire à un **règlement de copropriété**. La clause du règlement de copropriété qui oblige le propriétaire d'un lot à le vendre à un acquéreur qu'il n'a pas choisi constitue une restriction à son droit de libre disposition de son bien.

Exemple Aussi, doit être réputée non écrite la clause qui stipule qu'en cas de vente d'un lot, le vendeur est tenu d'accorder la préférence aux autres copropriétaires *(Cass. 3e civ., 29 mai 1979, n° 78-11.530 : Bull civ. III, n° 118. – Cass. 3e civ., 17 juill. 1972, n° 71-11.248 : Bull. civ. III, n° 463)*. Dans un arrêt du 8 février 2011, un tel droit de préférence avait été prévu dans un règlement de copropriété et les copropriétaires n'ont pas contesté la validité de ce pacte. La stipulation ayant été respectée, la demande de substitution du copropriétaire a été rejetée *(Cass. 3e civ., 8 févr. 2011, n° 10-10.949)*.

157 Il est peu probable que la Cour de cassation maintienne cette jurisprudence *(V. déjà : Cass. 3e civ., 30 juin 2009, n° 07-21.146 et 08-13.405)* sachant que rien n'interdit de prévoir un pacte de préférence jouant entre copropriétaires, en dehors du règlement de copropriété *(Cass. 1re civ. 15 juin 2017, n° 16-18.379)*.

Le législateur, avec la loi n° 2009-323 du 25 mars 2009, a prévu à l'article 8-1 de la loi n° 65-557 du 10 juillet 1965, que le règlement de copropriété des immeubles dont le permis de construire a été délivré conformément à un plan local d'urbanisme ou d'autres documents d'urbanisme imposant la réalisation d'aires de stationnement peut prévoir une clause attribuant un **droit de priorité aux copropriétaires** à l'occasion de la vente de lots exclusivement à usage de stationnement au sein de la copropriété. Dans ce cas, le vendeur doit, préalablement à la conclusion de toute vente d'un ou plusieurs lots à usage de stationnement, faire connaître au syndic par lettre recommandée avec demande d'avis de réception son intention de vendre, en indiquant le prix et les conditions de la vente. Cette information est transmise sans délai à chaque copropriétaire par le syndic par lettre recommandée avec demande d'avis de réception, aux frais du vendeur. Elle vaut offre de vente pendant une durée de 2 mois à compter de sa notification.

Pour aller plus loin

Formules

- JCl. Notarial Formulaire, V° Pacte de préférence, fasc. 10 et 15, par A. Walvarens

Pour aller plus loin

Revues

- S. Bertolaso, Définition et régime du pacte de préférence : Constr.-Urb. 2016, alerte 31
- F. Chénédé et O. Herrnberger, Les avant-contrats : JCP N 2017, n° 17, 1164
- J.-P. Désidéri, Pacte de préférence et situations particulières : le droit immobilier : Dr. & patr. 2006, n° 144, p. 38
- G. Durand-Pasquier, Courte liste didactique des modifications portées par l'ordonnance réformant le droit des contrats : Focus sur la formation des contrats (1re partie : négociation, offre, acceptation, avant-contrats) : Constr.-Urb. 2016, alerte 48
- G. Flora, L'interprétation et la rédaction du pacte : Dr. & patr. 2006, n° 144, p. 38
- C. Grimaldi, Le pacte de préférence et le notaire après la réforme du droit des contrats : Defrénois 30 oct. 2016, n° 124s1, p. 1067
- M. Mekki, Le pacte de préférence, réforme des contrats et des obligations : JCP N 2016, n° 41, act. 1102
- J.-G. Raffray, Interprétation et rédaction des pactes de préférence : JCP N 1991, I, p. 471

Ouvrages

- O. Deshayes, T. Genicon et Y.-M. Laithier, Réforme du droit des contrats, du régime général et de la preuve des obligations : LexisNexis, 2e éd., 2018
- W. Dross, Dictionnaire des clauses ordinaires et extraordinaires des contrats de droit privé interne : LexisNexis, 3e éd., 2016, spéc. V° Préférence
- M. Mignot, Le droit de la vente après l'ordonnance n° 2016-131 *in* Les contrats spéciaux et la réforme du droit des obligations, Vol. 34, (dir.) L. Andreu et M. Mignot : Institut universitaire Varenne, 2017

Définition du pacte de préférence et distinction

I. Définition

158 L'article 1123 du Code civil définit le pacte de préférence comme *« le contrat par lequel une partie s'engage à proposer prioritairement à son bénéficiaire de traiter avec lui pour le cas où elle déciderait de contracter. »*

II. Pacte de préférence, offre et contrats préparatoires

1° Pacte de préférence et offre

159 **Le pacte de préférence se distingue de l'offre de contracter** *(V. n° **29** et s. - V. n° **52** et s.)*. L'offrant s'oblige à maintenir son offre de vente ou d'achat et si celle-ci est acceptée, la vente sera conclue *(C. civ., art. 1114)*.
Celui qui s'engage dans le cadre d'un pacte de préférence n'émet pas d'offre de vendre ou d'acheter. Il est simplement tenu de proposer la vente prioritairement au bénéficiaire du pacte dans l'hypothèse où il se déciderait à vendre. C'est ainsi dans le cadre de l'exécution du pacte de préférence que le promettant devra faire parvenir au bénéficiaire du pacte de préférence une offre de vente.

2° Pacte de préférence et promesse unilatérale de vente

160 **Distinction** – En vertu de l'article 1124 du Code civil, *« la promesse unilatérale est le contrat par lequel une partie, le promettant, accorde à l'autre, le bénéficiaire, le droit d'opter pour la conclusion d'un contrat dont les éléments essentiels sont déterminés, et pour la formation duquel ne manque que le consentement du bénéficiaire » (V. n° **213**)*.
Dans la promesse unilatérale de vente, le promettant a d'ores et déjà donné son consentement à la vente alors que dans le pacte de préférence, il ne s'engage pas à vendre, mais seulement à ne pas vendre à un tiers avant de proposer ladite vente au bénéficiaire du pacte de préférence.
La situation du bénéficiaire du pacte de préférence est différente de celle du bénéficiaire d'une promesse unilatérale de vente, car tant que le promettant du pacte de préférence n'a pas décidé de vendre, le bénéficiaire du pacte ne dispose d'aucune option. Il est contraint d'attendre qu'éventuellement le promettant se décide à vendre. La situation du bénéficiaire d'une promesse unilatérale de vente est différente puisqu'il dispose d'une option d'acheter ou de ne pas acheter et la suite des événements est donc dépendante de sa volonté.

161 **Rapprochement** – Des liens existent entre pacte de préférence et promesse unilatérale de vente. Une fois que le promettant du pacte de préférence décide de vendre, il est tenu de faire une offre de vente au bénéficiaire du pacte de préférence.
Suivant ce qui aura été prévu dans le pacte de préférence, le bénéficiaire de celui-ci se retrouvera alors, mais donc dans un second temps seulement, dans une situation proche de celle du bénéficiaire d'une promesse unilatérale de vente, pouvant décider d'accepter ou de ne pas accepter l'offre de vente qui lui est faite.

3° Pacte de préférence et promesse synallagmatique de vente

162 **Distinction** – Le pacte de préférence se distingue de la promesse synallagmatique de vente qui étrangement ne figure pas dans la sous-section 3 de la section I du chapitre II du sous-titre 1er du titre III du livre III du Code civil *(V. n° **327**)*, car tant le promettant que le bénéficiaire de la promesse ont donné leur consentement, l'un pour vendre, l'autre pour acquérir. Or de tels consentements sont seulement et éventuellement à venir dans le cadre d'un pacte de préférence.

III. Pacte de préférence et droits de préemption ou de priorité légaux

163 La réglementation concernant les droits de préemption et les droits de priorité étant d'ordre public, elle ne peut être tenue en échec par la conclusion d'un pacte de préférence, que le droit de préemption profite à l'intérêt général ou à des intérêts particuliers *(Cass. 3e civ., 24 mars 2016, n° 15-14.004 : JurisData n° 2016-005395 ; JCP N 2016, n° 14, act. 499. - Cass. 3e civ., 2 déc. 1981, n° 80-13.589 : JurisData n° 1981-703315. - Cass. 3e civ., 1er avr. 1992, n° 90-16.985 : JurisData n° 1992-000742. - Cass. 3e civ., 10 mai 1984, n° 82-17.079 : Bull. civ. III, n° 96. - V. n°* ***3060*** *et s.).*

Conseil pratique **Lors de la conclusion du pacte de préférence, il sera précisé que le droit de priorité accordé au bénéficiaire du pacte ne jouera que si, et seulement si, aucun droit de préemption ou droit de priorité d'origine législative ou réglementaire, existant ou à naître n'est exercé et que le promettant peut louer librement son bien. Ainsi, le propriétaire pourra notamment louer son bien au profit d'un preneur susceptible de bénéficier d'un droit de préemption ou d'un droit de priorité d'origine légale et lui vendre son bien sans violer le pacte de préférence en cas d'exercice du droit de préemption ou du droit de priorité.**

164 Conséquence pratique – La hiérarchie des droits ne se confond pas avec l'ordre de la purge.

Le pacte de préférence est mis en œuvre dès qu'il y a intention de vendre, avant la conclusion d'une promesse au profit d'un tiers sous peine de violer le pacte. Il en va de même pour les droits de priorité ainsi que l'a rappelé la Cour de cassation pour le droit de priorité du locataire résultant de l'article L. 145-15 du Code de commerce (*Cass. 3e civ., 28 juin 2018, n° 17-14.605, P+B+I : JurisData n° 2018-011180 ; J. Lafond, Droit de priorité du locataire « commercial » : des pratiques condamnées... : JCP N 2018, 1291 ; V. Zalewski-Sicard, Les droits de priorité du locataire commercial ou artisanal : Lexis360 Notaires, 12 nov. 2018).*

Le droit de préemption, au contraire, est un droit d'éviction. Il se réalise à la suite de la conclusion d'un contrat, serait-il verbal *(C. Saint Alary-Houin, Le droit de préemption, préf. P. Raynaud : LGDJ, 1979)*. Il faut donc commencer par connaître l'intention du bénéficiaire du pacte :

- s'il accepte : le contrat est formé. C'est ce contrat qu'il faut ensuite proposer au préempteur lequel va pouvoir se substituer dans la position contractuelle et partant écarter le bénéficiaire du pacte. Il faut toutefois prendre garde aux exceptions liées aux liens existants entre le vendeur et le bénéficiaire du pacte car le droit de préemption peut alors se trouver écarter de ce chef – c'est le cas par exemple pour le droit de préemption du fermier ou de la SAFER pour les parents ou alliés jusqu'au 3e degré pour le premier et le 4e degré pour le second ;
- s'il renonce à son droit : le notaire proposera le contrat formé entre le vendeur et l'acquéreur pressenti à la suite de ce refus.

Pour aller plus loin

- G. Brunaux, L'interpellation du bénéficiaire du pacte de préférence par le tiers contractant. Formule : Contrats conc. cons. 2017, form. 3
- F. Chénédé et O. Herrnberger, Les avant-contrats : JCP N 2017, 1164
- C. Grimaldi, Le pacte de préférence : comment le rédiger, le sécuriser ou le neutraliser ? pièce en quatre actes : D. 2018, p. 1529
- C. Grimaldi, Le pacte de préférence et le notaire après la réforme : Defrénois, 30 oct. 2016, p. 1067
- M. Julienne, Les conflits entre droits de préemption : Defrénois, 15 mars 2018, p. 36
- M. Mekki, Réforme des contrats et des obligations : le pacte de préférence : JCP N 2016, 1102

Éléments du pacte de préférence

I. Consentement

165 Étant un contrat, le pacte de préférence nécessite un accord de volontés. Celui-ci est annulable si l'une des parties peut établir que son consentement a été vicié *(V. n° **801**)*.

II. Établissement du pacte de préférence

166 **Le pacte de préférence n'est pas un contrat solennel** – Ainsi, lorsqu'aucune contrepartie n'est prévue au bénéfice du promettant, il n'a pas à être établi par écrit. Pour autant, pour en établir l'existence et le contenu, il apparaît nécessaire de dresser un écrit.

167 Lorsqu'une **contrepartie** est prévue au bénéfice du promettant, le pacte de préférence correspond à un contrat synallagmatique au sens de l'article 1106 du Code civil. Il convient de tenir compte de l'article 1375 du Code civil qui précise que « *l'acte sous signature privée qui constate un contrat synallagmatique ne fait preuve que s'il a été fait en autant d'originaux qu'il y a de parties ayant un intérêt distinct, à moins que les parties ne soient convenues de remettre à un tiers l'unique exemplaire dressé. Chaque original doit mentionner le nombre des originaux qui en ont été faits. Celui qui a exécuté le contrat, même partiellement, ne peut opposer le défaut de la pluralité d'originaux ou de la mention de leur nombre. L'exigence d'une pluralité d'originaux est réputée satisfaite pour les contrats sous forme électronique lorsque l'acte est établi et conservé conformément aux articles 1366 et 1367, et que le procédé permet à chaque partie de disposer d'un exemplaire sur support durable ou d'y avoir accès* ».

168 Lorsque les parties souhaitent que le pacte fasse l'objet d'une **publicité foncière**, le pacte sera établi par acte authentique.

III. Honoraires de rédaction

169 Pour les actes ne donnant pas lieu à **émolument**, les notaires peuvent percevoir des honoraires *(V. n° **4280**)*. Une lettre de mission doit alors être établie, ce afin de respecter l'article L. 444-1 du Code de commerce. Il n'est pas suffisant de mentionner seulement dans le contrat préparatoire le montant des honoraires.

Formule – Exemple de lettre de mission pour la rédaction d'un pacte de préférence

Destinataire
LETTRE DE MISSION POUR UNE VENTE D'IMMEUBLE
Madame, Monsieur,

Vous souhaitez nous confier la mission de vous accompagner dans l'acquisition d'un immeuble situé à...

Mission

Cette mission correspondra à :
- la rédaction du pacte de préférence ;
- la collecte et l'analyse des documents nécessaires à la rédaction du pacte de préférence ;
- la fourniture de conseils sur l'opération envisagée.

Montant des honoraires proposés

Pour la réalisation de cette mission, le coût global serait de... € hors Taxe au titre de l'article L. 444-1 du Code de commerce. À ce coût, s'ajoute la TVA au taux actuellement en vigueur, soit un montant total TTC de... €.

Conditions

Le montant des honoraires a été déterminé en fonction de..., ce conformément à l'article L. 444-1 du Code de commerce.

Règlement des honoraires

La facture sera émise lors de la signature du pacte de préférence et payable comptant.

Interlocuteur

Votre interlocuteur au sein de l'office pour la réalisation de cette mission sera : ...

Acceptation

Nous vous remercions de nous faire part de votre accord en nous retournant un exemplaire revêtu de votre signature accompagné d'un acompte d'un montant de... TTC.
Cette somme sera acquise à l'office dans l'hypothèse où après avoir accepté la présente convention, son bénéficiaire décidait de ne pas poursuivre son projet d'acquisition au titre des démarches d'ores et déjà effectuées par l'office.

Restant à votre disposition, recevez, Madame, Monsieur, nos meilleures salutations.

Fait à..., le...

Signature

IV. Enregistrement du pacte de préférence

170 Le pacte de préférence étant distinct d'une promesse unilatérale de vente, ainsi qu'il résulte des articles 1123 et 1124 du Code civil, il n'y a pas lors de son établissement à respecter le formalisme de l'article 1589-2 du Code civil (*C. civ., art. 1589-2, al. 2*). Il n'est pas pour autant interdit aux parties, lorsque le pacte est établi sous signature privée, de procéder à son enregistrement, ce qui lui conférera date certaine.

V. Capacité et pouvoir

171 Pacte de préférence : acte d'administration ou de disposition ? – Le promettant et le bénéficiaire du pacte de préférence ne sont pas tenus, l'un à vendre, l'autre à acheter. L'article 496 du Code civil dispose que les actes d'administration sont relatifs à la gestion courante du patrimoine et que les actes de disposition engagent celui-ci de manière durable et substantielle. L'article 1 du décret n° 2008-1484 du 22 décembre 2008 auquel il est renvoyé précise la définition des actes d'administration : ce sont « *les actes d'exploitation ou de mise en valeur du patrimoine de la personne protégée dénués de risque anormal* » alors que les actes de disposition, suivant son article 2, sont « *les actes qui engagent le patrimoine de la personne protégée, pour le présent ou l'avenir, par une modification importante de son contenu, une dépréciation significative de sa valeur en capital ou une altération durable des prérogatives de son titulaire* ».

172 Côté bénéficiaire – Au regard de ces définitions, sachant que le pacte de préférence n'est pas visé dans les annexes du décret précité, il ne fait aucun doute que le pacte de préférence, pour son **bénéficiaire**, peut être qualifié **d'acte d'administration**. En effet, le bénéficiaire n'est pas tenu d'acheter et disposera seulement d'une option si le promettant décide de vendre.

173 Côté promettant – Pour ce qui est du **promettant**, le pacte de préférence n'entraîne pas de modification importante du contenu du patrimoine de la personne protégée. Il ne crée pas non plus de dépréciation significative de sa valeur en capital. Cependant, n'entraîne-t-il pas une altération durable des prérogatives de son titulaire ? En outre, peut-on considérer que le pacte de préférence, positivement cette fois-ci, est un acte d'exploitation ou de mise en valeur du patrimoine de la personne protégée ?

Remarque À ce jour, il n'existe pas de jurisprudence de la Cour de cassation venant qualifier le pacte de préférence d'acte d'administration ou d'acte de disposition.
Une distinction pourrait être effectuée suivant que le pacte de préférence fixe le prix auquel l'offre devra être faite au bénéficiaire du pacte si le promettant décide de vendre :

- **lorsqu'aucun prix n'est fixé**, il pourrait être considéré que le pacte entraîne une altération durable de prérogatives de la personne protégée. Il sera toujours possible de faire une offre de vente avec un prix qui sera déterminé postérieurement s'il est décidé de vendre le bien ;
- **lorsque le prix est fixé** dans le pacte de préférence, il en va tout différemment. En effet, s'il est décidé de la vente du bien, il y aura lieu de respecter le prix fixé dans le pacte de préférence.

Conseil pratique **Compte tenu de cette incertitude sur la qualification du pacte de préférence, il peut être conseillé de prendre les précautions nécessaires à la validité d'un acte de disposition, conformément à chaque régime de protection applicable, dès lors que le pacte de préférence précise le prix auquel l'offre de vente devra être faite si le promettant se décide à vendre** *(V. n° 932 et s. – V. n° 957 et s.)*.

174 Pacte de préférence et personnes mariées – Article 215 du Code civil – Quel que soit le régime matrimonial des époux, si le pacte de préférence concerne le logement de la famille, il faudra tenir compte de l'alinéa 3 de l'article 215 du Code civil qui dispose que les époux ne peuvent l'un sans l'autre disposer des droits par lesquels est assuré le logement de la famille, ni des meubles meublants dont il est garni. Celui des deux qui n'a pas donné son consentement à l'acte peut en demander l'annulation. L'action en nullité lui est ouverte dans l'année à partir du jour où il a eu connaissance de l'acte, sans pouvoir jamais être intentée plus d'un an après que le régime matrimonial s'est dissous.

175 Jurisprudence – Pour la Cour de cassation, la promesse de vente valant vente constitue un acte de disposition affectant le logement de la famille *(Cass. 1re civ., 6 avr. 1994, n° 92-15.000 : JurisData n° 1994-001184)*. On sait aussi qu'elle a retenu qu'un époux ne peut résilier sans le consentement de son conjoint le contrat d'assurance garantissant le logement familial *(Cass. 2e civ., 10 mars 2004, n° 02-20.275 : JurisData n° 2004-022729)*. On peut donc penser que ce dispositif s'applique au pacte de préférence, car il ne s'agit de rien d'autre que d'un contrat préparatoire à la vente d'immeuble (contra : *M. Nicod, Le pacte de préférence en droit patrimonial de la famille : Dr. & patr. 2006, n° 144, p. 53.* – Retenant l'application de l'alinéa 3 de l'article 215 : *CA Paris, 28 nov. 2016, n° 15/06831 : AJC 2017, p. 129, obs. M. Le Bescond de Coatpont)*.

176 Bien dépendant de la communauté – Les époux mariés sous le régime de communauté ne peuvent, l'un sans l'autre, aliéner ou grever de droits réels les immeubles dépendant de la communauté *(C. civ., art. 1424)*. Ne tombent pas seulement sous le coup de l'exigence du consentement du conjoint les actes d'aliénation proprement dits, mais tous les actes préparatoires : mandats, promesses de vente, pactes de préférence... (sur ce point *V. Ph. Simler, JCP G 1994, 3785, n° 6)*. Si le bien est commun, le consentement des deux époux est nécessaire. Relevons toutefois que la Cour de cassation a pu retenir que le mandat d'entremise, l'agent immobilier n'ayant pas le pouvoir de conclure l'acte de vente, échappe au champ d'application de ce texte *(Cass. 1re civ., 20 nov. 2013, n° 12-26.128 : JurisData n° 2013-026114)*. Il peut donc être soutenu que puisqu'un époux qui signe un pacte de préférence ne s'engage pas à vendre, il ne conclut pas un acte d'aliénation et n'a pas à respecter l'article 1424 du Code civil (en ce sens : *M. Nicod, Le pacte de préférence en droit patrimonial de la famille : Dr. & patr. 2006, n° 144, p. 53)*. À suivre la cour d'appel de Paris, dans une telle hypothèse, le pacte de préférence est un engagement personnel qui n'oblige que son auteur, d'où il en résulte que l'époux du contractant n'y est pas partie et n'a nulle obligation de s'y soumettre *(CA Paris, 18 nov. 2016, n° 15/06831)*. Il n'en demeure pas moins que le bien commun ne pourra être aliéné qu'avec le consentement de l'époux, signataire du pacte de préférence, et que celui-ci devra à cette occasion respecter ledit pacte.

Conseil pratique **Lorsque le bien en cause est commun ou indivis, il est préférable d'obtenir l'accord des époux pour éviter toute contestation** *(V. n°* ***1069*** *et s. – V. n°* ***1135*** *et s.)*.

177 Bien propre ou personnel – Lorsque le bien est propre ou personnel à l'un des époux et en dehors des hypothèses où il accueillerait le logement de la famille, il ne fait pas doute qu'un pacte de préférence peut être conclu par l'époux seul, unique propriétaire.

178 Bien indivis – Lorsque le bien est indivis entre des époux, quel que soit leur régime matrimonial, l'article 815-3 du Code civil doit être respecté. Le consentement de tous les indivisaires est requis pour effectuer tout acte qui ne ressortit pas à l'exploitation normale des biens indivis et pour effectuer tout acte de disposition autre que ceux visés au 3°. La vente d'un bien immobilier n'étant pas visée au 3°, il en résulte que celle-ci nécessite l'accord des deux époux. L'acte de disposition au sens de l'article 815-3 du Code civil correspondant à un acte d'aliénation, il peut être retenu, comme pour l'application de l'article 1424 du Code civil, qu'un indivisaire peut conclure un pacte de préférence. Il ne peut qu'être constaté néanmoins qu'un tel pacte a alors une efficacité moindre que celle d'un pacte de préférence signé par tous les indivisaires qui seront alors tous tenus de le respecter.

Pour aller plus loin

- F. Collard et J. Lafond, L'indivision : LexisNexis, 2017, spéc. p. 345 et s.
(V. n° ***1135*** *et s.)*

VI. Contenu

1° Contrepartie au droit de préférence

179 Le promettant d'un pacte de préférence peut vouloir conclure un pacte de préférence sans réclamer de contrepartie (acte à titre gratuit). Si une contrepartie est stipulée (acte à titre onéreux), les parties sont libres de s'entendre sur les modalités de celle-ci.

2° Précision relative au prix

180 Principe – Pour la Cour de cassation, ce que l'article 1123 du Code civil ne vient pas contredire, les parties n'ont pas l'obligation de fixer le prix auquel le promettant devra effectuer l'offre de vente dans l'hypothèse où il se déciderait à vendre *(Cass. 1re civ., 6 juin 2001, n° 98-20.673 : JurisData n° 2001-009932. – Cass. 3e civ., 15 janv. 2003, n° 01-03.700 : JurisData n° 2003-017314 ; JCP G 2003, II, 10129)*.

181 Commission de l'agence immobilière – En présence d'un véritable pacte, et non pas d'un droit de préemption, le bénéficiaire de la clause n'est pas débiteur de la commission d'agence, car il n'acquiert pas le bien grâce à l'agent immobilier mais en application du pacte de préférence en sa faveur. Et dès lors que le promettant à l'intention d'aliéner, il a l'obligation de lui offrir le bien en priorité.

Conseil pratique Lorsque le pacte de préférence est conclu pour une certaine durée, il est conseillé de ne pas préciser le prix, car la valeur de l'immeuble peut varier de façon conséquente entre le jour où le pacte de préférence est conclu et le jour où le promettant émet son offre de vente.
La clause peut aussi préciser un niveau de prix pour déclencher ou non le droit de préférence. Par exemple, la stipulation indiquera que si le promettant décide de vendre à un prix supérieur à tel montant, le droit de préférence ne jouera pas. Pour qu'il n'y ait pas de violation du pacte, le promettant devra établir que le prix proposé n'est pas trop élevé par rapport au marché et n'empêche pas toute vente du bien. Une autre possibilité consiste à prévoir l'intervention d'experts qui proposeront un prix de vente que le promettant devra retenir lorsqu'il adressera son offre de vente, s'il se décide à vendre, au bénéficiaire du pacte.

Pour aller plus loin

B. Mallet-Bricourt, Le prix : entre détermination et liberté, que choisir ? : *Defrénois 15 juin 2013, n° 112w7 p. 588*

3° Précisions relatives à l'immeuble

182 Le pacte de préférence doit déterminer avec précision l'immeuble concerné. Il faut éviter toute difficulté d'interprétation, spécialement pour cerner au mieux les hypothèses où le promettant sera tenu de proposer à la vente le bien au bénéficiaire du pacte de préférence *(V. n° **1780** et s.)*.

183 Division de l'offre – La Cour de cassation a précisé que le promettant d'un pacte de préférence n'a pas à diviser le bâtiment qu'il vend si le pacte concerne uniquement un local situé dans ce bâtiment *(Cass. 3e civ., 9 avr. 2014, n° 13-13.949 : JurisData n° 2014-006960 ; Bull. civ. III, n° 52 ; JCP N 2014, n° 18, act. 555 ; JCP G 2014, n° 699, p. 1196, obs. G. Virassamy ; RDC 2014, p. 336, note Th. Génicon ; RDC 2014, p. 645, note J.-B. Seube ; Defrénois 2014, p. 1145, obs. S. Becqué-Ickowicz. – Cass. 3e civ., 15 déc. 1971, n° 70-13.755 : Bull. civ. III, n° 635, pour un pré faisant partie d'un domaine avec lequel il formait un ensemble économique)*.

Conseil pratique Il ne peut qu'être conseillé au rédacteur du pacte de préférence de préciser les conséquences de modifications matérielles ou juridiques de l'état du bien sur le droit prioritaire d'acquisition. Il doit également préciser si le droit de priorité jouera si le promettant cède un ensemble immobilier plus large que celui visé dans le pacte ou une partie seulement dudit ensemble.

Pour aller plus loin

Commentaires
- JCl. Notarial Formulaire, V° Pacte de préférence, fasc. 10

Revues
- G. Brunaux, La clause relative à l'objet d'un pacte de préférence quand le bien est divisible ou inclus dans un ensemble : Contrats, conc. consom. 2016, form. 11
- J.-F. Montredon, Le bien objet du pacte de préférence : Defrénois 15 juin 2013, p. 584

4° Précisions relatives aux actes

184 Lorsque le propriétaire d'un immeuble confère un droit de préférence au profit d'un tiers, il est nécessaire de préciser pour quels actes il sera tenu de respecter ce droit de priorité. Le pacte peut circonscrire le bénéfice du droit aux seuls actes de vente. En cette hypothèse, le bénéficiaire du pacte de préférence ne pourra en réclamer l'application si l'immeuble fait l'objet d'un apport en société *(Cass. com., 15 déc. 2009, n° 08-21.037 : JurisData n° 2009-050882)*.
De même, il est possible de prévoir des exceptions pour les actes pourtant concernés par le pacte de préférence. Ainsi est-il possible, lorsque le pacte vise les ventes, de prévoir que celles qui seront consenties entre le promettant et les membres de sa famille échappent au champ d'application du droit de préférence.

5° Durée du pacte de préférence

185 La stipulation d'un délai n'est pas une condition de validité du pacte de préférence *(Cass. 3e civ., 15 janv. 2003, n° 01-03.700 : JurisData n° 2003-017314 ; JCP G 2003, II, 10129)*. La raison réside dans le fait que le droit de priorité accordé au bénéficiaire du pacte ne joue qu'au moment où le propriétaire prendra la décision de vendre *(F. Rouvière, Le pacte de préférence, rapproché des droits de préemption : Defrénois 30 juin 2012, art. 40531, p. 629. – L. Tranchant, La durée du pacte de préférence : Defrénois 15 juin 2013, art. 112w4, p. 596)*. Le pacte tient alors le promettant indéfiniment ainsi que ses héritiers sachant que la prescription ne peut le libérer, celle-ci ne courant qu'à compter du jour où le bénéficiaire du pacte a été mis en mesure d'exercer son droit de préférence *(Cass. 1re civ., 22 déc. 1959 : JCP G 1960, II, 11494, note P. Esmein)*.

Conseil pratique **Ainsi doit-il être conseillé de prévoir un délai dans le pacte de préférence. Lorsqu'un terme extinctif est prévu, le promettant du pacte de préférence sera libéré une fois le délai expiré** *(V. n° 3725 et s.)*.

186 La durée du pacte de préférence peut être impactée par la durée du contrat dans lequel il a été inclus. Lorsque le contrat en cause est un **contrat à exécution instantanée**, les solutions énoncées ci-dessus prévalent. Lorsque le pacte de préférence est compris dans un **contrat à exécution successive**, sa durée sera dépendante de ce contrat.

Exemple Par exemple, si le contrat est à durée déterminée, le pacte de préférence prendra fin lors de l'arrivée du terme extinctif (V. toutefois : *Cass. 3e civ., 16 juin 1999, n° 97-16.764 : JurisData n° 1999-002481, admettant que le preneur d'un bail commercial puisse se prévaloir d'un droit de priorité après l'expiration du bail et ce pendant toute la période de maintien dans les lieux au cours de laquelle toutes les clauses du bail expiré sont maintenues en vigueur)*.

Lorsque **le contrat est prorogé**, l'article 1213 du Code civil dispose que le contrat est maintenu, mais simplement que son terme extinctif est repoussé à une date ultérieure. Il faut en déduire que le pacte de préférence demeure efficace jusqu'au nouveau terme fixé par les parties.
Lorsque **le contrat n'est pas prorogé** mais renouvelé par l'effet de la loi ou par l'accord des parties, l'article 1214 du Code civil précise que le renouvellement donne naissance à un nouveau contrat dont le contenu est identique au précédent mais dont la durée est indéterminée. S'agissant d'un **nouveau contrat au contenu identique**, il pourrait être considéré que le pacte de préférence, inséré dans une clause du contrat principal, est maintenu.
Pour autant, la jurisprudence est hésitante et considère parfois que ledit pacte et la clause qui le contient n'ont aucun lien avec indivisible avec les autres stipulations du contrat principal, qui aurait pu être conclu sans une telle clause *(Cass. com., 15 juin 1960, n° 57-10.355 : Bull. civ. III, n° 232)*. Le bénéficiaire du pacte ne pourrait donc plus s'en prévaloir après le renouvellement du contrat principal. En cas de tacite reconduction, donc lorsque les parties continuent d'exécuter les obligations du contrat après le terme extinctif, l'article 1215 du Code civil précise que la tacite reconduction produit les mêmes effets que le renouvellement du contrat.

Conseil pratique **Les parties, pour éviter toute difficulté d'interprétation, ont intérêt à préciser expressément ce qu'il adviendra du pacte de préférence en cas de prorogation du terme extinctif, de renouvellement et de tacite reconduction** *(V. n° 3725 et s.)*.

Lorsque le **contrat est à durée indéterminée**, le pacte de préférence prendra fin lors de la résiliation à l'initiative de l'une des parties *(C. civ., art. 1211)*.

Pour aller plus loin

- S. Lequette, Réflexions sur la durée du pacte de préférence : RTD civ. 2013, p. 491

6° Procédure

187 Il est utile de préciser dans le pacte de préférence la procédure à respecter par chaque partie quant à la mise en œuvre du droit de préférence.

- s'agissant du **promettant**, le pacte précisera les modalités de transmission de l'offre au bénéficiaire du pacte ainsi que la durée d'efficacité de l'offre et éventuellement la possibilité d'une rétractation, en application de l'article 1122 du Code civil.
- s'agissant du **bénéficiaire**, le pacte indiquera tout à la fois les modalités de l'acceptation ainsi que le délai dans lequel celle-ci devra parvenir à l'offrant. De même, seront précisées les conséquences d'un défaut de réponse.

Conseil pratique **Il est recommandé de stipuler le délai dans lequel l'acte authentique de vente devra être signé et les conséquences du défaut de signature dudit acte dans le délai prévu.**

VII. Publicité foncière

188 La publicité du pacte de préférence n'est pas obligatoire mais seulement facultative *(D. n° 55-22, 4 janv. 1955, art. 37. - V. n° **4353** et s.)*. La publication du pacte ne le rend donc pas opposable aux tiers, mais constitue un élément probatoire parmi d'autres pouvant permettre d'établir que les tiers en connaissaient l'existence et d'engager la responsabilité du notaire qui passerait un contrat en violation du pacte de préférence *(Cass. 1re civ., 11 juill. 2006, n° 03-18.528 : JurisData n° 2006-034537 ; JCP N 2007, n° 7, 1064)*.

Pacte accessoire à un autre acte - Lorsque le **pacte est accessoire** à un autre acte devant obligatoirement être publié, la publicité du pacte de préférence devra expressément être demandée par le notaire pour que celle-ci soit effectuée par le service chargé de la publicité foncière.

Dans cette hypthèse, les articles 671 et 672 du CGI s'appliquent. De ces dispositions, il résulte qu'une distinction doit être faite suivant que le pacte de préférence est considéré comme étant indépendant ou dépendant de l'acte dans lequel il est inclus :

- Lorsque le pacte de préférence est **indépendant** de l'acte dans lequel il est inclus, c'est-à-dire qu'il pourrait être éliminé de l'acte sans qu'il cesse d'être complet en lui-même et de produire ses effets juridiques normaux, compte tenu tout à la fois de l'intention des parties et des dispositions de l'acte prises abstraitement, la taxe de publicité foncière n'est pas due. Quant à la contribution de sécurité immobilière, elle sera perçue sur déclaration estimative de la valeur des immeubles concernés.
- Lorsque le pacte de préférence est **dépendant** de l'acte dans lequel il est inclus, c'est-à-dire que l'acte dans lequel il est inclus n'aurait pas été conclu, la taxe foncière n'est perçue que sur la disposition principale.

En cas de publication d'un **pacte de préférence autonome**, la taxe de publicité foncière est perçue au tarif fixe des actes innomés *(CGI, art. 680)*. En outre, la contribution de sécurité immobilière est due au tarif ordinaire des publications *(CGI, ann. III, art. 253)*. En application de l'article 881 K du CGI, la contribution perçue pour la publication de chaque acte est liquidée au taux unique de 0,10 % sur les sommes énoncées ou la valeur estimée par les requérants, sous peine de refus du dépôt, des immeubles ou des droits faisant l'objet de la publication.

Pour aller plus loin

Revues

- M. Chaguet, La publicité du pacte de préférence : Defrénois 2013, p. 620
- J.-P. Désidéri, Pacte de préférence et situations particulières : le droit immobilier : Dr. & patr. 2006, n° 144, p. 57

Ouvrage

- J. Lafond, N. Gonzalez-Gharbi, A. Fournier, F. Roussel et S. Lamiaux, Guide de la publicité foncière : LexisNexis, 2017

Droits et obligations

I. Situation du promettant

189 Obligation de ne pas faire – L'obligation de ne pas faire du promettant a un objet qui dépend de la rédaction du pacte de préférence. Plus l'objet de l'obligation du promettant sera limité, plus la liberté du promettant sera grande.

Attention Il ne faut pas que le promettant conclu des actes qui l'empêcheront de respecter l'engagement pris. Ainsi, il ne doit pas conclure de bail qui créerait au profit du preneur un droit de priorité qui prévaudrait sur celui résultant du pacte de préférence *(Cass. 3e civ., 1er avr. 1992, n° 90-16.985 : JurisData n° 1992-000742)*.
Il ne peut davantage conclure une promesse unilatérale de vente, ce alors même que l'option ne peut être ou n'est levée qu'après que le pacte de préférence ait pris fin *(Cass. 3e civ., 6 déc. 2018, n° 17-23.321, P+B)*.

190 Modification, juridique ou matérielle, de l'état du bien – Sauf clause contraire du pacte de préférence, l'existence du droit de préférence ne fait pas obstacle à la modification juridique ou matérielle de l'immeuble. Il reviendra au bénéficiaire du pacte de préférence de déterminer si l'offre qui lui est présentée, compte tenu du nouvel état du bien, est intéressante *(Cass. 3e civ., 2 juill. 1974, n° 73-10.380 : JurisData n° 1974-098283 : Bull. civ. III, n° 283* avec le passage d'un terrain en état de labour à un terrain devant accueillir un lotissement*)*.

Exemple La Cour de cassation a retenu que dès lors que le pacte de préférence ne distingue pas l'hypothèse de la vente de la totalité de l'immeuble de celle de la vente des seuls locaux loués, le promettant doit notifier le projet de vente concernant l'immeuble entier *(Cass. 3e civ., 6 juin 2012, n° 11-12.893 : JurisData n° 2012-026692)*. Dans une telle situation, le bénéficiaire du pacte ne peut imposer au promettant de ne lui vendre que la partie de l'immeuble visée dans le pacte de préférence *(Cass. 3e civ., 9 avr. 2014, n° 13-13.949 : JurisData n° 2014-006960 ; JCP N 2014, n° 43, 1312)*.

191 Vente libre ou contrainte – Il est indifférent de savoir si le promettant décide de vendre librement ou s'il est contraint de le faire. La Cour de cassation a ainsi pu retenir que le liquidateur judiciaire, autorisé par le juge-commissaire à céder des biens du débiteur, est tenu de respecter le pacte de préférence stipulé au profit d'un tiers *(Cass. com., 13 févr. 2007, n° 06-11.289 : JurisData n° 2007-037360 : Bull. civ. IV, n° 34)*.

192 Émission d'une offre – Lorsque le promettant décide de vendre, il doit, si toutes les conditions prévues par le pacte de préférence sont remplies, transmettre au bénéficiaire du pacte une offre de vente. Si les parties ont précisé la procédure à suivre dans le pacte de préférence, le promettant sera tenu de la respecter, sauf à voir sa responsabilité contractuelle engagée. Ainsi, il devra transmettre l'offre de vente suivant les formes prévues dans le pacte de préférence.

- s'il avait été prévu que l'offre serait valable pour une **durée déterminée**, il ne peut faire parvenir au bénéficiaire du pacte une offre pour une durée déterminée moins conséquente ;
- dans l'hypothèse où l'offre serait à **durée indéterminée**, la faute du promettant ne pourrait à notre sens être retenue que si, et seulement si, il rétractait son offre, certes dans un délai raisonnable, mais avant que le délai prévu dans le pacte de préférence ne soit expiré.

Dès lors que l'immeuble est à usage d'habitation et que le bénéficiaire du pacte est un acquéreur non professionnel, il conviendra de respecter l'article L. 271-1 du CCH. De même, s'il s'agit d'un lot de lotissement soumis à permis d'aménager, l'article L. 442-8 du Code de l'urbanisme doit être pris en compte.

II. Situation du bénéficiaire

193 Acceptation de l'offre – Le bénéficiaire du pacte de préférence peut accepter l'offre qui lui est faite. Sauf précision particulière dans le pacte de préférence, ce sont les articles 1118 à 1122 du Code civil qui recevront application. Ainsi, le contrat sera formé dès la réception de l'offre *(C. civ., art. 1121. – Cass. 3e civ., 22 sept. 2004, n° 02-21.441 : JurisData n° 2004-024865 ; JCP N 2006, n° 14, 1147. – Cass. 3e civ., 6 oct. 2016, n° 15-15.044)*.

Remarque Il conviendra de tenir compte d'un éventuel délai de réflexion ou délai de rétractation que les parties auraient pu prévoir dans le pacte de préférence, en application de l'article 1122 du Code civil.

194 Refus de l'offre – Le bénéficiaire du pacte n'est pas obligé d'accepter l'offre qui lui est faite. Il dispose à cet égard d'une liberté pleine et entière, étant libre de contracter ou de ne pas contracter. Le refus a pour effet de libérer le promettant qui peut ainsi proposer la vente à un tiers aux conditions prévues par le pacte ou dans des conditions moins avantageuses, notamment avec un prix plus conséquent *(Cass. 3e civ., 29 janv. 2003, n° 01-03.707 : JurisData n° 2003-017492)*. Par contre, si le promettant envisage de céder le bien dans des conditions plus avantageuses que celles proposées au bénéficiaire du pacte, il doit, si le pacte est toujours en cours et en l'absence de clause contraire, faire une nouvelle offre audit bénéficiaire.

Remarque Pour la Cour de cassation, l'évolution du marché immobilier et des conditions économiques ne correspondent pas à des conditions plus avantageuses *(Cass. 3e civ., 29 janv. 2003, préc.)*.

Rien n'interdit cependant aux parties de prévoir que dans l'hypothèse où le promettant, après avoir fait une offre de vente au bénéficiaire du pacte, ne vend pas le bien dans un certain délai, qu'il sera tenu de faire une nouvelle offre au bénéficiaire du pacte. Une telle possibilité relève en effet de la liberté contractuelle des parties.

195 Époux du bénéficiaire – L'époux du contractant peut-il invoquer le bénéfice du pacte de préférence ? La réponse apparaît négative *(V. n° **1041**)*. Pour la Cour de cassation, le fait que le bien ait vocation à tomber en communauté, n'impacte pas la qualité de contractant.

Remarque Seul l'époux ayant conclu le pacte de préférence et qui est donc bénéficiaire dudit pacte pourra décider d'accepter l'offre faite par son cocontractant *(Cass. 1re civ., 9 févr. 2011, n° 09-68.659 : JurisData n° 2011-001301 ; JCP N 2011,1191. – Cass. 2e civ., 13 déc. 1989, n° 87-14.990 : JurisData n° 1989-704249 : Bull. civ. II, n° 222, p. 115 ; Defrénois 1990, art. 34816, p. 874, n° 79, obs. G. Champenois)*.

196 Renonciation au bénéfice du pacte de préférence – Le bénéficiaire du pacte de préférence peut renoncer à celui-ci avant que le promettant ne lui adresse une offre de vente *(Cass. 3e civ., 3 nov. 2011, n° 10-20.297 : JurisData n° 2011-023723 ; JCP E 2011, 1860)*. Cette renonciation doit, comme toute renonciation, être non équivoque. Tel n'est pas le cas lorsque la clause de préférence était comprise dans la promesse de vente sous signature privée et que cette clause n'a pas été reprise dans l'acte notarié de vente *(Cass. 3e civ., 17 janv. 2006, n° 04-19.787 : JurisData n° 2006-031730)*.

- Cette renonciation peut intervenir par un acte autonome. La taxe de publicité foncière est alors perçue au taux fixe prévu pour les actes innomés. En outre, la contribution de sécurité immobilière est due au taux unique de 0,10 % sur les sommes énoncées ou la valeur estimée par les requérants, sous peine de refus du dépôt, des immeubles ou des droits faisant l'objet de la publication.
- La renonciation peut également être incluse dans un acte comportant d'autres dispositions. Aucune taxe foncière ne sera alors due, en vertu de l'article 672 du CGI. Pour la contribution de sécurité immobilière, il conviendra de distinguer suivant que la renonciation est dépendante ou indépendante de l'acte dans lequel il est inclus *(CGI, art. 672. -V. J. Lafond, N. Gonzalez-Gharbi, Guide la publicité foncière, 2018, n° 5731 et n° 5732)*.

IMPORTANT En cas de renonciation et dès lors que le pacte de préférence a été publié, il sera nécessaire de procéder à la publication de la renonciation.

Sanctions et prévention

197 L'article 1123 du Code civil prévoit les conséquences de la violation du pacte de préférence, et créé un mécanisme interrogatoire à la disposition des tiers au pacte de préférence. Ce mécanisme interrogatoire a pour but de prévenir la violation du pacte.

I. Responsabilité

198 Réparation uniquement – L'article 1123 du Code civil précise que lorsqu'un contrat est conclu avec un tiers en violation d'un pacte de préférence, le bénéficiaire peut obtenir la réparation du préjudice subi. C'est la seule possibilité ouverte au bénéficiaire du pacte lorsqu'il ne peut établir la mauvaise foi du tiers ayant contracté avec le promettant.

Clause pénale – Pour faciliter la tâche du bénéficiaire du pacte, il est tout à fait possible d'inclure dans le pacte de préférence une **clause pénale** (*V. n° **4861***).

A priori, il serait également possible de prévoir qu'en cas de violation du pacte de préférence, la seule sanction sera **une indemnisation du bénéficiaire** du pacte et d'écarter ainsi toute exécution en nature. Ce point est toutefois débattu (dans le sens d'une telle possibilité : *O. Deshayes, T. Genicon et Y.-M. Laithier, Réforme du droit des contrats, du régime général et de la preuve des obligations : LexisNexis, 2018, 2ᵉ éd., p. 166*. – En sens contraire : *M. Mekki, Le pacte de préférence, réforme des contrats et des obligations : JCP N 2016, n° 41, 1102* : « une telle clause dérogeant à l'article 1123, alinéa 2 du Code civil est contraire au principe de bonne foi posé par l'article 1104 du Code civil lequel est d'ordre public. En effet, cette stipulation reviendrait à priver le bénéficiaire de son droit de substitution à l'égard d'un tiers et d'un promettant manifestement de mauvaise foi. Surtout, cette clause pourrait être analysée comme privant de sa substance l'obligation essentielle du promettant au sens de l'article 1170 nouveau du Code civil. Cette stipulation porte atteinte à la force obligatoire du pacte en privant le bénéficiaire de la possibilité de faire valoir ses droits en demandant sa substitution au tiers »).

199 Réparation en complément – Le bénéficiaire du pacte, dès lors qu'il parvient à établir l'existence d'un préjudice ou s'il peut invoquer le bénéfice d'une clause pénale, peut également être indemnisé lorsqu'il agit en annulation du contrat passé en violation du pacte de préférence ou qu'il demande à être substitué au tiers dans le contrat conclu.

200 Responsabilité extracontractuelle – Le bénéficiaire du pacte peut agir :

- en responsabilité contractuelle contre le promettant ;
- en responsabilité extracontractuelle contre le tiers ayant conclu avec le promettant le contrat dès lors qu'il avait connaissance de l'existence du pacte de préférence (*Cass. 1ʳᵉ civ., 11 juill. 2006, n° 03-18.528 : JurisData n° 2006-034537. – Cass. 3ᵉ civ., 22 avr. 1976, n° 74-15.098 : JurisData n° 1976-098165. – Cass. 3ᵉ civ., 24 mars 1999, n° 96-16.040 : JurisData n° 1999-001233*) ;
- en responsabilité extracontractuelle contre le notaire ayant reçu le contrat conclu avec le tiers en violation du pacte de préférence. En effet, tenu de conseiller les parties et d'assurer l'efficacité des actes dressés, le notaire ayant connaissance d'un pacte de préférence doit, préalablement à l'authentification d'un acte de vente, veiller au respect des droits du bénéficiaire du pacte et, le cas échéant, refuser d'authentifier la vente conclue en violation de ce pacte (*Cass. 1ʳᵉ civ., 11 juill. 2006, n° 03-18.528 : JurisData n° 2006-034537*).

Conseil pratique Pour renforcer l'efficacité du pacte de préférence et simplifier la tâche du bénéficiaire en cas de violation de celui-ci, il peut être conseillé d'y insérer une clause pénale.

II. Nullité du contrat conclu en violation du pacte de préférence

201 Conditions – Suivant l'article 1123 du Code civil, le bénéficiaire du pacte peut agir en annulation, mais uniquement lorsque le tiers connaissait l'existence du pacte et l'intention de son bénéficiaire de s'en prévaloir.

Remarque Il résulte de cette double exigence que la publicité foncière du pacte de préférence, qui est facultative, ne permet pas d'établir automatiquement la mauvaise foi du tiers.

En effet, cette publicité, si elle permet de présumer que le tiers avait connaissance du pacte, ne permet nullement d'informer le tiers sur l'intention du bénéficiaire du pacte de s'en prévaloir. Cette double connaissance peut être établie par tout moyen et doit exister à la date de la conclusion du contrat et non à la date de sa réitération par acte authentique *(Cass. 3e civ., 25 mars 2009, n° 07-22.027 : JurisData n° 2009-047548)*.

202 Nullité sans substitution – Dans cette hypothèse, le bénéficiaire du pacte n'est pas substitué au tiers contractant, substitution d'ailleurs impossible compte tenu de l'annulation du contrat. Il demeure pour autant bénéficiaire du pacte de préférence et peut donc toujours en réclamer l'application. A-t-il pour autant l'obligation d'acheter ? L'article 1123 du Code civil ne le précise pas. Il serait nécessaire toutefois que le promettant lui adresse une offre de vente préalablement pour que la question se pose. Si une telle offre lui est faite, il peut parfaitement être soutenu que le bénéficiaire du pacte demeure libre d'accepter ou de ne pas accepter l'offre. En effet, c'est par la faute du promettant qu'il a été contraint d'agir en nullité du contrat conclu en violation du pacte de préférence et ce afin de préserver ses droits. En outre, l'offre qui a été faite au tiers et que ce dernier a acceptée peut-être moins avantageuse que celle qui aurait dû être faite au bénéficiaire du pacte. Il n'a alors aucun intérêt à demander à être substitué au tiers.

III. Substitution

203 Conditions – Les conditions pour que le bénéficiaire du pacte de préférence puisse être substitué au tiers ayant conclu le contrat en violation du pacte sont les mêmes que celles qui lui permettent d'obtenir la nullité dudit contrat. Il lui faut donc établir que le tiers connaissait l'existence du pacte et l'intention qu'il avait de s'en prévaloir.

204 Conséquences – La substitution, si elle est prononcée par le juge, a pour conséquence que le bénéficiaire du pacte de préférence se retrouve partie au contrat conclu en violation du pacte de préférence. Dans le cadre d'une vente immobilière, il sera ainsi en droit de demander la délivrance de la chose etura l'obligation d'acquitter le prix. Il ne pourra alors demander de modification de ce contrat, cela même s'il est conclu dans des conditions désavantageuses par rapport à ce qui était prévu dans le pacte de préférence.

IV. Action interrogatoire

205 S'agissant d'une nouveauté introduite par l'ordonnance n° 2016-131 du 10 février 2016, l'action interrogatoire est prévue à l'article 1123 du Code civil, comme les autres dispositions relatives au pacte de préférence. Une procédure doit être respectée. Les conséquences d'une réponse et d'une absence de réponse sont ensuite précisées par l'article 1123 du Code civil.

206 Procédure – Tout tiers au pacte de préférence, intéressé par l'acquisition d'un bien immobilier, qui soupçonne l'existence d'un tel pacte ou qui est informé de l'existence de celui-ci, peut demander par écrit au bénéficiaire de confirmer dans un délai qu'il fixe et qui doit être raisonnable, l'existence d'un pacte de préférence et s'il entend s'en prévaloir. L'écrit doit alors mentionner qu'à défaut de réponse dans ce délai, le bénéficiaire ne pourra plus solliciter sa substitution au contrat conclu avec le tiers ou la nullité du contrat.

207 Réponse – Si la personne ayant réceptionné l'écrit répond dans le délai indiqué, il en résulte que le tiers ne pourra conclure le contrat qu'en étant de mauvaise foi. Il est préférable pour le bénéficiaire du pacte de se réserver la preuve de la réponse fournie au tiers afin de préserver son droit de préférence.
Le bénéficiaire du pacte devant révéler l'existence du pacte et seulement indiquer son intention de s'en prévaloi, il ne perd pas sa liberté d'accepter ou de ne pas accepter l'offre faite par le promettant. Surtout, il est en droit d'exiger de ce dernier qu'il respecte la procédure prévue par le pacte de préférence *(contra : M. Mignot, Le droit de la vente après l'ordonnance n° 2016-131 in Les contrats spéciaux et la réforme du droit des obligations, vol. 34,* (dir.) *L. Andreu et M. Mignot : Institut Universitaire Varenne, 2017)*.

> **Conseil pratique** **Pour éviter les incertitudes quant aux conséquences pouvant résulter d'une réponse à une action interrogatoire, il peut être précisé dans le pacte de préférence que la demande du tiers ne vaut pas purge du droit de préférence.**

208 Absence de réponse – En l'absence de réponse, le bénéficiaire du pacte de préférence ne peut plus solliciter sa substitution au contrat conclu avec le tiers ou la nullité du contrat. *A priori*, il peut donc toujours demander des dommages et intérêts pour violation du pacte de préférence *(contra : M. Mignot, art. préc. n° 207)*.

Conseil pratique Qu'il y ait eu réponse (quelle qu'en soit la teneur) ou non du bénéficiaire du pacte de préférence, le notaire qui a connaissance de l'existence du pacte doit purger le droit de priorité d'acquisition du bénéficiaire du pacte de préférence.

Pour aller plus loin

- A. Bénabent, Les nouveaux mécanismes : RDC, hors-série, avr. 2016, n°112y8, p. 17
- G. Brunaux, L'interpellation du bénéficiaire d'un pacte de préférence par le tiers contractant : Contrats, conc. consom. 2017, form. 3
- H. Croze, Une vision procédurale de la réforme des obligations : Procédures 2016, étude 3
- D. Fontmichel, Les nouvelles actions interrogatoires : D. 2016, p. 1665
- C. Grimaldi et O. Deshayes, Proposition de modification de l'article 1123 du Code civil : l'action interrogatoire du tiers au pacte de préférence : RDC 2017, n°114a1, p. 170
- E. Jeuland, Les actions interrogatoires en question : JCP G 2016, 737
- X. Lagarde, Entre contrat et procédure : les actions interrogatoires : D. 2017, p. 15
- J.-F. Pillebout, Les actions interrogatoires de l'ordonnance du 10 février 2016 : JCP N 2017, n° 18, 1170

Transmission

I. Transmission à titre particulier

209 Transmission du droit du bénéficiaire – **Principe** – Comme pour tout contrat, le bénéficiaire du pacte peut céder la créance résultant du pacte de préférence, ou céder le pacte de préférence lui-même. Il n'en va autrement que si le pacte de préférence contient une clause d'incessibilité.

Remarque Précisons que le pacte de préférence peut autoriser sa cession expressément et stipuler que le bénéficiaire du pacte de préférence pourra céder sa créance ou son contrat sans avoir à notifier et/ou à obtenir l'accord du promettant.

Cession de créance – La Cour de cassation a retenu qu'un pacte de préférence constituant une créance de nature personnelle, la cession de ce droit n'est opposable aux tiers que si elle a été régulièrement signifiée ou acceptée dans un acte authentique *(Cass. 3e civ., 4 janv. 1995, n° 92-21.449 : JurisData n° 1995-000042).*

Attention **Compte tenu de la réforme du droit des obligations par l'ordonnance du 10 février 2016, il y a lieu désormais de considérer que lorsque le bénéficiaire du pacte entend céder sa créance, cette cession de créance nécessite l'établissement d'un écrit en application de l'article 1322 du Code civil. Cet écrit doit être notifié par tout moyen au promettant du pacte de préférence *(C. civ., art. 1324).***

Cession du pacte de préférence – Il n'existe aucune raison d'interdire celle-ci. L'article 1216 du Code civil précise qu'un contractant, le cédant, peut céder sa qualité de partie au contrat à un tiers, le cessionnaire, avec l'accord de son cocontractant, le cédé. Cet accord peut être donné par avance, notamment dans le contrat conclu entre les futurs cédant et cédé, auquel cas la cession produit effet à l'égard du cédé lorsque le contrat conclu entre le cédant et le cessionnaire lui est notifié ou lorsqu'il en prend acte. Cette cession doit être constatée par écrit à peine de nullité.

II. Transmission à titre universel

210 Transmission du droit du bénéficiaire – **Principe de la transmission** – Le décès du bénéficiaire du pacte de préférence n'entraîne pas l'extinction du contrat, sauf clause contraire. Il en résulte que le bénéfice du pacte revient aux successeurs du bénéficiaire. *(Cass. 1re civ., 24 févr. 1987, n° 85-16.279 : JurisData n° 1987-000432).*
Clause contraire – Il peut également être prévu que le pacte est conclu en considération de la personne du bénéficiaire et qu'il ne sera dès lors pas transmissible à ses successeurs lors de son décès. Cette intransmissibilité peut également être déduite des circonstances de la cause et/ou de la rédaction du pacte. Elle peut donc être simplement tacite *(Cass. 3e civ., 16 mai 1973, n° 72-11.778 : JurisData n° 1973-099356 : Bull. civ. III, n° 356).*

211 Transmission de la charge du pacte de préférence – **Principe de la transmission** – Sauf clause ou volonté contraire, le pacte de préférence est transmissible *(Cass. 1re civ., 24 févr. 1987, n° 85-16.279 : JurisData n° 1987-000432. – Cass. 3e civ., 16 mai 1973, n° 72-11.778 : JurisData n° 1973-099356 : Bull. civ. III, n° 356).* Le successeur qui recevra le bien concerné par le pacte de préférence devra donc en respecter le contenu.
Clause contraire – Les parties ont toutefois la possibilité de prévoir que le pacte ne sera pas transmissible et que, par conséquent, le décès du promettant entraînera l'extinction du pacte de préférence.

La formule qui suit est extraite du *JCl. Notarial formulaire, V° Pacte de préférence, fasc. 15*

Formule – Pacte de préférence

Suivant le cas

1.- Préférence subordonnée à l'offre d'un tiers acquéreur
Pour le cas où ils se décideraient à vendre l'immeuble ci-après désigné, M....... et Mme......, agissant à l'effet des présentes conventions solidairement entre eux, déclarent s'engager pour une durée de...... mois (ou : années), à compter de ce jour inclusivement, envers M......., qui accepte cet engagement, à lui donner la préférence sur toute personne intéressée par l'acquisition de cet immeuble et leur ayant fait une offre d'achat à cet effet. Ils s'obligent, en conséquence, à lui faire connaître l'identité et la qualité de l'acquéreur éventuel, le prix offert par celui-ci, ses modalités de paiement ainsi que toutes les conditions de la vente projetée et à les lui notifier par lettre recommandée avec demande d'avis de réception adressée à son domicile (ou : par acte d'huissier de justice).

2.- Préférence accordée directement au bénéficiaire du pacte
Pour le cas où ils se décideraient à vendre l'immeuble ci-après désigné, qu'ils aient ou non sollicité ou reçu des offres de tiers, M....... et Mme......, agissant à l'effet des présentes conventions solidairement entre eux, déclarent s'engager pour une durée de...... mois (ou : années), à compter de ce jour inclusivement, envers M......., qui accepte cet engagement, à lui donner la préférence sur tout amateur ou acquéreur qui se présenterait à eux. Ils s'obligent, en conséquence, à lui faire connaître le prix demandé ainsi que les modalités de paiement et toutes autres conditions auxquels ils seraient disposés à traiter et à les lui notifier par lettre recommandée avec demande d'avis de réception adressée à son domicile (ou : par acte d'huissier de justice).

La date de l'avis de réception de cette lettre par M....... et Mme...... (ou : de l'acte d'huissier de justice) fixera le point de départ d'un délai de...... jours avant l'expiration duquel il devra, par lettre recommandée avec demande d'avis de réception (ou : par acte d'huissier de justice), faire connaître à M....... et Mme. .... son intention d'user du droit de préférence. Passé ce délai sans manifestation de volonté de sa part, M....... sera définitivement déchu de ce droit.
À défaut de notifications signifiées par acte extrajudiciaire, il est précisé :
d'une part, qu'en cas de refus de réception de la lettre recommandée adressée à M........ c'est la date de l'avis de refus qui fixera le point de départ du délai de...... jours ;
et d'autre part, que pour la notification de la réponse à M....... et Mme......, il sera retenu la date figurant sur le récépissé de dépôt de cette lettre à la poste.

Désignation

L'immeuble sur lequel porte le droit de préférence ci-dessus conféré consiste en :
[...]

Indiquer la désignation complète de l'immeuble.

Origine de propriété

[...]
*(V. n° **2830** et s. – n° **2860** et s.)*

Charges et conditions

Suivant le cas

1.- Extinction du pacte de préférence en cas d'aliénation à titre gratuit par le promettant
1° Le droit de préférence ci-dessus conféré ne jouera qu'en cas de vente et non en cas d'échange ou d'apport en société. D'autre part, M....... et Mme...... auront toujours le droit de disposer à titre gratuit, par acte entre vifs ou testamentaire, de l'immeuble ci-dessus désigné. Dans ce cas, le droit de préférence présentement conféré sera définitivement éteint.

2.- Maintien du pacte de préférence en cas d'aliénation à titre gratuit par le promettant
1° Le droit de préférence ci-dessus conféré ne jouera qu'en cas de vente et non en cas d'échange ou d'apport en société. D'autre part, M....... et Mme...... auront toujours le droit de disposer à titre gratuit, par acte entre vifs ou testamentaire, de l'immeuble ci-dessus désigné, mais à la charge d'imposer au bénéficiaire de la libéralité entre vifs ou à cause de mort, l'obligation de respecter le présent pacte de préférence pour le cas où ledit bénéficiaire voudrait lui-même disposer à titre onéreux de l'immeuble avant l'expiration du délai ci-dessus fixé.
2° En cas de décès de M....... ou de Mme......, au cours du délai ci-dessus fixé, leurs héritiers et représentants, même s'ils sont incapables, comme aussi le survivant d'eux et les héritiers et representants du prédécédé, seront tenus solidairement et indivisiblement d'exécuter l'obligation résultant du présent acte. Toutefois, il est convenu à ce sujet que, dans le cas d'attribution de l'immeuble ci-dessus désigné, par partage ou licitation, le droit de préférence de M....... ne pourra s'exercer que si l'attributaire de cet immeuble vient à le vendre à titre onéreux avant l'expiration du délai de validité du pacte de préférence.

Suivant le cas

1.- Impossibilité de cession ou de transmission
3° Il est expressément convenu que le droit de préférence conféré par le présent acte à M...... lui sera personnel et que, en aucun cas, il ne pourra le céder à un tiers, ni le transmettre à ses héritiers et représentants.

2.- Droit de préférence cessible et transmissible
3° Il est expressément convenu que le droit de préférence conféré par le présent acte à M....... est entièrement cessible, à titre onéreux comme à titre gratuit, et transmissible à ses héritiers et représentants. Toutefois, en cas de cession, sous une forme quelconque, M....... restera solidairement obligé avec son cessionnaire. En outre, toute cession devra être accompagnée des formalités prescrites par l'article 1690 du Code civil.

3.- Droit de préférence non cessible mais transmissible aux ayants droit du bénéficiaire
3° Le droit de préférence conféré par le présent acte ne pourra en aucun cas être cédé à un tiers, mais il restera librement transmissible aux héritiers et représentants de M.......

Suivant le cas

1.- Absence de réquisition de publication

Publicité foncière

Le droit conféré par le présent acte à M....... ne constituant pas une restriction au droit de disposer du promettant au sens de l'article 28, 2° du décret n° 55-22 du 4 janvier 1955, les présentes conventions ne sont pas soumises, en conséquence, à publicité foncière.

2.- Réquisition de publication

Publicité foncière

Bien que le droit conféré par le présent acte à M....... ne constitue pas une restriction au droit de disposer du promettant, au sens de l'article 28, 2° du décret n° 55-22 du 4 janvier 1955, les présentes seront, conformément à l'article 37, 1 du décret précité et seulement à titre d'information des tiers, publiées au fichier immobilier compétent par les soins du notaire soussigné et aux frais de M.......

Frais

Tous les frais, droits et émoluments du présent acte et de ses suites sont supportés par M......., qui s'y oblige expressément.

Mention

Mention du présent acte est consentie partout où besoin sera.

Élection de domicile

Pour l'exécution du présent acte et de ses suites, les parties font élection de domicile en leurs demeures respectives.
Dont acte, sur...... pages

Présentation générale

212 Nature – La promesse unilatérale de vente avec le pacte de préférence (*V. n° **154** et s.*) et la promesse synallagmatique de vente (*V. n° **323** et s.*), fait partie des contrats préparatoires traditionnellement utilisés dans le cadre de la vente immobilière. L'article 1124 du Code civil (*C. civ., art. 1124, mod. Ord. n° 2016-131,10 févr. 2016*) la définit comme *le contrat par lequel une partie, le promettant, accorde à l'autre, le bénéficiaire, le droit d'opter pour la conclusion d'un contrat dont les éléments essentiels sont déterminés, et pour la formation duquel ne manque que le consentement du bénéficiaire*.

La promesse unilatérale de vente a également retenu l'attention de l'association Henri Capitant dans l'avant-projet de réforme du droit des contrats spéciaux du 26 juin 2017. Ainsi, l'article 20 de cet avant-projet précise-t-il que « la promesse de vente, unilatérale ou synallagmatique, est soumise en tant que de raison aux règles applicables à la vente », précision qui devrait permettre « si un vice caché apparaît après la conclusion d'une promesse, [que] les règles relatives à la garantie des vices trouvent à s'appliquer et celui qui envisageait d'acquérir pourra mettre fin à la promesse ou agir en réduction du prix ». De même, l'article 21 prévoit que *« si, au moment de la conclusion de la promesse ou de la vente, le bien était détruit, le contrat est nul de plein droit. Si, au moment de la conclusion de la promesse ou de la vente, le bien était partiellement détruit, l'acheteur qui établit qu'il n'aurait pas acheté ou qu'il aurait acheté à des conditions substantiellement différentes, peut annuler le contrat par voie de notification »*.

Caractère autonome ou accessoire – La promesse unilatérale de vente peut être autonome ou accessoire à un autre contrat. Elle peut ainsi être accessoire :

- d'un contrat de bail ;
- d'une transaction (*Cass. ass. plén., 24 févr. 2006, n° 04-20.525 : JurisData n° 2006-032416 ; JCP G 2006, IV, 1593 ; JCP G 2006, II, 10065, comm. J. Cédras ; RDC 2006, p. 715, obs. I. Dauriac*) ;
- d'un contrat de crédit-bail immobilier (*Cass. 3e civ., 5 juill. 1995, n° 93-16 190 : JurisData n° 1995-001855 ; Bull. civ. III, n° 175*).

Pour aller plus loin

Revues

- S. Bertolaso, Définition et régime de la promesse unilatérale : Constr.-Urb. 2016, alerte 32
- G. Durand-Pasquier, Courte liste didactique des modifications portées par l'ordonnance réformant le droit des contrats : Focus sur la formation des contrats (1re partie : négociation, offre, acceptation, avant-contrats) : Constr.-Urb. 2016, alerte 48
- F. Chénédé et O. Herrnberger, Les avant-contrats : JCP N 2017, n° 17, 1164
- D. Mainguy, Les contrats préparatoires ; pacte de préférence et promesse unilatérale, in D. Mainguy (dir.), Le nouveau droit français des contrats, du régime général et de la preuve des obligations après l'ordonnance du 10 février 2016 : éd. Dynamiques du droit, Montpellier, 2016, p. 63 s.
- M. Mekki, Réforme des contrats et des obligations : la promesse unilatérale de contrat : JCP N 2016, act. 1071 ; Fiche pratique : la promesse unilatérale du contrat ou l'éloge de l'ombre : Gaz. Pal., 27 sept. 2016, n° 33, p. 17
- M. Mignot, Le droit de la vente après l'ordonnance n° 2016-131 in Les contrats spéciaux et la réforme du droit des obligations, Vol. 34, ss-dir. L. Andreu et M. Mignot : 2017, Institut Universitaire Varenne
- J. Viatte, Des promesses unilatérales de vente : Gaz. Pal. Rec. 1973, 1, doct., p. 67

Ouvrage

- O. Deshayes, T. Genicon et Y.-M. Laithier, Réforme du droit des contrats, du régime général et de la preuve des obligations : LexisNexis, 2e éd., 2018

Définition et distinction

I. Définition

213 Définie par l'article 1124 du Code civil, une promesse unilatérale est un contrat par lequel une partie, le promettant, accorde à l'autre, le bénéficiaire, le droit d'opter pour la conclusion d'un contrat dont les éléments essentiels sont déterminés, et pour la formation duquel ne manque que le consentement du bénéficiaire.
La promesse unilatérale est un contrat unilatéral au sens de l'article 1106 du Code civil.
Le contrat est synallagmatique lorsque les contractants s'obligent réciproquement les uns envers les autres alors qu'il est unilatéral lorsqu'une ou plusieurs personnes s'obligent envers une ou plusieurs autres sans qu'il y ait d'engagement réciproque de celles-ci. Si la promesse est unilatérale, c'est parce que l'engagement pris par le promettant, consentir immédiatement à la vente, n'a pas pour « contrepartie » l'engagement du bénéficiaire de la promesse d'acquérir le bien *(Cass. com., 25 avr. 1989, n° 87-17.281 : JurisData n° 1989-001237 ; Bull. civ. IV, n° 136).*

Ainsi, même lorsque le bénéficiaire de la promesse est tenu de verser une indemnité d'immobilisation, la promesse demeure une promesse unilatérale de vente. Pour autant, elle ne correspond plus alors à un contrat unilatéral mais à un contrat synallagmatique. L'obligation de verser une indemnité d'immobilisation, correspondant au prix de l'exclusivité, présente une importance suffisante pour être considérée comme équivalente à l'engagement du promettant, réserver exclusivement la possibilité d'acquérir l'immeuble au bénéficiaire de la promesse. Il existe bien une réciprocité et égalité entre les engagements pris *(J. Viatte, Des promesses unilatérales de vente : Gaz. Pal. Rec. 1973, 1, doct., p. 67).*

II. Distinction

214 La promesse unilatérale de vente se distingue autant du pacte de préférence que de la promesse synallagmatique de vente.

215 **Promesse unilatérale de vente et pacte de préférence** – *V. n° **158** et s.*

216 **Promesse unilatérale et promesse synallagmatique de vente** – Lorsque la promesse est unilatérale, le bénéficiaire de l'option n'a pas donné son consentement à la vente et ne le donnera peut-être jamais. Lorsque la promesse est synallagmatique, le promettant et le bénéficiaire ont tous les deux consenti à la vente et la promesse peut d'ailleurs valoir vente *(C. civ., art. 1589).* Certaines situations sont moins évidentes (pour des exemples où la qualification de la promesse était débattue, *Cass. 1re civ., 12 juin 2018, n° 17-19.789. – Cass. 3e civ., 7 juin 2018, n° 17-18.670. – Cass. 3e civ., 26 sept. 2012, n° 10-23.912 : JurisData n° 2012-021617 ; RDC 2013, p. 59, obs. Y.-M. Laithier ; RTD civ. 2012, p. 723, obs. B. Fages. – Cass. 3e civ., 24 juin 2014, n° 13-17.637. – Cass. 3e civ., 15 janv. 2014, n° 12-27.716 et 12-27.717).*

217 **Promesse unilatérale et promesse synallagmatique sous condition suspensive** – Ainsi, s'agissant de la distinction entre une promesse unilatérale et une promesse synallagmatique dont l'exécution des obligations était soumise à des conditions suspensives, la Cour de cassation a-t-elle dû préciser que ne constitue pas une promesse unilatérale de vente, mais une promesse synallagmatique, la convention par laquelle le bénéficiaire s'engage à acquérir dès qu'auront été remplies, dans les conditions fixées, les obligations mises à la charge du promettant *(Cass. 3e civ., 23 janv. 1991, n° 89-10.489 : Bull. civ. III, n° 39).*

218 **Promesse unilatérale et promesse synallagmatique avec faculté de dédit** – La promesse synallagmatique avec faculté de dédit se distingue de la promesse unilatérale de vente. Dans la première, le bénéficiaire de la promesse a d'ores et déjà consenti à la vente, tout en ayant la faculté de mettre fin à tout moment au contrat *(Cass. com., 14 juin 1982, JurisData n° 1982-701460).*

219 **Promesse unilatérale avec forte indemnité d'immobilisation** – L'importance de l'indemnité d'immobilisation a pu conduire la Cour de cassation à nier l'existence d'une option et donc la qualification de promesse unilatérale de vente *(Cass. 3e civ., 31 mars 1981 : JurisData n° 1981-001059 ; Gaz. Pal. Rec. 1981, 2, pan. jurispr. p. 308).*

Attention La jurisprudence ne semble pas toutefois fixée.

La première chambre civile, après avis de la troisième chambre civile, a retenu que l'importance du « dépôt de garantie » n'influençait en rien la qualification de la promesse *(Cass. 1re civ., 1er déc. 2010, n° 09-65.673 : JurisData n° 2010-022545 ; JCP N 2010, n° 49, act. 869).*

La troisième chambre civile a censuré un arrêt d'appel qui n'avait pas caractérisé le caractère excessif de l'indemnité d'immobilisation pouvant emporter requalification de la promesse unilatérale de vente en une promesse synallagmatique de vente *(Cass. 3e civ., 26 sept. 2012, n° 10-23.912 : JurisData n° 2012-021617, préc. n° 4)*.

220 **Promesse avec ou sans faculté de substitution** – La présence ou l'absence d'une faculté de substitution dans une promesse est sans conséquence sur la qualification de celle-ci *(Cass. 3e civ., 28 juin 2006, n° 05-16.084 : JurisData n°* 2006-034262 *; Bull. civ. III, n° 166 ; JCP G 2007, II 10015, note G. Pillet)*.

221 **Promesses unilatérales croisées** – Lorsque sont signées entre les mêmes parties et relativement au même immeuble, d'une part, une promesse unilatérale d'achat et, d'autre part, une promesse unilatérale de vente, ces promesses unilatérales croisées peuvent conduire à retenir l'existence soit d'une promesse synallagmatique de vente soit même d'une vente.

Remarque Il faut, pour qu'une telle qualification puisse être retenue, que les promesses aient le même objet et aient été stipulées dans les mêmes conditions. Il est toutefois possible aux parties de préciser expressément les raisons les ayant conduites à procéder ainsi pour éviter une telle requalification.

Éléments de la promesse unilatérale de vente

222 Suivant l'article 1124 du Code civil, la promesse unilatérale doit contenir tous les éléments essentiels du contrat pour la formation duquel il ne manque que le consentement du bénéficiaire. Outre les éléments constitutifs de tout contrat, la promesse unilatérale de vente doit contenir ceux d'une vente, autrement dit apporter les précisions utiles sur le prix, l'immeuble vendu, la durée et l'éventuelle contrepartie à l'option.

I. Consentement

223 Comme tout contrat, la promesse unilatérale de vente nécessite un accord de volontés *(V. n° **791** et s.)*. Celui-ci pourra éventuellement être annulé si l'une des parties peut établir que son consentement a été vicié.

Remarque Si le bénéficiaire de la promesse est un non-professionnel et que le bâtiment est à usage d'habitation, s'appliquera l'article L. 271-1 du CCH *(V. n° **646** et s. - Cass. 3e civ., 4 févr. 2016, n° 15-11.140 : JurisData n° 2016-001567 ; Bull. civ. III, n° 25)*. Il en résulte, qu'après conclusion d'une promesse sous seing privé, son bénéficiaire dispose d'un délai de rétractation de 10 jours.

II. Capacité et pouvoirs

1° Capacité du promettant

224 Déterminer les règles à respecter pour la conclusion d'une promesse unilatérale de vente relativement à la capacité des parties nécessite de tenir compte tout à la fois de l'article 496 du Code civil et de son décret d'application.

225 **Dispositions applicables** – L'article 496 du Code civil précise que les actes d'administration sont relatifs à la gestion courante du patrimoine et que les actes de disposition engagent celui-ci de manière durable et substantielle. Il est ensuite renvoyé au décret n° 2008-1484 du 22 décembre 2008 relatif aux actes de gestion du patrimoine des personnes placées en curatelle ou en tutelle, et pris en application des articles 452, 496 et 502 du Code civil.

226 **Conclusion de la promesse** – L'annexe 1, colonne 2, du décret n° 2008-1484 du 22 décembre 2008, vise tout à la fois l'acceptation par le vendeur d'une promesse d'acquisition et l'acceptation par l'acquéreur d'une promesse de vente, référence étant à chaque fois faite à l'article 1589 du Code civil.
Au regard de la lettre de l'annexe 1, on peut se demander si l'annexe n'entend viser que les promesses synallagmatiques, à l'exclusion des promesses unilatérales ou si, concernant les promesses unilatérales, elle vise uniquement la levée d'option.
Toutefois, les deux annexes du décret n° 2008-1484 du 22 décembre 2008 ne contiennent pas des listes exhaustives. Il faut donc en revenir à l'article1er dudit décret dont il résulte qu'un acte qui engage le patrimoine de la personne protégée, pour le présent ou l'avenir, notamment par une altération durable des prérogatives de son titulaire. Or, en signant une promesse unilatérale de vente, le promettant consent d'ores et déjà à la vente. À son égard, la conclusion d'une promesse unilatérale de vente peut donc être qualifiée d'acte de disposition *(V. n° **932** et s., pour les mineurs. - V. n° **957** et s., pour les majeurs protégés)*.

227 **Décès du promettant** – Lorsque le décès du promettant survient entre la date de conclusion de la promesse et la levée de l'option, il n'y a pas lieu d'obtenir l'autorisation du juge des tutelles lorsque l'un des héritiers est mineur, le consentement du promettant ayant été donné définitivement *(Cass. 3e civ., 8 sept. 2010, n° 09-13.345 : JurisData n° 2010-015439 ; Bull. civ. III, n° 153 ; RDC 2011/1, 57, obs. Genicon ; ibid., 153, obs. Ph. Brun ; RDC 2010, 1179, obs. Mazeaud et Revet ; Defrénois 2010, 2123, obs. Aynès ; JCP G 2010, note 1051, Pillet ; JCP G 2011, 63, n° 3, obs. J. Ghestin ; Gaz. Pal. 2010, n° 335, 15, obs. Pignarre et n° 304, 14, obs. Houtcieff.* – Sur les conséquences de la transmission de la promesse, *V. n° **313** et s)*.

228 Incapacité du promettant avant la levée de l'option – La capacité du promettant s'appréciant lors de la signature de la promesse, l'incapacité qui survient entre la promesse et la levée d'option est sans effet.

2° Capacité du bénéficiaire

229 Conclusion de la promesse sans versement – La promesse unilatérale de vente n'oblige pas le bénéficiaire de la promesse à acheter l'immeuble. Elle devrait pouvoir être qualifiée d'acte d'administration au sens de l'article 496 du Code civil.

En effet, l'annexe 1, colonne 2, du décret n° 2008-1484 du 22 décembre 2008, inclut dans les actes de disposition :

- la vente d'un immeuble ;
- l'acquisition d'un immeuble ;
- l'acceptation par le vendeur d'une promesse d'acquisition ;
- l'acceptation par l'acquéreur d'une promesse de vente, référence étant à chaque fois faite à l'article 1589 du Code civil.

Remarque Il peut être retenu que l'acceptation par l'acquéreur d'une promesse de vente correspond à la levée d'option lorsqu'a été signée une promesse unilatérale de vente (en ce sens pour une promesse unilatérale d'achat : *F. Collard, L'autorisation du juge est insusceptible d'être érigée en condition suspensive : JCP N 2014, 1337*). La conclusion d'une promesse unilatérale de vente n'est donc pas visée par le décret précité.

Puisque la conclusion d'une promesse unilatérale de vente n'est pas spécifiquement visée dans les annexes 1 et 2 du décret n° 2008-1484 du 22 décembre 2008, il y a lieu de revenir à l'article 496 du Code civil. Et suivant ledit article, sont des actes de disposition ceux qui engagent la personne protégée de manière durable et substantielle. À cet égard, il peut être considéré que tel ne sera pas le cas pour la promesse unilatérale de vente qui est conclue pour une durée limitée et qui n'oblige nullement le bénéficiaire à acquérir.

La qualification d'acte d'administration semble devoir l'emporter sachant qu'une telle qualification ne met nullement à mal la protection de la personne protégée. En effet, la levée d'option ne pourra intervenir qu'après autorisation du juge des tutelles.

230 Conclusion de la promesse avec versement – La promesse unilatérale de vente n'oblige pas le bénéficiaire de la promesse à acquérir l'immeuble. Pour autant, le promettant peut être tenu de verser une indemnité d'immobilisation. En outre, l'annexe 1, colonne 2, du décret n° 2008-1484 du 22 décembre 2008 vise l'acceptation par l'acquéreur d'une promesse de vente. Il est vrai que techniquement, le bénéficiaire d'une promesse unilatérale de vente n'a pas la qualité d'acquéreur, du moins tant qu'il n'a pas levé l'option. Il y a néanmoins utilisation d'une somme d'argent qui correspond soit à des capitaux soit à des excédents de revenus, acte qualifié d'acte de disposition toujours suivant le décret précité.

C'est donc la qualification d'acte de disposition qui doit être retenue et les dispositions applicables auxdits actes qui devront être respectées suivant le régime de protection en cause *(V. n° **932** et s., pour les mineurs. - V. n° **957** et s., pour les majeurs)*.

231 Levée de l'option – La levée de l'option transforme le bénéficiaire de la promesse en un acquéreur. L'opération relève donc des actes de disposition. Sont alors applicables les dispositions relatives auxdits actes suivant le régime de protection en cause *(V. n° **932** et s., pour les mineurs. - V. n° **957** et s., pour les majeurs)*.

3° Personnes mariées ou pacsées et la promesse unilatérale de vente

232 Logement de la famille – L'alinéa 3 de l'article 215 du Code civil dispose que *« les époux ne peuvent l'un sans l'autre disposer des droits par lesquels est assuré le logement de la famille, ni des meubles meublants dont il est garni. Celui des deux qui n'a pas donné son consentement à l'acte peut en demander l'annulation : l'action en nullité lui est ouverte dans l'année à partir du jour où il a eu connaissance de l'acte, sans pouvoir jamais être intentée plus d'un an après que le régime matrimonial s'est dissous »*.

Relativement à cet alinéa 3 de l'article 215 du Code civil, la Cour de cassation a jugé que la promesse de vente valant vente constitue l'acte de disposition des droits par lequel est assuré le logement de la famille *(Cass. 1re civ. 6 avr. 1994, n° 92-15.000)*. S'il n'existe pas, à notre connaissance, d'arrêt de la Cour de cassation relativement à l'application de l'alinéa 3 de l'article 215 du Code civil à une promesse unilatérale de vente, son application ne fait, pour autant, pas de doute. En effet, le promettant donne d'ores et déjà son consentement à la vente et donc dispose des droits par lesquels est assuré le logement de la famille. L'époux qui souhaite signer, en qualité de promettant, une promesse unilatérale de vente doit donc obtenir le consentement de son conjoint. En ce sens, la Cour de cassation a retenu l'application de l'alinéa 3 de l'article 215 du Code civil pour un mandat de vente exclusif consenti par un époux à un agent immobilier *(Cass. 1re civ., 28 nov. 2006, n° 05-17.757 : JurisData n° 2006-036180 ; Dr. famille 2007, comm. 16, B. Beignier)*.

233 Bien commun – Lorsque les époux sont mariés sous le régime légal et que l'immeuble en cause est un bien commun s'applique l'article 1424 du Code civil qui dispose que *les époux ne peuvent, l'un sans l'autre, aliéner ou grever de droits réels les immeubles, fonds de commerce et exploitations dépendant de la communauté, non plus que les droits sociaux non négociables et les meubles corporels dont l'aliénation est soumise à publicité. Ils ne* *peuvent, sans leur conjoint, percevoir les capitaux provenant de telles opérations*, la question se pose à nouveau de savoir si le respect de l'article 1424 du Code civil s'impose *(V. n° **1070**)*. La réponse est affirmative puisque le promettant s'engage à vendre et qu'il ne pourra, par la suite, revenir sur son consentement. C'est donc dès la conclusion de la promesse de vente que doit être respecté l'article 1424 du Code civil.

Remarque La Cour de cassation a retenu l'application de l'article 1424 du Code civil pour la notification à une SAFER d'une offre de vente d'un domaine agricole commun *(Cass. 3e civ., 5 nov. 1974, n° 73-12.761 : Bull. civ. III, n° 401)*. Ce qui vaut pour une offre de vente doit également valoir pour une promesse unilatérale de vente aux conséquences autrement plus conséquentes que celle d'une offre, la révocation de la promesse pendant le temps laissé au bénéficiaire pour opter n'empêchant pas la formation du contrat promis *(C. civ., art. 1124)*.

Action en nullité – L'action prévue à l'article 1427 du Code civil est une action en nullité relative dont l'exercice, le texte lui-même le précise, est réservé au conjoint de l'auteur de l'acte irrégulier ; elle appartient également aux héritiers de ce conjoint. Le délai de prescription est de 2 ans.
La Cour de cassation a retenu que le point de départ de l'action en nullité prévue par l'article 1427 du Code civil court alors non pas au jour de la conclusion de la promesse unilatérale de vente, mais à compter du jour où la vente est devenue parfaite et ce, même si cette date est postérieure de plus de 2 ans à la dissolution de la communauté *(Cass. 1re civ., 2 juin 1981, n° 79-14.396 : Bull. civ. I, n° 187)*.

234 Bien propre ou personnel – Lorsque le bien est propre ou personnel à l'un des époux et en dehors des hypothèses où il accueillerait le logement de la famille, il ne fait pas de doute qu'une promesse unilatérale de vente peut être conclue par l'époux seul, unique propriétaire.

235 Bien indivis – Lorsque le bien en cause est indivis entre des époux, quel que soit leur régime matrimonial, il y aura lieu de respecter l'article 815-3 du Code civil suivant lequel le consentement de tous les indivisaires est requis pour effectuer tout acte qui ne ressortit pas à l'exploitation normale des biens indivis et pour effectuer tout acte de disposition autre que ceux visés au 3° *(V. n° **1136**)*. La vente d'un bien immobilier n'étant pas visée au 3°, il en résulte que celle-ci nécessite l'accord des deux époux. Le promettant donnant d'ores et déjà son consentement à la vente, il peut être retenu, comme pour l'application de l'article 1424 du Code civil, qu'un indivisaire ne peut conclure seul une promesse unilatérale de vente.

Pour aller plus loin

- G. Bonnet et Ch. Vernières, Promesses de vente et régimes matrimoniaux : Defrénois 2017, p. 47
- F. Collard et J. Lafond, L'indivision : LexisNexis, 2017, spéc. p. 348, n° 829 et p. 353, n° 839 et s.

236 Dissolution de la communauté et valorisation de l'option – Lorsque la communauté vient à être dissoute avant la levée de l'option et alors que la promesse unilatérale de vente n'est pas parvenue à son terme, il est proposé de valoriser l'option et de faire figurer celle-ci à l'actif de la communauté *(G. Bonnet et Ch. Vernières, Promesses de vente et régimes matrimoniaux : Defrénois 2017, p. 47. – B. Vareille, Les options en droit patrimonial de la famille : Defrénois 2017, p. 8)*. Pour ce faire, il peut être recherché pour quel montant la promesse unilatérale de vente pourrait être cédée, ce qui constituerait une base d'évaluation de l'option.

237 Pacsés – Les partenaires d'un pacte civil de solidarité conservent l'administration, la jouissance et la libre disposition de leurs biens personnels *(C. civ., art. 515-5. – V. n° **1025**)*. Il en résulte que chaque partenaire peut seul conclure une promesse unilatérale de vente relativement à ses biens personnels. Pour ce qui concerne les biens indivis, dès lors que tout acte de disposition requiert l'unanimité, en principe, des indivisaires, il doit être conclu qu'une promesse unilatérale de vente doit être contractée par les partenaires.

Pour aller plus loin

- J.-F. Pillebout et F. Collard, Le pacte civil de solidarité (PACS) : LexisNexis, 2016, spéc. n° 168, p. 92

III. Option du bénéficiaire de la promesse

238 Pour que la promesse puisse être qualifiée de promesse unilatérale de vente, encore faut-il que le bénéficiaire de la promesse n'ait pas déjà donné son consentement. Si tel est le cas, la promesse ne pourra être qualifiée de promesse unilatérale. À cet égard, la promesse unilatérale de vente doit être distinguée :
- d'une promesse synallagmatique sous condition suspensive *(V. n° **358** et s.)* ;

- d'une promesse synallagmatique avec faculté de dédit (*V. n° **397***) ;
- d'une promesse unilatérale avec forte indemnité d'immobilisation (*V. n° **219***).

Pour aller plus loin

Formules
- JCl. Notarial Formulaire, V° Avant-contrat, fasc. 65 et 115, par J.-F. Pillebout

Fiches pratiques
- Fiche pratique n° 1721 : Rédiger une vente d'immeuble, par M. Suquet-Cozic
- Fiche pratique n° 4038 : Acquisition d'un immeuble par un majeur vulnérable, par J.-D. Azincourt
- Fiche pratique n° 2217 : Acquisition d'un immeuble pour le compte d'un mineur, par J.-D. Azincourt

Commentaires
- JCl. Notarial Formulaire, Synthèse 1440, Vente d'immeuble, préparation de l'acte, par V. Zalewski-Sicard
- JCl. Notarial Formulaire, V° Avant-contrat, fasc. 14, par J. Lafond, D. Lepeltier et V. Matet
- JCl. Notarial Formulaire, V° Avant-contrat, fasc. 20 et 30, par S. Piedelièvre

IV. Contenu

1° Contrepartie de l'option du bénéficiaire

239 Caractère facultatif de l'indemnité d'immobilisation – Ainsi qu'il résulte de l'article 1124 du Code civil, une indemnité d'immobilisation n'est pas obligatoirement prévue dans une promesse unilatérale de vente. Toutefois, lorsque la durée de la promesse unilatérale de vente est conséquente, il ne peut qu'être conseillé de prévoir une telle indemnité et de veiller à ce qu'elle soit effectivement versée.

240 Exception – Lorsque la promesse a une validité supérieure à 18 mois, ou lorsque la prorogation de la promesse porte sa durée totale à plus de 18 mois et qu'elle est consentie par une personne physique, outre le fait qu'elle doit être constatée par un acte authentique, il convient de prévoir, à peine de nullité, une indemnité d'immobilisation d'un montant minimal de 5 % du prix de vente, faisant l'objet d'un versement ou d'une caution déposés entre les mains du notaire *(CCH, art. L. 290-2)*.

241 Nature de l'indemnité d'immobilisation – L'indemnité d'immobilisation, acquise au promettant en cas de défaut de réalisation de la vente, constitue le prix de l'exclusivité consentie au bénéficiaire de la promesse.

Les juges n'ont pas le pouvoir de l'écarter en constatant que le promettant ne justifie pas du préjudice résultant de l'obligation de rechercher un nouvel acquéreur *(Cass. 1re civ., 5 déc. 1995, n° 93-19.874 : Bull. civ. I, n° 452)*.

De cette qualification, il résulte également que la clause stipulant une indemnité d'immobilisation ne peut être assimilée à une clause pénale. En effet, il ne s'agit pas, avec une telle clause, de sanctionner celui qui a manqué à une obligation contractuelle. En ne levant pas l'option prévue au contrat, le bénéficiaire ne manque pas à l'exécution du contrat.

De ce qu'une telle clause ne peut être qualifiée de clause pénale, il résulte que le juge ne peut, par application de l'article 1231-5 du Code civil, modérer ou augmenter le montant de l'indemnité (*Cass. 3e civ., 30 avr. 2002, n° 00-16.422 : Bull. civ. III, n° 90. – Cass. 3e civ., 29 juin 1994, n° 92-19.645 : Bull. civ. III, n° 139*). Encore faut-il que la clause soit correctement intitulée (*Cass. 3e civ., 24 sept. 2008, n° 07-13.989 : JurisData n° 2008-045080 ; Bull. civ. III, n° 139 ; Constr.-Urb. 2008, comm. 174, Chr. Sizaire*).

Conseil pratique Pour éviter tout risque de requalification de l'« indemnité » due au promettant, il convient soit de ne pas utiliser les termes « indemnité d'immobilisation » et préférer ceux de « prix de l'exclusivité » soit de stipuler que ladite indemnité est due en raison de l'exclusivité accordée au bénéficiaire de la promesse. On peut aussi préciser qu'il ne s'agit ni d'arrhes, ni de clause pénale *(V. JCl. Notarial Formulaire, V° Avant-contrat, fasc. 65, par J.-M. Bez et J.-F. Pillebout)*.

242 Indemnité d'immobilisation et qualification de la promesse – L'importance de l'indemnité d'immobilisation a pu conduire la Cour de cassation à nier l'existence d'une option et donc la qualification de promesse unilatérale de vente (*V. n° **219***).

Conseil pratique Afin d'assurer la qualification de la promesse, il peut être conseillé de fixer le montant de l'indemnité d'immobilisation en fonction de la durée de la promesse, en évitant qu'elle ne représente un pourcentage trop important du prix de vente.

243 Moment du versement de l'indemnité d'immobilisation – Il est toujours préférable de prévoir le versement de l'indemnité d'immobilisation dès la conclusion de la promesse unilatérale de vente. En effet, le

promettant risque d'éprouver des difficultés à obtenir le versement de celle-ci par le bénéficiaire de la promesse qui ne souhaite pas acquérir.
Toutefois il n'est pas toujours possible d'effectuer ce versement immédiatement.

Remarque Il en va ainsi lorsque l'acquéreur est un non professionnel et que l'immeuble en cause est un bâtiment à usage d'habitation. En ce cas, en effet, il doit être tenu compte de l'article L. 271-2 du CCH. Selon ce texte, dès lors que l'article L. 271-1 du Code de la construction et de l'habitation est applicable, nul ne peut recevoir de l'acquéreur non-professionnel, directement ou indirectement, aucun versement à quelque titre ou sous quelque forme que ce soit avant l'expiration du délai de rétractation. Si les parties conviennent d'un versement à une date postérieure à l'expiration de ce délai et dont elles fixent le montant, l'acte est conclu sous la condition suspensive de la remise desdites sommes à la date convenue. Lorsque la promesse est conclue par l'intermédiaire d'un professionnel ayant reçu mandat pour prêter son concours à la vente, un versement peut être reçu de l'acquéreur s'il est effectué entre les mains d'un professionnel disposant d'une garantie financière affectée au remboursement des fonds déposés. Si l'acquéreur exerce sa faculté de rétractation, le professionnel dépositaire des fonds les lui restitue dans un délai de 21 jours à compter du lendemain de la date de cette rétractation.

244 Détention de l'indemnité d'immobilisation – L'indemnité d'immobilisation sera versée à un séquestre conventionnel. En application des articles 1956 et 1960 du Code civil, le séquestre conventionnel pourra remettre les fonds correspondant à l'indemnité soit après accord des parties soit, en cas de litige, après que le juge ait indiqué à qui revenait l'indemnité d'immobilisation.

Attention Pour les promesses de longue durée visées par l'article L. 290-2 du CCH, c'est au notaire obligatoirement que doit être versée l'indemnité d'immobilisation.

Lorsque l'acquéreur est un non-professionnel et que l'immeuble acquis est à usage d'habitation, si un versement est prévu avant la purge du délai de rétractation, les fonds correspondant au montant de l'indemnité d'immobilisation seront détenus par le professionnel disposant d'une garantie financière *(CCH, art. L. 271-2)*.

245 Sort de l'indemnité d'immobilisation – Le sort de l'indemnité d'immobilisation dépend du choix effectué par le bénéficiaire de la promesse unilatérale de vente.
S'il choisit de lever l'option, le montant de l'indemnité d'immobilisation s'imputera sur le prix. Il faut néanmoins qu'une telle imputation sur le prix de vente soit prévue par la promesse unilatérale de vente. En effet, dans le cas contraire, elle est due non pas en contrepartie de la chose vendue, mais correspond au prix de l'exclusivité accordée au bénéficiaire de la promesse. La clause prévoyant une telle imputation entraîne alors un changement de qualification de l'indemnité d'immobilisation qui est alors considérée comme un acompte.
S'il choisit de ne pas lever l'option, l'indemnité d'immobilisation restera acquise au promettant. Il en va toutefois différemment lorsque la promesse était soumise à condition suspensive et que celle-ci ne se réalise pas.
Ainsi, lorsque le bénéficiaire n'obtient pas son prêt, obtention du prêt qui constituait l'événement de la condition, il est en droit d'obtenir la restitution de l'indemnité *(Cass. 3e civ., 21 juin 2018, n° 17-19.856)*.

246 Indemnité d'immobilisation et régime fiscal – Rémunérant un service consistant à offrir une faculté d'acheter, tout en s'interdisant de vendre, il est considéré que l'indemnité d'immobilisation conservée par un professionnel de l'immobilier correspond à une recette commerciale imposable dans la catégorie des bénéfices industriels et commerciaux.
Lorsque l'indemnité est acquise à un non-professionnel, elle est imposable dans la catégorie des bénéfices non commerciaux en application de l'article 92, 1 du CGI, suivant une décision du Conseil d'État du 19 février 2014 *(CE, 19 févr. 2014, n° 354380 : JurisData n° 2014-003989)*.
Naturellement, la question ne se pose pas si la vente est réalisée puisque l'indemnité versée s'impute sur le prix. Il peut y avoir lieu à taxation de plus-value.

Pour aller plus loin

- G. Brunaux, La clause prévoyant le versement d'une indemnité d'immobilisation dans les promesses unilatérales de vente : Contrats, conc. consom. 2016, form. 8

2° Précisions relatives au prix

247 Conformément à l'article 1591 du Code civil, le prix de la vente doit être déterminé et désigné par les parties. Il peut cependant être laissé à l'estimation d'un tiers *(C. civ., art. 1592)* ou être simplement déterminable *(V. n° **2940**. – Cass. 3e civ., 4 oct. 1989, n° 88-10.753 : JurisData n° 1989-703204 ; Bull. civ. III, n° 184)*. Il peut cependant être laissé à l'estimation d'un tiers *(C. civ., art. 1592)* ou être simplement déterminable *(Cass. com., 24 nov. 2009, n° 08-21.369 : JurisData n° 2009-050459 ; Bull. civ. IV, n° 151)*.

3° Précisions relatives à l'immeuble

248 La levée de l'option par le bénéficiaire de la promesse entraînant transformation de la promesse unilatérale de vente en une promesse synallagmatique de vente *(F. Collard Dutilleul et Ph. Delebecque, Contrats civils et commerciaux : Dalloz, 2015, 10e éd., n° 74)*, il y a lieu de vérifier et d'apporter toutes les précisions nécessaires sur :

- la nature de l'immeuble vendu (*V. n°* ***1608*** *et s. - V. n°* ***1635*** *et s. - V. n°* ***1636*** *et s.- V. n°* ***1637*** *et s. - V. n°* ***1717*** *et s. - V. n°* ***1730*** *et s. - V. n°* ***1736*** *et s. - V. n°* ***1737*** *et s. - V. n°* ***1738*** *et s. - V. n°* ***1771*** *et s)* ;
- la détermination de l'immeuble vendu *(V. n°* ***1780*** *et s. - V. n°* ***1793*** *et s. - V. n°* ***1827*** *et s. - V. n°* ***1836*** *et s. - V. n°* ***1837*** *et s.- V. n°* ***1920*** *et s. - V. n°* ***1921*** *et s. - V. n°* ***1938*** *et s. - V. n°* ***1953*** *et s.)* ;
- un audit de l'immeuble vendu *(V. n°* ***1971*** *et s. - V. n°* ***1974*** *et s. - V. n°* ***1983*** *et s. - V. n°* ***2028*** *et s. - V. n°* ***2044*** *et s. - V. n°* ***2057*** *et s. - V. n°* ***2071*** *et s. - V. n°* ***2078*** *et s. - V. n°* ***2087*** *et s. - V. n°* ***2102*** *et s. - V. n°* ***2112*** *et s. - V. n°* ***2129*** *et s. - V. n°* ***2138*** *et s. - V. n°* ***2145*** *et s. - V. n°* ***2149*** *et s. - V. n°* ***2159*** *et s. - V. n°* ***2162*** *et s. - V. n°* ***2169*** *et s. - V. n°* ***2174*** *et s. - V. n°* ***2176*** *et s. - V. n°* ***2179*** *et s. - V. n°* ***2183*** *et s. - V. n°* ***2192*** *et s. - V. n°* ***2196*** *et s. - V. n°* ***2228*** *et s. - V. n°* ***2327*** *et s. - V. n°* ***2492*** *et s. - V. n°* ***2537*** *et s.)* ;
- la désignation de l'immeuble vendu *(V. n°* ***1780*** *et s.)* ;
- l'identification cadastrale (*V. n°* ***1921*** *et s.*) ;
- l'origine de propriété *(V. n°* ***2819*** *et s. - V. n°* ***2830*** *et s. - V. n°* ***2860*** *et s.)*.

Il est vrai toutefois qu'à l'égard de l'origine de propriété, la Cour de cassation, le 3 février 2011, a retenu qu'il ne peut être imposé au notaire d'établir avec certitude l'origine de propriété d'un bien faisant l'objet d'une promesse unilatérale de vente qui ne constitue qu'un acte préparatoire destiné à arrêter la volonté des parties de vendre et d'acquérir ou de renoncer à l'acquisition sans attendre les délais utiles à la vérification des éléments nécessaires à la perfection de la vente *(Cass. 1re civ., 3 févr. 2011, n° 09-69.617 et 10-10.844 : JurisData n° 2011-001169 ; Resp. civ. et assur. 2011, comm. 187)*. Pour autant, s'il n'y a pas d'obligation d'établir avec certitude l'origine de propriété de l'immeuble dès la promesse, cela ne dispense pas le notaire de vérifier celle-ci à partir des titres dont il dispose, ainsi qu'il résulte du même arrêt ;

- l'aliénabilité de l'immeuble vendu *(V. n°* ***2819*** *et s. - V. n°* ***2830*** *et s. - V. n°* ***2860*** *et s.)* ;
- la contenance de l'immeuble vendu *(V. n°* ***1837*** *et s.)* ;
- l'environnement de l'immeuble vendu (*V. n°* ***2578*** *et s. - V. n°* ***2658*** *et s. - V. n°* ***2733*** *et s.*).

4° Précisions relatives aux effets de la vente à venir

249 La levée d'option entraînant formation de la vente, il est impératif de préciser à quel moment et sous quelles conditions les effets de celle-ci se produiront. Ainsi, il peut être prévu que :

- si l'efficacité de la levée d'option n'est pas soumise à la remise du prix, que le transfert de propriété et le transfert de jouissance n'interviendra qu'une fois le prix versé au notaire chargé de régulariser la vente ;
- les effets de la vente ne se produiront qu'au jour de la réitération par acte authentique de la vente, celle-ci devant intervenir avant une date déterminée, date à partir de laquelle chaque partie pourra demander l'exécution forcée de la vente ou agir en résolution de la vente et en paiement de dommages et intérêts ;
- les conditions suspensives qui s'appliqueront au contrat de vente.

5° Durée de la promesse unilatérale de vente

250 Terme extinctif – Il est fortement conseillé de prévoir un terme extinctif, pour éviter que la promesse ne puisse être résiliée par le promettant qu'après mise en demeure du bénéficiaire et expiration d'un délai raisonnable *(V. n°* ***3609*** *et s. - n°* ***3613*** *et s. - n°* ***3704*** *et s. - S. Pellet, Négociations et avant-contrat, in La réforme du droit des contrats en pratique, ss. dir. de M. Latina, p. 25 spéc. p. 35 : Dalloz, 2017)*.

Attention Un tel terme extinctif doit obligatoirement être prévu lorsque la promesse est établie par un agent immobilier, ce à peine de nullité *(L. n° 70-9, 2 janv. 1970, art. 7)*.

Conseil pratique **À cet égard, il ne peut qu'être conseillé de prévoir au moins deux termes extinctifs. Le premier sera relatif à la date à partir de laquelle l'option ne pourra plus être levée. Il sera alors précisé que si l'option n'est pas levée à l'arrivée de ce terme, la promesse sera caduque. À l'inverse, si l'option est levée avant l'arrivée de ce premier terme, la promesse continuera de produire effet jusqu'à un second terme relatif à la signature de l'acte authentique constatant le caractère définitif de la vente, accompagnée du paiement du prix. Il sera précisé relativement à ce second terme, qu'à l'issue de ce délai, chaque partie aura la possibilité d'agir en exécution forcée de la promesse, aucune des parties ne pouvant se prévaloir de la caducité de la promesse en raison de son refus de se rendre chez le notaire.**

251 Prorogation – La prorogation de la promesse peut prendre deux formes, étant ici rappelé que suivant l'article 1213 du Code civil, le contrat peut être prorogé si les contractants en manifestent la volonté avant son expiration.

Clause expresse de prorogation – La promesse unilatérale de vente peut tout d'abord contenir une clause de prorogation par laquelle les parties conviennent que la promesse sera prorogée de telle durée à l'arrivée de son terme.

Une telle clause présente un intérêt notamment lorsque le promettant doit remettre des documents au bénéficiaire de la promesse ou lorsqu'une autorisation d'urbanisme doit être délivrée. La clause stipulera alors que la promesse sera prorogée, de plein droit, d'une durée déterminée, si le promettant n'a pas remis les documents en cause avant une date précisée ou si la demande d'autorisation d'urbanisme n'a pas été définitivement traitée par l'autorité administrative, traitement se traduisant soit par un refus soit par la délivrance de l'autorisation d'urbanisme sollicitée *(Cass. 3e civ., 16 juin 2015, n° 13-13.889)*. Une telle clause de prorogation de plein droit est pleinement efficace *(Cass. 3e civ., 17 juill. 1997, n° 95-19.222 : JurisData n° 1997-003365 ; Bull. civ. III, n° 173)* si elle est correctement rédigée *(Cass. 3e civ., 8 oct. 2003, n° 02-11.953 : JurisData n° 2003-020458 ; Bull. civ. III, n° 176)*.

Avenant – Lorsque la promesse unilatérale de vente ne contient pas une telle clause, les parties peuvent décider, par voie d'avenant, avant que la promesse ne soit arrivée à son terme, de proroger la durée de celle-ci et donc de convenir d'un terme extinctif à une date postérieure à celle du terme initialement prévu *(Cass. 3e civ., 23 mars 2017, n° 16-13.214)*.

Il y a lieu, en cas de prorogation, de prendre en compte l'article L. 290-1 du CCH. Celui-ci précise que toute promesse de vente ayant pour objet la cession d'un immeuble ou d'un droit réel immobilier, dont la validité est supérieure à 18 mois, ou toute prorogation d'une telle promesse portant sa durée totale à plus de 18 mois est nulle et de nul effet si elle n'est pas constatée par un acte authentique, lorsqu'elle est consentie par une personne physique.

Conseil pratique **En cas de prorogation de la durée d'une promesse contenant un délai pour la promesse et un délai plus conséquent pour la levée de l'option, il est nécessaire de préciser que les termes extinctifs tant de la levée d'option que de la promesse unilatérale sont reportés à des dates ultérieures à celles prévues au contrat *(Cass. 3e civ., 27 mars 2007, n° 06-12.319)*.**

252 Renouvellement – Les parties à une promesse unilatérale de vente peuvent décider de la renouveler. En ce cas et conformément à l'article 1214 du Code civil, le renouvellement donne naissance à un nouveau contrat dont le contenu est identique au précédent mais dont la durée est indéterminée.

Les parties peuvent déroger à l'article 1214 du Code civil et prévoir que le nouveau contrat sera à durée déterminée, ce qui apparaît préférable, s'agissant d'une promesse unilatérale de vente. Il est d'ailleurs possible de prévoir dans la promesse une clause de renouvellement qui précisera tout à la fois le sort des pactes accessoires à la promesse et la durée de la nouvelle promesse.

253 Tacite reconduction – Lorsque la promesse unilatérale de vente est accessoire à un contrat principal, ce dernier peut prendre fin et les parties continuer à en exécuter les obligations. Autrement dit, le contrat principal est tacitement reconduit avec les mêmes effets qu'un renouvellement *(C. civ., art. 1215)* : il y a naissance d'un nouveau contrat dont le contenu est identique au précédent, mais dont la durée est indéterminée. Se pose alors la question du sort de la promesse unilatérale de vente.

Exemple Dans une espèce où le contrat principal précisait que la levée d'option devait intervenir au plus tard 3 mois avant l'expiration du « présent contrat », la chambre commerciale de la Cour de cassation a retenu que la promesse était caduque dès l'arrivée du terme *(Cass. com., 22 oct. 1996, n° 94-13.373 : JurisData n° 1996-003955 ; Bull. civ. IV, n° 257)*.

Conseil pratique **Lorsque la promesse unilatérale de vente est accessoire à un contrat principal, il y a lieu de préciser dans ce dernier si la promesse prendra fin lors de l'arrivée du terme extinctif ou si elle verra sa durée suivre le même régime que celle du contrat principal.**

254 Terme et conditions – Afin d'éviter toutes difficultés quant à l'interprétation de la promesse unilatérale de vente, il est nécessaire de distinguer clairement les termes qui concernent la durée de la promesse, la date avant laquelle la levée d'option devra intervenir, la date avant laquelle, en cas de levée d'option, devra intervenir la réitération par acte authentique de la vente et la date avant laquelle devront être réalisées les conditions suspensives *(V. n° **3625**)*.

Si la date avant laquelle les conditions suspensives doivent être réalisées est postérieure à la date à laquelle l'option doit être levée, le promettant accepte alors nécessairement que potentiellement, les conditions qui affectaient la promesse unilatérale de vente affectent ensuite la vente si elles n'ont pas défaillies ou ne se sont pas réalisées avant la levée de l'option.

Conseil pratique **Il est conseillé de bien distinguer entre les conditions devant jouer au stade de la promesse et celles relatives à la vente à venir, en cas de levée d'option.**

255 Décès ou incapacité du promettant ou du bénéficiaire – Sauf clause contraire de la promesse, tant le décès que l'incapacité du promettant ou du bénéficiaire n'affectent pas la durée de la promesse. Ainsi les héritiers du promettant seront tenus de respecter ladite promesse *(Cass. 3e civ., 8 sept. 2010, n° 09-13.345 : JurisData n° 2010-015439 ; Bull. civ. III, n° 153* relativement au décès du promettant*)*.

6° Conditions

256 Condition suspensive et promesse unilatérale – La promesse unilatérale de vente peut être conclue avec une ou plusieurs conditions suspensives *(V. n° **3613** et n° **3704**)*. Ainsi et par exemple, il peut être prévu que la promesse est conclue sous condition suspensive d'obtention d'un prêt. Une telle condition résulte d'ailleurs de la loi lorsque s'appliqueront les règles relatives au crédit immobilier figurant aux articles L. 313-1 et suivants du Code de la consommation. Toutefois, le bénéficiaire peut déclarer qu'il financera l'acquisition sans recourir à un emprunt *(V. n° **758**. – Cass. 3e civ., 29 janv. 2014, n° 12-28.836 : Bull. civ. III, n° 14)*. De même, la promesse peut être conclue sous condition suspensive de délivrance d'une autorisation d'urbanisme.

Caducité de la promesse – Lorsque la condition défaille, la promesse est caduque. Il en résulte que le promettant n'est plus tenu par le consentement qu'il avait d'ores et déjà donné à la vente et que le bénéficiaire ne peut plus lever l'option ou perd le bénéfice de la levée d'option effectuée avant la défaillance de la condition.

La promesse étant caduque, le promettant doit restituer au bénéficiaire l'indemnité d'immobilisation si celle-ci a été versée dès la conclusion de la promesse, sauf à établir que c'est le bénéficiaire qui a empêché la réalisation de la condition *(C. civ., art. 1304-3. – Cass. 3e civ., 9 mars 2017, n° 16-10.569. – Cass. 3e civ., 8 déc. 2016, n° 15-26.379. – Cass. 3e civ., 24 nov. 2016, n° 13-21.029. – Cass. 3e civ., 13 juil. 2016, n° 15-19.887)*.

257 Renonciation – Lorsque la condition a été stipulée dans l'intérêt exclusif du bénéficiaire de la promesse unilatérale de vente, seul celui-ci peut renoncer à la condition. L'article 1304-4 du Code civil précise aussi que la renonciation n'est possible que tant que la condition n'est pas accomplie ou qu'elle n'a pas défailli. Mais rien n'interdit aux parties de prévoir dans la promesse la possibilité pour le bénéficiaire d'y renoncer, y compris après l'accomplissement ou la défaillance de la condition (*O. Deshayes, Th. Genicon et Y.-M. Laithier, Réforme du droit des contrats, du régime général et de la preuve des obligations : Lexisnexis, 2e éd., 2018, p. 662*).

En outre, la Cour de cassation maintiendra peut-être sa jurisprudence par laquelle elle retient que seul le bénéficiaire de la condition peut se prévaloir de sa défaillance *(Cass. 3e civ., 8 juil. 2014, n° 13-17.386 : JurisData n° 2014-016441 ; JCP N 2015, n° 24, 1186-18, obs. S. Piedelièvre. – Cass. 3e civ., 20 juin 2006, n° 05-12.319 : JurisData n° 2006-034177)*.

Lorsque la condition se réalise, le bénéficiaire, s'il n'a pas encore levé l'option, peut décider de le faire ou non. S'il a déjà levé l'option et que donc la promesse n'interdisait pas une telle levée avant la réalisation des conditions, le bénéficiaire ne peut plus revenir sur sa décision d'acquérir l'immeuble.

258 Condition suspensive et vente à venir – Si la promesse unilatérale de vente peut incontestablement être soumise à des conditions suspensives, il peut également être prévu que la vente à venir, en cas de levée de l'option, sera elle-même soumise à des conditions suspensives. Les conditions peuvent d'ailleurs concerner la promesse unilatérale de vente et la vente à venir.

Attention **Il y aura lieu de bien distinguer entre les conditions devant jouer au stade de la promesse et celles relatives à la vente à venir, en cas de levée d'option.**

Pour aller plus loin

- D. Pronier, Option et condition suspensive dans une promesse unilatérale de vente : Rapp. de la Cour de cassation, 1998, p. 129

259 Condition résolutoire – Si la promesse unilatérale de vente peut être conclue sous condition suspensive, elle peut également être conclue sous condition résolutoire *(V. n° **3678**)*. Elle produit alors immédiatement tous ses effets.

Exemple Elle peut être conclue sous condition résolutoire de décès du promettant survenant avant la levée de l'option. Une telle condition empêche alors la transmission de la promesse aux héritiers du promettant lorsque l'option n'a pas été levée avant le décès du promettant. De la même façon, il est possible de prévoir une condition résolutoire de décès du bénéficiaire survenant avant la levée de l'option. Cette fois-ci, la promesse ne sera pas transmise aux héritiers du bénéficiaire de la promesse.

260 Condition et renonciation – Qu'il s'agisse d'une condition suspensive ou d'une condition résolutoire, une partie est libre de renoncer à la condition stipulée dans son intérêt exclusif, tant que celle-ci n'est pas accomplie ou n'a pas défailli *(C. civ., art. 1304-4. – V. n° **3639**)*. Ainsi, le bénéficiaire d'une promesse unilatérale de vente qui renonce aux conditions suspensives stipulées dans son intérêt exclusif et qui lève l'option ensuite peut être condamné en exécution forcée de la vente *(Cass. 3e civ., 12 nov. 2014, n° 13-24.337)*.

261 Condition et faculté de substitution – Lorsque la promesse contient tout à la fois des conditions et une faculté de substitution, il convient de préciser comment cette faculté de substitution s'articule avec lesdites conditions.

CONTRATS PRÉPARATOIRES

Exemple Ainsi il peut être stipulé que les conditions joueront au profit du bénéficiaire initial et de toute personne s'y substituant ou que soit les conditions ne joueront qu'au profit du bénéficiaire initial. Bien entendu, il peut aussi être distingué suivant la condition en cause. Par exemple, pour la condition suspensive d'obtention du prêt et dès lors que l'opération n'entre pas dans le champ d'application du crédit immobilier, il peut être stipulé que cette condition jouera uniquement au profit du bénéficiaire initial de la promesse.

Pour aller plus loin

- M. Latina, Les clauses relatives aux conditions suspensive et résolutoire : JCP N 2016, n° 4, 114

7° Procédure

262 Modalités de levée de l'option – Lorsque des conditions de forme ont été prévues dans la convention et qu'un professionnel de l'immobilier ou du droit est chargé de recevoir l'acte et les documents relatifs à la levée de l'option, il est tenu de vérifier si le bénéficiaire de la promesse a bien respecté les conditions prévues dans la promesse et de l'avertir si tel n'est pas le cas que la levée d'option ne peut être considérée comme effective *(Cass. 3e civ., 27 oct. 2016, n° 15-25.949)*.

263 Délai de rétractation – Dès lors que l'immeuble est à usage d'habitation et que le bénéficiaire de la promesse est un acquéreur non-professionnel, l'article L. 271-1 du CCH doit être respecté dès la conclusion de la promesse *(V. n° **646** et s.)*. Ainsi, le bénéficiaire de la promesse pourra se rétracter pendant un délai de 10 jours à compter du lendemain de la première présentation de la lettre lui notifiant l'acte.
Par ailleurs, les parties ont la possibilité de prévoir dans la promesse un délai de rétractation en application de l'article 1122 du Code civil. Ce délai de rétractation peut être prévu tant au bénéfice du promettant qu'au profit du bénéficiaire de la promesse.

Conseil pratique **Lorsqu'il est fait usage d'une telle possibilité, il est possible de s'inspirer des clauses relatives à l'application de l'article L. 271-1 du CCH ou de l'article L. 442-8 du Code de l'urbanisme. C'est ainsi tant le délai de retractation (durée, *dies a quo, dies ad quem*) que les modalités de la rétractation (mode de transmission, destinataire, ...) qui seront précisées contractuellement.**

264 Délai et modalités de régularisation par acte authentique – Afin d'éviter que ne surgissent des difficultés après la levée de l'option, différentes précautions doivent être prises, tant dans l'intérêt du promettant que dans l'intérêt du bénéficiaire *(V. par ex., un bénéficiaire confronté au refus du promettant de se rendre chez le notaire pour régulariser la vente : Cass. 3e civ., 8 juill. 2014, n° 13-19.283)*.

- un terme extinctif sera stipulé avant l'arrivée duquel le bénéficiaire de la promesse devra remettre au notaire chargé d'établir l'acte authentique les fonds permettant le paiement du prix.
- il sera prévu un délai au cours duquel les parties devront se rendre chez le notaire pour procéder à la régularisation de l'acte authentique. Il sera également précisé qu'à l'issue de ce délai, chaque partie aura la possibilité d'agir en exécution forcée de la promesse, aucune des parties ne pouvant se prévaloir de la caducité de la promesse en raison de son refus de se rendre chez le notaire.

Formule – Modèle promesse unilatérale de vente notariée

L'an deux mil...
Le...
À...
Me..., notaire à...
À reçu le présent acte contenant promesse unilatérale de vente, à la requête de :
1°... (***Identification du promettant***)
Ci-après dénommé(e) « Le promettant ».
D'une part,
Et
2°... (***Identification du bénéficiaire***)
Ci-après dénommé(e) « Le bénéficiaire ».
D'autre part.

Promesse unilatérale de vente

M. (***ou :*** Mme) promet à M. (***ou : Mme***) de vendre à ce dernier, qui accepte mais sans prendre l'engagement d'acheter, au prix et aux conditions ci-après, l'immeuble (***ou : les droits immobiliers***) dont la désignation suit.

Désignation

[...]
V. JCl. Notarial Formulaire, V° Vente d'immeuble, fasc. 125, par J. Lafond.
Tel que ledit bien immobilier existe, sans exception ni réserve (***ou :*** mais avec les réserves suivantes...).
Le bénéficiaire déclare avoir visité les lieux et dispense le promettant d'établir plus complètement la désignation et la consistance du bien vendu.

Situation de l'immeuble

[...]

Servitude (s)

[...]

Transfert de propriété – Entrée en jouissance

En cas de levée d'option, le transfert de propriété de l'immeuble objet de la présente promesse sera retardé à la date de signature de l'acte authentique de vente.

L'acquéreur en aura la jouissance à compter de la même date par la prise de possession du bien (ou si le bien est loué : par la perception des loyers. Les comptes de jouissance seront réglés au plus tard à la date de la signature de l'acte authentique de vente).

Prix

Si la vente se réalise, le prix sera de... euros (... €).

Il sera payé selon les modalités suivantes : (Indiquer les modalités de paiement).

Financement du prix

[...]

Charges et conditions

La vente, si elle a lieu, se réalisera sous les charges et aux conditions habituelles et en particulier celles-ci-après :...

V. JCl. Notarial Formulaire, V° Avant-contrat, fasc. 65, par J.-M. Bez et J.-Fr. Pillebout.

Durée de la promesse

La présente promesse est consentie et acceptée en tant que promesse pour valoir à compter du... pour expirer le... à dix-huit heures. Après cette date, elle sera automatiquement caduque sans qu'il soit besoin d'une mise en demeure ou d'une formalité judiciaire.

Il ne semble pas opportun de prévoir une durée indéterminée ; il est souhaitable que l'offre soit ferme et définitive. En offrant la possibilité à chacune des parties de rompre l'accord à tout moment, cela fragiliserait la promesse.

Droit d'option

M. (***ou : Mme***), bénéficiaire de la promesse, devra faire connaître son intention d'accepter l'offre de vente émise par le promettant au plus tard avant l'expiration du délai fixé ci-dessus.

Pour être valable, elle doit être adressée par lettre recommandée avec demande d'avis de réception (***ajouter éventuellement :*** ou par remise en main propre contre récépissé ***; et/ou :*** résulter de la volonté clairement exprimée du bénéficiaire par écrit) soit au promettant, soit au notaire soussigné. Si elle est transmise au promettant, une copie dudit courrier devra être envoyée au notaire soussigné.

En cas d'acception de l'offre de vente avant la réalisation des conditions suspensives, la naissance des effets juridiques du présent accord resterait suspendue à la ou aux conditions pendantes.

Si la promesse n'a pas été acceptée par le bénéficiaire dans les délais impartis, elle sera réputée non avenue, comme n'ayant jamais existé.

Condition suspensive

La présente promesse unilatérale de contracter est consentie et acceptée sous réserve de la réalisation au plus tard le... (ajouter éventuellement : à l'exception de celle d'obtention du financement qui devra être réalisée au plus tard le...), des conditions suspensives ci-après stipulées dans le seul intérêt du bénéficiaire :...

Obtention des crédits sollicités, renseignements d'urbanisme, situation hypothécaire, etc.
(V. JCl. Notarial Formulaire, V° Avant-contrat, fasc. 65).

Réalisation des conditions suspensives

Si l'ensemble des conditions suspensives précitées se réalise avant la date du... et que l'option est levée dans les conditions ci-après, la vente sera formée et s'exécutera aux charges et conditions de la présente promesse.

La réalisation des conditions suspensives n'a pas pour effet de réaliser le transfert de propriété de l'immeuble objet de la promesse. Celui-ci s'opère dans les conditions ci-avant énoncées au paragraphe « Transfert de propriété-Entrée en jouissance ».

Les conditions sont stipulées en faveur de l'acquéreur éventuel. Il pourra renoncer à leur bénéfice tant que le délai de réalisation des conditions n'aura pas expiré et avant leur défaillance. Pour cela, il devra en informer le notaire soussigné par lettre recommandée avec demande d'avis de réception.

Le promettant et le bénéficiaire pourront se prévaloir des conséquences de la défaillance des conditions suspensives à l'exception de celle d'obtention d'un prêt. S'agissant de cette dernière, seul l'acquéreur-emprunteur pourra se prévaloir des conséquences juridiques de la défaillance. Le bénéficiaire de la condition pourra donc seul opposer la défaillance de celle-ci à des poursuites en exécution de la présente promesse. En revanche, le vendeur ne pourra exciper de cette défaillance pour échapper à d'éventuelles poursuites.

Toutefois, de manière générale, la condition sera réputée réalisée à l'égard de la partie qui a empêché sa réalisation ou qui a provoqué sa défaillance que ce soit par sa négligence ou sa faute.

Exécution de la vente

Si le bénéficiaire accepte l'offre de vente et que l'ensemble des conditions suspensives se sont produites dans les formes et délais impartis, et sous réserve de l'exercice des droits de préemptions, la vente s'exécutera par la signature de l'acte authentique par-devant le notaire soussigné laquelle devra intervenir dans le délai maximum d'un mois à compter de la levée d'option ou de la réalisation de la dernière condition suspensive pendante si elle lui est postérieure.

Déclarations des parties

[...]

Exécution forcée en cas de défaillance

Le promettant consent de manière définitive à vendre l'immeuble sus-désigné aux prix et conditions contenues dans le présent accord.

Sa rétractation au cours du délai d'option ne pourra pas faire échec à la formation du contrat promis, au cas où le bénéficiaire lèverait l'option avant l'expiration du délai fixé dans la présente promesse.

Si l'option est levée et que l'ensemble des conditions suspensives sont réalisées, les parties s'obligent à régulariser la vente par acte authentique devant le notaire soussigné.
En cas de refus de régulariser l'acte de vente par acte authentique, la partie victime de la défaillance pourra poursuivre l'exécution forcée de la promesse aux fins d'obtenir le constat judiciaire de la vente (ajouter éventuellement : une astreinte à la charge du débiteur de... pour mille du prix d'acquisition par jour de retard).

Délai de rétractation

[...]

Signature de l'acte authentique

[...]

Frais

[...]
Dont acte, sur...pages

Formule – Modèle de lettre de levée d'option

M. (ou : Mme) (identification d'usage dans les courriers).
LETTRE RECOMMANDÉE AVEC ACCUSÉ DE RÉCEPTION

À..., le...
Je soussigné(e), M. (ou : Mme), ai le plaisir de vous indiquer que M. (ou : Mme) entend lever l'option de vente que vous lui avez consentie aux termes de la promesse susvisée.
J'ai contacté mon conseil, Me..., à l'effet de prendre contact avec le vôtre en vue de préparer l'acte authentique de vente et de fixer au plus vite un rendez-vous pour signatures et paiement du prix (cette phrase est à adapter selon la présence ou non d'un notaire en concours ou en participation).
Dans l'attente du plaisir de nous revoir en l'étude de Me..., veuillez agréer, M. (ou : Mme), l'expression de mes sincères salutations distinguées.

PS : une copie de ce courrier a été envoyée ce jour à Me...

Pour aller plus loin

Formules
- JCl. Notarial Formulaire, V° Avant-contrat, fasc. 65 et 115, par J.-F. Pillebout

Fiche pratique
- Fiche pratique n° 1721 : Rédiger une vente d'immeuble, par M. Suquet-Cozic

Commentaires
- JCl. Notarial Formulaire, Synthèse 1440, Vente d'immeuble, préparation de l'acte, par V. Zalewski-Sicard
- JCl. Notarial Formulaire, Synthèse 1470, Vente d'immeuble, bien vendu, par V. Zalewski-Sicard
- JCl. Notarial Formulaire, V° Avant-contrat, fasc. 20, 30 et 40, par S. Piedelièvre
- JCl. Notarial Formulaire, V° Avant-contrat, fasc. 100, 102 et 104, par J. Lafond

Rédaction – Formalités

I. Établissement de la promesse unilatérale de vente

265 La promesse unilatérale de vente est un contrat consensuel. Elle peut donc être établie, au choix des parties, soit par acte sous seing privé (*V. n° **4252** et s.)* soit par acte authentique (*V. n° **4206** et s.*). Toutefois, une distinction suivant la durée de la promesse et l'immeuble mis en vente doit être faite. En effet, l'article L. 290-1 du CCH dispose que toute promesse de vente ayant pour objet la cession d'un immeuble ou d'un droit réel immobilier, dont la validité est supérieure à 18 mois, ou toute prorogation d'une telle promesse portant sa durée totale à plus de 18 mois est nulle et de nul effet si elle n'est pas constatée par un acte authentique, lorsqu'elle est consentie par une personne physique.

266 Avantages de l'acte notarié – L'établissement de la promesse unilatérale de vente par acte authentique ne peut qu'être conseillé :

- l'intervention du notaire viendra renforcer l'efficacité de la promesse et diminuer les risques d'une annulation ;
- la promesse conclue en la forme authentique peut, semble-t-il, permettre au bénéficiaire de la promesse d'éviter d'avoir à demander au juge la constatation judiciaire de la vente si, en outre, l'acte d'option est constaté par acte authentique et que le notaire publie la mutation en adressant au service chargé de la publicité foncière tant la promesse que l'acte de levée d'option *(Ch. Gijsbers, Négocier, promettre et vendre l'immeuble après l'ordonnance du 10 février 2016 : Bull. Cridon Paris, 15 sept. 2016, n° 18, p. 6).*

Par ailleurs, lorsque la promesse unilatérale de vente correspond à un contrat synallagmatique, c'est-à-dire lorsque le bénéficiaire est tenu d'une indemnité d'immobilisation, et qu'elle est établie par acte sous signature privée, s'impose le respect de l'article 1375 du Code civil.

Il en résulte que l'acte ne fait preuve que s'il a été fait en autant d'originaux qu'il y a de parties ayant un intérêt distinct, à moins que les parties ne soient convenues de remettre à un tiers l'unique exemplaire dressé. Chaque original doit mentionner le nombre des originaux qui en ont été faits.

267 Acte sur support électronique – L'exigence d'une pluralité d'originaux est réputée satisfaite pour les contrats sous forme électronique lorsque l'acte est établi et conservé conformément aux articles 1366 et 1367, et que le procédé permet à chaque partie de disposer d'un exemplaire sur support durable ou d'y avoir accès.

Remarque Celui qui a exécuté le contrat, même partiellement, ne peut opposer le défaut de la pluralité d'originaux ou de la mention de leur nombre. Il en ira ainsi pour le bénéficiaire de la promesse qui aura versé l'indemnité d'immobilisation. Un exemplaire supplémentaire est également nécessaire pour l'enregistrement de la promesse.

268 Honoraires de rédaction – Pour les actes ne donnant pas lieu à émolument, les notaires peuvent percevoir des honoraires (*V. n° **4314**.).* Il en va ainsi pour les promesses de vente dès lors que celles-ci ne doivent pas obligatoirement être établies par acte authentique *(CCH, art. L. 290-1).* Une lettre de mission doit alors être établie afin de respecter l'article L. 444-1 du Code de commerce. Il n'est pas suffisant de mentionner seulement dans le contrat préparatoire le montant des honoraires.

Formule – Exemple de lettre de mission pour une vente d'immeuble

Destinataire
LETTRE DE MISSION POUR UNE VENTE D'IMMEUBLE
Madame, Monsieur,
Vous souhaitez nous confier la mission de vous accompagner dans l'acquisition d'un immeuble situé à ...

Mission

Cette mission correspondra à :
- la rédaction de la promesse unilatérale de vente et l'acte authentique de vente ;
- la collecte et l'analyse des documents nécessaires à la vente de l'immeuble et à la rédaction des actes ;
- l'accomplissement des formalités légales et administratives relatives à la vente de l'immeuble - la fourniture de conseils sur l'opération envisagée.

Montant des honoraires proposés

Pour la réalisation de cette mission, le coût global serait de ... € hors Taxe au titre de l'article L. 444-1 du Code de commerce. À ce coût, s'ajoute la TVA au taux actuellement en vigueur soit un montant total TTC de ... euros.

Conditions

Le montant des honoraires a été déterminé en fonction de ..., ce conformément à l'article L. 444-1 du Code de commerce.
Règlement des honoraires
La facture sera émise lors de la signature du contrat préparatoire et payable comptant.

Interlocuteur

Votre interlocuteur au sein de l'office pour la réalisation de cette mission sera : ...

Acceptation

Nous vous remercions de nous faire part de votre accord en nous retournant un exemplaire revêtu de votre signature accompagné d'un acompte d'un montant de ... TTC.
Cette somme sera acquise à l'office dans l'hypothèse où après avoir accepté la présente convention, son bénéficiaire décidait de ne pas poursuivre son projet d'acquisition au titre des démarches d'ores et déjà effectuées par l'office.
Restant à votre disposition, veuillez agréer, Madame, Monsieur, l'assurance de sentiments dévoués.
Fait à ..., le ...
Signature

II. Enregistrement de la promesse unilatérale de vente

269 De l'article 1589-2 du Code civil, il résulte que si la promesse unilatérale de vente n'est pas constatée par un acte authentique, elle doit être enregistrée dans un délai de 10 jours à compter de la date de son acceptation par le bénéficiaire. Il en va de même de toute cession portant sur lesdites promesses qui n'a pas fait l'objet d'un acte authentique ; l'acte sous seing privé doit être enregistré dans les 10 jours de sa date. La sanction est la nullité de la promesse ou de la cession.
Lorsque la promesse unilatérale de vente est accessoire à un autre contrat, l'obligation prévue par l'article 1589-2 du Code civil ne s'impose plus. Ainsi, lorsque la promesse n'est qu'un élément d'une transaction, elle n'a pas à faire l'objet d'un enregistrement *(Cass. ass. plén., 24 févr. 2006, n° 04-20.525 : JurisData n° 2006-032416 ; JCP G 2006, IV, 1593 ; JCP G 2006, II 10065, comm. J. Cédras ; RDC 2006, p. 715, obs. I. Dauriac).*

Remarque Soulignons que si la promesse est établie par acte authentique, l'enregistrement de la promesse authentique n'est pas une condition de sa validité. L'obligation d'enregistrement résulte alors de la forme de l'acte qui la constate. En vertu du 1° du 1 de l'article 635 du CGI, les actes des notaires sont obligatoirement assujettis à l'enregistrement, quel que soit leur contenu. C'est donc en vertu de ce texte qu'il doit être procédé à l'enregistrement dans le délai d'un mois de la promesse unilatérale de vente établie par acte authentique. Le droit fixe de 125 € est alors dû, en application de l'article 680 du CGI.

Pour aller plus loin

- N. Gonzalez-Gharbi, Les promesses unilatérales de vente et d'achat d'immeuble notariées sont enregistrées sur état : Constr.-Urb. 2016, comm. 112

III. Publicité foncière

270 Les promesses unilatérales de vente sont admises à titre facultatif à publicité foncière en application de l'article 37 du décret n° 55-22 du 4 janvier 1955. Elle est alors uniquement destinée à l'information des usagers *(V. n° 4357).*
Cette publication donne lieu à perception de la contribution de sécurité immobilière correspondant à 0,10 % de la valeur de l'immeuble.

Pour aller plus loin

- Guide de la publicité foncière, J. Lafond, N. Gonzalez-Gharbi, S. Lamiaux, éd ; 2018, V° Promesse de vente

Droits et obligations

I. Situation du promettant

A. – OBLIGATIONS DU PROMETTANT

271 Tant que le terme de la promesse n'est pas arrivé, le promettant est tenu de ne pas rendre impossible l'exécution de la promesse. Pèsent dès lors sur lui des obligations qui lui imposent de ne pas modifier la situation juridique (*V. n°* ***272***) et la situation matérielle de l'immeuble (*V. n°* ***273***). Il est également tenu, lors de la conclusion de la promesse, d'une obligation générale d'information (*V. n°* ***274***) et d'obligations particulières d'information (*V. n°* ***275***).

1° Situation juridique de l'immeuble

272 Le promettant ne doit pas disposer de son bien au bénéfice d'un tiers. Il doit également ne pas consentir de baux qui entraîneraient naissance au profit du locataire d'un droit de préemption. Il peut également être considéré que le promettant ne peut conclure ceux soumis à un régime contraignant. En effet, lesdits baux devront alors être respectés par le bénéficiaire de la promesse s'il lève l'option.

La promesse peut préciser que le promettant s'engage à délivrer au bénéficiaire un bien libre de toute occupation. Ainsi, si le promettant loue le bien, il pourra être retenu qu'il a modifié, au prejudice du bénéficiaire, la nature du bien cédé.

Si le locataire connaissait l'existence de la promesse, le bail pourra être déclaré nul en application du 3e alinéa de l'article 1124 du Code civil *(Cass. 3e civ., 9 févr. 2017, n° 15-27.558)*.

Conseil pratique **La promesse unilatérale de vente doit préciser si le promettant est autorisé à conclure des baux relativement à l'immeuble en cause :**
- **si la promesse précise que le promettant est tenu de délivrer un immeuble libre de toute occupation, il est interdit au promettant de louer le bien ;**
- **si la promesse autorise les locations, il peut être précisé que le bénéficiaire de la promesse, s'il lève l'option, sera alors tenu de respecter lesdits baux.**

2° Situation matérielle de l'immeuble

273 Le promettant ne doit pas modifier la situation matérielle de l'immeuble et poursuivre son entretien pendant toute la durée de la promesse. Afin de s'assurer qu'un tel devoir sera respecté par le promettant, il ne peut qu'être conseillé de faire établir un état de lieux de l'immeuble qui sera annexé à la promesse unilatérale de vente.

Par ailleurs, la promesse unilatérale de vente peut préciser expressément que le promettant est tenu d'assurer tant la conservation de l'immeuble que son entretien.

3° Obligation générale d'information

274 En application de l'article 1112-1 du Code civil, le promettant est tenu d'une obligation générale d'information. Il doit, lorsqu'il connaît une information dont l'importance est déterminante pour le consentement de l'autre, l'en informer dès lors que légitimement, cette dernière ignore cette information ou fait confiance à son cocontractant.

4° Obligations spéciales d'information

275 Ce sont celles qui pèsent sur tout vendeur d'un immeuble, obligations qui varient suivant l'immeuble en cause. Il en va ainsi, par exemple, lorsqu'est cédé un terrain sur lequel une installation classée a été exploitée, le vendeur devant informer l'acquéreur, ainsi que l'impose l'article L. 514-20 du Code de l'environnement *(V. n°* ***1608*** *et s. – V. n°* ***1780*** *et s. – V. n°* ***1971*** *et s. – V. n°* ***2577*** *et s.)*.

B. – GARANTIES DUES PAR LE PROMETTANT

276 La promesse unilatérale de vente ne valant pas vente, le promettant n'est pas tenu des garanties du vendeur. Il doit être souligné toutefois que l'avant-projet de réforme du droit des contrats spéciaux de l'association Henri Capitant du 26 juin 2017 entend faire jouer les garanties auxquelles le vendeur est tenu dès le stade de la promesse unilatérale de vente. L'article 20 du projet précise que « la promesse de vente, unilatérale ou synallagmatique, est

CONTRATS PRÉPARATOIRES

soumise en tant que de raison aux règles applicables à la vente ». Il en résulterait suivant le rapport préliminaire à cet avant-projet que, par exemple, « si un vice caché apparaît après la conclusion d'une promesse, les règles relatives à la garantie des vices trouveront à s'appliquer et celui qui envisageait d'acquérir pourra mettre fin à la promesse ou agir en réduction du prix » *(M. Poumarède, La vente immobilière au prise de l'avant-projet de réforme du droit des contrats spéciaux : RD imm. 2017, p. 560. – V. Zalewski-Sicard, L'avant-projet de réforme du droit des contrats spéciaux : vente immobilière et responsabilités des constructeurs : Constr.-Urb. 2017, alerte 73).*

C. – PERTE OU DÉTÉRIORATION DE L'IMMEUBLE

277 Entre la conclusion de la promesse et le jour de la levée de l'option, l'immeuble, objet de la promesse, peut être perdu ou être détérioré. À cet égard, il doit être distingué suivant que la perte ou la détérioration est fortuite ou résulte de la faute du bénéficiaire de la promesse.

278 Perte fortuite – Lorsque l'évènement est fortuit, il peut entraîner la perte totale de l'immeuble ou seulement se traduire par une détérioration.
Lorsqu'il y a perte totale de l'immeuble, le promettant assume seul les risques de l'immeuble, étant demeuré propriétaire de l'immeuble *(C. civ., art. 1196, al. 3)*. Ne pouvant plus vendre l'immeuble, le contrat est alors résolu *(C. civ., art. 1218)*.

Clause – Perte fortuite de l'immeuble vendu

En cas de perte totale par cas fortuit du présent immeuble avant la levée de l'option, la présente promesse sera caduque. L'indemnité d'immobilisation versée par le bénéficiaire de la promesse lui sera restituée.

279 Détérioration fortuite – Lorsqu'il y a seulement détérioration de l'immeuble, il n'y a pas de solution assurée. En effet, il est possible d'hésiter entre :
- l'assimilation de la détérioration à la perte totale : en ce cas, le promettant assume seul les risques de l'immeuble *(C. civ., art. 1196, al. 3)*. Et, en application de l'article 1218 du Code civil, le contrat est résolu ;
- la détérioration n'est pas assimilée à une perte totale : l'article 1351 du Code civil conduit alors à retenir que le débiteur est libéré d'exécuter sa prestation à due concurrence de la détérioration. Par conséquent, la promesse n'est pas résolue mais le bénéficiaire de la promesse peut demander une diminution du prix proportionnelle à la perte de valeur de l'immeuble. Autrement dit, les risques sont assumés par le propriétaire de l'immeuble *(C. civ., art. 1196, al. 3)*.

Pour écarter toute incertitude sur ce point, le notaire doit préciser dans le contrat les conséquences résultant de la détérioration de l'immeuble par cas fortuit. Une telle possibilité est reconnue par la Cour de cassation *(Cass. 3e civ., 26 janv. 2010, n° 08-70.032 : JurisData n° 2010-051466)*. Il est à souligner, par ailleurs, que la Cour de cassation retient désormais que sauf clause contraire, l'acquéreur d'un immeuble a qualité à agir en paiement des indemnités d'assurance contre l'assureur du vendeur garantissant les risques de catastrophe naturelle, même pour les dommages nés antérieurement à la vente *(Cass. 3e civ., 7 mai 2014, n° 13-16.400 : JurisData n° 2014-009633 ; Bull. civ. III, n° 61 ; JCP N 2014, n° 22, act. 654 ; Resp. civ. et assur. 2014, comm. 284, obs. H. Groutel ; RDC 2015, p. 77, obs. F. Leduc ; AJDI 2015, p. 58, obs. F. Cohet)*. Il convient aussi de préciser si le bénéficiaire de la promesse sera en droit de récupérer l'indemnité d'immobilisation qu'il a versée s'il décide de ne pas lever l'option.
Une clause de résolution de plein droit peut être insérée dans la promesse unilatérale de vente *(V. n° **4780** et s.)*. La résolution de la promesse pourra alors être demandée par le bénéficiaire qui pourra aussi choisir de ne pas se prévaloir de ladite clause ; il pourra alors agir en exécution forcée et en responsabilité contractuelle ou en anéantissement du contrat *(Cass. 3e civ., 30 juin 2015, n° 14-16.929)*. Il est également possible de prévoir une clause pénale venant sanctionner les manquements du promettant *(V. n° **4861** et s.)*.

Clause – Détérioration fortuite de l'immeuble vendu

En cas de détérioration par cas fortuit du présent immeuble avant la levée de l'option, l'acquéreur aura le choix de :
- résoudre le contrat. En cette hypothèse, l'indemnité d'immobilisation sera restituée au bénéficiaire. Le bénéficiaire est dispensé de mettre en demeure le promettant ;
- exiger la chose dans l'état où elle se trouve. En cette hypothèse, si la détérioration donne lieu à indemnisation de la part de l'assureur du promettant, l'indemnité d'assurance sera versée à l'acquéreur et ce dernier ne pourra demander aucune diminution du prix. À défaut d'indemnisation, le prix convenu sera diminué proportionnellement à la perte de valeur du bien. Le montant de cette diminution sera décidé d'un commun accord entre les parties. À défaut d'accord entre elles, dans un délai de ... (préciser le délai), il sera procédé à la désignation d'un expert par le notaire chargé de recevoir l'acte authentique. Ledit expert se prononcera sur ladite diminution et cette estimation s'imposera aux parties.

280 Perte ou détérioration fautive – Dans une telle hypothèse, le propriétaire a manqué à son devoir de s'abstenir de tout acte qui empêcherait la bonne exécution de l'obligation. Il ne pourra alors exécuter correctement son obligation de délivrance.
Par conséquent, le bénéficiaire de la promesse ou l'acquéreur pourra choisir d'agir en résolution du contrat et/ou en réparation ou bien encore en exécution forcée en nature, ce qui obligera alors le propriétaire à procéder à la remise en état de l'immeuble.

281 Avant-projet de réforme du droit des contrats spéciaux – Soulignons que l'avant-projet de réforme du droit des contrats spéciaux de l'association Henri Capitant du 26 juin 2017 entend faire jouer les garanties auxquelles le vendeur est tenu dès le stade de la promesse de vente, par application d'un article 20 qui précise que « la promesse de vente, unilatérale ou synallagmatique, est soumise en tant que de raison aux règles applicables à la vente ». Il en résulterait suivant le rapport préliminaire à cet avant-projet que, par exemple, « si un vice caché apparaît après la conclusion d'une promesse, les règles relatives à la garantie des vices trouveront à s'appliquer et celui qui envisageait d'acquérir pourra mettre fin à la promesse ou agir en réduction du prix » (*sur cette proposition : M. Poumarède, La vente immobilière au prise de l'avant-projet de réforme du droit des contrats spéciaux : RD imm. 2017, p. 560. – V. Zalewski-Sicard, L'avant-projet de réforme du droit des contrats spéciaux : vente immobilière et responsabilités des constructeurs : Constr.-Urb. 2017, alerte 73*).

II. Situation du bénéficiaire

A. – VERSEMENTS

282 Indemnité d'immobilisation – V. ci-dessus.

283 Contrepartie d'une faculté de dédit – Le bénéficiaire de la promesse n'a nul besoin d'une clause de dédit puisqu'il peut décider d'acheter ou de ne pas acheter. Pour autant, une fois levée l'option, une telle faculté de dédit peut trouver un intérêt et elle peut parfaitement être prévue par les parties. Cette faculté peut être prévue moyennant une contrepartie (*Cass. 1re civ., 30 sept. 2015, n° 13-24.312*). C'est alors la somme versée au titre de l'indemnité d'immobilisation qui remplira cette fonction. Ainsi, si l'acquéreur décide d'exercer sa faculté de dédit, il perdra la somme versée.

284 Acompte – L'acompte correspond à une partie du prix de vente. Dès lors, le bénéficiaire d'une promesse unilatérale de vente ne peut verser un acompte dès la conclusion de la promesse, la vente n'étant pas conclue et le prix pas encore dû. Toutefois, il peut être prévu qu'une fois l'option levée, l'indemnité d'immobilisation se transformera en un acompte. La somme ainsi versée par le bénéficiaire de la promesse s'imputera alors sur le prix de vente.

285 Arrhes – *A priori*, le bénéficiaire de la promesse n'a aucun intérêt à verser une somme représentative d'arrhes. En effet, ceux-ci permettent à celui qui les a versés de sortir du contrat en perdant les arrhes. Or, le bénéficiaire de la promesse peut ne pas lever l'option et ainsi ne pas acquérir l'immeuble.
Toutefois, il peut être concevable de prévoir tout à la fois le versement d'arrhes et le versement d'une indemnité d'immobilisation. Le bénéficiaire de la promesse pourrait alors sortir de la promesse en perdant les arrhes et en conservant le montant de l'indemnité d'immobilisation. Pour qu'une telle stipulation présente un intérêt, cela suppose bien entendu que le montant des arrhes soit moins élevé que celui de l'indemnité d'immobilisation. En outre, dans une telle hypothèse, le promettant pourrait aussi se départir de la promesse, mais en restituant le double des arrhes (*C. civ., art. 1590*).
En outre, une fois l'option levée, il peut être contractuellement prévu que l'indemnité d'immobilisation se transformera en arrhes. Chaque partie peut alors décider d'exercer sa faculté de repentir, l'acquéreur, en perdant les arrhes, le vendeur en en restituant le double à l'acquéreur.

B. – OBLIGATIONS DE FAIRE

286 Lorsque la promesse de vente a été conclue sous condition suspensive, la réalisation de ces conditions peut nécessiter l'accomplissement de démarches de la part du bénéficiaire de la promesse (*O. Herrnberger, Et si l'on repensait le tandem promesse de vente/vente ? : JCP N 2017, n° 8, act. 261. - G. Durand-Pasquier, Les clauses directives : JCP N 2015, n° 21, 1162. – V. Forti, La réalisation fictive de la condition, in Le nouveau régime général des obligations, ss. dir. L. Andreu et V. Forti : Dalloz, 2016, p. 31. – V. n° 3553 et s.*). Il en va ainsi, par exemple, lorsque la promesse est soumise à la condition suspensive d'obtention d'une autorisation administrative. En ce cas, le bénéficiaire doit effectuer les démarches nécessaires en vue d'obtenir celle-ci. Il en va de même

CONTRATS PRÉPARATOIRES

lorsque la promesse est conclue sous condition suspensive d'obtention d'un prêt, que cette condition résulte de la convention ou de la loi, ou, par exemple encore, de l'obtention d'une garantie financière d'achèvement *(Cass. 3e civ., 23 mars 2017, n° 16-13.214)*.

De même, le bénéficiaire de la promesse, tout comme le promettant, est tenu d'une obligation générale d'information, en vertu de l'article 1112-1 du Code civil.

Par ailleurs, il est possible aux parties de prévoir que le bénéficiaire de la promesse pourra réaliser des études et travaux permettant de rendre réalisable le projet qu'il envisage. En ce cas, il est préférable de prévoir dans la promesse les conséquences liées à la réalisation de ces travaux : remise en état, indemnisation, etc. Le bénéficiaire de la promesse devra être averti des conséquences de ses engagements et sera invité à signer une reconnaissance de conseils donnés *(V. JCl. Notarial Formulaire, V° Responsabilité notariale, fasc. 35, par Th. Sanséau et J.-F. Pillebout. – Cass. 3e civ., 23 mars 2017, n° 15-12.406)*.

Conseil pratique **Le contenu de la promesse pourrait ainsi être réparti :**
– « 1. Objet du contrat : vente, détermination de la chose et du prix
– 2. Obligations placées sous conditions suspensives : paiement du prix, délivrance de la chose, transfert de propriété et des risques, transfert de jouissance...
– 3. Définition des conditions suspensives
– 4. Obligations prenant effet immédiatement
– a) Obligations stipulées pour le temps de la promesse : déposer une demande de prêt, ne pas démolir le bien ou modifier sa consistance, faire tel ou tel sondage, participer à telle assemblée générale de copropriétaires intervenant pendant la promesse, déposer tel permis de construire dans tel délai...
– b) Obligations devant perdurer après la vente : charges et conditions, garanties, sort des contrats...
– c) Obligations susceptible de perdurer même en cas de caducité de la promesse : engagement de confidentialité
– 5. Dispositions communes : élection de domicile, pouvoirs pour les formalités, droit applicable... » ***(O. Herrnberger, Et si l'on repensait le tandem promesse de vente/vente ? : JCP N 2017, n° 8, act. 261)*.**

Pour aller plus loin

- G. Durand-Pasquier, Les clauses directives : JCP N 2015, n° 21, 1162
- V. Forti, La réalisation fictive de la condition, p. 31, in Le nouveau régime général des obligations, ss. dir. L. Andreu et V. Forti : Dalloz, 2016
- B. Freleteau, Devoir et incombance en matière contractuelle, t. 576 : LGDJ, 2017
- O. Herrnberger, La phase préparatoire du contrat de vente d'immeuble : JCP N 2018, 1212 ; Et si l'on repensait le tandem promesse de vente/vente ? : JCP N 2017, n° 8, act. 261

C. – LEVÉE DE L'OPTION

287 Forme – La forme de la levée d'option doit être précisée dans la promesse unilatérale de vente. Il peut d'ailleurs être prévu que la levée d'option résultera soit de la signature de l'acte authentique soit qu'elle prendra telle ou telle forme, comme, par exemple, l'établissement d'un acte authentique par le notaire chargé de procéder à la régularisation de la vente.

À défaut, la levée d'option peut intervenir sans avoir à respecter un quelconque formalisme et donc notamment sous forme orale *(Cass. 3e civ., 19 déc. 2012, n° 08-14.225 : JurisData n° 2012-030341 ; Bull. civ. III, n° 199 ; JCP N 2013, n° 3, act. 151 ; JCP N 2013, n° 12, 1059, note S. Piedelièvre ; JCP N 2013, n° 20, 1132, obs. M. Mekki ; Defrénois 2013, p. 351, obs. Y. Dagorne-Labbé)*. Toutefois, afin d'éviter toute contestation sur l'effectivité de la levée de l'option, il est fortement conseillé de se réserver la preuve d'une telle levée d'option, même en l'absence d'exigence du respect d'une forme particulière.

Lorsque des conditions de forme ont été prévues dans la convention et qu'un professionnel de l'immobilier ou du droit est chargé de recevoir l'acte et les documents relatifs à la levée de l'option, il est tenu d'informer le bénéficiaire de la promesse sur le respect des conditions prévues dans la promesse *(Cass. 3e civ., 27 oct. 2016, n° 15-25.949)*.

Enfin, précisons que le promettant peut toujours renoncer à se prévaloir de la condition de forme prévue dans la promesse et accepter de prendre en compte la levée d'option du bénéficiaire *(Cass. 1re civ., 24 nov. 1965 : Bull. civ. I, n° 652)*.

288 Lieu d'envoi de l'acte de levée de l'option – Ce lieu doit être précisé dans la promesse. Il peut également être précisé que si l'une des parties venait à changer d'adresse pendant la période de validité de la promesse, elle sera tenue d'en informer l'autre partie et que cette dernière devra alors faire parvenir tous les échanges à la nouvelle adresse. Faute d'avoir pris une telle précaution, les parties ne pourront se plaindre d'un envoi à une ancienne adresse *(Cass. 3e civ., 4 juill. 1990, n° 89-10.249 : JurisData n° 1990-702305 ; Bull. civ. III, n° 169)*.

Conseil pratique Afin d'éviter les difficultés liées aux changements d'adresse de l'une des parties pendant la période de validité de la promesse, il peut être conseillé de préciser dans l'acte les conséquences de tels changements sur les notifications devant être réalisées.

289 Date à partir de laquelle l'option peut être levée – Les parties à la promesse unilatérale de vente peuvent prévoir que le bénéficiaire de l'option ne pourra lever celle-ci avant une certaine date, en recourant à un terme suspensif, ou avant l'arrivée d'évènements déterminés. De même, lorsque la promesse unilatérale de vente est conclue sous condition suspensive, il peut être précisé que l'option devra être levée dans un délai déterminé à compter de la réalisation de la ou des conditions suspensives *(Cass. 3e civ., 24 févr. 1999, n° 97-15.683 : JurisData n° 1999-000780 ; Bull. civ. III, n° 53. – Cass. 3e civ., 24 juin 1998, : Bull. civ. III, n° 139)*. Il est également possible aux parties de prévoir que la levée d'option, avant réalisation des conditions suspensives, vaudra renonciation au bénéfice de celles-ci, ainsi que l'autorise l'article 1304-4 du Code civil. L'adoption d'une telle clause dangereuse pour le bénéficiaire devrait être accompagnée d'un sérieux avertissement. Les parties devront signer une reconnaissance de conseils donnés.

290 Date à partir de laquelle l'option ne peut plus être levée – La date à laquelle l'option ne pourra plus être levée efficacement peut correspondre au terme extinctif de la promesse unilatérale de vente. Une date antérieure au terme extinctif peut également être retenue. Quoi qu'il en soit, il n'y a pas d'obligation pour le promettant de mettre en demeure le bénéficiaire de la promesse de prendre parti.
La solution est différente lorsque la promesse ne contient pas de date limite de levée d'option. En ce cas, il appartient au promettant de mettre en demeure le bénéficiaire de prendre parti dans un délai raisonnable *(Cass. 3e civ., 24 avr. 1970, n° 68-10.536 : JurisData n° 1970-098279 ; Bull. civ. III, n° 279)*.

291 Date certaine de levée de l'option – Dès lors que la promesse unilatérale de vente n'en dispose pas autrement, l'acte sous seing privé qui constate la levée de l'option est opposable au promettant même s'il n'a pas date certaine. En effet, l'article 1377 du Code civil a vocation à protéger un tiers à la relation contractuelle contre un mensonge de cocontractants quant à la date de l'acte sous seing privé. Dès lors, l'acte n'a, à l'égard des tiers, date certaine que du jour où il a été enregistré, du jour de la mort d'un signataire, ou du jour où sa substance est constatée dans un acte authentique. Il en résulte que l'article 1377 du Code civil n'est pas applicable dans les relations entre promettant et bénéficiaire d'une promesse unilatérale de vente. Ainsi, le promettant ne peut opposer au bénéficiaire que l'acte de levée d'option n'a pas date certaine *(Cass. 3e civ., 24 mars 1993, n° 91-14.080 : JurisData n° 1993-001742)*. Il ne pourrait en aller différemment que si les parties avaient convenu qu'un tel acte devrait avoir date certaine pour être opposable au promettant.
Pour ce qui est des tiers et de l'acte de levée d'option, l'article 1377 du Code civil s'applique pour les raisons indiquées précédemment. Il en résulte que la date apparente, c'est-à-dire celle figurant dans l'*instrumentum*, est inopposable aux tiers, qui ne peuvent se voir opposer que l'une des trois dates évoquées par l'article 1377 du Code civil : celle du jour de l'enregistrement de l'acte, du décès de l'une des parties ou du jour où sa substance est constatée dans un acte authentique *(Cass. 3e civ., 20 déc. 2000, n° 99-12.391 : JurisData n° 2000-007485 ; Bull. civ. III, n° 195 ; JCP G 2001, 1327)*.

292 Levée de l'option et versement du prix – Afin d'assurer au promettant que la levée d'option ne pourra être effectuée que par un bénéficiaire disposant des fonds nécessaires au paiement du prix, il convient de stipuler que la levée d'option ne sera efficace que si elle est précédée ou accompagnée du versement du prix et des frais d'acquisition en l'étude du notaire chargé de régulariser l'acte de vente.

293 Levée de l'option et condition suspensive – Lorsque la condition suspensive défaille, la promesse est caduque. Il en résulte que le promettant n'est plus tenu par le consentement qu'il avait d'ores et déjà donné à la vente et que le bénéficiaire ne peut plus lever l'option ou perd le bénéfice de la levée d'option effectuée avant la défaillance de la condition. La promesse étant caduque, le promettant doit restituer au bénéficiaire l'indemnité d'immobilisation si celle-ci a été versée dès la conclusion de la promesse. Il en va toutefois différemment si c'est le bénéficiaire qui a empêché la réalisation de la condition *(C. civ., art. 1304-3)*. En ce cas, l'indemnité d'immobilisation revient ou reste acquise au promettant *(Cass. 3e civ., 21 juin 2018, n° 17-19.856. – Cass. 3e civ., 9 mars 2017, n° 16-10.569. – Cass. 3e civ., 8 déc. 2016, n° 15-26.379. – Cass. 3e civ., 24 nov. 2016, n° 13-21.029. – Cass. 3e civ., 13 juill. 2016, n° 15-19.887)*.

294 Levée de l'option et indemnité d'immobilisation – L'indemnité d'immobilisation va s'imputer sur le prix de vente si les parties en sont convenues ainsi, comme c'est le cas très généralement. Les parties pourraient éventuellement choisir que l'indemnité serait définitivement acquise au promettant en sus du prix. Une telle stipulation devrait alors être bien comprise par le bénéficiaire.

295 Levée de l'option et procédure collective du promettant – Dès lors que la promesse a été conclue avant la procédure collective du promettant, cette dernière est sans effet sur la promesse et le bénéficiaire peut donc toujours décider de lever l'option *(Cass. com., 7 mars 2006, n° 05-10.371 : JurisData n° 2006-032683 ; Bull. civ. IV, n° 63 ; JCP N 2006, n° 11, act. 245.* - V. aussi *C. civ., art. 1124, al. 2).*

296 Levée de l'option et décès ou incapacité du promettant – Ainsi que l'a retenu la Cour de cassation, le décès ou l'incapacité du promettant après la conclusion de la promesse et avant la levée de l'option est sans conséquence, dès lors que le promettant a définitivement consenti à vendre *(Cass. 3e civ., 8 sept. 2010, n° 09-13.345 : JurisData n° 2010-015439 ; Bull. civ. III, n° 153 ; JCP N 2010, n° 39, act. 667).* L'article 1124 du Code civil qui, en son premier alinéa, précise qu'il ne manque au contrat final que le consentement du bénéficiaire de la promesse, renforce une telle jurisprudence.

297 Levée de l'option et bénéficiaire, commun en biens – Le fait que l'époux ayant conclu la promesse unilatérale de vente soit marié sous un régime communautaire ne conduit pas à considérer que son conjoint pourra également lever l'option. En effet, seul l'époux ayant conclu le contrat a la qualité de contractant et est donc en mesure de lever l'option, peu important que les droits ou obligations du contrat tombent en communauté *(Cass. 2e civ., 13 déc. 1989, n° 87-14.990 : Bull. civ. II, n° 222).*

298 Perte ou détérioration affectant l'immeuble vendu et levée de l'option – V. *n°* 277 *et s.*

D. – REFUS DE LEVÉE DE L'OPTION

299 Absence de faute – Le bénéficiaire de la promesse unilatérale de vente n'étant pas tenu d'acquérir l'immeuble, il ne peut être considéré comme fautif lorsqu'il choisit de ne pas procéder à l'acquisition *(Cass. 3e civ., 29 juin 2017, n° 15-26.419 : JurisData n° 2017-013619 ; Constr.-Urb. 2017, comm. 122, Ch. Sizaire ; JCP N 2018, n° 23, 1200, obs. S. Piedelièvre).* La Cour de cassation a par ailleurs été conduite à préciser que ne commet pas de faute le bénéficiaire de la promesse qui ne notifie pas au promettant son abandon du projet et laisse passer le délai ultime de réalisation de la vente par acte authentique *(Cass. 3e civ., 11 mai 2006, n° 05-12.629 : JurisData n° 2006-033532 ; Bull. civ. III, n° 123 ; RTD civ. 2006, p. 759, obs. B. Fages et J. Mestre).*

300 Sort de l'indemnité d'immobilisation – Dès lors que l'indemnité d'immobilisation correspond au prix de l'exclusivité consentie au bénéficiaire de la promesse, ce dernier ne peut demander à récupérer celle-ci. Elle revient donc exclusivement au promettant.

Toutefois, il en va différemment chaque fois que l'absence de levée de l'option ou l'absence de réitération par acte authentique de la vente ne résulte pas d'un choix du bénéficiaire de la promesse mais :

- de l'intervention d'un tiers ; il en va ainsi lorsque ce dernier bénéficie d'un droit de préemption ; il en est de même, lorsqu'en violation de la promesse unilatérale de vente, le promettant aura cédé le bien à ce tiers et que ce dernier ne connaissait pas l'existence de la promesse, auquel cas la vente ne pourra être annulée, conformément à l'article 1124 du Code civil ;
- d'un manquement du promettant à ses obligations ; il en va tout d'abord ainsi lorsque le promettant cède l'immeuble à un tiers alors que ce dernier n'a pas connaissance de l'existence d'une promesse unilatérale de vente, le contrat conclu en violation de la promesse ne pouvant alors être annulé *(C. civ., art. 1124)* ; il peut en aller également ainsi chaque fois que l'immeuble n'est pas conforme à ce qui était prévu contractuellement *(Cass. 3e civ., 15 juin 1982, n° 81-10.532. – Cass. 3e civ., 1er juill. 1998, n° 96-20.358 : JurisData n° 1998-003025 ; Bull. civ. III, n° 155)* ou en raison de l'existence d'un vice caché *(Cass. 3e civ., 28 janv. 1987, n° 85-12.634 : Bull. civ. III, n° 13)* ; l'obstacle à la vente peut également résulter de la loi, par exemple en cas de défaut de justification de la souscription d'une assurance dommages-ouvrage qui doit intervenir avant la régularisation de la vente par acte authentique *(Cass. 3e civ., 23 avr. 1992, n° 90-13.553 : JurisData n° 1992-000791 ; Bull. civ. III, n° 134).*

Sanctions et prévention

I. Exécution forcée en nature de la promesse

301 Inefficacité de la rétractation du consentement à la vente – Mettant fin à la jurisprudence de la Cour de cassation admettant la prise en compte de la rétractation du consentement à la vente du promettant et l'impossibilité d'obtenir l'exécution forcée de la promesse *(Cass. 3e civ., 11 mai 2011, n° 10-12.875, P. Millet Boussard c/ Macquet : JurisData n° 2011-008034 ; D. 2011, p. 1457, note D. Mazeaud ; RTD civ. 2011, p. 532, obs. B. Fages ; Defrénois 2011, p. 1023, obs. L. Aynès. – Cass. 3e civ., 16 juin 2015, n° 14-14.758. – Cass. 3e civ., 12 juin 2013, n° 12-19.105 : JurisData n° 2013-011989. – Cass. 3e civ., 15 déc. 1993, n° 91-10.199 : JurisData n° 1993-002405 : Bull. civ. III, n° 174)*, le nouvel article 1124 du Code civil dispose que *la révocation de la promesse pendant le temps laissé au bénéficiaire pour opter n'empêche pas la formation du contrat promis*. Ainsi, en dépit de la révocation de la promesse par le promettant, le bénéficiaire peut lever l'option après cette manifestation de volonté du promettant et demander l'exécution forcée du contrat. Lorsque la révocation de la promesse intervient après la levée d'option, la révocation est tout aussi inefficace que dans l'hypothèse précédente sachant de surcroît que, du fait de la levée d'option, le contrat de vente est formé.

302 Demande d'exécution forcée – Le bénéficiaire de la promesse peut dès lors agir en justice en vue d'obtenir que soit constatée la formation du contrat et l'exécution forcée de celui-ci. Le jugement constatera donc la vente et opérera transfert de propriété. Le bénéficiaire de la promesse peut toutefois préférer l'octroi de dommages et intérêts à une telle exécution forcée de la promesse.

303 Clause dérogatoire – L'article 1221 du Code civil et l'article 1124 du Code civil n'étant pas des dispositions d'ordre public, il est possible aux parties d'exclure l'exécution forcée en nature de la promesse unilatérale de vente. La clause contenant une telle exclusion doit alors être claire et précise, et le bénéficiaire de la promesse doit conserver la possibilité d'obtenir des dommages et intérêts *(Ph. Delebecque, L'articulation et l'aménagement des sanctions de l'inexécution du contrat : Dr. & patr. 2016, p. 62. – Ch. Gijsbers, Négocier, promettre et vendre l'immeuble après l'ordonnance du 10 février 2016 : Bull. Cridon Paris, 15 sept. 2016, n° 18, p. 6)*.

304 Clause d'exécution forcée – *A priori*, une clause d'exécution forcée ne semble plus nécessaire à la bonne exécution de la promesse unilatérale de vente. En effet, l'alinéa 2 de l'article 1124 du Code civil permet d'assurer celle-ci au bénéficiaire de la promesse. Toutefois, la question est posée de savoir si le promettant ne pourrait invoquer le nouvel article 1221 du Code civil et soutenir, une fois l'option levée, qu'il résulterait de l'exécution de la promesse une disproportion manifeste entre son coût pour le débiteur et son intérêt pour le créancier. Dès lors, pour éviter ce risque, il peut être inséré dans la promesse une clause précisant que le promettant ne pourra se prévaloir des exceptions à l'exécution en nature prévues par l'article 1221 du Code civil (sur cette recommandation *: O. Herrnberger, Réforme du droit des contrats : Notaires. Vie professionnelle (NVP), Cahier pratique 320, sept./oct. 2016, p. 7)*.

II. Nullité du contrat conclu en violation de la promesse unilatérale de vente

305 Contrat conclu en violation de la promesse unilatérale de vente – Le contrat conclu en violation de la promesse unilatérale de vente peut être une vente consentie à un tiers par le promettant. Ce peut être aussi tout autre contrat qui empêche le promettant de respecter son obligation de délivrance. Ainsi, si le promettant a apporté l'immeuble à une société, l'apport en société devrait également pouvoir donner lieu à application de la nullité de l'alinéa 3 de l'article 1124 du Code civil. De même, si le promettant a promis de délivrer un immeuble libre de toute occupation et qu'il loue le bien entre la date de la promesse et la date de levée de l'option, le bail ainsi consenti pourra être annulé si les conditions énoncées par l'alinéa 3 de l'article 1124 du Code civil sont réunies *(Cass. 3e civ., 9 févr. 2017, n° 15-27.558)*.

306 Conditions – Pour que la nullité de la vente conclue en violation de la promesse unilatérale de vente puisse être prononcée, encore faut-il établir que le tiers avait connaissance de l'existence de la promesse, ainsi qu'il résulte du dernier alinéa de l'article 1124 du Code civil. Il est, par contre, contrairement à ce qui est retenu par l'article 1123 du Code civil pour le pacte de préférence, totalement indifférent de savoir si le tiers connaissait ou pas l'intention du bénéficiaire de la promesse de levée l'option. La tâche du bénéficiaire de la promesse pour obtenir la nullité du contrat conclu en violation de la promesse de vente est donc plus simple que celle du bénéficiaire d'un pacte de préférence. Il n'en demeure pas moins que c'est au bénéficiaire de la promesse d'établir que le tiers avait connaissance de ladite promesse. Cette connaissance, comme pour le pacte de préférence, doit exister au jour où le contrat est conclu entre le promettant et le tiers et non pas seulement au jour où il y a réitération par acte authentique du contrat *(Cass. 3e civ., 25 mars 2009, n° 07-22.027 : JurisData n° 2009-047548 : Bull. civ. III, n° 68).*

Attention **Invoquer la publication de la promesse de vente ne suffit pas à établir que le tiers avait connaissance de celle-ci lorsqu'il a contracté et ne lui rend pas davantage opposable cette promesse, s'agissant d'une publicité facultative.**

307 Caractères – Suivant l'article 1179 du Code civil, *la nullité est absolue lorsque la règle violée a pour objet la sauvegarde de l'intérêt général. Elle est relative lorsque la règle violée a pour seul objet la sauvegarde d'un intérêt privé. A priori*, la nullité prévue par l'article 1124 du Code civil est une nullité relative dès lors qu'il s'agit uniquement de protéger l'intérêt du bénéficiaire de la promesse. Son régime relève ainsi de l'article 1181 du Code civil, dont il résulte que seul le bénéficiaire de la promesse pourra l'invoquer.

308 Effets – Le contrat conclu par le tiers est annulé et les choses doivent donc être remises en l'état, en application des articles 1352 à 1352-9 du Code civil. Le bénéficiaire de la promesse peut alors soit lever l'option s'il ne l'a déjà fait, avant ou après la violation de la promesse, s'il est toujours dans les délais pour le faire, soit demander l'exécution forcée de la promesse de vente. Il est à remarquer, que contrairement à ce que prévoit l'article 1123 du Code civil, l'article 1124 du Code civil ne prévoit aucune faculté de substitution en faveur du bénéficiaire de la promesse (sur l'utilité d'une clause de substitution dans les droits du tiers de mauvaise foi, *M. Mekki, Fiche pratique : La promesse unilatérale du contrat ou l'éloge de l'ombre : Gaz. Pal. 27 sept. 2016, p. 17. – O. Deshayes, La formation des contrats : RDC, hors-série, avr. 2016, p. 21).* Cette substitution n'est, de toute façon, pas toujours envisageable. Il en va ainsi lorsque le contrat est certes de la même qualification que le contrat cible, mais qu'il est conclu dans des conditions différentes, lorsque le contrat n'a pas la même qualification que le contrat cible. Ainsi, si le promettant a donné le bien, il ne peut être admis que le bénéficiaire de la promesse pourra se substituer au donataire. Il en va de même lorsque le promettant a conclu un contrat de bail alors qu'il était tenu de délivrer un bien libre de toute occupation (V. par ex. : *Cass. 3e civ., 9 févr. 2017, n° 15-27.558).*

III. Responsabilité

309 Responsabilité contractuelle – En cas de manquement du promettant à la promesse de vente, le bénéficiaire peut choisir de ne pas agir en exécution forcée en nature de la promesse ou en nullité de la vente conclue en violation de la promesse et réclamer simplement des dommages et intérêts au promettant. Il n'a d'ailleurs pas d'autre choix lorsque le tiers ne connaissait pas l'existence de la promesse unilatérale de vente, le contrat conclu avec le tiers ne pouvant alors être annulé.

310 Préjudice – Dès lors que le bénéficiaire de la promesse a levé l'option, ce en dépit de la violation de la promesse par le promettant seul ou par le promettant et un tiers, il peut prétendre recevoir des dommages et intérêts le plaçant dans la situation patrimoniale qui aurait été la sienne si la promesse avait été respectée *(Y.-M. Laithier, La distinction entre « intérêt positif » et « intérêt négatif » à l'épreuve des avant-contrats, in O. Deshayes, L'avant-contrat. Actualité du processus de formation des contrats : PUF, coll. « CEPRISCA », 2008, p. 153).* Le bénéficiaire pourrait aussi choisir, en fonction de son intérêt, de réclamer des dommages et intérêts, non le replaçant dans la situation qui aurait été la sienne si la promesse avait été respectée, mais celle qui aurait été la sienne si la promesse n'avait pas été conclue. Ainsi, il pourra obtenir notamment la prise en compte des frais qu'il a exposés en vue de la conclusion de la promesse unilatérale ainsi que les gains manqués, comme, par exemple, l'impossibilité de bénéficier d'un régime fiscal avantageux.

311 Clause pénale – Est-il possible d'insérer une clause pénale venant sanctionner la rétractation du promettant *(V. n° **4861** et s.)* ? S'il est traditionnellement considéré qu'une telle clause a pour objet de sanctionner le manquement à une obligation contractuelle, pour autant, son application peut être plus large. En effet, l'article 1231-5 du Code civil précise que le contrat peut stipuler que celui qui manquera d'exécuter le contrat paiera une certaine somme à titre de dommages et intérêts. Or, le promettant, en ne respectant pas la promesse, manque d'exécuter celle-ci. Une clause pénale peut donc être prévue pour l'hypothèse d'un manquement au respect de la promesse unilatérale de vente. Le bénéficiaire pourra alors réclamer le montant de l'indemnité prévue contractuellement.

312 Responsabilité extracontractuelle – Le bénéficiaire d'une promesse unilatérale de vente peut agir en responsabilité extracontractuelle contre le tiers ayant participé à la fraude ayant entraîné la violation de la promesse ou ayant simplement commis une faute en acceptant d'acquérir un immeuble qu'il savait faire l'objet d'une promesse *(Cass. 3e civ., 8 juill. 1975, n° 73-14.486 : Bull. civ. III, n° 249)*.

Remarque Une même action peut être envisagée contre le notaire qui n'a pas refusé d'instrumenter alors qu'il avait connaissance de l'existence de la promesse unilatérale de vente.

Transmission

I. Transmission à titre particulier

313 Cession de créance – Comme tout contractant, le bénéficiaire d'une promesse de vente peut céder sa créance. Il convient qu'à cette occasion soient respectés :

- l'article 1322 du Code civil suivant lequel la cession de créance doit être constatée par écrit, à peine de nullité ;
- l'article 1324 du même code suivant lequel, si la cession n'a pas été notifiée au débiteur ou s'il n'en a pas pris acte, celle-ci lui est inopposable ;
- l'article 1589-2 du Code civil suivant lequel est nulle et de nul effet toute promesse unilatérale de vente afférente à un immeuble, à un droit immobilier portant sur tout ou partie d'un immeuble si elle n'est pas constatée par un acte authentique ou par un acte sous seing privé enregistré dans le délai de 10 jours à compter de la date de son acceptation par le bénéficiaire ; il en est de même de toute cession portant sur lesdites promesses qui n'a pas fait l'objet d'un acte authentique ou d'un acte sous seing privé enregistré dans les 10 jours de sa date.

314 Clause de substitution – Les parties, pour éviter d'avoir à respecter les articles 1322, 1324 et 1589-2 du Code civil, peuvent insérer dans la promesse unilatérale de vente une clause de substitution. Lorsque la promesse unilatérale de vente contient une clause de substitution au profit des bénéficiaires, cette substitution n'est pas qualifiée par la Cour de cassation de cession de créance et n'emporte donc pas obligation d'accomplir les formalités prévues à l'article 1690 du Code civil, celles désormais prévues aux articles 1322 et 1324 du Code civil *(Cass. 3e civ., 12 avr. 2012, n° 11-14.279 : JurisData n° 2012-006959 : Bull. civ. III, n° 60. – Cass. 3e civ., 1er avr. 1987, n° 86-15.838 : JurisData n° 1987-799659 : Bull. civ. III, n° 68)*. De même, l'exercice de la faculté de substitution échappe-t-il à l'article 1589-2 du Code civil imposant un acte authentique ou sous seing privé enregistré dans les 10 jours *(Cass. 3e civ., 19 mars 1997, n° 95-12.473 : JurisData n° 1997-001254 : Bull. civ. III, n° 68)*. Il demeure que celle-ci pourrait désormais être considérée comme emportant cession de contrat au sens de l'article 1216 du Code civil, auquel cas elle se verrait appliquer le régime de celle-ci imposant l'accord du cédé.

Pour aller plus loin

- W. Dross, Dictionnaire des clauses ordinaires et extraordinaires des contrats de droit privé interne, V° Substitution : LexisNexis, 3e éd., 2016

315 Cession de la promesse – Le bénéficiaire d'une promesse de vente peut céder la promesse, cette cession se traduisant suivant l'article 1216 du Code civil, par une substitution de contractant, le cessionnaire devenant partie au contrat cédé. La question est dès lors posée de la similarité entre la clause de substitution et la cession de contrat. Elle n'est guère évidente. Une partie de la doctrine retient d'ailleurs que la distinction n'a pas lieu d'être et que, par conséquent, il conviendrait de qualifier la substitution de cession de contrat *(R. Boffa, Les clauses relatives aux opérations translatives : JCP N 2016, n° 13, 1115. – G. Chantepie, L'application dans le temps de la réforme du droit des contrats : AJC, oct. 2016, p. 3, 2e col. – M. Mekki, Réforme des contrats et des obligations : la promesse unilatérale de contrat : JCP N 2016, n° 40, act. 1071. – E. Frémeaux et M. Julienne, La circulation des obligations issues du contrat : JCP N 2017, n° 17, 1166)*.

316 Formalités et cession de la promesse – Quoi qu'il en soit, lorsqu'une cession de promesse intervient, il y a lieu à nouveau de respecter l'article 1589-2 du Code civil, mais aussi les articles 1216 et suivants du Code civil. La cession doit dès lors être établie par écrit, ce à peine de nullité. Ainsi, la cession, si elle intervient par acte sous seing privé, devra faire l'objet d'un enregistrement.

Il convient de remarquer que l'avant-projet de réforme du droit des contrats spéciaux du 26 juin 2017 entend modifier le champ d'application de l'obligation d'enregistrement des promesses de vente *(art. 42)*. En effet, celle-ci serait étendue aux promesses synallagmatiques. Une autre différence apparaît également par rapport à l'actuel article 1589-2 du Code civil : ne sont plus visées les cessions portant sur lesdites promesses. Disparaîtrait ainsi le risque lié à la préconisation de certains auteurs de qualifier la substitution de cession de contrat *(Ch. Gijsbers, Faut-il « rebaptiser » les clauses de substitution après la réforme du droit des obligations ? : JCP N 2016, n° 45, act.*

1194). Au-delà de cette obligation d'enregistrement, il y a lieu, à peine de nullité, de conclure par écrit la cession et d'obtenir l'accord du cédé, accord qui peut être donné par avance *(C. civ., art. 1216)*.

Conseil pratique **Il peut être stipulé dans la promesse unilatérale de vente que la cession de la promesse devra donner lieu à l'établissement d'un acte authentique. En ce cas, l'obligation d'enregistrement résulte de la forme de l'acte qui la constate. En vertu du 1° du 1 de l'article 635 du CGI, les actes des notaires sont obligatoirement assujettis à l'enregistrement, quel que soit leur contenu. C'est donc en vertu de ce texte qu'il doit être procédé à l'enregistrement dans le délai d'un mois de la cession de la promesse unilatérale de vente établie par acte authentique.**

317 Cession de promesse et sort de l'indemnité d'immobilisation – Si le bénéficiaire de la promesse a versé une indemnité d'immobilisation lors de la conclusion de la promesse, il y a lieu de prévoir le sort de celle-ci lors de la cession de la promesse. Les précisions doivent dès lors être apportées tant dans les rapports entre le vendeur et les parties à l'acte de substitution qu'entre les parties à l'acte de substitution. Il peut, par exemple, être prévu que l'indemnité ne sera pas restituée par le promettant, celle-ci étant déduite du prix de vente en cas de levée d'option, et que, dans les rapports entre cédant et cessionnaire, outre le prix de cession, le cessionnaire versera au cédant l'équivalent du montant de l'indemnité d'immobilisation.

318 Cession de promesse et article L. 271-1 du Code de la construction et de l'habitation – Lorsqu'est vendu un bâtiment à usage d'habitation et que le cessionnaire est un non-professionnel, le respect de l'article L. 271-1 du Code de la construction et de l'habitation s'impose *(V. n° **646** et s.)*. En ce cas, de deux choses l'une. Soit il est établi un avant-contrat de cession de contrat qui est notifié au cessionnaire et ce dernier bénéficiera d'un délai de rétractation de 10 jours. Soit il est notifié au cessionnaire un projet d'acte, qui vaudra offre de cession de la promesse unilatérale de vente, et le cessionnaire bénéficiera d'un délai de réflexion de 10 jours.

319 Cession de promesse et article L. 313-40 du Code de la consommation – Si le cessionnaire compte réaliser un emprunt pour financer le prix de la cession et que l'opération entre dans le champ d'application de l'article L. 313-1 du Code de la consommation, la cession sera alors conclue sous condition suspensive d'obtention du prêt. Si le cessionnaire obtient son crédit, il sera alors substitué au cédant *(V. n° **753** et s.)*. À l'inverse, si le cessionnaire n'obtient pas son crédit, la cession sera caduque et le cédant sera toujours tenu par la promesse unilatérale de vente.

320 Cessions prohibées – Il n'est nullement interdit aux parties à une promesse unilatérale de vente de stipuler que le bénéficiaire ne pourra ni céder sa créance, ni céder le contrat *(O. Deshayes, Th. Genicon, Y.-M. Laithier, Réforme du droit des contrats, du régime général et de la preuve des obligations : Lexisnexis, 2e éd., 2018, p. 524)* ou bien encore, prévoir que la cession ne pourra intervenir qu'au profit de personnes déterminées.
Par ailleurs, il y a lieu de tenir compte de l'article 52 de la loi n° 93-122 du 29 janvier 1993 relative à la prévention de la corruption et à la transparence de la vie économique et des procédures publiques qui précise qu'« *est frappée d'une nullité d'ordre public toute cession à titre onéreux des droits conférés par une promesse de vente portant sur un immeuble lorsque cette cession est consentie par un professionnel de l'immobilier* ». Ainsi, doit-il toujours être vérifié, avant qu'il ne soit procédé à une telle cession, que le cédant n'est pas un professionnel de l'immobilier ou, si tel est le cas, que la cession intervient bien à titre gratuit.

Remarque À cet égard, il peut être précisé que, pour la Cour de cassation, est un professionnel de l'immobilier, au sens de l'article 52 précité, une société civile immobilière qui se livre régulièrement à des opérations immobilières, peu important que ce fût seulement à titre accessoire *(Cass. 3e civ., 28 mars 2012, n° 11-12.872 : JurisData n° 2012-005674 ; Constr.-Urb. 2012, comm. 89, Chr. Sizaire ; Bull. civ. III, n° 54)*.

II. Transmission à titre universel

321 Décès du promettant ou du bénéficiaire – La promesse ne s'éteignant pas par le décès de l'une des parties au contrat, sauf clause contraire, il en résulte que les héritiers de chacune d'entre elles demeurent tenus par ladite promesse *(Cass. 3e civ., 8 sept. 2010, n° 09-13.345 : JurisData n° 2010-015439 : Bull. civ. III, n° 153)*.

322 Date de la promesse – L'article 1377 du Code civil, relatif à la date certaine des actes sous seing privé, ne peut être invoqué par les successibles de l'une des parties. En effet, l'article 1377 du Code civil a vocation à protéger un tiers à la relation contractuelle contre un mensonge de cocontractants quant à la date de l'acte sous seing privé. Dès lors, l'acte n'a, à l'égard des tiers, date certaine que du jour où il a été enregistré, du jour de la mort d'un signataire, ou du jour où sa substance est constatée dans un acte authentique. Il en résulte que l'article 1377 du Code civil ne peut être invoqué notamment par le légataire universel de l'un des contractants qui n'est pas un tiers, au sens de l'article précité *(Cass. 3e civ., 18 déc.*

CONTRATS PRÉPARATOIRES

2002, n° 00-19.371 : JurisData n° 2002-017034 : Bull. civ. III, n° 270). Ainsi, la date de la promesse correspond à la date portée par l'*instrumentum*, puisqu'il a pour les parties la même force que l'acte authentique.

Pour aller plus loin

Formules
- JCl. Notarial Formulaire, V° Avant-contrat, fasc. 65, 67 et 115, par J.-M. Bez et J.-F. Pillebout
- JCl. Notarial Formulaire, V° Avant-contrat, fasc. 75 (cession, renonciation), fasc. 77 (réalisation amiable, exécution forcée), par J.-M. Bez et J.-F. Pillebout

Fiches pratiques
- Fiche pratique n° 1721 : Rédiger une vente d'immeuble, par M. Suquet-Cozic
- Fiche pratique n° 1786 : Préparer une résolution de contrat, par L. Thibierge

Commentaires
- JCl. Notarial Formulaire, Synthèse 1440, Vente d'immeuble, préparation de l'acte, Synthèse 1520, Vente d'immeuble, contentieux, par V. Zalewski-Sicard
- JCl. Notarial Formulaire, V° Avant-contrat, fasc. 30, 40 et 50, par S. Piedelièvre, fasc. 102 et 104 (difficultés d'exécution), par J. Lafond

Revues
- F. Favennec-Héry, La date certaine des actes sous seing privé : RTD civ. 1992, p. 1
- B. Sousi-Roubi, Variations sur la date : RTD civ. 1991, p. 69

Présentation générale

323 L'expression « promesse synallagmatique » n'existe pas dans le Code civil, ce avant comme après la réforme du droit des obligations par l'ordonnance n° 2016-131 du 10 février 2016. Si le Code civil ignore ainsi la promesse synallagmatique, elle apparaît néanmoins dans trois autres codes :

- le Code rural et de la pêche maritime, qui en son article L. 141-1, précise que les SAFER peuvent être constituées pour remplir différentes missions dont se substituer un ou plusieurs attributaires pour réaliser la cession de tout ou partie des droits conférés, soit par une promesse unilatérale de vente, soit par une promesse synallagmatique de vente, portant sur les biens visés au 1°, dès lors que la substitution intervient dans un délai maximal de 6 mois à compter du jour où ladite promesse a acquis date certaine et, au plus tard, au jour de l'acte authentique réalisant ou constatant la vente ;
- le Code de l'urbanisme en son article R. 431-26 dont il résulte que lorsque le constructeur demande à réaliser tout ou partie des aires de stationnement imposées par le PLU sur un autre terrain que le terrain d'assiette du projet, ou demande à être tenu quitte de tout ou partie de ces obligations, sa demande de permis de construire doit comprendre la promesse synallagmatique de concession ou d'acquisition, éventuellement assortie de la condition suspensive de l'octroi du permis ;
- le Code de la construction et de l'habitation en son article L. 271-1 dont il résulte que lorsque le contrat constatant ou réalisant la convention est précédé d'un contrat préliminaire ou d'une promesse synallagmatique ou unilatérale, la faculté de rétractation ne s'applique qu'à ce contrat ou à cette promesse *(V. n° **646** et s.)*.

324 L'absence de l'expression « promesse synallagmatique » dans le Code civil n'a toutefois pas empêché tant la doctrine que la pratique et donc le législateur de consacrer l'existence de la promesse synallagmatique. Il n'en demeure pas moins que celle-ci se distingue malaisément de la vente elle-même, l'article 1589 du Code civil contribuant d'ailleurs à ce malaise, précisant que *la promesse de vente vaut vente, lorsqu'il y a consentement réciproque des deux parties sur la chose et sur le prix*. Cette difficile distinction entre promesse de vente et vente conduit une partie de la doctrine à douter de leur différence, retenant que la promesse synallagmatique de vente n'est qu'une vente mal qualifiée. Ainsi, le professeur Bénabent retient-il que « le principe est qu'entre les parties, chacune est obligée envers l'autre, de sorte que la vente est parfaite » *(A. Bénabent, Droit des contrats spéciaux civils et commerciaux : LGDJ, 12e éd., 2017, n° 105, p. 97)*. De même, les professeurs Collart Dutilleul et Delebecque exposent qu'en principe, « la promesse synallagmatique n'a pas d'existence autonome » *(F. Collart Dutilleul et Ph. Delebecque, Contrats civils et commerciaux : Dalloz, 10e éd., 2015, n° 78, p. 91)*.

325 Promesse et vente – Si la promesse synallagmatique de vente se distingue difficilement de la vente lorsqu'elle est translative de propriété, l'effet translatif n'intervenant qu'à terme, il en va différemment lorsqu'elle n'est pas translative de propriété, les parties s'obligeant alors à mettre en œuvre tous les moyens pour parvenir à la vente, en solennisant cette dernière, ainsi que les y autorise l'article 1102 du Code civil. Cette *solennisation* doit être distinguée de l'*essentialisation* d'un élément en principe secondaire, accessoire. Un tel procédé est parfaitement licite ainsi que l'a admis en maintes occasions la Cour de cassation *(Cass. 3e civ., 14 janv. 1987, n° 85-16.306 : JurisData n° 1987-000303* : « la vente est parfaite entre les parties dès qu'on est convenu de la chose et du prix et que le défaut d'accord définitif sur les éléments accessoires de la vente ne peut empêcher le caractère parfait de la vente à moins que les parties aient entendu retarder la formation du contrat jusqu'à la fixation de ces modalités »*)*. Dans une telle hypothèse, il est alors possible de retenir l'existence d'une promesse autonome de la vente elle-même, pour laquelle l'article 1589 du Code civil pourra être invoqué lorsque l'une des parties manquera à ses obligations, permettant alors que la promesse de vente vaille vente.

Remarque L'idée serait donc d'aboutir à ne qualifier de promesse synallagmatique que celle qui n'est pas translative, qui présente une véritable autonomie par rapport à la vente.

326 Projet de réforme du droit des contrats spéciaux du 26 juin 2017 – Ce n'est cependant pas en ce sens que la pratique s'oriente et elle est d'ailleurs malheureusement confortée par l'avant-projet de réforme du droit des contrats spéciaux du 26 juin 2017 de l'association Henri Capitant. En effet, il est proposé, dans un article 15, de distinguer entre la promesse de vente valant vente et la promesse de vente ne valant pas vente dans les termes suivants :

« La promesse synallagmatique de vente vaut vente lorsque les parties sont convenues du bien et du prix.

CONTRATS PRÉPARATOIRES

La promesse synallagmatique de vente ne vaut pas vente lorsque les parties, quoique convenues du bien et du prix, subordonnent sa formation à un accord sur un autre élément ou à un accord passé dans une certaine forme.

Le contrat conclu en violation d'une promesse synallagmatique de vente valant vente avec un tiers qui en connaissait l'existence est nul.

L'inexécution d'une promesse synallagmatique de vente ne valant pas vente ne donne lieu qu'à l'octroi de dommages et intérêts. »

Pour aller plus loin

Formules

- JCl. Notarial Formulaire, V° Avant-contrat, fasc. 115, par J.-F. Pillebout

Fiches pratiques

- Fiche pratique n° 1672 : Rédiger un compromis de vente immobilière, par M. Suquet-Cozic

Revues

- J.-L. Bergel, Promesses de vente d'immeuble, (ss. dir.) : Éd. Lamy, 2012
- L. Boyer, Les promesses synallagmatiques de vente. Contribution à la théorie des avant-contrats : RTD civ. 1949, p. 15
- F. Collart Dutilleul, Les contrats préparatoires à la vente d'immeuble : Éd. Sirey, 1988
- G. Durand-Pasquier et O. Herrnberger, À la recherche d'un avant-contrat synallagmatique et authentique ne nécessitant pas de publication : JCP N 2014, n° 11, 1121
- O. Herrnberger, La phase préparatoire du contrat de vente d'immeuble : JCP N 2018, n° 25, 1212
- O. Herrnberger, Et si l'on repensait le tandem promesse de vente/vente ? : JCP N 2017, n° 8, act. 261
- J. et s. Piédelièvre, Les promesses de vente et d'achat immobilières : Éd. Lextenso, 2018
- M. Poumarède, La vente immobilière au prise de l'avant-projet de réforme du droit des contrats spéciaux : RD imm. 2017, p. 560
- V. Zalewski-Sicard, L'avant-projet de réforme du droit des contrats spéciaux : vente immobilière et responsabilités des constructeurs : Constr.-Urb. 2017, alerte 73

Commentaires

- JCl. Notarial Formulaire, V° Avant-contrat, fasc. 100, fasc. 102, par J. Lafond
- JCl. Notarial Formulaire, Synthèse 10 Avant-contrat : dispositions communes, par S. Piedelièvre

Définition et distinction

I. Définition

327 La promesse synallagmatique de vente correspond au contrat par lequel le promettant s'engage à vendre et le bénéficiaire à acquérir. Chaque partie a ainsi d'ores et déjà donné son consentement à la vente et n'a plus, en principe, le choix de ne pas la conclure. Et ainsi que l'énonce l'article 1589 du Code civil, la promesse de vente vaut vente lorsqu'il y a consentement réciproque sur la chose et sur le prix.
Que la promesse de vente soit autonome, c'est-à-dire qu'elle ne soit pas translative de propriété, ou qu'au contraire, elle se confonde avec la vente elle-même, ledit article 1589 du Code civil doit conduire à retenir que la promesse de vente vaut vente.

II. Distinctions

328 **Pacte de préférence et promesse synallagmatique** – *V. n° **154** et s.*

329 **Promesse unilatérale de vente et promesse synallagmatique de vente** – *V. n° **213** et s.*

330 **Promesse synallagmatique de vente et vente** – Lorsque la promesse synallagmatique de vente est translative de propriété, rien ne la distingue véritablement de la vente. En ce cas, « la promesse synallagmatique n'est qu'une vente mal qualifiée » *(Droit de la vente immobilière 2016/2017 : Dalloz, 6e éd., 2015, n° 084.22).*

Remarque Il n'est pas suffisant pour distinguer la promesse synallagmatique de vente de la vente d'insérer dans la première une ou plusieurs conditions suspensives ou un terme pour que la promesse se distingue de la vente elle-même. Il ne s'agit alors ni plus ni moins que d'une vente sous une ou plusieurs conditions suspensives ou d'une vente à terme.

331 **Promesse autonome et promesse translative de propriété** – La promesse autonome se distingue de la promesse de vente en ce que la première, à la différence de la seconde, n'est pas translative de propriété. En outre, lorsque les parties signent une promesse autonome, non translative de propriété, elles s'engagent à conclure une vente future. Elles peuvent ainsi solenniser la vente à venir, ce qu'autorise l'article 1102 du Code civil, en soumettant la formation de cette dernière à la réalisation de formalités.
Pour autant, l'une comme l'autre sont susceptibles d'exécution forcée et donc de conduire à la vente elle-même. Il ne peut d'ailleurs qu'être remarqué que c'est pour la promesse autonome de vente que l'article 1589 du Code civil trouve tout son intérêt. Si l'une des parties n'exécute pas les obligations qui pèsent sur elle au titre de la promesse de vente, l'autre pourra agir en exécution forcée de la promesse et obtenir, suivant l'article 1589 du Code civil, que la promesse vaille vente.

Éléments de la promesse synallagmatique de vente

I. Consentement

332 Consentement - Comme tout contrat, la promesse de vente nécessite un accord de volontés *(V. n° **791** et s.)*. Celui-ci pourra éventuellement être annulé si l'une des parties peut établir que son consentement a été vicié *(Cass. 3e civ., 30 juin 2016, n° 15-18.386 : JurisData n° 2016-012770 ; Contrats, conc. consom. 2016, comm. 206)*.

Remarque Soulignons que si le bénéficiaire de la promesse est un non-professionnel et que le bâtiment est à usage d'habitation, s'appliquera l'article L. 271-1 du Code de la construction et de l'habitation *(V. n° **646** et s.)*. Il en résulte, qu'après conclusion d'une promesse sous seing privé, son bénéficiaire dispose d'un délai de rétractation de 10 jours.

II. Capacité et pouvoirs

A. – CAPACITÉ DU PROMETTANT

333 Promesse translative - Lorsque la promesse est translative, le transfert de propriété devant intervenir après accomplissement des conditions et réalisation des formalités, il ne fait pas de doute que la capacité du promettant doit être celle de vendre. Il s'agit alors d'un acte de disposition, d'une part, au sens de l'annexe 1, colonne 2, du décret n° 2008-1484 du 22 décembre 2008 et, d'autre part, au sens de l'article 496 du Code civil qui devra être conclu avec les autorisations nécessaires, suivant le régime applicable *(V. n° **932** et s., pour les mineurs. - V. n° **957** et s., pour les majeurs protégés)*.

334 Promesse non translative ou autonome - Parce que la promesse n'est pas translative et qu'elle est autonome par rapport à la vente, elle devrait pouvoir être qualifiée d'acte d'administration. Toutefois, la question n'a guère d'incidence pratique puisque la réalisation de la promesse, c'est-à-dire la vente, est un acte de disposition. Ainsi, la vente de l'immeuble ne pourra intervenir qu'après autorisation du juge des tutelles lorsque le vendeur est un mineur ou un majeur protégé. Si cette autorisation n'est pas obtenue, la promesse est frappée de caducité, sans qu'il en résulte de conséquence pour le patrimoine de la personne protégée.

335 Décès du promettant et promesse translative - Lorsque le décès du promettant survient entre la date de conclusion de la promesse et la réitération par acte authentique et qu'il y a eu transmission universelle de la promesse, il n'y a pas lieu d'obtenir l'autorisation du juge des tutelles lorsque l'un des héritiers du promettant est mineur. En effet, le consentement du promettant a d'ores et déjà été donné définitivement *(Cass. 3e civ., 8 sept. 2010, n° 09-13.345 : JurisData n° 2010-015439 : Bull. civ. III, n° 153,* pour une promesse unilatérale de vente. - Sur les conséquences de la transmission de la promesse, *V. n° **455** et s.)*.

336 Décès du promettant et promesse autonome - Lorsque le décès du promettant survient entre la date de conclusion de la promesse et avant que la vente n'ait eu lieu et qu'il y a eu transmission universelle de la promesse, il peut être soutenu que l'autorisation du juge des tutelles est nécessaire lorsque l'un des héritiers du promettant est mineur.

337 Incapacité du promettant entre la promesse translative et la réitération - La capacité des parties s'appréciant lors de la signature de la promesse, l'incapacité qui survient entre la promesse et la réitération par acte authentique est sans effet.

338 Incapacité du promettant entre la promesse autonome et la vente - La promesse et la vente étant autonomes, lorsque le promettant devient incapable, il y a lieu de tenir compte de la survenance de cette incapacité et dès lors d'obtenir les autorisations nécessaires pour la passation d'un acte de disposition (en ce sens : *F. Colonna d'Istria, Les promesses synallagmatiques de vente, in Promesses de vente d'immeuble, (ss. dir.) de J.-L. Bergel : Éd. Lamy, 2012, n° 54)*.

B. – CAPACITÉ DU BÉNÉFICIAIRE

339 Promesse translative – Le bénéficiaire de la promesse consentant à acquérir l'immeuble, ce dernier doit avoir dès la conclusion de la promesse la capacité de conclure un acte de disposition. En effet, l'acquisition d'un immeuble est un acte de disposition, d'une part, au sens de l'annexe 1, colonne 2, du décret n° 2008-1484 du 22 décembre 2008 et, d'autre part, au sens de l'article 496 du Code civil qui devra être conclu avec les autorisations nécessaires, suivant le régime applicable *((V. n° **932** et s., pour les mineurs. – V. n° **957** et s., pour les majeurs protégés).*
Pour les personnes vulnérables et les mineurs, doivent dès lors être respectées les dispositions relatives à la passation d'un acte de disposition, étant ici précisé que la promesse ne peut être conclue sous condition suspensive de l'obtention de l'autorisation du juge des tutelles ou du conseil de famille *(V. n° **932** et s., pour les mineurs. – V. n° **957** et s., pour les majeurs protégés. – Cass. 1re civ., 25 janv. 2017, n° 15-25.642 – J.-M. Plazy, La disposition du logement du majeur protégé, in Le patrimoine de la personne protégée : LexisNexis, 2015, p. 301. – F. Collard, L'autorisation du juge est insusceptible d'être érigée en condition suspensive : JCP N 2014, n° 47, 1337).*

340 Promesse non translative ou autonome – Pour les raisons indiquées ci-dessus, une telle promesse devrait pouvoir être qualifiée d'acte d'administration. Dès lors, il n'est pas nécessaire d'obtenir l'autorisation du juge des tutelles ou du conseil de famille pour sa conclusion.
Simplement, ladite promesse sera conclue sous la réserve de l'obtention de l'autorisation du juge des tutelles ou du conseil de famille pour que la vente à venir puisse être conclue. C'est donc la promesse autonome de vente qui sera transmise au juge des tutelles lorsque son autorisation sera demandée. Si ladite autorisation n'est pas accordée, la promesse sera frappée de caducité. À l'inverse, si le juge des tutelles décide d'autoriser l'acquisition dans les conditions prévues dans la promesse autonome, alors la vente pourra être conclue.

341 Décès du bénéficiaire et promesse translative – Lorsque le décès du bénéficiaire survient entre la date de conclusion de la promesse et la réitération par acte authentique de la promesse et qu'il y a eu transmission universelle de la promesse, il n'y a pas lieu d'obtenir l'autorisation du juge des tutelles lorsque l'un des héritiers du bénéficiaire est mineur, le consentement du promettant ayant d'ores et déjà été donné définitivement *(V. n° **932** et s.).*

342 Décès du bénéficiaire et promesse autonome – Lorsque le décès du bénéficiaire survient entre la date de conclusion de la promesse et la vente et qu'il y a eu transmission universelle de la promesse, la promesse et la vente étant autonomes, il peut être soutenu que l'autorisation du juge des tutelles est nécessaire lorsque l'un des héritiers du bénéficiaire est mineur ou majeur protégé.

343 Incapacité du bénéficiaire et promesse translative – La capacité des parties s'appréciant lors de la signature de la promesse, l'incapacité qui survient entre la promesse et la réitération par acte authentique est sans effet.

344 Incapacité du bénéficiaire et promesse autonome – La promesse et la vente étant autonomes, lorsque le bénéficiaire devient incapable, il y a lieu de tenir compte de la survenance de cette incapacité et dès lors d'obtenir les autorisations nécessaires pour la passation d'un acte de disposition *(en ce sens : F. Colonna d'Istria, Les promesses synallagmatiques de vente, in Promesses de vente d'immeuble, (ss. dir.) de J.-L. Bergel : Éd. Lamy, 2012, n° 54).*

C. – PERSONNES MARIÉES OU PACSÉES

345 Logement de la famille – L'alinéa 3 de l'article 215 du Code civil dispose que *« les époux ne peuvent l'un sans l'autre disposer des droits par lesquels est assuré le logement de la famille, ni des meubles meublants dont il est garni. Celui des deux qui n'a pas donné son consentement à l'acte peut en demander l'annulation : l'action en nullité lui est ouverte dans l'année à partir du jour où il a eu connaissance de l'acte, sans pouvoir jamais être intentée plus d'un an après que le régime matrimonial s'est dissous ».*
Or pour la Cour de cassation, la promesse de vente valant vente constitue l'acte de disposition des droits par lequel est assuré le logement de la famille *(Cass. 1re civ., 6 avr. 1994, n° 92-15.000 : JurisData n° 1994-001184 ; JCP N 1995, p. 687, note G. Wiederkehr).*
Il en va de même pour une promesse autonome dès lors que l'acquéreur est susceptible d'agir en exécution forcée en nature de la promesse *(V. n° **1043** et s.* – Sur une telle possibilité pour un contrat-cadre de vente, assimilable à notre sens à une promesse autonome de vente, *G. Durand-Pasquier et O. Herrnberger, À la recherche d'un avant-contrat synallagmatique et authentique ne nécessitant pas de publication : JCP N 2014, n° 11, 1121).*

346 Bien commun – Lorsque les époux sont mariés sous le régime légal, que l'immeuble en cause est un bien commun, s'applique l'article 1424 du Code civil qui dispose que *« les époux ne peuvent, l'un sans l'autre, aliéner ou grever de droits réels les immeubles, fonds de commerce et exploitations dépendant de la communauté, non plus que les droits sociaux non négociables et les meubles corporels dont l'aliénation est soumise à publicité. Ils ne peuvent, sans leur conjoint, percevoir les capitaux provenant de telles opérations ».* Le promettant ayant consenti

CONTRATS PRÉPARATOIRES

à la vente (promesse translative) ou s'engageant à vendre (promesse autonome), c'est dès la conclusion de la promesse que l'article 1424 du Code civil doit être respecté (*V. n°* ***1063*** *et s.).*
Lorsque l'article 1424 du Code civil n'est pas respecté, l'époux qui n'a pas consenti à l'acte peut en demander l'annulation. Le second alinéa de l'article 1427 du Code civil précise à cet égard que l'action en nullité est ouverte au conjoint pendant 2 années à partir du jour où il a eu connaissance de l'acte, sans pouvoir jamais être intentée plus de 2 ans après la dissolution de la communauté. La Cour de cassation a précisé relativement à son application à une promesse synallagmatique de vente que le délai de 2 ans ne commençait à courir qu'à compter du jour où la vente est parfaite. Ainsi, lorsque des conditions suspensives sont stipulées, le délai de 2 ans ne commence à courir, dès lors que la connaissance est avérée, qu'une fois les conditions réalisées *(Cass. 1re civ., 15 juill. 1993, n° 91-18.368 : JurisData n° 1993-001676 ; JCP N 1994, II, p. 232, obs. Ph. Simler, p. 287 ; Bull. civ. III, n° 255).*

347 Bien propre ou personnel – Lorsque le bien est propre ou personnel à l'un des époux et en dehors des hypothèses où il accueillerait le logement de la famille, il ne fait pas doute qu'une promesse de vente peut être conclue par l'époux seul, unique propriétaire.

348 Bien indivis – Lorsque le bien en cause est indivis entre des époux, quel que soit leur régime matrimonial, il y aura lieu de respecter l'article 815-3 du Code civil suivant lequel le consentement de tous les indivisaires est requis pour effectuer tout acte qui ne ressortit pas à l'exploitation normale des biens indivis et pour effectuer tout acte de disposition autre que ceux visés au 3°. La vente d'un bien immobilier n'étant pas visée au 3°, il en résulte que celle-ci nécessite l'accord des deux époux. Le promettant donnant d'ores et déjà son consentement à la vente, il peut être retenu, comme pour l'application de l'article 1424 du Code civil, qu'un indivisaire ne peut conclure seul une promesse de vente (*V. n°* ***1135*** *et s.).*

Pour aller plus loin

- G. Bonnet et Ch. Vernières, Promesses de vente et régimes matrimoniaux : Defrénois 2017, p. 47
- F. Collard et J. Lafond, L'indivision : LexisNexis, 2017, spéc. p. 348, n° 829 et p. 353

349 Pacsés – Les partenaires d'un pacte civil de solidarité (PACS) conservent l'administration, la jouissance et la libre disposition de leurs biens personnels *(C. civ., art. 515-5. – V. n°* ***1025***). Il en résulte que chaque partenaire peut seul conclure une promesse de vente relativement à ses biens personnels. Pour ce qui concerne les biens indivis, dès lors que tout acte de disposition requiert l'unanimité, en principe, des indivisaires, il doit être conclu qu'une promesse de vente doit être contractée par les partenaires.

Pour aller plus loin

- J.-F. Pillebout et F. Collard, Le PACS : LexisNexis, 2016, spéc. n° 168, p. 92

III. Contenu

350 Les parties donnant d'ores et déjà leur consentement à la vente (promesse translative) ou s'engageant à conclure une vente future (promesse autonome), il est impératif que la promesse apporte toutes les précisions relatives à la vente (obligations des parties, effets légaux de la vente, prix, immeuble vendu, etc.). Il convient également que la promesse précise les droits et obligations des parties *(V. n°* ***385*** *et s.).*

1° Précisions relatives au prix

351 Conformément à l'article 1591 du Code civil, le prix de la vente doit être déterminé et désigné par les parties *(V. n°* ***2938*** *et s.)*. Il peut cependant être laissé à l'estimation d'un tiers *(C. civ., art. 1592)* ou être simplement déterminable.

2° Autres précisions

352 Il y a lieu d'effectuer et/ou vérifier et/ou apporter toutes les précisions nécessaires sur :
- la nature de l'immeuble vendu (*V. n°* ***1608*** *et s. – V. n°* ***1635*** *et s. – V. n°* ***1636*** *et s.– V. n°* ***1637*** *et s. – V. n°* ***1717*** *et s. – V. n°* ***1730*** *et s. – V. n°* ***1736*** *et s. – V. n°* ***1737*** *et s. – V. n°* ***1738*** *et s. – V. n°* ***1771*** *et s.)* ;
- la détermination de l'immeuble vendu *(V. n°* ***1780*** *et s. – V. n°* ***1793*** *et s. – V. n°* ***1827*** *et s. – V. n°* ***1836*** *et s. – V. n°* ***1837*** *et s.– V. n°* ***1920*** *et s. – V. n°* ***1921*** *et s. – V. n°* ***1938*** *et s. – V. n°* ***1953*** *et s.)* ;

- un audit de l'immeuble vendu *(V. n° **1971** et s. - V. n° **1974** et s. - V. n° **1983** et s. - V. n° **2028** et s. - V. n° **2044** et s. - V. n° **2057** et s. - V. n° **2071** et s. - V. n° **2078** et s. - V. n° **2087** et s. - V. n° **2102** et s. - V. n° **2112** et s. - V. n° **2129** et s. - V. n° **2138** et s. - V. n° **2145** et s. - V. n° **2149** et s. - V. n° **2159** et s. - V. n° **2162** et s. - V. n° **2169** et s. - V. n° **2174** et s. - V. n° **2176** et s. - V. n° **2179** et s. - V. n° **2183** et s. - V. n° **2192** et s. - V. n° **2196** et s. - V. n° **2228** et s. - V. n° **2327** et s. - V. n° **2492** et s. - V. n° **2537** et s.)* ;
- la désignation de l'immeuble vendu *(V. n° **1780** et s.)* ;
- l'identification cadastrale (*V. n° **1921** et s.*) ;
- l'origine de propriété *(V. n° **2819** et s. - V. n° **2830** et s. - V. n° **2860** et s.)* ;
- l'aliénabilité de l'immeuble vendu *(V. n° **2819** et s. - V. n° **2830** et s. - V. n° **2860** et s.)* ;
- la contenance de l'immeuble vendu *(V. n° **1837** et s.)* ;
- l'environnement de l'immeuble vendu (*V. n° **2578** et s. - V. n° **2658** et s. - V. n° **2733** et s.*) ;
- le transfert de la propriété, le transfert des risques et l'entrée en jouissance (*V. n° **3270** et s. - V. n° **3328** et s. - V. n° **3332** et s.*).

3° Charges et conditions de la vente

353 Il est impératif que la promesse apporte toutes les précisions relatives à la vente : obligations des parties, effets légaux de la vente, prix, immeuble vendu, etc. Lorsque la promesse est autonome, il peut être annexé à celle-ci le projet d'acte authentique (sur cette proposition, *G. Durand-Pasquier et O. Herrnberger, À la recherche d'un avant-contrat synallagmatique et authentique ne nécessitant pas de publication : JCP N 2014, n° 11,1121)*.
Il ne devra pas y avoir de différence entre les éléments précisés dans la promesse de vente et l'acte authentique, sauf accord des parties en ce sens.

4° Durée de la promesse synallagmatique de vente

354 Terme extinctif – Il est fortement conseillé de prévoir un terme extinctif, pour éviter que la promesse puisse être résiliée par le promettant, après mise en demeure du bénéficiaire et expiration d'un délai raisonnable (*V. n° **3704** et s.*). Remarquons qu'un tel terme extinctif doit obligatoirement être prévu lorsque la promesse est établie par un agent immobilier, ce à peine de nullité (*L. n° 70-9, 2 janv. 1970, art. 7. - V. n° **70** et s.*).

Conseil pratique **À cet égard, il ne peut qu'être conseillé de prévoir qu'à l'arrivée de ce terme, chaque partie pourra soit agir en exécution forcée de la promesse soit invoquer la caducité de la promesse *(V. n° 369)*.**

355 Prorogation – La prorogation de la promesse peut prendre deux formes, étant ici rappelé que suivant l'article 1213 du Code civil, le contrat peut être prorogé si les contractants en manifestent la volonté avant son expiration.
La promesse de vente peut tout d'abord contenir une clause de prorogation par laquelle les parties vont convenir que la promesse sera prorogée de telle durée à l'arrivée de son terme. Une telle clause présente un intérêt notamment lorsque le promettant doit remettre des documents au bénéficiaire de la promesse ou lorsqu'une autorisation d'urbanisme doit être délivrée. La clause stipulera alors que la promesse sera prorogée, de plein droit, d'une durée déterminée, si le promettant n'a pas remis les documents en cause avant une date précisée ou si la demande d'autorisation d'urbanisme n'a pas été définitivement traitée par l'autorité administrative, traitement se traduisant soit par un refus soit par la délivrance de l'autorisation d'urbanisme sollicitée *(Cass. 3e civ., 16 juin 2015, n° 13-13.889)*. Une telle clause de prorogation de plein droit est pleinement efficace *(Cass. 3e civ., 17 juill. 1997, n° 95-19.222 : JurisData n° 1997-003365 ; Bull. civ. III, n° 173)* si elle est correctement rédigée *(Cass. 3e civ., 8 oct. 2003, n° 02-11.953 : JurisData n° 2003-020458 ; Contrats, conc. consom. 2004, comm. 3, L. Leveneur ; JCP N 2005, n° 21, 1280, M. Dagot ; RTD civ. 2003, p. 697, obs. J. Mestre et B. Fages ; D. 2004, p. 2002, note Ph. Dupichot ; Bull. civ. III, n° 176)*.
Lorsque la promesse de vente ne contient pas une telle clause, les parties peuvent décider, par voie d'avenant, avant que la promesse ne soit arrivée à son terme, de proroger la durée de celle-ci et donc de convenir d'un terme extinctif à une date postérieure à celle du terme initialement prévu *(Cass. 3e civ., 23 mars 2017, n° 16-13.214)*.
Quelle que soit la solution retenue, les avenants devront préciser les effets attachés au nouveau terme. En effet, ce sont les précisions apportées dans l'avenant relativement à ce nouveau terme qui l'emporteront sur les précisions contenues dans le contrat relativement au terme initialement retenu *(Cass. 3e civ., 18 févr. 2016, n° 15-10.007 : JurisData n° 2016-002681)*.

Conseil pratique **En cas de prorogation de la durée d'une promesse, il sera nécessaire de préciser si, à l'arrivée du nouveau terme, les parties pourront chacune agir en exécution forcée ou se prévaloir de la caducité de la promesse ou seulement se prévaloir de la caducité de la promesse.**

Il y a lieu, en cas de prorogation, de prendre en compte l'article L. 290-1 du Code de la construction et de l'habitation. Celui-ci précise que toute promesse de vente ayant pour objet la cession d'un immeuble ou d'un droit réel immobilier, dont la validité est supérieure à 18 mois, ou toute prorogation d'une telle promesse portant sa durée totale à plus de 18 mois est nulle et de nul effet si elle n'est pas constatée par un acte authentique, lorsqu'elle est consentie par une personne physique.

356 Renouvellement – Les parties à une promesse de vente peuvent décider de la renouveler. En vertu de l'article 1214 du Code civil, la promesse renouvelée est un nouveau contrat dont le contenu est identique au précédent mais dont la durée est indéterminée. Les parties peuvent parfaitement déroger à l'article 1214 du Code civil et prévoir que le nouveau contrat sera à durée déterminée, ce qui apparaît préférable. Il est d'ailleurs tout à fait possible de prévoir dans la promesse une clause de renouvellement qui précisera tout à la fois le sort des pactes accessoires à la promesse et la durée de la nouvelle promesse.

Conseil pratique **Il doit être tiré toutes les conséquences de la conclusion d'un nouveau contrat au plan des formalités - nouvelle purge du délai de réflexion ou rétractation, etc. *(F. Collard, La condition suspensive confrontée à la pratique notariale, d'un régime à l'autre : JCP N 2015, n° 47, 1217).***

357 Décès ou incapacité du promettant ou du bénéficiaire – Sauf clause contraire de la promesse, tant le décès que l'incapacité du promettant ou du bénéficiaire n'affectent pas la durée de la promesse. Ainsi et par exemple, les héritiers du promettant seront tenus de respecter ladite promesse *(Cass. 3e civ., 16 mai 1974, n° 73-10.984 et 73-11.511 : JurisData n° 1974-098209 : Bull. civ. III, n° 209. – V. n° **455** et s.).*

5° Conditions suspensives ou réserves

358 Ces conditions sont des plus diverses, tout en pouvant être qualifiées le plus souvent de condition mixte équivalente à une condition casuelle *(V. n° **3637**). – V. Forti, La réalisation fictive de la condition, in Le nouveau régime général des obligations, (ss. dir.) de L. Andreu et V. Forti : Dalloz, 2016, p. 31).* L'événement pris en considération, dans les promesses les plus courantes, correspond, par exemple :
- à l'obtention d'un prêt par l'acquéreur qui lui permettra de financer le prix de l'immeuble *(Cass. 3e civ., 1er juin 2017, n° 16-16.953. – V. n° **755** et s.)* ;
- à la remise d'un état hypothécaire ne révélant pas d'inscriptions pour un montant supérieur au prix de vente ;
- à la délivrance d'une autorisation d'urbanisme.

Il est possible de stipuler plusieurs conditions suspensives appelées à jouer de façon simultanée. Des difficultés surgissent relativement à la qualification de certaines d'entre elles mais aussi quant à leur validité. Certaines ne sont pas des conditions suspensives mais des réserves *(V. n° **3613** et s.).*

359 Caractères de la condition suspensive – Suivant l'article 1304 du Code civil, l'obligation est conditionnelle lorsqu'elle dépend d'un événement futur et incertain. La condition est suspensive lorsque son accomplissement rend l'obligation pure et simple. Relativement au régime de ladite condition, il est précisé notamment :
- à l'article 1304-2 du Code civil qu'est nulle l'obligation contractée sous une condition dont la réalisation dépend de la seule volonté du débiteur. Cette nullité ne peut être invoquée lorsque l'obligation a été exécutée en connaissance de cause ;
- à l'article 1304-3 du Code civil que la condition suspensive est réputée accomplie si celui qui y avait intérêt en a empêché l'accomplissement ;
- à l'article 1304-4 du Code civil qu'une partie est libre de renoncer à la condition stipulée dans son intérêt exclusif, tant que celle-ci n'est pas accomplie.

360 Condition suspensive et renonciation – L'article 1304-4 du Code civil dispose qu'une partie est libre de renoncer à la condition stipulée dans son intérêt exclusif, tant que celle-ci n'est pas accomplie ou n'a pas défailli. Il est donc important de préciser pour chaque condition si elle a été stipulée dans l'intérêt du promettant, du bénéficiaire ou des deux parties. Cette précision évite ainsi les incertitudes et en cas de conflit, que le juge n'ait à déterminer qui est le bénéficiaire de la condition *(Cass. 3e civ., 23 févr. 2017, n° 16-10.185. – J.-F. Hamelin, La renonciation à la condition après la loi de ratification du 20 avril 2018 : Defrénois, 6 sept. 2018, p. 19. – V. n° **3613** et s.).*

361 Condition suspensive et caducité de la promesse – La promesse contenant une condition suspensive peut ne pas prévoir de délai quant à la réalisation de la condition. Le sort de la promesse dépend alors de sa rédaction. Si les parties ont stipulé que :
- la date avant laquelle la réitération devrait intervenir était extinctive, l'arrivée de ce terme extinctif entraînera la caducité de la promesse, ce indépendamment de savoir si l'événement, permettant de considérer que la condition est défaillie ou réalisée, est survenu ;
- la date avant laquelle la réitération devait intervenir était constitutive du point de départ à partir duquel l'une des parties pourrait obliger l'autre à s'exécuter, la promesse ne sera caduque qu'une fois qu'il sera certain que la réalisation de la condition n'aura pas lieu *(Cass. 3e civ., 15 janv. 2014, n° 12-28.362 : JurisData n° 2014-000310 ;* Constr.-*Urb. 2014, comm. 54, obs. Ch. Sizaire ; JCP N 2014, n° 30, 1255, obs. J. Payet).*

En pratique, il est indispensable de stipuler un délai de réalisation de la condition, la promesse devenant caduque si l'événement visé ne s'est pas réalisé dans le délai prévu *(V. n° **3613** et s.)*. La clause doit aussi préciser si les deux parties auront la possibilité de se prévaloir du délai et donc de la caducité de la promesse *(Cass. 3e civ., 27 avr. 2017, n° 16-15.621)*. Il est judicieux de fixer un délai de réalisation de la condition plus court que celui prévu pour la réitération par acte authentique. À défaut, la promesse est caduque dès l'arrivée du terme fixée pour la réalisation par acte authentique et la réalisation de la condition postérieurement à cette date, même dans le délai de réalisation convenu, est indifférente *(Cass. 3e civ., 9 mars 2017, n° 15-26.182 :* JurisData n° 2017-003926 *; JCP N 2017, n°* 12, act. 375 *; Constr.-Urb. 2017, comm. 76, Ch. Sizaire. – Cass. 3e civ., 29 mai 2013, n° 12-17.077 : JurisData n° 2013-010940 ; Bull. civ. III, n° 69)*.
Par ailleurs, si la réalisation de la condition intervient avant la date convenue, il restera aux parties à procéder à la réitération de l'acte authentique avant la date fixée dans la promesse à cette fin ; au-delà cette date, chaque partie pourra soit invoquer la caducité de la promesse, soit en demander l'exécution forcée *(V. n° **369**)*.

362 Condition suspensive et obtention d'un prêt – Lorsque le bénéficiaire de la promesse peut bénéficier des mesures de protection du crédit immobilier prévues par les articles L. 313-1 et suivants du Code de la consommation, la promesse sera alors obligatoirement conclue sous condition suspensive d'obtention du ou des prêts en assurant le financement *(C. consom., art. L. 313-41. – V. n° **755** et s.)*.

363 Condition suspensive et autorisation judiciaire – Élément de formation du contrat, l'autorisation du juge (tutelle, procédure collective…) ne peut pas être érigée en condition suspensive *(F. Collard, L'autorisation du juge est insusceptible d'être érigée en condition suspensive : JCP N 2014, 1337)*. Le notaire qui rédige une telle promesse commet une faute et est susceptible de voir sa responsabilité engagée *(Cass. 1re civ., 25 janv. 2017, n° 15-25.642)*.
Ainsi que l'écrivent MM. Malaurie, Aynès et Stoffel-Munck, lorsqu'est en jeu une autorisation administrative, « bien que la pratique dise que le contrat est alors subordonné à une « condition », qui serait même parfois sous-entendue, il ne s'agit pas d'une véritable modalité, mais plutôt d'une dissociation entre le caractère obligatoire du contrat et la plénitude de ses effets, ou, en d'autres termes, entre la promesse synallagmatique du contrat et le contrat proprement dit. Dès la conclusion du contrat prétendument « conditionnel » (en réalité une promesse synallagmatique), l'acte est obligatoire entre les parties, c'est-à-dire qu'aucune ne peut unilatéralement le révoquer. C'est l'autorisation qui lui fait produire ses autres effets, sans rétroactivité ; le refus d'autorisation le rend caduc » *(Droit des obligations : LGDJ, 9e éd. 2017, n° 1308. – B. Nuytten, Avant-contrats de vente d'immeubles sous condition suspensive de la purge du droit de préemption urbain : RDC 2005, p. 503)*.
Ce qui vaut pour une autorisation administrative vaut également pour l'autorisation du juge des tutelles ou du conseil de famille ou toute autre autorisation (procédure collective, surendettement, …). Si cette autorisation n'est pas obtenue, le contrat sera alors frappé de caducité alors que si l'autorisation est obtenue, la vente pourra être conclue, celle-ci étant distincte de la promesse autonome de vente. Il est également possible de recourir à une promesse unilatérale d'achat *(V. n° **566** et s. – F. Collard, L'autorisation du juge est insusceptible d'être érigée en condition suspensive : JCP N 2014, n° 47, 1337)*.
C'est donc à tort que la pratique recourt au terme « condition » lorsqu'il s'avère nécessaire d'obtenir une autorisation pour que la vente puisse être conclue, l'événement visé correspondant alors à l'obtention de l'autorisation. Il apparaît dès lors nécessaire de rédiger correctement la clause pour éviter qu'il ne puisse être considéré qu'elle correspond à une condition suspensive.

Clause – Obtention d'une autorisation

Exemple de clause dans une promesse synallagmatique de vente ne valant pas vente ou promesse autonome

Autorisation

La vente ne pourra être conclue qu'après obtention de l'autorisation de … (***juge des tutelles, conseil de famille, etc.***) avant le … (***date à préciser***) de conclure la vente aux conditions prévues dans la présente promesse.
Le défaut d'obtention de cette autorisation avant le … (***date identique à celle indiquée ci-dessus***) entraînera la caducité de la présente promesse.

Pour aller plus loin

- S. Becqué-Ickowicz, La condition suspensive de non-préemption, faculté de repentir pour le vendeur ? : Defrénois 2011, art. 40176
- B. Nuytten, Avant-contrats de vente d'immeubles sous condition suspensive de la purge du droit de préemption urbain : RDC 2005, p. 503
- J.-M. Plazy, La disposition du logement du majeur protégé, in Le patrimoine de la personne protégée : LexisNexis, 2015, p. 301

364 Condition suspensive et droit de préemption – En cas de mutation amiable d'immeuble, l'ouverture du droit de préemption peut donner lieu à trois attitudes différentes du titulaire du droit de préemption : la renonciation expresse ou tacite ; l'acceptation pure et simple des conditions notifiées dans la déclaration d'intention d'aliéner (DIA) ; l'offre d'acquisition à des conditions différentes, suivie (en cas de maintien par le vendeur de ses propres conditions) de la saisine du juge de l'expropriation *(V. n° **3060** et s.)*.
Il s'agit alors, pour les parties, lors de la rédaction d'une promesse de vente, de prendre en compte ces trois possibilités. Or, si les deux premières attitudes purgent le droit dans le délai de 2 mois à compter de la réception de la DIA, par contre la troisième attitude repousse dans le temps la connaissance de l'exercice effectif ou non du droit de préemption. Lorsque le titulaire du droit de préemption adopte cette dernière attitude, cela ne laisse que peu de chances aux parties de réaliser la vente au prix convenu. Il faut en effet imaginer que le titulaire du droit de préemption renonce à son droit en cours de procédure ou après fixation par le juge d'un prix identique à celui de la convention. La renonciation par le titulaire du droit après fixation par le juge d'un prix différent ne permet la vente qu'à ce prix (éventuellement révisé suivant l'indice du coût de la construction) et nécessite un nouvel accord vendeur-acquéreur.

Conseil pratique **Pour permettre à l'acquéreur d'être fixé rapidement sur la possibilité de réaliser l'opération envisagée, il est prévu, dans la promesse, d'enfermer la réserve relative au choix du préempteur dans le délai de 2 mois dont dispose le titulaire du droit de préemption pour faire connaître sa position et de stipuler que l'offre d'acquérir à un prix différent de celui notifié, suivie soit de la renonciation à la vente par le vendeur, soit de son acceptation des conditions offertes, soit de la saisine du juge de l'expropriation, entraînera la caducité du contrat conclu.**

365 Pratique de la condition et sa remise en cause – En pratique, il est parfois fait recours à une condition suspensive pour contrôler le droit de préemption. Cette qualification ne va pas de soi. Ainsi, le professeur Becqué-Ickowicz soutient que la condition suspensive de non-exercice du droit de préemption n'en serait pas véritablement une, celle-ci ne correspondant en réalité qu'à une réserve. Ladite réserve ne joue alors que dans les rapports entre les parties et ne peut empêcher la vente avec le titulaire du droit de préemption si celui-ci décide d'exercer son droit, ce qui conduit l'auteur à conclure qu'une telle réserve ne heurte nullement les dispositions relatives au droit de préemption urbain *(S. Becqué-Ickowicz, La condition suspensive de non-préemption, faculté de repentir pour le vendeur ? : Defrénois 2011, art. 40176. –* V. aussi : *B. Nuytten, Avant-contrats de vente d'immeubles sous condition suspensive de la purge du droit de préemption urbain : RDC 2005, p. 503)*. La qualification de condition suspensive est contestée pour les raisons suivantes :
- l'absence d'exercice du droit de préemption ne peut correspondre à une modalité de l'obligation dès lors que l'obligation ne peut exister sans elle, le respect du droit de préemption conditionnant la validité de la vente ;
- il n'est pas possible aux parties ou à l'une d'entre elle de renoncer au bénéfice de la condition alors même qu'une telle possibilité est prévue par l'article 1304-4 du Code civil, une telle renonciation conduisant à la violation du droit de préemption et donc à la nullité de la vente ;
- il n'est pas aux pouvoirs de l'une des parties de faire défaillir la condition et l'article 1304-3 du Code civil ne pourrait donc recevoir application.

366 Fausses conditions suspensives et vraies réserves – La qualification de réserve, en lieu et place de condition suspensive, conduit, à notre sens, à considérer que les parties ont conclu non pas une promesse translative de propriété mais une promesse autonome, une promesse non translative de propriété. Ainsi, le professeur Becqué-Ickowicz retient-elle qu'« il s'agit, en réalité, de permettre la conclusion d'un accord valable entre le vendeur et l'acquéreur projeté, sans encourir la nullité de l'acte de vente du fait du défaut de notification préalable. Elle est donc tout spécialement utile en cas de compromis de vente car elle permet de bien différencier l'avant-contrat du contrat définitif, lequel ne peut encore être conclu. Les consentements sont donc déjà échangés et les parties ne peuvent plus se rétracter, mais la promesse ne vaut pas vente faute d'avoir purgé le droit de préemption » *(S. Becqué-Ickowi, préc. n° 32 –* V. aussi : *B. Nuytten, Avant-contrats de vente d'immeubles sous condition suspensive de la purge du droit de préemption urbain : RDC 2005, p. 503)*.
Il apparaît ainsi essentiel, lors de la rédaction d'une promesse synallagmatique de vente, chaque fois qu'il est envisagé de recourir à une condition suspensive, de vérifier si le régime de celle-ci pourra être mis en œuvre et en cas de réponse négative, de préférer à la conclusion d'une promesse translative sous condition celle d'une promesse autonome, non translative de propriété.
Par exemple, c'est une promesse autonome qui devrait être retenue non seulement lorsque la vente ne peut être conclue avant que le titulaire d'un droit de préemption ne se soit prononcé sur l'exercice de son droit, mais aussi à chaque fois que l'obtention d'une autorisation est nécessaire ; ainsi, il a été jugé : « bien que son obtention présente les caractères d'un événement futur et incertain, l'autorisation administrative à laquelle l'article 5 du décret du 25 juin 1934 soumet à peine de nullité les mutations immobilières constitue non une modalité conditionnelle de l'accord des parties, mais un élément légal de validité du transfert de propriété, agissant à sa date sans rétroactivité » *(Cass. 3e civ., 18 juin 1974, n° 73-13.324 : Bull. civ. III, n° 256)*.

Clauses – Réserve de non-exercice du droit de préemption

Nous proposons plusieurs clauses adaptées au contrat à rédiger.

1. **Cette clause a été publiée dans la revue Construction-Urbanisme *(V. Zalewski-Sicard, La réserve de non-exercice du droit de préemption lors d'une mutation amiable : Constr.-Urb. 2017, formule 9).***

Réserve

Droit de préemption

La présente promesse de vente est consentie et acceptée sous la réserve suivante :

[...]

Non-exercice du droit de préemption, dans le délai de deux mois à compter de la réception par le titulaire du droit de préemption de la déclaration d'intention d'aliéner.

L'offre, par le titulaire du droit de préemption, d'acquérir à des conditions differentes de celles notifiées, suivie soit de la renonciation à la vente par le vendeur, soit de son acceptation des conditions offertes, soit de la saisine du juge de l'expropriation, entraînera la caducité de la promesse, au même titre que l'exercice pur et simple du droit de préemption.

La notification aux fins de purge de ce droit de préemption devra être faite dans le délai de huit jours du présent acte.

AJOUTER ***éventuellement*** (voir ci-dessus Nature de l'opération)

Option

L'éventuelle annulation contentieuse de la décision de préemption à la demande d'un autre requérant que l'acquéreur sera sans effet sur l'anéantissement de la promesse.

2. **Cette clause a été publiée dans la revue de droit rural *(F. Collard, Promesse synallagmatique de vente sous réserve de l'exercice du droit de préemption du preneur : RD rur. 2013, form. 1).***

Réserve

[...]

Purge du droit de préemption

La présente promesse synallagmatique de vente engage définitivement les parties sous réserve de l'exercice des droits de préemption et notamment de celui du preneur (**ou : des preneurs**) à bail rural soumis au statut du fermage devant s'exercer dans le délai de deux mois à compter de la réception de la notification qui est faite au preneur (**ou : aux preneurs**) en application de l'article L. 412-8 du Code rural et de la pêche maritime.

L'exercice du droit de préemption par le preneur (**ou : des preneurs**) rend les présentes conventions caduques, peu importe l'annulation ou la renonciation ultérieure.

Pour aller plus loin

Formules

- JCl. Notarial Formulaire, V° Avant-contrat, fasc. 115, par J.-F. Pillebout
- JCl. Notarial Formulaire, V° Préemption, fasc. 245 (droit de préemption urbain), fasc. 325, (preneur à bail rural), fasc. 395 (Safer), fasc. 417 et 425 (locataire d'habitation)

Fiches pratiques

- Fiche pratique n° 1672 : Rédiger un compromis de vente immobilière par M. Suquet-Cozic
- Fiche pratique n° 2621 : Articulation de plusieurs droits de préemption sur un même bien immobilier, par A. Robert-Chary
- Fiche pratique n° 2219 : Vente d'un immeuble par un majeur protégé
- Fiche pratique n° 2605 : Vente d'immeuble par un mineur, par B. Barthelet

Commentaires

- JCl. Notarial Formulaire, V° Avant-contrat, fasc. 100 et 102, par J. Lafond
- JCl. Notarial Formulaire, V° Mineurs. Majeurs protégés, fasc. 200 et 710, par D. Montoux
- JCl. Notarial Formulaire, Synthèse 140 Avant-contrat : dispositions communes
- JCl. Notarial Formulaire, Synthèse 150 Avant-contrat : dispositions spécifiques, par S. Piedelièvre. – Synthèse 1450, Vente d'immeuble, parties à l'acte, consentement, par V. Zalewski
- JCl. Notarial Formulaire, Synthèse 1040, Droits de préemption en matière rurale, par D. Krajeski
- JCl. Notarial Formulaire, Synthèse 1050, Droits de préemption du locataire d'un bien à usage d'habitation, par Chr. Coutant-Lapalus

IV. Procédure

367 Délai de rétractation – Lorsque l'immeuble est à usage d'habitation et que le bénéficiaire de la promesse est un acquéreur non-professionnel, il y a lieu, dès la conclusion de la promesse, de respecter l'article L. 271-1 du Code de la construction et de l'habitation (*V. n°* ***646*** *et s.*).

CONTRATS PRÉPARATOIRES

Le bénéficiaire de la promesse pourra se rétracter pendant un délai de 10 jours à compter du lendemain de la première présentation de la lettre lui notifiant l'acte.

Remarque Les parties ont aussi la possibilité de prévoir, dans la promesse, un délai de rétractation en application de l'article 1122 du Code civil. Ce délai de rétractation peut être prévu tant au bénéfice du promettant qu'au profit du bénéficiaire de la promesse.

368 Délai et modalités de régularisation par acte authentique – Pour éviter des difficultés après la levée de l'option, différentes précautions doivent être prises, tant dans l'intérêt du promettant que dans l'intérêt du bénéficiaire.

En premier lieu, un terme extinctif sera stipulé : avant l'arrivée du terme, le bénéficiaire de la promesse devra remettre au notaire chargé d'établir l'acte authentique les fonds permettant le paiement du prix.

En deuxième lieu, il sera prévu un délai au cours duquel les parties devront se rendre chez le notaire pour procéder à la régularisation de l'acte authentique. Il sera également précisé qu'à l'issue de ce délai, chaque partie aura la possibilité d'agir en exécution forcée de la promesse, aucune des parties ne pouvant se prévaloir de la caducité de la promesse en raison de son refus de se rendre chez le notaire *(V. n° **369**)*.

V. Réitération par acte authentique

A. – RÉITÉRATION, OBLIGATION DE FAIRE D'UNE PROMESSE AUTONOME

369 Lorsque les parties ont retardé non pas simplement les effets de la vente, mais la formation même de la vente, elles s'obligent par la promesse à réaliser diverses démarches en vue de la conclusion à venir de la vente. Ainsi, elles peuvent prévoir que la vente ne sera formée :

- qu'une fois une autorisation obtenue, par exemple une autorisation de vendre *(Cass. 3e civ., 18 juin 1974, n° 73-13.324 : Bull. civ. III, n° 256)* ; dans cette affaire, l'autorisation était rendue nécessaire non par la volonté des parties mais par un décret ;
- qu'une fois une condition réalisée.

Il peut encore être stipulé que la vente ne sera réalisée que par la signature de l'acte authentique la constatant. Il s'agit alors de la réitération par acte authentique de la vente *(Cass. 3e civ., 20 déc. 1994, n° 92-20.878 : JurisData n° 1994-002483 ; Bull. civ. III, n° 229. – Cass. 3e civ., 12 avr. 2018, n° 17-14.187 : Defrénois 12 juill. 2018, n° 138j6, p. 31, note S. Becqué-Ickowicz. – Cass. 3e civ., 10 sept. 2013, n° 12-22.883 : JCP N 2014, n° 30, 1255, obs. M. Mekki)*. Le terme réitération est toutefois ici trompeur. La vente ne peut être réitérée puisqu'elle n'a pas encore eu lieu. Il ne s'agit ni plus ni moins de constater la vente par acte authentique, cette forme étant essentielle pour que la vente se forme, les parties de par leur volonté ayant transformé la vente, contrat consensuel, en un contrat solennel.

Pour aller plus loin

- B. Nyutten, Les clauses de forme dans les actes et contrats préparatoires à la vente d'immeubles : RDC 2004, p. 531

B. – RÉITÉRATION, CONDITION OU TERME D'UNE PROMESSE TRANSLATIVE

370 Lorsque la promesse est translative, et qu'il s'agit donc en réalité soit d'une vente sous condition suspensive soit d'une vente à terme, la réitération par acte authentique a pour objectif de rendre opposable aux tiers la vente, d'ores et déjà consentie, et de faire produire à celle-ci ses effets. Cette réitération n'interviendra toutefois qu'une fois toutes les conditions réalisées. Si elles ne se réalisent pas, alors la vente est caduque. Toute la difficulté est de savoir si la réitération par acte authentique peut être retenue comme événement incertain ou certain. Pour MM. Malaurie, Aynès et Stoffel-Munck, il ne peut s'agir d'une condition mais ce pourrait être un terme : « comme on ne peut en même temps s'obliger et ne pas s'obliger, seul un événement ne dépendant pas des parties peut constituer une condition car lui seul est incertain. Si l'événement mis en « condition » est l'exercice par les parties d'un acte de volonté – telle la réitération de la promesse par acte authentique ou le paiement du prix –, l'acte n'est pas conditionnel et peut avoir deux significations, selon la volonté des parties. Ou bien, elles se sont engagées à exécuter cet acte ; l'événement n'est pas incertain, puisqu'elles peuvent y être contraintes ; il constitue un terme. Ou bien il s'agit d'un simple projet, qui n'est pas obligatoire » *(Droit*

des contrats spéciaux : LGDJ, 9e éd., 2017, n° 129). C'est également le caractère potestatif de la condition qui est mis en avant pour exclure qu'il y soit recouru. Ainsi, Mme Durand-Pasquier et M. Herrnberger soutiennent qu'une telle condition est purement potestative *(À la recherche d'un avant-contrat synallagmatique et authentique ne nécessitant pas de publication : JCP N 2014, n° 11, 1121)*. Telle est également l'analyse faite par M. Colonna d'Istria *(Promesses de vente d'immeuble : Éd. Lamy, 2012, n° 47)*.
La qualification de terme est aussi contestée. Comme le souligne M. Colonna d'Istria, « l'on ne saurait inférer le caractère certain de la réitération, et donc sa nature de terme suspensif, du fait que les parties peuvent y être contraintes : ce serait inverser la cause et la conséquence, la nature et le régime » *(Promesses de vente d'immeuble : Éd. Lamy, 2012, n° 47)*. De même, M. Dross retient qu'« on peut estimer en effet que dès lors que le débiteur est totalement ou partiellement maître de faire advenir le terme suspensif, il n'y a pas d'accord au sens de l'article 1305-1 entre les parties quant au terme, ce qui autorise le juge à fixer la date d'exigibilité de l'obligation » *(Clausier, Dictionnaire des clauses ordinaires et extraordinaires des contrats de droit privé interne, V° Terme suspensif : LexisNexis, 3e éd., 2016)*.

Remarque Lorsque les parties ont choisi de repousser le transfert de propriété à la signature de l'acte authentique, il n'y a pas « solennisation » du contrat de vente. L'acte authentique est alors considéré comme une formalité accessoire, permettant de différer le transfert de propriété jusqu'au paiement du prix. Il ne s'agit ni plus ni moins que de l'organisation contractuelle d'une réserve de propriété.

C. – RÉITÉRATION AVANT UNE DATE DÉTERMINÉE

371 Choix des parties – Lorsque les parties ont stipulé que la réitération par acte authentique de la promesse devrait intervenir avant une date déterminée, le défaut de réitération avant ladite date peut avoir des conséquences différentes suivant ce qu'auront prévu les parties :
- les parties peuvent convenir que si la vente n'a pas fait l'objet d'une réitération par acte authentique avant la date fixée, celle-ci sera caduque ainsi que la promesse associée : la date fixée est considérée comme une date extinctive ;
- les parties peuvent prévoir qu'une fois la date dépassée, chacune d'entre elles aura la possibilité d'agir en exécution forcée de la promesse : la date convenue s'analyse comme le point de départ à partir duquel l'une des parties peut obliger l'autre à s'exécuter, autrement dite une date constitutive *(Cass. 3e civ., 21 nov. 2012, n° 11-23.382 : JurisData n° 2012-026668 ; JCP N 2012, n° 49, act. 1051 ; Bull. civ. III, n° 173)*.

372 Choix d'une date constitutive – Le choix d'une date constitutive permet à chaque partie d'être assurée tout à la fois de pouvoir exiger la constatation de la vente et invoquer la caducité de la promesse. Il convient alors de préciser tout à la fois le délai avant lequel la signature de l'acte authentique devra intervenir et les conséquences résultant du défaut de signature à cette date.

373 Mise en demeure – La clause doit indiquer que chaque partie pourra mettre l'autre en demeure de signer l'acte authentique dès que toutes les conditions suspensives sont accomplies. Cette mise en demeure devra être faite suivant une forme déterminée (comme une lettre recommandée avec accusé de réception) et intervenir dans un certain délai (15 jours par exemple), au-delà duquel la promesse sera caduque.

374 Clause pénale – Il est utile de stipuler que passé un délai déterminé, et après mise en demeure restée infructueuse, le contractant pourra demander l'application d'une clause pénale sanctionnant le refus de procéder à la réitération de la vente par acte authentique *(V. n° **4861** et s.)*.

375 Procès-verbal de carence et jugement tenant lieu d'acte authentique – Une fois la mise en demeure restée infructueuse, la clause précisera que le contractant pourra demander au notaire qu'il soit dressé un procès-verbal de carence qui donnera lieu à publicité foncière et en justice qu'un jugement tienne lieu d'acte. Ces demandes devront alors être faites avant l'expiration d'un nouveau délai, à l'expiration duquel la promesse sera caduque.

376 Distinction entre les parties – Il est possible de prévoir dans la promesse des issues différentes suivant la partie défaillante. Il peut être prévu que si passé un délai déterminé courant à compter de la mise en demeure d'exécuter la promesse, mise en demeure devant elle-même intervenir avant une date déterminée, la situation n'est pas régularisée :
- si le défaut de réalisation incombe au bénéficiaire de la promesse, le promettant fera son affaire personnelle de toute demande en versement de dommages et intérêts et la promesse sera définitivement caduque sans autre formalité ;
- si le défaut de réalisation incombe au promettant, le bénéficiaire de la promesse pourra, soit demander au notaire qu'il soit dressé un procès-verbal de carence qui donnera lieu à publicité foncière et demander en justice qu'un jugement tienne lieu d'acte, ces deux demandes devant être faites avant une date déterminée au-delà de laquelle la promesse sera caduque, soit se prévaloir de la caducité de la promesse *(Cass. 3e civ., 10 juill. 2013, n° 12-12.655)*.

Rédaction – Formalités

I. Établissement de la promesse synallagmatique de vente

377 **Promesse par acte authentique** – Il n'est pas obligatoire d'établir une promesse synallagmatique de vente par acte authentique. Il en va différemment pour les promesses de longue durée. L'article L. 290-1 du Code de la construction et de l'habitation dispose que toute promesse de vente ayant pour objet la cession d'un immeuble ou d'un droit réel immobilier, dont la validité est supérieure à 18 mois, ou toute prorogation d'une telle promesse portant sa durée totale à plus de 18 mois est nulle et de nul effet si elle n'est pas constatée par un acte authentique, lorsqu'elle est consentie par une personne physique. Ce texte s'applique à une promesse unilatérale ou à une promesse synallagmatique *(Cass. 3e civ., 18 févr. 2015, n° 14-14.416 : JurisData n° 2015-003345 ; Bull. civ. III, n° 26 ; JCP N 2015, n° 10, act. 335 ; JCP N 2015, n° 30, 1138, note C. Coutant-Lapalus)*.

Conseil pratique **Indépendamment de cette obligation, il ne peut qu'être conseillé d'établir la promesse de vente en la forme authentique pour qu'une publication puisse être réalisée *(La sécurité juridique, un défi authentique, 111e Congrès des notaires de France, 10 au 13 mai 2015, Strasbourg, p. 924, n° 4395)*.**

378 **Promesse par acte sous seing privé** – Dès lors que l'acte authentique n'est pas obligatoire, les parties sont libres de choisir la forme qui leur convient. Elles peuvent convenir, en dehors des hypothèses visées par l'article L. 290-1 du Code de la construction et de l'habitation, de conclure leur promesse sous seing privé.
S'impose alors le respect de l'article 1375 du Code civil. L'acte ne fait preuve que s'il a été fait en autant d'originaux qu'il y a de parties ayant un intérêt distinct, à moins que les parties ne soient convenues de remettre à un tiers l'unique exemplaire dressé. Chaque original doit mentionner le nombre des originaux qui en ont été faits. L'exigence d'une pluralité d'originaux est réputée satisfaite pour les contrats sous forme électronique lorsque l'acte est établi et conservé conformément aux articles 1366 et 1367, et que le procédé permet à chaque partie de disposer d'un exemplaire sur support durable ou d'y avoir accès. Il faut, en outre, remarquer que celui qui a exécuté le contrat, même partiellement, ne peut opposer le défaut de la pluralité d'originaux ou de la mention de leur nombre.

379 **Honoraires de rédaction** – Pour les actes ne donnant pas lieu à émolument, les notaires peuvent percevoir des honoraires *(V. n° **4314**)*. Il en va ainsi pour les promesses de vente lorsque celles-ci ne doivent pas obligatoirement être établies par acte authentique *(CCH, art. L. 290-1)*. Une lettre de mission doit alors être établie afin de respecter l'article L. 444-1 du Code de commerce. Il n'est pas suffisant de mentionner seulement dans le contrat préparatoire le montant des honoraires.

Formule – Exemple de lettre de mission pour une vente d'immeuble

Destinataire

LETTRE DE MISSION POUR UNE VENTE D'IMMEUBLE

Madame, Monsieur,

Vous souhaitez nous confier la mission de vous accompagner dans l'acquisition d'un immeuble situé à ...

Mission

Cette mission correspondra à :
- la rédaction de la promesse unilatérale de vente et l'acte authentique de vente ;
- la collecte et l'analyse des documents nécessaires à la vente de l'immeuble et à la rédaction des actes ;
- l'accomplissement des formalités légales et administratives relatives à la vente de l'immeuble ;
- la fourniture de conseils sur l'opération envisagée.

Montant des honoraires proposés

Pour la réalisation de cette mission, le coût global serait de ... € hors Taxe au titre de l'article L 444-1 du Code de commerce. À ce coût, s'ajoute la TVA au taux actuellement en vigueur soit un montant total TTC de ... €.

Conditions

Le montant des honoraires a été déterminé en fonction de ..., ce conformément à l'article L. 444-1 du Code de commerce.

Règlement des honoraires

La facture sera émise lors de la signature du contrat préparatoire et payable comptant.

Interlocuteur

Votre interlocuteur au sein de l'office pour la réalisation de cette mission sera : ...

Acceptation

Nous vous remercions de nous faire part de votre accord en nous retournant un exemplaire revêtu de votre signature accompagné d'un acompte d'un montant TTC de ... €.
Cette somme sera acquise à l'office dans l'hypothèse où après avoir accepté la présente convention, son bénéficiaire décidait de ne pas poursuivre son projet d'acquisition au titre des démarches d'ores et déjà effectuées par l'office.

Restant à votre disposition, recevez, Madame, Monsieur, nos meilleures salutations.

Fait à ..., le ...

Signature

II. Enregistrement de la promesse synallagmatique de vente

380 Promesse par acte authentique – La promesse synallagmatique de vente ne donne pas lieu à enregistrement sur états. Elle relève obligatoirement de la formalité fusionnée.

381 Promesse sous seing privé – Suivant l'article 660 du CGI, il est fait défense aux comptables publics compétents d'accomplir la formalité de l'enregistrement à l'égard des actes sujets à publicité foncière en exécution du décret n° 55-22 du 4 janvier 1955 modifié et qui ne seraient pas dressés en la forme authentique, conformément aux prescriptions de l'article 4 de ce texte. Dès lors, une promesse synallagmatique de vente sous seing privé ne peut être enregistrée à la demande des parties.
Ce refus est constaté sur le registre du service, à la date de la présentation de l'acte sous seing privé à la formalité de l'enregistrement. La mention de refus, datée et signée par le comptable, apposée sur chacun des originaux, donne date certaine à l'acte ; un des originaux est conservé au service des impôts.

III. Publicité foncière

382 Promesse de vente valant vente par acte authentique – La publication de la promesse est obligatoire en vertu de l'article 28 du décret du 4 janvier 1955. Elle rend exigible la taxe fixe de publicité foncière de 125 € *(CGI, art. 679)* si à cette date, les conditions suspensives ne sont pas réalisées. Par ailleurs et dans tous les cas, la contribution de sécurité immobilière proportionnelle est exigible *(V. n° **4361**)*.

383 Promesse autonome par acte authentique – Dès lors que la promesse autonome ne porte pas mutation de droits réels immobiliers, elle ne peut être publiée au titre du 1° de l'article 28 du décret n° 55-22 du 4 janvier 1955. Toutefois, dès lors qu'il est précisé dans celle-ci que le promettant s'engage à ne pas vendre à un tiers pendant la durée de validité de la promesse, celle-ci doit dès lors être publiée en application du 2° de l'article 28 du décret précité, celui-ci imposant la publication des actes emportant restriction au droit de disposer *(V. n° **4362**)*.

384 Promesse sous seing privé – La publication de la promesse sous seing privé n'est pas possible. Suivant l'article 710-1 du Code civil, tout acte ou droit doit, pour donner lieu aux formalités de publicité foncière, résulter d'un acte reçu en la forme authentique par un notaire exerçant en France, d'une décision juridictionnelle ou d'un acte authentique émanant d'une autorité administrative.
Le dépôt au rang des minutes d'un notaire n'est pas suffisant puisque suivant le même texte, le dépôt au rang des minutes d'un notaire d'un acte sous seing privé, contresigné ou non, même avec reconnaissance d'écriture et de signature, ne peut donner lieu aux formalités de publicité foncière.

Conseil pratique La seule possibilité pour qu'une telle promesse puisse être publiée est de la réitérer dans un acte notarié *(V. n° **4345**)*.

Droits et obligations

I. Situation du promettant

385 Obligations du promettant – Tant que le terme de la promesse n'est pas arrivé, le promettant est tenu de ne pas rendre impossible l'exécution de la promesse. Il doit s'abstenir d'accomplir des actes ou faits pouvant conduire à faire disparaître l'un des éléments essentiels de la vente ou de la vente à venir sur lesquels les parties se sont d'ores et déjà entendues. Pèsent dès lors sur lui des obligations qui lui imposent de ne pas modifier la situation juridique (*V. n° **386*** et ***387***) et la situation matérielle de l'immeuble (*V. n° **388***). Il est également possible que s'impose à lui, dès la conclusion de la promesse, des obligations autres que celles précitées, liées notamment à la réalisation de l'événement (*V. n° **389** et s.*) (sur ces obligations ou devoirs : *G. Durand-Pasquier, Les clauses directives : JCP N 2015, n° 21, 1162. – V. Forti, La réalisation fictive de la condition, p. 31, in Le nouveau régime général des obligations, ss. dir. L. Andreu et V. Forti : Dalloz, 2016).*

A. – SITUATION JURIDIQUE DE L'IMMEUBLE

386 Vente à un tiers – Le promettant ne peut vendre l'immeuble à un tiers (sur les conséquences d'une telle vente, *V. n° **405** et s.*).

387 Modification juridique – Le promettant ne doit pas modifier juridiquement l'immeuble.
Ainsi, il ne doit pas consentir de baux lorsqu'il s'est engagé à délivrer au bénéficiaire un bien libre de toute occupation. Si le promettant loue tout de même le bien, il pourra être retenu qu'il a modifié, au préjudice du bénéficiaire, la nature du bien cédé. Si le locataire connaissait l'existence de la promesse, le bail pourrait être annulé à la demande du bénéficiaire de la promesse.
De même, le promettant ne peut constituer une hypothèque sur le bien, objet de la promesse, consentir une servitude, etc.

Conseil pratique **Lors de la signature de la promesse, le rédacteur doit attirer l'attention des parties sur ces différents points.**

B. – SITUATION MATÉRIELLE DE L'IMMEUBLE

388 Le promettant ne pas doit pas modifier matériellement l'immeuble. Il doit s'abstenir de réaliser des travaux sur celui-ci. Il doit le maintenir dans l'état qui est le sien. Deux dispositions doivent être prises en considération à cet égard.
Ainsi, lorsque des conditions suspensives ont été stipulées, l'article 1304-5 du Code civil précise qu'avant que la condition suspensive ne soit accomplie, le débiteur doit s'abstenir de tout acte qui empêcherait la bonne exécution de l'obligation tandis que le créancier peut accomplir tout acte conservatoire et attaquer les actes du débiteur accomplis en fraude de ses droits (*V. n° **3613** et s.*).
Par ailleurs, il résulte de l'article 1197 du Code civil que *l'obligation de délivrer la chose emporte obligation de la conserver jusqu'à la délivrance, en y apportant tous les soins d'une personne raisonnable.*

C. – AUTRES OBLIGATIONS

389 Obligations diverses – Le promettant peut être tenu de diverses obligations comme la remise de documents au notaire devant recevoir l'acte authentique ou la réalisation de divers aménagements avant la réitération par acte authentique *(Cass. 3e civ., 29 juin 2017, n° 15-26.419)*.
Il est important, dans la promesse, de bien distinguer les obligations immédiatement exigibles de celles qui sont soumises à des conditions suspensives.

Conseil pratique **Le contenu de la promesse pourrait ainsi être réparti :**
« 1. Objet du contrat : vente, détermination de la chose et du prix
2. Obligations placées sous conditions suspensives : paiement du prix, délivrance de la chose, transfert de propriété et des risques, transfert de jouissance...
3. Définition des conditions suspensives
4. Obligations prenant effet immédiatement
a) Obligations stipulées pour le temps de la promesse : déposer une demande de prêt, ne pas démolir le bien ou modifier sa consistance, faire tel ou tel sondage, participer à telle assemblée générale de copropriétaires intervenant pendant la promesse, déposer tel permis de construire dans tel délai... ***(O. Herrnberger, Et si l'on repensait le tandem promesse de vente/vente ? : JCP N 2017, n° 8, act. 261),***

b) Obligations devant perdurer après la vente : charges et conditions, garanties, sort des contrats...
c) Obligations susceptible de perdurer même en cas de caducité de la promesse engagement de confidentialité
5. Dispositions communes : élection de domicile, pouvoirs pour les formalités, droit applicable... ».

Obligation générale d'information – En application de l'article 1112-1 du Code civil, le promettant est tenu d'une obligation générale d'information. Il doit, lorsqu'il connaît une information dont l'importance est déterminante pour le consentement de l'autre, l'en informer dès lors que légitimement, cette dernière ignore cette information ou fait confiance à son cocontractant.

Obligations spéciales d'information – Ce sont celles qui pèsent sur tout vendeur d'un immeuble, obligations qui varient suivant l'immeuble en cause *(V. n°* ***1608*** *et s. – V. n°* ***1780*** *et s. – V. n°* ***1971*** *et s. – V. n°* ***2578*** *et s.)*. Il en va ainsi, par exemple, pour le vendeur qui cède un immeuble sur lequel était exploitée une installation classée, en application de l'article L. 514-20 du Code de l'environnement.

Pour aller plus loin

- G. Durand-Pasquier, Les clauses directives : JCP N 2015, n° 21, 1162
- V. Forti, La réalisation fictive de la condition, p. 31, in Le nouveau régime général des obligations, ss dir. L. Andreu et V. Forti : Dalloz, 2016
- B. Freleteau, Devoir et incombance en matière contractuelle, t. 576 : LGDJ, 2017
- O. Herrnberger, Et si l'on repensait le tandem promesse de vente/vente ? : JCP N 2017, n° 8, act. 261

390 Perte fortuite de l'immeuble – Il est utile de préciser quelles seront les obligations du promettant dans l'hypothèse où l'immeuble viendrait à périr entre le jour de la conclusion de la promesse de vente et le jour de la réitération par acte authentique. À défaut, deux éléments conduisent à considérer que les risques de perte pèsent sur le vendeur.

D'une part, les promesses étant conclues sous différentes conditions suspensives, il y a lieu de faire application de l'article 1304-6 du Code civil qui dispose que la chose, objet de l'obligation, demeure aux risques du débiteur, et cela même si les parties ont choisi de faire jouer à la condition suspensive un effet rétroactif *(V. n°* ***3670****. –* Sur cette application *: M. Mignot, Le droit de la vente après l'ordonnance n° 2016-131, p. 9, spéc. p. 13, in Les contrats spéciaux et la réforme du droit des obligations, vol. 34, ss dir. L. Andreu et M. Mignot : Institut Universitaire Varenne, 2017)*.

D'autre part, par application de l'adage *res perit domino* et de l'alinéa 3 de l'article 1196 du Code civil, tant que le transfert de propriété n'est pas intervenu, les risques incombent au vendeur.

391 Détérioration fortuite de l'immeuble – Lorsqu'il y a seulement détérioration de l'immeuble, il n'y a pas de solution assurée. Il est possible d'hésiter entre :

- l'assimilation de la détérioration à la perte totale : en ce cas, le promettant assume seul les risques de l'immeuble *(C. civ., art. 1196, al. 3)*. Et, en application de l'article 1218 du Code civil, le contrat est résolu ;
- la détérioration n'est pas assimilée à une perte totale : l'article 1351 du Code civil conduit alors à retenir que le débiteur est libéré d'exécuter sa prestation à due concurrence de la détérioration. Par conséquent, la promesse n'est pas résolue, mais le bénéficiaire de la promesse peut demander une diminution du prix proportionnelle à la perte de valeur de l'immeuble. Autrement dit, les risques sont assumés par le propriétaire de l'immeuble *(C. civ., art. 1196, al. 3)*.

Pour écarter toute incertitude, le notaire doit préciser dans le contrat les conséquences résultant de la détérioration de l'immeuble par cas fortuit. Une telle possibilité est reconnue par la Cour de cassation *(Cass. 3e civ., 26 janv. 2010, n° 08-70.032 : JurisData n° 2010-051466)*. Celle-ci retient par ailleurs que sauf clause contraire, l'acquéreur d'un immeuble a qualité à agir en paiement des indemnités d'assurance contre l'assureur du vendeur garantissant les risques de catastrophe naturelle, même pour les dommages nés antérieurement à la vente *(Cass. 3e civ., 7 mai 2014, n° 13-16.400 : JurisData n° 2014-009633 ; Bull. civ. III, n° 61)*.

Une clause de résolution de plein droit peut être insérée dans la promesse de vente *(V. n°* ***4780*** *et s.)*. La résolution de la promesse pourra alors être demandée par le bénéficiaire, ce dernier pouvant aussi choisir de ne pas se prévaloir de ladite clause et choisir d'agir en exécution forcée en nature et en responsabilité contractuelle ou en anéantissement du contrat *(Cass. 3e civ., 30 juin 2015, n° 14-16.929)*. Il est également possible de prévoir une clause pénale venant sanctionner les manquements du promettant *(V. n°* ***4861*** *et s.)*.

Clause – Exemple de clause de détérioration de l'immeuble vendu par cas fortuit

En cas de détérioration par cas fortuit du présent immeuble avant la réitération par acte authentique de la présente promesse, l'acquéreur aura le choix de :
- résoudre le contrat. Le bénéficiaire est dispensé de mettre en demeure le promettant ;
- exiger la chose dans l'état où elle se trouve ; en cette hypothèse, si la détérioration donne lieu à indemnisation de la part de l'assureur du promettant, l'indemnité d'assurance sera versée à l'acquéreur et ce dernier ne pourra demander

CONTRATS PRÉPARATOIRES

aucune diminution du prix ; à défaut d'indemnisation, le prix convenu sera diminué proportionnellement à la perte de valeur du bien. Le montant de cette diminution sera décidé d'un commun accord entre les parties. À défaut d'accord entre elles, dans un délai de... (**préciser le délai**), il sera procédé à la désignation d'un expert par le notaire chargé de recevoir l'acte authentique ; l'expert se prononcera sur ladite diminution et cette estimation s'imposera aux parties.

392 Perte ou détérioration fautive – Dans une telle hypothèse, le propriétaire a manqué à son devoir de s'abstenir de tout acte qui empêcherait la bonne exécution de l'obligation de délivrance. Il ne pourra alors correctement exécuter celle-ci.
Par conséquent, le bénéficiaire de la promesse pourra choisir d'agir en résolution du contrat, en réparation ou en exécution forcée en nature, ce qui obligera alors le propriétaire à procéder à la remise en état de l'immeuble.

393 Avant-projet de réforme du droit des contrats spéciaux – Soulignons que l'avant-projet de réforme du droit des contrats spéciaux de l'association Henri Capitant du 26 juin 2017 entend faire jouer les garanties auxquelles le vendeur est tenu dès le stade de la promesse de vente, par application d'un article 20 qui précise que « la promesse de vente, unilatérale ou synallagmatique, est soumise en tant que de raison aux règles applicables à la vente ». Il en résulterait suivant le rapport préliminaire à cet avant-projet que, par exemple, « si un vice caché apparaît après la conclusion d'une promesse, les règles relatives à la garantie des vices trouveront à s'appliquer et celui qui envisageait d'acquérir pourra mettre fin à la promesse ou agir en réduction du prix » *(sur cette proposition : M. Poumarède, La vente immobilière au prise de l'avant-projet de réforme du droit des contrats spéciaux : RDI 2017, p. 560).*

II. Situation du bénéficiaire

394 Lorsque la promesse de vente a été conclue sous condition suspensive ou sous terme suspensif, la réalisation de l'événement visé peut nécessiter l'accomplissement de démarches de la part du bénéficiaire de la promesse *(O. Herrnberger, Et si l'on repensait le tandem promesse de vente/vente ? : JCP N 2017, n° 8, act. 261)*. Il en va ainsi, par exemple, lorsque la promesse est soumise à la condition suspensive d'obtention d'une autorisation administrative. En ce cas, le bénéficiaire doit effectuer les démarches nécessaires en vue d'obtenir celle-ci. Il en va de même lorsque la promesse est conclue sous condition suspensive d'obtention d'un prêt, que cette condition résulte de la convention ou de la loi *(Cass. 3e civ., 12 avr. 2018, n° 15-21.349 : Defrénois 12 juill. 2018, n° 138h4, p. 29, obs. D. Savouré)*, ou, par exemple encore, de l'obtention d'une garantie financière d'achèvement *(Cass. 3e civ., 23 mars 2017, n° 16-13.214 : JurisData n° 2017-009604)*.
De même, le bénéficiaire de la promesse, tout comme le promettant, est tenu d'une obligation générale d'information, en vertu de l'article 1112-1 du Code civil.
Il est aussi possible aux parties de stipuler que le bénéficiaire de la promesse pourra réaliser des études et travaux permettant de rendre réalisable le projet qu'il envisage. En ce cas, il faut indiquer dans la promesse les conséquences liées à la réalisation de ces travaux (remise en état, indemnisation, etc. – *Cass. 3e civ., 23 mars 2017, n° 15-12.406)*.

Pour aller plus loin

- G. Durand-Pasquier, Les clauses directives : JCP N 2015, n° 21, 1162
- V. Forti, La réalisation fictive de la condition, p. 31, in Le nouveau régime général des obligations, ss dir. L. Andreu et V. Forti : Dalloz, 2016
- B. Freleteau, Devoir et incombance en matière contractuelle, t. 576 : LGDJ, 2017
- O. Herrnberger, Et si l'on repensait le tandem promesse de vente/vente ? : JCP N 2017, n° 8, act. 261

III. Situation des parties

395 Réitération par acte authentique – Qu'il s'agisse d'une promesse de vente translative ou d'une promesse autonome, il peut être considéré que les parties sont tenues d'une obligation de faire consistant en l'accomplissement de tous les actes et faits devant permettre la réception par acte authentique de la vente *(sur l'exécution forcée, V. n° **405** et s.)*.

396 Versements – Protection de l'acquéreur – Lorsque l'acquéreur est un non-professionnel et que l'immeuble en cause est un bâtiment à usage d'habitation, il est fait application de l'article L. 271-2 du Code de la construction et de l'habitation *(V. n° **691** et s.)*. Selon ce texte, nul ne peut recevoir de l'acquéreur non-professionnel,

directement ou indirectement, aucun versement à quelque titre ou sous quelque forme que ce soit avant l'expiration du délai de rétractation. Si les parties conviennent d'un versement à une date postérieure à l'expiration de ce délai et dont elles fixent le montant, l'acte est conclu sous la condition suspensive de la remise desdites sommes à la date convenue. Toutefois, lorsque la promesse est conclue par l'intermédiaire d'un professionnel ayant reçu mandat pour prêter son concours à la vente, un versement peut être reçu de l'acquéreur s'il est effectué entre les mains d'un professionnel disposant d'une garantie financière affectée au remboursement des fonds déposés. Si l'acquéreur exerce sa faculté de rétractation, le professionnel dépositaire des fonds les lui restitue dans un délai de 21 jours à compter du lendemain de la date de cette rétractation.
Si un versement est prévu avant la purge du délai de rétractation, les fonds seront détenus par le professionnel disposant d'une garantie financière *(CCH, art. L. 271-2. – V. n°* ***691*** *et s.)*.

397 Contrepartie d'une faculté de dédit – Une clause de dédit dans une promesse synallagmatique permet à chaque contractant de revenir sur le consentement donné à la vente. Elle correspond à la clause qui offre aux parties la faculté de ne pas exécuter leur engagement d'acquérir ou de vendre pour une cause quelconque, indépendante des conditions suspensives, en abandonnant une somme convenue. Elle ne peut donner lieu à application de l'article 1231-5 du Code civil *(Cass. 3e civ., 15 févr. 2006, n° 04-17.595 : JurisData n° 2006-032188 ; Bull. civ. III, n° 43 ; JCP N 2006, n° 11, act. 242)*.
Cette faculté peut être prévue moyennant une contrepartie. Ainsi, si le promettant ou le bénéficiaire décide d'exercer sa faculté de dédit, il perdra la somme versée. Par contre et ainsi que l'a précisé la Cour de cassation, il résulte du troisième alinéa de l'article 6 de la loi n° 70-9 du 2 janvier 1970 qu'aucune commission ni somme d'argent ne peut être exigée ou acceptée par l'agent immobilier ayant concouru à une opération qui ne s'est pas effectivement réalisée notamment s'il y a dédit *(Cass. 1re civ., 17 nov. 1993, n° 91-18.773 : JurisData n° 1993-003022 ; Bull. civ. I, n° 337)*.

Remarque Il convient d'ajouter que lorsque la promesse est frappée de caducité en raison de la défaillance d'une condition suspensive, la somme versée à titre de dédit doit être restituée *(Cass. 3e civ., 6 mars 1973, n° 71-12.888 : JurisData n° 1973-098176 ; Bull. civ. III, n° 176)*.

398 Acompte – L'acompte correspond à une partie du prix de vente. Le bénéficiaire d'une promesse synallagmatique de vente valant vente peut verser un acompte dès la conclusion de celle-ci, les parties ayant toutes deux consenties à la vente. En cas de caducité de la promesse, l'acompte doit être restitué.

399 Arrhes – Le bénéficiaire de la promesse valant vente peut sortir de la promesse en perdant les arrhes tandis que le promettant peut aussi se départir de la promesse, mais en restituant le double des arrhes *(C. civ., art. 1590)*. Si aucune des parties ne sort du contrat, les arrhes s'imputeront sur le prix de vente. Lorsqu'il résulte des termes du contrat qu'une telle qualification s'impose, le juge ne peut alors réduire le montant des arrhes convenus entre les parties *(Cass. 3e civ., 15 févr. 2006, n° 04-17.595 : JurisData n° 2006-032188 ; Bull. civ. III, n° 43 ; JCP G 2006, IV, 1536)*.
Lorsque la promesse est frappée de caducité en raison de la défaillance d'une condition suspensive, la somme versée à titre d'arrhes doit être restituée.

400 Indemnité d'immobilisation – L'indemnité d'immobilisation, acquise au promettant en cas de défaut de réalisation de la vente, constitue le prix de l'exclusivité consentie au bénéficiaire de la promesse, ce pendant la durée au cours de laquelle les conditions suspensives doivent se réaliser *(V. Forti, La réalisation fictive de la condition, p. 31, in Le nouveau régime général des obligations, ss dir. L. Andreu et V. Forti : Dalloz, 2016)*.
Les juges n'ont pas le pouvoir d'exclure l'attribution de l'indemnité d'immobilisation au promettant en constatant que le promettant ne justifie pas du préjudice résultant de l'obligation de rechercher un nouvel acquéreur *(Cass. 1re civ., 5 déc. 1995, n° 93-19.874 : JurisData n° 1995-003515 ; JCP N 1996, n° 19/20, II, p. 728 ; Defrénois 1996, art. 36354, p. 757, note D. Mazeaud.* – Dans le même sens, *Cass. 3e civ., 15 févr. 2006, n° 04-17.595 : JurisData n° 2006-032188 ; JCP N 2006, n° 11, act. 242)*.
En outre, cette clause, qui stipule une indemnité d'immobilisation, n'est pas assimilable à une clause pénale. Il ne s'agit pas ici en effet de sanctionner celui qui a manqué à une obligation contractuelle. Le bénéficiaire ne manque pas à l'exécution du contrat ; il ne fait que subir la défaillance d'une condition suspensive. Le juge ne peut donc pas, par application de l'article 1231-5 du Code civil, modérer ou augmenter le montant de l'indemnité *(Cass. 3e civ., 30 avr. 2002, n° 00-16.422 : JurisData n° 2002-014133 ; JCP N 2002, n° 28, act. 124 ; Defrénois 2002, p. 1257, obs. E. Savaux ; Bull. civ. III, n° 90. – Cass. 3e civ., 29 juin 1994, n° 92-19.645 : JurisData n° 1994-001252 ; Bull. civ. III, n° 139)*.

401 Indemnité et prêt – L'indemnité d'immobilisation ne pourra être conservée par le promettant lorsque la condition qui a défailli est celle prévue par l'article L. 313-41 du Code de la consommation, c'est-à-dire celle relative à l'obtention d'un prêt entrant dans le champ d'application de l'article L. 313-1 du Code de la consommation *(V. n°* ***703*** *et s.)*.

402 Indemnité et durée de la promesse – L'article L. 290-2 du Code de la construction et de l'habitation précise que lorsque la promesse a une validité supérieure à 18 mois, ou lorsque la prorogation de la promesse porte sa durée totale à plus de 18 mois et qu'elle est consentie par une personne physique, il y a lieu de stipuler, à peine de nullité, une indemnité d'immobilisation d'un montant minimal de 5 % du prix de vente, faisant l'objet d'un versement ou d'une caution déposés entre les mains du notaire. Cette disposition ne s'applique pas aux promesses synallagmatiques.

403 Moment du versement – Il est préférable de prévoir le versement de la somme convenue dès la conclusion de la promesse de vente. Le promettant risque sinon d'éprouver des difficultés à obtenir le versement de celle-ci par le bénéficiaire de la promesse qui ne souhaite pas acquérir.
Mais il n'est pas toujours possible d'effectuer ce versement immédiatement. C'est le cas lorsque l'acquéreur est un non-professionnel et que l'immeuble en cause est un bâtiment à usage d'habitation. En effet, il doit être tenu compte de l'article L. 271-2 du Code de la construction et de l'habitation *(V. n° **691** et s.)*. Selon ce texte, dès lors que l'article L. 271-1 du Code de la construction et de l'habitation est applicable, nul ne peut recevoir de l'acquéreur non-professionnel, directement ou indirectement, aucun versement à quelque titre ou sous quelle que forme que ce soit avant l'expiration du délai de rétractation. Si les parties conviennent d'un versement à une date postérieure à l'expiration de ce délai et dont elles fixent le montant, l'acte est conclu sous la condition suspensive de la remise desdites sommes à la date convenue. Toutefois, lorsque la promesse est conclue par l'intermédiaire d'un professionnel ayant reçu mandat pour prêter son concours à la vente, un versement peut être reçu de l'acquéreur s'il est effectué entre les mains d'un professionnel disposant d'une garantie financière affectée au remboursement des fonds déposés. Si l'acquéreur exerce sa faculté de rétractation, le professionnel dépositaire des fonds les lui restitue dans un délai de 21 jours à compter du lendemain de la date de cette rétractation.

404 Dépôt du versement – En dehors des hypothèses où s'applique l'article L. 271-2 du Code de la construction et de l'habitation, il est dans l'intérêt du bénéficiaire de la promesse de prévoir que la somme convenue sera versée à un séquestre conventionnel. En application de l'article 1960 du Code civil, le dépositaire ne pourra restituer la somme versée ou la verser au promettant qu'avec l'accord des parties ou après une décision de justice exécutoire.

Pour aller plus loin

Fiches pratiques
- Fiche pratique n° 1672, Rédiger un compromis de vente immobilière, par M. Suquet-Cozic
- Fiche pratique n° 2175. Défaillance d'une partie à une promesse synallagmatique de vente, par Ch. Guilloteau-Palisse
- Fiche pratique n° 2174, Exercer le droit de rétractation ou faire courir le délai de réflexion, par Ch. Guilloteau-Palisse

Formules
- JCl. Notarial Formulaire, V°Avant-contrat, fasc. 115 et 117, par J.-F. Pillebout

Commentaires
- JCl. Notarial Formulaire, V°Avant-contrat, fasc. 100 et 102, par J. Lafond
- JCl. Notarial Formulaire, V°Avant-contrat, fasc. 104, par J. Lafond (difficultés d'exécution)

Sanctions

I. Exécution forcée en nature de la promesse

1° Promesse de vente translative de propriété

405 La date retenue pour la réitération de la vente par acte authentique peut constituer le point de départ à partir duquel l'une des parties peut obliger l'autre à s'exécuter *(Cass. 3e civ., 18 févr. 2009, n° 08-10.677 : Bull. civ. III, n° 47. – Cass. 3e civ., 21 nov. 2012, n° 11-23.382 : JurisData n° 2012-026668 ; JCP N 2013, n° 49, act. 1051 ; RDC 2013, p. 621, obs. S. Pimont ; JCP N 2013, n° 48, 1277-2, obs. J. Payet)*. Dans ce cas, la Cour de cassation retient que l'exécution forcée de la promesse demandée par l'une des parties doit être accueillie. Le juge n'intervient pas alors pour apporter au contrat un élément essentiel lui faisant défaut. Le jugement rendu vaudra acte de vente.

406 Délai de réitération – Lorsqu'un terme suspensif est retenu relativement au transfert de propriété et que l'événement pris en considération est la réitération par acte authentique de la vente, il faut préciser le délai avant lequel la signature de l'acte authentique devra intervenir, et les conséquences résultant du défaut de signature à cette date. S'agissant du délai prévu pour la signature de l'acte authentique, il est préférable d'indiquer un délai plus important que celui retenu pour la réalisation des conditions suspensives.

407 Mise en demeure – La promesse doit prévoir que chaque partie pourra mettre l'autre en demeure de signer l'acte authentique, dès lors que toutes les conditions suspensives sont réalisées. Cette mise en demeure devra être faite suivant une forme déterminée (comme une lettre recommandée avec accusé de réception) et intervenir dans un délai déterminé, au-delà duquel la promesse sera caduque.

408 Clause pénale – La promesse peut indiquer que passé un délai déterminé, en cas de mise en demeure restée infructueuse, le contractant pourra demander l'application d'une clause pénale sanctionnant le refus de procéder à la réitération de la vente par acte authentique *(V. n° **4861** et s.)*.

409 Procès-verbal de carence et jugement tenant lieu d'acte authentique – Toujours une fois la mise en demeure restée infructueuse, il sera précisé que le contractant pourra demander au notaire qu'il soit dressé un procès-verbal de carence lequel donnera lieu à publicité foncière, et en justice, qu'un jugement tienne lieu d'acte.

2° Promesse de vente non translative de propriété

410 L'exécution forcée de cette promesse doit être admise et pouvoir déboucher sur la vente elle-même. En effet, le promettant et le bénéficiaire se sont fermement engagés à conclure une vente future. Il ne leur est dès lors plus possible de revenir unilatéralement sur leur engagement.

411 Comparaison avec la promesse unilatérale de vente – Une comparaison peut être faite avec la promesse unilatérale de vente et les nouvelles règles issues de la réforme du droit des obligations. De l'article 1124 du Code civil, il résulte qu'il n'y a pas lieu de tenir compte de la rétractation du consentement à la vente du promettant *(V. n° **301**)*. L'exécution forcée de la promesse est alors admise. Ainsi que le soulignent MM. Deshayes, Genicon et Laithier, « si l'on se réfère à une vente immobilière, le bénéficiaire demandera et obtiendra du juge la constatation de la vente, puis une déclaration judiciaire opérant transfert de propriété (en exécution de la vente). En somme, l'alinéa 2 de l'article 1124 invite (après constatation de la formation du contrat) à basculer immédiatement vers les articles 1217 et suivants qui régissent de façon générale l'inexécution du contrat et ses sanctions » *(Réforme du droit des contrats, du régime général et de la preuve des obligations : LexisNexis, 2018, 2e éd., p. 186)*.

412 Principe de l'exécution forcée en nature – L'article 1221 du Code civil dispose que *le créancier d'une obligation peut, après mise en demeure, poursuivre l'exécution en nature, sauf si cette exécution est impossible ou s'il existe une disproportion manifeste entre son coût pour le débiteur de bonne foi et son intérêt pour le créancier*. Il pose le principe de l'exécution forcée en nature de l'obligation contractuelle, ce que le que soit la nature de cette obligation.

413 Jugement constitutif, jugement déclaratif – Comme le souligne M. Collart Dutilleul, « lorsque la signature de l'acte authentique subordonne, non plus le seul transfert de propriété, mais la formation même de la vente [...], il ne paraît pas possible cette fois, d'admettre, qu'un jugement tienne lieu d'acte authentique en cas de défaillance d'un contractant. Un tel jugement, en effet, aurait pour objet d'apporter au contrat un élément essentiel formel qui lui fait défaut. Il serait constitutif et le juge sortirait alors de sa mission, sans que l'on puisse en justifier [...] par la volonté implicite du législateur » *(Les contrats préparatoires à la vente d'immeuble : Sirey, 1988, p. 158, n° 284)*.

Pour autant, l'application de l'article 1589 du Code civil à la promesse autonome de vente permet de justifier une telle possibilité. Il s'agit alors de considérer que lorsque l'une des parties refuse de façon illégitime de procéder aux formalités, violant ainsi la promesse, la sanction qui doit être retenue est que la promesse de vente vaut vente. Le jugement n'est pas alors constitutif et l'exécution forcée permet ainsi que les formalités visées par la promesse soient effectuées (sur cette interprétation de l'article 1589 du Code civil, *Colin et Capitant, Cours élémentaire de droit civil français, t. 3 : 7e éd., 1932, p. 427. – L. Boyer, Les promesses synallagmatiques de vente. Contribution à la théorie des avant-contrats : RTD civ. 1949, p. 15)*.

Il ne devrait plus être soutenu désormais qu'une promesse autonome de vente aurait moins de force qu'une promesse non autonome, parce que la première ferait naître une obligation de faire insusceptible de donner lieu à exécution forcée (déjà en ce sens, antérieurement à la réforme : *R.-N. Schutz, L'exécution des promesses de vente : Defrénois 1999, art. 37021)*. Car même en admettant qu'il ne puisse y avoir de jugement valant vente, il est toujours possible de demander au juge la prononciation d'une astreinte pour forcer le récalcitrant à venir signer un acte de vente conforme à ce qui est prévu dans la promesse autonome. Chaque partie peut ainsi mettre l'autre en demeure de signer l'acte authentique, dès lors que toutes les conditions suspensives ont été réalisées (en ce sens pour un contrat-cadre de vente : *G. Durand-Pasquier et O. Herrnberger, À la recherche d'un avant-contrat synallagmatique et authentique ne nécessitant pas de publication : JCP N 2014, n° 11, 1121)*.

Il peut être également prévu que passé un délai déterminé, en cas de mise en demeure restée infructueuse, le contractant pourra demander l'application d'une clause pénale sanctionnant le refus de procéder à la réitération de la vente par acte authentique (en ce sens, *G. Durand-Pasquier et O. Herrnberger, art. préc.)*.

3° Étapes de l'exécution forcée en nature

414 Étapes variables – Suivant ce que la promesse aura précisé, les étapes suivies par la partie demandant en justice l'exécution forcée peuvent être variables. En effet, il existe deux voies procédurales et, à défaut de précision dans la promesse, un choix peut être effectué.

Il est tout d'abord possible de demander immédiatement l'exécution forcée de la promesse. Cette demande en justice tendant à obtenir la réitération ou la réalisation en la forme authentique de la promesse pourra être publiée dès lors qu'y sera annexée la promesse, ce même si elle n'a pas été établie en la forme authentique *(D. n° 55-22, 4 janv. 1955, art. 37, 1°)*.

Il peut ensuite être choisi de procéder par étape et de faire intervenir un notaire. En ce cas, le notaire, à la demande de la partie requérante, peut établir, par acte notarié, la déclaration de ladite partie d'exiger la réitération de la promesse. Cette déclaration pourra alors être publiée, dès lors qu'y sera annexée la promesse de vente *(D. n° 55-22, 4 janv. 1955, art. 37, 3°)*. Il est également possible de demander au notaire de dresser un procès-verbal de carence et que soit ensuite suivie la procédure décrite ci-après. En toute hypothèse, le notaire doit, avant d'établir l'un desdits actes, réclamer la consignation d'une provision suffisante pour couvrir l'émolument correspondant ainsi que, le cas échéant, les frais et débours, conformément à l'article R. 444-61 du Code de commerce.

> **Attention** **En ne le faisant pas, le notaire s'expose à devoir faire l'avance desdits frais, en application de l'article 1705, 1°, du CGI.**

415 Procès-verbal de carence – À la demande de la partie requérante, le notaire convoquera les parties à la signature. Si les parties obtempèrent et signent l'acte, il n'est plus alors nécessaire de poursuivre l'exécution forcée. Dans le cas inverse, deux situations peuvent se produire :

- l'une des parties ne se présente pas : un procès-verbal de carence est alors dressé à la demande de la partie présente ; le procès-verbal doit alors préciser les faits et actes intervenus préalablement à son établissement et mentionner l'absence de l'une des parties à l'acte ;
- les deux parties sont présentes, mais l'une d'entre elles refuse de signer l'acte ; le procès-verbal doit alors préciser que les parties sont présentes, que l'une d'entre elles refuse de signer ; les dires respectifs des parties sont mentionnés.

Ce procès-verbal de carence peut faire l'objet d'une publicité foncière, en application de l'article 37 du décret du 4 janvier 1955. Est annexé à ce procès-verbal, ou est littéralement reproduit dans celui-ci, la promesse, même si celle-ci n'a pas été dressée en la forme authentique.

> **Conseil pratique** **Précisons que lorsque c'est l'acquéreur qui effectue la demande, il est tenu de procéder au paiement du prix afin que, dans l'éventualité où le vendeur signerait l'acte authentique, le prix de vente puisse lui être remis.**

416 Saisine du juge – La partie intéressée saisit le juge en produisant tout à la fois la promesse de vente ainsi que le procès-verbal de carence établi par le notaire. La demande en justice peut également faire l'objet d'une publicité foncière, en application de l'article 37 du décret du 4 janvier 1955. La promesse est alors annexée au jugement.

417 **Jugement** – Le jugement constate la vente et correspond à une déclaration judiciaire opérant transfert de propriété.

418 **Publicité foncière** – Le jugement valant acte de vente doit être publié au fichier immobilier, en application de l'article 33 du décret n° 55-22 du 4 janvier 1955. Les décisions judiciaires, une fois devenues définitives, doivent être publiées dans un délai de 3 mois. Le greffier est tenu d'y procéder, dans les délais fixés à l'article 33, et indépendamment de la volonté des parties.

Cette publicité conforte la publicité provisoire effectuée en application de l'article 37 du décret du 4 janvier 1955. Soulignons que cette publicité confortative doit en principe intervenir dans un délai de 3 ans après la publicité provisoire. Toutefois, en cas d'instance judiciaire, ce délai peut être prorogé par la publication d'une ou plusieurs ordonnances successives rendues à cet effet par le président du tribunal saisi. Tout l'intérêt de cette publicité provisoire est de rendre opposable aux tiers les actes publiés, cela à compter du jour de la formalité. En effet, une fois le jugement publié, la mesure de publicité rétroagit à la date de l'inscription provisoire.

419 **Date du transfert de propriété** – Le transfert de propriété se produit à la date de la décision judiciaire.

II. Résolution

420 Quelle que soit la promesse en cause, les parties, lorsque l'une d'entre elles refuse d'exécuter ses obligations, peuvent en demander la résolution. Cette résolution peut prendre plusieurs formes.

1° Résolution judiciaire

421 L'article 1227 du Code civil précise que la résolution peut, en toute hypothèse, être demandée en justice.

422 **Inexécution suffisamment grave** – En cette hypothèse, le juge dispose d'un pouvoir d'appréciation. En effet, l'article 1228 du Code civil dispose que le juge peut, selon les circonstances, constater ou prononcer la résolution ou ordonner l'exécution du contrat, en accordant éventuellement un délai au débiteur ou allouer seulement des dommages et intérêts. De cet article et de l'article 1224 du Code civil, il résulte que le juge ne prononcera la résolution de la promesse que si l'inexécution de la promesse est suffisamment grave.

423 **Date d'effet de la résolution** – La résolution met fin à la promesse. Elle prend effet à la date fixée par le juge ou, à défaut, au jour de l'assignation en justice.

424 **Maintien des clauses relatives à la résolution** – Suivant l'article 1230 du Code civil, la résolution n'affecte ni les clauses relatives au règlement des différends, ni celles destinées à produire effet même en cas de résolution, telles les clauses de confidentialité et de non-concurrence. Outre les clauses visées par l'article 1230 du Code civil, ne sont pas davantage privées de leurs effets par la résolution les clauses relatives à la responsabilité et les clauses pénales qui ont vocation à s'appliquer en cas d'inexécution du contrat.

425 **Restitutions** – Il y a lieu de prendre en considération les dispositions de l'article 1229 du Code civil. Celui-ci précise que les restitutions ont lieu dans les conditions prévues aux articles 1352 à 1352-9 du Code civil. Ces dispositions pourraient trouver à s'appliquer lorsque le bénéficiaire de la promesse a été autorisé à occuper l'immeuble avant le transfert de propriété.

2° Résolution amiable

426 La résolution amiable n'est pas prévue par l'article 1224 du Code civil qui ne vise que la clause résolutoire, la résolution judiciaire ou la résolution unilatérale. La résolution amiable n'en demeure pas moins tout à fait envisageable, et ce en application de l'article 1193 du Code civil : « *les contrats ne peuvent être modifiés ou révoqués que du consentement mutuel des parties, ou pour les causes que la loi autorise* ».

Il revient alors aux parties de préciser les conséquences de cette résolution, outre l'anéantissement de la promesse. Ainsi, les parties préciseront le sort des sommes versées par l'acquéreur, le versement de dommages et intérêts, la prise en charge des droits de mutation, etc.

3° Clause résolutoire

427 Par l'effet d'une clause résolutoire, le contrat est résolu pour tout manquement à l'obligation visée par la stipulation sans que ce manquement n'ait à revêtir une gravité suffisante (*V. n° **4780** et s.*). Elle permet également

CONTRATS PRÉPARATOIRES

d'organiser les conséquences de la résolution du contrat, tout en échappant à la nécessité de recourir au juge pour le prononcé de la résolution.

Conseil pratique **La consécration à l'article 1226 du Code civil de la faculté de résolution unilatérale du contrat ne fait en rien disparaître l'intérêt de stipuler une clause résolutoire dès lors que la première ne peut être légitiment mise en œuvre que si l'inexécution est suffisamment grave.**
Relativement aux clauses résolutoires, l'article 1225 du Code civil apporte des précisions dont il y aura lieu de tenir compte pour la rédaction des contrats.

428 Inexécution identifiée – La clause doit indiquer les engagements dont l'inexécution entraînera la résolution du contrat *(C. civ., art. 1225)*. Les formules « balai » seraient à proscrire *(W. Dross, Clausier, V° Résolutoire : LexisNexis, 3e éd., 2016)*. Toutefois, il doit être remarqué que tel n'est pas l'avis de la commission des lois : « votre commission estime que tel ne devrait pas être le cas. Le texte autorise la survivance de ces clauses dites « balais ». Il exige seulement que la clause exprime les cas dans lesquels elle jouera, et ne s'oppose donc pas à l'insertion d'une clause qui préciserait qu'elle jouera en cas d'inexécution de toute obligation prévue au contrat. La jurisprudence antérieure validant ce type de clauses a donc vocation à survivre » *(Rapp. n° 22 (2017-2018) de M. François Pillet, fait au nom de la commission des lois, déposé le 11 octobre 2017)*.

Conseil pratique **Dans l'attente d'une jurisprudence prenant position sur le nouvel article 1225 du Code civil, il ne peut qu'être conseillé de préciser dans la clause résolutoire les engagements concernés. Ainsi, pour une promesse de vente, la clause résolutoire pourra être mise en œuvre, par exemple, si l'une des parties refuse de se rendre chez le notaire pour procéder à la réitération par acte authentique avant une date déterminée.**

429 Mise en demeure – La résolution est alors subordonnée à une mise en demeure infructueuse, s'il n'a pas été convenu que celle-ci résulterait du seul fait de l'inexécution. La mise en demeure ne produit effet que si elle mentionne expressément la clause résolutoire.
Lorsque la clause résolutoire précise qu'une mise en demeure ne sera pas nécessaire pour que la stipulation produise effet, il n'en résulte pas, pour autant, que le créancier n'ait plus aucune volonté à manifester. Il lui revient de se prévaloir ou non de la clause *(Cass. 3e civ., 30 juin 2015, n° 14-16.929. – Cass. 3e civ., 7 juill. 2016, n° 14-22.188 : JurisData n° 2016-013821 ; Loyers et copr. 2016, comm. 214, obs. Ph.-H. Brault ; Administrer 2016, p. 50, n° 401, obs. D. Lipman-Boccara ; JCP N 2016, n° 49, 1338-21, obs. J. Monéger)*. Il peut, s'il le préfère, agir en exécution forcée ou en résolution judiciaire *(Cass. 3e civ., 8 juin 2006, n° 05-14.356 : JurisData n° 2006-033892 ; JCP N 2006, n° 26, act. 452 ; Bull. civ. III, n° 143. – Cass. com., 3 juin 1997, n° 93-21.322 : JurisData n° 1997-002490 ; Bull. civ. IV, n° 168)*.

430 Pouvoir d'anéantissement – La promesse stipulera « que le créancier peut procéder de lui-même à l'anéantissement du contrat [...]. Ce rappel de l'élément caractéristique de la clause résolutoire interdit au juge de traiter la clause comme un simple rappel du pouvoir dont il dispose, en vertu du code, de prononcer la résolution » *(MM. Deshayes, Genicon et Laithier, Réforme du droit des contrats, du régime général et de la preuve des obligations : LexisNexis, 2017, p. 500)*.

431 Date d'effet de la résolution – La résolution prend effet dans les conditions prévues par la clause résolutoire *(C. civ., art. 1229)*. Il revient aux parties de préciser à quel moment la clause résolutoire, si elle est invoquée, mettra fin au contrat. Cette question est à aborder avec les clients et à relater le plus précisément possible dans la promesse.

432 Restitutions – Si les parties n'ont pas précisé dans la promesse les conséquences de la résolution, il faudra tenir compte des dispositions de l'article 1229 du Code civil. Celui-ci précise que les restitutions ont lieu dans les conditions prévues aux articles 1352 à 1352-9 du Code civil. Ces textes pourraient trouver à s'appliquer lorsque le bénéficiaire de la promesse a été autorisé à occuper l'immeuble avant le transfert de propriété

Conseil pratique **L'occupation anticipée est fortement déconseillée. Si les parties s'y résignent, le notaire doit leur faire signer une reconnaissance de conseils donnés.**

4° Résolution unilatérale ou par notification

433 L'article 1226 du Code civil permet au créancier de résoudre le contrat par voie de notification, donc par voie unilatérale, en cas de défaillance du débiteur. C'est la légalisation d'une pratique incertaine par la réforme du droit des contrats et des obligations *(J. Lafond, La résolution unilatérale des contrats, application aux baux commerciaux : JCP N 2018, n° 5, 1093)*.

434 Gravité de l'inexécution – Il faut que l'inexécution soit suffisamment grave *(C. civ., art. 1224)*. C'est à celui qui entend résoudre le contrat par voie de notification d'apprécier la gravité de l'inexécution. La résolution intervient aux risques et périls de celui qui la met en œuvre.

435 Procédure – L'article 1226 du Code civil précise que sauf urgence, le créancier doit préalablement mettre en demeure le débiteur défaillant de satisfaire à son engagement dans un délai raisonnable. Cette mise en

demeure mentionne expressément qu'à défaut pour le débiteur de satisfaire à son obligation, le créancier sera en droit de résoudre le contrat.
Si, en dépit de cette mise en demeure, l'inexécution persiste, le créancier notifie au débiteur la résolution de la promesse et les raisons qui la motivent.

436 Contestations – Le débiteur peut à tout moment saisir le juge pour contester la résolution. Le créancier doit alors prouver la gravité de l'inexécution. Si cette preuve n'est pas rapportée, le juge pourra toujours ordonner l'exécution de la promesse.

437 Date d'effet de la résolution – La résolution met fin au contrat *(C. civ., art. 1229)*. Elle prend effet à la date de la réception par le débiteur de la notification faite par le créancier.

438 Exclusion de la résolution par notification – Rien n'interdit aux parties de la promesse de vente d'exclure la possibilité d'une résolution par notification. En effet, l'article 1226 du Code civil ne revêt pas un caractère d'ordre public.

439 Restitutions – Si les parties n'ont pas précisé dans la promesse les conséquences de la résolution unilatérale, il y aura lieu de prendre en considération les dispositions de l'article 1229 du Code civil. Celui-ci précise que les restitutions ont lieu dans les conditions prévues aux articles 1352 à 1352-9 du Code civil. Ces textes pourraient trouver à s'appliquer lorsque le bénéficiaire de la promesse a été autorisé à occuper l'immeuble avant le transfert de propriété même si cette pratique est à déconseiller.

440 Maintien des clauses relatives à la résolution – La résolution n'affecte ni les clauses relatives au règlement des différends, ni celles destinées à produire effet même en cas de résolution, telles les clauses de confidentialité et de non-concurrence *(C. civ., art. 1230)*. Outre les clauses visées par l'article 1230 du Code civil, ne sont pas davantage privées de leurs effets par la résolution les clauses relatives à la responsabilité et les clauses pénales qui ont vocation à s'appliquer en cas d'inexécution du contrat *(V. n°* ***4861*** *et s.)*.

III. Dommages et intérêts

441 Quelle que soit la partie n'ayant pas respecté la promesse, celle-ci peut être condamnée à verser des dommages et intérêts, exclusivement ou cumulativement à d'autres sanctions, qu'il s'agisse de l'exécution forcée ou de la résolution.

442 Mise en demeure – L'article 1231 du Code civil précise qu'à moins que l'inexécution soit définitive, les dommages et intérêts ne sont dus que si le débiteur a préalablement été mis en demeure de s'exécuter dans un délai raisonnable.

443 Inexécution ou retard d'exécution – Cette condamnation peut intervenir soit en raison de l'inexécution de ses obligations soit en raison du retard dans leur exécution, sauf pour lui à démontrer que l'exécution a été empêchée par la force majeure *(C. civ., art. 1231-1)*.

444 Préjudice indemnisable – Le préjudice indemnisable dépend de trois critères :
- tout d'abord, il s'agit d'indemniser le créancier de la perte qu'il a faite et du gain dont il a été privé ;
- ensuite, le préjudice devait être prévu ou prévisible lors de la conclusion du contrat pour qu'il puisse donner lieu à indemnisation, sauf si l'inexécution est due à une faute lourde ou dolosive ;
- enfin, même en cas de faute lourde ou dolosive, le préjudice indemnisable doit correspondre à une suite immédiate et directe de l'inexécution.

445 Clause pénale – Elle peut être prévue par les parties dans la promesse et donne lieu à application de l'article 1231-5 du Code civil *(V. n°* ***4861*** *et s.)*.

446 Retard de paiement d'une somme d'argent – Si le bénéficiaire de la promesse tarde à verser la somme d'argent correspondant à un acompte ou à une indemnité d'immobilisation, par exemple, ou s'il ne verse pas le prix dans les délais prévus dans la promesse, il pourra alors être tenu de verser ces dommages et intérêts au promettant *(C. civ., art. 1352-6)*. À cet égard, l'article 1231-6 du Code civil précise :
- les dommages et intérêts dus à raison du retard dans le paiement d'une obligation de somme d'argent consistent dans l'intérêt au taux légal, à compter de la mise en demeure ;
- ces dommages et intérêts sont dus sans que le créancier soit tenu de justifier d'aucune perte ;
- le créancier auquel son débiteur en retard a causé, par sa mauvaise foi, un préjudice indépendant de ce retard, peut obtenir des dommages et intérêts distincts de l'intérêt moratoire.

IV. Nullité du contrat conclu en violation de la promesse synallagmatique de vente

447 À l'instar de ce qui est prévu par les articles 1123 et 1124 du Code civil, respectivement pour le pacte de préférence et pour la promesse unilatérale de vente, lorsqu'un contrat a été conclu en violation de la promesse synallagmatique de vente, il y a lieu de tenir compte de la bonne ou de la mauvaise foi du tiers. En toute hypothèse, quelle que soit la promesse en cause, une promesse valant vente ou une promesse autonome, le bénéficiaire de la promesse violée pourra demander réparation au promettant du préjudice résultant de la violation de l'engagement pris. Par contre, la possibilité pour le bénéficiaire d'agir en nullité du contrat conclu en violation de la promesse est discutée lorsque cette promesse est autonome.

448 Projet en cours – L'avant-projet de réforme du droit des contrats spéciaux du 26 juin 2017 de l'association Henri Capitant propose ainsi de distinguer les sanctions applicables en cas de violation d'une promesse valant vente et de violation d'une promesse ne valant pas vente. Ainsi, en un article 15, il est précisé que :

« [...] le contrat conclu en violation d'une promesse synallagmatique de vente valant vente avec un tiers qui en connaissait l'existence est nul.

L'inexécution d'une promesse synallagmatique de vente ne valant pas vente ne donne lieu qu'à l'octroi de dommages et intérêts. »

449 Distinction – Il y a lieu de distinguer suivant que le contrat a été conclu avec un tiers de bonne foi ou un tiers de mauvaise foi.

1° Tiers de bonne foi

450 Un contrat est conclu avec un tiers de bonne foi lorsque le propriétaire de l'immeuble a conclu une promesse synallagmatique de vente, et un autre contrat avec un tiers qui ignorait l'existence de la promesse. Il peut s'agir d'une autre promesse, mais il peut également s'agir de tout autre contrat qui nuirait à l'exécution pleine et entière de la promesse, comme, par exemple, la conclusion d'un contrat de bail, alors qu'il est précisé dans la promesse que le bien doit être délivré libre de toute occupation.

451 Absence de publication – En l'absence de publicité foncière et en présence d'un tiers de bonne foi, en supposant que le transfert de propriété n'ait pas déjà eu lieu et que soient en cause deux promesses de vente, il y a lieu de distinguer plusieurs situations :

- les deux promesses ont été établies par acte sous seing privé et aucune n'a date certaine. C'est la promesse la plus ancienne qui doit prévaloir sur la seconde. Il importe peu que la promesse la plus récente ait été transmise au notaire avant la plus ancienne dès lors qu'aucun acte authentique n'a été dressé *(Cass. 1re civ., 12 nov. 1975, n° 74-12.358 : Bull. civ. I, n° 323)* ;
- les deux promesses ont été établies sous seing privé, mais l'une d'entre elles a date certaine, au sens de l'article 1377 du Code civil, date certaine acquise à l'égard des tiers à compter du jour où elle a été enregistrée, du jour de la mort d'un signataire, ou du jour où sa substance est constatée dans un acte authentique. Dans cette hypothèse, la promesse ayant date certaine doit être considérée comme la plus ancienne, la promesse n'ayant pas date certaine comme la plus récente ;
- une promesse a été établie sous seing privé et une seconde par acte authentique ; suivant la Cour de cassation, dans une telle situation, la promesse établie par acte authentique, même postérieure à la promesse établie par acte sous seing privé, doit l'emporter *(Cass. 3e civ., 13 mars 1974, n° 73-11.811 : Bull. civ. III, n° 119)* ;
- les deux promesses ont été établies par acte authentique. En ce cas, c'est la promesse la plus ancienne qui doit prévaloir sur la promesse la plus récente *(V. JCl. Notarial Formulaire, V° Avant contrat, fasc. 104, par J. Lafond)*.

452 Publication – Lorsqu'il y a eu publication, le conflit est résolu par le deuxième alinéa de l'article 1198 du Code civil : *lorsque deux acquéreurs successifs de droits portant sur un même immeuble tiennent leur droit d'une même personne, celui qui a, le premier, publié son titre d'acquisition passé en la forme authentique au fichier immobilier est préféré, même si son droit est postérieur, à condition qu'il soit de bonne foi*. Cette bonne foi suppose que le tiers n'a pas eu connaissance, au moment de la conclusion du contrat conclu en violation de la promesse, de la promesse de vente.

Pour aller plus loin

- M. Mekki, Contrats préparatoires : principes et clauses contractuelles Nouveaux textes, nouveau temps : JCP N 2016, n° 13, 1112

2° Tiers de mauvaise foi

453 Absence de publication – Lorsque le tiers est de mauvaise foi, c'est-à-dire qu'il connaissait l'existence de la promesse de vente lors de la conclusion du contrat avec le promettant et alors qu'il est tenu, de par l'article 1200 du Code civil, de respecter la situation juridique créée par le contrat, il apparaît cohérent de retenir, compte tenu des solutions applicables aux pactes de préférence et aux promesses unilatérales suivant les articles 1123 et 1124 du Code civil, que le bénéficiaire de la promesse peut demander et obtenir l'annulation du contrat conclu en violation de la promesse.
C'est la solution préconisée par l'article 15 de l'avant-projet de réforme du droit des contrats spéciaux du 26 juin 2017 de l'association Henri Capitant pour les promesses synallagmatiques translatives de propriété et non pour les promesses autonomes.

454 Publication – Lorsqu'il y a eu publication, il résulte du deuxième alinéa de l'article 1198 du Code civil que le tiers de mauvaise foi ne peut se prévaloir de la date de publication pour prétendre l'emporter sur le bénéficiaire de la promesse.

Pour aller plus loin

Formules
- JCl. Notarial Formulaire, V° Avant-contrat, fasc. 77 et 117

Fiches pratiques
- Fiche pratique n° 2175 : Défaillance d'une partie à une promesse synallagmatique de vente, par Ch. Guilloteau-Palisse
- Fiche pratique n° 1786 : Préparer une résolution de contrat, par L. Thibierge

Commentaires
- JCl. Notarial Formulaire, Synthèse 1520, Vente d'immeuble : contentieux, par V. Zalewski-Sicard
- JCl. Notarial Formulaire, V° Avant-contrat, fasc. 40 (réalisation de la vente), fasc. 50 (échec de la vente), par S. Piedelièvre
- JCl. Notarial Formulaire, V° Avant-contrat, fasc. 104 (difficultés d'exécution), par J. Lafond

Revues
- V. Streif et C. Pommier, Gestion des conflits entre acquéreurs successifs et publicité foncière, la réforme du droit des contrats : JCP N 2016, n° 21, 1170

Transmission

I. Transmission à titre particulier

A. – CLAUSE DE SUBSTITUTION

455 Les parties, pour éviter d'avoir à respecter les articles 1322, 1324 et 1589-2 du Code civil, peuvent insérer dans la promesse de vente une clause de substitution. Pareille clause n'est pas qualifiée de cession de créance et n'emporte donc pas obligation d'accomplir les formalités prévues aux articles 1322 et 1324 du Code civil (pour l'inapplication de l'article 1690 du Code civil, *Cass. 3e civ., 7 juill. 1993, n° 92-12.368 : Bull. civ. III, n° 111. – Cass. 3e civ., 28 juin 2006, n° 05-16.084 : JurisData n° 2006-034262 ; Bull. civ. III, n° 166. – Cass. 3e civ., 12 avr. 2012, n° 11-14.279 : JurisData n° 2012-006959 ; Bull. civ. III, n° 60 ; JCP N 2017, n° 17, act. 477)*. Pour autant, la clause de substitution pourrait désormais être considérée comme emportant cession de contrat au sens de l'article 1216 du Code civil, auquel cas elle se verrait appliquer le régime de celle-ci.

Pour aller plus loin

- Ph. Brun, Nature juridique de la clause de substitution dans le bénéfice d'une promesse unilatérale de vente : une autonomie de circonstance ? : RTD civ. 1996, p. 29
- W. Dross, Dictionnaire des clauses ordinaires et extraordinaires des contrats de droit privé interne, V° Substitution : *LexisNexis*, 3e éd., 2016
- Ch. Gijsbers, De l'opportunité douteuse de réécrire les clauses de substitution après l'ordonnance du 10 février 2016 : Bull. Cridon Paris, 15 oct. 2016, II, 278 ; Faut-il « rebaptiser » les clauses de substitution après la réforme du droit des obligations ? : JCP N 2016, n° 45, act. 1194
- C. Lisanti, La clause de substitution dans les contrats préparatoires, clause de cession de contrat ? : JCP N 2017, n° 39, 1270

B. – CESSION DE CONTRAT

456 Cession de la promesse – Le bénéficiaire d'une promesse de vente peut céder la promesse. Cette cession se traduit par une substitution de contractant, le cessionnaire devenant partie au contrat cédé *(C. civ., art. 1216)*. La question se pose de la similarité entre la clause de substitution et la cession de contrat. Elle n'est guère évidente. Pour une partie de la doctrine, la distinction n'a pas lieu d'être. Par conséquent, il conviendrait de qualifier la substitution de cession de contrat *(R. Boffa, Les clauses relatives aux opérations translatives : JCP N 2016, n° 13, 1115. – E. Frémeaux et M. Julienne, La circulation des obligations issues du contrat : JCP N 2017, n° 17, 1166. – C. Lisanti, La clause de substitution dans les contrats préparatoires : clause de cession de contrat ? : JCP N 2017, n° 39, 1270)*.

457 Formalités et cession de la promesse – La cession de promesse obéit aux articles 1216 et suivants du Code civil. L'écrit est obligatoire sous peine de nullité.

L'avant-projet de réforme du droit des contrats spéciaux du 26 juin 2017 modifie le champ d'application de l'obligation d'enregistrement des promesses de vente *(art. 42)*. Celle-ci serait étendue aux promesses synallagmatiques. Une autre différence apparaît également par rapport à l'actuel article 1589-2 du Code civil : ne sont plus visées les cessions portant sur lesdites promesses. Disparaîtrait ainsi le risque lié à la préconisation de certains auteurs de qualifier la substitution de cession de contrat *(Ch. Gijsbers, Faut-il « rebaptiser » les clauses de substitution après la réforme du droit des obligations ? : JCP N 2016, n° 45, act. 1194)*.

458 Cession et accord du cédé – L'accord du cédé qui est nécessaire peut être donné par avance *(C. civ., art. 1216)*. Si le promettant souhaite maîtriser la position contractuelle du bénéficiaire, mieux vaut ne pas inclure cet accord dans la promesse.

Ce consentement à la cession de la promesse se distingue de celui qui est nécessaire pour la libération du cédant. Ce n'est que si le cédé y a expressément consenti que la cession de contrat libère le cédant pour l'avenir. À défaut, et sauf clause contraire, le cédant est tenu solidairement à l'exécution du contrat *(C. civ., art. 1216-1)*.

Conseil pratique **Il peut être stipulé dans la promesse de vente que la cession de la promesse devra donner lieu à l'établissement d'un acte authentique. En ce cas, l'obligation d'enregistrement résulte de la forme de l'acte qui la constate. En vertu du 1° du 1 de l'article 635 du CGI, les actes des notaires sont obligatoirement assujettis à l'enregistrement, quel que soit leur contenu. C'est donc en vertu de ce texte qu'il doit être procédé à l'enregistrement dans le délai d'un mois de la cession de la promesse de vente établie par acte authentique.**

459 Cession de promesse et mutation de l'immeuble – Si la cession intervient avant le transfert de propriété, elle ne réalise pas une seconde mutation de l'immeuble.

460 Cession de promesse et sort des versements effectués – Si le bénéficiaire de la promesse a effectué un versement lors de la conclusion de la promesse, il faut prévoir le sort de la somme versée lors de la cession de la promesse. Les précisions doivent être apportées tant dans les rapports entre le vendeur et les parties à l'acte de substitution qu'entre les parties à l'acte de substitution.

Conseil pratique Il peut être prévu que la somme versée ne sera pas restituée par le promettant, celle-ci étant déduite du prix de vente, et que, dans les rapports entre cédant et cessionnaire, outre le prix de cession, le cessionnaire versera au cédant l'équivalent du montant de ce que ce dernier a versé.

461 Cession de promesse et article L. 271-1 du CCH – Lorsqu'est vendu un bâtiment à usage d'habitation et que le cessionnaire est un non-professionnel, le respect de l'article L. 271-1 du Code de la construction et de l'habitation s'impose *(V. n° **646** et s.)*. En ce cas, de deux choses l'une. Soit il est établi un avant-contrat de cession de contrat qui est notifié au cessionnaire et ce dernier bénéficie d'un délai de rétractation de 10 jours. Soit il est notifié au cessionnaire un projet d'acte, qui vaudra offre de cession de la promesse de vente, et le cessionnaire bénéficiera d'un délai de réflexion de 10 jours.

462 Cession de promesse et article L. 313-40 du Code de la consommation – Si le cessionnaire a recours à l'emprunt pour financer le prix de la cession et que l'opération entre dans le champ d'application de l'article L. 313-1 du Code de la consommation, la cession est conclue sous condition suspensive d'obtention du prêt. Si le cessionnaire obtient son crédit, il sera substitué au cédant. À l'inverse, si le cessionnaire n'obtient pas son crédit, la cession sera caduque et le cédant sera toujours tenu par la promesse de vente *(V. n° **755** et s.)*.

463 Cessions prohibées – La promesse de vente peut stipuler que le bénéficiaire ne pourra ni céder sa créance ni céder le contrat *(O. Deshayes, Th. Genicon, Y.-M. Laithier, Réforme du droit des contrats, du régime général et de la preuve des obligations, Lexisnexis, 2e éd., 2018, p. 524)* ou bien encore, prévoir que la cession ne pourra intervenir qu'au profit de personnes déterminées.
Par ailleurs, il y a lieu de tenir compte de l'article 52 de la loi n° 93-122 du 29 janvier 1993 relative à la prévention de la corruption et à la transparence de la vie économique et des procédures publiques qui précise qu'*est frappée d'une nullité d'ordre public toute cession à titre onéreux des droits conférés par une promesse de vente portant sur un immeuble lorsque cette cession est consentie par un professionnel de l'immobilier*. Ainsi, avant de procéder à une telle cession, il faut vérifier que le cédant n'est pas un professionnel de l'immobilier ou, si tel est le cas, que la cession intervient bien à titre gratuit. Précisons que, pour la Cour de cassation, est un professionnel de l'immobilier, au sens de l'article 52 précité, une société civile immobilière qui se livre régulièrement à des opérations immobilières, peu important que ce fût seulement à titre accessoire *(Cass. 3e civ., 28 mars 2012, n° 11-12.872 : JurisData n° 2012-005674 ; Bull. civ. III, n° 54 ; Constr.-Urb. 2012, comm. 89, Chr. Sizaire)*.

II. Transmission à titre universel

464 Décès du promettant ou du bénéficiaire – La promesse ne s'éteignant pas par le décès de l'une des parties au contrat, sauf clause contraire, il en résulte que les héritiers de chacune d'entre elles demeurent tenus par ladite promesse. Ainsi, la Cour de cassation juge-t-elle que les ayants cause du vendeur ou du promettant, seraient-ils propriétaires de leur chef de la chose vendue sont, dès lors qu'ils ont accepté la succession, tenus des mêmes obligations que le vendeur ou le promettant (par ex. : *Cass. 3e civ., 16 mai 1974, n° 73-10.984 et 73-11.511 : Bull. civ. III, n° 209)*.

465 Décès du promettant et publicité foncière – La cession de la position contractuelle au profit des héritiers a une incidence sur le plan de la publicité foncière. Préalablement à la rédaction de l'acte authentique de vente, il ne semble pas nécessaire de dresser une attestation notariée constatant la dévolution du bien aux ayants droit *(J. Piédelièvre, Avant-contrat, décès et publicité foncière : JCP N 2018, n° 38, 1281. – F. Collard et B. Travely, Le décès du vendeur avant la signature de l'acte authentique : JCP N 2017, n° 36, 1258. – JCl. Notarial Formulaire, V° Attestation notariée, fasc. 10, n° 19, par H. Mazeron-Gabriel)*. Il ressort du Bulletin de l'association mutuelle des conservateurs *(Bull. assoc. mut. conservateurs 1961, art. 489)* que « si l'acte sous signatures privées dont il s'agit est un acte de vente parfait, constatant l'accord des contractants sur la chose et sur le prix, l'immeuble faisant l'objet de la convention est sorti du patrimoine du vendeur du seul fait de la signature de l'acte. Cet immeuble n'a pas, dès lors, été transmis aux héritiers du vendeur et la ratification par ces derniers de l'acte sous signatures privées n'aura d'autre effet que de confirmer la dépossession de leur auteur. Il n'y avait pas par suite, dans l'espèce visée dans la question écrite, matière à l'établissement d'une attestation de propriété. De ce que la ratification de l'acte de vente par les héritiers ne fera que confirmer la dépossession du vendeur, il résulte, par ailleurs, que la publication de l'acte de vente devra être annotée exclusivement à la fiche personnelle du défunt et non à celle de ses héritiers ».
Les ayants droit interviennent à l'acte en représentation de leur auteur décédé qui a la qualité de vendeur pour réitérer une vente d'ores et déjà parfaite. Dans un souci de compréhension, il est utile de rédiger un exposé préalable, reprenant la chronologie des faits et explicitant la situation contractuelle avant de passer à l'acte définitif de vente *(F. Collard et B. Travely, art. préc.)*.

Formule – Décès du promettant avant l'acte de vente

Cette formule est la reproduction de celle publiée par F. Collard et B. Travely (Le décès du vendeur avant la signature de l'acte authentique : JCP N 2017, n° 36, 1258).

PROMESSE SYNALLAGMATIQUE VALANT VENTE

EXPOSÉ PRÉALABLE

DÉCÈS DE M. (ou : Mme)...
Préalablement à la convention objet du présent acte, les parties exposent ce qui suit. :

1°) Aux termes d'une promesse synallagmatique sous signatures privées en date du..., M. (***ou*** : Mme)... et M. (***ou*** : Mme), se sont engagés à vendre à M. (***ou*** : Mme) et M. (***ou*** : Mme), qui se sont pour leur part engagés à acquérir définitivement le bien ci-après désigné au prix déterminé dans l'avant-contrat.
Matérialisant l'accord des parties sur les éléments essentiels du contrat de vente, à savoir la chose promise et le prix convenu, le contrat s'est définitivement formé sous réserve de l'accomplissement des modalités stipulées dans l'avant-contrat dans les délais convenus.
À ce sujet il est précisé que les parties n'ont pas fait ni du transfert de propriété, ni de la réitération par acte authentique, des éléments de formation du contrat ainsi qu'il résulte des énonciations figurant dans la promesse dont une copie numérisée est ci-annexée (annexe n° 1).
Par ailleurs, l'ensemble des conditions stipulées ont été réalisées dans les délais convenus, ce qui n'est pas contesté par les parties à l'acte, savoir :..***(lister les conditions prévues initialement en indiquant pour chacune d'elle leur date de réalisation, le document attestant la réalisation est à annexer).***
La survie du vendeur n'ayant pas été non plus érigée en modalité, ce dernier est définitivement engagé à vendre depuis le..., date de rencontre des consentements sur les éléments essentiels au contrat de vente.
Dès lors, la vente initialement conditionnelle est devenue définitive.

2°) M..., vendeur à l'avant-contrat du... susvisé est décédé(e) ab intestat (***à adapter selon qu'il existe ou non un testament***) à..., le... ainsi qu'il en a été justifié tant par un extrait d'acte de décès que par la consultation du fichier central des dispositions de dernières volontés en date du... lequel s'est révélé négatif.
Une copie numérisée tant de l'extrait d'acte de décès que du compte rendu négatif du fichier central des dispositions de dernières volontés est ci-annexée (annexe n° 2).
Les ayants droit du vendeur prédécédé ci-après plus amplement dénommés, déclarent que le présent acte réitératif du consentement de leur auteur revêt un caractère conservatoire ; en ce qu'il leur évite, en leur qualité d'héritiers, d'être poursuivis en justice en réitération de la vente et condamnés le cas échéant au paiement de dommages et intérêts.

3°) Pour les besoins de la publicité foncière les parties et tout particulièrement le vendeur, précisent savoir :
Conformément à une réponse ministérielle publiée au Journal officiel de l'Assemblée nationale du 4 octobre 1961 *(p. 2363)* ainsi qu'au Bulletin de l'Association mutuelle des conservateurs de l'année 1961 *(Bull. assoc. mut. conservateurs 1961, art. 489)*, aucune attestation de propriété immobilière ne sera établie, le fichier immobilier devant simplement être annoté exclusivement à la fiche personnelle du défunt et non à celle de ses héritiers.
Pour les besoins de la publicité foncière, il est ici rappelé la teneur du Bulletin des conservateurs : « Si l'acte sous signatures privées dont il s'agit est un acte de vente parfait, constatant l'accord des contractants sur la chose et sur le prix, l'immeuble faisant l'objet de la convention est sorti du patrimoine du vendeur du seul fait de la signature de l'acte. Cet immeuble n'a pas, dès lors, été transmis aux héritiers du vendeur et la ratification par ces derniers de l'acte sous signatures privées n'aura d'autre effet que de confirmer la dépossession de leur auteur. Il n'y avait pas par suite, dans l'espèce visée dans la question écrite, matière à l'établissement d'une attestation de propriété. De ce que la ratification de l'acte de vente par les héritiers ne fera que confirmer la dépossession du vendeur, il résulte, par ailleurs, que la publication de l'acte de vente devra être annoté exclusivement à la fiche personnelle du défunt et non à celle de ses héritiers ».
À ce titre les héritiers déclarent agir du chef de leur auteur sus-désigné et ont justifié et certifié son identité au notaire soussigné.

CELA EXPOSÉ, il est passé à l'acte de vente objet des présentes :

PRÉSENCE – REPRÉSENTATION

– M. (***ou*** : Mme) décédé(e) à.... le..., est représenté(e) aux présentes par ses héritiers, savoir en l'absence de testament connu à ce jour :
– M. (***ou*** : Mme)..., né(e) à...., le..., (***qualité, par exemple : son conjoint, sa mère, etc.***), héritier du... en propriété,
– [...]
AJOUTER *éventuellement,*
Ainsi que ces qualités ont été établies dans un acte de notoriété établie par Me..., notaire à...., le...
Lesquels déclarent agir du chef de leur auteur, M. (***ou*** : Mme)... et non de leur propre chef, à titre conservatoire, dans le cadre de l'article 784 du Code civil, afin de déférer aux obligations souscrites par leur auteur dans la promesse synallagmatique de vente valant vente du... ci-avant plus amplement visée.

Pour aller plus loin

- F. Collard et B. Travely, Le décès du vendeur avant la signature de l'acte authentique : JCP N 2017, n° 36, 1258
- J. Piédelièvre, Avant-contrat, décès et publicité foncière : JCP N 2018, n° 38, 1281

Présentation générale

466 Si les contrats préparatoires examinés dans la présente partie peuvent être considérés comme des contrats préparatoires particuliers, ce n'est pas parce qu'ils dérogent en tous points aux contrats préparatoires examinés précédemment. Ces contrats ne sont particuliers que parce qu'ils vont devoir respecter des dispositions spécifiques. Le champ d'application de ces dispositions spécifiques dépend soit de l'objet vendu, soit du lieu de situation de l'immeuble.

Sont donc examinées dans la présente partie :

- la promesse de vente d'un lot de lotissement (*V. n°* ***467*** *et s.*) ;
- la promesse de vente d'un terrain à bâtir (*V. n°* ***483*** *et s.*) ;
- la promesse de vente lors de la division ou subdivision d'un ensemble immobilier bâti (*V. n°* ***497*** *et s.*) ;
- la promesse de vente d'un bien du domaine public (*V. n°* ***503*** *et s.*) ;
- la promesse de vente d'un lot de copropriété (*V. n°* ***511*** *et s.*) ;
- la promesse de vente d'un immeuble à rénover (*V. n°* ***522*** *et s.*) ;
- et la promesse de vente d'un immeuble situé en Alsace-Moselle (*V. n°* ***535*** *et s.*).

A ces contrats préparatoires, il faut ajouter le contrat préliminaire de réservation qui, pour sa part, fait l'objet d'un régime spécifique (*V. n°* ***539*** *et s.*).

Promesse de vente d'un lot de lotissement

467 Dispositions spécifiques – Les promesses de vente d'un lot de lotissement donnent lieu à application de dispositions spécifiques toutes les fois où le lotissement doit être autorisé par un permis d'aménager *(V. n° **1636** et s.)*. Pour l'application de ces dispositions, il est donc nécessaire de déterminer si le lotissement doit faire l'objet d'une déclaration préalable ou d'un permis d'aménager.

I. Lotissement soumis à permis d'aménager

468 Les critères qui exigent la demande d'un permis d'aménager sont doubles. Il s'agit soit d'un critère matériel et numérique, soit d'un critère géographique ; il suffit que l'un des critères soit rempli pour qu'un permis d'aménager soit nécessaire.

A. – CRITÈRE MATÉRIEL ET NUMÉRIQUE

469 Doivent être précédés de la délivrance d'un permis d'aménager les lotissements qui prévoient la création ou l'aménagement de voies, d'espaces ou d'équipements communs à plusieurs lots destinés à être bâtis et propres au lotissement *(C. urb., art. R. 421-19, a)*. Le critère est ici à la fois numérique et matériel.

470 Pluralité de lots – Un permis d'aménager est nécessaire lorsqu'il y a création d'au moins deux lots *(C. urb., art. R. 421-19, a)*. Il n'est pas requis :
- s'il n'y a création que d'un seul lot à bâtir ;
- si au cours des 10 années précédentes, il y a eu des divisions dès lors que seul compte le nombre de lots à bâtir à créer au moment de la demande d'autorisation et que ce nombre est égal à un.

471 Réalisation d'équipements – Les équipements pris en compte sont les équipements dont la réalisation est à la charge du lotisseur. À cet égard, il convient de se référer aux exigences de l'autorité administrative lors de la délivrance du permis d'aménager.
C'est en effet cette dernière qui va exiger, en tant que de besoin, du bénéficiaire du permis d'aménager la réalisation et le financement de tous travaux nécessaires à la viabilité et à l'équipement de la construction, du terrain aménagé ou du lotissement, notamment en ce qui concerne la voirie, l'alimentation en eau, gaz et électricité, les réseaux de télécommunication, l'évacuation et le traitement des eaux et matières usées, l'éclairage, les aires de stationnement, les espaces collectifs, les aires de jeux et les espaces plantés.
Ces obligations peuvent s'étendre au branchement des équipements propres à l'opération sur les équipements publics qui existent au droit du terrain sur lequel ils sont implantés et notamment aux opérations réalisées à cet effet en empruntant des voies privées ou en usant de servitudes *(C. urb., art. L. 332-15)*.
Si ces équipements préexistent à la demande d'autorisation et qu'il n'est prévu aucun aménagement supplémentaire, un permis d'aménager n'est pas nécessaire sauf à établir la fraude du lotisseur.

B. – CRITÈRE GÉOGRAPHIQUE

472 Dans cette seconde hypothèse visée par l'article R. 421-19 du Code de l'urbanisme, seul compte l'emplacement du lotissement à créer. Le nombre de lots à bâtir est, par contre, indifférent, tout comme l'absence de réalisation d'équipements.

473 Emplacement du lotissement – Parce que les lotissements dont la création est envisagée se situent dans des zones sensibles, un permis d'aménager est exigé. Il en va ainsi pour différentes zones qui sont :
- le périmètre d'un site patrimonial remarquable au sens de l'article L. 631-1 du Code du patrimoine ;
- les abords des monuments historiques au sens de l'article L. 621-30 du Code du patrimoine ;
- un site classé ou en instance de classement, en application des articles L. 341-1 et suivants du Code de l'environnement.

474 Indifférence du nombre de lots et de la réalisation d'équipements – Il est indifférent qu'il y ait création d'un seul lot à bâtir et qu'il n'y ait pas de réalisation d'équipements. C'est un permis d'aménager qui est nécessaire, compte tenu de l'emplacement du lotissement à créer.

II. Promesse de vente soumise à des dispositions spécifiques

475 Lorsque le lotissement donne lieu à un permis d'aménager, des dispositions spécifiques vont devoir être respectées par le lotisseur souhaitant conclure un contrat préparatoire à la vente d'un lot. Ces dispositions n'ont pas à être respectées lorsque le lotissement donne lieu à une déclaration préalable

476 **Commercialisation interdite avant la délivrance du permis d'aménager** – Aucune promesse de vente ou de location d'un terrain situé dans un lotissement ne peut être consentie et aucun acompte ne peut être accepté avant la délivrance du permis d'aménager *(C. urb., art. L. 442-4).*

Conseil pratique **Tant qu'il n'a pas obtenu le permis d'aménager, le lotisseur ne peut que réaliser de la publicité qui doit mentionner de manière explicite que le permis n'a pas été délivré** ***(C. urb., art. L. 442-5).***

477 **Commercialisation autorisée après la délivrance du permis d'aménager** – Une fois le permis d'aménager délivré, le lotisseur peut consentir une promesse unilatérale de vente. Il s'agit du seul contrat préparatoire autorisé par l'article L. 442-8 du Code de l'urbanisme.

478 **Contenu complémentaire** – La promesse unilatérale de vente doit indiquer :
- la consistance du lot réservé ;
- sa délimitation ;
- son prix ;
- son délai de livraison *(C. urb., art. L. 442-8).*

479 **Mention du bornage** – La mention du descriptif du terrain résultant du bornage doit être inscrite dans la promesse *(C. urb., art. L. 115-4).* Relativement à ce texte, la Cour de cassation a admis que le descriptif du terrain pouvait résulter, d'une part, d'une mention « bornage » précisant que le vendeur déclarait que le descriptif du terrain résultait d'un piquetage et, d'autre part, de l'annexion à l'acte de documents d'arpentage et de piquetage *(Cass. 3e civ., 30 juin 2016, n° 15-20.623 : JurisData n° 2016-012704 ; JCP N 2016, n° 28, act. 867 ; JCP N 2017, n° 16, 1157, obs. F. Collard).* Cette indication s'impose également lorsque le terrain est issu d'une division effectuée à l'intérieur d'une zone d'aménagement concerté par la personne publique ou privée chargée de l'aménagement ou est issu d'un remembrement réalisé par une association foncière urbaine.
L'absence de cette mention est sanctionnée par la nullité de la promesse. Le bénéficiaire de la promesse doit agir avant l'expiration du délai d'un mois à compter de l'acte authentique constatant la réalisation de la vente. La signature de l'acte authentique comportant cette mention entraîne la déchéance du droit à engager ou à poursuivre l'action en nullité de la promesse ou du contrat qui l'a précédé, fondée sur l'absence de cette mention *(C. urb., art. L. 115-5).*

480 **Remise du permis d'aménager et du cahier des charges** – Le permis d'aménager et, s'il y a lieu, le cahier des charges fixant les conditions de vente ou de location des lots sont remis à l'acquéreur lors de la signature de la promesse. Ils doivent avoir été communiqués préalablement *(C. urb., art. L. 442-7).*

481 **Délai de rétraction spécifique** – La promesse ne devient définitive qu'au terme d'un délai de 10 jours pendant lequel l'acquéreur a la faculté de se rétracter *(C. urb., art. L. 442-8).*
Si l'acquéreur exerce sa faculté de rétractation, dans les conditions de l'article L. 271-1 du Code de la construction et de l'habitation, le dépositaire des fonds versés les lui restitue dans un délai de 21 jours à compter du lendemain de la date de cette rétractation.

482 **Indemnité d'immobilisation d'un montant limité** – Le promettant peut, en contrepartie de l'immobilisation du lot, obtenir du bénéficiaire de la promesse, qui conserve la liberté de ne pas acquérir, le versement d'une indemnité d'immobilisation dont le montant ne peut pas excéder 5 % du prix de vente fixé *(C. urb., art. R. 442-12).* Les fonds déposés sont consignés en compte bloqué. Ils sont indisponibles, incessibles et insaisissables jusqu'à la conclusion du contrat de vente.
Ils sont restitués au déposant dans un délai de 3 mois, sauf si le contrat de vente n'est pas conclu de son fait alors que toutes les conditions de la promesse sont réalisées *(C. urb., art. L. 442-8).*

Pour aller plus loin

Formules
- JCl. Notarial Formulaire, V° Lotissements, fasc. 165, par J. Hugot et R. Ducourau
- JCl. Notarial Formulaire, V° Lotissements, fasc. 175, par R. Ducourau
- JCl. Notarial Formulaire, V° Lotissements, fasc. 195, par X. Couton et G. Daudré (commercialisation)
- JCl. Notarial Formulaire, V° Lotissements, fasc. 205, par Cl. Becqué-Deverre

Fiches pratiques
- Fiche pratique n° 1721 : Rédiger une vente d'immeuble, par M. Suquet-Cozic
- Fiche pratique n° 1809 : Rédiger une vente de terrain à bâtir dans un lotissement, par D. Boulanger

Commentaires
- JCl. Notarial Formulaire, Synthèse 830 : Lotissements et permis d'aménager, par G. Liet-Veaux et D. Gillig
- JCl. Notarial Formulaire, V° Lotissements, fasc. 20, par L. Santoni et Ph. Benoit-Cattin
- JCl. Notarial Formulaire, V° Lotissements, fasc. 70 et 70-1, par S. Lamy-Willing
- JCl. Notarial Formulaire, V° Lotissements, fasc. 80, par X. Couton

Promesse de vente d'un terrain à bâtir

483 En vertu de l'article L. 115-4 du Code de l'urbanisme, deux obligations doivent être respectées lors de la vente d'un terrain à bâtir :
- la première est une obligation d'information ;
- la deuxième est une obligation de bornage.

La violation de l'une ou de l'autre est sanctionnée par l'article L. 115-5 du Code de l'urbanisme.
Ces obligations n'existent que si et seulement si l'acquéreur a déclaré qu'il entendait construire un immeuble à usage d'habitation ou à usage mixte d'habitation et professionnel sur ce terrain et qu'une telle intention est mentionnée dans la promesse ou l'acte de vente.

I. Obligation d'information

484 L'obligation d'information est relative au descriptif du terrain et au bornage de celui-ci.

485 Contrat conclu – Cette obligation s'impose pour toute promesse unilatérale de vente ou d'achat, tout contrat réalisant ou constatant la vente d'un terrain. Ne sont donc pas concernés par cette obligation d'information les pactes de préférence et les offres de vente ou d'achat. Par contre, pour les promesses synallagmatiques de vente tout comme les ventes conditionnelles ou à terme, le promettant ou le vendeur est tenu de respecter cette obligation.

486 Indifférence de l'emplacement du terrain – L'obligation d'information relative au bornage du terrain s'impose quel que soit l'emplacement de ce terrain. Ainsi, si celui-ci est en secteur diffus, le promettant ou le vendeur doit la respecter.

487 Indifférence de la qualité des parties – L'article L. 115-4 du Code de l'urbanisme ne fait aucune distinction suivant la qualité des parties. Il est donc indifférent de déterminer si le vendeur du terrain est un professionnel ou un consommateur comme il est indifférent de déterminer si l'acquéreur est un professionnel ou un consommateur.

488 Mention spécifique – Lorsque les conditions prévues par l'alinéa 1er de l'article L. 115-4 du Code de l'urbanisme sont remplies, il doit être précisé dans la promesse et l'acte de vente si le descriptif du terrain résulte d'un bornage.
Pour déterminer si le terrain a fait l'objet d'un bornage, un renseignement hypothécaire peut être sollicité, ce qui permettra de prendre connaissance de tout procès-verbal de bornage ayant fait l'objet d'une publicité. Cette publicité n'étant toutefois que facultative, cette demande de renseignement sera utilement complétée par l'interrogation du fichier Aurige qui recense l'ensemble des opérations de bornage réalisées depuis janvier 2000. Le portail Géofoncier permet également de consulter l'ensemble des interventions foncières effectuées par les géomètres-experts depuis 1997.
Lorsque la réponse est négative, le descriptif du terrain sera établi à partir du plan cadastral, des énonciations sur les titres de propriété et/ou de critères matériels (clôture, rivière, fossés, falaise, etc.).

II. Obligation de bornage

489 L'obligation du second alinéa de l'article L. 115-4 du Code de l'urbanisme n'est pas une simple obligation d'information mais une obligation de bornage. Cette obligation ne s'impose que pour les terrains visés par le second alinéa dudit article.

490 Terrains concernés – Sont visés par le second alinéa de l'article L. 115-4 du Code de l'urbanisme :
- le terrain, lot de lotissement, sans qu'il y ait lieu de distinguer suivant que ledit lotissement a été autorisé par un permis d'aménager ou une déclaration préalable ;
- le terrain issu d'une division effectuée à l'intérieur d'une zone d'aménagement concerté (ZAC) ;
- le terrain issu d'un remembrement réalisé par une association foncière urbaine (AFU).

Il en résulte que le terrain en secteur diffus n'est pas concerné par l'obligation de bornage.

491 Contrat conclu – Le second alinéa de l'article L. 115-4 du Code de l'urbanisme vise la promesse ou le contrat.

492 Exigences quant au bornage – Du second alinéa de l'article L. 115-4 du Code de l'urbanisme, il résulte :
– que le propriétaire du terrain doit, avant de le vendre, réaliser un bornage ;
– et que la promesse ou le contrat de vente devra faire mention du descriptif du terrain résultant du bornage.
S'agissant de l'obligation de réaliser le bornage, la Cour de cassation, par un arrêt du 30 juin 2016, a assoupli la portée de celle-ci *(Cass. 3e civ., 30 juin 2016, n° 15-20.623 : JurisData n° 2016-012704 ; JCP N 2016, n° 28, act. 867)*. En effet, elle a admis que le descriptif du terrain pouvait résulter, d'une part, d'une mention « bornage » précisant que le vendeur déclarait que le descriptif du terrain résultait d'un piquetage et, d'autre part, de l'annexion à l'acte de documents d'arpentage et de piquetage. Autrement dit, pour la Cour de cassation, le respect de l'article 646 du Code civil ne s'impose pas lorsqu'il est question de faire application de l'article L. 115-4 du Code de l'urbanisme. Le piquetage peut suffire.

III. Sanction

493 La sanction applicable en cas de violation de l'obligation d'information ou de l'obligation de bornage est prévue par l'article L. 115-5 du Code de l'urbanisme.

494 Titulaire de l'action – Seul le bénéficiaire en cas de promesse de vente, le promettant en cas de promesse d'achat ou l'acquéreur du terrain peut intenter l'action en nullité sur le fondement de l'absence de l'une ou l'autre mention mentionnée à l'article L. 115-4 du Code de l'urbanisme selon le cas.

495 Délai d'action – L'action en nullité doit être exercée avant l'expiration d'un délai d'un mois courant à compter de l'acte authentique constatant la réalisation de la vente.

496 Déchéance – La signature de l'acte authentique comportant cette mention entraîne la déchéance du droit à engager ou à poursuivre l'action en nullité de la promesse ou du contrat qui l'a précédé, fondée sur l'absence de cette mention.

Pour aller plus loin

Formules
- JCl. Notarial Formulaire, V° Vente d'immeuble, fasc. 35, 105 et 125, par J. Lafond
- JCl. Notarial Formulaire, V° Servitudes, fasc. 125, par J. Hugot et J.-F. Pillebout

Commentaires
- JCl. Notarial Formulaire, Synthèse 410 : Permis de construire et déclaration préalable, par G. Liet-Veaux
- JCl. Notarial Formulaire, Synthèse 1440 : Vente d'immeuble : préparation de l'acte, par V. Zalewski-Sicard
- JCl. Notarial Formulaire, V° Servitudes, fasc. 100, par J.-F. Pillebout
- JCl. Notarial Formulaire, V° Vente d'immeuble, fasc. 30, par B. Magois et V. Zalewsli-Sicard
- JCl. Notarial Formulaire, V° Vente d'immeuble, fasc. 400 et 500, par J. Lafond

Fiches pratiques
- Fiche pratique n° 1721 : Rédiger une vente d'immeuble, par M. Suquet-Cozic
- Fiche pratique n° 2815 : Agir aux fins de bornage, par I.-S. Laurent

Revues
- Th. Delesalle et O. Herrnberger, Les pièges du bornage : JCP N 2003, n° 10, 1197
- H. Périnet-Marquet, L'impact de la loi SRU sur la vente immobilière : JCP N 2001, n° 33, p. 533

Promesse de vente d'un ensemble immobilier bâti divisé ou subdivisé

497 L'article L. 115-2 du Code de l'urbanisme, reprenant le contenu de l'article L. 111-5-1 du même code, a vocation à recevoir application lors de la vente d'un ou plusieurs immeubles à usage d'habitation ou à usage mixte d'habitation et professionnel consécutive à la division initiale ou à la subdivision de tout ou partie d'un ensemble immobilier bâti.
La loi n° 85-729 du 18 juillet 1985 relative à la définition et à la mise en œuvre de principes d'aménagement, dont est issu l'ancien article L. 111-5-1 du Code de l'urbanisme, avait pour objectif de résoudre le problème de l'entretien de la voirie et des réseaux divers propres à un ensemble immobilier. Pour ce faire, cette loi, en son article 20, a imposé que soit insérée une clause particulière dans les actes de vente et les promesses réglant les modalités d'entretien des voies et réseaux propres à l'ensemble immobilier divisé.
Doivent dès lors être précisés le champ d'application de l'article L. 115-2 du Code de l'urbanisme et l'obligation en résultant.

I. Champ d'application de l'article L. 115-2 du Code de l'urbanisme

498 Contrats visés – L'article L. 115-2 du Code de l'urbanisme vise tout acte ou promesse de vente. Aucune distinction n'est faite suivant la nature de la promesse et par conséquent, l'article s'applique aux promesses unilatérales de vente ou d'achat et aux promesses synallagmatiques. Par contre, le pacte de préférence n'est pas concerné.
Mais seule la première vente intervenant lors de la division ou de la subdivision est concernée par l'article L. 115-2 du Code de l'urbanisme. Les ventes suivantes n'ont pas à respecter ce texte. Cependant, pour réaliser une information complète de l'acquéreur, le contenu de la clause relative à l'entretien des voiries et réseaux peut être repris.

499 Nature de l'immeuble vendu – L'article L. 115-2 du Code de l'urbanisme est applicable lorsque l'immeuble vendu est à usage d'habitation ou à usage mixte d'habitation et professionnel. Il doit s'agir d'un immeuble bâti.

500 Division initiale ou subdivision d'un ensemble immobilier bâti – L'immeuble doit, en outre, être issu de la division initiale ou de la subdivision d'un ensemble immobilier bâti. La division et la subdivision en cause sont des divisions ou subdivisions foncières.
L'article L. 115-2 du Code de l'urbanisme n'est pas applicable :
- lorsqu'est en cause un ensemble immobilier non bâti ;
- lorsqu'il n'existe qu'un seul bâtiment, l'existence d'un ensemble bâti étant subordonnée à la pluralité de bâtiments ;
- en l'absence de division ou de subdivision.

Mais aucune distinction n'est à faire suivant que la division est totale ou partielle. De même, l'article précité devra être respecté tant lors de la division initiale que de la subdivision de l'ensemble immobilier.

II. Obligation résultant de l'article L. 115-2 du Code de l'urbanisme

501 Insertion d'une clause spécifique – Lorsque les conditions d'application de l'article L. 115-2 du Code de l'urbanisme sont remplies, la promesse de vente doit comporter une clause prévoyant les modalités d'entretien des voies et réseaux propres à l'ensemble immobilier bâti. Il revient alors aux parties de s'entendre quant à ces modalités d'entretien. Elles peuvent décider qu'une seule d'entre elles supportera la charge de ces modalités d'entretien ou procéder à une répartition entre toutes les parties.

502 Règle supplétive – L'absence de la clause visée à l'article L. 115-2 du Code de l'urbanisme n'est pas sanctionnée par la nullité de la promesse. En ce cas, il est prévu une disposition supplétive de volonté dont il résulte que l'entretien des voies et réseaux propres à l'ensemble immobilier bâti incombe au propriétaire de ces voies et réseaux. Il en résulte qu'en cas de transfert de propriété des voies et réseaux, l'entretien de ceux-ci incombera aux différents acquéreurs. Si un tel transfert n'est pas intervenu, c'est alors le propriétaire initial qui demeurera tenu de réaliser cet entretien.

Pour aller plus loin

Formules
- JCl. Notarial Formulaire, V° Préemption, fasc. 475, par D. Lepeltier et J. Lafond
- JCl. Notarial Formulaire, V° Vente d'immeuble, fasc. 125, par J. Lafond

Fiche pratique
- Fiche pratique n° 1721 : Rédiger une vente d'immeuble, par M. Suquet-Cozic

Commentaires
- JCl. Notarial Formulaire, V° Vente d'immeuble, fasc. 30, par B. Magois et V. Zalewski-Sicard
- JCl. Notarial Formulaire, V° Vente d'immeuble, fasc. 400, par J. Lafond

Revues
- M. Dagot, L'entretien des V.R.D. après division d'un ensemble immobilier bâti : JCP N 1985, I, p. 367

Promesse de vente de biens du domaine public

503 Pour mettre fin à une incertitude juridique (sur laquelle : *L. Aynès, E. Fatôme et M. Raunet, Les promesses de vente d'un bien du domaine public sous condition suspensive de déclassement : AJDA 2014, p. 961)*, l'article L. 3112-4 du Code général de la propriété des personnes publiques, créé par l'ordonnance n° 2017-562 du 19 avril 2017 relative à la propriété des personnes publiques, autorise les promesses de vente sur les biens du domaine public *(V. n° **1360** et s.)*.
La promesse voit alors, en application de l'article L. 3112-4 du Code général de la propriété des personnes publiques, son contenu en partie réglementé.

I. Champ d'application de l'article L. 3112-4 du CGPPP

504 Biens du domaine public – L'ensemble des biens du domaine public peut donner lieu à conclusion d'une promesse de vente en application de l'article L. 3112-4 du Code général de la propriété des personnes publiques. Aucune distinction n'est à effectuer :
- suivant la forme juridique de la personne publique propriétaire ;
- selon l'affectation du bien concerné. Il importe donc peu que le bien soit à usage direct du public ou au service public.

505 Bien ne pouvant faire l'objet d'une désaffectation immédiate – Le bien, objet de la promesse, ne doit pas pouvoir être immédiatement désaffecté et déclassé selon la procédure de droit commun, prévue à l'article L. 2141-1 du Code général de la propriété des personnes publiques.

506 Bien dont le principe de désaffectation a été adopté – Pour que la promesse de vente puisse être conclue, il convient que le principe de désaffectation ait été adopté par l'autorité compétente. Il convient également que cette désaffectation soit reportée à une date déterminée dans la promesse.

II. Contenu de la promesse de vente de biens du domaine public

507 Nature de la promesse de vente – Pour que la promesse de vente de l'article L. 3112-4 du Code général de la propriété des personnes publiques puisse être conclue tout en respectant l'inaliénabilité des biens du domaine public, doit être choisie une promesse de vente ne valant pas vente, celle-ci n'emportant aucun transfert de propriété. Les parties vont alors solenniser la vente en soumettant la formation de cette dernière à la désaffectation et au déclassement de l'immeuble.

Conseil pratique **Par ailleurs, un terme extinctif sera prévu avant lequel la promesse devra être réitérée en la forme authentique. Une fois le délai parvenu à son terme extinctif, la promesse est frappée de caducité et aucune des parties ne peut en réclamer l'exécution.**

508 Clauses imposées par l'article L. 3112-4 du CGPPP et condition résolutoire ou suspensive – L'article L. 3112-4 du Code général de la propriété des personnes publiques impose, à peine de nullité, que la promesse comporte des clauses précisant que l'engagement de la personne publique propriétaire reste subordonné à l'absence, postérieurement à la formation de la promesse, d'un motif tiré de la continuité des services publics ou de la protection des libertés auxquels le domaine en cause est affecté qui imposerait le maintien du bien dans le domaine public.
Ledit article précise ensuite que la réalisation de la condition donne lieu à indemnisation du bénéficiaire. Cette indemnisation supposant que la promesse soit caduque, il s'agit donc *a priori* d'imposer l'insertion dans la promesse de vente d'une condition résolutoire. Pour autant, la majorité des auteurs ayant eu à se prononcer sur ce texte retiennent que ladite condition est une condition suspensive *(C. Maugüé, Ph. Terneyre, Ordonnance*

CONTRATS PRÉPARATOIRES

domaniale : un bel effort pour la modernisation du CGPPP : AJDA 2017, p. 1606). Tant l'étude d'impact que le rapport au président de la République se prononcent clairement dans le sens de la reconnaissance des promesses de vente sous condition suspensive de désaffectation et de déclassement du domaine public.

Remarque Le Conseil d'État, dans une décision du 15 novembre 2017, semble reconnaître, implicitement, qu'il s'agit bien avec l'article L. 3112-4 du Code général de la propriété des personnes publiques d'autoriser les promesses sous condition suspensive de déclassement *(CE, 15 nov. 2017, n° 409728 et 409799 : JurisData n° 2017-023023 ;* Contrats-Marchés publ. 2018, comm. 15*).*

509 Caducité de la promesse – Les motifs apparus postérieurement à la conclusion de la promesse et tirés de la continuité des services publics ou de la protection des libertés auxquels l'immeuble en cause est affecté entraînent la caducité de la promesse.
De même, en l'absence de régularisation dans le délai prévu dans la promesse, la promesse est frappée de caducité.

510 Indemnisation du bénéficiaire de la promesse – La réalisation, suivant le texte, défaillance selon la doctrine, de cette condition pour un motif prévu au second alinéa de l'article L. 3112-4 du Code général de la propriété des personnes publiques, ne donne lieu à indemnisation du bénéficiaire de la promesse que dans la limite des dépenses engagées par lui et profitant à la personne publique propriétaire.

Pour aller plus loin

Formules
- JCl. Notarial Formulaire, V° Vente d'immeuble, fasc. 375, par F. Hébert et V. Zalewski-Sicard

Fiches pratiques
- Fiche pratique n° 1721 : Rédiger une vente d'immeuble, par M. Suquet-Cozic
- Fiche pratique n° 484 : Vendre un bien public immobilier à une personne privée, par P. Cambot et J. Leplat

Commentaires
- JCl. Collectivités territoriales, fasc. 872, par Y. Luchaire
- JCl. Notarial Formulaire, V° Vente d'immeuble, fasc. 370, par M. Raunet, R. Leonetti et R. Decompoix

Revues
- R. de Moustier et Ch. Lavabre, L'ordonnance du 19 avril 2017 n° 2017-562 relative à la propriété des personnes publiques et à la cession des biens du domaine public : Contrats – Marchés publ. 2017, étude 10
- M. Raunet et R. Léonetti, L'ordonnance du 19 avril 2017 relative à la propriété des personnes publiques : JCP N 2017, n° 18, 1169

Promesse de vente d'un lot de copropriété

511 L'article L. 721-2 du Code de la construction et de l'habitation, créé par la loi Alur *(L. n° 2014-366, 24 mars 2014, mod. ord. n° 2015-1075, 27 août 2015)*, impose la remise au bénéficiaire de la promesse de vente d'un lot ou d'une fraction de lot ou de cession d'un droit réel immobilier relatif à un lot ou à une fraction de lot d'un immeuble bâti à usage total ou partiel d'habitation et soumis au statut de la copropriété, au plus tard à la date de la signature de celle-ci, de documents et d'informations *(V. n° **1637** et s.)*.
La remise des documents peut être effectuée sur tous supports et par tous moyens, y compris par un procédé dématérialisé sous réserve de l'acceptation expresse par l'acquéreur.

I. Remise de documents

512 Documents relatifs à l'organisation de l'immeuble – Préalablement à la signature de la promesse de vente, les documents relatifs à l'organisation de l'immeuble doivent être remis au bénéficiaire de la promesse (*V. n°* ***1663*** *et s.*). Il s'agit de :
- la **fiche synthétique de la copropriété** prévue à l'article 8-2 de la loi n° 65-557 du 10 juillet 1965 fixant le statut de la copropriété des immeubles bâtis ;
- le **règlement de copropriété et l'état descriptif de division** ainsi que les actes les modifiant, s'ils ont été publiés ;
- les **procès-verbaux des assemblées générales** des 3 dernières années, sauf lorsque le copropriétaire vendeur n'a pas été en mesure d'obtenir ces documents auprès du syndic.

513 Autres documents – Doivent être aussi remis (V. *n°* ***1661*** *et s.*) :
- le carnet d'entretien de l'immeuble ;
- une notice d'information relative aux droits et obligations des copropriétaires ainsi qu'au fonctionnement des instances du syndicat de copropriété ;
- le cas échéant, les conclusions du diagnostic technique global mentionnées au dernier alinéa de l'article L. 731-1 du Code de la construction et de l'habitation.

514 Acquéreur copropriétaire – Lorsque l'acquéreur est déjà propriétaire d'au moins un lot dans la même copropriété, les documents relatifs à l'organisation de l'immeuble, le carnet d'entretien de l'immeuble, la notice d'information et les conclusions du diagnostic technique global n'ont pas à lui être remis *(V. n° **1663**)*.

515 Lot annexe – Lorsque la promesse de vente concerne un lot annexe, c'est-à-dire un emplacement de stationnement ou un local tel qu'une cave, un grenier, un débarras, un placard, une remise, un garage ou un cellier, il n'est pas nécessaire de remettre les procès-verbaux des assemblées générales des 3 dernières années, le carnet d'entretien de l'immeuble, la notice d'information et les conclusions du diagnostic technique global.

II. Transmission d'informations

516 Informations financières – Préalablement à la signature de la promesse de vente, les informations financières relatives à la copropriété doivent être transmises au bénéficiaire de la promesse *(V. n° **1663** et s.)*. Il s'agit :
- du **montant des charges courantes** du budget prévisionnel et des charges hors budget prévisionnel payées par le copropriétaire vendeur au titre des deux exercices comptables précédant la vente ;
- des sommes susceptibles d'être dues au syndicat des copropriétaires par l'acquéreur ;
- de l'état global des impayés de charges au sein du syndicat et de la dette vis-à-vis des fournisseurs ;
- lorsque le syndicat des copropriétaires dispose d'un fonds de travaux, du montant de la part du fonds de travaux rattachée au lot principal vendu et du montant de la dernière cotisation au fonds versée par le copropriétaire vendeur au titre de son lot.

517 Petite copropriété – Lorsque la copropriété comporte **moins de dix lots** à usage de logements, de bureaux ou de commerces et dont le budget prévisionnel moyen sur une période de trois exercices consécutifs est **inférieur à 15 000 €**, le promettant n'a pas à remettre les sommes susceptibles d'être dues au syndicat des copropriétaires par l'acquéreur *(V. n° **1663**)*.

III. Preuve de la remise

518 La preuve de la remise diffère suivant que la promesse est établie par acte authentique ou par acte sous seing privé.

519 **Promesse authentique** – L'acquéreur atteste de cette remise dans l'acte contenant la promesse de vente par sa simple signature lorsqu'il s'agit d'un acte authentique.

520 **Promesse sous seing privé** – L'acquéreur atteste de cette remise dans un document qu'il signe et qu'il date de sa main lorsque la promesse est établie sous seing privé.

IV. Sanction

521 Lorsque les documents et les informations mentionnés aux 1° et 2° du II de l'article L. 721-2 du Code de la construction et de l'habitation ne sont pas remis à l'acquéreur au plus tard à la date de la signature de la promesse de vente, le délai de rétractation prévu à l'article L. 271-1 du Code de la construction et de l'habitation ne court qu'à compter du lendemain de la communication de ces documents et informations à l'acquéreur.

Pour aller plus loin

Formules
- JCl. Notarial Formulaire, V° Avant-contrat, fasc. 71, par J. Lafond et J.-F. Pillebout
- JCl. Notarial Formulaire, V° Copropriété, fasc. 209, 217, 219, par J. Lafond

Fiche pratique
- Fiche pratique n° 1808 : Rédiger une vente de lot de copropriété, par J. Lafond

Commentaires
- JCl. Notarial Formulaire, Synthèse 450 : Vente de lots de copropriété, par J.-M. Roux et J. Lafond
- JCl. Notarial Formulaire, V° Avant-contrat, fasc. 70, par J. Lafond
- JCl. Notarial Formulaire, V° Copropriété, fasc. 214, 216, 218, par J. Lafond

Ouvrage
- J. Lafond et G. Rouzet, Pratique de la vente du lot de copropriété : LexisNexis, 2016

Promesse de vente d'un immeuble à rénover

522 La promesse de vente d'immeuble à rénover est une promesse de droit commun comportant des dispositions spécifiques : « elle est soumise aux règles de droit commun relatives à la vente d'immeubles existants conformément au quatrième alinéa de l'article L. 262-1 » du Code de la construction et de l'habitation *(CCH, art. R. 262-15. - V. n° **3731** et s.)*.
Ce sont ces dispositions spécifiques qui sont ici examinées.

Remarque Préalablement, il peut être précisé que, de la rédaction de l'article L. 262-9 du Code de la construction et de l'habitation suivant laquelle *toute promesse de vente d'un bien immobilier soumis aux dispositions du premier alinéa de l'article L. 262-1...*, il semble résulter que seule une promesse de vente puisse être signée. Par conséquent, il est certain que les parties ne pourront se contenter de signer l'équivalent d'un contrat préliminaire ne contenant que des indications prévisionnelles. A priori, devrait également être exclue la possibilité de recourir à une promesse d'achat.

523 Forme - La promesse pourra être soit une promesse unilatérale de vente soit une promesse synallagmatique de vente. Par ailleurs, la promesse de vente d'immeuble à rénover pourra être établie par acte authentique ou sous seing privé, à la différence de l'acte de vente qui doit être authentique *(CCH, art. L. 262-4, al. 1)*.

I. Mentions spécifiques

524 Suivant l'article L. 262-9 du Code de la construction et de l'habitation, *toute promesse de vente d'un bien immobilier soumis aux dispositions du premier alinéa doit comporter, à peine de nullité, les indications essentielles relatives à ses caractéristiques, au descriptif et au délai de réalisation des travaux, à son prix, ainsi que l'engagement du vendeur de produire, lors de la signature de l'acte authentique de vente, les justifications de la garantie d'achèvement des travaux et des assurances respectivement prévues aux e) et f) de l'article L. 262-4*.

II. Indications essentielles

525 Les indications essentielles sont précisées par les articles L. 262-9, R. 262-14 et R. 262-15 du Code de la construction et de l'habitation.

526 Caractéristiques de l'immeuble ou de la partie d'immeuble à rénover - Il faut fournir le dossier de diagnostic technique prévu à l'article L. 271-4 du Code de la construction et de l'habitation ; il convient d'indiquer la surface de l'immeuble faisant l'objet du contrat avec les précisions prévues à l'article R. 262-8 du Code de la construction et de l'habitation, ainsi que le nombre de pièces principales et l'énumération des pièces de service, dépendances et dégagements. S'il s'agit d'une partie d'immeuble, la promesse doit en outre préciser la situation de cette partie dans l'immeuble (*CCH, art. R. 262-14, al. 1er*).

527 Descriptif et délai de réalisation des travaux - La qualité des travaux est établie par une note technique indiquant la nature et la qualité des matériaux et des éléments d'équipement. Si le contrat porte sur une partie d'immeuble, cette note technique doit contenir également l'indication des équipements collectifs qui présentent une utilité pour la partie d'immeuble vendue. Cette note technique doit être annexée à la promesse de vente (*CCH, art. R. 262-14, al. 2*).

528 Prix - La promesse doit indiquer également le prix de vente de l'immeuble tel que prévu à l'article R. 262-9 du Code de la construction et de l'habitation, donc en distinguant entre le prix de l'existant et le prix des travaux (*CCH, art. R. 262-15, al. 1er*). Cette répartition est attestée par un homme de l'art tel que défini à l'article R. 262-7 du Code de la construction et de l'habitation.
Les modalités de la révision du prix des travaux prévue à l'article R. 262-11 du Code de la construction et de l'habitation doivent être précisées (*CCH, art. R. 262-15, al. 1er*).

529 Engagement de fournir des justifications - L'article L. 262-9 du Code de la construction et de l'habitation précise que la promesse doit comprendre l'engagement du vendeur de produire, lors de la signature de l'acte

CONTRATS PRÉPARATOIRES

authentique de vente, les justifications de la garantie d'achèvement des travaux et des assurances, respectivement prévues aux e) et f) de l'article L. 262-4 du Code de la construction et de l'habitation.
Le vendeur d'immeuble à rénover n'a donc pas à fournir les justifications des assurances-construction dès la signature de la promesse de vente. Il suffit qu'il s'engage à les fournir lors de la signature de l'acte authentique de vente.

530 Obtention d'une garantie extrinsèque – La promesse est conclue sous la condition suspensive de l'obtention de la garantie extrinsèque d'achèvement.

531 Souscription des assurances construction – Le promettant s'engage dans la promesse à procéder à la souscription des assurances-construction (*CCH, art L. 262-9*). Les assurances-construction ne doivent toutefois être souscrites que si les travaux réalisés sont de nature à entraîner l'application de l'article 1792 du Code civil.

532 Défaillance du promettant – Si le vendeur ne peut justifier de l'obtention de la garantie et des assurances-construction, l'acquéreur ne pourra demander la réalisation forcée de la promesse de vente d'immeuble à rénover. En effet, une vente d'immeuble à rénover ne peut être conclue sans souscription d'une garantie et des assurances adéquates.

533 Sanctions – La promesse de vente doit contenir toutes les mentions visées à l'article L. 262-9 du Code de la construction et de l'habitation à peine de **nullité**. Un arrêt rendu le 4 octobre 2018 par la troisième chambre civile de la Cour de cassation relatif à la nullité d'un contrat de vente en l'état futur d'achèvement conduit à privilégier la qualification de nullité relative (*Cass. 3e civ., 4 oct. 2018, n° 16-22.095, P+B : JurisData n° 2018-016969 : JCP N 2018, n° 42, act. 811 ; JCP N 2018, n° 43-44, 1327, obs. V. Zalewski-Sicard*).

III. Dépôt lors de la conclusion de la promesse de vente

534 Le montant de ce dépôt n'est pas réglementé par les textes relatifs à la vente d'immeuble à rénover. Il en résulte une incertitude sur la possibilité de prévoir un versement lors de la signature de la promesse de vente d'immeuble à rénover.
Le projet de décret avait envisagé la possibilité d'un dépôt à hauteur de 10 % du prix de vente, en se référant à l'article L. 271-2 du Code de la construction et de l'habitation.
Le décret n° 2008-1338 du 16 décembre 2008 ne contenant plus aucune référence à un éventuel dépôt, il peut être soutenu qu'il n'est pas possible d'effectuer un versement lors de la conclusion de la promesse de vente.

Conseil pratique **En l'état du droit positif, il n'est nullement certain qu'un versement puisse être effectué dès la signature de la promesse de vente d'immeubles à rénover. Ainsi, le versement d'un dépôt lors de la conclusion de la promesse ne peut qu'être déconseillé.**

Pour aller plus loin

Formules
- JCl. Notarial Formulaire, V° Vente d'immeubles à rénover, fasc. 15, par J.-A. Casagrande et V. Zalewski-Sicard

Fiche pratique
- Fiche pratique n° 1807 : Rédiger une vente d'immeuble à rénover, par D. Boulanger

Commentaires
- JCl. Notarial Formulaire, Synthèse 1530 : Vente d'immeuble à construire et vente d'immeuble à rénover, par F. Magnin
- JCl. Notarial Formulaire, V° Vente d'immeubles à rénover, fasc. 8, par H. Perinet-Marquet

Promesse de vente d'un immeuble en Alsace-Moselle

535 Le droit local applicable en Alsace-Moselle contient une spécificité qui intéresse directement les contrats préparatoires à la vente d'immeuble. Cette spécificité apparaît à l'article 42 de la loi du 1er juin 1924 et s'applique dès lors que l'immeuble est situé dans l'un des trois départements suivants, indépendamment du lieu de résidence des parties : le Haut-Rhin, le Bas-Rhin et la Moselle.

I. Champ d'application

536 L'article 42 de la loi du 1er juin 1924 vise tout acte entre vifs, translatif ou déclaratif de propriété immobilière souscrit sous seing privé. Sont ainsi concernées par cette disposition tant les promesses synallagmatiques de vente que les promesses unilatérales de vente. Par contre, le pacte de préférence n'est pas concerné, puisque n'étant pas susceptible d'emporter transfert de propriété.

II. Obligation d'établir un acte notarié dans un délai de 6 mois

537 L'article 42 de la loi du 1er juin 1924 impose aux parties d'établir un acte notarié dans les 6 mois qui suivent la passation du contrat préparatoire. Lorsque l'une des parties refuse, l'autre doit effectuer une demande en justice, toujours dans les 6 mois suivant la passation de l'acte. Lorsqu'est en cause une promesse unilatérale de vente, le délai de 6 mois de l'article 42 de la loi du 1er juin 1924 ne court qu'à compter de la levée d'option.
Relativement à cette obligation, la Cour de cassation a apporté des **précisions** :

- le délai de 6 mois court toujours du jour de la passation de l'acte, ce même si le contrat contient des conditions suspensives *(Cass. 3e civ., 2 juill. 1970, n° 68-12.226 : Bull. civ. III, n° 456)* ;
- les parties ne peuvent modifier ce délai *(Cass. 3e civ., 10 mars 1999, n° 97-17.625 : JurisData n° 1999-000985 : Bull. civ. III, n° 60)* ;
- il n'est pas interdit aux parties de prévoir conventionnellement un délai de régularisation par acte authentique inférieur à 6 mois. La caducité, s'il n'y a pas eu régularisation dans le délai convenu, est alors un effet de la convention *(Cass. 3e civ., 23 mai 1991, n° 89-16.810 : Bull. civ. III, n° 147)*.

III. Sanction

538 Si les parties n'ont pas établi un acte notarié ou si l'une d'elles n'a pas agi en justice dans les 6 mois suivant la passation de l'acte, la sanction prévue par l'article 42 de la loi du 1er juin 1924, repris par l'article 1 de la loi n° 2002-306 du 4 mars 2002, est la caducité du contrat préparatoire.
La Cour de cassation a précisé que la sanction de la caducité ne concerne que l'acte portant transfert de droits immobiliers et n'affecte pas la clause pénale qui doit produire effet en cas de non-réitération de la vente en la forme authentique par suite de la défaillance fautive de l'une des parties *(Cass. 3e civ., 22 oct. 2014, n° 12-15.471. – Cass. 3e civ., 20 mai 2014, n° 13-11.734. – Cass. 2e civ., 6 juin 2013, n° 12-20.352 – Cass. 3e civ., 11 janv. 2011, n° 10-10.038 : JurisData n° 2011-004273 ; JCP N 2011, n° 27, 1212. – Cass. 3e civ., 9 juin 2010, n° 09-15.361 : JurisData n° 2010-009368 ; JCP N 2010, n° 29, 1248 ; Bull. civ. III, n° 114)*.

Pour aller plus loin

Commentaires

- JCl. Alsace-Moselle, fasc. 415, par R. **Mischler**

Contrat préliminaire de réservation

539 Le contrat préliminaire de réservation visé à l'article L. 261-15 du Code de la construction et de l'habitation est le seul contrat préparatoire à la vente d'immeuble à construire (vente en l'état futur d'achèvement et vente à terme) pouvant être conclu en secteur protégé, ce à peine de nullité. Rien n'interdit pour autant aux parties de conclure directement une vente d'immeuble à construire.
Il est soumis à une réglementation détaillée et impérative figurant dans les articles L. 261-15 et R. 261-11 et suivants du Code de la construction et de l'habitation *(CCH, art. L. 261-15 et R. 261-11).*
Des règles supplémentaires s'appliquent lorsqu'il est prévu que le réservataire se réserve l'exécution de travaux.
En secteur libre, c'est-à-dire dès lors que l'immeuble vendu n'est pas à usage d'habitation ou professionnel et d'habitation *(CCH, art. L. 261-10. - V. n°* ***3792*** *et s.)*, les parties peuvent choisir librement l'avant-contrat de vente.

I. Forme et contenu du contrat préliminaire

540 Exigence d'un écrit – Il s'agit d'une condition de validité du contrat *(CCH, art. R. 261-27)*. La forme authentique n'est pas requise. Un exemplaire doit être remis au réservataire avant tout dépôt de fonds.

541 Reproduction de textes – Le contrat préliminaire doit, sous peine de nullité, reproduire textuellement les articles R. 261-28 à R. 261-31 du Code de la construction et de l'habitation concernant le dépôt de garantie ainsi que les conditions de sa restitution éventuelle et la notification du projet d'acte de vente authentique.

542 Droit de rétractation – Le contrat préliminaire est soumis à l'application de l'article L. 271-1 du Code de la construction et de l'habitation *(V. n°* ***646*** *et s.)*. Ainsi, le réservataire bénéficie successivement de l'article L. 271-1 du Code de la construction et de l'habitation lors de la notification du contrat préliminaire de réservation et de l'article R. 261-30 du même code lors de la notification du projet d'acte.

> **Attention** La violation de l'article L. 271-1 du Code de la construction et de l'habitation lors de la conclusion du contrat préliminaire de réservation oblige à faire bénéficier l'acquéreur du délai de réflexion du même article lors de la conclusion de la vente *(Cass. 3e civ., 12 avr. 2018, n° 17-13.118, F-PBI : JurisData n° 2018-005747 ; Constr.-Urb. 2018, comm. 91, Ch. Sizaire ; Defrénois 28 juin 2018, n° 137w1, p. 31, obs. H. Périnet-Marquet ; Defrénois 12 juill. 2018, n° 138h9, p. 30, obs. S. Becqué-Ickowicz)*. En effet, la signature de l'acte de vente ne vaut pas renonciation à se prévaloir de la violation de l'article L. 271-1 du Code de la construction et de l'habitation lors de la conclusion du contrat préparatoire de la vente d'immeuble.

543 Description de la construction – Le contrat doit comporter des indications essentielles relatives à la consistance et la qualité de la construction *(CCH, art. L. 261-15, al. 2)*. L'article R. 261-25 du Code de la construction et de l'habitation précise à cet égard que :
- la surface habitable approximative de l'immeuble faisant l'objet de ce contrat, le nombre de pièces principales et l'énumération des pièces de service, dépendances et dégagements doivent être précisés ;
- s'il s'agit d'une partie d'immeuble, le contrat doit en outre préciser la situation de cette partie dans l'immeuble ;
- la qualité de la construction est établie par une note technique sommaire indiquant la nature et la qualité des matériaux et des éléments d'équipement. Si le contrat porte sur une partie d'immeuble, cette note technique doit contenir également l'indication des équipements collectifs qui présentent une utilité pour la partie d'immeuble vendue. Cette note technique doit être annexée au contrat.

Ces indications essentielles n'ont qu'un caractère général et prévisionnel. Le réservant peut donc changer les données initiales de l'opération de construction par rapport au descriptif du contrat préliminaire. Il peut aussi s'engager fermement dès la conclusion du contrat préliminaire de réservation sur la consistance et la qualité de la construction. En ce cas, il doit notifier au réservataire un projet d'acte conforme au contrat préliminaire de réservation.

544 Prix – Le prix au stade du contrat préliminaire est prévisionnel *(CCH, art. R. 261-26)* et peut donc évoluer. Rien n'interdit cependant au réservant de pratiquer un prix ferme et définitif dès la signature du contrat préliminaire. Doivent être également précisées les modalités de sa révision dans les limites et conditions prévues aux articles L. 261-11 et R. 261-15 du Code de la construction et de l'habitation.

545 Délai d'exécution des travaux – Le contrat préliminaire doit fournir cette indication qui donne au réservataire une idée de la date de livraison des locaux *(CCH, art. L. 261-15, al. 2)*. Il n'est pas nécessaire de prévoir une date précise et la référence à un trimestre suffit.

546 Date de conclusion de la vente – L'indication obligatoire de la date à laquelle l'acte authentique de vente pourra être conclu *(CCH, art. R. 261-26)* permet de déterminer le montant du dépôt de garantie qui peut être demandé au réservataire à la signature du contrat préliminaire.

547 Enregistrement – Le contrat préliminaire de réservation n'a pas à faire l'objet d'un enregistrement au titre de l'article 1589-2 du Code civil. En effet, la Cour de cassation retient qu'il ne s'agit pas d'une promesse unilatérale de vente *(Cass. 3e civ., 22 sept. 2009, n° 08-19.435)*.

548 Sanction – Lorsque le contrat préliminaire de réservation ne contient pas les éléments imposés par les articles L. 261-15 et R. 261-25 du Code de la construction et de l'habitation, il peut être annulé à la demande de l'acquéreur exclusivement *(Cass. 3e civ., 3 oct. 1974, n° 72-13.396 : JurisData n° 1974-098332 ; Bull. civ. III, n° 332 ; JCP 1975, II, 18021 bis, note B. Stemmer. – Cass. 3e civ., 26 sept. 2012, n° 11-16.425 : JurisData n° 2012-021547 ; Gaz. Pal. 2 mars 2013, n° 61, p. 43, obs. V. Zalewski-Sicard ; RD imm. 2013, p. 90, obs. O. Tournafond et J.-Ph. Tricoire)*.

Attention Lorsque le réservataire entend bénéficier au titre de son acquisition de la réduction d'impôt prévue à l'article 199 novovicies du Code général des impôts, selon le X bis de l'article précité, une estimation du montant des frais et commissions directs et indirects effectivement imputés ainsi que leur part dans le prix de revient doivent être communiquées à l'acquéreur lors de la signature du contrat préliminaire de réservation.

II. Obligations des parties au contrat préliminaire

1° Obligation du réservant

549 Détermination – L'article L. 261-15, alinéa 1er, du Code de la construction et de l'habitation disposant que, par la conclusion d'un contrat préliminaire, *le vendeur s'engage à réserver à un acheteur un immeuble ou une partie d'immeuble*, ne détermine pas avec précision l'obligation du réservant.

550 Priorité d'achat – Il s'agit de l'obligation minimum de nature essentiellement négative : celle de ne pas vendre les locaux à autrui sans les avoir précédemment proposés au réservataire. Elle correspond à l'engagement du réservant lorsque ce dernier ne s'est pas engagé au-delà de ce que prévoient les dispositions relatives au contrat préliminaire de réservation.

551 Engagement de vendre – Le réservant peut également contracter une obligation positive consistant dans un véritable engagement de conclure l'acte authentique de vente.

552 Notification du projet d'acte de vente – L'article R. 261-30 du Code de la construction et de l'habitation impose au réservant de notifier au réservataire un projet d'acte de vente. Ce projet d'acte doit être complet et correspondre en tous points à l'acte de vente qui sera signé *(Cass. 3e civ., 22 juill. 1987, n° 86-12.836 : JurisData n° 1987-001398 ; Bull. civ. III, n° 154)*. À compter de cette notification, le réservataire va bénéficier d'un délai réflexion de 30 jours au cours duquel l'acte de vente ne pourra être signé. Une fois cette notification effectuée, le réservataire peut renoncer au bénéfice de ce délai *(Cass. 3e civ., 12 mars 2003, n° 02-10.372 : JurisData n° 2003-018185 ; Bull. civ. III, n° 58. – P. Bonduelle et P. Lecoeur, Renonciation à l'article R. 261-30 du Code de la construction et de l'habitation et protection de l'acquéreur immobilier : JCP N 2003, 1573)*. Cette renonciation doit être expresse et peut être constatée dans l'acte de vente.

2° Obligation du réservataire

553 Absence d'obligation d'acquérir – Le réservataire ne contracte jamais l'obligation de conclure la vente de l'immeuble. S'il refuse sans cause licite, il perdra simplement le dépôt de garantie.

554 Dépôt de garantie – Le montant du dépôt de garantie dépend de la date prévue pour la signature de la vente définitive. Il ne peut excéder 5 % du prix prévisionnel de vente si le délai de réalisation ne dépasse pas un an et 2 % s'il ne dépasse pas 2 ans. Au-delà de cette durée, aucun dépôt de garantie ne peut être exigé *(CCH, art. R. 261-29)*.

555 Compte spécial – Le dépôt de garantie est fait à un compte spécial ouvert au nom du réservataire dans une banque ou un établissement spécialement habilité à cet effet ou chez un notaire. Les dépôts des réservataires des différents locaux composant un même immeuble ou un même ensemble immobilier peuvent être groupés dans un compte unique spécial comportant une rubrique par réservataire *(CCH, art. R. 261-29)*.

Attention Le réservant ne peut recevoir un chèque du réservataire au titre du dépôt de garantie. Une telle remise de chèque est susceptible d'entraîner la nullité du contrat *(Cass. 3e civ., 22 févr. 1995, n° 93-14.853 : JurisData n° 1995-000331 ; Bull. civ. III, n° 57)* et des sanctions pénales *(CCH, art. L. 263-1)*.

556 Sort du dépôt de garantie – Le sort du dépôt de garantie dépend de l'issue du contrat préliminaire. Si la vente est réalisée, son montant sera déduit du prix de l'immeuble exigible à cette date.
Si la vente n'est pas conclue du fait du réservant, le dépôt doit être restitué par ce dernier.
Lorsque le réservataire décide de ne pas signer l'acte authentique, il perd le dépôt de garantie sauf dans quatre hypothèses : s'il a exercé son droit de rétractation, en application de l'article L. 271-1 du Code de la construction et de l'habitation ; s'il peut invoquer un juste motif (*CCH, art. L. 261-15*) ; s'il n'a pas obtenu son crédit soumis aux dispositions du Code de la consommation (*CCH, art. L. 261-15*) ; si le réservant s'est engagé de façon ferme et définitive et ne propose pas de contrat conforme au contrat de réservation.

557 Justes motifs – Le réservataire peut refuser de signer l'acte authentique de vente et récupérer son dépôt de garantie s'il peut invoquer l'un des cinq justes motifs ci-dessous *(CCH, art. R. 261-31)* :
- si le contrat de vente n'est pas conclu du fait du vendeur dans le délai prévu au contrat préliminaire ;
- si le prix de vente excède de plus de 5 % le prix prévisionnel, révisé le cas échéant conformément aux dispositions du contrat préliminaire. Il en est ainsi quelles que soient les autres causes de l'augmentation du prix, même si elles sont dues à une augmentation de la consistance de l'immeuble ou à une amélioration de sa qualité ;
- si le ou les prêts prévus au contrat préliminaire ne sont pas obtenus ou transmis ou si leur montant est inférieur de 10 % aux prévisions dudit contrat ;
- si l'un des éléments d'équipement prévus au contrat préliminaire ne doit pas être réalisé ;
- si l'immeuble ou la partie d'immeuble ayant fait l'objet du contrat présente dans sa consistance ou dans la qualité des ouvrages prévus une réduction de valeur supérieure à 10 % *(Cass. 3e civ., 12 avr. 2012, n° 11-11.764 : JurisData n°2012-007096 ; Bull. civ. III, n° 57 ; RD imm. 2012, p. 346).*

558 Engagement ferme et définitif – Si le réservant s'est engagé de façon ferme et définitive lors de la signature du contrat préliminaire, il doit proposer la conclusion d'un contrat définitif conforme aux engagements pris dans le contrat préliminaire. S'il ne le fait pas, le réservataire peut demander la restitution du dépôt de garantie, sans avoir à invoquer l'un des justes motifs visés à l'article R. 261-31 du Code de la construction et de l'habitation *(Cass. 3e civ., 20 janv. 2015, n° 13-26.498 : Gaz. Pal. 3 mars 2015, n° 214v9, p. 29, obs. V. Zalewski-Sicard).*

559 Condition suspensive d'obtention du prêt – Le réservataire bénéficie de la condition suspensive légale de l'obtention des prêts, ainsi qu'il résulte des articles L. 261-15 du Code de la construction et de l'habitation et L. 313-41 du Code de la consommation *(V. n°* **734** *et s– V. Zalewski-Sicard, Encore du neuf dans la vente en l'état futur d'achèvement : JCP N 2011, 1214. – G. Durand-Pasquier, VEFA : La condition légale d'obtention d'un prêt s'applique à présent impérativement aux contrats de réservation : Constr.-Urb. 2011, alerte 95. – O. Tournafond, La condition suspensive d'obtention du prêt de la loi « Scrivener » bénéficie désormais au contrat préliminaire ! : RD imm. 2011, p. 400).*

560 Demande et délai de restitution – Le réservataire doit notifier sa demande de remboursement au vendeur et au dépositaire par lettre recommandée avec demande d'avis de réception. Sous réserve de la justification par le déposant de son droit à restitution, le remboursement intervient dans le délai maximum de 3 mois à dater de cette demande.
Lorsque le réservataire invoque la défaillance de la condition suspensive d'obtention du prêt de l'article L. 313-41 du Code de la consommation, il y a lieu de faire prévaloir ce dernier texte sur l'article R. 261-31 du Code de la construction et de l'habitation. Ainsi, le dépôt de garantie est immédiatement et intégralement remboursable sans retenue ni indemnité à quelque titre que ce soit.

III. Contrat préliminaire avec travaux réservés

561 Travaux réservés – Le contrat préliminaire peut prévoir qu'en cas de conclusion de la vente, l'acquéreur se réserve l'exécution de travaux de finition ou d'installation d'équipements qu'il se procure par lui-même (*CCH, art. L. 261-15*). La nature des travaux pouvant être laissés à la charge du réservataire sera précisée par voie réglementaire.

562 Clause en caractères très apparents – Le contrat comporte alors une clause en caractères très apparents stipulant que l'acquéreur accepte la charge, le coût et les responsabilités qui résultent de ces travaux, qu'il réalise après la livraison de l'immeuble.

563 Mentions supplémentaires – Le contrat préliminaire précise :
1° Le prix du local réservé mentionné au deuxième alinéa du I, décomposé comme suit :
a) Le prix de vente convenu ;

b) Le coût des travaux dont l'acquéreur se réserve l'exécution, ceux-ci étant décrits et chiffrés par le vendeur ;
c) Le coût total de l'immeuble égal à la somme du prix convenu et du coût des travaux mentionnés aux a et b du présent 1° ;
2° Le délai dans lequel l'acquéreur peut revenir sur sa décision de se réserver l'exécution des travaux réservés.

564 Renonciation du réservataire – Lorsque le réservataire renonce à réaliser lui-même ou à faire réaliser par un tiers les travaux réservés tout en concluant la vente, le vendeur est tenu d'exécuter ou de faire exécuter les travaux dont l'acquéreur s'était réservé l'exécution aux prix et conditions mentionnés au contrat préliminaire.

565 Entrée en vigueur – La possibilité de laisser des travaux à la charge du réservataire entrera en vigueur après parution du décret d'application en précisant les modalités (*CCH, art. L. 261-15*).

Pour aller plus loin

Revues

- D. Colas-Nuret, VEFA : la notification du projet d'acte : Nota-Bene, Cridon Sud-Ouest, n° 539, mai 2008, n° 134
- G. Durand-Pasquier, Loi Élan : incidences sur les contrats de vente d'immeubles existants et à construire : JCP N 2018, n° 51-52, 1370
- G. Durand-Pasquier, Les précisions du champ d'application du contrat et les nouveautés du contrat préliminaire : RD imm. 2012, p. 8
- O. Herrnberger, Le contrat préliminaire de la vente en état futur d'achèvement avec travaux dont l'acquéreur se réserve la réalisation : JCP N 2018, n° 51-52, 1371
- Ch. Sizaire, Adaptation des modalités de la vente en état futur d'achèvement : la vente en état futur d'inachèvement (VEFI) : Constr.-urb. 2019, étude 11
- V. Zalewski-Sicard, La protection de l'acquéreur d'un immeuble en l'état futur d'achèvement par le droit de la consommation : Gaz. Pal. 16 mai 2017, n° 294b0, p. 56
- V. Zalewski-Sicard, Vente en l'état futur d'achèvement : entre indépendance et interdépendance : JCP N 2017, n°37-38, 1261

CONTRATS PRÉPARATOIRES

Présentation générale

566 La promesse unilatérale d'achat fait partie des contrats préparatoires utilisés dans le cadre de la vente immobilière. Elle est cependant moins courante que les autres contrats préparatoires, au point que des confusions terminologiques peuvent apparaître *(Cass. com., 16 mai 2006, n° 05-15.897)*. Si son régime est pour une part importante identique à celui d'une promesse unilatérale de vente, elle présente néanmoins des différences conséquentes.
Tout comme pour la promesse unilatérale de vente, la promesse unilatérale d'achat doit être définie par rapport à l'article 1124 du Code civil selon lequel la promesse unilatérale est *le contrat par lequel une partie, le promettant, accorde à l'autre, le bénéficiaire, le droit d'opter pour la conclusion d'un contrat dont les éléments essentiels sont déterminés, et pour la formation duquel ne manque que le consentement du bénéficiaire*.
La promesse unilatérale d'achat peut être autonome ou accessoire à un autre contrat. Ainsi, elle peut être accessoire à un contrat de bail, le preneur s'engageant à acheter l'immeuble loué en cas de vente de celui-ci par le bailleur *(Cass. 3e civ., 26 mars 2008, n° 06-21.308)*.
Elle présente des utilités notamment lorsque le propriétaire-vendeur ne peut vendre sans obtenir une autorisation ou sans purger un droit de préemption *(P.- J. Meyssan et D. Radot, 99e congrès des notaires, 2003, La vente d'immeuble, Deuxième commission : Rapp. n° 2056 à 2072. – Sur ce constat, J.-M. Delpérier, obs. ss. CA Aix-en-Provence, 24 janv. 2017, n° 15/04975 : JCP N 2017, n °23, 1192. – J.-M. Plazy et Fl. Gémignani, Le logement de la personne vulnérable : JCP N 2012, n° 17, 1193. – F. Collard, L'autorisation du juge est insusceptible d'être érigée en condition suspensive : JCP N 2014, n° 47, 1337. – F. Vauvilé, Vente d'un immeuble en liquidation judiciaire : comment « purger » le droit de rétractation-réflexion de l'acquéreur ? : Defrénois 2015, p. 245. – M. Cazajus et B. Saintourens, La vente de l'immeuble par le particulier surendetté : l'exigence d'une autorisation préalable : Revue des juristes du Cridon Sud-Ouest 2016, n° 212, fiche 861. – M. Cazajus, La vente par le particulier surendetté : une nécessaire autorisation : LPA 21 avr. 2017, n° 80, p. 6)*.

Pour aller plus loin

Formules
- JCl. Notarial Formulaire, V° Avant-contrat, fasc. 65 et 67, par J.-M. Bez et J.-F. Pillebout
- JCl. Notarial Formulaire, V° Avant-contrat, fasc. 67-15, par F. Collard et J.-F. Pillebout
- JCl. Notarial Formulaire, V° Avant-contrat, fasc. 70, par J. Lafond
- JCl. Notarial Formulaire, V° Avant-contrat, fasc. 71, par J. Lafond et J.-F. Pillebout
- JCl. Notarial Formulaire, V° Avant-contrat, fasc. 75 et 77, par J.-M. Bez et J.-F. Pillebout
- JCl. Notarial Formulaire, V° Avant-contrat, fasc. 85, par J.-F. Pillebout

Fiche pratique
- Fiche pratique n° 2180 : Émettre et accepter une offre, par G. Picasso

Commentaires
- JCl. Notarial Formulaire, Synthèse 140 : Avant-contrat, dispositions communes, par S. Piedelièvre
- JCl. Notarial Formulaire, Synthèse 150 : Avant-contrat, dispositions spécifiques, par S. Piedelièvre
- JCl. Notarial Formulaire, V° Avant-contrat, fasc. 14, par J. Lafond, D. Lepeltier et V. Matet
- JCl. Notarial Formulaire, V° Avant-contrat, fasc. 16, par J. Lafond
- JCl. Notarial Formulaire, V° Avant-contrat, fasc. 20, 30, 40 et 50, par S. Piedelièvre
- JCl. Notarial Formulaire, V° Avant-contrat, fasc. 80, par J.-F. Pillebout

Revues
- J. Combret et A. Houis, Focus sur la représentation du mineur non émancipé : JCP N 2018, n° 50, 1360
S. Bertolaso, Définition et régime de la promesse unilatérale : Constr.-Urb. 2016, alerte 32
- F. Chénédé et O. Herrnberger, Les avant-contrats : JCP N 2017, n° 17, 1164
- G. Durand-Pasquier, Courte liste didactique des modifications portées par l'ordonnance réformant le droit des contrats : Focus sur la formation des contrats (1re partie : négociation, offre, acceptation, avant-contrats) : Constr.-Urb. 2016, alerte 48
- M. Mekki, Réforme des contrats et des obligations : la promesse unilatérale de contrat : JCP N 2016, act. 1071 ;
- Fiche pratique : la promesse unilatérale du contrat ou l'éloge de l'ombre : Gaz. Pal. 27 sept. 2016, n° 33, p. 17

Ouvrages
- O. Deshayes, T. Genicon et Y.-M. Laithier, Réforme du droit des contrats, du régime général et de la preuve des obligations : LexisNexis, 2e éd., 2018
- D. Mainguy, Les contrats préparatoires ; pacte de préférence et promesse unilatérale, in D. Mainguy (dir.), Le nouveau droit français des contrats, du régime général et de la preuve des obligations après l'ordonnance du 10 février 2016 : Montpellier, éd. dynamiques du droit, 2016, p. 63 s.
- M. Mignot, Le droit de la vente après l'ordonnance n° 2016-131 in Les contrats spéciaux et la réforme du droit des obligations, Vol. 34, (dir.) L. Andreu et M. Mignot : Institut universitaire Varenne, 2017
- J.-B. Seube et B. Savouré, La promesse unilatérale de vente, in Un an d'application de la réforme des contrats. Quel impact sur la pratique notariale ? ; Ed. Defrénois, 2017

Définition et distinction

I. Définition

567 La promesse unilatérale d'achat est l'engagement d'acheter par l'acquéreur éventuel sans que le propriétaire accepte de vendre.

Tout comme la promesse unilatérale de vente, la promesse unilatérale d'achat peut correspondre à un contrat unilatéral ou à un contrat synallagmatique. S'il est vrai que l'article 1589-1 du Code civil dispose qu'*est frappé de nullité tout engagement unilatéral souscrit en vue de l'acquisition d'un bien ou d'un droit immobilier pour lequel il est exigé ou reçu de celui qui s'engage un versement, quelle qu'en soit la cause et la forme* et qu'il est donc interdit d'exiger un versement de la part du promettant, il en va différemment pour le bénéficiaire de la promesse. En effet, ce dernier ne prend pas l'engagement d'acheter puisqu'il est en position de vendeur et, par conséquent, la prohibition de l'article 1589-1 du Code civil ne s'applique pas à son égard.

II. Distinction

568 La promesse unilatérale d'achat se distingue autant du pacte de préférence que de la promesse synallagmatique de vente :

- promesse unilatérale d'achat et pacte de préférence : le bénéficiaire du pacte de préférence ne s'engage pas à acheter l'immeuble si son propriétaire décide de le vendre tandis que le promettant d'une promesse unilatérale d'achat s'est engagé à acheter si le bénéficiaire de la promesse décide de vendre *(V. n° **158** et s.).*
- promesse unilatérale d'achat et promesse synallagmatique de vente : en présence d'une promesse unilatérale d'achat, le bénéficiaire de l'option n'a pas donné son consentement à la vente et ne le donnera peut-être jamais. La solution est autre lorsqu'il s'agit d'une promesse synallagmatique : promettant et bénéficiaire ont tous les deux consenti à la vente et la promesse peut d'ailleurs valoir vente, ainsi qu'il résulte de l'article 1589 du Code civil.

Dans certaines hypothèses, la distinction peut sembler moins évidente. C'est le cas lorsqu'outre une promesse unilatérale d'achat existe une promesse unilatérale de vente conclue entre les mêmes parties et dans les mêmes termes. En ce cas, l'existence d'une promesse synallagmatique de vente, voire d'une vente peut parfois être retenue *(Cass. com., 27 sept. 2017, n° 16-13.112 : JurisData n° 2017-018948. – Cass. com., 22 nov. 2005, n° 04-12.183 : JurisData n° 2005-030850 ; JCP E 2006, 1463, n° 11, note A. Constantin ; Bull. civ. IV, n° 234. – V. n° **213**, pour d'autres exemples).*

Pour aller plus loin

- S. Albrieux, La prohibition des offres d'achat en matière immobilière dans l'article 1589-1 du Code civil : un dispositif maladroit et inefficace : Contrats, conc. consom. 2006, étude 4
- P. Cornille, Protection de l'acquéreur immobilier : Constr.-Urb. 2001, comm. 7

Éléments de la promesse unilatérale d'achat

569 La promesse unilatérale d'achat d'un immeuble est celle par laquelle une personne s'engage envers une autre à acheter un immeuble dans l'hypothèse où le bénéficiaire de la promesse déciderait de le vendre.
Suivant l'article 1124 du Code civil, la promesse unilatérale d'achat doit contenir tous les éléments essentiels du contrat de vente pour la formation duquel il ne manque que le consentement du bénéficiaire. Ainsi, outre les éléments de tout contrat, la promesse unilatérale d'achat doit contenir ceux d'une vente, à savoir apporter toutes les précisions utiles sur le prix et l'immeuble vendu.
En outre, il y a lieu de préciser si une contrepartie à l'option sera due et la durée de la promesse.
En pratique, il est utile d'avoir recours à la promesse d'achat lorsque le propriétaire est placé sous un régime de protection nécessitant une autorisation judiciaire (tutelle, procédure collective, etc.) puisque celle-ci ne saurait être érigée en condition comme portant sur un élément essentiel à la formation du contrat.

I. Consentement

570 Comme tout contrat, la promesse unilatérale d'achat nécessite un accord de volontés. Celui-ci pourra éventuellement être annulé si l'une des parties peut établir que son consentement a été vicié *(V. n° **801** et s.)*.

II. Capacité et pouvoirs

A. – CAPACITÉ DU PROMETTANT

571 Déterminer les règles à respecter pour la conclusion d'une promesse unilatérale d'achat relativement à la capacité des parties nécessite de tenir compte tout à la fois de l'article 496 du Code civil et de son décret d'application.

572 Dispositions applicables – Pour la gestion des biens des mineurs et majeurs en tutelle, l'article 496 du Code civil précise que les actes d'administration sont relatifs à la gestion courante du patrimoine et que les actes de disposition engagent celui-ci de manière durable et substantielle. Il est ensuite renvoyé à un décret, correspondant au décret n° 2008-1484 du 22 décembre 2008 relatif aux actes de gestion du patrimoine des personnes placées en curatelle ou en tutelle, et pris en application des articles 452, 496 et 502 du Code civil. L'article 1er dudit décret précise la définition des actes d'administration qui sont *les actes d'exploitation ou de mise en valeur du patrimoine de la personne protégée dénués de risque anormal* alors que les actes de disposition, suivant l'article 2 du même décret, sont *les actes qui engagent le patrimoine de la personne protégée, pour le présent ou l'avenir, par une modification importante de son contenu, une dépréciation significative de sa valeur en capital ou une altération durable des prérogatives de son titulaire*.

573 Conclusion de la promesse – L'annexe 1, colonne 2, du décret n° 2008-1484 du 22 décembre 2008, vise tout à la fois l'acceptation par le vendeur d'une promesse d'acquisition et l'acceptation par l'acquéreur d'une promesse de vente, référence étant à chaque fois faite à l'article 1589 du Code civil.
Au regard de la lettre de l'annexe 1, il pourrait être discuté pour savoir si ladite annexe n'entend viser que les promesses synallagmatiques, à l'exclusion des promesses unilatérales, ou si, concernant les promesses unilatérales, elle vise uniquement la levée d'option.
Toutefois, les deux annexes du décret n° 2008-1484 du 22 décembre 2008 ne contiennent pas des listes exhaustives. Il faut donc en revenir à l'article 2 dudit décret dont il résulte qu'un acte qui engage le patrimoine de la personne protégée, pour le présent ou l'avenir, notamment par une altération durable des prérogatives de son titulaire, est un acte de disposition. Or, en signant une promesse unilatérale d'achat, le promettant consent d'ores et déjà à l'acquisition du bien. À son égard, la conclusion d'une promesse unilatérale d'achat peut donc, à notre sens, être qualifiée d'acte de disposition.

574 Décès du promettant avant la levée de l'option – Lorsque le décès du promettant survient entre la date de conclusion de la promesse et la levée de l'option et qu'il y a eu transmission universelle de la promesse, il n'y a pas lieu d'obtenir l'autorisation du juge des tutelles lorsque l'un des héritiers est mineur, le consentement du promettant ayant d'ores et déjà été donné définitivement *(Cass. 3e civ., 8 sept. 2010, n° 09-13.345 : JurisData n° 2010-015439 ; JCP N 2014, n° 47, 1337 ; Bull. civ. III, n° 153 ; RDC 2011/1, p. 57, obs. Th. Genicon ; ibid. p. 153, obs. Ph. Brun ; RDC 2010, p. 1179, obs. Mazeaud et Revet ; Defrénois 2010, 2123, obs. Aynès ; JCP G 2010, n° 43, 105 note Pillet ; JCP G 2011, 63, n° 3, obs. J. Ghestin ; Gaz. Pal. 2010, n° 335, 15, obs. Pignarre et n° 304, 14, obs. Houtcieff.* – V. sur les conséquences de la transmission de la promesse, *V. n° **636** et s.).*

575 Incapacité du promettant avant la levée de l'option – La capacité du promettant s'appréciant lors de la signature de la promesse, l'incapacité qui survient entre la promesse et la levée d'option est sans effet.

B. – CAPACITÉ DU BÉNÉFICIAIRE

576 Conclusion de la promesse sans versement – La promesse unilatérale d'achat n'oblige pas le bénéficiaire de la promesse à vendre l'immeuble. Elle devrait pouvoir être qualifiée d'acte d'administration au sens de l'article 496 du Code civil.

En effet, d'une part, l'annexe 1, colonne 2, du décret n° 2008-1484 du 22 décembre 2008, inclut dans les actes de disposition :

- la vente d'un immeuble ;
- l'acquisition d'un immeuble ;
- l'acceptation par le vendeur d'une promesse d'acquisition ;
- l'acceptation par l'acquéreur d'une promesse de vente, référence étant à chaque fois faite à l'article 1589 du Code civil.

Il peut être retenu que l'acceptation par le vendeur d'une promesse d'acquisition correspond à la levée d'option d'achat lorsqu'a été signée une promesse unilatérale d'achat (en ce sens *F. Collard, L'autorisation du juge est insusceptible d'être érigée en condition suspensive : JCP N 2014, n° 47, 1337)*. La conclusion d'une promesse unilatérale d'achat n'est donc pas visée par le décret précité.

D'autre part, puisque la conclusion d'une promesse unilatérale d'achat n'est pas spécifiquement visée dans les annexes 1 et 2 du décret n° 2008-1484 du 22 décembre 2008, il y a lieu de revenir à l'article 496 du Code civil. Et suivant ledit article, sont des actes de disposition ceux qui engagent la personne protégée de manière durable et substantielle. À cet égard, il ne peut qu'être considéré que tel ne sera pas le cas dès lors que la promesse unilatérale d'achat sera conclue pour une durée qui correspondra au délai prévisible de traitement de la requête, de son instruction et de l'expiration des délais de recours. La qualification d'acte d'administration semble donc devoir l'emporter sachant qu'une telle qualification ne met nullement à mal la protection de la personne protégée. En effet, la levée d'option ne pourra intervenir qu'après autorisation du juge des tutelles. Si cette autorisation n'est pas obtenue dans le délai fixé dans la promesse, celle-ci est frappée de caducité, sans qu'il n'en résulte nulle conséquence pour le patrimoine de la personne protégée.

577 Conclusion d'une promesse avec versement – Le bénéficiaire peut être tenu d'effectuer un versement, l'article 1589-1 du Code civil n'interdisant de versement que de la part de celui qui s'engage à acheter. En ce cas, s'il y a utilisation d'une somme d'argent qui correspond soit à des capitaux soit à des excédents de revenus, acte qualifié d'acte de disposition toujours suivant le décret n° 2008-1484 du 22 décembre 2008, c'est la **qualification d'acte de disposition** qui doit être retenue et les dispositions applicables aux actes de disposition qui devront être respectées suivant le régime de protection en cause *(V. n° **932** et s. – V. n° **957** et s.).*

578 Levée de l'option – La levée de l'option transforme le bénéficiaire de la promesse en un vendeur. Il ne fait pas de doute alors que l'acte doit être **qualifié d'acte de disposition**. Il faut donc appliquer, lors de la levée d'option, les dispositions relatives aux actes de disposition suivant le régime de protection en cause (sur une formule en cette hypothèse, *V. n° **604**).*

C. – PERSONNES MARIÉES OU PACSÉES

579 Bien commun – Lorsque les époux sont mariés sous le régime légal, que l'immeuble en cause est un bien commun, et que s'applique donc l'article 1424 du Code civil qui dispose que *les époux ne peuvent, l'un sans l'autre, aliéner ou grever de droits réels les immeubles, fonds de commerce et exploitations dépendant de la communauté, non plus que les droits sociaux non négociables et les meubles corporels dont l'aliénation est soumise à publicité. Ils ne peuvent, sans leur conjoint, percevoir les capitaux provenant de telles opérations*, la question se pose de savoir si le respect de l'article 1424 du Code civil s'impose *(V. n° **1070** et s.).*

Côté promettant, la réponse est négative puisque le promettant s'engage à acquérir. Or, les actes d'acquisition relèvent du régime de la gestion concurrente et donc de l'article 1421 du Code civil. Un époux commun en biens peut donc parfaitement acquérir seul un immeuble *(Cass. 1re civ., 5 avr. 1993, n° 90-20.491 : JurisData n° 1993-000761)*. Il demeure qu'il est débattu du point de savoir s'il peut également consentir seul à l'inscription d'une hypothèque ou du privilège du prêteur de deniers si l'époux finance l'acquisition au moyen d'un emprunt.

Conseil pratique **En pratique, la prudence commande d'obtenir le consentement du conjoint de l'époux acquéreur au moins pour la souscription de l'emprunt, du moins si le prêteur veut être assuré de la validité de la sûreté prise.**

Côté bénéficiaire, donc d'un époux qui s'engagerait relativement à un bien commun, la conclusion d'une promesse d'achat apparaît également correspondre à un acte relevant du domaine de la gestion concurrente, de l'article 1421 du Code civil. En effet, l'époux bénéficiaire d'une telle promesse conserve toute latitude pour le vendre à qui il souhaite. Il est vrai toutefois qu'il peut avoir été prévu le versement d'une somme d'argent acquise au promettant à défaut de levée d'option. Or, cette dette pèsera alors sur la communauté à titre définitif en application de l'article 1409 du Code civil.
Au regard d'un arrêt rendu par la première chambre civile le 20 novembre 2013, relativement à un contrat d'entremise comportant une clause pénale avec une solution pouvant être étendue à notre sens à une telle promesse unilatérale d'achat, il semblerait que pour autant, l'acte continuerait de relever de l'article 1421 du Code civil *(Cass. 1re civ., 20 nov. 2013, n° 12-26.128 : JurisData n° 2013-026114 : Bull. civ. I, n° 228 ; RDC 2014, p. 442, obs. C. Goldie-Genicon).*

580 Bien propre ou personnel – Lorsque le bien est propre ou personnel à l'un des époux, il ne fait pas doute qu'une promesse unilatérale d'achat puisse être conclue par l'époux seul, unique propriétaire.

581 Pacsés – Les partenaires d'un PACS conservent l'administration, la jouissance et la libre disposition de leurs biens personnels *(C. civ., art. 515-5).* Ils peuvent donc librement conclure une promesse d'achat *(V. n°* ***1014*** *et s.).*

III. Option du bénéficiaire de la promesse

582 Pour que la promesse puisse être qualifiée de promesse unilatérale d'achat, encore faut-il que le bénéficiaire de la promesse n'ait pas d'ores et déjà donné son consentement. Si tel est le cas, la promesse ne pourra être qualifiée de promesse unilatérale.

IV. Contenu

A. – CONTREPARTIE DE L'OPTION DU BÉNÉFICIAIRE

583 Prix de l'exclusivité – Le fait que le bénéficiaire de la promesse unilatérale d'achat soit le propriétaire du bien n'interdit pas de prévoir que celui-ci devra verser un certain montant s'il ne lève pas l'option.

584 Nature de l'indemnité – Suivant la Cour de cassation, dans le cadre d'une promesse unilatérale de vente, l'indemnité d'immobilisation, acquise au promettant en cas de défaut de réalisation de la vente, constitue le prix de l'exclusivité consentie au bénéficiaire de la promesse. Compte tenu de cette analyse, il est dès lors parfaitement possible de concevoir que le bénéficiaire de la promesse, propriétaire de l'immeuble, puisse être redevable également du prix de l'exclusivité accordée par le promettant :

- il en résulte que **les juges n'ont pas le pouvoir de l'écarter** en constatant que le promettant ne justifie pas du préjudice résultant de l'obligation de rechercher un nouvel acquéreur *(Cass. 1re civ., 5 déc. 1995, n° 93-19.874 : JurisData n° 1995-003515 ; Bull. civ. I, n° 452) ;*
- de cette qualification, il résulte également que la clause stipulant une indemnité d'immobilisation **ne peut être assimilée à une clause pénale**.

En effet, il ne s'agit pas avec une telle clause de sanctionner celui qui a manqué à une obligation contractuelle. En ne levant pas l'option prévue au contrat, le bénéficiaire ne manque pas à l'exécution du contrat. De ce qu'une telle clause ne peut être qualifiée de clause pénale, il résulte que le juge ne peut, par application de l'article 1231-5 du Code civil, modérer ou augmenter le montant de l'indemnité *(Cass. 3e civ., 30 avr. 2002, n° 00-16.422 : JurisData n° 2002-014133 : Bull. civ. III, n° 90. – Cass. 3e civ., 29 juin 1994, n° 92-19.645 : JurisData n° 1994-001252 : Bull. civ. III, n° 139).* Encore faut-il que la clause soit correctement intitulée *(Cass. 3e civ., 24 sept. 2008, n° 07-13.989 : JurisData n° 2008-045080 ; JCP G 2009, II, 1006, note Y. Dagorne-Labbe ; Constr.-Urb. 2008, comm. 174, n° 11, Chr. Sizaire ; Bull. civ. III, n° 139).*

585 Prix de l'exclusivité et qualification de la promesse – L'importance de l'indemnité d'immobilisation a pu conduire la Cour de cassation à nier l'existence d'une option et donc la qualification de promesse unilatérale de vente *(Cass. 3e civ., 31 mars 1981 : JurisData n° 1981-001059 ; Gaz. Pal. 1981, 2, pan. jurispr. p. 308).* La première chambre civile, cependant, après avis de la troisième chambre civile, a retenu que l'importance du « dépôt de garantie » n'influençait en rien la qualification de la promesse *(Cass. 1re civ., 1er déc. 2010, n° 09-65.673 : JurisData n° 2010-022545 ; JCP N 2010, n° 49, act. 869).* La jurisprudence ne semble pas fixée puisque le 26 septembre 2012, la troisième chambre civile a censuré un arrêt d'appel qui n'avait pas caractérisé le caractère excessif de l'indemnité d'immobilisation pouvant emporter requalification de la promesse unilatérale de vente en une promesse synallagmatique de vente *(Cass. 3e civ., 26 sept. 2012, n° 10-23.912 : JurisData n° 2012-021617)*. Cette jurisprudence est susceptible de s'appliquer à une promesse unilatérale d'achat si le bénéficiaire de la promesse doit verser un prix le privant économiquement de son option.

Conseil pratique **Afin d'assurer la qualification de la promesse, il peut être conseillé de fixer le prix de l'exclusivité en fonction de la durée de la promesse.**

586 **Moment du versement** – Il est préférable de prévoir le versement du prix dès la conclusion de la promesse unilatérale. En effet, le promettant risque sinon d'éprouver des difficultés à obtenir le versement de celle-ci par le bénéficiaire de la promesse qui ne souhaite pas vendre.

587 **Détention du prix de l'exclusivité** – Le prix sera versé à un séquestre conventionnel. En application des articles 1956 et 1960 du Code civil, le séquestre conventionnel pourra remettre les fonds correspondant au prix soit après accord des parties soit, en cas de litige, après que le juge ait indiqué à qui revenait l'indemnité d'immobilisation.

588 **Sort du prix de l'exclusivité** – Le sort du prix de l'exclusivité dépend du choix effectué par le bénéficiaire de la promesse unilatérale d'achat :

- **s'il choisit de lever l'option**, le prix de l'exclusivité ne pourra alors s'imputer sur le prix puisque celui-ci lui est dû. Il conviendra dès lors de prévoir la restitution de la somme versée au bénéficiaire-vendeur ;
- **s'il choisit de ne pas lever l'option**, la somme versée au titre du prix de l'exclusivité restera acquise au promettant.

B. – PRÉCISIONS RELATIVES AU PRIX

589 En vertu de l'article 1591 du Code civil, le prix de la vente doit être déterminé et désigné par les parties *(V. n° **2915** et s. - Cass. 3e civ., 4 oct. 1989, n° 88-10.753 : JurisData n° 1989-703204 ; Bull. civ. III, n° 184)*. Il peut cependant être laissé à l'estimation d'un tiers *(C. civ., art. 1592)* ou être simplement déterminable *(Cass. com., 24 nov. 2009, n° 08-21.369 : JurisData n° 2009-050549 ; Dr. sociétés 2010, comm. 21, n° 2, M.-L. Coquelet ; Bull. civ. IV, n° 151)*.

C. – PRÉCISIONS RELATIVES À L'IMMEUBLE

590 La levée de l'option par le bénéficiaire de la promesse entraînant formation de la vente, il y a lieu d'effectuer et/ou vérifier et/ou apporter toutes les précisions nécessaires sur :

- la nature de l'immeuble vendu *(V. n° **1608** et s. - V. n° **1635** et s. - V. n° **1636** et s.- V. n° **1637** et s. - V. n° **1717** et s. - V. n° **1730** et s. - V. n° **1736** et s. - V. n° **1737** et s. - V. n° **1738** et s. - V. n° **1771** et s.)* ;
- la détermination de l'immeuble vendu *(V. n° **1780** et s. - V. n° **1793** et s. - V. n° **1827** et s. - V. n° **1836** et s. - V. n° **1837** et s.- V. n° **1920** et s. - V. n° **1921** et s. - V. n° **1938** et s. - V. n° **1953** et s.)* ;
- un audit de l'immeuble vendu *(V. n° **1971** et s. - V. n° **1974** et s. - V. n° **1983** et s. - V. n° **2028** et s. - V. n° **2044** et s. - V. n° **2057** et s. - V. n° **2071** et s. - V. n° **2078** et s. - V. n° **2087** et s. - V. n° **2102** et s. - V. n° **2112** et s. - V. n° **2129** et s. - V. n° **2138** et s. - V. n° **2145** et s. - V. n° **2149** et s. - V. n° **2159** et s. - V. n° **2162** et s. - V. n° **2169** et s. - V. n° **2174** et s. - V. n° **2176** et s. - V. n° **2179** et s. - V. n° **2183** et s. - V. n° **2192** et s. - V. n° **2196** et s. - V. n° **2228** et s. - V. n° **2327** et s. - V. n° **2492** et s. - V. n° **2537** et s.)* ;
- la désignation de l'immeuble vendu *(V. n° **1780** et s.)* ;
- l'identification cadastrale (*V. n°* **1921** *et s.*) ;
- l'origine de propriété *(V. n° **2819** et s. - V. n° **2830** et s. - V. n° **2860** et s.)* ;
- l'aliénabilité de l'immeuble vendu *(V. n° **2819** et s. - V. n° **2830** et s. - V. n° **2860** et s.)* ;
- la contenance de l'immeuble vendu *(V. n° **1837** et s.)* ;
- l'environnement de l'immeuble vendu (*V. n°* **2578** *et s. - V. n°* **2658** *et s. - V. n°* **2733** *et s.*).

D. – PRÉCISIONS RELATIVES À LA VENTE À VENIR

591 La levée d'option entraînant formation de la vente, il est impératif de préciser à quel moment et sous quelles conditions les effets de celle-ci se produiront. Ainsi, il peut être prévu que :

- que le transfert de propriété et le transfert de jouissance n'interviendront qu'une fois le prix versé au notaire chargé de régulariser la vente *(V. n° **3270** et s.)* ;
- les effets de la vente ne se produiront qu'au jour de la réitération par acte authentique de la vente, celle-ci devant intervenir avant une date déterminée, date à partir de laquelle chaque partie pourra demander l'exécution forcée de la vente ou agir en résolution de la vente et en paiement de dommages et intérêts ;
- les conditions suspensives qui s'appliqueront au contrat de vente *(V. n° **3613** et s.)*.

CONTRATS PRÉPARATOIRES

E. – DURÉE DE LA PROMESSE UNILATÉRALE D'ACHAT

592 Terme extinctif – Il est conseillé d'insérer un terme extinctif pour éviter que la promesse ne puisse être résiliée par le promettant qu'après mise en demeure du bénéficiaire et expiration d'un délai raisonnable *(V. n° **3725** et s. – S. Pellet, Négociations et avant-contrat, in La réforme du droit des contrats en pratique, ss dir. M. Latina, p. 25, spéc. p. 35 : éd. Dalloz, 2017)*. Lorsque la promesse est établie par un agent immobilier, un terme extinctif doit obligatoirement être prévu et ce à peine de nullité *(L. n° 70-9, 2 janv. 1970, art. 7)*.

Conseil pratique **À cet égard, il ne peut qu'être conseillé de prévoir au moins deux termes extinctifs. Le premier sera relatif à la date à partir de laquelle l'option ne pourra plus être levée. Il sera alors précisé que si l'option n'est pas levée à l'arrivée de ce terme, la promesse sera caduque. À l'inverse, si l'option est levée avant l'arrivée de ce premier terme, la promesse continuera de produire effet jusqu'à un second terme avant l'arrivée duquel la signature de l'acte authentique constatant le caractère définitif de la vente, accompagnée du paiement du prix, devra avoir eu lieu. Il sera précisé relativement à ce second terme, qu'à l'issue de ce délai, chaque partie aura la possibilité d'agir en exécution forcée de la promesse, aucune des parties ne pouvant se prévaloir de la caducité de la promesse en raison de son refus de se rendre chez le notaire.**

593 Prorogation – La prorogation de la promesse peut prendre deux formes, étant ici rappelé que suivant l'article 1213 du Code civil, le contrat peut être prorogé si les contractants en manifestent la volonté avant son expiration :

- **la promesse unilatérale peut contenir une clause de prorogation** par laquelle les parties vont convenir que la promesse sera prorogée de telle durée à l'arrivée de son terme. La clause stipulera alors que la promesse sera prorogée, de plein droit, d'une durée déterminée. Une telle clause de prorogation de plein droit est pleinement efficace *(Cass. 3e civ., 17 juill. 1997, n° 95-19.222 : JurisData n° 1997-003365 ; Bull. civ. III, n° 173)* si elle est correctement rédigée *(Cass. 3e civ., 8 oct. 2003, n° 02-11.953 : Bull. civ. III, n° 176)* ;
- **la promesse unilatérale ne contient pas une telle clause**, les parties peuvent décider, par voie d'avenant, avant que la promesse ne soit arrivée à son terme, de proroger la durée de celle-ci et donc de convenir d'un terme extinctif à une date postérieure à celle du terme initialement prévu *(Cass. 3e civ., 23 mars 2017, n° 16-13.214 : JurisData n° 2017-009604)*.

Conseil pratique **En cas de prorogation de la durée d'une promesse contenant un délai pour la promesse et un délai plus conséquent pour la levée de l'option, il est nécessaire de préciser que les termes extinctifs tant de la levée d'option que de la promesse unilatérale sont reportés à des dates ultérieures à celles prévues au contrat *(Cass. 3e civ., 27 mars 2007, n° 06-12.319)*.**

594 Renouvellement – Les parties à une promesse unilatérale d'achat peuvent parfaitement décider de la renouveler. En ce cas et conformément à l'article 1214 du Code civil, le renouvellement donne naissance à un nouveau contrat dont le contenu est identique au précédent mais dont la durée est indéterminée. Les parties peuvent parfaitement déroger à l'article 1214 du Code civil et prévoir que le nouveau contrat sera à durée déterminée, ce qui apparaît préférable. Il est d'ailleurs tout à fait possible de prévoir dans la promesse une clause de renouvellement qui précisera tout à la fois le sort des pactes accessoires à la promesse et la durée de la nouvelle promesse.

595 Terme et conditions – Afin d'éviter toutes difficultés quant à l'interprétation de la promesse unilatérale, il est nécessaire de distinguer clairement les termes qui concernent la durée de la promesse, la date avant laquelle la levée d'option devra intervenir, la date avant laquelle, en cas de levée d'option, devra intervenir la réitération par acte authentique de la vente et la date avant laquelle devront être réalisées les conditions suspensives *(V. n° **3613** et s.)*.

Remarque Si la date avant laquelle les conditions suspensives doivent être réalisées est postérieure à la date à laquelle l'option doit être levée, le promettant accepte alors nécessairement que potentiellement, les conditions qui affectaient la promesse unilatérale d'achat affectent ensuite la vente si elles n'ont pas défailli ou ne se sont pas réalisées avant la levée de l'option.

Il ne peut, en outre, être que conseillé de bien distinguer entre les conditions devant jouer au stade de la promesse et celles relatives à la vente à venir, en cas de levée d'option.

596 Décès ou incapacité du promettant ou du bénéficiaire – Sauf clause contraire de la promesse, tant le décès que l'incapacité du promettant ou du bénéficiaire n'impactent pas la durée de la promesse *(V. n° **636** et s.)*. Ainsi et par exemple, les héritiers du promettant seront tenus de respecter ladite promesse *(Cass. 3e civ., 8 sept. 2010, n° 09-13.345 : JurisData n° 2010-015439 ; Bull. civ. III, n° 153 ; RDC 2011/1, 57, obs. Th. Genicon ; ibid. 153, obs. Ph. Brun ; RDC 2010, 1179, obs. Mazeaud et Revet ; Defrénois 2010, p. 2123, obs. Aynès ; JCP G 2010, note 1051, Pillet ; JCP G 2011, 63, n° 3, obs. J. Ghestin ; Gaz. Pal. 2010, n° 335, 15, obs. Pignarre et n° 304, 14, obs. Houtcieff, relativement au décès du promettant)*.

Formule – Durée de la promesse

Observation
Cette clause est extraite d'une formule du JurisClasseur *(JCl. Notarial Formulaire, V° Avant-contrat, fasc. 65, par J.-M. Bez et J.-F. Pillebout).*

Modalités de réalisation de la vente

La réalisation de la vente promise pourra être demandée par le bénéficiaire jusqu'au... inclusivement.

Pendant ce délai, le promettant ne pourra pas révoquer son engagement en application de l'article 1124 du Code civil.

Si le promettant vend le bien promis, en violation de la promesse de vente, à un tiers qui en connaissait l'existence, l'acte est nul et le bénéficiaire peut être substitué au tiers acquéreur.

Observation – Le délai doit être suffisant pour permettre l'accomplissement de toutes les conditions suspensives.

Si, passé ce délai le notaire soussigné (***ou*** : le promettant) n'a pas reçu, de la part du bénéficiaire, la déclaration d'intention d'acquérir l'immeuble ci-dessus désigné, la présente promesse sera caduque ; le promettant ne sera tenu de faire aucune mise en demeure, ni de remplir aucune formalité judiciaire.

Le bénéficiaire pourra lever l'option soit par acte d'huissier de justice, soit par lettre recommandée avec demande d'avis de réception, soit par écrit remis contre récépissé. L'écrit contenant la levée d'option devra être adressé ou remis au notaire soussigné (***ou*** : au promettant) et devra lui parvenir au plus tard le jour d'expiration du délai.

Pour être valable, la levée de l'option devra être accompagnée du versement par le bénéficiaire entre les mains du notaire chargé de dresser l'acte d'une somme suffisante pour assurer le paiement total du prix et des frais de la vente ; le montant de cette somme sera précisé par ledit notaire.

F. – CONDITIONS

597 Condition suspensive et promesse unilatérale – La promesse unilatérale d'achat peut être conclue avec une ou plusieurs conditions suspensives *(V. n° **3613** et s.).*

Exemple Ainsi et par exemple, il peut être prévu que la promesse est conclue sous condition suspensive d'obtention d'un prêt, condition qui résultera de la loi lorsque s'appliqueront les règles relatives au crédit immobilier figurant aux articles L. 313-1 et suivants du Code de la consommation, du moins si le promettant n'a pas déclaré qu'il financerait l'acquisition sans recourir à un emprunt *(V. n° **773** et s. – Cass. 3e civ., 29 janv. 2014, n° 12-28.836 : JurisData n° 2014-001036 ; JCP N 2014, n° 6, act. 256 ; JCP N 2014, n° 26, 1234, note S. Piedelièvre ; JCP N 2014, n° 30, 1255-27, obs. M. Mekki ; JCP N 2015, n° 24, 1186-17, obs. S. Piedelièvre ; Bull. civ. III, n° 14).*
De même, la promesse peut être conclue sous condition suspensive de délivrance d'une autorisation d'urbanisme.

Lorsque la condition défaille, la promesse est caduque et il n'y a plus alors de renonciation possible au bénéfice de la condition (*C. civ., art. 1304-4*). Il en résulte que le promettant n'est plus tenu par le consentement qu'il avait d'ores et déjà donné à l'acquisition et que le bénéficiaire ne peut plus lever l'option ou perd le bénéfice de la levée d'option effectuée avant la défaillance de la condition. La promesse étant caduque, le promettant doit restituer au bénéficiaire la somme correspondant au prix de l'exclusivité si celle-ci a été versée dès la conclusion de la promesse, sauf à établir que c'est le bénéficiaire qui a empêché la réalisation de la condition *(Cass. 3e civ., 9 mars 2017, n° 16-10.569. – Cass. 3e civ., 8 déc. 2016, n° 15-26.379. – Cass. 3e civ., 24 nov. 2016, n° 13-21.029. – Cass. 3e civ., 13 juill. 2016, n° 15-19.887).*

Lorsque la condition a été stipulée dans l'intérêt exclusif du bénéficiaire de la promesse unilatérale d'achat, seul celui-ci peut renoncer à la condition. L'article 1304-4 du Code civil précise que cette renonciation n'est possible que tant que la condition n'est pas accomplie ou n'a pas défailli. Rien n'interdit aux parties de prévoir dans la promesse la possibilité pour le bénéficiaire d'y renoncer, y compris après l'accomplissement ou la défaillance de la condition. Relevons que la Cour de cassation maintiendra peut-être sa jurisprudence par laquelle elle retient que seul le bénéficiaire de la condition peut se prévaloir de sa défaillance *(Cass. 3e civ., 8 juill. 2014, n° 13-17.386 : JurisData n° 2014-016441 ; JCP N 2015, n° 14, 1112, obs. M. Mekki ; JCP N 2015, n° 14, 1113, comm. F. Collard. – Cass. 3e civ., 20 juin 2006, n° 05-12.319 : JurisData n° 2006-034177 ; JCP N 2016, n° 9, 1090-24, obs. J. Payet).*

Lorsque la condition se réalise, le bénéficiaire, s'il n'a pas encore levé l'option, peut décider de le faire ou non. S'il a déjà levé l'option et que donc la promesse n'interdisait pas une telle levée avant la réalisation des conditions, le bénéficiaire ne peut plus revenir sur sa décision d'acquérir l'immeuble.

598 Condition suspensive et vente à venir – Si la promesse unilatérale d'achat peut incontestablement être soumise à des conditions suspensives, il peut également être prévu que la vente à venir, en cas de levée de l'option, sera elle-même soumise à des conditions suspensives. Les conditions peuvent d'ailleurs concerner tout à la fois la promesse unilatérale d'achat et la vente à venir. Il y aura lieu de bien distinguer entre les conditions devant jouer au stade de la promesse et celles relatives à la vente à venir, en cas de levée d'option.

599 Condition résolutoire – Si la promesse unilatérale d'achat peut être conclue sous condition suspensive, elle peut également être conclue sous condition résolutoire *(V. n° 3678 et s.)*. Elle produit alors immédiatement tous ses effets. Ainsi et par exemple :

- la promesse peut être conclue sous **condition résolutoire de décès du promettant** survenant avant la levée de l'option. Une telle condition empêche alors la transmission de la promesse aux héritiers du promettant lorsque l'option n'a pas été levée avant le décès du promettant ;
- de la même façon, il est possible de prévoir une **condition résolutoire de décès du bénéficiaire** survenant avant la levée de l'option. Cette fois-ci, ce sont les héritiers du bénéficiaire de la promesse qui ne se verront pas transmettre le bénéfice de la promesse.

600 Condition et renonciation – Qu'il s'agisse d'une condition suspensive ou d'une condition résolutoire, une partie est libre de renoncer à la condition stipulée dans son intérêt exclusif, tant que celle-ci n'est pas accomplie ou n'a pas défailli *(C. civ., art. 1304-4. - V. n° 3639 et s.)*. Ainsi, le bénéficiaire d'une promesse unilatérale d'achat qui renonce aux conditions suspensives stipulées dans son intérêt exclusif et qui lève l'option ensuite peut être condamné en exécution forcée de la vente (pour une promesse unilatérale de vente, *Cass. 3e civ., 12 nov. 2014, n° 13-24.337)*.

601 Condition et faculté de substitution – Lorsque la promesse contient tout à la fois des conditions et une faculté de substitution, il y a lieu de préciser comment cette faculté de substitution s'articule avec lesdites conditions. Ainsi, il peut être stipulé que soit les conditions joueront au profit du bénéficiaire initial et de toute personne s'y substituant, soit les conditions ne joueront qu'au profit du bénéficiaire initial. Bien entendu, il peut aussi être distingué suivant la condition en cause.

G. – PROCÉDURE

602 Modalités de levée de l'option – Lorsque des conditions de forme ont été prévues dans la convention et qu'un professionnel de l'immobilier ou du droit est chargé de recevoir l'acte et les documents relatifs à la levée de l'option, il est tenu de vérifier si le bénéficiaire de la promesse a bien respecté les conditions prévues dans la promesse et de l'avertir si tel n'est pas le cas que la levée d'option ne peut être considérée comme effective *(Cass. 3e civ., 27 oct. 2016, n° 15-25.949 : JurisData n° 2016-022551)*.

603 Délai de rétractation – Dès lors que l'immeuble est à usage d'habitation et que le promettant est un acquéreur non-professionnel, il y a lieu, dès la conclusion de la promesse, de respecter l'article L. 271-1 du Code de la construction et de l'habitation. Ainsi, le promettant pourra se rétracter pendant un délai de 10 jours à compter du lendemain de la première présentation de la lettre lui notifiant l'acte *(V. n° 646 et s.)*.

Par ailleurs, les parties ont la possibilité de prévoir dans la promesse un délai de rétractation en application de l'article 1122 du Code civil. Ce délai de rétractation peut être prévu tant au bénéfice du promettant qu'au profit du bénéficiaire de la promesse.

604 Délai et modalités de régularisation par acte authentique – Afin d'éviter que ne surgissent des difficultés après la levée de l'option, différentes précautions doivent être prises, tant dans l'intérêt du promettant que dans l'intérêt du bénéficiaire (V. par ex., le bénéficiaire d'une promesse unilatérale de vente confronté au refus du promettant de se rendre chez le notaire pour régulariser la vente : *Cass. 3e civ., 8 juill. 2014, n° 13-19.283)* :

- en premier lieu, un délai sera stipulé avant l'arrivée duquel le promettant devra remettre au notaire chargé d'établir l'acte authentique les fonds permettant le **paiement du prix et des frais** de la vente au notaire chargé de régulariser la vente ;
- en second lieu, il sera prévu un délai au cours duquel les parties devront se rendre chez le notaire pour procéder à la **régularisation de l'acte authentique**. Il sera également précisé qu'à l'issue de ce délai, chaque partie aura la possibilité d'agir en exécution forcée de la promesse, aucune des parties ne pouvant se prévaloir de la caducité de la promesse en raison de son refus de se rendre chez le notaire.

Formules – Observation

En pratique, il est utile d'avoir recours à la promesse d'achat lorsque le propriétaire est placé sous un régime de protection nécessitant une autorisation judiciaire (tutelle, procédure collective, etc.) puisque celle-ci ne saurait être érigée en condition comme portant sur un élément essentiel à la formation du contrat.
La requête sollicitant le juge à l'effet de former la vente, signée par le représentant du bénéficiaire, sera transmise au tribunal en même temps que la promesse par les soins du notaire soussigné. La formule ci-après ne reprend que les clauses particulières (sur celle-ci et son commentaire, *F. Collard : JCP N 2014, n° 47, 1337*).

Formule 1 – Modèle de promesse d'achat notariée

L'an deux mil...
Le...
À...
Me..., notaire à...
À reçu le présent acte contenant promesse unilatérale d'achat, à la requête de :
1°... (Identification du promettant)
Ci-après dénommé(e) « *Le promettant* ».
D'une part,
Et
2°... (Identification du bénéficiaire)
Représenté par :
M. (*ou* : Mme), son tuteur, désigné pour remplir ces fonctions aux termes d'une décision de M. (*ou* : Mme) le juge des tutelles du tribunal d'instance de..., en date du... (*ou* : par délibération du conseil de famille tenue sous la présidence de M. (*ou* : Mme) le juge des tutelles du tribunal d'instance de..., le...), ayant tous pouvoirs à l'effet de représenter M. (*ou* : Mme) et de signer seul la présente promesse en vertu des articles 504 du Code civil et 1er du décret n° 2008-1484 du 22 décembre 2008, s'agissant de la gestion et de la mise en valeur du patrimoine de la personne protégée dénuées de risque anormal.
Ci-après dénommé(e) « *Le bénéficiaire* ».
D'autre part.

Promesse unilatérale d'achat

M. (*ou* : Mme) promet à M. (*ou* : Mme) d'acquérir de ce dernier, qui accepte mais sans prendre l'engagement de vendre, au prix et aux conditions ci-après, l'immeuble (*ou* : les droits immobiliers) dont la désignation suit.

Désignation

[...]
V. JCl. Notarial Formulaire, V° Vente d'immeuble, fasc. 125, par J. Lafond.
Tel que ledit bien immobilier existe, sans exception ni réserve (ou : mais avec les réserves suivantes...).
Le promettant déclare avoir visité les lieux et dispense le bénéficiaire d'établir plus complètement la désignation et la consistance du bien vendu.

Situation de l'immeuble

[...]

Servitude (s)

[...]

Transfert de propriété – Entrée en jouissance

En cas de levée d'option, le transfert de propriété de l'immeuble objet de la présente promesse sera retardé à la date de signature de l'acte authentique de vente.
L'acquéreur en aura la jouissance à compter de la même date par la prise de possession du bien (ou si le bien est loué : par la perception des loyers. Les comptes de jouissance seront réglés au plus tard à la date de la signature de l'acte authentique de vente).

Prix

Si la vente se réalise, le prix sera de... euros (... €).
Il sera payé selon les modalités suivantes : (Indiquer les modalités de paiement).

Financement du prix

[...]

Charges et conditions

La vente, si elle a lieu, se réalisera sous les charges et aux conditions habituelles et en particulier celles ci-après :...
V. JCl. Notarial Formulaire, V° Avant-contrat, fasc. 65, par J.-M. Bez et J.-Fr. Pillebout.

Durée de la promesse

La présente promesse est consentie et acceptée en tant que promesse pour valoir à compter du...... pour expirer le... à dix-huit heures (la durée doit correspondre au délai prévisible de traitement de la requête, de son instruction et de l'expiration des délais de recours). Après cette date, elle sera automatiquement caduque sans qu'il soit besoin d'une mise en demeure ou d'une formalité judiciaire.
Il ne semble pas opportun de prévoir une durée indéterminée ; il est souhaitable que l'offre soit ferme et définitive. En offrant la possibilité à chacune des parties de rompre l'accord à tout moment, cela fragiliserait la promesse.

Droit d'option

M. (*ou* : Mme), bénéficiaire de la promesse, devra faire connaître son intention d'accepter l'offre d'acquisition émise par le promettant au plus tard avant l'expiration du délai fixé ci-dessus.
Pour être valable, elle doit être adressée par lettre recommandée avec demande d'avis de réception (***ajouter éventuellement*** : ou par remise en main propre contre récépissé ; ***et/ou*** : résulter de la volonté clairement exprimée du bénéficiaire par écrit) soit au promettant, soit au notaire soussigné. Si elle est transmise au promettant, une copie dudit courrier devra être envoyée au notaire soussigné.
Le bénéficiaire, pour mettre en œuvre son droit d'option, devra avoir été préalablement autorisé par le juge des tutelles. Toute acceptation avant cette formalité serait sans effet. Lors de l'envoi contenant acceptation de l'offre, le bénéficiaire devra y joindre la copie de l'ordonnance l'y autorisant ainsi que les certificats de notification et de non-recours. L'acceptation de l'offre par le bénéficiaire, une fois l'acte autorisé par voie de justice, rendra la vente parfaite.
En cas d'acception de l'offre d'achat avant la réalisation des conditions suspensives, la naissance des effets juridiques du présent accord resterait suspendue à la ou aux conditions pendantes.
Si la promesse n'a pas été acceptée par le bénéficiaire dans les délais impartis, elle sera réputée non avenue, comme n'ayant jamais existé.

Condition suspensive

La présente promesse unilatérale de contracter est consentie et acceptée sous réserve de la réalisation au plus tard le... (*ajouter éventuellement* : à l'exception de celle d'obtention du financement qui devra être réalisée au plus tard le...), des conditions suspensives ci-après stipulées dans le seul intérêt du promettant :...
(obtention des crédits sollicités, renseignements d'urbanisme, situation hypothécaire, etc.)
V. JCl. Notarial Formulaire, V° Avant-contrat, fasc. 65.

Réalisation des conditions suspensives

Si l'ensemble des conditions suspensives précitées se réalise avant la date du... et que l'option est levée dans les conditions ci-après, la vente sera formée et s'exécutera aux charges et conditions de la présente promesse.
La réalisation des conditions suspensives n'a pas pour effet de réaliser le transfert de propriété de l'immeuble objet de la promesse. Celui-ci s'opère dans les conditions ci-avant énoncées au paragraphe « Transfert de propriété-Entrée en jouissance ».
Les conditions sont stipulées en faveur de l'acquéreur éventuel. Il pourra renoncer à leur bénéfice tant que le délai de réalisation des conditions n'aura pas expiré et avant leur défaillance. Pour cela, il devra en informer le notaire soussigné par lettre recommandée avec demande d'avis de réception.
Le promettant et le bénéficiaire pourront se prévaloir des conséquences de la défaillance des conditions suspensives à l'exception de celle d'obtention d'un prêt. S'agissant de cette dernière, seul l'acquéreur-emprunteur pourra se prévaloir des conséquences juridiques de la défaillance. Le bénéficiaire de la condition pourra donc seul opposer la défaillance de celle-ci à des poursuites en exécution de la présente promesse. En revanche, le vendeur ne pourra exciper de cette défaillance pour échapper à d'éventuelles poursuites.
Toutefois, de manière générale, la condition sera réputée réalisée à l'égard de la partie qui a empêché sa réalisation ou qui a provoqué sa défaillance que ce soit par sa négligence ou sa faute.

Exécution de la vente

Si le bénéficiaire accepte l'offre d'achat et que l'ensemble des conditions suspensives se sont produites dans les formes et délais impartis, et sous réserve de l'exercice des droits de préemptions, la vente s'exécutera par la signature de l'acte authentique par-devant le notaire soussigné laquelle devra intervenir dans le délai maximum d'un mois à compter de la levée d'option ou de la réalisation de la dernière condition suspensive pendante si elle lui est postérieure.

Déclarations des parties

[...]

Exécution forcée en cas de défaillance

Le promettant consent de manière définitive à acquérir l'immeuble sus-désigné aux prix et conditions contenues dans le présent accord.
Sa rétractation au cours du délai d'option ne pourra pas faire échec à la formation du contrat promis, au cas où le bénéficiaire lèverait l'option avant l'expiration du délai fixé dans la présente promesse.
Si l'option est levée et que l'ensemble des conditions suspensives sont réalisées, les parties s'obligent à régulariser la vente par acte authentique devant le notaire soussigné.
En cas de refus de régulariser l'acte de vente par acte authentique, la partie victime de la défaillance pourra poursuivre l'exécution forcée de la promesse aux fins d'obtenir le constat judiciaire de la vente (***ajouter éventuellement*** : une astreinte à la charge du débiteur de... pour mille du prix d'acquisition par jour de retard).

Droit de réflexion

[...]

Signature de l'acte authentique

[...]

Frais

[...]
Dont acte, sur...pages

Formule 2 – Modèle de requête à présenter au juge des tutelles lorsque le vendeur est placé sous tutelle

M. (***ou*** : Mme) le juge des tutelles,
Je soussigné, M. (***ou*** : Mme), né (e) à...., le..., demeurant à...., agissant en qualité de tuteur de M. (***ou*** : Mme), né (e) à...., le..., demeurant à...., suivant une décision de M. (***ou*** : Mme) le juge des tutelles du tribunal d'instance de......, en date du... (***ou*** : par délibération du conseil de famille tenue sous la présidence de M. (***ou*** : Mme) le juge des tutelles du tribunal d'instance de..., le...), dont copie ci-jointe, ai l'honneur de vous exposer ce qui suit :
M. (***ou*** : Mme) est propriétaire d'un immeuble sis commune de..., rue..., cadastré section..., n°..., d'une contenance de....
Cet immeuble lui appartient comme suite à l'acquisition qu'il en a faite de..., aux termes d'un acte authentique de vente reçu par Me..., notaire à...., le..., dont une copie est ci-jointe (***ou*** : pour l'avoir reçu par succession...).
Compte tenu de... (***énoncer les motifs justifiant la vente du bien, par exemple son fonctionnement***), il serait sans doute souhaitable que M. (***ou*** : Mme) le vende.
À cet effet, M. (***ou*** : Mme), né(e) à...., le..., demeurant à...., aux termes d'une promesse unilatérale d'achat reçue en la forme authentique par Me..., notaire à...., en date du..., a formulé une offre ferme et irrévocable pendant une durée de... pour un montant de... euros (... €). Une copie authentique de l'acte est ci-jointe.
Vous trouverez également ci-joint deux avis de valeur rédigés par deux professionnels qualifiés. La première émane de M. (***ou*** : Mme) (Identification complète du professionnel) et la seconde de (Identification complète du professionnel).
Aussi, je sollicite par la présente votre autorisation à l'effet d'accepter l'offre émise par M. (***ou*** : Mme) au prix et conditions énoncées dans la promesse unilatérale d'achat susvisée, et partant me permettre de régulariser tout acte nécessaire à la réalisation de la vente.
Dans cette attente, et restant à votre entière disposition pour toute demande complémentaire,
Je vous prie de croire, M. (***ou*** : Mme) le juge des tutelles, en l'expression de mes sincères salutations distinguées.

PJ :... (***lister l'ensemble des pièces jointes à la requête***).

Formule 3 – Modèle de lettre de levée d'option

M. (ou : Mme) (identification d'usage dans les courriers).
LETTRE RECOMMANDÉE AVEC ACCUSÉ DE RÉCEPTION
À...., le...
Je soussigné(e), M. (ou : Mme), tuteur de M. (*ou* : Mme), agissant en représentation de ce dernier aux termes des pouvoirs qui me sont conférés, ai l'honneur de vous informer que M. (*ou* : Mme) le juge des tutelles de..., par voie d'ordonnance, en date du..., a autorisé la vente de l'immeuble sis... à votre profit au prix et conditions fixées dans la promesse unilatérale d'achat dressée par Me..., le....
En conséquence de quoi, j'ai le plaisir de vous indiquer que M. (*ou* : Mme) entend lever l'option de vente que vous lui avez consentie aux termes de la promesse susvisée.
J'ai contacté mon conseil, Me..., à l'effet de prendre contact avec le vôtre en vue de préparer l'acte authentique de vente et de fixer au plus vite un rendez-vous pour signatures et paiement du prix (cette phrase est à adapter selon la présence ou non d'un notaire en concours ou en participation).
Dans l'attente du plaisir de nous revoir en l'étude de Me..., veuillez agréer, M. (*ou* : Mme), l'expression de mes sincères salutations distinguées.

PJ : copie de l'ordonnance de M. (*ou* : Mme) le juge des tutelles autorisant la vente ainsi que les certificats de notification et de non-recours délivré par le greffe.
PS : une copie de ce courrier a été envoyée ce jour à Me...

Pour aller plus loin

Formules
- JCl. Notarial Formulaire, V° Avant-contrat, fasc. 65 et 67, par J.-M. Bez et J.-F. Pillebout
- JCl. Notarial Formulaire, V° Avant-contrat, fasc. 67-15, par F. Collard et J.-F. Pillebout
- JCl. Notarial Formulaire, V° Avant-contrat, fasc. 70, par J. Lafond
- JCl. Notarial Formulaire, V° Avant-contrat, fasc. 71, par J. Lafond et J.-F. Pillebout
- JCl. Notarial Formulaire, V° Avant-contrat, 75 et 77, par J.-M. Bez et J.-F. Pillebout
- JCl. Notarial Formulaire, V° Avant-contrat, fasc. 85, par J.-F. Pillebout
- JCl. Notarial Formulaire, V° Mineurs. Majeurs protégés, fasc. 235, 245, 725, par D. Montoux

Fiches pratiques
- Fiche pratique n° 2180 : Émettre et accepter une offre, par G. Picasso
- Fiche pratique n° 2217 : Acquisition d'un immeuble pour le compte d'un mineur, par J.-D Azincourt
- Fiche pratique n° 4038 : Acquisition d'un immeuble pour le compte d'un majeur vulnérable, par J.-D Azincourt
- Fiche pratique n° 2219 : Vente d'un immeuble par un majeur protégé, par B. Berthelet
- Fiche pratique n° 2605 : Vente d'un immeuble par un mineur, par B. Berthelet
- Fiche pratique n° 1723 : Rédiger une promesse unilatérale de vente d'immeuble, par M. Suquet-Cozic
- Fiche pratique n° 1672 : Rédiger un compromis de vente immobilière, par M. Suquet-Cozic

Ces deux dernières fiches pratiques comportent des modèles de lettre à adresser au vendeur et à l'acquéreur

Commentaires
- JCl. Notarial Formulaire, Synthèse 140 : Avant-contrat, dispositions communes, par S. Piedelièvre
- JCl. Notarial Formulaire, Synthèse 150 : Avant-contrat, dispositions spécifiques, par S. Piedelièvre
- JCl, Notarial Formulaire, V° Avant-contrat, fasc. 14, par J. Lafond, D. Lepeltier et V. Matet
- JCl. Notarial Formulaire, V° Avant-contrat, fasc. 16, par J. Lafond
- JCl. Notarial Formulaire, V° Avant-contrat, fasc. 20, 30, 40 et 50, par S. Piedelièvre
- JCl. Notarial Formulaire, V° Avant-contrat, fasc. 80, par J.-F. Pillebout
- JCl. Notarial Formulaire, V° Mineurs. Majeurs protégés, fasc. 200, 202, 710 par D. Montoux

Revues
- M. Cazajus et B. Saintourens, La vente de l'immeuble par le particulier surendetté : l'exigence d'une autorisation préalable : Revue des juristes du Cridon Sud-Ouest, juin 2016, n° 212, fiche 861
- M. Cazajus, La vente par le particulier surendetté : une nécessaire autorisation : LPA 21 avr. 2017, n° 80, p. 6
- F. Collard, L'autorisation du juge est insusceptible d'être érigée en condition suspensive : JCP N 2014, n° 47, 1337
- P. Cornille, Protection de l'acquéreur immobilier : Constr.-Urb. 2001, comm. 7
- J.-M. Plazy et Fl. Gémignani, Le logement de la personne vulnérable : JCP N 2012, n° 17, 1193
- M. Latina, Les clauses relatives aux conditions suspensive et résolutoire : JCP N 2016, n° 4, 114
- H. Périnet-Marquet, L'impact de la loi SRU sur la vente immobilière : JCP N 2001, n° 33, 533
- F. Vauvillé, Vente d'un immeuble en liquidation judiciaire : comment « purger » le droit de rétractation-réflexion de l'acquéreur ? : Defrénois 2015, p. 245
- H. Lécuyer, Crédit immobilier et droit patrimonial de la famille : LPA, 29 avr. 1998, n° 51 p. 21
- J.-L. Puygauthier, Cautionnement ou emprunt souscrit par un époux commun en biens : une jurisprudence bienveillante : Defrénois 2005, p. 1393

Ouvrages
- P.-J. Meyssan et D. Radot, 99e congrès des notaires, La vente d'immeuble 2003 – Deuxième commission : Rapp. n° 2056 à 2072
- J.-F. Pillebout et F. Collard, Le PACS : LexisNexis, 2016

Formalités

605 Établissement de la promesse unilatérale d'achat – La promesse unilatérale d'achat est un contrat consensuel et elle peut donc être établie, au choix des parties, soit par acte sous seing privé soit par acte authentique.

Conseil pratique L'établissement de la promesse unilatérale d'achat par acte authentique ne peut qu'être conseillé. L'intervention du notaire viendra renforcer l'efficacité de la promesse et diminuer les risques d'une annulation.

Par ailleurs, lorsque la promesse unilatérale d'achat correspond à un contrat synallagmatique, c'est-à-dire lorsque le bénéficiaire est tenu de verser un prix de l'exclusivité, et qu'elle est établie par acte sous signature privée, s'impose le respect de l'article 1375 du Code civil. Il en résulte que l'acte ne fait preuve que s'il a été fait en autant d'originaux qu'il y a de parties ayant un intérêt distinct, à moins que les parties ne soient convenues de remettre à un tiers l'unique exemplaire dressé. Chaque original doit mentionner le nombre des originaux qui en ont été faits.

L'exigence d'une pluralité d'originaux est réputée satisfaite pour les contrats sous forme électronique lorsque l'acte est établi et conservé conformément aux articles 1366 et 1367 du Code civil, et que le procédé permet à chaque partie de disposer d'un exemplaire sur support durable ou d'y avoir accès.

Il faut, en outre, remarquer que celui qui a exécuté le contrat, même partiellement, ne peut opposer le défaut de la pluralité d'originaux ou de la mention de leur nombre. Il en ira ainsi pour le bénéficiaire de la promesse qui aura versé le prix de l'exclusivité.

Un exemplaire supplémentaire est également nécessaire pour l'enregistrement de la promesse.

606 Honoraires de rédaction – Pour les actes ne donnant pas lieu à émolument, les notaires peuvent percevoir des honoraires *(V. n° 4314)*. Une lettre de mission doit alors être établie, afin de respecter l'article L. 444-1 du Code de commerce. Il n'est pas suffisant de mentionner seulement dans le contrat préparatoire le montant des honoraires.

Formule – Lettre de mission pour une vente d'immeuble

Exemple de lettre de mission
Destinataire
LETTRE DE MISSION POUR UNE VENTE D'IMMEUBLE
Madame, Monsieur,
Vous souhaitez nous confier la mission de vous accompagner dans l'acquisition d'un immeuble situé à...

Mission

Cette mission correspondra à :
– la rédaction de la promesse unilatérale d'achat et l'acte authentique de vente ;
– la collecte et l'analyse des documents nécessaires à la vente de l'immeuble et à la rédaction des actes ;
– l'accomplissement des formalités légales et administratives relatives à la vente de l'immeuble ;
– la fourniture de conseils sur l'opération envisagée.

Montant des honoraires proposés

Pour la réalisation de cette mission, le coût global serait de... € hors taxe au titre de l'article L. 444-1 du Code de commerce. À ce coût, s'ajoute la TVA au taux actuellement en vigueur soit un montant total TTC de... €.

Conditions

Le montant des honoraires a été déterminé en fonction de..., ce conformément à l'article L. 444-1 du Code de commerce.
Règlement des honoraires
La facture sera émise lors de la signature du contrat préparatoire et payable comptant.

Interlocuteur

Votre interlocuteur au sein de l'office pour la réalisation de cette mission sera :...

Acceptation

Nous vous remercions de nous faire part de votre accord en nous retournant un exemplaire revêtu de votre signature accompagné d'un acompte d'un montant de... TTC.
Cette somme sera acquise à l'office dans l'hypothèse où après avoir accepté la présente convention, son bénéficiaire déciderait de ne pas poursuivre son projet d'acquisition au titre des démarches d'ores et déjà effectuées par l'office.
Restant à votre disposition, recevez, Madame, Monsieur, nos meilleures salutations.
Fait à..., le...
Signature

607 Enregistrement de la promesse unilatérale d'achat – **Si la promesse unilatérale d'achat n'est pas constatée par un acte authentique** : elle n'a pas à être enregistrée, l'article 1589-2 du Code civil ne s'appliquant qu'aux promesses unilatérales de vente *(Cass. 3e civ., 18 mars 1975 : Bull. civ. III, n° 112)* ;

Si la promesse est établie par acte authentique : l'enregistrement de la promesse authentique n'est pas une condition de sa validité. L'obligation d'enregistrement résulte alors de la forme de l'acte qui la constate. En vertu du 1° du 1 de l'article 635 du CGI, les actes des notaires sont obligatoirement assujettis à l'enregistrement, quel que soit leur contenu. C'est donc en vertu de ce texte qu'il doit être procédé à l'enregistrement dans le délai d'un mois de la promesse unilatérale d'achat établie par acte authentique. Le droit fixe de 125 € est alors dû, en application de l'article 680 du CGI.

Pour aller plus loin

Formules
- JCl. Notarial Formulaire, V° Avant-contrat, fasc. 85, par J.-F. Pillebout

Fiches pratiques
- Fiche pratique n° 2180 : Émettre et accepter une offre, par G. Picasso

Commentaires
- JCl. Notarial Formulaire, V° Avant-contrat, fasc. 16, par J. Lafond
- JCl. Notarial Formulaire, V° Avant-contrat, fasc. 80, par J.-F. Pillebout

Revues
- N. Gonzalez-Gharbi, Les promesses unilatérales de vente et d'achat d'immeuble notariées sont enregistrées sur état : Constr.-Urb. 2016, comm. 112

Droits et obligations

I. Situation du promettant

1° Obligations de faire

608 La promesse unilatérale d'achat peut prévoir que le promettant sera tenu d'effectuer les démarches nécessaires à la réalisation des conditions suspensives s'appliquant au stade de ladite promesse *(V. n° **3613** et s. – V. n° **3704** et s.).*

2° Obligation générale d'information

609 En application de l'article 1112-1 du Code civil, le promettant est tenu d'une obligation générale d'information. Il doit, lorsqu'il connaît une information dont l'importance est déterminante pour le consentement de l'autre, l'en informer dès lors que légitimement, cette dernière ignore cette information ou fait confiance à son cocontractant.

3° Prohibition de tout versement

610 Issu de la loi SRU, l'article 1589-1 du Code civil dispose qu'*« est frappé de nullité tout engagement unilatéral souscrit en vue de l'acquisition d'un bien ou d'un droit immobilier pour lequel il est exigé ou reçu de celui qui s'engage un versement, quelles qu'en soit la cause et la forme »*.

La lecture des travaux préparatoires révèle relativement à cet article que le législateur entendait lutter contre des abus de propriétaires qui organisaient ainsi des enchères privées au moyen de la réservation d'un bien : « d'un point de vue économique, elle permet d'organiser des enchères sur la vente d'un bien et favorise la spéculation ; d'un point de vue juridique, il n'y a pas lieu d'exiger de celui qui s'engage unilatéralement un quelconque versement puisque, en contrepartie, le bien ne se trouve pas immobilisé, son propriétaire demeurant totalement libre d'en disposer » *(P. Charlier, 10 mai 2000 au Sénat).*

Remarque Il faut ici souligner que l'interdiction n'est pas limitée aux seuls acquéreurs non professionnels relativement aux immeubles à usage d'habitation.

Cette interdiction des promesses unilatérales d'achat avec versement n'affecte nullement les promesses d'achat sans versement. Elle apparaît à plus d'un titre contestable. En effet, il n'a pas été vu que la contrepartie exigée du bénéficiaire peut correspondre, comme dans une promesse unilatérale de vente, au prix de l'exclusivité accordée au bénéficiaire de la promesse unilatérale d'achat *(Cass. 1re civ., 5 déc. 1995, n° 93-19.874 : JurisData n° 1995-003515).* En outre, dès avant la réforme du droit des obligations par l'ordonnance du 10 février 2016, le promettant pouvait être condamné à verser des dommages et intérêts s'il violait l'engagement pris *(Cass. 3e civ., 6 nov. 2013, n° 12-21.843).* Une clause pénale pouvait également jouer *(Cass. 1re civ., 29 juin 2016, n° 15-22.923).*

Économiquement, en outre, il peut sembler plus indolore pour un promettant de signer une promesse d'achat s'il n'a pas à effectuer un versement dès la conclusion de la promesse que dans le cas inverse. Le promettant n'a pas nécessairement conscience qu'il peut être condamné à exécuter la promesse et donc potentiellement à verser des dommages et intérêts. La lutte contre la spéculation qu'entend faire le législateur n'est donc nullement efficace.

La réforme du droit des contrats spéciaux pourrait donc être l'occasion de supprimer cette interdiction. Ce n'est pas le choix qui a été fait dans l'avant-projet de réforme du droit des contrats spéciaux du 26 juin 2017 de l'association Henri Capitant. Il a été décidé de maintenir ladite interdiction en l'éclaircissant. En effet, un des reproches faits à l'article 1589-1 du Code civil est fondé sur l'utilisation des termes *engagement unilatéral* : faut-il comprendre que l'article 1589-1 du Code civil vise tout à la fois les offres d'achat et la promesse unilatérale d'achat ou seulement ces dernières ? Les travaux parlementaires permettent toutefois de considérer que tant l'offre que la promesse sont visées *(P. Jarlier, Avis de la Commission des lois du Sénat : doc. n° 307, ss art. 28, III. – P. Rimbert, Rapp. AN, n° 229 au nom de la Commission de la production et des échanges, ss art. 1598-1).* Le maintien de ces termes pourrait néanmoins poser difficulté avec la réforme du droit des obligations par l'ordonnance du 10 février 2016. En effet, le nouveau régime de l'offre laisse transparaître que l'offre ne correspondrait plus à un engagement unilatéral mais à un simple fait juridique (en ce sens : *O. Deshayes, T. Genicon et Y.-M. Laithier, Réforme du droit des contrats, du régime général et de la preuve des obligations, p. 141 : LexisNexis, 2e éd., 2018).* Dès lors, l'article 41 dudit avant-projet substitue aux termes « engagement unilatéral » ceux d'« offre ou toute promesse unilatérale d'achat ».

Si l'éclaircissement apparaît justifié, il est nécessaire d'aller plus loin et de supprimer ladite interdiction. En effet, avant la réforme du droit des obligations, le promettant pouvait être condamné à verser des dommages et intérêts en cas de manquement à son engagement. Après la réforme, le bénéficiaire de la promesse peut non seulement exiger des dommages et intérêts mais également, en application du second alinéa de l'article 1124 du Code civil, exiger l'exécution forcée en nature de la promesse unilatérale d'achat, la révocation de la promesse pendant le temps laissé au bénéficiaire pour opter n'empêchant pas la formation du contrat.

En conclusion, qu'il y ait eu versement ou non, l'objectif économique poursuivi par le législateur, lutter contre la spéculation, si tant est que telle soit bien la fin visée par le bénéficiaire de la promesse ou de l'offre dans une telle hypothèse, ne peut être évité par cette seule interdiction. Autant dès lors la supprimer.

II. Situation du bénéficiaire

1° Versements

611 **Contrepartie d'une faculté de dédit** : Le bénéficiaire de la promesse n'a nul besoin d'une clause de dédit puisqu'il peut décider de vendre ou de ne pas vendre. Pour autant, une fois levée l'option, une telle faculté de dédit peut trouver un intérêt et elle peut parfaitement être prévue par les parties. Cette faculté peut être prévue moyennant une contrepartie. C'est alors la somme versée au titre du prix de l'exclusivité qui remplira cette fonction. Ainsi, si le vendeur décide d'exercer sa faculté de dédit, il perdra la somme versée.
Arrhes : *A priori*, le bénéficiaire de la promesse n'a aucun intérêt à verser une somme représentative d'arrhes. En effet, celles-ci permettent à celui qui les a versés de sortir du contrat en perdant la somme versée. Or, le bénéficiaire de la promesse peut ne pas lever l'option et ainsi ne pas acquérir l'immeuble. Toutefois, il peut être concevable de prévoir tout à la fois le versement d'arrhes et le versement du prix de l'exclusivité. Le bénéficiaire de la promesse pourrait alors sortir de la promesse en perdant les arrhes et en conservant le montant du prix de l'exclusivité. Pour qu'une telle stipulation présente un intérêt, cela suppose bien entendu que le montant des arrhes soit moins élevé que celui du prix de l'exclusivité. Il faut ici souligner que l'article 1590 du Code civil n'est pas applicable à une promesse unilatérale d'achat, ledit article ne visant que les promesses de vendre.

2° Obligations de faire

612 Lorsque la promesse d'achat a été conclue sous condition suspensive, la réalisation de ces conditions peut nécessiter l'accomplissement de démarches de la part du bénéficiaire de la promesse *(O. Herrnberger, Et si l'on repensait le tandem promesse de vente/vente ? : JCP N 2017, n° 8, act. 261. – G. Durand-Pasquier, Les clauses directives : JCP N 2015, n° 21, 1162. – V. Forti, La réalisation fictive de la condition, p. 31, in Le nouveau régime général des obligations, ss. dir. L. Andreu et V. Forti : Dalloz, 2016. – B. Freleteau, Devoir et incombance en matière contractuelle, t. 576 : LGDJ, 2017. – V. n°* ***3613*** *et s. – V. n°* ***3704*** *et s.).*

Exemple Il en va ainsi, par exemple, lorsque la promesse est soumise à la condition suspensive d'obtention d'une autorisation administrative (permis de construire, etc.). En ce cas, le bénéficiaire doit effectuer les démarches nécessaires en vue d'obtenir celle-ci.

613 **Obligation générale d'information** – Le bénéficiaire de la promesse, tout comme le promettant, est tenu d'une obligation générale d'information, en vertu de l'article 1112-1 du Code civil.

614 **Obligations particulières d'information** – Il peut toujours être envisagé de prévoir le respect des obligations particulières d'information dès la conclusion de la promesse. Il faut toutefois relever, par exemple, que l'article L. 271-4 du Code la construction et de l'habitation ne vise que les promesses de vente.

3° Levée de l'option

615 **Forme** – La forme de la levée d'option doit être précisée dans la promesse unilatérale d'achat (lettre simple, lettre recommandée avec accusé de réception, etc.).

Remarque Il peut être prévu que la levée d'option résultera soit de la signature de l'acte authentique de vente, soit qu'elle prendra une autre forme, comme, par exemple, l'établissement d'un acte authentique par le notaire chargé de procéder à la régularisation de la vente.

À défaut, la levée d'option peut intervenir sans avoir à respecter un quelconque formalisme et donc notamment sous forme orale *(Cass. 3e civ., 19 déc. 2012, n° 08-14.225 : JurisData n° 2012-030341 ; Bull. civ. III, n° 199 ; JCP N 2013, n° 12, 1059 ; Defrénois 2013, p. 351, obs. Y. Dagorne-Labbé)* ou en raison de l'encaissement du prix de vente par le bénéficiaire de la promesse d'achat *(Cass. 3e civ., 1er juin 2017, n° 15-12.911 et 15-13.261).*

Conseil pratique **Toutefois, afin d'éviter toute contestation sur l'effectivité de la levée de l'option, il ne peut qu'être conseillé de se réserver la preuve d'une telle levée d'option, même en l'absence d'exigence du respect d'une forme particulière.**

Lorsque des conditions de forme ont été prévues dans la convention et qu'un professionnel de l'immobilier ou du droit est chargé de recevoir l'acte et les documents relatifs à la levée de l'option, il est tenu d'informer le bénéficiaire de la promesse sur le respect des conditions prévues dans la promesse *(Cass. 3e civ., 27 oct. 2016, n° 15-25.949 : JurisData n° 2016-022551).*
Enfin, précisons que le promettant peut toujours renoncer à se prévaloir de la condition de forme prévue dans la promesse et accepter de prendre en compte la levée d'option du bénéficiaire *(Cass. 1re civ., 24 nov. 1965 : Bull. civ. I, n° 652).*

CONTRATS PRÉPARATOIRES

616 Lieu d'envoi de l'acte de levée de l'option – Ce lieu doit être précisé dans la promesse. Il peut également être précisé que si l'une des parties venait à changer d'adresse pendant la période de validité de la promesse, elle sera tenue d'en informer l'autre partie et que cette dernière devra alors faire parvenir tous les échanges à la nouvelle adresse. Faute d'avoir pris une telle précaution, les parties ne pourront se plaindre d'un envoi à une ancienne adresse *(Cass. 3e civ., 4 juill. 1990, n° 89-10.249 : JurisData n° 1990-702305 ; Bull. civ. III, n° 169).*

Conseil pratique **Afin d'éviter les difficultés liées aux changements d'adresse de l'une des parties pendant la période de validité de la promesse, il peut être conseillé de préciser dans l'acte les conséquences de tels changements sur les notifications devant être réalisées.**

617 Date à partir de laquelle l'option peut être levée – Les parties à la promesse unilatérale d'achat peuvent prévoir que le bénéficiaire de l'option ne pourra lever celle-ci avant une certaine date, en recourant à un terme suspensif, ou avant l'arrivée d'événements déterminés.

De même, lorsque la promesse unilatérale d'achat est conclue sous condition suspensive, il peut être précisé que l'option devra être levée dans un délai déterminé à compter de la réalisation de la ou des conditions suspensives *(Cass. 3e civ., 24 févr. 1999, n° 97-15.683 : JurisData n° 1999-000780 ; Bull. civ. III, n° 53 ; D. 2000, p. 38, note I. Najjar. – Cass. 3e civ., 24 juin 1998 : Bull. civ. III, n° 139).*

Il est également possible aux parties de prévoir que la levée d'option, avant réalisation des conditions suspensives, vaudra renonciation au bénéfice de celles-ci, ainsi que l'autorise l'article 1304-4 du Code civil.

618 Date à partir de laquelle l'option ne peut plus être levée – La date à laquelle l'option ne pourra plus être levée efficacement peut correspondre au terme extinctif de la promesse unilatérale d'achat. Une date antérieure au terme extinctif peut également être retenue. Dans tous les cas, il n'y a pas d'obligation pour le promettant de mettre en demeure le bénéficiaire de la promesse de prendre parti *(Cass. 3e civ., 19 oct. 1971, n° 70-11.165 : JurisData n° 1971-000499 : Bull. civ. III, n° 499).*

La solution est différente lorsque la promesse ne contient pas de date limite de levée d'option. En ce cas, il appartient au promettant de mettre en demeure le bénéficiaire de prendre parti dans un délai raisonnable *(Cass. 3e civ., 24 avr. 1970, n° 68-10.536 : JurisData n° 1970-098279 ; Bull. civ. III, n° 279).*

619 Date certaine de levée de l'option – Dès lors que la promesse unilatérale d'achat n'en dispose pas autrement, l'acte sous seing privé qui constate la levée de l'option est opposable au promettant même s'il n'a pas date certaine.

En effet, l'article 1377 du Code civil a vocation à protéger un tiers à la relation contractuelle contre un mensonge de cocontractants quant à la date de l'acte sous seing privé. Dès lors, l'acte n'a, à l'égard des tiers, date certaine que du jour où il a été enregistré, du jour de la mort d'un signataire, ou du jour où sa substance est constatée dans un acte authentique. Il en résulte que l'article 1377 du Code civil n'est pas applicable dans les relations entre promettant et bénéficiaire d'une promesse unilatérale d'achat. Ainsi, le promettant ne peut opposer au bénéficiaire que l'acte de levée d'option n'a pas date certaine *(Cass. 3e civ., 24 mars 1993, n° 91-14.080).* Il ne pourrait en aller différemment que si les parties avaient convenu qu'un tel acte devrait avoir date certaine pour être opposable au promettant.

Pour ce qui est des tiers et de l'acte de levée d'option, s'applique par contre, pour les raisons indiquées précédemment, l'article 1377 du Code civil. Il en résulte que la date apparente, c'est-à-dire celle figurant dans l'*instrumentum*, est inopposable aux tiers lorsqu'elle fait l'objet d'une contestation et qu'aucun autre moyen de preuve ne vient corroborer la date de l'acte. Ce n'est donc que si l'un des événements visés à l'article 1377 du Code civil s'est produit que l'acte acquiert date certaine, date qui ne peut plus alors être remise en cause par les tiers. La date de l'acte correspondra alors à l'une des trois dates évoquées par l'article 1377 du Code civil : celle du jour de l'enregistrement de l'acte, du décès de l'une des parties ou du jour où sa substance est constatée dans un acte authentique *(Cass. 3e civ., 20 déc. 2000, n° 99-12.391 : JurisData n° 2000-007485 : Bull. civ. III, n° 195).*

620 Levée de l'option et condition suspensive – Lorsque la condition suspensive défaille, la promesse est caduque. Il en résulte que le promettant n'est plus tenu par le consentement qu'il avait d'ores et déjà donné à la vente et que le bénéficiaire ne peut plus lever l'option ou perd le bénéfice de la levée d'option effectuée avant la défaillance de la condition. La promesse étant caduque, le promettant doit restituer au bénéficiaire le prix de l'exclusivité si celui-ci a été versé dès la conclusion de la promesse.

621 Levée de l'option et décès ou incapacité du promettant – Le décès ou l'incapacité du promettant après la conclusion de la promesse et avant la levée de l'option est sans conséquence car le promettant a définitivement consenti à acheter *(Cass. 3e civ., 8 sept. 2010, n° 09-13.345 : JurisData n° 2010-015439 ; Bull. civ. III, n° 153 ; RDC 2011/1, 57, obs. Th. Genicon ; ibid. p. 153, obs. Ph. Brun ; RDC 2010, p. 1179, obs. Mazeaud et Revet ; Defrénois 2010, 2123, obs. Aynès ; JCP G 2010, note 1051, Pillet ; JCP G 2011, 63, n° 3, obs. J. Ghestin ; Gaz. Pal. 2010, n° 335, 15, obs. Pignarre ; Gaz. Pal. 2010, n° 304, 14, obs. Houtcieff).*

L'article 1124 du Code civil qui, en son premier alinéa, précise qu'il ne manque au contrat final que le consentement du bénéficiaire de la promesse renforce une telle jurisprudence.

622 Levée de l'option et bénéficiaire, commun en biens – Le fait que l'époux bénéficiaire ayant conclu la promesse unilatérale d'achat soit marié sous un régime communautaire conduit à considérer que la vente du bien commun ne pourra être effectivement conclue que si, et seulement si, le conjoint du bénéficiaire consent également à la vente, en application de l'article 1424 du Code civil.

4° Refus de levée de l'option

623 Absence de faute – Le bénéficiaire de la promesse unilatérale d'achat n'étant pas tenu de vendre l'immeuble, il ne peut être considéré comme fautif lorsqu'il choisit de ne pas procéder à la vente au bénéficiaire de la promesse *(Cass. 3e civ., 29 juin 2011, n° 10-12.171).*

La Cour de cassation a par ailleurs été conduite à préciser que ne commet pas de faute, le bénéficiaire de la promesse unilatérale de vente qui ne notifie pas au promettant son abandon du projet et laisse passer le délai ultime de réalisation de la vente par acte authentique *(Cass. 3e civ., 11 mai 2006, n° 05-12.629 : JurisData n° 2006-033532 ; Bull. civ. III, n° 123 ; JCP N 2006, n° 24, act. 419 ; JCP N 2007, 1157, obs. S. Piédelièvre).*

A priori, s'agissant de la promesse unilatérale d'achat, il pourrait également être retenu que le bénéficiaire de la promesse peut céder son immeuble à un tiers sans avoir à en informer le promettant.

624 Sort du prix de l'exclusivité – La somme correspondant au prix de l'exclusivité revient exclusivement au promettant. Toutefois, il en va différemment chaque fois que l'absence de levée de l'option ne résulte pas d'un choix du bénéficiaire de la promesse mais d'un manquement du promettant à ses obligations.

Pour aller plus loin

Formules
- JCl. Notarial Formulaire, V° Avant-contrat, fasc. 85, par J.-F. Pillebout

Fiche pratique
- Fiche pratique n° 2180 : Émettre et accepter une offre, par G. Picasso

Commentaires
- JCl. Notarial Formulaire, V° Avant-contrat, fasc. 16, par J. Lafond
- JCl. Notarial Formulaire, V° Avant-contrat, fasc. 80, par J.-F. Pillebout

Revues
- J. Bellon, La loi SRU et les engagements unilatéraux : JCP N 2001, n° 49, p. 1772
- M. Poumarède, La vente immobilière au prise de l'avant-projet de réforme du droit des contrats spéciaux : RDI 2017, p. 560
- V. Zalewski-Sicard, L'avant-projet de réforme du droit des contrats spéciaux : vente immobilière et responsabilités des constructeurs : Constr.-Urb. 2017, alerte 73

Sanctions

I. Exécution forcée en nature de la promesse

625 Inefficacité de la rétractation du consentement à l'achat – Mettant fin à la jurisprudence de la Cour de cassation admettant la prise en compte de la rétractation du consentement à la vente du promettant et l'impossibilité d'obtenir l'exécution forcée de la promesse *(Cass. 3e civ., 16 juin 2015, n° 14-14.758. – Cass. 3e civ., 12 juin 2013, n° 12-19.105 : JurisData n° 2013-011989. – Cass. 3e civ., 15 déc. 1993, n° 91-10.199 : JurisData n° 1993-002405 ; Bull. civ. III, n° 174)*, le nouvel article 1124 du Code civil dispose que *« la révocation de la promesse pendant le temps laissé au bénéficiaire pour opter n'empêche pas la formation du contrat promis »*.
Ainsi, en dépit de la révocation de la promesse par le promettant, le bénéficiaire peut lever l'option après cette manifestation de volonté du promettant et demander l'exécution forcée du contrat. Lorsque la révocation de la promesse intervient après la levée d'option, la révocation est toute aussi inefficace que dans l'hypothèse précédente (de surcroît, du fait de la levée d'option, le contrat de vente est formé).

626 Demande d'exécution forcée en nature – Le bénéficiaire de la promesse peut dès lors agir en justice en vue d'obtenir la constatation de la formation du contrat et l'exécution forcée de celui-ci. Le jugement constatera donc la vente et opérera transfert de propriété. Le bénéficiaire de la promesse peut toutefois préférer à une telle exécution forcée de la promesse l'octroi de dommages et intérêts et/ou la mise en jeu d'une clause pénale *(Cass. 1re civ., 29 juin 2016, n° 15-22.923)*.

627 Clause dérogatoire – L'article 1221 du Code civil et l'article 1124 du Code civil n'étant pas des dispositions d'ordre public, il est possible aux parties d'exclure l'exécution forcée en nature de la promesse unilatérale. La clause contenant une telle exclusion doit alors être claire et précise, et le bénéficiaire de la promesse doit conserver la possibilité d'obtenir des dommages et intérêts *(Ph. Delebecque, L'articulation et l'aménagement des sanctions de l'inexécution du contrat : Dr.& patr. juin 2016, p. 62. – Ch. Gijsbers, Négocier, promettre et vendre l'immeuble après l'ordonnance du 10 février 2016 : Bull. Cridon Paris, 15 sept. 2016, n° 18, p. 6. – O. Deshayes, Th. Genicon et Y.-M. Laithier, Réforme du droit des contrats, du régime général et de la preuve des obligations, p. 552 : Lexisnexis, 2e éd., 2018)*.

628 Clause d'exécution forcée – *A priori*, une clause d'exécution forcée ne semble plus nécessaire à la bonne exécution de la promesse unilatérale. En effet, l'alinéa 2 de l'article 1124 du Code civil permet d'assurer celle-ci au bénéficiaire de la promesse. Toutefois, la question est posée de savoir si le promettant ne pourrait invoquer le nouvel article 1221 du Code civil et soutenir, une fois l'option levée, qu'il résulterait de l'exécution de la promesse une disproportion manifeste entre son coût pour le débiteur et son intérêt pour le créancier.

Conseil pratique **Pour éviter ce risque, il peut être inséré dans la promesse une clause précisant que le promettant ne pourra se prévaloir des exceptions à l'exécution en nature prévues par l'article 1221 du Code civil (sur cette recommandation : *O. Herrnberger, Réforme du droit des contrats : NVP, Cahier pratique 320, sept./oct. 2016, p. 7*).**

II. Nullité du contrat conclu en violation de la promesse unilatérale d'achat

629 Contrat conclu en violation de la promesse unilatérale d'achat – Le contrat conclu en violation de la promesse unilatérale d'achat peut être tout contrat qui empêche le promettant de respecter ses obligations telles que prévues conventionnellement.

630 Conditions – Pour que la nullité du contrat conclu en violation de la promesse unilatérale d'achat puisse être prononcée, encore faut-il établir que le tiers ait eu connaissance de l'existence de la promesse, ainsi qu'il résulte du dernier alinéa de l'article 1124 du Code civil.

Remarque Il est, par contre, contrairement à ce qui est retenu par l'article 1123 du Code civil pour le pacte de préférence, totalement indifférent de savoir si le tiers connaissait ou pas l'intention du bénéficiaire de la promesse de lever l'option.

La tâche du bénéficiaire de la promesse, pour obtenir la nullité du contrat conclu en violation de la promesse d'achat, est donc plus simple que celle du bénéficiaire d'un pacte de préférence.

Attention Il n'en demeure pas moins que c'est au bénéficiaire de la promesse d'établir que le tiers avait connaissance de ladite promesse. Cette connaissance, comme pour le pacte de préférence, doit exister au jour où le contrat est conclu entre le promettant et le tiers et non seulement au jour où il y a réitération par acte authentique du contrat *(Cass. 3e civ., 25 mars 2009, n° 07-22.027 : JurisData n° 2009-047548 ; Bull. civ. III, n° 68 ; JCP N 2009, n° 15-15,* act. 305 *; JCP N 2010, n° 1, 1001-8, obs. S. Piedelièvre).*

631 Caractères – Suivant l'article 1179 du Code civil, *la nullité est absolue lorsque la règle violée a pour objet la sauvegarde de l'intérêt général. Elle est relative lorsque la règle violée a pour seul objet la sauvegarde d'un intérêt privé. A priori*, la nullité prévue par l'article 1124 du Code civil est une nullité relative dès lors qu'il s'agit uniquement de protéger l'intérêt du bénéficiaire de la promesse. Son régime relève ainsi de l'article 1181 du Code civil, dont il résulte que seul le bénéficiaire de la promesse pourra l'invoquer.

632 Effets – Le contrat conclu par le tiers est annulé et les choses doivent donc être remises en l'état, en application des articles 1352 à 1352-9 du Code civil. Le bénéficiaire de la promesse peut soit lever l'option s'il ne l'a déjà fait, avant ou après la violation de la promesse, s'il est toujours dans les délais pour le faire, soit demander l'exécution forcée de la promesse d'achat.

III. Responsabilité

633 Responsabilité contractuelle – En cas de manquement du promettant à la promesse d'achat, le bénéficiaire peut choisir de ne pas agir en exécution forcée de la promesse ou en nullité du contrat conclu en violation de la promesse et réclamer simplement des dommages et intérêts au promettant *(Cass. 3e civ., 6 nov. 2013, n° 12-21.843. – V. Zalewski-Sicard, L'avant-projet de réforme du droit des contrats spéciaux : vente immobilière et responsabilités des constructeurs : Constr.-Urb. 2017, alerte 73, n° 11).* Il n'a d'ailleurs pas d'autre choix lorsque le tiers ne connaissait pas l'existence de la promesse unilatérale, le contrat conclu avec le tiers ne pouvant alors être annulé.

634 Clause pénale – Est-il possible d'insérer une clause pénale venant sanctionner la rétractation du promettant ? S'il est traditionnellement considéré qu'une telle clause a pour objet de sanctionner le manquement à une obligation contractuelle, pour autant, son application peut être plus large. En effet, l'article 1231-5 du Code civil précise que le contrat peut stipuler que celui qui manquera d'exécuter le contrat paiera une certaine somme à titre de dommages et intérêts. Or, le promettant, en ne respectant pas la promesse, manque d'exécuter celle-ci. Une clause pénale peut donc parfaitement être prévue pour l'hypothèse d'un manquement au respect de la promesse unilatérale d'achat. Le bénéficiaire pourra alors réclamer le montant de l'indemnité prévue contractuellement.

635 Responsabilité extracontractuelle – Le bénéficiaire d'une promesse unilatérale d'achat peut agir en responsabilité extracontractuelle contre le tiers ayant participé à la fraude ayant entraîné la violation de la promesse.

Transmission

I. Transmission à titre particulier

636 Cession de dette – Comme tout contractant, le promettant d'une promesse unilatérale d'achat peut céder sa dette. Il convient qu'à cette occasion soient respectés :

- l'article 1327 du Code civil qui précise que la cession ne peut intervenir qu'avec l'accord du créancier, la cession devant être constatée par écrit, à peine de nullité ;
- l'article 1327-1 du même code qui précise que cet accord peut être donné par avance ou lors de la cession de la dette. Lorsque l'accord a été donné par avance et que le créancier n'est pas intervenu à la cession, elle ne peut lui être opposée et il ne peut s'en prévaloir que du jour où la cession lui a été notifiée ou dès qu'il en a pris acte.

637 Cession de créance – Comme tout contractant, le bénéficiaire d'une promesse unilatérale d'achat peut céder sa créance. Cette cession suppose alors qu'elle intervienne à l'occasion de la vente de l'immeuble, l'acquéreur devenant titulaire du droit d'option. Il convient qu'à cette occasion soient respectés :

- l'article 1322 du Code civil suivant lequel la cession de créance doit être constatée par écrit, à peine de nullité ;
- l'article 1324 du même code suivant lequel, si la cession n'a pas été notifiée au débiteur ou s'il n'en a pas pris acte, celle-ci lui est inopposable.

638 Clause de substitution – Les parties, pour éviter d'avoir à respecter les articles 1322 et 1324 du Code civil, peuvent insérer dans la promesse unilatérale d'achat une clause de substitution.

Rappelons ici que lorsque la promesse unilatérale de vente contient une clause de substitution au profit des bénéficiaires, cette substitution n'est pas qualifiée par la Cour de cassation de cession de créance et n'emporte donc pas obligation d'accomplir les formalités prévues à l'article 1690 du Code civil, désormais celles prévues aux articles 1322 et 1324 du Code civil *(Cass. 3e civ., 12 avr. 2012, n° 11-14.279 : JurisData n° 2012-006959 ; Bull. civ. III, n° 60. – Cass. 3e civ., 1er avr. 1987, n° 86-15.838 : JurisData n° 1987-799659 ; Bull. civ. III, n° 68)*.

Il est possible que la Cour de cassation retienne une solution identique si elle avait à se prononcer sur ce point pour une clause de substitution contenue dans une promesse unilatérale d'achat. Il demeure que la clause de substitution pourrait désormais être considérée comme emportant cession de contrat au sens de l'article 1216 du Code civil, auquel cas elle se verrait appliquer le régime de celle-ci.

639 Cession de la promesse – Le bénéficiaire d'une promesse d'achat peut céder la promesse à l'occasion de la vente de l'immeuble visé par celle-ci, cette cession se traduisant suivant l'article 1216 du Code civil, par une substitution de contractant, le cessionnaire devenant partie au contrat cédé.

La question est dès lors posée de la similarité entre la clause de substitution et la cession de contrat. Elle n'est guère évidente. Une partie de la doctrine retient d'ailleurs que la distinction n'a pas lieu d'être et que, par conséquent, il conviendrait de qualifier la substitution de cession de contrat *(R. Boffa, Les clauses relatives aux opérations translatives : JCP N 2016, n° 13, 1115. – G. Chantepie, L'application dans le temps de la réforme du droit des contrats : AJC, oct. 2016, p. 3, 2e col. – M. Mekki, Réforme des contrats et des obligations : la promesse unilatérale de contrat : JCP N 2016, n° 40, act. 1071. – E. Frémeaux et M. Julienne, La circulation des obligations issues du contrat : JCP N 2017, n° 17, 1166. – C. Lisanti, La clause de substitution dans les contrats préparatoires : clause de cession de contrat ? : JCP N 2017, n° 39, 1270)*.

640 Formalités et cession de la promesse – Quoi qu'il en soit, lorsqu'une cession de promesse intervient, il y a lieu à nouveau de respecter les articles 1216 et suivants du Code civil. La cession doit dès lors être établie par écrit, ce à peine de nullité, l'accord du cédé doit être obtenu, accord qui peut être donné par avance *(C. civ., art. 1216)*.

Conseil pratique **Il peut être stipulé dans la promesse unilatérale d'achat que la cession de la promesse devra donner lieu à l'établissement d'un acte authentique. En ce cas, l'obligation d'enregistrement résulte de la forme de l'acte qui la constate. En vertu du 1° du 1 de l'article 635 du CGI, les actes des notaires sont obligatoirement assujettis à l'enregistrement, quel que soit leur contenu. C'est donc en vertu de ce texte qu'il doit être procédé à l'enregistrement dans le délai d'un mois de la cession de la promesse unilatérale d'achat établie par acte authentique.**

641 Cession de promesse et sort du prix de l'exclusivité – Si le bénéficiaire de la promesse a versé une somme correspondant au prix de l'exclusivité lors de la conclusion de la promesse, il y a lieu de prévoir le sort de celle-ci lors de la cession de la promesse. Les précisions doivent dès lors être apportées tant dans les rapports entre le vendeur et les parties à l'acte de substitution qu'entre les parties à l'acte de substitution.

Exemple Il peut, par exemple, être prévu que ladite somme ne sera pas restituée par le promettant, celle-ci étant restituée en cas de levée d'option au nouveau bénéficiaire, et que, outre le prix de cession, le cessionnaire versera au cédant l'équivalent du montant du prix de l'exclusivité.

642 **Cessions prohibées** – Il n'est nullement interdit aux parties à une promesse unilatérale d'achat de stipuler que le bénéficiaire ne pourra ni céder sa créance ni céder le contrat (en ce sens, pour la cession de créance seulement, *V. M. Julienne, Le régime général des obligations après la réforme, n° 155 et n° 367 : LGDJ, 2e éd., 2018. –* Pour la cession de créance et la cession de contrat, *V. O. Deshayes, Th. Genicon et Y.-M. Laithier, Réforme du droit des contrats, du régime général et de la preuve des obligations, p. 524 et 732)* ou bien encore, de prévoir que la cession ne pourra intervenir qu'au profit de personnes déterminées.

II. Transmission à titre universel

643 **Décès du promettant ou du bénéficiaire** – La promesse ne s'éteignant pas par le décès de l'une des parties au contrat, sauf clause contraire, il en résulte que les héritiers de chacune d'entre elles demeurent tenus par ladite promesse *(Cass. 3e civ., 8 sept. 2010, n° 09-13.345 : JurisData n° 2010-015439 ; Bull. civ. III, n° 153 ; RDC 2011/1, 57, obs. Th. Genicon ; ibid. 153, obs. Ph. Brun ; RDC 2010, 1179, obs. Mazeaud et Revet ; Defrénois 2010, 2123, obs. Aynès ; JCP G 2010, note 1051, Pillet ; JCP G 2011, 63, n° 3, obs. J. Ghestin ; Gaz. Pal. 2010, n° 335, 15, obs. Pignarre et n° 304, 14, obs. Houtcieff, relativement au décès du promettant).*

644 **Date de la promesse** – L'article 1377 du Code civil relatif à la date certaine des actes sous seing privé, ne peut être invoqué par les successibles de l'une des parties. En effet, l'article 1377 du Code civil a vocation à protéger un tiers à la relation contractuelle contre un mensonge de cocontractants quant à la date de l'acte sous seing privé. Dès lors, l'acte n'a, à l'égard des tiers, date certaine que du jour où il a été enregistré, du jour de la mort d'un signataire, ou du jour où sa substance est constatée dans un acte authentique. Il en résulte que l'article 1377 du Code civil ne peut être invoqué notamment par le légataire universel de l'un des contractants qui n'est pas un tiers, au sens de l'article précité *(Cass. 3e civ., 18 déc. 2002, n° 00-19.371 : JurisData n° 2002-017034 : Bull. civ. III, n° 270).* Ainsi, la date de la promesse correspond à la date portée par l'*instrumentum*, puisqu'il a pour les parties la même force que l'acte authentique.

Pour aller plus loin

Formules
- JCl. Notarial Formulaire, V° Avant-contrat, fasc. 67, 117, par J.-F. Pillebout

Fiche pratique
- Fiche pratique n° 2176 : Insérer une faculté de cession de contrat dans une promesse de vente, par Ch. Guilloteau-Palisse

Commentaires
- JCl. Notarial Formulaire, Synthèse 140 : Avant-contrat, dispositions communes, par S. Piedelièvre
- JCl. Notarial Formulaire, Synthèse 150 : Avant-contrat, dispositions particulières, par S. Piedelièvre
- JCl. Notarial Formulaire, V° Avant-contrat, fasc. 30, par D. Mazeaud et S. Piedelièvre
- JCl. Notarial Formulaire, V° Avant-contrat, fasc. 102, par J. Lafond

Revues
- F. Favennec-Héry, La date certaine des actes sous seing privé : RTD civ. 1992, p. 1
- B. Sousi-Roubi, Variations sur la date : RTD civ. 1991, p. 69

Ouvrages
- W. Dross, Dictionnaire des clauses ordinaires et extraordinaires des contrats de droit privé interne, V° Substitution : LexisNexis, 3e éd., 2016

Protection de l'acquéreur

Julien Laurent
Maître de conférences, Université Toulouse Capitole, membre de l'IEJUC

Présentation générale

645 La loi n° 2000-1208 du 13 décembre 2000 relative à la solidarité et au renouvellement urbains (dite loi SRU) a inséré au sein du Code de la construction et de l'habitation (CCH) un dispositif spécial de « protection de l'acquéreur immobilier » (désormais Titre IV du CCH) qui vise à garantir l'intégrité du consentement de l'acquéreur non-professionnel d'un bien immobilier. Ce dispositif s'articule autour de deux axes : le premier consiste dans l'octroi de **délais de rétractation et de réflexion** permettant à l'acquéreur de mûrir son consentement définitif ; le second vise à **limiter les versements de sommes d'argent**.

Pour aller plus loin

- J.-L. Bergel, La protection de l'acquéreur immobilier : Dr. & patr. 2002, n° 109, p. 54
- D. Boulanger : L'article L. 271-1 du Code de la construction et de l'habitation et le terrain à bâtir hors-jeu : JCP N 2001, act. 1767 ; L'application dans l'espace de l'article L. 271-1 du Code de la construction et de l'habitation : JCP N 2001, 1696
- M. Dagot, La protection de l'acquéreur immobilier et l'article 72 de la loi SRU : JCP N. 2001, 912
- P. Pelletier, La protection nouvelle de l'acquéreur immobilier : Defrénois 2001, n° 4/01, art. 37307
- M. Poumarède, Les contrats de construction et le droit de la consommation : RDI 2017, p. 8

Délai de rétractation et délai de réflexion

I. Champ d'application de la protection

646 **Droit spécial et droit commun** – Aux termes de l'article 1122 du Code civil, le contrat peut prévoir un **délai de réflexion** (délai avant l'expiration duquel le destinataire de l'offre ne peut manifester son acceptation) ou un **délai de rétractation** (délai avant l'expiration duquel son bénéficiaire peut rétracter son consentement). Il est donc possible de prévoir conventionnellement un droit de rétractation ou de réflexion dans un contrat. En matière d'acquisition ou de construction immobilière, cette liberté conventionnelle ne pourra toutefois s'exprimer qu'à défaut d'application du dispositif spécial que prévoit le Code de la construction et de l'habitation aux articles L. 271-1 et suivants et conformément au principe selon lequel le spécial déroge au général *(C. civ., art. 1105)*.

A. – PERSONNES CONCERNÉES

1° Acquéreur

647 **Acquéreur non professionnel** – L'article L. 271-1 du Code de la construction et de l'habitation réserve le bénéfice du délai de rétractation à **l'acquéreur non professionnel**. Est concerné au premier chef le particulier personne physique se portant acquéreur d'un immeuble dans un cadre non professionnel.

648 **Personnes morales** – L'inclusion des personnes morales dans le dispositif de protection est sujette à controverse (contra, *H. Périnet-Marquet, Les difficultés de délimitation du champ d'application des droits de rétractation et de réflexion offerts à l'acquéreur immobilier : JCP N 2002, n° 1, 1390*. – En faveur, *M. Dagot, La protection de l'acquéreur immobilier et l'article 72 de la loi SRU : JCP N 2001, n° 20, 912. – Ph. Pelletier, La protection nouvelle de l'acquéreur immobilier : Defrénois 2001, n° 4/01, art. 37307, n° 7)*. Toutefois, la loi ne distingue pas selon que l'acquéreur non professionnel est une personne morale ou une personne physique. Par conséquent, une société notamment doit pouvoir bénéficier de la protection, à condition toutefois de pouvoir être qualifiée **d'acquéreur non professionnel**. La jurisprudence se fonde sur la notion de rapport direct avec l'objet social pour la détermination de cette qualité : la société qui agit sans rapport direct avec son objet social pourra être considérée comme un non-professionnel *(Cass. 3e civ., 16 sept. 2014, n° 13-20.002 : JurisData n° 2014-021431 ; JCP N 2015, n° 15, 1119, note J.-P. Garçon ; Constr.-Urb. 2014, comm. 151, note C. Sizaire ; Defrénois 2014, n° 22, p. 1187, note S. Becqué-Ickowicz ; D. 2012, p. 2597, obs. Colmant ; D. 2013, p. 280, obs. Blanchard ; D. 2013, p. 391, obs. S. Amrani-Mekki et M. Mekki ; AJDI 2013, p. 374, obs. Cohet-Cordey*. – Comp. *Cass. 3e civ., 24 oct. 2012, n° 02-13.285 : JurisData n° 2012-024056 ; Bull. civ. III, n° 153 ; JCP N 2013, n° 6, 1022, note L. Leveneur ; JCP N 2012, n° 48, 1380, obs. J.-P. Garçon ; JCP N 2013, n° 14, 1073, obs. P.-F. Cuif ; Defrénois 2012, n° 24, p. 1288, note C. Grimaldi ; Constr.-Urb. 2014, comm. 151*. – Pour une formule, *V. F. Collard : JCP N 2013, n° 20, 1133)*. Lorsque l'acte d'acquisition aura un rapport direct avec l'objet social de la société, elle ne pourra être considérée comme un acquéreur professionnel.

Cette approche rejoint celle qui vaut pour la délimitation du champ d'application de l'article L. 212-1 du Code de la consommation sur les clauses abusives. En effet, dans le prolongement de la jurisprudence de la Cour de justice de l'Union européenne, la Cour de cassation a réduit la notion de consommateur aux seules personnes physiques, mais a admis que la notion distincte de non-professionnel pouvait le cas échéant s'appliquer aux personnes morales du moins quand elles ne contractent pas en qualité de professionnel *(Cass. 1re civ., 15 mars 2005, n° 02-13.285 : JurisData n° 2005-027573 ; JCP G 2005, II, 10114, note G. Paisant)*. Cette démarche est conforme à la notion de non-professionnel consacrée par le nouvel article liminaire du Code de la consommation. On notera, toutefois, que contrairement à certaines opinions doctrinales *(D. Bert, Essai sur le droit de l'activité professionnelle indépendante, préf. X. Boucobza : thèse, Fondation Varenne, n° 223)*, le critère de l'objet social n'est pas pris en compte par la jurisprudence ; pas plus que celui de l'activité réelle de la société. Ce qui compte, c'est le rapport entre l'acte d'acquisition et l'objet statutaire de la société.

649 **Personnes morales de droit public** – Compte tenu de ces observations, les personnes morales de droit public (établissement public, collectivités locales), ne bénéficient pas de la protection.

650 **Sociétés civiles immobilières** – Selon la jurisprudence, une société civile immobilière (SCI) dont l'objet social est l'acquisition, l'administration et la gestion par location ou autres de tous immeubles et biens immobiliers meublés et aménagés et qui acquiert un immeuble n'est pas un acquéreur non professionnel au sens de l'article L. 271-1 du Code de la construction et de l'habitation.

La Cour de cassation a ainsi approuvé la cour d'appel d'avoir refusé la qualification d'acquéreur non professionnel à une SCI au motif que la promesse de vente avait un rapport direct avec l'objet social de la société *(Cass. 3e civ., 16 sept. 2014, n° 13-20.002 :*

JurisData n° 2014-021431 ; JCP N 2014, n° 40, act. 1018). Elle a également considéré que devait être qualifiée d'acquéreur professionnel la SCI qui a pour objet social la propriété, l'acquisition, la location de tous biens ou droits immobiliers, nonobstant son caractère familial, le fait qu'elle ne soit propriétaire que d'un seul bien et qu'elle n'ait jamais réalisé d'opération d'achat-revente *(Cass. 3e civ., 16 sept. 2014, n° 13-20.002 : JurisData n° 2014-021431)*.

Dans ce contexte jurisprudentiel, concernant les personnes morales de droit privé, rares seront les hypothèses dans lesquelles l'acte d'acquisition n'aura pas un rapport direct avec son objet social.

Conseil pratique **En pratique, il est difficile d'imaginer qu'une SCI, dans ces conditions, puisse relever de la protection. Il faudra cependant éviter tout systématisme et vérifier le rapport existant entre l'acte et l'objet statutaire de la société afin de déterminer si elle peut, ou non, recevoir la qualification d'acquéreur non professionnel.**
Dans le doute, il est conseillé, dans le cas d'une SCI se portant acquéreur d'un immeuble, de respecter en toute hypothèse la réglementation et de purger le droit de rétractation.

651 Personnes exclues – Sont exclus du champ de la protection les acquéreurs professionnels. Il résulte des travaux parlementaires que sont notamment exclus les marchands de biens. L'acquéreur d'un bien immobilier d'habitation dans le cadre de son activité économique ou pour les besoins de son exploitation est également exclu du champ de la protection (par exemple, un entrepreneur individuel à responsabilité limitée affectant son immeuble à son patrimoine professionnel).

Conseil pratique **Il sera utile, en présence d'un entrepreneur professionnel personne physique se portant acquéreur d'un immeuble à usage d'habitation, de préciser dans l'acte le cadre dans lequel l'achat est effectué.**

Formules – Délai de rétractation

La première formule vise l'hypothèse où l'opération ne rentre pas dans le champ d'application de l'article L. 271-1 du CCH et la seconde vise le cas où l'opération ouvre le droit de rétractation *(formules extraites du JCP N 2013, n° 20, 1133, par F. Collard)*.

Formule 1 – Hypothèse où l'opération n'entre pas dans le champ d'application du droit de rétractation

Absence de droit de rétractation de l'acquéreur

L'acquisition d'immeuble ayant un rapport direct avec l'objet social de la société... ***(dénomination)*** bénéficiaire de la promesse synallagmatique de vente, ainsi qu'il résulte des statuts et des déclarations de son gérant, M. *(**ou** : Mme)*..., lequel est dûment habilité pour intervenir au présent acte, elle ne peut donc pas prétendre à la qualité d'acquéreur non-professionnel.
En conséquence, la société... ***(dénomination)*** ne pourra invoquer la faculté de rétractation dans les 7 jours de l'article L. 271-1 du Code de la construction et de l'habitation qui n'a donc pas à être purgé.

Formule 2 – Hypothèse où l'opération entre dans le champ d'application du droit de rétractation

a) Clause de l'acte

Droit de rétractation de l'acquéreur

La société... ***(dénomination)***, bénéficiaire de la promesse synallagmatique de vente, par l'intermédiaire de son gérant, M...., ci-dessus nommé, domicilié et qualifié, dûment habilité à cet effet, déclare :
- que le bien acquis est destiné à l'usage d'habitation ;
- que l'opération n'est pas en rapport direct avec l'objet statutaire de la société et qu'elle est donc un acquéreur non-professionnel au sens de l'article L. 271-1 du Code de la construction et de l'habitation.

En conséquence, le délai de rétractation prévu à l'article précité doit être purgé.
La société... ***(dénomination)*** pourra mettre en œuvre cette faculté, mais de manière irrévocable, dans un délai de 10 jours, sans avoir à se justifier, en faisant connaître son intention par lettre recommandée avec demande d'avis de réception ou par tout autre moyen présentant des garanties équivalentes pour la détermination de la date de réception ou de remise.
Le délai commence à courir à compter du lendemain de la première présentation de la lettre recommandée lui notifiant le présent avant-contrat et expire le dernier jour à 24 heures. Dans l'hypothèse où le délai expire un jour férié ou chômé ou encore un samedi ou un dimanche, il est prorogé de plein droit jusqu'au premier jour ouvrable qui suit.

b) Reconnaissance de conseils donnés

Les soussignés... ***(identification du vendeur et de l'acquéreur)***,
Reconnaissent que le notaire leur a exposé la règle selon laquelle une personne qui acquiert à titre non professionnel un bien immobilier à usage d'habitation bénéficie d'un droit de rétractation en application de l'article L. 271-1 du Code de la construction et de l'habitation ; article qui leur a été lu et expliqué.
Seulement, ainsi que le notaire les a informés, le texte de loi ne permet pas de déterminer si une personne morale bénéficie ou non de ce droit. Si celle-ci acquiert le bien à titre professionnel, elle n'entre pas dans le champ d'application et inversement, si elle est considérée comme acquérant à titre non professionnel, elle dispose du droit de rétractation de l'article L. 271-1 du code précité.
Ils reconnaissent aussi que le notaire leur a fait part de la jurisprudence qui considère que lorsque l'opération a un rapport direct avec l'objet de la société acquéreur, cette dernière n'est pas un non-professionnel et donc, ne peut bénéficier du droit de rétractation *(Cass. 3e civ., 16 sept. 2014, n° 13-20.002 : JurisData n° 2014-021431 : JCP N 2014, n° 40, act. 1018)*.
Le notaire leur a toutefois montré les difficultés entourant cette notion. Connaissance prise par le représentant de la société acquéreur de cet écueil et de ses conséquences, il déclare que celle-ci n'acquiert pas à titre professionnel au sens de l'article L. 271-1 du Code de la construction et de l'habitation et de la jurisprudence qu'il déclare, ainsi que le vendeur, avoir parfaitement compris.
En conséquence, le notaire est requis par le vendeur de procéder à la notification de l'avant-contrat qui a été reçu par l'officier public en date du... dans les conditions de l'article L. 271-1 du code précité.
Toute rétractation rend l'acte caduc.
Fait à..., le...

2° Vendeur

652 Indifférence de sa qualité – La loi n'établit aucune distinction concernant la qualité du vendeur. Il peut donc être professionnel ou non professionnel. Il peut être un intermédiaire professionnel ou non à la vente.

653 Personnes morales – De même, la loi n'établit aucune distinction selon qu'il s'agit d'une personne physique ou morale. S'il s'agit d'une personne morale, il n'y a pas lieu non plus de distinguer selon qu'il s'agit d'une personne morale de droit privé ou de droit public.

B. – IMMEUBLES VISÉS

654 Immeubles à usage exclusif d'habitation – La protection est réservée à l'immeuble « à usage d'habitation ». Elle concernera donc au premier chef l'acquisition en propriété ou en jouissance d'un **immeuble bâti**. Sous cette réserve, la protection s'appliquera indépendamment de la modalité de jouissance envisagée (revente ou location), de l'organisation de la propriété (exclusive, indivise, copropriété ou association syndicale libre). Peu importe également s'il s'agit d'un immeuble neuf ou ancien *(O. Rault, La protection de l'acquéreur d'un bien immobilier : JCP 2001, p. 294, spéc. n° 13)*.

655 Immeubles exclus – La Cour de cassation fait une application stricte du texte de l'article L. 271-1 du CCH et considère que l'immeuble doit être à **usage exclusif d'habitation**.

Ainsi, l'immeuble à usage mixte est exclu du domaine de l'article L. 271-1 du code précité *(Cass. 3e civ., 30 janv. 2008, n° 06-21.145 : JurisData n° 2008-042521 ; JCP N 2008, n° 7, act. 224)*. Dans l'arrêt précité, il s'agissait en l'espèce d'un immeuble d'habitation et de commerce, mais la formulation très générale de l'attendu de solution laisse entendre une portée plus large. De même, il a été jugé que la vente d'une propriété agricole pour l'élevage et la pension équestre couplée par un acte dans lequel il était précisé que les vendeurs étaient titulaires d'un permis de construire une maison qu'ils cédaient à l'acquéreur, ne rentrait pas dans le champ de la protection *(Cass. 3e civ., 24 sept. 2013, n° 12-24.511)*.

Dans le même ordre d'idées, la Cour de cassation **refuse l'application de la protection à la vente de terrain à bâtir** *(Cass. 3e civ., 4 févr. 2016, n° 15-11.140 : JurisData n° 2016-001567 ; JCP N 2016, n° 7-8, act. 303 ; Constr.-Urb. 2016, comm. 45, Chr. Sizaire)*.

La Cour de cassation a considéré que la circonstance selon laquelle la promesse avait été consentie sous la condition suspensive de l'obtention d'un permis à construire une maison à usage d'habitation était inopérante (sur ce point, V. les observations ss *Cass. 3e civ., 4 févr. 2016, n° 15-11.140 : JurisData n° 2016-001567 ; AJDI 2016, p. 786, obs. F. Cohet ; RTD civ. 2016, p. 363, obs. H. Barbier)*. La solution est cohérente avec l'article L. 442-8 du Code de l'urbanisme, qui prévoit spécialement un droit de rétractation *dans les conditions de l'article L. 271-1 du CCH* au profit de l'acquéreur d'un terrain à bâtir dans un lotissement *(V. n° **481**)*.

656 Destination de l'immeuble visée au contrat différente de la destination réelle – Faut-il s'en tenir à la destination effective du bien (en cours au moment où l'acte est pris) ou peut-on s'appuyer sur la destination réputée au contrat pour l'application de la réglementation ? La *ratio legis* du texte suggère plutôt d'apprécier **l'usage que l'acquéreur de l'immeuble souhaite en faire pour appliquer ou non le texte**. Ce qui compte est donc bien l'intention. C'est précisément en ce sens que semble avoir tranché la Cour de cassation *(Cass. 3e civ., 12 oct. 2017, n° 16-22.416 : JurisData n° 2017-020083 ; JCP N 2017, n° 42, act. 884, note S. Piedelièvre ; Lexbase Hebdo éd., privée n° 718, 9 nov. 2017, obs. J. Laurent)*.

En l'espèce, le rez-de-chaussée de l'immeuble vendu était un local commercial, ce qui en faisait un immeuble à usage mixte. La troisième chambre civile approuve la cour d'appel d'avoir « relevé que l'acte du 24 mai 2013 portait sur la vente d'un immeuble à usage d'habitation ». Autrement dit, au regard du champ d'application de l'article L. 271-1 du CCH, c'est la destination telle que portée à l'acte par les parties qui prime sur la destination « réelle et effective », c'est-à-dire sur la destination actuelle de l'immeuble.

La solution semble pérenne. Outre qu'elle est conforme à la lettre de l'article L. 271-1 du CCH, le texte évoquant *tout acte ayant pour objet la construction ou l'acquisition d'un immeuble à usage d'habitation*, elle peut se fonder sur le classique pouvoir de la volonté individuelle sur la qualification des biens.

Conseil pratique **Afin de sécuriser l'exclusion ou l'application du bénéfice de la protection, il conviendra de préciser dans l'acte de vente ou de l'avant-contrat la destination envisagée de l'immeuble.**
Toutefois, il conviendra de faire attention, car s'agissant d'un texte d'ordre public de protection, ce pouvoir de qualification aura ses limites. Les parties ne pourraient certainement pas « déqualifier » fictivement un immeuble à usage exclusif d'habitation afin de le faire échapper au domaine de la protection.

C. – CONTRATS OUVRANT DROIT À LA PROTECTION

1° Objet de l'acte

657 Acte donnant vocation à la propriété d'un immeuble à usage d'habitation – La protection s'applique pour *tout acte ayant pour objet la construction ou l'acquisition d'un immeuble à usage d'habitation, la souscription de parts donnant vocation à l'attribution en jouissance ou en propriété d'immeubles d'habitation ou la vente d'immeubles à construire ou de location-accession à la propriété immobilière*.

658 Contrats définitifs relevant de la protection – En pratique, la protection s'applique :

- au contrat de vente d'un immeuble à construire *(V. n° **3792** et s. – V. n° **3872** et s.)* ;
- au contrat de vente d'un immeuble à rénover *(V. n° **3731** et s.)* ;
- au contrat de vente d'immeuble achevé ;
- au contrat de location-accession ;
- au contrat de promotion immobilière ;
- au contrat de construction individuelle ;
- à la cession de parts d'une société civile immobilière ;
- à la cession de parts d'une société coopérative de construction *(CCH, art. L. 213-1 à L. 213-15)* ;
- à la souscription et à la cession de parts d'une société ayant pour objet la construction ou l'acquisition d'immeubles en vue de leur division par fractions destinées à être attribuées aux associés en propriété ou en jouissance *(CCH, art. L. 212-1)*.

En outre, et par extension, la protection s'applique pour les actes conclus en vue de l'acquisition des droits réels afférents aux logements objets d'un bail réel immobilier *(CCH, art. L. 254-6)*.

659 Contrats préparatoires à la vente immobilière relevant de la protection – Sont incontestablement concernés au regard de la généralité de la rédaction de l'article L. 271-1 du CCH, les contrats de **promesse de vente**, qu'il s'agisse d'une promesse unilatérale de vente *(V. n° **213** et s.)* ou d'une promesse synallagmatique *(V. n° **323** et s.)*, qu'elles soient à titre gratuit ou non. Sont également concernés les contrats préliminaires à la vente immobilière, notamment en matière de vente d'immeuble à construire, comme un contrat de réservation par exemple *(V. n° **539** et s.)*.

Attention Une précision très importante est à faire à ce propos : lorsque le contrat constatant ou réalisant la convention est précédé d'un contrat préliminaire (contrat de réservation dans une vente en état futur d'achèvement) ou d'une promesse synallagmatique ou unilatérale, le droit de rétractation ne s'applique qu'à ce contrat ou à cette promesse *(CCH, art. L. 271-1, al. 3)*. Autrement dit, la purge du délai de rétractation n'a lieu qu'une seule fois : au stade de l'avant-contrat.

660 Contrats exclus expressément de la protection – L'article L. 271-1 du CCH n'est pas applicable à la vente par adjudication réalisée par acte authentique *(CCH, art. L. 271-3)*.

661 Actes incertains – L'application de la protection est tout d'abord discutée à propos d'une **promesse d'achat**. Contre cette application, est parfois invoquée l'existence de l'article 1589-1 du Code civil, interdisant tout versement de somme d'argent en vue de l'acquisition d'un bien ou d'un droit immobilier. Cette disposition mettant déjà le promettant à l'abri de toute pression sur son consentement, elle rendrait la protection spéciale du Code de la construction et de l'habitation superfétatoire. En faveur de cette application toutefois, et ce sera la position que nous retiendrons, il faut relever que le texte de l'article L. 271-1 du CCH ne distingue pas selon qu'il s'agit d'une promesse de vente ou d'achat *(V. n° **603**)*.

Conseil pratique L'absence de tout versement résultant de l'article 1589-1 du Code civil n'est pas un argument suffisamment sûr pour en conclure l'exclusion du champ de la protection pour la promesse d'achat. La promesse d'achat continue de répondre à l'objet de l'article L. 271-1 du CCH. On mettra donc en œuvre la protection dans cette hypothèse.

L'hésitation est permise pour des **actes s'apparentant à la vente** (en effet, le terme « acquisition » qu'utilise le premier alinéa de l'article L. 271-1 du CCH suggère que tous les actes ayant pour finalité le transfert de propriété d'un bien immobilier pourraient rentrer dans le champ d'application de l'article) :

- **l'échange** est un *contrat par lequel les parties se donnent respectivement une chose pour une autre (C. civ., art. 1702)*. Lorsque l'opération porte sur des biens immobiliers à usage d'habitation, il y a « acquisition » réciproque entre les contractants et donc application de la protection. Dans le même sens, l'article 1707 du Code civil dispose que *Toutes les autres règles prescrites pour le contrat de vente s'appliquent d'ailleurs à l'échange.* ;
- **le partage** d'un bien immobilier indivis entre indivisaires, bien qu'entraînant économiquement l'attribution de la quote-part de chaque indivisaire, ne relève pas de la protection. Le partage est déclaratif, il n'a pas d'effet translatif, de sorte qu'il ne s'agit pas d'un acte ayant pour objet une « acquisition ». Peu importe qu'une soulte soit ou non prévue ;
- **la dation en paiement** ne semble pas visée par le dispositif comme n'ayant pas pour objet d'acquérir ou de construire un logement ;
- **l'apport en société**, pour les mêmes raisons que la dation, apparaît comme exclue du dispositif.

2° Forme de l'acte

662 Indifférence de la forme pour le droit de rétractation – La protection du droit de rétractation s'applique indifféremment à **l'acte sous seing privé** ou à **l'acte authentique**.

663 Impact de la forme pour le délai de réflexion – Dans l'hypothèse – rare en pratique – où le contrat constatant ou réalisant la convention est dressé en la forme authentique et n'est pas précédé d'un contrat préliminaire ou d'une promesse synallagmatique ou unilatérale, l'acquéreur non professionnel dispose d'un délai de réflexion de 10 jours à compter de la notification ou de la remise du projet d'acte *(H. Périnet-Marquet, Les difficultés de délimitation du champ d'application des droits de rétractation et de réflexion : JCP N 2002, n° 26, 1390).*

II. Contenu de la protection

664 Double nature des délais – La loi accorde à l'acquéreur non professionnel deux types de délai afin d'augmenter le temps de formation parfaite de l'acte :

- soit, dans la très grande majorité des cas, un **délai de rétractation** de 10 jours qui permet à l'acquéreur d'anéantir rétroactivement l'acte ;
- soit, dans le cas marginal en pratique où l'acte authentique constatant ou réalisant l'acquisition n'a pas été précédé d'un avant-contrat, un **délai de réflexion** qui lui interdit de s'engager avant l'écoulement d'un délai de 10 jours. Le délai de réflexion est donc réservé au cas de contrats authentiques non précédés d'un avant-contrat, ce qui paraît relativement rare ; il faut penser au cas d'achat comptant d'un bien sans facteur de complications nécessitant une condition suspensive.

A. – POINT DE DÉPART DES DÉLAIS

665 Notification – Dans tous les cas, l'acte ou le projet doit être porté formellement à la connaissance de l'acquéreur. Seule cette prise de connaissance fait courir les délais de rétractation et de réflexion de **10 jours** (7 jours avant l'entrée en vigueur de la loi n° 2015-990 du 6 août 2015). Il est donc nécessaire que la notification (en principe) soit régulière, à défaut de quoi le délai n'est censé jamais être parti. Sauf renonciation ou régularisation *(V. n° **689**. – V. n° **690**)* l'acquéreur peut toujours se rétracter ou ne peut toujours pas s'engager : l'acte pris pendant le délai de réflexion est donc nul.

1° Nécessité de la notification

666 Notification de l'acte ou de son projet – Qu'il s'agisse du délai de réflexion ou de rétractation, le point de départ du délai est fixé par le procédé de **la première présentation à l'acquéreur non professionnel de la lettre notifiant l'acte** (pour le délai de rétractation) ou **le projet d'acte** (pour le délai de réflexion). Il est donc nécessaire de notifier pour purger les délais.

667 Contenu de la notification – **En présence d'un avant-contrat** : c'est celui-ci qu'il convient de notifier, qu'importe sa forme (notarié ou sous seing privé). Pour le sous seing privé, ce n'est pas nécessairement l'original de l'acte qu'il convient de notifier. On supposera que les formalités du double original auront été par ailleurs respectées ou la remise à un tiers dépositaire de l'original *(C. civ., art. 1375, al. 1)*. Pour l'avant-contrat authentique : il faut notifier une copie de l'acte, soit dressée en la forme authentique, soit en la forme simple.
En l'absence d'avant-contrat : c'est le projet d'acte qui doit être notifié par le notaire.

Conseil pratique **En toute hypothèse, l'*instrumentum* notifié devra être complet. Il doit contenir tous les renseignements utiles à la détermination du consentement de l'acquéreur.**

668 Modification de l'acte au moment de la signature de l'acte authentique de vente – En cas de modification entre l'acte ou le projet d'acte notifié et l'acte authentique présenté à la signature, l'objectif de protection de l'acquéreur que poursuit le dispositif commande une **nouvelle notification** de l'acte afin de garantir l'intégrité du consentement de l'acquéreur. Il faudra donc distinguer selon que la modification est substantielle ou pas, sachant que l'appréciation de ce caractère relève du pouvoir souverain des juges du fond *(Cass. 3e civ., 26 sept. 2009, n° 06-17.187 : JurisData n° 2007-040556 ; Contrats, conc. consom. 2008, comm. 3, L. Leveneur ; Constr.-Urb. 2007, comm. 206, obs. P. Cornille).*
Ces modifications peuvent être de nature diverse :

- elles peuvent intéresser la **personne de l'acquéreur**, par exemple un époux qui souhaite associer son conjoint à la vente. Cette modification est en toute hypothèse substantielle, car elle affecte directement la formalité de notification de l'acte *(V. n° **676**)*. Une nouvelle notification devra donc intervenir au profit du (ou des) nouvel (eaux) acquéreur (s) ;
- la modification peut par ailleurs concerner **l'immeuble ou les conditions de vente**. Ainsi, par exemple, une différence de superficie qui apparaîtrait, mineure ou majeure en raison d'un métrage différent ; de même, la révélation d'une servitude, un changement des modalités de paiement, l'existence ou non d'une garantie. Ainsi, la découverte de l'absence de souscription d'assurance dommages-ouvrage *(CA Caen, 24 oct. 2006, n° 04/03580)* ou la renonciation par l'acquéreur au bénéfice de la condition suspensive d'un prêt a été considérée comme une modification substantielle *(TGI Strasbourg, 3 juin 2008, n° 08/00290).*

669 Reproduction du texte légal et notification – **Avant l'entrée en vigueur de la loi n° 2018-1021 du 23 novembre 2018, dite Élan**, l'article L. 271-1 du CCH n'imposait pas de forme particulière dans la notification et en particulier de formule solennelle. La Cour de cassation avait ainsi précisé que la notification réalisée par lettre recommandée n'avait pas à « rappeler les termes de l'article L. 271-1 » *(Cass. 3e civ., 10 oct. 2007, n° 06-16.223 : JurisData n° 2007-040734 ; JCP N 2007, n° 43, act. 667)*. L'auteur de la notification n'était pas non plus tenu de mentionner dans la lettre d'accompagnement la faculté de rétractation ouverte aux acquéreurs *(Cass. 3e civ., 17 nov. 2010, n° 09-17.297 : JurisData n° 2010-021319 ; JCP N 2011, n° 22, 1188-1, obs. S. Piedelièvre ; Defrénois 2011, p. 174, note V. Zalewski)*. Toutefois la pratique, notariale notamment, avait pris l'habitude de reproduire dans l'avant-contrat le texte de l'article L. 271-1 du CCH ou tout du moins sa substance en énonçant la possibilité de se rétracter ou l'impossibilité de s'engager dans le cas d'un délai de réflexion. De la sorte, l'acquéreur est pleinement informé de ses droits.

Depuis l'entrée en vigueur de la loi n° 2018-1021 du 23 novembre 2018, dite Élan, cette pratique est consacrée. Son article 78 ajoute deux alinéas au texte de l'article L. 271-1 du CCH. Désormais, l'avant-dernier alinéa du texte dispose que « *Les actes mentionnés au présent article indiquent, de manière lisible et compréhensible, les informations relatives aux conditions et aux modalités d'exercice du droit de rétractation ou de réflexion* ». Son dernier alinéa sanctionne cette obligation formelle d'information d'une amende administrative dont le montant ne peut excéder 3 000 € pour une personne physique et 15 000 € pour une personne morale.

670 Reproduction du texte légal et remise directe de l'acte – Par dérogation, en cas de notification par remise directe au bénéficiaire du droit de rétractation comme le prévoit le troisième alinéa de l'article L. 271-1 du CCH (procédé autorisé quand l'acte est conclu par l'intermédiaire d'un professionnel ayant reçu mandat pour prêter son concours à la vente), l'article D. 271-6 du CCH exige alors que l'acte sous seing privé ou une copie de l'avant-contrat réalisé en la forme authentique reproduise les termes de l'article L. 271-2 du CCH. Le même article D. 271-6 du CCH exige en outre la reproduction d'une mention manuscrite légale par laquelle le bénéficiaire reconnaît avoir reçu notification de l'acte.

2° Procédés de signification

671 Présentation générale – Aux termes de l'article L. 271-1 du CCH, l'acte doit en principe être notifié *par lettre recommandée avec demande d'avis de réception ou tout autre moyen présentant des garanties équivalentes*. Le procédé clairement privilégié par le législateur est la **lettre recommandée avec avis de réception**. La loi admet de manière générale **tout autre moyen présentant des garanties équivalentes de fiabilité**.

En outre, l'acte ou le projet d'acte peut être **remis directement au bénéficiaire du droit de rétractation** – en mains propres donc – par un intermédiaire professionnel de l'immobilier *(CCH, art. L. 271-1, al. 3)* selon certaines modalités prévues par décret *(V. n° 674)*.

672 Notification par lettre recommandée – Le procédé privilégié aussi bien par la loi que par la pratique est la lettre recommandée avec demande d'avis de réception à l'acquéreur non professionnel *(CCH, art. L. 271-1, al. 2)*.

Pratiqué dans de nombreuses hypothèses où le point de départ d'un délai quelconque est en jeu, le procédé est bien connu. Concrètement, la remise du pli lui-même doit répondre aux conditions générales de vente applicables à la « Lettre recommandée nationale et à l'envoi prioritaire recommandé international de La Poste », qui résultent eux-mêmes de l'arrêté du 7 février 2007 pris en application de l'article R. 2-1 du Code des postes et des communications électroniques et fixant les modalités relatives au dépôt et à la distribution des envois postaux. En vertu de ces prescriptions, la lettre recommandée doit être remise à son destinataire réel ou son mandataire désigné *(CGV, art. 7.4)*. L'agent postal doit exiger à l'occasion de la remise du pli recommandé la pièce d'identité du destinataire pressenti. Il n'existe qu'une tolérance à cette exigence, que prévoit l'article 4-1 de l'arrêté, lorsque le destinataire « a déjà précédemment justifié de son identité à l'adresse, conformément à l'article 4 du présent arrêté, auprès du même employé » ce qui permet à l'agent de ne pas systématiquement redemander au destinataire qu'il connaît de justifier de son identité.

En pratique, la lettre recommandée a la réputation d'être un procédé sûr. De fait, depuis une modification de l'article L. 271-1 du CCH par la loi du 13 décembre 2000 (SRU), le procédé a gagné en efficacité puisque *le délai court à compter du lendemain de la première présentation de la lettre lui notifiant l'acte* et non de la remise effective au destinataire. Ceci permet de faire échec à toute manœuvre d'« évitement » du destinataire *(V. pour un exemple de lettre « non réclamée » efficace, ne retenant pas la responsabilité du notaire à cet égard, Cass. 3e civ., 14 févr. 2018, n° 17-10.514 : JurisData n° 2018-001974 ; JCP N 2018, n° 24, 1205, Des diligences du notaire pour assurer l'efficacité de la notification des avant-contrats de vente, par C. Coulon ; Lexbase Hebdo éd., privée n° 734, 15 mars 2018, obs. J. Laurent)*.

Il faut noter toutefois que la fiabilité du procédé repose entièrement sur la vérification d'identité du destinataire. Or, cette vérification d'identité n'a pas toujours lieu et le procédé perd alors totalement son efficacité si l'expéditeur n'est pas vigilant *(V. n° 677)*. En cas de signature illisible, la Cour de cassation considère que c'est à l'expéditeur de démontrer que la signature apposée est bien celle du destinataire (à propos d'un congé d'habitation fondé sur l'article 15 de la loi du 6 juillet 1989, *Cass. 3e civ., 5 juill. 1995, n° 93-20.148 : JurisData n° 1995-001821 ; Juris PTT 1996, n° 43, p. 41, comm. Y. Dagorne-Labbe. – S. Lévy, Du bon usage de la notification*

PROTECTION DE L'ACQUÉREUR

par lettre recommandée : à propos du congé bail et plus généralement : Juris PTT 1998, n° 51, p. 43). De même, s'il est démontré que ce n'est pas le destinataire qui l'a signée, la charge de la preuve d'un mandat repose sur l'expéditeur *(Cass. 3e civ., 12 oct. 2017, n° 16-22.416 : JurisData n° 2017-020083 ; JCP N 2018, n° 1, 1001 ; Lexbase Hebdo éd., privée n° 718, 9 nov. 2017, obs. J. Laurent)*.
En outre, l'envoi de lettre recommandée pose des difficultés particulières en cas de pluralité d'acquéreurs *(V. n° **676**)*.

673 Autres moyens présentant des garanties équivalentes – La détermination des moyens présentant des garanties équivalentes – sous-entendu à la lettre recommandée avec avis de réception – est délicate (sur ce point, *G. Rouzet, Les formes alternatives de notification des contrats de vente immobilière : Defrénois 2005, art. 38260)*. Le moyen de notification doit présenter des garanties équivalentes à la lettre recommandée avec avis de réception concernant deux éléments essentiels : d'une part, il doit permettre de garantir la prise de connaissance du contenu de l'acte permettant à l'acquéreur non professionnel de connaître toutes les données utiles à la compréhension de son engagement ; d'autre part et surtout, il doit permettre de donner une date certaine à la notification, car de celle-ci dépend la computation du délai.
La **signification par voie d'huissier de justice**, conformément aux articles 653 à 664-1 du Code de procédure civile, répond incontestablement à ces conditions (en ce sens, *Rép. min. Estrosi n° 41440 : JOAN 5 oct. 2004, p. 7789 ; JCP N 2004, n° 43, act. 214)*. Son recours implique un surcoût. Mais elle présente un intérêt par rapport à la lettre recommandée lorsque la lettre est remise par l'agent postal sans vérifier l'identité du destinataire (ce qui n'est pas rare). Par contraste, la qualité d'officier ministériel de l'huissier permettant d'attester à la fois de la bonne remise et de la date de celle-ci, les vérifications auxquelles il devra procéder lors de la remise de l'acte, présentent une sécurité supérieure.
En revanche, la remise en main propre hors le domaine où la loi l'autorise *(V. n° **674**)* est à exclure. Le risque d'antidater la remise est grand, privant potentiellement l'acquéreur de sa protection, ce qui explique la réticence à son égard (en ce sens, *Rép. min. n° 41440 : JOAN 5 oct. 2004, préc., Estrosi)*.
Avant l'entrée en vigueur de la loi n° 2006-872 du 13 juillet 2006 portant engagement national pour le logement (ENL) et du décret du 19 décembre 2008 ayant organisé à certaines conditions la notification par remise en main propre *(V. n° **674**)*, la Cour de cassation considérait que ce procédé ne pouvait être accepté comme l'équivalent, d'un point de vue de la sécurité, de la lettre recommandée avec accusé réception (par ex., à propos de la remise par un agent immobilier, *Cass. 3e civ., 18 nov. 2009 : D. 2009, p. 2935 ; AJDI 2010, p. 580, obs. N. Damas*. – V. déjà *Cass. 3e civ., 27 févr. 2008, n° 07-11.303 : JurisData n° 2008-042926 ; JCP N 2008, n° 23, 1215 ; D. 2008, p. 785, obs. G. Forest ; ibid., p. 1224, chron. A.-C. Monge et F. Nési ; AJDI 2009, p. 58, obs. F. Cohet-Cordey ; Contrats, conc. consom. 2008, note L. Leveneur et M. Suquet-Cozic)*. Cela a même été affirmé lorsque l'acte a été remis en l'étude notariale *(Cass. 3e civ., 26 janv. 2011, n° 09-69.899 : JurisData n° 2011-000720 ; JCP N 2011, n° 6, act. 208 ; JCP N 2011, n° 22, 1188-2, obs. S. Piedelièvre ; D. 2011, p. 1730, note C. Tabourot-Hyest. – Y. Le Magueresse, Du glas de la remise en main propre de l'avant-contrat contre récépissé : JCP N 2011, n° 11, 1102)*.

674 Remise en main propre – Outre la notification par lettre recommandée ou par tout autre moyen présentant des garanties équivalentes, depuis l'entrée en vigueur de la loi ENL du 13 juillet 2006 et le décret du 19 décembre 2008, **la remise en main propre est expressément autorisée à titre de notification, mais à certaines conditions limitatives** *(CCH, art. L. 271-1, al. 3)*. Ces conditions sont sur le principe les mêmes pour le délai de rétractation et le délai de réflexion *(CCH, art. L. 271-1, al. 4*, renvoyant aux mêmes modalités qu'au premier et troisième alinéas*)* :

- il faut, en premier lieu, que l'acte soit conclu par l'intermédiaire d'un professionnel de l'immobilier ayant reçu mandat pour prêter son concours à la vente *(CCH, art. L. 271-1, al. 3)* ;

Il s'agira donc par principe de l'agent immobilier ou du notaire. Le domaine de la remise en main propre est donc restreint. Notamment, une remise directe entre particuliers est exclue. On peut toutefois considérer, s'agissant du notaire, que la référence faite au troisième alinéa de l'article L. 271-1 du CCH, à l'intermédiaire qui « *a conclu l'acte* » s'étendrait au notaire instrumentant l'acte et pas seulement au notaire ayant négocié la vente.

- la remise de l'acte doit être attestée dans l'acte lui-même par la reproduction de mentions manuscrites par l'acquéreur lui-même.

Les mentions requises diffèrent selon qu'il s'agit du délai de rétractation ou de réflexion :

- **s'agissant du délai de rétractation**, les modalités de remise sont prévues par l'article D. 271-6 du CCH. Il faut que, d'une part, l'acte sous seing privé ou une copie de l'avant-contrat réalisé en la forme authentique remis directement à l'acquéreur non professionnel en application du troisième alinéa de l'article L. 271-1 reproduise les dispositions de l'article L. 271-2 du CCH. D'autre part, le bénéficiaire du droit de rétractation y inscrit de sa main les mentions suivantes : « remis par ... *[nom du professionnel]*... à *[lieu]*... le *[date]*... » et : « Je déclare avoir connaissance qu'un délai de rétractation de 10 jours m'est accordé par l'article L. 271-1 du CCH, et qu'il court à compter du lendemain de la date de remise inscrite de ma main sur le présent acte, soit à compter du... » ;
- **s'agissant du délai de réflexion**, les modalités de remise directe sont prévues par l'article D. 271-7 du CCH. Il faut que, d'une part, le projet d'acte authentique mentionné au cinquième alinéa de l'article L. 271-1 du CCH remis directement à l'acquéreur non professionnel reproduise les dispositions de l'article L. 271-2 du CCH. Il

faut que, d'autre part, le bénéficiaire du droit de réflexion y inscrive de sa main les mentions suivantes : « remis par ...*[nom du professionnel]*... à.... *[lieu]* le.... *[date]* » et : « Je déclare avoir connaissance qu'un délai de réflexion de 10 jours m'est accordé par l'article L. 271-1 du Code de la construction et de l'habitation, et qu'il court à compter du lendemain de la date de remise inscrite de ma main sur le présent projet, soit à compter du... ».

Par exception, il paraît possible de déroger à ces exigences lorsque l'avant-contrat est un acte authentique *(C. civ., art. 1369)* ou un acte contresigné par un avocat *(C. civ., art. 1374)*. En effet, dans ces deux cas, la loi précise que l'acte est dispensé de toute mention manuscrite. La nouvelle rédaction de ces articles suggère que les mentions pourraient être évitées lorsque l'acte revêt ces formes solennelles *(comp. C. civ., ancien art. 1317-1)*.

Concrètement, pour la remise directe en vue de la notification du délai de rétractation, l'acquéreur devra se voir remettre un des deux orignaux de l'acte sous seing privé puisqu'il s'agit d'un contrat synallagmatique *(C. civ., art. 1375)*.

Conseil pratique **Pour des raisons de preuve, il est préférable que les deux exemplaires, ceux de l'acquéreur et du vendeur, reproduisent les mentions obligatoires de la main de l'acquéreur. Le vendeur conservera ainsi son propre exemplaire revêtu lui aussi de la mention manuscrite de l'acquéreur pour plus de sécurité. Enfin, il faudra faire autant d'originaux que d'acquéreurs, en cas de pluralité d'acquéreurs, et chaque acquéreur aura reproduit sa propre mention manuscrite.**

3° Destinataire (s) de la notification

675 Acquéreur unique – En cas d'acquéreur unique, il sera le seul destinataire de la notification, que l'acquéreur soit célibataire ou en couple, sans avoir égard à son statut conjugal (qu'il soit en PACS, en séparation de biens, ou en communauté ou en concubinage). Le fait que le bien tombe en communauté ou en indivision dans le cas d'un pacte civil de solidarité optionnel, est indifférent. Le membre d'un couple qui achète seul n'impose qu'une notification (peu importe sa modalité).

676 Pluralité d'acquéreurs – En cas de pluralité d'acquéreurs (acquéreurs en indivision, époux séparés de biens ou époux communs en biens), le principe est simple : **la notification doit être personnelle**. Par conséquent, il faudra autant de notifications que d'acquéreurs.

La Cour de cassation l'a clairement rappelé à propos d'époux communs en biens excluant tout mandat de représentation entre eux *(Cass. 3e civ., 9 juin 2010, n° 09-14.503 : JurisData n° 2010-009415 ; JCP N 2010, n° 29, 1248, obs. D. Boulanger ; JCP N 2010, n° 3, 1320, obs. approbatives S. Piedelièvre ; Constr.-Urb. 2010, 123, obs. C. Sizaire ; AJDI 2011, p. 317, note F. Cohet-Cordey)*. À défaut de mandat exprès, la notification aux deux époux sous la forme d'une seule lettre recommandée (ou d'une seule signification par voie d'huissier) est inopérante si l'avis de réception n'est signé que par un des destinataires, ce qui sera souvent le cas en pratique. Cette solution vaut y compris si le pli unique est adressé aux noms des deux époux (par exemple sous la mention M. et Mme...). La solution vaut *a fortiori* pour une acquisition par des coïndivisaires.

Conseil pratique **Lorsque la notification à plusieurs acquéreurs aura lieu par lettre recommandée avec demande d'avis de réception, on évitera la lettre unique « groupée » au nom des deux époux ou généralement de celui des coacquéreurs. On devra donc envoyer autant de lettres recommandées que d'acquéreurs portés à l'acte. De même, en cas de remise directe autorisée par la loi** *(V. n° 674)*, **on procédera à l'insertion des mentions manuscrites de tous les coacquéreurs, qui devront chacun avoir leur exemplaire de l'acte, original de l'acte sous seing privé ou copie de l'acte authentique selon les cas.**

677 Incidence d'un mandat pour recevoir notification – Seule l'existence d'un mandat exprès, donné par l'acquéreur à un tiers afin de le représenter en vue de la réception de la lettre, peut conduire à une notification régulière à un autre que l'acquéreur. L'existence d'un tel mandat ne se présume pas, même entre époux *(Cass. 3e civ., 9 juin 2010, n° 09-14.503, préc.)*.

La notification est irrégulière si l'avis de réception est signé par un tiers sans mandat. Dans le cas où cet avis est signé par l'occupant régulier de l'adresse du destinataire ou parent y résidant, la charge de la preuve de l'existence d'un mandat au profit de ce tiers repose sur l'expéditeur et non le destinataire *(Cass. 3e civ., 12 oct. 2017, n° 16-22.416 : JurisData n° 2017-020083 ; JCP N 2017, n° 42, act. 884, veille S. Piedelièvre ; Dr. & patr. hebdo 13 nov. 2017, p. 2, obs. C.L.G.)*.

En pratique, si les parties connaissent dès l'avant-contrat l'identité de la personne qui réceptionnera la lettre (le ou les parents de l'un des acquéreurs, l'un des époux, concierge, etc.), le mandat à établir précisera son identité.

La fiabilité de la lettre recommandée avec demande d'avis de réception est fragile si l'agent postal – hypothèse courante en pratique – ne prend pas garde de vérifier l'identité du destinataire. La preuve d'un mandat de recevoir notification au profit du signataire de l'avis de réception sera en effet quasiment impossible à rapporter et la notification sera considérée comme inefficace.

Conseil pratique **Pour les contrats « sensibles », on conseillera donc à l'expéditeur la plus grande vigilance concernant la signature apposée sur l'avis de réception afin de la comparer avec celle portée à l'acte notifié.**
Une parade serait de prévoir conventionnellement un mandat exprès au profit du tiers l'autorisant à signer l'avis de réception de la lettre recommandée avec demande d'avis de réception à la place du destinataire désigné. Le procédé le plus sûr demeure la signification par voie d'huissier.

En cas de pluralité d'acquéreurs, le mandat exprès donné entre eux pourra rendre la notification à un seul efficace pour les autres (implicitement, *V. Cass. 3e civ., 9 juin 2010, n° 09-14.503, préc.* – Explicitement, reconnaissant l'existence d'un mandat de gestion entre des parents et leur fille, tous coacquéreurs, *V. Cass. 3e civ., 2 juin 2016, n° 15-17.833 : AJDI 2017, p. 56, obs. F. Cohet)*.

678 **Incidence d'un mandat pour conclure l'acte** – L'acquéreur peut être représenté à l'acte par un mandataire conventionnel, qui signe la vente ou l'avant-contrat de vente en vertu d'une procuration. Pour autant, c'est l'acquéreur qui bénéficie de la protection et non son mandataire.

Conseil pratique **En présence d'un mandat conventionnel, il est prudent de notifier l'acte à l'acquéreur dans la mesure où le mandataire n'a pas le pouvoir de se rétracter aux lieu et place de l'acquéreur. Mais la rétraction pourra être effectuée entre les mains du représentant conventionnel du vendeur** ***(en ce sens, à propos d'un agent immobilier : CA Paris, 4 févr. 2009 : AJDI 2010, p. 65, obs. M. Thioye).***

B. – COMPUTATION DES DÉLAIS

1° Délai de rétractation

679 **Nécessité d'une notification régulière pour faire courir le délai** – La notification fait courir un délai de 10 jours pendant lequel l'acquéreur peut exercer son droit de rétractation. Seule une notification régulière fait courir le délai. Une notification irrégulière permet à l'acquéreur de se libérer théoriquement sans limitation de durée, sauf l'hypothèse d'une renonciation tacite, notamment avec la signature par l'acquéreur de l'acte authentique de vente « sans réserve » *(V. Cass. 3e civ., 7 avr. 2016, n° 15-13.064 : JurisData n° 2016-006490 ; JCP N 2016, n° 16-17, act. 556 ; Contrats, conc. consom. 2016, comm. 162, L. Leveneur)*. La Cour de cassation semble cependant avoir opéré un revirement de cette position *(Cass. 3e civ., 12 avr. 2018, n° 17-13.118 : JurisData n° 2018-005747 ; JCP N 2018, n° 16, act. 398. – V. n°* ***689****. – V. n°* ***690****)*.

En pratique, c'est avant l'établissement de l'acte authentique (ou de sa réitération) que l'acquéreur se rétractera en opposant l'irrégularité de la notification. Il est toujours possible de purger une notification irrégulière en procédant à une nouvelle notification ; le délai repart alors de zéro (et toute la procédure).

En cas de notification régulière par lettre recommandée, le délai court **à compter du lendemain de la première présentation de la lettre** *(CCH, art. L. 271-1, al. 2)* et non pas de réception par le destinataire. Qu'importe que le pli ne soit pas retiré à la Poste ou que le destinataire soit absent de son domicile.

En cas de notification par remise directe, le délai court similairement à compter du lendemain de la remise *(CCH, art. L. 271-1, al. 3)*.

Exemple Le calcul du délai se fait comme suit : par exemple, si la lettre recommandée est expédiée le 1er du mois, et que sa première présentation intervient le 3, le délai court à compter du lendemain, soit le 4 et expire le 13 à minuit.

En matière de vente de lot de copropriété (*V. n°* ***511*** *et s.*), le délai ne court qu'à compter du lendemain de la communication de certains documents relatifs à la copropriété *(CCH, art. L. 721-2)* qui donc doivent avoir été annexés à la promesse lors de sa notification *(CCH, art. L. 721-3)*.

Remarque Conformément à l'article 3 de l'ordonnance n° 2015-1075 du 27 août 2015, le 5° de l'article L. 721-2 du CCH dans sa rédaction issue de la présente ordonnance est entré en vigueur le 1er janvier 2017.

680 **Purge du délai de rétractation en présence d'un avant-contrat** – Lorsque le contrat constatant ou réalisant la convention est précédé d'un contrat préliminaire ou d'une promesse synallagmatique ou unilatérale, le droit de rétractation ne s'applique qu'à ce contrat ou à cette promesse *(CCH, art. L. 271-1, al. 3)*. Autrement dit, la purge du délai de rétractation n'a lieu qu'une seule fois : au stade de l'avant-contrat.

2° Délai de réflexion

681 **Notification régulière** – Le délai de réflexion de 10 jours court à compter de la notification ou de la remise du projet d'acte selon les mêmes modalités que celles prévues pour le délai de rétractation *(CCH, art. L. 271-1, al. 5)*. Par conséquent, on partira également du lendemain de la première présentation de la lettre ou du lendemain de la remise. Mais le délai ne court que si la notification est régulière.

C. – EFFETS DE LA PROTECTION

1° Exercice du droit de rétractation

682 **Effets de la rétractation** – Le droit de rétractation est une faculté discrétionnaire. L'acquéreur n'a pas à justifier sa décision. Mais elle doit être sans équivoque.

L'exercice de cette faculté de rétractation s'apparente pour certains auteurs à un droit de « résolution » extrajudiciaire unilatérale du contrat *(S. Detraz, Plaidoyer pour une analyse fonctionnelle du droit de rétractation en droit de la consommation : Contrats, conc. consom. 2004, étude 7)*.

L'effet de la rétractation est **l'anéantissement de l'acte**.

Le terme original d'« anéantissement » a été consacré par la Cour de *cassation (Cass. 3e civ., 4 déc. 2013, n° 12-27.293 : JurisData n° 2013-027973 ; JCP N 2013, n° 51-52, act. 2046 ; Gaz. Pal. 13 févr. 2014, n° 44, p. 14, obs. S. Cabrillac ; Gaz. Pal. 16 janv.*

PROTECTION DE L'ACQUÉREUR

2014, p. 16, obs. D. Houtcieff ; Defrénois, 2014, n° 4, p. 176, obs. H. Lécuyer). L'anéantissement de l'acte entraîne la disparition rétroactive de l'acte. Suite à la disparition de l'acte, toutes les clauses contractuelles sont anéanties et en particulier la clause pénale éventuellement prévue – hypothèse courante en pratique. De sorte qu'il n'est pas possible de demander le paiement de la clause pénale convenue au contrat de l'acte anéanti *(Cass. 3e civ., 4 déc. 2013, n° 12-27.293 : JurisData n° 2013-027973 ; JCP N 2013, n° 51-52, act. 2046 ; JCP N 2014, n° 5, 1057-1, obs. S. Piedelièvre ; JCP N 2014, n° 30, 1255-9, obs. R. Boffa). A fortiori*, un tel paiement est interdit avant que le délai de rétractation ne soit écoulé, l'acquéreur n'étant pas par hypothèse en défaut d'exécution. De même, la commission de l'agent immobilier n'est pas due, la vente n'ayant jamais eu lieu.

En cas de **pluralité d'acquéreurs**, la rétractation d'un seul entraîne l'anéantissement de l'acte pour tous *(Cass. 3e civ., 4 déc. 2013, n° 12-27.293, préc. – J. Laurent, Partie plurale et vente immobilière : vade mecum de la faculté de rétractation : Dr. & patr. 2014, p. 38)*. Cette solution ne pose aucune difficulté dans l'hypothèse – courante – où les coacquéreurs se sont rétractés de concert, mais dans le cas contraire, les solutions sont plus incertaines : *quid* par exemple si l'un des deux époux souhaite maintenir la vente et l'autre non ? *(sur ces difficultés, J. Laurent, art. préc. n° 11)*.

Conseil pratique **En raison du caractère perturbateur attaché à la rétroactivité de la rétractation, il convient d'éviter toute entrée en jouissance du bien avant la formation définitive du contrat par la purge du délai de rétractation (d'autant plus que l'entrée en jouissance avant la réalisation de la vente est fortement déconseillée).**

683 Irrévocabilité – L'effet d'anéantissement est irrévocable et il n'est pas possible de revenir sur une rétractation intervenue régulièrement : rétractation sur rétractation ne vaut *(Cass. 3e civ., 12 févr. 2008, n° 06-20.334 : JurisData n° 2008-042521 ; JCP N 2008, n° 7, act. 224,* arrêt rendu à propos de *CCH, art. L. 271-1.* – V. toutefois, *Cass. 2e civ., 25 févr. 2010, n° 09-11.352 : JurisData n° 2010-000753 ; Bull. civ. II, n° 43,* arrêt rendu à propos de *C. assur., art. L. 132-5-1)*. Le rédacteur attirera l'attention des parties sur ce point.

684 Forme de la rétractation – La rétractation s'exerce selon les mêmes modalités que la notification de l'acte. On optera donc soit par la notification par lettre recommandée avec demande d'avis de réception soit par tout autre moyen présentant des garanties équivalentes *(V. n° **673**. – V. n° **674**)*. Le procédé de la lettre recommandée avec demande d'avis de réception est de loin le plus pratiqué.

Il n'y a pas de parallélisme des formes. L'acquéreur peut se rétracter en usant d'une lettre recommandée alors même qu'on lui aura notifié l'acte par huissier de justice. Pour la Cour de cassation, la rétractation est efficacement exercée par l'acquéreur par voie de conclusions dans l'instance l'opposant au vendeur *(Cass. 3e civ., 25 mai 2011, n° 10-14.641 : JurisData n° 2011-009615 ; JCP N 2011, n° 23, act. 522)*.

Du point de vue du contenu de l'acte, aucune formulation particulière n'est exigée par la loi.

685 Moment de la rétractation – La rétractation doit s'exercer dans le délai de 10 jours. Mais la loi ne précise pas si elle doit intervenir avant la première présentation de la lettre recommandée au vendeur ou à la date de l'expédition. Retenant une interprétation *in favorem* du texte, plus protectrice de l'acquéreur non professionnel, la Cour de cassation retient la date de l'expédition de la lettre *(Cass. 3e civ., 5 déc. 2007, n° 06-19.567 : JurisData n° 2007-041773 ; Procédures 2008, comm. 36, R. Perrot)*. Notons enfin que l'acquéreur peut même exercer sa rétractation avant que la notification lui ait été adressée *(CA Toulouse, 1er déc. 2003, n° 02-5498 : JurisData n° 2003-235142)*.

686 Destinataire de la rétractation – Le destinataire de la rétractation est évidemment le vendeur. Lorsqu'un intermédiaire professionnel de l'immobilier intervient (agent immobilier ou notaire), pour effectuer la notification, il est envisageable de rendre destinataire de la rétractation cet intermédiaire en sa qualité de mandataire (en ce sens, *Cass. 3e civ., 11 juin 2013, n° 11-23.184)*. Une stipulation conventionnelle validant ce procédé n'est pas inutile.

2° Interdiction de conclure le contrat pendant le délai de réflexion

687 Acte sans avant-contrat – Lorsque l'acte constatant la vente est un acte authentique qui n'est pas précédé d'un avant-contrat *(V. n° **664**,* l'acquéreur dispose d'un délai de réflexion de 10 jours *(CCH, art. L. 271-1, al. 5)*. L'hypothèse reste rare en pratique (par exemple, l'hypothèse de contractants qui se connaissent, parents ou alliés).

688 Effet du délai de réflexion – L'acquéreur ne peut pas signer l'acte dans le délai de 10 jours de la notification ou de la remise du projet d'acte *(CCH, art. L. 271-1, al. 5)*. Le contrat de vente ne peut donc être conclu dans ce délai. L'accord de l'acquéreur sur le projet résultera en pratique de la signature de l'acte authentique à l'expiration du délai. Si les deux événements – acceptation du projet et signature de l'acte définitif – sont décalés, l'acceptation du projet à l'expiration du délai serait naturellement efficace par rencontre d'une offre et d'une acceptation *(C. civ., art. 1113, al. 1er)*. Le désaccord de l'acquéreur sera de préférence formalisé par notification.

3° Renonciation à la protection

689 Renonciation avant notification – L'acquéreur ne peut pas renoncer par avance au délai de rétractation ou au délai de réflexion car la protection est d'ordre public. Par conséquent, il ne peut y renoncer avant que ce délai ait été ouvert par la notification.

690 Renonciation post-notification – Le doute est permis concernant la renonciation post-notification mais avant l'expiration du délai. L'acquéreur peut-il renoncer au délai pendant l'écoulement du délai ?

S'agissant du délai de réflexion, la rédaction impérative de l'article L. 271-1, alinéa 5, du CCH invite à formuler une réponse négative : *En aucun cas, l'acte authentique ne peut être signé pendant ce délai de dix jours.*

S'agissant du délai de rétractation, il faut distinguer deux temps :

- dans un premier temps, la Cour de cassation a admis la possibilité d'une renonciation tacite ;

Une SCI avait vendu à des époux un appartement et un emplacement de stationnement en l'état futur d'achèvement, au titre d'un projet d'investissement locatif ouvrant droit à défiscalisation. Le contrat préliminaire n'avait été notifié qu'en un seul exemplaire adressé à « Monsieur et Madame X. » au lieu d'être notifié à chacun des époux. Quelques semaines plus tard, la vente avait été réitérée par acte authentique. C'est alors seulement qu'ils entendirent obtenir l'annulation de la vente pour non-respect du formalisme prévu par l'article L. 271-1 du CCH. La Cour de cassation leur refuse au motif que « la signature par les acquéreurs de l'acte authentique de vente sans réserve vaut renonciation à se prévaloir de l'irrégularité de la notification du droit de rétractation prévue à l'article L. 271-1 du code de la construction et de l'habitation » *(Cass. 3e civ., 7 avr. 2016, n° 15-13.064 : JurisData n° 2016-006490 ; JCP N 2016, n° 37, 1272)*. Autrement dit, la Cour de cassation avait admis la possibilité d'une renonciation tacite.

- dans un second temps, la Cour de cassation a jugé au contraire que la signature d'un acte authentique de vente en l'état futur d'achèvement sans réserve ne couvre pas la nullité du contrat de réservation l'ayant précédé, faute d'avoir purgé le droit de rétractation prévue à l'article L. 271-1 du CCH *(Cass. 3e civ., 12 avr. 2018, n° 17-13.118 : JurisData n° 2018-005747 ; JCP N 2018, n° 16, act. 98 ; Lexbase Hebdo éd., privée n° 743, 31 mai 2018, obs. J. Laurent)*.

Démarché par une société, un particulier avait conclu un contrat de réservation portant sur un appartement, avant de l'acquérir un an plus tard par acte authentique en l'état futur d'achèvement, acquisition financée par un prêt contracté le même jour. La livraison eut lieu un an plus tard. Contestant les conditions dans lesquelles il avait conclu ces contrats, l'acquéreur assigna alors la société de démarchage, la société venderesse et la banque en annulation de ces contrats. La Cour de cassation approuve la cour d'appel d'avoir retenu que le contrat de réservation, « contrat distinct et autonome du contrat de vente » était nul, ce dont il se déduisait qu'en vertu de l'article L. 271-1 du CCH, cinquième alinéa, le contrat de vente devait être annulé, puisque l'acquéreur n'avait pas bénéficié du délai de réflexion que prévoit ce texte. Autrement dit, elle considère dans cette décision, que la signature de la vente par acte authentique sans émettre de réserve au stade du contrat définitif n'empêche pas l'acquéreur de se prévaloir de l'irrégularité de la notification du droit de rétractation prévue à l'article L. 271-1 du Code de la construction et de l'habitation afin d'obtenir l'annulation du contrat de réservation et subséquemment, celle de la vente. En effet, si le contrat préliminaire (faute de notification) est anéanti (alinéa 1er du texte), il est réputé n'avoir jamais existé et par conséquent l'acquéreur aurait dû bénéficier d'un délai de réflexion de 10 jours avant le contrat de vente *(al. 5)*, dont il n'aura, par hypothèse, jamais profité. Ce n'est donc pas la nullité du contrat préliminaire en soi qui entraîne celle de la vente, c'est le fait qu'en son absence (suite à la rétractation de l'acquéreur), un autre formalisme, celui du délai de réflexion, n'aura jamais été respecté. La décision renoue par conséquent avec un strict respect du formalisme, sans doute plus conforme au caractère d'ordre public de la protection issue du Code de la construction et de l'habitation que ne l'était l'idée de renonciation tacite. Il reste l'hypothèse d'un abus du droit de rétractation que la Cour de cassation a déjà sanctionné en d'autres matières *(Cass. 2e civ., 19 mai 2016, n° 15-12.767 : JurisData n° 2016-009374)*.

Une **renonciation expresse** semble en revanche toujours possible.

Conseil pratique **En pratique, dès lors que le délai est court mais que la sanction est forte, il est prudent de ne pas avoir recours à cette technique tant que la jurisprudence n'est pas clairement établie.**

Pour aller plus loin

Formules

- JCl. Notarial Formulaire, V° Avant-contrat, fasc. 65, 67, 115 et 117, par J.-F. Pillebout

Fiches pratiques

- Fiche pratique n° 1672 : Rédiger un compromis de vente immobilière
- Fiche pratique n° 1723 : Rédiger une promesse unilatérale de vente d'immeuble, par M. Suquet-Cozic
- Fiche pratique n° 2174 : Exercer le droit de rétractation ou faire courir le délai de réflexion, par Ch. Guilloteau-Palisse

Commentaires

- JCl. Notarial Formulaire, Synthèse 140 : Avant-contrat. Dispositions communes, par S. Piedelièvre
- JCl. Notarial Formulaire, V° Avant-contrat, fasc.14, par J. Lafond, D. Lepeltier et V. Matet
- JCl. Notarial Formulaire, V° Avant-contrat, fasc. 100 (préparation de l'acte) et 102 (rédaction), par J. Lafond

Réglementation des versements de sommes d'argent

I. Limitation des versements dans le cas d'un engagement unilatéral d'acquisition

691 Présentation générale – La loi n° 2000-1208 du 13 décembre 2000 dite loi SRU a inséré dans le Code civil une disposition qui prévoit qu'« *est frappé de nullité tout engagement unilatéral souscrit en vue de l'acquisition d'un bien ou d'un droit immobilier pour lequel il est exigé ou reçu de celui qui s'engage un versement, quelle qu'en soit la cause et la forme* » *(C. civ., art. 1589-1)*.

Cette disposition vise à mettre un terme à la pratique qui consistait à exiger du candidat qu'il formule une offre d'achat accompagnée du versement d'une somme d'argent au vendeur. De son côté, le vendeur, lui, ne s'engageait pas en contrepartie à immobiliser le bien. Le vendeur restant libre, le versement de cette somme était parfaitement choquant et conduisait, en réalité, à organiser une enchère sur la vente du bien. Cette pratique est donc prohibée.

692 Domaine – Au sens strict, seul l'engagement unilatéral est visé (c'est-à-dire l'offre d'achat), ce qui devrait conduire à exclure du domaine de l'article 1589-1 du Code civil la promesse unilatérale d'achat, qui est un contrat. Toutefois, une promesse d'achat produisant exactement les mêmes effets de contrainte sur le consentement de l'acquéreur, on admet que le texte vise également la promesse unilatérale d'achat *(J.-L. Bergel, La protection de l'acquéreur immobilier : Dr. & patr. n° 109, 2002)*.

L'objet de l'engagement unilatéral est indifférent, la prohibition vaut qu'il s'agisse de l'acquisition d'un immeuble, de parts sociales portant sur des immeubles, de droits de propriété ou de droits réels autres, tels que l'usufruit, la servitude, droit d'usage, etc.

II. Limitation des versements dans le cas d'un acte ou d'un projet d'acte bilatéral d'acquisition

693 Prohibition de principe des versements – L'article L. 271-2 du CCH institue une limitation stricte des versements de l'acquéreur **pendant le délai de rétractation ou de réflexion**. Par principe, il interdit tout versement avant l'expiration du délai de rétractation et, lorsque l'acte est dressé en la forme authentique, pendant le délai de réflexion. Le texte admet toutefois un certain nombre de dérogations.

A. – PROHIBITION DE PRINCIPE DE VERSEMENT EN COURS DES DÉLAIS DE RÉTRACTATION ET DE RÉFLEXION

694 Lors de la conclusion d'un acte mentionné à l'article L. 271-1 du CCH, « *nul ne peut recevoir de l'acquéreur non professionnel, directement ou indirectement, aucun versement à quelque titre ou sous quelque forme que ce soit avant l'expiration du délai de rétractation* » *(CCH, art. L. 271-2, al. 1)*.

695 Domaine – La *ratio legis* du texte suggère que tous les versements faits par l'acquéreur ou par un tiers pour son compte sont concernés. Le terme de « versement » permet une acception large des pratiques interdites. Est ainsi prohibée la pratique de versements (autrefois usuelle) par l'acquéreur au jour de la signature de l'avant-contrat **sous toutes formes** : indemnité d'immobilisation, dépôt de garantie, dédit, acompte, arrhes, chèque postdaté etc. En revanche, à l'évidence n'est pas visé par le texte le prêt destiné à financer l'acquisition qui n'est libéré que sous la condition de la réalisation de la vente par l'acquéreur, puisque le montant n'en est versé qu'à la compatibilité du notaire et non au compte de l'acquéreur *(M. Dagot, La protection de l'acquéreur immobilier et l'article 72 de la loi SRU : JCP N 2001, n° 20, p. 912 et s., spéc. p. 918)*.

696 Versement postérieur – L'avant-contrat peut néanmoins stipuler une obligation de versement par l'acquéreur afin de cristalliser son engagement ou rémunérer celui du vendeur. Mais ce versement ne peut être prévu que **postérieurement à l'expiration du délai**. Il est nécessaire alors que les parties fixent le montant de ce versement et il est prévu que l'acte est conclu sous la **condition suspensive** de la remise desdites sommes à la date convenue *(CCH, art. L. 271-2, al. 1)*.

697 Sanctions – Aux termes de l'article L. 271-2, alinéa 4 du CCH, est puni d'une amende de 30 000 € le fait d'exiger ou de recevoir un versement ou un engagement de versement en méconnaissance des règles prévues par l'article L. 271-2 du CCH.

B. – DÉROGATIONS À L'INTERDICTION DES VERSEMENTS

698 Les dérogations à la prohibition des versements sont strictement **limitatives**. Elles sont prévues par l'article L. 271-2 du CCH.

699 Dispositions protectrices spéciales – En premier lieu, l'article L. 271-2 du CCH réserve le cas *« des dispositions législatives expresses contraires prévues notamment pour les contrats ayant pour objet l'acquisition ou la construction d'un immeuble neuf d'habitation, la souscription de parts donnant vocation à l'attribution en jouissance ou en propriété d'immeubles d'habitation et les contrats préliminaires de vente d'immeubles à construire ou de location-accession à la propriété immobilière »*.

Il faut en effet tenir compte de dispositions antérieures garantissant déjà la protection de l'acquéreur, avec lesquelles cette prohibition serait contradictoire. C'est le cas des régimes spécifiques de protection de l'accédant à la propriété, comportant une réglementation stricte des versements et des garanties spécifiques. Ces dernières doivent déroger au principe général d'interdiction de versement prématuré. Ces régimes particuliers procèdent non seulement de « dispositions législatives » comme le dit le texte, mais encore de dispositions réglementaires. Pour le professeur Bergel, elles font pourtant partie des dispositions dérogatoires à l'article L. 271-2 du CCH, nonobstant leur nature réglementaire *(J.-L. Bergel, La protection de l'acquéreur immobilier : Dr. & patr. n° 109, 2002)*.

700 Intervention d'un intermédiaire professionnel – L'interdiction trouve une exception en cas d'intervention de l'intermédiaire d'un **professionnel ayant reçu mandat pour prêter son concours à la vente** : un versement peut être reçu de l'acquéreur s'il est effectué entre les mains d'un professionnel disposant d'une garantie financière affectée au remboursement des fonds déposés *(CCH, art. L. 271-2, al. 2)*. Deux conditions sont donc posées par le texte pour pouvoir toucher un versement avant l'expiration des délais :

- d'une part, doit exister **l'intermédiation d'un professionnel** *(M. Dagot, préc. n° 6, spéc. p. 920)* ;

Selon le professeur Bergel *(J.-L. Bergel, La protection de l'acquéreur immobilier, préc. n° 3)*, il peut s'agir de l'agent immobilier qui a mis les parties en relations et/ou qui a négocié la vente. Mais aussi du notaire, non seulement s'il a négocié la vente, mais aussi lorsqu'il a rédigé l'avant-contrat et a été désigné pour recevoir les fonds et dresser l'acte authentique. L'un comme l'autre ont manifestement « reçu mandat pour prêter [leur] concours à la vente ». Le texte concerne aussi le mandataire ayant reçu mandat de rédiger l'acte sous seing privé et *a fortiori* l'avocat exerçant en tant que mandataire en transactions immobilières *(RIN, art. 6.3)*. De même, l'expert immobilier lorsqu'il prête son concours à la négociation et à la rédaction d'actes concourant à la vente *(Ph. Pelletier, La protection nouvelle de l'acquéreur immobilier : Defrénois 2001, art. 37307)* ;

- d'autre part, le professionnel doit disposer **d'une garantie financière** affectée au remboursement des fonds déposés.

Cette condition est manifestement satisfaite pour les agents immobiliers, pour le notaire, et pour l'avocat. Également, pour un géomètre-expert.

Si l'acquéreur exerce sa faculté de rétractation, le professionnel dépositaire des fonds les **lui restitue dans un délai de 21 jours** à compter du lendemain de la date de cette rétractation. Le dépositaire ne peut invoquer aucun délai de remboursement. De même aucune retenue, pour quel titre que ce soit, ne peut avoir lieu sur la somme à restituer.

Pour aller plus loin

Formules
- JCl. Notarial Formulaire, V° Avant-contrat, fasc. 65, 67, 115 et 117, par J.-F. Pillebout
- JCl. Notarial Formulaire, V° Avant-contrat, fasc. 85, par J.-F. Pillebout

Fiches pratiques
- Fiche pratique n° 1672 : Rédiger un compromis de vente immobilière par M. Suquet-Cozic
- Fiche pratique n° 1723 : Rédiger une promesse unilatérale de vente d'immeuble, par M. Suquet-Cozic
- Fiche pratique n° 2174 : Exercer le droit de rétractation ou faire courir le délai de réflexion, par Ch. Guilloteau-Palisse

Commentaires
- JCl. Notarial Formulaire, Synthèse 140 : Avant-contrat. Dispositions communes, par S. Piedelièvre
- JCl. Notarial Formulaire, V° Avant-contrat, fasc.14, par J. Lafond, D. Lepeltier et V. Matet
- JCl. Notarial Formulaire, V° Avant-contrat, fasc. 80, par J.-F. Pillebout
- JCl. Notarial Formulaire, V° Avant-contrat, fasc. 100 (préparation de l'acte) et 102, (rédaction), par J. Lafond

Présentation générale

701 La raréfaction de l'offre immobilière, due à de multiples facteurs (pénurie de logements suite aux deux guerres mondiales, urbanisation croissante, absence de politiques publiques suffisamment volontaristes, normes de plus en plus exigeantes, complexification administrative, contraintes démographiques, etc.), combinée à une érosion du pouvoir d'achat, a contribué à banaliser – voire à systématiser pour les primo-accédants – le recours au crédit bancaire aux fins de financement de l'achat ou de la construction d'un bien immobilier. Corollairement, cette banalisation du recours au crédit a fait naître une double nécessité En premier lieu, celle de protéger l'acquéreur-accédant contre le risque d'engagements excessifs, lui-même source de surendettement ; en second lieu, celle de conjurer les risques résultant d'une déconnexion entre l'achat et le contrat de prêt et condamnant l'acquéreur-emprunteur à se retrouver dans la situation plus qu'inconfortable d'un achat sans financement ou d'un prêt sans vente finalement conclue.

C'est pour répondre à cette double nécessité que le législateur est intervenu, par la loi n° 79-596 du 13 juillet 1979, dite Scrivener II, désormais codifiée au sein du Code de la consommation à l'article L. 311-1 (pour la définition commune de la notion de crédit) et les articles L. 313-1 et suivants (pour le crédit immobilier spécifiquement).

La loi n° 79-596 du 13 juillet 1979 est entrée en vigueur le 1er juillet 1980. Elle s'applique à toutes les conventions conclues après cette date.

Afin d'atténuer les incertitudes résultant de l'application de cette législation à l'intérieur de l'Union européenne et concernant notamment la question de la loi applicable, une directive n° 2014/17 du 4 février 2014 sur les contrats de crédit aux consommateurs relatifs aux biens immobiliers à usage résidentiel a été transcrite par une ordonnance n° 2016-351 du 25 mars 2016 sur les contrats de crédit aux consommateurs relatifs aux biens immobiliers à usage d'habitation.

L'ordonnance a été ratifiée par la loi n° 2017-203 du 21 février 2017. La réglementation a été complétée par le décret n° 2016-607 du 13 mai 2016. Toutes ces nouvelles dispositions sont entrées en vigueur le 1er juillet 2016 et pour certaines, au 1er octobre 2016 ou au 1er janvier 2017.

Ces dispositions sont **d'ordre public** *(C. consom., art. L. 314-26)*. Il en résulte que la méconnaissance de la protection **peut être relevée d'office par le juge** *(C. consom., art. R. 632-1. – Cass. 1re civ., 22 janv. 2009, n° 05-20.176 : JurisData n° 2009-046627 ; JCP G 2009, act. 66, obs. O. Gout. – CJUE, 4 oct. 2007, aff. C-429/05 : JurisData n° 2007-009324 ; JCP E 2007, act. 467 ; Contrats, conc. consom. 2007, comm. 310, G. Raymond)*. Les parties **ne peuvent pas y renoncer par avance.** Cette législation spécifique ne se substitue pas aux autres protections dont bénéficie l'emprunteur de deniers : elle se superpose avec celle résultant du droit commun des contrats, ainsi que du droit commun du prêt de sommes d'argent, comme par exemple la législation sur l'usure.

702 **Plan** – La protection résultant de la loi Scrivener II s'articule autour de deux idées principales :

- en premier lieu, en amont, il s'agit de prévenir l'acquéreur emprunteur du risque d'endettement excessif qui pourrait résulter d'un engagement inconsidéré dans un crédit immobilier. En découlent des règles encadrant la période précontractuelle, régissant la publicité et l'information de l'emprunteur avant tout engagement. Si l'emprunteur cherche à s'engager, la loi prévoit les conditions dans lesquelles la formation du contrat aura lieu : d'une part, au stade de l'offre préalable de crédit ; d'autre part, au stade de l'acceptation.
- en second lieu, en aval, la loi crée une interdépendance entre le prêt et l'opération d'achat immobilier envisagée. Le dispositif se complète, d'une réglementation des conditions d'exécution et de rupture du contrat de prêt. En toute hypothèse, il faudra déterminer si l'emprunteur se trouve bien dans le domaine d'application de la protection.

Pour aller plus loin

Formules
- JCl. Notarial Formulaire, V° Avant-contrat, fasc. 65, 67, 115 et 117, par J.-F. Pillebout
- JCl. Notarial Formulaire, V° Prêt à intérêt, fasc. 17, par J.-M. Bez et J.-F. Pillebout

Fiches pratiques
- Fiche pratique n° 1773 : Rédiger un prêt à intérêt, par L. Thibierge
- Fiche pratique n° 1672 : Rédiger un compromis de vente immobilière par M. Suquet-Cozic
- Fiche pratique n° 1723 : Rédiger une promesse unilatérale de vente d'immeuble, par M. Suquet-Cozic

Commentaires
- JCl. Commercial, Synthèse 65 : Devoirs et responsabilité des établissements de crédit, par D. Legeais
- JCl. Notarial Formulaire, Synthèse 1060 : Protection des emprunteurs immobiliers, par F. Schaufelberger
- JCl. Notarial Formulaire, V° Prêt à intérêt, fasc. 30, par D. Montoux et V. Zalewski
- JCl. Concurrence – Consommation, fasc. 1507 : Application des articles L. 314-6 à L. 314-9 du Code de la consommation
- JCl. Banque – Crédit – Bourse, fasc. 721, Crédit immobilier, par G. Raymond

Revues
- J. Lassere-Capdeville, La réforme du crédit immobilier ; une évolution juridique de bon sens : JCP G 2016, 517
- M. Dagot, Prêt immobilier et protection de l'emprunteur : JCP 1979, I, 2979
- M. Dagot, Vente d'immeuble et protection de l'acquéreur-emprunteur : JCP 1980, I, 2973
- Ch. Gavalda, La protection de l'emprunteur en matière de crédit immobilier : D. 1980, chron. p. 211
- A. Gourio, La réforme du crédit immobilier aux particuliers : JCP E 2016, 1362
- S. Piedelièvre, Crédits relatifs aux biens immobiliers à usage d'habitation : voici l'ordonnance du 25 mars 2016 : JCP N 2016, n° 14, act. 486

Domaine de la protection

I. Nature de l'opération

A. – OPÉRATIONS VISÉES

703 Crédit consenti par un professionnel – Les opérations concernées sont définies de manière générale dans un nouveau chapitre intitulé « Définitions », qui ouvre désormais le titre premier du livre troisième du Code de la consommation sur les opérations de crédit. Inséré par l'ordonnance du 14 mars 2016, ce nouveau chapitre comprend un seul article L. 311-1, qui se propose de définir les termes communs aux deux variétés de crédit, crédit à la consommation et crédit immobilier.

Deux définitions sont notamment à relever au titre des opérations relevant de la réglementation du crédit immobilier :

- d'une part, l'article L. 311-1, 1°, du Code de la consommation définit le prêteur comme *« toute personne qui consent ou s'engage à consentir un crédit mentionné au présent titre dans le cadre de l'exercice de ses activités commerciales ou professionnelles »* ;

Il est évident que sont principalement visés les **banques et les organismes de crédit**. Mais sont également susceptibles d'entrer dans le champ d'application de la loi certains prêts consentis par des employeurs, lorsqu'ils sont effectués de manière fréquente *(M. Dagot, Prêt immobilier et protection de l'emprunteur : JCP 1979, I, 2979, n° 8)*, ce qui est le cas des prêts accordés aux **salariés** des établissements financiers *(TGI Paris, 18 déc. 1989 : JCP N 1990, II, 45, obs. M. Salats)* ou par des **vendeurs professionnels** *(Cass. 1re civ., 10 juin 1987, n° 85-14.604 : JurisData n° 1987-001075 ; D. 1987, somm. p. 457, obs. J.-L. Aubert ; Defrénois 1987, art. 34056, n° 83, obs. Vermelle)*.

- d'autre part, l'article L. 311-1, 6° du Code de la consommation, précise qu'est considéré comme une opération de crédit ou contrat de crédit *un contrat en vertu duquel un prêteur consent ou s'engage à consentir à l'emprunteur un crédit, relevant du champ d'application du présent titre, sous la forme d'un délai de paiement, d'un prêt, y compris sous forme de découvert (sauf inférieur à 1 mois, V. n°* **705***) ou de toute autre facilité de paiement similaire, à l'exception des contrats conclus en vue de la fourniture d'une prestation continue ou à exécution successive de services ou de biens de même nature et aux termes desquels l'emprunteur en règle le coût par paiements échelonnés pendant toute la durée de la fourniture.*

Par conséquent, sont concernés au titre de la protection : le prêt amortissable, le prêt remboursable à l'échéance, certains découverts en compte, le crédit-relais, les divers prêts aidés par l'État, etc.

704 Financement d'une opération immobilière – Le domaine de la protection en cas de crédit immobilier est délimité par l'article L. 313-1 du Code de la consommation, qui énumère les contrats de crédit concernés. Suivant ce texte, relèvent de la protection les contrats de crédit (tels que définis à l'article L. 311-1 du Code de la consommation) destinés à financer les opérations suivantes :

- **l'acquisition en propriété ou en jouissance d'immeubles à usage d'habitation ou à usage mixte** (usage d'habitation et professionnel), y compris si l'opération vise à permettre la réalisation de travaux de réparation, d'amélioration ou d'entretien de l'immeuble acquis ;
- la **souscription ou l'achat de parts** ou d'actions de sociétés donnant vocation à l'attribution en propriété ou en jouissance d'un tel immeuble, y compris si l'opération vise à permettre la réalisation de travaux de réparation, d'amélioration ou d'entretien de l'immeuble en question ;
- les **dépenses de construction** d'immeubles à usage d'habitation ou à usage mixte (usage d'habitation et professionnel) ;

Ont été logiquement considérées comme tels les honoraires d'architecte (*Cass. 3e civ., 28 mars 2007, n° 06-11.280 : JurisData n° 2007-038228 ; JCP N 2007, n° 19, act. 371*).

- **l'achat de terrains destinés à la construction** d'immeubles à usage d'habitation ou à usage mixte (usage d'habitation et professionnel).

L'ordonnance n° 2016-351 du 25 mars 2016 a ajouté aux **opérations de crédit concernées** deux occurrences :

- les contrats de crédit accordés à un emprunteur personne physique souscrivant un prêt dans un but étranger à son activité commerciale ou professionnelle (donc un emprunteur particulier), lorsqu'ils sont garantis par une hypothèque ou une autre sûreté comparable sur un bien immobilier à usage d'habitation ou par un droit lié à un bien immobilier à usage d'habitation. Ces contrats ainsi garantis sont notamment ceux destinés à financer, pour les immeubles à usage d'habitation ou à usage professionnel et d'habitation, les dépenses relatives à leur réparation, leur amélioration ou leur entretien ;
- les contrats de crédit destinés à financer une opération portant sur des immeubles à usage d'habitation ou mixte souscrits par les personnes morales de droit privé, lorsque le crédit accordé n'est pas destiné à financer

une activité professionnelle, notamment celle des personnes morales qui, à titre habituel, même accessoire à une autre activité, ou en vertu de leur objet social, procurent, sous quelque forme que ce soit, des immeubles ou fractions d'immeubles, bâtis ou non, achevés ou non, collectifs ou individuels, en propriété ou en jouissance.

B. – OPÉRATIONS EXCLUES

705 Les contrats de crédits exclus du champ de la protection sont énumérés par l'article L. 313-2 du Code de la consommation. Ce sont les opérations suivantes :

- les prêts consentis à des personnes morales de droit public ;
- ceux destinés, sous quelque forme que ce soit, à financer une activité professionnelle, notamment celle des personnes physiques ou morales qui, à titre habituel, même accessoire à une autre activité, ou en vertu de leur objet social, procurent, sous quelque forme que ce soit, des immeubles ou fractions d'immeubles, bâtis ou non, achevés ou non, collectifs ou individuels, en propriété ou en jouissance ;
- les opérations de crédit différé, régies par la loi n° 52-332 du 24 mars 1952 relative aux entreprises de crédit différé lorsqu'elles ne sont pas associées à un crédit d'anticipation ;
- les opérations de crédits accordées par les entreprises à leurs salariés, lorsqu'elles consentent des avances sur salaires ou des prêts de caractère exceptionnel consentis pour des motifs d'ordre social à leurs salariés *(C. mon. fin., art. L. 511-6, 3°)* ;
- les opérations de crédit qui ne sont assorties d'aucun intérêt ni d'aucun frais autres que les frais couvrant les coûts liés à la garantie du crédit. Il s'agit notamment du prêt à taux zéro ;
- les opérations consenties sous la forme d'une autorisation de découvert remboursable dans un délai d'un mois ;
- les contrats qui sont l'expression d'un accord intervenu devant une juridiction ;
- les contrats résultant d'un plan conventionnel de redressement mentionné à l'article L. 732-1 du Code de la consommation conclu devant la commission de surendettement des particuliers ;
- les contrats de crédit conclus à l'occasion d'un délai de paiement accordé, sans frais, pour le règlement d'une dette existante qui ne sont pas garantis par une hypothèque ou une sûreté réelle comparable ;
- le prêt viager hypothécaire régi par les articles L. 315-1 et suivants du Code de la consommation.

706 Autres opérations – À cette liste, il faut ajouter d'autres opérations de crédit qui, par leur objet ou finalité, ne rentrent pas dans le champ de la réglementation. Ainsi, le crédit-bail immobilier qui ne concerne que les biens immobiliers à usage exclusivement professionnel *(C. mon. fin., art. L. 313-7)*.

707 Soumission conventionnelle – Il est loisible aux parties de soumettre une opération de crédit ne relevant pas de la réglementation aux règles du crédit immobilier. Cette volonté doit bien entendu être dépourvue d'équivoque et ne pas résulter d'une erreur *(Cass. com., 26 avr. 1994, n° 92-13.020,* mauvais formulaire-type utilisé*)*. S'agissant d'un ordre public de protection, la Cour de cassation applique la logique du « tout ou rien » : les parties ne peuvent « picorer » les dispositions qui les arrangent et c'est l'entièreté du dispositif qui trouve alors à s'appliquer *(Cass. 1re civ., 23 mars 1999, n° 97-11.525 : JurisData n° 1999-001244 ; JCP N 1999, n° 37, p. 1314)*.

II. Qualité des parties

A. – PRÊTEURS

708 Définition – Peuvent être considérés comme « prêteurs » au sens des dispositions du crédit immobilier toute personne qui consent ou s'engage à consentir un crédit dans le cadre de l'exercice de ses activités commerciales ou professionnelles *(C. consom., art. L. 311-1, 1°)*.
Sont visés au premier chef **les banques, les établissements financiers et les organismes de crédit.** Sont également susceptibles d'entrer dans le champ d'application de la loi certains prêts consentis par des **employeurs**, lorsqu'ils sont effectués de manière fréquente ou par des **promoteurs** ou **vendeurs professionnels** lorsqu'ils accordent des facilités de paiement assimilables à un crédit.

709 Prêteurs exclus – Au contraire, sont exclus du champ de la réglementation des prêteurs occasionnels, même si le prêt est censé financer une opération immobilière rentrant dans le champ de la règlementation.

B. – ACQUÉREURS-EMPRUNTEURS

710 Définition – Au sens de la règlementation, l'emprunteur est *« toute personne physique qui est en relation avec un prêteur, ou un intermédiaire de crédit, dans le cadre d'une opération de crédit réalisée ou envisagée dans un but étranger à son activité commerciale ou professionnelle »* *(C. consom., art. L. 311-1, 2°)*. De même, l'acquéreur est « *toute personne qui acquiert ou souscrit* » une des opérations concernées par la réglementation *(C. consom., art. L. 311-1, 3°)*. Le critère est donc le **cadre non professionnel du crédit souscrit** et non l'usage du bien immobilier envisagé *in fine*.

Remarque Peu importe à ce titre qu'ils vendent ou louent par la suite le bien financé.

Personnes exclues. Deux catégories de personnes sont exclues du champ de la règlementation :

- en premier lieu, sont expressément exclues du champ de la protection **les personnes morales de droit public** *(C. consom., art. L. 313-2, 1°)* ;

Quid des personnes morales de droit privé, et notamment des sociétés civiles immobilières (SCI) ? L'article L. 311-1 du Code de la consommation définissant restrictivement l'emprunteur comme une personne physique, pourrait laisser penser que sont exclues du champ de la protection toutes les personnes morales, en ce compris celles de droit privé. Pourtant, et de manière parfaitement illogique (puisque l'article L. 311-1 est censé condenser l'ensemble des définitions s'appliquant aux crédits relevant du droit de la consommation), l'ordonnance n° 2016-351 du 25 mars 2016 a introduit dans le Code de la consommation le nouvel article L. 313-1, 3° qui prévoit l'application des règles du crédit immobilier pour les crédits *souscrits par les personnes morales de droit privé, lorsque le crédit accordé n'est pas destiné à financer une activité professionnelle*. Il s'agit *notamment celle des personnes morales qui, à titre habituel, même accessoire à une autre activité, ou en vertu de leur objet social, procurent sous quelque forme que ce soit, des immeubles ou fractions d'immeubles, bâtis ou non, achevés ou non, collectifs ou individuels, en propriété ou en jouissance.*

- en second lieu, doit être considéré comme prêteur au sens de la réglementation toute personne qui consent ou s'engage à consentir un crédit mentionné au présent titre dans le cadre de l'exercice de ses activités commerciales ou professionnelles *(C. consom., art. L. 311-1, 1°)*. Sont ainsi visés les **marchands de biens**, les **promoteurs**, les **lotisseurs**, etc.

III. Conditions tenant à la loi applicable

711 Loi applicable dans l'espace – Le Code de la consommation ne dit mot sur la question de la loi applicable en présence d'un ou plusieurs éléments d'extranéité. Trois situations peuvent se présenter :

- des **étrangers empruntant ou achetant en France** pourront évidemment bénéficier de la législation française s'ils décident de se soumettre à la loi française ;

Rappelons simplement dans ce cas que la protection étant d'ordre public, les parties devront se soumettre « en bloc » à la règlementation.

- si les parties – et le plus probablement l'emprunteur – **décident de soumettre le prêt à une loi étrangère** (par hypothèse moins protectrice), les dispositions du droit de la consommation en matière de crédit immobilier pourront être considérées comme une loi de police contractuelle *(en ce sens, S. Piedelièvre : Rép. dr. comm., V° « Crédit immobilier », n° 2)*. Par conséquent, le crédit devra être soumis au droit français si les opérations sont liées à l'ordre économique français : tel sera le cas d'un immeuble situé en France et d'un établissement du prêteur ou la résidence de l'emprunteur se trouve en France ;
- si le contrat **ne désigne aucune loi**, française ou étrangère, le contrat sera soumis à la loi française si l'immeuble est situé en France et si l'établissement du prêteur ou la résidence de l'emprunteur se trouve en France.

712 Loi applicable dans le temps – L'ordonnance du 25 mars 2016 modifie assez sensiblement le domaine d'application de la règlementation et son contenu. Les nouvelles dispositions sont entrées en vigueur au 1er juillet 2016 *(Ord. n° 2016-351, 25 mars 2016, art. 13)*, à l'exception de quelques dispositions qui ne sont entrées en vigueur qu'à compter du 1er octobre 2016, voire à partir du 1er janvier 2017. Dans tous les cas, les règles prévues par l'ordonnance ne s'appliqueront qu'aux contrats dont l'offre a été émise après son entrée en vigueur. Le droit antérieur à l'ordonnance a donc vocation à jouer encore pendant plusieurs années.

Information de l'emprunteur

I. Publicité

713 Champ d'application – L'idée de la réglementation est d'éviter un crédit irréfléchi ainsi que d'éclairer au maximum le consommateur emprunteur sur la portée de son futur engagement. La réglementation définit le **contenu requis par la publicité d'un crédit immobilier**. Quelques règles particulières ont été posées par l'article L. 313-54 du Code de la consommation pour la location-vente et la location assortie d'une promesse de vente. Ces particularités mises à part, les dispositions des articles L. 313-3 à L. 313-5 du Code de la consommation s'appliquent à **toute publicité faite, reçue ou perçue en France, quel que soit son support, portant sur un crédit immobilier** entrant dans le champ d'application de l'article L. 313-1 du code précité *(C. consom., art. L. 313-4)*.

A. – INDICATIONS GÉNÉRALES

714 Mentions interdites – L'article L. 313-5 du Code de la consommation interdit deux types de mentions dans le support publicitaire. En premier lieu, celles qui contribueraient à assimiler les mensualités de remboursement à des loyers ou faisant référence, pour le calcul des échéances, à des prestations sociales qui ne sont pas assurées pendant toute la durée du contrat. En second lieu, et surtout, toute formulation susceptible de faire naître chez le consommateur de fausses attentes concernant la disponibilité ou le coût d'un crédit.

715 Mentions requises – L'article L. 313-4 du Code de la consommation dispose que toute publicité portant sur un prêt entrant dans le champ d'application de la réglementation doit contenir les indications suivantes :
- **l'identité** du prêteur ou de l'intermédiaire de crédit ;
- la **nature** et **l'objet** du prêt.

B. – INDICATIONS SPÉCIALES

1° Publicité consistant dans la mise à disposition d'un document publicitaire à l'emprunteur

716 Dans l'hypothèse où la publicité est effectuée par la remise d'un document, le nouvel article L. 313-3 du Code de la consommation (issu de *l'Ord. n° 2016-351, 25 mars 2016 : JO 26 mars 2016)* prescrit spécialement qu'il doit mentionner que l'emprunteur dispose **d'un délai de réflexion de 10 jours**, que la **vente est subordonnée à l'obtention du prêt** et que, si celui-ci n'est pas obtenu, le vendeur doit lui **rembourser** les sommes versées.

2° Mentions complémentaires dans le cadre d'une publicité comportant un taux d'intérêt ou des chiffres relatifs au coût du crédit pour l'emprunteur

717 L'article L. 313-4 du Code de la consommation prévoit que lorsque cette publicité comporte un taux d'intérêt ou des chiffres relatifs au coût du crédit pour l'emprunteur, **elle précise également de façon claire, concise et visible les informations complémentaires sur les caractéristiques du crédit**, fournies, le cas échéant, à l'aide d'un exemple représentatif. Ces informations sont énumérées par l'article R. 313-1 du Code de la consommation.

Remarque Il faut noter que l'exemple représentatif doit répondre à certaines caractéristiques énumérées par l'article R. 313-2 du Code de la consommation. Il doit partir d'un montant total du crédit accordé égal à 50 000 € ou à un multiple de cette somme qui ne peut excéder 500 000 € et une durée de remboursement égale à 5 ans ou à un multiple de cette durée qui ne peut excéder 30 ans. Lorsque la publicité mentionne un taux promotionnel ou des modalités spéciales d'utilisation qui dérogent au fonctionnement normal du crédit concerné, applicables à titre temporaire, l'exemple représentatif illustre les conditions normales d'exécution du contrat de crédit. En cas de taux variable, l'exemple représentatif indique, en plus des indications classiques, si le taux débiteur est ou non plafonné. La publicité indique que l'exemple représentatif a une valeur d'exemple.

II. Information précontractuelle

718 Présentation générale – En matière de crédit immobilier, la période précontractuelle revêt une importance encore plus grande qu'en matière de crédit à la consommation. La gravité de l'enjeu rend indispensable que le candidat emprunteur ait à sa disposition un maximum d'informations qui lui permettront de s'engager en toute connaissance de cause.
La protection s'articule autour de deux sortes d'information qui s'organisent à deux niveaux différents : une information **générale** destinée à l'ensemble des emprunteurs (*V. n°* ***719***) ; une information **spécifique** destinée à un emprunteur déterminé (*V. n°* ***720*** *et s.*).

A. – INFORMATION GÉNÉRALE

719 Présentation générale – Le législateur a prévu une **obligation d'information générale** en matière de crédit immobilier qui s'adresse à l'ensemble des éventuels emprunteurs immobiliers. Depuis le 1er octobre 2016, le prêteur doit assurer la disponibilité permanente des informations générales, claires et compréhensibles, sur les contrats de crédit. L'intermédiaire de crédit assure également la disponibilité permanente des mêmes informations. Ces dernières sont délivrées **sur papier, sur tout autre support durable** ou sous forme électronique. Elles sont facilement accessibles et sont fournies **gratuitement** à l'emprunteur *(C. consom., art. L. 313-6)*. L'article R. 313-3 du même code énumère les différentes mentions devant figurer dans cette information. Il s'agit d'une douzaine d'indications.
Le prêteur ou l'intermédiaire de crédit qui ne respecte pas les obligations en matière d'informations générales s'expose à une amende de 30 000 € *(C. consom., art. L. 341-23)*.

B. – INFORMATION SPÉCIALE

720 Information personnalisée – Comme en matière de crédit à la consommation, l'idée est de s'adapter à la personne de l'emprunteur. L'information spéciale se fera au moyen de divers supports d'information.

1° Fiche d'information standardisée européenne

721 Fiche standardisée – Depuis le 1er octobre 2016, et au plus tard lors de l'émission de l'offre de crédit, le prêteur ou l'intermédiaire de crédit communique à l'emprunteur, par écrit ou sur un autre support durable, sous la forme d'une **fiche d'information standardisée européenne (Fise)**, les informations personnalisées permettant à l'emprunteur de comparer les différentes offres de crédit disponibles sur le marché, d'évaluer leurs implications et de se déterminer en toute connaissance de cause sur l'opportunité de conclure un contrat de crédit *(C. consom., art. L. 313-7)*.
Cette fiche est nécessairement gratuite et elle ne peut comprendre aucune autre mention que celles prévues par le législateur.

722 Contenu – Les mentions au nombre de quinze devant figurer dans cette fiche doivent être présentées suivant un **modèle type** *(C. consom., art. R. 313-4)*.

2° Information relative à l'assurance emprunteur

723 Présentation générale – En raison du risque de non-remboursement, le prêteur exige fréquemment que l'emprunteur souscrive une assurance destinée à garantir du risque de décès, d'invalidité ou de chômage de l'emprunteur. Cette assurance garantit soit le remboursement total ou partiel du montant du prêt restant dû, soit le paiement de tout ou partie des échéances dudit prêt. L'hypothèse de très loin la plus fréquente en pratique est la proposition d'adhérer à une **assurance de groupe**. Cette proposition est soumise à des conditions impératives *(C. consom., art. L. 313-28 à L. 313-33)*.

724 Contenu de l'information – Tout document remis à l'emprunteur préalablement à la formulation de l'offre de crédit et comportant un ou plusieurs éléments chiffrés sur l'assurance de groupe est tenu de mentionner le **coût de cette assurance** *(C. consom., art. R. 313-8)*.
Ce coût est exprimé :
- à l'exclusion **de tout autre taux**, en taux annuel effectif de l'assurance, qui permette la comparaison par l'emprunteur de ce taux avec le taux annuel effectif global du crédit ;
- **en montant total en euros** dû par l'emprunteur au titre de l'assurance sur la durée totale du prêt ;
- **en euros et par période**, selon la périodicité de paiement. Il est précisé si ce montant s'ajoute ou non à l'échéance de remboursement du crédit.

En outre, une **fiche standardisée d'information** est remise, lors de la première simulation, à toute personne qui se voit proposer ou qui sollicite une assurance ayant pour objet de garantir le remboursement d'un prêt immobilier. Elle mentionne la possibilité pour l'emprunteur de souscrire auprès de l'assureur de son choix une telle assurance *(C. consom., art. R. 313-9)*. Ce document d'information énonce de manière claire et lisible les principales caractéristiques de l'assurance *(C. consom., R. 313-8)*. Cette fiche doit contenir notamment les informations précisées par l'article R. 313-9 du Code de la consommation.
Enfin, une **notice** devra être annexée au contrat de prêt énumérant les risques garantis et précisant toutes les modalités de la mise en jeu de l'assurance *(C. consom., art. L. 313-29, al. 1)*.

Attention De manière générale, le banquier, qui propose à son client auquel il consent un prêt, d'adhérer au contrat d'assurance de groupe qu'il a souscrit à l'effet de garantir, en cas de survenance de divers risques, l'exécution de tout ou partie de ses engagements, « est tenu de l'éclairer sur l'adéquation des risques couverts à sa situation personnelle d'emprunteur, la remise de la notice ne suffisant pas à satisfaire à cette obligation » *(Cass. ass. plén., 2 mars 2007, n° 06-15.267 : JurisData n° 2007-037777 ; JCP N 2017, n° 11, act. 256. - Cass. 1re civ., 22 janv. 2009, n° 07-19.867 : JurisData n° 2009-046630 ; Dr. famille 2009, comm. 80, B. Beignier)*.

3° Devoirs de conseil

a) Obligation d'information de l'intermédiaire

725 Les intermédiaires en opérations de banque et en services de paiement sont tenus au respect de règles de bonne conduite fixées par décret en Conseil d'État en fonction de la nature de l'activité qu'ils exercent. Ces règles prévoient notamment les obligations à l'égard de leurs clients pour leur bonne information et le respect de leurs intérêts *(C. mon. fin., art. L. 519-4-1)*.
Ils sont tenus de préciser à leurs clients l'existence de liens financiers avec un ou plusieurs établissements de crédit, sociétés de financement, établissements de paiement ou de monnaie électronique qui fournissent des services de paiement. L'intermédiaire doit aussi indiquer au client s'il est soumis à une obligation contractuelle de travailler exclusivement avec un ou plusieurs établissements de crédit, sociétés de financement, établissements de paiement ou de monnaie électronique qui fournissent des services de paiement, et il l'informe que peut lui être communiqué, à sa demande, le nom de ces établissements ou sociétés.
Deux obligations plus spécifiques au crédit immobilier sont mises à la charge des intermédiaires. Il leur appartient d'indiquer à l'emprunteur s'ils ont un service de conseil et si tel est le cas quels en sont les conditions et le coût. Ils sont tenus de préciser s'ils sont rémunérés par l'établissement de crédit prêteur et, dans l'affirmative, quel en est le montant ou les modalités de calcul.

b) Devoirs d'information et d'explication

726 Principe – Le prêteur ou l'intermédiaire de crédit doit fournir gratuitement à l'emprunteur les explications adéquates lui permettant de déterminer si le ou les contrats de crédit proposés et les éventuels services accessoires sont adaptés à ses besoins et à sa situation financière *(C. consom., art. L. 313-11)*.

727 Domaine – L'article L. 313-11 du Code de la consommation indique les points sur lesquels l'explication doit porter. Ils comprennent notamment :
- les informations contenues dans la fiche d'information standardisée européenne ainsi que, pour les intermédiaires de crédit, les obligations d'information prévues ;
- les principales caractéristiques du ou des crédits et services accessoires proposés ;
- les effets spécifiques que le ou les crédits et services accessoires proposés peuvent avoir sur l'emprunteur, y compris les conséquences d'un défaut de paiement de l'emprunteur, notamment en cas de réalisation des garanties ;
- s'agissant des éventuels services accessoires liés au contrat de crédit, l'indication de la possibilité ou non de résilier chaque composante séparément et les implications d'une telle procédure pour l'emprunteur.

728 Sanctions – Le prêteur peut être déchu du droit aux intérêts dans la proportion fixée par le juge, jusqu'à un montant ne pouvant excéder, pour chacun des manquements énumérés ci-après, 30 % des intérêts et plafonné à 30 000 €. Il encourt aussi une amende de 30 000 € et les peines complémentaires énumérées *(C. consom., art. L. 341-33)*.

c) Devoir de mise en garde

729 Présentation générale – Depuis le 1er juillet 2016, le prêteur ou l'intermédiaire de crédit met en garde gratuitement l'emprunteur lorsque, compte tenu de sa situation financière, un contrat de crédit peut induire des risques spécifiques pour lui *(C. consom., art. L. 313-1)*. Le seul fait que le contrat de crédit soit soumis aux règles du crédit à la consommation suffit à imposer cette obligation au prêteur et à l'intermédiaire. Il

appartiendra d'ailleurs à ces derniers de démontrer avoir respecté cette obligation. Notons qu'une décision a distingué suivant que l'emprunteur était profane ou pas *(Cass. ch. mixte, 29 juin 2007, n° 05-21.104 : JurisData n° 2007-039908 ; JCP N 2007, n° 28, act. 514)*.
Cette obligation va plus loin que le simple devoir de conseil. Par le devoir de mise en garde, le prêteur ou l'intermédiaire doit indiquer à l'emprunteur les dangers pour ce dernier de l'opération projetée ou de l'un des aspects de cette opération.

730 Sanction – Les sanctions en cas de non-respect de cette obligation sont de deux ordres. Civilement, le prêteur peut être déchu du droit aux intérêts dans la proportion fixée par le juge, jusqu'à un montant ne pouvant excéder, pour chacun des manquements énumérés ci-après, 30 % des intérêts et plafonné à 30 000 €. Pénalement, il encourt une amende de 30 000 €.

d) Service de conseil

731 Définition – Le service de conseil consiste en la fourniture à l'emprunteur de recommandations personnalisées pour un ou plusieurs contrats de crédit et il constitue une activité distincte de l'octroi de crédit et de l'activité d'intermédiation *(C. consom., art. L. 313-13)*. Ce service doit répondre à des critères précis. Le conseil est qualifié d'indépendant dès lors qu'il est rendu à partir d'un nombre suffisamment important de contrats de crédit disponibles sur le marché. Sa fourniture donne lieu à rémunération de la part de l'emprunteur. Le conseil qui ne répond pas aux critères du Code de la consommation ne peut donner lieu à rémunération *(C. consom., art. L. 313-13)*.

732 Contenu – Cette recommandation personnalisée porte sur un ou plusieurs contrats de crédits adaptés aux besoins et à la situation financière de l'emprunteur sur la base de la prise en considération :
- par les prêteurs ainsi que les intermédiaires, lorsque ceux-ci agissent en vertu d'un mandat délivré par un prêteur, d'un nombre suffisamment important de contrats de crédit de leur gamme de produits ;
- par les intermédiaires, lorsque ceux-ci agissent en vertu d'un mandat délivré par un client au sens de l'article L. 519-2 du Code monétaire et financier, d'un nombre suffisamment important de contrats de crédit disponibles sur le marché *(C. consom., art. L. 313-13)*.

733 Sanctions – Le fait pour le prêteur ou l'intermédiaire de crédit qui fournit un service de conseil prévu à l'article L. 313-13 du Code de la consommation de ne pas remettre à l'emprunteur une recommandation personnalisée ou de lui remettre une recommandation ne répondant pas aux exigences de l'article L. 313-13 est puni d'une amende de 30 000 € *(C. consom., art. L. 341-29)*.

Pour aller plus loin

Formules
- JCl. Notarial Formulaire, V° Prêt à intérêt, fasc. 17, par J.-M. Bez et J.-F. Pillebout

Fiches pratiques
- Fiche pratique n° 1773 : Rédiger un prêt à intérêt, par L. Thibierge
- Fiche pratique n° 1672 : Rédiger un compromis de vente immobilière, par M. Suquet-Cozic
- Fiche pratique n° 1723 : Rédiger une promesse unilatérale de vente d'immeuble, par M. Suquet-Cozic
- Fiche pratique n° 1665 : Rédiger un contrat de cautionnement, par Ph. Rebattet

Commentaires
- JCl. Notarial Formulaire, Synthèse 1060, Protection des emprunteurs immobiliers, par F. Schaufelberger
- JCl. Commercial, Synthèse 65, Devoirs et responsabilité des établissements de crédit, par D. Legeais
- JCl. Banque – Crédit – Bourse, fasc. 721, Crédit immobilier, par G. Raymond
- JCl. Notarial Formulaire, V ° Prêt à intérêt, fasc. 30, par D. Montoux et V. Zalewski
- JCl. Concurrence – Consommation, fasc. 1507, Application des articles L. 314-6 à L. 314-9 du Code de la consommation

Formation du contrat de prêt

I. Réglementation de l'offre préalable de crédit

734 Présentation générale – Afin de permettre aux emprunteurs, et éventuellement à leurs cautions, d'être parfaitement informés des conditions du crédit et de bien mesurer la charge financière à venir, le législateur vient encadrer les conditions dans lesquelles l'offre préalable peut être émise. La protection s'inspire de celle existant en matière de crédit à la consommation.

735 Personnes soumises à la réglementation – La réglementation relative à l'offre préalable s'impose à toute personne qui consent un crédit relevant de la protection.

Attention Attention toutefois, l'offre en matière de location-vente est soumise à un régime particulier *(C. consom., art. L. 313-56)*.

A. – CONTENU DE L'OFFRE PRÉALABLE

1° Formalisme de l'offre préalable

736 Transmission de l'offre par écrit – Le prêteur doit formuler par **écrit** une offre adressée **gratuitement** sur papier ou sur un autre support durable à l'emprunteur ainsi qu'aux cautions déclarées par l'emprunteur lorsqu'il s'agit de personnes physiques *(C. consom., art. L. 313-24, al. 1)*. Cette offre est accompagnée de la fiche d'information standardisée européenne *(V. n° **721**)* lorsque ses caractéristiques sont différentes des informations contenues dans la fiche d'information fournie précédemment le cas échéant *(C. consom., art. L. 313-24, al. 2)*.

737 Contenu de l'offre – L'offre préalable doit comporter les mentions suivantes *(C. consom., art. L. 313-25)* :

- **l'identité des parties** et éventuellement des cautions déclarées ;
- **la nature, l'objet, les modalités du prêt**, notamment celles qui sont relatives aux dates et conditions de mise à disposition des fonds ;
- pour les offres de prêts dont le taux d'intérêt est fixe, un **échéancier des amortissements** détaillant pour chaque échéance la répartition du remboursement entre le capital et les intérêts ;
- pour les offres de prêts dont le **taux d'intérêt** est **variable**, ou **révisable**, une notice présentant les conditions et modalités de variation du taux d'intérêt et un document d'information contenant une simulation de l'impact d'une variation de ce taux sur les mensualités, la durée du prêt et le coût total du crédit. Le document d'information mentionne le caractère indicatif de la simulation et l'absence de responsabilité du prêteur quant à l'évolution effective des taux d'intérêt pendant le prêt et à son impact sur les mensualités, la durée du prêt et le coût total du crédit ;
- le **montant du crédit** susceptible d'être consenti et, le cas échéant, celui de ses fractions périodiquement disponibles, **son coût total**, son **taux annuel effectif global**, conformément aux articles L. 314-1 à L. 314-4 ainsi que, s'il y a lieu, les modalités de l'indexation ;
- les **stipulations particulières**, les **assurances** et les **sûretés réelles ou personnelles** exigées, qui conditionnent la conclusion du prêt en donnant une évaluation de leur coût ;
- le fait que l'emprunteur peut souscrire **auprès de l'assureur de son choix une assurance** équivalente dont il peut demander la substitution ;
- les conditions requises pour un **transfert** éventuel du prêt à une tierce personne ;
- rappel des dispositions de l'article L. 313-34 du Code de la consommation, c'est-à-dire les délais de **réflexion** et **d'acceptation** qui doivent être obligatoirement être accordés à l'emprunteur ;
- indiquer si le prêt est subordonné à la condition de domiciliation mentionnée à l'article L. 313-25-1 du Code de la consommation. Si c'est le cas, sont mentionnés la durée de celle-ci, le cas échéant les frais d'ouverture et de tenue du compte sur lequel les salaires ou revenus assimilés sont domiciliés, ainsi que la nature de l'avantage individualisé consenti en contrepartie par le prêteur. L'offre doit permettre d'identifier clairement cet avantage en mentionnant les conditions, de taux ou autres, au regard desquelles elle est établie, et qui seraient appliquées par le prêteur si l'exigence de domiciliation n'était plus respectée par l'emprunteur.

Le cas échéant, l'information relative aux différents contrats de crédit composant une opération de financement peut figurer dans l'offre.

738 Détermination du taux annuel effectif global (TAEG) – Depuis le 1er octobre 2016, l'appellation TEG (taux effectif global) est remplacée par celle de TAEG (taux annuel effectif global). L'idée générale de sa réglementation est que **toutes les dépenses mises à la charge de l'emprunteur doivent être prises en compte dans ce calcul** (en ce sens, *Cass. 1re civ., 9 déc. 2010, n° 09-67.089 : JurisData n° 2010-023213 et Cass. 1re civ., 9 déc. 2010, n° 09-14.977 : JurisData n° 2010-023220 ; JCP N 2011, n° 12, 1110 ; D. 2011, p. 97, obs. V. Avena-Robardet ; D. 2011, p. 720, note J. Lasserre Capdeville ; JCP E 2011, 1009, note D. Legeais)*. Dans tous les cas, pour la détermination du taux effectif global du prêt, comme pour celle du taux effectif pris comme référence, sont ajoutés aux intérêts les **frais**, les **taxes**, les **commissions** ou **rémunérations** de toute nature, directs ou indirects, supportés par l'emprunteur et connus du prêteur à la date d'émission de l'offre de crédit ou de l'avenant au contrat de crédit, ou dont le montant peut être déterminé à ces mêmes dates, et qui constituent une condition pour obtenir le crédit ou pour l'obtenir aux conditions annoncées *(C. consom., art. L. 314-1)*. Pour les contrats de crédit qui prévoient un amortissement échelonné, le taux effectif global doit être calculé en tenant compte des modalités de l'amortissement de la créance.

L'une des difficultés récurrentes en matière de taux d'intérêts consiste à savoir ce qui doit être intégré et ce qui ne doit pas être intégré dans le calcul du TEG ou du TEAG. Le décret n° 2016-607 du 13 mai 2016 fournit quelques indications en la matière. Selon l'article R. 314-4 du Code de la consommation (applicable depuis le 1er octobre 2016) sont compris dans le taux annuel effectif global du prêt, lorsqu'ils sont nécessaires pour obtenir le crédit ou pour l'obtenir aux conditions annoncées, notamment :

- les frais de dossier ;
- les frais payés ou dus à des intermédiaires intervenus de quelle que manière que ce soit dans l'octroi du prêt, même si ces frais, commissions ou rémunérations correspondent à des débours réels. Il peut s'agir des honoraires de l'intermédiaire par lequel les fonds ont été obtenus ou encore de la commission versée à une société chargée de gérer le prêt *(Cass. 1re civ., 12 juin 1990, n° 89-10.811 : JurisData n° 1990-001763.* – V. aussi *Cass. 1re civ., 16 janv. 2013, n° 05-12.081 : JurisData n° 2013-000415 ; JCP N 2013, n° 7, act. 270 ; Contrats, conc. consom. 2013, comm. 94, G. Raymond)* ;
- les coûts d'assurance (décès, invalidité, etc.) et de garanties obligatoires ;
- les frais d'ouverture et de tenue d'un compte donné, d'utilisation d'un moyen de paiement permettant d'effectuer à la fois des opérations et des prélèvements à partir de ce compte ainsi que les autres frais liés aux opérations de paiement ;
- le coût de l'évaluation du bien immobilier, hors frais d'enregistrement liés au transfert de propriété du bien immobilier.

L'énumération ainsi faite est purement indicative, comme le démontre l'utilisation de l'adverbe notamment.
Depuis le 1er octobre 2016, ne sont pas compris dans le taux annuel effectif global :

- 1°) les frais liés à l'acquisition des immeubles, tels que les taxes y afférentes, les frais d'acte notarié ;
- 2°) les frais à la charge de l'emprunteur en cas de non-respect de l'une de ses obligations prévues dans le contrat de crédit *(C. consom., art. R. 314-5)*.

2° Sanctions en cas de non-respect du formalisme de l'offre de crédit

a) Sanctions pénales

739 Le prêteur qui ne respecte pas l'une des obligations prévues aux articles L. 313-24 et L. 313-25 du Code de la consommation, relatives à la remise de l'offre préalable s'expose à une amende de 150 000 € *(C. consom., art. L. 341-37)*. Il s'expose en outre à des peines complémentaires *(C. consom., art. L. 341-44)*.

b) Sanctions civiles

740 Déchéance des intérêts – En cas de non-respect des obligations prévues aux articles L. 313-24 et L. 313-25 du Code de la consommation, le prêteur peut en outre être **déchu du droit aux intérêts**. Cette déchéance peut être soit totale, soit dans une proportion fixée par le juge *(C. consom., art. L. 341-34)*. En revanche, la nullité du prêt n'est pas encourue en cas de non-respect de ces obligations *(Cass. 1re civ., 2 juill. 2002, n° 99-20.254 : JurisData n° 2002-015090)*. La sanction de l'inexactitude de la mention du TAEG est plus incertaine. Dans deux décisions, la Cour de cassation a décidé que « l'inexactitude de la mention du taux effectif global dans l'acte de prêt n'est pas sanctionnée par la déchéance totale du droit aux intérêts, mais seulement par la **substitution de l'intérêt légal** à compter de la date de conclusion du prêt » *(Cass. 1re civ., 16 janv. 2013, n° 05-12.081 : JurisData n° 2013-000415 ; JCP N 2013, n° 7, act. 270 ; Contrats, conc. consom. 2013, comm. 94, G. Raymond)*. Elle a finalement revisé sa solution en considérant que la sanction appropriée était la déchéance du droit aux intérêts *(Cass. 1re civ., 25 févr. 2016, n° 14-29.838 : JurisData n° 2016-003186 ; RD bancaire et fin. 2016, comm. 113, N. Mathey)*. La déchéance des intérêts peut être **relevée d'office** par le juge. Le prononcé de la déchéance totale ou partielle du droit aux intérêts relève de son **pouvoir discrétionnaire**.

Lorsque le prêteur est déchu du droit aux intérêts, **l'emprunteur n'est tenu qu'au seul remboursement du capital** suivant l'échéancier prévu ainsi que la partie des intérêts qui n'ont pas bénéficié de la déchéance. Les sommes perçues au titre des intérêts, qui sont productives d'intérêts au taux de l'intérêt légal à compter du jour de leur versement, sont restituées par le prêteur ou imputées sur le capital restant dû *(C. consom., art. L. 341-47)*. Selon la Cour de cassation, comme la déchéance du droit aux intérêts ne sanctionne pas une condition de formation du contrat, elle n'est pas soumise à l'article ancien 1304 du Code civil *(C. civ., art. 1178, 1143 et 1144. – Cass. 1re civ., 2 juill. 1996, n° 94-17.530 : JurisData n° 1996-002888 ; Bull. civ. I, n° 283)*. Elle lui applique la prescription quinquennale de l'article L. 110-4, I du Code de commerce. Le point de départ de ce délai est le jour de la remise des fonds *(Cass. 1re civ., 16 oct. 2001, n° 99-14.711 : JurisData n° 2001-011283 ; JCP G 2001, 2899)*.

B. – OBLIGATION DE MAINTIEN DE L'OFFRE PRÉALABLE

741 Durée de maintien de l'offre – Le prêteur doit maintenir les conditions de l'offre pendant une durée minimale de 30 jours à compter de sa réception par l'emprunteur *(C. consom., art. L. 313-34)*.

Conseil pratique Compte tenu de l'éventuelle nécessité pour l'établissement de crédit offrant de prouver le respect des délais instaurés par l'article L. 313-24 du Code de la consommation, l'envoi devrait par prudence être effectué **par lettre recommandée avec avis de réception**, lorsqu'il est effectué par la voie postale.

Le délai de maintien de l'offre pendant 30 jours constitue un délai **minimum**. Il sera toujours possible à un établissement de crédit de stipuler un délai plus long. Pendant cette durée, l'offrant n'a pas la possibilité de se rétracter. **Passé le délai**, l'offre devient automatiquement **caduque**, sans que son auteur ne soit tenu de manifester sa volonté en application du Code civil *(C. civ., art. 1117)*. À défaut de délai stipulé, il y a tout lieu de croire que le « délai raisonnable » auquel l'article 1117 du Code civil fait référence et à l'issue duquel l'offre sera caduque, sera le délai légal de 30 jours.

742 Modification de l'offre préalable – Dans le même ordre d'idées, l'offre préalable de crédit n**e peut être modifiée** pendant la période où elle doit être maintenue. Toute modification des conditions d'obtention d'un prêt dont le taux d'intérêt est fixe, notamment le montant ou le taux du crédit, donne lieu à la remise à l'emprunteur d'une **nouvelle offre préalable** *(C. consom., art. L. 313-27)*. L'offre modifiée doit être adressée à l'emprunteur dans un délai de 10 jours ouvrés à compter de la réception de la demande de substitution.

Attention Toutefois, cette exigence de réitération ne s'applique pas lorsque seule la durée du prêt est prolongée *(Cass. 1re civ., 8 oct. 1996, n° 94-18.745 : JurisData n° 1996-003671 ; Defrénois 1997, 229, note S. Piedelièvre ; Contrats, conc. consom. 1996, n° 208, obs. G. Raymond)*. De même, s'il ne s'agit que d'erreurs matérielles *(Cass. 1re civ., 24 févr. 1998, n° 96-10.040)*.

II. Acceptation de l'offre de crédit

A. – MOMENT DE L'ACCEPTATION

743 Délai de réflexion de 10 jours – L'emprunteur n'a pas la possibilité d'accepter immédiatement l'offre qui lui est faite. L'article L. 313-34, alinéa 2, du Code de la consommation précise que l'emprunteur et les cautions **ne peuvent accepter l'offre que 10 jours après l'avoir reçue** *(CA Paris, 15 sept. 1999 : JCP N 2000, 1549, note G. Raymond)*. Si l'emprunteur accepte avant l'expiration du délai, le contrat de prêt n'a jamais pu se former, puisque l'acceptation n'a, en réalité, jamais été valablement donnée. Les parties, pour en réalité continuer leurs relations contractuelles, devront donc recommencer toute l'opération. Le notaire qui reçoit l'acte de prêt doit vérifier cette condition.

744 Forme de l'acceptation – L'acceptation doit être donnée par **lettre**, le cachet de la poste faisant foi ou selon tout autre moyen convenu entre les parties de nature à rendre certaine la date de l'acceptation par l'emprunteur *(C. consom., art. L. 313-34, al. 2)*. L'appréciation de la réalité de ce délai relève de l'appréciation souveraine des juges du fond *(Cass. 1re civ., 19 mai 1999, n° 96-22.699 : JurisData n° 1999-001930 ; JCP G 1999, 2291)*. Cette règle étant **d'ordre public**, la renonciation n'est **pas possible** *(Cass. 1re civ., 9 déc. 1997, n° 95-15.494 : JurisData n° 1997-004964 ; Contrats, conc. consom. 1998, 53, obs. G. Raymond ; JCP 1998, II, 10148, note S. Piedelièvre)*.

B. – FORMATION DU CONTRAT PAR L'ACCEPTATION DE L'EMPRUNTEUR

745 Moment de la formation du contrat – Lorsque l'offre de prêt a été régulièrement **acceptée** par l'emprunteur, le contrat de prêt est définitivement formé.

Traditionnellement, on considérait que le prêt était un contrat réel qui se formait par la remise des fonds à l'emprunteur. Mais cette vision est aujourd'hui abandonnée que ce soit pour les prêts immobiliers régis par le Code de la consommation *(Cass. 1re civ., 27 mai 1998, n° 96-17.312 : JurisData n° 1998-002335)* ou de droit commun (si toutefois le prêt a été consenti par un professionnel).

En application des principes généraux du droit des obligations, le contrat sera valablement formé **par l'acceptation de l'offre de crédit** par l'emprunteur *(C. civ., art. 1113)* et ce même si les fonds n'ont pas été remis à l'emprunteur *(Cass. 1re civ., 27 mai 1998, n° 96-17.312 : JurisData n° 1998-002335, JCP G 1998, p. 1577)*.

Remarque L'affirmation par la Cour de cassation de l'absence de caractère réel des prêts immobiliers produit d'importantes conséquences pratiques. Du jour de son acceptation, l'emprunteur pourra exiger du prêteur le versement des fonds prévus par l'offre préalable, alors que, si le contrat était réputé non formé, on se trouverait seulement en présence d'une promesse de prêt dont l'inexécution fautive aurait donné seulement lieu à l'octroi de dommages-intérêts. Cet emprunteur sera engagé à compter de cet instant, même s'il trouve ultérieurement des conditions meilleures.

746 Interdiction des paiements anticipés avant l'acceptation – Aux termes de l'article L. 313-35 du Code de la consommation, « *Jusqu'à l'acceptation de l'offre par l'emprunteur,* ***aucun versement****, sous quelle que forme que ce soit, ne peut, au titre de l'opération en cause, être fait par le prêteur à l'emprunteur ou pour le compte de celui-ci, ni par l'emprunteur au prêteur. Jusqu'à cette acceptation, l'emprunteur ne peut, au même titre, faire aucun dépôt, souscrire ou avaliser aucun effet de commerce, ni signer aucun chèque. Si une autorisation de prélèvement sur compte bancaire ou postal est signée par l'emprunteur, sa validité et sa prise d'effet sont subordonnées à celle du contrat de crédit* ».
La sanction prévue à l'encontre du prêteur qui accepterait de recevoir de l'emprunteur ou pour le compte de celui-ci un tel versement est une amende de 300 000 € *(C. consom., art. L 341-42)* ainsi qu'à des peines complémentaires *(C. consom., art. L. 341-44)*.

III. Protection des cautions

747 Lorsque le prêteur exige l'engagement d'une personne physique en qualité de caution, cette dernière fait l'objet d'une attention particulière du législateur. En effet, afin d'assurer sa protection, différentes obligations sont imposées au prêteur :
- notifier l'offre de prêt ;
- respecter un délai de réflexion et un certain formalisme ;
- vérifier la proportionnalité de l'engagement de la caution à ses biens et revenus ;
- informer la caution pendant l'exécution du contrat de prêt.

748 Notification de l'offre de prêt – Le prêteur doit, après avoir évalué les capacités d'emprunt de l'emprunteur, lui faire parvenir une offre au contenu précisément défini par l'article L. 313-25 du Code de la consommation. L'emprunteur n'est pas le seul destinataire puisque celle-ci doit être également être notifiée à la caution, personne physique. Ainsi, l'article L. 313-24 du Code de la consommation precise que *le prêteur formule une offre fournie gratuitement sur support papier ou sur un autre support durable à l'emprunteur ainsi qu'aux cautions déclarées par l'emprunteur lorsqu'il s'agit de personnes physiques*.

749 Délai de réflexion – Afin de s'assurer que l'engagement des personnes physiques se portant caution n'est pas irréfléchi, il est imposé un délai de réflexion avant l'expiration duquel le contrat ne peut être accepté. Une fois l'offre émise, le prêteur étant tenu de maintenir les conditions qu'elle indique pendant une durée minimale de 30 jours à compter de sa réception par l'emprunteur, les cautions, comme l'emprunteur, ne pourront accepter l'offre que 10 jours après qu'ils l'ont reçue. L'acceptation est donnée par lettre, le cachet de l'opérateur postal faisant foi, ou selon tout autre moyen convenu entre les parties de nature à rendre certaine la date de l'acceptation par l'emprunteur.

750 Formalisme – Lorsqu'une personne physique s'engage en qualité de caution d'un crédit immobilier, les articles L. 314-15 et L. 314-16 du Code de la consommation imposent que des mentions manuscrites figurent dans l'engagement, ce à peine de nullité de l'engagement (*C. consom., art. L. 341-51-1*) :
- lorsqu'il s'agit d'un acte sous seing privé, la caution doit faire précéder sa signature de la mention manuscrite suivante et uniquement de celle-ci : « En me portant caution de X..., dans la limite de la somme de... couvrant le paiement du principal, des intérêts et, le cas échéant, des pénalités ou intérêts de retard et pour la durée de..., je m'engage à rembourser au prêteur les sommes dues sur mes revenus et mes biens si X... n'y satisfait pas lui-même » (*C. consom., art. L. 314-15*) ;
- lorsqu'il s'agit d'un cautionnement solidaire, la caution doit fait précéder sa signature de la mention manuscrite suivante : « En renonçant au bénéfice de discussion défini à l'article 2298 du Code civil et en m'obligeant solidairement avec X..., je m'engage à rembourser le créancier sans pouvoir exiger qu'il poursuive préalablement X... » (*C. consom., art. L. 314-16*).

Ces mentions manuscrites ne sont pas nécessaires lorsque l'acte de cautionnement correspond à un acte authentique (*C. civ., art. 1369, al. 3*) ou un acte sous signature privée contresigné par un avocat (*C. civ., art. 1374, al. 3*).

Attention **Les stipulations de solidarité et de renonciation au bénéfice de discussion figurant dans un contrat de cautionnement consenti par une personne physique au bénéfice d'un créancier professionnel sont réputées non écrites si l'engagement de la caution n'est pas limité à un montant global, expressément et contractuellement déterminé, incluant le principal, les intérêts, les frais et accessoires (*C. consom., art. L. 331-3*).**

751 Proportionnalité – Le prêteur ne peut se prévaloir du cautionnement, conclu par une personne physique, dont l'engagement était, lors de sa conclusion, manifestement disproportionné à ses biens et revenus, à moins que le patrimoine de cette caution, au moment où celle-ci est appelée, ne lui permette de faire face à son obligation (*C. consom., art. L. 314-18*).

752 Obligations d'information – Le prêteur est tenu d'une double obligation d'information :

- la caution, personne physique, doit être informée par l'établissement prêteur de la défaillance de l'emprunteur dès le premier incident de paiement caractérisé susceptible d'inscription au fichier institué à l'article L. 751-1 du Code de la consommation (*C. consom., art. L. 314-17*) ;
- il doit faire connaître à la caution personne physique, au plus tard avant le 31 mars de chaque année, le montant du principal et des intérêts, commissions, frais et accessoires restant à courir au 31 décembre de l'année précédente au titre de l'obligation garantie, ainsi que le terme de cet engagement. Si l'engagement est à durée indéterminée, il rappelle la faculté de révocation à tout moment et les conditions dans lesquelles celle-ci est exercée (*C. consom., art. L. 333-2*).

Pour aller plus loin

Formules
- JCl. Notarial Formulaire, V° Prêt à intérêt, fasc. 17, par J.-M. Bez et J.-F. Pillebout

Fiches pratiques
- Fiche pratique n° 1773 : Rédiger un prêt à intérêt, par L. Thibierge
- Fiche pratique n° 1672 : Rédiger un compromis de vente immobilière, par M. Suquet-Cozic
- Fiche pratique n° 1723 : Rédiger une promesse unilatérale de vente d'immeuble, par M. Suquet-Cozic

Commentaires
- JCl. Notarial Formulaire, Synthèse 1060, Protection des emprunteurs immobiliers, par F. Schaufelberger
- JCl. Commercial, Synthèse 65, Devoirs et responsabilité des établissements de crédit, par D. Legeais
- JCl. Banque – Crédit – Bourse, fasc. 721, Crédit immobilier, par G. Raymond
- JCl. Notarial Formulaire, V° Prêt à intérêt, fasc. 30 et 40, par D. Montoux et V. Zalewski
- JCl. Notarial Formulaire, V° Cautionnement, fasc. 10, par D. Montoux

Interdépendance du contrat de prêt et du contrat de finance

753 Risque lié à l'existence de deux contrats distincts – Le prêt et l'opération immobilière projetée forment dans l'esprit du consommateur un tout indissociable. Ces opérations sont liées, du point de vue économique. Toutefois, il fallait éviter le risque juridique résultant du fait que, contrat de prêt et contrat financé étant juridiquement distincts, l'une des deux opérations soit conclue, sans que l'autre ne le soit. Au départ, c'est la pratique notariale qui a lié les deux opérations par le mécanisme de la condition pour créer une interdépendance.
La loi Scrivener II a généralisé ce système d'interdépendance : d'un ensemble simplement économique, on est passé à un ensemble juridique. L'interdépendance fonctionne dans les deux sens : interdépendance de l'opération immobilière par rapport au prêt d'une part, et interdépendance du prêt par rapport à l'opération immobilière.

I. Interdépendance de l'opération immobilière par rapport au prêt

754 Présentation générale – Lorsque l'acte d'acquisition indique que le prix sera payé, directement ou indirectement, même partiellement par un ou plusieurs prêts, l'acte principal sera conclu sous la **condition suspensive de l'obtention du ou des prêts** *(C. consom., art. L. 313-41)*.

A. – CONDITION SUSPENSIVE DE L'OBTENTION DES PRÊTS

1° Recours à un prêt

755 Information du vendeur – L'acte écrit, y compris la promesse unilatérale de vente acceptée et le contrat préliminaire prévu à l'article L. 261-15 du Code de la construction et de l'habitation, ayant pour objet une des opérations immobilières rentrant dans le domaine de la protection *(V. n° **703** et s.)*, doit indiquer si le prix sera payé directement ou indirectement, même en partie, avec ou sans l'aide d'un ou plusieurs prêts concernés par le champ de la protection *(V. n° **703** et s.)*.

756 Règle d'ordre public – À partir du moment où l'acte mentionnera l'intention de l'emprunteur de recourir à un prêt pour le paiement de l'opération projetée, l'acte sera nécessairement soumis à la condition suspensive de l'article L. 313-41 du Code de la consommation. Il est impossible pour le consommateur de renoncer par avance au jeu de la condition suspensive.
Il lui est, en revanche, possible d'y renoncer une fois que celle-ci est acquise *(Cass. 1re civ., 17 mars 1998, n° 96-13.972)*.

2° Recours à plusieurs prêts

757 Lorsque l'emprunteur informe ses prêteurs qu'il recourt à plusieurs prêts pour la même opération, chaque prêt est conclu sous la condition suspensive de l'octroi de chacun des autres prêts *(C. consom., art. L. 313-37)*. Cette règle s'applique uniquement aux prêts dont le montant est supérieur à 10 % du crédit total.

3° Absence de recours à un prêt

758 Exigence d'une mention manuscrite – Si l'acte indique que le prix sera payé sans l'aide d'un ou de plusieurs prêts, cet acte doit porter, **de la main de l'acquéreur**, une mention par laquelle celui-ci reconnaît avoir été informé que s'il recourt néanmoins à un prêt, il ne peut se prévaloir de la condition suspensive *(C. consom., art. L. 313-42)*.

À l'origine, cette mention manuscrite était initialement requise aussi bien pour les actes sous seing privé que pour les actes authentiques. Il faut désormais tenir compte de l'article 1369 du Code civil, disposant que l'acte authentique reçu par un notaire est dispensé de toute mention manuscrite exigée par la loi *(C. civ., art. 1369, al. 3 nouveau)*. Selon le professeur Piedelièvre, cette règle s'applique à la renonciation à la condition suspensive *(S. Piedelièvre, Remarques sur les dispositions relatives à l'authenticité, à la publicité foncière et aux mentions manuscrites : Defrénois 2011, p. 1087)*. Si l'emprunteur ne sait pas écrire le français, la mention manuscrite rédigée dans sa langue maternelle est valable *(Cass. 3e civ., 18 déc. 2012, n° 11-25.055 : JurisData n° 2012-030488)*. Si l'emprunteur ne peut ni écrire ni signer, il faut nécessairement recourir à un acte authentique.

En pratique **La mention manuscrite doit figurer dans l'acte ou dans un document séparé, mais auquel cet acte se réfère. Le contenu de cette mention manuscrite n'est pas libre. Il est nécessaire que l'acquéreur soit informé des conséquences de sa renonciation et spécialement du fait que, s'il recourait néanmoins à un prêt, il ne pourrait se prévaloir du bénéfice de la loi *(CA Paris, 13 mai 1992 : JCP N 1993, II, p. 333).***

759 Sanction – En cas d'absence de mention manuscrite ou de mention manuscrite insuffisante, et si le consommateur recourt à un prêt, ce contrat sera alors considéré comme conclu sous condition suspensive *(C. consom., art. L. 313-42)*. Le rédacteur d'acte fautif s'expose en outre à une action en responsabilité *(Cass. 1re civ., 22 mars 2012, n° 10-25.981 : JurisData n° 2012-005288)*.

La même sanction s'applique en cas de déclaration mensongère, sachant que la preuve qu'un prêt a été sollicité, en cas de silence de l'acte, peut être rapportée par tous moyens. L'emprunteur qui a apposé la mention manuscrite et qui recourt néanmoins à un prêt en plein connaissance du vendeur devra démontrer une fraude à la loi *(Cass. 1re civ., 20 janv. 2014, n° 12-28.836 : JurisData n° 2014-001036 ; JCP N 2014, n° 6, act. 256)*.

Toutefois, pour les dépenses de réparation, d'amélioration ou d'entretien d'immeubles à usage d'habitation ou à usage mixte, lorsque le crédit est garanti par une hypothèque, par une autre sûreté comparable, c'est la solution inverse qui est retenue : à défaut d'un contrat signé des deux parties, la condition suspensive prévue à l'article L. 313-41 du Code de la consommation ne peut résulter que d'un avis donné par le maître de l'ouvrage par écrit avant tout commencement d'exécution des travaux indiquant qu'il entend en payer le prix directement ou indirectement, même en partie, avec l'aide d'un ou plusieurs prêts *(C. consom., art. L. 313-43)*.

B. – OBTENTION DU PRÊT

1° Insertion de la condition suspensive d'obtention du prêt

760 Durée de la condition – La durée de validité de cette condition légale ne **peut être inférieure à un mois** à compter de la date de la signature de l'acte ou, s'il s'agit d'un acte sous seing privé soumis à peine de nullité à la formalité de l'enregistrement *(C. civ., art. 1589-2)*, à compter de la date de l'enregistrement *(C. consom., art. L. 313-41)*. Conventionnellement, il est possible d'allonger ce délai. Si la convention stipulait un délai plus court, il faudrait appliquer celui d'un mois. La loi n'a pas résolu la question de l'omission par le contrat de l'indication du délai. Il est difficile de considérer qu'il faut alors appliquer le délai légal. Il semble qu'il faille que le vendeur mette en demeure l'acquéreur d'effectuer les démarches d'obtention dans un délai raisonnable. Les dispositions du Code de la consommation relatives à l'offre préalable ne profitent qu'à l'emprunteur-consommateur *(Cass. 3e civ., 7 nov. 2007, n° 06-11.750 : JurisData n° 2007-041252 ; JCP G 2007, IV, 3209)*.

Ce délai permet au consommateur de rechercher son financement. Cette durée est très importante pratiquement, puisque si le prêt est obtenu avant l'expiration du délai, l'acte principal sera consolidé. En revanche, si le prêt n'est pas obtenu dans le délai, l'acte principal sera anéanti.

Exemple Par exemple, en cas de promesse unilatérale de vente, si le prêt est obtenu, l'indemnité d'immobilisation sera acquise par le promettant en cas de non-levée de l'option ; au contraire, si le prêt n'est pas obtenu, en cas de promesse unilatérale de vente, l'indemnité d'immobilisation devra être restituée au bénéficiaire.

761 Aménagement conventionnel de la condition – Pour soustraire le sort du contrat à la seule volonté de l'acquéreur-emprunteur, la pratique encadre la clause et oblige souvent à la réalisation de certaines diligences. L'ordre public attaché au dispositif invite toutefois à la prudence. La Cour de cassation n'hésite pas à censurer les stipulations contractuelles imposant à l'acquéreur-emprunteur des obligations de nature à accroître les exigences de ce texte.

En pratique **Toute clause imposant à l'acquéreur de déposer la demande de prêt dans un certain délai est à proscrire *(Cass. 1re civ., 12 févr. 2014, n° 12-27.182 : JurisData n° 2014-002123 ; JCP N 2014, n° 14, 1150, note S. Piedelièvre)*. Ainsi, n'est pas licite une clause imposant à l'acquéreur de déposer la demande de prêt dans les 10 jours de la signature de l'acte et de justifier de ceci dans les 48 heures *(Cass. 1re civ., 28 janv. 1992, n° 89-11.152 : JurisData n° 1992-000099 ; JCP N 1993, II, p. 57, note G. Raymond ; Contrats, conc. consom. 1992, comm. 132, obs. L. Leveneur)*. Il en va de même de celles qui sont susceptibles de conduire à une fiction d'obtention des prêts, par exemple, stipulation par laquelle le financement est supposé réalisé si la non-obtention du crédit n'est pas notifiée au vendeur dans un certain délai.**

En revanche, certaines clauses ont été validées, comme celles imposant à l'acquéreur d'effectuer sa demande de prêt dans un délai d'un mois *(Cass. 1re civ., 4 juin 1996, n° 94-12.418 : JurisData n° 1996-005491 ; Bull. civ. I, n° 239 ; Defrénois 1997, art. 36591, p. 758, obs. Mazeaud)*. L'acquéreur-emprunteur peut aussi être invité à déclarer (mais de sa propre initiative), ce qui limitera l'amplitude de sa liberté : le volume du prêt qu'il entend solliciter, le taux d'intérêt (hors assurance, frais de dossier et garanties), la durée de remboursement, le montant maximum des échéances, mais à chaque fois en prévoyant des minima et maxima. La validité de la condition n'est pas subordonnée à ces mentions. Ces mentions guident utilement l'acheteur dans le cadre de ses démarches. L'acquéreur, qui a déjà contacté un établissement bancaire et qui sait dans quelles conditions il veut emprunter, doit être précis dans l'indication du prêt recherché.

La clause peut aussi mentionner le nom de l'établissement de crédit. Si le crédit est refusé, la condition sera défaillie parce qu'elle était précise et qu'il n'y avait pas d'obligation de rechercher un prêt dans d'autres établissements de crédit. Mais en l'absence d'une telle précision, la cour d'appel de Paris a admis que l'acquéreur n'était pas tenu d'emprunter dans n'importe quelles conditions et en particulier si cet emprunt devait le mettre en situation difficile au regard de son endettement *(CA Paris, 8e ch. B, 18 déc. 1987 : D. 1988, jurispr. p. 237.* – V. aussi pour l'absence d'obligation de déposer plusieurs demandes en l'absence de précision dans la promesse, *Cass. 3e civ., 8 déc. 1999, n° 98-10.766 : JurisData n° 1999-004359).* Mais il est aussi possible, ce qui est à conseiller, d'obliger l'acheteur à déposer une demande dans plusieurs établissements (sur la licéité de cette clause, *Cass. 1re civ., 22 mai 2008, n° 07-11.719, 07-12.940 : JurisData n° 2008-044015 ; Contrats, conc. consom 2008, comm. 250, note G. Raymond).* Le dépôt de trois demandes semble raisonnable.

Attention La clause ne peut pas subordonner l'absence de remboursement de l'acquéreur à la preuve de plusieurs refus de prêt (en ce sens les recommandations de la *Comm. clauses abusives, recomm. n° 88-01, 22 janv. 1988).*

2° Réalisation de la condition

762 Présentation générale – Une des critiques opposées au dispositif de protection tient au risque que l'emprunteur cherche à se libérer du contrat principal (notamment l'avant-contrat) en adoptant une attitude passive ou volontairement déceptive dans sa recherche de crédit qui pourrait la faire défaillir, ce qui indirectement lui permettrait de revenir sur l'engagement principal.

a) Condition réputée accomplie en l'absence de démarches loyales de l'emprunteur

763 Loyauté de l'emprunteur – L'emprunteur ne doit pas avoir une attitude déloyale. Pour cette raison, il doit remplir avec diligence son obligation de solliciter le crédit immobilier prévu par le contrat principal. Il appartient au consommateur de prouver qu'il a effectivement sollicité un prêt conforme aux caractéristiques figurant dans l'avant-contrat. De manière plus générale, le consommateur aura toujours la possibilité de refuser de manière non fautive une offre pour des motifs légitimes, comme un licenciement. De même, en cas d'absence de faute de la part de l'emprunteur *(Cass. 3e civ., 12 sept. 2007, n° 06-15.640 : JurisData n° 2007-040336 ; JCP N 2007, n° 39, act. 609).*

764 Sanction – La sanction d'une attitude déloyale de l'emprunteur résulte du Code civil. En effet, la condition suspensive « est réputée accomplie si celui qui y avait intérêt en a empêché l'accomplissement » *(C. civ., art. 1304-3).* La jurisprudence a ainsi indiqué que « la condition suspensive d'un prêt doit, [...] être réputée accomplie dès lors que son accomplissement a été empêché par des démarches insuffisantes de l'acquéreur auprès de l'organisateur prêteur » *(Cass. 1re civ., 9 déc. 1992, n° 91-12.498 : JurisData n° 1992-002706 ; JCP N 1993, II, p. 121, note A. Gourio ; Defrénois 1993, art. 35484-18, p. 317, obs. J.-L. Aubert ; Contrats, conc. consom. 1993, comm. 43, obs. Leveneur).*

765 Démarches de l'emprunteur – La première diligence imposée au consommateur consiste à demander à un établissement un prêt **conforme aux caractéristiques prévues dans le contrat principal**.

Les démarches sont jugées suffisantes dès lors qu'il a déposé une demande d'emprunt conforme aux stipulations figurant dans l'avant-contrat. Il appartient à l'emprunteur de démontrer qu'il a bien sollicité un prêt conforme aux caractéristiques définies dans l'acte principal. Il faudra tenir compte des stipulations contractuelles encadrant le comportement de l'acquéreur. L'appréciation du caractère accompli (ou non) de la condition relève du pouvoir souverain des juges du fond.

La condition est **réputée accomplie** lorsque l'acquéreur :

- s'abstient de déposer le dossier de demande de prêt auprès des organismes de crédit ou ne le dépose pas en temps utile, ou le dépose en sachant sciemment que la demande est incomplète ;
- présente une demande dans une seule banque alors que le contrat prévoit l'obligation de rechercher dans plusieurs établissements ;
- sollicite un prêt non conforme aux caractéristiques de la promesse ;
- sollicite un prêt à un taux inférieur à celui mentionné dans l'avant-contrat.

En revanche, n'empêche pas la condition de s'accomplir, l'acquéreur qui :

- présente une seule demande d'emprunt conforme aux caractéristiques prévues dans la promesse ;
- sollicite un prêt peu de temps avant la fin de la condition *(Cass. 3e civ., 17 mars 2004, n° 02-17.984 : JurisData n° 2004-023015 ; RJDA 2004, p. 1106).*

Exemple Un emprunteur qui sollicite hors délai un prêt de surcroît non conforme aux caractéristiques définies dans la promesse n'est cependant pas fautif, dès lors que la banque lui aurait en toute hypothèse refusé le prêt en raison de la faiblesse de ses capacités financières *(Cass. 3e civ., 15 sept. 2016, n° 14-29.438 ; V. déjà Cass. 3e civ., 12 sept. 2007, n° 06-15.640 : JurisData n° 2007-040336 ; JCP G 2008, II, 10116, note B. Mallet-Bricout ; Defrénois 2007, art. 38697-77, p. 1744, obs. E. Savaux).*

b) Réalisation de la condition suspensive en l'absence d'acceptation de l'emprunteur

766 Notion d'obtention du prêt – La condition est réputée réalisée et l'opération immobilière conclue à compter de **l'obtention du prêt** *(C. consom., art. L. 313-41)*. En cas de pluralité de prêts *(V. n° **757**)*, la condition d'octroi d'un prêt devra être interprétée de la même façon.
Pour la Cour de cassation, la condition suspensive d'obtention d'un prêt, est réputée réalisée dès la présentation par un organisme de crédit d'une offre régulière correspondant aux caractéristiques du financement de l'opération stipulées par l'emprunteur dans l'acte *(Cass. 1re civ., 9 déc. 1992, n° 91-12.498 : JurisData n° 1992-002706 ; JCP G 1993, II, 22106, note A. Gourio ; Defrénois 1993, p. 317, note J.-L. Aubert. – D. Mazeaud, La condition suspensive d'obtention d'un prêt immobilier à l'épreuve de la jurisprudence : JCP N 1993, I, 348)*. La jurisprudence a réaffirmé cette solution à plusieurs reprises en précisant qu'il fallait que l'offre de crédit soit une « offre non suivie d'une rétractation », ce qui sera en pratique rarement le cas, puisque l'établissement de crédit sera tenu de respecter le délai d'un mois *(C. consom., art. L. 313-34)*.

767 Notion d'offre de prêt – L'offre de prêt au sens de la jurisprudence doit s'entendre d'une offre « ferme et sans réserve caractérisant l'obtention d'un prêt conforme aux stipulations contractuelles » *(Cass. 3e civ., 7 nov. 2007, n° 06-17.413 : JurisData n° 2007-041253 ; JCP G 1007, IV 3216 ; LPA, 5 févr. 2008, p. 26, obs. D. Houtcieff ; JCP N 2008, n° 9, 1197, obs. S. Piedelièvre)*.

En pratique Ainsi :
- constitue une offre ferme de prêt l'offre comportant la stipulation d'une clause sous réserve de l'acceptation à l'assurance des emprunteurs *(Cass. 3e civ., 23 juin 2010, n° 09-15.963 : JurisData n° 2010-010084 ; JCP N 2010, n° 46, 1350 ; Contrats, conc. consom. 2010, comm. 221, L. Leveneur)* ;
- ne constitue pas une offre de prêt une attestation par laquelle une banque donne un accord de principe à l'acquéreur pour un prêt d'un montant déterminé *(Cass. 3e civ., 7 nov. 2007, n° 06-17.413, préc.)*.

C. – ABSENCE D'OBTENTION DU PRÊT

768 Remboursement des sommes versées par l'acquéreur – Si le prêt n'est pas obtenu, la condition suspensive ne se réalisant pas, toute somme versée d'avance par l'acquéreur à l'autre partie ou pour le compte de cette dernière est **immédiatement et intégralement remboursable** sans retenue ni indemnité à quelque titre que ce soit *(C. consom., art. L. 313-41)*.

En pratique La jurisprudence a une appréciation large du domaine de cette disposition : doivent ainsi faire l'objet d'un remboursement, des acomptes versés sur honoraires d'architecte car inclus dans l'estimation globale du prix de construction d'une maison individuelle, ou le dépôt de garantie versé lors de la signature d'un contrat de réservation.

769 Sanction – Le non-respect de l'obligation de restitution des sommes versées par l'emprunteur est sanctionné d'une amende de 300 000 € *(C. consom., art. L. 341-43)*. En outre, lorsque la somme versée d'avance par l'acquéreur n'a pas été remboursée, la somme due est productive d'intérêts au taux légal majoré de moitié à compter du quinzième jour suivant la demande de remboursement *(C. consom., art. L. 341-35)*.

Clause – Condition suspensive d'obtention de prêt

La clause qui suit est un modèle de condition à insérer dans une promesse lorsque l'acheteur a recours à l'emprunt et qu'il entre dans le champ d'application de l'article L. 312-16 du Code de la consommation. Cette clause est issue d'un article publié dans la Semaine Juridique Notariale *(JCP N 2013, n° 18, 1120, formule par F. Collard)*.

CONDITION SUSPENSIVE D'OBTENTION DE PRÊT

L'acquéreur éventuel ayant recours à un financement soumis aux dispositions de l'article L. 312-16 du Code de la consommation, le présent avant-contrat est conclu sous la condition suspensive, stipulée au seul profit de l'acquéreur éventuel, de l'obtention par lui d'un ou plusieurs prêts pour acquérir l'immeuble objet du présent accord *(**ajouter éventuellement :** ainsi que pour y réaliser des travaux)*.
Dans ce cadre, l'acquéreur éventuel s'oblige à solliciter un prêt correspondant aux caractéristiques ci-après :
•— Montant global maximum du ou des prêts envisagés : entre... euros et... euros ;
•— Durée maximale : entre... ans et... ans ;
•— Taux d'intérêt maximal hors frais de dossier, assurance et de garanties : entre... % et... %
À cet effet, l'acquéreur-emprunteur déclare qu'à ce jour sa capacité de remboursement lui permet de déposer un ou plusieurs prêts remplissant ces caractéristiques.
Il déclare également qu'il n'a jamais été refusé au titre d'une assurance décès-invalidité et plus généralement qu'à sa connaissance, il n'existe pas d'obstacles à la conclusion d'un tel contrat. Néanmoins, si une telle assurance lui était refusée ou accordée mais avec surprime, l'acquéreur éventuel aura la faculté de renoncer au prêt, ce qui est accepté par le vendeur.

Obligations de l'acquéreur-emprunteur

L'acquéreur-emprunteur s'engage à effectuer toutes les démarches nécessaires pour obtenir son financement et notamment à solliciter une demande de prêt remplissant les caractéristiques sus-énoncées et ce, dans un délai de 15 jours à compter d'aujourd'hui. Toutefois, les parties ont été informées que le défaut de dépôt dans ce laps de temps n'est pas automatiquement sanctionné au titre de l'article 1304-3 du Code civil.
Dans ce cadre, afin de faciliter l'obtention d'un tel crédit et de pouvoir choisir parmi les offres proposées, il s'oblige à déposer plusieurs demandes de prêt simultanément.

Par courrier, l'acquéreur-emprunteur devra tenir informé le vendeur de ses principales démarches et notamment du dépôt de la demande de prêt ainsi que de la réponse du prêteur et ce, sous un délai de 8 jours. Une copie de ces différents échanges devra être adressée à Me..., notaire à...
Plus généralement, l'acquéreur-emprunteur doit tenir informé Me..., notaire susnommé et le vendeur de tout événement emportant la défaillance ou la réalisation de la condition suspensive.
Étant entendu que l'omission de ces différentes informations n'emporte pas la caducité du présent accord.

Réalisation de la condition suspensive

La condition suspensive est accomplie par la remise à l'acquéreur-emprunteur d'une offre de prêt remplissant les critères définis ci-dessus au plus tard le... (***ce délai, qui ne peut être inférieur à un mois, est à combiner avec l'invitation à déposer le prêt dans un délai de 15 jours***).
En cas de dépôt de plusieurs prêts permettant d'acquérir le bien objet des présentes (***ajouter éventuellement :*** et de réaliser des travaux nécessaires), c'est bien l'ensemble des prêts qui doivent être obtenus dans le délai fixé ci-avant.
Non-réalisation de la condition suspensive
L'absence de remise à l'acquéreur-emprunteur d'une offre de prêt remplissant les critères définis ci-dessus dans le délai fixé emporte la défaillance de la condition suspensive.
Cependant, l'acquéreur-emprunteur est informé que si la condition vient à défaillir par sa faute ou sa négligence, par application de l'article 1304-3 Code civil, la condition sera considérée comme réalisée.

Conséquence de la non-réalisation de la condition suspensive

Pour quelques causes que ce soient, si le prêt ci-dessus caractérisé n'est pas obtenu dans le délai fixé, le dépôt de garantie qui est versé ce jour devra lui être restitué intégralement et sans délai. Aucune charge ne peut être imputée sur ce montant.
Et cette somme, à compter du quinzième jour suivant la demande de restitution, produit intérêts au taux légal majoré de moitié *(C. consom., art. L. 312-16, al. 2)*.
Toutefois, si la défaillance de la condition est le fait d'une faute ou d'une négligence de l'acquéreur-emprunteur, ce dernier s'oblige à verser cette somme au vendeur conformément à la clause pénale qui est stipulée au présent accord.
Étant entendu qu'en cas de défaillance de la condition, le présent accord sera caduc de plein droit, chacune des parties pouvant se prévaloir d'un tel effet.
Renonciation à la condition suspensive
En cas de refus de prêt ou de non-obtention dans le délai stipulé, le présent accord sera caduc de plein droit par la défaillance de la condition suspensive.
Toutefois, d'un commun accord, malgré la caducité du présent accord, les parties pourront souhaiter poursuivre la vente, mais il s'agira alors d'un nouveau contrat.
En revanche, avant la défaillance de la condition suspensive, l'acquéreur-emprunteur aura la possibilité de renoncer à son bénéfice. Pour ce faire, il devra informer Me..., notaire susnommé, par lettre recommandée avec demande d'avis de réception. Mais cette notification devra alors contenir la mention manuscrite prévue à l'article L. 312-17 du Code de la consommation.

II. Interdépendance du prêt par rapport à l'opération immobilière

770 Condition résolutoire légale affectant le prêt – L'offre est toujours acceptée sous la condition résolutoire de la non-conclusion du contrat financé, dans un **délai de 4 mois** à compter de son acceptation *(C. consom., art. L. 313-36, al. 1)*. Les parties ont toujours la possibilité de stipuler **un délai plus long** *(C. consom., art. L. 313-36, al. 2)*. Cette condition résolutoire évite qu'un consommateur se trouve emprunteur alors qu'il n'a plus d'opération à financer. Le prêt est alors rétroactivement anéanti *(C. civ., art. 1304, al. 3)*.

771 Interdépendance en cours d'exécution du contrat – Le législateur n'a pas prévu le maintien de la dépendance du contrat de prêt et de l'opération financée en cours d'exécution du contrat.
La jurisprudence s'est seulement prononcée en cas de **résolution** ou de **nullité** de la vente. La Cour de cassation a posé en principe que le prêt sera résolu de plein droit en raison de l'effet rétroactif de la nullité et de la résolution *(Cass. 1re civ., 18 juin 1996, n° 92-19.868 : Bull. civ. I, n° 261 ; D. affaires 1996, p. 1122 ; Gaz. Pal. Rec. 1997, som., 35, obs. S. Piedelièvre)*. Il est difficile pourtant de tirer de cette jurisprudence un principe général d'interdépendance en cours d'exécution du contrat d'autant que l'emprunteur peut ne pas s'en prévaloir *(Cass. 1re civ., 1er mars 2005, n° 03-10.456 : JurisData n° 2005-027237 ; JCP G 2005, 1815)*.

772 Suspension du remboursement en cas de contestation sur le contrat principal – Lorsqu'il est déclaré dans l'acte constatant le prêt que celui-ci est destiné à financer des ouvrages ou des travaux immobiliers au moyen d'un contrat de promotion, de construction, de maîtrise d'œuvre ou d'entreprise, le tribunal **peut suspendre l'exécution du contrat de prêt** en cas de contestation ou d'accidents affectant l'exécution des contrats et **jusqu'à la solution du litige**. Ces dispositions ne sont applicables que si le prêteur est intervenu à l'instance ou s'il a été mis en cause par l'une des parties.
Cette suspension ne prive pas le prêteur de son droit éventuel à l'indemnisation *(C. consom., art. L. 313-44)*.

Exécution du contrat de prêt

773 Présentation générale – De nombreuses dispositions légales visent à la protection de l'emprunteur en cours d'exécution du contrat de crédit, dont notamment :
l'information de l'emprunteur pour les prêts à taux variable ;
– les situations dans lesquelles l'emprunteur peut rembourser de manière anticipée et ses conséquences ;
– les conséquences d'une défaillance de l'emprunteur.

I. L'information de l'emprunteur

774 Prêts à taux variable – Outre l'obligation d'information **précontractuelle** spéciale qui pèse sur le prêteur (*V. n° 713 et s.*) une obligation d'information en cours d'exécution est prévue pour **les prêts à taux variable** en cours d'exécution de la convention de crédit. Cette information doit être fournie **gratuitement** à l'emprunteur.
Pour ces prêts, le prêteur est tenu, **une fois par an**, de porter à la connaissance de l'emprunteur le montant du capital restant à rembourser.
Modification de taux – En cas de **modification du taux débiteur**, l'emprunteur en est informé par écrit ou sur un autre support durable, avant que la modification n'entre en vigueur. Cette information indique le montant des échéances après l'entrée en vigueur du nouveau taux débiteur ainsi que, le cas échéant, toute modification du nombre ou de la périodicité des échéances *(C. consom., art. L. 313-46, al. 2)*.
Lorsque la modification du taux débiteur résulte d'une variation du **taux de référence**, que le nouveau taux de référence est rendu public par des moyens appropriés et que l'information relative au nouveau taux de référence est également disponible dans les locaux du prêteur, les parties peuvent convenir dans le contrat de crédit que cette information est communiquée périodiquement à l'emprunteur avec le montant des nouveaux paiements périodiques *(C. consom., art. L. 313-46, al. 3)*.

775 Sanction – Le prêteur qui n'a pas respecté l'obligation d'information de l'emprunteur en cas de modification du taux débiteur peut être déchu du droit aux intérêts, en totalité ou dans la proportion fixée par le juge.

II. Changement des conditions d'exécution du contrat

A. – REMBOURSEMENT ANTICIPÉ DU CRÉDIT

776 Droit de l'emprunteur – L'emprunteur a toujours le droit de rembourser son crédit par anticipation, en tout ou partie. Ce droit est toutefois limité : seules sont licites les clauses interdisant les remboursements anticipés inférieurs ou égaux à 10 % du prêt, à moins qu'il ne s'agisse là de son solde *(C. consom., art. L. 313-47)*.

777 Indemnité de remboursement anticipé – Le contrat de prêt peut toutefois prévoir une clause aux termes de laquelle une indemnité de remboursement anticipé s'appliquera *(C. consom., art. L. 313-47)*.
Cette indemnité est soumise à **une double limite** *(C. consom., art. L. 313-47)* :
- s'appliquera le **droit commun de la clause pénale** permettant au juge de modérer une indemnisation excessive *(C. civ., art. 1231-5)* ;
- en toute hypothèse, cette clause **ne peut excéder** la valeur d'un semestre d'intérêt sur le capital remboursé au taux moyen du prêt, sans pouvoir dépasser 3 % du capital restant dû avant le remboursement *(C. consom., art. R. 313-25, al. 1)*. Dans le cas où un contrat de crédit est assorti de taux d'intérêts différents selon les périodes de remboursement, cette indemnité peut être majorée de la somme permettant d'assurer au prêteur, sur la durée courue depuis l'origine, le taux moyen prévu lors de l'octroi du prêt *(C. consom., art. R. 313-25, al. 2)*.

B. – RENÉGOCIATION DU CONTRAT

1° Modification du contrat de prêt

778 Avenant – Les modifications d'un contrat de prêt résultant d'une renégociation intervenue en cours d'exécution du prêt doivent être apportées **sous la seule forme d'un avenant** établi sur support papier ou sur un autre support durable *(C. consom., art. L. 313-39)*.

Ces dispositions doivent être **distinguées** de celles concernant la modification des conditions de prêt avant l'acceptation de l'offre préalable *(C. consom., art. L. 313-27. – V. n° **742**)*.

779 Contenu de l'avenant – Cet avenant comprend, d'une part, un **échéancier des amortissements** détaillant pour chaque échéance le capital restant dû en cas de remboursement anticipé et, d'autre part, le **taux annuel effectif global** ainsi que le coût du crédit, calculés sur la base des seuls échéances et frais à venir.

Pour les prêts à taux variable ou révisable, l'avenant comprend le taux annuel effectif global ainsi que le coût du crédit, calculés sur la base des seuls échéances et frais à venir jusqu'à la date de la révision du taux, ainsi que les conditions et modalités de variation du taux *(C. consom., art. L. 313-39)*.

La sanction de cette disposition n'est toutefois pas prévue car l'article L. 341-34 du Code de la consommation ne cite pas l'article L. 313-39. *Mutatis mutandis*, la sanction devrait être la même selon nous qu'en cas de non-respect des règles de modifications de l'offre préalable. Par conséquent, la déchéance des intérêts pourrait être encourue.

780 Délai de réflexion – L'emprunteur dispose d'un **délai de réflexion de 10 jours** à compter de la réception des informations contenues à l'avenant. L'acceptation doit être donnée par lettre, le cachet de l'opérateur postal faisant foi, ou selon tout autre moyen convenu entre les parties de nature à rendre certaine la date de l'acceptation par l'emprunteur *(C. consom., art. L. 313-39)*.

2° Modification du contrat d'assurance de groupe

781 Droit de choix de l'assureur – Pendant longtemps, les banquiers imposaient leurs assureurs. Le législateur a essayé de lutter contre cet état de fait.

La **fiche standardisée d'information** remise à l'emprunteur souscrivant une assurance de groupe du prêteur doit mentionner la possibilité pour l'emprunteur de souscrire auprès de l'assureur de son choix une assurance dans les conditions fixées aux articles L. 313-29 et L. 313-30 du Code de la consommation et précise les types de garanties proposées *(C. consom., art. L. 313-10, al. 2)*. Il est donc impossible de lier un contrat de crédit immobilier et un contrat d'assurance de ce crédit.

Jusqu'à la signature par l'emprunteur de l'offre préalable de crédit, le prêteur **ne peut pas refuser en garantie un autre contrat d'assurance** dès lors que ce contrat présente un niveau de garantie équivalent au contrat d'assurance de groupe qu'il propose *(C. consom., art. L 313-30)*.

Enfin, il est prévu que **toute modification apportée ultérieurement** à la définition des risques garantis, aux modalités de la mise en jeu de l'assurance ou à la tarification du contrat est inopposable à l'emprunteur qui n'y a pas donné son acceptation *(C. consom., art. L. 313-29)*.

782 Droit de substitution de l'assureur – L'assuré emprunteur a le droit de **substituer** qui va permettre à l'assuré de se rétracter pour un contrat **en cours d'exécution.**

L'article L. 113-12-2 du Code des assurances prévoit que lorsque le contrat d'assurance a pour objet de garantir, en cas de survenance d'un des risques que ce contrat définit, soit le remboursement total ou partiel du montant restant dû au titre d'un prêt mentionné à l'article L. 313-1 du Code de la consommation, soit le paiement de tout ou partie des échéances dudit prêt, l'assuré peut résilier le contrat dans un délai de 12 mois à compter de la signature de l'offre de prêt définie à l'article L. 313-24 du même code.

Notons que l'article L. 221-10 du Code de la mutualité a été complété par trois alinéas rédigés en termes identiques de l'article L. 113-12-2 du Code des assurances.

III. Défaillance de l'emprunteur

783 Présentation générale – En cas de défaillance de l'emprunteur, le prêteur peut au choix :

- poursuivre le contrat en accordant des délais de paiement et peut alors majorer le taux d'intérêts jusqu'à ce que les remboursements retrouvent leur cours normal *(C. consom., art. L. 313-50)* ;
- demander la résolution du contrat et éventuellement une indemnité de rupture, dans les conditions fixées par la loi *(C. consom., art. L. 313-51)*.

784 Surendettement de l'emprunteur – En toute hypothèse, si la défaillance aboutit àune situation de surendettement au sens du droit de la consommation *(C. consom., art. L. 711-1 et s.)*, l'emprunteur de bonne foi est éligible à une procédure de **traitement de surendettement** *(C. consom., art. L. 731-1)* ou de **rétablissement personnel** *(C. consom., art. L. 741-1 et s.)*. Les dettes découlant d'un crédit immobilier peuvent faire l'objet de mesures spéciales *(C. consom., art. L. 733-7)*.

A. – OCTROI DE DÉLAIS DE PAIEMENT

785 Report judiciaire – Nonobstant l'opposition du prêteur, le consommateur peut demander au juge d'instance l'octroi d'un délai de grâce dans les conditions prévues par le nouvel article 1343-5 du Code civil *(C. consom., art. L. 314-20)*. Le juge apprécie souverainement la situation du débiteur et les besoins du créancier pour accorder un délai de grâce. La loi vise spécialement le cas du **licenciement** *(C. consom., art. L. 314-20)*.
Le juge peut donc reporter l'exigibilité au **maximum de 2 ans** *(C. civ., art. 1343-5, al. 1)* :
- **durant le délai de grâce**, les procédures civiles d'exécution sont suspendues et les majorations d'intérêts ou les pénalités prévues en cas de retard ne sont pas encourues *(C. civ., art. 1343-5, al. 3)*. Le juge peut en outre décider que les **sommes dues ne produiront point intérêt** *(C. consom., art. L. 314-20, al. 1)* ;
- **à l'issue du délai de grâce**, le juge détermine soit au moment du jugement accordant le délai de grâce, soit à l'expiration du délai accordé par un nouveau jugement, les modalités de paiement des sommes qui seront exigibles, sans que le dernier versement puisse excéder de plus de 2 ans le terme initialement prévu pour le remboursement du prêt. Il peut donc reporter ou rééchelonner l'exécution des obligations du consommateur de crédit immobilier endetté *(Cass. 2e civ., 7 janv. 1998, n° 96-12.979 : JurisData n° 1998-000020 ; JCP G 1998, 1386)*.

786 Report accordé par le prêteur – En cas de défaillance de l'emprunteur et lorsque le prêteur n'exige pas le remboursement immédiat du capital restant dû, il peut majorer le taux d'intérêt que l'emprunteur aura à payer jusqu'à ce qu'il ait repris le cours normal des échéances contractuelles *(C. consom., art. L. 313-51)*. Cette majoration ne peut excéder **trois points** *(C. consom., art. R. 313-26)*.

B. – RÉSOLUTION DU CONTRAT

787 Indemnisation du prêteur – Lorsque le prêteur est amené à demander la résolution du contrat, il peut exiger le remboursement immédiat du **capital restant dû**, ainsi que le paiement des **intérêts échus** *(C. consom., art. L. 313-51)*. Jusqu'à la date du règlement effectif, les sommes restant dues produisent des intérêts de retard à un taux égal à celui du prêt *(C. consom., art. L. 313-51)*.
En outre, le prêteur peut demander à l'emprunteur défaillant **une indemnité conventionnellement prévue qui ne peut excéder** 7 % des sommes dues au titre du capital restant dû ainsi que des intérêts échus et non versés *(C. consom., art. L. 313-51, al. 2 et R. 313-28)*. En toute hypothèse, cette clause s'apparente à une clause pénale soumise donc au pouvoir modérateur du juge *(C. consom., art. L. 313-51, al. 2. – C. civ., art. 1231-5)*.

788 Limite à l'indemnisation du prêteur – Aucun versement autre que ceux mentionnés à l'article L. 313-51 – c'est-à-dire remboursement du capital restant dû et intérêts échus ainsi que l'indemnité qu'autorise la loi – **ne peut être mis à la charge de l'emprunteur** *(C. consom., art. L. 313-52)*. Notamment, la capitalisation des intérêts est interdite (rappr. *Cass. 1re civ., 9 févr. 2012, n° 11-14.605 : JurisData n° 2012-001641 ; Contrats, conc. consom. 2012, comm. 205, note G. Raymond ; JCP G 2012, 208, obs. J. Lasserre-Capdeville ; EDBA 2012, n° 4, n° 36, p. 2, obs. R. Routier ; RD bancaire et fin. 2012, comm. 76, N. Mathey)*. Cette solution admise en matière de crédit à la consommation est transposable au crédit immobilier.

Toutefois, le prêteur peut réclamer à l'emprunteur, en cas de défaillance de celui-ci, le remboursement, sur justification, des **frais taxables** qui lui ont été occasionnés par cette défaillance à l'exclusion de tout remboursement forfaitaire de frais de recouvrement *(C. consom., art. L. 313-52, al. 2)*. Par frais taxables, il faut entendre frais de justice et les dépens *(CPC, art. 700)*.

789 Protection des cautions – Obligation d'information – Dans le contexte de défaillance de l'emprunteur, le prêteur est tenu d'une obligation d'information des cautions personnes physiques dès le premier incident de paiement susceptible d'inscription au fichier national de la Banque de France *(C. consom., art. L. 314-17)*.
À défaut, la caution ne peut pas être tenue au paiement des pénalités ou intérêts retard échus entre la date de premier incident et celle à laquelle la caution en a été informée *(C. consom., art. L. 314-17)*.

Pour aller plus loin

Formules
- JCl. Notarial Formulaire, V° Avant-contrat, fasc. 65, 67, 115 et 117, par J.-F. Pillebout

Fiches pratiques
- Fiche pratique n° 1773 : Rédiger un prêt à intérêt, par L. Thibierge
- Fiche pratique n° 1672 : Rédiger un compromis de vente immobilière par M. Suquet-Cozic
- Fiche pratique n° 1723 : Rédiger une promesse unilatérale de vente d'immeuble, par M. Suquet-Cozic

Commentaires
- JCl. Notarial Formulaire, V° Prêt à intérêt, fasc. 40, par D. Montoux et V. Zalewski

Parties à l'acte

Vivien Zalewski-Sicard
Maître de conférences, Université Toulouse Capitole, membre de l'IEJUC

Présentation générale

Introduction

790 La vente d'immeuble, comme n'importe quel autre contrat, suppose une rencontre des volontés. Cet échange des consentements suffira en principe à former la vente dès lors qu'il y a accord sur la chose et sur le prix. Encore faut-il cependant que chaque contractant ne soit pas frappé d'une incapacité de jouissance ou, lorsqu'il a été représenté, que cette représentation soit respectueuse des pouvoirs confiés au mandataire. Pour certains acquéreurs ou vendeurs, il conviendra, en outre, soit en raison de leur qualité (personnes morales, couple, indivisaires...), soit en raison de leur situation financière (procédure collective ou surendettement), de prendre en compte des règles spécifiques.

Pour aller plus loin

Revues
- P. Dauptain, Vers une simplification de la vente par une personne protégée : JCP N 2013, n° 43, 1247
- Ch. Étien, Le notaire et la vente des immeubles européens : JCP N 2016, n° 4, 1043
- Ch. Étien, Le notaire et le financement de l'achat de l'immeuble européen : JCP N 2016, n° 4, 1044
- L. Galliez, Cessions immobilières par les non-résidents : JCP N 2012, n° 49, 1385
- A. Meier-Bourdeau, La réception des actes authentiques étrangers en France : JCP N 2014, n° 29, 1253
- M. Mekki, Réforme du droit des obligations : pourparlers, offre et acceptation : JCP N 2016, n° 48, act. 1278
- L. Perreau-Saussine, Sociétés civiles immobilières : aspects de droit international privé : JCP N 2013, n° 47, 1273
- J.-M. Plazy et F. Gémignani, Le logement de la personne vulnérable : JCP N 2012, n°17, 1133
- C. Géraud, La vente d'immeuble en droit international privé (aspects notariaux) : Dr. et ville 2008, n° 66, p. 195
- E. Jacoby, L'acte d'affectation hypothécaire et l'espace judiciaire européen : questions pratiques liées à sa reconnaissance et à son exécution : Dr. & patr. juin 2007, p. 68
- F. Rouvière, L'inconstructibilité : entre non-conformité, erreur et vice caché : RDI imm. 2010, p. 253
- J.-F. Sagaut, Regard notarial sur la loi applicable à la vente immobilière : à propos de la proposition de règlement communautaire « Rome I » : Dr. & patr. juin 2007, p. 58
- N. Tilli, Les ventes des immeubles relevant du domaine privé de l'État : AJDA 2010, p. 714
- G. Vivien, De l'erreur déterminante et substantielle : RTD civ. 1992, p. 305
- Ph. Yolka, L'article 1596 alinéa 4 du Code civil : un aggiornamento nécessaire : JCP A 2013, n° 30, act. 637
- Du Code civil et les juges du fond : LPA, 11 sept. 2013, n° 182, p. 4
- M. Cagniart, Financement de l'acquisition d'un immeuble en France par des étrangers : Dr. & patr. juin 2007, p. 62
- C. Bidaud-Garon, Identité des parties et actes de l'état civil étrangers : Dr. & patr. juin 2007, p. 44
- C. Braud, Les ventes au rabais des immeubles des collectivités territoriales : AJDA 2013, p. 1726

Ouvrages
- L. Andreu et M. Mignot, Les contrats spéciaux et la réforme du droit des obligations : IUV, 2017
- G. Chantepie et M. Latina, La réforme du droit des obligations. Commentaire théorique et pratique dans l'ordre du Code civil : Dalloz, 2016
- O. Deshayes, Th. Genicon et Y.-M. Laithier, Réforme du droit des contrats, du régime général et de la preuve des obligations, 2e éd. : LexisNexis, 2018
- E. Lamazerolles, La société, p. 233, in Les contrats spéciaux et la réforme du droit des obligations : Ed. Institut Universitaire Varenne, 2017
- M. Latinas, La réforme du droit des contrats en pratique : Dalloz, 2017

PARTIES À L'ACTE

Consentement

791 Le consentement des parties est un élément nécessaire à la validité de tout contrat et donc d'une vente immobilière *(C. civ., art. 1128)*.

792 Nécessité – L'article 1583 du Code civil exige pour sa perfection la réunion d'un consentement, exempt de vices et un accord de volonté sur la chose et sur le prix *(Cass. 3e civ., 24 juin 2014, n° 13-17.637. – V. JCl. Notarial Formulaire, V° Acte notarié, fasc. 70)*. Un tel accord n'existe pas lorsque le vendeur a exprimé sa volonté de faire de la signature d'un compromis de vente un élément de son consentement et qu'un tel compromis n'a pas été signé *(Cass. 3e civ., 9 juill. 2014, n° 13-15.145. – Cass. 3e civ., 27 oct. 2016, n° 15-23.845)* ou lorsque la surface du lot vendu était à convenir *(Cass. 3e civ., 7 janv. 2016, n° 14-19.125 : JurisData n° 2016-000067)*.

793 Caractère suffisant – La vente étant, en principe, un contrat consensuel, au sens de l'alinéa 1er de l'article 1109 du Code civil, l'échange des consentements du vendeur et de l'acquéreur est, en principe, suffisant pour que le contrat se forme *(Cass. 3e civ., 7 mai 2014, n° 13-11.824 : JurisData n° 2014-009248)*.

Encore faut-il qu'il ne s'agisse pas d'une simple invitation à entrer en pourparlers *(Cass. 3e civ., 16 sept. 2014, n° 13-19.656. – Cass. 3e civ., 8 juill. 2014, n° 13-17.160. – Cass. 3e civ., 11 juin 2014, n° 13-18.869. – V. n° **3** et s.)* ou de la rencontre de deux offres, l'une de vendre, l'autre d'acheter *(Cass. 3e civ., 12 nov. 2015, n° 14-16.625 : JurisData n° 2015-025729 ; Contrats, conc. consom. 2016, comm. 30, L. Leveneur, n° 2)*.

794 Délai de réflexion ou de rétractation – Les acquéreurs non professionnels bénéficient cependant d'un délai de réflexion ou de rétractation, par application de l'article L. 271-1 du Code de la construction et de l'habitation *(V. n° **646** et s. –* Sur le refus d'application à une société civile immobilière, *Cass. 3e civ., 24 oct. 2012, n° 11-18.774 : JurisData n° 2012-024056 ; JCP N 2013, n° 14, 1073. – Cass. 3e civ., 16 sept. 2014, n° 13-20.002 : JurisData n° 2014-021431 ; JCP N 2015, n° 15, 1119, note J.-P. Garçon ; Defrénois 30 nov. 2014, art. 1179, p. 1187 et s., note S. Becqué-Ickowicz)*.

795 Crédit immobilier – Lorsque le financement de l'acquisition est assuré au moyen d'un emprunt, s'appliqueront, si les conditions sont réunies, les règles du crédit immobilier *(V. n° **701** et s.)*.

Ainsi que l'a souligné le professeur Matthieu Poumarède, ces nombreuses exigences jouant pour les ventes immobilières sont autant d'exceptions au principe suivant lequel la vente est un contrat consensuel. En effet, qu'il s'agisse d'appliquer l'article 46 de la loi du 10 juillet 1965 ou l'article L. 271-1 du Code de la construction et de l'habitation portant l'obligation de notifier l'acte ou de le remettre en main propre, la loi impose ainsi au moins indirectement une forme à certaines ventes d'immeuble *(M. Poumarède, La vente immobilière au prisme de l'avant-projet de réforme du droit des contrats spéciaux : RDI 2017, p. 560. –* V. déjà en ce sens *: J.-L. Bergel, Les ventes d'immeubles existants : Litec, 1983, p. 48, n° 82 et s.)*.

796 Preuve – Si la vente immobilière n'impose pas, sauf exceptions, l'établissement d'un écrit pour exister, il n'en demeure pas moins que la preuve de celle-ci ne pourra être rapportée que par un écrit sous signature privée ou authentique dès lors qu'elle est relative à un immeuble d'une valeur excédant 1 500 € *(C. civ., art. 1359. – A. Aynès et X. Vuitton, Droit de la preuve. Principes et mises en œuvre processuelle : LexisNexis, 2e éd., 2017, p. 230, n° 285 et s.)*.

797 Publicité foncière – La rédaction d'un acte notarié n'est pas, en principe, exigée pour la validité du contrat de vente *(V. n° **4319** et s. – JCl. Notarial Formulaire, V° Acte notarié, fasc. 20)*. Cette rédaction conditionne cependant l'accomplissement de la publicité foncière *(C. civ., art. 710-1)*. Une fois la vente publiée, elle sera opposable aux tiers *(Cass. 1re civ., 20 déc. 2012, n° 11-19.682 : JurisData n° 2012-030399 ; JCP N 2013, n° 8, 1035)*. À défaut, suivant l'alinéa 2 de l'article 1198 du Code civil, lorsque deux acquéreurs successifs de droits portant sur un même immeuble tiennent leur droit d'une même personne, celui qui a, le premier, publié son titre d'acquisition passé en la forme authentique au fichier immobilier est préféré, même si son droit est postérieur, à condition qu'il soit de bonne foi.

En outre, les parties peuvent toujours faire de la rédaction de l'acte notarié un élément constitutif du contrat de vente *(V. n° **323** et s. – Cass. 3e civ., 9 juill. 2014, n° 13-12.470 et 13-14.606 : JurisData n° 2014-016443 ; JCP N 2014, n° 30, act. 850 ; JCP N 2015, n° 13, 1107-6, obs. M. Mekki. – Cass. 3e civ., 27 oct. 2016, n° 15-23.845. – V. JCl. Notarial Formulaire, V° Avant-contrat, fasc. 100)*.

798 Objet – Le consentement des parties doit porter sur la nature du contrat et sur les éléments essentiels que sont la chose et le prix.

S'agissant du prix, il doit être déterminé ou déterminable, en fonction d'éléments objectifs, ne dépendant pas de la volonté d'une seule partie *(V. n° **2938** et s.)*. De même, les biens à acquérir doivent être identifiés ou déterminables *(V. n° **1780** et s.)*.

S'agissant des éléments accessoires de la vente, si les parties n'ont pas apporté de précisions, s'appliqueront les règles de droit commun de la vente qui sont supplétives de volonté.

799 Époque – La vente se forme dès l'accord des volontés concordantes du vendeur et de l'acquéreur, accord qui peut être instantané ou intervenir après un certain délai *(V. n° **3** et s. – V. n° **646** et s.– JCl. Notarial Répertoire, V° Vente, fasc. 20)*.

800 Conditions – Le consentement doit émaner du vendeur et de l'acquéreur, directement ou par un représentant. Les parties doivent être saines d'esprit *(C. civ., art. 414-1 et 1129)* et être capables. Leur consentement doit être exempt de vices *(V. JCl. Notarial Formulaire, V° Acte notarié, fasc. 70. – JCl. Notarial Formulaire, V° Mineurs. Majeurs protégés, fasc. 510)*.

Pour aller plus loin

Formules
- JCl. Notarial Formulaire, V° Avant contrat, fasc. 65, par J. M. Bez et J.-F. Pillebout
- JCl. Notarial Formulaire, V° Avant contrat, fasc. 115, par J.-F. Pillebout
- JCl. Notarial Formulaire, V° Vente d'immeuble, fasc. 105, par J. Lafond

Fiche pratique
- Fiche pratique n° 1721 : Rédiger une vente d'immeuble, par M. Suquet-Cozic

Commentaires
- JCl. Notarial Formulaire, Synthèse 1450 : Vente d'immeuble, parties à l'acte, consentement, représentation, par V. Zalewski-Sicard
- JCl. Notarial Formulaire, V° Avant contrat, fasc. 20, par D. Mazeaud et S. Fiedelièvre
- JCl. Notarial Formulaire, V° Vente d'immeuble, fasc. 30, par B. Magois et V. Zalewski-Sicard
- JCl. Notarial Formulaire, V° Vente d'immeuble, fasc. 200, par D. Montoux

Revues
- M. Mekki, Réforme du droit des obligations : pourparlers, offre et acceptation : JCP N 2016, n° 48, act. 1278
- M. Poumarède, La vente immobilière au prisme de l'avant-projet de réforme du droit des contrats spéciaux : RDI 2017, p. 560
- V. Zalewski-Sicard, Protection de l'acquéreur immobilier : les tribulations de l'article L. 271-1 du CCH : Gaz. Pal. 26 juill. 2016, n° 28, p. 52

Ouvrages
- A. Aynès et X. Vuitton, Droit de la preuve. Principes et mise en œuvre processuelle : LexisNexis, 2e éd., 2017

PARTIES À L'ACTE

Vices du consentement

801 L'erreur, le dol et la violence vicient le consentement lorsqu'ils sont de telle nature que, sans eux, l'une des parties n'aurait pas contracté ou aurait contracté à des conditions substantiellement différentes. Leur caractère déterminant s'apprécie eu égard aux personnes et aux circonstances dans lesquelles le consentement a été donné *(C. civ., art. 1130)*.
Dans la vente immobilière, ces trois vices du consentement sont susceptibles d'apparaître. Il peut être constaté, en pratique, que sont le plus souvent retenus le dol et l'erreur pour prononcer l'annulation de la vente. La violence n'apparaît que rarement dans le contentieux de la vente immobilière. Sa récente évolution, avec l'ordonnance du 10 février 2016, pourrait modifier ce point, bien que cela n'apparaisse que peu probable. Quel que soit le vice en cause, il y a lieu de tenir compte des articles 1178 à 1185 du Code civil quant au régime de la nullité susceptible de frapper le contrat.

I. Erreur

802 Il y a erreur lorsqu'une personne a une croyance, relativement au contrat conclu, qui ne correspond pas à la réalité. Les erreurs pouvant conduire à l'annulation d'une vente immobilière sont diverses. D'autres s'avèrent indifférentes sachant, en outre, qu'une règle de police des actions conduit parfois à exclure la possibilité d'une action en annulation pour erreur.

A. – ERREURS DÉTERMINANTES

803 Les erreurs déterminantes du consentement sont celles qui peuvent conduire à l'annulation du contrat. Il en va ainsi de l'erreur-obstacle et de l'erreur sur les qualités essentielles.

1° Erreur-obstacle

804 L'erreur-obstacle correspond à une erreur d'une telle gravité qu'elle empêche la rencontre des volontés nécessaires à la formation du contrat. L'erreur peut porter sur la nature du contrat, sur l'identité de l'objet du contrat ou sur le prix *(Cass. 3e civ., 16 déc. 2014, n° 13-22.303)*. Il importe peu que l'erreur soit excusable ou non *(Cass. 3e civ., 21 mai 2008, n° 07-10.772 : JurisData n° 2008-044125 ; JCP N 2008, n° 24, act. 508 ; Contrats, conc. consom. 2008, comm., 224, n° 10, L. Leveneur ; JCP N 2009, n° 9, 1001, obs. S. Piedelièvre ; Bull. civ. III, n° 92)*.

2° Erreur sur les qualités essentielles

805 **Définition** – Suivant l'article 1132 du Code civil, l'erreur de droit ou de fait, à moins qu'elle ne soit inexcusable, est une cause de nullité du contrat lorsqu'elle porte sur les qualités essentielles de la prestation due ou sur celles du cocontractant.

806 **Conditions** – Pour que la nullité soit prononcée, il faudra que l'erreur ait été la cause impulsive et déterminante de l'engagement de la partie concernée.
Il faut, en outre, que la réalité diffère de la croyance du vendeur ou de l'acquéreur au moment de la conclusion de la vente et, qu'en outre, l'acquéreur n'ait pas accepté un aléa sur les qualités essentielles de la chose vendue *(C. civ., art. 1133, al. 3)*.
Pour cette raison, la Cour de cassation refuse de retenir l'existence d'une erreur :
- lorsque le permis de construire, qui a été transféré à l'acquéreur à l'occasion de la vente d'un terrain à bâtir, est annulé après la vente, dès lors que le terrain était en zone inondable lors de la vente et que cette précision apparaissait dans le contrat de vente *(Cass. 3e civ., 24 nov. 2016, n° 15-26.226 : JurisData n° 2016-024750 ; JCP N 2016, n° 49, act. 1307 ; Constr.-Urb. 2017, comm. 6, n° 1, P. Cornille)* ;
- lorsque le permis de construire a été retiré en raison d'une crue survenue après la vente *(Cass. 3e civ., 23 mai 2007, n° 06-11.889 : JurisData n° 2007-038938 ; JCP N 2007, n° 36, 1240, note M. Brusorio-Alliot ; Bull. civ. III, n° 91)* ;
- lorsqu'un terrain est devenu totalement inconstructible après la vente, à l'issue d'une procédure dont les acquéreurs avaient connaissance *(Cass. 3e civ., 13 nov. 2014, n° 13-24.027 : JurisData n° 2014-027229 ; JCP N 2014, n° 48, act. 1217 ; Constr.-Urb. 2017, comm. 6, n° 1, P. Cornille)*.

À l'inverse, l'erreur a été retenue lorsque :
- l'annulation du permis de construire était liée à l'existence de cavités souterraines dès lors que lesdites cavités existaient bien lors de la conclusion de la vente et que les acquéreurs n'en avaient pas connaissance *(Cass. 3e civ., 12 juin 2014, n° 13-18.446 : JurisData n° 2014-012956 ; JCP N 2014, n° 28, act. 798 ; Bull. civ. III, n° 83)* ;
- l'annulation d'un plan d'occupation des sols (POS) est survenue après la vente dès lors que les causes d'annulation de celui-ci existaient bien au moment de la vente, sans qu'elles aient été portées à la connaissance des acquéreurs *(Cass. 3e civ., 13 juill. 1999, n° 97-16.362 : JurisData n° 1999-002931 : Bull. civ. III, n° 178)*.

807 Qualités essentielles de la chose vendue - Les qualités essentielles de la chose vendue sont celles qui ont été expressément ou tacitement convenues et en considération desquelles les parties ont contracté *(C. civ., art. 1133. - Cass. 3e civ., 5 déc. 2012, n° 11-18.773. - Cass. 3e civ., 22 oct. 2013, n° 12-26.047. - Cass. 3e civ., 25 juin 2014, n° 11-27.343 et 12-17.152. - Cass. 3e civ., 17 sept. 2014, n° 13-18.931. - Cass. 3e civ., 30 sept. 2015, n° 14-17.434 : JurisData n° 2015-021845)*.

En pratique **En pratique, il est donc important de les mettre en exergue dans l'acte.**

En matière de vente immobilière, c'est l'erreur sur les qualités essentielles de la chose vendue qui est le plus souvent invoquée. En particulier, les erreurs sont relatives :
- à la constructibilité *(Cass. 3e civ., 6 juill. 2017, n° 15-26.330. - Cass. 3e civ., 26 oct. 2017, n° 15-11.317 et 16-12.280. - Cass. 3e civ., 24 nov. 2016, n° 15-26.226 : JurisData n° 2016-024750 ; JCP N 2016, n° 49, act. 1307 ; Constr.-Urb. 2017, comm. 6, P. Cornille. - Cass. 3e civ., 8 sept. 2016, n° 15-10.550 : JurisData n° 2016-018639 ; JCP N 2016, n° 38,* act. 1034*)* ;
- à la conformité de l'immeuble vendu aux règles d'urbanisme ou de construction *(Cass. 3e civ., 20 avr. 2017, n° 16-13.821. - Cass. 3e civ., 30 sept. 2015, n° 14-17.434)* ;
- à la contenance de l'immeuble vendu *(Cass. 3e civ., 3 avr. 2012, n° 11-14.038. - Cass. 3e civ., 4 oct. 2011, n° 10-15.413. - Cass. 3e civ., 27 mai 2008, n° 07-10.772 : JurisData n° 2008-044125 ; Contrats, conc. consom. 2008, comm. 224, n° 10, L. Leveneur ; Bull. civ. III, n° 92)*.

808 Qualités essentielles du cocontractant - L'erreur sur les qualités essentielles du cocontractant n'est une cause de nullité que dans les contrats conclus en considération de la personne *(C. civ., art. 1132)*. Tel n'est pas en principe le cas dans la vente. Par exception, il peut en aller différemment comme, par exemple, pour une vente moyennant rente viagère, la solvabilité de l'acquéreur étant une qualité essentielle pour le vendeur au regard de laquelle il accepte de s'engager.

809 Preuve - Si, pour qu'il y ait erreur, la réalité doit différer de la croyance du vendeur ou de l'acquéreur au moment de la conclusion de la vente, cela n'interdit nullement pour autant d'établir l'existence d'une erreur en se servant d'éléments d'appréciation postérieurs à la vente. La preuve de l'erreur peut d'ailleurs s'administrer par tous moyens *(Cass. 3e civ., 2 févr. 2017, n° 15-27.841)*.

B. – ERREURS INDIFFÉRENTES

810 Les erreurs indifférentes sont celles qui sont inexcusables, celles qui portent sur les motifs et celles qui portent sur la valeur.

1° Erreur inexcusable

811 Définition - L'erreur est inexcusable lorsque l'une des parties ne pouvait légitimement ignorer la qualité substantielle manquante lors de la conclusion de la vente.

Exemple Le caractère inexcusable de l'erreur a été retenu lorsque :
- un marchand de biens a acquis des locaux qu'il destinait à un usage commercial sans vérifier ledit usage *(Cass. 3e civ., 24 mai 1989, n° 87-19.307 : JurisData n° 1989-002388)* ;
- existait une contradiction flagrante entre d'une part, les mentions de l'acte relatives à la desserte des terrains par les réseaux d'assainissement et la possibilité de s'y raccorder et d'autre part, la classification de ces terrains en zones AU *(Cass. 3e civ., 11 juin 2013, n° 12-20.183)* ;
- les acquéreurs, qui avaient visité à plusieurs reprises le bien décrit dans l'acte de vente comme étant une maison d'habitation en mauvais état, avaient ainsi apprécié en connaissance de cause son caractère habitable, et qu'ils avaient déclaré ne le destiner ni à la démolition ni à la reconstruction et que la note de renseignements d'urbanisme annexée à l'acte de vente aurait dû les conduire à se renseigner sur la faisabilité de leur projet de réhabilitation de l'immeuble *(Cass. 3e civ., 5 déc. 2012, n° 11-18.773)* ;
- l'acte de vente mentionnait expressément que le bien vendu était situé, en vertu d'un arrêté préfectoral, dans le périmètre de protection d'un forage *(Cass. 3e civ., 13 juill. 2017, n° 16-19.353)*.

Le caractère inexcusable de l'erreur n'a pas été retenu lorsque :
- l'acquéreur ignorait l'existence du bruit continu audible à l'intérieur de la maison, produit par un parc éolien autorisé avant la vente et réalisé après celle-ci *(Cass. 3e civ., 29 juin 2017, n° 16-19.337)* ;
- acquéreur et vendeur considéraient le bien vendu comme étant habitable *(Cass. 3e civ., 21 mai 2014, n° 13-11.785)*.

PARTIES À L'ACTE

2° Erreur sur les motifs

812 Définition – L'erreur sur un simple motif, étranger aux qualités essentielles de la prestation due ou du cocontractant, n'est pas une cause de nullité, à moins que les parties n'en aient fait expressément un élément déterminant de leur consentement *(C. civ., art. 1135)*.

> **Exemple** Il en va ainsi notamment lorsqu'une vente immobilière a été conclue en vue de l'obtention d'avantages fiscaux sans que ceux-ci, d'une part, n'aient été visés dans le contrat de vente et, d'autre part, n'aient été obtenus *(Cass. 3e civ., 24 avr. 2003, n° 01-17.458 : JurisData n° 2003-018761 ; Bull. civ. III, n° 82 ; JCP G 2003, II, 10134 ; JCP E 2003, 1436, note Wintgen ; D. 2004, p. 450, note Chassagnard)*.

3° Erreur sur la valeur

813 Définition – L'erreur sur la valeur par laquelle, sans se tromper sur les qualités essentielles de la prestation, un contractant fait seulement de celles-ci une appréciation économique inexacte, n'est pas une cause de nullité *(C. civ., art. 1136)*.

> **Exemple** L'annulation pour erreur a été exclue en dépit d'une appréciation erronée de la rentabilité économique d'une opération immobilière *(Cass. 3e civ., 31 mars 2005, n° 03-20.096 : JurisData n° 2005-027809 ; Constr.-Urb. 2005, comm. 135, D. Sizaire ; Bull. civ. III, n° 81)*. Elle pourrait toutefois être prise en compte si la rentabilité de l'opération était entrée dans le champ contractuel *(Cass. 3e civ., 27 avr. 2017, n° 16-15.560)*.

C. – POLICE DES ACTIONS

814 Pour la troisième chambre civile de la Cour de cassation, la garantie des vices cachés constitue l'unique fondement de l'action exercée pour défaut de la chose vendue la rendant impropre à sa destination normale. Dès lors, l'annulation du contrat ne peut être prononcée et la responsabilité du vendeur ne peut être recherchée sur le fondement de l'erreur *(Cass. 3e civ., 20 mai 2014, n° 13-12.685. - Cass. 3e civ., 17 nov. 2004, n° 03-14.958 : JurisData n° 2004-025661. - Cass. 3e civ., 30 mars 2011, n° 10-15.309)*.

> **Exemple** Ainsi, lorsque l'immeuble vendu était infesté par la mérule et que ce vice caché au moment de la vente le rendait insalubre et impropre à l'habitation, la garantie des vices cachés constitue l'unique fondement susceptible d'être invoqué et l'action des acquéreurs fondée sur l'erreur ne peut pas être accueillie *(Cass. 3e civ., 30 nov. 2017, n° 16-24.518. - Cass. 3e civ., 4 mai 2016, n° 15-11.351 : JurisData n° 2016-008455 ; Constr.-Urb. 2016, comm. 95, n° 6, Chr. Sizaire ; JCP N 2017, n° 6-07, 1098, obs. S. Piedelièvre)*.
> Cette règle de police des actions ne joue pas lorsque c'est un dol qui est invoqué par l'acquéreur *(Cass. 1re civ., 6 nov. 2002, n° 00-10.192 : JurisData n° 2002-016223. - Cass. 3e civ., 9 oct. 2013, n° 12-24.070 : JCP E 2014, 1308, n° 23, note A. Bories)*.

II. Dol

815 La vente peut être annulée pour dol sur le fondement des articles 1137 à 1139 du Code civil. Le dol est souvent invoqué en matière de vente immobilière pour obtenir son annulation.

816 Auteur du dol - Le dol doit émaner du cocontractant. Le dol est également constitué s'il émane du représentant, gérant d'affaires, préposé ou porte-fort du contractant. Il l'est encore lorsqu'il émane d'un tiers de connivence *(C. civ., art. 1138)*.

817 Éléments – Il nécessite la volonté de tromper et un élément matériel correspondant :
- à des manœuvres en vue de tromper l'autre partie ;
- ou à des mensonges ;
- ou à des réticences dolosives *(Cass. 3e civ., 23 mars 2017, n° 15-15.266. - V. JCl. Notarial Formulaire, V° Acte notarié, fasc. 70)*.

818 Erreur provoquée – L'erreur provoquée par un dol est toujours excusable *(C. civ., art. 1139)*. En outre, elle peut être prise en compte même lorsqu'elle ne porte pas sur les qualités essentielles de la chose vendue. Ainsi, l'article 1139 du Code civil précise qu'elle est une cause de nullité alors même qu'elle porterait sur la valeur de la prestation ou sur un simple motif du contrat. Il faut toutefois qu'elle ait été déterminante du consentement pour pouvoir emporter la nullité de la vente *(Cass. 3e civ., 14 sept. 2017, n° 16-20.965. - Cass. 3e civ., 8 déc. 2016, n° 15-25.337)*.

819 Dol par réticence et obligation d'information – Le vendeur est tenu de révéler à l'acquéreur les informations qu'il détient en vertu soit d'obligations légales particulières, soit de l'obligation générale d'information prévue au nouvel article 1112-1 du Code civil *(V. JCl. Notarial Formulaire, V° Acte notarié, fasc. 70)*. De telles obligations d'information peuvent conduire à retenir l'existence de réticence dolosive lorsqu'elles ne sont pas correctement exécutées.

Pour autant, l'obligation précontractuelle d'information de l'article 1112-1 du Code civil n'a pas le même champ d'application que la rétience dolosive. Ladite obligation est en effet strictement encadrée : elle n'est due que si l'ignorance de l'autre partie est légitime, ou si celle-ci peut, en raison des circonstances, faire une confiance particulière à son cocontractant.

La réticence dolosive, qui implique une intention de tromper, n'est pas être assujettie aux mêmes limites. La mauvaise foi implique en effet que le dol soit sanctionné de façon plus large et plus sévère que ne l'est la simple négligence dans la délivrance d'informations.

Dès lors, certaines informations qui ne sont pas visées par le devoir d'information de l'article 1112-1 du Code civil, car elles ne sont pas déterminantes au sens de cet article, peuvent ainsi être considérées comme déterminantes au sens de l'article 1137 du même code, et justifier une sanction pour réticence dolosive (*O. Deshayes, Th. Genicon et Y.-M. Laithier, Réforme du droit des contrats, du régime général et de la preuve des obligations. Lexisnexis, 2e éd., 2018, p. 234*).

Il peut être remarqué qu'une telle solution s'inscrit dans le prolongement de la jurisprudence. En effet, celle-ci ne liait pas de façon indissociable réticence dolosive et obligation d'information (*Cass. 3e civ., 16 mars 2011, n° 10-10.503 : JurisData n° 2011-003776 ; JCP N 2011, n° 13, act. 339 ; Constr.-Urb. 2011, comm. 79, Chr. Sizaire ; Bull. civ. III, n° 36*).

Ainsi, la troisième chambre civile de la Cour de cassation a jugé que si aucune obligation légale spécifique d'information concernant la présence d'amiante dans l'immeuble ne pesait sur le vendeur avant l'entrée en vigueur de la loi SRU du 13 décembre 2000, celui-ci, tenu à un devoir général de loyauté, ne pouvait dissimuler intentionnellement à son cocontractant un fait dont il avait connaissance et qui aurait empêché l'acquéreur, s'il l'avait connu, de contracter aux conditions prévues (*Cass. 3e civ., 16 mars 2011, n° 10-10.503 : JurisData n° 2011-003776 ; JCP N 2011, n° 13, act. 339 ; Constr.-Urb. 2011, comm. 79, Chr. Sizaire ; Bull. civ. III, n° 36*). De même, elle a retenu que si le vendeur d'un appartement dans un immeuble en copropriété avait cru pouvoir ignorer pour lui-même l'arrêté d'interdiction d'habiter, il ne pouvait se croire de bonne foi autorisé à taire cette interdiction à ses acquéreurs, à déclarer dans l'acte de vente qu'il n'existait de son chef aucune restriction d'ordre légal à la disposition du bien vendu, et à s'abriter derrière l'absence de mention d'habitabilité dans le certificat d'urbanisme pour justifier sa fausse déclaration (*Cass. 3e civ., 29 nov. 2000, n° 98-21.224 : Bull. civ. III, n° 182*).

820 Dol par réticence et dissimulation intentionnelle d'une information déterminante – La réticence dolosive ne peut être retenue que s'il y a dissimulation intentionnelle d'une information dont le caractère déterminant est connu. Autrement dit, il ne suffit pas qu'il y ait eu défaut de délivrance d'une information pour que la réticence dolosive puisse être caractérisée. L'article 1137 du Code civil ne réduit en rien ici les risques d'annulation pour vice du consentement et n'introduit aucune nouveauté.

En effet, la Cour de cassation, du moins la troisième chambre civile et la chambre commerciale, n'admet que le manquement à une obligation d'information constitue un dol par réticence que s'il a été inspiré par l'intention de tromper le cocontractant (*Cass. 3e civ., 15 janv. 2013, n° 11-25.325*).

De même, dans un arrêt du 26 mars 2014 de la même chambre, la réticence dolosive du vendeur d'un immeuble en l'état futur d'achèvement n'a pas été retenue, car il n'était pas démontré qu'il y avait de la part du vendeur des manœuvres ou des réticences tendant à dissimuler un fait qui contredirait les spécificités de la chose déterminée entre les parties (*Cass. 3e civ., 26 mars 2014, n° 12-19.609*).

À l'inverse, la réticence a été retenue dans une espèce où le vendeur avait sciemment dissimulé l'information relative à un projet d'extension de ligne à très haute tension (*Cass. 3e civ., 10 sept. 2013, n° 12-23.626*).

Mais, encore, la chambre commerciale a posé le principe suivant lequel le manquement à une obligation précontractuelle d'information, à le supposer établi, ne pouvait suffire à caractériser le dol par réticence, si ne s'y ajoute la constatation du caractère intentionnel de ce manquement et d'une erreur déterminante provoquée par celui-ci (*Cass. com., 28 juin 2005, n° 03-16.794 : JurisData n° 2005-029185 ; Comm. com. électr. 2005, comm. 158, note Ph. Stoffel-Munck ; D. 2005, p. 2838, par S. Amrani-Mekki et B. Fauvarque-Cosson ; Rev. Lamy dr. civ. oct. 2005, 810, obs. C. Le Gallou ; Dr. & patr. oct. 2005, p. 93, obs. L. Aynes et Ph. Stoffel-Munck ; RTD civ. 2005, p. 591, obs. J. Mestre et B. Fages ; Bull. civ. IV, n° 140*).

821 Dol et erreur sur la valeur – L'article 1137 du Code civil exclut de la réticence dolosive l'estimation de la valeur de la prestation. Ainsi, le silence gardé par une partie sur la valeur de la prestation de l'autre ne peut caractériser une réticence dolosive. Lorsque le dol résulte d'une autre forme que la réticence dolosive, l'erreur provoquée sur la valeur peut conduire à la nullité du contrat (*C. civ., art. 1139*).

Exemple Ainsi, a été retenu le dol du vendeur :

- qui n'a pas révélé à l'acquéreur d'un moulin l'obligation qui pèserait sur ce dernier d'entretenir le moulin et le canal l'alimentant (*Cass. 3e civ., 3 avr. 2013, n° 12-16.405*) ;
- qui a caché le caractère non constructible pour partie d'une parcelle et l'existence d'une servitude d'alignement (*Cass. 3e civ., 11 juin 2013, n° 12-20.534 : JurisData n° 2013-011986*) ;
- qui a gardé le silence quant à un projet de construction sur une zone verte voisine devant conduire à priver le bien vendu d'une large perspective (*Cass. 1re civ., 28 mai 2008, n° 07-13.487 : JurisData n° 2008-044118 ; JCP G 2008, II, 10179, note I. Beyneix ; Bull. civ. I, n° 154*) ;
- qui a caché l'état de saturation du marché locatif tout en promettant aux acquéreurs un placement sûr et rentable à court terme (*Cass. 3e civ., 12 oct. 2017, n° 16-23.362 et 16-23.501 : JurisData n° 2017-024508 ; JCP N 2018, n° 3, 1045, note Chr. Sizaire*) ;
- qui a réalisé des travaux afin de cacher l'existence d'un défaut (*Cass. 3e civ., 12 juin 2014, n° 12-24.069. – Cass. 3e civ., 9 avr. 2014, n° 13-14.251*) ;
- qui a transmis des plans de terrassement erronés (*Cass. 3e civ., 8 déc. 2016, n° 15-25.337*) ;
- qui a caché l'existence de deux hypothèques judiciaires provisoires (*Cass. 3e civ., 10 nov. 2016, n° 15-25.295*) ;
- qui a induit en erreur l'acquéreur sur le haut potentiel de rentabilité du bien acquis (*Cass. 3e civ., 15 nov. 2015, n° 14-17.043 : JurisData n° 2015-025316. – Cass. 3e civ., 15 oct. 2015, n° 13-25.195 : JurisData n° 2015-022918. – Cass. 3e civ., 23 févr. 2017, n° 15-29.503*).

III. Violence

822 Définition – Comme pour tout acte conventionnel, la violence entraîne la **nullité** du contrat de vente. Cette violence n'a pas nécessairement à être le fait de l'une des parties sur l'autre. En effet, elle est une cause de nullité qu'elle ait été exercée par une partie ou par un tiers *(C. civ., art. 1142)*.
La violence susceptible d'entraîner l'annulation d'un contrat est triple. Il y a violence :
- lorsqu'une partie s'engage sous la pression d'une contrainte qui lui inspire la crainte d'exposer sa personne, sa fortune, ou celles de ses proches à un mal considérable *(C. civ., art. 1140)* ;
- lorsqu'une partie, abusant de l'état de dépendance dans lequel se trouve son cocontractant à son égard, obtient de lui un engagement qu'il n'aurait pas souscrit en l'absence d'une telle contrainte et en tire un avantage manifestement excessif *(C. civ., art. 1143)* ;
- lorsqu'une partie menace l'autre d'une voie de droit en détournant celle-ci de son but ou lorsqu'elle est invoquée ou exercée pour obtenir un avantage manifestement excessif *(C. civ., art. 1141)*.

1° Violence résultant d'une contrainte

823 Éléments – Il y a violence lorsqu'une partie s'engage sous la pression d'une contrainte qui lui inspire la crainte d'exposer sa personne, sa fortune, ou celles de ses proches à un mal considérable *(C. civ., art. 1140)*. Comme pour tous les vices du consentement, il y a lieu d'apprécier ladite violence eu égard aux personnes et aux circonstances dans lesquelles le consentement a été donné *(C. civ., art. 1130)*.

Exemple La violence a été retenue dans les espèces suivantes :
- le vendeur subissait le comportement manipulateur de son concubin et faisait l'objet de troubles mentaux *(Cass. 3e civ., 4 mai 2016, n° 15-12.454)* ;
- le vendeur subissait de la part des membres d'une communauté des violences physiques et morales *(Cass. 3e civ., 13 janv. 1999 : Bull. civ. III, n° 11)*.

2° Violence résultant d'une menace de voie de droit

824 Éléments – Il y a violence « *lorsqu'une partie, abusant de l'état de dépendance dans lequel se trouve son cocontractant, obtient de lui un engagement qu'il n'aurait pas souscrit en l'absence d'une telle contrainte et en tire un avantage manifestement excessif* » *(C. civ., art. 1143)*.

Exemple Une telle violence a été retenue dans les hypothèses suivantes :
- lorsque le mandataire de l'acquéreur, avocat de profession, a affirmé à tort aux vendeurs que la vente était parfaite et, qu'en cas de refus de leur part de régulariser la vente, il engagerait toute procédure utile à leur encontre pour obtenir l'indemnisation de son préjudice, sachant que bien que la promesse de vente s'avérait très défavorable à leurs intérêts, puisqu'elle les obligeait à réaliser à leurs frais d'importants travaux dans un temps très limité. L'intervention d'un notaire a été considérée comme indifférente *(Cass. 3e civ., 30 juin 2016, n° 15-18.386 : JurisData n° 2016-012770 ; Contrats, conc. consom. 2016, comm. 206)* ;
- lorsque le gérant d'une société se comportait déjà comme l'acquéreur du terrain avant la signature de la promesse de vente, que ce comportement réitéré, corroboré par son attitude ultérieure, par des messages téléphoniques contenant des menaces explicites de poursuivre la procédure engagée devant la Cour de cassation alors qu'il avait déclaré y renoncer dans la promesse de vente et par le dépôt d'une plainte pour escroquerie, avait exercé une pression sur le vendeur pour l'inciter à vendre son terrain *(Cass. 3e civ., 12 juin 2014, n° 13-18.947)* ;

À l'inverse, la violence n'a pas été retenue lorsque l'acquéreur qui ne contestait pas avoir menacé d'exercer contre le vendeur les voies de droit qui s'offraient à lui en raison de sa participation aux détournements commis par son neveu, n'avait pas abusé de son droit car l'avantage obtenu, à savoir la vente de l'appartement destinée au remboursement des sommes détournées et la mise en location du bien, était bien en rapport avec cette instance et n'était pas disproportionné au regard de la valeur de l'appartement et du montant du loyer *(Cass. 3e civ., 4 déc. 2012, n° 11-27.142)*.

3° Violence résultant d'un abus d'état de dépendance

825 Pour que puisse être caractérisée la violence résultant d'un abus de dépendance, trois éléments sont nécessaires :
- l'état de dépendance dans lequel se trouve le contractant à l'égard de son cocontractant ;
- un abus de cet état de dépendance ;
- et un avantage manifestement excessif.

a) État de dépendance

826 Définition – Comment définir l'état de dépendance ? Selon le sens commun, l'état de dépendance est l'état d'une personne soumise à l'autorité d'autrui ou l'état d'une personne qui n'a pas d'autonomie par rapport à une autre personne, qui n'est pas libre d'agir à sa guise.
C'est donc une dépendance par rapport à autrui. Cette dépendance peut prendre la forme d'une dépendance économique mais aussi d'une dépendance psychologique.

827 Dépendance économique – Cela concerne, par exemple, l'hypothèse d'une entreprise dont le principal client est une autre entreprise. Ainsi, la Cour de cassation, dans un arrêt de sa troisième chambre civile du 22 mai 2012, a refusé de retenir l'existence d'un tel état dépendance en relevant qu'il n'existait pas de lien de dépendance entre le vendeur et l'acquéreur à l'occasion de la cession d'une carrière, dès lors qu'ils n'étaient pas en concurrence économique *(Cass. 3e civ., 22 mai 2012, n° 11-16.826 : JCP E 2016*, 1523, *note Th. D'Alès et Ch. Merveilleux du Vignaux)*.

Pour établir cet état de dépendance économique, se posera la question de savoir s'il est nécessaire de prouver que le contractant ne disposait pas de solutions alternatives *(Cass. com., 6 oct. 2015, n° 14-13.176)*. La dépendance pourrait être retenue, par exemple, si une clause d'exclusivité lie les deux parties.

L'imputabilité de cette dépendance sera-t-elle prise en compte par les juges ? Ainsi, le producteur de lait qui n'a pas cherché à diversifier ses acheteurs pourrait se voir reprocher ce fait et la dépendance ne pas être reconnue *(Cass. 1re civ., 18 févr. 2015, n° 13-28.278 : JurisData n° 2015-003366 ; Resp. civ. et assur. 2015, comm. 166, N. Leblond)*.

828 Dépendance psychologique ou sociale – Suivant le rapport au président de la République relatif à l'ordonnance n° 2016-131 du 10 février 2016, « toutes les hypothèses de dépendance sont visées, ce qui permet une protection des personnes vulnérables et non pas seulement des entreprises dans leurs rapports entre elles ».

Le consentement est alors extorqué par le contractant avec lequel un lien de dépendance a été créé *(O. Deshayes, Th. Genicon et Y.-M. Laithier, Réforme du droit des contrats, du régime général et de la preuve des obligations, 2e éd., Lexisnexis, 2018, p. 258, donnant l'exemple d'une personne sous l'emprise d'une secte)*.

b) Abus de l'état de dépendance

829 Il ne suffit pas que l'un des contractants soit dans un état de dépendance par rapport à l'autre co-contractant, il faut également que ce dernier en abuse.

L'abus de cet état de dépendance n'est pas une menace au sens des articles 1140 à 1142 du Code civil. Le cocontractant de la partie en état de dépendance ne menace pas son contractant mais abuse de la situation pour lui extorquer son consentement.

Cette condition d'existence d'un abus est-elle redondante avec l'exigence d'un avantage manifestement excessif ? Deux orientations sont envisageables.

Il peut tout d'abord être considéré que caractériser un abus de l'état de dépendance nécessite de s'intéresser au résultat obtenu, à savoir un avantage manifestement excessif. On remarquera en ce sens que le rapport au président de la République relatif à l'ordonnance n° 2016-131 du 10 février 2016 souligne que l'introduction de cette exigence d'un avantage manifestement excessif a pour but d'objectiver l'appréciation de l'abus. Il y a donc bien un lien entre les deux, ce qui conduit à considérer que s'il n'y a pas eu obtention d'un avantage manifestement excessif, il n'y a pas eu d'abus.

Il peut ensuite être retenu qu'il s'agit de deux conditions différentes et cumulatives. Ainsi un contractant peut abuser de l'état de dépendance d'une entreprise contrainte de conclure un contrat qu'elle n'aurait pas conclu si cet état de dépendance n'avait pas existé, sans qu'il résulte pour autant un avantage manifestement excessif.

c) Avantage manifestement excessif

830 L'exigence de la caractérisation d'un avantage manifestement excessif dans l'article 1143 du Code civil résulte suivant le rapport au président de la République relatif à l'ordonnance n° 2016-131 du 10 février 2016 des craintes des entreprises et a pour but d'objectiver l'appréciation de l'abus de l'état de dépendance.

S'agit-il d'une nouveauté ? Si l'on examine la jurisprudence, il peut être constaté que la Cour de cassation n'a jamais considéré que l'état de dépendance d'une partie suffisait à caractériser la violence économique. Ainsi, dans un arrêt de la chambre commerciale du 16 octobre 2007, la Cour a jugé qu'une transaction ne peut être annulée en cas de dépendance économique de l'une des parties que si l'autre partie a exploité abusivement cette situation. Les juges ayant constaté l'absence d'avantage manifestement excessif, l'abus n'a pas été retenu et la transaction n'a pas été annulée pour violence économique *(Cass. com., 16 oct. 2007, n° 05-19.069)*. Il en a été de même dans un arrêt de la même chambre du 11 janvier 2005 où les juges ont retenu que si le contractant avait pu consentir à l'accord litigieux sous la contrainte économique, les clauses critiquées par lui n'étaient pas illégitimes et ne procuraient pas à la société cocontractante un avantage excessif *(Cass. com., 11 janv. 2005, n° 01-11.414)*.

831 Caractérisation d'un avantage manifestement excessif – Trois voies sont ouvertes :
- la première consiste à rechercher quelle est la contrepartie habituellement procurée dans le type de contrat conclu. L'abus de l'état de dépendance se rapproche alors de la lésion ;
- la deuxième consiste à jauger les obligations essentielles des parties et déterminer si celles-ci sont déséquilibrées de façon manifeste ;
- la troisième revient à mélanger la première et la seconde et il semble que cette troisième voie devrait être suivie.

IV. Régime de la nullité

832 Les vices du consentement sont une cause de nullité relative du contrat *(C. civ., art. 1131)*. Indépendamment de l'annulation du contrat, la partie lésée peut demander réparation du dommage subi dans les conditions de droit commun de la responsabilité extracontractuelle *(C. civ., art. 1178)*.
Sur la nullité, ses conditions et ses conséquences, *V. n° **4656** et s.*

Pour aller plus loin

Formules
- JCl. Notarial Formulaire, V° Avant contrat, fasc. 65, par J.-M. Bez et J.-F. Pillebout
- JCl. Notarial Formulaire, V° Ratification - Confirmation, fasc. 15
- JCl. Notarial Formulaire, V° Vente d'immeuble, fasc. 105, par J. Lafond
- JCl. Notarial Formulaire, V° Vente d'immeuble, fasc. 115, par J.-F. Pillebout
- JCl. Notarial Formulaire, V° Vente d'immeuble, fasc. 655

Fiche pratique
- Fiche pratique n° 1721 : Rédiger une vente d'immeuble, par M. Suquet-Cozic

Commentaires
- JCl. Notarial Formulaire, Synthèse 1450 : Vente d'immeuble, parties à l'acte, consentement, représentation, par V. Zalewski-Sicard
- JCl. Notarial Formulaire, V° Acte notarié, fasc. 70, par D. Montoux

Revues
- T. d'Alès et Ch. Merveilleux du Vignaux, Le nouveau vice de violence économique : tout ça pour ça ? : JCP E 2016, 1523
- H. Barbier, La violence par abus de dépendance : JCP G 2016, 421
- C. Cattalano-Cloarec, La validité du contrat : AJ contrat 2018, p. 257
- O. Deshayes, La formation du contrat : RDC 2016, n° 1126, p. 21
- F. Dournaux, La réforme des vices du consentement : Dr. & patr. mai 2016, n° 258, p. 57
- G. Durand-Pasquier, La loi de ratification de l'ordonnance portant réforme du droit des contrats et ses incidences en droit immobilier et de la construction : RD imm. 2018, p. 532
- G. Loiseau, Les vices du consentement : Contrats, conc. consom. 2016, dossier 3
- M. Mekki, Réforme du droit des obligations : projet de loi de ratification après 1re lecture au Sénat : JCP N 2017, n° 43-44, act. 904
- F. Rogue, Abus de dépendance : la « réforme de la réforme » du droit des contrats a-t-elle accouché d'une souris ? : D. 2018, p. 1559
- F. Rouvière, Le moment d'appréciation de l'erreur : D. 2014, p. 1782
- D. Savouré, Le contenu du contrat et le contrôle du juge : JCP N 2017, n° 17, 1165
- Y.-M. Serinet, La constatation de la nullité par les parties : une entorse limitée au caractère judiciaire de la nullité : JCP G 2016, 845
- V. Zalewski-Sicard, L'impact des règles relatives au consentement en droit immobilier : RDI 2016, p. 326

Ouvrages
- G. Cattalano-Cloarec, Obligation d'information et réticence dolosive : une obscure clarté ? *in* La réforme du droit des contrats en pratique, ss dir. M. Latina, p. 37 : Dalloz, 2017
- O. Deshayes, Th. Genicon et Y.-M. Laithier, Réforme du droit des contrats, du régime général et de la preuve des obligations : LexisNexis, 2e éd., 2018
- Association Henri Capitant, La violence économique à l'aune du nouveau droit des contrats et du droit économique : Dalloz, 2017

PARTIES À L'ACTE

Capacité

833 Toute personne physique peut contracter sauf en cas d'incapacité prévue par la loi. La capacité des personnes morales est limitée par les règles applicables à chacune d'entre elles *(C. civ., art. 1145)*.
L'article 1145 du Code civil conduit à distinguer entre la capacité des personnes physiques et la capacité des personnes morales.
S'agissant des personnes morales, leur capacité est abordée ci-après : *V. n° **1193** et s. - V. n° **1269** et s. - V. n° **1284** et s. - V. n° **1337** et s. - V. n° **1340** et s. - V. n° **1351** et s. - V. n° **1369** et s. - V. n° **1419** et s. - V. n° **1551** et s.*
S'agissant des personnes physiques dont il sera uniquement question dans les développements suivants, il résulte de l'article 1145 du Code civil qu'il ne peut exister d'incapacité qu'en vertu d'une loi, et que la capacité est le principe et l'incapacité l'exception. Autrement dit, la capacité est présumée et il n'apparaît donc pas nécessaire de faire preuve de sa capacité à contracter.
Il n'en demeure pas moins utile lors de la conclusion d'une vente d'immeuble de vérifier pour chaque partie si celle-ci est bien capable. En outre, il y a lieu de tenir compte d'éventuels indices permettant de présumer que l'un des contractants n'est pas sain d'esprit.

I. Vérification de la capacité des contractants

834 Si chaque personne est présumée capable de contracter, pour autant, cela n'implique pas que toute vérification doit être exclue. Il peut à cet égard être distingué entre les mineurs et les majeurs.

A. – MINEURS

835 Les mineurs non émancipés sont incapables de contracter *(C. civ., art. 1146)*. Il y a donc lieu de vérifier préalablement à la conclusion d'un contrat préparatoire et/ou d'une vente d'immeuble si chaque contractant est bien majeur. À cet égard, le second alinéa de l'article 1149 du Code civil précise que la simple déclaration de majorité faite par le mineur ne fait pas obstacle à l'annulation.

Conseil pratique **Il s'avère donc nécessaire de demander à chaque contractant de fournir un extrait d'acte de naissance ainsi que la production d'une pièce d'identité pour vérifier si la condition de majorité est bien remplie.**

B. – MAJEURS

836 Mesure de protection – Une fois établi que chaque contractant est bien majeur, il y a encore lieu de vérifier si ledit contractant fait ou non l'objet d'une mesure de protection au sens de l'article 425 du Code civil *(C. civ., art. 1146)*.

837 Répertoire civil – Le répertoire civil permet de vérifier la capacité contractuelle des personnes physiques. Il assure la publicité des mesures de protection des majeurs.
La publicité de la mesure de protection judiciaire est assurée par la publication d'un extrait du jugement au répertoire civil conformément à l'article 1233 du Code de procédure civile et une référence en marge de l'acte de naissance du majeur protégé. Cette référence, constituée des initiales « R.C. » suivies d'un numéro, est portée en marge de l'acte de naissance et renvoie à un fichier, le répertoire civil, tenu dans chaque tribunal de grande instance où sont conservés des extraits de toutes les décisions concernant le majeur concerné.

838 Registre spécial pour le mandat de protection future – Le mandat de protection future est publié par une inscription sur un registre spécial dont les modalités et l'accès sont réglés par décret en Conseil d'État *(C. civ., art. 477-1)*. À ce jour, ledit décret n'a toujours pas été publié.

839 Nullité – L'incapacité de contracter est une cause de nullité relative *(C. civ., art. 1147)* se prescrivant par 5 ans *(C. civ., art. 2224)*. Il en résulte, d'une part, que seule la personne protégée peut agir en nullité de la vente et, d'autre part, qu'elle peut être couverte par la confirmation *(C. civ., art. 1181, al. 2. - V. n° **4675** et s.)*.
Il est à remarquer, en outre, qu'en vertu de l'article 1151 du Code civil (qui *a priori* ne s'appliquerait que pour les actes d'administration conclus par un mineur) :
- le contractant capable peut faire obstacle à l'action en nullité engagée contre lui en établissant que l'acte était utile à la personne protégée et exempt de lésion ou qu'il a profité à celle-ci ;

- il peut aussi opposer à l'action en nullité la confirmation de l'acte par son cocontractant devenu ou redevenu capable *(O. Deshayes, Th. Genicon et Y.-M. Laithier, Réforme du droit des contrats, du régime général et de la preuve des obligations, p. 273 : LexisNexis, 2e éd., 2018)*.

840 Prescription – La prescription de l'action en nullité court :
- à l'égard des actes faits par un mineur, du jour de la majorité ou de l'émancipation ;
- à l'égard des actes faits par un majeur protégé, du jour où il en a eu connaissance alors qu'il était en situation de les refaire valablement ;
- à l'égard des héritiers de la personne en tutelle ou en curatelle ou de la personne faisant l'objet d'une habilitation familiale, du jour du décès si elle n'a commencé à courir auparavant *(C. civ., art. 1152)*.

Conseil pratique Avant toute vente, il y a lieu d'obtenir un extrait d'acte de naissance et de demander s'il y a lieu une copie des extraits conservés au répertoire civil qui peuvent être délivrés à tout intéressé *(CPC, art. 1061)*. Lorsque le registre spécial des mandats de protection future aura été créé, il conviendra également de le consulter.

II. Absence de trouble mental

841 Pour consentir valablement à une vente immobilière, il ne suffit pas d'être capable. Il convient également, et conformément à l'article 414-1 du Code civil, d'être sain d'esprit *(C. civ., art. 1129)*. La vente conclue par une personne qui n'est pas saine d'esprit peut être annulée. Il revient alors à celui qui agit en nullité de la vente de prouver l'existence d'un trouble mental au moment de l'acte *(C. civ., art. 414-1)*.
Il peut être distingué entre les conditions de la nullité et l'exercice de l'action en nullité (sur les effets de la nullité, *V. n° **4656** et s.)*.

A. – CONDITIONS DE LA NULLITÉ

842 Il y a lieu d'établir l'existence d'un trouble mental au moment de la passation de l'acte, sachant que la preuve peut être faite librement.

1° Existence d'un trouble mental

843 Une vente immobilière peut être annulée si l'un des contractants souffrait d'un trouble mental lors de la conclusion de celle-ci. Aucune distinction n'a lieu d'être faite suivant les troubles mentaux pouvant altérer les facultés d'un contractant.
Pour la Cour de cassation, le trouble mental est davantage qu'une simple perte de connaissance *(Cass. 2e civ., 4 févr. 1981 : Bull. civ. II, n° 21)*, mais n'est pas nécessairement une complète perte de la raison.
Il peut être le corollaire d'une maladie, résulter de la prise de drogue, d'alcool. Il importe peu que le trouble n'ait duré qu'un instant – celui correspondant à la passation de l'acte – ou qu'il ait duré plus longtemps. De même, il n'est pas nécessaire qu'il y ait eu une altération totale des facultés mentales dès lors que ce trouble empêche le contractant d'émettre un consentement en toute connaissance de cause. L'article 414-1 du Code civil s'applique également indépendamment du point de savoir si le contractant est ou non sous un régime de protection.

2° Preuve du trouble mental

844 La démonstration du trouble mental est libre dans la mesure où il s'agit de prouver un fait juridique. Il doit être établi qu'il y a eu altération de l'intelligence ou de la faculté de discernement, quelle qu'en soit la cause exacte. Cette preuve peut être rapportée notamment par un certificat médical *(Cass. 1re civ., 10 févr. 2016, n° 15-13.267)*.
Il n'est pas suffisant d'établir qu'après la passation de l'acte, il y a eu ouverture d'une mesure de protection. Il s'agit d'un élément de preuve, mais qui n'est pas suffisant en lui-même pour obtenir l'annulation de l'acte sur le fondement de l'article 414-1 du Code civil.
Pour tenir compte de la difficulté de rapporter une telle preuve, la jurisprudence a créé une présomption simple d'absence de lucidité dès lors qu'il est établi que la personne était en état de démence avant et après la passation de l'acte. Si la preuve de cet état de démence est rapportée, il revient alors au défendeur à l'action en nullité de démontrer que son cocontractant était dans un intervalle lucide au moment de la conclusion de la vente *(Cass. 1re civ., 11 mai 2012, n° 11-13.154)*.

Exemple La preuve de l'existence d'un trouble mental a ainsi été admise dans les situations suivantes :
- un certificat médical établi deux jours après la passation de l'acte litigieux faisait ressortir que les troubles psychiques que le contractant présentait le mettaient dans l'impossibilité de gérer ses biens *(Cass. 1re civ., 27 janv. 1987, n° 84-15.371 : JurisData n° 1987-000062 ; Bull. civ. I, n° 31)* ;

- des pressions graves ont été exercées sur les vendeurs par un agent immobilier ayant obtenu un mandat de vendre *(Cass. 1re civ., 13 avr. 2016, n° 15-17.587)* ;
- l'acquéreur avait fait des acquisitions immobilières pour plusieurs millions d'euros et procédé à l'achat de plus de dix voitures de luxe hors de proportion avec ses besoins *(Cass. 1re civ., 28 mai 2015, n° 14-17.324)* ;
- des certificats médicaux établissaient que le vendeur était atteint d'une démence sénile *(Cass. 3e civ., 5 févr. 2013, n° 11-25.090)* ;
- des démarches avaient été entreprises en vue de la mise en place d'une tutelle ou d'une curatelle en raison d'une maladie neurologique dégénérative 6 mois avant la conclusion du compromis de vente *(Cass. 3e civ., 20 sept. 2011, n° 10-20.132)*.

B. – EXERCICE DE L'ACTION EN NULLITÉ

845 L'action en nullité sur le fondement de l'article 414-1 du Code civil peut être exercée tant avant qu'après le décès du contractant. Elle doit toutefois l'être avant qu'il n'y ait eu prescription. Il demeure, en outre, possible qu'une confirmation intervienne.

1° Action en nullité avant le décès du contractant

846 L'action en nullité ne peut être exercée par le contractant du majeur dont les facultés mentales étaient altérées, s'agissant d'une nullité relative. Seule donc la personne protégée peut exercer cette action *(C. civ., art. 414-2)*.

L'application de ce principe ne pose pas de difficulté lorsque le majeur a retrouvé ses facultés mentales, mais il est également possible que tel ne soit pas le cas. Une tutelle, une curatelle ou une sauvegarde de justice a pu être mise en place :

- en cas d'ouverture d'une tutelle, le tuteur peut exercer l'action en nullité, en application de l'article 504 du Code civil habilitant ce dernier à agir seul en justice pour faire valoir les droits patrimoniaux de la personne protégée ;
- en cas d'ouverture d'une curatelle, le curateur ne peut agir en nullité que si le majeur néglige lui-même de le faire. Ainsi, en application de l'article 469 du Code civil, le curateur peut demander au juge des tutelles l'autorisation d'agir en nullité contre un acte passé par le majeur en curatelle avant la mise sous curatelle en cas d'inaction du majeur protégé ;
- le majeur sous sauvegarde de justice peut lui-même agir en nullité pour insanité d'esprit mais rien n'interdit de procéder à la nomination d'un mandataire spécial qui agira, en vertu du mandat, en nullité de l'acte.

2° Action en nullité après le décès du contractant

847 La possibilité d'exercer une action en nullité après le décès du majeur est organisée par l'article 414-2 du Code civil. Après sa mort, les ventes faites par lui ne peuvent être attaquées par ses héritiers, pour insanité d'esprit, que dans les cas suivants :

- si l'acte porte en lui-même la preuve d'un trouble mental *(Cass. 1re civ., 8 juin 2016, n° 15-20.904)* ;
- s'il a été fait alors que l'intéressé était placé sous sauvegarde de justice, sous curatelle ou sous tutelle (*Cass. 1re civ., 27 juin 2018, n° 17-20.428 : JurisData n° 2018-011158 ; JCP N 2018, n° 28, act. 626, obs. I. Maria ; JCP N 2018, n° 45, 1333, obs. N. Peterka*) ;
- si une action a été introduite avant son décès aux fins d'ouverture d'une curatelle ou d'une tutelle ou aux fins d'habilitation familiale ou si effet a été donné au mandat de protection future.

3° Extinction du droit de demander la nullité

a) Prescription de l'action

848 La nullité qui frappe l'acte passé par un majeur dont les facultés mentales étaient altérées est une nullité relative qui se prescrit dans le délai de l'article 2224 du Code civil (5 ans).

Ce délai court à compter du jour où le majeur a retrouvé toutes ses facultés. Par contre, la prescription ne court pas ou est suspendue contre les majeurs en tutelle *(C. civ., art. 2235)*.

b) Confirmation

849 La nullité pour insanité d'esprit étant une nullité relative, il est possible que la vente soit confirmée *(C. civ., art. 1181. – V. n° **4675** et s.)*.

850 **Auteur de la confirmation** – Si l'altération des facultés était temporaire, il revient au majeur de procéder à cette confirmation.

Si, au contraire, suite à cet acte, a été mise en place une tutelle, seul le tuteur peut confirmer l'acte avec l'autorisation du conseil de famille.

Si le majeur a été placé sous curatelle, l'assistance du curateur s'impose et le curateur ne pourrait le faire seul qu'avec l'autorisation du juge des tutelles.

Enfin, les héritiers du majeur disposent également de la possibilité de confirmer l'acte.

851 **Confirmation spontanée expresse ou tacite** – La confirmation est l'acte par lequel celui qui pourrait se prévaloir de la nullité y renonce. Cet acte mentionne l'objet de l'obligation et le vice affectant le contrat. L'exécution volontaire du contrat, en connaissance de la cause de nullité, vaut confirmation.

852 **Confirmation provoquée** – Une partie peut demander par écrit à celle qui pourrait se prévaloir de la nullité, soit de confirmer le contrat, soit d'agir en nullité dans un délai de 6 mois à peine de forclusion. La cause de la nullité doit avoir cessé.
L'écrit mentionne expressément qu'à défaut d'action en nullité exercée avant l'expiration du délai de 6 mois, le contrat sera réputé confirmé *(C. civ., art. 1183. – J.-F. Pillebout, Les actions interrogatoires de l'ordonnance du 10 février 2016. Formules : JCP N 2017, n° 18, 1170, p.23)*.

853 **Effets de la confirmation** – La confirmation emporte renonciation aux moyens et exceptions qui pouvaient être opposés, sans préjudice néanmoins des droits des tiers *(V. n° **4675** et s.)*.

Conseil pratique **Lorsqu'il existe des circonstances particulières permettant de mettre en doute les facultés mentales du client, le notaire est tenu d'un devoir d'investigation, indépendamment du fait de savoir s'il existe ou non une mesure de protection *(Cass. 1re civ., 9 févr. 1999, n° 97-10.317 : JurisData n° 1999-000618 ; Defrénois 1999, n° 37008 p. 758, J.-L. Aubert)*. Il lui est alors recommandé de réclamer un certificat médical.**

Incapacités spéciales

854 Suivant l'article 1594 du Code civil, « *tous ceux auxquels la loi ne l'interdit pas peuvent acheter ou vendre* ». Le principe est donc la capacité d'acheter ou de vendre. Les exceptions consistent soit en des incapacités générales d'exercice, soit en des incapacités spéciales de jouissance. Il existe tant des incapacités d'acheter, que des incapacités de vendre.

I. Incapacités spéciales d'acheter

A. – PERSONNES CHARGÉES DES INTÉRÊTS DU VENDEUR

855 **Principe** – Les personnes chargées des intérêts d'autrui ne peuvent acquérir les biens dont ils ont l'administration *(C. civ., art. 1596)*. Cela vaut pour les meubles et les immeubles. Il n'y a pas de distinction à effectuer suivant la forme de la vente. Les incapacités spéciales d'acheter prévues à l'article 1596 du Code civil ont vocation à jouer à chaque fois qu'une personne, par sa situation ou sa fonction, peut être tentée d'abuser de celle-ci pour acquérir à un moindre prix un bien.

1° Personnes visées

856 **Tuteurs** – Les tuteurs concernés par l'article 1596 du Code civil sont les tuteurs des majeurs protégés et les tuteurs des mineurs. Ne sont *a priori* pas concernés les subrogés tuteurs et les administrateurs légaux. Cette incapacité de l'article 1596 du Code civil relative aux tuteurs des personnes vulnérables doit être combinée avec les dispositions propres au droit des personnes vulnérables.

Ainsi, s'agissant des tuteurs, l'article 509 du Code civil précise que le tuteur ne peut, même avec une autorisation, acheter les biens de la personne protégée, ainsi que les prendre à bail ou à ferme. Est réservée toutefois l'application de l'article 508 du même code. Or, ce dernier texte précise qu'à titre exceptionnel et dans l'intérêt de la personne protégée, le tuteur qui n'est pas un mandataire judiciaire à la protection des majeurs, donc lorsqu'il a été choisi parmi les membres de la famille de la personne protégée, peut, sur autorisation du conseil de famille ou, à défaut du juge, acheter les biens de celle-ci ou les prendre à bail ou à ferme. Pour la conclusion de l'acte, le tuteur est réputé être en opposition d'intérêts avec la personne protégée. Il conviendra donc que lors de la vente, intervienne soit le subrogé tuteur *(C. civ., art. 454)* soit, à défaut, un tuteur *ad hoc (C. civ., art. 455)*.

S'agissant de l'administrateur légal, avec l'autorisation préalable du juge des tutelles, il peut acheter les biens du mineur. Il est alors réputé être en opposition d'intérêts avec le mineur *(C. civ., art. 387-1)*. Il doit dès lors demander au juge des tutelles qu'il soit procédé à la nomination d'un administrateur *ad hoc (C. civ., art. 383)*.

857 **Mandataires conventionnels, judiciaires ou légaux** – Sont concernés par cette incapacité : les notaires, les avocats ainsi que les agents immobiliers chaque fois qu'ils ont reçu un mandat de la part du vendeur de l'immeuble *(Cass. 1re civ., 18 juin 2014, n° 13-18.010 : JurisData n° 2014-014292 ; JCP N 2014, n° 27, act. 763)*.

858 **Administrateurs des communes et des établissements publics** – Les administrateurs des communes sont les maires et leurs adjoints. Ces derniers ne peuvent dès lors procéder à l'acquisition des biens communaux. Cette incapacité est absolue et ne peut être contournée par une quelconque autorisation.

Les administrateurs des établissements publics ne peuvent davantage acquérir les biens appartenant auxdits établissements.

859 **Autres personnes** – On peut encore citer les officiers publics des biens nationaux dont les ventes se font par leur ministère et les fiduciaires des biens ou droits composant le patrimoine fiduciaire.

2° Interposition de personnes

860 **Interposition** – L'interdiction de l'article 1596 du Code civil nécessite de rechercher s'il n'est pas recouru à une interposition de personne pour contourner ladite interdiction *(Cass. ass. plén., 9 oct. 2006, n° 06-11.056, n° 06-11.307 : JurisData n° 2006-035300 ; JCP E 2006, 2618, n° 46, note A. Viandier ; D. 2006, p. 2525, obs. X. Delpech ; RD bancaire et fin. 2006, comm. 188, note F.-J. Crédot. et T. Samin. ; Bull. civ. ass. plén., n° 11)*. Ainsi, lorsque la vente est conclue avec une société, il y a lieu de faire abstraction de l'écran que constitue la société pour s'intéresser aux associés, aux dirigeants et/ou aux gérants de celle-ci.

Exemple L'interposition de personne a été retenue par un arrêt du 4 février 2016 où l'acquéreur était une société ayant le même dirigeant que la société ayant reçu mandat de vendre l'immeuble *(Cass. 3e civ., 4 févr. 2016, n° 14-13.463. - Cass. 3e civ., 2 juill. 2008, n° 07-15.509 : JurisData n° 2008-044656 ; JCP G 2008, IV, 2421, n° 36 ; Bull. civ. III, n° 120)* ou dans une affaire où la société mandataire avait le même gérant et le même siège social que la société acquéreur *(Cass. 3e civ., 2 juill. 2008, n° 07-15.509 : JurisData n° 2008-044656 ; JCP G 2008,* IV 2421, *n° 36 ; Bull. civ. III, n° 120).*
Par contre, l'interposition de personne n'a pas été retenue dans une espèce où l'acquéreur n'était pas le mandataire du vendeur, mais le négociateur salarié de l'agence immobilière, et avait acquis le bien pour lui-même, à titre personnel, et non pour le compte de son employeur *(Cass. 1re civ., 18 juin 2014, n° 13-18.010 : JurisData n° 2014-014292 ; JCP N 2014,* n° 27, act. 763. - V. aussi *Cass. 3e civ., 15 oct. 2015, n° 13-28.255 : JurisData n° 2015-022981 ; Loyers et copr. 2015, comm. 239, B. Vial-Pedroletti).*

3° Conditions indifférentes

861 Il est indifférent pour que l'article 1596 du Code civil reçoive application que :
- la personne visée par ledit article ait eu le pouvoir de vendre l'immeuble ;
- l'immeuble vendu appartienne au représenté.

4° Sanctions

862 **Nullité relative** - La vente passée en violation de l'article 1596 du Code civil est affectée d'une cause de nullité. Cette nullité est une nullité relative se prescrivant par 5 ans, en application de l'article 2224 du Code civil. La Cour de cassation admet de longue date que la nullité prévue par l'article 1596 du Code civil est une nullité simplement relative. Le nouvel article 1179 du Code civil ne remet pas en cause cette solution puisqu'est bien en cause, avec l'article 1596 du Code civil, la sauvegarde d'un intérêt privé.

863 **Renonciation** - La qualification de nullité relative permet d'admettre une renonciation à s'en prévaloir ou une confirmation de l'acte affecté d'une cause de nullité *(Cass. 3e civ., 29 sept. 2016, n° 15-15.129, 15-17.434 et 15-26.360 : JurisData n° 2016-019554 ; JCP E 2016, n° 42, 1568).* Le nouvel article 1181 du Code civil précise désormais que la nullité relative est susceptible de confirmation, l'article 1182 du même code définissant la confirmation.
Une renonciation ne peut être prise en considération que si elle intervient en toute connaissance de cause, ce qui suppose qu'il soit établi que le vendeur savait, lors de la renonciation, que l'acte conclu était contraire à l'interdiction de l'article 1596 du Code civil.

864 **Responsabilité du notaire** - La faute du notaire est caractérisée dès lors qu'une vente est conclue en violation de l'article 1596 du Code civil.
Sur les conséquences de la nullité et la responsabilité du notaire, *V. n°* ***4656*** *et s. - V. n°* ***4878*** *et s.*

B. – GENS DE JUSTICE

865 **Personnes visées** - L'article 1597 du Code civil interdit aux personnes investies de fonctions judiciaires d'acquérir des droits ou actions susceptibles d'être contestés devant la juridiction dans le ressort de laquelle elles exercent leurs fonctions, sous peine de nullité de la cession. La liste des gens de justice contenue dans l'article 1597 du Code civil est limitative. Sont visés :
- les juges ;
- leurs suppléants ;
- les magistrats remplissant le ministère public ;
- les greffiers ;
- les huissiers de justice *(Cass. 1re civ., 18 déc. 2014, n° 13-11.510)* ;
- les avocats ;
- les défenseurs officieux ;
- les notaires.

La violation de l'article 1597 du Code civil peut être invoquée tant par le vendeur que par la partie qui a émis dans le litige une prétention sur tout ou partie des droits relatifs à l'immeuble en cause *(Cass. 3e civ., 15 mai 1991, n° 89-19.455 : Bull. civ. III, n° 146).* Il est suffisant qu'un litige même en germe existe pour que l'article 1597 du Code civil puisse recevoir application *(Cass. 1re civ., 27 nov. 2008, n° 07-18.225).*

C. – INCAPACITÉS PARTICULIÈRES

1° Incapacités liées à la situation de vulnérabilité du vendeur

866 **Précautions** - Lors de la vente d'un immeuble, le notaire se doit de vérifier si le vendeur séjourne dans un établissement psychiatrique ou dans un établissement social ou médico-social. Il doit également vérifier si le vendeur bénéficie de services sociaux ou médicaux-sociaux. Lorsque tel est le cas, il doit alors déterminer si l'acquéreur est dans l'une des situations visées à l'article L. 3211-5 du Code de la santé publique ou à l'article L. 116-4 du Code de l'action sociale et des familles. L'absence de vérification peut conduire à retenir la responsabilité du notaire *(Cass. 1re civ., 10 mai 2000, n° 97-20.554 : JurisData n° 2000-001918 ; Resp. civ. et assur. 2000, comm. 268).*

a) Personnel des établissements psychiatriques

867 Interdiction – L'article L. 3211-5-1 du Code de la santé publique dispose que sauf autorisation de justice, il est interdit, à peine de nullité, à quiconque exerce une fonction ou occupe un emploi dans un établissement dispensant des soins psychiatriques de se rendre acquéreur d'un bien ou cessionnaire d'un droit appartenant à une personne admise dans l'établissement ou de prendre à bail le logement occupé par cette personne avant son admission dans l'établissement.

868 Personnes interposées – Sont réputées personnes interposées, le conjoint, le partenaire d'un pacte civil de solidarité, le concubin, les ascendants et les descendants des personnes auxquelles s'appliquent les interdictions de l'article L. 3211-5 du Code de la santé publique.

b) Personnes intervenant dans des établissements et services sociaux et médico-sociaux ou rendant des services sociaux ou médicaux-sociaux

869 Interdiction – Sauf autorisation de justice, il est interdit, à peine de nullité, à quiconque est frappé de l'interdiction prévue à l'article L. 116-4 du Code de l'action sociale et des familles de se rendre acquéreur d'un bien ou cessionnaire d'un droit appartenant à une personne prise en charge, accueillie ou accompagnée dans les conditions prévues ledit article ou de prendre à bail le logement occupé par cette personne avant sa prise en charge ou son accueil.

Sont ainsi concernés :

- les personnes physiques propriétaires, gestionnaires, administrateurs ou employés d'un établissement ou service soumis à autorisation ou à déclaration en application du Code de l'action sociale et des familles ou d'un service soumis à agrément ou à déclaration mentionné au 2° de l'article L. 7231-1 du Code du travail ;
- les bénévoles ou les volontaires qui agissent en leur sein ou y exercent une responsabilité ;
- le couple ou l'accueillant familial soumis à un agrément en application de l'article L. 441-1 du Code de l'action sociale et des familles et son conjoint, la personne avec laquelle il a conclu un pacte civil de solidarité ou son concubin, ses ascendants ou descendants en ligne directe ;
- les salariés mentionnés à l'article L. 7221-1 du Code du travail accomplissant des services à la personne définis au 2° de l'article L. 7231-1 du même code.

870 Personnes interposées – Sont réputées personnes interposées, le conjoint, le partenaire d'un pacte civil de solidarité, le concubin, les ascendants et les descendants des personnes auxquelles s'appliquent les interdictions de l'article L. 116-4 du Code de l'action sociale et des familles.

871 Précisions – La Cour de cassation a retenu que cette interdiction s'appliquait quels que soient les liens affectifs et familiaux unissant les parties *(Cass. 1re civ., 12 juin 1990, n° 88-14.297 : Bull. civ. I, n° 169).*

2° Administrateurs et employés des HLM

872 Autorisation préalable – Toute convention, conclue directement ou par personne interposée entre un des organismes mentionnés à l'article L. 411-2 du Code de la construction et de l'habitation et un de ses dirigeants, un de ses salariés, un de ses administrateurs, un des membres du conseil de surveillance ou une personne morale dans laquelle un de ses dirigeants, un de ses salariés, un de ses administrateurs ou membres du conseil de surveillance qui exerce des fonctions d'administrateur, de membre du conseil de surveillance ou de dirigeant, est subordonnée à l'autorisation préalable du conseil d'administration ou du conseil de surveillance de l'organisme *(CCH, art. L. 423-10).*

3° Intervenants à une vente publique

873 Personnes visées – L'article R. 322-39 du Code des procédures civiles d'exécution fait interdiction de se porter enchérisseurs, par eux-mêmes ou par personne interposée :

- au débiteur saisi ;
- aux auxiliaires de justice qui sont intervenus à un titre quelconque dans la procédure ;
- aux magistrats de la juridiction devant laquelle la vente est poursuivie *(V. JCl. Notarial Formulaire, V° Adjudication judiciaire d'immeuble, fasc. 10 et 20).*

874 Exemples – L'interposition de personne a ainsi été retenue dans les espèces suivantes :

- les lots de copropriété d'une SCI étaient saisis, la gérante de ladite société s'est portée adjudicataire *(Cass. 2e civ., 10 nov. 2016, n° 15-25.460)* ;

- la société était uniquement composée du débiteur saisi, de son épouse, elle-même caution, et de leurs deux enfants *(Cass. 2e civ., 3 déc. 2015, n° 14-26.500)* ;
- lorsqu'une personne s'est, à deux reprises, fait passer pour le gérant d'une SCI, et avait tenu des propos tendant à décourager les éventuels acquéreurs et relevé que le gérant de la SCI était également administrateur d'un groupe domicilié au lieu de la saisie *(Cass. 2e civ., 10 janv. 2013, n° 11-26.954)* ;
- la société, surenchérisseur, et la SCI, débitrice saisie, avaient le même gérant qui était l'unique associé de la SCI dont il détenait 99 % des parts sociales, que le gérant était, dès lors, dans la situation où une même personne se trouvait, sous le couvert de deux sociétés dont elle possédait quasiment toutes les parts, à la fois débiteur saisi et surenchérisseur *(Cass. 2e civ., 15 nov. 2012, n° 11-24.599)* ;
- une société a procédé à une surenchère, celle-ci ayant comme gérant et unique associé l'avocat du débiteur saisi de sorte qu'il était intervenu en tant qu'auxiliaire de justice dans la procédure de saisie immobilière *(Cass. 2e civ., 18 oct. 2012, n° 11-23.646 : JurisData n° 2012-023309 ; RD bancaire et fin. 2013, comm. 23).*

4° Intervenants à une procédure collective

875 Tout administrateur, mandataire judiciaire, liquidateur, commissaire à l'exécution du plan ou toute autre personne, à l'exception des représentants des salariés, ne peut se rendre acquéreur pour son compte, directement ou indirectement, de biens du débiteur dès lors qu'il a participé à titre quelconque à la procédure collective.

La violation de cette incapacité d'acheter est punie des peines de l'abus de confiance. C'est la juridiction saisie pour le prononcé desdites peines qui prononce la nullité de l'acquisition et statue sur les dommages et intérêts qui seraient demandés *(C. com., art. L. 654-12).*

Remarque Notons aussi :
- une incapacité d'acheter liée à un plan de cession globale d'une entreprise *(C. com., art. L. 642-3)* ;
- l'interdiction de cession de tout ou partie de l'actif de la société en liquidation au liquidateur ou à ses employés ou à leurs conjoint, ascendants ou descendants *(C. com., art. L. 237-7).*

5° Incapacités d'acheter ou d'être usufruitier, sanction pénale

876 La peine d'interdiction d'acheter un bien immobilier à usage d'habitation ou un fonds de commerce d'un établissement recevant du public à usage total ou partiel d'hébergement ou d'être usufruitier d'un tel bien peut être prononcée à l'encontre d'une personne physique ou d'une personne morale pour les infractions suivantes :
- le fait de proposer des conditions d'hébergement incompatibles avec la dignité humaine prévue à l'article 225-14 du Code pénal (*C. pén., art. 225-26, 2°*) ;
- le fait de ne pas respecter les règles posées par le Code de la santé publique en matière de sécurité et de salubrité des immeubles *(CSP, art. L. 1337-4, IV, 3°)* ;
- le fait de ne pas respecter les dispositions relatives à la sécurité des établissements d'hébergement recevant du public en matière d'incendie et de panique *(CCH, art. L. 123-3, VII, 3°)* ;
- le fait de ne pas respecter les dispositions relatives aux bâtiments menaçant ruine *(CCH, art. L. 511-6, III, 3°)* ;
- le fait de contraindre un occupant d'un logement insalubre à renoncer aux droits qu'il détient en application des articles L. 521-1 à L. 521-3-1 du Code de la construction et de l'habitation, de le menacer, de commettre à son égard tout acte d'intimidation ou de rendre impropres à l'habitation les lieux qu'il occupe (*CCH, art. L. 521-4)* ;
- le fait de percevoir un loyer ou toute autre somme en contrepartie de l'occupation d'un logement insalubre, y compris rétroactivement, en méconnaissance du I de l'article L. 521-2 du Code de la construction et de l'habitation (*CCH, art. L. 521-4)* ;
- le fait de refuser de procéder à l'hébergement ou au relogement de l'occupant d'un logement insalubre, bien qu'étant en mesure de le faire (*CCH, art. L. 521-4*).

Cette peine complémentaire doit être expressément prévue par le jugement de condamnation et prend effet lorsque ce jugement est définitif.

877 Personnes condamnables – Il peut s'agir :
- d'une personne physique ;
- d'une personne morale.

Lorsqu'il s'agit d'une personne physique, l'interdiction vise :
- les acquisitions directes, à titre personnel ;
- les acquisitions indirectes, en tant qu'associé ou mandataire social d'une société civile immobilière ou en nom collectif se portant acquéreur ou usufruitier, soit sous forme de parts immobilières.

878 Exception – L'acte authentique de vente d'un bien immobilier à usage d'habitation au profit d'un acquéreur ayant fait l'objet d'une interdiction d'acheter peut toutefois être signé si l'acquéreur atteste, dans l'acte de vente, que le bien est destiné à son occupation personnelle. Dans ce cas, l'acte de vente et l'attestation sont notifiés à l'administration fiscale par le notaire.

879 Vérification – Il revient au notaire de vérifier si une interdiction d'acheter ou d'être usufruitier concerne l'acquéreur, personne physique, ou l'un des associés ou mandataires sociaux de la SCI ou de la SNC qui souhaite acquérir.
Pour réaliser cette vérification, le notaire interroge l'Association pour le développement du service notarial (ADSN) placée sous le contrôle du Conseil supérieur du notariat, qui demande consultation du bulletin n° 2 du casier judiciaire de l'acquéreur au casier judiciaire national automatisé. L'ADSN indique au notaire si l'acquéreur a fait l'objet d'une condamnation définitive à la peine d'interdiction d'acheter.
Pour les personnes morales, ainsi que le souligne David Boulanger, à compter du 1er mai 2019, « l'interrogation du casier judiciaire via l'ADSN sera étendue aux personnes morales. Ce qui risque de poser difficulté dans la mesure où l'article 776-1 du Code de procédure pénale n'a pas été modifié alors qu'il réserve à certaines catégories de personnes la délivrance du bulletin n° 2 du casier judiciaire des personnes morales, au nombre desquelles ne figure pas, pour l'instant, l'ADSN ! » (*D. Boulanger, La loi Elan et la lutte contre l'habitat indigne et les marchands de sommeil : JCP N 2018, n° 51-52, 1372*).

880 Sanction – Lorsque l'acquéreur a fait l'objet d'une condamnation à une interdiction d'acheter, l'acte authentique n'est pas signé et l'avant-contrat de vente signé antérieurement est réputé nul et non avenu aux torts de l'acquéreur.
Si la vente était néanmoins signée, la nullité de celle-ci pourrait être demandée par toute personne intéressée, s'agissant d'une nullité absolue, l'intérêt général étant en cause *(C. civ., art. 1179)*, venant sanctionner la violation tout à la fois de l'article L. 551-1 du Code de la construction et de l'habitation et de l'article 6 du Code civil.
En outre, l'acquéreur peut être condamné sur le fondement de l'article 434-14 du Code pénal.

Conseil pratique Avant l'établissement de tout contrat préparatoire et d'une vente d'un immeuble à usage d'habitation, le notaire doit interroger l'ADSN pour vérifier si l'acquéreur n'a pas fait l'objet d'une peine d'interdiction d'acheter ou d'être usufruitier.
Si la réponse de l'ASDN est négative, il en sera fait mention dans l'acte et celle-ci sera annexée à ce dernier.
Si la réponse de l'ASDN est positive, le notaire doit refuser d'instrumenter, sauf si l'acquéreur atteste, dans l'acte de vente, que le bien est destiné à son occupation personnelle. Dans ce cas, l'acte de vente et l'attestation sont notifiés à l'administration fiscale par le notaire.

Formule – Clause relative à l'interdiction d'acheter

Choisir suivant le cas :

1. – Absence de condamnation

Déclaration de l'acquéreur

L'acquéreur déclare ne pas avoir fait l'objet d'une condamnation à une peine d'interdiction d'acheter un immeuble à usage d'habitation.
Cette déclaration a fait l'objet d'une vérification par interrogation de l'Association pour le développement du service notarial, ainsi qu'en atteste la réponse de ladite association annexée au présent acte.
Les parties sont informées qu'en cas de déclaration mensongère, la vente pourra être annulée à la demande de toute personne y ayant intérêt.

2. – Acquéreur ayant fait l'objet d'une condamnation

Déclaration de l'acquéreur

L'acquéreur déclare avoir fait l'objet d'une condamnation à une peine d'interdiction d'acheter un immeuble à usage d'habitation et atteste que le bien vendu est destiné à son occupation personnelle.
Cette déclaration a fait l'objet d'une vérification par interrogation de l'Association pour le développement du service notarial, ainsi qu'en atteste la réponse de ladite association annexée au présent acte.
L'acquéreur est informé qu'en cas de manquement à son obligation d'occuper personnellement le bien vendu, il s'expose aux sanctions pénales prévues à l'article 434-14 du Code pénal.

II. Incapacités spéciales de vendre et d'acheter

A. – PERSONNES SAISIES

881 Mesure de protection – L'acte de saisie rend l'immeuble indisponible et restreint les droits de jouissance et d'administration du saisi. Celui-ci ne peut ni aliéner le bien ni le grever de droits réels *(CPC exéc., art. L. 321-2)*. Les créanciers saisissants sont ainsi protégés contre d'éventuelles manœuvres du saisi. La saisie immobilière est opposable aux tiers à partir de sa publication au fichier immobilier *(CPC exéc., art. L. 321-5)*.

882 Promesse de vente – Le débiteur qui a consenti une promesse de vente postérieurement à la délivrance d'un commandement de payer valant saisie immobilière n'est pas fondé à se prévaloir des effets de l'indisponibilité du bien prévue à l'article L. 321-2 du Code des procédures civiles d'exécution, destinée à protéger le créancier et l'éventuel acquéreur *(Cass. 2e civ., 7 déc. 2017, n° 16-21.356 : JurisData n° 2017-024773 ; Procédures 2018, comm. 42, C. Laporte)*. Pour justifier la solution, la Cour de cassation s'appuie sur l'article L. 321-5 du Code des procédures civiles d'exécution qui précise que *les aliénations non publiées ou publiées postérieurement et qui n'ont pas été faites dans les conditions prévues à l'article L. 322-1 sont inopposables au créancier poursuivant comme à l'acquéreur*. Le débiteur n'étant pas mentionné à l'article L. 321-5 précité, il ne peut se prévaloir de l'interdiction qu'il a violée pour tenter d'échapper à l'engagement pris.

B. – PERSONNES SOUMISES À UNE PROCÉDURE COLLECTIVE

883 Restriction de pouvoirs – L'ouverture d'une procédure de règlement du passif entraîne une restriction des pouvoirs de gestion de la personne concernée. Peuvent être visés par une telle procédure les commerçants, les artisans, les agriculteurs, les membres des professions libérales ainsi que les particuliers.

884 Règlement amiable pour les agriculteurs – Une procédure de règlement amiable destinée à prévenir et à régler les difficultés financières des exploitations agricoles dès qu'elles sont prévisibles ou dès leur apparition, peut conduire à la conclusion d'un accord amiable entre le débiteur et ses principaux créanciers *(C. rur., art. L. 351-1)*.

885 Un conciliateur peut être désigné par le président du tribunal de grande instance *(C. rur., art. L. 351-2)*. Ce dernier peut également prononcer la suspension provisoire des poursuites pour un délai n'excédant pas deux mois. Pendant cette période et à compter de la décision de suspension des poursuites, sauf autorisation du président du tribunal, le débiteur ne peut, à peine de nullité, faire un acte de disposition étranger à la gestion normale de l'exploitation ou consentir une hypothèque ou un nantissement. Ainsi, le débiteur ne pourra consentir valablement à la vente d'un immeuble dépendant de l'exploitation agricole sans autorisation judiciaire *(C. rur., art. L. 351-5)*.

Conseil pratique **La consultation du bulletin officiel d'annonces civiles et commerciales (BODACC) doit être renouvelée le jour même de la vente.**

Clause - Déclaration de non-soumission à une procédure collective

Le vendeur déclare ne pas avoir demandé l'ouverture d'une procédure de règlement amiable au titre des articles L. 351-1 et suivants du Code rural et de la pêche maritime.
Cette déclaration a fait l'objet d'une vérification par la consultation du Bulletin officiel des annonces civiles et commerciales, ainsi qu'en attestent les documents annexés au présent acte.
Les parties sont informées qu'en cas de déclaration mensongère, la vente pourra être annulée.

III. Incapacités des dirigeants de société

886 Protection des actionnaires ou associés – Afin d'éviter que les dirigeants d'une société n'abusent de leurs pouvoirs, ces derniers se voient interdire de passer certaines conventions avec la société qu'ils ont pour mission de représenter *(C. com., art. L. 223-21, L. 225-43, L. 225-91, L. 226-10 et L. 225-43)*.
Certaines conventions ne sont pas interdites mais soumises à autorisation *(C. com., art. L. 223-19, L. 225-38 et L. 226-10)*. Il en va ainsi notamment pour la vente d'un immeuble *(V. JCl. Notarial Formulaire, V° Acte notarié, fasc. 80 et V° Sociétés, fasc. K-190 et I-62. – V. n° **1193** et s.)*.

Pour aller plus loin

Formules
- JCl. Notarial Formulaire, V° Ratification – Confirmation, fasc. 15
- JCl. Notarial Formulaire, V° Vente d'immeuble, fasc. 655

Commentaires
- JCl. Notarial Formulaire, Synthèse 1450 : Vente d'immeuble : parties à l'acte, consentement, représentation, par V. Zalewski-Sicard
- JCl. Notarial Formulaire, V° Acte notarié, fasc. 80, par D. Montoux
- JCl. Notarial Formulaire, V° Fiducie, fasc. 10, par D. Legeais
- JCl. Notarial Formulaire, V° Mineurs. Majeurs protégés, fasc. 202 et 710, par D. Montoux

• JCl. Notarial Formulaire, V° Procédures collectives, fasc. 80, par P.-M. Lecorre
• JCl. Notarial Formulaire, V° Sociétés, fasc. G-90, I-200 et K-460
• JCl. Procédures collectives, fasc. 2930 : Sauvegarde, redressement et liquidation judiciaire – Banqueroute et autres infractions, par A. Cerf-Hollender

Revues

• D. Boulanger, La loi Elan et la lutte contre l'habitat indigne et les marchands de sommeil : JCP N 2018, n° 51-52, 1372
• G. Durand-Pasquier, Un renforcement sensible de l'encadrement de la vente d'immeuble : JCP N 2014, n° 15, 1155
• Ch. Gouraud, Le notaire et la peine d'interdiction d'acquérir : Defrénois 2016, p. 747
• D. Hovasse, Résidences-services : interroger le casier judiciaire de l'acquéreur ? : JCP N 2016, n° 29, 1239

Ouvrages

• H. Bosse-Platière, F. Collard, B. Grimonprez, Th. Tauran, Droit rural : LexisNexis, 2013
• H. Bosse-Platière et B. Grimonprez (ss dir.), Guide de l'agriculture : LexisNexis, 2018

PARTIES À L'ACTE

Représentation des parties

887 Les parties à un contrat de vente immobilière peuvent être représentées par un tiers. Cette représentation peut être choisie par les parties ou imposée par la loi ou par le juge. Quelle qu'elle soit, ladite représentation, depuis l'ordonnance du 10 février 2016, est régie par des règles de droit commun qu'il y aura lieu de combiner avec les règles spéciales propres à chaque hypothèse de représentation, les secondes devant alors prévaloir sur les premières chaque fois qu'elles sont incompatibles entre elles. L'ordonnance du 10 février 2016 n'a pas défini la représentation. Elle peut être présentée comme le pouvoir accordé à une personne d'accomplir au nom et pour le compte d'une autre un acte dont les effets se produiront dans le patrimoine de la personne représentée.
Ainsi, après avoir présenté les règles générales de la représentation, seront examinées successivement les règles du mandat et celles de la représentation des absents.

I. Règles générales de la représentation

888 Les règles générales relatives à la représentation sont contenues dans les articles 1153 à 1161 du Code civil. Il peut être distingué entre celles relatives au fonctionnement de la représentation (*V. n° **889** et s.*) et celles consacrées aux dysfonctionnements de la représentation (*V. n° **895** et s.*).

A. – FONCTIONNEMENT DE LA REPRÉSENTATION

1° Contours de la mission du représentant

889 Le représentant ne peut accomplir d'acte au nom et pour le compte du représenté au-delà du pouvoir qu'il a reçu. Ainsi, l'article 1153 du Code civil précise-t-il que le représentant, légal, judiciaire ou conventionnel, n'est fondé à agir que dans la limite des pouvoirs qui lui ont été conférés.

890 **Mission spéciale** – Le pouvoir du représentant peut être spécialement déterminé. Il ne peut alors accomplir que les actes pour lesquels il est habilité et ceux qui en sont l'accessoire *(C. civ., art. 1155, al. 2)*. C'est ainsi un pouvoir spécial qui sera accordé pour la conclusion d'une vente immobilière.

891 **Mission générale** – Le pouvoir du représentant peut être défini en termes généraux. Il ne couvre alors que les actes conservatoires et d'administration *(C. civ., art. 1155, al. 1er)*. Un tel représentant ne peut alors conclure une vente immobilière au nom du représenté.

2° Effets de la représentation

892 **Dessaisissement** – L'établissement d'une représentation légale ou judiciaire dessaisit pendant sa durée le représenté des pouvoirs transférés au représentant *(C. civ., art. 1159, al. 1er)*. La raison de ce dessaisissement est simple : il s'agit d'assurer la protection de la personne représentée et il ne lui est donc plus possible de conclure seule les actes pour lesquels elle est représentée.

893 **Absence de dessaisissement** – La représentation conventionnelle laisse au représenté l'exercice de ses droits *(C. civ., art. 1159, al. 2)*. La solution est logique dès lors que c'est ici le représenté qui a choisi d'autoriser un tiers à conclure un ou plusieurs actes en son nom et pour son compte.
Ainsi, s'agissant de la vente immobilière, l'une des parties à l'acte peut décider d'être présente lors de la signature de l'acte alors même qu'elle aurait donné une procuration à un tiers pour conclure la vente.
Il doit être remarqué toutefois que si la règle générale est celle de l'absence de dessaisissement, il peut en aller autrement en vertu de dispositions spéciales. Ainsi, l'article 78 du décret n° 72-678 du 20 juillet 1972 admet qu'une clause d'exclusivité puisse être introduite dans le mandat conclu avec un agent immobilier. Une telle clause a pour effet d'interdire au mandant de traiter lui-même l'affaire ou de la faire traiter par un autre mandataire. Il y a bien alors dessaisissement alors même qu'est en cause une représentation conventionnelle *(M. Thioye, Les incidences « sur mesure » de l'ordonnance n° 2016-131 du 10 février 2016 sur le mandat de gestion immobilière : Loyers et copr. 2017, étude 1)*.

894 **Personne tenue par l'engagement** – Lorsque le représentant agit dans la limite de ses pouvoirs au nom et pour le compte du représenté, celui-ci est seul tenu de l'engagement ainsi contracté *(C. civ., art. 1154, al. 1er)*.

B. – DYSFONCTIONNEMENTS DE LA REPRÉSENTATION

895 Ces dysfonctionnements peuvent résulter de trois causes : l'absence de pouvoir, le détournement de pouvoir et les conflits d'intérêt.

1° Absence de pouvoir

896 L'acte accompli par un représentant sans pouvoir ou au-delà de ses pouvoirs est, en principe, inopposable au représenté. Afin d'éviter qu'un tel résultat ne se produise, l'article 1158 du Code civil offre au cocontractant du représenté la possibilité d'user d'un mécanisme interrogatoire. Quant au sort de l'acte conclu sans pouvoir ou au-delà des pouvoirs, il dépendra des circonstances de la cause.

a) Action interrogatoire

897 L'action interrogatoire de l'article 1158 du Code civil ne peut être utilisée que lorsqu'est en cause une représentation conventionnelle *(E. Jeuland, Les actions interrogatoires en question : JCP G 2016, 737). « Le tiers qui doute de l'étendue du pouvoir du représentant conventionnel à l'occasion d'un acte qu'il s'apprête à conclure, peut demander par écrit au représenté de lui confirmer, dans un délai qu'il fixe et qui doit être raisonnable, que le représentant est habilité à conclure cet acte » (C. civ., art. 1158).*
L'écrit doit mentionner, outre le délai pour apporter une réponse, que le défaut de réponse aura pour conséquence de réputer habilité le représentant à conclure l'acte. Il est dès lors nécessaire de préciser expressément dans l'écrit quel acte est en cause.

898 Effets – En l'absence de réponse dans le délai prévu dans l'écrit adressé au représenté, le représentant est réputé habilité à conclure l'acte visé dans l'écrit qui lui a été adressé.
En présence d'une réponse déniant le pouvoir de conclure l'acte, celui-ci ne devrait pas être conclu. Il pourrait néanmoins l'être en dépit de la réponse faite et au mépris donc des pouvoirs du représentant. En cette hypothèse, le représenté pourra se prévaloir de la réponse fournie au tiers contractant, ce qui nécessite qu'il se soit réservé la preuve de cette réponse. Ledit tiers ne pourra alors demander la nullité de l'acte tandis que le représenté pourra toujours décider de ratifier celui-ci (pour une formule, *V. JCl. Notarial Formulaire, V° Vente d'immeuble, fasc. 655, par J.-F. Pillebout).*

b) Sort de l'acte conclu sans pouvoir

899 Inopposabilité – En principe, l'acte conclu sans pouvoir ou au-delà des pouvoirs du représentant est inopposable au représenté. L'inopposabilité a été retenue, car l'acte ayant été conclu sans pouvoir, il n'y a pas alors de représentation et le représenté ne peut alors être engagé par l'acte conclu. Il ne produit pas d'effet à son égard et il n'y a donc pas d'utilité à lui permettre d'agir en nullité. Le représenté peut faire abstraction du contrat conclu et conclure un contrat similaire avec un tiers.

900 Nullité – Seul le tiers cocontractant ignorant que l'acte était conclu par un représentant sans pouvoir ou au-delà de ses pouvoirs peut agir en nullité de celui-ci. *A contrario,* cela signifie que le tiers contractant ne peut, lorsqu'il avait connaissance du dépassement de pouvoirs, choisir de sortir du contrat en demandant la nullité de celui-ci. Seul le représenté pourra alors décider ou non de ratifier l'acte. En l'absence de ratification, il n'est pas envisageable que le tiers contractant puisse demander l'exécution du contrat au représentant, ce notamment lorsque le contrat conclu était relatif à un bien dépendant du patrimoine du représenté.

901 Croyance légitime – Pour que le tiers contractant puisse se prévaloir de la croyance légitime permettant de faire obstacle à l'inopposabilité de l'acte conclu au représenté, il doit avoir légitimement cru en la réalité des pouvoirs du représentant, notamment en raison du comportement ou des déclarations du représenté. En une telle hypothèse, le tiers contractant n'aura pas recouru à l'action interrogatoire de l'article 1158 du Code civil puisqu'il ne doutait pas de la réalité des pouvoirs du représentant. L'article 1158 du Code civil et la théorie du mandat apparent sont donc incompatibles.
Il est à remarquer que la Cour de cassation a exclu l'admission d'un mandat apparent pour l'établissement d'un acte par un notaire instrumentaire avec le concours d'un confrère, les deux officiers publics étant tenus de procéder à la vérification de leurs pouvoirs respectifs *(Cass. 1re civ., 20 mars 2013, n° 12-11.567 : JurisData n° 2013-004888 ; JCP N 2013, n° 13, act. 408 ; JCP N 2013, n° 22, 1149, note Y. Dagorne-Labbe).*
Par ailleurs, lorsqu'est en cause un agent immobilier, la Cour de cassation retenait jusqu'à présent que les dispositions spéciales et impératives de la loi du 2 janvier 1970 et du décret du 20 juillet 1972 devaient prévaloir sur la théorie générale de l'apparence et interdisaient toute ratification ultérieure *(Cass. 1re civ., 2 déc. 2015, n° 14-17.211 : JurisData n° 2015-027098 ; Bull. civ. I, n° 306).* Il est possible qu'une telle jurisprudence soit remise

PARTIES À L'ACTE

en cause et que la Cour admette le jeu du mandat apparent y compris à l'égard d'un agent immobilier. En effet, elle a jugé que l'évolution du droit des obligations résultant de l'ordonnance n° 2016-131 du 10 février 2016, d'après laquelle la nullité est absolue lorsque la règle violée a pour objet la sauvegarde de l'intérêt général, et relative lorsque cette règle a pour objet la sauvegarde d'un intérêt privé, a conduit la Cour de cassation à apprécier différemment l'objectif poursuivi par certaines des prescriptions formelles que doit respecter le mandat de l'agent immobilier et à décider que, lorsqu'elles visent la seule protection du mandant dans ses rapports avec le mandataire, leur méconnaissance est sanctionnée par une nullité relative *(Cass. ch. mixte, 24 févr. 2017, n° 15-20.411 : JurisData n° 2017-003187 ; JCP N 2017, n° 9, act. 294 ; Constr.-Urb. 2017, repère 4, H. Perinet-Marquet ; Contrats, conc. consom. 2017, comm. 93, L. Leveneur ; AJDI 2017, p. 612, obs. M. Thioye ; AJ Contrat 2015, p. 175, obs. D. Houtcieff ; RTD civ. 2017, p. 377, obs. H. Barbier ; JCP G 2017, 305, avis B. Sturlèse ; JCP G 2017, 306, note G. Pignarre ; RDC 2017, p. 415, note Th. Genicon).*

902 Ratification – L'inopposabilité comme la nullité de l'acte ne peuvent plus être invoquées dès lors que le représenté l'a ratifié. Il demeure que l'article 1156 du Code civil ne précise pas à quelle date la ratification produit ses effets. Faut-il, en effet, admettre que l'acte est validé dès le jour de sa conclusion et donc avec rétroactivité ? Si une telle solution était admise, il conviendrait de réserver le sort des tiers ayant conclu avec le représenté un acte entrant en contradiction avec l'acte validé rétroactivement, ce chaque fois que le tiers n'avait pas connaissance de l'acte conclu en dépassement de pouvoir par le représentant.
Cette ratification peut intervenir lorsqu'il y a eu dépassement de pouvoir ou détournement de pouvoir.

2° Détournement de pouvoir

903 Il y a détournement de pouvoir lorsque le représentant use de ses pouvoirs au détriment du représenté.

Exemple Tel est le cas lorsque le représentant cède un immeuble à un prix inférieur à celui prévu par le mandat de vendre.

Le représenté peut demander la nullité de l'acte accompli si le tiers avait connaissance du détournement de pouvoir ou ne pouvait l'ignorer. Autrement dit, si le tiers est de bonne foi, le représenté ne peut demander la nullité de l'acte. Bien entendu, dans une telle hypothèse, la responsabilité du représentant pourra être engagée pour le préjudice causé au représenté par le détournement de pouvoir.

3° Représentant et conflits d'intérêts

904 Double représentation et représentant unique – Un représentant ne peut agir pour le compte des deux parties au contrat lorsqu'il s'agit de personnes physiques *(C. civ., art. 1161)*. L'interdiction ne joue qu'en cas d'opposition d'intérêts (déjà en ce sens, *R. Mortier, F. Jourdain-Thomas et G. Dumont, L'article 1161 du Code civil et la prohibition de la multi-représentation : JCP N 2017, n° 39, 1267)*.
Ledit article reviendrait ainsi sur une jurisprudence qui admettait qu'un agent immobilier puisse détenir un mandat d'un vendeur et un manat d'un acquéreur pour une même opération *(Cass. 1re civ., 13 mai 1998, n° 96-17.374. - Cass. 1re civ., 9 avr. 2015, n° 14-13.501 : JurisData n° 2015-007551 ; JCP N 2015, n° 17, act. 538)*.
Les personnes morales ne sont pas concernées par cette interdiction pour lesquelles il y a lieu de tenir compte uniquement des règles qui leur sont propres *(R. Mortier, Sociétés et loi n° 2018-287 du 20 avril 2018 de ratification de l'ordonnance réformant le droit des contrats : Droit des sociétés, juill. 2018, étude 9. - M.-C. Hebert-Pageot, Réforme des contrats et des sociétés : JCP E 2018, n° 25, 1327. - V. n° **1193** et s. - V. n° **1269** et s. - V. n° **1284** et s. - V. n° **1337** et s. - V. n° **1340** et s. - V. n° **1351** et s. - V. n° **1369** et s. - V. n° **1419** et s. - V. n° **1551** et s.)*.
Un représentant, suivant l'article 1161 du Code civil, ne peut contracter pour son propre compte avec le représenté. En matière de vente immobilière, cette interdiction n'est pas nouvelle, étant déjà prévue par l'article 1596 du Code civil *(V. n° **854** et s.)*.
Le contrat préparatoire ou la vente conclu en violation de l'article 1161 du Code civil est en principe nul *(C. civ., art. 1161, al. 2)*.

905 Exceptions – Le contrat préparatoire ou la vente conclu en violation de l'alinéa 1er de l'article 1161 du Code civil peut néanmoins échapper à la nullité si :
- la loi l'autorise ;
- le représenté l'a autorisé ;
- le représenté l'a ratifié.

Conseil pratique **Le notaire, lorsqu'un mandataire se présente seul pour la signature d'un contrat préparatoire ou d'une vente, doit refuser d'instrumenter, sauf au représentant à justifier d'une autorisation des représentés pour conclure l'acte.**

II. Représentation par un mandataire

906 Technique du mandat – Vendeur et acquéreur peuvent se faire représenter par un mandataire à l'acte constatant la vente ou l'acquisition *(V. JCl. Notarial Formulaire, V° Procuration, fasc. 10, par D. Montoux).*

A. – CAPACITÉ DES PARTIES

1° Capacité du mandant

907 Le mandant doit avoir la capacité pour faire lui-même l'acte dont il confie l'accomplissement au mandataire. Ainsi, le mandat de vendre donné par un mandant incapable est nul *(Cass. 1re civ., 14 janv. 2009, n° 07-16.451 : JurisData n° 2009-046521 : JCP N 2009,* n° 5, act. 154*).*
Le notaire doit donc vérifier que le mandant dispose de la capacité requise pour passer l'acte de vente *(V. n°* ***833*** *et s. – JCl. Notarial Formulaire, V° Acte notarié, fasc. 80).*
Il doit également vérifier, si le mandant a la qualité de professionnel pour vérifier, en cas de réponse positive, si celui-ci est soumis à une procédure de sauvegarde, de redressement judiciaire ou de liquidation *(V. n°* ***1580*** *et s. – V. n°* ***1596*** *et s. – Cass. 1re civ., 12 mai 2011, n° 10-17.602 : JurisData n° 2011-008478 ; JCP N 2012, n° 12, 1144, note J.-M. Delperier).* À défaut, sa responsabilité professionnelle pourrait être engagée *(V. JCl. Notarial Formulaire, V° Responsabilité notariale, fasc. 20).*

2° Capacité du mandataire

908 La capacité du mandataire est en principe indifférente *(C. civ., art. 1990).* Toutefois, le mandataire n'engage sa responsabilité à l'égard du mandant que s'il est capable. Il est donc préférable pour le mandant de choisir une personne jouissant de sa pleine capacité. Si, en cours de mandat, le mandataire devient incapable, alors le mandat est révoqué, en application de l'article 2003 du Code civil.

909 Incapacité spéciale et conflit d'intérêts – Il doit ici être tenu compte des incapacités prévues à l'article 1596 du Code civil *(V. n°* ***854*** *et s.)* et du nouvel article 1161 du Code civil *(V. n°* ***888*** *et s.).*

Conseil pratique **Avant toute vente, il y a lieu d'obtenir un extrait d'acte de naissance tant du mandant que du mandataire et de demander, s'il y a lieu, une copie des extraits conservés au répertoire civil qui peuvent être délivrés à tout intéressé *(CPC, art. 1061).* Lorsque le registre spécial des mandats de protection future aura été créé, il conviendra également de le consulter.**

B. – ÉTABLISSEMENT DU MANDAT

1° Choix du mandataire

910 Liberté de choix – Le choix du mandataire est libre par principe, mais cette liberté doit être conciliée avec les différentes interdictions examinées ci-dessus. En outre, il y a lieu désormais de tenir compte de l'article 1161 du Code civil relativement aux éventuels conflits d'intérêts pouvant exister.

911 Collaborateur du notaire – Le mandataire peut parfaitement être un notaire ou un collaborateur du notaire. Lorsque le mandat précise uniquement que le mandataire sera un collaborateur de l'étude du notaire devant recevoir l'acte, ce qui suppose une procuration établie sous seing privé ou une procuration établie par acte authentique reçue en brevet, le mandataire intervenant à l'acte ne pourra être un salarié de l'étude ayant la qualité de secrétaire. Il ne peut s'agir que de collaborateurs de l'étude accomplissant des tâches juridiques avec une qualification adaptée *(Cass. 1re civ., 12 juill. 2012, n° 11-22.637 : JurisData n° 2012-015712 : JCP N 2012, n° 30-34, act. 750 ; JCP N 2012, n° 36, 1316, note G. Rouzet ; Bull. civ. I, n° 164).*

912 Substitution – Le mandataire peut choisir de se substituer un tiers. Si le mandat n'autorise pas une telle substitution, le mandataire doit répondre de celui qu'il s'est substitué dans la gestion. Il en va de même lorsqu'une telle autorisation est présente dans le mandat mais que le mandataire a choisi une personne notoirement incapable ou insolvable *(C. civ., art. 1994).*

2° Forme de la procuration

913 Procuration sous seing privé – Dès lors que l'authenticité de l'acte n'est requise que pour la bonne information des tiers et pour assurer la pleine efficacité de la publicité foncière, la procuration donnée pour vendre ou acquérir pourra revêtir la forme sous seing privé *(C. civ., art. 1985. – V. JCl. Notarial Formulaire, V° Procuration, fasc. 10. – JCl. Notarial Formulaire, V° Publicité foncière, fasc. 50).* Elle oblige alors le notaire à vérifier la sincérité de la signature. Il doit dès lors obtenir des éléments de comparaison lui permettant de déterminer si la signature présente sur le mandat est bien celle du mandant *(Cass. 1re civ., 20 janv. 1998, n° 96-12.431 : Bull. civ. I, n° 21)*. Une des possibilités offertes au notaire est d'exiger que la signature soit certifiée par un tiers comme le maire de la commune où réside le mandant.

914 Procuration authentique – La procuration authentique apparaît préférable puisqu'elle offre l'avantage d'authentifier la signature du mandant. Elle permet aussi au notaire d'apprécier la qualité du consentement du mandataire et de vérifier sa capacité. En outre, la forme authentique devient obligatoire lorsque l'authenticité de l'acte est exigée afin de protéger les parties *(V. JCl. Notarial Formulaire, V° Procuration, fasc. 10)*.

> **Exemple** Il en va ainsi pour la conclusion d'une vente en l'état futur d'achèvement ou d'une vente d'immeuble à rénover. Il en va de même lorsque le mandataire entend conférer au mandant le pouvoir de consentir une hypothèque ou de donner mainlevée d'une inscription hypothécaire *(P.Chassaing, Mandat et prise de garantie hypothécaire. Procuration authentique ou sous seing privé ? : JCP N 1986, n° 6, prat. 9663)*.

Par ailleurs, lorsqu'une personne ne sait ou ne peut signer, la procuration doit être soumise à la signature d'un second notaire ou de deux témoins *(L., 25 ventôse an XI, art. 9, 3°)*.

915 Annexe – Les procurations doivent être annexées à l'acte de vente ou déposées aux minutes du notaire rédacteur de l'acte *(D. n° 71-941, 26 nov. 1971, art. 21)*. En cas de dépôt, il doit en être fait mention dans l'acte authentique *(D. n° 71-941, 26 nov. 1971, art. 21)*.
En cas de défaut de respect de cette exigence, il n'en résulte pas, suivant la jurisprudence de la Cour de cassation, la perte du caractère authentique de l'acte, partant son caractère exécutoire *(Cass. ch. mixte, 21 déc. 2012, n° 12-15.063 et 11-28.688 : JurisData n° 2012-030210 et 2012-030211 ; JCP N 2013, n° 7, 1026, note Y. Le Magueresse. – V. également Ph. Théry, Le défaut d'annexion des procurations à l'acte authentique (suite et fin) : JCP N 2013, n° 7, 1025.* – Dans le même sens, *Cass. 1re civ., 11 mars 2014, n° 13-15.052 : JurisData n° 2014-004691 ; JCP N 2014, n° 13, act. 444. – Cass. 1re civ., 15 janv. 2015, n° 13-24.775 : JurisData n° 2015-000823 ; JCP N 2015, n° 5, act. 210*).

3° Étendue des pouvoirs

916 Mandat exprès – Un mandat exprès est nécessaire pour vendre ou pour acquérir *(C. civ., art. 1988, al. 2)*. Le notaire doit veiller à ce que le mandataire respecte les termes du mandat qui lui a été conféré et qu'il ne dépasse pas les termes de ce mandat. Il devra tenir compte de la règle suivant laquelle toute procuration doit être interprétée restrictivement *(C. civ., art. 1989)*. Il en va bien entendu de même lorsque le notaire intervient en qualité de mandataire. Ainsi, le mandat de vendre ne comporte pas de plein droit pouvoir d'encaisser le prix de vente.

917 Dépassement de pouvoirs – En cas de dépassement de pouvoirs, le mandant ne sera pas en principe engagé *(C. civ., art. 1998)* sauf éventuellement pour le tiers contractant à pouvoir se prévaloir de la théorie de l'apparence *(C. civ., art. 1156. – Cass. 3e civ., 11 juin 2014, n° 13-16.233 : Gaz. Pal. 21 sept. 2014, p. 28, note B. Dondero)*. En tout état de cause, le notaire ne peut se contenter d'un simple mandat apparent pour la vente d'un immeuble *(V. n° **888** et s.)*.

918 Détournement de pouvoirs – Sur le détournement de pouvoirs, *V. n° **888** et s.*

> **Conseil pratique** **Lors de la rédaction du mandat, le notaire va devoir préciser pour quelle opération le mandant entend permettre au mandataire de le représenter. Ainsi, lorsqu'il s'agit d'établir une procuration pour un unique acte de vente, il sera précisé :**
> - **si le mandat est conclu pour acquérir ou pour vendre ;**
> - **l'immeuble concerné par le pouvoir, immeuble qui sera précisément désigné ;**
> - **le prix et les modalités de son paiement ;**
> - **les conditions de la vente ;**
> - **si la représentation joue tant pour la conclusion d'un contrat préparatoire que pour la signature de l'acte authentique ;**
> - **que le mandataire pourra signer tous actes et pièces, faire toutes formalités et généralement faire tout ce qui sera nécessaire à la conclusion du contrat préparatoire et/ou de la vente.**

C. – CONSENTEMENT À L'ACTE

919 Expression du consentement – Lors de l'établissement du mandat, le mandant doit consentir à ce que le mandataire le représente lors de la conclusion d'un contrat préparatoire et/ou d'une vente d'immeuble et que l'acte ainsi conclu produise effet dans son patrimoine. Le mandataire doit accepter la mission qui lui est ainsi confiée, le contrat ne se formant que par l'acceptation du mandataire *(C. civ., art. 1984)*.
Une fois le mandat formé, le mandant peut valablement consentir à l'acte de vente au nom et pour le compte du mandataire.

920 Vices du consentement – Un vice du consentement peut survenir tant lors de la conclusion du mandat que lors de la conclusion de l'acte pour lequel il a été consenti *(sur les vices du consentement, V. n° **801** et s.)*.

S'agissant du mandat, chaque partie peut voir son consentement vicié et est donc susceptible d'agir en annulation de celui-ci.
S'agissant du contrat conclu par le mandant, l'existence d'un vice du consentement doit, en premier lieu, être appréciée par rapport au mandataire et non par rapport au mandant puisque c'est bien le premier qui émet, par le biais de la procuration, son consentement *(Cass. com., 2 mars 1976 : Bull. civ. IV, n° 78 ; RTD civ. 1977, p. 149, obs. G. Cornu)*. En deuxième lieu, il est parfaitement possible que le mandant se trompe, soit trompé ou subisse des violences. En ce cas, ce vice du consentement est également susceptible d'entraîner la nullité de la vente *(JCl. Civil Code, Art. 1984 à 1990, fasc. 20, Mandat, Conditions de validité, n° 19)*.

921 Protection de l'emprunteur – Lorsque l'acquéreur ne finance pas son achat au moyen d'un emprunt et que l'opération immobilière entre dans le champ d'application des règles relatives au crédit immobilier prévues aux articles L. 313-1 et s. du Code de la consommation, il y a lieu, suivant l'article L. 313-42 du Code de la consommation, de porter à l'acte, de la main de l'acquéreur, une mention par laquelle celui-ci reconnaît avoir été informé que s'il recourt néanmoins à un prêt, il ne peut se prévaloir des dispositions relatives au crédit immobilier *(V. n° **755** et s.)*.

922 Délai de réflexion ou de rétractation – Lorsque l'article L. 271-1 du Code de la construction et de l'habitation ou l'article L. 442-8 du Code de l'urbanisme est applicable, se pose la question du respect de celui-ci lorsque l'acquéreur est représenté à l'acte par un mandataire conventionnel, qui signe la vente ou l'avant-contrat de vente en vertu d'une procuration *(V. n° **646** et s.)*. Bien que l'acquéreur soit le bénéficiaire de la protection de l'article L. 271-1 du Code de la construction et de l'habitation ou de celle de l'article L. 442-8 du Code de l'urbanisme et non son mandataire, la Cour de cassation admet que la notification de l'acte soit faite au mandataire, mais uniquement si le mandataire a le pouvoir de recevoir l'acte de notification *(Cass. 3e civ., 12 oct. 2017, n° 16-22.416 : JurisData n° 2017-020083 ; Constr.-Urb. 2017, comm. 170, note Ch. Sizaire ; JCP N 2017, n° 42, act. 884, note S. Piedelièvre ; JCP N 2018, n° 1, 1001, note M. Mekki. – Cass. 3e civ., 9 juin 2010, n° 09-14.503 et 09-15.361 : JurisData n° 2010-009415 et 2010-009368 ; JCP N 2010, n° 29, 1248, note D. Boulanger)*.

Conseil pratique **En présence d'un mandat conventionnel, la notification de l'acte peut être faite au mandataire mais uniquement si le mandat prévoit que le mandataire a le pouvoir de recevoir l'acte de notification à la place du représenté. La clause doit donc être rédigée avec minutie afin qu'il n'y ait pas d'ambiguïté sur les pouvoirs conférés dans le mandat. La rétractation pourra quant à elle être effectuée entre les mains du représentant conventionnel du vendeur *(Cass. 3e civ., 11 juin 2013, n° 11-23.184)*.**

D. – VÉRIFICATIONS DU NOTAIRE

923 Devoir d'investigation – Dès qu'il y a recours à un mandat, sans que d'autres circonstances particulières ne soient nécessaires, le notaire se doit de procéder à des investigations et ainsi d'assurer la protection de la personne représentée. Il importe peu que ce mandat ait été établi par acte sous seing privé ou par acte authentique, qu'un professionnel soit intervenu à l'occasion de l'établissement de ce mandat ou lors de la signature de la promesse de vente. Ces circonstances sont parfaitement indifférentes. Cela est cohérent avec la jurisprudence rendue relativement au devoir de conseil du notaire. En effet, le notaire n'est nullement déchargé de son devoir de conseil par les compétences personnelles de son client *(Cass. 3e civ., 3 avr. 2007, n° 06-12.831 : JurisData n° 2007-038320 ; JCP N 2007, n° 17, act. 335 ; Bull. civ. I, n° 142, où le client était lui-même notaire)* ou par l'assistance de son client par un professionnel *(Cass. 1re civ., 26 nov. 1996, n° 94-13.989 : JurisData n° 1996-004477 ; JCP G 1997, IV, 153 ; Bull. civ. I, n° 418, où le professionnel était également notaire)*.
Le notaire est ainsi tenu, en cas de représentation d'une partie par un mandataire, de vérifier, par toutes investigations utiles, spécialement lorsqu'il existe une publicité légale aisément accessible, les déclarations faites en son nom et qui, par leur nature ou leur portée juridique, conditionnent la validité ou l'efficacité de l'acte qu'il dresse *(Cass. 1re civ., 8 janv. 2009, n° 07-18.780 : JurisData n° 2009-046447 ; JCP N 2009, n° 4, act. 138. – Cass. 1re civ., 2 oct. 2013, n° 12-24.754, 12-25.862, 12-26.223 et 12-27.874 : JurisData n° 2013-021310 ; JCP N 2014, n° 20, 1194, note Ph. Pierre)*.
Relativement à ces vérifications, la Cour de cassation a précisé que le notaire doit vérifier la sincérité apparente de la signature de la procuration sous seing privé qui lui est présentée *(Cass. 1re civ., 20 janv. 1998, n° 96-12.431 : JurisData n° 1998-000141 ; Bull. civ. I, n° 21 : JCP N 1998, n° 19, p. 699, note M. Dagot)*. De même, le notaire est tenu de vérifier la capacité du représenté *(B. Maugain, Les procurations : JCP N 2012, n° 4, 1060)*.
Le notaire se doit également de vérifier qu'aucune cause susceptible de mettre fin au mandat n'est survenue. Suivant l'article 2003 du Code civil, le mandat finit par la révocation du mandataire, par la renonciation de celui-ci à son mandat, par la mort, la tutelle des majeurs ou la déconfiture soit du mandant soit du mandataire.

Conseil pratique **Avant toute vente ou tout contrat préparatoire, il y a lieu d'effectuer une vérification tant quant à la capacité du mandataire et du mandant (sur celle-ci, *V. n° 833 et s.*), que quant à l'existence d'une procédure de surendettement ou d'une procédure collective.**

III. Représentation des absents

924 Personnes visées – Une personne peut être présumée absente :
- si elle a cessé de paraître au lieu de son domicile ou de sa résidence sans que l'on en ait eu de nouvelles *(C. civ., art. 112)* ;
- si elle est, malgré elle, hors d'état de manifester sa volonté par suite d'éloignement *(C. civ., art. 120)*.

925 Exclusion – Le régime de l'absence est écarté lorsque :
- la personne a laissé une procuration suffisante à l'effet de le représenter et d'administrer ses biens ;
- il en va de même si son conjoint peut pourvoir suffisamment aux intérêts en cause par l'application du régime matrimonial, et notamment par l'effet d'une décision obtenue en vertu des articles 217 et 219, 1426 et 1429 du Code civil *(C. civ., art. 121)*.

926 Compétence – Le juge compétent est le juge des tutelles. Il peut, à la demande des parties intéressées ou du ministère public, constater qu'il y a présomption d'absence. Territorialement, le juge compétent est celui où demeure l'intéressé qui a disparu ou celui où il a eu sa dernière résidence. À défaut, est compétent le juge du lieu où demeure le demandeur *(COJ, art. L. 221-9. – CPC, art. 1062)*.

927 Présomption d'absence – Une fois constaté que les conditions de l'absence sont bien réunies, le juge peut désigner un ou plusieurs parents ou alliés, ou, le cas échéant, toutes autres personnes pour représenter la personne présumée absente dans l'exercice de ses droits ou dans tout acte auquel elle serait intéressée, ainsi que pour administrer tout ou partie de ses biens. La représentation du présumé absent et l'administration de ses biens sont alors soumises aux règles applicables à la tutelle des majeurs sans conseil de famille (sur celle-ci, *V. n°* ***932*** *et s. – V. n°* ***957*** *et s.)*.

928 Décès du présumé absent – Les droits acquis sans fraude, sur le fondement de la présomption d'absence, ne sont pas remis en cause lorsque le décès de l'absent vient à être établi ou judiciairement déclaré, quelle que soit la date retenue pour le décès.

929 Déclaration d'absence – L'absence peut être déclarée par le tribunal de grande instance à la requête de toute partie intéressée ou du ministère public :
- lorsqu'il se sera écoulé 10 ans depuis le jugement qui a constaté la présomption d'absence, soit selon les modalités fixées par l'article 112 du Code civil, soit à l'occasion de l'une des procédures judiciaires prévues par les articles 217 et 219, 1426 et 1429 du Code civil ;
- quand, à défaut d'une telle constatation, la personne aura cessé de paraître au lieu de son domicile ou de sa résidence, sans que l'on en ait eu de nouvelles depuis plus de 20 ans.

Le jugement déclaratif d'absence emporte, à partir de la transcription, tous les effets que le décès établi de l'absent aurait eus.

930 Réapparition du présumé absent ou du déclaré absent – Si un présumé absent reparaît ou donne de ses nouvelles, il est, sur sa demande, mis fin par le juge aux mesures prises pour sa représentation et l'administration de ses biens. Il recouvre alors les biens gérés ou acquis pour son compte durant la période de l'absence. S'il s'agit d'un déclaré absent et dès lors que son existence est judiciairement constatée, il recouvre ses biens et ceux qu'il aurait dû recueillir pendant son absence dans l'état où ils se trouvent, le prix de ceux qui auraient été aliénés ou les biens acquis en emploi des capitaux ou des revenus échus à son profit.

Pour aller plus loin

Formules
- JCl. Notarial Formulaire, V° Absence, fasc. 15, par D. Montoux

Fiche pratique
- Fiche pratique n° 1777 : Rédiger une procuration, par D. Montoux

Commentaires
- JCl. Notarial Formulaire, Synthèse 1450 : Vente d'immeuble, parties à l'acte, consentement, représentation, par V. Zalewski-Sicard
- JCl. Notarial Formulaire, V° Absence, fasc. 10, par D. Montoux
- JCl. Notarial Formulaire, V° Procuration, fasc. 10, par D. Montoux
- JCl. Notarial Formulaire, V° Vente d'immeuble 370, par D. Montoux et V. Zalewski-Sicard

Revues
- Ph. Didier, La représentation dans le nouveau droit des obligations : JCP G 2016, 580

• A. Danis-Fatôme, Proposition de modification de l'article 1156 du Code civil : le défaut de pouvoir du représentant : RDC 2017, p. 177
• M.-C. Hebert-Pageot, Réforme des contrats et des sociétés : JCP E 2018, n° 25, 1327
• B. Maugain, Les procurations : JCP N 2012, n° 4, 1060
• R. Mortier, F. Jourdain-Thomas et G. Dumont, L'article 1161 du Code civil et la prohibition de la multi-représentation : JCP N 2017, n° 39, 1267
• R. Mortier, Sociétés et loi n° 2018-287 du 20 avril 2018 de ratification de l'ordonnance réformant le droit des contrats : Dr. sociétés, juill. 2018, Etude 9
• M. Poumarède, Les contours du devoir d'investigation du notaire : JCP N 2011, n° 9, 1091
• M. Thioye, Les incidences « sur mesure » de l'ordonnance n° 2016-131 du 10 février 2016 sur le mandat de gestion immobilière : Loyers et copr. 2017, étude 1

Ouvrages

• R. Mortier, Le nouvel article 1161 du Code civil : représentation des sociétés, *in* Les incidences de la réforme du droit des contrats sur les contrats d'affaires, ss dir. de R. Mortier : Dalloz, 2018

Présentation

931 La vérification de la capacité des parties par le notaire peut le conduire à la conclusion que l'une des parties, voire les deux, ne sont pas capables, soit qu'il s'agisse d'un mineur, soit qu'il s'agisse d'un majeur protégé *(V. n° **833** et s.)*. En une telle hypothèse, il y a lieu de prendre en compte les dispositions relatives à la mesure de protection dont bénéficie le contractant afin de pouvoir conclure valablement tant le contrat préparatoire que la vente elle-même. Il sera dès lors distingué suivant que le contractant est un mineur ou un majeur, en examinant tout à la fois les règles à respecter suivant que la vente entraîne entrée ou sortie du bien vendu du patrimoine de la personne protégée (sur la vente par une société ayant pour associé un mineur ou un majeur protégé, *V. n° **1265** et s.)*.

Pour aller plus loin

- F. Collard, Donation au profit d'un enfant mineur contenant désignation d'un tiers administrateur : JCP N 2014, n° 26, 1235
- J. Combret et N. Baillon-Wirtz, Quand modernisation rime avec confusion : l'administration légale selon l'ordonnance du 15 octobre 2015 : JCP N 2015, n° 50, 1238
- Ph. Delmas Saint-Hilaire, À propos de la clause d'exclusion de l'administration légale *in* Mélanges R. Le Guidec : LexisNexis, 2014, p. 333
- J. Hauser, La réforme du droit des obligations et le droit des personnes et de la famille : AJ fam. 2016, p. 460
- I. Maria, Incidences de la réforme du droit des obligations sur le droit des personnes protégées : Dr. famille 2017, n° 20
- I. Maria et G. Raoul-Cormeil, La nouvelle administration légale : 1 + 1 = 1 ? : Dr. famille 2016, dossier 4
- N. Peterka, Les implications de la réforme du droit des obligations en droit des personnes protégées : AJ fam. 2016, p. 533
- N. Peterka, Déjudiciarisation de l'administration légale et renforcement du rôle de la famille dans la protection des majeurs. À propos de l'ordonnance n° 2015-1288 du 15 octobre 2015 : JCP G 2015, n° 44, 1160
- N. Peterka, Enjeux et principales difficultés de la gestion du patrimoine d'autrui : JCP N 2013, 1190
- J.-M. Plazy, La disposition du logement du majeur protégé, p. 301, in Le patrimoine de la personne protégée, ss dir. J.-M. Plazy et G. Raoul-Cormeil : LexisNexis, 2015

Mineurs

I. Ventes et acquisitions des mineurs émancipés

932 Cause d'émancipation – Les causes d'émancipation sont doubles :
- le mariage *(C. civ., art. 413-1)*. L'émancipation par effet du mariage n'a d'intérêt que dans le cas où le mineur a bénéficié d'une dispense d'âge pour motifs graves qui lui a été accordée par le procureur de la République du lieu de célébration du mariage *(C. civ., art. 145)* ;
- une demande qui peut être formulée dès lors que le mineur a atteint l'âge de 16 ans révolus *(C. civ., art. 413-2)*.

Le mineur émancipé est capable, comme un majeur, de tous les actes de la vie civile *(C. civ., art. 413-6)*. Il peut donc disposer ou acquérir des immeubles.

Le mineur émancipé peut être commerçant sur autorisation du juge des tutelles au moment de la décision d'émancipation et du président du tribunal de grande instance s'il formule cette demande après avoir été émancipé *(C. civ., art. 413-8. – V. JCl. Notarial Formulaire, V° Mineurs. Majeurs protégés, fasc. 400)*.

Ainsi, si cette autorisation a été accordée, le mineur pourra exercer l'activité de marchand de biens.

II. Ventes et acquisitions des mineurs non émancipés

933 Incapacités d'exercice – L'article 1146, à l'instar de l'ancien article 1124 du Code civil, dispose que les mineurs non émancipés sont incapables de contracter dans la mesure définie par la loi *(V. JCl. Notarial Formulaire, V° Mineurs. Majeurs protégés, fasc. 40 à 155)*. Ils peuvent toutefois être représentés pour la passation de différents actes dont l'aliénation ou l'acquisition d'un immeuble.

A. – ALIÉNATION DES IMMEUBLES

934 L'aliénation d'un immeuble constitue un acte de disposition soumis à autorisation préalable. Pour déterminer quelle autorisation est nécessaire pour la réalisation d'un acte de disposition, il y a lieu de distinguer suivant que le mineur est sous administration légale ou sous tutelle.

1° Mineur sous administration légale

935 Que l'administration légale soit exercée par un seul administrateur ou par deux administrateurs, le ou les parents ont en principe le pouvoir d'effectuer seuls et sans autorisation judiciaire les actes relatifs au patrimoine de leur enfant mineur, y compris les actes de disposition.

936 Autorisation du juge des tutelles pour les ventes de gré à gré – En application de l'article 387-1 du Code civil, le ou les administrateurs légaux doivent solliciter l'autorisation du juge des tutelles pour vendre de gré à gré un immeuble appartenant au mineur. L'autorisation détermine alors les conditions de la vente et le prix. L'autorisation n'est pas soumise à la réalisation préalable d'une mesure d'instruction exercée par un technicien ou au recueil de l'avis d'au moins deux professionnels qualifiés, contrairement à ce qui est exigé lorsque le mineur est sous tutelle.

937 Sanction – Lorsque l'aliénation intervient sans autorisation du juge, et à défaut de dispositions spécifiques dans le régime de l'administration légale, il y a lieu d'appliquer les règles du droit commun de la représentation. Ainsi, s'agissant de dépassement de pouvoir, s'applique l'article 1156 du Code civil dont il résulte que la vente est inopposable au mineur, sauf possibilité pour le tiers d'invoquer la croyance légitime *(V. n° **887** et s.)*.

938 Remise du prix – S'agissant de la remise du prix, il y aura lieu de vérifier si l'autorisation du juge des tutelles précise que le prix doit être versé directement sur un compte ouvert au nom du mineur et éventuellement ordonne que les fonds provenant de l'opération soient employés pour l'acquisition d'un nouveau bien. Si tel n'est pas le cas, le prix peut être remis à l'administrateur légal ou aux administrateurs légaux qui en donneront quittance. En effet, depuis l'ordonnance n° 2015-1288 du 15 octobre 2015 portant simplification et modernisation du droit de la famille, a été créé un régime spécifique autonome pour l'administration légale, sans lien désormais avec le régime de la tutelle *(V. JCl. Notarial Formulaire, V° Mineurs. Majeurs protégés, fasc. 180 et 200. – J. Combret et N. Baillon-Wirtz, Quand modernisation rime avec confusion : l'administration légale selon l'ordonnance du 15 octobre 2015 : JCP N 2015, n° 50, 1238. – I. Maria et G. Raoul-Cormeil, La nouvelle administration légale : 1 + 1 = 1 ? : Dr. famille 2016, dossier 4)*. Il n'est donc plus effectué de renvoi au régime de la tutelle et en particulier à la disposition prévoyant le versement directement sur un compte ouvert au seul nom du mineur et mentionnant la mesure de protection auprès d'un établissement habilité à recevoir des fonds publics.

Conseil pratique Le notaire peut conseiller aux administrateurs légaux de verser le prix sur un compte ouvert au nom du mineur, ce afin de faciliter le contrôle que le juge des tutelles peut être conduit à effectuer en application de l'article 387-3 du Code civil. En cas de refus et en application de l'article précité, le notaire peut informer le juge des tutelles de ce refus, la demande de versement sur un compte personnel pouvant être regardé comme susceptible de compromettre les intérêts patrimoniaux du mineur.

939 **Acquisition des biens du mineur par l'administrateur légal** – Avec l'autorisation préalable du juge des tutelles, l'administrateur légal peut acheter les biens du mineur. Il est alors réputé être en opposition d'intérêts avec le mineur *(C. civ., art. 387-1)*. Il doit dès lors demander au juge des tutelles qu'il soit procédé à la nomination d'un administrateur ad hoc *(C. civ., art. 508)*.

Formule – Achat par l'administrateur légal d'un immeuble appartenant au mineur. Représentation du mineur par un administrateur ad hoc *(C. civ., art. 387-1, 6°)*

Cette formule a été rédigée par D. Montoux (V. JCl. Notarial Formulaire, V° Mineurs. Majeurs protégés, fasc. 235).

DOCUMENT HYPOTHÉCAIRE NORMALISÉ
Première partie

L'an deux mil...,
Le...,
À...,
Me..., notaire à..., soussigné,
A reçu le présent acte authentique de :

Vente d'immeuble

À la requête de :

Vendeur

1° M. (*ou* : Mlle) ..., demeurant à...,
Célibataire, mineur (e), non émancipé(e), né(e) à..., le... du mariage de M... et de Mme..., ainsi qu'il résulte de son acte de naissance dont un extrait est ci-annexé.
Sous l'administration légale de son père, ci-après nommé.
Désigné(e) ci-après le « vendeur »

Acquéreur

2° M..., ...*(profession)*, demeurant à..., veuf en uniques noces de Mme..., décédée à... le..., ainsi qu'il résulte de son acte de décès dont un extrait a été représenté au notaire soussigné.
Né à..., le...
Administrateur légal des biens du mineur (*ou* : de la mineure) susnommé(e)

Identification de l'acquéreur.

Ci-après désigné « l'acquéreur »

Intervenants
Administrateur ad hoc des biens du mineur

M..., célibataire, majeur, demeurant à...
Né à..., le...
Administrateur ad hoc des biens du « vendeur »

Identification de l'administrateur « ad hoc » ***(V. JCl. Notarial Formulaire, V° Mineurs. Majeurs protégés, fasc. 245).***

Ci-après dénommés soit « M... », soit « l'administrateur ad hoc du vendeur ».

Présence. Représentation

M... est présent et agit au nom et comme administrateur ad hoc des biens du mineur (*ou* : de la mineure) ..., « vendeur »
Fonction à laquelle il a été nommé, sur le fondement des articles 383 et 387-1 du Code civil, en raison de l'opposition d'intérêts existant entre « le vendeur » et son administrateur légal, suivant ordonnance du juge des tutelles des mineurs du tribunal de grande instance de..., en date du..., conférant audit M... les pouvoirs nécessaires à l'effet du présent acte.
Une expédition de cette décision et un certificat de notification et de non-recours dans les délais légaux délivrés le...... par le greffe de ce même tribunal sont ci-annexés.
Les engagements souscrits et les déclarations formulées par M..., au nom du mineur (*ou* : de la mineure) sont indiqués ci-après comme émanant du « vendeur » et de la même manière que s'il avait agi lui-même (*ou* : elle-même).
« L'acquéreur » est présent.

....

Pour la suite se reporter à la formule précitée.

Versement du prix

Dès que le prix sera devenu disponible, notamment en l'absence de toute saisie, après obtention du renseignement hypothécaire d'usage et conformément aux règles de sa profession, le notaire en remettra le montant à M..., en sa qualité d'administrateur ad hoc des biens du « vendeur », qui en fera l'emploi selon les prescriptions décidées par le juge des tutelles des mineurs.

....

Pour la suite de la formule, se reporter à la formule de base d'une vente d'immeuble (*V. JCl. Notarial Formulaire, V° Vente d'immeuble, fasc. 105*).

2° Mineur sous tutelle

940 Autorisation – Une autorisation est nécessaire pour procéder à la vente d'un immeuble appartenant à un mineur sous tutelle *(C. civ., art. 505)*. Cette autorisation est donnée en principe par le conseil de famille ou par le juge des tutelles et précise les modalités de la vente : les stipulations et le prix *(C. civ., art. 505. – V. JCl. Notarial Formulaire, V° Mineurs. Majeurs protégés, fasc. 100)*.

941 Autorisation du juge des tutelles – L'autorisation de vendre un immeuble appartenant à un mineur peut être donnée par le juge des tutelles lorsque :
– la valeur de l'immeuble est inférieure à 50 000 € *(C. civ., art. 502. – D. n° 2008-1484, 22 déc. 2008, art. 4)* ;
– ou en cas d'urgence, lorsqu'il n'est pas possible d'obtenir la majorité du conseil de famille *(CPC, art. 1234-3)*.

942 Mesure d'instruction – L'autorisation de vendre un immeuble, qu'elle résulte du conseil de famille ou du juge des tutelles, ne peut être donnée qu'après la réalisation d'une mesure d'instruction effectuée par un technicien ou le recueil de l'avis d'au moins deux professionnels qualifiés *(C. civ., art. 505, al. 3)*.

943 Remise du prix – Le prix devra être versé directement sur un compte ouvert au seul nom du mineur et mentionnant la mesure de tutelle, auprès d'un établissement habilité à recevoir des fonds du public. Il reviendra au tuteur de donner quittance des sommes perçues *(V. JCl. Notarial Formulaire, V° Mineurs. Majeurs protégés, fasc. 180 et 200)*.
Si le conseil de famille ou le juge des tutelles a précisé les obligations du tuteur quant à l'emploi du prix de vente en application de l'article 501 du Code civil, le notaire devra veiller à ce que ces obligations soient respectées. Il peut, au besoin, bloquer le prix de vente, tout en informant le juge des tutelles de cette situation *(Cass. 1re civ., 7 févr. 1984, n° 83-10.255 : JurisData n° 1984-700185 ; Bull. civ. I, n° 44. – Th. Fossier, De Versailles à Strasbourg... Vingt ans de responsabilité notariale en matière d'incapacités : JCP N 2006, n° 13, 1141)*.

944 Acquisition des biens du mineur par le tuteur – Avec l'autorisation préalable du juge des tutelles, le tuteur peut acheter les biens du mineur. Il est alors réputé être en opposition d'intérêts avec le mineur *(C. civ., art. 509)*. Il doit dès lors demander au juge des tutelles qu'il soit procédé à la nomination d'un administrateur *ad hoc (C. civ., art. 383)*.

3° Biens donnés ou légués au mineur administrés par un tiers

945 L'article 384 du Code civil autorise celui qui donne ou lègue un bien à un mineur à désigner un administrateur. Lorsque le tiers choisi par le donateur ou le testateur refuse cette fonction ou ne peut l'assumer, pour les raisons prévues aux articles 395 et 396 du Code civil, le juge des tutelles doit désigner un administrateur *ad hoc* pour le remplacer.

Remarque La possibilité de désigner un tiers administrateur n'est pas limitée par la réserve de l'enfant *(Cass. 1re civ., 6 mars 2013, n° 11-26.728 : JurisData n° 2013-003729 ; Bull. civ. 2013, I, n° 36 ; JCP N 2013, n° 18, 1121, note D. Boulanger ; Dr. famille 2013, comm. 73, obs. M. Bruggeman ; AJ fam. 2013, p. 239, note J. Massip. – Ph. Delmas Saint-Hilaire, À propos de la clause d'exclusion de l'administration légale in Mél. R. Le Guidec : LexisNexis, 2014, p. 333. – F. Collard, Donation au profit d'un enfant mineur contenant désignation d'un tiers administrateur : JCP N 2014, n° 26, 1235)* ; le procédé ne porte pas atteinte au droit à mener une vie familiale normale *(Cass. 1re civ., 15 juin 2017, n° 17-40.035 : JurisData n° 2017-011578 ; JCP N 2017, n° 26, act. 652. – B. Delesalle, J. Lotz et N. Gessey, Encadrer la gestion des biens de l'enfant mineur après le décès : JCP N 2017, n° 29, 1238)*.

946 Pouvoirs du tiers administrateur – Le tiers administrateur a les pouvoirs qui lui sont conférés par la donation, le testament ou, à défaut, ceux d'un administrateur légal.

947 Vente d'un immeuble donné ou légué – Pour déterminer dans quelles conditions un immeuble donné ou légué à un mineur peut être cédé, il convient de procéder par étapes. La première étape consiste à prendre connaissance de l'acte de donation ou de testament et de vérifier s'il contient une clause d'administration légale. La seconde étape, lorsqu'une telle clause existe, consiste à déterminer les pouvoirs de l'administrateur quant à la vente de l'immeuble donné ou légué :
– soit le donateur ou le testateur a donné le pouvoir à l'administrateur de disposer de l'immeuble donné ou légué ; en ce cas, il n'est pas nécessaire d'obtenir l'autorisation du juge des tutelles ;
– soit le donateur ou le testateur n'a pas donné le pouvoir à l'administrateur légal de disposer des biens du mineur ou n'a rien précisé quant aux pouvoirs de l'administrateur ; en ce cas, il y a lieu d'appliquer les dispositions relatives à l'administration légale et il est donc nécessaire d'obtenir préalablement à la vente de l'immeuble l'autorisation du juge des tutelles qui précisera tout à la fois les conditions de la vente et le prix.

4° Réception de l'acte après autorisation : précautions communes

948 Limites de l'autorisation – Lors de l'exécution de la décision et donc lors de la conclusion de la vente, il y aura lieu de veiller à ce que les conditions dans lesquelles l'acte doit être passé correspondent bien à l'autorisation délivrée.

949 Conclusion de la vente et caractère exécutoire – Pour que la vente puisse être conclue, il convient que le notaire soit certain que l'autorisation a force de chose jugée et qu'elle n'est plus susceptible de recours. Afin de s'en assurer, il demandera au représentant du mineur de lui procurer des certificats de notification et de non-recours dans les délais légaux délivrés par le greffe du tribunal. Ces certificats et la décision seront annexés à l'acte de vente.
Relativement au caractère exécutoire de l'autorisation de vendre, précisons que le délai d'appel est de 15 jours *(CPC, art. 1239)*. Ce délai d'appel a comme point de départ :
- le jour de la délibération du conseil de famille lorsque l'autorisation a été accordée par le conseil de famille ;
- le jour de la notification de l'ordonnance du juge des tutelles pour les personnes à qui l'ordonnance doit être notifiée *(CPC, art. 1230)* et du jour de l'ordonnance pour les autres personnes.

S'agissant des notifications sont concernés :
- le tuteur ;
- le ou les administrateurs légaux ;
- le mineur âgé de 16 ans révolus à moins que son état ne le permette pas ;
- le subrogé tuteur dans le cas de l'article 502 du Code civil.

Conseil pratique **En cas d'appel ou de pourvoi en cassation, il convient d'attendre que la décision soit définitive pour régulariser la vente. Toutefois, il est prudent de prévoir un délai au-delà duquel les parties sont déliées de tout engagement quel que soit l'état de la procédure.**

B. – ACQUISITION D'IMMEUBLES

1° Mineur sous administration légale

950 Acquisition avec emploi de capitaux et sans emprunt – Pour procéder à l'acquisition d'un immeuble au nom et pour le compte d'un mineur, le ou les administrateurs légaux n'ont pas à être autorisés par le juge des tutelles. Autrement dit, l'acquisition d'un immeuble peut être effectuée par l'administrateur légal unique ou par les administrateurs légaux, conjointement, lorsqu'ils sont deux *(JCl. Civil Code, art. 382 à 386, fasc. 20, n° 53)*.
Cette absence d'autorisation du juge des tutelles ne signifie pas qu'il n'y aura pas de vérification à effectuer. En effet, l'origine des deniers doit être prise en compte. Ainsi et par exemple, si les deniers dont il doit être fait emploi proviennent de la vente d'un immeuble du mineur, l'ordonnance du juge des tutelles des mineurs autorisant la vente d'un immeuble a pu ordonner que les fonds provenant de l'opération soient employés pour la réalisation d'une opération déterminée. Il y aura alors lieu de tenir compte de cette ordonnance pour vérifier si l'acquisition réalisée est conforme à ce qu'elle précise.

Formule – Acquisition d'immeuble au nom du mineur en remploi de deniers lui appartenant

Cette formule a été rédigée par D. Montoux (V. *JCl. Notarial Formulaire, V° Mineurs. Majeurs protégés, fasc. 235*).

INTERVENANTS. REPRÉSENTANT LÉGAL DU MINEUR

Mme..., demeurant à..., veuve de M...,
Née à..., le...

Identification de la mère de l'acquéreur en sa qualité d'administratrice légale (V. JCl. Notarial Formulaire, V° Mineurs. Majeurs protégés, fasc. 245).

Ci-après dénommée soit « Mme... », soit « le représentant légal de l'acquéreur ».

PRÉSENCE. REPRÉSENTATION

« Le vendeur » est présent.
Mme... est présente et agit au nom et comme administratrice légale des biens de son fils..., acquéreur (***ajouter, si le mineur a moins de 16 ans***) ayant en outre la jouissance légale de ses biens pendant le temps et sous les conditions prévues par les articles 386-1 à 386-4 du Code civil.
Elle déclare être spécialement habilitée à l'effet du présent acte, en application de l'article 387-1 du Code civil, par une autorisation du juge des tutelles des mineurs du tribunal de grande instance de..., en date du...
Une copie authentique de cette décision et les certificats de notification et de non-recours délivrés le... par le greffe de ce tribunal sont ci-annexés (***ou*** : annexés à un acte reçu par Me..., notaire à..., le...).

ÉTAT. CAPACITÉ

Le vendeur déclare qu'il ne fait l'objet d'aucune mesure ou procédure susceptible de restreindre sa capacité ou de mettre obstacle à la libre disposition de ses biens.
Mme... déclare que M..., acquéreur, issu de son union avec M..., décédé à..., le..., ainsi qu'il en a été justifié au notaire soussigné, est soumis à son administration légale mais qu'en dehors de cette situation, il ne fait l'objet d'aucune mesure en procédure pouvant mettre obstacle à la libre disposition de ses fonds.
« Le vendeur » et « le représentant légal de l'acquéreur » déclarent confirmer l'exactitude des indications les concernant, telles qu'elles figurent ci-dessus et n'avoir pas changé de nom ni de prénoms ni modifié l'ordre de ceux-ci depuis leur naissance.

DÉSIGNATION DU BIEN VENDU

« Le vendeur », avec les garanties de droit en la matière, complétées ou modifiées éventuellement par les stipulations du présent acte, vend à M..., ce qui est accepté par Mme...... en sa qualité d'administratrice légale, l'immeuble dont la désignation suit :

[...]

Pour la rédaction de cette clause et les suivantes, se reporter aux fascicules dédiés à la matière ***(V. JCl. Notarial Formulaire, V° Vente d'immeuble, fasc. 105 et 107).***

PROVENANCE DES FONDS

CHOISIR suivant le cas

1. – Fonds provenant d'une succession

Mme... déclare que les fonds ayant servi à financer le présent achat provenaient de la succession du père de l'acquéreur, décédé à..., le..., laissant pour recueillir sa succession..., ainsi qu'il résulte de l'inventaire dressé après son décès par Me..., notaire à..., en date au commencement du..., clos le... (***ou :*** avaient été attribués au mineur susnommé aux termes d'un acte de partage reçu par le notaire soussigné, le..., actuellement définitif).

2. – Fonds provenant d'une vente

Mme... déclare que les fonds ayant servi à financer le présent achat provenaient de la vente d'un immeuble appartenant à « l'acquéreur » intervenue suivant acte reçu par Me..., notaire à..., le..., publié au fichier immobilier de..., le...

3. – Fonds provenant de la cession de valeurs mobilières

Mme... déclare que les fonds ayant servi à financer le présent achat provenaient de la cession de diverses valeurs mobilières recueillies dans la succession du père de l'acquéreur, décédé à..., le..., laissant pour recueillir sa succession..., ainsi qu'il résulte de l'inventaire dressé après ce décès par Me..., notaire à..., en date au commencement du..., clos le..., cession réalisée par l'intermédiaire de...

Pour la suite de la formule, se reporter à la formule de base d'une vente d'immeuble ***(V. JCl. Notarial Formulaire, V° Vente d'immeuble, fasc. 105).***

951 Acquisition avec emploi de capitaux et emprunt – Lorsque l'acquisition nécessite de recourir à un emprunt, l'autorisation du juge des tutelles devra porter tout à la fois sur l'acquisition et sur la réalisation de l'emprunt *(V. JCl. Notarial Formulaire, V° Mineurs. Majeurs protégés, fasc. 202)*. En effet, l'administrateur légal ne peut, sans l'autorisation préalable du juge des tutelles, contracter un emprunt au nom du mineur *(C. civ., art. 387-1, 3°)*.

952 Acquisition et désaccord entre les administrateurs légaux – En cas de désaccord entre les administrateurs légaux, l'acquisition devra être autorisée par le juge des tutelles *(C. civ., art. 387)*. L'autorisation du juge des tutelles doit, dans cette hypothèse, être notifiée à l'administrateur qui n'a pas donné son accord *(CPC, art. 1230, al. 1er)*.

2° Mineur sous tutelle

953 Acquisition avec emploi de capitaux et sans emprunt – L'article 501 du Code civil impose au conseil de famille ou au juge de déterminer la somme à partir de laquelle commence pour le tuteur l'obligation d'employer les capitaux liquides et l'excédent de revenus *(V. JCl. Notarial Formulaire, V° Mineurs. Majeurs protégés, fasc. 180)*. Cette obligation peut être remplie par l'acquisition d'immeuble.

L'acquisition d'un immeuble au nom et pour le compte d'un mineur est un acte de disposition *(D. n° 2008-1484, 22 déc. 2008, ann. 1, colonne 2, I)*. Cette acquisition doit être autorisée par le conseil de famille ou par le juge des tutelles *(C civ., art. 505)*. Par conséquent, il y a lieu, avant de réaliser l'emploi, de se conformer aux prescriptions de la délibération du conseil de famille ou à l'ordonnance du juge des tutelles *(C. civ., art. 501 et 505)*.

954 Acquisition avec emploi de capitaux et emprunt – Lorsque l'acquisition nécessite de recourir à un emprunt, celui-ci correspondant à un acte de disposition, l'autorisation du conseil de famille ou du juge des tutelles devra porter tout à la fois sur l'acquisition et sur la réalisation de l'emprunt *(V. JCl. Notarial Formulaire, V° Mineurs. Majeurs protégés, fasc. 202)*. Toutefois, il résulte de l'annexe 2, colonne 2, I et II, que le tuteur peut considérer, eu égard aux circonstances de l'espèce, que l'emprunt ne nécessite pas l'autorisation du juge des tutelles.

C. – CONTRATS PRÉPARATOIRES

955 Impossibilité d'une vente sous condition suspensive d'obtention de l'autorisation du juge des tutelles – Il n'est pas possible de conclure la vente d'un immeuble appartenant à un mineur sous condition suspensive de l'obtention d'une autorisation du juge des tutelles *(Cass. 1re civ., 25 janv. 2017, n° 15-25.642)*. En effet, la condition est une modalité d'une obligation. La condition doit pouvoir être supprimée sans que cela ne fasse obstacle à l'existence et à l'exécution du contrat. Il n'est donc pas envisageable de prévoir que le contrat est conclu sous la condition suspensive de l'obtention du consentement de l'une des parties ou d'une autorisation nécessaire à la validité de la vente. Par contre, il est possible de recourir à une promesse autonome de vente sous réserve de l'obtention de l'autorisation du juge des tutelles.

Il est également possible de recourir à une promesse unilatérale de vente ou d'achat selon que la personne vulnérable est vendeur ou acheteur *(V. n° **213** et s. – F. Collard, L'autorisation du juge est insusceptible d'être érigée en condition suspensive : JCP N 2014, n° 47, 1337).*
Il apparaît dès lors nécessaire d'effectuer correctement la rédaction de cette clause pour éviter qu'il ne puisse être considéré qu'elle correspond à une condition suspensive.

Clause – Exemple de clause dans une promesse synallagmatique de vente ne valant pas vente ou promesse autonome

Réserve d'obtention d'une autorisation

La vente ne pourra être conclue qu'après obtention d'une autorisation judiciaire avant le... (***date à préciser***) de conclure la vente aux conditions prévues dans la présente promesse.
Le défaut d'obtention de cette autorisation avant le... (***date identique à celle indiquée ci-dessus***) entraînera la caducité de la présente promesse.

956 **Utilité d'une promesse unilatérale d'achat** – La promesse unilatérale d'achat n'oblige pas le bénéficiaire de la promesse à vendre l'immeuble dès lors qu'aucun versement ne lui est imposé. Elle devrait pouvoir être qualifiée d'acte d'administration au sens de l'article 496 du Code civil.
En effet et d'une part, l'annexe 1, colonne 2, du décret n° 2008-1484 du 22 décembre 2008, inclut dans les actes de disposition :
- la vente d'un immeuble ;
- l'acquisition d'un immeuble ;
- l'acceptation par le vendeur d'une promesse d'acquisition ;
- l'acceptation par l'acquéreur d'une promesse de vente, référence étant à chaque fois faite à l'article 1589 du Code civil.

Il peut être retenu que l'acceptation par le vendeur d'une promesse d'acquisition correspond à la levée d'option d'achat lorsqu'a été signée une promesse unilatérale d'achat *(en ce sens, F. Collard, L'autorisation du juge est insusceptible d'être érigée en condition suspensive : JCP N 2014, n° 47, 1337).* La conclusion d'une promesse unilatérale d'achat n'est donc pas visée par le décret précité.

Formule – Modèle de promesse d'achat notariée

Observation
La requête sollicitant le juge à l'effet de former la vente, signée par le représentant du bénéficiaire, sera transmise au tribunal en même temps que la promesse par les soins du notaire soussigné. La formule ci-après ne reprend que les clauses particulières *(sur celle-ci et son commentaire, F. Collard : JCP N 2014, n° 47, 1337).*

L'an deux mil...
Le...
À...
Me..., notaire à...
À reçu le présent acte contenant promesse unilatérale d'achat, à la requête de :
1°... (***Identification du promettant***)
Ci-après dénommé(e) « Le promettant ».
D'une part,
Et
2°... ***(Identification du bénéficiaire)***
Représenté par :
M. ***(ou :*** Mme***)***..., son tuteur, désigné pour remplir ces fonctions aux termes d'une décision de M. (***ou :*** Mme)... le juge des tutelles du tribunal d'instance de..., en date du... ***(ou :*** par délibération du conseil de famille tenue sous la présidence de M. [***ou :*** Mme] le juge des tutelles du tribunal d'instance de..., le...***)***, ayant tous pouvoirs à l'effet de représenter M. (***ou :*** Mme***)*** et de signer seul la présente promesse en vertu des articles 504 du Code civil et 1er du décret n° 2008-1484 du 22 décembre 2008, s'agissant de la gestion et de la mise en valeur du patrimoine de la personne protégée dénuées de risque anormal.
Ci-après dénommé(e) « Le bénéficiaire ».
D'autre part.

Promesse unilatérale d'achat

M. (***ou :*** Mme) promet à M. (***ou :*** Mme) d'acquérir de ce dernier, qui accepte mais sans prendre l'engagement de vendre, au prix et aux conditions ci-après, l'immeuble (***ou :*** les droits immobiliers) dont la désignation suit.

Désignation

....

Majeurs protégés

I. Aliénation du logement du majeur protégé

957 Les mesures de protection susceptibles d'être mises en place pour assurer la protection d'un majeur vont de la sauvegarde de justice à la tutelle en passant par le mandat de protection future et l'habilitation familiale. Ainsi, lors de la vente d'un immeuble appartenant à un majeur protégé, il y aura lieu de prendre en compte le régime de protection mis en place pour déterminer dans quelles conditions la vente peut être conclue. En outre, quel que soit le régime de protection retenu, l'aliénation du logement du majeur protégé fait l'objet d'une protection spéciale.

958 **Aliénation exceptionnelle** – L'article 426 du Code civil impose que le logement de la personne protégée, résidence principale ou secondaire, soit conservé aussi longtemps qu'il est possible, quel que soit le régime de protection applicable. L'aliénation du logement ne peut donc qu'être exceptionnelle *(V. JCl. Notarial Formulaire, V° Mineurs. Majeurs protégés, fasc. 510, par D. Montoux. – J.-M. Plazy et F. Gemignani, Le logement de la personne vulnérable : JCP N 2012, n° 17, 1193).*

959 **Vente avec réserve d'usufruit** – L'article 426 du Code civil dispose que *s'il devient nécessaire ou s'il est de l'intérêt de la personne protégée qu'il soit disposé des droits relatifs à son logement ou à son mobilier par l'aliénation, (...) l'acte est autorisé par le juge ou par le conseil de famille.* Au regard tant de la lettre que de l'esprit du texte, il peut être retenu que l'article 426 du Code civil n'a pas à être respecté lorsqu'il est envisagé de céder uniquement la nue-propriété des immeubles occupés par le majeur protégé. En effet, en conservant l'usufruit, il est assuré de pouvoir continuer à jouir desdits immeubles *(en ce sens, F. Arbellot et J. Leprovaux, JCl. Civil Code, Art. 415 à 432, fasc. 40, n° 11. – N. Peterka, F. Arbellot et A. Caron-Deglise, Protection de la personne vulnérable : Dalloz-Action 2017/2018, n° 212.13. – J. Massip, Tutelle des mineurs et protection juridique des majeurs, n° 256 : éd. Defrénois, 2009. – S. Delrieu et V. Zalewski-Sicard, Droit des mineurs et des majeurs protégés : éd. Ellipses, 2010, n° 219).*

960 **Autorisation du juge des tutelles ou du conseil de famille** – Une autorisation du juge des tutelles ou du conseil de famille est nécessaire pour toute aliénation du logement de la personne protégée. Cette autorisation doit être justifiée soit par la nécessité de l'opération soit par l'intérêt de la personne *(C. civ., art. 426, al. 3).*

961 **Délai entre l'autorisation et la vente** – L'autorisation ne comprendra pas, le plus souvent, un délai pour vendre. La vente n'a donc pas à intervenir immédiatement après l'autorisation. Toutefois, si des circonstances particulières modifiaient la valeur de l'immeuble, une nouvelle autorisation devrait être demandée (V. en ce sens, *J.-M. Plazy et F. Gemignani, Le logement de la personne vulnérable : JCP N 2012, n° 17, 1193).*

962 **Avis médical** – Lorsque la vente du logement de la personne protégée a pour finalité l'accueil de celle-ci dans un établissement, un avis préalable d'un médecin, n'exerçant pas une fonction ou n'occupant pas un emploi dans cet établissement, est requis. Cet avis doit être rendu avant que le juge des tutelles n'autorise la vente du logement. L'acte de vente peut préciser que cet avis a bien été obtenu.

963 **Autres autorisations ou mesures** – Outre l'autorisation du juge des tutelles pour procéder à la vente du logement de la personne protégée, il convient également de respecter les dispositions liées à la nature de l'immeuble vendu et/ou à la mesure de la protection mise en place.
Ainsi, si la personne protégée est mariée, le logement de la famille ne pourra être cédé qu'avec le consentement de son époux *(C. civ., art. 215, al. 3).*
De même, si la personne protégée est sous curatelle, l'assistance du curateur sera requise ainsi que le consentement du majeur protégé *(C. civ., art. 467 et 505, combinés. – D. n° 2008-1484, 22 déc. 2008, art. 2, al. 1er et ann. 1, col. 2).*

964 **Caractère exécutoire de la décision** – Pour que la vente puisse être conclue, il convient que le notaire soit certain que l'autorisation a force de chose jugée et qu'elle n'est plus susceptible de recours. Afin de s'en assurer, il demandera au représentant du majeur protégé de lui procurer des certificats de notification et de non-recours dans les délais légaux délivrés par le greffe du tribunal.
Relativement au caractère exécutoire de l'autorisation de vendre, il peut être précisé que le délai d'appel est de 15 jours *(CPC, art. 1239).* Ce délai d'appel a comme point de départ :
- le jour de la délibération du conseil de famille lorsque l'autorisation a été accordée par le conseil de famille ;
- le jour de la notification de l'ordonnance du juge des tutelles pour les personnes à qui l'ordonnance doit être notifiée *(CPC, art. 1230)* et du jour de l'ordonnance pour les autres personnes.

Conseil pratique En cas d'appel ou de pourvoi en cassation, il convient d'attendre que la décision soit définitive pour régulariser la vente. Toutefois, il est généralement prudent de prévoir un délai au-delà duquel les parties sont déchargées de toute obligation.

Pour aller plus loin

- N. Peterka, Le logement du majeur protégé. Brèves réflexions autour de l'articulation de l'autonomie et de la protection, p. 805, in Mél. en l'honneur de Raymond Le Guidec : éd. LexisNexis, 2014
- J.-M. Plazy, La disposition du logement du majeur protégé, p. 301, in Le patrimoine de la personne protégée, ss dir. J.-M. Plazy et G. Raoul-Cormeil : LexisNexis, 2015
- J.-M. Plazy et F. Gémignani, Le logement de la personne vulnérable : JCP N 2012, n° 17, 1193
- Th. Verheyde, Le logement du majeur protégé, saisi dans ses aspects personnels et patrimoniaux, in Nouveau droit des majeurs protégés. Difficultés pratiques, ss dir. G. Raoul-Cormeil : éd. Dalloz, 2012

II. Sauvegarde de justice

965 Le majeur protégé conserve l'exercice de ses droits. Il peut donc acquérir ou aliéner un immeuble. Pour assurer la protection de ce majeur, les actes qu'il aura passés sont rescindables pour cause de lésion ou réductibles pour cause d'excès *(C. civ., art. 435)*.

966 Exception – Lorsque le juge aura désigné un mandataire spécial, il y aura lieu de vérifier si le mandataire ne s'est pas vu confier le pouvoir de disposer au nom et pour le compte du majeur protégé de ses immeubles *(C. civ., art. 435, al. 1 et 437)*. Ce mandat emporte alors dessaisissement du majeur protégé de conclure de tels actes *(C. civ., art. 435)*.

Conseil pratique Lorsque l'une des parties au contrat de vente est sous sauvegarde de justice, il convient de vérifier si le juge des tutelles a procédé à la désignation d'un mandataire spécial. En effet, si le mandataire a le pouvoir de conclure la vente en question, le majeur protégé est dessaisi de ce pouvoir.

967 Mandat conclu avant le prononcé de la sauvegarde de justice – Le mandat conclu par le majeur protégé avant le prononcé de la sauvegarde de justice n'est pas remis en cause *(C. civ., art. 436)*. Il peut ainsi s'agir d'un mandat spécial confié en vue de la vente d'un immeuble. Le mandataire peut alors représenter le majeur protégé lors de la vente.
Le juge peut toujours, soit d'office, soit à la requête de l'une des personnes qui aurait qualité pour demander l'ouverture d'une tutelle, prononcer la révocation du mandat. Préalablement, le mandataire devra avoir été entendu ou appelé.

III. Tutelle

968 Incapacité d'exercice – Comme le mineur, le majeur sous tutelle est frappé d'une incapacité d'exercice *(C. civ., art. 1146, 473, al. 1er et 496)*. Pour acquérir ou aliéner un immeuble, il sera nécessaire de faire appel à son représentant légal et d'obtenir une autorisation. Le juge peut toutefois alléger la tutelle afin d'adapter celle-ci aux besoins de la personne protégée et ainsi permettre au majeur protégé d'accomplir seul ou avec l'assistance du tuteur des actes, qu'il s'agisse d'actes d'administration ou d'actes de disposition *(C. civ., art. 473, al. 2)*.

Conseil pratique Avant la conclusion d'une vente dont l'une des parties est un majeur protégé sous tutelle, il y a lieu de vérifier quels sont les pouvoirs tant du majeur protégé que du curateur. Il n'est donc pas suffisant de savoir uniquement que le majeur protégé est sous tutelle. La consultation des décisions relatives à la tutelle est nécessaire.

1° Aliénation d'un immeuble

969 Autorisation nécessaire – Une autorisation est nécessaire pour procéder à la vente de gré à gré d'un immeuble appartenant à un majeur sous tutelle *(C. civ., art. 505)*.

970 Autorisation du conseil de famille – Cette autorisation sera donnée soit par le conseil de famille soit par le juge des tutelles et précisera les modalités de la vente : les stipulations et le prix *(C. civ., art. 505. – V. JCl. Notarial Formulaire, V° Mineurs. Majeurs protégés, fasc. 100)*.

971 Autorisation du juge des tutelles – L'autorisation de vendre un immeuble appartenant à un majeur protégé peut être donnée par le juge des tutelles lorsque :
– la valeur de l'immeuble est inférieure à 50 000 € *(C. civ., art. 502. – D. n° 2008-1484, 22 déc. 2008, art. 4)* ;
– ou en cas d'urgence, lorsqu'il n'est pas possible d'obtenir la majorité du conseil de famille *(CPC, art. 1234-3)*.

L'autorisation précisera les modalités de la vente : les stipulations et le prix *(C. civ., art. 505. - V. JCl. Notarial Formulaire, V° Mineurs. Majeurs protégés, fasc. 100)*.

972 Double avis - L'autorisation de vendre doit être précédée de la réalisation d'une mesure d'instruction exécutée par un technicien ou le recueil de l'avis d'au moins deux professionnels qualifiés *(C. civ., art. 505. - V. JCl. Notarial Formulaire, V° Mineurs. Majeurs protégés, fasc. 710)*.

973 Caractère exécutoire de l'autorisation - L'acte ne pourra être conclu qu'après avoir vérifié le caractère exécutoire de l'autorisation. Afin de s'en assurer, le notaire demandera au représentant du majeur protégé de lui procurer des certificats de notification et de non-recours dans les délais légaux délivrés par le greffe du tribunal. Ces certificats ainsi que la décision d'autorisation seront annexés à l'acte de vente.
Relativement au caractère exécutoire de l'autorisation de vendre, il peut être précisé que le délai d'appel est de 15 jours *(CPC, art. 1239)*. Ce délai d'appel a comme point de départ :
- le jour de la délibération du conseil de famille lorsque l'autorisation a été accordée par le conseil de famille ;
- le jour de la notification de l'ordonnance du juge des tutelles pour les personnes à qui l'ordonnance doit être notifiée *(CPC, art. 1230)* et du jour de l'ordonnance pour les autres personnes.

974 Remise du prix - Le prix devra être versé directement sur un compte ouvert au seul nom du majeur protégé et mentionnant la mesure de tutelle, auprès d'un établissement habilité à recevoir des fonds du public. Il reviendra au tuteur de donner quittance des sommes perçues *(V. JCl. Notarial Formulaire, V° Mineurs. Majeurs protégés, fasc. 180 et 200)*.

Conseil pratique **L'intervention du subrogé tuteur n'est pas nécessaire. Toutefois, le notaire peut recommander sa présence afin que celui-ci puisse exercer sa mission de contrôle *(C. civ., art. 454)* En cas d'absence, une copie de l'acte lui sera notifiée.**

Si le conseil de famille ou le juge des tutelles a précisé les obligations du tuteur quant à l'emploi du prix de vente, ce en application de l'article 501 du Code civil, le notaire devra veiller à ce que ces obligations soient respectées. Il peut, au besoin, bloquer le prix de vente, tout en informant le juge des tutelles de cette situation *(Cass. 1re civ., 7 févr. 1984, n° 83-10.255 : JurisData n° 1984-700185 ; Bull. civ. I, n° 44. - Th. Fossier, De Versailles à Strasbourg... Vingt ans de responsabilité notariale en matière d'incapacités : JCP N 2006, n° 13, 1141)*.

975 Vente d'un immeuble au tuteur - Avec l'autorisation préalable du juge des tutelles, le tuteur, dès lors qu'il ne s'agit pas d'un mandataire judiciaire à la protection des majeurs, peut acheter les biens du majeur protégé. Il est alors réputé être en opposition d'intérêts avec le majeur protégé *(C. civ., art. 509)*. Il doit dès lors demander au juge des tutelles qu'il soit procédé à la nomination d'un tuteur *ad hoc* *(C. civ., art. 508)*, en l'absence de subrogé tuteur. Il y aura lieu, avant de procéder à la vente, de veiller au caractère exécutoire de l'autorisation *(V. n° **973**)* et de la participation à l'acte du mandataire *ad hoc*.

2° Acquisition d'un immeuble

976 Acquisition avec emploi de capitaux uniquement - Conformément à l'article 501 du Code civil, le tuteur pourra acquérir des immeubles en employant les capitaux liquides et l'excédent de revenus du majeur protégé conformément à la délibération du conseil de famille ou à la décision du juge autorisant l'opération soit à l'avance soit à l'occasion de l'acte. Le subrogé tuteur, s'il a été nommé par le juge des tutelles, attestera auprès de ce dernier du bon déroulement des opérations de remploi des capitaux.
Par conséquent, il y a lieu, avant de réaliser l'emploi, de se conformer aux prescriptions de la délibération du conseil de famille ou à l'ordonnance du juge des tutelles *(C. civ., art. 501 et 505)*.

977 Acquisition avec emploi de capitaux et emprunt - Lorsque l'acquisition nécessite de recourir à un emprunt, celui-ci correspondant à un acte de disposition, l'autorisation du conseil de famille ou du juge des tutelles devra porter tout à la fois sur l'acquisition et sur la réalisation de l'emprunt *(V. JCl. Notarial Formulaire, V° Mineurs. Majeurs protégés, fasc. 202)*. Toutefois, il résulte de l'annexe 2, colonne 2, I et II, du décret n° 2008-1484 du 22 décembre 2008 que le tuteur peut considérer, eu égard aux circonstances de l'espèce, que l'emprunt ne nécessite pas l'autorisation du juge des tutelles.

3° Contrats préparatoires

978 Qualification des contrats préparatoires - *V. n° **171** et s. - V. n° **224** et s. - V. n° **333** et s. - V. n° **571** et s.*

979 Acte d'administration ou acte de disposition - En principe et sauf aménagement particulier, le majeur protégé pourra conclure un contrat préparatoire avec l'assistance de son curateur si la qualification d'acte de disposition est retenue et sans son curateur si c'est la qualification d'acte d'administration qui s'impose.

IV. Curatelle

980 Principe – Le majeur sous curatelle ne peut, sans l'assistance du curateur, faire un acte de disposition *(C. civ., art. 467)*. Il peut, en principe, conclure seul un acte d'administration. Toutefois, il peut en aller différemment, si le juge des tutelles en a décidé ainsi soit après ouverture de la curatelle *(C. civ., art. 471)* soit lors de l'ouverture de la curatelle *(C. civ., art. 472)*. En effet, le juge a la possibilité d'adapter la mesure de protection aux besoins de la personne protégée, cette adaptation se traduisant par une curatelle allégée ou renforcée.

Conseil pratique **Avant la conclusion d'une vente dont l'une des parties est un majeur protégé sous curatelle, il y a lieu de vérifier quels sont les pouvoirs tant du majeur protégé que du curateur. Il n'est donc pas suffisant de savoir uniquement que le majeur protégé est sous curatelle. La consultation des décisions relatives à la curatelle est nécessaire.**

Un acte conclu sans l'assistance du curateur, alors que celle-ci était requise, peut être annulé à la demande du majeur protégé ou du curateur, dans les conditions prévues à l'article 465 du Code civil. Il est donc impératif, avant la conclusion d'une vente ou d'un contrat préparatoire de vente d'immeuble, de déterminer si l'assistance du curateur est ou non nécessaire, ce qui nécessite dès lors de qualifier l'acte devant être conclu. Tant l'aliénation que l'acquisition d'un immeuble peuvent être qualifiés d'acte de disposition, ce en application tant de l'article 496 du Code civil que de l'annexe 1 du décret n° 2008-1484 du 22 décembre 2008. Il en va ainsi aussi, en principe, pour les contrats préparatoires à la vente d'immeuble.

1° Aliénation d'un immeuble

981 La personne protégée sous curatelle ne peut aliéner seule un immeuble, l'assistance du curateur est nécessaire *(C. civ., art. 467, al. 2. – C. civ., art. 505, combinés)*.

982 Double signature – Lors de la conclusion, l'assistance du curateur se manifestera par l'apposition de sa signature à côté de celle de la personne protégée *(C. civ., art. 467)*.

983 Refus du curateur – Lorsque la personne protégée se heurte au refus de son curateur, elle peut saisir le juge des tutelles afin d'obtenir une autorisation spéciale de conclure l'acte *(C. civ., art. 469, al. 3)*. Dans une telle hypothèse, l'acte ne pourra être conclu qu'après avoir vérifié le caractère exécutoire de l'autorisation. Afin de s'en assurer, il demandera au représentant du majeur protégé de lui procurer des certificats de notification et de non-recours dans les délais légaux délivrés par le greffe du tribunal.
Relativement au caractère exécutoire de l'autorisation de vendre, précisons que le délai d'appel est de 15 jours *(CPC, art. 1239)*. Ce délai d'appel a comme point de départ :
- le jour de la délibération du conseil de famille lorsque l'autorisation a été accordée par le conseil de famille ;
- le jour de la notification de l'ordonnance du juge des tutelles pour les personnes à qui l'ordonnance doit être notifiée *(CPC, art. 1230)* et du jour de l'ordonnance pour les autres personnes.

984 Représentation exceptionnelle du majeur protégé – Si le curateur constate que la personne protégée compromet gravement ses intérêts, il peut saisir le juge pour être autorisé à accomplir seul un acte déterminé ou provoquer l'ouverture de la tutelle *(C. civ., art. 469, al. 2)*. Ainsi, le curateur, en vertu d'une telle autorisation, pourra conclure seul un acte de vente. Il convient alors, avant la vente, de vérifier le caractère exécutoire de la décision *(V. n° **983**)*.

985 Remise du prix – Le prix devra être versé directement sur un compte ouvert au seul nom du majeur protégé et mentionnant la mesure de curatelle, auprès d'un établissement habilité à recevoir des fonds du public *(C. civ., art. 468)*.

Conseil pratique **Le notaire doit refuser de verser le prix de vente sur un compte qui ne serait pas ouvert au nom du majeur protégé.**

986 Vente d'un immeuble au curateur – Avec l'autorisation préalable du juge des tutelles, le curateur peut acheter les biens du majeur protégé. Il est alors réputé être en opposition d'intérêts avec le majeur protégé. Il doit dès lors demander au juge des tutelles qu'il soit procédé à la nomination d'un curateur *ad hoc (C. civ., art. 508)*. Il y aura lieu, avant de procéder à la vente, de veiller au caractère exécutoire de l'autorisation *(V. n° **983**)* et de la participation à l'acte du curateur *ad hoc*.

2° Acquisition d'un immeuble

987 Assistance du curateur – Pour l'acquisition d'un immeuble, l'assistance du curateur est nécessaire dès lors qu'il y a utilisation de capitaux, sachant que par capitaux, il faut entendre toute somme acquise au majeur protégé sans périodicité *(C. civ., art. 468. – V. JCl. Notarial Formulaire, V° Mineurs. Majeurs protégés, fasc. 800, par D. Montoux)*. Ainsi, le prix reçu suite à la vente d'un immeuble du majeur protégé doit être qualifié de capital au sens de l'article 468 du Code civil.

Lors de la conclusion, l'assistance du curateur se manifestera par l'apposition de sa signature à côté de celle de la personne protégée *(C. civ., art. 467)*.

988 Refus du curateur – Lorsque la personne protégée se heurte au refus de son curateur, elle peut saisir le juge des tutelles afin d'obtenir une autorisation spéciale de conclure l'acte *(C. civ., art. 469, al. 3. –* Sur le caractère exécutoire, *V. n°* ***983****)*.

989 Représentation exceptionnelle du majeur protégé – Si le curateur constate que la personne protégée compromet gravement ses intérêts, il peut saisir le juge pour être autorisé à accomplir seul un acte déterminé ou provoquer l'ouverture de la tutelle *(C. civ., art. 469, al. 2)*. Ainsi, le curateur, en vertu d'une telle autorisation, pourra conclure seul un acte de vente. Il convient alors, avant la vente, de vérifier le caractère exécutoire de la décision.

3° Contrats préparatoires

990 Acte d'administration ou acte de disposition – En principe et sauf aménagement particulier, le majeur protégé pourra conclure un contrat préparatoire avec l'assistance de son curateur si la qualification d'acte de disposition est retenue et sans son curateur si c'est la qualification d'acte d'administration qui s'impose.

V. Habilitation familiale

991 Incapacité d'exercice variable - Depuis la loi n° 2019-222 du 23 mars 2019 de programmation 2018-2022 et de réforme pour la justice, le juge des tutelles peut prononcer une mesure d'habilitation familiale en cas de besoin d'assistance et non uniquement de représentation. Il y a donc lieu de distinguer suivant que le majeur protégé est représenté ou assisté. En cas de représentation, le majeur protégé à l'égard de qui l'habilitation à le représenter a été délivrée conserve l'exercice de ses droits autres que ceux dont l'exercice a été confié à la personne habilitée, sachant que l'habilitation à le représenter peut être spéciale ou générale *(C. civ., art. 494-8)*. En cas d'assistance, celle-ci intervient dans les conditions prévues à l'article 467 du Code civil. Il convient dès lors de se référer audit article et aux précisions apportées aux n° 980 et s. Seule l'habilitation générale se traduit par une mention en marge de l'acte de naissance de la personne protégée *(C. civ., art. 494-6, dernier al.)*. Une telle limitation crée une insécurité juridique lorsqu'existe une habilitation spéciale, celle-ci ne faisant l'objet d'aucune publicité. Le risque, en concluant une vente dans l'ignorance d'une telle habilitation, est la nullité de la vente à la demande de la personne protégée ou de la personne habilitée *(C. civ., art. 494-9, al. 1)*.

Conseil pratique **Le notaire peut interroger le greffe du tribunal d'instance afin de déterminer si le juge des tutelles a conféré une habilitation à un proche du majeur, à l'effet d'effectuer l'acte en son nom.**

1° Aliénation d'un immeuble

992 Habilitation générale de représentation – L'habilitation de représentation, lorsqu'elle est générale, peut permettre à la personne habilitée de conclure des actes de disposition au nom et pour le compte de la personne protégée. En ce cas, le représentant pourra procéder à la conclusion d'une vente d'immeuble tandis que la personne protégée ne le pourra pas *(C. civ., art. 494-8)*.

993 Habilitation spéciale de représentation – L'habilitation de représentation, lorsqu'elle est spéciale, ne permet au représentant de conclure que les actes visés dans l'habilitation. Ceux qui ne sont pas visés par l'habilitation peuvent être conclus par la personne protégée *(C. civ., art. 494-8)*.

994 Habilitation d'assistance – L'habilitation d'assistance se voit appliquer les conditions prévues à l'article 467 du Code civil. Il convient dès lors de se référer audit article et aux précisions apportées aux n° 980 et s.

Conseil pratique **Lorsque le vendeur est protégé par l'intermédiaire d'une habilitation familiale, il y a lieu de vérifier quels sont les actes visés par l'habilitation et qui a dès lors pouvoir de conclure la vente de l'immeuble. L'absence de vérification peut conduire à la nullité de l'acte. En effet, si la personne à l'égard de qui l'habilitation de représentation a été délivrée passe seule un acte dont l'accomplissement a été confié à la personne habilitée, celui-ci est nul de plein droit sans qu'il soit nécessaire de justifier d'un préjudice. Et, en cas de dépassement de pouvoir par la personne habilitée, l'acte est nul de plein droit sans qu'il soit nécessaire de justifier d'un préjudice *(C. civ., art. 494-9, al. 1)*. Lorsqu'il s'agit d'une habilitation d'assistance, si la personne assistée accomplit seule un acte dont l'accomplissement nécessitait une assistance de la personne habilitée, l'acte peut être annulé mais uniquement s'il est établi que la personne protégée a subi un préjudice *(C. civ., art. 494-2, al. 2)*.**

995 Conflit d'intérêts – La personne habilitée dans le cadre d'une habilitation générale ne peut accomplir un acte pour lequel elle serait en opposition d'intérêts avec la personne protégée. Toutefois, à titre exceptionnel et lorsque l'intérêt de celle-ci l'impose, le juge peut autoriser la personne habilitée à accomplir l'acte *(C. civ.,* *art. 494-6, al. 6)*. Ainsi, la personne habilitée ne peut acquérir l'immeuble de la personne protégée sans autorisation du juge des tutelles.

Conseil pratique **Bien que l'article 494-6 du Code civil ne le précise pas, il y a lieu de retenir également que lorsque l'habilitation n'est pas générale, il apparaît préférable d'interroger le juge des tutelles chaque fois que la personne habilitée souhaite acquérir l'immeuble de la personne protégée sauf si l'habilitation a autorisé spécifiquement une telle acquisition.**

2° Acquisition d'un immeuble

996 Habilitation générale de représentation – L'habilitation, lorsqu'elle est générale, peut permettre à la personne habilitée de conclure des actes de disposition au nom et pour le compte de la personne protégée. En ce cas, le représentant pourra procéder à la conclusion d'une vente d'immeuble tandis que la personne protégée ne le pourra pas *(C. civ., art. 494-8)*.

997 Habilitation spéciale de représentation – L'habilitation, lorsqu'elle est spéciale, ne permet au représentant de conclure que les actes visés dans l'habilitation. Ceux qui ne sont pas visés par l'habilitation peuvent être conclus par la personne protégée *(C. civ., art. 494-8)*.

998 Habilitation d'assistance – Il y a lieu de respecter l'article 467 du Code civil. Dès lors, l'assistance de la personne habilitée est requise et cette assistance se manifeste par l'apposition de sa signature à côté de celle de la personne protégée

Pour aller plus loin

- J. Combret et N. Baillon-Wirtz, L'habilitation familiale : une innovation à parfaire : JCP N 2015, n° 51-52, 1248
- D. Noguéro, Le périmètre des pouvoirs de la personne habilitée sur les biens du majeur protégé : Dr. famille 2016, dossier 43
- D. Noguéro, Les pouvoirs de la personne habilitée sur les biens du majeur protégé et les sanctions applicables : LPA, 25 nov. 2016, n° 236, p. 7
- N. Peterka, Déjudiciarisation de l'administration légale et renforcement du rôle de la famille dans la protection des majeurs. – À propos de l'ordonnance n° 2015-1288 du 15 octobre 2015 : JCP G 2015, n° 44, aperçu rapide 1160

VI. Mandat de protection future

999 Principe – Toute personne majeure ou mineure émancipée ne faisant pas l'objet d'une mesure de tutelle ou d'une habilitation familiale peut charger une ou plusieurs personnes, par un même mandat, de la représenter pour le cas où, pour l'une des causes prévues à l'article 425, elle ne pourrait plus pourvoir seule à ses intérêts *(C. civ., art. 477. – Ph. Potentier, Le mandat de protection future entre écriture et pratique : Defrénois 2018, n° 10, p. 22)*.

Le mandat de protection future est publié par une inscription sur un registre spécial dont les modalités et l'accès sont réglés par décret en Conseil d'État *(C. civ., art. 477-1)*. À ce jour, ledit décret n'a toujours pas été publié.

1000 Prise d'effet du mandat pour soi-même – Le mandat prend effet lorsqu'il est établi que le mandant ne peut plus pourvoir seul à ses intérêts. Le mandataire, en se présentant en personne *(CPC, art. 1258 et 1258-1)*, doit produire au greffe du tribunal d'instance le mandat et un certificat médical émanant d'un médecin choisi sur la liste mentionnée à l'article 431 établissant que le mandant se trouve dans l'une des situations prévues à l'article 425 du Code civil. Le greffier vise alors le mandat et date sa prise d'effet puis le restitue au mandataire.

1001 Prise d'effet du mandat pour autrui – Le mandat de protection future pour autrui prend effet :

- lors du décès des père et mère ou le survivant d'entre eux du bénéficiaire du mandat ou lors de leur impossibilité d'en prendre soin en raison d'une altération de leurs facultés mentales ou de leurs facultés corporelles de nature à empêcher l'expression de leurs volontés *(CPC, art. 1258-1)* ; cette impossibilité doit être constatée par un certificat établi par un médecin agréé par le parquet ;
- lorsqu'il y a altération des facultés personnelles du bénéficiaire du mandat, une fois celui-ci majeur. Cette altération est également établie au vu d'un certificat établi par un médecin agréé par le parquet.

Comme pour le mandat de protection future pour soi-même, le mandat pour autrui est mis en œuvre suite à la démarche du mandataire *(CPC, art. 1258 et 1258-1)*.

1002 Pouvoirs du mandataire – Les pouvoirs du mandataire sont différents suivant que le mandat est notarié ou sous seing privé :

➤ lorsque le mandat est notarié, par dérogation à l'article 1988 du Code civil, le mandat, même conçu en termes généraux, inclut tous les actes patrimoniaux que le tuteur a le pouvoir d'accomplir seul ou avec une autorisation. Le mandataire peut donc conclure des actes de disposition et des actes d'administration, donc vendre et acquérir un immeuble appartenant au bénéficiaire du mandat *(C. civ., art. 490)* ; il faut toutefois prendre garde aux limitations de pouvoir qui peuvent être contenues dans le mandat ;

- lorsque le mandat est sous seing privé, le mandat est limité, quant à la gestion du patrimoine, aux actes qu'un tuteur peut faire sans autorisation ; ainsi, le mandataire ne peut conclure que des actes de conservation et des aces d'administration. Il faut toutefois ici aussi prendre garde aux limitations de pouvoir qui peuvent être contenues dans le mandat. Le mandataire n'a donc pas le pouvoir de conclure un acte de disposition et donc de procéder à la vente ou à l'acquisition d'un immeuble au nom et pour le compte du bénéficiaire du mandat. Lorsque l'accomplissement d'un acte qui est soumis à autorisation ou qui n'est pas prévu par le mandat s'avère nécessaire, le mandataire doit saisir le juge des tutelles pour le voir ordonner *(C. civ., art. 493)*.

1003 Absence de dessaisissement du mandataire – Le bénéficiaire du mandat peut continuer à passer les actes que le mandataire a le pouvoir de conclure.

Ainsi, l'article 1159 du Code civil, en son second alinéa, précise que la représentation conventionnelle laisse au représenté l'exercice de ses droits. Dans le même sens, il est à souligner que l'article 1146 du Code civil dispose que sont incapables de contracter, dans la mesure définie par la loi... les majeurs protégés au sens de l'article 425 du même code. Or, aucune des dispositions relatives au mandat de protection future ne prévoit une telle incapacité de contracter puisque celles-ci ne tranchent pas la question. D'ailleurs, leur esprit va dans le sens de l'absence de dessaisissement. En effet, le législateur a souhaité que le bénéficiaire du mandat de protection future conserve sa capacité et puisse donc continuer à conclure les actes entrant dans le champ du mandat (en ce sens : *Circ. DACS, n° CIV/01/09/C1, 9 févr. 2009 relative à l'application des dispositions législatives et réglementaires issues de la réforme du droit de la protection juridique des mineurs et des majeurs : BOMJ, 28 févr. 2009, p. 40. – Rapport du défenseur des droits, Protection juridique des majeurs vulnérables, sept. 2016. – Rép. min. n° 85698 : JOAN 6 sept. 2016, p. 7998, Le Fur)*.

Conseil pratique **Lorsque le notaire a connaissance de l'existence d'un mandat de protection future, il doit conseiller au bénéficiaire du mandat de faire intervenir le mandataire à la vente.**

1004 Conflit d'intérêts – Aucune disposition spéciale n'interdit au mandataire d'acquérir un immeuble appartenant au mandant. Il y a dès lors lieu d'appliquer le droit commun. Ainsi, le mandataire ne peut acquérir un immeuble appartenant au mandant ou au bénéficiaire du mandat, ainsi qu'il résulte de l'article 1161 du Code civil.

Pour aller plus loin

Formules
- JCl. Notarial Formulaire, V° Majeurs protégés, fasc. 155, par D. Montoux
- JCl. Notarial Formulaire, V° Majeurs protégés, fasc. 245, par D. Montoux
- JCl. Notarial Formulaire, V° Majeurs protégés, fasc. 725, par D. Montoux
- JCl. Notarial Formulaire, V° Majeurs protégés, fasc. 825, par D. Montoux
- JCl. Notarial Formulaire, V° Mandat de protection future, fasc. 55, par É. Mallet
- JCl. Notarial Formulaire, V° Vente d'immeuble, fasc. 285, par D. Montoux

Fiche pratique
- Fiche pratique n° 1721 : Rédiger une vente d'immeuble, par M. Suquet-Cozic

Commentaires
- JCl. Notarial Formulaire, Synthèse 1450 : Vente d'immeuble, parties à l'acte, consentement, représentation, par V. Zalewski-Sicard
- JCl. Notarial Formulaire, V° Mineurs. Majeurs protégés, fasc. 100, par D. Montoux
- JCl. Notarial Formulaire, V° Mineurs. Majeurs protégés, fasc. 202, par D. Montoux
- JCl. Notarial Formulaire, V° Mineurs. Majeurs protégés, fasc. 510, par D. Montoux
- JCl. Notarial Formulaire, V° Mineurs. Majeurs protégés, fasc. 600, par D. Montoux
- JCl. Notarial Formulaire, V° Mineurs. Majeurs protégés, 710, par D. Montoux
- JCl. Notarial Formulaire, V° Mineurs. Majeurs protégés, fasc. 800, par D. Montoux

Revues
- J. Hauser, L'enfance du mandat de protection future, p. 709, in Mél. en l'honneur de Raymond Le Guidec : éd. LexisNexis, 2014
- J. Leprovaux, Le mandat de protection future, technique de gestion patrimoniale, p. 135, in Le patrimoine de la personne protégée : éd. LexisNexis, 2015
- J. Leprovaux, Le mandat de protection future : JCP N 2008, n° 36, 1274
- N. Peterka, Le mandat de protection future : bilan et perspectives : Defrénois 2017, p. 497

Porte-fort

1005 La promesse de porte-fort, dont le régime est précisé à l'article 1204 du Code civil, peut être utilisée à l'occasion de la vente d'un bien. Le promettant va ainsi s'engager, en concluant ladite vente pour un tiers, à ce que ledit tiers ratifie la vente.
La promesse de porte-fort doit demeurer exceptionnelle dès lors que le tiers n'est pas engagé, conformément à l'article 1203 du Code civil suivant lequel on ne peut s'engager en son propre nom que pour soi-même.

1006 Objet – La promesse de porte-fort, relativement à une vente immobilière, va correspondre à une promesse de porte-fort de ratification. Le fait promis correspond donc à l'obtention de la ratification du vendeur ou de l'acquéreur. Avant ratification, le contrat de vente préexiste, ce qui peut conduire, lorsque cela est prévu contractuellement, l'acquéreur à devoir verser le prix dès avant la ratification ou à entrer en possession du bien.
Pour autant, l'acte est inopposable à l'égard de la personne pour laquelle le promettant s'est porté fort. La situation de l'acquéreur est donc incertaine juridiquement jusqu'à la ratification du propriétaire.

1007 Effet – L'effet de la promesse de porte-fort varie suivant que le tiers ratifie ou non à la vente conclue par le promettant :
- si le tiers ratifie la vente, ce par acte authentique afin de pouvoir être publiée, le promettant est libéré de toute obligation ;
- si le tiers ne consent pas à la vente, le promettant peut être condamné à des dommages-intérêts (*Cass. 1re civ., 7 mars 2018, n° 15-21.244, P+B*). Le cocontractant du promettant ne peut en une telle hypothèse se prévaloir de la théorie de l'apparence, ayant connaissance de l'absence de pouvoir du promettant.

1008 Limites – La promesse de porte-fort ne peut être utilisée chaque fois que l'absence de ratification est susceptible de produire des conséquences sur le patrimoine que le législateur a entendu protéger en imposant un double consentement. Ainsi, la Cour de cassation a jugé qu'un époux ne pouvait valablement se porter fort de son conjoint. En pratique la prudence s'impose.

1009 Publicité foncière – La vente avec promesse de porte-fort tout comme la ratification de celle-ci doivent être publiées.
Ainsi, s'agissant de la vente, le service de la publicité foncière est tenu de procéder à la publication de la vente avec promesse de porte-fort *(D. n° 55-22, 4 janv. 1955, art. 28, 1°, a. – J. Lafond et N. Gonzalez-Gharbi, Guide de la publicité foncière 2017, n° 8417)*.

1010 Rôle du notaire – Compte tenu des dangers présents lors du recours à une promesse de porte-fort, le notaire se doit d'attirer l'attention des parties sur ceux-ci.

Formule – Reconnaissance de conseils donnés

Extrait du JurisClasseur *(JCl. Notarial Formulaire, V° Vente d'immeuble, fasc. 295)*

Le soussigné,
[...]

Identification de l'acquéreur

Reconnaît avoir été averti par Me......, notaire à..... des inconvénients et des risques résultant de l'acte d'acquisition qu'il a signé aujourd'hui même.
Cette acquisition est faite sans le consentement de M......., propriétaire (***ou*** : l'un des propriétaires), avec seulement l'engagement de M....... d'obtenir ultérieurement ce consentement aux termes de ce que l'on appelle une promesse de porte-fort.
Il a bien conscience que si M....... ne ratifie pas la vente il ne deviendra pas propriétaire ((ajouter éventuellement) et n'aura de recours que contre M....... porte-fort pour obtenir l'indemnité prévue au contrat).
Dans ces conditions, il s'abstiendra de faire tous travaux dans l'immeuble avant la ratification de la vente par M.......
Fait à......, le......

Pour aller plus loin

- JCl. Notarial Formulaire, V° Vente d'immeuble, fasc. 295, par D. Montoux
- JCl. Notarial Formulaire, V° Vente d'immeuble, fasc. 290, par D. Montoux

Concubins

1011 Définition concubinage – Le concubinage est défini par l'article 515-8 du Code civil comme une union de fait, caractérisée par une vie commune présentant un caractère de stabilité et de continuité, entre deux personnes, de sexe différent ou de même sexe, qui vivent en couple.

1012 Acquisition – Les concubins ne sont pas soumis à des règles patrimoniales spécifiques. Par conséquent, lors de l'acquisition d'un immeuble, il y a lieu d'appliquer les règles du droit commun. Ainsi, l'immeuble acquis sera personnel au concubin acquéreur ou indivis entre les concubins s'ils l'ont acquis ensemble, suivant les proportions prévues dans le titre de propriété.

1013 Aliénation – Chaque concubin peut décider seul de vendre les immeubles lui appartenant exclusivement. Lorsque l'immeuble est indivis entre eux, ce sont alors les règles de l'indivision qui doivent être appliquées *(V. n° **1135** et s.)*.

Partenaires d'un pacte civil de solidarité

Introduction

1014 Déterminer les pouvoirs des partenaires d'un Pacs avant qu'ils concluent ou que l'un d'entre eux conclu une vente immobilière oblige à distinguer suivant la date de conclusion du Pacs : avant le 1er janvier 2007 ou à compter du 1er janvier 2007.

I. Pacte conclu avant le 1er janvier 2007

1° Règles de qualification

a) Immeubles acquis avant la conclusion du pacte

1015 **Titre de propriété** - Pour déterminer la qualification des immeubles acquis avant la conclusion du Pacs, il convient de s'en tenir au titre de propriété. Ainsi, l'immeuble sera soit personnel au partenaire, car l'ayant acquis seul, soit indivis entre les partenaires s'ils l'ont acquis ensemble, avec des quotités déterminées par le titre de propriété.

b) Immeubles acquis après la conclusion du pacte

1016 **Immeubles acquis à titre gratuit** - Un immeuble acquis à titre gratuit par un partenaire en cours de Pacs lui est en principe personnel, qu'il l'ait reçu par voie de succession ou de donation. Il peut en aller différemment toutefois si l'immeuble a été transmis aux partenaires. En une telle hypothèse, l'immeuble est indivis entre eux dans les proportions fixées par l'acte translatif de propriété.

1017 **Immeuble acquis à titre onéreux** - Pour les immeubles acquis à titre onéreux en cours de Pacs, il faut distinguer suivant que ces acquisitions interviennent ou non à titre de remploi de deniers personnels car provenant de la vente de biens détenus avant le Pacs ou reçus à titre gratuit en cours de Pacs.

1018 **Immeuble acquis à titre d'emploi ou de remploi** - Les immeubles acquis à titre de remploi ou d'emploi, dès lors que dans le titre d'acquisition est précisée l'origine des deniers et que ces deniers sont personnels au partenaire car provenant de ses revenus, d'une donation ou d'une succession ou de la vente d'un bien personnel, est personnel au partenaire acquéreur *(C. civ., anc. art. 515-5)*.

Conseil pratique **Afin d'éviter toute incertitude sur la qualification du bien, il y a lieu d'écarter la présomption d'indivision en précisant dans l'acte que le partenaire entend acquérir seul l'immeuble, à titre personnel. Sera également précisée l'origine des deniers. À cette fin, il y a lieu d'indiquer, par exemple, que les fonds proviennent de la vente d'un immeuble précisément désigné qui appartenait exclusivement au partenaire car l'ayant acquis avant la conclusion du Pacs.**

2° Pouvoirs des partenaires pacsés

a) Biens personnels

1019 Chaque partenaire dispose seul des immeubles lui appartenant exclusivement. En cas de vente d'un immeuble suivi d'une acquisition, il y a lieu de veiller à préciser dans l'acte d'acquisition tout à la fois l'origine des deniers et la mise à l'écart de la présomption d'indivision.

b) Biens indivis

1020 S'agissant de la vente des biens indivis, il y a lieu de respecter soit les règles légales de l'indivision *(V. n° **1135** et s.)* soit les règles conventionnelles de la convention d'indivision.

Conseil pratique **Compte tenu de la présomption d'indivision jouant entre les partenaires pacsés, il y a lieu de ne pas s'en tenir au titre de propriété et de vérifier si le vendeur a ou non conclu un Pacs qui pourrait conduire à retenir la qualification de bien indivis. Pour ce faire, il y a lieu de demander au vendeur un extrait d'acte de naissance qui permettra de déterminer s'il a ou non conclu un Pacs.**

II. Pacte conclu à compter du 1er janvier 2007

1021 Les dispositions issues de la loi du 23 juin 2006 sont applicables aux partenaires qui soit ont conclu un Pacs à compter du 1er janvier 2007 soit ont adopté le nouveau régime par modification du Pacs signé avant le 1er janvier 2007. Il convient également de tenir compte de la possibilité des partenaires de choisir conventionnellement le régime de l'indivision

1° Régime légal

a) Règles de qualification

1) Immeubles acquis avant la conclusion du pacte

1022 Titre de propriété – Pour déterminer la qualification des immeubles acquis avant la conclusion du Pacs, il y a lieu de s'en tenir au titre de propriété. Ainsi, l'immeuble sera soit personnel au partenaire, car l'ayant acquis seul, soit indivis entre les partenaires s'ils l'ont acquis ensemble, avec des quotités déterminées par le titre de propriété.

2) Immeubles acquis après la conclusion du pacte

1023 Immeubles acquis à titre gratuit – Un immeuble acquis à titre gratuit par un partenaire en cours de Pacs lui est en principe personnel, qu'il l'ait reçu par voie de succession ou de donation. Il peut en aller différemment toutefois si l'immeuble a été transmis aux partenaires. En une telle hypothèse, l'immeuble est indivis entre eux dans les proportions fixées par l'acte translatif de propriété.

1024 Immeubles acquis à titre onéreux – Ils sont personnels ou indivis.

1025 Principe : bien personnel – Chaque partenaire peut procéder sans l'accord de l'autre, d'une part, à l'acquisition d'un immeuble, d'autre part, à la réalisation d'un emprunt pour financer l'acquisition. L'immeuble ainsi acquis lui sera personnel *(C. civ., art. 515-5)*.
À l'occasion de l'acquisition réalisée par un partenaire, le notaire doit attirer son attention sur l'utilité de justifier de l'origine des deniers employés sachant que sont des deniers personnels :
- les gains et salaires du partenaire ;
- les revenus de ses biens personnels ;
- les derniers provenant de la vente d'un bien personnel ;
- les deniers reçus à titre gratuit ;
- les indemnités versées à un titre quelconque.

Clause – Partenaire d'un PACS. Acquisition à titre personnel. Origine des derniers

L'acquéreur déclare expressément :
– qu'il acquitte le prix, dans les conditions énoncées aux présentes ainsi que des frais, au moyen de deniers lui appartenant personnellement comme lui provenant... ;
– que la présente acquisition est réalisée pour lui tenir lieu d'emploi de ses deniers personnels et ce afin que l'immeuble, objet du présent acte, lui soit personnel par l'effet de la subrogation réelle.

1026 Exception : bien indivis – Les partenaires peuvent acquérir ensemble un immeuble. L'immeuble sera considéré comme indivis entre eux, sachant que pour déterminer la quote-part de chaque partenaire, il y a lieu de s'en tenir au titre de propriété. Il est indifférent de connaître dans quelle proportion chaque partenaire à financer le prix d'acquisition pour la qualification du bien *(Cass. 1re civ., 10 janv. 2018, n° 16-25.190 : JurisData n° 2018-000066 ; JCP N 2018, n° 3, act. 149 ; D. 2018, p. 116)*.
Il n'en demeure pas moins qu'une différence de participation peut poser difficulté lors de la liquidation des intérêts patrimoniaux des partenaires. En effet, un partenaire pourra se prévaloir d'un droit de créance sur l'autre pour avoir payé le prix au-delà de la quote-part lui revenant. Il pourra être opposé à une telle demande que cette sur-contribution à l'acte d'acquisition correspondait soit à une participation aux charges de la vie courante soit qu'il s'agissait de rémunérer la sur-contribution du partenaire non acquéreur aux charges de la vie courante *(C. civ., art. 515-7, dernier al.)*.

b) Pouvoirs des partenaires

1027 Biens personnels – Chaque partenaire dispose seul des immeubles lui appartenant exclusivement. En cas de vente d'un immeuble suivi d'une acquisition, il y a lieu de veiller à préciser dans l'acte d'acquisition l'origine des deniers.

1028 Biens indivis – L'article 515-5-3 du Code civil précise qu'à défaut de dispositions contraires dans la convention, chaque partenaire est gérant de l'indivision et peut exercer les pouvoirs reconnus par les articles 1873-6 à 1873-8 du Code civil. Pour la vente d'un bien indivis, il conviendra d'obtenir l'accord des partenaires.

1029 Convention d'indivision – Pour l'administration des biens indivis, les partenaires peuvent conclure une convention relative à l'exercice de leurs droits indivis dans les conditions énoncées aux articles 1873-1 à 1873-15 du Code civil. À peine d'inopposabilité, cette convention est, à l'occasion de chaque acte d'acquisition d'un bien soumis à publicité foncière, publiée au fichier immobilier.
Par dérogation à l'article 1873-3, la convention d'indivision est réputée conclue pour la durée du pacte civil de solidarité. Toutefois, lors de la dissolution du pacte, les partenaires peuvent décider qu'elle continue de produire ses effets. Cette décision est soumise aux dispositions des articles 1873-1 à 1873-15 du Code civil.

2° Régime conventionnel

1030 Les partenaires peuvent, dans la convention initiale ou dans une convention modificative, choisir de soumettre au régime de l'indivision les biens qu'ils acquièrent, ensemble ou séparément, à compter de l'enregistrement de ces conventions. Ces biens sont alors réputés indivis par moitié, sans recours de l'un des partenaires contre l'autre au titre d'une contribution inégale *(C. civ., art. 515-5-1)*.

a) Règles de qualification

1) Immeubles acquis avant la conclusion du pacte

1031 Titre de propriété – Pour déterminer la qualification des immeubles acquis avant la conclusion du Pacs, il y a lieu de s'en tenir au titre de propriété. Ainsi, l'immeuble sera soit personnel au partenaire car l'ayant acquis seul soit indivis entre les partenaires s'ils l'ont acquis ensemble, avec des quotités déterminées par le titre de propriété.

2) Immeubles acquis après la conclusion du pacte

1032 Immeubles acquis à titre gratuit – Un immeuble acquis à titre gratuit par un partenaire en cours de Pacs lui est en principe personnel, qu'il l'ait reçu par voie de succession ou de donation. Il peut en aller différemment toutefois si l'immeuble a été transmis aux partenaires. En une telle hypothèse, l'immeuble est indivis entre eux dans les proportions fixées par l'acte translatif de propriété.

1033 Immeuble acquis à titre onéreux – Pour les immeubles acquis à titre onéreux en cours de Pacs, il faut distinguer suivant que ces acquisitions interviennent ou non à titre de remploi de deniers personnels, car provenant de la vente de biens détenus avant le Pacs ou reçus à titre gratuit en cours de Pacs.

1034 Immeuble acquis à titre d'emploi – Les immeubles acquis à titre d'emploi de deniers personnels, dès lors que dans le titre d'acquisition est précisée l'origine des deniers, sont personnels au partenaire acquéreur (*C. civ., art. 515-5-2*). Les deniers personnels pour lesquels une telle possibilité d'emploi est admise par l'article 515-5-2 du Code civil sont ceux provenant d'une donation ou d'une succession et ceux appartenant à un partenaire antérieurement à l'enregistrement de la convention initiale ou modificative aux termes de laquelle ce régime a été choisi.
L'article 515-5-2 du Code civil ne prévoit pas de possibilité d'emploi des autres deniers personnels à savoir les deniers perçus par chacun des partenaires, à quelque titre que ce soit, postérieurement à la conclusion du pacte.

Conseil pratique Afin d'éviter toute incertitude sur la qualification du bien, il y a lieu d'écarter la présomption d'indivision en précisant dans l'acte que le partenaire entend acquérir seul l'immeuble, à titre personnel. Sera également précisée l'origine des deniers.

Formules – Observation

Les présentes formules sont issues de l'ouvrage Le Pacs, de J.-F. Pillebout et F. Collard, 4e éd., LexisNexis, 2016

Formule 1 – Double déclaration d'origine des deniers et d'emploi

L'acquéreur déclare expressément :
– qu'il acquitte le prix dans les conditions énoncées au présent acte ainsi que des frais au moyen de deniers lui appartenant personnellement comme lui provenant...
– que la présente acquisition tient lieu d'emploi de ses deniers personnels et ce afin que le bien objet du présent acte lui demeure personnel par l'effet de la subrogation réelle, en application du dernier alinéa de l'article 515-5-2 du Code civil.

Formule 2 - Intervention optionnelle du partenaire de l'acquéreur

Au présent acte intervient à l'instant M. (*ou :* Mme), susnommé(e), qualifié(e) et domicilié(e), lequel (laquelle), connaissance prise du présent acte et après avoir reçu toutes les informations nécessaires par le notaire soussigné, déclare :
- reconnaître le caractère personnel des deniers employés par son partenaire au présent acte.
- prendre acte de la volonté de son partenaire d'acquérir le bien objet du présent acte en remploi de ses deniers afin que celui-ci lui appartienne à titre personnel.

1035 Immeuble acquis à titre de remploi – L'article 515-5-2 du Code civil ne prévoit pas la possibilité d'un remploi de deniers provenant de la vente d'un bien personnel (*à propos de l'approche communautaire du Pacs, H. Bosse-Platière, Indivision et communauté dans le régime des biens du Pacs aujourd'hui, in Mélanges G. Goubeaux, Dalloz-LGDJ, 2009*). Une stipulation du pacte peut opportunément régler la question.

1036 Immeuble acquis à titre de licitation – Les portions de biens acquises à titre de licitation de tout ou partie d'un bien dont l'un des partenaires était propriétaire au sein d'une indivision successorale ou par suite d'une donation lui sont personnels.

1037 Immeuble soumis à la présomption d'indivision – Dès lors qu'il n'y a pas d'emploi (*V. n° **1034***), l'immeuble acquis à titre onéreux en cours de pacte sera, à défaut de stipulation en sens contraire, réputé indivis pour moitié entre les partenaires (*C. civ., art. 515-5-2*).
Pour qu'il en aille différemment, il convient de le prévoir dans l'acte d'acquisition. Ainsi, l'immeuble pourra être personnel au partenaire s'il déclare acquérir l'immeuble seul, au moyen de deniers personnels visés au 4° ou au 5° de l'article 515-5-2 du Code civil, à titre personnel, la présomption d'indivision étant écartée.

b) Pouvoirs des partenaires

1038 Biens personnels – Chaque partenaire dispose seul des immeubles lui appartenant exclusivement. En cas de vente d'un immeuble suivi d'une acquisition, il y a lieu de veiller à préciser dans l'acte d'acquisition tout à la fois l'origine des deniers et la mise à l'écart de la présomption d'indivision.

1039 Biens indivis – L'article 515-5-3 du Code civil précise qu'à défaut de dispositions contraires dans la convention, chaque partenaire est gérant de l'indivision et peut exercer les pouvoirs reconnus par les articles 1873-6 à 1873-8 du Code civil. Pour la vente d'un bien indivis, il conviendra d'obtenir l'accord des partenaires.

1040 Convention d'indivision – Pour des biens indivis entre les partenaires, ces derniers peuvent conclure une convention relative à l'exercice de leurs droits indivis dans les conditions énoncées aux articles 1873-1 à 1873-15. À peine d'inopposabilité, cette convention est, à l'occasion de chaque acte d'acquisition d'un bien soumis à publicité foncière, publiée au fichier immobilier.
Par dérogation à l'article 1873-3, la convention d'indivision est réputée conclue pour la durée du pacte civil de solidarité. Toutefois, lors de la dissolution du pacte, les partenaires peuvent décider qu'elle continue de produire ses effets. Cette décision est soumise aux dispositions des articles 1873-1 à 1873-15 du Code civil.

Conseil pratique **Compte tenu de la présomption d'indivision jouant entre les partenaires, il y a lieu de ne pas s'en tenir au titre de propriété et de vérifier si le vendeur a ou non conclu un Pacs qui pourrait conduire à retenir la qualification de bien indivis. Pour ce faire, il y a lieu de demander au vendeur un extrait d'acte de naissance qui permettra de déterminer s'il a ou non conclu un Pacs.**

Pour aller plus loin

- H. Bosse-Platière, Indivision et communauté dans le régime des biens du Pacs aujourd'hui, p. 37, in Mélanges en l'honneur du professeur G. Goubeaux, Dalloz-LGDJ, 2009
- Y. Favier, L'immeuble du couple non marié : investissement ou contribution ? : JCP N 2016, n° 22-23, 1181
- H. Fulchiron, Le nouveau Pacs est arrivé : Defrénois 2006, p. 1647
- G. Hardy, L'apport d'un bien en Pacs : JCP N 2013, n° 13, act. 405
- M. Iwanesko, Acquisition d'immeuble par des époux séparés de biens, pacsés ou concubins et apports inégaux : JCP N 2015, n° 46, 1202
- M. Lebeau, Brèves remarques sur la nature de l'indivision d'acquêts des partenaires liés par un Pacs : Defrénois 2010, p. 2189
- H. Lemaire, Tontine et indivision « pacsale » : le cercle vicieux au secours de la vertu : JCP N 2010, n° 36, 631
- J.-F. Pillebout et F. Collard, Le Pacs, 4e éd. : LexisNexis, 2016
- Ph. Van Steenlandt, La soumission conventionnelle des partenaires pacsés au régime de l'indivision : JCP N 2009, n° 35, 1251

Époux

I. Aliénation d'un immeuble

1041 Sont tout d'abord examinées les règles du régime primaire susceptibles d'impacter la vente d'un immeuble appartenant à un ou aux époux puis celles propres à chaque régime.

1° Règles du régime primaire

a) Logement de la famille

1042 Protection du logement de la famille – Peu importe le régime matrimonial des époux, le logement familial fait l'objet d'une protection particulière et cela quelle que soit sa qualification : bien commun, bien propre ou personnel, bien indivis.

1043 Identification du logement de la famille – Le logement de la famille est celui où résident à titre principal les époux. En cas de séparation de fait, la protection du logement de la famille ne disparaît pas. Il s'agit, en principe, du logement où résident l'époux et les enfants du couple. En l'absence d'enfants, le logement de la famille correspond au logement que les époux avaient choisi d'un commun accord. En cas d'instance en divorce, l'article 215 du Code civil continue à s'appliquer. Ainsi et par exemple, le logement de la famille ne perd pas cette qualité lorsque sa jouissance a été attribuée, à titre provisoire, à l'un des époux pour la durée de l'instance en divorce *(Cass. 1re civ., 26 janv. 2011, n° 09-13.138 : JurisData n° 2011-000640 ; Bull. civ. I, n° 17 ; JCP N 2011, n° 5, act. 185 ; Dr. famille 2011, comm. 52*, V. *Larribau-Terneyre)*.

1044 Double consentement – Les époux ne peuvent l'un sans l'autre disposer des droits par lesquels le logement de la famille est assuré. Ainsi, par application de l'alinéa 3 de l'article 215 du Code civil, la vente de l'immeuble où habite la famille nécessitera de recueillir le consentement des deux époux *(V. JCl. Notarial Formulaire, V° Régimes matrimoniaux, fasc. 20)*.
Le consentement exigé par l'alinéa 3 de l'article 215 du Code civil est un consentement qui doit porter sur le principe même de la vente. Il faut aussi, suivant la Cour de cassation, que soient portées à la connaissance de l'époux les conditions essentielles de la vente *(Cass. 1re civ., 16 juill. 1985, n° 83-17.393 : Bull. civ. I, n° 223)*.
Le consentement de l'époux pour autoriser la vente peut bien entendu intervenir lors de la passation de l'acte. Il est également possible que celui-ci consente à la vente avant que celle-ci n'ait lieu. Un acte sera alors dressé à cette fin où il sera précisé que l'époux consent à la vente de l'immeuble accueillant le logement de la famille, vente dont les modalités seront précisées.

1045 Consentement-autorisation – Lorsque l'époux qui n'est pas propriétaire consent à la vente de l'immeuble appartenant à son conjoint et abritant le logement de la famille, son consentement correspond à un consentement-autorisation.

Conseil pratique **L'époux, qui ne dispose pas de droit sur le logement et qui ne fait qu'autoriser la vente, n'a pas la qualité de co-vendeur et il y a donc lieu, lors de la rédaction de l'acte, de prendre garde à ne pas désigner les deux époux comme vendeurs.**

1046 Sanction – La vente du logement de la famille sans le consentement des époux peut être annulée à la demande de celui qui n'a pas consenti à la vente. L'action en nullité ne peut être exercée plus d'un an à compter du jour où l'époux n'ayant pas consenti à la vente a eu connaissance de l'acte sans jamais pouvoir être intentée plus d'un an après la dissolution du régime matrimonial *(Cass. 1re civ., 12 janv. 2011, n° 09-15.631 : JurisData n° 2011-000145 ; JCP N 2012, n° 13, 1155 : Dr. famille 2011, comm. 31)*. En outre, l'époux doit justifier d'un intérêt actuel à demander l'annulation de l'acte *(Cass. 1re civ., 3 mars 2010, n° 08-13.500, Beignier : JurisData n° 2010-001109 ; Bull. civ. I, n° 53 ; JCP N 2010, n° 13, act. 332 ; Dr. famille 2010, comm. 61, B.)*.
Lorsque la nullité est prononcée, elle prive l'acte de tout effet, y compris dans les rapports de l'époux ayant consenti avec ses autres cocontractants *(Cass. 1re civ., 3 mars 2010, n° 08-18.947 : JurisData n° 2010-001121 ; Bull. civ. I, n° 54 ; JCP N 2010, n° 13, act. 331 ; JCP N 2010, n° 24, 1226, note V. Brémond)*.

Conseil pratique **Lors de la vente d'un immeuble appartenant à un époux, il y a lieu de déterminer si celui-ci correspond ou non au logement de la famille. Ainsi, si le vendeur déclare, pour l'application de l'imposition sur la plus-value, que l'immeuble vendu correspond à sa résidence principale, la vente devra être conclue avec le consentement des deux époux.**

b) Restriction des pouvoirs

1047 Manquement aux devoirs du mariage – Un époux peut au cours du mariage voir ses pouvoirs réduits. L'article 220-1 du Code civil prévoit que si l'un des époux manque gravement à ses devoirs et met en péril les intérêts de la famille, le juge aux affaires familiales peut interdire à cet époux de faire, sans le consentement de son conjoint, des actes de disposition sur ses biens propres ou sur ceux de la communauté *(V. JCl. Notarial Formulaire, V° Régimes matrimoniaux, fasc. 40)*.

1048 Publication – L'ordonnance qui porte interdiction de faire des actes de disposition sur des immeubles doit être publiée à la diligence de l'époux requérant au fichier immobilier. Cette publication cesse de produire effet à l'expiration de la période déterminée par l'ordonnance, sauf à la partie intéressée à obtenir dans l'intervalle une ordonnance modificative, qui sera publiée de la même manière *(C. civ., art. 220-2)*.

1049 État hypothécaire – L'ordonnance rendue en application de l'article 220-1 du Code civil étant publiée, son existence sera révélée par l'état hypothécaire demandé avant la vente. En cas de retard pour la signature de la vente, un second état hypothécaire sera demandé.

1050 Sanction – L'article 220-3 du même code précise que les actes de disposition portant sur les biens immobiliers passés en violation de la restriction de pouvoirs sont annulables :
- s'ils ont été passés avec un tiers de mauvaise foi ;
- ou s'ils ont été conclus postérieurement à la publication de l'ordonnance au fichier immobilier.

L'action en nullité est ouverte à l'époux requérant pendant 2 années à partir du jour où il a eu connaissance de l'acte, sans pouvoir jamais être intentée, si cet acte est sujet à publicité, plus de 2 ans après sa publication.

c) Accroissement des pouvoirs

1051 Cet accroissement peut être judiciaire ou conventionnel, pour un acte déterminé ou pour un ensemble d'actes. Il peut permettre d'éviter la mise en place d'une mesure de protection de l'époux défaillant *(C. civ., art. 428. – V. JCl. Notarial Formulaire, V° Mineurs. Majeurs protégés, fasc. 510)*.

1) Autorisation judiciaire pour un acte déterminé

1052 Un époux peut être autorisé par justice à passer seul un acte pour lequel le concours ou le consentement de son conjoint serait nécessaire si celui-ci est hors d'état de manifester sa volonté ou si son refus n'est pas justifié par l'intérêt de la famille *(C. civ., art. 217. – V. JCl. Notarial Formulaire, V° Régimes matrimoniaux, fasc. 40. – Cass. 1re civ., 4 déc. 2013, n° 12-24.000)*. Une telle autorisation peut être relative, par exemple, au logement de la famille, puisque le consentement des époux est nécessaire pour la validité de la vente.

1053 Autorisation spéciale – L'autorisation délivrée sur le fondement de l'article 217 du Code civil est une autorisation spéciale. Ainsi, avant la passation de la vente, doit être vérifiée la concordance entre les conditions de la vente et les termes de l'autorisation.

1054 Opposabilité – L'acte passé dans les conditions fixées par l'autorisation judiciaire est opposable à l'époux dont le concours ou le consentement a fait défaut, sans qu'il en résulte à sa charge aucune obligation personnelle. Ainsi, si l'époux qui a obtenu l'autorisation est commun en biens, il engage en passant l'acte ses biens propres ainsi que les biens de la communauté, à l'exclusion des biens propres de son conjoint.

1055 Caractère exécutoire – Afin de s'assurer du caractère exécutoire de l'autorisation, le notaire demandera à l'époux de lui procurer des certificats de notification et de non-recours dans les délais légaux délivrés par le greffe du tribunal. Ces certificats ainsi que la décision d'autorisation seront annexés à l'acte de vente.
Ladite décision peut faire l'objet d'un appel devant la cour d'appel dans un délai de 15 jours courant à compter de la notification de la décision *(CPC, art. 538 et 1289)*.

Conseil pratique **Le rédacteur de l'acte doit veiller à se conformer aux prescriptions de la décision de justice notamment quant aux modalités de la vente, à l'emploi du prix de vente et se faire justifier du caractère exécutoire de la décision.**

2) Habilitation judiciaire

1056 Lorsque l'un des époux se trouve hors d'état de manifester sa volonté, l'autre peut se faire habiliter par justice à le représenter, d'une manière générale, ou pour certains actes particuliers, dans l'exercice des pouvoirs résultant du régime matrimonial, l'étendue et les conditions de cette représentation étant fixée par le juge *(C. civ., art. 219. – V. JCl. Notarial Formulaire, V° Régimes matrimoniaux, fasc. 40)*.

1057 L'habilitation ne permettra de conclure une vente immobilière que si, et seulement si, y sont visés les actes de disposition. Si l'habilitation ne le précise pas, il y a lieu de considérer que l'époux n'est habilité à représenter son conjoint que pour la conclusion d'actes d'administration.

1058 **Effets** – L'époux qui est ainsi habilité judiciairement agit au nom et pour le compte de son conjoint qu'il représente. C'est donc l'époux représenté qui est seul engagé par l'acte conclu. En outre, il résulte de l'article 1159 du Code civil que le conjoint représenté est dessaisi pendant la durée de l'habilitation des pouvoirs transférés à son époux.

1059 **Caractère exécutoire** – Afin de s'assurer du caractère exécutoire de l'habilitation, le notaire demandera à l'époux représentant son conjoint de lui procurer des certificats de notification et de non-recours dans les délais légaux délivrés par le greffe du tribunal. Ces certificats ainsi que la décision du juge des tutelles seront annexés à l'acte de vente.
Ladite décision peut faire l'objet d'un appel devant la cour d'appel dans un délai de 15 jours courant à compter de la notification de la décision *(CPC, art. 538 et 1289)*.

Conseil pratique **Le rédacteur de l'acte doit veiller à ce que l'habilitation permette effectivement la conclusion d'une vente immobilière et se faire justifier du caractère exécutoire de la décision. Par ailleurs, lorsque la vente nécessite l'accord des époux, l'époux habilité doit consentir à la vente en son propre nom et au nom de son conjoint.**

3) Mandat

1060 Par application de l'article 218 du Code civil, un époux peut donner mandat à l'autre de le représenter dans l'exercice des pouvoirs que le régime matrimonial lui attribue *(V. JCl. Notarial Formulaire, V° Régimes matrimoniaux, fasc. 50, par M. Mathieu et E. Rousseau)*. Ce mandat peut être révoqué librement. Il laisse au conjoint représenté l'exercice de ses droits *(C. civ., art. 1159)*.

1061 **Modalités** – *V. n° **887** et s.*

Pour aller plus loin

- G. Raoul-Cormeil, Le conjoint de la personne vulnérable : Defrénois 2008, art. 38791 p. 1303
- J.-F. Sagaut, Empêchement ou impéritie des époux : les solutions du droit des régimes matrimoniaux : AJ fam. 2003, p. 124

2° Règles propres à chaque régime matrimonial

1062 Lors de la vente d'un immeuble appartenant à un époux, outre la prise en compte des dispositions du régime impératif de base, il convient de déterminer les pouvoirs des époux en fonction de leur régime matrimonial.

a) Époux communs en biens

1) Biens propres

1063 **Principe** – Chaque époux gère librement ses biens propres *(C. civ., art. 1428)*. Il lui est donc loisible de vendre ceux-ci sans avoir à obtenir l'autorisation de son conjoint.

1064 **Exceptions** – Il peut toutefois en aller différemment. Ainsi, lorsque le bien propre abrite le logement de la famille, il y a lieu de respecter l'alinéa 3 de l'article 215 du Code civil. De même, l'époux propriétaire peut avoir été dessaisi de son pouvoir résultant de l'article 1428 du Code civil si son conjoint a été habilité à conclure des actes sur ceux-ci, en application de l'article 219 du Code civil. Par ailleurs et spécifiquement pour les époux communs en biens, il y a lieu de prendre en compte l'article 1429 du Code civil.

1065 **Dessaisissement** – Lorsque l'époux propriétaire se trouve d'une manière durable, hors d'état de manifester sa volonté, ou s'il met en péril les intérêts de la famille, soit en laissant dépérir ses propres, soit en dissipant ou détournant les revenus qu'il en retire, il peut, à la demande de son conjoint, être dessaisi des droits d'administration et de jouissance de ses propres biens *(C. civ., art. 1429)*.

1066 **Publicité** – Conformément aux articles 1291 et 1292 du Code de procédure civile, une double publicité est assurée.
Tout d'abord, un extrait de la demande est transmis par l'avocat du demandeur aux greffes des tribunaux de grande instance dans le ressort desquels sont nés l'un et l'autre des époux, à fin de conservation au répertoire civil et de publicité par mention en marge de l'acte de naissance.
Ensuite, lorsque le juge prononce le dessaisissement, le dispositif du jugement est notifié à l'officier de l'état civil du lieu où le mariage a été célébré à fin de mention en marge de l'acte de célébration. Lorsque l'union a été célébrée à l'étranger et qu'un acte de mariage a été dressé ou transcrit sur un registre français, le dispositif du jugement est notifié aux mêmes fins à l'autorité détenant ce registre.

Conseil pratique **Avant toute vente d'un immeuble appartenant en propre à un époux il y a lieu de vérifier si celui-ci n'a pas fait l'objet d'une demande de dessaisissement sur le fondement de l'article 1429 du Code civil.**

1067 Vente de la pleine propriété ou de l'usufruit – À compter de la demande, l'époux dessaisi ne peut disposer seul que de la nue-propriété de ses biens. Dès lors, lorsqu'il désire céder la pleine propriété ou l'usufruit d'un immeuble lui appartenant en propre, le consentement de son conjoint est nécessaire. En une telle hypothèse, ledit conjoint n'intervient pas en qualité de vendeur mais intervient pour représenter son conjoint pour la cession de l'usufruit.

1068 Caractère exécutoire de la décision – L'article 1429 du Code civil dispose qu'à compter de la demande, l'époux dessaisi ne peut disposer seul que de la nue-propriété de ses biens, ce qui implique qu'à compter de cette même date, il peut être représenté par son conjoint. Il apparaît donc, qu'à la différence des autres hypothèses de représentation, il n'apparaît pas nécessaire d'attendre que la décision ait un caractère exécutoire. Toutefois, le propos doit être nuancé.

- S'il s'agit de la vente de la nue-propriété d'un immeuble propre, il n'y a pas alors de difficulté puisque l'époux peut toujours disposer de celle-ci.
- S'il s'agit de la vente de la pleine propriété, l'époux et son conjoint doivent tous deux consentir à la vente. Dès lors et dans l'hypothèse où le juge ne prononcerait pas le dessaisissement, il n'en demeurerait pas moins que le consentement de l'époux propriétaire a bien été donné. La vente ne devrait donc pas pouvoir être remise en cause.

2) Biens communs

1069 Pour disposer à titre onéreux des immeubles dépendant de la communauté, il y a lieu, en application de l'article 1424 du Code civil, d'obtenir le consentement de chaque époux. Pour éviter tout risque d'annulation, chaque époux va consentir à l'acte en qualité de vendeur. Bien entendu, il est parfaitement possible que l'un des époux soit représenté par l'autre ou par un tiers.

Conseil pratique **Lors de la vente d'un bien commun, il y a lieu d'exiger la remise par l'époux se présentant seul du mandat établi par son conjoint l'autorisant à le représenter pour consentir à la vente. Le notaire engagerait sa responsabilité en ne vérifiant pas la réalité des pouvoirs de l'époux.**

1070 Sanction – En cas de violation de la règle de cogestion, l'époux dont le consentement était requis, ou ses héritiers, pourra agir en nullité de l'acte pendant 2 années à compter du jour où il a eu connaissance de l'acte, sans pouvoir jamais être intentée plus de 2 ans après la dissolution de la communauté *(C. civ., art. 1427. - V. JCl. Notarial Formulaire, V° Communauté entre époux, fasc. 120, par M. Mathieu)*. L'acte peut échapper à la nullité si l'époux qui n'a pas consenti à la vente ratifie celle-ci.

1071 Exceptions – Il peut toutefois en aller différemment. Ainsi un époux a pu être habilité à représenter son conjoint, en application de l'article 219 du Code civil. Par ailleurs et spécifiquement pour les époux communs en biens, il y a lieu de prendre en compte l'article 1426 du Code civil *(V. JCl. Notarial Formulaire, V° Communauté entre époux, fasc. 110, par M. Mathieu)*. En vertu de ce dernier texte, si l'un des époux se trouve d'une manière durable, hors d'état de manifester sa volonté ou si sa gestion de la communauté atteste l'inaptitude ou la fraude, l'autre conjoint peut demander en justice à lui être substitué dans l'exercice de ses pouvoirs.

1072 Effets – L'habilitation a pour effet :
- de dessaisir l'époux pour lequel la demande a été effectuée de ses pouvoirs sur les biens communs ;
- de permettre au conjoint habilité de représenter son époux.

Toutefois, il doit être souligné que pour les actes soumis à cogestion et donc les ventes immobilières, il sera nécessaire que l'époux habilité obtienne une autorisation de vendre l'immeuble *(C. civ., art. 1426)*, ce par requête devant le juge aux affaires familiales *(CPC, art. 1286)*.

1073 Publicité – Conformément aux articles 1291 et 1292 du Code de procédure civile, une double publicité est assurée : mention au répertoire civil et en marge de l'acte de naissance, mention en marge de l'acte de mariage.

1074 Caractère exécutoire de l'habilitation ou de l'autorisation – Afin de s'assurer du caractère exécutoire de l'habilitation ou de l'autorisation, le notaire demandera à l'époux représentant son conjoint de lui procurer des certificats de notification et de non-recours dans les délais légaux délivrés par le greffe du tribunal. Ces certificats ainsi que la décision du juge seront annexés à l'acte de vente.

Ladite décision peut faire l'objet d'un appel devant la cour d'appel dans un délai d'un mois courant à compter de la notification de la décision *(CPC, art. 538 et 1288. - JCl. Procédure civile, fasc. 728)*.

Conseil pratique **Avant toute vente d'un immeuble commun, il y a lieu de vérifier si les époux disposent de leur pouvoir ou si l'un d'entre eux a été habilité à représenter l'autre en application soit de l'article 219 du Code civil soit de l'article 1426 du même code. Lorsqu'un époux a été habilité en application de l'article 1426 du Code civil, il y a lieu de vérifier la concordance entre l'autorisation de vendre et les stipulations de l'acte de vente.**

PARTIES À L'ACTE

3) Biens communs et procédures collectives

1075 Attraction des biens communs – Par application des articles 1413 et 1418 du Code civil, les biens propres du débiteur et les biens communs, à l'exclusion des biens propres du conjoint *in bonis*, figurent à l'actif de la procédure collective *(Cass. ass. plén., 23 déc. 1994, n° 90-15.305 : JurisData n° 1994-002486 ; Bull. civ. ass. plén., n° 7 ; JCP N 1995, n° 10, p. 423, note D. Randoux ; JCP N 1995, n° 42, p. 1469, note Ph. Simler ; Defrénois 1995, p. 445, obs. G. Champenois ; Defrénois 1995, p. 485, obs. F. Derrida)*.

1076 Pouvoirs de gestion et période d'observation – Le conjoint *in bonis* voit alors ses pouvoirs sur les biens communs restreints. En effet, il ne lui est plus possible de vendre un bien commun. Cette vente doit être autorisée par le juge-commissaire, sachant que le conjoint *in bonis* ne peut demander audit juge l'autorisation de vendre. De plus, son époux ou l'administrateur va pouvoir solliciter une telle autorisation qui sera suffisante pour que la vente puisse être valablement faite, le conjoint *in bonis* étant seulement entendu en application de l'article R. 624-12 du Code de commerce.

1077 Pouvoirs de gestion et liquidation – L'époux faisant l'objet de la liquidation est représenté par le liquidateur, en application de l'article L. 641-9 du Code de commerce, ce à compter du jour du jugement qui ouvre ou prononce la liquidation judiciaire *(Cass. com., 2 oct. 2007, n° 06-20.140 : JurisData n° 2007-040698. – Cass. com., 22 mai 2012, n° 11-17.391 : JurisData n° 2012-011159 ; Bull. civ. IV, n° 106 ; JCP N 2012, n° 23, act. 602 ; Act. proc. coll. 2012, comm. 172, obs. F. Vauvillé ; D. 2012, p. 1399 ; RJDA 2012/10, n° 884 ; JCP G 2012, 1389, n° 8, note Ph. Simler)*. Le conjoint *in bonis* ne peut alors vendre un immeuble commun, du fait de l'attraction des biens communs dans la liquidation. Seul le liquidateur va pouvoir consentir à la vente d'un immeuble commun, ce sans qu'il soit nécessaire de recueillir le consentement du conjoint *in bonis (Cass. com., 27 sept. 2016, n° 15-10.428 : JurisData n° 2016-019553 ; JCP N 2016, n° 41, act. 1106)*.

Pour aller plus loin

- V. Aussel, Le couple confronté aux créanciers professionnels : Defrénois 2016, p. 547
- C. Lisanti, Pour un statut du conjoint in bonis : RTD com. 2017, p. 269
- P. Rubellin, Retour sur le statut du conjoint du débiteur commun en biens : BJE janv. 2014, n° 110t9 p. 62
- C. Saint-Alary-Houin, Il est temps de repenser la situation du conjoint dans les procédures ! : BJE mars 2016, p. 12

4) Biens communs et procédures de surendettement

1078 Pour déterminer les effets d'une procédure de surendettement sur les biens communs, il est nécessaire de distinguer les différentes étapes et issues de celles-ci.

1079 Recevabilité de la demande – La saisine de la commission par le débiteur n'entraîne, en principe, aucune restriction de ses pouvoirs. Cette restriction n'apparaît que lorsque la commission a décidé de la recevabilité du dossier. Toutefois, il peut en aller différemment si lors du dépôt du dossier, le débiteur a demandé à la commission de saisir le juge afin d'obtenir l'arrêté des voies d'exécution *(C. consom., art. L. 721-4)*. En effet, en ce cas, l'article L. 721-6 du Code de la consommation précise que notamment l'article L. 722-5 du même code est applicable. Le débiteur peut toutefois saisir le juge du tribunal d'instance afin qu'il l'autorise à passer la vente ou la cession *(C. consom., art. L. 722-5)*.

Conseil pratique **Lorsque le vendeur fait l'objet d'une procédure de surendettement et que la commission a retenu la recevabilité du dossier ou a été saisie d'une demande d'arrêt des voies d'exécution, la vente d'un immeuble commun ne peut intervenir qu'après obtention d'une autorisation du juge du tribunal d'instance, ce à peine de nullité de l'acte *(C. consom., art. L. 761-1)*. Outre ladite autorisation, il convient également d'obtenir le consentement du conjoint n'ayant pas demandé l'ouverture d'une procédure de surendettement, ce tant que la jurisprudence n'aura pas exclu la nécessité d'un tel consentement.**

1080 Adoption d'un plan conventionnel – Lorsqu'un plan conventionnel a été adopté, il peut être prévu l'abstention par le débiteur d'actes qui aggraveraient son insolvabilité *(C. consom., art. L. 732-2)*. Ainsi, la vente ne pourra intervenir sans avoir préalablement consulté le plan conventionnel. S'il apparaît que le débiteur n'est pas autorisé à vendre l'immeuble, il faudra alors obtenir l'accord des créanciers signataires du plan. Sans cet accord, le débiteur perdra le bénéfice du plan *(C. consom., art. L. 761-1)*.

1081 Le plan peut également prévoir l'obligation pour le débiteur de vendre l'immeuble. En ce cas, l'accord de la commission n'est pas nécessaire, dès lors du moins que la vente intervient dans les conditions prévues par le plan *(S. Ledan-Cabarroque, La vente de la résidence principale appartenant à un propriétaire surendetté : Rev. proc. coll. 2016, dossier 6. – R. Detter R., La vente d'immeuble par un propriétaire surendetté : Cah. Cridon Lyon 2012 n° 64, p. 14)*.

1082 Ce plan étant conventionnel, il ne peut être opposé au conjoint de l'époux ayant accepté de conclure un tel plan. Il ne peut dès lors conduire à restreindre les pouvoirs de ce conjoint. Par conséquent, si la vente d'un immeuble commun doit être effectuée, il y aura lieu de respecter l'article 1424 du Code civil : le double consentement des époux est nécessaire.

Attention La vente ou la cession intervenue sans l'accord des créanciers signataires du plan et non prévue par le plan peut être annulée par le juge du tribunal d'instance, à la demande de la commission qui peut être présentée pendant un délai d'un an à compter de l'acte.

1083 Adoption de mesures imposées ou recommandées par la commission – Dès lors que les mesures ne prévoient pas la vente de l'immeuble, le débiteur doit obtenir l'accord de la commission pour pouvoir consentir à la vente. Faute d'accord, les risques sont les suivants :

- la déchéance du bénéfice des mesures imposées ou recommandées *(C. consom., art. L. 761-1)* ;
- la nullité de la vente par le juge du tribunal d'instance, à la demande de la commission, demande pouvant être présentée pendant un délai d'un an à compter de l'acte *(C. consom., art. L. 761-2)*.

Au regard des solutions retenues en matière de procédure collective, il peut être soutenu que seul l'époux ayant fait une demande d'ouverture de procédure de surendettement peut demander une autorisation de la commission afin de vendre un immeuble commun. Il n'existe toutefois, à notre connaissance, pas de jurisprudence sur ce point.

Conseil pratique Après adoption de mesures imposées ou recommandées par la commission, la vente d'un immeuble commun ne peut intervenir qu'après obtention d'une autorisation de la commission *(C. consom., art. L. 761-2)*. Outre ladite autorisation, il convient également d'obtenir le consentement du conjoint n'ayant pas demandé l'ouverture d'une procédure de surendettement, ce tant que la jurisprudence n'aura pas exclu la nécessité d'un tel consentement.

1084 Rétablissement personnel sans liquidation judiciaire – Le débiteur doit obtenir l'accord du juge pour pouvoir consentir à la vente d'un immeuble. Faute d'accord, les risques sont identiques à ceux décrits ci-dessus.

1085 Rétablissement personnel avec liquidation judiciaire – À compter du jugement prononçant l'ouverture de la procédure, le débiteur ne peut aliéner ses biens sans l'accord du mandataire ou, à défaut de mandataire désigné, du juge *(C. consom., art. L. 742-9)*.

Conseil pratique Après ouverture de la procédure de rétablissement personnel sans liquidation judiciaire, la vente d'un immeuble commun ne peut intervenir qu'après obtention de l'accord du mandataire judiciaire ou en son absence du juge *(C. consom., art. L. 742-9)*. Outre ledit accord, il convient également d'obtenir le consentement du conjoint n'ayant pas demandé l'ouverture d'une procédure de surendettement, ce tant que la jurisprudence n'aura pas exclu la nécessité d'un tel consentement.

1086 Le jugement qui prononce la liquidation emporte de plein droit dessaisissement du débiteur de la disposition de ses biens. Ses droits et actions sur son patrimoine personnel sont exercés pendant toute la durée de la liquidation par le liquidateur *(C. consom., art. L. 742-15)*. Le liquidateur dispose d'un délai de 12 mois pour vendre les biens du débiteur à l'amiable ou, à défaut, organiser une vente forcée dans les conditions relatives aux procédures civiles d'exécution *(C. consom., art. L. 742-16)*.

1087 Il y a ici de fortes chances que la même solution qu'en matière de procédure collective soit retenue. Or, dans le cadre de celle-ci, le conjoint *in bonis* ne peut vendre un immeuble commun, du fait de l'attraction des biens communs dans la liquidation. Seul le liquidateur va pouvoir consentir à la vente d'un immeuble commun, ce sans qu'il soit nécessaire de recueillir le consentement du conjoint *in bonis (Cass. 1re civ., 21 mai 1997, n° 95-14.102 : JurisData n° 1997-002164 : Bull. civ. I, n° 163. – Cass. com., 27 sept 2016, n° 15-10.428 : JurisData n° 2016-019553)*. Ainsi, dans le cadre d'un rétablissement personnel avec liquidation judiciaire, seul le liquidateur pourrait céder un immeuble commun.

Pour aller plus loin

- V. Vigneau, G.-X. Bourin, C. Cardini, Droit du surendettement des particuliers : LexisNexis, 2e éd., 2012

b) Époux et communautés conventionnelles

1088 En l'absence de précision sur les règles de pouvoir dans le contrat de mariage ou l'acte modificatif du régime matrimonial, il y a lieu d'appliquer les règles de la communauté légale *(C. civ., art. 1497)*.

1089 Aménagements – Les clauses relatives aux pouvoirs des époux ont perdu de leur vigueur depuis la loi n° 85-1372 du 23 décembre 1985. Ainsi, pour ce qui est relatif à la vente d'immeuble, il n'est pas possible aux époux de prévoir, dans leur contrat de mariage ou dans un acte modificatif de leur régime matrimonial, une clause prévoyant qu'un époux pourra seul disposer des biens communs, sans le consentement de l'autre *(JCl. Civil Code, Art. 1387 à 1393, fasc. unique, par A. Lamboley)*. Ce sont donc les règles exposées pour le régime légal qui devront être respectées.

Pour aller plus loin

- JCl. Notarial Formulaire, V° Communauté entre époux, fasc. 200

c) Époux séparés de biens

1090 Biens personnels – Chacun des époux séparés de biens peut aliéner, seul et sans le consentement de son conjoint, les immeubles qui lui sont personnels *(C. civ., art. 1536. – V. JCl. Notarial Formulaire, V° Séparation de biens, fasc. 20, par J. Lafond)*. La même règle s'applique en cas de séparation de biens judiciaire principale *(C. civ., art. 1443 et 1449)* et en cas de séparation de biens accessoire à la séparation de corps *(C. civ., art. 302. – V. JCl. Notarial Formulaire, V° Divorce, fasc. 170)*.

1091 Biens indivis – Lorsque les époux ont acquis ensemble un immeuble, les droits indivis ainsi acquis sont personnels et l'immeuble indivis. En une telle hypothèse, ce sont les règles de l'indivision qui doivent être respectées (*V. n°* ***1135*** *et s.*).

1092 Société d'acquêts – Lorsqu'une société d'acquêts a été adjointe à une séparation de biens, les biens compris dans la société sont gérés suivant les règles prévues conventionnellement. Dès lors, pour la vente d'immeuble, il y a lieu de prendre connaissance de celles-ci pour déterminer dans quelles conditions elle peut être conclue.

Pour aller plus loin

- F. Collard, La séparation de biens avec société d'acquêts : un contrat d'avenir : JCP N 2017, n° 37-38, 1262
- F. Rouvière, Les multiples facettes de la séparation de biens avec société d'acquêts : Defrénois 2006, p. 1206

d) Époux sous le régime de la participation aux acquêts

1093 Les époux mariés sous régime de la participation aux acquêts conservent l'administration, la jouissance et la libre disposition de leurs biens personnels, sans distinguer entre ceux qui leur appartenaient au jour du mariage ou leur sont advenus depuis par succession ou libéralité et ceux qu'il a acquis pendant le mariage à titre onéreux *(C. civ., art. 1569)*.

1094 Gestion exclusive – Pendant le mariage, le régime de la participation aux acquêts fonctionne comme si les époux étaient mariés sous le régime de la séparation de biens. Autrement dit, chaque époux peut vendre seul un immeuble personnel. Lorsque les époux ont acquis ensemble un immeuble, il y a lieu de respecter les règles de l'indivision.

1095 Consentement du conjoint – Bien que le consentement du conjoint de l'époux propriétaire du bien mis en vente ne soit pas nécessaire, il est néanmoins préférable dans l'intérêt de l'acquéreur et de l'époux vendeur d'obtenir l'intervention du conjoint lorsqu'est mis en vente un immeuble qualifié d'acquêt au regard du régime matrimonial. Il en ira particulièrement ainsi pour les ventes moyennant rente viagère ou à fonds perdu qui sont présumées faites en fraude des droits du conjoint, sauf si celui-ci y a consenti *(C. civ., art. 1573. – V. JCl. Notarial Formulaire, V° Participation aux acquêts, fasc. 10, par J.-F. Pillebout)*.

Pour aller plus loin

- J.-F. Pillebout, La participation aux acquêts : LexisNexis, 3e éd., 2012, n° 68

II. Acquisition d'un immeuble

1096 Principe – Chaque époux peut, en principe, sans le consentement de son conjoint, et ce, quel que soit son régime matrimonial, procéder à l'acquisition d'un immeuble *(C. civ., art. 216, 221 à 223, 225, 1428 et 1536, al. 1. – V. JCl. Notarial Formulaire, V° Régimes matrimoniaux, fasc. 30)*. Il y a lieu toutefois de tenir compte des éventuelles restrictions de pouvoirs qui ont pu être prononcées (*V. n°* ***1047*** *et s.*).

1° Époux communs en biens

a) Acquisition en dehors d'une instance en divorce

1097 Immeuble commun – L'immeuble acquis à titre onéreux en cours de communauté est en principe un bien commun *(C. civ., art. 1401)*.

1098 Immeuble propre – L'immeuble, dès lors qu'il n'y a eu subrogation automatique ou double déclaration d'emploi échappe à la communauté et est alors propre à l'époux acquéreur. Si lorsque la subrogation joue automatiquement, l'immeuble sera propre quelle que soit la contribution de la communauté au paiement du coût total d'acquisition, il en va différemment lorsque s'applique l'article 1434 du Code civil et qu'intervient tout à la fois une déclaration d'origine des deniers et une déclaration de faire du bien acquis un bien propre. En effet, l'immeuble ne sera propre que si la contribution de la masse propre correspond au moins à la moitié du coût total d'acquisition *(C. civ., art. 1436)*. Le remploi peut être immédiat *(C. civ., art. 1434)*, anticipé *(C. civ., art. 1435)* ou *a posteriori (C. civ., art. 1434)*.

1099 Passif – Si un époux acquiert un bien seul, il engage la communauté et ses biens propres *(C. civ., art. 1413 et 1418. – V. JCl. Notarial Formulaire, V° Communauté entre époux, fasc. 60)*.

1100 Emprunt – Un époux commun en biens peut conclure seul un emprunt. Le gage du prêteur est alors réduit aux biens propres de l'époux contractant et à ses revenus *(C. civ., art. 1415)*. Pour cette raison, il est le plus souvent demandé aux époux de consentir à l'emprunt, ce qui permet que le gage du créancier soit élargi à l'actif communautaire. Il y a alors lieu de veiller à préserver les intérêts de l'époux qui n'acquiert pas l'immeuble. Ainsi, il sera indiqué que le consentement n'est donné qu'en application de l'article 1415 du Code civil et que l'époux n'entend pas se porter emprunteur. Il s'agit alors d'un consentement-autorisation à engager les biens communs.

Pour aller plus loin

- H. Lécuyer, Crédit immobilier et droit patrimonial de la famille : LPA 29 mars 1998, p. 21
- F. Pasqualini, L'emprunt et le régime matrimonial : Defrénois 1991, art. 35013, p. 449
- J.-L. Puygauthier, Cautionnement ou emprunt souscrit par un époux commun en biens : une jurisprudence bienveillante : Defrénois 2005, art. 38229
- V. Zalewski-Sicard, Emprunt, dissolution et liquidation de communauté l'heure des règlements de comptes : RLDC 2014, n° 117, p. 52

b) Acquisition au cours d'une instance de divorce

1101 Pendant l'instance en divorce, un époux peut être désireux de procéder à l'acquisition d'un logement et que celui-ci lui appartienne en propre. Il sera alors nécessaire de tenir compte de l'article 262-1 du Code civil qui fixe la date des effets du divorce relativement aux biens des époux *(V. JCl. Notarial Formulaire, V° Divorce, fasc. 12)*.

1102 Dangers et inconvénients – Le procédé n'est toutefois pas sans danger et sans inconvénient.
Il n'est pas sans danger puisque la qualification du bien est aléatoire jusqu'au prononcé du divorce.
Il n'est pas sans inconvénient lorsqu'il est nécessaire de procéder à l'inscription d'une sûreté. En effet, tant que le divorce n'est pas prononcé, le bien est considéré comme commun et le consentement des époux sera donc nécessaire pour procéder à l'inscription d'une sûreté *(Cass. 1re civ., 28 sept. 2011, n° 10-18.290 : JurisData n° 2011-020476 ; JCP N 2012, n° 47, 1376-9, obs. Ph. Simler ; AJF 2011, p. 548)*.
En outre, il ne faut pas oublier que le jugement de divorce est opposable aux tiers, en ce qui concerne les biens des époux, qu'à partir du jour où les formalités de mention en marge prescrites par les règles de l'état civil ont été accomplies. Autrement dit, pour les créanciers de la communauté, le bien acquis en instance de divorce reste un bien commun, que le divorce soit prononcé ou non *(Cass. com., 27 sept. 2016, n° 15-10.428 : JurisData n° 2016-019553 ; JCP N 2016, n° 41, act. 1106 ; Dr. famille 2016, comm. 255, B. Beignier)*. Le notaire doit attirer l'attention de l'époux sur ces inconvénients et faire signer une reconnaissance de conseils de donnés.

Pour aller plus loin

- M. Arrault et P. Cornille, La pratique notariale des régimes matrimoniaux après la réforme de 1985 : Brochure Cridon Bordeaux-Toulouse avr. 1989
- 106e Congrès des notaires de France, Bordeaux, 30 mai-2 juin 2010, « Couples, patrimoine, Les défis de la vie à 2 », p. 838, n° 3535 et s.

c) Acquisition à cheval sur deux périodes

1103 **Date du transfert de propriété** – Pour qualifier un bien sous le régime légal, la date du transfert de propriété est importante :

- si la date du transfert de propriété est antérieure au mariage, le bien acquis est un propre, par application de l'article 1405 du Code civil, ce alors même que tout ou partie du prix d'acquisition est payé en cours de mariage ;
- si la date du transfert de propriété est postérieure au mariage, le bien acquis est, en principe, commun.

1104 **Processus échelonné d'acquisition** – Les difficultés surgissent lorsque le processus d'acquisition chevauche la célébration du mariage. À chaque fois, il s'agira de déterminer à quelle date le transfert de propriété est intervenu. La jurisprudence a ainsi eu à connaître d'hypothèses où la promesse de vente, unilatérale ou synallagmatique, était signée avant le mariage et où le transfert de propriété n'intervenait qu'en cours de mariage. C'est à chaque fois la date du transfert de propriété qui a été retenue pour procéder à la qualification du bien *(Cass. 1re civ., 1er déc. 2010, n° 09-65.673 : JurisData n° 2010-022545 ; JCP N 2010, n° 49,* act. 869 *; Dr. famille 2011, comm. 76, B. Beignier ; Defrénois 2011, p. 83, obs. V. Zalewski-Sicard ; RTD civ. 2011, p. 420, note Y.-M. Laithier).*
Il en résulte que :

- l'immeuble est, en principe, commun si le transfert de propriété est intervenu en cours de communauté, quelle que soit la date de conclusion d'un contrat préparatoire ou d'une vente ;
- l'immeuble est personnel si le transfert de propriété est intervenu avant le mariage ou après la dissolution de la communauté.

Pour aller plus loin

- B. Vareille, Communauté et opérations en cours non dénouées : JCP N 2009, n° 22, 1187
- V. Zalewski-Sicard, Construction, acquisition et époux communs en biens : JCP N 2016, n° 22-23, 1178

2° Époux séparés de biens

1105 Chaque époux peut procéder sans l'accord de l'autre, d'une part, à l'acquisition d'un immeuble, d'autre part, à la réalisation d'un emprunt pour financer l'acquisition. L'immeuble ainsi acquis lui sera personnel.

1106 **Origine des deniers** – À l'occasion de l'acquisition réalisée par un époux séparé de biens, le notaire doit attirer son attention sur l'utilité de justifier de l'origine des deniers employés. En effet, si le conjoint de l'époux acquéreur venait à faire l'objet d'une procédure collective, le mandataire judiciaire ou l'administrateur peut, demander que l'immeuble acquis soit réuni à l'actif en prouvant par tous moyens que l'immeuble acquis l'a été avec des valeurs fournies par l'époux débiteur *(C. com., art. L. 624-6)*.

1107 **Bien indivis** – Les époux séparés de biens peuvent acquérir ensemble un immeuble. L'immeuble sera alors considéré comme indivis entre eux, sachant qu'il résulte d'une jurisprudence constante de la Cour de cassation que pour déterminer la quote-part de chaque époux, il y a lieu de s'en tenir au titre de propriété *(Cass. 1re civ., 31 mai 2005, n° 02-20.553 : JurisData n° 2005-028678 ; Bull. civ. I, n° 236 ; Dr. famille 2005, comm. 168, B. Beignier)*. Autrement dit, il est indifférent de connaître dans quelle proportion chaque époux à financer le prix d'acquisition pour la qualification de l'immeuble *(Cass. 1re civ., 10 janv. 2018, n° 16-25.190 : JurisData n° 2018-000066 ; JCP N 2018, n° 3, act. 149 ; Dr. famille 2018, comm. 68, S. Torricelli-Chrifi)*.

1108 Il n'en demeure pas moins qu'une différence de participation peut poser difficulté lors de la liquidation du régime matrimonial. En effet, face à un époux se prévalant d'un droit de créance sur son conjoint pour avoir payé le prix au-delà de la quote-part lui revenant, ce dernier pourra opposer qu'il ne s'agissait que d'une contribution aux charges du mariage ou bien encore d'une donation rémunératoire. Il conviendra également de prendre en compte le contrat de mariage ou l'acte modificatif du régime matrimonial qui pourra avoir apporté des précisions pour éviter de telles difficultés.

Pour aller plus loin

- B. Bouchard, Construction et acquisition par des époux séparés de biens : JCP N 2016, n° 22-23, 1179
- G. Champenois et N. Couzigou-Suhas, Contrat de mariage, charges du mariage et acquisitions indivises : Defrénois 2015, p. 367
- G. Champenois, Quelques observations sur le financement du logement familial indivis par des époux séparés de biens in Mélanges Le Guidec : LexisNexis, 2014, p. 45
- A. Depondt, Pour un renouveau des contrats de séparation de biens : RLDC 2012, p. 99
- M. Iwanesko, Acquisition d'immeuble par des époux séparés de biens, pacsés ou concubins et apports inégaux : JCP N 2015, n° 46, 1202

• A. Karm, Financement du logement de la famille et contribution des époux séparés de biens aux charges du mariage, in Mél. R. le Guidec : LexisNexis, 2014, p. 89
• B. Nuytten, L'achat d'un immeuble par des époux séparés de biens. Le rôle du notaire : JCP N 1988, n° 9, 10097, p. 81
• E. Taquet, M. Fradon et Ph. Heinrich, Quotité d'acquisition et répartition du prix de vente. Analyse juridique et mathématique : JCP N 2017, n° 21, 1185
• B. Vareille, Les avatars de la séparation de biens depuis la loi du 13 juillet 1965 : JCP N 2015, n° 28, 1124
• J. Vassaux, Financement du logement de la famille par un époux séparé de biens : JCP N 2013, n° 13, 1068

3° Époux mariés sous le régime de la participation aux acquêts

1109 Le régime de participation aux acquêts fonctionnant comme un régime de séparation de biens pendant le cours du mariage, les immeubles acquis par un époux lui sont personnels.

1110 Immeuble indivis – Comme sous le régime de séparation de biens, les époux peuvent faire le choix d'acquérir un immeuble ensemble, celui-ci sera alors indivis. Seul le titre de propriété permet alors de déterminer la quote-part appartenant à chaque époux, indépendamment du financement de chacun *(Cass. 1re civ., 10 janv. 2018, n° 16-25.190 : JurisData n° 2018-000066, préc. n° 58, spéc. § 2°)*.

1111 Patrimoine final – Que l'immeuble soit personnel ou indivis, il y a lieu de le prendre en compte dans le patrimoine final *(C. civ., art. 1572)*.

Pour aller plus loin

• C. Goldie-Genicon, Construction, acquisition et époux en régime de participation aux acquêts : JCP N 2016, n° 22-23, 1180

4° Acquisition avec clause d'accroissement

1112 Multipropriété temporaire – Les époux, quel que soit leur régime matrimonial, peuvent acquérir un immeuble avec clause d'accroissement (*V. n°* ***3985*** *et s.*). La technique repose sur le mécanisme de la condition (suspensive et résolutoire). La condition suspensive doit être rétroactive, ce que les parties doivent préciser depuis l'entrée en vigueur de l'ordonnance n° 2016-131 du 10 février 2016, sous peine de constituer un pacte sur succession future prohibé.

Pour les époux communs en biens, la tontine ne peut être utilisée afin de faire d'un bien acquis en cours de communauté un bien propre au survivant s'ils utilisent des deniers communs, le bien devant être nécessairement commun par application de l'article 1401 du Code civil.

Ajoutons en ce sens que la Cour de cassation a précisé que les époux peuvent parfaitement dans le cadre d'un acte de changement de régime matrimonial ne modifier que le statut d'un bien déterminé *(Cass. 1re civ., 21 janv. 1992, n° 90-14.459 : JurisData n° 1992-00008 ; Bull. civ. I, n° 241 ; JCP N 1992, II, p. 375, note G. Wiederkehr ; Defrénois 1992, art. 33303, obs. G. Champenois)* ; il peut être déduit de cet arrêt que la modification du statut d'un bien déterminé correspond à une modification du régime matrimonial.

Le recours à la tontine n'est pas prohibé lorsque les époux emploient des deniers propres et effectuent chacun les formalités d'emploi ou de remploi de l'article 1434 du Code civil.

1113 Absence d'indivision – La clause d'accroissement, dite de tontine, confère à l'acquéreur dernier vivant la propriété de l'immeuble tout entier à partir du jour de son acquisition *(Cass. 3e civ., 5 déc. 2012, n° 11-24.448 : JurisData n° 2012-028149 ; JCP N 2013, n° 13, 1066, note L. Leveneur)*. Tant que la clause n'a pas joué, il n'existe aucune indivision entre les propriétaires *(Cass. 1re civ., 9 nov. 2011, n° 10-21.710 : JurisData n° 2011-024386 ; JCP N 2012, n° 10, 1123, note L. Leveneur)*.

Conseil pratique **Le notaire doit avertir les parties des difficultés pouvant résulter de la clause de tontine en cas de divorce. En effet, dès lors qu'il est considéré qu'il n'existe pas d'indivision, aucun des époux ou ex-époux ne pourra opposer à l'autre un droit au partage. Seul l'accord des époux sera susceptible de dénouer la situation engendrée par la clause de tontine. En effet, les parties peuvent toujours décider de renoncer à la tontine, cette renonciation ne jouant que pour l'avenir *(JCP N 1989, prat. 972, form. 3, p. 220 et 221)*. Le bien serait alors indivis.**

1114 Propriété exclusive du survivant – Lorsque la tontine présente un aléa, que chaque acquéreur a donc une chance de gain et un risque de perte, la liquidation de la succession du prédécédé ne posera pas de difficultés particulières. L'acquéreur survivant est réputé seul propriétaire depuis la date de conclusion de la vente. Par l'effet rétroactif de la condition, les droits du prémourant sont considérés comme n'ayant jamais existé. Il n'y a dès lors aucune transmission entre ce dernier et l'acquéreur survivant. L'existence d'une libéralité ne peut alors être retenue. Dès lors, les règles relatives aux libéralités ne peuvent s'appliquer et donc les héritiers du prémourant ne peuvent agir en réduction de l'acte.

1115 **Tontine et avant-projet de réforme du droit des contrats spéciaux** – L'avant-projet de réforme du droit des contrats spéciaux contient trois articles relatifs à la tontine. L'article 171 définit la tontine comme le contrat par lequel, lors de l'acquisition d'un bien, il est prévu que le survivant des acquéreurs est réputé avoir été le seul acquéreur, l'article 172 apporte des précisions sur la situation des parties en cours de tontine et l'article 173 précise les causes conduisant à la fin de la tontine.

Pour aller plus loin

- B. Abry, Tontine et mariage : JCP N 1992, n° 13, prat. 2185
- X. Bouché et J.-M. Plazy, Le recours au contrat : protéger le coacquéreur survivant : JCP N 2015, n° 22, 1170
- Ph. Delmas Saint-Hilaire, Variations sur le pacte tontinier : Dr. & patr., janv. 1998 n° 56, p. 52
- D. Montoux, Achat en tontine et réforme du droit des contrats : JCP N 2017, n° 6-7, 1099
- V. Zalewski-Sicard, Tontine et aspects liquidatifs : JCP N 2013, n° 43, 1250

III. Contrats préparatoires

1116 *V. Pacte de préférence, n°* **165** *et s. – V. Promesse unilatérale de vente, n°* **222** *et s. – V. Promesse synallagmatique de vente, n°* **332** *et s. – V. Promesse unilatérale d'achat, n°* **566** *et s.*

Pour aller plus loin

Formules
- JCl. Notarial Formulaire, V° Origine de propriété, fasc. 45, par J.-F. Pillebout
- JCl. Notarial Formulaire, V° Vente d'immeuble, fasc. 215, par J.-F. Pillebout
- JCl. Notarial Formulaire, V° Vente d'immeuble, fasc. 217, par J.-F. Pillebout
- JCl. Notarial Formulaire, V° Vente d'immeuble, fasc. 235 par J.-F. Pillebout
- JCl. Notarial Formulaire, V° Vente d'immeuble, fasc. 245, par J.-F. Pillebout

Fiche pratique
- Fiche pratique n° 1721 : Rédiger une vente d'immeuble, par M. Suquet-Cozic

Commentaires
- JCl. Notarial Formulaire, Synthèse 1450 : Vente d'immeuble, parties à l'acte, consentement, représentation, par V. Zalewski-Sicard
- JCl. Notarial Formulaire, V° Communauté entre époux, fasc. 100 par M. Mathieu
- JCl. Notarial Formulaire, V° Communauté entre époux, fasc. 110 par M. Mathieu
- JCl. Notarial Formulaire, V° Communauté entre époux, fasc. 120 par M. Mathieu
- JCl. Notarial Formulaire, V° Communauté entre époux, fasc. 200 par J.-F. Pillebout
- JCl. Notarial Formulaire, V° Participation aux acquêts, fasc. 10 par J.-F. Pillebout
- JCl. Notarial Formulaire, V° Séparation de biens, fasc. 20 par J. Lafond
- JCl. Notarial Formulaire, V° Vente d'immeuble, fasc. 210 par D. Montoux
- JCl. Notarial Formulaire, V° Vente d'immeuble, fasc. 230 par J.-F. Pillebout
- JCl. Notarial Formulaire, V° Vente d'immeuble, fasc. 240 par M. Mathieu

Héritiers

I. Représentation des héritiers

1117 Les héritiers peuvent être représentés via trois types de mandat :
- le premier est un **mandat conventionnel** par lequel les héritiers décident que l'un d'entre eux ou un tiers les représentera pour la gestion de la succession *(C. civ., art. 813)*. Ce mandat ne fait pas l'objet de dispositions spécifiques et, par conséquent, il peut être renvoyé aux règles du mandat *(V. n° **887** et s.)* ;
- le second est un « mandat » original correspondant au **mandat à effet posthume** *(C. civ., art. 812 à 812-7)* ; il permet au défunt de confier la gestion de sa succession à un tiers et d'en dessaisir ses héritiers ;
- le troisième est le **mandat judiciaire** *(C. civ., art. 813-1 à 814-1)* ; le juge va désigner un mandataire et les héritiers seront dessaisis de leurs pouvoirs sur les biens successoraux à hauteur de ceux confiés au mandataire.

Il faut ajouter à ces trois mandats la possibilité pour le défunt de désigner un exécuteur testamentaire *(C. civ., art. 1025)*. L'exécuteur testamentaire aura alors la mission de veiller ou de procéder à l'exécution des dernières volontés du défunt.

Relativement à la vente d'un immeuble, il faut préciser lequel de l'un de ces trois derniers mandats, confère le pouvoir de consentir à la vente d'un immeuble successoral.

A. – MANDAT À EFFET POSTHUME

1118 Une personne peut donner à une ou plusieurs autres personnes, physiques ou morales, mandat d'administrer ou de gérer, sous réserve des pouvoirs confiés à l'exécuteur testamentaire, tout ou partie de sa succession pour le compte et dans l'intérêt d'un ou de plusieurs héritiers identifiés *(C. civ., art. 812)*.

1119 Dessaisissement – Le ou les héritiers représentés par le mandataire désigné par le défunt ne peuvent accomplir les actes relevant du champ du mandat. Autrement dit et contrairement à la solution retenue pour la représentation conventionnelle à l'article 1159 du Code civil, le mandat posthume entraîne dessaisissement du ou des héritiers à hauteur des pouvoirs conférés au mandataire. Il n'en va pas toutefois ainsi pour les actes de disposition.

1120 Pouvoirs du mandataire avant acceptation de la succession – Avant acceptation de la succession, le mandataire désigné par le défunt ne peut accomplir que des actes qui ne valent pas acceptation tacite *(C. civ., art. 812-1-3)*. Il en résulte que le mandataire n'a pas le pouvoir de consentir à la vente d'un immeuble successoral.

1121 Pouvoirs du mandataire après acceptation de la succession – Après acceptation de la succession, l'article 812-1-4 du Code civil renvoie au droit commun du mandat. Il ne serait pas alors possible au défunt de conférer au mandataire le pouvoir de consentir à la vente d'un immeuble successoral *(M. Grimaldi, Droit des successions : LexisNexis, 7e éd., 2017, n° 451. – Contra : C. Pérès et Ch. Verrières, Droit des successions : PUF, 2018, n° 584)*. En effet, les héritiers peuvent toujours céder l'immeuble, ce qui entraînera alors révocation du mandat : « attendu que les pouvoirs d'administration ou de gestion qui peuvent être conférés au mandataire posthume en vertu des articles 812, alinéa 1er et 812-1 du Code civil, ne lui permettent pas de s'opposer à l'aliénation par les héritiers des biens mentionnés dans le mandat, laquelle constitue l'une des causes d'extinction de celui-ci prévues par l'article 812-4 du même code » *(Cass. 1re civ., 12 mai 2010, n° 09-10.556 : JurisData n° 2010-005870 ; Bull. civ. I, n° 117 ; RTD civ. 2010, p. 602, obs. M. Grimaldi ; Defrénois 2010, art. 39142, p. 1583, note J. Massip ; Dr. famille 2010, comm. 104, B. Beignier ; Gaz. Pal. 19 août 2010, n° 231, p. 22, obs. A. Denizot)*. Autrement dit, il n'y a pas alors de dessaisissement des héritiers.

1122 Consentement à la vente d'un immeuble successoral – Ce sont les héritiers qui seuls peuvent consentir à l'aliénation d'un immeuble dépendant de la succession, même si le défunt a désigné un mandataire posthume.

B. – MANDAT JUDICIAIRE

1123 Le juge peut désigner toute personne qualifiée, physique ou morale, en qualité de mandataire successoral, à l'effet d'administrer provisoirement la succession en raison de l'inertie, de la carence ou de la faute d'un ou de plusieurs héritiers dans cette administration, de leur mésentente, d'une opposition d'intérêts entre eux ou de la complexité de la situation successorale *(C. civ., art. 813-1, al. 1)*.

1124 Publicité – La décision de nomination est publiée à la requête du mandataire par voie électronique au Bulletin officiel des annonces civiles et commerciales. S'il y a lieu, le président du tribunal de grande instance ou son délégué peut, par une ordonnance qui n'est pas susceptible de recours, ordonner que la publicité soit complétée par une insertion dans un journal d'annonces légales diffusé dans le ressort du tribunal. Les frais de publicité sont à la charge de la succession *(CPC, art. 1355)*.

1125 Pouvoirs de disposition – Une fois que l'un des héritiers a accepté la succession, le mandataire peut, dès lors qu'il s'est vu confier cette mission par le juge, accomplir les actes de disposition nécessaires à la bonne administration de la succession *(C. civ., art. 814)*. Il est alors nécessaire que le mandataire obtienne du juge une autorisation spéciale où seront précisés le prix et les conditions de la vente.

Conseil pratique **Pour que la vente puisse être conclue, il convient que le notaire soit certain que l'autorisation a force de chose jugée et qu'elle n'est plus susceptible de recours. Afin de s'en assurer, il demandera au mandataire de lui procurer des certificats de notification et de non-recours dans les délais légaux délivrés par le greffe du tribunal. Ces certificats et la décision seront annexés à l'acte de vente.**

C. – EXÉCUTEUR TESTAMENTAIRE

1126 Pouvoirs d'administration – L'exécuteur testamentaire dispose de pouvoirs limités définis par l'article 1029 du Code civil. Ainsi, il peut prendre uniquement des mesures conservatoires utiles à la bonne exécution du testament, faire procéder à un inventaire et provoquer la vente du mobilier à défaut de liquidités suffisantes pour acquitter les dettes urgentes de la succession.

1127 Extension de pouvoirs – Le testateur dispose de la possibilité d'accroître les pouvoirs de l'exécuteur. Il ne dispose pas cependant d'une entière liberté.

- **En présence d'héritiers réservataires**, le défunt ne peut conférer à l'exécuteur le pouvoir de disposer des immeubles présents dans la succession *(C. civ., art. 1030-1)*.
- **En l'absence d'héritiers réservataires**, un tel pouvoir peut être conféré à l'exécuteur testamentaire qui devra alors, à peine d'inopposabilité, informer préalablement les héritiers non réservataires de la vente à venir d'un immeuble *(C. civ., art. 1030-1. – V. JCl. Notarial Formulaire, V° Testament, fasc. 220, F. Letellier)*. Le mandat de l'exécuteur testamentaire doit alors être exprès. Le mandat devant s'interpréter strictement, le notaire ne doit remettre le prix de vente à l'exécuteur que si, et seulement si, cette remise est visée dans le mandat.

1128 Durée du mandat – Le mandat conféré à l'exécuteur testamentaire lui permettant de vendre les immeubles ne peut excéder une durée de 2 ans à compter de l'ouverture du testament. Cette durée peut être prorogée d'une année au plus par le juge *(C. civ., art. 1031)*.

Conseil pratique **Avant la vente d'un immeuble par un exécuteur testamentaire, il convient de vérifier que :**
– le testateur ne laisse pas d'héritier réservataire, qu'il s'agisse de son conjoint ou de ses enfants ;
– le testateur a bien conféré pouvoir à l'exécuteur de vendre les immeubles présents dans la succession et de percevoir le prix ;
– le mandat n'est pas expiré en application de l'article 1031 du Code civil ;
– les héritiers ont bien été informés de la vente à venir, la preuve de cette information (signification, LRAR) étant annexée à l'acte de vente.

Pour aller plus loin

- S. Torricelli-Chrifi (dir.), Guide des successions 2019, LexisNexis

II. Intervention des héritiers présomptifs

1129 L'intervention des héritiers présomptifs peut être utile tant lors de la vente à un successible en ligne directe que lors de la vente d'un immeuble qui a été reçu par voie de donation.

1° Vente d'un immeuble à un successible en ligne directe

1130 Double présomption irréfragable – Lorsqu'une personne vend à un successible en ligne directe un immeuble soit à charge de rente viagère soit à fonds perdus ou avec réserve d'usufruit, s'applique une double présomption irréfragable : une présomption de gratuité et une présomption de hors part successorale.

1131 Consentement – Pour éviter, dans la mesure du possible, qu'une telle présomption s'applique, il y a lieu d'obtenir le consentement des autres successibles en ligne directe. En effet, si un tel consentement a été obtenu, ceux-ci ne pourront plus bénéficier de la double présomption de l'article 918 du Code civil. Il demeure toutefois que si tous les successibles en ligne directe n'ont pas consenti ou qu'un enfant survient après la vente, alors ceux-ci pourront se prévaloir de la double présomption de l'article 918 du Code civil.

Formule – Consentement des présomptifs héritiers réservataires du vendeur

Cette formule est extraite du JurisClasseur *(V. JCl. Notarial Formulaire, V° Vente d'immeuble, fasc. 315 par D. Montoux et J.-F. Pillebout)*

L'an deux mil......,
Le......,
À......,
Me......, notaire à......, soussigné,
A reçu le présent acte authentique de vente d'immeuble, à la requête de :
[...]
Identification des vendeurs et acquéreurs.

Intervenants

1° M.......
2° M.......
Seuls enfants, avec M......., acquéreur, de M......., vendeur.
Intervenant pour donner leur consentement à la vente et renoncer au bénéfice des dispositions de l'article 918 du Code civil. À ce présent.

Consentement à la vente

M....... et M......., intervenants susnommés, reconnaissent avoir une parfaite connaissance de tout ce qui précède par la lecture qui leur a été faite par le notaire soussigné ; ils déclarent donner leur entier agrément à la vente ci-dessus faite par M......., leur père, à M......., leur frère et consentir à ce que cette vente reçoive son entière exécution ; ils renoncent, par suite, purement et simplement et sans aucune réserve, au bénéfice des dispositions d'imputation et de rapport résultant à leur profit de l'article 918 du Code civil.

2° Vente par le donataire de l'immeuble donné

1132 Risque de réduction en nature – En cas d'insolvabilité du donataire et lorsqu'il a vendu l'immeuble qu'il a reçu par donation, les héritiers réservataires vont pouvoir exercer l'action en réduction ou en revendication contre les tiers détenteurs des immeubles *(C. civ., art. 924-4)*.

1133 Consentement du donateur et des héritiers réservataires présomptifs – Pour faire échec à l'action en réduction en nature, il est possible, au jour de la donation ou postérieurement, comme, par exemple, le jour de la vente de l'immeuble donné, d'obtenir le consentement du donateur et des héritiers réservataires présomptifs à l'aliénation de l'immeuble dont le vendeur est devenu propriétaire par voie de donation. Ce consentement peut être donné dans l'acte de donation comme l'a confirmé la réforme du droit des successions du 23 juin 2006 : *Lorsque, au jour de la donation ou postérieurement, le donateur et tous les héritiers réservataires présomptifs ont consenti... (C. civ., art. 924-4).*

1134 Obstacle à l'action en réduction en nature – Un tel consentement fait alors obstacle à toute action en réduction en nature, y compris par les héritiers réservataires nés après le consentement donné au titre de l'alinéa 2 de l'article 924-4 du Code civil. Les héritiers doivent alors être informés qu'en cas d'insolvabilité du donataire au jour de l'exercice de l'action en réduction, ce sont eux qui supporteront cette insolvabilité.

Conseil pratique Lorsqu'il n'est pas possible d'obtenir le consentement des héritiers réservataires présomptifs, il y a lieu d'informer l'acquéreur des risques qu'il prend dans l'hypothèse où le vendeur serait insolvable au jour de l'éventuelle action en réduction exercée par les héritiers réservataires *(Cass. 1re civ., 16 déc. 2015, n° 14-29.758 : JurisData n° 2015-028303)*.

Pour aller plus loin

- E. Galhaud, L'article 924-4 et la vente : présentation de cas pratiques : JCP N 2016, n° 48, 1326
- S. de La Taille et s. Pezard, La menace virtuelle de l'article 924-4 du Code civil. Plaidoyer pour un retour à la raison : JCP N 2009, n° 48, 1321

Indivisaires

I. Vente de l'immeuble indivis

A. – VENTE PAR LES INDIVISAIRES

1135 Principe – Le consentement de tous les indivisaires est requis pour effectuer tout acte qui ne ressortit pas à l'exploitation normale des biens indivis et pour effectuer tout acte de disposition, autre que ceux de vente des meubles indivis pour payer les dettes et charges de l'indivision *(C. civ., art. 815, al. 3)*. Il en résulte que la vente d'un immeuble indivis requiert le consentement unanime de tous les indivisaires *(Cass. 3e civ., 17 juin 2009, n° 07-21.589 : JurisData n° 2009-048644 : Bull. civ. III, n° 146)* tout comme la signature d'une promesse de vente *(Cass. 3e civ., 21 juin 1995, n° 93-17.522 : JurisData n° 1995-001694 : Bull. civ. III, n° 154)*.

1136 Exigences – Cette unanimité doit porter tant sur la chose vendue que sur le prix. À défaut, la promesse ou la vente ne peut se former *(Cass. 3e civ., 20 févr. 1979, n° 77-14.042 : JurisData n° 1979-098039 : Bull. civ. III, n° 39)*.

1137 Mandat – Tous les indivisaires n'ont pas à être présents lors de la signature de la promesse ou de la vente. Il est, en effet, possible de recourir à un mandat qui doit alors être un mandat spécial de vendre.

1138 Agent immobilier – Le mandat donné à un agent immobilier doit donner lieu au consentement de tous les indivisaires dès lors que l'agent immobilier a le pouvoir de consentir à la vente, ce que le mandat doit expressément mentionner *(D. n° 72-678, 20 juill. 1972, art. 72. – V. n° **88**)*.
Dans le cas contraire, l'agent immobilier ne dispose que d'un mandat pour rechercher des acquéreurs ou des vendeurs et les publicités qu'il réalise ne peuvent être analysées comme des offres *(Cass. 3e civ., 12 nov. 2015, n° 14-16.625 : JurisData n° 2015-025729 – Cass. 3e civ., 9 juill. 2013, n° 12-19.134 – Cass. 3e civ., 26 févr. 2013, n° 11-18.552 : JurisData n° 2013-003330 – Cass. 3e civ., 12 avr. 2012, n° 10-28.637 : JurisData n° 2012-007097 ; Bull. civ. III, n° 61 ; JCP N 2012, n° 43-44, 1359, obs. C. Coulon)*.

Remarque Il semble alors admissible qu'un indivisaire puisse consentir seul un mandat de recherche. En une telle hypothèse, l'agent immobilier ne pourra prétendre à sa commission que s'il obtient le consentement de tous les indivisaires pour la conclusion de la promesse de vente ou de la vente *(Cass. 3e civ., 11 oct. 2006, n° 05-17.435)*.

B. – VENTE PAR UN OU CERTAINS INDIVISAIRES

1139 La vente de l'entier immeuble par un ou certains indivisaires n'est en principe pas possible. Toutefois, le législateur a prévu différentes possibilités pour que la vente d'un bien indivis puisse intervenir lorsqu'il n'est pas possible de recueillir l'accord de tous les indivisaires.

1° Promesse de vente sous réserve de l'obtention d'une autorisation judiciaire

1140 Vente et condition suspensive – Il n'apparaît pas possible de conclure la vente de l'entier immeuble sous condition suspensive de l'obtention d'une autorisation judiciaire. En effet, la condition est une modalité d'une obligation. La condition doit pouvoir être supprimée sans que cela ne fasse obstacle à l'existence et à l'exécution du contrat. Il n'est donc pas envisageable de prévoir que le contrat est conclu sous la condition suspensive de l'obtention du consentement de l'une des parties ou d'une autorisation nécessaire à la validité de la vente. Par contre, il est possible de recourir à une promesse autonome de vente.

1141 Réserve et promesse autonome – Si la vente de l'entier immeuble ne peut être conclue sous condition suspensive de l'obtention d'une autorisation judiciaire, il apparaît, par contre, tout à fait envisageable de conclure une promesse autonome de vente sous réserve de l'obtention d'une autorisation judiciaire. Le bénéficiaire de la promesse est alors assuré que, soit il pourra devenir propriétaire de l'entier immeuble soit la vente n'aura pas lieu.
En effet, ainsi que l'écrivent MM. Malaurie, Aynès et Stoffel-Munck, lorsqu'est en jeu une autorisation administrative, « bien que la pratique dise que le contrat est alors subordonné à une « condition », qui serait même parfois sous-entendue, il ne s'agit pas d'une véritable modalité mais plutôt d'une dissociation entre le caractère obligatoire du contrat et la plénitude de ses effets, ou, en d'autres termes, entre la promesse synallagmatique du contrat et le contrat proprement dit. Dès la conclusion du contrat prétendument « conditionnel » (en réalité une promesse synallagmatique), l'acte est obligatoire entre les parties, c'est-à-dire qu'aucune ne peut unilatéralement le révoquer. C'est l'autorisation qui lui fait produire ses autres effets, sans rétroactivité ; le refus d'autorisation le rend caduc » *(Droit des obligations : LGDJ, 9e éd., 2017, n° 1308. – V. n° **323** et s.)*.

1142 Ce qui vaut pour une autorisation administrative vaut également pour l'autorisation judiciaire permettant de réaliser la vente d'un immeuble indivis en son entier. Si cette autorisation n'est pas obtenue, le contrat sera alors frappé de caducité alors que si l'autorisation est obtenue, la vente pourra être conclue *(V. n° **323** et s.)*. Il est également possible de recourir à une promesse unilatérale de vente *(V. n° **213** et s.)*.

1143 Il apparaît dès lors nécessaire d'effectuer correctement la rédaction de cette clause pour éviter qu'il ne puisse être considéré qu'elle correspond à une condition suspensive.

Clause – Obtention d'une autorisation dans une promesse synallagmatique de vente ne valant pas vente ou promesse autonome

Autorisation

– la vente ne pourra être conclue qu'après obtention d'une autorisation judiciaire avant le... (*date à préciser*) de conclure la vente aux conditions prévues dans la présente promesse ;

– le défaut d'obtention de cette autorisation avant le... (*date identique à celle indiquée ci-dessus*) entraînera la caducité de la présente promesse.

2° Vente de l'immeuble sous condition de son attribution

1144 Un indivisaire peut céder l'entier immeuble sous condition de son attribution dans le partage à venir. Dans une telle hypothèse, si l'indivisaire vendeur se voit attribuer l'immeuble dans le partage, la condition se réalise et l'acquéreur devient alors propriétaire de l'immeuble. Dans l'hypothèse inverse, la vente est caduque.

Conseil pratique Comme pour toute condition suspensive, il est nécessaire de prévoir un délai de réalisation pour l'événement visé, à savoir la réalisation du partage et l'attribution de l'immeuble au vendeur.

3° Autorisation de l'article 815-5 du Code civil

1145 Un indivisaire peut être autorisé par justice à passer seul un acte pour lequel le consentement d'un coïndivisaire serait nécessaire, si le refus de celui-ci met en péril l'intérêt commun.

a) Mise en péril de l'intérêt commun, condition d'obtention d'une autorisation

1146 S'agissant de conclure un acte sans l'autorisation de tous les indivisaires, l'autorisation judiciaire ne sera délivrée que s'il en résulte la mise en péril de l'intérêt commun et qu'il est établi qu'il y a eu refus de l'un des indivisaires. Ce refus peut être établi notamment par un acte d'huissier de justice.

1147 Exemples – Ainsi, la mise en péril de l'intérêt commun a été retenue lorsque :
- les immeubles n'étaient plus loués, qu'ils se dégradaient et produisaient des charges sans contrepartie, que leur état nécessitait des travaux de rénovation auxquels l'indivisaire n'avait pas les moyens de faire face *(Cass. 1re civ., 2 avr. 2014, n° 13-15.744)* ;
- l'immeuble se trouvait dans une zone d'aménagement qui avait fait l'objet d'une déclaration d'utilité publique, la procédure d'expropriation étant mise en œuvre et que le prix de l'acquisition amiable envisagée était très nettement supérieur à l'estimation du bien par le service des domaines *(Cass. 1re civ., 6 nov. 2013, n° 12-25.788)*.

b) Autorisation de passer un seul acte

1148 Saisine du juge – L'indivisaire qui souhaite conclure un acte mais qui se heurte au refus d'un ou d'autres indivisaires va devoir saisir le juge préalablement qui lui accordera une autorisation de conclure ledit acte dès lors que ce refus met en péril l'intérêt commun.
Lorsque ledit acte est une vente immobilière, il y aura lieu de préciser les conditions de la vente et le nom de l'acquéreur.

1149 Tribunal compétent – Le tribunal compétent est le tribunal de grande instance *(Cass. 1re civ., 15 févr. 2012, n° 10-21.457 : JurisData n° 2012-002061 ; Bull. civ. I, n° 31 ; JCP N 2012, n° 8-9, act. 286 ; JCP N 2012, n° 21, 1233, note F. Collard et Chr. Coutant-Lapalus)*.

1150 Limites de l'autorisation – Lors de l'exécution de la décision et donc lors de la conclusion de la vente, il y aura lieu de veiller à ce que les conditions dans lesquelles l'acte doit être passé correspondent bien à l'autorisation délivrée.

c) Exécution de la décision

1151 Pour que la vente puisse être conclue, il convient que le notaire soit certain que l'autorisation a force de chose jugée et qu'elle n'est pas susceptible de recours. Afin de s'en assurer, il demandera à l'indivisaire ayant obtenu une telle autorisation de lui procurer par son avocat une attestation d'absence de recours et du caractère définitif de l'autorisation.

Conseil pratique **L'acte devra préciser que la réalisation ne pourra avoir lieu que si l'autorisation est définitive, en ce compris la décision de la Cour de cassation en cas de pourvoi. Même si un tel pourvoi ne fait pas obstacle à l'exécution de la décision, les inconvénients de la remise en cause de la vente conclue à titre provisoire imposent cette prudence. Il convient d'ajouter que le délai prévu dans la convention pour la réalisation de l'évènement et la régularisation de la vente rend l'hypothèse peu vraisemblable.**

4° Autorisation de l'article 815-6 du Code civil

1152 Le président du tribunal de grande instance peut prescrire ou autoriser toutes les mesures urgentes que requiert l'intérêt commun. Il peut, notamment, autoriser un indivisaire à percevoir des débiteurs de l'indivision ou des dépositaires de fonds indivis une provision destinée à faire face aux besoins urgents, en prescrivant, au besoin, les conditions de l'emploi. Cette autorisation n'entraîne pas prise de qualité pour le conjoint survivant ou pour l'héritier. Il peut également soit désigner un indivisaire comme administrateur en l'obligeant s'il y a lieu à donner caution, soit nommer un séquestre. Les articles 1873-5 à 1873-9 du Code civil s'appliquent en tant que de raison aux pouvoirs et aux obligations de l'administrateur, s'ils ne sont autrement définis par le juge.

1153 **Juridiction compétente** – La juridiction compétente est le président du tribunal de grande instance statuant en la forme des référés *(Cass. 1re civ., 20 mai 2009, n° 07-21.679 et 08-10.413 : JurisData n° 2009-048333 ; Bull. civ. I, n° 99 ; Procédures 2009, comm. 235, note Junillon).*

1154 **Autorisation de vendre** – La Cour de cassation admet qu'une autorisation de vendre puisse être délivrée sur le fondement de l'article 815-6 du Code civil dès lors qu'il y a d'une part urgence et d'autre part, que l'intérêt commun le nécessite. C'est aux juges du fond qu'il revient d'apprécier souverainement si ces conditions sont réunies *(Cass. 1re civ., 8 janv. 1991, n° 89-15.271 : JurisData n° 1991-700268 : Bull. civ. I, n° 11).*

5° Autorisation de l'article 815-5-1 du Code civil

1155 L'article 815-5-1 du Code civil permet, sous certaines conditions, l'aliénation d'un bien indivis et donc notamment d'un immeuble à la demande de l'un ou des indivisaires titulaires d'au moins deux tiers des droits indivis.

a) Champ d'application

1156 **Aliénation d'un bien indivis** – L'article 815-5-1 du Code civil vise l'aliénation d'un bien indivis. Ledit article ne distinguant pas, il en résulte qu'il n'y a nulle raison d'en exclure l'application pour la vente d'un immeuble indivis. Si l'article 815-5-1 du Code civil vise l'aliénation d'un bien indivis, pour autant, il ne semble pas y avoir de raison d'interdire que les indivisaires puissent effectuer une unique demande d'autorisation pour l'aliénation de plusieurs biens.

1157 **Démembrement de propriété** – Il ne peut être fait application de l'article 815-5-1 du Code civil que lorsque le bien qu'il est envisagé d'aliéner est en indivision en pleine propriété.

1158 **Indivisaires devant être protégés** – L'application de l'article 815-5-1 du Code civil est exclue lorsque l'un des indivisaires se trouve dans l'un des cas prévus à l'article 836 du même code, c'est-à-dire :
- est présumé absent ;
- par suite d'éloignement, se trouve hors d'état de manifester sa volonté ;
- fait l'objet d'un régime de protection.

b) Conditions à remplir

1159 **Majorité nécessaire** – L'aliénation d'un bien indivis peut être autorisée par le tribunal de grande instance, à la demande de l'un ou des indivisaires titulaires d'au moins deux tiers des droits indivis. Il est ici à remarquer qu'il est possible qu'un seul indivisaire détienne deux tiers des droits indivis, ce qui lui permettra alors de demander une autorisation de vendre un immeuble sur le fondement de l'article 815-5-1 du Code civil.

1160 **Absence d'atteinte excessive aux droits des autres indivisaires** – Le tribunal de grande instance autorisera l'aliénation du bien indivis si celle-ci ne porte pas une atteinte excessive aux droits des autres indivisaires.

c) Procédure d'obtention de l'autorisation du tribunal

1161 **Constatation par un notaire** – Le ou les indivisaires titulaires d'au moins deux tiers des droits indivis expriment devant un notaire, à cette majorité, leur intention de procéder à l'aliénation du bien indivis.

1162 **Signification par le notaire** – Dans le délai d'un mois suivant son recueil, le notaire fait signifier cette intention aux autres indivisaires. Il y a alors lieu d'avoir recours à un huissier de justice pour qu'il soit procédé à ladite signification.

1163 **Opposition** – Il est possible aux indivisaires de s'opposer à l'aliénation du bien indivis. Ils doivent alors se manifester dans un délai de 3 mois à compter de la signification. Ce délai donne lieu à application des articles 641 et 642 du Code de procédure civile.

1164 **Procès-verbal** – Si l'un ou plusieurs des indivisaires s'opposent à l'aliénation du bien indivis ou ne se manifestent pas dans un délai de 3 mois à compter de la signification, le notaire le constate par procès-verbal de difficultés.

Conseil pratique **Ledit procès-verbal de difficultés reprendra les indications présentes dans l'acte de constatation. Il précisera, en outre :**
- **soit que dans le délai de 3 mois prévu à l'article 815-5-1 du Code civil, le ou les indivisaires récalcitrants ne se sont pas manifestés ;**
- **soit que toujours dans le même délai, l'un ou des indivisaires récalcitrants se sont opposés à l'aliénation de l'immeuble indivis.**

Enfin, il sera rappelé aux parties qu'il leur appartient de saisir le tribunal de grande instance afin d'obtenir une autorisation d'aliéner l'immeuble indivis.

1165 **Autorisation du tribunal** – Le tribunal de grande instance peut autoriser l'aliénation du bien indivis si celle-ci ne porte pas une atteinte excessive aux droits des autres indivisaires. Les indivisaires récalcitrants peuvent ainsi et par exemple démontrer que l'immeuble indivis pour lequel une autorisation d'aliéner est demandée correspond à une demeure familiale et qu'ils ont donc un intérêt moral à conserver celle-ci. Ici aussi, il y a lieu de considérer que tout sera affaire de circonstances, sachant que les juges du fond disposeront d'un pouvoir souverain d'appréciation.

d) Forme de l'aliénation

1166 Cette aliénation s'effectue obligatoirement par licitation. S'appliqueront dès lors les articles 1272 et suivants du Code de procédure civile. Le juge, en accordant son autorisation, fixe la mise à prix.

e) Effets de l'aliénation

1167 Les sommes qui sont retirées de l'aliénation ne peuvent faire l'objet d'un remploi sauf pour payer les dettes et charges de l'indivision. L'aliénation effectuée dans les conditions fixées par l'autorisation du tribunal de grande instance est opposable à l'indivisaire dont le consentement a fait défaut, sauf si l'intention d'aliéner le bien du ou des indivisaires titulaires d'au moins deux tiers des droits indivis ne lui avait pas été signifiée dans un délai d'un mois par le notaire qui l'a recueillie.

Pour aller plus loin

- F. Collard et J. Lafond, L'indivision : LexisNexis, 2017
- J. Lafond, L'autorisation judiciaire de vendre un bien indivis : JCP N 2009, n° 21, 1180
- F. Sauvage, Le rôle du notaire dans la mise en œuvre de la vente du bien indivis à la demande des indivisaires majoritaires : AJ fam. 2010, p. 309

C. – VENTE IRRÉGULIÈRE

1168 **Mandat irrégulier** – Le mandat de vendre consenti sans l'accord unanime de tous les indivisaires n'est pas nul mais inopposable aux indivisaires n'ayant pas donné leur consentement. L'agent immobilier ne pourra obtenir le versement de sa commission que si la vente est autorisée par l'ensemble des indivisaires *(Cass. 1re civ., 16 juin 1987, n° 84-17.840 : JurisData n° 1987-001044 : Bull. civ. I, n° 197. – V. n°* **102** *et s.).*

1° Relations entre vendeur et acquéreur

1169 **Validité partielle de la vente** – La cession d'un bien indivis par un seul indivisaire, qui est valable pour la portion indivise qui lui appartient, n'est pas nulle et produit ses effets entre les contractants *(Cass. 3e civ., 12 mai 2010, n° 08-17.186 : JurisData n° 2010-005882 ; Bull. civ. I, n° 95 ; JCP N 2010, n° 41, 1320, note S. Piedelièvre ; Defrénois 2010, art. 39184-5, p. 2384, obs. A. Chamoulaud-Trapiers).*

1170 **Validité partielle de la promesse de vente** – La promesse de vente d'un immeuble indivis faite par un seul des indivisaires est valable pour la portion indivise qui lui appartient *(Cass. 3e civ., 28 mai 1997, n° 95-15.392).* Naturellement, l'acquéreur n'est pas tenu d'accepter une telle vente.

1171 **Annulation partielle** – L'acquéreur, qui a cru acquérir un immeuble, n'en devient propriétaire qu'à hauteur des droits de l'indivisaire vendeur. Il peut donc obtenir le prononcé de la nullité partielle de la vente,

PARTIES À L'ACTE

ce pendant un délai de 5 ans, à hauteur des droits indivis non détenus par son vendeur, ce sur le fondement de l'article 1599 du Code civil.

Sur ce point, il peut être remarqué que l'avant-projet de réforme du droit des contrats spéciaux de l'association Henri Capitant propose de modifier la sanction de la vente de la chose d'autrui. En effet, la résolution prendrait la place de la nullité : *La vente du bien d'autrui oblige le vendeur à l'acquérir avant le moment convenu pour le transfert de propriété. En cas d'inexécution de cette obligation, la vente est résolue de plein droit (art. 19).*

1172 Annulation globale de la vente – L'acquéreur qui a cru acquérir l'entier immeuble pourrait obtenir la nullité de la vente en son entier. En effet, il a cru, d'une part, que le vendeur était propriétaire de l'entier immeuble et, d'autre part, qu'il deviendrait propriétaire de l'entier immeuble. Or, la réalité ne correspond pas à sa croyance et ses espérances puisque le vendeur n'est propriétaire que d'une quote-part de l'immeuble et d'autre part qu'il ne peut devenir propriétaire de l'entier immeuble sans l'accord des autres indivisaires.

1173 Responsabilité – Le vendeur est susceptible de voir sa responsabilité engagée chaque fois qu'il sera établi qu'il a dissimulé en toute connaissance de cause la situation réelle de l'immeuble.

1174 Théorie de l'apparence – L'acquéreur, afin qu'il soit admis qu'il a bien acquis l'entier immeuble, peut invoquer la théorie de l'apparence. Il en ira ainsi chaque fois que sa croyance était légitime, ce qui implique que les circonstances l'autorisaient à ne pas vérifier les limites exactes soit des droits du vendeur soit de ses pouvoirs *(C. civ., art. 1156, al. 2. – Cass. 1re civ., 12 sept. 2018, n° 17-10.952, 17-17.455, 17-17.154).*

2° Relations entre indivisaires

1175 Opposabilité limitée – La cession d'un bien indivis par un seul indivisaire est opposable aux coïndivisaires à concurrence de la quote-part de son auteur *(Cass. 1re civ., 12 juill. 2017, n° 16-19.451).*

1176 Nullité – Il pourrait être soutenu, en dépit de la jurisprudence précitée de la Cour de cassation, que les indivisaires qui n'ont pas consenti à la vente peuvent obtenir l'annulation de celle-ci sur le fondement du droit de préemption de l'article 815-14 du Code civil. En application de l'article 815-16 du Code civil, l'action en nullité peut être intentée pendant 5 ans, ce délai courant à compter de la connaissance par les indivisaires de la vente *(Cass. 1re civ., 5 mars 2014, n° 12-28.348 : JurisData n° 2014-003811 ; Bull. civ. I, n° 29 ; JCP N 2014, n° 11, act. 384 ; JCP N 2014, n° 14, 1151, note R. Le Guidec)* et ce uniquement par ceux à qui les notifications devaient être faites ou par leurs héritiers.

Pour autant, dans un arrêt de la première chambre civile du 6 mars 2001, la Cour de cassation a exclu dans une telle hypothèse l'application de l'article 815-14 du Code civil et donc la possibilité pour les indivisaires qui n'ont pas consenti à la vente d'obtenir sa nullité. En effet, pour la Cour de cassation, l'article 815-14 du Code civil ne pourrait être appliqué dès lors que la cession portait sur le bien indivis et non sur les droits indivis *(Cass. 1re civ., 6 mars 2001, n° 98-16.462 : JurisData n° 2001-008674).*

3° Responsabilité des intervenants

1177 Origine de propriété – Si la vente de l'entier immeuble a pu intervenir avec le consentement d'un seul des indivisaires, il peut être subodoré que c'est en raison d'une insuffisance de vérification quant à l'origine de propriété *(V. n° **2819** et s.).* Dès lors, tant le notaire que l'agent immobilier sont susceptibles de voir leur responsabilité engagée pour ne pas avoir procédé à des investigations suffisantes.

D. – CUMUL DE LÉGISLATIONS

1178 La situation juridique de l'indivisaire peut conduire à devoir prendre en compte des dispositions autres que celles résultant des articles 815 et suivants du Code civil. Il en va ainsi lorsque l'indivisaire est incapable, absent, disparu, marié, surendetté et lorsqu'il fait l'objet d'une procédure collective. Ces questions sont étudiées par ailleurs *(V. Capacité, n° **833** et s. – V. Mineurs et majeurs protégés, n° **931** et s. – V. Époux, n° **1041** et s.– V. Procédures collectives, n° **1580** et s. – V. Surendettement, n° **1596** et s.).*

II. Vente de droits indivis

1179 Chaque indivisaire peut librement disposer de sa quote-part de droits sur un bien indivis *(Cass. 1re civ., 4 oct. 2005, n° 03-12.697 : JurisData n° 2005-030297 ; Bull. civ. I, n° 359).*

S'agissant de la cession de droits indivis, il y a lieu de distinguer suivant que cette cession intervient au profit d'un indivisaire ou d'un tiers à l'indivision.

1° Cession à un indivisaire

1180 Pour que la cession à un indivisaire de droits indivis puisse être qualifiée de vente, il convient qu'à l'occasion de cette cession, le cessionnaire ne sorte de l'indivision soit totalement soit pour un bien déterminé *(C. civ., art. 883)*. Si tel est le cas, ladite cession correspond bien à une vente et non à un partage.
Pour une telle cession, l'article 815-14 du Code civil n'a pas à être respecté. La cession ne diffère pas alors tant quant à ses conditions que pour ses effets à une vente immobilière.

2° Cession à un tiers

a) Cession de droits indivis dans une universalité

1181 La cession de droits indivis dans une universalité est une vente. Elle ne diffère pas alors tant dans ses conditions que dans ses effets d'une vente immobilière. Il doit toutefois être précisé que suite à cette cession, le cessionnaire disposera de la qualité d'indivisaire et sera donc susceptible de demander le partage de l'indivision.

1182 Opposition – Pour que la cession puisse être réalisée efficacement, il convient préalablement de vérifier qu'aucune opposition au partage n'a été signifiée par un créancier de l'indivisaire. Une telle opposition fait en effet obstacle à la cession par l'indivisaire débiteur de ses droits dans l'indivision.

1183 Droits du cédant – Si la quotité des droits dans l'indivision du cédant est connue, il en va différemment de l'émolument correspondant auxdits droits. Par conséquent, afin que l'acquéreur puisse être informé convenablement, il y a lieu de déterminer le plus précisément possible cet émolument.

1184 Par conséquent, **côté passif**, il y aura lieu de vérifier, par exemple :
- si le cédant n'est pas redevable à l'égard de l'indivision d'une ou plusieurs dettes susceptibles de réduire l'importance de ses droits effectifs dans l'indivision ;
- dans le cadre d'une indivision successorale, si l'indivisaire n'est pas débiteur d'indemnités de rapport ou de réduction qui devront être réglées en moins prenant ;
- dans le cadre d'une indivision post-communautaire, si l'indivisaire n'est pas débiteur d'un solde de récompense.

1185 Côté actif, il faudra vérifier si le cédant peut être bénéficiaire :
- d'une créance sur l'indivision ;
- d'un solde de récompenses.

Lorsqu'il s'agira d'une indivision post-communautaire ou d'une indivision successorale, il sera utile de dresser un état liquidatif.
Une fois déterminé l'émolument du cédant, tant le cessionnaire que le cédant peuvent apprécier au plus près l'émolument correspondant aux droits indivis du cédant.

1186 Obligation d'information sur le caractère aléatoire de la cession – Le cessionnaire et le cédant doivent être informés que les informations chiffrées qui leur ont été fournies ne permettent pas d'établir avec certitude que dans le cadre du partage de l'indivision, l'émolument des droits cédés correspondra exactement à celui déterminé avant la cession. En effet, il est possible que des éléments soient découverts après la cession, modifiant, à la hausse ou à la baisse ledit émolument.
Autrement dit, ladite cession présente un caractère aléatoire dès lors qu'il y a un risque de perte et une chance de gain pour chacune des parties ou, pour reprendre les termes de l'article 1108 du Code civil, les parties ont accepté de faire dépendre les effets du contrat quant aux avantages et aux pertes qui en résulteront d'un événement incertain, en l'occurrence le résultat du partage à venir.

1187 Droit de préemption – La cession à un tiers de droits indivis dans une universalité est soumise au droit de préemption des indivisaires prévu par l'article 815-14 du Code civil *(V. n° **3066** et s.)*.

b) Cession de droits indivis dans un bien déterminé

1188 Un indivisaire peut céder ses droits indivis dans un bien déterminé. Une telle cession ne diffère pas alors tant dans ses conditions que dans ses effets d'une vente immobilière.

1189 Opposition – Pour que la cession puisse être réalisée efficacement, il convient préalablement de vérifier qu'aucune opposition au partage n'a été signifiée par un créancier de l'indivisaire. Une telle opposition fait en effet obstacle à la cession par l'indivisaire débiteur de ses droits dans l'indivision.

1190 Objet de la cession – Le cessionnaire doit être informé que la cession ne lui assure pas de recevoir l'immeuble qu'il convoite : il n'a qu'un droit éventuel à la propriété du bien indivis. En effet, dans le cadre du partage à venir, il est possible que ledit immeuble soit attribué à un indivisaire autre que l'indivisaire cédant.

En outre, l'émolument correspondant aux droits indivis du cédant peut ne pas permettre qu'il lui soit attribué dans le partage à venir l'immeuble visé. Par conséquent, dans le cadre d'une telle cession également, il convient de déterminer le plus précisément possible l'émolument des droits indivis du cédant.

1191 **Qualité d'indivisaire** – La cession de droits indivis sur un bien déterminé n'entraînerait pas cession de la qualité d'indivisaire *(P. Jourdain, Les actes de disposition sur la chose indivise : RTD civ. 1987, p. 498)*.

1192 **Prérogatives du cessionnaire** – Dès lors, le cessionnaire n'a pas la possibilité de demander le partage de l'indivision *(Cass. 1re civ., 17 oct. 1973, n° 72-10.948 : JurisData n° 1973-000271 : Bull. civ. I, n° 271)*. Il ne bénéficie pas des droits d'attribution préférentielle du cédant mais il peut, par contre, contester que le demandeur en attribution réunit les conditions exigées par la loi *(Cass. 1re civ., 9 janv. 1980, n° 78-14.550 : JurisData n° 1980-700021 ; Bull. civ. I, n° 21 ; JCP G 1980, II, 19420, note J. Patarin ; D. 1980, p. 293, A. Breton)*.

Pour aller plus loin

Formules
- JCl. Notarial Formulaire, V° Donation entre vifs, fasc. 15, par D. Montoux
- JCl. Notarial Formulaire, V° Succession, fasc. 305, par É. Mallet
- JCl. Notarial Formulaire, V° Testament, fasc. 225, par F. Letellier
- JCl. Notarial Formulaire, V° Vente d'immeuble, fasc. 315, par D. Montoux et J.-F. Pillebout
- JCl. Notarial Formulaire, V° Vente d'immeuble, fasc. 565, par D. Montoux

Fiches pratiques
- Fiche pratique n° 2172 : Vente d'un immeuble provenant d'une donation-partage, par B. Barthelet
- Fiche pratique n° 2171 : Vente d'un immeuble indivis, par B. Barthelet

Commentaires
- JCl. Notarial Formulaire, V° Succession, fasc. 300, par N. Levillain
- JCl. Notarial Formulaire, V° Testament, fasc. 220, par F. Letellier
- JCl. Notarial Formulaire, V° Vente d'immeuble, fasc. 310, par D. Montoux et V. Zalewsli-Sicard
- JCl. Notarial Formulaire, V° Vente d'immeuble, fasc. 560, par D. Montoux

Ouvrage
- F. Collard et J. Lafond, L'indivision : LexisNexis, 2017

Sociétés

I. Existence de la personnalité morale

1° Formalités

1193 Immatriculation – L'existence de la personnalité moralité est en principe nécessaire pour qu'une société puisse procéder à l'acquisition d'un immeuble. Une société dispose de la personnalité morale à compter de son immatriculation au registre du commerce et des sociétés *(C. com., art L. 210-6. – C. civ., art. 1842. – V. JCl. Notarial Formulaire, V° Sociétés, fasc. C-55)*. Avant cette immatriculation, et bien que les statuts de la société aient été signés, la société ne peut conclure d'actes et donc procéder à l'acquisition d'un immeuble *(Cass. com., 21 févr. 2012, n° 10-27.630 : JurisData n° 2012-002613 ; Dr. sociétés 2012, comm. 58, R. Mortier ; Bull. civ., IV, n° 49)*.

1194 Modifications – Les modifications affectant la société n'entraînent pas la création d une personne morale nouvelle. Ainsi, la transformation régulière d'une société en une société d'une autre forme ne se traduit pas par l'existence successive de deux sociétés distinctes *(C. civ., art. 1844-3)*. Il en résulte notamment que lorsqu'une société est propriétaire d'un immeuble, le changement de forme sociale ne se traduit pas par le passage de l'immeuble du patrimoine d'une société à celui d'une nouvelle société. Ainsi, lors de la vente dudit immeuble, il devra être considéré que l'immeuble appartient toujours à la même société qui a simplement changé de forme *(Cass. com., 27 mai 2015, n° 13-27.458 : JurisData n° 2015-012557 ; JCP N 2015, n° 24, act. 667)*.

1195 Ancienne exception pour les sociétés civiles – Les sociétés civiles constituées avant le 1er juillet 1978 étaient dotées de la personnalité morale sans avoir à s'immatriculer au registre du commerce et des sociétés. L'article 44 de la loi n° 2001-420 du 15 mai 2001 a imposé à ces sociétés de procéder à leur immatriculation avant le 1er novembre 2002, sous peine de perdre leur personnalité morale.

1196 Les sociétés n'ayant pas été immatriculées avant cette date ont donc perdu leur personnalité et doivent depuis être considérées comme étant soumises au régime des sociétés en participation *(Cass. 3e civ., 4 mai 2016, n° 14-28.243 : JurisData n° 2016-008385)*. Il en résulte que les immeubles qui leur appartenaient ont été dévolus aux associés de ces sociétés qui en sont devenus les propriétaires indivis *(Cass. 3e civ., 4 mai 2016, n° 14-28.243 : JurisData n° 2016-008385 ; JCP N 2016, n° 20, act. 645 ; Dr. sociétés 2016, comm. 121, H. Hovasse. – V. n° **1135** et s.)*. Ce transfert aux associés de l'immeuble doit faire l'objet d'une publicité foncière. Seront alors dus le droit fixe de 125 € et la contribution de sécurité immobilière assise sur la valeur de l'immeuble au taux de 0,10 %.

1197 Une telle société peut, à la demande unanime des associés, faire l'objet d'une immatriculation, conduisant à l'apparition d'une nouvelle société *(Cass. com., 7 janv. 2014, n° 11-25.635 : JurisData n° 2014-000014 ; JCP N 2014, n° 4, act. 182)*. Cette création peut s'accompagner de l'apport de l'immeuble indivis à la société, apport devant alors faire l'objet d'une publicité foncière.

Conseil pratique **Lorsque la société civile a été constituée avant le 1er juillet 1978 et qu'elle n'a pas fait l'objet d'une immatriculation, la vente de l'immeuble qu'elle détenait devra intervenir en respectant les règles de l'indivision** *(V. n° **1135** et s.)*.

Pour aller plus loin

- A. Arnaud-Émery, La pratique des sociétés civiles non immatriculées au 1er novembre 2002. « Une recette de cuisine » : JCP N 2007, n° 25, 1197
- B. Dondero, La transformation d'une société civile non immatriculée en société en participation : JCP E 2016, 1400
- H. Hovasse, Perte de la personnalité morale d'une SCI et sa transformation en société en participation : Dr. sociétés 2016, comm. 121

2° Période de formation

a) Point de départ de la période de formation

1198 Si le terme de la période de formation peut être situé sans difficulté au jour de l'immatriculation de la société, il n'est pas aussi aisé d'en déterminer le point de départ puisqu'il est possible de retenir différents événements. Pour autant et dès lors qu'il s'agit de procéder à l'acquisition d'un immeuble au nom de la société en formation, il apparaît préférable de s'en tenir à la position de l'administration fiscale, telle qu'exprimée au BOFIP. L'intention de s'associer ne suffit pas. Il faut encore qu'ait été accompli un acte opposable aux tiers et, partant, inhérent à la procédure de constitution établie par les dispositions législatives et réglementaires *(http://bofip.impots.gouv.fr/bofip/3393-PGP, § 120).*

b) Actes accomplis au nom de la société

1199 Actes accomplis par les fondateurs - Les fondateurs de la société peuvent accomplir des actes pendant la période de formation de la société en son nom *(V. JCl. Notarial Formulaire, V° Sociétés, fasc. C-50. - C. civ., art. 1843 - C. com., art. L. 210-6).*

1200 Précision dans l'acte d'acquisition - Il faut alors que l'acte d'acquisition précise que c'est une personne physique ou morale ayant la qualité de fondateur qui se présente comme contractant agissant pour le compte d'une société en formation, laquelle ne peut faire l'objet d'une représentation, tant qu'elle n'a pas la personnalité morale *(C. civ., art. 1843. - J.-P. Garçon, Attention à la clause de comparution en présence d'une société en formation : JCP N 2011, n° 51, 1331).*
À défaut, l'acte sera nul *(Cass. 2e civ., 28 sept. 2017, n° 16-20.903 : JurisData n° 2017-019402 ; Dr. sociétés 2018, comm. 41, R. Mortier. - Cass. com., 21 oct. 2014, n° 13-22.428 : JurisData n° 2014-027504 ; Dr. sociétés 2015, comm. 23, R. Mortier. - Cass. com., 21 févr. 2012, n° 10-27.630 : JurisData n° 2012-002, 613 ; Bull. civ. IV, n° 49).*
Il apparaît également nécessaire de préciser dans quelle proportion chaque fondateur sera propriétaire de l'immeuble acquis en l'absence de reprise par la société.

1201 Exclusion des dispositions protectrices des acquéreurs - Dès lors que l'acte est conclu au nom d'une société, l'article L. 271-1 du Code de la construction et de l'habitation (CCH) n'a pas à être respecté *(V. toutefois les réserves de J.-P. Garçon, ss. Cass. 3e civ., 16 sept. 2014, n° 13-20.002 : JurisData n° 2014-021431 ; JCP N 2015, n° 15, 1119).* Il en va de même pour les règles du crédit immobilier, prévues par les articles L. 313-1 et suivants du Code de la consommation *(Cass. 1re civ., 1er juin 2016, n° 14-29.678. - V. n° **703** et s.).*

c) Reprise des actes

1202 La société régulièrement immatriculée peut reprendre les engagements souscrits. Il ne s'agit dès lors nullement d'une obligation pour la société *(C. civ., art. 1843. - C. com., art. L. 210-6).*

1203 Modalités de la reprise - La reprise par la société des actes souscrits en son nom nécessite le respect de formalités sans l'accomplissement desquelles la reprise ne peut être admise *(Cass. 3e civ., 15 oct. 2015, n° 13-24.355 : JurisData n° 2015-023569 ; AJDI 2016, p. 295, obs. S. Porcheron ; Bull. Joly Sociétés 2015, p. 622, obs. J.-F. Barbiéri ; JCP N 2016,* n° 28, 1221, *note Th. Ravel d'Esclapon. - Cass. com., 13 déc. 2011, n° 11-10.699 : JurisData n° 2011-028484 ; Dr. sociétés 2012, comm. 39,* obs. R. Mortier*; Bull. civ. IV, n° 210).*
Ces formalités varient suivant le moment auquel intervient la reprise *(V. JCl. Notarial Formulaire, V° Sociétés, fasc. C-50).*

1204 Publicité foncière - La reprise peut nécessiter une publicité foncière. Il en va ainsi chaque fois que l'acte authentique a été signé avant que la société ne soit immatriculée. Il convient de respecter le § e du 4° de l'article 28 du décret du 4 janvier 1955 et d'établir un acte authentique mentionnant notamment l'immatriculation, les éléments d'identification de la société et la reprise des actes par cette dernière et qu'il soit procédé à la publication de celui-ci *(A. Fournier, L'acte portant reprise par une société de l'engagement souscrit en son nom lors de l'acquisition de droits réels immobiliers doit être obligatoirement publié pour l'information des usagers : JCP N 2004, n° 36, 1395. - P. Frémont, Les acquisitions immobilières des sociétés non encore immatriculées vues sous l'angle de la publicité foncière : JCP N 1980, I, p. 393. -* V. *JCl. Notarial Formulaire, V° Vente d'immeuble, fasc. 355).*
Cet acte n'a qu'un caractère déclaratif et son opposabilité aux tiers n'est pas subordonnée à sa publication *(Cass. 3e civ., 9 juill. 2003, n° 01-10.863 : JurisData n° 2003-019840 ; JCP G 2003* 2603, *n° 39 ; Bull. civ. III, n° 159).*

1205 Incidences fiscales - Aucun droit de mutation n'est dû lors de la reprise si l'acte est bien intervenu après le début de la période de formation, au sens où le retient l'administration fiscale *(V. n° **1204**).*

1206 Absence de reprise - Les personnes qui ont agi au nom d'une société en formation avant l'immatriculation sont tenues des obligations nées des actes ainsi accomplis, avec solidarité si la société est commerciale, sans solidarité dans les autres cas. Il en résulte qu'en l'absence de reprise d'un acte d'acquisition immobilière, les personnes ayant agi au nom de la société sont propriétaires indivises de l'immeuble acquis, ce dans la proportion des droits précisés dans l'acte d'acquisition.

1207 Emprunt - De même, si un emprunt a été souscrit, les fondateurs sont personnellement tenus en qualité d'emprunteur *(Cass. 1re civ., 9 juill. 2014, n° 13-20.356 : JurisData n° 2014-016038 ; JCP G 2014, 889 ; Bull. civ. I, n° 128).*

Pour aller plus loin

- Inforeg, Sécuriser la reprise des actes accomplis pour une société en formation – Étude Cahier pratique : CDE 2016, prat. 1
- A.-L. Lucas-Puget, La reprise des actes de la société en formation : Defrénois 2012, art. 40629, p. 1009

3° Disparition

1208 **Besoins de la liquidation** – La personnalité morale de la société persiste pour les besoins de la liquidation, quelle que soit la cause de sa disparition *(C. civ., art. 1844-8, al. 3. – C. com., art. L. 237-2, al. 2 et L. 237-15)*. Ainsi, va-t-il être possible de procéder à la vente des immeubles détenus par la société afin de pouvoir procéder, après paiement des dettes sociales, au partage entre les associés de l'actif net.

1209 **Liquidateur** – Pour déterminer les pouvoirs du liquidateur, il peut être distingué entre les sociétés civiles et les sociétés commerciales.

S'agissant des sociétés civiles, le liquidateur dispose de pouvoirs définis soit par les statuts soit par les associés soit par une décision de justice *(C. civ., art. 1844-8)*.

S'agissant des sociétés commerciales, il convient, en premier lieu, de déterminer la cause de la disparition de la société puis, dans un second temps, en fonction de ladite cause, de se référer soit aux statuts de la société soit à la convention expresse entre les parties soit à la décision de justice pour déterminer comment le liquidateur est nommé *(C. com., art. L. 237-14 à L. 237-38)*. Le liquidateur a les pouvoirs les plus étendus pour réaliser l'actif, même à l'amiable *(C. com., art. L. 237-24)*.

Pour aller plus loin

- B. Dondero, Le mystérieux statut de la société en liquidation : Gaz. Pal. 27 janv. 2015, n° 27, p. 7

4° Société sans personnalité morale

1210 Il résulte des articles 1842 et 1873 du Code civil que les sociétés en participation et les sociétés créées de fait n'ont pas la personnalité morale *(V. JCl. Notarial Formulaire, V° Sociétés, fasc. S-1610. – J.-B. Lenhof, Les incidences de la réforme sur la société en participation in Les incidences de la réforme du droit des contrats sur les contrats d'affaires, (dir.) R. Mortier : Dalloz, 2018)*.

Une vente ou une acquisition d'immeuble ne peut donc être conclue ou formalisée au nom d'une telle société. Néanmoins, l'acte peut échapper à la nullité s'il est ratifié par ses associés *(Cass. com., 8 févr. 2017, n° 14-29.747 : JurisData n° 2017-001846 ; Dr. sociétés* 2017, *comm. 59, H. Hovasse)*. Les biens acquis par les associés sont indivis, tous les associés étant réputés gérants de l'indivision *(C. civ., art. 1872-1. – V. n° **1135** et s.)*. Il peut toutefois être convenu que l'un des associés est, à l'égard des tiers, garant de tout ou partie des biens qu'il acquiert en vue de la réalisation de l'objet social *(C. civ., art. 1872)*.

II. Capacité de la société

1211 Suivant le deuxième alinéa de l'article 1145 du Code civil, la capacité des personnes morales est limitée par les règles applicables à chacune d'entre elles.

Pour aller plus loin

- M.-Ch. Hebert-Pageot, Réforme des contrats et droit des sociétés : JCP E 2018, n° 25, 1327
- E. Mortier, Sociétés et loi n° 2018-287 du 20 avril 2018 de ratification de l'ordonnance réformant le droit des contrats : Droit des sociétés, 2018, étude 9
- B. Saintourens, Les aspects de droit des sociétés de la loi du 20 avril 2018 ratifiant l'ordonnance du 10 février 2016 réformant le droit des contrats : BJS, juin 2018, p. 373
- E. Schlumberger, La modification de la capacité des personnes morales par la loi de ratification du 20 avril 2018 : Defrénois, 20 sept. 2018, p. 15
- M. Storck et Th. De Ravel d'Escaplon, SCI : incidence de la ratification de l'ordonnance du 10 février 2016 : JCP N 2018, n° 23, 1201

III. Représentation de la société

1212 La société, entité abstraite, doit être représentée par une personne physique. Le choix de ce représentant doit répondre à certaines exigences. Ce représentant dispose du pouvoir d'engager la société envers les tiers. Il revient toutefois au notaire de procéder à la vérification des pouvoirs du représentant de la société sous peine de voir sa responsabilité engagée *(Cass. 1re civ., 11 juin 2014, n° 13-16.233)*.

1° Règles générales

1213 L'ordonnance n° 2016-131 du 10 février 2016 a introduit dans le Code civil des dispositions régissant la représentation, qu'il s'agisse d'une représentation légale, judiciaire ou conventionnelle. Ces dispositions figurent aux articles 1153 à 1161 du Code civil. Se pose dès lors la question de l'articulation de ces dispositions avec celles relatives aux sociétés, sachant qu'en vertu de l'article 1105 du Code civil, les règles spéciales l'emportent sur les règles générales.

1214 Pourraient dès lors être applicables aux sociétés, faute de dispositions spéciales, et sous réserve de la jurisprudence à venir :
- l'article 1155 du Code civil qui apporte des précisions sur l'étendue des pouvoirs des représentants ;
- les articles 1156 et 1157 du Code civil qui distingue dépassement et détournement de pouvoirs ;
- l'article 1158 sur l'action interrogatoire ;
- l'article 1160 sur la cessation des pouvoirs du représentant.

1215 Avant d'examiner chacune de ces nouveautés et leur impact possible à l'occasion d'une vente immobilière, il doit être précisé que l'article 10, 1, de la directive 2009/101/CE du Parlement européen et du Conseil, qui dispose que *la société est engagée vis-à-vis des tiers par les actes accomplis par ses organes, même si ces actes ne relèvent pas de l'objet social de cette société, à moins que lesdits actes n'excèdent les pouvoirs que la loi attribue ou permet d'attribuer à ces organes* pourrait conduire à écarter, pour les sociétés à responsabilité limitée et des sociétés par actions, les limitations de pouvoirs résultant de l'ordonnance du 10 février 2016.

Il faut également souligner qu'une partie de la doctrine se prononce clairement en faveur de l'éviction de la très grande majorité des dispositions relatives à la représentation *(A. Couret, Nouveau régime de la représentation et conflits d'intérêts en droit des sociétés : Rev. sociétés 2017, p. 331)*. Seront également apportées des précisions sur les exigences relatives à tout représentant d'une société qui préexistait avant que n'intervienne l'ordonnance du 10 février 2016.

a) Pouvoirs du représentant

1216 **Pouvoirs en termes généraux** – Lorsque le pouvoir du représentant est défini en termes généraux, il ne couvre que les actes conservatoires et d'administration *(C. civ., art. 1155)*.

Or, suivant certains auteurs, il apparaît que les pouvoirs des représentants des sociétés sont définis en termes généraux, ce dont il résulterait que l'article 1155 du Code civil serait applicable aux sociétés (en ce sens, *S. Schiller, La représentation dans les sociétés après la réforme du droit des contrats : JCP N 2017, n° 48, 1326. – B. Dondero, Capacité et représentation des sociétés : BJS, sept. 2016, n° 115m9, p. 510)*.

En ce sens, il est avancé, par exemple, que le gérant d'une société de personnes (société civile ou société en nom collectif) ne peut engager la société que par des actes entrant dans l'objet social *(C. civ., art. 1849*, pour les sociétés civiles. – *C. com., art. L. 222-2*, pour les sociétés en nom collectif et en commandite simple*)*. De même, les représentants légaux des SARL et sociétés par actions simplifiées sont investis des « pouvoirs les plus étendus pour agir en toutes circonstances au nom de la société ». Ils ont également le pouvoir d'engager la société pour des actes qui ne relèvent pas de l'objet social, sauf à prouver que le tiers savait que l'acte dépassait cet objet ou qu'il ne pouvait pas l'ignorer compte tenu des circonstances *(C. com., art. L. 223-18, L. 225-56, L. 225-64, L. 226-7 et L. 227-6)*.

Appliquer l'alinéa 1er de l'article 1155 du Code civil aux sociétés reviendrait à admettre que les représentants sociaux ne peuvent conclure que des actes conservatoires et d'administration. Dès lors, ils ne pourraient conclure seuls une vente d'immeuble, vente qui pourrait être contestée pour dépassement des pouvoirs. Il n'en irait autrement que si les statuts déterminaient précisément les pouvoirs des représentants. Pour cette raison et parce que notamment pour les sociétés commerciales, les pouvoirs généraux permettent la passation d'actes de disposition, il est conclu à l'exclusion de l'application de l'alinéa 1er de l'article 1155 du Code civil *(M. Mekki, Les incidences de la réforme du droit des obligations sur le droit des sociétés : rupture ou continuité ? 1re partie. Le contrat : Rev. sociétés 2016, p. 483. – A. Couret, Nouveau régime de la représentation et conflits d'intérêts en droit des sociétés : Rev. sociétés 2017, p. 331. – A. Lecourt, L'impact de la réforme du droit des contrats sur le droit des sociétés : RTD com. 2016, p. 767)*.

1217 **Pouvoirs spécialement déterminés** – Si les statuts de la société en cause autorisent le représentant de la société à procéder à la vente ou l'acquisition d'un immeuble, il ne peut y avoir alors de dépassement de pouvoirs. Ce représentant pourra même, en application de l'alinéa 2 de l'article 1155 du Code civil, accomplir les actes accessoires à ceux pour lesquels il est habilité.

Conseil pratique Lors de l'aliénation d'un immeuble, il conviendra de vérifier si la passation d'un acte de disposition entre bien dans les pouvoirs du représentant de la société. En cas de doute, s'il s'agit d'une société civile, l'accord unanime des associés sera recueilli (en ce sens : *J.-R. André et M. Storck, La capacité juridique des sociétés civiles : JCP N 2017, n° 46, 1310.* – Sur l'action interrogatoire, V. *n°* 1222 *et s.)*.

b) Distinction dépassement/détournement de pouvoirs

1218 Dépassement de pouvoirs – Le dépassement de pouvoirs est involontaire : le représentant de la société ne sait pas qu'il dépasse les pouvoirs qui lui sont octroyés *(C. civ., art. 1156)*. En une telle hypothèse, côté représenté, l'acte lui est inopposable, sauf si le tiers cocontractant a légitimement cru en la réalité des pouvoirs du représentant, notamment en raison du comportement ou des déclarations du représenté. Côté cocontractant, s'il ignorait que l'acte était accompli par un représentant sans pouvoir ou au-delà de ses pouvoirs, il peut en invoquer la nullité.

1219 Toutefois, tant l'inopposabilité que la nullité de l'acte ne peuvent plus être invoquées lorsque le représenté l'a ratifié. Il faut alors, bien entendu, que la ratification intervienne via un représentant disposant du pouvoir de ratifier l'acte passé.

1220 Cet article 1156 du Code civil ne pourrait recevoir application pour les sociétés. En effet, les articles 1844-10 du Code civil et L. 235-1, alinéa 2, du Code de commerce prévoient d'ores et déjà que l'acte excédant les pouvoirs du représentant peut être annulé, cette nullité étant une nullité relative ne pouvant être demandée que par la société.

1221 Détournement de pouvoirs – Lorsque le représentant détourne ses pouvoirs au détriment du représenté, ce dernier peut invoquer la nullité de l'acte accompli si le tiers avait connaissance du détournement ou ne pouvait l'ignorer *(C. civ., art. 1157)*. C'est donc ici la société qui pourra agir en nullité de la vente s'il apparaît que le tiers est de mauvaise foi.

c) Action interrogatoire

1222 Définition – Le tiers qui doute de l'étendue du pouvoir du représentant conventionnel à l'occasion d'un acte qu'il s'apprête à conclure, peut demander par écrit au représenté de lui confirmer, dans un délai qu'il fixe et qui doit être raisonnable, que le représentant est habilité à conclure cet acte. L'écrit mentionne qu'à défaut de réponse dans ce délai, le représentant est réputé habilité à conclure cet acte *(C. civ., art. 1158)*.

1223 Application aux sociétés – La possibilité pour un tiers contractant avec une société de mettre en œuvre l'action interrogatoire prévue par l'article 1158 du Code civil est débattue. En effet, l'article 1158 du Code civil visant uniquement les représentants conventionnels, il est soutenu qu'il ne pourrait s'appliquer aux représentants d'une société, ceux-ci étant considérés comme des représentants légaux *(en ce sens, S. Schiller, La représentation dans les sociétés après la réforme du droit des contrats : JCP N 2017, n° 48, 1326)*.

Conseil pratique **S'il est admis que l'action interrogatoire peut être exercée vis-à-vis d'une société, alors il ne peut qu'être conseillé au tiers, qui achète ou vend un immeuble, d'en faire usage dès lors qu'il doute de l'étendue des pouvoirs du représentant de la société.**

d) Cessation des pouvoirs du représentant

1224 Les pouvoirs du représentant cessent s'il est atteint d'une incapacité ou frappé d'une interdiction *(C. civ., art. 1160)*. Cette nouvelle règle s'applique sans conteste aux sociétés. La cessation des pouvoirs du représentant intervient de plein droit. Elle n'a pas à être prononcée par le juge. Par conséquent, lors de la vente d'un immeuble, il reviendra au notaire de vérifier que le représentant de la société est capable et qu'il n'a pas été frappé d'une interdiction *(V. n° **833** et s. – V. n° **854** et s.)*.

Pour aller plus loin

- C. Grimaldi, La représentation, p. 44, in Un an d'application de la réforme des contrats, (dir.) M. Grimaldi et Ch. Vernières : éd. Defrénois, 2017
- S. Schiller, La représentation dans les sociétés après la réforme du droit des contrats : JCP N 2017, n° 48, 1326

e) Exigences relatives au représentant

1225 La personne choisie doit avoir la capacité de représenter une société. Si tel est bien le cas des majeurs et des mineurs émancipés *(C. civ., art. 413-6, al. 1er)*, il en va différemment des mineurs non émancipés et des majeurs protégés *(V. n° **833** et s.)*.

Au demeurant, il convient, lors de la passation de l'acte, de vérifier que le représentant de la société est toujours capable. En effet, il résulte de l'article 1160 du Code civil que les pouvoirs du représentant cessent s'il est atteint d'une incapacité ou frappé d'une interdiction.

En principe, la nationalité de la personne choisie est indifférente.

1226 Incompatibilité – Elles peuvent être liées à l'exercice de certaines professions, de fonctions parlementaires ou du fait d'être membre du gouvernement. Des incompatibilités peuvent également être prévues par les statuts de la société.

1227 Interdictions et déchéances – Elles sont prévues par le Code de commerce *(C. com., art. L. 653-2 et L. 654-5)* et par le Code pénal *(C. pén., art. 313-7).*
Les interdictions, lorsqu'elles surviennent après la désignation du représentant, entraînent la cessation des pouvoirs dudit représentant *(C. civ., art. 1160).*

1228 Publicité – La nomination et la cessation des fonctions du représentant doivent faire l'objet de deux publicités : dans un journal d'annonces légales et au registre du commerce et des sociétés *(C. com., art. R. 123-66, art. R. 210 et R. 210-9. – V. JCl. Notarial Formulaire, V° Sociétés, fasc. C-130).*
Ni la société ni les tiers ne peuvent, pour se soustraire à leurs engagements, se prévaloir d'une irrégularité dans la nomination des personnes chargées de gérer, d'administrer ou de diriger la société, lorsque cette nomination a été régulièrement publiée. La société ne peut se prévaloir, à l'égard des tiers, des nominations et cessations de fonction des personnes précédemment mentionnées, tant qu'elles n'ont pas été régulièrement publiées *(C. com., art. L. 210-9).*

Conseil pratique Lorsqu'une société est partie à un acte de vente d'immeuble, il apparaît nécessaire d'obtenir un extrait Kbis de la société pour vérifier que le représentant a toujours cette qualité et qu'il peut donc engager la société.

2° Règles spéciales

1229 Les pouvoirs du représentant d'une société varient suivant la forme de celle-ci.

a) Sociétés civiles

1230 Ce sont les statuts qui fixent le mode d'organisation de la gérance. Relativement aux pouvoirs du gérant, il convient de distinguer entre les rapports internes et les rapports externes.

1231 Pouvoirs du gérant et rapports internes – Il convient tout d'abord d'examiner les statuts de la société. À défaut de dispositions particulières, il résulte de l'article 1848 du Code civil que le gérant peut accomplir tous les actes de gestion que demande l'intérêt de la société.
C'est également l'intérêt social qui pourra avoir une influence, notamment si le consentement unanime des associés a été recueilli *(Cass. com., 8 nov. 2011, n° 10-24.438 : JurisData n° 2011-025423 ; JCP N 2012, n° 24, 1259, note J.-P. Garçon).*

1232 Pouvoirs du gérant et rapports externes – Le gérant n'engage, en principe, celle-ci que si l'acte entre dans l'objet social *(C. civ., art. 1849).* Les statuts de la société peuvent limiter les pouvoirs du représentant. Toutefois, cette limitation de pouvoirs n'est pas opposable aux tiers *(C. civ., art. 1849, al. 3. – Cass. 3e civ., 24 janv. 2001, n° 99-12.841 : JurisData n° 2001-007877 : Bull. civ. III, n° 10).*
Lors de la vente ou l'acquisition d'un immeuble, c'est dès lors au regard de l'objet social de la société qu'il convient d'apprécier les pouvoirs du représentant *(Cass. 3e civ., 15 oct. 2015, n° 14-21.423 : JurisData n° 2015-023567, pour un prêt).*

Conseil pratique Dès lors que l'objet social de la société civile, tel que défini par les statuts, ne prévoit pas la vente ou l'acquisition d'immeuble, il est nécessaire d'obtenir la décision des associés pour que la vente puisse être conclue.

1233 Changement de gérant – Tant la nomination que la cessation de fonction des gérants doivent être publiées. Cette publication est réalisée dans un journal d'annonces légales et au Bodacc. Un dossier de modification doit également être déposé au greffe.
Ni la société ni les tiers ne peuvent, pour se soustraire à leurs engagements, se prévaloir d'une irrégularité dans la nomination des gérants ou dans la cessation de leur fonction, dès lors que ces décisions ont été régulièrement publiées *(C. civ., art. 1846-2).*

Conseil pratique Lorsqu'il résulte des statuts de la société que le gérant peut acquérir ou vendre un immeuble, il apparaît également nécessaire d'obtenir un extrait Kbis de la société et la copie des statuts pour vérifier que le gérant a toujours cette qualité et qu'il peut donc engager la société.

1234 Décision des associés – Lorsque le gérant n'a pas le pouvoir soit de vendre soit d'acquérir un immeuble, la décision d'acquérir ou de vendre sera prise par les associés conformément aux dispositions statutaires ou, à défaut de précision par ces dernières, à l'unanimité des associés *(C. civ., art. 1852. – Cass. 3e civ., 23 févr. 2017, n° 15-28.792).* Cette décision peut être prise soit dans le cadre d'une assemblée soit par un acte exprimant le consentement de tous les associés. La société ne peut être engagée lorsque l'un des associés, n'ayant pas la qualité de gérant, agit sans pouvoir *(Cass. 3e civ., 28 févr. 2012, n° 11-30.011).*

Lorsque la décision est prise à la majorité prévue par les statuts, il y a lieu de vérifier si la vente ou l'acquisition peut effectivement être décidée en application de cette majorité *(Cass. 3e civ., 2 juin 2015, n° 14-14.861)*.

Conseil pratique **Lorsqu'un immeuble correspond au seul actif social d'une société, il convient de rechercher si la décision de vendre l'immeuble ne doit pas être assimilée à une décision de dissoudre la société. C'est alors la majorité nécessaire à cette décision qui devra être respectée *(Cass. 3e civ., 2 juin 2015, n° 14-14.861)*.**

1235 Conventions réglementées – Un contrôle *a posteriori* des associés doit avoir lieu lorsqu'une vente est conclue, directement ou par personnes interposées, entre la société civile ayant une activité économique et son représentant *(C. com., art. L. 612-5)*.
Une telle disposition est applicable à une société civile immobilière (en ce sens, *J. Prieur, Le notaire et la société civile : maîtriser les aspects juridiques : JCP N 2011, n° 49, 1316)*.
Pour la réalisation de ce contrôle, un rapport doit être établi et celui-ci contient diverses indications énumérées par l'article R. 612-6 du Code de commerce.
Le refus des associés d'approuver la vente n'empêche pas celle-ci de produire ses effets. Toutefois, le gérant sera tenu responsable des éventuelles conséquences dommageables de cette convention pour la société.

Pour aller plus loin

- J. Prieur, Le notaire et la société civile : maîtriser les aspects juridiques : JCP N 2011, n° 49, 1316
- M. Storck et Th. De Ravel d'Escaplon, SCI : incidence de la ratification de l'ordonnance du 10 février 2016 : JCP N 2018, n° 23, 1201

b) Sociétés en nom collectif

1236 Pouvoirs du gérant et rapports internes – C'est, en premier lieu, les statuts qu'il convient d'examiner pour déterminer les pouvoirs du gérant. En second lieu, si les statuts ne déterminent pas les pouvoirs du gérant, ce dernier peut faire tous actes de gestion dans l'intérêt de la société *(C. com., art. L. 221-4)*.

1237 Pouvoirs du gérant et rapports externes – Dans les rapports avec les tiers, le gérant engage la société par les actes entrant dans l'objet social *(C. com., art. L. 221-5)*. C'est donc au regard de l'objet social qu'il sera nécessaire d'apprécier si le gérant peut procéder à la vente ou à l'acquisition d'un immeuble. Si un tel acte était conclu alors qu'il n'entre pas dans l'objet social, la société ne serait pas engagée.

Conseil pratique **Avant la conclusion d'une vente d'immeuble dont l'une des parties est une société en nom collectif, il y a lieu de consulter les statuts afin de vérifier que l'acte est bien conforme à l'objet social et que le gérant a bien cette qualité, un extrait Kbis permettant de vérifier ce dernier point.**

c) Sociétés en commandite simple

1238 Les dispositions relatives aux sociétés en nom collectif sont applicables aux sociétés en commandite simple pour ce qui concerne notamment les pouvoirs du ou des gérants *(C. com., art. L. 222-2)*.

d) Sociétés à responsabilité limitée

1239 Pouvoirs du gérant et rapports internes – Dans les rapports entre associés, les pouvoirs des gérants sont déterminés par les statuts, et dans le silence de ceux-ci, le gérant peut faire tous actes de gestion dans l'intérêt de la société.

Remarque Remarquons à cet égard qu'il est souvent prévu que tout achat, vente ou échange d'immeubles ne pourront être réalisés sans avoir été autorisés par une décision collective des associés.

1240 Pouvoirs du gérant et rapports externes – Dans les rapports avec les tiers, le gérant est investi des pouvoirs les plus étendus pour agir en toute circonstance au nom de la société, sous réserve des pouvoirs que la loi attribue expressément aux associés. Ainsi et par exemple, le gérant ne peut passer un acte qui entraînerait la modification de l'objet social, ce pouvoir de modification appartenant aux associés *(C. com., art. L. 223-30, al. 2)*.

1241 La société est engagée même par les actes du gérant qui ne relèvent pas de l'objet social, à moins qu'elle ne prouve que le tiers savait que l'acte dépassait cet objet ou qu'il ne pouvait l'ignorer compte tenu des circonstances ; la seule publication des statuts ne suffit pas à constituer cette preuve. Ajoutons que la contrariété à l'intérêt social ne constitue pas, par elle-même, une cause de nullité des engagements souscrits par le gérant d'une SARL à l'égard des tiers *(Cass. com., 12 mai 2015, n° 14-11.028 : JurisData n° 2015-011135 : Bull. civ. IV, n° 80)*.

Les statuts de la société peuvent limiter les pouvoirs du représentant. Toutefois, cette limitation de pouvoirs n'est pas opposable aux tiers *(C. com., art. L. 223-18, al. 6)*.

Conseil pratique **Avant la conclusion d'une vente d'immeuble dont l'une des parties est une SARL, il y a lieu de vérifier que le gérant a bien cette qualité au moyen un extrait Kbis. Si une vente d'immeuble est conclue par une personne n'ayant pas la qualité de gérant, la nullité pourra être prononcée *(Cass. com., 4 déc. 2012, n° 11-16.308 et 11-21.791)*. Il y a lieu également d'obtenir une copie des statuts de la société certifiée par le greffier du tribunal de commerce.**

1242 **Décision des associés** – Ce sont les associés qui, seuls, peuvent décider de la conclusion d'un acte qui entrainerait modification de l'objet social *(C. com., art. L. 223-30, al. 2)*.

1243 **Conventions réglementées** – Un contrôle des associés doit avoir lieu lorsqu'une vente est conclue, directement ou par personnes interposées, entre la société et son représentant ou avec une société dont un associé indéfiniment responsable, gérant, administrateur, directeur général, membre du directoire ou membre du conseil de surveillance, est simultanément gérant ou associé de la SARL *(C. com., art. L. 223-19)*.

1244 **Conventions libres** – Les opérations visées à l'article L. 213-19 du Code de commerce échappent au contrôle lorsque les conventions portent sur des opérations courantes et conclues à des conditions normales *(C. com., art. L. 223-20)*.

e) Sociétés anonymes à conseil d'administration

1245 **Représentant** – Le représentant de la SA est son directeur général. Il est investi des pouvoirs les plus étendus pour agir en toutes circonstances au nom de la société. Il exerce ces pouvoirs dans la limite de l'objet social et sous réserve de ceux que la loi attribue expressément aux assemblées d'actionnaires et au conseil d'administration.

1246 Il représente la société dans ses rapports avec les tiers. La société est engagée même par les actes du directeur général qui ne relèvent pas de l'objet social, à moins qu'elle ne prouve que le tiers savait que l'acte dépassait cet objet ou qu'il ne pouvait l'ignorer compte tenu des circonstances ; la seule publication des statuts ne suffit pas à constituer cette preuve.

1247 Les dispositions des statuts ou les décisions du conseil d'administration limitant les pouvoirs du directeur général sont inopposables aux tiers.

Conseil pratique **Avant la conclusion d'une vente d'immeuble dont l'une des parties est une SA, il y a lieu de vérifier que le représentant a bien cette qualité au moyen un extrait Kbis. Il y a lieu également d'obtenir une copie des statuts de la société certifiée par le greffier du tribunal de commerce.**

1248 **Conventions réglementées et autorisation préalable** – Toute convention intervenant directement ou par personne interposée entre la société et son directeur général, l'un de ses directeurs généraux délégués, l'un de ses administrateurs, l'un de ses actionnaires disposant d'une fraction des droits de vote supérieure à 10 % ou, s'il s'agit d'une société actionnaire, la société la contrôlant au sens de l'article L. 233-3 du Code de commerce, doit être soumise à l'autorisation préalable du conseil d'administration. Il en est de même des conventions auxquelles une des personnes précédemment mentionnées est indirectement intéressée.

1249 Sont également soumises à autorisation préalable, les conventions intervenant entre la société et une entreprise, si le directeur général, l'un des directeurs généraux délégués ou l'un des administrateurs de la société est propriétaire, associé indéfiniment responsable, gérant, administrateur, membre du conseil de surveillance ou, de façon générale, dirigeant de cette entreprise.

1250 C'est le conseil d'administration qui autorise préalablement les conventions réglementées *(C. com., art. L. 225-38)*. Cette autorisation préalable est motivée en justifiant de l'intérêt de la convention pour la société, notamment en précisant les conditions financières qui y sont attachées.

1251 **Conventions réglementées et approbation a posteriori** – Outre l'autorisation préalable du conseil d'administration, les conventions réglementées doivent être approuvées *a posteriori* par l'assemblée générale. Le défaut d'approbation n'entraîne pas alors la nullité de la convention, hors le cas de fraude, mais les conséquences préjudiciables de la convention peuvent être mises à la charge de l'intéressé et des administrateurs *(C. com., art. L. 225-41)*.

1252 **Conventions libres** – Cette autorisation préalable du conseil d'administration n'est pas nécessaire pour :
- les conventions portant sur des opérations courantes et conclues à des conditions normales ;
- les conventions conclues entre deux sociétés dont l'une détient, directement ou indirectement, la totalité du capital de l'autre, le cas échéant déduction faite du nombre minimum d'actions requis pour satisfaire aux exigences de l'article 1832 du Code civil ou des articles L. 225-1 et L. 226-1 du Code de commerce.

f) Sociétés anonymes à directoire et conseil de surveillance

1253 Le président du directoire représente la société à l'égard des tiers *(C. com., art. L. 225-66)*. Ce pouvoir peut également être reconnu à d'autres membres du directoire qui sont alors directeurs généraux. Les dispositions limitant les pouvoirs de représentation de la société sont inopposables aux tiers.

Conseil pratique **Avant la conclusion d'une vente d'immeuble dont l'une des parties est une SA à directoire et à conseil de surveillance, il y a lieu de vérifier que la personne la représentant est bien soit son président soit l'un de ses directeurs généraux. Un extrait Kbis permet d'effectuer cette vérification. Si le directeur qui se présente n'apparaît pas sur l'extrait Kbis, c'est qu'il n'a pas de pouvoir de représentation de la SA.**
Il y a lieu également d'obtenir une copie des statuts de la société certifiée par le greffier du tribunal de commerce.

1254 **Pouvoirs du directoire** – Le directoire est investi des pouvoirs les plus étendus pour agir en toutes circonstances au nom de la société. Il les exerce dans la limite de l'objet social et sous réserve de ceux expressément attribués par la loi au conseil de surveillance et aux assemblées d'actionnaires.

1255 Dans les rapports avec les tiers, la société est engagée même par les actes du directoire qui ne relèvent pas de l'objet social, à moins qu'elle ne prouve que le tiers savait que l'acte dépassait cet objet ou qu'il ne pouvait l'ignorer compte tenu des circonstances, étant exclu que la seule publication des statuts suffise à constituer cette preuve. Les dispositions des statuts limitant les pouvoirs du directoire sont inopposables aux tiers.

1256 **Vente d'immeuble et absence d'autorisation préalable** – Les statuts peuvent subordonner à l'autorisation préalable du conseil de surveillance la conclusion des opérations qu'ils énumèrent. Il peut en aller ainsi pour les ventes d'immeubles. Le défaut d'autorisation préalable ne pourra cependant être opposé aux tiers que dans les conditions fixées par décret *(C. com., art. L. 225-68 et R. 225-53)*.

Pour aller plus loin

- D. Poracchia, Aspects de droit des sociétés de la loi relative à la transparence, à la lutte contre la corruption et à la modernisation de la vie économique du 9 décembre 2016 : BJS janv. 2017, n° 1155, p. 65

1257 **Conventions réglementées et autorisation préalable** – Toute convention intervenant directement ou par personne interposée entre la société et l'un des membres du directoire ou du conseil de surveillance, un actionnaire disposant d'une fraction des droits de vote supérieure à 10 % ou, s'il s'agit d'une société actionnaire, la société la contrôlant au sens de l'article L. 233-3 du Code de commerce doit être soumise à l'autorisation préalable du conseil de surveillance. Il en est de même des conventions auxquelles une des personnes précédemment mentionnées est indirectement intéressée. Sont également soumises à autorisation préalable les conventions intervenant entre la société et une entreprise, si l'un des membres du directoire ou du conseil de surveillance de la société est propriétaire, associé indéfiniment responsable, gérant, administrateur, membre du conseil de surveillance ou, de façon générale, dirigeant de cette entreprise.
L'autorisation préalable du conseil de surveillance est motivée en justifiant de l'intérêt de la convention pour la société, notamment en précisant les conditions financières qui y sont attachées *(C. com., art. L. 225-86)*.

1258 **Conventions libres** – L'autorisation préalable du conseil de surveillance n'est pas nécessaire pour les conventions portant sur des opérations courantes et conclues à des conditions normales ni aux conventions conclues entre deux sociétés dont l'une détient, directement ou indirectement, la totalité du capital de l'autre, le cas échéant déduction faite du nombre minimum d'actions requis pour satisfaire aux exigences de l'article 1832 du Code civil ou des articles L. 225-1 et L. 226-1 du Code de commerce *(C. com., art. L. 225-87)*.

g) Sociétés en commandite par actions

1259 **Pouvoirs du gérant** – Le gérant est investi des pouvoirs les plus étendus pour agir en toutes circonstances au nom de la société. Dans les rapports avec les tiers, la société est engagée même par les actes du gérant qui ne relèvent pas de l'objet social, à moins qu'elle ne prouve que le tiers savait que l'acte dépassait cet objet ou qu'il ne pouvait l'ignorer compte tenu des circonstances, étant exclu que la seule publication des statuts suffise à constituer cette preuve.
Les clauses statutaires limitant les pouvoirs du gérant sont inopposables aux tiers *(C. com., art. L. 226-7)*.

Conseil pratique **Avant la conclusion d'une vente d'immeuble dont l'une des parties est une société en commandite par actions, il y a lieu de vérifier que la personne la représentant est bien soit son gérant. Un extrait Kbis permet d'effectuer cette vérification.**
Il y a lieu également d'obtenir une copie des statuts de la société certifiée par le greffier du tribunal de commerce.

1260 **Conventions réglementées et autorisation préalable du conseil de surveillance** – Les dispositions des articles L. 225-38 à L. 225-43 du Code de commerce, exposées ci-dessus pour les SA à conseil d'administration, sont applicables en ce qui concerne le conseil de surveillance.

h) Sociétés par actions simplifiées

1261 La société est représentée à l'égard des tiers par un président désigné dans les conditions prévues par les statuts. Le président est investi des pouvoirs les plus étendus pour agir en toutes circonstances au nom de la société dans la limite de l'objet social.

1262 Dans les rapports avec les tiers, la société est engagée même par les actes du président qui ne relèvent pas de l'objet social, à moins qu'elle ne prouve que le tiers savait que l'acte dépassait cet objet ou qu'il ne pouvait l'ignorer compte tenu des circonstances, étant exclu que la seule publication des statuts suffise à constituer cette preuve.
Les dispositions statutaires limitant les pouvoirs du président sont inopposables aux tiers *(C. com., art. L. 227-6)*.

1263 Pluralité de représentants – Les statuts peuvent prévoir les conditions dans lesquelles une ou plusieurs personnes autres que le président, portant le titre de directeur général ou de directeur général délégué, peuvent exercer les pouvoirs confiés à ce dernier.

Conseil pratique **Avant la conclusion d'une vente d'immeuble dont l'une des parties est une SAS, il y a lieu de vérifier que la personne la représentant est bien soit son président soit l'un de ses directeurs généraux. Un extrait Kbis permet d'effectuer cette vérification. Si le directeur qui se présente n'apparaît pas sur l'extrait Kbis, c'est qu'il n'a pas de pouvoir de représentation de la SAS.**
Il y a lieu également d'obtenir une copie des statuts de la société certifiée par le greffier du tribunal de commerce.

1264 Conventions réglementées et approbation a posteriori – La réglementation résulte de l'article L. 227-10 du Code de commerce *(V. JCl. Notarial Formulaire, V° Sociétés, fasc. N-5, par M.-C. Glotin)*.

IV. Vente d'un immeuble et société comprenant un associé mineur ou protégé

1265 Respect du droit des personnes protégées – Chaque fois qu'un associé est soumis à un régime de protection, il s'avère nécessaire, avant que ne soit adoptée une délibération visant à autoriser la société propriétaire d'un immeuble à vendre celui-ci, de respecter le droit des personnes vulnérables.

1266 Actes de disposition – L'annexe 2 du décret n° 2008-1484 du 22 décembre 2008 classe comme *acte de disposition, sauf circonstances d'espèce* le vote des ordres du jour portant sur *la reprise des apports, la modification des statuts, la prorogation et la dissolution du groupement, la fusion, la scission, l'apport partiel d'actif, l'agrément d'un associé, l'augmentation ou la réduction de capital, le changement d'objet social, l'emprunt et la constitution de sûreté, la vente d'un élément d'actif immobilisé, l'aggravation des engagements des associés*.

1267 Représentation et autorisation – Il en résulte que chaque fois que la société doit délibérer relativement à un acte de disposition, l'associé protégé, mineur ou majeur, doit être représentée et qu'une autorisation doit être demandée lorsque cela est prévu dans le régime applicable pour un acte de disposition *(V. n° **932** et s. – V. n° **957** et s.)*.

1268 Sanction – L'absence de respect du droit des personnes protégées fait peser sur la vente un risque d'annulation. Ainsi, le 17 mai 2017, la Cour de cassation a-t-elle retenu qu'il ne peut être fait exception à la nullité de l'acte de vente d'un bien immobilier appartenant à une société civile immobilière résultant de l'absence d'autorisation préalable du juge des tutelles à la délibération ayant décidé de cette vente, prévue par l'annexe 2 du décret n° 2008-1484 du 22 décembre 2008, au motif que l'acquéreur aurait contracté dans la croyance erronée que le gérant de la société propriétaire du bien vendu avait le pouvoir de consentir à ladite vente *(Cass. 1re civ., 17 mai 2017, n° 15-24.840, P+B : JurisData n° 2017-009378 ; JCP N 2017, n° 28, 1235, note M. Storck ; Defrénois 2017, p. 757, note J. Combret ; Dr. famille 2017, comm. 188, I. Maria ; AJ fam. 2017, p. 406, G. Raoul-Cormeil)*.

Pour aller plus loin

Formules
- V. JCl. Notarial Formulaire, V° Vente d'immeuble, fasc. 355

Fiches pratiques
- Fiche pratique n° 2623 : Acquisition par une société en formation, par A. Robert-Chary
- Fiche pratique n° 1721 : Rédiger une vente d'immeuble, par M. Suquet-Cozic

Commentaires
• JCl. Notarial Formulaire, Synthèse 1450 : Vente d'immeuble : parties à l'acte, personnes morales et étrangers, par V. Zalewski-Sicard
• JCl. Notarial Formulaire, V° Sociétés, fasc. C-50,
• JCl. Notarial Formulaire, V° Sociétés, fasc. K-150
• JCl. Notarial Formulaire, V° Sociétés, fasc. E-40
• JCl. Notarial Formulaire, V° Sociétés, fasc. G-50
• JCl. Notarial Formulaire, V° Sociétés, fasc. G-51
• JCl. Notarial Formulaire, V° Sociétés, fasc. I-60
• JCl. Notarial Formulaire, V° Sociétés, fasc. I-62
• JCl. Notarial Formulaire, V° Sociétés, fasc. N-5
• JCl. Notarial Formulaire, V° Sociétés, fasc. N-12
• JCl. Notarial Formulaire, V° Vente d'immeuble, fasc. 350

Revues
• A. Cathelineau-Roulaud, Effets de la réglementation des incapacités sur les sociétés : JCP N 2010, n° 37-38, 1275
• J. Combret et A. Houis, Focus sur mineur et droit des sociétés : JCP N 2018, n° 50, 1361
• N. Dupouy et A.-F. Zattara-Gros, Ordonnance n° 2015-1288 du 15 octobre 2015 et droit des sociétés : JCP N 2016, n° 48, 1332
• F. Julienne, Le mineur associé : RTD com. 2015, p. 199
• F. Julienne, L'entrée d'un mineur dans une société civile ou commerciale. À propos de l'avis rendu par le Comité de coordination du registre du commerce et des sociétés : JCP N 2014, n° 1-2, 1004
• S. Lacroix-De Sousa et M. Robineau, La société civile immobilière et ses associés vulnérables : Rev. sociétés 2017, p. 395

Ouvrages
• J.-Ch. Pagnucco, Le contrat de société et le majeur protégé, in J.-M. Plazy et G. Raoul-Cormeil, Le patrimoine de la personne protégée : LexisNexis, 2015, p. 151
• A.-F. Zattara-Gros, Le nouveau droit applicable au mineur associé : vers un droit civil des sociétés ?, Mél. H. Hovasse : LexisNexis, 2016, p. 201

Groupements d'intérêt économique

I. Définition

1269 Deux ou plusieurs personnes physiques ou morales peuvent constituer entre elles un groupement d'intérêt économique pour une durée déterminée.
Le but du groupement est de faciliter ou de développer l'activité économique de ses membres, d'améliorer ou d'accroître les résultats de cette activité. Il n'est pas de réaliser des bénéfices pour lui-même.
Son activité doit se rattacher à l'activité économique de ses membres et ne peut avoir qu'un caractère auxiliaire par rapport à celle-ci *(C. com., art. L. 251-1)*.

II. Existence de la personnalité morale

1° Formalités

1270 **Immatriculation** – Le groupement d'intérêt économique jouit de la personnalité morale et de la pleine capacité à dater de son immatriculation au registre du commerce et des sociétés *(C. com., art. L. 251-4)*.

2° Période de formation

1271 **Actes accomplis par les fondateurs** – Les fondateurs du GIE peuvent accomplir des actes pendant la période de formation.

1272 **Précision dans l'acte d'acquisition** – Il faut alors que l'acte d'acquisition précise que c'est une personne physique ou morale ayant la qualité de fondateur qui se présente comme contractant agissant pour le compte d'un GIE en formation, lequel ne peut faire l'objet d'une représentation, tant qu'il n'a pas la personnalité morale. À défaut, l'acte sera nul.
Il apparaît également nécessaire de préciser dans quelle proportion chaque fondateur sera propriétaire de l'immeuble acquis en l'absence de reprise par le GIE.

1273 **Exclusion des dispositions protectrices des acquéreurs** – Dès lors que l'acte est conclu au nom d'un GIE, l'article L. 271-1 du Code de la construction et de l'habitation n'a pas à être respecté. Il en va de même pour les règles du crédit immobilier, prévues par les articles L. 313-1 et suivants du Code de la consommation (pour une société, *Cass. 1re civ., 1er juin 2016, n° 14-29.678. – V. n°* **701** *et s.)*.

1274 **Reprise des actes** – Les personnes qui ont agi au nom d'un groupement d'intérêt économique en formation avant qu'il ait acquis la jouissance de la personnalité morale sont tenues, solidairement et indéfiniment, des actes ainsi accomplis, à moins que le groupement, après avoir été régulièrement constitué et immatriculé, ne reprenne les engagements souscrits. Ces engagements sont alors réputés avoir été souscrits dès l'origine par le groupement *(C. com., art. L. 251-4)*.

III. Capacité du groupement d'intérêt économique

1275 **Capacité en tant que personne morale** – Suivant le deuxième alinéa de l'article 1145 du Code civil, la capacité des personnes morales est limitée par les règles applicables à chacune d'entre elles.

1276 **Capacité en tant que GIE** – Le GIE a la pleine capacité à dater de son immatriculation au registre de commerce et des sociétés, sachant que le groupement dont l'objet est commercial peut faire de manière habituelle et à titre principal tous actes de commerce pour son propre compte.

IV. Représentation du groupement d'intérêt économique

1277 Administrateurs et rapports internes – Il convient d'examiner les dispositions du contrat du groupement pour déterminer quels sont les pouvoirs des administrateurs. Ainsi, il peut être fait interdiction à l'administrateur, sauf autorisation préalable, de contracter des emprunts, de vendre ou d'hypothéquer les biens immeubles. Une telle autorisation devra donc être obtenue préalablement à la passation de l'acte.

1278 Administrateurs et rapports externes – Les administrateurs engagent valablement le groupement à condition d'agir dans le cadre de l'objet que lui a été donné *(V. JCl. Notarial Formulaire, V° Vente d'immeuble, fasc. 350).*

1279 Publicité – La désignation d'un administrateur lors de la constitution ou en cours de vie du GIE doit être publiée au registre du commerce et des sociétés. La copie de la délibération portant désignation des administrateurs doit être déposée au greffe du tribunal de commerce.

1280 Représentation et règles générales – *V. n° **887** et s.*

Conseil pratique **Le notaire doit examiner soigneusement les dispositions contractuelles du groupement d'intérêt économique pour déterminer si la vente entre bien dans son objet et si une autorisation préalable est ou non nécessaire. Il doit également vérifier que l'administrateur est toujours apte à représenter le GIE par consultation du registre du commerce et des sociétés.**

V. Conventions réglementées et conventions libres

1281 Conventions réglementées entre le GIE et l'un de ses administrateurs – La question se pose de savoir si l'article L. 612-5 du Code de commerce s'applique aux GIE.
L'application aux GIE civils de l'article L. 612-5 du Code de commerce n'a pas fait l'objet de jurisprudence pour l'instant. Il peut toujours être recommandé à l'administrateur d'obtenir l'approbation visée au texte. En tout état de cause, la vente d'un immeuble n'est pas nulle faute d'approbation.

1282 Absence d'approbation a posteriori – En effet, une convention non approuvée produit néanmoins ses effets. Les conséquences préjudiciables à la personne morale résultant d'une telle convention peuvent être mises à la charge, individuellement ou solidairement selon le cas, de l'administrateur ou de la personne assurant le rôle de mandataire social.

1283 Conventions libres – Les opérations visées à l'article L. 612-5 du Code de commerce échappent à celui-ci lorsqu'elles correspondent à des conventions courantes conclues à des conditions normales qui, en raison de leur objet ou de leurs implications financières, ne sont significatives pour aucune des parties.

Associations

I. Association non déclarée

1° Absence de personnalité morale

1284 **Absence de déclaration** – Une association non déclarée est une association licite. Ainsi, l'article 2 de la loi du 1er juillet 1901 précise que « les associations de personnes pourront se former librement sans autorisation ni déclaration préalable ».

1285 **Absence de capacité** – Seule une association déclarée peut avoir la personnalité juridique *(L. 1er juill. 1901, art. 5)*. Il en résulte qu'une association non déclarée n'a pas de capacité juridique et ne peut donc conclure valablement d'actes juridiques *(L. 1er juill. 1901, art. 17. – Cass. 1re civ., 14 mars 1984, n° 82-16.888)*.

2° Reprise des actes

1286 **Actes accomplis par les représentants** – Les représentants de l'association peuvent accomplir des actes après la création de l'association et avant sa déclaration.

1287 **Précision dans l'acte d'acquisition** – Il faut alors que l'acte d'acquisition précise que c'est une personne physique ou morale ayant la qualité de fondateur qui se présente comme contractant agissant pour le compte d'une association non encore déclarée, laquelle ne peut faire l'objet d'une représentation, tant qu'elle n'a pas la personnalité morale. À défaut, l'acte sera nul.
Il apparaît également nécessaire de préciser dans quelle proportion chaque fondateur sera propriétaire de l'immeuble acquis en l'absence de reprise par l'association.

1288 **Reprise des actes** – Les personnes qui ont agi au nom d'une association avant qu'elle ait acquis la jouissance de la personnalité morale sont tenues, solidairement et indéfiniment, des actes ainsi accomplis *(Cass. 1er civ., 14 mars 1984, n° 82-16.888)*. Aucune disposition de la loi du 1er juillet 1901 ne prévoit la reprise des actes par une association. Pour autant, la Cour de cassation semble admettre une telle reprise par une association déclarée *(Cass. 1re civ., 4 juill. 1995, n° 93-18.432)*. En ce cas, il devrait être retenu, comme pour les sociétés, que les engagements sont alors réputés avoir été souscrits dès l'origine par l'association.

II. Association déclarée

1° Existence de la personnalité morale

a) Formalités

1289 **Déclaration** – Toute association qui veut obtenir la capacité juridique prévue par l'article 6 de la loi du 1er juillet 1901 devra être rendue publique par les soins de ses fondateurs.
La déclaration préalable en sera faite au représentant de l'État dans le département où l'association aura son siège social. Elle fera connaître le titre et l'objet de l'association, le siège de ses établissements et les noms, professions et domiciles et nationalités de ceux qui, à un titre quelconque, sont chargés de son administration. Un exemplaire des statuts est joint à la déclaration. Il sera donné récépissé de celle-ci dans le délai de 5 jours *(L. 1er juill. 1901, art. 5)*.

1290 **Publication au JO** – L'association n'est rendue publique que par une insertion au *Journal officiel*, sur production du récépissé de la déclaration.

1291 **Date d'apparition de la personnalité morale** – La personnalité morale apparaît uniquement après déclaration à l'administration préfectorale du département où l'association aura son siège social *(L. 1er juill. 1901, art. 5, al. 2)* et après avoir été rendue publique par une insertion au JO. C'est donc uniquement après la publication au JO que l'association acquiert la personnalité morale *(Cass. 3e civ., 3 oct. 2001, n° 00-10.643 – V. JCl. Notarial Formulaire, V° Associations, fasc. 10, A. Bougnoux)*.

b) Période de formation

1292 *V. n° **1287** et s.*

1293 Liquidation – Lorsqu'il apparaît après apurement du passif de l'association et reprise des apports un actif net, il n'est pas possible d'attribuer celui-ci aux sociétaires *(D. 16 août 1901, art. 5)*.

2° Capacité

1294 Capacité en tant que personne morale – Suivant l'article 1145, alinéa 2, du Code civil, la capacité des personnes morales est limitée par les règles applicables à chacune d'entre elles.

1295 Capacité en tant qu'association reconnue d'utilité publique – Les associations reconnues d'utilité publique peuvent faire tous les actes de la vie civile qui ne sont pas interdits par leurs statuts *(L. 1er juill. 1901, art. 11)*. Précisons ici que les associations peuvent être reconnues d'utilité publique par décret en Conseil d'État à l'issue d'une période probatoire de fonctionnement d'une durée au moins égale à 3 ans *(L. 1er juill. 1901, art. 10)*.

1296 Autorisation et association reconnue d'utilité publique – Lorsque les statuts des associations reconnues d'utilité publique soumettent à autorisation administrative les opérations portant sur les droits réels immobiliers et les emprunts, cette autorisation est donnée par arrêté du préfet du département où est le siège de l'association.
L'autorisation est réputée accordée si le préfet n'y a pas fait opposition dans les 2 mois de leur notification par l'association *(D. n° 2007-807, 11 mai 2007, art. 8)*. En une telle hypothèse, il convient tout à la fois de préciser dans l'acte de vente que suite à la notification d'une promesse unilatérale de vente sous réserve d'autorisation du préfet ou d'une promesse synallagmatique de vente ne valant pas vente, le préfet ne s'est pas opposé à la vente dans un délai de 2 mois à compter de la notification et d'annexer à l'acte de vente la copie de la notification effectuée.

Conseil pratique Lors de la vente d'un immeuble dont l'une des parties est une association reconnue d'utilité publique, il revient au notaire de notifier par lettre recommandée avec accusé de réception au préfet du département soit une promesse unilatérale de vente sous réserve d'autorisation préfectorale soit une promesse synallagmatique de vente ne valant pas vente. En l'absence de réponse du préfet, la vente ne pourra être conclue qu'une fois un délai de 2 mois expiré.

3° Représentation des associations

1297 Absence de représentant légal – Les associations n'ont, en principe, pas de représentant légal. Par conséquent, pour déterminer l'organe susceptible de représenter l'association, il y a lieu de prendre connaissance des statuts de l'association *(Cass. 1re civ., 10 juill. 1979, n° 78-11.286 : JurisData n° 1979-710202 : Bull. civ. I, n° 202)*.

1298 Autorisation pour les actes de disposition – Les statuts d'une association peuvent prévoir notamment que les organes chargés de la représenter, comme, par exemple, son président ou un administrateur, ne pourront conclure certains actes comme les actes de disposition sans autorisation préalable de l'assemblée générale.

1299 Représentation et termes généraux – Le représentant d'une association ne peut conclure une vente ou un emprunt si son pouvoir a été défini en termes généraux *(C. civ., art. 1155)*.

1300 Représentation et règles générales – *V. n° **887** et s.*.

Conseil pratique Le notaire doit se procurer les statuts à jour de l'association avant toute vente ou acquisition par celle-ci. Il doit vérifier que :
- l'opération à réaliser entre dans l'objet de l'association ;
- l'organe qui a qualité pour représenter l'association selon les statuts ;
- cet organe a été régulièrement désigné ;
- l'organe représentatif de l'association ne dépasse pas les pouvoirs qui lui sont octroyés ;
- une autorisation de l'assemblée générale est ou non nécessaire.

Lorsqu'il s'agit d'une acquisition, il doit indiquer la destination de l'immeuble.

Pour aller plus loin

- Y. Guyon, Les pouvoir des dirigeants des associations à l'égard des tiers. Les pièges à éviter : JCP N 1996, n° 6, 3618
- J.-L. Trousset, Pouvoirs et responsabilités dans les associations : JCP E 1994, II, 14268

4° Conventions réglementées et conventions libres

1301 Associations concernées – Sont concernées par l'application de l'article L. 612-5 du Code de commerce les associations exerçant une activité économique ou ayant reçu plus de 153 000 € de subventions.

1302 Conventions réglementées entre une association et l'un de ses représentants – Suivant l'article L. 612-5 du Code de commerce, le représentant légal ou, s'il en existe un, le commissaire aux comptes d'une personne morale de droit privé non commerçante ayant une activité économique ou d'une association visée à l'article L. 612-4 présente à l'organe délibérant ou, en l'absence d'organe délibérant, joint aux documents communiqués aux adhérents un rapport sur les conventions passées directement ou par personne interposée entre la personne morale et l'un de ses administrateurs ou l'une des personnes assurant un rôle de mandataire social.
Il est de même des conventions passées entre cette personne morale et une autre personne morale dont un associé indéfiniment responsable, un gérant, un administrateur, le directeur général, un directeur général délégué, un membre du directoire ou du conseil de surveillance, un actionnaire disposant d'une fraction des droits de vote supérieure à 10 % est simultanément administrateur ou assure un rôle de mandataire social de ladite personne morale.

1303 Absence d'approbation a posteriori – Une convention non approuvée produit néanmoins ses effets. Les conséquences préjudiciables à la personne morale résultant d'une telle convention peuvent être mises à la charge, individuellement ou solidairement selon le cas, de l'administrateur ou de la personne assurant le rôle de mandataire social.

1304 Conventions libres – Les opérations visées à l'article L. 612-5 du Code de commerce échappent à celui-ci lorsqu'elles correspondent à des conventions courantes conclues à des conditions normales qui, en raison de leur objet ou de leurs implications financières, ne sont significatives pour aucune des parties.

5° Déclarations postérieures aux ventes d'immeubles

1305 Déclaration dans un délai de 3 mois – En application du 4° de l'article 3 du décret du 16 août 1901, les acquisitions et les aliénations d'immeubles doivent être déclarées à la préfecture. À la déclaration, doivent être joints un état descriptif, s'il s'agit d'une acquisition, et l'indication des prix d'acquisition ou d'aliénation. Cette déclaration doit intervenir dans un délai de 3 mois à compter de l'acquisition ou de l'aliénation *(L. 1er juill. 1901, art. 5)*.

1306 Sanction pénale – L'absence de déclaration est sanctionnée pénalement *(L. 1er juill. 1901, art. 8)*.

III. Associations particulières

1307 Certaines associations ont des règles de fonctionnement spécifique, ce que le notaire devra prendre en compte lors de la vente d'un immeuble.

1° Associations syndicales de propriétaires (ASP)

1308 Objet – L'objet d'une ASP doit correspondre à l'un de ceux visés à l'article 1er de l'ordonnance n° 2004-632 du 1er juillet 2004 :
- la construction, l'entretien ou la gestion d'ouvrages ;
- la réalisation de travaux ;
- les actions d'intérêt commun, en vue de prévenir les risques naturels ou sanitaires, les pollutions et les nuisances ; de préserver, de restaurer ou d'exploiter des ressources naturelles ; d'aménager ou d'entretenir des cours d'eau, lacs ou plans d'eau, voies et réseaux divers ; de mettre en valeur des propriétés.

a) Dispositions communes

1) Vente d'un immeuble par ou à l'association

1309 Capacité – Les associations syndicales de propriétaires peuvent agir en justice, acquérir, vendre, échanger, transiger, emprunter et hypothéquer sous réserve de l'accomplissement des formalités de publicité prévues selon le cas aux articles 8, 15 ou 43 de la loi du 1er juillet 2004 *(Ord. 1er juill. 2004, art. 5)*.

1310 Pouvoirs – Il faut, pour déterminer l'organe ayant le pouvoir de représenter l'association, distinguer suivant la forme de celle-ci *(V. n° 1315 et s.)*.

2) *Vente d'un immeuble inclus dans le périmètre d'une ASP*

1311 Information – Le propriétaire d'un immeuble inclus dans le périmètre d'une ASP doit, en cas de transfert de propriété, informer le futur propriétaire de cette inclusion et de l'existence éventuelle des servitudes. Il doit fournir les mêmes informations aux locataires de cet immeuble *(Ord. 1er juill. 2004, art. 4)*.

1312 Notification – Toute mutation d'une propriété d'un immeuble inclus dans le périmètre de l'ASP est notifiée par le notaire recevant l'acte au président de l'association qui en fait le constat. Cette notification permet au président de tenir à jour l'état nominatif des propriétaires des immeubles inclus dans le périmètre de celle-ci ainsi que le plan parcellaire.

1313 Hypothèque légale – Aux termes de l'article 6 de l'ordonnance du 1er juillet 2004, les créances de toute nature d'une ASP à l'encontre d'un ou de ses membres sont garanties par une hypothèque légale sur les immeubles de ce membre compris dans le périmètre de l'association. Les conditions d'inscription et de mainlevée sont celles prévues à l'article 19 de la loi n° 65-557 du 10 juillet 1965 fixant statut de la copropriété.

b) Dispositions propres à chaque association

1) *Associations syndicales libres*

1314 Organe décisionnaire – La décision de vendre ou d'acquérir un immeuble doit être prise, à défaut de précision contraire dans les statuts, par l'assemblée générale de l'association.

1315 Représentation – Les statuts de l'association syndicale libre fixent les modalités de sa représentation à l'égard des tiers. Ce sont donc ces statuts qu'il convient d'examiner pour déterminer l'organe qui pourra représenter l'association pour la conclusion d'une vente. Il peut s'agir du président de l'association mais non obligatoirement.

Conseil pratique **Le notaire doit se procurer les statuts à jour de l'association avant toute vente ou acquisition par celle-ci. Il doit vérifier que :**
- **l'opération à réaliser entre dans l'objet de l'association ;**
- **l'organe qui a qualité pour représenter l'association selon les statuts ;**
- **cet organe a été régulièrement désigné ;**
- **l'organe représentatif de l'association ne dépasse pas les pouvoirs qui lui sont octroyés ;**
- **une autorisation de l'assemblée générale est ou non nécessaire.**

Lorsqu'il s'agit d'une acquisition, il doit indiquer la destination de l'immeuble.

2) *Associations syndicales autorisées*

1316 Organe décisionnaire – Par combinaison des articles 18 et 20 de l'ordonnance du 1er juillet 2004, il résulte que c'est le syndicat qui est l'organe décisionnaire pour la vente ou l'acquisition d'un immeuble.

1317 Représentation – Le président de l'association est son représentant légal *(Ord. 1er juill. 2004, art. 23)*.

3) *Associations syndicales constituées d'office*

1318 Organe décisionnaire – Par combinaison des articles 18, 20 et 46 de l'ordonnance du 1er juillet 2004, il résulte que c'est le syndicat qui est l'organe décisionnaire pour la vente ou l'acquisition d'un immeuble.

1319 Représentation – Le président de l'association est son représentant légal *(L. 1er juill. 2004, art. 46* renvoyant à *art. 23)*.

2° Associations foncières urbaines

1320 Conformément à l'article 2 de l'ordonnance n° 2004-632 du 1er juillet 2004 sur les associations syndicales de propriétaires, une association foncière urbaine peut être :
- libre, si elle est créée du seul consentement de tous les propriétaires concernés ;
- autorisée, si elle est créée par l'Administration à la demande d'une majorité variable des propriétaires *(C. urb., art. L. 322-3 et L. 322-3-1)* ;
- forcée, si elle est créée unilatéralement par l'Administration à défaut d'accord avec les propriétaires *(C. urb., art. L. 322-4)*.

a) Associations libres

1321 Caractères – Ces associations foncières urbaines sont des personnes morales de droit privé dont le régime est celui des associations syndicales libres, tel qu'il résulte de l'ordonnance n° 2004-632 du 1er juillet 2004.

Il n'y a pas d'intervention de l'Administration, elles se forment librement par le consentement unanime et écrit des associés. Le recours en annulation contre une constitution irrégulière se prescrit par 5 ans *(Cass. 3e civ., 3 déc. 2015, n° 14-12.998 : JurisData n° 2015-027101 ; Constr.-Urb. 2016, comm. 4, note P. Cornille).*

1322 Périmètre – Il est déterminé par un plan parcellaire qui est annexé aux statuts et une déclaration de chaque adhérent spécifiant les désignations cadastrales ainsi que la contenance des immeubles pour lesquels il s'engage.

1323 Gestion – Ce sont les statuts qui déterminent le mode d'administration de la société, les pouvoirs des administrateurs et syndicat *(Ord. 1er juill. 2004, art. 7. – D. 3 mai 2006, art. 3).*

b) Associations autorisées

1324 Personne morale de droit public – L'association autorisée est constituée par l'autorité administrative, à la demande d'un certain nombre de propriétaires, d'une collectivité territoriale ou d'un groupement de collectivités territoriales. L'association autorisée est un établissement public administratif, c'est-à-dire une personne morale de droit public.

1325 Constitution – L'article L. 322-3 du Code de l'urbanisme fixe les règles de constitution de l'association autorisée. Elle peut être créée à la demande de propriétaires intéressés, dans les conditions énoncées par les articles L. 322-3 et L. 322-3-1 du Code de l'urbanisme (sur un exemple de statuts : *J. Hugot et G. Daudré, Statuts d'une association foncière urbaine autorisée de groupement de parcelles : Constr.-urb. 2018, form. 10*).
L'autorité administrative doit recueillir, préalablement à la création de l'association, l'accord du conseil municipal lorsqu'un plan local d'urbanisme a été approuvé sur le territoire de la commune *(C. urb., art. L. 322-3-2)*. Dans les autres cas, si l'association est située dans un périmètre d'opération d'intérêt national, le conseil municipal est consulté.

1326 Droit de délaissement – Les propriétaires d'immeubles compris dans le périmètre de l'association foncière urbaine autorisé et n'ayant pas adhéré à l'association peuvent, dans le délai de 3 mois à partir de la publication de la décision administrative autorisant l'association, délaisser ces immeubles moyennant indemnité. À défaut d'accord amiable, l'indemnité est fixée comme en matière d'expropriation *(C. urb., art. L. 322-5, al. 1er)*.

1327 Lorsque l'association a pour objet le groupement de parcelles, il est en outre possible à tous les propriétaires d'immeubles compris dans le périmètre syndical de délaisser, moyennant indemnité, leurs propriétés ou leurs quotes-parts de propriété sur les parcelles groupées, dans le délai de 3 mois à partir de la publication de l'arrêté de l'autorité administrative visé à l'article L. 322-7, troisième alinéa. À défaut d'accord amiable, l'indemnité est fixée comme en matière d'expropriation *(C. urb., art. L. 322-5, al. 2)*.

1328 Engagement d'acquérir – Une des conditions pour qu'une association foncière urbaine autorisée puisse être créée est l'existence d'un engagement d'acquérir par une personne publique ou privée les immeubles dont le propriétaire opterait pour le délaissement dans les conditions prévues à l'article L. 322-5. Cette condition peut être remplacée par le même engagement pris par l'association foncière urbaine et figurant dans ses statuts.

1329 Droits des créanciers inscrits – Les droits des créanciers régulièrement inscrits sur les immeubles délaissés, soit avant la publication au fichier immobilier de l'acte de délaissement, soit postérieurement à ladite publication, en ce qui concerne les privilèges conservés suivant les prescriptions des articles 2379 et 2380 du Code civil, sont reportés sur l'indemnité de délaissement, compte tenu du rang de préférence qui leur est reconnu. Si l'indemnité fixée à l'amiable est inférieure au total des créances pour le recouvrement desquelles il a été pris inscription, les créanciers inscrits peuvent exiger que l'indemnité acceptée par leur débiteur soit soumise au juge *(C. urb., art. L. 322-5, al. 3 et 4)*.

c) Associations forcées

1330 Création – À défaut d'accord amiable entre les propriétaires intéressés ou de constitution d'une association foncière libre ou autorisée, l'autorité administrative peut constituer d'office une association foncière urbaine qui aura le caractère d'établissement public administratif (sur les cas donnant possibilité de création d'associations forcées, V. *C. urb., art. L. 322-4)*. L'article L. 322-4 du Code de l'urbanisme fixe ces conditions qui varient selon que l'association a pour objet le remembrement de parcelles, l'entretien et la gestion d'ouvrages d'intérêt collectif ou la restauration (l'association foncière forcée dispose des mêmes prérogatives que l'association foncière autorisée).

1331 Absence de droit de délaissement – Les propriétaires de terrains compris dans le périmètre d'une association foncière urbaine n'ont pas de droit de délaissement et font obligatoirement partie de l'association foncière urbaine. La seule possibilité qui leur est offerte est l'aliénation du terrain selon le droit commun, le nouvel acquéreur devant supporter alors les charges syndicales.

d) Associations foncières urbaines de projet

1332 Définition – L'association foncière urbaine de projet est une association foncière urbaine autorisée qui a pour objet de permettre la cession des terrains inclus dans son périmètre, après avoir réalisé un projet associant une opération de remembrement, au sens des 1° et 2° de l'article L. 322-2, et une opération d'aménagement, au sens de l'article L. 300-1 du Code de l'urbanisme.
Ladite association est régie par les dispositions relatives aux associations foncières, sous réserve des articles L. 322-13 à L. 322-16 du Code de l'urbanisme *(C. urb., art. L. 322-12)*.

1333 Sortie du périmètre de l'association – Ce sont en principe les règles prévues par l'ordonnance n° 2004-632 du 1er juillet 2004 qui s'appliquent.
Toutefois, les statuts peuvent prévoir que, lorsqu'un membre de l'association souhaite vendre tout ou partie de ses terrains aménagés à un acquéreur qui ne veut pas être inclus dans le périmètre de l'association et les distraire du périmètre de l'association, l'assemblée générale de l'association, à la majorité des propriétaires représentant au moins les deux tiers de la superficie des terrains de l'association ou au moins les deux tiers des propriétaires représentant plus de la moitié des superficies des terrains, peut approuver, sans enquête publique préalable, la distraction des terrains à vendre du périmètre de l'association et fixer les conditions financières dans lesquelles le vendeur reste redevable des emprunts et des participations prévues *(C. urb., art. L. 322-16)*.

3° Associations cultuelles

1334 Objet – Celui-ci est défini par l'article 19 de la loi du 9 décembre 1905 : il s'agit exclusivement de l'exercice d'un culte.

1335 Immeubles – Les associations cultuelles ne peuvent être propriétaires d'immeubles que si ceux-ci sont nécessaires à la réalisation de leur objet. Ainsi, avant chaque acquisition, il y a lieu de vérifier que cette condition est bien remplie.

Conseil pratique **Dans l'acte d'acquisition, il doit être précisé que compte tenu de la destination de l'immeuble, l'acquisition est bien conforme à l'objet de l'association.**

1336 Emploi du prix de vente – En cas d'aliénation par l'association cultuelle d'immeubles faisant partie du patrimoine de l'établissement public dissous, le montant du produit de la vente devra être employé en titres de rente nominatifs ou à la constitution d'un fonds de réserve suffisant pour assurer les frais et l'entretien du culte. L'acquéreur des biens aliénés sera personnellement responsable de la régularité de cet emploi *(L. 9 déc. 1905, art. 5)*.

PARTIES À L'ACTE

Congrégations religieuses

1337 Capacité – Seules les congrégations religieuses reconnues ont la capacité civile *(L. 1er juill. 1901, art. 13. – V. JCl. Notarial Formulaire, V° Acte notarié, fasc. 80).*

1338 Autorisation – L'acquisition à titre onéreux ou l'aliénation, par les établissements congréganistes autorisés ou légalement reconnus et, dans les départements du Bas-Rhin, du Haut-Rhin ou de la Moselle, par les établissements publics du culte, de biens immeubles, de rentes ou valeurs garanties par l'État est autorisée par arrêté du préfet du département où l'établissement a son siège. L'autorisation est réputée accordée si le préfet n'y a pas fait opposition dans les 2 mois de leur notification par l'établissement *(D. n° 2007-807, 11 mai 2007, art. 7).*

1339 Interdiction – Il est interdit au notaire, suivant l'article 2 de l'ordonnance du 14 janvier 1831, de recevoir les actes de vente ou d'acquisition, s'il n'est pas justifié de l'autorisation de l'administration. Cette autorisation devra être insérée dans l'acte. Il est possible toutefois que cette autorisation soit implicite, étant réputée accordée si le préfet n'y a pas fait opposition dans les 2 mois de sa notification par l'établissement *(Cass. 3e civ., 25 mars 2015, n° 13-18.552 et 13-19.784 : JurisData n° 2015-006435 ; Dr. sociétés 2015, comm. 165, H. Hovasse ; JCP N 2016, n° 11, 1096-9, obs. R. Boffa).* En une telle hypothèse, il convient tout à la fois de préciser dans l'acte de vente que suite à la notification d'une promesse unilatérale de vente sous réserve d'autorisation du préfet ou d'une promesse synallagmatique de vente ne valant pas vente, le préfet ne s'est pas opposé à la vente dans un délai de 2 mois à compter de la notification et d'annexer à l'acte de vente la copie de la notification effectuée.

Conseil pratique **Lors de la vente d'un immeuble dont l'une des parties est une congrégation religieuse, il revient au notaire de notifier par lettre recommandée avec accusé de réception au préfet du département soit une promesse unilatérale de vente sous réserve d'autorisation préfectorale soit une promesse synallagmatique de vente ne valant pas vente. En l'absence de réponse du préfet, la vente ne pourra être conclue qu'une fois un délai de 2 mois expiré.**

Fondations

I. Fondations reconnues d'utilité publique

1340 Définition – La fondation est l'acte par lequel une ou plusieurs personnes physiques ou morales décident l'affectation irrévocable de biens, droits ou ressources à la réalisation d'une œuvre d'intérêt général et à but non lucratif. L'acte de fondation peut avoir pour but la création d'une personne morale *(L. n° 87-571, 23 juill. 1987, art. 18)*.

1341 Personnalité morale – Une fondation ne jouit de la capacité juridique qu'après reconnaissance d'utilité publique *(L. n° 87-571, 23 juill. 1987, art. 18. – V. JCl. Notarial Formulaire, V° Fondations, fasc. 10)*.

1342 Capacité – Elle ne peut accomplir que des actes entrant dans son objet social.

1343 Organe décisionnaire – Il s'agit en principe du conseil d'administration, ainsi qu'il résulte de l'article 7, 6 des statuts types des fondations reconnues d'utilité publique : « il accepte les donations et les legs et en affecte le produit et autorise, en dehors de la gestion courante, les acquisitions et cessions de biens mobiliers et immobiliers, les marchés, les baux et les contrats de location, la constitution d'hypothèques et les emprunts ainsi que les cautions et garanties accordées au nom de la fondation ».
Le conseil d'administration peut accorder au bureau de la fondation, en deçà d'un montant qu'il détermine, une délégation permanente pour les cessions et acquisitions de biens immobiliers, à charge pour ce dernier de lui en rendre compte à chaque réunion du conseil d'administration.

1344 Représentation – C'est le président de la fondation qui la représente dans tous les actes de la vie civile, ainsi qu'il résulte de l'article 8 des statuts types des fondations reconnues d'utilité publique.

1345 Autorisation – Lorsque les statuts des fondations reconnues d'utilité publique soumettent à autorisation administrative les opérations portant sur les droits réels immobiliers et les emprunts, cette autorisation est donnée par arrêté du préfet du département où est le siège de l'association.
L'autorisation est réputée accordée si le préfet n'y a pas fait opposition dans les 2 mois de leur notification par l'association *(D. n° 2007-807, 11 mai 2007, art. 8)*. En une telle hypothèse, il convient tout à la fois de préciser dans l'acte de vente que suite à la notification d'une promesse unilatérale de vente sous réserve d'autorisation du préfet ou d'une promesse synallagmatique de vente ne valant pas vente, le préfet ne s'est pas opposé à la vente dans un délai de 2 mois à compter de la notification et d'annexer à l'acte de vente la copie de la notification effectuée.

Conseil pratique **Lors de la vente d'un immeuble dont l'une des parties est une fondation reconnue d'utilité publique, il revient au notaire de notifier par lettre recommandée avec accusé de réception au préfet du département soit une promesse unilatérale de vente sous réserve d'autorisation préfectorale soit une promesse synallagmatique de vente ne valant pas vente. En l'absence de réponse du préfet, la vente ne pourra être conclue qu'une fois un délai de 2 mois expiré.**

II. Fondations d'entreprise

1346 Définition – Les sociétés civiles ou commerciales, les établissements publics à caractère industriel et commercial, les coopératives, les institutions de prévoyance ou les mutuelles peuvent créer, en vue de la réalisation d'une œuvre d'intérêt général, une personne morale, à but non lucratif, dénommée fondation d'entreprise *(L. n° 87-571, 23 juill. 1987, art. 19)*.

1347 Personnalité morale – La fondation d'entreprise jouit de la capacité juridique à compter de la publication au Journal officiel de l'autorisation administrative qui lui confère ce statut. Cette autorisation est réputée acquise à l'expiration d'un délai de 4 mois à compter du dépôt de la demande. Elle fait alors l'objet de la publication au Journal officiel *(L. n° 87-571, 23 juill. 1987, art. 19-1)*.

1348 Capacité – La fondation d'entreprise peut, sous réserve des dispositions de l'article 19-8 de la loi n° 87-571 du 23 juillet 1987, faire tous les actes de la vie civile qui ne sont pas interdits par ses statuts, mais elle ne peut acquérir ou posséder d'autres immeubles que ceux nécessaires au but qu'elle se propose.

1349 Organe décisionnaire – Le conseil d'administration prend toutes décisions dans l'intérêt de la fondation d'entreprise. Il décide des actions en justice, vote le budget, approuve les comptes ; il décide des emprunts *(L. n° 87-571, 23 juill. 1987, art. 19-5)*. C'est donc par décision du conseil d'administration que la vente ou l'acquisition d'un immeuble peut être décidée.

1350 Représentation – Le président représente la fondation dans les rapports avec les tiers *(L. n° 87-571, 23 juill. 1987, art. 19-5)*.

Syndicats de copropriété

I. Syndicat isolé

1351 Le syndicat des copropriétaires a la personnalité civile *(L. n° 65-557, 10 juill. 1965, art. 14)*. Ses décisions sont prises en assemblée générale des copropriétaires. Il est représenté par le syndic *(L. n° 65-557, 10 juill. 1965, art. 17 et 18)*. Les syndicats peuvent se regrouper en union de syndicats (II).

1352 Alors même que le syndicat n'est pas propriétaire des parties communes, les actes sont valablement passés par le syndicat lui-même ou de son chef *(L. n° 65-557, 10 juill. 1965, art. 16, al. 1)*.

1° Acquisition ou l'aliénation de parties communes

1353 **Autorisation de l'assemblée générale** – Tous actes d'acquisition ou d'aliénation des parties communes ou de constitution de droits réels immobiliers au profit ou à la charge de ces dernières, à la condition qu'ils aient été décidés conformément aux dispositions des articles 6, 25 et 26, sont valablement passés par le syndicat lui-même et de son chef *(L. n° 65-557, 10 juill. 1965, art. 16)*.

1354 **Sort du prix de vente** – Les sommes représentant le prix des parties communes cédées se divisent de plein droit entre les copropriétaires dans les lots desquels figuraient ces parties communes et proportionnellement à la quotité de ces parties afférentes à chaque lot. La part du prix revenant à chaque copropriétaire lui est remise directement par le syndic et ce, nonobstant l'existence de toute sûreté grevant son lot.

2° Acquisition ou l'aliénation de parties privatives

1355 Le syndicat, s'il n'est pas propriétaire des parties communes, peut être propriétaire de parties privatives.

1356 **Acquisition** – Le syndicat peut acquérir lui-même, à titre onéreux ou gratuit, des parties privatives sans que celles-ci perdent pour autant leur caractère privatif.

1357 **Aliénation** – L'aliénation des parties privatives détenues par le syndicat doit être décidée conformément aux dispositions des articles 6, 25 et 26 de la loi n° 65-557 du 10 juillet 1965 *(L. n° 65-557, 10 juill. 1965, art. 16)*.

Conseil pratique Lors de l'acquisition d'un immeuble par un syndicat de copropriétaires, il y a lieu d'établir si ledit immeuble doit constituer une partie commune ou une partie privative, ce que l'assemblée générale des copropriétaires autorisant une telle acquisition doit, en principe, préciser.

II. Union de syndicats

1358 Un syndicat de copropriétaires peut être membre d'une union de syndicats, groupement doté de la personnalité civile, dont l'objet est d'assurer la création, la gestion et l'entretien d'éléments d'équipement communs ainsi que la gestion de services d'intérêt commun. L'union peut être propriétaire d'immeubles, en vendre ou en acquérir.
L'organe décisionnaire de l'union de syndicats est son assemblée générale *(L. n° 65-557, 10 juill. 1965, art. 29)*. L'exécution des décisions de l'union est confiée à un président de l'union désigné par l'assemblée générale de l'union. C'est donc le président qui doit être présent lors de la vente ou de l'acquisition d'un immeuble par l'union de syndicats.

III. Vente d'un lot de copropriété

1359 **Renvoi** – Sur ce point, *V. n° **1637** et s.*.

Pour aller plus loin

Formules
- JCl. Notarial Formulaire, V° Copropriété, fasc. 217, par J. Lafond
- JCl. Notarial Formulaire, V° Lotissements, fasc. 185, par G. Liet-Veaux

Fiches pratiques
- Fiche pratique n° 1648 : Constituer une association syndicale libre, par J. Lafond
- Fiche pratique n° 1647 : Constituer une association foncière urbaine, par S. Lamy

Commentaires
- JCl. Notarial Formulaire, Synthèse 50 : Association, par C. Laronde-Clérac
- JCl. Notarial Formulaire, V° Construction et Urbanisme, fasc. 150, par G. Daudré
- JCl. Notarial Formulaire, V° Lotissements, fasc. 80, par X. Couton
- JCl. Notarial Formulaire, V° Vente d'immeuble, fasc. 350, par B. Magois

Domaine privé et domaine public

I. Domaine public

1360 Le notaire, lorsque la vente est conclue avec une personne morale de droit public doit prendre des précautions particulières. Il doit vérifier la capacité de celle-ci et de la personne physique qui la représente, tout en s'assurant de la conformité de l'opération immobilière à l'objet social ou à l'intérêt général.

1361 Appartenance à une personne publique – Les biens du domaine public ne peuvent appartenir qu'à une personne morale de droit public. Sont concernés :
- l'État ;
- les collectivités territoriales et leurs groupements ;
- les établissements publics nationaux ou territoriaux ;
- les autres personnes publiques dans les conditions fixées par les textes qui les régissent *(CGPPP, art. L. 2).*

1362 Critères de domanialité publique – Suivant l'article L. 2111-1 du Code général de la propriété des personnes publiques, le domaine public immobilier est constitué des biens leur appartenant qui sont :
- soit affectés à l'usage direct du public ;
- soit affectés à un service public pourvu qu'en ce cas ils fassent l'objet d'un aménagement indispensable à l'exécution des missions de ce service public.

1363 Accessoires – Le domaine public comprend également les biens mentionnés à l'article L. 1 du Code général de la propriété des personnes publiques qui concourant à l'utilisation d'un bien appartenant au domaine public, en constituent un accessoire indispensable *(CGPPP, art. L. 2111-2)*

1364 Liste spécifique – Les immeubles listés ci-après font partie du domaine public, ceci alors même qu'ils ne rempliraient pas les critères de domanialité publique :
- le domaine public naturel *(CGPPP, art. L. 2111-4)* ;
- le domaine public artificiel *(CGPPP, art. L. 2111-6)* ;
- le domaine public routier *(CGPPP, art. L. 2111-14)* ;
- le domaine public ferroviaire *(CGPPP, art. L. 2111-15)* ;
- le domaine public aéronautique *(CGPPP, art. L. 2111-16).*

1365 Inaliénabilité – Les biens du domaine public sont inaliénables et imprescriptibles *(CGPPP, art. L. 3111-1 et L. 3111-2).* Par conséquent, la vente d'un immeuble du domaine public ne peut avoir lieu qu'après décision de déclassement *(CGPPP, art. L. 2141-1 à L. 2141-3).*

1366 Dérogations – Il existe toutefois des dérogations *(CGPPP, art. L. 3112-1 à L. 3112-4. – V. n° **503** et s.).*

Pour aller plus loin

- S. Braconnier, Retour sur quelques questions intéressant les opérations immobilières des personnes publiques : RDI 2018, p. 8
- P. Cornille, Déclassement et permis de construire : Constr.-Urb. 2018, étude 2

II. Domaine privé

1367 Immeubles – Font partie du domaine privé d'une personne morale de droit public les biens n'entrant pas dans le domaine public.
En outre, quatre catégories de biens relèvent du domaine privé par détermination de la loi :
- les réserves foncières ;
- les biens immobiliers à usage de bureau ;
- les chemins ruraux ;
- et les bois et forêts soumis au régime forestier *(CGPPP, art. L. 2211-1 et L. 2212-1).*

À titre d'exemple, les immeubles acquis en vertu d'un droit de préemption font partie du domaine privé.

1368 Aliénabilité – À la différence des biens du domaine public, les biens dépendant du domaine privé sont aliénables. Par contre, ils sont également insaisissables *(CGPPP, art. L. 2311-1)*.

Pour aller plus loin

- S. Braconnier, Retour sur quelques questions intéressant les opérations immobilières des personnes publiques : RDI 2018, p. 8
- P. Devolvé, Les nouvelles dispositions du Code civil et le droit administratif : RFDA 2016, p. 613
- P. Devolvé, La dualité des normes, le cas des contrats : RDP 2017, p. 11, n° 1
- R. Noguellou, Prix de l'immobilier, collectivités locales et loi du marché : RDI 2018, p. 1

État, établissement public national ou entreprise publique

I. Acquisitions

1369 Les personnes publiques peuvent accroître leur patrimoine immobilier. Les acquisitions peuvent être à titre onéreux (achat, échange, expropriation ou préemption) ou à titre gratuit (dons, legs ou biens sans maître) et s'opèrent suivant les règles du droit civil *(CGPPP, art. L. 1111-1)*, tout en étant assujetties à des formalités administratives.

1° Avis des services fiscaux

a) Avis préalable

1370 Le projet de vente doit être précédé, avant toute entente amiable, d'une demande d'avis du directeur départemental des finances publiques lorsqu'ils sont poursuivis par l'État et ses établissements publics *(CGPPP, art. R. 1211-1 à 1211-8)*.
Cet avis porte sur les conditions financières de l'opération et sur le choix des emplacements et des constructions existantes ou à édifier et sur les possibilités d'utilisation d'immeubles domaniaux qui seraient disponibles ou susceptibles d'un meilleur aménagement *(CGPPP, art. R. 1211-4)*.

1371 Délai – L'avis du directeur départemental des finances publiques doit être formulé dans le délai d'un mois à compter de la date de la réception d'une demande d'avis en état sauf accord du directeur départemental des finances publiques.

1372 Avis implicite – En cas de non-respect du délai d'un mois ou du calendrier fixé, l'avis est réputé donné et il peut être procédé à la réalisation de l'opération.

1373 Dispense d'avis du directeur départemental des finances publiques – L'avis du directeur départemental des finances publiques n'est pas obligatoire pour les acquisitions à l'amiable, par adjudication ou par exercice du droit de préemption, d'immeubles, de droits réels immobiliers et de droits sociaux donnant vocation à l'attribution, en pleine propriété, d'immeubles ou de parties d'immeubles, d'une valeur totale égale ou supérieure à un montant de 24 000 € *(A. 5 déc. 2016, NOR : ECFE1634125A : JO 11 déc. 2016)*, ainsi que les tranches d'acquisition d'un montant inférieur, mais faisant partie d'une opération d'ensemble d'un montant égal ou supérieur *(CGPPP, art. R. 1211-2)*.

b) Décision de passer outre l'avis du directeur départemental des finances publiques

1374 Décision préalable motivée – Lorsque l'État ou l'un de ses établissements publics envisage d'acquérir un immeuble en retenant un montant supérieur à l'évaluation domaniale, il doit au préalable prendre une décision motivée de passer outre.

1375 Organe compétent – Cette décision est prise par le ministre responsable de l'opération ou l'autorité de tutelle de l'établissement public, après accord du ministre chargé du Domaine. Toutefois, le préfet est compétent pour prendre la décision de passer outre lorsque le prix ne dépasse pas une somme, en valeur vénale, de 300 000 € *(A. 6 août 2012, NOR : BUDE1229788A : JO 18 août 2012, p.13569)*.
Lorsque le bien ou l'ensemble foncier dont l'estimation donne lieu à une décision de passer outre s'étend sur plusieurs départements, cette décision est prise conjointement par les préfets de chacun des départements concernés *(CGPPP, art. R. 1211-6)*.

1376 Formalité – La décision de passer outre est adressée au directeur départemental des finances publiques du département de la situation du bien.
Lorsque le bien ou l'ensemble foncier dont l'estimation donne lieu à une décision de passer outre s'étend sur plusieurs départements, cette décision est adressée aux directeurs départementaux des finances publiques compétents *(CGPPP, art. R. 1211-6)*.

c) Sanction

1377 Interdiction de paiement – S'il n'est pas justifié de l'avis du directeur départemental des finances publiques et, le cas échéant, de la décision de passer outre mentionnée à l'article R. 1211-6, il est fait défense, d'une part, aux membres du corps du contrôle général économique et financier de viser toutes pièces d'engagement de dépenses, toutes ordonnances de paiement ou de délégations et tous mandats relatifs à un projet d'acquisition poursuivi par l'État ou ses établissements publics et, d'autre part, aux comptables publics d'effectuer les règlements correspondants *(CGPPP, art. R. 1211-7)*.

2° Représentation de l'État

1378 Administration chargée des domaines – Les actes d'acquisition d'immeubles et de droits réels immobiliers établis en la forme administrative ne peuvent être passés que par l'administration chargée des domaines *(CGPPP, art. L. 1212-1)*. Des délégations de signature sont possibles.

3° Acte et prix

1379 Prix inférieur à un montant fixé par arrêté – Que l'acte soit reçu par acte administratif ou par acte notarié, le prix des acquisitions immobilières faites à l'amiable suivant les règles du droit civil ou après exercice du droit de préemption peut être payé au vendeur, après publication de l'acte au fichier immobilier, sans l'accomplissement des formalités de purge des privilèges et hypothèques inscrits, dès lors que le prix n'excède pas un montant fixé par arrêté du ministre chargé du Domaine *(CGPPP, art. R. 1212-7)*. Cet arrêté n'a toutefois pas été publié.

a) Acte administratif

1380 Acte authentique – Le préfet peut recevoir et authentifier, en vue de leur publication au fichier immobilier, les actes concernant les droits réels immobiliers ainsi que les baux, passés en la forme administrative par l'État *(CGPPP, art. L. 1212-4)*.
En une telle hypothèse, l'administration chargée des domaines est seule habilitée à le passer pour le compte des services civils ou militaires de l'État. Elle est assistée en tant que de besoin par un représentant du ministère ou du service intéressé *(CGPPP, art. R. 1212-1)*.

1381 Acompte – Il peut être payé au vendeur, dès l'expiration des délais ouverts pour prendre les inscriptions ayant un effet rétroactif, un acompte dans la limite maximum des trois quarts de la différence entre le prix stipulé et celui des charges et accessoires. Cet acompte est payé après autorisation du directeur départemental des finances publiques lorsque les actes sont rédigés par l'administration chargée des domaines et, dans les autres cas, après autorisation de l'autorité habilitée à recevoir l'acte administratif *(CGPPP, art. R. 1212-6)*.

1382 Paiement – Conformément à l'article 19 du décret n° 2012-1246 du 7 novembre 2012 relatif à la gestion budgétaire et comptable publique, le comptable doit, à peine d'engager sa responsabilité personnelle et pécuniaire, s'assurer « du caractère libératoire du règlement », c'est-à-dire vérifier que le véritable propriétaire de l'immeuble est désintéressé et qu'il n'existe pas de créanciers inscrits sur l'immeuble. À ce titre, les comptables publics sont amenés à exiger, lorsque l'acquisition est réalisée par acte administratif, non seulement la mention de publication de l'acte authentique au fichier immobilier, procédure qui rend la vente opposable aux tiers, mais aussi la production des états-réponses délivrés par le service de la publicité foncière, qui attestent qu'il n'existe aucun droit concurrent sur l'immeuble *(Rép. min. n° 1134 : JO Sénat 14 déc. 2017, p. 4493. J.-L. Masson ; JCP N 2017, n° 51-52, act. 1066)*.

b) Acte notarié

1383 Acte reçu par un notaire – Ces acquisitions peuvent également intervenir par acte notarié *(CGPPP, art. L. 1212-2)*. Il en ira ainsi notamment si le vendeur le demande, si le vendeur est un proche d'un membre d'un organe délibérant ou exécutif ou bien encore, en raison de la complexité de l'acte.

1384 Purge – Lorsque l'acquisition intervient à l'amiable suivant les règles du droit civil ou lorsqu'elle a lieu sur licitation, le notaire rédacteur de l'acte procède s'il y a lieu, sous sa responsabilité, à la purge de tous privilèges et hypothèques.

1385 Remise des fonds – Les fonds qui sont remis au notaire sont alors considérés comme reçus en raison de ses fonctions *(CGPPP, art. L. 1212-2)*. Les comptables publics sont déchargés de toute responsabilité par la remise des fonds au notaire rédacteur de l'acte *(CGPPP, art. R. 1212-3)*. Il revient au notaire de s'assurer du caractère libératoire du règlement en lieu et place du comptable. La publication de l'acte n'a aucune incidence sur ce transfert de responsabilité, raison pour laquelle la preuve de la publication de l'acte au fichier immobilier n'a pas à être exigée et le comptable n'a pas à se faire délivrer les états réponses produits par le service de la publicité foncière. Le notaire doit simplement attester qu'il n'existe pas à sa connaissance, de vente ou de promesse de vente antérieure, hypothèses que les articles législatifs précités n'ont pas couvertes *(Rép. min. n° 1134 : JO Sénat 14 déc. 2017, p. 4493, J.-L. Masson, préc. n° 16)*.

1386 Remploi – Lorsque le prix des acquisitions d'immeubles, de droits réels immobiliers ou de fonds de commerce réalisées selon les règles du droit commun par les départements et leurs établissements publics donne lieu à remploi en immeuble, les comptables publics remettent les fonds au notaire rédacteur de l'acte portant mutation de l'immeuble acquis en remploi.
La remise des fonds a lieu sur la demande du vendeur et sur production d'une attestation du notaire certifiant l'accomplissement de la mission de remploi qui lui a été confiée.
Cette attestation comporte obligatoirement l'identité des parties, ainsi que la désignation de l'immeuble conformément aux dispositions du premier alinéa de l'article 5, du 1 de l'article 6 et de l'article 7 du décret n° 55-22 du 4 janvier 1955 portant réforme de la publicité foncière, et mentionne le prix d'acquisition *(CGPPP, art. R. 1212-4)*.

II. Aliénations

1387 En principe, seuls les biens dépendant du domaine privé sont aliénables à titre onéreux (**1°**). Toutefois, il existe des exceptions pour les biens du domaine public (**2°**).

1° Immeubles du domaine privé

1388 Lorsqu'ils ne sont plus utilisés par un service civil ou militaire de l'État ou un établissement public de l'État, les immeubles du domaine privé de l'État peuvent être vendus *(CGPPP, art. L. 3211-1)*.
L'aliénation d'un immeuble du domaine privé de l'État a lieu avec publicité et mise en concurrence soit par adjudication publique, soit à l'amiable *(CGPPP, art. R. 3211-2)*, sauf exception *(CGPPP, art. R. 3211-7)*.

a) Cahier des charges

1389 Le ministre chargé du Domaine établit le cahier des charges type fixant les conditions générales des aliénations et détermine les modalités générales de la publicité préalable aux adjudications. Ces prescriptions ne sont pas applicables aux aliénations dont l'État confie la réalisation à des professionnels habilités *(CGPPP, art. R. 3211-2)*.

b) Mise en concurrence

1390 Publicité – La cession amiable est en principe précédée d'une publicité permettant une mise en concurrence. Celle-ci est annoncée par un avis établi par le préfet. Cet avis est inséré dans une publication à diffusion locale, nationale ou internationale habilitée à recevoir des annonces légales ou dans une publication spécialisée dans le secteur de l'immobilier, ou encore publié par voie électronique. Le choix des modalités de publication est fonction, notamment, de la nature et de l'importance de l'immeuble dont la cession est envisagée.
L'avis précise notamment :
- la localisation et les caractéristiques essentielles de l'immeuble ;
- l'adresse du service auprès duquel le cahier des charges de la vente peut, s'il y a lieu, être demandé ou consulté ;
- les modalités de présentation des offres par les acquéreurs potentiels ;
- les modalités d'organisation des visites de l'immeuble.

Cet avis est ensuite publié *(CGPPP, art. R. 3211-4)*.

1391 Critères de sélection – Les critères de sélection des offres prennent notamment en compte les conditions financières proposées ainsi que les garanties de bonne fin et de solvabilité présentées.

Conseil pratique L'acte de vente doit préciser que :
- un avis établi par le préfet a été publié, tout en indiquant les lieux et les journaux où la publication a été faite ;
- l'adresse où le cahier des charges a pu être consulté et s'il a été mis en ligne ;
- les modalités, le déroulement et le nombre de visites ;
- la date limite de présentation des offres par les acquéreurs potentiels.

Le cahier des charges de la cession doit être annexé à l'acte.

c) Dispense de mise en concurrence

1392 La cession d'un immeuble peut être faite à l'amiable sans appel à la concurrence :
- lorsque des dispositions législatives ou réglementaires spéciales impliquent la cession de l'immeuble au profit d'un acquéreur ou d'une catégorie d'acquéreurs déterminés, auquel cas le prix est fixé par le directeur départemental des finances publiques et l'aliénation est consentie par le préfet, quelle que soit la valeur des immeubles cédés et, à défaut d'accord amiable, le prix est fixé comme en matière d'expropriation pour cause d'utilité publique ;
- lorsque des dispositions législatives ou réglementaires spéciales permettent la cession de l'immeuble au profit d'un acquéreur ou d'une catégorie d'acquéreurs déterminés ;

- lorsque l'adjudication publique a été infructueuse ;
- lorsque l'immeuble est nécessaire à l'accomplissement d'une mission de service public ou à la réalisation d'une opération d'intérêt général par une personne exclue du bénéfice d'une convention d'utilisation mentionnée à l'article R. 2313-1 ou par un établissement public de l'État à caractère industriel et commercial. Est considérée comme une opération d'intérêt général, au sens du présent 4°, l'aliénation des immeubles, bâtis ou non bâtis, du domaine privé de l'État lorsqu'elle est nécessaire à la réalisation d'une opération immobilière comportant plus de 70 % de la surface totale de plancher affectée aux logements appartenant aux catégories mentionnées au II de l'article R. 3211-15, qu'elle est effectuée au profit d'un organisme mentionné à l'article L. 411-2 du Code de la construction et de l'habitation, d'une société d'économie mixte mentionnée aux articles L. 472-1-1 ou L. 481-1 du même code ou d'un organisme agréé mentionné à l'article L. 365-2 dudit code, et lorsqu'elle est réalisée dans les communes pour lesquelles les dispositions de la section 2 du chapitre II du titre préliminaire du livre III du Code de la construction et de l'habitation sont applicables ;
- lorsque les conditions particulières d'utilisation de l'immeuble le justifient ;
- lorsque l'immeuble fait l'objet d'une convention d'utilisation mentionnée à l'article R. 2313-1 ou est confié en gestion à un établissement public à caractère industriel et commercial qui souhaite l'acquérir *(CGPPP, art. R. 3211-7)*.

d) Autorisation du ministre chargé du Domaine

1393 **Seuil** - La valeur vénale des immeubles dont la cession doit être autorisée par le ministre chargé du Domaine est fixée à 2 000 000 € *(CGPPP, art. R. 3211-6. - C. dom. État, art. A. 104-1)*.

1394 **Avis préalable** - Préalablement à l'autorisation mentionnée du ministre chargé du Domaine, la commission pour la transparence et la qualité des opérations immobilières de l'État émet un avis sur le projet de cession lorsque ce dernier prévoit une cession dans les conditions mentionnées à l'article R. 3211-7.
L'avis porte sur le respect des règles figurant à l'article R. 3211-7 et sur la qualité des procédures envisagées. À cette fin, le directeur général des finances publiques adresse à la commission le dossier du projet, accompagné d'un rapport de présentation. La commission émet son avis dans le délai d'un mois à compter de la réception du dossier. Ce délai peut être prorogé une fois par le ministre chargé du Domaine.
Cette procédure ne s'applique pas en cas d'exercice du droit de priorité prévue à l'article L. 240-1 du Code de l'urbanisme.

Conseil pratique **L'autorisation du ministre chargé du Domaine sera annexée à l'acte de vente.**

e) Règles spécifiques

1395 Ces règles spécifiques s'appliquent soit au regard de la nature de l'immeuble vendu soit au regard la nature des droits de l'État sur ledit immeuble.

1) Immeubles à usage de bureaux

1396 **Propriété de l'État** - Les biens immobiliers à usage de bureaux, qui sont la propriété de l'État, peuvent être aliénés alors qu'ils continuent à être utilisés par les services de l'État. Dans ce cas, l'acte d'aliénation comporte des clauses permettant de préserver la continuité du service public *(CGPPP, art. L. 3211-2)*.

1397 **Propriété d'un établissement public de l'État** - Lorsqu'un établissement public, autre qu'un établissement public à caractère industriel et commercial, envisage de procéder à la cession d'un immeuble mentionné à l'article L. 2211-1, qui continue à être utilisé par ses services, il doit recueillir l'accord préalable de l'autorité administrative compétente. Dans ce cas, l'acte d'aliénation comporte des clauses permettant de préserver la continuité du service public *(CGPPP, art. L. 3211-13)*.

2) Immeubles indivis

1398 Les immeubles de toute nature dont l'État est propriétaire en indivision avec d'autres personnes physiques ou morales, et qui sont insusceptibles de partage, sont vendus en totalité dans les formes et conditions fixées pour ceux qui lui appartiennent sans part d'autrui. Les indivisaires reçoivent leur part dans le prix, à la date du ou des paiements *(CGPPP, art. L. 3211-3)*.

3) Immeubles divis non commodément déterminables

1399 Avec l'accord des propriétaires intéressés, les immeubles appartenant divisément à l'État et à des personnes physiques ou morales, lorsque la part de chaque propriétaire ne peut être commodément isolée, sont vendus en totalité dans les formes et conditions fixées pour ceux qui appartiennent à l'État sans part d'autrui. Les propriétaires reçoivent leur part dans le prix, à la date du ou des paiements *(CGPPP, art. L. 3211-4)*.

4) Bois et forêts

1400 Les bois et forêts de l'État ne peuvent être aliénés qu'en vertu d'une loi.
Il existe deux exceptions.
La première impose que trois conditions soient remplies. L'État peut dans les conditions précisées par décret en Conseil d'État procéder à la vente des bois et forêts qui satisfont aux conditions suivantes :
- être d'une contenance inférieure à 150 hectares ;
- n'être nécessaires ni au maintien et à la protection des terrains en montagne, ni à la régularisation du régime des eaux et à la protection de la qualité des eaux, ni à l'équilibre biologique d'une région ou au bien-être de la population ;
- et dont les produits tirés de leur exploitation ne couvrent pas les charges de gestion.

La seconde correspond à l'hypothèse où les bois et forêts de l'État sont compris dans le périmètre d'une déclaration d'utilité publique. Ils sont alors cédés conformément aux dispositions de l'article L. 222-4 du Code de l'expropriation pour cause d'utilité publique dans les conditions précisées par décret en Conseil d'État *(CGPPP, art. L. 3211-5).*

5) Immeubles bâtis dans les bois et forêts

1401 Biens visés – L'aliénation d'un immeuble relevant du patrimoine immobilier bâti de l'État situé sur un terrain mentionné au 1° de l'article L. 211-1 du Code forestier, ainsi que de son terrain d'assiette, n'est possible que si cet immeuble satisfait aux conditions suivantes :
- il ne présente pas d'utilité pour atteindre les objectifs de gestion durable des bois et forêts conformément au chapitre Ier du titre II du livre Ier du Code forestier ;
- il est desservi par l'une des voies mentionnées aux articles L. 111-1 et L. 161-1 du Code de la voirie routière ou par un chemin forestier ouvert à la circulation publique.

Le terrain d'assiette pouvant être ainsi aliéné est limité à la superficie permettant un usage normal de l'immeuble bâti, comprenant notamment la cour, le jardin ou, le cas échéant, le parc qui lui est attaché. Un décret peut étendre cette superficie lorsque l'aliénation a pour objet de garantir la cohérence de la gestion forestière.

1402 Forme de la vente – La vente intervient dans la forme ordinaire des ventes des biens de l'État. La liste des immeubles pouvant être vendus est fixée par décret pris sur le rapport conjoint des ministres chargés des Forêts et du Domaine.

f) Représentation de l'État

1403 Préfet – La cession est consentie par le préfet, au prix convenu entre les parties et selon les modalités financières fixées par le directeur département des finances publiques *(CGPPP, art. R. 3211-6).*

1) Fixation du prix

1404 Prix – Le prix est fixé par les parties à l'acte de vente. Il doit, en principe, être supérieur à la valeur vénale de l'immeuble, tel que déterminé par le directeur départemental des finances publiques.

1405 Prix inférieur à la valeur vénale – Lorsque la vente a pour objectif la production de logements, l'État peut céder un immeuble à prix inférieur à sa valeur vénale. L'acquéreur est alors tenu de respecter des obligations spécifiques visées à l'article L. 3211-7 du Code général de la propriété des personnes publiques.

2) Paiement du prix

1406 Modalités – Le prix doit être payé selon les modalités financières fixées par le directeur départemental des finances publiques *(CGPPP, art. R. 3211-6).*

1407 Défaut de paiement – L'acquéreur qui n'a pas payé le prix aux échéances peut être déchu de la vente *(CGPPP, art. L. 3211-12 et R. 3211-8).*

1408 Notification – Le préfet notifie à l'acquéreur défaillant, à ses ayants cause s'ils sont connus, au détenteur et aux créanciers inscrits sur l'immeuble, par lettre recommandée avec demande d'avis de réception, que la déchéance pourra être prononcée à l'expiration d'un délai d'un mois à compter de la date de réception de la notification, à défaut de paiement, dans ce délai, de la somme exigible en capital, intérêts et frais. Toutes les personnes visées sont admises pendant ce délai d'un mois à payer la somme exigible. Celles qui ont effectué le paiement sont subrogées par la quittance aux droits du Trésor pour leur remboursement.

1409 Déchéance – À défaut de régularisation à l'expiration du délai d'un mois, le préfet, sur proposition du directeur départemental des finances publiques, prononce la déchéance de l'acquéreur défaillant et l'administration chargée des domaines reprend possession de l'immeuble.

1410 **Dommages et intérêts** – Lorsque l'acquéreur a été déchu de la vente, il doit payer, à titre de dommages et intérêts, sans préjudice de la restitution des fruits, une amende égale au dixième de la somme exigible, sans que cette amende puisse être inférieure au vingtième du prix de la vente. Dans le cas de vente par adjudication, il n'y a pas lieu à réitération des enchères *(CGPPP, art. L. 3211-12)*.

2° Immeubles du domaine public

1411 **Inaliénabilité** – Les biens du domaine public sont inaliénables et imprescriptibles *(CGPPP, art. L. 3111-1 et L. 3111-2)*. Par conséquent, la vente d'un immeuble du domaine public ne peut avoir lieu qu'après désaffectation du bien et décision expresse de déclassement *(CGPPP, art. L. 2141-1 à L. 2141-3)*.
Trois exceptions toutefois intéressent la vente immobilière, sachant que la dernière n'en est pas vraiment une, la vente n'intervenant qu'après déclassement.

a) Vente entre personnes publiques

1412 Les biens des personnes publiques mentionnées à l'article L. 1 du Code général de la propriété des personnes publiques, qui relèvent de leur domaine public, peuvent être cédés à l'amiable, sans déclassement préalable, entre ces personnes publiques, lorsqu'ils sont destinés à l'exercice des compétences de la personne publique qui les acquiert et relèveront de son domaine public *(CGPPP, art. L. 3112-1)*.

b) Vente avant désaffectation

1413 L'article L. 2141-2 du Code général de la propriété et des personnes publiques prévoit une procédure dérogatoire qui permet la sortie du domaine public d'un immeuble dont la désaffectation n'est pas effective au jour du prononcé de la décision de déclassement.

1414 **Conditions** – Pour permettre aux personnes publiques de faire sortir du domaine public un immeuble avant même sa désaffectation, l'article L. 2141-2 du Code général de la propriété des personnes publiques autorise un déclassement anticipé si les conditions suivantes sont remplies :
- le bien est un immeuble ;
- il appartient au domaine public artificiel d'une personne publique ;
- il est affecté à un service public ou à l'usage direct du public et il n'est pas susceptible d'être immédiatement désaffecté.

1415 **Ordre des décisions** – Avant que la décision de déclassement ne puisse être prise, il convient qu'une décision ait été adoptée relativement à la désaffectation de l'immeuble. L'acte de déclassement doit d'ailleurs préciser la date avant laquelle la désaffectation devra intervenir.

1416 **Délai pour la désaffectation** – Ce délai ne peut excéder 3 ans. Toutefois, lorsque la désaffectation dépend de la réalisation d'une opération de construction, restauration ou réaménagement, cette durée est fixée ou peut être prolongée par l'autorité administrative compétente en fonction des caractéristiques de l'opération, dans une limite de 6 ans à compter de l'acte de déclassement.

1417 **Mentions** – Lorsque la vente d'un immeuble intervient à la faveur d'un déclassement anticipé, l'acte de vente :
- stipule que celle-ci sera résolue de plein droit si la désaffectation n'est pas intervenue dans le délai fixé par l'acte de déclassement ;
- comporte également des clauses relatives aux conditions de libération de l'immeuble par le service public ou de reconstitution des espaces affectés à l'usage direct du public, afin de garantir la continuité des services publics ou l'exercice des libertés dont le domaine est le siège *(CGPPP, art. L. 2141-2)*.

c) Promesse de vente sous condition de déclassement

1418 **Renvoi** – Sur ce point, *V. n°* ***503*** *et s.*

Vente avec une collectivité locale ou un établissement public

I. Acquisitions

1419 Tout comme l'État, les collectivités publiques et leurs établissements peuvent accroître leur patrimoine immobilier. Ces acquisitions peuvent être à titre onéreux (achat, échange, expropriation ou préemption) ou à titre gratuit (dons ou legs).

1° Formalités préalables

a) Consultation

1420 **Avis du directeur départemental des finances publiques** – Les projets d'acquisition d'immeubles doivent être précédés, avant toute entente amiable, d'une demande d'avis du directeur départemental des finances publiques *(CGCT, art. L. 1311-9 et R. 1311-3)*. Ces projets comprennent les acquisitions à l'amiable, par adjudication ou par exercice du droit de préemption, d'immeubles, de droits réels immobiliers, de droits sociaux donnant vocation à l'attribution, en pleine propriété, d'immeubles ou de parties d'immeubles *(CGCT, art. L. 1311-10)*.
Cet avis est réputé donné à l'issue d'un délai d'un mois à compter de la saisine du directeur départemental des finances publiques.

1421 **Dispense d'avis du directeur départemental des finances publiques** – L'avis du directeur départemental des finances publiques n'est pas obligatoire pour les acquisitions à l'amiable, par adjudication ou par exercice du droit de préemption, d'immeubles, de droits réels immobiliers et de droits sociaux donnant vocation à l'attribution, en pleine propriété, d'immeubles ou de parties d'immeubles, d'une valeur totale égale ou inférieure à un montant de 24 000 € *(A. 5 déc. 2016, NOR : ECFE1634125A : JO 11 déc. 2016)*, ainsi que les tranches d'acquisition d'un montant inférieur et ne faisant pas partie d'une opération d'ensemble d'un montant égal ou supérieur *(CGCT, art. L. 1311-10)*.

b) Délibération autorisant l'acquisition

1422 **Organe délibérant** – Le conseil délibère sur les opérations immobilières effectuées par la commune *(CGCT, art. L. 2241-1*, pour le conseil municipal. – *CGCT, art. L. 3213-2*, pour le conseil départemental. – *CGCT, art. L. 4221-4*, pour le conseil régional*)*.
Les principales conditions de l'acquisition qui doivent faire l'objet d'une délibération sont notamment : le prix (compte tenu, le cas échéant, de l'avis du directeur départemental des finances publiques), son mode de financement (emprunt, fonds propres, imputation de la dépense au budget communal), et la dispense de purge des hypothèques, le cas échéant.

c) Délibération exécutoire

1423 Les actes pris par les autorités communales, départementales et régionales « sont exécutoires de plein droit dès qu'il a été procédé à leur publication ou affichage ou à leur notification aux intéressés ainsi qu'à leur transmission au représentant de l'État » dans le département ou la région *(CGCT, art. L. 2131-1*, pour les communes. – *CGCT, art. L. 3131-1*, pour les départements. – *CGCT, art L. 4141-1*, pour les régions*)*.

1424 **Publicité** – Les délibérations des conseils municipaux, départementaux et régionaux doivent être publiées au sein d'un Recueil des actes administratifs *(CGCT, art. R. 2121-10*, pour les communes de plus de 3 500 habitants. – *CGCT, art. L. 3131-3 et R. 3131-1*, pour les départements. – *CGCT, art. R. 4141-1*, pour les régions*)*.
L'affichage des délibérations est réalisé par apposition au tableau d'affichage de la collectivité.

1425 **Transmission** – Les délibérations des organes délibérants des collectivités territoriales doivent, par principe, être transmises au représentant de l'État, à savoir, au préfet, afin que ce dernier exerce un contrôle de légalité *(CGCT, art. L. 2131-1*, pour les communes. – *CGCT, art. L. 3131-1*, pour les départements. – *CGCT, art. L. 4141-1*, pour les régions*)*. Le défaut de transmission de la délibération au préfet prive la délibération de force exécutoire *(Cass. 1re civ., 31 janv. 2018, n° 16-21.697 : JurisData n° 2018-000981 ; JCP A 2018, act. 142, L. Erstein. - Cass. 1re civ., 16 janv. 2013, n° 11-27.837 : JurisData n° 2013-000324 ; JCP A 2013, act. 77 ; JCP A 2013, 2097, note E. Langelier. - Cass. 1re civ., 31 mars 2010, n° 09-10.936 : JurisData n° 2010-003192 ; JCP A 2010, 2236, note O. Renard-Payen)*.

Conseil pratique **Le notaire, avant l'acquisition d'un immeuble par une collectivité, doit vérifier que :**
- l'avis préalable du directeur départemental des finances publiques a bien été demandé ;
- la délibération est exécutoire, suite à sa publicité, son affichage et sa transmission au préfet. Les modalités de publicité, d'affichage et de transmission seront précisées dans l'acte ;
- la délibération est définitive *(Cass. 3e civ., 16 juin 2016, n° 15-14.906 : JurisData n° 2016-011744 ; JCP N 2016, n° 26, act. 806)*.
La délibération sera annexée à l'acte de vente.

2° Représentation

1426 Les actes d'acquisition d'immeubles réalisés par une collectivité territoriale le sont par l'intermédiaire de l'organe exécutif de celle-ci *(CGCT, art. R. 2241-1*, pour le maire. *- CGCT, art. R. 3213-1*, pour le président du conseil départemental. *- CGCT, art. R. 4221-1*, pour le président du conseil régional*)*.
Lorsque les actes sont réceptionnés et authentifiés par les organes exécutifs, la collectivité territoriale ou l'établissement public, partie à l'acte, est représenté, lors de la signature de l'acte, par un adjoint ou un vice-président dans l'ordre de leur nomination *(CGCT, art. L. 1311-13, al. 2)*.

3° Fixation du prix

1427 **Détermination du prix** - Lorsque l'avis du directeur départemental des finances publiques doit être recueilli, il n'est pas, pour autant, obligatoire pour l'organe délibérant de fixer le prix en fonction dudit avis. La délibération doit alors être spécialement motivée.
Vente moyennant rente viagère - Les communes sont, sur proposition des vendeurs, autorisées à acquérir, moyennant le paiement d'une rente viagère, les immeubles qui leur sont nécessaires pour des opérations de restauration immobilière, d'aménagement ou d'équipement.
Lorsqu'un immeuble ainsi aliéné est occupé en tout ou partie par le vendeur, le contrat de vente viagère doit comporter à son profit et à celui de son conjoint habitant avec lui, à la date de l'acte de vente, la réserve d'un droit d'habiter totalement ou partiellement ledit immeuble leur vie durant *(CGCT, art. L. 2241-4)*.

4° Réception de l'acte et paiement du prix

1428 **Prix inférieur à un montant fixé par arrêté** - Que l'acte soit reçu par acte administratif ou par acte notarié, le prix des acquisitions immobilières faites à l'amiable suivant les règles du droit civil ou après exercice du droit de préemption peut être payé au vendeur, après publication de l'acte au fichier immobilier, sans l'accomplissement des formalités de purge des privilèges et hypothèques inscrits, dès lors que le prix n'excède pas un montant fixé par arrêté du ministre chargé du Domaine *(CGCT, art. R. 2241-7*, pour les communes. *- CGCT, art. R. 3213-8*, pour les départements. *- CGCT, art. R. 4221-7*, pour les régions*)*. Cet arrêté n'a toutefois pas été publié.

a) Acte administratif

1429 **Acte authentique** - Les organes exécutifs sont habilités à recevoir et à authentifier, en vue de leur publication au fichier immobilier, les actes concernant les droits réels immobiliers ainsi que les baux, passés en la forme administrative par les collectivités territoriales et les établissements publics *(CGCT, art. L. 1311-13)*.
Acompte. - Il peut être payé au vendeur, dès l'expiration des délais ouverts pour prendre les inscriptions ayant un effet rétroactif, un acompte dans la limite maximum des trois quarts de la différence entre le prix stipulé et celui des charges et accessoires. Cet acompte est payé après autorisation de l'autorité habilitée à recevoir l'acte administratif *(CGCT, art. R. 2241-6*, pour les communes et leurs établissements publics. *- CGCT, art. R. 3213-7*, pour les départements. *- CGCT, art. R. 4221-6*, pour les régions. *- CGCT, art. R. 5211-13-5*, pour les établissements publics de coopération intercommunale*)*.
Paiement. - Conformément à l'article 19 du décret n° 2012-1246 du 7 novembre 2012 relatif à la gestion budgétaire et comptable publique, le comptable doit, à peine d'engager sa responsabilité personnelle et pécuniaire, s'assurer « du caractère libératoire du règlement », c'est-à-dire vérifier que le véritable propriétaire de l'immeuble est désintéressé et qu'il n'existe pas de créanciers inscrits sur l'immeuble. À ce titre, les comptables publics sont amenés à exiger, lorsque l'acquisition est réalisée par acte administratif, non seulement la mention de publication de l'acte authentique au fichier immobilier, procédure qui rend la vente opposable aux tiers, mais aussi la production des états-réponses délivrés par le service de la publicité foncière, qui attestent qu'il n'existe aucun droit concurrent sur l'immeuble *(Rép. min. n° 1134 : JO Sénat 14 déc. 2017, p. 4493, J.-L. Masson)*.

b) Acte notarié

1430 Ces acquisitions peuvent également intervenir par acte notarié *(CGCT, art. L. 2241-3,* pour les communes. – *CGCT, art. L. 3213-2-1,* pour les départements. – *CGCT, art. L. 4221-4-1,* pour les régions*)*. Il en ira ainsi notamment si le vendeur le demande, si le vendeur est un proche d'un membre d'un organe délibérant ou exécutif ou bien encore, en raison de la complexité de l'acte.
Purge. – Lorsque l'acquisition intervient à l'amiable suivant les règles du droit civil ou lorsqu'elle a lieu sur licitation, le notaire rédacteur de l'acte procède s'il y a lieu, sous sa responsabilité, à la purge de tous privilèges et hypothèques.
Remise des fonds. – Les fonds qui sont remis au notaire sont alors considerés comme reçus en raison de ses fonctions *(CGCT, art. L. 2241-3,* pour les communes. – *CGCT, art. L. 3213-2-1,* pour les départements. – *CGCT, art. L. 4221-4-1,* pour les régions*)*. Les comptables publics sont déchargés de toute responsabilité par la remise des fonds au notaire rédacteur de l'acte. Il revient au notaire de s'assurer du caractère libératoire du règlement en lieu et place du comptable. La publication de l'acte n'a aucune incidence sur ce transfert de responsabilité, raison pour laquelle la preuve de la publication de l'acte au fichier immobilier n'a pas à être exigée et le comptable n'a pas à se faire délivrer les états réponses produits par le service de la publicité foncière. Le notaire doit simplement attester qu'il n'existe pas à sa connaissance, de vente ou de promesse de vente antérieure, hypothèses que les articles législatifs précités n'ont pas couvertes. La rubrique 51 « Acquisitions amiables d'immeubles » de la liste des pièces justificatives annexée au Code général des collectivités territoriales, que le comptable peut exiger pour prendre en charge une dépense, traduit très exactement cet état du droit. Le mandatement du prix d'un immeuble acquis par une collectivité territoriale par acte notarié peut donc intervenir sans que soit apportée la preuve que l'acte authentique ait été publié au fichier immobilier *(Rép. min. n° 1134 : JO Sénat 14 déc. 2017, p. 4493, J.-L. Masson)*.
Remploi. – Lorsque le prix des acquisitions d'immeubles, de droits réels immobiliers ou de fonds de commerce réalisées selon les règles du droit commun par les départements et leurs établissements publics donne lieu à remploi en immeuble, les comptables publics remettent les fonds au notaire rédacteur de l'acte portant mutation de l'immeuble acquis en remploi.
La remise des fonds a lieu sur la demande du vendeur et sur production d'une attestation du notaire certifiant l'accomplissement de la mission de remploi qui lui a été confiée.
Cette attestation comporte obligatoirement l'identité des parties, ainsi que la désignation de l'immeuble conformément aux dispositions du premier alinéa de l'article 5, du 1 de l'article 6 et de l'article 7 du décret n° 55-22 du 4 janvier 1955 portant réforme de la publicité foncière, et mentionne le prix d'acquisition *(CGCT, art. 2241-4,* pour les communes. – *CGCT, art. R 3213-5,* pour les départements. – *CGCT, art. R. 4221-4,* pour les régions. – *CGCT, art. R. 5211-13-3,* pour les établissements publics de coopération intercommunale*)*.

5° Bilan

1431 Chaque année, une délibération du conseil intervient relativement au bilan des acquisitions et cessions opérées sur le territoire de la collectivité. Ce bilan est annexé au compte administratif de la collectivité *(CGCT, art. L. 2241-1,* pour une commune. – *CGCT, art. L. 3213-2,* pour un département. – *CGCT, art. L. 4221-4,* pour une région*)*.

II. Aliénations

1° Immeubles du domaine privé

1432 Seuls les biens figurant dans le domaine privé de la commune ou des établissements publics communaux peuvent être cédés. L'article L. 1311-1 du Code général des collectivités territoriales rappelle que les propriétés qui relèvent du domaine public des collectivités territoriales et de leurs établissements publics sont inaliénables et imprescriptibles.

a) Règles générales

1) Avis préalable

1433 L'avis du directeur départemental des finances publiques est requis *(CGCT, art. L. 2241-1,* pour les communes. – *CGCT, art. L. 3213-2,* pour les départements. – *CGCT, art. L. 4221-4,* pour les régions*)*.
Le directeur départemental des finances publiques dispose d'un délai d'un mois pour formuler son avis à compter de la réception de la demande d'avis et d'un dossier complet remis par la collectivité *(CGCT, art. L. 1311-12)*.
Il peut solliciter la prorogation de ce délai auprès de la collectivité territoriale consultante. Le report de délai doit être formalisé par écrit.

Cet avis est réputé donné à l'issue d'un délai d'un mois à compter de la saisine du directeur.

2) Délibération motivée

1434 Toute cession d'immeuble ou de droits réels immobiliers par une collectivité donne lieu à délibération motivée du conseil de celle-ci portant sur les conditions de la vente et ses caractéristiques essentielles. Le conseil délibère au vu de l'avis du directeur départemental des finances publiques *(CGCT, art. L. 2241-1,* pour les communes. *– CGCT, art. L. 3213-2,* pour les départements. *– CGCT, art. L. 4221-4,* pour les régions. *– C. Chamard-Heim, Qu'est-ce qu'une délibération motivée « portant sur les conditions de la vente et ses caractéristiques essentielles » ? : JCP A 2016, 2192).*
Cette délibération n'est pas nécessaire pour les communes de moins de 2 000 habitants.

3) Délibération exécutoire

1435 Les actes pris par les autorités communales, départementales et régionales « sont exécutoires de plein droit dès qu'il a été procédé à leur publication ou affichage ou à leur notification aux intéressés ainsi qu'à leur transmission au représentant de l'État » dans le département ou la région *(CGCT, art. L. 2131-1,* pour les communes. *– CGCT, art. L. 3131-1,* pour les départements. *– CGCT, art. L. 4141-1,* pour les régions*).*
Publicité. – Les délibérations des conseils municipaux, départementaux et régionaux doivent être publiées au sein d'un recueil des actes administratifs *(CGCT, art. R. 2121-10,* pour les communes de plus de 3 500 habitants. *– CGCT, art. L. 3131-3 et R. 3131-1,* pour les départements. *– CGCT, art. R. 4141-1,* pour les régions*).*
Affichage. – L'affichage des délibérations est réalisé par apposition au tableau d'affichage de la collectivité.
Transmission. – Les délibérations des organes délibérants des collectivités territoriales doivent, par principe, être transmises au représentant de l'État, à savoir, au préfet, pour que ce dernier exerce un contrôle de légalité *(CGCT, art. L. 2131-1,* pour les communes. *– CGCT, art. L. 3131-1,* pour les départements. *– CGCT, art. L. 4141-1,* pour les régions*).* Le défaut de transmission de la délibération au préfet prive la délibération de force exécutoire *(V. ci-dessus, Acquisitions).*

Conseil pratique **Le notaire, avant la vente d'un immeuble appartenant à une collectivité, doit vérifier que :**
- **l'avis préalable du directeur départemental des finances publiques a bien été demandé ;**
- **la délibération est exécutoire, suite à sa publicité, son affichage et sa transmission au préfet. Les modalités de publicité, d'affichage et de transmission seront précisées dans l'acte ;**
- **la délibération est définitive** ***(Cass. 3e civ., 16 juin 2016, n° 15-14.906 : JurisData n° 2016-011744 ; JCP N 2016, n° 26, act. 806, préc. n° 8).***

La délibération sera annexée à l'acte de vente.

4) Prix

1436 Principe – C'est au prix indiqué dans l'avis du directeur départemental des finances publiques que le bien doit être vendu.

1437 Exception – L'avis formulé par le directeur départemental des finances publiques étant simple, la collectivité peut retenir un prix de cession différent de celui résultant de l'évaluation effectuée par ledit directeur. Il convient alors que la collectivité motive dans sa délibération les raisons l'ayant conduit à fixer un prix différent *(CE, 14 oct. 2015, n° 375577 : JurisData n° 2015 –022765 : publiée au recueil Lebon : JCP A 2016, 2031, obs. M. Cornille).*

1438 Aides aux entreprises – Dans le respect de l'article L. 4251-17 du Code général des collectivités territoriales, les communes, la métropole de Lyon et les établissements publics de coopération intercommunale à fiscalité propre sont seuls compétents pour définir les aides ou les régimes d'aides et décider de l'octroi de ces aides sur leur territoire en matière d'investissement immobilier des entreprises et de location de terrains ou d'immeubles. Ces aides ont pour objet la création ou l'extension d'activités économiques *(CGCT, art. L. 1511-3).*

5) Mise en concurrence

1439 Exclusion – L'ordonnance n° 2017-562 du 19 avril 2017 a maintenu à l'écart de l'obligation de mise en concurrence les cessions immobilières des collectivités locales. En effet, l'article L. 2122-1-1 du Code général de la propriété des personnes publiques ne vise pas lesdites cessions *(S. Braconnier, Retour sur quelques questions intéressant les opérations immobilières des personnes publiques : RD imm. 2018, p. 8. – Ph. Terneyre et R. Nouguellou, Ordonnances domaniales : encore un effort pour les cessions ! : AJDA 2017, p. 1102).*
En outre, le Conseil d'État a jugé le 27 mars 2017 qu'« aucune disposition législative ou réglementaire n'impose à une personne morale de droit public autre que l'État de faire précéder la vente dépendant de son domaine privé d'une mise en concurrence préalable » *(CE, 27 mars 2017, n° 390347 : JurisData n° 2017-006793. – TA Montpellier, 21 sept. 2017, n° 1600753, Assoc. Les amis de la maison de Jean Moulin : JurisData n° 2017-019314 : Contrats-Marchés publ. 2017, comm. 262, obs. G. Eckert ; JCP A 2017, 2253, C. Chamard-Heim).*
Exception. – Lorsque la vente est couplée à un contrat de commande publique ou est susceptible de recevoir cette qualification, au regard de l'économie générale de l'opération, la mise en concurrence s'impose. Il en va ainsi « lorsque

les contrats de vente immobilière des collectivités territoriales sont « associés » à des contrats de la commande publique et que ces derniers ne sont pas de simples accessoires des premiers ils s'exposent à une requalification en marchés publics ou concessions et doivent alors, à ce titre, être soumis aux obligations de publicité et de mise en concurrence idoines » *(S. Braconnier, Retour sur quelques questions intéressant les opérations immobilières des personnes publiques : RD imm. 2018, p. 8. – A. Vandepoorter, Les cessions domaniales avec charges : Actes prat. ing. immobilière 2016, n°4, dossier 31, étude 34).* Il en ira ainsi si l'ouvrage est réalisé conformément aux besoins définis par la collectivité.

6) Représentation

1440 Les actes d'aliénation d'immeubles réalisés par une collectivité le sont par l'intermédiaire de l'organe exécutif de celle-ci et qui doit être habilité à cette fin. Il s'agit :
- du maire pour la commune *(CGCT, art. L. 2122-21, 7°)* ;
- du président du conseil départemental pour le département *(CGCT, art. L. 3221-1)* ;
- du président du conseil régional pour la région *(CGCT, art. L. 4231-1).*

7) Bilan

1441 Chaque année, une délibération du conseil intervient relativement au bilan des acquisitions et cessions opérées sur le territoire d'une collectivité. Ce bilan est annexé au compte administratif de la collectivité *(CGCT, art. L. 2241-1,* pour une commune. – *CGCT, art. L. 3213-2,* pour un département. – *CGCT, art. L. 4221-4,* pour une région*).*

b) Règles spéciales

1) Chemins ruraux

1442 Les chemins ruraux sont les chemins appartenant aux communes, affectés à l'usage du public, qui n'ont pas été classés comme voies communales. Ils font partie du domaine privé de la commune *(C. rur., art. L. 161-1. – CGPPP, art. L. 2212-1).*

1443 Enquête – Lorsqu'un chemin rural cesse d'être affecté à l'usage du public au sens de l'article L. 161-2 du Code rural et de la pêche maritime, la vente peut être décidée après enquête par le conseil municipal, à moins que les intéressés groupés en association syndicale conformément à l'article L. 161-11 du Code rural et de la pêche maritime n'aient demandé à se charger de l'entretien dans les deux mois qui suivent l'ouverture de l'enquête.

1444 Droit de priorité – Lorsque l'aliénation est ordonnée, les propriétaires riverains sont mis en demeure d'acquérir les terrains attenants à leurs propriétés. Est bénéficiaire de ce droit de priorité « tout propriétaire qui possède au moins une parcelle contiguë au chemin rural, alors même que le chemin n'est pas une voie d'accès à sa propriété » *(CE, 23 nov. 2013, n° 361986 : JurisData n° 2013-026277 ; RD rur. 2014, comm. 28, n° 420, F. Collard ; JCP N 2014, n° 19, 1190, note J.-Ph. Borel).*
Si, dans le délai d'un mois à dater de l'avertissement, les propriétaires riverains n'ont pas déposé leur soumission ou si leurs offres sont insuffisantes, il est procédé à l'aliénation des terrains selon les règles suivies pour la vente des propriétés communales *(C. rur., art. L. 161-10).*

1445 Avis du directeur départemental des finances publiques – L'avis du directeur départemental des finances publiques est requis, comme pour toute vente de propriétés communales *(CGCT, art. L. 2241-1).*

2) Bois et forêts

1446 Les bois et forêts des personnes publiques relevant du régime forestier font partie du domaine privé *(CGPPP, art. L. 2212-1).*
Le régime forestier est applicable aux bois et forêts appartenant aux collectivités territoriales lorsqu'ils sont susceptibles d'aménagement, d'exploitation régulière ou de reconstitution ou sur lesquels les collectivités territoriales ont des droits indivis. L'application du régime forestier est prononcée par l'autorité administrative compétente de l'État après avis de la collectivité ou de la personne morale intéressée *(C. for., art. L. 214-3).*

1447 Distraction – Avant la vente de bois et forêts, il doit être mis fin à l'application du régime forestier. Ainsi, il revient au préfet ou, en cas de désaccord de l'Office national des forêts (ONF), au ministre de l'agriculture après avis des ministres intéressés, de prendre par arrêté une telle décision *(V. JCl. Propriétés publiques, fasc. 49-10, par C. Chamard-Heim, n° 98).*

3) Biens acquis par voie d'expropriation

1448 Immeubles pouvant être cédés de gré à gré – Peuvent être cédés de gré à gré divers immeubles énumérés à l'article L. 411-1 du Code de l'expropriation pour cause d'utilité publique.
Les acquéreurs, personnes de droit privé ou de droit public, doivent s'engager à utiliser l'immeuble aux fins prescrites par le cahier des charges annexé à l'acte de cession.

PARTIES À L'ACTE

1449 **Droits de priorité** – Deux droits de priorité sont prévus par le Code de l'expropriation pour cause d'utilité publique au profit :
- des propriétaires expropriés qui ont déclaré, au cours de l'enquête, leur intention de construire, pour leurs besoins ou ceux de leur famille ;
- des anciens propriétaires expropriés et à leurs ascendants et, en cas de refus de leur part, aux collectivités territoriales lorsque les immeubles expropriés se situaient dans les périmètres de protection et de reconstitution forestières créés en application des articles L. 133-1 à L. 133-3 et L. 133-8 du Code forestier ou dans les périmètres de restauration des terrains en montagne. Les propriétaires ayant cédé leur terrain à l'amiable et leurs descendants bénéficient de la même priorité que les propriétaires expropriés.

4) Biens acquis par voie de préemption

1450 *V. n° **3201** et s. – V. n° **3242** et s.– V. n° **3256** et s.– V. n° **3257** et s. – V. n° **3268** et s.*

2° Immeubles du domaine public

1451 **Inaliénabilité** – Les biens du domaine public sont inaliénables et imprescriptibles *(CGPPP, art. L. 3111-1 et L. 3111-2)*. Par conséquent, la vente d'un immeuble du domaine public ne peut avoir lieu qu'après désaffectation du bien et décision expresse de déclassement *(CGPPP, art. L. 2141-1 à L. 2141-3)*.
Trois exceptions toutefois intéressent la vente immobilière, sachant que la dernière n'en est pas vraiment une, la vente n'intervenant qu'après déclassement.

a) Vente entre personnes publiques

1452 Les biens des personnes publiques mentionnées à l'article L. 1 du Code général de la propriété des personnes publiques, qui relèvent de leur domaine public, peuvent être cédés à l'amiable, sans déclassement préalable, entre ces personnes publiques, lorsqu'ils sont destinés à l'exercice des compétences de la personne publique qui les acquiert et relèveront de son domaine public *(CGPPP, art. L. 3112-1)*.

b) Vente avant désaffectation

1453 L'article L. 2141-2 du Code général de la propriété et des personnes publiques prévoit une procédure dérogatoire qui permet la sortie du domaine public d'un immeuble dont la désaffectation n'est pas effective au jour du prononcé de la décision de déclassement.
Conditions – Pour permettre aux personnes publiques de faire sortir du domaine public un immeuble avant même sa désaffectation, l'article L. 2141-2 du Code général de la propriété des personnes publiques autorise un déclassement anticipé si les conditions suivantes sont remplies :
- le bien est un immeuble ;
- il appartient au domaine public artificiel d'une personne publique ;
- il est affecté à un service public ou à l'usage direct du public et il n'est pas susceptible d'être immédiatement désaffecté.

c) Promesse de vente sous condition de déclassement

1454 Sur ce point, *V. n° **503** et s.*

Pour aller plus loin

Formules
- JCl. Notarial Formulaire, V° Vente d'immeuble, fasc. 375, par F. Hébert et V. Zalewski-Sicard

Fiches pratiques
- Fiche pratique n° 484 : Vendre un bien public immobilier à une personne privée, par P. Cambot
- Fiche pratique n° 560 : Délimiter le domaine public, par P. Cambot et J. Leplat
- Fiche pratique n° 3847 : Rédiger la vente d'un chemin rural, par J.-Ph. Borel
- Fiche pratique n° 3944 : Rédiger la vente d'un délaissé de voirie appartenant à une collectivité territoriale, par J.-Ph. Borel

Commentaires
- JCl. Notarial Formulaire, Synthèse 1450 : Vente d'immeuble, parties à l'acte, consentement, représentation, par V. Zalewski-Sicard
- JCl. Notarial Formulaire, V° Construction et urbanisme, fasc. 130, par J. Hugot et G. Daudré
- JCl. Notarial Formulaire, V° Vente d'immeuble, fasc. 370, par M. Raunet, R. Léonetti, R. Decompoix de l'étude Cheuvreux

Revues
- S. Braconnier, S. Pignon, D. Kebdani et Ch. Blanquinque, Personnes publiques et valorisation immobilière : Contrats-Marchés publ. 2018, 11
- S. Braconnier, Retour sur quelques questions intéressant les opérations immobilières des personnes publiques : RD imm. 2018, p. 8
- C. Chamard-Heim, Cession d'immeubles par une collectivité territoriale ou un groupement. – Qu'est-ce qu'une délibération motivée « portant sur les conditions de la vente et ses caractéristiques essentielles » ? : JCP A 2016, 2192, n° 27
- R. Noguellou, Prix de l'immobilier, collectivités locales et loi du marché : RD imm. 2018, p. 1
- A. Vandepoorter, Les cessions domaniales avec charges : Actes prat. ing. Immobilière 2016, n° 4, dossier 34
- Ph. Terneyre et R. Nouguellou, Ordonnances domaniales : encore un effort pour les cessions ! : AJDA 2017, p. 1102

Étrangers

1455 Le notaire, lorsque la vente est conclue avec un étranger relativement à un immeuble situé en France, doit prendre des précautions particulières. Il devra notamment déterminer la loi applicable.

1456 Définition – Les étrangers sont tous les individus qui n'ont pas la nationalité française, soit qu'ils aient une nationalité étrangère, soit qu'ils n'aient pas de nationalité *(C. civ., art. 30-4. – V. JCl. Notarial Formulaire, V. Acte notarié, fasc. 300 à 310)*.

1457 Lois applicables – Afin de déterminer les lois applicables, le notaire est conduit à distinguer entre celles qui s'appliqueront au fond et à la forme de l'acte, mais aussi celles qui régiront les contrats liés à la vente, la prise de sûreté, les procurations. Il conviendra également de déterminer la loi applicable à la capacité des parties et aux effets patrimoniaux de leur régime matrimonial ou patrimonial.

I. Détermination de la loi applicable au contrat

A. – CONTRAT DE VENTE

1458 Règlement européen – À l'intérieur de l'Union européenne, le règlement européen dit Rome I, n° 593/2008 du 17 juin 2008, s'applique aux ventes d'immeubles dès lors qu'une des parties est ressortissante de l'Union européenne ou que passées entre ressortissants d'États tiers, l'un d'eux a sa résidence habituelle dans l'un des pays de l'Union européenne, ou si les parties choisissent la loi d'un de ces pays, pour régir leur contrat.

1459 Loi applicable au fond – S'agissant de la loi applicable au fond, elle sera celle choisie par les parties ou à défaut de choix, la loi du pays avec lequel le contrat présente les liens les plus étroits. L'article 4, § 1, c du règlement précise que la vente est alors soumise à la loi du lieu de situation de l'immeuble.

Conseil pratique **Afin d'éviter toute incertitude sur la loi applicable, une clause de l'acte de vente y sera spécialement consacrée. Le notaire y indiquera la loi retenue par les parties.**

1460 Loi applicable à la forme – S'agissant de la loi applicable à la forme, il faut distinguer suivant que les parties se trouvent ou non dans un même État *(art. 11)* :
- dans la première situation, la forme devra respecter la loi applicable au fond ou la loi du lieu de rédaction de l'acte ;
- dans la deuxième situation, la forme devra respecter la loi applicable au fond ou la loi de l'État de résidence de l'une des parties.

B. – CONTRAT DE PRÊT

1° Loi applicable au fond

1461 Loi d'autonomie – Suivant l'article 3 du règlement Rome I, le contrat est régi par la loi choisie par les parties. Le choix est exprès ou résulte de façon certaine des dispositions du contrat ou des circonstances de la cause. Par ce choix, les parties peuvent désigner la loi applicable à la totalité ou à une partie seulement de leur contrat.

1462 Absence de choix – À défaut de choix exercé conformément à l'article 3 et sans préjudice des articles 5 à 8 du règlement Rome I, le contrat est régi par la loi du pays dans lequel la partie qui doit fournir la prestation caractéristique a sa résidence habituelle *(art. 4)*.

1463 Protection d'ordre public – Le choix de la loi par les parties ne saurait priver le consommateur de la protection que lui assurent les lois de son pays de résidence. Par conséquent, si l'emprunteur réside en France, les articles du Code de la consommation, consacrés au prêt immobilier, s'appliqueront si le bien acquis est à usage d'habitation ou à usage professionnel et d'habitation, s'agissant d'une loi de police *(V. JCl. Notarial Formulaire, V° Prêt à intérêt, fasc. 30)*.
Il en ira de même si l'établissement prêteur a son siège en France et que l'immeuble est situé en France. Par contre, il n'est pas suffisant que l'immeuble acquis se trouve en France. En ce dernier cas, l'application des règles du crédit immobilier peut résulter de la volonté des parties.

2° Loi applicable à la forme

1464 S'agissant de la loi applicable à la forme, il faut distinguer suivant que les parties se trouvent ou non dans un même État *(art. 11)* :

- dans la première situation, la forme devra respecter la loi applicable au fond ou la loi du lieu de rédaction de l'acte ;
- dans la deuxième situation, la forme devra respecter la loi applicable au fond ou la loi de l'État de résidence de l'une des parties.

Pour aller plus loin

- Ch. Étien, Le notaire et le financement de l'achat de l'immeuble européen : JCP N 2016, n°4, 1044

C. – GARANTIES

1465 **Hypothèque** – S'agissant de l'hypothèque, elle sera soumise à la loi réelle. En outre, l'article 2417 du Code civil précise que *les contrats passés en pays étranger ne peuvent donner d'hypothèque sur les biens de France, s'il n'y a des dispositions contraires à ce principe dans les lois politiques ou dans les traités.* Ainsi, le contrat d'hypothèque ne peut être passé hors de France, sauf pour les parties à se prévaloir de conventions consulaires *(N. Randoux, La forme de l'hypothèque à l'heure des rapports juridiques transfrontaliers : JCP N 2013, n° 44-45, 1253)*.

1466 **Privilège du prêteur de deniers** – S'agissant du privilège de prêteur de deniers, ce n'est que si le prêt est soumis à la loi française que le créancier pourra bénéficier de cette sûreté. *À contrario*, lorsque le prêt est soumis à une loi étrangère qui ne comprend pas une telle sûreté, il ne sera pas possible d'inscrire le privilège du prêteur de deniers sur un immeuble situé en France.

Pour aller plus loin

- N. Randoux, La forme de l'hypothèque à l'heure des rapports juridiques transfrontaliers : JCP N 2013, n° 44-45, 1253

II. Parties au contrat

A. – IDENTIFICATION

1467 **Obligation du notaire** – L'article 5 du décret n° 71-941 du 26 novembre 1971 relatif aux actes établis par les notaires fait obligation à ceux-ci de se faire justifier l'identité, l'état et le domicile des parties, s'ils ne sont pas connus du notaire *(V. JCl. Notarial Formulaire, V.° Avant-contrat, fasc. 102. – V. JCl. Notarial Formulaire, V.° État civil, fasc. 10)*.

1° Personnes physiques

a) Identification des parties

1468 **Actes d'état civil** – À partir du livret de famille ou d'une carte d'identité, le notaire demandera les actes d'état civil de l'acquéreur et du vendeur.

1469 **Traduction** – Si l'acte d'état civil est en une autre langue que le français, il doit être procédé à sa traduction par un traducteur figurant sur la liste des experts judiciaires des cours d'appel et de la Cour de cassation. Cette traduction est facilitée lorsque l'acte d'état civil provient d'un pays membre de la Convention n° 16 signée à Vienne le 8 septembre 1976 relative à la délivrance d'extraits plurilingues d'actes de l'état civil. Ces extraits peuvent être délivrés à la demande de toute personne ayant qualité pour demander un extrait de ces actes d'état civil dans chaque État membre.

1) Formalité de légalisation

1470 **Légalisation** – Lorsqu'aucune convention dispensant de cette formalité n'est applicable, comme la Convention de La Haye du 5 octobre 1961 ou la Convention de Bruxelles du 25 mai 1987, l'acte d'état civil devra faire l'objet d'une légalisation. Celle-ci est définie comme une formalité par laquelle est attestée la véracité de la

signature, la qualité en laquelle le signataire de l'acte a agi et, le cas échéant, l'identité du sceau ou timbre dont cet acte est revêtu *(D. n° 2007-1205, 10 août 2007, art. 2)*.
Cette légalisation peut être faite :
- soit par le consul de France dans le pays où l'acte a été dressé. En cette hypothèse, l'article 7 du décret n° 2007-1205 du 10 août 2007 précise que pour être légalisés, les actes publics et les actes sous seing privé doivent être rédigés en français ou, à défaut, être accompagnés d'une traduction en français effectuée par un traducteur habilité à intervenir auprès des autorités judiciaires ou administratives françaises ou d'un autre État membre de l'Union européenne ou d'un État partie à l'accord sur l'Espace économique européen ou de la Suisse, ou auprès des autorités de l'État de résidence ;
- soit en France, par le consul du pays où l'acte a été établi.

1471 Cachet de légalisation – Lorsque la légalisation est effectuée par le consul de France, elle donne lieu à l'apposition d'un cachet dont les caractéristiques sont définies par un arrêté du 3 septembre 2007 relatif aux conditions d'application du décret n° 2007-1205 du 10 août 2007 relatif aux attributions du ministre des affaires étrangères, des ambassadeurs et des chefs de poste consulaire en matière de légalisation d'actes.

1472 Dispense de légalisation – Cette Convention de Bruxelles du 25 mai 1987 est applicable en France depuis le décret n° 92-383 du 1er avril 1992. Elle s'applique dans les relations entre la France, Chypre, le Danemark, la Belgique, l'Estonie, l'Italie, l'Irlande et la Lettonie. Tout État partie à la Convention dispense de formalité de légalisation les actes concernés provenant d'un autre État contractant.

1473 Légalisation allégée – La Convention de La Haye du 5 octobre 1961 lie actuellement 113 États. La légalisation est remplacée entre les États signataires par une formalité d'apposition de l'apostille, ce pour attester de la véracité de la signature, de la qualité en laquelle le signataire de l'acte a agi et, le cas échéant, de l'identité du sceau ou timbre dont cet acte est revêtu *(art. 3)*.
L'apostille prévue à l'article 3, alinéa premier, est apposée sur l'acte lui-même ou sur une allonge ; elle doit être conforme au modèle annexé à la présente Convention. Toutefois, elle peut être rédigée dans la langue officielle de l'autorité qui la délivre. Les mentions qui y figurent peuvent également être données dans une deuxième langue. Le titre « Apostille (Convention de La Haye du 5 octobre 1961) » devra être mentionné en langue française.

Formule – Demande d'Apostille

(Convention de La Haye du 5 octobre 1961)

Je soussigné

Demeurant à (1) :

Sollicite l'apposition de l'Apostille sur les documents ci-après désignés (2) :

Afin de les produire (3) en/au

Dans le cadre de

Fait le à Signature

(1) Adresse complète
(2) Liste des documents concernés
(3) Indication de l'État dans lequel doivent être produits et à quelles fins ils doivent l'être

1474 Règlement 2016/1191 du 6 juillet 2016 – Ce règlement sera applicable à compter du 16 février 2019. Il prévoit une suppression générale de la légalisation pour les documents publics issus des États membres de l'Union européenne.

2) Force probante de l'acte d'état civil

1475 Autorité locale compétente – Pour ces actes d'état civil, le notaire devra tenir compte de l'article 47 du Code civil et vérifier que l'acte a été dressé par une autorité locale compétente, de manière authentique. Il en va toutefois différemment si d'autres actes ou pièces détenus, des données extérieures ou des éléments tirés de l'acte lui-même établissent, le cas échéant après toutes vérifications utiles, que cet acte est irrégulier, falsifié ou que les faits qui y sont déclarés ne correspondent pas à la réalité.

Conseil pratique En cas de doutes sur l'acte d'état civil que lui a remis son client, le notaire doit lui demander de fournir des pièces supplémentaires lui permettant de dissiper ses doutes. En cas de refus du client, le notaire pourra refuser d'instrumenter. En effet, ainsi que le souligne Mme Bidaud-Garon, si « certes, selon l'article 3 de la loi du 25 Ventôse An XI, les notaires sont « tenus de prêter leur ministère lorsqu'ils en sont requis ». Ils s'exposent à des sanctions disciplinaires et à une action en responsabilité s'ils le refusent sauf s'il existe de justes motifs. Or, l'incertitude sur l'état ou la capacité des parties à l'acte qui leur est demandé ou bien la suspicion d'une fraude peuvent à l'évidence être considérés comme de justes motifs » *(C. Bidaud-Garon, La prise en compte de l'état des personnes créé à l'étranger par le notaire français : JCP N 2015, n° 22, 1174).*

Pour aller plus loin

- C. Bidaud-Garon, La prise en compte de l'état des personnes créé à l'étranger par le notaire français : JCP N 2015, n° 22, 1174

b) Détermination du statut matrimonial

1476 Statut matrimonial – Le notaire doit prendre soin d'indiquer le statut matrimonial des parties *(C. Géraud, Régime matrimonial d'époux pouvant être soumis à une loi étrangère au regard des règles de la publicité foncière : JCP N 2000, p. 1221. – M. Devisme, L'analyse de la situation matrimoniale de l'acquéreur ou du vendeur dans un contexte international. – Une démarche essentielle : JCP N 2013, n° 26, 1171).*

1477 Détermination – Les pouvoirs des époux sont déterminés :
- soit par le droit international privé de source interne lorsque les époux se sont mariés avant le 1er septembre 1992 ;
- soit la Convention de La Haye du 14 mars 1978 lorsque les époux se sont mariés à compter du 1er septembre 1992 :
- soit le règlement européen 2016/1103 qui s'appliquera aux époux mariés à compter du 29 janvier 2019 et aux époux choisissant, à compter de cette même date, la loi applicable à leur régime matrimonial.

1) Droit international privé de source interne

1478 Époux concernés – Le droit international privé de source interne s'applique lorsque les époux se sont mariés avant le 1er septembre 1992.

1479 Loi d'autonomie – Les époux peuvent choisir la loi applicable à leur rég me matr monial.

1480 Absence de choix – En l'absence de choix des époux, c'est la loi du premier domicile matrimonial qui doit être retenue *(Cass. 1re civ., 12 janv. 1982, n° 80-15.176 : Bull. civ. I, n° 13).* À cet égard, il peut être précisé que suivant l'article 102 du Code civil, le domicile correspond au lieu où les époux se sont effectivement installés avec l'intention d'y fixer de façon durable le centre de leurs principaux intérêts.

1481 Permanence du rattachement – Le rattachement du régime légal ou conventionnel à la loi choisie par les époux à la date du mariage est permanent et un changement de leur nationalité est sans effet à cet égard *(Cass. 1re civ., 12 mai 2010, n° 09-65.524 : JurisData n° 2010-006120 ; Dr. famille 2010, comm. 136).* Il faut également préciser que l'évolution du contenu de la loi applicable doit être prise en compte *(Cass. 1re civ., 1er févr. 1972, n° 70-11.953 : Bull. civ. I, n° 35).*

1482 Logement familial – Les dispositions protectrices du régime impératif de base relèvent du domaine des lois de police. Il en va ainsi de l'article 215, alinéa 3 du Code civil. Dès lors, il y aura lieu d'obtenir le consentement des époux pour la vente de l'immeuble où se situe le logement des époux.

1483 Qualification des biens, pouvoirs des époux – C'est la loi désignée suivant les règles précisées ci-dessus qui permettra de déterminer tout à la fois la composition du patrimoine des époux et leurs pouvoirs quant à la gestion des biens.

Conseil pratique Une fois déterminé la loi applicable suivant les règles précisées ci-dessus, il convient d'appliquer celle-ci eu égard à l'état du droit lors de la rédaction de l'acte en cause.

2) Convention de la Haye du 14 mars 1978

1484 Époux concernés – La Convention de La Haye du 14 mars 1978 s'applique aux époux qui se sont mariés à compter du 1er septembre 1992.

1485 Loi d'autonomie – Le régime matrimonial est soumis à la loi interne désignée par les époux avant le mariage *(art. 3).* Pour désigner la loi applicable, les époux peuvent choisir entre :
- la loi d'un État dont l'un des époux a la nationalité au moment de cette désignation ;
- la loi de l'État sur le territoire duquel l'un des époux a sa résidence habituelle au moment de cette désignation ;
- la loi du premier État sur le territoire duquel l'un des époux établira une nouvelle résidence habituelle après le mariage.

Il est à souligner que les époux ont la possibilité de soumettre les immeubles ou certains d'entre eux à la loi de leur lieu de situation.

1486 Absence de choix – En l'absence de choix des époux, il y a lieu de procéder en deux étapes :

- **la première étape** conduit à rechercher s'il existe une convergence des systèmes de conflit de lois en faveur de la loi nationale commune. Il est donc nécessaire que le droit international privé de l'État de nationalité commune des époux et le droit international privé de l'État sur lequel les époux fixent leur première résidence habituelle après le mariage désignent la loi nationale commune comme loi de rattachement. Si cette première condition est remplie, il faut ensuite que l'État de nationalité commune ne soit pas un État contractant de la Convention et que l'État de première résidence habituelle des époux après mariage ne soit pas un État contractant ou, s'il s'agit d'un État contractant, qu'il est fait la déclaration de l'article 5 de la Convention lui permettant de faire primer la loi nationale commune ;
- **la deuxième étape** conduit à retenir dans l'ordre exposé ci-après : la loi de première résidence habituelle du couple après mariage ; à défaut, la loi nationale commune ; à défaut, la loi où le couple a fixé le centre de ses intérêts principaux.

Conseil pratique **Lorsque les époux, soit sont de nationalité différente soit ont fixé leur première résidence habituelle en France, la première étape n'est pas nécessaire.**

1487 Mutabilité – La Convention de La Haye du 14 mars 1978 a retenu un principe de mutabilité de la loi applicable au régime matrimonial. Cette mutabilité peut être volontaire ou automatique :

- **en application de l'article 6 de la Convention,** les époux peuvent, au cours du mariage, soumettre leur régime matrimonial à une loi interne autre que celle jusqu'alors applicable. Ainsi est-il possible aux époux de modifier la loi applicable à leur immeuble qui pourra être celle de leur lieu de situation. Cette loi ainsi choisie s'applique alors quelle que soit la date d'acquisition des biens par les époux. L'article 11 impose alors que cette désignation fasse l'objet d'une stipulation expresse ou résulte indubitablement des dispositions d'un contrat de mariage *(Cass. 1re civ., 13 déc. 2017, n° 16-27.216 : JurisData n° 2017-025514 ; JCP N 2018, n° 5, 1094, note D. Boulanger ; Dr. famille 2018, comm. 49, note M. Farge)* ;
- **en application de l'article 7 de la Convention,** celui-ci dispose que la loi compétente en vertu des dispositions de la Convention demeure applicable aussi longtemps que les époux n'en ont désigné aucune autre et même s'ils changent de nationalité ou de résidence habituelle. Toutefois, si les époux n'ont ni désigné la loi applicable, ni fait de contrat de mariage, la loi interne de l'État où ils ont tous deux leur résidence habituelle devient applicable, aux lieu et place de celle à laquelle leur régime matrimonial était antérieurement soumis :
  - à partir du moment où ils y fixent leur résidence habituelle, si la nationalité de cet État est leur nationalité commune, ou dès qu'ils acquièrent cette nationalité ;
  - ou lorsque, après le mariage, cette résidence habituelle a duré plus de 10 ans ;
  - ou à partir du moment où ils y fixent leur résidence habituelle, si le régime matrimonial était soumis à la loi de l'État de la nationalité commune uniquement en vertu de l'article 4, alinéa 2, chiffre 3.

La loi ainsi retenue, en application de l'article 7, n'a d'effet que pour l'avenir et les biens appartenant aux époux antérieurement à ce changement ne sont pas soumis à la loi désormais applicable *(art. 8)*.

Conseil pratique **Un acte spécifique doit être établi pour la modification de la loi applicable aux époux. Il n'est pas suffisant d'insérer une clause dans un acte ayant un but différent pour que ce changement puisse être pris en compte. Ainsi, la première chambre civile a décidé qu'une cour d'appel avait justement retenu qu'il ne pouvait être déduit de la clause de l'acte d'acquisition d'un immeuble selon laquelle « les époux sont mariés sous le régime légal marocain à défaut de contrat de mariage préalable à leur union » que les parties avaient entendu, au moment du mariage, adopter le régime légal marocain *(Cass. 1re civ., 8 juill. 2015, n° 14-19.948 ; JCP N 2015, n° 50, 1235 ; D. 2016, p. 1049, obs. H. Gaudemet-Tallon)*. Il n'apparaît pas interdit pour autant d'établir un seul *instrumentum*, reçu par un notaire, contenant deux *negotia* : le premier correspond à la désignation de la loi applicable ; le second à la vente de l'immeuble *(R. Crône, Indiquer son régime matrimonial dans une vente ou une donation ne vaut pas choix exprès de ce régime : Sol. Not. Hebdo 2/18, inf. 13)*.**

1488 Logement familial – Les dispositions protectrices du régime impératif de base relèvent du domaine des lois de police. Il en va ainsi de l'article 215, alinéa 3 du Code civil. Dès lors, il y aura lieu d'obtenir le consentement des époux pour la vente de l'immeuble où se situe le logement des époux.

1489 Qualification des biens, pouvoirs des époux – C'est la ou les lois désignées suivant les règles précisées ci-dessus qui permettront de déterminer tout à la fois la composition du patrimoine des époux et leurs pouvoirs quant à la gestion des biens.

1490 Opposabilité de la loi applicable – Dès lors que l'immeuble vendu est situé en France, la loi désignée par la Convention de La Haye du 14 mars 1978 ne sera opposable aux tiers que si et seulement si les formalités prévues par la loi française ont été respectées *(art. 9)*.

Il convient alors de distinguer suivant que le choix de la loi applicable est intervenu avant ou pendant le mariage :

- **si le choix de la loi applicable est intervenu avant le mariage**, il y a lieu de prendre en considération les exigences des articles 76 et 1397-3 du Code civil. L'acte de mariage énoncera donc la déclaration qu'il a été fait un acte de désignation de la loi applicable conformément à la Convention sur la loi applicable aux régimes matrimoniaux, faite à La Haye le 14 mars 1978, ainsi que la date et le lieu de signature de cet acte et, le cas échéant, le nom et la qualité de la personne qui l'a établi. À cette fin, les futurs époux présentent à l'officier de l'état civil soit l'acte par lequel ils ont opéré cette désignation, soit un certificat délivré par la personne compétente pour établir cet acte. Le certificat énonce les noms et prénoms des futurs époux, le lieu où ils demeurent, la date de l'acte de désignation, ainsi que les nom, qualité et résidence de la personne qui l'a établi ;
- **si le choix de la loi applicable est intervenu pendant le mariage**, les époux font procéder aux mesures de publicité relatives à la désignation de la loi applicable dans les conditions et formes prévues au Code de procédure civile. S'ils ont passé un contrat de mariage, mention de la loi applicable ainsi désignée est portée sur la minute de celui-ci *(C. civ., art. 1397-3)*. Lorsque l'acte de mariage est conservé par une autorité française, celle-ci mentionne en marge de cet acte, à la demande des époux ou de l'un d'eux, l'acte portant désignation de la loi applicable au régime matrimonial. En l'absence d'acte de mariage conservé par une autorité française, et si l'acte portant désignation de la loi applicable au régime matrimonial a été établi en France en la forme authentique ou si l'un des époux est français, ledit acte ou le certificat délivré par la personne compétente pour l'établir est, à la demande des époux ou de l'un deux, inscrit aux fins de conservation au répertoire civil annexe mentionné à l'article 4-1 du décret n° 65-422 du 1er juin 1965 portant création d'un service central d'état civil au ministère des affaires étrangères *(CPC, art. 1303-1)*.

Lorsque la désignation de la loi applicable est faite au cours du mariage, cette désignation prend effet entre les parties à compter de l'établissement de l'acte de désignation et, à l'égard des tiers, 3 mois après que les formalités de publicité prévues à l'article 1397-3 auront été accomplies. Toutefois, en l'absence d'accomplissement de ces formalités, la désignation de la loi applicable est opposable aux tiers si, dans les actes passés avec eux, les époux ont déclaré la loi applicable à leur régime matrimonial *(C. civ., art. 1397-4)*.

3) Règlement européen 2016/1103

1491 Époux concernés – Le Règlement européen 2016/1103 s'appliquera aux époux mariés à compter du 29 janvier 2019 et aux époux choisissant, à compter de cette même date, la loi applicable à leur régime matrimonial.

1492 Loi d'autonomie et mutabilité – Les époux peuvent choisir la loi applicable à leur régime matrimonial avant leur mariage et au cours de leur mariage entre l'une des lois visées à l'article 22 dudit règlement. La convention doit répondre aux conditions de forme de l'article 23.

1493 Absence de choix – La loi applicable est déterminée par l'article 26. Il conduit à retenir dans l'ordre exposé ci-après : la loi de première résidence habituelle commune des époux après mariage ; à défaut, la loi nationale commune au moment de la célébration du mariage ; à défaut, la loi où le couple a fixé le centre de ses intérêts principaux lors de la célébration du mariage.

1494 Mutabilité volontaire – Lorsque les époux modifient la loi applicable à leur régime matrimonial en cours de mariage, par un acte écrit, daté et signé par les deux époux, conformément aux articles 22 et 23, la loi ne s'applique que pour l'avenir, sauf convention contraire des époux. Autrement dit, sauf convention contraire, les biens appartenant aux époux antérieurement à ce changement ne sont pas soumis à la loi désormais applicable.

1495 Opposabilité de la loi applicable aux tiers – Selon l'article 28 du règlement, la loi applicable au régime matrimonial ne peut être opposée par un époux à un tiers lors d'un litige entre le tiers et les époux ou l'un d'entre eux, sauf si ce tiers a eu connaissance de cette loi, ou aurait dû en avoir connaissance en faisant preuve de la diligence voulue. En cas d'ignorance excusable de la loi applicable au régime matrimonial, c'est la *lex rei sitae* qui s'appliquera, s'agissant de la vente d'un immeuble.

Conseil pratique **Lors de la signature du contrat préparatoire et de la vente, le notaire informera le tiers de la loi applicable au régime matrimonial des époux. Une clause le précisera expressément. Le tiers ne pourra alors plus prétendre ignorer cette loi.**

1496 Logement familial – L'article 215, alinéa 3 du Code civil ne s'appliquera que si le régime matrimonial est soumis à la loi française, que la loi applicable au régime matrimonial soit la loi française ou que celle-ci s'impose en tant que loi de police lorsque le logement familial est situé en France *(considérant 53. – E. Fongaro et E. Frémont, L'entrée en application des règlements européens sur les régimes matrimoniaux et les effets patrimoniaux des partenariats enregistrés : JCP N 2017, n° 48, 1320. – H. Peroz, Le nouveau règlement européen sur les régimes matrimoniaux : JCP N 2016, n° 29, 1241)*.

1497 **Qualification des biens, pouvoirs des époux** – C'est la loi désignée suivant les règles précisées ci-dessus qui permettra de déterminer tout à la fois la composition du patrimoine des époux et leurs pouvoirs quant à la gestion des biens.

Pour aller plus loin

- I. Barrière-Brousse, Le patrimoine des couples internationaux dans l'espace judiciaire européen. Les règlements européens du 24 juin 2016 relatifs aux régimes matrimoniaux et aux effets patrimoniaux des partenariats enregistrés : JDI 2017, doctr. 6, p. 485
- E. Fongaro et E. Frémont, L'entrée en application des règlements européens sur les régimes matrimoniaux et les effets patrimoniaux des partenariats enregistrés : JCP N 2017, n° 48, 1320
- E. Fongaro, Le choix de la loi applicable au régime matrimonial : Dr. famille 2017, étude 31
- H. Peroz, Les lois applicables au régime primaire. – Incidences du règlement (UE) 2016/1103 sur le droit applicable au régime primaire en droit international privé français : JDI 2017, doctr. 9
- H. Peroz, Le nouveau règlement européen sur les régimes matrimoniaux : JCP N 2016, n° 29, 1241
- H. Peroz, La loi applicable aux régimes matrimoniaux à défaut de choix par les époux : Dr. famille 2017, dossier 32
- L. Perreau-Saussine, Le nouveau règlement européen « Régimes matrimoniaux » : JCP G 2016, doctr. 1116

c) Partenaires

1498 Une distinction peut être effectuée suivant la date de conclusion du partenariat, distinction qui jouera à compter du 29 janvier 2019.

1) Droit interne

1499 **Loi applicable** – Les conditions de formation et les effets d'un partenariat enregistré ainsi que les causes et les effets de sa dissolution sont soumis aux dispositions matérielles de l'État de l'autorité qui a procédé à son enregistrement *(C. civ., art. 515-7-1)*.

1500 **Qualification des pouvoirs, des biens des partenaires** – C'est la loi de l'autorité qui procède à l'enregistrement qui est applicable.

Pour aller plus loin

- N. Joubert et B. Morel, Les partenariats enregistrés en droit international privé depuis la loi du 12 mai 2009 : JCP N 2009, n° 41, 1285
- V. Larribau-Terneyre, La loi du 12 mai 2009 précise la loi applicable aux partenariats enregistrés : Dr. famille 2009, comm. 84
- H. Péroz et E. Fongaro, Droit international privé patrimonial de la famille : LexisNexis, 2e éd., 2017

2) Règlement européen 2016/1104

1501 Il s'appliquera aux États membres y participant.

1502 **Partenaires concernés** – Le règlement européen 2016/1104 s'appliquera aux personnes ayant signé un partenariat enregistré défini par son article 3 comme *le régime régissant la vie commune de deux personnes prévu par la loi, dont l'enregistrement est obligatoire en vertu de ladite loi et qui répond aux exigences juridiques prévues par ladite loi pour sa création*.
Ledit règlement ne s'appliquera, en vertu de son article 69, qu'aux partenaires qui enregistreront leur partenariat ou qui désigneront la loi applicable à ce dernier à compter du 29 janvier 2019.

1503 **Loi d'autonomie et mutabilité** – Les partenaires peuvent choisir la loi applicable aux effets patrimoniaux du partenariat lors de sa conclusion ou au cours de celui-ci entre l'une des lois visées à l'article 22 dudit règlement. La convention doit répondre aux conditions de forme de l'article 23.

1504 **Absence de choix** – La loi applicable est déterminée par l'article 26. La loi applicable aux effets patrimoniaux du partenariat enregistré est la loi de l'État selon la loi duquel le partenariat enregistré a été créé.

1505 **Mutabilité volontaire** – Lorsque les partenaires modifient la loi applicable à leur partenariat en cours, conformément aux articles 22 et 23, la loi ne s'applique que pour l'avenir, sauf convention contraire des partenaires. Autrement dit, sauf convention contraire, les biens appartenant aux partenaires antérieurement à ce changement ne sont pas soumis à la loi désormais applicable.

1506 **Opposabilité de la loi applicable aux tiers** – Selon l'article 28 du règlement, la loi applicable au patrimonial ne peut être opposée par un partenaire à un tiers lors d'un litige entre le tiers et les partenaires ou l'un d'entre eux, sauf si ce tiers a eu connaissance de cette loi ou aurait dû en avoir connaissance en faisant preuve de la diligence voulue. En cas d'ignorance excusable de la loi applicable au régime patrimonial, c'est la *lex rei sitae* qui s'appliquera, s'agissant de la vente d'un immeuble.

Conseil pratique **Lors de la signature du contrat préparatoire et de la vente, le notaire informera le tiers de la loi applicable au régime patrimonial des partenaires. Une clause le précisera expressément. Le tiers ne pourra alors plus prétendre ignorer cette loi.**

1507 **Qualification des biens, pouvoirs des partenaires** – C'est la loi désignée suivant les règles précisées ci-dessus qui permettra de déterminer tout à la fois la composition du patrimoine des partenaires et leurs pouvoirs quant à la gestion des biens.

Pour aller plus loin

- E. Fongaro et E. Frémont, L'entrée en application des règlements européens sur les régimes matrimoniaux et les effets patrimoniaux des partenariats enregistrés : JCP N 2017, n° 48, 1320
- C. Nourissat et M. Revillard, Règlements européens du 24 juin 2016 sur les régimes matrimoniaux et les effets patrimoniaux des partenariats enregistrés : Defrénois 15 sept. 2016, n° 124g4, 878

2° Personnes morales

1508 N'est envisagée dans le présent développement que la situation des sociétés.

1509 **Personnalité juridique** – Le notaire doit, en premier lieu, vérifier que la personnalité juridique de la société étrangère sera reconnue en France :

- pour les sociétés de personnes, leur personnalité est reconnue de plein droit ;
- pour les sociétés de capitaux, depuis l'abrogation par la loi n° 2007-1737 du 20 décembre 2007 de la loi du 30 mai 1857, toutes les sociétés de capitaux sont reconnues en France.

1510 **Identification** – L'identification de la société se fera par la production des statuts accompagnée de leur traduction, qui est indispensable pour la certification d'identité prévue par l'article 6 du décret n° 55-22 du 4 janvier 1955.

1511 **Loi applicable** – Suivant les articles L. 210-3 du Code de commerce et 1837 du Code civil, la loi applicable à une société est celle de l'État où est situé son siège social, en principe fixé dans les statuts de la société. C'est donc à partir des statuts qu'il sera possible d'établir la loi applicable à la société (constitution, fonctionnement et dissolution), à ses représentants et l'étendue des pouvoirs de ces derniers *(M. Maumelat, L'acquisition d'un immeuble en France par le biais d'une société étrangère : JCP N 2013, n° 26, 1174)*.

Conseil pratique **Une fois déterminée la loi applicable à la société, le notaire doit vérifier :**
- que ladite société peut effectivement procéder à la vente d'un immeuble au regard de la loi qui lui est applicable et de ses statuts ;
- que la personne qui se présente à lui a bien les pouvoirs de représenter la société pour une vente d'immeuble ;
- si la société a bien donné son autorisation pour qu'il soit procédé à la vente d'un immeuble.

B. – CAPACITÉ

1° Personnes physiques

a) Dispositions du Code civil

1512 **Loi nationale** – Suivant l'article 3, alinéa 3, du Code civil, les lois concernant l'état et la capacité des personnes régissent les Français, même résidant en pays étranger *(S. Glover-Blondeau, Acquisition ou cession d'un immeuble en France par un mineur de nationalité étrangère ou résidant à l'étranger : JCP N 2013, n° 26, 1173)*. Cet article a été bilatéralisé par la jurisprudence. Il en résulte que s'applique la loi nationale de l'acquéreur ou du vendeur sachant que suivant l'article 11 du Code civil, l'étranger jouira en France des mêmes droits civils que ceux qui sont ou seront accordés aux Français par les traités de la nation à laquelle cet étranger appartiendra.

b) Conventions de La Haye

1513 Il convient également de tenir compte de deux conventions de La Haye.

1) Convention de La Haye du 19 octobre 1996

1514 **Mineurs** – La Convention du 19 octobre 1996 concernant la compétence, la loi applicable, la reconnaissance, l'exécution et la coopération en matière de responsabilité parentale et de mesures de protection des enfants est relative aux mineurs (V. ci-après *n° 1522 et s.*).

PARTIES À L'ACTE

1515 Autorité compétente – L'article 5 de cette convention précise que les autorités, tant judiciaires qu'administratives, de l'État contractant de la résidence habituelle de l'enfant sont compétentes pour prendre des mesures tendant à la protection de sa personne ou de ses biens.

1516 Loi applicable – Les autorités des États contractants appliquent leur loi. Toutefois, dans la mesure où la protection de la personne ou des biens de l'enfant le requiert, elles peuvent exceptionnellement appliquer ou prendre en considération la loi d'un autre État avec lequel la situation présente un lien étroit *(art. 15)*.

1517 Validité des actes – La validité d'un acte passé entre un tiers et une autre personne qui aurait la qualité de représentant légal selon la loi de l'État où l'acte a été passé ne peut être contestée, ni la responsabilité du tiers engagée, pour le seul motif que l'autre personne n'avait pas la qualité de représentant légal en vertu de la loi désignée par les dispositions de la Convention, sauf si le tiers savait ou devait savoir que la responsabilité parentale était régie par cette loi *(art. 19)*.

2) Convention de La Haye du 13 janvier 2000

1518 Majeurs – La Convention du 13 janvier 2000 sur la protection internationale des adultes s'applique aux personnes majeures vulnérables.

1519 Autorité compétente – Les autorités, tant judiciaires qu'administratives, de l'État contractant de la résidence habituelle de l'adulte sont compétentes pour prendre des mesures tendant à la protection de sa personne ou de ses biens *(art. 5)*.

1520 Loi applicable – Les autorités compétentes des États contractants appliquent leur loi. Toutefois, dans la mesure où la protection de la personne ou des biens de l'adulte le requiert, elles peuvent exceptionnellement appliquer ou prendre en considération la loi d'un autre État avec lequel la situation présente un lien étroit *(art. 13)*.

1521 Validité des actes – La validité d'un acte passé entre un tiers et une autre personne qui aurait la qualité de représentant de l'adulte selon la loi de l'État où l'acte a été passé ne peut être contestée, ni la responsabilité du tiers engagée, pour le seul motif que l'autre personne n'avait pas la qualité de représentant en vertu de la loi désignée par la Convention, sauf si le tiers savait ou devait savoir que cette qualité était régie par cette loi. Cette règle de validité ne s'applique que dans le cas où l'acte a été passé entre personnes présentes sur le territoire d'un même État *(art. 17)*.

c) Règlement Bruxelles II bis

1522 Primauté du règlement – Le Règlement n° 2201/2003 du 27 novembre 2003 l'emporte sur la Convention de La Haye du 19 octobre 1996 relative aux mineurs, ce chaque fois que l'enfant a sa résidence habituelle sur le territoire d'un État membre.

1523 Autorité compétente – Suivant l'article 8 dudit règlement, en principe, les juridictions d'un État membre sont compétentes en matière de responsabilité parentale à l'égard d'un enfant qui réside habituellement dans cet État membre au moment où la juridiction est saisie.

1524 Loi applicable – Le règlement Bruxelles II bis ne contient aucune disposition quant à la loi applicable. C'est donc en application de la Convention de La Haye du 19 octobre 1996 ou du droit commun qu'il y aura lieu de déterminer celle-ci.

d) Vérifications

1525 Pour vérifier si l'une des parties fait l'objet d'une mesure de protection, le notaire doit interroger le Fichier Central d'état civil à Nantes. Il doit également interroger les parties, puisque ce service assure uniquement la publicité des actes ou décisions judiciaires faits ou pris en France et concernant un étranger.

2° Personnes morales

1526 Loi nationale – Leur capacité est régie par leur loi nationale, déterminée par rapport à leur siège social. Il peut en aller différemment toutefois si le siège social ne correspond pas à leur siège réel ou s'il y a renvoi à une autre loi.

1527 Certificat – Le notaire exigera la production d'un certificat d'identité et de capacité établi par un juriste local.

C. – REPRÉSENTATION

1528 Il y a lieu de distinguer suivant que la procuration est destinée à être utilisée en France ou à l'étranger.

1° Procuration utilisée en France

a) Loi applicable au fond

1529 De la Convention de La Haye du 14 mars 1978 sur la loi applicable aux contrats d'intermédiaires et à la représentation, il résulte que la loi applicable diffère selon que sont en cause les rapports mandant/mandataire ou ceux avec les tiers.

1) Rapports mandant/mandataire

1530 Loi d'autonomie – La loi interne choisie par les parties régit le rapport de représentation entre le représenté et l'intermédiaire. Le choix de cette loi doit être exprès ou résulter avec une certitude raisonnable des dispositions du contrat et des circonstances de la cause *(art. 5)*.

1531 Absence de choix – La loi applicable est la loi interne de l'État dans lequel, au moment de la formation du rapport de représentation, l'intermédiaire a son établissement professionnel ou, à défaut, sa résidence habituelle. Toutefois, la loi interne de l'État dans lequel l'intermédiaire doit exercer à titre principal son activité est applicable si le représenté a son établissement professionnel ou, à défaut, sa résidence habituelle dans cet État. Lorsque le représenté ou l'intermédiaire a plusieurs établissements professionnels, il convient de retenir l'établissement auquel le rapport de représentation se rattache le plus étroitement *(art. 6)*.

1532 Champ d'application de la loi choisie ou désignée – La loi applicable en vertu des articles 5 et 6 régit la formation et la validité du rapport de représentation, les obligations des parties et les conditions d'exécution, les conséquences de l'inexécution et l'extinction de ces obligations.

2) Rapports avec les tiers

1533 Loi d'autonomie – La loi applicable peut être choisie. Pour ce faire, la loi applicable doit avoir fait l'objet, de la part du représenté ou du tiers, d'une désignation écrite acceptée expressément par l'autre partie *(art. 14)*.

1534 Absence de choix – L'existence et l'étendue des pouvoirs de l'intermédiaire, ainsi que les effets des actes de l'intermédiaire dans l'exercice réel ou prétendu de ses pouvoirs, sont régis par la loi interne de l'État dans lequel l'intermédiaire avait son établissement professionnel au moment où il a agi.
Toutefois, la loi interne de l'État dans lequel l'intermédiaire a agi est applicable si :
- le représenté a son établissement professionnel ou, à défaut, sa résidence habituelle dans cet État et que l'intermédiaire ait agi au nom du représenté ;
- ou le tiers a son établissement professionnel ou, à défaut, sa résidence habituelle dans cet État ;
- ou l'intermédiaire a agi en bourse ou pris part à une vente aux enchères ;
- ou l'intermédiaire n'a pas d'établissement professionnel.

Lorsque l'une des parties a plusieurs établissements professionnels, il convient de retenir l'établissement auquel l'acte de l'intermédiaire se rattache le plus étroitement *(art. 11)*.

b) Loi applicable à la forme

1535 La Convention de La Haye du 14 mars 1978 sur la loi applicable aux contrats d'intermédiaires et à la représentation ne s'applique pas à la forme de la procuration *(art. 2)*. Est alors applicable le règlement Rome I du 17 juin 2008 sur la loi applicable aux obligations contractuelles.

1536 Loi applicable – Il faut distinguer suivant que les parties se trouvent ou non dans un même État *(PE et Cons. UE, règl. (CE) n° 593/2008, 17 juin 2008, Rome I, art. 11)* :
- dans la première situation, la forme devra respecter la loi applicable au fond ou la loi du lieu de rédaction de l'acte ;
- dans la deuxième situation, la forme devra respecter la loi applicable au fond ou la loi de l'État de résidence de l'une des parties.

Si la loi applicable ainsi déterminée impose la forme authentique pour la procuration, il y a alors lieu de vérifier qui peut établir à l'étranger une telle procuration.

1537 Forme authentique et notaire étranger – Les procurations pour lesquelles la forme authentique s'impose peuvent être valablement reçues par un notaire étranger.

1538 Forme authentique et absence de notaire – Dans les pays de l'Union européenne où le notariat de « *type latin* » n'existe pas, il ne pourra être recouru aux attributions notariales des consuls français puisque deux arrêtés des 6 et 20 décembre 2004 ont supprimé celles-ci. Il conviendra alors de faire intervenir un juriste local. Hors Union européenne et Espace économique européen, il est possible de recourir à un juriste local et de se contenter de la « forme authentique locale » dès lors qu'apparaît une similitude dans les garanties offertes

(Cass. 1re civ., 14 avr. 2016, n° 15-18.157 : JurisData n° 2016-006976 ; JCP G 2016, 782, note P. Callé ; JDI 2017, 3, E. Fongaro). Le recours à un consul n'est plus possible depuis un arrêté du 28 septembre 2018 paru au Journal officiel du 9 octobre 2018 *(JCP N 2018, n° 41, act. 795. – C. Nourrisat, Chronique de droit international privé : JCP N 2018, 1313, n° 8)*.

2° Procuration utilisée à l'étranger

1539 Acte authentique – Il ne peut qu'être recommandé d'établir la procuration par acte authentique lorsque celle-ci est établie en vue de la vente d'un immeuble situé à l'étranger.

Pour aller plus loin

- H. Péroz, La procuration en droit international privé : JCP N 2010, n°19, 1193

D. – PROTECTION DE L'ACQUÉREUR

1540 Outre la protection assurée par les règles relatives au crédit immobilier *(V. n° **1461** et s. et V. n° **645** et s.)*, il convient également de tenir compte des dispositions des articles L. 271-1 et suivants du Code la construction et de l'habitation. Il en va ainsi lorsque la loi française est applicable à la vente. Lorsqu'une loi étrangère est applicable, il est possible que ces dispositions soient qualifiées de loi de police et donc également applicables.

1° Droit de réflexion ou de rétractation

1541 Qualification de loi de police – Déterminer si l'article L. 271-1 du Code de la construction et de l'habitation doit être qualifié de loi de police s'avère être une question délicate au regard des dispositions du règlement Rome I.

Dans le sens de l'exclusion de la qualification de loi de police, il est remarqué que l'article 9 du règlement Rome I définit la loi de police comme une disposition impérative dont le respect est jugé crucial par un pays pour la sauvegarde de ses intérêts publics, tels que son organisation politique, sociale ou économique, au point d'en exiger l'application à toute situation entrant dans son champ d'application, quelle que soit par ailleurs la loi applicable au contrat d'après le présent règlement. Or, avec l'article L. 271-1 du Code de la construction et de l'habitation, il s'agit de protéger des intérêts privés. En outre, le considérant 37 du Préambule précise que « des considérations d'intérêt public justifient, dans des circonstances exceptionnelles, le recours par les tribunaux des États membres aux mécanismes que sont l'exception d'ordre public et les lois de police. La notion de "lois de police" devrait être distinguée de celle de "dispositions auxquelles il ne peut être dérogé par accord" et devrait être interprétée de façon plus restrictive ». Une partie de la doctrine se prononce donc dans le sens de l'exclusion d'une telle qualification et donc de l'application de l'article L. 271-1 du Code de la construction et de l'habitation *(V. not. : P. Callé, La loi applicable au contrat de vente immobilière. Quid des règles dites impératives ? : JCP N 2013, n° 26, 1170)*.

Dans le sens contraire, est invoqué notamment un arrêt de la CJUE du 17 octobre 2013 dont une partie de la rédaction devrait conduire à retenir les mêmes solutions que lorsque la convention de Rome était applicable, à savoir la qualification de loi de police *(CJUE, 17 oct. 2013, aff. C-184/12, Unamar. – D. Boulanger, L'application dans l'espace de l'article L. 271-1 du Code de la construction et de l'habitation : JCP N 2001, n° 47, 1696)*. Une autre partie de la doctrine est donc favorable à la qualification de loi de police pour des dispositions conduisant à la protection d'intérêts privés et donc à l'application de l'article L. 271-1 du Code de la construction et de l'habitation *(V. JCl. Notarial Formulaire, V° Avant-contrat, fasc. 14, par J. Lafond et V. Matet)*.

Conseil pratique **Dès lors que la qualification de loi de police est incertaine, il y a lieu d'en informer les parties. Il leur sera aussi conseillé de respecter les dispositions relatives au droit de réflexion ou de rétractation. En cas de refus, une reconnaissance de conseils donnés sera prévue dans l'acte.**

2° Diagnostics immobiliers

1542 Qualification de loi de police – Pour les dispositions de la loi française imposant la remise de diagnostics ou d'attestations *(V. n° **1983** et s.)*, il est, comme pour l'article L. 271-1 du Code de la construction et de l'habitation, débattu de l'application de ces dispositions en tant que loi de police (dans le sens de leur exclusion : *Ch. Étien, Le notaire et la vente des immeubles européens : JCP N 2016, 1043. – P. Callé, La loi applicable au contrat de vente immobilière. Quid des règles dites impératives ? : JCP N 2013, n° 26, 1170.* – En sens contraire : *J. Gasté et X. Ricard, Quels sont les diagnostics à fournir en matière de vente en contexte international ? : JCP N 2014, n° 22, 1207)*.

Conseil pratique Dès lors que la qualification de loi de police est incertaine, il y a lieu d'en informer les parties. Il leur sera ainsi conseillé de respecter les dispositions relatives aux diagnostics immobiliers. En cas de refus, une reconnaissance de conseils donnés sera prévue dans l'acte.

III. Langue du contrat

1543 Acte sous seing privé – Les parties ne sont pas tenues d'utiliser la langue française. Lorsque la langue utilisée n'est pas comprise par toutes les parties, le recours à un interprète s'impose. Sa présence devra être mentionnée dans l'acte.

1544 Acte authentique – En application de l'arrêté consulaire du 24 Prairial an XI, la langue française est obligatoire pour les actes authentiques *(V. JCl. Notarial Formulaire, V. Acte notarié, fasc. 32)*. Si l'une des parties ne parle pas français, le notaire peut procéder à l'explication du contrat en français et dans l'autre langue qu'il maîtrise. Si le notaire ne parle pas la langue étrangère en cause, les parties doivent choisir un interprète. La présence de l'interprète sera mentionnée dans l'acte. Dans ces deux hypothèses, une précision sera apportée dans la formule de clôture.

Formule 1 – Lecture de l'acte par le notaire dans une langue étrangère

Le présent acte rédigé sur... pages,
A été lu aux parties par le notaire, d'abord en langue... à Mme... et ce compte tenu de sa connaissance personnelle de ladite langue, puis en français aux autres parties.
Puis l'acte a été signé par les parties et le Notaire,
Aux lieu et date indiqués en tête des présentes ».

Formule 2 – Présence d'un interprète

Après avoir été lu en français par le notaire aux parties et à Madame..., interprète choisi d'un commun accord par celles-ci, le présent acte a été traduit oralement (en langue étrangère) à Monsieur... (comparant ne comprenant pas le français) qui a déclaré l'approuver comme étant l'expression de sa volonté. Les différentes lectures achevées, les parties ont signé le présent acte avec l'interprète et le notaire.

IV. Notification

1545 Nécessité – Cette notification peut s'avérer nécessaire par application de différents textes dont l'application ne peut être écartée.

1546 Union européenne – La notification à l'étranger d'actes judiciaires ou extra-judiciaires doit se faire dans les formes et délais prévus par le règlement n° 1393/2007 du 13 novembre 2007.

1547 Hors Union européenne – Il convient de faire application de l'article 643 du Code de procédure civile. Toutefois, le notaire doit vérifier qu'il n'existe pas de convention bi ou multilatérale contenant des règles dérogatoires.

V. Règlement du prix

A. – LOI DU CONTRAT

1548 Détermination de la loi applicable – La loi du contrat est compétente pour déterminer le montant, la date et le lieu du paiement et les droits du créancier en cas d'inexécution de ses obligations par le débiteur.

1549 Choix de la monnaie – Toutefois, diverses dispositions peuvent s'imposer aux parties. Ainsi, pour la monnaie dans laquelle le débiteur se libère, dès lors que le paiement intervient en France, la loi française s'appliquera *(V. JCl. Notarial Formulaire, V° Indexation, fasc. 10 et 20)*. Par contre, les parties sont libres de choisir la monnaie de compte *(V. JCl. Notarial Répertoire, V° Monnaie de paiement, fasc. 30)*.

B. – TITRE EXÉCUTOIRE

1550 **Titre exécutoire européen** – Le règlement n° 805/2004 du 21 avril 2004 a créé un titre exécutoire européen pour les créances incontestées en fixant des normes minimales. L'objectif est d'assurer la libre circulation des décisions, des transactions judiciaires et des actes authentiques dans tous les États membres, en supprimant l'exequatur. La créance constatée dans un acte notarié français rentre dans le champ d'application de ce règlement. Afin d'obtenir la certification d'un acte notarié comme titre exécutoire Européen, le créancier doit en faire la requête auprès du notaire, détenteur de la minute *(V. JCl. Notarial Formulaire, V° Acte notarié, fasc. 300).*

Formule – Certificat de titre exécutoire européen – Acte authentique

1. État membre d'origine :
2. Autorité/juridiction qui a émis le certificat
2.1. Nom : ...
2.2. Adresse : ...
2.3. Tél./Fax/adresse électronique : ...
3. Si différente, autorité/juridiction qui a dressé ou enregistré l'acte authentique
3.1. Nom : ...
3.2. Adresse : ...
3.3. Tél./Fax/adresse électronique : ...
4. Acte authentique
4.1. Date : ...
4.2. Numéro de référence : ...
4.3. Parties
4.3.1. Nom et adresse du (ou : des) créancier (s) : ...
4.3.2. Nom et adresse du (ou : des) débiteurs (s) : ...
5. Créance monétaire telle que certifiée
5.1. Montant du principal : ...
5.1.1. Devise :
5.1.2. Si le paiement de la créance est échelonné
5.1.2.1. Montant de chaque versement : ...
5.1.2.2. Date d'échéance du premier versement : ...
5.1.2.3. Périodicité des versements suivants :
hebdomadaire □ mensuel □ autre (préciser) □
5.1.2.4. Durée de la créance
5.1.2.4.1. Actuellement indéterminée □ ou
5.1.2.4.2. Date d'échéance du dernier versement : ...
5.2. Intérêts
5.2.1. Taux d'intérêt
5.2.1.1... % ou
5.2.1.2... % au-dessus du taux de base de la BCE (Taux d'intérêt appliqué par la Banque centrale européenne à ses principales opérations de refinancement).
5.2.1.3. Autre... (préciser)
5.2.2. Les intérêts doivent être perçus à compter du...
5.3. Montant des frais remboursables si l'acte authentique le précise : ...
6. L'acte authentique est exécutoire dans l'État membre d'origine □

Fait à..., le...

Pour aller plus loin

Formules
- JCl. Notarial Formulaire, V° Acte notarié, fasc. 305

Commentaires
- JCl. Notarial Formulaire, Synthèse 1460 : Vente d'immeuble, parties à l'acte, personnes morales et étrangers, par V. Zalewski-Sicard
- JCl. Notarial Formulaire, V° Acte notarié, fasc. 300 et 310, par P. Caillé
- JCl. Notarial Formulaire, V° Fonds de commerce, fasc. 12, par A. Boujeka
- JCl. Notarial Formulaire, V° Vente d'immeuble, fasc. 380, par M. Revillard et C. Giraud

Autre documentation
- M.-E. Ancel et D. Vincent, La circulation internationale des actes : JCP N 2016, n° 2, 1009
- P. Callé, L'acceptation et l'exécution des actes authentiques : JCP N 2013, n° 15, 1085
- P. Callé, La loi applicable au contrat de vente immobilière. Quid des règles dites impératives ? : JCP N 2013, n° 26, 1170

- M. Devisme, L'analyse de la situation matrimoniale de l'acquéreur ou du vendeur dans un contexte international. – Une démarche essentielle : JCP N 2013, n° 26, 1171
- Ch. Étien, Le notaire et le financement de l'achat de l'immeuble européen : JCP N 2016, n° 4, 1044
- Ch. Étien, Le notaire et la vente des immeubles européens : JCP N 2016, n° 4, 1043
- E. Fongaro et C. Géraud, Pratique notariale et droit international privé, Brochure du CRIDON Sud-Ouest, sept. 2009
- M. Maumelat, L'acquisition d'un immeuble en France par le biais d'une société étrangère : JCP N 2013, n° 26, 1174
- L. Perreau-Saussine, L'immeuble et le droit international privé : Defrénois 2006, p. 373
- H. Péroz et E. Fongaro, Droit international privé patrimonial de la famille : LexisNexis, 2e éd., 2017
- M. Revillard, Droit international privé et européen : pratique notariale : LGDJ, 8e éd., 2014

PARTIES À L'ACTE

Présentation

1551 Distinction – Les organismes HLM peuvent être des personnes morales de droit public ou des personnes morales de droit privé.

1552 Personnes morales de droit public – Les offices publics de l'habitat (OPH) sont des établissements publics locaux à caractère industriel et commercial.

1553 Personnes morales de droit privé – Les organismes privés sont :
- les sociétés anonymes d'HLM ;
- les sociétés anonymes coopératives de production d'HLM ;
- les sociétés anonymes coopératives d'intérêt collectif d'HLM ;
- les sociétés de ventes d'HLM ;
- les fondations d'HLM.

1554 Vente du patrimoine immobilier – Des dispositions spécifiques doivent être respectées par les organismes d'HLM, quels qu'ils soient, lors de la vente de leur patrimoine immobilier. Celles-ci ont été modifiées en dernier lieu par la loi n° 2018-1021 du 23 novembre 2018 portant évolution du logement, de l'aménagement et du numérique, dite loi Élan.

Pour aller plus loin

- L. Cochet et M. Karpenschif, Un nouvel Elan pour le logement social : JCP A 2019, 2013
- Ch. Gijsbers, L'impact de la loi ELAN sur les ventes immobilières : RD imm. 2019, p. 38
- M.-H. Louvel, Loi Elan et vente HLM : aperçu des principales modifications : JCP N 2018, 1373
- J. Moreau et O. Poindron, Le financement des organismes de logement social dans la loi ELAN : AJDI 2019, p. 24
- B. Wertenschlag, La loi ELAN et le logement social : AJDI 2019, p. 12

Offices publics de l'habitat

1555 **Objet** – Leur objet est défini aux articles L. 421-1 à L. 421-4 et R. 421-2 à R. 421-3 du Code de la construction et de l'habitation. Les OPH peuvent, pour ce qui concerne la vente immobilière, tant vendre qu'acheter à des fins précises, mais également créer des filiales en vue de la création de logements locatifs intermédiaires.

1556 **Capacité géographique** – L'activité des offices publics de l'habitat s'exerce sur le territoire de la région où se trouve la collectivité territoriale ou l'établissement public auquel ils sont rattachés. Ils peuvent également intervenir sur le territoire des départements limitrophes de cette région, après accord de la commune d'implantation de l'opération *(CCH, art. L. 421-5)*.

I. Ventes

1° Vente à d'autres organismes HLM ou à des sociétés d'économie mixte

1557 Les OPH peuvent vendre des ouvrages de bâtiment à d'autres organismes HLM et aux sociétés d'économie mixte, par contrat de vente d'immeuble à construire prévu aux articles L. 261-1 et suivants du Code de la construction et de l'habitation ou par contrat de vente d'immeuble à rénover prévu aux articles L. 262-1 et suivants du même code.

2° Vente à une association foncière logement

1558 Les OPH peuvent réaliser en vue de leur vente, dans les conditions prévues aux articles L. 261-1 à L. 261-22 du Code de la construction et de l'habitation, à une association foncière logement ou aux sociétés civiles immobilières dont les parts sont détenues à au moins 99 % par cette association, des immeubles à usage principal d'habitation destinés à la location.

Conseil pratique **Lors de la vente d'un immeuble par un OPH, il sera précisé dans l'acte dans quel but celle-ci est réalisée. Ce but devra correspondre à l'un de ceux énoncés aux articles L. 421-1 à L. 421-4 du Code de la construction et de l'habitation.**

II. Acquisitions

1° Acquisitions réalisées en vue de la location

1559 Les OPH ont pour objet principal la réalisation d'opérations en vue de la location. Ces opérations doivent répondre aux conditions prévues par les articles L. 351-2 et L. 411-1 du Code de la construction et de l'habitation. Dans le cadre de la réalisation de celles-ci, les OPH peuvent procéder à l'acquisition tant de terrains que d'immeubles bâtis.

2° Acquisitions diverses

1560 Citons les acquisitions dans le cadre d'interventions foncières, les acquisitions en vue de la revente à des personnes aux ressources modestes, les acquisitions en vue de la revente à des personnes morales louant à des personnes aux ressources modestes, les acquisitions en vue de location-accession, les acquisitions en vue de la location à des organismes chargés de l'hébergement temporaire, les acquisitions en vue de la réalisation de résidences hôtelières à vocation sociale, les acquisitions de logements appartenant à certaines sociétés civiles immobilières, les acquisitions auprès d'autres organismes HLM ou de sociétés d'économie mixte, les acquisitions en vue de la construction d'établissement d'hébergement, les acquisitions dans le cadre de la garantie de rachat, les acquisitions en vue de la création de résidences universitaires, les acquisitions en vue de la création de logements locatifs sociaux, les acquisitions en vue de la création de logement pour la police, la gendarmerie, les services d'incendie, de secours ou pénitentiaires.

1561 **Nue-propriété et usufruit** – Précisons que les offices publics de l'habitat peuvent acquérir la nue-propriété ou l'usufruit temporaire des logements devant faire l'objet de baux dans le cadre d'une convention d'usufruit et visés à l'article L. 253-1 du Code de la construction et de l'habitation, ou réserver ce dernier à leur profit, à la

condition que ces logements soient destinés à des personnes qui remplissent les conditions de ressources définies par décret :
- au sein d'immeubles à usage principal d'habitation qu'ils réalisent en vue de leur vente à des personnes physiques ou morales dans les conditions prévues à l'article L. 261-3 du Code de la construction et de l'habitation ;
- à titre expérimental pendant une durée de cinq ans à compter de la promulgation de la loi n° 2014-366 du 24 mars 2014 pour l'accès au logement et un urbanisme rénové, au sein d'immeubles bâtis occupés ou non, dans les communes appartenant à une zone d'urbanisation continue de plus de 50 000 habitants telle que définie à l'article 232 du Code général des impôts ainsi que dans les communes de plus de 15 000 habitants en forte croissance démographique définies par décret pris en application du dernier alinéa du II de l'article L. 302-5 du Code de la construction et de l'habitation.

Conseil pratique **Lors de l'acquisition d'un immeuble par un office public de l'habitat, il sera précisé dans l'acte dans quel but celle-ci est réalisée. Ce but devra correspondre à l'un de ceux énoncés aux articles L. 421-1 à L. 421-4 du Code de la construction et de l'habitation.**

III. Organe délibérant

1562 L'organe délibérant d'un OPH est son conseil d'administration. Il règle par ses délibérations les affaires de l'office. Pour ce qui concerne les ventes immobilières, c'est ledit conseil qui :
- décide des programmes de réservation foncière, d'aménagement, de construction et de réhabilitation ;
- décide des actes de disposition ;
- autorise les emprunts et décide des orientations générales en matière de placement de fonds appartenant à l'office, des opérations utiles à la gestion de la dette et des opérations de gestion de trésorerie ;
- autorise les transactions *(CCH, art. R. 421-16)*.

IV. Organe représentant

1563 **Directeur général** – Le directeur général est le seul organe pouvant représenter l'office pour la conclusion d'une vente immobilière. En effet, il est le représentant légal de l'OPH pour tous actes et contrats au nom de l'office et le représente dans tous les actes de la vie civile *(CCH, art. R. 421-18)*.

1564 **Délégation** – Le directeur général peut déléguer sa signature avec l'accord du conseil d'administration aux membres du personnel de l'office exerçant les fonctions de directeur ou de chef de service.

1565 **Président de l'office** – Le président de l'office ne peut le représenter dans le cadre d'une vente immobilière. En effet, ce dernier représente l'office uniquement auprès des pouvoirs publics, des collectivités territoriales et des établissements publics de coopération intercommunale compétents en matière d'habitat et en justice pour les contentieux dans lesquels les administrateurs ou le directeur général sont mis en cause à titre personnel dans le cadre de leurs fonctions *(CCH, art. R. 421-17)*.

Conseil pratique **Lors de la vente immobilière dont l'une des parties est un office public de l'habitat, il y a lieu de vérifier :**
- **que l'office respecte bien son champ de compétence géographique ;**
- **que la vente est bien réalisée dans l'un des buts visés aux articles L. 421-1 à L. 421-4 du Code de la construction et de l'habitation ;**
- **que la vente a bien été autorisée par le conseil d'administration ou son bureau ayant reçu délégation de compétence ;**
- **que la personne présente est bien le directeur général de l'office ou une personne, directeur ou chef de service, ayant reçu délégation du directeur général pour représenter l'office dans le cadre de ladite vente.**

Organismes privés d'HLM

I. Fondations d'HLM

1566 L'activité des fondations d'habitations à loyer modéré est définie par le décret qui les déclare d'utilité publique *(CCH, art. L. 422-1)*.

II. Sociétés d'HLM

1567 **Statuts** – Les statuts des sociétés d'HLM doivent être conformes à des statuts types annexés au Code de la construction et de l'habitation. Ces statuts permettent de déterminer tout à la fois l'objet, le champ géographique, l'organe délibérant et l'organe représentant pour ces sociétés.

1° Sociétés anonymes d'HLM

1568 Les statuts types de ces sociétés sont annexés à l'article R. 422-1 du Code de la construction et de l'habitation.

a) Champ géographique

1569 **Principe** – L'activité des sociétés anonymes d'habitations à loyer modéré s'exerce sur le territoire de la région où est situé leur siège social. Elles ont également compétence pour intervenir sur le territoire des départements limitrophes à la région de leur siège, après accord de la commune d'implantation de l'opération.

1570 **Extension de compétence** – Le ministre chargé de la Construction et de l'Habitation peut étendre le champ géographique de compétence d'une société anonyme d'HLM :
- soit pour leur permettre d'étendre leur activité à tout ou partie des régions limitrophes ;
- soit pour une opération déterminée sur une partie quelconque du territoire, après avis du préfet du département intéressé *(CCH, art. R. 422-3)* ;
- soit pour leur permettre d'étendre leur activité à l'ensemble du territoire national *(CCH, art. R. 422-4)*.

b) Objet

1571 Pour ce qui concerne les ventes immobilières, les sociétés anonymes d'HLM peuvent réaliser les opérations visées à l'article L. 422-2 du Code de la construction et de l'habitation *(V. JCl. Notarial Formulaire, V° Habitations à loyer modéré, fasc. 31, par B. Wertenschlag)*.

c) Organes délibérant et représentant

1572 Pour l'organe délibérant, il s'agit soit du conseil d'administration soit d'un conseil de surveillance et d'un directoire. Nous renvoyons ici aux développements sur les sociétés anonymes.
Pour l'organe représentant, nous renvoyons aux développements sur les sociétés anonymes.

2° Sociétés anonymes coopératives de production d'HLM et les sociétés anonymes coopératives d'intérêt collectif d'HLM

1573 L'activité des sociétés anonymes coopératives de production d'HLM et des sociétés anonymes coopératives d'intérêt collectif d'HLM s'exerce sur le territoire de la région où est situé leur siège social. Elles ont également compétence pour intervenir sur le territoire des départements limitrophes à la région de leur siège, après accord de la commune d'implantation de l'opération *(CCH, art. R. 422-8-1)*.

1574 **Extension de compétence** – Le ministre chargé de la Construction et de l'Habitation peut étendre le champ géographique de compétence de ces sociétés :
- pour leur permettre d'étendre leur activité à tout ou partie des régions limitrophes ;
- pour une opération déterminée sur une partie quelconque du territoire *(CCH, art. R. 422-8-1)*.

3° Sociétés de ventes d'HLM

1575 Ces sociétés ont été créées par la loi n° 2018-1021 du 23 novembre 2018, dite loi Élan, la volonté du législateur étant d'augmenter le nombre des ventes d'HLM. Un décret d'application doit venir en préciser le régime.

a) Associés de la société de ventes d'HLM

1576 Limitation – Les parts sociales ne peuvent être souscrites, suivant l'alinéa 5 de l'article L. 442-4 du CCH, que par :
- des offices publics de l'habitat ;
- des sociétés anonymes d'HLM ;
- des sociétés anonymes coopératives de production ;
- des sociétés anonymes coopératives d'intérêt collectif d'HLM ;
- des sociétés d'économie mixte agréées en application de l'article L. 481-1 du CCH ;
- la société Action Logement Services (CCH, art. L. 313-19) ;
- la Caisse des dépôts et consignations.

b) Objet

1577 Principe – Le premier alinéa de l'article L. 442-4 du CCH précise qu'une société de ventes d'HLM a pour seul objet l'acquisition et l'entretien de biens immobiliers appartenant à des offices publics de l'habitat, des sociétés anonymes d'HLM, des sociétés anonymes coopératives de production, des sociétés anonymes coopératives d'intérêt collectif d'HLM, à des sociétés d'économie mixte agréées en application de l'article L. 481-1 du CCH et à des organismes qui bénéficient de l'agrément relatif à la maîtrise d'ouvrage prévu à l'article L. 365-2 du CCH, en vue de la vente de ces biens.
Une société de vente d'HLM peut également acquérir les locaux accessoires et les locaux à usage autre que d'habitation dès lors qu'ils font partie de l'immeuble cédé.

1578 Exclusion – Une société de vente d'HLM ne peut acquérir la nue-propriété des biens immobiliers appartenant à des offices publics de l'habitat, des sociétés anonymes d'HLM, des sociétés anonymes coopératives de production, des sociétés anonymes coopératives d'intérêt collectif d'HLM, à des sociétés d'économie mixte agréées en application de l'article L. 481-1 du CCH et à des organismes qui bénéficient de l'agrément relatif à la maîtrise d'ouvrage prévu à l'article L. 365-2 du CCH.

Conseil pratique **Lors de la vente immobilière dont l'une des parties est une société d'HLM, il y a lieu de vérifier :**
– que la société respecte bien son champ de compétence géographique ;
– que la vente est bien réalisée dans l'un des buts visés aux statuts de ladite société ;
– que la vente a bien été autorisée par l'organe délibérant ;
– que la personne présente est bien l'organe compétent pour représenter la société dans le cadre de ladite vente.

Pour aller plus loin

- L. Cochet et M. Karpenschif, Un nouvel Elan pour le logement social : JCP A 2019, 2013
- M.-H. Louvel, Loi Elan et vente HLM : aperçu des principales modifications : JCP N 2018, 1373
- J. Moreau et O. Poindron, Le financement des organismes de logement social dans la loi ELAN : AJDI 2019, p. 24
- Ch. Gijsbers, L'impact de la loi ELAN sur les ventes immobilières : RD imm. 2019, p. 38
- B. Wertenschlag, La loi ELAN et le logement social : AJDI 2019, p. 12

Vente du patrimoine immobilier

1579 Relativement à la vente du patrimoine immobilier d'un organisme HLM, il y a lieu de distinguer suivant que ladite vente concerne :
- un logement à un locataire ;
- un logement vendu à une personne n'ayant pas la qualité de locataire ;
- un logement-foyer ;
- un immeuble ayant une autre destination.

Renvoi – Se reporter à l'étude correspondante (*V. n° **4104** et s.*).

Pour aller plus loin

Formules
- JCl. Construction-Urbanisme, fasc. 568, par J. Hugot et Cl. Le Marchand
- JCl. Construction-Urbanisme, fasc. 570
- JCl. Notarial Formulaire, V° Vente d'immeuble, fasc. 105, par J. Lafond (formule générale)

Commentaires
- JCl. Construction-Urbanisme, fasc. 564, par F. Schaufelberger
- JCl. Notarial Formulaire, V° Habitations à loyer modéré, fasc. 10, fasc. 30, par B. Wertenschlag

Fiche pratique
- Fiche pratique n° 1721 : Rédiger une vente d'immeuble, par M. Suquet-Cozic

Revues
- L. Cochet et M. Karpenschif, Un nouvel Elan pour le logement social : JCP A 2019, 2013
- Ch. Gijsbers, L'impact de la loi ELAN sur les ventes immobilières : RD imm. 2019, p. 38
- M.-H. Louvel, Loi Elan et vente HLM : aperçu des principales modifications : JCP N 2018, 1373
- N. Lavielle, F. Llorens et P. Soler-Couteaux, Droit et financement du logement social, éd. Le Moniteur, 2012
- J. Moreau et O. Poindron, Le financement des organismes de logement social dans la loi ELAN : AJDI 2019, p. 24
- Ch. Vautrot-Schwarz et C. Boidé, Pratique notariale de la vente HLM à l'épreuve de la loi ELAN : Defrénois 2018, n° 44, p. 15
- B. Wertenschlag, La loi ELAN et le logement social : AJDI 2019, p. 12

Vente et procédure collective

1580 En s'intéressant exclusivement aux autorisations et interventions nécessaires à la validité de la promesse ou de la vente lorsqu'une personne fait l'objet d'une procédure collective, il y a lieu de distinguer suivant l'étape de ladite procédure.

I. Vérification des déclarations des parties

1581 Questionnaire – Afin de déterminer si le vendeur et l'acquéreur font l'objet d'une procédure collective, le notaire peut, tout d'abord, avant l'établissement de tout acte, adresser un questionnaire dans lequel il sera demandé aux parties d'indiquer si elles font ou non l'objet d'une procédure collective.

1582 Déclaration des parties – La réponse des parties audit questionnaire ne sera pour autant pas suffisante. En effet, le notaire ne peut s'arrêter à la simple déclaration des parties, auquel cas il engagerait sa responsabilité *(Cass. 1re civ., 7 mai 2002, n° 99-12.216 : JurisData n° 2002-014278 ; Resp. civ. et assur. 2002, comm. 265)*. De par son devoir d'investigation, il doit procéder à la consultation du Bulletin officiel des annonces civiles et commerciales (BODACC).

1583 Consultation du BODACC – Quelle que soit la réponse des parties, il y a lieu de procéder à la consultation du Bulletin officiel des annonces civiles et commerciales (BODACC). Le notaire est en effet tenu de vérifier, par toutes investigations utiles, spécialement lorsqu'il existe une publicité légale aisément accessible, les déclarations faites par le vendeur et qui, par leur nature ou leur portée juridique, conditionnent la validité ou l'efficacité de l'acte qu'il dresse *(Cass. 1re civ., 2 juill. 2014, n° 13-20.576 : JurisData n° 2014-015299 ; JCP N 2014, n° 30, act. 847 ; JCP N 2015, n° 14, 1112-14, obs. M. Mekki ; JCP N 2015, n° 16, 1126, note C. Coulon)*.
S'il apparaît que l'une des parties fait l'objet d'une procédure collective, le notaire va devoir inviter ladite partie à lui communiquer les décisions relatives à cette procédure.

Conseil pratique **La consultation du BODACC doit être renouvelée le jour même de la vente.**
En outre, le notaire doit procéder à la consultation :
– du Registre du commerce et des sociétés, s'il s'agit d'un commerçant ;
– du Registre des métiers, s'il s'agit d'un artisan ;
– du Registre tenu par le greffe du TGI s'il s'agit d'une personne exerçant une activité libérale ou agricole.
Il doit également interroger l'Institut National de la Propriété Industrielle (INPI) qui révèle les interdits de gérer.

1584 Moteurs de recherche – Le notaire n'est pas tenu de procéder à d'autres recherches que celles consistant en la consultation des publications légales et notamment de recourir à des moteurs de recherche. Si l'absence de consultation desdits moteurs n'est pas fautive, il ne peut toutefois qu'être recommandé de les utiliser (*Cass. 1re civ., 28 nov. 2018, n° 17-31.144, F-P+B : JurisData n° 2018-021388 ; JCP N 2018, act. 938, obs. Ph. Pierre*).

Clause – Absence de procédure collective

Les parties déclarent ne pas faire l'objet d'une procédure collective et ne pas avoir demandé l'ouverture d'une telle procédure.
Ces déclarations ont fait l'objet d'une vérification par la consultation du Bulletin officiel des annonces civiles et commerciales, ainsi qu'en attestent les documents annexés au présent acte.
Les parties sont informées qu'en cas de déclaration mensongère :
– le vendeur encourt les peines suivantes : 5 ans d'emprisonnement et 75 000 € d'amende pour avoir dissimulé une partie de son actif *(C. com., art. L. 654-2 et L. 654-3)* ; 2 ans d'emprisonnement et une amende de 30 000 € pour consentement à la vente d'un immeuble sans autorisation du juge-commissaire *(C. com., art. L. 654-8)* ;
– le vendeur encourt la faillite personnelle en application de l'article L. 653-1 du Code de commerce ;
– l'acquéreur, pour avoir conclu une vente pendant la période d'observation ou celle d'exécution du plan de sauvegarde ou du plan de redressement, en connaissance de la situation du vendeur, encourt un emprisonnement de 2 ans et une amende de 30 000 € *(C. com., art. L. 654-8)* ;
– la vente peut être déclarée inopposable à la procédure collective, voire être annulée.

II. Pouvoirs des parties

1° Procédure de sauvegarde ou de redressement judiciaire

1585 En cours de période d'observation d'une procédure de sauvegarde ou de redressement judiciaire mais aussi en cours d'exécution d'un plan de sauvegarde ou de redressement judiciaire, il y a lieu de tenir compte des articles L. 622-7, L. 622-1, L. 626-14 et L. 631-12 du Code de commerce.

1586 **Autorisation du juge-commissaire** – La vente d'un immeuble étant un acte de disposition étranger à la gestion courante, il est nécessaire d'obtenir une ordonnance du juge-commissaire *(C. com., art. L. 622-7)*. Il en va de même si l'immeuble a été déclaré inaliénable par le tribunal en vertu de l'article L. 626-14 du Code de commerce. Si la vente est conclue sans cette autorisation, elle peut être annulée à la demande de tout intéressé ou du ministère public. La demande doit être présentée dans un délai de 3 ans à compter de la conclusion ou de la publication de l'acte lorsqu'il est soumis à publicité.
L'ordonnance du juge-commissaire doit autoriser la vente. Ladite ordonnance précise le prix et les conditions essentielles de la vente.

1587 **Représentation** – Tout dépendra ici de la désignation d'un administrateur et des pouvoirs conférés à ce dernier *(C. com., art. L. 631-12 et L. 622-1)*.
Si aucun administrateur n'a été désigné, le débiteur pourra donner son consentement sans avoir à être représenté mais après obtention de l'autorisation du juge-commissaire.
Si un administrateur a été désigné, celui-ci peut avoir une mission de surveillance, une mission d'assistance ou une mission de représentation.

2° Liquidation judiciaire

1588 **Autorisation du juge-commissaire** – Il est nécessaire d'obtenir une ordonnance du juge-commissaire. Elle doit autoriser la vente, préciser le prix et les conditions essentielles de la vente *(C. com., art. L. 642-18)*.
Représentation – Le vendeur sera représenté par le liquidateur, en application de l'article L. 641-9 du Code de commerce, ce à compter du jour du jugement qui ouvre ou prononce la liquidation judiciaire *(Cass. com., 2 oct. 2007, n° 06-20.140 : JurisData n° 2007-040698)*. Le liquidateur n'est tenu à aucune obligation d'information et de conseil à l'égard de l'acquéreur *(Cass. 3e civ., 21 déc. 2017, n° 16-20.675 : JurisData n° 2017-026657 ; JCP N 2018, n° 1, act. 114)*.

III. Contrat préparatoire et procédure collective

1589 **Vente et condition suspensive** – Il n'apparaît pas possible de conclure la vente sous condition suspensive de l'obtention d'une autorisation judiciaire. En effet, la condition est une modalité d'une obligation. La condition doit pouvoir être supprimée sans que cela ne fasse obstacle à l'existence et à l'exécution du contrat. Il n'est donc pas envisageable de prévoir que le contrat est conclu sous la condition suspensive de l'obtention du consentement de l'une des parties ou d'une autorisation nécessaire à la validité de la vente. Par contre, il est possible de recourir à une promesse autonome de vente ou à une promesse unilatérale d'achat.

1590 **Réserve et promesse autonome** – Si la vente ne peut être conclue sous condition suspensive de l'obtention d'une autorisation judiciaire, il apparaît, par contre, tout à fait envisageable de conclure une promesse autonome de vente sous réserve de l'obtention d'une autorisation judiciaire.
En effet, ainsi que l'écrivent MM. Malaurie, Aynès et Stoffel-Munck, lorsqu'est en jeu une autorisation administrative, « bien que la pratique dise que le contrat est alors subordonné à une « condition », qui serait même parfois sous-entendue, il ne s'agit pas d'une véritable modalité, mais plutôt d'une dissociation entre le caractère obligatoire du contrat et la plénitude de ses effets, ou, en d'autres termes, entre la promesse synallagmatique du contrat et le contrat proprement dit. Dès la conclusion du contrat prétendument « conditionnel » (en réalité une promesse synallagmatique), l'acte est obligatoire entre les parties, c'est-à-dire qu'aucune ne peut unilatéralement le révoquer. C'est l'autorisation qui lui fait produire ses autres effets, sans rétroactivité ; le refus d'autorisation le rend caduc » *(Droit des obligations : LGDJ, 9e éd., 2017, n° 1308. - V. n° **323** et s.)*.
Ce qui vaut pour une autorisation administrative vaut également pour une autorisation judiciaire. Si cette autorisation n'est pas obtenue, le contrat sera alors frappé de caducité alors que si l'autorisation est obtenue, la vente pourra être conclue *(V. n° **323** et s.)*. Il est également possible de recourir à une promesse unilatérale de vente *(V. n° **212** et s. – F. Collard, L'autorisation du juge est insusceptible d'être érigée en condition suspensive : JCP N 2014, n°47, 1337)*.
Il apparaît dès lors nécessaire d'effectuer correctement la rédaction de cette clause pour éviter qu'il ne puisse être considéré qu'elle correspond à une condition suspensive, tout en prenant en considération les pouvoirs du débiteur et de l'administrateur judiciaire ou du liquidateur.

Clause – Exemple de clause dans une promesse synallagmatique de vente ne valant pas vente ou promesse autonome

Autorisation

La vente ne pourra être conclue qu'après obtention d'une autorisation judiciaire avant le... (***date à préciser***) de conclure la vente aux conditions prévues dans la présente promesse.

Le défaut d'obtention de cette autorisation avant le... (*date identique à celle indiquée ci-dessus*) entraînera la caducité de la présente promesse.

1591 Promesse unilatérale d'achat – Plutôt que d'avoir recours à une promesse autonome de vente, il peut être recouru à une promesse unilatérale d'achat, le débiteur n'étant pas alors obligé de vendre puisque disposant d'une option *(V. n° **566** et s.)*. Ici aussi, il y aura lieu de vérifier les pouvoirs du débiteur avant de procéder à la conclusion d'une telle promesse.

IV. Vente d'un immeuble insaisissable dans le cadre d'une procédure collective

1592 Immeubles protégés – Les immeubles protégés sont en application des articles L. 526-1 à L. 526-5 du Code de commerce :
- automatiquement, la résidence principale de l'entrepreneur ;
- après déclaration notariée d'insaisissabilité, les biens immeubles bâtis et non bâtis, non affectés à un usage professionnel.

1593 Liquidation judiciaire et déclaration d'insaisissabilité opposable – Le juge-commissaire ne peut, sans excéder ses pouvoirs, autoriser le liquidateur à procéder à la vente d'un immeuble dont l'insaisissabilité lui est opposable pour avoir été publiée avant l'ouverture de la procédure collective *(Cass. com., 24 mars 2015, n° 14-10.175 : JurisData n° 2015-006383 ; JCP N 2015, n° 15, act. 478 ; Bull. civ. IV, n° 56)*.

1594 Liquidation judiciaire et déclaration d'insaisissabilité inopposable – La vente par le liquidateur de l'immeuble objet de la déclaration d'insaisissabilité est possible dès lors qu'elle a été publiée après l'ouverture de la procédure collective *(Cass. com., 2 juin 2015, n° 14-10.383 : JurisData n° 2015-016239 ; Rev. proc. coll. 2017, comm. 3, Fl. Reille)*.

1595 Insaisissabilité et vente de l'immeuble par son propriétaire – Il existe un doute sur la possibilité pour le propriétaire de l'immeuble insaisissable de vendre celui-ci au cours d'une procédure de liquidation judiciaire. D'un côté, il est avancé que l'immeuble étant hors procédure, le propriétaire doit pouvoir librement le céder. D'un autre côté, il est soutenu que le propriétaire, en application de l'article L. 641-9 du Code de commerce, est dessaisi de l'administration et de la disposition de tous ses biens. Dès lors, il ne pourrait céder l'immeuble insaisissable.

Au-delà de ces doutes sur les pouvoirs du débiteur de céder son immeuble insaisissable, Mme Cazajus ne manque pas de souligner :
- les risques pour le débiteur qui ne pourra procéder qu'au remploi des fonds provenant de la vente de sa résidence principale *(C. com., art. L. 526-3)* sans qu'il soit certain que le liquidateur ne puisse remettre en cause le droit d'acquérir du débiteur ;
- les risques de condamnation pénale auxquels s'expose le notaire en recevant un tel acte et en procédant à la distribution du prix de vente sur le fondement de l'article L. 654-8 du Code de commerce (M. Cazajus, l'immeuble insaisissable en liquidation judiciaire en 10 questions : Defrénois 1er février 2018, n° 5, p. 13).

Pour aller plus loin

- M. Cazajus, La recherche d'informations et le BODACC : Defrénois 2018, n° 45, p. 17
- M. Cazajus, L'immeuble insaisissable en liquidation judiciaire en 10 questions : Defrénois 1er février 2018, n° 5, p. 13
- J. Leprovaux, Vivre en procédure collective. Le sort de la résidence principale de la famille, protégée par la déclaration notariée d'insaisissabilité : Rev. proc. coll. 2013, dossier 6
- P.-M. Le Corre, Déclaration notariée d'insaisissabilité et liquidation judiciaire : questions – réponses : Gaz. Pal. 4 mai 2013, n° 129j0, p. 48
- S. Le Normand, Le dessaisissement du débiteur en liquidation judiciaire à l'épreuve des évolutions récentes : JCP E 2012, 22

Vente et surendettement

1596 Lorsque le vendeur ou l'acquéreur fait l'objet d'une mesure de surendettement, en application des articles L. 711-1 et suivants du Code de la consommation, il y a lieu de déterminer quels sont les pouvoirs dont il dispose. Il doit ici être distingué en fonction de l'étape de la procédure et de la mesure prise.

I. Vérification des déclarations des parties

1597 Questionnaire – Afin de déterminer si le vendeur et l'acquéreur font l'objet d'une procédure collective, le notaire peut, tout d'abord, avant l'établissement de tout acte, adresser un questionnaire dans lequel il sera demandé aux parties d'indiquer si elles font ou non l'objet d'une procédure de surendettement.

1598 Déclaration des parties – La réponse des parties audit questionnaire ne sera pour autant pas suffisante. En effet, le notaire ne peut s'arrêter à la simple déclaration des parties, auquel cas il engagerait sa responsabilité *(Cass. 1re civ., 7 mai 2002, n° 99-12.216 : JurisData n° 2002-014278)*. De par son devoir d'investigation, il doit procéder à la consultation du Bulletin officiel des annonces civiles et commerciales (BODACC).

1599 Consultation du BODACC – Quelle que soit la réponse des parties, il y a lieu de procéder à la consultation du BODACC. Le notaire est en effet tenu de vérifier, par toutes investigations utiles, spécialement lorsqu'il existe une publicité légale aisément accessible, les déclarations faites par le vendeur et qui, par leur nature ou leur portée juridique, conditionnent la validité ou l'efficacité de l'acte qu'il dresse *(Cass. 1re civ., 2 juill. 2014, n° 13-20.576 : JurisData n° 2014-015299)*.
Dans le cadre d'une procédure de surendettement, donnent lieu à publication au BODACC :
- la décision de la commission de surendettement d'imposer un rétablissement personnel sans liquidation judiciaire *(C. consom., art. R. 741-3)* ;
- les avis de jugement de rétablissement personnel sans liquidation judiciaire *(C. consom., art. R. 741-13 et R. 741-17)* ;
- les avis d'ouverture d'une procédure de rétablissement personnel avec liquidation judiciaire *(C. consom., art. R. 742-9)*.

Cette consultation du BODACC doit être renouvelée le jour même de la vente.
S'il apparaît que l'une des parties fait l'objet d'une procédure de surendettement, le notaire va devoir inviter ladite partie à lui communiquer les décisions relatives à cette procédure.

Conseil pratique **Afin de déterminer si le vendeur et l'acquéreur font l'objet d'une procédure de surendettement, le notaire peut, avant l'établissement de tout acte, adresser un questionnaire dans lequel il sera demandé aux parties d'indiquer si elles font ou non l'objet d'une procédure de surendettement.**
En cas de réponse négative et après consultation du BODACC, il peut être précisé dans l'acte que le vendeur et l'acquéreur ont déclaré ne faire l'objet d'aucune procédure de surendettement, ainsi qu'en atteste la réponse au questionnaire rempli par les parties préalablement à l'établissement de l'acte.
De même, il sera précisé que ces déclarations ont été vérifiées par consultation du Bulletin officiel des annonces civiles et commerciales, les demandes étant annexées à l'acte.
Il peut être précisé qu'en cas de déclaration erronée, le vendeur et l'acquéreur sont susceptibles de perdre le bénéfice du traitement de surendettement *(C. consom., art. L. 761-1)* et que la vente peut être annulée sur le fondement de l'article L. 761-2 du Code de la consommation.

II. Pouvoirs des parties

1° Recevabilité de la demande

1600 La saisine de la commission par le débiteur n'entraîne, en principe, aucune restriction de ses pouvoirs. Cette restriction n'apparaît que lorsque la commission a décidé de la recevabilité du dossier. Toutefois, il peut en aller différemment si lors du dépôt du dossier, le débiteur a demandé à la commission de saisir le juge afin d'obtenir l'arrêté des voies d'exécution *(C. consom., art. L. 721-4)*. En effet, en ce cas, l'article L. 721-6 du Code de la consommation précise que notamment l'article L. 722-5 du même code est applicable.
Ainsi, dès la décision de recevabilité de la demande ou dès le dépôt du dossier si le débiteur a demandé à la commission de saisir le juge afin d'obtenir l'arrêt des voies d'exécution, le débiteur se voit interdire de faire

tout acte qui aggraverait son insolvabilité et notamment de faire un acte de disposition étranger à la gestion normale du patrimoine. Or, il est bien certain que la vente d'un immeuble ne peut être considérée comme un acte de disposition relevant de la gestion normale du patrimoine.
Le débiteur peut toutefois saisir le juge du tribunal d'instance afin qu'il l'autorise à passer la vente ou la cession *(C. consom., art. L. 722-5)*.

Conseil pratique Lorsque le vendeur fait l'objet d'une procédure de surendettement et que la commission a retenu la recevabilité du dossier ou a été saisie d'une demande d'arrêt des voies d'exécution, la vente de l'immeuble ne pourra intervenir qu'après obtention d'une autorisation du juge du tribunal d'instance, ce à peine de nullité de l'acte *(C. consom., art. L. 761-1)*.

2° Adoption d'un plan conventionnel

1601 Lorsqu'un plan conventionnel a été adopté, il peut être prévu l'abstention par le débiteur d'actes qui aggraveraient son insolvabilité *(C. consom., art. L. 732-2)*. Ainsi, la vente ne pourra intervenir sans avoir préalablement consulté le plan conventionnel. S'il apparaît que le débiteur n'est pas autorisé à vendre l'immeuble, il faudra alors obtenir l'accord des créanciers signataires du plan. Sans cet accord, le débiteur perdra le bénéfice du plan *(C. consom., art. L. 761-1)*.
Le plan peut également prévoir l'obligation pour le débiteur de vendre l'immeuble. En ce cas, l'accord de la commission n'est pas nécessaire, dès lors du moins que la vente intervient bien dans les conditions prévues par le plan *(S. Ledan-Cabarroque, La vente de la résidence principale appartenant à un propriétaire surendetté : Rev. proc. coll. 2016, dossier 6. - R. Detter, La vente d'immeuble par un propriétaire surendetté : Cah. Cridon Lyon n° 64-2012, p. 14)*.

Attention La vente ou la cession intervenue sans l'accord des créanciers signataires du plan et non prévue par le plan peut être annulée par le juge du tribunal d'instance, à la demande de la commission, demande pouvant être présentée pendant un délai d'un an à compter de l'acte.

3° Adoption de mesures imposées ou recommandées par la commission

1602 Dès lors que les mesures ne prévoient pas la vente de l'immeuble, le débiteur doit obtenir l'accord de la commission pour pouvoir consentir à la vente. Faute d'accord, les risques sont les suivants :
- la déchéance du bénéfice des mesures imposées ou recommandées *(C. consom., art. L. 761-1)* ;
- la nullité de la vente par le juge du tribunal d'instance, à la demande de la commission, demande pouvant être présentée pendant un délai d'un an à compter de l'acte *(C. consom., art. L. 761-2)*.

4° Rétablissement personnel sans liquidation judiciaire

1603 Le débiteur doit obtenir l'accord du juge pour pouvoir consentir à la vente d'un immeuble. Faute d'accord, les risques sont identiques à ceux décrits ci-dessus.

**Conseil pratique Quel que soit le traitement du surendettement retenu, la vente de l'immeuble ne peut intervenir sans accord préalable *(C. consom., art. L. 761-1)*. Cet accord préalable doit être demandé par le vendeur surendetté.
À cette fin, le notaire chargé de recevoir la promesse ou la vente peut aider le vendeur à effectuer correctement sa demande. Ainsi, cette dernière précisera que :**
- **la demande est formulée en vue de satisfaire aux exigences de l'article L. 761-1 du Code de la consommation ;**
- **les nom, prénom et adresse du demandeur ;**
- **les renseignements sur le traitement de surendettement ;**
- **la désignation de l'immeuble concerné ;**
- **la nature de l'immeuble ;**
- **le prix de vente.**

Il lui conseillera de joindre à celle-ci :
- **son titre de propriété ;**
- **une promesse unilatérale d'achat, si une telle promesse a été signée ;**
- **une expertise quant à la valeur de l'immeuble.**

5° Rétablissement personnel avec liquidation judiciaire

1604 Ouverture de la procédure – À compter du jugement prononçant l'ouverture de la procédure, le débiteur ne peut aliéner ses biens sans l'accord du mandataire ou, à défaut de mandataire désigné, du juge *(C. consom., art. L. 742-9)*.

1605 Liquidation – Le jugement qui prononce la liquidation emporte de plein droit dessaisissement du débiteur de la disposition de ses biens. Ses droits et actions sur son patrimoine personnel sont exercés pendant toute la durée de la liquidation par le liquidateur *(C. consom., art. L. 742-15)*.
Le liquidateur dispose d'un délai de 12 mois pour vendre les biens du débiteur à l'amiable ou, à défaut, organiser une vente forcée dans les conditions relatives aux procédures civiles d'exécution *(C. consom., art. L. 742-16)*.

III. Contrat préparatoire et le surendettement

1606 Vente et condition suspensive – Il n'apparaît pas possible de conclure la vente sous condition suspensive de l'obtention d'une autorisation judiciaire ou d'un accord *(V. n° **363** et s.)*.

Clause – Exemple de clause dans une promesse synallagmatique de vente ne valant pas vente ou promesse autonome

Autorisation

La vente ne pourra être conclue qu'après obtention d'une autorisation ou d'un accord avant le... (***date à préciser***) de conclure la vente aux conditions prévues dans la présente promesse.
Le défaut d'obtention de cette autorisation ou d'un accord avant le... (***date identique à celle indiquée ci-dessus***) entraînera la caducité de la présente promesse.

1607 Promesse unilatérale d'achat – Plutôt que d'avoir recours à une promesse autonome de vente, il peut être recouru à une promesse unilatérale d'achat, le débiteur n'étant pas alors obligé de vendre puisque disposant d'une option *(V. n° **566** et s.)*. Ici aussi, il y aura de vérifier les pouvoirs du débiteur avant de procéder à la conclusion d'une telle promesse.

Pour aller plus loin

- M. Cazajus, La recherche d'information et le BODACC : Defrénois 2018, n° 45, p. 17
- M. Cazajus, La vente par le particulier surendetté : une nécessaire autorisation : LPA 21 avr. 2017, n° 80, p. 6
- S. Blin et C. Sardot, Le notaire et la réalisation des actifs en liquidation judiciaire. – La vente des immeubles : JCP N 2014, n° 19, 1189
- J.-L. Puygauthier, Le dessaisissement du débiteur et ses conséquences pour le notaire : JCP N 2017, n°49, 1334
- F. Regairaz, La cession de droits immobiliers indivis en liquidation judiciaire : JCP N 2018, n° 1, 1004
- P.-M. Reverdy, Le notaire face au surendettement d'un client : Defrénois 2017, n° 21, p. 15
- F. Vauvillé, Le notaire face à la procédure collective du professionnel le réflexe « bodacc.fr » : Defrénois 15 juin 2011, n°40021 p. 1027

Immeuble vendu

David Gantschnig
Maître de conférences, Université de Poitiers

Matthieu Poumarède
Professeur, Université Toulouse Capitole, directeur de l'IEJUC

Moussa Thioye
Professeur, Université Toulouse Capitole, membre de l'IEJUC

Vivien Zalewski-Sicard
Maître de conférences, Université Toulouse Capitole, membre de l'IEJUC

Usage

Introduction

1608 Avant la vente, l'usage de l'immeuble doit être vérifié. En effet, l'usage actuel peut ne pas être conforme à l'usage autorisé. En outre, il faut tenir compte des projets de l'acquéreur qui peut envisager de changer l'usage de l'immeuble vendu.

1609 Distinctions – L'usage et la destination ne doivent pas être confondus. En effet, les articles L. 631-7 à L. 631-9 du Code de la construction et de l'habitation (CCH) concernent le changement d'usage tandis que les dispositions du Code de l'urbanisme visent la destination *(V. n° **1971** et s.)*. Des liens existent toutefois entre les deux.
Ainsi, si des travaux interviennent, entraînant un changement d'usage de locaux destinés à l'habitation, soumis à autorisation préalable en application de l'article L. 631-7 du CCH, ces travaux ne peuvent être exécutés qu'après l'obtention de l'autorisation dudit article *(C. urb., art. L. 425-9)*. La demande de permis de construire ou la déclaration préalable vaut demande de changement d'usage *(CCH, art. L. 631-8)*.

1610 Objectif – Afin de protéger les logements, les articles L. 631-7 à L. 631-9 du CCH imposent dans certaines zones qu'une autorisation soit obtenue avant qu'un changement d'usage de locaux d'habitation puisse intervenir. Des précisions ont été apportées par la circulaire UHC/DH2 n° 2006-19 du 22 mars 2006.

Attention **Un changement d'usage régulier en application des articles L. 631-7 à L. 631-9 du CCH peut ne pas l'être au regard de différentes autres dispositions et/ou stipulations pouvant limiter un changement d'usage, qu'il s'agisse d'un cahier des charges, d'un règlement de copropriété, d'un bail, etc.**

Attention **La Cour de Justice de l'Union Européenne a été saisie par la Cour de cassation de six questions relatives à la conformité de l'article L. 631-7 du CCH à la directive 2006/123/CE du Parlement européen et du Conseil du 12 décembre 2006 relative aux services dans le marché intérieur (*Cass. 3e civ., 15 nov. 2018, n° 17-26.156, P+B : JurisData n° 2018-020882. – Cass. 3e civ., 15 nov. 2018, n° 17-26.158*).**

Sur l'affectation des lots de copropriété : *V. n° **1642***.
Sur l'affectation d'un lot de lotissement : *V. n° **2374** et s.*

I. Champ d'application

1611 Le champ d'application dépend de trois critères : un critère géographique, un critère d'usage et un critère lié à la qualité du propriétaire.

A. – LOCALISATION

1612 Critères – Sont visées les communes de plus de 200 000 habitants et celles des départements des Hauts-de-Seine, de la Seine-Saint-Denis et du Val-de-Marne *(CCH, art. L. 631-7)*. Les chiffres de la population municipale et de la population totale des communes, des cantons et des arrondissements sont arrêtés aux valeurs figurant dans les tableaux consultables sur le site Internet de l'Institut national de la statistique et des études économiques *(D. n° 2013-1289, 27 déc. 2013, art. 2)*.

1613 Extension – Dans les communes autres que celles mentionnées au premier alinea de l'article L. 631-7 du CCH, une décision de l'autorité administrative sur proposition du maire ou, pour les communes appartenant à une zone d'urbanisation continue de plus de 50 000 habitants définie à l'article 232 du CGI, par une délibération de l'organe délibérant de l'établissement public de coopération intercommunale compétent en matière de plan local d'urbanisme ou, à défaut, du conseil municipal, peut décider de rendre applicable sur tout ou partie d'une commune le contrôle du changement d'usage des locaux d'habitation *(CCH, art. L. 631-9)*. Ladite décision est prise par le préfet *(CCH, art. R. 631-5)* pour les communes autres que celles remplissant les critères d'application de l'article 232 du CGI.

Conseil pratique **Afin de déterminer si l'immeuble vendu est soumis à un contrôle de changement d'usage, une vérification doit être effectuée auprès de la préfecture du département où se situe la commune du lieu de situation de l'immeuble.**

B. – USAGE

1° Définition

1614 Usage d'habitation – Sont visés par l'article L. 631-7 du CCH les locaux à usage d'habitation. Ils correspondent :
- à toutes catégories de logements et leurs annexes ;
- les logements-foyers au sens de l'article L. 633-1 du CCH ;
- les logements de gardien ;
- les chambres de service ;
- les logements de fonction ;
- les logements inclus dans un bail commercial ;
- les locaux meublés donnés en location dans les conditions de l'article L. 632-1 du CCH ; la circulaire UHC/DH2 n° 2006-19 du 22 mars 2006 précise à leur égard que ne rentrent pas dans la catégorie des logements meublés et à ce titre ne constituent pas des locaux destinés à l'habitation au sens de l'article L. 631-7 les résidences de tourisme. Précisons que les résidences de tourisme, définies à l'article L. 321-1 du Code de tourisme, ne doivent pas être confondues avec les meublés de tourisme qui sont eux définis à l'article L. 324-1 du même code ;
- les locaux meublés donnés en location dans le cadre d'un bail mobilité.

Attention **Pour apprécier si l'immeuble vendu correspond à l'annexe d'un logement, doivent être prises en compte les précisions apportées par la circulaire UHC/DH2 n° 2006-19 du 22 mars 2006 :** ***Constituent des annexes tous les locaux attachés à un logement situés dans le même immeuble que celui-ci et inclus dans le bail d'habitation tels que caves, celliers, greniers, garages, parkings privatifs. Il en est également ainsi dans un immeuble ou dans un groupe d'immeubles collectifs d'habitation des locaux communs tels que les locaux à vélos, locaux techniques qui sans être spécifiés dans le bail n'en demeurent pas moins attachés à l'usage d'habitation de l'immeuble. A l'inverse ne sont pas considérés comme des annexes les locaux tels que les garages lorsqu'ils font l'objet de contrats de location distincts et qu'ils sont situés dans un immeuble à destination autre qu'habitation.***

1615 Preuve – Pour établir l'usage d'un immeuble vendu, il y a lieu de prendre en considération trois précisions apportées par l'article L. 631-7 du CCH :
- un local est réputé à usage d'habitation s'il était affecté à cet usage au 1er janvier 1970 ; cette affectation peut être établie par tout mode de preuve ;
- les locaux construits ou faisant l'objet de travaux ayant pour conséquence d'en changer la destination postérieurement au 1er janvier 1970 sont réputés avoir l'usage pour lequel la construction ou les travaux sont autorisés ; cette précision ne jouerait toutefois que pour les autorisations d'urbanisme intervenues avant l'entrée en vigueur de l'ordonnance du 8 juin 2005 *(Ord. n° 2005-655, 8 juin 2005 : JO 9 juin 2005)* ; pour les autorisations postérieures relatives à un local d'habitation, il y aurait lieu de rechercher s'il y a eu autorisation de changement d'usage (en ce sens : *P. Wallut et G. Daudré, Changements d'usage des locaux d'habitation : Les réformes de l'article L. 631-7 du Code de la construction et de l'habitation : LexisNexis, 2e éd., 2016, n° 308, p. 93)* ;
- lorsqu'une autorisation administrative subordonnée à une compensation a été accordée après le 1er janvier 1970 pour changer l'usage d'un local construit avant le 1er janvier 1970 ou ayant fait l'objet de travaux après le 1er janvier 1970, le local autorisé à changer d'usage et le local ayant servi de compensation sont réputés avoir l'usage résultant de l'autorisation.

Conseil pratique **Pour déterminer si un immeuble a fait l'objet d'un changement d'usage dans le cadre d'une compensation, il faut :**
- **interroger la mairie ou la préfecture pour la période comprise entre le 1er janvier 1970 et le 10 juin 2005 ;**
- **demander un état hypothécaire pour la période à compter du 10 juin 2005. L'usage que fait le vendeur de l'immeuble ne peut être pris en considération. En effet, le troisième alinéa de l'article L. 631-7-1 du CCH précise que *l'usage des locaux définis à l'article L. 631-7 du CCH n'est en aucun cas affecté par la prescription trentenaire prévue par l'article 2227 du code civil.* Il importe d'ailleurs peu de savoir si des sanctions peuvent encore être prises à l'encontre du vendeur. L'usage irrégulier le demeure tant qu'il n'y a pas eu de régularisation. L'attention de l'acquéreur doit être spécialement attirée sur cette irrégularité et la nécessité de procéder à une régularisation.**

1616 Autre usage – Lorsque l'immeuble a un autre usage que l'habitation ou mixte, le changement d'usage peut intervenir sans l'autorisation de l'article L. 631-7 du CCH.

Exemple Un local commercial peut être affecté à un usage d'habitation sans qu'il soit nécessaire d'obtenir une autorisation au titre dudit article.

2° Changement d'usage

1617 Changer l'usage d'habitation d'un immeuble ne correspond pas uniquement au passage d'un usage d'habitation à un autre usage. Il y a lieu également de tenir compte de la volonté du législateur de contrôler les locations meublées de courte durée. Doivent en outre être pris en considération les changements d'usage conduisant d'un immeuble à usage exclusif d'habitation à un usage mixte.

a) Locations meublées de courte durée

1618 Principe – Aussi le principe est posé suivant lequel le fait de louer un local meublé destiné à l'habitation de manière répétée pour de courtes durées à une clientèle de passage qui n'y élit pas domicile constitue un changement d'usage *(CCH, art. L. 631-7, al. 6. – Cass. 3e civ., 12 juill. 2018, n° 17-20.654, FS+P+B+I : JurisData n° 2018-012444 ; JCP N 2018, n° 29, act. 651 ; Loyers et copr. 2018, comm. 197, B. Vial-Pedroletti).*

1619 Exceptions – Dans trois hypothèses, l'autorisation de changement d'usage prévue à l'article L. 631-7 du CCH n'est pas nécessaire. Il en va ainsi :
- lorsque le local à usage d'habitation constitue la résidence principale du loueur, au sens de l'article 2 de la loi n° 89-462 du 6 juillet 1989 ; aucune autorisation n'est nécessaire pour le louer pour de courtes durées à une clientèle de passage qui n'y élit pas domicile ;
- lorsque le propriétaire, personne physique, a obtenu une autorisation temporaire de changement d'usage, en application de l'article L. 631-7-1 A du CCH lui permettant de louer pour de courtes durées des locaux destinés à l'habitation à une clientèle de passage qui n'y élit pas domicile ;
- lorsque le propriétaire a effectué une déclaration préalable en application de l'article L. 631-7-1 B du CCH ; en effet, le conseil municipal ou l'organe délibérant d'un établissement public de coopération intercommunale (EPCI) peut définir un régime de déclaration préalable permettant d'affecter temporairement à l'habitation des locaux destinés à un usage autre que l'habitation, pour une durée n'excédant pas 15 ans : jusqu'à l'expiration du délai fixé dans la délibération, les locaux peuvent, par dérogation à l'article L. 631-7 du CCH, retrouver leur usage antérieur *(CCH, art. L. 631-7-1 B).*

b) Usage mixte

1620 Principe – Le maire peut autoriser, dans une partie d'un local d'habitation utilisé par le demandeur comme sa résidence principale, l'exercice d'une activité professionnelle, y compris commerciale, pourvu qu'elle n'engendre ni nuisance, ni danger pour le voisinage et qu'elle ne conduise à aucun désordre pour le bâti *(CCH, art. L. 631-7-2).*

1621 Exceptions – L'autorisation prévue par l'article L. 631-7-2 du CCH n'est pas nécessaire lorsque :
- l'activité, professionnelle ou commerciale, n'est exercée que par le ou les occupants ayant leur résidence principale dans ce local et ne conduit à y recevoir ni clientèle ni marchandises. Cette dispense d'autorisation peut bénéficier aux représentants légaux des personnes morales *(CCH, art. L. 631-7-3)* ;
- l'activité professionnelle, y compris commerciale, est exercée dans une partie d'un local d'habitation situé au rez-de-chaussée et qu'elle n'est exercée que par le ou les occupants ayant leur résidence principale dans ce local, qu'elle n'engendre ni nuisance, ni danger pour le voisinage et qu'elle ne conduit à aucun désordre pour le bâti *(CCH, art. L. 631-7-4).*

Attention Le passage d'un usage mixte à un usage exclusif autre que d'habitation doit faire l'objet d'une autorisation de changement d'usage *(Cass. 3e civ., 22 juin 2017, n° 16-17.946 : JurisData n° 2017-012230 ; JCP N 2017, n° 26, act. 673 ; Loyers et copr. 2017, comm. 191, B. Vial-Petroletti).*

C. – PROPRIÉTAIRE

1622 Principe – L'article L. 631-7 du CCH s'applique à tous les propriétaires, personnes privées ou publiques.

1623 Exception – Les organismes d'habitations à loyer modéré (HLM) peuvent vendre leurs logements pour un usage autre que l'habitation, dans les conditions définies à l'article L. 443-11 du CCH *(V. n° **4104** et s.)*. Dans ce cas, les dispositions prévues aux articles L. 631-7, L. 631-7-4 et L. 631-7-5 du CCH ne s'appliquent pas.
En dehors de ce cas, s'appliquent :
- l'article L. 631-7 du CCH ;
- l'article L. 631-7-2 du CCH aux logements appartenant aux organismes HLM, sauf pour l'exercice d'une activité commerciale ;
- l'article L. 631-7-3 du CCH aux logements appartenant à ces mêmes organismes ;
- enfin, par dérogation à l'article L. 631-7-4 du CCH, l'exercice d'une activité professionnelle, y compris commerciale, dans une partie d'un local d'habitation appartenant à un organisme HLM et situé au rez-de-chaussée est soumis à une autorisation délivrée dans les conditions fixées à l'article L. 631-7-2 du CCH. Ladite autorisation est précédée d'un avis du propriétaire du local. Passé un délai d'un mois, cet avis est réputé favorable *(CCH, art. L. 631-7-5).*

II. Autorisation

1624 Demandeur – Le demandeur doit être celui qui est titulaire des droits sur le logement dont le changement d'usage est sollicité. Si la demande est faite sans compensation, l'autorisation étant accordée à titre personnel, elle doit être faite par l'occupant de l'immeuble.

Attention Lorsque la propriété de l'immeuble concerné par le changement d'usage est démembrée, la demande doit être faite par celui qui dispose du droit d'occuper l'immeuble : l'usufruitier, le titulaire du droit d'usage et d'habitation... Lorsqu'elle intervient avec compensation, le titulaire du droit sur la tête duquel doit se reconstituer la pleine propriété doit donner son autorisation avant que la demande ne soit effectuée.

1625 Dossier – Il n'existe pas de disposition législative ou réglementaire portant sur le contenu même de la demande. Il y a dès lors lieu de fournir un dossier conforme aux demandes des mairies où le changement d'usage fait l'objet d'un contrôle. En effet, suivant le 4e alinéa de l'article L. 631-7-1 du CCH, pour l'application de l'article L. 631-7 du CCH, une délibération du conseil municipal fixe les conditions dans lesquelles sont délivrées les autorisations et déterminées les compensations par quartier et, le cas échéant, par arrondissement, au regard des objectifs de mixité sociale, en fonction notamment des caractéristiques des marchés de locaux d'habitation et de la nécessité de ne pas aggraver la pénurie de logements. Si la commune est membre d'un établissement public de coopération intercommunale compétent en matière de plan local d'urbanisme, la délibération est prise par l'organe délibérant de cet établissement.

1626 Instruction – L'Administration dispose d'un délai de 2 mois pour se prononcer en application de l'article L. 231-1 du Code des relations entre le public et d'administration (CRPA).

1627 Délivrance – Passer un délai de 2 mois courant à compter de la date de la réception d'un dossier complet, l'Administration est réputée accorder son autorisation. Dans une telle hypothèse d'autorisation implicite, l'Administration doit délivrer une attestation à la demande du pétitionnaire *(CRPA, art. L. 232-3)*.
L'autorisation de changement d'usage devient exécutoire une fois qu'elle a été notifiée à son bénéficiaire *(CGCT, art. L. 2131-3)*.

1628 Publicité – Il n'y a pas de mesure de publicité particulière prévue par le Code de la construction et de l'habitation sauf lorsque le changement d'usage est subordonné à une compensation. En une telle hypothèse, l'article L. 631-7-1 du CCH prévoit que l'autorisation est publiée au fichier immobilier ou inscrite au livre foncier.

1629 Caractère définitif – Il faut tenir compte de quatre possibilités, lors de la rédaction de la condition suspensive liée à l'obtention par l'acquéreur d'une autorisation définitive de changement d'usage :
- le préfet peut déférer l'autorisation au tribunal administratif dans un délai de 2 mois à compter de sa communication, si la demande de communication est intervenue dans les 2 mois suivant la notification de la décision au pétitionnaire ;
- l'autorisation peut être retirée, si elle est illégale, dans un délai de 4 mois suivant la prise de décision *(CRPA, art. L. 242-1)* ;
- une autorisation obtenue par fraude peut être retirée à tout moment *(CRPA, art. L. 241-2)* ;
- une autorisation peut faire l'objet d'un recours pendant un délai de 2 mois en application de l'article R. 421-1 du Code de la justice administrative ; ne faisant pas l'objet d'une publicité administrative, il peut être recommandé de notifier l'autorisation de changement d'usage aux voisins de l'immeuble vendu ; en effet, une fois l'autorisation portée à leur connaissance, le délai de 2 mois pour exercer un recours contre l'autorisation commence à courir.

1630 Effets – L'autorisation de changement d'usage est accordée à titre personnel. Elle cesse de produire effet lorsqu'il est mis fin, à titre définitif, pour quelque raison que ce soit, à l'exercice professionnel du bénéficiaire. Toutefois, lorsque l'autorisation est subordonnée à une compensation, le titre est attaché au local et non à la personne *(CCH, art. L. 631-7-1, al. 2)*.

Attention Pour les autorisations antérieures au 10 juin 2005, seules ont un caractère réel les autorisations répondant aux conditions suivantes :
- le changement d'usage a été soumis à compensation *(Ord. n° 2005-655, 8 juin 2005, art. 29, II)* ;
- la compensation était effective *(Ord. n° 2005-655, 8 juin 2005, art. 29, II)* ;
- l'autorisation était en cours de validité au 10 juin 2005 *(CE, 7 mars 2008, n° 293343 : JurisData n° 2008-073226 ; Defrénois 2008, art. 38861-3, note J.-Ph. Meng. – Cass. 3e civ., 9 mai 2012, n° 11-16.139 : JurisData n° 2012-009542 ; Bull. civ. III, n° 73 ; Loyers et copr. 2012, comm. 195, B. Vial-Pedroletti)*.

III. Sanctions

1631 Nullité – Sont nuls de plein droit tous accords ou conventions conclus en violation de l'article L. 631-7 du CCH. S'agissant de maintenir le nombre de logements et non de sauvegarder uniquement un intérêt privé, il s'agit d'une nullité absolue *(C. civ., art. 1179)*. Il en résulte suivant l'article 1180 du Code civil que la nullité peut être demandée par toute personne justifiant d'un intérêt, ainsi que par le ministère public et qu'elle ne peut être couverte par la confirmation du contrat.

1632 Amende civile – Toute personne qui enfreint les dispositions de l'article L. 631-7 du CCH ou qui ne se conforme pas aux conditions ou obligations imposées en application dudit article est condamnée à une amende civile dont le montant ne peut excéder 50 000 € par local irrégulièrement transformé.
Cette amende est prononcée par le président du tribunal de grande instance, statuant en la forme des référés, sur requête de la commune dans laquelle est situé le local irrégulièrement transformé ou de l'Agence nationale de l'habitat et sur conclusions du procureur de la République, partie jointe avisée de la procédure.
Le produit de l'amende est intégralement versé à la commune dans laquelle est situé ce local.
Le tribunal de grande instance compétent est celui dans le ressort duquel est situé le local *(CCH, art. L. 651-2)*.

1633 Remise en état – Sur requête de la commune dans laquelle est situé le local irrégulièrement transformé ou de l'Agence nationale de l'habitat, le président du tribunal ordonne le retour à l'usage d'habitation du local transformé sans autorisation, dans un délai qu'il fixe. À l'expiration de celui-ci, il prononce une astreinte d'un montant maximal de 1 000 € par jour et par mètre carré utile du local irrégulièrement transformé. Le produit en est intégralement versé à la commune dans laquelle est situé le local irrégulièrement transformé.
Passé ce délai, l'Administration peut procéder d'office, aux frais du contrevenant, à l'expulsion des occupants et à l'exécution des travaux nécessaires *(CCH, art. L. 651-2)*.

1634 Sanction pénale – Le propriétaire qui a fait de fausses déclarations, qui a, à l'aide de manœuvres frauduleuses, dissimulé ou tenté de dissimuler les locaux soumis à autorisation, est passible d'un emprisonnement d'un an et d'une amende de 80 000 € ou de l'une de ces deux peines seulement. Le tribunal correctionnel prononce, en outre, la résiliation du bail et l'expulsion des locataires irrégulièrement installés *(CCH, art. L. 651-3)*.

Pour aller plus loin

Formules
- JCl. Notarial Formulaire, V° Bail, fasc. 49 (Bail professionnel), par J. Lafond
- JCl. Notarial Formulaire, V° Bail commercial, fasc. 131 (Bail initial, par J. Lafond)

Fiche pratique
- Fiche pratique n° 1721 : Rédiger une vente d'immeuble, par M. Suquet-Cozic

Commentaires
- JCl. Notarial Formulaire, Synthèse 170 ou JCl. Bail à loyer, Synthèse 40 : Baux régis par des dispositions particulières, par B. Vial-Pedroletti
- JCl. Notarial Formulaire, Synthèse 1440, Vente d'immeuble, préparation de l'acte, par V. Zalewski-Sicard
- JCl. Notarial Formulaire, V° Bail commercial, fasc. 281 (Cession du bail.– Vérifications prealables.– Fiche pratique), par J. Lafond
- JCl. Notarial Formulaire, V° Construction et urbanisme, fasc. 900, par D. Blaise
- JCl. Notarial Formulaire, V° Habitations à loyer modéré, fasc. 100, par J. Hugot et E. Guillet
- JCl. Bail à Loyer, fasc. 610 ou JCl. Civil Code, Art. 1708 à 1762, fasc. 610 ou JCl. Notarial Répertoire, V° Bail à Loyer, fasc. 610, par J. Lafond

Revues
- M. Assouline, L'affectation des locaux. Une réforme en trompe l'œil. À propos de l'ordonnance du 8 juin 2005 : JCP G 2005, act. 458
- Ph. Billet, La réforme du contrôle du changement d'usage des locaux d'habitation : JCP A 2005, act. 393
- D. Blaise, L'autorisation personnelle de changement d'usage de locaux d'habitation en rez-de-chaussée à Paris : Dr. adm. 2014, comm. 17
- D. Blaise, Le régime de l'autorisation préalable de changement d'usage des locaux d'habitation : le cas parisien : Dr. adm. 2012, étude 15
- D. Dutrieux, Ordonnance du 8 juin 2005 relative au logement et à la construction : la réforme attendue des changements d'affectation : JCP N 2005, n° 25, act. 318
- S. Pérignon, Le nouveau régime du changement d'usage des locaux d'habitation : AJDA 2005, p. 2112
- H. Périnet-Marquet, Les meublés touristiques dans les immeubles en copropriété, évolutions jurisprudentielles récentes : JCP N 2017, n° 26, 1216
- G. Vidalenc, Du changement d'affectation au changement d'usage : Defrénois 2005, art. 38215
- P. Wallut, De l'affectation à l'usage : la réforme attendue de l'article L. 631-7 du CCH : JCP N 2005, n° 43, 1431, p. 1745

Ouvrages
- P. Wallut et G. Daudré, Changements d'usage des locaux d'habitation : Les réformes de l'article L. 631-7 du Code de la construction et de l'habitation : LexisNexis, 2e éd., 2016, coll. droit et professionnels

Terrain en secteur diffus

1635 **Renvoi** – Se reporter à l'étude spécifique *(V. n° **2492** et s.).*

Terrain en lotissement

1636 **Renvoi** – Se reporter aux études spécifiques (*V. n° **467** et s. et n° **2327** et s.*).

Pour aller plus loin

• Fiche pratique n° 1809 : Rédiger une vente de terrain à bâtir dans un lotissement, par D. Boulanger

Lot de copropriété

I. Généralités

A. – NOTION DE COPROPRIÉTÉ DES IMMEUBLES BÂTIS ET DOMAINE DU STATUT ISSU DE LA LOI DE 1965

1° Copropriété par nature et applicabilité de plein droit du statut de la copropriété des immeubles bâtis

1637 **Immeubles concernés** – Dans sa rédaction issue de la loi n° 2018-1021 du 23 novembre 2018 portant évolution du logement, de l'aménagement et du numérique, la loi n° 65-557 du 10 juillet 1965 dispose, dans son article 1er, alinéas 1er et 2, qu'elle régit *tout immeuble bâti ou groupe d'immeubles bâtis dont la propriété est répartie, entre plusieurs personnes, par lots », sachant que « le lot de copropriété comporte obligatoirement une partie privative et une quote-part de parties communes, lesquelles sont indissociables* (*ce lot peut être un lot transitoire (...) alors formé d'une partie privative constituée d'un droit de construire précisément défini quant aux constructions qu'il permet de réaliser sur une surface déterminée du sol, et d'une quote-part de parties communes correspondante,* la création et la consistance du lot transitoire étant stipulées dans le règlement de copropriété). Il s'ensuit que la notion et le régime de la copropriété issus de loi n° 65-557 du 10 juillet 1965 ne sont pas applicables à un immeuble non bâti quand bien même un tel bien, comme un emplacement de stationnement, pourrait constituer un lot d'une copropriété. Il s'ensuit, en outre, que la réunion de tous les lots entre les mains d'un même propriétaire entraîne de plein droit la disparition de la copropriété et la dissolution du syndicat qui ne survit que pour les besoins de sa liquidation. Cela dit, aux termes du nouvel article 1-1 de la loi du 10 juillet 1965, inséré par la loi n° 2018-1021 du 23 novembre 2018, *en cas de mise en copropriété d'un immeuble bâti existant, l'ensemble du statut s'applique à compter du premier transfert de propriété d'un lot. Pour les immeubles à construire, le fonctionnement de la copropriété découlant de la personnalité morale du syndicat de copropriétaires prend effet lors de la livraison du premier lot. L'immatriculation du syndicat de copropriétaires est sans conséquence sur l'application du statut.*

1638 **Notion de parties privatives** – Les parties privatives sont les parties des bâtiments et des terrains réservées à l'usage exclusif d'un copropriétaire déterminé et qui sont la propriété exclusive de chaque copropriétaire *(L. n° 65-557, 10 juill. 1965, art. 2).*

1639 **Notion de parties communes** – Les parties communes sont les parties des bâtiments et des terrains affectées à l'usage ou à l'utilité de tous les copropriétaires ou de plusieurs d'entre eux et qui sont l'objet d'une propriété indivise entre l'ensemble des copropriétaires ou certains d'entre eux seulement *(L. n° 65-557, 10 juill. 1965, art. 3, al. 1er, et art. 4).* L'article 3 de la loi n° 65-557 du 10 juillet 1965, dans sa rédaction issue de la loi n° 2018-1021 du 23 novembre 2018, précise que, dans le silence ou la contradiction des titres, sont réputées parties communes :
- le sol, les cours, les parcs et jardins, les voies d'accès ;
- le gros œuvre des bâtiments, les éléments d'équipement commun, y compris les parties de canalisations y afférentes qui traversent des locaux privatifs ;
- les coffres, gaines et têtes de cheminées ;
- les locaux des services communs ;
- les passages et corridors ;
- tout élément incorporé dans les parties communes.

Le même texte ajoute que sont réputés droits accessoires aux parties communes dans le silence ou la contradiction des titres :
- le droit de surélever un bâtiment affecté à l'usage commun ou comportant plusieurs locaux qui constituent des parties privatives différentes, ou d'en affouiller le sol ;
- le droit d'édifier des bâtiments nouveaux dans des cours, parcs ou jardins constituant des parties communes ;
- le droit d'affouiller de tels cours, parcs ou jardins ;
- le droit de mitoyenneté afférent aux parties communes ;
- le droit d'affichage sur les parties communes ;
- le droit de construire afférent aux parties communes.

La loi n° 2018-1021 du 23 novembre 2018 a inséré dans la loi du 10 juillet 1965 un article 6-2 relatif aux *« parties communes spéciales »* définies comme celles celles affectées à l'usage et à l'utilité de plusieurs copropriétaires. Elles sont la propriété indivise de ces derniers. La création de parties communes spéciales est indissociable de l'établissement de charges spéciales à chacune d'entre elles. Les décisions afférentes aux seules parties communes spéciales peuvent être prises soit au cours d'une assemblée spéciale, soit au cours de l'assemblée générale de tous les copropriétaires. Seuls prennent part au vote les copropriétaires à l'usage et à l'utilité desquels sont affectées ces parties communes.
La loi n° 2018-1021 du 23 novembre 2018 a aussi inséré dans la loi du 10 juillet 1965 un article 6-3 relatif aux *« parties communes à jouissance privative »* définies comme les parties communes affectées à l'usage et à l'utilité exclusifs d'un lot. Elles appartiennent indivisément à tous les copropriétaires. Le droit de jouissance privative est nécessairement accessoire au lot de copropriété auquel il est attaché. Il ne peut en aucun cas constituer la partie privative d'un lot.

2° Copropriété par défaut et applicabilité subsidiaire du statut de la copropriété des immeubles bâtis

1640 Immeubles concernés – La loi n° 65-557 du 10 juillet 1965 dispose, dans son article 1er, alinéa 2, que, *à défaut de convention contraire créant une organisation différente* (convention d'indivision, association syndicale ou foncière, contrat de société ...), elle est applicable aux *ensembles immobiliers qui, outre des terrains, des aménagements et des services communs, comportent des parcelles, bâties ou non, faisant l'objet de droits de propriété privatifs (Cass. 3e civ., 19 sept. 2012, n° 11-13.679 : JurisData n° 2012-020889 ; JCP N 2012, n° 41, act. 891 ; Bull. civ. III, n° 126 ; BPIM 6/12, inf. 465).*

B. – DROITS ET DEVOIRS DES COPROPRIÉTAIRES

1641 Droits – Chaque copropriétaire dispose des parties privatives comprises dans son lot et il use et jouit librement des parties privatives et des parties communes *(L. n° 65-557, 10 juill. 1965, art 9, al. 1er).*

1642 Devoirs – Si chaque copropriétaire a le droit d'user et de jouir librement des parties privatives et des parties communes, c'est à la condition de ne porter atteinte ni aux droits des autres copropriétaires, ni à la destination de l'immeuble *(L. n° 65-557, 10 juill. 1965, art. 9, al. 1er).*
En outre, si les circonstances l'exigent et à condition que l'affectation, la consistance ou la jouissance des parties privatives comprises dans son lot n'en soient pas altérées de manière durable, aucun des copropriétaires ou de leurs ayants droit ne peut faire obstacle à l'exécution, même à l'intérieur de ses parties privatives, de certains travaux régulièrement et expressément décidés par l'assemblée générale, énumérés par l'article 24 *(L. n° 65-557, 10 juill. 1965, art. 24, II, a et b)*, l'article 25 *(L. n° 65-557, 10 juill. 1965, art. 25, f, g et o)* et l'article 30 de la loi du 10 juillet 1965 *(L. n° 65-557, 10 juill. 1965, art. 9, al. 2).*

1643 Assurance – Par ailleurs, chaque copropriétaire est tenu de s'assurer contre les risques de responsabilité civile dont il doit répondre en sa qualité soit de copropriétaire occupant, soit de copropriétaire non-occupant *(L. n° 65-557, 10 juill. 1965, art. 9-1).*

1644 Participation aux charges – Les copropriétaires sont aussi tenus de participer aux charges entraînées par les services collectifs et les éléments d'équipement commun en fonction de l'utilité que ces services et éléments présentent à l'égard de chaque lot *(L. n° 65-557, 10 juill. 1965, art. 10, al. 1er).* Ils sont aussi tenus de participer aux charges relatives à la conservation, à l'entretien et à l'administration des parties communes et de verser au fonds de travaux mentionné à l'article 14-2 la cotisation prévue au même article, proportionnellement aux valeurs relatives des parties privatives comprises dans leurs lots, telles que ces valeurs résultent des dispositions de l'article 5 *(L. n° 65-557, 10 juill. 1965, art. 10, al. 2).*

C. – RÈGLEMENT DE COPROPRIÉTÉ ET ÉTAT DESCRIPTIF DE DIVISION

1° Présentation

a) Document contractuel : le règlement de copropriété

1645 Objet et contenu – Le règlement de copropriété, incluant ou non l'état descriptif de division avec lequel il ne faut pas le confondre, est un document essentiel à bien des égards pu squ'il permet de définir juridiquement, de façon très précise, les lots devant être cédés ainsi que les conditions générales d'occupation de l'immeuble collectif : répartition des charges, éventuelle interdiction d'exercice de certaines professions comme avec la clause d'habitation bourgeoise, etc.

Son objet consiste, plus précisément, à déterminer, définir ou fixer :

- la **destination des parties tant privatives que communes**, ainsi que les conditions de leur jouissance *(L. n° 65-557, 10 juill. 1965, art. 8, I)* ;
- les **règles relatives à l'administration des parties communes** *(L. n° 65-557, 10 juill. 1965, art. 8, I)* ;
- la **quote-part afférente à chaque lot dans chacune des catégories de charges** *(L. n° 65-557, 10 juill. 1965, art. 10, al. 3)* en indiquant, s'il a été publié à compter du 31 décembre 2002, les éléments pris en considération et la méthode de calcul permettant de fixer les quotes-parts de parties communes et la répartition des charges *(L. n° 65-557, 10 juill. 1965, art. 10, al. 4)* ;
- les **différentes catégories de charges**, en distinguant celles afférentes à la conservation, à l'entretien et à l'administration de l'immeuble, celles relatives au fonctionnement et à l'entretien de chacun des éléments d'équipement communs et celles entraînées par chaque service collectif *(D. n° 67-223, 17 mars 1967, art. 1er, al. 2)*.

L'article 2 du décret n° 67-223 du 17 mars 1967 précise que le règlement de copropriété peut également comporter :

- **l'état descriptif de division de l'immeuble**, établi conformément aux dispositions des articles 71-1 à 71-13 du décret n° 55-1350 du 14 octobre 1955 ;
- la ou les **conventions** prévues à l'article 37 de la loi n° 65-557 du 10 juillet 1965 et **relatives à l'exercice de l'un des droits accessoires aux parties communes** visés à l'article 3 de la même loi *(V. n° **1639**)*.

1646 Forme authentique notariée ou résultant d'une décision juridictionnelle – Les règlements de copropriété, états descriptifs de division des immeubles et conventions là où les conventions relatives à l'exercice de l'un des droits accessoires aux parties communes visés à l'article 3 de la loi n° 65-557 du 10 juillet 1965 peuvent faire l'objet d'un acte conventionnel ou résulter d'un acte judiciaire, suivant le cas, ayant pour objet de réaliser, constater ou ordonner la division de la propriété d'un immeuble *(D. n° 67-223, 17 mars 1967, art. 3)*.

Ainsi, si le règlement de copropriété est, en principe, établi par acte reçu en la forme authentique par un notaire exerçant en France conformément aux dispositions de l'article 710-1 du Code civil ; rappelons que le dépôt au rang des minutes d'un notaire d'un acte sous seing privé, contresigné ou non, même avec reconnaissance d'écriture et de signature, ne peut plus donner lieu aux formalités de publicité foncière depuis le 30 mars 2011.

Le règlement peut aussi, dans des circonstances exceptionnelles, résulter d'une décision judiciaire relevant de la compétence du tribunal de grande instance.

b) Document technique : l'état descriptif de division

1647 Objet et forme – Prescrit par l'article 7, alinéa 3, du décret n° 55-22 du 4 janvier 1955 portant réforme de la publicité foncière, l'état descriptif de division est un document technique qui est destiné à identifier les lots de copropriété (fractions composant l'immeuble) pour les besoins de la publicité foncière (il est soumis à une telle publicité s'il est distinct du règlement de propriété et, à cette fin, doit être obligatoirement établi en la forme authentique). Sa nature juridique et sa fonction apparaissent ainsi tout à fait différentes de celles du règlement de copropriété. Rappelons, toutefois que l'état descriptif est le plus souvent intégré dans le règlement ou lui est annexé *(L. n° 65-557, 10 juill. 1965, art. 8. – D. n° 67-223, 17 mars 1967, art. 2, 1°)* à condition que celui-ci soit rédigé de manière à éviter toute confusion entre ses différentes parties *(D. n° 67-223, 17 mars 1967, art. 3, al. 2)*. Les indications du premier peuvent contribuer à éclairer les stipulations ambiguës du second.

2° Opposabilité du règlement de copropriété, de l'état descriptif de division et de leurs avenants

1648 Ayants cause à titre particulier des copropriétaires – Sachant que les règlements de copropriété des immeubles ou ensembles immobiliers doivent être publiés au service chargé de la publicité foncière de la situation des immeubles pour pouvoir produire, vis-à-vis des parties et des tiers, leurs effets, l'article 13 de la loi n° 65-557 du 10 juillet 1965 dispose que le règlement de copropriété et les modifications qui peuvent lui être apportées ne sont opposables aux ayants cause à titre particulier des copropriétaires (acquéreurs, donataires, coéchangistes, légataires particuliers) qu'à dater de leur publication au fichier immobilier.

Il est ainsi prévu que tout acte conventionnel réalisant ou constatant le transfert de propriété d'un lot ou d'une fraction de lot ou la constitution sur ces derniers d'un droit réel doit mentionner expressément que l'acquéreur ou le titulaire du droit a eu préalablement connaissance, s'ils ont été publiés au fichier immobilier, du règlement de copropriété ainsi que des actes qui l'ont modifié. Il en est de même en ce qui concerne l'état descriptif de division et des actes qui l'ont modifié, lorsqu'ils existent et ont été publiés *(D. n° 67-223, 17 mars 1967, art. 4, al. 1er et 2)*.

1649 Code de la construction et de l'habitation – Il convient d'ailleurs d'ajouter à ces dispositions du décret n° 67-223 du 17 mars 1967 celles de l'article L. 721-2 du Code de la construction et de l'habitation (CCH) selon lesquelles : doivent obligatoirement être communiquées à l'acquéreur l'état descriptif de division, le règlement

de copropriété et s'il y a lieu, leurs modificatifs en cas de vente d'un lot ou une fraction de lot ou de cession d'un droit réel immobilier relatif à un lot ou une fraction de lot d'un immeuble bâti à usage total ou partiel d'habitation et soumis au statut de la copropriété.
Néanmoins, le règlement de copropriété, l'état descriptif de division et les actes qui les ont modifiés, même s'ils n'ont pas été publiés au fichier immobilier, s'imposent à l'acquéreur ou au titulaire du droit s'il est expressément constaté dans ces actes qu'il en a eu préalablement connaissance et qu'il a adhéré aux obligations qui en résultent *(D. n° 67-223, 17 mars 1967, art. 4, al. 3)*. Il en est ainsi notamment lorsque la vente intervient immédiatement après la mise en copropriété de l'immeuble.

1650 Obligation du vendeur – Il convient de préciser que la communication préalable à l'acquéreur des documents susmentionnés et les éventuels frais y attachés incombent au vendeur et, en tout état de cause, le notaire doit, pour éviter d'engager sa responsabilité à ce titre, veiller à la transmission à l'acquéreur de toutes les informations lui permettant d'apprécier la consistance de l'objet de la vente ainsi que l'étendue de ses droits et obligations.
Cette communication, certes préalable ici, pouvant d'ailleurs relever aussi de l'obligation de délivrance des accessoires de la chose vendue sur le fondement de l'article 1615 du Code civil.

Remarque Lorsque l'immeuble est soumis au statut de la copropriété, le copropriétaire bailleur est tenu, en cas de mise en location de celui-ci, de communiquer au locataire, parmi les nombreux documents imposés par la loi du 24 mars 2014, les extraits du règlement de copropriété concernant la destination de l'immeuble, la jouissance et l'usage des parties privatives et communes et précisant la quote-part afférente au lot loué dans chacune des catégories de charges *(L. n° 89-462, 6 juill. 1989, art. 3)*.

Pour aller plus loin

Formules
- JCl. Notarial Formulaire, V° Copropriété, fasc. 209 (information de l'acquéreur), par J. Lafond
- JCl. Notarial Formulaire, V° Copropriété, fasc. 217 (vente de lot), par J. Lafond

Fiches pratiques
- Fiche pratique n° 1721 : Rédiger une vente d'immeuble, par M. Suquet-Cozic
- Fiche pratique n° 1806 : Rédiger une vente d'immeubles à construire, par D. Boulanger
- Fiche pratique n° 1807 : Rédiger une vente d'immeubles à rénover, par D. Boulanger

Commentaires
- JCl. Notarial Formulaire, Synthèse 450 : Vente de lots de copropriété, par J.-M. Roux et J. Lafond
- JCl. Notarial Formulaire, Synthèse 1470 : Vente d'immeuble :, bien vendu, par V. Zalewski-Sicard
- JCl. Notarial Formulaire, V° Copropriété, fasc. 206 (vente de lot, fiche pratique), par J. Lafond

II. Régime de la vente

A. – ALIÉNABILITÉ DES LOTS DE COPROPRIÉTÉ

1° Libre disposition des lots

a) Principe légal d'interdiction des restrictions aux droits des copropriétaires

1651 *Le règlement de copropriété ne peut imposer aucune restriction aux droits des copropriétaires en dehors de celles qui seraient justifiées par la destination de l'immeuble, telle qu'elle est définie aux actes, par ses caractères ou sa situation (L. n° 65-557, 10 juill. 1965, art. 8, al. 2). Chaque copropriétaire dispose des parties privatives comprises dans son lot ; il use et jouit librement des parties privatives et des parties communes sous la condition de ne porter atteinte ni aux droits des autres copropriétaires ni à la destination de l'immeuble (L. n° 65-557, 10 juill. 1965, art. 9, al. 1er)*. Et puisque la notion de destination de l'immeuble, au sens des textes susvisés, ne concerne que l'usage et la jouissance des lots, le principe général est, pour chaque copropriétaire, celui de la libre disposition de son ou de ses lots de copropriété ; toutes clauses contraires aux dispositions des articles 6 à 37, 41-1 à 42 et 46 de la loi du 10 juillet 1965 et à celles du décret prises pour leur application sont réputées non écrites *(L. n° 65-557, 10 juill. 1965, art. 43)*.

b) Autorisation légale des restrictions aux droits des copropriétaires justifiées par la destination de l'immeuble

1652 Assouplissement du principe de libre disposition des lots – Le règlement de copropriété peut imposer des restrictions aux droits des copropriétaires lorsqu'elles sont justifiées par la destination de

IMMEUBLE VENDU

l'immeuble, telle qu'elle est définie aux actes, par ses caractères ou sa situation *(L. n° 65-557, 10 juill. 1965, art. 8, al. 2)*.
Il apparaît, très clairement, que la notion de destination de l'immeuble est essentielle en matière de copropriété même si elle n'est définie nulle part dans la loi n° 65-557 du 10 juillet 1965 ou dans le décret n° 67-223 du 17 mars 1967. Il en va ainsi parce que, tout en légitimant les restrictions aux droits des copropriétaires que peut imposer le règlement de copropriété, elle n'en protège pas moins ces copropriétaires en encadrant étroitement les contraintes qui peuvent leur être imposées dans la jouissance et l'exercice des attributs de leur droit de propriété.

1653 Notion de destination de l'immeuble – La destination pouvant être définie, en particulier, comme l'« usage auquel une chose est affectée » *(G. Cornu, Vocabulaire juridique, « Destination » : PUF)*, la destination d'un immeuble peut être définie comme l'usage auquel il peut être affecté eu égard à ses caractéristiques.
Celles-ci renvoient, en premier lieu, aux caractéristiques techniques, physiques, objectives, « normales » ou premières du bien : logement pour un immeuble à usage d'habitation, exercice d'une activité commerciale pour un immeuble à usage commercial, exercice d'une activité professionnelle libérale pour un immeuble à usage professionnel... ou encore diversification des affectations pour un immeuble à usage mixte.

1654 Caractéristiques subjectives – Mais les caractéristiques peuvent désigner, en second lieu, des caractéristiques dites subjectives ou volontaires parce qu'elles ont été spécialement et conventionnellement définies dans un acte juridique comme un règlement de copropriété. Du reste, le tout premier objet du règlement conventionnel de copropriété, incluant ou non l'état descriptif de division, consiste à déterminer la destination des parties tant privatives (appartement, boutique, cave, grenier, cellier...) que communes (loge de concierge, local à vélos, local poubelles, emplacements de stationnement, espace vert, aire de jeux...) ainsi que les conditions de leur jouissance *(L. n° 65-557, 10 juill. 1965, art. 8, I)*.
Le règlement de copropriété ayant une nature juridique contractuelle, à la différence de l'état descriptif de division qui est dressé pour les stricts besoins de la publicité foncière (*V. n°* ***1647***. *– V. n°* ***1648***), seules ses stipulations lient les copropriétaires et leur sont opposables quand il s'agit de leur faire respecter la destination de l'immeuble.

Remarque L'état descriptif de division, même inclus dans le règlement de copropriété, demeure un document établi pour les besoins de la publicité foncière, sans valeur contractuelle, ne pouvant prévaloir sur les stipulations du règlement de copropriété. Cela dit, il a été jugé que, en l'absence de règlement de copropriété, l'état descriptif de division constitue le seul document de référence définissant la nature de chaque lot et, par conséquent, sa destination de sorte que la modification dudit état descriptif ayant pour objet le changement de destination d'une partie privative doit être décidée par le syndicat en assemblée générale *(Cass. 3e civ., 3 déc. 2008, n° 07-19.313 : JurisData n° 2008-046154 ; Loyers et copr. 2009, comm. 44, obs. G. Vigneron ; Administrer mars 2009, p. 60, obs. J.-R. Bouyeure ; Defrénois 2009, art. 38950, p. 1053, n° 6, obs. Ch. Atias ; BPIM 109, inf. 58)*.

1655 Sanction du non-respect de la destination – Le règlement de copropriété ayant une nature juridique contractuelle, en cas de violation de ses stipulations et, en particulier, en cas d'exercice dans le lot d'une activité contraire à l'affectation du lot incompatible avec la destination de l'immeuble, le copropriétaire indélicat peut se voir contraint de faire cesser ses agissements et, s'il y a lieu, de remettre le local dans son état antérieur *(C. civ., art. 1222)*. Alors que, antérieurement à la loi n° 2018-1021 du 23 novembre 2018, l'action tendant à faire cesser un usage irrégulier du lot se prescrivait par 10 ans, il est désormais indiqué que *« les dispositions de l'article 2224 du code civil relatives au délai de prescription et à son point de départ sont applicables aux actions personnelles relatives à la copropriété entre copropriétaires ou entre un copropriétaire et le syndicat » (L. n° 65-557, 10 juill. 1965, art. 42, al. 1er)*.

1656 Modification ou transformation de la destination – L'assemblée générale ne peut, à quelque majorité que ce soit, imposer à un copropriétaire une modification à la destination de ses parties privatives ou aux modalités de leur jouissance, telles qu'elles résultent du règlement de copropriété *(L. n° 65-557, 10 juill. 1965, art. 26, avant dernier al.)*.

Exemple En principe, la suppression du poste de concierge ou de gardien et l'aliénation du logement affecté au concierge ou au gardien lorsqu'il appartient au syndicat doit être prise à la majorité des membres du syndicat représentant au moins les deux tiers des voix. Mais lorsque, en vertu d'une clause du règlement de copropriété, la suppression du service de conciergerie porte atteinte à la destination de l'immeuble ou aux modalités de jouissance des parties privatives (exemple d'une résidence de grand standing dans laquelle le concierge apporte des services importants), cette décision de suppression du poste de concierge ou de gardien et l'aliénation du logement affecté au concierge ou au gardien lorsqu'il appartient au syndicat ne peuvent être décidées qu'à l'unanimité *(L. n° 65-557, 10 juill. 1965, art. 26, d)*.

2° Restrictions conventionnelles au principe de libre disposition des lots

1657 Sort variable des clauses restreignant ou annihilant le droit de vendre les lots – Certains règlements de copropriété contiennent des stipulations ayant pour objet ou pour effet de déroger au principe de libre disposition des lots de copropriété. De telles clauses sont, en règle ordinaire, interdites et réputées non écrites *(L. n° 65-557, 10 juill. 1965, art. 43)*. Il peut en être autrement si, par une atténuation du principe, elles sont strictement justifiées par la destination de l'immeuble et, par conséquent, licites et obligatoires pour les copropriétaires. La conclusion d'un contrat de vente en violation de clauses licites du règlement de copropriété peut, dès lors, entraîner l'annulation de la vente.

Notons aussi que l'ancienne prescription décennale du premier alinéa de l'article 42 de la loi n° 65-557 du 10 juillet 1965 avait été déclarée non applicable à l'action tendant à faire déclarer une clause non écrite en application de l'article 43 ; cette action est imprescriptible *(Cass. 3e civ., 7 mai 2008, n° 07-13.409 : JurisData n° 2008-043798 ; Loyers et copr. 2008, comm. 170, G. Vigneron ; Bull. civ. III, n° 76)*. Mais rappelons que, depuis la réécriture de l'article 42, alinéa 1er, de la loi du 10 juillet 1965 par la loi n° 2018-1021 du 23 novembre 2018, *« les dispositions de l'article 2224 du code civil relatives au délai de prescription et à son point de départ sont applicables aux actions personnelles relatives à la copropriété entre copropriétaires ou entre un copropriétaire et le syndicat »*.

Attention **Les clauses du règlement de copropriété doivent recevoir application tant qu'elles n'ont pas été déclarées non écrites par le juge par une décision exécutoire** ***(Cass. 3e civ., 28 avr. 2011, n° 10-14.298 : JurisData n° 2011-007833 ; Bull. civ. III, n° 61 ; Loyers et copr. 2011, comm. 223, obs. G. Vigneron).***

Toujours est-il qu'un regard porté sur la jurisprudence montre que celle-ci est loin d'être homogène et que la validité et le caractère obligatoire ou, au contraire, l'illicéité et l'inefficacité des clauses considérées dépendent des circonstances et de l'appréciation au cas par cas par le juge de données diverses, à combiner s'il le faut, telles que la teneur des actes, les caractéristiques du bien, sa situation, l'activité exercée ou projetée dans le lot, etc.

1658 **Sort variable de la clause interdisant la vente isolée des lots annexes ou accessoires** – On rencontre la même hétérogénéité de la jurisprudence à propos de la clause du règlement de copropriété prohibant la vente isolée des lots annexes ou accessoires tels que des emplacements de stationnement (places de parking), des caves, des greniers, des celliers, des garages, des chambres de service, des débarras, des placards, des remises, etc.

On trouve, dans le sens de la reconnaissance de la validité de cette clause, un nombre non négligeable de décisions rendues à propos des chambres de service. On rencontre aussi des décisions favorables à la validité de la clause interdisant la vente de locaux accessoires à des personnes étrangères à la copropriété dès lors qu'elle est justifiée par la destination de l'immeuble *(V. JCl. Notarial Formulaire, V° Copropriété, fasc. 50, par J. Lafond)*.

Attention **Les copropriétaires ont d'ailleurs un droit de priorité en cas de vente d'emplacement de stationnement** ***(L. n° 65-557, 10 juill. 1965, art. 8-1, réd. L. n° 2009-323, 25 mars 2009. – V. n° 1659).***

1659 **Clause prévoyant un droit de priorité ou de préférence au profit des autres copropriétaires** – Le règlement de copropriété des immeubles dont le permis de construire a été délivré conformément à un plan local d'urbanisme ou d'autres documents d'urbanisme imposant la réalisation d'aires de stationnement peut prévoir une clause attribuant un droit de priorité aux copropriétaires à l'occasion de la vente (et seulement d'une vente) de lots exclusivement à usage de stationnement au sein de la copropriété. Dans ce cas, le vendeur doit, préalablement à la conclusion de toute vente d'un ou plusieurs lots à usage de stationnement, faire connaître au syndic par lettre recommandée avec demande d'avis de réception son intention de vendre, en indiquant le prix et les conditions de la vente. Cette information doit être transmise sans délai à chaque copropriétaire par le syndic par lettre recommandée avec demande d'avis de réception, aux frais du vendeur. Elle vaut alors offre de vente pendant une durée de 2 mois à compter de sa notification *(L. n° 65-557, 10 juill. 1965, art. 8-1, réd. L. n° 2009-323, 25 mars 2009, art. 54)*.

Remarque Force est de constater que le texte n'indique pas la sanction encourue en cas de conclusion d'une vente de lots à usage exclusif de stationnement au mépris du droit de priorité des copropriétaires.

1660 **Code de l'urbanisme** – En cas de vente (ou de cession d'usufruit ou de nue-propriété) d'un lot de copropriété d'un immeuble situé dans le périmètre d'une opération de réhabilitation de l'immobilier de loisir (Oril) et soumis aux dispositions de la loi n° 65-557 du 10 juillet 1965, le propriétaire vendeur doit notifier, avant toute publicité, son intention de vendre au syndic de la copropriété, en indiquant le prix souhaité et les conditions de la vente projetée. Cette information doit être notifiée dans un délai de 10 jours ouvrés par le syndic à chaque copropriétaire par tout moyen permettant d'en accuser réception, aux frais du syndic. Et, lors de sa notification aux copropriétaires, le syndic doit préciser que cette information est donnée par le vendeur à titre indicatif et ne constitue pas une offre de vente *(C. urb., art. L. 318-6, créé L. n° 2016-1888, 28 déc. 2016, art. 81)*. Autrement dit, elle leur permet seulement de prendre connaissance de la mise en vente (ou de la cession d'usufruit ou de nue-propriété) du lot de copropriété et, le cas échéant, de formuler une offre d'achat.

B. – FORMALITÉS RELATIVES À LA VENTE D'UN LOT DE COPROPRIÉTÉ

1° Formalités informatives préalables

1661 Outre les obligations de diagnostic qui incombent à tout vendeur *(V. n° 1971 et s.)*, plusieurs formalités informatives destinées à protéger l'acquéreur sont prévues par la loi n° 65-557 du 10 juillet 1965 et par le Code de la construction et de l'habitation *(CCH, art. L. 721-2 et L. 721-3)*.

a) Annonces relatives à la vente d'un lot ou d'une fraction de lot

1662 Mentions obligatoires – Dans un souci d'information des acquéreurs potentiels, les annonces relatives à la vente d'un lot ou d'une fraction de lot d'un immeuble bâti soumis au statut de la copropriété doivent contenir les mentions suivantes :
- le fait que le bien est soumis au statut de la copropriété ;
- le nombre de lots ;
- le montant moyen annuel de la quote-part, à la charge du vendeur, du budget prévisionnel correspondant aux dépenses courantes définies à l'article 14-1 de la loi n° 65-557 du 10 juillet 1965 ;
- si la copropriété est en difficulté parce que le syndicat des copropriétaires fait l'objet de procédures de sauvegarde menées sur le fondement des articles 29-1 A et 29-1 de la loi n° 65-557 du 10 juillet 1965 et de l'article L. 615-6 du CCH *(CCH, art. L. 721-1, inséré L. n° 2014-366, 24 mars 2014)*.

Bien que le texte n'ait pas précisé les sanctions spécialement applicables, il va sans dire que l'annonceur immobilier l'ayant violé pourra engager sa responsabilité civile délictuelle ou quasi délictuelle si les conditions en sont réunies *(C. civ., art. 1240 et 1241)* et, peut-être, faire l'objet de poursuites disciplinaires s'il s'agit d'un intermédiaire immobilier professionnel.

b) Promesse de vente ou de vente d'un lot ou d'une fraction de lot

1663 Principe, domaine et contenu de l'obligation d'information en cas de promesse de vente – Aux termes de l'article L. 721-2, II, du CCH, en cas de promesse de vente d'un lot au sens du § I de cet article, doivent être remis à l'acquéreur, au plus tard à la date de signature de la promesse, un certain nombre de documents et d'informations :

➤ les **documents relatifs à l'organisation de l'immeuble**, sauf lorsque l'acquéreur est déjà propriétaire d'au moins un lot dans la même copropriété :
  - la fiche synthétique de la copropriété prévue à l'article 8-2 de la loi n° 65-557 du 10 juillet 1965 fixant le statut de la copropriété des immeubles bâtis (fiche regroupant les données financières et techniques essentielles relatives à la copropriété et à son bâti),
  - le règlement de copropriété et l'état descriptif de division ainsi que les actes les modifiant, s'ils ont été publiés,
  - les procès-verbaux des assemblées générales des 3 dernières années, sauf lorsque le copropriétaire vendeur n'a pas été en mesure d'obtenir ces documents auprès du syndic ;

➤ **certaines informations financières** précisées par arrêté du ministre chargé du Logement :
  - le montant des charges courantes du budget prévisionnel et des charges hors budget prévisionnel payées par le copropriétaire vendeur au titre des deux exercices comptables précédant la vente à jour des informations soumises à l'assemblée générale annuelle chargée d'approuver les comptes précédant la signature de la promesse de vente,
  - sauf lorsque le syndicat de copropriétaires comporte moins de dix lots à usage de logements, de bureaux ou de commerces et que son budget prévisionnel moyen sur une période de trois exercices consécutifs est inférieur à 15 000 euros *(L. n° 65-557, 10 juill. 1965, art. 14-3, al. 2)*, les sommes susceptibles d'être dues au syndicat des copropriétaires par l'acquéreur à jour des informations soumises à l'assemblée générale annuelle chargée d'approuver les comptes précédant la signature de la promesse de vente,
  - l'état global des impayés de charges au sein du syndicat et de la dette vis-à-vis des fournisseurs, sauf lorsque le syndicat de copropriétaires comporte moins de dix lots à usage de logements, de bureaux ou de commerces et que son budget prévisionnel moyen sur une période de trois exercices consécutifs est inférieur à 15 000 euros *(L. n° 65-557, 10 juill. 1965, art. 14-3, al. 2)* ou en cas de vente ou de cession de droit réel immobilier relatif à un lot ou une fraction de lot annexe,
  - lorsque le syndicat des copropriétaires dispose d'un fonds de travaux, le montant de la part du fonds de travaux rattachée au lot principal vendu et le montant de la dernière cotisation au fonds versée par le copropriétaire vendeur au titre de son lot, à jour des informations soumises à l'assemblée générale annuelle chargée d'approuver les comptes précédant la signature de la promesse de vente.

➤ le **carnet d'entretien de l'immeuble**, sauf lorsque l'acquéreur est déjà propriétaire d'au moins un lot dans la même copropriété ou en cas de vente ou de cession de droit réel immobilier relatif à un lot ou une fraction de lot annexe ;

➤ une **notice d'information relative aux droits et obligations des copropriétaires** ainsi qu'au fonctionnement des instances du syndicat de copropriété (le contenu de cette notice étant déterminé par un arrêté du 29 mai 2015 du ministre chargé du Logement), sauf lorsque l'acquéreur est déjà propriétaire d'au moins un lot dans la même copropriété ou en cas de vente ou de cession de droit réel immobilier relatif à un lot ou une fraction de lot annexe ;

➤ le cas échéant, les **conclusions du diagnostic technique global** mentionnées au dernier alinéa de l'article L. 731-1 du CCH, sauf lorsque l'acquéreur est déjà propriétaire d'au moins un lot dans la même copropriété ou en cas de vente ou de cession de droit réel immobilier relatif à un lot ou une fraction de lot annexe.

En pratique Les informations financières sont le plus souvent délivrées dans un document dénommé « pré-état daté », établi par le syndic, d'après un modèle qui est le résultat d'une concertation entre des organismes représentatifs de syndics de copropriété et le Conseil supérieur du notariat.

1664 Modalités et sanctions de la remise des documents en cas de promesse de vente – En cas de promesse de vente, la remise des documents peut être effectuée sur tous supports et par tous moyens, y compris par un procédé dématérialisé sous réserve de l'acceptation expresse par l'acquéreur. L'acquéreur atteste de cette remise soit dans l'acte contenant la promesse de vente par sa simple signature lorsqu'il s'agit d'un acte authentique soit, lorsque l'acte est établi sous seing privé, dans un document qu'il signe et qu'il date de sa main *(CCH, art. L. 721-2, II)*. Lorsque les documents relatifs à l'organisation de l'immeuble et les informations financières ne sont pas remis à l'acquéreur au plus tard à la date de la signature de la promesse de vente, le délai de rétractation prévu à l'article L. 271-1 du CCH ne court qu'à compter du lendemain de la communication de ces documents et informations à l'acquéreur selon les modalités de notification ou de remise de la promesse prévues au même texte *(CCH, art. L. 721-3, al. 1er)*.

1665 Acte authentique de vente non précédé d'une promesse de vente – Lorsque l'acte authentique de vente d'un lot au sens de l'article L. 721-2 du CCH n'est pas précédé d'une promesse de vente, les documents relatifs à l'organisation de l'immeuble, l'état global des impayés de charges au sein du syndicat et de la dette vis-à-vis des fournisseurs, le carnet d'entretien de l'immeuble, la notice d'information relative aux droits et obligations des copropriétaires ainsi qu'au fonctionnement des instances du syndicat de copropriété ainsi que les conclusions du diagnostic technique global mentionnées au dernier alinéa de l'article L. 731-1 du CCH doivent, sous réserve des exemptions prévues aux dix-septième à dix-neuvième alinéas du II de l'article L. 721-2 du CCH, être joints au projet d'acte authentique de vente notifié ou remis à l'acquéreur conformément aux dispositions du cinquième alinéa de l'article L. 271-1 du CCH *(CCH, art. L. 721-2, III)*.

Attention Lorsque les documents relatifs à l'organisation de l'immeuble et l'état global des impayés de charges au sein du syndicat et de la dette vis-à-vis des fournisseurs ne sont pas joints au projet d'acte authentique, le délai de réflexion mentionné à l'article L. 271-1 du CCH ne court qu'à compter du lendemain de la communication de ces documents et informations à l'acquéreur selon les modalités de notification ou de remise de l'acte authentique de vente prévues au même article *(CCH, art. L. 721-3, al. 2)*.

1666 Vente publique – En cas de vente publique d'un lot au sens de l'article L. 721-2 du CCH, les documents et les informations mentionnés aux 1° à 5° du II de l'article L. 721-2 du CCH doivent être annexés au cahier des conditions de vente, sous réserve des exemptions prévues aux dix-huitième et dix-neuvième alinéas du même article *(CCH, art. L. 721-2, IV)*.

c) État daté d'informations préalables

1667 Document préalable à la vente – Avant l'établissement de l'acte de vente ou, plus généralement, de tout acte conventionnel réalisant ou constatant le transfert de propriété d'un lot au sens indiqué ci-dessus ou la constitution sur ce lot d'un droit réel, le syndic doit adresser au notaire chargé de recevoir l'acte, à la demande de ce dernier ou à celle du copropriétaire qui transfère tout ou partie de ses droits sur le lot, un état daté d'informations préalables également appelé « note de renseignement » *(D. n° 67-223, 17 mars 1967, art. 5, al. 1er)*. Si le texte, pris au pied de la lettre, ne met pas à la charge du notaire une obligation de demander l'état daté, il s'agit là, en pratique, d'une exigence pour lui dans le cadre de son devoir d'information et de conseil à l'égard des parties à la vente. Il apparaît, en outre, que les renseignements procurés par l'état daté ont vocation à permettre aux parties d'apprécier l'opportunité de conclure des conventions particulières à propos, notamment, de la répartition entre eux des charges exigibles au titre des travaux à un moment proche de celui de la vente.

1668 Contenu de l'état daté – L'état daté comporte trois parties *(D. n° 67-223, 17 mars 1967, art. 5)* :

- **dans la première partie**, le syndic doit indiquer, d'une manière même approximative et sous réserve de l'apurement des comptes, **les sommes pouvant rester dues**, pour le lot considéré, **au syndicat par le copropriétaire cédant**, au titre des éléments financiers suivants :
  - les provisions exigibles du budget prévisionnel ;
  - les provisions exigibles des dépenses non comprises dans le budget prévisionnel ;
  - les charges impayées sur les exercices antérieurs ;
  - les sommes mentionnées aux articles 26-6 (montant de la quote-part de l'emprunt collectif restant dû par le copropriétaire l'ayant souscrit) et 33 de la loi du 10 juillet 1965 (part des dépenses d'amélioration que le copropriétaire a refusé de voter et pour lesquelles il bénéficie d'un paiement fractionné) ;
  - les avances exigibles.

Ces indications doivent être communiquées par le syndic au notaire ou au propriétaire cédant à charge pour eux de les porter à la connaissance, le cas échéant, des créanciers inscrits du chef du vendeur ; ces derniers ont intérêt à connaître l'existence de créances du syndicat de copropriété du fait du privilège dont bénéficie celui-ci pour le recouvrement de certaines charges.

IMMEUBLE VENDU

Les renseignements ainsi fournis permettent au vendeur de connaître sa situation financière, créancière ou débitrice, vis-à-vis du syndicat de copropriétaires.

- **dans la deuxième partie**, le syndic doit indiquer, d'une manière même approximative et sous réserve de l'apurement des comptes, **les sommes dont le syndicat pourrait être débiteur**, pour le lot considéré, **à l'égard du copropriétaire cédant**, au titre des données financières suivants :
  - les avances remboursables mentionnées à l'article 45-1 du décret du 17 mars 1967 : fonds destinés, par le règlement de copropriété ou une décision de l'assemblée générale, à constituer des réserves ou qui représentent un emprunt du syndicat auprès des copropriétaires ou de certains d'entre eux ;
  - les provisions du budget prévisionnel pour les périodes postérieures à la période en cours et rendues exigibles en raison de la déchéance du terme prévue par l'article 19-2 de la loi du 10 juillet 1965 : provisions non encore échues mais appelées par anticipation à titre de sanction auprès d'un copropriétaire défaillant.

Comme celles données dans la première partie ci-dessus, les informations contenues dans la deuxième permettent également au vendeur de mesurer sa situation financière, débitrice ou créancière, vis-à-vis du syndicat de copropriétaires.

- **dans la troisième partie**, le syndic doit indiquer **les sommes qui devraient incomber au nouveau copropriétaire**, pour le lot considéré, au titre des éléments suivants :
  - la reconstitution des avances remboursables mentionnées à l'article 45-1 et ce d'une manière même approximative ;
  - les provisions non encore exigibles du budget prévisionnel ;
  - les provisions non encore exigibles dans les dépenses non comprises dans le budget prévisionnel ;
  - dans une annexe à cette partie de l'état daté, le syndic doit indiquer la somme correspondant, pour les deux exercices précédents, à la quote-part afférente au lot considéré dans le budget prévisionnel et dans le total des dépenses hors budget prévisionnel. Il doit également mentionner, s'il y a lieu, l'objet et l'état des procédures en cours dans lesquelles le syndicat est partie.

Tous ces renseignements doivent permettre à l'acquéreur d'apprécier l'existence et la portée de ses engagements en sa qualité de copropriétaire.

1669 Charge des frais d'établissement de l'état daté – Sont imputables au seul copropriétaire vendeur les honoraires du syndic afférents aux prestations qu'il doit effectuer pour l'établissement de l'état daté à l'occasion de la mutation à titre onéreux d'un lot ou d'une fraction de lot, ces honoraires ou frais perçus ne peuvent excéder un montant fixé par décret *(L. n° 65-557, 10 juill. 1965, art. 10-1, b. - D. n° 67-223, 17 mars 1967, ann. 1, 9.2,* qui n'indique toujours pas ce montant maximum*)*.

d) Certificats dits de l'article 20

1670 Certificat attestant que le vendeur est libre de toute obligation à l'égard du syndicat – Le copropriétaire qui envisage de vendre son lot peut, dans la perspective de cette vente, s'adresser au syndic en vue de la délivrance par celui-ci, s'il y a lieu, d'un certificat attestant qu'il est libre de toute obligation (relativement aux charges de copropriété) à l'égard du syndicat. Ainsi, si le vendeur a, lors de la vente, présenté au notaire un tel certificat ayant moins d'un mois de date, celui-ci pourra librement se dessaisir du prix de vente entre les mains du vendeur ou, le cas échéant, de ses créanciers inscrits ou saisissants *(L. n° 65-557, 10 juill. 1965, art. 20, I a contrario)*. En revanche, si le vendeur n'a pas, lors de la mutation à titre onéreux de son lot, présenté au notaire un tel document, un avis de la vente doit être donné par le notaire au syndic de l'immeuble par lettre recommandée avec avis de réception dans un délai de 15 jours à compter de la date du transfert de propriété *(V. n° **1685** et s.)*.

1671 Certificat concernant l'acquéreur – Préalablement à l'établissement de l'acte authentique de vente d'un lot ou d'une fraction de lot, le cas échéant après que le titulaire du droit de préemption instauré en application du dernier alinéa de l'article L. 211-4 du Code de l'urbanisme a renoncé à l'exercice de ce droit, le notaire doit notifier au syndic de la copropriété le nom du candidat acquéreur ou le nom des mandataires sociaux et des associés de la société civile immobilière ou de la société en nom collectif se portant acquéreur, ainsi que le nom de leurs conjoints ou partenaires liés par un pacte civil de solidarité. Ainsi, dans le délai d'un mois, le syndic doit délivrer au notaire un certificat datant de moins d'un mois attestant :

- soit que l'acquéreur ou les mandataires sociaux et les associés de la société se portant acquéreur, leurs conjoints ou partenaires liés à eux par un pacte civil de solidarité ne sont pas copropriétaires de l'immeuble concerné par la mutation ;
- soit, si l'une de ces personnes est copropriétaire de l'immeuble concerné par la mutation, qu'elle n'a pas fait l'objet d'une mise en demeure de payer du syndic restée infructueuse depuis plus de 45 jours ; dès lors, si le copropriétaire n'est pas à jour de ses charges-là, le notaire doit notifier aux parties l'impossibilité de conclure la vente *(L. n° 65-557, 10 juill. 1965, art. 20, II)*.

Et, dans l'hypothèse où un avant-contrat de vente a été signé préalablement à l'acte authentique de vente, l'acquéreur ou les mandataires sociaux et les associés de la société se portant acquéreur, leurs conjoints ou partenaires liés à eux par un pacte civil de solidarité, dont les noms ont été notifiés par le notaire, disposent d'un délai de 30 jours à compter de cette notification pour s'acquitter de leur dette vis-à-vis du syndicat. Si aucun certificat attestant du règlement des charges n'est produit à l'issue de ce délai, l'avant-contrat est réputé nul et non avenu aux torts de l'acquéreur *(L. n° 65-557, 10 juill. 1965, art. 20, II, dernier al.)*.

e) Diagnostic technique global

1672 Obligation de jonction – Depuis le 1er janvier 2017, en cas de vente d'un lot au sens de l'article L. 721-2 du CCH, les conclusions du diagnostic technique global mentionnées au dernier alinéa de l'article L. 731-1 du CCH doivent être remises à l'acquéreur au plus tard à la date de signature de la promesse ou, lorsque l'acte authentique de vente n'est pas précédé d'une promesse de vente, jointes au projet d'acte authentique de vente notifié ou remis à l'acquéreur *(CCH, art. L. 721-2)*.

Depuis le 1er janvier 2017, le syndic doit soumettre à l'assemblée générale des copropriétaires, dans les immeubles à destination partielle ou totale d'habitation, la question de la réalisation d'un diagnostic technique global par un tiers disposant de compétences précisées par décret *(CCH, art. L. 731-1. – CCH, art. D. 731-2)*.

Le diagnostic comporte les éléments suivants :

- une analyse de l'état apparent des parties communes et des équipements communs de l'immeuble ;
- un état de la situation du syndicat au regard des obligations légales et réglementaires au titre de la construction et de l'habitation ;
- une analyse des améliorations possibles de la gestion technique et patrimoniale de l'immeuble ;
- un diagnostic de performance énergétique de l'immeuble tel que prévu aux articles L. 134-1 du CCH ou L. 134-4-1 du CCH.

Il doit faire apparaître une évaluation sommaire du coût et une liste des travaux nécessaires à la conservation de l'immeuble en précisant, notamment, ceux qui devraient être menés dans les 10 prochaines années ; cette liste précisant les équipements ou éléments du bâtiment concernés par ces travaux ainsi que l'échéancier recommandé sont intégrés dans le carnet d'entretien selon des modalités prévues par le décret n° 2001-477 du 30 mai 2001.

Le contenu de ce diagnostic est présenté à l'assemblée générale des copropriétaires qui statue sur la question de l'élaboration d'un plan pluriannuel de travaux ainsi que sur les modalités générales de leur éventuelle mise en œuvre à la majorité simple de l'article 24 de la loi n° 65-557 du 10 juillet 1965 *(CCH, art. L. 731-1 à L. 731-5)*.

f) Carnet d'entretien

1673 Présentation – Le syndic est chargé d'établir et de tenir à jour et à disposition des copropriétaires un carnet d'entretien de l'immeuble dont le contenu et les modalités du carnet d'entretien sont précisés par le décret n° 2001-477 du 30 mai 2001 *(L. n° 65-557, 10 juill. 1965, art. 18, I)*.

Il est destiné, le cas échéant, à permettre à l'acquéreur d'apprécier l'état technique de l'immeuble par le biais des travaux effectués dans le passé et de ceux prévus ou nécessaires à l'avenir.

Il s'ensuit que le syndic qui n'établirait pas et/ou n'actualiserait pas le carnet d'entretien engagerait sa responsabilité dans les conditions de droit commun à la demande de l'acquéreur ayant subi de ce fait un préjudice.

1674 Modalités – Lorsque le syndicat gère plusieurs bâtiments, le syndic ouvre dans le carnet d'entretien un chapitre par bâtiment. Lorsqu'il existe un ou plusieurs syndicats secondaires, il est tenu un carnet d'entretien par chacun d'eux. Dans ce cas, le syndic ouvre, dans le carnet du syndicat principal, un chapitre pour les parties communes à l'ensemble des syndicats *(D. n° 2001-477, 30 mai 2001, art. 2)*.

1675 Contenu – Au moins, le carnet d'entretien mentionne l'adresse de l'immeuble pour lequel il est établi, l'identité du syndic en exercice et les références des contrats d'assurances de l'immeuble souscrits par le syndicat des copropriétaires, ainsi que la date d'échéance de ces contrats *(D. n° 2001-477, 30 mai 2001, art. 1er et 3)*.

Le carnet d'entretien indique également, s'il y a lieu *(D. n° 2001-477, 30 mai 2001, art. 1er et 4)* :

- l'année de réalisation des travaux importants, tels que le ravalement des façades, la réfection des toitures, le remplacement de l'ascenseur, de la chaudière ou des canalisations, ainsi que l'identité des entreprises ayant réalisé ces travaux ;
- la référence des contrats d'assurance dommages ouvrage souscrits pour le compte du syndicat des copropriétaires, dont la garantie est en cours ;
- s'ils existent, les références des contrats d'entretien et de maintenance des équipements communs, ainsi que la date d'échéance de ces contrats ;
- si le diagnostic technique global existe, la liste des travaux jugés nécessaires à la conservation de l'immeuble en précisant les équipements ou éléments du bâtiment concernés par ces travaux ainsi que l'échéancier recommandé ;
- s'il existe, l'échéancier du programme pluriannuel de travaux décidé par l'assemblée générale des copropriétaires.

Le carnet d'entretien peut en outre, sur décision de l'assemblée générale des copropriétaires, contenir des informations complémentaires portant sur l'immeuble, telles que celles relatives à sa construction ou celles relatives aux études techniques réalisées *(D. n° 2001-477, 30 mai 2001, art. 5)*.

1676 Communication – Aux termes de l'article L. 721-2, II, du CCH, en cas de promesse de vente d'un lot au sens ci-dessus doivent être remis à l'acquéreur, au plus tard à la date de signature de la promesse, un certain nombre de documents et d'informations parmi lesquels il y a le carnet d'entretien de l'immeuble (sauf lorsque l'acquéreur est déjà propriétaire d'au moins un lot dans la même copropriété ou en cas de vente ou de cession de droit réel immobilier relatif à un lot ou une fraction de lot annexe).

Lorsque l'acte authentique de vente n'est pas précédé d'une promesse de vente, le carnet d'entretien de l'immeuble doit, sous réserve des exemptions susmentionnées, être joint au projet d'acte authentique de vente notifié ou remis à l'acquéreur conformément aux dispositions de l'alinéa 5 de l'article L. 271-1 *(CCH, art. L. 721-2, III)*.

1677 Remarque – Sur le dossier de diagnostic technique, *V. n°* ***1971*** *et s.*

Pour aller plus loin

Formules
- JCl. Notarial Formulaire, V° Copropriété, fasc. 209 (information de l'acquéreur), par J. Lafond
- JCl. Notarial Formulaire, V° Copropriété, fasc. 217 (formalités antérieures à la vente de lot), par J. Lafond
- JCl. Notarial Formulaire, V° Copropriété, fasc. 219 (formules de vente de lot), par J. Lafond
- JCl. Notarial Formulaire, V° Copropriété, fasc. 221 (formalités postérieures), par J. Lafond

Fiches pratiques
- Fiche pratique n° 1721 : Rédiger une vente d'immeuble, par M. Suquet-Cozic
- Fiche pratique n° 3111 : Déterminer l'immeuble vendu et les sujétions le grevant au sein de la partie développée de l'acte authentique de vente, par S. Olivier

Commentaires
- JCl. Notarial Formulaire, Synthèse 450 : Vente de lots de copropriété, par J.-M. Roux et J. Lafond
- JCl. Notarial Formulaire, Synthèse 1470 : Vente d'immeuble : bien vendu, par V. Zalewski-Sicard
- JCl. Notarial Formulaire, V° Copropriété, fasc. 50 (clauses du règlement), par J. Lafond
- JCl. Notarial Formulaire, V° Copropriété, fasc. 206 (vente de lot, fiche pratique), par J. Lafond
- JCl. Notarial Formulaire, V° Copropriété, fasc. 208, 214 et 216, par J. Lafond

2° Superficie du lot

1678 Formalisme *ad validitatem* – Inséré par la loi n° 96-1107 du 18 décembre 1996 améliorant la protection des acquéreurs de lots de copropriété (loi usuellement appelée « **loi Carrez** » du nom du député auteur de la proposition de la loi à l'Assemblée nationale), l'article 46 de la loi n° 65-557 du 10 juillet 1965 dispose que le vendeur, y compris le simple promettant, doit impérativement informer l'acquéreur de la superficie de la partie privative du lot vendu, sous peine de nullité relative de l'acte, et d'en garantir la contenance *(V. n°* ***1837*** *et s.)*.

3° Formalités extrinsèques postérieures

a) Notification de la vente

1679 Objet et finalités de la notification – La notification de la vente a pour objectif de la porter à la connaissance du syndic pour lui permettre de tenir à jour la liste des copropriétaires avec l'indication des lots qui leur appartiennent et des titulaires de droits démembrés *(D. n° 67-223, 17 mars 1967, art. 32)* et, partant, de la rendre opposable au syndicat des copropriétaires. Il s'ensuit que, en l'absence de notification régulière au syndic du transfert de propriété, celui-ci est inopposable au syndicat des copropriétaires et, par voie de conséquence, le syndic qui le représente peut, même s'il a eu connaissance de la vente, feindre de l'ignorer et continuer à convoquer le vendeur et à lui réclamer le paiement des charges.

Attention **L'omission ou l'irrégularité de la notification peut constituer une faute susceptible d'engager la responsabilité du notaire rédacteur si cette défaillance a causé un préjudice au vendeur ou à l'acquéreur.**

1680 Champ d'application, auteur et destinataire de la notification – Selon l'alinéa 1er de l'article 6 du décret n° 67-223 du 17 mars 1967, tout transfert de propriété d'un lot ou d'une fraction de lot est notifié, sans délai, au syndic, soit par les parties, soit par le notaire qui établit l'acte, soit par l'avocat qui a obtenu la décision judiciaire, acte ou décision qui, suivant le cas, réalise, atteste, constate ce transfert.

En pratique **L'opération immobilière concernée étant obligatoirement soumise à publicité foncière, c'est le notaire ou l'avocat en charge du dossier qui, systématiquement, procédera à la formalité en raison de son obligation d'assurer l'efficacité de son acte.**

1681 Moment de la notification – La notification doit être effectuée *« sans délai » (D. n° 67-223, 17 mars 1967, art. 6, al. 1er)*, sachant que le paiement de la provision exigible du budget prévisionnel incombe au vendeur alors que celui des provisions des dépenses non comprises dans le budget prévisionnel incombe à celui qui est copropriétaire au moment de l'exigibilité et que le trop ou moins perçu sur provisions, révélé par l'approbation des comptes, est porté au crédit ou au débit du compte de celui qui est copropriétaire lors de l'approbation des comptes *(D. n° 67-223, 17 mars 1967, art. 6-2)*.

1682 Forme de la notification – La notification peut être valablement faite par lettre recommandée avec demande d'avis de réception *(D. n° 67-223, 17 mars 1967, art. 64, al. 1er)*. Elle peut également être valablement faite par voie électronique dans les conditions et selon les modalités fixées aux articles 64-1 à 64-4 du décret du 17 mars 1967 *(D. n° 67-223, 17 mars 1967, art. 64, al. 2, réd. D. n° 2015-1325, 21 oct. 2015)*.

1683 Contenu de la notification – La notification doit comporter *(D. n° 67-223, 17 mars 1967, art. 6, al. 2)* :
- la désignation du lot ou de la fraction de lot intéressé ;
- l'indication des nom, prénoms, domicile réel ou élu de l'acquéreur ou du titulaire de droit et, le cas échéant, du mandataire commun prévu à l'alinéa 2 de l'article 23 de la loi du 10 juillet 1965 en cas d'indivision ou de démembrement du droit de propriété ;
- le cas échéant, l'indication des accords prévus à l'article 26-8 de la loi du 10 juillet 1965 (accord du prêteur et de la caution et celui de l'acquéreur stipulant, lors d'une mutation entre vifs du lot d'un copropriétaire bénéficiant de l'emprunt mentionné à l'article 26-4 de la même loi, l'obligation de cet acquéreur de rembourser les sommes restant dues par le vendeur au titre du remboursement de cet emprunt souscrit au nom du syndicat).

1684 Distinction notification et avis de mutation – La notification doit être faite indépendamment de l'avis de mutation prévu à l'article 20 de la loi du 10 juillet 1965 *(D. n° 67-223, 17 mars 1967, art. 6, al. 3)*.

b) Avis de mutation

1685 Principe – Si le vendeur n'a pas, lors de la mutation à titre onéreux de son lot (exclusion est, donc, faite des mutations à titre gratuit), présenté au notaire un certificat attestant qu'il est libre de toute obligation relativement aux charges de copropriété à l'égard du syndicat, avis de la vente (distinct de la notification du transfert de propriété) doit être donné par le notaire rédacteur au syndic de l'immeuble au siège du syndicat ou au domicile dudit syndic. Cet avis doit être donné par lettre recommandée avec avis de réception dans un délai de 15 jours à compter de la date du transfert de propriété *(L. n° 65-557, 10 juill. 1965, art. 20, I, al. 1er. – D. n° 67-223, 17 mars 1967, art. 5-1 et 65, al. 3)*.

En revanche, si le lot fait l'objet d'une vente sur licitation ou sur saisie immobilière, l'avis de mutation est donné au syndic, selon le cas, soit par le notaire, soit par l'avocat du demandeur ou du créancier poursuivant *(D. n° 67-223, 17 mars 1967, art. 5-1, dernier al.)*.

Si le lot fait l'objet d'une expropriation pour cause d'utilité publique ou de l'exercice d'un droit de préemption publique, l'avis de mutation est donné au syndic, selon le cas, soit par le notaire ou par l'expropriant, soit par le titulaire du droit de préemption *(D. n° 67-223, 17 mars 1967, art. 5-1, dernier al.)*.

Si l'acte est reçu en la forme administrative, l'avis de mutation est donné au syndic par l'autorité qui authentifie la convention *(D. n° 67-223, 17 mars 1967, art. 5-1, dernier al.)*.

Attention L'omission de la formalité constitue, sans aucun doute, un fait caractéristique d'une faute susceptible d'engager la responsabilité du professionnel ayant réalisé la vente ou y ayant concouru si elle génère un préjudice pour l'acquéreur.

1686 Mentions – Dans le silence des textes, l'avis de mutation doit mentionner, en toute logique, tous les éléments informatifs devant permettre au syndic de mettre en œuvre, le cas échéant, la procédure d'opposition au paiement du prix. Il s'agit, notamment, de :
- l'identité du copropriétaire vendeur ;
- la désignation du ou des lots concernés ;
- de l'identité et de l'adresse du notaire instrumentaire ;
- du domicile élu pour la réception de l'opposition.

Remarque L'absence d'indication du montant du prix de vente dans l'avis de mutation ne pas rend pas celui-ci irrégulier.

1687 Effet de l'avis de mutation : droit d'opposition du syndic – Avant l'expiration d'un délai de 15 jours à compter de la réception de l'avis de mutation, le syndic peut former au domicile élu (le plus souvent chez le notaire en cas de vente amiable), par acte extrajudiciaire (l'opposition formée par lettre ne peut produire effet), opposition au versement des fonds pour obtenir, dans la limite du montant de sa créance, le paiement des sommes restant dues par l'ancien propriétaire ; l'opposition ne peut valablement porter que sur les dettes afférentes au lot vendu de sorte que ce lot doit être désigné.

1688 Mentions de l'opposition – L'opposition doit contenir élection de domicile dans le ressort du tribunal de grande instance de la situation de l'immeuble.
À peine de nullité, il convient d'énoncer précisément le montant et les causes de la créance liquide et exigible du syndicat de copropriétaires, qu'il s'agisse d'une créance privilégiée afférente aux charges et travaux, d'une créance garantie par une hypothèque légale ou de tout autre créance (mais l'opposition considérée ne peut pas, évidemment, être relative à une créance du syndic telle que celle due au titre des « frais de mutation »).

Attention L'opposition irrégulière est considérée comme inexistante et, partant, ne permet pas au syndicat d'estimer que le paiement du prix lui est inopposable même si le syndic n'est pas déchu du droit de poursuivre, par d'autres moyens juridiques, le recouvrement des charges dues par le vendeur.

1689 Inopposabilité des paiements – Cela dit, il résulte de l'opposition régulièrement faite que tout paiement ou transfert amiable ou judiciaire du prix opéré sera inopposable au syndic opposant, sachant que cette opposition vaut, au profit du syndicat, mise en œuvre du privilège spécial prévu à l'article 2374 du Code civil et mentionné à l'article 19-1 de la loi du 10 juillet 1965.
L'opposition entraîne ainsi, dans la limite du montant des créances du syndicat qui y sont énoncées, une indisponibilité du prix entre les mains de l'acquéreur si celui-ci ne s'en n'est pas encore libéré ou entre celles du notaire lorsqu'il en constate le paiement par sa comptabilité. Néanmoins, le notaire doit libérer les fonds dès l'accord entre le syndic et le vendeur sur les sommes restant dues mais, à défaut d'accord, il doit, dans un délai de 3 mois après la constitution par le syndic de l'opposition régulière, verser les sommes retenues au syndicat, sauf contestation devant les tribunaux de l'opposition par une des parties, une opposition dont les effets sont limités au montant ainsi énoncé *(L. n° 65-557, 10 juill. 1965, art. 20, I)*.

1690 Information des créanciers inscrits – Le notaire, ou, selon le cas, l'une des personnes mentionnées au dernier alinéa de l'article 5-1 du décret n° 67-223 du 17 mars 1967 (l'avocat du demandeur ou du créancier poursuivant en cas de vente sur licitation ou sur saisie immobilière, l'expropriant si le lot fait l'objet d'une expropriation pour cause d'utilité publique, le titulaire d'un droit de préemption publique et l'autorité qui authentifie la convention si l'acte est reçu en la forme administrative) doit informer les créanciers inscrits de l'opposition formée par le syndic et, sur leur demande, leur en adresser copie *(D. n° 67-223, 17 mars 1967, art. 6-1)*.

Conseil pratique Cette information est importante pour certains créanciers inscrits, en les renseignant sur les perspectives de recouvrement de leurs propres créances, puisqu'ils peuvent être primés ou concurrencés par le syndicat qui est titulaire d'un privilège immobilier spécial pour certaines créances. Ainsi, même si le texte ne prévoit aucune sanction si le débiteur de l'obligation d'information ne l'exécute pas, cette défaillance est caractéristique d'une faute susceptible d'engager sa responsabilité professionnelle si un préjudice est causé au créancier inscrit.

C. – RÉPARTITION DES DÉPENSES ENTRE VENDEUR ET ACHETEUR

1691 Problématique – Il s'avère que la problématique relative à la répartition des charges entre le vendeur et l'acquéreur du lot de copropriété se pose très souvent, voire de manière systématique ou presque, pour diverses raisons qui peuvent être communes ou propres aux deux parties à la vente dans les rapports entre eux ou dans leurs relations respectives avec le syndicat de copropriétaires. Il y a, parmi ces raisons, celles-ci qui sont loin d'être exhaustives :
- le vendeur entend généralement obtenir le remboursement des charges acquittées à titre de provision pour leur partie afférente à la période postérieure à la vente, alors que, à l'opposé, l'acquéreur peut craindre de devoir procéder à ce remboursement ;
- le vendeur souhaite souvent obtenir le remboursement, le cas échéant, des avances qu'il a pu faire avant la vente en application du règlement de copropriété ou d'une décision de l'assemblée générale, tandis que, au contraire, l'acquéreur peut redouter d'avoir à les supporter en dernier ressort ;
- le vendeur veut habituellement que ne lui soient pas imputées, en définitive, des charges relatives à des travaux à réaliser après la vente même si la décision de les réaliser est antérieure à la mutation, alors que, de son côté, l'acquéreur peut craindre de devoir rembourser ces charges-là ;
- l'acquéreur peut, outre les craintes susmentionnées, redouter d'avoir à faire face aux conséquences financières d'un dépassement du budget prévisionnel pour l'année au cours de laquelle l'acquisition est intervenue.

1692 Solutions textuelles et solutions conventionnelles – Si les textes envisagent, fort opportunément, la question de l'obligation à la dette, cette détermination objective peut n'être que provisoire dans les rapports entre les parties puisque celles-ci peuvent avoir conventionnellement stipulé des règles de contribution différentes.

1° Règles textuelles ou objectives de répartition

a) Charges de copropriété stricto sensu

1693 Notion de charges – Les charges sont les dépenses incombant définitivement aux copropriétaires, chacun pour sa quote-part *(D. n° 67-223, 17 mars 1967, art. 45-1, al. 1er)*.

1694 Notion de provisions sur charges – Au sens et pour l'application des règles comptables du syndicat, sont nommées provisions sur charges les sommes versées ou à verser en attente du solde définitif qui résultera de l'approbation des comptes du syndicat *(D. n° 67-223, 17 mars 1967, art. 45-1, al. 2)*.

1695 Provision exigible du budget prévisionnel correspondant aux charges courantes : vendeur débiteur – Pour faire face aux dépenses courantes de maintenance, de fonctionnement et d'administration des parties communes et équipements communs de l'immeuble, le syndicat des copropriétaires vote, chaque année, un budget prévisionnel *(L. n° 65-557, 10 juill. 1965, art. 14-1, al. 1er)*.
La provision est exigible le premier jour de chaque trimestre ou le premier jour de la période fixée par l'assemblée générale *(L. n° 65-557, 10 juill. 1965, art. 14-1, al. 3)*.
À l'occasion de la mutation à titre onéreux d'un lot de copropriété, le paiement de la provision exigible du budget prévisionnel **incombe au vendeur** *(D. n° 67-223, 17 mars 1967, art. 6-2, 1°)*.
Il s'ensuit que, pour la répartition de la provision pour charges courantes (trimestrielle en règle ordinaire) couvrant une période pour partie antérieure à la mutation et postérieure à celle-ci pour le surplus, le syndic n'a pas, en principe, à procéder à l'établissement d'un compte *prorata temporis* en fonction de la date de signature de l'acte authentique ou de la date d'entrée en jouissance.

1696 Provisions des dépenses non comprises dans le budget prévisionnel : vendeur ou acquéreur débiteur – Ne sont pas comprises dans le budget prévisionnel, les dépenses pour travaux dont la liste est fixée par décret en Conseil d'État. Les sommes afférentes à ces dépenses sont exigibles selon les modalités votées par l'assemblée générale *(L. n° 65-557, 10 juill. 1965, art. 14-2, I)*.
À l'occasion de la mutation à titre onéreux d'un lot de copropriété, le paiement des provisions des dépenses non comprises dans le budget prévisionnel **incombe à celui qui est copropriétaire au moment de l'exigibilité** *(D. n° 67-223, 17 mars 1967, art. 6-2, 2°)*.

1697 Trop ou moins perçu sur provisions : vendeur ou acquéreur créancier ou débiteur – À l'occasion de la mutation à titre onéreux d'un lot de copropriété, le trop ou moins perçu sur provisions (par rapport au budget prévisionnel sur la base duquel les appels trimestriels ont été calculés et appelés), révélé par l'approbation des comptes, est **porté au crédit ou au débit du compte de celui (vendeur ou acquéreur) qui est copropriétaire lors de l'approbation des comptes** *(D. n° 67-223, 17 mars 1967, art. 6-2, 3°)*, sachant que la qualité de « copropriétaire » vis-à-vis du syndic est acquise à la réception par celui-ci de la notification du transfert de propriété *(D. n° 67-223, 17 mars 1967, art. 6)*. Ainsi, eu égard au délai entre la fin d'un exercice et l'approbation des comptes, il s'agira, en principe, de l'acquéreur dès lors que la vente a été régulièrement notifiée au syndic de copropriété.

b) Avances de trésorerie

1698 Notion d'avances – Au sens et pour l'application des règles comptables du syndicat, sont nommées avances (quelquefois appelées « fonds de roulement » ou « avances de trésorerie permanente ») les fonds destinés, par le règlement de copropriété ou une décision de l'assemblée générale, à constituer des réserves, ou qui représentent un emprunt du syndicat auprès des copropriétaires ou de certains d'entre eux *(D. n° 67-223, 17 mars 1967, art. 45-1)*.

1699 Double caractère des avances, remboursables au vendeur ou reconstituables par l'acheteur – Puisqu'elles constituent des réserves représentant un emprunt du syndicat auprès des copropriétaires ou de certains d'entre eux, les avances sont remboursables par le syndicat aux copropriétaires concernés *(D. n° 67-223, 17 mars 1967, art. 45-1)*. Il s'ensuit que, en cas de vente d'un lot, ces sommes (mentionnées dans l'état daté) dont le vendeur est créancier au moment de la mutation dans les comptes de la copropriété au titre des avances qu'il a pu consentir doivent lui être intégralement restituées par le syndic et être, dans les mêmes proportions (en totalité donc), reconstituées par l'acquéreur. Il résulte, en effet, des dispositions de l'article 5, 3°, a, du décret n° 67-223 du 17 mars 1967 que le syndic doit indiquer dans la troisième partie de l'état daté les sommes qui devraient incomber au nouveau copropriétaire, pour le lot considéré, au titre de la reconstitution des avances mentionnées à l'article 45-1 du décret et ce d'une manière même approximative.

c) Emprunt souscrit pour le financement de certaines opérations régulièrement votées

1700 Un copropriétaire peut bénéficier de l'emprunt mentionné à l'article 26-4 de la loi du 10 juillet 1965 : emprunt souscrit au nom du syndicat des copropriétaires pour le financement soit de travaux régulièrement votés concernant les parties communes ou de travaux d'intérêt collectif sur parties privatives régulièrement votés, soit des actes d'acquisition conformes à l'objet du syndicat et régulièrement votés.
Lors d'une mutation entre vifs (telle une vente) du lot d'un copropriétaire bénéficiant d'un tel emprunt, les sommes restant dues par le copropriétaire au titre du remboursement de l'emprunt ainsi que du paiement des accessoires deviennent immédiatement exigibles.
Toutefois, en cas d'accord du prêteur et de la caution, l'obligation de payer ces sommes peut être transmise au nouveau copropriétaire (acquéreur par exemple) avec son accord. Le notaire doit informer le syndic de ces accords *(L. n° 65-557, 10 juill. 1965, art. 26-8)*.

d) Dépenses ou recettes liées à des conflits et procédures en cours

1701 Problématique et solution – Il est évident que des procédures contentieuses au sein de la copropriété sont susceptibles d'avoir des répercussions financières – favorables parce que génératrices d'un actif ou défavorables parce que source d'un passif – pour le syndicat des copropriétaires ou pour les copropriétaires proportionnellement à leurs droits. Elles peuvent alors, le cas échéant, intéresser les parties à la vente lorsqu'elles sont en cours et en suspens au moment de la mutation puisque, en fonction des circonstances, l'acquéreur devenu copropriétaire aurait vocation à en profiter ou, au contraire, à en pâtir.
C'est sans doute l'une des raisons pour lesquelles l'article 5, dernier alinéa, du décret n° 67-223 du 17 mars 1967 dispose que, dans une annexe à la troisième partie de l'état daté, le syndic doit mentionner, s'il y a lieu, l'objet et l'état des procédures en cours dans lesquelles le syndicat est partie.
Mais, nonobstant l'édiction de cette obligation d'information à la charge du syndic, il ne s'évince des textes aucune règle de répartition, entre vendeur et acquéreur, des incidences pécuniaires des procédures en cours, à la différence de ce qui a été prévu relativement aux charges de copropriété et aux avances de trésorerie. Il s'ensuit que le syndic doit, s'il y a lieu, imputer les dépenses ou attribuer les recettes résultant des procédures en cours au copropriétaire dont il a légalement connaissance au moment de leur mise en œuvre comptable.

Conseil pratique **On estime que les parties à la vente peuvent, s'agissant des conséquences financières de tel ou tel litige ou procédure, convenir d'en attribuer l'actif ou le passif à l'une quelconque d'entre elles.**

e) Frais de mutation

1702 La vente d'un lot de copropriété est généralement, voire systématiquement, l'occasion pour les syndics de copropriété d'exiger le paiement de « frais de mutation » prévus dans le contrat de syndic approuvé par l'assemblée générale et destinés à rémunérer certaines de leurs diligences liées à l'aliénation.
Sont imputables au seul copropriétaire vendeur (et non à l'acheteur), les honoraires du syndic afférents aux prestations qu'il doit effectuer pour l'établissement de l'état daté à l'occasion de la mutation à titre onéreux d'un lot ou d'une fraction de lot. Ces honoraires ou frais perçus ne peuvent excéder un montant fixé par décret *(L. n° 65-557, 10 juill. 1965, art. 10-1, b. – D. n° 67-223, 17 mars 1967, ann. 1, 9.)*.
En outre, le syndic doit remettre au copropriétaire qui en fait la demande, aux frais de ce dernier, les documents suivants : copie des pièces justificatives des charges de copropriété ; copie du carnet d'entretien de l'immeuble et, le cas échéant, des diagnostics techniques ; copie certifiée conforme ou d'un extrait de procès-verbal d'assemblée générale *(D. n° 67-223, 17 mars 1967, art. 33, al. 3. – D. n° 67-223, 17 mars 1967, ann. 1, 9.)*. Il résulte de ces dispositions spéciales que la mise à la charge du vendeur d'autres frais (tels des frais de mise à jour du fichier des copropriétaires ou encore des frais de clôture ou d'ouverture de compte) est irrégulière.

2° Règles conventionnelles ou subjectives de répartition

1703 Force obligatoire et relativité des conventions – *« Toute convention contraire aux dispositions de l'article 6-2 n'a d'effet qu'entre les parties à la mutation à titre onéreux » (D. n° 67-223, 17 mars 1967, art. 6-3)*. Ainsi, sans interdire les accords de répartition des dépenses dérogatoires aux dispositions objectives de son article 6-2 (*V. n°* ***1695*** *et s.*), le décret n° 67-223 du 17 mars 1965 les déclare inefficaces à l'égard du syndicat, au nom du principe de la relativité des conventions selon lequel *« les tiers ne peuvent ni demander l'exécution du contrat ni se voir contraints de l'exécuter » (C. civ., art. 1199 et ancien art. 1165)*, de sorte que le syndic peut et même doit, nonobstant ces aménagements conventionnels, demander le paiement des provisions à leur débiteur légal. Il n'en reste pas moins que, dans les rapports *inter partes*, *« les contrats légalement formés tiennent lieu de loi à ceux qui les ont faits » (C. civ., art. 1103 et ancien art. 1134, al. 1er)*.

1704 Conditions de validité – Il est évident que le caractère obligatoire des conventions dérogatoires de répartition des dépenses suppose leur validité sachant que la reconnaissance de celle-ci suppose, notamment, que le consentement des parties ait été libre et éclairé. Et, à ce propos, il importe que les parties aient été convenablement informées sur l'existence et la portée des répercussions financières de leurs accords de répartition des dépenses dérogatoires aux dispositions textuelles.

Conseil pratique **Ces informations déterminantes peuvent être puisées dans l'état préalable délivré par le syndic, dans les procès-verbaux d'assemblées et appels de charges, dans le carnet d'entretien, dans les réponses données par le syndic sollicité pour fournir des renseignements complémentaires ou pour confirmer des renseignements déjà obtenus...**

1705 Registre d'immatriculation – Afin de faciliter la connaissance des citoyens et des pouvoirs publics sur l'état des copropriétés et la mise en œuvre des actions destinées à prévenir la survenance des dysfonctionnements, il est institué un registre auquel sont immatriculés les syndicats de copropriétaires qui administrent des immeubles à destination partielle ou totale d'habitation.

L'immatriculation est obligatoire depuis le 31 décembre 2016 pour les copropriétés de plus de 200 lots à usage de logements, de bureaux ou de commerces, depuis le 31 décembre 2017 pour les copropriétés de plus de 50 lots et à partir 31 décembre 2018 pour les autres copropriétés *(L. n° 2014-366, 24 mars 2014, art. 53, III)*.

Ainsi, les syndicats de copropriétaires sont tenus de déclarer les données mentionnées à l'article L. 711-2 du CCH et, en particulier, celles-ci :

- si le syndicat est en difficulté et fait ainsi l'objet d'une procédure prévue aux articles 29-1 A ou 29-1 de la loi n° 65-557 du 10 juillet 1965 ;
- à l'issue de chaque exercice comptable, les données essentielles relatives à la gestion et aux comptes du syndicat, issues notamment du budget prévisionnel, des comptes du syndicat et de leurs annexes ;
- les données essentielles relatives au bâti issues, le cas échéant, du carnet d'entretien et du diagnostic technique global réalisé en application de l'article L. 731-1 du CCH, dès lors que celles-ci ne sont pas déjà fournies par les services fiscaux au teneur du registre.

Pour faciliter l'information des acquéreurs de lots de copropriété, les notaires ont accès à l'ensemble des données du registre sachant que tout acte authentique de vente devant notaire relatif à un lot de copropriété comporte la mention du numéro d'immatriculation de la copropriété *(CCH, art. L. 711-1 à L. 711-7 et R. 711-1 à R. 711-21)*.

1706 Fiche synthétique – Le syndic doit, sauf s'il administre un immeuble à destination totale autre que d'habitation, établir et mettre à jour une fiche synthétique de la copropriété regroupant les données financières et techniques essentielles relatives à la copropriété et à son bâti et la mettre à disposition des copropriétaires *(L. n° 65-557, 10 juill. 1965, art. 8-2. – D. n° 2012-1822, 21 déc. 2016)*.

L'établissement de la fiche synthétique est obligatoire depuis le 31 décembre 2016 pour les copropriétés de plus de 200 lots à usage de logements, de bureaux ou de commerces, depuis le 31 décembre 2017 pour les copropriétés de plus de 50 lots et à partir 31 décembre 2018 pour les autres copropriétés *(L. n° 2014-366, 24 mars 2014, art. 54, IV)*.

a) Charges de copropriété *stricto sensu*

1707 Accords dérogatoires relatifs aux dépenses du budget prévisionnel correspondant aux charges courantes – Si, à l'occasion de la mutation à titre onéreux d'un lot de copropriété, le paiement de la provision exigible du budget prévisionnel, en application de l'alinéa 3 de l'article 14-1 de la loi du 10 juillet 1965, incombe au vendeur *(D. n° 67-223, 17 mars 1967, art. 6-2, 1°)*, les parties peuvent néanmoins aménager ce principe en prévoyant les stipulations suivantes :

- celle selon laquelle, le cas échéant, toutes les provisions appelées entre la promesse de vente et la vente incombent au vendeur ;
- celle selon laquelle la provision concernant la période en cours au jour de la signature de l'acte de vente sera répartie, *prorata temporis*, entre le vendeur et l'acheteur ; il est ainsi convenu que l'acquéreur remboursera au vendeur, le jour de l'acte authentique, une fraction de la somme payée d'avance au titre de la provision trimestrielle ;
- celle selon laquelle l'acquéreur aura à sa charge les provisions pouvant être exigibles entre le jour de la signature de l'acte de vente et celui de la notification de la vente au syndic.

1708 Accords dérogatoires relatifs aux dépenses non comprises dans le budget prévisionnel – À l'occasion de la vente d'un lot de copropriété, le paiement des provisions des dépenses non comprises dans le budget prévisionnel incombe, d'après les textes, à celui qui est copropriétaire au moment de l'exigibilité et, donc, au vendeur avant la notification du transfert de propriété au syndic *(D. n° 67-223, 17 mars 1967, art. 6-2, 2°)*.

Néanmoins, en élargissant volontairement le champ du principe posé par l'article 6-2, 2°, du décret n° 67-223 du 17 mars 1967 à une hypothèse qu'il ne couvre pas ordinairement, les parties peuvent valablement et efficacement convenir que le paiement des dépenses non comprises dans le budget prévisionnel incombera au vendeur même si les appels de fonds sont faits après la notification du transfert de propriété au syndic de copropriété.

Conseil pratique **Dans ce cas, il est recommandé, pour assurer la sécurité juridique de l'acheteur, de stipuler dans l'avant-contrat qu'un montant suffisant pour faire face aux dépenses susmentionnées sera prélevé sur le prix de vente et déposé entre les mains d'un séquestre ainsi chargé irrévocablement de répondre aux appels de fonds et de restituer l'éventuel trop perçu au vendeur.**

1709 Autres conventions – Les parties peuvent aussi convenir que le paiement de ces charges, souvent relatives à des travaux, incombera à l'acheteur au fur et à mesure des appels de fonds quand bien même ceux-ci seraient faits avant la signature de l'acte authentique et sa notification au syndic qui est, pourtant, l'événement qui marque officiellement l'entrée de l'acquéreur dans la collectivité des copropriétaires *(D. n° 67-223, 17 mars 1967, art. 6 et 32)*.

L'acheteur sera ainsi tenu de rembourser au vendeur le montant des charges considérées, pour une période durant laquelle il n'était pourtant pas encore membre du syndicat des copropriétaires, dès l'instant que c'est lui qui, en réalité, tirera profit de l'éventuelle amélioration de l'immeuble résultant des travaux considérés ; notons que la prise en charge du coût de ces travaux par l'acheteur est considérée, sous l'angle fiscal, comme une charge augmentative du prix de vente.

Et, s'agissant des charges afférentes aux éventuels travaux décidées entre la promesse et l'acte authentique, il est recommandé de prévoir dans l'avant-contrat que, au cas où une assemblée générale se réunirait entre la signature de ce contrat préparatoire et celle de l'acte authentique, le vendeur devra en informer l'acheteur en lui communiquant l'ordre du jour et en sollicitant ses éventuelles instructions de vote : le vendeur devra voter suivant ces instructions sous peine de devoir supporter, malgré la clause dérogatoire, les dépenses décidées avant la notification de la vente au syndic.

Conseil pratique **Les parties peuvent aussi convenir, toujours dans l'hypothèse où une assemblée générale devrait se réunir entre la signature de l'avant-contrat et celle de l'acte notarié, que le vendeur s'engage à transmettre à l'acquéreur sa convocation ainsi qu'un mandat en sa faveur pour lui permettre de participer à l'assemblée et de voter en son nom et pour son compte.**

1710 **Accords dérogatoires relatifs au trop ou moins perçu sur provisions** – À l'occasion de la mutation à titre onéreux d'un lot de copropriété, le trop ou moins perçu sur provisions, révélé par l'approbation des comptes, est porté au crédit ou au débit du compte de celui (vendeur ou acquéreur) qui est copropriétaire lors de l'approbation des comptes *(D. n° 67-223, 17 mars 1967, art. 6-2, 3°)* ; les parties peuvent, en dérogeant à ce principe, convenir que cette somme sera partagée entre elles sur une base convenue (*prorata temporis* par exemple). Il s'ensuit que la proportion du trop ou moins-perçu afférent à la période antérieure à l'entrée en jouissance de l'acquéreur ou au transfert de propriété sera, selon le cas, remboursé par l'acheteur au vendeur ou pris en charge par ce dernier.

Formule – Formule à insérer dans l'acte authentique de vente

Provisions exigibles au titre du budget prévisionnel
La provision trimestrielle (***ou*** : mensuel) due au titre du budget prévisionnel exigible à la date du... pour un montant de ...euros est acquittée par le seul vendeur. La vente ne sera opposable au syndic qu'à la suite de la notification des présentes par le notaire soussigné.
Entre les parties, sans que ce soit opposable au syndic, il est convenu que l'acquéreur supporte son coût à compter de ce jour jusqu'au terme de la période trimestrielle (***ou*** : mensuelle). Il s'oblige donc payer à première demande la somme de...euros au vendeur.

Provisions exigibles au titre des dépenses non comprises dans le budget prévisionnel
Dans les rapports avec le syndicat des copropriétaires, le débiteur est la personne qui est propriétaire lors de l'exigibilité de la demande de provision, elle est l'unique responsable de son payement.
En l'espèce, aux termes de l'assemblée générale en date du..., ci-annexée, il a été décidé de procéder à...

Choisir suivant le cas :

1. – TRAVAUX NON COMMENCÉS

Les travaux n'ont pas débuté et aucune demande de provision n'a été sollicitée. Par dérogation au principe légal, les parties conviennent que le montant dû par le vendeur relativement à ces travaux sera supporté par le seul acquéreur. Si au moment de l'appel de provision les présentes n'ont pas encore été notifiées au syndic et que le vendeur se trouve récipiendaire d'une demande de provision, l'acquéreur s'oblige à régler son montant. Dans le cas où le vendeur s'en acquitte spontanément ou après poursuite, l'acquéreur devra lui rembourser le montant à première demande.

2. – TRAVAUX COMMENCÉS

Les travaux ont débuté et une première demande de provision a été sollicitée et payée par le vendeur en date du ....
Par dérogation au principe légal, les parties conviennent que le montant restant dû par le vendeur relativement à ces travaux, soit la somme de...euros, sera supporté par le seul acquéreur. Il est d'ores et déjà précisé que la prochaine demande intervient en date du....Si au moment de l'appel de provision les présentes n'ont pas encore été notifiées au syndic et que le vendeur se trouve récipiendaire d'une demande de provision, l'acquéreur s'oblige à régler son montant. Dans le cas où le vendeur s'en acquitte spontanément ou après poursuite, l'acquéreur devra lui rembourser le montant à première demande.

Pour d'autres formules, *V. J. Lafond et G. Rouzet, Pratique de la vente du lot de copropriété : LexisNexis, 2017, p. 504.*

b) Avances de trésorerie

1711 En application du principe, posé par l'article 45-1 du décret n° 67-223 du 17 mars 1967, en cas de vente d'un lot de copropriété, les avances de trésorerie, mentionnées dans l'état daté, doivent être intégralement restituées au vendeur par le syndic et être, dans les mêmes proportions, reconstituées par l'acquéreur (*V. n° **1951**. – Fasc. 9400, n° 63*). On considère que ces règles textuelles sont largement suffisantes et satisfaisantes de sorte qu'il est recommandé, non pas d'y déroger, mais de les rappeler en attirant l'attention de l'acheteur sur le fait qu'il devra prendre en charge, en sa qualité de copropriétaire, le versement au syndic de copropriété des sommes considérées.

1712 Remarques à propos du fonds de travaux – Depuis le 1er janvier 2017, dans les immeubles à destination partielle ou totale d'habitation soumis au statut de la copropriété des immeubles bâtis, le syndicat des copropriétaires doit constituer un fonds de travaux à l'issue d'une période de 5 ans suivant la date de la réception des travaux pour faire face aux dépenses résultant, d'une part, des travaux prescrits par les lois et règlements et, d'autre part, des travaux décidés à ce titre par l'assemblée générale des copropriétaires. Ce fonds de travaux est alimenté par une cotisation annuelle obligatoire, dont le montant ne peut être inférieur à 5 % du budget prévisionnel, versée par les copropriétaires selon les mêmes modalités que celles décidées par l'assemblée générale pour le versement des provisions dudit budget prévisionnel *(L. n° 65-557, 10 juill. 1965, art. 14-2, II)*.

Néanmoins, si le diagnostic technique global prévu à l'article L. 731-1 du CCH a été réalisé et qu'il ne fait apparaître aucun besoin de travaux dans les 10 prochaines années, le syndicat est dispensé de l'obligation de constituer un fonds de travaux pendant la durée de validité du diagnostic *(L. n° 65-557, 10 juill. 1965, art. 14-2, II)*.

En outre, lorsque l'immeuble comporte moins de dix lots, le syndicat peut décider de ne pas constituer de fonds de travaux par une décision unanime de l'assemblée générale *(L. n° 65-557, 10 juill. 1965, art. 14-2, III)*.

Conseil pratique **Les sommes versées au titre du fonds de travaux sont attachées aux lots et définitivement acquises au syndicat des copropriétaires et, partant, elles ne donnent pas lieu à un remboursement par le syndicat à l'occasion de la cession d'un lot *(L. n° 65-557, 10 juill. 1965, art. 14-2, II)*. Cela dit, on considère que les parties à la vente peuvent convenir d'un remboursement par l'acquéreur au vendeur des sommes non encore affectées à des travaux ; cette prise en charge correspondant alors, d'un point de vue fiscal, à une charge augmentative du prix.**

Formule. – Compte définitif à la suite de l'arrêté des comptes

S'il existe un moins-perçu à la suite de l'approbation des comptes, il est porté au débit du compte de celui qui est propriétaire au moment de l'approbation desdits comptes. Et inversement en cas de trop-perçu, le montant est porté au crédit du compte de celui qui est propriétaire à cette même date. Après les explications du notaire soussigné sur cette règle et sa portée, les parties déclarent l'accepter et n'entendent pas y déroger (ou : S'il existe un moins-perçu à la suite de l'approbation des comptes, il est porté au débit du compte de celui qui est propriétaire au moment de l'approbation desdits comptes. Cependant, entre les parties, il est convenu que .... ; le vendeur s'obligeant à rembourser à première demande à l'acquéreur la fraction de la dette lui incombant à la suite de leur accord conventionnel. Et s'il existe un trop-perçu à la suite de l'approbation des comptes, il est porté au crédit du compte de celui qui est propriétaire au moment de l'approbation desdits comptes. Cependant, entre les parties, il est convenu que .... ; l'acquéreur s'obligeant à rembourser à première demande au vendeur la fraction de la somme devant lui revenir à la suite de leur accord conventionnel).

Pour d'autres formules, *V. J. Lafond et G. Rouzet, Pratique de la vente du lot de copropriété : LexisNexis, 2017, p. 506.*

3° Garanties de recouvrement des charges offertes au syndicat à l'occasion de la vente

1713 Hypothèque légale – Les créances de toute nature du syndicat à l'encontre de chaque copropriétaire sont, qu'il s'agisse de provision ou de paiement définitif, garanties par une hypothèque légale sur son lot. L'hypothèque peut être inscrite soit après mise en demeure restée infructueuse d'avoir à payer une dette devenue exigible, soit dès que le copropriétaire invoque les dispositions de l'article 33 de la loi du 10 juillet 1965.

Le syndic a qualité pour faire inscrire cette hypothèque au profit du syndicat ; il peut valablement en consentir la mainlevée et requérir la radiation, en cas d'extinction de la dette, sans intervention de l'assemblée générale.

Le copropriétaire défaillant peut, même en cas d'instance au principal, sous condition d'une offre de paiement suffisante ou d'une garantie équivalente, demander mainlevée totale ou partielle au président du tribunal de grande instance statuant comme en matière de référé. Aucune inscription ou inscription complémentaire ne peut être requise pour des créances exigibles depuis plus de 5 ans *(L. n° 65-557, 10 juill. 1965, art. 19, al. 1er à 4)*.

1714 Privilège mobilier – Les créances de toute nature du syndicat à l'encontre de chaque copropriétaire, qu'il s'agisse de provision ou de paiement définitif, bénéficient, du privilège prévu par l'article 2332, 1°, du Code civil en faveur du bailleur. Ce privilège porte sur tout ce qui garnit les lieux, sauf si ces derniers font l'objet d'une location non meublée. Dans ce dernier cas, il est reporté sur les loyers dus par le locataire *(L. n° 65-557, 10 juill. 1965, art. 19, al. 5 et 6)*.

1715 Privilège immobilier spécial – Sont garantis par le privilège immobilier spécial prévu à l'article 2374 du Code civil *(L. n° 65-557, 10 juill. 1965, art. 19-1)* :

- l'obligation de participer aux charges de copropriété et aux travaux d'amélioration, de transformation et d'addition mentionnés aux articles 10 et 30 de la loi du 10 juillet 1965 ;
- les cotisations au fonds de travaux mentionné à l'article 14-2 de la loi du 10 juillet 1965 ;

IMMEUBLE VENDU

- les créances afférentes aux travaux de restauration immobilière réalisés en application de l'article 24, II, c ;
- les dommages et intérêts alloués par les juridictions au syndicat des copropriétaires ainsi que le remboursement des dépens.

Pour aller plus loin

Formules
- JCl. Notarial Formulaire, V° Copropriété, fasc. 209 (information de l'acquéreur), par J. Lafond
- JCl. Notarial Formulaire, V° Copropriété, fasc. 217 (formalités antérieures à la vente de lot), par J. Lafond
- JCl. Notarial Formulaire, V° Copropriété, fasc. 219 (vente de lot), par J. Lafond
- JCl. Notarial Formulaire, V° Copropriété, fasc. 221 (formalités postérieures), par J. Lafond

Fiche pratique
- Fiche pratique n° 1721 : Rédiger une vente d'immeuble, par M. Suquet-Cozic

Commentaires
- JCl. Notarial Formulaire, Synthèse 450 : Vente de lots de copropriété, par J.-M. Roux et J. Lafond
- JCl. Notarial Formulaire, Synthèse 1440 : Vente d'immeuble : préparation de l'acte, par V. Zalewski-Sicard
- JCl. Notarial Formulaire, V° Copropriété, fasc. 206 (vente de lot, fiche pratique), par J. Lafond
- JCl. Notarial Formulaire, V° Copropriété, fasc. 208, 214, 216, par J. Lafond

D. – MENTION ET GARANTIE DE LA SUPERFICIE DE LA PARTIE PRIVATIVE DU LOT OU FRACTION DE LOT DE COPROPRIÉTÉ

1716 Renvoi – Se reporter à l'étude spécifique *(V. n° **1837** et s.)*.

Immeuble rural

I. Notion d'immeuble rural

1717 Le qualificatif rural « se rapporte aux champs, de façon plus générale, à la vie campagnarde et donc (géographiquement) qui se situe à la campagne, en dehors des agglomérations ou des villes d'une certaine importance, par opposition à urbain » alors que le « domaine rural » désigne un « immeuble à destination agricole susceptible de former tout ou partie d'une exploitation » *(G. Cornu, Vocabulaire juridique, « Rural » : PUF)*. Ainsi, « la notion d'immeuble rural peut être comprise comme recouvrant les terrains de culture (terres labourables), les exploitations agricoles (domaines agricoles, vignes, vergers...), les bois et forêts, ainsi que les bâtiments d'exploitation ou d'habitation dépendant d'une propriété agricole ». D'un point de vue plus « urbanistique », l'immeuble rural est celui-qui n'est pas situé dans une zone urbaine *(V. JCl. Rural, V° Agriculture, fasc. 140, par J. Foyer)*.
Ainsi défini, l'immeuble rural présente un particularisme structurel qui est tel que sa vente suppose la vérification attentive de certaines données spécifiques.

II. Droits de préemption ou préférence en matière agricole ou forestière

1718 Il convient naturellement de vérifier si l'aliénation envisagée entre ou non dans le domaine d'application des droits de préemption en matière agricole ou forestière : **droit de préemption de la société d'aménagement foncier et d'établissement rural** (SAFER) compétente *(C. rur., art. L. 143-1 et s. et R. 143-1)*, **droit de préemption d'un éventuel preneur en place** *(C. rur., art. L. 412-1 et s.)*, divers **droits de préemption de la commune ou de l'État** en cas de vente d'une propriété classée au cadastre en nature de bois et forêts *(C. for., art. L. 331-22 et s.)*. La commune au delà du droit de préemption prévu par l'article L. 331-22 du Code forestier, bénéficie d'un droit de préférence prévu par l'article L. 331-24 du même code, sauf dans les cas énumérés par l'article L. 331-21 du Code forestier. Celui-ci s'applique en cas de vente d'une propriété classée au cadastre en nature de bois et forêts et d'une superficie totale inférieure à quatre hectares ou de vente de droits indivis ou de droits réels de jouissance relatifs à cette propriété. La commune bénéficiant du droit de préférence est celle sur le territoire de laquelle se trouve cette propriété.

Attention **À peine de nullité de la vente, le vendeur est tenu de notifier au maire le prix et les conditions de la vente projetée par lettre recommandée avec demande d'avis de réception. Le maire dispose d'un délai de 2 mois à compter de la notification pour faire connaître au vendeur qu'il exerce le droit de préférence de la commune au prix et aux conditions indiqués.**

Il faut penser aussi au droit de préemption du preneur *(V. n° **3131** et s.)*.

Pour aller plus loin

Formules
- JCl. Notarial Formulaire, V° Préemption, fasc. 325 (preneur en place), par F. Collard
- JCl. Notarial Formulaire, V° Préemption, fasc. 385 et 395 (SAFER), par I. Roussel
- JCl. Notarial Formulaire, V° Préemption, fasc. 397 (parcelles boisées), par S. de los Angeles
- JCl. Notarial Formulaire, V° Vente d'immeuble, fasc. 115-15 (parcelle boisée), par F. Collard et J.-F. Pillebout

Fiches pratiques
Fiche pratique n° 2628 : Purger le droit de préemption du preneur rural, par I. Roussel
Fiche pratique n° 2212 : Purger le droit de préemption de la SAFER, par S. Besson
Fiche pratique n° 4190 : Purger le droit de préemption des communes en matière forestière, par I. Roussel
Fiche pratique n° 4188 : Purger le droit de préemption de l'État en matière forestière, par I. Roussel
Fiche pratique n° 4191 : Purger le droit de préférence des communes en matière forestière, par I. Roussel

Commentaires
- JCl. Notarial Formulaire, V° Préemption, fasc. 300 et 310 (preneur en place), par J.-P. Moreau et B. Grimonprez
- JCl. Notarial Formulaire, V° Préemption, fasc. 350 et 370 (SAFER), par B. Grimonprez
- JCl. Notarial Formulaire, V° Préemption, fasc. 360 (SAFER), par F. Roussel
- JCl. Notarial Formulaire, V° Préemption, fasc. 390 (parcelles boisées)

III. Indisponibilité temporaire de l'immeuble rural dans certaines hypothèses

1719 Il convient aussi de s'assurer de l'aliénabilité effective de l'immeuble rural dans certaines hypothèses.

1720 **Reprise ou préemption** – C'est le cas, d'abord, **lorsque le propriétaire a exercé sur son bien un droit de reprise à l'encontre d'un précédent locataire** dans les conditions prévues aux articles L. 411-57 et L. 411-58 du Code rural et de la pêche maritime. En effet, *« le bénéficiaire de la reprise (ou le preneur qui a fait usage de son droit de préemption) doit, à partir de celle-ci, se consacrer à l'exploitation du bien repris pendant au moins neuf ans soit à titre individuel, soit au sein d'une société dotée de la personnalité morale, soit au sein d'une société en participation dont les statuts sont établis par un écrit ayant acquis date certaine. Il ne peut se limiter à la direction et à la surveillance de l'exploitation et doit participer sur les lieux aux travaux de façon effective et permanente, selon les usages de la région et en fonction de l'importance de l'exploitation. Il doit posséder le cheptel et le matériel nécessaires ou, à défaut, les moyens de les acquérir. Le bénéficiaire de la reprise doit occuper lui-même les bâtiments d'habitation du bien repris ou une habitation située à proximité du fonds et en permettant l'exploitation directe (C. rur., art. L. 411-59 et L. 412-12) »*. Il s'ensuit que l'immeuble rural sur lequel le droit de reprise est exercé devient, en principe et en pratique, indisponible et incessible pour un certain temps sauf dans certaines situations : cas de force majeure, renonciation de l'ancien locataire à son droit acquis à invoquer l'engagement du bailleur ou vente portant sur une infime partie de la superficie totale du bien affermé dont la capacité de production ne peut être diminuée de ce fait.

1721 **Attribution ou affectation par une SAFER** – C'est le cas, ensuite, **lorsque l'immeuble rural considéré a été précédemment attribué par une SAFER** ayant imposé à l'acquéreur, à cette occasion, un cahier des charges comportant l'engagement du maintien pendant un délai minimal de 10 ans (voire de 18 ans si le bien attribué est situé dans un périmètre de protection et de mise en valeur des espaces agricoles et naturels périurbains) de l'usage agricole ou forestier ou de la qualité environnementale du bien attribué et soumettant, pendant ce même délai, toute opération de cession à titre onéreux en propriété ou en jouissance dudit bien à son accord préalable *(C. rur., art. R. 142-1)*.
C'est le cas, en outre, **lorsqu'une SAFER a choisi d'affecter une exploitation acquise, créée ou restructurée à l'installation d'agriculteurs** exploitant individuellement ou en commun, puisque ceux-ci ou leurs ayants cause doivent, pendant un délai de 10 ans au moins, recueillir l'accord de la société approuvé par les commissaires du Gouvernement pour toute cession conduisant au morcellement de l'exploitation ainsi attribuée ou pour tout changement de sa destination agricole ou forestière *(C. rur., art. R. 142-2)*.

Pour aller plus loin

- JCl. Notarial Formulaire, V° Exploitation agricole, fasc. 60, Safer, par A. Jallais et F. Roussel

IV. Contrôle des structures des exploitations agricoles

1722 Il convient, en outre, de veiller, lorsque l'acquéreur d'un immeuble rural agricole a l'intention de l'exploiter, à ce que soient parfaitement réunies les conditions posées par la législation sur le contrôle des structures des exploitations agricoles dont l'objectif principal est de favoriser l'installation d'agriculteurs *(C. rur., art. L. 331-1 et s. et R. 331-1 à R. 331-16)*.

Pour aller plus loin

- JCl. Notarial Formulaire, V° Exploitation agricole, fasc. 175 (formules), par I. Roussel

V. Existence d'une procédure d'aménagement foncier agricole et forestier

1723 Comptant parmi les modes d'aménagement foncier rural *(C. rur., art. L. 121-1)* et héritier de l'ancienne procédure du remembrement, l'aménagement foncier agricole, forestier et environnemental, applicable aux propriétés rurales non bâties, se fait au moyen d'une nouvelle distribution des parcelles morcelées et dispersées. Il a principalement pour but, par la constitution d'exploitations rurales d'un seul tenant ou à grandes parcelles bien groupées, d'améliorer l'exploitation agricole des biens qui y sont soumis. Il doit également avoir pour objet l'aménagement rural du périmètre dans lequel il est mis en œuvre et peut permettre, dans ce périmètre, une utilisation des parcelles à vocation naturelle, agricole ou forestière en vue de la préservation de l'environnement *(C. rur., art. L. 123-1)*.

Pour aller plus loin

- JCl. Rural, V° Aménagement foncier agricole et forestier, fasc. 10 et 20, par P. Astier et P. Caille

1724 Contrôle des aliénations – Ainsi orientée, la procédure d'aménagement foncier agricole et forestier entraîne, d'abord, un contrôle déterminé de certaines aliénations. En effet, à compter de la délibération du conseil départemental ou, en cas de procédure d'aménagement liée à la réalisation de grands ouvrages publics en application de l'article L. 123-24 du Code rural et de la pêche maritime, de la décision de son président fixant le périmètre de l'opération d'aménagement foncier, **tout projet de mutation de propriété entre vifs** doit être sans délai **porté à la connaissance de la commission communale ou intercommunale d'aménagement foncier**. Si celle-ci estime que la mutation envisagée est de nature à entraver la réalisation de l'aménagement foncier, la demande de mutation doit être soumise pour autorisation à la commission départementale d'aménagement foncier dans les conditions fixées à l'article R. 121-28 du Code rural et de la pêche maritime.

La mutation sur laquelle la commission départementale n'a pas statué dans un délai de 3 mois à compter de la demande est considérée comme autorisée *(C. rur., art. L. 121-20)*.

Mais toujours est-il que les textes sont silencieux sur les sanctions encourues en cas de manquement à l'obligation d'information et en cas de conclusion d'une vente sans l'autorisation requise ou au mépris d'une interdiction prononcée par la commission départementale d'aménagement foncier.

1725 Division de parcelles – La procédure d'aménagement foncier agricole et forestier entraîne, en outre, un **contrôle des divisions de parcelles comprises dans son périmètre** puisque l'article L. 123-17 du Code rural et de la pêche maritime – dont les dispositions impératives rendent nuls tous actes contraires – prévoit que, en vue de conserver les effets de l'opération d'aménagement foncier agricole et forestier, tout projet de division de parcelles comprises dans le périmètre de cette opération doit être soumis, pendant les 10 années qui suivent la clôture de celles-ci, à la commission départementale d'aménagement foncier (qui, selon l'article R. 123-19 du Code rural et de la pêche maritime, doit alors se prononcer dans un délai de 2 mois à compter de sa saisine étant entendu que, à l'expiration de ce délai, elle sera réputée avoir entériné le projet qui lui est soumis).

Ainsi, sans être en mesure de faire obstacle à l'opération envisagée par les parties, cette commission doit procéder au lotissement, sur les parcelles à diviser, des droits résultant du partage, de telle manière que les nouvelles parcelles créées se trouvent dans des conditions d'exploitation comparables à celles de l'immeuble divisé, notamment en ce qui concerne les accès.

VI. Indemnisation du preneur sortant

1726 Le preneur qui a, par son travail ou par ses investissements, apporté des améliorations au fonds loué a droit, à l'expiration du bail, à une **indemnité due par le bailleur**, quelle que soit la cause qui a mis fin au bail *(C. rur., art. L. 411-69, al. 1er)*. L'acquéreur doit, en cas de vente amiable du bien loué, être averti par l'officier public ou ministériel chargé de la vente du fait qu'il supportera, à la sortie du preneur, la charge de l'indemnité éventuellement due à celui-ci *(C. rur., art. L. 411-69, al. 3)*.

Si la vente a eu lieu par adjudication, le cahier des conditions de vente doit mentionner la nature, le coût et la date des améliorations apportées par le preneur dans les conditions prévues aux articles L. 411-71 et L. 411-73 du du Code rural et de la pêche maritime.

Cette mention est établie par l'officier public ou ministériel chargé de la vente d'après les indications fournies par le bailleur et par le preneur ; en cas de désaccord entre les parties, elle fait état des éléments contestés *(C. rur., art. L. 411-69, al. 4)*.

La demande du preneur sortant relative à une indemnisation des améliorations apportées au fonds loué et pour certains travaux se **prescrit par 12 mois à compter de la date de fin de bail**, à peine de forclusion *(C. rur., art. L. 411-69, al. 5)*.

Pour aller plus loin

- JCl. Notarial Formulaire, V° Baux ruraux, fasc. 230, par J.-P. Moreau

VII. Droit de préférence des propriétaires de terrains boisés

1727 En cas de vente d'une propriété classée au cadastre en nature de bois et forêts et d'une superficie totale inférieure à 4 hectares ainsi qu'en cas de cession de droits indivis ou de droits réels de jouissance relatifs à cette propriété, les propriétaires d'une parcelle boisée contiguë, tels qu'ils sont désignés sur les documents cadastraux, bénéficient d'un droit de préférence *(C. for., art. L. 331-19, al. 1er)* sauf dans certaines hypothèses bien déterminées *(C. for., art. L. 331-21)* et sous réserve du droit de préemption prévu au bénéfice de personnes morales chargées d'une mission de service public *(C. for., art. L. 331-19, al. 6)*.
Ainsi, sous peine de nullité de la vente qui se prescrit par 5 ans *(C. for., art. L. 331-20)*, le vendeur est tenu de **notifier aux propriétaires des parcelles boisées contiguës considérés le prix et les conditions de la cession** projetée, par lettre recommandée avec demande d'avis de réception, à l'adresse enregistrée au cadastre ou par remise contre récépissé. Néanmoins, lorsque le nombre de notifications est égal ou supérieur à dix, le vendeur peut rendre public le prix et les conditions de la cession projetée par voie d'affichage en mairie durant 1 mois et de publication d'un avis dans un journal d'annonces légales *(C. for., art. L. 331-19, al. 2)*.

1728 Application – Dès lors, tout propriétaire d'une parcelle boisée contiguë dispose d'un **délai de 2 mois à compter de la date d'affichage en mairie ou à compter de la notification** pour faire connaître au vendeur, par lettre recommandée avec demande d'avis de réception ou par remise contre récépissé, qu'il exerce son droit de préférence aux prix et conditions qui lui sont indiqués par le vendeur *(C. for., art. L. 331-19, al. 3)*.
Lorsque plusieurs propriétaires de parcelles contiguës exercent leur droit de préférence, le vendeur choisit librement celui auquel il souhaite céder son bien *(C. for., art. L. 331-19, al. 4)*. Par ailleurs, lorsqu'un ou plusieurs propriétaires de parcelles contiguës à la propriété exercent concurremment à la commune le droit de préférence prévu à l'article L. 331-19, le vendeur choisit librement à qui céder son bien *(C. for., art. L. 331-24, al. 3)*.
Le droit de préférence n'est plus opposable au vendeur en l'absence de réalisation de la vente résultant d'une défaillance de l'acheteur dans un délai de 4 mois à compter de la réception de la déclaration d'exercice de ce droit *(C. for., art. L. 331-19, al. 5)*.

Pour aller plus loin

Formules
- JCl. Notarial Formulaire, V° Avant-contrat, fasc. 67-15, par F. Collard et J.-F. Pillebout

Fiche pratique
- Fiche pratique n° 4189 : Purger le droit de préférence des propriétaires de terrains boisés

VIII. Règles de la coopération agricole

1729 Les statuts de toute société coopérative agricole doivent prévoir que l'associé coopérateur s'engage, en cas de mutation de propriété ou de jouissance de l'exploitation au titre de laquelle ont été pris les engagements d'activité, à transférer ses parts sociales au nouvel exploitant qui, le cas échéant, sera substitué, pour la période postérieure à l'acte de mutation, dans tous les droits et obligations de son auteur vis-à-vis de la société *(C. rur., art. R. 522-5, al. 1er)*.
Cette admission du nouvel exploitant peut être refusée dans les conditions prévues par les statuts et, en cas de refus d'admission du nouvel exploitant, aucune sanction ne peut être prise, en raison de cette mutation d'exploitation, à l'encontre de l'associé coopérateur à l'origine de celle-ci *(C. rur., art. R. 522-5, al. 2)*.
En cas de refus du nouvel exploitant d'adhérer à la coopérative, les dispositions de l'article R. 522-4 du Code rural et de la pêche maritime, relatives à la faculté et aux conditions de retrait d'un associé coopérateur de la société avant l'expiration de sa période d'engagement, sont applicables à l'associé coopérateur auteur de la mutation de l'exploitation qui, dès lors, doit observer le formalisme prévu *(C. rur., art. R. 522-5, al. 3)*.

Pour aller plus loin

- JCl. Notarial Formulaire, V° Exploitation agricole, fasc. 40, par J.-F. Pillebout et M. Woitier

Immeuble classé ou inscrit au titre des monuments historiques

1730 Classement des immeubles comme monuments historiques – Les immeubles dont la conservation présente, du point de vue de l'histoire ou de l'art, un intérêt public sont classés comme monuments historiques en totalité ou en partie par les soins de l'autorité administrative *(C. patr., art. L. 621-1, al. 1er)*. Ainsi, sont notamment compris parmi les immeubles susceptibles d'être classés au titre des monuments historiques *(C. patr., art. L. 621-1, al. 2, a et b)* :
- les monuments mégalithiques, les terrains qui renferment des stations ou gisements préhistoriques ;
- les immeubles dont le classement est nécessaire pour isoler, dégager, assainir ou mettre en valeur un immeuble classé au titre des monuments historiques.

1731 Inscription des immeubles au titre des monuments historiques – Les immeubles ou parties d'immeubles publics ou privés qui, sans justifier une demande de classement immédiat au titre des monuments historiques, présentent un intérêt d'histoire ou d'art suffisant pour en rendre désirable la préservation peuvent, à toute époque, être inscrits, par décision de l'autorité administrative, au titre des monuments historiques *(C. patr., art. L. 621-25, al. 1er)*. Peut être également inscrit dans les mêmes conditions tout immeuble nu ou bâti situé dans le champ de visibilité d'un immeuble déjà classé ou inscrit au titre des monuments historiques *(C. patr., art. L. 621-25, al. 2)*.

> **Exemple** Sont notamment compris parmi les immeubles susceptibles d'être inscrits au titre des monuments historiques, les monuments mégalithiques, les stations préhistoriques ainsi que les terrains qui renferment des champs de fouilles pouvant intéresser la préhistoire, l'histoire, l'art ou l'archéologie *(C. patr., art. L. 621-26)*.

1732 Incidences du classement ou de l'inscription de l'immeuble – Le classement d'un immeuble comme monument historique ou son inscription au titre des monuments historiques entraîne, lorsque son aliénation est envisagée ou entreprise, l'applicabilité d'un certain nombre de dispositions particulières :
- en cas de mutation d'un immeuble classé ou inscrit, le propriétaire ou l'affectataire domanial doit transmettre les études et les documents afférents aux travaux de conservation ou de restauration réalisés sur cet immeuble au nouveau propriétaire ou au nouvel affectataire domanial *(C. patr., art. L. 621-29-3)* ;
- quiconque aliène un immeuble classé ou inscrit au titre des monuments historiques est tenu de faire connaître au futur acquéreur l'existence du classement ou de l'inscription *(C. patr., art. L. 621-29-6, al. 1er)*, d'autant plus que les effets de ce classement ou de cette inscription suivent l'immeuble ou la partie d'immeuble en quelques mains qu'il passe *(C. patr., art. L. 621-29-5)* ;
- toute aliénation d'un immeuble classé ou inscrit doit, dans les 15 jours de sa date, être notifiée au préfet de région par celui qui l'a consentie en mentionnant dans la notification le nom et le domicile du nouveau propriétaire ainsi que la date de l'aliénation *(C. patr., art. L. 621-29-6, al. 2, et R. 621-84)*.

1733 Notification administrative – Il y a, par ailleurs, la règle selon laquelle l'immeuble classé ou inscrit au titre des monuments historiques appartenant à l'État ou à l'un de ses établissements publics ne peut, sous peine de nullité de l'acte pouvant être prononcée à la demande de l'autorité administrative dans le délai de 5 ans, être aliéné qu'après observations du ministre chargé de la culture, prises après avis de la Commission nationale du patrimoine et de l'architecture, dans le délai de 6 mois suivant la notification faite par le ministre chargé du Domaine *(C. patr., art. L. 621-29-9 et R. 621-84-1)*.

1734 Servitudes – Il convient aussi de signaler, notamment, les dispositions suivantes dont la connaissance est déterminante dans le cadre d'une vente du bien classé comme monument historique : les servitudes légales qui peuvent causer la dégradation des monuments ne sont pas applicables aux immeubles classés au titre des monuments historiques *(C. patr., art. L. 621-16, al. 1er)* et aucune servitude ne peut être établie par convention sur un immeuble classé sans l'agrément de l'autorité administrative *(C. patr., art. L. 621-16, al. 2)*.

1735 Prescription, expropriation – Nul ne peut acquérir de droit par prescription sur un immeuble classé au titre des monuments historiques *(C. patr., art. L. 621-17)* ; l'État et les collectivités territoriales peuvent, en se conformant aux prescriptions du Code de l'expropriation pour cause d'utilité publique, poursuivre l'expropriation, d'une part, d'un immeuble déjà classé au titre des monuments historiques ou soumis à une instance de classement en raison de l'intérêt public qu'il offre au point de vue de l'histoire ou de l'art et, d'autre part, des immeubles dont l'acquisition est nécessaire pour isoler, dégager, assainir ou mettre en valeur un immeuble classé au titre des monuments historiques ou soumis à une instance de classement ou qui se trouvent situés dans le champ de visibilité d'un tel immeuble *(C. patr., art. L. 621-18)*.

Pour aller plus loin

Formules
- JCl. Notarial Formulaire, V° Monuments historiques, fasc. 45, par B. Magois

Fiches pratiques
- Fiche pratique n° 1721 : Rédiger une vente d'immeuble, par M. Suquet-Cozic
- Fiche pratique n° 2314 : Procédure d'inscription d'un monument ou d'un site, par G. Paul et J. Leplat

Commentaires
- JCl. Notarial Formulaire, Synthèse 870 : Protection du patrimoine bâti, monuments historiques et sites patrimoniaux remarquables, par P. Planchet
- JCl. Notarial Formulaire, V° Monuments historiques, fasc. 10, par J. Morand-Deviller

Immeuble hypothéqué

1736 Renvoi – Sur le prix définitif, le paiement et la détention du prix, se reporter à l'étude spécifique (*V. n° **2964** et s.*).

Pour aller plus loin

- Fiche pratique n° 2178 : Vente de l'immeuble hypothéqué, par Ch. Guilloteau-Palisse

Immeuble reçu par donation

1737 Renvoi – Se reporter à l'étude spécifique *(V. Origine de propriété, n°* ***2860*** *et s.).*

Pour aller plus loin

- JCl. Notarial Formulaire, V° Origine de propriété, fasc. 245 (formules), par D. Montoux

Installation classée

1738 La vente d'un immeuble portant ou ayant porté une installation classée pour la protection de l'environnement (ICPE) nécessite des démarches supplémentaires par rapport à la vente d'un immeuble n'ayant pas porté une telle installation.

I. Définition

1739 Installations visées – Sont visés :
- les usines ;
- les ateliers ;
- les dépôts ;
- les chantiers ;
- d'une manière générale, les installations exploitées ou détenues par toute personne physique ou morale, publique ou privée, qui peuvent présenter des dangers ou des inconvénients soit pour la commodité du voisinage, soit pour la santé, la sécurité, la salubrité publiques, soit pour l'agriculture, soit pour la protection de la nature, de l'environnement et des paysages, soit pour l'utilisation rationnelle de l'énergie, soit pour la conservation des sites et des monuments ainsi que des éléments du patrimoine archéologique ;
- les exploitations de carrières au sens des articles L. 100-2 et L. 311-1 du Code minier *(C. envir., art. L. 511-1)*.

1740 Nomenclature – La nomenclature des installations classées pour la protection de l'environnement est définie dans la colonne A de l'annexe à l'article R. 511-9 du Code de l'environnement. Ainsi est-il distingué entre les installations autorisées (*V. n°* ***1741***), les installations enregistrées (*V. n°* ***1742***) et les installations déclarées (*V. n°* ***1743***).

1741 Installation autorisée – Sont soumises à autorisation, les installations qui présentent de graves dangers ou inconvénients pour les intérêts mentionnés à l'article L. 511-1 du Code de l'environnement *(C. envir., art. L. 512-1)*.

1742 Installation enregistrée – Sont soumises à autorisation simplifiée, sous la dénomination d'enregistrement, les installations qui présentent des dangers ou inconvénients graves pour les intérêts mentionnés à l'article L. 511-1 du Code de l'environnement, lorsque ces dangers et inconvénients peuvent, en principe, eu égard aux caractéristiques des installations et de leur impact potentiel, être prévenus par le respect de prescriptions générales édictées par le ministre chargé des Installations classées *(C. envir., art. L. 512-7)*.

1743 Installation déclarée – Sont soumises à déclaration les installations qui, ne présentant pas de graves dangers ou inconvénients pour les intérêts visés à l'article L. 511-1 du Code de l'environnement, doivent néanmoins respecter les prescriptions générales édictées par le préfet en vue d'assurer dans le département la protection des intérêts visés à l'article L. 511-1 précité *(C. envir., art. L. 512-8)*.

II. Vente d'un immeuble portant une installation classée

1744 Lorsque l'immeuble porte une installation classée lors de sa vente, cette dernière peut intervenir sans qu'aucun changement d'exploitant n'intervienne et avec poursuite de l'exploitation ou avec un changement partiel ou total d'exploitant ou une cessation d'activité de l'installation.

Attention L'exploitant d'une installation classée est tenu de mettre à jour à chaque changement notable des conditions d'exploitation un état de la pollution des sols sur lesquels est sise l'installation. Cet état est transmis par l'exploitant au préfet, au maire de la commune concernée et, le cas échéant, au président de l'établissement public de coopération intercommunale compétent en matière d'urbanisme concerné ainsi qu'au propriétaire du terrain sur lequel est sise l'installation.
Le dernier état réalisé est joint à toute promesse unilatérale de vente ou d'achat et à tout contrat réalisant ou constatant la vente des terrains sur lesquels est sise l'installation classée *(C. envir., art. L. 512-13)*.

A. – VENTE SANS CHANGEMENT D'EXPLOITANT ET POURSUITE DE L'EXPLOITATION

1745 La vente sans changement d'exploitant et poursuite de l'exploitation peut intervenir soit lorsque le vendeur n'est pas l'exploitant soit même lorsque le vendeur est exploitant et qu'il poursuit l'exploitation de l'installation classée après la vente. Dans ces deux hypothèses, le vendeur est tenu d'informer l'acquéreur sur la présence de l'installation classée, sa nomenclature, le nom de l'exploitant ainsi que sur la nature des droits de l'exploitant sur l'immeuble vendu.

B. – VENTE AVEC CHANGEMENT PARTIEL OU TOTAL D'EXPLOITANT

1746 Lorsque la vente intervient à l'occasion d'un changement partiel ou total d'exploitant, il y a lieu de veiller à ce que l'exploitant et le repreneur respectent bien les obligations qui sont les leurs.

1747 **Installation sans garantie financière** – Lorsqu'une installation classée soumise à enregistrement ou à déclaration change d'exploitant, le nouvel exploitant en fait la **déclaration au préfet dans le mois qui suit la prise en charge de l'exploitation**.

Cette déclaration mentionne, s'il s'agit d'une personne physique, les nom, prénoms et domicile du nouvel exploitant et, s'il s'agit d'une personne morale, sa dénomination ou sa raison sociale, sa forme juridique, l'adresse de son siège social ainsi que la qualité du déclarant. Pour les installations prévues à l'article R. 512-55 du Code de l'environnement, la déclaration est accompagnée d'un justificatif de réalisation du dernier contrôle périodique.

Il est délivré un récépissé sans frais de cette déclaration *(C. envir., art. R. 512-68)*.

1748 **Installation avec garantie financière** – Les installations classées visées à l'article R. 516-1 du Code de l'environnement voient leur activité subordonnée à l'existence de garanties financières.

En cas de changement d'exploitant de ces installations, c'est la procédure prévue à l'article précité qui doit être respectée.

Ainsi, la **demande d'autorisation de changement d'exploitant**, à laquelle sont **annexés les documents établissant les capacités techniques et financières** du nouvel exploitant et la constitution de **garanties financières** est adressée **au préfet**. Cette demande est instruite dans les formes prévues aux articles R. 181-45 et R. 512-46-22 du Code de l'environnement.

Pour les installations de stockage des déchets, à l'exclusion des installations de stockage de déchets inertes, les carrières et les installations soumises à autorisation au titre du 2° de l'article L. 181-1 du Code de l'environnement et les installations soumises à autorisation simplifiée au titre de l'article L. 512-7 du Code de l'environnement, susceptibles, en raison de la nature et de la quantité des produits et déchets détenus, d'être à l'origine de pollutions importantes des sols ou des eaux, l'avis de la commission consultative départementale compétente n'est pas requis.

À défaut de notification d'une décision expresse dans un délai de **3 mois**, le silence gardé par le préfet vaut autorisation de changement d'exploitant.

Pour les installations figurant sur la liste prévue à l'article L. 515-36 du Code de l'environnement et les sites de stockage géologique de dioxyde de carbone, à défaut de notification d'une décision expresse dans un délai de 3 mois, le silence gardé par le préfet vaut refus de l'autorisation de changement d'exploitant.

1749 **Obligation d'information** – L'exploitant doit transmettre au repreneur toutes les informations utiles sur l'installation classée.

C. – VENTE AVEC CESSATION DE L'ACTIVITÉ

1750 Lorsque le vendeur est l'exploitant ou qu'un tiers l'est et qu'une cession d'activité doit intervenir lors de la vente, doit être suivie la procédure de cessation d'activité et doit être prise en compte la remise en état de l'immeuble vendu.

La procédure à suivre et la remise en état diffèrent suivant que l'installation en cause a été autorisée, déclarée ou enregistrée.

Que l'installation soit autorisée, déclarée ou enregistrée, il est possible de prévoir une substitution pour la réalisation des travaux de réhabilitation.

1° Installation soumise à autorisation

a) Procédure

1751 **Notification** – L'exploitant, **3 mois au moins avant la mise à l'arrêt définitif de l'installation**, a l'obligation d'adresser au préfet une **notification de cessation d'activité**. Ce délai est porté à 6 mois dans le cas des installations visées à l'article R. 512-35 du Code de l'environnement. Il est donné récépissé sans frais de cette notification *(C. envir., art. R. 512-39-1)*.

b) Remise en état

1752 **Usage futur et installation autorisée avant le 1er février 2004** – L'exploitant doit placer son site dans un état tel qu'il ne puisse porter atteinte aux intérêts mentionnés à l'article L. 511-1 du Code de l'environnement et

qu'il permette un usage futur du site déterminé conjointement avec le maire ou le président de l'établissement public de coopération intercommunale compétent en matière d'urbanisme et, s'il ne s'agit pas de l'exploitant, le propriétaire du terrain sur lequel est sise l'installation.
À défaut d'accord entre les personnes mentionnées ci-dessus, lorsque l'installation est mise à l'arrêt définitif, son exploitant place son site dans un état tel qu'il ne puisse porter atteinte aux intérêts mentionnés à l'article L. 511-1 et qu'il permette un usage futur du site comparable à celui de la dernière période d'exploitation de l'installation mise à l'arrêt *(C. envir., art. L. 512-6-1 et R. 512-39-2)*.

Toutefois, dans le cas où la réhabilitation est manifestement incompatible avec l'usage futur de la zone, apprécié notamment en fonction des documents d'urbanisme en vigueur à la date à laquelle l'exploitant fait connaître à l'Administration sa décision de mettre l'installation à l'arrêt définitif et de l'utilisation des terrains situés au voisinage du site, le préfet peut fixer des prescriptions de réhabilitation plus contraignantes permettant un usage du site cohérent avec ces documents d'urbanisme *(C. envir., art. L. 512-6-1 et R. 512-39-2)*.

1753 Usage futur et installation autorisée à compter du 1er février 2004 – L'arrêté d'autorisation détermine l'état dans lequel devra être remis le site à son arrêt définitif *(C. envir., art L. 512-6-1)*.

1754 Mesures de remise en état – Une fois l'usage futur déterminé, **l'exploitant transmet au préfet un mémoire** précisant les **mesures prises ou prévues** pour assurer la protection des intérêts mentionnés à l'article L. 511-1 du Code de l'environnement compte tenu du ou des types d'usage prévus pour le site de l'installation.
Les mesures comportent notamment :
- les mesures de maîtrise des risques liés aux sols éventuellement nécessaires ;
- les mesures de maîtrise des risques liés aux eaux souterraines ou superficielles éventuellement polluées, selon leur usage actuel ou celui défini dans les documents de planification en vigueur ;
- en cas de besoin, la surveillance à exercer ;
- les limitations ou interdictions concernant l'aménagement ou l'utilisation du sol ou du sous-sol, accompagnées, le cas échéant, des dispositions proposées par l'exploitant pour mettre en œuvre des servitudes ou des restrictions d'usage.

Pour cette remise en état, le préfet détermine, s'il y a lieu, par arrêté pris dans les formes prévues à l'article R. 181-45 du Code de l'environnement, les travaux et les mesures de surveillance nécessaires. Ces prescriptions sont fixées compte tenu de l'usage retenu en tenant compte de l'efficacité des techniques de réhabilitation dans des conditions économiquement acceptables ainsi que du bilan des coûts et des avantages de la réhabilitation au regard des usages considérés.

1755 Contrôle – Lorsque les travaux prévus dans le mémoire ou prescrits par le préfet sont réalisés, l'exploitant en informe le préfet. L'inspecteur de l'environnement constate par procès-verbal la réalisation des travaux. Il transmet le procès-verbal au préfet qui en adresse un exemplaire à l'exploitant ainsi qu'au maire ou au président de l'établissement public de coopération intercommunale compétent en matière d'urbanisme et au propriétaire du terrain *(C. envir., art. R. 512-39-3)*.

2° Installation soumise à enregistrement

a) Procédure

1756 Notification – L'exploitant notifie au préfet la date de l'arrêt définitif **3 mois au moins avant** celui-ci. Il est donné récépissé sans frais de cette notification.
Cette notification indique les mesures prises ou prévues pour assurer, dès l'arrêt de l'exploitation, la mise en sécurité du site *(C. envir., art. R. 512-46-25)*.

b) Remise en état

1757 Usage futur – L'usage futur du site accueillant l'installation classée est déterminée en application de l'article R. 512-46-26 du Code de l'environnement.

1758 Mesures de remise en état – Elles sont fixées par l'article R. 512-46-27 du Code de l'environnement.

1759 Contrôle – Lorsque les travaux prévus dans le mémoire ou prescrits par le préfet sont réalisés, l'exploitant en informe le préfet. L'inspecteur de l'environnement constate par procès-verbal la réalisation des travaux. Il transmet le procès-verbal au préfet qui en adresse un exemplaire à l'exploitant ainsi qu'au maire ou au président de l'établissement public de coopération intercommunale compétent en matière d'urbanisme et au propriétaire du terrain.

3° Installation soumise à déclaration

1760 **Notification** – L'exploitant notifie au préfet la date de l'arrêt définitif **1 mois au moins avant** celui-ci. Il est donné récépissé sans frais de cette notification.
Cette notification indique les mesures prises ou prévues pour assurer, dès l'arrêt de l'exploitation, la mise en sécurité du site *(C. envir., art. R. 512-66-1)*.

1761 **Mesures de remise en état** – Elles sont fixées par l'article R. 512-66-1 du Code de l'environnement. Ainsi, l'exploitant doit placer le site de l'installation dans un état tel qu'il ne puisse porter atteinte aux intérêts mentionnés à l'article L. 511-1 du Code de l'environnement et qu'il permette un usage futur du site comparable à celui de la dernière période d'exploitation de l'installation. Il en informe par écrit le propriétaire du terrain sur lequel est sise l'installation ainsi que le maire ou le président de l'établissement public de coopération intercommunale compétent en matière d'urbanisme.

4° Substitution à l'exploitant pour la réalisation des travaux de réhabilitation

1762 **Accord du préfet** – Lors de la mise à l'arrêt définitif d'une installation classée pour la protection de l'environnement ou postérieurement à cette dernière, un tiers intéressé peut demander au préfet de se substituer à l'exploitant, avec son accord, pour réaliser les travaux de réhabilitation en fonction de l'usage que ce tiers envisage pour le terrain concerné.

1763 **Autres accords** – Lorsque l'usage ou les usages envisagés par le tiers demandeur sont d'une autre nature que ceux définis, selon le cas, en application des articles L. 512-6-1, L. 512-7-6 ou L. 512-12-1 du Code de l'environnement, le tiers demandeur recueille l'accord du dernier exploitant, du maire ou du président de l'établissement public de coopération intercommunale compétent en matière d'urbanisme et, s'il ne s'agit pas de l'exploitant, du propriétaire du terrain sur lequel est sise l'installation.

1764 **Garanties financières** – Le tiers demandeur doit disposer de capacités techniques suffisantes et de garanties financières couvrant la réalisation des travaux de réhabilitation pour assurer la compatibilité entre l'état des sols et l'usage défini. Cette garantie financière doit remplir les conditions énoncées par l'article R. 512-80 du Code de l'environnement.

1765 **Arrêté préfectoral** – Au vu du dossier transmis par le tiers demandeur et de l'accord du dernier exploitant, le préfet statue sur la substitution et définit, par arrêté pris, selon la catégorie de l'installation en cause, dans les formes prévues aux articles R. 181-45, R. 512-46-22 ou R. 512-52 du Code de l'environnement :
- les travaux à réaliser, le cas échéant par tranche de travaux de réhabilitation. Ces prescriptions sont fixées compte tenu du ou des usages retenus en tenant compte de l'efficacité des techniques de réhabilitation dans des conditions économiquement acceptables ainsi que du bilan des coûts et des avantages de la réhabilitation au regard des usages considérés ;
- le délai dans lequel ces travaux doivent être mis en œuvre ;
- le montant et la durée des garanties financières, le cas échéant par tranche de travaux. Ce montant est celui des travaux de réhabilitation prévus.

Cet arrêté fixe également le délai dans lequel le tiers demandeur adresse au préfet l'attestation de la maîtrise foncière du terrain, ou l'autorisation du propriétaire de réaliser les travaux prescrits, et l'attestation de constitution des garanties financières. Au-delà de ce délai, l'arrêté est caduc et le dernier exploitant réalise la remise en état dans les conditions prévues aux articles L. 512-6-1, L. 512-7-6 ou L. 512-12-1 du Code de l'environnement *(C. envir., art. R. 512-78)*.
Cet arrêté est notifié au tiers demandeur, au dernier exploitant, au maire ou au président de l'établissement public de coopération intercommunale compétent en matière d'urbanisme et au propriétaire du terrain.

1766 **Contrôle des travaux réalisés** – Lorsque les travaux prescrits par le préfet sont réalisés, le tiers demandeur en informe le préfet. L'inspecteur de l'environnement constate par procès-verbal la réalisation des travaux. Il transmet le procès-verbal au préfet qui en adresse un exemplaire au tiers demandeur, au dernier exploitant ainsi qu'au maire ou au président de l'établissement public de coopération intercommunale compétent en matière d'urbanisme et au propriétaire du terrain. Ce procès-verbal a pour seul effet de permettre la levée des garanties financières *(C. envir., art. R. 512-78)*.

1767 **Défaillance du tiers substitué** – En cas de défaillance du tiers demandeur et de l'impossibilité de mettre en œuvre les garanties financières, le dernier exploitant met en œuvre les mesures de réhabilitation pour l'usage défini dans les conditions prévues aux articles L. 512-6-1, L. 512-7-6 et L. 512-12-1 du Code de l'environnement.

III. Vente d'un immeuble ayant porté une installation classée

1768 Vérifications – Il y a lieu d'effectuer une double vérification :

- **vérifier si une installation classée a été exploitée dans l'immeuble vendu.** À cette fin, il y a lieu d'interroger la préfecture, Administration compétente en matière de législation environnementale *(Cass. 1re civ., 8 févr. 2017, n° 16-13.083)* ;
- si la réponse est positive, il faut **vérifier si la procédure de cessation d'activité et la remise en état** précédemment décrites **ont bien été respectées**.

Conseil pratique Cette vérification peut être effectuée en demandant au vendeur de produire le **procès-verbal de réalisation des travaux de réhabilitation.**

Si la déclaration de cessation d'activité et/ou la remise en état n'ont pas eu lieu, il y a lieu de le prendre en compte lors de la rédaction du contrat préparatoire de la vente d'immeuble.

À cet égard, il peut être précisé que l'article L. 512-19 du Code de l'environnement dispose que lorsqu'une installation n'a pas été exploitée durant 3 années consécutives, le préfet peut mettre en demeure l'exploitant de procéder à la mise à l'arrêt définitif.

1769 Exploitant inconnu – Lorsqu'une installation classée n'a plus d'exploitant connu, le préfet peut autoriser un tiers demandeur à réaliser les travaux de réhabilitation des terrains occupés par cette installation dans les conditions suivantes :

- le tiers demandeur recueille l'accord du maire ou du président de l'établissement public de coopération intercommunale compétent en matière d'urbanisme et du propriétaire du terrain sur la proposition du ou des usages qu'il envisage sur le terrain. L'absence de réponse dans un délai de 3 mois suivant la réception de la proposition d'usage vaut désaccord ;
- il transmet au préfet la proposition d'usage futur, les accords recueillis et le dossier prévu au I de l'article R. 512-78 du Code de l'environnement *(C. envir., art. R. 512-79)*.

Conseil pratique Cette possibilité de réalisation des travaux de réhabilitation par un tiers lorsque l'exploitant est inconnu peut être utilisée à l'occasion de la vente d'un immeuble où les travaux de réhabilitation sont pris en charge par l'acquéreur.

1770 Obligation spéciale d'information – Lorsqu'une installation soumise à autorisation ou à enregistrement a été exploitée sur un terrain, le **vendeur** de ce terrain est **tenu d'en informer par écrit l'acheteur** ; il l'informe également, pour autant qu'il les connaisse, des dangers ou inconvénients importants qui résultent de l'exploitation. Si le vendeur est l'exploitant de l'installation, il indique également par écrit à l'acheteur si son activité a entraîné la manipulation ou le stockage de substances chimiques ou radioactives. L'acte de vente atteste de l'accomplissement de cette formalité.

À défaut, et si une pollution constatée rend le terrain impropre à la destination précisée dans le contrat, dans un délai de 2 ans à compter de la découverte de la pollution, l'acheteur a le choix de demander la résolution de la vente ou de se faire restituer une partie du prix ; il peut aussi demander la réhabilitation du site aux frais du vendeur, lorsque le coût de cette réhabilitation ne paraît pas disproportionné par rapport au prix de vente *(C. envir., art. L. 514-20)*.

Pour aller plus loin

Formules
- JCl. Notarial Formulaire, V° Vente d'immeuble, fasc. 105 (cadre de vente), par J. Lafond
- JCl. Notarial Formulaire, V° Vente d'immeuble, fasc. 125 (désignation), par J. Lafond
- JCl. Notarial Formulaire, V° Vente d'immeuble, fasc. 175 (site pollué), par X. Lièvre, L. Esteve de Palmas

Commentaires
- JCl. Environnement et Développement durable, Synthèse 220 : Régime juridique des mines et carrières, par D. Gillig
- JCl. Notarial Formulaire, V° Vente d'immeuble, fasc. 150, par J. Lafond, fasc. 170 (site pollué), par X. Lièvre, L. Esteve de Palmas

Fiches pratiques
- Fiche pratique n° 1721 : Rédiger une vente d'immeuble, par M. Suquet-Cozic
- Fiche pratique n° 3111 : Déterminer l'immeuble vendu et les sujétions le grevant au sein de la partie développée de l'acte authentique de vente, par S. Olivier

Revues
- Ph. Billet, La loi ALUR et les sols pollués : JCP A 2014, 2262
- M. Mekki, Vente d'un site pollué et passif environnemental – Petit guide-âne adressé au notaire : JCP N 2015, n° 29, 1131
- M. Mekki, La gestion conventionnelle des risques liés aux sols et sites pollués à l'aune de la loi Alur : JCP N 2014, n° 27, 1239
- D. Voinot, Cession de sites pollués : Rev. proc. coll. 2015, dossier 26

Autres immeubles ayant une nature spéciale ou se trouvant dans une situation particulière

1771 Multiplicité et diversité des situations – Il existe de nombreuses hypothèses dans lesquelles la vente d'un immeuble suppose – eu égard à la nature, à l'état ou encore à la composition de celui-ci – qu'une particulière attention soit portée à certaines règles dont beaucoup sont alimentées par des considérations de sécurité (piscines, ascenseurs, portes automatiques de garage, immeubles de grande hauteur, etc.). Il conviendra, dès lors, de respecter ces règles en mentionnant, s'il y a lieu, dans l'acte de vente tous les éléments juridiques ou techniques requis.

I. Immeuble vendu avant l'expiration du délai décennal de responsabilité des constructeurs

1772 Formalisme informatif – Tout acte, sous-seing privé ou authentique, intervenant avant l'expiration du délai décennal de responsabilité prévu à l'article 1792-4-1 du Code civil et ayant pour effet de transférer la propriété ou la jouissance du bien, doit comporter la mention dans le corps de l'acte ou en annexe de l'existence (auquel cas l'attestation d'assurance doit être annexée à l'acte) ou de l'absence des assurances-construction obligatoires (assurance dommages-ouvrage et assurance de responsabilité) prévues par les articles L. 241-1 à L. 242-1 du Code des assurances *(C. assur., art. L. 243-2, al. 3)*.
Il s'ensuit que, dans tous les cas où l'acte de vente concerné est notarié, le notaire rédacteur doit, sous peine d'engager sa responsabilité, assurer le respect du formalisme et vérifier que l'exactitude des déclarations du vendeur sur ce point.

II. Immeuble loué

1773 Principe de libre disposition de l'immeuble loué – Le fait qu'un immeuble soit en location ne le rend pas indisponible et, dès lors, il peut être vendu, en cours de bail (avec une cession de celui-ci) ou au terme du bail (éventuellement par le biais d'un congé pour vendre), par son propriétaire à qui cette faculté est d'ailleurs expressément reconnue par l'article 1743 du Code civil (*V. n°* ***1774***). Cela dit, l'existence du bail génère fatalement des effets juridiques tenant, par exemple, à l'existence d'un ou de plusieurs éventuels droits de préemption ou encore à l'encadrement du congé pour vendre : tel est le cas, notamment, lorsque le bail est régi par la loi n° 89-462 du 6 juillet 1989.
Il convient, en outre, d'assurer une pleine et claire information de l'acquéreur sur la situation juridique de l'immeuble et, notamment, sur l'existence du bail puisque, à défaut, la vente pourrait être annulée pour vice du consentement (erreur spontanée ou dol) ou exposer le vendeur à des sanctions au titre de la garantie des charges non déclarées qui sont légalement rattachées à la garantie d'éviction *(C. civ., art. 1626 à 1640)*.

1774 Principe de transmissibilité du bail accessoirement à la vente de l'immeuble loué – Aux termes de l'article 1743, alinéa 1er, du Code civil, *si le bailleur vend la chose louée, l'acquéreur ne peut expulser [...] le locataire qui a un bail authentique ou dont la date est certaine*. De toute évidence, il y a là un texte consacrant, dans un but de stabilité des droits du preneur, une exception flagrante à l'article 1199 du Code civil étant donné que l'acquéreur d'un immeuble loué est tenu de plein droit d'obligations qu'il n'a pas assumées, en l'occurrence l'exécution, même s'il exprime une volonté contraire, des baux en cours à la conclusion desquels il est pourtant resté tiers ; le bailleur bénéficie, en contrepartie, de règles comme celle selon laquelle, « en cas de vente de l'immeuble donné à bail, le cautionnement garantissant le paiement des loyers est, sauf stipulation contraire, transmis de plein droit au nouveau propriétaire en tant qu'accessoire de la créance de loyers cédée à l'acquéreur par l'effet combiné de l'article 1743 et des articles 1692, 2013 et 2015 du Code civil » *(Cass. ass.*

plén., 6 déc. 2004, n° 03-10.713 : JurisData n° 2004-026032 ; JCP N 2005, n° 1, act. 103 ; JCP N 2005, n° 7, 1103, note S. Raby ; Bull. civ. ass. plén., n° 14, p. 31 ; JCP G 2005, II, 10010, note S. Piedelièvre). La Cour de cassation a par ailleurs jugé que l'acquéreur est tenu dès la vente de toutes les obligations du bailleur, y compris donc celle de réaliser les travaux nécessaires à la correcte exécution de l'obligation de délivrance (Cass. 3e civ., 21 févr. 2019, n° 17-31.101 : *Jurisdata n° 2019-0011560*).

Attention **Lors de la vente d'un immeuble loué, il y a lieu de vérifier si le bailleur a bien executé ses obligations. Lorsque tel n'est pas le cas, il convient de le préciser dans l'acte et d'indiquer si le vendeur entend ou non prendre à sa charge les travaux à réaliser).**

1775 **Transmission de l'obligation** – Il ne s'agit pas d'une simple question d'opposabilité mais, plus fortement, d'une question de force obligatoire du contrat puisque le nouveau propriétaire, pourtant simple ayant cause à titre particulier du vendeur, est personnellement tenu, à compter de la cession, en tant que partie au contrat de bail ainsi transmis. Il faut toutefois tenir compte, au-delà du formalisme destiné à éviter les fraudes éventuelles (le bail devant nécessairement être antérieur à la vente, d'où l'exigence d'un contrat conclu par acte authentique ou, à défaut d'un tel acte, d'un contrat ayant acquis date certaine avant la cession), des dispositions de l'alinéa 2 de l'article 1743 en vertu duquel le vendeur *peut, toutefois, expulser le locataire de biens non ruraux, s'il s'est réservé ce droit par le contrat de bail*. En d'autres termes, la règle exprimée par l'alinéa 1er du même texte est supplétive (pour les parties au louage initial), de sorte qu'il est ainsi permis aux parties de stipuler, dès la conclusion du bail non rural, que la vente de la chose en question ne s'accompagnera pas de la transmission automatique de la qualité de bailleur au cessionnaire de la chose louée. Il convient, par conséquent, de relativiser le degré d'atteinte au principe de la relativité dont l'article 1743, alinéa 1er, est le vecteur dès l'instant que la volonté des parties au contrat de bail non rural peut empêcher le jeu de la transmission légale dudit bail moyennant l'indemnisation du preneur (*C. civ., art. 1744 : s'il a été convenu lors du bail qu'en cas de vente l'acquéreur pourrait expulser le locataire et qu'il n'ait été fait aucune stipulation sur les dommages-intérêts, le bailleur est tenu d'indemniser le locataire de la manière...* prévue, selon la destination des locaux loués, par les articles 1745 et suivants du même code).

Pour aller plus loin

Formules
- JCl. Notarial Formulaire, V° Vente d'immeuble, fasc. 575, par J. Lafond

Commentaires
- JCl. Notarial Formulaire, V° Vente d'immeuble, fasc. 570, par J. Lafond

III. Immeuble saisi

1776 **Renvoi** – Se reporter à l'étude spécifique *(V. n° **4062** et s.)*.

IV. Immeuble faisant l'objet d'un arrêté d'insalubrité ou d'un arrêté de péril

1777 **Immeuble déclaré insalubre** – Le notaire doit, à l'occasion des formalités préalables à la signature de l'acte authentique de vente, s'assurer que l'immeuble vendu n'a pas fait l'objet d'un arrêté d'insalubrité. En effet, l'état d'insalubrité peut entraîner pour le propriétaire l'obligation de réaliser des travaux ou d'en supporter le coût, de supporter une mesure d'interdiction d'habiter ou d'utiliser les lieux, de subir la démolition de l'immeuble *(CSP, art. L. 1331-26 à L. 1331-30 et s.)*.

À la diligence du représentant de l'État dans le département mais aux frais du propriétaire, l'arrêté d'insalubrité doit être publié au fichier immobilier ou au livre foncier dont dépend l'immeuble pour chacun des locaux concernés *(CSP, art. L. 1331-28-1, al. 4)*. Il doit également être notifié au propriétaire par le représentant de l'État dans le département *(CSP, art. L. 1331-28-1, al. 1er)* et, dès lors, il devient ainsi opposable à l'acquéreur *(Cass. 3e civ., 22 sept. 2016, n° 15-19.672 : JurisData n° 2016-018931 ; BPIM 6/16, inf. 404)*.

Conseil pratique **L'état hors formalité requis lors des formalités préalables permet au rédacteur d'être informé de tout arrêté publié visant l'immeuble vendu. Mais, lorsque la procédure tendant à déclarer l'insalubrité est seulement pendante ou lorsque la publication de l'arrêté d'insalubrité n'est pas encore effective, il est conseillé d'interroger, lors de la constitution du dossier de vente, la direction départementale des territoires ou, s'il en existe un, le service communal d'hygiène et de santé.**

1778 Immeuble menaçant ruine – Le maire peut prescrire la réparation ou la démolition des murs, bâtiments ou édifices quelconques lorsqu'ils menacent ruine et qu'ils pourraient, par leur effondrement, compromettre la sécurité ou lorsque, d'une façon générale, ils n'offrent pas les garanties de solidité nécessaires au maintien de la sécurité publique. Tout arrêté de péril ainsi pris doit être notifié aux propriétaires et aux titulaires de droits réels immobiliers sur les locaux, tels qu'ils figurent au fichier immobilier *(CCH, art. L. 511-1-1, al. 1er)*. Et, à la demande du maire, l'arrêté prescrivant la réparation ou la démolition de l'immeuble menaçant ruine est publié au fichier immobilier ou au livre foncier dont dépend l'immeuble pour chacun des locaux aux frais du propriétaire *(CCH, art. L. 511-1-1, al. 4)*.

1779 Application – Par un arrêté de péril pris à l'issue d'une procédure contradictoire, le maire met en demeure le propriétaire de l'immeuble menaçant ruine et, le cas échéant, les titulaires de droits réels immobiliers sur les locaux de faire dans un délai déterminé, selon le cas, les réparations nécessaires pour mettre fin durablement au péril ou les travaux de démolition ainsi que, s'il y a lieu, de prendre les mesures indispensables pour préserver les bâtiments contigus *(CCH, art. L. 511-2, I, al. 1er)*. Et, à défaut de réalisation des travaux dans le délai imparti, le maire, par décision motivée, fait procéder d'office à leur exécution. Il peut également faire procéder à la démolition prescrite, sur ordonnance du juge statuant en la forme des référés, rendue à sa demande *(CCH, art. L. 511-2, V)*.

Conseil pratique **Le notaire rédacteur doit, à l'occasion des formalités préalables à la signature de l'acte authentique de vente, s'assurer que l'immeuble vendu n'a pas fait l'objet d'un arrêté de péril et, à cette fin, l'état hors formalité permet au rédacteur d'être informé de tout arrêté publié portant sur l'immeuble concerné. Mais, lorsque la procédure tendant à déclarer la situation de ruine est seulement en cours ou lorsque la publication de l'arrêté de péril n'a pas encore eu lieu, il est recommandé d'interroger, lors de la constitution du dossier de vente, la mairie de la commune du lieu de situation de l'immeuble ou, s'il y a lieu, la préfecture puisque le préfet se substitue au maire en cas de défaillance de celui-ci quant à la police des édifices menaçant ruine.**

Pour aller plus loin

Formules
- JCl. Notarial Formulaire, V° Vente d'immeuble, fasc. 109 (assurance, reconnaissance de conseils donnés), par J. Lafond et J.-F. Pillebout

Fiche pratique
- Fiche pratique n° 1721 : Rédiger une vente d'immeuble, par M. Suquet-Cozic

Commentaires
- JCl. Notarial Formulaire, Synthèse 1440 : Vente d'immeuble : préparation de l'acte, par V. Zalewski-Sicard
- JCl. Notarial Formulaire, V° Vente d'immeuble, fasc. 510 (charges et conditions), par J. Lafond et V. Zalewski-Sicard
- JCl. Notarial Formulaire, V° Vente d'immeuble, fasc. 570 (immeuble loué), par J. Lafond
- JCl. Notarial Formulaire, V° Vente d'immeuble, fasc. 571 (immeuble loué, fiche pratique), par J. Lafond
- JCl. Administratif, fasc. 1122 (immeuble insalubre), par G. Pellissier

Exigences de détermination, d'existence et d'aliénabilité de l'immeuble

1780 Si, selon l'article 1582 du Code civil, *« la vente est une convention par laquelle l'un s'oblige à livrer une chose, et l'autre à la payer »*, la chose qui constitue l'objet matériel de la vente immobilière doit répondre toujours à certaines conditions : exister, être déterminée et être dans le commerce.

Remarque Dans l'avant-projet de réforme du droit des contrats spéciaux rédigé par l'Association Henri Capitant, l'article 12 est ainsi rédigé : « le contrat de vente est celui par lequel le vendeur transfère la propriété ou tout autre droit réel à l'acheteur qui s'oblige à en payer un prix ».

I. Existence de l'immeuble

1781 Règle générale – Sous peine de nullité absolue, **l'immeuble faisant l'objet de la vente** (terrain nu, immeuble bâti, lot de copropriété, droit de superficie...) **doit, en principe, exister au moment de la conclusion du contrat**. En effet, si les choses vendues ont péri ou sont perdues, ce qui en faisait la valeur au moment de la formation du contrat de vente, celui-ci est nul *(C. civ., art. 1601)*. Toutefois, lorsque la perte n'est que partielle, l'acheteur aurait le choix entre la nullité et la réduction proportionnelle du prix *(C. civ., art. 1601, al. 2)*.
L'existence est ainsi appréciée au moment même de la formation du contrat et non au moment de la délivrance et, dès lors, si la chose existait au moment de la formation du contrat mais a péri avant la délivrance, le contrat n'en reste pas moins valable et l'impossibilité de livrer intéresse seulement l'exécution du contrat *(C. civ., art. 1624)*.

1782 Règle particulière relative à la vente aléatoire – En présence d'un contrat aléatoire, l'existence de la chose (immobilière) n'est pas nécessaire puisque l'incertitude dont elle fait l'objet constitue précisément l'aléa. Mais encore faut-il que le contrat soit véritablement aléatoire et qu'aucune des parties ne soit de mauvaise foi, sinon le contrat pourrait être annulé pour vice du consentement.

1783 Règle particulière relative à la vente portant sur des immeubles futurs – La nécessité de l'existence de l'objet n'interdit pas les contrats portant sur des choses futures. En effet, l'article 1163 du Code civil admet expressément le principe de validité du contrat portant sur une chose future, mais le contrat, sauf s'il est aléatoire, devient caduc si la chose ne vient pas à existence, sans faute de part et d'autre. Ce principe général admis, le droit immobilier en offre deux applications particulières avec la vente d'immeubles à construire et la vente d'immeubles à rénover *(V.* Vente d'immeubles à rénover, *n°* ***3731*** *et s. – V.* Vente en l'état futur d'achèvement, *n°* ***3792*** *et s. – V.* Vente à terme, *n°* ***3872*** *et s.)*.

II. Détermination de l'immeuble

1784 Identification ou individualisation – L'article 1163, alinéas 2 et 3, du Code civil, exige un objet certain mais admet, outre la détermination *stricto sensu* qui suppose son immédiate identification précise s'il s'agit d'un corps certain ou son immédiate individualisation s'il s'agit d'un bien fongible. La simple déterminabilité de la chose est possible : détermination future selon des critères objectifs d'ores et déjà fixés dans le contrat et qui doivent jouer sans nouvel accord des parties.
Et il convient, en matière immobilière, d'ajouter à ces règles de droit commun les dispositions de l'article 7 du décret n° 55-22 du 4 janvier 1955 portant réforme de la publicité foncière *(V. n°* ***1921*** *et s.)*.

III. Aliénabilité de l'immeuble

1° Généralités

1785 Principe : tous les immeubles sont dans le commerce – D'après l'article 1598 du Code civil, *« tout ce qui est dans le commerce peut être vendu, lorsque des lois particulières n'en ont pas prohibé l'aliénation »*. Ainsi, en règle ordinaire, toute chose immobilière est dans le commerce juridique, présente un caractère patrimonial, étant entendu que le mot « commerce » doit être entendu, ici, dans le sens de commerce juridique. Néanmoins, il existe d'importantes exceptions tirées des impératifs de respect de l'ordre public et des bonnes mœurs.

1786 **Exceptions légales et conventionnelles : les immeubles hors du commerce** – Pour des raisons tirées des impératifs de respect de l'ordre public et des bonnes mœurs, certains biens sont légalement exclus du commerce juridique *(C. civ., art. 6, 1102, al. 2, et 1162)* :

- il en va ainsi, notamment, du **domaine public** parce que les biens des personnes publiques, qui relèvent du domaine public, sont inaliénables et imprescriptibles *(CGPPP, art. L. 3111-1 et L. 3111-2)* sauf dans certains cas définis très restrictivement *(CGPPP, art. L. 3112-1 à L. 3112-3. – V. n° **503** et s. – V. n° **1360** et s. – V. n° **4185** et s.)* ;
- il y a aussi, parmi les sources d'inaliénabilité légale, celles qui résultent indirectement des dispositions de l'article L. 111-6-1 du CCH posant l'**interdiction de toute division de certaines catégories d'immeubles** comme, par exemple, les immeubles qui sont frappés d'une interdiction d'habiter, d'un arrêté de péril ou sont déclarés insalubres *(V. n° **1771** et s.)* ;
- il devrait en aller de même, de manière générale, de **toutes choses élaborées ou tenues illégalement** même si, selon la Cour de cassation, les infractions commises à la législation d'urbanisme ne peuvent par elles-mêmes ni frapper l'immeuble d'une inaliénabilité légale, ni entraîner la nullité des conventions dont cet immeuble est l'objet *(V. n° **2492** et s.)*.

Pour aller plus loin

- M.-H. Pero Augerau-Hue et O. Boudeville, Constructions illégales : sanctions et prescriptions : JCP N 2016, n° 15, 1125

2° Cas particuliers

a) Clause d'inaliénabilité

1787 **Renvoi** – Se reporter à l'étude spécifique *(V. n° **3482** et s.)*.

b) Immeuble déclaré insaisissable

1788 **Renvoi** – Se reporter à l'étude spécifique *(V. n° **4187** et s.)*.

c) Immeuble d'autrui

1789 L'article 1599 du Code civil dispose que *la vente de la chose d'autrui est nulle : elle peut donner lieu à des dommages-intérêts, lorsque l'acheteur a ignoré que la chose fût à autrui* : la conclusion d'une vente immobilière suppose que le vendeur ait le pouvoir ou la capacité de vendre et, notamment, qu'il soit propriétaire et ait qualité pour vendre. La raison en est très simple : puisque la vente est destinée à transférer immédiatement et automatiquement un droit de propriété, elle n'est valable que si le vendeur est bien titulaire de ce droit.
À défaut, tout transfert est impossible en vertu de la fameuse règle *nemo plus juris ad alium transferre potest quem ipsem habet* : la conclusion d'une vente immobilière suppose que le vendeur ait le pouvoir ou la capacité de vendre et, notamment, qu'il soit propriétaire et ait qualité pour vendre.

1790 **Conditions de la nullité** – La nullité édictée par le Code civil est, d'après la jurisprudence, une nullité relative dont seul l'acheteur de la chose d'autrui peut se prévaloir et non le vendeur ou le véritable propriétaire *(Cass. 3e civ., 8 déc. 1999, n° 98-12.922 : JurisData n° 1999-004355 ; JCP G 2000, 1176 ; Bull. civ. III, n° 241, p. 167 ; RDI 2000, p. 64)*. Il importe peu, néanmoins, que cet acheteur ait connu ou ignoré le défaut de propriété du vendeur (mauvaise ou bonne foi, vice du consentement ou non) pour se prévaloir de la nullité, mais son ignorance lui permettra, outre l'annulation du contrat, de demander des dommages-intérêts. Et puisqu'il s'agit d'une nullité relative, l'acheteur peut la couvrir par une confirmation de la vente, c'est-à-dire en renonçant à agir en nullité. Il peut aussi se produire une consolidation de la vente lorsque le vendeur, qui n'était pas propriétaire au moment de la vente, l'est devenu avant que l'acheteur n'ait demandé la nullité ; ce dernier étant désormais à l'abri de tout risque d'éviction, il ne peut plus agir en nullité. La théorie de l'apparence pourrait également permettre, si les conditions en sont réunies, de « sauver » la vente de la chose d'autrui *(Cass. 3e civ., 6 sept. 2011, n° 10-20.412 et 10-21.318 : JurisData n° 2011-018099 : JCP N 2011, n° 38, act. 731. – V. JCl. Notarial Formulaire, V° Vente d'immeuble, fasc. 410, par R. Le Guidec et J. Lafond)*.

d) Immeuble indivis

1791 Selon l'article 815-3 du Code civil, la vente d'un bien en indivision (à ne pas confondre avec la cession de droits indivis) requiert, en principe, le **consentement unanime de tous les coïndivisaires.** Toutefois, la vente peut être **autorisée par justice**, dans les conditions prévues par les articles 815-5 ou 815-5-1 du Code civil, pour vaincre l'opposition injustifiée ou l'inertie d'un indivisaire. Dès lors, l'indivisaire qui vend seul la chose indivise (et non point seulement ses droits dans l'indivision) vend en partie la chose d'autrui pour ce qui excède sa part dans l'indivision *(Cass. 3e civ., 12 mai 2010, n° 08-17.186 : JurisData n° 2010-005882 ; Bull. civ. III, n° 95 ; JCP N 2010, n° 41, 1320, spéc. p. 28, obs. S. Piedelièvre ; JCP N 2010, 1378, spéc. p. 29, obs. H. Périnet-Marquet ; Constr.-Urb. 2010, p. 31, n° 108, note Ch. Sizaire ; AJDI 2011, p. 237, obs. Y. Rouquet).*

1792 La validité de la vente dépendra des résultats du partage :

- si la chose vendue est attribuée au vendeur, celui-ci est réputé en être propriétaire dès l'origine par l'effet déclaratif du partage, et la vente sera donc valable ;
- si elle ne lui est pas attribuée, il aura bien cédé la chose d'autrui totalement : d'après la Cour de cassation, cette vente n'est pas nulle, mais simplement inopposable aux autres indivisaires qui pourront ainsi se soustraire à une action en garantie ou en délivrance de l'acquéreur *(Cass. 1re civ., 3 févr. 2016, n° 14-26.060 : JurisData n° 2016-001631 ; JCP N 2016, n° 7-8, act. 301).*

Pour aller plus loin

Formules

- JCl. Notarial Formulaire, V° Indivision, fasc. 45 (procédure), par N. Lesourd et H. Croze
- JCl. Notarial Formulaire, V° Vente d'immeuble, fasc. 125 (désignation), par J. Lafond

Commentaires

- JCl. Notarial Formulaire, Synthèse 1440 : Vente d'immeuble : préparation de l'acte, par V. Zalewski-Sicard
- JCl. Civil Code, Art. 1162 à 1171, fasc. 30 (objet du contrat), par Év. Mouial Bassilana et J.-B. Racine
- JCl. Notarial Formulaire, V° Indivision, fasc. 30 (vente de biens indivis), par J. Lafond et F. Collard
- JCl. Notarial Formulaire, V° Vente d'immeuble, fasc. 400 (désignation), par J. Lafond
- JCl. Notarial Formulaire, V° Vente d'immeuble, fasc. 404 (objet de la vente), par J. Lafond

Fiches pratiques

- Fiche pratique n° 1721 : Rédiger une vente d'immeuble, par M. Suquet-Cozic
- Fiche pratique n° 3111 : Déterminer l'immeuble vendu et les sujétions le grevant au sein de la partie développée de l'acte authentique de vente, par S. Olivier

Revues

- J. Lafond, L'autorisation judiciaire de vendre un bien indivis (C. civ., art. 815-5-1 nouveau) : JCP N 2009, n° 21, 1180

Accessoires de l'immeuble

1793 L'article 1615 du Code civil dispose que l'obligation de délivrer la chose comprend ses accessoires et tout ce qui a été destiné à son usage perpétuel. L'acquéreur d'un immeuble doit ainsi recevoir tout ce qui est inséparable de l'immeuble ou encore ce qui est indispensable à son utilisation. Cependant, l'article 1615 du Code civil n'étant pas d'ordre public, les parties peuvent y déroger et prévoir que des biens qui devraient être compris dans la vente échappent à celle-ci. Le cas échéant, le bien exclu de la vente devra être désigné avec précision *(V. JCl. Civil Code, Art. 1603 à 1623, fasc. 10, par M. Mignot)*. Il est également possible qu'un bien qui ne devrait pas être transmis en tant qu'accessoire de l'immeuble le soit parce que les parties l'ont voulu.

Conseil pratique **Les litiges sont assez nombreux, l'acquéreur s'estimant propriétaire d'un bien dont le vendeur n'avait pas entendu se séparer. En cas de doute, il est donc nécessaire que les parties déterminent avec précision les biens qui seront transférés à l'acquéreur et ceux qui ne le seront pas. À cette fin, un inventaire des accessoires peut ainsi être établi *(Th. Delesalle et O. Herrnberger, rapport au 99e Congrès des notaires [2003] « La vente d'immeuble », La période pré contractuelle, les actes préparatoires, n° 1036)*.**

1794 **Propriété du dessus et du dessous.** – La propriété du sol emporte la propriété du dessus et du dessous *(C. civ., art. 552)*. Cela signifie qu'en cas de vente d'un terrain, l'acquéreur devient propriétaire du sous-sol et de l'espace au-dessus du sol. Il existe en réalité de nombreuses limitations tant à la propriété du dessus que du dessous *(F. Terré, Ph. Simler, Les biens : Dalloz, 9e éd., 2014, n° 217 et 219)* ; l'acquéreur doit en être conscient.

Exemple À titre d'exemple et en ce qui concerne le sous-sol, l'article L. 541-1 du Code du patrimoine précise que les dispositions de l'article 552 du Code civil ne sont pas applicables aux biens archéologiques immobiliers mis à jour à la suite d'opérations archéologiques ou de découvertes fortuites réalisées sur des terrains dont la propriété a été acquise après la publication de la loi n° 2001-44 du 17 janvier 2001 relative à l'archéologie préventive. Autrement dit, si l'immeuble a été acquis après le 18 janvier 2001, les biens archéologiques immobiliers qui seraient découverts dans le sous-sol, que ce soit à la suite d'opérations archéologiques ou en cas de découverte fortuite, appartiennent à l'État dès leur mise au jour.

Seront d'abord présentés les éléments accessoires à l'immeuble transmis automatiquement avec lui *(V. n° **1795** et s.)*. Ce sont ensuite les éléments ne faisant pas l'objet d'une transmission automatique qui seront traités *(V. n° **1818** et s.)*.

I. Éléments accessoires faisant l'objet d'une transmission automatique

1795 **Notion d'accessoire** – « Lorsqu'un bien est dépendant d'un autre bien tout en conservant son caractère distinct, il en est considéré comme l'accessoire » *(F. Zenati, T. Revet, Les biens : PUF, 3e éd., 2008, n° 112)*. Tous les biens indispensables à l'utilisation de l'immeuble sont donc ses accessoires et doivent être transmis avec lui lors de sa vente. Il en est ainsi naturellement des clefs de l'immeuble *(C. civ., art. 1605)*.

1° Fruits

1796 Dès la vente, les fruits appartiennent à l'acquéreur *(C. civ., art. 1614)*. Il s'agit aussi bien des fruits naturels et industriels *(C. civ., art. 583)* que des fruits civils *(C. civ., art. 584)*. Si l'immeuble est vendu loué, c'est donc l'acquéreur qui doit percevoir le loyer depuis la conclusion de la vente, quand bien même le prix n'aurait pas encore été payé à cette date *(Cass. 3e civ., 26 mars 2014, n° 13-10.984 : JurisData n° 2014-006018 ; Bull. civ. III, n° 45 ; Contrats, conc. consom. 2014, comm. 124, L. Leveneur)*.
En réalité, c'est parce que l'acquéreur, en principe, est propriétaire de l'immeuble au jour de la vente qu'il est en droit de percevoir les fruits *(C. civ., art. 1583)*. C'est en effet la qualité de propriétaire du bien frugifère qui confère le droit d'en percevoir les fruits *(C. civ., art. 546 et 547)*. Les fruits appartiennent donc à l'acquéreur dès l'instant où il devient propriétaire, ce qui ne correspond pas nécessairement à la date de la vente. Il est toutefois possible de déroger à l'article 1614 du Code civil *(Cass. 3e civ., 26 mars 2014, préc.)*. Les parties peuvent ainsi convenir que le vendeur se réservera la jouissance de l'immeuble pendant un certain délai *(V. n°**1827**)*.

2° Immeubles par nature

1797 Sont immeubles par nature le sol *(C. civ., art. 518)* et tout ce qui est fixé au sol. Ainsi en est-il des récoltes pendantes par les racines, des fruits des arbres non encore recueillis au jour de la vente *(C. civ., art. 520)* et des coupes ordinaires des bois taillis ou de futaies mises en coupes réglées quand les arbres ne sont pas

abattus *(C. civ., art. 521)*. L'article 518 du Code civil vise les bâtiments mais ce sont toutes les constructions fixées au sol, comme une digue, un pont ou un barrage, qui sont immeubles par nature *(F. Terré, Ph. Simler, Les biens : Dalloz, 9e éd., 2014, n° 33)*.
Des nombreuses décisions citées par le JurisClasseur, on peut citer comme immeubles par nature :

- des serres fixées au sol par des dés de béton, assurant leur immobilité ;
- les accessoires incorporés à la construction, laquelle serait incomplète sans ces derniers *(F. Terré, Ph. Simler, Les biens, préc.)* ;
- des fresques incorporées à une église désaffectée ;
- des boiseries incorporées à un hôtel particulier ;
- les canalisations de gaz ou d'électricité, les paratonnerres et les ascenseurs *(F. Terré, Ph. Simler, Les biens, préc.)*.

Il en est encore ainsi des convecteurs électriques (et non leur installation électrique) liés indissociablement à l'immeuble et ne pouvant être enlevés sans porter atteinte à son intégrité *(Cass. 3e civ., 23 janv. 2002, n° 99-18.102 : JurisData n° 2002-012678 ; Bull. civ. III, n° 12 ; D. 2002, p. 618 et 2365, note V. Depadt-Sebag ; JCP N 2002, 1666, 1, p. 1690, obs. H. Périnet-Marquet)*.

Remarque Parce qu'il s'agit d'immeubles par nature, l'acquéreur en deviendra propriétaire par l'achat de l'immeuble.

3° Immeubles par destination

1798 Au sens de l'article 524 du Code civil, sont immeubles par destination les objets que le propriétaire a placé sur le fonds pour le service et l'exploitation de celui-ci. Le sont également les effets mobiliers que le propriétaire a attachés au fonds à perpétuelle demeure. Il s'agit donc de meubles considérés fictivement comme des immeubles en raison du lien qui les unit à un immeuble par nature dont ils constituent l'accessoire *(F. Terré, Ph. Simler, Les biens, préc. n° 2, spéc. n° 34)*.
Parce que le vendeur doit non seulement délivrer l'immeuble mais également ses accessoires et tout ce qui a été destiné à son usage perpétuel *(C. civ., art. 1615)*, les immeubles par destinations sont transmis avec l'immeuble vendu. L'immeuble est donc accompagné des meubles affectés à son utilisation et nécessaires à celle-ci (*V. n°* ***1799***) ainsi que les meubles qui ne peuvent plus être matériellement dissociés du fonds (*V. n°* ***1800*** *et s.*).

a) Meubles affectés au service et à l'exploitation du fonds

1799 L'affectation au service et à l'exploitation du fonds suppose que le bien soit véritablement au service du fonds et non seulement au propriétaire. Il faut aussi que le meuble soit nécessaire voire indispensable à l'immeuble, ce qui n'est pas le cas, à propos d'un domaine viticole, pour un stock d'eau-de-vie destiné à être vendu *(Cass. 1re civ., 1er déc. 1976, n° 75-14.882 : Bull. civ. I, n° 382)*. Il est enfin nécessaire pour que l'immobilisation joue que le meuble affecté et l'immeuble appartiennent au même propriétaire *(F. Terré, Ph. Simler, Les biens, préc. n° 2, spéc. n° 37)*. Sous ces conditions, le meuble immobilisé sera transmis en même temps que l'immeuble vendu.

Attention **Lorsque la vente porte à la fois sur des immeubles par nature et sur des immeubles par destination, ces derniers doivent faire l'objet d'un prix particulier et d'une désignation détaillée** ***(CGI, art. 683)*****.**

b) Meubles attachés à perpétuelle demeure

1800 Le propriétaire peut avoir attaché certains meubles au fonds, à perpétuelle demeure *(C. civ., art. 524, dernier al.)*. Il n'est plus ici question d'une affectation du bien au service et à l'exploitation du fonds mais d'un lien matériel établi par le propriétaire entre le meuble et le fonds. L'attache doit se traduire par des faits matériels d'adhérence apparente et durable. L'article 525 du Code civil détermine plusieurs situations faisant présumer la volonté du propriétaire d'attacher à son fonds un bien meuble à perpétuelle demeure.

Exemple Ainsi en est-il lorsque le meuble est scellé en plâtre ou à chaux ou à ciment à l'immeuble ou quand le meuble ne peut être détaché sans être fracturé ou détérioré, ou sans briser ou détériorer la partie du fonds à laquelle il est attaché. Il en est de même des glaces, tableaux et autres ornements lorsque le parquet sur lequel ils sont attachés fait corps avec la boiserie. Quant aux statues, elles sont immeubles par destination lorsqu'elles sont placées dans une niche pratiquée exprès pour les recevoir, peu important qu'elles puissent être enlevées sans la moindre détérioration.

1801 **Application** – Il sera donc très difficile d'établir une attache à perpétuelle demeure pour un vaisselier avec vitre cathédrale déposé dans l'immeuble vendu mais qui n'est scellé ni au mur ni au sol *(CA Paris, 2e ch., 8 avr. 1994 : D. 1995, p. 191, obs. A. Robert)*. En revanche, ont été considérés comme immeuble par destination des vases qui étaient simplement posés sur des socles, donc non scellés, mais qui étaient destinés à former avec ces derniers un ensemble ornemental pour la décoration du parc d'un château *(CA Poitiers, 23 avr. 1968 : JCP N 1969, II, 15857)*. Doit être transmise avec l'immeuble, en tant qu'immeuble par destination attaché au fonds à perpétuelle demeure, une imposante bibliothèque en « L » masquant entièrement les murs sur lesquels

elle était appuyée. Elle était construite aux dimensions exactes de la pièce dont elle épousait les particularités ce qui témoignait de la volonté des propriétaires de faire de l'agencement de cette bibliothèque un accessoire de l'immeuble auquel elle était fixée et dont elle ne pouvait être détachée sans en altérer la substance *(Cass. 1re civ., 5 mars 1991, n° 89-14.626 : Bull. civ. I, n° 81)*.
Le contentieux est important d'autant qu'il ne concerne pas seulement les immeubles d'habitation mais aussi les exploitations agricoles et les immeubles à usage commercial, industriel ou artisanal (pour diverses illustrations, *V. JCl. Civil Code, Art. 1603 à 1623, fasc. 10, préc. n° 1)*.

4° Droits et actions attachés à la chose

1802 Certains droits et actions seraient privés d'efficacité si le vendeur les conservait tout en se séparant de l'immeuble. Ils peuvent donc être considérés comme attachés à l'immeuble et doivent suivre ce dernier en quelques mains qu'il passe. La Cour de cassation admet leur transmission automatique : « il est de principe que le sous-acquéreur jouit de tous les droits et actions attachées à la chose qui appartenaient à son auteur, de sorte qu'il dispose, le cas échéant, de l'action en responsabilité contractuelle dont son vendeur aurait bénéficié s'il avait conservé la propriété de ladite chose » *(Cass. 1re civ., 21 janv. 2003, n° 00-15.781 : JurisData n° 2003-017434 ; Resp. civ. et assur. 2003, comm. 122 et 89)*.

1803 Actions en garantie – Sont ainsi transmises à l'acquéreur l'action en garantie des vices cachés, l'action en délivrance conforme ou encore l'action en garantie d'éviction.
Sont également transmises les actions en garantie contre le fabricant et l'action en responsabilité contractuelle de droit commun contre les constructeurs *(Cass. 3e civ., 5 nov. 2013, n° 12-13.923 : JurisData n° 2013-025150 ; JCP N 2014, n° 24-25, 1218, note V. Zalewski-Sicard)*.
Il a ainsi été jugé que « sauf clause contraire, les acquéreurs successifs d'un immeuble ont qualité à agir, même pour les dommages nés antérieurement à la vente et ce nonobstant l'action en réparation intentée par le vendeur avant cette vente, contre les constructeurs sur le fondement de la responsabilité contractuelle de droit commun qui accompagne l'immeuble en tant qu'accessoire » *(Cass. 3e civ., 10 juill. 2013, n° 12-21.910 : JurisData n° 2013-014564 ; JCP N 2013, n° 30-34, act. 831)*.
L'acquéreur d'un immeuble peut donc agir sur le terrain contractuel contre son vendeur mais également contre le vendeur de son vendeur, voire contre le constructeur. Toutefois, il peut se heurter à la prescription de l'action ou aux clauses de non-garantie insérées dans les contrats auxquels il n'était pas partie *(V. JCl. Notarial Formulaire, V° Vente d'immeuble, fasc. 510, par J. Lafond et V. Zalewski-Sicard)*.

1804 Nom de château – Lors de la vente d'un domaine viticole, le vendeur ne saurait se réserver le droit d'utiliser le nom du domaine comme marque. Une clause en ce sens serait nulle de nullité absolue *(D. Denis, La vigne et le vin, régime juridique : Sirey, 1989, n° 642)*. Le nom de château est en effet une marque inséparable du fonds qui produit le vin *(Cass. com., 18 janv. 1955 : JCP G 1955, II, 8755, note Vivez)*. Il n'est donc pas non plus possible pour le propriétaire du domaine de conférer à un tiers le droit d'utiliser le nom du domaine comme marque.

1805 Droits de plantation et de replantation de vigne – La question s'est posée de savoir si, à l'expiration d'un bail rural portant sur des terres à vigne, le preneur conservait les droits de plantation et de replantation qu'il avait obtenu et donc s'il pouvait imposer au bailleur l'arrachage des plants de vigne. La réponse est négative, les droits de plantation et de replantation étant attachés à l'exploitation viticole. Le preneur ne peut donc pas imposer l'arrachage des plants de vigne lesquels sont devenus la propriété du bailleur-propriétaire par voie d'accession *(Cass. 3e civ., 18 nov. 1998, n° 96-18.438 et 96-22.102 : Bull. civ. III, n° 217 et 218 ; JCP N 1999, p. 354, note D. Rochard)*.
Cela signifie qu'en cas de vente de terres à vigne, les droits de plantation et de replantation suivent l'exploitation viticole en quelques mains qu'elle passe.

1806 Moment de l'accession – Concernant le sort des plantations effectuées par le preneur, la Cour de cassation, dans un premier temps, a consacré le principe de l'accession immédiate *(Cass. 3e civ., 24 mars 1999, n° 97-14.303 : Bull. civ. III, n°77 ; D. 2001, jurispr. p. 141, concl. J.-F. Weber, note E. Agostini et Fr. Roussel ; JCP N 2001, p. 1514, note D.-G. Brelet. – Cass. 3e civ., 10 nov. 2004, n° 03-14.592 : JCP N 2005, 1414, note Fr. Roussel)*. Mais par une décision du 23 novembre 2017, elle énonce qu'à défaut de convention contraire le bailleur ne devient propriétaire qu'à la fin du contrat de bail en cours, autrement dit, au moment du renouvellement *(Cass. 3e civ., 23 nov. 2017, n° 16-16.815 : Guide de l'agriculture et de la forêt, fiche 42, p. 199, note B. Grimonprez. : LexisNexis, 2018-2019)*.

5° Contrats

1807 En cas de vente d'un immeuble assuré, l'assurance dommages-ouvrage est transmise de plein droit à l'acquéreur *(V. n° **2196** et s.)*. Il en est de même de l'assurance contre l'incendie ou contre d'autres risques *(V. n° **3270** et s. – V. n° **3328** et s.)*.

1808 Contrat de bail – Conformément à l'article 1743 du Code civil, si le bailleur vend la chose louée, l'acquéreur ne peut expulser le fermier, le métayer ou le locataire qui a un bail authentique ou dont la date est certaine. Il peut, toutefois, expulser le locataire de biens non ruraux s'il s'est réservé ce droit par le contrat de bail.

6° Charges et obligations

1809 Servitude – Une servitude est une charge grevant un fonds au profit d'un autre fonds appartenant à un autre propriétaire *(C. civ., art. 637)*.

1810 Charge réelle – En principe, les dettes et obligations du vendeur, même relatives à l'immeuble, ne sont pas transmises à l'acquéreur *(V. n° **1825**)*. Il n'en est toutefois pas toujours ainsi. Il a par exemple été jugé que l'obligation prise par le propriétaire de boucher certaines vues de son immeuble est transmise à l'acquéreur de cet immeuble. Cette solution s'explique par le fait qu'il ne s'agissait pas d'un simple engagement personnel mais d'une charge réelle affectant le fonds *(Cass. 3e civ., 13 oct. 2004, n° 03-12.687 : D. 2005, p. 934, note S. Mary)*.

1811 Cahier des charges – Lors de l'acquisition d'un lot dans un lotissement, il est nécessaire de prendre connaissance du règlement et du cahier des charges du lotissement puisque il peut y être prévu des contraintes que les nouveaux propriétaires devront respecter *(V. n° **2374** et s.)*.

1812 Obligation réelle environnementale – En application de la loi n° 2016-1087 du 8 août 2016, il est possible pour les propriétaires de biens immobiliers de conclure un contrat avec une collectivité publique, un établissement public ou une personne morale de droit privé agissant pour la protection de l'environnement en vue de faire naître à leur charge, ainsi qu'à la charge des propriétaires ultérieurs du bien, des obligations réelles ayant pour finalité le maintien, la conservation, la gestion ou la restauration d'éléments de la biodiversité ou de fonctions écologiques *(C. envir., art. L. 132-3. – V. n° **3506** et s.)*. Le contrat doit être établi en la forme authentique et publié au service chargé de la publicité foncière de la situation de l'immeuble *(D. n° 55-22, 4 janv. 1955, art. 28)*.

Conseil pratique **En cas de vente d'un immeuble, le rédacteur de l'acte peut donc prendre connaissance de l'existence d'une telle obligation réelle et informer l'acquéreur, avant la vente, des contraintes qui vont peser sur lui ainsi que de la durée des obligations et des possibilités de révision et de résiliation.**

Pour aller plus loin

- N. Clément, Un droit civil de l'environnement : RJSP 2017, n° 4
- W. Dross, L'originalité de l'obligation réelle environnementale en droit des biens : Énergie – Env. – Infrastr. 2017, dossier, 16
- B. Grimonprez, La transmission de l'exploitation agricole à l'épreuve des obligations environnementales : JCP N 2017, n° 12, 1141
- O. Herrnberger, L'obligation réelle environnementale, le point de vue de la pratique : Énergie – Env. – Infrastr. 2017, dossier, 17
- V. Zalewski-Sicard, Les obligations réelles environnementales et le projet de loi pour la reconquête de la biodiversité, de la nature et des paysages : Constr.-Urb. 2016, alerte 41

1813 Association syndicale de propriétaires. – Dans les immeubles en copropriété ou encore dans les lotissements, des structures sont généralement mises en place pour la gestion de certaines parties d'immeubles ou d'équipement collectifs à usage commun. Il arrive alors, dans certains cas, que l'acquéreur d'un lot adhère automatiquement à la structure sans qu'il puisse s'y opposer *(V. JCl. Notarial Formulaire, V° Vente d'immeuble, fasc. 510, préc. n° 11)*. Ainsi en est-il pour les associations syndicales de propriétaires puisque l'article 3 de l'ordonnance n° 2004-632 du 1er juillet 2004 dispose que *« les droits et obligations qui dérivent de la constitution d'une association syndicale de propriétaires sont attachés aux immeubles compris dans le périmètre de l'association et les suivent, en quelque main qu'ils passent, jusqu'à la dissolution de l'association ou la réduction de son périmètre »*. En dehors de ces hypothèses d'adhésion automatique, il est possible d'imposer à l'acquéreur l'adhésion à une structure par une clause en ce sens dans un règlement de copropriété. Tel est le cas pour l'obligation pour tout acquéreur d'un lot dans un centre commercial de souscrire des actions d'une société dont l'objet est de regrouper les commerçants, de gérer le centre et d'assurer la promotion commerciale.

Conseil pratique **Lors de l'acquisition d'un lot dans une copropriété, il est donc opportun de consulter le règlement de copropriété afin d'être informé des éventuelles obligations pesant sur les propriétaires.**

1814 Subvention de l'Anah – Si le vendeur a obtenu une subvention de l'agence nationale de l'habitat, il doit respecter des conditions en principe applicables à tous les bénéficiaires mais aussi des conditions qui varient d'une catégorie de bénéficiaire à l'autre *(V. n° **1974** et s.)*. Ainsi, les immeubles dans lesquels les travaux sont prévus doivent en principe avoir été achevés depuis quinze ans au moins à la date de la notification de la décision d'octroi de subvention *(CCH, art. R. 321-14)*. Surtout, il faut que le logement soit occupé à titre de résidence principale, ce qui doit être justifié en cas de contrôle *(CCH, art. R. 321-20. – Règlement général de l'Agence nationale de l'habitat, annexé à A. n° ETLL1408764A, 1er août 2014, art. 15)*. Alors que les propriétaires occupants doivent occuper le logement dans le délai maximum d'un an qui suit la date de déclaration d'achèvement des travaux et pour une durée de 6 ans *(règl. général de l'Anah, art. 15, D)*, les propriétaires-bailleurs doivent s'engager à respecter les obligations définies dans une convention laquelle détermine, notamment, le montant maximum des loyers, les conditions d'occupation du logement ou encore sa durée qui ne peut être inférieure à 9 ans si le propriétaire reçoit une aide pour réaliser des travaux d'amélioration, et à 6 ans dans le cas contraire *(CCH, art. L. 321-4)*. En cas de vente de l'immeuble, certaines conditions devront donc être remplies par l'acquéreur sous peine de devoir reverser tout ou partie de la subvention reçue. De plus, la mutation de propriété de l'immeuble intervenant dans les délais précédemment évoqués doit être déclarée dans un délai de deux mois au délégué de l'agence dans le département *(Règl. général de l'Agence nationale de l'habitat, art. 16)*.

7° Installations photovoltaïques

1815 Lorsque l'immeuble est assorti d'installations photovoltaïques, il est d'abord possible que celles-ci n'appartiennent pas au vendeur mais à un tiers exploitant. Un bail de droit commun, un bail emphytéotique ou encore un bail à construction peut en effet être utilisé pour permettre une telle exploitation *(D. Gantschnig, Des différentes manières d'exploiter des panneaux photovoltaïques sur le fonds d'autrui : Dr. et Ville 2010, n° 70)*. La vente de l'immeuble opère alors transfert du contrat à l'acquéreur.

Remarque Il conviendra d'annexer à l'acte de vente le contrat conclu avec l'exploitant de l'installation et le notaire devra attirer l'attention de l'acquéreur sur les difficultés que le transfert du contrat pourrait engendrer *(V. JCl. Notarial Formulaire, V° Vente d'immeuble, fasc. 404, par J. Lafond)*.

1816 Propriété du vendeur – Il est ensuite possible que les installations soient la propriété du vendeur. Le cas échéant, l'installation photovoltaïque peut être intégrée à l'immeuble et assurer une fonction de couvert et d'étanchéité. Il s'agit alors d'immeuble par nature. L'installation peut aussi être simplement posée sur une toiture existante par exemple, ce qui en fera en principe un immeuble par destination. Ainsi, parce que les installations sont soit immeubles par nature, soit immeubles par destination, elles sont de plein droit transmises avec l'immeuble objet de la vente. Il ne sera pour autant pas inutile de faire mention dans l'acte de vente de leur existence, voire de solliciter un expert pour en vérifier l'état *(V. JCl. Notarial Formulaire, V° Vente d'immeuble, fasc. 404)*.

1817 Contrats – Quant aux contrats liés aux installations, il est nécessaire de vérifier que ces contrats sont bien conformes à la réglementation existante, s'ils pourront être transférés à l'acquéreur et sous quelles conditions.

Exemple Par exemple, si les contrats d'assurance relatifs aux risques liés à l'installation sont en principe transmis à l'acquéreur, il n'en est pas de même pour les conventions de raccordement et d'exploitation lesquelles sont nécessaires lorsque le propriétaire d'une installation désire livrer tout ou partie de sa production à un réseau public d'électricité. En effet, ces conventions sont nominatives et en cas de changement d'exploitant, de nouvelles conventions de raccordement et d'exploitation doivent être établies préalablement (sur ces questions, *V. JCl. Notarial Formulaire, V° Vente d'immeuble, fasc. 404)*.

II. Éléments ne faisant pas l'objet d'une transmission automatique

1° Contrats relatifs à l'immeuble vendu

1818 En dehors des contrats qui font l'objet d'un transfert de plein droit à l'acquéreur en cas de vente de l'immeuble, l'acquéreur ne sera pas lié par les divers contrats relatifs à l'immeuble conclus entre le vendeur et les tiers. Il peut pourtant être opportun que l'acquéreur reprenne à son compte ces contrats dont il peut avoir besoin en tant que nouveau propriétaire de l'immeuble. Le vendeur souhaite quant à lui être déchargé de ses obligations relatives à l'immeuble vendu. Il peut s'agir de contrats d'entretien concernant les équipements de l'immeuble (chaufferie, jardin, espaces verts) ou encore des contrats de gardiennage ou de surveillance. Il est donc nécessaire que ces contrats soient identifiés et qu'ils fassent l'objet d'une cession de contrat.

1819 Inventaire des contrats – Il convient en tout premier lieu de déterminer quels sont les différents contrats relatifs à l'immeuble qu'il serait opportun de transférer à l'acquéreur. Il est alors nécessaire de s'informer sur les engagements exacts pris initialement par le vendeur. Il faudra sur ces points interroger le vendeur et s'en remettre à ses déclarations ainsi qu'aux documents transmis par ce dernier *(V. JCl. Notarial Formulaire, V° Vente d'immeuble, fasc. 510, par J. Lafond et V. Zalewski-Sicard)*.

1820 **Reprise ou non des contrats** – Une fois cet inventaire de l'ensemble des contrats ayant pour objet l'immeuble établi, l'acquéreur pourra décider s'il désire reprendre ces contrats à son compte ou non. Dès lors que l'acquéreur est informé d'un contrat qu'il pourrait vouloir prendre à son compte, il doit conclure une cession de contrat avec le vendeur conformément aux articles 1216 et suivants du Code civil. À défaut de cession, il ne saurait agir contre le vendeur parce que le contrat n'a jamais été exécuté : « la seule révélation volontaire faite à l'acquéreur de l'existence d'un contrat conclu entre le vendeur et un tiers n'est pas de nature à créer au profit de cet acquéreur un droit à l'exécution de ce contrat » *(Cass. 3e civ., 15 mars 2006, n° 05-10.252 : JurisData n° 2006-032670 ; JCP G 2006, IV, 1795 ; Defrénois 2006, art. 38433, p. 1229, note R. Libchaber ; Bull. civ. III, n° 69 ; D. 2007, p. 1581, note V. Perruchot-Triboulet)*.

Conseil pratique **Le notaire devra préciser dans l'acte de vente qu'à défaut de cession d'un contrat à l'acquéreur, ce dernier ne bénéficie pas d'un droit à l'exécution de ce contrat et que le vendeur assumera seul les conséquences financières de la résolution de ce contrat *(V. JCl. Notarial Formulaire, V° Vente d'immeuble, fasc. 510)*.**

1821 **Cession de contrat** – L'article 1216 du Code civil prévoit qu'un contractant, le cédant, peut céder sa qualité de partie au contrat à un tiers, le cessionnaire, avec l'accord de son contractant le cédé. Le vendeur doit donc obtenir l'accord de son contractant s'il veut que le contrat soit transmis à l'acquéreur de l'immeuble. Cet accord pourra d'ailleurs être donné par avance, notamment dans le contrat qui a été conclu entre le vendeur de l'immeuble et le futur cédé. Le cas échéant, la cession produit effet à l'égard du cédé lorsqu'elle lui est notifiée ou lorsqu'il en prend acte *(C. civ., art. 1216, al. 2)*. Toutefois, même lorsque l'accord à la cession est donné par le cédé, le vendeur n'est libéré pour l'avenir que si le cédé y a expressément consenti. À défaut, et sauf clause contraire, le cédant est tenu solidairement à l'exécution du contrat *(C. civ., art. 1216-1)*. À défaut d'accord à la cession, le contrat de cession sera inopposable au contractant du vendeur.

1822 **Écrit** – La cession du contrat doit être conclue par écrit *(C. civ., art. 1216)*. Il est nécessaire que l'accord du cédé à la cession soit obtenu, toujours par écrit. Il faudra veiller en plus à obtenir l'accord permettant au vendeur d'être libéré pour l'avenir de ses obligations. À défaut d'obtenir l'accord du cédé, la cession ne pourra pas s'opérer et le vendeur restera tenu à son égard. Il est alors possible que le vendeur et l'acquéreur établissent une convention aux termes de laquelle l'acquéreur s'engage à exécuter les obligations pesant sur le vendeur. Effectivement, si l'acquéreur exécute lesdites obligations, le contractant du vendeur n'aura aucun intérêt à engager de quelconques poursuites. En revanche, en cas d'inexécution, le vendeur reste tenu à l'égard de son contractant auquel la convention conclue avec l'acquéreur est inopposable. Le vendeur pourra toutefois agir en responsabilité contre l'acquéreur n'ayant pas exécuté ses obligations *(V. JCl. Notarial Formulaire, V° Vente d'immeuble, fasc. 510, J. Lafond, V. Zalewski-Sicard)*.

Conseil pratique **Pour éviter ces difficultés, il peut être utile de recueillir le consentement du contractant par avance, dès la conclusion du contrat relatif à l'immeuble, comme l'article 1216 du Code civil le permet. Il est également possible de prévoir dans ce contrat une condition résolutoire qui produira ses effets en cas de vente de l'immeuble et à défaut pour le contractant d'accepter la cession de contrat.**
Il n'y aura en revanche pas de difficulté pour le vendeur s'il peut opérer la résolution du contrat sans frais, par exemple si le contrat relatif à l'immeuble est à durée indéterminée.

2° Droits et actions

1823 Certaines actions du vendeur ne sont pas transmises de plein droit à l'acquéreur *(V.* Assurances, *n°* ***2196*** *et s.)*. Il en est ainsi des actions à caractère délictuel *(V. JCl. Notarial Formulaire, V° Vente d'immeuble, fasc. 510, par J. Lafond et V. Zalewski-Sicard)*.

1824 **Transfert du permis de construire** – Se reporter à l'étude spécifique *(V. n°* ***2313*** *et s.)*.

3° Dettes et obligations

1825 En principe, les dettes et obligations du propriétaire de l'immeuble ne sont pas transmises de plein droit à l'acquéreur en cas de vente de l'immeuble.
Ce sont ainsi les engagements strictement personnels qui ne sont pas transmis de plein droit. Par exemple, si le propriétaire d'un lot de copropriété s'est engagé à limiter son droit de surélever ce lot, droit qui lui est reconnu par le règlement de copropriété, cet engagement personnel du vendeur n'est pas transmis à l'acquéreur du lot. Ce dernier n'est donc pas tenu par les engagements personnels du vendeur, sauf bien sûr à s'être engagé lui-même à limiter son droit de surélever.
Il peut en être autrement lorsque l'engagement pris constitue une servitude, une charge réelle ou encore lorsqu'il figure dans le cahier des charges d'un lotissement ou dans un règlement de copropriété *(V. n°* ***2327*** *et s. – V. n°* ***1637*** *et s.)*.

4° Meubles garnissant l'immeuble

1826 Les objets mobiliers qualifiés d'immeubles par destination sont en principe transmis à l'acquéreur en même temps que l'immeuble *(V. n° **1798** et s.)*, en revanche, il n'en est pas ainsi pour les meubles qui garnissent l'immeuble lesquels demeurent la propriété du vendeur, sauf stipulation contraire. Il est ainsi tout à fait possible d'opérer la vente d'une maison meublée laquelle ne comprend alors que les meubles meublants *(C. civ., art. 535)*, c'est-à-dire les meubles destinés à l'usage et à l'ornement des appartements, comme les tapisseries, lits, sièges, glaces, pendules, tables, porcelaines et les autres objets de cette nature *(C. civ., art. 534)*. Il se peut également que la maison soit vendue avec tout ce qui s'y trouve, ce qui exclut seulement l'argent comptant, les dettes actives et les autres droits dont les titres peuvent être déposés dans la maison *(C. civ., art. 536)*.

Conseil pratique **À noter que l'article 735 du CGI prévoit que lorsqu'un acte translatif de propriété ou d'usufruit comprend des meubles et des immeubles, le droit d'enregistrement est perçu sur la totalité du prix au taux réglé pour les immeubles, sauf à avoir stipulé un prix particulier pour les objets mobiliers et à ce qu'ils soient désignés et estimés, article par article, dans le contrat.**

Réserves de droit par le vendeur

1827 À défaut d'indication contraire, la vente d'un immeuble est censée porter sur toute la propriété de celui-ci, dès lors qu'il appartient bien au vendeur *(V. JCl. Notarial Formulaire, V° Vente d'immeuble, fasc. 404, par J. Lafond, n° 51)*. Mais divers droits peuvent être réservés par les vendeurs ce qui soulève certaines difficultés. Il convient donc de rédiger ces réserves avec précision. De plus, lorsque le vendeur désire se réserver un droit réel, se pose les questions du choix du droit réel et de sa durée.

I. Désignation précise du droit réservé

1828 Réserve de jouissance – Une des difficultés à résoudre lorsque les parties sont convenues que le vendeur se réserverait un droit sur l'immeuble vendu est de déterminer avec précision le droit dont il s'agit. Il peut arriver que les parties prévoient simplement que le vendeur s'est réservé la jouissance du bien vendu, ce qui est très ambigu et source de difficultés *(V. JCl. Notarial Formulaire, V° Vente d'immeuble, fasc. 520)*. En effet, il pourrait s'agir tant d'un droit personnel permettant d'user du bien que d'un usufruit ou d'un droit d'usage et d'habitation.

Pour éviter la naissance d'un contentieux, il est crucial que les parties se soient bien entendues sur la nature et l'étendue du droit réservé par le vendeur. De plus, les services chargés de la publicité foncière devront connaître la nature personnelle ou réelle du droit réservé. **Si un droit personnel n'a pas à être publié, le droit réel doit l'être.** Dans le cas contraire, il ne sera pas opposable aux tiers *(D. n° 55-22, 4 janv. 1955, art. 30)*. Il faut ajouter que selon qu'il s'agit d'un usufruit ou d'un droit d'usage et d'habitation, le fichier immobilier doit être annoté de manière différente. **Les parties doivent donc être précises quant à la nature et au contenu du droit réservé.** Une clause selon laquelle le vendeur se réserve la jouissance de l'immeuble vendu pendant une période déterminée est donc à éviter. Son ambiguïté conduirait les juges du fond à déterminer, après interprétation, s'il s'agit d'un droit réel ou d'un droit personnel.

Remarque Avec l'aide du notaire, les parties devront ainsi **préciser si le droit de jouissance réservé est un droit réel ou un droit personnel.** S'il s'agit d'un droit personnel de jouissance, il faut déterminer s'il s'agit, par exemple, d'un bail ou d'un prêt à usage. Il convient en outre de **limiter l'obligation personnelle dans le temps** puisque les engagements perpétuels sont prohibés *(C. civ., art. 1210)*. S'il s'agit d'un droit réel, il faut alors préciser s'il s'agit d'un usufruit, d'un droit d'usage et d'habitation, d'un droit réel de jouissance spéciale voire d'un autre droit réel innomé *(V. JCl. Notarial Formulaire, V° Vente d'immeuble, fasc. 520)*.

1829 Droit d'usage – Ces recommandations valent de manière générale et pas uniquement pour une clause dite de réserve de jouissance. Qu'il s'agisse pour les parties de prévoir un droit de chasse, de pêche ou un quelconque droit d'usage, il est toujours nécessaire de bien préciser s'il s'agit d'un droit réel ou d'un droit personnel. À défaut de ces précisions, le risque de contentieux est nécessairement accentué. Le juge peut alors être amené à interpréter la clause par laquelle le vendeur s'est réservé un droit d'usage, comme c'était le cas dans une affaire où les vendeurs s'étaient réservé un droit d'usage relatif à un parc que l'acquéreur avait prévu d'édifier sur le terrain acheté. Ce droit d'usage devait profiter, aux termes de la clause, aux vendeurs comme à leurs sous-acquéreurs ou ayants droit *(Cass. 3e civ., 27 juin 1972, n° 71-11.657 : Bull. civ. III, n° 433)*.

II. Réserve d'un droit réel

1830 Dans l'hypothèse où les parties conviennent que le vendeur de l'immeuble se réserve un droit réel, il est nécessaire de faire un choix entre l'usufruit et le droit d'usage et d'habitation, sans oublier le droit réel de jouissance spéciale ou encore n'importe quel droit d'usage spécifique. Pour les droits réels originaux, se pose en outre la question de leur durée.

1° Usufruit ou droit d'usage et d'habitation

1831 Renvoi – Se reporter à l'étude spécifique *(V. n° **4047** et s.)*.

2° Droit réel de jouissance spéciale

1832 Renvoi – Se reporter à l'étude spécifique *(V. n° **3508** et s.)*.

3° Droits d'usage spécifique

1833 Droit de chasse – Le propriétaire d'un fonds peut-il ainsi vendre une partie de celui-ci et se réserver un droit de chasse sur les terres vendues ? Cette question a donné lieu à un arrêt de la Cour de cassation du 22 juin 1976 *(Cass. 3e civ., 22 juin 1976, n° 74-14.148 : Bull. civ. III, n° 280)*.

Le propriétaire-vendeur avait entendu se réserver le droit exclusif de chasser sur les terres vendues pendant tout le temps où lui ou ses héritiers seraient propriétaires (ou locataires) du domaine. Mais la Cour de cassation estime qu'il ne pouvait s'agir d'une servitude puisque le droit de chasse pouvait amener un agrément qui ne concernerait que la personne du propriétaire mais n'avait aucun intérêt pour le fonds lui-même.

La qualification de servitude ne peut effectivement être retenue que si une charge pèse sur un fonds au profit d'un autre fonds (et non au profit d'un propriétaire déterminé). En revanche, il est possible que le propriétaire du fonds servant soit tenu à une prestation positive, comme une obligation d'entretien. Cette obligation est alors l'accessoire de la servitude. Parce qu'elle est liée à la qualité de propriétaire du fonds servant, elle est une obligation réelle qui n'a pas à être limitée dans le temps.

Si une telle réserve de chasse ne saurait être valable en tant que servitude, reste à savoir si aujourd'hui elle ne pourrait pas constituer un droit réel spécifique puisque la possibilité de créer des droits réels originaux a été admise *(V. n° **3508** et s.)*.

Il a d'ailleurs été jugé, dans une affaire où un donateur s'était réservé un droit de chasse sur les propriétés transmises, que ce droit de chasse « revêtait le caractère, non pas d'un droit de chasser conféré à titre personnel, mais d'un attribut de droit de propriété s'analysant en un droit réel d'usage viager attaché au fonds ». Ce droit réel qui avait été rappelé lors de la vente ultérieure du fonds était opposable à l'acquéreur de celui-ci *(Cass. 3e civ., 2 oct. 2002, n° 00-14.029 : JurisData n° 2002-015723 ; Environnement et dév. durable 2003, repère 2, note J. de Malafosse)*.

À noter qu'il appartient au vendeur d'informer l'acquéreur, quelle que soit l'utilisation envisagée pour l'immeuble, de la situation juridique de la propriété vis-à-vis de l'exercice du droit de chasse. Cela implique bien évidemment d'informer l'acquéreur de l'existence d'un droit de chasse réservé par le vendeur mais aussi d'une éventuelle adhésion à une association de chasse agréée *(V. JCl. Notarial Formulaire, V° Vente d'immeuble, fasc. 404)*.

1834 Utilité spécifique diverse – Cette possibilité pour le vendeur de se réserver une utilité du fonds par la conservation d'un droit réel sur ce dernier n'est bien sûr pas limitée à la chasse. « Les utilités offertes par les choses étant illimitées leur démembrement n'ont pas davantage de limites théorique. N'importe quelle utilité spécifique peut donc être constituée en droit réel » *(W. Dross, Droit des biens : Montchrestien, 3e éd., 2017, n° 119)*.

> **Exemple** Cela peut être un passage pour piéton, un droit réel de seconde herbe, c'est-à-dire de faire paître un troupeau sur le fonds d'autrui, qui n'est pas une servitude, un droit d'affichage perpétuel sur le mur d'autrui, lequel ne saurait être qualifié d'usufruit.

Il faut considérer que ces droits peuvent être valablement créés. Toutefois, l'efficacité de ces droits réels démembrés ne sera assurée que s'ils sont **publiés au service de la publicité foncière** *(D. n° 55-22, 4 janv. 1955, art. 28)*.

4° Durée des droits réels originaux

1835 Renvoi – Se reporter à l'étude spécifique *(V. n° **3508** et s.)*.

Division

1836 **Renvoi** – Se reporter à l'étude spécifique *(V. n° 2327 et s.).*

Pour aller plus loin

Formules
- JCl. Notarial Formulaire, V° Vente d'immeuble, fasc. 105 (cadre de vente), par J. Lafond
- JCl. Notarial Formulaire, V° Vente d'immeuble, fasc. 125 (désignation), par J. Lafond

Fiches pratiques
- Fiche pratique n° 1809 : Rédiger une vente de terrain à bâtir dans un lotissement, par D. Boulanger
- Fiche pratique n° 115 : Responsabilité et garantie des vices de construction, par A. Le Saint
- Fiche pratique n° 1721 : Rédiger une vente d'immeuble, par M. Suquet-Cozic
- Fiche pratique n° 3111 : Déterminer l'immeuble vendu et les sujétions le grevant au sein de la partie développée de l'acte authentique de vente, par S. Olivier

Commentaires
- JCl. Notarial Formulaire, Synthèse 1470, Vente d'immeuble, bien vendu, par V. Zalewski-Sicard
- JCl. Notarial Formulaire, V° Vente d'immeuble, fasc. 404 (objet de la vente), par J. Lafond
- JCl. Notarial Formulaire, V° Vente d'immeuble, fasc. 410 (vente de la chose d'autrui), par R. Le Guidec et J. Lafond
- JCl. Notarial Formulaire, V° Vente d'immeuble, fasc. 510 (transfert des contrats), par J. Lafond et V. Zalewski-Sicard

Mesurage

1837 Tout vendeur doit délivrer le bien promis, avec sa contenance telle qu'elle est prévue contractuellement *(C. civ., art. 1616)*. Il existe des règles particulières en matière de vente immobilière. Plusieurs hypothèses doivent être distinguées.

1838 Contenance mesure du prix – Si la vente d'un immeuble a été faite avec indication de la contenance, à raison de tant la mesure (un terrain de 300 m^2 à 200 euros le m^2), le vendeur est obligé de délivrer à l'acquéreur, s'il l'exige, la quantité indiquée au contrat. À défaut de le pouvoir, le vendeur subira une diminution proportionnelle du prix *(C. civ., art. 1617)*. Peu importe, dans cette hypothèse, l'importance du décalage entre la contenance promise et la contenance délivrée. Si à l'inverse le vendeur délivre une contenance plus importante que celle prévue au contrat, l'acquéreur a le choix de fournir le supplément du prix, ou de se désister du contrat, mais uniquement si l'excédent est d'un vingtième au-dessus de la contenance promise *(C. civ., art. 1618)*. Ces actions doivent être intentées dans l'année, à compter du jour du contrat, à peine de déchéance *(C. civ., art. 1622)*.

1839 Contenance indicative – Si la vente a été faite avec indication de la contenance mais sans servir de mesure au prix (un terrain de 300 m2 pour un prix global de 60 000 euros), une différence d'un vingtième entre la surface promise et celle délivrée est nécessaire. Si l'acheteur bénéficie d'une surface plus importante que celle annoncée, il pourra renoncer à l'acquisition ou verser un supplément de prix *(C. civ., art. 1619 et 1620)*. S'il bénéficie d'une surface moindre, le vendeur devra supporter une diminution du prix. L'article 1619 du Code civil prévoit que la règle est d'application supplétive. Tel n'est pas le cas de la garantie de superficie qui joue en cas de vente d'un lot de copropriété.
En effet, une loi n° 96-1107 du 18 décembre 1996, dite « loi Carrez », a inséré un nouvel article 46 dans la loi n° 65-557 du 10 juillet 1965 fixant le statut de la copropriété des immeubles bâtis. Cet article prévoit que toute promesse unilatérale de vente ou d'achat, tout contrat réalisant ou constatant la vente d'un lot ou d'une fraction de lot doit mentionner, à peine de nullité, la superficie de la partie privative de ce lot ou de cette fraction de lot. Si la superficie indiquée est sensiblement inférieure à la superficie réelle du lot, le vendeur supportera une diminution proportionnelle du prix. L'article 46 a donc un caractère impératif *(L. n° 65-557, 10 juill. 1965, art. 43)*. Même dans l'hypothèse où l'acte de vente n'indique qu'une surface approximative devant être précisée par la suite, l'acquéreur pourra agir en diminution du prix si la superficie est inférieure de plus d'un vingtième à celle exprimée dans l'acte.

Attention La Cour de cassation a eu l'occasion de préciser que « lorsque l'acquéreur d'un lot de copropriété agit contre le vendeur en invoquant un déficit de superficie, son action est régie exclusivement par les dispositions de l'article 46 de la loi du 10 juillet 1965 » *(Cass. 3e civ., 26 nov. 2015, n° 14-14.778 et 14-28.394 : JurisData n° 2015-026360 ; JCP N 2016, n° 7-8, 1087 – 39, obs. S. Piedelièvre ; RDC 2016/2, 247, obs. Brun)*.

1840 Plan – Il convient de préciser le champ d'application de cette garantie de superficie (*V. n°* ***1841*** *et s.*) ainsi que les modalités relatives aux opérations de mesurage (*V. n°* ***1872*** *et s.*). La complexité du régime applicable implique d'être particulièrement vigilant dans la rédaction des actes (*V. n°* ***1878*** *et s.*). L'absence de mention de superficie ou son inexactitude peut conduire à certaines sanctions (*V. n°* ***1887*** *et s.*) et la responsabilité des professionnels intervenus peut être recherchée (*V. n°* ***1917*** *et s.*).

I. Champ d'application

1841 Comme le précise l'article 46 précité, sont concernés toute promesse unilatérale de vente ou d'achat ainsi que tout contrat réalisant ou constatant la vente d'un lot ou d'une fraction de lot.

Conseil pratique En cas de doute sur l'application de cet article, il est prudent de procéder au mesurage et d'indiquer la superficie dans l'acte. Dans la mesure où le texte n'opère aucune distinction selon la qualité de l'acquéreur, il convient de l'appliquer même lorsque ce dernier est un professionnel de l'immobilier.

1° Opérations concernées

1842 Location-accession – La location-accession, parce qu'elle implique une promesse unilatérale de vente, est soumise à l'article 46 *(M. Dagot, Garantie de contenance du lot de copropriété vendu : JCP G 1997, n° 27, doctr. 4034)*. Il n'en va pas différemment pour la location-vente et le crédit-bail immobilier *(V. JCl. Copropriété, fasc. 107-1 ou JCl. Notarial Formulaire, V° Copropriété, fasc. 212, par J. Lafond, n° 32 et 33)*.

1843 Pacte de préférence – Si les promesses unilatérales de vente et d'achat ne soulèvent ici aucune difficulté particulière, le pacte de préférence n'est pas visé par le texte. Le promettant, dans un tel avant-contrat, n'est donc pas soumis à l'obligation d'information relative à la surface du lot. Il est pourtant parfois recommandé d'indiquer tout de même cette information *(V. JCl. Copropriété, fasc. 107-1 ou JCl. Notarial Formulaire, V° Copropriété, fasc. 212, préc. n° 6)*.

Une telle précaution ne nous semble pas nécessaire puisque l'information pourra utilement être transmise ultérieurement, lors de la conclusion d'une promesse unilatérale ou d'un acte réalisant ou constatant la vente par exemple.

1844 Offre de vente – La simple offre de vente n'est pas visée par l'article 46 de la loi du 10 juillet 1965. Toutefois, il a été jugé que l'article 46 concerne tout contrat réalisant ou constatant la vente d'un lot ou d'une fraction de lot, peu important que ce contrat fasse l'objet d'un écrit. Dès lors, si une offre de vente ne faisant aucune mention de la superficie est acceptée, la vente en résultant serait susceptible d'être frappée de nullité.

Conseil pratique **Alors même que l'article 46 de la loi du 10 juillet 1965 ne vise pas l'offre de vente, le vendeur a tout intérêt à mentionner la superficie du lot dès l'offre de vente.**

1845 Vente en état futur d'achèvement – La Cour de cassation a précisé que l'article 1622 du Code civil relatif à l'action en diminution de prix est applicable à la vente en l'état futur d'achèvement, avec cette précision que le point de départ du délai préfix d'un an est la date de la livraison du bien, la vérification de la superficie de l'immeuble vendu ne pouvant être opérée qu'à cette date *(Cass. 3e civ., 11 janv. 2012, n° 10-22.924 : JurisData n° 2012-000226 ; JCP N 2012, n° 4, act. 188 ; JCP N 2012, n° 8-9, 1113, note J.-J. Barbiéri ; Bull. civ. III, n° 5)*. Alors que la cour d'appel avait fait référence à l'article 46 de la loi du 10 juillet 1965, la Cour de cassation y voit une référence erronée. Certaines décisions des juges du fond reprennent la solution posée par la Cour de cassation *(CA Aix-en-Provence, 21 déc. 2017, n° 16/06887 : JurisData n° 2017-027902. – CA Besançon, 27 mai 2015, n° 12/00070 : JurisData n° 2015-014687)*. Il est vrai que l'action en diminution du prix de l'article 46 doit être intentée dans le délai d'un an à compter de l'acte authentique constatant la réalisation de la vente, ce qui serait bien inapproprié en matière de vente en l'état futur d'achèvement. Toutefois, la même difficulté concerne l'action en diminution de prix de l'article 1622 du Code civil puisque celle-ci doit être exercée dans le délai d'un an à compter du jour du contrat. Aussi, certaines juridictions du fonds estiment que l'article 46 est applicable à la vente en l'état futur d'achèvement *(CA Rennes, 20 déc. 2012, n° 09/07492 : JurisData n° 2012-030620)*, le point de départ du délai étant nécessairement prorogé à la date de livraison du bien *(CA Lyon, 27 nov. 2012, n° 11/04200 : JurisData n° 2012-028685)*.

La situation est donc peu satisfaisante d'autant que même lorsque les juges du fond retiennent que l'acquéreur peut agir sur le fondement de l'article 46, ils considèrent parfois que le point de départ du délai d'action est la signature de l'acte authentique de vente *(CA Aix-en-Provence, 22 févr. 2018, n° 16/12867)*. Il a même été jugé que l'article 46 n'est pas applicable à la vente en l'état futur d'achèvement sauf stipulation contractuelle contraire *(CA Versailles, 14 janv. 2013, n° 11/03456 : JurisData n° 2013-000382)*.

Conseil pratique **Dans la mesure où la jurisprudence n'est pas clairement fixee, il est sans doute opportun d'agir sur les deux fondements, à titre principal sur le fondement de l'article 46 de la loi du 10 juillet 1965 et à titre subsidiaire conformément à l'article 1622 du Code civil. Au regard des délais d'action d'un an dont le point de départ est incertain, il convient naturellement d'agir le plus rapidement possible.**

1846 Contrats réalisant ou constatant la vente – Par les contrats réalisant ou constatant la vente, il faut bien sûr entendre la promesse synallagmatique de vente valant vente et l'acte notarié réalisant ou constant la vente. Il en est de même pour la vente assortie d'une condition et la promesse synallagmatique de vente ne valant pas vente. Comment pourrait-il en être autrement quand la simple promesse unilatérale de vente est concernée par l'obligation de mesurage ?

Parce que l'article 46 de la loi n° 65-557 du 10 juillet 1965 évoque un contrat, certaines hypothèses soulèvent des difficultés, comme les ventes par adjudication.

1847 Ventes sur saisie immobilière – En ce qui concerne les ventes de lots de copropriété sur poursuites de saisie immobilière, il a été jugé qu'un jugement d'adjudication ne constituant pas un contrat, l'article 46 n'était pas applicable *(Cass. 2e civ., 3 oct. 2002, n° 00-18.395 : JurisData n° 2002-015666 ; JCP N 2002, n° 43, act. 186 ; AJDI 2003, p. 41, note Y. Rouquet ; D. 2003, p. 1332, obs. Cl. Giverdon ; Bull. civ. II, n° 199)*. Il faut donc considérer que si le débiteur est autorisé par le juge à procéder à la vente amiable de son immeuble *(CPC exéc., art. R. 322-20)*, il sera nécessaire de mentionner la superficie de la partie privative du lot vendu.

1848 Adjudication volontaire – Il en sera de même en cas d'adjudication volontaire, lorsqu'en dehors d'une saisie immobilière, le propriétaire décidera de vendre son immeuble aux enchères publiques.

1849 Licitation – En cas de licitation, c'est-à-dire de vente aux enchères d'un bien indivis qui ne peut être facilement partagé ou attribué *(C. civ., art. 1686. – CPC, art. 1377)*, il est possible que l'adjudication soit prononcée au profit d'une personne étrangère à l'indivision *(CPC, art. 1378)*. Lorsqu'une telle licitation s'opère par adjudication judiciaire, en particulier en cas de désaccord des indivisaires, l'article 46 n'aura pas vocation à jouer. Mais en cas d'adjudication amiable, la licitation est assimilée à une vente pure et simple. Lorsque la licitation se fait au profit de l'un des membres de l'indivision, elle a un caractère déclaratif ce qui devrait

exclure l'application de l'article 46 de la loi de 1965. Toute la difficulté est qu'il ne sera pas possible de savoir à l'avance qui deviendra adjudicataire.
Il est donc recommandé, par précaution, de procéder au mesurage et d'indiquer la superficie des lots vendus dans le cahier des charges *(V. JCl. Copropriété, fasc. 107-1 ou JCl. Notarial Formulaire, V° Copropriété, fasc. 212, préc. n° 6).*

1850 **Congé valant offre de vente** – Les dispositions de l'article 46 de la loi du 10 juillet 1965 ne sont pas applicables au congé fondé sur la décision de vendre le logement *(L. n° 89-462, 6 juill. 1989, art. 15, II)*. Or, comme cela a déjà été précisé, il a été jugé que l'article 46 concerne tout contrat réalisant ou constatant la vente d'un lot ou d'une fraction de lot, peu important que ce contrat fasse l'objet d'un écrit *(V. n° **1844**)*. Par conséquent, si le locataire accepte l'offre, un contrat réalisant une vente aura effectivement été conclu mais sera dépourvu de la mention de la superficie. Certes, l'indication de la superficie dans l'acte authentique constatant la réalisation de la vente, signé par le locataire, empêchera ce dernier d'agir en nullité *(L. n° 65-557, 10 juill. 1965, art. 46)* mais le risque qu'une action en nullité soit intentée avant la signature de l'acte authentique demeure. De surcroît, il a été relevé qu'une difficulté pourrait survenir dans l'hypothèse où un congé dépourvu de la mention de la superficie aurait été délivré à un locataire n'ayant pas exercé son droit de préemption. Si une vente est ultérieurement conclue avec un tiers pour laquelle la superficie a été mentionnée, l'ancien locataire pourrait faire valoir que celle-ci a été consentie à des conditions plus avantageuses que celle qui lui a été proposée. En effet, alors que le locataire n'aurait pas bénéficié de la garantie de superficie, l'acquéreur en aurait profité. Le locataire évincé pourrait ainsi faire jouer son droit de préemption subsidiaire *(JCl. Copropriété, fasc. 107-1 ou JCl. Notarial Formulaire, V° Copropriété, fasc. 212, par J. Lafond, préc. n° 6)*.

Conseil pratique **Pour éviter ces risques et malgré l'exclusion formelle de l'application de l'article 46 au congé valant offre de vente, il n'est peut-être pas inutile de préciser, dans le congé, la superficie du lot concerné.**

1851 **Expropriation** – L'article 46 précité ne concerne pas l'hypothèse de l'expropriation puisque le transfert de propriété résulte d'une ordonnance d'expropriation *(C. expr., art. L. 221-1)* et non d'un contrat. La question est plus délicate en cas de cession amiable du lot à l'autorité expropriante *(C. expr., art. L. 222-2)*. Il est habituellement considéré, que la cession amiable intervienne avant ou après la déclaration d'utilité publique, qu'il n'y a pas lieu d'appliquer l'article 46 de la loi du 10 juillet 1965 pour la raison que le législateur n'a certainement pas entendu protéger l'autorité expropriante *(V. JCl. Copropriété, fasc. 107-1 ou JCl. Notarial Formulaire, V° Copropriété, fasc. 212, préc. n° 6)*.

2° Biens concernés

1852 **Lots ou fractions de lots de copropriété** – L'obligation de mesurage concerne les ventes de lots ou de fractions de lots de copropriété, peu important qu'ils soient à usage d'habitation, commercial ou autre. Par fraction de lots, il faut entendre une partie détachée d'un lot n'ayant pas reçu un numéro de lot à condition de ne pas rentrer dans l'une des exceptions prévues par la loi, comme les lots de faible superficie *(V. JCl. Copropriété, fasc. 107-1 ou JCl. Notarial Formulaire, V° Copropriété, fasc. 212, préc. n° 6)*. Ne sont donc pas visées les ventes de logements non soumis au régime de la copropriété.

1853 **Maisons individuelles** – Une éventuelle extension de l'article 46 de la loi du 10 juillet 1965 aux maisons individuelles n'est pas considérée comme nécessaire. Le principal argument tient au fait que le régime proposé par l'article 46, c'est-à-dire la réduction proportionnelle du prix en cas de surface moindre, est moins adapté pour les maisons individuelles. En effet, « la valeur d'une maison individuelle porte à la fois sur le bâti mais également sur le terrain et une erreur sur la surface du bâti ne justifie pas mécaniquement une baisse correspondante du prix » *(Rép. min. n° 115 : JO Sénat 31 juill. 2014, p. 1834 ; JCP N 2014, n° 37, act. 951)*.

1854 **Appréciation** – Mais ce n'est qu'une partie du régime de l'article 46 de la loi n° 65-557 du 10 juillet 1965 qu'il est inopportun d'appliquer aux maisons individuelles. L'acquéreur d'un tel bien n'aurait-il pas aussi intérêt à être informé précisément de la superficie de la construction, à peine de nullité ? En cas de décalage entre la surface promise et la surface réellement délivrée, il serait toujours possible d'agir sur le fondement de l'obligation de délivrance conforme. Le juge pourrait alors décider d'une diminution du prix, non pas mécaniquement, mais en tenant compte du fait que la vente portait non seulement sur un bâtiment mais aussi un terrain.

1855 **Copropriété horizontale** – En revanche, aucun doute pour une maison individuelle faisant l'objet d'une copropriété horizontale. Il peut s'agir par exemple de maisons individuelles constituant des lots privatifs sur un terrain partie commune. Chaque lot privatif bénéficie alors d'une jouissance privative d'une partie du terrain. L'article 46 s'appliquant aux parties privatives de lots de copropriété, il s'applique dans cette hypothèse aux maisons individuelles *(CA Lyon, 15 mars 2007, n° 05/07902 : JurisData n° 2007-345132)*.

1856 **Lot bâti** – Il est vrai que l'article 46 de la loi du 10 juillet 1965 ne distingue pas selon que le lot est bâti ou non bâti. Mais l'article 4-1 du décret n° 67-223 du 17 mars 1967 précise quant à lui que la superficie visée à l'article 46 *est la superficie des planchers des locaux clos et couverts*. Il faut donc considérer que la garantie de superficie ne concerne que les lots bâtis.

> **Exemple** Déterminer si un local est bien clos et couvert pose parfois des difficultés. Ainsi, une terrasse transformée en *loggia* par un dispositif de fermeture par volets électriques n'est pas close puisque les quatre ouvertures de l'ancienne terrasse ne disposaient d'aucun ouvrage d'obstruction ou d'isolation. La *loggia* devait donc être exclue du calcul de la superficie du lot vendu *(Cass. 3e civ., 18 sept. 2012, n° 11-18.762 : JurisData n° 2012-020930)*. Il n'en est donc pas de même si la *loggia* est close et couverte *(Cass. 3e civ., 28 janv. 2015, n° 13-26.035 : JurisData n° 2015-001155 ; JCP N 2015, n° 7, act. 258 ; Bull. civ. III, n° 10)*. La même solution vaut pour les balcons et terrasses fermés dès lors qu'ils ne sont pas exclus du mesurage à un autre titre.

1857 Droit de jouissance exclusive – Il est bien admis qu'un droit de jouissance exclusive sur des parties communes n'est pas un droit de propriété et ne peut constituer la partie privative d'un lot *(Cass. 3e civ., 6 juin 2007, n° 06-13.477 : JurisData n° 2007-039227 ; JCP N 2007, n° 25, act. 473 ; Loyers et copr. 2007, comm. 181, G. Vigneron ; Bull. civ. III, n° 98 ; JCP G 2007, I, 197, n° 5, obs. H. Périnet-Marquet. – C. Clafayan, La notion de partie privative à l'épreuve du droit de jouissance exclusive sur une partie commune : JCP N 2007, n° 44, 1273. – S. Lelièvre et S. Chaix-Bryan, Pratique du droit de jouissance de partie commune : Defrénois 2007, art. 38637, p. 1173)*. Il peut en être ainsi, par exemple, d'un jardin ou d'une cour couverte faisant partie des parties communes mais auquel un seul copropriétaire a accès. L'article 46 impose le mesurage de la partie privative d'un lot ou d'une fraction de lot. Il en a donc été logiquement déduit qu'une partie commune faisant l'objet d'un droit de jouissance exclusive n'est pas concernée par l'obligation de mesurage *(Cass. 3e civ., 16 janv. 2008, n° 06-15.314 : JurisData n° 2008-042315 ; Loyers et copr. 2008, comm. 67, G. Vigneron)*. Attention toutefois à l'influence d'une éventuelle prescription acquisitive d'une cour partie commune à jouissance exclusive par les vendeurs *(Cass. 3e civ., 12 juill. 2018, n° 17-15.938 : JurisData n° 2018-012870)*.

1858 Lot transitoire – La réalisation d'un programme immobilier est parfois prévue par tranches successives, certains bâtiments étant construits avant d'autres. Le lot transitoire permet de fixer les caractéristiques principales du ou des bâtiments qui seront construits dans un second temps. Le lot transitoire comprend le droit exclusif d'utiliser une surface déterminée du sol pour y édifier des constructions ainsi qu'une quote-part des parties communes. Le propriétaire d'un tel lot devra donc participer aux charges de la copropriété relatives à la conservation, l'entretien et l'administration des parties communes, définies par l'alinéa 2 de l'article 10 de la loi de 1965. Il est transitoire puisqu'il est destiné à être subdivisé lors de la réalisation de la construction et de la commercialisation *(J.-M. Roux, Le lot transitoire en question (s) : Loyers et copr. 2016, étude 8, n° 6)*.

1859 Application – Les lots transitoires sont des lots de copropriété comme les autres *(Cl. Giverdon, Les lots transitoires sont de véritables lots de copropriété : JCP N 1992, prat. 2269)* ce qui soulève la question de l'application de l'obligation de mesurage à un tel lot. L'article 46 de la loi du 10 juill. 1965 ne distinguant pas, il n'y a sans doute pas lieu de distinguer mais quelle est exactement la partie privative du lot transitoire devant faire l'objet du mesurage ? Cette partie privative correspond au droit de construire un bâtiment sur une surface déterminée du sol *(L. n° 65-557, 10 juill. 1965, art. 1 al. 2)*. Il faudrait donc que la superficie de cette surface soit mesurée mais la superficie à mesurer est celle « des planchers des locaux clos et couverts ». L'article 46 ne concernerait donc que les immeubles bâtis et ne s'appliquerait pas aux lots transitoires *(V. JCl. Copropriété, fasc. 107-1 ou JCl. Notarial Formulaire, V° Copropriété, fasc. 212, préc. n° 6)*.

> **Conseil pratique Dans le doute, il peut être conseillé malgré tout de procéder au mesurage du terrain faisant l'objet du droit exclusif de construire.**

1860 Totalité des lots – Dans l'hypothèse où tous les lots composant un immeuble en copropriété sont vendus à la même personne, la copropriété disparaît de plein droit. Il n'est donc plus nécessaire de procéder au mesurage des parties privatives puisque l'article 46 ne concerne que les lots de copropriété *(Cass. 3e civ., 28 janv. 2009, n° 06-19.650 : JurisData n° 2009-046753 ; Administrer mai 2009, p. 55, n° 421, obs. J.-R. Bouyeure ; JCP G 2009, I, 127-12, obs. H. Périnet-Marquet ; Bull. civ. III, n° 25)*.

1861 Vente en bloc – Lorsque plusieurs lots de copropriété sont vendus pour un prix global, certains seulement étant soumis à l'obligation de mesurage, une difficulté particulière survient lorsque la superficie réelle est moindre que celle annoncée. En effet, l'acquéreur agissant en diminution du prix va se heurter au fait qu'une diminution mécanique du prix global de vente est inopportune en raison de la présence de lots échappant à l'obligation de mesurage.

> **Exemple** Dans une affaire où plusieurs lots sont vendus en bloc, pour un prix unique alors que seulement certains d'entre eux étaient concernés par le mesurage, l'acquéreur a constaté une superficie inférieure à celle annoncée. Mais les juges du fond avaient rejeté la demande en diminution du prix au motif que cette vente en bloc avec un prix unique rendait impossible tout calcul d'une diminution du prix. Il y a toutefois cassation, « l'article 46 de la loi du 10 juillet 1965 est applicable à la vente d'un ensemble de lots de copropriété » *(Cass. 3e civ., 28 mars 2007, n° 06-13.796 : JurisData n° 2007-038224 ; JCP N 2007, n° 15-16, act. 315 ; JCP N 2007, n° 49, 1322-7, obs. H. Perinet-Marquet ; Rev. loyers 2007, p. 298, note J.-M. Roux)*.

Cela étant dit, lorsque le déficit de superficie concerne le lot soumis à mesurage, comment calculer la diminution proportionnelle du prix quand ce prix unique correspond à un lot soumis au mesurage et des lots échappant à cette obligation ? La solution consiste à calculer la réduction correspondant à la moindre mesure sur le prix global diminué de la valeur du local exclu du champ d'application de l'article 46 de la loi du 10 juillet 1965 *(Cass. 3e civ., 19 nov. 2008, n° 07-18.384 : JurisData n° 2008-045893 ; Bull. civ. III, n° 177 ; JCP N 2008, n° 49, act. 775 ; Administrer févr. 2009, p. 51, obs. J.-R. Bouyeure)*. Cela revient à dire que les juges du fond devront procéder à une ventilation du prix des différents lots vendus.

Conseil pratique **Il est donc opportun, lors d'une vente portant sur plusieurs lots de copropriété, de procéder à une ventilation du prix des différents lots pour éviter les surprises lors du calcul de la diminution du prix.**
L'opportunité de procéder à une ventilation du prix se retrouve d'ailleurs pareillement en cas de vente de plusieurs lots de copropriété qui sont tous soumis au mesurage. Le fait d'indiquer le prix de chacun des lots permettra de réduire les aléas entourant le calcul de la diminution du prix si l'un des lots est d'une superficie moindre que celle annoncée.

1862 Volumes – L'article 46 de la loi du 10 juillet 1965 ne concerne que les lots de copropriété et non les volumes immobiliers *(V. JCl. Copropriété, fasc. 107-1 ou JCl. Notarial Formulaire, V° Copropriété, fasc. 212, par J. Lafond, préc. n° 6)*.

1863 Parts de sociétés d'attribution – L'article 46 vise précisément la vente d'un lot ou d'une fraction de lot de copropriété. Les cessions de parts de sociétés d'attribution n'étant pas des cessions de lots de copropriété, elles ne sont pas soumises à l'obligation de mesurage *(C. Bosgiraud, Variations thématiques sur la loi Carrez : Bull. Cridon Paris, 1er-15 déc. 1997, n° 23, II, p. 168)*.

1864 Lot de faible superficie – L'article 4-2 du décret n° 67-223 du 17 mars 1967 précise que les lots ou fractions de lots d'une superficie inférieure à 8 mètres carrés ne sont pas pris en compte pour le calcul de la superficie évoquée à l'article 46 précité. Ce sont bien les lots qui sont visés et non les locaux ou pièces ce qui signifie qu'une pièce inférieure à 8 mètres carrés doit être mesurée dès lors qu'elle fait partie du lot vendu *(Cass. 3e civ., 28 janv. 2015, n° 13-26.035 : JurisData n° 2015-001155 ; JCP N 2015, n° 7, act. 258 ; Bull. civ. III, n° 10 ; Administrer avr. 2015, p. 43, note J.-R. Bouyeure)*. Il en sera autrement seulement si une telle pièce est un lot autonome du lot vendu. Lorsqu'il est difficile de déterminer si un lot a une surface supérieure ou inférieure à 8 mètres carrés, il est nécessaire de procéder au mesurage afin de savoir si la superficie doit être mentionnée dans l'acte.

1865 Unité d'habitation – Alors que l'article 4-2 précité n'a prévu aucune exception à la règle posée, la Cour de cassation a néanmoins décidé qu'un lot dont la superficie est inférieure à 8 mètres carrés devait être pris en compte pour l'application de l'article 46 de la loi du 10 juillet 1965 *(Cass. 3e civ., 13 avr. 2005, n° 03-21.004 : JurisData n° 2005-028018 ; Loyers et copr. 2005, comm. 124, Vigneron ; JCP N 2005, n° 36, 1371, note M. Dagot ; Defrénois 2005, art. 38195, p. 1133, note C. Bosgiraud)*. La superficie des parties privatives à prendre en compte pour l'application de l'article 46 précité étant celle de l'appartement, tel qu'il se présentait matériellement, les lots d'une surface inférieure à huit mètres carrés n'avaient pas à être exclus du calcul de la superficie.
Il n'est donc pas nécessaire de mentionner la superficie de chacun des lots, c'est seulement la superficie de l'appartement qui devra être mentionnée dans l'acte *(C. Bosgiraud, note préc. n° 27)*.

1866 Application – Il peut toutefois être délicat de déterminer si une véritable « unité d'habitation » existe ou non. À s'en tenir à l'arrêt du 13 avril 2005, c'est lorsque plusieurs lots formeront matériellement un même appartement que leurs surfaces devront être prises en compte. Ce ne serait donc pas le cas dans l'hypothèse où plusieurs chambres de service contiguës et formant des lots distincts sont vendues en vue de la création ultérieure d'un seul et même appartement. C'est alors pour chacun des lots que la superficie devra être mentionnée dès lors que leur surface est supérieure à 8 mètres carrés. La question se pose également dans l'hypothèse où l'appartement vendu est composé d'un lot situé à un certain étage et de chambres de service situées à un étage différent. *A priori*, il faut considérer dans cette hypothèse que les différents lots ne forment pas matériellement un seul appartement *(C. Bosgiraud, note préc. n° 27)* et il devrait en être de même lorsque ces chambres de service sont situées au même étage mais au bout du couloir, voire juste en face du bien principal.

1867 Locaux accessoires – L'article 46 *(al. 3)* prévoit explicitement que certains locaux n'ont pas à être mesurés. Il en est ainsi des caves, garages et emplacements de stationnement. Déterminer si un local est une cave au sens de l'article 46 n'est pas toujours évident ; la question est à l'appréciation souveraine des juges du fond.

Exemple Ainsi, un dégagement de 8,52 mètres carrés et une salle de jeux de plus de 11 mètres carrés, en sous-sol, qui avaient fait l'objet d'aménagements et qui n'étaient pas des caves sont comptés dans la superficie *(Cass. 3e civ., 11 oct. 2005, n° 04-16.729 : JurisData n° 2005-030271 ; JCP N 2006, 1135-15, obs. S. Piédelièvre ; Administrer janv. 2006, p. 49, obs. J.-R. Bouyeure)*. Au contraire, une buanderie, notamment dépourvue de fenêtres, est exclue du calcul de la superficie Carrez *(Cass. 3e civ., 8 juin 2011, n° 10-12.004 : JurisData n° 2011-011154)*.

1868 Boxes – Pareillement, les boxes ne doivent pas être inclus puisqu'ils ne sont rien d'autre que des garages.

1869 Autres locaux accessoires – Quant aux autres locaux accessoires, grenier ou chambre de service par exemple, ils ne sont pas visés par l'alinéa 3 de l'article 46 et doivent donc être inclus dans le calcul de la superficie dès lors qu'ils sont d'une surface supérieure à 8 mètres carrés et que leur hauteur est supérieure ou égale à 1,80 mètre *(V. JCl. Copropriété, fasc. 107-1 ou JCl. Notarial Formulaire, V° Copropriété, fasc. 212, par J. Lafond, préc. n° 6)*.

1870 Combles – Les combles, parce qu'ils ne sont pas non plus visés par l'alinéa 3 de l'article 46, sont concernés par l'obligation de mesurage dès lors bien entendu qu'il s'agit d'une partie privative et non d'une partie commune. Il faut aussi que la surface et la hauteur sous plafond soient au-dessus des minimaux requis. Si ces conditions sont remplies, les combles devront être mesurés peu important qu'ils ne soient pas habitables puisqu'une telle condition n'est posée ni par l'article 46 ni par le décret du 17 mars 1967. Il en est de même des combles à aménager qui ne disposent pas d'un plancher à proprement parler, mais simplement de poutres sur lesquelles il est possible de marcher *(V. JCl. Copropriété, fasc. 107-1 ou JCl. Notarial Formulaire, V° Copropriété, fasc. 212, préc. n° 6, spéc. n° 60)*.

1871 Locaux transformés – La transformation d'un local soulève des difficultés, en particulier lorsque les documents constitutifs de la copropriété sont en contradiction avec la situation réelle des lieux. Faut-il privilégier lesdits documents ou au contraire la situation réelle du local ? La Cour de cassation considère aujourd'hui qu'il convient de prendre en compte le bien tel qu'il se présente au jour de la vente.

> **Exemple** Un abri non clos transformé en un local à usage d'habitation doit donc être inclus dans la superficie visée à l'article 46 précité *(Cass. 3e civ., 6 sept. 2011, n° 10-19.542 : AJDI 2011, p. 802 ; Administrer déc. 2011, p. 65, obs. J.-R. Bouyeure)*.
> La même solution se retrouve à propos d'une mezzanine ne figurant ni dans le règlement de copropriété, ni dans l'état descriptif de division mais qui existait au jour de la vente, faisait corps avec l'immeuble et constituait une véritable pièce *(Cass. 3e civ., 6 mai 2014, n° 13-16.510 : JurisData n° 2014-022847 ; JCP N 2014, n° 21, act. 630)*.
> Un local désigné comme une cave dans le règlement de copropriété qui a été aménagé en salle de bain n'est plus une cave au jour de la vente et doit donc être inclus dans le calcul de la superficie de la partie privative du lot au sens de l'article 46 *(CA Versailles, 5 janv. 2017 : JurisData n° 2017-001078 ; Loyers et copr. 2017, comm. 94, note Ch. Coutant-Lapalus)*.
> *A fortiori*, devra être mesuré un local qui originairement était une cave mais dont la désignation a changé par la modification du règlement de copropriété conformément à sa nouvelle destination *(Cass. 3e civ., 7 févr. 2012, n° 11-11.608 : Administrer mai 2012, p. 49, obs. J.-R. Bouyeure)*.
> Ainsi, pour l'application de l'article 46 de la loi du 10 juillet 1965, il y a lieu de prendre en compte le bien tel qu'il se présente matériellement au moment de la vente. Un local situé en sous-sol aménagé et transformé en réserve n'est dès lors plus une cave comme pouvait l'énoncer le règlement de copropriété et l'acte de vente *(Cass. 3e civ., 2 oct. 2013, n° 12-21.918 : Bull. civ. III, n° 118 ; Administrer déc. 2013, p. 55, note J.-R. Bouyeure ; AJDI 2014, p. 144, note F. Cohet-Cordet)*.

Si la plupart des décisions concernent des locaux accessoires qui ont subi des transformations telles qu'ils ont perdu cette nature, il arrive que la transformation s'opère dans l'autre sens. Il a ainsi été jugé qu'un local à usage d'habitation aux termes du règlement de copropriété, transformé pour servir de garage à des véhicules de collection, devait être pris en compte dans le calcul de la superficie dès lors qu'il pouvait revenir à tout moment à son affectation initiale d'habitation *(Cass. 3e civ., 18 oct. 2011, n° 10-22.733 : Administrer janv. 2012, p. 73, obs. J.-R. Bouyeure)*.

> **Conseil pratique** **Il semble donc que la transformation d'un local ne doive être prise en compte, si elle est contraire aux documents constitutifs de la copropriété, que si cette transformation est pérenne. Dans le cas contraire, il faudrait s'en tenir à l'affectation initiale mentionnée dans le règlement de copropriété ou l'état descriptif de division.**

II. Opérations de mesurage

1872 Auteur du mesurage – Le vendeur n'est pas contraint d'avoir recours à un professionnel pour effectuer le mesurage. Il pourrait y procéder lui-même mais le recours à un professionnel est particulièrement opportun pour éviter toute erreur de mesurage. En effet, un décalage important entre la superficie annoncée et la superficie réelle peut conduire à une diminution importante du prix. Aussi, au regard de la technicité de l'opération, il est recommandé de solliciter un professionnel lequel sera responsable en cas d'erreur. Il faut ici souligner qu'il n'est pas indispensable de recourir à un géomètre expert puisque le mesurage de la superficie mentionné à l'article 46 précité ne relève pas de la compétence exclusive de ces derniers *(Cass. 3e civ., 21 juin 2006, n° 04-20.660 : JurisData n° 2006-034145 ; Bull. civ. III, n° 157 ; Constr.-Urb. 2006, comm. 194, P. Cornille)*. Il sera donc possible d'avoir recours à un architecte ou encore au diagnostiqueur professionnel qui doit intervenir dans le cadre de l'établissement du dossier de diagnostic technique.
Dans l'hypothèse où le vendeur soumis à l'obligation de mesurage avait acheté l'immeuble sur plan, il peut être tenté de vouloir accomplir cette obligation en se basant sur les informations qu'il détient. En effet, dans le cadre de la vente d'immeuble à construire, l'acquéreur doit bénéficier d'informations relatives à la consistance de l'immeuble vendu, c'est-à-dire des plans, coupes et élévations avec les cotes utiles et l'indication des surfaces de chacune des pièces et des dégagements *(CCH, art. R. 261-13)*.

Conseil pratique **Il est fortement déconseillé de se servir de ces indications de surface qui par hypothèse ont été établies alors même que l'immeuble n'était pas construit. Elles ne sont donc pas aussi précises que celles qui résulteraient du mesurage effectué par un professionnel. Au regard de l'action en diminution du prix à laquelle le vendeur pourrait être confronté, il est judicieux de faire effectuer un véritable mesurage par un professionnel.**

1873 Frais – Les textes ne précisent pas qui du vendeur ou de l'acquéreur doit supporter les frais inhérents au mesurage. L'article 46 de la loi n° 65-557 du 10 juillet 1965 fait toutefois peser l'obligation de mesurage sur le seul vendeur qui devrait logiquement en assumer la charge pécuniaire. Il a été jugé en ce sens que le coût du mesurage ne constituait pas des frais accessoires à la vente au sens de l'article 1593 du Code civil et n'était donc pas à la charge de l'acquéreur *(CA Paris, 23 mai 2002, n° 2002/00325 : JurisData n° 2002-182240 ; Constr.-Urb. 2002, comm. 277, note N. Rousseau)*.
De plus, comme cela a été rappelé, le vendeur a intérêt à mentionner la superficie du lot dès l'offre de vente si bien qu'il aura payé les frais relatifs au mesurage avant même qu'un acquéreur potentiel ne puisse se manifester. Toutefois, dans le silence des textes, rien n'interdit aux parties de convenir que les frais seront définitivement assumés par l'acquéreur, voire qu'ils seront partagés.

1874 Calcul de la superficie – La superficie de la partie privative d'un lot ou d'une fraction de lot mentionnée à l'article 46 de la loi du 10 juillet 1965 est la superficie des planchers des locaux clos et couverts après déduction des surfaces occupées par les murs, cloisons, marches et cages d'escalier, gaines, embrasures de portes et de fenêtres. Il n'est pas tenu compte des planchers des parties des locaux d'une hauteur inférieure à 1,80 mètre *(D. n° 67-223, 17 mars 1967, art. 4-1)*. Si l'article 4-1 précité est proche de l'article R. 111-2 du CCH qui définit la « surface habitable », leur rédaction n'est pas pour autant identique si bien que les mesures de la superficie de l'article 4-1 et de la surface habitable conduisent bien souvent à des résultats très différents. Il n'y a ainsi pas lieu, dans le cadre du mesurage de l'article 46 précité, de chercher à savoir si un local est habitable ou non. Des pièces sombres ou sans ouverture n'ont pas à être exclues pour ces raisons *(V. JCl. Copropriété, fasc. 107-1 ou JCl. Notarial Formulaire, V° Copropriété, fasc. 212, préc. n° 6)*.
L'objet du mesurage est donc le plancher d'un local clos et couvert. La Cour d'appel de Paris a une approche plutôt compréhensive de la notion de plancher puisqu'elle estime que des poutres sur lesquelles il est possible de se déplacer dans des combles peuvent constituer un plancher au sens de l'article 4-1 précité. Le plancher s'entend ainsi de ce qui « délimite le lot en partie basse, comme au Petit Robert, « ouvrage qui, dans une construction, constitue une plate-forme horizontale au rez-de-chaussée ou une séparation entre deux étages » *(CA Paris, 5 janv. 2005 : JurisData n° 2005-263224. – CA Versailles, 20 sept. 2010, n° 09/02745 : AJDI 2011, p. 65)*.

1875 Mezzanine – Le plancher propre d'une mezzanine n'est pas toujours comptabilisé dans le calcul de la superficie visée à l'article 46 précité. Il a pu en être ainsi à propos d'une mezzanine de 3,60 mètres carrés créée dans les lieux par les vendeurs qui était une structure légère et démontable à laquelle on accédait par un escalier s'apparentant à une échelle *(Cass. 3e civ., 22 nov. 2006, n° 05-17.420 : JurisData n° 2006-036041 ; JCP N 2007, n° 15-16, 1157-13, obs. S. Piedelièvre ; Rev. loyers 2007, p. 49, note Th. Dubaele ; Bull. civ. III, n° 232)*.
En revanche, la surface propre de la mezzanine devra être prise en compte dès lors que la mezzanine existe au jour de la vente, qu'elle fait corps avec l'immeuble et qu'elle constitue une véritable pièce *(Cass. 3e civ., 6 mai 2014, n° 13-16.510 : JurisData n° 2014-022847 ; JCP N 2014, n° 21, act. 630. – Cass. 3e civ., 13 avr. 2005, n° 03-21.004 : JurisData n° 2005-028018 ; Bull. civ. III, n° 91 ; Loyers et copr. 2005, comm. 124, obs. G. Vigneron)*.
Il apparaît donc que pour être prise en compte, la mezzanine doit permettre de concrétiser deux étages réels par un aménagement suffisamment durable *(Rev. loyers 2007, p. 49, note ss 22 nov. 2006, préc., Th. Dubaele)*.

1876 Hauteur minimale de 1,80 mètre – Il apparaît également à l'article 4-1 précité qu'il n'est pas tenu compte des planchers des parties des locaux d'une hauteur inférieure à 1,80 mètre. Lorsqu'un local comporte une fenêtre dans sa toiture, la hauteur sous plafond s'apprécie non pas par rapport au vitrage de la fenêtre mais par rapport aux embrasures de ces fenêtres *(Cass. 3e civ., 6 déc. 2005, n° 04-15.984 : Administrer mars 2006, p. 49, obs. J.-R. Bouyeure ; AJDI 2006, p. 287)*.

1877 Surfaces à exclure – Sont exclues du mesurage les surfaces occupées par les murs, les cloisons, les marches et cages d'escalier, les gaines et embrasures de portes et de fenêtres *(D. n° 67-223, 17 mars 1967, art. 4-1)*. À noter que si la surface correspondant à une cage d'escalier doit être exclue, il n'en est pas nécessairement de même des espaces situés sous les escaliers. L'espace situé sous un escalier léger et aisément démontable, remplaçable par un escalier escamotable, doit être comptabilisé car il n'est pas assimilé à une cage d'escalier *(CA Paris, 4 févr. 2009, n° 07/20033 : JurisData n° 2009-375036)*. La liste de l'article 4-1 précité étant limitative, il n'y a pas lieu d'exclure non plus la surface occupée par un placard.
Quant à la surface occupée par les plinthes, carrelages et revêtement placés sur un mur, elle doit être comprise dans le mesurage dès lors que ces éléments peuvent être supprimés sans altérer la substance du mur et être remplacés par une simple peinture *(CA Paris, 9 juin 2004 : JurisData n° 2004-243358 ; Constr.-Urb. 2004, comm. 235, note P. Cornille)*.

III. Rédaction des actes

1878 Tant la promesse de vente (*V. n°* ***1879*** *et s.*) que l'acte de vente définitif (*V. n°* ***1886***) méritent une attention particulière au stade de la rédaction.

1° Promesses

1879 L'article 46 de la loi du 10 juillet 1965 précise que la superficie doit figurer dans toute promesse unilatérale de vente ou d'achat tout comme dans tout contrat réalisant ou constatant la vente d'un lot de copropriété, et cela à peine de nullité. Sont donc concernées, nous l'avons vu, les promesses unilatérales comme les promesses synallagmatiques. L'absence d'indication de la superficie dans la promesse pourra donc entraîner la nullité de celle-ci.

Le fait que le vendeur ait fait connaître, quelques jours après la conclusion du compromis de vente et par écrit, la superficie à l'acquéreur, ne sera ici d'aucun secours *(CA Nancy, 11 oct. 2005 : JurisData n° 2005-294120)*. S'il a été admis que la nullité pour absence de mention de la superficie ne saurait être demandée lorsque cette mention figure dans un additif à l'acte de vente signé par les parties *(CA Paris, 15 mai 2001, n° 2000/00847 : AJDI 2003, p. 60, note F. Cohet-Cordey)*, il semble bien que cette solution soit abandonnée aujourd'hui. En effet, alors que les acquéreurs avaient signé un additif contenant la superficie réglementaire, la Cour de cassation précise que « lorsque la promesse de vente ne comporte pas la mention de la superficie de la partie privative des lots vendus, seule la signature de l'acte authentique constatant la réalisation de la vente mentionnant la superficie de la partie privative du lot ou de la fraction de lot entraîne la déchéance du droit à engager ou à poursuivre une action en nullité de la promesse ou du contrat qui l'a précédée, fondée sur l'absence de mention de cette superficie » *(Cass. 3e civ., 22 nov. 2018, n° 17-23.366 : JurisData n° 2018-020729)*.

1880 Superficie approximative – Dans l'hypothèse où la promesse contient une superficie approximative, faut-il considérer qu'il y a absence de superficie, faute de véritable mesurage ou qu'une superficie est bien mentionnée ? La question a son importance puisque l'absence de superficie n'emporte pas la même sanction qu'une erreur dans la superficie annoncée. Dans une affaire où la promesse portait sur un appartement d'environ 86 mètres carrés et où la surface était en réalité bien moindre, la Cour de cassation a considéré que l'acquéreur était fondé à demander une diminution proportionnelle du prix. Dès lors, même lorsqu'une superficie est présentée comme approximative, il y a bien mention de la superficie et seule l'action en diminution du prix peut être exercée *(Cass. 3e civ., 24 janv. 2012, n° 10-24.217 : JurisData n° 2012-000970 : JCP N 2013, 1007-17, obs. S. Piedelièvre ; Administrer mai 2012, p. 48, obs. J.-R. Bouyeure)*.

1881 Pratique contestable – Certains vendeurs mentionnent une superficie erronée dans l'avant-contrat tout en mentionnant la superficie réelle, finalement, dans l'acte de vente. Cette pratique a donné lieu à une réponse ministérielle *(Rép. min. n° 17145 : JOAN 28 juill. 2003, p. 6054)*. Il est vrai qu'il appartient au notaire d'examiner que la promesse de vente est conforme à l'acte de vente, afin de prévenir l'acquéreur avant la date de la signature de toute différence de superficie dans l'acte. Mais dans le cas où cela n'est pas vérifié, « l'acheteur se trouve devant le fait accompli, et le plus souvent n'a d'autre solution que de l'accepter, sous peine de perdre son crédit et de se retrouver sans logement ». L'acquéreur est ainsi placé dans une situation délicate puisque dans une telle situation, les sanctions de l'article 46 ne sont pas applicables. « Si l'acquéreur accepte de signer l'acte de vente indiquant une superficie réelle inférieure à celle mentionnée dans l'avant-contrat, il exprime alors son accord sur la nouvelle superficie. Si l'acquéreur refuse de signer l'acte de vente, il dispose des voies de recours de droit commun propres à la nature de l'avant-contrat signé, promesse unilatérale ou synallagmatique de vente.

Conseil pratique **Pour éviter les litiges, l'acquéreur peut inclure dans l'avant-contrat la mention que la superficie est un élément déterminant de son engagement ». Effectivement, une telle précision facilitera le succès d'une action en nullité de la promesse fondée sur l'erreur voire sur le dol.**

1882 Ventilation des surfaces – L'article 46 de la loi du 10 juillet 1965 impose seulement d'indiquer la superficie globale des parties privatives du lot vendu. Il n'est donc pas nécessaire de préciser la surface de chaque pièce composant ces parties privatives même si bien sûr, rien ne l'interdit du moment que la surface globale est mentionnée. Il n'est pas nécessaire non plus de procéder au mesurage des locaux échappant à cette obligation. Mais si le vendeur indique la superficie des locaux accessoires, il sera nécessaire de bien distinguer la superficie des lots concernés par l'obligation de mesurage de celle des locaux qui ne le sont pas comme les caves, garages et emplacement de stationnement. En revanche et conformément à la lettre de l'article 46, si la vente porte sur plusieurs lots soumis à l'obligation de mesurage, la superficie de chacun d'eux devra être mentionnée (et non une superficie globale).

1883 Ventilation du prix – Dès lors que la vente porte sur plusieurs lots, il est recommandé de procéder à une ventilation du prix, c'est-à-dire d'indiquer le prix correspondant à chaque lot. Dans l'hypothèse où seuls certains des lots vendus sont soumis au mesurage et que l'un d'eux ne correspond pas à la superficie annoncée, la ventilation du prix permettra de procéder plus aisément à la diminution proportionnelle du prix. En effet, pour calculer la diminution du prix, il sera nécessaire de se baser sur le prix global diminué de la valeur du local exclu du champ d'application de l'article 46 de la loi du 10 juillet 1965 (*V. n°* ***1861***).

Conseil pratique Si les parties ont indiqué dans l'acte de vente le prix correspondant à chaque lot, l'action aboutira plus rapidement et sans laisser le juge décider de la valeur de chaque lot vendu.
La nécessité d'une ventilation du prix vaut pareillement lorsque la vente ne concerne que des lots soumis au mesurage. Si une différence de superficie est constatée sur l'un des lots, le fait de connaître son prix permettra de mettre en œuvre plus facilement la réduction proportionnelle du prix.

1884 Clauses interdites – L'article 46 de la loi du 10 juillet 1965 étant d'ordre public, toutes clauses contraires seront réputées non écrites. Il en est ainsi bien évidemment des clauses supprimant la garantie de superficie et plus globalement toutes celles prévoyant des conditions moins avantageuses pour l'acquéreur.

Exemple Tel serait le cas d'une clause subordonnant l'action en diminution du prix à un seuil plus important que celui du vingtième, de celle prévoyant la compensation, lorsque la vente porte sur deux lots, entre l'excédent de superficie de l'un et l'insuffisance de l'autre ou encore la clause conduisant l'acquéreur à obtenir une diminution plus faible du prix que celle à laquelle il peut normalement prétendre *(M. Dagot, Garantie de contenance du lot de copropriété vendu : JCP N 1997, n° 15, prat. 4005).*

1885 Clauses admises – En revanche, les clauses qui aménageraient l'article 46 dans un sens plus favorable à l'acquéreur seraient valables, comme la clause allongeant le délai pour agir ou celle prévoyant une indemnisation supérieure à celle résultant normalement du jeu de l'article 46 de la loi du 10 juillet 1965 *(M. Dagot, préc. n° 6).*

Attention Même en présence d'une clause illicite, l'acquéreur devrait sans doute agir dans le délai prévu à l'article 46, quand bien même il aurait cru ne pas pouvoir agir en vertu de ladite clause *(V. JCl. Copropriété, fasc. 107-1 ou JCl. Notarial Formulaire, V° Copropriété, fasc. 212, préc. n° 6).*

2° Acte de vente définitif

1886 En cas d'absence de mention de la superficie dans la promesse, celle-ci peut être frappée de nullité. Le cas échéant, il n'y aura plus aucune obligation de conclure l'acte de vente définitif. Si un notaire est tout de même sollicité pour établir l'acte de vente, il devra informer les parties qu'en l'état, la promesse peut être frappée de nullité et qu'elles peuvent régulariser la situation par la signature d'un acte authentique de vente pourvu de la mention de la superficie du lot *(L. n° 65-557, 10 juill. 1965, art. 46, al. 6).* À défaut d'avoir informé les parties, la responsabilité du notaire pourrait être recherchée par l'acquéreur ayant perdu toute opportunité de ne pas conclure la vente. Si les parties sont informées de la possibilité de demander la nullité de la promesse et que l'acquéreur désire agir en ce sens, il devra intenter l'action, au plus tard, *« à l'expiration d'un délai d'un mois à compter de l'acte authentique constatant la réalisation de la vente » (L. n° 65-557, 10 juill. 1965, art. 46, al. 4).* La difficulté est que dans l'hypothèse où l'acte authentique n'a pas été établi, l'acquéreur n'est plus soumis à aucun délai d'action par l'article 46, mais devra agir dans le délai de 5 ans prévu à l'article 2224 du Code civil. Or, si l'acquéreur ne désire pas signer l'acte authentique et qu'il n'exerce pas non plus l'action en nullité, que lui seul peut intenter, le promettant sera dans une position délicate. Il a été proposé, pour que le promettant soit délié de sa promesse, qu'il fasse procéder au mesurage et assigne l'acquéreur en passation de l'acte authentique. L'acquéreur n'aura alors pas d'autre choix que de soulever la nullité s'il ne veut pas conclure la vente et le vendeur retrouvera alors la libre disposition de son bien *(V. JCl. Copropriété, fasc. 107-1 ou JCl. Notarial Formulaire, V° Copropriété, fasc. 212, par J. Lafond, préc. n° 6, spéc. n° 90).* Comme le précise l'article 4-3 du décret du 17 mars 1967, le jour de la signature de l'acte authentique constatant la réalisation de la vente, le notaire, ou l'autorité administrative qui authentifie la convention, **remet aux parties, contre émargement ou récépissé** :
- une copie simple de l'acte signé ;
- ou un certificat reproduisant la clause de l'acte mentionnant la superficie de la partie privative du lot ou de la fraction du lot vendu ;
- ainsi qu'une copie des dispositions de l'article 46 de la loi du 10 juillet 1965 lorsque ces dispositions ne sont pas reprises intégralement dans l'acte ou le certificat.

Le notaire doit respecter précisément ces obligations. Peu importe que l'acte de vente ait fait l'objet d'une lecture par les vendeurs, le notaire doit avoir remis le jour de la signature de l'acte authentique et contre récépissé ou émargement une copie de l'acte signé ou un certificat mentionnant la superficie du lot vendu ainsi que la copie des dispositions de l'article 46 de la loi du 10 juillet 1965 si elles ne figuraient pas dans ces documents *(Cass. 3e civ., 5 juill. 2006, n° 05-16.469 : JurisData n° 2006-034449 ; JCP N 2006, n° 35, act. 533 ; Administrer nov. 2006, p. 49, obs. J.-R. Bouyeure ; Bull. civ. III, n° 168).* Même si l'article 4-3 ne prévoit aucune sanction en cas de non-respect de ces formalités, sa responsabilité pourra être engagée si sa faute (le non-respect des exigences de l'article 4-3) a causé un préjudice.

IV. Sanctions

1887 La sanction varie selon que l'acte ne comporte aucune mention de la superficie (*V. n°* ***1888*** *et s.*) ou qu'il comporte une mention erronée (*V. n°* ***1897*** *et s.*).

1° Absence de mention de la superficie

1888 Nullité – L'absence de mention de la superficie peut entraîner la nullité de l'acte si le bénéficiaire en cas de promesse de vente, le promettant en cas de promesse d'achat ou l'acquéreur intente l'action en nullité, au plus tard à l'expiration d'un délai d'un mois à compter de l'acte authentique constatant la réalisation de la vente *(L. n° 65-557, 10 juill. 1965, art. 46)*. Cette action est exercée par voie d'assignation du vendeur devant le tribunal de grande instance.

1889 Délai d'un mois – Il n'est pas nécessaire que ce délai d'un mois ait commencé à courir pour que l'acquéreur exerce l'action en nullité. Lorsque l'acte comporte plusieurs dates, l'acquéreur ne devrait pouvoir agir que lorsqu'il aura été signé des deux parties puisqu'il serait pour le moins curieux de rechercher la nullité d'un acte qui n'existe pas encore *(contra M. Dagot, Garantie de contenance du lot de copropriété vendu : JCP N 1997, n° 15, 4005, p. 503)*.
La loi n'a pas précisé si ce délai d'un mois était un délai préfix, non susceptible de suspension ou d'interruption. Le délai d'un an pour agir en diminution du prix est un délai de forclusion (V. ci-dessous, n° **1903**) mais la rédaction de l'article 46 pour l'action en diminution du prix n'est pas tout à fait la même que pour l'action en nullité. Il n'est donc pas absolument certain que ces deux délais soient de même nature. Les auteurs restent donc prudents sur cette question dans l'attente d'une décision apportant une réponse claire sur ce point *(V. JCl. Copropriété, fasc. 107-1 ou JCl. Notarial Formulaire, V° Copropriété, fasc. 212, préc. n° 6, spéc. n° 99)*.

1890 Nullité relative – La nullité ne peut être demandée que par le bénéficiaire en cas de promesse de vente, le promettant en cas de promesse d'achat ou l'acquéreur, peu important leur éventuelle qualité de professionnel de l'immobilier. Le juge ne peut pas la soulever d'office *(CA Paris, 26 juill. 1986 : JurisData n° 1986-023155)*.

1891 Publication – La demande en nullité doit être publiée au service chargé de la publicité foncière *(D. n° 55-22, 4 janv. 1955, art. 28, 4, c)*. Cette demande sera irrecevable à défaut d'être publiée *(D. n° 55-22, 4 janv. 1955, art. 30)*. Toutefois, il est admis qu'à défaut de publication de la vente, la demande en nullité de la vente n'a pas à être publiée. Effectivement, les tiers ne peuvent souffrir du défaut de publicité de l'action en nullité puisqu'à leur égard, l'immeuble vendu ne sera pas sorti du patrimoine du vendeur.

Remarque À noter que la publication de la vente doit être opérée, et les droits d'enregistrement payés, sans qu'il y ait lieu de se préoccuper d'une éventuelle action en nullité. Si la nullité est finalement prononcée, la restitution des droits d'enregistrement pourra être réclamée *(V. JCl. Copropriété, fasc. 107-1 ou JCl. Notarial Formulaire, V° Copropriété, fasc. 212, préc. n° 6)*.

1892 Restitutions – Conformément au droit commun, la nullité a un effet rétroactif. Tout devra se passer comme si la vente n'avait pas été conclue ce qui supposera des restitutions qui interviendront conformément aux articles 1352 à 1352-9 du Code civil *(C. civ., art. 1178)*.
Les droits d'enregistrement ou la taxe de publicité foncière lorsqu'elle tient lieu de ces droits et la contribution de sécurité immobilière sont restituables si l'annulation a été prononcée par un jugement ou un arrêt passé en force de chose jugée (*CGI, art. 1961)*. Quant à la TVA versée, elle peut être imputée ou remboursée en cas d'annulation de la vente, dans les conditions prévues à l'article 271 du CGI *(CGI, art. 272, 1)*.

1893 Sort du prêt ayant permis l'acquisition – Que devient le prêt contracté par l'acquéreur une fois la vente annulée ? Celui-ci peut effectivement se trouver dans une situation difficile s'il ne peut revenir sur un prêt alors que le contrat principal est annulé. De plus, l'action en nullité pour défaut de mention de la superficie serait alors bien moins attractive.

1894 Droit de la consommation – Lorsque le prêt immobilier relève du droit de la consommation, ce qui sera le cas par exemple pour un contrat de crédit destiné à financer l'acquisition en propriété d'un immeuble à usage d'habitation *(C. consom., art. L. 313-1)*, *« l'offre est toujours acceptée sous la condition résolutoire de la non-conclusion, dans un délai de quatre mois à compter de son acceptation, du contrat pour lequel le prêt est demandé » (C. consom., art. L. 313-36. – V. n°* ***701*** *et s.)*. Dès lors, si la vente a bien été conclue dans le délai imparti mais qu'elle a par la suite été annulée ou résolue, il faudra considérer que cette vente n'a jamais existé ce qui aura pour conséquence d'entraîner la résolution de plein droit du prêt *(Cass. 1re civ., 18 déc. 2014, n° 13-27.871 et 14-10.872, F-D : JurisData n° 2014-031751 ; Contrats, conc. consom. 2015, comm. 78, note Raymond)*.

1895 Droit commun – La question est plus délicate lorsque le prêt ne relève pas du droit de la consommation. Une interdépendance du prêt et de la vente est sans doute souhaitable puisqu'à défaut, l'action en annulation de la vente serait bien moins attractive *(V. JCl. Copropriété, fasc. 107-1 ou JCl. Notarial Formulaire, V° Copropriété, fasc. 212, préc. n° 6)*. La solution n'en demeure pas moins incertaine. Si par exemple la Cour de cassation par son arrêt du 1er octobre 1996 a admis la remise en cause du prêt suite à l'annulation de l'opération principale pour illicéité (cession prohibée de clientèle civile), elle a précisé que le prêt devait aussi être annulé car « sa cause, qui n'était pas seulement la remise des fonds, mais cette remise en vue d'une opération illicite, était elle-même illicite » *(Cass. 1re civ., 1er oct. 1996, n° 94-18.876 : JurisData n° 1996-003593 ; Bull. civ. I, n° 335)*. La solution ne pourrait donc valoir que dans l'hypothèse où le contrat principal constitue une opération illicite, ce qui n'est pas à proprement parler le cas pour une vente d'un lot de copropriété dépourvue de la mention de la superficie. Il existe donc un risque qu'en dehors de l'application du droit de la consommation, l'acquéreur d'un lot de copropriété faisant annuler la vente faute de mention de la superficie ne puisse pas demander l'annulation du prêt destiné à financer cette opération.

Conseil pratique **L'acquéreur aurait donc intérêt à faire inscrire dans le prêt une clause reprenant par exemple l'article L. 313-36 du Code de la consommation : l'offre de prêt est acceptée sous la condition résolutoire de la non-conclusion, dans un délai de 4 mois à compter de son acceptation, du contrat pour lequel le prêt est demandé. La difficulté sera alors de faire accepter cette condition résolutoire à l'établissement bancaire.**

1896 **Déchéance** – Avant même que le délai d'un mois pour agir ne soit écoulé, il est possible de régulariser la vente. En effet, la signature de l'acte authentique constatant la réalisation de la vente mentionnant la superficie de la partie privative du lot ou de la fraction de lot entraîne la déchéance du droit à engager ou à poursuivre une action en nullité de la promesse ou du contrat qui l'a précédé, fondée sur l'absence de mention de cette superficie *(L. n° 65-557, 10 juill. 1965, art. 46, al. 5)*. La signature par les acquéreurs d'un additif contenant la superficie requise n'emporte pas la déchéance du droit à engager ou à poursuivre une action en nullité, « seule la signature de l'acte authentique constatant la réalisation de la vente mentionnant la superficie de la partie privative du lot ou de la fraction de lot » entraîne ladite déchéance *(Cass. 3e civ., 22 nov. 2018, n° 17-23.366 : JurisData n° 2018-020729)*.
L'action en nullité demeure ouverte lorsque la promesse ne contient pas la mention de la superficie et que l'acte authentique n'est pas encore signé ou qu'il est également dépourvu de ladite mention. Il en sera de même en l'absence de toute promesse si l'acte authentique est dépourvu de la mention. Dans ces deux dernières hypothèses, il faudra agir au plus tard dans le délai d'un mois à compter de l'acte authentique. Quant à l'hypothèse particulière où la promesse contenait la superficie mais que l'acte authentique ne la contient pas, l'action ne pourra être exercée que dans le mois suivant l'acte authentique et pas avant cet acte.
En raison de l'ordre public de protection attaché à l'article 46 de la loi du 10 juillet 1965 *(V. n° **1884** et n° **1885**)*, il semble possible que l'acquéreur, alors même que la superficie n'est pas indiquée dans l'acte authentique, renonce expressement dans cet acte à agir en nullité et dispense par là-même le vendeur de procéder au mesurage.

2° Superficie erronée

a) Superficie supérieure à celle promise

1897 S'il se trouve que la surface effectivement transmise est en réalité supérieure à la surface promise, le vendeur ne dispose pas d'une action en supplément du prix *(L. n° 65-557, 10 juill. 1965, art. 46, al. 6)*. Si l'article 46 de la loi du 10 juillet 1965 n'ouvre aucune action au profit du vendeur, il ne le prive pas pour autant des actions de droit commun. Le vendeur pourrait ainsi agir en rescision pour lésion, si les conditions en sont remplies. Il sera aussi possible d'agir contre l'auteur du mesurage à la condition de prouver que son erreur a causé un préjudice au vendeur, comme la perte de chance de vendre à un prix plus élevé.

b) Superficie inférieure à celle promise

1898 **Conditions** – Deux conditions doivent être réunies pour que l'action en diminution du prix aboutisse.

1899 **Importance de l'erreur** – Si la superficie est inférieure de plus d'un vingtième à celle exprimée dans l'acte, le vendeur, à la demande de l'acquéreur, supporte une diminution du prix proportionnelle à la moindre mesure *(L. n° 65-557, 10 juill. 1965, art. 46, al. 7)*. Ce n'est donc que lorsque la superficie réelle est inférieure de plus de 5 % à celle mentionnée dans l'acte que l'action en diminution du prix sera possible.

Exemple Concrètement, pour une surface de 100 mètres carrés mentionnée dans l'acte de vente d'un lot, l'erreur n'ouvrira pas l'action jusqu'à 95 mètres carrés. En dessous de cette surface en revanche, l'action sera possible.

1900 **Superficie différente dans l'acte sous seing privé et l'acte authentique** – L'article 46, alinéa 7 de la loi du 10 juillet 1965 régit l'hypothèse d'une superficie réelle inférieure de plus d'un vingtième à celle exprimée dans l'acte, mais quelle superficie prendre en compte lorsque celle-ci n'est pas la même dans l'acte sous seing privé et dans l'acte authentique ? Dans une affaire où le notaire rédacteur avait commis une erreur matérielle dans l'indication de la superficie, il a été jugé que la surface à prendre en compte est celle mentionnée dans l'acte sous seing privé, lequel manifestait l'accord des parties sur la chose et sur le prix et qui rendait la vente parfaite au sens de l'article 1589 du Code civil *(Cass. 3e civ., 13 mars 2007, n° 06-12.199 : JurisData n° 2007-038026)*.

1901 **Preuve** – L'acquéreur doit donc apporter la preuve d'une telle différence de surface et ne doit pas se contenter d'indiquer, dans un certificat de superficie, la superficie réelle globale. Il doit en outre indiquer la nature des surfaces déduites au sens de l'article 4-1 du décret du 17 mars 1967 *(Cass. 3e civ., 7 nov. 2001, n° 99-20.199 : JurisData n° 2001-011610 ; Constr.-Urb. 2002, 7, note D. Sizaire ; Bull. civ. III, n° 124 ; Rev. loyers 2002, p. 107, note J. Rémy)*. Le certificat de superficie ne doit donc pas se contenter d'indiquer la superficie du lot au sens de l'article 4-1 précité. Il doit en outre préciser le détail du calcul permettant d'obtenir cette superficie, c'est-à-dire indiquer la superficie totale des planchers des locaux clos et couverts ainsi que les surfaces qui ont été déduites en précisant leur nature : surfaces occupées par les murs, cloisons, marches et cages d'escalier, gaines, embrasures de portes et de fenêtres ainsi que les planchers des parties des locaux d'une hauteur inférieure à 1,80 mètre.

Conseil pratique **Ces précisions ont l'intérêt de permettre de comprendre plus aisément ce qui explique la différence entre la surface promise et la surface réelle et de contrôler que les surfaces déduites devaient bien l'être.**

1902 Connaissance de la superficie réelle par l'acquéreur – Dans une affaire où l'acquéreur habitait dans les lieux depuis 15 mois au moment de la vente, où il avait créé une troisième chambre qui avait entraîné une réduction de la surface habitable au sens de la « loi Carrez » et où il avait signalé au notaire que la superficie indiquée n'était pas la superficie réelle de l'appartement, il a été jugé que la connaissance par l'acquéreur avant la vente de la superficie réelle du bien vendu ne le prive pas de son droit à la diminution du prix, qui n'est pas subordonné à la preuve d'un préjudice *(Cass. 3e civ., 5 déc. 2007, n° 06-19.676 : JurisData n° 2007-041774 ; JCP N 2008, n° 19-20, 1198, note critique L. Leveneur ; Bull. civ. III, n° 218. – Cass. 3e civ., 10 déc. 2015, n° 14-13.832 : JurisData n° 2015-029151 ; JCP N 2016, n° 1, act. 123 ; Constr.-Urb. 2016, comm. 29, C. Sizaire ; JCP N 2016, n° 7-8, 1087, 32 à 35, obs. S. Piedelièvre ; Bull. civ. III, n° 603)*. Peu importe donc que l'acquéreur ait connaissance de la superficie réelle des parties privatives du lot vendu et peu importe sa qualité de professionnel de l'immobilier, il pourra exercer l'action en diminution du prix dès lors qu'une différence supérieure à 5 % sera constatée entre la superficie mentionnée dans l'acte et la superficie réelle.

1903 Délai d'action – L'action en diminution du prix doit être intentée par l'acquéreur dans un délai d'un an à compter de l'acte authentique constatant la réalisation de la vente, à peine de déchéance *(L. n° 65-557, 10 juill. 1965, art. 46, in fine)*. Ce délai d'un an est un délai de forclusion et par conséquent, la suspension de la prescription prévue par l'article 2239 du Code civil ne lui est pas applicable *(Cass. 3e civ., 2 juin 2016, n° 15-16.967 : JurisData n° 2016-010657 ; JCP N 2016, n° 24, act. 739 ; Loyers et copr. 2016, comm. 211, note G. Vigneron et C. Coutant-Lapalus ; Contrats, conc. consom. 2016, comm. 205, L. Leveneur ; JCP N 2017, n° 6-7, 1098, 15, obs. S. Piedelièvre)*. Ce délai est interrompu par l'assignation en référé expertise en vue de la désignation d'un expert ayant pour mission d'établir la surface des lots vendus *(Cass. 3e civ., 12 nov. 2015, n° 14-18.390 : JurisData n° 2015-025203 ; JCP N 2015, n° 48, act. 1135 ; JCP N 2016, 1087-36 à 38, obs. S. Piedelièvre ; Bull. civ. III, n° 431)*. Alors, l'acquéreur devra exercer l'action en diminution du prix dans l'année suivant l'ordonnance accueillant la demande.

1904 Clause de conciliation – Il est possible que l'acte de vente d'un lot de copropriété comporte une clause selon laquelle les parties, en cas de litige, doivent préalablement à toute instance judiciaire soumettre leur différend à un conciliateur désigné qui sera missionné par le président de la chambre des notaires. Malgré le délai d'un an à compter de l'acte authentique pour exercer l'action en diminution du prix, une telle clause constitue une fin de non-recevoir s'imposant au juge si les parties l'invoquent. Toutefois, la mise en œuvre de la clause de conciliation suspend jusqu'à l'issue de la procédure préalable le cours de la prescription *(Cass. 3e civ., 20 sept. 2011, n° 10-20.990 : Administrer déc. 2011, p. 65, obs. J.-P. Bouyeure)*.

1905 Transaction – Si dans l'hypothèse où la superficie réelle du lot vendu est inférieure à celle annoncée, les parties ont signé une transaction, il est possible d'obtenir la rescision de celle-ci si en réalité, la différence entre la superficie réelle et la superficie annoncée est plus importante que ce que les parties croyaient au moment de la signature de la transaction *(Cass. 1re civ., 22 mai 2008, n° 06-19.643 : JurisData n° 2008-043973 ; Contrats, conc. consom. 2008, comm. 225, L. Leveneur ; Bull. civ. I, n° 151)*.

1906 Restitution partielle du prix – Dès lors que les deux conditions sont remplies, l'acquéreur pourra bénéficier d'une diminution du prix proportionnelle à la moindre mesure *(L. n° 65-557, 10 juill. 1965, art. 46, al. 7)*. Cela signifie que le prix doit diminuer dans les mêmes proportions que la surface annoncée.

Exemple Si la surface annoncée dans l'acte était de 110 mètres carrés pour un prix de 300 000 euros, mais que la surface est en réalité de 97 mètres carrés, soit une diminution de 13/110, alors le prix doit être réduit d'autant, ce qui veut dire que le vendeur devra restituer 300 000 × 13/110 = 35 454 euros.

1907 Autres frais – La restitution à laquelle le vendeur est condamné à la suite de la diminution du prix prévue par l'article 46, alinéa 7, de la loi du 10 juillet 1965 ne peut être étendue à d'autres frais comme les frais relatifs au coût des certificats de mesurage *(Cass. 3e civ., 25 sept. 2012, n° 11-21.321 : JurisData n° 2012-021618)*.

1908 Droits de mutation – Lorsque la diminution du prix a bien eu lieu, est-il possible de demander la restitution de la partie des droits de mutation qui correspond à la fraction du prix qui a été restituée ? La réponse est positive *(Rép. min. n° 85746 : JOAN 14 mars 2006, p. 2761)*.

1909 Dommages et intérêts – L'article 46, alinéa 7, de la loi du 10 juillet 1965 prévoit pour seule sanction la diminution du prix. Il n'est donc pas possible, sur ce fondement, d'obtenir des dommages et intérêts *(Cass. 3e civ., 22 sept. 2010, n° 09-68.469 : JurisData n° 2010-016689 ; Administrer janv. 2011, p. 62, obs. J.-R. Bouyeure).*

1910 Responsabilité du vendeur – Mais l'acquéreur peut chercher à engager la responsabilité du vendeur si la faute de ce dernier lui a causé un préjudice. Cela suppose la démonstration de l'existence d'une faute du vendeur en lien direct avec les dommages invoqués *(CA Paris, 2e ch., sect. 3, 11 févr. 2003, n° 2001/12160 : JurisData n° 2003-203944 ; Constr.-Urb. 2003, comm. 160, note P. Cornille).* La faute du vendeur peut consister à mentionner une superficie erronée alors qu'il a lui-même procédé au mesurage *(CA Aix-en-Provence, 21 oct. 2004 : JurisData n° 2004-256260).*

Si l'acquéreur a bénéficié d'une diminution du prix conformément à l'article 46, il ne saurait demander la réparation d'un préjudice tenant à la délivrance d'une surface moindre que celle annoncée ou encore au prix payé trop élevé compte tenu de la surface réelle du lot vendu. Il pourra en revanche invoquer un préjudice tenant à la perte de chance de négocier un prix plus faible et donc de contracter un emprunt moins important *(CA Aix-en-Provence, 21 oct. 2004, préc.).* Le préjudice peut également tenir à la part des frais notariés qui correspondent aux mètres carrés manquants ou encore au fait que le supplément de prix indu a été conservé par le vendeur pendant une certaine période et n'a donc pas pu profiter à l'acquéreur *(JCl. Copropriété, fasc. 107-1, n° 130, par J. Lafond).*

1911 Responsabilité du professionnel – Il a même été admis que l'acquéreur pouvait obtenir des dommages et intérêts du notaire ayant commis une faute si le vendeur insolvable n'était pas en mesure d'exécuter son obligation de restitution d'une partie du prix *(Cass. 1re civ., 25 mars 2010, n° 09-66.282 : JurisData n° 2010-002478 ; Bull. civ. III, n° 73 ; Administrer juill. 2010, p. 47, obs. J.-R. Bouyeure. – Cass. 1re civ., 25 mars 2009, n° 07-20.774 : JurisData n° 2009-047651 ; Bull. civ. I, n° 70).* La même solution se retrouverait-elle dans l'hypothèse où l'acquéreur ne peut plus agir contre le vendeur car l'action de l'article 46 de la loi du 10 juillet 1965 a été exercée tardivement ? La réponse semble positive. L'acquéreur pourra agir contre l'auteur du mesurage ayant commis une erreur mais il sera débouté s'il demande la réparation d'une perte de surface et non pas d'une perte de chance de négocier un prix plus bas. L'évaluation ne doit pas se confondre avec le montant de la restitution partielle du prix *(Cass. 3e civ., 28 janv. 2015, n° 13-27.397 : JurisData n° 2015-001108 ; Bull. inf. C. cass. 1er mai 2015, n° 505 et les obs. ; JCP G 2015, 216, n° 8, note G. Viney ; LPA 20 mai 2015, note A.-L. Fabas-Serlooten ; Administrer avr. 2015, p. 45, note J.-R. Bouyeure ; Ann. loyers 2015, p. 136, note G. Gil ; Defrénois 2015, p. 667, note S. Becqué-Ickowicz).*

1912 Action récursoire du vendeur – Le vendeur ayant subi une diminution du prix peut être tenté de se retourner contre le professionnel ayant commis une erreur lors du mesurage. Il est toutefois bien admis que la restitution à laquelle le vendeur est condamné à la suite de la diminution du prix prévue par l'article 46, alinéa 7, de la loi du 10 juillet 1965 ne constitue pas un préjudice indemnisable et qu'elle ne peut donner lieu à garantie de la part du professionnel du mesurage *(Cass. 3e civ., 1er mars 2011, n° 10-30.214 : JurisData n° 2011-002803 ; AJDI 2011, p. 801, note ; Administrer nov. 2011, p. 41, obs. J.-R. Bouyeure).* La solution paraît fondée puisque la diminution du prix ne fait qu'accorder celui-ci avec la surface réelle du lot vendu. Suite à la diminution, c'est finalement le « juste prix » qui est perçu par le vendeur ce dont il ne saurait se plaindre.

1913 Perte de chance de vendre au prix initial – Cela étant dit, si l'auteur du mesurage ne s'était pas trompé, le vendeur aurait pu tenter de vendre au prix initial alors que la superficie est plus faible que ce qu'il imaginait. Toutefois, la Cour de cassation a pu considérer que la perte de chance de conserver le prix de vente initial n'était que l'expression de l'obligation dans laquelle se trouvaient les vendeurs de restituer le trop-perçu par eux et n'avait pas pour effet de créer un préjudice indemnisable *(Cass. 3e civ., 8 juin 2011, n° 10-12.004 : JurisData n° 2011-011154).*

1914 Évolution de la jurisprudence – La Cour de cassation retient aujourd'hui, à juste titre, une position tout à fait différente : « si la restitution, à laquelle le vendeur est tenu en vertu de la loi à la suite de la diminution du prix résultant d'une moindre mesure par rapport à la superficie convenue, ne constitue pas, par elle-même, un préjudice indemnisable permettant une action en garantie, le vendeur peut se prévaloir à l'encontre du mesureur ayant réalisé un mesurage erroné, d'une perte de chance de vendre son bien au même prix pour une surface moindre » *(Cass. 3e civ., 28 janv. 2015, n° 13-27.397 : JurisData n° 2015-001108 ; Bull. inf. C. cass. 1er mai 2015, n° 505 et les obs. ; JCP G 2015, 216, n° 8, note G. Viney ; LPA 20 mai 2015, note A.-L. Fabas-Serlooten ; Administrer avr. 2015, p. 45, note J.-R. Bouyeure ; Ann. loyers 2015, p. 136, note G. Gil ; Defrénois 2015, p. 667, note S. Becqué-Ickowicz, préc. n° 75).*

1915 Frais et dépens – Il est admis que les vendeurs peuvent se prévaloir du préjudice tenant aux frais et dépens de l'instance *(CA Nancy, 14 juin 2011, n° 09/02764 : AJDI 2012, p. 867)* lesquels n'auraient pas existé en l'absence d'erreur de l'auteur du mesurage.

1916 Désagréments – D'autres préjudices peuvent également être réparés, ainsi en est-il pour le « désagrément d'avoir à restituer une partie du prix de vente » *(CA Paris, 28 sept. 2006 : JurisData n° 2006-311847)*, ou encore le désagrément de subir une procédure judiciaire *(CA Chambéry, 17 oct. 2006 : JurisData n° 2006-317039).*

V. Responsabilité des professionnels

1917 Responsabilité de l'auteur du mesurage – Le professionnel sollicité pour effectuer un mesurage peut voir sa responsabilité engagée en cas d'erreur. Ce sera le cas s'il omet dans le calcul de la superficie des surfaces devant être incluses ou au contraire s'il inclut des surfaces normalement exclues.

Pour autant, dans une affaire où l'auteur du mesurage avait informé le vendeur que la superficie était de 167 mètres carrés alors qu'elle était en réalité de 100 mètres carrés du fait de la prise en compte de la superficie de locaux d'un immeuble attenant ne faisant pas partie de la copropriété, sa responsabilité ne devait pas être retenue. Alors que les juges du fond avaient estimé que l'auteur du mesurage aurait dû consulter le plan cadastral et le règlement de copropriété, autant de diligences préalables indispensables à l'utilité du mesurage, la Cour de cassation considère qu'il n'était pas tenu de procéder à l'analyse juridique du lot objet de la vente dans le cadre de sa mission de mesurage *(Cass. 3e civ., 18 sept. 2013, n° 12-24.077 : JurisData n° 2013-019994 ; Resp. civ. et assur. 2013, comm. 380 ; Administrer déc. 2013, p. 54, obs. J.-R. Bouyeure)*. Le professionnel avait d'ailleurs indiqué dans son rapport qu'il n'avait pas eu communication des documents délimitant juridiquement le lot à mesurer.

Il faut donc en déduire que l'auteur du mesurage n'a pas à identifier juridiquement l'immeuble devant faire l'objet du mesurage, sauf à ce que cette mission lui soit expressément confiée et qu'il soit mis en position de l'accomplir par la communication des documents nécessaires *(V. JCl. Copropriété, fasc. 107-1 ou JCl. Notarial Formulaire, V° Copropriété, fasc. 212, par J. Lafond, préc. n° 6)*.

1918 Responsabilité de l'agent immobilier – Le fait pour un agent immobilier de ne pas avoir fait réaliser le mesurage du lot de copropriété qu'il était chargé de vendre et de ne pas avoir incité le vendeur à faire procéder au mesurage, constitue clairement un manquement à son obligation de conseil *(CA Paris, 5 mars 2003 : JurisData n° 2003-203942 ; Constr.-Urb. 2003, comm. 159, N. Rousseau)*. L'agent immobilier doit ainsi avertir son client de la nécessité de faire procéder au mesurage par un professionnel. Certes, il ne pourra pas contraindre le vendeur à recourir à un professionnel mais il devra attirer l'attention du vendeur sur les risques de procéder seul au mesurage.

1919 Responsabilité du notaire – Si le notaire intervient alors que le mesurage n'a pas encore été effectué, il devra conseiller au vendeur de recourir à un professionnel pour établir le mesurage.

Le notaire instrumentaire n'a pas l'obligation de vérifier la superficie du bien vendu, ni celle de contraindre les vendeurs à faire effectuer le mesurage par un professionnel. Dès lors, il aura rempli pleinement son devoir de conseil en mentionnant la superficie déclarée par le vendeur et en appelant son attention, par la reproduction dans l'avant contrat des dispositions légales, sur les risques encourus en cas d'insuffisance de contenance. Il doit mettre en garde le vendeur sur les conséquences d'une erreur de mesurage lorsque, au vu des documents qui lui sont communiqués, le notaire dispose d'éléments de nature à le faire douter de l'exactitude des surfaces déclarées par le vendeur *(Cass. 1re civ., 25 mars 2010, n° 09-66.282 : JurisData n° 2010-002478 ; JCP N 2010, n° 14, act. 346. – Cass. 1re civ., 25 mars 2010, n° 09-66.282 : JurisData n° 2010-002478 ; Bull. civ. I, n° 73 ; JCP N 2010, n° 14, act. 346. – M. Poumarède, Les contours du devoir d'investigation du notaire : JCP N 2011, n° 9, 1091)*.

Pour aller plus loin

Formules

- JCl. Notarial Formulaire, V° Copropriété, fasc. 217 (formalités antérieures), par J. Lafond
- JCl. Notarial Formulaire, V° Copropriété, fasc. 219 (vente de lot), par J. Lafond
- JCl. Notarial Formulaire, V° Vente d'immeuble, fasc. 105 (cadre de vente), par J. Lafond

Fiches pratiques

- Fiche pratique n° 3111 : Déterminer l'immeuble vendu et les sujétions le grevant au sein de la partie développée de l'acte authentique de vente, par S. Olivier
- Fiche pratique n° 1721 : Rédiger une vente d'immeuble, par M. Suquet-Cozic

Commentaires

- JCl. Notarial Formulaire, Synthèse 450 : Vente de lots de copropriété, par J.-M. Roux et J. Lafond
- JCl. Notarial Formulaire, Synthèse 1440 : Vente d'immeuble : préparation de l'acte, par V. Zalewski-Sicard
- JCl. Notarial Formulaire, Synthèse 450 : Vente de lots de copropriété, par J.-M. Roux et J. Lafond
- JCl. Notarial Formulaire, V° Copropriété, fasc. 206 (vente de lot, fiche pratique), par J. Lafond
- JCl. Notarial Formulaire, V° Copropriété, fasc. 208, par J. Lafond
- JCl. Notarial Formulaire, V° Copropriété, fasc. 212 (superficie), par J. Lafond
- JCl. Notarial Formulaire, V° Copropriété, fasc. 214 (vérifications préalables), par J. Lafond
- JCl. Notarial Formulaire, V° Copropriété, fasc. 216 (actes préparatoires), par J. Lafond

Revues

- O Barret, Les recours offerts à l'acquéreur contre le vendeur au cas de superficie insuffisante de l'immeuble vendu : RTD. civ. 2012, p. 207
- S. Benilsi, La responsabilité du notaire à la mesure de la loi Carrez : JCP N 2010, n° 25, 1228

Bornage

1920 **Renvoi** – Se reporter aux études spécifiques *(V. n° **2322** et s. – n° **2329** et s.).*

Pour aller plus loin

- JCl. Construction-Urbanisme, fasc. 261-45, Le bornage, par S. Laporte-Leconte
- Guide de la publicité foncière 2019, fasc. 560, Le bornage, par J. Lafond, Éd. LexisNexis

Identification cadastrale

1921 La vente d'un immeuble donne lieu à publicité foncière. L'acte doit indiquer, pour chacun des immeubles qu'il concerne, la nature, la situation, la contenance et la désignation cadastrale *(D. n° 55-22, 4 janv. 1955, art. 7)*.

I. Éléments d'identification

1922 Les éléments d'identifications sont précisés par l'article 7 du décret n° 55-22 du 4 janvier 1955.

1° Nature

1923 **Nature actuelle** – Il y a lieu d'indiquer dans l'acte la nature actuelle de l'immeuble en précisant :
- si l'immeuble vendu est **bâti ou non** ;
- si l'immeuble est bâti, **l'usage du bâtiment** présent : habitation, commerce, industrie, agricole, etc. ;
- si, lorsqu'un bâtiment est présent, **est vendu l'ensemble du bâtiment ou une fraction** seulement.

2° Contenance

1924 **Contenance cadastrale** – La contenance qui doit être mentionnée est la contenance cadastrale avec la possibilité d'indiquer dans l'acte qu'il ne s'agit pas de la contenance effective.

3° Commune

1925 **Situation** – La commune où se trouve l'immeuble vendu doit être précisée dans l'acte. Lorsque ladite commune est divisée en arrondissement, le numéro de l'arrondissement doit également être précisé.

4° Rue ou lieu-dit

1926 **Situation** – Si l'immeuble se situe dans une partie agglomérée d'une commune urbaine, l'immeuble est identifié par le nom et le numéro de la rue. Dans le cas contraire, seul le lieu-dit où se trouve l'immeuble est précisé.

5° Désignation cadastrale

1927 **Extrait cadastral** – La désignation cadastrale de l'immeuble vendu doit être établie à partir d'un extrait cadastral de **moins de 6 mois** de date au jour de la remise au service chargé de la publicité foncière *(D. n° 55-22, 4 janv. 1955, art. 7, al. 5)*. Cet extrait cadastral doit être remis au service de la publicité foncière à l'appui de la réquisition de la formalité *(D. n° 55-22, 4 janv. 1955, art. 7, al. 5)*.

1928 **Conformité** – La désignation de l'immeuble doit être en tous points conformes à celle figurant sur l'extrait cadastral.

II. Hypothèses particulières

A. – FRACTIONS D'IMMEUBLE

1929 **État descriptif de division ou document d'arpentage** – Lorsque le vendeur divise son immeuble avant de le vendre, un état descriptif de division, s'il s'agit d'une division verticale, ou un document d'arpentage, s'il s'agit d'une division horizontale, doit être établi.

1930 **État descriptif de division** – Lorsque, sans réaliser ou constater une division de la propriété du sol entraînant changement de limite, l'acte ne concerne qu'une ou plusieurs fractions d'un immeuble, il doit comporter à la fois la **désignation desdites fractions et celle de l'ensemble de l'immeuble** *(D. n° 55-22, 4 janv. 1955, art. 7, 50-1 et 50-2)*.
La désignation de la fraction est faite conformément à l'état descriptif de division préalablement publié. Elle doit mentionner le **numéro du lot** dans lequel la fraction est comprise et la **quote-part dans la propriété du sol afférente à ce lot**.

1931 Document d'arpentage – Un document d'arpentage doit être établi dès lors qu'il y a **division de la propriété du sol avec changement de limite**. L'immeuble vendu sera alors désigné dans l'acte de vente par le nouveau numéro cadastral.

1932 Volumes – Lorsque le vendeur souhaite diviser son immeuble tout à la fois verticalement et horizontalement sans création de parties communes, une division en volumes doit être réalisée. Celle-ci interviendra par la voie de l'établissement d'un **état descriptif de division**.
Cet état descriptif de division est le plus souvent accompagné d'un **cahier des charges** contenant diverses servitudes permettant l'utilisation des volumes. Tout comme l'état descriptif de division, ledit cahier fait l'objet d'une publicité foncière.
Lors de la publicité de la vente de l'un des volumes, celui-ci doit être identifié avec, en plus des indications habituelles, les **cotes NGF et le numéro de volume**.

B. – DÉMEMBREMENTS DE PROPRIÉTÉ

1933 Absence de changement de limite – Dès lors que le démembrement de propriété est effectué sans changement de limite, il n'est pas nécessaire d'établir un état descriptif de division ou un document d'arpentage. Ainsi, la vente de l'usufruit ou de la nue-propriété d'un entier immeuble peut être publiée en faisant référence à la parcelle cadastrale d'assise du terrain.

1934 Changement de limite – Lorsque le démembrement de propriété intervient en même temps qu'un changement de limite, il est alors nécessaire d'établir un **document d'arpentage** permettant d'obtenir de nouveaux numéros cadastraux tenant compte de la division de la parcelle primitive.

Attention **La constitution sur une fraction de parcelle d'un droit d'usufruit, d'un droit de superficie ou d'un bail emphytéotique est considérée comme un changement de limite de propriété.**

C. – BIENS NON DÉLIMITÉS

1935 Droits divis – Lorsque plusieurs personnes possèdent des droits divis de propriété sur des terrains sans que ces terrains soient délimités, un seul numéro cadastral désigne l'ensemble des terrains.
Dès lors, lorsqu'il y a vente d'un de ces terrains, il y a lieu d'indiquer dans l'acte le numéro cadastral correspondant à l'ensemble des terrains ainsi que la quotité ou l'importance des droits du disposant dans la masse confondue.

III. Sanctions

1936 Refus du dépôt – L'article 76 du décret n° 55-1350 du 4 janvier 1955 précise que le refus de dépôt est opposé **en cas d'omission**, dans la désignation des immeubles, de :
- l'indication de leur **commune de situation** ;
- leur **désignation cadastrale** ;
- pour les fractions d'immeuble, du **numéro de lot**.

1937 Rejet de la formalité – Suivant le même texte, le rejet de formalité intervient en cas de :
- **discordance entre les indications relatives à la commune ou à la désignation cadastrale** figurant dans le document déposé et ces mêmes indications contenues dans les documents antérieurement publiés au fichier immobilier ;
- **irrégularités** visées au 2 du E de l'article 71 du décret du 4 janvier 1955 en ce qui concerne l'**identification des fractions d'immeuble**.

Pour aller plus loin

Formules
- JCl. Notarial Formulaire, V° Copropriété, fasc. 103 (état descriptif de division), par J. Lafond
- JCl. Notarial Formulaire, V° Copropriété, fasc. 107 (création et suppression de lot), par J. Lafond
- JCl. Notarial Formulaire, V° Copropriété, fasc. 115 (règlement de copropriété et état descriptif), par J. Lafond

Fiches pratiques
- Fiche pratique n° 2815 : Agir aux fins de bornage, par I. Laurent, É. Martinez
- Fiche pratique n° 1721 : Rédiger une vente d'immeuble, par M. Suquet-Cozic

Pour aller plus loin

Commentaires
- JCl. Notarial Formulaire, Synthèse 1120 : Publicité foncière, par S. Piedelièvre
- JCl. Notarial Formulaire, V° Copropriété, fasc. 100 (état descriptif de division), par J. Lafond
- JCl. Notarial Formulaire, V° Copropriété, fasc. 106 (modification), par J. Lafond
- JCl. Notarial Formulaire, V° Publicité foncière, fasc. 50 (arpentage), par S. Piedelièvre
- JCl. Notarial Formulaire, V° Publicité foncière, fasc. 60 (refus, rejet), par S. Piedelièvre

Revues
- A. Fournier et A. Rénault-Fournier, Les principes fondamentaux de la division en volumes : JCP N 2008, n° 41, 1304
- O. Salvat, Une lacune du cadastre rénové : les biens non délimités : JCP N 2010, n° 2, 1004

Ouvrages
- J. Lafond et N. Gonzalez-Gharbi, Guide de la publicité foncière 2019 : LexisNexis
- J. Piedelièvre et S. Piedelièvre, La publicité foncière : Lextenso, 2014

Mitoyenneté

1938 Le vendeur est tenu de garantir l'acquéreur des charges non déclarées lors de la vente *(V. n° **3337** et s.)*. Ces charges peuvent correspondre à des servitudes. Il ne s'agit pour autant pas des seules charges pouvant peser sur l'immeuble vendu. En effet, ces charges que doit garantir le vendeur lorsqu'elles n'ont pas été déclarées correspondent à tous les droits réels ou personnels portant sur l'immeuble vendu. Il en va ainsi notamment d'un droit de mitoyenneté qui peut concerner un mur ou une clôture. Aussi, il est nécessaire de déterminer si l'immeuble cédé est grevé d'un droit de mitoyenneté (*V. n° **3338** et s.*). Lorsque tel est le cas, il y a lieu d'informer l'acquéreur sur le régime de ce droit de mitoyenneté (*V. n° **3346** et s.*). N'est examiné ci-après que la situation du mur mitoyen.

I. Existence d'un droit de mitoyenneté

A. – PREUVE DE MITOYENNETÉ

1939 L'article 653 du Code civil dispose que *dans les villes et les campagnes, tout mur servant de séparation entre bâtiments jusqu'à l'héberge, ou entre cours et jardins, et même entre enclos dans les champs, est présumé mitoyen s'il n'y a titre ou marque du contraire*.

1940 Présomption – La présomption de mitoyenneté n'est applicable qu'aux murs séparant des bâtiments, séparant des cours et jardins ou entre enclos dans les champs. De la jurisprudence, il résulte que la présomption de l'article 653 du Code civil ne s'applique pas :
- à un mur de soutènement ;
- à un mur de bâtiment jouxtant un jardin ;
- à un mur séparant des propriétés dont une seule est bâtie.

1941 Indices – Lorsque la présomption de l'article 653 du Code civil n'est pas applicable, il n'est pas exclu que le mur ou la clôture soit mitoyen. Le juge peut en effet retenir différents indices pour qualifier le mur de mitoyen. Il en ira ainsi, par exemple, d'un mur construit ou financé par les propriétaires ou bien encore de l'existence d'un acte *(V. JCl. Notarial Formulaire, V° Mitoyenneté, fasc. 12, par J. Hugot et É. Meillier)*.

B. – RENVERSEMENT DE LA PRÉSOMPTION

1942 Titre ou marque – La présomption de l'article 653 du Code civil étant une présomption simple, elle peut être renversée, ce au moyen de divers indices comme les titres de propriété et/ou des éléments matériels.

1943 Pente – Il y a marque de non-mitoyenneté lorsque :
- la sommité du mur est droite et à plomb de son parement d'un côté, et présente de l'autre un plan incliné ;
- il n'y a que d'un côté ou un chaperon ou des filets et corbeaux de pierre qui y auraient été mis en bâtissant le mur.

Dans ces cas, le mur est censé appartenir exclusivement au propriétaire du côté duquel sont l'égout ou les corbeaux et filets de pierre *(C. civ., art. 654)*.

C. – ACQUISITION DE LA MITOYENNETÉ

1944 Mur existant – Tout propriétaire joignant un mur a la faculté de le rendre mitoyen en tout ou en partie, en remboursant au maître du mur la moitié de la dépense qu'il a coûté, ou la moitié de la dépense qu'a coûté la portion du mur qu'il veut rendre mitoyenne et la moitié de la valeur du sol sur lequel le mur est bâti. La dépense que le mur a coûté est estimée à la date de l'acquisition de sa mitoyenneté, compte tenu de l'état dans lequel il se trouve.
Un acte authentique doit être dressé pour qu'il puisse être publié au service chargé de la publicité foncière.
Cette cession forcée de mitoyenneté ne peut jouer que si le mur joint exactement la ligne séparative des fonds ou est construit à cheval sur cette ligne. Lorsqu'elle intervient, l'acquéreur ne peut se prévaloir de la garantie des vices cachés.

1945 Exhaussement – Celui qui n'a pas contribué à l'exhaussement d'un mur mitoyen n'est pas propriétaire de l'exhaussement. Il peut en acquérir la mitoyenneté en payant la moitié de la dépense qu'il a coûté et la valeur de la moitié du sol fourni pour l'excédent d'épaisseur, s'il y en a. La dépense que l'exhaussement a coûté est estimée à la date de l'acquisition, compte tenu de l'état dans lequel se trouve la partie exhaussée du mur.

Un acte authentique doit être dressé pour qu'il puisse être publié au service chargé de la publicité foncière. Si un changement de limite intervient à cette occasion, un document d'arpentage doit être établi préalablement.

1946 **Prescription** – La mitoyenneté d'un mur peut s'acquérir par usucapion trentenaire *(Cass. 3e civ., 5 nov. 2003, n° 03-11.668 : JurisData n° 2003-020805 ; Bull. civ. III, n° 191 ; JCP G 2004, I, 125-36, obs. H. Périnet-Marquet)*.

II. Régime du droit de mitoyenneté

1947 L'acquéreur doit être informé de ses droits et devoirs quant au mur mitoyen ou à la clôture mitoyenne.

1948 **Autorisation** – L'un des voisins ne peut pratiquer dans le corps d'un mur mitoyen aucun enfoncement, ni y appliquer ou appuyer aucun ouvrage sans le consentement de l'autre, ou sans avoir, à son refus, fait régler par experts les moyens nécessaires pour que le nouvel ouvrage ne soit pas nuisible aux droits de l'autre. Si des travaux sont réalisés sans cette autorisation, il y a lieu à remise en état ou à versement de dommages et intérêts si lesdits travaux ont causé un préjudice au voisin.

1949 **Adossement** – Tout copropriétaire peut faire bâtir contre un mur mitoyen, et y faire placer des poutres ou solives dans toute l'épaisseur du mur, à cinquante-quatre millimètres près, sans préjudice du droit qu'a le voisin de faire réduire à l'ébauchoir la poutre jusqu'à la moitié du mur, dans le cas où il voudrait lui-même asseoir des poutres dans le même lieu, ou y adosser une cheminée *(C. civ., art. 657)*.

1950 **Exhaussement** – Tout copropriétaire peut faire exhausser le mur mitoyen. Il doit payer seul la dépense de l'exhaussement et les réparations d'entretien au-dessus de la hauteur de la clôture commune. Il doit en outre payer seul les frais d'entretien de la partie commune du mur dus à l'exhaussement et rembourser au propriétaire voisin toutes les dépenses rendues nécessaires à ce dernier par l'exhaussement.
Si le mur mitoyen n'est pas en état de supporter l'exhaussement, celui qui veut l'exhausser doit le faire reconstruire en entier à ses frais, et l'excédent d'épaisseur doit se prendre de son côté.

1951 **Charges** – La réparation et la reconstruction du mur mitoyen sont à la charge de tous ceux qui y ont droit, et proportionnellement au droit de chacun *(C. civ., art. 655)*.

1952 **Abandon** – Tout copropriétaire d'un mur mitoyen peut se dispenser de contribuer aux réparations et reconstructions en abandonnant le droit de mitoyenneté, pourvu que le mur mitoyen ne soutienne pas un bâtiment qui lui appartienne *(C. civ., art. 656. – Cass. 3e civ., 27 oct. 2009, n° 08-20.510)*.
En cette hypothèse, un acte authentique doit être dressé pour qu'il puisse être publié au service chargé de la publicité foncière.
Préalablement, du fait du changement de limite, un document d'arpentage doit être établi.

Pour aller plus loin

- Fiche pratique n° 2614 : Abandon de mitoyenneté, par E. Meiller
- W. Dross, Les accessoires de l'immeuble, propos conclusifs : JCP N 2018, n° 46, 1343

Formule – Cession de la mitoyenneté d'un mur séparatif construit contre la limite de deux propriétés

Cette formule est extraite du JurisClasseur Notarial Formulaire *(JCl. Notarial Formulaire, V° Mitoyenneté, fasc. 65)* et a été publiée dans la revue Construction – Urbanisme

DOCUMENT HYPOTHÉCAIRE NORMALISÉ

Première partie

L'an......, le......
À......
Me......, notaire à......, soussigné
A reçu le présent acte authentique, à la requête de :
[...]

Cession de mitoyenneté Désignation

M....... cède à Mme......, qui accepte, la pleine propriété de la mitoyenneté des murs (*ou* : des portions de *murs*) pignon et de clôture ci-après désignés et du sol les supportant, savoir :

IMMEUBLE VENDU

CHOISIR suivant le cas

1. – Cession de murs pignon et de clôture

a) Mur pignon d'une longueur de...... mètres,...... centimètres, d'une hauteur, comptée à partir du pied des fondations, de...... mètres,...... centimètres à chaque extrémité et de...... mètres,...... centimètres au faîtage et d'une épaisseur de...... centimètres depuis son assise au sol jusqu'au niveau du plancher haut des caves, et de...... centimètres au-dessus.

Lequel mur se trouve, par suite, édifié sur une bande de terrain de...... mètres...... centimètres de longueur et de...... centimètres de largeur, soit une superficie de...... mètres carrés...... décimètres carrés, dont moitié fait l'objet de la présente cession.

b) Mur de clôture d'une longueur de...... mètres,...... centimètres, d'une hauteur, depuis la base de la rigole de fondation jusqu'au point haut du chaperon, de...... mètres...... centimètres et d'une épaisseur de...... centimètres.

Lequel mur, se trouve par moitié édifié sur une bande de terrain d'une superficie de...... mètres carrés...... décimètres carrés, dont moitié fait l'objet de la présente cession.

L'ensemble couvrant, en conséquence, une superficie au sol de...... mètres carrés,...... décimètres carrés dont moitié fait l'objet de la présente cession.

2. – Cession de portions de murs pignon et de clôture

a) Partie du mur pignon, à concurrence d'une longueur de...... mètres...... centimètres, d'une hauteur, comptée à partir du pied des fondations, de...... mètres...... centimètres du côté de la rue et de...... mètres...... centimètres de côté du jardin, et d'une épaisseur de...... centimètres depuis son assise au sol jusqu'au niveau du plancher haut des caves, et de...... centimètres au-dessus. Laquelle portion de mur se trouve par suite édifiée sur......, etc.

b) Partie du mur de clôture, à concurrence d'une longueur de...... mètres...... centimètres, d'une hauteur, depuis la base de la rigole de fondation jusqu'au point haut du chaperon, de...... mètres...... centimètres et d'une épaisseur de...... centimètres.

Lequel mur, se trouve par moitié édifié sur une bande de terrain d'une superficie de...... mètres carrés...... décimètres carrés, dont moitié fait l'objet de la présente cession.

L'ensemble couvrant, en conséquence, une superficie au sol de...... mètres carrés,...... décimètres carrés dont moitié fait l'objet de la présente cession.

POURSUIVRE ensuite

Tels au surplus que lesdits murs, entièrement construits en moellons hourdés au mortier de ciment, existent et se comportent sans aucune exception ni réserve, Mme...... déclarant parfaitement les connaître pour les avoir vus et fait examiner par M......., architecte, demeurant à......, choisi d'un commun accord par les parties pour établir les plan, coupe et compte de mitoyenneté, lesquelles pièces sont ci-annexées après avoir été certifiées véritables par les parties et revêtues de la mention d'usage par Me......, notaire soussigné.

Situations cadastrales successives

Les murs ci-dessus désignés font partie intégrante de la propriété bâtie de M......., sise commune de......, rue......, numéro......, figurant au cadastre de ladite commune, lieudit......, sous le numéro ......, de la section......, pour une contenance de...... ares......, centiares et sont élevés contre la limite de la propriété non bâtie de Mme......, sise dans la même commune et dans la même rue, figurant au cadastre de ladite commune, lieudit......, sous le numéro......, de la section...... pour une contenance de......ares,...... centiares.

Le changement de limite résultant de la présente cession de mitoyenneté pour chacune des parcelles appartenant respectivement à M....... et à Mme......, a été déterminé et constaté par le document d'arpentage dressé par M......., géomètre expert, demeurant à...... et duquel il résulte :

Que l'immeuble appartenant à M....... figure désormais au cadastre de la commune de......, lieudit......, sous le numéro......, de la section......, pour une contenance de...... ares,...... centiares ;

Et que la parcelle de terrain appartenant à Mme...... figure maintenant au cadastre de la commune de......, lieudit......, sous le numéro...... de la section......, pour une contenance de...... ares,...... centiares.

Lequel document d'arpentage et les extraits de matrice cadastrale relatifs auxdits immeubles seront déposés au fichier immobilier compétent avec le document hypothécaire normalisé destiné à être publié.

Effet relatif

Le cédant est propriétaire de son immeuble bâti en vertu d'un acte de donation reçu par Me......, notaire à......, le......, publié au fichier immobilier de......, le......, volume......, numéro...... et la cessionnaire tient son droit de propriété sur son immeuble non bâti d'un acte d'acquisition reçu par Me......, notaire à......, le......, publié au même fichier immobilier le......, volume......, numéro ....

Charges et conditions ayant une incidence fiscale

[...]

Se reporter à la formule de base de vente immobilière (V. JCl. Notarial Formulaire, V° Vente d'immeuble, fasc. 105).

Frais

L'acquéreur paiera tous les frais, droits et émoluments du présent acte.

Propriété. Jouissance

Transfert de propriété. – La cessionnaire aura la propriété des biens cédés à compter de ce jour. Elle en supportera les risques à compter du même jour.

Entrée en jouissance. – La cessionnaire aura la jouissance des biens cédés à compter de ce jour également.

Prix

La présente cession de mitoyenneté est consentie et acceptée moyennant le prix principal de...... euros, égal à l'estimation des murs et du sol établie par M......., architecte ci-dessus nommé dans le compte de mitoyenneté qu'il a dressé à la commune requête des parties au présent acte.

Lequel prix, Mme......, cessionnaire, a payé comptant par virement au compte de l'étude et par conséquent par la comptabilité du notaire soussigné ***(ou : directement, en dehors de la comptabilité du notaire soussigné)*** à M......., cédant, qui le reconnaît et lui en consent quittance, sans réserve.
Dont quittance.

Déclarations fiscales

[...]
Se reporter à l'étude de la fiscalité (V. JCl. Fiscalité immobilière, fasc. 920 à 948).
Fin de la partie normalisée, sur...... pages.

Servitudes

Le cédant déclare que les biens cédés ne sont grevés ni ne bénéficient d'aucune servitude autre que celles pouvant résulter de la situation naturelle des lieux, de la loi ou de l'urbanisme.

Autres charges et conditions

La présente cession de mitoyenneté a lieu sous les charges et conditions ordinaires et de droit en pareille matière, et notamment sous celles suivantes, savoir :
1° Les murs dont il s'agit deviendront mitoyens dans l'état où ils se trouvent, sans que M....... soit tenu d'y faire auparavant aucune réparation ; cependant ce dernier devra, dans le délai d'un mois de ce jour, faire obturer à ses frais, par une maçonnerie identique à celle composant le mur, les jours, soupiraux et ouvertures de souffrance existant actuellement tant dans le mur pignon de l'immeuble que dans le mur de clôture ;
2° De son côté, Mme......, cessionnaire, s'interdit de pratiquer aucune ouverture dans les murs dont elle vient d'acquérir la mitoyenneté, à l'exception toutefois de ce qui sera nécessaire à l'établissement des poutres des bâtiments qu'elle a désormais la faculté d'appuyer sur ces murs en se conformant aux prescriptions de l'article 657 du Code civil ;
3° La marque de non-mitoyenneté qui caractérise actuellement le mur de clôture et qui consiste en un chaperon à égout unique dirigé vers le fonds de M....... sera remplacée à frais communs, dans le délai d'un mois de ce jour, par un chaperon à deux égouts destiné à constater la mitoyenneté dudit mur ;
4° L'entretien des murs désormais mitoyens aura lieu à frais communs, mais les détériorations ou dégradations qui seraient occasionnées par le fait de l'un des copropriétaires devront être réparées aux seuls frais de celui-ci ;
5° Vices cachés. – Le cédant ne sera pas tenu à la garantie des vices cachés pouvant affecter le sol ou le sous-sol ;
6° Garantie d'éviction. – Le cédant sera tenu à la garantie d'éviction dans les termes de droit ;
7° Radiation des inscriptions. – Il s'oblige à rapporter à ses frais les certificats de radiation des inscriptions pouvant grever les droits immobiliers cédés.
Formalités
Le présent acte sera soumis à la formalité fusionnée d'enregistrement et de publicité foncière au fichier immobilier compétent (***ajouter éventuellement :*** Tous pouvoirs nécessaires pour produire au service de publicité foncière compétent les justifications qu'il serait éventuellement utile d'établir pour assurer la publicité foncière du présent acte sont consentis à M. ......, ***(profession),*** demeurant à ......).

État des inscriptions

CHOISIR suivant le cas
1. – Absence d'inscription
Le service de publicité foncière de...... a délivré, à la date du......, un certificat négatif général d'inscription sur les droits immobiliers vendus ; ce certificat est ci-annexé.
2. – Existence d'inscriptions hypothécaires
Le service de publicité foncière de...... a délivré, à la date du......, un état révélant l'existence, sur les droits immobiliers vendus, des inscriptions hypothécaires suivantes :
Une inscription d'hypothèque conventionnelle garantissant une somme en capital de...... euros, prise le......, vol......., n°......, en vertu d'un acte de prêt reçu par le notaire soussigné le...... ;
Une inscription d'hypothèque judiciaire......, etc. ;
Cet état est ci-annexé.

Affirmation de sincérité

Les parties affirment, sous les peines édictées par l'article 1837 du Code général des impôts, que le présent acte exprime l'intégralité du prix ; elles reconnaissent avoir été informées par le notaire soussigné des sanctions encourues en cas d'inexactitude de cette affirmation.
En outre, le notaire soussigné affirme qu'à sa connaissance le présent acte n'est contredit ni modifié par aucune contre-lettre contenant une augmentation du prix.

Attestation

Le notaire soussigné atteste que la première partie du présent document hypothécaire contient toutes les énonciations de l'acte nécessaires à la publication, au fichier immobilier, des droits réels et à l'assiette de tous impôts, contributions, droits et taxes.

Dont acte, sur...... pages

Servitudes

1953 Le vendeur est tenu de garantir l'acquéreur des servitudes non déclarées lors de la vente *(C. civ., art. 1638. - V. n° **3337** et s.)*. Si l'immeuble vendu peut être grevé de servitudes, il peut également en être bénéficiaire. Autrement dit, l'immeuble vendu peut être soit fonds servant soit fonds dominant. Aussi, il est nécessaire de déterminer si l'immeuble cédé est grevé ou bénéficie d'une servitude (*V. n°* **1954** *et s.*). Lorsque tel sera le cas, il y aura lieu d'informer l'acquéreur sur le régime de cette servitude ou ces servitudes (*V. n°* **1961** *et s.*).

Attention Il incombe tant à l'agent immobilier qu'au notaire de rechercher l'existence de servitudes et d'informer clairement et précisément l'acquéreur sur la portée et les effets des servitudes découvertes *(Cass. 3e civ., 21 juin 2018, n° 17-18.408 : JurisData n° 2018-010826. - Cass. 1re civ., 16 nov. 2016, n° 15-22.340 : JurisData n° 2016-025638. - Cass. 1re civ., 29 juin 2016, n° 15-15.683 : JurisData n° 2016-012773 ; Bull. civ. I, n° 148)*.

I. Existence d'une servitude

1954 Origine des servitudes - Les servitudes peuvent découler de la puissance publique ou du fait de l'homme *(C. civ., art. 639)*.

1955 Servitudes découlant de la puissance publique - Elles correspondent aux servitudes suivantes :
- les servitudes d'écoulement des eaux *(C. civ., art. 640)* ;
- les servitudes de distance *(C. civ., art. 674)* ;
- les servitudes de vue *(C. civ., art. 675)* ;
- les servitudes de passage *(C. civ., art. 682)* ;
- les servitudes de cour commune *(C. urb., art. L. 471-1)*.

A. – SERVITUDES DÉCOULANT DU FAIT DE L'HOMME

1956 Les servitudes découlant du fait de l'homme peuvent être établies de trois façons :
- par titre ;
- par prescription ;
- par destination du père de famille.

1957 Servitude établie par titre - Il est permis aux propriétaires d'établir sur leurs propriétés, ou en faveur de leurs propriétés, telles servitudes que bon leur semble *(C. civ., art. 686)*. Il peut s'agir tant de servitudes négatives (servitude *non aedificandi*, servitude *non altius tollendi*...) que de servitudes positives (passage, puisage...).
Ces servitudes peuvent être établies par contrat (vente, donation...) mais également par d'autres actes comme, par exemple, un testament.

1958 Servitude établie par usucapion - Seules les servitudes continues et apparentes peuvent s'établir par prescription *(C. civ., art. 690)*. Pour pouvoir prescrire, il faut une possession continue et non interrompue, paisible, publique et non équivoque *(C. civ., art. 2261)*. Cette possession doit avoir duré 30 années.

1959 Servitude établie par destination du père de famille - Il s'agit de celle résultant de la mise à disposition par le propriétaire de deux fonds de l'un au service de l'autre. En cette hypothèse, l'article 694 du Code civil précise que si le propriétaire de deux héritages entre lesquels il existe un signe apparent de servitude, dispose de l'un des héritages sans que le contrat contienne aucune convention relative à la servitude, elle continue d'exister activement ou passivement en faveur du fonds aliéné ou sur le fonds aliéné.
Ce mode d'établissement peut concerner tout à la fois des servitudes continues et apparentes mais également des servitudes apparentes et discontinues. Pour ces dernières, il est nécessaire toutefois que celui qui l'invoque produise l'acte de division *(Cass. 3e civ., 24 nov. 2004, n° 03-16.366 : JurisData n° 2004-025815 ; JCP G 2005, 1031 ; Procédures 2005, comm. 74, J. Junillon ; Bull. civ. III, n° 217 ; JCP 2005, I, 119, n° 14, obs. H. Périnet-Marquet)*.

Attention Lorsque le vendeur entend ainsi bénéficier d'une servitude, il convient de veiller à ne pas insérer la clause selon laquelle « le vendeur déclare qu'il n'a créé, ni laissé créer aucune servitude sur l'immeuble vendu, et qu'à sa connaissance il n'en existe pas d'autres que celles pouvant résulter de la situation des lieux, de la loi ou de l'urbanisme ». En effet, ladite clause prive le vendeur du bénéfice d'une servitude par destination du père de famille (*Cass. 3e civ., 6 sept. 2018, n° 17-21.527 : JurisData n° 2018-018014 ; Constr.-urb. 2018, comm. 155, P. Cornille*).

B. – PUBLICITÉ FONCIÈRE

1960 Les servitudes sont soumises à publicité foncière *(D. n° 55-22, 4 janv. 1955, art. 28 et 30)*. Cette publication ne dispense pas le vendeur d'informer l'acquéreur des servitudes existantes lors de la vente. Lorsque cette information n'est pas délivrée et que la publicité foncière n'est pas intervenue, l'acquéreur est en droit de s'opposer à l'exercice de la servitude.
Pour autant, cette absence de publicité n'a pas d'impact lorsqu'est en cause une servitude légale, une servitude acquise par prescription ou une servitude par destination du père de famille. Ces servitudes sont en effet opposables *erga omnes*. En outre, la servitude, en l'absence de publication, est opposable à l'acquéreur lorsqu'elle a été mentionnée dans l'acte de vente ou bien encore, lorsque l'acquéreur en connaissait l'existence *(Cass. 3e civ., 16 mars 2011, n° 10-13.771 : JurisData n° 2011-003772 ; Bull. civ. III, n° 41 ; Constr.-Urb. 2011, comm. 71, obs. Ch. Sizaire)*.

Conseil pratique **Le notaire doit effectuer une recherche qui ne doit pas s'arrêter au fichier immobilier et aux déclarations du vendeur *(Cass. 1re civ., 13 janv. 2004, n° 00-20.399 : JurisData n° 2004-021771 ; JCP N 2004, n° 52, 1609 ; Bull. civ. I, n° 16)*. Il doit enrichir celle-ci de recherches complètes sur l'origine de propriété du bien vendu pour vérifier s'il existe des servitudes antérieures au 1er janvier 1956 *(Cass. 3e civ., 15 juin 2010, n° 09-11.122 : JurisData n° 2010-009650. – M. Poumarède, Les contours du devoir d'investigation du notaire : JCP N 2011, n° 9, 1091)*.**

II. Régime des servitudes

A. – EXERCICE DES SERVITUDES

1961 Accessoires nécessaires – Quand est établie une servitude, est accordé tout ce qui est nécessaire à son usage *(C. civ., art. 696)*. Ainsi, celui auquel est due une servitude a droit de faire tous les ouvrages nécessaires pour en user et pour la conserver *(C. civ., art. 697)*. Ces ouvrages sont à ses frais et non à ceux du propriétaire du fonds assujetti, à moins que le titre d'établissement de la servitude ne dise le contraire *(C. civ., art. 698)*.
Ce qui n'est pas nécessaire à l'exercice de la servitude n'est dès lors pas autorisé. Ainsi, une servitude de passage ne confère pas le droit de faire passer des canalisations dans le sous-sol de l'assiette de la servitude si le titre instituant cette servitude ne le prévoit pas *(Cass. 3e civ., 14 juin 2018, n° 17-20.280 : JurisData n° 2018-010333)*.

Attention **En cas de transgression d'une servitude, le vendeur est tenu d'en révéler l'existence s'il ne veut voir notamment sa responsabilité engagée *(Cass. 3e civ., 7 janv. 2016, n° 14-24.842 et 14-24.777 : JurisData n° 2016-000062 ; JCP N 2016, n° 3, act. 173 ; JCP N 2016, n° 10, 1094, obs. F. Collard et E. Meiller ; JCP N 2016, n° 36, 1261, note S. Laporte-Leconte)*.**

1962 Aggravation de servitude – Une différenciation doit être faite entre les servitudes légales et les servitudes conventionnelles.
Lorsqu'il s'agit de servitudes légales, il est retenu que le propriétaire du fonds dominant peut aggraver la servitude tout en indemnisant le propriétaire du fonds servant.
Ainsi, pour la servitude de passage, l'article 682 du Code civil précise-t-il que le propriétaire dont les fonds sont enclavés et qui n'a sur la voie publique aucune issue, ou qu'une issue insuffisante, soit pour l'exploitation agricole, industrielle ou commerciale de sa propriété, soit pour la réalisation d'opérations de construction ou de lotissement, est fondé à réclamer sur les fonds de ses voisins un passage suffisant pour assurer la desserte complète de ses fonds, à charge d'une indemnité proportionnée au dommage qu'il peut occasionner.

1963 Servitudes conventionnelles – Lorsque sont en cause des servitudes conventionnelles, l'article 702 du Code civil s'oppose à l'aggravation de la servitude puisqu'il dispose que celui qui a un droit de servitude ne peut en user que suivant son titre, sans pouvoir faire, ni dans le fonds qui doit la servitude, ni dans le fonds à qui elle est due, de changement qui aggrave la condition du premier.
Toutefois, la jurisprudence admet parfois une aggravation de la servitude lorsqu'elle s'impose en raison d'une cause fortuite. La jurisprudence manque parfois de cohérence en n'exigeant pas qu'une telle condition soit remplie et en admettant cette aggravation moyennant indemnité *(Cass. 3e civ., 14 juin 2018, n° 17-20.280 : JurisData n° 2018-010333 ; JCP N 2018, n° 25, act. 560)*.

1964 Adaptation de servitude – Le propriétaire du fonds débiteur de la servitude ne peut rien faire qui tende à en diminuer l'usage, ou à le rendre plus incommode. Ainsi, il ne peut changer l'état des lieux, ni transporter l'exercice de la servitude dans un endroit différent de celui où elle a été primitivement assignée.
Mais cependant, si cette assignation primitive était devenue plus onéreuse au propriétaire du fonds assujetti, ou si elle l'empêchait d'y faire des réparations avantageuses, il pourrait offrir au propriétaire de l'autre fonds un endroit aussi commode pour l'exercice de ses droits, et celui-ci ne pourrait pas le refuser *(C. civ., art. 701)*.

1965 Division des fonds – S'agissant du fonds dominant, l'article 700 du Code civil précise que si l'héritage pour lequel la servitude a été établie vient à être divisé, la servitude reste due pour chaque portion, sans néanmoins que la condition du fonds assujetti soit aggravée. Ainsi, par exemple, s'il s'agit d'un droit de passage, tous les copropriétaires seront obligés de l'exercer par le même endroit.

S'agissant du fonds servant, la servitude est également maintenue en cas de division. Son assiette n'étant pas modifiée, il est possible qu'après division, elle ne concerne plus qu'un seul des fonds issus de la division.

B. – DURÉE DES SERVITUDES

1966 Servitude perpétuelle – La servitude est en principe perpétuelle. Ce caractère perpétuel correspond à celui de la propriété elle-même.

1967 Servitude temporaire – La stipulation d'une servitude temporaire est licite *(C. Aubry et C. Rau, Droit civil français, t. III : 7e éd., par P. Esmein, p. 126, § 255. – M. Planiol et G. Ripert, Traité pratique de Droit civil français, Les biens, t. III : par M. Picard, n° 998).*

1968 Abandon – Lorsque le propriétaire du fonds assujetti est chargé par le titre de faire à ses frais les ouvrages nécessaires pour l'usage ou la conservation de la servitude, il peut toujours s'affranchir de la charge, en abandonnant le fonds assujetti au propriétaire du fonds auquel la servitude est due *(C. civ., art. 699).*
Cet acte unilatéral doit être notifié au propriétaire du fonds dominant et doit faire l'objet d'une publicité foncière, ce qui suppose un acte notarié.

1969 Commun accord – Le propriétaire du fonds dominant et du fonds servant peuvent d'un commun accord mettre fin à la servitude.

1970 Perte d'utilité – Lorsque le propriétaire du fonds dominant ne se sert pas de la servitude, celle-ci s'éteint pour non-usage trentenaire *(C. civ., art. 706).* Ce délai commence à courir, selon les diverses espèces de servitudes, ou du jour où l'on a cessé d'en jouir, lorsqu'il s'agit de servitudes discontinues, ou du jour où il a été fait un acte contraire à la servitude, lorsqu'il s'agit de servitudes continues *(C. civ., art. 707).*
De même, les servitudes cessent lorsque les choses se trouvent en tel état qu'on ne peut plus en user *(C. civ., art. 703. – Cass. 3e civ., 17 sept. 2013, n° 12-20.724 : JurisData n° 2013-019879 ; JCP N 2013, n° 49, 1287, note B. Grimonprez ; RD rur. 2014, comm. 26, F. Collard et B. Travely)* avec toutefois la possibilité de bénéficier à nouveau de la servitude si les choses sont rétablies, dans un délai de moins de 30 ans, de manière qu'il puisse en être usé *(C. civ., art. 704).*
Enfin, toute servitude est éteinte lorsque le fonds à qui elle est due, et celui qui la doit, sont réunis dans la même main *(C. civ., art. 705).*

Conseil pratique **Lorsqu'une servitude existe, il y a lieu de préciser très exactement à l'acquéreur les droits et devoirs en découlant.**

Pour aller plus loin

Formules
- JCl. Notarial Formulaire, V° Mitoyenneté, fasc. 65, par J. Hugot
- JCl. Notarial Formulaire, V° Servitudes, fasc. 225, par J. Hugot et J.-F. Pillebout

Fiches pratiques
- Fiche pratique n° 1721 : Rédiger une vente d'immeuble, par M. Suquet-Cozic
- Fiche pratique n° 1790 : Constituer une servitude, par E. Meiller
- Fiche pratique n° 2615 : Renonciation à servitude, par E. Meiller
- Fiche pratique n° 1901 : Stratégies fiscales en matière de servitude, par E. Cruvelier
- Fiche pratique n° 3111 : Déterminer l'immeuble vendu et les sujétions le grevant au sein de la partie développée de l'acte authentique de vente, par S. Olivier

Commentaires
- JCl. Notarial Formulaire, Synthèse 1440 : Vente d'immeuble : préparation de l'acte, par V. Zalewski-Sicard
- JCl. Notarial Formulaire, V° Mitoyenneté, fasc. 10, par J. Hugot et É. Meiller
- JCl. Notarial Formulaire, V° Servitudes, fasc. 10, par J. Hugot et J.-F. Pillebout
- JCl. Construction – Urbanisme, fasc. 262-10, par J.-P. Tricoire

Revues
- M. Dagot, Servitude et publicité foncière. Des limites de la publicité foncière et rôle des notaires pour la connaissance des servitudes : JCP N 1991, doctr. p. 76
- F. Letellier, Notion de servitude : le va-et-vient jurisprudentiel : JCP N 2014, n° 51-52, 1384
- L. Tranchant, Les accessoires artificiels : les accessoires « rattachés » à l'immeuble : JCP N 2018, n° 46, 1338
- B Travely, F. Meiller et F. Collard, Le droit des servitudes, de la jurisprudence à la pratique notariale : JCP N 2015, n° 39, 1169

Ouvrages
- P. Beauvarlet, Les servitudes : Lextenso, 2013
- Ch. Foix, Droit des servitudes : Ellipses, 2008

Présentation générale

1971 Les documents que l'acquéreur doit recevoir lors d'une vente d'immeuble sont nombreux, en particulier pour des raisons de sécurité et de santé publique. Ils sont regroupés dans un dossier de diagnostic technique, lequel comprend aussi un diagnostic de performance énergétique dont les résultats sont largement diffusés. L'agence nationale de l'habitat octroie, sous conditions, des subventions permettant de réaliser des travaux destinés à améliorer, notamment, la performance énergétique.

1972 Les normes techniques applicables à l'immeuble vendu sont également nombreuses. L'acquéreur doit connaître la réglementation applicable à son immeuble, selon ses caractéristiques, et s'assurer de sa conformité.

1973 Lorsque la vente porte sur un immeuble bâti, il est enfin nécessaire de vérifier que la construction a bien été opérée conformément aux règles d'urbanisme. De même, il faut s'assurer que le dossier d'intervention ultérieure de l'ouvrage a bien été établi et les assurances construction valablement souscrites, le cas échéant.

Pour aller plus loin

- JCl. Notarial Formulaire, Synthèse 130, Audit de l'immeuble, par D. Boulanger
- JCl. Notarial Formulaire, V° Audit de l'immeuble, fasc. 10, Contrôle qualité, par J. Lafond
- JCl. Notarial Formulaire, V° Audit de l'immeuble, fasc. 20, Contrôle sécurité, par J. Lafond
- JCl. Notarial Formulaire, V° Audit de l'immeuble, fasc. 30, Santé des occupants-Amiante, plomb, légionelle, radom, par J. Lafond
- JCl. Notarial Formulaire, V° Audit de l'immeuble, fasc. 40, Insalubrité, État de péril. Protection des occupants. Ordonnance 15 décembre 2005, par J. Lafond

ANAH

1974 Présentation – L'Agence nationale pour l'amélioration de l'habitat (Anah) est un établissement public à caractère administratif créé en 1971. Elle a fait l'objet de plusieurs réformes et est devenue l'Agence nationale de l'habitat en 2006 sans que le sigle n'évolue *(L. n° 2006-872, 13 juill. 2006)*.

1975 Missions – L'agence nationale de l'habitat a pour mission de promouvoir le développement et la qualité du parc existant de logements privés, en particulier en ce qui concerne les performances thermiques et l'adaptation à la perte d'autonomie. Elle participe ainsi à la lutte contre l'habitat indigne et dégradé, aux actions de prévention et de traitement des copropriétés fragiles ou en difficulté, à la lutte contre la précarité énergétique et à l'amélioration des structures d'hébergement *(CCH, art. L. 321-1, I)*. Pour réaliser ses objectifs, l'Anah encourage et facilite l'exécution de travaux de réparation, d'assainissement, d'amélioration et d'adaptation d'immeubles d'habitation. Il s'agit aussi de faciliter notamment l'exécution de travaux de transformation en logements de locaux non affectés à l'habitation ou encore l'exécution d'opérations de résorption d'habitat insalubre. Sous certaines conditions donc, l'Anah accorde des subventions permettant toute sorte de travaux d'amélioration. En 2017, elle a accordé près de 650 millions d'euros d'aides pour la rénovation de près de 81 000 logements privés.

1976 Conditions générales – Il existe certaines conditions générales pour se voir attribuer une aide de l'Anah. En principe, les immeubles dans lesquels les travaux sont prévus doivent avoir été achevés depuis 15 ans au moins à la date de la notification de la décision d'octroi de subvention *(CCH, art. R. 321-14)*. L'article R. 321-12 du Code de la construction et de l'habitation dresse la liste des bénéficiaires potentiels des subventions. On y trouve notamment les propriétaires-bailleurs et les propriétaires occupant eux-mêmes leur logement sous réserve que leurs ressources n'excèdent pas certains plafonds *(A. n° ETLL1305399A, 24 mai 2013)* et beaucoup d'autres bénéficiaires potentiels. Pour bénéficier d'une subvention, il faut que le logement soit occupé à titre de résidence principale, ce qui doit être justifié en cas de contrôle *(CCH, art. R. 321-20 et art. 15 du règlement général de l'Agence nationale de l'habitat, annexé à l'arrêté n° ETLL1408764A du 1er août 2014 : JO 15 août 2014, p. 13598)*. Cette occupation à titre de résidence principale doit être maintenue pendant une durée et selon des modalités qui varient en fonction des bénéficiaires. En cas de vente de l'immeuble pour lequel la subvention est accordée, celle-ci doit être déclarée par le bénéficiaire de la subvention au délégué de l'agence dans le département ou au délégataire de compétence dans un délai de deux mois suivant l'événement. De plus, le vendeur est tenu d'informer le notaire de l'octroi de la subvention (*CCH, art. R. 321-20*).

1977 Propriétaires-bailleurs – Il existe des conditions spécifiques. Par exemple, les propriétaires-bailleurs doivent s'engager à respecter les obligations définies dans une convention, laquelle détermine, notamment, les travaux d'amélioration qui incombent au bailleur (le cas échéant), le montant maximum des loyers, les conditions d'occupation du logement et, le cas échéant, ses modalités d'attribution ou encore sa durée qui ne peut être inférieure à 9 ans si le propriétaire reçoit une aide pour réaliser des travaux d'amélioration, et à 6 ans dans le cas contraire *(CCH, art. L. 321-4)*.

> **Attention** En cas de vente de l'immeuble faisant l'objet d'une telle convention, celle-ci s'impose de plein droit à l'acquéreur. Les engagements de la convention en cours sont obligatoirement mentionnés dans l'acte de vente. Un avenant précisant l'identité du nouveau propriétaire est signé entre celui-ci et l'Agence nationale de l'habitat. À défaut, l'Agence nationale de l'habitat peut appliquer au propriétaire vendeur les sanctions prévues à l'article L. 321-2 du CCH (*CCH, art. L. 321-11*).

À noter qu'en cas de non-respect de la convention, le retrait et le reversement total ou partiel de la subvention peuvent également être prononcés, selon les modalités fixées par le règlement général de l'agence (*CCH, art. R. 321-21*). Ledit règlement prévoit toutefois certains cas de mutation dans lesquels il y aura exonération de reversement. Ainsi, une décision de reversement ne peut pas être prononcée en cas de mutation résultant d'une expropriation ou de l'exercice d'un droit de préemption. Il en est de même lorsque l'acquéreur justifie de façon expresse du respect de l'ensemble des engagements réglementaires fixés par les articles R. 321-12 à R. 321-22 du CCH ainsi que, le cas échéant, des obligations conventionnelles spécifiques signées par le bénéficiaire initial de la subvention (*art. 21 du règlement général de l'Anah*).

1978 Propriétaires occupants – Quant aux propriétaires occupants, il convient d'occuper le logement dans le délai maximum d'un an qui suit la date de déclaration d'achèvement des travaux et pour une durée de 6 ans *(art. 15-D du règlement général de l'Anah)*.

1979 Travaux subventionnés – Les travaux susceptibles de faire l'objet d'une subvention sont déterminés par le conseil d'administration de l'Anah. Sont exclus en principe les travaux destinés exclusivement à l'embellissement des locaux, les travaux de petit entretien (inférieurs à 1 500 €) et les travaux de réhabilitation lourde qui, ayant pour effet d'apporter une modification importante au gros œuvre ou d'accroître sensiblement le volume ou la surface habitable des locaux d'habitation ou d'hébergement, équivalent à des travaux de construction ou de reconstruction *(CCH, art. R. 321-15)*.

1980 Montant de la subvention – Lorsqu'une subvention est accordée, le montant de la subvention versée par l'agence ne peut avoir pour effet, en principe, de porter le montant des aides publiques directes à plus de 80 % du coût global de l'opération *(CCH, art. R. 321-17)*. Les modalités de calcul de la subvention accordée varient selon les bénéficiaires, le type de travaux et parfois les ressources du propriétaire *(JCl. Construction - Urbanisme, Synthèse 40 : Agence nationale de l'habitat, par P. Derrez)*.

1981 Délais – Comme le précise l'article R. 321-19 du Code de la construction et l'habitation, les travaux doivent commencer dans certains délais. Ainsi, en principe, la décision d'octroi de la subvention devient caduque si les travaux ne sont pas commencés dans le délai d'un an à compter de la notification de la décision attributive de subvention. L'achèvement des travaux doit, toujours en principe, être justifié par le bénéficiaire de la subvention dans un délai de 3 ans, sous peine de retrait de la décision d'octroi de la subvention et du remboursement des sommes déjà perçues *(art. 14 du règlement général de l'Anah)*.

1982 Versement – La subvention est versée, en principe, sur déclaration d'achèvement de l'opération, après vérification de la conformité des opérations réalisées avec les caractéristiques du projet sur lesquelles la décision d'attribution a été fondée. Des justificatifs doivent être présentés *(CCH, art. R. 321-18)*.

Pour aller plus loin

- JCl. Construction-Urbanisme, Synthèse 90, Agence nationale de l'habitat (ANAH), par P. Derrez

Dossier de diagnostic technique

1983 Dossier unique – L'acquéreur d'un immeuble bénéficie d'un audit technique complet. Il doit recevoir toutes les informations utiles relatives à la présence d'amiante, de plomb et plus généralement celles qui touchent à la sécurité et santé des occupants de l'immeuble. Parce que le vendeur doit expliquer clairement ce à quoi il s'oblige *(C. civ., art. 1602)*, c'est sur lui que pèse cette obligation d'information. La tâche n'est pas simple en raison des multiples textes épars ayant imposé la mise en place d'états, constats et diagnostics ayant pour but l'information de l'acquéreur. Cette tâche est toutefois facilitée, depuis une ordonnance n° 2005-655 du 8 juin 2005, par la mise en place d'un dossier de diagnostic technique regroupant l'ensemble des documents nécessaires. Ce dossier regroupe donc aujourd'hui les neuf diagnostics, états et constats visés à l'article L. 271-4 du Code de la construction et de l'habitation.

Il s'agit du constat de risque d'exposition au plomb prévu aux articles L. 1334-5 et L. 1334-6 du Code de la santé publique, de l'état mentionnant la présence ou l'absence de matériaux ou produits contenant de l'amiante prévu à l'article L. 1334-13 du même code, de l'état relatif à la présence de termites dans le bâtiment prévu à l'article L. 133-6 du Code de la construction et de l'habitation et l'état de l'installation intérieure de gaz prévu à l'article L. 134-6 du même code. Dans certaines zones, un état des risques naturels et technologiques et une information sur la présence d'un risque de mérule sont également nécessaires. Il ne faut pas oublier non plus l'utile diagnostic de performance énergétique *(CCH, art. L. 134-1)*, l'état de l'installation intérieure d'électricité *(CCH, art. L. 134-7)* et enfin le document établi à l'issue du contrôle des installations d'assainissement non collectif mentionné à l'article L. 1331-11-1 du Code de la santé publique.

La liste, déjà longue, n'est d'ailleurs pas figée. Un diagnostic relatif à l'humidité et aux moisissures ou encore à l'isolation phonique ne serait sans doute pas dénué d'intérêt *(V. JCl. Notarial Formulaire, V° Vente d'immeuble, fasc. 130, par J. Lafond)*.

1984 Carnet numérique – À noter également que le dossier de diagnostic technique va progressivement être intégré dans un carnet numérique d'information, de suivi et d'entretien du logement qui sera accessible via un site internet sécurisé *(CCH, art. L. 111-10-5)*.

Ce carnet permettra de connaître l'état du logement et du bâtiment, lorsque le logement est soumis au statut de la copropriété, ainsi que le fonctionnement de leurs équipements et d'accompagner l'amélioration progressive de leur performance environnementale. Il permettra également l'accompagnement et le suivi de l'amélioration de la performance énergétique et environnementale du bâtiment et du logement pour toute la durée de vie de celui-ci. Les éléments contenus dans le carnet n'auront qu'une valeur informative.

Il est prévu que ce carnet soit obligatoire pour toute construction neuve dont le permis de construire est déposé à compter du 1er janvier 2020 et pour tous les logements faisant l'objet d'une mutation à compter du 1er janvier 2025. La personne chargée d'établir le carnet a été précisée par la loi n° 2018-1021 du 23 novembre 2018 (*art. 182*). Pour les constructions neuves, c'est le maître de l'ouvrage qui renseigne le carnet et qui est tenu de le transmettre à son acquéreur à la livraison du logement. Pour les logements existants, c'est le propriétaire du logement. Le syndicat des copropriétaires transmet au propriétaire les informations relatives aux parties communes. En cas de vente, le carnet est transféré à l'acquéreur du logement au plus tard lors de la signature de l'acte de mutation.

Un décret doit préciser les modalités d'application de l'article L. 111-10-5 du Code de la construction et de l'habitation.

Le dossier de diagnostic technique est composé de divers documents dont certains ne peuvent être établis que par un diagnostiqueur professionnel présentant certaines qualités. Malgré cela, la question de la responsabilité du diagnostiqueur se pose, tant à l'égard du vendeur que du tiers acquéreur.

I. Champ d'application du dossier de diagnostic technique

1985 Fourniture du dossier par le vendeur – En cas de vente de tout ou partie d'un immeuble bâti, un dossier de diagnostic technique, fourni par le vendeur, est annexé à la promesse de vente ou, à défaut de promesse, à l'acte authentique de vente. En cas de vente publique, le dossier de diagnostic technique est annexé au cahier des charges ou des conditions de vente *(CCH, art. L. 271-4)*.

1986 Contrats exclus – Si l'article L. 271-4 du Code de la construction et de l'habitation vise uniquement la vente, il faut tout de même se demander si le dossier ne devrait pas être fourni dans d'autres hypothèses.

Aucun doute pour les actes à titre gratuits (donation, donation-partage) ou encore ceux qui n'opèrent aucun transfert de propriété (partage) : ils ne sont pas concernés. Il est également admis que la fourniture du dossier

n'a pas lieu en cas d'apport en société *(JCl. Notarial Formulaire, V° Vente d'immeuble, fasc. 130 ou JCl. Géomètre expert – Foncier, fasc. 10, Vente d'immeuble. Dossier de diagnostic technique, par J. Lafond).*
Mais même lorsque ce dossier n'est pas obligatoire, il peut permettre d'éclairer le consentement des parties à l'acte, spécialement depuis la nouvelle obligation d'information sur laquelle pèse tout contractant.

1987 Offre de vente – Le dossier de diagnostic technique doit être fourni en cas de vente, mais pas au stade de la simple offre de vente ; cela vaut aussi en cas de congé valant offre de vente délivré au locataire bénéficiant d'un droit de préemption *(L. n° 89-462, 6 juill. 1989, art. 15)*.

1988 Droit de préemption urbain – En cas de droit de préemption urbain, le dossier n'a pas à être joint à la déclaration d'intention d'aliéner. Toutefois, le délai de 2 mois du titulaire du droit de préemption pour exercer son droit est suspendu à compter de la réception par le propriétaire de la demande unique formée par le titulaire du droit de préemption en vue d'obtenir la communication de toute une série de documents, dont le dossier de l'article L. 271-4 *(C. urb., art. R. 213-7, II, 1°)*. Pour éviter tout risque de retard, il est donc utile de communiquer le dossier en même temps que la déclaration d'intention d'aliéner.

1989 Échange – Hormis la rescision pour lésion, les autres règles prescrites pour le contrat de vente s'appliquent à l'échange *(C. civ., art. 1707)*. Or, il semble bien que l'article L. 271-4 du Code de la construction et de l'habitation fasse partie des règles prescrites pour le contrat de vente. Le simple fait que ce texte ne soit pas dans le Code civil mais dans un autre code ne paraît pas suffisant pour exclure son application au contrat d'échange.

Conseil pratique Dans certaines situations, un doute existe sur la nécessité de transmettre un dossier de diagnostic technique. Il est même possible que l'article L. 271-4 précité ne soit pas applicable mais qu'à la demande de l'autre partie qui désire bénéficier de toutes les informations utiles, le propriétaire de l'immeuble fournisse le dossier. Il est alors opportun de bien spécifier lorsque la fourniture du dossier n'est pas imposée, que le propriétaire n'entend pas se soumettre volontairement au régime des articles L. 271-4 et suivants du Code de la construction et de l'habitation mais qu'il s'agit d'éclairer au mieux le consentement de l'autre partie.

1990 Vente de terrain à bâtir – Le dossier est dû en cas de vente de tout ou partie d'un immeuble bâti ce qui exclut la vente de terrain à bâtir, sauf en ce qui concerne l'état des risques naturels.

1991 Vente d'immeuble à construire – Le dossier ne devrait pas être nécessaire pour les ventes d'immeuble à construire mais l'article L. 271-4 du Code de la construction et de l'habitation suggère une autre solution. Il est en effet prévu que le document mentionné au 6° dudit article, c'est-à-dire le diagnostic de performance énergétique, n'est pas requis en cas de vente d'un immeuble à construire visée à l'article L. 261-1 du code précité. Cela semble signifier que les autres documents sont en revanche nécessaires, ce qui est pour le moins curieux. Comment, par exemple, établir un état mentionnant la présence de termites pour un immeuble qui n'existe pas encore ? Il a été avancé qu'il pourrait s'agir d'une « coquille » *(JCl. Notarial Formulaire, V° Vente d'immeuble, fasc. 130 ou JCl. Géomètre expert – Foncier, fasc. 10, Vente d'immeuble. Dossier de diagnostic technique, par J. Lafond)*. Les auteurs du texte auraient voulu en réalité viser la vente d'immeuble à rénover de l'article L. 262-1 du Code de la construction et de l'habitation, ce qui se comprendrait bien mieux.

1992 Vente d'immeuble à démolir – En cas de vente d'un immeuble à démolir, certains des documents du dossier de diagnostic technique peuvent paraître superfétatoires mais il appartient au vendeur de bien appréhender, au regard des impératifs de santé des occupants et de sécurité des constructions, les risques auxquels il s'expose, en ne fournissant pas un ou plusieurs documents du dossier de diagnostic technique *(Rép. min. n° 32577 : JOAN 24 févr. 2009, p. 1800 ; JCP N 2009, n° 11, act. 257)*. Il n'est donc prévu aucun allégement et il existe même certaines obligations particulières. Il est ainsi obligatoire d'établir un constat de risque d'exposition au plomb sur les parties à usage commun d'un immeuble collectif affecté en tout ou partie à l'habitation *(CSP, art. L. 1334-8)*. En cas de présence de plomb, d'autres contraintes seront à respecter *(CSP, art. L. 1334-9, R. 1334-5, L. 1334-11 et R. 1334-13)*. À noter qu'il existe aussi des obligations particulières en présence d'amiante *(CSP, art. R. 1334-29-6)* et de termites *(CCH, art. L. 133-5)*. Pour certains immeubles seulement *(CCH, art. R. 111-43)*, le maître d'ouvrage de l'opération de démolition réalise un diagnostic portant sur les déchets issus de ces travaux préalablement à l'acceptation des devis ou à la passation des marchés relatifs aux travaux de démolition ou, le cas échéant, préalablement au dépôt de la demande de permis de démolir *(CCH, art. R. 111-45)*.

II. Contenu du dossier de diagnostic technique

1993 Le contenu du dossier de diagnostic technique varie selon la destination de l'immeuble mais pas seulement. Les documents le composant n'ont d'ailleurs pas tous la même durée de validité. Il convient donc de veiller à la bonne composition du dossier sous peine de sanctions.

1° Contenu variable

1994 Le dossier de diagnostic technique regroupe divers états, constats et diagnostics qui sont loin de tous avoir le même champ d'application. Le contenu du dossier est donc variable selon l'affectation de l'immeuble vendu mais aussi sa date de construction ou encore la zone géographique dans laquelle il est implanté.

1995 Immeuble à usage d'habitation – Lorsque l'immeuble est à usage d'habitation, il est impératif de mettre à l'abri les occupants permanents de l'immeuble contre les risques susceptibles d'affecter leur santé ou leur sécurité *(JCl. Notarial Formulaire, V° Vente d'immeuble, fasc. 130 ou JCl. Géomètre expert – Foncier, fasc. 10, Vente d'immeuble. Dossier de diagnostic technique, par J. Lafond).* Tous les documents prévus à l'article L. 271-4 du Code de la construction et de l'habitation sont exigés sous réserve que chaque condition propre à ces diagnostics soit remplie : par exemple, le constat de risque d'exposition au plomb ne sera nécessaire qui si l'immeuble a été construit avant le 1er janvier 1949.

1996 Autre usage que l'habitation – Lorsque l'immeuble a un autre usage que l'habitation, trois documents ne sont plus nécessaires : le constat de risque d'exposition au plomb, l'état de l'installation intérieure de gaz et l'état de l'installation intérieure d'électricité *(CCH, art. L. 271-4, I).*

1997 Immeuble à usage mixte – L'article L. 271-4 du Code de la construction et de l'habitation n'envisage pas l'hypothèse des immeubles à usage mixte. Il est opportun d'appliquer les régimes évoqués précédemment de manière distributive. Pour la partie de l'immeuble affectée à l'habitation, tous les documents doivent être transmis, mais pas pour la partie de l'immeuble affecté à un autre usage que l'habitation.

1998 Copropriété – Lorsque les locaux faisant l'objet de la vente sont soumis aux dispositions de la loi n° 65-557 du 10 juillet 1965 fixant le statut de la copropriété des immeubles bâtis, le constat de risque d'exposition au plomb porte exclusivement sur la partie privative de l'immeuble affectée au logement. L'état relatif à la présence de termites dans le bâtiment, l'état de l'installation intérieure de gaz et l'état de l'installation intérieure d'électricité ne portent que sur la partie privative du lot *(CCH, art. L. 271-4).*
Il faut sans doute en déduire, *a contrario*, que les autres documents doivent être établis aussi bien pour les parties privatives que pour les parties communes *(J. Lafond et G. Rouzet, Pratique de la vente du lot de copropriété : LexisNexis, 2016).*

2° Durée de validité des documents composant le dossier de diagnostic technique

1999 Si certains diagnostics ne se périment pas, d'autres ont au contraire une durée de validité limitée.

2000 Diagnostic-amiante – Le diagnostic-amiante n'est soumis à aucune date de péremption mais il y a lieu de tenir compte de l'évolution de la réglementation. Ainsi, il y a lieu de vérifier qu'entre la date d'établissement du diagnostic et la date d'utilisation de celui-ci, la réglementation n'a pas évolué. Si tel est le cas, un nouveau diagnostic doit être établi (*V. n°* ***2049***).

2001 Constat plomb – Lorsque le constat de risque d'exposition au plomb établit l'absence de revêtements contenant du plomb ou la présence de revêtements contenant du plomb à des concentrations inférieures aux seuils définis par arrêté des ministres chargés de la Santé et de la Construction, il n'y a pas lieu de faire établir un nouveau constat. Le constat initial est joint au dossier de diagnostic technique attaché à la nouvelle mutation *(CCH, art. L. 271-5).* En dehors de ces cas, le constat de risque d'exposition au plomb est soumis à une date de péremption *(V. n°* ***2002****).*

2002 Durées de validité variables – La durée de validité des documents prévus aux 1° à 4°, 6°, 7° et 8° du I de l'article L. 271-4 du Code de la construction et de l'habitation est fixée par décret en fonction de la nature du constat, de l'état ou du diagnostic *(CCH, art. L. 271-5).* Par rapport à la date de la promesse de vente ou à la date de l'acte authentique de vente de tout ou partie d'un immeuble bâti, les documents prévus aux 1°, 3° et 4° du I de l'article L. 271-4 doivent avoir été établis depuis :

- moins d'un an pour le constat de risque d'exposition au plomb, sous réserve des dispositions du troisième alinéa de l'article L. 271-5 ;
- moins de 6 mois pour l'état du bâtiment relatif à la présence de termites ;
- moins de 3 ans pour l'état de l'installation intérieure de gaz ;
- moins de 3 ans pour l'état de l'installation intérieure d'électricité.

Quant au diagnostic de performance énergétique, sa durée de validité est fixée à 10 ans *(CCH, art. R. 134-4-2).*

2003 Validité au jour de la signature de l'acte authentique – Si l'un des documents produits lors de la signature de la promesse de vente n'est plus en cours de validité à la date de la signature de l'acte authentique de vente, il est remplacé par un nouveau document pour être annexé à l'acte authentique de vente *(CCH, art. L. 271-5, al. 2)*. Il ne s'agit pas simplement d'actualiser le diagnostic périmé mais d'en fournir un nouveau.

Conseil pratique **La fourniture d'un diagnostic périmé revient sans doute à ne pas le fournir *(JCl. Notarial Formulaire, V° Vente d'immeuble, fasc. 130 ou JCl. Géomètre expert - Foncier, fasc. 10, Vente d'immeuble. Dossier de diagnostic technique, par J. Lafond)*.**

2004 **Diagnostic des risques et pollutions** – Si, après la promesse de vente, la parcelle sur laquelle est implanté l'immeuble est inscrite dans une des zones mentionnées au I de l'article L. 125-5 du Code de l'environnement ou si l'arrêté préfectoral prévu au III du même article fait l'objet d'une mise à jour, le dossier de diagnostic technique est complété lors de la signature de l'acte authentique de vente par un état des risques et pollutions ou par la mise à jour de l'état existant *(CCH, art. L. 271-5, al. 4)*.

3° Sanctions en cas d'absence d'un document du dossier de diagnostic technique

2005 En l'absence de certains documents lors de la signature de l'acte authentique de vente, le vendeur ne peut pas s'exonérer de la garantie des vices cachés correspondante *(CCH, art. L. 271-4)*. Sont visés le constat de risque d'exposition au plomb, l'état mentionnant la présence ou l'absence de matériaux ou produits contenant de l'amiante, l'état relatif à la présence de termites dans le bâtiment, l'état de l'installation intérieure de gaz, l'état de l'installation intérieure d'électricité et enfin le document établi à l'issue du contrôle des installations d'assainissement non collectif. Pour ce dernier, la loi dispose qu'en cas de non-conformité de l'installation d'assainissement non collectif lors de la signature de l'acte authentique de vente, l'acquéreur fait procéder aux travaux de mise en conformité dans un délai d'un an après l'acte de vente *(CCH, art. L. 271-4, II, al. 3)* cela suppose bien sûr que la vente conclue n'ait pas été remise en cause.
En cas de dossier de diagnostic complet transmis avant la promesse et toujours en cours de validité au jour de la signature de l'acte authentique, le vendeur pourra en principe s'exonérer de la garantie des vices cachés relative à ces éléments. Si un diagnostic est périmé au jour de la signature de l'acte authentique, ou encore s'il a été établi par une personne ne remplissant pas tous les critères de compétence et d'indépendance prévus par les textes, la clause d'exonération ne pourra pas être efficace *(G. Durand-Pasquier, De l'incidence des obligations d'informations légales du vendeur sur le contrat de vente d'immeuble : JCP N 2008, n° 16, 1177)*.

Attention **Il est possible que le diagnostiqueur ne puisse pas accéder à certaines parties de l'immeuble. Le diagnostic sera alors incomplet et il faut considérer que la clause d'exonération ne procuira pas ses effets pour les parties de l'immeuble où le diagnostic n'a pas été réalisé.**

2006 **Erreur de diagnostic** – Lorsque le professionnel a commis une erreur dans l'établissement de son diagnostic, la clause d'exonération produira ses effets sous la condition de la bonne foi du vendeur *(Cass. 3e civ., 26 sept. 2001, n° 99-21.764*, à propos de parasites xylophages*)*. L'acquéreur pourra agir contre le diagnostiqueur professionnel.

2007 **Vendeur professionnel** – Le vendeur professionnel ne peut s'exonérer de la garantie des vices cachés car le professionnel connaît ou est censé connaître les vices affectant son propre bien *(A. Bénabent, Droit des contrats spéciaux civils et commerciaux : LGDJ, 12e éd., 2017, n° 233)*. Un tel vendeur ne pourra pas s'exonérer de la garantie des vices cachés, quand bien même le diagnostic aurait été erroné, sauf à ce que l'acquéreur soit lui-même un professionnel de la même spécialité que le vendeur *(JCl. Notarial Formulaire, V° Vente d'immeuble, fasc. 130 ou JCl. Géomètre expert - Foncier, fasc. 10, Vente d'immeuble. Dossier de diagnostic technique, par J. Lafond)*.

2008 **Vices apparents** – La délivrance de ces documents est loin d'être inutile puisque les vices décelés deviennent des vices apparents qui ne sont plus susceptibles d'entraîner la garantie des vices cachés.

2009 **Défaut d'état des risques naturels et technologiques** – Son absence n'est pas sanctionnée sur le terrain de la garantie des vices cachés. Dans cette hypothèse, l'acquéreur peut poursuivre la **résolution du contrat ou demander au juge une diminution du prix** *(CCH, art. L. 271-4, II, al. 2)*.

2010 **Défaut de diagnostic de performance énergétique** – Aucune sanction n'existe pour l'absence ou l'inexactitude du diagnostic de performance énergétique. Ce diagnostic n'est pas visé par l'article L. 271-4, II, alinéa 1er du Code de la construction et de l'habitation et le texte, *in fine*, précise que l'acquéreur ne peut se prévaloir à l'encontre du propriétaire des **informations** contenues dans le diagnostic de performance énergétique qui n'a qu'une valeur informative.
La loi n° 2018-1021 du 23 novembre 2018 *(art. 179)* apporte toutefois une modification. Dans sa nouvelle rédaction, l'article L. 271-4, II, *in fine* du CCH prévoit que l'acquéreur ne peut pas se prévaloir à l'encontre du propriétaire des **recommandations** accompagnant le diagnostic de performance énergétique qui n'ont qu'une valeur informative. Cette nouvelle rédaction n'entrera en vigueur que le 1er janvier 2021 *(V. n° **2095**)*.

III. Modalités d'établissement et de communication du dossier de diagnostic technique

2011 La plupart des éléments composant le dossier de diagnostic technique doivent être réalisés par un professionnel qui doit satisfaire à certaines exigences. Une fois complet, le dossier doit être communiqué en temps utile à l'acquéreur.

1° Recours à un professionnel

2012 **Recours inutile** – Le dossier de diagnostic technique est fourni par le vendeur *(CCH, art. L. 271-4)*. Pour certains des documents qui le composent, à savoir l'état des risques naturels et technologiques, le document établi à l'issue du contrôle des installations d'assainissement non collectif et l'information sur la présence d'un risque de mérule, le vendeur n'a pas l'obligation de recourir à un professionnel *(CCH, art. L. 271-6 a contrario)*.

2013 **Recours nécessaire à un professionnel** – Certains documents doivent être établis par une personne présentant des garanties de compétence et disposant d'une organisation et de moyens appropriés *(CCH, art. L. 271-6)*.

2014 **Frais** – Lorsque le vendeur doit recourir à un tiers pour établir le document, les frais d'établissement sont à sa charge même si les parties peuvent convenir que l'acquéreur en assumera la charge.

Il arrive que l'agent immobilier chargé de trouver un acquéreur fasse l'avance des frais relatifs à l'établissement du dossier de diagnostic technique. Dans ce cas, l'agent immobilier n'est en droit de demander le remboursement de ces frais que s'il avait reçu un mandat exprès de faire établir les diagnostics de la part du vendeur.

Conseil pratique **Le professionnel intervenant dans l'opération de vente ne doit faire l'avance des frais relatifs à l'établissement du dossier que s'il a reçu préalablement un mandat exprès du vendeur de le faire établir. Il convient de vérifier que le mandant a bien la qualité pour conférer cette mission *(JCl. Notarial Formulaire, V° Vente d'immeuble, fasc. 130 ou JCl. Géomètre expert – Foncier, fasc. 10, Vente d'immeuble. Dossier de diagnostic technique, par J. Lafond)*.**

2015 **Exigences relatives au professionnel** – L'intervention d'un diagnostiqueur professionnel est nécessaire pour l'établissement des diagnostics concernant le plomb, l'amiante, les termites, l'état de l'installation de gaz et d'électricité, ainsi que pour le diagnostic de performance énergétique *(CCH, art. L. 271-6)*. Ce diagnostiqueur professionnel est soumis à des exigences de compétences. Il doit être **indépendant et impartial et doit souscrire une assurance** en raison de la lourde responsabilité à laquelle il est soumis.

2016 **Exigences de compétence** – Il est recouru soit à une personne physique dont les compétences ont été certifiées par un organisme accrédité dans le domaine de la construction, soit à une personne morale employant des salariés ou constituée de personnes physiques qui disposent des compétences certifiées dans les mêmes conditions *(CCH, art. R. 271-1)*. Divers arrêtés viennent compléter l'article R. 271-1 précité.

2017 **Attestation sur l'honneur** – Le diagnostiqueur remet préalablement à son client un document par lequel il atteste sur l'honneur qu'il est en situation régulière au regard des dispositions de l'article L. 271-6 du Code de la construction et de l'habitation et qu'il dispose des moyens en matériel et en personnel nécessaires à sa prestation *(CCH, art. R. 271-3)*. Mais ce n'est pas tout : les documents établis sous couvert de la certification prévue à l'article R. 271-1 du Code de la construction et de l'habitation comportent la mention suivante : *Le présent rapport est établi par une personne dont les compétences sont certifiées par... :*, complétée par le nom et l'adresse postale de l'organisme certificateur concerné.

2018 **Obligation d'indépendance et d'impartialité** – Le diagnostiqueur professionnel ne doit avoir aucun lien de nature à porter atteinte à son impartialité et à son indépendance ni avec le propriétaire ou son mandataire qui fait appel à lui, ni avec une entreprise pouvant réaliser des travaux sur les ouvrages, installations ou équipements pour lesquels il lui est demandé d'établir l'un des documents inclus dans le dossier *(CCH, art. L. 271-6)*.

2° Annexion du dossier

2019 En cas de vente de tout ou partie d'un immeuble bâti, un dossier de diagnostic technique, fourni par le vendeur, est annexé à la promesse de vente ou, à défaut de promesse, à l'acte authentique de vente. En cas de vente publique, le dossier de diagnostic technique est annexé au cahier des charges ou des conditions de vente *(CCH, art. L. 271-4)*.

Le principe est donc clair : l'acquéreur doit avoir reçu toutes les informations contenues dans le dossier avant la signature de la promesse de vente, pour qu'il s'engage en toute connaissance de cause.

Le texte prévoit une exception. Si aucune promesse de vente n'est conclue, le dossier sera annexé à l'acte authentique de vente.

Il en est vraisemblablement de même si la promesse est frappée de nullité ou de caducité.

Il existe une autre exception qui a déjà été mentionnée précédemment : lorsqu'un diagnostic tout à fait valable au jour de la promesse est « périmé » au jour de la signature de l'acte authentique *(CCH, art. L. 271-5, al. 2)*.

Conseil pratique Il est conseillé d'annexer les originaux à la promesse et d'en faire une copie pour l'acte authentique. Et en cas de péremption entre la promesse et l'acte authentique, il faut solliciter de nouveaux diagnostics. En pareil cas, ce sont les nouveaux originaux qui sont annexés à l'acte notarié.

IV. Responsabilité du diagnostiqueur

2020 Fondement de la responsabilité – Si le vendeur cherche à engager la responsabilité du diagnostiqueur, il le fera sur le terrain contractuel puisqu'il est lié à ce dernier par un contrat de prestation de service. L'acheteur, lui, devra agir sur le fondement de la responsabilité délictuelle. Sur ce point, il faut rappeler l'arrêt d'assemblée plénière de la Cour de cassation du 6 octobre 2006 *(Cass. ass. plén., 6 oct. 2006, n° 05-13.255 : JurisData n° 2006-035298 : JCP G 2006, II, 10181, avis Gariazzo, note Billiau ; JCP G 2006, I, 115, n° 4, obs. Stoffel-Munck ; Contrats, conc. consom. 2007, comm. 63, note L. Leveneur ; RTD civ. 2007, p. 123, obs. Jourdain)* qui a permis au tiers à un contrat d'invoquer, sur le fondement de la responsabilité délictuelle, un manquement contractuel dès lors que ce manquement lui a causé un dommage.

Certaines décisions postérieures ont bien entendu repris cette solution *(Cass. 2e civ., 12 févr. 2009, n° 07-16.963 : JurisData n° 2010-021461 ; Loyers et copr.* 2010, *comm. 305, B. Vial-Pedroletti)*, cela a été moins évident pour d'autres décisions *(Cass. 3e civ., 18 mai 2017, n° 16-11.203 : JurisData n° 2017-009410 ; JCP E 2017, act. 431)*.

Dans l'attente de la réforme du droit de la responsabilité civile, il a ainsi été préconisé, au regard de l'insécurité juridique qui accompagne l'arrêt du 6 octobre 2006, de ne pas se borner à invoquer la faute contractuelle d'une partie et à chercher à engager sa responsabilité délictuelle par la preuve d'une faute délictuelle *(D. Houtcieff, Toute faute contractuelle n'est pas nécessairement délictuelle à l'égard du tiers : D. 2017, p. 1225)*. Une autre solution consiste à introduire dans l'acte de vente une clause opérant la subrogation de l'acheteur dans les droits du vendeur à l'encontre du diagnostiqueur *(J. Lafond, préc. n° 1, spéc. n° 58)*.

Conseil pratique Il est conseillé de prévoir dans l'acte de vente une clause opérant la subrogation de l'acheteur dans les droits du vendeur à l'encontre du diagnostiqueur. À défaut, l'acheteur qui cherche à engager la responsabilité du diagnostiqueur ne doit pas se contenter de faire valoir le manquement contractuel de ce dernier et que ce manquement lui cause un préjudice. Il est prudent de chercher aussi à apporter la preuve d'une faute délictuelle du diagnostiqueur à son égard.

1° Appréciation de la faute du diagnostiqueur

2021 La mission du diagnostiqueur fait l'objet d'un encadrement réglementaire. L'étendue de ses investigations est ainsi définie par des textes réglementaires auxquels il convient de se référer pour apprécier si son comportement est fautif ou non. Il est tout de même possible que les parties aménagent l'étendue de cette mission auquel cas il conviendra de prendre en compte ces stipulations contractuelles.

a) En l'absence de stipulations contractuelles

2022 En l'absence de stipulations contractuelles aménageant la mission du diagnostiqueur, il convient d'apprécier sa faute par rapport aux normes réglementaires. Il a ainsi été jugé que « la responsabilité du diagnostiqueur se trouve engagée lorsque le diagnostic n'a pas été réalisé conformément aux normes édictées et aux règles de l'art, et qu'il se révèle erroné » *(Cass. ch. mixte, 8 juill. 2015, n° 13-26.686 : JurisData n° 2015-016734 : JCP N 2015, n° 29, act. 772 ; Contrats, conc. consom. 2015, comm. 253, note L. Leveneur)*.

2023 Obligation de moyens ou de résultat – La question de savoir si le diagnostiqueur est soumis à une obligation de moyens ou de résultat est débattue.

La Cour de cassation, dans un arrêt remarqué, a tout de même précisé « qu'il résulte de l'article L. 271-4 du Code de la construction et de l'habitation que le dossier de diagnostic technique annexé à la promesse de vente ou à l'acte authentique de vente d'un immeuble garantit l'acquéreur contre le risque mentionné au 3° du deuxième alinéa du I de ce texte et que la responsabilité du diagnostiqueur se trouve engagée lorsque le diagnostic n'a pas été réalisé conformément aux normes édictées et aux règles de l'art, et qu'il se révèle erroné » *(Cass. ch. mixte, 8 juill. 2015, n° 13-26.686 : JurisData n° 2015-016734 ; JCP G 2015, 1088, n° 42, note Sérinet ; JCP E 2015, 1529, n° 45, note A. Penneau)*. L'emploi du verbe « garantir » laisse penser qu'il s'agit d'une obligation de résultat. Mais il est également précisé que la seule inexactitude du diagnostic n'est pas suffisante pour engager la responsabilité du professionnel. Encore faut-il qu'il n'ait pas réalisé sa mission conformément aux normes édictées et aux règles de l'art.

b) En présence de stipulations contractuelles

2024 Lorsque les stipulations contractuelles aménagent la mission du diagnostiqueur, il convient d'apprécier la faute de ce dernier conformément à sa mission telle qu'elle est contractuellement définie.

Le vendeur profane qui voudrait confier au diagnostiqueur une mission réduite, pour en réduire les coûts ou la durée par exemple, doit être informé clairement des conséquences de cet aménagement conventionnel. Le vendeur devra donc comprendre que même s'il a indemnisé l'acquéreur, il ne pourra se retourner contre le diagnostiqueur qui ne pouvait déceler le vice en raison de la restriction de sa mission.

Conseil pratique **Le diagnostiqueur, en cas d'allégement de sa mission, doit informer le vendeur profane qu'il devra assumer seul les conséquences de cet allégement vis-à-vis de l'acheteur insatisfait. Faute de cette information, le diagnostiqueur pourrait voir sa responsabilité engagée.**

2° Préjudice réparable en cas de diagnostic erroné

2025 **Rapports entre le diagnostiqueur et le vendeur** – En cas de diagnostic erroné, l'existence du vice affectant l'immeuble n'est pas la conséquence de la faute du diagnostiqueur. Bien que n'ayant pas été révélé en raison de l'erreur du professionnel, le vice n'en existait pas moins avant celle-ci. Aussi, le professionnel ne saurait être tenu de garantir le paiement de toutes les sommes mises à la charge du vendeur suite à la découverte du vice.

2026 **Rapports entre le diagnostiqueur et l'acquéreur** – Sur ce plan, la jurisprudence se montre sévère avec le diagnostiqueur. Celui-ci a pu être condamné à réparer le préjudice tenant au coût des travaux de désamiantage. L'erreur de diagnostic va placer l'acquéreur dans une situation particulièrement difficile puisque le vendeur aura été en mesure de s'exonérer de la garantie des vices cachés. Si c'est l'erreur du diagnostiqueur qui a fait que l'acquéreur est devenu propriétaire d'un bien vicié sans possibilité d'agir contre le vendeur, c'est bien le diagnostiqueur qui doit réparer le préjudice subi par l'acquéreur, en particulier les travaux d'assainissement du bien.

2027 **Action récursoire du diagnostiqueur contre le vendeur ?** – Il n'en demeure pas moins que le vice affectant l'immeuble ne résulte pas de l'erreur du diagnostiqueur. Parce que le vice préexiste à l'erreur, il peut paraître sévère que le diagnostiqueur assume toutes les conséquences de l'existence de ce vice vis-à-vis de l'acquéreur pendant que le vendeur se retrouve hors de cause. En effet, les coûts d'assainissement résultent de la présence d'un vice qui existe indépendamment de la faute du diagnostiqueur. N'est-ce pas au propriétaire-vendeur d'assumer définitivement les conséquences d'un vice affectant son immeuble ? Mais quand bien même le diagnostiqueur serait subrogé dans les droits de l'acquéreur *(C. civ., art. 1346)*, il ne pourrait pas agir contre le vendeur du fait de la clause de non garantie des vices cachés.
Après cette présentation globale du dossier de diagnostic technique, il est nécessaire d'aborder tous les états, constats et diagnostics qui le composent. Nous suivrons l'ordre utilisé par l'article L. 271-4 du Code de la construction et de l'habitation.

Pour aller plus loin

Formules
- JCl. Notarial Formulaire, V° Vente d'immeuble, fasc. 105 (Cadre de vente)
- JCl. Notarial Formulaire, V° Vente d'immeuble, fasc. 155 (Diagnostics divers), par J. Lafond

Fiche pratique
- Fiche pratique n° 1721 : Rédiger une vente d'immeuble, par M. Suquet-Cozic

Commentaires
- JCl. Notarial Formulaire, Synthèse 1440, Vente d'immeuble, préparation de l'acte
- JCl. Notarial Formulaire, Synthèse 1470, Vente d'immeuble, bien vendu, par V. Zalewski-Sicard
- JCl. Notarial Formulaire, V° Audit de l'immeuble, fasc. 20 et 30 (Sécurité et Santé)
- JCl. Notarial Formulaire, V° Vente d'immeuble, fasc. 30 (Vérifications préalables), par B. Magois et V. Zalewski-Sicard
- JCl. Notarial Formulaire, V° Vente d'immeuble, fasc. 130 (Dossier de diagnostic technique), par J. Lafond

Revues
- J.-P. Bus, La responsabilité des organismes agréés. Une problématique nouvelle : AJDI 2003, p. 566, n° 9
- D. Boulanger, Ordonnance du 8 juin 2005 relative au logement et à la construction : le dossier de diagnostic technique : JCP N 2005, n° 25, 1133
- Boutonnet, Un an de jurisprudence sur la responsabilité civile des diagnostiqueurs lors de la vente d'immeubles : JCP N 2008, n° 22, 1208
- Cohen-Boulakia, La responsabilité civile et pénale du diagnostiqueur à l'égard du vendeur et de l'acquéreur de l'immeuble : Constr.-Urb. 2008, étude 14, n° 11, p. 15
- Th. Delesalle, La compétence des diagnostiqueurs immobiliers : Constr.-Urb. 2007, étude 13, n° 6, p. 9
- Th. Keravec, Diagnostics techniques, regroupement dans un dossier unique : JCP N 2005, n° 30-34, 1358

Ouvrages
- D. Boulanger, Les diagnostics immobiliers. États des risques, diagnostics & responsabilité du diagnostiqueur : LexisNexis, 2016

Constat de risque d'exposition au plomb

2028 Lutte contre le saturnisme – Des peintures au plomb peuvent avoir été utilisées dans les logements construits avant 1948, date à laquelle la lutte contre l'utilisation de ces peintures s'est intensifiée. Il s'agit ici de lutter contre le saturnisme, maladie provoquée par l'ingestion ou l'inhalation de plomb qui touche particulièrement les jeunes enfants. Cette lutte se traduit notamment par la production d'un constat de risque d'exposition au plomb prévu aux articles L. 1334-5 et L. 1334-6 du Code de la santé publique. Ces textes ont connu plusieurs évolutions. En particulier, avant la loi n° 2004-806 du 9 août 2004, ce n'était pas un constat de risque d'exposition au plomb qui devait être produit mais un état des risques d'accessibilité au plomb.
Après avoir précisé le champ d'application de ce constat et son contenu, il sera nécessaire d'exposer les différentes conséquences d'un constat positif.

I. Champ d'application du constat relatif au plomb

2029 Le constat de risque d'exposition au plomb doit être produit lors de la vente de tout ou partie d'un immeuble à usage d'habitation construit avant le 1er janvier 1949, dans les conditions et selon les modalités prévues aux articles L. 271-4 à L. 271-6 du Code de la construction et de l'habitation *(CSP, art. L. 1334-6)*.

2030 Immeuble à usage d'habitation – L'immeuble doit être affecté à usage d'habitation. S'il est affecté en partie à d'autres usages, le constat ne sera dû que pour les parties de l'immeuble affectées à l'habitation. Quant aux locaux annexes à l'habitation, on estime qu'ils ne sont concernés que s'ils sont destinés à un usage courant, comme une buanderie *(JCl. Notarial Formulaire, V° Vente d'immeuble, fasc. 136 ou JCl. Géomètre expert – Foncier, V° diagnostic technique de l'immeuble, fasc. 40, Plomb (lutte contre le saturnisme), par J. Lafond)*. La vente d'une péniche affectée à l'habitation ou d'une caravane n'est pas concernée, faute de porter sur un immeuble.

2031 Immeuble situé sur l'ensemble du territoire – Avant la loi précitée du 9 août 2004, l'état des risques d'accessibilité au plomb n'était dû que si l'immeuble était situé dans une zone à risque. Il n'en est plus ainsi pour le constat de risque d'exposition au plomb qui concerne les immeubles situés sur l'ensemble du territoire.

2032 Immeuble construit avant le 1er janvier 1949 – L'immeuble doit avoir été construit avant le 1er janvier 1949, comme le précise l'article L. 1334-6 du Code de la santé publique. À s'en tenir au texte, il faudrait que sa construction ait été achevée avant cette date pour qu'il soit concerné par le constat « plomb », mais même un immeuble achevé peu après le 1er janvier 1949 et dont la construction a démarré avant mériterait sans doute de faire l'objet de ce constat. Pour contourner ces hésitations, il est possible de se référer à la date de délivrance du permis de construire *(J. Lafond, préc. n° 3)*. Quant à l'immeuble construit avant le 1er janvier 1949 et ayant fait l'objet d'une réhabilitation postérieurement, il devra faire l'objet d'un constat relatif au plomb en cas de vente *(D. Boulanger, Plomb : le risque du saturnisme : JCP N 2014, p. 7, Hors-série)*.

2033 Copropriété – Lorsque l'immeuble faisant l'objet de la vente est soumis aux dispositions de la loi n° 65-557 du 10 juillet 1965 fixant le statut de la copropriété des immeubles bâtis, le constat de risque d'exposition au plomb porte exclusivement sur la partie privative de l'immeuble affectée au logement *(CCH, art. L. 271-4, I, in fine)*. Le vendeur n'a pas à faire établir un tel constat pour les parties communes et peut vraisemblablement s'exonérer de la garantie des vices cachés alors même qu'aucun constat n'est établi.

2034 Constat pour les parties communes – Depuis la loi n° 2004-806 du 9 août 2004 relative à la politique de santé publique, les parties à usage commun d'un immeuble collectif affecté en tout ou partie à l'habitation, construit avant le 1er janvier 1949, devront avoir fait l'objet d'un constat de risque d'exposition au plomb à l'expiration d'un délai de 4 ans à compter de la date d'entrée en vigueur de cette loi, soit le 12 août 2008 *(CSP, art. L. 1334-8)*. Pour les immeubles concernés, le syndicat des copropriétaires doit avoir fait établir le constat relatif au plomb avant le 12 août 2008. Le cas échéant, le vendeur devra communiquer ce constat à l'acquéreur, en plus de celui relatif aux parties privatives. Si le constat n'a pas été établi, il peut être exigé par l'acquéreur et doit être établi sans délai.

II. Contenu du constat relatif au plomb

2035 Le constat a notamment pour objectifs d'informer le propriétaire et, le cas échéant, les occupants d'un logement ou d'un immeuble, sur la présence de revêtements contenant du plomb dans le bien, y compris les revêtements extérieurs au logement. Il s'agit aussi de fournir des éléments sur la présence de plomb aux personnes susceptibles de réaliser des travaux de nature à provoquer une altération substantielle des revêtements *(A. n° ETSP1123269A, 19 août 2011, art. 1, relatif au constat de risque d'exposition au plomb)*.

2036 Rapport de mission – Le constat est constitué par le rapport complet de la mission. Aux termes de l'arrêté du 19 août 2011, certaines informations doivent figurer en première page du rapport *(A. 19 août 2011, préc. n° 8, spéc. ann. I, 11)*. Pour chaque local, un tableau récapitulatif des résultats doit également être fourni, lequel contient aussi toute une série d'informations *(A. 19 août 2011, préc. n° 8, spéc. ann. I, 11)*.

2037 Conclusion du rapport – La conclusion du rapport, laquelle doit aussi figurer dans la première page de celui-ci, récapitule les différentes unités de diagnostic analysées ainsi que leur classement selon l'état de conservation du revêtement *(A. 19 août 2011, préc. n° 8, spéc. ann. I, 11)*.
À ce constat est annexée une notice d'information dont le contenu est établi à l'annexe II de l'arrêté du 19 août 2011. Cette notice d'information contient des explications sur les risques liés à l'exposition au plomb ainsi que des recommandations sur les bons comportements à adopter.

2038 Durée de validité – Lorsque le constat de risque d'exposition au plomb établit l'absence de revêtements contenant du plomb ou la présence de revêtements contenant du plomb à des concentrations inférieures aux seuils définis par arrêté des ministres chargés de la Santé et de la Construction, il n'y a pas lieu de faire établir un nouveau constat à chaque mutation. Le constat initial est simplement joint au dossier de diagnostic technique *(CCH, art. L. 271-5)*.
Dans le cas contraire, le constat relatif au plomb doit avoir été établi moins d'un an avant la date de la promesse de vente ou la date de l'acte authentique de vente de tout ou partie d'un immeuble bâti (*V. n°* ***1999*** *et s.*).

2039 Absence du constat – En l'absence du constat relatif au plomb lors de la signature de l'acte authentique de vente, le vendeur ne peut pas s'exonérer de la garantie des vices cachés correspondante *(CCH, art. L. 271-4)*.

> **Conseil pratique** **Le notaire doit vérifier que les conditions de compétence, d'assurance et d'impartialité du professionnel ayant établi le rapport sont bien remplies, et que le diagnostiqueur a bien remis un document par lequel il atteste sur l'honneur qu'il est en situation régulière au regard des articles L. 271-6 et qu'il dispose des moyens en matériel et en personnel nécessaires à l'établissement de ce constat** *(CCH, art. R. 271-3. – V. n°* ***2012*** *et s.)*.

III. Conséquences d'un constat positif

2040 Travaux ou entretien – Si ce constat est positif, c'est-à-dire si les revêtements analysés contiennent une concentration en plomb supérieure à certains seuils *(A. 19 août 2011, préc. n° 8, spéc. art. 5)*, il faudra distinguer selon que le revêtement est non dégradé ou en état d'usage d'une part, ou dégradé d'autre part. Dans ce dernier cas, le propriétaire de l'immeuble doit effectuer les travaux appropriés pour supprimer l'exposition au plomb, tout en garantissant la sécurité des occupants *(CSP, art. L. 1334-9)*. Mais si le revêtement est non dégradé ou en état d'usage, le propriétaire devra simplement l'entretenir pour éviter toute dégradation future *(A. 19 août 2011, préc. n° 8, spéc. ann. I, 11)*.

2041 Acquisition en l'état – Dès lors que les parties sont précisément informées de la présence de plomb et des conséquences que cela implique, elles peuvent choisir de déterminer qui supportera la charge des travaux nécessaires ainsi que les frais qui peuvent en résulter, comme l'hébergement des occupants ou l'indemnisation des troubles de jouissance. Il peut ainsi être convenu que l'acquéreur fait l'acquisition en l'état. Il prend alors à sa charge tous les travaux nécessaires sans recours contre le vendeur ce qui implique qu'il soit parfaitement informé de l'ampleur desdits travaux et du risque d'astreinte (*V. CSP, L. 1334-2 modifié par la loi n° 2018-1021 du 23 novembre 2018*).

2042 Vente d'immeuble à rénover – Il peut également être décidé que le vendeur devra effectuer les travaux, soit avant la vente, soit après. Si le vendeur s'engage à les faire accomplir après, il est possible que l'opération relève de la vente d'immeuble à rénover des articles L. 262-1 et suivant du Code de la construction et de l'habitation *(V. JCl. Notarial Formulaire, V° Ventes d'immeubles à rénover, fasc. 8, par H. Perinet-Marquet)*.

2043 Information – Si le constat relatif au plomb met en évidence la présence de revêtements dégradés contenant du plomb à des concentrations supérieures aux seuils définis par l'arrêté mentionné à l'article L. 1334-2 du Code de la santé publique, le propriétaire ou l'exploitant du local d'hébergement doit en informer les occupants et les personnes amenées à faire des travaux ainsi que le directeur général de l'agence régionale de santé. Le préfet peut imposer des travaux *(CSP, art. L. 1334-1, L. 1334-4 L. 1334-9 et L. 1334-10)* et, depuis la loi n° 2018-1021 du 23 novembre 2018, prononcer une astreinte par jour de retard (*CSP, L. 1334-2 dans sa nouvelle version qui entrera en vigueur au 1er mars 2019*).

Conseil pratique **En cas de vente de l'immeuble concerné, le vendeur informé par notification du préfet de la nécessité d'accomplir des travaux doit en informer l'acquéreur. Il précise si ces travaux ont été valablement effectués ou s'ils ont été contestés devant le tribunal de grande instance *(CSP, art. L. 1334-2, al. 8)*.**

Pour aller plus loin

Formules
- JCl. Notarial Formulaire, V° Copropriété, fasc. 209, par J. Lafond
- JCl. Notarial Formulaire, V° vente de l'immeuble, fasc. 137, par J. Lafond

Commentaires
- JCl. Notarial Formulaire, Synthèse 130, Audit de l'immeuble, par D. Boulanger
- JCl. Notarial Formulaire, V° Audit de l'immeuble, fasc. 30, par J. Lafond

État mentionnant la présence ou l'absence de matériaux ou produits contenant de l'amiante

2044 Dispositif de lutte contre l'amiante – Depuis le 1er janvier 1997 *(D. n° 96-1133, 24 déc. 1996)*, l'utilisation de l'amiante comme matériau de construction est interdite du fait de sa nocivité. C'est à cette période que certains dispositifs de lutte contre l'amiante ont été mis en place. Les propriétaires doivent ainsi rechercher si leur immeuble contient de l'amiante et prendre les mesures nécessaires. L'information des acquéreurs d'immeubles est également assurée par la production d'un état « amiante ». En effet, l'article L. 271-4, I, 2° du CCH prévoit que l'état mentionnant la présence ou l'absence de matériaux ou produits contenant de l'amiante prévu à l'article L. 1334-13 du CCH est compris dans le dossier de diagnostic technique *(V. JCl. Notarial Formulaire, V° Vente d'immeuble, fasc. 132, par J. Lafond)*.

I. Recherche d'amiante en dehors de toute vente d'immeuble

2045 Obligation de recherche d'amiante – Les propriétaires d'immeubles dont le permis de construire a été délivré avant le 1er juillet 1997 sont assujettis à des obligations de recherche d'amiante, en dehors de toute vente de l'immeuble. Toutefois, lorsqu'un immeuble à usage d'habitation ne comprend qu'un seul logement, aucune recherche systématique d'amiante n'est imposée, sauf en cas de vente ou de démolition *(V. JCl. Notarial Formulaire, V° Vente d'immeuble, fasc. 132)*

II. Recherche d'amiante lors d'une vente d'immeuble

2046 État relatif à l'amiante – L'état mentionnant la présence ou l'absence de matériaux ou produits contenant de l'amiante prévu à l'article L. 1334-13 du CCH est compris dans le dossier de diagnostic technique *(CCH, art. L. 271-4, I, 2°)*.

1° Champ d'application de l'état relatif à l'amiante

2047 Cet état doit être établi en cas de vente d'un immeuble bâti dont le permis de construire a été délivré avant le 1er juillet 1997, qu'il appartienne à des personnes privées ou publiques *(CSP, art. R. 1334-14)*. L'obligation d'informer l'acquéreur de la présence d'amiante concerne n'importe quel type d'immeuble, à usage d'habitation ou autre, mais cette information peut être plus ou moins importante *(CSP, art. R. 1334-29-7)*.

2° Contenu de l'état relatif à l'amiante

2048 Repérage des matériaux – Ainsi, les propriétaires d'immeubles d'habitation ne comportant qu'un seul logement font réaliser, pour constituer l'état prévu à l'article L. 1334-13 du CCH en cas de vente, un repérage des matériaux et produits des listes A et B *(CSP, ann. 13-9)* contenant de l'amiante *(CSP, art. R. 1334-15)*. En cas de vente de tout ou partie d'immeubles collectifs d'habitation, l'état mentionnant la présence ou l'absence de matériaux et produits contenant de l'amiante prévu à l'article L. 1334-13 du CSP est constitué :
- des rapports de repérage des matériaux et produits des listes A et B contenant de l'amiante relatifs aux parties privatives, objet de la vente ;
- de la fiche récapitulative relative aux parties communes du « dossier technique amiante » mentionné à l'article R. 1334-29-5 du CSP.

Dans le cas de vente d'autres immeubles, c'est la fiche récapitulative du « dossier technique amiante » mentionné à l'article R. 1334-29-5 qui doit être fournie.

2049 Durée de validité – Parce qu'aucun texte ne prévoit une durée de validité, il faut considérer que l'état amiante (ou la fiche récapitulative, le cas échéant) ne se périme pas. Il peut donc être transmis à l'acquéreur quand bien même il aurait été établi longtemps avant la vente. Il est toutefois nécessaire que ces documents soient conformes à toutes les exigences prévues par les textes en vigueur au jour où ils sont utilisés. Dans le cas contraire, si le document fourni mentionne l'absence d'amiante alors qu'en réalité, le bien est amianté, le vendeur peut être condamné à payer le coût du désamiantage *(Cass. 3e civ., 5 nov. 2008, n° 07-17.054 : JurisData n° 2008-045687 ; JCP N 2009, comm. 1001, p. 33, note S. Piedelièvre).*

Conseil pratique **Pour éviter cette situation, il est nécessaire que les documents fournis soient conformes aux exigences posées par les derniers textes en vigueur, au besoin par une nouvelle intervention du professionnel ayant établi le document initial.**

2050 **Absence de l'état amiante ou de la fiche récapitulative** – L'absence de réalisation du diagnostic amiante n'empêche pas la réalisation de la vente mais prive seulement le vendeur de la possibilité de se prévaloir d'une clause d'exonération de la garantie des vices cachés à raison de ceux constitués par la présence d'amiante.
Si l'état amiante a été réalisé mais qu'il est incomplet, c'est-à-dire que certaines parties de l'immeuble n'ont pas été contrôlées, la clause d'exonération de la garantie des vices cachés ne sera d'aucun effet en ce qui concerne lesdites parties.

3° Conséquences d'un état amiante positif

2051 **Acquisition en l'état** – Il n'est pas imposé au vendeur de procéder aux mesures nécessaires avant la vente de l'immeuble. Il est donc possible que les parties s'entendent pour que la vente s'opère en l'état. C'est alors l'acquéreur qui doit accomplir les mesures nécessaires, ce qui suppose qu'il soit parfaitement informé non seulement de la présence d'amiante, mais également de l'ampleur des mesures qui devront être prises. L'acquéreur ne pourra plus alors agir en garantie des vices cachés contre le vendeur puisque la présence d'amiante dans l'immeuble sera un vice apparent qu'il a accepté.
Dans l'hypothèse où l'acquéreur n'a pas pu être informé de la présence d'amiante en raison d'un état amiante erroné, les actions contre le vendeur en garantie des vices cachés et sur le terrain de la délivrance conforme peuvent être envisagées mais se heurtent à certains obstacles.

a) Garantie des vices cachés

2052 **Obligation de fournir l'état relatif à l'amiante** – Est-il possible d'agir contre le vendeur sur le terrain de la garantie des vices cachés si les documents transmis sont erronés, c'est-à-dire qu'ils concluent à tort que l'immeuble ne contient aucune trace d'amiante ? Il a été jugé que « la législation relative à la protection de la population contre les risques sanitaires liés à une exposition à l'amiante dans les immeubles bâtis, n'oblige le propriétaire de l'immeuble qu'à transmettre à l'acquéreur l'état établi par le professionnel » *(Cass. 3e civ., 23 sept. 2009, n° 08-13.373 : JurisData n° 2009-049550 ; JCP N 2009, n° 45, 1302, note D. Boulanger ; JCP N 2009, n° 50, 1332, note L. Leveneur ; JCP E 2010, 1001, obs. S. Piedelièvre ; Bull. civ. III, n° 204 ; AJDI 2012, p. 220, obs. V. Zalewski ; RDC 2010, p. 657, note crit. Ph. Brun).* Autrement dit, « le vendeur remplit son obligation relative à l'amiante en joignant à l'acte de vente un état conforme à la réglementation quel que soit son contenu, lequel relève en revanche de la responsabilité professionnelle du diagnostiqueur, soumis à une obligation d'assurance » *(Rapport de la Cour de cassation 2009).*

2053 **Validité de la clause de non garantie des vices cachés** – Même si dans cet arrêt, la Cour de cassation n'évoque nullement la clause d'exonération de garantie des vices cachés, il est admis que l'acquéreur ne pourra se retourner contre le vendeur sur ce terrain dès lors qu'une clause de non garantie des vices cachés est stipulée *(JCl. Notarial Formulaire, V° Vente d'immeuble, fasc. 132, par J. Lafond).* La Cour de cassation l'a très nettement admis dans une décision postérieure *(Cass. 3e civ., 6 juill. 2011, n° 10-18.882 : JurisData n° 2011-013576 ; JCP N 2011, n° 45, 1289, note Y. Dagorne-Labbé).* Un état relatif à l'amiante avait été annexé à l'acte de vente. Cet état avait été établi par un professionnel et la mauvaise foi des vendeurs, qui étaient profanes, n'était pas établie. Dans ces conditions, la clause d'exonération de la garantie des vices cachés avait pu produire les effets attendus. Le diagnostiqueur devait prendre en charge les coûts de désamiantage.

2054 **Exceptions** – L'exonération de la garantie des vices cachés n'est en revanche pas possible lorsque l'erreur du diagnostiqueur est imputable au vendeur qui lui a caché des éléments matériels ou des informations. Le vendeur de mauvaise foi ne peut pas s'exonérer de la garantie des vices cachés. Il faudrait considérer qu'un vendeur professionnel, présumé de mauvaise foi, ne peut pas non plus procéder à une telle exonération *(A. Bénabent, Droit des contrats spéciaux civils et commerciaux : LGDJ, 12e éd., 2017, n° 233).*

2055 **Absence de clause de non garantie** – Mais si aucune clause de non garantie n'a été prévue, ou si cette clause ne peut produire ses effets en raison de la mauvaise foi du vendeur, l'acquéreur devra agir en garantie des vices cachés contre son vendeur.

Conseil pratique Il peut paraître superflu à un vendeur profane de stipuler une clause de non garantie des vices cachés quand un professionnel certifie que l'immeuble est dénué d'amiante. Il est pourtant crucial de stipuler une telle clause sans laquelle le vendeur, en cas d'erreur du diagnostiqueur, devra seul répondre de la présence d'amiante au titre de la garantie des vices cachés.

b) Obligation de délivrance conforme

2056 L'acquéreur ne pouvant pas agir contre le vendeur du fait d'une clause de non garantie, pourrait-il agir sur le terrain de l'obligation de délivrance conforme ? L'arrêt du 23 septembre 2009 fournit une réponse négative. Dans cette affaire, l'acquéreur avait agi tant sur le fondement de l'article 1641 que de l'article 1604 du Code civil. La Cour de cassation estima que le propriétaire de l'immeuble ne s'oblige qu'à transmettre à l'acquéreur l'état établi par le professionnel. Il ne s'engage pas à transmettre un immeuble exempt d'amiante, sauf à avoir contracté un engagement spécifique en ce sens *(Cass. 3e civ., 23 sept. 2009, n° 08-13.373 : JurisData n° 2009-049550 ; JCP N 2009, n° 45, 1302, note D. Boulanger ; JCP N 2009, n° 50, 1332, note L. Leveneur ; JCP E 2010, n° 17, 1001, obs. S. Piedelièvre ; Bull. civ. III, n° 204 ; AJDI 2012, p. 220, obs. V. Zalewski ; RDC 2010, p. 657, note crit. Ph. Brun, préc. n° 9).*

Conseil pratique Dès lors qu'un diagnostiqueur professionnel affirme qu'un immeuble ne contient pas d'amiante, il peut paraître anodin au propriétaire de s'engager spécifiquement à délivrer un immeuble exempt d'amiante. Il doit s'en garder car en cas d'erreur du diagnostiqueur, il pourrait être inquiété sur le terrain de l'obligation de délivrance conforme. Le vendeur doit donc stipuler une clause de non garantie des vices cachés.

Pour aller plus loin

Formules
- JCl. Notarial Formulaire, V° Vente d'immeuble, fasc. 133 (Amiante), par J. Lafond

Commentaires
- JCl. Notarial Formulaire, Synthèse 130, Audit de l'immeuble, par D. Boulanger
- JCl. Notarial Formulaire, V° Audit de l'immeuble, fasc. 30 (Santé des occupants), par J. Lafond
- JCl. Notarial Formulaire, V° Vente d'immeuble, fasc. 132 (Amiante), par J. Lafond

État relatif à la présence de termites dans les bâtiments

Introduction

2057 Dispositif de lutte contre les termites – La loi n° 99-471 du 8 juin 1999 a mis en place le dispositif de lutte contre les termites et autres insectes xylophages. Il s'agit de lutter contre ces insectes qui peuvent causer des dégradations importantes aux immeubles mais aussi d'informer l'acquéreur qui ferait l'acquisition d'un immeuble touché par les termites.
À noter qu'un décret n° 2006-591 du 23 mai 2006 prévoit que les bâtiments neufs doivent être conçus et construits de façon à résister à l'action des termites et autres insectes xylophages *(CCH, art. R. 112-2 à R. 112-4)*.
Plusieurs obligations peuvent peser sur un propriétaire ou un occupant en matière de termites, lors de la vente d'un immeuble ou en dehors *(V. JCl. Notarial Formulaire, V° Vente d'immeuble, fasc. 134, par J. Lafond)*.

I. Obligations en matière de termites en dehors de toute vente d'immeuble

2058 Démolition – En cas de démolition totale ou partielle d'un bâtiment situé dans une zone contaminée par les termites ou susceptible de l'être à court terme, les bois et matériaux contaminés doivent être incinérés sur place ou traités avant tout transport si leur destruction par incinération sur place est impossible. La personne qui a procédé à ces opérations doit en faire la déclaration en mairie *(CCH, art. L. 133-5)*. Le fait de ne pas procéder à ces opérations d'incinération ou de traitement avant transport est puni de l'amende prévue pour les contraventions de la cinquième classe *(CCH, art. R. 133-6)*.

2059 Déclaration à la mairie – L'occupant d'un immeuble doit ainsi faire une déclaration à la mairie dès qu'il a connaissance de la présence de termites dans un immeuble bâti ou non bâti. À défaut d'occupant, la déclaration incombe au propriétaire et pour les parties communes d'un immeuble relevant de la loi n° 65-557 du 10 juillet 1965, la déclaration incombe au syndicat des copropriétaires *(CCH, art. L. 133-4)*. C'est dans un délai d'un mois que cette déclaration doit être adressée au maire de la commune du lieu de situation de l'immeuble par lettre recommandée avec demande d'avis de réception ou déposée contre récépissé en mairie.

II. Obligations en matière de termites lors d'une vente d'immeuble

1° Champ d'application de l'état relatif à la présence de termites

2060 Zone contaminée – En cas de vente, l'établissement d'un état relatif à la présence de termites n'est pas toujours nécessaire. Il faut que l'immeuble soit situé dans une zone contaminée par les termites ou susceptible de l'être à court terme au sens du premier alinéa de l'article L. 133-5 du Code de la construction et de l'habitation pour que cet état soit obligatoire *(CCH, art. L. 133-6)*.

2061 Autres insectes xylophages – L'état relatif à la présence de termites ne concerne que ces derniers. Il ne s'applique pas aux autres insectes xylophages. Cependant les parties afin d'éviter un futur contentieux, peuvent convenir qu'un état relatif à la présence d'insectes xylophages autres que les termites viendra compléter l'information de l'acquéreur.

Conseil pratique Qu'il s'agisse de la rédaction de l'avant-contrat ou de la rédaction de l'acte authentique, le professionnel intervenant devra attirer l'attention des parties sur l'opportunité de faire réaliser un tel diagnostic. Toujours dans cette optique, il n'est peut-être pas opportun d'établir l'avant-contrat sous la condition suspensive d'un état relatif aux insectes xylophages négatif car cette condition peut être délicate à rédiger *(J. Lafond, JCl. cit.)*.

Dans tous les cas, le vendeur qui aurait connaissance de la présence d'insectes xylophages autres que les termites doit en informer l'acquéreur. Dans le cas contraire, il s'expose à une action de l'acheteur sur le terrain de la garantie des vices cachés ou de la réticence dolosive.

2062 **Copropriété** – Lorsque l'immeuble vendu est soumis au statut de la copropriété, l'état relatif à la présence de termites ne porte que sur la partie privative du lot *(CCH, art. L. 271-4, I, dernier al.)*. Il est donc opportun d'interroger le syndic pour savoir si les parties communes sont affectées par les termites et quelles mesures sont prises, le cas échéant *(J. Lafond, JCl. cit.)*.

2° Contenu de l'état relatif aux termites

2063 Comme l'indique l'article R. 133-7 du Code de la construction et de l'habitation, l'état relatif aux termites identifie l'immeuble en cause, indique les parties visitées et celles qui n'ont pu l'être, les éléments infestés par la présence de termites et ceux qui ne le sont pas. L'état est daté et signé.
L'état relatif à la présence de termites donne lieu à la rédaction d'un rapport de visite établi, en langue française, suivant le modèle fourni en annexe I de l'arrêté du 29 mars 2007 *(NOR : SOCU0751093A)* modifié par celui du 7 mars 2012 *(NOR : DEVL1205897A)*.

2064 **Durée de validité** – L'état relatif à la présence de termites doit avoir été établi moins de 6 mois avant la date de la promesse de vente ou de celle de l'acte authentique *(CCH, art. R. 271-5)*.

2065 **Absence d'état** – En l'absence d'état relatif aux termites en cours de validité, lors de la signature de l'acte authentique de vente, le vendeur ne peut pas s'exonérer de la garantie des vices cachés correspondante *(CCH, art. L. 271-4)*.

2066 **Clause de non garantie** – Lorsque cet état a valablement été produit et sous réserve de sa bonne foi, c'est-à-dire qu'il n'a pas connaissance de la présence de termites, le vendeur peut stipuler utilement une clause de non garantie des vices cachés.

2067 **Mauvaise foi du vendeur** – Si le vendeur a connaissance de la présence de termites, il doit en informer l'acquéreur. S'il ne donne pas cette information et même si l'état parasitaire est négatif, la clause de non garantie est inopposable à l'acquéreur.

3° Modalités d'établissement et de communication de l'état relatif aux termites

2068 **Diagnostiqueur** – Cet état compose le dossier de diagnostic technique et doit être établi conformément aux exigences posées par les articles L. 271-4 à L. 271-6 du Code de la construction et de l'habitation. Le diagnostiqueur doit ainsi satisfaire à certaines exigences de compétence, d'indépendance et d'assurance (*V. n°* ***2012*** *et s.*). Sur les critères de certification des compétences des personnes physiques réalisant l'état relatif à la présence de termites et les critères d'accréditation des organismes de certification, il faut se référer à l'arrêté du 30 octobre 2006 *(NOR : SOCU0611887A)* modifié par celui du 7 décembre 2011 *(NOR : DEVL1130786A)*.

2069 **Annexion** – Comme pour les autres documents qui composent le dossier de diagnostic technique, l'état relatif à la présence de termites doit être produit dès la conclusion de la promesse de vente, le cas échéant (*V. n°* ***2019***).

4° Conséquence d'un état relatif aux termites positif

2070 Lorsque l'immeuble vendu contient des termites, le vendeur doit faire une déclaration à la mairie. Il n'est pas obligatoire d'effectuer des travaux d'éradication avant la vente. Si l'acquéreur choisit d'acheter l'immeuble en l'état, c'est lui qui devra assumer les travaux nécessaires sans pouvoir agir contre le vendeur sur le terrain de la garantie des vices cachés puisque le vice est, par hypothèse, apparent. Pour cette raison, l'acquéreur ne pourra pas agir en garantie des vices cachés alors même qu'aucune clause de non garantie n'est stipulée. Toutefois, pour éviter que l'acquéreur ne puisse agir utilement par le biais d'autres fondements, il sera nécessaire qu'il soit bien informé de l'existence de ce vice et de l'ampleur des obligations qui vont peser sur lui.

État de l'installation intérieure de gaz

2071 Le dossier de diagnostic technique comprend un état de l'installation intérieure de gaz prévu à l'article L. 134-6 du Code de la construction et de l'habitation. Cet article prévoit qu'en cas de vente de tout ou partie d'un immeuble à usage d'habitation comportant une installation intérieure de gaz réalisée depuis plus de 15 ans, un état de cette installation est produit dans les conditions et selon les modalités prévues aux articles L. 271-4 à L. 271-6 du même code. Ce document a pour objectif d'évaluer les risques pouvant compromettre la sécurité des personnes *(V. JCl. Notarial Formulaire, V° Vente d'immeuble, fasc. 150, par J. Lafond)*.

2072 Certificat de conformité – À noter qu'il peut être suppléé à l'état de l'installation intérieure de gaz, lorsqu'une installation intérieure de gaz a été modifiée ou complétée, par un certificat de conformité visé par un organisme agréé par le ministre chargé de l'Industrie, en application du décret n° 62-608 du 23 mai 1962. Pour cela, il est nécessaire que ce certificat ait été établi depuis moins de 3 ans à la date à laquelle l'état de l'installation intérieure de gaz doit être produit *(CCH, art. R. 134-9)*.

2073 Contenu de l'état – Comme le précise l'article R. 134-7 du même code, l'état de l'installation intérieure de gaz décrit, au regard des exigences de sécurité :
- l'état des appareils fixes de chauffage et de production d'eau chaude sanitaire ou mettant en œuvre un moteur thermique, alimentés par le gaz ;
- l'état des tuyauteries fixes d'alimentation en gaz et leurs accessoires ;
- l'aménagement des locaux où fonctionnent les appareils à gaz, permettant l'aération de ces locaux et l'évacuation des produits de combustion.

Cet état doit avoir été établi depuis moins de 3 ans ; il est réalisé sans démontage d'éléments des installations. Il est établi selon un modèle défini par l'annexe I de l'arrêté du 6 avril 2007 définissant le modèle et la méthode de réalisation de l'état de l'installation intérieure de gaz, plusieurs fois modifié *(NOR : SOCU0751203A)*.

2074 Absence d'état – Si cet état n'est pas fourni conformément à ces exigences, le vendeur ne peut pas s'exonérer de la garantie des vices cachés correspondante *(CCH, art. L. 271-4)*.

2075 Diagnostiqueur – Cet état doit être réalisé par un diagnostiqueur professionnel répondant à toute une série d'exigences tenant à la compétence, l'impartialité et l'assurance *(CCH, art. L. 271-6)*. Ce diagnostiqueur doit être certifié par un organisme accrédité dans le domaine de la construction *(CCH, art. R. 271-1)*. Un arrêté du 6 avril 2007 *(NOR : SOCU0751182A)* modifié par un arrêté du 15 décembre 2011 *(DEVL1130783A)* précise les critères de certification des compétences des personnes physiques réalisant l'état de l'installation intérieure de gaz et les critères d'accréditation des organismes de certification.

2076 Annexion – Comme pour les autres documents qui composent le dossier de diagnostic technique, l'état de l'installation intérieure de gaz doit être produit dès la conclusion de la promesse de vente, ou à défaut, lors de l'acte authentique de vente *(V. n° **2019**)*.

2077 Conséquences d'un état constatant une anomalie – Les anomalies sont classées en plusieurs catégories *(A. 6 avr. 2007, ann. I, E,* définissant le modèle et la méthode de réalisation de l'état de l'installation intérieure de gaz*)* et emportent des conséquences spécifiques selon leur gravité.

Pour aller plus loin

Formules
- JCl. Notarial Formulaire, V° Vente d'immeuble, fasc. 105 (Cadre de vente), fasc. 133 (Amiante), fasc. 135 (Termites), fasc. 137 (Plomb) et fasc. 155 (Diagnostics divers), par J. Lafond

Fiches pratiques
- Fiche pratique n° 3111 : Déterminer l'immeuble vendu et les sujétions le grevant au sein de la partie développée de l'acte authentique de vente, par S. Olivier
- Fiche pratique n° 1721 : Rédiger une vente d'immeuble, par M. Suquet-Cozic

Commentaires
- JCl. Notarial Formulaire, V° Vente d'immeuble, fasc. 132 (Amiante), fasc. 134 (Termites), fasc. 136 (Plomb) et fasc. 150 (Diagnostics divers), par J. Lafond
- JCl. Notarial Formulaire, Synthèse 1440, Vente d'immeuble, préparation de l'acte, par V. Zalewski-Sicard
- JCl. Notarial Formulaire, Synthèse 1470, Vente d'immeuble, bien vendu, par V. Zalewski-Sicard

État des risques et pollutions

2078 Risques et sinistres passés – L'article L. 125-5 du Code de l'environnement prévoit l'information de l'acquéreur des risques technologiques, naturels, sismiques ou liés à la présence de radon auxquels il pourrait être exposé ; les risques liés à la présence de radon font l'objet de développements spécifiques (V. n° ***2138*** et s.). Cette information est double. Il s'agit d'une part d'informer l'acquéreur de ces risques par la fourniture d'un état des risques et pollutions. Il s'agit d'autre part d'informer l'acquéreur des sinistres ayant affecté l'immeuble bâti et dus aux risques précédemment évoqués ; ce point fera l'objet d'un développement spécifique (*V. n°* ***2196*** *et s.*).

2079 Environnement de l'immeuble – L'état des risques et pollutions, bien que composant aussi le dossier de diagnostic technique, présente un certain nombre de particularités. Ainsi, il ne s'agit pas d'informations portant spécifiquement sur un immeuble mais plutôt sur l'environnement d'un immeuble. Il s'agit d'informer l'acquéreur du fait que l'immeuble se situe dans une zone de sismicité *(C. envir., art. R. 563-2 à R. 563-7 et D. 563-8-1. – CCH, art. R. 111-38, réd. D. n° 2010-1254 et 2010-1255, 22 oct. 2010)*, une zone couverte par un plan de prévention des risques naturels, par un plan de prévention des risques miniers ou encore par un plan de prévention des risques technologiques.

2080 Champ d'application – Tous les immeubles sont concernés par l'état des risques et pollutions dès lors qu'ils sont situés dans une zone à risque d'une des communes dont la liste est établie par le préfet conformément à l'article L. 125-5, III du Code de l'environnement. Quelle que soit l'affectation de l'immeuble, qu'il soit bâti ou non, l'état des risques est obligatoire. L'acquéreur d'un terrain nu, d'un local à usage commercial ou d'une maison individuelle a dans tous les cas besoin d'être informé des risques naturels, miniers et technologiques.

2081 Auteur de l'état des risques – L'auteur de cet état n'aura lui-même aucune investigation à réaliser sur l'immeuble. Des compétences techniques particulières ne sont donc pas exigées et il n'a pas à être certifié par un organisme accrédité. Parce qu'il s'agit de recueillir des informations sur l'environnement de l'immeuble et de les transmettre, le vendeur accomplit lui-même l'état des risques *(C. envir., art. R. 125-26)*.

2082 Contenu de l'état des risques – L'accomplissement de l'état des risques par le vendeur est possible grâce à un modèle prévu par un arrêté du 13 juillet 2018 *(NOR : TREP1819058A : JO n° 0176, 2 août 2018)*. Ce modèle bénéficie d'un accès facilité : il peut être demandé en préfecture, sous-préfecture ou en mairie et il est peut-être téléchargé sur le site du ministère dédié aux risques majeurs (*http://www.georisques.gouv.fr/sites/default/files/IAL_modele_201807_Pdf.pdf*).

2083 Accès aux informations à fournir – Outre l'accès au modèle de l'état des risques, c'est aussi l'accès aux informations qui devront être fournies qui est facilité puisque ces dernières sont consultables en mairie, à la préfecture ou à la sous-préfecture du département où est situé l'immeuble mis en vente mais aussi sur un site mis en place par le ministère *(www.georisques.gouv.fr)*.

2084 Durée de validité – L'article R. 125-26 du Code de l'environnement précise que l'état doit avoir été établi moins de 6 mois avant la date de la promesse de vente. À défaut d'être en cours de validité lors de la signature de l'acte authentique, un nouvel état devra être établi *(CCH, art. L. 271-5, al. 2)*.

L'article L. 271-5 (*in fine*) du Code de la construction et de l'habitation prend en compte l'hypothèse d'une évolution relative à la situation de l'immeuble vis-à-vis de ces risques. Le dossier de diagnostic technique est alors complété lors de la signature de l'acte authentique de vente par un état récent ou par la mise à jour de l'état existant.

2085 Absence d'état des risques – Les conséquences de la non-production de l'état des risques et pollutions diffèrent aussi des autres documents du dossier de diagnostic technique. Habituellement, il s'agit pour le vendeur de ne pas pouvoir s'exonérer de la garantie des vices cachés. Sauf que la garantie des vices cachés suppose un vice inhérent à la chose *(A. Bénabent, Droit des contrats spéciaux civils et commerciaux : LGDJ, 12e éd., 2017, n° 235)*, ce qui ne semble pas correspondre à l'existence d'un risque naturel, minier ou technologique. L'acquéreur pourra en revanche demander la résolution de la vente ou encore la diminution du prix *(C. envir., art. L. 125-5)*.

Conseil pratique **C'est la raison pour laquelle il faut inciter le vendeur à conserver une copie de l'état des risques, daté et visé par l'acquéreur, pour être en mesure de prouver qu'il a bien été remis lors de la signature du contrat de vente.**

Pour aller plus loin

• O. Herrnberger, Les nouvelles obligations pesant sur les rédacteurs d'actes de vente et de bail : JCP N 2004, n° 38, 1433
• M.-F. Steinle-Feuerbach, La nouvelle obligation d'information sur les risques technologiques et naturels en matière de transaction immobilière, article 77 de la loi n° 2003-699 du 30 juill. 2003 : JCP N 2004, n° 21, 1256

2086 Prévention des risques de mouvement de terrain différentiel consécutif à la sécheresse et à la réhydratation des sols – À noter que la loi n° 2018-1021 du 23 novembre 2018 (art. 68) oblige désormais le vendeur d'un terrain non bâti constructible à fournir une étude géotechnique préalable si l'immeuble est situé dans une zone exposée au phénomène de mouvement de terrain différentiel consécutif à la sécheresse et à la réhydratation des sols. Cette étude géotechnique devra être annexée à la promesse de vente ou, à défaut de promesse, à l'acte authentique de vente (*CCH. art. L. 112-21*).
Ces zones doivent être définies par arrêté des ministres chargés de la construction et de la prévention des risques majeurs (*CCH. art. L. 112-20*). Pour ce qui est du contenu et de la durée de validité de l'étude géotechnique, ils doivent être précisés par décret (*CCH. art. L. 112-25*).
L'entrée en vigueur de ces nouvelles dispositions est donc subordonnée à l'adoption de ces textes.

Pour aller plus loin

• G. Durand-Pasquier, *Loi Elan : incidences sur les contrats de vente d'immeubles existants et à construire* : JCP N 2018, n° 51-52, 1370
• Ch. Sizaire, Les modifications apportées au régime du contrat de construction de maison individuelle par la loi ELAN : Constr.-urb. 2019, étude 13
• V. Zalewski-Sicard, L'étude géotechnique préalable et l'article 19 ter du projet de loi Elan : Constr.-urb. 2018, alerte 35

Diagnostic de performance énergétique

Introduction

2087 Consommation énergétique et émission de gaz à effet de serre – Ce document compris dans le dossier de diagnostic technique permet d'informer l'acquéreur de la performance énergétique d'un immeuble, tant pour la consommation énergétique que pour l'émission de gaz à effet de serre. Il comprend la quantité d'énergie effectivement consommée ou estimée pour une utilisation standardisée d'un bâtiment ou d'une partie de bâtiment et une classification en fonction de valeurs de référence afin que les consommateurs puissent comparer et évaluer sa performance énergétique *(CCH, art. L. 134-1)*. Cette information prend ainsi la forme de deux étiquettes, l'une pour la consommation énergétique et l'autre pour l'émission de gaz à effet de serre ; la lecture en est facilitée. Ces étiquettes suivent une échelle allant de A (pour un logement économe/à faible émission de gaz à effet de serre) à G (pour un logement énergivore/à forte émission de gaz à effet de serre).

2088 Recommandations – Le diagnostic comprend d'ailleurs toute une série de recommandations, c'est-à-dire des mesures non coûteuses ou très peu coûteuses permettant d'économiser de l'énergie et de réduire les émissions de gaz à effet de serre. Ces mesures concernent le chauffage, l'eau chaude sanitaire et le confort d'été : par exemple, pour ce qui est du chauffage, réduire le chauffage d'un degré pour économiser de 5 à 10 % d'énergie, fermer les volets, tirer les rideaux dans chaque pièce pendant la nuit.

I. Champ d'application du diagnostic de performance énergétique

2089 En ce qui concerne les bâtiments existants (ou parties de bâtiment), le diagnostic de performance énergétique est exigible à compter du 1er novembre 2006. Quant aux bâtiments neufs, il est exigible pour les bâtiments (ou parties de bâtiment) pour lesquels la date de dépôt de la demande de permis de construire est postérieure au 30 juin 2007 *(D. n° 2006-1147, 14 sept. 2006, art. 2)*.

2090 Vente d'un lot de copropriété – Un diagnostic de performance énergétique est réalisé pour les bâtiments équipés d'une installation collective de chauffage ou de refroidissement dans un délai de 5 ans à compter du 1er janvier 2012 *(CCH, art. L. 134-4-1)*. Ce diagnostic est réalisé pour l'ensemble du bâtiment selon les modalités prévues pour ce diagnostic à l'article L. 271-4 du Code de la construction et de l'habitation. Lorsqu'il s'agit d'un immeuble en copropriété, le syndic de copropriété doit inscrire à l'ordre du jour de l'assemblée générale des copropriétaires la décision de réaliser le diagnostic de performance énergétique. Ce diagnostic vaut diagnostic de performance énergétique au sens des articles L. 134-1 à L. 134-4 pour chacun des lots et peut donc faire partie du dossier de diagnostic technique *(CCH, art. R. 134-4-3)*.

2091 Exclusions – Lorsque l'immeuble est proposé à la vente, le propriétaire doit tenir le diagnostic de performance énergétique à la disposition de tout acquéreur potentiel. En cas de vente de tout ou partie d'un immeuble bâti, le diagnostic est communiqué à l'acquéreur dans les conditions et selon les modalités prévues aux articles L. 271-4 à L. 271-6. Toutes les ventes sont concernées, sauf la vente d'un immeuble à construire *(CCH, art. R. 134-5-4)*. Tout bâtiment ou partie de bâtiment clos et couvert est concerné, mais l'article R. 134-1 du Code de construction et d'habitation prévoit diverses exclusions.

II. Contenu du diagnostic énergétique

2092 L'article R. 134-2 du Code de la construction et de l'habitation précise les informations qui doivent figurer dans le diagnostic de performance énergétique.

2093 Dispositif collectif de chauffage, de refroidissement ou de production d'eau chaude – Lorsque le diagnostic de performance énergétique porte sur un bâtiment ou une partie d'un bâtiment qui bénéficie d'un tel dispositif, le propriétaire de celui-ci, son mandataire ou le syndic de copropriété fournit à la personne qui demande le diagnostic et aux frais de cette dernière :

- la quantité annuelle d'énergie consommée pour ce bâtiment ou cette partie de bâtiment par le dispositif collectif ;
- le calcul ou les modalités ayant conduit à la détermination de cette quantité à partir de la quantité totale d'énergie consommée par le dispositif collectif ;
- une description des installations collectives de chauffage, de refroidissement ou de production d'eau chaude et de leur mode de gestion *(CCH, art. R. 134-3)*.

2094 Durée de validité – Le diagnostic énergétique a une durée de validité de 10 ans *(CCH, art. R. 134-4-2)*, laquelle s'apprécie à la date de la promesse de vente ou, à défaut, à la date de l'acte authentique de vente *(CCH, art. L. 271-5)*. Si le diagnostic produit lors de la signature de la promesse de vente n'est plus en cours de validité à la date de la signature de l'acte authentique de vente, il est remplacé par un nouveau document pour être annexé à l'acte authentique de vente.

2095 Absence de diagnostic – Le diagnostic de performance énergétique ne fait pas partie des documents visés par l'article L. 271-4, II du Code de la construction et de l'habitation, qui, en cas d'absence, ne permettent pas au vendeur de s'exonérer de la garantie des vices cachés correspondante. Cet article ne prévoit donc aucune sanction spécifique. De surcroît, il précise, *in fine*, que l'acquéreur ne peut se prévaloir à l'encontre du propriétaire des informations contenues dans le diagnostic de performance énergétique qui n'a qu'une valeur informative. Il n'est donc pas question de se prévaloir d'un diagnostic erroné à l'encontre du propriétaire. Cette solution semblait pérenne puisqu'il avait été précisé que le résultat du diagnostic énergétique n'était pas une garantie contractuelle et qu'il n'était pas envisagé de rendre ce diagnostic opposable *(Rép min. n° 14422 : JOAN 17 mars 2009, p. 2618)*.

La loi n° 2018-1021 du 23 novembre 2018 (art. 179) apporte toutefois une modification. Dans sa nouvelle rédaction, l'article L. 271-4, II, *in fine* prévoit que l'acquéreur ne peut se prévaloir à l'encontre du propriétaire des recommandations accompagnant le diagnostic de performance énergétique qui n'ont qu'une valeur informative. Cette nouvelle rédaction entrera en vigueur le 1er janvier 2021. L'acquéreur pourra-t-il ainsi se prévaloir des autres informations contenues dans le diagnostic ? (*CCH, art. R. 134-2*). Une interprétation *a contrario* de cette disposition dans sa nouvelle rédaction paraît aller en ce sens.

Conseil pratique Considérer que l'acquéreur ne peut se prévaloir à l'encontre du propriétaire des informations contenues dans le diagnostic *(CCH, art. L. 271-4, in fine dans sa version en vigueur jusqu'au 1er janvier 2021)* semble impliquer que des informations ont été transmises. En l'absence totale de diagnostic, l'acquéreur ne devrait-il pas pouvoir obtenir réparation de son éventuel préjudice sur les fondements de droit commun ? Le propriétaire manque bien à son obligation d'information à l'égard de l'acquéreur qui devrait pouvoir obtenir la réparation de son préjudice *(D. Boulanger, Le DPE : quelle sanction ? : JCP N 2006, n° 45, act. 633)*.
Après le 1er janvier 2021, l'acquéreur pourra vraisemblablement se prévaloir du contenu inexact du diagnostic à l'égard du vendeur.

III. Modalités d'établissement et de communication du diagnostic énergétique

2096 Diagnostiqueur – À l'instar des autres documents composant le dossier de diagnostic technique, le diagnostiqueur doit satisfaire à certaines exigences de compétence, d'indépendance et d'assurance *(V. n° **2012** et s.)*. À noter qu'un diagnostic établi par un technicien qualifié avant le 1er novembre 2007, conformément à l'article 3 du décret n° 2006-1147 du 14 septembre 2006 précité, n'est désormais plus valide *(V. n° **1999** et s.)*.

2097 Annexion – Le diagnostic énergétique doit être annexé à la promesse de vente ou, à défaut, à l'acte authentique de vente *(CCH, art. L. 271-4, al. 1er)*.

2098 Annonces insérées dans la presse écrite – Depuis le 1er janvier 2011, le classement de l'immeuble au regard de sa performance énergétique est mentionné dans les annonces relatives à la vente insérées dans la presse écrite. Concrètement, une lettre allant de A à G doit figurer dans l'annonce, précédée des mots « classe énergie ». L'ensemble doit être en majuscules et d'une taille au moins égale à celle des caractères du texte de l'annonce *(CCH, art. R. 134-5-1)*.

2099 Annonces affichées dans les locaux d'un professionnel de l'immobilier – L'information des acquéreurs potentiels ne s'arrête pas là puisque toute annonce relative à la mise en vente d'un bien immobilier devant faire l'objet d'un diagnostic de performance énergétique, affichée à compter du 1er janvier 2011 dans les locaux d'un professionnel de l'immobilier, doit faire apparaître le classement énergétique du bien.

2100 **Annonces présentées par un réseau de communications électroniques** – Ce dispositif d'information des acquéreurs potentiels serait incomplet s'il ne visait pas les annonces présentées au public par un réseau de communications électroniques. Depuis le 1er janvier 2011, une telle annonce doit faire apparaître le classement énergétique du bien *(CCH, art. R. 134-5-1)*.
Les articles R. 134-5-1 et R. 134-5-3 du Code de la construction et de l'habitation ne donnant aucune indication quant à l'auteur de l'annonce, il n'y a pas lieu de distinguer selon que cet auteur est un professionnel de l'immobilier ou un profane.

2101 **Sanctions** – Dans l'hypothèse où ces exigences ne seraient pas respectées, aucune sanction n'est prévue. Toutefois, rien n'empêche l'acquéreur d'agir sur le terrain du dol *(C. civ., art. 1137)* ou de la publicité de nature à induire en erreur *(C. consom., art. L. 121-1)*. En outre, comme l'a indiqué une réponse ministérielle, « la sanction sera surtout celle du marché immobilier : une annonce présentant des informations incomplètes ne sera pas considérée comme fiable par les candidats à l'acquisition ou à la location » *(Rép. min. n° 93988 : JOAN 26 juill. 2011, p. 8188)*.
Ce dispositif d'information des acquéreurs potentiels implique de faire réaliser le diagnostic avant la vente de l'immeuble, ce qui n'est pas gênant au regard de la durée de validité du diagnostic (10 ans) et de la production obligatoire lors de la vente.

Pour aller plus loin

Formules
- JCl. Notarial Formulaire, V° Vente d'immeuble, fasc. 155, par J. Lafond

Commentaires
- JCl. Notarial Formulaire, Synthèse 130, Audit de l'immeuble, par D. Boulanger
- JCl. Notarial Formulaire, V° Vente d'immeuble, fasc. 154, par J. Lafond

État de l'installation intérieure d'électricité

2102 Présentation – L'exigence de la production d'un état de l'installation intérieure d'électricité lors de la vente de tout ou partie d'un immeuble à usage d'habitation est posée par l'article L. 134-7 du Code de la construction et de l'habitation. Il s'agit d'évaluer les risques pouvant porter atteinte à la sécurité des personnes ainsi que le fonctionnement des installations électriques *(A. n° TERL1719692A, 28 sept. 2017, art. 1er : JO 12 oct. 2017, texte n° 4. – V. JCl. Notarial Formulaire, V° Vente d'immeuble, fasc. 150, par J. Lafond)*.

I. Champ d'application de l'état de l'installation intérieure d'électricité

2103 Elle ne concerne donc que les immeubles à usage d'habitation et seulement lorsque l'installation intérieure d'électricité a été réalisée depuis plus de 15 ans. Lorsque la vente a pour objet un lot de copropriété, l'état ne porte que sur la partie privative du lot *(CCH, art. L. 271-4, I, in fine)*.

2104 Attestation de conformité – Il est possible d'éviter de produire un tel état lorsqu'une installation intérieure d'électricité a fait l'objet d'une attestation de conformité visée par un organisme agréé par le ministre chargé de l'Énergie en application du décret n° 72-1120 du 14 décembre 1972 alors applicable *(CCH, art. R. 134-13)*.

II. Contenu de l'état de l'installation intérieure d'électricité

2105 Comme le souligne l'article R. 134-10 du Code de la construction et de l'habitation, l'état de l'installation intérieure d'électricité est réalisé dans les parties privatives des locaux à usage d'habitation et leurs dépendances, en aval de l'appareil général de commande et de protection de l'installation électrique propre à chaque logement, jusqu'aux bornes d'alimentation ou jusqu'aux socles des prises de courant. Sont également contrôlées, l'adéquation des équipements fixes aux caractéristiques du réseau et les conditions de leur installation au regard des exigences de sécurité.
L'état de l'installation intérieure d'électricité relève l'existence et décrit les caractéristiques des appareils et installations au regard des exigences de sécurité *(CCH, art. R. 134-11)*.

2106 Rapport – Le professionnel établit un rapport de l'état de l'installation intérieure d'électricité, en langue française, conformément au modèle figurant à l'annexe III de l'arrêté du 28 septembre 2017 *(A. n° TERL1719692A, 28 sept. 2017, art. 3 : JO 12 oct. 2017, texte n° 4)*.
Le rapport précise notamment que des éléments dangereux de l'installation intérieure d'électricité peuvent ne pas être repérés, les anomalies détectées, les points de contrôle qui n'ont pas pu être vérifiés et encore des explicitations détaillées relatives aux risques encourus permettant au propriétaire de lutter contre ces risques.

2107 Durée de validité – L'état relatif à l'installation intérieure d'électricité doit avoir été établi moins de 3 ans avant la date de la promesse de vente ou de celle de l'acte authentique. Si cet état produit lors de la signature de la promesse de vente n'est plus en cours de validité à la date de la signature de l'acte authentique de vente, il est remplacé par un nouvel état pour être annexé à l'acte authentique de vente *(CCH, art. R. 271-5)*.

2108 Absence d'état – Si un état de l'installation intérieure d'électricité en cours de validité n'est pas produit lors de la signature de l'acte authentique de vente, le vendeur ne peut pas s'exonérer de la garantie des vices cachés correspondante *(CCH, art. L. 271-4, II, al. 1er)*.

III. Modalités d'établissement et de communication de l'état

2109 **Établissement par un professionnel** – Il doit être établi par un professionnel répondant à des exigences particulières en termes de compétences, d'assurance et d'indépendance *(V. n° **2012** et s.)*.

2110 **Exigences méthodologiques** – Cet état est établi selon certaines exigences méthodologiques définies par l'article 2 de l'arrêté du 28 septembre 2017 *(JO 12 oct. 2017)*.

2111 **Annexion** – L'état relatif à l'installation intérieure d'électricité doit être joint au dossier de diagnostic technique *(CCH, art. L. 271-4)*. Il doit ainsi être produit dès la conclusion de la promesse de vente, ou à défaut, lors de l'acte authentique de vente *(V. n° **2019**)*.

Pour aller plus loin

Formules
- JCl. Notarial Formulaire, V° Vente d'immeuble, fasc. 155 (Information de l'acquéreur – Diagnostics divers), par J. Lafond

Commentaires
- JCl. Notarial Formulaire, Synthèse 130, Audit de l'immeuble, par D. Boulanger
- JCl. Notarial Formulaire, V° Audit de l'immeuble, fasc. 20 (Contrôle sécurité), par J. Lafond
- JCl. Notarial Formulaire, V° Vente d'immeuble, fasc. 150 (Diagnostics divers), par J. Lafond

Document établi à l'issue du contrôle des installations d'assainissement non collectif

2112 **Zones d'assainissement collectif et zones relevant de l'assainissement non collectif** – Les communes ou leurs établissements publics de coopération doivent délimiter après enquête publique, les zones d'assainissement collectif où l'évacuation des eaux usées domestiques s'opère par un réseau de canalisations publiques et les zones relevant de l'assainissement non collectif. Leurs obligations varient largement selon la zone concernée. Dans les zones d'assainissement collectif, elles sont tenues d'assurer la collecte des eaux usées domestiques et le stockage, l'épuration et le rejet ou la réutilisation de l'ensemble des eaux collectées. Dans les zones relevant de l'assainissement non collectif, les communes sont tenues d'assurer le contrôle des installations et, si elles le décident, le traitement des matières de vidange et, à la demande des propriétaires, l'entretien et les travaux de réalisation et de réhabilitation des installations d'assainissement non collectif *(CGCT, art. L. 2224-10. – V. JCl. Notarial Formulaire, V° Vente d'immeuble, fasc. 160, par J. Lafond et L. Legrain)*.

I. Zone d'assainissement collectif

1° Obligations pesant sur le propriétaire

2113 **Obligation de raccordement** – Dans les zones d'assainissement collectif, le propriétaire a l'obligation de raccorder son immeuble au réseau public de collecte disposé pour recevoir les eaux usées domestiques et établi sous la voie publique à laquelle cet immeuble a accès soit directement, soit par l'intermédiaire de voies privées ou de servitudes de passage.

2114 **Délai de 2 ans** – Ce raccordement doit être effectué dans les 2 ans à compter de la mise en service du réseau public de collecte *(CSP, art. L. 1331-1)*.

2115 **Travaux réalisés aux frais du propriétaire par la commune** – La commune n'est toutefois pas contrainte d'attendre que le propriétaire exécute son obligation (une fois le délai de 2 ans écoulé) puisqu'elle peut, après mise en demeure restée infructueuse, procéder d'office et aux frais du propriétaire aux travaux indispensables *(CSP, art. L. 1331-6)*. Pour certaines catégories d'immeuble, des prolongations de délais ou des exonérations peuvent être accordées *(CSP, art. L. 1331-1, al. 2)*.

2116 **Obligations liées au raccordement** – En cas de raccordement au réseau, certaines obligations pèsent sur le propriétaire de l'immeuble. Il doit se conformer aux prescriptions techniques pour la réalisation des raccordements éventuellement fixées par la commune *(CSP, art. L. 1331-1, in fine)*.

2° Vente d'un immeuble raccordé au réseau public de collecte

2117 **Information de l'acquéreur** – Il est opportun que l'acquéreur d'un immeuble soit informé de la localisation de l'immeuble dans une zone d'assainissement collectif ou dans une zone relevant de l'assainissement non collectif. Cette information peut être obtenue en se rapprochant de la mairie de la commune où l'immeuble est localisé. Lorsqu'il est situé dans une zone d'assainissement collectif, un raccordement est en principe obligatoire. L'acquéreur doit donc savoir si un raccordement conforme existe et si l'ensemble des obligations pesant sur le propriétaire de l'immeuble ont été exécutées.

2118 **Contrôle imposé par arrêté** – Si aucun contrôle particulier n'est imposé par la loi au vendeur lors de la vente d'un immeuble raccordé au réseau collectif, il est possible qu'un arrêté municipal en dispose autrement. Le vendeur peut alors être tenu de contrôler l'état de fonctionnement du raccordement de son immeuble au réseau public en cas de vente.

2119 **Opportunité du contrôle** – Même en l'absence d'un tel arrêté, il peut être conseillé au vendeur de faire contrôler l'état de son raccordement au réseau et de transmettre les résultats de ce contrôle à l'acheteur pour éviter un éventuel litige avec ce dernier *(D. Boulanger, Assainissement : rejet des eaux : JCP N hors-série Diagnostic immobiliers : Le guide 2015, déc. 2014, 34. – V. n° 2127)*.

3° Vente d'un immeuble pourvu d'une installation d'assainissement individuelle

2120 Dans l'hypothèse d'un immeuble situé dans une zone d'assainissement collectif mais sans raccordement au réseau public, il convient d'informer l'acquéreur de l'éventuelle obligation de raccordement qui pèsera sur lui. Il est également nécessaire qu'il soit informé de l'état de l'installation d'assainissement individuelle.

a) Information sur l'obligation de raccordement au réseau public de collecte

2121 Une telle situation n'est pas nécessairement irrégulière. Le propriétaire a un délai de 2 années pour faire opérer le raccordement de son immeuble à compter de la mise en service du réseau public de collecte *(CSP, art. L. 1331-1)*.

b) Information sur l'état de l'installation d'assainissement individuelle

2122 **Obligation d'information** – Dans ces hypothèses, l'immeuble est pourvu d'une installation d'assainissement individuelle ; l'acquéreur doit être informé de l'état de cette installation *(CSP, art. L. 1331-11-1)*.

2123 **Contrôle des installations d'assainissement non collectif** – Les communes assurent le contrôle des installations d'assainissement non collectif *(CGCT, art. L. 2224-8, III)*. Si l'installation est neuve ou à réhabiliter, il s'agit pour la commune de contrôler la conception de l'installation et d'en vérifier l'exécution.
Ces contrôles réalisés par les communes sont opérés selon des modalités fixées par l'arrêté n° DEVL1205609A du 27 avril 2012 *(JO 10 mai 2012, texte n° 8658)*.

2124 **Transmission du document établi par la commune** – En cas de vente d'un immeuble situé dans une zone d'assainissement collectif mais pourvu d'une installation d'assainissement individuelle, c'est ce document établi par la commune qui doit être transmis à l'acquéreur en étant joint au dossier de diagnostic technique.

2125 **Durée de validité** – Il doit avoir été établi moins de 3 ans avant la signature de l'acte de vente. Dans le cas contraire, un nouveau contrôle doit être réalisé à la charge du vendeur *(CSP, art. L. 1331-11-1)*.

2126 **Délai pour réaliser les travaux** – Si pour les installations non conformes des catégories a) et b), un délai de 4 ans est prévu par l'article 4 de l'arrêté n° DEVL1205609A du 27 avril 2012 *(JO 10 mai 2012, texte n° 8658)* pour que le propriétaire réalise les travaux nécessaires, ce même texte paraît prévoir un autre délai en cas de vente d'un immeuble comprenant une installation non conforme (a, b et c). Les travaux doivent en effet être réalisés au plus tard dans un délai d'un an après la signature de l'acte de vente. Deux interprétations sont alors possibles :
- soit ce délai d'un an doit toujours être respecté par l'acquéreur, que le document ait été établi concomitamment à la vente ou bien antérieurement, dans le cadre d'un contrôle périodique réalisé par la commune ;
- soit, ce délai ne s'applique que lorsque le document est établi concomitamment à la vente.

Dans les autres cas (un contrôle périodique réalisé antérieurement par la commune), c'est le délai de 4 ans qui devrait être respecté. Cette dernière interprétation, qui ne ressort pas nettement de la lecture du texte, devra être confirmée ou infirmée par la jurisprudence. Dans le doute, il peut être recommandé à l'acquéreur de respecter dans tous les cas le délai d'un an pour accomplir les travaux nécessaires. L'acquéreur évitera ainsi tout risque de paiement de la somme prévue à l'article L. 1331-8 du Code de la santé publique.

> **Conseil pratique** **Lorsque le document relatif à l'état de l'installation d'assainissement individuelle impose des travaux, il est recommandé à l'acquéreur de faire réaliser ces travaux dans le délai d'un an après la signature de l'acte de vente, que ce document ait été établi concomitamment à la vente ou antérieurement.**

II. Zone relevant de l'assainissement non collectif

2127 **Vente d'un immeuble situé dans une zone relevant de l'assainissement non collectif** – Que l'immeuble vendu soit situé dans une zone d'assainissement collectif ou dans une zone relevant de l'assainissement non collectif, l'acquéreur doit être informé de l'état de l'installation d'assainissement individuelle. Le document établi par la commune à l'issue du contrôle des installations d'assainissement non collectif effectué dans les conditions prévues au II de l'article L. 1331-1-1 du Code de la santé publique est ainsi joint au dossier de diagnostic technique. Rappelons qu'il doit avoir été établi moins de 3 ans avant la signature de l'acte de vente. C'est la date de réalisation du contrôle qui est alors prise en compte *(A. n° DEVL1205609A, 27 avr. 2012, art. 4, in fine)*. Dans le cas contraire, un nouveau contrôle doit être établi au frais du vendeur.

En cas de non-conformité de l'installation, les mêmes solutions qu'en cas de vente d'un immeuble situé dans une zone d'assainissement collectif mais pourvu d'une installation d'assainissement individuelle s'appliquent *(V. n° **2114**)*.

L'article L. 1331-11-1 du Code de la santé publique vise uniquement les immeubles à usage d'habitation. S'il paraît clair que les immeubles à usage commercial ne sont pas concernés, il est prudent de respecter l'exigence posée par ce texte pour les immeubles à usage mixte *(J. Lafond, La vente d'immeubles équipés d'une installation d'assainissement non collectif : JCP N 2011, n° 21, 1186)*.

2128 Absence du rapport de contrôle – En l'absence, lors de la signature de l'acte authentique de vente, du document établi à l'issue du contrôle des installations d'assainissement non collectif en cours de validité, le vendeur ne peut pas s'exonérer de la garantie des vices cachés correspondante *(CCH, art. L. 271-4, II)*. Ce n'est donc que lorsque ce document est fourni et que le vendeur est de bonne foi qu'il peut s'exonérer de la garantie des vices cachés.

Pour aller plus loin

Formules
- JCl. Notarial Formulaire, V° Vente d'immeuble, fasc. 165 (Eau et assainissement), par J. Lafond

Commentaires
- JCl. Notarial Formulaire, Synthèse 130, Audit de l'immeuble, par D. Boulanger
- JCl. Notarial Formulaire, V° Audit de l'immeuble, fasc. 10 (Contrôle qualité), par J. Lafond
- JCl. Notarial Formulaire, V° Vente d'immeuble, fasc. 160 (Eau et assainissement), par J. Lafond

IMMEUBLE VENDU

Information sur la présence d'un risque de mérule

2129 Dispositif de lutte contre la mérule – La mérule est un champignon lignivore, c'est-à-dire qu'il se nourrit de bois humide et entraîne sa décomposition. Son traitement a un coût important et le risque de propagation aux immeubles voisins est élevé. C'est sans doute pour ces raisons que la loi n° 2014-366 du 24 mars 2014 a créé les articles L. 133-7 à L. 133-9 du CCH.

2130 Obligations de déclaration et d'information – Une obligation de déclaration pèse sur l'occupant d'un immeuble bâti qui aurait connaissance de la présence de mérule et une obligation d'information de l'acquéreur en cas de vente d'un immeuble situé dans une zone à risque.

I. Obligation de déclaration

2131 Déclaration en mairie – Dès qu'il a connaissance de la présence de mérule dans un immeuble bâti, l'occupant de l'immeuble contaminé en fait la déclaration en mairie. En cas d'immeuble inoccupé, c'est le propriétaire qui doit accomplir cette déclaration. Si la mérule touche les parties communes d'un immeuble en copropriété, le syndicat des copropriétaires en sera chargé *(L. n° 65-557, 10 juill. 1965)*.

2132 Modalités de la déclaration – Bien que l'article L. 133-7 du CCH ne donne aucune information sur la forme de la déclaration en matière de mérule, il est possible de s'inspirer des précisions données par l'article R. 133-3 du même code relatif à la déclaration imposée à l'occupant en matière de termites. La déclaration en matière de mérule peut ainsi être adressée au maire de la commune du lieu de situation de l'immeuble par lettre recommandée avec demande d'avis de réception ou déposée contre récépissé en mairie. L'article R. 133-3 du CCH prévoit d'ailleurs que la déclaration doit être adressée au maire dans un délai d'un mois suivant la constatation de la présence de termites. Si ce délai d'un mois n'est pas imposé en matière de mérule, l'article L. 133-7 du CCH précise tout de même que la déclaration est faite dès que le propriétaire a connaissance de la présence de mérule. Il est donc sans doute opportun de respecter ce délai.
Comme en matière de termites, la déclaration relative à la présence de mérule devra préciser l'identité du déclarant et les éléments d'identification de l'immeuble. Elle mentionnera les indices révélateurs de la présence de mérule.

II. Obligation d'information

2133 Zone de présence d'un risque de mérule – Lorsque, dans une ou plusieurs communes, des foyers de mérule sont identifiés, un arrêté préfectoral pris sur proposition ou après consultation des conseils municipaux intéressés délimite les zones de présence d'un risque de mérule. L'arrêté peut être consulté à la préfecture *(CCH, art. L. 133-8)*.

2134 Obligation d'information – L'article L. 133-9 du CCH impose au vendeur d'un immeuble bâti situé dans une zone de présence d'un risque de mérule d'informer l'acquéreur de ce risque dans les conditions et selon les modalités prévues à l'article L. 271-4 du même code. Le document doit être produit dès la conclusion de la promesse de vente, ou à défaut, lors de l'acte authentique de vente *(V. n° **2019**)*. Il ne s'agit pas d'un diagnostic devant être établi par une personne habilitée mais d'une simple information sur l'existence d'un risque de mérule dans la zone où est situé l'immeuble. Un véritable diagnostic déterminant la présence de mérule a été considéré comme compliqué à réaliser, car il aurait supposé de détruire les plafonds et les poutres du bâtiment *(Compte rendu n° 108 de la commission des affaires économiques : AN 24 juill. 2013, p. 2)*.

2135 Non-respect de l'obligation d'information – Contrairement à la plupart des documents composant le DDT, l'absence de l'information sur la présence d'un risque de mérule n'a pas pour conséquence d'empêcher le vendeur de s'exonérer de la garantie des vices cachés. Aucune sanction spécifique n'est d'ailleurs prévue par l'article L. 271-4, II du CCH. Ce n'est pas pour autant que le manquement à cette obligation ne sera jamais sanctionné. Le vendeur manque bien à une obligation d'information d'origine légale. Si l'acquéreur subit un préjudice résultant de ce manquement, il pourra en demander réparation au vendeur (par exemple, des dommages et intérêts pour la perte de chance de l'acquéreur de négocier un meilleur prix s'il avait eu connaissance de la situation de l'immeuble dans une zone à risque).

2136 État parasitaire – Toutefois, compte tenu des dégâts importants qui peuvent être causés par la mérule, cette information sur le risque de mérule n'est peut-être pas suffisante. Il a ainsi été proposé par un auteur d'encourager la réalisation d'un état parasitaire au stade de l'avant-contrat *(J. Lafond, Vente d'immeuble : le risque mérule : JCP N 2015, n° 26, 1108)*. Un tel état parasitaire, dans les zones à risque, n'est pas dénué d'intérêt puisque réalisé par un professionnel, l'état détermine la présence de mérule et minimise dès lors sensiblement le risque de litige une fois la vente réalisée.

2137 Cas particulier d'un immeuble touché par la mérule – Au-delà de l'information relative au risque de mérule, le vendeur doit informer l'acquéreur de la contamination actuelle ou passée de l'immeuble vendu. À défaut, il court le risque que sa mauvaise foi soit établie et que la clause d'exonération de la garantie des vices cachés soit privée d'efficacité *(Cass. 3e civ., 19 nov. 2008, n° 07-16.746 : JurisData n° 2008-045889 ; Contrats, conc. consom. 2009, comm. 40, L. Leveneur ; Bull. civ. III, n° 183 ; D. 2009, p. 297, obs. S. Prigent)*.

Cette information est due à l'acquéreur, que l'immeuble se situe dans une zone à risque ou en dehors d'une telle zone. La présence de mérule dans un immeuble proposé à la vente est en effet une information importante pour l'acquéreur. Un vendeur informé de la contamination qui n'avertirait pas l'acquéreur s'exposerait à être condamné au paiement de dommages et intérêts ou à la nullité de la vente. Les fondements ne manquent pas : garantie des vices cachés (la clause de non garantie étant par hypothèse privée d'efficacité), devoir d'information ou encore réticence dolosive.

Encore une fois, il peut être conseillé de faire établir un état parasitaire en cas de doute, en particulier si l'immeuble présente des facteurs de risque *(J. Lafond, Vente d'immeuble : le risque mérule : JCP N 2015, n° 26, 1108)*.

Conseil pratique **Le vendeur doit toujours informer l'acquéreur de la présence actuelle ou passée de mérule dans l'immeuble vendu. Pour réduire le risque de litige une fois la vente opérée, un état parasitaire peut être établi en particulier pour les immeubles situés dans une zone à risque ou présentant des facteurs de risque.**

Pour aller plus loin

Formules

- JCl. Notarial Formulaire, V° Copropriété, fasc. 209 (Vente d'un lot – Information de l'acquéreur sur l'état de l'immeuble), par J. Lafond
- JCl. Notarial Formulaire, V° Vente d'immeuble, fasc. 105 (Cadre de vente – Clauses particulières), par J. Lafond
- JCl. Notarial Formulaire, V° Vente d'immeuble à rénover, fasc. 15, par J.-A. Casagrande et V. Zalewski-Sicard

Commentaires

- JCl. Notarial Formulaire, Synthèse 130, Audit de l'immeuble, par D. Boulanger
- JCl. Notarial Formulaire, V° Audit de l'immeuble, fasc. 10 (Contrôle qualité), par J. Lafond
- JCl. Notarial Formulaire, V° Copropriété, fasc. 208 (Vente d'un lot), par J. Lafond
- JCl. Notarial Formulaire, V° Vente d'immeuble, fasc. 130 (Dossier de diagnostic technique), par J. Lafond

Radon

2138 Le radon est un gaz radioactif issu de la désintégration de l'uranium et du radium présents naturellement dans le sol et les roches. Il est classé comme cancérigène certain pour le poumon depuis 1987 par le Centre international de recherche sur le cancer. Les zones les plus concernées sont localisées sur les grands massifs granitiques (Massif armoricain, Massif central, Corse, Vosges, etc.) ainsi que sur certains grès et schistes noirs (site de l'Institut de radioprotection et de sûreté nucléaire). Plusieurs dispositions ont pour but de lutter contre le risque d'atteinte à la santé publique lié au radon *(D. Boulanger, Renforcement de la prise en compte du risque radon : information des acquéreurs et des locataires d'immeubles : JCP N 2016, n° 11, act. 382)*.

I. Information de l'acquéreur d'immeuble

2139 Zones à potentiel radon – L'ordonnance n° 2016-128 du 10 février 2016 impose que les acquéreurs ou locataires de biens immobiliers situés dans des zones à potentiel radon définies par voie réglementaire soient informés par le vendeur ou le bailleur de l'existence de ces risques *(C. envir., art. L. 125-5, I)*.

2140 Trois zones – Le territoire national est divisé en trois zones à potentiel radon définies en fonction des flux d'exhalation du radon des sols :
- zone 1 : zones à potentiel radon faible ;
- zone 2 : zones à potentiel radon faible mais sur lesquelles des facteurs géologiques particuliers peuvent faciliter le transfert du radon vers les bâtiments ;
- zone 3 : zones à potentiel radon significatif (*CSP, art. R. 1333-29*).

2141 Répartition des communes – L'arrêté du 27 juin 2018, pris en application de l'article L. 1333-22 du Code de la santé publique, fixe la répartition des communes entre les trois zones à potentiel radon (*A. du 27 juin 2018 portant délimitation des zones à potentiel radon du territoire français : JO 30 juin 2018*).
Cette liste a été arrêtée par référence aux délimitations administratives, issues du Code officiel géographique de l'Institut national de la statistique et des études économiques, en vigueur à la date du 1er janvier 2016.
A titre d'exemple, il peut être relevé que se situe en zone 1 notamment le département de Paris alors que les 1er, 12e, 13e, 14e et 15e arrondissements de Marseille sont en zone 2.

2142 État des risques et pollutions – Le respect de cette obligation d'information se traduit par la remise de l'état des risques et pollutions qui précise si l'immeuble se situe dans une commune à potentiel radon classée en niveau 3 (*V. n° **2078** et s.*).

II. Obligation de mesurer l'activité du radon dans les locaux ouverts au public

2143 Mesures de radon dans certains locaux ouverts au public – Dans les départements figurant en annexe de l'arrêté du 22 juillet 2004 relatif aux modalités de gestion du risque lié au radon dans les lieux ouverts au public, les propriétaires de lieux ouverts au public appartenant à l'une des catégories définies à l'article 4 de cet arrêté doivent faire procéder à des mesures de radon selon les modalités définies par ce même arrêté. Dans les autres départements, pour les mêmes catégories de lieux, les mêmes obligations incombent aux propriétaires de lieux où il a été constaté que des résultats de mesures de radon dépassent l'un ou l'autre niveau mentionné à l'article 5 de cet arrêté *(A. 22 juill. 2004, art. 2. – CSP, art. R. 1333-15)*.

2144 Registre – Tout propriétaire de lieu ouvert au public où ont été réalisées des mesures de radon en application de l'arrêté du 22 juillet 2004 tient à jour un registre où sont consignés, notamment, la date et les résultats des mesures effectuées ainsi que des informations utiles relatives, tant aux éventuelles actions simples sur le bâtiment qui auraient été mises en œuvre, qu'aux éventuels travaux réalisés à la suite des investigations complémentaires. Ce registre doit être transmis au nouveau propriétaire des locaux (*A. n° SANY0422748A, 22 juill. 2004, art. 15 : JO 11 août 2004*).

Pour aller plus loin

Formules

- JCl. Notarial Formulaire, V° Audit de l'immeuble, fasc. 155 (Diagnostics divers), par J. Lafond.
- JCl. Notarial Formulaire, V° Audit de l'immeuble, fasc. 341
- JCl. Notarial Formulaire, V° Vente d'immeuble, fasc. 35 (Questionnaire remis au vendeur), par B. Magois et V. Zalewski-Sicard
- JCl. Notarial Formulaire, V° Vente d'immeuble, fasc. 105 (Cadre de vente), par J. Lafond

Fiches pratiques

- Fiche pratique n° 3111 : Déterminer l'immeuble vendu et les sujétions le grevant au sein de la partie développée de l'acte authentique de vente, par S. Olivier
- Fiche pratique n° 1721 : Rédiger une vente d'immeuble, par M. Suquet-Cozic.

Commentaires

- JCl. Notarial Formulaire, Synthèse 130, Audit de l'immeuble, par D. Boulanger
- JCl. Notarial Formulaire, V° Audit de l'immeuble, fasc. 30 (Santé des occupants), par J. Lafond
- JCl. Notarial Formulaire, V° Vente d'immeuble, fasc. 130 (Dossier de diagnostic technique), par J. Lafond
- JCl. Notarial Formulaire, V° Vente d'immeuble, fasc. 150 (Diagnostics divers), par J. Lafond
- JCl. Notarial Formulaire, V° Vente d'immeuble, fasc. 154 (Performances énergétiques), par J. Lafond
- JCl. Notarial Formulaire, Synthèse 1470, Vente d'immeuble, bien vendu, par V. Zalewski-Sicard.

Piscine

2145 Prévenir le risque de noyade – Depuis le 1er janvier 2004, les piscines enterrées non closes privatives à usage individuel ou collectif doivent être pourvues d'un dispositif de sécurité normalisé visant à prévenir le risque de noyade *(CCH, art. L. 128-1)*. Sont donc concernées, les piscines de plein air dont le bassin est totalement ou partiellement enterré et qui ne relèvent pas de la loi n° 51-662 du 24 mai 1951 assurant la sécurité dans les établissements de natation *(CCH, art. R. 128-1)*.
Les piscines totalement hors sol ou situées dans un bâtiment échappent à ces exigences.

2146 Délais – Un délai de 2 années avait été laissé aux propriétaires de piscines existantes avant le 1er janvier 2004 pour les équiper d'un dispositif de sécurité normalisé, sous réserve qu'existe à cette date un tel dispositif adaptable à leur équipement. Les propriétaires avaient donc jusqu'au 1er janvier 2006 pour installer un tel dispositif, sauf en cas de location saisonnière de l'habitation où le dispositif de sécurité devait être installé avant le 1er mai 2004 *(CCH, art. L. 128-2)*.
Quant aux piscines construites ou installées à compter du 1er janvier 2004, le dispositif de sécurité doit être installé au plus tard à la mise en eau, ou, si les travaux de mise en place des dispositifs nécessitent une mise en eau préalable, au plus tard à l'achèvement des travaux de la piscine *(CCH, art. R. 128-2)*.
Sont présumés satisfaire aux exigences réglementaires, les dispositifs conformes aux normes françaises ou aux normes ou aux spécifications techniques ou aux procédés de fabrication en vigueur dans un État membre de la Communauté européenne ou un autre État partie à l'accord sur l'Espace économique européen, assurant un niveau de sécurité équivalent *(CCH, art. R. 128-2, III)*.

2147 Attestation de conformité – Quant aux dispositifs installés avant la publication du décret n° 2004-499 du 7 juin 2004, ils sont réputés satisfaire à ces dispositions si le propriétaire de la piscine est en possession d'un document fourni par un fabricant, un vendeur ou un installateur de dispositifs de sécurité, ou par un contrôleur technique visé à l'article L. 111-23 du Code de la construction et de l'habitation, attestant que le dispositif installé est conforme aux exigences de sécurité. Le propriétaire peut également, sous sa propre responsabilité, attester de cette conformité par un document accompagné des justificatifs techniques utiles.
En cas de vente d'un immeuble pourvu d'une piscine enterrée non close privative à usage individuel ou collectif, l'acquéreur doit s'assurer qu'elle bénéficie d'un dispositif de sécurité conforme.
Le non-respect des dispositions des articles L. 128-1 et L. 128-2 du CCH relatifs à la sécurité des piscines est puni de 45 000 € d'amende *(CCH, art. L. 152-12)*.

2148 Note technique – À partir du 1er janvier 2004, le constructeur ou l'installateur d'une piscine enterrée non close privative doit fournir au maître d'ouvrage, au plus tard à la date de réception de la piscine, une note technique indiquant le dispositif de sécurité normalisé retenu.

Pour aller plus loin

Formules
- JCl. Notarial Formulaire, V° Vente d'immeuble, fasc. 155 (Information de l'acquéreur – diagnostics divers), par J. Lafond

Commentaires
- JCl. Notarial Formulaire, Synthèse 130, Audit de l'immeuble, par D. Boulanger
- JCl. Notarial Formulaire, V° Audit de l'immeuble, fasc. 20 (Contrôle sécurité), par J. Lafond
- JCl. Notarial Formulaire, V° Vente d'immeuble, fasc. 150 (Diagnostics divers), par J. Lafond

Ascenseurs

I. Objectifs de sécurité

2149 L'article R. 125-1-1 du CCH détermine une série d'objectifs de sécurité qui doivent être remplis en matière d'ascenseur. Il ne s'agit pas seulement de prévenir les risques de chute et d'écrasement de la cabine. Un accès sans danger doit être assuré tant aux utilisateurs qui souhaitent accéder à la cabine, qu'aux personnels d'intervention qui doivent accéder aux locaux des machines, aux équipements associés et aux espaces parcourus par la cabine. Il s'agit aussi, notamment, d'assurer la protection des utilisateurs contre les chocs provoqués par la fermeture des portes, la protection contre les dérèglements de la vitesse de la cabine et la protection des circuits électriques de l'installation *(CCH, art. R. 125-1-1 à R. 125-1-3 et CCH, art. R. 125-2-1)*.

2150 Exigences de sécurité – Pour que ces divers objectifs de sécurité soient remplis, l'article R. 125-1-1 du CCH distingue selon que l'ascenseur était installé avant le 27 août 2000 ou après. Pour ceux installés après cette date, ils ne peuvent être mis sur le marché que s'ils respectent certaines exigences essentielles de sécurité et de santé énoncées à l'annexe I de la directive 2014/33/UE du Parlement européen et du Conseil du 26 février 2014 relative à l'harmonisation des législations des États membres concernant les ascenseurs. Pour ceux installés avant le 27 août 2000, il est imposé au propriétaire de mettre en place, selon certaines échéances, des dispositifs de sécurité ou des mesures équivalentes prévues aux articles R. 125-1-2 et R. 125-1-3 du CCH.

2151 Obligations d'entretien – Dans les deux cas, des obligations d'entretien doivent être respectées. Chaque ascenseur fait donc l'objet d'une obligation d'entretien dans le souci d'assurer son bon fonctionnement et de maintenir le niveau de sécurité défini à l'article R. 125-1-1 du CCH.

2152 Contrat d'entretien – Il s'agit principalement pour le propriétaire de passer un contrat d'entretien écrit avec une entreprise dont le personnel chargé de l'entretien doit avoir reçu une formation appropriée *(CCH, art. R. 125-2-1)*. Le contenu du contrat est largement imposé par l'article R. 125-2-1 du CCH. Une visite est prévue toutes les six semaines en vue de surveiller le fonctionnement de l'installation et effectuer les réglages nécessaires. Ce contrat a une durée minimale d'un an.

2153 Carnet d'entretien – Les visites, opérations et interventions effectuées en exécution du contrat d'entretien font l'objet de comptes rendus dans un carnet d'entretien tenu à jour, établi sous forme d'un registre physique ou électronique suivant le choix du propriétaire.

2154 Rapport annuel d'activité – L'entreprise remet au propriétaire un rapport annuel d'activité auquel est annexé le contenu du carnet d'entretien lorsque celui-ci est établi sous forme électronique.

2155 Contrôle technique – Tous les cinq ans, le propriétaire de l'ascenseur est tenu de faire réaliser un contrôle technique de son installation *(CCH, art. R. 125-2-4)*. Ce contrôle a pour objet de vérifier que les ascenseurs sont équipés des dispositifs permettant la réalisation des objectifs de sécurité mentionnés à l'article R. 125-1-1 du CCH et que ces dispositifs sont en bon état. Il s'agit également de repérer tout défaut présentant un danger pour la sécurité des personnes ou portant atteinte au bon fonctionnement de l'appareil.

2156 Rapport du contrôle technique – La personne qui effectue le contrôle technique établit un rapport indiquant les opérations réalisées et, le cas échéant, les défauts repérés. Dans le délai d'un mois suivant la fin de l'intervention, elle remet ce rapport au propriétaire. Ce dernier transmet le rapport à l'entreprise ou à la personne chargée de l'entretien de l'ascenseur et, si des travaux sont rendus nécessaires, aux personnes chargées de leur conception et de leur exécution *(CCH, art. R. 125-2-6)*. Le propriétaire doit également tenir le rapport du contrôle technique à disposition de toute personne disposant d'un titre d'occupation dans l'immeuble qui pourra en demander la communication à ses frais *(CCH, art. L. 125-2-3)*.

2157 Carence du propriétaire – En cas de carence du propriétaire, le juge des référés du tribunal de grande instance dans le ressort duquel est situé l'immeuble peut être saisi afin d'ordonner, éventuellement sous astreinte *(CCH, art. R. 125-2-8)* :
• soit la mise en conformité des ascenseurs au regard des prescriptions relatives à la mise en place des dispositifs de sécurité ;
• soit le respect des obligations relatives à l'entretien de l'ascenseur.

II. Vente d'un immeuble avec ascenseur

2158 Lors d'une telle vente, il convient de se renseigner sur l'état de l'installation, en particulier en demandant la communication du rapport annuel d'activité établi par l'entreprise chargée de l'entretien de l'ascenseur ou du rapport de contrôle technique.

Pour aller plus loin

Formules
- JCl. Notarial Formulaire, V° Vente d'immeuble, fasc. 155 (Information de l'acquéreur – diagnostics divers), par J. Lafond

Commentaires
- JCl. Notarial Formulaire, Synthèse 130, Audit de l'immeuble, par D. Boulanger
- JCl. Notarial Formulaire, V° Audit de l'immeuble, fasc. 20 (Contrôle sécurité), par J. Lafond

Porte automatique de garage

2159 Prescriptions relatives à la sécurité – Dans les bâtiments et groupes de bâtiments d'habitation, les portes automatiques de garage installées avant le 7 janvier 1992 doivent satisfaire à certaines prescriptions.

Exemple À titre d'illustration, la porte doit être équipée de systèmes permettant d'arrêter son mouvement, ou de limiter la force qu'elle exerce, en cas de présence d'une personne dans les zones de fin d'ouverture et de fin de fermeture.

De plus, tout mouvement de la porte doit être signalé, tant à l'extérieur, qu'à l'intérieur par un feu orange clignotant qui doit être visible de l'aire de débattement *(CCH, art. R. 125-4)*. Quant aux portes automatiques de garage installées postérieurement à cette date, elles doivent être installées en étant conformes à certaines règles de sécurité. L'installation des portes automatiques de garage non conformes aux règles de sécurité en vigueur est punie des sanctions prévues aux articles L. 152-1 à L. 152-12 du Code de la construction et de l'habitation *(CCH, art. L. 125-3)*.

2160 Mise en conformité – Aujourd'hui, tout propriétaire, locataire ou occupant de l'immeuble peut saisir le juge des référés pour qu'il ordonne, éventuellement sous astreintes, la mise en conformité des portes *(CCH, art. L. 125-4)*.

2161 Entretien – Les propriétaires d'un bâtiment ou groupe de bâtiments d'habitation équipés de portes automatiques de garage sont tenus de les faire entretenir et vérifier périodiquement aux termes de contrats écrits. Toutes les interventions sont consignées dans un livret d'entretien *(CCH, art. R. 125-5)*.

Remarque En cas de vente d'un bien assorti d'une porte automatique de garage, il convient de s'assurer que l'installation est conforme et fait bien l'objet de l'entretien nécessaire.

Pour aller plus loin

Formules
- JCl. Notarial Formulaire, V° Vente d'immeuble, fasc. 155 (Information de l'acquéreur – diagnostics divers), par J. Lafond

Commentaires
- JCl. Notarial Formulaire, Synthèse 130, Audit de l'immeuble, par D. Boulanger
- JCl. Notarial Formulaire, V° Audit de l'immeuble, fasc. 20 (Contrôle sécurité), par J. Lafond

Incendie

2162 Pour lutter contre le risque d'incendie, des mesures de sécurité sont prévues, tant pour les parties privatives que communes d'un bâtiment d'habitation, que pour ce qui est des locaux recevant du public. En voici quelques illustrations.

I. Parties privatives des bâtiments d'habitation

2163 Détecteur de fumée normalisé – Dans les parties privatives des bâtiments d'habitation, tout propriétaire doit avoir installé dans son logement au moins un détecteur de fumée normalisé. Cette installation a lieu de préférence dans la circulation ou dégagement desservant les chambres *(CCH, art. R. 129-12 à R. 129-15. – A. n° ETLL1126574A, 5 févr. 2013, art. 1 : JO 14 mars 2013, p. 4459, texte n° 13)*.

2164 Bon fonctionnement et entretien – Lorsque le logement est mis en location, le propriétaire doit s'assurer de son bon fonctionnement lors de l'établissement de l'état des lieux mentionné à l'article 3-2 de la loi n° 89-462 du 6 juillet 1989. L'occupant du logement, qu'il soit locataire ou propriétaire, veille à l'entretien et au bon fonctionnement de ce dispositif et assure son renouvellement, si nécessaire, tant qu'il occupe le logement *(CCH, art. L. 129-8)*.

2165 Notification à l'assureur – L'occupant du logement doit notifier cette installation à l'assureur avec lequel il a conclu un contrat garantissant les dommages d'incendie. Il s'agit de lui remettre une attestation *(CCH, art. R. 129-15)* qui n'a qu'une valeur déclarative pour l'assureur. Elle est conforme au modèle fixé par l'annexe 2 de l'arrêté n° ETLL1126574A du 5 février 2013.

2166 Vente – Lors de la vente d'un logement, il faut s'assurer qu'un détecteur de fumée conforme soit installé à l'endroit approprié. Dans le cas contraire, l'acquéreur doit prendre les mesures utiles pour être en conformité avec la réglementation relative aux détecteurs de fumée.

II. Parties communes des bâtiments d'habitation

2167 Dans les parties communes des immeubles à usage d'habitation, les propriétaires mettent en œuvre des mesures de sécurité contre l'incendie. Ces mesures indiquent les consignes à respecter en cas d'incendie et visent également à éviter la propagation du feu des locaux à risques vers les circulations et dégagements *(CCH, art. R. 129-14)*. Ainsi, dans les parties communes des bâtiments d'habitation de troisième et quatrième famille tels que définis à l'article 3 de l'arrêté du 31 janvier 1986 relatif à la protection contre l'incendie des bâtiments d'habitation, dont la demande de permis de construire ou de prorogation de permis de construire a été déposée avant le 5 mars 1987, des blocs-portes séparant les locaux poubelles des autres parties du bâtiment sont mis en place lorsque ces locaux ne s'ouvrent pas sur l'extérieur du bâtiment ou sur des coursives ouvertes. Ces blocs-portes sont coupe-feu de degré une demi-heure ou de classe EI 30 au moins.

Lorsqu'il n'existe pas de porte pour les escaliers mettant en communication les sous-sols et le reste du bâtiment dans les bâtiments de troisième et quatrième famille, des blocs-portes sont installés. Ces blocs-portes sont coupe-feu de degré une demi-heure ou de classe EI 30 au moins *(A. n° ETLL1126574A, 5 févr. 2013, art. 5 : JO 14 mars 2013, p. 4459, texte n° 13)*.

Pour les immeubles collectifs d'habitation dont la demande de permis de construire ou de prorogation de permis de construire a été déposée avant le 5 mars 1987, les plans des sous-sols et du rez-de-chaussée ainsi que les consignes à respecter en cas d'incendie sont affichés dans les halls d'entrée, près des accès aux escaliers et aux ascenseurs *(A. 5 févr. 2013, art. 7)*. Les consignes de sécurité sont précisées par l'annexe 1 de l'arrêté du 5 février 2013.

III. Immeubles recevant du public

2168 Immeubles recevant du public – Les établissements recevant du public correspondent à tous bâtiments, locaux et enceintes dans lesquels des personnes sont admises, soit librement, soit moyennant une rétribution ou une participation quelconque, ou dans lesquels sont tenues des réunions ouvertes à tout venant ou sur invitation, payantes ou non *(CCH, art. R. 123-1 à R. 123-3)*.
La réglementation applicable se trouve aux articles R. 123-1 à R. 123-56 du CCH.

Pour aller plus loin

Commentaires
- JCl. Notarial Formulaire, Synthèse 130, Audit de l'immeuble, par D. Boulanger
- JCl. Notarial Formulaire, V° Audit de l'immeuble, fasc. 20 (Contrôle sécurité), par J. Lafond
- JCl. Notarial Formulaire, V° Vente d'immeuble, fasc. 150 (Diagnostics divers), par J. Lafond

Accessibilité

2169 Réglementation favorisant l'accès des bâtiments aux personnes handicapées – Les articles L. 111-7 à L. 111-8-4 et R. 111-18 à R. 111-19-60 du Code de la construction et de l'habitation favorisent l'accès des bâtiments aux personnes handicapées par différentes mesures qui concernent :

- la construction de bâtiments d'habitation collectifs *(CCH, art. R. 111-18 et s.)* ;
- la construction de maisons individuelles *(CCH, art. R. 111-18-4 et s.)* ;
- les bâtiments d'habitation collectifs lorsqu'ils font l'objet de travaux ;
- les bâtiments existants où sont créés des logements par changement de destination *(CCH, art. R. 111-18-8 et s.)* ;
- la construction d'établissements recevant du public ou l'aménagement d'installations ouvertes au public *(CCH, art. R. 111-19 et s.)* ;
- enfin les établissements recevant du public situés dans un cadre bâti existant et aux installations ouvertes au public existantes *(CCH, art. R. 111-19-7 et s.)*.

Remarque Toute cette réglementation n'est pas obligatoire pour le propriétaire construisant ou améliorant un logement pour son propre usage *(CCH, art. L. 111-7)*.

2170 Logements évolutifs – Avec la loi n° 2018-1021 du 23 novembre 2018, dite loi Élan, une distinction doit être faite entre les logements accessibles et les logements évolutifs (*CCH, art. L. 111-7-1*).

Des décrets à venir doivent fixer les modalités relatives à l'accessibilité aux personnes handicapées prévue à l'article L. 111-7 du CCH que doivent respecter les bâtiments ou parties de bâtiments nouveaux.

Ils préciseront, en particulier, les modalités particulières applicables à la construction de bâtiments d'habitation collectifs ainsi que les conditions dans lesquelles, en fonction des caractéristiques de ces bâtiments, 20 % de leurs logements, et au moins un logement, sont accessibles tandis que les autres logements sont évolutifs.

La conception des logements évolutifs doit permettre la redistribution des volumes pour garantir l'accessibilité ultérieure de l'unité de vie, à l'issue de travaux simples.

Est considéré comme étant évolutif tout logement dans les bâtiments d'habitation collectifs répondant aux caractéristiques suivantes :

- une personne en situation de handicap doit pouvoir accéder au logement, se rendre par un cheminement accessible dans le séjour et le cabinet d'aisance, dont les aménagements et les équipements doivent être accessibles, et en ressortir ;
- la mise en accessibilité des pièces composant l'unité de vie du logement est réalisable ultérieurement par des travaux simples ;

Ils préciseront également les modalités particulières applicables à la construction :

- de maisons individuelles ;
- de logements vendus en l'état futur d'achèvement et faisant l'objet de travaux modificatifs de l'acquéreur ;
- de logements locatifs sociaux édifiés et gérés par les organismes et les sociétés mentionnés aux articles L. 365-2, L. 411-2 et L. 481-1, ainsi que les modalités selon lesquelles ces organismes et sociétés garantissent la mise en accessibilité des logements évolutifs en vue de leur occupation par des personnes handicapées, notamment les modalités techniques de réalisation des travaux simples de mise en accessibilité. Ces travaux doivent être exécutés dans un délai raisonnable et sont à la charge financière des bailleurs, sans préjudice des éventuelles aides que ces derniers peuvent recevoir pour ces travaux ;
- de logements destinés à l'occupation temporaire ou saisonnière dont la gestion et l'entretien sont organisés et assurés de façon permanente, ainsi que les exigences relatives aux prestations que ces logements doivent fournir aux personnes handicapées.

2171 Stationnement automobile – Ainsi, des dispositions sont applicables en matière de stationnement automobile et des ascenseurs *(A. n° ETLL1511145A, 24 déc. 2015, art. 3 et 6 : JO 27 déc. 2015, p. 24186, texte n° 100)*. Bien d'autres prescriptions sont prévues à propos des cheminements extérieurs, de l'accès aux bâtiments ou encore de la circulation intérieure des parties communes.

2172 Attestation de conformité – À l'issue des travaux, le maître d'ouvrage doit fournir à l'autorité qui avait délivré le permis de construire un document attestant de la prise en compte des règles concernant l'accessibilité *(CCH, art. L. 111-7-4)*. Cette attestation est établie par un contrôleur technique titulaire d'un agrément l'habilitant à intervenir sur les bâtiments ou par un architecte, au sens de l'article 2 de la loi n° 77-12 du 3 janvier 1977 sur l'architecture, qui ne peut être celui qui a conçu le projet, établi les plans ou signé la demande de permis de construire, sous peine de sanctions *(CCH, art. R. 111-19-28)*.

2173 Sanction – En cas de non-conformité, l'attestation de conformité aux règles d'accessibilité ne pourra pas être délivrée et accompagner la déclaration d'achèvement des travaux *(H. Périnet-Marquet, Achèvement et réception : notions et liaisons : Constr.-Urb. 2013, étude 3)*.

Pour aller plus loin

Commentaires
- JCl. Notarial Formulaire, Synthèse 130, Audit de l'immeuble, par D. Boulanger
- JCl. Notarial Formulaire, V° Audit de l'immeuble, fasc. 20 (Contrôle sécurité), par J. Lafond

Revues
- Ch. Sizaire, Construction de logements neufs et assouplissement des règles d'accessibilité handicapés : Constr.-Urb. 2019, Etude 12
- G. Durand-Pasquier, L'incidence de la loi Elan sur les normes et les règles de construction : RD imm. 2019, p. 8

Stationnement

2174 **Circuit électrique de recharge des véhicules électriques ou hybrides** – La réglementation est fixée par les articles R. 111-14-2 à R. 111-14-3-2 du Code de la construction et de l'habitation.

2175 **Espace réservé au stationnement sécurisé des vélos** – La réglementation est fixée par les articles R. 111-14-2 à R. 111-14-3-2 Code de la construction et de l'arrêté n° LHAL1603565A du 13 juillet 2016 *(JO 16 juill. 2016, texte n° 49)*.

Pour aller plus loin

- JCl. Notarial Formulaire, Synthèse 60, Vente de lots de copropriété, par J.-M. Roux et Chr. Coutant-Lapalus
- JCl. Notarial Formulaire, V° Audit de l'immeuble, fasc. 20, par J. Lafond

Acoustique

2176 Le bruit est en réalité une nuisance importante, particulièrement en ville. Le bruit généré par les transports représente 55 % de la gêne sonore déplorée par les citadins, dont 67 % pour la seule circulation automobile *(M. Moliner-Dubost, Synthèse 310 : Lutte contre les nuisances sonores : JCl. Environnement et Développement durable, fasc. 4600 et 4620)*. Notamment parce que l'impact du bruit sur la santé publique est loin d'être à négliger, divers textes visent à lutter contre les nuisances sonores. L'une des principales nuisances, les infrastructures de transport terrestre, illustrera cette réglementation.

2177 **Infrastructures de transports terrestres et construction de nouveaux bâtiments** – Dans chaque département, le préfet recense et classe ces infrastructures en fonction de leurs caractéristiques sonores et du trafic *(C. envir., art. L. 571-10)*. Sont concernées par ce recensement et ce classement, certaines voies routières et certaines lignes ferroviaires *(C. envir., art. R. 571-33)*.
Sur la base de ce classement, le préfet détermine, après consultation des communes, les secteurs situés au voisinage de ces infrastructures qui sont affectés par le bruit, les niveaux de nuisances sonores à prendre en compte pour la construction de bâtiments et les prescriptions techniques de nature à les réduire *(C. envir., art. L. 571-10)*. En vue d'assurer la protection des occupants des bâtiments à construire dans ces secteurs, les façades des pièces et locaux exposés aux bruits des transports terrestres doivent présenter un isolement acoustique contre les bruits extérieurs conforme aux limites déterminées par l'arrêté prévu à l'article R. 571-34 *(C. envir., art. R. 571-43)*.

2178 **Sanctions** – L'article L. 111-11 du Code de la construction et de l'habitation prévoit que le vendeur ou le promoteur immobilier en est garant, à l'égard du premier occupant de chaque logement.
La réglementation relative à l'isolement acoustique doit bien entendue être respectée. Il faut également noter que la déclaration d'achèvement des travaux prévue par l'article R. 462-1 du Code de l'urbanisme doit être accompagnée d'un document attestant de la prise en compte de la réglementation acoustique *(C. urb., art. R. 462-4-3)*.

Pour aller plus loin

- JCl. Environnement et développement durable, Synthèse 310, Lutte contre les nuisances sonores, par M. Molinier-Dubost
- JCl. Notarial Formulaire, Synthèse 130, Audit de l'immeuble, par D. Boulanger
- JCl. Notarial Formulaire, V° Audit, fasc. 10, par J. Lafond

Ravalement des immeubles

2179 Injonction de procéder à un ravalement de façade – Les façades des immeubles doivent être constamment tenues en bon état de propreté *(CCH, art. L. 132-1 à L. 132-5)*. Les travaux nécessaires doivent être effectués au moins une fois tous les 10 ans, sur l'injonction qui est faite au propriétaire par l'autorité municipale. Cette disposition est applicable à Paris ainsi que dans les communes figurant sur une liste établie par décision de l'autorité administrative, sur proposition ou après avis conforme des conseils municipaux *(CCH, art. L. 132-2)*. Il est possible d'obtenir cette information en mairie.
Lorsque le propriétaire reçoit une injonction de procéder à un ravalement de façade, il n'est guère opportun de ne pas y procéder.

2180 Arrêté en vue de la prescription des travaux – Lorsque le propriétaire n'a pas entrepris les travaux au bout de 6 mois à compter de l'injonction, le maire peut prendre un arrêté en vue de prescrire les travaux *(CCH, art. L. 132-3)*. Si les travaux ne sont pas réalisés dans le délai imparti par l'arrêté emportant sommation d'avoir à effectuer les travaux, le maire peut, sur autorisation du président du tribunal de grande instance statuant comme en matière de référés, les faire exécuter d'office, aux frais du propriétaire. Le montant des frais est avancé par la commune et il est recouvré comme en matière d'impôts directs. Les réclamations sont présentées, instruites et jugées comme en matière d'impôts directs *(CCH, art. L. 132-5)*.

2181 Amende – De plus, le fait de ne pas avoir effectué les travaux de ravalement dans le délai imparti est puni d'une amende de 3 750 € *(CCH, art. L. 152-11)*.

2182 Vente – En cas de vente d'un immeuble, il est opportun de se renseigner en mairie sur l'existence d'une injonction de procéder à un ravalement de façade ou d'un arrêté prescrivant les travaux. Le cas échéant, les parties peuvent déterminer qui supportera le coût de ces travaux et en tenir compte dans la négociation du prix.

Pour aller plus loin

Formules
• JCl. Notarial Formulaire, V° Vente d'immeuble, fasc. 105 (Cadre de vente – Clause particulière – Vente lot de copropriété), par J. Lafond

Commentaires
• JCl. Notarial Formulaire, V° Audit de l'immeuble, fasc 10, par J. Lafond

Gardiennage et surveillance des bâtiments

2183 Obligation de gardiennage ou de surveillance – Les propriétaires, exploitants ou affectataires, selon le cas, d'immeubles à usage d'habitation et de locaux administratifs, professionnels ou commerciaux doivent, lorsque l'importance de ces immeubles ou de ces locaux ou leur situation le justifient, assurer le gardiennage ou la surveillance de ceux-ci et prendre les mesures permettant d'éviter les risques manifestes pour la sécurité et la tranquillité des locaux *(CSI, art. L. 271-1)*. Ces obligations résultant du Code de la sécurité intérieure seront présentées à propos des immeubles collectifs à usage locatif, des magasins de commerce de détail et enfin des locaux impliquant un risque pour la sécurité.

I. Immeubles collectifs à usage locatif

2184 Champ d'application – Sous certaines conditions *(CSI, art. R. 271-1)*, le bailleur doit faire assurer le gardiennage ou la surveillance des immeubles collectifs à usage locatif dont il a la gestion *(CSI, art. L. 271-1)*.

2185 Modalités – Le gardiennage ou la surveillance est assuré sur l'ensemble de l'année par au moins une personne à temps plein ou équivalent temps plein par tranche de cent logements *(CSI, art. R. 271-2)*.

2186 Amende – Le fait pour le bailleur de ne pas respecter ces obligations de gardiennage ou de surveillance est puni de l'amende prévue pour les contraventions de la cinquième classe *(CSI, art. R. 271-7)*.

2187 Éclairage – Ce n'est pas la seule obligation qui pèse sur le bailleur. Afin d'éviter les risques manifestes pour la sécurité et la tranquillité des locaux, il installe et entretient un éclairage assurant une bonne visibilité de l'entrée des immeubles et de leurs parties communes, notamment des parcs de stationnement, quand ils sont situés à l'intérieur des locaux.

2188 Systèmes permettant de limiter l'accès aux parties communes – Par ailleurs, le bailleur installe et entretient les systèmes permettant de limiter l'accès aux parties communes des immeubles aux résidents et aux personnes autorisées par les résidents ou habilitées et l'accès aux caves et parcs de stationnement intérieurs aux résidents qui en bénéficient et aux personnes habilitées, ou prend les mesures ayant le même effet *(CSI, art. R. 271-4)*. Le fait de se soustraire à ces obligations est également puni de l'amende prévue pour les contraventions de la cinquième classe *(CSI, art. R. 271-8)*.

II. Magasins de commerce de détail

2189 Champ d'application – Qu'ils soient ou non propriétaires, une obligation de surveillance peut également peser sur les exploitants de magasins de commerce de détail d'une surface de plancher supérieure à 6 000 m2 ou d'une surface de vente supérieure à 3 000 m2 si ces magasins sont implantés dans certaines zones précisées par l'article R. 273-1 du Code de sécurité intérieure. Il s'agit alors de faire assurer la surveillance des lieux ouverts au public par un service interne de surveillance ou par une entreprise prestataire de services. Le dispositif doit comporter au moins la présence d'un agent pendant tout le temps où le magasin est ouvert au public.

D'ailleurs, même en dehors des zones précisées par l'article R. 273-1, les exploitants de magasins de commerce de détail remplissant les conditions de surface ci-dessus doivent assurer la surveillance du magasin par au moins un agent pendant tout le temps où il est ouvert au public. À défaut, cette surveillance est exercée au moyen d'un système de vidéoprotection *(CSI, art. R. 273-3)*.

L'article R. 273-2 du Code de sécurité intérieure prévoit la surveillance des centres commerciaux.

III. Locaux impliquant un risque pour la sécurité

2190 **Champ d'application** – La surveillance de certains locaux impliquant un risque pour la sécurité est également imposée aux exploitants. Il s'agit des bureaux de change et des établissements de crédit ouverts au public, des bijouteries, des pharmacies *(CSI, art. R. 273-4)*. Certains garages et parcs de stationnement sont aussi concernés par une obligation de surveillance *(CSI, art. R. 273-7)*.

2191 **Vente** – En cas de vente d'un immeuble concerné par une obligation de gardiennage ou de surveillance, l'acquéreur doit veiller à ce que celle-ci soit bien remplie et, le cas échéant, qu'elle continue de l'être une fois l'acquisition réalisée, sous peine de sanctions pénales.

Pour aller plus loin

- JCl. Contrats-Distribution, Synthèse 81, Contrats de services et garde, sécurité ou surveillance, par B. Lotti
- JCl. Contrats-Distribution, fasc. 2240, Contrats de surveillance. – Contrôle technique, gardiennage et surveillance, par Ph. Tourneau
- JCl. Notarial Formulaire, V° Audit de l'immeuble, fasc. 20 par Lafond

Dossier d'intervention ultérieure sur l'ouvrage

2192 **Prévention des risques professionnels** – Le dossier d'intervention ultérieure sur l'ouvrage (Diuo) rassemble toutes les données de nature à faciliter la prévention des risques professionnels lors d'interventions ultérieures sur l'ouvrage *(C. trav., art. L. 4532-16 et R. 4532-95 à R. 4532-98)*. Il s'agit notamment de plans et notes techniques ainsi que des informations relatives à la recherche et à l'identification des matériaux contenant de l'amiante *(C. trav., art. R. 4532-95)*.

2193 **Champ d'application** – Ne sont concernés que les immeubles dont le chantier a fait l'objet d'un ordre de service de commencer les travaux à compter du 1er janvier 1995. Mais les opérations de bâtiment ou de génie civil entreprises par un particulier pour son usage personnel, celui de son conjoint, partenaire lié par un pacte civil de solidarité, concubin ou de ses ascendants ou descendants ne sont pas soumises à cette obligation *(C. trav., art. L. 4532-7)*.

2194 **Vente d'immeuble** – En cas de vente d'immeuble, l'article R. 4532-97 du Code du travail précise que le dossier est joint aux actes notariés établis à chaque mutation de l'ouvrage, notamment sa vente. Cette exigence a été interprétée souplement, au moins lorsque l'ensemble immobilier est géré par un syndic.

2195 **Copropriété** – À noter que dans le cas d'une copropriété, un exemplaire du dossier est remis au syndic de l'immeuble *(C. trav., art. R. 4532-97)*.

Dans les cas où le dossier d'intervention ultérieure sur l'ouvrage n'est pas obligatoire, le rédacteur de l'acte de vente devra tout de même en préciser la raison dans l'acte.

Conseil pratique **Si le dossier d'intervention est obligatoire mais qu'il n'a pas été établi, la mutation pourra tout de même s'opérer mais le rédacteur de l'acte devra attirer l'attention des parties sur ce point et en faire mention dans l'acte. Les parties doivent effectivement avoir conscience que faute d'établissement du Diuo, les meilleures conditions de sécurité ne pourront pas être données à ceux qui accompliront les futurs travaux de l'immeuble. En cas d'accident, la responsabilité du propriétaire, sur le fondement du droit commun, pourra être recherchée *(F. Collart-Dutilleul, C. Blond-Laurent, P. Laurent, R. Le Guidec et C. Libeau, Droit de la vente immobilière : éd. Dalloz, n° 031.344)***

Pour aller plus loin

Formules

- JCl. Notarial Formulaire, V° Vente d'immeuble, fasc. 35 (questionnaire remis au vendeur), par B. Magois et V. Zalewski-Sicard
- JCl. Notarial Formulaire, V° Vente d'immeuble, fasc. 105 (cadre de vente), par J. Lafond
- JCl. Notarial Formulaire, V° Vente d'immeuble, fasc. 155 (diagnostics divers), par J. Lafond
- JCl. Notarial Formulaire, V° Vente d'immeuble, fasc. 165 (assainissement), par J. Lafond

Fiches pratiques

- Fiche pratique n° 3111 : Déterminer l'immeuble vendu et les sujétions le grevant au sein de la partie développée de l'acte authentique de vente, par S. Olivier
- Fiche pratique n° 1721 : Rédiger une vente d'immeuble, par M. Suquet-Cozic

Commentaires

- JCl. Notarial Formulaire, Synthèse 1440, Vente d'immeuble, préparation de l'acte, par V. Zalewski-Sicard
- JCl. Notarial Formulaire, Synthèse 1470, Vente d'immeuble, bien vendu, par V. Zalewski-Sicard
- JCl. Notarial Formulaire, V° Vente d'immeuble, fasc. 130 (dossier de diagnostic technique), par J. Lafond
- JCl. Notarial Formulaire, V° Vente d'immeuble, fasc. 150 (diagnostics divers), par J. Lafond

Assurances

2196 **Premières vues** – Il existe en matière de construction immobilière un système d'assurance obligatoire des risques de la construction.
D'une part, la souscription obligatoire concerne celui qui fait réaliser des travaux de construction. L'assurance couvre certains désordres affectant l'immeuble et permet la réparation de ces derniers en dehors de toute recherche de responsabilité. Il s'agit de l'assurance de dommages prévue à l'article L. 242-1 du Code des assurances.
D'autre part, une souscription obligatoire est également prévue pour toute personne physique ou morale dont la responsabilité décennale peut être engagée sur le fondement de la présomption établie par les articles 1792 à 1792-7 du Code civil. C'est l'assurance de responsabilité prévue par l'article L. 241-1 du Code des assurances.
Une fois ce système d'assurances obligatoires plus précisément exposé, il sera possible d'envisager les conséquences de la vente de l'immeuble dans les 10 ans de la réception des travaux.

I. Présentation du système d'assurances obligatoires

2197 Les deux assurances seront successivement présentées. Si dans certains cas, ces assurances ne sont pas obligatoires, le fait de contrevenir à l'obligation d'assurance est lourdement sanctionné. Ceci vaut tant pour l'assurance de dommages que pour l'assurance de responsabilité.

1° Assurance dommages-ouvrage

2198 L'assurance dommages-ouvrage doit être souscrite par toute personne physique ou morale qui, agissant en qualité de propriétaire de l'ouvrage, de vendeur ou de mandataire du propriétaire de l'ouvrage, fait réaliser des travaux de construction *(C. assur., art. L. 242-1)*.

2199 **Ouverture du chantier** – L'assurance doit être souscrite avant l'ouverture du chantier par la personne assujettie à l'obligation d'assurance, pour son compte ou pour celui des propriétaires successifs. Les dommages couverts par l'assurance sont ceux dont sont responsables les constructeurs au sens de l'article 1792-1 du Code civil, les fabricants et importateurs ou le contrôleur technique sur le fondement de l'article 1792 du Code civil. Il s'agit donc des dommages couverts par la garantie décennale. Le souscripteur pourra ainsi obtenir le paiement de la totalité des travaux de réparation de ces dommages pendant les 10 ans suivant la réception des travaux. Dans ce délai, les propriétaires successifs de l'immeuble bénéficieront pareillement de cette couverture *(V. n° **2212**)*.

2200 **Justification** – Si le premier alinéa de l'article L. 243-2 du Code des assurances impose à la personne assujettie à cette obligation d'assurance de dommages de justifier que cette obligation a bien été exécutée, la justification ne doit pas prendre la forme d'une attestation d'assurance établie selon un modèle, comme c'est le cas pour l'assurance de responsabilité.

2° Assurance responsabilité

2201 Toute personne physique ou morale dont la responsabilité décennale peut être engagée doit être couverte par cette assurance. Il s'agit donc des constructeurs et des personnes réputées constructeurs au sens de l'article 1792-1 du Code civil, comme celui qui vend, après achèvement, un ouvrage qu'il a construit ou fait construire.

Remarque Il est d'ailleurs admis que le propriétaire ayant réalisé ou fait réaliser des opérations de construction sur son immeuble pour son propre compte et qui vend par la suite l'immeuble est un constructeur répondant de la garantie légale des constructeurs.

2202 **Attestation d'assurance** – Les personnes concernées par cette assurance de responsabilité obligatoire doivent justifier qu'elles ont satisfait à cette obligation *(C. assur., art. L. 241-1, al. 2)*. Cette justification est ici davantage encadrée qu'à propos de l'assurance de dommages. Elle doit prendre la forme d'attestations d'assurance établies selon un modèle comprenant des mentions minimales *(A. n° FCPT1502194A, 5 janv. 2016 : JO 13 janv. 2016, texte n° 19)*. Parce qu'il faut justifier de la souscription de l'assurance de responsabilité, l'attestation d'assurance devra être jointe aux devis et factures adressés au maître d'ouvrage *(C. assur., art. L. 243-2, al. 2)*.

2203 Marché public – Tout candidat à l'obtention d'un marché public doit être en mesure de justifier qu'il a souscrit un contrat d'assurance le couvrant pour cette responsabilité *(C. assur., art. L. 241-1)*.
Le contrat d'assurance-responsabilité est réputé comporter une clause assurant le maintien de la garantie pour la durée de la responsabilité décennale pesant sur la personne assujettie à l'obligation d'assurance. Une clause en sens contraire ne saurait être efficace *(C. assur., art. L. 241-1, al. 3)*.

3° Règles communes

2204 Exclusions de l'assurance obligatoire – Les obligations d'assurance ne s'appliquent pas à l'État lorsqu'il construit pour son compte *(C. assur., art. L. 243-1)*. Ne sont pas soumis à la souscription obligatoire des assurances dommages et responsabilité, les ouvrages de génie civil mentionnés à l'article L. 243-1-1, I, du Code des assurances. Les obligations d'assurance ne sont pas non plus applicables aux ouvrages existants avant l'ouverture du chantier, à l'exception de ceux qui, totalement incorporés dans l'ouvrage neuf, en deviennent techniquement indivisibles *(C. assur., art. L. 243-1-1, II)*. Sont enfin exclus, les éléments d'équipement d'un ouvrage (et leurs accessoires) dont la fonction exclusive est de permettre l'exercice d'une activité professionnelle dans l'ouvrage *(C. civ., art. 1792-7)*.

2205 Sanctions – Quiconque contrevient aux dispositions des articles L. 241-1 à L. 242-1 du Code des assurances sera puni d'un emprisonnement de 6 mois et d'une amende de 75 000 € ou de l'une de ces deux peines seulement. Ces peines ne s'appliquent pas à la personne physique construisant un logement pour l'occuper elle-même ou le faire occuper par son conjoint, ses ascendants, ses descendants ou ceux de son conjoint *(C. assur., art. L. 243-3)*.

II. Vente de l'immeuble dans les 10 ans de la réception des travaux

2206 Dans une telle hypothèse, l'acquéreur doit être bien informé de l'existence ou de l'absence des assurances obligatoires. Le rédacteur de l'acte doit alors opérer certaines vérifications. Si l'assurance de dommages existe, elle sera transférée à l'acquéreur. À défaut, l'acquéreur doit être informé des conséquences de cette absence de souscription.

1° Information de l'acquéreur

2207 Mention de l'existence ou de l'absence d'assurance – Lorsqu'un acte a pour effet de transférer la propriété ou la jouissance de l'immeuble avant l'expiration d'un délai de 10 ans à compter de la réception des travaux, l'article L. 243-2, alinéa 3 du Code des assurances prévoit que mention doit être faite dans le corps de l'acte ou en annexe de l'existence ou de l'absence d'assurance. La mention de l'existence ou de l'absence d'assurance concerne l'assurance de dommages et l'assurance de responsabilité. Cette solution admise par la jurisprudence a été confirmée par l'article 95 de la loi n° 2015-990 du 6 août 2015 ayant modifié l'article L. 243-2 du Code des assurances. Ce texte précise désormais que l'attestation d'assurance imposée pour justifier de la souscription de l'assurance de responsabilité doit être annexée à l'acte de vente. Cela veut bien dire que l'acquéreur doit être informé de l'existence ou de l'absence de l'assurance de responsabilité. Cette annexion ne concerne pas l'assurance de dommages.

2208 Responsabilité du rédacteur d'acte – L'objectif est que l'acquéreur de l'immeuble soit informé de l'existence (ou de l'absence) des assurances-construction obligatoires. Le rédacteur de l'acte de vente ne doit ici pas se contenter des affirmations du vendeur selon lesquelles les assurances obligatoires ont bien été souscrites. Il doit vérifier l'exactitude des déclarations du vendeur. *A fortiori*, le notaire omettant de faire figurer la mention de l'absence d'assurance dans l'acte qu'il a dressé peut voir sa responsabilité engagée, responsabilité qui n'a pas un caractère subsidiaire.
Le notaire ne doit pas se contenter d'attirer l'attention des acheteurs sur les assurances à souscrire par le vendeur et sur les éventuelles conséquences pour l'acheteur d'un défaut d'assurances du vendeur. Il doit aller plus loin et préciser clairement si les travaux relatifs au bien cédé sont garantis ou non par une assurance dommages-ouvrage.

2209 Perte de chance – Il est admis que les conséquences d'un manquement à un devoir d'information et de conseil ne peuvent s'analyser qu'en une perte de chance dès lors qu'il n'est pas certain que mieux informé, le créancier de l'obligation d'information se serait trouvé dans une situation différente et plus avantageuse *(Cass. 1re civ., 20 mars 2013, n° 12-14.711 : JurisData n° 2013-005187 ; Contrats, conc. consom. 2013, comm. 127, L. Leveneur ; RDI 2013, p. 339, note P. Dessuet)*.

2210 Vérifications à opérer – Le notaire doit demander au vendeur si des travaux ont été effectués dans la période de 10 ans qui précède la vente et, si ces travaux rentrent dans le champ d'application des assurances obligatoires, si une assurance a été souscrite. Il ne doit pas s'en tenir aux déclarations du vendeur mais procéder aux vérifications nécessaires.

- **Pour l'assurance de responsabilité**, le notaire doit demander au vendeur de lui communiquer les attestations d'assurance visées par le deuxième alinéa de l'article L. 243-2 du Code des assurances.
- **Pour l'assurance de dommage**, il ne doit pas se contenter d'une attestation d'assurance dommages-ouvrage émanant d'un courtier et remise par le vendeur mais demander au vendeur la communication du contrat d'assurance. Mais encore faut-il que le contrat n'ait pas été résilié, pour non-paiement des primes par exemple. Pour s'en assurer, le notaire doit donc se faire remettre par la compagnie d'assurance une attestation indiquant en particulier que l'assurance souscrite est conforme aux exigences de l'article L. 242-1 du Code des assurances *(JCl. Notarial Formulaire, V° Vente d'immeuble, fasc. 510, par J. Lafond et V. Zalewski-Sicard)*.

2211 Dès la conclusion de l'avant-contrat – Si la loi exige que mention soit faite dans le corps de l'acte (ou en annexe) de l'existence ou de l'absence d'assurance, la Cour de cassation a précisé que cette information ne peut être tenue pour suffisante si elle n'est apportée qu'à la date de la signature de l'acte translatif de propriété *(Cass. 3e civ., 18 févr. 2004, n° 02-18.455 : JurisData n° 2004-022382 ; Bull. civ. III, n° 34 ; JCP N 2014, n° 24-25, 1222 ; JCP G 2004, IV, 1755)*. Il est donc nécessaire que l'information de l'acquéreur se fasse dès la conclusion de l'avant-contrat.

Pour aller plus loin

- L. Gibault, Les assurances de « construction » et l'adaptation des ventes : JCP N 2015, 1237, n° 50, 1237
- M. Poumarède, Le vendeur-constructeur et les assurances construction : Actes prat. strat. patrimoniale 2015, n° 3, dossier 26
- V. Zalewski-Sicard, La responsabilité civile et le défaut de souscription des assurances-construction : Gaz. Pal. 2016, n° 8, p. 66

2° Transfert de l'assurance à l'acquéreur

2212 Transfert de l'assurance de dommages à l'acquéreur – Grâce à l'assurance dommages-ouvrage, le souscripteur pourra obtenir le paiement de la totalité des travaux de réparation des dommages relevant de la garantie décennale pendant les 10 ans suivant la réception des travaux. En cas de transfert de propriété de l'immeuble à un acquéreur, c'est ce dernier qui aura besoin de cette assurance. C'est pourquoi l'article L. 242-1 du Code des assurances prévoit que la souscription de l'assurance de dommages est faite pour le compte du propriétaire de l'ouvrage ou pour celui des propriétaires successifs.

2213 Transfert de plein droit – Un transfert de plein droit de l'assurance de dommages à l'acquéreur s'opère en cas de vente de l'immeuble. L'assureur doit donc en être informé. Mais l'acquéreur aura, s'il le désire, la possibilité de résilier le contrat *(C. assur., art. L. 121-10)*.

2214 Communication de la liste des constructeurs – En ce qui concerne l'assurance de responsabilité, il est opportun de procurer à l'acquéreur la liste des différents participants à l'opération de construction ainsi que les références des contrats d'assurance couvrant leur responsabilité décennale. L'acquéreur peut effectivement devoir se retourner contre eux pour les risques non couverts par l'assurance de dommages *(JCl. Notarial Formulaire, V° Vente d'immeuble, fasc. 510, par J. Lafond et V. Zalewski-Sicard)*.

2215 Adéquation entre l'activité assurée et celle réalisée – À noter que l'activité assurée doit correspondre à celle effectivement accomplie par l'intervenant, sans quoi l'assurance ne pourra produire ses effets. Cette adéquation entre l'activité assurée et celle réalisée doit donc être vérifiée.

3° Non-souscription des assurances obligatoires

2216 En raison notamment de son coût, il est possible que l'assurance de dommages n'ait pas été souscrite par le vendeur. Le particulier qui construit ou fait construire, ou réalise ou fait réaliser des travaux de construction doit souscrire une assurance de dommages *(C. assur., art. L. 242-1)*. Il doit également souscrire une assurance de responsabilité décennale puisqu'il est réputé constructeur par l'article 1792-1 du Code civil. Il n'en aura toutefois pas toujours conscience. Heureusement, si la personne physique construisant un logement pour l'occuper elle-même ou le faire occuper par son conjoint, ses ascendants, ses descendants ou ceux de son conjoint n'a pas souscrit à ces assurances obligatoires, elle n'encourt aucune sanction pénale *(C. assur., art. L. 243-3)*. Si la vente de l'immeuble peut tout de même être opérée en l'absence de souscription des assurances obligatoires, les parties doivent impérativement être informées des conséquences. Ainsi, l'acquéreur pourra agir, en cas de dommage, contre le vendeur en sa qualité de constructeur puisque ce dernier est alors tenu des garanties imposées au constructeur. Aucune clause d'exonération ne pourra être insérée dans l'acte. Cette situation n'est opportune ni pour le vendeur, ni pour l'acquéreur qui, à défaut d'assurance de dommages, devra agir contre son vendeur (potentiellement insolvable) ou contre les constructeurs en faisant alors les frais d'un procès *(JCl. Notarial Formulaire, V° Vente d'immeuble, fasc. 510, par J. Lafond et V. Zalewski-Sicard)*.

2217 Mise en garde des parties – Les parties n'auront pas toujours pleinement conscience des risques encourus et il est de ce fait nécessaire que le rédacteur de l'acte profite de son intervention pour les avertir clairement et garder trace de son conseil.

2218 Solutions – Dans cette situation où les assurances obligatoires n'ont pas été souscrites, une **première solution** serait de souscrire ces assurances *a posteriori*. Sans être dénuée d'intérêt, cette solution se heurte à la réticence des compagnies d'assurance et surtout, cette souscription tardive ne couvrira que les dommages résultant de désordres postérieurs à celle-ci.
Une **seconde solution** consiste à négocier avec le vendeur une réduction du prix mais la difficulté est alors de chiffrer « la somme qui peut être allouée à l'acquéreur en compensation de cette « moins-value » de l'immeuble et du risque couru », *(JCl. Notarial Formulaire, V° Vente d'immeuble, fasc. 510, par J. Lafond et V. Zalewski-Sicard)*.

Pour aller plus loin

- JCl. Notarial Fomulaire, Synthèse 90, Assurances construction, par H. Périnet Marquet

IMMEUBLE VENDU

Sinistres

2219 Lorsqu'un sinistre a touché l'immeuble vendu, il convient, sous certaines conditions, d'en informer l'acquéreur. Si l'indemnité n'a toujours pas été versée au jour de la vente, il convient de déterminer qui du vendeur ou de l'acquéreur doit percevoir celle-ci.

I. Information sur l'existence d'un sinistre ayant affecté l'immeuble vendu

2220 L'article L. 125-5 du Code de l'environnement prévoit l'information de l'acquéreur d'un immeuble des risques technologiques, naturels, sismiques ou liés à la présence de radon auxquels il pourrait être exposé *(V. n°2078)*. Outre cette information, il convient d'avertir l'acquéreur des sinistres ayant affecté l'immeuble bâti. Cette obligation concerne les hypothèses où un immeuble bâti a subi un sinistre dû à une catastrophe naturelle ou technologique et ayant donné lieu au versement d'une indemnité en application des articles L. 125-2 ou L. 128-2 du Code des assurances.

2221 Information par écrit – Le vendeur ou le bailleur de l'immeuble est alors tenu d'informer par écrit l'acquéreur ou le locataire de tout sinistre survenu pendant la période où il a été propriétaire de l'immeuble ou dont il a été lui-même informé en application des présentes dispositions.
Il convient donc de préciser quelle était la nature du sinistre, sa date ainsi que les dommages subis par l'immeuble. Cette information est mentionnée dans l'acte authentique constatant la réalisation de la vente.

2222 Sanction – Si l'information n'a pas été transmise, l'acquéreur pourra demander la résolution de la vente ou encore la diminution du prix *(C. envir., art. L. 125-5, V)*.

2223 Indemnité non encore versée – À noter que lorsque l'immeuble a fait l'objet d'un sinistre relevant d'un état de catastrophe naturelle mais que l'indemnité n'a pas encore été versée au jour de la vente, il semble que l'obligation d'information prévue à l'article L. 125-5, IV du Code de l'environnement ne joue pas. En effet, ce texte prévoit bien l'hypothèse d'*un sinistre ayant donné lieu au versement d'une indemnité*. Pour autant, si l'immeuble a subi des dommages (du fait d'un sinistre) dont l'acquéreur peut ne pas apprécier toute l'ampleur, le vendeur devra fournir à l'acquéreur toutes les informations utiles pour qu'il puisse s'engager en toute connaissance de cause. À défaut, le vendeur s'expose à des dommages et intérêts, voire à la remise en cause de la vente, sur les fondements du droit commun.

II. Détermination du créancier de l'indemnité après la conclusion de la vente

2224 Sort de l'indemnité pour un sinistre relevant d'un état de catastrophe naturelle – Dans l'hypothèse où l'immeuble a fait l'objet d'un sinistre relevant d'un état de catastrophe naturelle mais que l'indemnité n'a pas encore été versée au jour de la vente, il convient de déterminer qui de l'acquéreur ou du vendeur percevra ladite indemnité.

La Cour de cassation a estimé que dès lors que le fait générateur du dommage et le dommage lui-même s'étaient produits antérieurement au transfert de la propriété de l'immeuble, seul le propriétaire de l'immeuble à l'époque de ces événements pouvait prétendre au bénéfice de la garantie.

Mais ultérieurement, elle a précisé que, sauf clause contraire, l'acquéreur d'un immeuble a qualité à agir en paiement des indemnités d'assurance contre l'assureur des vendeurs garantissant les risques de catastrophe naturelle, même pour les dommages nés antérieurement à la vente *(Cass. 3e civ., 7 mai 2014, n° 13-16.400 : JurisData n° 2014-009633 ; JCP N 2014, n° 22, act. 654 ; Bull. civ. III, n° 61 ; AJDI 2015, p. 58, n° 1, obs. F. Cohet)*. Cette dernière solution semble pérenne compte tenu de l'évolution de la jurisprudence de la Cour de cassation.

2225 Sort de l'indemnité résultant de la mise en œuvre d'une assurance dommages-ouvrage – La Cour de cassation avait considéré que c'est le propriétaire de l'immeuble assuré à la date des déclarations du sinistre qui devait recevoir l'indemnité, sauf à ce que le contrat de vente ait prévu le transfert de l'indemnité d'assurance en faveur de l'acquéreur. La portée de cet arrêt inédit était discutable puisque la Cour de cassation paraissait fonder sa solution sur le fait que le propriétaire de l'immeuble assuré à la date des déclarations du sinistre avait assigné l'assureur en paiement de l'indemnité d'assurance et que l'assureur avait été condamné à lui payer une indemnité provisionnelle.

Cette solution a été abandonnée par la Cour de cassation qui a décidé « que, sauf clause contraire, l'acquéreur de l'immeuble a seul qualité à agir en paiement des indemnités d'assurance contre l'assureur garantissant les dommages à l'ouvrage, même si la déclaration de sinistre a été effectuée avant la vente » *(Cass. 3e civ., 15 sept. 2016, n° 15-21.630 : JurisData n° 2016-018643 ; Resp. civ. et assur. 2016, comm. 354, H. Groutel).*

La nouvelle solution de la Cour de cassation s'accorde bien avec l'exigence selon laquelle l'indemnité versée par l'assurance de dommages doit être affectée au paiement des travaux de réparation des dommages, d'autant que le bénéficiaire de l'indemnité doit apporter la preuve qu'il a réalisé les travaux nécessaires à la réparation et quel en a été le coût. Dans la mesure où le bénéficiaire de l'indemnité doit accomplir les travaux de réparation sur l'immeuble, il convient en principe de l'accorder à celui qui pourra les réaliser, c'est-à-dire le nouveau propriétaire. Mais si d'aventure, le vendeur avait déjà financé la réparation, c'est à lui que l'indemnité d'assurance devrait être versée ce qui sera possible par une stipulation en ce sens *(V. Zalewski-Sicard, Vente et sort de l'indemnité d'assurance dommages-ouvrage : JCP N 2017, n° 42, 1287)*.

Conseil pratique **Dans l'hypothèse où l'indemnité d'assurance a été octroyée au vendeur avant la vente, il convient de vérifier si les travaux ont correctement été exécutés et assurés.**

2226 Sort de l'indemnité de l'assurance de l'immeuble suite à la survenance d'un sinistre après la signature d'une promesse de vente – Sauf clause contraire, l'acquéreur du bien assuré se voit transmettre l'ensemble des droits nés du contrat d'assurance souscrit par le cédant et peut en conséquence réclamer le versement entre ses mains de l'indemnité due au titre du sinistre, alors même que celui-ci serait antérieur au transfert de propriété *(Cass. 3e civ., 7 mars 2019, n° 18-10.973, P+B).*

Pour aller plus loin

Formules

- JCl. Notarial Formulaire, V° Vente d'immeuble, fasc. 35 (Questionnaire remis au vendeur), par B. Magois et V. Zalewski-Sicard
- JCl. Notarial Formulaire, V° Vente d'immeuble, fasc. 105 (Cadre de vente), par J. Lafond
- JCl. Notarial Formulaire, V° Vente d'immeuble, fasc. 109 (Reconnaissance de conseils donnés, assurances), par J. Lafond et J.-F. Pillebout
- JCl. Notarial Formulaire, V° Vente d'immeuble, fasc. 515 (Transfert de contrat, assurances), par J. Lafond

Fiches pratiques

- Fiche pratique n° 115 : Responsabilité et garantie des vices de construction, par A. Le Saint
- Fiche pratique n° 3111 : Déterminer l'immeuble vendu et les sujétions le grevant au sein de la partie développée de l'acte authentique de vente, par S. Olivier
- Fiche pratique n° 1721 : Rédiger une vente d'immeuble, par M. Suquet-Cozic

Commentaires

- JCl. Notarial Formulaire, Synthèse 1440, Vente d'immeuble, préparation de l'acte, par V. Zalewski-Sicard
- JCl. Notarial Formulaire, Synthèse 1470, Vente d'immeuble, bien vendu, par V. Zalewski-Sicard
- JCl. Notarial Formulaire, V° Vente d'immeuble, fasc. 30 (Vérifications préalables), par B. Magois et V. Zalewski-Sicard
- JCl. Notarial Formulaire, V° Vente d'immeuble, fasc. 510 (Transfert de contrat, assurances), par J. Lafond et V. Zalewski-Sicard

Urbanisme

Présentation générale

2227 Lors de la vente d'un immeuble, qu'il s'agisse d'un terrain à bâtir ou d'un immeuble bâti, il est essentiel de déterminer la situation de l'immeuble au regard des règles d'urbanisme. Les vérifications effectuées peuvent avoir un triple objectif :
- déterminer si l'acquéreur va pouvoir réaliser son projet de construction, d'extension ou de rénovation ;
- déterminer si le vendeur a bien respecté les règles d'urbanisme ;
- déterminer les règles d'urbanisme applicables au terrain.

Effectuer ces vérifications permet de déterminer la constructibilité, les possibilités d'utilisation et d'affectation de l'immeuble vendu. Ces éléments sont importants tant pour le vendeur que pour l'acquéreur :

- **S'agissant du vendeur**, il ne vendra pas au même prix un terrain inconstructible et un terrain constructible. Il est donc important de déterminer les règles applicables au terrain avant sa vente, cela indépendamment des projets de l'acquéreur. En procédant ainsi, le vendeur sera correctement informé sur les caractères de l'immeuble vendu et ne pourra donc prétendre que son consentement a été vicié en raison d'une erreur sur la substance de la chose.
- **S'agissant de l'acquéreur**, il convient de prendre en considération ses attentes qui seront, en principe, différentes suivant qu'il achète un terrain à bâtir ou un immeuble bâti.

Plan de l'étude – Les règles d'urbanisme varient selon qu'il s'agit d'une vente d'un terrain à bâtir en secteur diffus (*V. n°* ***2230***), d'un terrain à bâtir impliquant ou issu d'une division (*V. n°* ***2329***), d'un immeuble bâti isolé (*V. n°* ***2494***) ou d'un immeuble bâti au sein d'un ensemble immobilier (*V. n°* ***2539***).

Renvoi – Concernant les documents d'urbanisme, se reporter à l'étude spécifique (*V. n°* ***2578*** *et s.*).

Pour aller plus loin

- JCl. Collectivités territoriales, Synthèse 170, Planification et réglementation relatives à l'urbanisme, par H. Jacquot et J. Leplat
- JCl. Collectivités territoriales, Synthèse 180, Documents et règles d'urbanisme à vocation générale, par H. Jacquot et J. Leplat
- JCl. Collectivités territoriales, Synthèse 190, Documents et règles à vocation particulière relatifs à l'urbanisme, par H. Jacquot et J. Leplat
- JCl. Collectivités territoriales, Synthèse 200, Aménagement urbain : notion et moyens de l'aménagement urbain, par Fr. Priet
- JCl. Collectivités territoriales, Synthèse 210, Aménagement urbain : procédures opérationnelles, par Fr. Priet
- JCl. Collectivités territoriales, Synthèse 235, Contentieux judiciaire de l'urbanisme, par G. Pellisierf et J. Leplat
- JCl. Notarial Formulaire, Synthèse 410, Permis de construire et déclaration préalable, par Liet veaux et D. Gillig
- JCl. Notarial Formulaire, Synthèse 830, Lotissements et permis d'aménager, par GG, Liet et D. Gillig
- JCl. Pénal des affaires, Synthèse 70, Contruction et urbanisme, par Fr. Archer

Urbanisme

Vente d'un terrain à bâtir en secteur diffus

2228 Lors de la vente d'un terrain, celui-ci n'est pas nécessairement voué à accueillir un bâtiment. Toutefois, tel peut être l'objectif de l'acquéreur. Dès lors qu'il en a informé le notaire, ce dernier doit effectuer toutes les vérifications permettant d'indiquer à l'acquéreur s'il pourra ou non réaliser son projet. Il doit également lui conseiller de conclure la vente sous condition suspensive d'obtention d'une autorisation d'urbanisme.

2229 Lorsque l'immeuble vendu est un terrain en secteur diffus, il y a lieu de vérifier que l'acquéreur va pouvoir réaliser son projet de construction.

- Pour ce faire, il peut, dans un premier temps, être demandé au vendeur la remise d'un certificat d'urbanisme.
- Puis, si celui-ci est positif et dans un deuxième temps, il sera recommandé à l'acquéreur de conclure la vente sous condition suspensive d'obtention du permis de construire. Il est d'ailleurs tout à fait possible que ledit permis ait déjà été obtenu par le vendeur auquel cas il s'agira de prévoir le transfert à l'acquéreur du permis de construire.
- Par ailleurs, il convient de tenir compte d'une obligation d'information spécifique devant être respectée lors de la vente d'un terrain à bâtir relativement à sa consistance.

I. Certificat d'urbanisme

2230 Certificat de simple information – Le certificat d'urbanisme de simple information *(C. urb., art. L. 410-1, a)* permet d'interroger l'Administration sur les règles d'urbanisme applicables au terrain, les limites administratives au droit de propriété (servitudes, administratives...), les taxes et participations d'urbanisme applicables au terrain.

2231 Certificat opérationnel – Le certificat opérationnel permet d'interroger l'Administration sur la faisabilité d'un projet ; il indique l'état des équipements publics existants ou prévus *(C. urb., art. L. 410-1, b)*.

A. – DÉLIVRANCE DU CERTIFICAT D'URBANISME

2232 Caractère facultatif – La demande de certificat d'urbanisme a un caractère facultatif. Elle ne constitue pas un préalable obligatoire à une demande d'autorisation d'occupation des sols.

Conseil pratique **Pour le notaire, le certificat d'urbanisme permet de disposer des informations sur la situation juridique du terrain sur lequel est envisagée une opération immobilière. Il peut ainsi remplir ses obligations de conseil.**

2233 Auteur de la demande – Cette demande peut être faite par toute personne. Le propriétaire n'a pas à être informé lorsqu'une telle demande est faite par rapport à son terrain *(Rép. min. n° 16829 : JO Sénat 19 mai 2016, p. 2106)*.

2234 Dépôt de la demande – La demande de certificat d'urbanisme est établie conformément à un formulaire unique dont le modèle est annexé à l'article A. 410-1 du Code de l'urbanisme, quelle que soit la nature du certificat d'urbanisme demandé. Ce modèle peut être obtenu auprès des mairies, des services départementaux de l'État chargés de l'urbanisme ; il est accessible sur le site internet officiel de l'administration française : *www.service-public.fr*.

2235 Nombre d'exemplaires – Le dossier est établi en deux exemplaires pour le certificat d'urbanisme de simple information et en quatre exemplaires pour le certificat d'urbanisme opérationnel *(C. urb., art. R. 410-2)*.

2236 Contenu – Toute demande de certificat d'urbanisme (informatif ou opérationnel) doit comporter l'identité du demandeur, la localisation, la superficie et les références cadastrales du terrain ainsi que l'objet de la demande. Un plan de situation permettant de localiser le terrain est joint à la demande *(C. urb., art. R. 410-1, al. 1)*. Dans le cas de certificat opérationnel, la demande est accompagnée d'une note descriptive succincte de l'opération indiquant, lorsque le projet concerne un ou plusieurs bâtiments, leur destination et leur sous-destination et leur localisation approximative dans l'unité foncière ainsi que, lorsque des constructions existent sur le terrain, un plan du terrain indiquant l'emplacement des constructions *(C. urb., art R 410-1, al. 2)*.

2237 **Lieu de dépôt** – Le dossier de la demande de certificat d'urbanisme est adressé au maire, dans la commune duquel le terrain est situé *(C. urb., art. R. 410-3)*. Tous les exemplaires sont adressés par pli recommandé avec accusé de réception et déposé contre décharge à la mairie. Le maire affecte un numéro d'enregistrement à la demande.

2238 **Autorités compétentes pour l'instruction** – Ce sont les mêmes que pour les autres autorisations et déclarations d'urbanisme *(C. urb., art. L. 410-1, dernier al., renv. à C. urb., art. L. 422-1)*.
Lorsque la décision est prise au nom de la commune ou de l'établissement public de coopération intercommunale (EPCI), l'instruction est effectuée au nom et sous l'autorité du maire ou du président de l'établissement public *(C. urb., art. R. 410-4)*.

2239 **Délai** – Le délai d'instruction ne court que si le dossier est complet. Il y a un délai d'instruction distinct selon le type de certificat d'urbanisme.
Le délai d'instruction court à compter de la réception en mairie de la demande ; il est d'un mois pour le certificat d'information *(C. urb., art. R. 410-9)* et de 2 mois pour le certificat opérationnel *(C. urb., art. R. 410-10)*.

2240 **Autorité compétente pour la délivrance** – Dans les communes dotées d'un plan local d'urbanisme (PLU) ou d'une carte communale approuvée (avec autorisation pour la commune de délivrer ses autorisations d'urbanisme), c'est le maire qui est compétent pour délivrer au nom de la commune le certificat d'urbanisme. Lorsque la compétence en matière d'urbanisme est exercée par l'établissement public de coopération intercommunale, c'est son président qui délivre le certificat d'urbanisme. Dans le cas de compétence étatique, c'est le préfet ou le maire qui délivre le certificat d'urbanisme au nom de l'État *(C. urb., art. R. 422-1 et R. 422-2)*.

2241 **Certificat express ou tacite** – À défaut de notification d'un certificat d'urbanisme, le silence gardé par l'autorité compétente dans le délai fixé par les articles R. 410-9 et R. 410-10 du Code de l'urbanisme vaut délivrance d'un certificat d'urbanisme tacite *(C. urb., art. R. 410-12)*. Le certificat d'urbanisme tacite concerne aussi bien le certificat d'information que le certificat opérationnel. Il cristallise l'état du droit existant à la date de la délivrance du certificat d'urbanisme *(C. urb., art. L. 410-1)*.
Toutefois, il convient de prendre en compte deux décrets d'application de la loi n° 2013-1005 du 12 novembre 2013 :
- le premier est le décret n° 2014-1299 du 23 octobre 2014 dont il résulte que lorsque le certificat d'urbanisme est délivré au nom de l'État et qu'il s'agit d'un certificat opérationnel, le silence ne peut valoir autorisation ; dès lors, une fois passé le délai de 2 mois, le silence vaut rejet et il n'y aurait donc pas de certificat d'urbanisme tacite ;
- le second est le décret n° 2015-1461 du 10 novembre 2015 et qui contient la même exception pour les collectivités territoriales, leurs établissements publics et les autres établissements chargés de la gestion d'un service public.

Ces deux décrets doivent être combinés avec l'article R. 410-12 du Code de l'urbanisme. En l'absence de jurisprudence, il peut être soutenu que cette combinaison conduit à considérer que le rejet concerne la demande d'information (la faisabilité de l'opération) et non les règles en vigueur au jour de la délivrance du certificat tacite.

Attention **Lorsque le certificat est tacite, il n'a pas d'existence matérielle. Il ne permet pas de connaître le droit applicable au terrain. En ce cas, le pétitionnaire peut exiger de l'Administration, sous peine pour celle-ci de voir sa responsabilité engagée, qu'elle lui délivre un certificat d'urbanisme, sur la base des règles en vigueur au jour de la délivrance du certificat tacite.**

2242 **Destinataire** – Le certificat d'urbanisme est notifié au demandeur comme pour tout acte de procédure en matière d'autorisation d'urbanisme *(C. urb., art. R. 410-8)*. Il n'y a plus lieu de notifier le certificat d'urbanisme au propriétaire lorsque la demande émane d'une autre personne. Afin de devenir exécutoire, le certificat d'urbanisme doit être soumis au contrôle de légalité. Le certificat d'urbanisme délivré par le maire ou le président de l'établissement public de coopération intercommunale doit faire l'objet d'une transmission au représentant de l'État *(C. urb., art. R. 410-18. – CGCT, art. L. 2131-2)*. Le maire ou le président informe alors le demandeur de la date à laquelle la décision et le dossier ont été transmis au préfet ou à son délégué dans les conditions définies aux articles L. 2131-1 et L. 2131-2 du Code général des collectivités territoriales *(C. urb., art. R. 410-19)*.

Pour aller plus loin

- G. Godfrin, De la nature juridique du certificat d'urbanisme tacite : Constr.-Urb. 2008, comm. 29
- M.-C. Mehl-Schouder, Le « silence vaut acceptation » en droit de l'urbanisme et « ses » législations indépendantes : AJCT 2015, p. 120
- H. Pauliat, Les dérogations au principe du silence valant acceptation au bout de deux mois : portée pour le notariat : JCP N 2015, n° 48, act. 1123
- M. Trémeau, Le certificat d'urbanisme un an après : DAUH 2009, p. 69

B. – CONTENU DU CERTIFICAT D'URBANISME

2243 Le contenu du certificat d'urbanisme est déterminé par les articles L. 410-1 et A. 410-3 à A. 410-5 du Code de l'urbanisme.

1° Renseignements communs aux deux certificats

2244 Le certificat d'urbanisme indique :
- les dispositions d'urbanisme ;
- les limitations administratives au droit de propriété ;
- la liste des taxes et participations d'urbanisme ;
- l'existence d'un sursis à statuer. Lorsque tel est le cas, le certificat d'urbanisme précise expressément laquelle ou lesquelles des circonstances prévues aux deuxième à sixième alinéas de l'article L. 424-1 du Code de l'urbanisme permettraient d'opposer le sursis à statuer ;
- la nécessité d'un accord ou un avis d'un service de l'État *(C. urb., art. L. 410-1)*.

2245 Dispositions d'urbanisme – Il n'est pas possible ici d'en donner une liste exhaustive. Rappelons que le certificat d'urbanisme doit mentionner de façon expresse et précise les dispositions d'urbanisme applicables. Par exemple, le certificat d'urbanisme mentionnera les règles résultant de l'inclusion du terrain dans un lotissement ou tous les éléments du plan local d'urbanisme applicables au petitionnaire.

2246 Limites administratives du droit de propriété – Le certificat d'urbanisme comporte l'indication des servitudes d'utilité publique qui affectent l'utilisation des sols. Celles-ci figurent en annexe du livre Ier de la partie réglementaire du Code de l'urbanisme.

2247 Liste des taxes et participations d'urbanisme – Le certificat doit indiquer la liste des taxes et participations applicables *(C. urb., art. A. 410-4, d)*.

2248 Droit de préemption – Le certificat d'urbanisme indique si le bien est situé ou non à l'intérieur du périmètre d'un ou des droits de préemption définis par le Code de l'urbanisme *(C. urb., art. R. 410-15)*.

2249 Avis ou accord de l'État – Le certificat d'urbanisme doit mentionner expressément si le projet est soumis à un avis ou à un accord du service de l'État *(C. urb., art. L. 410-1)*.

2250 Ancien site industriel et secteur d'information sur les sols – Le certificat d'urbanisme doit indiquer si le terrain est situé :
- sur un site répertorié sur la carte des anciens sites industriels et activités de services mentionnée à l'article L. 125-6 du Code de l'environnement ou dans un ancien site industriel ou de service dont le service instructeur a connaissance ;
- sur un secteur d'information sur les sols prévu à l'article L. 125-6 du Code de l'environnement.

2251 Sursis à statuer – Selon l'article L. 410-1 du Code de l'urbanisme, le certificat d'urbanisme mentionne expressément, lorsqu'un sursis à statuer est opposable à une déclaration préalable ou à une demande de permis *(S. Pérignon, Certificat d'urbanisme et sursis à statuer : AJDA 2009, p. 15)*. Lorsque tel est le cas, il précise alors expressément laquelle ou lesquelles des circonstances prévues aux deuxième à sixième alinéas de l'article L. 424-1 du Code de l'urbanisme permettraient d'opposer le sursis à statuer.

2° Contenu propre au certificat opérationnel

2252 Le certificat opérationnel mentionnera l'état des équipements publics existants ou prévus et si le terrain peut être utilisé pour la réalisation de l'opération projetée.

2253 Équipements publics – Par équipements publics, il s'agit d'équipement de voirie, eau potable, assainissement et électricité (cadre 5 de la demande de certificat d'urbanisme).
Le certificat doit indiquer si le terrain est desservi par l'opération envisagée, il doit être indiqué les équipements existants prévus et leur date de réalisation.

2254 Réalisation du projet – Le certificat d'urbanisme indique si le terrain peut être utilisé pour la réalisation de l'opération projetée. Cette décision porte exclusivement sur la localisation approximative du ou des bâtiments dans l'unité foncière, leur destination et leur sous-destination et sur les modalités de desserte par les équipements publics existants ou prévus *(C. urb., art. R. 410-13)*.

C. – DURÉE DE VALIDITÉ

2255 **18 mois** – De façon uniforme, les deux certificats ont une durée de validité de 18 mois *(C. urb., art. L. 410-1)*. Ce délai de 18 mois court à compter de la date d'acquisition du certificat d'urbanisme tacitement obtenu en application des dispositions de l'article R. 410-12 du Code de l'urbanisme, nonobstant toute délivrance ultérieure d'un certificat d'urbanisme exprès *(C. urb., art. R. 410-18)*.

2256 **Prorogation** – Le certificat d'urbanisme peut être prorogé par périodes d'une année sur demande présentée 2 mois au moins avant l'expiration du délai de validité, si les prescriptions d'urbanisme, les servitudes administratives de tous ordres et le régime des taxes et participations d'urbanisme applicables au terrain n'ont pas changé *(C. urb., art. R. 410-17)*.
À défaut de notification d'une décision expresse portant prorogation du certificat d'urbanisme dans le délai de 2 mois suivant la réception de la demande, le silence gardé par l'autorité compétente vaut prorogation du certificat d'urbanisme. La prorogation prend effet au terme de la validité de la décision initiale *(C. urb., art. R. 410-17-1)*.

D. – RÉPONSE DE L'ADMINISTRATION

2257 En matière de certificat opérationnel, qui dépasse le simple cadre du renseignement, l'Administration a l'obligation d'indiquer si le terrain peut être utilisé conformément à la demande. Trois possibilités s'offrent à l'Administration.

2258 **Certificat positif** – Si aucune disposition d'urbanisme ou autre limitation ne frappe le terrain, ce dernier peut être utilisé pour l'opération envisagée.

2259 **Certificat positif assorti de prescriptions** – L'article R. 410-14 du Code de l'urbanisme prévoit la délivrance d'un certificat d'urbanisme assorti de prescriptions. La prescription ne peut porter que sur des points de détail et non bouleverser le projet. La décision doit alors être motivée.

2260 **Certificat négatif** – Si le terrain ne peut être utilisé pour la réalisation de l'opération envisagée, la réponse ne peut être que négative. La décision doit être motivée *(C. urb., art. R. 410-14)*.

E. – VALEUR JURIDIQUE DU CERTIFICAT D'URBANISME

2261 Le certificat d'urbanisme est une source d'informations (dispositions d'urbanisme, servitudes d'utilité publique, droit de préemption...), mais il est aussi créateur de droits. Le certificat d'urbanisme assure la stabilité temporaire des dispositions qui conditionnent l'occupation d'un terrain à des fins d'urbanisme. Mais il n'a pas pour objet d'autoriser une construction.

2262 **Cristallisation temporaire des règles d'urbanisme** – Lorsqu'une demande d'autorisation (permis de construire, d'aménager) ou une déclaration préalable est déposée dans le délai de 18 mois (possibilité de prorogation) à compter de la délivrance du certificat d'urbanisme, le régime des taxes et participations d'urbanisme ainsi que les limitations administratives au droit de propriété et de dispositions d'urbanisme tels qu'ils existaient à la date de délivrance du certificat ne peuvent être remis en cause, à l'exception des dispositions qui ont pour objet la préservation de la sécurité ou de la salubrité publique *(C. urb., art. L. 410-1, al. 2)*. Cette cristallisation vaut, tant pour un certificat positif, qu'un certificat négatif *(CE, 18 déc. 2017, n° 380438 : JurisData n° 2017-026080 ; Constr.-Urb. 2018, comm. 2, X. Couton)*.

2263 **Limites** – Au niveau de la constructibilité, la garantie demeure assez sommaire ; elle ne porte pas sur les éléments de l'article R. 410-1 du Code de l'urbanisme (la localisation approximative du bâtiment, leur destination, les modalités de desserte). Tout autre changement de réglementation, par exemple sur l'aspect extérieur de l'immeuble, n'est pas garanti par le certificat.
Le certificat d'urbanisme ne garantit son bénéficiaire que contre d'éventuelles nouvelles dispositions d'urbanisme survenues entre la délivrance du certificat d'urbanisme et la demande de permis de construire (changement de zonage), mais cela aux conditions suivantes :
- que la demande de permis de construire soit déposée dans le délai de validité du certificat d'urbanisme ;
- que le certificat d'urbanisme soit légal, l'Administration pouvant revenir sur un certificat d'urbanisme illégal en procédant à son retrait dans un délai de 4 mois à compter de sa signature ;
- qu'il n'y ait pas eu de dispositions qui ont pour objet la préservation de la sécurité ou de la salubrité publique ; ces mesures sont opposables au titulaire d'un certificat d'urbanisme comme au bénéficiaire d'un permis de construire *(C. urb., art. R. 111-2)*.

2264 **Caractère réel** – Le certificat d'urbanisme a un caractère réel, il est attaché au terrain. Toute personne venant à détenir le droit d'utiliser le terrain peut s'en prévaloir.

F. – CONTENTIEUX

2265 **Recours en annulation** – Le certificat d'urbanisme est un acte administratif ; il peut faire l'objet d'un recours en annulation. Il y aura lieu, sous peine d'irrecevabilité de respecter les notifications de l'article R. 600-1 du Code de l'urbanisme. L'annulation a les mêmes effets que le retrait. L'annulation d'un certificat d'urbanisme négatif ne rend pas le demandeur titulaire d'un certificat d'urbanisme positif lui conférant des droits acquis.

2266 **Recours en indemnisation** – La responsabilité de l'Administration peut être engagée pour faute. Elle peut résulter le plus souvent d'une erreur, d'une omission. Le préjudice ne sera indemnisable que s'il est direct, matériel et certain. Aucune indemnité n'est due à défaut de préjudice. Un certificat d'urbanisme erroné n'engage la responsabilité de son auteur que si l'intéressé apporte la preuve que le document l'avait empêché de réaliser une vente.

G. – RÔLE DU NOTAIRE

2267 Le rôle et la responsabilité du notaire en matière de certificat d'urbanisme sont liés à son obligation générale de conseil à l'occasion des actes qu'il reçoit En effet, les servitudes d'urbanisme et les possibilités de construction qui en découlent sont d'un intérêt tel pour l'acquéreur que celui-ci est en droit d'exiger les informations les plus complètes possible à ce sujet.

2268 **Principe** – Le notaire doit, en règle générale, obtenir avant la réception d'un acte de vente, un certificat d'urbanisme relatif à l'objet de la vente. Certes, le certificat d'urbanisme n'est pas obligatoire, mais il est nécessaire *(Rép. min. n° 3135 : JO Sénat 29 janv. 1998, p. 325)*.

2269 **Limites** – En théorie, ce n'est que dans des hypothèses exceptionnelles où l'acquéreur est à même de se procurer ces renseignements (et qu'il a effectivement obtenu) que le notaire pourra être dispensé de se faire délivrer un certificat d'urbanisme. Même dans le cas où l'acquéreur a pu se renseigner par lui-même ou dans celui où il vient d'obtenir le permis de construire, il conviendra de s'assurer qu'il n'existe aucune servitude sur l'immeuble.
La dispense de délivrance doit, de préférence, être établie séparément de l'acte et réserver la preuve que l'acquéreur donne cette dispense en connaissance de cause.

2270 **Information sur le contenu du certificat** – Le rôle du notaire ne doit pas se borner à se faire délivrer un certificat. Il doit le porter à la connaissance des intéressés. Compte tenu des modifications constantes des règles d'urbanisme, il convient de disposer d'un certificat d'urbanisme recent, en cours de validité. Le notaire se doit d'attirer l'attention de son client sur la portée limitée du certificat d'urbanisme.
Par ailleurs, le notaire doit, en présence de renseignements contradictoires contenus dans le certificat d'urbanisme, procéder à des interrogations complémentaires. En effet, si le notaire n'a, en principe, pas d'autre obligation que l'obtention d'un certificat d'urbanisme, il en va différemment lorsqu'il a des raisons de soupçonner le caractère incomplet ou erroné de ce document.

Pour aller plus loin

Formules
- JCl. Notarial Formulaire, V° Vente d'immeuble, fasc. 105 (cadre de vente)
- JCl. Notarial Formulaire, V° Vente d'immeuble, fasc. 125 (terrain à bâtir), par J. Lafond

Fiches pratiques
- Fiche pratique n° 3111 : Déterminer l'immeuble vendu et les sujétions le grevant au sein de la partie développée de l'acte authentique de vente, par S. Olivier
- Fiche pratique n° 1721 : Rédiger une vente d'immeuble, par M. Suquet-Cozic

Commentaires
- JCl. Notarial Formulaire, Synthèse 1440, Vente d'immeuble, préparation de l'acte, par V. Zalewski-Sicard
- JCl. Notarial Formulaire, Synthèse 1470, Vente d'immeuble, bien vendu, par V. Zalewski-Sicard
- JCl. Administratif, Synthèse 260, Permis de construire et déclaration préalable, par G. Liet-Veaux et D. Gillig
- JCl. Notarial Formulaire, V° Certificat d'urbanisme, fasc. 10, par G. Liet-Vaux
- JCl. Administratif, fasc. 445-60
- JCl. Collectivités territoriales, fasc. 1302

Pour aller plus loin

Revues
- G. Godfrin, De la nature juridique du certificat d'urbanisme tacite : Constr.-Urb. 2008, comm. 29
- M.-C. Mehl-Schouder, Le « silence vaut acceptation » en droit de l'urbanisme et « ses » législations indépendantes : AJCT 2015, p. 120
- M. Trémeau, Le certificat d'urbanisme un an après : DAUH 2009, p. 69

II. Condition suspensive d'obtention d'un permis de construire

2271 Lorsque l'acquéreur souhaite construire sur le terrain qu'il acquiert, il convient d'insérer dans le contrat préparatoire de la vente d'immeuble une condition suspensive d'obtention d'un permis de construire. En effet, l'obtention d'un certificat d'urbanisme opérationnel positif ne garantit pas à l'acquéreur qu'il pourra effectivement réaliser la construction qu'il projette. Seule l'obtention d'un permis de construire est de nature à lui garantir une telle possibilité.

Conseil pratique Devront être précisées dans la clause contenant une telle condition suspensive :
- le projet qu'entend réaliser l'acquéreur (bâtiment collectif ou individuel, surface...) ;
- les obligations pesant sur l'acquéreur relativement aux démarches à accomplir en vue de l'obtention du permis de construire ;
- le délai de réalisation de la condition suspensive ;
- que la condition est stipulée dans l'intérêt exclusif de l'acquéreur ;
- les obligations de l'acquéreur en l'absence de conclusion de la vente, après obtention du permis de construire ;
- que le permis de construire devra avoir un caractère définitif, c'est-à-dire créant des droits acquis ne pouvant être anéantis, pour que la condition puisse être considérée comme réalisée.

Clause – Exemple de clause de condition suspensive d'obtention d'un permis de construire

La présente promesse est conclue sous la condition suspensive d'obtention d'un permis de construire définitif par l'acquéreur relativement au projet suivant :... (***description de la construction envisagée par l'acquéreur***) avant la date du... (***préciser la date retenue par les parties***).
L'acquéreur s'engage à déposer dans un délai de... (***préciser un délai***) une demande de permis de construire conforme au projet défini précédemment.
À défaut du dépôt d'une demande conforme au projet défini dans la présente promesse, dans le délai convenu, l'acquéreur ne pourra se prévaloir du défaut de réalisation de la condition.
L'acquéreur, dans l'intérêt duquel est exclusivement prévue la présente condition, aura la possibilité d'y renoncer, tant avant qu'après son accomplissement. Cette renonciation devra prendre la forme d'une lettre recommandée avec accusé de réception adressée au notaire ayant reçu la présente promesse. Ladite lettre devra être reçue avant la date convenue par les parties pour la réitération par acte authentique de la présente promesse.

2272 Vérifications préalables – Afin de pouvoir rédiger ladite clause contenant la condition suspensive d'obtention du permis de construire, il est nécessaire au préalable de déterminer si le projet de l'acquéreur nécessite une telle obtention. En effet, une déclaration préalable de travaux pourrait s'avérer suffisante (V. n° ***2273*** et s.). Une fois cette vérification effectuée, il peut alors être procédé à la rédaction de la clause contenant la condition suspensive d'obtention du permis de construire. Ce sont alors les démarches de l'acquéreur nécessaires à l'obtention du permis de construire qui devront être précisées, ce qui suppose de connaître celles-ci (V. n° ***2283*** et s.). De même et toujours pour que la clause contenant la condition suspensive puisse être correctement rédigée, il convient que soient connus le délai nécessaire à l'obtention d'un permis et le délai pour qu'il ait un caractère définitif, ce qui permettra de fixer le délai de réalisation de la condition (V. n° ***2289*** et s.).

A. – DÉTERMINATION DE L'AUTORISATION D'URBANISME NÉCESSAIRE

2273 Projet de l'acquéreur – Afin de déterminer quelle autorisation d'urbanisme est nécessaire pour la réalisation du projet de l'acquéreur et pouvoir ainsi rédiger la clause contenant la condition suspensive d'obtention d'une autorisation d'urbanisme, il est nécessaire d'établir si une déclaration préalable ou un permis de construire doivent être demandés, ce qui suppose de circonscrire le champ d'application de ces deux autorisations. Seront examinés ci-après uniquement les travaux soumis à permis de construire, ceux nécessitant une déclaration préalable faisant l'objet d'un examen dans la partie consacrée aux ventes d'immeubles bâtis.

1° Principe : la nécessité d'un permis de construire

2274 Construction nouvelle – Le principe est le suivant : quiconque désire entreprendre ou implanter une construction à usage d'habitation ou non, même ne comportant pas de fondations, doit au préalable obtenir un permis de construire *(C. urb., art. L. 421-1)*. Des exceptions sont toutefois prévues *(C. urb., art. R. 421-1)*.

2275 Notion de construction – La notion de construction est des plus étendue. Elle n'est pas définie par le Code de l'urbanisme pour les hypothèses où un permis de construire est nécessaire. Sont ainsi considérés comme des constructions, les maisons individuelles et immeubles collectifs, un silo, un mur de soutènement, une éolienne, sauf exception de l'article R. 421-2, c du Code de l'urbanisme, une antenne relais de téléphonie mobile avec son local technique, les maisons mobiles, donc n'ayant pas de fondations et simplement posées sur des parpaings, les piscines couvertes, sauf exception de l'article R. 421-2 du Code de l'urbanisme, les ouvrages en sous-sol, par exemple, creusement d'une cave sous une maison.

2276 Constructions saisonnières – Un permis est nécessaire même lorsqu'il s'agit de constructions saisonnières *(C. urb., art. L. 432-1)*. Ainsi, lorsque la construction présente un caractère non permanent et est destinée à être régulièrement démontée et réinstallée, le permis précise la ou les périodes de l'année pendant lesquelles la construction doit être démontée. Un nouveau permis n'est pas exigé lors de chaque réinstallation de la construction. Le permis de construire devient caduc si la construction n'est pas démontée à la date fixée par l'autorisation et à l'issue d'un délai qu'il fixe et qui ne peut excéder 5 ans *(C. urb., art. L. 432-2)*.

2277 Constructions précaires – Une construction précaire est une construction implantée pour une durée limitée mais excédant les limites posées par les dispositions relatives aux constructions temporaires. Une telle construction peut exceptionnellement être autorisée à titre précaire *(C. urb., art. L. 433-1. – H. Périnet-Marquet, Permis précaire ou permis dérogatoire ? : Constr.-Urb. 2006, chron. 21)*.

2278 Ensemble immobilier – La construction d'un ensemble immobilier unique, même composé de plusieurs éléments, doit en principe faire l'objet d'une seule autorisation de construire, sauf à ce que l'ampleur et la complexité du projet justifient que des éléments de la construction ayant une vocation fonctionnelle autonome puissent faire l'objet de permis distincts, sous réserve que l'autorité administrative soit en mesure de vérifier, par une appréciation globale, que le respect des règles et la protection des intérêts généraux que garantirait un permis unique sont assurés par l'ensemble des permis délivrés *(CE, 2e et 7e ch. réunies, 28 déc. 2017, n° 406782 : JurisData n° 2017-026789 ; JCP N 2018, n° 4, act. 166)*.

2° Exceptions : l'exclusion de toute autorisation

2279 Exceptions liées à l'importance des travaux – Sont dispensées de toute formalité au titre du Code de l'urbanisme, en raison de leur nature ou de leur très faible importance, sauf lorsqu'ils sont implantés dans le périmètre d'un site patrimonial remarquable, dans les abords des monuments historiques ou dans un site classé ou en instance de classement ; ces exceptions sont énumérées à l'article R. 421-2 du Code l'urbanisme.

2280 Exception fondée sur la nature des travaux – Sont dispensés de toute formalité au titre du Code de l'urbanisme, en raison de leur nature, sauf lorsqu'ils sont implantés dans le périmètre d'un site patrimonial remarquable ou dans les abords des monuments historiques :
- les murs de soutènement ;
- tous les ouvrages d'infrastructure terrestre, maritime, fluviale, portuaire ou aéroportuaire ainsi que les outillages, les équipements ou les installations techniques directement liés à leur fonctionnement, à leur exploitation ou au maintien de la sécurité de la circulation maritime, fluviale, ferroviaire, routière ou aérienne *(C. urb., art. R. 421-3)*.

2281 Exception liée au secret pour raison de sécurité – Les constructions nouvelles nécessitant le secret pour raison de sécurité peuvent être réalisées sans formalités au titre du Code de l'urbanisme *(C. urb., art. R. 421-8 et R. 421-13)*.

2282 Exception liée au caractère temporaire – Les constructions temporaires, sous certaines conditions énoncées par les articles R. 421-5 à R. 421-7 du Code de l'urbanisme, sont exemptées de toute formalité.
La durée d'implantation ne doit pas alors excéder 3 mois et à l'issue de cette durée, le constructeur est tenu de remettre les lieux dans leur état initial.
Toutefois, cette durée est portée à 1 an ou à une durée de chantier limitée à 1 an dans les cas énumérés à l'article R. 421-5 du Code de l'urbanisme.

B. – DÉMARCHES DE L'ACQUÉREUR EN VUE DE L'OBTENTION DU PERMIS DE CONSTRUIRE

2283 Qualité – La demande de permis de construire peut être présentée par le propriétaire du terrain, son mandataire, ou la personne ayant qualité pour exécuter les travaux ou, en cas d'indivision, par un ou plusieurs coïndivisaires ou leur mandataire ou par une personne ayant qualité pour bénéficier de l'expropriation pour cause d'utilité publique *(C. urb., art. R. 423-1 et L. 423-1, al. 1er)*.
Le demandeur doit attester de sa qualité sans avoir à en justifier. Cette attestation est établie sous la responsabilité du pétitionnaire et doit indiquer qu'il entre dans l'une des catégories visées par l'article R. 423-1 du Code de l'urbanisme. L'Administration ne peut effectuer un contrôle qu'au regard des informations en sa possession *(P. Cassia, Le contrôle de la qualité pour demander une autorisation d'urbanisme : JCP A 2015, 2202)*.

2284 Nombre d'exemplaires – La demande de permis de construire et le dossier qui l'accompagne sont établis en principe en quatre exemplaires *(C. urb., art. R. 423-2)*.

2285 Dépôt en mairie – Tous les exemplaires de la demande du dossier de permis de construire sont adressés, par pli recommandé avec demande d'avis de réception postal, au maire de la commune dans laquelle la construction est envisagée, ou déposée contre décharge à la mairie *(C. urb., art. R. 423-1)*.
Le maire affecte un numéro d'enregistrement à la demande et en délivre dans des conditions prévues par arrêté du ministre chargé de l'Urbanisme *(C. urb., art. R. 423-3)*.

2286 Récépissé – Le récépissé précise le numéro d'enregistrement et la date à laquelle un permis tacite doit intervenir, en application du premier alinéa de l'article L. 424-2 du Code de l'urbanisme *(C. urb., art. R. 423-4)*.
Le récépissé précise également que l'autorité compétente peut, dans le délai d'un mois à compter du dépôt du dossier :
a) notifier au demandeur que le dossier est incomplet ;
b) notifier au demandeur un délai différent de celui qui lui avait été initialement indiqué, lorsque le projet entre dans les cas prévus aux articles R. 423-24 à R. 423-33 du Code de l'urbanisme.
Le récépissé indique, en outre, que le demandeur sera informé dans le même délai si son projet se trouve dans une des situations énumérées aux articles R. 424-2 et R. 424-3 du Code de l'urbanisme, où un permis tacite ne peut pas être acquis ou ne peut être acquis qu'en l'absence d'opposition ou de prescription de l'architecte des Bâtiments de France *(C. urb., art. R. 423-5)*.

2287 Intervention d'un architecte – La demande de permis de construire ne peut être instruite que si la personne qui désire entreprendre des travaux soumis à une autorisation de construire a fait appel à un architecte pour établir le projet architectural faisant l'objet de la demande de permis de construire *(C. urb., art. R. 431-1)*.
L'insuffisance d'un projet architectural peut conduire à l'annulation du permis de construire.

2288 Exceptions – Le principe du recours obligatoire à un architecte souffre des exceptions énoncées par l'article R. 431-2 du Code de l'urbanisme.

C. – DÉLAI DE RÉALISATION DE LA CONDITION SUSPENSIVE D'OCTROI DU PERMIS DE CONSTRUIRE

2289 Afin de permettre à l'acquéreur de disposer d'un délai suffisant pour obtenir un permis de construire définitif, doivent être pris en considération, d'une part, le délai d'instruction de la demande de permis de construire et, d'autre part, le délai nécessaire pour que celui-ci présente un caractère définitif.

1° Délai d'instruction de la demande de permis de construire

2290 Point de départ – Le principe est le suivant : le délai d'instruction court à compter de la réception en mairie d'un dossier complet *(C. urb., art. R. 423-19)*. Le dossier est réputé complet si l'autorité compétente n'a pas, dans un délai d'un mois à compter du dépôt du dossier en mairie, notifié au demandeur la liste des pièces manquantes par lettre recommandée avec demande d'avis de réception ou par courriel électronique *(C. urb., art. R. 423-22)*.
Par exception, lorsque le permis ne peut être délivré qu'après enquête publique, le délai d'instruction d'un dossier complet part de la réception par l'autorité compétente du rapport du commissaire enquêteur ou de la commission d'enquête *(C. urb., art. R. 423-20)*.

2291 Délai d'instruction de droit commun – Il est de 2 mois pour les demandes de permis de construire portant sur une maison individuelle et de 3 mois pour les autres demandes de permis de construire *(C. urb., art. R. 423-23)*.

2292 Modification du délai – Dans les conditions et hypothèses visées par les articles R. 423-24 à R. 423-33 et R. 423-34 à R. 423-37-1 du Code de l'urbanisme, le délai d'instruction sera différent du délai de droit commun, soit que le délai initial soit différent soit que le délai fasse l'objet d'une prorogation. Le demandeur doit en être informé *(C. urb., art. R. 423-42 à R. 423-45)*.

Délai d'instruction	
Maison individuelle et ses annexes	Délai de 2 mois *(C. urb., art R. 423-23, b)*
Bâtiment autre qu'une maison individuelle	Délai de 3 mois *(C. urb., art. R. 423-23, c)*
– lorsque le projet est soumis à un régime d'autorisation ou à des prescriptions prévues par d'autres législations ou réglementations que le Code de l'urbanisme ; – lorsque la décision nécessite une dérogation en application des 1° et 3° des articles L. 152-4 et L. 152-6 du Code de l'urbanisme (dérogation à une ou plusieurs règles du PLU) ; – lorsque le projet est situé dans le périmètre d'un site patrimonial remarquable ou dans les abords des monuments historiques ; – lorsque le projet doit être soumis à l'avis de la commission départementale de la préservation des espaces naturels, agricoles et forestiers prévu par l'article L. 112-1-1 du Code rural et de la pêche maritime ; – lorsque le projet est soumis à participation du public hors procédures particulières en application de l'article L. 123-19-2 du Code de l'environnement (décision ayant une incidence sur l'environnement).	Délai de 2 ou 3 mois majoré d'un mois *(C. urb., art. R. 423-24)*
– lorsqu'il y a lieu de consulter une **commission départementale ou régionale** ; – lorsqu'il y a lieu de consulter le **ministre chargé de l'agriculture** en application de l'article L. 643-4 du Code rural et de la pêche maritime (projet de nature à porter atteinte à l'aire ou aux conditions de production, à la qualité ou à l'image du produit d'appellation) ; – lorsqu'il y a lieu d'instruire une dérogation en application du quatrième alinéa de l'article L. 111-3 du Code rural et de la pêche maritime (dérogation aux distances d'implantation par rapport aux **bâtiments agricoles**) ; – lorsque le demandeur a joint à sa demande de permis de construire une demande de dérogation prévue à l'article L. 111-4-1 du Code de la construction et de l'habitation (**projet de surélévation**) ; – lorsque le permis porte sur un projet soumis à **autorisation d'exploitation commerciale** au sens de l'article L. 752-1 du Code de commerce ; – lorsque le projet est soumis à **participation du public par voie électronique** en application de l'article L. 123-19 du Code de l'environnement.	Délai de 2 ou 3 mois majoré de 2 mois *(C. urb. art. R. 423-25, R. 423-25-1).* Ces majorations de délai ne sont pas cumulables avec celle prévue par l'article R. 423-24 du Code de l'urbanisme
lorsque le permis doit être précédé d'une **autorisation de défrichement** en application des articles L. 341-1, L. 341-3 et L. 214-13 du Code forestier dès lors que le défrichement n'est soumis ni reconnaissance de la situation et de l'état des terrains ni à enquête publique.	Délai de 3 mois *(C. urb., art. R. 423-29, c)*
– lorsqu'il y a lieu de consulter une **commission nationale** ; – lorsqu'il y a lieu de consulter l'**assemblée de Corse** en application de l'article R. 423-56 du Code de l'urbanisme ; – lorsqu'il y a lieu de consulter le préfet, dans les conditions prévues par l'article R. 332-24 du Code de l'environnement, lorsqu'il s'agit d'une **réserve naturelle nationale** ou, en Corse, d'une réserve classée par l'État ; – lorsque le permis porte sur un immeuble inscrit au titre des **monuments historiques** et, le cas échéant, lorsqu'il y a lieu d'instruire une dérogation en application du 2° de l'article L. 152-4 du Code de l'urbanisme ; – lorsque le permis doit être précédé d'une **autorisation de défrichement** en application des articles L. 341-1, L. 341-3 et L. 214-13 du Code forestier si le défrichement est uniquement soumis à reconnaissance de la situation et de l'état des terrains ; – lorsque le permis porte sur des travaux soumis à autorisation spéciale du **ministre de la Défense ou du ministre chargé de l'Aviation civile**, sauf si le projet est soumis à l'autorisation prévue à l'article L. 512-1 du Code de l'environnement ; – lorsque le projet est situé dans un espace ayant vocation à être classé dans le cœur d'un futur **parc national** dont la création a été prise en considération en application de l'article R. 331-5 du Code de l'environnement ou dans le cœur d'un parc national délimité en application de l'article L. 331-2 du Code de l'environnement.	Délai de 5 mois *(C. urb., art. R. 423-26, R. 423-27, R. 423-28, R. 423-29, a et R. 423-31, b)*
lorsque le permis doit être précédé d'une **autorisation de défrichement** en application des articles L. 341-1, L. 341-3 et L. 214-13 du Code forestier si le défrichement est uniquement soumis à enquête publique.	Délai de 7 mois *(C. urb., art. R. 423-29, b)*
lorsque le permis porte sur des travaux soumis à l'**accord du ministre chargé des Sites** prévu par le b de l'article R. 425-17 du Code de l'urbanisme (projet situé dans un site classé ou en instance de classement).	Délai de 8 mois *(C. urb., art. R. 423-31, c)*
lorsque le permis porte sur des travaux soumis à **autorisation spéciale du ministre de la Défense** ou du ministre chargé de l'Aviation civile et soumis à l'autorisation prévue à l'article L. 512-1 du Code de l'environnement.	Délai de 10 mois *(C. urb., art. R. 423-31, a)*

Prorogation du délai d'instruction	
– lorsque la délivrance du permis est subordonnée à l'**accord de l'architecte des Bâtiments de France**, que les travaux portent sur un immeuble situé dans le périmètre d'un site patrimonial remarquable ou dans les abords des monuments historiques et que l'autorité compétente en matière d'autorisations d'urbanisme a saisi le préfet de région ou le préfet de Corse d'un recours en cas de désaccord avec l'architecte des Bâtiments de France ; – lorsqu'en application de l'article L. 752-4 du Code de commerce, la délivrance du permis est subordonnée à un **avis favorable de la Commission nationale d'aménagement commercial**.	2 mois *(C. urb., art. R. 423-35 et R. 423-36-1, al. 2)*
lorsque la délivrance du permis est subordonnée à une **autorisation de défrichement** en application de l'article L. 311-5 du Code forestier.	3 mois *(C. urb., art. R. 423-34)*
– lorsque la délivrance du permis est subordonnée, en application de l'article L. 212-7 du Code du cinéma et de l'image animée, à une autorisation de création, d'extension ou de réouverture au public d'**établissements de spectacles cinématographiques**, que la demande a fait l'objet d'un refus de la commission départementale compétente et qu'un recours a été déposé devant la Commission nationale d'aménagement commercial ; – lorsqu'en application soit du I, soit du V de l'article L. 752-17 du Code de commerce, la délivrance du permis est subordonnée à un **avis favorable de la Commission nationale d'aménagement commercial**.	5 mois *(C. urb., art. R. 423-36 et R. 423-36-1, al. 1er)*
lorsque le projet fait l'objet d'une évocation par le **ministre chargé des Sites** ou par le **ministre chargé de la Protection de la nature**.	8 mois *(C. urb., art. R. 423-37)*

2° Permis tacite

2293 Principe – À défaut de décision expresse, l'expiration du délai d'instruction rend le demandeur titulaire d'un permis de construire tacite et les travaux pourront être entrepris conformément au projet déposé *(C. urb., art. L. 424-2 et R. 424-1)*. À l'issue du délai fixé pour l'instruction de la demande, l'autorité compétente en délivre certificat sur simple demande du demandeur, du déclarant ou de ses ayants droit. Ce certificat indique la date à laquelle le dossier a été transmis au préfet ou à son délégué dans les conditions définies aux articles L. 2131-1 et L. 2131-2 du Code général des collectivités territoriales *(C. urb., art. R. 424-13)*.

2294 Exceptions – Le permis de construire tacite n'a pas un champ d'application aussi étendu que le permis de construire exprès. Le constructeur ne peut pas bénéficier d'un permis de construire tacite dans un certain nombre de cas énumérés à l'article R. 424-2 du Code de l'urbanisme.

2295 Effets – L'autorisation implicite produit les mêmes effets qu'une autorisation expresse. Ainsi, le permis tacite est exécutoire à compter de la date à laquelle il est acquis. De même, le permis peut être retiré pour illégalité dans le délai de 3 mois suivant la date de la décision *(C. urb., art. L. 424-5)*.

3° Caractère définitif du permis de construire

2296 L'autorité compétente se prononce par arrêté *(C. urb., art. L. 424-1)*. Un système d'affichage sur le terrain et en mairie fait courir les délais de recours des tiers en contestation du permis de construire (V. n° ***2298*** et s.), tandis que ce délai court à compter de la notification de l'arrêté pour le pétitionnaire (V. n° ***2297***). Cette publicité permet de déterminer à quelle date le permis ne pourra plus faire l'objet de recours (V. n° ***2301*** et s.). Pour apprécier le caractère définitif d'un permis de construire, il y a lieu également de prendre en considération la possibilité d'un retrait de celui-ci (V. n° ***2307*** et s.) et le déféré du préfet (V. n° ***2309*** et s.).

Attention Dans l'hypothèse où l'acquéreur souhaite procéder à la régularisation de la vente avant que le permis n'ait acquis un caractère définitif, le notaire a l'obligation d'éclairer l'acquéreur sur les risques qu'il encourt en s'engageant dans de telles conditions. Il appartient donc au professionnel de s'assurer que l'aléa que semble accepter son client fait bien l'objet d'un « consentement éclairé », c'est-à-dire qu'il a clairement conscience de son existence et qu'il est en mesure d'en apprécier la portée. Il est nécessaire de faire signer aux parties une reconnaissance de conseils donnés.

a) Notification de l'arrêté

2297 En principe, la décision doit être notifiée directement au demandeur par lettre recommandée avec demande d'avis de réception ou, dans les cas prévus à l'article R. 423-48 du Code de l'urbanisme, par échange électronique. Cependant, la décision d'octroi peut être notifiée par pli non recommandé lorsque celle-ci n'est pas assortie de prescriptions ou de participations *(C. urb., art. R. 424-10)*. À l'égard du demandeur, c'est cette notification qui fait courir le délai contentieux.

b) Publicité

2298 La procédure d'affichage est très importante pour la pratique notariale, car son non-respect empêche les délais de recours contentieux en annulation de courir. Un double affichage s'impose sur le terrain et en mairie *(C. urb., art. R. 424-15 et C. urb., art. A. 424-15 à A. 424-18)*.

2299 Preuve de l'affichage – En ce qui concerne l'affichage sur le terrain, il appartient au bénéficiaire de prouver qu'il a respecté les formalités de l'article R. 424-15 du Code de l'urbanisme.
En ce qui concerne l'affichage en mairie, il appartient à l'autorité administrative d'en apporter la preuve.

Conseil pratique **La preuve de l'affichage peut être apportée par tous moyens, mais il est conseillé de faire constater par acte extrajudiciaire au moins le début de l'affichage et la permanence dudit affichage 2 mois après le premier jour de l'affichage sur le terrain.**

2300 Absence ou irrégularité d'affichage – L'absence de l'affichage, soit sur le terrain soit en mairie, empêche de faire courir les délais de recours contentieux. En effet, le point de départ du délai de recours contentieux à l'encontre d'un permis de construire court à l'égard des tiers à compter du premier jour d'une période continue de 2 mois d'affichage sur le terrain des pièces mentionnées à l'article R. 424-15 du Code de l'urbanisme *(C. urb., art. R. 600-2)*. La théorie de la connaissance acquise peut toutefois être mise en œuvre.

c) Recours contre le permis de construire

2301 Recours gracieux – Un recours gracieux peut être exercé par un tiers y ayant intérêt. Ce recours a pour effet de prolonger le délai pour exercer un recours contentieux. Pour que l'existence d'un tel recours soit reconnue, encore faut-il que le tiers ait adressé à l'autorité ayant délivré le permis une demande de retrait du permis par voie de lettre recommandée avec accusé de réception. L'Administration dispose alors d'un délai de 2 mois à compter de la date de réception de la demande pour se prononcer sur ce recours. À l'issue de ce délai, le silence gardé par l'autorité compétente vaut rejet implicite.

2302 Recours pour excès de pouvoir – La décision d'octroi ou de refus de permis de construire est une décision administrative faisant grief, susceptible d'être attaquée par la voie du recours d'excès de pouvoir (annulation), soit par le demandeur (cas de refus ou de sursis à statuer), soit par des tiers (cas d'octroi du permis).

2303 Délai de recours de 2 mois – Le délai de recours contentieux à l'encontre d'un permis de construire court à l'égard des tiers à compter du premier jour d'une période continue de 2 mois d'affichage sur le terrain des pièces mentionnées à l'article R. 424-15 du Code de l'urbanisme *(C. urb., art. R. 600-2)*. Ce point de départ est différé à une date ultérieure lorsqu'un recours gracieux a été formé. En ce cas, le délai de 2 mois de l'article R. 600-2 du Code de l'urbanisme peut être repoussé jusqu'à 4 mois : délai de 2 mois pour le recours gracieux et délai de 2 mois pour la réponse de l'Administration.
Pour autant, et ce même en l'absence d'affichage, aucune action en vue de l'annulation d'un permis de construire n'est recevable à l'expiration d'un délai de six mois à compter de l'achèvement de la construction. Sauf preuve contraire, la date de cet achèvement est celle de la réception de la déclaration d'achèvement mentionnée à l'article R. 462-1 du Code de l'urbanisme *(C. urb., art. R. 600-3)*.

2304 Notification – L'auteur du recours, qu'il s'agisse d'un recours gracieux ou d'un recours contentieux, est tenu, à peine d'irrecevabilité, de notifier son recours à l'auteur de l'autorisation et au titulaire de l'autorisation et, lorsqu'il s'agit d'un recours contentieux, à l'auteur de la décision. La notification doit intervenir par lettre recommandée avec accusé de réception, dans un délai de 15 jours francs à compter du dépôt du recours.
La notification du recours à l'auteur de la décision et, s'il y a lieu, au titulaire de l'autorisation est réputée accomplie à la date d'envoi de la lettre recommandée avec accusé de réception. Cette date est établie par le certificat de dépôt de la lettre recommandée auprès des services postaux *(C. urb., art. R. 600-1)*.

Conseil pratique **Lorsque le permis a été demandé par plusieurs personnes, sans mention sur l'arrêté d'un mandataire unique, la notification doit être faite à tous les pétitionnaires dont le nom figure sur l'arrêté** ***(CE, 2e et 7e ch. réunies, 4 déc. 2017, n° 407165 : JurisData n° 2017-024729 ; JCP N 2017, act. 1034 ; RD rur. 2018, comm. 27, obs. F. Collard).***

2305 Intérêt personnel et direct – Une personne autre que l'État, les collectivités territoriales ou leurs groupements ou une association n'est recevable à former un recours pour excès de pouvoir contre un permis de construire que si la construction ou les travaux sont de nature à affecter directement les conditions d'occupation, d'utilisation ou de jouissance du bien qu'elle détient ou occupe régulièrement ou pour lequel elle bénéficie d'une promesse de vente, de bail, ou d'un contrat préliminaire mentionné à l'article L. 261-15 du Code de la construction et de l'habitation *(C. urb., art. L. 600-1-2. – A. Catherine, Les conséquences de la définition restrictive de l'intérêt à agir en matière d'urbanisme : Constr.-Urb. 2016, étude 1)*.
L'article R. 600-4 du Code de l'urbanisme impose en conséquence que les requêtes dirigées contre une décision relative à l'occupation ou l'utilisation du sol, à peine d'irrecevabilité, soient accompagnées du titre de propriété, de la promesse de vente, du bail, du contrat préliminaire mentionné à l'article L. 261-15 du Code de la construction et de l'habitation, du contrat de bail, ou de tout autre acte de nature à établir le caractère régulier de l'occupation ou de la détention de son bien par le requérant. Lorsqu'elles sont introduites par une association, ces mêmes requêtes doivent, à peine d'irrecevabilité, être accompagnées des statuts de celle-ci, ainsi que du récépissé attestant de sa déclaration en préfecture.

2306 **Sursis à statuer** – Le juge administratif, lorsqu'il est saisi d'une demande en annulation, peut surseoir à statuer pour permettre au pétitionnaire de régulariser la situation.

Il en va ainsi :

- Lorsqu'après avoir constaté que les autres moyens ne sont pas fondés et estimé qu'un vice n'affectant qu'une partie du projet peut être régularisé par un permis modificatif, le juge peut limiter à cette partie la portée de l'annulation qu'il prononce et, le cas échéant, fixer le délai dans lequel le titulaire du permis pourra en demander la régularisation *(C. urb., art. L. 600-5)* ; la régularisation doit alors porter sur des éléments du projet pouvant faire l'objet d'un permis modificatif ;
- lorsqu'après avoir constaté que les autres moyens ne sont pas fondés et estimé qu'un vice entraînant l'illégalité de cet acte est susceptible d'être régularisé par un permis modificatif, le juge peut, après avoir invité les parties à présenter leurs observations, surseoir à statuer jusqu'à l'expiration du délai qu'il fixe pour cette régularisation ; si un tel permis modificatif est notifié dans ce délai au juge, celui-ci statue après avoir invité les parties à présenter leurs observations *(C. urb., art. L. 600-5-1)*.

Pour aller plus loin

• E. Baron, La procédure de sursis à statuer de l'article L. 600-5-1 du Code de l'urbanisme en vue de la régularisation d'un permis de construire : *Dr. adm. 2016, prat. 2*

• N. Granier-Calvet et T. Rombauts-Chabrol, L'intérêt à agir en contentieux administratif de l'urbanisme. – Entre innovations et particularismes : *JCP A 2017, 2266*

d) Retrait du permis de construire

2307 **Condition** – Le permis de construire, tacite ou explicite, ne peut être retiré que s'il est illégal et dans le délai de 3 mois suivant sa date. Passé ce délai, la décision de non-opposition et le permis ne peuvent être retirés que sur demande expresse de leur bénéficiaire *(C. urb., art. L. 424-5)*. Toutefois, le permis peut être retiré à tout moment s'il a été obtenu par fraude.

2308 **Effet** – Le retrait entraîne la disparition rétroactive du permis qui est censé n'être jamais intervenu. L'acte de retrait faisant grief peut faire l'objet d'un recours pour excès de pouvoir et être annulé par le juge administratif.

e) Déféré par le préfet

2309 **Délai de transmission au préfet** – Lorsque l'autorité compétente pour délivrer le permis est le maire au nom de la commune, celui-ci transmet un exemplaire de la demande ou de la déclaration préalable au préfet dans la semaine qui suit le dépôt *(C. urb., art. R. 423-7)*. L'autorité administrative doit informer le pétitionnaire de la date à laquelle cette transmission est intervenue *(C. urb., art. R. 424-12)*.

2310 **Recours gracieux** – Le préfet peut demander à la collectivité de procéder à un nouvel examen de sa décision. Cette demande est assimilée à un recours gracieux qui interrompt le délai du déféré s'il est formé avant l'expiration de celui-ci.

2311 **Contrôle de légalité** – Lorsque le permis de construire a été délivré par le maire au nom de la commune, s'applique alors l'article R. 600-1 du Code de l'urbanisme. Le préfet est recevable à déférer cette décision d'octroi d'un permis de construire au tribunal administratif, cela dans un délai de 2 mois courant, suivant les articles L. 2131-1 et suivants du Code général des collectivités territoriales :

- pour un permis exprès, à compter de la transmission du dossier de demande de permis et de l'arrêté de permis de construire au représentant de l'État ;
- pour un permis tacite, à compter de la naissance du permis si le dossier de demande de permis a été transmis au préfet.

Ce délai ne court, dans l'hypothèse d'une demande de complément par le préfet lorsque le dossier de demande est incomplet, qu'à compter de la décision explicite ou implicite par laquelle l'autorité communale a refusé de compléter la transmission initiale. Par ailleurs, ce point de départ est reporté lorsqu'un recours gracieux a été formé. En ce cas, le point de départ du délai de 2 mois peut être repoussé jusqu'à 4 mois : délai de 2 mois pour le recours gracieux et délai de 2 mois pour la réponse de l'Administration.

2312 **Notification** – Le préfet est tenu de notifier le recours qu'il forme contre le permis de construire au pétitionnaire. La notification doit intervenir par lettre recommandée avec accusé de réception, dans un délai de 15 jours francs à compter du dépôt du déféré *(C. urb., art. R. 600-1)*.

Conseil pratique **Pour s'assurer du caractère définitif d'un permis de construire, il convient de vérifier non seulement le délai de retrait du maire et le délai de recours des tiers, mais également le délai de recours du préfet, donc la date de la transmission qui lui a été faite dans le cadre de son contrôle de légalité.**

Depuis le décret n° 2018-617 du 17 juillet 2018, il est possible d'obtenir un certificat de non-recours. En effet, l'article R. 600-7 du Code de l'urbanisme permet à toute personne de se faire délivrer par le greffe de la juridiction devant laquelle un recours est susceptible d'être formé contre un permis de construire ou contre un jugement portant sur une telle décision, un document qui, soit atteste de l'absence de recours contentieux ou d'appel portant sur cette décision devant cette juridiction, soit, dans l'hypothèse où un recours ou un appel a été enregistré au greffe de la juridiction, indique la date d'enregistrement de ce recours ou de cet appel. La même possibilité est ouverte s'agissant des recours devant le Conseil d'Etat.

Délais de recours	
Le permis de construire a été régulièrement affiché sur le terrain.	Passé un délai de 6 mois et 17 jours à compter du premier jour de l'affichage, il n'y a plus de recours possible des tiers.
Le permis a été obtenu sans fraude.	Passé un délai de 3 mois et un jour à compter de la délivrance du permis, le maire ne peut plus retirer le permis.
Le permis est exprès et le dossier de demande de permis ainsi que le permis de construire ont été transmis au préfet.	Passé un délai de 6 mois et 17 jours à compter du jour de la transmission du dossier et de l'arrêté au préfet, le préfet ne plus former de recours.
Le permis est tacite et le dossier de demande de permis a été transmis au préfet.	Passé un délai de 6 mois et 17 jours à compter du jour de la naissance du permis de construire, le préfet ne peut plus former de recours.

III. Condition suspensive de transfert du permis de construire

2313 Lors de la vente d'un immeuble, il est possible que le vendeur ait d'ores et déjà obtenu un permis de construire. Ce permis de construire peut d'ailleurs avoir été demandé au regard du projet de l'acquéreur. Il apparaît alors nécessaire de prévoir dans le contrat préparatoire une condition suspensive relativement au transfert du permis de construire. La demande doit être faite par celui qui entend bénéficier du transfert du permis.

A. – DROIT AU TRANSFERT

2314 **Caractère réel du permis** – Le permis de construire n'est pas délivré en considération de la personne qui en devient titulaire, mais du projet qui a fait l'objet de la demande. Le propriétaire d'un terrain peut utilement reprendre, en l'état de la procédure, la demande de permis de construire introduite par toute personne qui avait qualité pour la présenter, et notamment par le titulaire d'une promesse de vente portant sur le même terrain.

2315 **Possibilité d'un transfert** – Le caractère réel de l'autorisation implique également qu'un permis de construire en cours de validité puisse être transféré au profit d'une autre personne. Ce transfert est subordonné à l'intervention de l'Administration et à l'existence d'une convention entre le pétitionnaire et le bénéficiaire du transfert. Le formulaire CERFA n° 13412*06 peut être utilisé à cette fin *(C. urb., art. A. 431-8)*.

2316 **Pouvoirs de l'Administration** – Le transfert est une simple constatation par l'Administration du changement de titulaire. Dès lors que le demandeur dispose d'un titre lui permettant de construire et que le permis n'est pas périmé, l'Administration doit prendre acte du transfert et ne peut s'y opposer.

Il peut en aller toutefois différemment dans certaines hypothèses. Il en va ainsi :

- lorsque le permis de construire a été demandé par une personne physique et qu'il doit être transféré à une personne morale ; en effet, en ce cas, si la personne physique n'a pas eu recours à un architecte, le transfert ne peut être accordé, la personne morale étant dans l'obligation de recourir à un architecte pour l'obtention d'un permis de construire *(C. urb., art. L. 431-1)* ;
- lorsque le permis de construire nécessite l'obtention préalable d'une autorisation qui n'est pas cessible.

B. – MODALITÉS DU TRANSFERT

2317 **Convention** – Le caractère réel de l'autorisation implique qu'un permis de construire en cours de validité puisse être transféré au profit d'une autre personne. Ce transfert est subordonné à l'intervention de l'Administration et à l'existence d'une convention entre le pétitionnaire et le bénéficiaire du transfert. Cette convention peut prévoir une répartition quant aux taxes qui sont dues *(CE, 27 juill. 2016, n° 390101 : JurisData n° 2016-015772 ; Constr.-Urb. 2016, comm. 116, L. Santoni)*. Elle doit apparaître dans la demande de transfert du permis de construire, ainsi qu'il résulte du formulaire CERFA n° 13412*06.

4 - Nature du transfert

Le transfert de l'autorisation est : total ☐ partiel ☐

Courte description de la (ou des) partie(s) transférée(s) :

5- Accord du (ou des) titulaire(s) du permis

Titulaire(s) de l'autorisation initiale :

je soussigné(e),

Nom(s) et prénom(s) ....

....

autorise

Nom(s) et prénom(s) ....

....

à demander le transfert de l'autorisation N° ....

À : ....

Le : ....

Signature du (ou des) titulaire(s) de l'autorisation initiale :

6 - Engagement du (ou des) demandeurs

J'atteste avoir qualité pour demander la présente autorisation.[2]

Je soussigné(e), auteur de la demande, certifie exacts les renseignements fournis.

J'ai pris connaissance des règles générales de construction prévues par le chapitre premier du titre premier du livre premier du code de la construction et de l'habitation et notamment, lorsque la construction y est soumise, les règles d'accessibilité fixées en application de l'article L. 111-7 de ce code et de l'obligation de respecter ces règles.

Je suis informé(e) que les renseignements figurant dans cette demande serviront au calcul des impositions prévues par le Code de l'urbanisme.

A : ....

Le : ....

Signature du (des) demandeur(s)

Votre demande doit être établie en quatre exemplaires et doit être déposée à la mairie du lieu du projet.

Si vous êtes un particulier : la loi n° 78 -17 du 6 janvier 1978 relative à l'informatique, aux fichiers et aux libertés s'applique aux réponses contenues dans ce formulaire pour les personnes physiques. Elle garantit un droit d'accès aux données nominatives les concernant et la possibilité de rectification. Ces droits peuvent être exercés à la mairie. Les données recueillies seront transmises aux services compétents pour l'instruction de votre demande.

Si vous souhaitez vous opposer à ce que les informations nominatives comprises dans ce formulaire soient utilisées à des fins commerciales, cochez la case ci-contre : ☐

2 Vous pouvez déposer une demande si vous êtes dans un des quatre cas suivants :
- vous êtes propriétaire du terrain ou mandataire du ou des propriétaires ;
- vous avez l'autorisation du ou des propriétaires ;
- vous êtes co-indivisaire du terrain en indivision ou son mandataire ;
- vous avez qualité pour bénéficier de l'expropriation du terrain pour cause d'utilité publique.

2318 **Conditions** – Le transfert ne peut être demandé que dans la période de validité du permis de construire. Précisons à cet égard qu'un permis de construire est périmé si les travaux ne sont pas entrepris dans le délai de 3 ans à compter de la notification mentionnée à l'article R. 424-10 du Code de l'urbanisme ou de la date

à laquelle la décision tacite est intervenue. Il en est de même si, passé ce délai, les travaux sont interrompus pendant un délai supérieur à 1 année *(C. urb., art. R. 424-17)*.
Le transfert s'effectue dans les mêmes conditions que la modification d'un permis de construire. C'est donc cette procédure qui doit être suivie, ce dont il résulte que l'Administration ne peut s'opposer au transfert en raison d'un changement de réglementation entre la date de délivrance du permis et la date de demande de transfert.

2319 Nécessité d'une décision – Une décision de l'autorité administrative compétente est nécessaire pour transférer le permis de construire. Elle n'équivaut pas à la délivrance d'un nouveau permis et elle s'analyse en une simple décision modificative du permis initial. Le maire affecte à la demande de transfert d'un permis en cours de validité un numéro d'enregistrement composé du numéro du permis dont le transfert est demandé, auquel il ajoute un numéro composé de la lettre « t » en cas de transfert, suivie de deux chiffres, pour une numérotation en continu des demandes successives des transferts *(C. urb., art. A. 423-4)*.

C. – EFFETS DU TRANSFERT

2320 Validité du permis de construire – Le transfert n'apporte aucun changement à la période de validité du permis. La décision transférant le permis de construire doit néanmoins être affichée dans les mêmes conditions que le permis initial.

2321 Taxes – Les conséquences du transfert quant à la taxe d'aménagement qui est due sont régies par les dispositions de l'article L. 331-26 du Code de l'urbanisme. En cas de transfert total de l'autorisation de construire, le redevable de la taxe d'aménagement est le nouveau titulaire du droit à construire. Un titre d'annulation est émis au profit du redevable initial. De nouveaux titres de perception sont émis à l'encontre du ou des nouveaux titulaires du droit à construire. Le titre de perception est émis dans les 36 mois suivant l'émission du titre d'annulation.
La convention relative au transfert du permis de construire peut prévoir une répartition quant aux taxes qui sont dues.

Clause – Exemple de clause de condition suspensive du transfert du permis de construire

La présente promesse est conclue sous la condition suspensive du transfert définitif du permis de construire n°… à l'acquéreur.
L'acquéreur s'engage à déposer dans un délai de… (***préciser un délai***) une demande de transfert du permis de construire conforme au projet défini précédemment.
À défaut du dépôt d'une demande de transfert, dans le délai convenu, l'acquéreur ne pourra se prévaloir du défaut de réalisation de la condition.
L'acquéreur, dans l'intérêt duquel est exclusivement prévue la présente condition, aura la possibilité d'y renoncer, tant avant qu'après son accomplissement. Cette renonciation devra prendre la forme d'une lettre recommandée avec accusé de réception adressée au notaire ayant reçu la présente promesse. Ladite lettre devra être reçue avant la date convenue par les parties pour la réitération par acte authentique de la présente promesse.

IV. Consistance du terrain

2322 En vertu de l'article L. 115-4 du Code de l'urbanisme, deux obligations doivent être respectées lors de la vente d'un terrain à bâtir :
– la première est une obligation d'information ;
– la deuxième une obligation de bornage.
La violation de l'une ou de l'autre est sanctionnée par l'article L. 115-5 du Code de l'urbanisme. Ces obligations n'existent que si l'acquéreur a déclaré qu'il entendait construire un immeuble à usage d'habitation ou à usage mixte d'habitation et professionnel sur ce terrain et qu'une telle intention est mentionnée dans la promesse ou l'acte de vente.
Pour un terrain en secteur diffus, seule l'obligation d'information doit être respectée.

2323 Contrat conclu – Cette obligation s'impose pour toute promesse unilatérale de vente ou d'achat, tout contrat réalisant ou constatant la vente d'un terrain. Ne sont donc pas concernés par cette obligation d'information, les pactes de préférence et les offres de vente ou d'achat. Par contre, pour les promesses synallagmatiques de vente, tout comme les ventes conditionnelles ou à terme, le promettant ou le vendeur est tenu de respecter l'obligation d'information.

2324 Indifférence de la qualité des parties – L'article L. 115-4 du Code de l'urbanisme ne fait aucune distinction suivant la qualité des parties. Il est donc indifférent de déterminer si le vendeur du terrain est un professionnel ou un consommateur, comme il est indifférent de déterminer si l'acquéreur est un professionnel ou un consommateur.

2325 Mention spécifique – Lorsque les conditions prévues par le premier alinéa de l'article L. 115-4 du Code de l'urbanisme sont remplies, il doit être précisé dans la promesse et l'acte de vente si le descriptif du terrain résulte d'un bornage.

2326 Démarches – Pour déterminer si le terrain a fait l'objet d'un bornage, un renseignement hypothécaire peut être sollicité, ce qui permettra de prendre connaissance de tout procès-verbal de bornage ayant fait l'objet d'une publicité. Cette publicité n'étant toutefois que facultative, cette demande de renseignement sera utilement complétée par l'interrogation du fichier Aurige qui recense l'ensemble des opérations de bornage réalisées depuis janvier 2000. Le portail Géofoncier permet également de consulter l'ensemble des interventions foncières effectuées par les géomètres-experts depuis 1997 (*www.geofoncier.fr/*).
Lorsque la réponse est négative, le descriptif du terrain est établi à partir du plan cadastral, des énonciations sur les titres de propriété et/ou de critères matériels : clôture, rivière, fossés, falaise (*Cass. 3e civ., 13 déc. 2018, n° 17-31.270, P+B*), etc.

Pour aller plus loin

Formules
- JCl. Notarial Formulaire, V° Vente d'immeuble, fasc. 109 (Vente d''immeuble – Reconnaissance de conseils donnés), par J. Lafond
- JCl. Notarial Formulaire, V° Vente d'immeuble, fasc. 125 (Vente d''immeuble – Désignation), par J. Lafond

Fiche pratique
- Fiche pratique n° 1721 : Rédiger une vente d'immeuble, par M. Suquet-Cozic

Commentaires
- JCl. Notarial Formulaire, Synthèse 410, Permis de construire et déclaration préalable, par G. Liet-Veaux et D. Gillig
- JCl. Notarial Formulaire, Synthèse 1440, Vente d'immeuble, préparation de l'acte, par V. Zalewski-Sicard
- JCl. Notarial Formulaire, V° Construction et urbanisme, fasc. 700, par G. Liet-Vaux et J.-L. Pissaloux

Urbanisme

Vente d'un terrain à bâtir impliquant ou issu d'une division

2327 Lors de la vente d'un terrain, celui-ci n'est pas nécessairement voué à accueillir un bâtiment. Toutefois, tel peut être l'objectif de l'acquéreur. Dès lors qu'il en a informé le notaire, ce dernier doit effectuer toutes les vérifications permettant d'indiquer à l'acquéreur s'il pourra ou non réaliser son projet. Il doit également lui conseiller de conclure la vente sous condition suspensive d'obtention d'une autorisation d'urbanisme.
Ce terrain, objet de la vente, peut être un terrain issu d'une division et soumis alors au respect de règles spécifiques, comme celles relatives au lotissement ou à une ZAC (zone d'aménagement concertée). Ces règles spécifiques devront être prises en considération pour s'assurer que l'acquéreur pourra réaliser son projet de construction, vérifier si la division est bien régulière et si la vente doit remplir des conditions particulières.

2328 La vente d'un terrain impliquant une division ou issu d'une division nécessite de prendre en compte la façon dont doit ou est intervenue cette division. Le terrain peut, en effet, être divisé dans le cadre d'un lotissement, d'un permis de construire valant division ou bien encore d'une zone d'aménagement concerté, le choix devant être effectué en fonction des attentes du vendeur. Quelle que soit l'hypothèse en cause, il y a alors lieu de prendre en considération des dispositions spécifiques qui s'ajoutent, se substituent ou se superposent à celles applicables lorsque le terrain vendu est un terrain en secteur diffus.

I. Bornage du terrain

2329 Comme on l'a dit relativement à la vente d'un terrain à bâtir en secteur diffus (*V. n° **2322***), l'article L. 115-4 du Code de l'urbanisme impose le respect de deux obligations spécifiques lors de la vente d'un terrain à bâtir :
- la première est une obligation d'information ;
- la deuxième une obligation de bornage.

La violation de l'une ou de l'autre est sanctionnée par l'article L. 115-5 du Code de l'urbanisme. Ces obligations n'existent que si l'acquéreur a déclaré qu'il entendait construire un immeuble à usage d'habitation ou à usage mixte d'habitation et professionnel sur ce terrain et qu'une telle intention est mentionnée dans la promesse ou l'acte de vente *(V. n° **1635** et s.)*.
L'obligation d'information ayant été exposée ci-dessus, l'obligation de bornage qui s'impose uniquement lorsque le terrain à bâtir n'est pas en secteur diffus est seule examinée ici.

2330 Terrains concernés – Sont visés par le second alinéa de l'article L. 115-4 du Code de l'urbanisme :
- le terrain, lot de lotissement, sans qu'il y ait lieu de distinguer suivant que ledit lotissement a été autorisé par un permis d'aménager ou une déclaration préalable ;
- le terrain issu d'une division effectuée à l'intérieur d'une zone d'aménagement concerté (ZAC) ;
- le terrain issu d'un remembrement réalisé par une association foncière urbaine (AFU).

Il en résulte que le terrain en secteur diffus n'est pas concerné par l'obligation de bornage.

2331 Contrat conclu – Le second alinéa de l'article L. 115-4 du Code de l'urbanisme vise la promesse ou le contrat réalisant ou constatant la vente.

2332 Exigences quant au bornage – Du second alinéa de l'article L. 115-4 du Code de l'urbanisme, il résulte :
- que le propriétaire du terrain doit, avant de le vendre, réaliser un bornage ;
- et que la promesse ou le contrat de vente devra faire mention du descriptif du terrain résultant du bornage.

S'agissant de l'obligation de réaliser le bornage, la Cour de cassation, par un arrêt du 30 juin 2016, a assoupli la portée de celle-ci *(Cass. 3e civ., 30 juin 2016, n° 15-20.623 : JurisData n° 2016-012704 ; JCP N 2016, n° 28, act. 867 ; JCP N 2017, n° 16, 1157, obs. F. Collard)*. En effet, elle a admis que le respect de l'article 646 du Code civil ne s'impose pas lorsqu'il est question de faire application de l'article L. 115-4 du Code de l'urbanisme : le piquetage peut suffire.

2333 Nullité relative – Seul le bénéficiaire en cas de promesse de vente, le promettant en cas de promesse d'achat ou l'acquéreur du terrain peut intenter l'action en nullité sur le fondement de l'absence de l'une ou l'autre mention mentionnée à l'article L. 115-4 du Code de l'urbanisme selon le cas.

2334 **Délai d'action** – L'action en nullité doit être exercée avant l'expiration d'un délai **d'un mois** courant à compter de l'acte authentique constatant la réalisation de la vente.

2335 **Déchéance** – La signature de cet acte authentique comportant cette mention entraîne la déchéance du droit à engager ou à poursuivre l'action en nullité de la promesse ou du contrat qui l'a précédé, fondée sur l'absence de cette mention.

Pour aller plus loin

Formules
- JCl. Notarial Formulaire, V° Vente d'immeuble, fasc. 125 (terrain à bâtir), par J. Lafond

Fiches pratiques
- Fiche pratique n° 2633 : Droits à construire lors de la division d'un terrain, par A. Robert-Chary
- Fiche pratique n° 1809 : Rédiger une vente de terrain à bâtir dans un lotissement, par D. Boulanger
- Fiche pratique n° 2815 : Agir aux fins de bornage, par I. Laurent et É. Martinez
- Fiche pratique n° 1721 : Rédiger une vente d'immeuble, par M. Suquet-Cozic

Commentaires
- JCl. Notarial Formulaire, V° Construction et urbanisme, fasc. 730, par G. Liet-Veaux et M. Moritz

Revues
- Th. Delesalle et O. Herrnberger, Les pièges du bornage : JCP N 2003, n° 10, 1197
- H. Périnet-Marquet, L'impact de la loi SRU sur la vente immobilière : JCP N 2001, p. 533

II. Lotissement

2336 Lors de la division d'un terrain, il peut être obligatoire de respecter la procédure de création d'un lotissement. Un lotissement peut être autorisé soit par un permis d'aménager soit par une déclaration préalable. Une fois le lotissement créé, des règles spécifiques s'appliqueront dont il faudra tenir compte lors de la vente d'un lot de lotissement, que cette vente soit réalisée par le lotisseur ou par un coloti.

2337 **Divisions concernées** – L'application de la réglementation des lotissements suppose, aux termes de l'article L. 442-1 du Code de l'urbanisme, la division en propriété ou en jouissance d'une unité foncière ou de plusieurs unités foncières contiguës ayant pour objet de créer un ou plusieurs lots destinés à être bâtis.

2338 **Division du sol en propriété ou en jouissance** – Le lotissement nécessite une division de terrains en propriété ou en jouissance. La division peut avoir un caractère volontaire ou forcé. Elle peut se faire à titre onéreux ou gratuit (donation). Toutefois, les détachements résultant de procédures publiques (expropriation, remembrement) sont exclus de la réglementation.
La division peut résulter de la constitution d'un droit de superficie, d'un droit réel (bail à construction, bail emphytéotique...). Pour la division en jouissance et en ce qui concerne plus particulièrement la copropriété horizontale, le praticien doit s'en tenir à la lettre de la circulaire du 13 février 2002 du Conseil supérieur du notariat qui rappelle aux notaires qu'ils risquent d'engager leur responsabilité professionnelle et leur demande de ne pas prêter leur concours à ce montage.

2339 **Une ou plusieurs unités foncières contiguës** – L'article L. 442-1 du Code de l'urbanisme vise l'unité foncière. Il s'agit d'une ou plusieurs parcelles contiguës constituant propriété d'un seul tenant si elles appartiennent au même propriétaire (personne physique ou morale) ou à la même indivision *(CE, 27 juin 2005, n° 264667, Cne Chambéry : JurisData n° 2005-068640 ; JCP N 2006, n° 2, 1013-1, obs. D. Dutrieux ; Lebon, p. 1070)*.

2340 **Application** – Ne correspond pas une unité foncière :
- plusieurs terrains séparés par une voie publique constituant des propriétés distinctes ;
- deux terrains, l'un en propre à un époux et l'autre commun aux deux époux qui sont considérés comme deux unités foncières différentes.

Désormais, plusieurs unités foncières contiguës appartenant à des propriétaires différents pourront faire l'objet d'un même permis d'aménager. Cette contiguïté, imposée par le législateur, interdit tout lotissement multisite. La demande peut porter sur plusieurs unités foncières, une unité foncière unique ou une partie.

2341 **Création d'un ou plusieurs lots** – Toute division en vue d'implantation de bâtiments nécessite une autorisation de lotir : déclaration préalable ou permis d'aménager. Mais, comme le font remarquer certains auteurs, un critère numérique existe de fait, un permis d'aménager est nécessaire s'il y a réalisation de voies, espaces ou équipements qui doivent être communs, c'est-à-dire bénéficier, au moins, à deux lots *(J.-Ph. Meng, Les corrections apportées au régime d'autorisation des lotissements : JCP N 2012, n° 11, 1129)*.

2342 Lots destinés à être bâtis – La finalité de la division est l'implantation de bâtiments. Sont exclus, les détachements en vue d'un usage exclusivement agricole ou en vue de la création de jardins familiaux.
La notion de bâtiment doit être essentiellement appréciée par rapport à la réglementation du permis de construire. La réglementation n'est pas applicable en cas de division d'une propriété déjà bâtie, même si la division intervient aussitôt après l'achèvement, dès lors qu'il n'est pas prevu une démolition-reconstruction, l'implantation ultérieure d'un nouveau bâtiment. Il y aura lieu simplement, s'il y a des voies et réseaux propres à cet ensemble immobilier, de respecter les dispositions de l'article L. 115-2 du Code de l'urbanisme *(V. n° **2537** et s.)*.

2343 Sanction civile – En cas d'inobservation de la réglementation applicable aux lotissements, la nullité des ventes et des locations concernant les terrains compris dans un lotissement peut être prononcée à la requête de l'acquéreur, du maire ou du représentant de l'État dans le département, aux frais et dommages du lotisseur. Toutefois, les ventes ou locations pour lesquelles un permis de construire a été accordé ne peuvent être annulées *(C. urb., art. L. 480-15)*.
L'action se prescrit par **10 ans**. Le point de départ est la publication des actes portant transfert de propriété à la publicité foncière. Passé ce délai, la non-observation de la réglementation applicable aux lotissements ne peut plus être opposée *(C. urb., art. L. 480-16)*.
Lorsque les prescriptions n'ont pas été respectées, le tribunal peut imposer la **mise en conformité des ouvrages ou leur démolition**. Si, à l'expiration du délai fixé par le jugement, les travaux n'ont pas été mis en conformité, l'autorité compétente peut faire effectuer les travaux d'office, aux frais et risques financiers de l'aménageur.

2344 Sanction pénale – La violation des règles du lotissement est sanctionnée pénalement. L'article L. 480-4-1 du Code de l'urbanisme punit d'une amende toute personne ayant vendu ou loué des terrains compris dans un lotissement sans autorisation ou sans avoir respecté les obligations imposées par l'article L. 442-3 du Code de l'urbanisme, lorsque le lotissement est soumis à une déclaration préalable, ou sans s'être conformé aux prescriptions imposées par le permis d'aménager ou par la décision prise sur la déclaration préalable.

A. – DIVISIONS NON CONSTITUTIVES DE LOTISSEMENT

2345 Exclusions – L'article R. 442-1 du Code de l'urbanisme détermine les opérations qui, réalisant des divisions en vue de construire, échappent à la réglementation des lotissements *(E. Carpentier, La définition du lotissement : JCP N 2012, n° 11, 1128)*. Ces exclusions s'expliquent par l'objet particulier de certaines divisions (divisions primaires) ou de leur contrôle au titre d'une autre procédure (expropriation).

B. – DIVISIONS SOUMISES À PERMIS D'AMÉNAGER

2346 Les critères qui conduisent à soumettre la division d'un terrain à la demande d'un permis d'aménager sont doubles. Il s'agit soit d'un critère matériel et numérique soit d'un critère géographique ; il suffit que l'un des critères soit rempli pour qu'un permis d'aménager soit nécessaire.

1° Critère matériel et numérique

2347 Doivent être précédés de la délivrance d'un permis d'aménager les lotissements qui prévoient la création ou l'aménagement de voies, d'espaces ou d'équipements communs à plusieurs lots destinés à être bâtis et propres au lotissement *(C. urb., art. R. 421-19, a)*. Le critère est ici à la fois numérique et matériel.

2348 Pluralité de lots – Un permis d'aménager est nécessaire lorsqu'il y a création d'au moins deux lots *(C. urb., art. R. 421-9)*. Il n'est pas requis :
- s'il n'y a création que d'un seul lot à bâtir ;
- si au cours des 10 années précédentes, il y a eu des divisions dès lors que seul compte le nombre de lots à bâtir créés au moment de la demande d'autorisation et que ce nombre est égal à un.

2349 Réalisation d'équipements – Les équipements pris en compte sont les équipements dont la réalisation est à la charge du lotisseur. À cet égard, il convient de se référer aux exigences de l'autorité administrative lors de la délivrance du permis d'aménager.
C'est en effet cette dernière qui va exiger, en tant que de besoin, du bénéficiaire du permis d'aménager la réalisation et le financement de tous travaux nécessaires à la viabilité et à l'équipement de la construction, du terrain aménagé ou du lotissement, notamment en ce qui concerne la voirie, l'alimentation en eau, gaz

et électricité, les réseaux de télécommunication, l'évacuation et le traitement des eaux et matières usées, l'éclairage, les aires de stationnement, les espaces collectifs, les aires de jeux et les espaces plantés.
Ces obligations peuvent s'étendre au branchement des équipements propres à l'opération sur les équipements publics qui existent au droit du terrain sur lequel ils sont implantés et notamment aux opérations réalisées à cet effet en empruntant des voies privées ou en usant de servitudes *(C. urb., art. L. 332-15)*.
Si ces équipements préexistent à la demande d'autorisation et qu'il n'est prévu aucun aménagement supplémentaire, un permis d'aménager n'est pas nécessaire, sauf à établir la fraude du lotisseur.

2° Critère géographique

2350 Dans cette seconde hypothèse visée par l'article R. 421-19 du Code de l'urbanisme, seul compte l'emplacement du lotissement à créer. Le nombre de lots à bâtir est, par contre, indifférent, tout comme l'absence de réalisation d'équipements.

2351 Emplacement du lotissement – Parce que les lotissements dont la création est envisagée se situent dans des zones sensibles, un permis d'aménager est exigé. Il en va ainsi pour différentes zones qui sont :
- le périmètre d'un site patrimonial remarquable au sens de l'article L. 631-1 du Code du patrimoine ;
- les abords des monuments historiques au sens de l'article L. 621-30 du Code du patrimoine ;
- un site classé ou en instance de classement, en application des articles L. 341-1 et suivants du Code de l'environnement.

2352 Indifférence du nombre de lots et de la réalisation d'équipements – Il est indifférent qu'il y ait création d'un seul lot à bâtir et qu'il n'y ait pas de réalisation d'équipements. C'est un permis d'aménager qui est nécessaire, compte tenu de l'emplacement du lotissement à créer.

3° Procédure

a) Demande

2353 Identité du demandeur – La demande doit préciser l'identité du ou des demandeurs *(C. urb., art. R. 441-1, c)*. Le législateur a posé le principe de la possibilité d'obtenir une autorisation à plusieurs, mais est resté d'une grande discrétion sur son régime *(H. Périnet-Marquet, Les autorisations de construire et d'aménager délivrées à plusieurs personnes, première approche : Constr.-Urb. 2008, étude 6)*.

2354 Périmètre du lotissement – La demande peut porter sur plusieurs unités foncières (contiguës), voire sur une fraction d'unité foncière *(C. urb., art. R. 441-1, dernier al.)*. Le périmètre du lotissement comprend le ou les lots destinés à l'implantation de bâtiments ainsi que, s'il est prévu, les voies de desserte, les équipements communs à ces lots. « Le lotisseur peut toutefois choisir d'inclure dans le périmètre du lotissement des parties déjà bâties de l'unité foncière ou des unités foncières concernées » *(C. urb., art. L. 442-1-2)*.

2355 Nombre de lots et surface de plancher – La demande précise, outre les informations mentionnées à l'article R. 441-1 du Code de l'urbanisme, le nombre maximum de lots et la surface de plancher maximale dont la construction est envisagée dans l'ensemble du lotissement *(C. urb., art. R. 442-3, al. 1. – V. F. Priet, La réforme de la définition de la surface de plancher : AJDA 2012, p. 630)*.
Lorsque le lotissement n'est pas situé à l'intérieur d'un PLU ou d'un document d'urbanisme en tenant lieu, la demande précise également la surface de plancher maximale dont la construction est envisagée dans l'ensemble du lotissement *(C. urb., art. R. 442-3, al. 2)*

2356 Plan – Le plan prévu par le 2°de l'article R. 441-4 du Code de l'urbanisme fait apparaître la répartition prévue entre les terrains réservés à des équipements ou des usages collectifs et les terrains destinés à une utilisation privative *(C. urb., art. R. 442-4)*.

2357 Projet architectural paysager et environnemental – Il est joint à la demande. Il tient lieu du projet d'aménager, mentionné au b) de l'article R. 441-2 du Code de l'urbanisme *(C. urb., art. R. 442-5)*.
Il comporte, outre les pièces mentionnées aux articles R. 441-2 à R. 441-8 du Code de l'urbanisme, divers documents énumérés à l'article R. 442-5 du Code de l'urbanisme.

2358 Projet de règlement – Le dossier sera complété par un projet de règlement s'il est envisagé d'apporter des compléments aux règles d'urbanisme en vigueur et, le cas échéant, une attestation de garantie à fournir en application de l'article R. 442-14 du Code de l'urbanisme *(C. urb., art. R. 242-6)*.

b) Instruction

2359 Condition d'instruction de la demande – La demande ne peut être instruite que si la personne qui désire entreprendre des travaux soumis à une autorisation a fait appel pour établir le projet architectural, paysager et environnemental :

- pour un lotissement dont la **surface de terrain à aménager est supérieure à 2 500 m²**, outre à des professionnels ayant les compétences nécessaires en matière d'architecture, d'urbanisme et de paysage, à un architecte ;
- pour un lotissement dont la surface précitée est **inférieure à 2500 m2** à des professionnels ayant soit les compétences nécessaires en matière d'architecture, d'urbanisme et de paysage soit celles d'un paysagiste concepteur au sens de l'article 174 de la loi n° 2016-1087 du 8 août 2016 pour la reconquête de la biodiversité, de la nature et des paysages *(C. urb., art. L. 441-4. – D. n° 2017-252, 27 févr. 2017. – S. Laporte et D. Gillig, Loi LCAP et PAPE – Regards croisés d'un universitaire et d'un avocat : Constr.-Urb. 2018, alerte 10)*.

2360 Modalités de l'instruction – Il y a lieu de suivre la procédure de droit commun applicable au permis d'aménager.

2361 Décision – L'autorisation peut être expresse ou tacite. Le silence de l'Administration n'est plus considéré comme un refus tacite. À ce jour, le défaut de notification d'une décision expresse dans le délai d'instruction vaut permis tacite, sauf cas où une telle autorisation ne peut être obtenue. L'article R. 424-2 du Code de l'urbanisme dresse la liste des cas où l'autorisation tacite est impossible.

2362 Prescriptions – L'autorisation peut être simple ou assortie de prescriptions ; dans ce cas, elle est motivée *(C. urb., art. R. 424-5)*. Elle va contenir des dispositions sur la réalisation de travaux, et les contributions. Elle fixe les contributions mentionnées à l'article L. 332-28 du Code de l'urbanisme *(C. urb., art. R. 424-7)*.
En cas de permis tacite, l'autorité compétente fixe dans les 2 mois par arrêté les participations *(C. urb., art. L. 424-6)*.

2363 Sursis à statuer – La demande de permis d'aménager peut faire l'objet d'un sursis à statuer *(C. urb., art. L. 424-1)*. La décision indique en outre la durée de sursis et le délai dans lequel le demandeur pourra, en application de l'article L. 424-1, confirmer sa demande. En l'absence d'une telle indication, aucun délai n'est opposable au demandeur *(C. urb., art. R. 424-9)*.

2364 Répartition de la surface constructible – Dans les **lotissements autorisés avant l'entrée en vigueur de la loi Alur** du 24 mars 2014, la surface de plancher maximale autorisée ne peut être supérieure à celle qui résulte de l'application de ce coefficient à la totalité du terrain faisant l'objet de l'autorisation de lotir. Elle peut être répartie librement entre les différents lots sans tenir compte de l'application du COS à la superficie de chaque lot *(C. urb., art. R. 442-9)*.
Pour les **lotissements autorisés après l'entrée en vigueur de la loi Alur** du 24 mars 2014 et soumis à permis d'aménager, la surface de plancher maximale autorisée ainsi que les majorations des règles relatives au gabarit et à la densité prévues par le 3° de l'article L. 151-28 et le deuxième alinéa de l'article L. 151-29 du Code de l'urbanisme peuvent être réparties entre les différents lots soit par le permis d'aménager, soit par le lotisseur à l'occasion de la vente ou de la location des lots *(C. urb., art. R. 442-10)*.

C. – DIVISIONS SOUMISES À DÉCLARATION PRÉALABLE

2365 Divisions constitutives d'un lotissement – Le régime de la déclaration préalable s'applique aux lotissements non soumis à permis d'aménager *(L. Santoni, Champ d'application de la déclaration préalable en lotissement : Constr.-Urb. 2015, comm. 150)*.

2366 Contenu de la déclaration – Le contenu de la déclaration préalable est régi par les articles R. 441-9 à R. 441-10-1 du Code de l'urbanisme.
La déclaration comporte également l'attestation du ou des déclarants qu'ils remplissent les conditions définies à l'article R. 423-1 du Code de l'urbanisme pour déposer une déclaration préalable *(C. urb., art. R. 441-9)*.

2367 Dossier – Il est joint à la déclaration :

- un plan permettant de connaître la situation du terrain à l'intérieur de la commune ;
- un plan sommaire des lieux indiquant les bâtiments de toute nature existant sur le terrain ;
- et un croquis et un plan coté dans les 3 dimensions de l'aménagement faisant apparaître, s'il y a lieu, la ou les divisions projetées.

Le dossier est complété, s'il y a lieu, par les documents mentionnés à l'article R. 441-4-1, au a de l'article R. 441-6, aux articles R. 441-6-1 à R. 441-8-1 et au b de l'article R. 442-21 du Code de l'urbanisme *(C. urb., art. R. 441-10)*.
Soulignons que le plan de division est obligatoire.

2368 Délai d'instruction – C'est celui du droit commun, **1 mois** *(C. urb., art. R. 423-23)*, pouvant être **majoré d'un mois** dans les cas prévus par l'article R. 423-24 du Code de l'urbanisme.

Le silence gardé par l'autorité compétente à l'expiration du délai d'instruction de la déclaration vaut décision de non-opposition à la déclaration préalable *(C. urb., art. R. 424-1)* ; elle ne peut être retirée.

2369 Refus – L'Administration peut s'opposer, dans le délai d'instruction, à la déclaration préalable pour non-conformité du projet à la règle de la superficie minimale, insuffisance de réseaux. Un sursis à statuer peut être imposé *(C. urb., art. R. 424-5)*.

2370 Affichage – Les règles d'affichage sont identiques à celles du permis (en mairie, sur le terrain. – *C. urb., art. R. 424-15)*. L'affichage sur le terrain fait courir le recours des tiers *(C. urb., art. R. 600-2)*.

2371 Durée de validité – La durée de la validité de la décision résultant de la non-opposition est de **3 ans** compter de la notification mentionnée à l'article R. 424-10 du Code de l'urbanisme ou de la date à laquelle la décision tacite est intervenue *(C. urb., art. R. 424-18)*, elle peut être **prorogée** dans les mêmes conditions que le permis *(C. urb., art. R. 424-21)*.

2372 Participations exigibles – La déclaration préalable est le fait générateur des participations exigibles *(C. urb., art. L. 332-28-1)*. En l'absence de décision expresse, l'autorité compétente peut fixer par arrêté les participations exigibles du bénéficiaire de la décision prise sur la déclaration préalable *(C. urb., art. L. 424-6)*.

2373 Régularisation – Selon l'article R. 442-2 du Code de l'urbanisme, lorsqu'une construction est édifiée sur une partie d'une unité foncière qui a fait l'objet d'une division, la demande de permis de construire tient lieu de déclaration préalable du lotissement, dès lors que la demande indique que le terrain est issu d'une division. Ce qui est visé par ce texte, de façon incontestable, c'est l'hypothèse où une déclaration préalable a été omise. Le permis va permettre la régularisation d'un oubli « ou tenir compte du changement d'intention de l'acquéreur qui, au jour de la vente, n'avait pas l'intention de construire » *(J.-Ph. Meng, Les corrections apportées au régime d'autorisation des lotissements : JCP N 2012, n° 11, 1129)*.

D. – DOCUMENTS PROPRES AU LOTISSEMENT

2374 Sont en cause, le règlement du lotissement et le cahier des charges.

1° Règlement du lotissement

2375 Le règlement peut ajouter aux règles contenues dans le plan local d'urbanisme (PLU) et contenir des règles plus sévères que le PLU. Par contre, il ne peut alléger les règles du plan. Le permis de construire devra donc respecter tant le PLU, que le règlement.

2376 Document facultatif – Le règlement est un document facultatif. S'il est établi, il devra être joint au dossier de lotissement et être approuvé par l'autorité administrative.

2377 Règlement et lotissement déclaré – L'article R. 442-6 du Code de l'urbanisme précise que le dossier de la demande de permis d'aménager est, s'il y a lieu, complété par un projet de règlement s'il est envisagé d'apporter des compléments aux règles d'urbanisme en vigueur. Rien de tel n'est prévu pour la déclaration préalable de lotissement. *A priori*, il y aurait donc incompatibilité entre règlement de lotissement et lotissement déclaré. Toutefois, il convient de relever que l'article L. 442-9 du même code ne fait pas de distinction pour son application entre les deux lotissements, tout comme l'article L. 442-10 du Code de l'urbanisme ; par ailleurs, l'article L. 442-11 du Code de l'urbanisme vise expressément les deux formes de lotissement lorsqu'il s'agit de permettre la modification des documents du lotissement.

2° Cahier des charges

2378 Document facultatif – Comme le règlement, il ne s'agit que d'un document facultatif. En outre, ainsi qu'il résulte de la lecture de l'article R. 442-6 du Code de l'urbanisme, le cahier des charges n'a pas à être fourni à l'Administration. L'Administration n'a pas à connaître de ce document purement contractuel instaurant des servitudes collectives.

2379 Cahier des charges et lotissement déclaré – Que le lotissement ait fait l'objet d'un permis ou d'une décision de non-opposition à déclaration préalable, il est toujours possible de prévoir un cahier des charges qui correspond à un document de droit privé.

2380 Publicité foncière – Le cahier des charges peut faire l'objet d'une publicité foncière dès lors qu'il est établi en la forme authentique.

E. – DROIT DES SOLS EN LOTISSEMENT

2381 Cristallisation des règles d'urbanisme – Les règles d'urbanisme applicables au lotissement font l'objet d'une cristallisation pendant un délai de 5 ans (*C. urb., art. L. 442-14*). L'article L. 442-14 du Code de l'urbanisme distingue suivant que le lotissement a fait l'objet d'une déclaration préalable ou d'un permis d'aménager.
Dans le premier cas, le permis de construire ne peut être refusé ou assorti de prescriptions spéciales sur le fondement de dispositions d'urbanisme nouvelles intervenues depuis la date de non-opposition à la déclaration préalable, et ce pendant 5 ans à compter de cette même date.
Dans le second cas, le permis de construire ne peut être refusé ou assorti de prescriptions spéciales sur le fondement de dispositions d'urbanisme nouvelles intervenues depuis la date de délivrance du permis d'aménager, et ce pendant 5 ans à compter de la constatation de l'achèvement des travaux.

2382 Cristallisation et annulation des documents d'urbanisme – La cristallisation des règles d'urbanisme, en cas d'annulation des documents d'urbanisme applicables aux lotissements, n'est pas, en principe, remise en cause (*C. urb., art. L. 442-14*). Il en va ainsi chaque fois que l'annulation dudit document intervient pour un motif étranger aux règles d'urbanisme applicables au lotissement

2383 Précisions – Des précisions supplémentaires doivent être apportées lorsque le lotissement a fait l'objet d'un permis d'aménager (*V. n° **2384** et s.*). De même, il doit être précisé que l'acquéreur sera tenu d'effectuer une demande de permis de construire, ce qui suppose dès lors qu'il en soit tenu compte lors de la vente avec l'insertion d'une condition suspensive d'obtention d'un permis de construire (*V. n° **2388** et s.*).

1° Constat de l'achèvement des travaux

2384 Déclaration d'achèvement et de conformité – Le lotisseur dépose en mairie une déclaration par laquelle il atteste cet achèvement et la conformité des travaux au permis d'aménager *(C. urb., art. L. 462-1)*. Cette déclaration d'achèvement des travaux déclenche un délai de principe de **3 mois** au cours duquel l'Administration peut **contester la conformité** des travaux au permis. Ce délai est **porté à 5 mois** lorsqu'un récolement des travaux est obligatoire dans les cas de l'article R. 462-7 du Code de l'urbanisme *(C. urb., art. R. 462-6)*.

2385 Attestation – Lorsqu'aucune décision n'est intervenue dans le délai prévu à l'article R. 462-6 du Code de l'urbanisme, une attestation certifiant que la conformité des travaux avec le permis ou la déclaration n'a pas été contestée est **délivrée sous quinzaine** par l'autorité compétente au bénéficiaire du permis de construire ou à ses ayants droit.
En cas de refus ou de silence de l'autorité compétente, cette attestation est fournie par le préfet à la demande du bénéficiaire du permis ou ses ayants droit *(C. urb., art. R. 462-10)*.

2386 Mise en demeure – Dans les délais prescrits, si l'autorité compétente pour délivrer le permis estime que les travaux ne sont pas conformes, elle doit mettre en demeure le maître de l'ouvrage de déposer un dossier modificatif ou de mettre les travaux en conformité avec l'autorisation accordée *(C. urb., art. R. 462-9)*.
Lorsque, par suite de la défaillance du lotisseur, les travaux ne sont pas achevés soit dans le plus court des délais contractuels fixés dans l'un ou l'autre des actes de mutation ou de location, soit au plus tard dans le délai fixé comme il est dit au dernier alinéa de l'article R. 442-13 du Code de l'urbanisme, le garant doit verser les sommes nécessaires à l'achèvement desdits travaux soit à une personne qu'il aura choisie pour se substituer au lotisseur défaillant, soit à une personne désignée par le maire, le président de l'établissement public de coopération intercommunale, le préfet ou l'association syndicale, selon que la garantie a été mise en œuvre par le maire, le président de l'établissement public, le préfet, l'association syndicale ou les attributaires de lots. À défaut, le versement est fait à une personne désignée par autorité de justice, notamment au syndic, en cas de règlement judiciaire ou de liquidation de biens du lotisseur défaillant *(C. urb., art. R. 442-16)*.

2387 Constat de l'achèvement des travaux et effets – Le lotisseur fournit à l'acquéreur un certificat attestant, sous sa responsabilité, l'achèvement des équipements *(C. urb., art. R. 442-18)*. Ce certificat doit être joint à la demande de permis de construire.

2° Demande d'un permis de construire par l'acquéreur

2388 Demande pour un lotissement déclaré – L'acquéreur peut effectuer une demande de permis de construire dès l'obtention de la décision de non-opposition à la déclaration

2389 Demande pour un lotissement permis – Lorsque le lotissement a fait l'objet d'un permis d'aménager, des distinctions s'avèrent nécessaires.

Ainsi, la demande du permis de construire pourra être faite :

- soit **à compter de l'achèvement des travaux** de lotissement constatée conformément aux articles R. 462-1 à R. 462-10 du Code de l'urbanisme ;
- soit **à compter de la délivrance de l'autorisation à procéder à la vente ou à la location des lots** avant l'exécution des travaux, à condition que les équipements desservant le lot concerné soient achevés ; le lotisseur fournit à l'acquéreur un certificat attestant, sous sa responsabilité, l'achèvement de ces équipements. Le certificat est joint à la demande de permis *(C. urb., art. R. 442-18)* ;
- soit **dès la délivrance du permis d'aménager**, sous réserve que le permis de construire ne soit mis en œuvre que lorsque les équipements desservant le lot seront achevés ; l'objectif est ici de permettre aux opérateurs de purger les délais de recours et de retrait avant la mise en œuvre de l'autorisation de construire ; cette disposition ne joue pas pour les lots supportant une maison individuelle au sens de l'article L. 231-1 du Code de la construction et de l'habitation.

F. – GESTION DES ÉLÉMENTS COMMUNS

1° Intervention d'une association syndicale libre (ASL)

2390 Gestion des équipements – Il doit être recouru à une ASL pour gérer les équipements communs, sauf exceptions *(C. urb., art. R. 442-7 et R. 442-8. – G. Liet-Veaux, Statut des ASL de lotissement ou d'un ensemble immobilier : Constr.-Urb. 2012, formule 2)*.

2391 Adhésion à l'association syndicale libre – L'adhésion unanime des colotis résulte des actes d'acquisition des lots. Les obligations qui découlent de la constitution de l'association ont un caractère réel et sont opposables aux acquéreurs successifs des lots. Ainsi, lorsque le propriétaire d'un lot a adhéré à une ASL et qu'il créé une copropriété avec un règlement de copropriété portant mention de l'adhésion à l'association, il n'est nullement nécessaire de requérir un nouvel acte d'adhésion individuelle de tous les copropriétaires *(Cass. 3e civ., 22 juin 2017, n° 16-13.877 : JurisData n° 2017-012444 ; Loyers et copr. 2017, comm. 200, A. Lebatteux)*.

2392 Statuts – Les statuts ne sont pas soumis à approbation administrative. Ils sont rédigés librement, mais doivent néanmoins contenir des clauses obligatoires fixées par l'article R. 442-7 du Code de l'urbanisme. L'association aura pour objet la propriété, la gestion et l'entretien des terrains et équipements communs. Les statuts doivent prévoir que seuls le lotisseur et les colotis membres de l'association participeront aux dépenses de gestion des équipements communs. Il est utile également d'indiquer que l'association aura pour objet de faire respecter les documents du lotissement et fonctionnera non à l'unanimité mais selon la règle de majorité prévue par les statuts.

> **Attention** La création de l'association syndicale libre est soumise à **déclaration en préfecture** (comme pour les associations classiques) ;
> - **avis de mutation** doit être donnée dans les 15 jours à compter de la date du transfert de propriété par lettre recommandée avec avis de réception à l'association qui peut faire opposition pour obtenir le paiement des sommes restant dues par l'ancien propriétaire *(Ord. n° 2004-632, 1er juill. 2004, art. 3. – V. n° 4378)* ;
> - la mutation doit être **notifiée par le notaire au président de l'ASL** afin que ce dernier puisse tenir à jour l'état nominatif des propriétaires des immeubles inclus dans le périmètre de l'association ainsi que le plan parcellaire *(Ord. n° 2004-632, 1er juill. 2004, art. 4. – V. n° 4368 et s.)* ;
> - le propriétaire d'un immeuble inclus dans le périmètre d'une ASL doit, en cas de transfert de propriété, **informer le futur propriétaire** de cette inclusion et de l'existence éventuelle des servitudes. Il doit fournir les mêmes informations aux **locataires** de cet immeuble *(Ord. n° 2004-632,, 1er juill. 2004, art. 4)*.

2393 Hypothèque légale – Aux termes de l'article 6 de l'ordonnance n° 2004-632 du 1er juillet 2004, les créances de toute nature d'une ASL à l'encontre d'un ou de ses membres (en l'espèce, non-paiement des charges) sont garanties par une hypothèque légale sur les immeubles de ce membre compris dans le périmètre de l'association. Les conditions d'inscription et de mainlevée sont celles prévues aux trois premiers alinéas de l'article 19 de la loi du 10 juillet 1965.

2° Absence d'association syndicale libre (ASL)

2394 La constitution d'une ASL est facultative dans 2 cas :

- lorsque le lotisseur justifie de la conclusion avec la commune ou l'EPCI compétent d'une convention prévoyant le transfert dans leur domaine de la totalité des voies et espaces communs une fois les travaux achevés ;
- lorsque les voies et espaces communs (quel que soit le nombre de lots) sont destinés à être attribués en propriété aux acquéreurs de lots. On ne peut que recommander la création d'une ASL. En effet, la gestion des équipements communs par le biais d'une indivision est difficile (règle de l'unanimité).

3° Transfert des équipements communs

a) Transfert conventionnel

2395 Convention entre la commune et le lotisseur – Le transfert peut être envisagé dès la mise en œuvre du projet de lotissement. Une convention est conclue entre la commune et le lotisseur et ce, avant la délivrance du permis d'aménager *(Rép. min. n° 25609 : JO Sénat 14 sept. 2000, p. 3192)*. Elle précise les caractéristiques techniques des équipements, les modalités des travaux *(Rép. min. n° 121 : JO Sénat 28 juil. 1988, p. 870)*. Une telle hypothèse demeure assez rare. En pratique, le règlement et le cahier des charges peuvent prévoir le transfert des équipements à la demande de la commune.
Lorsque le transfert à la commune est prévu par le cahier des charges, les colotis ne peuvent utilement s'y opposer.

2396 Délibération – L'incorporation au domaine public communal ne peut résulter que d'une délibération expresse du conseil municipal. Il appartient donc à ce dernier de fixer les conditions auxquelles il subordonne cette incorporation. C'est ainsi que des travaux de mise en norme des équipements peuvent être exigés du lotisseur, des colotis ou de l'association propriétaire préalablement au transfert.

2397 Acte constatant le transfert – Un acte constatant le transfert des équipements dans le cadre d'une cession gratuite dans le patrimoine communal devra être dressé. En l'absence d'acte, les équipements demeurent dans le patrimoine privé, la commune disposant d'un pouvoir discrétionnaire pour accepter ou non le transfert.

2398 Objet de la cession – La cession va porter sur les voies, l'association ou le lotisseur ou les colotis conservant la propriété des autres équipements. Mais rien n'interdit à la commune de prévoir ou d'accepter que d'autres équipements lui soient cédés : les espaces verts, les aires de jeux et les parkings.

2399 Consentement à l'acte – Les biens transférés peuvent être la propriété du lotisseur, de l'association, voire des colotis possédant les équipements en indivision. Dans ce dernier cas, l'accord unanime des indivisaires est nécessaire.

b) Transfert forcé

2400 L'article L. 318-3 du Code de l'urbanisme prévoit une procédure de transfert d'office des voies privées ouvertes à la circulation publique dans un ensemble d'habitations. Ce texte est inapplicable aux lotissements industriels et aux voies privées qui ne sont pas ouvertes à la circulation publique. Ces dispositions sont conformes à la constitution *(Cons. const., 6 oct. 2010, n° 2010-43 QPC : JurisData n° 2010-030651 ; JCP A 2010, n° 2231, note M. Moritz ; Dr. adm. 2010, comm. 163, note L. Touzeau ; BJDU 2010, n° 6, p. 441, obs. J. Tremeau)*.

2401 Voies visées – La propriété des voies privées ouvertes à la circulation publique dans un ensemble d'habitations peut, après enquête publique, être transférée d'office sans indemnité dans le domaine public de la commune sur le territoire de laquelle ces voies sont situées *(C. urb., art. L. 318-3)*. Les voies doivent exister dans un ensemble d'habitations, ce qui inclut les lotissements d'habitation, mais non les lotissements industriels. Le texte concerne toutes les voies privées en indivision forcée ouvertes à la circulation publique (c'est une question de fait), mais non les autres équipements.

2402 Caractère facultatif – La procédure de l'article L. 318-3 du Code de l'urbanisme revêt un caractère facultatif.

2403 Enquête publique – Une enquête publique est ouverte par l'autorité exécutive de la collectivité territoriale ou de l'établissement public. Les riverains peuvent toujours demander qu'une telle enquête soit engagée, mais sans qu'une suite soit automatiquement donnée à leur demande *(C. urb., art. R. 318-10)*. L'enquête a lieu conformément aux dispositions des articles R. 141-4, R. 141-5 et R. 141-7 à R. 141-9 du Code de la voirie routière. Les propriétaires intéressés ou l'un d'entre eux doivent, au cours de la procédure, manifester leur opposition *(C. urb., art. R. 318-11)*.

2404 Contenu du dossier – Le dossier soumis à l'enquête comprend obligatoirement :
- la nomenclature des voies et des équipements annexes dont le transfert à la commune est envisagé ;
- une note indiquant les caractéristiques techniques de l'état d'entretien de chaque voie ;
- un plan de situation ;
- un état parcellaire *(C. urb., art. R. 318-10)*.

2405 Dépôt du dossier – L'avis du dépôt du dossier à la mairie est notifié dans les conditions prévues par l'article R. 141-7 du Code de la voirie routière aux personnes privées ou publiques propriétaires des voies dont le transfert est envisagé. Le conseil municipal doit donner son avis sur ce projet dans un délai de 4 mois.

2406 Décision de transfert - La décision de transfert est prise par délibération du conseil municipal. Si un propriétaire intéressé a fait connaître son opposition, cette décision est prise par arrêté du représentant de l'État dans le département à la demande de la commune. La décision de l'autorité administrative portant transfert vaut classement dans le domaine public et éteint, par elle-même et à sa date, tous droits réels et personnels existant sur les biens transférés.

2407 Titre de propriété - La décision de transfert constitue un titre de propriété qui doit être publié au fichier immobilier (sur les modalités pratiques, *V. Bull. assoc. mut. conservateurs 2007, art. 1901* ; il y a lieu de publier au fichier immobilier la décision du conseil municipal. - *Rép. min. n° 18846 : JO Sénat 14 avr. 2016, p. 1598)*.

2408 Plan d'alignement - L'acte portant classement d'office comporte également approbation d'un plan d'alignement dans lequel l'assiette des voies publiques est limitée aux emprises effectivement livrées à la circulation publique *(C. urb., art. L. 318-3, al. 4)*.

G. – VENTE INITIALE D'UN LOT DE LOTISSEMENT

1° Lot d'un lotissement soumis à permis d'aménager

2409 Avant-contrat - *V. n° **467** et s.*.

2410 Vente avant la délivrance du permis d'aménager - Il est interdit de vendre ou de louer des terrains bâtis ou non dans un lotissement sans avoir obtenu un permis d'aménager ou sans s'être conformé aux prescriptions imposées par le permis d'aménager *(C. urb., art. L. 480-4-1)*.
Les ventes ou locations effectuées en méconnaissance de ces règles peuvent être annulées à la requête de l'acquéreur, du maire ou du représentant de l'État dans le département aux frais et dommages du lotisseur, sauf si un permis de construire a été accordé *(C. urb., art. L. 480-15)*.

2411 Vente après la délivrance du permis d'aménager, avant réalisation des travaux prescrits et sans garantie d'achèvement - Le lotisseur ne peut conclure une vente. Il ne peut conclure qu'une promesse unilatérale de vente (non une promesse synallagmatique) indiquant la consistance du lot réservé (nécessité d'un bornage - *C. urb., art. L. 115-4)*, sa délimitation, son prix et son délai de livraison. La promesse unilatérale de vente ne devient définitive qu'à l'expiration d'un délai de 10 jours durant lequel le bénéficiaire a le droit de se rétracter *(C. urb., art. L. 442-8. - V. n° **467** et s.)*.

2412 Vente ou location avant l'exécution des travaux prescrits et avec garantie d'achèvement - Le lotisseur (sauf les collectivités locales) doit consigner en compte bloqué une somme équivalente au coût des travaux ou produire une garantie d'achèvement *(C. urb., art. R. 442-13, a)*. L'arrêté fixe la date à laquelle l'organisme prévu à l'article R. 442-14 du Code de l'urbanisme devra mettre les sommes nécessaires au financement des travaux.
Ainsi, la vente anticipée des lots avant tout travaux est possible si le lotisseur produit une garantie d'achèvement des travaux donnée par une banque, un établissement financier ou une société de caution mutuelle constituée conformément aux dispositions des articles L. 515-4 à L. 515-12 du Code monétaire et financier.
Cette intervention peut prendre la forme :
- soit d'une ouverture de crédit par laquelle celui qui l'a consentie s'oblige à avancer au lotisseur ou à payer pour son compte les sommes nécessaires à l'achèvement des travaux, cette convention devant stipuler au profit des futurs attributaires de lots le droit d'en exiger l'exécution ;
- soit d'une convention aux termes de laquelle la caution s'oblige envers les futurs attributaires de lots, solidairement avec le lotisseur, à payer les sommes nécessaires à l'achèvement des travaux *(C. urb., art. R. 442-14)*.

> **Attention** Les conventions avec les organismes financiers doivent figurer en annexe de l'acte de vente. Cette garantie peut être mise en œuvre par les attributaires de lots, l'association syndicale, le maire de la commune, le président de l'établissement public et le préfet *(C. urb., art. R. 442-15)*.

2413 Vente après achèvement des travaux prescrits ou prévus - Une fois les travaux achevés par le lotisseur, ce dernier n'est plus tenu de fournir une garantie d'achèvement.

> **Attention** Avant la vente du lot, il y a lieu d'obtenir du lotisseur une attestation de l'autorité compétente certifiant que la conformité des travaux avec le permis n'a pas été contestée.

À cet égard, il doit être précisé que le constat de l'achèvement des travaux prescrits par un permis d'aménager un lotissement obéit au même régime qu'en matière de permis de construire *(C. urb., art. R. 462-1 à R. 462-10)*. Ainsi, c'est le lotisseur qui va, par voie de déclaration, attester de l'achèvement et de la conformité des travaux au permis d'aménager. L'autorité compétente dispose alors d'un **délai de 3 mois**, courant à compter de la réception en mairie de la déclaration d'achèvement, **pour contester la conformité des travaux.** À défaut d'opposition dans ce délai, une attestation certifiant que la conformité des travaux avec le permis n'a pas été contestée est délivrée sous quinzaine, par l'autorité compétente, au bénéficiaire du permis ou à ses ayants droit, sur simple requête de ceux-ci. En cas de refus ou de silence de l'autorité compétente, cette attestation est fournie par le préfet, à la demande du bénéficiaire du permis ou de ses ayants droit *(C. urb., art. R. 462-10)*.

Tableau de X. Couton et X. Daudré (extrait de l'article « Dépôt de pièces de lotissement après arrêté d'autorisation », in JCP N 2018, n° 8-9, 1108)

		Publicité	Promesse unilatérale de vente	Promesse unilatérale d'achat	Promesse synallagmatique de vente	Vente
Avant obtention du permis d'aménager		Oui (1)	Non	Non	Non	Non
Entre l'obtention du permis d'aménager et l'achèvement des travaux prévus ou prescrits	Absence de garantie d'achèvement	Oui	Oui (2)	Non	Non	Non
	Fourniture d'une garantie d'achèvement	Oui	Oui	Oui (3)	Oui	Oui
Après achèvement des travaux prévus ou prescrits		Oui	Oui	Oui	Oui	Oui

(1) La publicité doit toutefois indiquer que le permis d'aménager n'est pas encore obtenu. (2) L'option ne doit toutefois pas être levée avant soit l'envoi par le lotisseur de la déclaration d'achèvement et de conformité des travaux soit l'autorisation de vendre par anticipation ou de différer les travaux de finition. (3) Sous réserve de l'absence de tout versement de l'article 1589-1 du Code civil.

2414 Remise des pièces – Le permis d'aménager et, s'il y a lieu, le cahier des charges (document contractuel non obligatoire obéissant au droit privé), fixant les conditions de la vente, voire de la location des lots, sont remis à l'acquéreur lors de la signature de la promesse ou de l'acte de vente ainsi qu'au preneur lors de la signature des engagements de location. Ces documents doivent avoir été communiqués préalablement *(C. urb., art. L. 442-7)*. Les actes de vente doivent mentionner que ces formalités ont été effectuées. Le cahier des charges ne peut être publié que s'il est établi en la forme authentique.

Attention L'absence de communication, couplée à l'absence de publicité foncière, entraîne l'inopposabilité à l'acquéreur du cahier des charges.

2415 Dépôt des pièces – Les pièces relatives au lotissement peuvent faire l'objet d'un dépôt, donnant alors lieu à établissement d'un acte authentique de dépôt.

2416 Publicité foncière – Suivant l'article 73, 1°, du décret n° 55-1350 du 14 octobre 1955, le permis d'aménager et le cahier de charges sont publiés. Cette publicité n'est pas obligatoire et intervient donc pour l'information des usagers. Elle est assurée par le dépôt de deux ampliations ou copies certifiées conformes des décrets, arrêtés ou décisions dont l'une est obligatoirement établie sur la formule réglementaire pour être conservée et doit comporter la mention de certification de l'identité des parties.

2417 Attestation de surface de plancher – De l'article R. 442-10 du Code de l'urbanisme, il résulte que la surface de plancher maximale autorisée peut être répartie entre les différents lots soit par le permis d'aménager soit par le lotisseur à l'occasion de la vente ou de la location des lots. Lorsqu'il procède à cette répartition, le lotisseur se trouve dans l'obligation de fournir aux acquéreurs, en vue de sa mention dans l'acte de vente, l'indication de la surface de plancher constructible sur le lot *(C. urb., art. R. 442-11)*.

2° Lot d'un lotissement déclaré

2418 Avant-contrat – Un avant-contrat pour la vente d'un lot peut être conclu avant même le dépôt de la déclaration préalable, mais sous certaines réserves. L'avant-contrat devra être conclu sous condition suspensive et non rétroactive de la décision de non-opposition à la déclaration préalable *(D. Radot, Lotissement soumis à déclaration préalable : quand et quel avant-contrat ou comment tordre le cou à une rumeur : JCP N 2008, n° 2, act. 130. – V. JCl. Notarial Formulaire, V° Lotissements, fasc. 195)*.
Le bénéficiaire de la promesse de vente ne peut faire valoir un droit de rétractation *(C. urb., art. L. 442-8)*. On en arrive à une solution étrange. L'acquéreur d'un lot dans un lotissement avec permis d'aménager bénéficie du droit de rétractation, mais ce n'est pas le cas pour l'acquéreur d'un lot dans un lotissement soumis à déclaration. Par contre, l'obligation de bornage de l'article L. 115-4 du Code de l'urbanisme s'impose à toute cession d'un lot de lotissement quel que soit son cadre juridique *(V. n° **2322** et s. – V. n° **2329** et s.)*.

2419 Vente – Avant la décision de non-opposition, il est impossible de conclure la vente *(C. urb., art. L. 480-4-1)*. Une fois intervenue, le lotisseur peut vendre les lots.

2420 Attestation de surface de plancher – *V. n° **2417**.*

H. – REVENTES DES LOTS

2421 Entre la création du lotissement et la revente des lots, des modifications ont pu survenir. Celles-ci peuvent être matérielles ou juridiques.

1° Évolutions matérielles

a) Subdivision d'un lot de lotissement

2422 Subdivision dans un lotissement déclaré – La subdivision du ou des lots d'un lotissement déclaré n'est pas soumise à la modification des lotissements et s'opère selon le droit commun de toute division foncière. Par conséquent, suivant les situations, il conviendra d'obtenir soit une décision de non-opposition à déclaration préalable soit un permis d'aménager.

2423 Subdivision dans un lotissement permis – La subdivision du lot est assimilée à une modification des règles du lotissement. La modification doit alors intervenir dans les formes prévues aux articles L. 442-10 et L. 442-11 du Code de l'urbanisme *(C. urb., art. R. 442-21. – D. Gillig, La gestion du lotissement après la réforme issue de l'ordonnance du 22 déc. 2011 et D. 28 févr. 2012 : JCP N 2012, n° 11, 1130)*.

Attention **Lorsque la répartition de surface de plancher maximale est effectuée par le lotisseur, celui-ci doit fournir aux attributaires de lots un certificat indiquant la surface de plancher constructible sur le lot *(C. urb., art. R. 442-11)*.**

2424 Subdivision et macro-lots – La technique des macro-lots consiste à autoriser le lotisseur à procéder à la répartition des lots, à l'intérieur des macro-lots, au moment de la conclusion des actes de vente. Cette technique est proche de celle du lotissement « à la carte » ou « à la demande » puisque dans cette seconde hypothèse, la liberté du lotisseur de composition des lots porte sur la totalité du lotissement et non sur une partie seulement. Cette technique n'a pas été remise en cause par la réforme des autorisations d'urbanisme, le plan de division étant demeuré facultatif, du moins pour les lotissements soumis à permis d'aménager, l'article R. 441-10 du Code de l'urbanisme imposant la remise d'un plan parcellaire pour le lotissement soumis à déclaration préalable. Le demandeur doit alors préciser le nombre maximum de lots et la surface de plancher maximale dont la construction est envisagée dans l'ensemble du lotissement *(C. urb., art. R. 442-3)*. La surface de plancher maximale autorisée, ainsi que les majorations des règles relatives au gabarit et à la densité prévues par le 3° de l'article L. 151-28 du Code de l'urbanisme et le deuxième alinéa de l'article L. 151-29 du Code de l'urbanisme peuvent être réparties entre les différents lots, soit par le permis d'aménager, soit par le lotisseur à l'occasion de la vente ou de la location des lots *(C. urb., art. R. 442-10)*.

Conseil pratique **Si une telle technique a été utilisée, il en résulte que le lotisseur est en droit, sans demander l'accord des colotis, de procéder à la division des macro-lots, sans dépasser le nombre maximum de lots autorisés, les colotis ne pouvant faire valoir aucun droit acquis. Aucune autorisation spécifique de division n'est nécessaire puisque celle-ci a déjà été obtenue et qu'il est possible de considérer qu'il n'y a pas eu véritablement de modification du lotissement.**

2425 Détachement-rattachement – Échappe à la procédure de modification, toute division consistant à détacher une partie du lot pour le rattacher à un lot contigu *(C. urb., art. R. 442-21, a)*.

2426 Subdivision et locations – Le propriétaire d'un lot qui y construit plusieurs maisons en vue de les louer ne subdivise pas son lot. Il n'y aura de division en jouissance au moyen d'un bail que si celui-ci confère au preneur le droit de construire.

2427 Subdivision et volumes – La division en volumes, dès lors qu'elle ne dissimule pas une division du sol, n'est pas une subdivision au sens du Code de l'urbanisme.

2428 Subdivision et permis de division – S'agissant de la subdivision du lot (en propriété ou en jouissance, peu importe), lorsqu'un permis valant division a été demandé et obtenu, l'Administration a été en mesure d'effectuer un contrôle sur la division projetée. Par conséquent, il semble possible de soutenir que le propriétaire n'aurait pas, en outre, à mettre en œuvre la procédure de subdivision des lots du lotissement, prévue par l'article R. 442-21 du Code l'urbanisme. Pour autant, cette position ne peut être valablement défendue parce que lorsqu'un lot est divisé en deux terrains, il est absolument nécessaire d'obtenir l'accord des colotis. Le contrôle de l'Administration n'intervient qu'après la décision des colotis. Or, cet accord n'existe pas lorsqu'un permis de construire valant division est demandé. Et l'on peut ajouter qu'il n'est pas indifférent à un coloti de pouvoir contrôler le nombre de lots du lotissement dans lequel il se trouve et de pouvoir donner son avis en cas de modification du lotissement.

Conseil pratique **Le coloti qui désire construire plus de deux bâtiments sur son lot destiné à être divisé en jouissance ou en propriété doit non seulement obtenir l'accord des colotis et l'approbation de l'autorité administrative, conformément à l'article R. 442-21 du Code de l'urbanisme, mais également un permis de construire valant division, suivant l'article R. 431-24 du Code de l'urbanisme.**

b) Modification du périmètre du lotissement

2429 Réduction – Il est possible de réduire le périmètre d'un lotissement. Celle-ci est assimilable à une modification au sens des articles L. 442-10 et L. 442-11 du Code de l'urbanisme.

2430 Extension – Pour que la question puisse se poser, il faut d'abord admettre qu'un propriétaire puisse déposer un permis d'aménager ou une déclaration préalable sur une partie seulement de l'unité foncière, donc de faire un lotissement partiel. S'agissant du permis d'aménager, l'article R. 441-4 du Code l'urbanisme prévoit expressément que le permis d'aménager peut ne concerner qu'une partie de l'unité foncière. Il en va de même de l'article R. 441-9 du Code de l'urbanisme pour la déclaration préalable.
Une telle possibilité de créer un lotissement sur partie d'une unité foncière conduit à retenir que le reliquat doit être, par la suite, considéré de façon autonome. Dès lors, si le propriétaire du reliquat du terrain, après division, désire y construire, il n'a nullement l'obligation pour ce faire de procéder à une quelconque régularisation et donc extension du lotissement préexistant. L'article R. 442-2 du Code de l'urbanisme lui impose seulement d'indiquer dans la demande de permis de construire d'indiquer que le terrain est issu d'une division : « lorsqu'une construction est édifiée sur une partie d'une unité foncière qui a fait l'objet d'une division, la demande de permis de construire tient lieu de déclaration préalable de lotissement dès lors que la demande indique que le terrain est issu d'une division » *(S. Lamy Willing, Le reliquat et le résidu issus d'une division foncière : Constr.-Urb. 2017, étude 10).*

2° Modifications des règles du lotissement

2431 Ces modifications peuvent résulter d'une évolution des règles du lotissement ou de leur éviction.

a) Évolutions des règles du lotissement

2432 Ces évolutions peuvent résulter soit de la demande des colotis soit être consécutives à une modification des règles d'urbanisme. Ces évolutions ne présentent d'intérêt que tant que les documents du lotissement n'ont pas été frappés de caducité.

1) Évolutions à la demande des colotis

2433 Avant comme après la loi Alur du 24 mars 2014, les colotis ont la possibilité de faire évoluer les règles s'appliquant au lotissement. Il convient alors de suivre les prescriptions de l'article L. 442-10 du Code de l'urbanisme auquel il n'est pas possible de déroger. Doivent être distinguées la procédure de modification du champ de cette modification, sachant que l'un des objectifs poursuivis est de faciliter la subdivision des lots.
Il n'est pas apporté de précision sur la détermination des majorités fixées par L. 442-10 du Code de l'urbanisme. Les majorités requises en nombre de propriétaires se calculent, selon le Conseil d'État, par nombre de propriétaires, un propriétaire ne comptant que pour une voix, même s'il détient plusieurs lots. Par contre, pour la Cour de cassation, le compte doit se faire par lot, un lot étant égal à une voix. Chaque copropriété doit être, par ailleurs, regardée comme un seul coloti. En outre, pour calculer les surfaces nécessaires à la double majorité prévue par cet article, il ne faut retenir que celles des lots affectés à la construction, à l'exclusion des surfaces des lots affectés à d'autres usages, à la voirie, aux espaces verts et à l'accès des propriétés voisines, par exemple.
Pour obtenir cet accord, il n'est pas nécessaire de procéder à la réunion d'une assemblée générale. Néanmoins, l'accord des colotis doit porter sur un objet précis, les modifications envisagées étant clairement indiquées.

2434 Opposition du lotisseur – Il peut s'opposer à cette demande, pendant un **délai de 5 ans courant à compter de l'achèvement du lotissement**, dès lors qu'il possède encore un lot constructible. *A contrario*, il en résulte que s'il n'a conservé la propriété que des espaces verts et des voiries, il ne peut s'opposer à une telle demande.

2435 Approbation de l'autorité administrative – Une fois cet accord obtenu, la modification envisagée, qui doit être compatible avec la réglementation d'urbanisme applicable au secteur où se trouve situé le terrain, doit faire l'objet d'une approbation de l'autorité administrative compétente. L'autorité administrative compétente visée dans l'article L. 442-10 du Code de l'urbanisme est la même que celle qui statue sur les demandes d'autorisation de lotir. L'autorité compétente n'est pas tenue d'approuver la modification. Un refus peut être fondé sur tout motif d'intérêt général en rapport avec l'urbanisme.

2436 Champ des modifications – L'article L. 442-10 du Code de l'urbanisme vise tous les documents du lotissement. Dans ces documents, sont visées les clauses de nature réglementaire. A priori, ces clauses sont celles qui ont un objet urbanistique, pouvant figurer comme prescriptions dans un PLU. Ajoutons que la modification doit être compatible avec la réglementation d'urbanisme applicable.

2437 Règle majoritaire – La règle majoritaire est exclue pour la modification des clauses de nature non réglementaire des cahiers des charges. Ces modifications ne peuvent intervenir que suivant les règles prévues par le cahier des charges ou, à défaut, à l'unanimité. Depuis la loi n° 2018-1021 du 23 novembre 2018, la modification de l'affectation des parties communes des lotissements peut être décidée à la majorité de l'article L. 442-10 du Code de l'urbanisme.

2) Évolutions consécutives à la modification des règles d'urbanisme

2438 Champ d'application de l'article L. 442-11 du Code de l'urbanisme – Sont visés tout à la fois les règlements, les cahiers des charges approuvés comme les cahiers des charges non approuvés, y compris donc les cahiers des charges redevenus purement contractuels. L'objectif est alors de mettre en concordance ces documents avec le PLU ou le document d'urbanisme en tenant lieu, au regard notamment de la densité maximale de construction résultant de l'application de l'ensemble des règles du document d'urbanisme.

2439 Procédure – Cette modification des règles du lotissement nécessite une enquête publique et une délibération du conseil municipal. L'autorité administrative a toujours l'initiative de l'opération. Pour autant, sa liberté est encadrée en ce que la modification est limitée à ce qui est strictement nécessaire à la mise en concordance des documents du lotissement avec les nouvelles dispositions d'urbanisme. Toutefois, il suffit d'une simple dissemblance pour qu'une telle modification soit possible. Cette modification est opposable à tous les colotis, sans qu'il y ait lieu de distinguer entre les colotis anciens ou nouveaux.

b) Éviction des règles du lotissement

2440 La loi n° 2014-366 du 24 mars 2014, dite loi Alur, a entendu réduire les effets jugés négatifs des règles du lotissement sur la disponibilité du foncier. Il était donc nécessaire, suivant le législateur, de modifier l'article L. 442-9 du Code de l'urbanisme qui vient frapper de caducité, une fois passé un délai de 10 ans courant à compter de la délivrance l'autorisation de lotir, certaines règles du lotissement.

1) Règles d'urbanisme et clauses de nature réglementaire

2441 Règles frappées de caducité – Suivant l'article L. 442-9 du Code de l'urbanisme, les règles d'urbanisme contenues dans les documents du lotissement, notamment le règlement, le cahier des charges s'il a été approuvé ou les clauses de nature réglementaire du cahier des charges s'il n'a pas été approuvé, deviennent caduques au terme de **10 années** à compter de la délivrance de l'autorisation de lotir si, à cette date, le lotissement est couvert par un plan local d'urbanisme ou un document d'urbanisme en tenant lieu.

Les règles d'urbanisme sont toutes les règles spécifiques au lotissement, qui pourraient légalement être insérées dans un PLU. Il en va ainsi des règles qui préciseraient la destination des terrains, la hauteur, l'aspect extérieur ou l'implantation des constructions.

Un auteur propose que la règle d'urbanisme soit définie dans le Code de l'urbanisme comme étant celle « ayant pour objet ou pour effet d'interdire ou de restreindre le droit de construire, d'affecter l'usage ou la destination des lots et espaces communs ou encore d'interdire la division des lots et qui est applicable dans tout le lotissement ou dans certains secteurs » *(J.-Ph. Meng, Défaire ou parfaire les dispositions de la loi ALUR ? Les dispositions relatives aux cahiers des charges des lotissements : Bull. Cridon Paris, 2014, n° 20, p. 6).*

2442 Portée de la caducité des règles d'urbanisme et des clauses de nature réglementaire – De cette disparition, il résulte que seules s'appliquent les dispositions du PLU ou du document d'urbanisme en tenant lieu dans les rapports entre colotis et administration.

Dans les rapports entre colotis, ainsi qu'il semble résulter du troisième alinéa de l'article L. 442-9 du Code de l'urbanisme, ne seraient pas remis en cause les droits et obligations résultant du cahier des charges du lotissement, y compris donc ceux résultants des clauses de nature réglementaire, ni le mode de gestion des parties communes. Si une telle interprétation de l'article L. 442-9 du Code de l'urbanisme était retenue par la Cour de cassation, comme elle l'a fait jusqu'à la loi Alur, il en résulterait que si dans les rapports entre l'administration et les colotis, les règles frappées de caducité par l'article L. 442-9 du Code de l'urbanisme n'auront plus à être prises en compte, par contre, elles continueront de pouvoir être opposées entre colotis. Un coloti pourrait ainsi demander la démolition de ce qui a été construit en infraction aux règles du lotissement. La réforme serait alors un échec.

Cette interprétation est prônée par certains auteurs *(R. Ducourau, Le cahier des charges de lotissement à l'heure ALUR : NB, Revue des juristes du Cridon Sud-Ouest, avril-mai 2014, n° 192, fiche 777. – J.-L. Bergel, Évolution ou éviction des règles des lotissements ? : RD imm. 2014, p. 496)* ; toutefois, elle ne fait pas l'unanimité, d'autant qu'elle n'apparaît pas conforme à la volonté du législateur *(J.-Ph. Meng, Défaire ou parfaire les dispositions de la loi ALUR ? Les dispositions relatives aux cahiers des charges des lotissements : Bull. Cridon Paris, 2014, n° 20, p. 6)*. Ainsi est-il proposé d'aller au-delà de la rédaction malheureuse de l'article L. 442-9 du Code de l'urbanisme et de considérer que la caducité de l'article L. 442-9 précité concerne tout à la fois les rapports administration-colotis que les rapports entre colotis (en ce sens, *J.-Ph. Meng, art. préc. n° 2438. – R. Noguellou, Les cahiers des charges des lotissements : Dr. adm. 2014, Focus, n° 84)*.

Cette proposition d'interprétation dudit article ainsi que la volonté du législateur peuvent alors apparaître incompatibles avec la liberté contractuelle. Pour autant, ainsi qu'il a été rappelé ci-dessus à propos des modifications des règles du lotissement, tant le Conseil d'État que la Cour de cassation ont toujours admis que l'intérêt général puisse venir limiter la liberté contractuelle. Par ailleurs, le Conseil constitutionnel a jugé que « le législateur ne saurait porter aux contrats légalement conclus une atteinte qui ne soit pas justifiée par un motif d'intérêt général suffisant sans méconnaître les exigences résultant des articles 4 et 16 de la Déclaration de 1789 » *(Cons. const., 7 oct. 2011, n° 2011-177 QPC : JurisData n° 2011-021365)*. Il est dès lors parfaitement possible que ces nouvelles dispositions ne soient en rien inconstitutionnelles puisque s'agissant ici de tenter de résoudre les problèmes d'accessibilité au logement.

2) Dispositions non réglementaires des cahiers des charges non approuvés

2443 Cahiers des charges visés – L'article L. 442-9 du Code de l'urbanisme précisait que toute disposition non réglementaire ayant pour objet ou pour effet d'interdire ou de restreindre le droit de construire ou encore d'affecter l'usage ou la destination de l'immeuble, contenue dans un cahier des charges non approuvé d'un lotissement, **cesse de produire ses effets dans le délai de 5 ans à compter de la promulgation de la loi** n° 2014-366 du 24 mars 2014, dite loi Alur. La loi n° 2018-1021 du 23 novembre 2018 a abrogé cette disposition de l'article L. 442-9 du Code de l'urbanisme.

Conseil pratique Lors de la revente d'un lot de lotissement, il convient de déterminer si règlement et cahier des charges sont toujours applicables. Par ailleurs, s'il y a eu création d'une ASL :

- **avis de la mutation doit être donnée** dans les 15 jours à compter de la date du transfert de propriété par lettre recommandée avec avis de réception à l'ASL qui peut faire opposition pour obtenir le paiement des sommes restant dues par l'ancien propriétaire *(Ord. n° 2004-632, 1er juill. 2004, art. 3. – V. n° 4368 et s.)*. Précisons à cet égard que les créances de toute nature d'une association syndicale de propriétaires à l'encontre d'un de ses membres sont garanties par une hypothèque légale sur les immeubles de ce membre compris dans le périmètre de l'association. Les conditions d'inscription et de mainlevée de cette hypothèque sont celles prévues aux trois premiers alinéas de l'article 19 de la loi du 10 juillet 1965 précitée ;
- la **mutation doit être notifiée par le notaire au président de l'ASL** afin que ce dernier puisse tenir à jour l'état nominatif des propriétaires des immeubles inclus dans le périmètre de l'association ainsi que le plan parcellaire *(Ord. n° 2004-632, 1er juill. 2004, art. 4. – V. n° 4368 et s.)* ;
- le propriétaire d'un immeuble inclus dans le périmètre d'une association doit, en cas de transfert de propriété, **informer le futur propriétaire** de cette inclusion et de l'existence éventuelle des servitudes. Il doit fournir les mêmes informations aux **locataires** de cet immeuble *(Ord. n° 2004-632, 1er juill. 2004, art. 4)*.

Pour aller plus loin

Formules

- JCl. Notarial Formulaire, V° Lotissements, fasc. 175 (règlement), par R. Ducourau
- JCl. Notarial Formulaire, V° Lotissements, fasc. 205 (vente de lot), par C. Becqué-Deverre, C. Farenc, N. Gonzalez Gharbi

Fiches pratiques

- Fiche pratique n° 2633 : Droits à construire lors de la division d'un terrain, par A. Robert-Chary
- Fiche pratique n° 1809 : Rédiger une vente de terrain à bâtir dans un lotissement, par D. Boulanger
- Fiche pratique n° 2815 : Agir aux fins de bornage, par I. Laurent et É. Martinez
- Fiche pratique n° 1721 : Rédiger une vente d'immeuble, par M. Suquet-Cozic

Commentaires

- JCl. Administratif, Synthèse 280, Lotissements et permis d'aménager, par G. Liet-Veaux et D. Gillig
- JCl. Notarial Formulaire, V° Lotissements, fasc. 80, par X. Couton

Revues

- Ph. Billet, Loi ALUR et régime des lotissements : JCP A 2014, 2258
- E. Carpentier, La cristallisation des droits de construire en permis d'aménager : une garantie supprimée ? : JCP N 2017, n° 12, 1137
- E. Carpentier et J. Trémeau, Le contrôle urbanistique des unités foncières et le nouveau lotissement : RFDA 2012, p. 864 et s.
- P. Cornille, De l'impact sans précédent de la loi ALUR sur le dossier de lotissement : Constr.-Urb. 2014, étude 7
- P. Cornille, Réforme par la loi ELAN du droit des lotissements : Constr.-Urb. 2019, étude 7
- X. Couton, Corrections apportées au régime des lotissements, La réforme enfin réformée : Constr.-Urb. 2012, n° 81
- R. Ducourau, Le lotissement soumis à déclaration préalable de division suppose-t-il la viabilité du ou des détachements de terrain à bâtir ? : JCP N 2009, n° 11, 1111
- G. Durand-Pasquier, Loi Elan : incidences sur les contrats de vente d'immeubles existants et à construire : JCP N 2018, 1370
- D. Dutrieux, Loi Alur, urbanisme et pratique notariale : JCP N 2014, n° 15, 1160
- D. Dutrieux, Corrections à apporter au régime des autorisations d'urbanisme [D. n° 2014-253, 27 févr. 2014] : JCP N 2014, n° 11, act. 378

Pour aller plus loin

- J.-M. Lugherini, Autorisation du lotissement : permis d'aménager ou déclaration préalable ? Un « coup de balai » incertain : BJDU 2014, p. 441
- J.-Ph. Meng, Le notaire et le lotissement corrigé : Bull. Cridon Paris, 2012, p. 86 et s.
- L. Santoni, Champ d'application de la déclaration préalable en lotissement : Constr.-Urb. 2015, comm. 150
- J. Trémeau, Le nouveau lotissement : AJDA 2012, p. 636 et s.
- V. Zalewski-Sicard, La loi ALUR et les documents du lotissement : Dr. et ville 2015, n° 78

III. Permis valant division

2444 Division avant achèvement et construction – **Lorsque le vendeur** souhaite procéder à la construction de plusieurs bâtiments et diviser son terrain avant achèvement de l'ensemble du projet, c'est alors un permis de construire valant division qui doit être demandé *(C. urb., art. R. 431-24)*.

A. – CHAMP D'APPLICATION DU PERMIS VALANT DIVISION

2445 Pour qu'un permis valant division soit nécessaire et suffisant, il convient tout d'abord qu'il y ait division et ensuite que celle-ci intervienne avant l'achèvement de l'ensemble du projet.

1° Division

2446 Division en propriété ou en jouissance – Comme pour les lotissements, il n'y a pas lieu de distinguer suivant que la division projetée est une division en jouissance ou en propriété. Il a été ainsi retenu qu'était nécessaire un permis valant division pour la construction de cinq chalets sur des parcelles de terrains devant faire l'objet d'une attribution privative *(CE, 8 févr. 1999, n° 171946 : JurisData n° 1999-050051)*. Il n'y a, par contre, pas division lorsque le maître de l'ouvrage procède à la construction de plusieurs maisons destinées à la location *(CE, 7 mars 2008, n° 296287 : JurisData n° 2008-073227 ; Constr.-Urb. 2008, comm. 85, obs. P. Cornille)*.

2° Division avant achèvement de l'ensemble du projet

2447 Division après achèvement – Lorsque le ou les pétitionnaires n'envisagent pas de diviser le ou les terrains, assiette de l'opération, avant l'achèvement de l'ensemble du projet, il n'est pas alors nécessaire de demander un permis valant division.

B. – RÉGIME DU PERMIS VALANT DIVISION

1° Demandeur

2448 Pétitionnaire – Le permis peut être délivré à plusieurs pétitionnaires *(H. Périnet-Marquet, Les autorisations de construire ou d'aménager délivrées à plusieurs personnes, première approche : Constr.-Urb. 2008, étude 6)*.

2449 Transfert du permis valant division – L'Administration admet le transfert partiel ou total du permis valant division. Toutefois, ce transfert est assorti de conditions : « les dispositions de l'article R. 431-24 ne s'opposent pas à ce que la division foncière intervienne avant tout commencement de construction, dès lors que les permis issus de la scission du permis initial sont légaux et auraient pu être délivrés de manière autonome. Une telle division ne saurait ni remettre en cause le projet d'ensemble, ni permettre de contourner une autre réglementation » *(Rép. min. n° 79416, 25 mai 2010 : JOAN 22 mars 2011, p. 2878. – R. Ducourau, Le permis de construire valant division : substitut du lotissement ? : JCP N 2010, n° 45, 1346. – D. Dutrieux, Une nouvelle définition de la division primaire ? : JCP N 2012, n° 43-44, act. 925. – L. Santoni, Transfert partiel du permis de construire valant division : une remise en cause implicite de la réponse ministérielle Vauzelle ? : Constr.-Urb. 2013, comm. 69. – J.-Ph. Meng, Réglementation des lotissements : les corrections apportées au régime des lotissements : GRIDAUH, mai 2012. – D. Gillig, Champ d'application du permis de construire valant division : Constr.-Urb. 2017, alerte 65)*.

2° Demande

2450 Assiette – Les bâtiments peuvent être réalisés sur une unité foncière, mais aussi sur plusieurs unités foncières contiguës. En effet, l'article R. 431-24 du Code de l'urbanisme vise les travaux portant sur la construction, sur une unité foncière ou sur plusieurs unités foncières contiguës, de plusieurs bâtiments dont le terrain d'assiette comprenant une ou plusieurs unités foncières contiguës, doit faire l'objet d'une division en propriété ou en jouissance avant l'achèvement de l'ensemble du projet.

2451 Plan de division – En plus des pièces devant être fournies pour toute demande de permis de construire, le dossier, présenté à l'appui de la demande, doit être complété par un plan de division.

- Lorsque la division n'intervient qu'en jouissance, le plan doit faire apparaître les zones de jouissance privatives découlant de l'état descriptif de division.
- Lorsque de telles zones sont absentes, le plan de division peut se confondre, dans le cadre d'une copropriété, avec le plan de masse de l'opération.

2452 Voies ou espaces communs – Lorsque des voies ou espaces communs sont prévus, il est joint à la demande un projet de constitution d'une association syndicale des acquéreurs à laquelle seront dévolus la propriété, la gestion et l'entretien de ces voies ou espaces communs, à moins que l'ensemble soit soumis au statut de la copropriété ou que le demandeur justifie de la conclusion avec la commune ou l'établissement public compétent d'une convention prévoyant le transfert dans leur domaine de la totalité des voies et espaces communs une fois les travaux achevés *(C. urb., art. R. 431-24)*.
Relativement à la création d'une association syndicale libre, il doit être souligné qu'il n'est pas suffisant de s'engager à constituer une association. Il convient de justifier du projet de constitution d'une association. Cette justification peut résulter du projet de statuts de celle-ci.

2453 Réalisation des équipements communs – Lorsqu'il y a plusieurs titulaires du permis, ceux-ci demeurent solidaires pour la réalisation des équipements communs *(S. Pérignon, Réforme du permis de construire valant division : JCP N 2012, n° 11, 1132)*.

3° Instruction

2454 Conformité du projet – L'appréciation de la conformité du projet aux règles d'urbanisme se fera :

- soit au regard de l'assiette globale du projet et non au regard de chaque terrain issu des divisions à venir *(G. Godfrin, Projet immobilier avec division foncière : comment appliquer le PLU ? : Constr.-Urb. 2007, étude 4)* ; dans une telle hypothèse, le pétitionnaire peut répartir entre les terrains à diviser la surface de plancher ;
- soit au regard de chaque terrain issu des divisions à venir si le PLU s'oppose à une appréciation par rapport à l'assiette globale du projet *(C. urb., art. R. 151-21)* ; l'appréciation se fait alors lot par lot.

Pour le reste, l'instruction intervient de façon identique à un permis de construire ne valant pas division.

4° Vente des bâtiments

2455 Vente avant achèvement – Lorsque les ventes interviennent avant l'achèvement de l'ensemble du projet autorisé, suivant que l'immeuble vendu se situe ou non dans un bâtiment achevé au sens de l'article R. 261-1 du Code de la construction et de l'habitation, c'est une vente d'immeuble à construire ou une vente de droit commun qui devra être conclue. La vente d'immeuble à construire ne s'imposera que si le vendeur s'engage à poursuivre la construction après la vente.

2456 Vente avant achèvement et transfert partiel du permis valant division – Dans les conditions rappelées ci-dessus *(V. n° **2455**)*, la vente avant achèvement avec transfert partiel du permis valant division est possible. En particulier, les droits à construire cédés préalablement à la division doivent porter uniquement sur un groupe de bâtiments ou un immeuble autre qu'une maison d'habitation individuelle *(D. Gillig, Champ d'application du permis de construire valant division : Constr.-Urb. 2017, alerte 65)*.
En ce cas, l'acquéreur va réaliser ou faire réaliser les travaux par un tiers. Une vente de droit commun pourra donc être conclue.

2457 Cahier des charges – Un cahier des charges peut être établi. Dès lors qu'il est fait référence audit cahier des charges dans chaque acte de vente ou que celui-ci a été publié, les acquéreurs successifs sont tenus de le respecter. Ce cahier des charges à la différence de celui d'un lotissement ne peut être modifié qu'à l'unanimité.

2458 Association syndicale libre (ASL) – Ce qui a été précisé pour l'ASL d'un lotissement s'applique de la même façon pour l'association constituée en vue de la gestion des voies et espaces communs (*V. n° **2390** et s.*).

Attention S'il y a eu création d'une ASL :
- avis de la mutation doit être donnée dans les 15 jours à compter de la date du transfert de propriété par lettre recommandée avec avis de réception à l'association qui peut faire opposition pour obtenir le paiement des sommes restant dues par l'ancien propriétaire *(Ord. n° 2004-632, 1er juill. 2004, art. 3. - V. n° **4368** et s.)*. Précisons à cet égard que les créances de toute nature d'une association syndicale de propriétaires à l'encontre d'un de ses membres sont garanties par une hypothèque légale sur les immeubles de ce membre compris dans le périmètre de l'ASL. Les conditions

d'inscription et de mainlevée de cette hypothèque sont celles prévues aux trois premiers alinéas de l'article 19 de la loi du 10 juillet 1965 précitée ;
- la mutation doit être notifiée par le notaire au président de l'ASL afin que ce dernier puisse tenir à jour l'état nominatif des propriétaires des immeubles inclus dans le périmètre de l'association ainsi que le plan parcellaire *(Ord. n° 2004-632, 1er juill. 2004, art. 4. - V. n° **4368** et s.)* ;
- le propriétaire d'un immeuble inclus dans le périmètre d'une ASL doit, en cas de transfert de propriété, informer le futur propriétaire de cette inclusion et de l'existence éventuelle des servitudes. Il doit fournir les mêmes informations aux locataires de cet immeuble *(Ord. n° 2004-632, 1er juill. 2004, art. 4)*.

2459 Copropriété - Lorsqu'il existe des voies et espaces communs, le pétitionnaire peut choisir de soumettre l'ensemble immobilier à la loi n° 65-557 du 10 juillet 1965. En une telle hypothèse, il conviendra de tenir compte lors de la vente des dispositions de cette loi *(V. n° **1637** et s.)*.

2460 Surface de plancher - Lorsque le pétitionnaire a procédé à la répartition de la surface de plancher entre les lots, il y a lieu de mentionner dans l'acte de vente la surface de plancher constructible sur le lot. L'acquéreur est ainsi renseigné sur l'éventuelle surface de plancher résiduelle sur son lot.

Conseil pratique Avant la vente de l'ensemble immobilier, il peut être prévu le dépôt de l'ensemble des pièces relatives à celui-ci, à l'instar de ce qui a été précisé ci-dessus pour le lotissement.

Pour aller plus loin

• S. Pérignon, Réforme du permis de construire valant division : JCP N 2012, n° 11, 1132

IV. Zone d'aménagement concerté (ZAC)

2461 Distinction - La ZAC aboutit à une division foncière comme le lotissement, mais son périmètre peut concerner des propriétés différentes et son objet est plus vaste que la simple division, puisqu'il comporte l'aménagement et l'équipement des terrains, la mise en place d'équipements collectifs. Lorsqu'elle ne conduit pas directement la ZAC, la collectivité ou le groupement de collectivités concerné passe une convention avec l'aménageur et lui impose des prescriptions plus lourdes qu'au lotisseur, ce qui dispense de l'autorisation de lotissement.

2462 Définition - Les ZAC sont les zones à l'intérieur desquelles une collectivité publique ou un établissement public y ayant vocation décide d'intervenir pour réaliser ou faire réaliser l'aménagement et l'équipement des terrains, notamment de ceux que cette collectivité ou cet établissement public a acquis ou acquerra en vue de les céder ou de les concéder ultérieurement à des utilisateurs publics ou privés *(C. urb., art. L. 311-1)*.

2463 Objet - La ZAC a pour finalité la production de terrains équipés à des usages variés : habitation, commerce, industrie ou service. Elle peut aussi être utilisée pour des opérations d'installation et d'équipements collectifs ou privés, de rénovation, de restauration *(C. urb., art. L. 300-1)*. Selon l'article L. 311-1 du Code de l'urbanisme, la ZAC doit être créée pour l'aménagement et l'équipement des terrains. La notion d'aménagement est précisée par l'article L. 300-1 du Code de l'urbanisme. Elle doit porter sur une partie significative du territoire communal que l'on ouvre à l'urbanisation ou à la restauration. L'objet de la ZAC est des plus large, elle peut être créée dans le but de soutenir le développement économique, combattre la spéculation foncière.

A. – CRÉATION DE LA ZAC

2464 Alors que les lotissements peuvent être créés par des particuliers, l'initiative de la création des ZAC est de la seule compétence des personnes publiques *(C. urb., art. R. 311-1)*.

2465 Localisation - Les ZAC peuvent être implantées dans toutes les zones prévues par le plan local d'urbanisme (PLU) à condition d'être constructibles (zones U et AU). La ZAC peut être créée sur plusieurs emplacements territorialement distincts *(C. urb., art. L. 311-1, dernier al.)*. Des immeubles bâtis peuvent être inclus dans une ZAC. L'absence de PLU n'interdit pas de créer une ZAC *(E. Bervas et G. Lermée, Peut-on réaliser une ZAC en l'absence de POS et de PLU ? : Et. Fonc. 2004, n° 111, p. 6)*. L'absence de schéma de cohérence territoriale (SCOT) ne fait pas échec à la mise en place d'une ZAC ; si un SCOT existe, le principe de compatibilité doit être respecté.

2466 Initiative de la création - Selon l'article R. 311-1 du Code de l'urbanisme, cette initiative appartient à l'État, aux collectivités territoriales et aux établissements publics y ayant vocation.

1° Procédure de création

2467 Études préalables – Elles vont porter sur le programme d'aménagement, le choix du site, la faisabilité technique, son insertion dans l'environnement naturel. Elles vont permettre de fixer les grandes lignes, les objectifs poursuivis par l'opération.

2468 Constitution du dossier – Ce dossier, dont le contenu est défini par l'article R. 311-2 du Code de l'urbanisme, est approuvé par l'organe délibérant qui a pris l'initiative de la ZAC, sauf s'il s'agit de l'État. Son contenu est important car, en cas d'insuffisance, l'illégalité de la décision de création peut être prononcée.

2469 Concertation – Elle doit se dérouler dans les formes prévues à l'article L. 300-2 du Code de l'urbanisme (consulter les habitants, les associations locales, les personnes concernées ; voir *C. urb., art. L. 103-2)*.
La personne publique qui a pris l'initiative de l'opération en fixe les modalités. Le non-respect de cette procédure est sanctionné par le juge administratif (annulation de la décision de création).

2470 Étude d'impact, évaluation environnementale et mise à disposition du public – Lorsque la création de la ZAC nécessite une étude d'impact, cette dernière doit être mise à disposition du public avant que la décision de création ne soit prise. Pour déterminer s'il y a lieu à évaluation environnementale et étude d'impact, il convient suivant l'article R. 122-2 du Code de l'environnement de se réferer au tableau qui lui est annexé.

Travaux, ouvrages, aménagements ruraux et urbains		
Travaux, constructions et opérations d'aménagement y compris ceux donnant lieu à un permis d'aménager, un permis de construire, ou à une procédure de zone d'aménagement concerté.	Travaux, constructions et opérations constitués ou en création qui créent une surface de plancher supérieure ou égale à 40 000 m^2 ou dont le terrain d'assiette couvre une superficie supérieure ou égale à 10 hectares.	Travaux, constructions et opérations d'aménagement constitués ou en création qui soit crée une surface de plancher supérieure ou égale à 10 000 m^2 et inférieure à 40 000 m^2 et dont le terrain d'assiette ne couvre pas une superficie supérieure ou égale à 10 hectares, soit couvre un terrain d'assiette d'une superficie supérieure ou égale à 5 ha et inférieure à 10 ha et dont la surface de plancher créée est inférieure à 40 000 m^2.
	Les composantes d'un projet donnant lieu à un permis d'aménager, un permis de construire, ou à une procédure de zone d'aménagement concerté ne sont pas concernées par la présente rubrique si le projet dont elles font partie fait l'objet d'une étude d'impact ou en a été dispensé à l'issue d'un examen au cas par cas.	

2471 Règles d'urbanisme applicables – Le document d'urbanisme qui s'impose est le document d'urbanisme de droit commun, le plan local d'urbanisme (PLU) *(C. urb., art. R. 311-6)*. Pour autant, suivant le Conseil d'État, l'acte de création de la ZAC n'est pas soumis aux dispositions du PLU *(CE, 26 juill. 2011, n° 320457, Sté Innov Immo : JurisData n° 2011-015330. – P. Hocreitère et V. Gueguen, L'articulation dans le temps de la ZAC, du PLU et la concession d'aménagement : Et. Fonc. 2010, n° 147, p. 24)*. Ce n'est donc que lors de mise en œuvre qu'il pourra s'avérer nécessaire d'adapter les règles d'urbanisme *(CE, avis, 4 juill. 2012, n° 356221 : JurisData n° 2012-014995)*.
Ainsi, la création de la ZAC peut nécessiter une adaptation du PLU qui devra préciser la localisation et les caractéristiques des espaces publics à conserver, à modifier ou à créer, la localisation des principaux ouvrages publics, des installations d'intérêt général et des espaces verts. Il peut déterminer la surface de plancher autorisée sur chaque îlot en fonction de la nature et de la destination des bâtiments *(C. urb., art. L. 151-27. – S. Pérignon, Gestion de la densité en ZAC : Defrénois 2002, p. 38)*.

2472 Décision de création – La décision est prise par le conseil municipal ou par l'assemblée délibérante de l'établissement public de coopération intercommunale qui a pris l'initiative de la création de la ZAC *(C. urb., art. R. 311-3)*. Si l'initiative de la création a été prise par une autre personne publique, celle-ci adresse le dossier de création à l'autorité compétente pour la créer. Lorsque la création de la zone est de la compétence du préfet, le conseil municipal ou l'organe délibérant de l'établissement public émet un avis sur le dossier de création. L'avis est réputé émis à l'issue d'un délai de 3 mois à compter de la réception par le maire ou le président de l'établissement du dossier de création *(C. urb., art. R. 311-4)*.
La ZAC est créée par arrêté préfectoral si elle est située en tout ou partie à l'intérieur du périmètre d'une opération d'intérêt national *(C. urb., art. L. 311-1, al. 3)*.

2473 Contenu de l'arrêté – L'article R. 311-5 du Code de l'urbanisme détermine le contenu de la décision : délimitation du ou des périmètres de la ZAC, programme prévisionnel des constructions à édifier à l'intérieur de la zone ; il mentionne le régime au regard de la part communale ou intercommunale de la taxe d'aménagement.

2474 **Publicité** – La décision de création est **affichée pendant 1 mois** en mairie ou au siège de l'établissement public et dans ce cas, dans les mairies des membres concernés.
Mention de cet affichage est insérée en caractères apparents dans un **journal diffusé dans le département**. L'arrêté préfectoral est **publié au Recueil des actes administratifs** mentionné à l'article R. 2121-10 du Code général des collectivités territoriales ou à celui mentionné à l'article R. 5211-41 du même code ou au Recueil des actes administratifs de l'État dans le département *(C. urb., art. R. 311-5)*.
Chacune de ces formalités de publicité mentionne le ou les lieux où le dossier peut être consulté.

2° Effets de la création de la zone d'aménagement concerté

2475 Les effets juridiques attachés à la création de la ZAC ont pour point de départ l'exécution de l'ensemble des formalités de publicité précisées ci-dessus. La date à prendre en compte pour l'affichage en mairie ou au siège de l'établissement public compétent est celle du premier jour où il est effectué.

2476 **Sursis à statuer** – La ZAC n'est pas un acte créateur de droits, mais elle produit certains effets : elle rend applicable la procédure de sursis à statuer concernant les autorisations d'urbanisme *(C. urb., art. L. 424-1)*.

2477 **Droit de délaissement** – Les propriétaires dans le périmètre de la ZAC peuvent exercer un droit de délaissement *(C. urb., art. L. 311-2)* selon les règles définies à l'article L. 230-1 du Code de l'urbanisme. Il peut s'agir de terrains non bâtis ou de terrains bâtis.
En l'absence d'accord amiable à l'expiration d'un délai d'un an, le propriétaire peut saisir le juge de l'expropriation, afin que celui-ci prononce le transfert de propriété et fixe le prix de l'immeuble. Si néanmoins le périmètre de la ZAC venait à être réduit et à ne plus comprendre le terrain concerné, alors il peut être fait échec au droit de délaissement lorsque la publicité de la délibération de modification de la ZAC est réalisée avant que le juge de l'expropriation ne statue sur le transfert de propriété du bien concerné *(Cass. 3e civ., 21 déc. 2017, n° 16-26.564, Sté Insula : JurisData n° 2017-026587 ; Constr.-Urb. 2018, comm. 17, X. Couton)*.

2478 **Préemption** – La décision de création de la ZAC n'entraîne pas la mise en place d'un droit de préemption. Si ce dernier préexiste dans le périmètre et continue à s'appliquer et si la commune est dotée d'un POS ou d'un PLU opposable, un droit de préemption urbain peut être institué sur tout ou partie de la zone ; il en va de même s'il existe une zone d'aménagement différé.

2479 **Plan d'occupation des sols ou plan local d'urbanisme** – La décision de création de la ZAC est sans effet sur les documents d'urbanisme, elle ne suspend pas les règles du POS ou du PLU.

B. – RÉALISATION DE LA ZAC

2480 L'aménagement et l'équipement de la zone sont réalisés dans le respect des règles d'urbanisme applicables *(C. urb., art. R. 311-6)*. Si la commune est couverte par un plan local d'urbanisme (PLU), la réalisation de la ZAC est subordonnée au respect de l'article L. 151-42 du Code de l'urbanisme.

1° Formes de l'aménagement

2481 **ZAC en régie** – Elle est conduite directement par la personne morale qui a pris l'initiative de sa création.

2482 **Concessions d'aménagement** – Elles permettent de confier à toute personne y ayant vocation l'aménagement de la zone. L'aménageur va se voir confier des prérogatives de puissance publique : droit d'exproprier, délégation du droit de préemption. Elle ne peut être conclue avant la création de la ZAC.
L'attribution des concessions d'aménagement est soumise par le concédant à une procédure de publicité permettant la présentation de plusieurs offres concurrentes, sauf exception *(C. urb., art. L. 300-4 à L. 300-5-2. – F. Llorens et P. Soler-Couteaux, La mise en conformité des concessions d'aménagement avec le droit communautaire : RD imm. 2009, p. 616. – R. Noguellou, La notion de contrôle analogue : RLCT 2010. 1706)*.

2483 **Obligations de l'aménageur** – L'aménageur ne dispose pas d'une totale liberté *(C. urb., art. L. 300-5)*. Le traité de concession d'aménagement précise les obligations de chacune des parties.
En outre, en cas de participation financière de la personne publique, le traité de concession d'aménagement doit contenir certaines clauses fixées par le législateur, ce à peine de nullité. Comme dans tout contrat obéissant au droit public, la personne publique exerce un contrôle technique, financier et comptable sur son aménageur dont les modalités doivent être précisées dans le traité.

2° Dossier de réalisation de la zone

2484 Il est établi par la personne publique qui a pris l'initiative de la ZAC *(C. urb., art. R. 311-7)*. Il comprend :
- le projet des programmes des équipements publics à réaliser dans la zone avec l'accord des personnes publiques prenant en charge les équipements ;
- les modalités prévisionnelles de financement échelonné dans le temps ;
- le projet de programme global des constructions réalisées dans la zone.

Le programme des équipements publics est approuvé par le conseil municipal, l'organe délibérant de l'établissement public ou le préfet quand il est compétent *(C. urb., art. R. 311-8)*.
L'acte qui approuve le dossier de réalisation et celui qui approuve le programme des équipements publics doivent faire l'objet des mesures de publicité et d'information de l'article R. 311-5 du Code de l'urbanisme.

3° Acquisitions foncières

2485 Il n'existe aucune obligation légale d'acquérir la totalité de l'assiette de la zone, mais l'aménageur va essayer d'avoir la maîtrise foncière la plus importante possible.
Les propriétaires qui conservent leur terrain et y édifient une construction doivent participer au financement de l'aménagement ; une convention est conclue entre le constructeur et la commune ou l'établissement public. La convention constitue une pièce obligatoire du dossier du permis de construire ou de lotir *(C. urb., art. L. 311-4. – Sur les dépenses pouvant être mises à la charge du constructeur : CE, 27 juill. 2016, n° 390101 : JurisData n° 2016-015772 ; Constr.-Urb. 2016, comm. 116, L. Santoni)*.
Les acquisitions peuvent être réalisées à l'amiable. À défaut d'accord amiable, la procédure d'expropriation peut être mise en œuvre, voire au moyen du droit de préemption urbain ou de celui de la ZAD *(C. urb., art. L. 300-4)*. Les propriétaires bénéficient d'un droit de délaissement *(C. urb., art. L. 311-2)*.

4° Cession des terrains

2486 Commercialisation – Contrairement au lotissement, la commercialisation des terrains peut s'effectuer dès la création de la zone, avant même le commencement des travaux.

2487 Régime applicable aux divisions – Les divisions foncières à l'intérieur de la ZAC ne sont pas soumises à la réglementation des lotissements lorsqu'elles sont effectuées par l'aménageur *(C. urb., art. R. 442-1, c)*.
Par contre, les subdivisions opérées par un acquéreur de lots tombent dans le champ d'application des règles du lotissement *(E. Carpentier, La définition du lotissement. – Version 1.3.12 : JCP N 2012, n° 11, 1128)*.

2488 Cahier des charges – L'article L. 311-6 du Code de l'urbanisme prévoit que les cessions ou concessions d'usage de terrains doivent faire l'objet d'un cahier des charges approuvé lors de chaque cession ou concession par l'autorité compétente pour créer la ZAC, le maire ou le président de l'établissement public, ou le préfet dans les autres cas.

> **Attention** **Le cahier des charges doit indiquer le nombre de mètres carrés de surface de plancher dont la construction est autorisée sur la parcelle créée. Il peut en outre fixer les prescriptions techniques, urbanistiques et architecturales imposées pour la durée de la réalisation de la zone.**

> **Attention** **L'absence de cahier des charges a pour conséquence l'impossibilité de délivrer légalement un permis de construire** ***(CE, 15 oct. 2014, n° 349775 : JurisData n° 2014-024133 ; Lebon T. ; AJDA 2014, p. 2037 ; BJDU 2015, p. 163, concl. Vialettes, obs. J. T. ; Defrénois 2015, n° 1180 et s., obs. J.-P. Meng)*****.**

Cette obligation s'impose même aux ZAC constituées avant le 1er avril 2001 et en cours de réalisation.
Le cahier des charges a un caractère réglementaire. L'article L. 311-6 du Code de l'urbanisme précise à cet égard que si le cahier des charges a été approuvé, et après qu'il a fait l'objet de mesures de publicité, celles de ses dispositions relatives à la surface de plancher, aux prescriptions techniques, urbanistiques et architecturales sont opposables aux demandes d'autorisation d'urbanisme. Il est caduc à la date de la suppression de la zone. Mais cette règle ne s'applique pas aux cahiers des charges signés avant l'entrée en vigueur de la loi SRU *(le 1er avril 2003. – Cass. 3e civ., 5 janv. 2017, n° 15-28.150)*.

5° Suppression ou modification de la zone

2489 Suppression – La suppression d'une ZAC est prononcée sur proposition ou après avis de la personne publique qui a pris l'initiative de sa création par l'autorité compétente en application de l'article L. 311-1 du Code de l'urbanisme pour créer la zone. La proposition comprend un rapport de présentation qui expose les motifs de la suppression. La procédure de suppression va marquer l'achèvement de la ZAC. La décision de suppression abroge l'acte de création de la ZAC et rend caduc le cahier des charges de cession du terrain *(C. urb., art. L. 311-6)*.

2490 **Modification** – La modification d'une ZAC est prononcée dans les formes prescrites pour la création de la zone.

2491 **Publicité** – La décision qui supprime la zone ou qui modifie son acte de création fait l'objet des mesures de publicité et d'information édictées par l'article R. 311-5 du Code de l'urbanisme *(C. urb., art. R. 311-12)*.

Pour aller plus loin

Formules
- JCl. Notarial Formulaire, V° Lotissements, fasc. 175 (règlement), par R. Ducourau
- JCl. Notarial Formulaire, V° Lotissements, fasc. 205 (vente de lot), par C. Becqué-Deverre, C. Farenc, N. Gonzalez Gharbi

Fiches pratiques
- Fiche pratique n° 1809 : Rédiger une vente de terrain à bâtir dans un lotissement, par D. Boulanger
- Fiche pratique n° 1721 : Rédiger une vente d'immeuble, par M. Suquet-Cozic

Commentaires
- JCl. Notarial Formulaire, Synthèse 410, Permis de construire et déclaration préalable, par G. Liet-Veaux et D. Gillig
- JCl. Notarial Formulaire, Synthèse 1440, Vente d'immeuble, préparation de l'acte, par V. Zalewski-Sicard
- JCl. Notarial Formulaire, V° Construction et urbanisme, fasc. 700, par G. Liet-Veaux et J.-L. Pissaloux

Revues
- X. Couton, Loi ELAN et maîtrise foncière : Constr.-Urb. 2019, étude 3
- X. Couton, La ZAC, cette fringante quinquagénaire ! : Constr.-Urb. 2017, repère 11
- L. Santoni, L'urbanisme opérationnel dans la loi Elan : Constr.-Urb. 2019, étude 4

Urbanisme

Vente d'un immeuble bâti isolé

2492 **Vente d'un immeuble bâti** – Lors de la vente d'un immeuble bâti, sa situation au regard du droit de l'urbanisme peut apparaître secondaire. Pourtant, elle n'en est pas moins importante que lors de la vente d'un terrain à bâtir. En effet, le notaire se doit d'informer et de conseiller sur cette situation et ce, sans s'en tenir à la seule fourniture d'une note de renseignements d'urbanisme que les communes ne devraient plus en principe délivrer *(Cass. 1re civ., 14 févr. 2018, n° 16-27.263 : JurisData n° 2018-001970)*. En effet, l'acquéreur a tout intérêt à être renseigné :

- sur la conformité du bâtiment aux règles d'urbanisme ;
- sur les conséquences résultant de la vente d'un immeuble irrégulièrement édifié ou rénové ;
- sur les possibilités de rénovation ;
- sur les possibilités de reconstruction à l'identique ;
- sur l'autorisation d'urbanisme nécessaire s'il souhaite réaliser des travaux ;
- sur les possibilités de division de l'immeuble bâti, qu'il s'agisse de diviser le bâtiment lui-même ou le terrain sur lequel se situe le bâtiment ;
- sur sa localisation au sein d'un lotissement ou d'une ZAC.

Conseil pratique **Il convient de disposer d'un certificat d'urbanisme récent, en cours de validité. Le notaire se doit d'attirer l'attention de son client sur la portée limitée du certificat d'urbanisme** ***(Cass. 1re civ., 31 janv. 2018, n° 17-13.303 : JurisData n° 2018-001197 ; Resp. civ. et assur. 2018, comm. 111).***

2493 **Vente d'un immeuble bâti isolé** – Lorsque le bien vendu est un immeuble bâti isolé, c'est-à-dire qu'il ne se trouve ni dans un lotissement ni dans une zone d'aménagement concerté ni dans une copropriété, il est nécessaire de vérifier s'il a été réalisé ou rénové conformément aux règles d'urbanisme. En outre, lorsque l'acquéreur déclare qu'il souhaite réaliser des travaux sur ledit immeuble, il convient de déterminer si une autorisation d'urbanisme est nécessaire. La question spécifique de la possibilité d'une reconstruction à l'identique peut alors se poser. Enfin, lorsqu'il apparaît que l'immeuble n'est pas conforme aux règles d'urbanisme, la vente pourra intervenir mais des précautions devront être prises.

I. Travaux réalisés antérieurement à la vente

A. – CONFORMITÉ AUX RÈGLES D'URBANISME

2494 Après réalisation de travaux, une déclaration de travaux doit être effectuée. L'administration peut alors apprécier la conformité des travaux réalisés. Un certificat de conformité est dès lors établi, certification qui doit être réclamée au vendeur. S'il apparaît que les travaux n'ont pas été réalisés régulièrement, soit que l'autorisation d'urbanisme n'ait pas été respectée soit qu'aucune autorisation d'urbanisme n'ait été demandée, il y a alors lieu d'attirer spécialement l'attention de l'acquéreur sur les risques encourus.

Conseil pratique **Pour déterminer si des travaux ont été réalisés sur un immeuble bâti, il faut comparer le descriptif de l'acte d'acquisition par le vendeur et le descriptif de l'immeuble bâti suivant les déclarations du vendeur lors de la préparation de l'acte. Toute différence entre ces deux descriptions doit conduire à demander au vendeur de justifier de l'obtention des autorisations d'urbanisme nécessaires et du certificat de conformité des travaux.**

2495 Lors de la vente de l'immeuble, il y a lieu de vérifier tout à la fois la conformité formelle des travaux à l'autorisation d'urbanisme ainsi que leur conformité matérielle.

1° Conformité formelle

a) Déclaration d'achèvement et de conformité des travaux

2496 **Auteur de la déclaration** – À l'achèvement des travaux de construction, une déclaration attestant cet achèvement et la conformité des travaux à l'attestation d'urbanisme délivrée est adressée à la mairie *(C. urb., art. L. 462-1)*. La déclaration attestant l'achèvement et la conformité des travaux est signée par le bénéficiaire de l'autorisation d'urbanisme ou par l'architecte ou l'agréé en architecture, dans le cas où ils ont dirigé les travaux *(C. urb., art. R. 462-1)*.

2497 Dépôt de la déclaration – Elle est adressée par pli recommandé avec demande d'avis de réception postal au maire de la commune ou déposée contre décharge à la mairie. Lorsque la commune est dotée des équipements répondant aux normes fixées par l'arrêté du ministre chargé de l'Urbanisme prévu à l'article R. 423-49 du Code de l'urbanisme, la déclaration peut être adressée par échange électronique dans les conditions définies par cet article *(C. urb., art. R. 462-1)*.

2498 Achèvement partiel ou total – La déclaration précise si l'achèvement concerne la totalité ou une tranche des travaux *(C. urb., art. R. 462-2)*. On considère un immeuble comme achevé lorsque l'état d'avancement des travaux est tel qu'il permet une utilisation effective du bâtiment selon sa destination *(Rép. min. n° 142 : JOAN 10 août 1992, p. 3700)*.

2499 Absence de déclaration – Si le vendeur n'a pas effectué de déclaration, il peut toujours y procéder. En effet, si cette déclaration doit être faite dès l'achèvement des travaux, un dépôt tardif est toujours possible. À l'issue du délai de récolement, le vendeur pourra à la demande du vendeur délivrer une attestation de non-contestation de la conformité des travaux *(C. urb., art. R. 462-10)*.
Outre l'intérêt d'une telle déclaration au regard du déclenchement du délai de récolement, celle-ci permet de pallier l'absence éventuelle d'affichage de l'autorisation d'urbanisme et le déclenchement des délais de recours.
Enfin, la déclaration d'achèvement correspond au point de départ du délai de 4 ans pendant lequel l'aliénation d'un immeuble bâti se trouve exemptée de la purge du droit de préemption urbain *(C. urb., art. L. 211-4, c)*.

b) Récolement des travaux

2500 Information – Préalablement à tout récolement, l'autorité compétente en informe le bénéficiaire de l'autorisation d'urbanisme *(C. urb., art. R. 462-8)*.

2501 Objet – Le récolement porte sur la conformité des travaux aux seules dispositions mentionnées à l'article L. 421-6 du Code de l'urbanisme. L'autorité compétente peut, dans un délai de 3 mois *(C. urb., art. R. 462-6)*, procéder ou faire procéder à un récolement des travaux et, lorsque ceux-ci ne sont pas conformes à l'autorisation d'urbanisme délivrée, mettre en demeure le maître de l'ouvrage de déposer un dossier modificatif ou de mettre les travaux en conformité *(C. urb., art. R. 462-9)*.
Passé ce délai, l'autorité compétente ne peut plus contester la conformité des travaux *(C. urb., L. 462-2)*.

2502 Récolement obligatoire – Le récolement est obligatoire dans les cas visés à l'article R. 462-7 du Code de l'urbanisme.

c) Attestation de conformité

2503 Délai de 3 mois – Lorsqu'aucune décision n'est intervenue dans un délai de 3 ou 5 mois, une attestation certifiant que la conformité des travaux avec l'autorisation d'urbanisme n'a pas été contestée est délivrée sous quinzaine, par l'autorité compétente, au bénéficiaire de l'autorisation d'urbanisme ou à ses ayants droit, sur simple requête de ceux-ci. En cas de refus ou de silence de l'autorité compétente, cette attestation est fournie par le préfet, à la demande du bénéficiaire de l'autorisation d'urbanisme ou de ses ayants droit *(C. urb., art. R. 462-10)*.

2° Conformité matérielle

2504 Bien que le vendeur dispose d'une attestation de conformité, celle-ci ne permet que d'établir la conformité formelle de l'immeuble bâti aux autorisations d'urbanisme obtenues. Or, une telle attestation ne fait nullement obstacle à une action devant le juge judiciaire tendant à faire juger qu'il y a eu violation de l'autorisation d'urbanisme.

B. – VENTE D'UN IMMEUBLE IRRÉGULIÈREMENT ÉDIFIÉ OU MODIFIÉ

2505 Si lors de la vente une irrégularité relativement aux règles d'urbanisme est relevée, le vendeur doit être incité à régulariser la situation de l'immeuble vendu en obtenant soit une nouvelle autorisation d'urbanisme soit une autorisation d'urbanisme modificative.
Lorsqu'une telle régularisation n'est pas possible, l'immeuble peut néanmoins être vendu, mais il convient que l'acquéreur soit informé de cette irrégularité et des conséquences en résultant *(Cass. 1re civ., 17 juin 2015, n° 14-19.692 : JurisData n° 2015-014570 ; JCP N 2015, n° 27, act. 749 ; JCP N 2016, n° 36, 1260, comm. S. Ramus)*.

1° Conséquences civiles

2506 Une distinction doit être faite suivant que la construction a été réalisée conformément à un permis de construire (*V. n° **2507** et s.*) ou non (*V. n° **2511** et s.*). Cette distinction est inutile lorsque la construction porte atteinte aux droits d'un tiers (*V. n° **2515** et s.*).

a) Construction réalisée conformément à un permis de construire

2507 Lorsqu'une construction a été édifiée conformément à un permis de construire, le propriétaire peut sous certaines conditions être condamné à démolir la construction ou à verser des dommages et intérêts *(C. urb., art. L. 480-13. – Cons. const., 10 nov. 2017, n° 2017-672 QPC, Assoc. entre Seine et Brotonne et a. : JurisData n° 2017-023267 ; Constr.-Urb. 2018, comm. 4, C. Morot ; JCP A 2017, 2317, obs. Ph. Billet)*.

2508 Démolition – La démolition est exceptionnelle lorsque la construction a été édifiée conformément à un permis de construire. En effet, le propriétaire ne peut être condamné par un tribunal de l'ordre judiciaire à la démolir du fait de la méconnaissance des règles d'urbanisme ou des servitudes d'utilité publique que si, préalablement, le permis a été annulé pour excès de pouvoir par la juridiction administrative et si la construction est située dans l'une des zones visées à l'article L. 480-13 du Code de l'urbanisme.

2509 Délai de prescription de l'action en démolition – L'action en démolition doit être engagée dans le délai de 2 ans qui suit la décision devenue définitive de la juridiction administrative.

2510 Dommages et intérêts – Le constructeur ne peut être condamné par un tribunal de l'ordre judiciaire à des dommages et intérêts que si, préalablement, le permis a été annulé pour excès de pouvoir ou si son illégalité a été constatée par la juridiction administrative. L'action en responsabilité civile doit être engagée au plus tard 2 ans après l'achèvement des travaux.

Attention **Lorsque l'achèvement des travaux est intervenu avant la publication de la loi n° 2006-872 du 13 juillet 2006 portant engagement national pour le logement, la prescription antérieure continue à courir selon son régime.**

b) Construction réalisée non conformément à une autorisation d'urbanisme ou sans autorisation d'urbanisme

2511 Action en responsabilité extracontractuelle – Lorsqu'une personne a réalisé une construction ou une modification d'un bâtiment non conformément à une autorisation d'urbanisme ou sans autorisation d'urbanisme, un tiers peut agir contre elle sur le fondement de la responsabilité extracontractuelle *(C. civ., art. 1240. – Cass. 3e civ., 10 nov. 2016, n° 15-20.899 : JurisData n° 2016-023474 ; Constr.-Urb. 2017, comm. 1, P. Cornille)*. C'est alors le délai de prescription de droit commun qui est applicable soit **5 ans** *(C. civ., art. 2224)*.

2512 Démolition ou mise en conformité – Pour obtenir du juge le prononcé de la démolition ou la mise en conformité, trois conditions doivent alors être réunies :
- la violation d'une servitude d'urbanisme : non-respect d'une règle de hauteur, de reculement, de prospect ;
- un préjudice qui doit exister et être personnel et certain ;
- un lien de causalité entre la faute et le préjudice (sur tous ces points, *H. Périnet-Marquet, Les méandres du contentieux civil de l'urbanisme : LPA 17 juill. 1996, p. 46 s.*).

Si ces conditions sont réunies et que la construction a été édifiée sans permis de construire ou en violation de celui-ci, le juge doit prononcer la démolition ou une mise en conformité. Notons que ni le maire ni le juge administratif ne peuvent imposer la démolition.

2513 Dommages et intérêts – Une condamnation au versement de dommages et intérêts ne peut être prononcée que lorsqu'il est impossible de procéder à la démolition ou à la mise en conformité ou lorsqu'une modification de la réglementation est intervenue postérieurement à l'infraction, la construction en cause étant rendue licite.

2514 Action spécifique de la commune ou de l'établissement public en démolition ou mise en conformité – La commune ou l'établissement public de coopération intercommunale compétent en matière de plan local d'urbanisme peut saisir le tribunal de grande instance en vue de faire ordonner la démolition ou la mise en conformité d'un ouvrage édifié ou installé sans l'autorisation exigée par le Code de l'urbanisme ou en méconnaissance de cette autorisation, ou encore pour les aménagements, installations et travaux dispensés de toute formalité au titre du Code de l'urbanisme, en violation de l'article L. 421-8 du Code de l'urbanisme. L'action civile se prescrit en pareil cas par **10 ans** à compter de l'achèvement des travaux *(C. urb., art. L. 480-14)*.

c) Construction portant atteinte aux droits d'un tiers

2515 Une action peut aussi être fondée sur l'atteinte à des intérêts privés, sur les inconvénients anormaux de voisinage ou sur la violation d'un droit réel. Lorsque l'action a un caractère réel, elle se prescrit alors par

30 ans *(C. civ., art. 2227)*. Il importe alors peu de savoir si le bâtiment en cause a été légalement édifié ou non. Une autorisation d'urbanisme étant toujours délivrée sous réserve du droit des tiers, le juge judiciaire peut se prononcer sans que préalablement le juge administratif ait annulé l'autorisation d'urbanisme.

Pour aller plus loin

- JCl. Construction - Urbanisme, fasc. 27-20
- M.-H. Pero Augerau-Hue et O. Boudeville, Constructions illégales : sanctions et prescriptions : JCP N 2016, n° 15, 1125

2° Conséquences pénales

2516 Infraction – Les sanctions pénales sont édictées par l'article L. 480-4 du Code de l'urbanisme *(C. de Jacobet de Nombel, Le droit pénal de l'urbanisme à l'épreuve des principes du droit criminel : Dr. pén. 2013, dossier 7)*.

2517 Constitution de partie civile – Elle appartient à tout tiers lésé qui subit un préjudice direct et personnel et aux associations agréées.

2518 Initiative administrative – Lorsque l'autorité administrative et, au cas où il est compétent pour délivrer les autorisations, le maire ou le président de l'établissement public compétent, ont connaissance d'une infraction de la nature de celles que prévoient les articles L. 610-1 et L. 480-4 du Code de l'urbanisme, ils sont tenus d'en faire dresser procès-verbal. Copie du procès-verbal constatant une infraction est transmise sans délai au ministère public.
La commune ainsi que l'établissement public compétent en matière d'urbanisme peuvent exercer les droits reconnus à la partie civile, en ce qui concerne les faits commis sur leur territoire et constituant une infraction à l'alinéa premier de l'article L. 480-1 du Code de l'urbanisme.

2519 Prescription – Les infractions à la législation du permis de construire sont des délits matériels, punissables du seul fait de leur réalisation, qui se prescrivent par **6 ans à compter de l'achèvement des travaux** *(Cass. crim., 16 janv. 2018, n° 17-81.896, P+B : JurisData n° 2018-000265 ; Dr. pén. 2018, comm. 47, J.-H. Robert. – M.-H. Pero Augerau-Hue et O. Boudeville, Constructions illégales : sanctions et prescriptions : JCP N 2016, n° 15, 1125. – V. Zalewski-Sicard, La réforme de la prescription pénale et son impact en droit de la construction et de l'urbanisme : Constr.-Urb. 2017, alerte 35)*.

2520 Démolition. Mise en conformité – La juridiction pénale peut ordonner soit une mise en conformité des lieux, soit la démolition des ouvrages irrégulièrement construits *(C. urb., art. L. 480-5)*. Elles constituent des mesures de caractère réel et la vente n'empêche pas la remise en état entre les mains de l'acquéreur *(Cass. crim., 8 nov. 2016, n° 15-86.889 : JurisData n° 2016-023293 ; Dr. pén. 2017, comm. 7, J.-H. Robert)*. Ce dernier ne peut s'en plaindre au vendeur s'il y a eu un transfert conventionnel du risque dans l'acte de vente *(Cass. 3e civ., 22 nov. 2006, n° 05-14.833 : JurisData n° 2006-036046 ; Constr.-Urb. 2007, comm. 17, P. Cornille)*.

Remarque Ces dispositions sont applicables même si l'action publique se trouve éteinte par le décès ou l'amnistie, mais c'est le tribunal de grande instance statuant comme en matière civile qui est alors compétent si le tribunal correctionnel n'est pas saisi lors de cette extinction *(C. urb., art. L. 480-6)*.

2521 Mesures de contrainte – Les mesures de contrainte constituées par l'astreinte *(C. urb., art. L. 480-7 et L. 480-8)* et l'exécution forcée *(C. urb., art. L. 480-9)* sont prévues pour assurer l'exécution des décisions de mise en conformité ou de démolition. La **prescription** du recouvrement de l'astreinte qui, en vertu de l'article L. 480-7 du Code de l'urbanisme, assortit la condamnation à la remise en état est **décennale** en vertu de l'article L. 111-4, alinéa 1er du Code des procédures civiles d'exécution. L'obtention d'un permis de régularisation ne permet pas d'échapper au paiement de l'astreinte *(Cass. crim., 15 déc. 2015, n° 14-88.292 : JurisData n° 2015-028239 ; Constr.-Urb. 2016, comm. 22, P. Cornille)*.
À l'expiration du délai fixé par le jugement, le maire ou le fonctionnaire compétent peut faire procéder d'office auxdits travaux *(C. urb., art. L. 480-9)*.

Pour aller plus loin

- V. Zalewski-Sicard, La réforme de la prescription pénale et son impact en droit de la construction et de l'urbanisme : Constr.-Urb. 2017, alerte 35

3° Conséquences administratives

2522 Administrativement, lorsque les travaux ne sont pas conformes aux autorisations d'urbanisme ou qu'il n'y a pas eu obtention d'une autorisation d'urbanisme, deux conséquences peuvent en résulter.

a) Réalisation de travaux

2523 Lorsque le propriétaire souhaite réaliser des travaux sur un bâtiment qui a été construit ou modifié sans autorisation d'urbanisme ou en violation de l'autorisation d'urbanisme obtenu, il conviendra d'obtenir un permis de régularisation, sauf si la demande de nouvelle autorisation intervient plus de 10 ans après l'achèvement de la construction.

2524 **Permis de régularisation** – Pour pouvoir réaliser de nouveaux travaux, le propriétaire doit effectuer une demande d'autorisation qui portera sur l'ensemble des travaux qui ont été réalisés : les travaux déjà réalisés et les travaux à réaliser.

2525 **Délai de régularisation** – Lorsqu'une construction est achevée depuis plus de 10 ans, le refus de permis de construire ou la décision d'opposition à déclaration préalable ne peut être fondé sur l'irrégularité de la construction initiale au regard du droit de l'urbanisme.
Toutefois, il en va différemment dans les cas visés à l'article L. 421-9 du Code de l'urbanisme.

b) Reconstruction à l'identique

2526 La reconstruction à l'identique d'un bâtiment détruit ou démoli depuis moins de 10 ans est autorisée nonobstant toute disposition d'urbanisme contraire, sauf si la carte communale, le plan local d'urbanisme ou le plan de prévention des risques naturels prévisibles en dispose autrement, dès lors qu'il a été régulièrement édifié *(C. urb., art. L. 111-15)*. Une interdiction de reconstruire à l'identique ne peut recevoir application que si elle est explicite *(CE, 8 nov. 2017, n° 403599, Sté Battos : JurisData n° 2017-022114 ; Constr.-Urb. 2017, comm. 161, X. Couton)*.
Pour bénéficier d'une reconstruction à l'identique qui nécessitera un permis, il faut que l'immeuble détruit ait été régulièrement édifié en conformité avec les règles d'urbanisme.
Un bâtiment construit sans autorisation ou sur le fondement d'une autorisation annulée par le juge ou retirée par l'Administration est irrégulièrement édifié *(D. Dutrieux, Reconstruction après sinistre et bâtiment régulièrement édifié : JCP N 2003, n° 50, 1635)*.
Par ailleurs, lorsque la construction a été édifiée avant l'entrée en vigueur de la loi du 15 juin 1943 relative au permis de construire, il y a lieu de prendre en compte l'absence avant cette loi d'une obligation générale de permis de construire. Une telle construction ne sera pas alors nécessairement légale *(JCl. Construction – Urbanisme, fasc. 25-10)*. En tout état de cause, il revient au pétitionnaire d'établir l'existence des constructions avant l'entrée en vigueur de ladite loi et les indications de l'acte de vente ne suffisent pas.

II. Travaux envisagés postérieurement à la vente

2527 Lorsque l'acquéreur d'un immeuble bâti souhaite réaliser des travaux, il apparaît alors nécessaire de conclure la vente sous condition suspensive de l'obtention d'une autorisation d'urbanisme définitive. Pour ce faire, il convient préalablement de déterminer si une autorisation d'urbanisme est bien nécessaire. Si tel est le cas, en principe, une décision de non-opposition à déclaration préalable de travaux sera suffisante. Toutefois, il peut parfois en aller différemment et un permis de construire devra alors être obtenu.

A. – TRAVAUX NE NÉCESSITANT PAS D'AUTORISATION D'URBANISME

2528 Pour les travaux réalisés sur les constructions existantes, l'article R. 421-13 du Code de l'urbanisme pose le principe qu'ils peuvent être réalisés sans formalités. Des exceptions sont prévues par ledit texte ainsi que par l'article L. 421-1, alinéa 2 du Code de l'urbanisme.

B. – TRAVAUX NÉCESSITANT UNE DÉCLARATION PRÉALABLE DE TRAVAUX

2529 Doivent être précédés d'une déclaration préalable lorsqu'ils ne sont pas soumis à permis de construire en application des articles R. 421-14 à R. 421-16 du Code de l'urbanisme, les travaux exécutés sur des constructions existantes, à l'exception des travaux d'entretien ou de réparations ordinaires, et les changements de destination des constructions existantes énoncés à l'article R. 421-17 du Code l'urbanisme.

C. – TRAVAUX NÉCESSITANT UN PERMIS DE CONSTRUIRE

2530 Si, en principe, une déclaration préalable de travaux est suffisante pour la réalisation de travaux sur un immeuble bâti, il existe toutefois des exceptions qui doivent être prises en compte lors de la vente. Une distinction doit être faite suivant que les travaux s'accompagnent ou non d'un changement de destination.

1° Travaux sans changement de destination

2531 Selon le deuxième alinéa de l'article L. 421-1 du Code de l'urbanisme, par exception, un permis de construire peut être nécessaire pour les travaux réalisés sur les constructions existantes. Il en va ainsi lorsqu'il y a création d'une surface supérieure à un certain seuil ou réalisation d'une opération de restauration immobilière ou lorsque les travaux sont réalisés dans les secteurs sauvegardés ou lorsque les travaux sont réalisés sur des immeubles inscrits au titre des monuments historiques.

a) Création de surface

2532 Il en va ainsi lorsqu'il y a :
- création d'une surface de plancher ou d'une **emprise au sol supérieure à 20 m^2** *(C. urb., art. R. 421-14, a)* ;
- création d'une surface de plancher ou d'une **emprise au sol supérieure à 40 m^2** dans les ZU d'un plan local d'urbanisme ou d'un document d'urbanisme en tenant lieu. Toutefois, demeurent soumis à permis de construire les travaux ayant pour effet la création de plus de 20 m^2 et d'au plus 40 m^2 de surface de plancher ou d'emprise au sol, lorsque leur réalisation aurait pour effet de porter la surface ou l'emprise totale de la construction au-delà de l'un des seuils fixés à l'article R. 431-2 du Code de l'urbanisme *(C. urb., art. R. 421-14, b)*.

b) Réalisation d'une opération de restauration immobilière

2533 La réalisation d'une opération de restauration immobilière au sens de l'article L. 313-4 du Code de l'urbanisme nécessite un permis de construire *(C. urb., art. R. 421-14, d)*. Elle consiste en des travaux de remise en état, de modernisation ou de démolition ayant pour objet ou pour effet la transformation des conditions d'habitabilité d'un immeuble ou d'un ensemble d'immeubles. Elle est engagée à l'initiative soit d'une collectivité publique soit d'un ou plusieurs propriétaires, groupés ou non en association syndicale. Lorsqu'elle n'est pas prévue par un plan de sauvegarde et de mise en valeur approuvé, elle doit être déclarée d'utilité publique.

c) Travaux sur les immeubles inscrits au titre des monuments historiques

2534 Tous les travaux portant sur un immeuble ou une partie d'immeuble inscrit au titre des monuments historiques sont soumis à permis de construire, à l'exception des travaux d'entretien ou de réparations ordinaires et des travaux répondant aux conditions prévues à l'article R. 421-8 du Code de l'urbanisme *(C. urb., art. R. 421-16)*.

2° Travaux avec changement de destination

2535 Notion de changement de destination – Il y a changement de destination dès lors qu'il est passé de l'une à l'autre des destinations ou sous-destination limitativement énumérées aux articles R. 151-27 et R. 151-28 du Code de l'urbanisme *(C. Durieux, Changement de destinations et autorisations d'urbanisme : JCP N 2016, n° 15, act. 520. – Ph. Dubuis, La définition des sous-destinations du droit de l'urbanisme : parution de l'arrêté : JCP N 2016, n° 49, act. 1302)*.
Pour apprécier l'existence d'un tel changement, il y a lieu de considérer que les locaux accessoires sont réputés avoir la même destination et sous destination que le local principal *(C. urb., art. R. 151-29. – L. Santoni, Changement de destination des constructions existantes : l'accessoire suit le principal : Constr.-Urb. 2013, comm. 66)*. En outre, c'est la destination en vue de laquelle la construction a été autorisée qui doit être prise en compte et non la destination de fait.

2536 Régime – Un permis de construire est nécessaire lorsque le changement de destination s'accompagne de la modification des structures porteuses ou de la façade du bâtiment *(C. urb., art. R. 421-14, c)* et bien entendu, chaque fois que ce changement intervient lors de la réalisation de travaux.

Liste des travaux	Hors périmètres d'un site patrimonial remarquable ou abords monument historique	Dans périmètres d'un site patrimonial remarquable ou abords monument historique
Construction nouvelle		
Construction dont la hauteur est ≤ à 12 m, l'emprise au sol ≤ à 5 m² et la surface de plancher ≤ à 5 m²	Pas de formalité *(C. urb., art. R. 421-2, a)*	Déclaration préalable *(C. urb., art. R. 421-11, I, a)*
Construction dont hauteur ≤ à 12 m, emprise au sol ≤ à 20 m² et surface de plancher ≤ à 20 m²	Déclaration préalable *(C. urb., art. R. 421-9, a)*	Déclaration préalable *(C. urb., art. R. 421-11, I, a)*
Construction dont hauteur ≤ à 12 m et emprise au sol ou surface de plancher ou les deux > à 20 m²	Permis de construire *(C. urb., art. R. 421-1)*	Permis de construire *(C. urb., art. R. 421-1)*
Construction dont hauteur > à 12 m	Permis de construire *(C. urb., art. R. 421-1)*	Permis de construire *(C. urb., art. R. 421-1)*
Piscine		
Piscines dont bassin ≤ à 10 m²	Pas de formalité *(C. urb., art. R. 421-2, d)*	Déclaration préalable *(C. urb., art. R. 421-11, II, d)*
Dont bassin > à 10 m² et ≤ à 100 m² non couverte ou avec couverture d'une hauteur < à 1,80 m	Déclaration préalable *(C. urb., art. R. 421-9, f)*	Déclaration préalable *(C. urb., art. R. 421-11, II, d)*
Dont bassin ≤ à 100 m² et couverture ≥ à 1,80 m ou si bassin > à 100 m² couvert ou non	Permis de construire *(C. urb., art. R. 421-1)*	Permis de construire *(C. urb., art. R. 421-1)*
Châssis et serres		
Châssis et serres Dont hauteur ≤ à 1,80 m et surface ≤ 2 000 m²	Pas de formalité *(C. urb., art. R. 421-2, e)*	Déclaration préalable *(C. urb., art. R. 421-11, II, e)*
Dont hauteur > à 1,80 m et ≤ à 4 m et surface ≤ à 2000 m²	Déclaration préalable *(C. urb., art. R. 421-9, g)*	Déclaration préalable *(C. urb., art. R. 421-11, II, e)*
Dont hauteur ≤ à 4 m et surface > à 2000 m² Dont hauteur > à 4 m	Permis de construire *(C. urb., art. R. 421-1)*	Permis de construire *(C. urb., art. R. 421-1)*
Mur (hors mur de clôture) et mur de soutènement		
Mur Dont la hauteur < à 2 m	Pas de formalité *(C. urb., art. R. 421-2, f)*	Déclaration préalable *(C. urb., art. R. 421-11, I, c)*
Dont la hauteur > à 2 m	Déclaration préalable *(C. urb., art. R. 421-9, e)*	Déclaration préalable *(C. urb., art. R. 421-11, I, c)*
Mur de soutènement	Pas de formalité *(C. urb., art. R. 421-3, a)*	Déclaration préalable *(C. urb., art. R. 421-11, I, c)*
Clôture		
Clôture	Pas de formalité *(C. urb., art. R. 421-2, g)*	Déclaration préalable *(C. urb., art. R. 421-12, a)*
Terrasses de plain-pied		
Terrasses de plain-pied	Pas de formalite *(C. urb., art. R. 421-2, j)*	Déclaration préalable *(C. urb., art. R. 421-11, II, g)*
Plate-forme nécessaire à l'exploitation agricole		
Plate-forme nécessaire à l'exploitation agricole	Pas de formalité *(C. urb., art. R. 421-2, k)*	Declaration préalable *(C urb., art. R. 421-11, II, h)*
Fosse nécessaire à l'activité agricole		
Fosse nécessaire à l'activité agricole dont bassin ≤ à 10 m²	Pas de formalité *(C. urb., art. R. 421-2, k)*	Permis de construire *(C urb., art. R. 421-1)*
Dont bassin > à 10 m² et ≤ à 100 m²	Déclaration préalable *(C. urb., art. R. 421-9, i)*	Déclaration préalable *(C. urb., art. R. 421-11, II, i)*
Dont bassin > 100 m²	Permis de construire *(C. urb., art. R. 421-1)*	Permis de construire *(C. urb., art. R. 421-1)*

Liste des travaux	Hors périmètres d'un site patrimonial remarquable ou abords monument historique	Dans périmètres d'un site patrimonial remarquable ou abords monument historique
Constructions temporaires		
Constructions temporaires (cas général) *(C. urb., art. R. 421-5, al. 1)*	Dans la limite de 3 mois Pas de formalité *(C. urb., art. R. 421-5)*	Dans la limite de 15 jours Pas de formalité *(C. urb., art. R. 421-7)*
Relogement d'urgence des personnes victimes d'un sinistre ou d'une catastrophe naturelle ou technologique ; Hébergement d'urgence des personnes migrantes en vue de leur demande d'asile *(C. urb., art. R. 421-5, a)*	Dans la limite d'un an Pas de formalité *(C. urb., art. R. 421-5, a)*	Dans la limite d'un an Pas de formalité *(C. urb., art. R. 421-5)*
Les classes démontables *(C. urb., art. R. 421-5, b)*	Dans la limite d'une année scolaire ou la durée du chantier de travaux Pas de formalité *(C. urb., art. R. 421-5, b)*	Dans la limite d'une année scolaire ou la durée du chantier de travaux Pas de formalité *(C. urb., art. R. 421-5)*
La conduite de travaux *(C. urb., art. R. 421-5, c)*	Dans la limite de la durée du chantier Pas de formalité *(C. urb., art. R. 421-5, c)*	Dans la limite de la durée du chantier Pas de formalité *(C. urb., art. R. 421-5)*
Les constructions nécessaires au maintien des activités économiques ou des équipements existants, lorsqu'elles sont implantées à moins de 300 m du chantier *(C. urb., art. R. 421-5, c)*	Dans la limite d'un an Pas de formalité *(C. urb., art. R. 421-5, c)*	Dans la limite de 3 mois Pas de formalité *(C. urb., art. R. 421-7)*
Manifestation culturelle, commerciale, touristique ou sportive, en ce qui concerne les constructions ou installations temporaires directement liées à cette manifestation *(C. urb., art. R. 421-5, d)*	Dans la limite d'un an Pas de formalité *(C. urb., art. R. 421-5, d)*	Dans la limite de 3 mois Pas de formalité *(C. urb., art. R. 421-6)*
Construction nécessitant le secret pour des motifs de sécurité		
Construction nécessitant le secret pour des motifs de sécurité	Pas de formalité *(C. urb., art. R. 421-8)*	Pas de formalité *(C. urb., art. R. 421-8)*
Auvent, rampe d'accès ou terrasse amovible accolés aux HLL et RML		
Auvent, rampe d'accès ou terrasse amovible accolés aux HLL et RML lorsqu'elles sont implantées dans les lieux prévus aux articles R. 111-38 et R. 111-42 du Code de l'urbanisme *(C. urb., art. R. 421-8-2)*	Pas de formalité *(C. urb., art. R. 421-8-2)*	Pas de formalité *(C. urb., art. R. 421-8-2)*
Travaux modifiant des éléments d'architecture ou travaux susceptibles de modifier l'état des parties intérieures du bâti		
Les travaux susceptibles de modifier l'état des éléments d'architecture et de décoration, immeubles par nature ou effets mobiliers attachés à perpétuelle demeure, au sens des articles 524 et 525 du Code civil, lorsque ces éléments, situés à l'extérieur ou à l'intérieur d'un immeuble, sont protégés par un plan de sauvegarde et de mise en valeur (PSMV).	Déclaration préalable *(C. urb., art. R. 421-17)* Uniquement en PSMV	
Les travaux susceptibles de modifier l'état des parties intérieures du bâtiment situé à l'intérieur du périmètre d'un PSMV mis à l'étude.	Déclaration préalable *(C. urb., art. R. 421-17)* Uniquement en PSMV	
Travaux de ravalement		
Travaux de ravalement (non soumis à permis de construire)	Pas de formalité *(C. urb., art. R. 421-2, m)*	Déclaration préalable *(C. urb., art. R. 421-17-1, a)* **Attention :** une déclaration préalable est également exigée lorsque le projet est situé dans d'autres périmètres de protections *(C. urb., art. R. 421-17-1)*
Aire de stationnement		

Liste des travaux	Hors périmètres d'un site patrimonial remarquable ou abords monument historique	Dans périmètres d'un site patrimonial remarquable ou abords monument historique
Aire de stationnement ouverte au public Dépôt de véhicules Garage collectif	Si < à 10 unités Pas de formalité *(C. urb., art. R. 421-18)* Si entre 10 et 49 unités Déclaration préalable *(C. urb., art. R, 421-23, e)* D'au moins 50 unités Permis d'aménager *(C. urb., art. R. 421-19, j)*	Quelle que soit la capacité Permis d'aménager *(C. urb., art. R. 421-20)*
Affouillement et exhaussement		
Affouillement et exhaussement de sol	Si hauteur ou profondeur > à 2 m et superficie ≥ à 100 m2 Déclaration préalable *(C. urb., art. R. 421-23, f)* Si hauteur ou profondeur > à 2 m et superficie ≥ à 2 hectares Permis d'aménager *(C. urb., art. R. 421-19, k)*	Si hauteur ou profondeur > à 2 m et superficie ≥ à 100 m2 Permis d'aménager *(C. urb., art. R. 421-20)*
Autres aménagements		
Création d'un espace public	Pas de formalité *(C. urb., art. R. 421-18)*	Permis d'aménager *(C. urb., art. R. 421-20)*
Création d'une voie ou travaux modifiant les caractéristiques d'une voie existante	Pas de formalité *(C. urb., art. R. 421-18)*	Permis d'aménager *(C. urb., art. R. 421-21)*
Travaux modifiant l'aménagement des espaces non bâtis autour d'un bâtiment existant, à l'exception des travaux d'entretien et de réparations ordinaires	Pas de formalité *(C. urb., art. R. 421-18)*	Déclaration préalable *(C. urb., art. R. 421-24)*
Modification des voies ou espaces publics	Pas de formalité *(C. urb., art. R. 421-18)*	Déclaration préalable *(C. urb., art. R. 421-25)*
Plantation sur des voies ou espaces publics	Pas de formalité *(C. urb., art. R. 421-18)*	Déclaration préalable *(C. urb., art. R. 421-25)*
Démolitions		
Travaux ayant pour objet de démolir ou de rendre inutilisable tout ou partie d'une construction	Permis de démolir (si entre dans le cadre des démolitions mentionnées aux articles R. 421-27 et R. 421-28 du Code de l'urbanisme)	Permis de démolir *(C. urb., art. R. 421-28, a et b)*

Pour aller plus loin

Formules
- JCl. Notarial Formulaire, V° Vente d'immeuble, fasc. 105 (Cadre de vente)
- JCl. Notarial Formulaire, V° Vente d'immeuble, fasc. 125 (Désignation), par J. Lafond

Fiches pratiques
- Fiche pratique n° 1807 : Rédiger une vente d'immeuble à rénover, par D. Boulanger
- Fiche pratique n° 3111 : Déterminer l'immeuble vendu et les sujétions le grevant au sein de la partie développée de l'acte authentique de vente, par S. Olivier
- Fiche pratique n° 2625 : Vente d'un immeuble construit ou rénové depuis moins de 10 ans, par A. Robert-Chary
- Fiche pratique n° 1721 : Rédiger une vente d'immeuble, par M. Suquet-Cozic

Commentaires
- JCl. Notarial Formulaire, Synthèse 1470, Vente d'immeuble, bien vendu, par V. Zalewski-Sicard
- JCl. Notarial Formulaire, V° Vente d'immeuble, fasc. 400 (Désignation), fasc. 404 (Objet de la vente), par J. Lafond

Urbanisme

Vente d'un immeuble bâti au sein d'un ensemble immobilier

2537 **Vente d'un immeuble bâti** – Lors de la vente d'un immeuble bâti, sa situation au regard du droit de l'urbanisme peut apparaître secondaire. Pourtant, elle n'en est pas moins importante que lors de la vente d'un terrain à bâtir. En effet, le notaire se doit d'informer et de conseiller sur cette situation et ce sans s'en tenir à la seule fourniture d'une note de renseignements d'urbanisme que les communes ne devraient plus en principe délivrer *(Cass. 1re civ., 14 févr. 2018, n° 16-27.263 : JurisData n° 2018-001970)*. En effet, l'acquéreur a tout intérêt à être renseigné :
- sur la conformité du bâtiment aux règles d'urbanisme ;
- sur les conséquences résultant de la vente d'un immeuble irrégulièrement édifié ou rénové ;
- sur les possibilités de rénovation ;
- sur les possibilités de reconstruction à l'identique ;
- sur l'autorisation d'urbanisme nécessaire s'il souhaite réaliser des travaux ;
- sur les possibilités de division de l'immeuble bâti, qu'il s'agisse de diviser le bâtiment lui-même ou le terrain sur lequel se situe le bâtiment ;
- sur sa localisation au sein d'un lotissement ou d'une ZAC.

Conseil pratique **Il convient de disposer d'un certificat d'urbanisme récent, en cours de validité. Le notaire se doit d'attirer l'attention de son client sur la portée limitée du certificat d'urbanisme *(Cass. 1re civ., 31 janv. 2018, n° 17-13.303 : JurisData n° 2018-001197 ; Resp. civ. et assur. 2018, comm. 111)*.**

2538 **Immeuble bâti au sein d'un ensemble** – Qu'il s'agisse du vendeur ou de l'acquéreur, ceux-ci peuvent lors de la vente ou après celle-ci être désireux de diviser l'immeuble bâti. Or, la division d'un immeuble bâti fait l'objet de dispositions spécifiques qui peuvent venir limiter ou encadrer les possibilités de division. Il convient dès lors de tenir compte de celles-ci lors de la vente de l'immeuble bâti, qu'il s'agisse de diviser le bâtiment lui-même, le terrain sur lequel est assis ledit bâtiment ou de réaliser la division d'un ensemble immobilier.

I. Division d'un immeuble bâti

2539 La division d'un immeuble bâti peut correspondre soit à la division du bâtiment soit à la division du terrain sur lequel se trouve ledit bâtiment.

A. – DIVISION DU BÂTIMENT

2540 La division d'un bâtiment fait l'objet tout d'abord d'interdictions dont il conviendra de tenir compte et ensuite d'une autorisation spécifique prévue par le Code de la construction et de l'habitation.

1° Interdictions de diviser

2541 **Trois interdictions de diviser** – L'article L. 111-6-1 du Code de la construction et de l'habitation édicte trois interdictions de diviser.

2542 **EDD et interdictions de l'article L. 111-6-1 du CCH** – Il n'est pas certain qu'un état descriptif de division (EDD) puisse être établi avant la réalisation des travaux. En effet, il est remarqué que l'alinéa 2 de l'article L. 111-6-1 du Code de la construction et de l'habitation distingue entre, d'une part, la division et, d'autre part, les actes postérieurs à la division qui seuls peuvent donner lieu à application de sanctions pénales. Et dès lors, il est admis que le simple fait d'établir un EDD constitue une violation de ce texte.
Pour autant, il peut être remarqué que ce que prohibe l'alinéa 2 de l'article L. 111-6-1 du Code de la construction et de l'habitation, c'est une division interdite par l'alinéa 1er du même article. Or, s'agissant de l'alinéa 1er, tiret 2, le texte vise, depuis la loi du 5 mars 2009, une division en vue de mettre à disposition des locaux et il peut sembler que l'établissement d'un EDD n'aboutit nullement, à lui seul, à cette situation. De plus, suivant le pôle national de lutte contre l'habitat indigne, « la division vise un acte physique aboutissant à la mise à disposition

de logements par quelque acte juridique que ce soit et non la seule mise en copropriété. Ainsi, la division peut, notamment, résulter de la location de pièces ou chambres d'un immeuble (appartement, pavillon...) à plusieurs ménages... ».

Conseil pratique **Compte tenu de cette conception de la notion de division, un EDD pourrait être dressé avant la réalisation des travaux. Toutefois, pour qu'il n'y ait pas de division en vue de mettre à disposition des locaux non conformes à l'alinéa 1er, tiret 2, de l'article L. 111-6-1 du CCH, le vendeur devra obligatoirement s'engager à réaliser les travaux permettant de rendre le bien conforme aux exigences du tiret 2 dudit alinéa. De plus, il devra être prévu que l'acquéreur ne pourra entrer dans les lieux avant la réalisation de ces travaux.**

2543 Sanctions – Les paragraphes 2 à 4 de l'article 111-6-1 du Code de la construction et de l'habitation édictent les peines encourues par les personnes physiques et les personnes morales.

Pour aller plus loin

- J. Lafond, L'interdiction de diviser certains immeubles en lots de copropriété : JCP N 2010, n° 3, 1010
- H. Périnet-Marquet, Les dispositions affectant le droit civil contenues dans la loi de Mobilisation pour le logement : Constr.-Urb. 2009, étude 6
- V. Zalewski-Sicard, Interdictions de diviser : pour une autre interprétation de l'article L. 111-6-1 CCH : AJDI 2010, p. 868

2° Autorisations de diviser

2544 Lutte contre l'habitat indigne – Pour améliorer la lutte contre l'habitat indigne, les articles 91, 92 et 93 de loi n° 2014-366 du 24 mars 2014, dite loi ALUR, ont instauré des dispositifs d'autorisation préalable de création de locaux à usage d'habitation *(CCH, art. L. 111-6-1-1 et L. 111-6-1-2)* et de déclaration ou d'autorisation de mise en location *(CCH, art. L. 634-1 et s.)*. Ces dispositions permettent aux établissements publics de coopération intercommunale ou aux communes volontaires de soumettre la création de locaux à usage d'habitation dans un bâtiment existant et/ou la mise en location d'un logement par un bailleur à une autorisation préalable ou à une déclaration. C'est ainsi un contrôle de l'utilisation non pas des sols mais des bâtiments existants que permettent ces autorisations de créer plusieurs locaux à usage d'habitation dans un bâtiment existant.

a) Champ d'application des autorisations de créer des locaux à usage d'habitation

2545 Autorité compétente – L'autorité compétente pour rendre obligatoires de telles autorisations est en principe l'organe délibérant de l'établissement public de coopération intercommunale. Des différences apparaissent toutefois entre les articles L. 111-6-1-1 et L. 111-6-1-2 du CCH.
En application de l'article L. 111-6-1-1, l'établissement public doit être compétent en matière d'habitat, alors que l'article L. 111-6-1-2 du CCH précise qu'il doit être compétent en matière de plan local d'urbanisme. À défaut d'établissement public compétent, c'est au conseil municipal qu'il revient de décider de l'exigence de ces autorisations. Et seul l'article L. 111-6-1-1 du CCH précise que le préfet peut intervenir, cela lorsque la commune intéressée n'est pas couverte par un programme local de l'habitat.

2546 Délibération – Relativement à la délibération imposant de telles autorisations, il doit être remarqué que seul l'article L. 111-6-1-1 du CCH précise que la délibération doit être motivée. Par ailleurs, aucune modalité de concertation, avant l'adoption de telles délibérations, ni aucune mesure de publicité ou d'affichage ne sont prévues. Il en résulte donc, tant pour les mesures de concertation que de publicité et d'affichage, que ce sont les articles du Code général des collectivités territoriales et notamment, lorsque la délibération est celle d'un établissement public de coopération intercommunal, ses articles L. 5211-46 et suivants qui doivent être respectés.

2547 Zones concernées – Les zones concernées diffèrent suivant le texte en cause.
- Pour l'article L. 111-6-1-1 du CCH, une autorisation préalable de travaux ne peut être imposée que dans les zones présentant une proportion importante d'habitat dégradé ou dans lesquelles l'habitat dégradé est susceptible de se développer. La délibération motivée tient compte du plan départemental d'action pour le logement et l'hébergement des personnes défavorisées et, lorsqu'il est exécutoire, du programme local de l'habitat.
- Pour l'article L. 111-6-1-2 du CCH, une autorisation préalable de travaux peut être prévue dans les secteurs de zones urbaines ou à urbaniser dans lesquels les programmes de logements comportent une proportion de logements d'une taille minimale fixée par le règlement du PLU.

2548 Bâtiments concernés – Lorsque l'organe compétent décide de soumettre à autorisation la création de locaux à usage d'habitation dans un bâtiment existant, il ne peut effectuer aucune distinction suivant l'usage ou l'ancienneté du bâtiment, une telle distinction n'étant pas prévue par les articles L. 111-6-1-1 et L. 111-6-1-2 du CCH. Remarquons également que s'il n'y a création que d'un seul local à usage d'habitation dans un bâtiment existant, ni l'autorisation de l'article L. 111-6-1-1 du CCH ni celle de l'article L. 111-6-1-2 du CCH ne sont nécessaires. En effet, ne sont visées que les créations de plusieurs locaux à usage d'habitation et non la création d'un unique local à usage d'habitation.

2549 Divisions visées – Lorsque le bâtiment existant est soumis au statut de la copropriété, se pose la question de l'application desdits articles. En effet, tant l'article L. 111-6-1-1 que l'article L. 111-6-1-2 du CCH visent la création de locaux à usage d'habitation. Toute la difficulté réside dans l'interprétation des termes « création de locaux à usage d'habitation », lesquels peuvent en effet englober plusieurs situations. Il peut être admis qu'une telle création est présente :

- en cas de division d'un bâtiment existant en plusieurs lots à usage d'habitation ;
- lorsque des travaux permettent de transformer des lots à usage autre que d'habitation en lots à usage d'habitation, la division préexistant alors à la création des locaux à usage d'habitation ;
- lorsqu'il y a création de locaux à usage d'habitation dans un bâtiment existant non divisé et que le propriétaire conserve en son entier, en vue de louer les locaux créés ;
- lorsqu'il y a subdivision d'un lot de copropriété à usage d'habitation *(P. Cornille, Nouvelle autorisation préalable aux travaux pour créer des logements dans un bâtiment existant : Constr.-Urb. 2014, dossier 10)*.

Quoi qu'il en soit, les articles L. 111-6-1-1 à L. 111-6-1-3 du CCH sont contradictoires et leur rédaction mériterait d'être améliorée.

b) Régime des autorisations de création de locaux à usage d'habitation

2550 Lorsque le bâtiment se situe dans une zone où une autorisation a été rendue obligatoire pour créer des locaux à usage d'habitation, des précisions doivent être apportées sur la délivrance des autorisations et leurs effets. Préalablement, il peut être précisé que pour les opérations de division visées par l'article L. 111-6-1-1 du CCH nécessitant une autorisation d'urbanisme, celle-ci tient lieu d'autorisation de division, après accord, le cas échéant, du président de l'établissement public compétent en matière d'habitat.

1) Demande

2551 Auteur de la demande – Pour l'autorisation de travaux conduisant à la création de locaux à usage d'habitation dans un immeuble existant, l'arrêté n° LHAL1628455A du 8 décembre 2016 *(JO 15 déc. 2016)* a précisé les choses.

En effet, son article 2 indique qu'une telle demande est effectuée :

- soit par le ou les propriétaires du ou des immeubles, leur mandataire ou par une ou plusieurs personnes attestant être autorisées par eux à exécuter les travaux ;
- soit, en cas d'indivision, par un ou plusieurs co-indivisaires ou leur mandataire ;
- soit par une personne ayant qualité pour bénéficier de l'expropriation pour cause d'utilité publique.

Cet article 2 a été calqué sur l'article R. 423-1 du Code de l'urbanisme. Dès lors, les solutions jurisprudentielles relatives à ce dernier texte devraient également valoir pour ce texte.

Ainsi, le demandeur doit attester de sa qualité sans avoir à en justifier *(CE, 5 févr. 2012, n° 333631 : JurisData n° 2012-002033)*. Cette attestation est établie sous la responsabilité du demandeur et doit indiquer qu'il entre dans l'une des catégories visées par l'article 2 de l'arrêté *(CE, 13 déc. 2013, n° 356097 : JurisData n° 2013-028560)*. L'Administration ne peut effectuer un contrôle qu'au regard des informations en sa possession *(P. Cassia, Le contrôle de la qualité pour demander une autorisation d'urbanisme : JCP A 2015, 2202)*. En cas de travaux réalisés sur une copropriété, le maire n'a pas à contrôler l'existence d'une délibération de l'assemblée générale des copropriétaires, et encore moins sa validité *(CE, 5 févr. 2012, n° 333631 : JurisData n° 2012-002033)*. Lorsque le bâtiment existant est en indivision, l'autorité compétente ne peut exiger que soit rapportée la preuve que tous les indivisaires ont donné leur accord.

Enfin, l'autorisation de créer des locaux à usage d'habitation devrait pouvoir être délivrée à plusieurs personnes, lorsqu'elles sont propriétaires d'immeubles bâtis voisins, contigus.

2552 Assiette de la demande – Elle peut correspondre à l'entier bâtiment mais également à une partie seulement de celui-ci, notamment lorsque ledit bâtiment est divisé en lots de copropriété, s'il est admis toutefois que les articles L. 111-6-1-1 et L. 111-6-1-2 du CCH s'appliquent dans ces hypothèses. Il faut supposer que lorsqu'un propriétaire dispose de plusieurs lots de copropriété et qu'il souhaite créer dans ceux-ci des locaux à usage d'habitation, il lui est loisible de n'effectuer qu'une seule demande. De même, lorsque l'ensemble des copropriétaires envisage de créer des locaux à usage d'habitation dans tous les lots, une seule demande pourrait être formulée.

2553 Objet de la demande – Il faut que soit visé l'ensemble des travaux devant être réalisés. Dès lors, qu'il s'agisse d'un bâtiment unique ou d'un ensemble indivisible *(P. Soler-Couteaux, L'unicité de l'autorisation de l'ensemble immobilier indivisible : RD imm. 2008, p. 128)*, une demande unique devra être déposée pour la création de l'ensemble des locaux à usage d'habitation.

2554 Contenu de la demande – L'article 1er de l'arrêté n° LHAL1628455A du 8 décembre 2016 précise que la demande d'autorisation de travaux conduisant à la création de plusieurs locaux à usage d'habitation dans un immeuble existant doit contenir divers éléments que le texte énonce.
Le demandeur doit en outre attester sur l'honneur de l'exactitude des renseignements contenus dans la demande d'autorisation.

2555 Nombre d'exemplaires – La demande et le dossier qui l'accompagne doivent être établis en trois exemplaires pour l'envoi par pli recommandé ou déposé contre décharge. Un exemplaire supplémentaire du dossier doit être fourni lorsque la décision est subordonnée à l'avis ou à l'accord de l'autorité compétente dans le domaine de l'architecture et du patrimoine ou de l'architecte des Bâtiments de France.

2556 Transmission – La demande d'autorisation de travaux doit être adressée par pli recommandé avec demande d'avis de réception, déposée contre décharge ou adressée par voie électronique dans les conditions définies par l'article L. 112-8 du Code des relations entre le public et l'administration à l'EPCI compétent ou, à défaut, à la mairie de la commune dans laquelle les travaux sont envisagés. Aucun récépissé n'est délivré.

2) Instruction

2557 Délai de 15 jours – À compter de la réception de la demande, le service instructeur dispose d'un délai de 15 jours pour instruire celle-ci *(C. urb., art. R. 423-70-1)*. Rien n'est prévu lorsque le demandeur ne fournit pas au service instructeur l'ensemble des éléments visés à l'article 1er de l'arrêté du 8 décembre 2016. Dès lors, des difficultés risquent de survenir, difficultés auxquelles il aurait pu être remédié en s'inspirant plus complètement du régime des autorisations d'urbanisme. Ainsi, l'article R. 423-19 du Code de l'urbanisme précise que le délai d'instruction ne commence à courir qu'à compter du dépôt d'un dossier complet et l'article R. 423-22 du même code dispose que si l'Administration n'a pas réclamé les pièces manquantes dans un certain délai, le dossier est réputé complet.

2558 Transmission – Une transmission du dossier peut s'avérer nécessaire lorsque la décision est subordonnée à l'avis ou à l'accord de l'autorité compétente dans le domaine de l'architecture et du patrimoine ou de l'architecte des Bâtiments de France.

3) Décision

2559 Délivrance de l'autorisation – Lorsque l'autorité compétente délivre l'autorisation, celle-ci peut être expresse ou tacite.
Elle est tacite en l'absence de réponse dans un délai de 15 jours courant à compter du dépôt de la demande. Il n'est pas prévu par l'arrêté que le demandeur puisse obtenir, à l'instar de ce que dispose l'article R. 424-13 du Code de l'urbanisme, un certificat sur simple demande alors même qu'un tel certificat peut s'avérer précieux. L'article L. 232-3 du Code des relations entre le public et l'Administration devrait permettre de résoudre cette situation puisqu'il précise que *« la décision implicite d'acceptation fait l'objet, à la demande de l'intéressé, d'une attestation délivrée par l'Administration »*.
Lorsque l'autorisation est expresse, elle est notifiée sous la forme d'un arrêté. Cette autorisation, lorsqu'elle a été rendue nécessaire en application de l'article L. 111-6-1-1 du CCH, peut être assortie de conditions, mais ce uniquement si les locaux à usage d'habitation créés sont susceptibles de porter atteinte à la sécurité des occupants et à la salubrité publique.
Par ailleurs, le permis de construire ou la décision prise sur la déclaration préalable tient lieu d'autorisation préalable des articles L. 111-6-1-1 ou L. 111-6-1-2 du CCH dès lors que la décision a fait l'objet de l'accord de l'autorité compétente pour délivrer cette même autorisation préalable *(C. urb., art. R. 425-15-2)*.

2560 Refus d'autorisation – Les raisons du refus sont énoncées limitativement par les articles L. 111-6-1-1 et L. 111-6-1-2 du CCH.

- Selon le premier de ces textes, le refus peut intervenir soit lorsque la division contrevient à l'article L. 111-6-1 du CCH, soit lorsque les locaux à usage d'habitation créés sont susceptibles de porter atteinte à la sécurité des occupants et à la salubrité publique.
- Selon le second, le refus ne peut intervenir que lorsque les locaux à usage d'habitation créés ne respectent pas les proportions et taille minimales fixées par le règlement du PLU. Ce refus doit également être notifié au demandeur.

4) Régularisation

2561 Qu'il s'agisse des articles L. 111-6-1-1 ou L. 111-6-1-2 du CCH, des possibilités de régularisation devraient être admises lorsque des travaux ont été réalisés sans autorisation. Si ni le premier texte ni le second texte ne prévoient de possibilité de régularisation, l'article L. 111-6-1-3 du CCH précise que le représentant de l'État dans le département peut informer l'intéressé de la possibilité de présenter ses observations dans un délai déterminé. A priori, le propriétaire devrait pouvoir régulariser la situation dans le délai fixé par le préfet, mais cela n'est nullement certain puisqu'une telle possibilité de régularisation n'est pas prévue par les textes en cause.

5) Effets des autorisations

2562 **Caractère réel ou personnel** – Une fois l'autorisation obtenue, son titulaire doit pouvoir commencer la réalisation des travaux visés dans sa demande. Relativement à cette autorisation, il peut être considéré qu'à l'instar du permis de construire, elle a un caractère réel puisqu'elle est prise uniquement en considération de la conformité des travaux projetés aux règles visées aux articles L. 111-6-1-1 et L. 111-6-1-2 du CCH. Elle pourrait dès lors faire l'objet d'un transfert dans l'hypothèse où son titulaire souhaiterait céder le bâtiment avant la réalisation des travaux. Aucune précision n'est toutefois apportée sur le caractère réel ou personnel de ladite autorisation, à la différence donc de ce qui est prévu par l'article L. 631-7-1 du CCH relativement à l'autorisation préalable au changement d'usage qui, elle, revêt en principe un caractère personnel.

2563 **Durée de l'autorisation** – Si le caractère réel ou personnel de l'autorisation n'est pas déterminé, il en va de même de sa durée de validité. Une fois obtenue, son titulaire disposerait donc d'une durée indéterminée pour réaliser les travaux visés dans sa demande et pour lesquels il a obtenu une autorisation.

2564 **Retrait de l'autorisation** – L'Administration peut-elle procéder au retrait de l'autorisation délivrée ? À nouveau, aucune précision n'est apportée par les articles L. 111-6-1-1 et L. 111-6-1-2 du CCH ni par l'arrêté n° LHAL1628455A du 8 décembre 2016. Ce sont donc les articles L. 240-1 à L. 242-5 du Code des relations entre le public et l'Administration qui devraient recevoir application. Dès lors, si l'acte a été obtenu par fraude, il peut être retiré à tout moment, ainsi que le prévoit l'article L. 241-2 dudit code. Lorsque l'autorisation n'a pas été obtenue frauduleusement, l'article L. 242-1 permet à l'Administration de retirer l'autorisation de sa propre initiative ou sur la demande d'un tiers si elle est illégale et si le retrait intervient dans le délai de 4 mois suivant la prise de cette décision.

c) Contentieux et sanctions liés aux autorisations de créer des locaux à usage d'habitation

2565 L'article L. 111-6-1-3 du CCH prévoit des sanctions spécifiques lorsque des opérations de division conduisant à la création de locaux à usage d'habitation au sein d'un immeuble existant sont réalisées en l'absence de l'autorisation préalable prévue aux articles L. 111-6-1-1 et L. 111-6-1-2 du même code.

2566 **Amende** – Le préfet peut, après avoir informé l'intéressé de la possibilité de présenter ses observations dans un délai déterminé, ordonner le paiement d'une amende au plus égale à 15 000 €. En cas de nouveau manquement dans un délai de 3 ans, le montant maximal de cette amende est porté à 25 000 €. L'amende doit être proportionnée à la gravité des manquements constatés et ne peut être prononcée plus d'un an à compter de la constatation des manquements. Le produit de l'amende est intégralement versé à l'agence nationale de l'habitat.

2567 **Contentieux administratif** – Les contestations pourront porter soit sur la délibération décidant de rendre obligatoire l'autorisation de création de locaux à usage d'habitation, soit sur la décision d'octroi ou de rejet de ladite autorisation. Ainsi, un contentieux de la légalité, tant externe qu'interne, de la délibération prise en application de l'article L. 111-6-1-1 du CCH pourrait voir le jour. S'il apparaît qu'il y a eu mise en place d'un régime d'autorisation dans des zones ne présentant pas une proportion importante d'habitat dégradé ou dans lesquelles l'habitat dégradé n'est pas susceptible de se développer, la délibération pourra être annulée. De même, la légalité du refus d'autorisation ou de l'autorisation délivrée pourrait être contestée. Par exemple, le propriétaire qui s'est vu opposer un refus pour un motif autre que ceux visés aux articles L. 111-6-1-1 ou L. 111-6-1-2 du CCH pourra agir en annulation de la décision prise.

2568 **Contentieux civil** – Les voisins pourraient avoir des raisons de se plaindre de travaux réalisés sans autorisation ou réalisés sans que soit respectée l'autorisation délivrée en application des articles L. 111-6-1-1 ou L. 111-6-1-2 du CCH. Or, la Cour de cassation reconnaît aux tiers la faculté d'obtenir réparation du préjudice subi par eux du fait de la violation des règles d'urbanisme. Ainsi a-t-elle jugé que le tiers qui prétend subir un préjudice résultant de la violation des règles d'urbanisme n'est pas tenu de justifier de l'existence d'un trouble anormal du voisinage *(Cass. 3e civ., 10 nov. 2016, n° 15-20.899 : JurisData n° 2016-023474)*. A priori, la même solution devrait être retenue pour les règles issues des articles L. 111-6-1-1 et L. 111-6-1-2 du CCH. Par conséquent, un tiers pourrait demander au juge judiciaire, sur le fondement de l'article 1240 du Code civil, que les travaux réalisés en violation desdits articles soient démolis *(Cass. 3e civ., 7 avr. 2016, n° 15-14.845)*. Il lui faudra alors établir que cette violation des règles du CCH lui a causé un préjudice personnel, actuel et certain.

Pour aller plus loin

- P. Dupuis, La création de « logements dans du logement » peut désormais être subordonnée à autorisation administrative : JCP N 2017, n° 1, act. 102
- L. Santoni, L'autorisation d'urbanisme tient lieu de « permis de diviser » : Constr.-Urb. 2017, comm. 144
- V. Zalewski-Sicard, De l'autorisation de créer plusieurs locaux à usage d'habitation à l'aune de l'arrêté du 8 décembre 2016 : G.P., 28 févr. 2017, n° 9, p. 46

B. – DIVISION DU TERRAIN

2569 Règlement et/ou cahier des charges – En premier lieu, il convient de tenir compte des limitations pouvant résulter du règlement du lotissement ou du cahier des charges du lotissement ou de la ZAC (*V. n°* ***2327*** *et s.*).

2570 Règles d'urbanisme – En second lieu, il y a lieu de prendre en compte les règles d'urbanisme, dont le règlement du PLU, qui peuvent contenir des dispositions qui, une fois, le terrain divisé, pourraient faire obstacle soit à la réalisation d'une nouvelle construction soit à la réalisation de travaux sur le bâtiment ou, au contraire, en favoriser la constructibilité *(V. n°* ***2578*** *et s.)*.

Pour aller plus loin

- JCl. Construction – Urbanisme, fasc. 8 (Constructibilité. Majoration. Report. Transfert. – Gestion des droits à bâtir), par S. Lamy-Willing
- S. Lamy Willing, Le reliquat et le résidu issus d'une division foncière : Constr.-Urb. 2017, étude 10

II. Division d'un ensemble immobilier bâti

2571 L'article L. 115-2 du Code de l'urbanisme, reprenant le contenu de l'ancien article L. 111-5-1 du même code, a vocation à recevoir application lors de la vente d'un ou plusieurs immeubles à usage d'habitation ou à usage mixte d'habitation et professionnel consécutif à la division initiale ou à la subdivision de tout ou partie d'un ensemble immobilier bâti *(M. Dagot, L'entretien des VRD après division d'un ensemble immobilier bâti : JCP N 1985, 101248)*.
La loi n° 85-729 du 18 juillet 1985 relative à la définition et à la mise en œuvre de principes d'aménagement, dont est issu l'ancien article L. 111-5-1 du Code de l'urbanisme, avait pour objectif de résoudre le problème de l'entretien de la voirie et des réseaux divers propres à un ensemble immobilier. Pour ce faire, ladite loi, en son article 20, a imposé que soit insérée une clause particulière dans les actes de vente et les promesses réglant les modalités d'entretien des voies et réseaux propres à l'ensemble immobilier divisé.
Doivent dès lors être précisés, le champ d'application de l'article L. 115-2 du Code de l'urbanisme et l'obligation en résultant.

A. – CHAMP D'APPLICATION DE L'ARTICLE L. 115-2 DU CODE DE L'URBANISME

2572 Contrats visés – L'article L. 115-2 du Code de l'urbanisme vise tout acte ou promesse de vente. Aucune distinction n'est faite suivant la nature de la promesse et par conséquent, ledit article s'applique aux promesses unilatérales de vente ou d'achat et aux promesses synallagmatiques.
Par contre, le pacte de préférence n'est pas concerné par l'application de l'article L. 115-2 du Code de l'urbanisme. Mais seule la première vente intervenant lors de la division ou de la subdivision est concernée par l'article L. 115-2 du Code de l'urbanisme. Les ventes suivantes n'ont pas à respecter l'article L. 115-2 du Code de l'urbanisme. Cependant, pour réaliser une information complète de l'acquéreur, le contenu de la clause relative à l'entretien des voiries et réseaux sera repris.

2573 Nature de l'immeuble vendu – L'article L. 115-2 du Code de l'urbanisme est applicable lorsque l'immeuble vendu est à usage d'habitation ou à usage mixte d'habitation et professionnel. Il doit s'agir d'un immeuble bâti.

2574 Division initiale ou subdivision d'un ensemble immobilier bâti – L'immeuble doit, en outre, être issu de la division initiale ou de la subdivision d'un ensemble immobilier bâti. La division et la subdivision en cause sont des divisions ou subdivisions foncières.

L'article L. 115-2 du Code de l'urbanisme n'est pas applicable lorsqu'est en cause un ensemble immobilier non bâti. Il n'est pas non plus applicable lorsqu'il n'existe qu'un seul bâtiment, l'existence d'un ensemble bâti étant subordonnée à la pluralité de bâtiments.
Et en l'absence de division ou de subdivision, l'article L. 115-2 du Code de l'urbanisme n'est pas applicable. Par contre, aucune distinction n'est à faire suivant que la division est totale ou partielle. De même, l'article précité devra être respecté tant lors de la division initiale que de la subdivision de l'ensemble immobilier.

B. – OBLIGATION RÉSULTANT DE L'ARTICLE L. 115-2 DU CODE DE L'URBANISME

2575 Insertion d'une clause spécifique – Lorsque les conditions d'application de l'article L. 115-2 du Code de l'urbanisme sont remplies, la promesse de vente doit comporter une clause prévoyant les modalités d'entretien des voies et réseaux propres à l'ensemble immobilier bâti. Il revient alors aux parties de s'entendre quant à ces modalités d'entretien. Elles peuvent décider qu'une seule d'entre elles supportera leur charge ou bien encore procéder à une répartition entre toutes les parties.

2576 Règle supplétive – L'absence de la clause visée à l'article L. 115-2 du Code de l'urbanisme n'est pas sanctionnée par la nullité de la promesse. En ce cas, il est prévu une disposition supplétive de volonté dont il résulte que l'entretien des voies et réseaux propres à l'ensemble immobilier bâti incombe au propriétaire de ces voies et réseaux. Il en résulte qu'en cas de transfert de propriété des voies et réseaux, l'entretien de ceux-ci incombera aux différents acquéreurs. Si un tel transfert n'est pas intervenu, c'est alors le propriétaire initial qui demeurera tenu de réaliser cet entretien.

Pour aller plus loin

Formules
- JCl. Notarial Formulaire, V° Vente d'immeuble, fasc. 105 (cadre de vente), par J. Lafond
- JCl. Notarial Formulaire, V° Vente d'immeuble, fasc. 125 (désignation), par J. Lafond

Fiches pratiques
- Fiche pratique n° 1807 : Rédiger une vente d'immeubles à rénover, par D. Boulanger
- Fiche pratique n° 3111 : Déterminer l'immeuble vendu et les sujétions le grevant au sein de la partie développée de l'acte authentique de vente, par S. Olivier
- Fiche pratique n° 2625 : Vente d'un immeuble construit ou rénové depuis moins de 10 ans, par A. Robert-Chary
- Fiche pratique n° 1721 : Rédiger une vente d'immeuble, par M. Suquet-Cozic

Commentaires
- JCl. Notarial Formulaire, Synthèse 1470, Vente d'immeuble, bien vendu, par V. Zalewski-Sicard
- JCl. Notarial Formulaire, V° Vente d'immeuble, fasc. 400 (désignation), par J. Lafond
- JCl. Notarial Formulaire, V° Vente d'immeuble, fasc. 404 (objet de la vente), par J. Lafond

Présentation générale

2577 L'acquéreur doit recevoir des informations sur l'environnement de l'immeuble. Il en va ainsi, en tout premier lieu, de son environnement « urbanistique » *(V. n° **2578** et s.)*, puis, en deuxième lieu, de son environnement naturel *(V. n° **2658** et s.)* et enfin en dernier lieu, de son environnement artificiel *(V. n° **2733** et s.)*. Ces trois types d'environnement vont en effet venir limiter les prérogatives du nouveau propriétaire, notamment quant aux possibilités de construire ou de rénover.

Pour aller plus loin

- JCl. Collectivités territoriales, Synthèse 170, Planification et réglementation relatives à l'urbanisme, par H. Jacquot et J. Leplat
- JCl. Collectivités territoriales, Synthèse 180, Documents et règles d'urbanisme à vocation générale, par H. Jacquot et J. Leplat
- JCl. Collectivités territoriales, Synthèse 190, Documents et règles à vocation particulière relatifs à l'urbanisme, par Jacquot et J. Leplat
- JCl. Environnement et développement durable, Synthèse 90, Utilisation, aménagement et protection du littoral, par M. Sousse
- JCl. Environnement et développement durable, Synthèse 100, Parcs nationaux, régionaux et marins, par C. Cans et S. Jolivet
- JCl. Environnement et développement durable, Synthèse 105, Réserves naturelles, arrêtés de biotope et autres protections spéciales des espaces naturels, par C. Cans et S. Jolivet
- JCl. Environnement et développement durable, Synthèse 110, Site et paysages, par C. Cans et S. Jolivet
- JCl. Environnement et développement durable, Synthèse 150, Inventaires du patrimoine naturel, par C. Cans et S. Jolivet
- JCl. Environnement et développement durable, Synthèse 220, Création et fonctionnement des installations classées pour la protection de l'environnement autorisées ou déclarées, par D. Gillig
- JCl. Notarial Formulaire, Synthèse 870, Protection du patrimoine bâti : monuments historiques et sites patrimoniaux remarquables, par P. Planchet

Environnement « urbanistique »

2578 L'environnement « urbanistique » peut être défini comme correspondant aux règles d'urbanisme *stricto sensu* s'appliquant à l'immeuble vendu. Ainsi, les règles applicables à cet immeuble vont varier suivant que ledit environnement est défini exclusivement par le règlement national d'urbanisme (RNU), par un schéma de cohérence territoriale (SCOT), par un plan local d'urbanisme (PLU) ou par une carte communale. Il y a lieu également de tenir compte de la possibilité pour les autorités compétentes de créer des espaces réservés dont l'existence devra être révélée à l'acquéreur.
Renvoi. – Concernant les autorisations d'urbanisme, se reporter aux études spécifiques (*V. n°* **2227**).

2579 Portail national de l'urbanisme – Le portail national de l'urbanisme est, pour l'ensemble du territoire, le site national pour l'accès dématérialisé, à partir d'un point d'entrée unique, aux documents d'urbanisme et aux servitudes d'utilité publique, transmis à l'État par :
– les communes ou leurs groupements compétents *(C. urb., art. L. 133-2)* ;
– les gestionnaires d'une servitude d'utilité publique *(C. urb., art. L. 133-3)*.

2580 Consultation des documents – Les schémas de cohérence territoriale, les plans locaux d'urbanisme et les cartes communales sont consultables au siège de l'établissement public compétent et dans les mairies des communes concernées *(C. urb., art. L. 133-6)*.

I. Règlement national d'urbanisme

2581 Le règlement national d'urbanisme (RNU), et plus précisément les règles générales d'urbanisme, ont pour objet de régir les conditions de localisation, de desserte, d'implantation, de volume et d'aspect des constructions. Les dispositions du RNU s'appliquent sur l'ensemble du territoire. L'article L. 111-1, dernier alinéa, du Code de l'urbanisme distingue toutefois suivant les règles locales d'urbanisme en vigueur (PLU, document d'urbanisme en tenant lieu ou carte communale). Certaines règles sont donc d'ordre public tandis que d'autres ont un caractère supplétif.

A. – DISPOSITIONS APPLICABLES SUR TOUT LE TERRITOIRE

1° Règles de sécurité et de salubrité publiques

2582 Le projet peut être refusé ou n'être accordé que sous réserve de l'observation de prescriptions spéciales s'il est de nature à porter atteinte à la salubrité ou à la sécurité publique du fait de sa situation, de ses caractéristiques, de son importance ou de son implantation à proximité d'autres installations *(C. urb., art. R. 111-2)*.

L'Administration doit veiller au respect de ces règles. Ainsi sur un secteur rural, un parc éolien peut être construit dès lors qu'il est distant des zones habitées et d'une route départementale et avec une faible probabilité de réalisation du risque de chute de pales *(CAA Bordeaux, 14 oct. 2010, n° 10BX00024, Assoc. Vent du bocage)*.

Le juge contrôle l'application qui est faite de l'article R. 111-2. Le Conseil d'État a ainsi précisé qu'un permis de construire ne peut valablement être refusé sur le fondement de l'article R. 111-2 si une prescription technique pouvait pallier au risque identifié *(CE, 9 juill. 2010, n° 304463, Veyrier : JurisData n° 2010-015623 ; Constr.-Urb. 2011, comm. 1, J.-L. Seynaeve)*. Il a également jugé que le refus d'un permis de construire peut être justifié par un cumul de risques ou de nuisances *(CE, 16 juill. 2014, n° 356643 : JurisData n° 2014-016889 ; Environnement et dev. durable 2014, comm. 72, D. Gillig)*.

2° Règles archéologiques

2583 Le projet peut être refusé ou n'être accepté que sous réserve de l'observation de prescriptions spéciales s'il est de nature, par sa localisation et ses caractéristiques, à compromettre la conservation ou la mise en valeur d'un site ou de vestiges archéologiques *(C. urb., art. R. 111-4)*. Le site ou le vestige en cause n'a pas obligatoirement à faire l'objet d'une protection préalable.

3° Conséquences environnementales

2584 Le permis ou la décision prise sur la déclaration préalable doit respecter les préoccupations d'environnement définies aux articles L. 110-1 et L. 110-2 du Code de l'environnement. Le projet peut n'être accepté que sous réserve de l'observation de prescriptions spéciales, si par son importance, sa situation

ou sa destination, il est de nature à avoir des conséquences dommageables pour l'environnement *(C. urb., art. R. 111-26)*.
Le Conseil d'État, le 19 juillet 2010, a admis que l'Administration pouvait prendre en compte le principe de précaution tel qu'il est énoncé à l'article 5 de la Charte de l'environnement *(CE, 30 janv. 2012 : JurisData n° 2012-012229 ; RD imm. 2012, p. 176)*.

4° Esthétisme

2585 Le projet peut être refusé ou n'être accepté que sous réserve de l'observation de prescriptions spéciales si les constructions, par leur situation, leur architecture, leurs dimensions ou l'aspect extérieur des bâtiments ou ouvrages à édifier ou à modifier, sont de nature à porter atteinte au caractère ou à l'intérêt des lieux avoisinants, aux sites, aux paysages naturels ou urbains ainsi qu'à la conservation des perspectives monumentales *(C. urb., art. R. 111-27)*.
Lorsqu'un plan d'occupation des sols ou un plan local d'urbanisme s'applique et contient des dispositions ayant le même objet que celles de l'article R. 111-27 du Code de l'urbanisme, sans leur être moindres, c'est par rapport au POS ou au PLU que doit être appréciée la légalité du projet *(CE, 20 avr. 2005, n° 248233, Sté Bouygues Télécom : JurisData n° 2005-068430 ; Environnement 2005, comm. 55, note L. Benoît ; AJDA 2005, p. 1191, concl. Y. Aguila ; RD imm. 2005, p. 254, obs. F.-G. Trébulle ; BJDU 2003, n° 5, p. 115, obs. J.-C. B)*. Autrement dit, c'est toujours la règle la plus contraignante qui doit l'emporter.
Si le projet est refusé, le juge exerce un contrôle normal *(CE, 25 janv. 1974, Rouquette : Lebon, p. 1214)* ; s'il est accordé, le juge exerce un contrôle minimal ou restreint.
En cas de violation de l'article R. 111-27 du Code de l'urbanisme, la démolition de la construction peut être ordonnée.

5° Réalisation d'aires de stationnement

2586 Le permis ou la décision prise sur la déclaration préalable peut imposer la réalisation d'installations propres à assurer le stationnement hors des voies publiques des véhicules correspondant aux caractéristiques du projet. Il ne peut être exigé la réalisation de plus d'une aire de stationnement par logement lors de la construction de logements locatifs financés avec un prêt aidé par l'État *(C. urb., art. R. 111-25)*.

B. – DISPOSITIONS APPLICABLES DANS LES COMMUNES NON COUVERTES PAR UN PLU OU DOCUMENT ASSIMILÉ

1° Nuisances

2587 Le projet peut être refusé ou n'être accepté que sous réserve de l'observation de prescriptions spéciales s'il est susceptible, en raison de sa localisation, d'être exposé à des nuisances graves, dues notamment au bruit *(C. urb., art. R. 111-3)*.

> **Exemple** Le Conseil d'État, le 15 mars 2006, a considéré que l'article R. 111-3 permet de faire obstacle à des constructions qui constitueraient elles-mêmes une source de nuisances *(CE, 15 mars 2006, n° 266238, min. Équipement : JurisData n° 2006-069965)*.

Les litiges se rencontrent le plus fréquemment près des aérodromes (sur les zones de bruit, *V. JCl. Administratif, fasc. 444-25)* ; il y a lieu d'appliquer la loi n° 85-696 du 11 juillet 1985 codifiée sous les articles L. 112-3 à L. 112-17 du Code de l'urbanisme.

2° Desserte convenable

2588 Le projet peut être refusé sur des terrains qui ne seraient pas desservis par des voies publiques ou privées dans des conditions répondant à son importance ou à la destination des constructions ou des aménagements envisagés, et notamment si les caractéristiques de ces voies rendent difficile la circulation ou l'utilisation des engins de lutte contre l'incendie. La jurisprudence admet toutefois que soient prises en compte les modifications à venir de la voie publique programmées par l'Administration *(CE, 28 déc. 2017, n° 399165 : JurisData n° 2017-027516 ; Constr.-Urb. 2018, comm. 18, L. Santoni)*.
Le projet peut également être refusé où n'être accepté que sous réserve de prescriptions spéciales si les accès présentent un risque pour la sécurité des usagers des voies publiques ou pour celles des personnes utilisant ces accès. Cette sécurité doit être appréciée compte tenu notamment de la position des accès, de leur configuration ainsi que de la nature et de l'intensité du trafic.
Le permis de construire ou la décision prise sur la déclaration préalable peut imposer la réalisation de certains travaux (places de parking, réalisation de voies privées. – *C. urb., art. R. 111-6)*.

Lorsque le terrain est desservi par plusieurs voies, le projet peut n'être autorisé que sous réserve que l'accès soit établi sur la voie où la gêne pour la circulation sera moindre *(C. urb., art. R. 111-6, dernier al.)*. Sont à prendre en compte tous types de voies : voies publiques, voies privées. Dans ce cas, l'existence d'une servitude de passage permet de satisfaire à l'exigence du texte. Le pétitionnaire doit justifier de la servitude de passage. L'assiette de la servitude de passage doit être suffisante pour permettre la circulation des véhicules et des engins de lutte contre l'incendie.

3° Aspect des constructions

2589 **Hauteur des constructions** – Dans les secteurs déjà partiellement bâtis, présentant une unité d'aspect et non compris dans des programmes de rénovation, l'autorisation de construire à une hauteur supérieure à la hauteur moyenne des constructions avoisinantes peut être refusée ou subordonnée à des prescriptions particulières *(C. urb., art. R. 111-28)*.

2590 **Murs harmonieux** – Les murs séparatifs et les murs aveugles apparentés d'un bâtiment doivent, lorsqu'ils ne sont pas construits avec les mêmes matériaux que les murs de façades principales, avoir un aspect qui s'harmonise avec celui des façades *(C. urb., art. R. 111-29)*.

2591 **Industrie** – La création ou l'extension d'installations ou de bâtiments à caractère industriel ainsi que de constructions légères ou provisoires peut être subordonnée à des conditions spéciales, notamment à l'aménagement d'écrans de verdure ou à l'observation d'une marge de reculement *(C. urb., art. R. 111-30)*.

4° Distance entre les constructions sur un même terrain

2592 Lorsque des bâtiments non contigus sont situés sur un terrain appartenant au même propriétaire, une distance d'au moins 3 mètres peut être imposée *(C. urb., art. R. 111-15)*.
Le Conseil d'État a apporté différentes précisions sur les notions utilisées par l'article R. 111-15.

2593 **Notion de bâtiments non contigus** – Le Conseil d'Etat a précisé, par rapport à la notion de bâtiments non contigus, que doivent être considérés comme non contigus, des bâtiments séparés par un espace d'environ un mètre, même s'ils sont reliés par un passage sous porche *(CE, 12 avr. 1995, n° 148421, Cne Joue-les-Tours)*. De même, il a été jugé que ne peuvent être considérés comme des bâtiments, au sens de l'article R. 111-15 du Code de l'urbanisme, des habitations légères de loisir *(CE, 18 mars 1983, Fédération nationale de l'hôtellerie de plein air : Dr. et ville 1983, n° 16, p. 193)*.

2594 **Unique propriétaire** – S'agissant de la condition d'un même propriétaire, ce texte est applicable à une copropriété dès lors que le sol sur lequel les bâtiments sont établis constitue une partie commune qui appartient indivisément à l'ensemble des copropriétaires. Par contre, il n'en va pas de même lorsqu'il s'agit de 2 lots adjacents d'un lotissement, même si ces lots ont appartenu à la même personne.

2595 **Effets** – L'article R. 111-15 du Code de l'urbanisme permet de refuser le permis de construire, mais sa violation ne saurait fonder l'action d'un tiers devant le juge judiciaire puisque n'instaurant pas de servitude d'urbanisme.

5° Distances d'implantation

2596 Des distances minimales sont fixées.

2597 **Distances par rapport à une voie publique** – En règle générale, une distance minimum est imposée entre la construction et les voies publiques. La distance est comptée horizontalement de tout point de l'immeuble au point le plus proche de l'alignement opposé. Elle doit être au moins égale ou supérieure à la hauteur (H) du bâtiment. C'est la règle L. × H. *(C. urb., art. R. 111-16)*.
S'il existe une obligation de construire en retrait de l'alignement, la limite de ce retrait se substitue à l'alignement.

2598 **Distances par rapport aux voies privées** – La situation est la même pour les voies privées dont la largeur effective est seule retenue au point de vue alignement. Exceptionnellement, l'implantation de la construction à la limite de l'alignement ou dans le prolongement des constructions existantes peut être imposée *(C. urb., art. R. 111-16)*.

2599 **Distances par rapport à la limite parcellaire** – À moins que le bâtiment à construire ne jouxte la limite parcellaire, la distance comptée horizontalement de tout point de ce bâtiment au point de la limite parcellaire qui en est le plus rapproché doit être au moins égale à la moitié de la différence d'altitude entre ces 2 points, sans pouvoir être inférieure à 3 mètres *(C. urb., art. R. 111-17)*.

Lorsque par son gabarit ou son implantation, un immeuble bâti existant n'est pas conforme aux prescriptions de l'article R. 111-17, le permis de construire ne peut être accordé que pour des travaux qui ont pour objet d'améliorer la conformité de l'implantation ou du gabarit de cet immeuble avec ces prescriptions, ou pour des travaux qui sont sans effet sur l'implantation ou le gabarit de l'immeuble *(C. urb., art. R. 111-18)*.

2600 Dérogations – Des dérogations aux règles édictées peuvent être accordées par décision motivée de l'autorité compétente, après avis dans chaque cas particulier du maire de la commune, lorsque celui-ci n'est pas l'autorité compétente.
Le préfet peut également, après avis du maire, apporter des aménagements aux règles prescrites par les articles R. 111-15 à R. 111-18 sur les territoires où l'établissement de plans locaux d'urbanisme a été prescrit, mais où ces plans n'ont pas encore été approuvés *(C. urb., art. R. 111-19)*.
Les dérogations accordées sous le contrôle du juge ne peuvent intervenir que pour des motifs d'intérêt général. Il en est ainsi lorsque le dépassement de la règle de la hauteur s'explique par le caractère des bâtiments et des voies d'une ville ancienne.

6° Espaces verts

2601 Le permis ou la décision prise sur la déclaration préalable peut imposer le maintien ou la création d'espaces verts correspondant à l'importance du projet.
Lorsque le projet prévoit des bâtiments à usage d'habitation, l'autorité qui délivre le permis de construire peut exiger la réalisation par le constructeur d'une aire de jeux et de loisirs située à proximité de ces logements et correspondant à leur importance *(C. urb., art. R. 111-7)*.

7° Réseaux d'eau

2602 Les articles R. 111-8 à R. 111-12 du Code de l'urbanisme précisent les conditions de desserte des terrains par les réseaux d'eau et d'assainissement.

8° Présence d'équipements publics

2603 Le projet peut être refusé si par sa situation ou son importance, il impose soit la réalisation par la commune d'équipements publics nouveaux hors de proportion avec ses ressources actuelles, soit un surcroît important des dépenses de fonctionnement des services publics *(C. urb., art. R. 111-13)*.
Ce texte permet à la commune de refuser le permis de construire si les constructions entraînent pour la commune des dépenses d'équipement public qu'elle estime ne pas pouvoir assurer.
La commune ne peut assortir le permis ou la non-opposition à déclaration préalable de prescriptions particulières. Elle ne peut qu'accorder ou refuser. Lorsqu'elle refuse, il lui revient de rapporter la preuve de l'insuffisance de ces équipements.
Le juge administratif contrôle si les dépenses d'équipement public ne sont pas hors de proportion avec les ressources actuelles de la commune.

9° Protection de l'agriculture, des forêts, des mines et des carrières

2604 En dehors des parties urbanisées des communes, le projet peut être refusé ou n'être accordé que sous réserve de l'observation de prescriptions spéciales s'il est de nature, par sa localisation ou sa destination :
- à favoriser une urbanisation dispersée incompatible avec la vocation des espaces naturels environnants, en particulier lorsque ceux-ci sont peu équipés ;
- à compromettre les activités agricoles ou forestières notamment en raison de la valeur agronomique des sols, des structures agricoles, de l'existence de terrains faisant l'objet d'une délimitation au titre d'une appellation d'origine contrôlée ou d'une indication géographique protégée ou comportant des équipements spéciaux importants ainsi que des périmètres d'aménagement fonciers et hydrauliques ;
- à compromettre la mise en valeur des substances visées à l'article L. 111-1 du Code minier ou des matériaux de carrières inclus dans les zones définies à l'article L. 321-1 du même code *(C. urb., art. R. 111-14)*.

Ce texte a perdu de son intérêt avec l'introduction de la règle de la constructibilité limitée de l'article L. 111-3 du Code de l'urbanisme.

Pour aller plus loin

- V. Le Grand, Le nouveau règlement national d'urbanisme : Constr.-Urb. 2017, étude 2

IMMEUBLE VENDU

C. – RÈGLE DE CONSTRUCTIBILITÉ LIMITÉE

1° Principe

2605 En l'absence de plan local d'urbanisme ou de carte communale opposable aux tiers ou de tout document d'urbanisme en tenant lieu, il y a lieu d'appliquer la règle de la constructibilité limitée *(C. urb., art. L. 111-3)* qui entraîne l'inconstructibilité limitée des terrains situés hors des parties actuellement urbanisées de la commune. Dans ces zones, l'Administration doit refuser de délivrer un permis. Le juge administratif a apporté des précisions sur les parties actuellement urbanisées de la commune pour les situations pouvant donner lieu à des appréciations divergentes.
Est ainsi appliquée la méthode du faisceau d'indices. Sont pris en considération la distance entre l'unité foncière et les bâtiments déjà existants, la présence de voiries et réseaux, la densité des terrains existants... l'appréciation des faits par les juges du fond est souveraine, sauf éventuelle dénaturation.

2° Exceptions

2606 **Projets visés** – L'article L. 111-4 du Code de l'urbanisme prévoit des cas où des constructions, en raison de leurs caractéristiques, peuvent être autorisées.

2607 **Avis nécessaires** – L'article L. 111-5 du Code de l'urbanisme prévoit que la construction de bâtiments nouveaux mentionnée au 1° de l'article L. 111-4 du même code et les projets de constructions, aménagements, installations et travaux mentionnés aux 2° et 3° dudit article ayant pour conséquence une réduction des surfaces situées dans les espaces autres qu'urbanisés et sur lesquelles est exercée une activité agricole ou qui sont à vocation agricole, doivent être préalablement soumis pour avis par le représentant de l'État dans le département à la commission départementale de la préservation des espaces naturels, agricoles et forestiers prévue à l'article L. 112-1-1 du Code rural et de la pêche maritime. Cet avis est réputé favorable s'il n'est pas intervenu dans un délai d'un mois à compter de la saisine de la commission.

II. Schéma de cohérence territoriale

2608 Le schéma de cohérence territoriale (SCOT) étant facultatif, l'initiative de mise en œuvre appartient aux communes ou aux établissements publics de coopération intercommunale *(C. urb., art. L. 143-1)*. Il est élaboré par un établissement public de coopération intercommunale (EPCI) ou par un syndicat mixte ; cet établissement public va être chargé de l'approbation et du suivi du SCOT (modification, révision. – *C. urb., art. L. 143-10)*.

2609 **Objet du schéma** – Il fixe les orientations générales de l'organisation de l'espace et de la restructuration des espaces urbanisés en déterminant les grands équilibres entre les espaces urbanisés urbains et à urbaniser d'une part, et les espaces naturels et agricoles ou forestiers d'autre part, en appréciant les incidences prévisibles de ces orientations sur l'environnement.
Il définit un certain nombre d'objectifs qui sont très larges : bâtiments, logements sociaux et équilibre social de l'habitat, desserte de transport collectif, équipement commercial *(C. urb., art. L. 141-5)*. Il doit définir les grands projets d'équipement et de service (plus particulièrement, les transports).

A. – PÉRIMÈTRE

2610 **Territoire concerné** – Il répond à un souci d'unité géographique. Le SCOT doit couvrir le territoire d'un seul tenant et sans enclave, ce qui pose problème en cas de retrait d'une commune. Suivant l'article L. 143-2 du Code de l'urbanisme, lorsque le périmètre de ces établissements publics n'est pas d'un seul tenant, il peut ne pas comprendre la totalité des communes membres de cet établissement, à condition de comprendre la totalité de la partie ou des parties d'un seul tenant qui le concerne.
Le périmètre du SCOT peut évoluer. Cette évolution peut correspondre, soit à une extension du périmètre à une ou plusieurs communes ou à un ou plusieurs établissements publics de coopération intercommunale soit à une réduction du périmètre liée à la décision d'une commune ou d'un établissement public de se retirer de l'établissement public.

2611 **Modalités d'adoption** – Un projet de périmètre est déterminé selon les cas par les conseils municipaux ou l'organe délibérant du ou des établissements publics compétents à la majorité des deux tiers au moins des communes intéressées représentant plus de la moitié de la population totale de celles-ci ou la majorité de la moitié au moins des communes intéressées représentant les deux tiers de la population totale.

Si des communes ne sont pas membres d'un établissement public compétent en matière de SCOT, la majorité doit comprendre dans chaque cas au moins un tiers d'entre elles. Pour le calcul de la majorité, les EPCI comptent pour autant de communes qu'ils comprennent de communes membres *(C urb., art. L. 143-4)*.
Le projet de périmètre est communiqué au préfet. Ce dernier recueille l'avis du ou des conseils départementaux concernés. Cet avis est réputé positif s'il n'a pas été formulé dans un délai de 3 mois *(C. urb., art. R. 143-1)*. Le préfet publie par arrêté le périmètre du SCOT *(C. urb., art. L. 143-5)*.

B. – CONTENU

2612 Selon l'article L. 141-2 du Code de l'urbanisme, le schéma de cohérence comprend un rapport de présentation, un projet d'aménagement et de développement durables et un document d'orientation et d'objectifs. Chacun de ces éléments peut comprendre un ou plusieurs documents graphiques.

2613 Rapport de présentation

- Il explique les choix retenus pour établir le projet d'aménagement et de développement durables (PADD) et le document d'orientation et d'objectifs en s'appuyant sur un diagnostic établi au regard des prévisions économiques et démographiques notamment au regard du vieillissement de la population et des besoins répertoriés en matière de développement économique, d'aménagement de l'espace, d'environnement, notamment en matière de biodiversité, d'agriculture, de préservation du potentiel agronomique, d'équilibre social de l'habitat, de transports, d'équipements et de services.
- Il identifie, en prenant en compte la qualité des paysages et du patrimoine architectural, les espaces dans lesquels les plans locaux d'urbanisme doivent analyser les capacités de densification et de mutation en application de l'article L. 151-4 du Code de l'urbanisme.
- Il présente une analyse de la consommation d'espaces naturels, agricoles et forestiers au cours des 10 années précédant l'approbation du schéma et justifie les objectifs chiffrés de limitation de cette consommation compris dans le document d'orientation et d'objectifs.
- Il décrit l'articulation du schéma avec les documents mentionnés aux articles L. 131-1 et L. 131-2, avec lesquels il est compatible ou qu'il prend en compte *(C. urb., art. L. 141-3)*.

2614 Projet d'aménagement et de développement durables – Ce projet fixe les objectifs des politiques publiques d'urbanisme, du logement, des transports et des déplacements, d'implantation commerciale, d'équipements structurants, de développement économique, touristique et culturel, de développement des communications électroniques, de protection et de mise en valeur des espaces naturels, agricoles et forestiers et des paysages, de préservation des ressources naturelles, de lutte contre l'étalement urbain, de préservation et de remise en bon état des continuités écologiques *(C. urb., art. L. 141-4)*.

2615 Document d'orientation et d'objectifs

- Dans le respect des orientations définies par le PADD, le document d'orientation et d'objectifs détermine les orientations générales de l'organisation de l'espace et les grands équilibres entre les espaces urbains et à urbaniser et les espaces ruraux, naturels, agricoles et forestiers.
- Il définit les conditions d'un développement urbain maîtrisé et les principes de restructuration des espaces urbanisés, de revitalisation des centres urbains et ruraux, de mise en valeur des entrées de ville, de valorisation des paysages et de prévention des risques *(C. urb., art. L. 141-5)*.
- Il détermine les conditions d'un développement équilibré dans l'espace rural entre l'habitat, l'activité économique et artisanale, et la préservation des sites naturels, agricoles et forestiers. Il assure la cohérence d'ensemble des orientations arrêtées dans ces différents domaines.

C. – EFFETS

1° Principe d'inopposabilité aux tiers

2616 Les schémas de cohérence territoriale (SCOT) appartiennent à la catégorie des actes juridiques prospectifs : ils ne sont pas en principe opposables aux demandes d'autorisation d'occupation du sol *(CE, 2 mars 1977 : Lebon, p. 1004 ; AJDA 1977, p. 447)*, et plus particulièrement un permis de construire.

2° Exception

2617 Il existe toutefois des exceptions puisque l'article L. 142-1du Code de l'urbanisme notamment précise que les opérations foncières et les opérations d'aménagement définies par décret en Conseil d'État sont compatibles avec le document d'orientation et d'objectifs des SCOT. Il en est de même pour les autorisations prévues par l'article L. 752-1 du Code de commerce et l'article L. 212-7 du Code du cinéma et de l'image animée ou bien

IMMEUBLE VENDU

encore les permis de construire tenant lieu d'autorisation d'exploitation commerciale prévus à l'article L. 452-4 du Code de l'urbanisme *(C. urb., art. L. 142-1)*.
Mais encore, l'article L. 141-18 du Code de l'urbanisme dispose que le document d'orientation et d'objectifs (DOO), que comprend le SCOT, peut, par secteur, définir des normes de qualité urbaine, architecturale et paysagère applicables en l'absence de plan local d'urbanisme ou de document d'urbanisme en tenant lieu. Ces normes s'imposent alors aux décisions individuelles.

Attention **L'article L. 141-22 du Code de l'urbanisme précise que le DOO peut définir des secteurs dans lesquels l'ouverture de nouvelles zones à l'urbanisation est subordonnée à l'obligation pour les constructions, travaux, installations et aménagements de respecter des performances environnementales et énergétiques renforcées.**

3° Annulation ou déclaration d'illégalité

2618 **Effets sur les autorisations d'urbanisme** – L'annulation ou la déclaration d'illégalité d'un schéma de cohérence territoriale sont par elles-mêmes sans incidence sur les décisions relatives à l'utilisation du sol ou à l'occupation des sols délivrées antérieurement à leur prononcé dès lors que ces annulations ou déclarations d'illégalité reposent sur un motif étranger aux règles d'urbanisme applicables au projet.
Il n'en va pas ainsi toutefois pour les refus de permis ou d'opposition à déclaration préalable. Pour ces décisions, l'annulation ou l'illégalité du document d'urbanisme leur ayant servi de fondement entraîne l'annulation de ladite décision (*C. urb., art. L. 600-12-1*).

D. – RÈGLE DE CONSTRUCTIBILITÉ LIMITÉE EN L'ABSENCE DE SCOT

2619 L'article L. 142-4 du Code de l'urbanisme vise à inciter les collectivités à adopter un SCOT.
- En l'absence de SCOT, le plan local d'urbanisme ne peut être modifié ou révisé en vue d'ouvrir à l'urbanisation une zone à urbaniser délimitée après le 1er juillet 2002 ou une zone naturelle, agricole ou forestière.
- De même, les secteurs non constructibles des cartes communales ne peuvent être ouverts à l'urbanisation à l'occasion de l'élaboration ou d'une procédure d'évolution de la carte communale et les secteurs situés en dehors des parties urbanisées des communes non couvertes par un document d'urbanisme ne peuvent être ouverts à l'urbanisation pour autoriser les projets mentionnés aux 3 et 4° de l'article L. 111-4 du Code de l'urbanisme.
- Dans les communes où s'applique la règle de l'urbanisation limitée et à l'intérieur des zones à urbaniser ouvertes à l'urbanisation après la date du 4 juillet 2003, il ne peut être délivré d'autorisation d'exploitation commerciale en application de l'article L. 752-1 du Code de commerce ou l'autorisation prévue aux articles L. 212-7 et L. 212-8 du Code du cinéma et de l'image animée.

2620 **Dérogation** – Il peut être dérogé à ces règles limitatives, soit avec l'accord du préfet donné après avis de la commission départementale de la préservation des espaces naturels, agricoles et forestiers prévue à l'article L. 112-1-1 du Code rural et de la pêche maritime et, le cas échéant, de l'établissement public prévu à l'article L. 143-16 du Code de l'urbanisme.
La dérogation ne peut être accordée que si l'urbanisation envisagée :
• ne nuit pas à la protection des espaces naturels, agricoles et forestiers ou à la préservation et à la remise en bon état des continuités écologiques ;
• ne conduit pas à une consommation excessive de l'espace ;
• ne génère pas d'impact excessif sur les flux de déplacements ;
• et ne nuit pas à une répartition équilibrée entre emploi, habitat, commerces et services *(C. urb., art. L. 142-5)*.

III. Plan local d'urbanisme

2621 Le plan local d'urbanisme (PLU) fixe les règles d'urbanisme applicables sur le territoire de l'établissement public de coopération intercommunale ou d'une commune. Il traduit les objectifs de l'EPCI ou de la commune en matière d'utilisation des sols. C'est principalement par rapport au PLU que seront appréciées les demandes d'autorisation d'urbanisme.

A. – PÉRIMÈTRE

2622 Le PLU doit couvrir l'intégralité du territoire communal, à l'exception des parties du territoire qui sont couvertes pas un plan de sauvegarde et de mise en valeur (PSMV) lorsqu'il est élaboré à l'initiative d'une commune non membre d'un établissement public de coopération intercommunale *(C. urb., art. L. 153-1)*.

En ce qui concerne le PLU élaboré par un EPCI, il couvre l'intégralité du territoire de ce dernier *(C. urb., art. L. 153-1)*, à l'exception des parties de ces territoires couvertes par un plan de sauvegarde et de mise en valeur *(C. urb., art. L. 153-1)*.
Toutefois dans les communes couvertes par un SCOT qui identifie des secteurs d'aménagement et de développement touristique d'intérêt intercommunal, un PLU partiel couvrant ces secteurs peut être élaboré par un EPCI sous réserve que chaque commune concernée couvre sans délai le reste de son territoire par un PLU et recueille l'avis de l'EPCI sur la compatibilité du projet d'aménagement et de développement durables avec l'EPCI *(C. urb., art. L. 153-3)*.

B. – CONTENU

2623 Suivant l'article L. 151-1 du Code de l'urbanisme, le PLU respecte les principes énoncés aux articles L. 101-1 à L. 101-3 du Code de l'urbanisme. Il comprend un rapport de présentation, un projet d'aménagement et de développement durables (PADD), des orientations d'aménagement et de programmation, un règlement et des annexes. Chacun de ces éléments peut comprendre un ou plusieurs documents graphiques.

1° Rapport

2624 C'est un document très important. Il explique notamment les choix retenus pour établir le PADD *(C. urb., art. L. 151-4)*. Les articles R. 151-1 et R. 151-2 du Code de l'urbanisme en fixent le contenu.
Pour les PLU devant faire l'objet d'une évaluation environnementale en application de l'article L. 104-2 du Code de l'urbanisme, le rapport doit également comprendre des explications environnementales *(C. urb., art. R. 151-3)*.

Remarque Ce projet est très ambitieux. Ce document, comme par le passé, n'est pas opposable, mais il doit être élaboré avec beaucoup de sérieux et de précision *(CAA Bordeaux, 1er avr. 2010, n° 09BX00918 : JurisData n° 2010-023542 ; Environnement 2011, comm. 8, D. Gillig)*. L'absence d'un des éléments qu'il doit contenir, voire les insuffisances dans les analyses, entraîne, en cas de recours, l'annulation du plan dans son intégralité. Il en va de même lorsqu'il existe des contradictions entre le rapport et le règlement *(CAA Lyon, 12 mars 2002 : JurisData n° 2002-196515 ; Études foncières 2002, n° 97, p. 43)*.

2° Projet d'aménagement et de développement durables

2625 À l'origine, c'est un document entièrement nouveau, une pièce fondamentale du dossier du PLU. Il constitue la clé de voûte du plan local d'urbanisme dans la mesure où le règlement est ravalé au rang d'instrument de sa mise en œuvre *(D. Larralde, Plan local d'urbanisme : Constr.-Urb. 2001, comm. 10)*. Le PADD est un instrument très souple qui permet de s'adapter aux particularismes locaux. C'est un changement d'orientation dans la planification locale urbaine puisque l'on passe du schéma réglementaire à celui de la prospective.

2626 **Contenu** – Le contenu du PADD est précisé par l'article L. 151-5 du Code de l'urbanisme.
- Il définit les orientations générales des politiques d'aménagement, d'équipement, d'urbanisme, de paysage, de protection des espaces naturels, agricoles et forestiers, et de préservation ou de remise en bon état des continuités écologiques.
- Il arrête les orientations générales concernant l'habitat, les transports et les déplacements, les réseaux d'énergie, le développement des communications numériques, l'équipement commercial, le développement économique et les loisirs, retenues pour l'ensemble de l'EPCI ou de la commune.
- Il fixe des objectifs chiffrés de modération de la consommation de l'espace et de lutte contre l'étalement urbain.

Le projet d'aménagement et de développement durables n'est pas directement opposable aux particuliers. Il peut fonder un sursis à statuer.
C'est par rapport au PADD que l'on jugera si l'économie générale du PLU est modifiée.

3° Orientations d'aménagement et de programmation

2627 Avec la loi Grenelle II, elles sont désormais obligatoires. L'article L. 151-6 du Code de l'urbanisme précise qu'elles comprennent des dispositions portant sur l'aménagement, l'habitat, les transports et les déplacements.
- En ce qui concerne **l'aménagement**, les orientations peuvent définir les actions et opérations nécessaires pour mettre en valeur l'environnement, notamment les continuités écologiques, les paysages, les entrées de villes et le patrimoine, lutter contre l'insalubrité, permettre le renouvellement urbain et assurer le développement de la commune.
- En ce qui concerne **l'habitat**, elles définissent les objectifs et les principes d'une politique visant à répondre aux besoins en logements et en hébergements, à favoriser le renouvellement urbain et la mixité sociale et

à améliorer l'accessibilité du cadre bâti aux personnes handicapées en assurant entre les communes et entre les quartiers d'une même commune une répartition équilibrée et diversifiée de l'offre de logements.

- En ce qui concerne **les transports et les déplacements**, elles définissent l'organisation des transports de personnes et de marchandises, de la circulation et du stationnement *(C. urb., art. L. 151-7)*.

Les orientations d'aménagement et de programmation tiennent lieu de plan local de l'habitat et de plan des déplacements urbains *(C. urb., art. L. 151-44)*.

4° Règlement

a) Contenu

2628 Dans le règlement du plan local d'urbanisme, deux types de dispositions peuvent être présents :

- des dispositions ayant **un caractère obligatoire** : règles générales et servitudes d'utilisation des sols permettant d'atteindre les objectifs mentionnés aux articles L. 101-1 à L. 101-3 du Code de l'urbanisme qui peuvent notamment comporter l'interdiction de construire, déterminer les zones urbaines ou à urbaniser, des zones naturelles ou agricoles et forestières à protéger et définir les règles concernant l'implantation des constructions ;
- des **dispositions facultatives** (affectation des sols, destination des constructions...).

Suivant l'article L. 151-8 du Code de l'urbanisme, le règlement fixe, en cohérence avec le PADD, les règles générales et les servitudes d'utilisation des sols permettant d'atteindre les objectifs mentionnés aux articles L. 101-1 à L. 101-3, qui peuvent notamment comporter l'interdiction de construire, délimitent les zones urbaines ou à urbaniser et les zones naturelles ou agricoles et forestières à protéger et définissent, en fonction des circonstances locales, les règles concernant l'implantation des constructions *(CE, 1re et 6e ch. réunies, 2 oct. 2017, n° 398322 : JurisData n° 2017-019234 ; Constr.-Urb. 2017, comm. 143, P. Cornille)*.

Il fixe les règles applicables à l'intérieur de chacune des zones *(C. urb., art. R. 151-17)*.

Il comprend :

- **un document écrit** qui fixe les règles applicables aux terrains compris dans les diverses zones du territoire couvert par le PLU. Son contenu peut être sommaire et ne comporter qu'un minimum obligatoire (règles concernant l'affectation des sols, l'implantation des constructions...) ou beaucoup plus complet (aspect extérieur des immeubles, respect des performances énergétiques...) ;
- **des documents graphiques** qui fixent le zonage *(C. urb., art. R. 151-10)*.

b) Zonage

2629 Le zonage est l'opération qui consiste à diviser le territoire couvert par le PLU en zones ou en secteurs dans lesquels l'occupation des sols est soumise à des réglementations différentes. Il permet d'organiser l'utilisation de l'espace en séparant les activités et les occupations du sol incompatibles et en réunissant, au contraire, celles qui le sont. Les zones U (urbaines), AU (à urbaniser), A (agricoles) et N (naturelles et forestières) sont délimitées sur un ou plusieurs documents graphiques *(C. urb., art. R. 151-14. – Sur le sort d'une propriété à cheval sur 2 zones, V. Rép. min. n° 64875 : JOAN 9 août 2005, p. 7749. – Rép. min. n° 63549 : JOAN 21 mars 2017, p. 2408)*.

1) Zones urbaines

2630 Ces zones dites zones U peuvent comprendre les secteurs déjà urbanisés et les secteurs où les équipements publics existants ou en cours de réalisation ont une capacité suffisante pour desservir les constructions à implanter *(C. urb., art. R. 151-18)*.

2) Zones AU

2631 Elles sont substituées aux zones NA. L'article R. 151-20 Code de l'urbanisme les définit de façon plus précise. Les règles d'ouverture à l'urbanisation varient selon que les équipements existants à la périphérie immédiate de la zone sont ou non suffisants.

- **Dans le premier cas**, les orientations d'aménagement et de programmation et le règlement définissent les conditions d'aménagement et d'équipement dans la zone. Les constructions y sont autorisées soit lors de la réalisation d'une opération d'aménagement d'ensemble, soit au fur et à mesure de la réalisation des équipements internes à la zone prévus par les orientations d'aménagement et de programmation et le règlement. Les auteurs du PLU peuvent prévoir que la délivrance des autorisations de construction au sein de la zone sera subordonnée à la réalisation préalable et au fur et à mesure des équipements internes *(CE, 30 janv. 2017, n° 395167 : JurisData n° 2017-001881 : Constr.-Urb. 2017, comm. 35)*.
- **Dans le second cas**, lorsque les voies publiques et les réseaux d'eau, d'électricité et, le cas échéant, d'assainissement existant à la périphérie immédiate de la zone n'ont pas une capacité suffisante pour desservir les constructions à implanter dans l'ensemble de la zone, son ouverture à l'urbanisation peut être subordonnée à une modification ou à une révision du PLU *(C. urb., art. R. 151-20)*.

3) Zones agricoles

2632 Ces zones dites zones A, succèdent aux zones NC avec un champ d'application et un régime différents. Peuvent être classés en zone agricole, les secteurs de la commune, équipés ou non, à protéger en raison du potentiel agronomique, biologique ou économique des terres agricoles *(C. urb., art. R. 151-22)*. En zone A, sont seulement autorisées :

- les constructions et installations nécessaires à l'exploitation agricole ou au stockage et à l'entretien de matériel agricole par les coopératives d'utilisation de matériel agricole agréées au titre de l'article L. 525-1 du Code rural et de la pêche maritime *(C. urb., art. R. 151-23, 1)* ;
- les constructions, installations, extensions ou annexes aux bâtiments d'habitation, changements de destination et aménagements prévus par les articles L. 151-11, L. 151-12 et L. 151-13 *(C. urb., art. R. 151-23, 2)*.

Pour aller plus loin

• E. Dorison, Investissement dans un corps de ferme en zone agricole par un non-agriculteur : une opération sans risque ? : RD rur. 2016, étude 21, n° 444

4) Zones naturelles ou forestières

2633 Ces zones dites zones N, sont les héritières des zones ND. L'article R. 151-24 du Code de l'urbanisme en définit le caractère. Peuvent être classés en zone naturelle et forestière, es secteurs de la commune, équipés ou non, à protéger en raison :

• soit de la qualité des sites, milieux et espaces naturels, des paysages et de leur intérêt, notamment du point de vue esthétique, historique ou écologique ;
• soit de l'existence d'une exploitation forestière ;
• soit de leur caractère d'espaces naturels ;
• soit de la nécessité de préserver ou restaurer les ressources naturelles ; soit de la nécessité de prévenir les risques notamment d'expansion des crues.

Peuvent être autorisées :

- les constructions et installations nécessaires à l'exploitation agricole et forestière ou au stockage et à l'entretien de matériel agricole par les coopératives d'utilisation de matériel agricole agréées au titre de l'article L. 525-1 du Code rural et de la pêche maritime. Il en va de même pour les constructions, installations, extensions ou annexes aux bâtiments d'habitation, changements de destination et aménagements prévus par les articles L. 151-11 à L. 151-13 du Code de l'urbanisme ;
- les constructions et installations nécessaires à des équipements collectifs dès lors qu'elles ne sont pas incompatibles avec l'exercice d'une activité agricole, pastorale ou forestière du terrain sur lequel elles sont implantées et qu'elles ne portent pas atteinte à la sauvegarde des espaces naturels et des paysages.

c) Espaces boisées

2634 Classement – Les plans locaux d'urbanisme peuvent classer comme espaces boisés, les bois, forêts, parcs à conserver, à protéger ou à créer, qu'ils relèvent ou non du régime forestier, enclos ou non, attenant ou non à des habitations. Ce classement peut s'appliquer également à des arbres isolés, des haies ou réseaux de haies ou des plantations d'alignements.

2635 Effets – Le classement interdit tout changement d'affectation ou tout mode d'occupation du sol de nature à compromettre la conservation, la protection ou la création des boisements. Ainsi, il ne peut être créé de servitude de passage sur une parcelle classée *(Cass. 3e civ., 15 mars 2018, n° 17-14.366 : JurisData n° 2018-003614 ; JCP N 2018, n° 13, act. 346)* ; une telle servitude ne peut servir comme voie d'accès à une autre propriété *(Cass. 3e civ., 11 janv. 2018, n° 17-14.173 : JurisData n° 2018-000166 ; Constr.-Urb. 2018, comm. 38, P. Cornille)*.
Il entraîne le rejet de plein droit de la demande d'autorisation de défrichement. En outre, la délibération prescrivant l'élaboration du PLU peut soumettre à déclaration préalable, sur tout ou partie du territoire couvert par ce plan, les coupes ou abattages d'arbres isolés, de haies ou réseaux de haies et de plantations d'alignement.

2636 Mesures de compensation – Pour sauvegarder les espaces boisés et sites naturels situés dans les agglomérations ou leurs environs et pour en favoriser l'aménagement :

- l'État, les départements, les communes ou les établissements publics ayant pour objet la réalisation d'opérations d'urbanisme peuvent offrir, à titre de compensation, un terrain à bâtir aux propriétaires qui consentent à leur céder gratuitement un terrain classé en application de l'article L. 113-1 du Code de l'urbanisme ;
- l'État peut accorder au propriétaire une autorisation de construire sur une partie du terrain classé en application de l'article L. 113-1 du Code de l'urbanisme n'excédant pas un dixième de la superficie dudit terrain, à titre de compensation de la cession du surplus.

Ces mesures ne sont applicables que si la dernière acquisition à titre onéreux dont le terrain classé a fait l'objet à date certaine depuis 5 ans au moins *(C. urb., art. L. 113-3)*.

d) Règles particulières

2637 Dépassement des règles relatives au gabarit, à la hauteur et à l'emprise au sol – Le dépassement des règles relatives au gabarit, à la hauteur et à l'emprise au sol est, sous certaines conditions, possible, cela pour des raisons de politique de l'habitat et de performance énergétique.

2638 Agrandissement ou construction exclusivement de bâtiments à usage d'habitation – Le règlement peut délimiter dans les zones urbaines des secteurs à l'intérieur desquels un dépassement des règles relatives au gabarit, à la hauteur et à l'emprise au sol est autorisé pour permettre l'agrandissement ou la construction de bâtiments à usage d'habitation. Ce dépassement, fixé pour chaque secteur, ne peut excéder 20 % pour chacune des règles concernées. L'application du dépassement ainsi autorisé ne peut conduire à la création d'une surface de plancher supérieure de plus de 20 % à la surface de plancher existante *(C. urb., art. L. 151-28, 1°)*.

2639 Logements locatifs sociaux – Le règlement peut délimiter des secteurs à l'intérieur desquels la réalisation de programmes de logements comportant des logements locatifs sociaux au sens de l'article L. 302-5 du Code de la construction et de l'habitation bénéficie d'une majoration du volume constructible tel qu'il résulte des règles relatives au gabarit, à la hauteur et à l'emprise au sol. Cette majoration, fixée pour chaque secteur, ne peut excéder 50 %. Pour chaque opération, elle ne peut être supérieure au rapport entre le nombre de logements locatifs sociaux et le nombre total des logements de l'opération *(C. urb., art. L. 151-28, 2°)*.

2640 Constructions faisant preuve d'exemplarité énergétique ou environnementale ou qui sont à énergie positive – Mais encore, le règlement peut déterminer des secteurs dans les zones urbaines ou à urbaniser, dans lesquels un dépassement des règles relatives au gabarit peut être autorisé. Ce dépassement peut être modulé, mais ne peut excéder 30 %, pour les constructions faisant preuve d'exemplarité énergétique ou environnementale ou qui sont à énergie positive. La limitation en hauteur des bâtiments ne peut avoir pour effet d'introduire une limitation du nombre d'étages plus contraignante d'un système constructif à l'autre *(C. urb., art. L. 151-28, 3°)*.

2641 Logements intermédiaires – Enfin, le règlement peut prévoir des secteurs à l'intérieur desquels la réalisation de programmes de logements comportant des logements intermédiaires, définis à l'article L. 302-16 du CCH, bénéficie d'une majoration du volume constructible qui résulte des règles relatives au gabarit, à la hauteur et à l'emprise au sol. Cette majoration, fixée pour chaque secteur, ne peut excéder 30 %. Pour chaque opération, elle ne peut être supérieure au rapport entre le nombre de logements intermédiaires et le nombre total de logements de l'opération *(C. urb., art. L. 151-28, 4°)*.

5° Servitudes d'utilité publique

2642 Selon l'article L. 151-43 du Code de l'urbanisme, les plans locaux d'urbanisme doivent comporter en annexe les servitudes d'utilité publique affectant l'utilisation du sol. La liste en est limitative *(C. urb., art. R. 151-51. – JCl. Administratif, fasc. 390 et 392)*.
L'article L. 152-7 du Code de l'urbanisme prévoit une inopposabilité des servitudes non publiées après expiration d'un délai d'un an qui a pour point de départ soit l'approbation du plan soit l'institution de la servitude.

6° Emplacements réservés

2643 Ce sont des emplacements délimités par le PLU, destinés à recevoir des équipements communs.

2644 Destinations possibles – L'article L. 151-41 du Code de l'urbanisme en précise la nature et la destination : voies publiques, ouvrages publics, installations d'intérêt général, espaces verts, espaces nécessaires aux continuités écologiques. Dans les zones urbaines et à urbaniser, le PLU peut instituer des emplacements réservés dans un souci de mixité sociale de programmes de logements.

2645 Bénéficiaires – Les bénéficiaires de l'emplacement réservé peuvent être soit des personnes publiques, soit des organismes gérant un service public (société d'économie mixte locale).

2646 Portée – L'inscription en emplacement réservé a pour conséquence l'inconstructibilité du terrain, l'exception consiste en la possibilité d'accorder un permis précaire : le permis de construire peut fixer le délai à l'expiration duquel le propriétaire devra enlever, sans indemnité, la construction autorisée *(C. urb., art. L. 433-3)*.

2647 Droits de délaissement – Le propriétaire peut, dès que le PLU est opposable, exercer le droit de délaissement *(C. urb., art. L. 152-2)*. Il peut mettre en demeure le bénéficiaire de la réserve d'acquérir le terrain. Le bénéficiaire doit alors décider ou non d'acquérir le bien dans un délai d'un an *(C. urb., art. L. 230-3)*. À défaut d'accord sur le prix, la saisine du juge de l'expropriation est possible. La réserve n'est plus opposable lorsque le juge de l'expropriation n'a pas été saisi dans un délai de 3 mois après l'expiration du délai d'un an accordé pour l'acquisition amiable *(C. urb., art. L. 230-4)*.

Conseil pratique Le notaire doit signaler à l'acquéreur l'existence et la nature d'un emplacement réservé. Par ailleurs, à titre de conseil, il doit renseigner ses clients sur les conditions d'utilisation de cet emplacement.

C. – EFFETS

1° Opposabilité

2648 Le PLU est opposable à toute personne publique, y compris pour son domaine public ou privé, ou personne privée pour l'exécution de tous travaux, constructions, aménagements, plantations, affouillements ou exhaussement des sols et l'ouverture des installations classées appartenant aux catégories déterminées dans le plan *(C. urb., art. L. 123-5)*.

2° Servitudes d'urbanisme

2649 Les règles imposées par le PLU ont un caractère réel ; elles donnent naissance à des servitudes d'urbanisme. Les règles et servitudes définies par le PLU ne peuvent faire l'objet d'aucune dérogation à l'exception des adaptations mineures rendues nécessaires par la nature du sol, la configuration des parcelles ou le caractère des constructions avoisinantes *(C. urb., art. L. 152-3, 1)* et de celles prévues par les articles L. 152-4 à L. 152-6 du Code de l'urbanisme *(C. urb., art. L. 152-3, 2°)*.

Par exemple, l'autorité compétente pour délivrer le permis de construire ou le permis d'aménager et prendre la décision sur une déclaration préalable peut, par décision motivée, déroger aux règles du PLU relatives à l'emprise au sol, à la hauteur, à l'implantation et à l'aspect extérieur des constructions afin d'autoriser la mise en œuvre d'une isolation par surélévation des toitures des constructions existantes.

Le juge interprète ces dispositions de façon très stricte, la dérogation doit être indispensable pour que le projet se réalise, il faut que l'écart entre le projet et la règle soit de très faible importance, appréciation qui relève de l'appréciation souveraine des juges du fond.

3° Annulation ou déclaration d'illégalité

2650 Effets sur les autorisations d'urbanisme – L'annulation ou la déclaration d'illégalité d'un PLU sont par elles-mêmes sans incidence sur les décisions relatives à l'utilisation du sol ou à l'occupation des sols délivrées antérieurement à leur prononcé dès lors que ces annulations ou déclarations d'illégalité reposent sur un motif étranger aux règles d'urbanisme applicables au projet.

Il n'en va pas ainsi toutefois pour les refus de permis ou d'opposition à déclaration préalable. Pour ces décisions, l'annulation ou l'illégalité du document d'urbanisme leur ayant servi de fondement entraîne l'annulation de ladite décision (*C. urb., art. L. 600-12-1*).

2651 Règles applicables – L'annulation ou la déclaration d'illégalité d'un PLU après le 31 décembre 2015 ayant pour effet de remettre en application le document immédiatement antérieur, en application de l'article L. 600-12 du Code de l'urbanisme, peut remettre en vigueur, le cas échéant, le POS immédiatement antérieur. Le POS immédiatement antérieur redevient applicable pour une **durée de 24 mois** à compter de la date de cette annulation ou de cette déclaration d'illégalité. Il ne peut durant cette période faire l'objet d'aucune procédure d'évolution.

A défaut de PLU à l'issue de cette période, le RNU s'applique sur le territoire communal.

IV. Cartes communales

2652 Les cartes communales peuvent être instaurées dans les communes ou établissement public de coopération intercommunale non dotés d'un plan local d'urbanisme *(C. urb., art. L. 160-1)*.

A. – CONTENU

2653 Principe – Les cartes communales doivent respecter les principes énoncés aux articles L. 101-1 et L. 101-2 du Code de l'urbanisme.

Elles délimitent les secteurs où les constructions sont autorisées et les secteurs où les constructions ne sont pas admises, à l'exception :

– de l'adaptation, le changement de destination, la réfection ou l'extension des constructions existantes ainsi que de l'édification d'annexes à proximité d'un bâtiment existant ;

– des constructions et installations nécessaires à des équipements collectifs, à l'exploitation agricole ou forestière, à la transformation, au conditionnement et à la commercialisation des produits agricoles lorsque ces activités constituent le prolongement de l'acte de production, à la mise en valeur des ressources naturelles, au stockage et à l'entretien du matériel des coopératives d'utilisation de matériel agricole, dès lors qu'elles ne sont pas incompatibles avec l'exercice d'une activité agricole, pastorale ou forestière sur le terrain sur lequel elles sont implantées et qu'elles ne portent pas atteinte à la sauvegarde des espaces naturels et des paysages *(C. urb., art. L. 161-4)*.

2654 Présentation – Les cartes communales se présentent sous forme de rapport de présentation et de plusieurs documents graphiques *(C. urb., art. L. 161-1)* qui sont les seuls documents opposables. Elles comportent, s'il y a lieu, l'étude prévue à l'article L. 111-9 du Code de l'urbanisme et, en zone de montagne, l'étude prévue au 2° de l'article L. 122-14 et l'arrêté du préfet coordonnateur de massif prévu au 1° de l'article L. 122-12 du Code de l'urbanisme. Le rapport de présentation doit tenir compte des prévisions de développement (notamment en matière économique et démographique), expliquer les choix retenus pour la délimitation de secteur constructible et tenir compte de l'environnement *(C. urb., art. R. 161-2)*. Mais la carte communale ne comporte pas de règlement spécifique, c'est le règlement national d'urbanisme qui s'applique.
Les documents graphiques vont délimiter les secteurs dans lesquels les constructions sont autorisées et ceux où elles sont interdites, les secteurs réservés à certaines zones d'activités ou ceux dans lesquels la reconstruction à l'identique d'un bâtiment détruit par un sinistre n'est pas autorisée *(C. urb., art. R. 161-4 à R. 161-7)*.

B. – EFFETS

2655 Opposabilité – La carte communale approuvée est opposable lors de la délivrance des autorisations, mais comme elle ne comporte pas de règlement, les autorisations sont délivrées sur le fondement du RNU *(C. urb., art. L. 111-1)*.

2656 Transfert de compétence – L'approbation de la carte communale entraîne comme en matière de PLU un transfert automatique de la compétence pour le maire de délivrer le permis de construire et les actes assimilés *(C. urb., art. L. 422-1)*. Cela n'est vrai cependant que dans les communes qui se sont dotées d'une carte communale après la date de publication de la loi n° 2014-366 du 24 mars 2014, dite loi ALUR. Pour les autres, le maire est compétent, au nom de la commune, après délibération du conseil municipal. En l'absence de décision du conseil municipal, le maire est compétent, au nom de la commune, à compter du 1er janvier 2017.

2657 Annulation ou déclaration d'illégalité – L'annulation ou la déclaration d'illégalité d'une carte communale sont par elles-mêmes sans incidence sur les décisions relatives à l'utilisation du sol ou à l'occupation des sols délivrées antérieurement à leur prononcé dès lors que ces annulations ou déclarations d'illégalité reposent sur un motif étranger aux règles d'urbanisme applicables au projet.
Il n'en va pas ainsi toutefois pour les refus de permis ou d'opposition à déclaration préalable. Pour ces décisions, l'annulation ou l'illégalité du document d'urbanisme leur ayant servi de fondement entraîne l'annulation de ladite décision (*C. urb., art. L. 600-12-1*).
Par ailleurs, cette annulation ou cette déclaration d'illégalité d'une carte communale intervenant après le 31 décembre 2015 ayant pour effet de remettre en application le document immédiatement antérieur, en application de l'article L. 600-12, peut remettre en vigueur, le cas échéant, le POS immédiatement antérieur.
Le POS immédiatement antérieur redevient applicable pour une **durée de 24 mois** à compter de la date de cette annulation ou de cette déclaration d'illégalité. Il ne peut durant cette période faire l'objet d'aucune procédure d'évolution. A défaut de plan local d'urbanisme ou de carte communale exécutoire à l'issue de cette période, le règlement national d'urbanisme s'applique sur le territoire communal.

Pour aller plus loin

Formules
- JCl. Notarial Formulaire, V° Vente d'immeuble, fasc. 105 (cadre de vente), par J. Lafond
- JCl. Notarial Formulaire, V° Vente d'immeuble, fasc. 125 (désignation), par J. Lafond

Fiches pratiques
- Fiche pratique n° 1721 : Rédiger une vente d'immeuble, par M. Suquet-Cozic
- Fiche pratique n° 3111 : Déterminer l'immeuble vendu et les sujétions le grevant au sein de la partie développée de l'acte authentique de vente, par S. Olivier

Commentaires
- JCl. Notarial Formulaire, Synthèse 1440, Vente d'immeuble, préparation de l'acte, par V. Zalewski-Sicard
- JCl. Notarial Formulaire, V° Construction et urbanisme, fasc. 500 (SCOT), par J.-Ph. Strebler
- JCl. Notarial Formulaire, V° Construction et urbanisme, fasc. 520 et 600 (PLU), par G. Liet-Veaux et G. Richard

Environnement naturel

2658 L'environnement naturel de l'immeuble cédé peut influencer les possibilités de réaliser des travaux sur celui-ci. Il doit ainsi être tenu compte de la loi Littoral, la loi Montagne et aux parcs naturels. Ce sont aussi les risques liés à cet environnement qui pourront restreindre les prérogatives du propriétaire.

I. Immeuble sur le littoral

2659 Le littoral est une entité géographique qui appelle une politique spécifique d'aménagement, de protection et de mise en valeur *(C. envir., art. L. 321-1)*. La protection de cet espace vise deux buts :
– le premier, accroître le domaine public maritime et en contrôler l'occupation ;
– le second, aménager, protéger et mettre en valeur le littoral.

A. – COMMUNES CONCERNÉES

2660 Les dispositions relatives à la protection du littoral s'appliquent à trois catégories de communes :
- les communes riveraines des mers et océans, des étangs salés et des plans d'eau intérieurs d'une superficie supérieure à 1 000 hectares *(C. envir., art. L. 321-2)* ;
- les communes riveraines des estuaires et des deltas lorsqu'elles sont situées en aval de la limite de salure des eaux et participent aux équilibres économiques et écologiques littoraux ;
- les communes qui participent aux équilibres économiques et écologiques littoraux, lorsqu'elles en font la demande auprès de l'autorité administrative compétente de l'État. La liste de ces communes est fixée par un décret en Conseil d'État, après avis du Conservatoire *(C. urb., art. L. 121-1)*.

B. – IMPACT SUR LES RÈGLES D'URBANISME

2661 Le souci du législateur a été de maîtriser l'urbanisation dans les communes littorales. Les articles L. 121-8 à L. 121-20 du Code de l'urbanisme édicte un certain nombre de mesures graduées selon la proximité ou non du rivage.

Conseil pratique **Compte tenu de la jurisprudence, il apparaît nécessaire de stipuler une condition suspensive d'obtention d'une autorisation définitive. Un certificat d'urbanisme positif n'est pas suffisant** ***(Cass. 1re civ., 20 mars 2014, n° 13-14.121 : JurisData n° 2014-005251 ; JCP N 2015, n° 25, 1095, note S. Laporte-Leconte ; Constr.-Urb. 2014, comm. 91, P. Cornille)*****.**

1° Extension de l'urbanisation

2662 **Conditions** – L'extension de l'urbanisation doit se réaliser, soit en continuité avec les agglomérations et villages existants, soit en hameaux nouveaux intégrés à l'environnement.
Un régime dérogatoire est instauré par l'article 42, III, de la loi n° 2018-1021 du 23 novembre 2018 portant évolution du logement, de l'aménagement et du numérique et s'appliquera jusqu'au 31 décembre 2021.
En effet, des constructions et installations qui n'ont pas pour effet d'étendre le périmètre du bâti existant, ni de modifier de manière significative les caractéristiques de ce bâti, peuvent être autorisées avec l'accord de l'autorité administrative compétente de l'Etat, après avis de la commission départementale de la nature des paysages et des sites, dans les secteurs déjà urbanisés mentionnés à l'alinéa 2 de l'article L. 121-8 du Code de l'urbanisme, mais non identifiés par le schéma de cohérence territoriale ou non délimités par le plan local d'urbanisme en l'absence de modification ou de révision de ces documents initiée postérieurement au 25 novembre 2018.
A compter du 1er janvier 2022, l'extension de l'urbanisation se réalise en continuité avec les agglomérations et villages existants.
Dans les secteurs déjà urbanisés autres que les agglomérations et villages identifiés par le schéma de cohérence territoriale et délimités par le plan local d'urbanisme, des constructions et installations peuvent être autorisées, en dehors de la bande littorale de cent mètres, des espaces proches du rivage et des rives des plans d'eau mentionnés à l'article L. 121-13, à des fins exclusives d'amélioration de l'offre de logement ou d'hébergement et d'implantation de services publics, lorsque ces constructions et installations n'ont pas pour effet d'étendre le périmètre bâti existant ni de modifier de manière significative les caractéristiques de ce bâti. Ces secteurs déjà urbanisés se distinguent des espaces d'urbanisation diffuse par, entre autres, la densité de l'urbanisation, sa continuité, sa structuration par des voies de circulation et des réseaux d'accès aux services publics de dis-

tribution d'eau potable, d'électricité, d'assainissement et de collecte de déchets, ou la présence d'équipements ou de lieux collectifs.

L'autorisation d'urbanisme est soumise pour avis à la commission départementale de la nature, des paysages et des sites. Elle est refusée lorsque ces constructions et installations sont de nature à porter atteinte à l'environnement ou aux paysages.

2663 Terrains de camping – L'aménagement et l'ouverture de terrains de camping ou de stationnement de caravanes en dehors des espaces urbanisés sont en outre subordonnés à la délimitation de secteurs prévus à cet effet par le plan local d'urbanisme *(C. urb., art. L. 121-9)*.

2664 Activités agricoles ou forestières – Les constructions ou installations nécessaires aux activités agricoles ou forestières ou aux cultures marines peuvent être autorisées avec l'accord de l'autorité administrative compétente de l'Etat, après avis de la commission départementale de la nature, des paysages et des sites et de la commission départementale de la préservation des espaces naturels, agricoles et forestiers. Cet accord est refusé si les constructions ou installations sont de nature à porter atteinte à l'environnement ou aux paysages. Ces opérations ne peuvent être autorisées qu'en dehors des espaces proches du rivage, à l'exception des constructions ou installations nécessaires aux cultures marines.
Le changement de destination de ces constructions ou installations est interdit *(C. urb., art. L. 121-10)*.

2665 Mise aux normes des exploitations agricoles – La réalisation de travaux de mise aux normes des exploitations agricoles n'est pas interdite, à condition que les effluents d'origine animale ne soient pas accrus *(C. urb., art. L. 121-11)*.

2° Extension dans les espaces proches du rivage

2666 Principe – Dans les espaces proches du rivage ou des rives des plans d'eau, il ne sera admis qu'une extension limitée de l'urbanisation qui doit être justifiée et motivée dans le plan local d'urbanisme, selon des critères liés à la configuration des lieux ou à l'accueil d'activités économiques exigeant la proximité immédiate de l'eau. L'urbanisation peut être réalisée avec l'accord du préfet de département après avis de la commission départementale de la nature, des paysages et des sites appréciant l'impact de l'urbanisation sur la nature. Le plan local d'urbanisme respecte les dispositions de cet accord *(C. urb., art. L. 121-13)*.

2667 Exceptions – Les critères prévus au premier alinéa de l'article L. 121-13 du Code de l'urbanisme ne sont pas applicables si l'urbanisation est conforme aux dispositions d'un SCOT ou d'un schéma d'aménagement régional ou compatible avec celles d'un schéma de mise en valeur de la mer.

3° Urbanisation interdite dans la bande littorale

2668 Principe – En dehors des espaces urbanisés, les constructions ou installations sont interdites sur une bande littorale de 100 mètres à compter de la limite haute du rivage ou des plus hautes eaux pour les plans d'eau intérieurs (*C. urb., art. L. 121-16*). Cette bande de 100 mètres constitue un minimum qui peut être étendu par le PLU lorsque des motifs liés à la sensibilité des milieux ou l'érosion des côtes le justifient *(C. urb., art. L. 121-19)*.

2669 Exception – L'interdiction des constructions et installations ne s'applique pas aux constructions ou installations nécessaires à des services publics ou à des activités économiques exigeant la proximité immédiate de l'eau. Leur réalisation est toutefois soumise à enquête publique réalisée conformément au chapitre III du titre II du livre I du Code de l'environnement.

2670 Interdiction absolue – L'aménagement et l'ouverture de terrains de camping ou de stationnement de caravanes sont interdits dans la bande littorale *(C. urb., art. L. 121-18)*. Aucune dérogation ne peut être accordée.

C. – ACCÈS AU LITTORAL

2671 Servitudes – L'accès au littoral peut être assuré tant par une servitude de passage longitudinale que par une servitude de passage transversale. Ces servitudes entraînent pour les propriétaires des terrains et leurs ayants droit :
- l'obligation de laisser aux piétons le droit de passage ;
- l'obligation de n'apporter à l'état des lieux aucune modification de nature à faire, même provisoirement, obstacle au libre passage des piétons, sauf autorisation préalable accordée par le préfet, pour une durée de 6 mois au maximum ;
- l'obligation de laisser l'administration compétente établir la signalisation prévue à l'article R. 121-25 du Code de l'urbanisme et effectuer les travaux nécessaires pour assurer le libre passage et la sécurité des piétons, sous réserve d'un préavis de 15 jours sauf cas d'urgence.

1° Servitude de passage longitudinale

2672 Principe – Les propriétés privées riveraines du domaine public sont grevées sur une bande de 3 mètres de largeur d'une servitude destinée à assurer exclusivement le passage des piétons *(C. urb., art. L. 121-31)*. Elle existe de plein droit sans décision spéciale de l'autorité publique.

2673 Exception – Il en va toutefois différemment, sauf dans le cas où l'institution de la servitude est le seul moyen d'assurer la continuité du cheminement des piétons ou leur libre accès au rivage de la mer, pour les terrains situés à moins de 15 mètres des bâtiments à usage d'habitation édifiés avant le 1er janvier 1976 et pour les terrains attenants à des maisons d'habitation et clos de murs au 1er janvier 1976.

2674 Limite – La servitude de passage a pour assiette une bande de 3 mètres de largeur calculée à compter de la limite du domaine public maritime. Cette limite correspond selon le cas :
- à la limite haute du rivage de la mer, tel qu'il est défini par le 1° de l'article L. 2111-4 du Code général de la propriété des personnes publiques ;
- à la limite, du côté de la terre, des lais et relais de la mer compris dans le domaine public maritime naturel par application du 3° du même article ;
- à la limite des terrains soustraits artificiellement à l'action du flot compris dans le domaine public maritime naturel en application des dispositions du dernier alinéa du même article ;
- à la limite des terrains qui font partie du domaine public maritime artificiel tel qu'il est défini par l'article L. 2111-6 du Code général de la propriété des personnes publiques.

2675 Délimitation – En l'absence d'acte administratif de délimitation, tout propriétaire riverain peut demander au préfet qu'il soit procédé à la délimitation du domaine public maritime au droit de sa propriété. Il en est de même dans le cas où, depuis une délimitation antérieure, des phénomènes naturels non liés à des perturbations météorologiques exceptionnelles ont eu pour effet de modifier le niveau des plus hautes eaux.

2° Servitude de passage transversale

2676 Principe – Une servitude de passage des piétons, transversale au rivage peut être instituée sur les voies et chemins privés d'usage collectif existants, à l'exception de ceux réservés à un usage professionnel *(C. urb., art. L. 121-34 et R. 121-19)*.

Pour aller plus loin

- T. Gilliocq, La constructibilité en zone agricole littorale : JCP A 2017, 2051
- S. Piedelièvre, Loi Elan : quelles conséquences pour la pratique notariale ? : JCP N 2018, act. 845
- R. Noguellou, L'application de la loi Littoral : Dr. adm. 2013, alerte 29
- M. Sousse, Dix ans d'application de la loi Littoral : Environnement et dév. Durable 2012, étude 14

II. Montagne

2677 Des règles spécifiques sont applicables pour la protection de la montagne. Elles concernent toute personne publique ou privée pour l'exécution de tous travaux, constructions, défrichements, plantations, aménagements, installations et travaux divers, la création de lotissements, l'ouverture de terrains de camping ou de stationnement de caravanes, l'établissement de clôtures, la réalisation de remontées mécaniques et l'aménagement de pistes, l'ouverture des carrières, la recherche et l'exploitation des minerais et les installations classées pour la protection de l'environnement *(C. urb., art. L. 122-2)*.

A. – COMMUNES CONCERNÉES

2678 Zones de montagne – Les zones de montagne comprennent, en métropole, les communes ou parties de communes caractérisées par une limitation considérable des possibilités d'utilisation des terres et un accroissement important des coûts des travaux dus :
- soit à l'existence, en raison de l'altitude, de conditions climatiques très difficiles se traduisant par une période de végétation sensiblement raccourcie ;
- soit à la présence, à une altitude moindre, dans la majeure partie du territoire, de fortes pentes telles que la mécanisation ne soit pas possible ou nécessite l'utilisation d'un matériel particulier très onéreux ;

- soit à la combinaison de ces deux facteurs lorsque l'importance du handicap, résultant de chacun d'eux pris séparément, est moins accentuée ; dans ce cas, le handicap résultant de cette combinaison doit être équivalent à celui qui découle des situations visées ci-dessus.

Chaque zone de montagne est délimitée par arrêté interministériel et rattachée par décret à l'un des massifs visés à l'article 5 de la loi n° 85-30 du 9 janvier 1985 relative au développement et à la protection de la montagne.

2679 **Commune nouvelle** – En cas de création d'une commune nouvelle en application de l'article L. 2113-2 du Code général des collectivités territoriales, le classement en zone de montagne est maintenu pour les parties de la commune nouvelle correspondant au territoire des anciennes communes précédemment classées en zone de montagne.

B. – IMPACT SUR LES RÈGLES D'URBANISME

2680 Les travaux qu'entend réaliser un acquéreur devront être conformes non seulement aux règles d'urbanisme *stricto sensu* mais aussi à la loi n° 2016-1888 du 28 décembre 2016 de modernisation, de développement et de protection des territoires de montagne, dite « Loi montagne II ». Existe un principe d'extension de l'urbanisation en continuité de l'urbanisation existante assorti d'exceptions.

1° Principe d'extension de l'urbanisation en continuité de l'urbanisation existante

a) Principe

2681 L'urbanisation est réalisée en continuité avec les bourgs, villages, hameaux, groupes de constructions traditionnelles ou d'habitations existants, sous réserve de l'adaptation, du changement de destination, de la réfection ou de l'extension limitée des constructions existantes, ainsi que de la construction d'annexes, de taille limitée, à ces constructions, et de la réalisation d'installations ou d'équipements publics incompatibles avec le voisinage des zones habitées *(C. urb., art. L. 122-5)*.

2682 **Appréciation** – Le principe de continuité s'apprécie au regard des caractéristiques locales de l'habitat traditionnel, des constructions implantées et de l'existence de voies et réseaux.

Ces critères sont pris en compte :

- pour la délimitation des hameaux et groupes de constructions traditionnelles ou d'habitations existants en continuité desquels le PLU ou la carte communale prévoit une extension de l'urbanisation ;
- pour l'interprétation des notions de hameaux et de groupes de constructions traditionnelles ou d'habitations existants, lorsque la commune n'est pas dotée d'un PLU ou d'une carte communale.

b) Exceptions

2683 **Schéma de cohérence, plan local d'urbanisme et étude justificative** – L'extension peut ne pas se réaliser en continuité de l'urbanisation existante lorsque le schéma de cohérence territoriale ou le plan local d'urbanisme comporte une étude justifiant, en fonction des spécificités locales, qu'une urbanisation qui n'est pas située en continuité de l'urbanisation existante est compatible avec le respect des objectifs de protection des terres agricoles, pastorales et forestières et avec la préservation des paysages et milieux caractéristiques du patrimoine naturel prévus aux articles L. 122-9 et L. 122-10 du Code de l'urbanisme ainsi qu'avec la protection contre les risques naturels. L'étude est soumise à l'avis de la commission départementale de la nature, des paysages et des sites. Le PLU ou la carte communale délimite alors les zones à urbaniser dans le respect des conclusions de cette étude.

2684 **Absence d'étude justificative** – En l'absence d'une telle étude, le PLU ou la carte communale peut délimiter des hameaux et des groupes d'habitations nouveaux intégrés à l'environnement ou, à titre exceptionnel après accord de la chambre d'agriculture et de la commission départementale de la nature, des paysages et des sites, des zones d'urbanisation future de taille et de capacité d'accueil limitées, si le respect des dispositions prévues aux articles L. 122-9 et L. 122-10 du Code de l'urbanisme ou la protection contre les risques naturels imposent une urbanisation qui n'est pas située en continuité de l'urbanisation existante.

2685 **Absence de plan local d'urbanisme et de carte communale** – Dans les communes ou parties de commune qui ne sont pas couvertes par un PLU ou une carte communale, des constructions qui ne sont pas situées en continuité avec les bourgs, villages, hameaux, groupes de constructions traditionnelles ou d'habitations existants peuvent être autorisées, dans les conditions définies au 4° de l'article L. 111-4 et à l'article L. 111-5, si la commune ne subit pas de pression foncière due au développement démographique ou à la construction de résidences secondaires et si la dérogation envisagée est compatible avec les objectifs de protection des terres agricoles, pastorales et forestières et avec la préservation des paysages et milieux caractéristiques du patrimoine naturel prévus aux articles L. 122-9 et L. 122-10 du Code de l'urbanisme. Le Conseil d'État impose aux juridictions un contrôle de l'intérêt communal. Ainsi, l'intérêt communal n'a pas été retenu, par exemple, pour une maison individuelle *(CAA Lyon, 3 janv. 2017, n° 15LY00966 : JurisData n° 2017-003118 ; Constr.-Urb. 2017, comm. 18, P. Cornille)*.

2° Préservation des terres nécessaires au maintien et au développement des activités agricoles, pastorales et forestières

2686 Sur les terres nécessaires au maintien et au développement des activités agricoles, pastorales et forestières *(C. urb., art. L. 122-10)*, ne peuvent être autorisées que les constructions nécessaires aux activités agricoles, pastorales et forestières et les équipements sportifs liés notamment à la pratique du ski et de la randonnée et la restauration.

2687 Chalets et bâtiments d'estive – La reconstruction d'anciens chalets d'alpage ou de bâtiments d'estive, ainsi que les extensions limitées de chalets d'alpage ou de bâtiments d'estive existants dans un objectif de protection et de mise en valeur du patrimoine montagnard et lorsque la destination est liée à une activité professionnelle saisonnière sont également possibles. Une autorisation spécifique est toutefois nécessaire.

2688 Autorisation spécifique – L'autorisation est délivrée par l'autorité administrative compétente de l'État après avis de la commission départementale de la préservation des espaces naturels, agricoles et forestiers et de la commission départementale de la nature, des paysages et des sites *(C. urb., art. L 122-11)*.

2689 Servitude administrative – Lorsque les chalets d'alpage ou bâtiments d'estive, existants ou anciens, ne sont pas desservis par les voies et réseaux, ou lorsqu'ils sont desservis par des voies qui ne sont pas utilisables en période hivernale, l'autorisation, qui ne peut être qu'expresse, est subordonnée à l'institution, par l'autorité compétente pour délivrer le permis de construire ou prendre la décision sur la déclaration préalable, d'une servitude administrative, publiée au fichier immobilier, interdisant l'utilisation du bâtiment en période hivernale ou limitant son usage pour tenir compte de l'absence de réseaux.
Cette servitude précise que la commune est libérée de l'obligation d'assurer la desserte du bâtiment par les réseaux et équipements publics. Lorsque le terrain n'est pas desservi par une voie carrossable, la servitude rappelle l'interdiction de circulation des véhicules à moteur édictée par l'article L. 362-1 du Code de l'environnement.
Cette servitude a été jugée conforme à la Constitution *(Cons. const., 10 mai 2016, n° 2016-540 QPC : JurisData n° 2016-008853 ; JCP A 2016, act. 426 ; Dr. adm. 2016, comm. 66, note F. Balaguer ; AJDA 2016, p. 928, obs. M.-C. de Montecler)*.

3° Préservation des parties naturelles des rives des plans d'eau naturels ou artificiels d'une superficie inférieure à mille hectares

2690 Interdiction – Les parties naturelles des rives des plans d'eau naturels ou artificiels d'une superficie inférieure à mille hectares sont protégées sur une distance de 300 mètres à compter de la rive. Toutes constructions, installations et routes nouvelles ainsi que toutes extractions et tous affouillements y sont interdits. Ces dispositions s'appliquent aux plans d'eau partiellement situés en zone de montagne *(C. urb., art. L. 122-12)*.
Peuvent néanmoins être autorisés les constructions, équipements et installations visées aux articles L. 122-13 et L. 111-4 du Code de l'urbanisme.

2691 Exceptions – Des constructions et aménagements peuvent être admis, en fonction des spécificités locales, dans certains secteurs délimités :

- soit par un plan local d'urbanisme ou un schéma de cohérence, avec l'accord de l'autorité administrative compétente de l'État et au vu d'une étude réalisée et approuvée dans les conditions prévues au premier alinéa de l'article L. 122-7 ;
- soit par une carte communale, avec l'accord de l'autorité administrative compétente de l'État, après avis de la commission départementale de la nature, des paysages et des sites, et au vu d'une étude justifiant que l'aménagement et l'urbanisation de ces secteurs sont compatibles avec la prise en compte de la qualité de l'environnement et des paysages. Dans ce cas, chaque permis de construire est soumis pour avis à la commission départementale de la nature, des paysages et des sites *(C. urb., art. L. 122-14)*.

Pour aller plus loin

- J.-F. Joye, Le chalet d'alpage : nouvel enjeu d'urbanisation des pâturages : Constr.-Urb. 2015, étude 4
- JCl. Rural, V° Montagne, fasc. 2, par F. Balguer et S. Van Ouwerkerk

III. Espace ou patrimoine naturel

2692 Sont concernés, les monuments naturels et les sites dont la conservation ou la préservation présente au point de vue artistique, historique, scientifique, légendaire ou pittoresque, un intérêt général *(C. envir., art. L. 341-1)*.
La loi du 2 mai 1930 a prévu trois catégories de mesures de protection qui sont :
- l'inscription ;
- le classement ;
- l'expropriation.

Seront examinés uniquement ici l'inscription et le classement.

2693 Servitudes d'utilité publique – Au titre des servitudes d'utilité publique, doivent figurer en annexe au plan local d'urbanisme :
- les sites inscrits ;
- les sites classés *(C. urb., art. L. 151-43 et R. 151-51,* annexe au livre I de la partie réglementaire du Code de l'urbanisme contenant la liste des servitudes d'utilité publique*)*.

A. – INSCRIPTION SUR L'INVENTAIRE DES SITES

2694 Il est établi la liste des monuments naturels et sites répondant à la définition de l'article L. 341-1 du Code de l'environnement. L'inscription est prononcée par arrêté du ministre chargé des Sites après enquête publique *(C. envir., art. L. 341-1 et R. 341-2)*. Le consentement du propriétaire n'est pas requis pour l'inscription d'un site.

2695 Publicité – Le préfet fait procéder à l'insertion de l'arrêté prononçant l'inscription dans deux journaux, dont au moins un quotidien, dont la distribution est assurée dans les communes intéressées. L'arrêté prononçant l'inscription est en outre publié dans ces communes, pendant une durée qui ne peut être inférieure à 1 mois, par voie d'affichage à la mairie ; l'accomplissement de ces mesures de publicité est certifié par le maire, qui en informe aussitôt le préfet. L'arrêté prononçant l'inscription est ensuite publié au Recueil des actes administratifs de la préfecture *(C. envir., art. R. 341-3)* ; il prend effet à la date de cette publication. La liste des sites est publiée au Journal officiel *(C. envir., art. L. 341-15)*.

2696 Effets – L'inscription entraîne, sur les terrains compris dans les limites fixées par l'arrêté, l'obligation pour les intéressés de ne pas procéder à des travaux autres que ceux d'exploitation courante en ce qui concerne les fonds ruraux et l'entretien en ce qui concerne les constructions, sans avoir avisé 4 mois à l'avance l'Administration de leur intention *(C. envir., art. L. 341-1)*.
Lorsque l'exécution des travaux est subordonnée à la délivrance d'une autorisation d'utilisation du sol, la demande d'autorisation tient lieu de déclaration préalable exigée par l'article L. 341-1 *(C. envir., art. R. 341-9)*.

Remarque Les servitudes d'utilité publique ainsi créées ne sont applicables ni aux immeubles classés ou inscrits au titre des monuments historiques, ni aux immeubles protégés au titre des abords ou situés dans un site patrimonial remarquable défini au livre VI du Code du patrimoine *(C. envir., art. L. 341-1-1)*.

B. – CLASSEMENT

2697 Les monuments naturels et sites peuvent être classés qu'ils soient inscrits ou non sur la liste.

1° Procédure

2698 Restrictions en cours de procédure de classement – La procédure est réglée par les articles L. 341-2 et suivants du Code de l'environnement avec observation que pendant un délai de 12 mois à partir de la notification d'intention de classement, il ne peut, sauf autorisation spéciale, être apporté aucune modification à l'état des lieux ou à leur aspect *(C. envir., art. L. 341-7)*.

2699 Décision de classement – Ce classement intervient par arrêté du ministre chargé des Sites s'il y a consentement du propriétaire et, dans le cas contraire, après avis de la commission supérieure, par décret en Conseil d'État *(C. envir., art. L. 341-6)*. Le projet de classement est soumis à une enquête publique *(C. envir., art. L. 341-3)*.

2700 Publicité – Outre les règles de publicité classiques du droit administratif (notification, publication au Journal officiel), tout arrêté ou décret prononçant un classement est publié par les soins de l'administration au fichier immobilier *(C. envir., art. L. 341-8)*. Mais cette obligation de publication n'est pas une condition d'opposabilité aux intéressés des décisions de classement.
Le déclassement est publié dans les mêmes conditions *(C. envir., art. L. 341-13)*.

2701 **Effets du classement** – Les effets du classement sont importants ; les règles sont très proches de celles résultant du classement des monuments historiques.

2702 **Effets réels** – Ils suivent le monument naturel ou le site classé en quelques mains qu'il passe. Le classement a donc un caractère réel *(C. envir., art. L. 341-9)*.

2703 **Travaux** – Les travaux doivent donner lieu à autorisation *(C. envir., art. L. 341-10)*. Cette autorisation spéciale est délivrée par le préfet lorsqu'elle est demandée pour les modifications à l'état des lieux ou à leur aspect résultant :
- des ouvrages mentionnés aux articles R. 421-2 à R. 421-8 du Code de l'urbanisme à l'exception de ceux prévus par l'article R. 421-3 ;
- des constructions, travaux ou ouvrages soumis à déclaration préalable en application des articles R. 421-9 à R. 421-12 et R. 421-17 et R. 421-23 du Code de l'urbanisme ;
- de l'édification ou de la modification de clôtures.

Si le monument naturel ou le site classé est situé en dehors des espaces urbanisés du cœur d'un parc national délimités par le décret de création de ce parc et que les modifications projetées figurent sur la liste prévue par l'article R. 331-18 du Code de l'environnement, cette autorisation est délivrée par le directeur de l'établissement public du parc national.
Lorsque l'autorisation spéciale est sollicitée pour un projet entrant dans le champ d'application de l'article L. 181-1, l'autorisation environnementale prévue par cet article tient lieu de l'autorisation requise par les articles L. 341-7 et L. 341-10. La demande est alors instruite et délivrée dans les conditions prévues par les articles L. 181-1 à L. 181-31 relatifs à l'autorisation environnementale.

2704 **Destruction. Modification** – Les monuments naturels ou les sites classés ne peuvent être ni détruits ni modifiés dans leur état ou leur aspect, sauf autorisation spéciale du ministre des Affaires culturelles *(C. envir., art. L. 341-10 et R. 341-13)*.
Mais toute autorisation de destruction doit être précédée d'un déclassement du site.

2705 **Restrictions** – Aucune servitude ne peut être établie par convention sur les monuments naturels ou sur un site classé des droits de nature à modifier son caractère ou à changer l'aspect des lieux *(C. envir., art. L. 341-14)*.
De même, toute publicité est interdite sur les monuments naturels ou les sites classés *(C. envir., art. L. 581-4)*.

2706 **Obligation d'information** – Quiconque aliène un monument naturel ou un site classé est tenu de faire connaître à l'acquéreur l'existence du classement *(C. envir., art. L. 341-9)*.

2707 **Prescription** – Nul ne peut acquérir par prescription sur un monument naturel ou un site classé des droits de nature à modifier son caractère ou à changer l'aspect des lieux *(C. envir., art. L. 341-14)*.

IV. Parc naturel ou réserve naturelle

A. – IMMEUBLE DANS UN PARC NATIONAL

2708 **Espaces visés** – Un parc national peut être créé à partir d'espaces terrestres ou maritimes, lorsque le milieu naturel, particulièrement la faune, la flore, le sol, le sous-sol, l'atmosphère et les eaux, les paysages et, le cas échéant, le patrimoine culturel qu'ils comportent présentent un intérêt spécial et qu'il importe d'en assurer la protection en les préservant des dégradations et des atteintes susceptibles d'en altérer la diversité, la composition, l'aspect et l'évolution. Il peut comprendre des espaces appartenant au domaine public maritime et aux eaux sous souveraineté de l'État *(C. envir., art. L. 331-1)*.
Le territoire de tout ou partie d'une ou plusieurs communes peut être classé par décret en Conseil d'État *(C. envir., art. L. 331-2)*.

2709 **Travaux avant la création du parc** – À compter de la décision de l'autorité administrative prenant en considération la création d'un parc national, les travaux, constructions et installations projetés dans les espaces ayant vocation à figurer dans le cœur du parc national qui auraient pour effet de modifier l'état des lieux ou l'aspect des espaces en cause sont soumis à autorisation de l'autorité administrative, ou, s'ils sont soumis à une autorisation d'urbanisme, à l'avis conforme de cette autorité.
Il peut être sursis à statuer sur les demandes d'autorisation dont ils font l'objet dans les conditions et délai prévus à l'article L. 424-1 du Code de l'urbanisme.

2710 **Travaux au cœur du parc** – Dans le cœur d'un parc national, sont applicables les règles énumérées par l'article L. 331-4 du Code de l'environnement.

2711 **Travaux en dehors du cœur du parc** – Les travaux ou aménagements projetés en dehors du cœur du parc, sur le territoire des communes ayant vocation à adhérer au parc national déterminé en application du 2° de l'article L. 331-2 du Code de l'environnement, qui doivent être précédés d'une évaluation environnementale en application de l'article L. 122-1 ou qui sont soumis à une autorisation en application de l'article L. 214-1 ou de l'article L. 512-1 du Code de l'environnement et qui sont de nature à affecter de façon notable le cœur ou les espaces maritimes du parc national, ne peuvent être autorisés ou approuvés que sur avis conforme de l'établissement public du parc émis après consultation de son conseil scientifique.
Cet avis n'est pas requis lorsque ces travaux et aménagements se rattachent à des travaux soumis à autorisation spéciale. Ces travaux et aménagements ne peuvent cependant être autorisés ou approuvés avant la délivrance de l'autorisation spéciale qui édicte, s'il y a lieu, les prescriptions qui leur sont applicables *(C. envir., art. L. 331-4)*.

2712 **Réglementation des activités** – La réglementation du parc national et la charte prévues par l'article L. 331-2 du Code de l'environnement peuvent, dans le cœur du parc :
- fixer les conditions dans lesquelles les activités existantes peuvent être maintenues ;
- soumettre à un régime particulier et, le cas échéant, interdire la chasse et la pêche, les activités commerciales, l'extraction des matériaux non concessibles, l'utilisation des eaux, la circulation du public quel que soit le moyen emprunté, le survol du cœur du parc à une hauteur inférieure à 1 000 mètres du sol, toute action susceptible de nuire au développement naturel de la faune et de la flore et, plus généralement, d'altérer le caractère du parc national.

Elles réglementent en outre l'exercice des activités agricoles, pastorales ou forestières. Les activités industrielles et minières sont interdites dans le cœur d'un parc national *(C. envir., art. L. 331-4-1)*.

2713 **Dérogations** – La réglementation du parc national et la charte prévues par l'article L. 331-2 du Code de l'environnement peuvent prévoir, par dérogation aux articles L. 331-4 et L. 331-4-1 du même code, des dispositions plus favorables énoncées à l'article L. 331-4-2 du Code de l'environnement.

B. – PARC NATUREL RÉGIONAL

2714 **Objectifs** – Les parcs naturels régionaux concourent à la politique de protection de l'environnement, d'aménagement du territoire, de développement économique et social et d'éducation et de formation du public. Ils sont régis par des chartes *(C. envir., art. L. 333-1)*.
La procédure de classement intervient à l'initiative du conseil régional qui prescrit l'élaboration de la charte, détermine un périmètre d'étude et définit les modalités de l'association des collectivités territoriales concernées et de leurs groupements ainsi que celles de la concertation avec des partenaires associés *(C. envir., art. R. 333-5)*.

2715 **Règles d'urbanisme** – Les schémas de cohérence, les plans locaux d'urbanisme ou les documents d'urbanisme en tenant lieu et les cartes communales doivent être compatibles avec les orientations et les mesures de la charte *(C. envir., art. R. 333-13)*. La charte n'étant pas un document d'urbanisme et ne pouvant contenir aucunes dispositions relatives à l'affectation ou à l'utilisation du sol, elle ne peut constituer un fondement pour refuser la délivrance d'une autorisation d'urbanisme : « la charte d'un parc naturel régional ne peut légalement contenir de règles opposables aux tiers, qu'il s'agisse de règles de fond ou de règles de procédure » *(CE, 27 févr. 2004, n° 198124 : JurisData n° 2004-066446 ; Constr.-Urb. 2004, comm. 84, Ph. Benoit-Cattin)*.

C. – RÉSERVE NATURELLE

2716 Des parties du territoire d'une ou plusieurs communes peuvent être classées en zone naturelle lorsque la conservation de la faune, de la flore, du sol, des eaux, des gisements de minéraux et de fossiles et, en général, du milieu naturel présente une importance particulière et qu'il convient de les soustraire à toute intervention artificielle susceptible de les dégrader. Le classement peut affecter le domaine public maritime et les eaux territoriales françaises *(C. envir., art. L. 332-1, I)*.

2717 **Interdiction d'apporter des modifications à l'état des lieux ou à leur aspect** – À compter du jour où l'autorité administrative compétente notifie au propriétaire intéressé son intention de constituer une réserve naturelle, aucune modification ne peut être apportée à l'état des lieux ou à leur aspect pendant un délai de 15 mois, sauf autorisation spéciale de l'autorité administrative compétente et sous réserve de l'exploitation des fonds ruraux selon les pratiques antérieures. Ce délai est renouvelable une fois par décision du président du conseil régional ou arrêté préfectoral, selon les cas, à condition que les premières consultations ou l'enquête publique aient commencé *(C. envir., art. L. 332-6)*.

1° Classement

2718 Réserve naturelle nationale – Lorsqu'est en cause une réserve naturelle nationale la décision de classement est prise, après enquête publique, par décret après accord de l'ensemble des propriétaires concernés tant sur le périmètre de la réserve que sur la réglementation envisagés. À défaut d'accord de l'ensemble des propriétaires concernés, le classement est prononcé par décret en Conseil d'État *(C. envir., art. L. 332-2)*.

2719 Réserve naturelle régionale – Lorsqu'il s'agit d'une réserve naturelle régionale, le conseil général peut, de sa propre initiative ou à la demande des propriétaires, classer comme réserve naturelle régionale une zone. À défaut d'accord des propriétaires, une enquête publique est réalisée. Qu'il y ait eu accord ou non, la décision de classement d'une réserve naturelle régionale est prononcée par décret en Conseil d'État après information du public et consultation notamment des collectivités intéressées *(C. envir., art. L. 332-2-1)*.

2720 Contenu de l'acte de classement – L'acte de classement peut soumettre à un régime particulier et, le cas échéant, interdire à l'intérieur de la réserve toute action susceptible de nuire au développement naturel de la faune et de la flore, au patrimoine géologique, et, plus généralement, d'altérer le caractère de ladite réserve *(C. envir., art. L. 332-3, I)*.

2721 Notification et publication – L'acte de classement est notifié aux propriétaires et aux titulaires de droits réels portant sur les immeubles ainsi classés et publié au fichier immobilier. Cette publication ne donne lieu à aucune perception au profit de l'État *(C. envir., art. L. 332-4)*.

2° Effets du classement

2722 Les effets du classement suivent le territoire classé en quelques mains qu'il passe *(C. envir., art. L. 332-7)*. Le classement produit les effets inspirés de ceux du classement des monuments historiques et sites classés à dater de la notification de l'intention de classement.

2723 Obligation d'information – Le classement emporte obligation de faire connaître à l'acquéreur le classement en cas d'aliénation, location ou concession du territoire classé.

2724 Notification – Toute aliénation d'un immeuble situé dans une réserve naturelle doit être notifiée, dans les 15 jours, à l'autorité administrative compétente par le notaire du cédant ou par la personne qui l'a consentie *(C. envir., art. L. 332-7)*.

2725 Interdiction de destruction, de modification de l'état des territoires classés – Sauf autorisation spéciale du Conseil régional pour les réserves naturelles régionales ou le représentant de l'État pour les réserves naturelles nationales, le propriétaire ne peut détruire ou modifier l'état des territoires classés *(C. envir., art. L. 332-9)*.

2726 Prescription, servitude et publicité – Nul ne peut acquérir par prescription sur une réserve naturelle des droits de nature à modifier son caractère et à changer l'aspect des lieux.
Une servitude ne peut être établie par convention dans la réserve naturelle qu'avec l'accord du représentant de l'État ou lorsqu'il a pris la décision de classement en Conseil régional *(C. envir., art. L. 332-13)*.
La publicité est interdite dans les réserves naturelles *(C. envir., art. L. 332-14)*.

3° Périmètres de protection

2727 Autour des réserves naturelles, peuvent être institués par arrêté du représentant de l'État dans les départements (après enquête publique sur proposition ou après accord des conseils municipaux) pour les réserves naturelles nationales, par le Conseil régional pour les réserves naturelles régionales, des périmètres de protection. En Corse, la décision relève de l'Assemblée de Corse lorsque la collectivité territoriale a pris la décision de classement *(C. envir., art. L. 332-16)*.
À l'intérieur de ces périmètres, des prescriptions peuvent soumettre à un régime particulier ou interdire toute action susceptible d'altérer le caractère ou de porter atteinte à la réserve naturelle *(C. envir., art. L. 332-17)*.

V. Plan de prévention des risques naturels prévisibles

2728 Ce plan a pour objet de délimiter des zones où compte tenu des risques existants ou de l'aggravation de risques, de définir des règles d'utilisation desdites zones *(C. envir., art. L. 562-1)*. Il peut ainsi contenir des servitudes d'inconstructibilité, interdire certaines utilisations, etc.

2729 Objet – Ces plans ont pour objet, en tant que de besoin, de définir les zones et mesures de prévention énumérées au § II de l'article L. 562-1 du Code de l'environnement.

2730 Contenu – Le plan de prévention des risques naturels prévisibles comprend :
- une note de présentation indiquant le secteur géographique concerné, la nature des phénomènes naturels pris en compte et leurs conséquences possibles, compte tenu de l'état des connaissances ;
- un ou plusieurs documents graphiques délimitant les zones exposées aux risques ou les zones non directement exposées aux risques ;
- un règlement.

2731 Effets – Le plan de prévention des risques naturels prévisibles approuvé vaut servitude d'utilité publique. Il est annexé au plan local d'urbanisme, conformément à l'article L. 153-60 du Code de l'urbanisme *(C. envir., art. L. 562-4)*. Un refus d'autorisation d'urbanisme peut donc être fondé directement sur un plan de prévention. Par ailleurs, le plan de prévention des risques naturels prévisibles peut faire obstacle à la reconstruction à l'identique d'un bâtiment *(C. urb., art. L. 111-15)*. L'interdiction doit alors être explicite *(CE, 8 nov. 2017, n° 403599, Sté Battos : JurisData n° 2017-022114 ; Constr.-Urb. 2017, comm. 161)*.

2732 Obligation d'information – *V. n°* ***2078*** *et s.*

Pour aller plus loin

Formules
- JCl. Notarial Formulaire, V° Vente d'immeuble, fasc. 105 (Cadre de vente), par J. Lafond
- JCl. Notarial Formulaire, V° Vente d'immeuble, fasc. 125 (Désignation), par J. Lafond

Fiches pratiques
- Fiche pratique n° 3096 : Protection des monuments naturels et des sites, par H. Cassara
- Fiche pratique n° 3111 : Déterminer l'immeuble vendu et les sujétions le grevant au sein de la partie développée de l'acte authentique de vente, par S. Olivier
- Fiche pratique n° 1721 : Rédiger une vente d'immeuble, par M. Suquet-Cozic

Commentaires
- JCl. Notarial Formulaire, V° Vente d'immeuble, fasc. 30, par B. Magois et V. Zalewski-Sicard
- JCl. Notarial Formulaire, Synthèse 1440, Vente d'immeuble, préparation de l'acte, par V. Zalewski-Sicard
- JCl. Environnement et Développement durable, fasc. 2400 (Développement durable), par F.-G. Trébulle
- JCl. Environnement et Développement durable, Synthèse 300, Prévention des risques naturels, par M. Sousse

Ouvrages
- Ch. Cans, I. Diniz, J.-M. Pontier et Th. Touret, Traité de droit des risques naturels : Éd. Le Moniteur, 2014

Environnement artificiel

2733 L'environnement artificiel, par opposition à l'environnement naturel, correspond à un environnement modifié par l'activité humaine. Il en va ainsi pour la voirie, un monument historique, une ville, un village, une exploitation agricole, un aéroport, de grands axes routiers, des voies ferrées, des industries présentes et passées, des mines, des installations classées.
Cet environnement artificiel de l'immeuble vendu peut restreindre les prérogatives de l'acquéreur, une fois ce dernier devenu propriétaire. Il doit dès lors être informé sur celui-ci et les contraintes qui pourront peser sur lui, ainsi que sur les limitations qui pourraient en résulter, notamment quant aux possibilités de construction ou de rénovation.

I. Alignement

2734 L'alignement est la détermination par l'autorité administrative de la limite du domaine public routier au droit des propriétés riveraines. Il est fixé soit par un plan d'alignement, soit par un alignement individuel *(C. voirie routière, art. L. 112-1)*.

A. – PLAN D'ALIGNEMENT

2735 **Définition** – Le plan d'alignement, auquel est joint un plan parcellaire, détermine la limite entre voie publique et propriétés riveraines.

2736 **Transfert de propriété** – La publication d'un plan d'alignement attribue de plein droit à la collectivité propriétaire de la voie publique le sol des propriétés non bâties dans les limites qu'il détermine.
Le sol des propriétés bâties à la date de publication du plan d'alignement est attribué à la collectivité propriétaire de la voie dès la destruction du bâtiment.
Lors du transfert de propriété, l'indemnité est, à défaut d'accord amiable, fixée et payée comme en matière d'expropriation. Par ailleurs, le transfert de propriété donne lieu aux formalités de publicité foncière *(C. voirie routière, art. R. 112-2)*.

2737 **Interdictions** – Aucune construction nouvelle ne peut, à quelque hauteur que ce soit, empiéter sur l'alignement, sous réserve des règles particulières relatives aux saillies *(C. voirie routière, art. L. 112-5)*. De même, une servitude de reculement frappe les parcelles bâties situées en saillie sur l'alignement dont il résulte qu'aucun travail confortatif ne peut être entrepris sur un bâtiment frappé d'alignement, sauf s'il s'agit d'un immeuble classé parmi les monuments historiques *(C. voirie routière, art. L. 112-6)*.

2738 **Opposabilité** – Dans les communes couvertes par un plan local d'urbanisme, le plan d'alignement doit être annexé au PLU au titre des servitudes d'utilité publique *(C. urb., art. R. 151-51)*. Seules les servitudes annexées au plan peuvent être opposées aux demandes d'autorisation d'occupation du sol *(C. urb., art. L. 152-7)*.

Conseil pratique **Une telle servitude de reculement doit être révélée à l'acquéreur avant la vente.**

B. – ALIGNEMENT INDIVIDUEL

2739 L'alignement individuel est délivré au propriétaire conformément au plan d'alignement s'il en existe un. En l'absence d'un tel plan, il constate la limite de la voie publique au droit de la propriété riveraine. L'alignement individuel ne peut être refusé au propriétaire qui en fait la demande *(C. voirie routière, art. L. 112-4)*.

C. – DROIT DE PRIORITÉ

2740 Les propriétaires riverains des voies du domaine public routier ont une priorité pour l'acquisition des parcelles situées au droit de leur propriété et déclassées par suite d'un changement de tracé de ces voies ou de l'ouverture d'une voie nouvelle. Le prix de cession est estimé, à défaut d'accord amiable, comme en matière d'expropriation. Si, mis en demeure d'acquérir ces parcelles, ils ne se portent pas acquéreurs dans un délai d'un mois, il est procédé à l'aliénation de ces parcelles suivant les règles applicables au domaine concerné. Lorsque les parcelles déclassées sont acquises par les propriétaires des terrains d'emprise de la voie nouvelle, elles peuvent être cédées par voie d'échange ou de compensation de prix. Les mêmes dispositions s'appliquent aux délaissés résultant d'une modification de l'alignement.

II. Abords d'un monument historique

2741 Les abords et les monuments historiques classés ou inscrits bénéficient d'un régime de protection spécial organisé par les articles L. 621-30 à L. 621-32 du Code du patrimoine. Sont ainsi réglementés les travaux sur les immeubles adossés à un immeuble classé et sur les immeubles situés dans le champ de visibilité d'un immeuble classé ou inscrit au titre des monuments historiques.

2742 Servitude d'utilité publique – La protection au titre des abords a le caractère de servitude d'utilité publique affectant l'utilisation des sols dans un but de protection, de conservation et de mise en valeur du patrimoine culturel. Cette servitude est annexée au plan local d'urbanisme *(C. urb., art. L. 151-43)*. Seules les servitudes annexées au plan peuvent être opposées aux demandes d'autorisation d'occupation du sol *(C. urb., art. L. 152-7)*.

A. – CHAMP D'APPLICATION

2743 Immeubles concernés – La protection au titre des abords s'applique :

- à tout immeuble, bâti ou non bâti, situé dans un périmètre délimité par l'autorité administrative dans les conditions fixées à l'article L. 621-31 du Code du patrimoine. Ce périmètre peut être commun à plusieurs monuments historiques ;
- en l'absence de périmètre délimité, à tout immeuble, bâti ou non bâti, visible du monument historique ou visible en même temps que lui et situé à moins de 500 mètres de celui-ci ;
- à toute partie non protégée au titre des monuments historiques d'un immeuble partiellement protégé.

La protection au titre des abords n'est pas applicable aux immeubles ou parties d'immeubles protégés au titre des monuments historiques ou situés dans le périmètre d'un site patrimonial remarquable classé en application des articles L. 631-1 et L. 631-2 du Code du patrimoine.

B. – AUTORISATION PRÉALABLE

2744 Les travaux susceptibles de modifier l'aspect extérieur d'un immeuble, bâti ou non bâti, protégé au titre des abords sont soumis à une autorisation préalable *(C. patr., art. L. 621-32)*.

> **Conseil pratique** **Lorsque l'acquéreur souhaite réaliser des travaux sur un immeuble situé aux abords d'un monument historique, il conviendra de prévoir une condition suspensive d'obtention d'une autorisation définitive de travaux prévue à l'article L. 621-32 du Code du patrimoine.**

1° Demande d'autorisation

2745 La question fait l'objet des articles R. 621-96 à R. 621-96-6 du Code du patrimoine.
La demande d'autorisation et le dossier qui l'accompagne sont établis en trois exemplaires.

2746 Pétitionnaire – La demande d'autorisation de travaux est adressée par lettre recommandée avec demande d'avis de réception ou déposée à la mairie de la commune dans laquelle les travaux sont envisagés :
- par le propriétaire du terrain, son mandataire ou une personne attestant être autorisée par eux à exécuter les travaux ;
- en cas d'indivision, par un ou plusieurs coïndivisaires ou leur mandataire ;
- par une personne ayant qualité pour bénéficier de l'expropriation pour cause d'utilité publique.

2747 Contenu de la demande – La demande d'autorisation précise :
- l'identité du ou des demandeurs ;
- la localisation et la superficie du ou des terrains ;
- la nature des travaux envisagés.

La demande comporte également l'attestation du ou des déclarants qu'ils remplissent les conditions fixées pour effectuer une demande d'autorisation.

2748 Contenu du dossier – Le dossier joint à la demande d'autorisation comprend :
- une notice de présentation des travaux envisagés indiquant les matériaux utilisés et les modes d'exécution des travaux ;
- un plan permettant de connaître la situation du terrain à l'intérieur de la commune ;

- un plan de masse faisant apparaître les constructions, les clôtures, la végétation et les éléments paysagers existants et projetés lorsque les travaux portent sur l'aménagement ou la modification du terrain ;
- deux documents photographiques permettant de situer le terrain respectivement dans l'environnement proche et dans le paysage lointain.

2° Autorisation

2749 Autorisation expresse ou tacite – Lorsque le dossier est complet, l'autorisation peut être expresse ou tacite *(C. patr., art. R. 621-96-5 à R. 621-96-17)*. En effet, le silence gardé par le préfet pendant 2 mois à compter du dépôt de la demande vaut autorisation en application de l'article L. 231-1 du Code des relations entre le public et l'administration *(C. patr., art. R. 621-96-9)*.

2750 Dossier incomplet – Lorsque le dossier est incomplet, le préfet avise le demandeur, dans un délai d'un mois à compter de l'enregistrement de la demande, des pièces manquant à son dossier. Dans ce cas, le délai mentionné à l'alinéa précédent court à compter du dépôt de ces pièces. À défaut pour le demandeur de déposer ces pièces auprès du maire dans un délai de 3 mois à compter de la réception de cet avis, la demande est réputée rejetée.

2751 Autorisation d'urbanisme – Lorsqu'elle porte sur des travaux soumis à formalité au titre du Code de l'urbanisme ou au titre du Code de l'environnement, l'autorisation préalable est délivrée dans les conditions et selon les modalités de recours prévues aux articles L. 632-2 et L. 632-2-1 du Code du patrimoine *(C. patr., art. L. 621-32)*. Il en résulte que l'autorisation d'urbanisme tient lieu de l'autorisation prévue à l'article L. 621-32 du Code du patrimoine si l'architecte des Bâtiments de France a donné son accord, le cas échéant assorti de prescriptions motivées. En cas de silence de l'architecte des Bâtiments de France, cet accord est réputé donné.
Il n'en va pas toutefois ainsi lorsque sont en cause :
- des antennes relais de radiotéléphonie mobile ou de diffusion du très haut débit par voie hertzienne et leurs systèmes d'accroche ainsi que leurs locaux et installations techniques ;
- des opérations mentionnées au second alinéa de l'article L. 522-1 du Code de la construction et de l'habitation relatives aux bâtiments insalubres ;
- des mesures prescrites pour les immeubles à usage d'habitation déclarés insalubres à titre irrémédiable en application de l'article L. 1331-28 du Code de la santé publique ;
- des mesures prescrites pour des immeubles à usage d'habitation menaçant ruine ayant fait l'objet d'un arrêté de péril pris en application de l'article L. 511-2 du Code de la construction et de l'habitation et assorti d'une ordonnance de démolition ou d'interdiction définitive d'habiter.

L'autorisation prévue à l'article L. 632-1 du Code du patrimoine est alors soumise à l'avis de l'architecte des Bâtiments de France. En cas de silence de l'architecte des Bâtiments de France, cet avis est réputé favorable (*C. patr., art. L. 632-2-1*).

2752 Refus. Prescriptions – L'autorisation peut être refusée ou assortie de prescriptions lorsque les travaux sont susceptibles de porter atteinte à la conservation ou à la mise en valeur d'un monument historique ou des abords.

2753 Notification – La décision du préfet est notifiée au demandeur par lettre recommandée avec demande d'avis de réception, ou par transmission électronique avec demande d'accusé de réception.

2754 Affichage – Mention de l'autorisation doit être affichée sur le terrain, de manière visible de l'extérieur, par les soins de son bénéficiaire, dès la notification de l'arrêté ou dès la date à laquelle l'autorisation est acquise et pendant toute la durée du chantier.
En outre, dans les 8 jours de la délivrance de l'autorisation, un extrait de cette autorisation est publié par voie d'affichage à la mairie pendant 2 mois. L'exécution de cette formalité fait l'objet d'une mention au registre chronologique des actes de publication et de notification des arrêtés du maire prévu à l'article R. 2122-7 du Code général des collectivités territoriales *(C. patr., art. R. 621-96-15)*.

2755 Péremption – L'autorisation est périmée si les travaux ne sont pas entrepris dans le délai de 2 ans à compter de la notification de la décision ou de la date à laquelle la décision tacite est intervenue. Lorsque le commencement des travaux est subordonné à une autorisation ou à une procédure prévue par une autre législation, ce délai court à compter de la date à laquelle les travaux peuvent commencer en application de cette législation si cette date est postérieure à ladite notification.
L'autorisation est également périmée si, passé ce délai, les travaux sont interrompus pendant plus d'une année *(C. patr., art. R. 621-96-16)*.

2756 **Prorogation** – L'autorisation peut être prorogée pour une année, sur demande de son bénéficiaire. La demande de prorogation est établie en deux exemplaires et adressée par pli recommandé ou déposée à la mairie 2 mois au moins avant l'expiration du délai de validité.
La prorogation est acquise au bénéficiaire de l'autorisation si aucune décision ne lui a été adressée dans le délai de 2 mois suivant la date de l'avis de réception postal ou de la décharge de l'autorité compétente pour statuer sur la demande. La prorogation prend effet au terme de la validité de la décision initiale *(C. patr., art. R. 621-96-17)*.

Pour aller plus loin

- S. Laporte et D. Gillig, Loi LCAP et PAPE – Regards croisés d'un universitaire et d'un avocat : Constr.-Urb. 2018, alerte 10
- L. Pernet et A. Rennesson, Les nouveautés de la loi CAP en matière de patrimoine et d'urbanisme : JCP A 2017, 2196

III. Site patrimonial remarquable

2757 La loi n° 2016-925 du 7 juillet 2016 relative à la liberté de la création, à l'architecture et au patrimoine a substitué aux aires de mise en valeur de l'architecture et du patrimoine (AMVAP), aux secteurs sauvegardés et aux zones de protection du patrimoine architectural (ZPPAUP) les sites patrimoniaux remarquables *(C. patr., art. L. 630-1 à L. 633-1)*.

2758 **Servitude d'utilité publique** – Le classement au titre des sites patrimoniaux remarquables a le caractère de servitude d'utilité publique affectant l'utilisation des sols dans un but de protection, de conservation et de mise en valeur du patrimoine culturel *(C. patr., art. L. 631-1)*.

A. – SITES POUVANT FAIRE L'OBJET D'UN CLASSEMENT

2759 Sont classés au titre des sites patrimoniaux remarquables, les villes, villages ou quartiers dont la conservation, la restauration, la réhabilitation ou la mise en valeur présente, au point de vue historique, architectural, archéologique, artistique ou paysager, un intérêt public.
Peuvent être classés, au même titre, les espaces ruraux et les paysages qui forment avec ces villes, villages ou quartiers un ensemble cohérent ou qui sont susceptibles de contribuer à leur conservation ou à leur mise en valeur *(C. patr., art. L. 631-1)*.
L'acte classant le site patrimonial remarquable en délimite le périmètre. Celui-ci peut être modifié suivant la même procédure que pour sa création.

B. – PLAN DE SAUVEGARDE ET DE MISE EN VALEUR

2760 Un plan de sauvegarde et de mise en valeur peut être établi sur tout ou partie du site patrimonial remarquable, dans les conditions prévues aux articles L. 313-1 à L. 313-14 du Code de l'urbanisme. Sur le périmètre qu'il recouvre, le plan de sauvegarde tient lieu de plan local d'urbanisme.

2761 Le plan de sauvegarde comprend de multiples éléments. Son système d'actualisation est comparable à celui du plan local d'urbanisme *(C. urb., art. R. 313-1 à R. 313-38)*.

1° Rapport de présentation

2762 Il explique les choix retenus pour établir le plan de sauvegarde et de mise en valeur et leur compatibilité avec le projet d'aménagement et de développement durables du plan local d'urbanisme lorsqu'il en existe un.
Il est fondé sur un diagnostic comprenant :
- un inventaire du patrimoine historique, urbain, architectural, archéologique, artistique et paysager ;
- une analyse de l'architecture par immeuble ou par groupe d'immeubles présentant des caractéristiques architecturales homogènes, y compris des éléments d'architecture et de décoration situés à l'intérieur et à l'extérieur des immeubles, des modes constructifs et des matériaux *(C. urb., art. R. 313-3)*.

2° Règlement

2763 Le contenu du règlement est précisé par l'article R. 313-5 du Code de l'urbanisme.

3° Annexes

2764 Les plans de sauvegarde et de mise en valeur, à l'instar des plans locaux d'urbanisme, comportent en annexe les servitudes d'utilité publique affectant l'utilisation du sol *(C. urb., art. R. 313-2)*.

C. – PLAN DE VALORISATION DE L'ARCHITECTURE ET DU PATRIMOINE

2765 Sur les parties du site patrimonial remarquable non couvertes par un plan de sauvegarde et de mise en valeur, un plan de valorisation de l'architecture et du patrimoine (PVAP) est établi dans les conditions prévues à l'article L. 631-4 du Code du patrimoine *(C. patr., art. L. 631-3, I, al. 2)*. Il a le caractère de servitude d'utilité publique.

1° Contenu

2766 Le PVAP comprend un rapport de présentation et un règlement, des documents graphiques et des annexes *(C. patr., art. L. 631-4)*.

2767 Adaptations – Le règlement peut prévoir la possibilité d'adaptation mineure de ses prescriptions à l'occasion de l'examen d'une demande d'autorisation de travaux en application de l'article L. 632-1 du Code du patrimoine. En cas de mise en œuvre de cette possibilité, l'accord de l'architecte des Bâtiments de France est spécialement motivé sur ce point *(C. patr., art. D. 631-13)*.

2° Annexe du plan local d'urbanisme

2768 Le plan de valorisation de l'architecture et du patrimoine est annexé au plan local d'urbanisme en application de l'article L. 151-43 du Code de l'urbanisme.

D. – TRAVAUX DANS UN SITE PATRIMONIAL REMARQUABLE

2769 Autorisation préalable – Dans le périmètre d'un site patrimonial remarquable, sont soumis à une autorisation préalable les travaux susceptibles de modifier :
- l'état des parties extérieures des immeubles bâtis, y compris du second œuvre, ou des immeubles non bâtis ;
- l'état des éléments d'architecture et de décoration, immeubles par nature ou effets mobiliers attachés à perpétuelle demeure, au sens des articles 524 et 525 du Code civil, lorsque ces éléments, situés à l'extérieur ou à l'intérieur d'un immeuble, sont protégés par le plan de sauvegarde.

Par ailleurs, pendant la phase de mise à l'étude du plan de sauvegarde, sont soumis à une autorisation préalable, les travaux susceptibles de modifier l'état des parties intérieures du bâti.

2770 Refus - Prescriptions – L'autorisation peut être refusée ou assortie de prescriptions lorsque les travaux sont susceptibles de porter atteinte à la conservation ou à la mise en valeur du site patrimonial remarquable *(C. patr., art. L. 632-1)*.

2771 Autorisation d'urbanisme – L'autorisation d'urbanisme tient lieu de l'autorisation prévue à l'article L. 632-1 du Code du patrimoine si l'architecte des Bâtiments de France a donné son accord, le cas échéant assorti de prescriptions motivées. En cas de silence de l'architecte, cet accord est réputé donné *(C. patr., art. L. 632-2)*. Il n'en va pas toutefois ainsi lorsque sont en cause :
- des antennes relais de radiotéléphonie mobile ou de diffusion du très haut débit par voie hertzienne et leurs systèmes d'accroche ainsi que leurs locaux et installations techniques ;
- des opérations mentionnées au second alinéa de l'article L. 522-1 du Code de la construction et de l'habitation relatives aux bâtiments insalubres ;
- des mesures prescrites pour les immeubles à usage d'habitation déclarés insalubres à titre irrémédiable en application de l'article L. 1331-28 du Code de la santé publique ;
- des mesures prescrites pour des immeubles à usage d'habitation menaçant ruine ayant fait l'objet d'un arrêté de péril pris en application de l'article L. 511-2 du Code de la construction et de l'habitation et assorti d'une ordonnance de démolition ou d'interdiction définitive d'habiter.

L'autorisation prévue à l'article L. 632-1 du Code du patrimoine est alors soumise à l'avis de l'architecte des Bâtiments de France. En cas de silence de l'architecte des Bâtiments de France, cet avis est réputé favorable *(C. patr., art. L. 632-2-1)*.

IV. Abords de bâtiment agricole

2772 Des règles spécifiques régissent les distances d'implantation et d'extension entre un bâtiment agricole et les habitations ou bâtiments habituellement occupés par des tiers *(C. rur., art. L. 111-3)*.

A. – BÂTIMENTS AGRICOLES HORS PARTIES URBANISÉES

2773 Réciprocité des distances d'éloignement – Lorsque des dispositions législatives ou réglementaires soumettent à des conditions de distance l'implantation ou l'extension de bâtiments agricoles vis-à-vis des habitations et immeubles habituellement occupés par des tiers, la même exigence d'éloignement doit être imposée à ces derniers à toute nouvelle construction et à tout changement de destination précités à usage non agricole nécessitant un permis de construire, à l'exception des extensions de constructions existantes *(CE, sect. S, 24 févr. 2016, n° 380556 : JurisData n° 2016-003059 ; JCP N 2016, n° 11, act. 387, L. Erstein)*.

2774 Conditions d'application – Pour que l'article L. 111-3 du Code rural et de la pêche maritime reçoive application, il faut :
- que les bâtiments agricoles soient régulièrement édifiés et exploités ;
- que la qualification de bâtiment agricole soit retenue. Ainsi, n'est pas considéré comme un bâtiment agricole un bâtiment servant dans le cadre d'un centre équestre où aucune activité d'élevage n'a lieu *(CAA Versailles, 8 juin 2006, n° 04VE02990, Combes)* ;
- que le projet ne concerne pas la réalisation d'un nouveau bâtiment agricole ;
- qu'existe une disposition législative ou réglementaire contenant des distances d'implantation ou d'extension.

2775 Dérogation liée aux spécificités locales – Une distance d'éloignement inférieure peut être autorisée par l'autorité qui délivre le permis de construire, après avis de la chambre d'agriculture, pour tenir compte des spécificités locales.
La dérogation doit alors être expressément mentionnée dans l'arrêté accordant le permis de construire. Elle ne peut être accordée que si des spécificités locales la justifient. Le juge administratif vérifie l'existence de ces spécificités, et prononce l'annulation de l'autorisation accordée si elles ne sont pas établies.

2776 Dérogation conventionnelle – Il peut être dérogé aux règles de distance, sous réserve de l'accord des parties concernées, par la création d'une servitude grevant les immeubles concernés par la dérogation, dès lors qu'ils font l'objet d'un changement de destination ou de l'extension d'un bâtiment agricole existant.

B. – BÂTIMENTS AGRICOLES DANS LES PARTIES URBANISÉES

2777 Dans les parties actuellement urbanisées des communes, des règles d'éloignement spécifiques peuvent être fixées pour tenir compte de l'existence de constructions agricoles antérieurement implantées. Ces règles sont fixées par le plan local d'urbanisme ou, dans les communes non dotées d'un plan local d'urbanisme, par délibération du conseil municipal, prise après avis de la chambre d'agriculture et enquête publique réalisée conformément aux articles L. 123-1-A à L. 123-18 du Code de l'environnement.

2778 Travaux autorisés – Lorsque ces règles spécifiques ont été fixées, l'extension limitée et les travaux rendus nécessaires par des mises aux normes des exploitations agricoles existantes sont autorisés, nonobstant la proximité de bâtiments d'habitations.

Pour aller plus loin

- D. Dutrieux, La loi relative au développement des territoires ruraux : les dispositions concernant le droit d'urbanisme : JCP N 2005, n° 17, act. 176
- D. Gillig, Assouplissement du principe de réciprocité des règles d'implantation des bâtiments agricoles vis-à-vis des habitations et immeubles habituellement occupés par des tiers : Environnement 2005, comm. 52

V. Zone de bruit d'un aérodrome

2779 La réglementation se trouve aux articles L. 112-3 à L. 112-17 du Code de l'urbanisme.
Un plan d'exposition au bruit est établi pour :
- les aérodromes classés selon le Code de l'aviation civile en catégories A, B et C ;
- les aérodromes civils ou militaires figurant sur une liste établie par l'autorité administrative compétente de l'État ;

- tout nouvel aérodrome à réaliser ayant vocation à accueillir le trafic commercial de passagers en substitution d'un aérodrome mentionné classé, dont la réalisation a nécessité des travaux déclarés d'utilité publique.

A. – CONTENU DU PLAN D'EXPOSITION AU BRUIT DES AÉRODROMES

2780 Le plan d'exposition au bruit comprend un rapport de présentation et des documents graphiques.
Il définit, à partir des prévisions de développement de l'activité aérienne, de l'extension prévisible des infrastructures et des procédures de circulation aérienne, des zones diversement exposées au bruit engendré par les aéronefs.
Il les classe en fonction de l'intensité décroissante du bruit :
- en zones A et B, dites zones de bruit fort ;
- en zone C, dite zone de bruit modéré ;
- en zone D. La délimitation d'une zone D est facultative à l'exception des aérodromes mentionnés au I de l'article 1609 quatervicies A du CGI.

Ces zones sont définies en fonction des valeurs d'indices évaluant la gêne due au bruit des aéronefs fixées par décret en Conseil d'État *(C. urb., art. L. 112-7)*.

B. – EFFETS DU PLAN D'EXPOSITION AU BRUIT DES AÉRODROMES

2781 **Effets par anticipation** – À compter de la décision d'élaborer ou de réviser un plan d'exposition au bruit, l'autorité administrative compétente de l'État peut délimiter les territoires à l'intérieur desquels s'appliqueront par anticipation, pour une durée maximale de 2 ans renouvelable une fois, les dispositions de l'article L. 112-10 du Code de l'urbanisme concernant les zones C et D.

1° Travaux de construction

2782 **Constructions autorisées** – Les constructions à usage d'habitation sont interdites dans ces zones à l'exception :
- de celles qui sont nécessaires à l'activité aéronautique ou liées à celle-ci ;
- dans les zones B et C et dans les secteurs déjà urbanisés situés en zone A, des logements de fonction nécessaires aux activités industrielles ou commerciales admises dans la zone et des constructions directement liées ou nécessaires à l'activité agricole ;
- en zone C, des constructions individuelles non groupées situées dans ces secteurs déjà urbanisés et desservis par des équipements publics dès lors qu'elles n'entraînent qu'un faible accroissement de la capacité d'accueil d'habitants exposés aux nuisances et des opérations de reconstruction rendues nécessaires par une opération de démolition en zone A ou B dès lors qu'elles n'entraînent pas d'accroissement de la population exposée aux nuisances, que les normes d'isolation acoustique fixées par l'autorité administrative sont respectées et que le coût d'isolation est à la charge exclusive du constructeur.

Dans les zones D, les constructions sont autorisées mais doivent faire l'objet des mesures d'isolation acoustique *(C. urb., art. L. 112-10)*.

2783 **Mesure d'isolation acoustique** – Toutes les constructions qui sont autorisées dans les zones de bruit conformément aux dispositions de l'article L. 112-10 du Code de l'urbanisme font l'objet de mesures d'isolation acoustique.

2° Travaux de rénovation ou de réhabilitation

2784 La rénovation, la réhabilitation, l'amélioration, l'extension mesurée ou la reconstruction des constructions existantes peuvent être admises lorsqu'elles n'entraînent pas un accroissement de la capacité d'accueil d'habitants exposés aux nuisances *(C. urb., art. L. 112-10, al. 2, 2°)*.

3° Information sur les zones de bruit

2785 **Certificat d'urbanisme** – Le certificat d'urbanisme signale l'existence de la zone de bruit et l'obligation de respecter les règles d'isolation acoustique *(C. urb., art. L. 112-13)*.

2786 **Obligation d'information** – Aucune obligation spécifique d'information n'existe en matière de vente d'immeuble. En effet, l'article L. 112-11 du Code de l'urbanisme prévoit uniquement que le contrat de location d'immeuble à usage d'habitation ayant pour objet un bien immobilier situé dans l'une des zones de bruit définies par un plan d'exposition au bruit comporte une clause claire et lisible précisant la zone de bruit où se trouve localisé ce bien.

Conseil pratique **Bien que l'article L. 112-11 du Code de l'urbanisme ne l'impose pas, une clause claire et lisible précisant la zone de bruit où se trouve localisé l'immeuble vendu sera insérée dans le contrat préparatoire et dans l'acte de vente.**

VI. Abords de grands axes routiers

2787 Un immeuble aux abords de grands axes routiers peut faire l'objet de restrictions dont il convient d'informer l'acquéreur.

En effet, en dehors des espaces urbanisés des communes, les constructions ou installations sont interdites :

- dans une bande de cent mètres de part et d'autre de l'axe des autoroutes, des routes express et des déviations au sens du Code de la voirie routière et de soixante-quinze mètres de part et d'autre de l'axe des autres routes classées à grande circulation ;
- dans une bande de soixante-quinze mètres de part et d'autre des routes visées à l'article L. 141-19 du Code de l'urbanisme, c'est-à-dire les routes auxquelles le document d'orientation et d'objectifs du schéma de cohérence territoriale a étendu l'interdiction de construire (*C. urb., art. L. 111-6*).

VII. Abords de voies ferrées

2788 L'usage d'un immeuble situé aux abords du domaine public ferroviaire fait l'objet de multiples restrictions.

2789 Servitudes – Sont applicables aux propriétés riveraines du domaine public ferroviaire les servitudes imposées par les lois et règlements sur la grande voirie, et qui concernent :
- l'alignement ;
- l'écoulement des eaux ;
- l'occupation temporaire des terrains en cas de réparation ;
- la distance à observer pour les plantations et l'élagage des arbres plantés ;
- le mode d'exploitation des mines, minières, tourbières et sablières, dans la zone déterminée à cet effet (*C. transp., art. L. 2231-3*).

2790 Gestion forestière – Les riverains des voies ferrées peuvent être contraints de respecter les règles de gestion forestière prévues par les articles L. 131-16 et L. 134-12 du Code forestier (*C. transp., art. L. 2231-4*).

2791 Constructions – Aucune construction autre qu'un mur de clôture ne peut être établie dans une distance de deux mètres d'un chemin de fer.

Lorsque la sécurité et l'intérêt du service ferroviaire le permettent, cette distance peut être réduite en vertu d'une autorisation délivrée par l'autorité administrative.

Les constructions existantes lors de l'établissement d'un nouveau chemin de fer, qui ne se situent pas à deux mètres du chemin de fer et dont l'état a été constaté dans des conditions déterminées par décret peuvent être entretenues dans cet état (*C. transp., art. L. 2231-5*).

2792 Excavations – Dans les localités où le chemin de fer se trouve en remblai de plus de trois mètres au-dessus du terrain naturel, il est interdit aux riverains de pratiquer, sans autorisation préalable, des excavations dans une zone de largeur égale à la hauteur verticale du remblai, mesurée à partir du pied du talus.

L'autorité administrative accorde cette autorisation après avis de l'exploitant et, pour le réseau ferré national, de SNCF Réseau (*C. transp., art. L. 2231-6*).

2793 Dépôt de matière – Dans une distance de moins de cinq mètres d'un chemin de fer, aucun dépôt de quelque matière que ce soit ne peut être établi sans autorisation préalable de l'autorité administrative.

Lorsque la sécurité et l'intérêt du service ferroviaire le permettent, cette distance peut être réduite en vertu d'une autorisation délivrée par l'autorité administrative.

Cette autorisation est révocable. L'autorisation n'est pas nécessaire :
- pour former, dans les localités où le chemin de fer est en remblai, des dépôts de matières non inflammables dont la hauteur n'excède pas celle du remblai du chemin ;
- pour former des dépôts temporaires d'engrais et autres objets nécessaires à la culture des terres (*C. transp., art. L. 2231-7*).

VIII. Abords d'une installation classée

2794 Un immeuble aux abords d'une installation classée peut faire l'objet de servitudes d'utilité publique et être inclus dans le périmètre d'un plan de prévention des risques technologiques. Ceux-ci restreindront les prérogatives du propriétaire quant aux possibilités de construction et de rénovation.

A. – SERVITUDES D'UTILITÉ PUBLIQUE

2795 Limitation des travaux et des usages – Des servitudes d'utilité publique peuvent être instituées concernant l'utilisation du sol ainsi que l'exécution de travaux soumis au permis de construire. Elles peuvent comporter, notamment, la limitation ou l'interdiction de certains usages susceptibles de porter atteinte aux intérêts mentionnés à l'article L. 511-1 du Code de l'environnement relatif aux installations classées pour la protection de l'environnement, du droit d'implanter des constructions ou des ouvrages ou d'aménager les terrains.

2796 Constructions existantes – Ces servitudes ne peuvent contraindre à la démolition ou à l'abandon de constructions existantes édifiées en conformité avec les dispositions législatives et réglementaires en vigueur avant l'institution desdites servitudes *(C. envir., art. L. 515-8, II)*.

2797 Annexes au plan local d'urbanisme – Ces servitudes sont annexées au PLU de la commune dans les conditions prévues à l'article L. 153-60 du Code de l'urbanisme.

B. – PLANS DE PRÉVENTION DES RISQUES TECHNOLOGIQUES

2798 Les plans de prévention des risques technologiques (PPRT) ont pour objet de délimiter les effets d'accidents susceptibles de survenir dans les installations figurant sur la liste prévue à l'article L. 515-36 du Code de l'environnement et qui y figuraient au 31 juillet 2003, et pouvant entraîner des effets sur la salubrité, la santé et la sécurité publiques directement ou par pollution du milieu *(C. envir., art. L. 515-15 à L. 515-26 et R. 515-39 à R. 515-51)*.

2799 Servitude d'utilité publique – Le PPRT approuvé vaut servitude d'utilité publique et doit être annexé aux PLU, conformément à l'article L. 153-60 du Code de l'urbanisme *(C. envir., art. L. 515-23)*.

2800 Objet – Ces plans délimitent un périmètre d'exposition aux risques en tenant compte de la nature et de l'intensité des risques technologiques décrits dans les études de dangers et des mesures de prévention mises en œuvre.

2801 Zonage – À l'intérieur du périmètre d'exposition aux risques, les plans de prévention des risques technologiques peuvent, en fonction du type de risques, de leur gravité, de leur probabilité et de leur cinétique, délimiter des zones dites de maîtrise de l'urbanisation future, soumises aux dispositions de l'article L. 515-16-1 du Code de l'environnement et des zones dites de prescription, relatives à l'urbanisation existante, soumises aux dispositions de l'article L. 515-16-2 du même code, à l'intérieur desquelles les plans peuvent délimiter :

- des secteurs dits de délaissement, soumis aux dispositions des articles L. 515-16-3 et L. 515-16-5 à L. 515-16-7 du Code de l'environnement en raison de l'existence de risques importants d'accident à cinétique rapide présentant un danger grave pour la vie humaine ;
- des secteurs dits d'expropriation, soumis aux dispositions des articles L. 515-16-3 à L. 515-16-7 du Code de l'environnement en raison de l'existence de risques importants d'accident à cinétique rapide présentant un danger très grave pour la vie humaine.

2802 Restrictions dans les zones de maîtrise de l'urbanisation future – Les plans de prévention des risques technologiques peuvent interdire la réalisation d'aménagements ou d'ouvrages, ainsi que les constructions nouvelles et l'extension des constructions existantes, ou les subordonner au respect de prescriptions relatives à leur construction, leur utilisation ou leur exploitation.

2803 Restrictions dans les zones de prescription – Les plans de prévention des risques technologiques peuvent prescrire des mesures de protection des populations contre les risques encourus, relatives à l'aménagement, l'utilisation ou l'exploitation des constructions, des ouvrages, des installations et des voies de communication existant à la date d'approbation du plan, qui doivent être prises par les propriétaires, exploitants et utilisateurs dans les délais que le plan détermine.

Ces mesures peuvent notamment être relatives aux mouvements et au stationnement des véhicules de transport de matières dangereuses et, pour les seuls logements, porter sur la réalisation de travaux de protection. Les prescriptions portant sur la réalisation de travaux peuvent être formulées sous forme d'objectifs de performance. Les travaux de protection prescrits pour les logements sont réalisés dans un délai de 8 ans à compter de l'approbation du plan, ou avant le 1er janvier 2021 si le plan a été approuvé avant le 1er janvier 2013.

Pour les biens autres que les logements, l'autorité administrative compétente informe leurs propriétaires ou gestionnaires, ainsi que les responsables des activités qui y sont implantées, du type de risques auxquels leur bien ou activité est soumis, ainsi que de la gravité, de la probabilité et de la cinétique de ces risques, afin que ceux-ci, chacun en ce qui le concerne, mettent en œuvre leurs obligations en matière de sécurité des personnes, dans le cadre des réglementations qui leur sont applicables. Ces mesures peuvent consister en des mesures de protection, de réduction de la vulnérabilité ou d'organisation de l'activité.

2804 Recommandations – Les plans de prévention des risques technologiques peuvent comporter des recommandations pouvant servir d'orientations à l'occasion de projets ultérieurs de travaux, d'aménagement, d'utilisation ou d'exploitation des constructions, des ouvrages, des voies de communication et des terrains de camping ou de stationnement de caravanes. Ces recommandations n'ont pas de caractère prescriptif.

2805 Mention obligatoire – Les plans de prévention des risques technologiques doivent mentionner les servitudes d'utilité publique instituées en application de l'article L. 515-37 du Code de l'environnement autour des installations situées dans le périmètre du plan *(C. envir., art. L. 515-21)*.

2806 Obligation d'information – *V. n°* ***2078*** et s.

IX. Plan de prévention des risques miniers

2807 L'État élabore et met en œuvre des plans de prévention des risques miniers (PPRM), dans les conditions prévues par les articles L. 562-1 à L. 562-7 du Code de l'environnement pour les plans de prévention des risques naturels prévisibles. Ces plans emportent les mêmes effets que les plans de prévention des risques naturels prévisibles (*V. n°* ***2728*** *et s.*).
Suivant la circulaire du 6 janvier 2012 relative à la prévention des risques miniers résiduels, l'éventualité de survenance d'un aléa minier ne doit pas conduire à des interdictions globales et systématiques de construire. À titre illustratif, un risque, ayant pour seule conséquence des dégâts matériels, mineurs, de faible importance, peut être toléré dans le souci de maintenir l'activité économique et la cohésion du territoire concerné. En revanche, les risques susceptibles de porter atteinte à la sécurité ou à la salubrité publique justifient la mise en œuvre de mesures de prévention et de protection adaptées à la nature et à l'importance de ceux-ci.

2808 Contenu – Le plan de prévention des risques miniers comprend :
- une note de présentation indiquant le secteur géographique concerné, la nature des phénomènes miniers pris en compte et leurs conséquences possibles, compte tenu de l'état des connaissances ;
- un ou plusieurs documents graphiques délimitant les zones exposées aux risques ou les zones non directement exposées aux risques ;
- un règlement. Celui-ci précise, d'une part, les mesures d'interdiction et les prescriptions applicables dans les zones exposées aux risques ou les zones non directement exposées aux risques. D'autre part, il précise les mesures de prévention, de protection et de sauvegarde et les mesures relatives à l'aménagement, l'utilisation ou l'exploitation des constructions, des ouvrages. Le règlement mentionne, le cas échéant, celles de ces mesures dont la mise en œuvre est obligatoire et le délai fixé pour celle-ci.

2809 Zonage – Les plans distinguent :
- ➤ les zones exposées aux risques, en tenant compte de la nature et de l'intensité du risque encouru, d'y interdire tout type de construction, d'ouvrage, d'aménagement ou d'exploitation agricole, forestière, artisanale, commerciale ou industrielle, notamment afin de ne pas aggraver le risque pour les vies humaines ou, dans le cas où des constructions, ouvrages, aménagements ou exploitations agricoles, forestières, artisanales, commerciales ou industrielles, pourraient y être autorisés, prescrire les conditions dans lesquelles ils doivent être réalisés, utilisés ou exploités ;
- ➤ les zones qui ne sont pas directement exposées aux risques mais où des constructions, des ouvrages, des aménagements ou des exploitations agricoles, forestières, artisanales, commerciales ou industrielles pourraient aggraver des risques ou en provoquer de nouveaux et y prévoir des mesures d'interdiction ou des prescriptions.

2810 Obligation d'information – *V. n°* ***2078*** et s.

X. Secteur d'information sur les sols

2811 Les secteurs d'information sur les sols (SIS) comprennent les terrains où la connaissance de la pollution des sols justifie, notamment en cas de changement d'usage, la réalisation d'études de sols et de mesures de gestion de la pollution pour préserver la sécurité, la santé ou la salubrité publiques et l'environnement.

A. – CONTENU

2812 Le dossier de secteurs d'information sur les sols comprend, pour chaque secteur :
- une note présentant les informations détenues par l'État sur la pollution des sols ;
- un ou plusieurs documents graphiques, à l'échelle cadastrale, délimitant le secteur d'information sur les sols.

B. – EFFETS

2813 **Demande de permis de construire** – Lorsque l'immeuble vendu est dans un secteur d'information sur les sols, la demande de permis de construire doit comprendre une attestation établie par un bureau d'études certifié dans le domaine des sites et sols pollués, ou équivalent, garantissant la réalisation d'une étude de sols et sa prise en compte dans la conception du projet de construction *(C. urb., art. R. 431-16, o)*.

2814 **Demande de permis d'aménager un lotissement** – Le dossier est complété par une attestation établie par un bureau d'études certifié dans le domaine des sites et sols pollués, ou équivalent, garantissant la réalisation d'une étude de sols et sa prise en compte dans la conception du projet de lotissement. Cette pièce est fournie sous l'entière responsabilité du demandeur *(C. urb., art. R. 442-8-1)*.

C. – INFORMATIONS

2815 **Arrêté** – La décision du préfet arrêtant les secteurs d'information sur les sols est publiée au Recueil des actes administratifs du département. Elle est également consultable sur le site *www.georisques.gouv.fr*

2816 **Annexes au plan local d'urbanisme et affichage** – Les secteurs d'information sur les sols sont annexés au plan local d'urbanisme ou au document d'urbanisme en tenant lieu ou à la carte communale. Ils sont affichés pendant un mois dans chaque mairie et au siège de chaque établissement public de coopération intercommunale compétent en matière de plan local d'urbanisme, de documents d'urbanisme en tenant lieu ou de carte communale concernés en tout ou partie.

2817 **Certificat d'urbanisme** – Le certificat d'urbanisme prévu à l'article L. 410-1 du Code de l'urbanisme indique si le terrain est situé sur un site répertorié sur cette carte ou sur un ancien site industriel ou de service dont le service instructeur du certificat d'urbanisme a connaissance.

2818 **Obligation d'information** – Sans préjudice de l'article L. 514-20 du Code de l'environnement et de l'article L. 125-5 du Code de l'environnement, lorsqu'un terrain situé en secteur d'information sur les sols mentionné à l'article L. 125-6 du Code de l'environnement fait l'objet d'un contrat de vente, le vendeur du terrain est tenu d'en informer par écrit l'acquéreur ou le locataire. Il communique les informations rendues publiques par l'Etat, en application de l'article L. 125-6 du Code de l'environnement. L'acte de vente atteste de l'accomplissement de cette formalité.
A défaut et si une pollution constatée rend le terrain impropre à la destination précisée dans le contrat, dans un délai de deux ans à compter de la découverte de la pollution, l'acquéreur a le choix de demander la résolution du contrat ou, selon le cas, de se faire restituer une partie du prix de vente.
L'acquéreur peut aussi demander la réhabilitation du terrain aux frais du vendeur lorsque le coût de cette réhabilitation ne paraît pas disproportionné par rapport au prix de vente (*C. env., art. L 125-7*).

Pour aller plus loin

Formules
- JCl. Notarial Formulaire, V° Vente d'immeuble, fasc. 105 (cadre de vente) et 125 (désignation), par J. Lafond
- JCl. Notarial Formulaire, V° Vente d'immeuble, fasc. 175 (site pollué), par X. Lievre, L. Esteve de Palmas
- JCl. Notarial Formulaire, V° Monuments historiques, fasc. 45

Fiches pratiques
- Fiche pratique n° 3111 : Déterminer l'immeuble vendu et les sujétions le grevant au sein de la partie développée de l'acte authentique de vente, par S. Olivier
- Fiche pratique n° 1721 : Rédiger une vente d'immeuble, par M. Suquet-Cozic
- Fiche pratique n° 2622 : Vente d'un immeuble ayant supporté une installation classée, par A. Robert-Chary

Pour aller plus loin

Commentaires
- JCl. Notarial Formulaire, V° Certificat d'urbanisme, fasc. 10, par G. Liet-Veaux
- JCl. Notarial Formulaire, V° Construction et urbanisme, fasc. 500 (SCOT), par J.-Ph. Strebler
- JCl. Notarial Formulaire, V° Construction et urbanisme, fasc. 520 et 600 (PLU), par G. Liet-Veaux et G. Richard
- JCl. Notarial Formulaire, V° Monuments historiques, fasc. 10, 20, 30 et 40, par J. Morand-Deviller
- JCl. Notarial Formulaire, V° Vente d'immeuble, fasc. 150, par J. Lafond
- JCl. Environnement et Développement durable, Synthèse 220, Régime juridique des mines et carrières, par D. Gillig
- JCl. Environnement et Développement durable, Synthèse 300, Prévention des risques naturels, par M. Sousse
- JCl. Environnement et Développement durable, Synthèse 310, Lutte contre les nuisances sonores, par M. Moliner-Dubost

Revues
- M. Mekki, Vente d'un site pollué et passif environnemental Petit guide-âne adressé au notaire : JCP N 2015, 1131
- M. Mekki, La gestion conventionnelle des risques liés aux sols et sites pollués à l'aune de la loi Alur : JCP N 2014, 1239
- O. Salvador, La loi Alur : des avancées significatives en matière de sites et sols pollués : JCP N 2014, 1158

Présentation générale

2819 Objectifs de l'établissement de l'origine de propriété – L'origine de propriété de l'immeuble est essentielle. Son établissement garantit à l'acquéreur qu'il ne subira pas d'éviction. Autrement dit, elle permet de s'assurer que la propriété aliénée ne sera pas remise en cause par suite d'une nullité, d'une répétition, d'une résolution, d'une rescision ou de toute autre cause d'anéantissement d'un acte antérieur qu'il s'agisse, par exemple, d'une vente ou d'une donation.

2820 Origine de propriété et « effet relatif » – L'origine de propriété se distingue de l'« effet relatif ». Paragraphe de la partie normalisée de l'acte de vente immobilière, ce dernier n'a pour objet que de mentionner le titre antérieur publié. C'est pour répondre aux exigences de la publicité foncière : *« Aucun acte ou décision judiciaire sujet à publicité dans un service chargé de la publicité foncière ne peut être publié au fichier immobilier si le titre du disposant ou dernier titulaire n'a pas été préalablement publié, conformément aux dispositions du présent décret (D. n° 55-22, 4 janv. 1955, art. 3) »*.
L'établissement de l'origine de propriété vise, lui, à établir que les transmissions successives du bien, à titre onéreux ou à titre gratuit, ont été régulières. La chaîne des transmissions de l'immeuble, objet de la vente, doit être :
- continue, chaque propriétaire détient son droit de propriété d'un ayant cause identifié ;
- et solide, les actes successifs ayant pour objet l'immeuble sont sains.

Pour y parvenir, il faut se procurer le titre de propriété du vendeur qui détermine l'étendue réelle de ses droits : est-il propriétaire ? Est-il le seul propriétaire ? À ces d'interrogations, le notaire doit apporter une réponse certaine. Cette seule investigation n'est pas suffisante, à défaut de preuve parfaite de la propriété. C'est pourquoi il faut remonter la chaîne des aliénations antérieures, l'assurance de la solidité du droit de propriété l'impose.

Conseil pratique **Les recherches nécessaires à l'établissement de l'origine de propriété, et la lecture des actes successifs, permettent, à l'occasion, de faire état de servitudes, parfois anciennes, qui ont pu être méconnues. Plus généralement, l'établissement de l'origine de propriété permet de vérifier que l'immeuble n'est pas grevé de charges, telles des sûretés mais également des droits de préférence au profit d'un tiers, qui en limiteraient les utilités.**

2821 Rôle du notaire – Dans le cadre des opérations préalables à la vente, il revient au notaire d'établir l'origine de propriété de l'immeuble, car il s'oblige à « assurer l'efficacité des actes » qu'il rédige.
Pour y parvenir, le notaire a, notamment, un devoir d'investigation qui doit le conduire à effectuer nombre de vérifications, au premier rang desquelles, lorsqu'il instrumente une vente, l'origine de propriété de l'immeuble qui en est l'objet.
Ces vérifications concernant l'origine de propriété de l'immeuble vendu doivent être menées en remontant le temps (*V. n°* ***2822*** *et s.*) et en menant toutes les investigations utiles (*V. n°* ***2825*** *et s.*).

I. Origine trentenaire de la propriété

2822 30 années – En pratique, l'établissement de l'origine de propriété couvre une période trentenaire. Cette « limite » d'usage courant s'expliquerait par le jeu de la prescription extinctive car *« les actions réelles immobilières se prescrivent par trente ans à compter du jour où le titulaire d'un droit a connu ou aurait dû connaître les faits lui permettant de l'exercer » (C. civ., art. 2227)*. Toutefois, il est parfois soutenu que l'article 2227 du Code civil vise *« les actions autres que l'action en revendication » (C. Grimaldi, Droit des biens : LGDJ, 2016, n° 686)*. En ce sens, il est vrai qu'il serait curieux d'affirmer que *« le droit de propriété est imprescriptible » (C. civ., art. 2227, al. 1er)*, tout en estimant que l'action qui permet de mettre en œuvre la propriété est susceptible de prescription extinctive.
Une autre explication, plus convaincante, tient à la prescription acquisitive. *« Le délai de prescription requis pour acquérir la propriété immobilière est de trente ans*, même s'il est vrai que *celui qui acquiert de bonne foi et par juste titre un immeuble en prescrit la propriété par dix ans »*. Ainsi, si l'acquéreur et les propriétaires antérieurs ont, sur une durée de 30 ans, possédé l'immeuble de manière *« continue et non interrompue, paisible, publique, non équivoque, et à titre de propriétaire » (C. civ., art. 2261)*, la propriété ne peut plus être revendiquée par un tiers. La prescription acquisitive conforte donc définitivement l'acquisition.

2823 Au-delà de 30 années – La Cour de cassation a pu décider que « sauf circonstances exceptionnelles, le notaire n'est pas tenu de vérifier l'origine au-delà de 30 ans » *(Cass. 1re civ., 17 nov. 2011, n° 10-25.583 : JurisData n° 2011-025461 ; JCP N 2011, n° 48, act. 930 ; JCP N 2012, n° 20, 1223, note V. Bonnet ; Defrénois 15 janv.*

2012, n° 1, n° DEF40298, p. 31, note J.-F. Sagaut et M. Latina) ; pourtant, dans de nombreuses circonstances, un établissement de l'origine de propriété au-delà de 30 années est nécessaire :

- c'est le cas lorsque la prescription est affectée d'une cause d'interruption *(C. civ., art. 2240 à 2246)* ou de suspension *(C. civ., art. 2233 à 2239)* comme la minorité du propriétaire ou la mise en place à son profit d'un régime de tutelle *(C. civ., art. 2235)* ;
- il en va de même si le titre résulte d'une succession. Il sera prudent de continuer l'origine de propriété, même si la succession a 30 ans ou plus, jusqu'à un titre translatif ou, à défaut, de remonter une période de 50 ans.

2824 En deçà de 30 années – Dans certaines circonstances, il n'est pas utile de couvrir une période trentenaire :

- c'est le cas lorsque le vendeur est propriétaire à la suite d'une **procédure d'expropriation**. *« L'ordonnance d'expropriation éteint, par elle-même et à sa date, tous droits réels ou personnels existant sur les immeubles expropriés » (C. expr., art. L. 222-2, al. 1er)*. S'éteignent ainsi les droits d'usufruit, d'usage et d'habitation et les servitudes. L'ordonnance entraîne aussi la purge des inscriptions de privilèges et d'hypothèques ; ces inscriptions sont périmées automatiquement à l'expiration d'un délai de 6 mois à compter du jour de la publication de l'ordonnance devenue irrévocable *(C. expr., art. L. 222-2, al. 3)* ;
- et, il doit être ajouté qu'il *« en est de même des cessions amiables consenties après déclaration d'utilité publique et, lorsqu'il en est donné acte par ordonnance du juge, des cessions amiables antérieures à la déclaration d'utilité publique » (C. expr., art. L. 222-2, al. 2)* ;
- également, *« Du jour du transfert de propriété résultant de la clôture des opérations d'aménagement foncier agricole et forestier, les immeubles qui en sont l'objet ne sont plus soumis qu'à l'exercice des droits et actions nés du chef du nouveau propriétaire » (C. rur., art. L. 123-12, al. 1er)*. Et, ajoute l'article L. 123-13 du même code *« Les droits réels, autres que les servitudes, grevant les immeubles aménagés s'exercent sur les immeubles attribués »* ;
- enfin, et dans une moindre mesure, on se rappellera que **la saisie immobilière** vaut purge des hypothèques et privilèges *(CPC exéc., art. L. 322-14)*.

II. Investigations nécessaires

2825 Devoir de curiosité du notaire – Dans le cadre de son investigation, le notaire est condamné à être curieux. Il est obligé de vérifier l'origine de propriété du bien.

2826 Moyens de vérification de l'origine de propriété – La première démarche consiste à se procurer les titres de propriété. Seul leur examen permet de déceler les éventuelles causes d'anéantissement de l'acte, mais également de s'assurer de la consistance de l'immeuble vendu, étant entendu que les énonciations de la matrice cadastrale ne constituent pas une preuve, mais une simple présomption de celle-ci.

2827 Mauvaises pratiques à éviter – Il ne faut pas s'en tenir aux déclarations du seul vendeur, pas davantage qu'à l'origine mentionnée dans un acte antérieur. Celle-ci peut s'avérer erronée. Il faut la vérifier à l'appui des titres de propriété. Le notaire ne peut s'en tenir à « une lettre du service des Domaines mentionnant que [le vendeur] était seul propriétaire de [la] terre léguée par son père » (*Cass. 3e civ., 3 déc. 2008, n° 07-14.545, Bull. civ. III, n° 197*), sans effectuer d'investigations personnelles telles que la consultation du fichier immobilier. Et s'il n'a pas vérifié si le bien appartenait en propre à l'un des époux ou à la communauté de biens : il commet une faute *(CA Toulouse, 8 nov. 2010, n° 09/03053)*. Le notaire, soulignent les juges, « en sa qualité de professionnel en charge de l'établissement d'un acte destiné à produire des effets » ne pouvait s'exonérer en affirmant que les époux lui avaient communiqué des fausses informations, alors que ces derniers n'étaient pas juristes. Celui-ci, dont la qualité de professionnel est ici mise en exergue, doit donc être toujours vigilant dans la recherche de l'origine de propriété des biens vendus *(Cass. 1re civ., 27 nov. 2008, n° 07-18.875 : JurisData n° 2008-045979 ; Resp. civ. et assur 2009, comm. 19 ; JCP G 2009, IV, 1016 ; Bull. civ. I, n° 272)*.

2828 Preuve des vérifications effectuées – Dans tous les cas, l'acte instrumenté devra attester de vérifications réelles et effectives par le notaire.

2829 Étendue des investigations du notaire – L'investigation du notaire s'étend aux **accessoires de l'immeuble.** Le notaire doit, par exemple, vérifier les déclarations du vendeur relatives à la catégorie de licence de débit de boissons, dès lors qu'elle détermine l'étendue de l'activité exercée et en conséquence le prix du fonds *(CA Aix-en-Provence, 9 juin 1992 : JurisData n° 1992-045054)*. *A fortiori*, il doit s'assurer de l'effectivité des droits du cédant et notamment de la validité de la licence cédée *(CA Toulouse, 16 juin 2010, n° 07/04829)*. Au demeurant, le notaire, n'ayant pas vérifié qu'une marque constituant un élément de la vente était bien inscrite auprès de l'INPI, commet une faute *(Cass. 1re civ., 6 mai 2009, n° 07-21.242 : JurisData n° 2009-048200 ; JCP N 2009, n° 29, 1243, obs. J.-J. Barbiéri)*.

Conseil pratique De manière générale, et au-delà du seul établissement de l'origine de propriété, le notaire est tenu de vérifier, par toutes investigations utiles, spécialement lorsqu'il existe une publicité légale aisément accessible, les déclarations faites par son client et qui, par leur nature ou leur portée juridique, conditionnent la validité ou l'efficacité de l'acte qu'il dresse.

Pour aller plus loin

Formules

- JCl. Notarial Formulaire, V° Origine de propriété, fasc. 15, par D. Montoux

Commentaires

- JCl. Notarial Formulaire, Synthèse 920, Origine de propriété, par V. Bonnet
- JCl. Notarial Formulaire, Synthèse 1440, Vente d'immeuble : préparation de l'acte, par V. Zalewski-Sicard
- JCl. Notarial Formulaire, V° Origine de propriété, fasc. 10, par D. Montoux
- JCl. Notarial Formulaire, V° Expropriation, fasc. 30, par P. Tifine

Fiche pratique

- Fiche pratique n° 1721 : Rédiger une vente d'immeuble, par M. Suquet-Cozic

Immeuble acquis par un acte à titre onéreux

2830 Si le titre de propriété du vendeur est une vente (ou un échange), il faut s'assurer que ce contrat n'est pas affecté d'un motif de nullité ou de toute autre cause qui impliquerait son anéantissement ou des restrictions au titre de propriété. Il convient de mener toutes les vérifications concernant la capacité et le pouvoir des parties, le paiement du prix, la radiation des éventuelles inscriptions, l'existence de servitudes, etc. Particulièrement l'attention du notaire se portera sur des clauses particulières faisant courir des risques supplémentaires aux acquéreurs subséquents.

I. Vente affectée d'une modalité

1° Ventes sous conditions

2831 **Présentation** – Les ventes immobilières peuvent être affectées de conditions suspensives ou résolutoires *(C. civ., art. 1304 à 1304-7)*. Si la vente est conclue au jour de l'accord des parties sur la chose et sur le prix, ses effets sont retardés jusqu'au jour de l'accomplissement de la condition, l'obligation devenant alors « pure et simple » *(C. civ., art. 1304-6)*. La condition peut être résolutoire. La vente prend alors effet immédiatement sous une condition résolutoire dont la réalisation entraînera l'anéantissement rétroactif du contrat *(C. civ., art. 1304-7)*. Dans les deux cas, il peut en résulter une fragilité du titre de propriété qu'il convient de gérer.

2832 **Vente sous condition suspensive** – Dans tous les cas, l'existence de la condition peut être révélée en levant un état hypothécaire, la vente affectée de cette modalité devant être publiée *(D. n° 55-22, 4 janv. 1955, art. 28, 1°, a : « Tous actes, même assortis d'une condition suspensive,* [...] *»)*. Mais, tant que la condition n'est pas accomplie, il en résulte que le titre de propriété est affecté d'une incertitude. En effet, l'issue de cette situation est aléatoire ou à tout le moins incertaine. Dès lors, de deux choses l'une.

2833 **Condition accomplie** – La condition est accomplie au jour de la vente de l'immeuble ; alors le titre du vendeur devient certain et la vente ne pose, de ce point de vue, plus de difficultés. Au surplus, l'article 1304-6 du Code civil revient sur la rétroactivité de principe de la condition accomplie. Désormais, il est ainsi prévu que l'obligation devient pure et simple à compter de son accomplissement *(C. civ., art. 1304-6, al. 1)*, même si, cette disposition n'étant pas d'ordre public, on pourrait prévoir le contraire. Dans tous les cas, encore faudra-t-il, néanmoins que l'on soit assuré de la réalisation de la condition, dont l'acte la constatant est en principe publié *(D. n° 55-22, 4 janv. 1955, art. 28, 4, b)*.

2834 **Condition défaillie** – En cas de défaillance, l'obligation est réputée n'avoir jamais existé *(C. civ., art. 1304-6, al. 3)*. Il y a donc un anéantissement rétroactif de la vente affectée d'une condition défaillie avec une incidence directe sur la vente subséquente.

2835 **Vente de l'immeuble pendante conditione** – Si une vente d'un immeuble intervient *pendante conditione*, le sous-acquéreur encourt un risque important. Une telle vente ne pourrait, si l'acquéreur maintient sa volonté d'acheter, qu'être instrumentée sous la condition suspensive de la réalisation de la condition affectant la vente précédente.

2836 **Vente sous condition résolutoire** – Les ventes sous condition résolutoire doivent être publiées : *« Les actes entre vifs dressés distinctement pour constater [...] des clauses susceptibles d'entraîner la résolution ou la révocation d'actes soumis à publicité » (D. n° 55-22, 4 janv. 1955, art. 28, 2°)*.
En conséquence, le risque qu'entraînerait l'accomplissement de la condition résolutoire sera connu de l'éventuel acquéreur qui sera, en conséquence, incité à la prudence s'il devait acquérir un immeuble dont le titre est affecté par une telle condition.

> **Conseil pratique** **Si la vente, en connaissance de cause de l'acquéreur, n'est donc pas illicite (dès lors du moins que la condition résolutoire ne s'est pas déjà réalisée), il conviendra, de préférence, d'attendre que la condition résolutoire ne puisse plus s'accomplir, par exemple, parce qu'elle était affectée d'un délai de réalisation. En effet, c'est à cette seule condition que le titre du vendeur sera définitivement consolidé. *A contrario*, le risque d'anéantissement perdurera tant que la condition résolutoire n'aura pas défailli.**

2837 Pacte tontinier – Le pacte tontinier ou clause d'accroissement est une clause par laquelle deux ou plusieurs personnes achètent un bien en prévoyant qu'est conférée « à chacun des acquéreurs la propriété de l'immeuble tout entier à partir du jour de son acquisition, sous condition de prédécès de son cocontractant », *(Cass. ch. mixte, 27 nov. 1970, n° 68-10.452 : JCP 1971, II, 16823, note H. Blin ; D. 1971, p. 81, concl. Lindon ; Defrénois 1971, art. 29786, note Morin ; Defrénois 1971, art. 29809, note J.-L. Aubert).*

2838 Fonctionnement général de la tontine – Chacun des tontiniers n'est propriétaire que sous la condition suspensive de sa survie et sous la condition résolutoire de son prédécès. Il sera d'ailleurs prudent de prévoir que l'accomplissement de la condition suspensive rétroagira au jour de l'acquisition *(C. civ., art. 1304-6)*. Parce que le survivant des acquéreurs est considéré comme le seul propriétaire du bien depuis l'acquisition, aucun des tontiniers n'est propriétaire de l'immeuble tant que les conditions ne sont pas réalisées. Il en résulte notamment que l'immeuble ne peut être saisi par les créanciers personnels de l'un des tontiniers. Pour cette même raison, la clause d'accroissement est exclusive de l'indivision.
Lors de la publication de l'acte au service de la publicité foncière, la clause d'accroissement doit être également publiée comme n'importe quelle condition résolutoire *(D. n° 55-22, 4 janv. 1955, art. 28, 2°).*

2839 Vente de l'immeuble objet de la tontine – Si l'ensemble des tontiniers s'accordent pour vendre l'immeuble, la tontine prendra fin et la propriété de l'immeuble sera transmise à l'acquéreur sans aucune difficulté. Lorsque c'est le dernier survivant qui opère la vente de l'immeuble, il convient de s'assurer de la réalité du ou des décès des autres tontiniers par la production d'un acte de décès. En l'absence de réalisation de ces conditions, le vendeur ne pourrait transmettre la propriété d'un immeuble, faute d'être propriétaire.

Pour aller plus loin

- V. Mikalef-Toudic, Clause de tontine ou clause d'accroissement : une nouvelle jeunesse : LPA, 27 mai 2016, n° 106, p. 76
- S. Sabot-Barcet, V. Trambouze-Livet, Société tontinière et clause de tontine : une nouvelle jeunesse : JCP N 2016, n° 19, 1157
- V. Zalewski, Tontine et aspects liquidatifs : JCP N 2013, n° 43, p. 45

2° Ventes avec faculté de rachat

2840 Faculté de rachat – Le titre de propriété en vertu duquel le vendeur a acquis l'immeuble peut être affecté d'une faculté de rachat au profit de son propre vendeur : il s'agit d'un *« pacte par lequel le vendeur se réserve de reprendre la chose vendue, moyennant la restitution du prix principal » (C. civ., art. 1659, réd. L. n° 2009-526, 12 mai 2009) ; le texte ajoute « moyennant le remboursement dont il est parlé à l'article 1673 »*, c'est-à-dire les frais et loyaux coûts de la vente, les réparations nécessaires, et celles qui ont augmenté la valeur du fonds, jusqu'à concurrence de cette augmentation. Autrement dit, il s'agit d'une vente assortie d'une condition résolutoire de l'exercice du rachat stipulée au profit du vendeur.

2841 Situation précaire du sous-acquéreur – Pendant la durée du réméré, l'acquéreur est propriétaire et le bien n'est pas affecté d'une quelconque interdiction d'aliéner. En conséquence, il garde la possibilité de vendre l'immeuble affecté d'une faculté de rachat à un tiers, ce qui n'est pas sans risque pour ce dernier dont la situation sera précaire. En effet, si le vendeur exerce, malgré la revente de l'immeuble, la faculté de rachat conformément à l'article 1664 du Code civil, le tiers, sous-acquéreur, pourra être privé de son droit, *« quand même la faculté de rachat n'aurait pas été déclarée dans le second contrat »*. Bien que cet article puisse le laisser penser, l'action du vendeur n'est pas limitée au sous-acquéreur ; elle peut être exercée contre celui qui est en possession de l'immeuble au moment où le vendeur exerce son droit. Peu importe le nombre de mutations intervenues depuis la première vente. Au surplus, l'article 1673 du Code civil précise que *« Lorsque le vendeur rentre dans son héritage par l'effet du pacte de rachat, il le reprend, exempt de toutes les charges et hypothèques dont l'acquéreur l'aurait grevé, à la condition que ce pacte ait été régulièrement publié au fichier immobilier, antérieurement à la publication desdites charges et hypothèques »*.

Conseil pratique **Il convient donc d'être attentif en identifiant si un pacte de rachat, normalement publié, a été stipulé dans une vente antérieure, étant rappelé que la durée du pacte de rachat ne peut, dans tous les cas, être supérieure à 5 années *(C. civ., art. 1660)*. Même si le pacte de rachat doit être publié, cette vigilance doit redoubler car, si la plupart du temps la faculté de rachat n'est qu'une clause de la vente, il peut toutefois en aller autrement. Il convient donc de procéder à toutes les vérifications utiles afin d'arriver à la conclusion que le titre de propriété du vendeur n'est plus affecté par la stipulation d'une faculté de rachat. Ce sera le cas si le délai prévu par la clause de rachat ou par l'article 1660 du Code civil est expiré, ou si le vendeur a renoncé à sa faculté de rachat avant la fin du délai (renonciation qui sera publiée) ou encore si la déchéance de la faculté de rachat, prévue par l'acte, a été constatée.**

Pour aller plus loin

Formules
- JCl. Notarial Formulaire, V° Vente d'immeuble, fasc. 265 (tontine), par D. Montoux et F. Collard
- JCl. Notarial Formulaire, V° Vente d'immeuble, fasc. 555 (vente conditionnelle), par D. Montoux
- JCl. Notarial Formulaire, V° Vente d'immeuble, fasc. 585 (faculté de rachat), par B. Magois et J.-F. Pillebout

Fiche pratique
- Fiche pratique n° 1721 : Rédiger une vente d'immeuble, par M. Suquet-Cozic

Commentaires
- JCl. Notarial Formulaire, V° Vente d'immeuble, fasc. 260 (tontine), par D. Montoux et F. Collard
- JCl. Notarial Formulaire, V° Vente d'immeuble, fasc. 550 (vente conditionnelle), par D. Montoux et V. Zalewski-Sicard
- JCl. Notarial Formulaire, V° Vente d'immeuble, fasc. 580 (faculté de rachat), par B. Magois et C. Bedel-Bonjean

3° Ventes assorties d'un prix payable à terme

2842 **Garanties du vendeur** – Le vendeur, voire un ancien propriétaire, peut avoir acquis l'immeuble moyennant un prix payable à terme. Dans ce cas, le vendeur peut se prévaloir du privilège du vendeur *(C. civ., art. 2374, 1°)*, privilège immobilier spécial. Le texte ajoute : *« S'il y a plusieurs ventes successives dont le prix soit dû en tout ou en partie, le premier vendeur est préféré au second, le deuxième au troisième, et ainsi de suite »*. Au surplus, le vendeur bénéficie toujours de l'action résolutoire : *« Si l'acheteur ne paye pas le prix, le vendeur peut demander la résolution de la vente » (C. civ., art. 1654)*.

2843 **Précautions à prendre** – Lorsque le titre du vendeur fait état d'un paiement à terme, il convient de s'assurer qu'il a été payé. À défaut, il convient de prendre des précautions, étant rappelé que le privilège du vendeur est inscrit au fichier immobilier *(C. civ., art. 2377)* ; l'inscription doit intervenir dans le délai de 2 mois à compter de la vente *(C. civ., art. 2379)* ; il prend alors rang à la date de la vente ; à défaut, il dégénère en hypothèque. Si le privilège du vendeur est inscrit, l'acquéreur sera donc informé que le prix de la vente n'a pas encore été acquitté en intégralité.

2844 **Défaut d'inscription** – Mais, à défaut même d'inscription ou si l'inscription est périmée, il demeure possible que la dette de prix ne soit pas totalement éteinte. De cette incertitude, peut en résulter un risque, encore que celui-ci soit désormais moindre si le sous-acquéreur est diligent. En effet, le vendeur ne peut exercer l'action résolutoire de l'article 1654 du Code civil après l'extinction du privilège. De même, cette action ne peut plus être exercée à défaut d'inscription de ce privilège dans le délai de 2 mois, au préjudice du sous-acquéreur qui a acquis les droits sur l'immeuble du chef de l'acquéreur et qui les ont publiés *(C. civ., art. 2379, al. 2)*. *A contrario*, l'ancien propriétaire qui n'aurait pas été intégralement payé peut donc agir, dans ce cas, en résolution de la vente et, par voie de conséquence, évincer le sous-acquéreur tant que celui-ci n'a pas publié son droit.

II. Vente lésionnaire

2845 La lésion est le « préjudice résultant de la disproportion des prestations au sein d'un contrat au moment de sa formation » *(M. Poumarède, Droit des obligations : Montchrestien, 3e éd., 2014, n° 355 et s.)*.

2846 **Régime général de la lésion immobilière** – La lésion n'affecte pas la validité du contrat, mais il en va autrement, en particulier, en matière de vente d'immeuble. Le vendeur d'immeuble ayant été lésé de plus de sept douzième dans le prix aura la possibilité de demander la rescision de la vente *(C. civ., art. 1674)*. Concrètement, pour que la vente soit lésionnaire, il faut que le vendeur n'ait reçu que cinq douzième ou moins du prix de l'immeuble vendu, c'est-à-dire moins de la moitié de la valeur de l'immeuble.

Attention En cas de ventes immobilières globales : la preuve de la lésion doit être appréciée dans le cadre de la vente globale sans procéder à un examen bien par bien.

2847 **Raison d'être et modalités** – Il s'agit de protéger le vendeur d'immeuble qui, dans l'esprit des rédacteurs du code, ne doit pas se séparer de sa propriété immobilière sans une contrepartie suffisante. C'est ce qui explique que la lésion ne profite pas à l'acheteur d'immeuble *(C. civ., art. 1683)*. Le vendeur doit exercer l'action en rescision dans un délai de 2 ans à compter du jour de la vente *(C. civ., art. 1676)*, délai qui peut être interrompu, notamment, par une demande en justice *(C. civ., art. 2241)*.

Il existe un risque, en cas d'action en rescision, d'anéantissement rétroactif de la vente ce qui empêchera l'acquéreur de procéder à la revente de l'immeuble.

2848 Option de l'acheteur – Mais si c'est le vendeur qui peut exercer l'action en rescision, c'est à l'acheteur de choisir entre rendre la chose en retirant le prix qu'il en a payé, ou garder le fonds en payant le supplément du juste prix, sous la déduction du dixième du prix total *(C. civ., art. 1681)*. Il est alors possible que l'acheteur choisisse de verser un complément de prix pour sauver la vente et ainsi consolider son droit de propriété. Dans l'hypothèse d'une revente, le tiers acquéreur menacé d'éviction peut lui aussi verser ce complément de prix, sous les mêmes conditions, et se retourner ensuite contre son vendeur *(C. civ., art. 1681, al. 2)*.

Exemple Un bien est revendu 200 000 €. Pour que l'opération ne soit pas lésionnaire, il faut que le prix initial soit supérieur à 83 333,34 € (200 000 × 5/12 ou 200 000/2,4).

Attention Ce calcul rapide part du postulat que le prix de revente est la valeur du bien qui sert de référence au calcul de la lésion ce qui n'est pas certain *(V. Fiche pratique n° 2181 : Identifier la lésion dans la vente d'immeuble)*. Suivant l'article 1675 du Code civil, il faut estimer l'immeuble (lors de la vente initiale) suivant son état et sa valeur au moment de la vente. Le prix de revente est donc un indice mais pas un élément de détermination de la valeur du bien au moment de la vente initiale. Et il faut prendre garde à bien comparer ce qui est comparable et partant, ne pas tenir compte des travaux et améliorations réalisés par l'acquéreur revendeur.

2849 Vérifications – Afin d'éviter ces situations, le tiers acquéreur a tout intérêt à vérifier la date d'acquisition de l'immeuble par son vendeur. Si cette vente a eu lieu depuis plus de 2 ans sans qu'aucune demande en justice ne soit intervenue, alors l'action en rescision n'est plus recevable. Si en revanche cette vente a eu lieu depuis moins de 2 ans, le tiers acquéreur devra procéder à davantage d'investigations. Il lui sera possible d'estimer, même approximativement, le prix actuel de l'immeuble et de le comparer avec celui qui avait été payé par son vendeur. Une différence importante permettra de révéler un risque que la vente initiale soit lésionnaire. Le tiers acquéreur pourra être informé d'une action en rescision par la consultation du fichier immobilier puisqu'une telle action doit être publiée *(D. n° 55-22, 4 janv. 1955, art. 28, 4, c)*. L'enjeu est de taille pour le vendeur lésé puisque l'action en rescision sera irrecevable devant les tribunaux si l'action n'a pas été publiée *(D. n° 55-22, 4 janv. 1955, art. 30, 5)*. Le vendeur lésé peut cependant régulariser cette publication en cours d'instance et même en appel. Il n'est pas utile pour le tiers acquéreur de faire publier son acte d'acquisition avant la publication de l'action en rescision puisque la publicité de l'action n'est pas nécessaire pour être opposable aux tiers *(D. n° 55-22, 4 janv. 1955, art. 30, 1)*.

Conseil pratique Face au risque de rescision pour lésion, l'idéal sera bien entendu d'obtenir du vendeur lésé qu'il renonce à exercer l'action en rescision. Une telle renonciation est possible du moment qu'elle est opérée après la conclusion du contrat *(C. civ., art. 1674)*. Si la renonciation ne peut pas être obtenue, il faut que le tiers acquéreur, avec l'accord de son vendeur, affecte tout ou partie du prix d'acquisition au paiement du « supplément du juste prix » afin d'être certain de pouvoir sauver la vente initiale. Si l'action en rescision n'est pas exercée durant les 2 années qui suivent la vente lésionnaire, il n'y aura plus aucun danger pour le tiers acquéreur. Mais même si l'action était exercée, il suffira à l'acheteur initial de verser le complément de prix grâce au prix de revente affecté à cette fin. La vente initiale sera alors sauvée et la revente de l'immeuble pérennisée.

2850 Opérations exclues – Certains actes excluent le risque d'une action :

- l'article 1706 du Code civil écarte l'action en présence d'un échange *(C. civ., art. 1706)* ;
- la vente qui comprend un aléa chasse la lésion ; c'est le cas du viager ou encore de la vente qui stipule une réserve d'usufruit, ou d'un droit d'usage et d'habitation ;
- l'article 1684 du Code civil exclut l'action lorsque la vente est réalisée par autorité de justice *(C. civ., art. 1684)* ; même de gré à gré, la vente des immeubles d'un débiteur en liquidation judiciaire exclut l'action car elle se réalise par autorité de justice ;
- lorsqu'il s'agit d'un partage, l'opération est soumise à l'action en complément de part des articles 889 à 892 du Code civil ;
- la nature mobilière des parts sociales soustrait l'opération de cession du champ d'application de l'action, qu'importe que ce soit une société civile immobilière.

Pour aller plus loin

- V. Gobin, De la date d'évaluation de la lésion en matière de vente : JCP N 1976, I, 2759
- H. Méau-Lautour, Aléa, lésion et vileté du prix : JCP N 1990, I, 301

III. Vente par une personne mariée ou pacsée

1° Vendeur marié

2851 La vente d'un immeuble par une personne mariée implique, dans certaines circonstances, le concours de son conjoint, alors même qu'elle avait acquis seule cet immeuble.

2852 Communauté d'acquêts – Si le vendeur est marié sous le régime de la communauté légale réduite aux acquêts, l'immeuble acquis dépend en principe de la communauté *(C. civ., art. 1401)*, sauf emploi ou remploi de biens propres. En conséquence, le consentement du conjoint peut être nécessaire, même s'il n'était pas intervenu à l'acte d'acquisition *(C. civ., art. 1424)*. À défaut, le conjoint qui n'aurait pas consenti à la vente du bien commun (ou ses héritiers) bénéficie d'une action en nullité qui se prescrit par 2 ans à compter du jour où il a eu connaissance de l'acte passé sans son consentement *(C. civ., art. 1427)*. Il est cependant prévu un délai butoir puisque, dans tous les cas, l'action en nullité ne peut être intentée plus de 2 ans après la dissolution de la communauté.

2853 Séparation de biens – Le fait que le vendeur soit marié sous le régime de la séparation de biens ou que l'immeuble acquis lui soit propre parce qu'il l'a par exemple reçu par donation (et en l'absence de clause d'entrée en communauté) n'exclut pas nécessairement que son conjoint n'ait pas à consentir à l'acte de vente.

Conseil pratique **Par exemple, si l'immeuble en vente constitue le logement de la famille, l'article 215 du Code civil impose le consentement du conjoint à l'aliénation. À défaut, le conjoint peut solliciter la nullité de la vente pendant l'année à compter de laquelle il en a eu connaissance, sans que cette action ne puisse être intentée plus d'un an après la dissolution du régime matrimonial.**

2854 Vérifications à opérer – Dans tous les cas où cela est nécessaire, il conviendra donc de s'assurer que le conjoint avait donné son consentement lors des ventes précédentes. À défaut, l'acquéreur court un risque d'éviction qu'il sera malaisé de juguler. En effet, et bien que les délais de prescription soient assez courts, rien ne peut exclure une action d'un conjoint dont le consentement à la vente n'aurait pas été recueilli, d'autant que, sauf dissolution du régime matrimonial, le point de départ des délais de 2 ans *(C. civ., art. 1427)* ou d'un an *(C. civ., art. 215)* est « glissant ».

Conseil pratique **Aussi, il conviendra de recueillir le consentement du conjoint ou, mais non sans risques, d'obtenir sa renonciation à agir en nullité de la vente qui a été passée en méconnaissance de son consentement. En ce sens, l'on peut introduire dans l'avant-contrat une condition suspensive de l'obtention du consentement du conjoint. À défaut, la vente n'est pas impossible mais présente un risque évident d'être remise en cause consécutivement à une action en nullité du conjoint dont le consentement a été méconnu. Dans ce cas, le notaire doit faire signer aux parties une reconnaissance de conseils donnés circonstanciés.**

2° Pacte civil de solidarité (PACS)

2855 Présomption d'indivision – Les partenaires liés par un pacte civil de solidarité conclu **avant le 1er janvier 2007** sont soumis à une présomption d'indivision pour les biens qu'ils ont acquis à titre onéreux après la conclusion du pacte. Ainsi, si l'un des partenaires a acquis un immeuble, il appartiendra pour moitié à l'autre partenaire quand bien même il ne serait pas intervenu lors de l'acte d'achat. Il est néanmoins possible de prévoir le contraire lors de cet acte.

2856 Séparation de biens – Tout au contraire, les partenaires ayant conclu un pacte civil de solidarité **depuis le 1er janvier 2007** sont soumis au régime de la séparation des biens *(C. civ., art. 515-5)* ; chacun conserve donc la propriété des biens qu'il acquiert. Néanmoins, ils peuvent prévoir autrement, en se soumettant à un régime d'indivision concernant tant les biens qu'ils achètent ensemble que séparément.

2857 Mention du pacte en marge de l'acte de naissance – En principe, la lecture du titre de propriété doit permettre de déterminer si l'acquéreur avait conclu un pacte civil de solidarité au jour de l'acquisition. En effet, tous les pactes enregistrés font l'objet d'une mention en marge de l'acte de naissance de chaque partenaire avec l'indication de l'identité de l'autre partenaire *(C. civ., art. 515-3-1)*. Il en va également ainsi de la modification et de la dissolution du pacte civil de solidarité *(C. civ., art. 515-7)*, sous la réserve que les pactes conclus avant le 1er janvier 2007 et dissous avant le 1er janvier 2008 ne font l'objet d'aucune mention. Sous cette réserve, de deux choses l'une :

- soit l'acte de naissance atteste que le partenaire, acquéreur, avait conclu **un pacte avant le 1er janvier 2007 au moment de l'acquisition** ; alors, il convient de vérifier si la présomption d'indivision, alors en vigueur, s'applique ou avait été écartée dans l'acte d'acquisition ; dans le premier cas, le partenaire doit intervenir comme covendeur de l'immeuble. À défaut, si tel n'a pas été le cas, l'acte pourrait être remis en cause par le partenaire, au détriment des acquéreurs subséquents ;

- soit l'acte de naissance atteste que le partenaire, acquéreur, a conclu un **pacte après le 1er janvier 2007 au moment de l'acquisition** ; dans ce cas les partenaires étant soumis au régime de séparation (ce que le titre devrait mentionner), aucun consentement du partenaire n'est requis lors de la revente. Il en va néanmoins différemment si les partenaires avaient opté dans le pacte ou s'ils avaient acquis le bien en indivision.

IV. Échange immobilier

2858 Risques liés à l'action en répétition – Lorsque le titre du vendeur est un contrat d'échange, l'acquéreur peut être évincé dans le cas où, notamment, le copermutant du vendeur exerce l'action en répétition ouverte par l'article 1705 du Code civil. En effet, le copermutant lui-même évincé de la chose reçue en vertu de l'échange a un choix ouvert par cette disposition. Il peut solliciter des dommages et intérêts ou répéter sa chose. Or, si le copermutant choisit cette dernière option, l'acquéreur risque d'être évincé, la publicité des droits ne le protégeant pas contre cette action en répétition à la différence de l'action résolutoire du vendeur d'immeuble pour non-paiement du prix qui ne peut être opposée en toutes circonstances à l'acquéreur.

2859 Renonciation à l'action en répétition – Pour écarter ce risque, il convient, si nécessaire, de faire renoncer le copermutant à cette action s'il n'y a déjà renoncé au moment de l'échange, aux termes de l'acte ou par acte séparé, de préférence, ce qui est assez fréquemment le cas afin précisément d'éviter que cette « menace » ne fasse obstacle à l'aliénation des immeubles provenant d'un échange *(Pour des formules, V. JCl. Notarial Formulaire, V° Échange, fasc. 15, par J.-F. Pillebout).*

Pour aller plus loin

Formules
- JCl. Notarial Formulaire, V° Pacte civil de solidarité, fasc. 45, par J.-F. Pillebout
- JCl. Notarial Formulaire, V° Vente d'immeuble, fasc. 215 (personnes mariées), par B. Magois et J.-F. Pillebout
- JCl. Notarial Formulaire, V° Vente d'immeuble, fasc. 485 (paiement du prix), par D. Montoux
- JCl. Notarial Formulaire, V° Vente d'immeuble, fasc. 655 (lésion)

Fiches pratiques
- Fiche pratique n° 2178 : Vente de l'immeuble hypothéqué, par Ch. Guilloteau-Palisse
- Fiche pratique n° 2958 : Vente amiable autorisée de l'immeuble saisi, par Ch. Guilloteau-Palisse
- Fiche pratique n° 1721 : Rédiger une vente d'immeuble, par M. Suquet-Cozic

Commentaires
- JCl. Notarial Formulaire, V° Pacte civil de solidarité, fasc. 10, par J.-F. Pillebout
- JCl. Notarial Formulaire, V° Pacte civil de solidarité, fasc. 20, par J.-F. Pillebout
- JCl. Notarial Formulaire, V° Vente d'immeuble, fasc. 210 (personnes mariées), par D. Montoux
- JCl. Notarial Formulaire, V° Vente d'immeuble, fasc. 450 (paiement du prix), par A. Pène et V. Zalewski-Sicard
- JCl. Notarial Formulaire, V° Vente d'immeuble, fasc. 650 (lésion), par S. Castagné et V. Zalewski-Sicard

Immeuble acquis par un acte à titre gratuit

I. Immeuble acquis par donation

2860 Lorsque le vendeur d'un immeuble l'a reçu par donation, l'acheteur doit se montrer vigilant pour éviter d'être évincé. Il existe effectivement un certain nombre de dispositions législatives pouvant conduire à l'éviction de l'acquéreur. Il en est d'ailleurs de même de certaines dispositions contractuelles.

1° Dispositions législatives

a) Survenance d'enfant

2861 Les donations sont irrévocables, mais il existe des exceptions. Lorsque le donateur n'avait pas d'enfant ou de descendant vivant au moment de la donation mais qu'il en survenait par la suite, même après son décès, alors la donation était révoquée de plein droit. Il s'agissait de respecter la volonté présumée du donateur qui n'aurait sans doute pas opéré la donation s'il avait eu un enfant ou un descendant au moment de la donation. Cette exception à l'irrévocabilité des donations n'avait toutefois pas un champ d'application absolu puisque les donations de biens présents ne sont pas révoquées par la survenance d'enfant lorsqu'elles sont faites entre époux *(C. civ., art. 1096, al. 3)*.

2862 Loi du 23 juin 2006 – Le régime de la révocation des donations en cas de survenance d'enfant a connu une évolution importante avec la loi n° 2006-728 du 23 juin 2006. La révocation ne peut avoir lieu désormais que si l'acte de donation le prévoit.

Les dispositions transitoires de la loi du 23 juin 2006 indiquent que ce nouveau régime est applicable aux successions ouvertes à compter de l'entrée en vigueur de la loi, soit le 1er janvier 2007, y compris si la donation a été consentie par le défunt antérieurement à cette date *(L. n° 2006-728, 23 juin 2006, art. 47)*.

Le régime antérieur peut donc trouver à s'appliquer dans l'hypothèse où le donateur est décédé avant le 1er janvier 2007. Le nouveau régime s'appliquera quant à lui si le décès a eu lieu après cette date ou encore si le donateur est toujours vivant.

2863 Donateur décédé avant le 1er janvier 2007 – Les donations faites par une personne qui n'avait pas d'enfant ou de descendant au moment de la donation étaient révoquées de plein droit en cas de survenance d'enfant, même si l'enfant naissait après le décès du donateur. Comme aujourd'hui, la révocation n'était toutefois pas possible dès lors que la donation était faite entre époux. La survenance d'enfant avait donc des conséquences particulièrement importantes puisque la donation était anéantie rétroactivement sans qu'une action en justice de la part du donateur ne soit nécessaire. Le donataire était considéré comme n'ayant jamais été propriétaire du bien qui revenait dans le patrimoine du donateur, libre de toutes charges et hypothèques du chef du donataire *(C. civ., art. 963 ancien)*. Le donataire-vendeur n'ayant jamais été propriétaire, il n'avait pu transmettre la propriété du bien à l'acquéreur qui était de plein droit dépossédé de celui-ci. Si le donataire ou le tiers acquéreur refusait de restituer le bien, il fallait que le donateur le revendique. La révocation pour survenance d'enfant était d'ordre public, il était donc inutile de stipuler, dans l'acte de donation, que les parties avaient entendu écarter cette révocation *(C. civ., art. 965 ancien)*. Il n'était pas non plus possible de confirmer la donation une fois l'enfant né.

2864 Prescription de l'action en révocation – Ce régime peut être appliqué aujourd'hui puisque le donataire, ses héritiers et ses ayants cause *« ne pourront opposer la prescription pour faire valoir la donation révoquée par la survenance d'enfant qu'après une possession de trente années, qui ne pourront commencer à courir que du jour de la naissance du dernier enfant du donateur, même posthume ; et ce sans préjudice des interruptions, telles que de droit » (C. civ., art. 966 ancien)*.

Il suffit donc que le décès du donateur soit intervenu avant le 1er janvier 2007 et que ce donateur ait eu un enfant postérieurement à la donation pour que cet ancien régime soit applicable sous réserve d'une possession de 30 années par le donataire, ses héritiers ou ayants cause, à partir de la naissance du dernier enfant du donateur.

2865 Évaluation et prévention du risque de révocation – La publicité foncière n'est ici d'aucun secours pour le tiers acquéreur qui ne pourra obtenir aucune information puisque cette cause légale de révocation n'est

pas soumise à publicité. Aucune action en justice n'est nécessaire et ne doit être publiée. Le tiers acquéreur ne pourra pas se prévaloir utilement de la publicité de son titre d'acquisition.
Pour évaluer le risque de devoir faire face à une action en revendication des héritiers du donateur, il est d'abord possible de s'informer sur l'existence d'enfant au jour de la donation ce qui est de nature à exclure la révocation pour cause de survenance d'enfant. À défaut, il faut ensuite vérifier si le donateur est décédé sans postérité. La vérification d'un acte de notoriété établi par un notaire après le décès permettra éventuellement d'écarter le risque de révocation. Il est enfin possible que le donataire, ses héritiers ou ayants cause soient restés en possession du bien donné pendant 30 années suivant la naissance du dernier enfant du donateur. Ces derniers pourront alors opposer la prescription pour sauver la donation *(C. civ., art 966 ancien)*.

2866 Donateur décédé après le 1er janvier 2007 ou toujours vivant – La révocation n'a plus lieu de plein droit. Elle est désormais soumise à deux conditions :
- l'acte de donation doit prévoir que la donation peut être révoquée en cas de survenance d'enfant *(C. civ., art. 960)* ;
- le donateur doit exercer une action en révocation qui se prescrit par 5 ans à compter de la naissance ou de l'adoption du dernier enfant *(C. civ., art. 966)*.

Désormais le donateur, et seulement lui, peut exercer une telle action qui doit être publiée au service chargé de la publicité foncière sous peine d'irrecevabilité *(D. n° 55-22, 4 janv. 1955, art. 28, 4, c)*. Mais il peut renoncer à exercer l'action en révocation à tout moment, que ce soit avant ou après la naissance de l'enfant *(C. civ., art. 965)*.
Il est inutile d'espérer pouvoir faire échec à la révocation en mettant en avant que l'enfant était dejà conçu au moment de la donation *(C. civ., art. 961)* ou encore que celui-ci est décédé lorsque l'action en révocation est exercée *(C. civ., art. 964)*. Et l'adoption en la forme plénière d'un enfant aura exactement le même effet que la naissance d'un enfant.

Conseil pratique **Idéalement, le donateur devra renoncer à cette action au moment de la revente du bien par le donataire.**

2867 Donation antérieure à 2006 – Lorsque le nouveau régime est applicable, la révocation devrait être impossible dès lors que la donation a eu lieu avant le 24 juin 2006, date de publication de la loi du 23 juin 2006. La raison en est simple. Pour pouvoir agir en révocation, il faut que cette possibilité soit prévue dans l'acte de donation. Or cette exigence issue de la loi du 23 juin 2006 ne pouvait être connue de la part de ceux ayant donné un immeuble avant la publication de cette loi. Ces donateurs se retrouvent donc privés de la possibilité d'agir en révocation et ne peuvent pas non plus profiter d'une révocation de plein droit puisqu'ils sont soumis au nouveau régime. Ce n'est pas le cas pour le donateur qui aurait inséré la clause nécessaire dans l'acte de donation après le 24 juin 2006 quand bien même cette loi n'était pas encore entrée en vigueur.

Pour aller plus loin

- J. Hauser, Révocation des donations pour survenance d'enfants : quelles donations et quels enfants ? : Defrénois 15 déc. 2001, n° 23, p. 1379
- L. Mauger-Vielpeau, La révocation pour cause de survenance d'enfant après la loi n° 2006-728 du 23 juin 2006 portant réforme des successions et des libéralités : JCP N 2007, n° 14, 1146

b) Réduction des donations excessives

2868 *« Les libéralités, directes ou indirectes, qui portent atteinte à la réserve d'un ou plusieurs héritiers, sont réductibles à la quotité disponible lors de l'ouverture de la succession » (C. civ., art. 920)*.
Une donation qui excède la portion disponible est donc sujette à réduction. Si le vendeur a reçu l'immeuble d'une telle donation excessive, il y a un risque d'éviction que le tiers acquéreur doit mesurer et réduire autant que possible.

2869 Réserve héréditaire – **Principe** – Certains héritiers bénéficient d'une réserve héréditaire qui correspond à la part des biens et droits successoraux dont la loi leur assure la dévolution libre de charges, s'ils sont appelés à la succession et s'ils l'acceptent *(C. civ., art. 912)*. Ce sont les descendants du défunt et, à défaut de descendants, le conjoint survivant *(C. civ., art. 913 et 914-1)*.
Quotité – L'importance de la réserve héréditaire varie selon le nombre et la qualité des héritiers réservataires. En présence d'un seul enfant, c'est la moitié des biens du défunt qui lui revient impérativement. Deux tiers des biens du défunt constitue la réserve en présence de deux enfants, trois quarts s'ils sont trois ou davantage *(C. civ., art. 913)*. En l'absence de descendants, l'éventuel conjoint non divorcé bénéficiera d'une réserve d'un quart des biens du défunt *(C. civ., art. 914-1)*.
Calcul – Pour déterminer quels sont les biens du défunt à prendre en compte dans le calcul de la réserve, il faut ajouter fictivement aux biens laissés par le défunt les biens dont il a été disposé par donation entre vifs *(C. civ., art. 922)*.

2870 Risque de réduction avant et après la loi du 23 juin 2006 – Une donation effectuée par le défunt est susceptible d'être réduite, en présence d'héritiers réservataires, dès lors que cette donation a dépassé la quotité disponible et a donc empiété sur la réserve héréditaire.

Il existe ainsi un risque de remise en cause de la donation effectuée par le défunt dans le souci de fournir aux héritiers réservataires ce qui leur est dû. Il ne sera ici d'aucun secours à l'acquéreur d'avoir publié son droit antérieurement à l'action en réduction. L'anéantissement rétroactif de la donation, dont la cause réside dans la loi, sera opposable au tiers acquéreur *(D. n° 55-22, 4 janv. 1955, art. 30, 1, al. 4)*. Lorsque le vendeur d'un immeuble l'avait reçu par donation, l'acquéreur doit ainsi mesurer et prévenir le risque de voir son acquisition remise en cause.
La loi du 23 juin 2006 a ici encore modifié sensiblement le régime de la réduction des libéralités. Le nouveau régime est applicable aux successions ouvertes depuis le 1er janvier 2007, peu important la date de la donation consentie par le défunt *(L. n° 2006-728, 23 juin 2006, art. 47)*. Il convient donc de distinguer selon que l'ouverture de la succession a eu lieu après le 1er janvier, auquel cas le nouveau régime de l'action en réduction est applicable, ou que l'ouverture de la succession a eu lieu antérieurement à cette date, ce qui implique l'application du régime antérieur.

2871 Donateur décédé avant le 1er janvier 2007 – La réduction ne conduira pas nécessairement à la remise en cause de la donation et subséquemment de la vente conclue par le donataire puisque celle-ci peut se faire en valeur. Il en est ainsi lorsque la donation a été faite à un successible ayant accepté la succession *(art. 866 et 924 anciens)*. Le donataire doit alors une indemnité de réduction aux réservataires pour les remplir de leurs droits. Mais la réduction peut aussi se faire en nature lorsque la donation a été adressée à un non-successible ou un héritier ayant renoncé à la succession. Dans l'hypothèse où le bien donné a été aliéné par le donataire, la réduction s'opère également en valeur. Le donataire doit donc indemniser les réservataires. Mais si ce donataire est insolvable, les réservataires pourront revendiquer le bien entre les mains du tiers acquéreur *(C. civ., art. 930, ancien, al. 1er)*.
La réduction peut entraîner l'anéantissement total ou partiel de la donation, en fonction de ce qui est nécessaire pour remplir l'héritier de ses droits réservataires. Si l'anéantissement est total, le donataire ou le cas échéant, le tiers acquéreur, perdra la propriété de l'immeuble. Si l'anéantissement est partiel, une indivision entre le donataire et l'héritier réservataire se créée.
Celui désirant acheter un bien immobilier doit donc se montrer particulièrement vigilant si son vendeur tient ses droits d'une donation.

2872 Nouveau délai de prescription inapplicable aux successions ouvertes avant le 1er janvier 2007 – Pour les donateurs décédés avant le 1er janvier 2007, il est essentiel de prendre en compte le délai pour agir en réduction. Avant la loi du 23 juin 2006, le délai d'action était le délai de droit commun de 30 ans après l'ouverture de la succession. Cette loi prévoit désormais que *« le délai de prescription de l'action en réduction est fixé à cinq ans à compter de l'ouverture de la succession, ou à deux ans à compter du jour où les héritiers ont eu connaissance de l'atteinte portée à leur réserve, sans jamais pouvoir excéder dix ans à compter du décès » (C. civ., art. 921, al. 2)*.
L'action doit être intentée dans les 5 ans suivant l'ouverture de la succession du donateur.
Mais si un héritier découvre l'atteinte à sa réserve au-delà de ces 5 années, il aura alors 2 années pour agir à compter de cette découverte. L'héritier réservataire peut donc agir postérieurement aux 5 années suivant l'ouverture de la succession mais sans jamais pouvoir agir 10 ans à compter du décès. Les dispositions transitoires de la loi du 23 juin 2006 précisent que le nouveau délai de prescription s'applique aux successions ouvertes à compter du 1er janvier 2007, même en ce qui concerne des libéralités consenties par le défunt avant cette date *(L. n° 2006-728, 23 juin 2006, art. 47)*. Il est donc clair que pour un donateur décédé avant cette date, le nouveau délai issu de la loi du 23 juin 2006 n'est pas applicable. La Cour de cassation l'a récemment confirmé, l'article 921, alinéa 2 du Code civil, dans sa rédaction issue de la loi du 23 juin 2006, n'est applicable « qu'aux successions ouvertes à compter de l'entrée en vigueur, le 1er janvier 2007, de la loi précitée » *(Cass. 1re civ., 22 févr. 2017, n° 16-11.961 : JurisData n° 2017-002800 ; JCP N 2017, n° 10, act. 325)*.

2873 Ancien délai de 30 ans applicable aux successions ouvertes avant le 1er janvier 2007 – Il faut en déduire que si le nouveau délai n'est pas applicable lorsque le donateur est décédé avant le 1er janvier 2007, les héritiers réservataires ont logiquement 30 années pour agir en réduction à compter de l'ouverture de la succession. Même aujourd'hui, il serait donc possible qu'une action en réduction soit intentée sur le fondement de l'ancienne réglementation.

2874 Réduction possible de l'ancien délai de 30 ans par la loi du 17 juin 2008 – La réforme de la prescription du 17 juin 2008 laisse planer un doute sur le délai d'action en réduction. Elle prévoit que le délai de prescription pour les actions personnelles ou mobilières est de 5 ans à compter du jour où le titulaire d'un droit a connu ou aurait dû connaître les faits lui permettant de l'exercer *(C. civ., art. 2224)*. La loi de 2008 pourrait donc avoir réduit la durée de la prescription des actions en réduction de 30 à 5 années.
L'article 2222 du Code civil prévoit qu'en cas de réduction de délai, le nouveau délai s'applique à compter de l'entrée en vigueur de la loi nouvelle, sans que la durée totale de la prescription ne puisse excéder l'ancien délai.
Mais encore faut-il que la loi du 17 juin 2008 soit applicable à des délais de prescription nés antérieurement à son entrée en vigueur, le 19 juin 2008. Ce point semble clairement réglé par les dispositions transitoires de cette loi *(L. n° 2008-561, 17 juin 2008, art. 26, II)*. Le législateur a donc visiblement opté pour l'application immédiate de la loi nouvelle aux délais de prescription en cours. Il faudrait donc en conclure que même pour les successions ouvertes avant le 1er janvier 2007, le délai d'action en réduction est précisément de 5 années à compter du 19 juin 2008. Il en résulterait la prescription de toutes les actions en réduction pour des successions ouvertes avant le 1er janvier 2007, sauf cause d'interruption ou suspension.
Cette analyse résulte des dispositions transitoires de la loi du 17 juin 2008 et paraît conforme à l'esprit de la loi du 23 juin 2006 ayant raccourci sensiblement le délai d'action en réduction.

2875 Maintien possible de l'ancien délai de prescription de 30 ans – Pourtant, il est possible de défendre une autre analyse *(Ch. Blanchard, Dr. & patr., n° 274, nov. 2017, p. 61)*. La loi du 17 juin 2008 ne saurait modifier les délais de prescription régis par des lois spéciales, sauf à l'avoir expressément prévu. C'est ce qui résulte de l'article 2223 du Code civil, créé par l'article 1er de la loi du 17 juin 2008 : *« les dispositions du présent titre ne font pas obstacle à l'application des règles spéciales prévues par d'autres lois »*. Or, la loi du 23 juin 2006 ayant adopté un nouveau délai de prescription est justement une règle spéciale. Les dispositions transitoires de cette loi ont d'ailleurs clairement prévu que le nouveau délai ne s'appliquerait pas pour les successions ouvertes avant le 1er janvier 2007. Il s'agissait donc bien, pour les auteurs du texte, de laisser perdurer l'ancien délai de 30 ans. Parce ce qu'il s'agit là de règles de prescription spéciales, la loi du 17 juin 2008 ne devrait avoir aucune influence. En ce sens, il a ainsi pu être défendu qu'« appliquer ici la loi de 2008 reviendrait tout simplement à lui faire enjamber la loi de 2006 et ses dispositions transitoires régissant spécialement la prescription de l'action en réduction » *(C. Blanchard, préc.)*. Il est vrai à ce titre que si la loi spéciale du 23 juin 2006 a souhaité maintenir le délai de 30 ans aux successions ouvertes avant le 1er janvier 2007, il serait assez surprenant de permettre à la loi plus générale du 17 juin 2008 de changer ce délai. Si ce dernier système était retenu, le délai de 30 ans à compter de l'ouverture de la succession laisserait aux héritiers réservataires la possibilité d'agir en réduction.

2876 Appréciation du risque de réduction – Une décision de la Cour de cassation traitant de cette question serait donc la bienvenue.

Remarque Dans l'attente, le risque de subir les conséquences d'une action en réduction pour une succession ouverte avant le 1er janvier 2007 existe bel et bien. Il convient donc de pouvoir apprécier ce risque ce qui passe par l'examen d'un certain nombre d'éléments factuels. Il va de soi que si le donateur ne laisse aucun héritier réservataire ou encore que le donataire est le seul héritier réservataire, il n'y aura aucun risque de réduction. Cette vérification pourra s'opérer par la production d'un acte de notoriété établi par un notaire après le décès du donateur. Il en est de même lorsque la succession du donateur a été liquidée et qu'il est apparu qu'aucun empiétement sur la réserve n'était à déplorer. En outre, même à retenir un délai d'action de 30 ans à partir de l'ouverture de la succession, aucune action en réduction n'est à craindre pour un donateur décédé il y a plus de 30 ans.

À noter qu'en cas de donation-partage, *« l'action en réduction ne peut être introduite qu'après le décès de l'ascendant qui a fait le partage ou du survivant des ascendants en cas de partage conjonctif. Elle se prescrit par cinq ans à compter dudit décès »* (art. 1077-2, ancien, al. 2).

Conseil pratique **Dans les autres situations, le risque existe et peut être mesuré, notamment, par l'appréciation de l'importance de l'objet de la donation compte tenu du patrimoine du donateur, du nombre d'héritiers réservataires, de la qualité de successible ou non du donataire et de sa solvabilité s'il est successible. Il faut également se demander si la donation a été faite en avance de part successorale ou hors part successorale ou encore quelle est l'ancienneté de la donation par rapport aux autres donations effectuées par le donateur.**

2877 Donateur décédé après le 1er janvier 2007 ou toujours vivant – C'est le nouveau régime issu de la loi du 23 juin 2006 qu'il convient d'appliquer pour les successions ouvertes à compter du 1er janvier 2007 et naturellement celles qui ne sont pas encore ouvertes. Les nouvelles dispositions favorisent incontestablement la pérennité des donations susceptibles d'empiéter sur la réserve héréditaire.
- le nombre des héritiers réservataires a diminué puisque les ascendants du défunt n'en font plus partie *(C. civ., art. 916 nouveau)*
- le délai d'action en réduction a été sensiblement réduit *(C. civ., art. 921, al. 2)*.
- le principe de la réduction en valeur est institué.

Le donataire, qu'il soit successible ou non successible, doit indemniser les héritiers réservataires à concurrence de la portion excessive de la libéralité, quel que soit cet excédent *(C. civ., art. 924)*. Il ne peut opter pour la réduction en nature que sous certaines conditions *(C. civ., art. 924-1)*. Ce n'est qu'après discussion préalable des biens du donataire et en cas d'insolvabilité de ce dernier qu'il sera possible d'exercer l'action en réduction contre le tiers acquéreur, et cela de la même manière que contre le donataire lui-même *(C. civ., art. 924-4)*. Cela signifie que là encore, la réduction se fait en principe en valeur, ce qui n'exclut pas le risque d'éviction du tiers acquéreur.

Pour aller plus loin

- C. Fénardon, Les fruits et intérêts dans le rapport et la réduction : JCF N 2008, n° 40, 1300
- F. Sauvage, L'opposabilité au réservataire de l'hypothèque constituée par le donataire : Defrénois 15 juill. 2007, n° 13, p. 997
- B. Vareille, Nouveau rapport, nouvelle réduction : D. 2006, p. 2565

2878 Intervention à l'acte des héritiers réservataires – Avant comme après la loi du 23 juin 2006, l'action en réduction ne pourra plus être exercée à l'encontre du tiers acquéreur si le donateur et tous les héritiers réservataires présomptifs nés et vivant au moment de la vente ont consenti à l'aliénation *(C. civ., art. 924-4, al. 2 et 930 ancien)*. Ce consentement à l'aliénation est particulièrement efficace pour le tiers acquéreur qui sera à l'abri de la réduction même en cas de naissance d'un nouvel héritier réservataire postérieurement à la date où tous les consentements ont été recueillis.

Pour bénéficier de ces consentements à l'aliénation, il faut identifier les personnes dont le consentement est requis. Il en est ainsi du donateur mais uniquement s'il est vivant au jour de l'aliénation. Quant aux héritiers réservataires présomptifs, il est possible d'utiliser un acte de notoriété, dressé par un notaire, pour déterminer quels sont les héritiers. Si le donateur est décédé, *« il est fait mention de l'existence de l'acte de notoriété en marge de l'acte de décès » (C. civ., art. 730-1, al. 5)*. Si le donateur est toujours vivant, il faut que les héritiers intervenant à l'acte de vente déclarent être les seuls héritiers réservataires. Il faut également exiger du donataire vendeur qu'il demande le dressement d'un tel acte.

Remarque Le donateur, s'il est toujours vivant, ainsi que les héritiers réservataires, consentent à l'aliénation de l'immeuble mais ne renoncent pas à exercer l'action en réduction. Ils pourront toujours agir contre le donataire mais pas contre le tiers acquéreur, ce qui leur fait supporter le risque d'insolvabilité du donataire *(C. civ., art. 924-4)*.

En pratique **Le notaire examinant le titre de propriété du vendeur s'efforcera donc de recueillir le consentement des héritiers réservataires. L'idéal est bien entendu d'avoir recueilli ces consentements dès l'avant-contrat précédant la vente immobilière. Dans l'attente, il est conseillé de stipuler dans l'avant-contrat que la vente est conclue sous condition suspensive de l'obtention des consentements au plus tard au jour de la réalisation de l'acte de vente.**

2879 Consentement dans l'acte de donation – Le consentement à l'aliénation éventuelle du bien donné par le donateur peut être recueilli dans l'acte de donation lui-même.

Pour aller plus loin

- V. Galhaud, L'article 924-4 et la vente : présentation de cas pratiques : JCP N 2016, n°48, 1326

Formule – Consentement des héritiers dans l'acte de donation

Cette formule est extraite du JurisClasseur Notarial Formulaire *(JCl. Notarial Formulaire, V° Donation entre vifs, fasc. 15, par D. Montoux)*.

Consentement à l'aliénation du bien donné
Intervention des héritiers présomptifs du donateur

À l'instant, interviennent :
[...]
Identification des cohéritiers du donataire.

Le donateur et M......., Mme...... et M......., intervenants, donnent dès à présent leur consentement, chacun en ce qui le concerne et en pleine connaissance de cause, à toute aliénation du bien donné à laquelle le donataire pourra procéder, voulant que par l'effet de ce consentement, et conformément aux dispositions de l'article 924-4 du Code civil, l'action en réduction ne puisse alors être exercée contre le tiers bénéficiaire de l'aliénation.

2880 Renonciation anticipée à l'action en réduction – *Tout héritier réservataire présomptif peut renoncer à exercer une action en réduction dans une succession non ouverte. Cette renonciation doit être faite au profit d'une ou de plusieurs personnes déterminées. La renonciation n'engage le renonçant que du jour où elle a été acceptée par celui dont il a vocation à hériter (C. civ., art. 929).*

Bien que très encadrée, cette renonciation à l'action en réduction peut concerner une atteinte portant sur la totalité de la réserve ou une partie seulement. Elle peut aussi être relative à la réduction d'une libéralité portant sur un bien déterminé. Si une telle renonciation est de nature à rassurer le tiers acquéreur, le risque de réduction n'est pourtant pas inexistant pour autant. Tous les héritiers réservataires n'ont pas forcément opéré de renonciation et la renonciation peut être révoquée dans certaines situations. L'auteur de la renonciation peut ainsi la révoquer si celui dont il a vocation à hériter ne remplit pas ses obligations alimentaires envers lui ou encore si au jour de l'ouverture de la succession, il est dans un état de besoin qui disparaîtrait s'il n'avait pas renoncé à ses droits réservataires. La révocation de la renonciation peut également avoir lieu lorsque son bénéficiaire s'est rendu coupable d'un crime ou d'un délit contre l'auteur de la renonciation *(C. civ., art. 930-3)*.

Pour aller plus loin

- I. Dauriac, La renonciation anticipée à l'action en réduction : D. 2006, p. 2574
- N. Levillain, La renonciation anticipée à l'action en réduction : JCP N 2006, n° 45, 1349
- F. Sauvage, La renonciation anticipée à l'action en réduction : AJ fam. 2006, p. 355
- B. Vareille, Portée liquidative de la renonciation anticipée à l'action en réduction : attention, danger ! : Defrénois 2008, 159

- A. Delfosse, J.-F. Péniguel, Le volet fiscal de la réforme des successions et des libéralités : JCP N 2007, n° 3, 1016
- F. Fruleux, Le volet fiscal de la réforme des successions et des libéralités : JCP N 2007, n° 5, 1048
- V. Zalewski, La renonciation anticipée à l'action en réduction : imputation et/ou réduction ? : Defrénois 2007, 1587

c) Ventes entre parents et descendants

2881 *« La valeur en pleine propriété des biens aliénés, soit à charge de rente viagère, soit à fonds perdus, ou avec réserve d'usufruit à l'un des successibles en ligne directe, est imputée sur la quotité disponible. L'éventuel excédent est sujet à réduction. Cette imputation et cette réduction ne peuvent être demandées que par ceux des autres successibles en ligne directe qui n'ont pas consenti à ces aliénations » (C. civ., art. 918).* Cela signifie que certaines ventes conclues entre parents et enfants seront regardées comme des donations, avec le risque d'une action en réduction de la part des héritiers réservataires.

Cette présomption de gratuité édictée par l'article 918 du Code civil a été jugée conforme à la Constitution *(Cons. const., 1er août 2013, n° 2013-337 QPC : JurisData n° 2013-016269 ; JCP N 2013, n° 36, act. 879 ; Dr. famille 2013, comm. 142, F. Collard)*.

2882 Domaine – Sont concernées la vente à charge de rente viagère, la vente avec réserve d'usufruit et la vente à fonds perdus dans laquelle le prix correspond à des prestations à la charge de l'acquéreur qui s'éteignent au décès du vendeur. Le bail à nourriture, dans lequel l'acquéreur s'engage à nourrir et entretenir le créancier est une vente à fonds perdus. Quand de telles ventes sont consenties à des descendants, elles sont présumées de manière irréfragable être des donations. Toutefois, l'article 918 du Code civil est interprété strictement. Alors que la vente avec réserve d'usufruit est regardée comme une donation, il n'en est rien lorsque le vendeur s'est réservé un simple droit d'usage et d'habitation. En outre, la présomption ne joue pas non plus en cas de vente à charge de rente viagère à une société civile immobilière dont un héritier réservataire est associé à hauteur de 20 % du capital *(Cass. 1re civ., 30 sept. 2009, n° 08-17.411 : JurisData n° 2009-049667 ; Dr. famille 2009, comm. 143, note B. Beignier ; JCP N 2009, 1340, note J.-P. Garçon ; Bull. Joly Sociétés 2010, p. 233, obs. N. Mathey. – N. Bargue, De quelques difficultés d'application de l'article 918 du Code civil : Defrénois 2010, art. 39055)*.

2883 Conditions d'application – Le risque de réduction pour le tiers acquéreur n'est présent que s'il existe d'autres successibles en ligne directe qui n'ont pas consenti à ces aliénations. Si de tels héritiers existent et qu'ils se prévalent de cette présomption de gratuité, le risque que la propriété du tiers acquéreur soit remise en cause est le même que si son vendeur avait véritablement acquis l'immeuble par donation.

Remarque Il sera souhaitable, lors de l'acquisition d'un tel immeuble ou postérieurement, d'obtenir le consentement des autres successibles.

Pour aller plus loin

- N. Bargue, De quelques difficultés d'application de l'article 918 du Code civil : Defrénois 2010, 165

d) Révocation pour ingratitude

2884 L'ingratitude du donataire peut conduire à la révocation de la donation effectuée par le donateur mais seulement dans des circonstances exceptionnelles.

Trois situations sont visées par l'article 955 du Code civil :

- le donataire a attenté à la vie du donateur ;
- il s'est rendu coupable envers lui de sévices, délits ou injures graves ;
- il lui refuse des aliments.

Remarque Ces comportements doivent être postérieurs à la donation. Il serait donc inutile de se prévaloir de comportements antérieurs quand bien même ils auraient été connus du donateur après la donation *(Cass. 1re civ., 9 janv. 2008, n° 06-20.108 : JurisData n° 2008-042170 ; Bull. civ. I, n° 3 ; JCP N 2008, n° 4, act. 168)*.

En présence de l'un de ces comportements, la révocation n'aura pas lieu de plein droit mais devra être demandée au juge par le donateur *(C. civ., art. 956)* dans le délai d'un an *« à compter du jour du délit imputé par le donateur au donataire, ou du jour que le délit aura pu être connu par le donateur » (C. civ., art. 957)*. L'idée est qu'au-delà d'une année, il faut considérer que le donateur a accordé son pardon.

2885 Point de départ de la prescription – La détermination du point de départ de la prescription de cette action n'est pas évidente. Il est opportun de considérer que quel que soit le comportement du donataire, le délai d'un an ne commence à courir qu'à compter du moment où la réalité de ce comportement ne fait plus aucun doute. En cas d'infraction pénale, il faut attendre la décision judiciaire de condamnation du donataire. Encore faut-il que l'action pénale ne soit pas exercée après le délai d'un an *(Cass. 1re civ., 18 déc. 2013, n° 12-26.571 : JurisData n° 2013-029968 ; JCP N 2014, n° 1-2, act. 124)*.

Il convient donc d'attendre la condamnation pénale établissant la réalité des faits reprochés au donataire mais de ne pas tarder à solliciter le juge puisqu'il doit l'être dans l'année suivant la survenance des faits reprochés au gratifié.

En revanche, lorsqu'une décision de justice n'est pas nécessaire à l'établissement de la réalité des faits reprochés au donataire, le délai court à compter de la connaissance par le donateur de ces faits. C'est ainsi dès l'action aux fins d'expulsion dirigée par le donataire à l'encontre du donateur que le délai d'un an commence à courir *(Cass. 1re civ., 20 mai 2009, n° 08-14.761 : JurisData n° 2009-048223 ; Bull. civ. I, n° 97)*. Mais il en est ainsi parce que le comportement reproché a un caractère instantané. Il n'en serait pas de même en cas de comportement ayant un caractère continu, comme l'adultère du mari qualifié d'injures graves au sens de l'article 955 du Code civil *(Cass. 1re civ., 19 mars 1985, n° 84-10.237 : Bull. civ. I, n° 99. - Cass. 1re civ., 25 oct. 2017, n° 16-21.136)*.

Conseil pratique **Point important pour le tiers acquéreur désireux de savoir si la donation est susceptible d'être remise en cause, le délai de prescription de l'action en révocation de donation pour cause d'ingratitude édicté par l'article 957, alinéa 1er du Code civil n'est susceptible ni de suspension, ni d'interruption.**

2886 **Publicité de l'action en révocation nécessairement antérieure à la vente** – Le risque que la vente opérée par le donataire ingrat soit remise en cause est en réalité très limité. En effet, la révocation de la donation pour cause d'ingratitude n'aura aucune influence sur l'aliénation effectuée par le donataire dès lors que l'aliénation aura eu lieu avant la publication, au fichier immobilier, de la demande en révocation *(C. civ., art. 958)*. La demande en révocation doit donc être publiée au service chargé de la publicité foncière, tout comme le jugement prononçant la révocation *(D. n° 55-22, 4 janv. 1955, art. 28, 4, c et d)*.

Il suffit pour le tiers acquéreur de consulter le fichier immobilier pour s'assurer qu'aucune action en révocation n'a été engagée pour faire l'acquisition du bien immobilier en toute sécurité. Il n'est d'ailleurs pas nécessaire que la vente soit publiée avant la publication de l'action en révocation. Il ne s'agit donc pas d'une course à la publication entre le donateur et le tiers acquéreur, mais simplement de ne sanctionner que le donataire ingrat et pas le tiers acquéreur. En cas de révocation, le donataire ayant aliéné l'immeuble devra donc une indemnité au donateur *(C. civ., art. 958)*.

Conseil pratique **La révocation pour ingratitude n'emporte aucun risque pour le tiers acquéreur si, lors de son acquisition, aucune action en révocation n'a été publiée au fichier immobilier. Dans l'attente de la conclusion de la vente, il est également possible de chercher à obtenir la renonciation du donateur à l'exercice de cette action.**

Pour aller plus loin

Formules
- JCl. Notarial Formulaire, V° Donation entre vifs, fasc. 15 (consentement à l'aliénation), fasc. 55 (révocation, résolution), par D. Montoux
- JCl. Notarial Formulaire, V° Vente d'immeuble, fasc. 565 (immeuble provenant d'une donation), par D. Montoux

Commentaires
- JCl. Notarial Formulaire, V° Donation entre vifs, fasc. 50 (révocation, résolution), par D. Montoux
- JCl. Notarial Formulaire, Synthèse 510, Donation entre vifs, par P. Lalanne, Synthèse 1440, Vente d'immeuble, préparation de l'acte, par V. Zalewski-Sicard
- JCl. Notarial Formulaire, V° Vente d'immeuble, fasc. 310 (vente à successible), par D. Montoux
- JCl. Notarial Formulaire, V° Vente d'immeuble, fasc. 560 (immeuble provenant d'une donation), par D. Montoux

Fiches pratiques
- Fiche pratique n° 1721 : Rédiger une vente d'immeuble, par M. Suquet-Cozic
- Fiche pratique n° 1783 : Rédiger une renonciation anticipée à l'action en réduction, par N. Levillain

Revues
- J. Revel, La révocation des donations pour refus d'aliments : RTD. civ. 1979, p. 276

e) Donations entre époux

2887 La législation relative aux donations de biens présents entre époux, c'est-à-dire de biens dont le donateur est le propriétaire actuel, a connu une évolution importante avec la loi n° 2004-439 du 26 mai 2004 et la loi n° 2006-728 du 23 juin 2006. Il convient de distinguer selon que la donation a été effectuée avant le 1er janvier 2005 ou après.

2888 **Donation effectuée avant le 1er janvier 2005** – Si la donation de biens présents entre époux a été opérée avant le 1er janvier 2005, elle est librement révocable *(C. civ., ancien art. 1096)*.

2889 **Libre révocation des donations entre époux** – L'époux donateur pouvait donc opérer cette révocation discrétionnairement, de manière expresse ou tacite. Le divorce des époux avait des incidences variables selon la procédure empruntée et l'attitude fautive de l'époux donataire. Les époux restaient libres de révoquer ou non les donations effectuées (V. les articles 268 ancien, 268-1 ancien, 267-1 ancien du Code civil) sauf dans deux hypothèses où l'un des époux perdait de plein droit toutes les donations consenties par le conjoint :

- en cas de divorce pour rupture de la vie commune, pour l'époux qui avait pris l'initiative du divorce *(C. civ., art. 269 ancien)* ;

– en cas de divorce contentieux, lorsque le divorce était prononcé aux torts exclusifs d'un époux *(C. civ., art. 267 ancien)*.

Les donations de biens présents faites entre époux avant le 1er janvier 2005 demeurent révocables dans les conditions prévues par l'article 1096 du Code civil dans sa rédaction antérieure à cette date *(L. n° 2006-728, 23 juin 2006, art. 47, III)*. Autrement dit, une telle révocation est toujours susceptible d'avoir lieu aujourd'hui du moment que les époux sont toujours mariés.

2890 Nullité des donations déguisées entre époux – Quant aux donations déguisées consenties avant le 1er janvier 2005, elles sont nulles conformément à l'ancien article 1099, alinéa 2. Là encore, la demande en nullité peut survenir bien après la réalisation de l'acte mais par hypothèse, il est plus difficile pour les tiers d'anticiper ce risque.

2891 Publicité de l'action en révocation – Qu'il s'agisse d'une demande en révocation d'une donation ou en nullité d'une donation déguisée, elle devra être publiée au registre de la publicité foncière *(D. n° 55-22, 4 janv. 1955, art. 28, 4, c)*. Sous cette condition, elle sera opposable au tiers acquéreur alors même qu'il aurait publié son droit *(D. n° 55-22, 4 janv. 1955, art. 30, 1)*.

Le tiers évincé pourra tout de même demander des dommages et intérêts s'il prouve qu'il a subi un préjudice en raison soit du défaut de publication avant l'expiration du délai légal, soit de la publicité incomplète ou irrégulière d'un des actes visés aux 3° à 9° de l'article 28 *(D. n° 55-22,4 janv. 1955, art. 30, 4)*.

Pour aller plus loin

- P. Berthet, La révocation des donations entre époux : LPA 1er févr. 2000, n° 22, p. 8
- P. Buffeteau, Réflexions sur les articles 1096 du Code civil et L. 132-9 du Code des assurances : JCP N 1998, n° 44, p. 1578

2892 Donations consenties après le 1er janvier 2005 – La libre révocabilité des donations de biens présents entre époux s'expliquait sans doute, initialement, par la volonté de protéger l'épouse contre un mari qui pouvait être tenté de lui imposer certaines donations de ses biens. Progressivement cependant, cette libre révocabilité n'est plus apparue comme justifiée. C'est ainsi qu'elle fut supprimée par la loi du 26 mai 2004 relative au divorce. Les donations de biens présents prenant effet pendant le mariage sont donc irrévocables (sauf révocation due à un cas d'ingratitude ou d'inexécution des charges) et le divorce des époux est sur ce point sans influence.

Remarque Il n'est même pas possible de prévoir une clause dans l'acte de donation selon laquelle celle-ci sera révoquée en cas de divorce, au moins d'après une décision critiquée *(Cass. 1re civ., 14 mars 2012, n° 11-13.791 : JurisData n° 2012-004171 ; JCP N 2012, n° 15, 1182, note crit. Cl. Brenner ; Defrénois 2012, art. 40562, p. 893, n° 18, note Ch Donzel-Tabouco)*.
Il n'existe donc plus aucun risque spécifique dès lors que la donation a eu lieu après le 1er janvier 2005.

2893 Libre révocation des donations de biens présents ne prenant pas effet pendant le mariage – Il en est autrement pour des donations de biens présents ne prenant pas effet pendant le mariage puisqu'elles demeurent librement révocables (interprétation *a contrario* de l'article 1096, alinéa 2). Il s'agit de donations à terme, le terme pouvant être le décès du donateur. Tel est le cas de la clause de réversibilité d'usufruit. Le donateur consent la donation, mais retient l'usufruit en prévoyant qu'à son décès, l'usufruit sera transféré au conjoint. Ce n'est qu'au décès dudit conjoint que le donataire deviendra plein propriétaire.

Le donataire n'entrant pas en possession de l'immeuble avant la mort du conjoint, événement à partir duquel la donation ne pourra plus être révoquée, il existe par hypothèse peu de risque que la révocation préjudicie à un tiers acquéreur.

Pour aller plus loin

- B. Beignier, M. Nicod, Donations entre époux : d'un droit à l'autre : Defrénois 2005, 265
- C. Brenner, Brèves observations sur la révocation des donations entre époux après la loi du 26 mai 2004 relative au divorce : Defrénois 2005, 93
- J.-G. Mahinga, Les libéralités entre époux après la loi n° 2004-439 du 26 mai 2004 réformant le divorce : JCP G 2005, n° 4, doctr. 104
- S. Piedelièvre, L'aménagement des libéralités entre époux par la loi du 26 mai 2004 : D. 2004, p. 2512
- L.-F. Pignarre, Révocation des gratifications consenties entre époux : présentation pratique : RLDC 2012/96, n° 4788
- J.-F. Pillebout, Les opérations financières conjugales après la réforme du divorce. Nouvelles règles du jeu en matière de libéralités entre époux : JCP N 2006, n° 7, 1070
- J.-L. Puygauthier, Les libéralités et les avantages matrimoniaux après la réforme du divorce du 26 mai 2004 : JCP N 2004, 1538 et 1548
- D. Vigneau, Donations entre époux : quel droit ? : D. 2005, p. 980

2° Risque d'éviction généré par des dispositions contractuelles

2894 Un certain nombre de clauses ont un impact sur le titre de propriété du donateur. En ce qu'elles peuvent le fragiliser, elles peuvent conduire à précariser la situation de l'acquéreur.

a) Clauses d'interdiction d'aliéner.

2895 Généralités sur la clause d'interdiction d'aliéner – Une clause d'interdiction d'aliéner (et ou d'hypothéquer) peut être insérée dans une donation ou l'être dans un acte distinct et postérieur.
Cette clause, en ce qu'elle déroge au droit de disposer du propriétaire *(C. civ., art. 544)*, est nécessairement limitée dans le temps, doit être temporaire, et justifiée par un intérêt sérieux et légitime *(C. civ., art. 900-1)*. Souvent, stipulée dans l'intérêt du donateur, il ne faut pas exclure qu'une clause d'inaliénabilité soit prévue en faveur d'un donataire ; dans ces deux cas, elle sera alors le plus souvent stipulée pour la durée de la vie du bénéficiaire. Quoi qu'il en soit, il existe plusieurs risques encourus par un éventuel sous-acquéreur.

2896 Nullité, sanction de la violation d'une clause d'interdiction d'aliéner – La sanction encourue en cas de violation d'une clause d'inaliénabilité est la nullité de l'acte violant la clause. S'agissant d'une nullité relative, elle ne pourra être invoquée que par celui en faveur duquel elle est stipulée *(C. civ., art. 1181)*. Mais, et pour la même raison, celui-ci pourra renoncer à invoquer cette nullité de protection *(C. civ., art. 1181, al. 2)*.

Remarque Si la clause a été stipulée au profit du donataire, celui-ci ne devrait pas pouvoir solliciter la nullité de la vente qu'il a lui-même consentie (quand bien même était-il le bénéficiaire de la clause), devant, par ailleurs, garantir l'acquéreur. En revanche, l'on devrait dans ce cas admettre l'action du donateur.

2897 Révocation de la donation, sanction de la violation d'une clause d'interdiction d'aliéner – Le donateur peut solliciter la révocation de la donation, notamment, pour inexécution des charges et conditions : dans cette hypothèse, la révocation de la donation prive le donataire de son droit de propriété.
Cela entraîne mécaniquement l'anéantissement des ventes consécutives, le disposant pouvant reprendre le bien donné entre les mains du tiers acquéreur.

2898 Obtention d'une autorisation de vendre – La clause d'interdiction d'aliéner, qui constitue une charge de l'immeuble, est soumise à publicité *(D. n° 55-22, 4 janv. 1955, art. 28, 2)*. Elle sera donc révélée par la publication qui en aura été faite.
En conséquence, à défaut que le donataire puisse librement céder le bien affecté d'une clause d'inaliénabilité, sauf à violer son engagement, il convient de mettre un terme à cette clause avant que l'acte définitif soit signé. Il s'agira donc dès l'avant-contrat de prévoir une condition suspensive de l'obtention d'une autorisation de vendre.

2899 Conditions suspensives – L'avant-contrat peut être conclu sous la condition suspensive de l'obtention du consentement du donateur, à moins qu'il ait déjà pu être recueilli. Il s'agira non, à proprement parler d'un consentement à la vente, à laquelle il est tiers, mais si elle a été stipulée dans son intérêt, d'une renonciation à l'interdiction d'aliéner. Son consentement pourrait, éventuellement, être tacite, mais non équivoque.

Attention **Il conviendra de préférer une renonciation expresse.**

La vente peut aussi être consentie sous la condition suspensive de l'obtention d'une autorisation judiciaire de vendre. Car si l'intérêt qui a justifié la clause a disparu ou s'il y a un intérêt supérieur qui l'exige *(C. civ., art. 900-1)*, il est possible de solliciter une autorisation aux fins de vendre (comp. pour les libéralités consenties à des personnes morales, *Cass. 1re civ., 23 janv. 2008, n° 06-16.120, F-P+B : JurisData n° 2008-042509 ; JCP G 2008, IV, 1340, n° 8 ; Dr. famille 2008, comm. 44, B. Beignier)*.

b) Clause de rapport en nature

2900 Rapport en nature, exception – Le principe est que le rapport se fait en valeur *(C. civ., art. 858)* : le donataire conserve alors la propriété de l'immeuble donné et rapporte à la succession la valeur de ce bien. Néanmoins il est possible que le rapport ait lieu en nature. Dans certains cas, le donataire souhaitera rapporter en nature le bien donné. L'article 859 du Code civil lui reconnaît cette faculté dès lors que le bien donné lui appartient encore et à la condition qu'il soit libre de toute charge ou occupation dont il n'aurait pas été grevé à l'époque de la donation. Dans d'autres cas, l'acte de donation exigera un rapport en nature, ainsi que le réserve expressément l'alinéa 2 de l'article 858 du Code civil selon lequel le rapport *« ne peut être exigé en nature, sauf stipulation contraire de l'acte de donation »*.

2901 Rapport en nature et effet résolutoire – Le bien donné doit être réintégré dans la masse indivise à partager. En conséquence de quoi le droit de propriété du donataire se trouve anéanti et, en conséquence, les droits réels consentis par le donataire s'éteignent par le fait du rapport : *« les aliénations et constitutions de* *droits réels consenties par le donataire s'éteindront par l'effet du rapport à moins que le donateur n'y ait consenti » (C. civ., art. 858, al. 3)*. En d'autres termes, le rapport en nature a un effet résolutoire.

2902 Nécessaire anticipation du concours à la vente du donateur – La clause de rapport en nature étant nécessairement révélée puisqu'elle est publiée au fichier immobilier en même temps que l'acte, il faut anticiper le concours du donateur à la vente afin d'éviter tout risque de mise en cause des droits du donataire et des acquéreurs successifs. À moins que la clause de rapport en nature l'exclut en cas d'aliénation, il s'agit ainsi d'obtenir que le donateur consente à ce que le rapport se fasse en valeur et non en nature, ainsi que le prévoit expressément l'article 858, alinéa 3, *in fine* du Code civil (« ... à moins que le donateur n'y ait consenti »).
Pour cela, à défaut d'avoir obtenu la certitude de ce consentement dès l'avant-contrat, ce consentement pourra être érigé en condition suspensive de la vente à venir. Dans tous les cas, le consentement du donateur sera de préférence recueilli dans l'acte de vente auquel le donateur interviendra ainsi expressément. En effet, s'il est recueilli trop tôt, il existe un risque que, les circonstances ayant changé entre le moment où il a été donné et l'acte, le donateur se prévale de ce changement pour remettre en cause son consentement. Inversement, l'on peut envisager qu'il soit donné sous la forme authentique postérieurement à l'aliénation. Mais, alors, au moment de la vente, l'incertitude est pleine et entière.

2903 Vente postérieure au décès du donateur – Dans le cas où le donateur est décédé au jour de la vente, il doit être vérifié qu'il résulte des actes de liquidation et de partage que l'immeuble rapporté en nature figure dans le lot du donataire.

c) Clause de retour conventionnel.

2904 Clause de retour conventionnel, condition résolutoire – Une clause de retour conventionnel peut être stipulée dans une donation. Par cette clause, les biens immobiliers donnés feront retour au donateur en cas de prédécès du donataire ou, éventuellement, de prédécès des donataires et de ses descendants *(C. civ., art. 951)*. Elle emprunte à la technique de la condition résolutoire : le prédécès du donataire ou du donataire et de ses descendants est un événement futur et incertain. Sa survenance entraîne la résolution rétroactive de la donation qui aura produit ses pleins effets jusqu'à cette date.

2905 Renonciation par le donateur à la clause de retour – Lorsque l'immeuble grevé de la clause est vendu par le donateur il y a un risque d'éviction pour le tiers acquéreur, car si décès du donateur devait survenir ses droits seront rétroactivement anéantis et, par ricochet, ceux de l'acquéreur. Il ne pourrait en aller autrement que si le donateur renonçait à ce retour conventionnel en cas de prédécès.
Cette renonciation, idéalement, sera concrétisée par le concours du donateur à la vente de l'immeuble par le donataire. Ainsi, l'avant-contrat pourra être conclu sous la condition suspensive de la renonciation par le donateur à la clause de retour ; cette renonciation sera donc constatée dans l'acte authentique. À défaut, l'acte constatant la renonciation du donateur devra être publié.

d) Charges imposées au donataire.

2906 Révocation en cas d'inexécution des charges – La donation peut imposer des charges au donataire, tel que le versement d'une rente. Il peut s'agir également de la stipulation d'une clause d'inaliénabilité. Cette sujétion implique un risque : l'inexécution des charges peut conduire le donateur à révoquer la donation *(C. civ., art. 953)*, ce dont le tiers acquéreur a connaissance par la publication de la donation *(D. n° 55-22, 4 janv. 1955, art. 30, 1, al. 4)*.
Or, si la révocation ne peut intervenir de plein droit *(C. civ., art. 956)*, il n'en demeure pas moins qu'outre une action en justice exercée par le donateur, la donation peut prévoir une clause résolutoire, la Cour de cassation décidant qu'« il est loisible aux parties de déroger aux dispositions (de l'article 956) en stipulant, dans l'acte de donation, que la révocation aura lieu de plein droit par le seul fait de l'inexécution des conditions » *(Cass. 1re civ., 25 sept. 2013, n° 12-13.747 : JurisData n° 2013-020483 ; JCP N 2013, n° 41, act. 995 ; AJ fam. 2013, p. 641, obs. N. Levillain)*. Au surplus, le donateur peut désormais également révoquer la donation par voie de notification après avoir mis en demeure le donataire d'avoir satisfait à ses engagements dans un délai raisonnable et indiquer qu'à défaut il notifierait la révocation *(C. civ., art. 1226)*.

2907 Vente d'un immeuble grevé d'une charge – Si un immeuble grevé d'une charge devait être vendu, il conviendrait au premier chef de vérifier si une action en révocation n'est pas intervenue en consultant le fichier immobilier dès lors que l'action en révocation d'une donation immobilière doit faire l'objet d'une publication *(D. n° 55-22, 4 janv. 1955, art. 28, 4°, c)*, cette publication étant une condition de recevabilité de l'action *(D. n° 55-22, 4 janv. 1955, art. 30, 5)*. À défaut, c'est-à-dire si la charge n'est pas exécutée ou comporte un risque d'exécution sans que l'action en révocation n'ait été déjà entreprise, deux possibilités s'ouvrent pour tenter de juguler le risque résultant d'une inexécution de la charge.
- il est possible de solliciter le donateur pour qu'il renonce à la révocation de la donation : cette renonciation, qui peut constituer une condition suspensive, sera alors constatée dans l'acte de vente.
- À défaut, l'acquéreur pourrait se substituer au donataire pour exécuter la charge.

II. Immeuble acquis par succession

1° Immeuble hérité *ab intestat*

2908 Toute transmission ou constitution par décès de droits réels immobiliers doit être constatée par une attestation notariée *(D. n° 55-22, 4 janv. 1955, art. 29)*. Celle-ci indique les successibles ou légataires devenus propriétaires de l'immeuble après le décès de l'ancien propriétaire. L'héritier qui n'aurait pas publié cette attestation ne sera pas sanctionné par l'inopposabilité de son droit, mais pourrait être condamné au paiement de dommages et intérêts si une personne ayant publié son propre droit prouve un préjudice résultant du défaut de publication.

2909 Risque d'omission d'un héritier – En l'absence de testament, le risque pourrait être qu'un héritier ait été oublié et n'ait pas reçu sa part de la succession du défunt. Il est possible que le défunt ait eu un enfant hors mariage qui soit inconnu du notaire, voire même des autres héritiers. Malgré l'existence d'un acte de notoriété établi par le notaire, qui fait foi jusqu'à preuve contraire *(C. civ., art. 730-3)*, la manifestation d'un héritier oublié peut conduire à la nullité du partage réalisé entre les héritiers connus. L'héritier omis peut toutefois demander à recevoir sa part, soit en nature, soit en valeur, sans annulation du partage *(C. civ., art. 887-1)*. Il est donc possible que celui qui a reçu un immeuble par succession subisse l'annulation du partage ce qui pourrait compliquer la situation d'un tiers acquéreur.
L'article 887-1 du Code civil ne prévoyant aucun délai pour agir en nullité, il faut considérer que l'héritier oublié a 5 ans pour agir à compter du jour où il a connu ou aurait dû connaître le décès de celui dont il doit hériter *(C. civ., art. 2224)*.

2910 Théorie de l'héritier apparent – Le tiers acquéreur pourra avoir connaissance d'une telle action, qui doit être publiée *(D. n° 55-22, 4 janv. 1955, art. 30, 5)*, en consultant le fichier immobilier *(V. n°**4319**)*. Si lors de l'acquisition, aucune action n'est publiée, le tiers acquéreur pourrait envisager de se prévaloir de la théorie de l'apparence. En effet, l'une des premières manifestations de la théorie de l'apparence concernait les actes accomplis par un héritier apparent dont la qualité devait être postérieurement remise en cause par un testament. Sous réserve de l'erreur commune et invincible du tiers acquéreur, l'acquisition de l'immeuble auprès d'un héritier apparent peut donc être protégée par le jeu de l'apparence. Justement, en présence d'un héritier omis, l'héritier qui avait reçu un immeuble à l'issue du partage a tout d'un héritier apparent aux yeux du tiers acquéreur.

2° Immeuble hérité par testament

2911 Risque d'action en réduction – En cas de succession testamentaire, celui qui reçoit un immeuble par testament peut subir une action en réduction en cas d'atteinte à la réserve des héritiers réservataires. Il faut alors se référer aux règles évoquées à propos de la réduction des donations excessives *(V. n° **2868** et s.)*, avec cette précision qu'il n'y aura jamais lieu à réduire les donations entre vifs qu'après avoir épuisé la valeur de tous les biens compris dans les dispositions testamentaires *(C. civ., art. 923)*.

2912 Risque d'annulation du testament – Toutes les conditions propres à chaque forme de testament doivent être remplies pour qu'il n'existe aucun risque d'annulation. Ces conditions sont variables selon la forme de testament utilisé.

Le testament olographe doit être écrit entièrement, daté et bien sûr signé de la main du testateur *(C. civ., art. 970)*. Le testament authentique est reçu par deux notaires ou par un notaire assisté de deux témoins *(C. civ., art. 971)*. Le notaire le rédige sur la dictée du testateur, en apportant éventuellement aux dispositions dictées les précisions et éclaircissements utiles. Le notaire doit ensuite en faire la lecture au testateur qui doit signer le testament en présence du notaire et des témoins *(C. civ., art. 972 et 973)*. Les testaments mystique ou international répondent aussi à un dispositif propre à chacun d'eux (sur le testament mystique, V. *C. civ., art. 976 à 979)*.

Il est nécessaire que le légataire de l'immeuble ait fait constater le transfert de propriété dans une attestation notariée soumise à publicité *(D. n° 55-22, 4 janv. 1955, art. 29)*. Cette publication est importante dans l'hypothèse où des ayants cause du défunt auraient acquis des droits concurrents sur l'immeuble puisque le légataire à titre particulier pourra se prévaloir de l'attestation notariée à leur égard s'ils n'ont pas publié antérieurement les actes ou décisions judiciaires établissant, à leur profit, des droits sur l'immeuble *(D. n° 55-22, 4 janv. 1955, art. 30, 4)*.

2913 Révocation pour inexécution des charges – Il est possible que le testateur opère un legs avec charge, par exemple, entretenir un tiers. Si cette charge n'est pas exécutée, la révocation peut être demandée par les héritiers du testateur ou l'éventuel bénéficiaire de la charge *(C. civ art. 1046. – Sur la révocation d'une donation pour inexécution des charges, V. n° **2906**)*.

Cette action en révocation se prescrit par 5 ans à compter du décès. Si la révocation aboutit, les biens rentreront dans les mains du donateur, libres de toutes charges et hypothèques du chef du donataire et le donateur aura, contre les tiers détenteurs des immeubles donnés, tous les droits qu'il aurait contre le donataire lui-même *(C. civ., art. 954)*. Une telle révocation prononcée par le juge opère donc un anéantissement rétroactif du legs et subséquemment de la vente conclue avec un tiers acquéreur.

Conseil pratique **Toutes les clauses susceptibles d'entraîner la révocation d'un legs doivent être reproduites littéralement dans l'attestation notariée relative aux immeubles grevés *(D. n° 55-22, 4 janv. 1955, art 29, al. 3)*. Le tiers acquéreur peut donc aisément être averti d'une telle clause. Le cas échéant, il convient naturellement de s'assurer que ces charges ont été correctement exécutées, que le délai d'action en révocation soit écoulé ou encore que ceux susceptibles de demander la révocation du legs aient renoncé à exercer l'action.**

Pour aller plus loin

- M. Chanteux-Bui, La révocation des libéralités pour inexécution des charges : JCP N 1979, I, 269

3° Immeuble provenant d'un partage lésionnaire

2914 Avant la loi n° 2006-728 du 23 juin 2006, les partages successoraux pouvaient être rescindés pour cause de lésion *(C. civ. art. 887 ancien)*.

Si l'un des copartageants recevait une part inférieure aux trois quarts de ce qu'il devait recevoir, le partage était lésionnaire et devait être anéanti. Il existait donc un risque d'éviction pour le tiers acquéreur ayant acquis un immeuble du copartageant anormalement avantagé lors du partage.

La loi du 23 juin 2006 prévoit désormais qu'en cas de partage lésionnaire, **une action en complément de part** permettra au copartageant lésé de rétablir l'égalité du partage *(C. civ., art. 889 à 892)*. Il n'existe donc plus de risque d'éviction pour les partages réalisés à partir du 1er janvier 2007. Quant aux partages réalisés avant, le délai d'action étant de 5 années, l'action en rescision ne devrait plus en principe pouvoir être mise en œuvre.

Pour aller plus loin

Formules
- JCl. Notarial Formulaire, V° Donation entre vifs, fasc. 15 (consentement à l'aliénation), par D. Montoux
- JCl. Notarial Formulaire, V° Donation entre vifs, fasc. 55 (révocation de donation), par D. Montoux
- JCl. Notarial Formulaire, V° Donation entre vifs, fasc. 37 (droit de retour, rapport successoral), par D. Montoux et J.-F. Pillebout
- JCl. Notarial Formulaire, V° Donation entre vifs, fasc. 135 (consentement à exécution de donation), par M. Mathieu et J.-F. Pillebout
- JCl. Notarial Formulaire, V° Vente d'immeuble, fasc. 565 (immeuble provenant d'une donation), par D. Montoux

Fiches pratiques
- Fiche pratique n° 1721 : Rédiger une vente d'immeuble, par M. Suquet-Cozic
- Fiche pratique n° 1783 : Rédiger une renonciation anticipée à l'action en réduction, par N. Levillain
- Fiche pratique n° 1650 : Rédiger une attestation immobilière, par J. Lafond

Commentaires
- JCl. Notarial Formulaire, V° Donation entre vifs, fasc. 30 (droit de retour), fasc. 50 (révocation), par D. Montoux
- JCl. Notarial Formulaire, V° Partage, fasc. 450 (lésion), par M.-C. Forgeard

Prix

Moussa Thioye
Professeur, Université Toulouse Capitole, membre de l'IEJUC

Prix

Notion de prix de vente

I. Conception monétaire

2915 Prix synonyme de somme d'argent – Usuellement rattaché à la vente même s'il concerne beaucoup d'autres contrats (louage de chose, louage d'ouvrage, contrat de travail, etc.) pour lesquels il a, quelquefois, des synonymes taillés sur mesure (loyer, honoraires, salaire, etc.), le prix désigne communément un rapport de valeur ou d'échange entre un bien (comme un immeuble) et l'étalon commun que représente la monnaie : il s'agit ainsi, dans la vente, d'une somme d'argent que l'acheteur s'engage à verser au vendeur en échange du transfert de la propriété du bien acheté.

2916 Vente et échange – Cette conception monétariste permet, en particulier, de distinguer la vente du contrat dont elle est historiquement dérivée, à savoir l'échange qui consiste dans la remise d'un bien contre un autre bien. Différent d'une somme d'argent, *« l'échange est un contrat par lequel les parties se donnent respectivement une chose pour une autre » (C. civ., art. 1702)*.
Une difficulté surgit lorsqu'il est convenu que l'un des coéchangistes doit verser à l'autre une somme d'argent appelée soulte, laquelle est destinée à compléter la valeur du bien cédé en considération de celle du bien acquis. Pour la surmonter, la jurisprudence décide que la stipulation d'une soulte ne modifie pas, en principe, la nature du contrat qui demeure un échange, sauf si l'importance de la soulte est telle que celle-ci devient l'objet principal de l'obligation de la partie qui la verse. Il est à remarquer que la Cour de cassation procède à un pesage des valeurs respectives pour dégager la qualification appropriée : il y a vente si l'importance de la soulte est supérieure, il y a échange dans le cas contraire.

II. Conception ultra-monétaire

2917 Prix synonyme de tout équivalent ou toute contrepartie – On rencontre parfois en jurisprudence des hypothèses de lecture extensive du concept et de la notion de prix, « la vente d'une chose pouvant (alors) être réalisée moyennant une contrepartie autre qu'une somme d'argent » *(Cass. 3e civ., 9 déc. 1986, n° 85-13.373 : JurisData n° 1986-002598 ; Bull. civ. III, n° 177 ; Defrénois 1987, art. 34056)*.
À cette jurisprudence, marginale et contestable puisqu'elle aboutit à confondre la vente et l'échange, il convient d'ajouter que, dès lors que le prix a été évalué en argent, il est possible de mettre en œuvre certaines techniques juridiques, comme la dation en paiement, permettant d'assurer l'extinction des obligations monétaires du débiteur autrement que par le versement de numéraire.
Le droit fiscal adopte, lui aussi, une logique similaire puisque, en fiscalité d'enregistrement, la mutation est considérée comme constante quelles que soient les modalités de fixation du prix : en effet, en l'absence d'expression monétaire d'un prix, il appartient aux parties de faire une évaluation de la contrepartie imposée au nouveau titulaire du droit, sous le contrôle de l'administration, pour déterminer l'assiette du droit proportionnel à percevoir.

Existence et consistance du prix de vente

I. Caractère réel du prix de vente

A. – CONDITION DE VALIDITÉ ET CRITÈRE DE QUALIFICATION DE LA VENTE

2918 Les contrats à titre onéreux (ou intéressés) et synallagmatiques (ou bilatéraux) sont ceux dans lesquels les parties recherchent un avantage : *« le contrat est à titre onéreux lorsque chacune des parties reçoit de l'autre un avantage en contrepartie de celui qu'elle procure » (C. civ., art. 1107, al. 1er)*, chaque partie ne s'obligeant alors que moyennant la contrepartie offerte par l'autre *(C. civ., art. 1106, al. 1er)* : *« le contrat est synallagmatique lorsque les contractants s'obligent réciproquement les uns envers les autres »*. Définie comme *« une convention par laquelle l'un s'oblige à livrer une chose, et l'autre à la payer » (C. civ., art. 1582)*, la vente en constitue un parfait exemple. Ainsi, pour que ce contrat puisse exister valablement, il est nécessaire qu'un prix soit stipulé par le vendeur avec la ferme intention de l'exiger. Du reste, la nécessité de l'existence d'un prix est telle qu'une vente déclarée nulle, pour défaut de prix, constitue un acte dépourvu de toute existence légale et frappé de nullité absolue, qui ne saurait être susceptible ni de confirmation, ni de ratification. En d'autres termes, l'existence d'un prix dans le contrat synallagmatique et à titre onéreux que constitue la vente constitue une condition de validité et un critère essentiel de qualification de cet acte : pas de vente sans prix !

2919 **Vente et donation** – La stipulation d'un prix permet aisément de distinguer la vente de la donation puisque, à la différence de la première, la seconde est une opération translative à titre gratuit. L'article 894 du Code civil définit la donation comme le contrat par lequel *« le donateur se dépouille actuellement et irrévocablement de la chose donnée, en faveur du donataire qui l'accepte »*, avec une intention libérale et donc sans contrepartie (avec une réserve concernant les donations avec charges). La stipulation et le paiement d'un prix permettent ainsi de distinguer, notamment, la vente de la donation parce que, dans la donation, le donataire n'est tenu à aucune contrepartie. Le prix constitue donc le repère à partir duquel s'apprécie la nature gratuite ou onéreuse du contrat : ce qui différencie la donation de la vente, c'est que cette dernière opère un transfert à titre onéreux, alors que la première opère le même type de transfert mais à titre gratuit. La distinction apparaît ainsi assez aisée : la vente suppose un prix, contrairement à la donation. Néanmoins, face à la pratique contractuelle des **donations avec charges,** on rencontre fatalement des difficultés de qualification, en particulier lorsqu'une donation a été faite à charge pour le donataire de verser, par exemple, une rente viagère au gratifiant ; dans ce cas, les arrérages pouvant s'analyser comme un prix, la qualification réelle du contrat peut alors être très délicate. Outre le cas de la donation avec charges, il peut se poser un problème de qualification lorsqu'un **prix est stipulé mais qu'il présente un caractère modique**. Cette modicité peut être l'expression d'une intention libérale, de sorte que le contrat conclu ne serait pas, malgré son appellation, une vente mais, en réalité, une donation indirecte ou déguisée. Enfin, un problème plus aigu se pose lorsque le contrat translatif de propriété comporte, d'une part, un prix dérisoire mais est, d'autre part, dépourvu de toute intention libérale : tel est le cas, spécialement, lorsqu'en plus de ce prix modique est stipulée une charge dépourvue de caractère monétaire. Faute de véritable prix au sens monétaire du terme pour cause de modicité, le contrat n'a pas la nature juridique d'une vente *stricto sensu* ; faute d'*animus donandi* de la part du cédant qui, outre le prix dérisoire, a réclamé d'autres prestations sans caractère monétaire, il ne peut pas non plus être considéré comme une donation. La jurisprudence a ainsi conclu, pour trancher le conflit de qualifications, à l'existence d'un contrat innommé ou *sui generis*, à propos de la cession d'un terrain moyennant le prix d'un franc, à charge pour l'acquéreur d'affecter ledit terrain à une activité de centre équestre *(Cass. 3e civ., 17 mars 1981, n° 79-15.388 : JurisData n° 1981-700878 ; Bull. civ. III, n° 56 ; D. 1981, IR p. 442, obs. Ch. Larroumet)*.

B. – SIMULATION EN MATIÈRE DE PRIX

2920 **Donation déguisée et dissimulation de prix** – Il peut arriver que, dans une vente, l'existence du prix soit seulement théorique ou, en d'autres termes, ne corresponde pas à la réalité parce que le prix affiché est le résultat d'une simulation juridique qui peut se présenter sous deux formes principales.

- Il y a, en premier lieu, la **donation déguisée** qui constitue une simulation sur la nature du contrat : il est convenu, dès la conclusion du contrat de vente, que le prix ne sera jamais versé : soit le prix de vente n'est pas versé malgré le quittancement figurant au contrat, soit le prix est bien payé au vendeur, mais il est sans véritable portée étant donné que c'est le vendeur lui-même qui a fourni à l'acquéreur les moyens de paiement ou que le prix payé sera par la suite restitué à l'acheteur.

- Il y a, en second lieu, la **dissimulation de prix** qui constitue une simulation sur la portée du contrat : les parties se sont entendues pour que le prix stipulé soit majoré clandestinement pour le versement supplémentaire d'un « dessous-de-table » (la dissimulation de prix suppose : d'abord, un élément matériel, en l'occurrence une contradiction entre l'acte ostensible et la contre-lettre et, donc, entre le prix déclaré et le prix effectif ; ensuite, un élément psychologique, à savoir la conscience et l'intention chez les parties de masquer la réalité, encore que la nécessité de l'élément moral est parfois contestée). Dans tous les cas, la raison d'être de la simulation est toujours ou presque d'ordre fiscal, les parties tentant de réduire l'assiette des droits de mutation normalement exigibles.

Attention Il peut arriver que le prix apparent ait été majoré (la contre-lettre le baissant alors) dans un but, curieusement, d'évitement fiscal puisque la fausse indication d'un prix artificiellement majoré lors de l'acquisition d'un bien permet d'éponger, en tout ou partie, les plus-values susceptibles d'être taxées à la revente *(CE, 19 nov. 1984, n° 35491, SICAB : JurisData n° 1984-600131 ; RJF 1985, p. 76, n° 1)*. L'opération de dissimulation par la majoration du prix dans l'acte ostensible peut aussi être motivée par des raisons extra-fiscales comme, par exemple, tromper le bénéficiaire d'un droit de préemption (pour le dissuader d'exercer ce droit) ou leurrer les établissements de crédit en favorisant l'octroi de prêts d'un montant supérieur à ceux correspondant à la valeur vénale des biens achetés *(CE, 3 févr. 1986, n°* 41026, *SOCOPRIM : JurisData n° 1986-605552 ; RJF 1986, p. 245, n° 4)*.

2921 Sanction civile de la donation déguisée – Conformément à l'article 1201 du Code civil *(ancien art. 1321)*, le principe est celui de la validité des donations déguisées, principe qui est admis tant en jurisprudence qu'en doctrine, dès lors qu'est rapportée la preuve d'une intention libérale du « vendeur » ; sinon l'accord est nul de nullité absolue, voire inexistant. Cela dit, une exception notable à ce principe est posée par l'article 911 du Code civil aux termes duquel *« toute libéralité au profit d'une personne physique, frappée d'une incapacité de recevoir à titre gratuit, est nulle, qu'elle soit déguisée sous la forme d'un contrat onéreux ou faite sous le nom de personnes interposées, physiques ou morales* sachant que *sont présumés personnes interposées, jusqu'à preuve contraire, les père et mère, les enfants et descendants, ainsi que l'époux de la personne incapable »*. Sont aussi nulles, les libéralités dissimulées sous un acte à titre onéreux faites au bénéfice de certaines personnes dans les conditions visées à l'article 909 du Code civil.

2922 Sanction fiscale de la donation déguisée – Outre les cas de nullité encourue sur le plan civil, la donation déguisée, même valable aux yeux des civilistes, n'en constitue pas moins, sous l'angle fiscal, un abus de droit sanctionné par une très forte amende.

2923 Sanctions civiles de la dissimulation de prix – L'article 1202, alinéa 2, du Code civil *(C. civ., ancien art. 1321-1)*, déclare qu'est *« nul tout contrat ayant pour but de dissimuler une partie du prix, lorsqu'elle (sic) porte sur une vente d'immeubles »*.... En revanche, la vente apparente demeure valable et se trouve ainsi écarté tout argument qui serait tiré de l'indivisibilité entre la contre-lettre et l'acte ostensible *(Cass. ch. mixte, 12 juin 1981, n° 78-14.971 : JurisData n° 1981-701618 ; Bull. civ. ch. mixte, n° 5 ;* Dr. *fisc. 1981, n° 44, comm. 1964 ; JCP E 1981, I, n° 9981)*.

Conseil pratique En cas de fraude, la simulation peut être prouvée par tous moyens par l'une des parties *(Cass. 1re civ., 17 déc. 2009, n° 08-13.276 : JurisData n° 2009-050770 ; Bull. civ. I, n° 254 ; JCP G 2010, 315, note L. Leveneur ; JCP N 2010, 1125, note L. Leveneur ; Contrats, conc. consom. 2010, comm. 65, note L. Leveneur ; Rev. Lamy dr. civ. 2010, 3704, obs. C. Le Gallou)*. Il y a, ainsi, une dérogation à l'ancien article 1341, al. 1er, in fine devenu le deuxième alinéa de l'article 1359 du Code civil, aux termes duquel on ne peut prouver contre un écrit que par un autre écrit.

2924 Sanctions fiscales de la dissimulation de prix – À la nullité de l'acte secret, s'ajoutent des sanctions fiscales très sévères. En effet, *« afin d'en restituer le véritable caractère, l'administration est en droit d'écarter, comme ne lui étant pas opposables, les actes constitutifs d'un abus de droit, soit que ces actes ont un caractère fictif, soit que, recherchant le bénéfice d'une application littérale des textes ou de décisions à l'encontre des objectifs poursuivis par leurs auteurs, ils n'ont pu être inspirés par aucun autre motif que celui d'éluder ou d'atténuer les charges fiscales que l'intéressé, si ces actes n'avaient pas été passés ou réalisés, aurait normalement supportées eu égard à sa situation ou à ses activités réelles » (LPF, art. L. 64, al. 1er)*. Le prix déclaré par les parties dans l'acte apparent n'a qu'une valeur indicative et facultative pour l'administration fiscale car, aux termes de l'article L. 17, alinéa 1er, du LPF, *« en ce qui concerne les droits d'enregistrement et la taxe de publicité foncière ou la taxe sur la valeur ajoutée lorsqu'elle est due au lieu et place de ces droits ou taxe, l'administration des impôts peut rectifier le prix ou l'évaluation d'un bien ayant servi de base à la perception d'une imposition lorsque ce prix ou cette évaluation paraît inférieur à la valeur vénale réelle des biens transmis ou désignés dans les actes ou déclarations »*. Pour cela, l'Administration fiscale doit néanmoins respecter les garanties procédurales de l'abus de droit lorsqu'elle prétend que le prix déclaré est mensonger, en suivant la **procédure contradictoire de redressement** prévue par l'article L. 55 du LPF auquel renvoie l'article L. 17 (l'article 55 renvoyant à son tour aux articles L. 57 à L. 61

A du LPF). Mais, lorsqu'il s'avère qu'il y a eu dissimulation de prix, les sanctions vont valoir tant pour les droits d'enregistrement que pour l'impôt sur les plus-values : l'administration commence par calculer les droits sur le prix rehaussé (valeur vénale réelle) et le supplément exigible est assorti, outre les intérêts moratoires, d'une amende fiscale très lourde *(CGI, art. 1729)*.

Pour aller plus loin

- M. Cozian, Les grands principes de la fiscalité des entreprises : LexisNexis, 4e éd., 1999, préf. Fl. Deboissy 2015, Document 8, Variations fiscales sur un prix de vente (ou l'art de contester le prix déclaré), n° 2 et s.
- Fl. Deboissy, La simulation en droit fiscal : LGDJ, 1997, n° 565 et s.

II. Caractère sérieux du prix de vente

A. – PRINCIPE : EXIGENCE D'UN PRIX SÉRIEUX

1° Présentation

2925 Notion – Il est usuel chez les auteurs de définir le prix « sérieux » en des termes négatifs : « un prix est sérieux lorsqu'il n'est pas dérisoire » et qu'« il est dérisoire lorsqu'il est inexistant (zéro euro) ou ridiculement bas... » *(Ph. Malaurie, L. Aynès et P.-Y. Gautier, Droit des contrats spéciaux : LGDJ, 9e éd., 2017, n° 214)*. Et on assimile fréquemment le prix dérisoire au vil prix alors pourtant qu'il faudrait, en rigueur des termes, bien distinguer ces deux notions. En effet, le terme « dérisoire » viendrait du latin *derisio* qui signifie « moquerie » et, de ce fait, l'on considère que le prix est dérisoire lorsqu'il « est trop faible », « trop minime pour être sérieux », quantitativement « insignifiant et juridiquement insuffisant » *(G. Cornu, Vocabulaire juridique H. Capitant : PUF, 11e éd., 2015, V° mot Dérisoire)*. Quant au mot « vil », il trouverait son étymologie dans le terme latin *vilis* qui est le contraire de « cher » ou « estimable ». Mais, en dépit de ces nuances terminologiques certaines, les prix dérisoire et vil sont tous les deux logés à la même enseigne, celle d'une absence de prix réel et sérieux qui rappelle, en certains aspects, la théorie de la lésion au point que la doctrine parle de « superlésion » *(H., L., J. Mazeaud et Fr. Chabas, Leçons de droit civil, t. 2, Premier volume, Obligations. Théorie générale : Montchrestien, 9e éd., n° 213, spéc. p. 209)* ou encore de « lésion énormissime » *(B. Starck, H. Roland et L. Boyer, Droit civil. Obligations 2. Contrat : Litec, 6e éd., n° 989, p. 349)*. Toutefois, il faut bien constater que la nullité pour cause de prix non sérieux va au-delà de la théorie de la lésion telle que connue dans les textes, et cela pour diverses raisons dont les deux suivantes : d'abord, le domaine de cette nullité est de loin beaucoup plus large que celui de la lésion, car cette nullité pourrait être poursuivie dans tous les contrats à titre onéreux et à l'égard de toutes les personnes ; ensuite, cette nullité avait traditionnellement un caractère absolu *(V. n° **2926**)*, ce qui était à bien des égards (délai de prescription avant la réforme opérée par la loi n° 2008-561 du 17 juin 2008, impossibilité de confirmation...) beaucoup plus sévère que la rescision ; en outre, le rôle du juge est sans doute plus déterminant ici puisqu'il lui faudra faire jouer sa sagesse et son pouvoir souverain d'appréciation *(Cass. 1re civ., 4 juill. 1995, n° 93-16.198 : JurisData n° 1995-001795 : Bull. civ. I, n° 303, p. 212 ; D. 1997, jurispr. p. 206, note A.-M. Luciani)*, sans avoir à suivre les règles particulières de procédure prévues en matière de lésion *(Cass. 3e civ., 18 juill. 2001, n° 99-17.496 : Bull. civ. III, n° 101, p. 78 ; Constr.-Urb. 2001, comm. 223, obs. D. Sizaire)*.

2° Sanctions

2926 Sanctions civiles – Quant à la nature des sanctions de l'absence de prix réel et sérieux, la jurisprudence retenait traditionnellement la nullité absolue (*not., Cass. 1re civ., 8 déc. 1998, n° 96-19.645 : JurisData n° 1998-004768 ; Bull. civ. I, n° 353, p. 243 ; D. 1999, p. 521, note Y. Dagorne-Labbe)*.

Une telle sanction avait été construite et assise, notamment, sur la théorie de la cause ; bien que les notions classiques d'objet et de cause n'aient pas été expressément reprises par l'ordonnance n° 2016-131 du 10 février 2016 portant réforme du droit des contrats, du régime général et de la preuve des obligations, la jurisprudence précitée a été consacrée par le nouvel article 1169 du Code civil même si celui-ci ne précise pas le caractère absolu de la nullité : « *un contrat à titre onéreux est nul lorsque, au moment de sa formation, la contrepartie convenue au profit de celui qui s'engage est illusoire ou dérisoire* »). On considérait, en effet, que le contrat conclu à prix dérisoire ou vil manquerait d'objet pour l'un des contractants et, corrélativement, de cause pour l'autre *(CE, 25 sept. 2009, n° 298918, Cne Courtenay : JurisData n° 2009-009520 ; JCP N 2009, 1327, note D. Dutrieux ; JCP N 2009, act. 663, obs. M.-Ch. Rouault ; Contrats-Marchés publ. 2009, comm. 366, note G. Eckert ; Dr. adm. 2009, comm. 148, note F. Melleray)*. Tout cela sous réserve, néanmoins, de l'existence d'un aléa dans l'opération, d'une intention libérale (auquel cas il y a requalification du contrat en donation déguisée ou indirecte) ou d'autres raisons particulières comme des engagements sociaux suppléant le déséquilibre *(P.-Y. Gautier, obs. : RTD civ. 1998, p. 925)*.

La jurisprudence traditionnelle semble désormais révolue puisque, depuis un arrêt de la chambre commerciale du 24 octobre 2012 et, surtout, un autre arrêt de la même chambre en date du 22 mars 2016, la Cour de cassation a choisi de tourner la page de la nullité absolue au profit de celle de la **nullité relative** : « un contrat de vente conclu pour un prix dérisoire ou vil est nul pour absence de cause et que cette nullité, fondée sur l'intérêt privé du vendeur, est une nullité relative soumise au délai de prescription de cinq ans » *(Cass. 3e civ., 24 oct. 2012, n° 11-21.980 : JurisData n° 2012-024120 ; AJDI 2013, p. 137, et 540, obs. S. Porcheron ; Dr. & patr. 2013, p. 69, obs. L. Aynès et Ph. Stoffel-Munck. – Cass. com., 22 mars 2016 : D. 2016, p. 704 et 1037, obs. S. Tréard ; RTD civ. 2016, p. 343, obs. H. Barbier ; RTD com. 2016, p. 317, obs. B. Bouloc ; D. 2017, p. 383, obs. M. Mekki)*. Il convient même d'ajouter à cela deux arguments supplémentaires : d'une part, la jurisprudence antérieure sanctionnant l'absence de cause, protectrice du seul intérêt particulier de l'un des cocontractants, par la nullité relative *(Cass. 1re civ., 29 sept. 2004, n° 03-10.766 : JurisData n° 2004-024948 ; Bull. civ. I, n° 216. – Cass. 3e civ., 21 sept. 2011, n° 10-21.900 : JurisData n° 2011-019517 ; Bull. civ. III, n° 152 ; Contrats, conc. consom. 2011, comm. 252, note L. Leveneur ; D. 2011, p. 2711, note D. Mazeaud)* ; d'autre part, l'évolution du droit des obligations résultant de l'ordonnance n° 2016-131 du 10 février 2016 qui devrait permettre d'abandonner la nullité absolue au profit de la nullité relative de la vente en l'absence de prix réel et sérieux *(Cass. ch. mixte, 24 févr. 2017, n° 15-20.411 : JurisData n° 2017-003187 ; Contrats, conc. consom.* 2017, *comm. L. Leveneur ; D. 2017, p. 793, B. Fauvarque-Cosson ; AJDI 2017, p. 612, obs. M. Thioye)*.
Force est de souligner, néanmoins, que l'article 1658 du Code civil adopte toujours une solution différente du point de vue de la sanction encourue, puisqu'il dispose que *le contrat de vente peut être résolu (...) par la vileté du prix (Cass. 3e civ., 29 avr. 1998, n°* 96-18.449 *: JurisData n° 001880 ; Bull. civ. III, n° 88, p. 58 ; JCP G 1998, 2350)*.

2927 Sanction fiscale de l'insuffisance du prix – Il arrive que, sans invoquer la moindre dissimulation, l'administration fiscale estime que le vendeur n'a pas vendu assez cher son bien, que le prix qu'il a réclamé est insuffisant. Toutefois, étant donné qu'il n'existe aucune distorsion établie entre l'apparence et la réalité, les sanctions prévues en matière de dissimulation ne sont pas applicables ici. Mais cela n'empêche pas l'administration de pouvoir constater l'insuffisance de prix dont les causes sont d'ailleurs diverses, essentiellement des erreurs d'évaluation. Et une fois la démonstration faite de cette insuffisance, le prix déclaré est rejeté au profit de la valeur vénale réelle ou, en d'autres termes, du prix du marché. À partir de là, il y aura **rehaussement des droits d'enregistrement** auxquels il faut ajouter, en dehors de toute autre sanction fiscale, **d'éventuels intérêts moratoires** si la mauvaise foi du contribuable est établie ; du côté du vendeur, il y aurait aussi **rehaussement de la plus-value imposable** si la vente à bas prix constitue un acte anormal de gestion.

B. – TEMPÉRAMENT : L'ADMISSION DU PRIX « SYMBOLIQUE » OU « NÉGATIF »

2928 Notions – Par **prix symbolique ou à l'euro symbolique**, l'on entend le prix « d'une telle insignifiance qu'il correspond à l'unité monétaire de l'énumération arithmétique » *(Ch. Freyria, Le prix de vente symbolique : D. 1997, chron. p. 51)*. Le prix est réduit à sa plus simple expression, il est d'un euro, laquelle unité n'a ici que valeur de symbole.
Quant au **prix négatif**, il désigne l'hypothèse dans laquelle la valeur des obligations mises à la charge du cédant – essentiellement d'une entreprise en difficulté – dépasse le prix de vente convenu, « en sorte que tout se passe comme si le prix avait été payé par le vendeur et non point par l'acheteur » *(Ch. Freyria, art. préc.)*. En effet, parce qu'il s'agit presque toujours d'entreprises lourdement endettées, leur cession s'accompagne souvent de l'obligation pour le cédant d'indemniser le cessionnaire au prorata de la différence entre le montant des dettes et la valeur des éléments d'actif de l'entreprise cédée *(Cass. com., 6 janv. 1987, n° 85-13.132 : Rev. sociétés 1987, p. 597, note D. Randoux)*. On déroge ainsi, *a priori*, à la conception civiliste selon laquelle le prix désigne toujours une valeur positive.

2929 Licéité et validité – Qu'il s'agisse des pratiques de prix symbolique ou de celles de prix négatif, l'originalité du prix exprimé en monnaie réside dans le fait que le montant de celui-ci est plus que dérisoire et manifestement inexistant au regard de l'exigence civiliste d'un prix sérieux. Par conséquent, le sort de telles pratiques ne devrait normalement pas faire l'objet de la moindre hésitation : elles devraient être annulées pour absence de cause *(V. n° 2926)*. Pourtant, la **Cour de cassation a clairement admis la validité de la vente** faite à un prix symbolique ou négatif en l'absence de toute intention libérale *(Cass. 3e civ., 17 mars 1981, n° 79-15.388 : JurisData n° 1981-700878 ; Bull. civ. III, n° 56 ; D. 1981, IR p. 442, obs. Ch. Larroumet)*.
A priori, une telle solution peut bien surprendre, mais l'incompréhension se dissipe dès que l'on s'intéresse aux circonstances de passation de telles opérations. En effet, l'inflexibilité des tribunaux annulant pour vileté du prix certains contrats n'a guère empêché, dans la vie des affaires, les pratiques de prix symbolique, notamment dans les cessions d'entreprises en difficulté ou des titres servant à leur contrôle, compte tenu des engagements économiques et financiers assumés par le cessionnaire ; ces engagements pouvant être de différents ordres : substitution dans les engagements de cautions de dettes sociales ou

remboursement des comptes courants d'associés, dans les cessions de droits sociaux ou encore maintien de l'emploi dans le cadre des cessions d'entreprises en difficulté. La pratique a aussi gagné les contrats de vente de terrains, l'acquéreur s'engageant à y réaliser certaines constructions ou installations.

Mais, malgré la vileté apparente du prix dans ces hypothèses, l'opération n'en reste pas moins effectivement causée et cette **cause réside**, non dans le prix seulement symbolique, mais **dans les autres engagements pris par le cessionnaire**. Il y aurait donc, finalement, une conception large du prix qui, de la sorte, inclut un ensemble de prestations, les unes monétaires (l'unité monétaire stipulée, qui n'a que valeur de symbole) et les autres extra-monétaires (obligations en nature ou obligations de faire). Bien évidemment, cette extension de la notion de prix peut poser des problèmes de qualification juridique de l'opération, le doute étant *a priori* permis entre la vente et l'échange. Du reste, dans une telle situation, la jurisprudence a pu conclure à l'existence d'un contrat *sui generis*, à propos de la cession d'un terrain moyennant « le prix d'un franc » à charge pour l'acquéreur d'affecter ledit terrain à une activité de centre équestre *(Cass. 3e civ., 17 mars 1981, n° 79-15.388 : JurisData n° 1981-700878 ; D. 1981, IR p. 442, obs. Ch. Larroumet ; Bull. civ. III, n° 56, préc.)*.

Quoi qu'il en soit, la jurisprudence admet aujourd'hui, certes sous bénéfice d'inventaire (puisque la réalité des engagements extra-monétaires doit être incontestable), la validité de telles pratiques de vente à prix symbolique ou négatif, leur cause devant être recherchée, non dans la seule unité monétaire stipulée, mais dans l'économie générale de la convention considérée.

Pour aller plus loin

Formules
- JCl. Notarial Formulaire, V° Vente d'immeuble, fasc. 105, par J. Lafond
- JCl. Notarial Formulaire, V° Vente d'immeuble, fasc. 109 (reconnaissance de conseils donnés), par J. Lafond et J.-F. Pillebout
- JCl. Notarial Formulaire, V° Vente d'immeuble, fasc. 475 (paiement du prix), par A. Pène

Fiches pratiques
- Fiche pratique n° 1721 : Rédiger une vente d'immeuble, par M. Suquet-Cozic
- Fiche pratique n° 2181 : Identifier la lésion dans la vente d'immeuble, par G. Picasso
- Fiche pratique n° 1785 : Constituer une rente viagère, par D. Montoux

Commentaires
- JCl. Notarial Formulaire, Synthèse 1480, Vente d'immeuble : paiement du prix
- JCl. Notarial Formulaire, Synthèse 1520, Vente d'immeuble : contentieux, par V. Zalewski-Sicard
- JCl. Fiscalité immobilière, fasc. 138, par G. Laval
- JCl. Notarial Formulaire, V° Vente d'immeuble, fasc. 470, par A. Pène
- JCl. Notarial Formulaire, V° Vente d'immeuble, fasc. 472, par A. Pène

Revues
- C. Bosgiraud, La vente à l'euro symbolique consenties par des personnes publiques : JCP N 2011, n° 47, 1304
- E. Carpentier E., La QPC sur la cession gratuite de terrain ou la suite du dialogue de sourds entre les Hautes Juridictions françaises : D. 2011, p. 136
- Ch. Freyria, Le prix de vente symbolique : D. 1997, chron. p. 51
- B. Garrigues, La contre-prestation du franc symbolique : RTD com. 1990, p. 459
- Th. Lambert, L'exigence d'un prix sérieux dans les cessions de droits sociaux : Rev. sociétés 1993, p. 11
- Saint-C. Alary-Houin, Variations sur le plan de cession d'une entreprise en difficulté, in Mél. en l'honneur de Champaud Cl. : Éd. Dalloz, p. 539, 1997

III. Éléments constitutifs du prix de vente

2930 Termes et enjeux de la question – Dans le contrat synallagmatique et à titre onéreux que constitue la vente, le prix est l'objet de l'obligation de l'acquéreur et, corrélativement, la cause de l'engagement du vendeur ; certes, avec l'ordonnance n° 2016-131 du 10 février 2016, les notions de cause et d'objet ont été officiellement boutées hors du Code civil au profit de la notion commune de *« contenu du contrat »*, mais elles y demeurent conceptuellement et conservent toutes les fonctions que la jurisprudence leur avait assignées. À ce titre, il constitue, avec le transfert de propriété, le centre de gravité du contrat dont il est toujours important, voire nécessaire, de déterminer clairement les éléments constitutifs ou composants. Tel est le cas pour, entre autres raisons, éviter tout risque d'annulation pour indétermination *(Cass. com., 21 févr. 1995, n° 92-21.512 : RJDA 1995, p. 7, n° 832)* ou envisager la mise en œuvre d'une éventuelle action en rescision pour cause de lésion puisque, dans cette hypothèse, il faudrait tenir compte de tous les éléments susceptibles de majorer ou de minorer le prix de vente *(Cass. 3e civ., 13 mars 1979, n° 77-10.598 : Bull. civ. III, n° 64)*.

2931 Des dispositions générales de l'article 1593 du Code civil – Par l'affirmation d'un principe général, l'article 1593 du Code civil dispose que *« les frais et autres accessoires à la vente sont à la charge de l'acheteur »*. Cela dit, ce texte n'étant pas d'ordre public, l'acquéreur pourrait valablement être déchargé de ces sommes au moyen de clauses contractuelles contraires. Il est d'ailleurs fréquent que, en pratique, la question de la charge des « frais et accessoires à la vente » soit posée et réglée expressément ou tacitement par les stipulations des parties, voire par les usages dans certains secteurs.

2932 Vente d'immeuble avec prix « net vendeur » ou avec prix « acte en mains » – Dans la vente immobilière, la règle générale, telle que posée par l'article 1593 du Code civil, est que, dans le silence du contrat, les frais accessoires à la vente sont à la charge de l'acquéreur. On parle alors de prix « net vendeur » puisque les frais ne sont pas intégrés dans le prix, le prix considéré correspondant exactement à la somme d'argent que va percevoir le vendeur en contrepartie du transfert de propriété du bien vendu. Néanmoins, il peut arriver que le contrat soit conclu pour un prix acte en mains incluant tous les frais accessoires, par exemple, frais de rédaction de l'acte authentique de vente et des éventuels actes complémentaires indispensables comme l'inscription d'une hypothèque, les honoraires dus à un notaire rédacteur ou agent immobilier, etc. ; en conséquence, l'acheteur n'a rien d'autre à débourser en plus de la somme stipulée dans l'accord. Il semble en découler un léger avantage fiscal puisque les droits doivent être calculés sur la somme versée par l'acquéreur diminuée des frais d'acte, frais dont le détail doit lui être fourni par le rédacteur de l'acte.

Conseil pratique **En présence d'un préempteur bénéficiant d'un régime fiscal de faveur, par exemple la SAFER, le notaire doit purger le droit de préemption après avoir extrait les droits de vente dont celui-ci n'est pas tenu *(V. JCl. Notarial Formulaire, V° Préemption, fasc. 370, par B.* Grimonprez*)*.**

2933 Charge des droits d'enregistrement – L'article 1712 du CGI dispose que *« les droits des actes civils et judiciaires emportant translation de propriété ou d'usufruit de meubles ou immeubles sont supportés par les nouveaux possesseurs [...], lorsque [...] il n'a pas été stipulé de dispositions contraires dans les actes »*. Il s'ensuit que, aux termes de ce texte, il revient à l'acquéreur, sauf clause contraire, de supporter la charge des droits d'enregistrement.

2934 Charge de la TVA immobilière – Le vendeur est le redevable légal de la taxe sur la valeur ajoutée due sur la vente d'un immeuble bâti inachevé ou achevé depuis plus de 5 ans ou, dans certains cas, d'un terrain à bâtir *(CGI, art. 257, I, 2, 1° ;CGI, art. 261, 5, 2° et CGI, art. 283)*. Ainsi, en l'absence de stipulation contraire, la TVA immobilière est donc réputée incluse dans le prix dont elle est un élément constitutif et non un accessoire, ce qui est présumé en matière commerciale *(Cass. com., 9 janv. 2001, n° 97-22.212 : JurisData n° 2001-007705 ; Bull. civ. IV, n° 8 ; Contrats, conc. consom. 2001, comm. 70, L. Leveneur ; RTD civ. 2001, p. 870, obs. J. Mestre et B. Fages)*. Notons, enfin, qu'il est possible de déterminer contractuellement la charge de la TVA même si une telle convention, valable *inter partes*, n'est pas opposable aux tiers et, précisément, à l'administration fiscale *(JCl. Fiscalité immobilière, fasc. 840 et 860)*.

2935 Charge de la rémunération de l'agent immobilier – *« Les conventions conclues avec les personnes visées à l'article 1er [...] et relatives aux opérations qu'il mentionne en ses 1° à 6°, doivent être rédigées par écrit et préciser [...] les conditions de détermination de la rémunération, ainsi que l'indication de la partie qui en aura la charge » (L. n° 70-9, 2 janv. 1970, art. 6, I et II)*. Le titulaire de la carte professionnelle portant la mention "Transactions sur immeubles et fonds de commerce", son ou ses représentants légaux ou statutaires, s'il s'agit d'une personne morale, qui doit recevoir le mandat prévu à l'article 72, ne peut demander, ni recevoir directement ou indirectement, d'autre rémunération ou commission à l'occasion d'une opération spécifiée à l'article 1er (1° à 5°) de la loi [...] du 2 janvier 1970 que celle dont les conditions de détermination sont précisées dans le mandat. Le mandat doit préciser si cette rémunération est à la charge exclusive de l'une des parties à l'opération ou si elle est partagée. Dans ce dernier cas, les conditions et modalités de ce partage sont indiquées dans le mandat et reprises dans l'engagement des parties.

2936 Rémunération – Le montant de la rémunération ou de la commission, ainsi que l'indication de la ou des parties qui en ont la charge sont portés dans l'engagement des parties. Il en est de même, le cas échéant, des honoraires de rédaction d'actes et de séquestre. Le titulaire de la carte ne peut demander ni recevoir, directement ou indirectement, des honoraires ou des rémunérations à l'occasion de cette opération d'une personne autre que celle mentionnée comme en ayant la charge dans le mandat et dans l'engagement des parties. » *(D. n° 72-678, 20 juill. 1972, art. 73, al. 1er à 3)*. Ainsi, s'il résulte d'emblée de ces dispositions que la question de la rémunération de l'agent immobilier est, en règle ordinaire, librement réglée par les parties, il en découle aussi que les stipulations relatives au montant, ainsi qu'au débiteur de cette somme (essentiellement vendeur et/ou acquéreur) doivent être impérativement indiquées, dans les mêmes termes, tant dans le mandat d'entremise que dans l'acte de vente. Autrement dit, l'acte de vente doit être, s'agissant du montant et de la charge de la rémunération due à l'intermédiaire, la fidèle reproduction du mandat d'entremise. Ces exigences font l'objet, depuis très longtemps, d'une interprétation et d'une application rigoureuses par la jurisprudence.

- En effet, il en découle, d'une part, que l'agent chargé de la vente d'un immeuble ne peut demander, directement ou indirectement, de rémunération à l'occasion de cette opération à une personne autre que celle uniformément mentionnée comme en ayant la charge dans le mandat et dans l'engagement des parties *(Cass. 1re civ., 27 avr. 2004, n° 01-13.868 : JurisData n° 2004-023523 ; AJDI 2004, p. 658, obs. M. Thioye).*
- D'autre part, il résulte des dispositions précitées que, au-delà de l'indispensable précision du débiteur des honoraires, le montant de la rémunération de l'agent immobilier doit être suffisamment déterminé ou déterminable dans le mandat et repris dans l'acte de vente *(Cass. 1re civ., 8 mars 2012, n° 11-10.871 et 11-14.234, 2e esp. : JurisData n° 2012-003708 et 2012-003593 : JCP N 2012, n° 11, act. 336 ; AJDI 2012, p. 451, obs. M. Thioye).*

2937 Charge de l'acquéreur – Dans l'hypothèse particulière où le paiement de la rémunération de l'agent immobilier est régulièrement mis à la charge de l'acquéreur, il faut bien faire la distinction entre, d'une part, le prix de vente et, d'autre part, cette rémunération. En effet, dans ce cas de figure, les honoraires de l'intermédiaire ne sont pas analysés comme une composante du prix de vente et, partant, ne sont pas passibles de droits de mutation. L'acquéreur a donc tout intérêt à ce que la **distinction soit clairement faite, dans l'acte de vente,** entre le prix à payer et la commission de l'intermédiaire, ne serait-ce que pour déterminer l'assiette précise de l'impôt de mutation *(V. JCl. Notarial Formulaire, V° Avant-contrat, fasc. 260, par D. Montoux).*

Pour aller plus loin

- B. Gelot, La charge des frais de la vente d'immeuble : Defrénois 1999, art. 37037, p. 961
- A. Kurgansky, La charge de la TVA et la formation consensuelle du prix : JCP E 1983, II, p. 13912
- M. Thioye, Droit des intermédiaires immobiliers : LexisNexis, 3e éd., 2016, n° 528 et s.

Détermination et déterminabilité du prix de vente

I. Régime général

2938 Portée et fondement de l'exigence – L'exigence d'un prix déterminé ou déterminable dans la vente est, aujourd'hui, un principe spécialement posé par l'article 1591 du Code civil qui dispose clairement que *« le prix de la vente doit être déterminé et désigné par les parties »*. Cela est vrai qu'il s'agisse du **contrat de vente** proprement dit ou **d'avant-contrats** comme les promesses unilatérales ou synallagmatiques ou les contrats préliminaires de réservation.

2939 Réforme du droit des contrats et des obligations – Selon le nouvel article 1163, al. 2 et 3, du Code civil, en vigueur depuis le 1er octobre 2016, l'obligation doit être déterminée ou déterminable, sachant que *« la prestation est déterminable lorsqu'elle peut être déduite du contrat ou par référence aux usages ou aux relations antérieures des parties, sans qu'un nouvel accord des parties soit nécessaire »*. Cette disposition, qui rappelle celle de l'ancien article 1129, suscite déjà des controverses doctrinales sur la question de savoir si elle vise ou non le prix, prestation ou chose monétaire. Il nous semble, néanmoins, que « la cohérence des textes permet d'en conclure que le prix est inclus dans le terme de "prestation" et qu'il doit désormais, à l'instar de la chose non monétaire, être déterminé ou déterminable. À défaut, on ne comprendrait pas le sens des articles 1164 (contrats-cadre) et 1165 (contrats de prestation de services) qui font office d'exceptions, même si leur champ d'application est en pratique relativement large » *(M. Mekki : D. 2017, p. 381, et la doctrine citée)*.

2940 Prix déterminé ou déterminable – Le prix est dit **déterminé** si son chiffrage est immédiat au jour de la vente. Généralement fixé en capital, déterminé forfaitairement (prix global indépendant de la surface ou contenance de l'immeuble) ou *« à raison de tant la mesure »* d'après une formule tirée de l'article 1617 du Code civil (prix fixé en fonction de la surface de l'immeuble : par exemple tant d'euros au mètre carré), le prix de vente immobilière peut aussi être arrêté sous forme de rente viagère *(V. n° 2947)*.
La vente est également valable si le prix est simplement **déterminable**, c'est-à-dire si le contrat renferme une stipulation qui permet de le déterminer ultérieurement de manière objective.

2941 Modalités – À ce titre, plusieurs techniques de fixation sont envisageables même si toutes ne sont pas suffisamment pratiques en matière immobilière :
- clause de prix dépendant des fluctuations du marché, le souci étant celui de la concurrence ;
- clause de prix lié à la rentabilité, le souci étant celui de la proportionnalite ou de l'intéressement aux résultats ;
- clause de prix tarif à dire de tiers de l'article 1592 du Code civil, le souci étant celui de la neutralité ;
- clauses de révision (indexation ou renégociation), le souci étant celui de prévenir l'imprévision...

2942 Interdiction du contrat sans prix : refus de l'indétermination absolue – Le silence observé par les parties sur le prix (contrat sans prix) est analysé comme traduisant que les parties ne sont pas parvenues à un accord sur un élément essentiel du contrat *(C. civ., art. 1582)*. Il en résulte que le juge ne peut, en l'absence de prix, fixer celui-ci par des éléments extérieurs au contrat ou imposer une méthode de détermination.

2943 Interdiction de la fixation unilatérale : refus de l'indétermination relative – La clause par laquelle une partie se réserverait la faculté de fixation *ad libitum* a directement été condamnée sur la base du principe de la nécessité structurelle de commune détermination du prix puis, de manière sous-jacente, sur celle de la nécessité de protection de l'une des parties au contrat.

2944 Absence de pouvoir judiciaire autonome de détermination du prix – En vertu du principe de l'autonomie de la volonté et du principe de non-immixtion du juge dans les relations contractuelles privées, le droit français persiste à dénier audit juge le pouvoir de fixer de manière autonome le prix dans le contrat de vente exposé à des difficultés d'exécution, soit parce que le prix n'a pas du tout été prédéterminé, soit parce qu'il y a contestation du prix fixé *(Cass. 3e civ., 29 janv. 2003, n° 01-02.759 : JurisData n° 2003-017493 ; JCP N 2003, n° 20, 1325 ; JCP G 2003, IV, n° 1508)*.

2945 Nullité absolue de la vente en cas d'indétermination du prix – Lorsque le prix n'est ni déterminé ni déterminable au sens où l'entend la jurisprudence, non seulement la clause de prix est nulle de nullité absolue, mais aussi, par voie de conséquence, tout le contrat. La nullité du contrat pourra ainsi être invoquée par toutes personnes physiques ou morales qui y trouvent leur intérêt, à commencer par les parties elles-mêmes. En outre, la nullité ne pourra être couverte ni par une confirmation, ni par une ratification du contrat. Et, une fois l'annulation effectuée, le principe sera celui du retour à la situation antérieure à la conclusion du contrat avec restitutions réciproques : le vendeur reprendra l'immeuble vendu et l'acheteur le prix qui a pu être payé.

Attention L'article 1179 du Code civil dispose que *« la nullité est absolue lorsque la règle violée a pour objet la sauvegarde de l'intérêt général »* (ordre public de direction) alors qu'*« elle est relative lorsque la règle violée a pour seul objet la sauvegarde d'un intérêt privé »* (ordre public de protection). Ainsi, par une consécration de la théorie moderne des nullités (privilégiant, pour distinguer le champ respectif de la nullité absolue et de la nullité relative, la fonction de la règle violée) au détriment de la théorie classique (s'attachant à la gravité du vice : nullité absolue si le vice affecte la substance même de l'acte et nullité relative si le vice est bénin), le législateur a retenu comme clé de répartition la nature des intérêts protégés par la règle violée. Reste à savoir si cette nouvelle donne textuelle entraînera un revirement de jurisprudence en matière de détermination du prix. Rien n'est moins sûr même s'il convient de noter que, en faisant œuvre totalement créatrice, la Cour de cassation s'est déjà référée expressément à l'esprit de la réforme du droit commun des contrats pour justifier l'abandon de la nullité absolue au profit de la nullité relative en cas de méconnaissance des règles formalistes édictées par la loi n° 70-9 du 2 janvier 1970 et le décret n° 72-678 du 20 juillet 1972 *(Cass. ch. mixte, 24 févr. 2017, n° 15-20.411 : JurisData n° 2017-003187 ; JCP G 2017, 306, note G. Pignarre ; D. 2017, p. 793, note B. Fauvarque-Cosson ; AJDI 2017, p. 612, obs. M. Thioye).*

2946 Responsabilité civile extracontractuelle : les éventuelles réparations – L'annulation du contrat – ici pour indétermination du prix – peut causer un préjudice à celui qui avait compté sur lui. Le contractant auquel la nullité est imputable peut être tenu, au titre de la responsabilité extracontractuelle ou délictuelle, de réparer ce dommage à la condition que sa faute soit démontrée. Il s'agit d'un « préjudice négatif, consistant dans la chance manquée de conclure un contrat valable, et positif, consistant dans les dépenses engagées en vain pour la conclusion du contrat annulable » *(J. Ghestin, in préface de la thèse de C. Guelfucci-Thibierge Nullité, restitutions et responsabilité : LGDJ, 1992).*

Pour aller plus loin

- M. Thioye, Recherches sur la conception du prix dans les contrats, t. I, préf. D. Tomasin : PUAM, 2004, n° 44 et s.

II. Régime spécifique à la vente immobilière en viager

1° Notion de vente immobilière en viager

2947 Contraction d'une vente et d'une constitution de rente viagère – Le contrat de rente viagère consiste dans le versement périodique d'une somme d'argent (arrérages ou rentes) par un débiteur (débirentier) à un créancier (crédirentier) jusqu'au décès de ce dernier *(C. civ., art. 1968 à 1983)*. Ainsi, même s'il arrive qu'elle soit à titre gratuit (libéralité), la rente viagère est le plus souvent onéreuse parce que, notamment, stipulée dans les ventes immobilières comme mode de paiement du prix, le crédirentier étant le cédant et le débirentier le cessionnaire *(C. civ., art. 1968)*. Dans ce cas, l'opération constitue, en réalité, la contraction de deux contrats : d'une part, celui de vente et, d'autre part, celui de constitution de rente viagère. On parle alors de vente en viager : la nature juridique du contrat est celle de la vente, la rente étant une modalité particulière de paiement du prix *(V. JCl. Notarial Formulaire, V° Vente d'immeuble, fasc. 490, par D. Montoux).*

2948 Bail à nourriture – On parle de « bail à nourriture », juridiquement distinct de la vente en viager dans laquelle les arrérages sont versés en argent, lorsque le prix de vente est stipulé payable en nature par l'acheteur (« bailleur ») par la fourniture au vendeur (« preneur ») de prestations nécessaires à son existence : nourriture, logement, habillement, soins médicaux, etc.

Inventé par la pratique et appartenant à la catégorie des contrats aléatoires et innomés, le bail à nourriture relève du droit commun des contrats et est juridiquement assimilable, à bien des égards, à un contrat de vente malgré son appellation énigmatique qui en fait un faux ami *(V. JCl. Notarial Formulaire, V° Vente d'immeuble, fasc. 492, par D. Montoux).*

Attention Le recours à cette technique est parfois utilisé de façon frauduleuse afin de contourner un droit de préemption, faisant ainsi de l'opération un contrat à fort *intuitus personae* ne permettant pas au titulaire du droit de préemption de l'exercer.

2° Intérêts ou enjeux de la vente en viager

2949 Intérêts ou enjeux de l'opération pour le vendeur - La vente - essentiellement immobilière - en viager permet au vendeur de satisfaire un besoin original, en l'occurrence celui de se procurer un revenu toute sa vie durant avec, très souvent le maintien intact de son cadre d'existence (en se réservant l'usufruit ou un droit d'usage et d'habitation sur le bien vendu). À ce titre, « la vente en viager apporte une solution au problème du riche pauvre, vieillard dépourvu de revenus suffisants » puisqu'« il peut ainsi, tout en conservant éventuellement la jouissance de son bien, disposer de ressources régulières » *(J.-P. Mantelet et N. Mantelet, La vente en viager : Administrer 1997, p. 12, n° 292)*.

2950 Intérêts ou enjeux de l'opération pour l'acheteur - L'achat immobilier en viager permet à l'acquéreur de réaliser son vœu d'accession à la propriété tout en évitant le recours à un crédit payant puisqu'il va pouvoir, par le versement (échelonné) d'arrérages, bénéficier de facilités gratuites de paiement. En outre, l'acquisition d'un immeuble en viager libre (absence de réserve d'usufruit ou de droit d'habitation) est un moyen pour l'acquéreur de se loger sans avoir à payer immédiatement une somme excédant ses facultés pécuniaires. L'acquisition de biens en viager serait aussi pratiquée dans certains milieux, à la naissance des enfants pour la constitution d'un capital dont ils pourront disposer à leur majorité *(J.-P. Mantelet et N. Mantelet, art. préc. n° 12)*.
Étant ainsi une garantie de revenus à vie pour l'une des parties et un crédit gratuit pour l'autre, la vente viagère constitue un moyen très efficace - quoique aléatoire - pour les parties de satisfaire immédiatement ou quasi immédiatement certains de leurs besoins sans avoir à se plier aux exigences traditionnelles attachées aux opérations en cause.

3° Conditions de validité

2951 La qualification de contrat de vente entraîne, naturellement, l'application des règles du droit commun de la vente. Il faut ainsi, en particulier, que l'acte d'aliénation de l'immeuble qui sert de contrepartie à la rente réunisse les conditions de validité requises. Quant à la modalité particulière de règlement du prix, en l'occurrence la constitution de rente viagère, elle a pour effet de donner au contrat un caractère aléatoire. Il s'agit là d'un élément essentiel puisqu'il constitue la cause de l'obligation, une donnée sans laquelle le contrat est frappé de nullité ; le nouvel article 1128 du Code civil, qui a succédé au mythique 1108, ne fait plus référence aux notions d'objet et de cause qui sont désormais formellement fondues dans la formule de *contenu licite et certain* du contrat ; cela dit, si les notions de cause et d'objet ont été boutées hors des nouveaux textes, elles y demeurent conceptuellement et fonctionnellement comme le confirme, du reste, le rapport au président de la République relatif à l'ordonnance n° 2016-131 du 10 février 2016. Pour l'appréciation de l'existence de l'aléa, deux séries de critères sont utilisées : l'une relative à la durée de vie du vendeur crédirentier, l'autre afférente au montant de la rente.

a) Éléments relatifs à la durée de vie du vendeur

2952 Crédirentier vivant dans les 20 jours de la date du contrat - Il faut que le crédirentier soit vivant au jour du contrat, l'article 1974 du Code civil disposant clairement que *« tout contrat de rente viagère créé sur la tête d'une personne qui était morte au jour du contrat ne produit aucun effet »*. En outre, il ne faut pas que l'état de santé du crédirentier ou, dans une moindre mesure, son âge ne soient, au moment de la vente, tels que l'acquéreur ne courait aucun risque de perte.
Ainsi, l'article 1975 du Code civil déclare nul et sans effet le *« contrat par lequel la rente a été créée sur la tête d'une personne atteinte de la maladie dont elle est décédée dans les vingt jours de la date du contrat »*.
La circonstance que la fraction payable comptant du prix et le premier arrérage de la rente aient été, conformément à l'acte, versés par le débirentier ne prive pas l'héritier du crédirentier décédé dans les 20 jours de la date du contrat de vente de se prévaloir de la nullité d'ordre public édictée par l'article 1975 du Code civil *(Cass. 3e civ., 10 nov. 1992, n° 90-21.417 : JurisData n° 1992-002399 ; Bull. civ. III, n° 295, p. 181 ; JCP N 1993, II, 194, 1re esp., obs. L. Leveneur)*.
Notons que, selon la **jurisprudence**, ce texte n'exige ni que la mort imminente du crédirentier ait été prévue par son cocontractant, ni même que l'existence de la maladie ait été connue :

- il suffit que le crédirentier soit décédé d'une maladie qui avait attaqué son organisme lors de la formation du contrat même si rien ne permettait, à cette date, de penser qu'il était menacé d'une fin prochaine, la causalité entre la maladie et le décès pouvant être établie médicalement en dépit du secret médical ;
- en revanche, si la maladie n'existait pas au moment de la conclusion du contrat, le texte n'est pas applicable.

Attention Lorsqu'il existe plusieurs crédirentiers, simultanés ou successifs, le fait que l'un d'eux soit décédé au moment de la vente n'empêche pas le fonctionnement normal du contrat à l'égard du ou des autres. Il reste valable *(R. Le Guidec et Julien Portais, Vente immobilière en viager. Aspects théoriques et pratiques : Actes prat. strat. patrimoniale 2016, n° 3, dossier 15)*.

PRIX

2953 Connaissance par l'acquéreur de l'imminence du décès du vendeur – Aux dispositions expresses de l'article 1975 du Code civil, il faut ajouter la jurisprudence de la Cour de cassation prononçant la nullité lorsque l'acquéreur avait connaissance, à l'époque de la vente, de l'imminence du décès du vendeur, même si ce décès est survenu plus de 20 jours après la conclusion du contrat *(Cass. 3e civ., 6 nov. 1969, n° 67-12.438 : JCP N 1970, II, p. 16502, note A. Bénabent)*, même si le crédirentier n'est pas décédé de la maladie dont il était atteint au jour de la signature du contrat *(Cass. 1re civ., 16 avr. 1996, n° 93-19.661 : Bull. civ. I, n° 184, p. 128 ; D. 1996, p. 584, note Y. Dagorne-Labbe ; Defrénois 1996, p. 1078, obs. A. Bénabent ; Contrats, conc. consom. 1996, comm. 121, note L. Leveneur)*.

b) Éléments relatifs au montant de la rente

2954 Puisque toute vente suppose un prix réel et sérieux, la jurisprudence annule, pour absence d'aléa, la vente en viager dans laquelle la rente stipulée est d'un taux dérisoire par rapport à la valeur de l'immeuble cédé en contrepartie. Il en va ainsi, notamment, lorsque le montant de la rente est inférieur ou égal aux revenus de l'immeuble *(Cass. 1re civ., 5 déc. 1960, n° 58-11.632 : Bull. civ. I, n° 529. – Cass. 1re civ., 13 déc. 2017, n° 16-17.772 : JurisData n° 2017-025920 ; Defrénois 2018, art. 132k7, p. 9)*.
Dans ce cas, quelle que soit la date de survenance du décès du crédirentier, l'acquéreur ne court aucun risque de perte puisque le bien s'autofinance : la rente peut être servie avec les seuls revenus de l'immeuble.

4° Règles de fixation et de révision du prix versé sous forme de rente viagère

a) Fixation par les parties

2955 Libre fixation du montant initial de la rente – La détermination du taux initial de la rente est libre, conformément aux dispositions de l'article 1976 du Code civil, selon lequel *« la rente viagère peut être constituée au taux qu'il plait aux parties contractantes de fixer »*. Réserve doit néanmoins être faite de l'existence d'un prix vil ou dérisoire synonyme d'absence d'aléa et, partant, source de nullité absolue du contrat ou de possibilité de rescision pour lésion.

2956 Libre indexation conventionnelle du taux de la rente – Une autre manifestation de la liberté peut être trouvée dans les dispositions de l'article 4 de la loi du 13 juillet 1963 qui, assimilant les rentes constituées entre particuliers à des dettes d'aliments, laisse aux parties toute latitude dans le choix des indices d'indexation, y compris ceux prohibés en droit commun *(C. mon. fin., art. L. 112-2, al. 3 et 4)*.

b) Revalorisation légale des rentes viagères

2957 Le principe de liberté trouve normalement un corollaire dans la force obligatoire des conventions car *« les contrats légalement formés tiennent lieu de loi à ceux qui les ont faits » (C. civ., art. 1103, ancien art. 1134, al. 1er)*. Ainsi, traditionnellement, les parties sont ordinairement tenues d'honorer leurs engagements, quelles qu'en soient les conséquences éventuellement ruineuses pour l'une d'elles, et le juge, en ce qui le concerne, n'aurait pas davantage le pouvoir de refaire l'accord pour un quelconque prétexte.
Néanmoins, malgré les règles classiques qui, avant la réforme opérée par l'ordonnance n° 2016-131 du 10 février 2016 *(C. civ., art. 1195)*, s'opposaient de manière générale à la révision des contrats pour imprévision, il y a toujours eu des contraintes ou situations particulières auxquelles le droit ne pouvait rester indifférent. Ainsi, parce que les rentes viagères constituées entre particuliers présentent un caractère alimentaire et que, en outre, elles peuvent, avec l'écoulement du temps, devenir dérisoires, le législateur admet depuis longtemps leur réactualisation *(L. n° 51-695, 24 mai 1951, art. 2 portant majoration de certaines rentes viagères et pensions)*. En effet, dans le but de protéger les crédirentiers contre la perte du pouvoir d'achat de la monnaie, le législateur a prévu un double mécanisme de revalorisation des rentes viagères.

- D'une part, des **majorations de plein droit** sont prévues lorsque la rente est constituée entre particuliers, soit contre l'aliénation de biens, soit contre l'aliénation d'un capital : il s'agit d'une révision forfaitaire appliquée de façon mathématique en fonction d'un taux de majoration réactualisé annuellement *(A. 12 déc. 2017 fixant la revalorisation des taux de majoration pour les rentes servies en 2018 à 1 %)*. La détermination du taux de majoration et son relèvement échappent complètement au juge *(L. n° 49-420, 25 mars 1949, art. 1er)*.
- D'autre part, il est prévu un **mécanisme judiciaire** grâce auquel les majorations forfaitaires sont corrigées afin de tenir compte des circonstances économiques qui ont modifié la valeur de la contrepartie. Le juge a, en effet, un pouvoir d'appréciation sur l'ampleur de la modification à effectuer, suivant les circonstances de l'espèce en question et suivant que la rente est indexée ou non ; ce pouvoir devient même autonome lorsqu'il s'agit d'apprécier des éléments subjectifs comme les besoins réels du crédirentier et les ressources du débirentier *(L. n° 49-420, 25 mars 1949, art. 2 à 7)*.

Notons que, outre la revalorisation légale des rentes fixes, le législateur limite les effets de l'indexation des rentes viagères puisque le jeu de celle-ci est contenu entre un **plancher et un plafond** *(L. n° 49-420, 25 mars 1949, art. 4)*.

5° Sanctions du défaut de paiement du prix versé sous forme de rente viagère

2958 Lorsque le débirentier ne respecte pas son obligation de verser les arrérages, sachant que cette obligation subsiste, même en cas de revente du bien acquis en contrepartie de la rente, il encourt naturellement des sanctions dont l'organisation déroge quelque peu au droit commun. En effet, selon l'article 1978 du Code civil, le crédirentier impayé ne peut demander la résolution judiciaire du contrat, seule l'exécution forcée étant possible (par la saisie et la vente de biens du débiteur, pour dégager une *« somme suffisante pour le service des arrérages »*).
L'interdiction légale de l'exercice d'une action résolutoire peut toutefois être contournée par la possibilité, reconnue sous certaines conditions par la jurisprudence, de stipuler des clauses résolutoires expresses.

Conseil pratique **Dans la mesure où la clause résolutoire de plein droit déroge au droit commun de la résolution judiciaire, les tribunaux exigent que la stipulation soit exempte d'ambiguïté. Si la clause résolutoire ne répond pas à ces critères, le juge retrouve ses pouvoirs d'appréciation.**

III. Règles spécifiques au confluent du droit de la vente en viager et du droit des régimes matrimoniaux

1° Rente viagère sur la tête de deux époux jusqu'au décès du survivant d'entre eux

2959 **Technique** – Une rente viagère peut être, quant à son bénéfice, constituée sur la tête de plusieurs personnes, à condition de préciser s'il y a autant de rentes que de bénéficiaires ou s'il n'y a qu'une seule rente indivisible devant être servie, sans réduction jusqu'au décès du dernier mourant des crédirentiers. Il est ainsi fréquent que des époux aliènent un immeuble commun ou qu'un époux vende un bien propre ou personnel moyennant un prix converti en une rente viagère qu'ils entendent voir leur être servie jusqu'au décès du survivant d'entre eux, sans réduction au décès du premier mourant.

2960 **Validité de l'opération** – S'il était soutenu que, dans ce cas, chacun des vendeurs tenait son droit de sa propre stipulation et non d'une libéralité que lui avait faite le prédécédé, la Cour de cassation avait considéré que la stipulation de réversion sur la tête du survivant des vendeurs renfermait deux libéralités mutuelles par les époux et elle en avait alors prononcé la nullité par application de l'ancien article 1097 du Code civil qui prohibait formellement, entre les époux, les donations mutuelles et réciproques par un seul et même acte *(Cass. 1re civ., 9 mai 1962, n° 57-10.905 : Bull. civ. I, n° 239)*. Néanmoins, depuis que la loi n° 63-1092 du 6 novembre 1963 a abrogé ce texte *(ancien art. 1097)*, il est redevenu possible de stipuler la réversibilité sur la tête du survivant des époux de la totalité de la rente viagère établie en contrepartie de la vente par eux d'un immeuble commun *(P. Voirin, Donations mutuelles entre époux et clause de réversibilité : JCP G 1963, I, 1809)*.

2° Régime juridique

2961 **Onérosité ou gratuité de la réversion** – L'article 1973 du Code civil qui prévoit que la rente viagère peut être constituée au profit d'un tiers quoique le prix en soit fourni par une autre personne, précise dans son troisième alinéa, ajouté par la loi n° 63-1092 du 6 novembre 1963, que : *« lorsque constitué par deux époux ou l'un d'eux, la rente est stipulée réversible au profit du conjoint survivant, la clause de réversibilité peut avoir les caractères d'une libéralité ou ceux d'un acte à titre onéreux »*, que la rente soit constituée en contrepartie d'un bien commun ou d'un bien propre à l'un des époux ou personnel à tous les deux. Le texte ajoute, après avoir déterminé comment sera déterminée la récompense à la communauté ou l'indemnité à la succession qui sera due par le bénéficiaire si la réversion est faite à titre onéreux, que *« sauf volonté contraire des époux, la réversion est présumée avoir été consentie à titre gratuit »*.

Conseil pratique **Il est ainsi recommandé d'indiquer dans la stipulation de réversibilité les éléments suivants :**
– la volonté des parties et le caractère gratuit ou onéreux qu'elles entendent donner à cette stipulation, même si ce caractère gratuit est celui que la loi déduit de leur silence ;

PRIX

– la dispense de récompense ou d'indemnité si elles entendent réaliser une donation ou, au contraire l'obligation de récompense si elles entendent réaliser un acte à titre onéreux.

2962 Conséquences de la gratuité de la réversion – Si le caractère de libéralité est maintenu à la stipulation de réversion, il entraînera les effets juridiques suivants :
- la possibilité de révocation *(C. civ., art. 1096)* ;
- l'imputation de la valeur de la fraction de rente donnée sur la quotité disponible ;
- et la possibilité de réduction, si cette valeur excède cette quotité, la dispense de récompense ou d'indemnité.

2963 Conséquences de l'onérosité de la réversion – Si c'est le caractère d'un acte à titre onéreux qui est expressément donné à la réversion par les époux, il en découle les conséquences juridiques suivantes :
- la stipulation ne sera pas révocable, à partir du moment où elle sera acceptée par le bénéficiaire *(C. civ., art. 1206, al. 2, ancien art. 1121)* ;
- elle ne s'imputera pas sur la quotité disponible ;
- le bénéficiaire devra récompense à la communauté, si l'immeuble aliéné dépendait de celle-ci, ou indemnité à la succession de son conjoint, si ce bien était personnel à ce dernier. Le troisième alinéa de l'article 1973 du Code civil précise que cette récompense ou cette indemnité sera *« égale à la valeur de la réversion de la rente »*.

Conseil pratique On pourrait concevoir que la récompense ou l'indemnité soit déterminée sur des bases, suivant un mode autre que celui prévu par la loi, par exemple à une somme arrêtée ou à une partie seulement de celle déterminée conformément à la loi. Rien ne s'y oppose, une dispense spéciale de récompense étant toujours possible. La réversion serait ou pourrait être alors pour partie à titre gratuit et pour partie à titre onéreux, mais cette stipulation serait source de complication pour la liquidation future.

Paiement du prix de vente. Rescision pour lésion. Garanties. Distribution. Lutte contre le blanchiment. Contrôle des investissements

I. Rescision pour lésion

2964 Subjectivisme juridique – Parce que l'on est obligé que parce qu'on l'a voulu (*solus consensus obligat*) et que, sauf insanité d'esprit ou « suicide commercial », la volonté ne saurait être créatrice d'injustices (*volenti non fit injuria*), tout contrat librement conclu est supposé équilibré et obligatoire du seul fait qu'il a été accepté (*pacta sunt servanda* ou *tu patere legem quam ipse fecisti*). Partant certainement de là, le législateur français a déclaré son indifférence de principe à l'égard de la théorie de la lésion dans les contrats entre personnes capables : *« la lésion ne vicie les conventions que dans certains contrats ou à l'égard de certaines personnes »... (ancien art. 1118)* repris en d'autres termes par l'article 1168 du Code civil : *« Dans les contrats synallagmatiques, le défaut d'équivalence des prestations n'est pas une cause de nullité du contrat, à moins que la loi n'en dispose autrement »*.
Ainsi, le Code civil n'admet la prise en compte et la sanction de la lésion que de manière exceptionnelle. En effet, désireux d'assurer la sécurité des transactions – ou stabilité des conventions –, les rédacteurs du Code civil n'ont donné à la rescision pour lésion qu'un domaine très limité, presque « à regret » selon l'expression du Doyen Ripert *(G. Ripert, Le régime démocratique et le droit civil moderne : LGDJ, 1936, n° 93, p. 179)*.

2965 Objectivisme juridique – Le législateur a dû multiplier, depuis 1804, les hypothèses de consécration et de rectification de la lésion alors que, de manière quasi prétorienne, la jurisprudence allait pratiquement généraliser le domaine de celle-ci en posant l'exigence d'un prix sérieux.

A. – CONDITIONS DE FOND DE LA RESCISION POUR LÉSION

2966 Par dérogation au principe posé par l'ancien article 1118 devenu l'actuel article 1168 du Code civil, l'article 1674 du même code dispose que *« si le vendeur a été lésé de plus des sept douzièmes dans le prix d'un immeuble, il a le droit de demander la rescision de la vente, quand même il aurait expressément renoncé dans le contrat à la faculté de demander cette rescision, et qu'il aurait déclaré donner la plus-value »*.

1° Nécessité d'une vente immobilière

2967 Il résulte des articles 1674 à 1685 du Code civil que la mise en œuvre de la rescision suppose la réunion de plusieurs conditions, à commencer par la caractérisation d'une vente immobilière, même si toutes les ventes immobilières ne seront pas couvertes. En réalité, cette condition se dédouble puisqu'il faut, d'une part, un contrat de vente et, d'autre part, que ce contrat ait pour objet un immeuble.

a) Nécessité d'un contrat de vente

2968 Exclusion des contrats autres que la vente – Sont exclus du domaine de la lésion, les contrats proches de la vente – parce que translatifs – mais qui ont une nature juridique différente. C'est ainsi le cas de l'échange *(C. civ., art. 1706)*, de la donation déguisée ou indirecte, de l'apport d'un immeuble à une société même si la contrepartie est constituée, outre par des droits d'associé, par une somme d'argent. Le crédit-bail immobilier est aussi exclu bien qu'il prévoie, au terme de la période de location, la vente au profit du crédit-preneur pour un prix inférieur à la moitié de la valeur de l'immeuble. En revanche, bien que la dation en paiement ne soit pas une vente, la jurisprudence la soumet par analogie à la lésion quand elle a pour objet un immeuble en raison des points communs qui rapprochent ces deux conventions.

b) Nécessité d'une vente portant sur un immeuble

2969 Exclusion des ventes mobilières – Les ventes mobilières sont exclues du champ des articles 1674 à 1685 du Code civil, ce qui s'explique, entre autres, par l'application du vieil adage *res mobilis, res vilis*. C'est

ainsi le cas des cessions de parts sociales, même d'une société civile immobilière d'attribution (donnant droit à l'attribution d'un immeuble), puisque la vente ne porte pas sur l'immeuble lui-même, mais sur des titres qui sont des meubles par nature conformément à l'article 529 du Code civil *(Cass. 3e civ., 15 janv. 1997, n° 94-22.154 : JurisData n° 97-000098 ; Bull. civ. III, n° 15, p. 9 ; D. 1997, p. 216, note Ph. Malaurie ; JCP G 1997, II, 22842, note A. Couret ; Bull. Joly 1997, p. 328, note J.-J. Daigre)*.
Sont aussi écartées, les **ventes de meubles par anticipation** étant donné que, même si ces derniers sont encore immobiliers lors de la vente, les parties ont décidé par avance de les traiter comme les meubles qu'ils sont appelés à devenir dans un avenir proche : n'est pas alors rescindable pour cause de lésion, la vente d'une maison pour la démolir en ce qu'elle est considérée comme une vente mobilière. L'exclusion des ventes mobilières peut parfois poser quelques incertitudes, notamment lorsque la vente porte à la fois sur des meubles et sur des immeubles moyennant un prix unique. Dans ce cas, la possibilité ou non de rescinder le contrat dépendra de l'importance de la partie du prix, déterminée par ventilation, correspondant au coût de l'immeuble *(Cass. 3e civ., 8 janv. 1992, n° 90-12.141 : JurisData n° 1992-000009 ; Bull. civ. III, n° 9, p. 5 ; JCP 1992, IV, 724)*.

c) Ventes immobilières exceptionnellement exclues du domaine de la rescision pour lésion

2970 Exclusion des ventes immobilières aléatoires, des ventes judiciaires et des ventes consécutives à une expropriation – Si le principe veut que la vente soit susceptible d'être rescindée pour cause de lésion, quels que soient l'immeuble objet de la cession (immeuble par nature, immeuble par destination, immeuble à construire) ou la nature du droit immobilier (servitude de passage, usufruit), il existe des cas particuliers dans lesquels ce principe ne joue plus.
Une première exception concerne les **ventes aléatoires** qui ne sont donc pas susceptibles d'être remises en question pour cause prétendue de lésion étant donné que « l'aléa chasse la lésion » *(C. civ., art. 1964)*. Par-là, la jurisprudence vise surtout les ventes en viager, les ventes faites sous réserve d'usufruit ou de droit d'habitation ou encore les ventes moyennant un certain prix converti en une obligation de nourrir, loger, vêtir et soigner le vendeur sa vie durant.
Cela dit, lorsque les circonstances permettent plus ou moins de déterminer la valeur des prestations réciproques au moment de la vente, la rescision redevient possible **faute d'aléa réel**. Il en va ainsi, notamment, lorsque la valeur de la rente viagère ou de l'usufruit est modique ou lorsque, en raison de l'imminence du décès du vendeur révélée par son âge très avancé ou par son état de santé trop fragilisé, l'acheteur ne court aucun risque *(Cass. 3e civ., 2 févr. 2000, n° 98-10.714 : JurisData n° 2000-000242 ; Bull. civ. III, n° 26, p. 18 ; JCP G 2000, II, 10289, note J.-F. Weber.* – V. aussi *n°* ***2951*** *et s.)*.

2971 Vente par autorité de justice – En plus des ventes aléatoires, la loi exclut du domaine de la rescision pour lésion *« toutes ventes qui, d'après la loi, ne peuvent être faites que d'autorité de justice » (C. civ., art. 1684. – CPC exéc., art. L. 322-3)*. En effet, on considère que le contrôle judiciaire entourant de telles ventes permet de parvenir autant que possible au « juste prix ». Par ces « ventes judiciaires », on devrait entendre en principe, selon la lettre du texte, les ventes impérativement soumises à l'autorité de justice, c'est-à-dire celles qui, d'une part, ne peuvent être conclues qu'après une autorisation judiciaire et, d'autre part, doivent se dérouler aux enchères publiques. Mais, étant donné que les ventes généralement visées (ventes sur saisie immobilière, ventes d'immeubles appartenant à des mineurs ou majeurs protégés...) réunissent rarement ces deux conditions, on peut craindre que l'exclusion ne s'applique que rarement.
Avant la retouche de l'article 2202 du Code civil (devenu *CPC exéc., art. L. 322-3)* par l'article 6 de la loi n° 2010-1609 du 22 décembre 2010 (il y est désormais précisé que *« la vente amiable sur autorisation judiciaire [...] ne peut pas donner lieu à rescision pour lésion »*), la jurisprudence, sur ce point, n'adoptait pas une position unitaire : elle excluait déjà du domaine de la lésion la vente sur saisie convertie en vente amiable alors qu'elle aurait dû avoir lieu en justice ; à l'opposé, elle admettait la rescision lorsque la vente, faite avec l'autorisation du juge, n'avait cependant pas eu lieu aux enchères publiques ou en justice. En tout état de cause, la jurisprudence admet la rescision des ventes volontairement faites aux enchères, c'est-à-dire des ventes pour lesquelles la justice intervient sur demande des parties alors qu'elles n'étaient pas légalement à une autorisation judiciaire. Toutefois, la rescision redevient non opérationnelle lorsque la licitation avait été imposée par le désaccord des colicitants *(Cass. 1re civ., 25 avr. 1984, n° 82-16.052 : JurisData n° 1984-700866 ; Bull. civ. I, n° 135)*.

2972 Expropriation – Une autre exception à la possibilité de rescision des ventes immobilières est relative aux ventes consécutives à une expropriation. L'annulation redevient néanmoins possible lorsque la vente se réalise à l'amiable au cours de la procédure d'expropriation *(Cass. 3e civ., 26 oct. 1971, n° 70-10.962 : Bull. civ. III, n° 513, p. 366 ; Gaz. Pal. Rec. 1972, 1, 160)*.

2° Lésion de plus des sept douzièmes subie par le vendeur

2973 Vente à un prix inférieur aux cinq douzièmes de la « juste valeur » de l'immeuble – La protection contre la lésion est réservée par les textes au seul vendeur ou à ses représentants *(C. civ., art. 1674 et 1683)*, cette restriction trouvant ses justifications dans l'histoire, notamment dans l'effondrement des assignats qui avait ruiné les propriétaires. En outre, l'action en rescision est assujettie à une condition particulière de fond, celle d'un déséquilibre substantiel au détriment du vendeur, à savoir une lésion, appreciée au moment de la vente et au regard des stipulations du contrat, excédant les sept douzièmes du « juste prix ». On est ainsi très proche de la *læsio enormis* romaine et de la lésion d'outre moitié de l'Ancien droit. Pour déterminer cette proportion, une procédure particulière est prévue par les articles 1678 et suivants du Code civil, ce qui suppose que soient invoqués des faits *« assez vraisemblables et assez graves pour faire présumer la lésion » (C. civ., art. 1677)*. La disproportion est appréciée suivant l'état et la valeur de l'immeuble au moment de la vente *(C. civ., art. 1675, al. 1er)*.

B. – DÉLAI D'EXERCICE DE L'ACTION EN RESCISION

2974 L'action en rescision est assujettie à une stricte condition procédurale, en l'occurrence celle d'un délai de forclusion. En effet, le premier alinéa de l'article 1676 du Code civil pose comme condition de recevabilité de l'action le respect d'un **délai préfix de 2 ans** à compter de la signature du contrat ou en cas de promesse unilatérale de vente, du jour de la levée de l'option *(Cass. 3e civ., 15 déc. 2010, n° 09-16.838 : JurisData n° 2010-023868 ; Bull. civ. III, n° 224 ; D. 2011, p. 159)*.
Cette exigence de « bref délai » s'explique par les impératifs de sécurité juridique, car le législateur voudrait empêcher les recours tardifs ou les procédés dilatoires. Cette préoccupation est d'ailleurs renforcée par les dispositions du deuxième alinéa de l'article 1676 du Code civil qui écarte les causes ordinaires de suspension : absents, les majeurs en tutelle et les mineurs venant du chef d'un majeur qui a vendu. Le texte vise encore les femmes mariées, mais il s'agit des époux et des partenaires liés par un pacte civil de solidarité entre lesquels la prescription ne joue pas *(C. civ., art. 2236)*.
Le délai peut toutefois être interrompu par une demande en justice conformément aux dispositions de l'article 2241 du Code civil mais il ne peut plus, une fois écoulé, être invoqué par voie d'exception : en effet, la règle *quae temporaliae sunt ad agendum, perpetua sund ad excipiendum* (ce qui est temporaire quant à l'action est perpétuel quant à l'exception), désormais consacrée par l'article 1185 du Code civil résultant de l'ordonnance n° 2016-131 du 10 février 2016, ne joue pas s'agissant des délais préfix.

C. – SORT DU CONTRAT DE VENTE LÉSIONNAIRE

1° Rescision de la vente

2975 Nullité relative – Lorsque toutes les conditions sont réunies, et à supposer qu'il n'y ait pas eu *animus donandi* ou renonciation valable du vendeur à se prévaloir de la lésion *(V. n° 2976 et s.)*, l'action devra normalement aboutir à la rescision du contrat, c'est-à-dire à une forme de nullité relative opérant alors rétroactivement. Il se produit un retour au statu quo ante : le vendeur rembourse le prix perçu à l'acheteur qui lui restitue le bien *(Cass. 3e civ., 14 déc. 2011, n° 10-25.408 : JurisData n° 2011-028414 ; JCP N 2012, 1286, note H. Gudayer ; Constr.-Urb. 2012, comm. 37, note P. Cornille)*.

2° Sauvetage de la vente

2976 Rachat de la lésion par l'acheteur – L'article 1681 du Code civil a prévu une possibilité de sauvetage du contrat en permettant à l'acheteur, et à lui seul, d'éviter la rescision en offrant de verser au vendeur le *« supplément du juste prix, sous la déduction du dixième du prix total »*. Cette déduction s'expliquerait d'abord par une raison « mathématique », à savoir l'incidence des incertitudes attachées aux opérations d'évaluation, puis par une raison « morale », en l'occurrence l'idée que l'acheteur aurait pu tirer cet avantage d'une négociation tout à fait correcte et loyale.

2977 Renonciation du vendeur à la rescision – À la faculté offerte à l'acquéreur d'éviter l'annulation, on pourrait rapprocher le cas de la renonciation du vendeur à exercer l'action en rescision. En effet, si l'article 1674 du Code civil dispose que le vendeur a le droit de demander la rescision de la vente « quand bien même il aurait renoncé dans le contrat à la faculté de demander cette rescision et qu'il aurait déclaré donner la plus-value », c'est seulement pour empêcher les renonciations incluses dans l'acte même, cela dans le but d'éviter que la renonciation ne devienne dans les ventes d'immeubles une clause de style qui ferait de la loi une lettre morte. Néanmoins, la **renonciation postérieure** à la vente est possible et licite étant donné que tout un chacun peut renoncer à un droit (même d'ordre public) une fois que celui-ci est acquis. Cette renonciation suppose seulement, outre la postériorité à l'acte de vente, d'être éclairée, c'est-à-dire que le vendeur connaisse la lésion qu'il a subie, et libre c'est-à-dire que le vendeur ait été payé du prix stipulé. La **renonciation concomitante** est même possible et valable à condition, toutefois, de ne pas être révélée par une clause expresse intrinsèque à l'acte de vente et qu'elle soit inspirée par une saine intention libérale.

2978 Lésion « causée » – Les tribunaux se refusent à prononcer la rescision lorsqu'ils estiment que le déséquilibre objectif entre les prestations trouve en réalité sa source et sa justification dans la volonté des parties. Il peut en être ainsi, notamment, parce qu'il y a une intention libérale. En effet, la jurisprudence est partie du constat que le vendeur immobilier qui, de son plein gré et en pleine connaissance de cause, a accepté un contrat « lésionnaire » ne peut plus s'en plaindre, car un tel comportement révèle la constitution d'une libéralité dans la mesure de la « lésion » qu'il subit, une donation déguisée ou donation indirecte dont le défendeur peut apporter la preuve *(Cass. 1re civ., 29 mai 1980, n° 79-11.378 : Bull. civ. I, n° 164 ; Defrénois 1980, art. 32503, p. 1562, n° 120, obs. G. Champenois ; D. 1981, p. 273, obs. I. Najjar ; RTD civ. 1981, p. 422, obs. Patarin).*

II. Paiement du prix de vente

A. – GÉNÉRALITÉS SUR LE PAIEMENT

2979 Définition juridique du paiement – Alors que, dans le langage courant, le paiement renvoie exclusivement au versement d'une somme d'argent, le paiement désigne, en droit, l'exécution de toute obligation, quelle que soit sa nature, même si elle ne porte pas sur une somme d'argent, mais sur la délivrance d'un bien ou sur l'exécution d'une obligation de faire ou de ne pas faire. On retrouve, du reste, cette conception juridique large du paiement dans l'article 1342 du Code civil aux termes duquel *« le paiement est l'exécution volontaire de la prestation due »*.

2980 Double effet libératoire et extinctif du paiement – Aux termes de l'ancien article 1234, les obligations s'éteignent, au premier chef, par le paiement puisque, comme le rappelle le nouvel article 1342, alinéa 1er, du Code civil, *« le paiement est l'exécution volontaire de la prestation due »* et permet ainsi d'en réaliser l'accomplissement. *« Il libère le débiteur à l'égard du créancier et éteint la dette, sauf lorsque la loi ou le contrat prévoit une subrogation dans les droits du créancier » (C. civ., art. 1342, al. 3)*. Ainsi, en principe, le paiement emporte un double effet : d'abord, un effet libératoire en ce qu'il libère le débiteur de sa dette ; ensuite, un effet extinctif en ce qu'il éteint cette dette. En général, ces deux effets sont confondus parce que la libération du débiteur est liée à l'extinction de l'obligation. Néanmoins, dans certains cas, cette parfaite coïncidence doit être écartée et, alors, il convient de distinguer ces deux effets. C'est le cas, par exemple, en cas de paiement par le moyen d'un chèque. En effet, seul l'encaissement effectif du chèque par le créancier éteindra la dette même si le débiteur est considéré comme libéré dès la remise du chèque *(Cass. 3e civ., 1er juill. 2009, n° 07-19.446 : JurisData n° 2009-048933 ; Bull. civ. III, n° 168 ; Contrats, conc. consom. 2009, comm. 242, note L. Leveneur).*

- Ainsi, celui qui a remis en temps utile un **chèque** régulièrement et suffisamment provisionné sera libéré dès cette date et n'encourra aucune pénalité même s'il n'est présenté à l'encaissement qu'après le délai prévu pour payer.
- Quant au **virement**, la jurisprudence retenait traditionnellement que « le virement ne vaut paiement que lorsqu'il a été effectivement réalisé par l'inscription de son montant au compte du bénéficiaire » *(Cass. 1re civ., 23 juin 1993, n° 91-14.472 : JurisData n° 1993-001532 ; Bull. civ. I, n° 229 ; D. 1994, p. 27, note D.-R. Martin)*. Néanmoins, cette solution, très critiquée (la seule réception par le banquier, qui est un mandataire du bénéficiaire, doit être considérée comme valant paiement avec effet libératoire et extinctif), avait été remise en cause par un arrêt de revirement de la chambre commerciale de la Cour de cassation : « attendu que le virement vaut paiement (avec double effet libératoire et extinctif) dès réception des fonds par le banquier du bénéficiaire qui les détient pour le compte de son client » *(Cass. com., 3 févr. 2009, n° 06-21.184 : JurisData n° 2009-046858 ; Bull. civ. III, n° 16 ; JCP N 2009, act. 208 ;* Constr.-Urb. 2009, comm. 61, Chr. Sizaire *; Contrats, conc., consom 2009, comm. 95, note L. Leveneur).*

Conseil pratique **Désormais, le règlement des sommes relatives aux actes destinés à la publication foncière doit être fait par virement au compte du notaire. En effet, le règlement par virement s'impose pour les paiements effectués ou reçus par les notaires pour le compte des parties à un acte reçu en la forme authentique et donnant lieu à publicité foncière *(C. mon. fin., art. L. 112-6-1, réd. L. n° 2011-331, 28 mars 2011)*. La règle s'impose à partir de 3 000 € à compter du 1er janvier 2015 *(D. n° 2013-232, 20 mars 2013. – C. mon. fin., art. R. 112-5)*.**

2981 Obligation essentielle de l'acheteur – Aux termes de l'article 1583 du Code civil, la vente *« est parfaite entre les parties, et la propriété est acquise de droit à l'acheteur à l'égard du vendeur, dès qu'on est convenu de la chose et du prix, quoique la chose n'ait pas encore été livrée ni le prix payé ; dans les contrats ayant pour objet l'aliénation de la propriété ou la cession d'un autre droit, le transfert s'opère lors de la conclusion du contrat » (C. civ., art. 1196)*. Ainsi, le paiement effectif du prix ne participe nullement de la formation de la vente. Cela dit, l'article 1650 du Code civil dispose que *« la principale obligation de l'acheteur est de payer le prix au jour et au lieu réglés par la vente »*. Le paiement du prix relève ainsi de l'exécution du contrat de vente, en tant qu'obligation centrale de l'acquéreur vis-à-vis du vendeur.

B. – RÈGLES GÉNÉRALES OU ORDINAIRES DE PAIEMENT

1° Objet du paiement

2982 Capital et, éventuellement, intérêt du prix de vente – Le paiement porte sur le prix qui a été convenu et, éventuellement, sur des intérêts qui seraient dus dans les conditions de l'article 1652 du Code civil. L'acheteur doit l'intérêt du prix de la vente jusqu'au paiement du capital, dans les trois cas suivants :
- s'il a été ainsi convenu lors de la vente ;
- si la chose vendue et livrée produit des fruits ou autres revenus ;
- si l'acheteur a été sommé de payer ; dans ce dernier cas, l'intérêt ne court que depuis la sommation.

2° Destinataire du paiement du prix de vente

2983 Vendeur ou assimilé – Le paiement est destiné au vendeur et doit se faire, en principe, entre les mains de celui-ci ou de son mandataire ; exceptionnellement, la vente peut prévoir un acquittement auprès d'un tiers déterminé, tel un créancier du vendeur ou un séquestre. Mais, afin de se mettre à l'abri du droit de suite dont bénéficie tout créancier privilégié ou hypothécaire inscrit sur l'immeuble acquis (droit pour le vendeur impayé, par exemple, de suivre l'immeuble en quelque main qu'il passe et en quelque lieu qu'il se trouve), le notaire rédacteur conseillera à l'acheteur de verser la totalité du prix dans sa comptabilité *(V. n° **2984**)*. En outre, dans un souci de protection des *solvens* de bonne foi, l'article 1342-3 du Code civil *(ancien art. 1240)* consacre la théorie de l'apparence et permet ainsi de considérer comme valable et libératoire le paiement fait de bonne foi entre les mains du créancier apparent.

2984 Paiement du prix avec constitution de séquestre jusqu'à justification de la franchise hypothécaire – L'acquéreur d'un immeuble ne devrait, en principe, se libérer de son prix qu'après l'accomplissement des formalités hypothécaires pour, notamment, pouvoir se libérer entre les mains des éventuels créanciers inscrits ou, en cas d'insuffisance du prix, purger légalement les hypothèques et privilèges inscrits. Ainsi, pour éviter les frais d'une quittance ultérieure, le prix payé comptant est, en pratique, consigné chez le notaire (désigné séquestre) qui ne le remettra au vendeur qu'après accomplissement des formalités ; la clause de désignation du séquestre a pour finalité d'éviter que le prix de vente d'un bien immobilier puisse être appréhendé par les créanciers chirographaires opposants. Le notaire pourrait ainsi engager sa responsabilité s'il se dessaisissait des fonds entre les mains du vendeur sans avoir reçu les renseignements hypothécaires.

3° Auteur du paiement du prix de vente

2985 Acheteur ou assimilé – L'obligation de paiement du prix de vente pèse naturellement sur l'acquéreur ou, en cas de décès avant règlement, sur ses héritiers qui seront ordinairement tenus chacun pour le tout puisque les dettes de la succession sont indivisibles vis-à-vis du créancier *(C. civ., art. 870 à 873)*. Dans l'hypothèse où un bien a été acquis conjointement par plusieurs personnes et pour un prix unique, chaque coacquéreur est, sauf clause contraire, tenu pour le tout puisque le prix du bien ne se divise pas à l'égard du vendeur *(C. civ., art. 1342-4, al. 1er et ancien art. 1244)*. Cela dit, l'obligation de paiement du prix de vente initiale n'est pas, s'il y a lieu, transmissible aux ayants cause à titre particulier du vendeur comme le sous-acquéreur.

2986 Procédure de consignation du prix de vente – Traditionnellement, si, pour une raison quelconque, le vendeur refusait de recevoir un paiement qui présente pourtant toutes les caractéristiques requises, l'acquéreur débiteur pouvait, pour éviter de s'exposer à certains désagréments (intérêts moratoires par exemple), lancer la procédure des offres réelles et consignation organisée par les anciens articles 1257 et suivants du Code civil. Par ministère d'huissier de Justice, porteur des sommes dues, l'acquéreur offrait au créancier l'intégralité de son obligation et le sommait de la recevoir. En cas de refus, les fonds considérés étaient consignés à la Caisse des dépôts et consignations et, à partir de ce moment-là, le débiteur ne devait plus d'intérêts et ne pouvait plus faire l'objet de poursuites pour défaut de paiement.

2987 Mise en demeure du créancier – Néanmoins, il s'est produit, avec le nouvel article 1345-1 du Code civil, issu de la réforme opérée par l'ordonnance n° 2016-131 du 10 février 2016, une abrogation de la procédure des offres réelles et son remplacement par une procédure de consignation lorsque l'obligation porte sur une somme d'argent ou une procédure de séquestre, voire de vente, lorsque l'obligation porte sur la délivrance d'une chose. Ainsi, selon le texte, *« si l'obstruction (du créancier) n'a pas pris fin dans les deux mois de la mise en demeure »* (C. civ., art. 1345), *« le débiteur peut, lorsque l'obligation porte sur une somme d'argent, la consigner à la Caisse des dépôts et consignations »*. Ainsi faite, la consignation libère le débiteur à compter de sa notification au créancier.

PRIX

4° Lieu et moment du paiement du prix de vente

2988 Principe de paiement comptant – En rappelant une règle d'évidence, qui procède de la notion même d'exigibilité, le deuxième alinéa de l'article 1342 du Code civil dispose que *le paiement « doit être fait sitôt que la dette devient exigible »*. Ainsi, sauf stipulation contraire dans le contrat de vente, *« l'acheteur doit payer au lieu et dans le temps où doit se faire la délivrance » (C. civ., art. 1650 et 1651)*. En d'autres termes, lorsque les parties n'ont pas prévu des modalités particulières de règlement du prix, comme, par exemple, un terme précis, un échelonnement avec un nombre déterminé d'échéances successives, un paiement sous forme d'arrérages..., celui-ci doit se faire au moment de la délivrance effective et complète. On parle alors de vente au comptant ou de paiement comptant.

5° Instruments de paiement du prix de vente

2989 Paiement en euros – *« La monnaie de la France est l'euro. Un euro est divisé en cent centimes » (C. mon. fin., art. L. 111-1)*. Ainsi, le paiement effectif doit aujourd'hui être réalisé, s'agissant des opérations internes, en euros même si ce paiement intervient entre deux ressortissants étrangers ; au cas où les parties auraient libellé le prix dans une monnaie de compte différente, la conversion doit en être faite en euros pour les besoins du règlement effectif. Les paiements de sommes d'argent doivent, en règle ordinaire, se faire en numéraire (la monnaie fiduciaire ayant, seule, cours forcé), l'acquéreur ne pouvant contraindre le vendeur à un autre mode de paiement (chèque, virement, lettre de change, etc.). Néanmoins, il est des cas dans lesquels il existe une interdiction de paiement en espèces ou au moyen de monnaie électronique au profit d'un paiement par chèque barré ou par virement *(C. mon. fin., art. L. 112-6 à L. 112-8, et D. 112-3 à R. 112-5)*. Ainsi, aux termes des articles L. 112-6-1 et R. 112-5 du Code monétaire et financier, les paiements effectués ou reçus par un notaire pour le compte des parties à un acte reçu en la forme authentique et donnant lieu à publicité foncière doivent être assurés par **virement au-dessus de 3 000 €.**

2990 Paiement par chèque – Lorsque le paiement a eu lieu par chèque, seul l'encaissement libérera l'acquéreur *(V. n° **2980**. – Pour le virement, V. n° **2980**)*.

6° Preuve du paiement du prix de vente

2991 Charge de la preuve du paiement du prix de vente – Le deuxième alinéa de l'article 1353 du Code civil *(ancien art. 1315, al. 2)* dispose que *« celui qui se prétend libéré doit justifier le paiement ou le fait qui a produit l'extinction de son obligation »*. Ainsi, la charge de la preuve du paiement pèse sur l'acquéreur quel que soit le moyen employé.

2992 Mode de preuve du paiement du prix de vente – La nature juridique du paiement a été et demeure une question doctrinale très controversée puisque l'on a avancé, notamment, les qualifications de convention, de combinaison de deux actes juridiques unilatéraux distincts ou encore de fait juridique.

Il convient de préciser que l'enjeu essentiel de cette controverse, avant la réforme opérée par l'ordonnance n° 2016-131 du 10 février 2016, était loin d'être purement académique puisqu'il était relatif à la preuve du paiement : liberté de la preuve s'il s'agit d'un fait juridique et, à l'opposé, encadrement de la preuve s'il s'agit d'un acte juridique. Pourtant, le débat n'aurait pas dû exister puisque, indifféremment de sa véritable nature juridique, le paiement était expressément soumis par le législateur, quant à sa preuve, au chapitre du Code civil intitulé *De la preuve des obligations et de celle du payement* : ainsi, s'agissant du mode de preuve du paiement, les anciens articles 1341 et suivants exigeaient, s'agissant des affaires civiles, la production d'un écrit au-delà de 1 500 €, sauf impossibilité de l'écrit et sauf commencement de preuve par écrit. Pourtant, en allant au rebours de ces dispositions expresses du Code civil, était apparue une importante jurisprudence prétorienne, *contra legem*, selon laquelle *« la preuve du paiement, qui est un fait, peut être rapportée par tous moyens » (Cass. 1re civ., 6 juill. 2004, n° 01-14.618 : JurisData n° 2004-024533 ; Bull. civ. I, n° 202 ; JCP G 2004, II, 10193, note G. Nicolas ; JCP E 2004, 1642, note S. Piedelièvre ; RDC 2005, p. 286, obs. Ph. Stoffel-Munck. – Cass. 1re civ., 16 sept. 2010, n° 09-13.947 : JurisData n° 2010-015952 ; Bull. civ. I, n° 173 ; JCP G 2010, doctr. 1040, n° 15, obs. G. Loiseau ; Contrats, conc. consom. 2010, comm. 266, note L. Leveneur)*.

L'ordonnance n° 2016-131 du 10 février 2016, en vigueur depuis le 1er octobre 2016, pour les contrats conclus à partir de cette date, a, sans toutefois aller jusqu'à qualifier le paiement de fait, consacré la jurisprudence en disposant que *« le paiement se prouve par tout moyen » (C. civ., art. 1342-8, nouv.)*.

Toujours est-il que, dans une vente immobilière, le système de preuve du règlement consiste très souvent en une **quittance de prix** délivrée par le vendeur dans l'acte notarié de cession. Le pouvoir probant d'un tel « reçu » varie selon que le prix a été ou non payé par le biais de la comptabilité du notaire rédacteur.

- Dans le premier cas, la quittance fait foi jusqu'à inscription de faux.
- Dans le second cas, il est possible au vendeur ou à ses ayants cause d'apporter la preuve contraire de la quittance qui s'est bornée à relater, selon les parties, que le paiement a été fait mais « hors la vue du notaire ». Cette preuve peut être apportée par tous moyens *(Cass. 1re civ., 11 mars 2009, n° 07-20.132 : JurisData n° 2009-047363 ; Bull. civ. I, n° 58 ; JCP N 2009, n° 13, act. 279 ; D. 2009, AJ, p. 872 ; RTD civ. 2009, p. 339, obs. P. -Y. Gautier)*.

Pour aller plus loin

Formules
- JCl. Notarial Formulaire, V° Vente d'immeuble, fasc. 105, par J. Lafond
- JCl. Notarial Formulaire, V° Vente d'immeuble, fasc. 495, Vente en viager, par D. Montoux

Fiches pratiques
- Fiche pratique n° 1721 : Rédiger une vente d'immeuble, par M. Suquet-Cozic
- Fiche pratique n° 2181 : Identifier la lésion dans la vente d'immeuble, par G. Picasso
- Fiche pratique n° 1679 : Rédiger une dation en paiement, par L. Thibierge

Commentaires
- JCl. Notarial Formulaire, Synthèse 1480, Vente d'immeuble : paiement du prix par V. Zalewski-Sicard
- JCl. Notarial Formulaire, Synthèse 1520, Vente d'immeuble : contentieux, par V. Zalewski-Sicard
- JCl. Notarial Formulaire, V° Vente d'immeuble, fasc. 490, Vente en viager, par D. Montoux
- JCl. Notarial Formulaire, V° Vente d'immeuble, fasc. 590, Résolution ou résiliation amiable, par A. Walravens
- JCl. Notarial Formulaire, V° Vente d'immeuble, fasc. 640, Résolution, par S. Castagné et V. Zalewski-Sicard

7° Sanctions de droit commun du défaut de paiement du prix

2993 **Sanctions issues du droit commun de la vente** – Le défaut de paiement du prix de vente peut donner lieu à diverses sanctions. Le vendeur peut ainsi user de l'exception d'inexécution en refusant de délivrer la chose à l'acquéreur qui n'est pas encore entré en possession *(C. civ., art. 1612 et 1613)*. En outre, le vendeur a une option entre, d'une part, l'inscription de son privilège immobilier *(C. civ., art. 2374, 1°)* et l'exécution forcée de la vente y attachée *(C. civ., art. 2379)* et, d'autre part, la résolution de celle-ci *(C. civ., art. 1654 à 1656)*.

2994 **Sanctions issues du droit spécial de la vente en viager** – Lorsque le débirentier ne respecte pas son obligation de verser les arrérages, une obligation qui subsiste même en cas de revente du bien acquis en contrepartie de la rente, il encourt naturellement des sanctions dont l'organisation déroge quelque peu au droit commun. En effet, selon l'article 1978 du Code civil, le crédirentier impayé ne peut demander la résolution judiciaire du contrat ; seule l'exécution forcée est possible par la saisie et la vente de biens du débiteur, pour dégager une somme suffisante pour le service des arrérages. L'interdiction légale de l'exercice d'une action résolutoire peut toutefois être contournée par la possibilité, reconnue sous certaines conditions par la jurisprudence, de stipuler des clauses résolutoires expresses *(Cass. ass. plén., 4 avr. 2008, n° 07-14.523 : JurisData n° 2008-043506 ; JCP N 2009, n° 16, act. 394)*.

C. – RÈGLES SPÉCIALES OU DÉROGATOIRES DE PAIEMENT

2995 **Diversité** – Il existe, au-delà des règles générales de paiement, des règles spécifiques à certaines modalités particulières de paiement du prix :
- le paiement à terme du prix de vente ;
- le paiement par subrogation personnelle qui permet la transmission d'une créance au profit d'un tiers qui paye le vendeur créancier aux lieu et place de l'acquéreur débiteur ;
- le paiement par compensation qui permet d'opérer l'extinction d'obligations réciproques à concurrence de la plus faible d'entre elles ;
- le paiement par délégation ;
- le paiement sous forme de rente viagère ;
- le paiement d'un prix converti en obligation de soins synonyme de bail à nourriture qui n'est distinct de la vente en viager qu'en ce que les arrérages sont versés en nature ;
- la confusion, l'extinction de l'obligation s'opérant, non pas par paiement, mais parce que l'acheteur s'est retrouvé avec la double qualité de débiteur et de créancier du prix.

1° Paiement à terme du prix de vente

2996 Aux termes de l'article 1305 du Code civil, *« l'obligation est à terme lorsque son exigibilité est différée jusqu'à la survenance d'un événement futur et certain, encore que la date en soit incertaine »*. Ainsi, le prix de vente peut être, en tout ou partie, stipulé payable à terme, c'est-à-dire dans un certain délai. Il convient alors, tant pour assurer la protection du vendeur qui a délivré l'immeuble sans avoir été intégralement payé que pour garantir l'exécution dans les conditions prévues, de déterminer avec précision dans le contrat les modalités de paiement.

a) Régime du paiement du prix à terme

2997 Date et lieu du paiement – Le paiement du prix ou de son solde peut être prévu à une date unique : contrat à exécution instantanée, ou le paiement peut être échelonné : vente à tempérament.

2998 Faculté et conditions de libération anticipée de l'acquéreur – Il est généralement nécessaire de prévoir des modalités de paiement par anticipation, étant donné que le vendeur n'est pas obligé de recevoir le paiement avant l'arrivée du terme conventionnel convenu dans son intérêt *(C. civ., art. 1305-3, al. 2 et ancien art. 1187)*.

2999 Production d'intérêts – Lorsque le prix est payable à terme, des intérêts sont dus dans certaines hypothèses prévues par l'article 1652 du Code civil : stipulation du contrat en ce sens, immeuble productif de « *fruits ou autres revenus* ou *si l'acheteur a été sommé de payer* ». Sauf pour les intérêts après une mise en demeure qui ne courent qu'à compter de cette formalité, il appartient aux parties de fixer la date à compter de laquelle les intérêts courent. Le taux d'intérêt est librement fixé par les parties, dans la limite du seuil de l'usure *(C. consom., art. L. 314-6)*. Leur silence, sur ce point, est suppléé par une application du taux légal.

3000 Déchéance du terme – Si, en principe, « *ce qui n'est dû qu'à terme ne peut être exigé avant l'échéance du terme* » *(C. civ., art. 1305-2 et ancien art. 1186)*, cette règle ne joue plus en cas de déchéance conventionnelle ou légale du terme : « *le débiteur ne peut réclamer le bénéfice du terme s'il ne fournit pas les sûretés promises au créancier ou s'il diminue celles qui garantissent l'obligation* » *(C. civ., art. 1305-4)*.

3001 Solidarité passive de coacquéreurs – Puisque, en droit civil, le principe est que la solidarité ne se présume pas et qu'elle n'existe que si elle est prévue par un texte *(C. civ., art. 1310 et ancien art. 1202)*, il convient, en l'absence d'un tel texte, ou d'un usage comme en droit commercial, de la stipuler clairement si le vendeur souhaite, en cas de retard dans l'exécution, pouvoir s'adresser pour le tout à l'un quelconque des coacquéreurs.

3002 Indivisibilité de la créance – Alors pourtant qu'une dette de somme d'argent est, par nature, toujours divisible, il est possible au créancier (vendeur) de stipuler, artificiellement, une indivisibilité juridique qui, en pratique, produira les mêmes effets que la solidarité : possibilité de réclamer paiement de la dette en son entier à n'importe lequel des codébiteurs.

b) Garanties spéciales du crédit-vendeur impayé

3003 Lorsque, sans raison légitime, l'acquéreur ne paie pas le prix convenu, qu'il soit comptant ou à terme, il s'expose avant tout aux sanctions communes de la défaillance contractuelle. À cela, s'ajoutent les possibilités offertes au vendeur impayé de mettre en œuvre des moyens spécifiques supplémentaires, lesquels consistent, soit dans des aménagements des sanctions de droit commun, soit dans le bénéfice de voies additionnelles. En effet, pour assurer le paiement des sommes dues, diverses garanties particulières sont reconnues au vendeur à terme, dont un droit de rétention, un privilège spécial et l'action résolutoire y attachée.

3004 Droit de rétention – Au cas où la créance de prix est exigible et où l'acheteur n'est pas encore entré en possession de la chose (immeuble), le vendeur peut refuser de la délivrer en se fondant sur les dispositions de l'article 1612 du Code civil : « *le vendeur n'est pas tenu de délivrer la chose, si l'acheteur n'en paye pas le prix, et que le vendeur ne lui ait pas accordé un délai pour le payement* ». Ce droit de rétention ou exception d'inexécution subsiste même lorsque le prix est payable à terme, dès lors que l'immeuble n'a pas été délivré et que « *depuis la vente, l'acheteur est tombé en faillite ou en état de déconfiture, en sorte que le vendeur se trouve en danger imminent de perdre le prix ; à moins que l'acheteur ne lui donne caution de payer au terme* » *(C. civ., art. 1613)*. Le cas échéant, le droit de rétention joue de plein droit et, pour son opposabilité aux tiers, ne requiert pas de publicité au service chargé de la publicité foncière *(Cass. 3e civ., 16 déc. 1998, n° 97-12.702 : JurisData n° 1998-004826 ; Bull. civ. III, n° 253)*. L'acquéreur confronté à cette sorte de « légitime défense contractuelle » ne pourra exiger la délivrance qu'en réglant immédiatement la totalité de sa dette, à moins de fournir au vendeur une caution qui payera au terme prévu *(C. civ., art. 1613, in fine)*.

3005 Privilège immobilier spécial – Lorsque le prix de vente est payable à terme, la mission du notaire consiste, entre autres, à garantir le vendeur contre les risques de non-paiement, notamment par le biais du privilège de vendeur institué par l'article 2374, 1°, du Code civil. Il s'agit d'un privilège spécial immobilier soumis à publicité. Ce privilège, s'il est inscrit au service de la publicité foncière dans les 2 mois de la vente, prend effet au jour de celle-ci *(C. civ., art. 2379)*, permettant ainsi au vendeur de primer les autres créanciers hypothécaires de l'acquéreur. Le vendeur, titulaire d'une sûreté réelle de premier rang, aura donc la faculté, en cas de non-paiement, de faire saisir et vendre l'immeuble en vue du remboursement de sa créance *(C. civ., art. 2461 à 2464)*.

Conseil pratique **S'agissant du privilège immobilier spécial, il convient d'attirer tout particulièrement l'attention du notaire rédacteur de l'acte sur le danger inhérent aux clauses portant dispense d'inscription dudit privilège. Il arrive parfois que les praticiens insèrent dans leur acte une clause aux termes de laquelle le vendeur dispense le notaire de prendre immédiatement l'inscription en se réservant la faculté de le faire lui-même, à tout moment et aux frais de**

l'acquéreur. Néanmoins, cette clause, souvent insérée dans un souci d'économie, peut avoir pour effet d'engager la responsabilité professionnelle du notaire pour manquement à son obligation de conseil. Il convient, à ce propos, de distinguer deux cas de figure :

- La première hypothèse est celle dans laquelle le paiement doit être effectué moins de 2 mois après la date de l'acte : le risque est ainsi limité même s'il est réel puisque, si le paiement n'est pas effectué à bonne date, il sera toujours possible de requérir l'inscription du privilège de vendeur qui, conformément aux dispositions de l'article 2379 du Code civil, rétroagira au jour de l'acte conférant ainsi au vendeur une sûreté de premier rang.
- Quant à la seconde hypothèse, elle correspond à celle dans laquelle le terme est fixé à une date postérieure de plus de 2 mois à celle de l'acte : la clause portant dispense d'inscription doit alors être bannie car, à défaut de paiement, l'inscription qui sera prise ne produira effet qu'à sa date, le privilège dégénérant en hypothèque prenant rang au jour de son inscription ; il s'ensuit que le vendeur court le risque d'être primé par d'autres créanciers hypothécaires plus diligents et, donc, préférables en rang ; cette clause reste dangereuse quand bien même le notaire rédacteur aurait pris soin d'en préciser les conséquences éventuelles pour le vendeur.

3006 Action résolutoire attachée au privilège immobilier spécial – Le privilège immobilier spécial du vendeur impayé est automatiquement assorti d'une action résolutoire particulière permettant à celui-ci, à défaut de paiement du prix, quel qu'en soit le montant, de remettre en cause le contrat *(C. civ., art. 1654 et 2379)*. Le vendeur retrouvera ainsi la propriété du bien à charge de restituer les sommes perçues sous déduction des dommages-intérêts éventuellement alloués. La résolution est, en règle ordinaire, judiciaire. On peut néanmoins envisager d'assurer la protection du vendeur en insérant dans l'acte une condition suspensive de paiement du prix, qualification ou technique sans doute discutable, la condition étant un événement incertain dont la réalisation ne doit pas dépendre de la seule volonté du débiteur.

3007 Résolution unilatérale – Le nouvel article 1226 du Code civil, résultant de la réforme du droit des contrats et des obligations, introduit la résolution extrajudiciaire dans les termes suivants :

« Le créancier peut, à ses risques et périls, résoudre le contrat par voie de notification. Sauf urgence, il doit préalablement mettre en demeure le débiteur défaillant de satisfaire à son engagement dans un délai raisonnable.

La mise en demeure mentionne expressément qu'à défaut pour le débiteur de satisfaire à son obligation, le créancier sera en droit de résoudre le contrat.

Lorsque l'inexécution persiste, le créancier notifie au débiteur la résolution du contrat et les raisons qui la motivent. Le débiteur peut à tout moment saisir le juge pour contester la résolution. Le créancier doit alors prouver la gravité de l'inexécution. »

2° Paiement par subrogation personnelle

3008 Notion et technique – Selon le premier alinéa de l'article 1346-4 du Code civil, *« la subrogation transmet à son bénéficiaire, dans la limite de ce qu'il a payé, la créance et ses accessoires, à l'exception des droits exclusivement attachés à la personne du créancier »*. Le paiement par subrogation permet ainsi la transmission d'une créance au profit d'un tiers (subrogé) qui paie le créancier (subrogeant) aux lieu et place du débiteur initial : le tiers payeur est un prêteur, puisque la subrogation ne peut jamais, à la différence de la cession de créance, s'effectuer à titre gratuit ou pour une somme inférieure à la créance transmise.

3009 Intérêt pratique – L'intérêt du mécanisme est d'éviter l'extinction, par l'effet du paiement, de l'obligation, laquelle sera transférée avec tous ses accessoires, les vices et les sûretés comme le privilège du vendeur de l'article 2374, 1°, du Code civil et l'action résolutoire y attachée, au profit d'un tiers qui paie, qui devient le nouveau créancier titulaire de l'obligation et des sûretés y attachées.

3010 Subrogation partielle – En cas de paiement partiel, la subrogation ne pourra pas être opérée au détriment du créancier initial, lequel, pour le recouvrement du solde de sa créance, n'a pas à craindre de concours avec le partiellement subrogé : en cas d'insuffisante solvabilité du débiteur-acquéreur, l'article 1346-3 du Code civil *(ancien art. 1252)* donne une priorité de paiement au subrogeant alors que la logique ou l'équité aurait conduit à une répartition proportionnelle.

3011 Formules de subrogation par l'effet de la volonté – La subrogation peut, sous certaines conditions, être consentie par le créancier-vendeur (ou un représentant légal ou conventionnel) si le prix est payé par une tierce personne qu'il subroge dans ses droits contre le débiteur-acquéreur. Dans ce cas, la subrogation, acte unilatéral qui ne requiert pas le consentement de l'acquéreur ou du tiers payeur, suppose la réunion de deux conditions :

- d'abord, elle doit être **expresse** *(C. civ., art. 1346-1, al. 2 et ancien art. 1250, 1°)* ;
- ensuite, elle *« doit être consentie en même temps que le paiement, à moins que, dans un acte antérieur, le subrogeant n'ait manifesté la volonté que son cocontractant lui soit subrogé lors du paiement »*, sachant que *« la concomitance de la subrogation et du paiement peut être prouvée par tous moyens » (C. civ., art. 1346-1, al. 3 et ancien art. 1250, 1°)* ; en effet, le paiement ayant pour effet d'éteindre l'obligation principale et les sûretés y afférentes, toute subrogation postérieure à cet événement serait sans intérêt.

PRIX

3012 Subrogation par le débiteur – La subrogation peut aussi, sous certaines conditions, être consentie au prêteur de deniers par le débiteur-acquéreur empruntant une somme à l'effet de payer sa dette, en profitant généralement de la baisse des taux d'intérêt *(C. civ., art. 1346-2 et ancien art. 1250, 2°)*.

- Si cette subrogation a lieu avec le concours du créancier, elle doit alors être expresse et la quittance donnée par le créancier doit indiquer l'origine des fonds *(C. civ., art. 1346-2, al. 1er)*.
- En revanche, si la subrogation est consentie sans le concours du créancier, c'est à la condition que la dette soit échue ou que le terme soit en faveur du débiteur et, en outre, il faut que l'acte d'emprunt et la quittance soient passés devant notaire, que dans l'acte d'emprunt il soit déclaré que la somme a été empruntée pour faire le paiement, et que dans la quittance, il soit déclaré que le paiement a été fait des sommes versées à cet effet par le nouveau créancier *(C. civ., art. 1346-2, al. 2)*.

3013 Subrogation par l'effet de la loi – La subrogation peut être consentie par l'effet de la loi et, à ce propos, l'ancien article 1251 avait institué quatre cas de subrogation de plein droit dont certains pouvaient spécialement intéresser la matière immobilière :

- subrogation de plein droit au profit de celui qui étant lui-même créancier paie un autre créancier qui lui est préférable à raison de ses privilèges ou hypothèques ;
- subrogation de plein droit au profit de l'acquéreur d'un immeuble, qui emploie le prix de son acquisition au paiement des créanciers auxquels cet héritage était hypothéqué ;
- subrogation de plein droit au profit de celui qui, étant tenu avec d'autres ou pour d'autres au paiement de la dette, avait intérêt de l'acquitter (coacquéreur par exemple)... En se gardant de reprendre l'énumération antérieure des divers cas, ce qui traduit une extension du domaine de la subrogation légale, le nouvel article 1346 du Code civil pose le principe général de la subrogation légale et réaffirme, de manière large, l'exigence ou condition d'un intérêt légitime (cet intérêt était déjà exigé, de manière expresse ou tacite, pour les divers cas de subrogation légale énumérés dans l'ancien article 1251) : *« la subrogation a lieu par le seul effet de la loi au profit de celui qui, y ayant un intérêt légitime, paie dès lors que son paiement libère envers le créancier celui sur qui doit peser la charge définitive de tout ou partie de la dette »*.

3° Paiement par délégation

3014 Mécanisme – La délégation est l'opération par laquelle le débiteur initial (délégant : acheteur en l'occurrence) délègue au créancier (délégataire : vendeur en l'occurrence) un tiers (délégué) qui reprend la dette à son compte et devient donc le nouveau débiteur *(C. civ., art. 1336 à 1340)*. À la différence du mandataire ordinaire (mandat simple de payer), le délégué prend un engagement personnel à l'égard du délégataire.

3015 Modalités – Il peut ainsi s'agir d'une délégation parfaite ou novatoire, entraînant la libération du délégant auquel est substitué le délégué, si le délégataire a expressément consenti à l'opération. Sinon, la délégation reste simple ou imparfaite puisqu'il n'y a pas substitution, mais simple adjonction d'un nouveau débiteur, le tiers délégué, au débiteur initial, délégant : acheteur en l'occurrence.

3016 Parties juridiques à l'opération : délégué et délégataire – Habituellement, les trois intéressés seront tous parties à l'acte même si seuls le délégataire (créancier) et le délégué (nouveau débiteur) y jouent un rôle juridique, le délégué pour s'engager, et le délégataire pour accepter cet engagement. On admet ainsi que l'acte puisse se passer sans le concours du délégant *(C. civ., art. 1332 et ancien art. 1274)*.

3017 Utilité pratique – Le cas échéant (sans doute rarement en matière immobilière), la délégation accompagne souvent la revente d'un bien dont le prix n'est pas encore totalement payé par le revendeur : revente d'un immeuble financé au moyen d'un prêt en cours ou revente d'un immeuble ayant été acheté en viager. Ainsi, le sous-acquéreur du bien (immeuble financé au moyen d'un prêt en cours ou immeuble ayant été acheté en viager) va, avec l'accord du prêteur de deniers du revendeur ou du vendeur en viager, reprendre à son compte les échéances futures du prêt ou de la rente viagère. Dans ces hypothèses, le revendeur (débiteur initial) est le délégant, le sous-acquéreur est le délégué, et le créancier des échéances futures (prêteur de deniers ou vendeur crédirentier) est le délégataire.

4° Paiement par compensation

3018 Notion et technique – *« La compensation est l'extinction simultanée d'obligations réciproques entre deux personnes* et *elle s'opère, sous réserve d'être invoquée, à due concurrence, à la date où ses conditions se trouvent réunies » (C. civ., art. 1347)*. Il s'agit, en d'autres termes, d'un mécanisme juridique permettant d'opérer l'extinction d'obligations réciproques à concurrence de la plus faible d'entre elles. Elle joue ainsi un double rôle de simplificateur et de garantie et peut être d'origine légale, conventionnelle ou judiciaire.

3019 Compensation légale – L'article 1347-1 du Code civil rappelle les conditions classiques de la compensation légale qui ne peut avoir lieu qu'entre deux obligations fongibles, certaines, liquides (montant exact connu) et exigibles (sans terme) et précise que *sont « fongibles les obligations de somme d'argent, même en différentes devises, pourvu qu'elles soient convertibles, ou celles qui ont pour objet une quantité de choses de même genre »*. Néanmoins, même si ces conditions sont réunies, l'article 1347-2 du Code civil dispose que les créances insaisissables et les obligations de restitution d'un dépôt, d'un prêt à usage ou d'une chose dont le propriétaire a été injustement privé ne sont compensables que si le créancier y a consenti.

3020 Compensation judiciaire – La jurisprudence évoquait souvent, comme substitut de la liquidité et de l'exigibilité, la condition de connexité *(Cass. 3e civ., 30 mars 1989, n° 87-12.470 : JurisData n° 1989-701438 ; Bull. civ. III, n° 77)* ; l'article 1348-1 du Code civil consacre cette jurisprudence et dispose que le juge ne peut refuser la compensation de dettes connexes au seul motif que l'une des obligations ne serait pas liquide ou exigible. Dans ce cas, la compensation est réputée s'être produite au jour de l'exigibilité de la première d'entre elles. Dans le même cas, l'acquisition de droits par un tiers sur l'une des obligations n'empêche pas son débiteur d'opposer la compensation. La compensation judiciaire résulte ainsi d'une décision du juge alors que les conditions de la compensation légale ne sont pas réunies. Elle se produit lorsque les dettes, bien que n'étant ni liquides ni exigibles, sont certaines et connexes, la condition de connexité ne supposant pas que les deux créances soient issues du même rapport de droit puisqu'elle s'étend aussi à celles procédant de plusieurs contrats dès lors que ceux-ci forment un ensemble contractuel *(V. Cass. com., 9 mai 1995, n° 93-11.724 : JurisData n° 1995-001036 ; Bull. civ. IV, n° 130 ; JCP G 1995, II, 22448, rapp. J.-P. Rémery ; Dr. sociétés 1995, comm. 133, obs. Y. Chaput ; RD bancaire et bourse 1996, p. 64, obs. M.-J. Campana et J.-M. Calendini ; D. 1996, jurispr. p. 322, note G. Loiseau)*.

3021 Absence de connexité – En outre, sans évoquer une condition de connexité, l'article 1348 du Code civil dispose que la compensation peut être prononcée en justice, même si l'une des obligations, quoique certaine, n'est pas encore liquide ou exigible et, à moins qu'il n'en soit décidé autrement, la compensation produit alors ses effets à la date de la décision. Ce texte consacre ainsi la jurisprudence antérieure selon laquelle la compensation judiciaire peut se produire, en l'absence de connexité, dans l'objectif de permettre au débiteur poursuivi de former une demande reconventionnelle *(Cass. 2e civ., 14 juin 1989, n° 88-13.365 : JurisData n° 1989-701950 ; Bull. civ. II, n° 127)*.

3022 Compensation conventionnelle – Selon l'article 1348-2 du Code civil, les parties peuvent librement convenir d'éteindre toutes obligations réciproques, présentes ou futures, par une compensation ; celle-ci prend effet à la date de leur accord ou, s'il s'agit d'obligations futures, à celle de leur coexistence. La compensation conventionnelle se produit ainsi, alors que les conditions de la compensation légale ne sont pas réunies, avec l'accord de volonté des parties et suppose que les parties aient la capacité et le pouvoir de disposer de leurs créances.

5° Dation en paiement

3023 Notion – La dation en paiement correspond au transfert, accepté comme libératoire par le créancier, d'une chose autre que celle qui faisait initialement l'objet de l'obligation *(Cass. ass. plén., 22 avr. 1974 : Bull. civ. ass. plén. n° 1 ; D. 1974, jurispr. p. 613, note F. Derrida ; JCP G 1974, II, 17876, note A. Bénabent)*.
Il peut ainsi s'agir pour le débiteur d'une somme d'argent comme un acquéreur immobilier d'acquitter en nature sa dette en transférant effectivement à son créancier, à savoir le vendeur, avec le consentement de ce dernier, la propriété d'un autre bien mobilier ou immobilier regardé comme ayant une valeur pécuniaire équivalente et distinct d'un simple instrument de paiement.

3024 Accord des parties – La dation en paiement apparaît comme une résultante de la liberté contractuelle, étant donné que l'accord des parties (capables de disposer) suffit à la réaliser ; cet accord doit, toutefois, être postérieur à la conclusion du contrat initial, sinon la convention devrait être requalifiée en échange ou en double vente ; la nécessité d'un nouvel accord des parties afin de prévoir la dation d'un autre objet à celui prévu dans le contrat initial permet, entre autres critères, de distinguer la dation en paiement de l'obligation alternative dans laquelle les différents objets de la dette sont prévus initialement. Cette conclusion découle, essentiellement, de la lecture a contrario de l'ancien article 1243 disposant que *« le créancier ne peut être contraint de recevoir autre chose que celle qui lui est due, quoique la valeur de la chose offerte soit égale ou même plus grande »*. En effet, *si le créancier ne peut être contraint*, cela voudrait aussi dire, *a contrario* ou implicitement, que rien ne l'empêcherait de l'accepter (même tacitement), la liberté de refuser sous-entendant celle d'adhérer et inversement. Cette interprétation correspond, du reste, à la formulation positive désormais retenue dans le nouvel article 1342-4, alinéa 2, du Code civil : le créancier *« peut accepter de recevoir en paiement autre chose que ce qui lui est dû »*.

3025 Acte translatif synonyme de paiement et conséquences juridiques – La dation en paiement, comme son nom l'indique et, surtout, parce que l'ancien article 1243 et le nouvel article 1342-4 du Code civil s'insèrent dans une section consacrée au paiement, est aujourd'hui généralement traitée comme une forme particulière de paiement puisqu'elle a un double effet modificatif et extinctif de l'obligation dès lors qu'elle libère le débiteur en désintéressant le créancier *(V. aussi C. com., art. L. 632-1)*.

Néanmoins, cette qualification ne semble pas exclusive puisque les auteurs invoquant aussi, alternativement ou cumulativement, d'autres institutions comme la vente suivie de compensation, vente dont elle obéit à l'essentiel du régime : capacité des parties, transfert de propriété, obligations des parties, nullité pour lésion, droits de préemption..., ou la novation par changement d'objet, sachant que, selon l'article 1329 du Code civil, *« la novation est un contrat qui a pour objet de substituer à une obligation, qu'elle éteint, une obligation nouvelle qu'elle crée »*, elle peut avoir lieu par substitution d'obligation entre les mêmes parties et on parle alors, dans ce cas, de novation par changement d'objet ou novation objective parce qu'elle intervient entre les mêmes parties qui s'accordent seulement à transformer la dette *(V. JCl. Notarial Répertoire, V° Contrats et obligations, fasc. 68, par J. Issa-Sayegh).*

3026 Opération portant sur des immeubles existants ou futurs – En principe, la dation en paiement suppose une remise matérielle de la chose au créancier, ce qui fait qu'on lui donne traditionnellement la nature d'une opération à caractère réel, une qualification qui devrait alors conduire, du moins d'après la doctrine, « à écarter toute dation en paiement portant sur une chose future ou sur une chose dont la livraison est assortie d'un terme » *(A. Sériaux, Droit des obligations : PUF, 2e éd., 1998, n° 183, spéc. p. 664).* Pourtant, la Cour de cassation a admis la dation en paiement dans une hypothèse où une personne avait cédé son terrain contre un prix converti en obligation de livrer des locaux futurs *(Cass. 3e civ., 12 juill. 1976, n° 75-11.252 : Bull. civ. III, n° 311 ; JCP G 1977, II, n° 18688, note M. Dagot. – Cass. 3e civ., 22 sept. 2010, n° 09-15.781 : JurisData n° 2010-016801 ; Bull. civ. III, n° 170 ; RD imm. 2010, p. 558, obs. O. Tournafond ; D. 2010, p. 2292).*
De même, la Haute Juridiction a pu estimer que « la dation en paiement, comme le paiement lui-même, peut être à terme » *(Cass. 3e civ., 12 janv. 1988, n° 86-14.562 : JurisData n° 1988-000097 ; Bull. civ. III, n° 5).* Cette orientation jurisprudentielle désormais bien ancrée a, d'ailleurs, conduit la doctrine précitée à changer de position *(A. Sériaux, Manuel de droit des obligations : Puf, 2e éd. mise à jour, 2014, n° 198, spéc. p. 260).*

Attention Distincte de la vente d'immeuble à construire et beaucoup moins pratiquée que celle-ci, la cession de terrain contre remise de locaux futurs (parfois appelée, improprement, « dation » dans la pratique) est l'opération par laquelle le propriétaire d'un terrain appelé cédant en cède la propriété à un promoteur immobilier appelé cessionnaire en échange d'un certain nombre de locaux que ce dernier s'engage à édifier sur ce terrain ou sur un autre choisi d'un commun accord par les parties. Ainsi, dans une approche simplifiée, l'opération consiste pour le cédant à céder une fraction indivise ou la totalité d'un terrain à un cessionnaire qui, au lieu de le payer en argent, s'engage à lui transférer la propriété d'un ou de plusieurs immeubles à construire *(V. n° **3935** et s. – V. JCl. Notarial Formulaire, V° Ventes d'immeubles à construire, fasc. 160, par B. Stemmer et V. Zalewski-Sicard).*

Pour aller plus loin

- F. Bicheron F., La dation en paiement, préface de M. Grimaldi : Éd. Panthéon-Assas, 2006
- A. Ghozi, La modification de l'obligation par la volonté des parties, préface de D. Tallon, t. 176 : LGDJ, Bibliothèque de droit privé, 1980, n° 247
- D. Hiez D., La nature juridique de la dation en paiement. Une modification de l'obligation aux fins de paiement : RTD civ. 2004, p. 199 et s.
- D. Léoty, La nature juridique de la dation en paiement. La dation en paiement, paiement pathologique ? : RTD civ. 1975, p. 12 et s.

6° Paiement par novation objective

3027 Novation par changement d'objet – La novation est une convention par laquelle les parties décident d'éteindre une obligation pour la remplacer par une obligation nouvelle. Il convient de remarquer que cette définition doctrinale est aujourd'hui reprise, presque mot pour mot, dans le premier alinéa de l'article 1329 du Code civil : *« la novation est un contrat qui a pour objet de substituer à une obligation, qu'elle éteint, une obligation nouvelle qu'elle crée ».* Toujours est-il que le double objet d'extinction d'une obligation existante et de création d'une obligation nouvelle qui la remplace distingue ainsi la novation du *mutuus dissensus* qui se limite à révoquer le contrat par convenance personnelle. En effet, lorsqu'il y a un changement sérieux touchant la dette initiale, il y a plus qu'une modification mais une novation. Il ne faut pas non plus que la nouvelle dette soit hors de proportion avec l'ancienne, car ce serait alors plutôt une substitution de contrat. On dit traditionnellement que, lorsqu'elle a lieu, la novation entraîne, en particulier, un changement de cause : le débiteur s'engage à un titre nouveau. Et, selon une classification tripartite désormais reprise par le nouvel article 1329, alinéa 2, du Code civil, la novation peut se réaliser par changement de créancier (différente de la cession de créance), par changement de débiteur (différente de la cession de dette) ou encore par substitution d'obligation ou changement de la dette elle-même. C'est cette dernière, encore appelée novation objective ou novation par changement d'objet (parce qu'elle intervient entre les mêmes parties, lesquelles s'accordent seulement à transformer la dette, à la différence des deux premières formes de novation subjectives, car introduisant un nouveau sujet dans le lien contractuel), à laquelle est quelquefois assimilée la dation en paiement qui doit alors en suivre le régime. En tout état de cause, la novation objective entraîne notamment, un changement de cause.

7° Extinction de la dette (ou de l'action) sans paiement

3028 Diversité des mécanismes – On notera, sommairement, que le Code civil prévoit, à titre exceptionnel, certaines techniques ou institutions juridiques dont l'objet même est d'opérer l'extinction de la créance ou de l'action en paiement de la créance (prix de vente par exemple) sans que le créancier, vendeur par exemple, obtienne satisfaction d'une quelconque manière.
Il y a, en premier lieu, la confusion qui résulte de la réunion des qualités de créancier et de débiteur d'une même obligation dans la même personne. Elle éteint la créance et ses accessoires, sous réserve des droits acquis par ou contre des tiers *(C. civ., art. 1349 et ancien art. 1300)*.
Il y a, en deuxième lieu, la remise de dette qui est le contrat par lequel le créancier libère le débiteur de son obligation *(C. civ., art. 1350)*. La renonciation à un droit peut être rapprochée de la remise de dette (qui en est une sorte d'application) sans que l'on puisse confondre les deux mécanismes puisque, à la différence de la remise de dette qui a une nature juridique contractuelle, la renonciation à un droit constitue un acte juridique unilatéral.
Il y a, en troisième lieu, la prescription extinctive ou libératoire qui est un mode d'extinction d'un droit résultant de l'inaction de son titulaire pendant un certain laps de temps *(C. civ., art. 2219)*.

III. Dispositif légal de protection de l'acquéreur-emprunteur non professionnel (renvoi)

3029 Droit de la consommation – Même si le prix de vente est, le plus souvent, payé comptant, l'acquéreur peut l'avoir effectué, en totalité ou en partie, au moyen de deniers empruntés et non grâce à un financement intégral sur ses propres ressources. En effet, la plupart des candidats à l'accession d'un bien immobilier ne disposant pas d'un financement suffisant sur leurs propres ressources, ils sont fréquemment amenés à recourir au crédit. La protection de l'acquéreur-emprunteur fait l'objet d'une étude spécifique *(V. n° **701** et s.)*.

IV. Garanties légales de paiement du prix de vente

A. – PRIVILÈGE IMMOBILIER SPÉCIAL DU VENDEUR

1° Présentation

3030 Une sûreté prioritaire – Sans préjudice des garanties ou sûretés conventionnelles personnelles ou réelles comme l'hypothèque conventionnelle *(C. civ., art. 2393 à 2425)* ou le cautionnement *(C. civ., art. 2288 à 2310)*, la loi donne au vendeur immobilier, créancier du prix de vente, trois garanties : le droit de rétention ou exception d'inexécution *(C. civ., art. 1612 et 1613)*, le droit de demander la résolution du contrat *(C. civ., art. 1654)* et un privilège immobilier spécial lui conférant droit de suite et droit de préférence *(C. civ., art. 2374, 1°)*.

3031 Privilège immobilier spécial synonyme de véritable hypothèque légale privilégiée – L'article 2374, 1° du Code civil compte parmi les créanciers privilégiés sur les immeubles *« le vendeur, sur l'immeuble vendu, pour le paiement du prix »*. Il s'agit ainsi d'un privilège spécial immobilier soumis à publicité, dans les conditions prévues par les articles 2377, 2379, 2426 et 2428 du même code ; ce privilège constitue, malgré son nom, une véritable hypothèque légale privilégiée conférant à son titulaire les mêmes prérogatives (droit de suite et droit de préférence) que les hypothèques mais avec un rang prioritaire. Ce privilège, s'il est inscrit au service de la publicité foncière dans les 2 mois de la vente, prend effet au jour de celle-ci *(C. civ., art. 2379)*, permettant ainsi au vendeur de primer les autres créanciers hypothécaires de l'acquéreur. Le vendeur, titulaire d'une sûreté réelle de premier rang, aura donc la faculté, en cas de non-paiement, de faire saisir et vendre l'immeuble en vue du remboursement de sa créance *(C. civ., art. 2461 à 2474)*.

Attention L'avant-projet de réforme du droit des sûretés, rédigé par une commission constituée par l'Association Henri Capitant à la demande du ministère de la Justice, prévoit, parmi les créances auxquelles une hypothèque légale spéciale est attachée, la créance du prix de vente d'un immeuble qui est ainsi garantie sur celui-ci *(C. civ., art. 2418, 1°)*.

PRIX

2° Actes et biens concernés

3032 Actes translatifs et biens ou droits immobiliers susceptibles d'hypothèques – Tout acte ayant la nature d'une vente (qu'il s'agisse d'une vente volontaire ou d'une vente forcée, d'une vente amiable ou d'une vente aux enchères publiques, d'une vente par acte sous signature privée ou d'une vente par acte authentique...) et portant sur un bien ou droit de nature immobilière emporte, en principe, privilège du vendeur dès lors que le prix de vente en reste totalement ou partiellement dû par l'acheteur (le privilège ne garantit, en effet, que la fraction non payée du prix porté dans l'acte de vente publié ainsi que, par extension, ses accessoires dès lors que tous ces éléments ont été mentionnés dans l'acte d'aliénation et dans l'inscription). Et, à la vente proprement dite, la jurisprudence assimile des opérations distinctes comme l'échange immobilier avec soulte dont le montant n'est pas encore intégralement payé *(Req., 11 mai 1863, DP 1864, 1, 191 ; S. 1864, 1, 357)* ou encore l'apport d'immeuble en société dès lors que celui-ci est fait contre le paiement d'un prix comme la prise en charge par la société du passif de l'apporteur. S'agissant de l'échange immobilier, défini comme « un contrat par lequel les parties se donnent respectivement une chose pour une autre » *(C. civ., art. 1702)*, la solution extensive ne semble pas pouvoir prêter le flanc à la critique dès lors que, avec le versement d'une soulte, la monnaie réapparaît dans l'opération et que, surtout, son régime juridique ordinaire est, réserve faite de la rescision pour cause de lésion (C. civ., art. 1706) et du jeu de certains droits de préemption, légalement calqué mutatis mutandis sur celui de la vente *(C. civ., art. 1707)*.

3033 Exclusions diverses – La vente avec faculté de rachat, traditionnellement appelée vente à réméré, ne confère pas de privilège à l'acquéreur lorsque le vendeur exerce sa faculté de rachat et doit, de ce fait, le prix de l'immeuble *(Req., 26 avr. 1827, S. 1827, 1, 400)*. De même, la donation immobilière avec charges ne confère pas au donateur un privilège quand bien même les charges en question seraient financières *(Cass. civ., 11 juin 1909, DP 1910, 1, 263)*. Il a jugé, en outre, que le privilège de vendeur d'immeuble n'est pas envisageable dans l'hypothèse où la cession d'un droit de construire a été consentie à charge d'effectuer des travaux et non contre le versement d'une somme d'argent *(Cass. 1re civ., 13 mars 2007, n° 05-21.150 : JurisData n° 2007-037915 ; Bull. civ. I, n° 115)*.

Conseil pratique **L'acte d'aliénation n'est assorti d'un privilège que s'il porte sur un bien ou droit de nature immobilière et susceptible d'hypothèques sachant que, selon l'article 2397 du Code civil, sont seuls susceptibles d'hypothèques : primo, les biens immobiliers qui sont dans le commerce ainsi que leurs accessoires réputés immeubles ; secundo, l'usufruit des mêmes biens et accessoires pendant le temps de sa durée ; tertio, les améliorations qui surviennent à l'immeuble.**

3° Publicité légale

3034 Inscription – Le premier alinéa de l'article 2379 du Code civil dispose que le privilège du vendeur immobilier se conserve par inscription qui doit être prise dans le délai de 2 mois, à compter de l'acte de vente, le privilège prenant rang à la date dudit acte et permettant ainsi au vendeur de primer les autres créanciers hypothécaires de l'acquéreur. Notons que l'inscription demeure possible au-delà du délai de 2 mois, mais alors, dans cette hypothèse, le privilège va dégénérer en hypothèque légale normale ou ordinaire et ne prendra ainsi rang que du jour de l'inscription conformément aux dispositions du deuxième alinéa de l'article 2386 du Code civil.

L'inscription est prise généralement dans le mois qui est le délai s'imposant, depuis le 1er juillet 2014, pour la publication des actes au service chargé de la publicité foncière *(CGI, art. 647, III)*.

4° Action résolutoire attachée au privilège immobilier spécial

3035 Moyen d'anéantissement de la vente – Le privilège immobilier spécial du vendeur impayé est automatiquement assorti d'une action résolutoire particulière permettant au vendeur, à défaut de paiement du prix, quel qu'en soit le montant, de remettre en cause le contrat *(C. civ., art. 1654 et 2379, al. 2. - V. n° **3030** et s.)*.

B. – PRIVILÈGE IMMOBILIER SPÉCIAL DU PRÊTEUR DE DENIERS (PPD)

1° Sûreté légale

3036 Sûreté accordée même en l'absence de subrogation – Lorsque l'acquéreur d'immeuble a eu recours à un crédit pour financer son acquisition, l'article 2374, 2° du Code civil, compte automatiquement le prêteur de deniers parmi les créanciers privilégiés sur l'immeuble ; le privilège du prêteur de deniers existe ainsi indépendamment d'autres garanties ou sûretés telles que, par exemple, l'hypothèque, le cautionnement ou la subrogation conventionnelle du prêteur dans le privilège du vendeur. En effet, selon ce texte, les créanciers privilégiés sur les immeubles sont, « même en l'absence de subrogation, ceux qui ont fourni les deniers pour l'acquisition d'un immeuble, pourvu qu'il soit authentiquement constaté, par l'acte d'emprunt, que la somme était destinée à cet emploi (la pratique emploie les termes de « promesse d'emploi ») et, par quittance du vendeur, que ce paiement a été fait des deniers empruntés (la pratique emploie les termes de « déclaration d'origine des deniers ») » ; ces formalités sont destinées à certifier l'origine des fonds à l'égard des tiers. Depuis le décret n° 55-22 du 4 janvier 1955, portant réforme de la publicité foncière, il était apparu aux auteurs et praticiens qu'il existait un privilège de prêteur de deniers distinct et autonome de celui du vendeur, mais le doute subsistait sur la véritable intention du rédacteur du décret du 4 janvier 1955. Au surplus, par précaution, il était recommandé d'utiliser à la fois la subrogation conventionnelle dans le privilège de vendeur et de revendiquer le privilège de prêteur de deniers, ce qui devait permettre, d'une part, au moyen de la subrogation conventionnelle, d'obtenir l'action résolutoire, ainsi que la garantie du principal de la créance et des intérêts, pour 3 ans, au taux légal et, d'autre part au moyen du privilège de prêteur de deniers, garantir l'excédent des intérêts conventionnels sur le taux légal. Il était même préconisé de stipuler dans l'acte de quittance authentique constatant l'origine des deniers que le prêteur, subrogé dans les droits du vendeur, l'était également dans le bénéfice de l'actuel article 2374, 1°, du Code civil, de sorte que le prêteur se trouvait, à la fois, bénéficiaire des privilèges de vendeur *(C. civ., art. 2374, 1°)* et de prêteur de deniers *(C. civ., art. 2374, 2°)*.

3037 Loi du 16 juillet 1971 – La modification apportée au texte par l'article 47 de la loi n° 71-579 du 16 juillet 1971 a eu pour effet de lever toute incertitude sur la nature du privilège de prêteur de deniers, par l'adjonction, au texte initial, des mots *« même en l'absence de subrogation »*. Ainsi, depuis le 1er janvier 1972, il est inutile, lors de la réalisation de l'acte de vente, de recourir à la subrogation dans le privilège du vendeur. Notons, à ce propos, que le prêteur de deniers se trouve garanti, outre pour le capital prêté et les accessoires et améliorations apportés à l'immeuble grevé après la naissance du privilège, pour les intérêts au taux conventionnel pour 3 années par application de l'actuel article 2432 du Code civil (alors que le créancier subrogé dans le privilège du vendeur n'est garanti que pour les intérêts au taux légal, pendant le même délai de 3 années), ce qui dispense d'obtenir l'affectation hypothécaire d'usage, dans le cas de subrogation conventionnelle, pour la différence existant entre l'intérêt conventionnel et l'intérêt au taux légal. En sens inverse, il ne bénéficie pas de l'action résolutoire de l'article 1654 du Code civil, qui ne peut être rattaché qu'au privilège du vendeur. Il convient par ailleurs de noter que la technique juridique du privilège de prêteur de deniers ne peut être utilisée qu'au moment de l'acquisition de l'immeuble, ce privilège ne pouvant naître que pour des deniers fournis pour cette acquisition *(C. civ., art. 2374, 2°)*.

2° Publicité légale

3038 Inscription – Le premier alinéa de l'article 2379 du Code civil dispose que le privilège du prêteur de deniers, comme le privilège du vendeur, se conserve par inscription qui doit être prise dans le délai de **2 mois**, à compter de l'acte de vente, le privilège prenant rang à la date dudit acte *(V. n° **3034**)*.

3039 Concours des privilèges – Si, sous réserve d'être inscrit dans les 2 mois de la vente, le privilège du prêteur de deniers pour l'acquisition d'un immeuble rétroagit puisqu'il prend rang au jour même de ladite vente, cette rétroactivité pourrait, en théorie, être source de difficultés lorsque le vendeur de l'immeuble a consenti un délai de paiement à l'acquéreur pour la partie du prix non couverte par les deniers empruntés. En effet, si les deux privilèges sont inscrits dans le délai de 2 mois visés par l'article 2379, alinéa 1er, du Code civil, ils prendront rang le même jour, ce qui devrait avoir pour conséquence d'entraîner un concours parfait entre le vendeur et le prêteur. D'où l'opportunité de prévoir, dans cette éventualité, des clauses qui règlent la concurrence entre le vendeur et le prêteur de fonds, en prévoyant une antériorité au profit de l'un ou l'autre. Cela dit, en pratique, il semble que la question se pose rarement, puisque le prêteur (établissement bancaire) soumettra toujours sa participation à la condition d'obtention d'une sûreté réelle de premier rang sans concours. De sorte qu'il conviendra, si du moins on s'en tient à l'analyse de la doctrine dominante, de prévoir une cession d'antériorité au profit du prêteur.

Pour aller plus loin

- A.-X. Briatte, Financement et pratique du crédit : LexisNexis, 2017
- F. Collard, L'inscription du privilège de prêteur de deniers confrontée à la constitution d'un usufruit : JCP N 2017, n° 47, 1314
- M. Dagot, Naissance du privilège de prêteur de deniers : JCP N 1988, I, p. 257
- V. Lafargue, Pratique notariale du privilège du prêteur de deniers : Nota-Bene, déc. 2017, n° 224, fiche 926

V. Distribution du prix de vente entre les créanciers hypothécaires et privilégiés inscrits du chef du vendeur

3040 Offices du notaire – La répartition du prix de vente intéresse le notaire dès lors que, pour ne pas avoir à engager sa responsabilité civile professionnelle, il doit veiller à la validité et à l'efficacité de l'acte et, à ce titre, préserver l'acheteur contre tout risque d'éviction juridique (consistant à devoir acquitter de nouveau le prix de vente) en tentant, parfois non sans difficultés, de désintéresser les créanciers hypothécaires et privilégiés régulièrement inscrits du chef du vendeur sur l'immeuble vendu. En effet, « responsable à l'égard des tiers de toute faute préjudiciable commise par lui dans l'exercice de ses fonctions, le notaire, lorsqu'il est chargé de la distribution du prix, agit en qualité de mandataire de l'acquéreur et doit désintéresser les créanciers inscrits pour obtenir la mainlevée des inscriptions hypothécaires avant toute remise des fonds au vendeur » *(Cass. 1re civ., 10 sept. 2014, n° 13-23.189 : BPIM 6/14, inf. 408)*.
Notons en outre que, selon l'article L. 1212-2 du Code général de la propriété des personnes publiques, lorsque **l'État ou ses établissements publics** procèdent à des acquisitions immobilières à l'amiable suivant les règles du droit civil ou lorsque l'acquisition a lieu sur licitation, le notaire rédacteur de l'acte doit procéder s'il y a lieu, sous sa responsabilité, à la purge de tous privilèges et hypothèques. Néanmoins, selon l'article R. 1212-7 du même code, le prix des acquisitions immobilières faites à l'amiable suivant les règles du droit civil ou après exercice du droit de préemption peut être payé au vendeur, après publication de l'acte au fichier immobilier, sans l'accomplissement des formalités de purge des privilèges et hypothèques inscrits, dès lors que le prix n'excède pas un montant fixé par arrêté du ministre chargé du Domaine. Ainsi, la purge des privilèges et hypothèques et la remise des fonds concernant les acquisitions immobilières à l'amiable réalisées suivant les règles du droit civil par les **communes et leurs établissements publics, les départements et leurs établissements publics, les régions et leurs établissements publics ainsi que par les groupements de ces collectivités territoriales** doivent avoir lieu dans les conditions fixées respectivement aux articles L. 2241-3, L. 3213-2-1, L. 4221-4-1, L. 5211-27-2 et L. 5722-9 du Code général des collectivités territoriales *(CGPPP, art. L. 1212-3)*.

A. – OPPOSABILITÉ DU PRIX DE VENTE AUX CRÉANCIERS HYPOTHÉCAIRES ET PRIVILÉGIÉS INSCRITS DU CHEF DU VENDEUR

3041 Accord de purge dite amiable – Aux termes de l'article 2475 du Code civil, lorsque, à l'occasion de la vente d'un immeuble hypothéqué, tous les créanciers inscrits conviennent avec le débiteur que le prix en sera affecté au paiement total ou partiel de leurs créances ou de certaines d'entre elles, ils exercent leur droit de préférence sur le prix et ils peuvent l'opposer à tout cessionnaire comme à tout créancier saisissant de la créance de prix. Ainsi, par l'effet de ce paiement, l'immeuble est purgé du droit de suite attaché à la sûreté réelle. Néanmoins, en l'absence d'un tel accord dit de purge amiable dans la pratique notariale, l'immeuble doit être purgé du droit de suite des créanciers inscrits conformément aux dispositions des articles 2476 du même code.

3042 Formalités de notification aux fins de purge – Si l'acquéreur veut se garantir de l'effet des poursuites des créanciers inscrits et leur rendre opposable le prix de vente, il est tenu de procéder aux formalités de purge, soit avant les poursuites soit dans le mois, au plus tard, à compter de la première sommation qui lui est faite *(C. civ., art. 2478, al. 1er)*. Néanmoins, s'agissant du domaine de la purge, il convient de noter que, outre les aliénations à l'occasion desquelles tous les créanciers inscrits ont donné leur accord sur le prix et ainsi renoncé à leur droit de surenchère *(V. n° 3041)*, certaines aliénations sont accompagnées d'une purge de plein droit des inscriptions et en sont donc dispensées :

- les **adjudications sur saisie immobilière** et les **ventes amiables sur autorisation judiciaire réalisées dans le cadre de la saisie immobilière**, après consignation du prix et paiement des frais de la vente, sur le fondement de l'article L. 322-14 du Code des procédures civiles d'exécution (« *le versement du prix ou sa consignation et le paiement des frais de la vente purgent de plein droit l'immeuble de toute hypothèque et de tout privilège du chef du débiteur à compter de la publication du titre de vente* ») ;
- les **adjudications sur surenchère** sur le fondement de l'article R. 322-55 du même code puisqu'« aucune surenchère ne pourra être reçue sur la seconde adjudication » *(Cass. 2e civ., 15 janv. 2004, n° 02-12.688 : JurisData n° 2004-021778 ; Bull. civ. II, n° 1)* ;
- les **adjudications judiciaires d'immeuble et certaines cessions amiables d'immeuble dans le cadre d'une procédure de liquidation judiciaire** sur le fondement de l'article L. 642-18, alinéa 4, du Code de commerce

PRIX

(pour les adjudications réalisées [...], le paiement du prix au liquidateur et des frais de la vente emportent purge des hypothèques et de tout privilège du chef du débiteur) ;

- les **expropriations pour cause d'utilité publique et les cessions amiables consenties après déclaration d'utilité publique** sur le fondement de l'article L. 222-2 du Code de l'expropriation pour cause d'utilité publique (« *l'ordonnance d'expropriation éteint, par elle-même et à sa date, tous droits réels ou personnels existant sur les immeubles expropriés ; les inscriptions de privilèges ou d'hypothèques éteints par application des dispositions mentionnées ci-dessus sont périmées à l'expiration d'un délai de six mois à compter du jour de la publication de l'ordonnance d'expropriation devenue irrévocable, de l'acte de cession amiable passé après déclaration d'utilité publique ou de l'ordonnance de donné acte d'une vente antérieure à la déclaration d'utilité publique* »).

Sous ces réserves, la **notification aux créanciers** doit, le cas échéant, être faite par acte d'huissier, aux domiciles par eux élus dans leurs inscriptions, et contenir les éléments suivants :

- un extrait de son titre contenant la date et la qualité de l'acte, le nom et la désignation précise du vendeur, la nature et la situation de la chose vendue ;
- et, s'il s'agit d'un corps de biens, la dénomination générale du domaine et des arrondissements dans lesquels il est situé, le prix et les charges faisant partie du prix de la vente ;
- un extrait de la publication de l'acte de vente ;
- un état hypothécaire sommaire sur formalités faisant apparaître les charges réelles qui grèvent l'immeuble *(C. civ., art. 2478)*.

En outre, **l'acquéreur doit déclarer**, par le même acte, qu'il est prêt à acquitter, sur-le-champ, les dettes et charges hypothécaires, jusqu'à concurrence seulement du prix, ou, s'il a reçu l'immeuble par donation, de la valeur qu'il a déclarée sans distinction des dettes exigibles ou non exigibles *(C. civ., art. 2479)*.

3043 Adjudication sur surenchère – Selon l'article 2480 du Code civil, lorsque l'acquéreur a fait les formalités de notification dans le délai fixé, tout créancier dont le titre est inscrit peut refuser le prix de l'acquéreur et requérir la mise de l'immeuble aux enchères et adjudications publiques dans les conditions formalistes fixées par le législateur (sachant que, selon l'article 2485, le désistement du créancier requérant la mise aux enchères ne peut, même quand le créancier paierait le montant de la soumission, empêcher l'adjudication publique, si ce n'est du consentement exprès de tous les autres créanciers hypothécaires). En effet, à peine de nullité, la réquisition doit être signifiée à l'acquéreur dans les **40 jours**, au plus tard, de la notification faite à la requête de ce dernier (la même signification doit aussi être faite dans le même délai au précédent propriétaire, débiteur principal) ; elle doit contenir soumission du requérant de porter ou de faire porter le prix à un dixième en sus de celui qui aura été stipulé dans le contrat, ou déclaré par le nouveau propriétaire ; l'original et les copies de cet exploit doivent être signés par le créancier requérant ou par son fondé de procuration expresse qui ainsi tenu, en ce cas, de donner copie de sa procuration ; le créancier surenchérissant doit offrir de donner caution jusqu'à concurrence du prix et des charges *(C. civ., art. 2480)*.

Mais, à défaut, par les créanciers, d'avoir requis la mise aux enchères dans le délai et les formes prescrites, la valeur de l'immeuble demeure définitivement fixée au prix stipulé dans le contrat, ou déclaré par le nouveau propriétaire lequel est, en conséquence, libéré de tout privilège et hypothèque, en payant ledit prix aux créanciers qui seront en ordre de recevoir, ou en le consignant *(C. civ., art. 2431)*. Néanmoins, en cas de **revente sur enchères**, elle aura lieu suivant les formes établies pour les ventes forcées sur saisie immobilière, à la diligence soit du créancier qui l'aura requise, soit de l'acquéreur *(C. civ., art. 2482)*.

- Si **l'acquéreur n'est pas déclaré adjudicataire**, l'adjudicataire est tenu, au-delà du prix de son adjudication, de restituer à l'acquéreur dépossédé les frais et loyaux coûts de son contrat, ceux de la publication au fichier immobilier, ceux de notification et ceux faits par lui pour parvenir à la revente *(C. civ., art. 2483)*.
- En revanche, **l'acquéreur qui conserve l'immeuble mis aux enchères**, en se rendant dernier enchérisseur, n'est pas tenu de faire publier le jugement d'adjudication *(C. civ., art. 2484)*. En outre, il conservera son recours contre le vendeur pour le remboursement de ce qui excède le prix stipulé par son titre, et pour l'intérêt de cet excédent, à compter du jour de chaque paiement *(C. civ., art. 2486)*.

B. – DISTRIBUTION DU PRIX DE VENTE ENTRE LES CRÉANCIERS HYPOTHÉCAIRES ET PRIVILÉGIÉS INSCRITS DU CHEF DU VENDEUR

3044 Nécessité de payer le prix de vente – *« À défaut, par les créanciers, d'avoir requis la mise aux enchères dans le délai et les formes prescrites, la valeur de l'immeuble demeure définitivement fixée au prix stipulé dans le contrat, ou déclaré par le nouveau propriétaire lequel est, en conséquence, libéré de tout privilège et hypothèque, en payant ledit prix aux créanciers qui seront en ordre de recevoir, ou en le consignant » (C. civ., art. 2481)*. Ainsi, pour se mettre à l'abri du droit de suite des créanciers inscrits, il ne suffit pas à l'acquéreur de purger leur droit de surenchère puisqu'il faut encore qu'il leur paye le prix de vente conformément à l'ordre établi entre eux ou qu'il le consigne.

3045 Faculté de rétention du prix de vente par l'acquéreur menacé d'éviction hypothécaire – *« Si l'acheteur est troublé ou a juste sujet de craindre d'être troublé par une action, soit hypothécaire, soit en revendication, il peut suspendre le paiement du prix jusqu'à ce que le vendeur ait fait cesser le trouble, si mieux n'aime celui-ci donner caution, ou à moins qu'il n'ait été stipulé que, nonobstant le trouble, l'acheteur paiera » (C. civ., art. 1653).* Ainsi, sur le fondement de ces dispositions prévues par le droit commun de la vente, la menace d'une action hypothécaire peut permettre à l'acquéreur d'un immeuble de ne pas payer le prix de vente tant que persiste ce risque d'éviction. Bien que particulièrement efficace, en tant que légitime défense contractuelle, la rétention du prix de vente par l'acquéreur s'avère, en pratique, rarement mise en œuvre tantôt parce que la répartition amiable du prix de vente entre les créanciers du vendeur est organisée dès la signature de l'acte, tantôt parce que l'acquéreur paye son prix de vente au moyen d'un prêt et que la mise à disposition du montant du prêt est elle-même subordonnée à l'inscription d'un privilège qui implique une quittance du vendeur : privilège de prêteur de deniers *(C. civ., art. 2374, 1°)* ou privilège du vendeur par subrogation *(C. civ., art. 1346-2).*

3046 Ordre légal de désintéressement des créanciers hypothécaires et privilégiés inscrits du chef du vendeur – Aux termes du premier alinéa de l'article 2425 du Code civil, entre les créanciers, l'hypothèque légale, judiciaire ou conventionnelle ne prend rang que du jour de l'inscription prise par le créancier au fichier immobilier dans les formes et manières prescrites par la loi. Et, lorsque plusieurs inscriptions sont requises le même jour relativement au même immeuble, celle qui est requise en vertu du titre portant la date la plus ancienne est réputée d'un rang antérieur quel que soit l'ordre qui résulte du registre prévu à l'article 2453 du même code *(C. civ., art. 2425, al. 2).* Néanmoins, lorsque plusieurs inscriptions sont prises le même jour relativement au même immeuble mais en vertu de titres portant la même date, les inscriptions viennent en concurrence quel que soit l'ordre du registre susmentionné *(C. civ., art. 2425, al. 4).*

3047 Radiation des inscriptions et distribution du prix de vente – Dès lors que les créanciers définitivement inscrits sur l'immeuble au jour de la publication de la vente sont connus et que le droit de surenchère est irrémédiablement résorbé (tantôt par expiration du délai de surenchère dans le cadre de la formalité de purge, tantôt par renonciation de manière concomitante à l'acte), il convient de procéder à la distribution du prix de vente entre ces créanciers. Ainsi, en l'absence d'accord entre eux dans le cadre d'une distribution consensuelle accompagnée de la mainlevée des inscriptions, il devient indispensable de recourir à la procédure de distribution amiable ou judiciaire prévue par les articles R. 332-1 à R. 331-3 du Code des procédures civiles d'exécution. L'article R. 331-3 du Code des procédures civiles d'exécution prévoit que, dans ce cas, la procédure est poursuivie par la partie la plus diligente devant le tribunal de grande instance qui doit alors désigner un séquestre des fonds, à moins que la consignation auprès de la Caisse des dépôts et consignations ne soit ordonnée.

Pour aller plus loin

Formules
- JCl. Notarial Formulaire, V° Dation en paiement, fasc. 15
- JCl. Notarial Formulaire, V° Distribution du prix d'un immeuble, fasc. 15, par Ch. Laporte
- JCl. Notarial Formulaire, V° Vente d'immeuble, fasc. 105, par J. Lafond
- JCl. Notarial Formulaire, V° Vente d'immeuble, fasc. 485, par D. Montoux

Fiches pratiques
- Fiche pratique n° 1721 : Rédiger une vente d'immeuble, par M. Suquet-Cozic
- Fiche pratique n° 2178 : Vente de l'immeuble hypothéqué, par Ch. Guilloteau-Palisse
- Fiche pratique n° 1679 : Rédiger une dation en paiement, par L. Thibierge

Commentaires
- JCl. Notarial Formulaire, V° Dation en paiement, fasc. 10
- JCl. Notarial Formulaire, V° Distribution du prix d'un immeuble, fasc. 10, par Ch. Laporte
- JCl. Notarial Formulaire, V° Vente d'immeuble, fasc. 480, par A. Pène
- Pour la fiscalité, JCl. Fiscalité immobilière, fasc. 138, par G. Laval

Revues
- M. Cazajus, La purge : Nota-Bene, déc. 2017, n° 224, fiche 923

VI. Lutte contre le blanchiment des capitaux et le financement du terrorisme

A. – CHAMP D'APPLICATION DU DISPOSITIF DE LUTTE CONTRE LE BLANCHIMENT DES CAPITAUX ET LE FINANCEMENT DU TERRORISME

3048 Professionnels de l'immobilier visés – Un certain nombre de professionnels de l'immobilier comptent parmi les nombreuses personnes physiques et morales que l'article L. 561-2 du Code monétaire et financier soumet aux obligations relatives à la lutte contre le blanchiment des capitaux et le financement du terrorisme telles qu'elles sont prévues par les articles L. 561-1 et suivants du même code. On y trouve ainsi, en bonne place, les **avocats au Conseil d'État et à la Cour de cassation, les avocats, les notaires, les huissiers de justice, les administrateurs judiciaires, les mandataires judiciaires et les commissaires-priseurs judiciaires** lorsque, dans le cadre de leur activité professionnelle, ils assistent leur client dans la préparation ou la réalisation des transactions concernant l'achat et la vente de biens immeubles ou de fonds de commerce *(C. mon. fin., art. L. 561-2, 13° et L. 561-3, I, 2°, a)*. On y trouve aussi *« les personnes exerçant les activités mentionnées aux 1°, 2°, 4°, 5°, 8° et 9° de l'article 1er de la loi n° 70-9 du 2 janvier 1970 réglementant les conditions d'exercice des activités relatives à certaines opérations portant sur les immeubles et les fonds de commerce » (C. mon. fin., art. L. 561-2, 8°)*. Ainsi, en reprenant quasiment mot pour mot les dispositions de l'article L. 561-2, 8°, du Code monétaire et financier, l'article 8-2 de la loi n° 70-9 du 2 janvier 1970 ne met les obligations relatives à la lutte contre le blanchiment des capitaux et le financement du terrorisme qu'à la charge des *« personnes exerçant les activités désignées aux 1°, 2°, 4°, 5° et 8° de l'article 1er de (ladite) loi, à l'exclusion de l'échange, la location ou la sous-location saisonnière ou non, en nu ou en meublé »*.

Force est alors de constater, d'une part, que les administrateurs de biens autres que les syndics de copropriété dans le cadre de la loi n° 65-557 du 10 juillet 1965 fixant le statut de la copropriété des immeubles bâtis (les syndics de copropriété sont, certes, malencontreusement oubliés dans l'article 8-2 de la loi Hoguet mais ils sont bel et bien concernés dès lors qu'ils sont expressément visés dans l'article L. 561-2, 8°, du Code monétaire et financier), ainsi que les marchands de listes, ne sont pas concernés et que, d'autre part, les **agents immobiliers** qui, eux, sont principalement visés par la loi ne le sont que pour les opérations d'entremise autres que celles qui sont relatives à la cession d'un cheptel mort ou vif, à l'échange ou encore à la location ou sous-location saisonnière ou non.

B. – CONTENU DU DISPOSITIF DE LUTTE CONTRE LE BLANCHIMENT DES CAPITAUX ET LE FINANCEMENT DU TERRORISME

3049 Diversité des obligations – Il résulte des dispositions de l'article 8-2 de la loi n° 70-9 du 2 janvier 1970 et de celles de l'article L. 561-2 du Code monétaire et financier que les professionnels de l'immobilier sont, entre autres professionnels, tenus des obligations de lutte contre le blanchiment des capitaux et le financement du terrorisme prévues par les sections 2 à 7 du chapitre premier du Titre VI du livre V du même code :

- **obligations particulières de vigilance** à l'égard de la clientèle *(C. mon. fin., art. L. 561-4-1 à L. 561-14-2)* ;
- **obligations de déclaration** comme, notamment, celle de communiquer à la cellule de renseignement financier nationale (dite cellule de « traitement du renseignement et action contre les circuits financiers clandestins » ou TRACFIN) les sommes inscrites dans leurs livres ou les opérations portant sur des sommes dont elles savent, soupçonnent ou ont de bonnes raisons de soupçonner qu'elles proviennent d'une infraction passible d'une peine privative de liberté supérieure à un an ou participent au financement du terrorisme *(C. mon. fin., art. L. 561-15 à L. 561-22-1)* ;
- **obligation de mettre en place des mécanismes de contrôle interne** en instaurant, en particulier, des systèmes d'évaluation et de gestion des risques de blanchiment des capitaux et de financement du terrorisme *(C. mon. fin., art. L. 561-32 à L. 561-35)* ;
- **éligibilité aux pouvoirs des autorités de contrôle et aux sanctions administratives** *(C. mon. fin., art. L. 561-36 à L. 561-44)*. À ce propos, l'article L. 561-36, II, du Code monétaire et financier dispose que, lorsqu'il existe des faits susceptibles de constituer des manquements graves, répétés ou systématiques des professionnels de l'immobilier visés à tout ou partie des obligations leur incombant, l'autorité compétente peut engager à l'égard de ces personnes une procédure de sanction.

PRIX

1° Obligations particulières de vigilance à l'égard de la clientèle

3050 Dispositifs d'identification et d'évaluation des risques – Pour appliquer les mesures de vigilance destinées à mettre en œuvre les obligations de vigilance à l'égard de la clientèle en fonction de l'évaluation des risques présentés par leurs activités en matière de blanchiment de capitaux et de financement du terrorisme, les professionnels de l'immobilier doivent définir et mettre en place des dispositifs d'identification et d'évaluation des risques de blanchiment des capitaux et de financement du terrorisme auxquels ils sont exposés ainsi qu'une politique adaptée à ces risques.

À ce titre, ils doivent élaborer, en particulier, une classification des risques en question en fonction de la nature des produits ou services offerts, des conditions de transaction proposées, des canaux de distribution utilisés, des caractéristiques des clients, ainsi que du pays ou du territoire d'origine ou de destination des fonds *(C. mon. fin., art. L. 561-4-1, al. 1 et 2)*.

Et, ils doivent tenir compte des facteurs inhérents aux clients, aux produits, services, transactions et canaux de distribution, ainsi qu'aux facteurs géographiques, précisés par arrêté du ministre chargé de l'Économie, ainsi que des recommandations de la Commission européenne issues du rapport prévu par l'article 6 de la directive 2015/849 du Parlement européen et du Conseil du 20 mai 2015 relative à la prévention de l'utilisation du système financier aux fins du blanchiment de capitaux ou du financement du terrorisme, ainsi que de l'analyse des risques effectuée au plan national dans des conditions fixées par décret *(C. mon. fin., art. L. 561-4-1, al. 3)*.

3051 Devoir de vérification de l'identité des clients – Aux termes de l'article L. 561-5, I, 1° et 2°, du Code monétaire et financier, avant d'entrer en relation d'affaires avec leur client ou de l'assister dans la préparation ou la réalisation d'une transaction, les professionnels de l'immobilier visés doivent, d'une part, identifier leur client (et, le cas échéant, le bénéficiaire effectif) et, d'autre part, vérifier ces éléments d'identification sur présentation de tout document écrit à caractère probant ; néanmoins, selon l'article L. 561-5, IV, lorsque le risque de blanchiment des capitaux ou de financement du terrorisme paraît faible et que c'est nécessaire pour ne pas interrompre l'exercice normal de l'activité, les obligations de vérifier ces éléments d'identification sur présentation de tout document écrit à caractère probant peuvent être satisfaites durant l'établissement de la relation d'affaires.

En outre, ils doivent identifier et vérifier dans les mêmes conditions l'identité de leurs clients occasionnels et, le cas échéant, de leurs bénéficiaires effectifs, lorsqu'elles soupçonnent qu'une opération pourrait participer au blanchiment des capitaux ou au financement du terrorisme ou lorsque les opérations sont d'une certaine nature ou dépassent un certain montant *(C. mon. fin., art. L. 561-5, II)*. Lorsque le client souscrit ou adhère à un contrat d'assurance-vie ou de capitalisation, les professionnels de l'immobilier concernés doivent identifier et vérifier également l'identité des bénéficiaires de ces contrats et le cas échéant des bénéficiaires effectifs de ces bénéficiaires *(C. mon. fin., art. L. 561-5, III)*. Néanmoins, lorsqu'un professionnel de l'immobilier n'est pas en mesure de satisfaire aux obligations susmentionnées, il ne doit exécuter aucune opération, quelles qu'en soient les modalités, et ne doit établir ni ne poursuivre aucune relation d'affaires et, si celle-ci a déjà été établie, il doit y mettre un terme *(C. mon. fin., art. L. 561-8, I)*.

3052 Devoir de vérification de l'objet et de la nature de la relation d'affaires – Avant d'entrer en relation d'affaires, les professionnels de l'immobilier visés doivent recueillir les informations relatives à l'objet et à la nature de cette relation et tout autre élément d'information pertinent et actualiser ces informations pendant toute la durée de la relation d'affaires *(C. mon. fin., art. L. 561-5-1)*. Néanmoins, lorsqu'ils ne sont pas en mesure de satisfaire à l'obligation susmentionnée, ils ne doivent exécuter aucune opération, quelles qu'en soient les modalités, et ne doivent établir ni ne poursuivre aucune relation d'affaires et, si celle-ci a déjà été établie, ils doivent y mettre un terme *(C. mon. fin., art. L. 561-8, I)*.

En outre, pendant toute la durée de la relation d'affaires, ils doivent exercer, dans la limite de leurs droits et obligations, une vigilance constante et pratiquer un examen attentif des opérations effectuées en veillant à ce qu'elles soient cohérentes avec la connaissance actualisée qu'elles ont de leur relation d'affaires *(C. mon. fin., art. L. 561-6)*.

3053 Possibilité de simplification des mesures de vigilance – Les professionnels concernés peuvent mettre en œuvre leur devoir de vérification de l'identité des clients ainsi que leur devoir de vérification de l'objet et de la nature de la relation d'affaires (dispositions des articles L. 561-5, L. 561-5-1 et L. 561-6 du Code monétaire et financier) sous la forme de mesures de vigilance simplifiées lorsque le risque de blanchiment des capitaux et de financement du terrorisme leur paraît faible ou lorsque les personnes, les services ou les produits présentent un faible risque de blanchiment de capitaux ou de financement du terrorisme et il n'existe pas de soupçon de blanchiment ou de financement du terrorisme *(C. mon. fin., art. L. 561-9)*.

3054 Hypothèses de complément ou de renforcement des mesures de vigilance – Les professionnels de l'immobilier doivent, sauf s'il n'existe pas de soupçon de blanchiment des capitaux ou de financement du terrorisme, appliquer des mesures de vigilance complémentaires à l'égard de leur client dans certaines hypothèses :

- lorsque le client ou son représentant légal n'est pas physiquement présent aux fins de l'identification au moment de l'établissement de la relation d'affaires ;

- lorsque le client, le cas échéant son bénéficiaire effectif, le bénéficiaire d'un contrat d'assurance-vie ou de capitalisation, le cas échéant son bénéficiaire effectif, est une personne qui est exposée à des risques particuliers en raison des fonctions politiques, juridictionnelles ou administratives qu'elle exerce ou a exercées pour le compte d'un État ou de celles qu'exercent ou ont exercées des membres directs de sa famille ou des personnes connues pour lui être étroitement associées ou le devient en cours de relation d'affaires ;
- lorsque le produit ou l'opération présente, par sa nature, un risque particulier de blanchiment de capitaux ou de financement du terrorisme, notamment lorsqu'ils favorisent l'anonymat ;
- lorsque l'opération est une opération pour compte propre ou pour compte de tiers effectuée avec des personnes physiques ou morales, y compris leurs filiales ou établissements, domiciliées, enregistrées ou établies dans un État ou un territoire figurant sur les listes publiées par le Groupe d'action financière parmi ceux dont la législation ou les pratiques font obstacle à la lutte contre le blanchiment des capitaux et le financement du terrorisme ou par la Commission européenne en application de l'article 9 de la directive (UE) 2015/849 du 20 mai 2015 relative à la prévention de l'utilisation du système financier aux fins du blanchiment de capitaux ou du financement du terrorisme *(C. mon. fin., art. L. 561-10)*.
- En outre, lorsque le risque de blanchiment des capitaux et de financement du terrorisme présenté par une relation d'affaires, un produit ou une opération leur paraît élevé, les professionnels de l'immobilier visés doivent mettre en œuvre leur devoir de vérification de l'identité des clients ainsi que leur devoir de vérification de l'objet et de la nature de la relation d'affaires sous la forme de mesures de vigilance renforcées *(C. mon. fin., art. L. 561-10-1)*.
- Par ailleurs, ils doivent effectuer un examen renforcé de toute opération particulièrement complexe ou d'un montant inhabituellement élevé ou ne paraissant pas avoir de justification économique ou d'objet licite et, dans ce cas, ils doivent se renseigner auprès du client sur l'origine des fonds et la destination de ces sommes ainsi que sur l'objet de l'opération et l'identité de la personne qui en bénéficie *(C. mon. fin., art. L. 561-10-2)*.

3055 **Conservation quinquennale des documents et informations** – Les professionnels de l'immobilier doivent conserver pendant 5 ans à compter de la clôture de leurs comptes ou de la cessation de leurs relations avec eux les documents et informations, quel qu'en soit le support, relatifs à l'identité de leurs clients habituels ou occasionnels. Ils doivent également conserver, dans la limite de leurs attributions, pendant 5 ans à compter de leur exécution, quel qu'en soit le support, les documents et informations relatifs aux opérations faites par ceux-ci, ainsi que les documents consignant les caractéristiques des opérations mentionnées à l'article L. 561-10-2 *(C. mon. fin., art. L. 561-12, al. 1er)*.

2° Obligations particulières de déclaration et d'information

3056 **Position et contenu de l'obligation de déclaration de soupçon** – Les professionnels de l'immobilier visés sont tenus de **déclarer à la cellule de renseignement financier nationale** (dite cellule de « traitement du renseignement et action contre les circuits financiers clandestins » ou TRACFIN) les sommes inscrites dans leurs livres ou les opérations portant sur des sommes dont elles savent, soupçonnent ou ont de bonnes raisons de soupçonner qu'elles proviennent d'une infraction passible d'une peine privative de liberté supérieure à un an ou sont liées au financement du terrorisme *(C. mon. fin., art. L. 561-15, I)*. Toute information de nature à infirmer, conforter ou modifier les éléments contenus dans la déclaration doit être portée, sans délai, à la connaissance de la cellule de renseignement financier nationale *(C. mon. fin., art. L. 561-15, IV)*.

Si la déclaration susmentionnée est établie par **écrit**, elle peut néanmoins être recueillie **verbalement**, sauf pour les avocats au Conseil d'État et à la Cour de cassation et avocats, par la cellule TRACFIN dans des conditions permettant à cette dernière de s'assurer de sa recevabilité. Ce service doit accuser réception de la déclaration sauf si le professionnel déclarant a indiqué expressément ne pas le souhaiter *(C. mon. fin., art. L. 561-15, VI)*.

Toujours est-il que les professionnels de l'immobilier visés **doivent s'abstenir d'effectuer toute opération** portant sur des sommes dont elles savent, soupçonnent ou ont de bonnes raisons de soupçonner qu'elles proviennent d'une infraction passible d'une peine privative de liberté supérieure à un an ou sont liées au financement du terrorisme jusqu'à ce qu'elles aient fait la déclaration susmentionnée *(C. mon. fin., art. L. 561-16, al. 1er)*.

Et, lorsqu'une **opération devant faire l'objet de cette déclaration a déjà été réalisée**, soit parce qu'il a été impossible de surseoir à son exécution, soit que son report aurait pu faire obstacle à des investigations portant sur une opération suspectée de blanchiment des capitaux ou de financement du terrorisme, soit qu'il est apparu postérieurement à sa réalisation qu'elle était soumise à cette déclaration, le professionnel visé doit en informer sans délai le service TRACFIN *(C. mon. fin., art. L. 561-16, al. 2)*.

Attention **Selon l'article L. 561-18 du Code monétaire et financier, la déclaration de soupçon est confidentielle et, sous réserve des dispositions de l'article 44 de la loi n° 78-17 du 6 janvier 1978, il est interdit, sous peine des sanctions prévues à l'article L. 574-1, aux dirigeants et préposés d'organismes financiers, aux personnes mentionnées à l'article L. 561-2, au président de l'ordre des avocats au Conseil d'État et à la Cour de cassation ou au bâtonnier de l'ordre auprès duquel l'avocat est inscrit, de porter à la connaissance du propriétaire des sommes ou de l'auteur de l'une des opérations**

PRIX

mentionnées à l'article L. 561-15 ou à des tiers, autres que les autorités de contrôle, ordres professionnels et instances représentatives nationales visées à l'article L. 561-36, l'existence et le contenu d'une déclaration faite auprès du service mentionné à l'article L. 561-23 et de donner des informations sur les suites qui ont été réservées à cette déclaration.

3057 Immunités pénale, civile et disciplinaire liées à l'exécution de l'obligation de déclaration de soupçon – Aux termes de l'article L. 561-22, I, du Code monétaire et financier, aucune poursuite fondée sur les articles 226-10, 226-13 et 226-14 du Code pénal ne peut être intentée contre les professionnels de l'immobilier visés lorsqu'ils ont, de bonne foi, fait la déclaration prévue à l'article L. 561-15 dans les conditions prescrites par les dispositions législatives ou réglementaires applicables ou lorsqu'ils ont communiqué des informations au service TRACFIN.
De même, selon l'article L. 561-22, II, du Code monétaire et financier, aucune action en responsabilité civile ne peut être intentée ni aucune sanction professionnelle prononcée contre eux dans les mêmes circonstances ; néanmoins, en cas de préjudice résultant directement d'une telle déclaration ou communication, l'État doit répondre du dommage subi.

Pour aller plus loin

• M. Feferman et Y. Pelosi, L'immobilier face au blanchiment et au financement du terrorisme : Éd. PC, 2017

VII. Contrôle des investissements étrangers en France

3058 Principe de liberté – Pouvant intéresser les ventes d'immeubles ou le paiement du prix de ces ventes, les relations financières entre la France et l'étranger sont libres et cette liberté s'exerce dans le respect des engagements internationaux souscrits par la France *(C. mon. fin., art. L. 151-1)*. Ainsi, les investissements étrangers en France sont, en principe, libres depuis la loi n° 66-1008 du 28 décembre 1966 relative aux relations financières avec l'étranger.

3059 Réglementation des relations financières entre la France et l'étranger – Néanmoins, il existe une certaine réglementation, voire une réglementation certaine, puisque le Gouvernement français peut, pour assurer la défense des intérêts nationaux et par décret pris sur le rapport du ministre chargé de l'Économie, décider de soumettre à déclaration, autorisation préalable ou contrôle les opérations de change, les mouvements de capitaux et les règlements de toute nature entre la France et l'étranger ou encore la constitution et la liquidation des investissements étrangers en France *(C. mon. fin., art. L. 151-2, 1°)*.
Ainsi, certains investissements sont soumis à **déclaration statistique à la Banque de France** en vue de l'établissement de la balance des paiements et de la position extérieure de la France *(C. mon. fin., art. R. 152-1 à R. 153-13)*.
Mais il résulte surtout des dispositions de l'article L. 151-3, I du Code monétaire et financier, que sont soumis à **autorisation préalable du ministre chargé de l'Économie** les investissements étrangers dans une activité en France qui, même à titre occasionnel, participe à l'exercice de l'autorité publique ou relève de l'un des domaines suivants : activités de nature à porter atteinte à l'ordre public, à la sécurité publique ou aux intérêts de la défense nationale ; activités de recherche, de production ou de commercialisation d'armes, de munitions, de poudres et substances explosives. L'autorisation donnée peut être assortie le cas échéant de conditions visant à assurer que l'investissement projeté ne portera pas atteinte aux intérêts nationaux *(C. mon. fin., art. L. 151-3, II)*. Le ministre chargé de l'Économie, s'il constate qu'un investissement étranger est ou a été réalisé en méconnaissance des prescriptions, peut enjoindre à l'investisseur de ne pas donner suite à l'opération, de la modifier ou de faire rétablir à ses frais la situation antérieure. Cette injonction ne peut intervenir qu'après l'envoi d'une mise en demeure à l'investisseur de faire connaître ses observations dans un délai de 15 jours. En cas de non-respect de l'injonction précitée, le ministre chargé de l'Économie peut, après avoir mis l'investisseur à même de présenter ses observations sur les faits qui lui sont reprochés dans un délai minimum de 15 jours, sans préjudice du rétablissement de la situation antérieure, lui infliger une sanction pécuniaire dont le montant maximum s'élève au double du montant de l'investissement irrégulier. Le montant de la sanction pécuniaire doit être proportionnel à la gravité des manquements commis. Le montant de la sanction est recouvré comme les créances de l'État étrangères à l'impôt et au domaine *(C. mon. fin., art. L. 151-3, III)*. En outre, est nul tout engagement, convention ou clause contractuelle qui réalise directement ou indirectement un investissement étranger dans l'un des domaines susmentionnés lorsque cet investissement n'a pas fait l'objet de l'autorisation préalable exigée *(C. mon. fin., art. L. 151-4. – Cass. com., 9 mai 1983, n° 82-10.775 : Bull. civ. IV, n° 132 ; JCP 1983, II, 20045, note Eck ; D. 1984, p. 204, note Gaillard)*. Enfin, selon l'article 459 du Code pénal, auquel renvoie l'article

L. 165-1 du Code monétaire et financier, quiconque aura contrevenu ou tenté de contrevenir à la législation et à la réglementation des relations financières avec l'étranger, soit en ne respectant pas les obligations de déclaration ou de rapatriement, soit en n'observant pas les procédures prescrites ou les formalités exigées, soit en ne se munissant pas des autorisations requises ou en ne satisfaisant pas aux conditions dont ces autorisations sont assorties sera puni d'une peine d'emprisonnement de 5 ans, de la confiscation du corps du délit, de la confiscation des moyens de transport utilisés pour la fraude, de la confiscation des biens et avoirs qui sont le produit direct ou indirect de l'infraction et d'une amende égale au minimum au montant et au maximum au double de la somme sur laquelle a porté l'infraction ou la tentative d'infraction. Les personnes condamnées pour infractions à la législation et à la réglementation relatives aux relations financières avec l'étranger sont, en outre, déclarées incapables d'exercer les fonctions d'agents de change, d'être électeurs ou élus aux chambres de commerce, tribunaux de commerce et conseils de prud'hommes, tant et aussi longtemps qu'elles n'auront pas été relevées de cette incapacité.

Pour aller plus loin

Formules
- JCl. Notarial Formulaire, V° Notariat, fasc. 27, Modèle de déclaration, Tracfin, par C. Biguenet-Maurel

Fiche pratique
- Fiche pratique n° 1721 : Rédiger une vente d'immeuble, par M. Suquet-Cozic

Commentaires
- JCl. Notarial Formulaire, V° Contrôle des changes, fasc. 10, par C. Géraud
- JCl. Notarial Formulaire, V° Notariat, fasc. 24, par C. Biguenet-Maurel
- JCl. Notarial Formulaire, V° Notariat, fasc. 26, Lutte contre le blanchiment, par C. Biguenet-Maurel

Revues
- G. de Vries, Investissements étrangers en France : le nouveau régime issu du décret du 30 décembre 2005 : JCP E 2006, 18949

Droits de préemption et droit de priorité

Moussa Thioye
Professeur, Université Toulouse Capitole, membre de l'IEJUC

Présentation générale

3060 Principe général de liberté contractuelle – L'un des principes généraux ou fondateurs, voire directeurs, du droit français des contrats est celui de l'autonomie de la volonté ou de la liberté contractuelle. Cette liberté contractuelle se manifeste aussi bien dans l'initiative et la conclusion du contrat que dans le choix, le cas échéant, de la personne du cocontractant et la forme du contrat. Elle est consacrée, depuis longtemps, dans le Code civil dans son article 6, lu *a contrario*, dans l'ancien article 1123 et, depuis l'entrée en vigueur de la réforme opérée par l'ordonnance n° 2016-131 du 10 février 2016, dans les articles 1102 et 1145 du Code civil. L'article 1594 *du Code civil, relatif à la vente, traduit spécialement la même règle lorsqu'il dispose que « tous ceux auxquels la loi ne l'interdit pas, peuvent acheter ou vendre »*. Il y a là, en effet, un rappel du principe général de liberté contractuelle qui, s'agissant du fond, se manifeste ici de trois manières :
• liberté de vendre ou de ne pas vendre et liberté d'acheter ou de ne pas acheter ;
• liberté du vendeur de choisir son acquéreur et inversement ;
• liberté de déterminer le contenu obligatoire, voire normatif, du contrat de vente, à savoir ses conditions ou modalités et son régime.

3061 Restrictions générales et spéciales au principe de liberté – Le droit pour les contractants d'initier et d'organiser librement leur contrat ne s'exerce que dans les limites posées par l'ordre public ou les bonnes mœurs *(C. civ., art. 6 ; C. civ., art. 1102, al. 2 ; C. civ., art. 1103 et C. civ., art. 1162 ou ancien art. 1134, al. 1er)*. Et, à ces limites générales, tirées du droit commun des contrats, s'ajoutent des restrictions particulières, d'origine légale ou conventionnelle, parmi lesquelles comptent les droits dits de préemption, de priorité et de préférence qui expriment des restrictions objectives ou subjectives à la liberté du vendeur immobilier de choisir son cocontractant.

3062 Définition du droit de préemption – Le droit de préemption peut être défini comme la faculté conférée par la loi à une personne physique ou morale d'acquérir, par préférence à tout autre, un bien que son propriétaire offre de céder, en se portant acquéreur de ce bien, à un prix proposé par le vendeur ou, le cas échéant, fixé par le juge. Censée ainsi intervenir lorsque la vente est seulement envisagée et offerte, comme l'indique l'étymologie latine du mot, la préemption proprement dite se distingue du mécanisme ancien de retrait qui, lui, était exercé après la conclusion de l'acte d'aliénation ; cela dit, en cas d'adjudication, la préemption opère, le cas échéant, comme un retrait.

3063 Préemption et préférence – Parce qu'elle est prévue par des textes la préemption s'écarte de la technique voisine du pacte de préférence qui est d'origine conventionnelle (la consécration du droit de préférence forestier apparaît ainsi comme une exception) de sorte que, en cas de conflit entre un pacte de préférence et un droit de préemption, la priorité doit être donnée à ce dernier *(Cass. 3e civ., 22 juin 2016, n° 14-24.793 : JurisData n° 2016-012094 ; AJDI 2016, p. 711 ; D. 2017, p. 377, obs. M. Mekki. – Cass. 3e civ., 24 mars 2016, n° 15-14.004 : JurisData n° 2016-005395 ; AJDI 2016, p. 434 ; D. 2017, p. 377, obs. M. Mekki)*.
Le pacte de préférence est *« le contrat par lequel une partie s'engage à proposer prioritairement à son bénéficiaire de traiter avec lui pour le cas où elle déciderait de contracter » (C. civ., art. 1123)*. Ainsi, le pacte de préférence en cas de vente est le contrat conclu entre un promettant ou souscripteur du pacte (propriétaire d'un bien) et un bénéficiaire par lequel le premier s'engage, en cas de conclusion d'un second contrat déterminé (vente), à donner la préférence (priorité) au second, à prix égal et conditions identiques *(V. n° **154** et s.)*. Force est de constater que, à la différence du promettant dans le cadre d'une promesse unilatérale de vente, le promettant dans le pacte de préférence en cas de vente ne s'est pas engagé à vendre, mais seulement à accorder au bénéficiaire la priorité d'achat en cas de vente éventuelle.

> **Attention** Le droit de préférence s'analysant en une offre, contrairement au droit de préemption qui est un droit d'éviction, le bénéficiaire du pacte doit être purgé en priorité seulement, même s'il accepte l'offre, le préempteur peut ensuite se substituer à lui dans le rapport contractuel. Mais cette chronologie est importante, car contrairement à un tiers, le bénéficiaire du pacte peut être parent avec le vendeur et partant priver le préempteur de ses prérogatives comme étant une opération exclusive de son droit : par exemple, la vente entre parents et alliés jusqu'au 4e degré prive la SAFER de son droit de préemption *(C. Saint-Alary-Houin, Le droit de préemption, pref. P. Raynaud : LGDJ, 1979)*.

3064 Préemption et expropriation – Il faut, enfin, ne pas confondre la préemption avec l'expropriation même si les deux mécanismes peuvent être rapprochés en ce qu'ils permettent tous les deux aux pouvoirs publics, selon des voies différentes, de restreindre les droits du propriétaire immobilier.

3065 Droit de priorité et biens appartenant à l'État, à ses entreprises publiques et à ses établissements publics – Le droit de priorité « s'applique non à des secteurs mais à certaines catégories de biens. Il concerne les biens appartenant à l'État, à ses entreprises publiques et à ses établissements publics. Il est réservé aux communes où sont situés ces biens et aux établissements publics de coopération intercommunale titulaires du droit de préemption. Ce droit de priorité est exclusif du droit de préemption. Il ne se greffe pas sur un contrat en cours entre un vendeur et un acquéreur mais se situe en amont. Lorsque l'État a l'intention de vendre des biens, il doit les proposer à la collectivité sauf exceptions limitativement prévues par le Code de l'urbanisme » *(B. Phémolant, Droit de préemption, droit de priorité : quel est leur rôle ? : JCP A 2008, 2253, n° 4).*

Droit de préemption des coïndivisaires

3066 Créé par la loi n° 76-1286 du 31 décembre 1976 et régi aujourd'hui par les articles 815-14, 815-15, 815-16 et 815-18 du Code civil, le droit de préemption en matière d'indivision permet à chacun des indivisaires de se porter prioritairement acquéreur des droits indivis en cas de cession de ceux-ci par un autre coïndivisaire.

I. Conditions et champ d'application du droit de préemption

A. – ACTES JURIDIQUES ET PERSONNES VISÉS

1° Opérations concernées

3067 **Indivisions diverses** – Le régime institué par la loi n° 76-1286 du 31 décembre 1976 porte tant sur les indivisions successorales ou post-communautaires que sur les indivisions conventionnelles *(Cass. 1re civ., 23 avr. 1985, n° 83-16.703 : JurisData n° 1985-001304 : Bull. civ. I, n° 124 ; D. 1985, jurispr. p. 437, A. Breton)*. Il porte aussi tant sur les indivisions en pleine propriété ou d'indivisions en nue-propriété ou en usufruit *(C. civ., art. 815-18)* que sur les indivisions portant sur des immeubles ou des droits immobiliers ou sur les indivisions portant sur des meubles.

Le droit de préemption ne peut et ne doit être mis en œuvre que dans un contexte et un cadre bien déterminés par le premier alinéa de l'article 815-14 du Code civil : « *l'indivisaire qui entend céder, à titre onéreux, à une personne étrangère à l'indivision, tout ou partie de ses droits dans les biens indivis ou dans un ou plusieurs de ces biens est tenu de notifier par acte extrajudiciaire aux autres indivisaires le prix et les conditions de la cession projetée ainsi que les nom, domicile et profession de la personne qui se propose d'acquérir* ». Sinon, la cession ou la licitation irrégulièrement faite est frappée d'une nullité relative qui peut être invoquée, dans un délai de 5 ans, par les coïndivisaires à qui les notifications devaient être faites ou par leurs héritiers *(C. civ., art. 815-16)*, même si l'irrégularité commise ne leur a causé aucun préjudice *(Cass. 1re civ., 5 mars 2002, n° 00-13.511 : JurisData n° 2002-013313 ; Bull. civ. I, n° 77 ; JCP G 2002, I, 176, H. Périnet-Marquet ; JCP N 2002, n° 49, 1666, obs. H. Périnet-Marquet)*.

3068 **Cessions à titre onéreux** – Seuls des actes de cession à titre onéreux, amiable ou forcée, peuvent donner lieu à l'application du droit de préemption *(C. civ., art. 815-14)* Il s'ensuit que doivent ainsi être exclus du champ d'application de celui-ci tant les actes juridiques non translatifs comme, par exemple, le contrat de bail, que les cessions à titre gratuit *(Cass. 1re civ., 11 déc. 1984, n° 83-13.874 : JurisData n° 1984-002031 ; Bull. civ. I, n° 331 ; Defrénois 1986, actualité, p. 183, A. Breton)*, mais le droit de préemption demeure opérationnel en cas de vente déguisée en donation *(Cass. 3e civ., 18 oct. 2005, n° 02-14.219 : JurisData n° 2005-030304 ; Bull. civ. I, n° 364 ; JCP N 2006, n° 18, 1176, obs. H. Périnet-Marquet ; JCP G 2006, I, 127, obs. H. Périnet-Marquet)*.

Du reste, en se livrant à une interprétation étroite des textes, la jurisprudence a exclu l'application du droit de préemption dans des hypothèses pourtant constitutives de cessions : apport en société *(CA Paris, 2e ch. B, 11 sept. 1997 : JurisData n° 1997-150016 ; Defrénois 1998, actualité, p. 119, Ph. Malaurie)*, échange dès lors que l'indivisaire souhaitant exercer cette prérogative se trouve dans l'impossibilité absolue de fournir au coéchangiste la prestation convenue *(Cass. 1re civ., 21 mai 1997, n° 95-12.460 : JurisData n° 1997-002159 ; JCP G 1998, I, 133, obs. R. Le Guidec ; RTD civ. 1997, p. 972, obs. J. Patarin ; Bull. civ. I, n° 164)*, souscription d'une obligation de soins par le cessionnaire puisqu'une telle obligation donne au contrat un caractère *intuitu personae* incompatible avec le droit de préemption *(Cass. 3e civ., 3 oct. 1985, n° 83-11.928 : D. 1986, p. 373, note A. Breton ; RD imm. 1986, p. 437, obs. J.-L. Bergel)*. Néanmoins, cette dernière solution ne vaudrait pas en cas de cession de droits indivis moyennant constitution d'une rente viagère ordinaire.

3069 **Cessions à des personnes étrangères à l'indivision** – Il n'y a que les actes de cession à titre onéreux passés avec des personnes étrangères à l'indivision qui peuvent déclencher la mise en œuvre du droit de préemption *(C. civ., art. 815-14)*. Sont ainsi exclus, *a contrario*, les actes passés avec des coïndivisaires puisque de telles opérations ne constituent en rien un élément de complication ou de perturbation. Toutefois, le fait que la cession de droits indivis ait lieu en considération de la qualité d'usufruitier du cessionnaire, titulaire de droits en usufruit dans l'une des indivisions en cause, ne suffit pas pour dispenser de la notification de la cession aux autres indivisaires *(Cass. 1re civ., 17 mai 1983, n° 82-11.931 : Bull. civ. I, n° 148 ; JCP G 1984, II, n° 20311, M. Dagot).*

2° Personnes bénéficiaires du droit de préemption

3070 Le premier alinéa de l'article 815-14 du Code civil dispose que les personnes bénéficiaires du droit de préemption sont les coïndivisaires de *« l'indivisaire qui entend céder, à titre onéreux, à une personne étrangère à l'indivision, tout ou partie de ses droits dans les biens indivis ou dans ou plusieurs de ces biens ».*

B. – BIENS OU DROITS (IMMOBILIERS) VISÉS

3071 Le premier alinéa de l'article 815-14 du Code civil dispose que le droit de préemption n'est applicable qu'en cas de cession à titre onéreux par un indivisaire, à une personne étrangère à l'indivision, de *« tout ou partie de ses droits dans les biens indivis ou dans un ou plusieurs de ces biens ».*

Ainsi, lorsqu'il y a plusieurs parcelles et que seules certaines d'entre elles peuvent être attribuées à l'indivision, l'action fondée sur la violation de l'article 815-14, alinéa 1er, du Code civil ne peut avoir pour effet que d'entraîner la nullité de la vente des seules parcelles en indivision *(Cass. 3e civ., 14 févr. 2006, n° 05-11.272).*

Il s'ensuit que la cession concernée peut, notamment, porter sur tout ou partie des droits indivis, sur un ou plusieurs immeubles déterminés ou encore sur la totalité ou sur une quote-part des droits d'un indivisaire dans les immeubles indivis.

Toutefois, le droit de préemption n'est plus opérationnel en cas de cession du bien immobilier indivis lui-même *(not., Cass. 1re civ., 5 mars 2002, n° 00-13.511 : JurisData n° 2002-013313 : Bull. civ. I, n° 77 ; JCP G 2002, I, 176 ; JCP N 2002, n° 49, 1666, H. Périnet-Marquet. – V. JCl. Notarial Formulaire, V° Préemption, fasc. 500, par J. Lafond).*

Mais il a été jugé que le *cahier des charges* (désormais appelé *cahier des conditions de vente* dans l'article 815-15, alinéa 2, du Code civil) peut valablement prévoir un droit de préemption et de substitution au profit de chacun des indivisaires même si l'adjudication porte sur l'ensemble du bien immobilier *(Cass. 3e civ., 3 mai 1989, n° 87-17.094 : JurisData n° 1989-701734 ; Bull. civ. III, n° 99 ; RTD civ. 1990, p. 683, obs. F. Zenati ; RD imm. 1990, p. 65, obs. J.-L. Bergel ; Bull. civ. III, n° 99).*

II. Procédure de mise en œuvre du droit de préemption

A. – FORMALITÉS DE NOTIFICATION

3072 Auteur de l'acte de notification – L'indivisaire qui envisage de céder, à titre onéreux, à une personne étrangère à l'indivision, tout ou partie de ses droits indivis *« est tenu de notifier par acte extrajudiciaire aux autres indivisaires le prix et les conditions de la cession projetée ainsi que les nom, domicile et profession de la personne qui se propose d'acquérir » (C. civ., art. 815-14, al. 1er).* Ainsi, en cas de cession amiable, la notification doit être faite par l'indivisaire cédant lui-même ou par son mandataire comme, par exemple, un notaire ; il a pourtant été jugé que la notification peut être faite par le tiers cessionnaire agissant par la voie oblique même si aucune obligation d'y procéder ne pèse sur lui *(CA Poitiers, 21 juill. 1994 : JurisData n° 1994-052603. – CA Bordeaux, 29 janv. 1996 : JurisData n° 1996-042732).* En revanche, s'il y a lieu à l'adjudication de tout ou partie des droits d'un indivisaire dans les biens indivis ou dans un ou plusieurs de ces biens, il revient à l'avocat ou au notaire d'en informer les indivisaires par notification un mois avant la date prévue pour la vente *(C. civ., art. 815-15, al. 1er).*

3073 Forme de l'acte de notification – Le premier alinéa de l'article 815-14 du Code civil dispose que la notification susmentionnée doit être faite par acte extrajudiciaire, sachant que l'article 114 du Code de procédure civile, suivant lequel la nullité des actes de procédure ne peut être prononcée qu'à charge pour celui qui l'invoque de prouver le grief que lui cause l'irrégularité, ne peut recevoir application concernant un tel acte extrajudiciaire *(Cass. 1re civ., 5 mars 2002 : JurisData n° 2002-013313 ; Bull. civ. I, n° 77 ; JCP G 2002, I, 176 ; JCP N 2002, 1666, obs. H. Périnet-Marquet).*

3074 Contenu de l'acte de notification – Le premier alinéa de l'article 815-14 du Code civil exige, dans l'hypothèse d'une cession amiable, que l'acte de notification de la cession mentionne *« le prix et les conditions de la cession projetée ainsi que les nom, domicile et profession de la personne qui se propose d'acquérir ».*

3075 Valeur juridique de l'acte de notification – L'acte de notification est, en cas de cession amiable, qualifié par la Cour de cassation de simple mesure d'information, dès lors que l'article 815-14 du Code civil a seulement

pour but d'éviter l'intrusion d'un tiers étranger à l'indivision, tant et si bien que le cédant pourrait valablement se rétracter après avoir pris connaissance de la décision de préempter d'un coïndivisaire.
Il ne s'agit donc pas d'une véritable offre de vente dont l'acceptation pure et simple aurait pour effet de parfaire la cession *(Cass. 1re civ., 9 févr. 2011, n° 10-10.759 : JurisData n° 2011-001302 ; JCP N 2011, n° 7, act. 227 ; AJDI 2011, p. 559, obs. Fr. De la Vaissière).*

Formule – Modèle de notification de cession de droits indivis

NOTIFICATION D'UN PROJET DE CESSION DE DROITS INDIVIS

Le......
À la requête de......(***identification complète de l'indivisaire cédant ses droits***)
...... (***identification de l'huissier de justice***)
Dit et déclare à......(***coïndivisaires***), où étant et parlant à......
Que......(indivisaire cédant) est en indivision avec......(autres coïndivisaires), dans le cadre de......(***origine de l'indivision***) ;
Ses droits correspondent à......(***quote-part de ses droits***) de l'indivision ;
Il entend de céder ses droits indivis à......(***nom, domicile et profession du candidat acquéreur***), moyennant le prix de...... euros (... €), et ce sous les conditions ordinaires et d'usage ;
La présente notification est faite par......(***indivisaire cédant***), à telles fins que de droit, et pour se conformer aux dispositions de l'alinéa 1er de l'article 815-14 du Code civil ;
Rappelant à......(***coindivisaire destinataire***) qu'il a un délai d'un mois à compter de ce jour à peine de forclusion pour exercer son droit de préemption aux prix et conditions ci-dessus notifiés et ce obligatoirement par acte extrajudiciaire. Et en cas d'exercice du droit de préemption, la réalisation de la vente devra intervenir dans le délai de 2 mois à compter de la date d'envoi de la notification de préemption et ce dans les conditions prévues par l'alinéa 3 de l'article 815-14 du Code civil.

B. – FORMALITÉS ET DÉLAIS D'EXERCICE DU DROIT DE PRÉEMPTION

3076 La renonciation, expresse ou tacite, des autres coïndivisaires à l'exercice de leur droit de préemption permet, en cas de cession amiable, au cessionnaire pressenti de conclure la cession et, en cas d'adjudication, à l'adjudicataire de conserver les droits indivis acquis.

1° Hypothèse d'une cession amiable

3077 Délai, forme et contenu de la décision d'exercice du droit de préemption – Dans l'hypothèse de notification de la cession amiable projetée, *« tout indivisaire peut, dans le délai d'un mois qui suit cette notification, faire connaître au cédant, par acte extrajudiciaire, qu'il exerce un droit de préemption aux prix et conditions qui lui ont été notifiés » (C. civ., art. 815-14, al. 2)*. Mais, s'il n'est pas permis de proposer une renégociation du prix et des conditions de la cession, il a été jugé que la violation par un indivisaire de son obligation de notification préalable n'est pas un empêchement à l'exercice du droit de préemption *(CA Versailles, 10 avr. 1992 : JurisData n° 1992-042454 et 1992-041556).*

3078 Délai de réalisation de l'acte de vente – Le troisième alinéa de l'article 815-14 du Code civil dispose que, *« en cas de préemption, celui qui l'exerce dispose pour la réalisation de l'acte de vente d'un délai de 2 mois à compter de la date d'envoi de sa réponse au vendeur. Passé ce délai, sa déclaration de préemption est nulle de plein droit, 15 jours après une mise en demeure restée sans effet, et sans préjudice des dommages-intérêts qui peuvent lui être demandés par le vendeur ».*

Attention Aucun allongement de délai n'est prévu lorsque l'acquéreur déciderait de recourir à un prêt.

Formule – Modèle de notification de l'exercice du droit de préemption

NOTIFICATION DE L'EXERCICE DU DROIT DE PRÉEMPTION

Le......
À la requête de......(***identification de l'indivisaire qui met en œuvre son droit de préemption***)
...... (***identification de l'huissier de justice***)
Dit et déclare à......(***indivisaire cédant***), où étant et parlant à......
Que :
Par acte extrajudiciaire, en date du......(***date de la notification du projet de cession***),......(***indivisaire cédant***) a, en application de l'article 815-14 du Code civil, notifié à... (***indivisaire préempteur***), son projet de céder ses droits indivis dans......(***bien concerné***), aux conditions et charges stipulées dans l'acte projeté, moyennant le prix de......euros (... €) ;
Par la présente notification, l'exposant déclare à......(***indivisaire cédant***) qu'il exerce son droit de préemption sur...... (***objet du projet de cession***), aux prix et conditions qui lui ont été notifiées en date du... ;

Formule – Mise en demeure adressée au coïndivisaire d'avoir à réaliser la vente

MISE EN DEMEURE

Le......
À la requête de......(***indivisaire cédant***)
...... (***identification de l'huissier de justice***)
Dit et déclare à......(***indivisaire préempteur***), où étant et parlant à......
Que :
À la suite à la notification, par acte du......(***date de la notification du projet de cession***), de son intention de céder ses droits indivis sur......(***bien concerné***),......(***indivisaire préempteur***) a, par acte du......(***date de la notification d'exercice du droit de préemption***), notifié à l'exposant sa volonté d'exercer son droit de préemption ;
Plus de 2 mois se sont écoulés depuis cette déclaration de préemption et......(***indivisaire***) n'a pris aucune initiative pour la réalisation de l'acte de vente ;
En conséquence, au nom de mes requérants, et en application de l'article 815-14, alinéa 3, du Code civil, je vous mets en demeure d'avoir à réaliser la vente aux charges et conditions à lui notifiées par......(***indivisaire cédant***), dans l'acte extrajudiciaire en date du......(***notification du projet de cession***) au plus tard dans le délai de 15 jours de ce jour. À défaut, votre déclaration de préemption sera nulle de plein droit et de nul effet.

2° Hypothèse d'une adjudication

3079 En cas d'adjudication forcée ou volontaire, *« chaque indivisaire peut se substituer à l'acquéreur dans un délai d'un mois à compter de l'adjudication, par déclaration au greffe ou auprès du notaire » (C. civ., art. 815-15, al. 1er, in fine).*

C. – EFFETS DE L'EXERCICE DU DROIT DE PRÉEMPTION

3080 Préempteur unique – L'indivisaire ayant exercé son droit de préemption est investi des droits et tenu de toutes les obligations principales et accessoires du cessionnaire projeté ou de l'adjudicataire évincé. Une cour d'appel retient à bon droit qu'une personne qui exerce son droit de préemption se substitue à l'acquéreur évincé, en tous ses droits et obligations, notamment en son obligation contractuelle de payer une commission à l'agent immobilier, sans qu'il y ait lieu de distinguer selon que la commission résulte d'un mandat consenti par le vendeur ou d'un mandat consenti par l'acquéreur *(Cass. 1re civ., 21 févr. 2006, n° 04-14.538 : AJDI 2006, p. 485, obs. M. Thioye)*. Il convient, néanmoins, de réserver l'hypothèse de la fraude *(CA Paris, 2e ch. B, 19 mai 1989 : JurisData n° 1989-023107)*.

3081 Pluralité et concours de préempteurs – Si, dans le cadre d'une cession à l'amiable, *plusieurs indivisaires exercent leur droit de préemption, ils sont réputés, sauf convention contraire, acquérir ensemble la portion mise en vente en proportion de leur part respective dans l'indivision (C. civ., art. 815-14, al. 4)*. Mais, dans l'hypothèse d'une adjudication, la Cour de cassation décide que l'indivisaire qui a le premier fait la déclaration de substitution se trouve seul substitué comme acquéreur à l'adjudicataire *(Cass. 1re civ., 7 oct. 1997, n° 95-17.071 : JurisData n° 1997-003854 ; Bull. civ. I, n° 266 ; JCP N 1998, 1647, n° 7, note H. Périnet-Marquet ; RTD civ. 1998, p. 168, obs. J. Patarin ; JCP G 1999, I, 132, note R. Le Guidec)*.

3082 Principe du valorisme monétaire – Lorsque des délais de paiement ont été consentis par le cédant, l'article 828 du Code civil, qui institue un système dit de valorisme monétaire, est applicable *mutatis mutandis (C. civ., art. 815-14, al. 5)*. Ainsi, sauf convention contraire, les sommes restant dues peuvent être révisées, dans la même proportion, lorsque, par suite des circonstances économiques, la valeur des biens a augmenté ou diminué de plus du quart depuis l'acte.

Pour aller plus loin

Formules
- JCl. Notarial formulaire, V° Avant-contrat, fasc. 65, 67, 115 et 117, par J.-F. Pillebout
- JCl. Notarial formulaire, V° Cession de droits successifs, fasc. 15, par F. Collard et J.-F. Pillebout

Fiches pratiques
- Fiche pratique n° 1672 : Rédiger un compromis de vente immobilière.
- Fiche pratique n° 1723 : Rédiger une promesse unilatérale de vente d'immeuble, par M. Suquet-Cozic
- Fiche pratique n° 1669 : Rédiger une cession de droits successifs, par D. Montoux

Commentaires
- JCl. Notarial Formulaire, Synthèse 760, Indivision légale, par J.-B. Donnier
- JCl. Notarial Formulaire, Synthèse 40, Adjudication immobilière, par D. Montoux
- JCl. Notarial Formulaire, V° Préemption, fasc. 500, par J. Lafond

Pour aller plus loin

Revues

- S. Becqué-Ickowicz, Le droit de préemption de l'indivisaire : JCP N 2011, n° 40, 1264
- F. Collard et J. Lafond, L'indivision : LexisNexis, 2017
- M. Dagot, Commentaire de la loi du 31 décembre 1976, portant réforme de l'indivision : JCP N 1977, I, p. 205
- S. Pérignon, Cession de droits indivis et droit de préemption urbain : Bull. Cridon Paris, 1993, n° 20, II, p. 151

Droit de préemption du locataire ou occupant de bonne foi en cas de première vente consécutive à la division ou à la subdivision d'un immeuble par lots

3083 Sources et finalités du droit de préemption – La loi n° 75-1351 du 31 décembre 1975, complétée par le décret n° 77-742 du 30 juin 1977, a institué un droit de préemption au profit de certains locataires ou occupants lors de la première vente consécutive à la division ou à la subdivision de l'immeuble par lots, dans l'objectif de parer à l'éventualité d'évictions abusives susceptibles de se produire à l'occasion d'opérations de rénovation d'immeubles anciens.

Attention La loi du 31 décembre 1975 étant impérative, l'exercice du droit de préemption qu'elle institue l'emporte sur celui d'un éventuel pacte de préférence consenti à un tiers *(CA Paris, 2e ch., sect. A, 7 mars 2007, n° 05/24568 : JurisData n° 2007-329189 ; Loyers et copr. 2007, comm. 141, note B. Vial-Pedroletti)*. Il s'agit d'un droit de préemption distinct de celui qui a été mis en place par la loi n° 89-462 du 6 juillet 1989 ; ainsi, la délivrance aux locataires d'un congé avec offre de vente au visa de l'article 15, II, de la loi du 6 juillet 1989 dont ils ont contesté avec succès la validité ne les prive pas du droit d'arguer d'une fraude à leur détriment à l'occasion de la vente ultérieure de l'immeuble dont dépend leur logement *(Cass. 3e civ., 15 sept. 2010, n° 09-68.452 : JurisData n° 2010-015956 ; Loyers et copr. 2010, comm. 281, note B. Vial-Pedroletti ; Bull. civ. III, n° 159 ; D. 2011, p. 1190, obs. N. Damas ; Rev. Loyers 2010/911, n° 1234, p. 427, note V. Canu)*.

I. Conditions et domaine d'application du droit de préemption

A. – ACTES JURIDIQUES ET IMMEUBLES CONCERNÉS

1° Principe

3084 Application aux ventes d'immeubles à usage d'habitation ou à usage mixte d'habitation et professionnel divisés ou subdivisés en lots – Le droit de préemption institué par la loi n° 75-1351 du 31 décembre 1975 est applicable à toute vente d'un ou plusieurs locaux à usage d'habitation ou à usage mixte d'habitation et professionnel consécutive à la division initiale ou à la subdivision totale ou partielle d'un immeuble par lots *(L. n° 75-1351, 31 déc. 1975, art. 10, I)*. Ainsi, il ne peut être mis en œuvre que lorsqu'il s'agit de la première vente consécutive à l'opération considérée de division ou de subdivision (sur la notion de « première vente », *Cass. 3e civ., 16 nov. 2005, n° 04-12.563 : JurisData n° 2005-030735 ; JCP N 2006, 1084, note W. Altide ; Loyers et copr. 2006, comm. 2, note B. Vial-Pedroletti ; Bull. civ. III, n° 223 ; Rev. Loyers 2006/863, n° 275, p. 31, note Ph. Pelletier et E. Briand)*. Ayant constaté qu'après division de la maison d'habitation en deux lots, la propriétaire du lot n° 2 le vendait pour la première fois, la cour d'appel en a exactement déduit que, en application de l'article 10 de la loi du 31 décembre 1975, le droit de préemption était ouvert aux locataires des deux appartements constituant ce lot *(Cass. 3e civ., 1er avr. 2009, n° 08-11.305 : JurisData n° 2009-047777 : Bull. civ. III, n° 79 ; JCP N 2009, n° 19, act. 358 ; Loyers et copr. 2009, comm. 137, note B. Vial-Pedroletti)*.

Attention Par ailleurs, la vente considérée doit porter sur un bien soumis au régime de la copropriété (division juridique) ou, tout au moins, divisé en plusieurs locaux ou appartements (division matérielle).

En effet, en l'absence de précision législative de la notion de division, une hésitation est faite entre l'exigence d'une simple division matérielle de l'immeuble en lots antérieurement à la vente donnant ouverture au droit de préemption et celle d'une véritable division juridique formalisée par la publication de l'état descriptif de division au fichier immobilier. La jurisprudence dominante considère que l'article 10 de la loi n° 75-1351 du 31 décembre 1975 n'implique pas que l'immeuble en cause ait été placé sous le régime de la copropriété antérieurement à la vente donnant ouverture au droit de préemption et que, partant, l'existence de ce droit n'est pas subordonnée à la publication au fichier immobilier d'un état descriptif de division de l'immeuble *(Cass. 3e civ., 27 févr. 1985, n° 83-13.187 : JurisData n° 1985-700646 : Bull. civ. III, n° 45. – Cass. 3e civ., 5 juill. 1995, n° 93-13.805 : JurisData n° 1995-001824 : Bull. civ. III, n° 173.* – V. toutefois, *Cass. 3e civ., 8 juin 2005, n° 04-12.999 : JurisData n° 2005-028799 ; Loyers et copr. 2005, comm. 149, note B. Vial-Pedroletti ; Bull. civ. III, n° 127 ; JCP N 2005, n° 27, 1333, note A. Djigo ; Rev. Loyers 2005/860, n° 198, p. 436, note J. Rémy).*

3085 Adjudication – Lorsque la vente du local à usage d'habitation ou à usage mixte d'habitation et professionnel a lieu par adjudication volontaire ou forcée, le locataire ou l'occupant de bonne foi doit y être convoqué par lettre recommandée avec demande d'avis de réception un mois au moins avant la date d'adjudication. Sachant que, à défaut de convocation, le locataire ou l'occupant de bonne foi peut, pendant un délai d'un mois à compter de la date à laquelle il a eu connaissance de l'adjudication, déclarer se substituer à l'adjudicataire. Cela dit, en cas de vente sur licitation, il ne peut exercer ce droit si l'adjudication a été prononcée en faveur d'un indivisaire *(L. n° 75-1351, 31 déc. 1975, art. 10, II).*

3086 Extension aux cessions de parts ou actions de certaines sociétés – Depuis la loi n° 82-526 du 22 juin 1982, le droit de préemption est également applicable aux cessions de parts ou actions de sociétés dont l'objet est la division d'un immeuble par fractions destinées à être attribuées aux associés en propriété ou en jouissance à temps complet *(L. n° 75-1351, 31 déc. 1975, art. 10, III).*

2° Exceptions

3087 Selon l'article 10, III, de la loi n° 75-1351 du 31 décembre 1975, le droit de préemption ne s'applique pas aux ventes et biens suivants :

- les ventes intervenant entre **parents ou alliés** jusqu'au quatrième degré inclus ;
- les ventes portant sur un **bâtiment entier** ou sur l'ensemble des locaux à usage d'habitation ou à usage mixte d'habitation et professionnel de ce bâtiment ; toutefois, le droit de préemption demeure applicable en cas de vente groupée de lots distincts consécutivement à la division initiale de l'immeuble *(Cass. 3e civ., 8 juin 2005, n° 04-12.999 : JurisData n° 2005-028799 ; Bull. civ. III, n° 127 ; JCP N 2005, n° 27, 1333, p. 1247, note A. Djigo ; Loyers et copr. 2005, comm. 149, note B. Vial-Pedroletti)* ;
- les ventes d'un ou de plusieurs locaux à usage d'habitation ou à usage mixte d'habitation et professionnel d'un même immeuble à un **organisme d'habitations à loyer modéré**, mentionné à l'article L. 411-2 du Code de la construction et de l'habitation ;
- les ventes d'un ou de plusieurs locaux à usage d'habitation ou à usage mixte d'habitation et professionnel d'un même immeuble à une **société agréée d'économie mixte de construction et de gestion de logements sociaux**, mentionnée à l'article L. 481-1 du Code de la construction et de l'habitation ou à un organisme concourant aux objectifs de la politique d'aide au logement bénéficiant de l'agrément prévu à l'article L. 365-1 du même code dès lors qu'il s'agit de logements éligibles à l'aide personnalisée au logement *(CCH, art. L. 351-2).*

B. – TITULAIRES DU DROIT DE PRÉEMPTION

3088 Bénéficiaires exclusifs : locataires et occupants de bonne foi – Selon l'article 10, I, de la loi n° 75-1351 du 31 décembre 1975, les bénéficiaires principaux du droit de préemption sont, en premier lieu, les locataires, quelle que soit la forme du bail (écrite ou verbale), quel que soit son régime (droit commun, statut spécial), qu'il porte sur des locaux nus ou meublés, que ceux-ci servent de résidence principale ou de résidence secondaire. Il est nécessaire, s'agissant des locataires comme des occupants de bonne foi, que les locaux soient effectivement occupés

3089 Droit de préemption subsidiaire annulé – Dans sa rédaction issue de la loi n° 2014-366 du 24 mars 2014, l'article 10, I, alinéas 6 et 7, de la loi n° 75-1351 du 31 décembre 1975 prévoyait que la commune sur le territoire de laquelle est situé l'immeuble constituait un bénéficiaire subsidiaire du droit de préemption prévu par le texte, à titre principal, pour les locataires et occupants de bonne foi. Cette disposition a été annulée comme contraire à la Constitution *(Cons. const., Déc. n° 2017-683, QPC : 9 janv. 2018 : JurisData n° 2018-000069 ; Loyers et copr. 2018, alerte 9, Ch. Coutant-Lapalus ; JCP N 2018, n° 3, act. 140, note V. Zalewski-Sicard).*

II. Procédure de mise en œuvre du droit de préemption

3090 Formalités de notification du projet de vente – Le bailleur doit, préalablement à la vente et à peine de nullité de celle-ci, faire connaître par lettre recommandée avec demande d'avis de réception, à chacun des

locataires ou occupants de bonne foi, l'indication du prix et des conditions de la vente projetée pour le local qu'il occupe *(L. n° 75-1351, 31 déc. 1975, art. 10, I, al. 1er)*.
Le non-respect du droit de préemption du locataire, prévu à l'article 10, I de la loi n° 75-1351 du 31 décembre 1975, dans sa rédaction issue de la loi n° 94-624 du 21 juillet 1994, n'entraîne que la nullité de la vente consentie à un tiers et n'ouvre au locataire aucun droit de substitution dans les droits de l'acquéreur *(Cass. 3e civ., 15 nov. 2006, n° 04-15.679 : JurisData n° 2006-035904 ; Loyers et copr. 2007, comm. 21, note B. Vial-Pedroletti ; Bull. civ. III, n° 226)*.
Les notifications faites en application de l'article 10, I, de la loi n° 75-1351 du 31 décembre 1975 par le bailleur sont de plein droit opposables au conjoint du locataire ou occupant de bonne foi si son existence n'a pas été préalablement portée à la connaissance du bailleur *(L. n° 75-1351, 31 déc. 1975, art. 10, I, al. 7)*.

3091 Valeur juridique de l'acte de notification du projet de vente – La notification vaut offre de vente et elle est valable pendant une durée de 2 mois à compter de sa réception *(L. n° 75-1351, 31 déc. 1975, art. 10, I, al. 1er, 2 et 3)*.

3092 Conditions et effets de l'exercice ou de la renonciation au droit de préemption – Devant l'offre de vente, le locataire ou occupant de bonne foi peut accepter l'offre ou, au contraire, la refuser expressément ou tacitement en gardant le silence pendant le délai susmentionné de 2 mois. Lorsque le locataire ou occupant de bonne foi accepte l'offre, il dispose, à compter de la date d'envoi de sa réponse au bailleur, d'un délai de 2 mois pour régulariser l'acte de vente, délai pouvant être porté à 4 mois si, dans sa réponse, il notifie au bailleur son intention de recourir à un prêt *(L. n° 75-1351, 31 déc. 1975, art. 10, I, al. 2)*. Si, à l'opposé, le locataire ou occupant de bonne foi refuse l'offre, le bien loué pourra être vendu à un tiers sans que cela n'ait pour effet de mettre fin au bail qui sera ainsi transmis au nouveau propriétaire *(C. civ., art. 1743)*. Cela dit, une fois l'offre déclinée par le locataire ou l'occupant de bonne foi, si le bailleur décide de vendre à des conditions ou à un prix plus avantageux, le locataire bénéficiera d'un second droit de préemption.

Attention Le notaire doit, lorsque le propriétaire n'y a pas préalablement procédé, notifier au locataire ou occupant de bonne foi ces conditions et prix, à peine de nullité de la vente ; cette notification vaut offre de vente au profit du locataire ou occupant de bonne foi et elle est valable pendant une durée d'un mois à compter de sa réception *(L. n° 75-1351, 31 déc. 1975, art. 10, I, al. 4)*.

3093 Superposition du droit de préemption du locataire et du droit de préemption d'une collectivité publique – Lorsque l'immeuble loué se trouve dans le périmètre d'un droit de préemption urbain (DPU) ou d'une zone d'aménagement urbain, il y a lieu de purger ce droit qui prime celui du locataire *(à propos de la L. n° 89-462, 6 juill. 1989, V. n° **3110** et s.)*.

Pour aller plus loin

Formules
- JCl. Notarial Formulaire, V° Préemption, fasc. 475 par D. Lepeltier et J. Lafond

Commentaires
- JCl. Bail à loyer, Synthèse 20, par B. Vial-Pedroletti
- JCl. Notarial Formulaire, Synthèse 1050, par C. Coutant-Lapalus
- JCl. Notarial Formulaire, V° Préemption, fasc. 420 par J. Lafond et Ph. Pelletier
- JCl. Notarial Répertoire, V° Bail à loyer, fasc. 234 par B. Vial-Pedroletti

Revues
- W. Altide, Loi du 13 juin 2006 relative aux droits de préemption et à la protection des locataires en cas de vente d'un immeuble : JCP N 2006, act. 412, p. 1123
- E. Guillet, Vente à la découpe, protection du locataire : Constr.-Urb. 2006, étude 8

Droit de préemption du locataire ou occupant de bonne foi en cas de « vente à la découpe » d'un immeuble de plus de cinq logements

3094 La loi n° 2006-685 du 13 juin 2006 relative au droit de préemption et à la protection des locataires en cas de vente d'un immeuble a ajouté, après l'article 10 de la loi n° 75-1351 du 31 décembre 1975, un article 10-1 dont l'objet est le suivant : mettre en place, sous réserve de certaines exclusions, un droit de préemption au profit du locataire ou occupant de bonne foi préalablement à la vente, dans sa totalité et en une seule fois, d'un immeuble à usage d'habitation ou à usage mixte d'habitation et professionnel de plus de cinq logements consentie à un acquéreur ne s'engageant pas à proroger les contrats de bail à usage d'habitation en cours à la date de la conclusion de la vente afin de permettre à chaque locataire ou occupant de bonne foi de disposer du logement qu'il occupe pour une durée de 6 ans à compter de la signature de l'acte authentique de vente contenant la liste des locataires concernés par un engagement de prorogation de bail.

I. Conditions et domaine d'application du droit de préemption

1° Actes et immeubles concernés

a) Principe

3095 Le droit de préemption est, en principe, applicable à toute vente, dans sa totalité et en une seule fois, d'un immeuble à usage d'habitation ou à usage mixte d'habitation et professionnel de plus de cinq logements *(L. n° 75-1351, 31 déc. 1975, art. 10-1, I, A, al. 1er)*. Il s'ensuit qu'il n'est pas applicable lorsque la vente porte, non sur l'ensemble d'un immeuble, mais seulement sur l'ensemble des lots à usage d'habitation ou à usage mixte professionnel et d'habitation d'un immeuble comprenant d'autres lots.

3096 **Extension aux cessions de la totalité de certaines parts ou actions de sociétés** – Le droit de préemption est applicable, en règle ordinaire, aux cessions de la totalité des parts ou actions de sociétés lorsque ces parts ou actions portent attribution en propriété ou en jouissance à temps complet de chacun des logements d'un immeuble de plus de 5 logements *(L. n° 75-1351, 31 déc. 1975, art. 10-1, I, al. 2)*.

b) Exceptions

3097 **Droits de préemption institués par le titre Ier du livre II du Code de l'urbanisme** – Le droit de préemption ne s'applique pas en cas d'exercice de l'un des droits de préemption institués par le titre Ier du livre II du Code de l'urbanisme ou lorsque la vente intervient entre parents ou alliés jusqu'au quatrième degré inclus *(L. n° 75-1351, 31 déc. 1975, art. 10-1, II, al. 1er)*. Notons que selon le nouvel article L. 210-2 du Code de l'urbanisme issu de la loi n° 2006-685 du 13 juin 2006, *en cas de vente d'un immeuble à usage d'habitation, la commune peut faire usage de son droit de préemption pour assurer le maintien dans les lieux des locataires*.

3098 **Attribution en propriété ou en jouissance** – En cas de cession de parts ou actions portant attribution en propriété ou en jouissance à temps complet de chacun des logements d'un immeuble de plus de cinq logements, le droit de préemption est exceptionnellement écarté lorsque ces cessions interviennent entre parents ou alliés jusqu'au quatrième degré inclus *(L. n° 75-1351, 31 déc. 1975, art. 10-1, II, al. 3)*.

3099 Organisme d'habitations à loyer modéré ou de cessions de logements locatifs conventionnés – La mise en œuvre du droit de préemption est écartée dès lors qu'il s'agit de cessions d'immeubles à un organisme d'habitations à loyer modéré ou de cessions de logements locatifs conventionnés, éligibles à l'aide personnalisée au logement, à une société d'économie mixte visée à l'article L. 481-1 du Code de la construction et de l'habitation *(L. n° 75-1351, 31 déc. 1975, art. 10-1, II, al. 4)*.

2° Personnes concernées

3100 Redevable du droit de préemption – La charge du droit de préemption ne pèse sur le propriétaire que lorsque la vente considérée est faite au profit d'un acquéreur ne s'engageant pas à proroger, pour une durée de 6 ans à compter de la signature de l'acte authentique de vente, les contrats de bail à usage d'habitation en cours à la date de conclusion de la vente afin de permettre à chaque locataire ou occupant de bonne foi de disposer du logement qu'il occupe *(L. n° 75-1351, 31 déc. 1975, art. 10-1, I, A, al. 1er)*. Il s'ensuit que la notification d'une offre de vente au locataire ou occupant de bonne foi ne s'imposera donc au vendeur que dans l'hypothèse où l'acquéreur n'aura pas, malgré les éventuelles incitations fiscales *(V. ci-après)*, pris l'engagement considéré.

3101 Titulaires du droit de préemption – Les bénéficiaires du droit de préemption sont principalement les locataires et, par extension légale, les occupants de bonne foi *(L. n° 75-1351, 31 déc. 1975, art. 10-1, I, A, al. 1er)*. Néanmoins, ces personnes ne sont plus investies d'une telle prérogative lorsque la vente considérée est faite au profit d'un acquéreur qui s'engage à proroger les contrats de bail à usage d'habitation en cours à la date de la conclusion de la vente afin de permettre à chaque locataire ou occupant de bonne foi de disposer du logement qu'il occupe pour une durée de 6 ans à compter de la signature de l'acte authentique de vente, lequel devra contenir la liste des locataires concernés par un engagement de prorogation de bail *(L. n° 75-1351, 31 déc. 1975, art. 10-1, I, A, al. 1er)*. Du reste, pour inciter les acquéreurs à accepter la prorogation des baux en cours au moment de la signature de la vente, le nouvel article 1584 bis du CGI, issu de la loi no 2006-685 du 13 juin 2006, dispose que « *le conseil municipal peut, sur délibération, réduire le taux de la taxe additionnelle aux droits d'enregistrement ou à la taxe de publicité foncière jusqu'à 0,5 % pour les mutations visées au 1° du 1 de l'article 1584* » lorsque, notamment, « *[...] l'acquéreur s'engage dans l'acte d'acquisition à affecter le logement à la location pendant une période minimale de 6 ans à compter de la date d'acquisition* » ; une possibilité analogue est reconnue au conseil départemental par l'article 1594 F sexies du même code : « *le conseil départemental peut, sur délibération, réduire le taux de la taxe de publicité foncière ou des droits d'enregistrement jusqu'à 0,70 %* » lorsque, notamment, « *l'acquéreur s'engage dans l'acte d'acquisition à affecter le logement à la location pendant une période minimale de six ans à compter de la date d'acquisition* ».

II. Procédure de mise en œuvre du droit de préemption

1° Formalité de notification et valeur du projet de vente du propriétaire bailleur

3102 Formalité structurelle de notification du prix et des conditions de la vente – Le bailleur doit, préalablement à la conclusion de la vente et à peine de nullité de celle-ci, faire connaître, par lettre recommandée avec demande d'avis de réception, à chacun des locataires ou occupants de bonne foi l'indication du prix et des conditions de la vente, dans sa totalité et en une seule fois, de l'immeuble ainsi que l'indication du prix et des conditions de la vente pour le local qu'il occupe *(L. n° 75-1351, 31 déc. 1975, art. 10-1, I, A, al. 1er)*. Par ailleurs, toutes les dispositions de l'article 10-1, I, A, doivent être reproduites, à peine de nullité, dans chaque notification intervenant dans le cadre de l'article 10-1 de la loi du 31 décembre 1975 *(L. n° 75-1351, 31 déc. 1975, art. 10-1, I, A, al. 7)*. Enfin, préalablement à la conclusion de la vente, le bailleur doit communiquer au maire de la commune sur le territoire de laquelle est situé l'immeuble le prix et les conditions de la vente de l'immeuble dans sa totalité et en une seule fois sachant que, lorsque l'immeuble est soumis à l'un des droits de préemption institués par les chapitres Ier et II du titre Ier du livre II du Code de l'urbanisme (il s'agit du droit de préemption urbain ainsi que du droit de préemption du département dans les zones d'aménagement différé et périmètres provisoires), la déclaration préalable faite au titre de l'article L. 213-2 du même code vaut communication *(L. n° 75-1351, 31 déc. 1975, art. 10-1, I, B)*.

Conseil pratique Il a été jugé, de manière fort logique, que « l'article 10-1 I de la loi du 31 décembre 1975, qui prévoit la notification de l'offre de vente par lettre recommandée avec demande d'avis de réception, n'exclut pas sa signification par un acte d'huissier de justice » *(Cass. 3e civ., 17 déc. 2014, n° 13-20.976 : JurisData n° 2014-034985 : Loyers et copr. 2015, comm. 57, B. Vial-Pedrolleti ; D. 2015, p. 721, note P. Cassia)*.

3103 Annexes – Aux termes de l'article 10-1, I, A, alinéa 2, de la loi n° 75-1351 du 31 décembre 1975, la notification du projet de vente s'accompagne, d'abord, d'un projet de règlement de copropriété qui réglera les rapports entre les copropriétaires si l'un au moins des locataires ou occupants de bonne foi réalise un acte de vente *(Cass. 3e civ., 17 déc. 2014, n° 13-20.976 : JurisData n° 2014-034985)*. Elle s'accompagne, ensuite, des résultats d'un diagnostic technique portant constat de l'état apparent de la solidité du clos et du couvert et de celui de l'état des conduites et canalisations collectives ainsi que des équipements communs et de sécurité.

3104 Opposabilité de la notification au conjoint du locataire ou occupant de bonne foi – Nonobstant les dispositions de l'article 1751 du Code civil, la notification du projet de vente est de plein droit opposable au conjoint (ou partenaire lié par un pacte civil de solidarité) du locataire ou occupant de bonne foi si son existence n'a pas été préalablement portée à la connaissance du bailleur *(L. n° 75-1351, 31 déc. 1975, art. 10-1, I, A, al. 3)*.

3105 Valeur d'offre de vente de la notification – La notification du prix et des conditions de la vente vaut offre de vente au profit du locataire ou occupant de bonne foi, cette offre étant valable pendant une durée de 4 mois à compter de sa réception *(L. n° 75-1351, 31 déc. 1975, art. 10-1, I, A, al. 3 et 4)*. Le locataire ou occupant de bonne foi qui accepte l'offre ainsi notifiée dispose, à compter de la date d'envoi de sa réponse au bailleur, d'un délai de 2 mois pour la réalisation de l'acte de vente. Néanmoins, si, dans sa réponse, il a notifié au bailleur son intention de recourir à un prêt, son acceptation de l'offre de vente est subordonnée à la réalisation de la condition suspensive d'obtention du prêt et, en ce cas, le délai de réalisation est porté à 4 mois. Sachant que, passé le délai de réalisation de l'acte de vente, l'acceptation de l'offre de vente devient nulle de plein droit *(L. n° 75-1351, 31 déc. 1975, art. 10-1, I, A, al. 4)*.

2° Formalités et délais d'exercice ou de renonciation au droit de préemption

3106 Options offertes au bénéficiaire – Le locataire ou occupant de bonne foi peut accepter l'offre de vente ou la refuser, soit expressément, soit implicitement en gardant le silence pendant 4 mois à compter de sa réception *(L. n° 75-1351, 31 déc. 1975, art. 10-1, I, A, al. 4)*.

3107 Renonciation du bénéficiaire – Si le titulaire du droit de préemption n'accepte pas l'offre de vente qui lui est faite, le bien considéré peut être vendu à un tiers, sans que cela n'ait pour effet de mettre fin au bail qui sera ainsi transmis au nouveau propriétaire *(C. civ., art. 1743)*. Mais, lorsque, en raison de la vente d'au moins un logement à un locataire ou un occupant de bonne foi, l'immeuble fait l'objet d'une mise en copropriété et que le bailleur décide de vendre des lots occupés à des conditions ou à un prix plus avantageux à un tiers, le notaire doit, lorsque le propriétaire n'y a pas préalablement procédé, notifier au locataire ou occupant de bonne foi ces conditions et prix à peine de nullité de la vente. Cette notification (dans laquelle doivent, en outre, être reproduites, à peine de nullité, les dispositions de l'article 10-1, I, A de la loi du 31 décembre 1975) vaut offre de vente à leur profit et elle est valable pendant une durée d'un mois à compter de sa réception ; l'offre qui n'a pas été acceptée dans ce délai devient caduque *(L. n° 75-1351, 31 déc. 1975, art. 10-1, I, A, al. 5)*. Le locataire ou occupant de bonne foi qui accepte l'offre ainsi notifiée dispose, à compter de la date d'envoi de sa réponse au bailleur ou au notaire, d'un délai de 2 mois pour la réalisation de l'acte de vente, sauf effet de la condition suspensive éventuelle d'obtention d'un prêt.
Passé le délai de réalisation de l'acte de vente, l'acceptation de l'offre de vente devient nulle de plein droit *(L. n° 75-1351, 31 déc. 1975, art. 10-1, I, A, al. 6)*.

3108 Exercice du droit de préemption – Lorsque le locataire ou occupant de bonne foi accepte l'offre de vente qui lui est faite, il dispose, à compter de la date d'envoi de sa réponse au bailleur, d'un délai de 2 mois pour la réalisation de l'acte de vente. Néanmoins, si, dans sa réponse, il a notifié au bailleur son intention de recourir à un prêt, son acceptation de l'offre de vente est subordonnée à la réalisation de la condition suspensive d'obtention du prêt et, en ce cas, le délai de réalisation est porté à 4 mois. Sachant que, passé le délai de réalisation de l'acte de vente, l'acceptation de l'offre de vente devient nulle de plein droit *(L. n° 75-1351, 31 déc. 1975, art. 10-1, I, A, al. 4)*.

Attention Les ventes dites à la découpe sont soumises au droit de préemption urbain puisque, selon l'article L. 210-2 du Code de l'urbanisme, *« en cas de vente d'un immeuble à usage d'habitation, la commune peut faire usage de son droit de préemption pour assurer le maintien dans les lieux des locataires »*.

3109 Superposition du droit de préemption du locataire et du droit de préemption d'une collectivité publique – Lorsque l'immeuble loué se trouve dans le périmètre d'un droit de préemption urbain (DPU) ou d'une zone d'aménagement urbain, il y a lieu de purger ce droit qui prime celui du locataire (à propos de la *L. n° 89-462, 6 juill. 1989. – V. n°* **3122** *et s.)*.

Pour aller plus loin

Formules
- JCl. Notarial Formulaire, V° Préemption, fasc. 425 par J. Lafond

Fiche pratique
- Fiche pratique n° 651 : Donner congé pour vendre au locataire d'un bail d'habitation, par J.-N. Beaulieu

Commentaires
- JCl. Bail à loyer, Synthèse 20, par B. Vial-Pedroletti
- JCl. Notarial Formulaire, Synthèse 1050 par C. Coutant-Lapalus
- JCl. Notarial Formulaire, V° Préemption, fasc. 420 par J. Lafond et Ph. Pelletier
- JCl. Notarial Répertoire, V° Bail à loyer, fasc. 234 par B. Vial-Pedroletti

Revues
- W. Altide, Loi du 13 juin 2006 relative aux droits de préemption et à la protection des locataires en cas de vente d'un immeuble : JCP N 2006, act. 412, p. 1123 ; Droit de préemption et protection des locataires en cas de vente d'un immeuble : JCP G 2006, act. 284
- E. Guillet, Vente à la découpe, protection du locataire : Constr.-Urb. 2006, étude 8
- P. Rezeau, Que reste-t-il de la vente à la découpe ? : Administrer 2011, n° 440, p. 14 et s.

Droit de préemption du locataire d'habitation en cas de congé pour vendre

I. Contexte juridique de l'instauration du droit de préemption

3110 Il y a au profit du locataire dont le bail est régi par les dispositions de la loi n° 89-462 du 6 juillet 1989 un droit au maintien dans les lieux (renouvellement du bail ou tacite reconduction) puisque, selon l'article 15, I, alinéa 1er, de ladite loi, le congé donné par le bailleur à son locataire, qui ne peut intervenir qu'au terme du bail, doit être justifié soit par sa décision de reprendre le logement, soit par un motif légitime et sérieux, soit par sa décision de vendre le logement ; ce congé donne lieu, en principe, à la reconnaissance au locataire d'un droit de préemption. Selon l'alinéa 2 du même texte, en cas de contestation, le juge peut, même d'office, vérifier la réalité du motif du congé et le respect des obligations imposées au bailleur délivrant congé ; il peut, notamment, déclarer non valide le congé si la non-reconduction du bail n'apparaît pas justifiée par des éléments sérieux et légitimes.

3111 **Locataire âgé de plus de 65 ans aux ressources faibles** – L'article 15, III de la loi dispose que le bailleur ne peut s'opposer au renouvellement du contrat à l'égard du locataire âgé de plus de 65 ans à la date d'échéance du contrat et dont les ressources annuelles à la date de notification du congé sont inférieures à un plafond de ressources en vigueur pour l'attribution des logements locatifs conventionnés fixé par arrêté du ministre chargé du Logement, sans qu'un logement correspondant à ses besoins et à ses possibilités lui soit offert dans les limites géographiques prévues par le législateur.
Avec la loi n° 2015-990 du 6 août 2015, dite loi « Macron », la même règle s'applique désormais lorsque le locataire a à sa charge une personne de plus de 65 ans vivant habituellement dans le logement.
Toutefois, cette restriction n'est plus applicable lorsque le bailleur lui-même est une personne physique âgée de plus de 65 ans ou si ses ressources annuelles à la date de notification du congé sont inférieures à un plafond de ressources en vigueur pour l'attribution des logements locatifs conventionnés fixé par arrêté du ministre chargé du Logement.

3112 **Congé suspendu ou différé** – L'article 15, I, de la loi n° 89-462 du 6 juillet 1989, modifié par la loi n° 2014-366 du 24 mars 2014 et la loi n° 2015-990 du 6 août 2015, dispose que la possibilité pour un bailleur de donner congé à un locataire est suspendue ou différée dans certaines hypothèses *(V. JCl. Notarial Formulaire, V° Préemption, fasc. 410)*.

3113 **Délivrance frauduleuse du congé** – Le fait pour un bailleur de délivrer un congé justifié frauduleusement par sa décision de vendre le logement (ou de le reprendre) est puni d'une amende pénale dont le montant ne peut être supérieur à 6 000 € pour une personne physique et à 30 000 € pour une personne morale, le montant de l'amende devant être proportionné à la gravité des faits constatés. Étant précisé que le locataire est recevable dans sa constitution de partie civile et la demande de réparation de son préjudice *(L. n° 89-462, 6 juill. 1989, art. 15, IV)*.

II. Conditions et champ d'application du droit de préemption

3114 **Baux concernés** – Lorsque le bailleur donne congé en vue de vendre le logement libre, le locataire dispose d'un droit de préemption lorsqu'il a conclu un contrat entrant dans le champ d'application de la loi n° 89-462 du 6 juillet 1989 *(Cass. 3e civ., 10 nov. 2010, n° 09-16.934 : JurisData n° 2010-021579 ; JCP N 2010, n° 47, act. 833 ; Loyers et copr. 2011, comm. 40, B. Vial-Pedroletti ; AJDI 2011, p. 213, obs. C. Dreveau)*.

3115 **Aliénations concernées** – Le droit de préemption prévu par l'article 15, II, de la loi n° 89-462 du 6 juillet 1989 ne joue qu'en cas de vente, ce qui conduit à exclure de son domaine d'application les actes juridiques d'une nature juridique différente comme les aliénations à titre gratuit, les partages ou encore les apports en société. Cela dit, le droit de préemption est également exclu, à titre exceptionnel, dans les deux catégories de ventes suivantes :

- les ventes intervenant entre parents jusqu'au troisième degré inclus, à condition que le parent acquéreur occupe effectivement le logement pendant une durée qui ne peut être inférieure à 2 ans à compter de l'expiration du délai de préavis ;
- les ventes portant sur des immeubles mentionnés au deuxième alinéa de l'article L. 111-6-1 du Code de la construction et de l'habitation : immeubles frappés d'une interdiction d'habiter, d'un arrêté de péril, d'une déclaration d'insalubrité ou qui comportent pour le quart au moins de leur superficie totale des logements, loués ou occupés, classés dans la quatrième catégorie de la loi n° 48-1360 du 1er septembre 1948).

Conseil pratique **Alors que les droits de préemption prévus par les articles 10 et 10-1 de la loi n° 75-1351 du 31 décembre 1975 ne valent que dans des situations particulières, celui de la loi n° 89-462 du 6 juillet 1989 est d'une portée plus large, car il s'applique à toutes les ventes successives ou en bloc des locaux dès lors qu'ils sont loués sous ce statut : une maison individuelle, un ou plusieurs appartements dans un immeuble, un ou plusieurs lots de copropriété. Néanmoins, selon l'article 15, II, alinéa 8, de la loi de 1989, dans les cas de congés pour vendre adressés par certains bailleurs institutionnels qui mettent en vente des lots de plus de cinq logements dans le même immeuble, l'offre de vente au profit du locataire est dissociée du congé.**

III. Mise en œuvre du droit de préemption

A. – STATUT DU CONGÉ

3116 Le congé fondé sur la décision vendre le logement délivré par le bailleur, personnellement ou par mandataire, vaut offre de vente au profit du locataire ou, en cas de décès ou d'abandon de domicile de sa part, des personnes visées par l'article 14 de la loi n° 89-462 du 6 juillet 1989 (selon l'article 15, II, alinéa 8, de la loi, dans les cas de congés pour vente prévus à l'article 11-1, à savoir les congés pour vendre adressés par certains bailleurs institutionnels qui mettent en vente des lots de plus de cinq logements dans le même immeuble, *« l'offre de vente au profit du locataire est dissociée du congé »*).

3117 **Forme** – Le congé doit être notifié par lettre recommandée avec demande d'avis de réception, signifié par acte d'huissier ou remis en main propre contre récépissé ou émargement *(L. n° 89-462, 6 juill. 1989, art. 15, I)*.

3118 **Contenu** – Le congé doit contenir, à peine de nullité tant de l'offre de vente que du congé lui-même, la reproduction intégrale des cinq premiers alinéas de l'article 15, II, de la loi n° 89-462 du 6 juillet 1989 et l'indication du prix et des conditions de la vente. L'offre de vente est nulle lorsque le prix y indiqué inclut des honoraires de négociation ou lorsque le congé est frauduleux du fait, par exemple, de l'indication d'un prix dissuasif.
Cela dit, *« les dispositions de l'article 46 de la loi n° 65-557 du 10 juillet 1965 fixant le statut de la copropriété des immeubles bâtis ne sont pas applicables au congé fondé sur la décision de vendre le logement » (L. n° 89-462, 6 juill. 1989, art. 15, II, al. 1er)* ; dès lors, l'indication de la superficie d'un lot de copropriété n'est pas requise dans un tel congé *(Cass. 3e civ., 13 mars 2002, n° 00-18.044 : JurisData n° 2002-013506 ; Loyers et copr. 2002, comm. 144, obs. B. Vial-Pedroletti ; Bull. civ. III, n° 62 ; RJDA 2002, n° 614)*.

B. – SUITES DU CONGÉ

3119 **Renonciation au droit de préemption par une non-acceptation de l'offre** – Selon l'article 15, II, alinéa 1er, de la loi, l'offre de vente est valable pendant les deux premiers mois du délai de préavis de sorte que, en cas d'expiration du temps ainsi imparti, elle devient caduque *(Cass. 3e civ., 10 déc. 2008, n° 07-15.386 : JurisData n° 2008-046205 ; Loyers et copr. 2009, comm. 26, B. Vial-Pedroletti ; Bull. civ. III, n° 202 ; D. 2009, p. 101. – Cass. 3e civ., 19 mai 2010, n° 09-13.474 : JurisData n° 2010-006631 ; Loyers et copr. 2010, comm. 216, note B. Vial-Pedroletti ; D. 2010, p. 1348, obs. Y. Rouquet ; D. 2011, p. 1189, obs. N. Damas ; AJDI 2011, p. 144, obs. C. Dreveau)*.
Si le locataire n'a pas, à l'expiration du préavis, accepté l'offre qui a été régulièrement faite par le bailleur, il est déchu de plein droit de tout titre d'occupation sur le local *(L. n° 89-462, 6 juill. 1989, art. 15, II, al. 2)*.

3120 **Exercice du droit de préemption par une acceptation de l'offre** – Le locataire qui a régulièrement accepté l'offre de vente dispose, à compter de la date d'envoi de sa réponse au bailleur ou au notaire, d'un délai de 2 mois pour la réalisation de l'acte de vente, sauf condition suspensive d'obtention d'un prêt. Dans ce dernier cas, le délai de réalisation de la vente est porté à 4 mois et le contrat de location est alors prorogé jusqu'à l'expiration du délai de réalisation de la vente.
En cas d'expiration de ce délai sans que la vente ait été réalisée, l'acceptation qui a été faite de l'offre de vente sera considérée comme nulle de plein droit et le locataire déchu de plein droit de tout titre d'occupation *(L. n° 89-462, 6 juill. 1989, art. 15, II, al. 3)*.

3121 Éventuel droit de préemption subsidiaire – Si le propriétaire, à défaut d'acceptation de son offre par le locataire, décide de vendre à des conditions ou à un prix plus avantageux pour l'acquéreur, le notaire doit, lorsque le bailleur n'y a pas procédé au préalable, notifier au locataire ces nouvelles conditions et prix à l'adresse indiquée à cet effet par le locataire au bailleur. Cette notification doit comporter la mention des cinq premiers alinéas du II de l'article 15 de la loi n° 89-462 du 6 juillet 1989. Si le locataire n'a pas fait connaître cette adresse au bailleur, la notification est effectuée à l'adresse des locaux dont la location avait été consentie. Cette nouvelle notification vaut offre de vente au profit du locataire et est valable pendant une durée d'un mois à compter de sa réception. Si elle n'est pas acceptée pendant ce délai, elle devient caduque *(L. n° 89-462, 6 juill. 1989, art. 15, II, al. 4 et 6)*. Toutefois, le bailleur, qui a notifié à son locataire un congé avec offre de vente portant sur l'appartement qu'il occupe, n'est pas tenu de lui notifier une nouvelle offre de vente par application des dispositions de l'article 15, II, alinéa 4, de la loi n° 89-462 du 6 juillet 1989 s'il vend l'immeuble en son entier *(Cass. 3e civ., 11 mars 2015, n° 14-10.447 : JurisData n° 2015-004690 ; JCP N 2015, n° 13, act. 419 ; D. 2015, p. 680, obs. Y. Rouquet ; LPA 26 juin 2015, p. 19, note P. Battistini ; Constr.-Urb. 2015, comm. 79, note C. Sizaire ; Ann. loyers 2015, p. 123, note A. Cérati-Gauthier ; Loyers et copr. 2015, comm. 112, note B. Vial-Pedroletti)*.

Conseil pratique **Puisque seul le bailleur peut se prévaloir de la nullité de l'acceptation de l'offre de vente édictée par l'article 15, II, alinéa 5, de la loi n° 89-462 du 6 juillet 1989, le notaire qui, après l'expiration du délai que sanctionne cette nullité relative, instrumente l'acte de vente requis par le bailleur ne manque à aucune de ses obligations professionnelles envers les acquéreurs, licitement évincés de la vente par l'exercice effectif du droit de préemption du locataire *(Cass. 3e civ., 15 janv. 2015, n° 14-11.019 : JurisData n° 2015-000261 ; JCP N 2015, n° 4, act. 181 ; JCP N 2015, n° 16, 1129, note Ph. Pierre ; D. 2015, p. 209, p. 1178, obs. N. Damas ; Ann. loyers 2015, p. 88, n° 6, note C. Coutant-Lapalus)*.**

C. – SUPERPOSITION DES DROITS DE PRÉEMPTION DU LOCATAIRE ET D'UNE COLLECTIVITÉ PUBLIQUE

3122 Lorsque l'immeuble loué se trouve dans le périmètre d'un droit de préemption urbain (DPU) ou d'une zone d'aménagement urbain, il y a lieu de purger ce droit qui prime celui du locataire. En effet, le droit de préemption prévu par la loi n° 89-462 du 6 juillet 1989 ou par la loi n° 75-1351 du 31 décembre 1975 ne fait pas obstacle à l'exercice du droit de préemption d'une collectivité publique, du DPU notamment.

3123 Situation des locataires – Lorsque la collectivité titulaire d'un droit de préemption décide d'exercer son droit ou notifie son intention d'acquérir, le propriétaire est tenu, d'une part, de lui faire connaître les locataires ou occupants de bonne foi de l'immeuble (à usage d'habitation notamment) et, d'autre part, d'informer ces derniers de la situation *(C. urb., art. L. 213-9)*. La préemption n'emporte pas extinction des droits réels et personnels existant sur les immeubles cédés (ces droits devant, en principe, être pris en compte jusqu'à leur extinction normale), sauf lorsque le bien est inclus dans le périmètre d'une opération déclarée d'utilité publique et que le titulaire du droit de préemption urbain est également le bénéficiaire de la déclaration d'utilité publique *(C. urb., art. L. 213-5)*. Il est toutefois prévu, « *si l'exécution des travaux (de restauration ou de transformation) l'exige* », une possibilité d'évacuation des locaux occupés à l'initiative du préempteur *(C. urb., art. L. 213-10, al. 2)* ; il convient alors de satisfaire aux diverses mesures de protection reconnues aux locataires ou occupants de bonne foi *(C. urb., art. L. 314-1 et s.)*.

Conseil pratique **Les locataires ou occupants de bonne foi peuvent à tout moment déclarer au titulaire du droit de préemption leur intention de quitter les lieux ou de résilier le bail. Dans ce cas, le préempteur – qui ne peut ni s'opposer à cette demande, ni réclamer aux intéressés une indemnité à ce titre – est tenu de verser aux occupants ou preneurs les indemnités auxquelles ils peuvent prétendre, notamment celles qui peuvent leur être dues à raison des améliorations qu'ils ont apportées au fonds loué *(C. urb., art. L. 213-10, al. 3)*.**

Pour aller plus loin

Fiche pratique
- Fiche pratique n° 651 : Donner congé pour vendre au locataire d'un bail d'habitation, par J.-N. Beaulieu

Commentaires
- JCl. Notarial Formulaire, Synthèse 1050 : Droits de préemption du locataire d'un bien à usage d'habitation, par Ch. Coutant-Lapalus
- JCl. Bail à loyer, Synthèse 10 : Baux d'habitation – Loi du 6 juillet 1989, par B. Vial-Pedroletti
- JCl. Notarial Formulaire, V° Préemption, fasc. 400 et 410, par J. Lafond
- JCl. Bail à loyer, fasc. 134-10 par B. Vial-Pedroletti

Revues
- C. Beddeleem, Article 15-II de la loi du 6 juillet 1989 : Ann. loyers 2014, p. 2503 et s., n° 10
- F. Bérenger, Les droits de préemption du locataire dans le bail d'habitation : Administrer 2011, n° 439, p. 7 et s.
- D. Garance et M. Dutton, La vente par lots dans la loi Alur, changement des règles du jeu : JCP N 2014, n° 40, 1293

Droit de préemption du locataire commerçant en cas de vente par le propriétaire bailleur des locaux à usage commercial ou artisanal

3124 **Consécration du droit de préemption** – L'article L. 145-46-1 du Code de commerce *(L. n° 2014-626, 18 juin 2014, art. 14)* instaure un droit de préemption au profit du locataire commerçant ou artisan (ou assimilé) en cas de vente par le propriétaire des locaux loués.

3125 **Hypothèse et modalités de mise en œuvre du droit de préemption** – Selon l'article L. 145-46-1 du Code de commerce, lorsque le propriétaire d'un local à usage commercial ou artisanal envisage de vendre celui-ci, il doit en informer le locataire par lettre recommandée avec demande d'avis de réception ou par remise en main propre contre récépissé ou émargement.

Attention Cette information du locataire doit être réalisée avant toute démarche auprès d'un agent immobilier. Si la vente est conclue avec le locataire, celui-ci n'a pas à régler de commission à l'agent immobilier (*Cass. 3e civ., 28 juin 2018, n° 17-14.605 : JurisData n° 2018-011180. – J. Lafond, Droit de priorité du locataire « commercial » : des pratiques condamnées : JCP N 2018, 1291. – V. Zalewski-Sicard, Les droits de priorité du locataire commercial ou artisanal, Lexis360 Notaires, 12 nov. 2018*).

3126 **Contenu** – La notification doit, à peine de nullité, indiquer le prix et les conditions de la vente envisagée et reproduire les dispositions des quatre premiers alinéas de l'article L. 145-46-1 du Code de commerce.

3127 **Porté de la notification** – La notification vaut alors offre de vente au profit du locataire.

3128 **Délai pour se prononcer** – Le locataire dispose d'un délai d'un mois à compter de la réception de cette offre pour se prononcer. Ainsi, si le locataire accepte l'offre de vente, il dispose, à compter de la date d'envoi de sa réponse au bailleur, d'un délai de 2 mois pour la réalisation de la vente ; néanmoins, si le locataire a, dans sa réponse, notifier au bailleur son intention de recourir à un prêt pour financer l'opération, son acceptation de l'offre de vente sera subordonnée à la condition suspensive d'obtention du prêt et, dans ce cas, le délai de réalisation de la vente sera porté à 4 mois.

Attention Toujours est-il que l'acceptation de l'offre de vente deviendra caduque si la vente n'est pas réalisée avant l'expiration de ce délai de 2 ou 4 mois.

3129 **Vendre à des conditions ou à un prix plus avantageux pour l'acquéreur** – Si le propriétaire décide par la suite de vendre à des conditions ou à un prix plus avantageux pour l'acquéreur, le notaire devra, lorsque le bailleur n'y a pas préalablement procédé, notifier au locataire, par lettre recommandée avec demande d'avis de réception ou par remise en main propre contre récépissé ou émargement, ces conditions et ce prix à peine de nullité de la vente qui interviendrait. Cette notification – qui doit aussi reproduire, à peine de nullité, les dispositions des quatre premiers alinéas de l'article L. 145-46-1 – vaut alors offre de vente au profit du locataire qui, dès lors, dispose d'un délai d'un mois à compter de la réception de cette offre pour se prononcer ; l'offre qui n'a pas été acceptée dans ce délai devient caduque. Ainsi, si le locataire accepte l'offre de vente, il dispose, à compter de la date d'envoi de sa réponse au bailleur ou au notaire, d'un délai de 2 mois pour la réalisation de la vente, sauf condition suspensive d'obtention d'un prêt. Dans ce dernier cas, le délai de réalisation de la vente est porté à 4 mois.

Attention L'acceptation de l'offre de vente devient caduque si la vente n'est pas réalisée avant l'expiration de ce délai de 2 ou 4 mois.

3130 **Hypothèses d'exclusion du droit de préemption** – Le droit de préemption est exclu dans trois hypothèses *(C. com., art. L. 145-46-1, al. 6)* :

- cession unique de plusieurs locaux d'un ensemble commercial, de cession unique de locaux commerciaux distincts ou de cession d'un local commercial au copropriétaire d'un ensemble commercial ;

- cession globale d'un immeuble comprenant des locaux commerciaux ;
- cession d'un local au conjoint du bailleur ou à un ascendant ou un descendant du bailleur ou de son conjoint.

Pour aller plus loin

Formules
- JCl. Notarial Formulaire, V° Préemption, fasc. 495 (bail commercial), par J. Lafond

Fiche pratique
- Fiche pratique n° 2621 : Articulation de plusieurs droits de préemption sur un même bien immobilier, par A. Robert-Chary

Commentaires
- JCl. Notarial Formulaire, V° Préemption, fasc. 480 et 490, par J. Lafond
- JCl. Bail à loyer, fasc. 1455 par H. Dumortier

Revues
- B.-H. Dumortier, Le domaine du droit de préemption du locataire commercial : AJDI 2015, p. 759
- J. Lafond, Que faire quand l'existence du droit de préemption du locataire pose problème : JCP N 2018, n° 20, 1187
- J. Lafond, Droit de priorité du locataire « commercial » : des pratiques condamnées... : JCP N 2018, n° 39, 1291
- J.-L. Puygauthier, Les conséquences de la loi Pinel sur la cession du bail commercial ou du fonds de commerce : JCP N 2015, n° 1-2, 1002

Ouvrage
- F. Roussel et Ph. Viudès, Les ventes immobilières et l'article L. 145-46-1 du Code de commerce : Brochure n° 8, Cridon Sud-Ouest, 2018

Droit de préemption du fermier ou locataire d'un fonds de terre ou d'un bien rural

3131 **Impérativité et incessibilité** – Quand *« le propriétaire bailleur d'un fonds de terre ou d'un bien rural [...] décide ou est contraint de l'aliéner à titre onéreux, sauf le cas d'expropriation pour cause d'utilité publique »*, le fermier ou locataire de tels immeubles ruraux bénéficie, sous certaines conditions fixées aux articles L. 412-1 et suivants du Code rural et de la pêche maritime, d'un droit de préemption. Il s'agit là d'une prérogative d'ordre public et, dès lors, elle *« s'exerce nonobstant toutes clauses contraires » (C. rur., art. L. 412-1et L. 412-4).*

I. Conditions et champ d'application du droit de préemption

A. – CONDITION TENANT À L'EXISTENCE D'UN BAIL RURAL

3132 La mise en œuvre du droit de préemption des articles L. 412-1 à L. 412-13 du Code rural et de la pêche maritime suppose, avant tout, que l'on soit en présence d'un *propriétaire bailleur d'un fonds de terre ou d'un bien rural (C. rur., art. L. 412-1, al. 1er).*

Attention Il faut, en d'autres termes, l'existence d'un contrat de bail rural, ce qui exclut les contrats d'une nature juridique différente, mais la notion de bail rural est largement entendue puisque le droit de préemption joue tant pour les baux à ferme que pour les baux à métayage ou à colonat partiaire.

B. – CONDITIONS TENANT À LA SITUATION DU BÉNÉFICIAIRE DU DROIT DE PRÉEMPTION

1° Personnes titulaires

3133 **Exploitant locataire** – Le bénéfice du droit de préemption est, en principe, réservé à *« l'exploitant preneur en place [...], même s'il a la qualité de copropriétaire du bien mis en vente » (C. rur., art. L. 412-1, al. 1er).*

3134 **Proches subrogés** – Le fermier peut subroger dans l'exercice de son droit de préemption son conjoint ou le partenaire avec lequel il est lié par un pacte civil de solidarité participant à l'exploitation ou un descendant majeur ou mineur émancipé si ce conjoint, partenaire ou descendant a exercé la profession agricole pendant 3 ans au moins ou est titulaire d'un diplôme d'enseignement agricole *(C. rur., art. L. 412-5, al. 3).*

Conseil pratique En pratique, cette formule est souvent usitée si le preneur possède d'ores et déjà du foncier le privant de ce chef du droit de préemption lorsqu'il excède le seuil.

3135 **Héritiers** – En cas de décès du preneur, il se produit, sous certaines conditions, une dévolution du droit de préemption. En effet, *« le conjoint ou le partenaire d'un pacte civil de solidarité du preneur décédé, ainsi que ses ascendants et ses descendants âgés d'au moins 16 ans, au profit desquels le bail continue en vertu de l'article L. 411-34, alinéa 1er, bénéficient, dans l'ordre de ce même droit, lorsqu'ils remplissent les conditions (de participation ou de diplôme prévues) et exploitent par eux-mêmes ou par leur famille le fonds mis en vente, à la date d'exercice du droit » (C. rur., art. L. 412-5, al. 5).*

3136 **Cotitulaires** – Si le bail a été dès l'origine consenti à plusieurs personnes ou est, par la suite, tombé en indivision, chacun des preneurs ou indivisaires bénéficiera du droit de préemption.

2° Exploitation actuelle et personnelle par le preneur ou par sa famille du fonds mis en vente

3137 Le bénéfice du droit de préemption est réservé à *l'exploitant preneur en place (C. rur., art. L. 412-1, al. 1er)* ou, plus précisément, au *« preneur ayant exercé, au moins pendant 3 ans, la profession agricole et exploitant* *par lui-même ou par sa famille le fonds mis en vente» (C. rur., art. L. 412-5, al. 1er).* Il y a ainsi une condition d'exploitation actuelle, personnelle ou par la famille, et suffisante du fonds loué sans laquelle le preneur est privé du droit de préemption quand bien même son contrat ne serait pas résilié et qu'il aurait exprimé sa volonté de reprendre son activité.

Ainsi, est nulle la vente conclue au bénéfice de celui qui a exercé un droit de préemption dont il n'était pas titulaire, faute d'établir sa qualité d'exploitant agricole, et l'action en nullité peut être exercée par l'acquéreur évincé *(Cass. 3e civ., 17 févr. 2010, n° 09-10.474 : JurisData n° 2010-051627 ; JCP N 2010, n° 10, act. 268 ; RD rur. 2011, comm. 126, S. Crevel ; Rev. Loyers 2010/907, n° 1191, p. 224, note B. Peignot).*

L'appréciation de l'exploitation effective par le preneur doit se faire en prenant en compte l'ensemble des terres affermées et non la seule parcelle vendue *(Cass. 3e civ., 4 juin 2014, n° 13-14.143 : JurisData n° 2014-012270 ; JCP N 2014, n° 26, act. 734 ; RD. rur. 2014, comm. 179, S. Crevel ; Bull. civ. III, n° 77 ; RTD imm. 2014, p. 62, obs. B. Grimonprez).*

3° Exercice de la profession agricole pendant une durée minimale de trois ans

3138 Le bénéfice du droit de préemption suppose que le preneur (ou un proche subrogé) remplisse une condition de compétence professionnelle attestée par 3 années au moins d'expérience *(C. rur., art. L. 412-5, al. 1er).* Cela dit, le législateur n'exige pas que l'intéressé ait exploité l'immeuble donné à bail pendant 3 ans, ni qu'il ait eu la qualité d'agriculteur pendant cette durée. En effet, l'exploitant preneur en place, qui entend exercer le droit de préemption, peut avoir exercé la profession agricole à d'autres titres, par exemple en qualité de chef d'exploitation, de salarié ou d'aide familial.

4° Impact de l'existence de parcelles appartenant déjà au preneur

3139 Le droit de préemption doit répondre à un véritable besoin de sorte qu'il n'est concevable que si le fermier ou la personne subrogée n'est pas déjà titulaire d'un fonds rural d'une surface supérieure à la surface susmentionnée. Pour le calcul de la surface maximale, seuls doivent être pris en compte les biens du preneur qui exerce le droit de préemption à la date à laquelle celui-ci notifie sa décision, nonobstant l'achat du bien préempté par les deux époux locataire *(Cass. 3e civ., 7 mai 2014, n° 13-11.776 : JurisData n° 2014-009896 ; JCP N 2014, n° 20, act. 608 ; Bull. civ. III, n° 54 ; RD rur. 2014, n° 425, p. 92, note S. Crevel ; JCP N 2014, n° 28, 1248, note J.-J. Barbiéri).*

Attention **Mais le notaire ne peut pas préjuger de ce critère puisque celui-ci s'apprécie au jour où le fermier use de son droit, date à laquelle il a pu réorganiser son patrimoine ou subroger un proche remplissant ce critère.**

3140 Contrôle des structures – Le respect du contrôle des structures par le locataire conditionne son droit de préemption. Ne peut en conséquence disputer le droit de préemption de la SAFER le fermier qui n'est pas en droit d'exploiter le fonds loué mis en vente au regard de cette réglementation *(Cass. 3e civ., 1er déc. 2016, n° 15-23.410 : JurisData n° 2016-025544 ; RD rur. 2017, comm. 2, note S. Crevel).*

C. – CONDITIONS TENANT À L'EXISTENCE D'UNE ALIÉNATION À TITRE ONÉREUX DU FONDS

1° Aliénations retenues

3141 Le droit de préemption peut être exercé lorsque *« le propriétaire bailleur d'un fonds de terre ou d'un bien rural [...] décide ou est contraint de l'aliéner à titre onéreux » (C. rur., art. L. 412-1).* Il en va ainsi sachant que sont concernées *« toutes les ventes ou adjudications même sur surenchère* ainsi que les hypothèses de *vente portant sur la nue-propriété ou l'usufruit à moins que l'acquéreur ne soit, selon le cas, nu-propriétaire du bien vendu en usufruit ou usufruitier du bien vendu en nue-propriété » (C. rur., art. L. 412-2).*

2° Aliénations écartées

3142 Le législateur réserve un certain nombre d'hypothèses dans lesquelles le droit de préemption est exclu. C'est le cas lorsque le preneur n'a pas la capacité de se substituer au rapport contractuel faute de pouvoir fournir une même prestation, par exemple pour l'exclusion en cas d'apport en société, pour un bail à nourriture, ou pour un échange.

3143 Opérations concernant les sociétés – En cas de retrait avec réduction de capital la question du droit de préemption est discutée même si la doctrine semble en faveur de son exclusion, à propos de la SAFER mais dont la solution est transposable *(M.-P. Madignier et F. Collard, Droit de préemption de la SAFER et réduction de capital : RD rur. 2013, étude 19).*

L'opération de cession de parts sociales réalisées au sein d'un groupement foncier agricole, suivie d'un retrait des cessionnaires contre attribution des terres du groupement, ne constitue pas, en soi, une fraude au droit de préemption du preneur *(Cass. 3e civ., 23 sept. 2014, n° 12-23.370 : JurisData n° 2014-027357 ; RD rur. 2015, n° 433, p. 41, note F. Collard ; Dr. Sociétés 2015, n° 1, p. 21, note H. Hovasse).*

3144 Expropriation pour cause d'utilité publique – La préemption est exclue lorsque la cession résulte d'un acte *« d'expropriation pour cause d'utilité publique » (C. rur., art. L. 412-1, al. 1er)*, situation à laquelle il faut assimiler la cession amiable consentie après déclaration d'utilité publique ou la cession amiable antérieure à ladite déclaration lorsqu'il en est donné acte par ordonnance du juge de l'expropriation.

3145 Donation ou partage – Le droit de préemption est exclu en présence d'un partage, lequel a un effet déclaratif. Une cession entre coïndivisaires d'une partie des droits indivis portant sur un fonds de terre ou un bien rural échappe au droit de préemption *(Cass. 3e civ., 24 nov. 2010, n° 09-69.327 : JurisData n° 2010-022062 ; JCP N 2010, n° 49, act. 870 ; Rev. Loyers 2011/914, n° 1266, p. 79, note B. Peignot).*
N'étant pas réalisée à titre onéreux, la donation n'ouvre pas le droit de préemption du fermier.

3146 Parents ou alliés – Sont exclues du droit de préemption les mutations qui profitent à des parents ou alliés du propriétaire jusqu'au troisième degré inclus *(C. rur., art. L. 412-1, al. 2)*. Mais il en va différemment *« si l'exploitant preneur en place est lui-même parent ou allié du propriétaire jusqu'au même degré ».*

3147 Échange – *« Le droit de préemption n'existe pas lorsqu'il s'agit d'échange, même avec soulte, de parcelles de terre de l'exploitation contre d'autres parcelles ou biens ruraux en vue d'opérations assimilables à des opérations d'aménagement foncier agricole et forestier ou rentrant dans le cadre de telles opérations, à condition que les parcelles ou biens nouvellement acquis rentrent dans l'exploitation à la place des parcelles ou biens distraits » (C. rur., art. L. 412-3, al. 1er)*. Le preneur n'est pas en capacité de fournir une prestation équipollente.

3148 Petite parcelle – Le droit de préemption n'existe pas lorsqu'il s'agit de fonds dont la location est dispensée de la forme écrite dans les conditions prévues à l'article L. 411-3 : petites parcelles ne constituant pas un corps de ferme et qui sont soustraites à l'essentiel du régime des baux ruraux *(C. rur., art. L. 412-3, al. 2).*

3149 Droit de préemption au profit de l'État, des collectivités publiques et des établissements publics – Le droit de préemption du preneur ne peut être exercé que s'il n'a été fait usage des droits de préemption établis par les textes en vigueur, notamment au profit de l'État, des collectivités publiques et des établissements publics *(C. rur., art. L. 412-4, al. 2).*

3150 Vente globale et fonds en partie loué – Le droit de préemption ne s'applique qu'aux biens qui font l'objet de la location. Mais si le bailleur décide d'aliéner l'ensemble du fonds par un seul acte et notifie l'opération au preneur, la vente est parfaite si ce dernier accepte l'offre globale *(Cass. 3e civ., 10 juill. 2002, n° 01-02.742 : JurisData n° 2002-015200 ; RD rur. 2002, p. 461, obs. B. G ; Rev. Loyers 2002, p. 571, note B. Peignot ; Bull. civ. III, n° 162).*

II. Procédure de mise en œuvre du droit de préemption

A. – VENTE DE GRÉ À GRÉ

3151 Formalités de notification et valeur du projet de vente du propriétaire bailleur – *« Après avoir été informé par le propriétaire de son intention de vendre, le notaire chargé d'instrumenter (mandataire légal censé traduire la volonté du vendeur) doit faire connaître au preneur bénéficiaire du droit de préemption, par lettre recommandée avec demande d'avis de réception ou par acte d'huissier de justice, le prix, les charges, les conditions et les modalités de la vente projetée, ainsi, que [...] les nom et domicile de la (tierce) personne qui se propose d'acquérir » (C. rur., art. L. 412-8, al. 1er). « Cette communication vaut offre de vente aux prix et conditions qui y sont contenus » (C. rur., art. L. 412-8, al. 2).*

3152 Formalités et délais d'acceptation ou du refus de l'offre de vente – *« Le preneur dispose d'un délai de 2 mois à compter de la réception de la lettre recommandée ou de l'acte d'huissier pour faire connaître, dans les mêmes formes, au propriétaire vendeur, son refus ou son acceptation de l'offre aux prix, charges et conditions communiqués avec indication des nom et domicile de la personne qui exerce le droit de préemption. Sa réponse doit être parvenue au bailleur dans le délai de 2 mois ci-dessus visé, à peine de forclusion, son silence équivalant à une renonciation au droit de préemption » (C. rur., art. L. 412-8, al. 3)*. Selon la jurisprudence, le preneur doit notifier au propriétaire personnellement et dans le délai de 2 mois qu'il a l'intention d'acquérir : il s'ensuit que

« l'envoi d'une lettre recommandée au notaire pour l'informer de leur désir (celui des preneurs) de faire valoir leur droit de préemption ne peut pallier l'absence de notification aux propriétaires eux-mêmes dès lors qu'il n'est pas démontré que le notaire avait mandat de gérer leur propriété » *(Cass. 3e civ., 12 mars 2014, n° 12-22.440 : JurisData n° 2014-004528 ; JCP N 2014, n° 13, act. 446 ; Bull. civ. III, n° 34 ; AJDI 2015, p. 47, obs. S. Prigent ; RTDI 2014, n° 2, p. 45, note B. Grimonprez).*

3153 **Réalisation ou abandon définitif de la vente par préemption** – Le fermier destinataire de l'offre de vente dispose de trois options.

- En premier lieu, il peut purement et simplement **exercer son droit de préemption** aux conditions notifiées ; la vente devient ainsi parfaite conformément aux dispositions des articles 1583 et 1589 du Code civil et la régularisation définitive de la vente par acte authentique doit alors intervenir dans les 2 mois qui suivent la manifestation de son intention d'acquérir. Lorsque ce délai est dépassé, la déclaration de préemption est nulle de plein droit 15 jours après une mise en demeure à lui faite par acte d'huissier de justice et restée sans effet *(C. rur., art. L. 412-8, al. 4. – Cass. 3e civ., 21 mai 2014, n° 12-35.083 : JurisData n° 2014-010718 ; Bull. civ. III, n° 67 ; JCP N 2014, n° 31-35, 1263, note J.-J. Barbiéri).*
- En deuxième lieu, le fermier peut **renoncer à l'exercice de son droit de préemption** expressément, ou implicitement s'il garde le silence durant le délai de 2 mois à compter de la réception de l'acte de notification de la vente projetée *(C. rur., art. L. 412-8, al. 3).*
- En troisième lieu, le fermier peut, s'il les estime exagérés, **contester le prix et les conditions de la vente.** Le tribunal paritaire saisi fixe alors, après enquête et expertise, la valeur vénale des immeubles aliénés et les conditions de la vente. Une fois le jugement rendu, le propriétaire et le preneur pourront accepter les conditions fixées par le juge, mais l'un ou l'autre peut, s'il le souhaite, renoncer à l'opération *(C. rur., art. L. 412-7).* Le tribunal paritaire précise le délai pendant lequel les parties peuvent prendre position.

Ajoutons à ces dispositions celles complémentaires de l'article L. 412-9 : d'abord, dans le cas où, au cours du délai de 2 mois prévu à l'article L. 412-8, le propriétaire décide de modifier ses prétentions, il doit alors, par l'intermédiaire du notaire chargé d'instrumenter, notifier ses nouvelles conditions, notamment de prix, au preneur bénéficiaire du droit de préemption ; il s'ensuit que le délai de 2 mois dont profite celui-ci pour faire valoir son droit de préemption aux nouvelles conditions est alors augmenté de 15 jours ; ensuite, dans le cas où, après l'expiration du délai de 2 mois mentionné à l'article L. 412-8, le propriétaire entend modifier ses prétentions, ou lorsqu'un an après l'envoi de la dernière notification, la vente n'étant pas réalisée, il persiste dans son intention de vendre, il est tenu de renouveler la procédure prévue à l'article L. 412-8. Il n'en est pas ainsi lorsque le droit du preneur était forclos *(Cass. 3e civ., 10 juill. 2013, n° 10-25.979 : JurisData n° 2013-014571 ; JCP N 2013, n° 30-34, act. 835 ; Bull. civ. III, n° 96 ; JCP N 2013, n° 50, 1293, p. 51, note H. Bosse-Platière).*

Enfin, en tout état de cause, toute vente du fonds doit être notifiée dans les 10 jours au bénéficiaire du droit de préemption.

B. – VENTE PAR ADJUDICATION

3154 Dans le cas de vente faite par adjudication volontaire ou forcée, le preneur bénéficiaire du droit de préemption doit, à peine de nullité de la vente, y être convoqué par lettre recommandée avec demande d'avis de réception ou par acte d'huissier de justice, 20 jours au moins avant la date de l'adjudication, soit par le notaire chargé de la vente, soit en cas de vente poursuivie devant le tribunal, par le secrétaire-greffier en chef dudit tribunal *(C. rur., art. L. 412-11, al. 1er).*

Il lui est alors accordé un délai de 20 jours à compter de celui de l'adjudication pour faire connaître au notaire chargé de la vente ou, en cas de vente poursuivie devant le tribunal, au secrétaire-greffier en chef dudit tribunal, sa décision de faire valoir son droit de préemption. L'exercice du droit de préemption soit par le preneur lui-même, soit par un descendant dans les conditions prévues au troisième alinéa de l'article L. 412-5 emporte pour lui substitution pure et simple à l'adjudicataire. La déclaration de substitution, qui doit comporter l'indication de la personne exerçant le droit de préemption, doit être faite par acte authentique ou par acte d'huissier de justice qui est annexé au procès-verbal ou au jugement d'adjudication et publié en même temps que celui-ci. La déclaration de surenchère doit être dénoncée au preneur dans les mêmes formes et délais qu'à l'adjudicataire, sachant que le preneur peut intervenir dans l'instance en validité de la surenchère *(C. rur., art. L. 412-11, al. 2).*

Lorsque, dans le délai précité de 20 jours, l'adjudicataire a fait connaître au bénéficiaire du droit de préemption, par lettre recommandée avec demande d'avis de réception, par acte d'huissier de justice, ou par déclaration insérée dans le procès-verbal de l'adjudication, son intention de ne pas user de son droit de reprise au cours d'une période déterminée, le preneur qui n'a pas fait valoir son droit de préemption pourra alors se prévaloir de cette déclaration aux fins d'annulation de tout congé portant reprise avant l'expiration de cette période *(C. rur., art. L. 412-11, al. 3).*

III. Charges et sanctions liées à l'exercice du droit de préemption

3155 Exercice du droit de préemption et obligation d'exploitation personnelle – Celui qui a fait usage du droit de préemption est tenu des obligations mentionnées aux articles L. 411-58 à L. 411-63 et L. 411-67 du Code rural et de la pêche maritime, à savoir exploiter personnellement le fonds concerné pendant 9 années dans les mêmes conditions que le bailleur qui exerce son droit de reprise ; toutefois, si le preneur exerce son droit pour faire assurer l'exploitation du fonds par son conjoint ou le partenaire avec lequel il est lié par un pacte civil de solidarité participant à l'exploitation ou par un descendant, l'obligation d'exploitation incombe au bénéficiaire effectif ; néanmoins, le preneur doit rester propriétaire pendant la durée requise. À défaut, l'acquéreur évincé peut prétendre à des dommages-intérêts prononcés par les tribunaux paritaires *(C. rur., art. L. 412-12, al. 1er)*.

Conseil pratique **Il est légalement permis à celui qui a fait usage du droit de préemption de faire apport du bien préempté à un groupement foncier agricole, à la condition de se consacrer personnellement à l'exploitation des biens du groupement, dans les conditions prévues aux articles L. 411-59 et L. 411-60 du Code rural et de la pêche maritime *(C. rur., art. L. 412-12, al. 2)*. En outre, le fermier préempteur de la nue-propriété n'est pas tenu de l'obligation d'exploitation personnelle lorsqu'il est évincé par l'usufruitier qui fait usage de son droit de reprise *(C. rur., art. L. 412-12, al. 4)*.**

3156 Vente du bien à un tiers en violation du droit de préemption : nullité de la vente et substitution du bénéficiaire du droit à l'acquéreur – Dans le cas où le propriétaire bailleur vend son fonds à un tiers soit avant l'expiration des délais d'option ouverts au preneur bénéficiaire du droit de préemption, soit à un prix ou à des conditions de paiement différents de ceux demandés par lui audit bénéficiaire ou lorsque le propriétaire bailleur exige dudit bénéficiaire des conditions tendant à l'empêcher d'acquérir, le tribunal paritaire, saisi par ce dernier, doit annuler la vente et déclarer ledit bénéficiaire acquéreur aux lieu et place du tiers, aux conditions communiquées, sauf, en cas de vente à un prix inférieur à celui notifié, à le faire bénéficier de ce même prix *(C. rur., art. L. 412-10)*.

3157 Inexécution des obligations du bailleur : nullité de la vente et allocation de dommages-intérêts au bénéficiaire du droit – Au cas où le droit de préemption n'aurait pu être exercé par suite de la non-exécution des obligations dont le bailleur est tenu pour la mise en œuvre de ce droit, le preneur est recevable à intenter une action en nullité de la vente et en dommages-intérêts devant les tribunaux paritaires dans un délai de 6 mois à compter du jour où la date de la vente lui est connue, à peine de forclusion. Toutefois, lorsque le bailleur a vendu le bien à un tiers en violation du droit de préemption du preneur, ce dernier peut intenter l'action prévue par l'article L. 412-10 du Code rural et de la pêche maritime, à savoir l'action précitée en nullité-substitution *(C. rur., art. L. 412-12, al. 3)*.

3158 Exercice du droit de préemption et charge des droits de mutation – Conformément à l'article 707 bis du CGI, en cas d'éviction d'un acquéreur, l'exercice du droit de préemption ne donne pas ouverture à la perception d'un nouvel impôt proportionnel *(C. rur., art. L. 412-13, al. 1er)*. Cela dit, les frais et loyaux coûts exposés à l'occasion du contrat, s'il y a lieu, par l'acquéreur évincé doivent lui être remboursés par le preneur *(C. rur., art. L. 412-13, al. 2)*.

Pour aller plus loin

- H. Bosse-Platière, F. Collard, B. Grimonprez, Th. Tauran, et B. Travely, Droit rural : LexisNexis, 2013, n° 318

Droit de préemption des sociétés d'aménagement foncier et d'établissement rural (SAFER)

3159 La loi n° 62-933 du 8 août 1962 complétée par le décret n° 62-1235 du 20 octobre 1962 a institué au profit des sociétés d'aménagement foncier et d'établissement rural (SAFER) un droit de préemption applicable, sous réserve des exclusions prévues, aux aliénations à titre onéreux et, depuis la loi n° 2015-990 du 6 août 2015, aux donations entre vifs portant, notamment, sur des biens immobiliers à usage agricole et des biens mobiliers qui leur sont attachés ou des terrains nus à vocation agricole *(C. rur., art. L. 143-1 à L. 143-16. – C. rur., art. R. 143-1 à R. 143-23)*.

I. Généralités

A. – MISSIONS DES SAFER ET CONSÉCRATION DU DROIT DE PRÉEMPTION

3160 Aux termes de l'article L. 141-1, I, du Code rural et de la pêche maritime, des SAFER peuvent être constituées pour remplir diverses missions précisées par les textes.
Pour la réalisation de ses missions, elles peuvent notamment *« acquérir, dans le but de les rétrocéder, des biens ruraux, des terres, des exploitations agricoles ou forestières » (C. rur., art. L. 141-1, II, 1°)*. À cette fin, le législateur a institué à leur profit un droit de préemption, d'ordre public ; pour la mise en œuvre de ce droit les SAFER disposent d'un droit spécial à l'information posé, notamment, par l'article L. 141-1-1 du Code rural et de la pêche maritime.

B. – DROIT SPÉCIAL À L'INFORMATION DES SAFER

3161 Obligation d'information préalable – Selon l'article L. 141-1-1 du Code rural et de la pêche maritime, pour l'exercice de leurs missions et, en particulier, pour la mise en œuvre de leur droit de préemption, les SAFER sont préalablement informées par le notaire ou, dans le cas d'une cession de parts ou d'actions de sociétés, par le cédant de toute cession entre vifs conclue à titre onéreux ou gratuit portant, notamment, sur des biens ruraux, des terres ou des exploitations agricoles ou forestières situés dans leur ressort ; l'obligation d'information vaut également pour les cessions d'usufruit ou de nue-propriété, pour lesquelles sont notamment précisées la consistance et la valeur des biens concernés.

3162 Sanction – Si un bien ou un droit mobilier ou immobilier sur lequel une SAFER est autorisée à exercer le droit de préemption est aliéné au profit d'un tiers en violation de l'obligation d'information, ladite société peut, dans un délai de 6 mois à compter de la publication de l'acte de vente ou de donation ou, à défaut de publication, dans un délai de 6 mois à compter du jour où cet acte lui est connu, demander au tribunal de grande instance soit d'annuler l'acte en cause, soit, dans le seul cas de la vente, de la déclarer acquéreur en lieu et place du tiers. Elle peut aussi, dans un délai de 6 mois à compter de la date à laquelle elle en a été informée, demander au tribunal de grande instance d'annuler une cession conclue à titre gratuit si elle estime que cette cession aurait dû lui être notifiée en tant que cession à titre onéreux.

3163 Transmission des informations – Les conditions de transmission des informations nécessaires à l'exercice des missions de la SAFER sont fixées par décret en Conseil d'État et, précisément, par les articles R. 141-2-1 et suivants du Code rural et de la pêche maritime.

3164 Modalités de transmission des informations – Les modalités de transmission des informations sont précisées dans l'article R. 141-2-3 aux termes duquel le notaire doit transmettre à la SAFER les informations mentionnées à la présente sous-section, par lettre recommandée avec demande d'avis de réception ou sous forme électronique dans les conditions prévues aux articles 1366 et 1367 du Code civil. Mais, au cas où les aliénations visées interviennent sans le concours d'un notaire, le cédant est tenu de procéder, dans les mêmes conditions, aux transmissions d'informations considérées.

Pour aller plus loin

- H. Bosse-Platière, S. Besson et S. de Los Angeles, Nouveau droit de préemption de la Safer : morceaux choisis : JCP N 2016, n° 25, 1207
- H. Bosse-Platière, F. Collard, S. Besson et B. Travely, Le bel avenir promis à la Safer par la loi du 13 octobre 2014 : JCP N 2014, n° 48, 1351
- B. Grimonprez, SAFER : LexisNexis, 2016

C. – FINALITÉS PROPRES DU DROIT DE PRÉEMPTION DES SAFER

3165 Énonciation textuelle rigoureuse de l'exigence de motivation de la décision de préemption – Les finalités propres du droit de préemption sont clairement exprimées par l'article L. 143-2 du Code rural et de la pêche maritime. En effet, d'après ce texte, l'exercice dudit droit a pour objet, dans le cadre des objectifs définis par l'article L. 1 du même code : l'installation, la réinstallation ou le maintien des agriculteurs.
La Cour de cassation a jugé qu'il n'y avait pas lieu de renvoyer une question prioritaire de constitutionnalité au Conseil constitutionnel *(Cass. 3e civ., 3 avr. 2014, n° 14-40.006 : JurisData n° 2014-006542 ; Bull. civ. III, n° 46 ; Gaz. Pal. 9 nov. 2014, p. 19, note B. Peignot et J.-B. Millard ; RD rur. 2014, n° 427, p. 38, note H. Bosse-Platière).*

3166 Motivation de la préemption – Selon l'article L. 143-3 du Code rural et de la pêche maritime la SAFER doit, à peine de nullité, justifier sa décision de préemption par référence explicite et motivée à l'un ou à plusieurs des objectifs susmentionnés et la porter à la connaissance des intéressés, de même qu'elle doit motiver et publier la décision de rétrocession, et annoncer préalablement à toute rétrocession son intention de mettre en vente les fonds acquis par préemption ou à l'amiable.

3167 Interprétation judiciaire souple de l'exigence de motivation de la décision de préemption – Sous le visa de l'article L. 143-3 du Code rural et de la pêche maritime, ensemble, des articles L. 143-2 et R. 143-6 du Code rural et de la pêche maritime, la Cour de cassation a affirmé, par une appréciation souple de l'exigence de motivation de la décision de préemption, que « la SAFER peut justifier sa décision par référence à un ou plusieurs des objectifs définis par la loi et qu'il suffit que le ou les éventuels bénéficiaires de la rétrocession soient identifiables » *(Cass. 3e civ., 5 mars 2003, n° 01-15.344 : JurisData n° 2003-018016 ; JCP N 2003, n° 30, 1471).*
Cependant, la jurisprudence accueille quelquefois les demandes d'annulation de décisions de préemption insuffisamment ou mal motivées *(Cass. 3e civ., 9 janv. 2008, n° 06-21.218 : JurisData n° 2008-042186 ; Bull. civ. III, n° 6 ; Rev. Loyers 2008/885, n° 730, p. 175, note B. Peignot. – Cass. 3e civ., 18 févr. 2009, n° 08-10.575 :* JurisData n° 2009-047099 ; *JCP N 2009, n° 10, act. 233. – B. Peignot, Grandeur et servitude de la mission d'intérêt général confiée aux SAFER – Au travers du contrôle juridictionnel exercé par les juridictions judiciaires et administratives : RD rur. 2011, dossier 5, n° 389).*

Attention En cas d'annulation d'une première décision de rétrocession, la SAFER doit procéder à de nouvelles mesures de publicité *(Cass. 3e civ., 9 janv. 2008, n° 06-21.218, préc.).*

II. Biens ou droits préemptables et actes concernés

A. – BIENS OU DROITS ET ACTES VISÉS

3168 Sachant que le ministre chargé de l'Agriculture peut suspendre (pour une durée n'excédant pas 3 ans) le droit de préemption de la SAFER, voire retirer à celle-ci son agrément en cas de « récidive », en cas de méconnaissance des dispositions délimitant le champ d'application dudit droit *(C. rur., art. L. 143-1, al. 8)*, celui-ci ne comprend que des biens ou droits déterminés.

3169 Terrain nu – Si le terrain a un usage agricole au jour de son aliénation, il entre dans le champ d'application du droit de préemption de la SAFER, peu importe la zone d'urbanisme dans laquelle il se trouve, pourvu qu'il ait une superficie qui ne soit pas inférieure au seuil de préemption fixé par le décret régissant les modalités d'exercice du droit de préemption de la SAFER en cause.
Si le terrain n'a pas d'usage agricole au jour de son aliénation, il peut avoir une vocation agricole.

3170 Terrain nu par assimilation – Sont assimilés aux terrains nus, les terrains ne supportant que des friches, des ruines ou des installations temporaires, occupations ou équipements qui ne sont pas de nature à compromettre définitivement leur vocation agricole.

3171 Terrain boisé – Lorsque les parcelles sont classées en bois au cadastre, la SAFER ne dispose pas d'un droit de préemption *(C. rur., art. L. 143-4, 6°, al. 1)*. Quatre exceptions sont prévues aux points a) à d) de ce texte :
- les parcelles classées en bois au cadastre sont vendues avec d'autres parcelles non boisées dépendant de la même exploitation agricole ;
- cas des semis et plantations à détruire ;
- parcelles faisant l'objet d'une autorisation de défrichement au jour de la vente ou dispensées d'une telle autorisation du fait de leur superficie ;
- parcelles situées dans un périmètre d'aménagement foncier agricole et forestier en zone forestière.

3172 Parcelle boisée non classée en bois au cadastre – Les dispositions de l'article L. 143-4, 6° du Code rural et de la pêche maritime sont exclues. Conformément au droit commun de l'article L. 143-1 du Code rural et de la pêche maritime, rien ne semble exclure le droit de préemption de la SAFER (terrains à vocation agricole, par exemple agropastoralisme), sauf dans les communes non dotées d'un document d'urbanisme, dans lesquelles la définition des terrains à vocation agricole exclut les bois et forêts (sans réference au cadastre).

3173 Parcelle boisée et SAFER d'Île-de-France – L'article L. 143-2-1, créé par l'article 46 de la loi n° 2017-257 du 28 février 2017, dispose que, à titre expérimental, pendant une durée de 3 ans à compter de l'entrée en vigueur de la loi n° 2017-257 du 28 février 2017 relative au statut de Paris et à l'aménagement métropolitain (période à l'issue de laquelle le Gouvernement adressera un rapport d'évaluation au Parlement), la société d'aménagement foncier et d'établissement rural d'Île-de-France est autorisée à préempter, en cas d'aliénation à titre onéreux, voire à titre gratuit dans les conditions définies à l'article L. 143-16, des parcelles en nature réelle de bois ou classées en nature de bois et forêt au cadastre, dans certaines conditions de superficie.

3174 Aliénation conjointe d'un terrain et des droits à paiement découplés – Si l'aliénation porte conjointement sur un terrain et des droits à paiement découplés – droits à paiement de base (DPB), anciennement droits à paiement unique (DPU) – la SAFER peut préempter l'ensemble.

3175 Bâtiment d'exploitation – Sont soumis au droit de préemption de la SAFER, les bâtiments d'exploitation qui sont affectés à un usage agricole au jour de la vente et les bâtiments d'habitation qui font partie d'une exploitation agricole. Sont également concernés les bâtiments qui sont situés dans une zone agricole ou une zone naturelle et forestière délimitée par un document d'urbanisme, ou dans une zone agricole protégée créée en application de l'article L. 112-2 du Code rural et de la pêche maritime, ou encore à l'intérieur d'un périmètre délimité en application de l'article L. 143-1 du Code de l'urbanisme ou en l'absence d'un document d'urbanisme dans les secteurs ou parties non encore urbanisés des communes (à l'exclusion des bois et forêts) et qui ont été utilisés pour l'exercice d'une activité agricole au cours des 5 dernières années qui ont précédé l'aliénation.

Mais la SAFER ne peut préempter que pour rendre à ces bâtiments un usage agricole. La possibilité de réviser le prix dépend de diverses conditions fixées par la loi du 28 décembre 2016 *(L. n° 2016-1888, 28 déc. 2016 : JO 29 déc. 2016 ; RD rur. 2017, comm. 45, note E. Mallet)*.

3176 Bâtiment d'habitation – Le droit de préemption peut être exercé en cas d'aliénation à titre onéreux de bâtiments d'habitation faisant partie d'une exploitation agricole *(C. rur., art. L 143-1, al. 2 et R. 143-2. – V. Rép. min. n° 177 : JOAN 11 juin 2013, p. 6063)*.

La loi permet aussi à la SAFER de préempter des bâtiments d'habitation situés dans des zones à destination agricole (zone agricole protégée créée en application de l'article L. 112-2 du Code rural et de la pêche maritime, zone à l'intérieur d'un périmètre délimité en application de l'article L. 113-16 du Code de l'urbanisme, zone agricole ou une zone naturelle et forestière délimitée par un document d'urbanisme et, en l'absence d'un document d'urbanisme, les zones non encore urbanisées des communes à l'exclusion des bois et forêts) lorsqu'ils ont servi à une activité agricole dans les 5 dernières années en vue de leur rendre un usage agricole *(C. rur., art. L. 143-1, al. 2)*. À propos de la révision du prix, voir ci-dessus à propos des bâtiments d'exploitation.

3177 Maison d'habitation ne faisant pas partie d'une exploitation agricole – Lorsqu'elle est vendue avec un terrain attenant situé en zone naturelle ou agricole : l'article L. 143-1 du Code rural et de la pêche maritime visant les *« bâtiments »* d'une part et les *« terrains nus »* d'autre part, il semble qu'il faille apprécier si le terrain vendu avec la maison en constitue la stricte dépendance immédiate et nécessaire, suivant par conséquent son régime. Les critères les plus pertinents semblent être la superficie du terrain et sa situation dans le prolongement direct de la maison. Mais ni la loi ni le décret ne définissent de seuil de superficie au-delà duquel le terrain ne pourrait pas être regardé dans son entier comme la dépendance de la maison et devrait donc être traité comme un terrain nu *(Fiche pratique n° 2212 : Purger le droit de préemption de la SAFER, par S. Besson)*.

3178 Démembrement – Le droit de préemption peut être exercé en cas d'aliénation à titre onéreux de l'usufruit ou de la nue-propriété des biens visés. Mais les SAFER ne peuvent préempter la nue-propriété de ces biens que dans les cas où elles en détiennent l'usufruit ou sont en mesure de l'acquérir concomitamment, ou lorsque la durée de l'usufruit restant à courir ne dépasse pas 2 ans.

3179 **Droits sociaux** – Le droit de préemption peut être exercé en cas d'aliénation à titre onéreux de la totalité des parts ou actions d'une société ayant pour objet principal l'exploitation ou la propriété agricole, lorsque l'exercice de ce droit a pour objet l'installation d'un agriculteur *(C. rur., art. L. 143-1, al. 6)*.

3180 **Communes et parties de communes de montagne** – Dans les communes et parties de communes de montagne telles que définies par les articles 3 et 4 de la loi n° 85-30 du 9 janvier 1985 relative au développement et à la protection de la montagne, le droit de préemption peut être exercé en cas d'aliénation à titre onéreux de bâtiments qui ont été utilisés pour l'exercice d'une activité agricole au cours des 5 dernières années qui ont précédé cette aliénation, pour leur rendre un usage agricole *(C. rur., art. L. 143-1, al. 7)*.

Pour aller plus loin

- H. Bosse-Platière, F. Collard, B. Grimonprez, Th. Tauran et B. Travely, Droit rural : LexisNexis, 2017
- M.-O. Gain, Le droit rural, l'exploitant agricole et les terres : LexisNexis, 2017

B. – BIENS ET ACTES EXCLUS

3181 Sous réserve des dispositions de l'article L. 143-16 du Code rural et de la pêche maritime instituant un *« droit de préemption en cas de donations entre vifs » (V. n° **3183**)*, l'article L. 143-1 du même code prévoit que la SAFER n'est autorisée à intervenir qu'à l'occasion des aliénations à titre onéreux (vente, échange, dation en paiement, etc.), d'où l'exclusion classique du champ du droit de préemption des opérations juridiques comme les donations et les partages.

Un certain nombre d'aliénations à titre onéreux ne sont pas soumises au droit de préemption de la SAFER en considération de leur nature juridique, de leur objet ou encore de la qualité du ou des bénéficiaires de l'opération. En effet, l'article L. 143-4 du Code rural et de la pêche maritime dispose que ne peuvent pas faire l'objet d'un droit de préemption les actes suivants :

- les **échanges** réalisés en application de l'article L. 124-1 ;
- les aliénations moyennant **rente viagère** servie pour totalité ou pour l'essentiel sous forme de prestations de services personnels ;
- les acquisitions effectuées par des **cohéritiers sur licitation** amiable ou judiciaire et les cessions consenties à des **parents ou alliés** jusqu'au quatrième degré inclus ;
- sous réserve que l'exploitation définitive ainsi constituée ait une surface inférieure à la superficie mentionnée au I, 1°, de l'article L. 331-2 du Code rural et de la pêche maritime (la surface totale déterminée selon le seuil fixé par le schéma directeur régional des exploitations agricoles), les acquisitions réalisées par les **salariés agricoles**, les **aides familiales** et les **associés d'exploitation**, majeurs, sous réserve qu'ils satisfassent à des conditions d'expérience et de capacité professionnelles fixées par décret ;
- sous réserve que l'exploitation définitive ainsi constituée ait une surface inférieure à la superficie mentionnée au I, 1°, de l'article L. 331-2 du Code rural et de la pêche maritime les acquisitions réalisées par les **fermiers** ou **métayers** évincés de leur exploitation agricole sous certaines conditions ;
- les acquisitions de terrains destinées à la construction, aux aménagements industriels ou à l'extraction de **substances minérales** ;
- les acquisitions de terrains destinées à la constitution ou à la préservation de **jardins familiaux** compris à l'intérieur d'agglomérations, à condition que leur superficie n'excède pas 1 500 m^2, ou situés dans une zone affectée à cette fin soit par un document d'urbanisme opposable aux tiers, soit par une décision de l'organe délibérant d'une collectivité publique ;
- les acquisitions de parcelles classées en nature de **bois et forêts** au cadastre, sauf exceptions ;
- les biens compris dans un plan de **cession totale ou partielle d'une entreprise** arrêté conformément aux dispositions du Code de commerce régissant les difficultés des entreprises ;
- les acquisitions de la **nue-propriété** d'un bien par ses usufruitiers et celles de **l'usufruit** d'un bien par ses nus-propriétaires.

3182 **Condition d'aliénation sous réserve de non-préemption d'une SAFER** – Toute condition d'aliénation sous réserve de non-préemption d'une SAFER est réputée non écrite, sauf s'il s'agit d'un apport en société ou d'un échange non réalisé en application de l'article L. 124-1 du Code rural et de la pêche maritime *(C. rur., art. L. 143-5. – Cass. 3e civ., 18 oct. 2006, n° 05-17.327 : JurisData n° 2006-035406 ; RD rur. 2007, comm. 30, n° 350, F. Roussel ; Bull. civ. III, n° 204 ; Rev. Loyers 2007/873, n° 472, p. 39, note B. Peignot)*.

3183 **Donation entre vifs** – L'article L. 143-16 du Code rural et de la pêche maritime dispose que sont également soumis au droit de préemption des SAFER les biens, droits réels et droits sociaux mentionnés aux premier, cinquième et sixième alinéas de l'article L. 143-1 (biens immobiliers à usage agricole et biens mobiliers qui leur sont attachés, terrains nus à vocation agricole, parts ou actions d'une société ayant pour objet principal l'exploitation ou la propriété agricole), lorsqu'ils font l'objet d'une cession entre vifs à titre gratuit ; le droit de préemption redevient, néanmoins, exclu lorsque la cession entre vifs à titre gratuit est effectuée, soit entre ascendants et descendants, soit entre collatéraux jusqu'au sixième degré, soit entre époux ou partenaires de pacte civil de solidarité, soit entre une personne et les descendants de son conjoint ou de son partenaire de pacte civil de solidarité, ou entre ces descendants. Toutefois, ce droit de préemption ne peut être mis en œuvre par les SAFER que pour des motifs qui se rattachent principalement à leur mission de favoriser l'installation, le maintien et la consolidation d'exploitations agricoles ou forestières afin que celles-ci atteignent une dimension économique viable au regard des critères du schéma directeur régional des exploitations agricoles, ainsi que l'amélioration de la répartition parcellaire des exploitations.

Attention Notons enfin que, par une logique dérogation au premier alinéa de l'article L. 412-8, le notaire chargé d'instrumenter ne mentionne pas le prix, mais la décision du titulaire du droit de préemption d'acquérir le bien doit indiquer l'estimation de celui-ci par les services fiscaux.

III. Zones et conditions d'exercice du droit de préemption

3184 L'exercice du droit de préemption n'est possible qu'à l'intérieur de zones déterminées et, sur ces zones, à des conditions fixées par voie réglementaire pour chaque société d'aménagement foncier et d'établissement rural. En effet, la SAFER doit saisir l'autorité administrative compétente de l'État d'une demande indiquant les zones dans lesquelles elle estime nécessaire de pouvoir exercer ce droit et, le cas échéant, la superficie minimale des terrains auxquels il devrait s'appliquer. Cette autorité doit alors recueillir l'avis des commissions départementales d'orientation de l'agriculture et des chambres d'agriculture compétentes dans la zone considérée et consulter le public dans des conditions permettant de recueillir ses observations. Ainsi, au vu de ces avis et de la synthèse des résultats de la consultation du public, les conditions d'exercice du droit de préemption sont fixées par décret pour chaque société d'aménagement foncier et d'établissement rural *(C. rur., art. L. 143-7, I)*.

IV. Mise en œuvre du droit de préemption

A. – IMPACT DE L'EXISTENCE DE DROITS DE PRÉEMPTION CONCURRENTS

3185 La vente à la SAFER ne peut être réalisée qu'après accomplissement des procédures destinées à mettre les titulaires des droits de préemption prioritaires en mesure de les exercer *(C. rur., art. L. 143-8)*. Or, le droit de préemption de ladite société ne peut primer les droits de préemption établis au profit de l'État, des collectivités publiques, des établissements publics et le droit des cohéritiers bénéficiaires de l'attribution préférentielle prévue à l'article 832-1 du Code civil *(C. rur., art. L. 143-6, al. 1er)*.
Ainsi, la SAFER doit informer le président du conseil départemental de toutes les déclarations d'intention d'aliéner à l'intérieur des périmètres délimités en application de l'article L. 113-16 du Code de l'urbanisme *(C. rur., art. L. 143-7-1)*. En outre, elle doit informer les maires de toutes les déclarations d'intention d'aliéner portant sur des biens situés sur le territoire de leur commune et, préalablement à toute rétrocession, de son intention de mettre en vente tout bien situé sur le territoire de leur commune *(C. rur., art. L. 143-7-2)*.

3186 **Existence d'un droit concurrent** – Le notaire chargé d'instrumenter doit informer la SAFER de l'existence d'un droit concurrent et doit, dans un délai de 8 jours à compter de la date où il en a connaissance, indiquer à la société la décision implicite prise par le titulaire du droit prioritaire. La réception de cette décision ouvre alors la période pendant laquelle la SAFER est autorisée à manifester son intention d'acheter le bien aliéné *(C. rur., art. R. 143-7)*.

3187 **Conflit avec le preneur en place** – Selon le deuxième alinéa de l'article L. 143-6 du Code rural et de la pêche maritime, le droit de préemption de la SAFER ne peut s'exercer contre le preneur en place, son conjoint ou son descendant régulièrement subrogé dans les conditions prévues à l'article L. 412-5 lorsque ce preneur (ou son conjoint ou un ascendant de lui-même ou de son conjoint) exploite le bien concerné depuis 3 ans ou plus. À l'inverse, si le bail a moins de 3 ans, le droit de préemption de la SAFER prime.

B. – MISE EN ŒUVRE DU DROIT DE PRÉEMPTION À L'OCCASION D'UNE ADJUDICATION

3188 Les SAFER peuvent exercer leur droit de préemption en cas d'adjudication dans, entre autres, les conditions spécifiques prévues par les articles L. 143-11, L. 143-12, R. 143-13 et R. 143-14 du Code rural et de la pêche maritime. Dans ce cas, elles ne sont pas admises à discuter le prix qui est fixé par les enchères *(C. rur., art. R. 143-13)*. Pour atténuer ou résorber cet inconvénient, le législateur a prévu que l'adjudication doit, dans certains cas, être précédée d'une offre préalable à la SAFER ; dès lors que cette offre est acceptée, l'accord bloque la voie de cette adjudication *(C. rur., art. R. 143-14)*.
Toujours est-il que les SAFER disposent, en vue de se substituer à l'adjudicataire, d'un délai d'un mois à compter de l'adjudication. Ce délai est éventuellement augmenté en cas d'adjudication volontaire, afin que les sociétés disposent d'un délai supplémentaire de 5 jours à compter de la date d'expiration du délai de surenchère fixé par le cahier des charges *(C. rur., art. R. 143-11)*.

C. – MISE EN ŒUVRE DU DROIT DE PRÉEMPTION À L'OCCASION D'UNE CESSION DE GRÉ À GRÉ

3189 Aux termes de l'article L. 143-8 du Code rural et de la pêche maritime, le droit de préemption des sociétés d'aménagement foncier et d'établissement rural à l'occasion d'une cession de gré à gré s'exerce dans les conditions prévues par les articles L. 412-8 à L. 412-11 et le troisième alinéa de l'article L. 412-12. Cela signifie, en d'autres termes, que les modalités d'exercice de la préemption par la SAFER sont analogues à celles de la préemption par le preneur rural *(V. n° **3151** et s.)*.

1° Formalités et délais de notification

3190 La SAFER dispose d'un délai préfix de 2 mois à compter de la réception de la notification complète et exacte pour faire connaître sa position *(C. rur., art. L. 412-8, al. 3)*. Néanmoins, dans le cas où, au cours du délai de 2 mois, le propriétaire décide de modifier ses prétentions et notifie, par l'intermédiaire du notaire chargé d'instrumenter, ses nouvelles conditions à la SAFER, le délai de 2 mois dont profite celle-ci pour faire valoir son droit de préemption aux nouvelles conditions est alors augmenté de 15 jours *(C. rur., art. L. 412-9)*.

3191 Notification incomplète ou erronée – Lorsque la notification effectuée est incomplète ou erronée, le délai ne commence à courir qu'à compter de la notification des éléments manquants ou rectificatifs.

3192 Droit de préemption prioritaire ou d'un droit préférentiel – En présence d'un droit de préemption prioritaire ou d'un droit préférentiel, le délai d'exercice du droit de préemption de la SAFER ne commence à courir qu'à compter de la date de la réception de la décision du titulaire du droit prioritaire ou préférentiel ; il appartient au notaire chargé d'instrumenter de faire connaître à la SAFER, dans le délai de 8 jours à compter de la date à laquelle il en a eu connaissance, la décision explicite ou implicite prise, sur la préemption, par le titulaire de ce droit prioritaire *(C. rur., art. R. 143-7)*.

Conseil pratique **En pratique, le notaire purge souvent le droit prioritaire, attend sa réponse, puis purge le droit de préemption de la SAFER.**

3193 Cession de droits sociaux – Lorsque la SAFER a exercé sa faculté de demander au notaire ou au cédant, dans le délai de 2 mois avant la date envisagée pour la cession, des éléments d'information complémentaire nécessaires à l'appréciation des conditions de transmission des parts ou actions, il se produit une suspension du délai de 2 mois prévu pour l'exercice du droit de préemption à compter de la réception de cette demande par le notaire ou le cédant jusqu'à la réception par la société des documents ou de l'indication par le notaire ou le cédant des raisons pour lesquelles il est dans l'impossibilité de les communiquer *(C. rur., art. R. 141-2-1, al. 3)*.

2° Suites de la notification

3194 Offre – La notification faite à la SAFER *« vaut offre de vente aux prix et conditions qui y sont contenus » (C. rur., art. L. 412-8, al. 2)*. Une fois cette offre reçue, elle dispose de plusieurs options.

3195 Exercice pur et simple du droit de préemption – Aux termes des articles L. 143-3 et R. 143-6 du Code rural et de la pêche maritime, la SAFER peut, en premier lieu, exercer purement et simplement son droit de préemption. Elle doit alors, à peine de nullité, **notifier au notaire chargé d'instrumenter**, par lettre recommandée avec demande d'avis de réception ou sous forme électronique dans les conditions prévues aux articles 1366 et 1367 du Code civil, sa décision signée par le président de son conseil d'administration ou par toute personne régulièrement habilitée à cet effet. La décision de préemption doit alors indiquer l'identification cadastrale des biens concernés ainsi que leur prix d'acquisition (doit être indiquée la valeur du bien telle qu'estimée par les services fiscaux en cas de préemption à l'occasion d'une cession à titre gratuit) et, en outre, préciser en quoi la préemption répond à l'un ou à plusieurs des objectifs prévus par les dispositions de l'article L. 143-2 ; selon l'article L. 143-16, lorsque la préemption des SAFER intervient à l'occasion d'une cession entre vifs à titre gratuit, elle ne peut être mise en œuvre que pour certains motifs *(V. n° **3183**)*.

Cette décision ainsi motivée doit aussi être **notifiée à l'acquéreur évincé**, par lettre recommandée avec demande d'avis de réception, dans un délai de 15 jours à compter de la date de réception de la notification faite au notaire, sachant que la notification faite dans le délai est régulière et suffisante quand bien même l'acquéreur évincé n'aurait pas retiré la lettre *(Cass. 3e civ., 15 juin 2005, n° 04-10.701 : JurisData n° 2005-028941 ; JCP G 2005, IV, 2724 ; Bull. civ. III, n° 134)*.

Enfin, une analyse de cette décision doit être adressée dans le même délai au maire de la commune intéressée en vue de son **affichage en mairie pendant 15 jours**, l'accomplissement de cette formalité devant être certifié par le maire qui adresse à cette fin un certificat d'affichage à la SAFER.

Selon l'article L. 412-8, alinéa 4 du Code rural et de la pêche maritime, *« en cas de préemption, celui qui l'exerce bénéficie alors d'un **délai de 2 mois** à compter de la date d'envoi de sa réponse au propriétaire vendeur **pour réaliser l'acte de vente authentique** ; passé ce délai, sa déclaration de préemption sera nulle de plein droit, quinze jours après une mise en demeure à lui faite par acte d'huissier de justice et restée sans effet. L'action en nullité appartient au propriétaire vendeur et à l'acquéreur évincé lors de la préemption »*.

3196 Exercice du droit de préemption avec une contre-offre d'achat – Aux termes des articles L. 143-10 et R. 143-12 du Code de l'urbanisme, la SAFER peut, en deuxième lieu, exercer son droit de préemption en formulant une contre-offre d'achat. En effet, lorsque la société d'aménagement foncier et d'établissement rural déclare vouloir faire usage de son droit de préemption et qu'elle estime que le prix et les conditions d'aliénation sont exagérés, notamment en fonction des prix pratiqués dans la région pour des immeubles de même ordre, elle doit adresser au notaire du vendeur, après accord des commissaires du Gouvernement, une offre d'achat établie à ses propres conditions *(C. rur., art. L. 143-10, al. 1er)*. La décision de préemption assortie de l'offre d'achat doit être adressée au notaire chargé d'instrumenter, selon la procédure prévue au premier alinéa de l'article R. 143-6, avec l'indication de l'accord exprès des commissaires du Gouvernement et le rappel des dispositions concernant les différentes possibilités d'action qui s'offrent alors au vendeur *(C. rur., art. R. 143-12, al. 1er et 2)*. L'offre ferme d'achat doit alors être parvenue au notaire dans un **délai de 2 mois** à compter de la date de réception par la SAFER de la notification prévue aux articles R. 141-2-1 et R. 141-2-3 ou, le cas échéant, de la notification adressée dans les délais prévus au 2° de l'article R. 143-7 *(C. rur., art. R. 143-12, al. 1er et 2)*.

3197 Situation du vendeur – Si le vendeur n'accepte pas l'offre de la société d'aménagement foncier et d'établissement rural, il peut soit retirer le bien de la vente, soit demander la révision du prix proposé par la société d'aménagement foncier et d'établissement rural au tribunal compétent de l'ordre judiciaire (le tribunal de grande instance ou, dans le cas prévu au troisième alinéa de l'article L. 143-7-1, devant le juge de l'expropriation) qui se prononce dans les conditions prescrites par l'article L. 412-7 *(C. rur., art. L. 143-10, al. 2 et R. 143-12, al. 5)*. Mais, si, dans un délai de 6 mois à compter du jour de la réception par le notaire de la notification de cette offre, le vendeur n'a, ni fait savoir qu'il l'acceptait, ni retiré le bien de la vente, ni saisi le tribunal, il est réputé avoir accepté l'offre de la société d'aménagement foncier et d'établissement rural qui acquiert le bien au prix qu'elle avait proposé. Toutefois, en cas de décès du vendeur avant l'expiration dudit délai, cette présomption n'est pas opposable à ses ayants droit auxquels la société d'aménagement foncier et d'établissement rural doit réitérer son offre *(C. rur., art. L. 143-10, al. 3 et R. 143-12, al. 4)*. Toujours est-il que, lorsque le tribunal, saisi par le vendeur, a fixé le prix, l'une ou l'autre des parties a la faculté de renoncer à l'opération *(C. rur., art. L. 143-10, al. 4)*. Ainsi, dans le délai d'un mois à compter du jour où le jugement est devenu définitif, la décision de la SAFER doit être parvenue au notaire chargé d'instrumenter alors que, s'agissant du vendeur, sa décision doit être notifiée par le notaire à la société et doit lui être parvenue dans le délai de 3 ans à compter du même jour *(C. rur., art. R. 143-12, al. 5)*. Le silence de l'une ou de l'autre des parties pendant le délai dont elles disposent respectivement vaut renonciation, selon le cas, à l'acquisition ou à la vente aux prix et conditions fixés par le tribunal *(C. rur., art. R. 143-12, al. 6)*. Toutefois, si le vendeur le demande dans un délai de 3 ans à compter d'un jugement devenu définitif, la SAFER ne peut refuser l'acquisition du bien au prix fixé par le tribunal, éventuellement révisé si la vente intervient au cours des 2 dernières années *(C. rur., art. L. 143-10, al. 4)*.

3198 Renonciation au droit de préemption – La SAFER peut renoncer à l'exercice de son droit de préemption. Cette renonciation peut être **expresse ou implicite** si elle garde le silence pendant le délai de 2 mois qui lui est imparti. Il sera donc possible de régulariser la vente, mais celle-ci devra intervenir dans l'année suivant la dernière notification car, à défaut, il sera nécessaire de procéder à une nouvelle purge du droit de préemption. Il doit être fait mention, dans le contrat, du respect des dispositions des articles L. 143-1 à L. 143-15 et R. 143-1 à R. 143-18 du Code rural et de la pêche maritime. Et, en tout état de cause, toute vente du fonds doit être notifiée dans les 10 jours au bénéficiaire du droit de préemption *(C. rur., art. L. 412-9, al. 3).*

D. – MISE EN ŒUVRE DU DROIT DE PRÉEMPTION SUR UNE PARTIE SEULEMENT DES BIENS ALIÉNÉS

3199 L'article L. 143-1-1 du Code rural et de la pêche maritime dispose que la SAFER est autorisée à n'exercer son droit de préemption que sur une partie des biens aliénés lorsque l'aliénation porte simultanément sur des terrains à usage agricole ou à vocation agricole et sur une ou plusieurs des catégories de biens suivantes :
- des bâtiments à usage agricole et les biens mobiliers qui leur sont attachés ;
- des bâtiments mentionnés au deuxième alinéa de l'article L. 143-1 du même code ;
- des biens pour lesquels elle ne bénéficie pas d'un droit de préemption.

Ainsi, la SAFER doit faire part au vendeur de son intention de ne préempter qu'une partie des biens mis en vente. Le propriétaire peut alors exiger qu'elle se porte acquéreur de l'ensemble des biens aliénés mais, s'il accepte la préemption partielle, il peut exiger que la société d'aménagement foncier et d'établissement rural l'indemnise de la perte de valeur des biens non acquis sachant que, à défaut d'accord amiable sur le montant de l'indemnisation, celui-ci est fixé par le tribunal de grande instance.

3200 Rétrocession – Toujours est-il que, lorsque la SAFER est tenue d'acquérir des biens, l'article L. 143-1-2 organise le principe et les modalités de la rétrocession des biens ainsi acquis. Quel que soit l'attributaire, le prix de cession de ces biens ne peut excéder leur prix d'achat par la société d'aménagement foncier et d'établissement rural, majoré des frais qu'elle a supportés.

Pour aller plus loin

Formules
- JCl. Notarial Formulaire, V° Avant-contrat, fasc. 65, 67, 115 et 117, par J.-F. Pillebout
- JCl. Notarial Formulaire, V° Préemption, fasc. 325 (preneur), par F. Collard
- JCl. Notarial Formulaire, V° Préemption, fasc. 385 et 395 (Safer), par I. Roussel

Fiches pratiques
- Fiche pratique n° 2621 : Articulation de plusieurs droits de préemption sur un même bien immobilier, par A. Robert-Chary
- Fiche pratique n° 1643 : Préparer une adjudication d'immeuble, par D. Boulanger

Commentaires
- JCl. Notarial Formulaire, Synthèse 1040, Droits de préemption en matière rurale, par D. Krajeski
- JCl. Notarial Formulaire, V° Préemption, fasc. 300 et 310 (preneur), par J.-P. Moreau
- JCl. Notarial Formulaire, V° Préemption, fasc. 360 et 370 (Safer), par B. Grimomprez

Revues
- S. Besson, H. Bosse-Platière, F. Collard et B. Travely, Le bel avenir promis à la Safer par la loi du 13 octobre 2014 : JCP N 2014, n° 48, 1351
- H. Bosse-Platière et B. Travely, Loi d'avenir agricole : un aggiornamento de l'action des SAFER : RD rur. 2015, n° 430, p. 35 et s.
- S. De Los Angeles, Les droits de préférence et de préemption en dix questions : RD rur. 2015, n° 435, p. 69 et s.
- B. Gelot, La purge du droit de préemption du preneur. Considérations pratiques au regard de la jurisprudence récente : Defrénois 2014, n° 15-16, p. 841 et s.
- M. Mekki, Loi « d'avenir agricole » et droits de préemption : JCP N 2015, p. 23
- O. Stephen, Transmissions agricoles 2015 : la revanche des SAFER : Gaz. Pal. 12 juill. 2015, p. 5 et s.

Droit de préemption urbain des communes

I. Zones susceptibles de mise en œuvre du DPU

3201 Si le principe est que le droit de préemption urbain doit être exercé en vue de la réalisation, dans l'intérêt général, des actions ou opérations répondant aux objets définis à l'article L. 300-1 du Code de l'urbanisme *(C. urb., art. L. 210-1, al. 1er)*, il peut aussi, exceptionnellement, être exercé en vue de la relocalisation d'activités industrielles, commerciales, artisanales ou de services ainsi que pour le relogement d'occupants définitivement évincés d'un bien à usage d'habitation ou mixte en raison de la réalisation de travaux nécessaires à l'une des opérations d'aménagement définies au livre III du même code *(C. urb., art. L. 211-1, al. 5)*. Jusqu'à une période assez récente, le droit de préemption urbain (DPU) ne pouvait être institué que sur le territoire de communes possédant un plan local d'urbanisme approuvé ou, avant la loi n° 2000-1208 du 13 décembre 2000 relative à la solidarité et au renouvellement urbains, un plan d'occupation des sols (en outre, selon l'article L. 211-1, alinéa 3 *in fine*, dans les parties actuellement urbanisées des communes couvertes par un plan d'occupation des sols devenu caduc en application de l'article L. 174-1, le droit de préemption prévu au deuxième alinéa de l'article L. 210-1 est maintenu). Mais le nouvel article L. 211-1 du Code de l'urbanisme a mis fin à cette exclusivité en élargissant le champ d'application du DPU, d'une part, aux communes couvertes par un plan de prévention des risques technologiques et à celles sur lesquelles il existe des périmètres visant à prévenir les risques d'inondation *(C. urb., art. L. 211-1, al. 1er)* et, d'autre part, aux communes dotées d'une carte communale, sous certaines conditions *(C. urb., art. L. 211-1, al. 2)*.

3202 **Plan d'occupation des sols rendu public ou plan local d'urbanisme approuvé** – Aux termes de l'article L. 211-1, alinéa 1er, du Code de l'urbanisme, le droit de préemption urbain (DPU) peut être institué par les communes dotées d'un plan d'occupation des sols rendu public ou d'un plan local d'urbanisme approuvé sur les zones suivantes :

- zones U *(C. urb., art. R. 151-18)* et zones AU ou NA *(C. urb., art. R. 151-20)* : le DPU peut être institué sur tout ou partie des zones urbaines et des zones d'urbanisation future ou zones à urbaniser ;
- périmètres de protection rapprochée des captages d'eau potable ;
- zones soumises à des risques technologiques ;
- zones soumises à des servitudes dites d'inondation ;
- exclusion des zones couvertes par une ZAD ou une pré-ZAD : le DPU peut être institué sur tout ou partie de leur territoire couvert par un plan de sauvegarde et de mise en valeur rendu public ou approuvé en application de l'article L. 313-1 du Code de l'urbanisme lorsqu'il n'a pas été créé de zone d'aménagement différé (ZAD) ou de périmètre provisoire de zone d'aménagement différé (pré-ZAD) sur ces territoires.

3203 **Carte communale** – L'alinéa 2 de l'article L. 211-1 du Code de l'urbanisme prévoit que *« les conseils municipaux des communes dotées d'une carte communale approuvée peuvent, en vue (exclusivement) de la réalisation d'un équipement ou d'une opération d'aménagement, instituer un droit de préemption dans un ou plusieurs périmètres délimités par la carte »* (mais indépendants du zonage de la carte : *C. urb., art. L. 124-2)* sachant que la délibération doit préciser, pour chaque périmètre, l'équipement ou l'opération projetée *(C. urb., art. L. 211-1, al. 2)*.

3204 **Lotissement ou ZAC** – L'avant-dernier alinéa de l'article L. 211-1 du Code de l'urbanisme dispose que lorsqu'un lotissement a été autorisé ou une zone d'aménagement concerté créée, la commune peut exclure du champ d'application du droit de préemption urbain la vente des lots issus dudit lotissement ou les cessions de terrain par la personne chargée de l'aménagement de la zone d'aménagement concerté (sachant que, dans ce cas, la délibération du conseil municipal est valable pour une durée de 5 ans à compter du jour où la délibération est exécutoire).

Pour aller plus loin

- D. Dutrieux, L'extension du champ d'application du droit de préemption urbain : JCP N 2004, n° 48, 1585
- J.-P. Meng, Droits de préemption : extension des cas d'ouverture et nouvelles finalités : Defrénois 2004, n° 37988

II. Bénéficiaires du DPU et autorités compétentes

3205 **Communes et conseils municipaux** – Le DPU n'est plus ouvert de plein droit à la commune depuis la loi n° 86-1290 du 23 décembre 1986 puisque sa mise en place, devenue facultative, nécessite une délibération du conseil municipal déterminant les zones urbaines ou d'urbanisation future ainsi que les secteurs dans lesquels ce droit pourra effectivement être exercé *(C. urb., art. L. 211-1)*.
Dans les communes issues d'une fusion comportant création d'une ou plusieurs communes associées ainsi que pour Paris, Marseille et Lyon, il y a lieu de consulter les conseils d'arrondissement sur l'institution ou la suppression du DPU *(C. urb., art. R. 213-27 et s.)*.

3206 **Établissements publics de coopération intercommunale, établissements publics territoriaux, métropole de Lyon et métropole du Grand Paris** – La compétence d'un établissement public de coopération intercommunale à fiscalité propre, d'un établissement public territorial créé en application de l'article L. 5219-2 du Code général des collectivités territoriales, ainsi que celle de la métropole de Lyon en matière de plan local d'urbanisme, emporte compétence de plein droit en matière de droit de préemption urbain. La métropole du Grand Paris est compétente de plein droit en matière de droit de préemption urbain, dans les périmètres fixés par le conseil de la métropole, pour la mise en œuvre des opérations d'aménagement d'intérêt métropolitain mentionnées à l'article L. 5219-1 du même code.

3207 **Préfet** – Dans le cas prévu au deuxième alinéa de l'article L. 210-1, c'est-à-dire lorsque le préfet a pris un arrêté de carence constatant le non-respect par la commune de ses obligations légales en matière de construction de logements sociaux, le droit de préemption peut être institué ou rétabli par arrêté du représentant de l'État dans le département *(C. urb., art. L. 211-1, al. 3 in fine)*.

3208 **Délégation** – Il existe plusieurs cas de délégations en application de divers textes *(C. urb., art. L. 211-2, al. 1er, L. 211-2, al. 3 et L. 213-3. - CGCT, art. L. 2122-22, 15°)*.

III. Mutations soumises au droit de préemption urbain

1° Actes concernés

3209 **Aliénations à titre onéreux d'immeubles ou de certains droits sociaux** – Volontaires ou non, les aliénations à titre onéreux, sous quelque forme que ce soit, des immeubles ou ensembles de droits sociaux donnant l'attribution en propriété ou en jouissance d'un immeuble ou d'une partie d'immeuble bâti ou non sont soumises, en principe, au droit de préemption urbain *(C. urb., art. L. 213-1, 1°)*.

3210 **Aliénations volontaires** – L'aliénation volontaire ouvre droit à préemption, ce qui vise : la vente amiable ou de gré à gré, l'échange amiable avec ou sans soulte, le contrat de location-accession (le droit de préemption s'exerçant avant la signature de ce contrat et non au moment de la levée de l'option par l'accédant), l'adjudication volontaire ou vente volontaire aux enchères publiques, l'apport en société d'un immeuble, la vente avec des conditions particulières comme la réserve d'usufruit ou le droit d'usage et d'habitation par le vendeur.

3211 **Aliénations forcées** – Depuis que l'article 19, I, de la loi n° 2000-1208 du 13 décembre 2000 relative à la solidarité et au renouvellement urbains a supprimé le terme « volontairement » du premier alinéa de l'article L. 213-1 du Code de l'urbanisme, on y retrouve aussi les aliénations forcées faites ou non à la barre du tribunal, notamment celles réalisées dans le cadre de procédures de saisie immobilière (sur l'exercice du droit de préemption en cas de vente de biens dépendant de successions vacantes, *Rép. min. n° 968 : JOAN Q 5 avr. 2011, p. 3431 : JCP N 2011, n° 16, act. 386)*.

3212 **Cessions de droits indivis portant sur un immeuble** – Sauf lorsqu'elles sont consenties à l'un des coïndivisaires, les cessions de droits indivis portant sur un immeuble ou une partie d'immeuble, bâti ou non bâti, sont soumis au droit de préemption urbain *(C. urb., art. L. 213-1, 2°)*.

3213 **Cessions de tantièmes contre remise de locaux à construire** – Parfois appelées « dations » dans la pratique, les cessions de tantièmes (ou de millièmes) de terrain contre remise de locaux à construire sont également soumises au droit de préemption urbain *(C. urb., art. L. 213-1, 2° in fine)*.

3214 **Donation entre vifs d'immeubles ou de certains droits sociaux** – Aux termes de l'article L. 213-1-1 du Code de l'urbanisme, sont, en principe, soumises au droit de préemption les donations entre vifs portant sur des immeubles ou ensembles de droits sociaux donnant vocation à l'attribution en propriété ou en jouissance d'un immeuble ou d'une partie d'immeuble, bâti ou non bâti ; la déclaration devant être adressée à la mairie n'a pas, en toute logique, à mentionner un prix mais la décision du titulaire du droit de préemption d'acquérir le bien doit indiquer l'estimation de celui-ci par les services fiscaux.

3215 Apports en nature d'immeubles ou de certains droits sociaux – Selon l'article L. 213-1-2, du Code de l'urbanisme, sont également soumis au droit de préemption les apports en nature à une société civile immobilière d'immeubles ou d'ensembles de droits sociaux donnant vocation à l'attribution en propriété ou en jouissance d'un immeuble ou d'une partie d'immeuble, bâti ou non bâti ; la déclaration d'intention d'aliéner doit alors être accompagnée d'un état de la situation sociale, financière et patrimoniale de la société civile immobilière.

2° Actes exclus

3216 Plan de cession – Ne sont pas soumises au droit de préemption urbain (ainsi qu'aux ZAD et périmètres provisoires), les aliénations à titre onéreux lorsque les biens considérés sont compris dans un plan de cession arrêté en application de l'article L. 631-22 ou des articles L. 642-1 et suivants du Code de commerce *(CCH, art. L. 213-1, 1°)*.

3217 Cessions de droits indivis au profit d'un indivisaire – Les cessions de droits indivis portant sur un immeuble ou une partie d'immeuble sont exclues du droit de préemption lorsqu'elles sont consenties à l'un des coïndivisaires *(CCH, art. L. 213-1, 2°)*.

3218 Partage – Les conventions mettant fin à une indivision (partage, liquidation-partage et licitation au profit d'un indivisaire) sont exclues du droit de préemption. Ces actes sont déclaratifs.

3219 Donations entre vifs – Aux termes de l'article L. 213-1-1 du Code de l'urbanisme, ne sont pas soumises au droit de préemption les donations entre vifs, quand bien même elles porteraient sur des immeubles ou ensembles de droits sociaux donnant vocation à l'attribution en propriété ou en jouissance d'un immeuble ou d'une partie d'immeuble, lorsqu'elles sont effectuées entre ascendants et descendants, entre collatéraux jusqu'au sixième degré, entre époux ou partenaires d'un pacte civil de solidarité ou entre une personne et les descendants de son conjoint ou de son partenaire de pacte civil de solidarité, ou entre ces descendants.

3220 Expropriation – Sont également écartées du champ du droit de préemption urbain, les aliénations faites dans le cadre d'une procédure d'expropriation.

3221 Absence de transfert de propriété – Les conventions n'entraînant pas transfert de propriété (bail, crédit-bail immobilier), les institutions de droits réels immobiliers (usufruit, droit d'usage et d'habitation), sont exclues du champ du droit de préemption.

3222 Opérations sur le capital social – Les opérations de réduction du capital social ou de fusion et de scission de sociétés n'ouvrent pas droit à préemption.

3223 Association – L'apport d'un bien immobilier ne rentre pas dans le champ d'application des droits de préemption institués par le Code de l'urbanisme *(Rép. min. n° 70397 : JOAN 30 août 2005, p. 8266 ; Defrénois 2006, n° 38379. – D. Dutrieux, L'apport à une association et la fusion d'associations ne sont pas soumis au droit de préemption urbain : JCP N 2005, n° 47, 1456)*.

IV. Biens susceptibles de préemption

1° Biens concernés

3224 Le droit de préemption urbain est applicable, notamment, à tout immeuble ou tout ensemble de droits sociaux donnant vocation à attribution en propriété ou en jouissance d'un immeuble ou partie d'immeuble bâti ou non bâti, aux droits des associés de sociétés d'attribution visés aux titres I et II de la loi n° 71-579 du 16 juillet 1971, aux droits indivis portant sur un immeuble ou une partie d'immeuble bâti ou non bâti sauf si la cession est consentie à l'un des coïndivisaires, aux tantièmes de terrain contre remise de locaux à construire *(C. urb., art. L. 213-1)*.

2° Biens exclus

3225 Exclusions spécifiques – Selon l'article L. 211-3 du Code de l'urbanisme, le droit de préemption urbain (DPU) n'est pas applicable aux aliénations de biens et droits immobiliers appartenant à l'État ou à des établissements

publics lorsqu'est mis en œuvre le *droit de priorité* institué au profit des communes et des établissements publics de coopération intercommunale titulaires du droit de préemption urbain, par les articles L. 240-1 à L. 240-3 du même code. Aux termes du même texte, le droit de préemption urbain n'est pas applicable à l'aliénation de terrains au profit du preneur à bail à construction conclu à l'occasion d'une opération d'accession sociale à la propriété, prévue au dernier alinéa de l'article L. 251-1 du Code de la construction et de l'habitation.
Quant à l'article L. 211-4 du Code de l'urbanisme, il dispose que le DPU est inapplicable aux aliénations ou cessions portant sur les biens précisés par le texte (mais il peut en être autrement, notamment si les biens considérés sont soumis au droit de préemption urbain renforcé par une délibération spécialement motivée par la commune).

- Il s'agit, d'abord, de l'aliénation d'un ou plusieurs lots constitués soit par un seul local à usage d'habitation, à usage professionnel ou à usage professionnel et d'habitation, soit par un tel local et ses locaux accessoires, soit par un ou plusieurs locaux accessoires d'un tel local, compris dans un bâtiment effectivement soumis, à la date du projet d'aliénation, au régime de la copropriété, soit à la suite du partage total ou partiel d'une société d'attribution, soit depuis 10 années au moins dans les cas où la mise en copropriété ne résulte pas d'un tel partage, la date de publication du règlement de copropriété au fichier immobilier constituant le point de départ de ce délai ;
- Il s'agit, ensuite, de la cession de parts ou d'actions de sociétés visées aux titres II et III de la loi n° 71-579 du 16 juillet 1971 et donnant vocation à l'attribution d'un local d'habitation, d'un local professionnel ou d'un local mixte et des locaux qui lui sont accessoires ;
- Il s'agit, enfin, de l'aliénation d'un immeuble bâti, pendant une période de 4 ans à compter de son achèvement.

3226 Exclusions communes au DPU, aux ZAD et aux périmètres provisoires – L'article L. 213-1 du Code de l'urbanisme exclut du champ d'application du droit de préemption urbain divers biens que le texte énumère et, notamment, les immeubles qui font l'objet d'un contrat de vente d'immeuble à construire dans les conditions prévues par les articles 1601-1 et suivants du Code civil, sauf lorsque ces dispositions sont appliquées à des bâtiments existants.

V. Procédure de mise en œuvre du droit de préemption urbain

1° Formalités et délai

3227 Déclaration d'intention d'aliéner – Le propriétaire doit, à peine de nullité de la vente qui se prescrit par 5 ans à compter de la publication de l'acte translatif, adresser une déclaration d'intention d'aliéner (DIA) à la commune (cette déclaration devant être distinguée de la demande d'acquisition d'un bien faite par un propriétaire sur le fondement de l'article L. 211-5 du Code de l'urbanisme). La déclaration est établie en 4 exemplaires et est adressée à la mairie de la commune où se trouve situé le bien, par pli recommandé avec demande d'avis de réception postal ou déposée contre décharge. Cette déclaration doit indiquer le prix et les conditions de la vente du bien, une DIA distincte devant être faite pour chaque bien ou pour chaque unité foncière lorsqu'un même propriétaire met simultanément en vente plusieurs biens ou unités foncières dissociés, même si l'acquéreur pressenti est le même. Le maire en transmet copie, en particulier, au directeur départemental ou régional des finances publiques en lui précisant si cette transmission vaut demande d'avis.

3228 Frais de négociation – Dans l'hypothèse particulière où la vente pour laquelle un intermédiaire immobilier a prêté ses soins a donné lieu à l'exercice du droit de préemption urbain et où cette rémunération a été régulièrement mise à la charge de l'acquéreur dans le mandat, la jurisprudence estime, de manière constante, que le préempteur doit acquitter les honoraires de l'intermédiaire, peu important à cet égard que le prix d'acquisition du bien préempté soit inférieur à celui qui avait été initialement convenu entre vendeur et acquéreur. En effet, face à la question délicate de savoir si la préemption devrait être analysée comme s'appuyant sur un contrat déjà formé ou comme aboutissant à la conclusion d'une convention nouvelle entre le vendeur et le bénéficiaire du droit de préemption, la Cour de cassation a opté pour la première analyse. Elle considère, depuis longtemps, que l'exercice du droit de préemption doit être interprété comme une substitution pure et simple du préempteur à l'acquéreur choisi par le vendeur et, de la sorte, il résulte des articles 6 de la loi n° 70-9 du 2 janvier 1970 et 73 du décret n° 72-678 du 20 juillet 1972 que cette substitution *« ne porte pas atteinte au droit à commission de l'agent immobilier, tel qu'il est conventionnellement prévu » (Cass. 1re civ., 9 mars 1999, n° 96-21.259, Bull. civ. 1999, I, n° 79, p. 53 : JurisData n° 1999-001003. Cass. 1re civ., 17 juin 2003,* *n° 01-01.381 : JurisData n° 2003-019577. Cass. 1re civ., 24 janv. 2006, n° 02-18.745 : JurisData n° 2006-031829 ; AJDI 2006, p. 484, obs. M. Thioye).*

Conseil pratique Il est indispensable de mentionner dans la déclaration d'intention d'aliéner l'existence et le montant de la rémunération de l'intermédiaire immobilier et, à défaut, la responsabilité du notaire pourrait être mise en œuvre par l'intermédiaire immobilier.

3229 Indication du nom de l'acquéreur – L'indication du nom de l'acquéreur n'est pas obligatoire. Aussi, le titulaire du droit de préemption ne saurait être obligé de notifier sa décision à l'acquéreur évincé même si la mention dans la DIA du nom de ce dernier lui permet de bénéficier du droit de rétrocession prévu à l'article L. 213-11 du Code de l'urbanisme *(Rép. min. n° 43743 : JOAN 21 avr. 2009, p. 3871 ; JCP N 2009, n° 18, 346).* Cependant, à défaut d'être portée dans la DIA, celui-ci ne pourrait invoquer un droit à des dommages-intérêts en cas de non-affectation du bien préempté à sa finalité légale.

3230 Délai de réponse – À compter de la réception de la déclaration d'intention d'aliéner, le titulaire du droit de préemption dispose d'un délai de 2 mois pour rendre et notifier sa décision puisque son silence pendant ce délai vaut renonciation à l'exercice du droit de préemption *(C. urb., art. L. 211-5, al. 1er et 4, et L. 213-2, al. 4).* Ce délai a la nature de délai préfix ou de forclusion.

2° Effets de l'exercice ou de la renonciation au droit de préemption

a) Renonciation à l'exercice du droit de préemption

3231 Le bénéficiaire du droit de préemption (le titulaire du droit de préemption s'entendant également, s'il y a lieu, du délégataire) peut renoncer à son exercice. Cette renonciation pourra être expresse ou implicite puisque, même si toute renonciation anticipée avant l'envoi de la déclaration est inefficace, le silence du titulaire du droit de préemption pendant 2 mois à compter de la réception de cette déclaration vaut renonciation à l'exercice du droit *(C. urb., art. L. 213-2 et R. 213-7).* On peut rapprocher de ces textes l'article L. 211-5 du Code de l'urbanisme relatif à la demande d'acquisition d'un bien initiée par un propriétaire.
Le silence gardé par le vendeur pendant plus de 2 mois après la réception de l'offre d'acquérir (du bénéficiaire du DPU) équivaut à une renonciation à la vente *(C. urb., art. R. 213-10, dernier al. – Cass. 3e civ., 4 juin 2003, n° 00-17.084 : Bull. civ. III, n° 124).*

3232 Vente à un autre acquéreur pressenti – Le vendeur n'est pas tenu (après qu'une commune eut renoncé à exercer son DPU) de déposer une nouvelle déclaration d'intention d'aliéner en cas de vente à un autre acquéreur dès lors que le prix et les conditions de l'aliénation projetée ne sont pas modifiés *(Cass. 3e civ., 8 oct. 2008, n° 07-15.935 : D. 2008, p. 2600, obs. A. Vincent ; JCP N 2008, n° 50, 1355, note D. Dutrieux).*

b) Simple exercice du droit de préemption

3233 Présentation – Le bénéficiaire du droit de préemption (le titulaire du droit de préemption s'entendant également, s'il y a lieu, du délégataire) peut préempter aux prix et conditions indiqués dans la déclaration d'intention d'aliéner. La décision est prise par le conseil municipal après avis du service des domaines.
Aux termes du troisième alinéa de l'article L. 210-1 du Code de l'urbanisme, la décision de préempter doit mentionner l'objet pour lequel ce droit est exercé, ce qui n'empêche pas le bénéficiaire d'utiliser le bien pour un motif autre que celui indiqué, à condition de réaliser une opération justifiant la préemption au regard de l'article L. 300-1 du Code de l'urbanisme *(Cass. 3e civ., 1er déc. 2004, n° 03-14.676 : JurisData n° 2004-025919 ; Constr.-Urb. 2005, comm. 16, B. Cattin ; Bull. civ. III, n° 223 ; BJDU 2005, n° 4, p. 293, obs. F. Nési).*

3234 Préemption globale ou partielle – La commune peut préempter totalement ou partiellement le bien puisque l'article L. 213-2-1 du Code de l'urbanisme permet d'effectuer des préemptions partielles lorsqu'une unité foncière est soumise seulement pour partie au droit de préemption. Cela dit, le bien ne peut faire l'objet d'une préemption partielle que si la réalisation d'une opération d'aménagement le justifie et, dans ce cas, le propriétaire du terrain morcelé peut exiger que le bénéficiaire du droit de préemption se porte acquéreur de l'ensemble de l'unité foncière *(C. urb., art. L. 213-2-1).*
À défaut d'accord amiable, le prix d'acquisition fait l'objet d'une fixation par la juridiction de l'expropriation et il est nécessaire de tenir compte de l'éventuelle dépréciation subie par la fraction de l'unité foncière non préemptée qui peut être difficile à vendre *(C. urb., art. L. 213-4, al. 2. – Rappr. art. L. 211-5,* en cas de demande d'acquisition d'un bien initiée par un propriétaire*).*

3235 Délai de réalisation de la vente – Lorsque la commune préempte, l'acte authentique doit être dressé dans les 3 mois à compter de l'accord des parties ou à compter de la décision judiciaire devenue définitive dans le cas où le prix a été fixé par décision de justice et où les parties n'ont pas fait usage de la faculté de renonciation *(C. urb., art. R. 213-12)* ; elle devra régler le prix au plus tard 6 mois après sa décision d'acquérir le bien au prix demandé ou 6 mois après la décision définitive de la juridiction. En l'absence de paiement ou, s'il y a obstacle au paiement, de consignation de la somme due à l'expiration du délai précité, le bien est, sur leur demande, rétrocédé à l'ancien propriétaire ou à ses ayants cause universels ou à titre universel qui en reprennent la libre disposition.

c) Exercice du droit de préemption

3236 Présentation – Le bénéficiaire du droit de préemption peut notifier au propriétaire son intention d'acquérir à un prix proposé par lui et, à défaut de l'acceptation de cette offre par le propriétaire, son intention de faire fixer le prix par le juge de l'expropriation *(C. urb., art. R. 213-8, c)*. Le propriétaire dispose d'un délai de 2 mois, à compter de la réception de l'offre d'acquérir, pour notifier au titulaire du droit de préemption, soit qu'il accepte le prix ou les nouvelles modalités proposés par le titulaire du droit de préemption, soit qu'il maintient le prix ou l'estimation figurant dans sa déclaration et accepte que le prix soit fixé par la juridiction compétente en matière d'expropriation, soit qu'il renonce à l'aliénation (son silence dans les 2 mois vaut renonciation tacite). Lorsque le propriétaire maintient son prix ou son estimation, le bénéficiaire du droit de préemption est réputé avoir renoncé à l'exercice de son droit s'il n'a pas saisi la juridiction compétente en matière d'expropriation dans un délai de 15 jours à compter de la réception de la réponse du propriétaire *(C. urb., art. R. 213-11)*.

Conseil pratique **À défaut d'accord sur le prix, tout propriétaire d'un bien soumis au droit de préemption qui a manifesté son intention d'aliéner ledit bien peut ultérieurement retirer l'offre qu'il a émise. De même, en cours de procédure, le titulaire du droit de préemption peut renoncer à l'exercice de ce droit à défaut d'accord sur le prix *(C. urb., art. L. 213-7, al. 1er)*.**

3237 Prix fixé par voie judiciaire – Lorsque le prix est fixé par voie judiciaire, le titulaire du droit de préemption doit consigner 15 % du prix *(C. urb., art. L. 213-4-1)* ; le propriétaire et le bénéficiaire du droit de préemption disposent d'un délai de 2 mois à compter du jour où la décision est devenue définitive pour renoncer ou accepter la mutation sachant que le silence des parties dans ce délai vaut acceptation du prix fixé par le juge et transfert de propriété au profit du bénéficiaire du droit de préemption *(C. urb., art. L. 213-7, al. 2)*. Si ce dernier renonce à l'exercice de son droit après fixation judiciaire du prix, le droit de préemption ne peut être exercé à l'égard du même propriétaire pendant un délai de 5 ans à compter de la décision de justice, devenue définitive, si le propriétaire pendant cette période réalise la vente de ce bien au prix fixé par le juge éventuellement révisé.

Conseil pratique **Alors même qu'aucun acquéreur n'a encore été trouvé ou retenu, tout propriétaire d'un bien soumis au droit de préemption peut, dans les conditions prescrites par l'article R. 211-7 du Code de l'urbanisme, proposer au titulaire de ce droit l'acquisition de ce bien, en indiquant le prix qu'il en demande. Le titulaire doit alors se prononcer dans un délai de 2 mois à compter de ladite proposition dont copie doit être transmise par le maire au directeur départemental des finances publiques sachant que, en cas de refus ou à défaut de réponse du titulaire du droit de préemption dans le délai légal, le propriétaire pourra réaliser la vente au prix indiqué dans sa déclaration. Mais, à défaut d'accord amiable, le prix est fixé par la juridiction compétente en matière d'expropriation selon les règles mentionnées à l'article L. 213-4. À défaut de saisine de la juridiction de l'expropriation dans le délai de 15 jours à compter de la réception de la réponse du propriétaire, le titulaire du droit de préemption est réputé avoir renoncé à l'acquisition du bien.**

VI. Superposition de droits de préemption

3238 Superposition du DPU et du droit de préemption des SAFER – L'article L. 143-6 du Code rural et de la pêche maritime organise la hiérarchie entre le DPU et le droit de préemption de la SAFER en disposant que ce dernier *« ne peut primer les droits de préemption établis par les textes en vigueur au profit de l'État, des collectivités publiques, des établissements publics »*.... En pratique, et en application de l'article R. 143-7 du même code, le notaire chargé d'instrumenter doit informer la SAFER de l'existence des droits préférentiels prévus pour les personnes publiques, étant précisé que la SAFER peut dans tous les cas déclarer exercer son droit de préemption sous réserve que le titulaire du droit qui prime le sien ne l'exerce pas. Le vendeur devra donc en premier lieu adresser une déclaration d'intention d'aliéner à la mairie au titre du droit de préemption urbain. Ce n'est que dans le cas où le titulaire du DPU renonce à l'exercice de ce droit que la SAFER pourra préempter.

3239 Superposition du DPU et du droit de préemption des espaces naturels sensibles des départements – Lorsqu'un même immeuble est compris pour partie dans une zone soumise au DPU et pour partie dans un périmètre de préemption au titre des espaces naturels sensibles, le bien peut ainsi être préempté sur le fondement de l'un ou de l'autre dès lors que les règles de mise en œuvre de ces deux droits sont observées et à condition que les objectifs poursuivis dans la mise en œuvre de chacun de ces droits soient compatibles.

3240 Superposition du droit de préemption des locataires et du droit de préemption d'une collectivité publique – Lorsque l'immeuble loué se trouve dans le périmètre d'un droit de préemption urbain (DPU) ou d'une zone d'aménagement urbain, il y a lieu de purger ce droit qui prime celui du locataire. En effet, ni le droit de préemption prévu par la loi n° 75-1351 du 31 décembre 1975, ni celui prévu par la loi n° 89-462 du 6 juillet 1989 ne font obstacle à l'exercice du droit de préemption d'une collectivité publique, du DPU notamment.

3241 **Conséquence de l'annulation de la décision de préemption** – L'annulation de la décision de préemption a pour effet, d'après la Cour de cassation, que cette dernière n'est jamais censée avoir eu lieu et, partant, la condition suspensive de renonciation à l'exercice du droit de préemption est réalisée. Ainsi, par l'effet rétroactif de la nullité et celui de la condition accomplie (à moins que les parties n'y aient renoncé), la vente alors consentie sous la condition suspensive de la purge du droit de préemption devient pure et simple et l'acquéreur évincé retrouve dès lors tous ses droits et peut demander l'exécution forcée du contrat *(Cass. 3e civ., 22 juin 2005, n° 03-20.473 : JurisData n° 2005-029066 ; JCP G 2005, IV, 2811 ; Bull. civ. III, n° 142, BJDU 2005, n° 4, p. 295, obs. F. Nési ; JCP N 2006, p. 1056, note L. Leveneur. – CE sect., 31 déc. 2008, n° 293853 : JCP N 2009, n° 4, act.141, obs. M.-C. Rouault).*

Pour aller plus loin

• H. Kenfack, Conséquence de l'annulation de la décision de préemption et condition suspensive. Présentation de la jurisprudence récente : JCP N 2005, n° 48, 1468

DROITS DE PRÉEMPTION ET DROIT DE PRIORITÉ

Droit de préemption dans les zones d'aménagement différé

I. Généralités

3242 Création des zones d'aménagement différé proprement dites – Aux termes de l'article L. 212-1 du Code de l'urbanisme, des zones d'aménagement différé peuvent être créées, par décision motivée du représentant de l'État dans le département, sur proposition ou après avis de la commune et après avis de l'établissement public de coopération intercommunale ayant les compétences visées au deuxième alinéa de l'article L. 211-2 (élaboration des documents d'urbanisme et réalisation de ZAC). En cas d'avis défavorable de la commune ou de l'établissement public compétent, la zone d'aménagement différé ne peut être créée que par décret en Conseil d'État. En outre, des zones d'aménagement différé peuvent être créées par délibération motivée de l'organe délibérant de l'établissement public de coopération intercommunale à fiscalité propre ayant les compétences mentionnées au second alinéa de l'article L. 211-2, après avis des communes incluses dans le périmètre de la zone. En cas d'avis défavorable d'une de ces communes, la zone d'aménagement différé ne peut être créée que par arrêté du représentant de l'État dans le département ou, si la zone est située sur le territoire de plusieurs départements, par arrêté conjoint des représentants de l'Etat dans les départements concernés et leur objet doit être licite *(CE, 22 juill. 1992, n° 86228, Synd. viticole de Pessac et Léognan : Lebon, p. 297 ; AJDA 1993, p. 61, note J.-P. Lebreton)*. Enfin, des zones d'aménagement différé peuvent également être créées par délibération motivée de l'organe délibérant d'un établissement public territorial créé en application de l'article L. 5219-2 du Code général des collectivités territoriales, en dehors des périmètres fixés par le conseil de la métropole du Grand Paris pour la mise en œuvre des opérations d'aménagement d'intérêt métropolitain mentionnées à l'article L. 5219-1 du même code, après avis des communes dont le territoire est inclus en tout ou partie dans le périmètre de ces zones. En cas d'avis défavorable d'une commune, la zone d'aménagement différé ne peut être créée que par arrêté du représentant de l'État dans le département ou, si la zone est située sur le territoire de plusieurs départements, par arrêté conjoint des représentants de l'Etat dans les départements concernés

3243 Création des périmètres provisoires ou « pré-ZAD » – Lorsqu'il est saisi d'une proposition de création d'une ZAD, le préfet peut prendre un arrêté délimitant un périmètre provisoire de ZAD, parfois appelé pré-ZAD. Mais *« si l'acte créant la zone d'aménagement différé n'est pas publié à l'expiration d'un délai de deux ans à compter de la publication de l'arrêté délimitant le périmètre provisoire, cet arrêté devient caduc » (C. urb., art. L. 212-2-1, al. 4).*

II. Régime du droit de préemption

A. – INSTITUTION DU DROIT DE PRÉEMPTION

3244 Dès la publication de l'acte créant une ZAD ou une pré-ZAD, un droit de préemption est institué pour une durée de 6 ans renouvelable à compter de la publication de l'acte qui a créé la zone ou de la date de publication de l'acte délimitant le périmètre provisoire, le renouvellement de cette période se faisant selon les modalités prévues à l'article L. 212-1, sans que l'acte renouvelant le droit de préemption soit nécessairement pris selon la modalité ayant présidé à la prise de l'acte de création de la zone *(C. urb., art. L. 212-2, al. 1er et 3, et L. 212-2-1, al. 5).* Cela dit, et même si l'article L. 212-2 du Code de l'urbanisme ne précise pas les motifs pour lesquels le droit de préemption peut être exercé, cet exercice doit être suffisamment motivé par la poursuite d'un but d'intérêt général conformément aux dispositions de l'article L. 210-1, alinéa 1er, du Code de l'urbanisme.

B. – BÉNÉFICIAIRE DU DROIT DE PRÉEMPTION

3245 Aux termes de l'article L. 212-2, alinéa 2, du Code de l'urbanisme, c'est l'acte de création de la zone d'aménagement différé qui désigne le bénéficiaire du droit de préemption, étant entendu que le fait qu'une commune prenne l'initiative d'une ZAD ne lui confère aucun droit au bénéfice du droit de préemption. Pour une pré-ZAD, le bénéficiaire du droit de préemption est l'État, mais *« l'arrêté délimitant le périmètre provisoire peut désigner un autre titulaire du droit de préemption » (C. urb., art. L. 212-2-1, al. 3).*

C. – ACTES ET BIENS CONCERNÉS

3246 Hormis les exclusions spécifiques au DPU prévues à l'article L. 211-3 du Code de l'urbanisme, les actes et biens concernés par le droit de préemption dans les zones d'aménagement différé et les périmètres provisoires sont les mêmes que ceux relatifs au DPU.

D. – PROCÉDURE DE PRÉEMPTION

3247 La procédure de préemption est régie par l'article L. 212-3 du Code de l'urbanisme (et les articles R. 212-4 et R. 212-5 du même code).

3248 **Exercice du droit de délaissement ou offre de vente** – Tout propriétaire d'un immeuble inclus dans la zone à la date de la publication de l'acte de création de la ZAD ou de la pré-ZAD (ou ses ayants cause universels ou à titre universel), usant de son droit de délaissement, peut proposer au titulaire du droit de préemption son acquisition, en indiquant le prix qu'il en demande *(C. urb., art. L. 212-3, al. 1er)*.

3249 **Délai et formalités d'acceptation de l'offre** – Le titulaire doit se prononcer dans un délai de 2 mois à compter de ladite proposition dont copie doit être transmise par le maire au directeur départemental des finances publiques *(C. urb., art. L. 212-3, al. 1er in fine)*.

3250 **Fixation et règlement du prix** – À défaut d'accord amiable, le prix est fixé par la juridiction compétente en matière d'expropriation selon les règles mentionnées à l'article L. 213-4 du Code de l'urbanisme *(C. urb., art. L. 212-3, al. 3)*.
En cas d'acquisition d'un bien par voie de préemption ou dans les conditions définies à l'article L. 211-5, le transfert de propriété intervient à la plus tardive des dates auxquelles seront intervenus le paiement et l'acte authentique. Le prix d'acquisition est payé, ou, en cas d'obstacle au paiement, consigné dans les 4 mois qui suivent soit la décision d'acquérir le bien au prix indiqué par le vendeur ou accepté par lui, soit la décision définitive de la juridiction compétente en matière d'expropriation, soit la date de l'acte ou du jugement d'adjudication. Et, en cas de non-respect du délai susmentionné, le vendeur peut aliéner librement son bien *(C. urb., art. L. 212-3, al. 3)*.

3251 **Effets du refus de l'offre de vente (ou de l'absence de réponse)** – En cas de refus, ou à défaut de réponse du titulaire du droit de préemption dans les 2 mois, le bien visé cesse d'être soumis au droit de préemption *(C. urb., art. L. 212-3, al. 4)*.

E. – PRÉ-ZAD ET HYPOTHÈSE DE RÉTROCESSION DE BIENS PRÉEMPTÉS

3252 Aux termes de l'article L. 212-2-2 du Code de l'urbanisme, lors de la publication de l'acte créant la zone d'aménagement différé, les biens immobiliers acquis par décision de préemption qui n'auront pas été utilisés à l'un des objets mentionnés à l'article L. 210-1 du même code seront, s'ils sont compris dans le périmètre définitif, cédés au titulaire du droit de préemption et, s'ils ne sont pas compris dans ce périmètre, rétrocédés à leurs anciens propriétaires ou à leurs ayants cause universels ou à titre universel dans le délai d'un an à compter de la publication de l'acte créant la zone. Il en va de même lorsque l'arrêté délimitant le périmètre provisoire devient caduc dans les conditions prévues à l'article L. 212-2-1.

3253 **Fixation du prix** – Toujours est-il que, à défaut d'accord amiable, le prix est fixé par la juridiction compétente en matière d'expropriation, conformément aux règles mentionnées par l'article L. 213-4. Ainsi, à défaut d'acceptation dans le délai de 3 mois à compter de la notification de la décision juridictionnelle devenue définitive, les anciens propriétaires ou leurs ayants cause universels ou à titre universel sont réputés avoir renoncé à l'acquisition. Et, dans le cas où les anciens propriétaires ou leurs ayants cause universels ou à titre universel ont renoncé expressément ou tacitement à l'acquisition, le titulaire du droit de préemption doit également proposer l'acquisition à la personne qui avait l'intention d'acquérir le bien dès lors que le nom de l'acquéreur était inscrit dans la déclaration mentionnée à l'article L. 213-2.

F. – SUPERPOSITION DU DROIT DE PRÉEMPTION DANS UNE ZAD ET D'AUTRES DROITS DE PRÉEMPTION

1° Superposition du droit de préemption dans une ZAD et du DPU

3254 Les zones urbaines ou zones U et les zones à urbaniser ou zones AU comprises dans une ZAD ou une pré-ZAD ne sont plus soumises au DPU ayant pu y être institué puisque, selon l'article L. 212-1, alinéa 1er, in fine du Code de l'urbanisme, *« les zones urbaines ou d'urbanisation future délimitées par un plan d'occupation des sols rendu public ou un plan local d'urbanisme approuvé et comprises dans un périmètre provisoire de zone d'aménagement différé ou dans une zone d'aménagement différé ne sont plus soumises au droit de préemption urbain institué sur ces territoires »*. Le législateur fait ainsi prévaloir la création des ZAD ou des pré-ZAD sur le DPU.

2° Superposition du droit de préemption dans une ZAD et du droit de préemption des espaces naturels sensibles des départements

3255 Même si l'article L. 101-1 du Code de l'urbanisme invite les collectivités à harmoniser, *« leurs prévisions et leurs décisions d'utilisation de l'espace dans le respect réciproque de leur autonomie »*, le Conseil d'État a admis la légalité d'un décret instituant une ZAD dans une zone de préemption au titre des espaces naturels sensibles, au motif qu'aucun texte n'interdisait la superposition de ces deux droits de préemption *(CE, sect., 3 juill. 1998, n° 126606, préfet dpt Yvelines : JurisData n° 1998-050633 ; Lebon, p. 276 ; JCP G 1998, IV, n° 3163 ; RFD adm. 1998, p. 1068)*. Faute pour le législateur d'avoir tracé le domaine respectif des deux droits de préemption, cette situation de coexistence peut générer des complications, puisqu'un même immeuble pourrait faire l'objet de deux décisions de préemption, l'une du préfet, l'autre du Conseil général, chacune répondant à une politique spécifique.

Droit de préemption communal en cas d'aliénation à titre onéreux de terrains faisant l'objet de projets d'aménagement commercial

3256 Consécration – Par son article 58-I, la loi n° 2005-882 du 2 août 2005 en faveur des petites et moyennes entreprises a inséré dans le Code de l'urbanisme un nouveau chapitre, regroupant les articles L. 214-1 à L. 214-3, visant à instituer un droit de préemption concernant les aliénations à titre onéreux de fonds de commerce, de fonds artisanaux, de baux commerciaux ou de terrains faisant l'objet de projets d'aménagement commercial. En effet, par délibération, les conseils municipaux peuvent désormais instaurer des périmètres de sauvegarde du commerce et de l'artisanat de proximité, espaces au sein desquels les communes (ou les etablissements publics délégataires conformément aux dispositions de l'article. L. 214-1-1) pourront exercer un droit de préemption en cas, notamment, d'aliénations à titre onéreux de terrains portant ou destinés à porter des commerces d'une surface de vente comprise entre 300 et 1 000 m^2. Confiné dans un domaine déterminé et soumis à des conditions strictes, ce droit de préemption trouve une limite supplémentaire dans le fait que la commune (ou le délégataire désigné conformément aux dispositions de l'article L. 214-1-1 du Code de l'urbanisme) qui l'exerce est tenue, dans le délai de 2 ans à compter de la prise d'effet de la cession, de rétrocéder le bien à une entreprise immatriculée au RCS ou au répertoire des métiers.

Conseil pratique **Les professionnels de l'immobilier ainsi que les rédacteurs d'actes devront, pour des raisons d'efficacité et de sécurité juridique, se renseigner de manière systématique sur l'existence éventuelle d'un périmètre de sauvegarde concernant les terrains pour la cession desquels leurs prestations seraient sollicitées.**

Pour aller plus loin

- C. Bosgiraud, Libres propos relatifs au droit de préemption sur les cessions de fonds de commerce, de fonds artisanaux, de baux commerciaux : préempter pour rétrocéder : JCP N 2008, n° 16, 1179
- J.-H. Driard, Le droit de préemption des communes sur les terrains à vocation commerciale : AJDI 2009, p. 679 et s.
- S. Durteste et R. Glon, Droit de préemption des communes sur les cessions de terrains portant ou destinés à porter des commerces d'une surface de vente comprise entre 300 et 1 000 m^2 : JCP N 2008, n° 43-44, 1316
- D. Dutrieux, Préemption et vente de certains terrains : une double purge s'impose au notaire : JCP N 2008, n° 37, act. 610
- V. Panepinto, Le droit de préemption des communes sur les fonds artisanaux, les fonds de commerce, les baux commerciaux et les terrains : Administrer 2009, n° 426, p. 19 et s.
- C. Zolynski, Le champ d'application du droit de préemption des communes : l'exemple de la préemption commerciale : Constr.-Urb. 2009, n° 9, p. 24 et s.

Droit de préemption relatif aux espaces naturels sensibles des départements

3257 Présentation – *« Pour élaborer et mettre en œuvre une politique de protection, de gestion et d'ouverture au public des espaces naturels sensibles, boisés ou non, destinée à préserver la qualité des sites, des paysages, des milieux naturels et des champs naturels d'expansion des crues et d'assurer la sauvegarde des habitats naturels selon les principes posés à l'article L. 101-2 » (C. urb., art. L. 113-8)*, le département peut, selon l'article L. 215-1 du Code de l'urbanisme, créer des zones de préemption dans les conditions prévues par ce texte : *« dans les communes dotées d'un plan local d'urbanisme approuvé, les zones de préemption sont créées avec l'accord de la commune ou de l'établissement public de coopération intercommunale compétent en matière de plan local d'urbanisme ; en l'absence d'un tel document, et à défaut d'accord des communes ou des établissements publics de coopération intercommunale compétents en matière de plan local d'urbanisme concernés, ces zones ne peuvent être créées par le département qu'avec l'accord de l'autorité administrative compétente de l'État »*.

3258 Titulaire de plein droit du droit de préemption – Le département lui-même est le titulaire principal et « de plein droit » du droit de préemption dans les zones de préemption délimitées dans les conditions prévues par l'article L. 215-1 du Code de l'urbanisme *(C. urb., art. L. 215-4. – CAA Nancy, 1er oct. 1998, Dpt Nord : BJDU 1/1999, p. 64 :* à défaut d'avoir reçu une délégation du conseil général, la commission permanente n'est pas compétente pour exercer ce droit*)*, le conseil départemental (conseil général avant la loi n° 2003-403 du 17 mai 2013) pouvant en déléguer l'exercice à son président *(CGCT, art. L. 3221-12)*. Il existe des « titulaires par substitution » du droit de préemption, puisque, si le département ne l'exerce pas, le Conservatoire de l'espace littoral et des rivages lacustres territorialement compétent, notamment, peut l'exercer *(C. urb., art. L. 215-5)*.

3259 Droit de préemption propre au Conservatoire de l'espace littoral et des rivages lacustres – Le Conservatoire de l'espace littoral et des rivages lacustres peut initier, à son bénéfice, la création de zones de préemption, à l'extérieur des zones de préemption départementales, des zones urbaines ou à urbaniser, identifiées par un plan local d'urbanisme et les zones constructibles d'une carte communale. Il est alors directement titulaire du droit de préemption puisque la loi dispose qu'il exerce les compétences attribuées au département *(C. urb., art. L. 215-2)*.

3260 Cessions de droits indivis ou de la majorité des parts d'une SCI – Le droit de préemption du Conservatoire de l'espace littoral et des rivages lacustres, prévu aux articles L. 215-2 et L. 215-5 du Code de l'urbanisme, est applicable à la cession de droits indivis sur un immeuble ou une partie d'immeuble bâti ou non bâti ainsi qu'à la cession de la majorité des parts d'une société civile immobilière lorsque le patrimoine de cette société est constitué par une unité foncière, bâtie ou non, sur la totalité ou certaines parties des zones de préemption créées par le conseil général ou le conservatoire. Et l'exercice par le conservatoire du droit de préemption sur des cessions de parts de société civile immobilière est subordonné à la production par la société civile immobilière d'un état de sa situation sociale et financière et à une délibération motivée du conseil d'administration du conservatoire *(C. urb., art. L. 215-13)*.

Pour aller plus loin

- D. Dutrieux, Droit de préemption du Conservatoire de l'espace littoral sur les droits indivis et sur les parts de SCI : Constr.-Urb. 2011, n° 10, p. 13

3261 Biens ou droits préemptables – Dans les communes dotées d'un plan local d'urbanisme approuvé, les zones de préemption sont créées avec l'accord de la commune ou de l'établissement public de coopération intercommunale compétent en matière de plan local d'urbanisme ; mais, en l'absence d'un tel document, et à défaut d'accord des communes ou des établissements publics de coopération intercommunale compétents en matière de plan local d'urbanisme concernés, ces zones ne peuvent être créées par le département qu'avec l'accord de l'autorité administrative compétente de l'État *(C. urb., art. L. 215-1, al. 2)*.
À noter que les organisations professionnelles agricoles et forestières doivent être consultées sur la délimitation, en application des articles L. 215-1 et L. 215-2, des zones de préemption susmentionnées *(C. urb., art. L. 215-3)*.

3262 Actes entraînant préemption – Les aliénations susceptibles de préemption sont les mutations à titre onéreux sous quelque forme que ce soit *(C. urb., art. L. 215-9)*. Néanmoins, ne sont pas soumis à ce droit les échanges d'immeubles ruraux situés dans les zones de préemption lorsque les conditions prévues au chapitre IV du titre II du livre Ier du Code rural et de la pêche maritime sont réunies *(C. urb., art. L. 215-10)*, les cessions de droits indivis (réserve faite de la règle selon laquelle le droit de préemption du Conservatoire de l'espace littoral et des rivages lacustres est applicable à la cession de droits indivis sur un immeuble ou une partie d'immeuble bâti ou non bâti), les cessions de tantièmes contre remise de locaux à construire, les contrats de location-accession à la propriété immobilière.

3263 Procédure de préemption – Dès lors que l'on se situe à l'intérieur d'une zone de préemption, toute aliénation (à titre onéreux, sous quelque forme que ce soit, portant sur tout terrain ou ensemble de droits sociaux donnant vocation à l'attribution en propriété ou en jouissance de terrains) est subordonnée, à peine de nullité (qui, selon l'article L. 215-16, se prescrit par 5 ans à compter de la publication de l'acte portant transfert de propriété), à une déclaration préalable adressée par le propriétaire au département dans lequel sont situés les biens.

3264 Délai – Le silence des titulaires des droits de préemption et de substitution pendant 3 mois à compter de la réception de la déclaration vaut renonciation à l'exercice de ces droits *(C. urb., art. L. 215-15)*.

3265 Fixation du prix – À défaut d'accord amiable, la juridiction compétente en matière d'expropriation est amenée à fixer le prix, lequel est exclusif de toute indemnité accessoire, et notamment de l'indemnité de réemploi. Sous certaines réserves, le prix est fixé, payé, ou, le cas échéant, consigné, selon les règles applicables en matière d'expropriation. Et lorsque la juridiction compétente en matière d'expropriation est appelée à fixer le prix d'un bien dont l'aliénation est envisagée sous forme de vente avec constitution de rente viagère, elle respecte les conditions de paiement proposées par le vendeur, mais peut réviser le montant de cette rente et du capital éventuel *(C. urb., art. L. 215-17)*.

3266 Superposition du DPU et du droit de préemption des espaces naturels sensibles des départements – Lorsqu'un même immeuble est compris pour partie dans une zone soumise au DPU et pour partie dans un périmètre de préemption au titre des espaces naturels sensibles, il semble que les deux droits coexistent : le bien peut ainsi être préempté sur le fondement de l'un ou de l'autre dès lors que les règles de mise en œuvre de ces deux droits sont observées et à condition que les objectifs poursuivis dans la mise en œuvre de chacun de ces droits soient compatibles *(CE, 26 févr. 2003, n° 231558, Épx Bour : Lebon, p. 59. – Cass. 3e civ., 10 mai 2007, n° 05-21.485 : JurisData n° 2007-038807 ; Bull. civ. III, n° 75 ; RD imm. 2008, p. 94, obs. F.-G. Trébulle :* l'envoi à la commune d'une déclaration d'intention d'aliéner visant exclusivement le droit de préemption urbain ne peut obliger le maire, compétent pour la recevoir et exercer un éventuel droit de préemption de ce chef, à transmettre cette déclaration au président du conseil général pour l'exercice du droit de préemption dont celui-ci est titulaire au titre des espaces naturels sensibles*)*.

Pour aller plus loin

- V. Walet, Les droits de préemption en droit de l'urbanisme : JCP N 1997, prat., p. 1405 et s.

3267 Articulation du droit de préemption des espaces naturels sensibles des départements avec le droit de préemption dans les ZAD – Le législateur n'ayant pas délimité le domaine respectif des deux droits de préemption, il pourrait y avoir une coexistence de deux zones de préemption sur un même territoire (situation pouvant être source de difficultés).
Néanmoins, les difficultés liées à la superposition des deux droits peuvent, néanmoins, être résorbées lorsque, dans les communes dotées d'un plan d'occupation des sols rendu public ou d'un plan local d'urbanisme approuvé, les zones de préemption du département sont créées avec l'accord du conseil municipal. Il appert, en effet, qu'une telle association de la commune à la prise de la décision devrait permettre d'éviter la superposition des deux droits de préemption et, ainsi, favoriser la politique départementale.

Pour aller plus loin

- S. Deliancourt, L'exercice du droit de préemption par le département dans les espaces naturels sensibles : Dr. env. 2011, n° 192, p. 225 et s.
- H. Périnet-Marquet, Le droit de préemption dans les espaces naturels sensibles : Rev. jur. env. 1997, p. 713.
- M. Saint-Supery et D. Kacete, Le droit de préemption dans les espaces naturels sensibles : Constr.-Urb. 2018, étude 12

Droits de préemption concernant les carrières et les installations de stockage de déchets à l'abandon et en fin d'exploitation

3268 Il existe un droit de préemption qui porte sur les carrières et les installations de stockage de déchets à l'abandon et en fin d'exploitation. Il sera évoqué en trois remarques :

- d'abord, *« en vue de faciliter son exploitation coordonnée et son réaménagement, l'acte de délimitation de la zone d'exploitation coordonnée des carrières peut conférer à l'une des personnes énumérées à l'article L. 212-2 du Code de l'urbanisme ou à une société d'aménagement foncier et d'établissement rural le droit d'exercer le droit de préemption à l'occasion de l'aliénation, à titre onéreux, d'un immeuble dans les formes et délais régissant l'exercice de ce droit à l'intérieur d'une zone d'aménagement différé » (C. minier, art. L. 334-4 nouveau)* ;
- ensuite, *« les communes et, à défaut, les départements ont un droit de préemption en cas de vente des carrières laissées à l'abandon, lorsque celles-ci ont été exploitées sur leur territoire. Ce droit ne peut primer sur les autres droits de préemption existants » (C. minier, art. L. 336-1 nouveau)* ;
- enfin, *« afin de prévenir les risques et nuisances mentionnés au 3o du II de l'article L. 541-1, la commune où se trouve le bien peut exercer le droit de préemption, dans les conditions prévues aux chapitres Ier et III du titre Ier du livre II du Code de l'urbanisme, sur les immeubles des installations de stockage arrivées en fin d'exploitation » (C. envir., art. L. 541-29, al. 1er).*

Droit de priorité

3269 **Sens, source et finalités du droit de priorité** – « Le droit de priorité s'applique non à des secteurs mais à certaines catégories de biens. Il concerne les biens appartenant à l'État, à ses entreprises publiques et à ses établissements publics. Il est réservé aux communes où sont situés ces biens et aux établissements publics de coopération intercommunale titulaires du droit de préemption. Ce droit de priorité est exclusif du droit de préemption *(C. urb., art. L. 240-1 à L. 240-3)*. Il ne se greffe pas sur un contrat en cours entre un vendeur et un acquéreur mais se situe en amont. Lorsque l'État a l'intention de vendre des biens, il doit les proposer à la collectivité sauf exceptions limitativement prévues par le Code de l'urbanisme. » *(B. Phémolant, Droit de préemption, droit de priorité : quel est leur rôle ? : JCP A 2008, 2253, n° 4)*.

Pour aller plus loin

Formules
- JCl. Notarial Formulaire, V° Avant-contrat, fasc. 65, 67, 115 et 117, par J.-F. Pillebout
- JCl. Notarial Formulaire, V° Préemption, fasc. 245, par J.-M. Bez, J. Hugot et V. Zalewski-Sicard
- JCl. Notarial Formulaire, V° Préemption, fasc. 275 (espaces naturels sensibles), par J.-M. Bez, J. Hugot et V. Zalewski-Sicard

Fiches pratiques
- Fiche pratique n° 2621 : Articulation de plusieurs droits de préemption sur un même bien immobilier, par A. Robert-Chary
- Fiche pratique n° 3291 : Purger le droit de préemption urbain, par T. Dial
- Fiche pratique n° 1643 : Préparer une adjudication d'immeuble, par D. Boulanger

Commentaires
- JCl. Notarial Formulaire, V° Préemption, fasc. 180 à 230 (droit de préemption urbain)
- JCl. Notarial Formulaire, V° Préemption, fasc. 250 et 260 (espaces naturels sensibles), par J. Hugot et V. Zalewski-Sicard
- JCl. Notarial Formulaire, Synthèse 1030, Préemption et réserves foncières, par D. Dutrieux et V. Zalewski-Sicard

Effets de la vente

Matthieu Poumarède
Professeur, Université Toulouse Capitole, directeur de l'IEJUC

Vivien Zalewski-Sicard
Maître de conférences, Université Toulouse Capitole, membre de l'IEJUC

Transfert de propriété

3270 L'effet translatif est un effet légal de la vente *(C. civ., art. 1196)*. Il emporte le transfert des risques et le transfert de jouissance de l'immeuble.

I. L'effet translatif

3271 Feue l'obligation de donner – Contestée dans son existence même, l'obligation de donner n'est plus visée par le Code civil, de même que les obligations de faire ou de ne pas faire. En lieu et place de l'obligation de donner, le Code civil aux articles 1196 à 1198 du Code civil prévoit un droit commun de l'*effet translatif* du contrat qui doit être complété par les dispositions propres à la vente immobilière énoncées par les articles 1582 à 1593 du Code civil.

3272 Transfert instantané et *solo consensu* – Selon ces dispositions, le transfert de propriété résulte du seul échange des consentements des parties : le vendeur et l'acquéreur. Conformément à l'article 1583 du Code civil, *la vente est parfaite entre les parties et la propriété acquise de droit à l'acheteur à l'égard du vendeur, dès qu'on est convenu de la chose et du prix, quoique la chose n'ait pas encore été livrée ni le prix payé*. Il résulte de cette disposition deux conséquences centrales. D'une part, la vente, y compris immobilière, demeure un contrat consensuel. D'autre part, l'effet translatif de la vente s'opère immédiatement par le seul fait de la rencontre des volontés. Celle-ci a donc un effet double : l'accord des parties forme le contrat de vente d'immeuble. L'accord des parties transfère la propriété.

II. La vente d'immeuble, contrat consensuel

3273 Vente d'immeuble, contrat consensuel – La vente d'immeuble demeure un contrat consensuel en droit français. Formée par la seule rencontre des volontés des parties, le vendeur et l'acquéreur, la vente d'immeuble n'a en principe pas besoin d'une quelconque forme pour être valable. Ainsi qu'en dispose l'alinéa 1er de l'article 1109 du Code civil, *Le contrat est consensuel lorsqu'il se forme par le seul échange des consentements quel qu'en soit le mode d'expression*. Telle est, en principe, la vente d'immeuble.

3274 Publicité foncière : aux fins d'opposabilité – Conformément à l'article 28 du décret n° 55-22 du 4 janvier 1955 *Sont obligatoirement publiés au service chargé de la publicité foncière de la situation des immeubles, [...] tous actes, même assortis d'une condition suspensive, et toutes décisions judiciaires, portant ou constatant entre vifs : [...] Mutation ou constitution de droits réels immobiliers, y compris les obligations réelles définies à l'article L. 132-3 du code de l'environnement, autres que les privilèges et hypothèques, qui sont conservés suivant les modalités prévues au code civil*. Cette obligation de publier, notamment, les ventes d'immeuble, constitue assurément un formalisme dès lors que pour être publiée la vente d'immeuble *doit être dressé(e) en la forme authentique*, ainsi qu'en dispose l'article 4 du décret n° 55-22 du 4 janvier 1955 portant réforme de la publicité foncière.

3275 Mentions obligatoires – Au surplus, les articles suivants énoncent les mentions obligatoires que doivent contenir les ventes d'immeuble aux fins de publication. Ainsi, selon l'article 5 *Tout acte ou décision judiciaire sujet à publicité dans un service chargé de la publicité foncière doit contenir les nom, prénoms dans l'ordre de l'état civil, domicile, date et lieu de naissance et profession des parties, ainsi que le nom de leur conjoint*, tandis que l'article 6 prévoit les mentions nécessaires à l'identification des personnes morales et l'article 7 les modalités de désignation de l'immeuble vendu, l'acte de vente devant indiquer, pour chacun des immeubles qu'il concerne, la nature, la situation, la contenance et la désignation cadastrale (section, numéro du plan et lieu-dit). Si ces mentions obligatoires participent certainement à éclairer le consentement des parties, particulièrement de l'acquéreur, elles ne sont aucunement, pas davantage que la forme authentique, exigées au titre de la validité de la vente d'immeuble.

3276 Opposabilité – Ce formalisme pointilleux ne conditionne pas la validité des ventes d'immeuble, mais bien leur seule opposabilité aux tiers. Il ne s'agit donc pas de solennité au sens de l'article 1109 du Code civil, mais d'un formalisme exigé aux fins d'opposabilité. En effet, ainsi qu'en dispose l'article 30 du décret, les ventes d'immeuble, soumises à publicité par application du 1° de l'article 28 sont, si elles n'ont pas été publiées, inopposables aux tiers. La sanction n'est donc aucunement la nullité des ventes qui n'auraient pas été publiées. Elles demeurent valables entre les parties, le vendeur et l'acquéreur. Elles sont en revanche inopposables aux tiers.

3277 Ventes solennelles – Si le principe demeure que la vente d'immeuble est un contrat consensuel, l'échange des consentements suffisant à sa formation et donc au transfert de propriété, il n'en demeure pas moins qu'il existe des exceptions à cette règle.

3278 Solennités imposées aux parties par la loi – Au premier chef, certaines ventes sont ainsi solennelles, leur validité étant « subordonnée à des formes déterminées par la loi ».

3279 Vente en l'état futur d'achèvement – Il en va par exemple ainsi de la vente en l'état futur d'achèvement dès lors qu'elle relève du secteur protégé : elle doit être conclue « par acte authentique » et contenir nombre de mentions obligatoires conformément à l'article L. 261-11 du Code de la construction et de l'habitation. La vente d'immeuble achevé et de terrain n'échappe pas à cette règle.

3280 Vente amiable sur autorisation judiciaire – Que l'on pense à l'article L. 322-4 du Code des procédures civiles d'exécution qui dispose que *l'acte notarié de vente n'est établi que sur consignation du prix et des frais de la vente et justification du paiement des frais taxés*. Ne fait-il pas de la vente amiable sur autorisation judiciaire un acte solennel ?

3281 Vente d'un lot de copropriété – De même, tout contrat réalisant ou constatant la vente d'un lot ou d'une fraction de lot devant mentionner la superficie de la partie privative de ce lot ou de cette fraction de lot à peine de nullité (article 46 de la loi du 10 juillet 1965), est un acte solennel, ainsi que cela est admis du bout des lèvres. Plus avant, que penser du délai de rétractation ou de réflexion institué par l'article L. 271-1 du Code de la construction et de l'habitation ? L'obligation de notifier l'acte ou de le remettre en main propre n'implique-t-il pas qu'il soit devenu solennel, la loi imposant ainsi, au moins indirectement, une forme à la vente d'immeuble à usage d'habitation à un acquéreur non-professionnel ? À défaut de cette forme écrite, l'acte ne peut être notifié ou remis.

3282 Promesse dont la validité est supérieure à 18 mois – Toute promesse (unilatérale ou synallagmatique) de vente consentie par une personne physique, dont la validité est supérieure à 18 mois, est nulle si elle n'est pas constatée par acte authentique et si, s'agissant d'une promesse unilatérale, elle ne prévoit pas une indemnité d'immobilisation d'un montant minimal de 5 % du prix de vente, faisant l'objet d'un versement ou d'une caution déposés entre les mains du notaire *(CCH, art. L. 290-1 et L. 290-2)*. Cette exigence de l'authenticité s'applique bien à toutes les promesses de longue durée, y compris synallagmatiques *(Cass. 3e civ., 18 févr. 2015, n° 14-14.416 :* JurisData n° 2015-003345 *; JCP N 2015, n° 10, act. 335 ; Constr.-Urb. 2015, comm. 63, C. Sizaire ; JCP N 2015, n° 24, 1186, obs. S. Piedelièvre ; JCP N 2015, n° 30, 1138, note C. Coutant-Lapalus ; JCP N 2016, n° 9, 1090, obs. M. Mekki).*

3283 Solennités consenties par les parties – Au surplus, les parties peuvent conférer un caractère solennel à la vente en érigeant, volontairement, une formalité au rang des conditions de formation de la vente d'immeuble. Par exemple alors que, conformément à l'article 1589, la promesse de vente vaut vente•, les parties peuvent prévoir différemment en stipulant que la vente ne sera définitivement formée qu'au jour de la réitération par acte authentique de la vente. Cette technique contractuelle est connue et reconnue par la Cour de cassation. Ici, les parties ont entendu, conventionnellement, subordonner la formation du contrat de vente à une condition supplémentaire de fond ou de forme, le plus souvent la réitération de l'acte. Ainsi, le contrat de vente ne sera conclu qu'à compter de l'avènement de cette condition supplémentaire, le seul accord des parties sur la chose et le prix étant insuffisant à le former. Il ne s'agit plus alors d'un contrat consensuel, mais d'un contrat solennel, même si l'article 1109 du Code civil tend à réserver cette qualification aux hypothèses dans lesquelles c'est la loi et non les parties qui a prévu une forme particulière à la vente.

III. La vente d'immeuble, contrat translatif de propriété

3284 Effet translatif – Au-delà d'être un contrat, en principe, consensuel, la vente est un contrat translatif de propriété, ce dont il convient de mesurer les conséquences

A. – TRANSFERT DE PROPRIÉTÉ

3285 Tel que le Code civil le présente aux articles 1196 à 1198 du Code civil, l'effet translatif est désormais nettement rattaché au consentement des parties, c'est-à-dire à leur accord sur la chose et sur le prix, hors les cas où le législateur ou les parties elles-mêmes ont érigé une condition de forme en condition de formation du contrat de vente. Il en résulte deux conséquences :

- d'une part, le transfert de propriété s'opère par le seul fait de la rencontre des volontés (transfert *solo consensu*) : il est un effet légal du consentement des parties à la vente ;
- d'autre part, le transfert de propriété s'opère dès la conclusion du contrat (transfert immédiat).

1° Transfert de la propriété

3286 Transfert *solo consensu* – Alors qu'il résultait du Code civil quelques incertitudes du fait de la mention de l'obligation de donner aux anciens articles 1136 à 1141, les doutes semblent désormais levés par les articles 1196 à 1198 du Code civil et par l'abandon corrélatif de toute référence à l'obligation de donner. Ainsi qu'en dispose l'article 1196 du même code (et l'intitulé de la sous-section le contenant) le transfert de propriété est donc un effet du contrat, ou si l'on préfère, du consentement des parties. Le consentement des parties sur la chose et sur le prix a un effet translatif, sans qu'il soit nécessaire de passer par le truchement d'une quelconque obligation. Il y a donc un certain automatisme au transfert de propriété. Automatisme d'autant plus marqué que temporellement il s'opère, en principe, immédiatement *(V. n° **3303** et s.).*

3287 Contenu de l'accord des parties – Si le transfert a lieu dès l'accord des parties et à cette seule condition dont il n'est qu'un effet, au même titre que l'effet obligatoire, c'est à la condition qu'il porte sur la chose et sur le prix. Il s'agit là d'une condition nécessaire et suffisante.

3288 Accord sur la chose et sur le prix, une condition nécessaire – Dès lors qu'il y a accord sur la chose et sur le prix, la vente est formée et le transfert a lieu. Cela explique que *« La promesse de vente vaut vente, lorsqu'il y a consentement réciproque des deux parties sur la chose et sur le prix »*, ainsi qu'en dispose l'alinéa 1er de l'article 1589 du Code civil. *Il ne saurait y avoir vente ou promesse synallagmatique de vente, même avec clause de dédit, sans la réunion nécessaire des deux objets créant deux obligations réciproques : la chose et le prix promis*. Mais, encore faut-il constater un accord sur la chose et sur le prix.

a) Accord sur la chose

3289 Offre et acceptation – L'accord se matérialise dès la rencontre de l'offre de contracter (offre de vente ou offre d'acheter) et de l'acceptation *(C. civ., art. 1113)*. S'agissant d'une vente, l'accord doit concerner au premier chef l'immeuble vendu, ce qui suppose qu'il soit suffisamment désigné. Tel n'est ainsi pas le cas de l'acte de vente d'un lot de copropriété qui ne fait mention dans la promesse de vente ni de la consistance des parties communes, ni de la quote-part de ces parties communes attachées à la propriété de la partie privative.

De même, la vente d'une partie d'immeuble qui n'est pas précisée par le compromis ne peut être valablement formée. L'indétermination de l'immeuble vendu empêche en effet tout accord des parties, que cela concerne l'absence d'accord des parties sur la surface vendue voire sur l'immeuble même. En revanche, de ce point de vue, il y a accord des parties sur l'immeuble dès lors qu'il s'agit d'une parcelle d'une surface déterminée à prendre dans une parcelle plus grande elle-même déterminée.

Encore, est suffisamment déterminé l'objet de la vente portant sur les parties communes annexées par un copropriétaire à différents lots, alors même que les lots ainsi constitués n'ont pas encore été créés par un modificatif de l'état descriptif de division *(Cass. 3e civ., 10 sept. 2008, n° 07-16.858 : JurisData n° 2008-044968 ; JCP N 2008, n° 39, act. 454 ; JCP N 2009, n° 24, 1201, obs. H. Perinet-Marquet).*

3290 Désignation de la chose – L'accord sur la chose suppose qu'elle soit désignée avec suffisamment de précision dans l'acte de vente. Cette exigence doit être combinée avec les obligations résultant de la publicité foncière qui permettent, en grande partie d'identifier précisément l'immeuble vendu. En effet, l'article 7 du décret n° 55-22 du 4 janvier 1955 prévoit que la vente doit *indiquer, pour chacun des immeubles qu'elle concerne, la nature, la situation, la contenance et la désignation cadastrale (section numéro du plan et lieu-dit). Le lieu-dit est remplacé par l'indication de la rue et du numéro pour les immeubles situés dans les parties agglomérées des communes urbaines*.

3291 Désignation aux fins de publicité foncière – Il revient au notaire de détailler précisément ces éléments dans l'acte de vente, ce qui participe au consentement des parties (notamment de l'acquéreur). Outre la nature de l'immeuble vendu (bâti, non bâti, et précision de l'affectation : logement, bureau, terre agricole, etc.), la situation de l'immeuble doit figurer dans l'acte, à peine de refus de dépôt : il s'agit de son adresse postale : la rue, le numéro (ou à défaut le lieu-dit), la commune, le code postal et de manière générale, tout élément permettant de situer avec précision l'immeuble vendu. La désignation est au surplus assurée par l'indication de la contenance cadastrale et par la désignation cadastrale : pour ce faire un extrait cadastral modèle 1 est délivré avant la rédaction de l'acte de vente. Ce document cadastral n'entraîne aucune conséquence en termes de propriété.

Conseil pratique **Lorsque l'acte réalise ou constate une division de propriété du sol entraînant changement de limite, il convient systématiquement d'établir un document d'arpentage avant la rédaction de l'acte le document permettant l'attribution d'un nouveau numéro à chacune des parcelles créées. En revanche, lorsque l'acte concerne une fraction d'immeuble et qu'il ne réalise ou ne constate pas une division de propriété du sol entraînant *changement de limites*, ce n'est plus un document d'arpentage qui doit être établi mais un état descriptif de division *(D. n° 55-22, 4 janv. 1955, art. 7, al. 3).***

EFFETS DE LA VENTE

3292 Précisions de la désignation – Dans la plupart des hypothèses, ces éléments de désignation de l'immeuble vendus, nécessaires à la publicité foncière, permettent au surplus à l'acquéreur d'avoir une vue fidèle de l'immeuble vendu qu'il connaît en général (visites, etc.). Toutefois, il peut en aller autrement pour diverses raisons.

3293 Superficie – Au premier chef, les parties elles-mêmes peuvent s'imposer davantage de précision dans la désignation de l'immeuble. Ainsi qu'il a été dit, la vente d'immeuble ne prévoit que rarement, en dehors des cas où la loi l'y oblige, une mesure exacte de la superficie, ni même d'ailleurs une délimitation exacte de la propriété. Même s'il peut être fortement recommandé, notamment dans le cas de la vente d'un terrain constructible et/ou à bâtir, de déterminer ces éléments avec le plus de précisions possibles, les ventes n'ont pas lieu, dans la plupart des cas, moyennant un prix en fonction de la superficie *(*vente « raison de tant la mesure *: C. civ., art. 1617.* – Prix fixé globalement : *C. civ., art. 1619)* qui d'ailleurs reste approximative lorsqu'elle est exprimée. Bien entendu, si l'acquéreur le souhaite (et si le vendeur en est d'accord), il pourra être procédé à un mesurage de l'immeuble vendu qu'il s'agisse d'un terrain ou d'un immeuble bâti (appel à un géomètre-expert qui établira un procès-verbal de délimitation bornage amiable et des plans) ou des surfaces intérieures (appel à un professionnel de la mesure. Quoi qu'il en soit, il convient que le notaire prenne attention à la volonté des parties, particulièrement de l'acquéreur. En effet, le coût de l'immobilier et son expression fréquente en euros au mètre carré témoignent certainement de l'importance que cela revêt pour les acquéreurs. Au demeurant, le législateur l'a entendu.

3294 Bornage – Au second chef, en effet, le législateur a parfois obligé le vendeur à davantage de précision quant à la désignation de l'immeuble. Ainsi, de l'article L. 111-5-3 du Code de l'urbanisme concernant la vente de certains terrains à bâtir. Ce texte prévoit que *toute promesse unilatérale de vente ou d'achat, tout contrat réalisant ou constatant la vente d'un terrain indiquant l'intention de l'acquéreur de construire un immeuble à usage d'habitation ou à usage mixte d'habitation et professionnel sur ce terrain mentionne si le descriptif dudit terrain résulte d'un bornage. Lorsque le terrain est un lot de lotissement, est issu d'une division effectuée à l'intérieur d'une zone d'aménagement concerté par la personne publique ou privée chargée de l'aménagement ou est issu d'un remembrement réalisé par une association foncière urbaine, la mention du descriptif du terrain résultant du bornage est inscrite dans la promesse ou le contrat*. La sanction de l'absence de ces mentions dans les actes est la nullité. De même, l'article 46 de la loi du 10 juillet 1965, dite « loi Carrez », prévoit que *Toute promesse unilatérale de vente ou d'achat, tout contrat réalisant ou constatant la vente d'un lot ou d'une fraction de lot mentionne la superficie de la partie privative de ce lot ou de cette fraction de lot. La nullité de l'acte peut être invoquée sur le fondement de l'absence de toute mention de superficie*.

3295 Précisions diverses – D'une certaine manière, la contenance précise devient donc un élément de désignation de l'immeuble vendu dans le cas de la vente d'un lot de copropriété, là où il n'existe pas de manière générale d'obligation de préciser la superficie de l'immeuble vendu, ni même d'en faire un descriptif précis, même si telle peut être la tendance. Au demeurant, la désignation de l'immeuble vendu, et donc l'accord sur cet immeuble, peut également impliquer des considérations plus qualitatives : d'une certaine manière, les diagnostics *(CCH, art. L. 271-4)* participent de cette volonté d'informer l'acquéreur des qualités du bien vendu et affinent ainsi sa désignation à l'instar d'autres informations obligatoires : existence du dossier d'interventions ultérieures sur l'ouvrage *(C. trav., art. L. 4532-16)*, présence d'appareil contenant plus de 5 dm^3 de PCB *(polychlorobiphenyles et polychloroterphenyles, D. n° 87-59, 2 févr. 1987, art. 6)*. Encore, l'article 514-20 du Code de l'environnement prévoit que *lorsqu'une installation soumise à autorisation ou à enregistrement a été exploitée sur un terrain, le vendeur de ce terrain est tenu d'en informer par écrit l'acheteur ; il l'informe également, pour autant qu'il les connaisse, des dangers ou inconvénients importants qui résultent de l'exploitation. Si le vendeur est l'exploitant de l'installation, il indique également par écrit à l'acheteur si son activité a entraîné la manipulation ou le stockage de substances chimiques ou radioactives. L'acte de vente atteste de l'accomplissement de cette formalité ». Bien que ces dispositions soient sanctionnées par la résolution de la vente et non sa nullité, il n'en demeure pas moins qu'ils participent, au-delà du texte même de l'article L. 514-20 du Code de l'environnement, à la désignation de l'immeuble vendu.*

3296 Investigations du notaire – Au troisième chef, il convient de rappeler que ces éléments permettant la désignation de l'immeuble vendu aux fins de la publicité foncière peuvent être insuffisants à désigner avec précision un immeuble vendu. Les raisons en sont diverses : tantôt juridiques, tantôt matérielles. Le titre de propriété peut contenir des imprécisions, voire des discordances avec l'extrait cadastral : la contenance exprimée par les deux documents est manifestement très différente. Plusieurs immeubles peuvent être imbriqués les uns dans les autres. Une action en revendication peut être en cours au moment de la vente, etc. Dans toutes ces hypothèses, le notaire ne peut pas laisser les parties en faire leur « affaire personnelle ». Il a un devoir de curiosité : non seulement, en cas d'imbrication par exemple, il existe un risque de refus de dépôt, mais en plus l'immeuble peut être insuffisamment désigné et donc indéterminé. Ce devoir doit le conduire à effectuer les investigations nécessaires, à informer les parties à la vente et à trouver les solutions idoines pour assurer la désignation du bien vendu. Sans doute, le notaire peut se déplacer sur les lieux, voire solliciter un huissier pour ce faire.

Attention Notons qu'en principe le notaire n'est pas tenu d'une obligation de se déplacer sur les lieux *(Cass. ass. plén., 5 déc. 2014, n° 13-19.674 : JurisData n° 2014-029571 ; JCP N 2014, n° 50, act. 1268 ; Gaz. Pal. 2015, n° 15, p. 20, obs. N. Blanc ; Rev. Lamy dr. civ. 2015, p. 123, obs. P. Brun ; Constr.-Urb. 2015, comm. 10, note Ch. Sizaire ; JCP N 2015, n° 25, 1097, note M. Poumarède ; JCP N 2015, n° 16, 1124, note J.-M. Delpérier)*. Mais, il peut, depuis son étude, utiliser les outils d'information qui sont à sa disposition : les sites Google earth, Google map, les portails géofoncier, géoportail, etc. mettent en effet à sa disposition gratuitement nombre de données qui permettent de lever des doutes sur un certain nombre de questions : voies d'accès, servitudes, etc. Aussi, et alors que le « reflexe BODACC.fr » *(Fr. Vauville, Le notaire face à la procédure collective du professionnel : le réflexe bodacc.fr : Defrénois 2011, p. 1027)* est désormais assimilé, ces autres réflexes doivent s'acquérir afin de lever le voile sur d'éventuelles particularités physiques, voire juridique, de l'immeuble vendu.

3297 Solutions – Dès lors que ces particularités physiques et juridiques de l'immeuble vendu sont mises au jour, il convient alors de trouver les solutions adaptées pour désigner au mieux l'immeuble afin de sceller le consentement des parties. Selon les situations, plusieurs solutions s'offrent au notaire et aux parties. Parfois, une information complète des parties sera suffisante. Ainsi en cas d'action en cours sur les limites de la propriété vendue, le notaire devra expliquer aux parties les tenants et les aboutissants de cette procédure. Parfois, il conviendra de résoudre la difficulté en amont. Par exemple, en cas d'imbrication de deux immeubles, il sera nécessaire de faire établir un état descriptif de division permettant de désigner l'immeuble par référence à un numéro de lot créé, sans que cela n'induise la soumission au statut de la copropriété, faute de parties communes entre les immeubles ainsi précisément désignés.

Remarque Si les propriétaires voisins en conviennent, l'établissement d'un état descriptif de division afin de préciser la désignation de l'immeuble vendu ne pose pas de difficultés. Mais, si le propriétaire voisin ne souhaite pas faire établir cet état descriptif de division, la voie n'est pas fermée : l'article 50-1 du décret du 4 janvier 1955 prévoit que le vendeur peut requérir du notaire d'en établir un, en vue de la publication de la vente. Naturellement, si un ou plusieurs propriétaires voisins contestent l'état descriptif ainsi établi, le notaire complète celui-ci, avant d'en requérir la publication, par un procès-verbal constatant les réserves des opposants.

3298 Désignation du lot de copropriété – Outre les problèmes liés au mesurage du lot de copropriété *(V. n° 1837 et s.)*, plusieurs difficultés peuvent être anticipées au moment de la vente du lot. Particulièrement, il convient d'éviter que l'acquéreur ne soit évincé d'une partie du lot qu'il a acquis, au motif qu'il s'agissait d'une partie commune annexée par les propriétaires antérieurs. Afin d'éviter toute mauvaise surprise, il convient donc de lire l'état descriptif de division et le règlement de copropriété et si possible les plans afin de pouvoir comparer la consistance originelle du lot vendu avec sa réalité actuelle qui résulte des divers diagnostics et éventuellement de photos que le vendeur aura communiquées. En conséquence, il conviendra d'en informer les parties et éventuellement de proposer la régularisation de la situation afin que la consistance du bien vendu corresponde à sa définition juridique.

Pour aller plus loin

- B. Nuytten et N. Thomassin, L'immeuble vendu : JCP N 2015, n° 11, 1096

b) Accord sur le prix

3299 Un prix déterminé (ou déterminable) – Lorsque le prix de vente d'un immeuble est indéterminé dans son montant, il ne peut y avoir d'accord sur le prix. Il en résulte que la vente ne peut être valablement formée, faute d'accord des parties.

3300 Prix fixé par un expert – Lorsque le prix doit être fixé par un expert, encore faut-il qu'il soit prévu les règles pour le désigner.

3301 Prix fixé en obligation de faire – Lorsque le prix consiste en une obligation de faire, il convient que cette obligation soit déterminée ou déterminable. Ainsi n'est pas valablement formée la vente conclue en contrepartie d'un prix en argent et d'une obligation de faire indéterminée dans sa consistance.

3302 Modalités de paiement – Si l'accord sur le prix est nécessaire à la formation de la vente, les modalités de paiement du prix sont des éléments secondaires qui, si les parties n'en n'ont pas fait un élément essentiel de leur consentement, ne conditionnent pas la formation de la vente. Ainsi, l'existence de la promesse doit être admise alors même que le vendeur et l'acquéreur ne sont pas encore d'accord sur les modalités de paiement du prix qui devaient faire, selon l'intention des parties, l'objet d'un accord ultérieur. De la même manière, un juge ne peut décider d'annuler une vente au motif que les parties ne s'entendent pas sur le point de savoir qui doit payer la TVA.

Remarque Si l'accord sur la chose et sur le prix est nécessaire à former la vente, il est aussi suffisant. Du moins si les parties n'ont pas entendu ajouter une condition de formation en essentialisant un élément *a priori* secondaire. Tel est parfois le cas de la réitération par acte authentique de la vente *(V. n° 4206 et s.)*. Si cette réitération ne relève en principe que de l'exécution, les parties peuvent en faire une condition de formation de la vente. Dans ce cas, et sous réserve que leur volonté soit nettement exprimée en ce sens, la vente n'est pas formée au jour de l'accord sur la chose et sur le prix, mais au jour de la réitération, condition de formation de la vente d'immeuble.

2° Transfert immédiat de la propriété

3303 Si le principe est celui du transfert immédiat de la propriété, il peut être retardé. Ainsi la formation du contrat est-elle dissociée de son effet.

a) Principe

3304 **Transfert immédiat** – La vente est présentée comme un contrat à exécution instantanée, c'est-à-dire un contrat dont les obligations peuvent s'exécuter en une prestation unique *(C. civ., art. 1111-1)*, par opposition aux contrats à exécution successive. Tel est sans doute le cas de la vente qui présente au surplus la particularité que l'effet translatif est immédiat. Effet de la volonté des parties, cet effet se produit immédiatement (du moins en l'absence de clause contraire) ; dès que les parties se sont mises d'accord sur la chose et sur le prix, l'immeuble quitte le patrimoine du vendeur pour gagner celui de l'acquéreur. À ce moment-là, l'immeuble ne peut plus être saisi par les créanciers du vendeur quand bien même l'acquéreur n'en a pas encore pris possession : il en est le propriétaire, même si l'immeuble n'a pas été délivré. On sait néanmoins qu'en matière de vente d'immeuble, ce principe du transfert immédiat est, en règle générale, reporté dans le temps *(V. n° **3306** et s.)*. Cela étant dit, à défaut de clause contraire, l'accord des parties suffit non seulement pour former le contrat (consensuel), mais encore pour transférer la propriété.

3305 **Publicité foncière** – L'acquisition des droits de son auteur par le biais d'une vente immobilière ne peut méconnaître entièrement l'exigence de publicité foncière. Telle est la raison pour laquelle le deuxième alinéa de l'article 1198 du Code civil prévoit désormais que *Lorsque deux acquéreurs successifs de droits portant sur un même immeuble tiennent leur droit d'une même personne, celui qui a, le premier, publié son titre d'acquisition passé en la forme authentique au fichier immobilier est préféré, même si son droit est postérieur, à condition qu'il soit de bonne foi*. Ce faisant, l'ordonnance du 10 février 2016 entend mettre fin à une jurisprudence qui ne prenait plus en considération la bonne foi du second acquéreur : désormais, le second acquéreur n'est préféré que s'il est de bonne foi. Parallèlement, la jurisprudence qui avait fait l'obligation au notaire d'instrumenter la seconde vente, indépendamment de la mauvaise foi du second acquéreur, devrait être abandonnée.

b) Vente assortie d'un terme suspensif

3306 **Transfert différé** – Le transfert de propriété peut néanmoins être différé par le recours à un terme suspensif. S'opère alors une dissociation entre la formation de la vente qui a lieu dès l'accord des parties sur le prix et l'immeuble et le transfert de propriété qui n'a lieu que plus tard. Ainsi qu'en dispose le deuxième alinéa de l'article 1196 du Code civil, le transfert peut être différé par la volonté des parties, la nature des choses ou l'effet de la loi.

3307 **Transfert différé par la nature des choses** – Le transfert est différé par la nature des choses en cas de vente d'une chose future. Il en est ainsi de la vente d'un immeuble à construire *(CCH, art. L. 261-1)* ou à rénover *(CCH, art. L. 262-1)*. En effet à défaut d'immeuble construit, la propriété ne peut être transférée immédiatement. Elle sera transférée au fur et à mesure des travaux par voie d'accession.

3308 **Transfert différé par la volonté des parties** – Différer le transfert de propriété présente un intérêt évident : conclure la vente (ou s'engager dans les termes d'une promesse unilatérale) tout en laissant aux parties et principalement à l'acquéreur, le temps de s'assurer que tous les facteurs nécessaires à la réussite économique et juridique de l'opération soient réunis. Il en résulte la plupart du temps que le transfert de propriété est retardé à la réitération de l'acte de vente par acte authentique. Le laps de temps ainsi instauré entre l'avant-contrat et la réitération étant mis à profit pour obtenir un financement, une autorisation d'urbanisme, etc.

3309 **Modalités du transfert différé de la propriété** – Afin de parer toute incertitude, l'acte doit prévoir précisément les modalités du différé de transfert de propriété afin d'évacuer toute certitude au moment de la réitération de l'acte.

3310 **Promesse synallagmatique et transfert retardé de la propriété** – Ici, la situation est la suivante, les parties ont conclu une promesse synallagmatique valant vente : la vente est formée, définitivement. En revanche le transfert de propriété est retardé à la date de la réitération devant notaire de l'acte. Dans cette hypothèse, la jurisprudence considère que l'arrivée du terme prévu pour la réitération n'entraîne pas nécessairement la caducité de l'accord des parties. En effet, cette date n'est pas extinctive mais constitutive du point de départ à partir duquel l'une des parties peut obliger l'autre à s'exécuter. Il en irait autrement si les parties avaient stipulé le contraire. Quoi qu'il en soit, se pose la question de savoir ce qui se passe en cas de réalisation tardive des conditions suspensives après la date de réitération de la promesse de contrat. Deux situations sont à distinguer.

3311 **Condition suspensive sans délai de réalisation mais date de réitération de l'acte** – En ce cas, si la condition se réalise postérieurement à la date de réitération de l'acte, cette date n'est pas extinctive mais constitutive du point de départ à partir duquel l'une des parties peut obliger l'autre à s'exécuter. Tout au plus, la Cour de cassation tolère-t-elle, sous le couvert de l'appréciation souveraine des juges du fond, que ceux-ci découvrent un terme tacite limitant la durée de possible réalisation d'une condition.

3312 Condition suspensive avec délai de réalisation et éventuelle date de réitération – L'expiration du délai de réalisation de la condition suspensive prive de tout effet son éventuelle réalisation ultérieure, car la promesse est caduque. Néanmoins, il a été décidé le 9 mars 2017 « que, lorsque, dans une promesse synallagmatique de vente, un délai est prévu pour la réalisation de la condition suspensive et qu'à la date prévue pour la réitération par acte authentique, cette condition n'est pas accomplie, la promesse est caduque » *(Cass. 3e civ., 9 mars 2017, n° 15-26.182* : JurisData n° 2017-003926 ; *JCP N 2017, n° 12, act. 375 ; JCP N 2018, n° 23, 1200-6, obs. S. Piedelièvre).*

c) Vente assortie d'une réserve de propriété

3313 Définition – *La propriété d'un bien peut être retenue en garantie par l'effet d'une clause de réserve de propriété qui suspend l'effet translatif d'un contrat jusqu'au complet paiement de l'obligation qui en constitue la contrepartie. La propriété ainsi réservée est l'accessoire de la créance dont elle garantit le paiement. (C. civ., art. 2367).*

3314 Réserve de propriété immobilière – Bien qu'écrite dans un sous-titre du Code civil intitulé *Des sûretés sur les meubles (C. civ., art. 2367 à 2372)*, la définition de la réserve de propriété n'en est pas moins de portée générale et, ainsi, potentiellement adaptée à la matière immobilière. D'ailleurs, l'article 2373 du Code civil évoque cette question : *la propriété de l'immeuble peut également être retenue ou cédée en garantie*.
Toutefois, l'absence de dispositions particulières propres à la vente d'immeuble implique d'en revenir aux principes. Le régime de la vente immobilière avec clause de réserve de propriété est aligné sur la qualification de la modalité dont le transfert de propriété est assorti : vente à terme suspensif ou vente sous condition suspensive du transfert de propriété selon que l'événement attendu est certain ou incertain.

B. – CONSÉQUENCES DU TRANSFERT DE PROPRIÉTÉ

3315 À compter du transfert de propriété, l'acquéreur devient titulaire des droits sur l'immeuble ; corrélativement, le vendeur perd tout droit de propriété. Ce transfert de propriété de l'immeuble s'accompagne du transfert de tous les accessoires de l'immeuble, qu'ils soient matériels ou non.

1° Transfert des accessoires matériels de l'immeuble vendu

3316 Conformément à l'article 1615 du Code civil *l'obligation de délivrer la chose comprend ses accessoires et tout ce qui a été destiné à son usage perpétuel*. En d'autres termes, et sauf si les parties en ont décidé autrement par convention, le transfert de propriété de l'immeuble s'accompagne des accessoires de cet immeuble. Sont notamment transmis accessoirement à l'immeuble, les biens immeubles par destination, tels ceux attachés à perpétuelle demeure), les fruits de l'immeuble vendu (à compter de la vente), mais également tous les documents accessoires à l'immeuble et qui lui sont nécessaires.

2° Transfert des accessoires juridiques de l'immeuble vendu

3317 Si les parties peuvent prévoir la transmission de tel droit ou action attachés à l'immeuble, il convient de prendre garde qu'à défaut d'accord des parties le transfert de propriété de l'immeuble n'emporte pas systématiquement transfert accessoire de tous les droits et actions du vendeur. Le principe semble inverse même si l'on en croit un ancien arrêt rendu le 12 janvier 1937 par la chambre civile de la Cour de cassation en ces termes : « en dehors des cas exceptionnels pour lesquels il est disposé autrement par des textes spéciaux, l'aliénation d'un bien à titre particulier n'a pas pour effet de transférer à l'acquéreur les droits déjà nés sur la tête du disposant à l'occasion de la jouissance ou de l'exploitation de ce bien, mais qui ne font pas corps avec lui et n'affectent pas sa constitution » *(Cass. civ., 12 janv. 1937 : DH 1937, 99)*. De cette décision, il résulte donc un principe selon lequel la vente d'un immeuble n'a pas pour effet de transférer à l'acquéreur les droits déjà nés sur la tête du vendeur à l'occasion de la jouissance ou de l'exploitation de ce bien, ainsi que plusieurs exceptions. Outre le législateur qui peut en disposer autrement, sont transmis avec l'immeuble les droits qui affectent sa constitution, c'est-à-dire les contrats constitutifs de droits réels, et les droits qui font corps avec l'immeuble vendu.

3318 Application – Les autorisations d'urbanisme sont délivrées en considération des règles applicables au projet immobilier envisagé. En conséquence, le titulaire d'une autorisation d'urbanisme peut en transférer sous conditions le bénéfice à une autre personne *(C. urb., art. A 431-8)*. Une décision de l'autorité administrative compétente prononce alors le transfert par arrêté. Cette procédure qui s'applique au permis de construire ne s'applique pas à la déclaration préalable.

3319 Transfert des contrats constitutifs de droits réels – Prévaut le principe de la transmission active et passive des contrats constitutifs de droits réels sur l'immeuble vendu. La raison en est la suivante : le vendeur, par exemple, en concédant à un voisin une servitude sur le bien vendu, a modifié la consistance juridique de ce bien avant de le vendre. L'acquéreur reçoit donc le bien grevé de la servitude. Cette transmission est passive, mais peut également être active. Par exemple, si c'est le vendeur qui s'est fait consentir une servitude de passage sur un fonds voisin, l'acquéreur continuera à bénéficier de cette servitude.

3320 Transfert des actes générateurs d'obligations – L'acquéreur d'un immeuble est-il débiteur ou créancier des contrats passés par le vendeur en relation avec ce bien ? La réponse de principe est négative. L'acquéreur, en tant qu'il succède aux biens de son auteur et non à sa personne n'est, ainsi, tenu d'aucune des dettes de son auteur pas davantage qu'il ne bénéficie des créances nées antérieurement à la conclusion du contrat. Il ne devient donc pas partie aux contrats que son contractant a pu conclure.

a) Transmissibilité des créances

3321 Principe d'intransmissibilité – Ainsi que l'arrêt rendu le 12 janvier 1937 a pu en poser le principe, la jurisprudence décide que l'acquéreur ne recueille pas les créances de son auteur. De manière générale, l'acquéreur d'un immeuble ne succède pas aux droits résultant, au profit de son auteur, des conventions conclues par celui-ci relativement au bien transmis. Les illustrations en sont nombreuses. Par exemple, la cession d'un immeuble n'emporte pas le transfert à l'acquéreur des créances nées à l'occasion de l'exploitation de cet immeuble. Encore, la vente d'un immeuble loué n'emporte pas transfert de la créance en réparation des dommages causés par le locataire avant la vente, pas davantage que l'action en résiliation du bail fondée sur des manquements du locataire à ses obligations, antérieurement à la vente. Mais derrière l'affirmation de principe selon laquelle il n'y a pas lieu à une transmission active, c'est-à-dire des créances, fourmillent malgré tout depuis longtemps de nombreuses exceptions. Il conviendra, après en avoir exposé les principales illustrations, d'en découvrir le fondement.

3322 Transmissibilité exceptionnelle des créances – Le législateur, en premier lieu, prévoit quelques exceptions à l'intransmissibilité des créances. Le Code civil dispose notamment que l'immeuble doit être délivré avec ses *accessoires (C. civ., art. 1615)*. Or, si les accessoires sont au premier chef constitués par des choses matérielles *(V. n° **1793** et s.)*, la jurisprudence considère qu'il peut également s'agir de droits. Au demeurant, la transmission est même parfois étendue aux accessoires des accessoires.
La jurisprudence, ensuite, admet dans l'ordre interne un certain nombre d'exceptions au principe selon lequel l'acquéreur ne saurait recueillir les droits constitués par son auteur relativement au bien transmis. Souvent, même, la jurisprudence utilise des formulations assez générales pour admettre cette transmission active. La Cour de cassation réserve néanmoins la possibilité de prévoir le contraire.

3323 Fondement juridique ou bon sens ? – Le fondement de ces exceptions au principe d'intransmissibilité active a donné lieu depuis plus de 40 ans à de multiples thèses dont pourtant aucune ne semble s'être véritablement imposée en jurisprudence, dont les solutions tendent à fluctuer : volonté des parties, critère de l'accessoire, critère de l'intérêt, *intuitus rei*. Quoi qu'il en soit, l'idée semble dominer en jurisprudence, ainsi que l'arrêt du 12 janvier 1937 l'avait décidé que les droits transmis avec la chose sont ceux qui lui sont *intimement liés* qui en sont les *accessoires* ou qui lui sont *attachés*.

b) Transmissibilité des dettes

3324 Intransmissibilité de principe à l'acquéreur des dettes de son auteur – La règle suivant laquelle l'acquéreur n'est personnellement tenu d'aucune des dettes de son auteur, même lorsqu'elles sont relatives au bien acquis, est constante en jurisprudence. Souvent fondée sur l'idée que l'acquéreur ne saurait devenir débiteur d'un contrat auquel il n'a pas participé, elle a très tôt été affirmée par la Cour de cassation en des termes généraux et fermes. Dès un arrêt rendu le 15 janvier 1918, elle décidait que l'« ayant-cause à titre particulier n'est pas de plein droit, et comme tel, directement tenu des obligations personnelles de son auteur ; que ce principe s'applique même aux conventions que ce dernier aurait passées par rapport à la chose formant l'objet de la transmission, à moins qu'elles n'aient pour effet de restreindre ou de modifier le droit transmis ».
Ainsi, il est admis que l'acquéreur ne saurait être tenu des engagements pris par son auteur, mais doit seulement les respecter. Les illustrations en sont nombreuses. L'acquéreur d'un immeuble n'est ainsi pas tenu de payer les travaux commandés par le vendeur ou l'emprunt qu'il a contracté pour les payer. Lorsque l'immeuble acquis était loué, il n'est pas tenu de l'obligation de restituer le dépôt de garantie.

3325 Exceptionnelle transmissibilité à l'acquéreur des dettes de son auteur – Toutefois, quelques rares exceptions viennent tempérer la règle selon laquelle l'acquéreur n'est pas débiteur des obligations souscrites par son auteur, sauf, au demeurant s'il s'y engage, même tacitement. Ces exceptions sont pour certaines d'entre elles légales, pour d'autres jurisprudentielles.
Dans certains cas, le législateur contraint l'acquéreur à supporter la dette de son auteur. Il en va ainsi de l'acquéreur d'un immeuble dont la construction a été financée grâce à des fonds provenant de la participation des employeurs à l'effort de construction. En effet, l'acquéreur doit respecter les obligations souscrites par son auteur relativement à l'affectation du bien à la location *(CCH, art. L. 313-26)*.

Quant à la jurisprudence, quelques rares décisions ont admis la transmission des dettes de son auteur à l'acquéreur qui en a eu connaissance avant de conclure le contrat. Là encore, ces décisions semblent le plus souvent pouvoir s'expliquer par l'idée selon laquelle sont transmises les obligations qui ne peuvent être exécutées que par l'acquéreur et non plus par son auteur. L'auteur ne pouvant plus exécuter l'obligation qui avait un lien étroit avec la chose, c'est donc, semble-t-il, logiquement, qu'elle est transmise à l'acquéreur qui, comme tel, devient débiteur. À défaut, les créanciers de l'auteur n'auraient plus qu'à constater la disparition de leurs droits du seul fait que le bien a été transmis. Par exemple, la Cour de cassation a décidé que le cessionnaire d'un bail devient débiteur des dégradations causées par le cédant *(Cass. 3e civ., 9 juill. 2003, n° 02-11.794 : JurisData n° 2003-019838 ; Bull. civ. III, n° 145 ; JCP E 2004, 113, note A.-S. Barthez).* Une telle solution semble pouvoir s'expliquer par le fait que l'obligation de restitution ne peut peser que sur celui qui détient l'objet de la restitution au moment où l'obligation est exigible, c'est-à-dire le cessionnaire du bail, à l'exclusion du cédant. Toutefois, à nouveau, il faut bien admettre que la jurisprudence ne semble pas constante. Ainsi, à plusieurs reprises, les juges ont décidé que ne sont pas transmises à l'acquéreur des obligations qui, pourtant, ne pouvaient plus être exécutées que par lui. Tel est le cas, par exemple, des obligations de non-concurrence contractées par l'auteur dont la jurisprudence n'admet pas la transmission passive, à défaut de clause contraire.

c) Transmissibilité des contrats

3326 Intransmissibilité à l'acquéreur des contrats de son auteur – La vente d'un immeuble n'emporte, en principe, pas le transfert des contrats synallagmatiques conclus par l'auteur relativement à ce bien. Cette solution se comprend aisément. Dès lors que les dettes relatives à l'immeuble transmis ne sont normalement pas transmissibles, les contrats, et donc ses charges et ses avantages, ne peuvent pas l'être davantage, quand bien même ils seraient indissociables de l'immeuble transmis et sauf accord des parties. Toutefois, ce principe connaît également un certain nombre d'exceptions surtout légales.

3327 Exceptions légales à l'intransmissibilité des contrats – Un certain nombre de textes dérogatoires prévoient le transfert des contrats. L'article 1743 du Code civil prévoit que le contrat de bail est transféré à l'acquéreur de l'immeuble loué. Encore, et même s'il existe une faculté de résiliation au profit des parties, le contrat d'assurance est en principe transmis de plein droit à l'acquéreur du bien assuré *(C. assur., art. L. 121-10, al. 1).* Le transfert de propriété n'emporte donc pas cessation de la garantie et l'immeuble demeure ainsi assuré au profit de l'acquéreur. Dans ces diverses hypothèses, l'acquéreur est donc tenu de continuer l'exécution des contrats. Or, si des motifs d'intérêt public peuvent parfois justifier ces transferts de contrat, on voit bien que dans toutes ces hypothèses le transfert se justifie par le fait que, les contrats étant attachés à l'immeuble transmis, il est cohérent qu'ils soient transférés à l'acquéreur de la chose qui, seul, est en mesure de poursuivre leur exécution.

Pour aller plus loin

Formules
- JCl. Notarial Formulaire, V° Avant-contrat, fasc. 65, par J.-M. Bez et J.-F. Pillebout
- JCl. Notarial Formulaire, V° Avant-contrat, fasc. 67 (form. 14, entrée en jouissance anticipée, reconnaissance de conseils donnés)
- JCl. Notarial Formulaire, V° Avant-contrat, fasc. 115, par J.-F. Pillebout
- JCl. Notarial Formulaire, V° Vente d'immeuble, fasc. 105 (cadre de vente), par J. Lafond
- JCl. Notarial Formulaire, V° Vente d'immeuble, fasc. 109 (reconnaissance de conseils donnés), par J. Lafond et J.-F. Pillebout
- JCl. Notarial Formulaire, V° Vente d'immeuble, fasc. 495 (vente en viager)
- JCl. Notarial Formulaire, V° Vente d'immeuble, fasc. 525 (délivrance), par D. Montoux
- JCl. Notarial Formulaire, V° Ventes d'immeubles à construire, fasc. 185, par D. Larralde et V. Zalewski-Sicard
- JCl. Notarial Formulaire, V° Ventes d'immeubles à rénover, fasc. 15, par J.-A. Casagrande et V. Zalewski-Sicard

Fiches pratiques
- Fiche pratique n° 1806 : Rédiger une vente d'immeubles à construire
- Fiche pratique n° 1807 : Rédiger une vente d'immeubles à rénover, par D. Boulanger
- Fiche pratique n° 1721 : Rédiger une vente d'immeuble, par M. Suquet-Cozic

Commentaires
- JCl. Notarial Formulaire, Synthèse 1530, Vente d'immeuble à construire et vente d'immeuble à rénover, par F. Magnin et V. Zalewski-Sicard
- JCl. Notarial Formulaire, V° Vente d'immeuble, fasc. 490 (vente en viager)
- JCl. Notarial Formulaire, V° Vente d'immeuble, fasc. 492 (usufruit), par D. Montoux
- JCl. Notarial Formulaire, V° Vente d'immeuble, fasc. 520 (transfert de propriété et des risques), par J. Lafond et V. Zalewski-Sicard
- JCl. Notarial Formulaire, V° Ventes d'immeubles à construire, fasc. 20, par D. Sizaire et J.-Ph. Tricoire
- JCl. Notarial Formulaire, V° Ventes d'immeubles à rénover, fasc. 8, par H. Perinet-Marquet

Transfert des risques

3328 ***Res perit domino*** – À l'instar de l'ancien article 1138, l'alinéa 3 de l'article 1196 du Code civil dispose nettement que *le transfert de propriété emporte transfert des risques de la chose*. Il en résulte plusieurs enseignements. D'une part, tout comme le transfert de propriété *(V. n° **3270** et s.)*, le transfert des risques s'opère en principe par le seul effet de la volonté des parties. L'un, le transfert de propriété, et l'autre, le transfert des risques, sont donc concomitants. D'autre part, cette corrélation s'explique aisément par l'idée que les risques pèsent sur le propriétaire. Il s'agit là d'une exception classique à la règle selon laquelle le débiteur supporte les risques (*res perit debitori*). En matière de vente immobilière, c'est bien sur les épaules du propriétaire, donc l'acquéreur, que pèsent les risques, pour la seule et bonne raison qu'il est propriétaire.

3329 **Conséquences** – Que le transfert de propriété soit immédiat ou reporté dans le temps, le transfert des risques lui est associé. Autrement dit, si l'immeuble venait à périr entre le moment du transfert de propriété et sa délivrance à l'acquéreur, la perte devra être supportée par ce dernier : peu importe qu'au moment du sinistre le vendeur occupait encore l'immeuble. Dès lors que le transfert de propriété a eu lieu, les risques pèsent sur l'acquéreur. Consécutivement, il devra alors en payer le prix, tandis que le vendeur sera libéré. Cela sous la réserve que le vendeur a une obligation de conservation, puisqu'il doit délivrer l'immeuble dans l'état où il se trouvait au moment de la vente *(C. civ., art. 1197 et 1614)* : cette obligation de conservation emporte l'obligation d'apporter à l'immeuble tous les soins d'une personne raisonnable.

3330 **Atténuations** – La règle *res perit domino* connaît une atténuation prévue par l'alinéa 3 de l'article 1196 du Code civil. En effet, si le vendeur a été mis en demeure de délivrer la chose, les risques du contrat passent à sa charge quand bien même ne serait-il plus le propriétaire de la chose parce qu'elle aurait été transférée à l'acquéreur. Aussi, si la chose venait à périr par cas fortuit, après que l'acquéreur ait mis le vendeur en demeure de la livrer, c'est ce dernier qui en supportera les risques, l'acheteur n'étant plus tenu de payer le prix. On en revient alors au principe selon lequel le débiteur supporte les risques du contrat.

Remarque Le vendeur est utilement mis en demeure de payer soit par une sommation ou un acte portant interpellation suffisante, soit, si le contrat le prévoit, par la seule exigibilité de l'obligation *(C. civ., art. 1344)*. Concrètement, l'acquéreur doit mettre en demeure le vendeur, dans un délai qu'il fixe, de lui remettre les clés de l'immeuble et de lui permettre l'accès à l'immeuble.

3331 **Exceptions** – Conventionnellement, rien n'empêche les parties à l'acte de vente de dissocier le transfert de propriété du transfert des risques.

Transfert de jouissance

3332 Transfert de jouissance et transfert de propriété – Le transfert de jouissance suppose que l'acquéreur ait pris possession de l'immeuble dont il peut se servir personnellement, par exemple en l'habitant. Le plus souvent, il est prévu que le transfert de jouissance est concomitant au transfert de propriété : le vendeur remet les clefs à l'acquéreur qui a libéré le prix. Ce faisant, le vendeur exécute son obligation de délivrance et l'acquéreur entre en jouissance.

3333 Transfert de jouissance différé – Les parties à la vente d'immeuble peuvent convenir de dissocier la date du transfert de propriété et du transfert de jouissance, le plus souvent pour retarder ce dernier : le vendeur souhaite en effet demeurer dans les lieux, le temps de déménager dans son nouveau logement. Il y a alors un différé de jouissance dont il convient de mesurer les conséquences par l'adoption de clauses assurant le respect des dispositions conventionnelles. Au-delà de la perte par cas fortuit de l'immeuble, les risques principaux sont la dégradation des lieux par le vendeur et l'absence de libération des lieux à la date convenue par le vendeur.

3334 Garanties de la sortie des lieux – Outre que l'acte prévoira une date de sortie des lieux, il conviendra de stipuler des sanctions pécuniaires sous la forme d'une clause pénale (moratoire fixée en euros par jour de retard) et des garanties financières du paiement de ces pénalités. Ainsi, sera utilement prévu le séquestre d'une somme prélevée sur le prix de la vente et remise au notaire.

3335 Garanties de la dégradation de l'immeuble – Il sera utile de prévoir un report du transfert des risques à la date d'entrée dans les lieux effective de l'acquéreur. Ainsi, tant qu'il conserve la jouissance de l'immeuble, le vendeur supporte tous les risques de la chose.

3336 Transfert de jouissance anticipée – Un transfert de jouissance anticipé peut être organisé conventionnellement, même s'il est plus rare que le transfert de jouissance différé *(V. n° 3333)*. Dans cette hypothèse, il paraît opportun d'établir une convention d'occupation précaire qui précisera les droits et obligations de chacune des parties en attendant la conclusion de la vente et le transfert de propriété, sans méconnaître qu'il existe toujours un risque que le juge, à la demande de l'occupant, ne requalifie cette convention en bail.

Pour aller plus loin

Formules
- JCl. Notarial Formulaire, V° Vente d'immeuble, fasc. 105 (cadre de vente), par J. Lafond
- JCl. Notarial Formulaire, V° Vente d'immeuble, fasc. 109 (reconnaissance de conseils donnés), par J. Lafond et J.-F. Pillebout

Fiches pratiques
- Fiche pratique n° 2625 : Vente d'un immeuble construit ou rénové depuis moins de 10 ans
- Fiche pratique n° 2632 : Réaliser une expertise immobilière, par A. Robert-Chary
- Fiche pratique n° 1721 : Rédiger une vente d'immeuble, par M. Suquet-Cozic

Commentaires
- JCl. Notarial Formulaire, V° Vente d'immeuble, fasc. 490 (vente en viager)
- JCl. Notarial Formulaire, V° Vente d'immeuble, fasc. 492 (usufruit), par D. Montoux
- JCl. Notarial Formulaire, V° Vente d'immeuble, fasc. 520 (transfert de propriété et des risques), par J. Lafond et V. Zalewski-Sicard

Obligations principales du vendeur

I. Obligation de délivrance

1° Notion de délivrance

3337 La délivrance de la chose vendue constitue, cela va sans dire, une obligation essentielle à la charge du vendeur. Malgré la définition assez sibylline qu'en donne l'article 1604 du Code civil (*la délivrance est le transport de la chose vendue en la puissance et possession de l'acheteur*), on s'accorde habituellement à considérer que la délivrance consiste pour le vendeur à mettre matériellement la chose vendue à la disposition de l'acheteur afin qu'il puisse en prendre livraison et en jouir à son gré.

3338 Transfert de propriété – La délivrance se distingue ainsi de certaines notions voisines telles que, notamment, le transfert de propriété *(V. n°* ***3270*** *et s.)*. En effet, la délivrance porte sur la maîtrise matérielle de la chose puisqu'elle repose sur un acte de fait et constitue une véritable obligation du vendeur alors que le transfert de propriété, lui, porte sur le droit (pouvoir de droit) et s'effectue, en principe, automatiquement par le seul accord de volonté des parties et ne constitue pas ainsi une obligation proprement dite du vendeur. S'agissant, en effet, des immeubles déterminés et identifiés *(V. n°* ***1780*** *et s.)*, le principe est que, en l'absence de stipulations contractuelles contraires, le transfert de la propriété à l'acheteur se produit de plein droit et immédiatement du seul fait de la formation de la vente. La vente *est parfaite entre les parties, et la propriété est acquise de droit à l'acheteur à l'égard du vendeur, dès qu'on est convenu de la chose et du prix, quoique la chose n'ait pas encore été livrée ni le prix payé (C. civ., art. 1583)*. D'après le premier alinéa de l'article 1196 du Code civil, *dans les contrats ayant pour objet l'aliénation de la propriété ou la cession d'un autre droit, le transfert s'opère lors de la conclusion du contrat*. L'ancien article 1138 du même code disposait : « l'obligation de livrer la chose est parfaite par le seul consentement des parties contractantes ».

3339 Formes de la délivrance – La délivrance prend des formes diverses selon la nature du bien vendu, l'idée générale étant que l'acheteur doit être mis en mesure de prendre possession du bien. Ainsi, *l'obligation de délivrer les immeubles est remplie de la part du vendeur lorsqu'il a remis les clefs, s'il s'agit d'un bâtiment, ou lorsqu'il a remis les titres de propriété (C. civ., art. 1605)*. Notons qu'il n'y a pas, en matière immobilière, de « livraison » proprement dite : tradition ou remise de la chose de la main à la main.

3340 Charge des frais de la délivrance – L'obligation de délivrance pesant sur le vendeur, il lui appartient d'en supporter les frais en l'absence de stipulation contraire *(C. civ., art. 1608)*.

3341 Lieu de la délivrance – Le lieu de délivrance est, en principe, celui où se trouvait la chose lors de la vente *(C. civ., art. 1609)* ; en effet, c'est à partir de ce moment que l'acquéreur est devenu propriétaire. Dans les cas, comme en matière immobilière, où la délivrance s'effectue par une remise de titres ou de clefs, ladite délivrance a lieu à l'endroit où se fait cette remise : domicile du vendeur ou notaire. Il convient toutefois de noter que ces règles ne sont que supplétives et que, partant, elles peuvent être écartées par des clauses contraires *(C. civ., art. 1609 in fine)*.

3342 Date de délivrance – Aucune disposition du Code civil ne déterminant le moment de la délivrance, en l'absence de stipulation contraire, la délivrance est en principe exigible immédiatement. Toutefois, la jurisprudence tolère un délai raisonnable (à partir de la conclusion du contrat) selon la nature de l'objet ou en fonction, le cas échéant, d'usages professionnels. Lorsque les parties sont convenues d'un délai, celui-ci peut être indicatif (obligation de moyens) ou impératif (obligation de résultat) ; dans le silence des parties, la doctrine conclut souvent à l'application d'un délai indicatif même s'il appartient aux tribunaux, en cas de conflit, de préciser ce qu'il en est.

2° Objet ou étendue de la délivrance

a) Immeuble convenu : le principal

3343 Contenu double – L'obligation de délivrance est double car elle recouvre, en réalité, deux obligations distinctes mais complémentaires : le vendeur doit non seulement mettre la chose vendue à la disposition de l'acheteur, mais encore faut-il que cette chose soit conforme à ce qui a été prévu.

3344 Identité et conformité de l'immeuble – Par la condition d'identité, on entend que la délivrance doit porter très exactement sur la chose vendue telle que définie au contrat. Le vendeur doit, en effet, délivrer cette chose identique à celle commandée et ne peut effectuer une substitution quand bien même ce remplacement ne paraîtrait pas dommageable. Et, au-delà de cette exigence plutôt évidente, le vendeur est tenu de délivrer une chose rigoureusement conforme aux prévisions contractuelles *(Cass. 3e civ. 29 févr. 2012, n° 11-10.318 : JurisData n° 2012-003056 ; JCP N 2012, 1186, note O. Herrnberger ; Contrats, conc. consom. 2012, comm. 117, note L. Leveneur)*. Il s'agit là d'une conformité matérielle ou objective de la chose à laquelle doit s'ajouter une conformité fonctionnelle ou subjective en ce sens que le bien délivré doit également être adapté ou apte à sa destination et correspondre en tous points au but recherché par l'acquéreur.

À ces dispositions générales, il convient d'ajouter les règles spécialement prévues par les codificateurs relativement à la délivrance de la contenance de l'immeuble vendu *(C. civ., art. 1616 à 1624)*. Il résulte, en effet, de l'article 1616 du Code civil que *le vendeur est tenu de délivrer la contenance telle qu'elle est portée au contrat*. Mais, après avoir posé cette exigence qui est commune à toutes les ventes immobilières, le législateur fait varier le régime des sanctions de l'erreur de contenance *(V. n° 3351)* en distinguant deux hypothèses :

- d'une part, le cas où *la vente d'un immeuble a été faite avec indication de la contenance, à raison de tant la mesure (C. civ., art. 1617)* ;
- et, d'autre part, *tous les autres cas, soit que la vente soit faite d'un corps certain et limité, soit qu'elle ait pour objet des fonds distincts et séparés, soit qu'elle commence par la mesure, ou par la désignation de l'objet vendu suivie de la mesure (C. civ., art. 1619)*.

3345 Distinction entre non-conformité et vice caché – La distinction entre le défaut de non-conformité et le vice caché est généralement faite, non selon un critère « chronologique », mais selon un critère « individualiste » : le vice caché suppose que la chose livrée soit, d'une part, matériellement conforme à la commande et, d'autre part, atteinte d'un défaut qui la rend impropre à sa destination normale *(V. n° 3378 et s.)*, alors que la non-conformité implique que la chose livrée soit sans vice tout en étant matériellement différente de la commande eu égard à ses spécifications précises

Exemple Pour un raccordement au réseau d'assainissement, *Cass. 3e civ., 28 janv. 2015, n° 13-19.945 et 13-27.050 : JurisData n° 2015-001123 ; JCP N 2015, 1186, note S. Piedelièvre ; JCP G 2015, p. 768, note R. Boffa*

Remarque La jurisprudence affirme régulièrement que l'inconstructibilité matérielle d'un terrain (malgré sa constructibilité juridique : obtention d'un permis de construire) résulte d'un vice caché, synonyme d'impropriété à la destination normale, et non d'une non-conformité, synonyme d'impropriété à une destination spécialement convenue. Jugé, en revanche, que l'inconstructibilité qui relève de l'appréciation de l'Administration constitue un vice extrinsèque ne pouvant donner lieu à réparation sur le fondement de la garantie des vices cachés *(Cass. 3e civ., 24 nov. 2016, n° 15-26.226 : JurisData n° 2016-024750 ; LEDIU janv. 2017, n° 110f1, p. 1, F. Rouvière ; BPIM 1/17, comm. 27 ; RTD civ. 2017, p. 126, obs. H. Barbier ; Defrénois 2017, p. 240, obs. J.-B. Seube ; AJ contrat 2017, p. 92, obs. T. de Revel d'Esclangon)*.

Pour aller plus loin

- JCl. Notarial Formulaire, V° Vente d'immeuble, fasc. 520, par J. Lafond et V. Zalewski-Sicard
- J. Apollis, Obligation de délivrance et garantie des vices cachés : RJDA 1994, n° 52

b) Accessoires de l'immeuble

3346 *L'obligation de délivrer la chose comprend ses accessoires et tout ce qui a été destiné à son usage perpétuel (C. civ., art. 1615)*. La délivrance doit ainsi porter sur l'immeuble vendu avec ses divers accessoires matériels comme juridiques :

- les objets nécessaires ou opportuns à l'utilisation de la chose comme, par exemple, les meubles attachés à l'immeuble à perpétuelle demeure (ainsi devenus immeubles par destination ou incorporation) ;
- les droits réels accessoires tels que des servitudes légales ou conventionnelles ; les documents privés ou administratifs susceptibles d'accompagner ou de permettre l'utilisation du bien selon sa nature comme un certificat d'urbanisme, un extrait cadastral, des documents de bornage ou d'arpentage, un permis de construire, un règlement de copropriété...

3° Contentieux de l'inexécution de l'obligation de délivrance

3347 Lorsque la chose délivrée ne correspond pas matériellement (objectivement) ou fonctionnellement (subjectivement) à celui qui a été commandé, il y a non-conformité.

3348 Preuve de la délivrance et de la conformité de l'immeuble – En cas de contestation, c'est au vendeur de prouver qu'il a mis le bien vendu à la disposition de l'acheteur. L'obligation de délivrance est, en règle ordinaire, analysée comme une obligation de résultat de sorte que seule la preuve de l'existence d'une cause étrangère pourrait décharger le vendeur défaillant de sa responsabilité. De la sorte, l'acheteur auquel la chose n'a pas été délivrée n'aura pas, le cas échéant, à prouver la faute du vendeur pour engager sa responsabilité.

Attention **En revanche, une fois la délivrance établie, c'est à l'acquéreur qu'il incombera, s'il y a lieu, de prouver un défaut de conformité car on est en présence d'une obligation de moyens.**

3349 Sanctions générales de la non-conformité de l'immeuble – L'obligation de délivrance est, en principe, analysée comme une obligation de résultat de sorte que seule la preuve de l'existence d'une cause étrangère pourrait décharger le vendeur défaillant de sa responsabilité *(V. n° **3350**)*. De la sorte, l'acheteur auquel la chose n'a pas été délivrée n'aura pas, le cas échéant, à prouver la faute du vendeur pour engager sa responsabilité.

3350 Voies de droit – À supposer le défaut de délivrance conforme établi, le créancier se voit reconnaître diverses voies de droit contre le vendeur défaillant :

- l'acheteur qui n'a pas encore payé l'intégralité du prix peut, au regard du caractère synallagmatique du contrat de vente, opposer **l'exception d'inexécution** au débiteur ayant failli à son obligation exigible de délivrer une chose conforme *(C. civ., art. 1219 à 1220)* ;
- plus radicalement, le débiteur peut poursuivre **l'exécution forcée du contrat**, c'est-à-dire la délivrance d'une chose conforme aux stipulations du contrat ; à l'appui de cette sanction, des mesures comminatoires sont prévues, notamment l'astreinte ;
- l'acheteur peut aussi demander la **résolution du contrat** pour inexécution ; ainsi, la résolution est prononcée l'acte de vente ayant pour objet un local à usage de logement et le lot vendu n'était pas aménageable en logement du fait de la hauteur sous plafond *(Cass. 3e civ., 7 avr. 2016, n° 15-15.678 : JurisData n° 2016-007038 : JCP N 2016, 553 et 1249, note Y. Dagorne-Labbe)*.

L'acte fait l'objet d'un anéantissement rétroactif qui entraîne des restitutions réciproques : le vendeur ayant livré une chose non conforme devra la reprendre et rembourser à l'acquéreur le prix perçu.

3351 Responsabilité contractuelle – Par ailleurs, il peut exercer une action en responsabilité contractuelle ou en réparation en prouvant que la défaillance du vendeur (non-conformité de la chose) lui a causé un préjudice prévisible *(Cass. 3e civ., 7 avr. 2016, n° 15-15.678 : JurisData n° 2016-007038 ; JCP N 2016, 1249, note Y. Dagorne-Labbe)*.

Remarque L'action est soumise au droit commun, notamment en ce qui concerne les délais d'action, et un pouvoir souverain d'appréciation est laissé aux juges du fond concernant les modalités de la réparation du dommage provenant du défaut de conformité.

3352 Sanctions particulières de « l'erreur de contenance » – Si *le vendeur est tenu de délivrer la contenance telle qu'elle est portée au contrat (C. civ., art. 1616)*, les sanctions de l'erreur de contenance ne sont pas homogènes puisqu'elles sont d'une nature variable en fonction des modalités de la vente ; il y a toutefois quelques règles communes à toutes les hypothèses : l'article 1621 dispose ainsi que *dans tous les cas où l'acquéreur a le droit de se désister du contrat, le vendeur est tenu de lui restituer, outre le prix, s'il l'a reçu, les frais de ce contrat* ; l'article 1622 prévoit, quant à lui, que *l'action en supplément de prix de la part du vendeur, et celle en diminution de prix ou en résiliation du contrat de la part de l'acquéreur, doivent être intentées dans l'année, à compter du jour du contrat, à peine de déchéance*.

- **La première hypothèse** est celle, visée à l'article 1617 du Code civil, dans laquelle *la vente d'un immeuble a été faite avec indication de la contenance, à raison de tant la mesure*.

Exemple Il s'agit, en termes moins sibyllins, de la vente d'un immeuble pour un prix calculé par unité de mesure, en fonction de la surface du bien : il en va ainsi, par exemple, lorsqu'un terrain de « x hectares » est vendu à raison de « x euros l'hectare ».

S'il s'avère une contenance plus petite, *le vendeur est obligé de délivrer à l'acquéreur, s'il l'exige, la quantité indiquée au contrat (exécution forcée) ; et si la chose ne lui est pas possible, ou si l'acquéreur ne l'exige pas, le vendeur est obligé de souffrir une diminution proportionnelle du prix (réfaction) (C. civ., art. 1617)* ; mais *si, au contraire, [...] il se trouve une contenance plus grande que celle exprimée au contrat, l'acquéreur a le choix de fournir le supplément du prix (réfaction), ou de se désister du contrat (résolution), si l'excédent est d'un vingtième (5 %) au-dessus de la contenance déclarée (C. civ., art. 1618)*.

- **La deuxième hypothèse** ou série d'hypothèses est celle, visée à l'article 1618 du Code civil, dans laquelle la vente a été consentie pour un prix global indépendamment de la contenance de l'immeuble (prix forfaitaire) : en principe, *l'expression de cette mesure ne donne lieu à aucun supplément de prix, en faveur du vendeur, pour l'excédent de mesure, ni en faveur de l'acquéreur, à aucune diminution du prix pour moindre mesure, qu'autant que la différence de la mesure réelle à celle exprimée au contrat est d'un vingtième (5 %) en plus ou en moins, eu égard à la valeur de la totalité des objets vendus, s'il n'y a stipulation contraire (C. civ., art. 1619)*. Néanmoins, *dans le cas où [...] il y a lieu à augmentation de prix pour excédent de mesure (soit parce que la différence entre la contenance réelle et celle exprimée au contrat est de plus d'un vingtième en excédent, soit parce qu'il y a stipulation contraire* *au principe précité), l'acquéreur a le choix ou de se désister du contrat (résolution) ou de fournir le supplément du prix (réfaction), et ce, avec les intérêts s'il a gardé l'immeuble (C. civ., art. 1620).*

- **Une troisième hypothèse**, plutôt mixte, est prévue par l'article 1623 du Code civil aux termes duquel *s'il a été vendu deux fonds par le même contrat, et pour un seul et même prix, avec désignation de la mesure de chacun, et qu'il se trouve moins de contenance en l'un et plus en l'autre, on fait compensation jusqu'à due concurrence ; et l'action, soit en supplément, soit en diminution du prix, n'a lieu que suivant les règles ci-dessus établies.*
- **Une dernière hypothèse spécifique**, tirée du droit de la copropriété des immeubles bâtis, est prévue par l'article 46 de la loi n° 65-557 du 10 juillet 1965 qui, dans la foulée du formalisme qu'il instaure *(V. n° **1837** et s.)*, prévoit les sanctions de l'erreur de contenance en cas de vente portant sur un lot de copropriété : *si la superficie est supérieure à celle exprimée dans l'acte, l'excédent de mesure ne donne lieu à aucun supplément de prix* ; en revanche, *si la superficie est inférieure de plus d'un vingtième (5 %) à celle exprimée dans l'acte, le vendeur, à la demande de l'acquéreur, supporte une diminution du prix proportionnelle à la moindre mesure (réfaction)* et cette *action en diminution du prix doit être intentée par l'acquéreur dans un délai d'un an à compter de l'acte authentique constatant la réalisation de la vente, à peine de déchéance.*

3353 Transmissibilité de l'action et recours en garantie – L'action contractuelle pour délivrance non conforme est transmissible avec la chose, dont elle forme l'accessoire, dans la mesure où le sous-acquéreur souffre de la défaillance initiale *(Cass. ass. plén., 7 févr. 1986, n° 83-14.631 et 84-15.189 : JurisData n° 1986-700259 : JCP G 1986, II, 20616, note Ph. Malinvaud. – Cass. 1re civ., 27 mars 2007, n° 04-20.842 : JurisData n° 2007-038210 ; JCP G 2007, II, 10118, note C. Cohen. – Cass. 1re civ., 20 mai 2010, n° 09-10.086 : JurisData n° 2010-006236).*

Il en résulte que le recours contre le vendeur originel ne pourra pas être soumis aux règles de la responsabilité civile extracontractuelle. En outre, lorsqu'un revendeur est condamné en réparation pour délivrance d'une chose non conforme, il dispose d'une action récursoire en garantie contre son propre vendeur.

3354 Moyens légaux de défense du vendeur – Lorsqu'un événement présentant les caractères de la force majeure empêche l'exécution de l'obligation de délivrance conforme, le vendeur empêché est libéré. De même, certains faits imputables à l'acquéreur sont de nature à le priver d'action même si la non-conformité de la chose livrée (inaptitude à atteindre le but recherché) ne fait l'objet d'aucun doute.

Remarque C'est ainsi que, par exemple, l'acheteur qui n'a pas émis de réserves à la réception et qui, longtemps après avoir eu la chose à sa disposition, se plaint du défaut des qualités de celle-ci pourra voir son action déclarée irrecevable parce qu'il aurait, par ce comportement, implicitement « agréé » la chose. Il doit aussi être traité pareillement s'il ne s'est pas comporté avec diligence au moment de la délivrance de la chose et, spécialement, s'il s'est abstenu de vérifier l'état et la qualité du bien fourni.

3355 Clauses exonératoire ou limitative de responsabilité – Dans les contrats conclus entre professionnels, les clauses en question (notamment celles qui sont relatives au moment de la délivrance) sont, sauf hypothèse de dol ou de faute lourde de la part du débiteur, déclarées licites par la jurisprudence. *(Cass. 1re civ., 20 déc. 1988, n° 87-16.369 : JurisData n° 1988-703182 ; Bull. civ. I, n° 373 ; JCP G 1989, II, 21354, note G. Virassamy).*

Et cette règle vaut de manière générale, y compris dans les rapports entre des contractants de spécialité différente, alors que pour la garantie des vices cachés, ces clauses ne sont licites qu'entre professionnels de même spécialité. De même, ces clauses sont valables dans les rapports entre particuliers sous la réserve habituelle de la faute lourde ou du dol commis par le débiteur.

Attention **En revanche, elles sont, de manière irréfragable, présumées abusives et réputées non écrites dans les contrats de consommation *(C. consom., art. L. 212-1 et R. 212-1, 6° et 7°)*. Il convient également de tenir compte, en cas de vente d'un lot de copropriété, du caractère impératif des dispositions de la loi n° 65-557 du 10 juillet 1965 fixant le statut de la copropriété des immeubles bâtis *(L. n° 65-557, 10 juill. 1965, art. 1er, al. 1er. – V. n° 1837 et s.)*.**

II. Obligation de garantie du vendeur

3356 La garantie permet d'assurer à l'acquéreur une jouissance paisible (garantie d'éviction) et une jouissance utile de la chose achetée (garantie des vices cachés).

A. – GARANTIE EN CAS D'ÉVICTION

1° Définition et formes de l'éviction

3357 L'acheteur évincé est celui qui est « chassé » ou dépouillé du bénéfice de la chose acquise, qui est privé de sa possession paisible et de ses droits sur la chose. L'éviction peut prendre plusieurs formes selon son étendue, sa nature juridique ou son auteur.

3358 Éviction totale ou partielle – Selon l'étendue ou la portée de l'éviction, une première distinction est faite entre l'éviction totale et l'éviction partielle.
Il y a éviction totale si l'acquéreur est dépouillé de tout droit sur la chose achetée.
Il y a éviction partielle si l'acheteur n'est dépouillé que de certains avantages

> **Exemple** C'est ainsi le cas, par exemple, lorsqu'il doit supporter certaines charges qui n'avaient pas été déclarées (servitudes au profit de tiers, occupation par des locataires, etc.).

3359 Éviction de droit ou de fait – Selon la nature juridique de l'éviction, une deuxième distinction est faite entre l'éviction de droit et l'éviction de fait.
Il y a éviction de droit si la privation de l'acheteur provient de l'exercice par un tiers ou par le vendeur d'un droit (revendication, exercice d'une servitude, etc.).
Il y a éviction de fait si l'acheteur subit des atteintes purement matérielles (vol, dégradation, etc.).

3360 Vendeur ou tiers – Selon l'auteur de l'éviction, une troisième distinction est faite entre :
– l'éviction émanant du vendeur lui-même, qui trouble son acheteur ;
– et l'éviction par des tiers qui portent atteinte aux droits de cet acheteur.

3361 Obligation du vendeur – Pour protéger l'acquéreur contre les perturbations susmentionnées, les articles 1625 à 1640 du Code civil mettent à la charge du vendeur une obligation de garantie contre l'éviction de son cocontractant *(Cass. 3e civ., 6 mai 2009, n° 07-21.242 : JurisData n° 2009-048200 ; Bull. civ. III, n° 102 ; JCP N 2009, n° 23, p. 8, n° 424)*.
Cette garantie, encore appelée garantie de la jouissance paisible, consiste pour le vendeur à protéger l'acheteur contre les troubles qui sont apportés à sa possession. Et comme ces troubles proviennent soit du vendeur lui-même, soit des tiers, on distingue classiquement la garantie du fait personnel et la garantie du fait des tiers.

2° Garantie du fait personnel du vendeur

3362 Fondement – Au titre de la garantie, le premier devoir qui pèse sur le vendeur est de s'abstenir de porter atteinte par son fait personnel au droit qu'il a transmis à l'acheteur. Selon l'adage, « qui doit garantie ne peut évincer », ce qui est une règle évidente qui découle de l'économie même de la vente : le vendeur ne saurait reprendre, par une voie détournée, le profit de ce qu'il a vendu à l'acheteur *(C. civ., art. 1628)*.

3363 Troubles couverts : tous troubles de droit et de fait – La garantie couvre tous les troubles émanant du vendeur, aussi bien les troubles de droit que les troubles de fait. Le trouble de droit suppose que le vendeur prétende à un droit sur la chose vendue, qu'il s'agisse d'un droit personnel comme, par exemple, un droit au bail ou d'un droit réel comme, par exemple, un droit de propriété ou une servitude *(Cass. 3e civ., 23 févr. 1994, n° 92-12.764 : JurisData n° 1994-000407 ; Bull. civ. III, n° 38)*.
La garantie de droit due par le vendeur de son fait personnel signifie qu'il s'interdit de contester le droit qu'il a transmis à l'acquéreur.
Cela dit, la garantie du fait personnel n'interdit pas au vendeur de remettre en cause la vente, si elle est irrégulière ou inexécutée par l'acheteur, par une action en nullité (vice du consentement) ou en résolution. De même, la garantie du fait personnel n'interdit pas au vendeur de discuter l'étendue exacte de la vente, notamment dans le cas où il n'a vendu qu'une partie du bien ou s'est réservé un droit sur le bien au moment de la vente (par exemple un vendeur qui se réserve un droit de passage sur le terrain vendu). Le trouble de fait, quant à lui, désigne tout acte ou fait de nature à perturber l'acheteur dans la jouissance du bien vendu. La garantie du fait personnel du vendeur lui impose de s'abstenir de tout acte de nature à troubler l'acheteur dans la jouissance du bien vendu.

3364 Caractère perpétuel – La garantie du fait personnel est perpétuelle et, précisément, imprescriptible. C'est pourquoi le vendeur ne peut pas prétendre y échapper en invoquant, par exemple, les règles de la prescription acquisitive : même s'il réunit les conditions de l'usucapion qui lui permettrait de primer le droit de propriété de l'acheteur, il ne pourrait l'invoquer. *(Cass. 3e civ., 20 oct. 1981, n° 80-10.660 : JurisData n°1981-002950 ; Bull. civ. III, n° 168. – Cass. 3e civ., 13 juill. 2010, n° 09-13.472 : JurisData n°2010-011699 : Dr. et patr. 2010, n° 797, p. 2, obs. C. L. G.)*.
De manière générale, la garantie du fait personnel se traduit par une irrecevabilité des prétentions que le vendeur fonderait sur des règles étrangères à la vente : même justifiées en elles-mêmes, ces prétentions seraient paralysées par l'obligation de garantie.

3365 Caractère transmissible aux héritiers du vendeur comme de l'acquéreur – La garantie du fait personnel du vendeur est transmissible à ses ayants cause universels : héritiers ou légataires universels.

3366 Caractère indivisible – Comme toute obligation de ne pas faire, la garantie du fait personnel est indivisible. Ainsi, lorsqu'il y a plusieurs héritiers, chacun est tenu pour le tout.

3367 Caractère impératif ou d'ordre public – Selon l'article 1628 du Code civil, toute clause libérant le vendeur de son obligation de garantie du fait personnel serait nulle, car l'acheteur serait à la merci de l'arbitraire du vendeur. Il s'agit là d'une application de l'idée générale selon laquelle est nulle toute clause vidant un contrat d'une de ses obligations principales *(C. civ., art. 1170)*.

3° Garantie du fait des tiers

3368 Le régime de la garantie d'éviction du fait de tierces personnes est moins rigoureux que celui de la garantie du fait personnel. Toutefois, cette garantie n'en existe pas moins même s'il est cantonné dans un domaine précis et soumis à des conditions déterminées pour produire ses effets.

3369 Troubles de droit seulement – La garantie n'est due que pour les troubles de droit émanant de tiers, troubles que le vendeur est, s'il y a lieu, censé connaître. Ces troubles existent d'abord lorsqu'un tiers conteste le droit de propriété de l'acheteur (ainsi en cas de vente de la chose d'autrui) ou réclame un droit réel ou personnel sur le bien, et l'on parle alors de garantie d'éviction au sens strict. Ces troubles existent ensuite lorsque l'acheteur découvre des charges non déclarées dont l'effet est seulement d'entraver la jouissance de la chose (usufruit, servitude, droit au bail au profit de tiers...), et l'on parle spécialement de garantie des charges non déclarées (parce qu'elles sont rattachées par le Code civil à la garantie d'éviction, celles-ci ne constituent pas des vices cachés au sens des articles 1641 à 1646).

Attention **En revanche, les troubles de fait émanant de tiers, dégradations par exemple, ne sont pas couverts par la garantie du vendeur. Ce dernier n'est pas ici tenu de prendre fait et cause pour l'acheteur qui, devenu propriétaire, doit lui-même assurer la défense de son bien et de ses droits contre les perturbations purement factuelles émanant de tiers** ***(Cass. 3e civ., 11 mai 2011, n° 10-13.679 : JurisData n° 2011-008384 : Bull. civ. III, n° 74).***

3370 Troubles dont la cause juridique est antérieure à la vente (faute du vendeur) – L'origine du trouble de droit dont est victime l'acheteur se situe, en principe, antérieurement ou concomitamment à la vente *(Cass. 3e civ., 3 déc. 2008, n° 07-14.545 et 07-17.516 : JurisData n° 2008-046090 ; Bull. civ. III, n° 197.* – V. toutefois, *Cass. 3e civ., 16 mars 2011, n° 10-13.771 : JurisData n° 2011-003772 ; Bull. civ. III, n° 41 ; JCP N 2011, 340)*.
Si l'acheteur laisse lui-même se créer un droit contraire au sien après la vente, par exemple en laissant un tiers usucaper, il ne pourrait prétendre mettre en jeu la garantie du vendeur. Il en va de même lorsque l'acheteur subit un droit postérieur tel qu'une confiscation ou une expropriation par l'autorité publique.

3371 Origine postérieure à la vente – Malgré le principe précité, il arrive que le vendeur doive garantie pour des troubles de droit dont l'origine est postérieure à la vente :

- c'est d'abord le cas lorsque le droit du tiers, quoique né après la vente, trouve sa source dans un événement antérieur à cette vente : par exemple, si le bien vendu fait l'objet d'une confiscation après la vente mais pour des raisons antérieures de sorte que le bien était déjà grevé en germe ;
- c'est ensuite le cas lorsque le droit du tiers, bien que né ultérieurement à la vente, procède du vendeur lui-même : par exemple, lorsque le vendeur a revendu le bien à un second acquéreur devenu prioritaire pour des raisons de publicité (foncière notamment) ou parce que mis en possession le premier (en matière mobilière) ; il convient toutefois de dire que, dans ce dernier cas, l'on se trouve plus dans le cadre de la garantie du fait personnel que dans celui du fait d'un tiers.

3372 Absence d'aléa – La garantie du fait des tiers est totalement exclue lorsque l'acheteur connaissait le risque d'éviction en acceptant ainsi un aléa.
Dans ce cas, la vente prend un caractère aléatoire qui « chasse la garantie ». Néanmoins, le jeu d'une telle cause d'exclusion de la garantie suppose que les deux parties aient été clairement et également informées, d'où son inefficacité en présence d'un vendeur de mauvaise foi, laquelle a tendance à être présumée en présence d'un vendeur professionnel tel qu'un marchand de biens ou un promoteur-vendeur immobilier, au rebours de ce que dicte l'article 2274 du Code civil.

3373 Absence de clause de non-garantie – Contrairement à la garantie du fait personnel, la garantie du fait des tiers n'est pas d'ordre public. Elle peut ainsi être valablement écartée par une clause contraire *(C. civ., art. 1628,* lu *a contrario)*. Néanmoins, l'efficacité d'une telle clause suppose là aussi que les deux parties aient été clairement et également informées, ce qui suppose alors la bonne foi du vendeur. En outre, selon l'article 1629 du Code civil, *dans le même cas de stipulation de non-garantie, le vendeur, en cas d'éviction, est tenu à la restitution du prix, à moins que l'acquéreur n'ait connu lors de la vente le danger de l'éviction ou qu'il n'ait acheté à ses périls et risques.*

3374 Qualité pour agir – L'action est reconnue à l'acheteur contre son vendeur direct, mais l'on admet que la même action peut aussi être exercée par un sous-acquéreur ; celui-ci exerce l'action de son propre vendeur, ce qui signifie qu'il ne peut obtenir restitution que du prix de la première vente et non celui de la revente, sauf à compléter par des dommages-intérêts. En outre, pour exercer l'action, l'acheteur doit être de bonne foi (à propos de l'acceptation d'un aléa ou d'une clause de non-garantie, *V. n° 3371. – V. n° 3372*).

3375 Modalités d'exercice de l'action en garant – L'acheteur dispose d'une option pour mettre en œuvre la garantie du vendeur.

La première forme procédurale est celle d'un appel incident en garantie : l'acheteur appelle au procès son vendeur après qu'il eut été lui-même principalement assigné en justice par le tiers qui prétend à un droit sur la chose. On parle de garantie incidente parce qu'elle donne lieu à un « incident » qui vient s'agréger sur le procès principal.

La seconde forme procédurale est celle d'une action principale et indépendante en garantie contre le vendeur : plutôt que d'appeler le vendeur en garantie incidente, l'acheteur peut préférer agir seul en garantie principale contre le vendeur après avoir été évincé, judiciairement ou amiablement, ou menacé d'éviction par un tiers.

L'action en garantie principale est recevable, sous réserve de la prescription qui court à compter de l'éviction et non de la vente elle-même ; l'acheteur court néanmoins un risque : si le vendeur prouve qu'il disposait de moyens de défense qui lui auraient permis d'éviter l'éviction, de sorte que la demande du tiers eût été rejetée, il n'est plus tenu à garantie *(C. civ., art. 1640)*.

4° Effets de la garantie

3376 Selon l'article 1639 du Code civil, le droit commun des obligations ne s'applique ici qu'en l'absence de dispositions spéciales. Or, le même code a prévu en la matière des règles particulières qui sont différentes selon que l'éviction est totale ou partielle.

3377 Sanctions en cas d'éviction totale – En présence d'une **éviction totale**, l'article 1630 du Code civil dresse la liste des droits dont dispose l'acheteur totalement évincé :

- la **restitution du prix** qu'il avait payé ; si la chose vendue se trouve avoir augmenté de prix à l'époque de l'éviction, indépendamment même du fait de l'acquéreur, le vendeur est tenu de lui payer ce qu'elle vaut au-dessus du prix de la vente *(C. civ., art. 1633)* ;
- la **restitution des fruits** s'il doit lui-même les rendre au tiers qui l'évince, par exemple une indemnité d'occupation ;
- la **restitution des frais**, frais de la vente mais aussi tous les frais de justice ;
- le versement de **dommages-intérêts** pour compenser les investissements que l'acheteur a pu exposer sur la chose au titre des réparations et améliorations (y compris les dépenses d'agrément si le vendeur était de mauvaise foi), des impôts fonciers payés, etc.

3378 Sanctions en cas d'éviction partielle – En présence d'une **éviction partielle**, l'acquéreur qui subit cette perte ou doit supporter des charges non déclarées dispose d'une option :

- ➤ il peut demander la **résolution de la vente** (l'article 1638 du Code civil parle inopportunément de « résiliation ») s'il établit que son consentement avait été déterminé par l'objet de l'éviction, c'est-à-dire qu'il n'aurait pas acheté compte tenu de l'éviction partielle ou des charges ; la terminologie employée rappelle, étrangement, celle de la nullité pour erreur ;
- ➤ il peut demander une « **indemnité** », qui équivaut à une diminution du prix, sachant que cette indemnité est librement appréciée par le juge pour les charges non déclarées *(C. civ., art. 1638)* alors qu'elle est réglementée pour l'éviction partielle : ce n'est pas une fraction proportionnelle du prix de vente mais la valeur actuelle de la seule partie dont il est évincé.

Pour aller plus loin

Formules
- JCl. Notarial Formulaire, V° Vente d'immeuble, fasc. 105, par J. Lafond et fasc. 525 (délivrance) par D. Montoux

Fiches pratiques
- Fiche pratique n° 1721 : Rédiger une vente d'immeuble, par M. Suquet-Cozic
- Fiche pratique n° 2622 : Vente d'un immeuble ayant supporté une installation classée, par A. Robert-Chary
- Fiche pratique n° 3111 : Déterminer l'immeuble vendu et les sujétions le grevant au sein de la partie développée de l'acte authentique de vente, par S. Olivier

Commentaires
- JCl. Notarial Formulaire, Synthèse 1490, Vente d'immeuble, obligations du vendeur
- JCl. Notarial Formulaire, Synthèse 1520, Vente d'immeuble, contentieux, par V. Zalewski-Sicard
- JCl. Notarial Formulaire, V° Vente d'immeuble, fasc. 520 (transfert de propriété et des risques), par J. Lafond et V. Zalewski-Sicard
- JCl. Notarial Formulaire, V° Vente d'immeuble, fasc. 530 (clauses de l'acte), par J. Lafond et V. Zalewski-Sicard
- JCl. Notarial Formulaire, V° Vente d'immeuble, fasc. 620 (contentieux) par S. Castagné et V. Zalewski-Sicard

B. – GARANTIE LÉGALE DES VICES OU DÉFAUTS CACHÉS

3379 Sources – Héritée du droit romain, la garantie des vices cachés dans la vente trouve aujourd'hui son siège dans les articles 1641 à 1649 du Code civil. Les bases de cette garantie légale sont jetées par le premier de ces textes : *le vendeur est tenu de la garantie à raison des défauts cachés de la chose vendue qui la rendent impropre à l'usage auquel on la destine, ou qui diminuent tellement cet usage, que l'acheteur ne l'aurait pas acquise, ou n'en aurait donné qu'un moindre prix, s'il les avait connus.*

A priori, ce texte semble viser deux catégories distinctes de défauts cachés : d'une part, ceux rendant la chose vendue *impropre à l'usage auquel on la destine* et, d'autre part, ceux diminuant tellement cet usage *que l'acheteur ne l'aurait pas acquise, ou n'en aurait donné qu'un moindre prix, s'il les avait connus.*

Remarque Toutefois, la portée de cette formulation ne devrait pas être exagérée car, en réalité, le texte n'exprimerait qu'une seule exigence, à savoir celle d'un vice nuisible à l'usage de la chose, quel que soit le degré de cette nuisibilité, qu'il s'agisse d'une diminution ou d'une suppression de l'utilité de la chose ; la garantie des vices est exclusive dans son domaine propre *(Cass. 3e civ., 4 mai 2016, n° 15-11.351 : JurisData n° 2016-008455 ; Constr.-Urb. 2016, comm. 95, Chr. Sizaire ; JCP N 2017, n° 6-07, 1098-18, obs. S. Piédelièvre).*

1° Conditions de la garantie

a) Quant au fond

3380 Existence et gravité du vice – Une première condition de fond réside dans la nécessité d'un vice rendant la chose vendue « impropre à sa destination normale » (cette précision « normale » a été apportée par la jurisprudence). En d'autres termes, le défaut doit être suffisamment sérieux pour que l'usage habituel de la chose en soit affecté et perturbé, un vice véniel ou n'atteignant que les qualités secondaires n'étant pas pris en considération *(Cass. 1re civ., 19 mars 2009, n° 08-12.657 : JurisData n° 2009-047473 ; Bull. civ. I, n° 62 ; Contrats, conc. consom. 2009, comm. 157, note L. Leveneur).*

À la différence de la responsabilité du fait des produits défectueux qui suppose un dommage procédant d'une atteinte à la sécurité d'une personne ou d'un bien autre que le produit défectueux lui-même, la garantie des vices cachés n'implique opportunément qu'une inadaptation de la chose à l'usage auquel on la destine ou un dommage subi par cette chose en raison de son défaut.

3381 Clandestinité du vice – La deuxième condition de fond réside dans le fait que le vice doit être occulte, conformément à l'article 1641 parlant de « défauts cachés », et à l'article 1642, qui exclut expressément de l'empire de la garantie les *vices apparents [...] dont l'acheteur a pu se convaincre lui-même.*

3382 Rattachement du vice à la chose vendue – Il faut, comme dernière condition de fond, un rattachement du vice à la chose vendue, ce qui sous-entend que le vice doit, d'une part, être inhérent ou consubstantiel à la chose vendue et, d'autre part, être antérieur ou concomitant à la conclusion du contrat.

b) Procédure

3383 Qualité pour agir – Celui qui veut actionner la garantie des vices cachés doit avoir la qualité pour agir, ce qui est le cas de l'acquéreur comme du sous-acquéreur de la chose qui dispose d'une action directe de nature contractuelle *(Cass. ass. plén., 27 oct. 2006, n° 05-18.977 : JurisData n° 2006-035632 ; Bull. civ. ass. plén., n° 13, p. 45 ; Bull. inf. C. cass. 15 janv. 2007, p. 55 ; Contrats, conc. consom. 2007, comm. 43, L. Leveneur)*, voire du syndicat de copropriétaires *(Cass. 3e civ., 24 juin 2015, n° 14-15.205 : JurisData n° 2015-015492 ; JCP N 2015, n° 29, act. 774 ; AJDI 2015, p. 866, obs. F. Cohet ; Constr.-Urb. 2015, comm. 129, note Ch. Sizaire ; JCP N 2016, n° 7-8, 1087-49, obs. S. Piedelièvre).*

3384 Preuve – Le demandeur doit apporter une double preuve, celle de l'existence d'un vice inhérent à la chose qui rend celle-ci impropre à son usage normal et celle de l'existence de l'antériorité de ce vice à la vente. Cela, à charge pour le vendeur qui veut se libérer de démontrer que le vice n'était pas caché, soit parce qu'il était apparent, soit parce qu'il était connu de l'acheteur.

3385 Délai de forclusion – Le demandeur devait, jusqu'à une époque récente, exercer l'action en garantie dans un « bref délai » dont le point de départ et la durée étaient laissés à l'appréciation des juges du fond : 6 mois à un an environ à compter de la découverte effective du vice généralement située à la date de reddition d'un rapport d'expertise. Cette exigence avait été à la source d'une très vive controverse puisqu'elle « empoisonn (ait) le débat judiciaire, en multipliant les procès [...] et les pourvois malicieux » *(Ph. Le Tourneau, Conformités et garanties en droit français de la vente, in Les ventes internationales de marchandises : Economica, 1981, p. 231 s., spéc. n° 143, p. 285).* Et c'est notamment pour remédier à cela que l'ordonnance du 17 février 2005 est intervenue de sorte que, désormais, le délai prévu par l'article 1648 est quantifié et son point de départ précisé : il s'agit d'un délai de 2 ans qui court à compter de la découverte du vice par l'acquéreur.

Attention Le délai biennal est interrompu par le référé-expertise et, conformément à l'article 2231 du Code civil, l'interruption de ce délai fait courir un nouveau délai de 2 ans à compter de la date du prononcé de l'ordonnance désignant un expert *(Cass. 3e civ., 5 janv. 2017, n° 15-12.605 : JurisData n° 2017-000026 ; BPIM 2/17, comm. 126 ; JCP N 2017, n° 3, act. 188).*

c) Effets de la garantie

3386 Alternative entre la résolution de la vente et la réduction proportionnelle du prix de vente – Si les conditions de la garantie sont réunies, l'article 1644 du Code civil dispose que l'acheteur a le choix de rendre la chose et de se faire restituer le prix ou de garder la chose et de se faire rendre une partie du prix.

Attention Il résulte néanmoins d'une jurisprudence, manifestement contra legem, que « l'action en réparation du préjudice subi du fait d'un vice caché n'est pas subordonnée à l'exercice d'une action rédhibitoire ou estimatoire et peut, par suite, être engagée de manière autonome » *(Cass. 3e civ., 24 juin 2015, n° 14-15205, Bull. civ. III, n° 833. – Voir n° 3388).*

3387 Action rédhibitoire et résolution de la vente – Selon l'article 1644 du Code civil, le premier choix offert à l'acheteur est *de rendre la chose et de se faire restituer le prix*. Il s'agit de la résolution du contrat par l'exercice de l'action rédhibitoire.
En raison de l'effet rétroactif de la résolution, le vendeur n'est pas fondé à obtenir une indemnité relative à l'utilisation du bien *(Cass. 3e civ., 13 juill. 2016, n° 14-26.958, FS-P+B : JurisData n° 2016-013751 ; JCP N 2016, n° 30-34, act. 930 ; Contrats, conc. consom. 2016, comm. 230, obs. L. Leveneur).*

3388 Action estimatoire et réduction proportionnelle du prix de vente – Aux termes de l'article 1644 du Code civil, la seconde option offerte à l'acheteur est *de garder la chose et de se faire rendre une partie du prix.* Il s'agit de la réduction proportionnelle du prix de vente par l'exercice de l'action estimatoire.

3389 Responsabilité contractuelle – Selon l'article 1645 du Code civil, *si le vendeur connaissait les vices de la chose, il est tenu, outre la restitution du prix qu'il en a reçu, de tous les dommages et intérêts envers l'acheteur* (*C. civ., art. 1645*) alors que, aux termes de l'article 1646 du même code, *si le vendeur ignorait les vices de la chose, il ne sera tenu qu'à la restitution du prix, et à rembourser à l'acquéreur les frais occasionnés par la vente.*
Les dommages-intérêts qui peuvent être dus par le vendeur de mauvaise foi, qui connaissait l'existence du vice caché, apparaissent ainsi comme une éventuelle sanction accessoire et complémentaire. Il s'évince pourtant d'une jurisprudence, manifestement contraire aux dispositions des articles 1644 à 1646 du Code civil, que *« l'action en réparation du préjudice subi du fait d'un vice caché n'est pas subordonnée à l'exercice d'une action rédhibitoire ou estimatoire et peut, par suite, être engagée de manière autonome » (Cass. 3e civ., 24 juin 2015, n° 14-15205, Bull. civ. III, n° 833. – Rappr. Cass. com., 1er févr. 2011, n° 10-11269, Bull. civ. III, n° 15 ; D. 2011, p. 516, obs. X. Delpech ; BRDA 4/11, comm. 12 : « l'acheteur d'une chose comportant un vice caché qui accepte que le vendeur procède à la remise en état de ce bien ne peut plus invoquer l'action en garantie dès lors que le vice originaire a disparu mais peut solliciter l'indemnisation du préjudice éventuellement subi du fait de ce vice » ; Cass. 3e civ., 25 juin 2014, n° 13-17254, Bull. civ III, n° 92* : une cour d'appel qui constate que la dangerosité de l'insert de la cheminée et de l'installation électrique de l'immeuble vendu constituait un vice caché relève que les acquéreurs auraient donné un moindre prix s'ils en avaient eu connaissance et retient que le coût des travaux de reprise de ces installations représentait 15 416, 90 euros alors que le prix de vente était de 380 000 euros peut en déduire que l'action rédhibitoire des acquéreurs ne peut être accueillie et qu'il convient de faire droit à leur demande subsidiaire en paiement de dommages-intérêts*; Cass. 3e civ., 12 juillet 2018, n° 17-21897, inédit au Bulletin civil).*

3390 Cas particuliers – Aux termes de l'article 1647 du Code civil, si la chose qui avait des vices a péri par suite de sa mauvaise qualité, la perte est pour le vendeur, qui sera tenu envers l'acheteur à la restitution du prix et aux autres dédommagements expliqués dans les articles précédents. Mais la perte arrivée par cas fortuit sera pour le compte de l'acheteur.

2° Garanties conventionnelles des vices cachés

3391 Raisons d'être – À cause, notamment, de la rigidité de la garantie légale, les stipulations relatives à la garantie des vices cachés sont très fréquentes dans les contrats de vente, y compris en matière immobilière où elles tendraient à devenir des clauses de style.

3392 Modalités – Les clauses relatives à la garantie peuvent être divisées en deux catégories : d'une part, celles qui étendent, limitent ou excluent la garantie légale et, d'autre part, celles qui suivent un régime purement conventionnel qui ne se réfère pas aux dispositions du Code civil.

3393 Clauses extensives de la garantie légale – Les clauses extensives sont naturellement valables bien qu'elles semblent, en pratique, très rares, voire illusoires, en matière immobilière.

3394 Clauses limitatives ou exclusives de la garantie légale – Le régime général de la garantie des défauts cachés n'étant pas impératif, les clauses exonératoires ou exclusives sont plutôt fréquentes dans la pratique contractuelle. Ainsi, dans les ventes immobilières, les notaires auraient même tendance à faire de la clause de non-garantie des vices cachés une clause de style ; dans les ventes de biens d'occasion, il n'est pas rare que le vendeur se décharge de toute obligation de garantie. Mais, le plus souvent, il y a seulement limitation (et non plus exclusion) de la garantie, la clause restrictive énumérant, par exemple, les défauts pour lesquels la garantie est admise ou restreindre les droits de l'acheteur en cas de découverte d'un vice : par exemple, exclusion de toute indemnité pour seulement une remise en état de la chose viciée. La validité de principe de telles clauses exclusives ou limitatives est posée par l'article 1643 du Code civil : *il (le vendeur) est tenu des vices cachés, quand même il ne les aurait pas connus, à moins que, dans ce cas, il n'ait stipulé qu'il ne sera obligé à aucune garantie*. Mais ce principe comporte de nombreuses exceptions.

C'est ainsi, tout d'abord, que les textes organisant l'information de l'acquéreur sur l'état de l'immeuble et les risques qu'il peut présenter pour **la santé ou la sécurité de ses occupants** sanctionnent, pour la plupart, la violation de l'obligation par l'impossibilité pour le vendeur de s'exonérer d'un tel vice caché.

En outre, selon l'article 1643 lu *a contrario*, le vendeur ne peut pas se prévaloir de telles clauses s'il connaissait les vices lors de la vente, c'est-à-dire s'il a été de **mauvaise foi** *(Cass. 3e civ., 8 avr. 2009, n° 08-12.960 : JurisData n° 2009-047783 ; JCP N 2010, 1001, § 19, obs. S. Piedelièvre ; Bull. civ. III, n° 87 ; D. 2009, Act. jurisp., p. 1206 ; Contrats, conc. consom. 2009, comm. 186, L. Leveneur ; BRDA 10/09, n° 10)*.

Attention Les **vendeurs professionnels** sont irréfragablement présumés connaître les vices des choses qu'ils vendent. Une société d'assurances, tenue de constituer une réserve pour garantir ses engagements, ne suffit pas à lui donner la qualité de professionnel de la vente immobilière *(Cass. 3e civ., 25 avr. 2007, n° 06-13.290 : JurisData n° 2007-038516 ; JCP N 2008, n° 1, 1001, note L. Leveneur)*. Mais une société civile immobilière ayant vendu un immeuble conformément à son objet social est considérée comme un professionnel de l'immobilier censé connaître les défauts de l'immeuble *(Cass. 3e civ., 7 oct. 2014, n° 13-21.957 : JurisData n° 2014-023204 ; JCP N 2014, n° 44, act. 1127)*.

Les clauses exonératoires sont, de manière irréfragable, présumées abusives et réputées non écrites dans les contrats de consommation *(C. consom., art. L. 212-1 et R. 212-1, 6° et 7°)*. Elles peuvent aussi être déclarées nulles et inefficaces lorsqu'elles sont prévues dans des contrats conclus entre professionnels de spécialité différente.

Conseil pratique Le notaire doit inviter les parties à transmettre toutes les informations dont l'importance est déterminante pour le consentement de l'autre *(Ph. Chauviré, La conclusion du contrat. Négociation, offre et conditions générales. Principes et clauses contractuelles : JCP N 2016, 1111)*.

EFFETS DE LA VENTE

Obligations accessoires du vendeur

I. Obligation de conservation

3395 **Obligation temporaire** – L'article 1614 du Code civil dispose que *la chose doit être délivrée dans l'état où elle se trouve au moment de la vente*. Si la délivrance n'intervient pas à cet instant, le vendeur doit assurer la conservation de la chose afin qu'elle soit remise à l'acheteur dans l'état voulu. Il est astreint à entretenir la chose ou la faire entretenir, les frais exposés étant à la charge de l'acheteur. Suivant l'article 1197 du Code civil, *l'obligation de délivrer la chose emporte obligation de la conserver jusqu'à la délivrance, en y apportant tous les soins d'une personne raisonnable*.

3396 **Obligation de moyens** – L'obligation de conservation apparaît alors comme une obligation de moyens : l'acheteur qui veut mettre en cause la responsabilité du vendeur est ainsi tenu de prouver que la dégradation ou la perte de la chose est due à son fait personnel. Si la perte de la chose est due à un cas fortuit, c'est la théorie des risques qui s'applique.

II. Obligation générale d'information

3397 **Sources de l'obligation** – L'obligation d'information présente la caractéristique particulière d'être une obligation très rarement stipulée de manière ouverte par les parties. En effet, elle se présente davantage comme une obligation objectivée naissant de la volonté du législateur ou du juge. Il existe un certain nombre de textes, comme les nouveaux articles 1112-1 et 1112-2 du Code civil relatifs aux négociations contractuelles à la suite de la jurisprudence, ces textes ont directement ou indirectement posé une obligation d'information entre partenaires contractuels (*V. n° **29** et s.)*.

3398 On y compte ainsi les diverses et abondantes dispositions consuméristes telles que celles de l'article L. 111-1 du Code de la consommation : avant que le consommateur ne soit lié par un contrat de vente de biens ou de fourniture de services, le professionnel doit communiquer au consommateur, de manière lisible et compréhensible, certaines informations comme, par exemple, les caractéristiques essentielles du bien et le prix du bien.

3399 Force est aussi de constater la prolifération des obligations légales d'information spécialement mises à la charge du vendeur immobilier : information de l'acquéreur sur le descriptif du terrain en secteur diffus à bâtir, information de l'acquéreur sur le descriptif du terrain en lotissement à bâtir, formalités relatives à la vente d'un lot de copropriété (formalités informatives préalables à la vente, formalité spéciale de mention obligatoire de la superficie du lot, formalités extrinsèques postérieures), formalités informatives relatives à la vente d'un immeuble classé ou inscrit au titre des monuments historiques... *(V. n° **1608** et s.)*, obligations de diagnostic qui incombent à tout vendeur immobilier *(V. n° **1971** et s.)*, etc.

3400 **Jurisprudence** – Mais c'est surtout la jurisprudence qui, de la même manière qu'elle a découvert, dans certains contrats, une obligation accessoire de sécurité analysée comme une des « suites » du contrat *(C. civ., art. 1194)*, a dégagé et élaboré une obligation générale d'information à la charge des parties, notamment professionnelles. Le domaine de cette obligation jurisprudentielle d'information – que le législateur a quelquefois reprise en la précisant ou en la nourrissant – est très étendu. Même si aucune décision n'en aurait jamais posé la règle en termes absolus, la jurisprudence tend, dans l'ensemble, à considérer cette obligation comme un principe général et autonome applicable dans la plupart des contrats. En effet, malgré l'existence de certaines dispositions législatives ou réglementaires spéciales, les articles 1103, 1104, 1193 et 1194 sont analysés comme la base et la source générales de toute obligation d'information. Celle-ci constitue, quelle qu'elle soit, un effet accessoire du contrat fondé le plus souvent sur l'équité voire sur l'exigence de bonne foi.

3401 **Obligation de renseignement** – L'obligation de renseignement ou d'information proprement dite consiste, de la part d'une partie, à diffuser un ou plusieurs renseignements objectifs auprès d'un (éventuel) cocontractant afin de l'éclairer sur les risques et avantages liés à telle ou telle mesure envisagée, à tel ou tel acte projeté, à tel ou tel usage prévu d'un bien fourni ou à fournir. Ainsi par exemple, il l'éveille, par des renseignements bruts concernant la chose, afin que son choix soit clairement réalisé, en pleine connaissance de cause. De la sorte, le débiteur de l'obligation d'information *stricto sensu* n'a pas, en principe, à exprimer un point de vue personnel, à se déclarer favorable ou non à telle ou telle autre solution. En effet, l'information ou renseignement, en tant que donnée brute, doit présenter un caractère objectif ou neutre et être dénué de tout parti pris.

3402 **Obligation de conseil** – L'obligation de conseil va au-delà de la simple obligation de renseignement car elle fait naître à la charge de son débiteur certaines diligences particulières dont la nature et la portée sont variables selon les circonstances. En effet, en fonction de données qui lui sont personnelles et d'éléments qui sont propres à ses interlocuteurs, le « conseiller » apparaît comme un initié qui exprime une opinion subjective étayée par ses connaissances. Il s'investit personnellement car il lui revient d'orienter de manière positive, grâce à des partis pris clairs, les choix et décisions de celui qui le sollicite. Ainsi, par exemple, le conseil consistera à indiquer au client éventuel si la chose considérée est ou non apte à répondre à l'usage spécifique auquel il entend le destiner. À ce titre, le conseil semble moins porter sur la chose elle-même que sur l'opportunité de son acquisition compte tenu des besoins particuliers du client. Cela dit, l'exécution de l'obligation de conseil suppose naturellement que le débiteur commence par informer son partenaire dans le sens envisagé ci-dessus : obligation de renseignement *stricto sensu*.

3403 **Obligation de mise en garde** – La mise en garde (ou avertissement) est une information ou un conseil orienté de manière négative dont l'objet est d'attirer l'attention du cocontractant (éventuel) sur un aspect risqué du contrat ou de la chose qui en fait l'objet : il s'agit de prévenir un risque de dommage ou d'inefficacité en suscitant la vigilance de l'autre partie sur les précautions à prendre.

3404 **Assimilation des notions** – Malgré leur différenciation théorique, il est, dans la pratique, très peu aisé de distinguer l'obligation de renseignement *stricto sensu* de l'obligation de conseil ou de mise en garde. Il est, en effet, très difficile de déterminer le seuil ou niveau à partir duquel le devoir d'informer céderait le pas au devoir de conseil ou à celui de mise en garde. De ce fait, et même s'il est certaines décisions qui tentent, au moins implicitement, de bien faire le *distinguo*, la jurisprudence, en les évoquant de manière interchangeable, ne sépare pas vraiment ces diverses obligations qui constituent les différentes manifestations d'une obligation unique et générale désignée par le terme d'obligation d'information.

3405 **Nature contractuelle de l'obligation** – L'information au sens large (renseignement, conseil et mise en garde) peut être due non seulement au moment des pourparlers ou de la formation du contrat, mais encore au moment de son exécution. Dès lors, en suivant un critère chronologique, l'on fait parfois une distinction entre, d'une part, l'obligation d'information qui n'est que précontractuelle ou délictuelle et, d'autre part, l'obligation d'information qui est contractuelle. Mais cette différenciation théorique pose, dans les faits, de grandes difficultés d'application de sorte que la jurisprudence considère, dès l'instant où une convention est passée, que ces différents objets participent finalement d'une obligation unique d'information, de nature contractuelle. En effet, les tribunaux ont très souvent tendance à se passer de cette distinction abstraite et à considérer que l'information, même exigée ou donnée antérieurement à la passation du contrat, n'en est pas moins due au titre de la bonne exécution de ce contrat et sanctionnée en tant que telle.

3406 **Débiteurs de l'obligation : tous les vendeurs** – Quant aux personnes qui en sont tenues, l'obligation d'information concerne au premier chef les vendeurs professionnels à l'égard desquels les textes et les tribunaux se montrent particulièrement exigeants. Les vendeurs non professionnels ne sont pas cependant à l'abri de cette exigence, car celle-ci peut aussi peser sur de simples particuliers dès lors qu'ils disposent d'informations utiles pour leurs cocontractants. Toutefois, la notion d'information doit être prise ici dans son sens strict de renseignement brut, car un devoir de conseil proprement dit ne saurait peser que sur un vendeur professionnel.

3407 **Créanciers de l'obligation : tous les acquéreurs** – Le principe général est que tous les acquéreurs, consommateurs ou professionnels, peuvent, selon les circonstances, être créanciers d'une obligation d'information à l'égard de leurs vendeurs, que ces derniers soient professionnels ou non. Néanmoins, cette affirmation doit être nuancée dans la mesure où l'acquéreur professionnel est réputé détenir des connaissances de sorte que le devoir d'information du vendeur à son égard est sinon exclu, du moins atténué.

3408 **Preuve de l'exécution ou de l'inexécution de l'obligation d'information** – En application de l'article 1353 du Code civil, c'est au vendeur débiteur de l'information de prouver qu'il l'a communiquée. Par voie de conséquence, l'acquéreur créancier n'a pas à établir qu'il n'a pas été renseigné, conseillé ou mis en garde par son partenaire, ce dernier supportant la charge de cette preuve.

3409 Néanmoins, dans l'hypothèse où la communication de l'information est indiscutée, l'acquéreur qui ne conteste que sa pertinence doit établir la faute du vendeur. En effet, si l'obligation d'information est élevée au rang d'obligation de résultat en ce qui concerne la fourniture matérielle du renseignement ou du conseil, elle reste en principe une obligation de moyens s'agissant de la pertinence des indications fournies, à leur compréhension ou à leur prise en compte par le créancier.

3410 **Sanctions de l'inexécution de l'obligation d'information** – À son choix et suivant la gravité du manquement, le créancier peut, conformément au droit commun, exercer diverses voies de droit. Il peut ainsi poursuivre la résolution du contrat qui n'apporte pas la satisfaction escomptée, c'est-à-dire son anéantissement rétroactif.

Il peut aussi choisir de mettre en jeu la responsabilité contractuelle du débiteur indélicat ; soulignons toutefois que la violation de l'obligation précontractuelle d'information est parfois analysée comme une faute extra-contractuelle donnant lieu à l'application des règles de la responsabilité civile délictuelle ou quasi délictuelle. Cette voie est généralement la plus suivie, mais elle débouche parfois, si le vendeur et le client ont commis des fautes respectives, sur un simple partage de responsabilité.

3411 La faute grave du créancier de l'information peut même entraîner l'exonération totale du débiteur ; tel est le cas, par exemple, de celui qui ne se conforme pas au conseil pertinent effectivement donné.

3412 Vices du consentement – Si l'obligation d'information a eu une incidence sur le consentement, le contrat pourrait faire l'objet d'une annulation, notamment par application de la théorie générale des vices du consentement. Plus précisément, dans l'hypothèse où l'information non communiquée par le débiteur de l'obligation a porté sur une qualité substantielle de l'une des prestations, au sens de l'article 1130 du Code civil, il est *a priori* possible d'annuler le contrat pour erreur. De même, lorsqu'il y a eu rétention d'informations dans le dessein de tromper le cocontractant et que ce recel a été déterminant du consentement de celui-ci, il devient envisageable de faire annuler le contrat pour réticence dolosive (*V. n°* ***801*** *et s.*).

3413 Le deuxième alinéa du nouvel article 1137 du Code civil dispose que *constitue [...] un dol la dissimulation intentionnelle par l'un des contractants d'une information dont il sait le caractère déterminant pour l'autre partie.*

Exemple Le fait de dissimuler l'implantation d'une décharge à proximité du bien vendu constitue un dol *(Cass. 3e civ., 4 mai 2016, n° 14-18.490 : JurisData n° 2016-008454).*

3414 Sort des clauses d'exonération ou limitatives de responsabilité – En droit commun, de telles stipulations sont habituellement considérées comme valables et efficaces, sauf dol ou faute lourde du débiteur et à condition qu'elles ne portent pas atteinte à l'essence ou à l'économie générale du contrat considéré. Entre professionnels ou entre particuliers, le vendeur pourrait donc, tout au moins théoriquement, limiter ou écarter sa responsabilité concernant l'information due sur tel ou tel aspect de la chose. En revanche, dans les contrats de consommation, la loi et la jurisprudence réputent non écrites aussi bien les clauses limitatives de responsabilité que les clauses de non-responsabilité.

Pour aller plus loin

- Fr. Cohet-Cordey, Engagement national pour l'environnement et vente d'immeubles : AJDI 2010, p. 696
- G. Durand-Pasquier, De l'incidence des obligations d'informations légales du vendeur sur le contrat de vente d'immeuble : JCP N 2009, n° 16, 1177

III. Obligation de sécurité

3415 En se fondant sur l'article 1194 du Code civil, la jurisprudence a découvert dans certains contrats des obligations considérées comme accessoires (dont l'obligation de sécurité) ou comme des « suites que leur donnent l'équité, l'usage ou la loi ». Il en est ainsi en matière de vente où les tribunaux affirment l'existence d'une obligation contractuelle accessoire de sécurité à la charge du vendeur à raison des dommages provoqués par les choses vendues. Puisqu'elle jouit d'une autonomie reconnue, notamment par rapport à la garantie des vices cachés, l'obligation accessoire de sécurité obéit aux règles du droit commun de la responsabilité contractuelle. Il en résulte, notamment, que le demandeur n'a pas à se soumettre à l'exigence de délai biennal posée par l'article 1648 du Code civil à propos de la garantie des vices.

Remarque Les immeubles par nature n'étant pas des « produits » au sens de la loi n° 98-389 du 19 mai 1998, les vendeurs immobiliers ne sont pas tenus de l'obligation de sécurité prévue, au titre de la responsabilité du fait des produits défectueux, par les articles 1245 à 1245-17 du Code civil. Du reste, selon le dernier alinéa de l'article 1245-5, *ne sont pas considérées comme producteurs, au sens du [...] chapitre relatif à la responsabilité du fait des produits défectueux, les personnes dont la responsabilité peut être recherchée sur le fondement des articles 1792 à 1792-6 et 1646-1.*

Pour aller plus loin

Formules
- JCl. Notarial Formulaire, V° Vente d'immeuble, fasc. 105, par J. Lafond
- JCl. Notarial Formulaire, V° Vente d'immeuble, fasc. 525 (Délivrance) par D. Montoux

Fiches pratiques
- Fiche pratique n° 1721 : Rédiger une vente d'immeuble, par M. Suquet-Cozic
- Fiche pratique n° 2622 : Vente d'un immeuble ayant supporté une installation classée, par A. Robert-Chary
- Fiche pratique n° 3111 : Déterminer l'immeuble vendu et les sujétions le grevant au sein de la partie

Commentaires
- JCl. Notarial Formulaire, synthèse 1490, Vente d'immeuble, obligations du vendeur
- JCl. Notarial Formulaire, synthèse 1520, Vente d'immeuble, contentieux, par V. Zalewski-Sicard
- JCl. Notarial Formulaire, V° Vente d'immeuble, fasc. 530 (Clauses de l'acte), par J. Lafond et V. Zalewski-Sicard
- JCl. Notarial Formulaire, V° Vente d'immeuble, fasc. 620 (Contentieux) par S. Castagné et V. Zalewski-Sicard
- JCl. Notarial Formulaire, V° Vente d'immeuble, fasc. 590 (Résolution), par A. Walravens

Présentation générale

3416 L'acquéreur a pour obligation principale de payer le prix *(V. n° **2915** et s.)*. Il a également l'obligation de prendre livraison. Diverses autres obligations peuvent également peser sur l'acquéreur, celles-ci étant mises à sa charge par le contrat de vente.

Renvois – Pour les études suivantes, il est fait renvoi aux études suivantes :

- Obligation de payer le prix *(V. n° **2979** et s.)* ;
- Privilège du préteur de deniers *(V. n° **3036** et s.)* ;
- Privilège du vendeur *(V. n° **3030** et s.)*

Obligation de payer le prix

3417 **Renvois** – Sur ce point, V. *n°* ***2915*** *et s.* (Notion de prix de vente) – *n°* ***2918*** *et s.* (Existence et consistance de prix de vente) – *n°* ***2938*** *et s.* (Détermination et déterminabilité du prix de vente) – *n°* ***2964*** *et s.* (Paiement du prix de vente. Rescision pour lésion. Garanties. Distribution. Lutte contre le blanchiment. Contrôle des investissements).

Pour aller plus loin

- JCl. Notarial Formulaire, Synthèse 1480, Vente d'immeuble : paiement du prix, par V. Zalewski-Sicard

Obligation de prendre livraison et de réceptionner

I. Introduction

3418 Si l'obligation de prendre livraison est de droit positif, l'obligation de réceptionner ne l'est pas, celle-ci n'étant actuellement prévue que par l'avant-projet de réforme du droit des contrats spéciaux de l'association Henri Capitant. Si une telle obligation venait à être consacrée, elle revêtirait une importance considérable. En effet, l'avant-projet entend faire courir le délai de prescription de la garantie des vices cachés à compter de la réception et non plus à compter de la découverte du vice.

II. Obligation de prendre livraison

3419 L'obligation de l'acquéreur de prendre livraison de l'immeuble serait le pendant de l'obligation de délivrance du vendeur, cette dernière obligation correspondant à la remise des clefs, s'il s'agit d'un bâtiment ou à la remise des titres de propriété *(C. civ., art. 1605)*. Elle se traduirait par des actes purement matériels.

A. – EXISTENCE DE L'OBLIGATION DE PRENDRE LIVRAISON

3420 Indépendance contestée – Pour la vente immobilière, l'existence même de l'obligation de prendre livraison de l'immeuble est contestée. Ainsi, pour M. Mignot, « cette obligation n'est en réalité que l'aspect actif de l'obligation mise à la charge du vendeur de délivrer la chose. Autrement dit, ce n'est pas une obligation distincte par rapport à celle de délivrer » *(M. Mignot, Le droit de la vente après l'ordonnance n° 2016-131, p. 9, in Les contrats spéciaux après la réforme du droit des obligations, (ss dir.) M. Mignot et L. Andre : IUV, 2017)*. De même, M. Poumarède souligne que « l'on sait que l'obligation de retirement se confond, en matière immobilière, avec la délivrance » *(M. Poumarède, La vente immobilière au prisme de l'avant-projet de réforme du droit des contrats spéciaux : RDI 2017, p. 560)*.

3421 Autonomie admise – L'existence de cette obligation est néanmoins admise par d'autres auteurs.
Ainsi, pour M. Bergel, « dans les ventes d'immeubles, l'obligation pour l'acheteur de prendre livraison de son immeuble consiste à en prendre possession au moment fixé par le contrat ou, en principe, tout de suite après la vente » *(J.-L. Bergel, Les ventes d'immeubles existants : Litec, 1983, p. 395, n° 535)*.
De même, MM. Ghestin et Desché retiennent que « l'obligation de délivrance qui pèse sur le vendeur a pour corollaire l'obligation, pour l'acheteur, de prendre livraison de la chose vendue [...]. Dans les ventes immobilières, l'entrée en jouissance et la prise de possession des lieux, se réalisent par la remise des clefs, la libre disposition des lieux ou la perception des loyers ou indemnités s'ils sont loués ou occupés » *(J. Ghestin et B. Desché Traité des contrats. La vente : LGDJ, 1990, p. 1103, n° 1097. – F. Collart Dutilleul et Ph. Delebecque, Contrats civils et commerciaux : Dalloz, 10e éd., 2015, n° 347)*.

Conseil pratique **La discussion théorique sur l'existence ou non d'une obligation de prendre livraison de l'immeuble n'a en pratique guère de portée. En effet, les actes précisent à quelle date les clefs seront remises à l'acquéreur, à savoir, en principe, le jour de la signature de l'acte et donc le jour où il aura la libre disposition de l'immeuble.**

B. – RÉGIME DE L'OBLIGATION DE PRENDRE LIVRAISON

3422 Faiblesse de l'obligation de prendre livraison – La prise de possession de l'immeuble a pour objet de transférer matériellement la détention du vendeur à l'acquéreur et il ne s'agit que de cela. En effet, le transfert de propriété et le transfert de possession (au sens juridique) sont des effets légaux de la vente qui se produisent dès la conclusion de la vente ou à la date fixée par les parties.

3423 Sanction – L'acquéreur qui refuse de recevoir les clefs de l'immeuble ou le titre de celui-ci manque à son obligation de prendre livraison. Théoriquement, le vendeur pourrait dès lors se prévaloir d'une clause résolutoire. En revanche, il apparaît peu probable qu'une juridiction retienne que ce défaut d'exécution par l'acquéreur de son obligation de prendre livraison de l'immeuble soit suffisamment grave pour que la résolution puisse être admise *(C. civ., art. 1224)*.

III. Obligation de réceptionner

3424 Si l'obligation de prendre livraison est de droit positif, l'obligation de réceptionner ne l'est pas, celle-ci n'étant actuellement prévue que par l'avant-projet de réforme du droit des contrats spéciaux de l'association Henri Capitant. L'article 4 de cet avant-projet de réforme précise que l'acheteur est tenu de payer le prix, les frais d'acte, d'enlever et de réceptionner le bien. La réception, suivant l'article 7 dudit projet, est l'acte par lequel le créancier de la délivrance agrée le bien ou une partie de celui-ci, avec ou sans réserve. Si l'acquéreur refuse de réceptionner l'immeuble dont la propriété lui a d'ores et déjà été transférée, l'article 6 précise que le vendeur peut le mettre en demeure d'y satisfaire dans les conditions prévues aux articles 1345 et suivants, sans préjudice de la mise en œuvre des mesures prévues à l'article 1217. La réception constitue le point de départ de la durée de la garantie des vices cachés. En effet, il est prévu par l'article 33 que la garantie des vices prend fin 2 ans ou 5 ans après que le bien ait été réceptionné par l'acheteur, selon que le vendeur ignorait ou connaissait le vice.

Pour aller plus loin

Formules
- JCl. Notarial Formulaire, V° Vente d'immeuble, fasc. 105 (cadre de vente-clauses particulières), par J. Lafond
- JCl. Notarial Formulaire, V° Vente d'immeuble, fasc. 515 (charges et conditions), par J. Lafond
- JCl. Notarial Formulaire, V° Vente d'immeuble, fasc. 525, par D. Montoux

Fiche pratique
- Fiche pratique n° 1721, Rédiger une vente d'immeuble, par M. Suquet-Cozic

Commentaires
- JCl. Notarial Formulaire, V° Vente d'immeuble, fasc. 520, par D. Montoux

Revues
- Ph. Chauviré, Présentation de l'avant-projet de réforme du droit des contrats spéciaux de l'Association Henri Capitant : RDC 2017, n° 4, p. 43

Ouvrages
- M. Mignot, Le droit de la vente après l'ordonnance n° 2016-131, p. 9, *in* Les contrats spéciaux après la réforme du droit des obligations, (ss dir.) M. Mignot et L. Andreu : IUV, 2017
- M. Poumarède, La vente immobilière au prisme de l'avant-projet de réforme du droit des contrats spéciaux : RDI 2017, p. 560
- B. Vial-Pedroletti, Aperçu sur l'avant-projet de réforme du droit des contrats spéciaux : Loyers et copr. 2017, alerte 79
- V. Zalewski-Sicard, L'avant-projet de réforme du droit des contrats spéciaux : vente immobilière et responsabilités des constructeurs : Constr.-Urb. 2017, alerte 73

Obligations diverses imposées à l'acquéreur

3425 Outre l'obligation principale de payer le prix et l'obligation de prendre livraison, l'acquéreur peut être tenu d'autres obligations mises à sa charge par le contrat de vente. Ces obligations peuvent être très diverses et concerner notamment :
- la reprise par l'acquéreur des engagements fiscaux pris par le vendeur ;
- l'affectation et la disposition du bien ;
- le paiement des impôts ;
- la prise en charge des frais ;
- ou encore l'obligation de soumettre les éventuels litiges à des juridictions particulières.

Cette liberté des parties est cependant limitée par l'ordre public, les bonnes mœurs et la législation sur les clauses abusives (V. *JCl. Notarial Formulaire, V° Vente d'immeuble, fasc. 500*).

I. Reprise des engagements fiscaux pris par le vendeur

3426 Liste – Le notaire doit, en consultant le titre de propriété du vendeur, vérifier s'il a été pris lors de l'acquisition de l'immeuble des engagements fiscaux particuliers. Ce problème particulier peut se poser notamment lors de la revente d'immeubles à usage d'habitation ou de garages *(CGI, art. 1594 F ter)*, d'immeubles ruraux *(CGI, art. 1028 ter. – CGI, art. 1594 F quinquies)*, de bois et forêts *(CGI, art. 793, 2, 2°)* et les immeubles ayant fait l'objet d'un engagement de revendre ou de construire *(CGI, art. 1595-0 G et 1115).*
Sur le régime complet de ces engagements fiscaux particuliers, V. *n°* ***4381***.

3427 Reprise des engagements – L'objectif est d'éviter que la vente n'entraîne la déchéance du régime fiscal de faveur dont a bénéficié le vendeur. Il doit être proposé aux parties d'insérer dans le contrat de vente des clauses imposant à l'acquéreur de respecter les engagements pris par le vendeur. L'acquéreur doit également être informé des conséquences pouvant résulter d'un défaut de respect des engagements pris tant vis-à-vis du vendeur que de l'administration fiscale.

A. – REVENTE D'IMMEUBLE À USAGE D'HABITATION OU DE GARAGES

3428 Abattement sur l'assiette de la taxe de publicité foncière ou du droit d'enregistrement – Les conseils départementaux peuvent instituer un abattement sur l'assiette de la taxe de publicité foncière ou du droit d'enregistrement. Il en va ainsi pour les acquisitions d'immeubles à usage d'habitation ou les terrains ou locaux à usage de garage *(CGI, art. 1594 F ter).*

1° Immeubles ou fractions d'immeubles à usage d'habitation

3429 Engagement – Pour bénéficier de l'abattement, l'acquéreur doit prendre l'engagement de ne pas les affecter à un autre usage pendant une durée minimale de 3 ans à compter de la date de l'acte d'acquisition.

2° Terrains ou locaux à usage de garage

3430 Engagement – L'acquéreur doit prendre l'engagement de ne pas affecter les terrains ou locaux à une exploitation à caractère commercial ou professionnel pendant une durée minimale de 3 ans à compter de la date de l'acte d'acquisition.

3° Modalités

3431 Clause – L'engagement d'affecter l'immeuble acquis à l'usage permettant de bénéficier de l'abattement doit être prévu dans l'acte de vente.

3432 Acte complémentaire – L'application littérale du texte pourrait conduire l'administration fiscale à refuser le bénéfice de la taxation réduite dans le cas où l'engagement n'est pas inclus dans l'acte d'acquisition.
Il a cependant été décidé, par mesure de tempérament, de permettre à l'acquéreur de réparer cette omission dans un acte complémentaire soumis au droit fixe. La restitution de l'excédent de taxe perçu lors de l'acquisition peut alors être accordée dans le délai de réclamation prévu à l'article R. 196-1 du LPF. Bien entendu, c'est la date de l'acte d'acquisition, et non celle de l'acte complémentaire, qui sert de point de départ au délai de 3 ans imparti par l'article 1594 F ter du CGI. Par suite, la restitution de la taxe ne peut intervenir que si l'intéressé justifie que les biens n'ont pas été affectés à un autre usage que l'habitation depuis la date de l'acte d'acquisition.

4° Reprise de l'engagement

3433 En cas de revente avant l'expiration du délai de 3 ans prévu à l'article 1594 F ter du CGI, l'acquéreur devra prendre l'engagement de ne pas affecter l'immeuble à un autre usage pendant la durée restant à courir ou, s'il a lui-même bénéficié du régime fiscal dérogatoire, pendant une période de 3 ans courant à compter la date de son acquisition.

Formule – Revente d'immeubles à usage d'habitation ou de garages

Cette formule est extraite du JurisClasseur *(V. JCl. Notarial Formulaire, V° Vente d'immeuble, fasc. 515, par J. Lafond).*

Engagement de l'acquéreur

L'immeuble vendu a été acquis avec le bénéfice de l'abattement prévu par l'article 1594 F ter du Code général des impôts.
À cette occasion M.......(***vendeur***) a pris l'engagement :

CHOISIR suivant le cas
1. – Immeuble à usage d'habitation
...... de ne pas affecter l'immeuble à un autre usage que l'habitation pendant une durée minimale de trois ans à compter de la date d'acquisition.
M.......(***acquéreur***) déclare reprendre à son compte ce même engagement.
En conséquence, il s'oblige à ne pas affecter l'immeuble à un autre usage que l'habitation, et ce jusqu'au......, date à laquelle expire le délai de trois ans imparti au vendeur.
2. – Garage
...... de ne pas affecter l'immeuble à une exploitation de caractère commercial ou professionnel pendant une durée minimale de trois ans à compter de la date de l'acquisition.
M.......(***acquéreur***) déclare reprendre à son compte ce même engagement.
En conséquence, il s'oblige à ne pas affecter l'immeuble à une exploitation de caractère commercial ou professionnel et ce jusqu'au......, date à laquelle expire le délai de trois ans imparti au vendeur.

POURSUIVRE ensuite,
Il s'engage en outre, en cas de nouvelles mutations de l'immeuble, à faire reprendre ce même engagement par le nouveau propriétaire.
À cette fin, l'acte de revente devra comporter :
– une clause aux termes de laquelle le nouveau propriétaire s'engagera lui-même à ne pas affecter l'immeuble à un autre usage que l'habitation (***ou s'il s'agit d'un garage*** : à ne pas affecter l'immeuble à une exploitation à caractère commercial ou professionnel), et ce jusqu'au......, date à laquelle expire le délai de trois ans imparti au vendeur ;
– une clause selon laquelle le nouveau propriétaire s'engagera à faire prendre le même engagement par l'acquéreur de l'immeuble lors de chaque nouvelle mutation à titre onéreux ou gratuit ;
– une clause prévoyant au préjudice du nouveau propriétaire des sanctions identiques à celles édictées ci-dessous, en cas de violation de ses engagements.

Sanctions applicables au cas de violation de ses engagements par M....... (*acquéreur*)

Si, pour quelque cause que ce soit, les engagements pris par M....... (***acquéreur***) n'étaient pas respectés, de son fait ou du fait d'un tiers, et que M....... (***vendeur***) encourait la déchéance du régime de faveur dont il a bénéficié, M....... (***acquéreur***) serait personnellement responsable des suppléments de droits et pénalités que M.......(***vendeur***) devrait régler à l'administration fiscale. Il s'engage à effectuer le paiement immédiat, à première demande de M.......(***vendeur***) sur présentation des justificatifs des sommes versées à l'administration fiscale ou réclamées par elle. À défaut de règlement amiable dans les huit jours d'une mise en demeure par lettre recommandée avec demande d'avis de réception, une somme supplémentaire de 10 % du montant de la créance serait due par M....... (***acquéreur***) à titre de clause pénale, sans préjudice des intérêts de retard et d'éventuels dommages et intérêts.
Le cas échéant, il y a lieu de prévoir des sûretés (inscription d'hypothèques, cautionnement, etc.), pour garantir la bonne exécution de ces engagements par l'acquéreur.

Évaluation de la charge augmentative du prix

Pour la perception des droits et taxes dus, la charge augmentative du prix éventuelle constituée par l'engagement pris par l'acquéreur est évaluée à la somme de......

B. – REVENTE D'IMMEUBLES RURAUX

3434 Sont concernés tant les immeubles qui ont été cédés par la SAFER ou acquis par substitution aux droits de la SAFER, que les immeubles acquis par les fermiers.

1° SAFER et revente d'immeuble ruraux

3435 L'article 1028 ter du CGI dispense de perception au profit du Trésor toutes les cessions effectuées par les SAFER au titre de l'article L. 141-1 du Code rural et de la pêche maritime, dont la destination répond aux dispositions dudit article et qui sont assorties d'un engagement de l'acquéreur pris pour lui et ses ayants cause de conserver cette destination pendant un délai de 10 ans à compter du transfert de propriété, ainsi que, sous les mêmes conditions, les acquisitions réalisées par une personne substituée dans les droits à l'achat conférés à une SAFER par une promesse de vente ayant acquis date certaine, dans les 6 mois de la conclusion de ladite promesse. Il convient de préciser les mutations concernées des immeubles visés et l'engagement de l'acquéreur.

a) Mutations concernées

3436 Il s'agit des cessions réalisées par la SAFER et des cessions réalisées par substitution aux droits de la SAFER. Pour les secondes, une distinction doit être faite.

3437 **Acquéreur substitué dans les droits de la SAFER à l'achat du bien en cause** – Sont concernées les mutations pour lesquelles l'acquéreur apporte la preuve qu'il s'est substitué dans les droits à l'achat que détient la SAFER en vertu d'une promesse de vente.

3438 **Preuve de la substitution** – Cette preuve est réputée apportée lorsque l'acquéreur produit, à l'appui de l'acte d'acquisition :
- la promesse de vente du bien en cause par le cédant à la SAFER, promesse ayant acquis date certaine ;
- l'acte par lequel l'acquéreur se substitue à la SAFER dans ses droits à l'achat de l'immeuble résultant de la promesse de vente.

3439 **Substitution intervenue dans le délai de 6 mois à compter de la date de la promesse de vente** – Pour bénéficier de l'article 1028 ter du CGI, l'acquéreur doit s'être substitué à la SAFER dans un délai de 6 mois à compter de la date de la promesse de vente. Il résulte de l'intention du législateur exprimée au travers de l'article L. 141-1, II, 2° du Code rural et de la pêche maritime qu'il y a lieu de retenir, comme date de conclusion de la promesse au sens de l'article 1028 ter, II du CGI, la date à laquelle la promesse a acquis date certaine.

3440 **Preuve du respect du délai de 6 mois** – Dans ces conditions, la preuve que la substitution intervient dans le délai de 6 mois à compter du jour où la promesse a acquis date certaine est apportée :
- lorsque la mutation par acte authentique intervient dans ce délai ;
- ou, à défaut, lorsque l'acte de substitution a lui-même acquis date certaine dans ce délai.

b) Immeubles visés

3441 **Immeubles ruraux** – Les cessions effectuées par les SAFER au titre de l'article L. 141-1 du Code rural et de la pêche maritime portent sur des biens ruraux, des terres, des exploitations agricoles ou forestières. L'exonération visée à l'article 1028 ter du CGI concerne donc les cessions de tels biens.

c) Engagement de l'acquéreur

3442 **Engagement d'une durée de 10 années** – Une telle condition est satisfaite lorsque l'acquéreur s'engage, pour lui et ses ayants cause, à conserver au bien acquis une destination conforme aux dispositions de l'article L. 141-1 du Code rural et de la pêche maritime pendant 10 ans à compter du transfert de propriété. La constatation de cette condition résulte de la référence, dans l'acte d'acquisition auquel participe la SAFER, à la souscription d'un tel engagement prévu par le cahier des charges. À défaut, les droits sont dus dans les conditions de droit commun.

Attention L'acte authentique ne doit pas contenir de dispositions contradictoires qui empêcheraient l'acquéreur de bénéficier du régime fiscal de l'article 1028 ter du CGI. Tel a été le cas dans une espèce où le notaire avait indiqué que l'acquéreur s'engageait à conserver la destination agricole du bien pendant 10 ans, conformément à l'article L. 141-1 du Code rural et de la pêche maritime, et qu'il s'engageait à exercer une activité de chambres d'hôte pendant 5 ans, conformément à l'article L. 141-3 du Code rural et de la pêche maritime *(CA Nancy, 5 juill. 2016, n° 14/03517 : JurisData n° 2016-015338 ; RD rur. 2016, comm. 270, note F. Collard).*

3443 **Cahier des charges** – Cette condition n'est remplie que lorsque l'acquéreur des biens a pris l'engagement de conserver la destination des biens pendant 10 ans dans un cahier des charges établi par la SAFER.

d) Déchéance du régime dérogatoire

3444 **Conditions** – La déchéance du régime de faveur est encourue lorsque l'acquéreur ou ses ayants cause ne se conforment pas aux obligations de maintien de la destination des biens prévue par le cahier des charges pendant la période de 10 ans courant à compter de la date d'acquisition initiale auprès de la SAFER. Il n'appartient pas à l'administration fiscale de contrôler la conformité de la destination du bien prévue par le cahier des charges, mais à la SAFER. Dès lors, l'action de l'Administration se borne à tirer les conséquences de la constatation par la SAFER du non-respect par l'attributaire de la destination du bien prévue par le cahier des charges dans le délai de 10 ans.

3445 **Effets** – Lorsque l'engagement relatif à la destination des biens n'est pas respecté, l'acquéreur ou ses ayants cause sont tenus d'acquitter :
- la taxe de publicité foncière ou le droit d'enregistrement perçu au profit des départements, prévus par les articles 683 et 1594 D du CGI et le prélèvement pour frais d'assiette, de recouvrement, de dégrèvements et de non-valeurs ;
- la taxe additionnelle communale ;
- l'intérêt de retard prévu à l'article 1727 du CGI.

3446 **Débiteur** – Les compléments de droits et pénalités doivent être supportés par l'acquéreur ou ses ayants cause. Dès lors, en cas de mutation du bien pendant le délai de 10 ans, les ayants cause de l'acquéreur qui a pris l'engagement sont personnellement redevables des compléments de droits et pénalités en cas de déchéance du régime de faveur.
Les droits rappelés et l'intérêt de retard légalement exigibles doivent être acquittés dans le mois qui suit la rupture de l'engagement *(CGI, art. 1840 G ter)*, au-delà duquel l'Administration peut mettre en œuvre la procédure de rectification contradictoire. L'intérêt de retard est calculé à compter du premier jour du mois suivant celui au cours duquel les droits auraient dû être acquittés en l'absence du régime de faveur.

e) Reprise de l'engagement

3447 En cas de revente d'immeuble, il doit être prévu, pour qu'il n'y ait pas perte du régime fiscal dérogatoire, que le nouveau propriétaire sera tenu, jusqu'à l'expiration du délai de 10 ans à compter de la date d'acquisition initiale auprès de la SAFER, de maintenir une destination conforme à celles prévues à l'article L. 141-1 du Code rural et de la pêche maritime.

Conseil pratique **L'attention de l'acquéreur doit être attirée sur les conséquences résultant de la violation de l'obligation de maintenir une destination conforme à celles prévues à l'article L. 141-1 du Code rural et de la pêche maritime. En effet, c'est lui qui sera personnellement responsable des pénalités encourues, tout en pouvant être tenu de délaisser le bien, sur demande de la SAFER dans les conditions prévues par l'article L. 141-1, III, 1°, alinéa 2 du Code rural et de la pêche maritime.**

Pour aller plus loin

- H. Bosse-Platière, Propos hétérodoxes sur les promesses conclues par les SAFER avec faculté de substitution. Une privatisation de l'action publique ? : Defrénois 2014, n° 15-16, p. 850
- B. Grimonprez, La substitution dans les promesses de vente par la SAFER : JCP N 2002, n° 12, 1212 et JCP N 2012, n° 13, 1228
- E. Juen, La substitution opérée par les SAFER dans les promesses unilatérales de vente. – Présentation d'une cession de contrat : RD rur. 2016, étude 5

2° Acquisition par les fermiers

a) Conditions relatives à l'acquéreur

3448 En application du D de l'article 1594 F quinquies du CGI, sont soumises à la taxe de publicité foncière ou au droit d'enregistrement au taux réduit, les acquisitions d'immeubles ruraux sous deux conditions *(V. Guide de l'agriculture et de la forêt 18/19 : éd. LexisNexis, (ss dir.) H. Bosse-Platière et B. Grimonprez)*.

3449 **Exploitation depuis 2 ans au moins** – Au jour de l'acquisition, les immeubles doivent être exploités depuis 2 ans au moins, soit en vertu d'un bail consenti à l'acquéreur (personne physique ou morale), soit en vertu d'une mise à disposition par le preneur au profit d'une personne morale acquéreur.
Lorsque l'acquéreur est une personne physique, le bail peut être consenti à l'acquéreur lui-même ou à son conjoint, à ses ascendants ou aux ascendants de son conjoint.
Dans l'hypothèse où l'acquéreur n'est locataire que d'une partie de l'exploitation, le régime de faveur n'est susceptible de s'appliquer qu'à la fraction correspondante du prix.

3450 **Engagement d'une durée de 5 ans** – L'acquéreur doit prendre l'engagement, pour lui et ses ayants cause à titre gratuit, de mettre personnellement en valeur les biens acquis pendant un délai minimal de 5 ans

à compter de la date du transfert de la propriété. Ainsi, la donation des immeubles acquis intervenant moins de 5 ans après leur acquisition n'est pas susceptible d'entraîner la déchéance du régime de faveur, si le gratifié continue à mettre personnellement en valeur les biens considérés.
Le même avantage fiscal est applicable, sous les mêmes conditions, en vue de l'installation d'un descendant majeur de l'acquéreur.

b) Conditions relatives aux immeubles

3451 Affectation à la production agricole – Il doit s'agir d'immeubles ruraux, quel qu'en soit le prix ou la superficie, c'est-à-dire d'immeubles principalement affectés à la production agricole au jour du transfert de propriété. Le régime de faveur est susceptible de s'appliquer aux terrains et aux bâtiments d'exploitation ainsi qu'au cheptel et au matériel présentant le caractère d'immeuble par destination ; il ne bénéficie aux bâtiments servant à l'habitation de l'exploitant et de son personnel que dans la mesure où ils constituent véritablement l'accessoire de l'exploitation agricole.

3452 Critère – Le caractère rural ou urbain d'un immeuble dépend non de sa situation, mais de sa nature et de sa principale destination. Un immeuble est considéré comme rural s'il est principalement affecté à un usage agricole au jour du transfert de propriété. La profession de l'acquéreur n'a pas à être prise en considération. Le régime de faveur n'est donc pas applicable à l'acquisition d'une maison d'habitation qui ne constitue pas l'accessoire d'une exploitation agricole et ne saurait, par suite, être considérée comme un immeuble rural.

c) Déchéance

3453 Causes – Deux causes de déchéance sont prévues :
- la cessation par l'acquéreur ou ses ayants cause à titre gratuit –ou le cas échéant par le descendant installé– de l'exploitation personnelle du fonds, dans le délai de 5 ans à compter de la date de son acquisition ;
- l'aliénation à titre onéreux, dans le même délai, de la totalité ou d'une partie du fonds.

3454 Effets – La déchéance du régime de faveur entraîne l'exigibilité dans le mois qui suit la rupture de l'engagement :
- d'un **complément de taxes** dont l'acquisition avait été dispensée, qui est égal, en principe, à la différence entre le droit de mutation au taux de droit commun et le droit initialement perçu au taux réduit ;
- de **l'intérêt de retard** visé à l'article 1727 du CGI calculé à compter du premier jour du mois suivant celui au cours duquel l'impôt devait être acquitté, c'est-à-dire à compter du premier jour du mois suivant celui au cours duquel les droits auraient dû être acquittés en l'absence de régime de faveur (sur le cas de rupture partielle de l'engagement, *V. BOI-ENR-DMTOI-10-70-30, 6 avr. 2016, § 480)*.

d) Reprise de l'engagement

3455 Reprise limitée – L'aliénation à titre onéreux du fonds est possible. Pour qu'elle n'entraîne pas la déchéance du régime de faveur, il convient toutefois :
- qu'elle soit consentie à un descendant ou au conjoint d'un descendant de l'acquéreur, qui s'engage lui-même à continuer l'exploitation personnelle du fonds jusqu'à l'expiration du délai de 5 ans à compter de la date de l'acquisition initiale ;
- qu'elle soit consentie au descendant pour l'installation duquel l'acquisition a été réalisée.

3456 Violation de l'engagement – Le sous-acquéreur-ci est tenu solidairement avec l'acquéreur initial d'acquitter sans délai le complément de taxe *(V. BOI-ENR-DMTOI-10-70-30, 6 avr. 2016, § 450)*.

Conseil pratique **L'attention du sous-acquéreur doit être attirée sur les conséquences résultant de la violation de l'obligation de respecter l'engagement pris. En effet, il sera tenu solidairement avec l'acquéreur initial.**

e) Revente des bois et forêts ayant bénéficié d'une exonération de droits de mutation à titre gratuit

3457 Le 2° du 2 de l'article 793 du CGI exonère des droits de mutation à titre gratuit les successions et donations entre vifs, à concurrence des trois quarts de leur montant, intéressant les propriétés en nature de bois et forêts, sous quatre conditions.

3° Conditions

3458 Certificat – L'acte constatant la donation ou la déclaration de succession doit être appuyé d'un certificat délivré sans frais par le directeur départemental des territoires ou le directeur départemental des territoires et de la mer attestant que les bois et forêts, objets de la mutation ou détenus par le groupement dont les titres font l'objet de la mutation, sont susceptibles de présenter une des garanties de gestion durable prévues aux articles L. 124-1à L. 124-3 et L. 313-2 du Code forestier.

3459 Engagement – Les héritiers, donataires ou légataires doivent prendre, pour eux et pour leurs ayants cause, l'engagement :

- soit d'appliquer pendant 30 ans aux bois et forêts, objets de la mutation, l'une des garanties de gestion durable prévues aux articles précités ;
- soit, si, au moment de la mutation, aucune garantie de gestion durable n'est appliquée aux bois et forêts en cause, de présenter dans le délai de 3 ans à compter de la date de mutation et d'appliquer jusqu'à l'expiration du délai de 30 ans une telle garantie. Le bénéficiaire doit prendre, en outre, l'engagement d'appliquer aux bois et forêts le régime d'exploitation normale prévu au décret du 28 juin 1930 pendant le délai nécessaire à la présentation de l'une des garanties de gestion durable.

3460 Établissement d'un bilan – L'article 281 H bis de l'annexe III au CG prévoit que le bénéficiaire de l'exonération partielle doit produire tous les 10 ans, à compter du jour de la signature de l'acte de donation ou de la déclaration de succession, un bilan de la mise en œuvre du document de gestion durable mentionné aux articles L. 113-2, L. 122-1, L. 122-3 et L. 122-6 du Code forestier.

3461 Hypothèque légale du Trésor – L'exonération partielle est subordonnée à la faculté laissée à l'Administration aux termes du 3 de l'article 1929 du CGI d'inscrire sur l'immeuble objet même de la mutation une hypothèque légale sur tout ou partie de ce bien garantissant le paiement des droits complémentaire et supplémentaire éventuellement exigibles.

4° Déchéance

3462 Rupture de l'engagement – Il entraîne, après établissement d'un procès-verbal dressé par les ingénieurs, techniciens et agents chargés des forêts, l'exigibilité du complément de droit et d'un droit supplémentaire égal respectivement à 30 %, 20 % et 10 % de la réduction consentie selon que le manquement est constaté avant l'expiration de la 10e, 20e ou 30e année.

Lorsque le manquement ou l'infraction porte sur une partie des biens, le **rappel du complément et du supplément de droit d'enregistrement** est effectué à concurrence du rapport entre la superficie sur laquelle le manquement ou l'infraction a été constaté(e) et la superficie totale des biens sur lesquels l'engagement a été souscrit *(CGI, art. 1840 G)*.

L'intérêt de retard est également exigible. Toutefois, il est décompté au taux de droit commun par mois pour les 5 premières annuités de retard et il est réduit pour les annuités suivantes respectivement d'un cinquième, d'un quart ou d'un tiers selon que le manquement est constaté avant l'expiration de la 10e, 20e ou 30e année suivant la mutation *(CGI, art. 1727, IV-7°)*.

Pour la garantie de ces droits, le Trésor dispose de **l'hypothèque légale** prévue au 3 de l'article 1929 du CGI *(V. BOI-ENR-DMTG-10-20-30-10, 18 mars 2014, § 90)*.

5° Reprise de l'engagement

3463 En cas de vente de bois et forêts ayant bénéficié de l'exonération de l'article 793, 2°, 2 du CGI, il peut y avoir reprise de l'engagement par l'acquéreur. Le non-respect par le nouvel acquéreur de l'engagement pris par le cédant entraîne la remise en cause de l'exonération partielle dont avait bénéficié le cédant *(Cass. com., 11 juin 2013, n° 12-19.890 : JurisData n° 2013-012010 ; Dr. fisc. 2013, n° 47, comm. 523 ; JCP N 2013, n° 28, act. 777 ; RFP 2014, comm. 2, note A. Arnaud-Emery)*, sachant que chaque mutation a pour conséquence de faire courir un nouveau délai de 30 ans pendant lequel les biens doivent satisfaire aux obligations prévues par l'article 793, 2, 2° du CGI sans pour autant mettre fin à l'engagement pris par le précédent propriétaire et qui ne serait pas arrivé à son terme *(V. BOI-ENR-DMTG-10-20-30-10, 18 mars 2014, § 10)*.

Conseil pratique **Le notaire doit :**
- **vérifier que le vendeur a bien respecté son engagement en demandant à ce dernier de fournir le dernier bilan de mise en œuvre des documents de gestion durable qui sera annexé à l'acte de vente ;**
- **insérer une clause précisant que jusqu'au jour de la vente, le vendeur a bien respecté l'engagement pris ;**
- **attirer l'attention de l'acquéreur sur les conséquences résultant du non-respect de l'engagement pris pour bénéficier de l'exonération de l'article 793, 2°, 2 du CGI.**

Pour aller plus loin

- A. Arnaud-Emery, Bénéficier de l'exonération partielle des droits de mutation à titre gratuit : JCP N 2017, n° 2, 1008
- A. Arnaud-Emery, Investissement agricole et forestier. Deux chances pour le contribuable d'être exonéré d'ISF : RFP 2015, étude 22
- C. Courgues, L'incitation fiscale au service de la transmission des bois et forêts : JCP N 2017, n° 49, 1337
- S. Pezard, Cumul des dispositifs de faveur. La forêt est-elle une oasis fiscale ? : JCP N 2016, n° 4, 1047

C. – REVENTE D'UN IMMEUBLE AYANT FAIT L'OBJET D'UN ENGAGEMENT DE CONSTRUIRE

3464 Lorsque l'acquisition de l'immeuble s'inscrit dans un processus économique d'intermédiation ou de production immobilière qu'atteste l'engagement que prend en ce sens l'acquéreur agissant en tant qu'assujetti à la TVA, celui-ci peut bénéficier d'un régime d'exonération partielle ou totale prévu à l'article 1594-0 G du CGI. Différentes conditions doivent être remplies qui, si elles ne sont pas respectées, entraîneront la déchéance du droit à exonération. Comme l'engagement de revendre, l'engagement de construire peut être repris par les acquéreurs successifs.

1° Conditions

3465 Assujettissement à la TVA – Sont susceptibles de bénéficier du régime de faveur visé à l'article 1594-0 G du CGI les personnes assujetties à la TVA au sens de l'article 256 A du même code.

3466 Superficie du terrain – L'exonération de droits de mutation n'est applicable qu'à concurrence d'une certaine superficie qui varie selon que le terrain est destiné à la construction de maisons individuelles, d'immeubles collectifs ou d'immeubles non affectés à l'habitation pour les trois quarts au moins de leur superficie totale, ou encore d'une surélévation à partir d'immeubles préexistants *(CGI, art. 1594-0 G, A-III. – CGI, ann. III, art. 266 bis, II. – V. n° **4473**).*

3467 Engagement de construire – L'acquéreur doit prendre, dans l'acte d'acquisition, l'engagement de construire dans un délai de 4 ans. L'acte d'acquisition doit préciser l'objet et la consistance des travaux sur lesquels porte l'engagement. Au titre de l'objet, il conviendra d'indiquer si les travaux prévus consistent en une construction nouvelle, en une surélévation à partir d'un immeuble existant ou à rendre celui-ci à l'état neuf, ou encore à terminer un immeuble inachevé.
Au titre de la consistance, l'engagement comportera les indications nécessaires pour apprécier dans quelle proportion l'exonération est susceptible de s'appliquer lorsqu'il n'est pas prévu que le terrain ou l'immeuble bâti qui fait l'objet de l'acquisition soit entièrement destiné à la construction prévue *(CGI, ann. III, art. 266 bis, III).*

3468 Justification de la réalisation des travaux – Cette exonération est subordonnée à la justification par l'acquéreur, à l'expiration du délai qui lui est imparti pour construire, de l'exécution des travaux auxquels il s'est engagé comme assujetti à la TVA agissant en tant que tel.
Cette justification résulte :

- soit, lorsque la production d'un immeuble neuf donne lieu à la constatation d'une livraison à soi-même, du dépôt de la déclaration spéciale prescrite au I de l'article 244 de l'annexe II au CGI (**déclaration n° 940-SD** [CERFA n° 10480]) lequel doit intervenir dans le mois de l'achèvement de l'immeuble ;
- soit, dans le cas contraire, du **dépôt en mairie de la déclaration attestant de l'achèvement** des travaux et de la conformité des travaux de construction ou d'aménagement au permis délivré ou de la déclaration préalable mentionnée à l'article L. 462-1 du Code de l'urbanisme.

2° Déchéance

3469 Conditions – L'engagement de l'acquéreur n'est pas respecté dès lors qu'il n'a pas construit dans un délai de 4 ans courant à compter de son acquisition. Ce manquement peut être total ou partiel. Lorsque le manquement n'est que partiel, l'acquéreur est redevable à due concurrence des droits dont il a été dispensé, ainsi que des frais et intérêt de retard qui en résultent.
Toutefois, il va différemment :

- s'il a revendu le bien à une personne assujettie à la TVA et reprenant l'engagement du cédant ;
- s'il y substitue, dans la limite de 5 années à compter de la date à laquelle l'engagement a été souscrit par l'acquéreur (ou par le premier acquéreur en cas de mutations successives réalisées entre assujettis à la TVA), l'engagement de revendre prévu à l'article 1115 du CGI qui est réputé avoir pris effet à compter de cette même date *(CGI, art. 1594-0, II, A)*. Cette substitution prend la forme d'un acte complémentaire à l'acte de mutation comportant l'engagement de construire auquel se substitue le nouvel engagement. Les conditions sont précisées au VI de l'article 266 bis de l'annexe III au CGI. Cet acte doit préciser l'objet et la consistance des travaux auxquels le demandeur renonce, ainsi que la valeur de l'acquisition d'origine dont l'exonération était jusque-là subordonnée à la réalisation de la construction en cause et pour laquelle il sollicite le bénéfice rétroactif des dispositions de l'article 1115 du CGI. L'acquéreur, seule partie à l'acte, doit le faire enregistrer dans les conditions mentionnées au 1° du 1 de l'article 635 du CGI.

3470 Effets – Conformément à l'article 1840 G ter du CGI, lorsque l'engagement de construire n'est pas respecté à l'échéance du délai qu'il comporte, l'acquéreur est redevable des droits dont il a été dispensé, liquidés d'après les tarifs en vigueur au jour de l'acquisition de l'immeuble sur lequel portait l'engagement, ainsi que du complément de frais d'assiette, de recouvrement, de dégrèvement et de non-valeur qui en résultent.

3° Reprise de l'engagement

3471 En cas d'acquisitions successives entre personnes assujetties à la TVA, l'engagement pris par le cédant peut être repris par l'acquéreur auquel s'impose alors le délai imparti au cédant. Cette faculté ne vaut que pour autant que ce délai n'ait pas été touché par la forclusion. Elle est ouverte sans préjudice de l'engagement de construire que le nouvel acquéreur souscrira pour son propre compte s'il entend que l'acquisition soit également enregistrée en application du même régime de faveur prévue au I du A de l'article 1594-0 G du CGI.

3472 Conditions – La reprise de l'engagement doit être formalisée dans l'acte d'acquisition qui fera référence à la date et au numéro d'enregistrement et de publication de l'acte antérieur dans lequel le cédant s'était lui-même engagé à construire.

3473 Effets – Elle a pour effet de libérer le cédant de tout rappel eventuel, pour le cas où le nouvel acquéreur ne serait finalement pas en mesure de justifier de l'exécution des travaux requise au terme du délai qu'il a repris et qui s'impose à lui, sauf à en obtenir une prolongation dans les conditions prévues au IV du A de l'article 1594-0 G du CGI. Il en ira de même si cet acquéreur est amené à son tour à céder l'immeuble en cause à un autre assujetti, ce dernier ayant la possibilité de reprendre les engagements du cédant, et ainsi de suite.

Conseil pratique **Le notaire doit :**
- **signaler au vendeur qu'en cas d'absence de reprise de son engagement par l'acquéreur, il doit substituer à son engagement de construire un engagement de revendre ;**
- **ou attirer l'attention de l'acquéreur sur les conséquences de la reprise de l'engagement de construire du vendeur notamment financièrement mais aussi sur le délai restant pour réaliser la construction.**

Pour aller plus loin

- J.-P. Garçon, La TVA appliquée à l'immobilier : Defrénois, 2e éd., 2013
- N. Gonzalez-Gharbi, Engagement de construire : Constr.-Urb. 2011, comm. 81
- W. Stemmer et M. Coraboeuf, Réforme applicable aux opérations immobilières. Instruction définitive, points à retenir : JCP N 2011, n° 20, 458

D. – REVENTE D'UN IMMEUBLE AYANT FAIT L'OBJET D'UN ENGAGEMENT DE REVENDRE

3474 Processus économique – Lorsqu'une acquisition s'inscrit dans un processus économique d'intermédiation ou de production immobilières qu'atteste l'engagement que prend en ce sens l'acquéreur agissant en tant qu'assujetti à la TVA, celui-ci peut bénéficier d'un régime d'exonération sous certaines conditions énoncées à l'article 1115 du CGI.

1° Conditions

3475 Assujettissement à la TVA – Sont susceptibles de bénéficier du régime de faveur visé à l'article 1115 du CGI les personnes assujetties à la TVA au sens de l'article 256 A du même code.

3476 Engagement de revendre dans un délai de 5 ans – L'article 1115 du CGI dispose que sous réserve d'application de l'article 1020 du même code, les acquisitions d'immeubles, de fonds de commerce ainsi que d'actions ou de parts de sociétés immobilières réalisées par des personnes assujetties au sens de l'article 256 A dudit code sont exonérées des droits et taxes de mutation quand l'acquéreur prend l'engagement de revendre dans le délai de 5 ans. Un engagement de cette nature peut donc être souscrit par tout assujetti agissant en tant que tel, indépendamment de la qualité du cédant.

2° Déchéance

3477 Conditions – Il y aura déchéance de l'exonération si l'engagement de revendre n'est pas respecté dans le délai de 5 ans courant à compter de la première acquisition. Il en va toutefois différemment :
- si le dernier acquéreur assujetti s'est engagé dans un projet de construction ;
- si l'immeuble est, avant le terme de la période, cédé à un non assujetti, ou à un assujetti qui ne revendique pas ce même régime d'achat en vue de la revente ;

– si l'acquéreur auquel il est opposable y a substitué avant son échéance un engagement de construire tel que prévu au I du A de l'article 1594-0 G du CGI. Cette substitution s'opère par souscription auprès de l'Administration dans les conditions et formes prescrites au V de l'article 266 bis de l'annexe III au CGI : la déclaration adressée par pli recommandé avec avis de réception postale doit faire référence à la date et au numéro d'enregistrement et de publication de l'acte comportant l'engagement de revendre auquel est substitué le nouvel engagement, mais elle n'est soumise au paiement d'aucun droit.

3478 Effets – Le complément de droit sera acquitté une seule fois à l'expiration des 5 années courant à compter de la première acquisition. L'acquéreur est redevable des droits dont il a été dispensé, liquidés d'après les tarifs en vigueur au jour de l'acquisition du bien en cause, ainsi que du complément de frais d'assiette, de recouvrement, de dégrèvement et de non-valeur qui en résultent.
Lorsqu'à l'échéance du délai de 5 ans, l'engagement de revendre n'est respecté que pour une fraction du bien sur lequel il portait, l'acquéreur est redevable des droits dont il a été dispensé, ainsi que des frais et intérêts de retard qui en résultent, à hauteur de la différence entre le prix auquel il avait acquis le bien et le prix auquel a été vendu la (ou les) fraction du bien pour laquelle l'engagement a été respecté. Cette solution s'applique par parcelle ou lot lorsque leur prix d'acquisition a été distingué dans l'acte.

3° Reprise de l'engagement

3479 Déclaration – Toutes les opérations qui interviennent avant le terme du délai de 5 ans imparti au premier acquéreur sont éligibles au taux réduit dès lors qu'elles sont réalisées par des assujettis et que l'acte d'acquisition est assorti de la déclaration que les biens acquis sont destinés à la revente.

Pour aller plus loin

- J.-P. Garçon, La TVA appliquée à l'immobilier : Defrénois, 2e éd., 2013

E. – INSERTION D'UNE CLAUSE PÉNALE

3480 Pour inciter l'acquéreur à respecter les engagements fiscaux repris, ce chaque fois que le vendeur aura à subir du manquement de l'acquéreur à un tel engagement suite au recours de l'administration fiscale, il doit être prévu une clause pénale obligeant l'acquéreur à rembourser au vendeur une somme équivalente à celle que ce dernier aura à payer à l'administration fiscale s'il encourt la déchéance du régime de faveur *(V. n° **4861** et s.)*.

Pour aller plus loin

Formules
- JCl. Notarial Formulaire, V° Vente d'immeuble, fasc. 105 et 515 (reprise d'engagements), par J. Lafond
- JCl. Fiscalité immobilière, fasc. 820 (TVA) et 920

Commentaires
- JCl. Fiscalité immobilière, fasc. 126, 126-10, 158, 159, 165 et 166 (Enregistrement et publicité foncière)

Fiche pratique
- Fiche pratique n° 1721 : Rédiger une vente d'immeuble, par M. Suquet-Cozic

II. Usage et disposition du bien

3481 Pour différentes raisons, l'acquéreur peut voir sa liberté d'user et de disposer du bien réduite. Ces raisons peuvent être variées et liées :
– à l'existence d'un pacte de préférence (*V. n°* ***154*** *et s.*) ;
– à une vente avec faculté de rachat ;
– à une clause d'inaliénabilité ;
– à une servitude ;
– à une obligation personnelle ;
– à une obligation réelle ;
– à un droit réel.

A. – CLAUSE D'INALIÉNABILITÉ

3482 **Définition** – La clause d'inaliénabilité permet au vendeur d'imposer à l'acquéreur que l'immeuble qu'il vend demeure dans le patrimoine de l'acquéreur.

3483 **Licéité** – Alors que l'article 900-1 du Code civil énonce dans quelles conditions une clause d'inaliénabilité peut être insérée dans un acte de donation, le Code civil n'apporte aucune précision quant à de telles conditions pour un acte à titre onéreux comme une vente. C'est la Cour de cassation, le 31 octobre 2007, qui a précisé qu'une telle clause pouvait être insérée dans un acte à titre onéreux, mais qu'elle devait être justifiée par un intérêt sérieux et légitime *(Cass. 1re civ., 31 oct. 2007, n° 05-14.238 : JurisData n° 2007-041117 ; Bull. civ. I, n° 337 ; Bull. Joly Sociétés 2008, p. 121, note A. Couret ; Rev. sociétés 2008, p. 321, note S. Schiller ; RJDA 2008, n° 390)*.

1° Conditions de validité

3484 **Intérêt légitime et sérieux** – Les intérêts pouvant conduire à l'insertion d'une clause d'inaliénabilité dans un acte de vente peuvent être d'ordre matériel ou moral. Ils peuvent être des plus divers et être liés à la volonté de protéger l'acquéreur (par exemple, contre sa prodigalité) ou d'assurer la protection du vendeur (cession de la nue-propriété ; réserve d'un droit d'usage et d'habitation,..).

Cet intérêt sérieux et légitime doit être mentionné dans l'acte car en ce cas, il reviendra à celui qui conteste l'existence d'un tel intérêt de démontrer qu'il n'est pas sérieux et légitime *(Cass. 1re civ., 15 juin 1994, n° 92-12.139 : JurisData n° 1994-001311 ; Bull. civ. I, n° 211 ; Defrénois 1995, art. 35967, note R. Savatier ; D. 1995, p. 342, note A. Leborgne ; D. 1995, somm. p. 50, obs. M. Grimaldi)*.

3485 **Caractère temporaire** – La clause d'inaliénabilité n'est valable que si elle est limitée dans le temps *(Cass. 1re civ., 31 oct. 2007, préc.)*. L'inaliénabilité peut être prévue pour la durée de vie du vendeur, mais il convient alors de s'assurer que la durée pour laquelle elle est stipulée est imposée par la nécessité de préserver les intérêts de celui qu'elle doit protéger. Ainsi a été déclarée valable une interdiction d'aliéner stipulée pour toute la durée de vie des crédirentiers, cette interdiction se justifiant selon les juges par le désir de conserver comme crédirentiers des personnes connues et solvables *(Cass. 1re civ., 13 avr. 1992, n° 90-16.071 : JurisData n° 1992-001024 ; Bull. civ. I, n° 123 ; D. 1993, somm. p. 222, obs. M. Grimaldi ; JCP N 1994, I, p. 89, chron. F.-X. Testu)*.

> **Conseil pratique** Bien qu'il ne soit pas obligatoire de mentionner dans l'acte de vente l'intérêt légitime et sérieux venant justifier l'usage d'une clause d'inaliénabilité, il apparaît préférable de le détailler dans l'acte. Ainsi, en cas de contestation sur la validité de la clause d'inaliénabilité, il reviendra à l'acquéreur de démontrer que l'intérêt de la clause stipulé au contrat n'est pas légitime et sérieux.

2° Effets

3486 **Interdiction des aliénations** – Dès lors que la clause d'inaliénabilité n'effectue aucune distinction, sont interdits tant les actes à titre onéreux que les actes à titre gratuit.

3487 **Constitution de droits réels** – Les actes constitutifs de droits réels doivent être assimilés à des actes d'aliénation dès lors qu'ils emportent transfert d'une partie des utilités de l'immeuble.

3488 **Hypothèque** – La Cour de cassation analysant la constitution d'hypothèque comme un acte de disposition., il en résulte que la clause d'inaliénabilité fait obstacle à une telle constitution *(Cass. 1re civ., 23 févr. 2012, n° 09-13.113 : JurisData n° 2012-002550 ; Bull. civ. I, n° 39 ; JCP N 2012, n° 28, 1294, note S. Piedelièvre ; Contrats, conc. consom. 2012, comm. 5, obs. L. Leveneur ; JCP N 2012, 1379, note R. Boffa ; RD bancaire et fin. 2012, comm. 87, obs. D. Legeais)*. Il peut en aller différemment toutefois si l'acte autorise expressément la constitution d'hypothèque.

> **Conseil pratique** Il convient lors de la rédaction d'une clause d'inaliénabilité de préciser aux parties les effets de celle-ci et les possibilités de les limiter, par exemple, en autorisant les aliénations à titre gratuit au profit de personnes déterminées ou en autorisant la constitution d'hypothèque. Il faut donc sonder l'intention du vendeur afin de déterminer quelle rédaction de la clause d'inaliénabilité lui conviendra le mieux ainsi qu'à l'acquéreur.

3489 **Violation de la clause d'inaliénabilité** – Dès lors que la clause d'inaliénabilité a été publiée, l'acte conclu en violation de la clause d'inaliénabilité pourra être annulé *(Cass. 1re civ., 13 avr. 1992, n° 90-16.071 : JurisData n° 1992-001024 ; Bull. civ. I, n° 123 ; D. 1993, somm. p. 222, obs. M. Grimaldi ; JCP N 1994, I, p. 89, chron. F.-X. Testu)*. En outre, l'acquéreur qui a violé la clause d'inaliénabilité pourrait avoir à subir, d'une part, la résolution de la vente, et, d'autre part, le versement de dommages et intérêts lesquels peuvent parfaitement être évalués forfaitairement au moyen d'une clause pénale.

3490 **Publicité foncière** – La clause d'inaliénabilité étant accessoire au contrat de vente, il apparaît nécessaire de formuler une réquisition spéciale de publier. Celle-ci peut résulter d'une lettre accompagnant le contrat de vente ou d'une demande signée portée au bas du contrat de vente. Cette publication de la clause d'inaliénabilité, accessoire du contrat de vente, ne donnera pas lieu à perception de la taxe fixe de publicité foncière ni à la contribution de sécurité immobilière.

Pour aller plus loin

- S. Bernheim-Desvaux, La clause d'inaliénabilité d'un bien : Resp. civ. et assur. 2013, form. 7
- N. Borga, La multiplication des obstacles à la cession : Rev. proc. coll. 2015, dossier 31
- P. Chauviré, Voyage sur les terres de l'inaliénabilité conventionnelle, in Liberté contractuelle et droits réels : Institut universitaire Varenne, 2015, p. 155
- F. Danos, La diversité des restrictions conventionnelles au droit de disposer : RDC 2016, p. 158
- W. Dross, Les modèles de l'inaliénabilité conventionnelle : RDC 2016, p. 171
- S. Milleville, Quel régime pour quelles restrictions ? : RDC 2016, p. 176
- R. Mortier, La nouvelle aire des clauses d'inaliénabilité : JCP N 2008, n° 5, 1064
- A. Tadros, Les restrictions conventionnelles au pouvoir de disposer et la définition de la propriété : RDC 2016, p. 187

B. – CLAUSES RELATIVES À L'AFFECTATION

3491 Il est possible de réglementer l'affectation de l'immeuble vendu. Le rédacteur de l'acte peut à cette fin recourir à une servitude, à une obligation personnelle, à une obligation réelle ou à un droit réel.

Conseil pratique **Pour éviter tout contentieux d'interprétation, le choix réalisé devra apparaître clairement dans l'acte. Il faut également préciser les sanctions de cette clause.**

1° Servitude

3492 **Validité** – L'interdiction faite à l'acquéreur d'un fonds immobilier de l'affecter un usage déterminé peut revêtir le caractère d'une servitude *(Cass. 3e civ., 4 juill. 2001, n° 99-14.784 : JurisData n° 2001-010489 ; Bull. civ. III, n° 94 ; Constr.-Urb. 2002, comm. 11, note D. Sizaire ; JCP G 2002, I, 126, n° 17, obs. H. Périnet-Marquet)*. Il s'agit ici d'user de la liberté offerte par l'article 686 du Code civil qui prévoit que les propriétaires peuvent établir sur leurs propriétés, ou en faveur de leurs propriétés, telles servitudes que bon leur semble. Notons que l'avant-projet de réforme du droit des biens de l'association Henri Capitant retient dans un article 613 que toutes les servitudes peuvent s'établir par convention.

3493 **Précautions** – La servitude ne peut consister en une obligation de faire, mais seulement en une obligation de ne pas faire. Il ne faut donc pas imposer au propriétaire du fonds servant une obligation de faire (par exemple de maintenir l'immeuble à une affectation déterminée). Il est à remarquer néanmoins qu'à une servitude peut être adjointe une obligation réelle *(W. Dross, Droit civil. Les choses : LGDJ, 2012, p. 715, n° 387)*. Pour que la clause soit valable, il faut la rédiger au négatif et imposer une interdiction d'affecter l'immeuble acquis à tel ou tel usage *(F. Collard et B. Travely, Servitude interdisant d'affecter un fonds à un usage déterminé. Une figure juridique encore trop méconnue : JCP N 2014, 1145 ; JCP N 2014, 1146, form.)*.
En outre, il ne peut y avoir véritablement servitude qu'à la condition qu'elle soit instituée au bénéfice d'un immeuble, par exemple un immeuble précédemment aliéné ou restant appartenir au vendeur. Sinon, il y aura simple obligation personnelle.
Enfin, il peut être souhaitable que des clauses particulières d'extinction de la servitude créée soient prévues : ainsi pourrait-il être stipulé qu'elle s'éteindrait dans le cas où il s'avérerait que son maintien est devenu inutile pour la protection du fonds dominant.

Pour aller plus loin

- F. Collard, B. Travely, Servitude interdisant d'affecter un fonds à un usage déterminé. Une figure juridique encore trop méconnue : JCP N 2014, n° 13, 1145
- W. Dross, Liberté contractuelle et qualification en droit des biens, p. 249, in Liberté contractuelle et droits réels, (ss dir.) de L. Andreu : IUV, 2015

2° Obligation personnelle

3494 L'obligation imposée à l'acquéreur peut correspondre à une obligation de ne pas faire ou à une obligation de faire ou à une combinaison de ces deux obligations.

a) Obligation de ne pas faire

3495 L'interdiction faite à l'acquéreur d'un fonds immobilier de l'affecter un usage déterminé peut revêtir le caractère d'une obligation personnelle *(Cass. 3e civ., 4 juill. 2001, n° 99-14.784 : JurisData n° 2001-010489 ; Bull. civ. III, n° 94 ; Constr.-Urb. 2002, comm. 11, note D. Sizaire ; JCP G 2002, I, 126, n° 17, obs. H. Périnet-Marquet).* En une telle hypothèse, il n'y a alors ni fonds dominant ni fonds servant.

b) Obligation de faire

3496 Une obligation de faire particulière peut peser sur l'acquéreur, tout en l'obligeant à ne pas modifier l'affectation de l'immeuble telle qu'elle a été fixée conventionnellement. Il en va ainsi, par exemple, de l'obligation de remise en état relativement à une installation classée pour la protection de l'environnement, ce en application de l'article L. 512-21 du Code de l'environnement. Compte tenu des accords nécessaires à un tel transfert et des garanties financières obligatoires, le contrat préparatoire de la vente immobilière sera conclu sous condition suspensive d'obtention des accords nécessaires à ce transfert et de possibilité d'un usage conforme à celui souhaité par l'acquéreur *(M. Mekki, ICPE : précisions sur le « tiers intéressé » chargé de l'obligation administrative de réhabilitation : JCP N 2015, n° 37, act. 868).*

1) Obligation de remise en état

3497 Arrêt définitif de l'installation classée – Lorsqu'une installation classée pour la protection de l'environnement soumise à déclaration est mise à l'arrêt définitif, l'exploitant doit notifier au préfet la date de cet arrêt un mois au moins avant celui-ci. Cette notification doit préciser les mesures prises ou prévues pour assurer, dès l'arrêt de l'exploitation, la mise en sécurité du site. Ces mesures comportent, notamment :
- l'évacuation ou l'élimination des produits dangereux et la gestion des déchets présents sur le site ;
- des interdictions ou limitations d'accès au site ;
- la suppression des risques d'incendie et d'explosion ;
- la surveillance des effets de l'installation sur son environnement.

En outre, l'exploitant doit placer le site de l'installation dans un état tel qu'il ne puisse porter atteinte aux intérêts mentionnés à l'article L. 511-1 du Code de l'environnement et qu'il permette un usage futur du site comparable à celui de la dernière période d'exploitation de l'installation. Il doit en informer par écrit le propriétaire du terrain sur lequel est sise l'installation, s'il n'en est pas lui-même propriétaire, ainsi que le maire ou le président de l'établissement public de coopération intercommunale compétent en matière d'urbanisme.

2) Transfert de l'obligation de remise en état

3498 Tiers intéressé – Lors de la mise à l'arrêt définitif d'une installation classée pour la protection de l'environnement ou postérieurement à cette dernière, un tiers intéressé peut demander au représentant de l'État dans le département de se substituer à l'exploitant, avec son accord, pour réaliser les travaux de réhabilitation en fonction de l'usage que ce tiers envisage pour le terrain concerné *(C. envir., art. L. 512-21).* Ce tiers intéressé peut parfaitement être l'acquéreur du terrain qui prendra ainsi l'engagement de se substituer au vendeur, dernier exploitant de l'installation classée pour la protection de l'environnement.

3) Conditions de la transmission

3499 Les conditions de transmission varient suivant d'une part, l'usage auquel entend affecter le terrain le tiers intéressé et, d'autre part, suivant que le dernier exploitant est connu ou non.

3500 Accord du dernier exploitant – Le tiers ne peut prendre l'engagement de remettre en état le site sans recueillir l'accord du dernier exploitant sur le ou les types d'usages futurs qu'il envisage *(C. envir., art. R. 512-76).*

3501 Accord du maire ou du président de l'établissement intercommunal – Lorsque le tiers intéressé envisage un usage différent de l'usage initial du terrain ou que la procédure permettant de déterminer l'usage futur du site n'est pas parvenue à son terme, le tiers demandeur recueille également l'accord du maire ou du président de l'établissement public de coopération intercommunale compétent en matière d'urbanisme et, s'il ne s'agit pas du dernier exploitant, celui du propriétaire du terrain sur lequel est située l'installation. En l'absence de réponse dans un délai de 3 mois suivant la réception de la proposition, leur avis est réputé favorable *(C. envir., art. R. 512-76).*

3502 Accord préalable du préfet – Le tiers demandeur adresse au préfet une demande d'accord préalable comprenant :
- l'accord écrit du dernier exploitant sur le ou les types d'usages futurs envisagés et l'étendue du transfert des obligations de réhabilitation et, le cas échéant, de surveillance ;
- la proposition du ou des types d'usages futurs qu'il envisage ;
- le cas échéant, l'accord du maire ou du président de l'établissement public de coopération intercommunale et celui du propriétaire du terrain s'il ne s'agit pas de l'exploitant de l'installation classée.

Au vu de la proposition du tiers demandeur, des documents d'urbanisme en vigueur ou projetés au moment où le tiers demandeur dépose sa demande et de l'utilisation des terrains situés au voisinage du site, le préfet détermine le ou les types d'usage futur du site. Ce ou ces types d'usages sont notifiés au tiers demandeur, au dernier exploitant, au maire ou au président de l'établissement public de coopération intercommunale compétent en matière d'urbanisme et au propriétaire du terrain. Le silence gardé par le préfet pendant plus de 2 mois après réception du dossier vaut rejet de la demande préalable.

3503 **Dossier relatif à la remise en état** – Lorsque le tiers intéressé a obtenu les accords présentés ci-dessus, il doit encore transmettre au préfet, en deux exemplaires, un dossier comprenant :
- un mémoire présentant l'état des sols et des eaux souterraines et les mesures de gestion de la pollution à mettre en œuvre pour assurer la compatibilité entre l'état des sols et des eaux souterraines et le ou les usages futurs ;
- une estimation du montant des travaux de réhabilitation ;
- une estimation de la durée des travaux de réhabilitation ;
- un document présentant ses capacités techniques et financières ;
- un document présentant la façon selon laquelle le dernier exploitant et le tiers demandeur entendent se répartir, si elles sont nécessaires pour préserver les intérêts mentionnés à l'article L. 511-1 du Code de l'environnement, les mesures de surveillance et de gestion des pollutions dues à l'installation classée hors du site ;
- lorsque le projet comprend plusieurs tranches de travaux, un calendrier de réalisation de chaque tranche. Les différentes tranches correspondent à la réhabilitation complète des parcelles concernées.

3504 **Nouvel accord du préfet** – Le préfet peut, au regard du dossier énoncé ci-dessus et de l'accord du dernier exploitant et après détermination des travaux à réaliser, statuer sur la substitution et définir, par arrêté les travaux, délai et garantie financière *(C. envir., art. R. 512-78, II).*
Cet arrêté fixe également le délai dans lequel le tiers demandeur adresse au préfet l'attestation de la maîtrise foncière du terrain, ou l'autorisation du propriétaire de réaliser les travaux prescrits, et l'attestation de constitution des garanties financières. Au-delà de ce délai, l'arrêté est caduc et le dernier exploitant réalise la remise en état dans les conditions prévues aux articles L. 512-6-1, L. 512-7-6 ou L. 512-12-1 du Code de l'environnement. Cet arrêté est notifié au tiers demandeur, au dernier exploitant, au maire ou au président de l'établissement public de coopération intercommunale compétent en matière d'urbanisme et au propriétaire du terrain.

3505 **Transfert sous condition de réalisation des travaux** – En cas d'impossibilité de financer les travaux nécessaires à la remise en état du site, ce en dépit de l'existence des garanties financières, le dernier exploitant est alors tenu de remettre en l'état le site *(C. envir., art. R. 512-81).* Le notaire doit dès lors attirer l'attention du vendeur, lorsqu'il s'agit du dernier exploitant, de cette responsabilité subsidiaire.

Pour aller plus loin

- L. Esteve de Palmas et X. Lièvre, Environnement et pratique notariale : JCP N 2016, n° 6, 1080
- D. Gillig, Le régime des garanties financières après l'entrée en vigueur du décret n° 2015-1250 du 7 octobre 2015 : Énergie – Env. – Infrastr. 2015, prat. 10
- D. Gillig, La procédure de substitution du tiers intéressé au dernier exploitant d'une installation classée : Énergie – Env. – Infrastr. 2015, prat. 9
- M. Mekki, ICPE : précisions sur le « tiers intéressé » chargé de l'obligation administrative de réhabilitation : JCP N 2015, n° 37, act. 868
- M. Mekki, Vente d'un site pollué et passif environnemental. Petit guide-âne adressé au notaire : JCP N 2015, n° 29, 1131
- M. Mekki, La gestion conventionnelle des risques liés aux sols et sites pollués à l'aune de la loi Alur : JCP N 2014, n° 27, 1239

3° Obligation réelle

3506 **Définition** – Elle est discutée.
Pour certains auteurs, l'obligation réelle ne peut être que l'accessoire d'un droit réel. Ainsi, suivant William Dross, « le but de l'obligation réelle est d'assurer une meilleure exploitation de la chose dont les utilités sont partagées en créant entre leurs titulaires des obligations de faire. L'obligation réelle unit donc le propriétaire et le titulaire d'un droit réel démembré » *(W. Dross, Droit civil. Les choses : LGDJ, 2012, p. 252, n° 131 ; L'originalité de l'obligation réelle environnementale en droit des biens : Énergie – Env. – Infrastr. 2017, dossier 16. – JCl. Notarial Répertoire, V° Servitudes, fasc. 11, par F. Rouvière).*
Pour d'autres, ces obligations *propter rem* peuvent être des obligations principales, indépendantes de tout droit réel. Elles présenteraient alors une nature hybride, étant tout à la fois réelle et personnelle : l'obligation s'impose à une personne, mais en sa qualité de propriétaire d'un bien ; conclue *intuitu rei,* elle se transmet

automatiquement aux ayants cause à titre particulier (V. not. : *B. Grimonprez, La transmission de l'exploitation agricole à l'épreuve des obligations environnementales : JCP N 2017, 1141)*.

3507 Utilité – Une obligation réelle, qu'elle qu'en soit la définition retenue, permet de limiter l'affectation de l'immeuble vendu. C'est à une telle obligation réelle que le législateur a entendu recourir avec la loi pour la reconquête de la biodiversité n° 2016-1087 du 8 août 2016 qui a créé l'obligation réelle environnementale. Son régime est précisé par l'article L. 132-3 du Code de l'environnement. Ainsi, les propriétaires de biens immobiliers peuvent conclure un contrat avec une collectivité publique, un établissement public ou une personne morale de droit privé agissant pour la protection de l'environnement en vue de faire naître à leur charge, ainsi qu'à la charge des propriétaires ultérieurs du bien, les obligations réelles que bon leur semble, dès lors que de telles obligations ont pour finalité le maintien, la conservation, la gestion ou la restauration d'éléments de la biodiversité ou de fonctions écologiques. Le contrat de l'article L. 132-3 du Code de l'environnement devra nécessairement être conclu avant la vente de l'immeuble si le propriétaire de l'immeuble souhaite que l'obligation réelle environnementale soit respectée par les futurs propriétaires.

Pour aller plus loin

- N. Clément, Un droit civil de l'environnement : RJSP 2017, 4
- W. Dross, L'originalité de l'obligation réelle environnementale en droit des biens : Énergie – Env. – Infrastr. 2017, dossier, 16
- B. Grimonprez, La transmission de l'exploitation agricole à l'épreuve des obligations environnementales : JCP N 2017, n° 12, 1141
- O. Herrnberger, L'obligation réelle environnementale, le point de vue de la pratique : Énergie – Env. – Infrastr. 2017, dossier, 17
- V. Zalewski-Sicard, Les obligations réelles environnementales et le projet de loi pour la reconquête de la biodiversité, de la nature et des paysages : Constr.-Urb. 2016, alerte 41

4° Droit réel

3508 Usage d'un droit réel pour limiter l'affectation de l'immeuble – Un tel droit peut être réservé à l'occasion de la vente d'un immeuble, ce afin de limiter la liberté d'affectation de l'acquéreur et des futurs propriétaires. Ainsi, suivant William Dross, « ni la technique, ni la théorie, ni l'ordre public n'élèvent d'obstacle véritable à ce que les parties appréhendent la non-concurrence comme un droit réel » *(W. Dross, Liberté contractuelle et qualification en droit des biens, p. 249, in Liberté contractuelle et droits réels, (ss dir.) L. Andreu : IUV, 2015)*.

3509 Absence de numerus clausus – Après l'arrêt Caquelard du 13 février 1834 qui précisait que « les articles 544, 546 et 552 du Code civil sont déclaratifs du droit commun relativement à la nature et aux effets de la propriété mais ne sont pas prohibitifs. Ni ces articles, ni aucune autre loi n'excluent les diverses modifications et décomposition dont le droit ordinaire de propriété est susceptible » *(Cass. req., 13 févr. 1834 : S. 1834, 1, p. 205)*, la Cour de cassation, dans un arrêt de la troisième chambre du 31 octobre 2012, a de nouveau précisé que « le propriétaire peut consentir, sous réserve des règles d'ordre public, un droit réel conférant le bénéfice d'une jouissance spéciale de son bien » *(Cass. 3e civ., 31 oct. 2012, n° 11-16.304 : JurisData n° 2012-024285 ; Bull. civ. III, n° 159 ; RTD civ. 2013, p. 141, obs. W. Dross ; JCP G 2012, 1400, note F.-X. Testu ; JCP G 2013, I, 429, n° 12, obs. H. Périnet-Marquet ; JCP G 2013, 124, note M. Mekki)*.

3510 Durée des droits réels – La Cour de cassation, dans un arrêt du 28 janvier 2015, s'est prononcée sur la durée de ces droits réels de jouissance *(Cass. 3e civ., 28 janv. 2015, n° 14-10.013 : JurisData n° 2015-001087 ; JCP G 2015, 250, note M.-T. Feydeau ; JCP G 2015, 251, B. Sturlèse ; JCP N 2015, 1083, M. Julienne et J. Dubarry ; Defrénois 2015, p. 419, obs. L. Andreu et N. Thomassin ; RDC 2015, p. 200, note R. Boffa ; RDC 2015, p. 600, note P. Berlioz)*.
Dans l'espèce qui lui était soumise, le syndicat des copropriétaires d'un immeuble avait constitué, au bénéfice de la société Électricité réseau distribution France (ERDF), un droit d'usage sur un lot composé d'un transformateur de distribution publique d'électricité. Le syndicat avait déclaré consentir un droit dénommé « droit d'usage » au bénéfice de la société EDF. Au chapitre « Jouissance » de cet acte, il était indiqué que « le bénéficiaire aura la jouissance des biens et droits immobiliers sur lesquels le droit d'usage est constitué, à compter de ce jour ». Au chapitre « Charges et conditions », il était notamment précisé que le « bénéficiaire ne pourra céder ni louer ses droits qui lui resteront strictement personnels ». Ni le règlement de copropriété ni l'acte authentique ne fixaient de durée au droit d'usage convenu.
La Cour de cassation, visant les articles 544, 619, 625 et 1134 du Code civil a jugé que « lorsque le propriétaire consent un droit réel, conférant le bénéfice d'une jouissance spéciale de son bien, ce droit, s'il n'est pas limité dans le temps par la volonté des parties, ne peut être perpétuel et s'éteint dans les conditions prévues par les articles 619 et 625 du code civil ».

Ainsi, la Cour de cassation excluait que de l'absence de précision puisse résulter la perpétuité, indiquant dans son rapport annuel que « ce droit ne peut être perpétuel, car seul le droit de propriété revêt ce caractère, et les règles qui régissent la durée de ses démembrements protègent précisément la pérennité du droit de propriété ». Elle ne se prononçait pas, pour autant, sur les limites à la liberté des parties lorsque celles-ci fixent conventionnellement la durée du droit réel de jouissance spéciale.

3511 Droits réels et copropriété – La Cour de cassation adopte des solutions particulières lorsque le droit réel s'exerce sur des parties communes ou sur la partie privative d'un immeuble en copropriété et bénéficie à un ou plusieurs copropriétaires. Ainsi, lorsque le droit réel correspond à un droit de jouissance privatif sur une partie commune, elle juge que ce droit est un droit réel et perpétuel *(Cass. 3e civ., 4 mars 1992, n° 90-13.145 : Bull. civ. III, n° 73. – Cass. 3e civ., 24 oct. 2007, n° 06-19.260 : Bull. civ. III, n° 183).* Elle a retenu la même solution lorsque le droit réel s'exerce sur un lot de copropriété et bénéficie aux autres copropriétaires *(Cass. 3e civ., 7 juin 2018, n° 17-17.240, P+B+R+I : JurisData n° 2018-009366 ; Loyers et copr. 2018, comm. 182, Ch. Coutant-Lapalus ; JCP N 2018, act. 534, V. Streiff ; RDL 2018, n° 989, obs. V. Zalewski-Sicard).* De cette jurisprudence, il semble résulter qu'une distinction doit être établie suivant le bénéficiaire de ce droit réel. Ainsi, si le titulaire du droit réel, qu'il s'exerce sur les parties communes ou les parties privatives d'un lot, est un copropriétaire, son droit est perpétuel ; si le titulaire du droit réel sur les parties communes ou sur les parties privatives d'un lot n'est pas un copropriétaire, son droit ne peut être perpétuel car seul le droit de propriété revêt ce caractère.

3512 Fixation conventionnelle de la durée du droit réel – Par un arrêt de la troisième chambre civile du 8 septembre 2016, rendu dans l'affaire « Maison de poésie », la Cour de cassation a retenu que « la cour d'appel, qui a constaté que ce droit avait été concédé pour la durée de la Fondation, et non à perpétuité, en a exactement déduit, répondant aux conclusions dont elle était saisie, que ce droit, qui n'était pas régi par les dispositions des articles 619 et 625 du code civil, n'était pas expiré et qu'aucune disposition légale ne prévoyait qu'il soit limité à une durée de trente ans » *(Cass. 3e civ., 8 sept. 2016, n° 14-26.953 : JurisData n° 2016-018129 ; JCP N 2016, 1294, note J. Dubarry et V. Streiff ; JCP G 2016, 1172, note Laurent ; JCP G 2016, 978, obs. Milleville ; JCP G 2016, doctr. 1191, n° 5, obs. H. Perinet-Marquet ; RTD civ. 2016, p. 894, note W. Dross).* On doit souligner qu'est ainsi reprise une solution d'un ancien arrêt où la Cour de cassation avait admis que le droit concédé à une société de tir, pour la durée de son existence, d'effectuer sur un fonds toutes les installations nécessaires à l'établissement d'un terrain de tir n'était pas soumis à l'article 619 du Code civil *(Cass. req., 7 mars 1930 : S. 1930, I, p. 263).*

La Cour de cassation laisse ainsi la plus grande liberté aux parties quant à la durée du droit de jouissance spéciale. La solution retenue les incite même à exercer ladite liberté puisqu'à défaut, s'appliqueront les articles 619 et 625 du Code civil. Et on ne peut que constater qu'en procédant ainsi, la Cour de cassation semble admettre que le droit réel de jouissance spéciale puisse être quasi-perpétuel sans pour autant pouvoir être perpétuel. Comment en effet ne pas souligner que le propre d'une Fondation est d'être perpétuelle *(JCl. Civil Annexes, V° Fondations, fasc. 10)* ? Ce n'est donc que si celle-ci est dissoute que le droit réel de jouissance spéciale prendra fin.

3513 Précautions rédactionnelles – La portée de l'arrêt rendu par la troisième chambre civile le 8 septembre 2016 ne doit cependant pas conduire à ne prendre aucune précaution lorsque la durée du droit réel de jouissance spéciale est fixée par rapport à la durée d'une personne morale.

En effet, ainsi que cela a été souligné dans l'avis et dans le rapport relatif à l'arrêt du 28 janvier 2015 *(JCP G 2015, 250, note M.-T. Feydeau : JCP G 2015, 251, B. Sturlèse),* le droit réel de jouissance spéciale pouvait prendre fin avant même que la fondation ne soit dissoute puisqu'il avait été stipulé une échappatoire dans la convention : un local de substitution était prévu si le propriétaire voulait reprendre l'usage de son bien. Même s'il est vrai que dans l'arrêt du 8 septembre 2016, la Cour de cassation ne fait nullement référence à cet aménagement conventionnel, il n'est pas certain que celui-ci n'ait pas joué un certain rôle dans l'appréciation de la durée du droit. Il est donc possible que les juges apprécient subjectivement la réalité de la limitation juridique du droit et qu'ainsi les parties ne puissent convenir d'un droit quasi perpétuel.

Conseil pratique Dès lors, le rédacteur d'acte ne peut qu'être incité à prévoir une porte de sortie permettant ainsi que le propriétaire recouvre l'ensemble des prérogatives attachées à sa chose avant même que la personne morale ne disparaisse.

Par exemple, il pourrait être prévu que le propriétaire de l'immeuble sur lequel s'exerce ce droit disposera d'une faculté de rachat. On pourrait également s'inspirer des dispositions relatives aux baux conférant un droit réel qui, pour la plupart, limitent la durée du bail à 99 ans : bail emphytéotique, bail à construction, bail réel immobilier, bail réel solidaire.

Formule – Constitution d'un droit réel de jouissance spéciale

Droit réel de jouissance spéciale

Les parties conviennent de constituer le droit réel de jouissance spéciale ci-après, au profit du vendeur (*ou :* d'un tiers), grevant l'immeuble présentement vendu.

Convention

Vendeur et acquéreur précisent que dans leur commune intention il est apparu que l'affectation de l'immeuble vendu à un usage identique à celui de l'immeuble conservé par le vendeur constituerait pour ce dernier une perte d'utilités. Dès lors, vendeur et acquéreur sont convenus en cette qualité, de constituer un droit réel visant à interdire toute affectation de l'immeuble vendu à un même usage que celui actuel de l'immeuble conservé et ce pour l'utilité de ce dernier.

À titre de condition impulsive et déterminante de leur consentement aux présentes sans laquelle ils n'auraient pas contracté, le vendeur et l'acquéreur conviennent ce qui suit, à titre de droit réel de jouissance spéciale :

Pour l'usage et l'utilité de l'immeuble conservé par le vendeur, l'immeuble vendu, à titre de charge réelle, ne devra jamais être affecté à un usage de...

Ce droit réel est consenti pour une durée de 99 ans. A l'expiration de celle-ci, le droit réel s'éteindra et l'acquéreur ou ses ayants cause ou ayants droit retrouvera la jouissance pleine et entière de l'immeuble.

Évaluation au plan civil

CHOISIR suivant le cas

1. Constitution du droit réel sans prix

Le présent droit réel est constitué sans prix.

Étant ici précisé que cette absence de prix n'est pas constitutive d'une quelconque intention libérale de l'acquéreur à l'endroit du vendeur, ainsi que ces derniers le déclarent expressément.

2. Constitution du droit réel avec prix

Le présent droit réel est constitué moyennant le prix de... euros (.... €),

Payé par le vendeur à l'instant même par versement effectué à la comptabilité de l'office notarial dénommé en tête des présentes, à l'acquéreur, qui le reconnaît et lui en consent bonne et valable quittance.

Dont quittance

POURSUIVRE ensuite

Évaluation au plan de la publicité foncière

Pour les besoins de la publication du présent droit réel auprès du service de la publicité foncière de...., les parties évaluent celui-ci à... euros (... €).

Caractère dépendant de la présente constitution de droit réel

Les parties déclarent que la présente constitution de droit réel forme une disposition dépendante de la présente convention portant... (***indiquer la nature de l'acte principal***).

Pour aller plus loin

- L. Andreu, (ss dir.) scient. de, Liberté contractuelle et droits réels : Ed. Institut Universitaire Varenne, 2015
- C. Bartoloméo, Analyse et formule d'un droit réel de jouissance spéciale : Defrénois 2016, p. 1253
- W. Dross, Liberté contractuelle et qualification en droit des biens, p. 249, in Liberté contractuelle et droits réels, (ss dir.) L. Andreu : IUV, 2015
- H. Périnet-Marquet, La liberté de création des droits réels est consacrée : Constr.-Urb. 2013, repère 1

III. Paiement des impôts

3514 Répartition conventionnelle – Quel que soit le débiteur de l'impôt, il n'est pas interdit aux parties de désigner conventionnellement qui supportera la charge de l'impôt. Cette clause sera inopposable à l'administration fiscale qui pourra réclamer au débiteur désigné par la loi le paiement de l'impôt. Il convient également de prendre en considération que l'impôt de mutation atteint non seulement le prix principal, mais encore les charges augmentatives du prix. Or, les conventions qui ont pour résultat de transférer la charge de l'impôt à une personne autre que celle qui en est le débiteur normal s'analyse en une charge augmentative du prix *(V. BOI-ENR-DMTI-10-10-20-20, 12 sept. 2012).*

1° Taxe foncière

3515 Débiteur légal – Le débiteur de la taxe foncière est le propriétaire de l'immeuble au 1er janvier (*CGI, art. 1715).* La taxe foncière exigible l'année de la vente doit donc être acquittée par le vendeur.

3516 Répartition conventionnelle – Les parties peuvent prévoir que l'acquéreur rembourse au vendeur la taxe due au prorata du temps postérieur à la vente. Un remboursement forfaitaire peut parfaitement être convenu.

3517 Charge augmentative du prix – L'engagement pris par l'acquéreur d'acquitter la taxe foncière afférente à l'immeuble vendu pour une période antérieure à l'entrée en jouissance constitue une charge augmentative du prix. Son montant est proportionnel au temps écoulé depuis le 1er janvier de l'année de la vente jusqu'au jour du contrat ; en effet, la taxe foncière qui est une charge des fruits incombe au vendeur pour une période proportionnelle à la durée de sa jouissance *(V. BOI-ENR-DMTOI-10-10-20-20, 12 sept. 2012, § 70).* Il en résulte, par exemple, que si l'acte de vente est signé le 1er avril 2018, l'entrée en jouissance étant fixée à cette date, et que l'acquéreur a accepté de payer la taxe foncière afférente à l'année 2018, il y aura charge augmentative correspondant à 25 % de la taxe due (incombant normalement au vendeur du 1er janvier au 31 mars). En revanche, il n'y aurait pas charge augmentative si dans le même cas de figure l'entrée en jouissance de l'acquéreur était fixée au 1er janvier.

Conseil pratique **Le notaire se doit de vérifier que le vendeur est à jour du paiement des taxes foncières pour éviter à l'acquéreur d'avoir à subir le privilège du Trésor.**

2° Taxe d'habitation

3518 Débiteur légal – Le débiteur de la taxe d'habitation est le propriétaire de l'immeuble au 1er janvier *(CGI, art. 1415).*

3519 Répartition conventionnelle – Comme pour la taxe foncière, les parties peuvent conventionnellement prévoir une répartition de la charge de la taxe d'habitation exigible l'année de la vente.

3520 Charge augmentative du prix – L'engagement pris par l'acquéreur d'acquitter la taxe d'habitation afférente à l'immeuble vendu pour une période antérieure à l'entrée en jouissance constitue une charge augmentative du prix.

3° Autres taxes

3521 Diverses taxes peuvent être dues. Il en va ainsi de celles liées aux autorisations d'urbanisme. À nouveau, il est tout à fait possible aux parties de convenir que ces taxes seront supportées par un autre que le débiteur légal.

IV. Clauses de différend

3522 Ces clauses de différend sont diverses. Elles peuvent correspondre à une clause d'élection de domicile, à une clause attributive de compétence, une clause de conciliation, une clause de médiation et/ou une clause compromissoire. Elles résultent, pour la plupart, de la volonté des parties et pour certaines, sont obligatoires.

A. – CLAUSE D'ÉLECTION DE DOMICILE

3523 Définition – La clause d'élection de domicile n'est pas imposée par la loi. C'est une possibilité offerte par la loi. L'article 111 du Code civil précise que lorsqu'un acte contiendra, de la part des parties ou de l'une d'elles, élection de domicile pour l'exécution de ce même acte dans un autre lieu que celui du domicile réel, les significations, demandes et poursuites relatives à cet acte pourront être faites au domicile convenu, et, sous réserve des dispositions de l'article 48 du Code de procédure civile, devant le juge de ce domicile.
La clause d'élection de domicile visée par l'article 111 du Code civil concerne en principe les actes contentieux relatifs à l'exécution d'un acte. Les parties peuvent élargir le champ d'application de la clause et prévoir qu'elle s'appliquera également pour les actes non contentieux.

Exemple Pour une vente immobilière, il peut être prévu que toutes les pièces que devront remettre les parties seront adressées en l'étude du notaire chargé d'établir le contrat préparatoire et l'acte de vente et/ou que les différentes notifications exigées par la loi devront être faites en l'étude du notaire.

1° Validité

3524 Actes contentieux – La clause d'élection de domicile entraîne, en principe, renonciation à la compétence territoriale légale puisque sera compétent le tribunal dans le ressort duquel se trouve le domicile élu. Elle est alors assimilable à une clause attributive de compétence. En ce cas, s'applique l'article 48 du Code de procédure civile. Or, suivant ce dernier texte, toute clause qui, directement ou indirectement, déroge aux règles de compétence territoriale est réputée non écrite à moins qu'elle n'ait été convenue entre des personnes ayant toutes contracté en qualité de commerçant et qu'elle n'ait été spécifiée de façon très apparente dans l'engagement de la partie à qui elle est opposée.
Mais l'effet peut être limité et il peut être précisé que la clause ne vaut pas renonciation à la compétence territoriale légale. En ce cas, la limite de l'article 48 du Code de procédure civile n'est pas applicable. Il en va de même lorsque le domicile élu se situe dans le même ressort de compétence que le domicile réel.

3525 Actes non contentieux – Dès lors que la clause concerne les actes non contentieux d'un contrat, la limite de l'article 48 du Code de procédure civile n'est pas applicable.

2° Effets

3526 Mandat complémentaire – La clause d'élection de domicile s'accompagne souvent d'un mandat et celui-ci est parfois déduit de la clause d'élection de domicile *(Cass. 2e civ., 17 mars 2016, n° 15-10.611 : JurisData n° 2016-005207 ; Procédures 2016, comm. 154, note C. Laporte)*. Il en va ainsi notamment chaque fois que le domicile élu correspond à celui d'un professionnel du droit comme un notaire. Ledit professionnel doit alors recevoir et transmettre tous les actes relatifs à l'exécution contentieuse du contrat et, si le domaine de la clause d'élection de domicile a été élargi, tous les actes et documents relatifs à l'exécution non contentieuse du contrat. En l'absence de transmission des actes et documents, le mandataire est susceptible de voir sa responsabilité engagée *(V. JCl. Notarial Formulaire, V° Élection de domicile, fasc. 10, par D. Montoux)*.

3527 Actes contentieux – Tous les actes contentieux relatifs au contrat préparatoire et/ou à la vente d'immeuble doivent être signifiés au domicile élu.
La Cour de cassation limite les effets de la clause et certaines dispositions réglementaires ou législatives peuvent conduire à un résultat identique. Ainsi, les jugements et ordonnances relatives à l'exécution de la vente devront être signifiés conformément aux articles 677 et 689 du Code de procédure civile donc soit à la partie elle-même soit, à défaut, à son domicile réel *(Cass. 2e civ., 6 janv. 1988, n° 86-15.860 : JurisData n° 1988-000005 ; Bull. civ. II, n° 5 ; D. 1988, IR p. 19)*. Il n'en va autrement que pour une partie demeurant à l'étranger, auquel cas la notification d'un jugement est valablement faite au domicile élu en France *(CPC, art. 682)*.
Certaines restrictions résultent de dispositions réglementaires, il s'agit par exemple de l'article R. 221-4 du Code des procédures civiles d'exécution dont il résulte que le commandement de payer ne peut être signifié à domicile élu. Il en va de même du commandement d'avoir à libérer les locaux dans le cadre d'une procédure d'expulsion *(CPC exéc., art. R. 411-2)*.

3528 Actes non contentieux – Si le contrat préparatoire ou l'acte de vente contient une clause d'élection de domicile, il ne peut être reproché à une partie de l'avoir respecté.

Attention Lorsque la clause n'a pas été respectée mais que ce manquement n'a pas eu de conséquence, qu'il n'a pas causé de grief – la partie en cause a bien été informé de l'acte adressé au mauvais domicile –, il sera fait abstraction de ce manquement *(Cass. 3e civ., 19 déc. 2012, n° 08-14.225 : JurisData n° 2012-030341 ; Bull. civ. III, n° 199)*. Certaines situations conduisent parfois à faire abstraction de la clause d'élection de domicile. C'est le cas lorsque l'acheteur fait l'objet de l'ouverture d'une procédure collective et que le vendeur est mis sous tutelle, alors l'avertissement prévu par l'article L. 622-24 du Code de commerce, lorsque le créancier est mis sous tutelle, doit être adressé à son tuteur, ainsi que l'a précisé la chambre commerciale de la Cour de cassation le 6 décembre 2011 *(Cass. com., 6 déc. 2011, n° 10-19.959 : Bull. civ. IV, n° 200 ; JCP E 2012, 1400, n° 1)*.

Pour aller plus loin

- J.-F. Sagaut, L'élection de domicile : un suffrage à l'utilité mésestimée : JCP N 2008, n° 11, 1143

B. – CLAUSE ATTRIBUTIVE DE COMPÉTENCE

3529 Définition – La clause attributive de compétence a pour objectif de préciser quelle sera la juridiction compétente en cas de litige relatif à l'exécution du contrat. Une telle clause est susceptible de concerner tout à la fois la compétence d'attribution mais aussi la compétence territoriale.

1° Validité

3530 Il faut distinguer les clauses concernant la compétence d'attribution de celles relatives à la compétence territoriale *(C. Boillot, Le régime des clauses relatives au litige : RTD com. 2013, p. 1. – N. Cayrol, Opposabilité et force obligatoire des clauses processuelles : RDC 2014, p. 704)*.

3531 Compétence d'attribution – Les règles concernant la compétence d'attribution sont d'ordre public. Par application de l'article 6 du Code civil, les clauses qui y sont relatives sont donc nulles.

3532 Compétence territoriale – Des dérogations sont admises uniquement entre commerçants *(CPC, art. 48)*. Une clause attributive de compétence ne peut donc être prévue lorsqu'une des parties est un consommateur au sens de l'article liminaire du Code de la consommation.
Lorsqu'une vente immobilière est conclue entre commerçants, la clause attributive de compétence ne jouera que si elle a été spécifiée de façon très apparente dans l'engagement de la partie à qui elle est opposée *(CPC, art. 48)*.

2° Effets

3533 **Parties au contrat** – Les parties au contrat, lorsque surgit un litige relativement à celui-ci, doivent saisir le tribunal compétent en vertu de ladite clause. Celle-ci s'imposera également à leurs ayants cause. En cas de cession du contrat, la clause attributive de compétence devra être respectée par le cessionnaire.

3534 **Litiges relevant de la clause attributive de compétence** – Les parties peuvent choisir de soumettre l'ensemble des litiges susceptibles d'apparaître relativement à l'exécution de leur contrat. Elles peuvent aussi choisir de ne faire jouer celle-ci que relativement à certains litiges.

3535 **Limites au jeu de la clause attributive de compétence** – Suivant la jurisprudence de la Cour de cassation, la clause attributive de compétence ne produira pas effet lorsque :

- une des parties **saisit le juge des référés**, la clause ne produisant effet que pour l'action au fond *(Cass. 2e civ., 19 nov. 2008, n° 08-11.646 : JurisData n° 2008-046894 ; Procédures 2009, comm. 77, R. Perrot)* ;
- en cas de **défenseurs multiples** ; dès lors que tous les défendeurs ne sont pas liés par une clause attributive de compétence désignant le même tribunal, il y a lieu de saisir la juridiction compétente en vertu de la loi *(Cass. 2e civ., 13 juill. 2006, n° 05-20.022 : JurisData n° 2006-034805)* ;
- pour une **demande reconventionnelle** relatif à un point relevant de la clause d'attribution, mais avec une juridiction saisie pour un litige n'entrant pas dans le champ d'application de ladite clause *(Cass. com., 21 janv. 2003, n° 00-21.598)* ;
- **un tiers est mis en cause** ; en ce cas, il est tenu de procéder devant la juridiction saisie de la demande originaire, sans qu'il puisse décliner la compétence territoriale de cette juridiction, même en invoquant une clause attributive de compétence *(CPC, art. 333)* ;
- **une juridiction spécialisée est compétente** et qu'une telle juridiction n'est pas présente dans le lieu retenu *(Cass. com., 11 mai 2017, n° 15-21.913 : JurisData n° 2017-008868 ; Contrats, conc. consom. 2017, comm. 175, N. Mathey)*.
- **une procédure collective est ouverte** ; en effet, le tribunal saisi d'une procédure de sauvegarde, de redressement judiciaire ou de liquidation judiciaire connaît de tout ce qui concerne la sauvegarde, le redressement et la liquidation judiciaires, l'action en responsabilité pour insuffisance d'actif, la faillite personnelle ou l'interdiction prévue à l'article L. 653-8 du Code de commerce, à l'exception des actions en responsabilité civile exercées à l'encontre de l'administrateur, du mandataire judiciaire, du commissaire à l'exécution du plan ou du liquidateur qui sont de la compétence du tribunal de grande instance *(C. com., art. R. 662-3)* ; suivant la Cour de cassation toutefois, la clause d'attribution de compétence continue de produire effet lorsque le litige n'est pas lié à l'ouverture de la procédure collective *(Cass. com., 7 févr. 2012, n° 11-10.851 : JurisData n° 2012-001717 ; Bull. civ. IV, n° 28 ; Procédures 2012, comm. 123, B. Rolland)*.

3536 **Renonciation** – Il est toujours loisible aux parties de renoncer au bénéfice de la clause. Ainsi, si un contractant assigne son cocontractant devant la juridiction compétente territorialement selon la loi, le cocontractant n'est pas obligé d'invoquer le bénéfice de la clause *(Cass. 1re civ., 29 juin 2011, n° 10-22.933. – C. Derache, Régime juridique des clauses attributives de compétence unilatérales, état du droit : JCP E 2016, 1108)*.

C. – MÉDIATION ET CONCILIATION

3537 **Définition** – La clause de médiation ou de conciliation a pour objet de désigner un tiers au contrat qui interviendra en cas de litige entre les parties pour tenter de le résoudre avec les parties. Le tiers peut ainsi proposer un accord susceptible de satisfaire les attentes des parties. À la différence de ce qui prévaut en matière d'arbitrage, le tiers ne peut que proposer des solutions de règlement de leur litige et ne peut donc les imposer. En prévoyant une telle clause, les parties peuvent éviter un procès si la conciliation ou la médiation aboutit.

Remarque La conciliation se distinguerait de la médiation en ce qu'aucun tiers n'intervient dans le cadre de la première, alors que dans celui de la seconde, un tiers tente de rapprocher les parties. Pour autant, il ne peut qu'être conseillé, si cette différence est retenue, de stipuler une clause de médiation, car l'intervention du tiers présente la plus grande utilité pour la tentative de rapprochement des parties.

1° Validité

3538 **Licéité** – La Cour de cassation a posé le principe de la licéité de la clause de médiation ou conciliation *(Cass. ch. mixte, 14 févr. 2003, n° 00-19.423 : JurisData n° 2003-017812 ; Bull. civ. ch. mixte, n° 1 ; JCP G 2003, I, 142, G. Virassamy ; Contrats, conc. consom. 2003, comm. 84, L. Leveneur ; D. 2003, p. 1386, note P. Ancel et M. Cottin)*. Cette clause peut viser tous les litiges susceptibles de naître relativement à la vente conclue ou bien ne viser que certains d'entre eux *(Cass. 3e civ., 23 mai 2007, n° 06-15.668 : JurisData n° 2007-038941 ; Bull. civ. III, n° 80 ; Rev. arb. 2008, 144, obs. Tricoit)*.

3539 Clause de médiation et acquéreur consommateur – Lorsque l'acquéreur est un consommateur au sens de l'article liminaire du Code de la consommation, il y a lieu de respecter les articles L. 611-1 à L. 612-5 du Code de la consommation. Ainsi, le vendeur professionnel doit proposer à l'acquéreur consommateur une procédure gratuite de médiation en vue de la résolution amiable des litiges *(C. consom., art. L. 611-1 à L. 616-3 et R. 612-1 à R. 616-2).*

2° Effets

3540 Il doit être distingué entre les règles valant pour toute clause de médiation et celles résultant du droit de la consommation.

a) Règles communes à toute clause de médiation ou conciliation

3541 Opposabilité de la clause de médiation ou conciliation – La clause de conciliation ou de médiation ne s'impose que dans les rapports entre les parties. Dès lors, si l'une des parties entend agir à l'encontre de l'un des professionnels ayant permis la réalisation de la vente (diagnostiqueur, notaire, agent immobilier, établissement bancaire, etc.), la clause de conciliation ou médiation ne peut être opposée par ces tiers au contrat (*Cass. 1re civ., 14 mars 2018, n° 17-14.440 : JurisData n° 2018-003716 ; JCP G 2018, doctr. 782, n° 7*).

3542 Suspension de la prescription – La prescription est suspendue à compter du jour où, après la survenance d'un litige, les parties conviennent de recourir à la médiation ou à la conciliation ou, à défaut d'accord écrit, à compter du jour de la première réunion de médiation ou de conciliation. Le délai de prescription recommence à courir, pour une durée qui ne peut être inférieure à 6 mois, à compter de la date à laquelle soit l'une des parties ou les deux, soit le médiateur ou le conciliateur déclarent que la médiation ou la conciliation est terminée *(C. civ., art. 2238).*

3543 Obligation de tenter de se concilier – Chaque partie, avant d'agir en justice, est tenue de respecter la clause de conciliation ou de médiation. En ne le faisant pas ou en étant de mauvaise foi dans l'application de ladite clause, une partie peut voir sa responsabilité contractuelle engagée. En revanche, si chaque partie a tout mis en œuvre pour que la conciliation puisse aboutir, aucune faute ne pourra être retenue, alors même que le litige n'a pas été résolu.

3544 Fin de non-recevoir – Chaque partie doit respecter la clause de conciliation avant d'introduire une action en justice. En cas de violation de cette obligation, la Cour de cassation a retenu qu'« il résulte des articles 122 et 124 du Code de procédure civile que les fins de non-recevoir ne sont pas limitativement énumérées ; que, licite, la clause d'un contrat instituant une procédure de conciliation obligatoire et préalable à la saisine du juge, dont la mise en œuvre suspend jusqu'à son issue le cours de la prescription, constitue une fin de non-recevoir qui s'impose au juge si les parties l'invoquent » *(Cass. ch. mixte, 14 févr. 2003, n° 00-19.423 : JurisData n° 2003-017812, préc. – Cass. 2e civ., 9 nov. 2006, n° 05-19.443. – Cass. 3e civ., 19 mai 2016, n° 15-14.464, FS-P+B : D. 2016, p. 2377, note D. Mazeaud ; D. 2016, p. 2601, obs. Clay ; D. 2017, p. 423, n° 5, obs. Fricero ; Gaz. Pal. 30 août 2016, p. 61, note Mayer ; Constr.-Urb. 2016, comm. 103, obs. Ch. Sizaire).*

3545 Rédaction de la clause de conciliation – Pour que la clause de conciliation ou de médiation soit pleinement efficace, il convient :
- qu'elle soit claire et précise ;
- que le caractère obligatoire de la conciliation ou de la médiation soit précisé. Il doit être prévu dans l'acte que la saisine préalable du conciliateur est une condition de recevabilité de l'action (*Cass. 1re civ., 14 mars 2018, n° 17-14.440 : JurisData n° 2018-003716*) ;
- que la procédure de médiation soit prévue ;
- que soit d'ores et déjà désigné la personne physique ou morale qui jouera le rôle de conciliateur ;
- que l'inobservation de la clause correspond à une fin de non-recevoir que chaque partie pourra soulever.

3546 Circulation de la clause de conciliation – En cas de subrogation ou de cession de contrat, la clause est opposable *(Cass. 3e civ., 28 avr. 2011, n° 10-30.721 : JurisData n° 2011-007195 ; JCP G 2011, 1030, n° 8, obs. Billiau ; JCP G 2011, 1397, n° 3, obs. Clay ; Procédures 2011, n° 220, obs. Perrot).*

b) Règles propres au Code de la consommation

3547 Médiation au libre choix du consommateur – La clause ne peut être imposée au consommateur. Est interdite la stipulation ou convention obligeant le consommateur, en cas de litige, à recourir obligatoirement à une médiation préalablement à la saisine du juge *(C. consom., art. L. 612-4).*

3548 Médiation conventionnelle exclue – Lorsqu'un médiateur public est compétent pour procéder à la médiation d'un litige de consommation, ce litige ne peut donner lieu à d'autres procédures de médiation conventionnelle *(C. consom., art. L. 612-5)*. Tel n'est pas le cas pour la vente immobilière.

3549 Gratuité de la médiation – La médiation est gratuite pour l'acquéreur consommateur. Si ce dernier choisit de se faire assister, il supporte seul le coût de cette assistance. Il en va de même lorsqu'il demande une expertise sauf si la demande est conjointe, auquel cas les frais sont partagés entre vendeur et acquéreur.

3550 Obligation d'information – Le vendeur professionnel doit communiquer au consommateur les coordonnées du ou des médiateurs compétents dont il relève. Cette information doit apparaître notamment dans les conditions générales de vente et sur son site internet s'il dispose d'un tel site *(C. consom., art. R. 616-1. – M. Feferman et E. Petit, La médiation de la consommation et les métiers de l'immobilier : AJDI 2016, p. 91)*.
Il est également tenu de fournir cette même information au consommateur, dès lors qu'un litige n'a pas pu être réglé dans le cadre d'une réclamation préalable directement introduite auprès de ses services.

3551 Choix du médiateur – Le vendeur professionnel peut mettre en place son propre dispositif de médiation de la consommation ou proposer à l'acquéreur consommateur le recours à tout autre médiateur de la consommation.
Lorsqu'il existe un médiateur de la consommation dont la compétence s'étend à l'ensemble des entreprises d'un domaine d'activité économique dont il relève, le professionnel permet toujours au consommateur d'y recourir.

3552 Conditions d'exercice – Le médiateur doit satisfaire aux conditions prévues par l'article L. 613-1 du Code de la consommation.
Par ailleurs, lorsque le médiateur est employé ou rémunéré exclusivement par le professionnel, le médiateur de la consommation doit satisfaire aux conditions supplémentaires de l'article L. 613-2 du même code.
Le médiateur doit afficher les conditions d'exercice sur son site internet, ainsi que les informations précisées par les articles R. 614-1 et R. 614-2 du Code de la consommation.

3553 Impartialité et indépendance – Le médiateur de la consommation accomplit sa mission avec diligence et compétence, en toute indépendance et impartialité, dans le cadre d'une procédure transparente, efficace et équitable.
Cette indépendance et cette impartialité doivent être maintenues pendant toute la durée de la médiation. Le médiateur de la consommation doit ainsi informer sans délai les parties de la survenance de toute circonstance susceptible d'affecter son indépendance, son impartialité ou de nature à créer un conflit d'intérêts ainsi que de leur droit de s'opposer à la poursuite de sa mission. Si l'une des parties refuse en conséquence de poursuivre la médiation, il est mis fin à la mission du médiateur. Lorsque le médiateur est une personne morale, il est pourvu au remplacement de la personne physique chargée d'accomplir la mission de médiation. Enfin, le médiateur ne peut recevoir aucune instruction des parties.

3554 Conditions de saisine du médiateur – Un litige ne peut être examiné par le médiateur de la consommation lorsque :
- le consommateur ne justifie pas avoir tenté, au préalable, de résoudre son litige directement auprès du professionnel par une réclamation écrite selon les modalités prévues, le cas échéant, dans le contrat ;
- la demande est manifestement infondée ou abusive ;
- le litige a été précédemment examiné ou est en cours d'examen par un autre médiateur ou par un tribunal ;
- le consommateur a introduit sa demande auprès du médiateur dans un délai supérieur à un an à compter de sa réclamation écrite auprès du professionnel ;
- le litige n'entre pas dans son champ de compétence.

Le consommateur est alors informé par le médiateur, dans un délai de 3 semaines à compter de la réception de son dossier, du rejet de sa demande de médiation *(C. consom., art. L. 612-2)*.

3555 Déroulement de la médiation – Dès réception des documents sur lesquels est fondée la demande du consommateur, le médiateur de la consommation notifie aux parties par voie électronique ou par courrier simple sa saisine. Cette notification rappelle aux parties qu'elles peuvent à tout moment se retirer du processus.
Le médiateur communique, à la demande de l'une des parties, tout ou partie des pièces du dossier. Il peut recevoir les parties ensemble ou séparément. À défaut d'accord amiable entre elles, il leur propose une solution pour régler le litige. À cette occasion, il doit leur rappeler, par courrier simple ou par voie électronique :
- qu'elles sont libres d'accepter ou de refuser sa proposition de solution ;
- que la participation à la médiation n'exclut pas la possibilité d'un recours devant une juridiction ;
- que la solution peut être différente de la décision qui serait rendue par un juge.

Le médiateur précise également quels sont les effets juridiques de l'acceptation de la proposition de solution et fixe un délai d'acceptation ou de refus de celle-ci.

3556 Délai de médiation – L'issue de la médiation intervient, au plus tard, dans un délai de 90 jours à compter de la date où le médiateur a notifié aux parties qu'il était saisi. Le médiateur peut prolonger ce délai, à tout moment, en cas de litige complexe. Il en avise immédiatement les parties.

Pour aller plus loin

- E. Bazin, De la médiation de la consommation : AJ Contrat 2017, p. 361
- N. Besombes, D. Chavernoz, B. Gorchs-Gelzer, M. Hauser et S. Henry, Médiation et entreprise : nouvelles obligations et perspectives : JCP E 2016, 1505
- M. Darmon, La médiation conventionnelle : un mode alternatif de règlement des litiges : JCP G 1996, I, 3976
- M. Feferman et E. Petit, La médiation de la consommation et les métiers de l'immobilier : AJDI 2016, p. 91
- N. Fricero Médiation et contrat : AJ Contrat 2017, p. 356
- N. Gerbay, La clause de conciliation préalable : entre tensions contractuelles et processuelles : Procédures 2015, étude 7
- J.-P. Tricoit, La médiation curative. La clause de médiation : CDE 2016, dossier 21

D. – CLAUSE COMPROMISSOIRE

3557 Définition – La clause compromissoire est la convention par laquelle les parties à un ou plusieurs contrats s'engagent à soumettre à l'arbitrage les litiges qui pourraient naître relativement à ce ou à ces contrats *(CPC, art. 1442)*.

1° Validité

3558 Écrit obligatoire – La clause compromissoire doit, à peine de nullité, être stipulée par écrit *(CPC, art. 1443)*. Elle peut apparaître dans le contrat de vente lui-même ou dans des conditions générales auxquelles se réfère le contrat de vente.

3559 Matières n'intéressant pas l'ordre public – Toutes personnes peuvent compromettre sur les droits dont elles ont la libre disposition. Toutefois, il ne peut être compromis sur les matières qui intéressent l'ordre public.

3560 Parties au contrat – Lorsque l'une des parties n'a pas contracté dans le cadre de son activité professionnelle, la clause ne peut lui être opposée *(C. civ., art. 2061)*.

Conseil pratique Un vendeur professionnel peut inclure dans ses conditions générales une clause compromissoire dont un acquéreur consommateur pourra décider de se prévaloir une fois le litige né, mais une telle clause ne pourra lui être opposée par le vendeur professionnel *(J.-G. Betto, L'arbitrage, nouvelle arme du consommateur ? : JCP G 2017, doctr. 426. – S. Piédelièvre, La nouvelle clause compromissoire : JCP N 2017, n° 4, act. 182)*. En revanche, une telle clause ne peut être stipulée dans la vente immobilière conclue entre deux acquéreurs non professionnels.

3561 Sanction – Lorsqu'elle est nulle, la clause compromissoire est réputée non écrite *(CPC, art. 1447)*.

2° Effets

3562 Compétence exclusive de l'arbitre – Le tribunal arbitral est seul compétent pour statuer sur les contestations relatives à son pouvoir juridictionnel. Sauf stipulation contraire, le tribunal arbitral a le pouvoir de trancher l'incident de vérification d'écriture ou de faux conformément aux dispositions des articles 287 à 294 et de l'article 299 du Code de procédure civile. En cas d'inscription de faux incident, il est fait application de l'article 313 du même code.

3563 Pouvoirs de l'arbitre – Le tribunal arbitral tranche le litige conformément aux règles de droit, à moins que les parties lui aient confié la mission de statuer en amiable composition.

3564 Procédure – La convention d'arbitrage désigne, le cas échéant par référence à un règlement d'arbitrage, le ou les arbitres, ou prévoit les modalités de leur désignation. À défaut, il est procédé conformément aux dispositions des articles 1451 à 1454 du Code de procédure civile. Il ne peut être laissé à une des parties le choix de l'arbitre.

3565 Mesure d'instruction ou de conservation – L'existence d'une convention d'arbitrage ne fait pas obstacle, tant que le tribunal arbitral n'est pas constitué, à ce qu'une partie saisisse une juridiction de l'État aux fins d'obtenir une mesure d'instruction ou une mesure provisoire ou conservatoire.

3566 Déroulement de la procédure – Le litige est soumis au tribunal arbitral soit conjointement par les parties, soit par la partie la plus diligente. Cette saisine interrompt la prescription.

À moins que les parties n'en soient convenues autrement, le tribunal arbitral détermine la procédure arbitrale sans être tenu de suivre les règles établies pour les tribunaux étatiques. Sous réserve des obligations légales et à moins que les parties n'en disposent autrement, la procédure arbitrale est soumise au principe de confidentialité. Le tribunal arbitral procède aux actes d'instruction nécessaires à moins que les parties ne l'autorisent à commettre l'un de ses membres à cet effet. Le tribunal arbitral peut entendre toute personne. Cette audition a lieu sans prestation de serment. Si une partie détient un élément de preuve, le tribunal arbitral peut lui enjoindre de le produire selon les modalités qu'il détermine et au besoin à peine d'astreinte.

3567 Durée de l'arbitrage – Si la convention d'arbitrage ne fixe pas de délai, la durée de la mission du tribunal arbitral est limitée à 6 mois à compter de sa saisine. Le délai légal ou conventionnel peut être prorogé par accord des parties ou, à défaut, par le juge d'appui. L'expiration du délai d'arbitrage entraîne la fin de l'instance arbitrale.

3568 Sentence arbitrale – La sentence arbitrale est régie par les articles 1478 à 1486 du Code de procédure civile. Elle est rendue à la majorité des voix. Elle est signée par tous les arbitres. Si une minorité d'entre eux refuse de la signer, la sentence en fait mention et celle-ci produit le même effet que si elle avait été signée par tous les arbitres.
La sentence arbitrale contient les indications prescrites par l'article 1481 du Code de procédure civile.
Elle expose succinctement les prétentions respectives des parties et leurs moyens et elle doit être motivée.
La sentence arbitrale a, dès qu'elle est rendue, l'autorité de la chose jugée relativement à la contestation qu'elle tranche. Elle est notifiée par voie de signification à moins que les parties en conviennent autrement.
La sentence dessaisit le tribunal arbitral de la contestation qu'elle tranche. Toutefois, à la demande d'une partie, le tribunal arbitral peut interpréter la sentence, réparer les erreurs et omissions matérielles qui l'affectent ou la compléter lorsqu'il a omis de statuer sur un chef de demande. Il statue après avoir entendu les parties ou celles-ci appelées. Si le tribunal arbitral ne peut être à nouveau réuni et si les parties ne peuvent s'accorder pour le reconstituer, ce pouvoir appartient à la juridiction qui eût été compétente à défaut d'arbitrage.

3569 Exécution forcée – La sentence arbitrale n'est susceptible d'exécution forcée qu'en vertu d'une ordonnance d'exequatur émanant du tribunal de grande instance dans le ressort duquel cette sentence a été rendue. La procédure relative à la demande d'exequatur n'est pas contradictoire. La requête est déposée par la partie la plus diligente au greffe de la juridiction accompagnée de l'original de la sentence et d'un exemplaire de la convention d'arbitrage ou de leurs copies réunissant les conditions requises pour leur authenticité. L'exequatur est apposé sur l'original ou, si celui-ci n'est pas produit, sur la copie de la sentence arbitrale (*CPC, art.* 1487 à 1488).

3570 Appel et annulation – La sentence n'est pas susceptible d'appel sauf volonté contraire des parties. La sentence peut toujours faire l'objet d'un recours en annulation à moins que la voie de l'appel soit ouverte conformément à l'accord des parties. Toute stipulation contraire est réputée non écrite *(CPC, art. 1489 à 1498)*.

3571 Circulation du contrat – En cas de subrogation ou de cession de contrat, la clause compromissoire doit être respectée. Il n'est pas nécessaire en ce cas qu'elle ait été acceptée par la partie à laquelle on l'oppose dès lors la partie ne fait que succéder aux droits et obligations de la partie qui l'a initialement acceptée *(C. civ., art. 2061)*.

Formule. – Clause compromissoire

Cette formule est extraite du JurisClasseur *(V. JCl. Notarial Formulaire, V° Vente d'immeuble, fasc. 515, par J. Lafond)*

CLAUSE COMPROMISSOIRE

1° Objet

CHOISIR suivant le cas

1. – Clause d'application générale

En cas de litige né de l'interprétation ou de la mise en œuvre des clauses du présent contrat (***ajouter, si le contrat prévoit une tentative de conciliation préalable*** : et si la tentative de conciliation a échoué), chacune des parties pourra soumettre ce litige à l'arbitrage.

2. – Clause d'application limitée

En cas de litige né de l'interprétation ou de la mise en œuvre des clauses :...... (***énumérer les clauses concernées et ajouter, si le contrat prévoit une tentative de conciliation préalable*** : et si la tentative de conciliation a échoué), chacune des parties pourra soumettre ce litige à l'arbitrage.

Il peut paraître préférable de limiter le jeu de la clause aux litiges concernant l'interprétation de certaines des clauses de l'acte. Si on l'admet (mais tout est question d'opportunité...), on précisera le champ d'application exact de la clause compromissoire.

POURSUIVRE ensuite

2° Désignation des arbitres

CHOISIR suivant le cas

1. – Arbitre unique

La partie demanderesse notifiera au défendeur, par lettre recommandée avec demande d'avis de réception ou par acte d'huissier de justice, sa volonté de recourir à l'arbitrage. À réception de cette notification, le défendeur prendra contact dans les plus brefs délais avec le demandeur et ils devront se mettre d'accord sur le nom d'un arbitre, qui devra présenter toutes garanties de compétence compte tenu de la nature du litige, et toutes garanties d'indépendance et d'objectivité par rapport aux parties en cause.

Si les parties ne se sont pas mises d'accord sur le nom d'un arbitre dans un délai de...... jours à compter de la réception de la demande d'arbitrage par le défendeur, la partie la plus diligente saisira le président du tribunal de grande instance (***ou si les deux parties sont commerçantes*** : le président du tribunal de commerce de...... [***lieu de situation de l'immeuble***]), en application de l'article 1452 du Code de procédure civile, afin qu'il désigne l'arbitre.
Si après désignation de l'arbitre intervenait son décès, son refus, sa démission ou un empêchement pour une cause quelconque, la partie la plus diligente pourrait, selon cette même procédure demander au président du tribunal de grande instance (***ou*** : du tribunal de commerce) de désigner un nouvel arbitre.

2. – Pluralité d'arbitres

La partie demanderesse notifiera au défendeur, par lettre recommandée avec demande d'avis de réception, ou par acte d'huissier, sa volonté de mettre en œuvre la présente clause et indiquera le nom de l'arbitre qu'elle désigne. Le défendeur disposera d'un délai d'un mois à compter de la réception de cette notification pour désigner à son tour un arbitre. Il notifiera au demandeur le nom et l'adresse de cet arbitre, par lettre recommandée avec demande d'avis de réception ou par acte d'huissier. Les deux arbitres ainsi désignés seront saisis par la partie demanderesse par lettre recommandée avec demande d'avis de réception. Ils se concerteront afin de nommer le troisième arbitre dans un délai d'un mois. Ce délai courra à compter de la réception de la dernière en date des notifications adressées par la partie demanderesse pour les aviser de leur nomination.
Si l'un des délais ci-dessus indiqués n'était pas respecté, ou si après désignation des arbitres intervenaient le décès, le refus, la démission ou l'empêchement pour une cause quelconque de l'un des arbitres, la partie la plus diligente pourrait, en application de l'article 1452 du Code de procédure civile, demander au président du tribunal de grande instance de...... (***ou*** : au président du tribunal de commerce de......) de compléter le tribunal arbitral.

POURSUIVRE ensuite

3° Constitution du tribunal arbitral

Le tribunal arbitral est constitué lorsque le ou les arbitres ont accepté la mission qui leur est confiée. À cette date, il est saisi du litige.
Il appartient à l'arbitre, avant d'accepter sa mission, de révéler toute circonstance susceptible d'affecter son indépendance ou son impartialité. Il lui est également fait obligation de révéler sans délai toute circonstance de même nature qui pourrait naître après l'acceptation de sa mission.
En cas de différend sur le maintien de l'arbitre, la difficulté est réglée par le président du tribunal de grande instance de......, saisi dans le mois qui suit la révélation ou la découverte du fait litigieux.
Il appartient à l'arbitre de poursuivre sa mission jusqu'au terme de celle-ci à moins qu'il justifie d'un empêchement ou d'une cause légitime d'abstention ou de démission.
En cas de différend sur la réalité du motif invoqué par l'arbitre, la difficulté est réglée par le président du tribunal de grande instance de......, saisi dans le mois qui suit l'empêchement, l'abstention ou la démission.
L'arbitre ne peut être révoqué que du consentement unanime des parties. À défaut d'unanimité, la difficulté est réglée par le président du tribunal de grande instance de......, saisi dans le mois qui suit la révélation ou la découverte du fait litigieux.

La formule précise ensuite le mode de fonctionnement du tribunal arbitral.

Pour aller plus loin

- J.-G. Betto, L'arbitrage, nouvelle arme du consommateur ? : JCP G 2017, doctr. 426
- S. Piédelièvre, La nouvelle clause compromissoire : JCP N 2017, n° 4, act. 182

E. – SORT DES CLAUSES DE DIFFÉREND EN CAS D'ANNULATION OU DE RÉSOLUTION DU CONTRAT

3572 **Résolution** – La résolution n'affecte pas les clauses relatives au règlement des différends *(C. civ., art. 1230)*. Il peut être considéré que cela vaut pour toutes les clauses de différend sans distinction.

3573 **Annulation** – Le Code civil, dans sa rédaction issue de l'ordonnance n° 2016-131 du 10 février 2016, n'apporte aucune précision sur le sort des clauses de différend lorsque survient l'annulation du contrat les contenant. Il est donc possible que soit maintenue la jurisprudence acceptant que de telles clauses continuent à produire effet dès lors que leur indépendance peut être établie par rapport à l'acte les comportant *(Cass. com., 5 juill. 2017, n° 15-21.894, F-D : JurisData n° 2017-013507)*.
S'agissant de la clause compromissoire, l'article 1447 du Code de procédure civile dispose qu'elle est indépendante du contrat auquel elle se rapporte. Elle n'est pas affectée par l'inefficacité de celui-ci.

V. Clauses relatives aux frais

A. – PRINCIPES

3574 **Frais** – Suivant l'article 1593 du Code civil, *les frais d'actes et autres accessoires à la vente sont à la charge de l'acheteur*. Les frais visés par l'article 1593 du Code civil sont tous ceux que nécessite le contrat de vente.

Correspondent aux frais notamment le coût des documents informatifs relatifs à la mutation, les droits d'enregistrement, les frais d'établissement des documents destinés à la publication, etc.

3575 Solidarité – Les parties sont solidairement redevables envers les tiers du paiement des frais d'acte et des accessoires du prix *(B. Gelot, La charge des frais de la vente d'immeuble : Defrénois 1999, art. 37037, p. 961. – V. JCl. Notarial Formulaire, V° Émoluments et honoraires, fasc. 70, par F. Hébert).*

1° Émoluments et honoraires du notaire

3576 Vente négociée par le notaire – Le notaire peut percevoir des honoraires pour les négociations, définies comme les prestations par lesquelles le notaire, agissant en vertu d'un mandat écrit que lui a donné à cette fin l'une des parties, recherche un cocontractant, le découvre et le met en relation avec son mandant, soit directement, soit par l'intermédiaire du représentant de ce cocontractant, reçoit l'acte ou participe à sa réception *(V. n° **887** et s.).*

3577 Consignation – Le notaire ne peut recevoir un acte sans avoir été provisionné d'une somme suffisante pour couvrir les débours, droits, émoluments et honoraires *(C. com., art. R. 444-61).* Il lui est interdit de consentir à son client une avance sous quelque forme et à quelque titre que ce soit.

3578 Faute – Le notaire qui reçoit un acte sans avoir provisionné une somme suffisante commet une faute. Il encourt dès lors des sanctions disciplinaires. Il peut également voir sa responsabilité engagée. Cette faute peut être opposée à la demande en paiement par celui à qui ce manquement porte préjudice *(Cass. 1re civ., 26 févr. 2002, n° 99-11.503 : JurisData n° 2002-013232 ; Bull. civ. I, n° 69 ; JCP N 2002, n° 40, 1536, note V. Perruchot-Triboulet).* De même, une partie à un acte notarié ne peut être condamné à payer au notaire la part des frais qu'une autre partie devait conventionnellement supporter, dès lors qu'il n'a pas réclamé, avant de procéder à la signature de l'acte, à la consignation des frais et émoluments prévue à l'article R. 444-61 du Code de commerce *(Cass. 1re civ., 16 mai 1995, n° 93-14.330 : Bull. civ. I, n° 212).*

2° Sommes dues à l'administration fiscale

3579 Avance des droits dus au fisc par le notaire – Le notaire doit faire l'avance des droits fiscaux *(CGI, art. 1705-1°).* La documentation administrative de base donne à ce propos les indications suivantes, qui constituent une synthèse du droit positif en la matière *(V. BOI-ENR-DG-50-10-20, 27 févr. 2014) :*

- le notaire doit, au moment du dépôt des actes au service chargé de la publicité foncière, verser les droits réclamés et son obligation s'étend à toutes les perceptions dont chacun de ses actes forme le titre. Les droits qui doivent être ainsi payés sont ceux qui résultent des dispositions fiscales en vigueur au jour de la présentation à la formalité applicables aux actes considérés ;
- si une annexe d'actes obligatoirement soumis à l'enregistrement est jointe à un acte relevant de son ministère, le notaire est personnellement responsable des droits et amendes exigibles sur ces actes. Cette responsabilité n'est toutefois que subsidiaire *(CGI, art. 862).*

3580 Débiteurs des droits – Les droits afférents aux ventes d'immeubles doivent être en principe supportés par l'acquéreur *(CGI, art. 1712).* Mais les parties peuvent prendre à ce propos toutes les conventions qui leur semblent opportunes, étant entendu qu'elles ne sont pas opposables au fisc. Cette règle de principe s'applique en matière de droits d'enregistrement, de taxe de publicité foncière et de taxes additionnelles.

3581 Solidarité des parties à l'acte – Les dispositions de l'article 1705, 5° du CGI, qui prévoient la solidarité de toutes les parties à un acte sous seing privé pour le paiement des droits dus au fisc, sont également applicables pour le paiement des droits dus sur les actes notariés.

B. – DÉROGATIONS CONVENTIONNELLES

3582 Convention – Les parties peuvent décider de mettre à la charge de l'une des parties les frais qui sont dus par l'autre. Lorsque c'est le vendeur qui supporte les frais, la vente est dite « contrat en mains ».

> **Conseil pratique** **Pareille convention invite à la vigilance car son impact n'est pas uniquement fiscal. Lorsque le notaire mettra en œuvre le droit de préemption de la SAFER, par exemple, il devra revoir le prix en soustrayant la fiscalité. En effet, n'étant pas soumis au droit commun de la vente, le prix qui est proposé au préempteur ne peut pas contenir une charge fiscale qu'il ne supportera pas en cas d'acquisition.**

3583 Liquidation de l'impôt de mutation – Pour la liquidation de l'impôt de mutation, il y a lieu de déduire du prix les frais et loyaux coûts du contrat. Les honoraires de négociation versés au notaire sont déductibles du prix au même titre que les honoraires de rédaction *(BOI-ENR-DMTOI-10-10-20-30, 12 sept. 2012).* Le vendeur peut également imposer à l'acquéreur l'obligation d'acquitter des frais qui ne sont pas de droit à la charge de ce dernier. Il s'agit alors d'une charge augmentative du prix *(BOI-ENR-DMTI-10-10-20-20, 12 sept. 2012).* Il revient au rédacteur de l'acte d'indiquer très précisément les dettes prises en charge par l'acquéreur.

Pour aller plus loin

Formules
- JCl. Notarial Formulaire, V° Élection de domicile, fasc. 10, par D. Montoux
- JCl. Notarial Formulaire, V° Vente d'immeuble, fasc. 105, fasc. 515 (clause compromissoire), par J. Lafond

Commentaires
- JCl. Notarial Formulaire, V° Vente d'immeuble, fasc. 510 (clause compromissoire), par J. Lafond

Fiche pratique
- Fiche pratique n° 1721 : Rédiger une vente d'immeuble, par M. Suquet-Cozic

Ouvrage
- B. Gelot, La charge des frais de la vente d'immeuble : Defrénois 1999, art. 37037, p. 961

VI. Clauses abusives

3584 Les clauses examinées ci-dessus et qui conduisent à imposer des obligations particulières à l'acquéreur ne doivent pas être abusives. Sur ce point, il y a lieu de tenir compte tout à la fois des dispositions du Code de la consommation mais aussi de celles du droit commun, présentes dans le Code civil depuis l'ordonnance n° 2016-131 du 10 février 2016.

A. – VENTES IMMOBILIÈRES CONCERNÉES

3585 Les champs d'application de la lutte contre les clauses abusives diffèrent suivant qu'il s'agit de la protection du Code de la consommation ou du Code civil.

1° L'acquéreur est un consommateur ou un non-professionnel

3586 La législation sur les clauses abusives s'applique aux contrats conclus entre professionnel et non-professionnel ou consommateur *(C. consom., art. L. 212-1 et L. 212-2. – V. JCl. Notarial Formulaire V° Acte notarié, fasc. 32., JCl. Notarial Formulaire, V° Bail, fasc. 24).* Aucune distinction n'est à faire suivant qu'il s'agit d'un contrat d'adhésion ou d'un contrat de gré à gré. De même, toutes les clauses sont concernées, qu'elles aient été ou non librement négociées.

3587 Définition du consommateur – Le consommateur est toute personne physique qui agit à des fins qui n'entrent pas dans le cadre de son activité commerciale, industrielle, artisanale, libérale ou agricole (*C. consom., art. liminaire*). A la qualité de consommateur la personne physique qui se procure un bien ou un service pour un usage non-professionnel, à savoir un usage personnel ou familial.

3588 Définition du non-professionnel – Le non-professionnel est toute personne morale qui n'agit pas à des fins professionnelles. Il peut ainsi s'agir d'une association, d'un syndicat de copropriétaires, d'un comité d'entreprise qui procède à l'acquisition d'un immeuble.

3589 Définition du professionnel – Quant au professionnel, il s'agit de la personne, physique ou morale, publique ou privée, qui agit à des fins entrant dans le cadre de son activité commerciale, industrielle, artisanale, libérale ou agricole, y compris lorsqu'elle agit au nom ou pour le compte d'un autre professionnel. Auront ainsi la qualité de vendeur professionnel le marchand de biens, le promoteur, le lotisseur, etc.

2° Vente immobilière, contrat d'adhésion

3590 La lutte contre les clauses abusives en droit commun n'intervient pas dans tous les contrats. Il faut que la vente soit qualifiée de contrat d'adhésion au sens de l'alinéa 2 de l'article 1110 du Code civil pour que l'article 1171 du Code civil soit applicable *(M. Mekki, Réforme des contrats et des obligations : clauses abusives dans les contrats d'adhésion : JCP N 2016, n° 45, act. 1190. – C. Grimaldi, En attendant la loi de ratification.. : D. 2016, p. 606).*

3591 Notion de contrat d'adhésion – Le contrat d'adhésion est celui qui comporte un ensemble de clauses non négociables, déterminées à l'avance par l'une des parties *(C. civ., art. 1110. – G. Loiseau, Épilogue de la réforme du droit des contrats : les dernières modifications : Comm. com. électr. 2018, comm. 43. – M. Mekki, Réforme du droit des obligations : une ratification minimaliste de l'ordonnance du 10 février 2016 : JCP N 2018, n° 17, 1175. – V. Zalewski-Sicard, La ratification de l'ordonnance n° 2016-131 du 10 février 2016 : Constr.-*

EFFETS DE LA VENTE

Urb. 2018, repère 4. – T. Revet, L'incohérent cantonnement, par l'Assemblée nationale, du domaine du contrat d'adhésion aux contrats de masse : D. 2018, Chron. C. cass., p. 124. – L. Andreu, Le nouveau contrat d'adhésion : AJ contrat 2018, p. 262. – N. Blanc, Contrat d'adhésion et déséquilibre significatif après la loi de ratification : RDC 2018, n° 115h2, p. 20).

3592 Ensemble de clauses non négociables – L'article 1110 du Code civil n'apporte pas de précisions sur ce qu'il faut entendre par « ensemble de clauses non négociables ».

Or, cette expression interroge.

- qu'implique un « ensemble de clauses » ? A priori, ces clauses devraient être liées entre elles relativement à un point précis du contrat. Tel serait le cas, par exemple, de clauses toutes consacrées aux conséquences de la pollution d'un terrain devant être prises en charge par l'acquéreur.
- quelle importance doit revêtir cet ensemble de clauses non négociables ? L'absence de précision du texte pourrait conduire à ne pas faire de distinction entre le contrat où les clauses non négociables sont majoritaires et celles où elles sont minoritaires. Pour autant, ce point est discuté (*L. Andreu, Le nouveau contrat d'adhésion : AJ contrat 2018, p. 262*).

3593 Vente immobilière et contrat d'adhésion – Les contrats préparatoires à la vente d'immeuble et l'acte authentique de vente peuvent-ils être qualifiés de contrat d'adhésion au sens de l'article 1110 du Code civil ?

- La réponse est négative lorsque le rédacteur de l'acte détermine lui-même le contenu du contrat, sans intervention des parties.
- Par contre, lorsque l'une des parties impose au rédacteur de l'acte d'inclure un ensemble de clauses dans le contrat, non négociables, la qualification de contrat d'adhésion devrait pouvoir être retenue *(N. Blanc, Contrat d'adhésion et déséquilibre significatif après la loi de ratification : RDC 2018, n° 115h2, p. 20).*

Exemple Lorsque les parties sont des particuliers qui s'en remettent au rédacteur de l'acte pour que celui-ci en détermine le contenu, conformément aux règles en vigueur.

Conseil pratique **Lorsque la qualification de contrat d'adhésion est susceptible d'être retenue, notamment compte tenu des rapports de force existant entre les parties et de l'utilisation d'un ensemble de clauses, le rédacteur de l'acte peut préciser dans celui-ci que cet ensemble de clauses a donné lieu à négociation et conserver les éléments de preuve permettant d'établir la réalité de cette possibilité de négociation : correspondances, clauses initiales, etc.**
Ainsi, le rédacteur de l'acte assure aux parties que l'article 1171 du Code civil ne devrait pouvoir recevoir application, la condition d'existence d'un contrat d'adhésion n'étant pas remplie.

3594 Choix entre Code civil et Code de la consommation – Lorsque les conditions d'application tant du Code de la consommation que des articles 1110 et 1171 du Code civil sont réunies, la question du cumul de ces dispositions se pose.

Il n'est pas certain qu'une réponse positive doive être apportée *(G. Chantepie, Le déséquilibre significatif entre droit commun et droits spéciaux : JCP E 2018, 1336. – N. Blanc, Contrat d'adhésion et déséquilibre significatif après la loi de ratification : RDC 2018, n° 115h2, p. 20. – O. Deshayes, T. Genicon et Y.-M. Laithier, Réforme du droit des contrats, du régime général et de la preuve des obligations : LexisNexis, 2e éd., 2018, p. 342. – M. Behar-Touchais, Le déséquilibre significatif dans le Code civil : JCP G 2016, 391).*

Pour aller plus loin

Formules
- JCl. Notarial Formulaire, V° Bail, fasc. 45, par B. Magois, J. Lafond
- JCl. Notarial Formulaire, V° Bail commercial, fasc. 135, par J. Lafond
- JCl. Notarial Formulaire, V° Ventes d'immeubles à construire, fasc. 185, par D. Sizaire, V. Zalewski-Sicard

Fiches pratiques
- Fiche pratique n° 2162 – Rédiger un bail, par J. Lafond
- Fiche pratique n° 1806 – Rédiger une vente d'immeubles à construire, par D. Boulanger, n° 2734 – Comprendre les clauses restrictives des droits des copropriétaires dans le règlement de copropriété, par J.-N. Beaulieu

Commentaires
- JCl. Notarial Formulaire, Synthèse 1440, Vente d'immeuble : préparation de l'acte, par V. Zalewski-Sicard
- JCl. Notarial Formulaire, Synthèse 1500, Vente d'immeuble, charges et conditions
- JCl. Notarial Formulaire, V° Acte notarié, fasc. 32, par D. Montoux et J.-F. Pillebout
- JCl. Notarial Formulaire, V° Bail commercial, fasc. 116, par J. Lafond
- JCl. Notarial Formulaire, V° Contrat de construction d'une maison individuelle, fasc. 10, par J. Hugot, D. Sizaire, V. Zalewski-Sicard
- JCl. Notarial Formulaire, V° Copropriété, fasc. 50, par J. Lafond
- JCl. Notarial Formulaire, V° Ventes d'immeubles à construire, fasc. 10, par D. Sizaire et G. Durand-Pasquier

B. – CARACTÉRISATION DES CLAUSES ABUSIVES

3595 Quel que soit le texte applicable, l'appréciation du caractère abusif d'une clause ne porte ni sur la définition de l'objet principal du contrat ni sur l'adéquation du prix ou de la rémunération au bien vendu *(C. civ., art. 1171)*, *« pour autant que les clauses soient rédigées de façon claire et compréhensible »* ajoute l'article L. 212-1 du Code de la consommation.

Conseil pratique **La législation sur les clauses abusives ne permet pas de sanctionner la lésion et donc le déséquilibre entre les prestations constituant l'objet principal des obligations des parties *(Cass. 1re civ., 25 janv. 2017, n° 15-24.216. – Cass. 1re civ., 30 nov. 2016, n° 15-21.724 et 15-23.004 : JurisData n° 2016-027013 ; Resp. civ. et assur. 2017, comm. 57. – Cass. 1re civ., 14 avr. 2016, n° 15-19.107 : JurisData n° 2016-007598 ; Resp. civ. et assur. 2016, comm. 243, H. Groutel)*. Il ne s'agit que de corriger des déséquilibres juridiques, des déséquilibres de pouvoirs.**

1° Les clauses abusives suivant le droit de la consommation

3596 – Suivant les articles L. 212-1 et L. 212-2 du Code de la consommation, sont considérées comme abusives les clauses qui ont pour objet ou pour effet de créer au détriment du non-professionnel ou du consommateur un déséquilibre significatif entre les droits et obligations des parties au contrat.

L'article R. 212-1 du Code de la consommation contient une liste de clauses présumées abusives de manière irréfragable et dès lors interdites.

L'article R. 212-2 dudit code contient une liste de clauses présumées abusives de manière simple, la preuve contraire étant admise et devant être rapportée par le professionnel.

3597 **Clauses interdites** – La première liste, celle de l'article R. 212-1 du Code de la consommation, vise les clauses ayant pour objet ou pour effet de :

- constater l'adhésion du consommateur à des clauses qui ne figurent pas dans l'écrit qu'il accepte ou qui sont reprises dans un autre document auquel il n'est pas fait expressément référence lors de la conclusion du contrat et dont il n'a pas eu connaissance avant sa conclusion ;
- restreindre l'obligation pour le professionnel de respecter les engagements pris par ses préposés ou ses mandataires ;
- réserver au professionnel le droit de modifier unilatéralement les clauses du contrat relatives à sa durée, aux caractéristiques ou au prix du bien à livrer ou du service à rendre ;
- accorder au seul professionnel le droit de déterminer si la chose livrée ou les services fournis sont conformes ou non aux stipulations du contrat ou lui conférer le droit exclusif d'interpréter une quelconque clause du contrat ;
- contraindre le consommateur à exécuter ses obligations alors que, réciproquement, le professionnel n'exécuterait pas ses obligations de délivrance ou de garantie d'un bien ou son obligation de fourniture d'un service ;
- supprimer ou réduire le droit à réparation du préjudice subi par le consommateur en cas de manquement par le professionnel à l'une quelconque de ses obligations ;
- interdire au consommateur le droit de demander la résolution ou la résiliation du contrat en cas d'inexécution par le professionnel de ses obligations de délivrance ou de garantie d'un bien ou de son obligation de fourniture d'un service ;
- reconnaître au professionnel le droit de résilier discrétionnairement le contrat, sans reconnaître le même droit au consommateur ;
- permettre au professionnel de retenir les sommes versées au titre de prestations non réalisées par lui, lorsque celui-ci résilie lui-même discrétionnairement le contrat ;
- soumettre, dans les contrats à durée indéterminée, la résiliation à un délai de préavis plus long pour le consommateur que pour le professionnel ;
- subordonner, dans les contrats à durée indéterminée, la résiliation par le consommateur au versement d'une indemnité au profit du professionnel ;
- imposer au consommateur la charge de la preuve, qui, en application du droit applicable, devrait incomber normalement à l'autre partie au contrat.

3598 **Clauses présumées abusives** – La seconde liste, celle de l'article R. 212-2 du Code de la consommation, présume simplement abusives les clauses :

- prévoir un engagement ferme du consommateur, alors que l'exécution des prestations du professionnel est assujettie à une condition dont la réalisation dépend de sa seule volonté ;
- autoriser le professionnel à conserver des sommes versées par le consommateur lorsque celui-ci renonce à conclure ou à exécuter le contrat, sans prévoir réciproquement le droit pour le consommateur de percevoir une indemnité d'un montant équivalent, ou égale au double en cas de versement d'arrhes au sens de l'article L. 214-1, si c'est le professionnel qui renonce ;

- imposer au consommateur qui n'exécute pas ses obligations une indemnité d'un montant manifestement disproportionné ;
- reconnaître au professionnel la faculté de résilier le contrat sans préavis d'une durée raisonnable ;
- permettre au professionnel de procéder à la cession de son contrat sans l'accord du consommateur et lorsque cette cession est susceptible d'engendrer une diminution des droits du consommateur ;
- réserver au professionnel le droit de modifier unilatéralement les clauses du contrat relatives aux droits et obligations des parties, autres que celles prévues au 3° de l'article R. 212-1 ;
- stipuler une date indicative d'exécution du contrat, hors les cas où la loi l'autorise ;
- soumettre la résolution ou la résiliation du contrat à des conditions ou modalités plus rigoureuses pour le consommateur que pour le professionnel ;
- limiter indûment les moyens de preuve à la disposition du consommateur ;
- supprimer ou entraver l'exercice d'actions en justice ou des voies de recours par le consommateur, notamment en obligeant le consommateur à saisir exclusivement une juridiction d'arbitrage non couverte par des dispositions légales ou à passer exclusivement par un mode alternatif de règlement des litiges.

3599 Exception – L'interdiction de la clause réservant au professionnel le droit de modifier unilatéralement les clauses du contrat relatives à sa durée, aux caractéristiques ou au prix du bien à livrer ou du service à rendre et le caractère présumé abusif de celle réservant au professionnel le droit de modifier unilatéralement les clauses du contrat relatives aux droits et obligations des parties ne font pas obstacle à l'existence de clauses par lesquelles le contrat stipule que le professionnel peut apporter unilatéralement des modifications au contrat liées à l'évolution technique, dès lors qu'il n'en résulte ni augmentation de prix, ni altération de la qualité et que les caractéristiques auxquelles le non-professionnel ou le consommateur a subordonné son engagement ont pu figurer au contrat *(C. consom., art. R. 212-4)*.

3600 Preuve du caractère abusif d'une clause – Lorsque la clause dont il est débattu ne figure ni sur la liste de l'article R. 212-1 du Code de la consommation ni sur celle de l'article R. 212-2 du même code, il revient au consommateur d'établir que ladite clause a pour effet de créer au détriment du non-professionnel ou du consommateur un déséquilibre significatif entre les droits et obligations des parties au contrat.
Le caractère abusif d'une clause s'apprécie en se référant, au moment de la conclusion du contrat, à toutes les circonstances qui entourent sa conclusion, de même qu'à toutes les autres clauses du contrat. Il s'apprécie également au regard de celles contenues dans un autre contrat lorsque les deux contrats sont juridiquement liés dans leur conclusion ou leur exécution *(C. consom., art. L. 212-1, al. 2)*.

2° Les clauses abusives suivant le droit commun

3601 Existence d'un déséquilibre significatif – La clause abusive est celle qui crée un déséquilibre significatif entre les droits et obligations des parties au contrat *(C. civ., art. 1171)*.

3602 Clauses pouvant être abusives – Seules les clauses non négociables, déterminées à l'avance par l'une des parties, contenues dans les contrats d'adhésion, sont susceptibles de pouvoir être qualifiées d'abusives *(C. civ., art. 1171)*.

3603 Appréciation du caractère abusif – Il est probable que l'établissement du caractère abusif d'une clause s'inspirera la méthode préconisée par l'alinéa 2 de l'article L. 212-1 du Code de la consommation. Il sera fait référence, au moment de la conclusion du contrat, à toutes les circonstances qui entourent sa conclusion, de même qu'à toutes les autres clauses du contrat et que le caractère abusif s'appréciera également au regard des clauses contenues dans un autre contrat lorsque les deux contrats sont juridiquement liés dans leur conclusion ou leur exécution. Il s'agit alors de rechercher si, négociation il y avait eu, la clause dont le caractère abusif est débattu aurait été retenue par des contractants loyaux.

Conseil pratique **Il doit être conseillé au rédacteur de faire le lien entre une clause qui isolément pourrait paraître comme étant abusive et celle qui pourrait être sa contrepartie.**

C. – SANCTION

3604 Clause réputée non écrite – Lorsqu'une clause est considérée comme abusive, elle est réputée non écrite *(C. consom., art. L. 212-1. – C. civ., art. 1171)*.

3605 Sort du contrat en droit de la consommation – L'article L. 212-1 du Code de la consommation précise que le contrat reste applicable dans toutes ses dispositions autres que celles jugées abusives s'il peut subsister sans lesdites clauses. Autrement dit, le contrat demeure valable dès lors qu'il peut être exécuté, une fois la clause abusive amputée.

3606 Sort du contrat en droit commun – L'article 1171 du Code civil n'apporte pas de précision identique à celle prévue dans l'article L. 212-1 du Code de la consommation. Toutefois, de l'article 1184 du Code civil, il résulte que le contrat est maintenu lorsque la loi répute la clause non écrite.

D. – RÔLE DU NOTAIRE

3607 Vérification – Il appartient au notaire de vérifier si la clause que son client souhaite voir insérer dans l'acte de vente pourrait être qualifiée d'abusive. Il prendra en compte à cet effet les listes des articles R. 212-1 et R. 212-2 du Code de la consommation, les recommandations et avis de la commission des clauses abusives et les décisions jurisprudentielles lorsqu'est applicable le Code de la consommation.
Lorsqu'il s'agit de se prémunir de l'application de l'article 1171 du Code civil, il peut être choisi d'attirer l'attention des parties sur les clauses qui pourraient être qualifiées d'abusives par le biais d'une reconnaissance de conseils donnés.

Pour aller plus loin

Formules
- JCl. Notarial Formulaire, V° Bail, fasc. 45, par B. Magois, J. Lafond
- JCl. Notarial Formulaire, V° Bail commercial, fasc. 135, par J. Lafond

Fiches pratiques
- Fiche pratique n° 2162 – Rédiger un bail, par J. Lafond
- Fiche pratique n° 1806 – Rédiger une vente d'immeubles à construire
- Fiche pratique n° 1807, Rédiger une vente d'immeubles à rénover, par D. Boulanger
- Fiche pratique n° 2734, Comprendre les clauses restrictives des droits des copropriétaires dans le règlement de copropriété, par J.-N. Beaulieu

Commentaires
- JCl. Notarial Formulaire, Synthèse 1440, Vente d'immeuble, préparation de l'acte, par V. Zalewski-Sicard
- JCl. Notarial Formulaire, Synthèse 1500, Vente d'immeuble, charges et conditions
- JCl. Notarial Formulaire, V° Acte notarié, fasc. 32, par D. Montoux et J.-F. Pillebout
- JCl. Notarial Formulaire, V° Bail commercial, fasc. 116, par J. Lafond

Revues
- L. Andreu, Le nouveau contrat d'adhésion : AJ contrat 2018, p. 262
- N. Blanc, Contrat d'adhésion et déséquilibre significatif après la loi de ratification : RDC 2018, n° 115h2, p. 20
- F. Chénédé, Le contrat d'adhésion de l'article 1110 du Code civil : JCP G 2016, 776
- Ch. Delangle, Le nouveau dispositif du Code civil consacré au contrat d'adhésion : JCP E 2017, 152
- S. Gaudemet, Quand la clause abusive fait son entrée dans le Code civil : Contrats, conc. consom. 2016, dossier 5.
- Ch. Gijsbers, La place de l'acte authentique dans la réforme du droit des obligations : JCP N 2017, n° 17, 1163
- K. Lafaurie, Clauses abusives : l'articulation du dispositif du Code civil avec les textes spéciaux : JCP E 2017, 1453
- G. Loiseau, Épilogue de la réforme du droit des contrats : les dernières modifications : Comm. com. électr. 2018, comm. 43
- M. Mekki, Réforme des contrats et des obligations : clauses abusives dans les contrats d'adhésion : JCP N 2016, n° 45, act. 1190
- M. Mekki, Réforme du droit des obligations : une ratification minimaliste de l'ordonnance du 10 février 2016 : JCP N 2018, n° 17, 1175
- T. Revet, L'incohérent cantonnement, par l'Assemblée nationale, du domaine du contrat d'adhésion aux contrats de masse : D. 2018, Chron., p. 124
- V. Zalewski-Sicard, La ratification de l'ordonnance n° 2016-131 du 10 février 2016 : Constr.-Urb. 2018, repère 4

Privilèges du prêteur de deniers et du vendeur

3608 **Renvois** – Se reporter aux études spécifiques :
– Privilège du prêteur de deniers, *V. n° **3036** et s.*
– Privilège du vendeur, *V. n° **3030** et s.*

Pour aller plus loin

Formules
• JCl. Notarial Formulaire, V° Vente d'immeuble, fasc. 485, par D. Montoux

Fiche pratique
• Fiche pratique n° 1776 : Constituer un privilège immobilier, par Serge Bérard

Commentaires
• JCl. Notarial Formulaire, V° Vente d'immeuble, fasc. 480, par A. Pène

Ventes et clauses particulières

David Gantschnig
Maître de conférences, Université de Poitiers

Vivien Zalewski-Sicard
Maître de conférences, Université Toulouse Capitole, membre de l'IEJUC

Présentation générale

I. Distinction

A. – MODALITÉS

3609 La condition et le terme sont présentés comme des modalités de l'obligation. Ils peuvent aussi être des modalités des effets d'un contrat dont les contrats préparatoires à la vente d'immeuble et la vente d'immeuble elle-même.

B. – EVÈNEMENTS

3610 La condition et le terme se distinguent l'un de l'autre par l'événement visé :
- pour la première, il doit s'agir d'un événement futur et incertain *(C. civ., art. 1304)* ;
- pour le second, il doit s'agir d'un événement futur et certain, encore que la date en soit incertaine *(C. civ., art. 1305)*.

II. Volonté libre ou imposée

3611 **Source de la volonté** – Les conditions et les termes sont le plus souvent prévus par les parties. Il est toutefois des hypothèses où le législateur se charge de soumettre des contrats à des conditions ou termes. Il en va ainsi, par exemple, lorsque les dispositions relatives au crédit immobilier sont applicables, le contrat principal étant alors obligatoirement soumis à la condition suspensive d'obtention du prêt par l'acquéreur *(C. consom., art. L. 313-41. – V. n°* **755** *et s.)*. Il en est de même lors de la vente d'un bien du domaine public ne pouvant faire l'objet d'un déclassement immédiat, la promesse devant alors être conclue sous condition suspensive de déclassement *(CGPPP, art. L. 3112-4. – V. n°* **503** *et s.)*.

3612 **Textes** – Les textes du Code civil indiqués ci-dessus résultent de la réforme des contrats et des obligations *(L. n° 2018-287, 20 avr. 2018. – Ord. n° 2016-131, 10 févr. 2016. – V. JCl. Notarial Formulaire, V° Contrats et obligations, fasc. 10, par Ph. Simler. – JCl. Notarial Formulaire, V° Contrats et obligations, fasc. 20, Table de concordance)*. Antérieurement, la condition était réglementée par les anciens articles 1168 et 1183 et le terme par l'ancien article 1185.
Le texte de l'article L. 313-41 du Code de la consommation est le suivant :

« Lorsque l'acte mentionné à l'article L. 313-40 indique que le prix est payé, directement ou indirectement, même partiellement, à l'aide d'un ou plusieurs prêts régis par les dispositions des sections 1 à 5 et de la section 7 du présent chapitre, cet acte est conclu sous la condition suspensive de l'obtention du ou des prêts qui en assument le financement. La durée de validité de cette condition suspensive ne peut être inférieure à un mois à compter de la date de la signature de l'acte ou, s'il s'agit d'un acte sous seing privé soumis à peine de nullité à la formalité de l'enregistrement, à compter de la date de l'enregistrement.

Lorsque la condition suspensive prévue au premier alinéa n'est pas réalisée, toute somme versée d'avance par l'acquéreur à l'autre partie ou pour le compte de cette dernière est immédiatement et intégralement remboursable sans retenue ni indemnité à quelque titre que ce soit. »

Le deuxième alinéa de l'article L. 3112-4 du Code général de la propriété des personnes publiques est ainsi rédigé :

« À peine de nullité, la promesse doit comporter des clauses précisant que l'engagement de la personne publique propriétaire reste subordonné à l'absence, postérieurement à la formation de la promesse, d'un motif tiré de la continuité des services publics ou de la protection des libertés auxquels le domaine en cause est affecté qui imposerait le maintien du bien dans le domaine public. »

Pour aller plus loin

Commentaires
- JCl. Notarial Formulaire, V° Prêt à intérêt, fasc. 30, Protection de l'emprunteur immobilier, par D. Montoux et V. Zalewski- Sicard
- JCl. Notarial Formulaire, V° Vente d'immeuble, fasc. 550, Ventes conditionnelles, par D. Montoux et V. Zalewski-Sicard

Revues
• L. Andreu et V. Forti : Dalloz, 2016
• A. Aynès, Régime de l'obligation et sûretés : RDC 2018, n° 115h0, p. 46
• F. Collard, La condition suspensive confrontée à la pratique notariale, d'un régime l'autre : JCP N 2015, n° 47, 1217
• O. Deshayes, Th. Genicon et Y.-M. Laithier, Ratification de l'ordonnance portant réforme du droit des contrats, du régime général et de la preuve des obligations. – L. n° 2018-287, 20 avr. 2018 : JCP G 2018, doctr. 529
• G. Durand-Pasquier, Les clauses directives : JCP N 2015, n° 21, 1162
• V. Forti, La réalisation fictive de la condition, p. 31, in Le nouveau régime général des obligations, (dir.)
• B. Freleteau, Devoir et incombance en matière contractuelle, t. 576 : LGDJ, 2017
• A. Hontebeyrie, Proposition de modification de l'article 1304-4 du Code civil : la condition et la renonciation : RDC 2017, p. 197
• M. Latina, Les clauses relatives aux conditions suspensive et résolutoire : JCP N 2016, n° 13, 1114 ; La condition dans l'ordonnance du 10 février 2016 : JCP G 2016, act. 875
• G. Loiseau, Épilogue de la réforme du droit des contrats : les dernières modifications : Comm. com. électr. 2018, comm. 43
• A.-S. Lucas-Puget, La clause de rétroactivité de la condition suspensive : Contrats, conc. Consom. 2017, formule 4
• M. Mekki, Réforme du droit des obligations : une ratification minimaliste de l'ordonnance du 10 février 2016 : JCP N 2018, n° 17, 1175
• M. Mekki, Réforme du droit des obligations : projet de loi de ratification après 1re lecture au Sénat : JCP N 2017, n° 43-44, act. 904 ; Réforme des contrats et des obligations : la condition suspensive : JCP N 2016, n° 42, act. 1124
• E. Seifert, Condition suspensive et rétroactivité stipulée : Resp. civ. et assur. 2017, formule 6

Ouvrages
• O. Deshayes, Th. Genicon et Y.-M. Laithier, Réforme du droit des contrats, du régime général et de la preuve des obligations : éd. Lexisnexis, 2e éd., 2018
• M. Julienne, Le régime général des obligations après la réforme : LGDJ, 2e éd., 2018

Recours à une condition

3613 L'obligation et un contrat peuvent être soumis à une condition. Leur existence dépend alors d'un événement futur et incertain *(C. civ., art. 1304)*.

La condition peut être suspensive, son accomplissement rendant l'obligation ou le contrat pur et simple. La condition peut également être résolutoire, son accomplissement entraînant l'anéantissement de l'obligation ou du contrat.

Qu'il s'agisse de la condition suspensive ou de la condition résolutoire, elles répondent à un régime commun *(V. n° **3614**)*. Ce n'est ainsi que relativement à leurs effets qu'il convient d'effectuer une distinction entre, d'une part, la condition suspensive *(V. n° **3653**)* et, d'autre part, la condition résolutoire *(V. n° **3678**)*.

I. Régime commun aux conditions suspensive et résolutoire

3614 Ce régime commun porte tout à la fois sur le choix de l'événement *(V. n° **3615**)*, la validité de la condition *(V. n° **3627**)* et la possibilité de renoncer à celle-ci *(V. n° **3639**)*.

A. – CHOIX DE L'ÉVÉNEMENT

3615 Le choix de l'événement apparaît *a priori* simple. Il doit être futur et incertain *(C. civ., art. 1304)*. Pourtant, au-delà de ces exigences relatives aux caractères certain et futur de l'événement, des interrogations ne manquent pas de surgir quant au choix de l'événement : celui-ci peut-il correspondre à une abstention *(V. n° **3616**)* ? à une autorisation *(V. n° **3620**)* ? à l'obligation d'une des parties au contrat *(V. n° **3623**)* ? Peut-il être déjà survenu *(V. n° **3624**)* ? Doit-il nécessairement survenir avant une date déterminée *(V. n° **3625**)* ? Autant de questions auxquelles il convient de répondre avant de rédiger la clause relative à une condition pouvant être insérée tant dans un contrat préparatoire que dans un acte de vente.

1° L'événement peut-il correspondre à une abstention ?

3616 L'événement retenu par les parties peut correspondre tant à une action qu'à une abstention. En ce dernier cas, l'abstention devra se maintenir ou intervenir pendant un délai déterminé pour que la condition défaille ou se réalise. Dans le cadre d'une vente immobilière, l'événement retenu comme abstention correspond le plus souvent à l'absence d'exercice du droit de préemption ou d'un droit de priorité.

3617 Validité – La validité d'une condition suspensive dont l'événement est l'absence d'exercice du droit de préemption est admise par la Cour de cassation *(Cass. 3e civ., 12 janv. 1977, n° 75-11.426 : Bull. civ. III, n° 18)*.

Pour aller plus loin

Formules
- JCl. Notarial Formulaire, V° Avant-contrat, fasc. 65, fasc. 117 (compromis), par J.-F. Pillebout
- JCl. Notarial Formulaire, V° Vente d'immeuble, fasc. 555, par D. Montoux

Fiches pratiques
- Fiche pratique n° 1723 : Rédiger une promesse unilatérale de vente d'immeuble, par M. Suquet-Cozic
- Fiche pratique n° 1672 : Rédiger un compromis de vente immobilière, par M. Suquet-Cozic

Ces fiches pratiques comportent des modèles de lettre à adresser au vendeur et à l'acquéreur

Commentaires
- JCl. Notarial Formulaire, Synthèse 140, Avant-contrat, dispositions communes
- JCl. Notarial Formulaire, Synthèse 150, Avant-contrat, dispositions spécifiques, par S. Piedelièvre
- JCl. Notarial Répertoire, V° Contrats et obligations, fasc. 42, par J.-J. Taisne
- JCl. Notarial Formulaire, V° Avant-contrat, fasc. 20, par D. Mazeaud et S. Piedelièvre
- JCl. Notarial Formulaire, V° Avant-contrat, fasc. 102 (compromis), par J. Lafond
- JCl. Notarial Formulaire, V° Vente d'immeuble, fasc. 550, par D. Montoux

3618 Exclusion – Une telle condition ne peut plus être stipulée pour échapper au **droit de préemption de la SAFER**. L'article L. 143-5 du Code rural et de la pêche maritime précise, en effet, en son premier alinéa, que *« toute condition d'aliénation sous réserve de non-préemption d'une société d'aménagement foncier et d'établissement rural est réputée non écrite » (V. n°* ***3159*** *et s.)*. Cette interdiction, résultant de la loi n° 92-1283 du 11 décembre 1992, a permis aux SAFER de pouvoir effectivement exercer leur droit de préemption. En effet, la stipulation d'une telle condition conduit à la situation suivante : si le titulaire du droit de préemption n'exerce pas son droit, la vente est conclue avec un tiers ; s'il exerce son droit, la vente est anéantie. Un tel résultat est contesté par une partie de la doctrine qui estime que cela revient à priver d'effet les droits de préemption instaurés par le législateur *(S. Becqué-Ickowicz, La condition suspensive de non-préemption, faculté de repentir pour le vendeur : Defrénois 2011, p. 1519. – B. Nuytten, Avant-contrats de vente d'immeubles sous condition suspensive de la purge du droit de préemption urbain : RDC 2005, p. 503)*.

Pour aller plus loin

Formules
- JCl. Notarial Formulaire, V° Préemption, fasc. 385 (Safer), par I. Roussel

Fiche pratique
- Fiche pratique n° 2212 : Purger le droit de préemption de la SAFER, par S. Besson

Commentaires
- JCl. Rural, V° Safer, fasc. 40, par B. Grimonprez
- JCl. Notarial Répertoire, V° Contrats et obligations, fasc. 42, par J.-J. Taisne
- JCl. Notarial Formulaire, V° Préemption, fasc. 370, par B. Grimonprez

3619 Qualification – La qualification de condition n'est pas admise par tous. Ainsi, est-il pertinemment souligné que la condition ne pourrait être supprimée sans que l'obligation puisse être maintenue : « il ne peut s'agir d'une simple modalité de l'obligation des parties, ce qui supposerait que l'obligation puisse exister sans elle, alors que le respect du droit de préemption conditionne la validité même de la vente » *(S. Becqué-Ickowicz, art. préc. n° 7)*. En outre, il n'est pas possible aux parties de renoncer au bénéfice de la condition stipulée.

Par conséquent, il est proposé de recourir non pas à une condition mais à une réserve : « la **notion de réserve** est alors préférable à celle de condition, car elle montre que son effet ne se produit qu'à l'égard de l'acquéreur, sans faire obstacle au jeu du droit de préemption » *(J.-L. Aubert, note ss Cass. 3e civ., 21 janv. 1971 : Defrénois 1971, p. 505 et s., art. 29861, spéc. p. 513)*. Ainsi, en cas de mutation amiable d'immeuble soumise au droit de préemption urbain, l'ouverture dudit droit peut donner lieu à trois attitudes différentes du titulaire du droit de préemption :

- la renonciation (expresse ou tacite) ;
- ou l'acceptation pure et simple des conditions notifiées dans la déclaration d'intention d'aliéner (DIA) ;
- ou encore l'offre d'acquisition à des conditions différentes, suivie (en cas de maintien par le vendeur de ses propres conditions) de la saisine du juge de l'expropriation *(V. n°* ***3236****. – V. Zalewski-Sicard, La réserve de non-exercice du droit de préemption lors d'une mutation amiable : Constr.-Urb. 2017, formule 9)*.

Il s'agit alors, pour les parties, lors de la rédaction d'une promesse de vente, de prendre en compte ces trois possibilités. Or, si les deux premières attitudes purgent le droit dans le délai de 2 mois à compter de la réception de la DIA, par contre la troisième attitude repousse dans le temps la connaissance de l'exercice effectif ou non du droit de préemption. Lorsque le titulaire du droit de préemption adopte cette dernière attitude, cela ne laisse que peu de chances aux parties de réaliser la vente au prix convenu. Il faut en effet imaginer que le titulaire du droit de préemption renonce à son droit en cours de procédure ou après fixation par le juge d'un prix identique à celui de la convention. La renonciation par le titulaire du droit après fixation par le juge d'un prix différent ne permet la vente qu'à ce prix (éventuellement révisé suivant l'indice du coût de la construction) et nécessite un nouvel accord vendeur-acquéreur.

Conseil pratique Pour permettre à l'acquéreur d'être fixé rapidement sur la possibilité de réaliser l'opération envisagée, il est prévu, dans la promesse, d'enfermer la réserve relative au choix du préempteur dans le délai de 2 mois dont dispose le titulaire du droit de préemption pour faire connaître sa position et de stipuler que l'offre d'acquérir à un prix différent de celui notifié, suivie soit de la renonciation à la vente par le vendeur, soit de son acceptation des conditions offertes, soit de la saisine du juge de l'expropriation, entraînera la caducité du contrat conclu.
Le contrat conclu correspond alors à une promesse de vente ne valant pas vente, une promesse autonome de vente *(V. n°**323** et s.)*.

Formule 1 – Droit de préemption urbain. Vente amiable et déclaration d'intention d'aliéner

La présente formule concerne la réserve de non-exercice du droit de préemption urbain lors d'une mutation amiable d'immeuble.

Réserve

La présente promesse de vente consentie et acceptée sous la réserve suivante :

[...]

Droit de préemption

Le droit de préemption ne devra pas avoir été exercé dans le délai de 2 mois à compter de la réception par le titulaire du droit de préemption de la déclaration d'intention d'aliéner.

L'offre, par le titulaire du droit de préemption, d'acquérir à des conditions différentes de celles notifiées, suivie soit de la renonciation à la vente par le vendeur, soit de son acceptation des conditions offertes, soit de la saisine du juge de l'expropriation, entraînera la caducité de la promesse, au même titre que l'exercice pur et simple du droit de préemption.

La notification aux fins de purge de ce droit de préemption devra être faite dans le délai de 8 jours du présent acte.

AJOUTER éventuellement

Option

L'éventuelle annulation contentieuse de la décision de préemption à la demande d'un autre requérant que l'acquéreur sera sans effet sur l'anéantissement de la promesse ***(V. Zalewski-Sicard, La réserve de non-exercice du droit de préemption lors d'une mutation amiable d'immeuble – Formule : Constr.-Urb. 2017, formule 9).***

Formule 2 – Droit de préemption du preneur. Bail rural

La présente formule concerne la clause à insérer dans une promesse synallagmatique de vente lorsque l'on souhaite stipuler une réserve en présence d'un preneur à bail rural titulaire du droit de préemption *(F. Collard : RD rur. 2013, formule 1).*

Réserve

[...]

Purge du droit de préemption

La présente promesse synallagmatique de vente engage définitivement les parties sous réserve de l'exercice des droits de préemption et notamment de celui du preneur (***ou*** : des preneurs) à bail rural soumis au statut du fermage devant s'exercer dans le délai de 2 mois à compter de la réception de la notification qui est faite au preneur (**ou** : aux preneurs) en application de l'article L. 412-8 du Code rural et de la pêche maritime.

L'exercice du droit de préemption par le preneur (***ou*** : les preneurs) rend caduques les présentes conventions, même en cas d'annulation ou de renonciation ultérieure.

En cas de saisine du tribunal paritaire en fixation d'un nouveau prix et de nouvelles conditions, à compter du jour où, après enquête et expertise, le tribunal s'est prononcé, et que la décision est devenue définitive, chacune des parties, par lettre recommandée avec demande d'avis de réception, peut mettre l'autre en demeure de se prononcer dans un délai de 15 jours ; le défaut de réponse équivalant à une renonciation.

Pour aller plus loin

Formules
- JCl. Notarial Formulaire, V° Préemption, fasc. 245 (droit de préemption urbain), par J. Hugot, J.-M. Bez et V. Zalewski
- JCl. Notarial Formulaire, V° Préemption, fasc. 325 (preneur de biens ruraux), par F. Collard
- JCl. Notarial Formulaire, V° Préemption, fasc. 385 (Safer), par I. Roussel

Fiches pratiques
- Fiche pratique n° 3291 : Purger le droit de préemption urbain, par T. Dial
- Fiche pratique n° 2628 : Purger le droit de préemption du preneur rural, par A. Robert-Chary

Commentaires
- JCl. Notarial Formulaire, Synthèse 1040 : Droits de préemption en matière rurale, par D. Krajeski
- JCl. Notarial Formulaire, V° Préemption, fasc. 220, par J. Hugot et V. Zalewski, (droit de préemption urbain
- JCl. Notarial Formulaire, V° Préemption, fasc. 300 et 310, par J.-P. Moreau (preneur de biens ruraux)
- JCl. Notarial Répertoire, V° Contrats et obligations, fasc. 42, par J.-J. Taisne

2° L'événement peut-il correspondre à une autorisation ?

3620 La pratique recourt souvent, à tort, au terme « condition » lorsqu'il s'avère nécessaire d'obtenir une autorisation pour que la vente puisse être conclue, l'événement visé correspondant alors à l'obtention de l'autorisation.

3621 Autorisation administrative – Ainsi que l'écrivent MM. Malaurie, Aynès et Stoffel-Munck, lorsqu'est en jeu une autorisation administrative (permis de construire, etc.), « bien que la pratique dise que le contrat est alors subordonné à une « condition », qui serait même parfois sous-entendue, il ne s'agit pas d'une véritable modalité, mais plutôt d'une dissociation entre le caractère obligatoire du contrat et la plénitude de ses effets, ou, en d'autres termes, entre la promesse synallagmatique du contrat et le contrat proprement dit. Dès la conclusion du contrat prétendument « conditionnel » (en réalité une promesse synallagmatique), l'acte est obligatoire entre les parties, c'est-à-dire qu'aucune ne peut unilatéralement le révoquer. C'est l'autorisation qui lui fait produire ses autres effets, sans rétroactivité ; le refus d'autorisation le rend caduc » *(V. n° **323** et s. – Ph. Malaurie, L. Aynès et Ph. Stoffel-Munck, Droit des obligations : LGDJ, 9e éd., 2017, n° 1308. – B. Nuytten, Avant-contrats de vente d'immeubles sous condition suspensive de la purge du droit de préemption urbain : RDC 2005, p. 503)*.

3622 Autorisation du juge – Ce qui vaut pour une autorisation administrative vaut également pour l'autorisation du juge des tutelles ou du conseil de famille ou toute autre autorisation (procédure collective, surendettement...). Ainsi, il n'est pas possible de conclure la vente d'un immeuble appartenant à un mineur sous **condition suspensive de l'obtention d'une autorisation du juge des tutelles** *(Cass. 1re civ., 25 janv. 2017, n° 15-25.642)*. En effet, la condition est une modalité d'une obligation. La condition doit pouvoir être supprimée sans que cela ne fasse obstacle à l'existence et à l'exécution du contrat. Il n'est donc pas envisageable de prévoir que le contrat est conclu sous la condition suspensive de l'obtention du consentement de l'une des parties ou d'une autorisation nécessaire à la validité de la vente. Par contre, il est possible de recourir à une promesse autonome de vente sous réserve de l'obtention de l'autorisation du juge des tutelles. Si cette autorisation n'est pas obtenue, le contrat sera alors frappé de caducité alors que si l'autorisation est obtenue, la vente pourra être conclue, celle-ci étant distincte de la promesse autonome de vente *(V. n° **323** et s.)*. Il est également possible de recourir à une promesse unilatérale de vente *(V. n° **212** et s. – F. Collard, L'autorisation du juge est insusceptible d'être érigée en condition suspensive : JCP N 2014, n° 47, 1337)*.

Remarque Si la Cour de cassation prononce la nullité des contrats conclus sous condition d'autorisation du juge des tutelles, elle adopte une solution contraire lorsqu'il est prévu que l'absence d'autorisation entraînera la caducité du contrat *(Cass. 3e civ., 29 nov. 1972, n° 71-12.554 : JurisData n° 1972-000647 : Bull. civ. III, n° 647)*. Il apparaît dès lors nécessaire de rédiger correctement cette clause pour éviter qu'il ne puisse être considéré qu'elle correspond à une condition suspensive.

Il est possible aussi de procéder à une promesse d'achat qui est acceptée ensuite par le représentant de la personne protégée munie de l'autorisation nécessaire.

Formule – Condition d'obtention d'une autorisation

Promesse synallagmatique de vente ne valant pas vente ou promesse autonome
Réserve
La vente ne pourra être conclue qu'après obtention de l'autorisation de... (*juge des tutelles, conseil de famille, etc.*) avant le... (*date à préciser*) de conclure la vente aux conditions prévues dans la présente promesse.
Le défaut d'obtention de cette autorisation avant le... (*date identique à celle indiquée ci-dessus*) entraînera la caducité de la présente promesse.

Pour aller plus loin

Formules
- JCl. Notarial Formulaire, V° Avant-contrat, fasc. 65, fasc. 117 (compromis), par J.-F. Pillebout
- JCl. Notarial Formulaire, V° Avant-contrat, fasc. 85, par J.-F. Pillebout (promesse d'achat)
- JCl. Notarial Formulaire, V° Vente d'immeuble, fasc. 285, par D. Montoux
- JCl. Notarial Formulaire, V° Vente d'immeuble, fasc. 555, par D. Montoux

Fiches pratiques
- Fiche pratique n° 2219 : Vente d'un immeuble par un majeur protégé, par B. Barthelet
- Fiche pratique n° 2605 : Vente d'un immeuble par un mineur, par B. Barthelet

Commentaires
- JCl. Notarial Répertoire, Synthèse 1450 : Vente d'immeuble, parties à l'acte, consentement, représentation, par V. Zalewski-Sicard
- JCl. Notarial Répertoire, V° Contrats et obligations, fasc. 40, par J.-J. Taisne
- JCl. Notarial Répertoire, V° Contrats et obligations, fasc. 42, par J.-J. Taisne

Ouvrages
- J.-M. Plazy, La disposition du logement du majeur protégé, in Le patrimoine de la personne protégée : LexisNexis, 2015, p. 301

3° L'événement peut-il correspondre à l'obligation essentielle du contrat soumis à condition suspensive ?

3623 La condition est une modalité d'une obligation. La condition doit pouvoir être supprimée sans que cela ne fasse obstacle à l'existence et à l'exécution du contrat. Il n'est donc pas envisageable de prévoir que le contrat est conclu sous la condition suspensive de l'exécution par l'une des parties d'une obligation essentielle du contrat en cause. Il y a alors confusion entre deux temps du contrat : le temps de sa formation et le temps de son exécution.

4° L'événement peut-il être déjà survenu ?

3624 Retenir un évènement d'ores et déjà survenu comme condition suppose que les parties ignorent sa survenance. À cet égard, l'ancien article 1181 du Code civil précisait que l'obligation contractée sous une condition suspensive est celle qui dépend d'un événement actuellement arrivé, mais encore inconnu des parties. Le nouvel article 1304 du Code civil précise uniquement que l'obligation est conditionnelle lorsqu'elle dépend d'un événement futur et incertain. Est-il dès lors possible aux parties de retenir un événement déjà survenu ?

En réalité, autant avant qu'après la réforme, il n'est pas possible aux parties de retenir un événement déjà survenu, même si elles n'en connaissaient par la survenance. En effet, la Cour de cassation avait exclu une telle possibilité *(Cass. com., 6 mars 1973, n° 71-12.926 : Bull. civ. IV, n° 110)*. L'ordonnance n° 2016-131 du 10 février 2016 en ne reprenant pas le contenu de l'ancien article 1181 du Code civil dans le nouvel article 1304 du Code civil vient ainsi confirmer qu'un événement survenu, mais dont la réalisation est inconnue des parties, ne peut correspondre à une condition.

Une telle situation paraît d'ailleurs assez théorique.

Remarque Une telle impossibilité n'interdit nullement de recourir à une condition lorsqu'il s'agit, par exemple, de prendre en compte l'absence d'amiante dans un bâtiment *(V° n° **2044** et s.)*. Simplement, la clause devra viser comme événement, non pas l'absence ou la présence d'amiante, mais la remise d'un diagnostic indiquant que le bâtiment ne contient pas d'amiante. Il ne peut alors être considéré qu'il n'existe pas d'aléa puisque nul ne sait avant la realisation du diagnostic ce qu'indiquera celui-ci.

5° L'événement doit-il se réaliser avant une date déterminée ?

3625 Délai de réalisation – Les parties peuvent prévoir que la survenance de l'événement futur et incertain doit intervenir au cours d'un délai convenu entre elles.

En présence d'un délai, c'est au terme de celui-ci qu'il conviendra d'apprécier si l'événement s'est produit ou non. C'est d'ailleurs une telle possibilité qu'envisageaient les anciens articles 1176 et 1177 du Code civil dont le contenu n'a pas été repris par les dispositions issues de l'ordonnance n° 2016-131 du 10 février 2016. Une telle possibilité, si elle n'est plus prévue par les textes, n'est pour autant nullement interdite. Outre le fait qu'elle n'est pas interdite, elle est, en outre, opportune, car elle permet de ne pas lier les parties indéfiniment et les oblige à faire leur démarche dans un laps de temps défini contractuellement.

3626 Absence de délai de réalisation – L'absence de délai de réalisation pourrait affecter la validité de la condition. En effet, le contenu tant de l'ancien article 1176 que de l'ancien article 1177 n'ont pas été repris, textes qui prévoyaient, pour le premier, *« s'il n'y a point de temps fixe, la condition peut toujours être accomplie ; et elle n'est censée avoir défailli que lorsqu'il est devenu certain que l'événement n'arrivera pas »*, et, pour le second, *« s'il n'y a pas de temps déterminé, elle n'est accomplie que lorsqu'il est certain que l'événement n'arrivera pas »*. La Cour de cassation retenait également que « la stipulation d'une condition sans terme fixe ne confère pas à l'obligation un caractère perpétuel » *(Cass. 1re civ., 4 juin 1991, n° 90-11.295 : JurisData n° 1991-001561 : Bull. civ. I, n° 180)*.

Du fait de cette absence de reprise mais également de la consécration à l'article 1210 du Code civil du principe de prohibition des engagements perpétuels et de l'obligation qui pèse sur le débiteur, tant que la condition suspensive n'est pas accomplie, de s'abstenir de tout acte qui empêcherait la bonne exécution de l'obligation *(C. civ., art. 1304-5)*, il n'est nullement certain que la validité d'une condition sans délai de réalisation soit maintenue.

Conseil pratique **Compte tenu, d'une part, de l'opportunité de prévoir un délai et, d'autre part, de l'incertitude sur la validité d'une condition sans délai, il apparaît préférable, qu'il s'agisse d'un contrat préparatoire à la vente d'immeuble ou de la vente elle-même, d'ajouter à la condition un délai afin d'éviter que l'incertitude ne demeure quant à la réalisation de celle-ci.**
Les notaires ne manquent pas de prévoir un délai qui est généralement indispensable en pratique.

VENTES ET CLAUSES PARTICULIÈRES

Formule – Compromis de vente. Délai de réalisation ou de réitération

Délai et conditions de réalisation

La vente devra être réalisée (*ou* : réitérée) au plus tard le ......, avant ...... heures, par la signature de l'acte authentique qui sera reçu par Me ......, notaire à ...... (***ajouter éventuellement*** : avec le concours [***ou*** : la participation] de Me ...... notaire du vendeur [***ou*** : de l'acquéreur]).
Chacune des parties pourra demander la réalisation dès que les conditions suspensives seront accomplies et que les pièces et documents nécessaires à cette réalisation seront en la possession de Me ......, notaire susnommé (***ajouter éventuellement si le vendeur ne peut libérer les lieux avant un certain délai*** : Toutefois, le vendeur étant tenu de libérer les lieux le jour de la réalisation de la vente comme il est dit ci-après, ne pourra être contraint de signer l'acte avant le ......, sauf si l'acquéreur accepte que le bien reste occupé jusqu'à cette date).
Pour les clauses relatives à l'obligation de garantie du vendeur, se reporter à l'étude de la vente *(V. JCl. Notarial Formulaire, V° Vente d'immeuble, fasc. 520, par J. Lafond et V. Zalewski-Sicard et fasc. 525, par D. Montoux).*
Les délais ci-dessus stipulés seront calculés conformément aux dispositions des articles 640 à 642 du Code de procédure civile.
L'acquéreur devra verser entre les mains du notaire susnommé le montant du prix et des frais, au plus tard le jour de la signature de l'acte authentique de réalisation de la vente.
En cas de défaillance ou de refus de signer de l'une des parties alors que les conditions suspensives sont réalisées, l'autre pourra saisir le tribunal compétent, avant l'expiration du délai stipulé, afin de faire constater la vente par décision de justice ***(V. JCl. Notarial Formulaire, V° Avant-contrat, fasc. 115, par J.-F. Pillebout).***

CHOISIR suivant le cas
1. – Libération du vendeur après notification
Faute de réalisation du fait de l'acquéreur dans le délai prévu, le vendeur, s'il n'a pas demandé la constatation de la vente en justice, sera dégagé sans formalité de tout engagement à l'égard de l'acquéreur 8 jours après la notification faite à celui-ci par lettre recommandée avec demande d'avis de réception.
2. – Absence de notification
Faute de réalisation du fait de l'acquéreur dans le délai prévu, le vendeur, s'il n'a pas demandé la constatation de la vente en justice, sera dégagé de tout engagement à l'égard de l'acquéreur.

Pour aller plus loin

Formules
• JCl. Notarial Formulaire, V° Avant-contrat, fasc. 65 et 67, par J.-M. Bez et J.-F. Pillebout
• JCl. Notarial Formulaire, V° Avant-contrat, fasc. 115 et 117, par J.-F. Pillebout

Fiches pratiques
• Fiche pratique n° 1723 : Rédiger une promesse unilatérale de vente d'immeuble, par M. Suquet-Cozic
• Fiche pratique n° 1672 : Rédiger un compromis de vente immobilière, par M. Suquet-Cozic
Ces fiches pratiques comportent des modèles de lettre à adresser au vendeur et à l'acquéreur.

Commentaires
• JCl. Notarial Formulaire, Synthèses 140 et 150 : Avant-contrat : dispositions communes et Avant-contrat : dispositions spécifiques, par S. Piedelièvre
• JCl. Notarial Formulaire, V° Avant-contrat, fasc. 102, par J. Lafond
• JCl. Notarial Répertoire, V° Contrats et obligations, fasc. 42, par J.-J. Taisne

B. – VALIDITÉ DE LA CONDITION

3627 Pour que la condition soit valide, la condition ne doit être ni impossible *(V. n° **3628**)*, ni illicite *(V. n° **3629**)*, ni potestative *(V. n° **3631**)*.

1° Conditions impossibles

3628 L'ancien article 1172 du Code civil précisait que toute condition d'une chose impossible est nulle et rend nulle la convention qui en dépend, l'ancien article 1173 du même code disposant que la condition de ne pas faire une chose impossible ne rend pas nulle l'obligation contractée sous cette condition. De telles précisions ne sont plus présentes dans le Code civil.
Il n'en demeure pas moins que les solutions qu'ils énonçaient sont maintenues. Ainsi, il n'est pas envisageable d'ériger en condition le fait d'accomplir quelque chose d'impossible. En ce cas, il doit être retenu que le contrat ne pourra produire aucun effet.
Lorsqu'il est retenu comme condition le fait de ne pas accomplir quelque chose d'impossible, alors le contrat est en réalité conclu sans condition. C'est un tel raisonnement qui a été suivi par la Cour de cassation dans une espèce où les parties avaient stipulé comme condition suspensive la purge d'un droit de préemption inexistant *(Cass. 3e civ., 12 avr. 1995, n° 92-20.494 : JurisData n° 1995-000902 : Bull. civ. III, n° 110)*.

2° Conditions illicites

3629 Prohibition des conditions illicites – La condition doit être licite. À défaut, l'obligation est nulle *(C. civ., art. 1304-1)*. Prévoir une condition illicite, c'est retenir que le contrat ou l'obligation est subordonné à la réalisation d'un fait contraire à la loi ou à l'ordre public.

3630 Sanction – La sanction est la **nullité de l'obligation** *(C. civ., art. 1304-1)*. Avant la réforme du Code civil par l'ordonnance n° 2016-131 du 10 février 2016, la Cour de cassation retenait que l'illicéité de la condition pouvait n'être sanctionnée que par le caractère non écrit de la clause la contenant, sauf lorsque la clause illicite présentait un caractère impulsif et déterminant de la convention ; il en a été jugé ainsi pour une clause d'indexation d'un prix payable à terme *(Cass. 3e civ., 24 juin 1971, n° 70-11.730 : JurisData n° 1971-000405 : Bull. civ. III, n° 405)*. Cette jurisprudence devrait se maintenir, celle-ci pouvant s'appuyer sur le nouvel article 1184 du Code civil qui dispose que, d'une part, lorsque la cause de la nullité n'affecte qu'une ou plusieurs clauses du contrat, elle n'emporte la nullité de l'acte tout entier que si cette ou ces clauses ont constitué un élément déterminant de l'engagement des parties ou de l'une d'elles et, d'autre part, que le contrat est maintenu lorsque la loi répute la clause non écrite ou lorsque les fins de la règle méconnue exigent son maintien.
Outre la nullité de la clause contenant la condition illicite ou la nullité du contrat, une condamnation à des **dommages et intérêts** pourrait être également prononcée à l'encontre du rédacteur de l'acte auquel il pourra être reproché de ne pas avoir vérifié la licéité des conditions insérées au contrat : en effet, il est tenu de veiller à l'efficacité des actes qu'il établit.

3° Conditions potestatives

3631 Est nulle l'obligation contractée sous une condition dont la réalisation dépend de la seule volonté du débiteur. Cette nullité ne peut être invoquée lorsque l'obligation a été exécutée en connaissance de cause *(C. civ., art. 1304-2)*. Le nouvel article 1304-2 du Code civil invite à distinguer entre la définition de la condition potestative, sa sanction et les effets de l'exécution de l'obligation soumise à une telle condition.

a) Définition

3632 À suivre le nouvel article 1304-2 du Code civil, est nulle l'obligation soumise à une condition dont l'accomplissement relève du seul pouvoir du débiteur. Il en ira ainsi notamment pour les conditions liées à un fait dont la survenance dépend de la volonté du débiteur.

b) Sanction

3633 Nullité – La sanction prévue par l'article 1304-2 du Code civil est la nullité de l'obligation contractée sous une condition dont la réalisation dépend de la seule volonté du débiteur. Une telle sanction se combine mal avec l'article 1304-3 du Code civil qui précise, d'une part, que la condition suspensive est réputée accomplie si celui qui y avait intérêt en a empêché l'accomplissement et, d'autre part, que la condition résolutoire est réputée défaillie si son accomplissement a été provoqué par la partie qui y avait intérêt.
A priori et en dépit de la rédaction de l'article 1304-2 du Code civil, le caractère potestatif de la condition pourrait être sanctionné par la nullité du contrat lorsque la clause la contenant présentait un caractère impulsif et déterminant de la convention. La Cour de cassation pourrait, pour retenir une telle solution, s'appuyer sur le nouvel article 1184 du Code civil. D'après ce texte :

- lorsque la cause de la nullité n'affecte qu'une ou plusieurs clauses du contrat, elle n'emporte la nullité de l'acte tout entier que si cette ou ces clauses ont constitué un élément déterminant de l'engagement des parties ou de l'une d'elles ;
- et que le contrat est maintenu lorsque la loi répute la clause non écrite ou lorsque les fins de la règle méconnue exigent son maintien.

3634 Effet de l'exécution – La nullité de la condition potestative ne peut plus être invoquée lorsque l'obligation a été exécutée en connaissance de cause. Cela suppose que les parties sachant que la condition est potestative, le débiteur a néanmoins exécuté son obligation. En une telle hypothèse, le créancier ne pourra plus invoquer la nullité de la condition potestative, une telle solution se justifiant par le fait que le débiteur n'a pas fait usage du pouvoir que lui offrait le contrat de faire échec au jeu de la condition.
Cette exclusion d'une demande en nullité après exécution de l'obligation conduit à s'interroger sur la nature de la nullité prévue à l'article 1304-2 du Code civil : s'agit-il d'une nullité relative ou d'une nullité absolue ? Des arguments permettent peuvent être invoqués au soutien de l'une et de l'autre.
Dans le sens du caractère relatif de la nullité, il peut être retenu que l'exécution de l'obligation correspond à une hypothèse de confirmation, confirmation qui n'est envisageable que pour une nullité relative. Une telle qualification ne permettrait alors qu'au créancier de se prévaloir du caractère potestatif de la condition.

Dans le sens du caractère absolu de la nullité, il est remarqué que la précision contenue à l'article 1304-2 du Code civil n'aurait aucune utilité si la nullité n'était que relative. En effet, le débiteur ne pourrait invoquer la nullité et il n'y aurait donc pas d'intérêt à prévoir qu'il ne pourra plus invoquer celle-ci une fois qu'il a exécuté son obligation. Côté créancier, la précision apportée par l'article 1304-2 du Code civil quant à la possibilité d'une confirmation ferait doublon avec l'article 1182 du Code civil *(en ce sens, M.-M. Deshayes, Genicon et Laithier, Réforme du droit des contrats, du régime général et de la preuve des obligations : LexisNexis, 2e éd., 2018, p. 654).*

c) Distinction

3635 Distinguer les conditions potestatives des conditions non potestatives n'est pas évident, et cela même après l'ordonnance du 10 février 2016 *(sur ces distinctions, V. Forti, La réalisation fictive de la condition, Le nouveau régime général des obligations, (ss-dir.) L. Andreu et V. Forti : Dalloz, 2016, p. 31. – M. Julienne, Le régime général des obligations après la réforme : LGDJ, 2e éd., 2018).* Ainsi que le souligne M. Julienne, « il faut toujours distinguer entre les conditions « purement potestatives » et « simplement potestatives » ou, si l'on préfère, entre les conditions qui sont au pouvoir discrétionnaire du débiteur et celles qui, tout en étant en sa maîtrise, ne dépendent pas d'une décision arbitraire de sa part. Les premières sont seules frappées de nullité, à la différence des secondes » *(ouvrage préc., spéc. n° 49).*

3636 **Condition liée à la vente d'un bien, condition simplement potestative** – Qu'en est-il ainsi de la condition suspensive de la vente par le bénéficiaire d'un bien lui appartenant ? *A priori*, il s'agit d'une condition simplement potestative puisqu'il ne dépend pas de la seule volonté du bénéficiaire de la promesse de faire survenir l'événement. Pour autant, dans une telle situation, le promettant est à la merci du bénéficiaire puisqu'il ne dépend que de ce dernier de décider de mettre son bien en vente, d'autant que l'article 1304-3 du Code civil ne peut être mis en œuvre.

3637 **Aménagements de la condition liée à la vente d'un bien** – Bien que valable dans son principe, il apparaît préférable de recourir à une condition mixte équivalente à une condition casuelle. Pour ce faire, les stipulations contractuelles vont mettre à la charge du bénéficiaire de la promesse des obligations précises permettant la réalisation de la condition mixte. Ainsi, il sera prévu que le bénéficiaire devra consentir un mandat à tel ou tel agent immobilier, qu'il devra passer des publicités dans tel ou tel journal. Il sera également apporté des précisions sur le prix minimal de vente et les modalités du paiement. Par ailleurs, il sera précisé que la condition devra être réalisée dans un délai déterminé, au-delà duquel la promesse sera frappée de caducité.

3638 **Sanctions** – Lorsqu'il est recouru à une condition liée à la vente d'un bien du bénéficiaire de la promesse en faisant peser sur ce dernier des obligations liées à ladite mise en vente, il convient d'organiser la sanction du manquement du bénéficiaire auxdites obligations, en prenant en compte le fait que si le bénéficiaire ne vend pas son bien, il est possible qu'il ne dispose pas des fonds suffisants pour pouvoir payer le prix de vente :

- une **première possibilité** repose sur la mise à l'écart du jeu de l'article 1304-3 du Code civil, mise à l'écart dont il n'est pas certain qu'elle soit autorisée. En ce cas, il est prévu que si le bénéficiaire manque à ses obligations de mettre en vente son bien, le promettant pourra se prévaloir de la clause pénale sanctionnant un tel manquement. Il est alors immédiatement libéré de la promesse ;
- une **seconde possibilité**, qui doit être préférée, puisque n'étant soumise à aucune incertitude, consiste à prévoir :
  - la réalisation fictive de la condition comme sanction du comportement de l'acquéreur, ce en application de l'article 1304-3 du Code civil,
  - le jeu d'une clause pénale venant sanctionner l'acquéreur pour manquement à son obligation de payer le prix suite à la demande en exécution du promettant.

Formule – Condition suspensive de vente par le bénéficiaire de la promesse d'un bien lui appartenant

Cette clause est inspirée de la formule proposée par Fabrice Collard *(JCP N 2013, n° 41, 1239).*

CONDITION SUSPENSIVE DE VENTE PAR LE BÉNÉFICIAIRE DE LA PROMESSE D'UN BIEN LUI APPARTENANT

La promesse est conclue sous la condition suspensive de la vente et de sa régularisation par acte authentique qui doit intervenir au plus tard à la date du… par le bénéficiaire de l'immeuble lui appartenant sis à…, cadastré section… n°…, pour lequel il a été donné mandat de mise en vente et de recherche d'acquéreur à l'agence…, située à…, dont copie est ci-jointe à l'avant-contrat (***ou*** : à Me…, notaire à…), pour un prix de… euros (… €).

Obligations du bénéficiaire de la promesse

Le bénéficiaire de la présente promesse s'oblige à tout mettre en œuvre pour que la condition se réalise et à ne rien faire qui en empêcherait l'accomplissement (***ces obligations peuvent être détaillées***).

Réalisation de la condition suspensive

La condition suspensive est accomplie par l'émission d'une offre au prix demandé, soit… euros (… €) dès lors qu'elle émane d'une personne qui dispose ou est susceptible de disposer des fonds nécessaires à l'acquisition.

Non-réalisation de la condition suspensive
L'absence d'offre aux conditions sus-énoncées et dans le délai fixé, soit au plus tard le..., emporte la défaillance de la condition suspensive.

Conséquence de la non-réalisation de la condition suspensive
Si aucune acceptation n'a été émise aux conditions sus-énoncées et dans le délai imparti, le présent accord sera caduc de plein droit ; chacune des parties pouvant se prévaloir d'un tel effet.
La défaillance de la condition sera constatée par une attestation de Me..., notaire susnommé (*ou* : de l'agence... susnommée).
Le dépôt de garantie qui est versé ce jour sera alors restitué intégralement et sans délai (*ou* : le dépôt de garantie qui est versé ce jour sera alors restitué à hauteur de... euros (... €), le surplus, soit la somme de... euros (... €) étant conservé par le promettant à titre d'indemnité).

Manquement du bénéficiaire de la promesse à ses obligations
Si la défaillance de la condition résulte du manquement du bénéficiaire à ses obligations, celle-ci sera réputée accomplie, en application de l'article 1304-3 du Code civil.
Le bénéficiaire devra dès lors verser le prix convenu, dans les conditions convenues à la présente promesse.

Clause pénale
En cas de manquement du bénéficiaire à ses obligations suite à la réalisation de la condition suspensive de vente de l'immeuble visé à la présente promesse, que cette réalisation soit réelle ou résulte de l'application de l'article 1304-3 du Code civil, le promettant pourra conserver en vertu de la présente clause et à titre d'indemnité le dépôt de garantie versé par le bénéficiaire ce jour.

Pour aller plus loin

Formules
• JCl. Notarial Formulaire, V° Avant-contrat, fasc. 67 et 117, par J.-F. Pillebout ; ce fascicule comporte une reconnaissance de conseils donnés signalant les risques d'une telle condition

Fiches pratiques
• Fiche pratique n° 1723 : Rédiger une promesse unilatérale de vente d'immeuble, par M. Suquet-Cozic
• Fiche pratique n° 1672 : Rédiger un compromis de vente immobilière, par M. Suquet-Cozic
Ces fiches pratiques comportent des modèles de lettre à adresser au vendeur et à l'acquéreur

Commentaires
• JCl. Notarial Formulaire, Synthèse 140 : Avant-contrat : dispositions communes
• JCl. Notarial Formulaire, Synthèse 150 : Avant-contrat : dispositions spécifiques, par S. Piedelièvre
• JCl. Notarial Formulaire, V° Avant-contrat, fasc. 102, par J. Lafond
• JCl. Notarial Répertoire, V° Contrats et obligations, fasc. 42, par J.-J. Taisne

C. – RENONCIATION À LA CONDITION

3639 Une partie est libre de renoncer à la condition stipulée dans son intérêt exclusif, tant que celle-ci n'est pas accomplie ou n'a pas défailli *(C. civ., art. 1304-4)*.

1° Renonciation avant l'accomplissement de la condition

3640 La renonciation à une condition, qu'elle soit suspensive ou résolutoire, est envisageable, suivant l'article 1304-4 du Code civil, dès lors que la condition n'est pas accomplie. Une telle renonciation ne se conçoit toutefois que pour des conditions qui ne résultent pas d'une loi d'ordre public. Ainsi, il n'est pas possible à l'acquéreur d'un immeuble de renoncer à la condition d'obtention d'un prêt prévu par l'article L. 313-41 du Code de la consommation *(V. n° **645** et s.)*.

3641 Formes – Lorsque la renonciation est concevable, il est préférable pour les parties d'entourer les conditions de celle-ci, ce qui évitera tout problème de constatation de son existence. Ainsi, peuvent-elles prévoir tant des conditions de fond que des conditions de forme.

> **Exemple** Les parties peuvent préciser que la renonciation au bénéfice de la condition ne pourra résulter que d'un courrier adressé par le bénéficiaire de la condition au notaire ayant reçu l'acte, ce avant une date déterminée *(Cass. 3e civ., 17 févr. 2015, n° 13-26.886. – F. Collard, La condition suspensive confrontée à la pratique notariale, d'un régime l'autre : JCP N 2015, 1217. – V. JCl. Notarial Formulaire, V° Avant-contrat, fasc. 67, par J.-F. Pillebout)*.

3642 Effets de la renonciation – Qu'il y ait renonciation à une condition suspensive ou à une condition résolutoire, le résultat est identique : l'obligation devient pure et simple. Si tous les effets du contrat étaient soumis à ladite condition, le contrat produit alors tous ses effets (condition suspensive) ou continue à produire tous ses effets (condition résolutoire).

VENTES ET CLAUSES PARTICULIÈRES

2° Renonciation après la défaillance de la condition

3643 L'article 1304-4 du Code civil condamne la possibilité d'une renonciation après l'accomplissement de la condition. Il condamne également la renonciation après la défaillance de la condition.

3644 Renonciation à une condition suspensive – S'agissant de la condition suspensive, le dernier alinéa de l'article 1304-6 du Code civil précise qu'en cas de défaillance de la condition suspensive, l'obligation est réputée n'avoir jamais existé. En admettant que la défaillance produise effet automatiquement, l'obligation est anéantie. Il en va de même du contrat soumis à une telle condition dès lors que les parties n'ont pas limité les effets d'une telle défaillance. Autrement dit, les parties n'ont plus la possibilité de s'estimer tenu par un contrat d'ores et déjà anéanti. Lorsqu'elles décident du contraire, elles concluent en réalité un nouveau contrat. Il pourrait en aller différemment si la Cour de cassation décidait de nier l'effet automatique de la défaillance de la condition en considérant que seul le bénéficiaire de la condition peut se prévaloir de la défaillance de celle-ci : « lorsqu'une condition est édictée dans l'intérêt exclusif de l'une des parties, seule cette dernière peut se prévaloir des conséquences juridiques de la défaillance de cette condition » *(Cass. 3e civ., 20 juin 2006, n° 05-12.319 : JurisData n° 2006-034177 ; JCP N 2016, n° 9, 1090-24, obs. J. Payet).*
Il est d'ailleurs possible de prévoir dans le contrat une solution contraire à celle résultant de l'article 1304-4 du Code civil mais aussi de l'article 1304-6 du même code. Ainsi, il sera prévu qu'en dépit de la défaillance de la condition, chaque partie pourra renoncer à la condition stipulée dans son intérêt exclusif.

Formule – Renonciation à la condition d'obtention d'un prêt dans une promesse de vente

L'acquéreur, bénéficiaire exclusif d'une condition suspensive d'obtention d'un prêt, pourra renoncer, après défaillance de ladite condition, au bénéfice de celle-ci en versant le prix convenu entre les mains du notaire avant la date fixée par les parties pour la réitération de la promesse par acte authentique.

Pour aller plus loin

Formules
- JCl. Notarial Formulaire, V° Avant-contrat, fasc. 65, 67, par J.-F. Pillebout
- JCl. Notarial Formulaire, V° Avant-contrat, fasc. 117, par J.-F. Pillebout

Fiches pratiques
- Fiche pratique n° 1723 : Rédiger une promesse unilatérale de vente d'immeuble, par M. Suquet-Cozic
- Fiche pratique n° 1672 : Rédiger un compromis de vente immobilière, par M. Suquet-Cozic

Ces fiches pratiques comportent des modèles de lettre à adresser au vendeur et à l'acquéreur

Commentaires
- JCl. Notarial Répertoire, V° Contrats et obligations, fasc. 42, par J.-J. Taisne
- JCl. Notarial Formulaire, Synthèses 140 et 150 : Avant-contrat : dispositions communes et Avant-contrat : dispositions spécifiques, S. Piedelièvre
- JCl. Notarial Formulaire, V° Avant-contrat, fasc. 20, par D. Mazeaud et S. Piedelièvre
- JCl. Notarial Formulaire, V° Prêt à intérêt, fasc. 40, par D. Montoux et V. Zalewski

3645 Renonciation à une condition résolutoire – S'agissant de la condition résolutoire, sa défaillance a pour effet le maintien du contrat. Une renonciation après défaillance de la condition ne présente donc aucun intérêt.

3646 Renonciation et tiers – Les tiers à l'acte peuvent invoquer la renonciation à une condition dès lors qu'ils y ont intérêt. Ainsi, la Cour de cassation a-t-elle admis qu'un agent immobilier pouvait se prévaloir de la renonciation des parties à invoquer une condition suspensive dès lors que celles-ci avaient, en dépit de la défaillance de la condition suspensive, décidé de signer l'acte authentique de vente *(Cass. 1re civ., 18 janv. 1983, n° 81-14.611 : JurisData n° 1983-700074 ; Bull. civ. III, n° 321.).*

3° Renonciation après accomplissement de la condition

3647 Condition suspensive – À compter de l'accomplissement de la condition suspensive, l'obligation devient pure et simple et/ou le contrat produit tous ses effets. Il n'y a donc pas d'intérêt pour les parties à renoncer à une telle condition.

3648 Condition résolutoire – À compter de l'accomplissement de la condition résolutoire, l'obligation est éteinte ou le contrat cesse de produire effet. Dans une telle hypothèse, la question présente un intérêt de savoir si les parties peuvent renoncer à se prévaloir de la condition. *A priori*, les parties n'ont plus la possibilité de s'estimer tenu par un contrat d'ores et déjà anéanti. Lorsqu'elles décident du contraire, elles concluent en réalité un nouveau contrat. Il pourrait en aller différemment si la Cour de cassation décidait de nier l'effet automatique de l'accomplissement de la condition en considérant que seul le bénéficiaire de la condition peut se prévaloir de l'accomplissement de celle-ci. L'article 1304-7 du Code civil ne semble pas faire obstacle à la possibilité pour les parties de prévoir une renonciation après accomplissement de la condition ou que l'accomplissement de la condition devra être invoqué par la ou les parties dans l'intérêt de laquelle ou desquelles la condition a été stipulée.

4° Auteur de la renonciation

3649 Intérêt d'une partie – L'auteur de la renonciation est la partie dans l'intérêt de laquelle la condition a été stipulée *(C. civ., art. 1304-4)*. Il est donc impératif, lors de l'insertion d'une condition dans un contrat préparatoire de vente d'immeuble ou dans l'acte de vente lui-même, de préciser au profit de qui la condition a été stipulée. Une telle précision permettra ainsi de déterminer quelle partie pourra renoncer à ladite condition. Par exemple, il est très souvent stipulé, lorsqu'est en cause l'acquisition d'un terrain, que l'acquéreur est bénéficiaire d'une condition suspensive d'obtention d'un permis de construire. Il est alors possible à l'acquéreur de renoncer à cette condition qui n'a été prévue que dans son seul intérêt *(Cass. 3e civ., 12 janv. 2010, n° 08-18.624 : JurisData n° 2010-051061 ; Bull. civ. III, n° 6 ; JCP N 2010, n° 4, 2010, act. 178 ; RDC 2010, p. 567, note T. Genicon)*.

Clause – Condition d'obtention d'un permis de construire

La présente promesse est conclue sous la condition suspensive d'obtention d'un permis de construire par l'acquéreur relativement au projet suivant :… *(description de la construction envisagée par l'acquéreur)* avant la date du… (*préciser la date retenue par les parties*).
L'acquéreur s'engage à déposer dans un délai de… (*préciser un délai*) une demande de permis de construire conforme au projet défini précédemment.
À défaut du dépôt d'une demande conforme au projet défini dans la présente promesse, dans le délai convenu, l'acquéreur ne pourra se prévaloir du défaut de réalisation de la condition.
L'acquéreur, dans l'intérêt duquel est exclusivement prévue la présente condition, aura la possibilité d'y renoncer, tant avant qu'après son accomplissement. Cette renonciation devra prendre la forme d'une lettre recommandée avec accusé de réception adressée au notaire ayant reçu la présente promesse. Ladite lettre devra être reçue avant la date convenue par les parties pour la réitération par acte authentique de la présente promesse.

3650 Pluralité de conditions – Si plusieurs conditions sont contenues dans le contrat, il devra être précisé pour chacune d'elles qui en est le bénéficiaire.

3651 Intérêt des parties – Lorsque la condition a été stipulée dans l'intérêt des parties, la renonciation à celle-ci ne peut alors résulter que d'un commun accord.

3652 Accord des parties – D'un commun accord, les parties peuvent décider de la suppression d'une condition prévue dans l'intérêt d'une des parties. Celle-ci peut être implicite. La Cour de cassation a admis, par exemple, que l'absence de reprise dans un acte authentique d'une condition prevue dans un contrat préparatoire valait renonciation à ladite condition *(Cass. 1re civ., 1er déc. 1998, n° 96-10.595)*.

Pour aller plus loin

Formules
- JCl. Notarial Formulaire, V° Avant-contrat, fasc. 75, par J.-M. Bez et J.-F. Pillebout
- JCl. Notarial Formulaire, V° Avant-contrat, fasc. 117, par J.-F. Pillebout

Fiche pratique
- Fiche pratique, n° 1721 : Rédiger une vente d'immeuble, par M. Suquet-cozic

Commentaires
- JCl. Notarial Formulaire, Synthèses 140 et 150 : Avant-contrat : dispositions communes et Avant-contrat : dispositions spécifiques, par S. Piedelièvre
- JCl. Notarial Répertoire, V° Contrats et obligations, fasc. 42, par J.-J. Taisne
- JCl. Notarial Formulaire, V° Avant-contrat, fasc. 50, par D. Mazeaud et S. Piedelièvre
- JCl. Notarial Formulaire, V° Avant-contrat, fasc. 104, par J. Lafond
- JCl. Notarial Formulaire, V° Vente d'immeuble, fasc. 550, par D. Mortoux et V. Zalewski-Sicard

II. Conditions suspensives

3653 Recourir à une condition suspensive permet de suspendre la naissance et donc l'exécution de l'obligation, des ou de certaines obligations et/ou des ou certains effets d'un contrat qui y sont soumis. L'article 1304 du Code civil précise que l'accomplissement de la condition rend l'obligation pure et simple. De même, l'article 1304-6 du Code civil dispose que l'obligation devient pure et simple à compter de l'accomplissement de la condition suspensive, ce qui suppose que l'obligation, avant de devenir pure et simple, était conditionnelle.

La condition présente dès lors une utilité indéniable lors de la vente d'un immeuble puisqu'elle permet aux parties de s'engager immédiatement l'une envers l'autre, tout en repoussant la production de tout ou partie des effets du contrat préparatoire ou de la vente jusqu'à la réalisation éventuelle de l'événement visé contractuellement.

Qu'il s'agisse d'un contrat préparatoire ou de la vente elle-même, trois périodes doivent dès lors être distinguées :

- la première est celle située entre le jour de la conclusion du contrat et avant la réalisation de l'événement *(V. n° **3656**)* ;
- la seconde correspond à la situation après la réalisation de la condition *(V. n° **3667**)* ;
- la troisième correspond à la défaillance de la condition *(V. n° **3675**)*.

Bien entendu, les seconde et troisième périodes ne peuvent se produire simultanément relativement à la même condition. Il est précisé préalablement les formalités à laquelle donne lieu la vente sous condition suspensive lors de sa conclusion *(V. n° **3654**)*.

A. – FORMALITÉS

3654 Publicité foncière – En application du 1° de l'article 28 du décret du 4 janvier 1955, la vente, même conclue sous condition suspensive, doit être publiée. Un extrait d'acte modèle 1 doit être obligatoirement déposé à l'appui de la copie authentique de l'acte conditionnel. Cet extrait doit contenir une mention indiquant le caractère conditionnel de la vente.

3655 Impôt – La vente sous condition suspensive ne donne ouverture qu'à la taxe de publicité foncière au droit fixe des actes innomés prévu à l'article 680 du CGI (125 €). Le droit d'enregistrement est dû au même tarif lorsque l'acte constatant la transmission conditionnelle est assujetti à la double formalité de l'enregistrement et de la publicité foncière.

Si l'acte entre dans le champ d'application de la formalité fusionnée, sa présentation par les parties au service chargé de la publicité foncière de la situation du bien doit être effectuée dans un délai d'un mois *(CGI, art. 647)*.

B. – EFFETS AVANT L'ACCOMPLISSEMENT DE LA CONDITION

3656 Avant l'accomplissement de la condition, les parties ont signé un contrat et elles sont tenues de respecter la force obligatoire de celui-ci. Elles peuvent également être tenues d'exécuter certaines obligations qui ne sont pas soumises à la condition suspensive prévue par les parties *(O. Herrnberger, Et si l'on repensait le tandem promesse de vente/vente ? : JCP N 2017, act. 261. – G. Durand-Pasquier, Les clauses directives : JCP N 2015, 1162. – V. Forti, La réalisation fictive de la condition, p. 31, in Le nouveau régime général des obligations, (ss-dir.) L. Andreu et V. Forti : Dalloz, 2016)*.

Ainsi, une distinction peut être effectuée entre, d'une part, les effets résultant de la force obligatoire du contrat *(V. n° **3657**)* et les effets correspondant aux obligations résultant du contrat *(V. n° **3658**)*.

1° Force obligatoire du contrat

3657 Tant qu'il n'y a pas eu accomplissement de la condition, les obligations du contrat qui y sont soumises sont suspendues, le contenu obligatoire est pour ainsi dire « bloqué ».

Cela ne signifie pas pour autant que les parties ne sont pas tenues de respecter le contrat conclu sous ladite condition : la force obligatoire du contrat les y contraint.

Et c'est en raison de cette force obligatoire que l'une comme l'autre peuvent être tenues de devoirs. Il s'agit alors pour les parties d'adopter un comportement respectueux de la norme contractuelle *(B. Freleteau, Devoir et incombance en matière contractuelle, t. 576 : LGDJ, 2017. – G. Durand-Pasquier, Les clauses directives : JCP N 2015, 1162)*. C'est cette force obligatoire qui explique que des mesures puissent être prises par le créancier visant à contraindre le débiteur à respecter l'engagement pris pendant que la condition est pendante et ce afin que l'exécution du contrat ne soit pas compromise pour l'avenir. Ces mesures sont d'une double nature :

- le créancier peut accomplir tout acte conservatoire lui permettant de s'assurer que l'immeuble, objet du contrat préparatoire ou de la vente, pourra lui être livré tel que cela a été prévu contractuellement ;
- le créancier peut attaquer les actes du débiteur accomplis en fraude de ses droits.

2° Obligations du contrat

3658 Suivant ce que les parties auront prévu, c'est :

- soit toutes les obligations du contrat qui seront soumises à la condition suspensive ;
- soit uniquement certaines obligations qui, lorsqu'il s'agira d'une promesse synallagmatique de vente valant vente, correspondront aux obligations essentielles de la vente et lorsqu'il s'agira d'une promesse autonome, à l'obligation de conclure la vente *(V. n° **323** et s.)*.

Il peut ainsi être distingué entre les obligations soumises aux conditions suspensives *(V. n° **3659**)* et les obligations qui y échappent *(V. n° **3660**)*.

a) Obligations soumises aux conditions suspensives

3659 Tant que la condition est pendante, les parties ne sont pas tenues d'exécuter les obligations prévues au contrat et celui-ci ne produit donc pas tous ses effets. Ainsi, tant que la condition est pendante :

- le vendeur ne peut demander à l'acquéreur de payer le prix de vente ;
- l'acquéreur ne peut demander au vendeur de lui livrer le bien ;
- le promettant d'une promesse synallagmatique de vente valant vente ne peut contraindre le bénéficiaire à réitérer la vente par acte authentique ;
- le promettant d'une promesse autonome de vente ne peut exiger du bénéficiaire de celle-ci qu'il signe l'acte de vente.

Pour toutes ces obligations soumises à condition suspensive, aucune action en exécution forcée ne peut être engagée et aucune des parties ne peut se plaindre de l'inexécution desdites obligations *(Cass. 3e civ., 16 juill. 1980, n° 79-11.336 : Bull. civ. III, n° 139)*.

b) Obligations non soumises aux conditions suspensives

3660 Ces obligations n'étant pas soumises à la ou les conditions suspensives prévues par les parties, elles doivent être exécutées immédiatement. Il peut ainsi distinguer entre les obligations liées à la réalisation de l'événement et les obligations liées à la situation de l'immeuble.

3661 Obligations liées à la réalisation de l'événement – Les obligations liées à la réalisation de l'événement sont celles qui conduisent chaque partie à adopter un comportement qui ne fasse pas obstacle à sa réalisation. Ainsi et par exemple, si le contrat a été conclu sous la condition suspensive d'obtention d'un prêt ou d'un permis de construire, l'acquéreur ou le bénéficiaire de la promesse a le devoir d'effectuer les démarches en vue de l'obtention dudit prêt ou permis. Du côté du vendeur ou du promettant, il doit également s'abstenir de faire obstacle à la réalisation de la condition.

3662 Manquement – Le Code civil prend en compte de telles obligations en précisant que la condition suspensive est réputée accomplie si celui qui y avait intérêt en a empêché l'accomplissement *(C. civ., art. 1304-3)*. Autrement dit, dans la situation visée à l'article 1304-3 du Code civil, l'un des contractants n'a pas respecté la force obligatoire du contrat, a manqué à l'un de ses devoirs contractuels. Un tel manquement peut ainsi être constaté lorsque la réalisation de l'événement dépend en partie du comportement de l'un des cocontractants. Par exemple, celui qui acquiert sous la condition suspensive d'obtention d'un prêt, a le devoir de faire une demande de prêt. S'il ne le fait pas, il ne peut plus alors se prévaloir de la condition qui avait été insérée en sa faveur : la condition suspensive est réputée accomplie. Il en va de même s'il effectue une demande de prêt qui n'est pas conforme à ce qui était prévu contractuellement. Une telle solution n'est pas nécessairement opportune. En effet, l'acquéreur ne disposera pas toujours des fonds pour payer le prix *(V. JCl. Notarial Formulaire, V° Avant-contrat, fasc. 30, par D. Mazeaud et S. Piedelièvre. – JCl. Notarial Formulaire, V° Prêt à intérêt, fasc. 40, par D. Montoux et V. Zalewski-Sicard)*.

3663 Obligations liées à la situation de l'immeuble – Le propriétaire de l'immeuble doit adopter un comportement qui ne l'empêchera pas le cas échéant d'exécuter les obligations qui sont les siennes si la condition se réalise. Ainsi, est-il utile de détailler dans le contrat préparatoire ce qui résulte de l'article 1304-5 du Code civil : le débiteur doit s'abstenir de tout acte qui empêcherait la bonne exécution du contrat.

3664 Situation matérielle de l'immeuble – Dans le contrat préparatoire ou la vente, il sera précisé si le promettant ou le vendeur est autorisé à apporter des modifications matérielles à l'immeuble vendu. Si une interdiction est stipulée, le propriétaire de l'immeuble doit savoir qu'en manquant à cette interdiction, il sera susceptible de voir sa responsabilité engagée en raison de la faute commise correspondant à la violation de la norme contractuelle.

3665 Situation juridique de l'immeuble – Il y aura lieu de préciser si la situation juridique de l'immeuble peut ou non être modifiée : le promettant peut-il consentir une servitude ? peut-il louer le bien ? Le plus souvent, il sera stipulé une interdiction de modifier la situation juridique de l'immeuble. De par la force obligatoire du contrat, le vendeur ou promettant sera alors tenu de respecter une telle interdiction.

3666 Obligations diverses – Pour reprendre les exemples de Me Herrnberger, il peut être prévu que le promettant donne pouvoir au bénéficiaire de la promesse pour prendre part à une assemblée générale de copropriété ou bien encore que le bénéficiaire de la promesse devra respecter une clause de confidentialité *(O. Herrnberger, Et si l'on repensait le tandem promesse de vente/vente ? : JCP N 2017, act. 261)*.

Il peut également être dérogé à l'article 1304-5 du Code civil et prévoir que le bénéficiaire pourra disposer dès la signature de la promesse de la jouissance du bien, à charge pour lui de l'entretenir. De telles clauses font alors naître des obligations pures et simples qui soit auront vocation à s'éteindre lors de l'accomplissement de la condition soit au contraire se maintiendront *(O. Hernnberger, art. préc.)*.

Pour aller plus loin

Formules
- JCl. Notarial Formulaire, V° Avant-contrat, fasc. 75, par J.-M. Bez et J.-F. Pillebout
- JCl. Notarial Formulaire, V° Avant-contrat, fasc. 117, par J.-F. Pillebout

Fiche pratique
- Fiche pratique, n° 1721 : Rédiger une vente d'immeuble, par M. Suquet-Cozic

Commentaires
- JCl. Notarial Formulaire, Synthèse 1440 : Vente d'immeuble : préparation de l'acte, par V. Zalewski-Sicard
- JCl. Notarial Formulaire, V° Vente d'immeuble, fasc. 404, 570, par J. Lafond (désignation et immeuble loué)
- JCl. Notarial Formulaire, V° Avant-contrat, fasc. 102, 104, par J. Lafond (obligations du cédant)
- JCl. Notarial Formulaire, V° Avant-contrat, fasc. 30, par D. Mazeaud et S. Piedelièvre
- JCl. Notarial Formulaire, V° Prêt à intérêt, fasc. 40, par D. Montoux et V. Zalewski-Sicard

Revues
- G. Durand-Pasquier, Les clauses directives : JCP N 2015, n° 21, 1162
- V. Forti, La réalisation fictive de la condition, p. 31, in Le nouveau régime général des obligations, (dir.) L. Andreu et V. Forti : Dalloz, 2016
- B. Freleteau, Devoir et incombance en matière contractuelle, t. 576 : LGDJ, 2017
- O. Herrnberger, Et si l'on repensait le tandem promesse de vente/vente ? : JCP N 2017, n° 8, act. 261 ; La phase préparatoire du contrat de vente d'immeuble : JCP N 2018, n° 25 1212

C. – EFFETS APRÈS L'ACCOMPLISSEMENT DE LA CONDITION

3667 Après l'accomplissement de la condition, l'obligation ou le contrat devient pur et simple. Le contrat produit alors, en principe tous ses effets. Il peut toutefois en aller différemment si apparaissent des obstacles matériels ou juridiques à l'exécution du contrat.

3668 Absence d'effet rétroactif – C'est au jour de l'accomplissement de la condition que l'obligation est exigible ou que le contrat produit tous ses effets. Autrement dit, le principe énoncé par l'article 1304-5 du Code civil est l'absence d'effet rétroactif de la condition suspensive. L'ordonnance n° 2016-131 du 10 février 2016 a donc inversé la solution jusqu'ici retenue. Il en résulte que tant que la condition n'est pas accomplie, le promettant ou le vendeur assume seul les **risques** de l'immeuble qui en conserve seul l'administration. En contrepartie, il a seul droit aux **fruits** perçus jusqu'à l'accomplissement de la condition.

3669 Clause contraire – Les parties peuvent prévoir conventionnellement que l'accomplissement de la condition rétroagira au jour du contrat. En une telle hypothèse, l'article 1304-6 du Code civil précise que la chose, objet de l'obligation, n'en demeure pas moins aux risques du débiteur, qui en conserve l'administration et a donc droit aux fruits jusqu'à l'accomplissement de la condition.

3670 Obstacles matériels fortuits à l'exécution du contrat – Lorsque l'obstacle est fortuit, il peut entraîner la perte totale de l'immeuble ou seulement se traduire par une détérioration. Lorsqu'il y a perte totale de l'immeuble, que la condition joue avec ou sans rétroactivité, le vendeur ou promettant assume seul les risques de l'immeuble *(C. civ., art. 1304-6)*. Ne pouvant plus livrer l'immeuble ou le vendre, le vendeur ou promettant ne peut plus exiger de l'acquéreur ou du bénéficiaire de la promesse l'exécution de ses obligations. Le contrat est alors résolu *(C. civ., art. 1218)*.

Lorsqu'il y a seulement détérioration de l'immeuble, il n'y a pas de solution assurée. En effet, il est possible d'hésiter entre :

- la **détérioration est assimilée à la perte totale** : en ce cas, le vendeur ou le promettant assume seul les risques de l'immeuble *(C. civ., art. 1304-6)*. Et, en application de l'article 1218 du Code civil, le contrat est résolu ;
- la **détérioration n'est pas assimilée à une perte totale** : l'article 1351 du Code civil conduit alors à retenir que le débiteur est libéré d'exécuter sa prestation à due concurrence de la détérioration. Par conséquent, la promesse ou la vente n'est pas résolue mais l'acquéreur ou le bénéficiaire de la promesse peut demander

une diminution du prix proportionnelle à la perte de valeur de l'immeuble. Autrement dit, les risques sont assumés par le propriétaire de l'immeuble *(C. civ., art. 1196, al. 3)*.

Conseil pratique **Pour écarter toute incertitude sur ce point, le notaire doit préciser dans le contrat les conséquences résultant de la détérioration de l'immeuble par cas fortuit. Une telle possibilité est reconnue par la Cour de cassation** ***(Cass. 3e civ., 26 janv. 2010, n° 08-70.032 : JurisData n° 2010-051466 ; RGDA 2010, p. 367, note M. Périer).***

Il est à souligner, par ailleurs, que la Cour de cassation retient désormais que sauf clause contraire, l'acquéreur d'un immeuble a qualité à agir en paiement des indemnités d'assurance contre l'assureur du vendeur garantissant les risques de catastrophe naturelle, même pour les dommages nés antérieurement à la vente *(Cass. 3e civ., 7 mai 2014, n° 13-16.400 : JurisData n° 2014-009633 ; Bull. civ. III, n° 61 ; JCP N 2014, n° 22, act. 654.* – Dans le même sens, *Cass. 3e civ., 23 sept. 2009, n° 08-13.470 : JurisData n° 2009-049552 ; Constr.-Urb. 2009, comm. 142, n° 11, M.-L. Pagès-de Varenne ; Bull. civ. III, n° 202. – Cass. 3e civ., 15 sept. 2016, n° 15-21.630, FS-P+B : JurisData n° 2016-018643 ; JCP N 2017, n° 42, 1287, note V. Zalewski-Sicard).*

Clause – Détérioration par cas fortuit de l'immeuble vendu

En cas de détérioration par cas fortuit du présent immeuble avant l'accomplissement de la condition, l'acquéreur aura le choix de :
- résoudre le contrat ;
- exiger la chose dans l'état où elle se trouve. En cette hypothèse, si la détérioration donne lieu à indemnisation de la part de l'assureur du vendeur, l'indemnité d'assurance sera versée à l'acquéreur et ce dernier ne pourra demander aucune diminution du prix. À défaut d'indemnisation, le prix convenu sera diminué proportionnellement à la perte de valeur du bien. Le montant de cette diminution sera décidé d'un commun accord entre les parties. À défaut d'accord entre elles, dans un délai de... (***préciser le délai*****), il sera procédé à la désignation d'un expert par le notaire chargé de recevoir l'acte authentique. Ledit expert se prononcera sur ladite diminution et cette estimation s'imposera aux parties.**

3671 Obstacles matériels fautifs à l'exécution du contrat – Dans une telle hypothèse, le propriétaire a manqué à son devoir tel que précisé par l'article 1304-5 du Code civil dont il résulte que le débiteur doit s'abstenir de tout acte qui empêcherait la bonne exécution de l'obligation. Il ne pourra alors correctement exécuter son obligation de délivrance.

Par conséquent, le bénéficiaire de la promesse ou l'acquéreur pourra choisir d'agir en résolution du contrat et/ou en réparation ou bien encore en exécution forcée en nature, ce qui obligera alors le propriétaire a procédé à la remise en état de l'immeuble.

3672 Obstacles juridiques à l'exécution du contrat – À nouveau, il s'agit de l'hypothèse où le propriétaire a manqué à son devoir tel que précisé par l'article 1304-5 du Code civil dont il résulte que le débiteur doit s'abstenir de tout acte qui empêcherait la bonne exécution de l'obligation.

En une telle hypothèse, il convient de distinguer suivant que la condition suspensive produit ou non un effet rétroactif :

- **si les parties n'ont pas dérogé à l'article 1304-6 du Code civil** : la condition ne produit pas d'effet rétroactif. Le vendeur ou le promettant est ainsi demeuré propriétaire jusqu'au jour de l'accomplissement de la condition. Il avait donc qualité pour consentir des actes juridiques relativement à l'immeuble en cause. En ce cas, de tels actes ne peuvent être remis en cause. Par contre, dès lors que le vendeur ou le promettant ne peut plus exécuter son obligation de délivrance conforme, le bénéficiaire de la promesse ou l'acquéreur pourra agir en résolution du contrat et/ou en dommages et intérêts ;
- **si les parties ont dérogé à l'article 1304-6 du Code civil**, la condition produit alors un effet rétroactif ; cette fois-ci, l'acquéreur pourra également demander que les actes passés par le promettant ou le vendeur soit remis en cause ; la solution dépendra alors du contrat conclu.

S'il s'agit d'un **contrat préparatoire**, c'est aux dispositions propres à ces contrats qu'il convient de se référer *(V. n° **154** et s. – V. n° **212** et s.)*.

Pour ce qui est de la promesse autonome de vente ou de la promesse de vente valant vente, il doit être distingué entre les actes relatifs à des droits réels et les actes relatifs à des droits personnels :

- **si l'acte consenti par le promettant est relatif à des droits réels** sur la chose et dès lors que l'on retient que les promesses, autonomes ou valant vente, doivent être publiées *(V. n° **4360** et s.)*, alors, il y a lieu de faire application de l'article 1198 du Code civil en étendant la solution qu'il retient à toutes les hypothèses de transfert ou de constitution de droits réels sur l'immeuble en cause ; ainsi, le premier qui a publié son titre l'emportera sur le bénéficiaire de la promesse, même signée antérieurement, sauf s'il est de mauvaise foi ;
- **si l'acte consenti par le promettant est relatif à des droits personnels**, ils sont anéantis dès lors que lors de la conclusion et du fait de l'effet rétroactif de la condition conventionnellement prévu, le propriétaire de l'immeuble n'avait plus le pouvoir de les consentir.

Pour aller plus loin

Formules
- JCl. Notarial Formulaire, V° Avant-contrat, fasc. 75 et 77, par J.-F. Pillebout
- JCl. Notarial Formulaire, V° Avant-contrat, fasc. 117, par J.-M. Bez et J.-F. Pillebout

Fiches pratiques
- Fiche pratique n° 1721 : Rédiger une vente d'immeuble, par M. Suquet-Cozic
- Fiche pratique n° 2173 : Défaillance de l'une des parties à la promesse unilatérale de vente, par Ch. Guilloteau-Palisse
- Fiche pratique n° 2175 : Défaillance d'une partie à une promesse synallagmatique de vente, par Ch. Guilloteau-Palisse

Commentaires
- JCl. Notarial Formulaire, Synthèse 1520 : Vente d'immeuble : contentieux, par V. Zalewski-Sicard
- JCl. Notarial Formulaire, V° Avant-contrat, fasc. 50, par D. Mazeaud et S. Piedelièvre
- JCl. Notarial Formulaire, V° Avant-contrat, fasc. 104, par J. Lafond (échec de la vente, difficultés d'exécution)
- JCl. Notarial Formulaire, V° Vente d'immeuble, fasc. 510, par J. Lafond et V. Zalewski-Sicard (transfert des contrats)

3673 Publicité foncière – L'acte constatant l'accomplissement de la condition suspensive doit être publié au service de la publicité foncière compétent dès lors du moins que ladite condition a été insérée dans un contrat lui-même soumis à publicité *(D. 4 janv. 1955, art. 28-4° b)*.

3674 Fiscalité – Dès lors que le contrat conclu entre les parties est une promesse synallagmatique de vente valant vente, la condition s'étant réalisée, les droits seront exigibles, qu'un acte soit dressé ou non.
Le régime fiscal applicable est alors celui en vigueur au jour de la réalisation de la condition *(CGI, art. 676. – Cass. com., 7 juin 2006, n° 03-16.778 : JurisData n° 2006-034090. – Instr. 3 oct. 2007 : BOI 7 A-1-07 ; JCP N 2007, n° 41, act. 634)*.

Pour aller plus loin

Formules
- JCl. Notarial Formulaire, V° Avant-contrat, fasc. 115, par J.-F. Pillebout

Commentaires
- JCl. Fiscalité immobilière, Synthèse 10, Mutation d'immeuble, par G. Laval
- JCl. Fiscalité immobilière, fasc. 118, par G. Laval

Ouvrage
- Lexis Pratique Fiscal 2019

D. – EFFETS EN CAS DE DÉFAILLANCE DE LA CONDITION

3675 La défaillance de la condition entraîne la disparition de l'obligation ou l'extinction du contrat qui la contient. La défaillance est avérée dès lors qu'il est certain que l'événement visé par les parties ne pourra plus se produire. Surgissent cependant des questions relatives à l'effet automatique de la défaillance de la condition.

3676 Automaticité – S'il est considéré que la défaillance de la condition suspensive produit effet automatiquement, alors sa survenance a pour effet de libérer les parties. Le vendeur ou le promettant et l'acquéreur ou le bénéficiaire ne sont plus tenus par le contrat. Le vendeur ou le promettant peut ainsi décider de conclure une nouvelle vente ou un nouveau contrat préparatoire de vente d'immeuble avec un tiers.

3677 Absence d'automaticité – Il peut également être retenu que seul celui dans l'intérêt duquel la condition a été insérée dans le contrat peut se prévaloir de la défaillance de celle-ci. C'est la solution que retenait la Cour de cassation avant l'ordonnance n° 2016-131 du 10 février 2016 et qu'elle continuera peut-être à adopter *(V. par ex. : Cass. 3e civ., 8 juill. 2014, n° 13-17.386 : JurisData n° 2014-016441 ; JCP N 2015, n° 14, 1112, obs. M. Mekki ; JCP N 2015, n° 14, 1113, note F. Collard)*.

Conseil pratique Lorsqu'une condition est insérée dans l'intérêt d'une seule partie, il est nécessaire de préciser si la défaillance de celle-ci pourra être invoquée uniquement par la partie au profit de laquelle elle a été insérée ou par toutes les parties.

Formule – Défaillance de la condition suspensive. Absence d'automaticité

Le vendeur, bénéficiaire exclusif de la présente condition, devra en invoquer le bénéfice en cas de défaillance de celle-ci. Il devra alors informer le notaire ayant reçu l'acte dans un délai de ... (***préciser la durée du délai***) courant à compter du jour où il a eu connaissance de la défaillance de la condition. Une telle invocation aura pour effet que le contrat sera caduc. À défaut pour le vendeur de se prévaloir de la défaillance de ladite condition dans le délai précité, il sera considéré comme ayant renoncé au bénéfice de celle-ci.

Formule – Défaillance de la condition suspensive. Automaticité

La défaillance de la condition entraînera automatiquement la caducité du présent contrat. Aucune des parties ne pourra renoncer à se prévaloir de cette défaillance

Pour aller plus loin

Formules
- JCl. Notarial Formulaire, V° Avant-contrat, fasc. 75 et 117, par J.-F. Pillebout

Fiches pratiques
- Fiche pratique n° 2178 : Vente de l'immeuble hypothéqué, par Ch. Guilloteau-Palisse
- Fiche pratique n° 1786 : Préparer une résolution de contrat, par L. Thibierge
- Fiche pratique n° 2622 : Vente d'un immeuble ayant supporté une installation classée, par A. Robert-Chary

Commentaires
- JCl. Notarial Formulaire, Synthèse 1520 : Vente d'immeuble : contentieux, par V. Zalewski-Sicard
- JCl. Notarial Formulaire, V° Avant-contrat, fasc. 50, par D. Mazeaud et S. Piedelièvre
- JCl. Notarial Formulaire, V° Avant-contrat, fasc. 104, par J. Lafond (échec de la vente)
- JCl. Notarial Formulaire, V° Vente d'immeuble, fasc. 450 par J. Lafond (vente d'immeuble hypothéqué)
- JCl. Notarial Formulaire, V° Vente d'immeuble, fasc. 550, par D. Montoux et V. Zalewski-Sicard (vente conditionnelle)

Revues
- F. Collard, La condition suspensive confrontée à la pratique notariale, d'un régime l'autre : JCP N 2015, n° 47, 1217
- G. Durand-Pasquier, Les clauses directives : JCP N 2015, n° 21, 1162
- V. Forti, La réalisation fictive de la condition, in Le nouveau régime général des obligations, (dir.) L. Andreu et V. Forti : Dalloz, 2016, p. 31
- Ch. Gijsbers, Négocier, promettre, vendre un immeuble après l'ordonnance du 10 février 2016 : Bull. Cridon Paris, 15 sept. 2016, p. 3
- O. Herrnberger, Et si l'on repensait le tandem promesse de vente/vente ? : JCP N 2017, n° 8, act. 261
- M. Latina, Les clauses relatives aux conditions suspensives et résolutoires : JCP N 2016, n° 13, 1114
- L.-A. Poletti, De l'intérêt des clauses de renonciation relatives aux conditions suspensives : JCP N 2016, n° 47, 1318

III. Conditions résolutoires

3678 Définition – La condition est résolutoire lorsque son accomplissement entraîne l'anéantissement de l'obligation *(C. civ., art. 1304)*. Une telle condition peut, comme une condition suspensive, ne concerner qu'une ou plusieurs obligations mais également un contrat dans son ensemble.

3679 Événement – Les parties vont déterminer l'événement qui, s'il survient, entraînera la résolution du contrat.

3680 Distinction – La condition résolutoire doit être distinguée de :
- **la condition suspensive** : alors que la condition suspensive reporte l'exigibilité des obligations jusqu'à la survenance d'un événement (en ce sens : *C. civ., art. 1304-6*), le contrat soumis à condition résolutoire produit immédiatement tous ses effets. Mais, du fait de la présence de la condition résolutoire, lesdits effets peuvent être anéantis rétroactivement si l'événement visé par les parties survient *(C. civ., art. 1304-7)* ;
- **la clause résolutoire de l'article 1225 du Code civil** : la clause résolutoire va être mise en œuvre en cas d'inexécution du contrat par l'une des parties. Elle vient ainsi sanctionner l'une des parties, ainsi qu'il résulte de l'article 1217 du Code civil. Tel n'est pas le cas pour une condition résolutoire qui a vocation à produire effet dès lors que l'événement visé par les parties dans le contrat survient.

3681 Utilité – La condition résolutoire, si elle peut présenter un intérêt, n'est, pour autant, que très rarement utilisée. Les raisons en sont principalement fiscales. En effet, l'acte affecté d'une condition résolutoire donne immédiatement ouverture au droit qui lui est applicable, la condition résolutoire ne suspendant pas la convention et étant donc inopérante au point de vue de l'impôt. En outre, si la condition se réalise, l'article 1961 du CGI précise que les droits d'enregistrement ou la taxe de publicité foncière lorsqu'elle tient lieu de ces droits et la contribution de sécurité immobilière prévue à l'article 879 du même code, ne sont pas sujets à restitution dès l'instant qu'ils ont été régulièrement perçus sur les actes ou contrats ultérieurement révoqués ou résolus par application des articles 954 à 958, 1224 à 1230, 1304 et 1304-7, 1654 et 1659 du Code civil. En outre, l'acte constatant l'accomplissement de la condition sera lui-même taxé *(Guide de la publicité foncière : LexisNexis, 2017, n° 1965, par J. Lafond)*.

VENTES ET CLAUSES PARTICULIÈRES

A. – EFFETS AVANT LA RÉALISATION DE LA CONDITION

3682 Le contrat produit tous ses effets avant la réalisation de la condition. Ainsi, chaque partie peut, sans attendre, contraindre l'autre à respecter ses engagements.

3683 Situation du propriétaire sous condition résolutoire – Quant au nouveau propriétaire, il peut passer tous les actes qu'il souhaite, qu'ils soient relatifs à des droits personnels ou à des droits réels. Il peut de même céder l'immeuble. Ses cocontractants doivent dès lors savoir que leurs droits sont susceptibles d'être remis en cause en cas d'accomplissement de la condition résolutoire. Lorsqu'il s'agit d'actes conservatoires ou d'actes d'administration, ils sont toutefois protégés par l'article 1304-7 du Code civil qui précise que ces actes sont maintenus.

3684 Situation du propriétaire sous « condition suspensive » – Le vendeur est susceptible de devenir à nouveau propriétaire de l'immeuble en cas d'accomplissement de la condition résolutoire. Pour ainsi dire, il est désormais un propriétaire sous condition suspensive. Il apparaît alors justifié qu'il puisse invoquer à son bénéfice le jeu de l'article 1304-5 du Code civil. Autrement dit, il va pouvoir accomplir tout acte conservatoire et attaquer les actes du nouveau propriétaire accomplis en fraude de ses droits. C'est également parce qu'il est un propriétaire sous condition suspensive qu'il peut conclure des actes relativement audit immeuble. Leur exécution dépendra alors de la condition résolutoire insérée dans le contrat de vente. Le vendeur peut d'ailleurs également consentir une hypothèque sur l'immeuble. En ce cas, s'appliquera l'article 2414 du Code civil qui précise que ceux qui n'ont sur l'immeuble qu'un droit suspendu par une condition, ou résoluble dans certains cas, ou sujet à rescision, ne peuvent consentir qu'une hypothèque soumise aux mêmes conditions ou à la même rescision.

3685 Obstacles matériels fortuits à l'accomplissement de la condition – Lorsque l'obstacle matériel est fortuit, il peut entraîner la perte totale de l'immeuble ou seulement se traduire par une détérioration :
- lorsqu'il y a **perte totale de l'immeuble**, l'acquéreur assume seul les risques de l'immeuble *(C. civ., art. 1196)*. Ne pouvant plus restituer l'immeuble, l'acquéreur ne peut plus se prévaloir de la condition résolutoire et le contrat est donc maintenu définitivement ;
- lorsqu'il y a seulement **détérioration de l'immeuble**, il n'y a pas de solution assurée. En effet, il est possible d'hésiter entre :
  - l'assimilation de la détérioration à la perte totale : en ce cas, l'acquéreur assume seul les risques de l'immeuble *(C. civ., art. 1196)*. Le contrat est alors maintenu définitivement,
  - la détérioration n'est pas assimilée à une perte totale : celle-ci ne fait pas alors obstacle à l'accomplissement de la condition. *A priori,* les risques sont assumés par le propriétaire de l'immeuble et le vendeur peut prétendre à être indemnisé *(C. civ., art. 1196, al. 3)*. Toutefois, une telle solution se combine mal avec l'article 1352-1 du Code civil qui précise que dès lors que les détériorations ne sont pas dues à la faute de celui qui doit restituer et que celui-ci est de bonne foi, ce dernier n'en répond pas *(C. civ., art. 1352-1)*.

Conseil pratique **Pour écarter toute incertitude sur ce point, le notaire doit préciser dans le contrat les conséquences résultant de la détérioration de l'immeuble par cas fortuit.**

3686 Obstacles matériels fautifs à l'accomplissement de la condition – Dans une telle hypothèse, le propriétaire a manqué à son devoir tel que précisé par l'article 1304-5 du Code civil dont il résulte que le débiteur doit s'abstenir de tout acte qui empêcherait la bonne exécution de l'obligation. Il ne pourra alors correctement exécuter son obligation de délivrance.

Par conséquent, le bénéficiaire de la promesse ou l'acquéreur pourra choisir d'agir en résolution du contrat et/ou en réparation ou bien encore en exécution forcée en nature, ce qui obligera alors le propriétaire a procédé à la remise en état de l'immeuble.

B. – EFFETS APRÈS L'ACCOMPLISSEMENT DE LA CONDITION

3687 L'accomplissement de la condition suppose que l'événement visé par les parties s'est produit. Pour qu'un tel accomplissement soit pris en compte, encore faut-il qu'il soit fortuit et qu'aucune des parties n'ait donc influencé la survenance de l'événement (*V. n°* ***3688***). Il convient également de préciser si la résolution interviendra automatiquement (*V. n°* ***3689***). L'extinction du contrat, lorsqu'il s'agit d'un contrat préparatoire de vente d'immeuble ou d'une vente d'immeuble, peut intervenir avec ou sans rétroactivité (*V. n°* ***3692***). Se posera dans tous les cas la question des restitutions (*V. n°* ***3696***).

1° Accomplissement fortuit

3688 Pour que l'accomplissement de la condition résolutoire produise l'effet voulu par la partie qui l'invoque, encore faut-il que l'événement visé par les parties soit survenu fortuitement. En effet, si l'une des parties, par son comportement a favorisé l'apparition de l'événement visé dans le contrat, elle n'a pas alors respecté la force obligatoire du contrat, a manqué à l'un de ses devoirs contractuels. À cet égard, l'article 1304-3 du Code civil précise que la condition résolutoire est réputée défaillie si son accomplissement a été provoqué par la partie qui y avait intérêt. Il en résulte bien que la condition résolutoire ne pourra jouer que si et seulement si l'événement s'est produit fortuitement.

2° Accomplissement automatique ou facultatif

3689 L'accomplissement de la condition entraîne la résolution du contrat. L'accomplissement de la condition est avéré dès lors qu'il est certain que l'événement visé par les parties ne pourra plus se produire. Surgissent cependant des questions relatives à l'effet automatique de l'accomplissement de la condition.

3690 Automaticité – S'il est considéré que l'accomplissement de la condition résolutoire produit effet automatiquement, alors sa survenance a pour effet de libérer les parties. Le vendeur ou le promettant et l'acquéreur ou le bénéficiaire ne sont plus tenus par le contrat qui est résolu.

3691 Absence d'automaticité – Il peut également être retenu que seul celui dans l'intérêt duquel la condition a été insérée dans le contrat peut se prévaloir de l'accomplissement de celle-ci.

Formules – Défaillance de la condition résolutoire

Il est toujours préférable pour les parties de préciser dans le contrat si elles entendent que la condition joue automatiquement ou s'il faudra que l'accomplissement de la condition soit invoqué par le bénéficiaire de celle-ci.

Formule 1 – Absence d'automaticité

Le vendeur, bénéficiaire exclusif de la présente condition, devra en invoquer le bénéfice en cas d'accomplissement de celle-ci.
Il devra alors informer le notaire ayant reçu l'acte dans un délai de... (***préciser la durée du délai***) courant à compter du jour où il a eu connaissance de l'accomplissement de la condition. Une telle invocation aura pour effet que le contrat sera résolu.
À défaut pour le vendeur de se prévaloir de l'accomplissement de ladite condition dans le délai précité, il sera considéré comme ayant renoncé au bénéfice de celle-ci.

Formule 2 – Automaticité

L'accomplissement de la condition entraînera automatiquement et de plein droit la résolution du présent contrat. Aucune des parties ne pourra renoncer à se prévaloir de l'accomplissement de la condition.

3° Extinction de l'obligation ou du contrat

3692 Alernative – Suivant que les parties auront soumis une ou plusieurs obligations ou le contrat au jeu de la condition résolutoire, ce sont la ou les obligations qui seront éteintes ou le contrat.
Cette extinction produit, en principe, un effet rétroactif. Il est toutefois possible qu'il en aille différemment.

3693 Extinction rétroactive – L'effet rétroactif de la condition résolutoire est le principe retenu par l'article 1304-7 du Code civil. Dans une telle hypothèse, les actes d'administration conclus entre la date de conclusion du contrat et la date d'accomplissement de la condition sont maintenus. Il en va ainsi pour les baux consentis par l'acquéreur dès lors du moins que le locataire ignorait l'existence de la condition résolutoire et qu'il est donc de bonne foi.

3694 Extinction sans rétroactivité – Les parties ont la possibilité de prévoir que la condition résolutoire ne produira pas d'effet rétroactif *(C. civ., art. 1304-7)*. Pour une vente d'immeuble, c'est cette seule exception qui jouera sachant qu'une deuxième exception est prévue par l'article 1304-7 du Code civil : lorsque les prestations échangées ont trouvé leur utilité au fur et à mesure de l'exécution réciproque du contrat.

3695 Actes de disposition consentis par l'acquéreur – Dès lors que la condition résolutoire a été publiée au service chargé de la publicité foncière, les droits des tiers sont anéantis par l'accomplissement de la condition résolutoire.

4° Restitutions

3696 En dehors de la précision suivant laquelle l'accomplissement de la condition laisse survivre les actes conservatoires et d'administration, l'article 1304-7 du Code civil n'indique rien quant aux restitutions devant intervenir. Il y a dès lors lieu de faire application des articles 1352 à 1352-9 du Code civil.

3697 Restitution de l'immeuble – L'immeuble doit être restitué par l'acquéreur au vendeur, ce qui se traduit dès lors par la libération de l'immeuble par l'acquéreur. Ledit immeuble, entre le jour de la vente et le jour de l'accomplissement de la condition, a pu faire l'objet de dépenses d'amélioration ou de conservation ou bien être détérioré. Il en résulte :

- pour les **dépenses d'amélioration ou de conservation**, il doit être tenu compte à celui qui doit restituer des dépenses nécessaires à la conservation de la chose et de celles qui en ont augmenté la valeur, dans la limite de la plus-value estimée au jour de la restitution *(C. civ., art. 1352-5)* ;
- pour les **détériorations**, dès lors qu'elles ne sont pas dues à la faute de l'acquéreur et que celui-ci est de bonne foi, ce dernier n'en répond pas *(C. civ., art. 1352-1)* ;
- pour la **perte totale de la chose**, il peut être tiré argument de l'article 1304-6 du Code civil. Ainsi, si l'immeuble a péri avant l'accomplissement de la condition, l'acquéreur ne peut plus demander la restitution du prix de vente, ne pouvant lui-même procéder à la restitution de l'immeuble. Une telle perte fait alors obstacle à l'accomplissement de la condition.

Les parties sont libres de préciser conventionnellement les modalités de la restitution de l'immeuble et les conséquences résultant tant des améliorations que des détériorations ou de la perte totale de l'immeuble.

3698 Restitution des fruits ou de la valeur de la jouissance – L'acquéreur doit restituer les fruits ou la valeur de la jouissance *(C. civ., art. 1352-7)*. Il doit ici être distingué suivant que la condition résolutoire produit ou non un effet rétroactif :

- **si elle produit un effet rétroactif**, les fruits ou la valeur de la jouissance doivent être restitués. Toutefois, dès lors qu'il est possible de considérer que l'acquéreur est de bonne foi, la restitution ne doit restituer les fruits ou la valeur de la jouissance qu'à compter du jour de la demande *(C. civ., art. 1352-3 et 1352-7)* ;
- **si elle ne produit pas d'effet rétroactif**, ledit effet ayant été écarté par les parties, l'acquéreur conserve alors les fruits ou la valeur de la jouissance de l'immeuble jusqu'au jour de l'accomplissement de la condition. Dans l'hypothèse où il ne procéderait pas à la restitution de l'immeuble dès l'accomplissement de la condition, il sera alors de mauvaise foi et donc redevable des fruits ou de la valeur de la jouissance à compter du jour où la condition a joué.

3699 Restitution du prix – Le vendeur doit restituer à l'acquéreur le prix de vente. S'agissant de la restitution d'une somme d'argent, celle-ci inclut les intérêts au taux légal et les taxes acquittées *(C. civ., art. 1352-6)*.

5° Formalités

3700 Fiscalité – L'article 1961 du CGI précise que les droits d'enregistrement ou la taxe de publicité foncière lorsqu'elle tient lieu de ces droits et la contribution prévue à l'article 879 du même code, ne sont pas sujets à restitution dès l'instant qu'ils ont été régulièrement perçus sur les actes ou contrats ultérieurement révoqués ou résolus par application des articles 954 à 958, 1224 à 1230, 1304 et 1304-7, 1654 et 1659 du Code civil. En outre, l'acte constatant l'accomplissement de la condition sera lui-même taxé *(Guide de la publicité foncière 2017, n° 1965)*.

3701 Publicité foncière – L'acte constatant l'accomplissement de la condition doit être publié et sera lui-même taxé *(Guide de la publicité foncière : LexisNexis, 2017, n° 1965, J. Lafond)*.

C. – EFFETS EN CAS DE DÉFAILLANCE DE LA CONDITION

3702 Défaillance – La défaillance de la condition se produit dès lors qu'il est devenu certain que l'événement visé par les parties ne se produira pas. Cette certitude peut apparaître dès lors que l'événement ne s'est pas produit avant la date fixée par les parties.

3703 Maintien du contrat – Les effets de la défaillance de la condition résolutoire ne sont pas précisés par le Code civil. Il n'en est pas moins certain qu'une fois la défaillance intervenue, l'obligation est pure et simple et/ou le contrat ne peut plus être anéanti en raison du jeu de ladite clause qui est ainsi paralysée.

Formule – Clause relative au privilège de vendeur et à l'action résolutoire

Cette formule est extrait du JCl. Notarial Formulaire, V° Vente d'immeuble, fasc. 485, par D. Montoux.

Inscription du privilège de vendeur

Le paiement de ce solde de prix sera garanti par le privilège de vendeur prévu par l'article 2374, 1° du Code civil, auquel est attachée l'action résolutoire (***ajouter éventuellement, si l'immeuble vendu est commun :*** En outre, le vendeur et la venderesse se donnent réciproquement tous pouvoirs pour procéder seuls, après paiement, à la mainlevée de l'inscription prise à leur profit pour garantir le solde du prix, avec désistement de tous droits de privilège, action résolutoire et du transfert d'indemnité d'assurances. Le présent pouvoir vaut le consentement prévu par l'article 1424 du Code civil).

Pour aller plus loin

Formules
- JCl. Notarial Formulaire, V° Avant-contrat, fasc. 75 et 117, par J.-F. Pillebout

Fiches pratiques
- Fiche pratique n° 1721 : Rédiger un acte de vente, par M. Suquet-Cozic
- Fiche pratique n° 1799 : Rédiger une clause de tontine, par D. Montoux

Commentaires
- JCl. Notarial Formulaire, Synthèse 1480 : Paiement du prix, V. Zalewski-Sicard
- JCl. Notarial Formulaire, V° Vente d'immeuble, fasc. 480, par A. Pene
- JCl. Notarial Formulaire, V° Vente d'immeuble, fasc. 490, par D. Montoux (vente en viager)
- JCl. Notarial Formulaire, V° Vente d'immeuble, fasc. 550, par D. Montoux et V. Zalewski-Sicard (vente conditionnelle)
- JCl. Notarial Formulaire, V° Vente d'immeuble, fasc. 640, par S. Castagné et V. Zalewski-Sicard (résolution)

Recours à un terme

3704 Le terme correspond à un événement futur et certain. Il en existe de deux sortes :
- le terme suspensif qui comme les conditions suspensives et les conditions résolutoires vise une modalité de l'obligation ;
- le terme extinctif qui n'est pas une modalité de l'obligation mais permet de déterminer pour quelle durée le contrat est conclu. Il en sera fait ainsi usage dans les contrats préparatoires de vente d'immeuble pour déterminer la durée de l'engagement des parties.

Il y a donc lieu de bien distinguer, d'une part, le terme suspensif et, d'autre part, le terme extinctif.

I. Terme suspensif

3705 L'obligation est à terme lorsque son exigibilité est différée jusqu'à la survenance d'un événement futur et certain, encore que la date en soit incertaine *(C. civ., art. 1305)*.

A. – VALIDITÉ DU TERME

3706 Le débiteur de l'obligation ne doit pouvoir faire obstacle à la survenance du terme. Lorsque tel est le cas, c'est alors au juge qu'il revient de fixer le terme, ce en application de l'article 1305-1 du Code civil.

B. – FORME DU TERME

3707 Le terme peut être exprès ou tacite. À défaut d'accord, le juge peut le fixer en considération de la nature de l'obligation et de la situation des parties.

C. – RENONCIATION AU TERME SUSPENSIF

3708 La partie au bénéfice exclusif de qui le terme a été fixé peut y renoncer sans le consentement de l'autre *(C. civ., art. 1305-3)*. Le terme profite au débiteur, s'il ne résulte de la loi, de la volonté des parties ou des circonstances qu'il a été établi en faveur du créancier ou des deux parties *(C. civ., art. 1305-3)*.
Cette renonciation peut être tacite lorsqu'il y a exécution anticipée de la ou des obligations du contrat soumises au terme suspensif. Pour qu'une telle renonciation puisse être retenue, encore faut-il qu'elle intervienne en toute connaissance de cause. Si tel n'était pas le cas, il n'en demeure pas moins que le débiteur ne pourra obtenir restitution : *« ce qui a été payé d'avance ne peut être répété » (C. civ., art. 1305-2)*.

D. – EFFETS AVANT LA SURVENANCE DU TERME

3709 Avant l'accomplissement du terme suspensif, les parties ont signé un contrat et elles sont tenues de respecter la force obligatoire de celui-ci. Elles peuvent également être tenues d'exécuter certaines obligations qui ne sont pas soumises au terme suspensif prévu par les parties.
Ainsi, une distinction peut être effectuée entre, d'une part, les effets résultant de la force obligatoire du contrat (*V. n°* ***3710***) et les effets correspondant aux obligations résultant du contrat (*V. n°* ***3711***).

1° Force obligatoire du contrat

3710 Le contrat, bien que contenant un terme suspensif, a force obligatoire. Les parties doivent le respecter dès sa conclusion. Et c'est en raison de cette force obligatoire que l'une comme l'autre peuvent être tenues de devoirs. Il s'agit alors pour les parties d'adopter un comportement respectueux de la norme contractuelle *(B. Freleteau, Devoir et incombance en matière contractuelle, t. 576 : LGDJ, 2017. – G. Durand-Pasquier, Les clauses directives : JCP N 2015, 1162)*. Le créancier peut ainsi solliciter du juge l'autorisation de pratiquer une mesure conservatoire sur les biens de son débiteur, sans commandement préalable, s'il justifie de circonstances susceptibles d'en menacer le recouvrement. La mesure conservatoire prend la forme d'une saisie conservatoire ou d'une sûreté judiciaire *(CPC exéc., art. L. 511-1)*.

Pour aller plus loin

Formules
• JCl. Notarial Formulaire, V° Ventes d'immeubles à construire

Fiches pratiques
• Fiche pratique n° 1806 : Rédiger une vente d'immeubles à construire, par D. Boulanger

Commentaires
• JCl. Notarial Formulaire, Synthèse 1530, Vente d'immeuble à construire et vente d'immeuble à rénover, par F. Magnin
• JCl. Notarial Formulaire, V° Ventes d'immeubles à construire, fasc. 20 et 30, par D. Sizaire et J.-Ph. Tricoire
• JCl. Notarial Formulaire, V° Ventes d'immeubles à construire, fasc. 102, par D. Sizaire et C. Rousseau-Steimlé (ventes à terme)

2° Obligations résultant du contrat

3711 Suivant ce que les parties auront prévu, c'est :
- soit toutes les obligations résultant du contrat qui seront soumises au terme suspensif ;
- soit uniquement certaines obligations qui, lorsqu'il s'agira d'une promesse synallagmatique de vente valant vente, correspondront aux obligations essentielles de la vente et lorsqu'il s'agira d'une promesse autonome, à l'obligation de conclure la vente *(V. n° **323** et s.)*.

Il peut ainsi être distingué entre les obligations soumises au terme suspensif *(V. n° **3712**)* et les obligations qui y échappent *(V. n° **3713** et s.)*.

a) Obligations soumises au terme suspensif

3712 Tant que le terme n'est pas survenu, les parties ne sont pas tenues d'exécuter les obligations prévues au contrat et celui-ci ne produit donc pas tous ses effets. Ainsi :
- le vendeur ne peut demander à l'acquéreur de payer le prix de vente ;
- l'acquéreur ne peut demander au vendeur de lui livrer le bien ;
- le promettant d'une promesse synallagmatique de vente valant vente ne peut contraindre le bénéficiaire à réitérer la vente par acte authentique ;
- le promettant d'une promesse autonome de vente ne peut exiger du bénéficiaire de celle-ci qu'il signe l'acte de vente.

Pour toutes ces obligations soumises au terme suspensif, aucune action en exécution forcée ne peut être engagée et aucune des parties ne peut se plaindre de l'inexécution desdites obligations. L'article 1305-2 du Code civil précise à cet égard que ce qui n'est dû qu'à terme ne peut être exigé avant l'échéance.

b) Obligations échappant au terme suspensif

3713 Ces obligations n'étant pas soumises au terme suspensif prévu par les parties, elles doivent être exécutées immédiatement. Il en va ainsi des obligations liées à la situation de l'immeuble.

3714 Obligations liées à la situation de l'immeuble – Le propriétaire de l'immeuble doit adopter un comportement qui ne l'empêchera pas d'exécuter les obligations qui sont les siennes lors de la survenance du terme. Le débiteur doit s'abstenir de tout acte qui empêcherait la bonne exécution du contrat.

3715 Situation matérielle de l'immeuble – Ainsi, dans le contrat préparatoire ou la vente, il sera précisé si le promettant ou le vendeur est autorisé à apporter des modifications matérielles à l'immeuble vendu. Si une interdiction est stipulée, le propriétaire de l'immeuble doit savoir qu'en manquant à cette interdiction, il sera susceptible de voir sa responsabilité engagée en raison de la faute commise correspondant à la violation de la norme contractuelle.

3716 Situation juridique de l'immeuble – Il y aura lieu de préciser si la situation juridique de l'immeuble peut ou non être modifiée : le promettant peut-il consentir une servitude ? Peut-il louer le bien ? Le plus souvent, il sera stipulé une interdiction de modifier la situation juridique de l'immeuble. De par la force obligatoire du contrat, le vendeur ou promettant sera alors tenu de respecter une telle interdiction.

E. – DÉCHÉANCE DU TERME

3717 Déchéance légale – Le débiteur ne peut réclamer le bénéfice du terme s'il ne fournit pas les sûretés promises au créancier ou s'il diminue celles qui garantissent l'obligation.

3718 Déchéance conventionnelle – Les parties peuvent prévoir des causes de déchéance du terme. Ainsi, il peut être prévu que le décès de l'acquéreur rendra immédiatement exigible l'obligation de payer le prix de vente.

3719 Coobligés – La déchéance du terme encourue par un débiteur est inopposable à ses coobligés, même solidaires.

F. – EFFETS APRÈS LA SURVENANCE OU LA DÉCHÉANCE DU TERME

3720 Après la survenance ou la déchéance du terme, l'obligation ou le contrat devient pur et simple. Le contrat produit alors, en principe tous ses effets. Il peut en aller différemment si apparaissent des obstacles matériels ou juridiques à l'exécution du contrat. Il en va ainsi chaque fois que soit le contrat ne pouvait produire d'effet translatif de propriété soit que le transfert de propriété ne devait se produire que lors de la survenance du terme autrement dit que le transfert de propriété a été différé *(Cass. 1re civ., 4 juill. 1995, n° 93-18.662 : JurisData n° 1995-001794 ; Bull. civ. I, n° 305. – Cass. 3e civ., 13 nov. 1997, n° 95-20.411 : JurisData n° 1997-004530)*.

3721 Obstacles matériels fortuits à l'exécution du contrat – Lorsque l'obstacle est fortuit, il peut entraîner la perte totale de l'immeuble ou seulement se traduire par une détérioration.

- lorsqu'il y a **perte totale de l'immeuble**, le vendeur ou promettant assume seul les risques de l'immeuble *(C. civ., art. 1196)*. Ne pouvant plus livrer l'immeuble ou le vendre, le vendeur ou promettant ne peut plus exiger de l'acquéreur ou du bénéficiaire de la promesse l'exécution de ses obligations. Le contrat est alors résolu *(C. civ., art. 1218)*. Lorsqu'il y a seulement **détérioration de l'immeuble**, il n'y a pas de solution assurée. En effet, il est possible d'hésiter entre :
- l'assimilation de la détérioration à la perte totale : en ce cas et en application de l'article 1218 du Code civil, le contrat est résolu ;
- la détérioration n'est pas assimilée à une perte totale : l'article 1351 du Code civil conduit alors à retenir que le débiteur est libéré d'exécuter sa prestation à due concurrence de la détérioration. Par conséquent, la promesse ou la vente n'est pas résolue mais l'acquéreur ou le bénéficiaire de la promesse peut demander une diminution du prix proportionnelle à la perte de valeur de l'immeuble. Autrement dit, les risques sont assumés par le propriétaire de l'immeuble *(C. civ., art. 1196, al. 3)*.

Pour écarter toute incertitude sur ce point, le notaire doit préciser dans le contrat les conséquences résultant de la détérioration de l'immeuble par cas fortuit. Il est à souligner, par ailleurs, que la Cour de cassation retient désormais que sauf clause contraire, l'acquéreur d'un immeuble a qualité à agir en paiement des indemnités d'assurance contre l'assureur du vendeur garantissant les risques de catastrophe naturelle, même pour les dommages nés antérieurement à la vente *(Cass. 3e civ., 7 mai 2014, n° 13-16.400 : JurisData n° 2014-009633 ; JCP N 2014, n° 22, act. 654 ; Resp. civ. et assur. 2014, comm. 284, n° 9, H. Groutel ; Bull. civ. III, n° 61)*.

Formule – Détérioration par cas fortuit de l'immeuble vendu

En cas de détérioration par cas fortuit du présent immeuble avant la survenance du terme, l'acquéreur aura le choix de :
– résoudre le contrat ;
– exiger la chose dans l'état où elle se trouve. En cette hypothèse, si la détérioration donne lieu à indemnisation de la part de l'assureur du vendeur, l'indemnité d'assurance sera versée à l'acquéreur et ce dernier ne pourra demander aucune diminution du prix. À défaut d'indemnisation, le prix convenu sera diminué proportionnellement à la perte de valeur du bien. Le montant de cette diminution sera décidé d'un commun accord entre les parties. À défaut d'accord entre elles, dans un délai de... *(préciser le délai)*, il sera procédé à la désignation d'un expert par le notaire chargé de recevoir l'acte authentique. Ledit expert se prononcera sur ladite diminution et cette estimation s'imposera aux parties.

3722 Obstacles matériels fautifs à l'exécution du contrat – Dans une telle hypothèse, le propriétaire a manqué à son devoir voulant qu'il s'abstienne de tout acte qui empêcherait la bonne exécution de l'obligation. Il ne pourra alors correctement exécuter son obligation de délivrance.

Par conséquent, le bénéficiaire de la promesse ou l'acquéreur pourra choisir d'agir en résolution du contrat et/ou en réparation ou bien encore en exécution forcée en nature, ce qui obligera alors le propriétaire a procédé à la remise en état de l'immeuble.

3723 Obstacles juridiques à l'exécution du contrat – À nouveau, il s'agit de l'hypothèse où le propriétaire a manqué à son devoir dont il résulte que le débiteur doit s'abstenir de tout acte qui empêcherait la bonne exécution de l'obligation.

En une telle hypothèse, le vendeur ou le promettant est demeuré propriétaire jusqu'au jour de la survenance du terme. Il avait donc qualité pour consentir des actes juridiques relativement à l'immeuble en cause. En ce cas, de tels actes ne peuvent être remis en cause. Par contre, dès lors que le vendeur ou le promettant ne peut plus exécuter son obligation de délivrance conforme, le bénéficiaire de la promesse ou l'acquéreur pourra agir en résolution du contrat et/ou en dommages et intérêts.

3724 Fiscalité – Dès lors que le terme ne fait que reporter l'exécution du contrat, il conduit l'Administration à percevoir l'impôt dans les conditions ordinaires.

Pour aller plus loin

Fiches pratiques
• Fiche pratique n° 1806 : Rédiger une vente d'immeubles à construire, par D. Boulanger
• Fiche pratique n° 2173 : Défaillance de l'une des parties à la promesse unilatérale de vente, par Ch. Guilloteau-Palisse
• Fiche pratique n° 2175 : Défaillance d'une partie à une promesse synallagmatique de vente, par Ch. Guilloteau-Palisse

Commentaires
• JCl. Notarial Formulaire, Synthèse 1530, Vente d'immeuble à construire et vente d'immeuble à rénover, par F. Magnin
• JCl. Notarial Formulaire, V° Avant-contrat, fasc. 40, par S. Piedelièvre, fasc. 104, par J. Lafond
• JCl. Notarial Formulaire, V° Ventes d'immeubles à construire, fasc. 20 et 30, par D. Sizaire et J.-Ph. Tricoire
• JCl. Notarial Formulaire, V° Ventes d'immeubles à construire, fasc. 102, par D. Sizaire et C. Rousseau-Steimlé (ventes à terme)

II. Terme extinctif

3725 Distinction – Cette notion doit être distinguée de la date constitutive qui est celle à partir de laquelle chaque partie peut agir en exécution forcée *(V. n° **212** et s. – V. n° **323** et s.)*. Dans le cadre d'une promesse synallagmatique de vente, si les parties ont prévu que la date avant laquelle la réitération devrait intervenir était extinctive, l'arrivée de ce terme extinctif entraînera la caducité de la promesse. Si les parties ont au contraire stipulé que la date avant laquelle la réitération devait intervenir était constitutive du point de départ à partir duquel l'une des parties pourrait obliger l'autre à s'exécuter, chacune partie pourra agir en exécution forcée dès l'arrivée de cette date.

3726 Survenance du terme – À l'arrivée du terme, les parties peuvent décider de proroger le contrat, de procéder à son renouvellement ou à sa tacite reconduction.

3727 Prorogation – La prorogation du contrat peut prendre deux formes, étant ici rappelé que suivant l'article 1213 du Code civil, le contrat peut être prorogé si les contractants en manifestent la volonté avant son expiration.
Le contrat peut tout d'abord contenir une clause de prorogation par laquelle les parties vont convenir que le contrat sera prorogé de telle durée à l'arrivée de son terme. Une telle clause de prorogation de plein droit est pleinement efficace *(Cass. 3e civ., 17 juill. 1997, n° 95-19.222 : JurisData n° 1997-003365 ; Bull. civ. III, n° 173)* si elle est correctement rédigée *(Cass. 3e civ., 8 oct. 2003, n° 02-11.953 : JurisData n° 2003-020458 ; Bull. civ. III, n° 176)*.
Lorsque le contrat ne contient pas une telle clause, les parties peuvent décider, par voie d'avenant, avant que le contrat ne soit arrivé à son terme, de proroger la durée de celui-ci et donc de convenir d'un terme extinctif à une date postérieure à celle du terme initialement prévu *(Cass. 3e civ., 23 mars 2017, n° 16-13.214)*.

3728 Renouvellement – Les parties à un contrat peuvent parfaitement décider de le renouveler. En ce cas et conformément à l'article 1214 du Code civil, le renouvellement donne naissance à un nouveau contrat dont le contenu est identique au précédent mais dont la durée est indéterminée. Les parties peuvent parfaitement déroger à l'article 1214 du Code civil et prévoir que le nouveau contrat sera à durée déterminée, ce qui apparaît préférable, lorsqu'il s'agit d'un contrat préparatoire de vente d'immeuble ou de la vente elle-même. Il est d'ailleurs tout à fait possible de prévoir dans le contrat une clause de renouvellement qui précisera tout à la fois le sort des pactes accessoires au contrat et la durée du nouveau contrat.

3729 Tacite reconduction – Lorsque les parties continuent à exécuter les obligations d'un contrat dont le terme est dépassé, le contrat est tacitement reconduit avec les mêmes effets qu'un renouvellement *(C. civ., art. 1215)* : il y a naissance d'un nouveau contrat dont le contenu est identique au précédent mais dont la durée est indéterminée.

Présentation générale

3730 Outre les règles régissant toute vente immobilière, certaines ventes font l'objet de dispositions particulières. Ces dispositions peuvent être liées soit aux modalités de la vente (*V. vente d'immeuble à rénover, n°* ***3731*** *et s. – vente en l'état futur d'achèvement, n°* ***3792*** *et s. – vente à terme, n°* ***3872*** *et s. – vente d'un terrain contre locaux à construire, n°* ***3935*** *et s. – vente avec bail à nourriture, n°* ***3957*** *et s. – vente moyennant rente viagère n°* ***3984*** *et s. – vente avec clause d'accroissement, n°* ***3985*** *et s. – vente avec faculté de rachat, n°* ***4017*** *et s. – vente d'un immeuble saisi, n°* ***4061*** *et s.*) soit à la qualité des parties (*vente d'un immeuble par un organisme HLM n°* ***4104*** *et s. – vente d'un immeuble par une personne publique, n°* ***4185*** *et s. – vente d'un immeuble d'un entrepreneur individuel, n°* ***4186*** *et s. – vente entre époux, n°* ***4201*** *et s. – vente à un successible en ligne directe, n°* ***4204*** *et s.*).

Pour aller plus loin

Revues

- X. Bouché et J.-M. Plazy, Le recours au contrat : protéger le coacquéreur survivant : JCP N 2015, n° 22, 1170
- F. Collard et B. Travely, Vente d'un bien grevé d'un usufruit successif : conseils rédactionnels : JCP N 2013, n° 28, 1186
- F. Collard et B. Travely, Variation autour de la vente d'un bien grevé d'un usufruit successif : JCP N 2013, n° 28, 1185
- Ph. Delmas Saint-Hilaire, Variations sur le pacte tontinier : Dr. & patr. janv. 1998, p. 52
- C. Deschamps et V. Legrand, Trois bonnes raisons de réformer la vente d'immeuble en viager : JCP N 2016, n° 14, 1117
- S. Deville, L'article 918 du Code civil face à la question prioritaire de constitutionnalité : histoire d'une occasion manquée : Dr. famille 2014, étude 8
- L. Galliez et FL. Pouzenc, La vente avec faculté de rachat, outil de financement moderne ou archaïque : JCP N 2011, n° 13, 1114
- E. Gicquiaud, La fiscalité de la rente viagère : RFP 2016, étude 26
- F. Julienne, L'acquisition de l'immeuble avec démembrement : JCP N 2016, n° 22-23, 1183
- M. Latina, Les clauses relatives aux conditions suspensive et résolutoire : JCP N 2016, n° 13, 1114
- M. Latina, La condition dans l'ordonnance du 10 février 2016 : JCP G 2016, 875, n° 30-35
- M. Mekki, Réforme des contrats et des obligations : la condition suspensive : JCP N 2016, n° 42, act. 1124
- D. Montoux, Achat en tontine et réforme du droit des contrats : JCP N 2017, n° 6-7, 1099
- C. Noblot, La clause résolutoire pour défaut de paiement des arrérages dans le contrat de rente viagère : Contrats, conc. consom. 2016, form. 10
- P. Quilichini, L'accession à la propriété des logements sociaux : JCP N 2018, n° 25, 1216
- L. Villet, Le regain d'intérêt pour la vente en viager : JCP N 2018, n° 25, 1213
- V. Zalewski-Sicard, Tontine et aspects liquidatifs : JCP N 2013, n° 43, 1250

Vente d'immeuble à rénover

3731 Depuis la loi n° 2006-872 du 13 juillet 2006 et le décret n° 2008-1338 du 16 décembre 2008, incorporés respectivement dans les articles L. 262-1 et R. 262-1 et suivants du Code de la construction et de l'habitation, la vente d'immeuble à rénover dispose d'un statut légal spécifique.
Sur la promesse de vente d'immeuble à rénover, *V. n°* ***522*** *et s.*.

I. Champ d'application

1° Principe

3732 La conclusion d'une vente d'immeuble à rénover s'impose dès lors que les conditions énoncées par l'article L. 262-1 du CCH sont réunies et ce indépendamment de la dénomination qu'auront retenue les parties.

3733 **Transfert de propriété** – L. 262-1 du CCH précise que *le vendeur transfère immédiatement à l'acquéreur ses droits sur le sol ainsi que la propriété des constructions existantes*.
Le vendeur d'un immeuble à rénover peut être propriétaire du sol sur lequel le bâtiment à rénover se trouve ou bien être uniquement titulaire d'un droit réel résultant d'un bail réel immobilier. Ce bail réel immobilier peut correspondre à un bail à construction, un bail réel immobilier, un bail réel solidaire ou bien encore un bail emphytéotique.

3734 **Usage d'habitation ou professionnel et d'habitation** – Ne sont visés que les immeubles ou partie d'immeuble à usage d'habitation ou à usage professionnel et d'habitation.
En premier lieu, sont visés tant l'immeuble qu'une partie d'immeuble. Il importe peu que l'immeuble soit isolé, comme une maison d'habitation, en secteur diffus ou en lotissement, ou qu'il s'agisse d'un lot d'une copropriété, verticale ou horizontale.
En second lieu, les règles du secteur protégé s'appliqueront si l'immeuble ou la partie d'immeuble cédée est à usage exclusif d'habitation. Lorsque l'immeuble ou la partie d'immeuble est à usage mixte, il devient impératif de déterminer si, le premier usage étant l'habitation, le second est professionnel.

Remarque Par usage professionnel, il faut entendre usage pour l'exercice d'une profession libérale. Par conséquent, il n'y a pas usage professionnel pour ceux qui se servent de l'immeuble ou de la partie d'immeuble pour exploiter un commerce, une industrie, pour de l'artisanat ou dans le cadre d'une exploitation rurale.

Une fois établi le caractère d'immeuble ou de partie d'immeuble à usage d'habitation ou à usage professionnel et d'habitation, il n'est pas nécessaire, en outre, de prendre en compte le but de l'acquisition : peu importe qu'il s'agisse d'acquérir une résidence principale, une résidence secondaire, de réaliser un investissement afin de louer ou non.

Attention Il est parfois délicat de déterminer l'usage d'un immeuble. Il en va ainsi, par exemple, pour les résidences de tourisme et les résidences-services. Pour les résidences-services, la Cour de cassation a retenu l'usage d'habitation compte tenu des caractéristiques des locaux vendus (cuisine, salle de bains, chambre, ... – *Cass. 3e civ., 7 janv. 2016, n° 14-29.655 : JurisData n° 2016-000060 ; Constr.-Urb. 2016, comm. 28, Ch. Sizaire ; Gaz. Pal 23 févr. 2016, n° 8, p. 82, n° 258e4, obs. V. Zalewski-Sicard ; Defrénois 2016, p. 9, n° 122v1, obs. H. Périnet-Marquet)* Pour les résidences de tourisme, la Cour de cassation semble faire prévaloir la location par bail commercial sur les caractéristiques objectives du bien *(Cass. 3e civ., 7 avr. 2016, n° 15-11.342 : Gaz. Pal. 26 juill. 2016, n° 272b1, p. 70, obs. V. Zalewski-Sicard)*.

En cas de doute sur l'usage d'un immeuble, il peut être proposé aux parties d'appliquer conventionnellement les règles du secteur protégé, après avoir exposé les incertitudes résultant de la jurisprudence.

3735 **Versements avant l'achèvement des travaux** – La conclusion d'une vente d'immeuble à rénover ne s'impose que si et seulement s'il y a versement de fonds avant l'achèvement des travaux. L'article L. 263-1 du CCH précise à cet égard qu' :
- il n'y a pas de versement ou de perception de somme d'argent si les fonds sont versés sur un compte ouvert au nom de l'acquéreur et dont il peut disposer librement ;
- il y a versement ou perception de somme d'argent en cas de dépôts ou de souscriptions d'effets de commerce.

Le montant du versement n'a pas à être pris en considération. Tout versement avant l'achèvement des travaux oblige à conclure une vente d'immeuble à rénover.

3736 **Immeuble bâti** – Une vente d'immeuble à rénover doit être conclue dès lors qu'il y a réalisation de travaux sur un immeuble bâti ou une partie d'immeuble bâti existant. Un immeuble bâti existant est un immeuble qui a été, une première fois, achevé au sens de l'article R. 261-1 du CCH.

3737 Engagement de réaliser des travaux de rénovation – Aux termes de l'article L. 262-1, alinéa 1er du CCH, la vente d'immeuble à rénover s'applique à toute vente d'un immeuble bâti ou d'une partie d'immeuble bâti, à usage d'habitation ou à usage professionnel et d'habitation, ou destiné après travaux à l'un de ces usages, lorsque le vendeur *« s'engage, dans un délai déterminé, à réaliser [...] des travaux sur cet immeuble ou partie d'immeuble et [...] perçoit des fonds de l'acquéreur avant la livraison des travaux »*.
Le domaine de la vente d'immeuble à rénover est très vaste puisque ce contrat s'applique dès lors que des « travaux » sont exécutés par le vendeur, quels que soient ces travaux, ce que confirme l'article R. 262-1 qui définit les travaux de rénovation comme : *« tous les travaux qui portent sur un immeuble bâti existant »*.

Attention Il convient de conclure une vente d'immeuble à rénover sans distinguer suivant que le vendeur réalise directement ou indirectement les travaux. Comme en matière de vente en l'état futur d'achèvement, il s'agit d'éviter qu'il ne soit procédé à une scission de l'opération entre, d'une part, la vente de l'immeuble et, d'autre part, les travaux réalisés dans le cadre d'un contrat d'entreprise, pour tenter d'échapper frauduleusement au régime de la vente d'immeuble à rénover.

2° Limites

3738 Deux limites sont apportées par l'alinéa 3 de l'article L. 262-1 susvisé qui ajoute que la vente d'immeuble à rénover ne s'applique pas aux *« travaux d'agrandissement ou de restructuration complète de l'immeuble, assimilables à une reconstruction »*.

a) Restructuration complète

3739 Restructuration complète – Les travaux de restructuration complète de l'immeuble, assimilables à une reconstruction, mentionnés à l'alinéa 3 de l'article L. 262-1 du CCH, sont ceux qui rendent à l'état neuf :
- 1° soit la majorité des fondations ;
- 2° soit la majorité des éléments hors fondations déterminant la résistance et la rigidité de l'ouvrage ;
- 3° soit l'ensemble des éléments de second œuvre suivants, dans une proportion au moins égale à deux tiers pour chacun des éléments mentionnés :
  - a) les planchers ne déterminant pas la résistance ou la rigidité de l'ouvrage,
  - b) les huisseries extérieures,
  - c) les cloisons intérieures,
  - d) les installations sanitaires et de plomberie,
  - e) les installations électriques,
  - f) et, pour les opérations réalisées en métropole, le système de chauffage.

Ainsi, pour déterminer s'il y a eu ou non restructuration complète de l'immeuble, il convient de distinguer entre, d'une part, les travaux affectant le gros œuvre et, d'autre part, ceux affectant le second œuvre.

1) Travaux affectant le gros œuvre

3740 L'article R. 262-1 du CCH ne donne pas d'indications sur ce qu'il faut entendre par fondations, éléments hors fondations déterminant la résistance et la rigidité de l'ouvrage, consistance des façades hors ravalement. L'instruction fiscale du 8 décembre 2006 peut permettre de mieux appréhender ces notions.

3741 Fondations – Les fondations correspondent aux éléments qui composent le socle et l'assise stable d'une construction en répartissant sa charge sur le sol.

3742 Éléments hors fondations déterminant la résistance et la rigidité de l'ouvrage – Ce sont les éléments sans lesquels les caractéristiques de solidité ne sont plus assurées. Ce sont, pour les éléments verticaux, les murs porteurs intérieurs ou extérieurs, les piliers, colonnes et poteaux quand ils sont porteurs ; pour les éléments horizontaux, les planchers en béton (dalles), en bois (poutres et solives), les toits-terrasses quand ils contribuent à la stabilité de l'ensemble ; pour les éléments obliques assurant le contreventement, les contreforts éventuels ; pour les éléments de charpente, ceux qui contribuent à la stabilité de l'ensemble.
Les travaux de toute nature (percement d'une ouverture nouvelle ou suppression d'une ouverture ancienne qui affectent des murs porteurs, démolition de surfaces de planchers porteurs en vue de la création de circulations verticales, etc.) qui affectent un élément déterminant la résistance ou la rigidité de l'ouvrage sont à prendre en considération pour l'appréciation de ce critère.
Les travaux qui ont pour objet le simple revêtement de planchers porteurs, précédés le cas échéant d'un simple ragréage exclusivement destiné à garantir la planéité du revêtement ainsi que l'isolation thermique et/ou phonique (exemple : moquettes, carrelages, parquets, linoléum, mosaïques, marbrerie, etc.), ou les travaux de simple réfection des éléments de couverture n'ont pas la nature de travaux qui affectent un élément déterminant la résistance ou la rigidité de l'ouvrage.

3743 Consistance des façades hors ravalement – Ce sont les éléments verticaux externes participant à la mise hors d'eau de l'immeuble (murs, murs-rideaux, murs-panneaux, etc.) qui n'assurent qu'un rôle d'habillage de l'immeuble sans déterminer la résistance ou la rigidité de l'ouvrage (panneaux de parement en bois, métal ou autre). Ne sont visés que les travaux qui affectent la consistance de la façade (pose et dépose de façades), à l'exclusion des travaux de nettoyage ou de ravalement de la façade quel que soit le procédé, des travaux d'étanchéité ou d'imperméabilisation (pose d'enduit/crépi ou peinture).

3744 Majorité – Lorsque la majorité de l'un des éléments évoqués ci-dessus est rendue à l'état neuf, il y a lieu de conclure une vente d'immeuble à construire. Deux précisions doivent être apportées.
En premier lieu, l'article R. 262-1 du CCH ne définit pas ce qu'il faut comprendre par « rendre à l'état neuf ». Toujours suivant l'instruction du 8 décembre 2006, « chacune des quatre composantes est considérée comme rendue à l'état neuf par remplacement, reprise en sous-œuvre ou construction nouvelle lorsque le rapport entre les éléments neufs et le total des éléments du lot à l'issue des travaux (y compris les éléments qui ont été conservés) égale au moins le seuil déterminé pour chacun d'entre eux ». La réparation ne serait donc pas suffisante.
En second lieu, l'article R. 262-1 du CCH ne précise pas suivant quel critère, il convient d'apprécier si la majorité de l'un des éléments du gros œuvre a été rendu à l'état neuf.

2) Travaux affectant le second œuvre

3745 Proportion de deux tiers – Les travaux doivent rendre les éléments de second œuvre à l'état neuf dans une proportion au moins égale à deux tiers.

> **Exemple** Si un seul élément, comme les huisseries extérieures, est rendu à l'état neuf dans une proportion au moins égale à deux tiers, c'est une vente d'immeuble à rénover qui devra être conclue et non une vente en l'état futur d'achèvement.

3746 Éclairage fiscale – Comme pour les éléments du gros œuvre, il peut être recouru à l'instruction du 8 décembre 2006 pour éclairer les notions utilisées par l'article R. 262-1 du CCH.

3747 Planchers non porteurs – Ce sont les éléments ne déterminant pas la resistance ou la rigidité de l'ouvrage (plate-forme horizontale entre deux niveaux non constitutive de la structure porteuse du bâtiment). Les travaux de revêtement de ces planchers ne sont pas à prendre en compte (pose de moquettes, carrelages, parquets, linoléum, mosaïques, marbrerie, etc.). Si plus des deux tiers des revêtements sont remplacés, cela ne sera pas suffisant. Lorsque l'immeuble avant et après réalisation des travaux ne comprend pas de planchers non porteurs (c'est-à-dire que tous les planchers contribuent à la résistance ou à la solidité de l'ouvrage), il convient de prendre en compte seulement les cinq autres lots techniques pour déterminer si les travaux du second œuvre conduisent à la production d'un immeuble neuf.

3748 Huisseries extérieures – Ce sont les éléments (dormants et ouvrants) assurant la mise hors d'air du bâtiment tels que portes, fenêtres, fenêtres de toit, portes-fenêtres, vitrages, baies vitrées et verrières, et le cas échéant les systèmes de fermetures équipant ces éléments. Sont simplement exclues les portes de garage.

3749 Cloisons intérieures – Ce sont les cloisons distributives, fixes ou amovibles, sous forme d'éléments à maçonner ou de plaques à monter, quelle qu'en soit la nature (briques, parpaings, etc.) et la composition.

3750 Installations sanitaires et de plomberie – Ce sont les équipements sanitaires (baignoires, bacs à douche, cabines de douche, lavabos, éviers, bidets, WC, etc.), robinetterie, canalisations d'eau et/ou de gaz intérieures, équipements de production d'eau chaude.
Sont exclus les éléments de raccordement aux réseaux public ou d'assainissement non collectifs, les installations de captage d'eau et systèmes de récupération et de traitement des eaux pluviales lorsqu'ils sont raccordés à l'habitation.

3751 Installations électriques – Il s'agit de toutes les composantes du circuit électrique ainsi que les équipements de production d'énergie électrique dont les installations photovoltaïques.
Ne sont pas pris en compte les éléments de raccordement au réseau électrique.

3752 Système de chauffage – Sont visés les éléments intégrés à l'immeuble permettant de produire (chaudières, convecteurs électriques, inserts, foyers fermés, poêles, capteurs solaires, etc.), transporter, diffuser ou réguler la chaleur (tuyaux, gaines, radiateurs, etc.).
Ne sont pas considérés comme tels les éléments de raccordement aux réseaux de chaleur et les matériels de chauffage mobile.
Lorsqu'un équipement a cumulativement les fonctions de production de chaleur et d'eau chaude, l'équipement est à prendre en compte au titre du lot système de chauffage.

b) Agrandissement

3753 Vertical ou horizontal – L'agrandissement englobe tout à la fois l'agrandissement horizontal et l'agrandissement vertical. Autrement dit, il se traduit par une augmentation du volume extérieur du bâtiment.

3754 Critères – Faut-il ou non, pour considérer qu'il y a agrandissement, prendre en compte les critères figurant au 1° au 4° de l'article R. 262-1 du CCH ? À notre avis, c'est une réponse négative qui doit être apportée. En effet, d'une part, les 1° à 4° de l'article R. 262-1 du CCH ont été conçus pour apprécier l'existence d'une restructuration complète de l'immeuble. D'autre part, l'article 257, I, du CGI, dont est inspiré l'article R. 262-1 du CCH, distingue la surélévation d'un côté et de l'autre les travaux rendant à l'état neuf un certain nombre d'éléments.

3° Application

3755 Critère distinctif – Pour éviter un choix erroné quant au contrat à conclure, le notaire peut exiger du vendeur qu'il lui remette une attestation d'un homme de l'art précisant que les travaux devant être réalisés n'entraîneront ni agrandissement ni restructuration complète de l'immeuble au sens de l'article R. 262-1 du CCH. Si une telle attestation lui est remise, c'est alors une vente d'immeuble à rénover qui doit être conclue. Dans le cas contraire, c'est une vente en l'état futur d'achèvement qui liera vendeur et acquéreur.

II. Contrat de vente d'immeuble à rénover

A. – FORME ET CONTENU DE L'ACTE

1° Forme

3756 L'article L. 262-4 du CCH impose que la vente d'immeuble à rénover soit conclue par acte authentique. Il s'agit d'une condition de validité de la vente.

Conseil pratique **L'article L. 262-4 du CCH imposant le recours à la forme authentique afin de protection de l'acquéreur, il convient que la procuration qu'il donne soit établie par acte authentique. À l'inverse, la procuration donnée par le vendeur pourra l'être par acte sous seing privé.**

2° Contenu

3757 La vente d'immeuble à rénover doit comporter un certain nombre d'indications. Leur absence peut entraîner la nullité du contrat qui ne peut être invoquée que par l'acquéreur *(CCH, art. L. 262-4)*.

3758 Détails – Ces indications concernent :
- la description, les caractéristiques de l'immeuble ou de la partie d'immeuble vendu et, le cas échéant, la superficie de la partie privative du lot (...) en application de l'article 46 de la loi n° 65-557 du 10 juillet 1965 fixant le statut de la copropriété des immeubles bâtis ;
- la description des travaux à réaliser en précisant, le cas échéant, les travaux concernant les parties communes et ceux concernant les parties privatives ;
- le prix de l'immeuble ;
- le délai de réalisation des travaux ;
- la justification de la garantie financière d'achèvement des travaux fournie par le vendeur ;
- les justifications des assurances de responsabilité et de dommages souscrites par le vendeur.

Le contrat doit en outre comporter, en annexe ou par référence à des documents déposés chez un notaire, les indications utiles relatives à la consistance et aux caractéristiques techniques des travaux *(CCH, art. R. 262-8)*.

3759 Annexes – Lorsqu'est vendu un lot de copropriété à rénover, l'alinéa 5 de l'article R. 262-8 du CCH impose d'annexer au contrat de vente un plan côté du local vendu et une notice indiquant les éléments d'équipements propres à ce local. Par ailleurs, il y a lieu d'annexer l'attestation établie par un homme de l'art relatif à la répartition du prix de l'immeuble entre celui de l'existant et celui des travaux *(CCH, art. R. 262-9)*.

3760 Annexes ou dépôts – S'agissant de la consistance et des caractéristiques de l'immeuble, celles-ci doivent être définies par des documents qui seront soit annexés à l'acte soit déposés.
Pour ce qui concerne la consistance de l'immeuble, ces documents correspondent :
- aux plans avec les cotes utiles c'est-à-dire un plan faisant apparaître des distances chiffrées, indiquant les dimensions et les différentes parties de l'immeuble qu'il est supposé représenter ;
- à l'indication des surfaces de chacun des pièces et des dégagements ainsi que des hauteurs de plafond *(CCH, art. R. 262-8)*.

S'agissant des caractéristiques de l'immeuble, sera annexé ou déposé soit un devis descriptif servant de base aux marchés soit une notice descriptive conforme à un modèle type agréé par un arrêté ministériel *(CCH, art. R. 262-8)*.

Enfin, si l'immeuble est compris dans un ensemble immobilier, un plan faisant apparaître le nombre de bâtiments de cet ensemble, leur emplacement et le nombre d'étages de chacun d'eux doit également être annexé ou déposé *(CCH, art. R. 262-8)*.

3761 Diagnostics techniques – Tous les diagnostics techniques devant être fournis lors de la vente d'un immeuble existant devront également l'être lorsqu'il s'agira d'une vente d'immeuble à rénover : le dossier d'intervention ultérieur sur l'ouvrage (DIUO) et le dossier de diagnostic technique *(CCH, art. L. 271-4. – V. n° **1971** et s.)*.

3762 Règlement de copropriété – L'article L. 262-4 du CCH impose que le règlement de copropriété soit communiqué à chaque acquéreur préalablement à la signature du contrat et en tout état de cause, remis lors de la signature du contrat.

Conseil pratique Il convient d'indiquer dans l'acte définitif que l'acquéreur a pris connaissance préalablement à la signature du règlement de copropriété. De même, il faut préciser que le règlement de copropriété lui a été remis lors de la signature du contrat ou antérieurement.

3763 Assurances construction – L'article L. 262-4, f), du CCH impose que le vendeur justifie des assurances de responsabilité et de dommages dès lors qu'il est tenu de les souscrire, c'est-à-dire lorsque les travaux réalisés entrent dans le champ de la garantie décennale de l'article 1792 du Code civil.
Pour l'assurance responsabilité décennale, la justification doit nécessairement prendre la forme d'une attestation conforme à un modèle d'attestation d'assurance, comprenant des mentions minimales, prévu par l'article L. 243-2 du Code des assurances, modèle créé par un arrêté du 5 janvier 2016. Les articles A. 243-2 et A. 243-4 du Code des assurances précisent les mentions devant figurer dans l'attestation, pour le premier, lorsqu'il s'agit d'un contrat d'assurance de responsabilité décennale souscrit à titre individuel et, pour le second, lorsqu'un s'agit d'un contrat collectif d'assurance de responsabilité décennale.
Pour l'assurance dommages-ouvrage, il n'est pas prévu de modèle spécifique. Il faut exiger la remise de la police d'assurance ainsi que les quittances des primes.

Conseil pratique En présence d'éléments de nature à faire naître un doute sur l'existence et l'étendue des assurances obligatoires, le notaire est tenu de se livrer à des diligences complémentaires pour s'assurer de leur réalité *(Cass. 1re civ., 27 juin 2018, n° 17-18.582, FS-P+B : JurisData n° 2018-011315 ; JCP N 2018, n° 28, act. 628)*.

3764 Superficie de la partie privative – L'acte de vente doit indiquer la superficie de la partie privative du lot ou de la fraction du lot en application de l'article 46 de la loi du 10 juillet 1965. Lorsque la surface doit varier en raison des travaux à réaliser, il est préconisé de préciser à l'acquéreur la surface « Carrez » telle qu'elle existe avant la vente et telle qu'elle sera après réalisation des travaux *(G. Rouzet, Vente d'immeuble à rénover et loi « Carrez » : Defrénois 2009, p. 1209)*.

3° Sanction

3765 En cas d'inobservation des règles de forme, la sanction est la nullité du contrat. Cette nullité ne pourra être demandée que par l'acquéreur avant la livraison des travaux *(CCH, art. L. 262-4)*.

B. – RÉGIME

3766 La vente d'immeuble à rénover est soumise tout à la fois au droit commun de la vente tel qu'il résulte des articles 1582 à 1593 du Code civil et aux règles spécifiques énoncées dans les articles L. 262-1 à L. 262-11 et R. 262-1 à R. 262-15 du CCH.

1° Prix de vente

a) Éléments du prix

3767 Scission du prix – Le prix de l'immeuble est le prix payé par l'acquéreur incluant celui de l'existant au jour de la vente et celui des travaux devant être réalisés par le vendeur. Les documents contractuels distinguent ces deux parties du prix *(CCH, art. R. 262-9)*. Un homme de l'art doit intervenir pour attester de la réalité de la répartition du prix de l'immeuble entre celui de l'existant et celui des travaux. L'attestation est annexée aux documents contractuels.

b) Modalités de paiement

3768 Paiement du prix – Le prix de l'existant et celui des travaux étant différents, les modalités de paiement ne sont pas les mêmes.

3769 Paiement de l'existant – Le prix de l'existant, donc de l'immeuble à rénover, est payé lors de la signature du contrat, du moins si la vente n'est pas conclue sous condition suspensive, auquel cas, le paiement ne pourra intervenir qu'une fois la condition suspensive réalisée *(CCH, art. R. 262-10)*.

3770 Paiement des travaux – Le paiement des travaux est fonction de leur avancement. Un échelonnement selon trois stades de construction est prévu, la somme des paiements relatifs au prix des travaux ne pouvant excéder :
- 50 % à l'achèvement des travaux représentant la moitié du prix total des travaux ;
- 95 % à l'achèvement de l'ensemble des travaux ;
- 100 % à la livraison sauf consignation en cas de défaut de conformité ou de vices apparents mentionnés dans le procès-verbal de livraison.

Pour la protection de l'acquéreur, il est prévu que la constatation de l'achèvement des deux stades de travaux correspondant aux pourcentages de 50 % et 95 % doit être également faite par un homme de l'art.

Conseil pratique **L'article R. 262-10 du CCH ne précisant pas le lieu de consignation, il peut être fixé conventionnellement dans le contrat de vente.**

3771 Pénalités de retard – Le contrat peut comporter des pénalités en cas de retard dans les paiements mais celles-ci ne peuvent excéder le taux de l'intérêt légal en vigueur au moment de sa conclusion majoré de 2 points.

3772 Révision – Il est possible de prévoir dans le contrat la révision du prix mais celle-ci ne peut porter que sur le montant des travaux. En outre, l'article R. 262-11 du CCH précise que l'indice auquel les parties doivent se référer est l'indice national du bâtiment tous corps d'état dénommé BT 01.
Lorsque la révision intervient, elle s'applique sur chaque paiement ou dépôt dans une limite de 70 % de la variation de l'indice BT 01 *(CCH, art. R. 262-11)*. Pour apprécier cette variation, il convient d'effectuer une comparaison entre le dernier indice publié au jour de la signature du contrat et le dernier indice publié avant la date de chaque paiement ou dépôt *(CCH, art. L. 262-5)*.

2° Réalisation des travaux

3773 Pouvoirs du vendeur – Le vendeur conserve dans la vente d'immeuble à rénover les pouvoirs de maître d'ouvrage jusqu'à la réception des travaux. Lui seul peut choisir les architectes, entrepreneurs et autres techniciens, arrêter librement les conventions passées avec eux et effectuer la réception des travaux qu'ils ont faits ou dirigés, y compris les travaux nécessaires à la levée des réserves. Il peut également faire toute demande d'autorisation ou déclaration prévue au Code de l'urbanisme nécessaire à la réalisation des travaux *(CCH, art. R. 262-3)*.

Remarque Le vendeur ne peut, en s'appuyant sur l'article R. 262-3 du CCH, effectuer de demandes d'autorisations d'urbanisme qui auraient pour objet de modifier ce qui a été contractuellement prévu.

3774 Mandat – Le contrat de vente d'immeuble à rénover peut être assorti d'un mandat. Les actes entrant dans le cadre de ce mandat doivent d'être indispensables à la réalisation des travaux prévus *(CCH, art. R. 262-2)*. Il permet de compléter les pouvoirs dont dispose le vendeur en qualité de maître d'ouvrage afin que celui-ci puisse passer des actes de disposition mais uniquement en vue de pouvoir achever les travaux.
Deux types de mandat sont prévus :
- le premier est un **mandat spécial** consenti afin de permettre au vendeur de passer des actes de disposition affectant les biens et droits vendus. Ces actes doivent être indispensables à la réalisation des travaux. Le mandat doit indiquer spécialement la nature, l'objet et les conditions des actes en vue desquels il est donné ;
- le second est un **mandat général**. Il est consenti en vue de passer tous les actes de disposition portant uniquement sur des parties communes. Les actes que le vendeur entend passer doivent être nécessaires pour satisfaire aux prescriptions d'urbanisme ou aux obligations imposées par l'autorisation d'urbanisme délivrée pour les travaux portant sur le bâtiment faisant l'objet de la vente auxquelles pourrait être subordonnée la délivrance d'une telle autorisation pour les travaux sur d'autres bâtiments concernés par le mandat ou assurer la desserte de ces immeubles ou leur raccordement avec les réseaux de distribution et les services publics.

3775 Achèvement des travaux – Les travaux de rénovation sont réputés achevés au sens des articles L. 262-7, R. 262-10 et R. 262-13 du CCH lorsque ceux prévus au contrat, mentionnés à l'article L. 262-1 du CCH, sont exécutés. Pour l'appréciation de cet achèvement, ne sont pris en considération ni les défauts de conformité avec les prévisions du contrat lorsqu'ils n'ont pas un caractère substantiel, ni les malfaçons qui ne rendent pas les ouvrages nouveaux impropres à leur utilisation.
L'achèvement des travaux fait l'objet d'un constat qui résulte de la déclaration certifiée par un homme de l'art, désigné par accord entre les parties. En cas de désaccord entre les parties, l'achèvement des travaux est constaté par une personne qualifiée, désignée par ordonnance sur requête, non susceptible de recours, du président du tribunal de grande instance du lieu de situation de l'immeuble parmi celles que le tribunal commet habituellement.

3776 **Délai d'achèvement des travaux** – Le délai d'achèvement des travaux, qui doit être distingué du délai de livraison, doit être indiqué dans le contrat *(CCH, art. L. 262-4)*. Si le vendeur ne respecte pas ce délai, l'acquéreur pourra réclamer, sur le fondement des articles 1227 et 1228 du Code civil, la résolution du contrat et/ou des dommages et intérêts ainsi que l'application de la clause pénale prévue au contrat.

3777 **Réception des travaux** – Cette procédure est assurée par le vendeur selon les modalités de l'article 1792-6 du Code civil et a lieu pour l'ensemble des travaux à une date unique *(CCH, art. R. 262-5)*. Elle constitue le point de départ de toutes les garanties de désordres.

3778 **Livraison** – Le vendeur est tenu de délivrer un immeuble conforme aux prévisions contractuelles. Pour s'en assurer, une fois les travaux achevés et réceptionnés, le vendeur doit convoquer l'acquéreur ou son mandataire afin de procéder à l'établissement du procès-verbal de livraison des travaux *(CCH, art. R. 262-6)*. Cette convocation est notifiée à l'acquéreur ou à son mandataire par lettre recommandée avec demande d'avis de réception reçue au moins 15 jours avant la date prévue pour la livraison ou par tout autre moyen présentant des garanties équivalentes pour la détermination de la date de réception ou de remise. À cette convocation, devra être annexé le procès-verbal de réception des travaux. L'acquéreur sera ainsi informé des réserves émises par le vendeur lors de la réception des travaux. Si l'acquéreur est absent, la constatation de la livraison des travaux sera faite par une personne qualifiée désignée par ordonnance sur requête non susceptible de recours, du président du tribunal de grande instance du lieu de l'immeuble parmi celles que le tribunal commet habituellement.
Les vices de construction ou les défauts de conformité apparents affectant les travaux doivent être dénoncés dans l'acte de livraison des travaux ou dans un délai d'un mois après cette livraison.

3° Garanties dues par le vendeur

3779 **Garantie des désordres apparents** – La garantie des désordres apparents s'applique sans qu'il n'y ait aucune distinction à effectuer entre vice et défaut de conformité apparents *(CCH, art. L. 262-3)*. Les désordres doivent être dénoncés dans l'acte de livraison des travaux ou dans un délai d'un mois après cette livraison. L'acquéreur ne peut demander la résolution de la vente d'immeuble à rénover en raison d'un vice ou d'un défaut de conformité apparent et seulement obtenir réparation.

3780 **Garanties décennale et biennale** – L'article L. 262-2 du CCH dispose que « *le vendeur est tenu pour les travaux mentionnés au premier alinéa de l'article L. 262-1, par les garanties prévues par les articles L. 111-13, L. 111-15 et L. 111-16, dès lors que les travaux entrent dans le champ d'application de ces articles* ». Il en résulte que le vendeur d'immeuble à rénover sera tenu de souscrire une assurance responsabilité décennale et une assurance dommages-ouvrage chaque fois que les travaux entreront dans le champ de la garantie décennale.

Conseil pratique **Pour déterminer si le vendeur est tenu de la garantie décennale, il y a lieu de prendre en compte l'importance des travaux réalisés. S'il s'agit d'une rénovation lourde, sans que celle-ci n'entraîne pour autant restructuration complète de l'immeuble, le vendeur sera tenu des garanties décennale et biennale et donc de justifier de la souscription des assurances construction (*Cass. 3e civ., 21 juin 2018, n° 17-19.762 : JurisData n° 2018-013716*). Il en ira de même si le vendeur a fait procéder à l'installation d'un élément d'équipement (*Cass. 3e civ., 26 oct. 2017, n° 16-18.120 : JurisData n° 2017-021121 ; JCP N 2017, n° 45, act. 934 ; Resp. civ. et assur. 2018, comm. 51, note H. Groutel ; RGDA 2017, note P. Dessuet*).**

3781 **Garantie des vices cachés** – Les articles 1641 et 1642 du Code civil s'appliqueront à l'existant. Par conséquent, l'acquéreur devra formuler les réserves nécessaires lors de la livraison relativement aux vices apparents. Et, en tant que professionnel ou parce qu'il réalise lui-même les travaux, le vendeur ne pourra se prévaloir d'une clause d'exonération des vices cachés.
Relativement aux travaux réalisés, l'article L. 262-1 du CCH précisant en son dernier alinéa que la vente d'immeuble à rénover est soumise aux dispositions relatives à la vente d'immeubles existants, le vendeur, dès lors que les conditions d'application des garanties décennales et biennales ne sont pas remplies, ne pourra être actionné que pour défaut de conformité ou vice caché.

3782 **Garantie d'isolation phonique** – Les contrats de louage d'ouvrage ayant pour objet la construction de bâtiments d'habitation sont réputés contenir les prescriptions légales ou réglementaires relatives aux exigences minimales requises en matière d'isolation phonique. Les travaux de nature à satisfaire à ces exigences relèvent de la garantie de parfait achèvement visée à l'article 1792-6 du Code civil *(CCH, art. L. 111-11)*. Le vendeur ou le promoteur immobilier est garant à l'égard du premier occupant de chaque logement, de la conformité à ces exigences pendant 1 an à compter de la prise de possession. Suivant l'importance des travaux réalisés, le vendeur d'immeuble à rénover sera tenu d'une telle garantie *(Cass. 3e civ., 12 févr. 1997, n° 95-10.928)*.

3783 **Exclusion de la garantie de parfait achèvement** – Le vendeur d'immeuble à rénover n'est pas tenu de la garantie de parfait achèvement de l'article 1792-6, alinéa 2, du Code civil qui pèse uniquement sur les entrepreneurs qui sont intervenus pour la réalisation des travaux, contre lesquels tant le vendeur que les acquéreurs successifs pourront agir *(Cass. 3e civ., 30 mars 1994, n° 92-17.225 : JurisData n° 1994-000697 ; Bull. civ. III, n° 69)*.

VENTES ET CLAUSES PARTICULIÈRES

4° Assurance de responsabilité civile

3784 Le vendeur a l'obligation de contracter une assurance de responsabilité civile professionnelle *(CCH, art. L. 111-6-2-1)*. Le notaire doit vérifier lors de la vente que cette assurance a bien été souscrite en exigeant la remise d'une attestation d'assurance.

5° Garantie d'achèvement des travaux

3785 Cautionnement – L'article R. 262-12 du CCH fait obligation au vendeur de fournir une garantie d'achèvement. Elle ne peut résulter que d'une convention de cautionnement fournie par un établissement de crédit ou par une entreprise d'assurance agréée à cet effet.

3786 Objet – Le garant s'oblige envers l'acquéreur, solidairement avec le vendeur, à payer les sommes nécessaires à l'achèvement des travaux prévus au contrat (*CCH, art. R. 262-12*). Aucune limitation ne peut être prévue conventionnellement, qu'elle soit relative au temps ou aux sommes à engager.

3787 Administrateur *ad hoc* – Le garant peut faire désigner un administrateur *ad hoc* par ordonnance sur requête *(CCH, art. L. 261-10-1 et L. 262-7. - V. n° **3836**)*.

3788 Fin de la garantie – Cette garantie prend fin à la constatation de l'achèvement par l'homme de l'art prévue à l'article R. 262-4 du CCH *(CCH, art. R. 262-13)*.

6° Cession du contrat

3789 Le contrat de vente d'immeuble à rénover peut être cédé pendant la période des travaux *(CCH, art. L. 262-6)*. La formule de substitution de plein droit du cessionnaire dans les droits et obligations du cédant qui est utilisée, permet de conclure que le vendeur n'aura pas à intervenir pour accepter la cession. Il ne peut d'ailleurs s'y opposer.

3790 Obligations du cessionnaire – Le cessionnaire, étant substitué au cédant, va être tenu de respecter l'exécution du contrat. Il devra ainsi poursuivre les paiements, conformément à l'article R. 262-10 du CCH.

3791 Mandats – Les mandats consentis au vendeur vont se poursuivre et seront donc opposables au cessionnaire, de plein droit. Ce mandat pourra être celui consenti afin d'accroître les pouvoirs du vendeur mais il pourra également s'agir de tout autre mandat.

Pour aller plus loin

Formules
- JCl. Notarial Formulaire, V° Ventes d'immeubles à rénover, fasc. 15, par A.-J. Casagrande et V. Zalewski-Sicard

Fiches pratiques
- Fiche pratique n° 1806 : Rédiger une vente d'immeubles à construire, par D. Boulanger
- Fiche pratique n° 1807 : Rédiger une vente d'immeubles à rénover, par D. Boulanger

Commentaires
- JCl. Notarial Formulaire, Synthèse 1530 : Vente d'immeuble à construire et vente d'immeuble à rénover, par F. Magnin et V. Zalewski-Sicard
- JCl. Notarial Formulaire, V° Ventes d'immeubles à rénover, fasc. 8, par H. Perinet-Marquet
- JCl. Notarial Formulaire, V° Ventes d'immeubles à rénover, fasc. 10 (fiscalité), par Th. Delesalle
- JCl. Civil Code, Art. 1601-1 à 1601-4, fasc. 40, Vente d'immeuble à rénover par F. Magnin

Revues
- J.-M. Berly, Le décret n° 2010-1128 du 27 septembre 2010 relatif aux ventes d'immeubles à construire ou à rénover : RD imm. 2010, p. 520
- N. Bernard, V. Zalewski-Sicard, La rénovation et le choix du contrat de vente après la loi ENL : Administrer 2007, 29
- B. Golfier, Vente d'immeubles à rénover et vente d'immeubles à construire : RD imm. 2007, p. 31
- O. Herrnberger, La vente d'immeuble à rénover – Enfin un statut légal : JCP N 2006, n° 47, 1357
- B. Mallet-Bricout, Le nouveau contrat : la vente d'immeubles à rénover : RD imm. 2007, p. 17
- Ph. Malinvaud, Les nouvelles règles de responsabilité du rénovateur : RD imm. 2007, p. 39
- H. Périnet-Marquet, Le nouveau statut de la vente d'immeubles à rénover : RD imm. 2006, p. 329
- C. Sizaire, Entrée en vigueur de la vente d'immeubles à rénover : régime applicable et premières interrogation : Constr.-Urb. 2009, étude 2
- D. Sizaire, Vente d'immeubles à rénover : Constr.-Urb. 2006, étude 11

Vente d'immeuble à construire

Vente en l'état futur d'achèvement

3792 La vente d'immeubles à construire est celle par laquelle le vendeur s'oblige à édifier un immeuble dans un délai déterminé par le contrat. Elle peut être conclue à terme ou en l'état futur d'achèvement.

3793 Définition – La vente en l'état futur d'achèvement est le contrat par lequel le vendeur transfère immédiatement à l'acquéreur ses droits sur le sol ainsi que la propriété des constructions existantes. Les ouvrages à venir deviennent la propriété de l'acquéreur au fur et à mesure de leur exécution ; l'acquéreur est tenu d'en payer le prix à mesure de l'avancement des travaux *(C. civ., art. 1601-3)*.

3794 Distinction – Les dispositions applicables à la vente en l'état futur d'achèvement diffèrent suivant que l'immeuble vendu est à usage d'habitation ou professionnel et d'habitation ou à un autre usage. Aussi, convient-il de distinguer les ventes conclues en secteur libre (*V. n°* ***3850*** *et s.*) de celles conclues en secteur protégé (*V. n°* ***3795*** *et s.*).
Sur le contrat préliminaire de réservation, *V. n°* ***539*** *et s.*

Attention **Lorsque le notaire a connaissance de difficultés quant au programme commercialisé (retard, résolution de ventes antérieures, etc.), il doit en informer le futur acquéreur, préalablement à la conclusion du contrat (*Cass. 1re civ., 6 juin 2018, n° 17-15.261*).**

I. Secteur protégé

3795 Tout contrat ayant pour objet le transfert de propriété d'un immeuble ou d'une partie d'immeuble à usage d'habitation ou à usage professionnel et d'habitation et comportant l'obligation pour l'acheteur d'effectuer des versements ou des dépôts de fonds avant l'achèvement de la construction doit, à peine de nullité, revêtir la forme soit d'une vente en l'état futur d'achèvement soit d'une vente à terme *(CCH, art. L. 261-10)*. Lorsque le vendeur perçoit une partie du prix tout en pouvant l'utiliser avant l'achèvement de l'immeuble, c'est une vente en l'état futur d'achèvement qui doit être conclue.

Attention **La conclusion d'une vente autre qu'une vente en l'état futur d'achèvement est sanctionnée par la nullité du contrat *(CCH, art. L. 261-10)*. Cette nullité est une nullité relative ne pouvant être demandée que par l'acquéreur *(Cass. 3e civ., 4 oct. 2018, n° 16-22.095, P+B : JurisData n° 2018-016969 : JCP N 2018, n° 42, act. 811 ; JCP N 2018, n° 43-44, 1327, note. V. Zalewski-Sicard)*.**

A. – CHAMP D'APPLICATION DU SECTEUR PROTÉGÉ

3796 La conclusion d'une vente en l'état futur d'achèvement respectueuse des articles L. 261-10 et suivants du CCH s'impose dès lors que les conditions énoncées par ledit article sont réunies et ce indépendamment de la dénomination qu'auront retenue les parties.

3797 Usage d'habitation ou professionnel et d'habitation – *V. n°* ***3734***

3798 Transfert de propriété – La vente en l'état futur d'achèvement comme toute vente, implique un transfert de propriété. L'article L. 261-10 du CCH apporte des précisions à cet égard, relativement au champ d'application du secteur protégé. En effet, la conclusion d'une vente en l'état futur d'achèvement est imposée à *« celui qui s'oblige à édifier ou à faire édifier un immeuble... lorsqu'il procure directement ou indirectement le terrain ou le droit de construire sur le terrain à celui qui contracte... »*.
Il existe toutefois trois exceptions à cette obligation de conclure une vente en l'état futur d'achèvement :
- lorsqu'il y a eu conclusion d'un contrat de construction de maison individuelle avec fourniture de plan si la fourniture du terrain est indirecte *(CCH, art. L. 231-5)* ;
- lorsque la société acquéreuse est une **société de construction-vente ou une société d'attribution ou une société coopérative** ;
- lorsque celui qui procure le terrain ou le droit à construire est un **organisme d'habitations à loyer modéré agissant comme prestataire de service**.

VENTES ET CLAUSES PARTICULIÈRES

Pour aller plus loin

- J. Hugot et D. Sizaire, Le contrat de construction d'une maison individuelle : Litec, 1992, n° 82, p. 46
- C. Pons, Le contrat de construction de maison individuelle : Litec, 2006, n° 56, p. 31
- B. Stemmer, Le lien entre la vente du terrain et la construction, critères d'application des ventes d'immeubles à construire : JCP N 1984, prat. 8912
- B. Terrier-Lavirotte, Construction sur terrain procuré par une société interposée : Les cahiers du Cridon-Lyon, n° 29/2000, p. 21
- J.-L. Viguier, Le terrain procuré : JCP N 1986, prat. p. 143
- V. Zalewski-Sicard, Le terrain procuré : Revue des juristes du Cridon Sud-Ouest, fiche 656, avril 2011, n° 163

B. – CONTRAT DE VENTE EN L'ÉTAT FUTUR D'ACHÈVEMENT

1° Forme et contenu de l'acte

a) Forme

3799 L'article L. 261-11 du CCH impose que la vente d'immeuble en l'état futur d'achèvement soit conclue par acte authentique. Il s'agit d'une condition de validité de la vente.

Conseil pratique L'article L. 261-11 du CCH imposant le recours à la forme authentique afin de protection de l'acquéreur, il convient que la procuration qu'il donne soit établie par acte authentique. À l'inverse, la procuration donnée par le vendeur pourra l'être par acte sous seing privé.

b) Contenu

3800 La vente en l'état futur d'achèvement doit comporter un certain nombre d'indications. Leur absence peut entraîner la nullité du contrat qui ne peut être invoquée que par l'acquéreur, ce avant l'achèvement des travaux *(CCH, art. L. 261-11)*.

3801 Détails – Ces indications concernent :
- la description, les caractéristiques de l'immeuble ou de la partie d'immeuble vendu ;
- le prix, les modalités de paiement, le caractère révisable et les modalités de la révision ;
- le délai de livraison ;
- la justification de la garantie financière d'achèvement ou de remboursement ;
- les justifications des assurances de responsabilité et de dommages souscrites par le vendeur.

Le contrat doit en outre comporter, en annexes ou par référence à des documents déposés chez un notaire, les indications utiles relatives à la consistance et aux caractéristiques techniques de l'immeuble *(CCH, art. L. 261-11)*.

Attention Lorsque l'acquéreur entend bénéficier au titre de son acquisition de la réduction d'impôt prévue à l'article 199 novovicies du Code général des impôts, selon le X bis de l'article précité, le montant définitif des frais et commissions directs et indirects effectivement imputés doit être indiqué dans l'acte.

3802 Annexes – Lorsqu'est vendue une partie d'immeuble, l'article R. 261-13 du CCH impose d'annexer au contrat de vente un plan côté du local vendu et une notice indiquant les éléments d'équipements propres à ce local.

3803 Annexes ou dépôts – S'agissant de la consistance et des caractéristiques de l'immeuble, celles-ci doivent être définies par des documents qui seront soit annexés à l'acte soit déposés.

Pour ce qui concerne la consistance de l'immeuble, ces documents :
- correspondent aux plans avec les cotes utiles c'est-à-dire un plan faisant apparaître des distances chiffrées, indiquant les dimensions et les différentes parties de l'immeuble qu'il est supposé représenter ;
- précisent l'indication des surfaces de chacun des pièces et des dégagements ainsi que des hauteurs de plafond *(CCH, art. R. 261-13)* ;
- contiennent les coupes et élévations.

S'agissant des caractéristiques de l'immeuble, sera annexé ou déposé soit un devis descriptif servant de base aux marchés soit une notice descriptive conforme à un modèle type agréé par un arrêté ministériel *(CCH, art. R. 261-13)*.

Enfin, que si l'immeuble est compris dans un ensemble immobilier, un plan faisant apparaître le nombre de bâtiments de cet ensemble, leur emplacement et le nombre d'étages de chacun d'eux doit également être annexé ou déposé *(CCH, art. R. 261-13)*.

Attention La notice descriptive de l'article R. 261-13 du CCH et la note technique de l'article R. 261-25 du CCH ne doivent pas être confondues. La première correspond obligatoirement à un modèle type et les mentions qu'elle porte sont précises et engagent définitivement le vendeur. À l'inverse, la seconde est une note technique sommaire dont les éléments ne seront pas nécessairement repris dans la notice descriptive.

3804 Diagnostics techniques – S'agissant tout d'abord du dossier d'intervention ultérieur sur l'ouvrage (DIUO), l'article R. 4532-97 du Code du travail ne pouvant être respecté lors de la conclusion de l'acte de vente, le vendeur procédera au dépôt du descriptif dès qu'il sera en mesure de le faire auprès du notaire ayant dressé les actes de vente. Ce dernier en adressera ensuite une copie aux acquéreurs. Une clause de l'acte informera l'acquéreur de cette situation.
S'agissant du dossier de diagnostic technique, il doit être établi conformément à l'article L. 271-4 du CCH sachant que ce dernier texte précise relativement au diagnostic de performance énergétique qu'il n'est pas requis en cas de vente d'un immeuble à construire. Cette dispense lors de la conclusion de la vente n'est que temporaire. En effet, si ce diagnostic ne doit pas être annexé à l'acte, il devra être remis à l'acquéreur au plus tard au moment de la réception de l'immeuble, ainsi qu'il résulte de l'article L. 134-2 du CCH *(V. n° **2087** et s. – Y. Le Magueresse, Du diagnostic de performance énergétique en matière de vente en l'état futur d'achèvement : JCP N 2007, n° 41, 1256).*

3805 Règlement de copropriété – L'article L. 261-11 du CCH impose que le règlement de copropriété soit communiqué à chaque acquéreur préalablement à la signature du contrat et en tout état de cause, remis lors de la signature du contrat.

Conseil pratique Il convient d'indiquer dans l'acte définitif que l'acquéreur a pris connaissance préalablement à la signature du règlement de copropriété. De même, il faut préciser que le règlement de copropriété lui a été remis lors de la signature du contrat ou antérieurement.

3806 Assurances construction – Le vendeur doit justifier de la souscription des assurances construction, ce dès la notification du projet d'acte de vente si un contrat préliminaire de réservation a été signé.
Pour l'assurance responsabilité décennale, la justification doit nécessairement prendre la forme d'une attestation conforme à un modèle d'attestation d'assurance, comprenant des mentions minimales, prévu par l'article L. 243-2 du Code des assurances, modèle créé par un arrêté du 5 janvier 2016. Les articles A. 243-2 et A. 243-4 du Code des assurances précisent les mentions devant figurer dans l'attestation, pour le premier, lorsqu'il s'agit d'un contrat d'assurance de responsabilité décennale souscrit à titre individuel et, pour le second, lorsqu'un s'agit d'un contrat collectif d'assurance de responsabilité décennale.
Pour l'assurance dommages-ouvrage, il n'est pas prévu de modèle spécifique. Il faut exiger la remise de la police d'assurance ainsi que les quittances des primes.

Conseil pratique En présence d'éléments de nature à faire naître un doute sur l'existence et l'étendue des assurances obligatoires, le notaire est tenu de se livrer à des diligences complémentaires pour s'assurer de leur réalité *(Cass. 1re civ., 27 juin 2018, n° 17-18.582, FS-P+B : JurisData n° 2018-011315 ; JCP N 2018, n° 28, act. 628).*

c) Sanction

3807 En cas d'inobservation des règles de forme, la sanction est la nullité du contrat. Cette nullité ne pourra être demandée que par l'acquéreur avant l'achèvement des travaux *(CCH, art. L. 261-11).*

2° Régime

a) Prix de vente

3808 Prix global – L'article L. 261-11 du CCH indique uniquement que le contrat définitif doit préciser le prix et les modalités de paiement de celui-ci. Quant à l'article R. 261-14 du CCH, il vise l'échelonnement du prix, sans aucune distinction entre le prix du terrain et le prix des ouvrages à venir. Par conséquent, il n'y a nulle obligation de préciser ce que représente le coût du terrain dans le prix global prévu au contrat.

3809 Échelonnement – Le paiement du prix est fonction de l'avancement des travaux *(CCH, art. L. 261-3 et R. 261-14).* L'article R. 261-14 du CCH énonce que :
« Les paiements ou dépôts ne peuvent excéder au total :
35 % du prix à l'achèvement des fondations ;
70 % à la mise hors d'eau ;
95 % à l'achèvement de l'immeuble ;
le solde est payable lors de la mise du local à la disposition de l'acquéreur ; toutefois, il peut être consigné en cas de contestation sur la conformité avec les prévisions du contrat. »
Relativement à la mise à disposition du local, il peut être précisé que le vendeur ne peut soumettre la remise des clefs au paiement du solde du prix.

Conseil pratique L'article R. 261-14 du CCH ne précisant pas le lieu de consignation, il peut être fixé conventionnellement dans le contrat de vente *(V. Zalewski, La consignation dans la vente en l'état futur d'achèvement et dans la vente d'immeuble à rénover : Nota-Bene, Revue des juristes du Cridon Sud-Ouest, déc. 2011, fiche n° 679).* Comme dans la vente d'immeuble à rénover, il apparaît d'ailleurs tout à fait opportun de généraliser la nécessité de remise d'une attestation d'un homme de l'art avant chaque appel de fonds. Les vérifications que le notaire pourra alors effectuer en seront facilitées (sur celles-ci, *obs. de H. Périnet-Marquet : Defrénois 2017, p. 753).*

VENTES ET CLAUSES PARTICULIÈRES

3810 Versements intermédiaires – Rien n'interdit aux parties de prévoir des paliers intermédiaires, dès lors que les maximas ne sont pas dépassés *(P. Cornille et J.-G. Raffray, L'échelonnement des paiements du prix dans les contrats de construction du secteur protégé : JCP N 1986, I, 109. – Rép. Min. n° 92957, 1er mars 2011 : JOAN, p. 2047. – V. Zalewski, Les versements et dépôts dans la vente en état futur d'achèvement : Nota-Bene, mai 2011, Revue des juristes du Cridon Sud-Ouest, n° 164, fiche 662)*.

3811 Versements périodiques ou successifs – Les sommes à payer ou à déposer en cours d'exécution des travaux sont exigibles :
- soit par versements périodiques constants ;
- soit par versements successifs dont le montant est déterminé en fonction de l'avancement des travaux.

Les versements successifs doivent être préférés aux versements périodiques. En effet, dans l'hypothèse où les travaux seraient réalisés moins rapidement que ce qui avait été envisagé, la périodicité des versements ne pourra plus être respectée.

3812 Versement avant le début des travaux – L'article R. 261-14 du CCH ne fait aucune référence au paiement du terrain tandis que l'article L. 261-3 du CCH précise, relativement aux ouvrages à venir, que *« l'acquéreur est tenu d'en payer le prix à mesure de l'avancement des travaux »*. De cette rédaction, certains déduisent que, dès lors qu'il ne s'agit pas de réclamer le paiement des ouvrages à venir, rien n'interdit de demander le versement d'une partie du prix dès la signature de l'acte authentique ou dès après la réalisation de la condition suspensive et ce avant même tout commencement des travaux *(O. Tournafond, Les modalités de paiement du prix et ses questions dans la VEFA : RD imm. 2012, p. 53. –M. Dagot, La vente en l'état futur d'achèvement avant la réalisation des fondations : Defrénois 2010, p. 2361)*. Pour autant, en l'absence de jurisprudence en ce sens et compte tenu des sanctions pénales pouvant être encourues *(CCH, art. L. 263-1)*, il est préférable de ne prévoir de versements qu'en fonction de l'état d'avancement des travaux. Ainsi, si les travaux n'ont pas débuté lors de la conclusion de la vente, aucune somme ne peut être exigée *(J.-Ph. Tricoire et P.-J. Meyssan, La Vefa et la protection du « consommateur immobilier » : JCP N 2017, n° 30-34, 1244. – O. Tournafond, Le paiement du prix dans les contrats de construction, p. 27, in Le droit de la promotion immobilière 50 ans après la loi du 3 janvier 1967, (ss. dir.) de J.-Ph. Tricoire : Éd., Dalloz, 2017. – V. Zalewski-Sicard, Réflexions sur les aménagements à apporter aux dispositions relatives à la vente d'immeuble à construire : JCP N 2017, n° 30-34, 1245)*.

3813 Lieu du paiement – Les dispositions relatives à la vente en l'état futur d'achèvement n'apportent pas de précision sur le lieu de paiement. Une clause le précisera utilement. À cet égard, il y a lieu de tenir compte des exigences du garant qui peut imposer une clause de domiciliation *(Cass. com., 30 oct. 2007, n° 06-12.677 : JurisData n° 2007-041136 ; Bull. civ. IV, n° 227 ; RD imm. 2008, p. 34, obs. H. Heugas-Darraspen)*. Les versements doivent alors être effectués sur le compte bancaire visé dans le contrat accordant la garantie d'achèvement ou de remboursement et précisé dans chaque contrat de vente en l'état futur d'achèvement *(M. Dagot, Lieu de règlement des appels de fonds dans les ventes en état futur d'achèvement : JCP N 1993, 2461)*.

Conseil pratique **L'attention de l'acquéreur doit être attirée sur la nécessité de respecter le lieu de paiement prévu. Il doit être averti que toute remise de chèque ou versement en dehors du compte visé au contrat de vente ne sera pas libératoire *(Cass. 3e civ., 10 nov. 1999, n° 97-17.441 : JurisData n° 1999-003929 ; Bull. civ. III, n° 214 ; Constr.-Urb. 2000, comm. 89, D. Sizaire)*. De même, notaire et vendeur doivent respecter strictement le lieu de paiement convenu, au risque d'une condamnation pour abus de confiance (*Cass. crim., 12 sept. 2018, n° 17-82.316 : JurisData n° 2018-015404*).**

3814 Révision – Il est possible de prévoir dans le contrat la révision du prix. L'article R. 261-15 du CCH précise que l'indice auquel les parties doivent se référer est l'indice national du bâtiment tous corps d'état dénommé BT 01. Lorsque la révision intervient, elle s'applique sur chaque paiement ou dépôt dans une limite de 70 % de la variation de l'indice BT 01 *(CCH, art. R. 261-15)*. Pour apprécier cette variation, il convient d'effectuer une comparaison entre le dernier indice publié au jour de la signature du contrat et le dernier indice publié avant la date de chaque paiement ou dépôt *(CCH, art. L. 261-11-1)*.

3815 Pénalités de retard – Le contrat peut comporter des pénalités en cas de retard dans les paiements. Le taux de celle-ci ne peut excéder 1 % par mois.

3816 Résolution judiciaire – En cas de défaut de paiement, le vendeur peut agir afin d'obtenir le prononcé de la résolution du contrat si aucune clause résolutoire n'a été prévue.

3817 Clause résolutoire – Si dans le contrat de vente figure une clause résolutoire, le vendeur pourra se prévaloir de celle-ci. Il devra alors être tenu compte de l'article L. 261-13 du CCH. Ainsi, nonobstant toutes stipulations contraires, la clause de résolution de plein droit concernant les obligations de versement ou de dépôt prévues aux articles L. 261-10 à L. 261-12 ne produira effet qu'un mois après la date de la sommation ou du commandement de payer demeuré infructueux. Un délai peut être demandé par l'acquéreur pendant le mois ainsi imparti, conformément à l'article 1343-5 du Code civil. Les effets de la clause de résolution de plein droit sont suspendus pendant le cours des délais octroyés dans les conditions prévues à l'article 1343-5 du

Code civil. La clause est réputée n'avoir jamais joué si le débiteur se libère dans les conditions déterminées par le juge *(CCH, art. L. 261-13)*. Dans l'hypothèse où aucun délai n'est demandé par l'acquéreur ou si la demande de délai survient postérieurement au délai d'un mois, le juge n'ayant plus la possibilité d'accorder de délai sur le fondement de l'article 1343-5 du Code civil, la clause résolutoire jouera, sauf si est en cause le solde du prix, auquel cas l'offre de consignation fera obstacle au jeu de la clause résolutoire ou que peut être invoquée l'exception d'inexécution en raison de la mauvaise exécution des obligations du vendeur *(Cass. 3e civ., 28 janv. 2015, n° 14-10.963 : JurisData n° 2015-001153 ; Constr.-Urb. 2015, comm. 60, C. Sizaire ; Gaz. Pal. 2 juin 2015, n° 153, p. 17, n° 226f9, obs. V. Zalewski-Sicard ; RD imm. 2015, p. 415, obs. J.-Ph. Tricoire)*.

3818 Effets de la résolution – Des restitutions interviendront entre les parties. Les articles 1352 à 1352-9 du Code civil s'appliqueront à celles-ci. Par ailleurs, il y a lieu de tenir compte de l'article L. 261-14 du CCH qui précise que :

« Le contrat ne peut stipuler forfaitairement, en cas de résolution, le paiement, par la partie à laquelle elle est imputable, d'une indemnité supérieure à 10 % du prix.

Toutefois, les parties conservent la faculté de demander la réparation du préjudice effectivement subi. »

b) Réalisation de la construction

3819 Pouvoirs du vendeur – Le vendeur conserve dans la vente en l'état futur d'achèvement les pouvoirs de maître d'ouvrage jusqu'à la réception des travaux. Lui seul peut choisir les architectes, entrepreneurs et autres techniciens, arrêter librement les conventions passées avec eux et effectuer la réception des travaux qu'ils ont faits ou dirigés, y compris les travaux nécessaires à la levée des réserves *(CCH, art. R. 261-7)*.

Remarque Le vendeur ne peut effectuer de demandes d'autorisations d'urbanisme qui auraient pour objet de modifier ce qui a été contractuellement prévu.

3820 Mandat – Le contrat de vente en l'état futur d'achèvement peut être assorti d'un mandat. Les actes entrant dans le cadre de ce mandat doivent d'être indispensables à la réalisation de la construction *(CCH, art. R. 261-5)*. Il permet de compléter les pouvoirs dont dispose le vendeur en qualité de maître d'ouvrage afin que celui-ci puisse passer des actes de disposition mais ce uniquement en vue de pouvoir achever l'édification *(Cass. 3e civ., 20 janv. 2015, n° 13-26.498 : Gaz. Pal. 3 mars 2015, n° 62, p. 29, n° 214v9, obs. V. Zalewski-Sicard)*.
Deux types de mandat sont prévus :

- le premier est un **mandat spécial** consenti afin de permettre au vendeur de passer des actes de disposition affectant les biens et droits vendus. Ces actes doivent être indispensables à la réalisation de l'édification. Le mandat doit indiquer spécialement la nature, l'objet et les conditions des actes en vue desquels il est donné ;
- le second est un **mandat général**. Il est consenti en vue de passer tous les actes de disposition portant uniquement sur des parties communes. Les actes que le vendeur entend passer doivent être nécessaires pour satisfaire aux prescriptions d'urbanisme ou aux obligations imposées par l'autorisation d'urbanisme délivrée pour les travaux portant sur le bâtiment faisant l'objet de la vente ou auxquelles pourrait être subordonnée la délivrance d'une telle autorisation pour la construction des autres bâtiments concernés par le mandat ou assurer la desserte de ces immeubles ou leur raccordement avec les réseaux de distribution et les services publics. Ces limites ne peuvent être contournées par le biais d'une clause du règlement de copropriété dès lors que l'assemblée générale ne peut être privée par avance des pouvoirs d'administration et de disposition sur les parties communes, par application de l'article 43 de la loi du 10 juillet 1965 *(Cass. 3e civ., 11 févr. 2009, n° 07-21.318 : JurisData n° 2009-047096)*.

Attention **Aucune clause du contrat de vente ne peut conférer au vendeur le pouvoir de modifier unilatéralement le programme** ***(Cass. 3e civ., 5 juill. 2000, n° 98-20.857. – CA Paris, 7 mars 2007 : Constr.-Urb. 2007, comm. 93, D. Sizaire. – V. Zalewski-Sicard, VEFA, modifications et commercialisation du programme immobilier : LPA 14 oct. 2014, n° 205, p. 4)*.**

3821 Achèvement – Le vendeur est tenu d'achever l'immeuble. Il ne peut s'engager dans le secteur protégé, à ne livrer qu'un immeuble inachevé. Seuls des travaux de finition, de parachèvement peuvent être laissés à la charge de l'acquéreur.
Pour ce qui est de la notion d'achèvement, l'article R. 261-1 du CCH dispose que *« l'immeuble vendu à terme ou en l'état futur d'achèvement est réputé achevé au sens de l'article ... L. 261-11 du présent code lorsque sont exécutés les ouvrages et sont installés les éléments d'équipement qui sont indispensables à l'utilisation, conformément à sa destination, de l'immeuble faisant l'objet du contrat. Pour l'appréciation de cet achèvement, les défauts de conformité avec les prévisions du contrat ne sont pas pris en considération lorsqu'ils n'ont pas un caractère substantiel, ni les malfaçons qui ne rendent pas les ouvrages ou éléments ci-dessus précisés impropres à leur utilisation »*. Ainsi, l'immeuble est considéré comme achevé dès lors qu'il est habitable conformément à sa destination contractuelle *(Cass. 3e civ., 23 févr. 2000, n° 98-18.382 : JurisData n° 2000-000818 ; Constr.-Urb. 2000, comm. 114, D. Sizaire)*.
La constatation de l'achèvement dans la vente en l'état futur d'achèvement ne fait pas l'objet de dispositions spécifiques. Elle peut donc résulter d'une déclaration unilatérale du vendeur puisqu'ainsi que l'a rappelé la

Cour de cassation, « dans les ventes en état futur d'achèvement, la constatation formaliste de l'achèvement de l'immeuble n'est prévue par la loi qu'en ce qui concerne la cessation de la garantie de bonne fin » *(Cass. 3e civ., 26 oct. 1988, n° 87-12.406 : JurisData n° 1988-702167 ; Bull. civ. III, n° 146)*. Il peut aussi être prévu une procédure de constatation amiable de l'achèvement. Le vendeur doit alors être informé que tant que cet accord ne sera pas intervenu, il ne pourra prétendre recevoir 95 % du prix de vente. Et le fait que l'acquéreur ait pris possession des lieux ne permettra pas nécessairement de considérer que l'immeuble est achevé. Il apparaît dès lors préférable de prévoir que le vendeur fera établir par un tiers, comme par exemple l'architecte du programme, un certificat d'achèvement qu'il remettra à l'acquéreur avant de procéder à l'appel de fonds correspondant.

3822 Réception des travaux – Cette procédure est assurée par le vendeur selon les modalités de l'article 1792-6 du Code civil. Elle constitue le point de départ de toutes les garanties de désordres.

3823 Délai de livraison – Le délai de livraison, doit être indiqué dans le contrat *(CCH, art. L. 261-11)*. L'article L. 261-11 du CCH ne vise pas une date de livraison mais un délai de livraison et, par conséquent, il n'oblige nullement à prévoir une date précise de livraison.
Une clause permettant de majorer le délai de livraison des jours d'intempérie, des jours de grève s'étendant à la profession ... peut être insérée au contrat de vente. Pour la Cour de cassation, en effet, une telle clause n'a ni pour objet, ni pour effet de créer, au détriment des acquéreurs non professionnels, un déséquilibre significatif entre les droits et obligations des parties au contrat et, partant, n'est pas abusive, du moins lorsque les parties ont convenu, pour l'appréciation des causes légitimes de retard, de s'en rapporter à un certificat établi, sous sa propre responsabilité, par le maître d'œuvre ou l'architecte ayant la direction des travaux *(Cass. 3e civ., 24 oct. 2012, n° 11-17.800 : JurisData n° 2012-023987 ; JCP N 2013, n° 16, 1096, S. Laporte-Leconte ; Constr.-Urb. 2012, comm. 182, C. Sizaire ; Gaz. Pal. 2 mars 2013, p. 44, n° 121e4, obs. V. Zalewski-Sicard ; RD imm. 2013, p. 93, obs. O. Tournafond. – S. Becqué-Ickowicz, VEFA et contrats de construction : quelle liberté contractuelle ? Les aménagements conventionnels possibles : Defrénois 30 juin 2014, p. 674, 116p4)*.

Attention Lorsque le vendeur entend se prévaloir d'une telle clause, il doit en informer l'acquéreur, sous peine de voir sa responsabilité engagée *(Cass. 3e civ., 29 mars 2018, n° 17-14.249)*.

Si le vendeur ne respecte pas le délai de livraison et ne peut invoquer une cause de majoration dudit délai, l'acquéreur pourra réclamer, sur le fondement des articles 1227 et 1228 du Code civil, la résolution du contrat et/ou des dommages et intérêts ainsi que l'application de la clause pénale prévue au contrat).

3824 Livraison conforme – Le vendeur est tenu de délivrer un immeuble conforme aux prévisions contractuelles. Il n'y aura livraison conforme que si et seulement si l'immeuble livré est en tous points conformes aux promesses contractuelles du vendeur. Il n'y a pas, en matière de conformité, à distinguer entre les divers défauts qui peuvent être relevés. En cas de discordance entre les différents documents contractuels, la Cour de cassation fait prévaloir la notice descriptive sur les autres annexes *(Cass. 3e civ., 18 mai 2017, n° 16-16.627, FS-P+B : JurisData n° 2017-009404 ; JCP N 2017, n° 42, 1290, F. Garcia ; Constr.-Urb. 2017, comm. 109, Ch. Sizaire ; RD imm. 2017, p. 480, J.-Ph. Tricoire)*.
Des **marges de tolérance** peuvent être prévues contractuellement. Celles-ci sont licites dès lors que le vendeur n'a pas le libre choix de procéder au remplacement de tel matériau ou tel équipement sans avoir à justifier de raisons particulières.

Exemple Ainsi, il pourra être prévu que dans l'hypothèse où le matériau initialement convenu viendrait à ne plus être fabriqué, le vendeur pourra y substituer tout autre matériau de qualité égale ou supérieure.
Par ailleurs, s'agissant de la surface de l'immeuble vendu, la Cour de cassation a expressément admis que l'article 1619 du Code civil s'appliquait aux ventes en l'état futur d'achèvement *(Cass. 3e civ., 8 oct. 2013, n° 12-23.275 : JurisData n° 2013-022258 ; Gaz. Pal. 17 déc. 2013, n° 351, p. 42, obs. V. Zalewski-Sicard ; RD imm. 2013, p. 594, obs. O. Tournafond et J.-Ph. Tricoire. – Cass. 3e civ., 25 mars 2015, n° 14-15.824 : JurisData n° 2015-006570 ; Gaz. Pal. 2 juin 2015, n° 153, p. 18, n° 226g1, obs. V. Zalewski-Sicard ; RD imm. 2015, p. 359, O. Tournafond et J.-Ph. Tricoire ; Constr.-Urb. 2015, comm. 97, C. Sizaire ; Defrénois 2016, p. 11, n° 122v7, obs. H. Périnet-Marquet. – C. Noblot, La contenance dans la VEFA : RD imm. 2015, p. 156)*. Ainsi, le vendeur peut toujours prévoir une marge de 5 % relativement à la surface de l'immeuble. Lorsque cette marge est dépassée, l'acquéreur peut exercer une action en diminution du prix avec un délai d'action qui va courir non pas à compter de la conclusion du contrat de vente mais à compter de la livraison du bien *(Cass. 3e civ., 11 janv. 2012, n° 10-22.924 : JurisData n° 2012-000226 ; Constr.-Urb. 2012, comm. 54, C. Sizaire ; JCP N 2012, n° 8-9, 1113, J.-J. Barbieri)*.

3825 Procédure de livraison – Les textes relatifs à la vente en l'état futur d'achèvement sont muets sur la procédure de livraison. Une clause précisant les modalités de la constatation de la livraison peut être stipulée au contrat. Il peut être envisagé de faire participer l'acquéreur à la réception des travaux ou de prévoir l'établissement d'un procès-verbal de livraison. Lorsqu'une telle clause est présente dans l'acte, elle doit être respectée tant par le vendeur que par l'acquéreur.

Pour aller plus loin

• Ch. Sizaire, La livraison dans la vente d'immeuble à construire : JCP N 2017, n° 30-34, 1248

c) Garanties dues par le vendeur

3826 **Garantie des désordres apparents** – La garantie des désordres apparents s'applique sans qu'il n'y ait aucune distinction à effectuer entre vice et défaut de conformité apparents *(C. civ., art. 1642-1)*. Le vendeur ne peut être déchargé, ni avant la réception des travaux, ni avant l'expiration d'un délai d'un mois après la prise de possession par l'acquéreur des désordres apparents. C'est avant l'expiration du délai d'un mois que devront apparaître les vices et les défauts apparents mais il n'est pas nécessaire que ce défaut ou ce vice soit dénoncé avant l'expiration de ce délai. Il est suffisant que l'action soit introduite, à peine de forclusion, dans l'année qui suit la date à laquelle le vendeur peut être déchargé des vices ou des défauts de conformité apparents *(C. civ., art. 1648, al. 2)*.
Il n'y a pas lieu à résolution du contrat ou à diminution du prix si le vendeur s'oblige à réparer.

3827 **Garanties décennale et biennale** – L'article 1646-1 du Code civil précise que *« le vendeur d'un immeuble à construire est tenu, à compter de la réception des travaux, des obligations dont les architectes, entrepreneurs et autres personnes liées aux maître de l'ouvrage par un contrat de louage d'ouvrage sont eux-mêmes tenus en application des articles 1792, 1792-1, 1792-2 et 1792-3 du présent code »*.

3828 **Garantie des vices cachés** – La garantie des vices cachés de l'article 1641 du Code civil n'est pas due par le vendeur d'un immeuble en l'état futur d'achèvement *(Cass. 3e civ., 11 janv. 2012, n° 09-66.521 : JurisData n° 2010-017798 ; Bull. civ. III, n° 178. – G. Durand-Pasquier, Le vendeur-constructeur dans la vente d'immeuble à construire : Actes prat. ing. immobilière 2015, dossier 24)*.

3829 **Garantie d'isolation phonique** – Les contrats de louage d'ouvrage ayant pour objet la construction de bâtiments d'habitation sont réputés contenir les prescriptions légales ou réglementaires relatives aux exigences minimales requises en matière d'isolation phonique. Les travaux de nature à satisfaire à ces exigences relèvent de la garantie de parfait achèvement visée à l'article 1792-6 du Code civil *(CCH, art. L. 111-11)*. Le vendeur ou le promoteur immobilier est garant à l'égard du premier occupant de chaque logement, de la conformité à ces exigences pendant 1 an à compter de la prise de possession. Le vendeur d'un immeuble en l'état futur d'achèvement est tenu d'une telle garantie.

3830 **Exclusion de la garantie de parfait achèvement** – Le vendeur d'un immeuble en l'état futur d'achèvement n'est pas tenu de la garantie de parfait achèvement de l'article 1792-6, alinéa 2, du Code civil qui pèse uniquement sur les entrepreneurs qui sont intervenus pour la réalisation des travaux, contre lesquels tant le vendeur que les acquéreurs successifs pourront agir *(Cass. 3e civ., 30 mars 1994, n° 92-17.225 : JurisData n° 1994-000697 ; Bull. civ. III, n° 69)*.

d) Garantie d'achèvement ou de remboursement

3831 Avant la conclusion de la vente en l'état futur d'achèvement, le vendeur souscrit une garantie financière de l'achèvement de l'immeuble ou une garantie financière du remboursement des versements effectués en cas de résolution du contrat à défaut d'achèvement *(CCH, art. L. 261-10-1)*.

Attention Les dispositions relatives aux garanties intrinsèques ont été abrogées par l'ordonnance n° 2013-890 du 3 octobre 2013 *(Ord. n° 2010-1128, 3 oct. 2013 : JO 4 oct. 2013, p. 16466)* et par le décret n° 2016-359 du 25 mars 2016 *(V. Zalewski-Sicard, VEFA et garantie financière. Un nouveau décret : JCP N 2016, n° 14, act. 487)*. Pour autant, les ventes en état futur d'achèvement intervenant dans les programmes de construction dont la demande de permis de construire a été déposée avant le 1er janvier 2015, ainsi qu'il résulte de l'article 3 de l'ordonnance du 3 octobre 2013, peuvent toujours être conclues avec uniquement une garantie intrinsèque.

1) Garantie d'achèvement

3832 **Forme** – La garantie extrinsèque d'achèvement peut prendre deux formes différentes :
- soit *« une ouverture de crédit par laquelle celui qui l'a consentie s'oblige à avancer au vendeur ou à payer pour son compte les sommes nécessaires à l'achèvement de l'immeuble »* ;
- soit *« une convention de cautionnement aux termes de laquelle la caution s'oblige, solidairement avec le vendeur, à payer les sommes nécessaires à l'achèvement de l'immeuble » (CCH, art. R. 261-21, al. 1er)*.

3833 **Garants** – L'article R. 261-17 du CCH précise que la garantie *« peut être fournie par une banque, un établissement financier habilité à faire des opérations de crédit immobilier, une entreprise d'assurance agréée à cet effet ou une société de caution mutuelle constituée conformément aux dispositions de la loi modifiée du 13 mars 1917, ayant pour objet l'organisation du crédit au petit et moyen commerce, à la petite et moyenne industrie »*.

VENTES ET CLAUSES PARTICULIÈRES

Attention Lorsque le garant n'est pas français, il convient de vérifier que la loi de la société concernée autorise celle-ci à délivrer une garantie extrinsèque d'achèvement prenant l'une des formes prévues par l'article R. 261-21 du CCH. Cette vérification peut être faite au moyen des statuts de la société et de la remise d'un certificat de coutume. Il faut également vérifier que l'article L. 511-23 du Code monétaire et financier a bien été respecté.

3834 Justification – L'attestation de la garantie établie par le garant doit être annexée au contrat *(CCH, art. L. 261-11)*.

3835 Objet – Le garant s'oblige envers l'acquéreur à payer les sommes nécessaires à l'achèvement de la construction. Elle peut être mise en œuvre par l'acquéreur en cas de défaillance financière du vendeur *(CCH, art. L. 261-10-1, al. 2)*.

Il ne peut opposer une clause prévoyant que les travaux sont garantis à hauteur d'un montant limité : il doit financer tous les travaux nécessaires à l'achèvement de l'immeuble même s'ils s'avèrent que ceux-ci ont un coût plus important que celui envisagé initialement. De même, il ne peut prévoir que la garantie est accordée pour un temps limité : celle-ci ne prendra fin qu'une fois l'achèvement constaté.

3836 Administrateur *ad hoc* – Le garant peut faire désigner un administrateur ad hoc par ordonnance sur requête. C'est au garant qu'il revient de le rémunérer *(CCH, art. L. 261-10-1)*.

Cet administrateur *ad hoc* :

- a pour mission de faire réaliser les travaux nécessaires à l'achèvement de l'immeuble ;
- dispose des pouvoirs du maître de l'ouvrage ;
- peut réaliser toutes les opérations qui concourent à l'achèvement de l'immeuble ;
- procède à la réception de l'ouvrage, au sens de l'article 1792-6 du Code civil ;
- doit être assuré en responsabilité décennale, en application de l'article L. 241-2 du Code des assurances.

3837 Sommes restant dues – Les sommes restant dues, ce même en cas d'ouverture d'une des procédures de traitement des difficultés des entreprises prévues par le livre VI du Code de commerce, doivent être versées au garant une fois que la garantie a été actionnée *(CCH, art. L. 261-10-1)*. La grille des paiements prévues à l'acte de vente et respectueuse de l'article R. 261-14 du CCH doit être respectée par le garant *(Cass. 3e civ., 15 sept. 2016, n° 15-21.772 : JurisData n° 2016-018686)*.

Attention Une fois la garantie mise en œuvre, il ne doit être répondu qu'aux appels de fonds du garant.

3838 Fin de la garantie – Le garant ne peut être libéré qu'une fois constaté l'achèvement au sens de l'article R. 261-1 du CCH. La personne qui constate l'achèvement doit remettre au vendeur une attestation d'achèvement, en trois exemplaires originaux, établie conformément au modèle défini par l'arrêté du 17 mai 2016 *(V. Zalewski-Sicard, Une nouvelle attestation pour la vente d'immeuble à construire : l'attestation d'achèvement et son modèle : JCP N 2016, n° 26, act. 800)*.

2) Garantie de remboursement

3839 Forme – La garantie financière de remboursement revêt la forme d'une convention de cautionnement.

3840 Garants – Ils sont identiques que ceux prévus pour la garantie d'achèvement.

3841 Justification – Elle est identique à celle prévue pour la garantie d'achèvement.

3842 Objet – Le garant prend l'engagement de rembourser les versements effectués par l'acquéreur en cas de résolution amiable ou judiciaire de la vente pour défaut d'achèvement *(CCH, art. R. 261-22)*.

3843 Fin de la garantie – Elle intervient dans les mêmes conditions que celles de la garantie d'achèvement.

3° Cession du contrat

3844 Le contrat de vente en l'état futur d'achèvement peut être cédé pendant la période des travaux *(CCH, art. L. 261-4)*. La formule de substitution de plein droit du cessionnaire dans les droits et obligations du cédant qui est utilisée, permet de conclure que le vendeur n'aura pas à intervenir pour accepter la cession. Il ne peut d'ailleurs s'y opposer.

3845 Obligations du cessionnaire – Le cessionnaire, étant substitué au cédant, va être tenu de respecter l'exécution du contrat. Il devra ainsi poursuivre les paiements, conformément à l'article R. 261-14 du CCH.

3846 Obligations du cédant – Le cédant doit absolument renseigner correctement le cessionnaire sur l'état d'avancement des travaux et ne pas se rendre coupable d'un dol, pouvant conduire à l'annulation de la vente et au versement de dommages et intérêts *(Cass. 3e civ., 11 févr. 2014, n° 11-12.182 : Gaz.Pal. 20 mai 2014, n° 140, p. 28, n° 179g1, obs. V. Zalewski-Sicard)*.

3847 Mandats – Les mandats consentis au vendeur vont se poursuivre et seront donc opposables au cessionnaire, de plein droit. Ce mandat pourra être celui consenti afin d'accroître les pouvoirs du vendeur mais il pourra également s'agir de tout autre mandat.

4° Particularités de la vente en l'état futur d'achèvement avec travaux réservés

3848 L'article 75 de la loi n° 2018-1021 du 23 novembre 2018 portant évolution du logement, de l'aménagement et du numérique, dite loi Élan, autorise la conclusion en secteur protégé de vente en l'état futur d'achèvement avec des travaux laissés à la charge de l'acquéreur. Une telle possibilité entrera en vigueur une fois le décret d'application paru (*Ch. Sizaire, Adaptation des modalités de la vente en état futur d'achèvement : la vente en état futur d'inachèvement (VEFI) : Constr.-urb. 2019, étude 11. – G. Durand-Pasquier, Loi Élan : incidences sur les contrats de vente d'immeubles existants et à construire : JCP N 2018, n° 51-52, 1370. – O. Herrnberger, Le contrat préliminaire de la vente en état futur d'achèvement avec travaux dont l'acquéreur se réserve la réalisation : JCP N 2018, n° 51-52, 1371*).
Sur les spécificités du contrat préliminaire de réservation en cette hypothèse, *V. n°* **561** *et s.*.
Si le réservataire a signé un contrat de réservation avec travaux réservés et qu'il n'a pas changé d'avis, comme l'autorise l'article L. 261-15 du CCH, le contrat de vente doit être conforme aux exigences de l'article L. 261-11 du CCH. Celles-ci sont doubles, de forme et de fond.

3849 Conditions de forme – L'acte doit contenir, en complément des stipulations imposées par l'article L. 261-11 du CCH, la description des travaux dont l'acquéreur se réserve l'exécution.

Conseil pratique Il peut être conseillé de reprendre dans l'acte les précisions apportées dans le contrat préliminaire quant à la décomposition du prix.

3850 Conditions de fond – Des travaux ne peuvent être laissés à la charge de l'acquéreur que lorsqu'un contrat préliminaire de réservation a été conclu prévoyant des travaux réservés par l'acquéreur.

Conseil pratique L'acte, au-delà de ce qu'impose l'article L. 261-11 du CCH, précisera :
- que les travaux laissés à la charge de l'acquéreur ne peuvent être réalisés qu'après livraison ;
- que les travaux doivent être réalisés dans un délai déterminé et les conséquences en cas d'inexécution par l'acquéreur de son obligation dans ledit délai ;
- que l'acquéreur doit souscrire les assurances-construction pour la réalisation des travaux lui incombant dès lors que ceux-ci entrent dans le champ des garanties biennale et décennale ;
- les précautions devant être prises quant aux travaux réservés notamment en terme de réglementation thermique, d'acoustique et d'accessibilité, ce afin que le vendeur puisse être assuré que la conformité de l'immeuble au permis de construire ne puisse être contestée *(C. urb., art. R. 462-1)* ;
- que le permis de construire sera transféré à l'acquéreur une fois que le vendeur aura réalisé l'ensemble des travaux lui incombant, ce chaque fois qu'intervient la vente d'une maison ou de la totalité d'un bâtiment collectif.

II. Secteur libre

3851 Liberté de conclure une vente en l'état futur d'achèvement – Lorsque le vendeur s'engage à construire un bâtiment n'étant pas à usage d'habitation ou à usage professionnel et d'habitation tout en percevant le prix avant l'achèvement de celui-ci, une vente en l'état futur d'achèvement peut être conclue. Il n'y a pour autant aucune obligation et une autre forme de vente d'immeuble à construire que la vente en l'état futur d'achèvement ou la vente à terme pourrait parfaitement être conçue et retenue par les parties.

A. – FORME ET CONTENU DE L'ACTE

3852 Dans le secteur protégé, le contrat de vente en l'état futur d'achèvement doit être notarié et contenir des mentions obligatoires ainsi que divers documents, le tout à peine de nullité. En secteur libre, ces conditions de forme ne s'imposent pas à peine de nullité. Ainsi, si le contrat est conclu par acte notarié, cela sera afin de pouvoir procéder à sa publication au fichier immobilier. Il ne s'agit plus alors d'une condition de validité du contrat. Quant aux mentions apportées sur le bâtiment à construire, elles permettront de définir les obligations du vendeur. Les parties peuvent s'inspirer des dispositions relatives au secteur protégé pour ce faire.

3853 Assurances construction – Il n'y a ici aucune distinction à effectuer entre le secteur libre et le secteur protégé. Aussi, les précisions apportées ci-dessus valent également en secteur libre.

B. – RÉGIME

1° Prix de vente

3854 Prix global – Comme en secteur protégé, il n'y a nulle obligation de préciser ce que représente le coût du terrain dans le prix global prévu au contrat. Les parties peuvent toutefois parfaitement effectuer une telle distinction.

3855 Échelonnement – En secteur protégé, le paiement du prix est fonction de l'avancement des travaux *(CCH, art. L. 261-3 et R. 261-14)*. En secteur libre, les parties fixent comme elles le souhaitent le règlement du prix. Afin d'assurer la protection de l'acquéreur, il peut être conseillé aux parties de prévoir un règlement au fur et à mesure de l'avancement des travaux et donc de s'inspirer de l'article R. 261-14 du CCH.

3856 Versement avant le début des travaux – En secteur libre, un versement avant le début des travaux peut parfaitement être prévu. Aucune disposition n'y fait obstacle.

3857 Lieu du paiement – Le lieu du paiement sera déterminé par les parties. À cet égard, comme en secteur protégé, lorsqu'il y a eu mise en place d'une garantie d'achèvement, il y a lieu de tenir compte des exigences du garant qui peut imposer une clause de domiciliation *(Cass. com., 30 oct. 2007, n° 06-12.677 : JurisData n° 2007-041136 ; Bull. civ. IV, n° 227 ; RD imm. 2008, p. 34, obs. H. Heugas-Darraspen)*. Les versements doivent alors être effectués sur le compte bancaire visé dans le contrat accordant la garantie d'achèvement ou de remboursement et précisé dans chaque contrat de vente en l'état futur d'achèvement *(M. Dagot, Lieu de règlement des appels de fonds dans les ventes en état futur d'achèvement : JCP N 1993, 2461)*.

Conseil pratique **L'attention de l'acquéreur doit être attirée sur la nécessité de respecter le lieu de paiement prévu. Il doit être averti que toute remise de chèque ou versement en dehors du compte visé au contrat de vente ne sera pas libératoire** ***(Cass. 3e civ., 10 nov. 1999, n° 97-17.441 : JurisData n° 1999-003929 ; Bull. civ. III, n° 214 ; Constr.-Urb. 2000, comm. 89, D. Sizaire).***

3858 Révision – Il est possible de prévoir dans le contrat la révision du prix. L'indice retenu doit être en relation directe avec l'objet du statut ou de la convention ou avec l'activité de l'une des parties *(C. mon. fin., art. L. 112-2)*.

3859 Pénalités de retard – Le contrat peut comporter des pénalités en cas de retard dans les paiements. À cet égard, il y aura lieu de veiller, dans l'hypothèse où le contrat pourrait être qualifié de contrat d'adhésion au sens de l'article 1110 du Code civil, à ce que la clause prévoyant une telle pénalité ne puisse être considérée comme créant un déséquilibre significatif entre les droits et obligations des parties au contrat *(C. civ., art. 1171)*.

3860 Résolution judiciaire – En cas de défaut de paiement, le vendeur peut agir afin d'obtenir le prononcé de la résolution du contrat si aucune clause résolutoire n'a été prévue.

3861 Clause résolutoire – Si dans le contrat de vente figure une clause résolutoire, le vendeur pourra se prévaloir de celle-ci.

3862 Effets de la résolution – Des restitutions interviendront entre les parties. Les articles 1352 à 1352-9 du Code civil s'appliqueront à celles-ci.

2° Réalisation de la construction

3863 Pouvoirs du vendeur – Ils seront ceux définis par les parties. En principe, comme en secteur protégé, il disposera des pouvoirs de maître d'ouvrage jusqu'à la réception des travaux.

3864 Achèvement – Le vendeur est tenu d'achever l'immeuble. Il peut s'engager, dans le secteur libre, à livrer un immeuble qui ne serait pas achevé au sens de l'article R. 261-1 du CCH.

3865 Réception des travaux – Cette procédure est assurée par le vendeur selon les modalités de l'article 1792-6 du Code civil. Elle constitue le point de départ de toutes les garanties de désordres.

3866 Délai de livraison – Le délai de livraison doit être indiqué dans le contrat. En effet et bien que l'article L. 261-11 du CCH ne soit pas applicable, il n'est pas envisageable de conclure une vente en l'état futur d'achèvement sans que le vendeur ne s'engage quant à un délai de livraison à respecter.
Comme en secteur protégé, une clause permettant de majorer le délai de livraison des jours d'intempérie, des jours de grève s'étendant à la profession ... peut être insérée au contrat de vente.
Si le vendeur ne respecte pas le délai de livraison et ne peut invoquer une cause de majoration dudit délai, l'acquéreur pourra réclamer, sur le fondement des articles 1227 et 1228 du Code civil, la résolution du contrat et/ou des dommages et intérêts ainsi que l'application de la clause pénale prévue au contrat.

3867 Livraison conforme – *V. n° **3824**.*

3868 Procédure de livraison – Une clause précisant les modalités de la constatation de la livraison peut être stipulée au contrat. Il peut être envisagé de faire participer l'acquéreur à la réception des travaux ou de prévoir l'établissement d'un procès-verbal de livraison. Lorsqu'une telle clause est présente dans l'acte, elle doit être respectée tant par le vendeur que par l'acquéreur.

3° Garanties dues par le vendeur

3869 Elles sont les mêmes en secteur libre qu'en secteur protégé (*V. n° **3826** et s.*).

4° Garantie d'achèvement ou de remboursement

3870 En secteur libre, il n'y a pas d'obligation pour le vendeur de justifier d'une garantie extrinsèque d'achèvement ou de remboursement. Une telle garantie peut conventionnellement être prévue. Elle pourra ne porter que sur une partie des travaux nécessaires à la construction de l'immeuble, être limitée tant dans le temps que quant au montant garanti.

5° Cession du contrat

3871 Le contrat de vente en l'état futur d'achèvement peut être cédé pendant la période des travaux *(CCH, art. L. 261-4)*. Les parties peuvent encadrer cette possibilité de cession.

Pour aller plus loin

Formules
- JCl. Notarial Formulaire, V° Vente d'immeuble à construire, fasc. 185, 187, 189 (garanties de remboursement et d'achèvement)
- JCl. Notarial Formulaire, V° Vente d'immeuble, fasc. 215 et 217 (maison individuelle)
- JCl. Notarial Formulaire, V° Vente d'immeuble, fasc. 235 (hors secteur protégé), par D. Larralde et V. Zalewski-Sicard

Fiche pratique
- Fiche pratique n° 1806 : Rédiger une vente d'immeubles à construire, par D. Boulanger

Commentaires
- JCl. Notarial Formulaire, V° Vente d'immeuble à construire, fasc. 80, 82 et 85 (dispositions communes) par D. Sizaire et V. Zalewski-Sicard
- JCl. Notarial Formulaire, V° Vente d'immeuble à construire, fasc. 100 et 101 (dispositions particulières)

Revues
- S. Becqué-Ickowicz, Responsabilité du vendeur d'immeuble à construire : appréciation des dommages décennaux et délai pour agir en garantie des vices apparents : RD imm. 2015, p. 400
- S. Becqué-Ickowicz, Les garanties financières dans la vente d'immeuble à construire : Actes prat. ing. immobilière 2016, n° 3, dossier 28
- J.-M. Berly, Les évolutions passées et souhaitables de la garantie financière d'achèvement : JCP N 2017, n° 30-34, 1247
- J.-M. Berly, Le décret n° 2010-1128 du 27 septembre 2010 relatif aux ventes d'immeubles à construire ou à rénover : RD. imm. 2010, p. 520
- J.-M. Berly, Garantie financière d'achèvement et permis de construire : Constr.-Urb. 2010, étude 7
- J.-M. Berly, La fin de la garantie financière d'achèvement ou de remboursement : du décret de septembre 2010 à celui de mai 2011 : RD. imm. 2011, p. 312
- J.-M. Berly, Quelles obligations pour la caution garante de l'achèvement dans la VEFA ? RDI 2015, p. 114
- P. Cornille, Décret du 27 septembre 2010 : renouveau ou crépuscule des garanties intrinsèques d'achèvement ? : Constr.-Urb. 2011, étude 14, n° 11
- G. Durand-Pasquier, Loi Élan : incidences sur les contrats de vente d'immeubles existants et à construire : JCP N 2018, n° 51-52, 1370
- B. Golfier, Vente d'immeubles à rénover et vente d'immeubles à construire : RD. imm. 2007, p. 31
- G. Khairallah, La vente en l'état futur d'achèvement, garantie d'achèvement délivrée par un « établissement » de droit étranger : Bull. Cridon 2005, n° 4, 6
- F. Magnin, Plaidoyer pour la garantie intrinsèque dans la VEFA : RD imm. 2014
- M. Poumarède, Les garanties de bonne fin : quelles adaptations à la crise ? : Dr. & patr., n° 227 juillet-août 2013
- H. Périnet-Marquet, La fin de la garantie intrinsèque : Constr.-Urb. 2013, repère 10
- G. Roujou de Boubée, Le délit de versements irréguliers dans le contrat de vente en l'état futur d'achèvement portant sur un immeuble à usage d'habitation ou à usage mixte professionnel et d'habitation : RD imm. 2011, p. 280
- Ch. Sizaire, Adaptation des modalités de la vente en état futur d'achèvement : la vente en état futur d'inachèvement (VEFI) : Constr.-Urb. 2019, étude 11
- D. Tomasin, La lente agonie de la garantie intrinsèque : RD imm. 2014, p. 76
- O. Tournafond et P. Tricoire, La suppression de la garantie intrinsèque : RD imm. 2013, p. 526
- J.-Ph. Tricoire, L'achèvement dans la vente d'immeuble à construire : Actes prat. ing. immobilière 2017, dossier 23
- V. Zalewski-Sicard, VEFA et garantie financière : un nouveau décret : JCP N 2016, n° 14, act. 487
- V. Zalewski-Sicard, Une nouvelle attestation pour la vente d'immeuble à construire : JCP N 2016, n° 26, act. 800
- V. Zalewski-Sicard, Réflexions sur les aménagements à apporter aux dispositions relatives à la vente d'immeuble à construire : JCP N 2017, n° 30-34, 1245
- V. Zalewski-Sicard, Urgence en la VEFA et plan d'investissement pour le logement du 21 mars 2013 : Constr.-Urb. 2013, repère 5
- V. Zalewski-Sicard, Le recours obligatoire à la garantie extrinsèque dans la VEFA : JCP N 2013, n° 41, act. 981
- V. Zalewski-Sicard, Ventes en état futur d'achèvement, ventes d'immeubles à rénover et autorisations d'urbanisme : Administrer déc. 2010, p. 49

Vente d'immeuble à construire

Vente à terme

3872 **Définition** – La vente à terme est le contrat par lequel le vendeur s'engage à livrer l'immeuble à son achèvement, l'acheteur s'engage à en prendre livraison et à en payer le prix à la date de livraison *(C. civ., art. 1601-2)*.

3873 **Distinction** – Comme pour la vente en l'état futur d'achèvement, il y a lieu de distinguer entre le secteur libre et le secteur protégé.

I. Secteur protégé

3874 Tout contrat ayant pour objet le transfert de propriété d'un immeuble ou d'une partie d'immeuble à usage d'habitation ou à usage professionnel et d'habitation et comportant l'obligation pour l'acheteur d'effectuer des versements ou des dépôts de fonds avant l'achèvement de la construction doit, à peine de nullité, revêtir la forme soit d'une vente en l'état futur d'achèvement soit d'une vente à terme *(CCH, art. L. 261-10)*. Lorsque le vendeur ne perçoit aucune somme avant l'achèvement de l'immeuble, c'est une vente à terme qui doit être conclue.

A. – CHAMP D'APPLICATION DU SECTEUR PROTÉGÉ

3875 Il est identique à celui de la vente en l'état futur d'achèvement, précisé par l'article L. 261-10 du Code de la construction et de l'habitation (*V. n°* ***3795***.).

B. – CONTRAT DE VENTE À TERME

1° Forme et contenu de l'acte

a) Forme

3876 Elle est identique à celle de la vente en l'état futur d'achèvement (*V. n°* ***3799***).

b) Contenu

3877 Le contenu du contrat de vente à terme est identique à celui de la vente en l'état futur d'achèvement. Toutefois, n'a pas à être apportée la justification d'une garantie financière d'achèvement ou de remboursement dès lors que celle-ci n'est pas nécessaire dans le cadre d'une vente à terme.

c) Sanction

3878 En cas d'inobservation des règles de forme, la sanction est la nullité du contrat. Cette nullité ne pourra être demandée que par l'acquéreur avant l'achèvement des travaux *(CCH, art. L. 261-11)*. Lorsqu'un autre contrat qu'une vente à terme ou une vente en l'état futur d'achèvement est conclu, c'est également une nullité relative qui est la sanction applicable (*Cass. 3e civ., 4 oct. 2018, n° 16-22.095, FS-P+B : JurisData n° 2018-016969 ; Constr.-urb. 2018, comm. 277, obs. Ch. Sizaire ; JCP N 2018, n° 43-44, 1327, note V. Zalewski-Sicard*).

d) Publicité foncière

3879 **Acte de vente** – La vente à terme est soumise aux règles de la publicité foncière dans les mêmes conditions que la vente sous condition suspensive (*CCH, art. R. 261-3. – V. n°* ***4319*** *et s.*).

3880 **Constatation de l'achèvement** – Compte tenu de cette assimilation à une vente conclue sous condition suspensive, il y a lieu de considérer que l'acte contenant la constatation ou la déclaration de l'achèvement doit également être publié, à l'instar de l'acte constatant la réalisation de la condition suspensive. Le même régime y est donc applicable.

2° Régime

a) Prix de vente

3881 Prix global – Comme pour la vente en l'état futur d'achèvement, il n'y a nulle obligation de préciser ce que représente le coût du terrain dans le prix global prévu au contrat.

3882 Moment du paiement – Le prix doit être payé à la date de la livraison *(CCH, art L. 261-2)* c'est-à-dire soit à la date de l'acte authentique constatant l'achèvement de l'immeuble soit à la date de la notification de la déclaration d'achèvement établie par une personne qualifiée *(CCH, art. R. 261-2)*.

3883 Dépôts – Sont admis toutefois des dépôts sous certaines conditions, ce avant la constatation de l'achèvement de l'immeuble. En effet, le contrat peut stipuler que des dépôts de garantie seront faits, à mesure de l'avancement des travaux, à un compte spécial ouvert au nom de l'acquéreur par un organisme habilité à cet effet. Le notaire ne pouvant être qualifié d'organisme et n'ayant pas fait l'objet d'une habitation au sens de l'article L. 261-12 du CCH, les **dépôts seront effectués sur un compte ouvert par un organisme bancaire.** Ledit compte doit être ouvert **au nom de l'acquéreur**, ce qui implique qu'en aucun cas, les dépôts peuvent être effectués sur un compte ouvert au nom du vendeur.
Les fonds ainsi déposés sont **incessibles**, **insaisissables** et **indisponibles** dans la limite des sommes dues par l'acheteur, sauf pour le paiement du prix *(CCH, art. L. 261-12, al. 2)*.
Les fonds qui ont fait l'objet de dépôts de garantie sont valablement versés au vendeur par l'établissement dépositaire, hors la présence et sans le concours de l'acquéreur, sur simple production d'une attestation du notaire ayant reçu l'acte de vente certifiant que l'achèvement de l'immeuble a été constaté *(CCH, art. R. 261-4)*.
Le notaire doit également informer l'établissement dépositaire et l'acquereur de la **situation hypothécaire**. S'il existe sur l'immeuble des inscriptions ou s'il existe quelque autre empêchement au paiement, le notaire indique à l'établissement dépositaire le montant des fonds nécessaires à l'apurement de la situation. Ces fonds sont conservés par l'établissement dépositaire pour être utilisés audit apurement conformément aux instructions données par le notaire.

3884 Échelonnement – L'article R. 261-14 du CCH énonce que :
« Les ... dépôts ne peuvent excéder au total :
35 % du prix à l'achèvement des fondations ;
70 % à la mise hors d'eau ;
95 % à l'achèvement de l'immeuble ;
le solde est payable lors de la mise du local à la disposition de l'acquéreur ; toutefois, il peut être consigné en cas de contestation sur la conformité avec les prévisions du contrat. »

3885 Consignation – Se reporter à l'étude spécifique *(V. n° **3809**)*.

3886 Révision – Se reporter à l'étude spécifique *(V. n° **3814**)*.

3887 Pénalités de retard – Se reporter à l'étude spécifique *(V. n° **3815**)*.

3888 Résolution – Se reporter à l'étude spécifique *(V. n° **3816**)*.

b) Privilège du vendeur

3889 Date d'effet – De l'article L. 261-8 du CCH, il résulte que le privilège du vendeur ou celui du prêteur de deniers prend rang à la date de l'acte de vente si l'inscription est prise avant l'expiration d'un délai de 2 mois à compter de la constatation par acte authentique de l'achèvement de l'immeuble. Est ainsi prise en compte la date du transfert de propriété qui n'intervient pas lors de la conclusion de la vente ou au fur et à mesure de l'avancement des travaux mais lors de la constatation de l'achèvement de l'immeuble.

3890 Rétroactivité – Lors de l'inscription du privilège, celle-ci rétroagit au jour de la conclusion de la vente à terme. Cet effet s'étend à l'action résolutoire de l'article 1654 du Code civil.

c) Réalisation de la construction

3891 Pouvoirs du vendeur – Se reporter à l'étude spécifique *(V. n° **3819**)*.

3892 Mandat – Se reporter à l'étude spécifique *(V. n° **3820**)*.

3893 Achèvement – Le vendeur est tenu d'achever l'immeuble. Il ne peut s'engager, dans le secteur protégé, à ne livrer qu'un immeuble inachevé. Seuls des travaux de finition, de parachèvement peuvent être laissés à la charge de l'acquéreur.

3894 Notion d'achèvement – Se reporter à l'étude spécifique *(V. n° **3821**)*.

3895 Réception des travaux – Se reporter à l'étude spécifique *(V. n° **3822**)*.

3896 Délai de livraison – Se reporter à l'étude spécifique *(V. n° **3823**).*

3897 Livraison conforme – Se reporter à l'étude spécifique *(V. n° **3824**).*

3898 Constatation de l'achèvement – La constatation de l'achèvement dans la vente à terme revêt une importance particulière. En effet, c'est à partir de cette constatation que pourra intervenir le transfert de propriété et que le prix pourra être payé au vendeur. Cette constatation de l'achèvement peut prendre deux formes.

1) Constatation par accord des parties

3899 Acte notarié – La constatation par les parties fait l'objet d'un acte du notaire qui a reçu la vente à terme. Cet accord vaut livraison de l'immeuble *(CCH, art. R. 261-2).*

2) Constatation par une personne qualifiée

3900 Absence d'accord ou clause contractuelle – Lorsque les parties ne sont pas d'accord pour constater l'achèvement ou lorsqu'une clause du contrat prévoit que cette constatation sera faite par une personne qualifiée, il revient à cette dernière de procéder à la constatation de l'achèvement de l'immeuble.

3901 Désignation – Cette personne qualifiée est désignée par ordonnance sur requête, non susceptible de recours, du président du tribunal de grande instance du lieu de l'immeuble, soit parmi celles que le tribunal commet habituellement, soit parmi celles figurant sur une liste établie par arrêté du ministre de la Justice et du ministre chargé de la Construction et de l'Habitation.

3902 Déclaration notariée – La constatation de l'achèvement fait l'objet par la personne qualifiée ainsi désignée d'une déclaration devant le notaire qui a reçu la vente.

3903 Notification – La déclaration est notifiée par la partie la plus diligente à l'autre par lettre recommandée avec demande d'avis de réception. La notification vaut livraison de l'immeuble à la date de cette réception.

d) Transfert de propriété

3904 Achèvement de l'immeuble – Alors que dans la vente en l'état futur d'achèvement, le vendeur transfère immédiatement à l'acquéreur ses droits sur le sol ainsi que la propriété des constructions existantes et que les ouvrages à venir deviennent la propriété de l'acquéreur au fur et à mesure de leur exécution, dans la vente à terme, le transfert de propriété s'opère de plein droit par la constatation par acte authentique de l'achèvement de l'immeuble ; il produit ses effets rétroactivement au jour de la vente *(CCH, art. L. 261-3).*

e) Garanties dues par le vendeur

3905 Renvoi – Se reporter à l'étude spécifique *(V. n° **3826** et s.).*

f) Mandat pour hypothéquer

3906 Afin de permettre au vendeur de financer la construction de l'immeuble, le pouvoir réglementaire a autorisé le vendeur à hypothéquer l'immeuble après la vente. Plutôt que d'obtenir l'accord de chaque acquéreur, ce qui apparaît compliqué en pratique, il est possible que soit prévu dans l'acte de vente un mandat pour hypothéquer *(CCH, art. R. 261-6).* Ce mandat est soumis à certaines conditions et limites.

3907 Financement de l'immeuble vendu – Ce mandat ne peut être consenti, en cas de vente à terme, que pour assurer le financement de la construction de cet immeuble.

3908 Montant garanti – Le mandat est limité à la constitution d'hypothèque garantissant en principal, intérêts et accessoires une somme au plus égale au prix de vente stipulé au contrat, déduction faite, le cas échéant, des sommes déjà garanties par le bien vendu.

3909 Mention – Ce mandat ne précise pas obligatoirement le montant des sommes pour la garantie desquelles le mandataire est autorisé à constituer hypothèque.

g) Cession du contrat

3910 Renvoi – Se reporter à l'étude spécifique *(V. n° **3844** et s.).*

II. Secteur libre

3911 Liberté de conclure une vente à terme – Lorsque le vendeur s'engage à construire un bâtiment n'étant pas à usage d'habitation ou à usage professionnel et d'habitation tout en exigeant des dépôts avant l'achèvement de celui-ci, une vente à terme peut être conclue. Il n'y a pour autant aucune obligation et une autre forme de vente d'immeuble à construire que la vente à terme ou la vente en l'état futur d'achèvement pourrait parfaitement être conçue et retenue par les parties.

A. – FORME ET CONTENU DE L'ACTE

1° Forme

3912 La vente sera conclue par acte authentique afin qu'il puisse être procédé à sa publicité foncière. Il ne s'agit plus alors d'une question de validité.

2° Contenu

3913 **Description de l'immeuble** – Il n'est pas obligatoire ici de faire application de l'article L. 261-11 du CCH. Les parties peuvent toutefois s'en inspirer.

3914 **Assurances construction** – Il n'y a ici aucune distinction à effectuer entre le secteur libre et le secteur protégé. Aussi, les précisions apportées ci-dessus valent également en secteur libre.

3° Publicité foncière

3915 **Acte de vente** – La vente à terme est soumise aux règles de la publicité foncière dans les mêmes conditions que la vente sous condition suspensive *(CCH, art. R. 261-3. – V. n° **4319** et s.)*.

3916 **Constatation de l'achèvement** – Compte tenu de cette assimilation à une vente conclue sous condition suspensive, il y a lieu de considérer que l'acte contenant la constatation ou la déclaration de l'achèvement doit également être publié, à l'instar de l'acte constatant la réalisation de la condition suspensive. Le même régime y est donc applicable.

B. – RÉGIME

1° Prix de vente

3917 **Moment du paiement** – Si les parties ont conclu une vente à terme, cela implique nécessaire que le prix soit payé à la date de la livraison *(CCH, art. L. 261-2)*. Cette date de livraison n'a pas à correspondre obligatoirement à l'un des évènements visés à l'article R. 261-2 du CCH.

3918 **Dépôts** – Des dépôts peuvent être prévus par les parties. Les restrictions de l'article L. 261-12 du CCH ne s'imposent pas aux parties.

3919 **Échelonnement** – L'article R. 261-14 du CCH n'a plus à être respecté. Les parties peuvent donc retenir des seuils différents.

3920 **Révision** – Il est possible de prévoir dans le contrat la révision du prix. L'indice retenu doit être en relation directe avec l'objet du statut ou de la convention ou avec l'activité de l'une des parties *(C. mon. fin., art. L. 112-2)*.

3921 **Pénalités de retard** – Le contrat peut comporter des pénalités en cas de retard dans les paiements. À cet égard, il y aura lieu de veiller, dans l'hypothèse où le contrat pourrait être qualifié de contrat d'adhésion au sens de l'article 1110 du Code civil, à ce que la clause prévoyant une telle pénalité ne puisse être considérée comme créant un déséquilibre significatif entre les droits et obligations des parties au contrat *(C. civ., art. 1171)*.

3922 **Résolution** – Se reporter à l'étude spécifique *(V. n° **3860**)*.

2° Privilège du vendeur

3923 **Renvoi** – Se reporter à l'étude spécifique *(V. n° **3889**)*.

3° Réalisation de la construction

3924 **Pouvoirs du vendeur** – Se reporter à l'étude spécifique *(V. n° **3819**)*.

3925 **Mandat** – Se reporter à l'étude spécifique *(V. n° **3820**)*.

3926 **Achèvement** – Le vendeur est tenu d'achever l'immeuble. Il peut s'engager, dans le secteur libre, à livrer un immeuble qui ne serait pas achevé au sens de l'article R. 261-1 du CCH.

3927 **Réception des travaux** – Se reporter à l'étude spécifique *(V. n° 3822)*.

3928 **Délai de livraison** – Se reporter à l'étude spécifique *(V. n° 3823)*.

3929 **Livraison conforme** – Se reporter à l'étude spécifique *(V. n° 3824)*.

3930 **Constatation de l'achèvement** – Il revient aux parties d'élaborer la procédure de constatation de l'achèvement et d'en déterminer les conséquences.

4° Transfert de propriété

3931 **Achèvement de l'immeuble** – Le transfert de propriété s'opère de plein droit par la constatation par acte authentique de l'achèvement de l'immeuble ; il produit ses effets rétroactivement au jour de la vente *(CCH, art. L. 261-3)*.

5° Garanties dues par le vendeur

3932 Se reporter à l'étude spécifique *(V. n° 3826 et s.)*.

6° Mandat pour hypothéquer

3933 Afin de permettre au vendeur de financer la construction de l'immeuble, le pouvoir réglementaire a autorisé le vendeur à hypothéquer l'immeuble après la vente. Plutôt que d'obtenir l'accord de chaque acquéreur, ce qui apparaît compliqué en pratique, il est possible que soit prévu dans l'acte de vente un mandat pour hypothéquer *(CCH, art. R. 261-6)*. Ce mandat est soumis à certaines conditions et limites en secteur protégé. Ces conditions et limites ne s'imposent plus en secteur libre.

7° Cession du contrat

3934 **Renvoi** – Se reporter à l'étude spécifique *(V. n° 3844 et s.)*.

Pour aller plus loin

Formules
- JCl. Notarial Formulaire, V° Ventes d'immeubles à construire, fasc. 85
- JCl. Notarial Formulaire, V° Ventes d'immeubles à construire, fasc. 255

Fiche pratique
- Fiche pratique n° 1806 : Rédiger une vente d'immeubles à construire, par D. Boulanger

Commentaires
- JCl. Notarial Formulaire, V° Ventes d'immeubles à construire, fasc. 80 et 82 (dispositions communes), par D. Sizaire et V. Zalewski-Sicard
- JCl. Notarial Formulaire, V° Ventes d'immeubles à construire, fasc. 102 (dispositions particulières à la vente à terme, par D. Sizaire et C. Rousseau-Steimlé

Vente d'un terrain contre locaux à construire

3935 La cession de terrain contre remise de locaux à construire correspond à l'hypothèse où un promoteur acquiert un terrain en s'engageant à remettre des locaux à construire au propriétaire du terrain. S'il est vrai que cette formule ne se rencontre essentiellement que relativement à la cession de terrain, rien n'interdit cependant de concevoir sa mise en place dans le cadre d'une rénovation. En effet, il est parfaitement possible que le propriétaire d'un immeuble à rénover ne puisse assumer seul la rénovation en vue de la division et qu'il soit donc envisagé la cession de l'immeuble moyennant la remise de lots à rénover. D'ailleurs, la Cour de cassation a déjà été amenée à se prononcer sur une hypothèse où les travaux devaient être réalisés sur un immeuble existant *(Cass. 3e civ., 19 juin 1969 : Bull. civ. III, n° 505)*.

Qu'il s'agisse de l'une ou de l'autre opération, les parties vont devoir tenir compte tant de l'article L. 261-10 du Code de la construction et de l'habitation (CCH) que de l'article L. 262-1 du CCH. En effet, la question va se poser de savoir si cette cession doit ou non être assimilée à une vente en l'état futur d'achèvement ou à une vente d'immeuble à rénover.

Pour y répondre, deux situations doivent être distinguées : la première est celle où le propriétaire cède la totalité de l'immeuble ; la seconde est celle où le propriétaire ne cède qu'une partie de l'immeuble.

Quelle que soit l'hypothèse envisagée, doit être assurée la protection du cédant de l'immeuble.

Pour aller plus loin

Commentaires

• JCl. Construction – Urbanisme, fasc. 84, Cessions de terrains contre locaux à construire, par B. Stemmer et V. Zalewski-Sicard

Revues

• H. de Cumond, De la protection nécessaire du vendeur de terrain moyennant remise de locaux à usage d'habitation : Nota-Bene, Revue des juristes du Cridon Sud-Ouest, mars 2016, n° 209, fiche 851

• P. Frémont, La vente des terrains à bâtir contre remise de locaux à construire par l'acquéreur : Administrer oct. 1989, p. 50

• C. Grimaldi et M. Luchel, Cession de terrain contre remise de locaux à construire : Defrénois, 15 févr. 2017, n° 125g7, p. 175

• P. Meysson et M. Tirard, La cession et la libération de terrains contre locaux à construire : JCP N 1973, I, 2532M. Dagot, La cession de terrain moyennant remise de locaux à construire : Librairies techniques, 1976

• A. Mourocq, Remise de locaux en paiement de terrains : Masson, 1995

• B. Stemmer, À propos des cessions de terrains contre remise de locaux à construire : JCP N 1975, I, 2677 ; Cession de terrain moyennant remise de locaux à construire. Panorama de jurisprudence : JCP N 1986, prat. 9763

Les parties peuvent envisager la cession soit de la totalité soit d'une partie de l'immeuble. Au regard des articles L. 261-10 et L. 262-1 du CCH, la cession d'une partie de l'immeuble est à l'abri d'un risque de requalification, sans, pour autant, que la validité de l'opération soit absolument certaine.

I. Cession de la totalité de l'immeuble

3936 La cession de la totalité de l'immeuble peut intervenir sous différentes formes. La plupart ont été imaginées afin de contourner l'article L. 261-10 du CCH. Elles pourraient également s'avérer utiles pour tenter d'échapper à l'article L. 262-1 du CCH.

A. – DIFFÉRENTES MODALITÉS DE LA CESSION DE LA TOTALITÉ DE L'IMMEUBLE

1° Absence de conversion du prix

3937 Engagement de réaliser des travaux sur un immeuble différent – Le propriétaire de l'immeuble peut le céder moyennant l'engagement du promoteur d'exécuter des travaux pour le compte du cédant. Puisque la totalité de l'immeuble a été cédée au promoteur, ce dernier doit s'engager à réaliser les travaux sur un autre immeuble demeuré la propriété du vendeur de l'immeuble. La qualification de vente peut être retenue. En effet, la Cour de cassation a retenu, relativement à une vente de terrain contre remise de locaux à construire, que la vente d'une chose peut être réalisée moyennant une contrepartie autre qu'un versement de somme d'argent *(Cass. 3e civ., 9 déc. 1986, n° 85-13.373 : JurisData n° 1986-002598 ; Bull. civ. III, n° 177)*.

3938 Échange – Un échange peut être mis en place. Le promoteur s'engage alors à transférer, après achèvement, des locaux situés dans l'immeuble construit ou rénové. Il s'agit alors d'un échange de terrain contre immeuble à construire ou à rénover.

3939 Double vente – Le propriétaire de l'immeuble peut le céder moyennant versement d'un prix payable lors de l'achèvement de la construction ou des travaux de rénovation de l'immeuble. De son côté, le promoteur cède les lots à construire ou à rénover à terme, avec un prix en numéraire, sans qu'il ne soit prévu de versement avant la fin des travaux. Lors de l'achèvement de la construction ou des travaux de rénovation, une compensation interviendra entre les deux prix devenus exigibles.

2° Conversion du prix

3940 Stipulation d'un prix en numéraire – Un prix en numéraire pour le terrain est fixé, prix qui est converti, en totalité ou en partie, en l'obligation pour le promoteur de remettre des lots. Il a été proposé de voir dans cette convention une dation en paiement. Pour autant, cette qualification est critiquée. En effet, la dation a pour effet d'éteindre une obligation et lorsque le prix est converti en l'obligation d'édifier ou de rénover, il n'en résulte aucune extinction d'une obligation préexistante. Il n'y a, en réalité, en ce cas qu'une novation par changement d'objet.

B. – VALIDITÉ DE L'OPÉRATION

3941 Secteur protégé – L'article L. 261-10 du CCH oblige à conclure une vente en l'état futur d'achèvement dès lors que, les autres conditions étant remplies, l'acquéreur effectue des versements ou des dépôts de fonds avant l'achèvement de la construction. L'article L. 262-1 du CCH oblige quant à lui à conclure une vente d'immeuble à rénover lorsque le vendeur s'engage à réaliser des travaux tout en percevant tout ou partie de celui-ci avant leur achèvement.

3942 Risque – Le risque est qu'il soit considéré que le transfert de propriété du terrain correspond à un versement, versement intervenant avant l'achèvement des travaux et que, par conséquent, une vente en l'état futur d'achèvement ou une vente d'immeuble à rénover aurait dû être conclue.

3943 Jurisprudence – La jurisprudence semble opter pour le refus d'assimiler au versement en espèces la remise du terrain. Ainsi, dans un arrêt du 30 avril 1985, la troisième chambre civile de la cour de cassation a jugé que « les contrats prévoyant seulement une compensation entre les créances respectives des parties, sans comporter ni dépôt de garantie, ni échéancier pour le paiement du prix, ne relèvent pas des dispositions de la loi du 3 janvier 1967 sur la vente d'immeubles à construire, mais constituent des contrats sui generis » *(Cass. 3e civ., 30 avr. 1985, n° 83-16.898 : Bull. civ. III, n° 76 ; JCP N 1986, p. 21, obs. B. Stemmer. – Cass. 3e civ., 11 avr. 1973, n° 72-11.225 : Bull. civ. III, n° 279 ; JCP N 1973, 17462 bis. – Cass. 3e civ., 4 nov. 1999, n° 97-21.469 : JurisData n° 1999-003841 ; Constr.-Urb. 2000, comm. 59, D. Sizaire)*.

Conseil pratique **La validité de cette opération n'est pas assurée bien qu'elle soit probable. Pour autant, le risque de requalification de l'opération peut être réduit en évitant de prévoir un versement en espèces avant l'achèvement des constructions ou de la rénovation. Il peut également être décidé d'opter pour la cession d'une partie seulement de l'immeuble, terrain ou immeuble existant à rénover.**

II. Cession d'une partie de l'immeuble

3944 Cession partielle – Le promoteur peut envisager de n'acquérir qu'une partie du terrain ou une partie de l'immeuble à rénover. Autrement dit, il va y avoir soit création immédiate d'une copropriété soit création d'une indivision suivie de la mise en place d'une copropriété.

3945 Secteur protégé – L'application de l'article L. 261-10 du CCH et celle de l'article L. 262-1 du même code peuvent être écartées. En effet, dès lors que le propriétaire du terrain en conserve une quote-part et que le promoteur réalise les travaux sur celle-ci, le cédant va devenir propriétaire par voie d'accession. Il n'y a donc plus de transfert de propriété. Pour autant, il y a lieu de prendre en compte, dans le cadre du secteur protégé, l'obligation de conclure un contrat de promotion immobilière *(CCH, art. L. 222-1)* ou un contrat de construction de maison individuelle *(CCH, art. L. 231-1)*.

3946 **Contrat de promotion immobilière** – L'article L. 222-1 du CCH précise que « *tout contrat par lequel une personne s'oblige envers le maître de l'ouvrage à faire procéder à la construction d'un immeuble d'habitation ou d'un immeuble à usage professionnel et d'habitation, en une qualité autre que celle du vendeur ou que celles qui sont indiquées au 3° de l'article 1779 du Code civil, est soumis aux règles des articles 1831-1 à 1831-5 du même code, reproduits aux articles L. 221-1 à L. 221-5 du présent code, ainsi qu'à celles du présent chapitre* ». Par conséquent, dans l'hypothèse d'une cession partielle où l'acquéreur s'engage à construire un immeuble, il conviendrait en principe de conclure un contrat de promotion immobilière.

Toutefois, un élément pourrait conduire à retenir une solution différente. Il correspond à l'exception de l'article L. 222-2 du CCH, alinéa 3 : « *les sociétés des chapitres I, II et III du titre précédent qui, lors de l'achat d'une fraction de terrain sur lequel elles construiront, s'obligent à l'égard du vendeur, lequel conserve le surplus du terrain, à faire édifier pour son compte les immeubles correspondant audit surplus et à assumer la charge de leur coût ne sont pas tenues de passer un contrat de promotion avec ledit vendeur* ». Ainsi, si l'acquéreur est une société de construction-vente, une société d'attribution ou une société coopérative, la conclusion d'un contrat de promotion immobilière entre le vendeur du terrain et la société ne s'imposera pas.

3947 **Contrat de construction de maison individuelle** – L'acquéreur s'engageant à construire un immeuble, un contrat de construction de maison individuelle pourrait devoir être signé. Toutefois, il peut être considéré qu'en l'absence de versement en espèces, la qualification de contrat de construction de maison individuelle doit être exclue.

3948 **Modalités de la cession** – Elles sont les mêmes que celles envisagées lorsqu'il y a cession de la totalité du terrain. Il convient également de déterminer quels lots vont être remis au cédant. Il est alors préférable de prévoir dès la conclusion du contrat un choix immédiat des lots qui lui reviendront à partir de l'état descriptif de division qui aura été préalablement dressé. Le cédant devient propriétaire des lots divis avant même leur achèvement ou leur rénovation.

III. Protection du cédant de l'immeuble

3949 Quel que soit le choix réalisé, la protection du cédant de l'immeuble doit être assurée. En effet, en cas de litige, les juges pourraient être amenés à retenir plus facilement l'existence d'un montage uniquement destiné à contourner les règles du secteur protégé si aucune protection du cédant n'a été mise en place. De plus, pour la bonne réalisation de l'opération, le cédant sera bien souvent amené à renoncer au privilège du vendeur et à l'action résolutoire du vendeur. Il est donc essentiel d'assurer la protection du cédant, cela, d'une part, en apportant les précisions relatives aux locaux devant revenir au cédant, et, d'autre part, en prévoyant la fourniture d'une garantie extrinsèque par le promoteur et, enfin, en réglant expressément les détails relatifs à la garantie des malfaçons.

A. – PRÉCISIONS RELATIVES AUX LOCAUX DEVANT REVENIR AU CÉDANT

3950 **Détermination des locaux** – Elle est nécessaire pour s'assurer que la validité de la convention ne puisse être contestée *(B. Stemmer, De la détermination du prix payable en nature dans les ventes d'immeubles : JCP N 1987, prat. p. 427)*. La détermination est possible dès lors que l'opération est à un stade avancé et que les autorisations d'urbanisme ont été obtenues, que l'état descriptif de division a été établi tout comme le règlement de copropriété.

S'agissant d'assurer une protection identique au cédant que celui du secteur protégé, ce sont tous les documents visés à l'article R. 261-13 du CCH ou R. 262-8 du CCH, suivant qu'il s'agira d'édification ou de rénovation, qui seront fournis.

B. – MODALITÉS DE L'OBLIGATION D'ÉDIFIER

3951 **Délai** – Sera précisé le délai de réalisation des travaux. De plus et parce que l'objectif du cédant est de se voir livrer des locaux achevés ou rénovés, doivent être stipulées des clauses pénales venant sanctionner les retards pris par le promoteur dans l'exécution de son obligation. De même, il peut être envisagé un versement en numéraire en lieu et place de la remise de locaux dans l'hypothèse de défaillance du promoteur. Il faut alors s'assurer de l'obtention d'une caution solidaire de cette dette du promoteur.

C. – MISE EN PLACE D'UNE GARANTIE EXTRINSÈQUE D'ACHÈVEMENT

3952 **Précaution** – Une extension expresse aux locaux devant revenir au vendeur du terrain doit être prévue. En effet, cette extension ne se présume pas *(CA Chambéry, 13 mai 1980 : JCP N 1981, p. 237, obs. B. Stemmer. – M. Dagot, La cession de terrain moyennant remise de locaux à construire : Librairies techniques, 1976, n° 245, p. 98).*

D. – GARANTIE DES MALFAÇONS

3953 Dans le cadre de la cession d'un immeuble contre remise de locaux à construire ou à rénover, apparaissent des difficultés relativement aux garanties dues par le cessionnaire mais également quant aux assurances-constructions devant être souscrites.
Doivent être distinguées deux situations :
- les locaux construits ou rénovés reviennent au cédant par voie d'accession ;
- les locaux construits ou rénovés reviennent au cédant suite à un transfert de propriété.

1° Absence de transfert de propriété

3954 **Précisions quant aux garanties décennale et biennale** – Le cessionnaire ne transférant pas la propriété des lots devant revenir au cédant, il ne peut être considéré à son égard comme un vendeur d'immeuble à construire. Il n'est alors pas possible de faire application ou de raisonner à partir de l'article 1646-1 du Code civil et de considérer que le cessionnaire est lui-même tenu de la garantie décennale, sauf à invoquer, lorsque les conditions en seront remplies, l'article L. 261-9 du CCH.
Quant à faire application de l'article 1792-1 du Code civil, il n'y a pas non plus de certitude. D'une part, le cessionnaire est tenu d'une obligation de faire *sui generis* ne résultant pas d'un contrat de louage d'ouvrage. D'autre part, puisqu'il n'y a pas de transfert de propriété, il ne peut être considéré comme vendant après achèvement un ouvrage qu'il a construit ou fait construire. Il pourrait néanmoins être envisagé d'appliquer le 3° de l'article 1792-1 du Code civil qui vise *« toute personne qui, bien qu'agissant en qualité de mandataire du propriétaire de l'ouvrage, accomplit une mission assimilable à celle d'un locateur d'ouvrage »*.

Conseil pratique **Il doit être stipulé que le cédant bénéficiera des mêmes garanties que les autres acquéreurs, qu'il y ait construction ou rénovation.**

3955 **Assurances-construction** – Relativement à la souscription des assurances-construction, il n'est pas certain que le promoteur ait l'obligation de souscrire une assurance dommages-ouvrage à l'égard des travaux qu'il va réaliser au profit du cédant. Le fait que conventionnellement, il soit mis fin à l'incertitude sur les obligations qui vont peser sur le promoteur n'aura pas de conséquence sur l'obligation à assurance résultant de l'article L. 242-1 du Code des assurances.

Conseil pratique **Afin d'assurer au cédant une protection identique à celle d'un acquéreur en état futur d'achèvement ou d'immeuble à rénover, l'engagement sera pris d'assurer la totalité des lots construits ou rénovés, y compris donc ceux devant revenir au cédant. À défaut de précision en ce sens et toujours parce que le cédant est soit devenu propriétaire par voie d'accession soit resté propriétaire des lots à rénover, il pourrait être considéré que c'est au cédant, en tant que maître de l'ouvrage, qu'il revient de procéder à la souscription de l'assurance de l'article L. 242-1 du Code des assurances.**

2° Existence d'un transfert de propriété

3956 Que la convention conclue entre le cédant et le cessionnaire soit un échange, une dation en paiement ou une double vente, le cessionnaire se retrouve dans la même situation qu'un vendeur d'immeuble à construire ou à rénover. Pour la double vente, cela va de soi. Quant à l'échange, l'extension des règles de la vente d'immeuble à construire est justifiée par les articles 1706 et 1707 du Code civil. Enfin, pour la dation en paiement, compte tenu du transfert de propriété, il peut également être retenu que le cessionnaire doit être assimilé à un vendeur.
Le cessionnaire sera donc assimilé à un vendeur d'immeuble à construire et les articles 1642-1 et 1646-1 du Code civil s'appliqueront. Et, par application de l'article 1792-1 du Code civil, qu'il s'agisse d'une rénovation ou d'une construction, il sera assimilé à un constructeur et tenu de souscrire l'assurance responsabilité décennale. De même, il lui reviendra de souscrire l'assurance dommages-ouvrage pour les locaux revenant au cédant.
Toutefois, lorsqu'aucun prix et aucune conversion n'auront été prévus, les mêmes difficultés qu'évoquées ci-dessus apparaîtront et seront réglées de façon identique.

Pour aller plus loin

Formules
• JCl. Notarial Formulaire, V° Ventes d'immeubles à construire, fasc. 165 (cession de terrains), par V. Zalewski-Sicard
• JCl. Notarial Formulaire, V° Ventes d'immeubles à construire, fasc. 185 (vente en l'état futur d'achèvement), par D. Larralde et V. Zalewski-Sicard
• JCl. Notarial Formulaire, V° Ventes d'immeubles à construire, fasc. 189 (Garanties de remboursement et d'achèvement), par D. Larralde et V. Zalewski-Sicard

Fiches pratiques
• Fiche pratique n° 1806 : Rédiger une vente d'immeubles à construire, par D. Boulanger
• Fiche pratique n° 1721 : Rédiger une vente d'immeuble, par M. Suquet-Cozic

Commentaires
• JCl. Notarial Formulaire, Synthèse 1530 : Vente d'immeuble à construire et vente d'immeuble à rénover, par F. Magnin et V. Zalewski-Sicard
• JCl. Notarial Formulaire, V° Ventes d'immeubles à construire, fasc. 10, par D. Sizaire et G. Durand-Pasquier

Vente avec bail à nourriture

I. Définition et qualification du bail à nourriture

3957 Définition – Le bail à nourriture peut être défini comme « la convention par laquelle un individu s'oblige à pourvoir aux besoins essentiels d'une autre personne (nourrir, soigner, loger, etc.) sa vie durant, moyennant le payement d'un capital, une redevance annuelle, l'abandon de créances, ou encore l'aliénation d'un immeuble » *(JCl. Notarial Formulaire, V° Bail à nourriture, fasc. 10, par F. Collard)*. C'est donc lorsque le bail à nourriture consiste à transférer la propriété d'un immeuble en contrepartie de certaines prestations que la formule peut être considérée comme une « vente » d'immeuble particulière. Le créancier des prestations est donc le vendeur tandis que le débiteur des prestations est l'acquéreur.

3958 Bail – Ce contrat est en réalité très éloigné d'un bail. Alors qu'une des parties transfère la propriété d'un immeuble, l'autre s'engage à accomplir des missions qui peuvent être diverses (soigner, nourrir, effectuer des promenades...) et cela jusqu'au décès du créancier. Bien peu de points communs donc avec le contrat par lequel l'une des parties s'oblige à faire jouir l'autre d'une chose pendant un certain temps, et moyennant un certain prix que celle-ci s'oblige de lui payer *(C. civ., art. 1709)*.

3959 Contrat d'entreprise – La formule se rapproche du contrat d'entreprise puisque le débiteur des prestations s'engage bien à « faire quelque chose » mais l'existence d'un prix, semble-t-il essentiel au contrat d'entreprise, exclut cette qualification *(C. civ., art. 1710)*.

3960 Rente viagère – Il existe un certain nombre de points communs entre le bail à nourriture et la rente viagère. Les deux formules ont un caractère successif, viager et aléatoire. En outre, il est possible, dans certains cas, de convertir le bail à nourriture en rente viagère. Pour autant, elles ne peuvent se confondre, « la différence tient tant à l'objet des prestations qu'au caractère personnel de l'obligation dans le bail à nourriture », *(JCl. Notarial Formulaire, V° Bail à nourriture, fasc. 10, par F. Collard)*.

3961 Vente – Le bail à nourriture se rapproche aussi de la vente mais cette qualification ne pourrait être retenue, pour la même raison que le contrat d'entreprise. L'existence d'un prix paraît bien être un élément essentiel de la vente *(C. civ., art. 1583)*.

Ainsi, le contrat par lequel un propriétaire cède la nue-propriété d'un immeuble en contrepartie non pas d'une somme d'argent mais d'une prestation n'est pas une vente mais un contrat innomé, faute de prix *(Cass. 1re civ., 12 oct. 1967 : Bull. civ. I., n° 292)*. Mais il a été jugé que la vente d'un bien pouvait être réalisée moyennant une contrepartie autre qu'un versement de somme d'argent, en l'espèce, la construction de bâtiments *(Cass. 3e civ., 9 déc. 1986, n° 85-13.373 : JurisData n° 1986-002598 ; Bull. civ. III, n° 139)*. De même, le contrat par lequel un immeuble est transféré en contrepartie d'un prix de 60 000 francs, lequel est converti en divers services (assurer deux promenades hebdomadaires, fournir l'habillement nécessaire...) ne constituait pas un bail à nourriture mais un contrat de vente qui pouvait être résolu pour vileté du prix *(Cass. 1re civ., 20 févr. 2008, n° 06-19.977 : JurisData n° 2008-042819 ; Contrats, conc. consom. 2008, comm. 150, L. Leveneur ; Bull. civ. I, n° 56)*.

Le bail à nourriture peut ainsi être considéré comme une vente particulière si la qualification de vente est admise alors que l'acquéreur s'engage à accomplir une prestation. Dans le cas contraire, il est un contrat innomé mêlant le plus souvent vente et contrat d'entreprise.

3962 Vente à fonds perdu – Il a été jugé que « la vente d'une maison moyennant un prix converti en totalité en bail à nourriture constituait une " vente à fonds perdus " » *(Cass. 1re civ., 28 janv. 2009, n° 08-12.039. – Cass. 1re civ., 21 févr. 1979, n° 77-13.498 : Bull. civ. I, n° 70)*. Les ventes à fonds perdu étant celles faites moyennant le paiement de prestations viagères *(JCl. Notarial Formulaire, V° Vente d'immeuble, fasc. 310, par D. Montoux, V. Zalewski)*, cette qualification ne saurait surprendre. Il en résulte que la présomption édictée par l'article 918 du Code civil est applicable au bail à nourriture : la valeur en pleine propriété des biens aliénés à fonds perdus à l'un des successibles en ligne directe est imputée sur la quotité disponible. Cela signifie que lorsqu'un immeuble a fait l'objet d'un bail à nourriture avec un successible en ligne directe, il est présumé de manière irréfragable qu'il s'agit d'une donation déguisée. Cette donation sera donc prise en compte dans la reconstitution fictive du patrimoine du défunt afin de déterminer la quotité disponible. La donation pourra ainsi être réduite si elle empiète sur la réserve héréditaire. L'article 918 précise de plus qu'elle est imputée sur la quotité disponible. La donation est donc présumée faite hors part successorale et à ce titre, elle est dispensée de rapport.

3963 Intérêt – Le bail à nourriture peut avoir un intérêt certain au regard des nombreux propriétaires isolés, sans famille, qui peuvent avoir suffisamment confiance en quelqu'un pour le charger de subvenir à leurs besoins essentiels *(V. Congrès des Notaires 2006, Strasbourg, n° 3164 s.)*. Le bail à nourriture opère à ce titre une « sorte d'adoption de vieillards » *(J. Carbonnier : RTD civ. 1946, p. 325)*, tout en permettant à « l'adoptant » d'accéder à la propriété.

II. Caractères du bail à nourriture

3964 Contrat aléatoire – Le bail à nourriture est aléatoire puisque les parties acceptent de faire dépendre les effets du contrat, quant aux avantages et aux pertes qui en résulteront, d'un événement incertain *(C. civ., art. 1108)*. En réalité, l'aléa est double. Il tient bien sûr à la durée de vie du vendeur mais également à ses besoins qui peuvent varier très sensiblement jusqu'à son décès *(J. Carbonnier : RTD civ. 1946, p. 325)*. L'existence de cet aléa est contrôlée et relève de l'appréciation souveraine des juges du fond. L'aléa est nécessaire sans quoi le contrat pourrait être annulé pour vileté de prix ou lésion *(A. Bénabent, Les contrats spéciaux civils et commerciaux : Montchrestien, 8e éd., n° 1402)*.

Il est fréquent qu'un prix soit stipulé mais qu'il soit converti en une obligation de soins. Ce prix est alors purement indicatif et le contrat conserve son caractère aléatoire *(Cass. 3e civ., 26 mai 1992, n° 90-17.514 : Bull. civ. III, n° 177)*.

L'aléa s'apprécie lors de la conclusion du contrat. Par conséquent, dans une affaire où le bénéficiaire des soins avait 85 ans et était décédé avant même la signature de l'acte authentique, l'existence d'un aléa a été admise puisqu'au moment de la formation du contrat, les parties ne pouvaient apprécier l'avantage qui en résultait puisque celui-ci dépendait d'un événement incertain, la durée de vie du bénéficiaire des soins *(Cass. 3e civ., 4 juill. 2007, n° 06-13.275 : JurisData n° 2007-039943 ; Bull. civ. III, n° 124 ; Contrats, conc. consom. 2007, comm. 293, n° 12, p. 15, note L. Leveneur ; JCP N 2007, n° 47, 1302, § 17, obs. S. Piedelièvre)*.

Il n'en est pas ainsi lorsque l'acquéreur a eu connaissance de la gravité de l'état de santé du vendeur au jour de la signature du contrat *(Cass. 1re civ., 30 mars 1999, n° 97-10.929)*. Il a également été admis que l'âge avancé du vendeur pouvait exclure l'existence d'un aléa, ainsi pour une personne de 98 ans ayant vendu une maison d'habitation, sans contrepartie tenant au versement d'un capital, son décès étant intervenu quelques mois plus tard *(Cass. 1re civ., 16 déc. 1992, n° 90-17.345)*.

3965 Article 1975 du Code civil – Cet article prévoit, en matière de rente viagère, que le contrat ne produira aucun effet si la rente a été créée sur la tête d'une personne atteinte de la maladie dont elle est décédée dans les 20 jours de la date du contrat. La question de l'application de cet article au bail à nourriture s'est posée, d'autant que l'aléa est caractérisé dès lors qu'au moment de la conclusion du contrat, les parties ne peuvent apprécier l'avantage qui en résultera. Il est bien admis que l'article 1975 est une règle d'exception, d'interprétation stricte, qui ne peut être étendue au bail à nourriture *(Cass. civ., 28 janv. 1952 : D. 1952, p. 321, note H. Lalou ; RTD civ. 1952, p. 391, obs. J. Carbonnier)*. Mais si l'obligation d'entretenir le vendeur n'est qu'une obligation accessoire à un contrat de rente viagère, l'article 1975 est applicable *(Cass. 1re civ., 4 juin 1971, n° 70-10.658 : Bull. civ. I, n° 179)*.

3966 Importance de la personne du débiteur – La Cour de cassation a affirmé le caractère personnel du bail à nourriture en précisant que ce contrat est « caractérisé par l'obligation prise par l'acquéreur de subvenir entièrement à la vie et aux besoins de l'auteur de l'aliénation » *(Cass. soc., 9 févr. 1961 : Bull. civ. V, n° 185, préc.)*. Il en résulte que si les débiteurs s'engagent à recevoir les créanciers dans leur maison, les loger, les chauffer, les éclairer, les nourrir à leur table avec eux et comme eux, ils doivent exécuter personnellement leurs obligations.

Ils ne peuvent donc en confier l'exécution à des tiers parce qu'ils s'installent à l'île de la Réunion *(Cass. 1re civ., 17 déc. 2002, n° 99-20.762 : JurisData n° 2002-017003 ; RTD civ. 2003, p. 291, obs. J. Mestre et B. Fages ; Bull. civ. I, n° 306)*.

Le bail à nourriture repose sur un rapport de confiance entre le vendeur et l'acquéreur ce qui implique en principe une exécution personnelle de ses obligations par le débiteur. Mais la confiance accordée au débiteur peut-elle être telle que le créancier accepte, *ab initio*, qu'un tiers accomplisse tout ou partie des obligations d'entretien et de soins ? La Cour de cassation semble l'admettre. La clause d'un bail à nourriture dispensant les acquéreurs de recevoir le vendeur dans leur maison, celui-ci conservant la faculté de fixer sa résidence où il lui plaira, peut être valablement stipulée. En effet, aucun texte ne fait du logement permanent commun la condition essentielle du bail à nourriture « dont le caractère personnel n'est nullement incompatible avec une résidence séparée » *(Cass. soc., 9 févr. 1961 : Bull. civ. V, n° 185, préc. n° 10)*.

La position de la Cour de cassation n'est pas différente à propos d'une clause prévoyant que les diverses prestations de soins et d'entretien seraient effectuées par une aide-ménagère, aux frais exclusifs de l'acquéreur. En effet, lorsque le vendeur n'a jamais contesté la vente ni exercé l'action résolutoire alors que lui seul était en mesure d'apprécier le respect des obligations souscrites, ses héritiers sont irrecevables à demander la résolution de la vente *(Cass. 1re civ., 19 sept. 2007, n° 05-20.771 : JurisData n° 2007-040376 ; Bull. civ. I, n° 298 ; Defrénois 2008, art. 38782, note Y. Dagorne-Labbe)*. Or si le vendeur est en mesure d'apprécier le respect des obligations souscrites, c'est vraisemblablement qu'il est admis que ces obligations d'entretien peuvent être parfaitement exécutées, même par un tiers.

3967 Droit de préemption – L'*intuitu personae* caractérisant le bail à nourriture soulève une difficulté lorsque la vente de l'immeuble fait naître un droit de préemption au profit d'un tiers. Le vendeur doit pouvoir choisir le débiteur des obligations de soins et d'entretien ce qui serait impossible si le bénéficiaire d'un droit de préemption pouvait l'exercer. C'est la raison pour laquelle les droits de préemption sont paralysés en matière de bail à nourriture.

La Cour de cassation a ainsi estimé, en matière de bail rural, que le bail à nourriture conclu *intuitu personae* échappait au droit de préemption du preneur *(Cass. 3e civ., 8 mars 1983, n° 82-11.066 : Bull. civ. III, n° 69)*. Le caractère essentiellement personnel de l'engagement du débiteur des soins exclut donc qu'un droit de préemption puisse être exercé *(Cass. 3e civ., 4 mars 1981, n° 79-16.345 : Bull. civ. III, n° 46)*. Il en est de même pour le droit de préemption des SAFER *(C. rur., art. L. 143-4, 2°)* et celui des indivisaires prévu à l'article 815-14 du Code civil lorsque l'un d'eux entend céder ses droits indivis. « L'obligation de soins stipulée à l'acte de vente donnait au contrat un caractère incompatible avec le droit de préemption » *(Cass. 3e civ., 3 oct. 1985 : Defrénois 1986, art. 33807, p. 1252, note A. Breton)*.

3968 Importance de la personne du créancier – Le bail à nourriture est en réalité aussi conclu en considération de la personne du créancier des soins. L'acquéreur s'engage à accomplir des prestations considérables jusqu'au décès du créancier. Il est clair que cet engagement est pris en tenant compte de multiples critères comme l'âge du créancier, son état de santé ou sa personnalité. En revanche, rien n'impose que le vendeur de l'immeuble soit le bénéficiaire des soins *(Cass. 3e civ., 4 juill. 2007, n° 06-13.275 : JurisData n° 2007-039943 ; Bull. civ. III, n° 124)* et il est tout à fait possible de prévoir que le bail à nourriture est constitué sur deux têtes, l'obligation de soins perdure alors jusqu'au décès du survivant *(Cass. 1re civ., 26 juin 1990, n° 88-19.262 : JurisData n° 1990-002239)*.

3969 Cession du bail à nourriture – Le caractère personnel du bail à nourriture le rend réfractaire à sa cession, que ce soit par le vendeur-créancier des soins ou l'acquéreur-débiteur. Effectivement, le rapport de confiance qui doit exister entre les parties est incompatible avec la transmission du contrat, du moins à défaut d'accord de ces dernières. Mais si les deux parties sont d'accord, n'est-il pas possible d'opérer la cession du bail à nourriture ?

Il est clair que les parties peuvent se mettre d'accord pour qu'un tiers exécute l'ensemble des prestations à la place de l'acquéreur. Une clause du bail à nourriture peut ainsi prévoir qu'en cas de mésentente entre les parties, le vendeur pourra, seul, demander au tribunal compétent que l'ensemble des prestations soient exécutées par une tierce personne rémunérée par les acquéreurs *(CA Bordeaux, 19 janv. 1989 : JurisData n° 1989-040463)*. De plus, il est bien admis « que le fait qu'un contrat ait été conclu en considération de la personne du cocontractant ne fait pas obstacle à ce que les droits et obligations de ce dernier soient transférés à un tiers dès lors que l'autre partie y a consenti » *(Cass. 1re civ., 6 juin 2000, n° 97-19.347 : JurisData n° 2000-002344 ; Bull. civ. I, n° 173. – V. aussi Cass. com., 2 juill. 2002, n° 01-12.685 : JurisData n° 2002-015113 ; Bull. civ. IV, n° 113)*. Dans ces conditions, rien ne semble s'opposer à la cession du bail à nourriture conformément aux articles 1216 et s. du Code civil. L'acquéreur débiteur des soins peut donc céder sa qualité de partie au contrat de bail à nourriture à un tiers, le cessionnaire, avec l'accord du cédé, c'est-à-dire le vendeur créancier des soins. La cession doit impérativement être constatée par écrit, à peine de nullité. L'accord du créancier des soins peut être donné au moment de la cession mais aussi par avance, en particulier dans le bail à nourriture *(C. civ., art. 1216)*.

Attention Attention toutefois puisque la cession ne libère pas le cédant pour l'avenir, sauf à ce que le créancier des soins y consente expressément. À défaut de ce consentement exprès et sauf clause contraire, le débiteur initial des soins est tenu solidairement avec le cessionnaire de l'exécution du contrat *(C. civ., art. 1216-1)*.

3970 Décès du débiteur des soins – Le contrat étant conclu en considération de la personne, le décès de l'acquéreur ne conduit pas en principe les héritiers à assumer les obligations qui pesaient sur leur auteur. Il peut alors être opportun pour le vendeur de prévoir dans le contrat une **clause de conversion de l'obligation de soins en rente viagère ou versement d'un capital**.

III. Durée et obligations issues du bail à nourriture

3971 Durée du contrat – Le débiteur des soins est en principe engagé jusqu'au décès du créancier. Serait-il possible de prévoir que le contrat prendra fin à une date déterminée ? Il est vrai que si dès la conclusion du contrat, les parties connaissent la durée pendant laquelle les prestations seront dues, cela pourrait faire disparaître son caractère aléatoire pourtant essentiel. Mais il ne faut pas oublier que l'aléa ne tient pas seulement à la durée du contrat mais aussi aux besoins du créancier qui peuvent varier très sensiblement dans le temps et cela d'autant plus que la durée du contrat est longue. Il semble donc qu'une telle stipulation soit possible dans la mesure où le caractère aléatoire du contrat ne disparaît pas.

3972 Obligation essentielle – La liberté des parties n'est donc pas totale. Le bail à nourriture est « caractérisé par l'obligation prise par l'acquéreur de subvenir entièrement à la vie et aux besoins de l'auteur de l'aliénation »

(Cass. soc., 9 févr. 1961 : Bull. civ. V, n° 185, préc. n° 10). L'existence d'une telle obligation est vérifiée par la Cour de cassation. Ainsi, le contrat par lequel un immeuble est transféré en contrepartie d'un prix de 60 000 francs, lequel est converti en l'obligation d'assurer deux promenades hebdomadaires, de fournir l'habillement nécessaire et d'assurer le suivi de la correspondance ne constituait pas un bail à nourriture. C'est alors la qualification de vente qui devait être retenue laquelle pouvait être résolue pour vileté du prix. Le bail à nourriture est en effet « caractérisé par l'obligation contractée par l'acquéreur de subvenir à la vie et aux besoins de l'auteur de l'aliénation, spécialement, en lui assurant la fourniture et la prise en charge de ses aliments » *(Cass. 1re civ., 20 févr. 2008, n° 06-19.977 : JurisData n° 2008-042819 ; Bull. civ. I, n° 56 ; Contrats, conc. consom. 2008, comm. 150, n° 6, note L. Leveneur ; Defrénois 2008, p. 1350, note E. Savaux ; AJDI 2008, p. 666, note V. Zalewski)*. L'absence d'une obligation de fourniture et de prise en charge des aliments est donc exclusive de la qualification de bail à nourriture.

3973 Prestations accessoires – Si cette obligation est essentielle, il restera aussi aux parties à préciser l'ensemble des prestations qui incomberont au débiteur. Bien souvent, le contrat énonce avec plus ou moins de précision la liste des prestations, par exemple, « nourrir, entretenir, vêtir, blanchir, raccommoder (sic) et soigner le vendeur, aux frais de l'acquéreur, lui faire tout ce qui sera nécessaire à l'existence en ayant pour lui les meilleurs soins et bons égards, comme aussi en cas de maladie, de lui faire donner tous les soins médicaux et chirurgicaux que sa position pourra réclamer et de lui faire administrer tous les médicaments prescrits, le tout à partir de ce jour jusqu'au décès du vendeur » *(Cass. 1re civ., 19 sept. 2007, n° 05-20.771 : JurisData n° 2007-040376 ; JCP G 2007, IV, 2880)*. Si les prestations accessoires pesant sur le débiteur sont librement déterminées par les parties, il est prudent de préciser si la liste énoncée est limitative ou non. Les prestations inhabituelles (jardinage, pratique d'un sport) doivent être précisément mentionnées et celles qui sont le plus souvent présentes doivent être explicitement écartées si telle est la volonté des parties *(JCl. Notarial Formulaire, V° Bail à nourriture, fasc. 10, par F. Collard)*.

3974 Frais funéraires – Il arrive que le contrat stipule que les frais funéraires devront être pris en charge par l'acquéreur. Il est même possible que le contrat impose à l'acquéreur d'organiser des funérailles décentes *(CA Toulouse, 4 nov. 2002 : JurisData n° 2002-195477)*.

IV. Inexécution du bail à nourriture

3975 Exécution forcée en nature – L'exécution forcée en nature peut être recherchée par le créancier sauf si cette exécution est impossible *(C. civ., art. 1221)*. Tel est bien sûr le cas de l'obligation de soins pesant sur l'acquéreur.

On ne saurait contraindre par la force des débiteurs à exécuter des obligations tenant à recevoir les créanciers dans leur maison, les loger, les chauffer, les éclairer, les nourrir à leur table avec eux et comme eux *(Cass. 1re civ., 17 déc. 2002, n° 99-20.762 : JurisData n° 2002-017003 ; Bull. civ. I, n° 240)*.

L'inexécution du contrat peut dès lors entraîner sa résolution *(V. n° **3976** et s.)* mais aussi la conversion de l'obligation de soins en rente viagère *(V. n° **3979** et s.)*.

A. – RÉSOLUTION POUR INEXÉCUTION

3976 Il a déjà été rappelé que l'article 1975 du Code civil n'était pas applicable au bail à nourriture *(C. civ., art. 1975)*. Il en est de même pour l'article 1978 du Code civil qui prévoit que le défaut de paiement des arrérages de la rente n'autorise pas le créancier à demander la résolution du contrat. Ce texte constitue clairement une exception à l'article 1217 du Code civil et doit donc être interprété strictement. Il ne saurait donc être appliqué par analogie au bail à nourriture où la résolution judiciaire peut être demandée en cas d'inexécution *(Cass. 3e civ., 14 avr. 2010, n° 08-21.346 : JurisData n° 2010-003856 ; Contrats, conc. consom. 2010, comm. 173, obs. Leveneur ; Bull. civ. III, n° 84)*.

À défaut de clause résolutoire, l'inexécution devra être suffisamment grave pour entraîner la résolution du contrat *(C. civ., art. 1224)*. Faute de cette gravité suffisante, ce sont seulement des dommages et intérêts qui seront accordés au créancier des soins sachant que le juge peut accorder un délai au débiteur pour s'exécuter *(C. civ., art. 1228)*. Il convient ainsi que l'inexécution par les acquéreurs de leur obligation de soins et de nourriture soit considérée comme persistante et d'une gravité suffisante pour que la résolution puisse être prononcée *(Cass. 3e civ., 23 nov. 2005, n° 04-16.407 : JurisData n° 2005-030917)*. Il n'en est pas ainsi lorsqu'il n'existe qu'un simple retard dans l'exécution d'une partie de l'obligation de soins.

Il a été jugé que l'action en résolution ne peut être intentée que par le vendeur et qu'elle ne se transmet pas à ses héritiers si elle n'a pas été exercée du vivant du vendeur. En effet, le vendeur créancier des soins est le seul à être en mesure d'apprécier la qualité des prestations fournies par l'acquéreur *(Cass. 1re civ., 19 sept. 2007, n° 05-20.771 : Bull. civ. I, n° 298)*. Dès lors que l'action en résolution pour inexécution de l'obligation de soins n'est pas exercée par le vendeur, l'action en résolution de la vente exercée par l'héritier est donc irrecevable. Cette solution pourrait avoir été abandonnée par un arrêt de la Cour de cassation du 1er février 2017 *(Cass. 1re civ., 1er févr. 2017, n° 15-19.464)*. C'est une commune, légataire universelle du vendeur, qui exerce une action en résolution pour inexécution de leurs obligations par les acquéreurs. La Cour de cassation estime alors que même si le créancier s'était abstenu d'engager l'action de son vivant, la Cour d'appel n'a, à juste titre, « tiré aucune conséquence juridique quant à la recevabilité à agir de la commune, dont elle a examiné la demande au fond ».

La demande en résolution est finalement rejetée aux motifs que le créancier n'avait engagé aucune action de son vivant et que l'acquéreur avait assuré au vendeur un soutien matériel et psychologique jusqu'à son décès. En définitive, la circonstance que l'action en résolution n'ait pas été exercée par le vendeur de son vivant n'est plus de nature à rendre l'action des héritiers irrecevable, mais sera un indice pris en compte par les juges du fond pour déterminer si les obligations des acquéreurs ont été bien exécutées ou non.

Ce revirement pourrait s'expliquer par le fait que le créancier est bien souvent dans un certain état de vulnérabilité et parfois sous l'influence du débiteur des soins. Dans ce contexte, il n'était peut-être pas opportun de tirer trop de conséquence de l'absence d'action en résolution.

3977 **Clause résolutoire** – Une clause résolutoire peut être stipulée dans un bail à nourriture. Elle devra préciser les engagements dont l'inexécution entraînera la résolution du contrat. La résolution est en principe subordonnée à une mise en demeure infructueuse, laquelle doit mentionner expressément la clause résolutoire. Les parties peuvent toutefois prévoir que la résolution résultera du seul fait de l'inexécution *(C. civ., art. 1225)*.

Dans une affaire où une clause résolutoire était stipulée, le créancier de l'obligation d'entretien a fait délivrer au débiteur une sommation d'avoir à lui payer une certaine somme, laquelle visait la clause résolutoire. Alors que les juges du fond avaient constaté l'acquisition de la clause résolutoire, la Cour de cassation estime « qu'une sommation de payer n'équivaut pas à une mise en demeure d'exécuter une obligation stipulée en nature » *(Cass. 3e civ., 23 mars 2017, n° 16-13.060 : JurisData n° 2017-005623 ; Contrats, conc. consom. 2017, comm. 117, L. Leveneur)*.

3978 **Clause de réserve de propriété** – En cas de résolution et si l'acquéreur a d'autres créanciers, le vendeur aura parfois des difficultés à récupérer son immeuble. Il a à ce titre été conseillé de recourir à une clause de réserve de propriété *(Congrès des Notaires de France, Cannes, 2011, n° 4463, p. 992)*. Le transfert peut alors être retardé au complet paiement de l'obligation de soins, c'est-à-dire le plus souvent au décès du vendeur.

B. – CONVERSION EN RENTE VIAGÈRE

3979 Les parties peuvent utilement prévoir une clause de conversion par laquelle l'obligation de soins sera convertie en rente viagère si certains événements surviennent, par exemple le décès du débiteur des soins. Plus surprenant, en l'absence de toute clause de conversion, l'une des parties peut la demander en justice.

3980 **Conversion judiciaire** – Alors même que l'une des parties sollicite la résolution, le juge a la possibilité d'opter pour une conversion en rente viagère plutôt que la résolution, à sa libre appréciation. Est-il possible d'empêcher toute conversion par une clause en ce sens dans le bail à nourriture ? Il semble que oui puisque la conversion permet de convertir une obligation de soin en une obligation en argent ayant le même objet *(Cass. 1re civ., 18 mai 1978, n° 76-12.110 : Bull. civ. I, n° 131)*. Il s'agit donc d'exécuter par équivalent une obligation de soin devenue impossible à exécuter en nature. Il n'y a donc pas novation *(Cass. com., 6 mars 1990, n° 88-19.759 : JurisData n° 1990-702419 ; Bull. civ. IV, n° 69 ; JCP N 1991, II, 211, note D. F)* ce qui veut dire que le créancier conservera ses sûretés, le cas échéant. Si les parties manifestent clairement dans le contrat leur volonté que l'obligation de soins ne puisse pas être exécutée par équivalent, le juge n'aura visiblement pas d'autres choix que de prononcer la résolution si l'obligation de soins ne peut plus être exécutée. Toutefois, pour parvenir à cet objectif, le plus simple est sans doute de stipuler une clause résolutoire.

3981 **Conditions** – Pour que la conversion soit prononcée par le juge, elle doit d'abord avoir été sollicitée par l'une des parties. C'est le plus souvent le débiteur de l'obligation de soins qui sollicite la conversion, à titre principal, pour faire face à l'impossibilité d'exécution en nature (hospitalisation, mésentente, déménagement). La demande peut aussi se faire à titre reconventionnel pour faire échec à une demande en résolution émanant du créancier. Il convient ensuite qu'aucune faute ne puisse être reprochée au débiteur *(Cass. 1re civ., 1er mars 1965 : Bull. civ. I, n° 155)*.

3982 **Détermination de la rente** – Pour déterminer le montant de la rente, les juges du fond ne doivent pas se baser sur la valeur de l'immeuble transféré en contrepartie de l'obligation de soins (ou le solde restant à payer). En effet, alors qu'une cour d'appel s'était basée sur le solde du prix de vente dont l'obligation de soins était la contrepartie, il y a cassation : « l'obligation qui n'a pu être exécutée en nature était celle de soigner les vendeurs leur vie durant et qu'il convenait de fixer une rente équivalente à cette obligation » *(Cass. 1re civ., 18 juill. 1984, n° 83-12.672 : Bull. civ. I, n° 237)*. Les juges du fond doivent tenir compte de tous les besoins même éventuels du vendeur et de son mode de vie *(Cass. 1re civ., 6 avr. 1960 : Defrénois 1961, art. 27995)*. Mais si le débiteur a des ressources limitées, il conviendra également d'en tenir compte.

3983 **Conversion conventionnelle** – Les parties peuvent prévoir une clause de conversion dans le bail à nourriture. Elles devront alors déterminer avec précision les circonstances qui déclencheront la mise en œuvre de la clause. Le juge éventuellement saisi ne pourra que mettre en œuvre la conversion. Il a été jugé que la conversion ne pouvait être imposée au vendeur, unique bénéficiaire, qui ne sollicitait pas la mise en œuvre de la clause *(Cass. 1re civ., 13 nov. 1962 : Bull. civ. I, n° 475)*.

Les parties pourront aussi prévoir, dès la conclusion du contrat, les modalités de détermination du montant de la rente, ce qui n'est pas forcément aisé puisqu'il convient de tenir compte des besoins futurs du créancier. Puisque le juge peut opérer la conversion en l'absence de clause en ce sens, il peut *a fortiori* être sollicité pour déterminer le montant d'une rente viagère dont le principe est admis.

Les parties peuvent également s'entendre, en cours d'exécution du contrat, pour opérer une conversion laquelle peut alors consister en une novation.

Pour aller plus loin

Formules
- JCl. Notarial Formulaire, V° Bail à nourriture, fasc. 15
- JCl. Notarial Formulaire, V° Vente d'immeuble, fasc. 495 (vente en viager), par D. Montoux

Fiches pratiques
- Fiche pratique n° 3111 : Déterminer l'immeuble vendu et les sujétions le grevant au sein de la partie développée de l'acte authentique de vente, par S. Olivier
- Fiche pratique n° 1721 : Rédiger une vente d'immeuble, par M. Suquet-Cozic

Commentaires
- JCl. Notarial Formulaire, Synthèse 1510 : Vente d'immeuble : ventes particulières, par V. Zalewski-Sicard
- JCl. Notarial Formulaire, Synthèse 1520 : Vente d'immeuble : contentieux, par V Zalewski-Sicard
- JCl. Notarial Formulaire, V° Bail à nourriture, fasc. 10, par F. Collard
- JCl. Notarial Formulaire, V° Vente d'immeuble, fasc. 490, par D. Montoux

Vente moyennant rente viagère

3984 **Renvoi** – Se reporter aux études spécifiques *(V. n° **2947** et s. – n° **4748**).*

Pour aller plus loin

Formules
- JCl. Notarial Formulaire, V° Vente d'immeuble, fasc. 495, par D. Montoux

Fiche pratique
- Fiche pratique n° 1785 : Constituer une rente viagère, par D. Montoux

Commentaires
- JCl. Notarial Formulaire, V° Vente d'immeuble, fasc. 490, par D. Montoux

Vente avec clause d'accroissement

3985 Définition – Le pacte tontinier ou clause d'accroissement est une clause par laquelle deux ou plusieurs personnes achètent un bien en prévoyant qu'est conféré « à chacun des acquéreurs la propriété de l'immeuble tout entier à partir du jour de son acquisition, sous condition de prédécès de son cocontractant » *(Cass. ch. mixte, 27 nov. 1970, n° 68-10.452 : Bull. ch. mixte n° 3 ; JCP G 1971, II, 16823, note Belin ; D. 1971, p. 81, concl. Lindon ; Defrénois 1971, art. 29786, note Morin)*. Deux personnes (ou davantage) font donc l'acquisition conjointe d'un bien et ils conviennent entre eux que le survivant des deux sera réputé avoir toujours été propriétaire exclusif du bien. Cette prouesse est possible par le jeu de deux conditions, l'une suspensive et l'autre résolutoire. Chacun des tontiniers n'est ainsi propriétaire que sous la condition suspensive de sa survie et sous la condition résolutoire de son prédécès.

I. Validité de la tontine

3986 Pacte sur succession future – La validité d'une telle clause a été admise *(Cass. ch. mixte, 27 nov. 1970, préc. n° 1)*. Elle ne tombe pas sous le coup de la prohibition des pactes sur successions futures puisque par le jeu des conditions stipulées, le bien objet de la tontine ne fait pas partie de la succession du prémourant. Il n'a même jamais été sa propriété en raison de la rétroactivité attachée aux conditions stipulées.

3987 Rétroactivité – Il apparaît que cette rétroactivité est essentielle ce qui pourrait poser une difficulté pour les pactes tontiniers conclus depuis le 1er octobre 2016. En effet, l'article 1304-6 du Code civil a abandonné la rétroactivité de la condition suspensive accomplie. Conformément à ce texte, les parties doivent donc prévoir dans le pacte tontinier que l'accomplissement de la condition rétroagira au jour du contrat (pour un exemple de clause, *D. Montoux, Achat en tontine et réforme du droit des contrats : JCP N 2017, n° 6-7, 1099)*.

3988 Tontine postérieure à l'acte d'acquisition – La prohibition des pactes sur succession future implique également que le pacte tontinier soit conclu dès l'acquisition de l'immeuble et non postérieurement *(JCl. Notarial Formulaire, V° Vente d'immeuble, fasc. 260, par D. Montoux et F. Collard)*. La tontine permet de considérer que le survivant des acquéreurs aura été le seul propriétaire depuis l'acquisition. Un tel objectif ne saurait être accompli si pendant un certain laps de temps, même très bref, le bien avait appartenu en indivision aux deux acquéreurs.

3989 Contrat aléatoire – « L'acquisition d'un bien avec clause d'accroissement constitue un contrat aléatoire » *(Cass. 1re civ., 14 déc. 2004, n° 02-11.088 : JurisData n° 2004-026140 ; Bull. civ. I, n° 313 ; Dr. famille 2005, comm. 61, B. Beignier ; D. 2005, p. 2263, note C. Le Gallou ; D. 2005, p. 2114, obs. V. Brémond, M. Nicod et J. Revel)*. Chaque tontinier a des chances équivalentes d'être considéré comme le propriétaire exclusif du bien en cas de survie et chacun assume le risque de n'avoir jamais été propriétaire en cas de prédécès.

3990 Requalification en libéralité – Ce caractère aléatoire fait de la tontine une opération conclue à titre onéreux. Sans ce caractère aléatoire, l'opération peut être requalifiée en libéralité. Il a pu en être ainsi à propos d'un tontinier ayant financé seul l'opération alors qu'il était probable qu'il décède avant l'autre tontinier en raison de son état de santé et de leur différence d'âge *(Cass. 1re civ., 10 mai 2007, n° 05-21.011 : JurisData n° 2007-038791 ; Bull. civ. I, n° 173 ; JCP N 2007, n° 28, 1215, note Garçon ; D. 2007, p. 2134, obs. M. Nicod ; D. 2007, p. 1510, obs. Delaporte-Carrée ; AJF 2007, p. 316, obs. F. Bicheron)*.
Il convient donc que les tontiniers aient des chances de gain et des risques de pertes équivalents.

3991 Différence d'âge – Cela ne signifie pas pour autant qu'une différence d'âge entre les tontiniers est proscrite *(Cass. 1re civ., 16 juill. 1992, n° 90-19.797 : JurisData n° 1992-001853)*. L'idée est plutôt, encore une fois, que les chances de survie de chacun des tontiniers soient équivalentes.

3992 Financement de l'opération – L'existence d'un aléa implique également, en principe, que l'un des tontiniers n'ait pas financé exclusivement l'opération. Mais encore une fois, même en présence d'un financement exclusif par l'un des tontiniers, l'aléa ne disparaît pas nécessairement *(Cass. 1re civ., 14 déc. 2004, n° 02-11.088 : JurisData n° 2004-026140, préc.)*. La participation inégale des tontiniers peut s'expliquer par une différence d'âge ou encore par l'existence d'un contrat antérieur.
En clair, l'important n'est pas tant un financement égal ou encore l'absence de différence d'âge, mais bien que les chances de gain et les risques de perte soient équivalents pour tous les tontiniers. Les juges du fond

doivent donc apprécier ces éléments (financement de l'acquisition, âge des tontiniers, état de santé, etc.) pour vérifier que l'opération est aléatoire.

3993 Rôle du rédacteur de l'acte – Le rédacteur du contrat devra donc vérifier que l'aléa existe bel et bien. En cas de doute, il conviendra *a minima* d'informer les parties sur les risques encourus, voire de refuser de passer l'acte si l'aléa fait manifestement défaut.

3994 Clause d'inaliénabilité – La Cour de cassation a eu à se prononcer sur la validité de la clause de tontine au regard des exigences de l'article 900-1 du Code civil. La tontine a effectivement pour effet de rendre l'immeuble qui en fait l'objet inaliénable. Elle doit en conséquence avoir un caractère temporaire et être justifiée par un intérêt sérieux et légitime. Il a été admis que « la clause de tontine, prenant fin au décès du prémourant, a, par là même, un caractère temporaire » *(Cass. 1re civ., 8 janv. 2002, n° 99-15547 : JurisData n° 2002-012480 ; Bull. civ. I, n° 3 ; JCP N 2003, n° 1-3, p. 19, note R. Le Guidec ; JCP N 2003, n° 15-16, 1270, étude R. Brochard ; RTD civ. 2002, p. 542, note T. Revet)*.
Ceci étant dit, les juges du fond doivent tout de même rechercher si la tontine est justifiée par un intérêt sérieux et légitime.

II. Qualité des tontiniers

3995 Tontine entre époux – Dans le régime légal de la communauté réduite aux acquêts, la tontine serait nulle si elle était stipulée pour l'acquisition d'un immeuble avec des deniers communs. La tontine reviendrait en effet à tenir en échec la présomption d'acquêt posée par l'article 1402 du Code civil. En revanche, dès lors que les époux utilisent des fonds propres et opèrent une déclaration d'emploi (ou de remploi le cas échéant) conformément à l'article 1434 du Code civil, une clause d'accroissement peut valablement être stipulée.
Lorsque les époux ont opté pour la séparation de biens ou la participation aux acquêts, il n'y a aucune objection à ce qu'ils fassent l'acquisition d'un immeuble avec clause d'accroissement. À noter que le financement inégal de l'opération peut alors s'expliquer non par une intention libérale mais par la volonté de rémunérer l'activité du conjoint au foyer excédant sa contribution normale aux charges du mariage *(CA Aix-en-Provence, 13 déc. 1988 : Defrénois 1990, art. 34666, p. 110, note G. Morin. – B. Abry, Tontine et mariage : JCP N 1992, prat. 2185)*.

3996 Tontine entre concubins – Si des concubins ont acheté un immeuble ensemble, l'indivision qui en résulte peut être source de difficulté en cas de décès de l'un d'eux. En effet, le survivant peut se retrouver en indivision avec les héritiers du défunt et par exemple devenir débiteur d'une indemnité d'occupation à l'égard de ces derniers. La tontine est très favorable à l'acquéreur survivant puisque par le jeu des conditions suspensives et résolutoires, lui seul sera considéré comme le propriétaire de l'immeuble et cela depuis le jour de l'acquisition. Si une telle clause peut valablement être stipulée entre concubins, elle n'est pas sans présenter des inconvénients, en particulier en cas de mésentente dans le couple.

Conseil pratique **Le notaire chargé de la rédaction de l'acte veillera à ce que les acquéreurs aient tout à fait conscience des risques inhérents à la tontine.**

3997 Tontine entre une personne mariée et un tiers – Un homme marié sous le régime de la communauté légale peut-il utiliser ses gains et salaires pour faire l'acquisition d'un immeuble en tontine avec sa maîtresse ? La Cour de cassation l'a admis dans une affaire où la requalification de l'opération en donation déguisée a été rejetée *(Cass. 1re civ., 11 janv. 1983, n° 81-16.307 : Defrénois 1983, art. 33114, p. 985, note Morin ; JCP N 1983, II, p. 329, note R. Brochard ; JCP G 1984, II, 20127, note R. Boulanger ; D. 1983, p. 502, note Larroumet ; Bull. civ. I, n° 15)*. Elle précise notamment que l'article 1424 du Code civil n'est pas applicable puisque le mari étant mort en premier, l'immeuble n'a jamais fait partie de la communauté. De plus, l'immeuble ne peut en aucun cas devenir un propre de l'époux. En cas de prédécès de l'époux, l'immeuble aura toujours appartenu à la maîtresse. En cas de survie, l'époux sera considéré comme propriétaire de l'immeuble depuis l'acte d'acquisition. Dans la mesure où à cette date, l'acquéreur était déjà marié, l'immeuble est commun. Cette solution a pu être critiquée en particulier parce que la tontine peut avoir pour effet, en cas de prédécès de l'époux, de tenir en échec la présomption d'acquêt posée par l'article 1401 du Code civil. L'aléa propre à la tontine pèse en effet sur la communauté, alors même que l'épouse n'a pas eu son mot à dire *(M. Henry, Une pratique critiquable, la clause d'accroissement en fraude du régime matrimonial : JCP N 1987, I, p. 415 s., spéc. p. 422, n° 34)*.

Attention La même difficulté ne se retrouve pas lorsque les époux sont mariés sous le régime de la séparation de bien. Lorsqu'un immeuble a été acquis avec clause de tontine et que l'un des tontiniers s'est marié sous le régime légal par la suite, le mariage n'a pas d'incidence. En cas de survie du tontinier marié, l'immeuble lui sera propre puisqu'il sera considéré comme étant son propriétaire depuis l'acquisition (laquelle est antérieure au mariage). Même solution si le tontinier s'est marié sous un régime séparatiste.

III. Effets de la tontine

3998 Il est nécessaire de distinguer les effets du pacte tontinier avant le premier décès et après celui-ci.

A. – AVANT LE PREMIER DÉCÈS

3999 **Vis-à-vis du vendeur** – La tontine n'a en soi aucune incidence. La propriété de l'immeuble est bien transmise aux acquéreurs alors même que dans les rapports internes, le propriétaire ne peut pas encore être déterminé.

Il est courant de prévoir que les acquéreurs sont solidairement tenus des obligations issues du contrat de vente.

4000 **Absence d'indivision** – Parce que chaque tontinier n'est propriétaire que sous la condition suspensive de sa survie et sous la condition résolutoire de son prédécès, le survivant sera considéré comme l'unique propriétaire depuis l'acte d'acquisition. Tant que le premier décès n'est pas intervenu, il est donc impossible de déterminer lequel des tontiniers est le propriétaire. Pour la même raison, il n'est pas non plus question d'y voir des propriétaires indivis, ce que la Cour de cassation a confirmé. Sauf en ce qui concerne le droit de jouissance, c'est le survivant qui sera considéré comme seul propriétaire de l'immeuble depuis la date d'acquisition. Il en résulte nécessairement une absence d'indivision ce qui exclut le droit de demander le partage.

4001 **Partage** – Cette impossibilité de provoquer le partage peut être un inconvénient sérieux en cas de mésentente des tontiniers. En cas de divorce de ces derniers par exemple, le juge ne pourra pas mettre fin à la tontine d'une manière ou d'une autre. Si la mésentente persiste, la seule solution sera d'attendre le décès de l'un des tontiniers sauf à admettre qu'un tontiner puisse seul céder son droit conditionnel de propriété sur le bien acquis avec clause d'accroissement. Encore faudra-t-il, le cas échéant, trouver un cessionnaire et obtenir l'accord des autres tontiniers si une clause d'agrément a été stipulée. Une fois de plus, le notaire doit avertir les futurs acquéreurs des inconvénients propres au pacte tontinier.

4002 **Droits concurrents de jouissance indivise** – Si la clause d'accroissement écarte toute indivision, les parties ont des droits concurrents qui emportent le droit pour chacune d'entre elles de jouir indivisément du bien, droit dont l'exercice peut être organisé par le juge. Il en résulte que si l'un des tontiniers a la jouissance exclusive de l'immeuble, il devra une indemnité d'occupation à l'autre tontinier, co-titulaire du droit de jouissance *(Cass. 3e civ., 17 déc. 2013, n° 12-15.453 : JurisData n° 2013-029870 ; Bull. civ. III, n° 168 ; JCP N 2014, n° 1-2, act. 127, note D. Faucher)*. Mais encore faut-il que cette jouissance exclusive par l'un des tontiniers soit de son fait. Si l'impossibilité pour l'un des tontiniers d'occuper l'immeuble s'explique seulement par le fait que celui-ci ne peut plus quitter une maison de retraite en raison de son état de santé, l'indemnité n'est pas due par le tontinier occupant (*Cass. 1re civ., 3 oct. 2018, n° 17-26.020 : JurisData n° 2018-016872 ; Lexbase. Revue éd. Privée, Hebdo n° 760, 8 nov. 2018, note S. Jean)*.

4003 **Inaliénabilité** – Tant que le décès de l'un des tontiniers n'est pas intervenu, il est impossible de déterminer lequel des tontiniers est propriétaire. Il en résulte qu'aucun des tontiniers ne peut seul procéder à l'aliénation de l'immeuble acquis avec clause d'accroissement.

C'est la raison pour laquelle la tontine doit remplir les conditions posées par l'article 900-1 du Code civil alors même qu'aucune clause d'inaliénabilité distincte n'a été stipulée.

En revanche, si tous les tontiniers décident d'opérer la vente de l'immeuble, celle-ci pourra s'opérer sans difficulté. Parce que dans une telle hypothèse, tous les propriétaires « potentiels » de l'immeuble désirent en opérer la vente.

4004 **Cession du droit conditionnel de propriété** – Si l'un des tontiniers ne saurait seul disposer de l'immeuble acquis avec clause d'accroissement, ne peut-il pas céder son droit conditionnel de propriété ? Le cessionnaire pourrait ainsi devenir propriétaire de l'immeuble en cas de prédécès du tontinier non-cédant mais pourrait aussi ne pas le devenir en cas de prédécès du tontinier lui ayant cédé son droit conditionnel de propriété. Admettre la cession de ce droit conditionnel aurait l'avantage de permettre à chaque tontinier de se libérer de la tontine et ainsi de ne pas en rester prisonnier en cas de mésentente des tontiniers. L'inconvénient tiendrait à la possibilité de faire entrer dans la tontine un tiers que les autres tontiniers n'auront pas forcément accepté, d'autant que ce tiers cessionnaire bénéficiera d'un droit de jouissance indivise de l'immeuble. Cette difficulté pourrait toutefois être aisément évitée par l'insertion dans la tontine d'une clause d'agrément *(JCl. Notarial Formulaire, V° Vente d'immeuble, fasc. 260, par D. Montoux et F. Collard)*. Une autre solution consiste à ce que l'un des tontiniers cède son droit conditionnel de propriété à l'autre tontinier, ce qui mettra fin à la tontine.

Le droit conditionnel de propriété d'un tontinier présente des intérêts indéniables pour un cessionnaire. Ce dernier pourra éventuellement être considéré comme le seul propriétaire d'un immeuble ayant pourtant été financé par plusieurs. De plus, ce droit conditionnel emporte, dans l'attente du prédécès d'un des tontiniers, un droit de jouissance indivise. Ayant incontestablement une valeur, ce droit conditionnel de propriété est un bien dont il doit être possible, en principe, de disposer.

VENTES ET CLAUSES PARTICULIÈRES

4005 Cession du droit de jouissance indivise ? – Si l'on admet que le droit conditionnel de propriété du tontinier peut être cédé, le cessionnaire de ce droit conditionnel bénéficiera par là-même d'un droit de jouissance indivise tant que l'un des deux tontiniers ne sera pas décédé. Mais serait-il possible que l'un des tontiniers opère la cession de son droit de jouissance indivise sans céder son droit conditionnel de propriété ? Le cessionnaire bénéficierait ainsi d'un droit de jouissance pouvant cesser à tout moment, au décès de l'un des tontiniers, ce qui aurait bien peu d'intérêt.

4006 Insaisissabilité – Le droit de gage général des créanciers ne peut s'exercer que sur les biens dont le débiteur est propriétaire. Tant que le décès de l'un des tontiniers n'est pas survenu, le débiteur ayant fait l'acquisition d'un bien avec clause d'accroissement n'est pas titulaire d'un droit de propriété sur ce bien ou partie de ce bien. Ce bien n'est donc pas saisissable par le créancier de l'un des débiteurs tontiniers. On remarquera que l'insaisissabilité ne résulte pas tant de l'inaliénabilité que du fait que le tontinier, dans l'attente du dénouement de la tontine, n'est pas propriétaire du bien dont il a fait l'acquisition. Les créanciers personnels d'un tontinier ne sauraient non plus demander le partage, faute d'indivision.

4007 Créancier commun – Il a été admis qu'un créancier commun aux tontiniers puisse opérer la saisie de l'immeuble acquis avec clause d'accroissement *(CA Bordeaux, 18 déc. 1986 : JurisData n° 1986-044918)*. Les juges du fond avaient précisé que « si le pacte de tontine entraîne l'insaisissabilité du bien acquis dans de telles conditions, cette disposition ne peut être opposée au créancier poursuivant que dans la mesure où l'un des acquéreurs n'est pas lui-même débiteur de ce créancier ». Dès lors que les tontiniers sont tous débiteurs d'un créancier, en l'espèce codébiteurs solidaires, ce créancier peut tout à fait opérer la saisie d'un immeuble acquis avec clause d'accroissement.

Cette solution est assez éloignée de celle prévue par l'article 815-17 du Code civil qui précise que seuls ceux qui auraient pu agir sur les biens indivis avant la naissance de l'indivision et ceux dont la créance résulte de la conservation ou de la gestion des biens indivis peuvent saisir le bien indivis. Elle soulève en outre une interrogation. Si la clause de tontine est inopposable au créancier commun, le bien n'en a pas moins été acquis à deux, avec un financement le plus souvent partagé. Le bien ne devrait-il pas être considéré, vis-à-vis du créancier commun, comme étant en indivision, avec cette conséquence que l'article 815-17 devrait s'appliquer ?

4008 Remise en cause de la tontine – Parce que la tontine est exclusive de l'indivision, il n'est pas possible d'y mettre un terme en provoquant le partage conformément à l'article 815 du Code civil. Il sera donc nécessaire que tous les tontiniers soient d'accord pour y mettre fin *(C. civ., art. 1193)*, ce qui pourra se faire de plusieurs manières :

- ils peuvent tout simplement renoncer aux conditions stipulées ce qui les placera en situation d'indivision. À noter que cette renonciation donne ouverture au droit fixe des actes innomés *(Rép. min. : JOAN 26 oct. 1981, p. 3031 ; Defrénois 1981, art. 32790, p. 1580)* et doit être publiée au fichier immobilier ;
- ils peuvent également s'entendre pour opérer la vente de l'immeuble.

À défaut d'accord de tous les tontiniers, une renonciation unilatérale en faveur des autres acquéreurs est tout de même possible. L'acquéreur abandonne alors tous ses droits sur l'immeuble acquis. S'il reste plusieurs tontiniers, la tontine demeure entre eux. Si ne demeure plus qu'un acquéreur, il devient propriétaire de l'immeuble acquis et l'ordre des décès n'a plus la moindre importance. Cette renonciation peut être faite contre une contrepartie financière ou sans, ce qui déterminera le régime fiscal de l'opération.

Le droit conditionnel de propriété peut aussi être cédé à un tiers.

Pour aller plus loin

- J. Hérail, Les contrats à titre onéreux entre concubins : JCP N 1988, I, p. 165 s.
- B. Pacaud et F.-R. Pujol, La clause d'acquisition au profit du survivant des acquéreurs et les acquisitions croisées : analyse fiscale : Defrénois 1991, art. 35045, p. 641 s.

4009 Opposabilité aux tiers – Lors de la publication de l'acte de vente au service de la publicité foncière, la clause de tontine doit être également publiée comme n'importe quelle condition résolutoire *(D. n° 55-22, 5 janv. 1955, art. 28, 2°)*. Dès cette publication, la tontine est opposable aux tiers ce qui a pour effet de rendre l'immeuble insaisissable par les créanciers de l'un des tontiniers.

4010 Action paulienne – Les créanciers peuvent toutefois recourir à l'action paulienne si leur débiteur utilise la tontine en fraude de leurs droits. Plusieurs conditions doivent être remplies :

- il faudra que la créance soit née antérieurement à l'acquisition de l'immeuble ; elle doit être certaine dans son principe au jour de l'acte contesté et doit être liquidée pour déterminer l'étendue de l'inopposabilité de l'acte attaqué *(P. Delebecque et F-J Pansier, Droit des obligations, Régime général : LexisNexis, 8e éd., 2016, n° 119)* ;
- il convient bien évidemment que la fraude du débiteur soit établie ; la fraude « résulte de la seule connaissance qu'a le débiteur du préjudice qu'il cause au créancier en se rendant insolvable ou en augmentant son

insolvabilité » *(Cass. 1re civ., 13 janv. 1993, n° 91-11.871 : JurisData n° 1993-000024 ; Bull. civ. I, n° 5 ; JCP G 1993, II, 22027, note J. Ghestin)* ;

- le créancier doit donc subir un préjudice ; ce préjudice tient à l'insolvabilité du débiteur qui s'apprécie au moment de l'exercice de l'action paulienne (faute de quoi le créancier n'aurait pas d'intérêt à agir) mais également au moment de l'acte contesté car elle est un élément nécessaire à la caractérisation de la fraude *(P. Delebecque et F-J Pansier, préc., spéc. n° 122)* ;
- l'article 1341-2 du Code civil prévoit enfin qu'en présence d'un acte conclu à titre onéreux, le créancier a la charge d'établir que le tiers contractant avait connaissance de la fraude ; il s'agit donc de prouver que l'autre tontinier sait que la clause d'accroissement permet d'organiser l'insolvabilité de l'autre acquéreur ;S

Si ces conditions sont remplies, la tontine sera inopposable au créancier ce qui devrait lui permettre de considérer qu'il existe une indivision entre les acquéreurs et donc de provoquer le partage conformément à l'article 815-17 du Code civil.

B. – APRÈS LE PREMIER DÉCÈS

4011 Il convient ici d'exposer le dénouement de la tontine, tant d'un point de vue civil que fiscal.

1° Point de vue civil

4012 Le survivant est considéré comme l'unique propriétaire de l'immeuble acquis en tontine et cela depuis la date de l'acquisition. Il en résulte que les héritiers du prémourant n'ont aucun droit sur ledit immeuble. Le tontinier prémourant n'a en effet jamais été propriétaire de celui-ci. La situation peut toutefois être plus complexe dans des hypothèses particulières :

Qu'advient-il d'un immeuble acquis par deux tontiniers lorsque l'un d'eux a commis un crime ayant entraîné le décès de l'autre ? Il a été admis que dans les rapports entre tontiniers, l'article 1173 du Code civil (ancien) n'était pas applicable faute de l'existence d'un débiteur d'obligation et d'un créancier *(Cass. 3e civ., 5 déc. 2012, n° 11-24.448 : JurisData n° 2012-028149 ; Bull. civ. III, n° 181 ; JCP N 2012, n° 51, act. 1103 ; JCP N 2013, n° 13, 1066, note L. Leveneur)*. Il convient donc de s'en tenir à la clause de tontine. Le survivant, peu importe les circonstances, doit être considéré comme l'unique propriétaire.

Rien n'empêche toutefois les acquéreurs d'insérer dans le pacte tontinier une clause prévoyant une autre solution si le décès de l'un d'eux était causé par l'autre. Il est par exemple possible de stipuler qu'en cas de décès de l'un des tontiniers causé par l'autre, la clause de tontine ne produira aucun effet. Le cas échéant, l'immeuble sera en indivision entre les acquéreurs.

4013 Décès simultané – Autre hypothèse particulière, quid de l'immeuble acquis avec clause d'accroissement lorsque les tontiniers meurent au même moment, par exemple dans un accident de voiture ou d'avion ? Chacun des acquéreurs était propriétaire sous la condition suspensive de sa survie et sous la condition résolutoire de son précédés. Il importe peu que le survivant n'ait survécu qu'un très bref instant, ce sont ses héritiers seuls qui pourront prétendre à l'immeuble. Ainsi, s'il est possible de déterminer que l'un des tontiniers a survécu un bref instant de plus que l'autre, c'est lui qui sera considéré comme l'unique propriétaire depuis l'acquisition. En revanche, s'il n'est pas possible de déterminer lequel est mort en premier (cas d'un avion qui s'écrase), il n'y a alors ni survie ni prédécès et la tontine ne pourra jamais produire ses effets. Il faudrait sans doute considérer que dans une telle hypothèse, la tontine est caduque ce qui placera les acquéreurs en situation d'indivision.

2° Point de vue fiscal

4014 Principe – Si au civil, il n'y a pas transfert de propriété de la part du prémourant au survivant lors du prédécès de l'un des tontiniers, il n'en est pas ainsi d'un point de vue fiscal. En effet, depuis la loi de finances pour 1980 *(L. n° 80-30, 18 janv. 1980)*, cette transmission de part est en principe assujettie aux droits de mutation à titre gratuit. Aujourd'hui, le premier alinéa de l'article 754 A du CGI prévoit que « *les biens recueillis en vertu d'une clause insérée dans un contrat d'acquisition en commun selon laquelle la part du ou des premiers décédés reviendra aux survivants de telle sorte que le dernier vivant sera considéré comme seul propriétaire de la totalité des biens sont, au point de vue fiscal, réputés transmis à titre gratuit à chacun des bénéficiaires de l'accroissement* ».

Cela signifie que les droits de mutation à titre gratuit sont en principe dus sur la valeur de la part du prémourant qui, au fiscal, est transmise au survivant, comme si le prémourant avait légué sa part au survivant. Les droits sont liquidés au tarif en vigueur au jour du décès du prémourant et il faut tenir compte du lien de parenté existant entre les deux tontiniers *(JCl. Notarial Formulaire, fasc. 260, par D. Montoux, préc. n° 4, spéc. n° 113)*. La tontine est ainsi fiscalement intéressante lorsqu'elle a été conclue entre deux époux ou deux partenaires liés par un pacte civil de solidarité puisque l'article 796-0 bis du CGI les exonère de droits de mutation par décès.

4015 **Exception** – L'article 754 A alinéa 2 du CGI prévoit toutefois que ce régime ne s'appliquera pas *« à l'habitation principale commune à deux acquéreurs lorsque celle-ci a une valeur globale inférieure à 76 000 €, sauf si le bénéficiaire opte pour l'application des droits de mutation par décès »*. Plusieurs conditions sont donc nécessaires pour échapper aux droits de mutation à titre gratuit :
– l'immeuble doit avoir été acquis par deux tontiniers, pas davantage ;
– l'immeuble doit constituer l'habitation principale commune des deux tontiniers ;
– l'immeuble doit avoir une valeur globale inférieure à 76 000 €.

Lorsque ces conditions sont remplies, le survivant peut échapper aux droits de mutation à titre gratuit au profit des droits de mutation à titre onéreux. Ces derniers sont exigibles sur la part recueillie par le tontinier survivant conformément à l'article 676 du CGI. Les droits de mutations sont ainsi liquidés au tarif en vigueur au jour du décès du prémourant et s'appliquent à la valeur, à cette même date, de la part transmise par l'effet du pacte tontinier.

Conseil pratique **Cette exception est donc utile pour tous les tontiniers qui ne sont ni mariés ni liés par un pacte civil de solidarité, qui eux sont exonérés de droit de mutation par décès. L'exception ne devrait pas trouver beaucoup à s'appliquer compte tenu du faible montant retenu pour ce qui est de la valeur globale de la résidence principale.**

4016 **Option fiscale** – Le survivant des époux ou des partenaires d'un pacte civil de solidarité a donc tout intérêt à utiliser la faculté que l'article 754 A *in fine* lui offre et à opter pour l'application des droits de mutation par décès dont il est exonéré *(CGI, art. 796-0 bis)*.

Pour aller plus loin

Formules
• JCl. Notarial Formulaire, V° Vente d'immeuble, fasc. 265, par D. Montoux et F. Collard

Fiches pratiques
• Fiche pratique n° 1799 : Rédiger une clause de tontine, par D. Montoux
• Fiche pratique n° 1721 : Rédiger une vente d'immeuble, par M. Suquet-Cozic

Commentaires
• JCl. Notarial Formulaire, Synthèse 1510 : Vente d'immeuble : ventes particulières, par V. Zalewski-Sicard
• JCl. Notarial Formulaire, V° Vente d'immeuble, fasc. 260, par D. Montoux et F. Collard

Revues
• Chappert, Le traitement fiscal d'une clause de tontine et de la renonciation à une telle clause : Defrénois 2002, 37494, 285

Vente avec faculté de rachat

4017 La faculté de rachat est le pacte par lequel le vendeur se réserve de reprendre la chose vendue, moyennant la restitution du prix principal et le remboursement dont il est parlé à l'article 1673 *(C. civ., art. 1659)*. La vente avec faculté de rachat correspond à une vente sous condition résolutoire potestative au profit du vendeur *(Cass. civ., 24 oct. 1950 : JCP N 1950, II, 5835. - Cass. 3e civ., 31 janv. 1984, n° 82-13.549 : Bull. civ. III, n° 21. - Cass. com., 20 nov. 2007, n° 06-13.055 : JurisData n° 2007-041481 ; JCP N 2008, n° 4, 1061, note J.-P. Maublanc. - A. Gobin, Propos sur la réversibilité juridique : JCP N 1995, I, p. 1117)*. Elle permet au propriétaire d'un immeuble de se procurer des fonds tout en pouvant le moment venu retrouver la propriété de son bien en restituant à l'acquéreur le prix et ses accessoires.

I. Conditions de validité

4018 La validité de la vente avec faculté de rachat dépend tout à la fois de conditions de forme et de conditions de fond.

A. – CONDITIONS DE FORME

4019 **Stipulation de l'acte de vente** – La faculté de rachat doit être stipulée dans l'acte de vente *(C. civ., art. 1659)*. La Cour de cassation a néanmoins admis que la faculté de rachat puisse faire l'objet d'un acte distinct dès lors que celui-ci est concomitant à l'acte de vente et que telle est bien la volonté des parties *(Cass. civ., 27 juill. 1949 : Bull. civ. II, n° 272. - Cass. 1re civ., 3 oct. 1956 : Bull. civ. I, n° 333. - Cass. 3e civ., 13 nov. 1970 : Bull. civ. III, n° 601)*.

4020 **Absence de formule sacramentelle** – Si la faculté de rachat doit figurer dans l'acte, pour autant, le Code civil n'impose pas de formule sacramentelle. Les parties sont donc libres de rédiger comme elles le souhaitent la clause afférente à cette faculté. Comme toute clause, elle doit être rédigée de telle façon que la volonté des parties soit clairement exprimée.

4021 **Publication** – La faculté de rachat sera opposable aux tiers dès lors qu'elle a fait l'objet d'une publication au service chargé de la publicité foncière. Ainsi, l'article 1673 alinéa 2 du Code civil précise-t-il que lorsque le vendeur rentre dans son héritage par l'effet du pacte de rachat, il le reprend exempt de toutes les charges et hypothèques dont l'acquéreur l'aurait grevé, à la condition que ce pacte ait été régulièrement publié au service chargé de la publicité foncière, antérieurement à la publication desdites charges et hypothèques.

B. – CONDITIONS DE FOND

4022 **Capacité** – Se reporter à l'étude concernée *(V. n°833)*.

4023 **Prix du rachat** – L'article 1659 du Code civil dispose que le vendeur, lorsqu'il exerce la faculté de rachat, doit restituer le prix principal. Les parties peuvent toutefois prévoir que le vendeur restituera un montant inférieur ou supérieur au montant initialement versé par l'acquéreur.

4024 **Délai** – La faculté de rachat ne peut être stipulée pour un terme excédant 5 années. Si elle a été stipulée pour un terme plus long, elle est réduite à ce terme *(C. civ., art. 1660)*. Le terme fixé par les parties est de rigueur et ne peut être prolongé par le juge *(C. civ., art. 1661)*. Le délai convenu court, à compter de la conclusion de la vente, contre toutes personnes, même contre le mineur, sauf s'il y a lieu, le recours contre qui de droit *(C. civ., art. 1663)*.

II. Effets de la vente avec faculté de rachat

A. – EFFETS AVANT L'EXERCICE DU RACHAT

4025 **Droits de l'acquéreur** – L'acquéreur exerce tous les droits de son vendeur. Il peut prescrire tant contre le véritable maître que contre ceux qui prétendraient des droits ou hypothèques sur la chose vendue *(C. civ.,* *art. 1665)*. Il peut opposer le bénéfice de discussion aux créanciers de son vendeur *(C. civ., art. 1666)*. Il peut passer tout acte, qu'il s'agisse d'actes d'administration ou d'actes de disposition. Il peut en modifier tant l'état juridique que l'état matériel. Il supporte également les risques de la chose jusqu'à l'éventuel exercice de la faculté de rachat. Il est le bénéficiaire des fruits civils et naturels produits par le bien avant l'exercice de la faculté de rachat.

Conseil pratique **Lors de la conclusion d'un acte susceptible d'être remis en cause en raison de l'exercice de la faculté de rachat, il convient d'attirer spécialement l'attention sur ce point du cocontractant de l'acquéreur.**

4026 **Droits du vendeur** – Le vendeur n'étant plus propriétaire du bien, il ne peut plus le vendre. Toutefois, il peut conclure une promesse de vente sous condition suspensive d'exercice de la faculté de rachat *(Cass. 3e civ., 20 déc. 2006, n° 06-13.078 : JurisData n° 2006-036640 ; JCP N 2007, n° 3, 145)*. De même, le vendeur peut céder la faculté de rachat, la cession devant alors être publiée au service chargé de la publicité foncière.

Comme tout vendeur, le vendeur avec faculté de rachat peut exercer une action en rescision pour lésion, ce alors même que le délai pour exercer la faculté de rachat court encore.

B. – EXERCICE DE LA FACULTÉ DE RACHAT

1° Côté vendeur

4027 **Modalités** – Le Code civil ne prévoyant pas de forme particulière, c'est aux parties qu'il revient de déterminer conventionnellement les modalités de la faculté de rachat. Il revient alors au vendeur de respecter celles-ci pour que la déclaration d'intention d'exercer la faculté de rachat puisse produire effet.

Attention **La déclaration d'intention d'exercer la faculté de rachat est dépourvue d'effet faute de versement effectif ou de consignation dans le délai convenu lorsque le contrat stipule que la simple déclaration de l'intention d'exercer le réméré, même adressée en temps utile, sera inopérante si elle n'est pas accompagnée du versement ou de la consignation de la somme nécessaire.**

4028 **Transmission de la faculté de rachat** – Le principe est celui de la libre transmission de la faculté de rachat. Il est possible de l'exclure conventionnellement.

4029 **Pluralité de titulaires** – Lorsque plusieurs héritiers ont vendu conjointement et par un seul contrat, un héritage commun entre eux, chacun ne peut exercer l'action en rachat que pour la part qu'il y avait *(C. civ., art. 1668)*. Par ailleurs, si celui qui a vendu seul un héritage a laissé plusieurs héritiers, chacun de ses cohéritiers ne peut user de la faculté de rachat que pour la part qu'il prend dans la succession *(C. civ., art. 1669)*.

4030 **Option de l'acquéreur** – L'acquéreur peut cependant exiger que tous les covendeurs ou tous les cohéritiers soient mis en cause, afin de se concilier entre eux, pour la reprise de l'héritage entier. En l'absence de conciliation, il sera renvoyé de la demande *(C. civ., art. 1670)*.

4031 **Vente non conjointe** – Lorsque la vente n'a pas été faite conjointement et de tout l'héritage ensemble, chaque vendeur peut exercer la faculté de rachat sur la portion qui lui appartenait *(C. civ., art. 1671)*. L'acheteur ne peut alors forcer l'un des vendeurs à racheter le tout.

4032 **Action oblique** – Les créanciers du vendeur peuvent exercer par la voie oblique la faculté de rachat.

2° Côté acquéreur

4033 **Acquéreur propriétaire** – Si l'acquéreur est toujours propriétaire de l'immeuble, le vendeur doit se prévaloir de la faculté de rachat à son encontre.

4034 **Acquéreur non propriétaire** – Le vendeur peut exercer son action contre les acquéreurs successifs, quand même la faculté de rachat n'aurait pas été déclarée dans les contrats successifs transférant la propriété de l'immeuble *(C. civ., art. 1664)*.

4035 **Indivision** – Si l'acquéreur à pacte de rachat d'une partie indivise d'un héritage s'est rendu adjudicataire de la totalité sur une licitation provoquée contre lui, il peut obliger le vendeur à retirer le tout lorsque celui-ci veut user du pacte *(C. civ., art. 1667)*.

4036 **Décès de l'acquéreur** – Lorsque l'acquéreur laisse plusieurs héritiers, la faculté de rachat ne peut être exercée contre chacun d'eux que pour sa part dans le cas où elle est encore indivise et dans celui où la chose vendue a été partagée entre eux. Mais s'il y a eu partage de la succession et que la chose vendue soit échue au lot de l'un des héritiers, l'action en rachat peut être intentée contre l'héritier pour le tout *(C. civ., art. 1672)*. Les parties peuvent toujours déroger à l'article 1672 du Code civil et prévoir que le rachat ne pourra s'exercer que pour le tout.

4037 Pluralité d'acquéreurs – Est étendue à cette hypothèse l'application de l'article 1672 du Code civil dès lors que la convention ne règle pas ce point différemment. Ainsi, la faculté de rachat ne peut être exercée contre chacun d'eux que pour sa part dans le cas où elle est encore indivise et dans celui où la chose vendue a été partagée entre eux. De même, s'il y a eu partage, l'action en rachat peut être intentée contre l'attributaire pour le tout.

C. – EFFETS APRÈS L'EXERCICE DU RACHAT

4038 La vente étant résolue rétroactivement, les parties doivent procéder aux restitutions nécessaires à la remise des choses dans l'état où elles se trouvaient avant la vente. Les restitutions sont régies depuis la réforme du droit des contrats par les articles 1352 à 1352-9 du Code civil.

1° Obligations de l'acheteur

4039 Restitution – L'acquéreur doit restituer au vendeur l'immeuble dans l'état dans lequel ils se trouvent lors de l'exercice de la faculté de rachat. Une indemnisation pourra éventuellement être réclamée par le vendeur ou par l'acquéreur soit en application de l'article 1673 du Code civil soit en application de ce qui aura été prévue conventionnellement.

2° Obligations du vendeur

4040 Prix et frais – Le vendeur qui use du pacte de rachat doit rembourser non seulement le prix principal mais également les frais et loyaux coûts de la vente, les réparations nécessaires et celles qui ont augmenté la valeur du fonds, jusqu'à concurrence de cette augmentation. Il ne peut entrer en possession qu'après avoir satisfait à toutes ces obligations *(C. civ., art. 1673)*. Les dispositions de l'article 1673 du Code civil n'étant pas d'ordre public, il est toujours loisible aux parties de s'en écarter. Ainsi, il peut être convenu que le vendeur versera à l'acquéreur à une somme supérieure ou inférieure au montant du prix versé par l'acquéreur.
Par ailleurs, si le bien a été vendu par l'acquéreur à un tiers, c'est toujours la somme conventionnellement prévue entre le vendeur initial et l'acquéreur initial qui doit être prise en considération pour déterminer le montant devant être restitué.

4041 Intérêts – L'article 1673 du Code civil ne prévoit pas l'obligation pour le vendeur de verser des intérêts. Les parties peuvent toutefois déroger à l'article 1673 du Code civil et convenir du versement d'intérêts par le vendeur dont le point de départ sera fixé au jour de la conclusion de la vente.

3° Effets des actes conclus par l'acquéreur

4042 Les actes de disposition consentis par l'acquéreur ne sont pas opposables au vendeur dès lors que le pacte de rachat a fait l'objet d'une publicité foncière. À l'inverse, les baux conclus sans fraude par l'acquéreur lui sont opposables *(C. civ., art. 1673)*.
Par ailleurs, si l'acquéreur d'une partie indivise d'un héritage s'est rendu adjudicataire de la totalité sur une licitation provoquée contre lui, il peut obliger le vendeur à retirer le tout lorsque celui-ci veut user du pacte *(C. civ., art. 1667)*.

4° Opposabilité aux tiers

4043 Publicité foncière – Le rachat doit être constaté par acte authentique, en vue de sa publication au service chargé de la publicité foncière, pour être opposable aux tiers.

D. – EFFETS APRÈS LA PERTE DE LA FACULTÉ DE RACHAT

4044 Arrivée du terme – Faute par le vendeur d'avoir exercé son action en rachat dans le terme prescrit, l'acquéreur demeure propriétaire irrévocable *(C. civ., art. 1662)*. Aucune mise en demeure n'est nécessaire pour que cet effet se produise.

4045 Modalités conventionnelles – Les parties peuvent avoir soumis la faculté de rachat à différentes modalités. Ainsi, elles peuvent exclure la faculté de rachat si le vendeur n'exécute pas une obligation déterminée dans un délai fixé conventionnellement ou s'il ne respecte pas une obligation convenue entre les parties. Si le vendeur ne les respecte pas, il perd alors la faculté de rachat et l'acquéreur demeure alors propriétaire irrévocable.

4046 Renonciation – Le vendeur peut renoncer à l'exercice de la faculté de rachat. Cette renonciation doit alors faire l'objet d'une publication au service chargé de la publicité foncière.

Pour aller plus loin

Formules
- JCl. Notarial Formulaire, V° Vente d'immeuble, fasc. 585 (vente avec faculté de rachat), par B. Magois et J.-F. Pillebout

Fiches pratiques
- Fiche pratique n° 1721 : Rédiger une vente d'immeuble, par M. Suquet-Cozic
- Fiche pratique n° 3111 : Déterminer l'immeuble vendu et les sujétions le grevant au sein de la partie développée de l'acte authentique de vente, par S. Olivier

Commentaires
- JCl. Notarial Formulaire, Synthèse 1510 : Vente d'immeuble : ventes particulières, par V. Zalewski-Sicard
- JCl. Notarial Formulaire, Synthèse 1520 : Vente d'immeuble : contentieux, par V. Zalewski-Sicard
- JCl. Notarial Formulaire, V° Vente d'immeuble, fasc. 580 (faculté rachat), par B. Magois et C. Bedel-Bonjean

Revues
- L. Galliez et Fl. Pouzenc, La vente avec faculté de rachat, outil de financement moderne ou archaïque : JCP N 2011, n° 13, 1114, p. 35

Vente avec réserve d'usufruit ou des droits d'usage et d'habitation

4047 Lorsque le vendeur désire conserver la jouissance de son immeuble, il peut être envisagé de recourir à une réserve d'usufruit (*V. n°* ***4063*** *et s.*) ou à une réserve d'un droit d'usage et d'habitation (*V. n°* ***4068*** *et s.*).

I. Vente avec réserve d'usufruit

4048 **Bénéficiaires** – Il peut s'agir du vendeur, d'un tiers ou encore du vendeur et d'un tiers. En effet, le vendeur peut se réserver l'usufruit. Il peut également constituer un usufruit au profit d'un tiers qui prendra effet soit immédiatement, soit de manière différée, après extinction de l'usufruit réservé.

> **Attention** Lorsque les époux sont communs en bien et que l'immeuble vendu est commun, il convient de prévoir, pour tenir compte de la jurisprudence de la Cour de cassation, et permettre à l'époux survivant de bénéficier seul d'un usufruit sur le bien vendu :
> - un usufruit réservé qui s'éteindra en totalité lors du décès du premier époux ;
> - un usufruit successif qui prendra effet lors du décès du premier époux et qui concernera l'ensemble du bien vendu. Dans les rapports entre époux, la constitution de cet usufruit successif correspond à une donation *(Cass. 1re civ., 11 mai 2016, n° 14-28.321 : JurisData n° 2016-008863 ; JCP N 2016, n° 21, act. 675 ; Dr. famille 2016, comm. 150, note A. Tani ; Dr. sociétés 2016, comm. 162, note H. Hovasse. – Fr. Fruleux et Fr. Sauvage, Droit et fiscalité des successions et libéralités : JCP N 2017, n° 1, 1003, § 5 ; JCP N 2016, n° 25, 1206, note F. Collard. – C. Orlhac et F. Fruleux, Réserve d'usufruit sur biens communs : problématiques civiles, fiscales et solutions : JCP N 2017, n° 8, 1116)*.

4049 **Caractères** – L'usufruit s'éteindra avec le décès de son titulaire. Ainsi, la vente avec réserve d'usufruit viager présente un caractère aléatoire. L'action en rescision pour lésion ne peut alors être exercée *(V. n°* ***4708*** *et s.)*.

4050 **Présomptif héritier** – La vente avec réserve d'usufruit consentie à un héritier présomptif du vendeur peut entraîner l'application de l'article 751 du CGI *(V. JCl. Notarial Formulaire, V° Vente d'immeuble, fasc. 310)*. Elle donnera lieu à application de l'article 918 du Code civil et la vente sera donc de façon irréfragable considérée comme une donation déguisée hors part successorale faite par le défunt au profit de son héritier présomptif. Il en va toutefois différemment si les autres successibles en ligne directe ont consenti à cette aliénation *(V. JCl. Notarial Formulaire, V° Quotité disponible et réserve, fasc. 120)*.

4051 **Aménagements** – Les parties peuvent déroger aux règles légales des articles 582 à 616 du Code civil, aménageant les rapports entre usufruitier et nu-propriétaire. Ainsi, elles peuvent être précisées de quelle façon sera répartie la charge des travaux et celle des impôts. Les restitutions sont régies depuis la réforme du droit des contrats par les articles 1352 à 1352-9 du Code civil *(V. JCl. Notarial Formulaire, V° Usufruit, fasc. 25, par J.-F. Pillebout)*.

4052 **Extinction** – L'usufruit s'éteint normalement au décès de son titulaire.
Il peut également s'éteindre :
- par l'arrivée du terme stipulé dans l'acte de vente ;
- par la perte totale du bien *(C. civ., art. 617)* ;
- par la renonciation de l'usufruitier au bénéfice de son droit ;
- par prescription ;
- par consolidation, suite à la réunion sur une même tête des qualités de nu-propriétaire et d'usufruitier ;
- par suite d'une conversion en rente viagère ;
- en raison d'un abus de jouissance *(C. civ., art. 618)*.

> **Conseil pratique** L'évaluation de l'usufruit et de la nue-propriété doit être faite d'une manière aussi exacte que possible *(V. JCl. Notarial Formulaire, V° Expertise, fasc. 10)*.

II. Vente avec réserve des droits d'usage et d'habitation

4053 Bénéficiaires – Le droit d'usage et d'habitation peut être constitué au profit d'une personne unique ou de plusieurs personnes. Il sera alors prévu qu'il s'éteindra lors du décès du survivant. Il est possible de constituer plusieurs droits d'usage et d'habitation successifs sur un immeuble. Il en ira particulièrement ainsi lorsque l'immeuble est cédé par des époux.

Conseil pratique Lorsque les époux sont communs en bien et que l'immeuble vendu est commun, il convient de prévoir, pour tenir compte de la jurisprudence de la Cour de cassation rendue en matière d'usufruit, et permettre à l'époux survivant de bénéficier seul d'un usufruit sur le bien vendu :
- un droit d'usage et d'habitation réservé qui s'éteindra en totalité lors du décès du premier époux ;
- un droit d'usage et d'habitation successif qui prendra effet lors du décès du premier époux et qui concernera l'ensemble du bien vendu ; dans les rapports entre époux, la constitution de ce droit successif correspond à une donation *(Cass. 1re civ., 11 mai 2016, n° 14-28.321 : JurisData n° 2016-008863 ; JCP N 2016, n° 21, act. 675 ; Dr. famille 2016, comm. 150, note A. Tani ; Dr. sociétés 2016, comm. 162, note H. Hovasse. – Fr. Fruleux et Fr. Sauvage, Droit et fiscalité des successions et libéralités : JCP N 2017, n° 1, 1003, § 5. – C. Orlhac et F. Fruleux, Réserve d'usufruit sur biens communs, problématiques civiles, fiscales et solutions : JCP N 2017, n° 8, 1116)*.

4054 Indivision – Lorsque le droit d'usage et d'habitation a été réservé au profit de plusieurs personnes, il est alors indivis entre eux. Chaque titulaire peut donc demander le partage de cette indivision *(Cass. 3e civ., 7 juill. 2016, n° 15-10.278 : JurisData n° 2016-013744 ; JCP N 2016, n° 47, 1319, O. Penin)*.

4055 Limites – Le droit d'usage et d'habitation est un droit réel à caractère personnel. En raison du caractère personnel du droit d'usage et d'habitation, le bénéficiaire ne peut céder son droit et ne peut louer le bien sur lequel il porte. Il doit occuper personnellement le bien, avec éventuellement sa famille, dès lors qu'il n'a pas été dérogé à l'article 632 du Code civil *(Cass. 3e civ., 7 déc. 2005, n° 04-15.218 : JurisData n° 2005-031169 ; JCP N 2006, n° 4, act. 150)*.

Conseil pratique L'attention du vendeur doit être attirée sur les limites du droit d'usage et d'habitation. Il doit en aller d'autant plus ainsi lorsque le droit d'usage et d'habitation est restreint par rapport à ce qui résulte des dispositions légales.

4056 Caractères – Suivant l'article 628 du Code civil, les droits d'usage et d'habitation se règlent par le titre qui les a établis et reçoivent d'après ses dispositions plus ou moins d'étendue. Le rédacteur doit porter son attention sur la constitution et les conditions d'existence des droits réservés. Ainsi, il peut prévoir que le droit d'usage et d'habitation prendra fin à une date précise, autrement dit assortir le droit d'usage ou d'habitation d'un terme certain. De même, le droit d'usage et d'habitation peut ne porter que sur une partie de l'immeuble vendu. Il faut alors viser précisément les pièces sur lesquelles le droit s'exercera.

4057 Charges – Des articles 605 et 606 du Code civil, il résulte que l'entretien doit être supporté par le titulaire du droit d'usage et d'habitation. Ces textes n'étant pas d'ordre public, il est toujours possible d'y déroger *(Cass. 3e civ., 28 mai 1997, n° 95-13.377 : JurisData n° 1997-002426)*. Il est utile de dresser un état des lieux afin d'établir si des défauts existent et de préciser si ceux-ci donneront lieu ou non à une reprise.

4058 Présomptif héritier – L'article 918 du Code civil ne s'applique pas à la vente avec réserve du droit d'usage et d'habitation consentie à un successible en ligne directe *(Cass. 1re civ., 5 févr. 2002, n° 99-19.875 : JurisData n° 2002-012943 ; JCP N 2003, n° 9, 1187 ; RJPF 2002, n° 5, comm. 51, obs. Ph. Delmas Saint-Hilaire. – V. JCl. Notarial Formulaire, V° Vente d'immeuble, fasc. 310)*.

4059 Extinction – Les causes principales d'extinction sont le décès du bénéficiaire et, si le droit d'usage et d'habitation a été constitué pour une durée déterminée, l'arrivée du terme.
Le droit d'usage et d'habitation peut également s'éteindre en raison de :
- la perte de l'immeuble *(C. civ., art. 607)* ;
- la renonciation du titulaire à son droit d'usage et d'habitation ;
- un abus de jouissance, à l'instar de l'usufruit *(C. civ., art. 618)* ;
- la conversion en rente viagère.

4060 **Exclusion de la rescision pour lésion** – La vente avec réserve d'un droit d'usage et d'habitation présentant un caractère aléatoire, ne peut pas faire l'objet d'une action en rescision pour lésion.

Pour aller plus loin

Formules
- JCl. Notarial Formulaire, V° Vente d'immeuble, fasc. 495 (vente en viager), par D. Montoux
- JCl. Notarial Formulaire, V° Usufruit, fasc. 25 (clauses diverses), par J.-F. Pillebout
- JCl. Notarial Formulaire, V° Usufruit, fasc. 125 (droit d'usage et d'habitation), par J.-F. Pillebout

Fiches pratiques
- Fiche pratique n° 1805 : Constituer un usufruit, par D. Montoux
- Fiche pratique n° 1801 : Constituer un droit d'usage et d'habitation, par D. Montoux
- Fiche pratique n° 1721 : Rédiger une vente d'immeuble, par M. Suquet-Cozic
- Fiche pratique n° 3111 : Déterminer l'immeuble vendu et les sujétions le grevant au sein de la partie développée de l'acte authentique de vente, par S. Olivier

Commentaires
- JCl. Notarial Formulaire, Synthèse 1510 : Vente d'immeuble : ventes particulières, par V. Zalewski-Sicard
- JCl. Notarial Formulaire, V° Usufruit, fasc. 20 (constitution d'usufruit), par J.-F. Pillebout
- JCl. Notarial Formulaire, V° Usufruit, fasc. 100 et 110 (droit d'usage et d'habitation), par J.-F. Pillebout
- JCl. Notarial Formulaire, V° Vente d'immeuble, fasc. 490 (vente en viager), par D. Montoux

Revues
- F. Collard, La stipulation d'une clause de « réversion d'usufruit » en présence d'une donation de biens communs : JCP N 2016, n° 25, 1206
- D. Epailly et P. Lalanne, Réserve et réversion d'usufruit sur biens communs : pour une formulée sécurisée : Nota-Bene Cridon Bordeaux, janv. 2008, n° 130
- C. Orlhac et F. Fruleux, Réserve d'usufruit sur biens communs : problématiques civiles, fiscales et solutions : JCP N 2017, n° 8, 1116
- J.-F. Pillebout, Le contentieux du droit d'usage et d'habitation [ou les révélations de JurisData] : JCP N 1981, I, p. 379
- J.-F. Pillebout, À propos de la tontine et de la réversion : JCP N 1979, I, p. 333

Vente conditionnelle

4061 **Renvoi** – Se reporter à l'étude spécifique *(V. n° **3613** et s.).*

Vente d'un immeuble saisi

4062 Une très brève présentation des règles de la saisie immobilière est nécessaire *(V. n° 4063 et s.)* pour comprendre les difficultés entourant la vente amiable de l'immeuble saisi. La procédure de saisie immobilière peut en effet conduire valablement à la vente amiable de l'immeuble *(V. n° 4076 et s.)*. Il arrive aussi que la vente de l'immeuble saisi s'opère en dehors du cadre de la saisie immobilière *(V. n° 4093 et s.)*.

Attention L'article 1-4 de la loi n° 2019-222 du 23 mars 2019, dite loi de programmation n° 2018-2022 et de réforme pour la Justice modifie les règles relatives à la saisie immobilière :
- un créancier ne peut procéder à la saisie de plusieurs immeubles de son débiteur que dans le cas oùr la saisie d'un seul ou de certains d'entre eux n'est pas suffisante pour le désintéresser et désintéresser les créanciers inscrits *(C. proc. civ. d'exéc., art. L. 377-5, al. 1er)* ;
- il est possible de vendre à l'amiable l'immeuble saisi, sous réserve d'accord des créanciers, ce même après l'orientation en vente forcée mais en toute hypothèse avant l'ouverture des enchères *(C. proc. civ. exéc., art. L. 322-1)* ;
- en cas de vente amiable sur autorisation judiciaire, l'acquéreur n'a plus l'obligation de consigner les frais de vente auprès de la Caisse des dépôts et consignations ; il doit justifier de leur paiement *(C. proc. civ. exéc., art. L. 322-4)*.

Ces mesures entreront en vigueur à une date fixée par décret en Conseil d'Etat, et au plus tard le 1er janvier 2020 ».

I. Présentation sommaire de la saisie immobilière

4063 **Clause de voie parée** – La clause prévoyant qu'à défaut d'exécution des engagements du débiteur, le créancier pourra faire vendre ses immeubles en dehors des formes prescrites pour la saisie immobilière est nulle *(CPC exéc., art. L. 311-3)*. Cette interdiction, laquelle se comprend bien au regard des dangers que représente une clause de voie parée, implique donc que le créancier impayé opère une saisie de l'immeuble de son débiteur conformément aux règles de la saisie immobilière.

4064 **Signification du commandement de payer valant saisie** – Pour saisir l'immeuble du débiteur, le créancier devra signifier à celui-ci un commandement de payer valant saisie. Dès cette signification, l'immeuble devient indisponible et les droits de jouissance et d'administration du débiteur saisi sont restreints *(CPC exéc., art. L. 321-2 et R. 321-13)*. Le débiteur ne pourra plus aliéner le bien ni le grever de droits réels, sauf à ce que l'immeuble soit vendu conformément à l'article L. 322-1 du Code des procédures civiles d'exécution, c'est-à-dire à l'amiable sur autorisation judiciaire ou par adjudication.

4065 **Séquestre** – À moins que l'immeuble soit loué, le débiteur saisi en est constitué séquestre sauf à ce que les circonstances justifient la désignation d'un tiers ou l'expulsion du débiteur pour cause grave *(CPC exéc., art. L. 321-2, al. 3)*. Lorsque le débiteur devient séquestre, il conserve l'usage de l'immeuble saisi sous réserve de n'accomplir aucun acte matériel susceptible d'en amoindrir la valeur, à peine de dommages et intérêts et sans préjudice, s'il y a lieu, des peines prévues par l'article 314-6 du Code pénal *(CPC exéc., art. R. 321-15)*.

4066 **Fruits** – L'acte de saisie d'un immeuble emporte saisie de ses fruits, sauf l'effet d'une saisie antérieure, solution commandée par le fait que les fruits sont les accessoires de l'immeuble frugifère *(CPC exéc., art. L. 321-3)*. Les fruits sont donc immobilisés à partir de la signification du commandement de payer valant saisie *(CPC exéc., art. R. 321-16)*.

4067 **Publication** – Le commandement de payer valant saisie doit être publié au fichier immobilier dans un délai de 2 mois à compter de sa signification *(CPC exéc., art. R. 321-6)*. Dans le cas contraire, le commandement de payer est caduc *(CPC exéc., art. R. 311-11)*. Dès que cette publication est opérée, la saisie devient opposable aux tiers *(CPC exéc., art. L. 321-5)*.

4068 **Assignation du débiteur** – Une fois la publication opérée, le créancier poursuivant a un délai de 2 mois pour assigner le débiteur à comparaître devant le juge de l'exécution à une audience d'orientation *(CPC exéc., art. R. 322-4)*. L'assignation doit être délivrée dans un délai compris entre 1 et 3 mois avant la date de l'audience. Si ces délais ne sont pas respectés, la sanction tient à la caducité du commandement *(CPC exéc., art. R. 311-11)*.

4069 **Mentions obligatoires** – L'audience d'orientation a pour objet d'examiner la validité de la saisie, de statuer sur les contestations et demandes incidentes liées à celle-ci et de déterminer les modalités selon lesquelles la procédure sera poursuivie. Ceci doit être mentionné dans l'assignation, à peine de nullité. Parmi d'autres mentions, l'assignation doit avertir le débiteur qu'il peut demander au juge de l'exécution à être autorisé à vendre le bien saisi à l'amiable s'il justifie qu'une vente non judiciaire peut être conclue dans des conditions satisfaisantes *(CPC exéc., art. R. 322-5)*.

4070 **Dénonciation aux créanciers inscrits** – De plus, le commandement de payer valant saisie doit être dénoncé aux créanciers inscrits au jour de la publication du commandement, et cela au plus tard le cinquième

jour ouvrable suivant la délivrance de l'assignation au débiteur. Cette dénonciation vaut assignation à comparaître à l'audience d'orientation. Elle doit également contenir un certain nombre de mentions obligatoires, comme la sommation d'avoir à déclarer les créances inscrites sur le bien saisi, en principal, frais et intérêts échus, avec l'indication du taux des intérêts moratoires *(CPC exéc., art. R. 322-7)*.
Comme le précise l'article R. 322-9 du Code des procédures civiles d'exécution, la mention de la délivrance de l'assignation et des dénonciations est portée en marge de la copie du commandement de payer valant saisie publiée au fichier immobilier dans les 8 jours de la dernière signification en date. C'est à partir de cette mention que l'inscription du commandement ne peut plus être radiée que du consentement de tous les créanciers inscrits ou en vertu d'un jugement qui leur soit opposable.

4071 Cahier des conditions de vente – Au plus tard le cinquième jour ouvrable suivant l'assignation délivrée au débiteur saisi, le créancier poursuivant doit déposer au greffe du juge de l'exécution un cahier des conditions de vente. Celui-ci comporte l'état descriptif de l'immeuble et les modalités de la vente. Plusieurs mentions obligatoires sont énoncées à l'article R. 322-10 du Code des procédures civiles d'exécution, comme le décompte des sommes dues au créancier poursuivant en principal, frais et intérêts échus ainsi que l'indication du taux des intérêts moratoires ou encore les conditions de la vente judiciaire et la mise à prix fixée par le créancier poursuivant.

4072 Déclaration des créances – Les créanciers inscrits auxquels le commandement a été dénoncé ont en principe 2 mois à compter de la dénonciation pour déclarer leurs créances *(CPC exéc., art. R. 322-12)*.
Les créanciers qui ont inscrit leur sûreté sur l'immeuble après la publication du commandement de payer valant saisie mais avant la publication de la vente peuvent intervenir à la procédure. Ils doivent pour cela déclarer leur créance arrêtée en principal frais et intérêts échus au jour de la déclaration selon les formalités prévues par l'article R. 322-13 du Code des procédures civiles d'exécution.

4073 Audience d'orientation – L'audience d'orientation a pour objet d'examiner la validité de la saisie, de statuer sur les contestations et demandes incidentes liées à celle-ci et de déterminer les modalités selon lesquelles la procédure sera poursuivie. C'est lors de cette audience que le juge peut autoriser la vente amiable sollicitée par le débiteur *(CPC exéc., art. R. 322-15)*.

4074 Audience d'adjudication – Lorsque le juge de l'exécution ordonne la vente forcée, il fixe la date de l'audience à laquelle il y sera procédé dans un délai compris entre 2 et 4 mois à compter du prononcé de sa décision *(CPC exéc., art. R. 322-26)*. À cette date, le créancier poursuivant ou, à défaut, tout créancier inscrit, alors subrogé dans les poursuites, doit solliciter la vente. À défaut, le juge constate la caducité du commandement de payer valant saisie. Dans ce cas, le créancier poursuivant défaillant conserve à sa charge l'ensemble des frais de saisie engagés sauf décision contraire du juge spécialement motivée *(CPC exéc., art. R. 322-27)*. Lorsque la vente est bien sollicitée, le créancier poursuivant est déclaré adjudicataire d'office au montant de la mise à prix si aucune enchère n'a eu lieu *(CPC exéc., art. L. 322-6)*.
Si l'adjudicataire n'opère pas le versement du prix ou sa consignation avec de paiement des frais, la vente est résolue de plein droit. L'adjudicataire défaillant est alors tenu au paiement de la différence entre son enchère et le prix de la revente, si celui-ci est moindre *(CPC exéc., art. L. 322-12)*.
Le bien sera remis en vente à la demande du créancier poursuivant, d'un créancier inscrit ou du débiteur saisi, aux conditions de la première vente forcée *(CPC exéc., art. R. 322-66)*.

4075 Péremption de la saisie – Le commandement de payer valant saisie cesse de plein droit de produire effet si, dans les 2 ans de sa publication, il n'a pas été mentionné en marge de cette publication un jugement constatant la vente du bien saisi *(CPC exéc., art. R. 321-20)*. Toute personne intéressée pourra ainsi demander au juge de l'exécution, à l'expiration de ce délai et jusqu'à la publication du titre de vente, de constater la péremption du commandement et d'ordonner la mention de celle-ci en marge de la copie du commandement publié au fichier immobilier *(CPC exéc., art. R. 321-21)*.

II. Vente amiable de l'immeuble conformément à la procédure de saisie immobilière

4076 La vente amiable de l'immeuble saisi est possible sur autorisation judiciaire (*V. n°* ***4077*** *et s.*) ou après consignation d'une somme suffisante pour payer les créanciers (*V. n°* ***4091*** *et s.*).

A. – VENTE AMIABLE SUR AUTORISATION JUDICIAIRE

4077 C'était l'une des principales innovations de la réforme de la saisie immobilière. Le débiteur peut désormais saisir le juge de l'exécution afin d'obtenir l'autorisation de vendre à l'amiable l'immeuble saisi *(CPC exéc., art. L. 322-1)*.

Pour aller plus loin

• J.-L. Puygauthier, L'intérêt de la vente amiable réalisée dans le cadre d'une saisie immobilière pour la pratique notariale : JCP N 2013, n° 30-34, 1198
• M. Roger-Carel, Créanciers institutionnels et professionnels : ne craignez plus les saisies immobilières ! : AJDI 2012, p. 743

4078 Demande d'autorisation – Le débiteur saisi a seul qualité pour solliciter cette autorisation *(CPC exéc., art. R. 322-15)*. En principe, la demande d'autorisation est présentée lors de l'audience d'orientation même si elle peut l'être avant *(CPC exéc., art. R. 322-20)*. En revanche, une telle demande n'est plus recevable une fois l'audience d'orientation passée *(V. JCl. Notarial Formulaire, V° Vente d'immeuble, fasc. 430, par J. Lafond)*.

4079 Condition de l'autorisation – La vente amiable ne sera autorisée que si le débiteur justifie que la vente amiable peut être conclue dans des conditions satisfaisantes *(CPC exéc., art. R. 322-5, 6°)*. Plus précisément, le juge doit s'assurer qu'elle peut être conclue dans des conditions satisfaisantes compte tenu de la situation du bien, des conditions économiques du marché et des diligences éventuelles du débiteur *(CPC exéc., art. R. 322-15)*. Ces éléments sont laissés à l'appréciation souveraine des juges du fond *(Cass. 2e civ., 10 sept. 2010, n° 08-70.204 : JurisData n° 2009-049382 ; JCP E 2009, 1996 ; Bull. civ. II, n° 212)*. L'autorisation a ainsi été refusée dans l'hypothèse où le débiteur ne faisait état d'aucune perspective de vente de son bien *(Cass. 2e civ., 10 sept. 2010, préc.)* ou lorsque sa demande était manifestement dilatoire *(CA Montpellier, 21 août 2009, n° 09/04486 : JurisData n° 2009-011650)*.

4080 Prix minimum – Le juge, s'il autorise la vente amiable de l'immeuble saisi, doit notamment fixer le montant du prix en deçà duquel l'immeuble ne peut être vendu eu égard aux conditions économiques du marché ainsi que, le cas échéant, les conditions particulières de la vente.

4081 Audience de renvoi – Il détermine également la date de l'audience à laquelle l'affaire sera rappelée dans un délai qui ne peut excéder 4 mois *(CPC exéc., art. R. 322-21)*.

4082 Suspension de la procédure – L'autorisation a pour effet de suspendre le cours de la procédure d'exécution à l'exception du délai imparti aux créanciers inscrits pour déclarer leur créance *(CPC exéc., art. R. 322-20)*.

4083 Recherche d'un acquéreur – Une fois l'autorisation obtenue, le débiteur doit accomplir les diligences nécessaires à la conclusion de la vente amiable. Il rend compte au créancier poursuivant, sur sa demande, des démarches accomplies à cette fin. À noter que le créancier poursuivant peut, à tout moment, assigner le débiteur devant le juge aux fins de voir constater sa carence et ordonner la reprise de la procédure sur vente forcée *(CPC exéc., art. R. 322-22)*.
La vente amiable peut être plus ou moins avancée lors de l'audience de renvoi. Il se peut qu'à cette date les parties n'aient signé qu'un avant-contrat comme il est possible que l'acte authentique ait déjà été dressé.

4084 Délai supplémentaire – Dans l'hypothèse où les parties en sont au stade de l'avant-contrat, le saisi doit demander un délai supplémentaire, lequel ne peut pas excéder 3 mois, pour permettre l'établissement de l'acte notarié. Il est alors nécessaire que le débiteur justifie d'un engagement écrit d'acquisition. Le délai n'est accordé que pour permettre la rédaction et la conclusion de l'acte authentique de vente, certainement pas de trouver un acheteur *(CPC exéc., art. R. 322-21)*.

4085 Consignation du prix – L'acte notarié ne peut être établi que sur consignation du prix et des frais de la vente auprès de la Caisse des dépôts et consignations et justification du paiement des frais taxés *(CPC exéc., art. L. 322-4)*. Les frais taxés sont versés directement par l'acquéreur en sus du prix de vente (*CPC exéc., art. R. 322-24)*. Les parties à l'acte de vente ne peuvent pas déroger à cette règle, qui est impérative, en prévoyant que les frais taxés sont à la charge du vendeur (*Cass. 2e civ., 22 juin 2017, n° 16-12.882 : JurisData n° 2017-012260*). Le prix ainsi que toute somme acquittée par l'acheteur à quelque titre que ce soit sont acquis aux créanciers participant à la distribution. L'éventuel reliquat reviendra bien entendu au débiteur *(CPC exéc., art. R. 322-23)*.

4086 « Constatation » de la vente – Lors de l'audience de renvoi, si la vente amiable a été conclue, le juge doit d'une part vérifier que la vente a bien été opérée conformément aux conditions qu'il avait définies (prix de vente minimum par exemple) et d'autre part que le prix et les frais ont bien été consignés. Si les conditions sont remplies, le juge « constate » la vente *(CPC exéc., art. R. 322-25)*. Ce n'est qu'après cette « constatation » que l'une ou l'autre des parties pourra obtenir l'exécution forcée de la vente et qu'elle deviendra opposable à la fois aux créanciers saisissants et aux créanciers inscrits *(V. JCl. Notarial Formulaire, V° Vente d'immeuble, fasc. 430)*.

4087 Radiation des inscriptions – Le juge ordonne alors la radiation des inscriptions d'hypothèque et de privilège prises du chef du débiteur. L'immeuble est ainsi purgé de toute hypothèque et de tout privilège du chef du débiteur à compter de la publication du titre de vente *(CPC exéc., art. L. 322-14)*.

4088 Publication – La vente doit ensuite être publiée. Il conviendra alors de joindre à l'acte de vente une copie de la décision du juge de l'exécution autorisant la vente et une copie de la décision constatant la vente. La publication du jugement est indispensable puisque c'est le service de la publicité foncière qui procède à la publication du jugement et aux radiations des inscriptions correspondantes *(CPC exéc., art. R. 322-25).*

4089 Absence de vente amiable – Il est bien sûr possible que le débiteur n'ait pas trouvé d'acquéreur ou que la vente envisagée ne corresponde pas aux conditions fixées par le juge. À défaut de pouvoir constater la vente amiable, le juge ordonne la vente forcée dans les conditions prévues aux troisième et quatrième alinéas de l'article R. 322-22 du Code des procédures civiles d'exécution *(CPC exéc., art. R. 322-25).* La procédure de saisie va donc reprendre. Lorsque la reprise de la procédure est postérieure à l'audience d'orientation, le juge fixe la date de l'audience d'adjudication qui se tient dans un délai compris entre 2 et 4 mois. La décision est notifiée au débiteur saisi, au créancier poursuivant et aux créanciers inscrits *(CPC exéc., art. R. 322-22).*

4090 Vente conclue avant la demande d'autorisation – Il est envisageable que le débiteur ait trouvé un acquéreur avant même de demander l'autorisation d'opérer une vente amiable. Il peut par exemple en être ainsi lorsqu'une promesse synallagmatique de vente a été conclue avant la signification du commandement de payer valant saisie mais que la publication du commandement a été réalisée avant celle de la vente. Si les parties veulent que la vente soit maintenue, une solution est que le débiteur sollicite l'autorisation d'opérer une vente amiable. L'hypothèse n'est pas prévue par les textes mais il ne faut pas en déduire que le juge ne peut pas autoriser la vente amiable, tant celle-ci a les faveurs du législateur *(V. JCl. Notarial Formulaire, V° Vente d'immeuble, fasc. 430).* Il n'est pas nécessaire de trop s'éloigner des textes même s'ils ont été pensés pour régir une situation où la vente n'a pas d'ores et déjà été conclue. Le juge autorisant la vente amiable va donc déterminer le montant du prix en deçà duquel l'immeuble ne saurait être vendu. Ce n'est que si le prix proposé par l'acquéreur est supérieur que la vente pourra être « constatée ». Plus globalement, le juge veillera à ce que la vente soit conclue à des conditions conformes aux intérêts des créanciers inscrits.
C'est pourquoi le notaire chargé de « valider la vente » doit démontrer que le prix correspond à la valeur de l'immeuble. Il doit en outre s'assurer que le prix et le montant des frais de la vente soient consignés pour que la vente puisse être constatée par le juge *(V. JCl. Notarial Formulaire, V° Vente d'immeuble, fasc. 430).*

B. – VENTE AMIABLE AVEC CONSIGNATION D'UNE SOMME SUFFISANTE POUR PAYER LES CRÉANCIERS

4091 Les aliénations non publiées ou publiées postérieurement à la publication du commandement valant saisie et qui n'ont pas été faites dans les conditions prévues à l'article L. 322-1 du Code des procédures civiles d'exécution sont inopposables au créancier poursuivant comme à l'acquéreur. Une exception est toutefois prévue à l'alinéa 2 de l'article L. 321-5 du Code des procédures civiles d'exécution. Une telle vente pourra ainsi être opposable au créancier poursuivant si une somme suffisante pour acquitter en principal, intérêts et frais, ce qui est dû aux créanciers inscrits ainsi qu'au créancier poursuivant est consignée auprès de la Caisse des dépôts et consignations. Le prix consigné doit donc être suffisant pour désintéresser le créancier poursuivant ainsi que les créanciers inscrits. Les articles L. 321-5, alinéa 2 et R. 321-14 du Code des procédures civiles d'exécution n'opérant aucune distinction, il n'y a pas lieu de distinguer entre les créanciers parties à la saisie et ceux qui ne le sont pas. Dès lors qu'ils sont inscrits, leurs créances doivent être prises en compte dans la détermination de la somme à consigner *(V. JCl. Notarial Formulaire, V° Vente d'immeuble, fasc. 430).*
La consignation doit être signifiée au créancier poursuivant et aux créanciers inscrits avant l'audience d'adjudication, sans qu'aucun délai ne puisse être accordé *(CPC exéc., art. R. 321-14).*

4092 Effet – Une fois la consignation opérée valablement et signifiée au créancier poursuivant et aux créanciers inscrits, la vente devient opposable à ces derniers. La somme consignée est affectée spécialement au paiement des créances du créancier poursuivant et des créanciers inscrits. L'acquéreur ne peut plus alors retirer la somme qui revient auxdits créanciers.

III. Vente amiable de l'immeuble par le débiteur en dehors du cadre de la saisie immobilière

4093 Il est possible qu'une vente amiable soit conclue alors même que la procédure de saisie immobilière ne l'a pas prévue. Deux situations sont à distinguer. Soit le débiteur opère seul la vente de son immeuble, c'est-à-dire sans l'accord du créancier poursuivant (*V. n°* ***4094*** *et s.*), soit il y procède avec l'accord du créancier poursuivant et des créanciers inscrits (*V. n°* ***4098*** *et s.*).

A. – VENTE DE L'IMMEUBLE EN L'ABSENCE D'ACCORD DU CRÉANCIER POURSUIVANT

4094 Si l'immeuble est vendu par le seul débiteur saisi, plusieurs hypothèses sont à distinguer.

4095 Vente conclue avant la signification du commandement – Dans la mesure où la vente est intervenue avant que l'immeuble ne devienne indisponible, il faut considérer qu'elle est valable. Mais la date de publication de la vente aura en réalité une importance considérable :

- si la publication de la vente a lieu avant celle du commandement de saisie, elle sera opposable au créancier saisissant qui ne pourra pas poursuivre sa saisie ;
- si la publication du commandement a été réalisée avant celle de la vente, le créancier pourra considérer que la vente lui est inopposable et poursuivre sa saisie ce qui conduira à l'éviction de l'acquéreur *(CPC exéc., art. L. 321-5)*.

Dans cette hypothèse, l'acquéreur pourra agir contre le vendeur sur le terrain de la garantie d'éviction. Il pourra aussi chercher à ce que la vente produise ses effets. Il lui faudra alors faire en sorte que le débiteur saisi sollicite l'autorisation judiciaire de vendre l'immeuble à l'amiable. L'acquéreur pourra également consigner, auprès de la Caisse des dépôts et consignations, une somme suffisante pour acquitter en principal, intérêts et frais, ce qui est dû aux créanciers inscrits ainsi qu'au créancier poursuivant *(CPC exéc., art. L. 321-5, al. 2)*.

4096 Vente conclue après la signification mais avant sa publication – Dans cette hypothèse, la vente a lieu alors que le débiteur ne pouvait plus aliéner le bien en vertu de l'article L. 321-2 du Code des procédures civiles d'exécution. Mais comme le précise l'article R. 321-13 du Code des procédures civiles d'exécution, si l'indisponibilité du bien vaut à l'égard du débiteur à compter de la signification du commandement de payer valant saisie, elle ne vaut à l'égard des tiers que du jour de la publication du commandement. C'est donc encore une fois la date de publication de la vente qui va déterminer les solutions :

- si la publication de la vente a lieu avant celle du commandement, elle sera opposable aux tiers et notamment aux créanciers saisissants qui ne pourront pas faire publier le commandement de saisie ;
- si la publication de la vente a lieu postérieurement à celle du commandement, la vente est inopposable aux créanciers qui pourront poursuivre la saisie. L'acquéreur dispose ici d'une action spécifique prévue à l'article R. 321-13 du Code des procédures civiles d'exécution puisqu'il pourra demander au juge la nullité de la vente. L'acquéreur pourra également chercher à ce que la vente produise ses effets conformément à l'article L. 321-5 du Code des procédures civiles d'exécution.

4097 Vente conclue après la publication du commandement – Puisque la vente a lieu par hypothèse après la publication du commandement, elle est en principe inopposable au créancier poursuivant ainsi qu'à celui qui s'est porté acquéreur dans le cadre de la saisie *(CPC exéc., art. L. 321-5)*. Parce que la vente est conclue postérieurement à la publication, il ne semble pas que l'action en nullité prévue au troisième alinéa de l'article R. 321-13 du Code des procédures civiles d'exécution puisse être utilisée par l'acquéreur mais il pourra tenter de mettre en œuvre une des solutions prévues par l'article L. 321-5 du même code pour que la vente produise ses effets. La sanction est donc celle de l'inopposabilité de la vente au créancier poursuivant qui pourra considérer que l'immeuble est toujours dans le patrimoine du débiteur et donc poursuivre la saisie.

B. – VENTE DE L'IMMEUBLE SUITE À UNE NÉGOCIATION AVEC LES CRÉANCIERS

4098 Est-il possible que le débiteur saisi, le créancier poursuivant et les créanciers inscrits se mettent d'accord pour abandonner la procédure de saisie immobilière et permettre ainsi une vente amiable ? Cela a pu être contesté *(H. Croze, Dans quelles conditions une vente amiable peut-elle être passée pendant une procédure de saisie immobilière ? : Gaz. Pal. 10 juin 2008, n° 162, p. 2)*.

4099 Ordre public – L'un des arguments avancés en ce sens tient au caractère d'ordre public de la procédure de saisie immobilière. L'article L. 322-1 du Code des procédures civiles d'exécution ne prévoyant que deux possibilités (vente à l'amiable sur autorisation judiciaire ou adjudication), il ne serait pas permis de procéder à une vente amiable sans autorisation judiciaire en dehors de l'hypothèse prévue par l'alinéa 2 de l'article L. 321-5 du Code des procédures civiles d'exécution.

Il est vrai que l'intervention du juge, notamment par la détermination d'un prix de vente minimum de la vente amiable qu'il a autorisée, permet de protéger les intérêts du débiteur comme ceux des créanciers.

4100 Ordre public de protection – L'argument ne serait toutefois pas décisif puisque l'ordre public attaché à la procédure de saisie immobilière serait un ordre public de protection. Dès lors, « on ne voit pas pourquoi les personnes "protégées" ne pourraient opter pour une vente amiable, notamment pour profiter d'une proposition d'achat avantageuse, en renonçant à faire intervenir le juge, lorsqu'elles sont majeures et maîtresses de leur droit » *(JCl. Notarial Formulaire, V° Vente d'immeuble, fasc. 430, par J. Lafond)*.

VENTES ET CLAUSES PARTICULIÈRES

Pour aller plus loin

- Cl. Brenner, La vente volontaire de l'immeuble saisi est-elle possible sans l'autorisation du juge de l'exécution ? : Mél. Payet, Dalloz, 2011, p. 89
- M. Julienne, La vente volontaire de l'immeuble saisi, devant notaire et sans autorisation judiciaire est possible : Bull. Cridon Paris, 15 févr. 2014, II, 34

4101 Interdiction de la vente amiable – La Cour de cassation a pris une position claire à ce sujet *(Cass. 2e civ., 9 avr. 2015, n° 14-16.878 : JurisData n° 2015-007654 ; JCP N 2015, n° 19-20, act. 581 ; JCP N 2015, n° 26, 1109, note par F. Vauvillé ; Bull. civ. II, n° 96)*. Le jugement d'orientation qui ordonne la vente forcée de l'immeuble saisi interdit de procéder à la vente du bien selon une autre modalité que celle qu'il a prévue, sous peine de nullité.

4102 Caducité du commandement – Il n'en demeure pas moins qu'avant que le jugement d'orientation ne soit rendu, les parties ont plusieurs moyens pour obtenir la caducité du commandement de payer ce qui mettra fin à l'indisponibilité de l'immeuble (absence de publication du commandement dans le délai requis, absence d'assignation du débiteur dans les délais requis). Même après le jugement d'orientation ayant ordonné la vente forcée, il suffira au créancier poursuivant et aux créanciers inscrits de ne pas solliciter la vente lors de l'audience d'adjudication pour que le juge constate la caducité du commandement *(CPC exéc., art. R. 322-27)*.

4103 Frais – À noter tout de même que le créancier poursuivant défaillant conserve à sa charge l'ensemble des frais de saisie engagés sauf décision contraire du juge spécialement motivée (sur l'émolument dû à l'avocat poursuivant, *Cass. 2e civ., 12 déc. 2013, n° 12-29.276 : JurisData n° 2013-028477 ; JCP G 2014, 56 ; Bull. civ. II, n° 235)*. Il est donc sans doute opportun de solliciter l'autorisation judiciaire de vendre l'immeuble à l'amiable.

Pour aller plus loin

Formules
- JCl. Notarial Formulaire, V° Origine de propriété, fasc. 55 (immeuble saisi), par D. Montoux
- JCl. Notarial Formulaire, V° Vente d'immeuble, fasc. 425 (immeuble hypothéqué), par J. Lafond
- JCl. Notarial Formulaire, V° Vente d'immeuble, fasc. 435 (immeuble saisi), par J. Lafond

Fiches pratiques
- Fiche pratique n° 2178 : Vente de l'immeuble hypothéqué, par Ch. Guilloteau-Palisse
- Fiche pratique n° 1721 : Rédiger une vente d'immeuble, par M. Suquet-Cozic

Commentaires
- JCl. Notarial Formulaire, Synthèse 40 : Adjudication immobilière, par D. Montoux
- JCl. Notarial Formulaire, Synthèse 1440 : Vente d'immeuble : préparation de l'acte, par V. Zalewski-Sicard
- JCl. Notarial Formulaire, Synthèse 1250 : Vente d'immeuble : contentieux, par V. Zalewski-Sicard
- JCl. Notarial Formulaire, V° Vente d'immeuble, fasc. 420 (immeuble hypothéqué), par J. Lafond
- JCl. Notarial Formulaire, V° Vente d'immeuble, fasc. 422 (hypothèque provisoire), par J. Lafond
- JCl. Notarial Formulaire, V° Vente d'immeuble, fasc. 430 (immeuble saisi), par J. Lafond

Vente d'un immeuble par un organisme HLM

4104 Relativement à la vente du patrimoine immobilier d'un organisme HLM, il y a lieu de distinguer suivant que ladite vente concerne :
- un logement locatif ;
- un logement destiné à l'accession à la propriété ;
- un logement-foyer ;
- un immeuble autre qu'un logement.

Préalablement, doit être exposée l'obligation pour les organismes HLM de souscrire auprès de la société de garantie des organismes d'HLM une garantie financière.
Sur la capacité et les pouvoirs, *V. n°* ***1551*** *et s.*

Attention **La loi n° 2018-1021 du 23 novembre 2018 portant évolution du logement, de l'aménagement et du numérique (ELAN) réforme de façon conséquente les dispositions relatives aux organismes HLM. Il s'agit notamment :**
- **des compétences élargies pour les organismes HLM ;**
- **de la création d'une nouvelle forme d'organisme : les sociétés de vente d'HLM ;**
- **du regroupement des organismes HLM de taille réduite (moins de 15 000 logements) ;**
- **de la possibilité de conclure des ventes d'immeuble à rénover ;**
- **de la modification des dispositions relatives à l'accession à la propriété ;**
- **de simplifier la procédure de vente.**

I. Garantie financière des organismes HLM

4105 **Ventes** – L'article L. 453-1 du CCH impose aux organismes HLM de souscrire auprès de la société de garantie des organismes d'HLM une garantie contre les risques financiers encourus par eux dans les opérations de promotion immobilière et les opérations de vente d'immeubles à construire, à améliorer ou achevés.
Une telle garantie n'est toutefois pas nécessaire pour :
- les ventes de logements HLM ;
- les ventes des locaux commerciaux ou professionnels accessoires à des logements locatifs ;
- les opérations immobilières réalisées par les sociétés civiles immobilières visées à l'article L. 443-6-2 du CCH comportant des logements ayant déjà fait l'objet d'une occupation.

4106 **Acquisitions** – Une garantie contre les risques financiers est également nécessaire pour procéder aux acquisitions immobilières, contracter un emprunt ou réaliser les travaux afférents à une opération de promotion immobilière ou une opération de vente d'immeubles à construire, à améliorer ou achevés.

4107 **Objet de la garantie** – La garantie accordée à l'organisme d'habitations à loyer modéré consiste en l'engagement de la société de verser à ce dernier, à partir d'un certain seuil, une fraction de la perte sur fonds propres constatée au titre des opérations immobilières réalisées. Cette fraction est fixée par la convention de garantie et ne peut être ni inférieure à 50 %, ni supérieure à 80 %. Le seuil de versement ainsi que les autres conditions d'engagement de la société sont fixés par la convention de garantie.

4108 **Opérations garanties** – La convention de garantie couvre exclusivement les risques financiers encourus par l'organisme d'habitations à loyer modéré dans les opérations de promotion et de vente d'immeubles d'habitation, pouvant comporter à titre accessoire des locaux commerciaux ou professionnels, effectués directement par lui ou indirectement par le biais de sociétés civiles constituées sous son égide, portant sur
- la vente d'immeubles à construire ;
- la vente d'immeubles neufs achevés ;
- l'acquisition d'immeubles en vue de leur revente après réalisation de travaux d'amélioration ;
- la vente de parts de sociétés constituées en vue de l'attribution d'immeubles aux associés par fractions divises et de parts de sociétés civiles coopératives de construction ;
- la location-accession d'immeubles neufs achevés ou en construction.

La convention de garantie ne couvre pas les risques financiers encourus dans les opérations de vente de locaux commerciaux ou professionnels, accessoires à des programmes de logements locatifs.

Conseil pratique Lors de la vente dont l'une des parties est un organisme HLM, il doit être vérifié si l'opération entre dans le champ d'application de l'article L. 453-1 du CCH. Si tel est le cas, l'organisme doit justifier de l'existence de la convention de garantie.

II. Vente d'un logement locatif

4109 La vente d'un logement locatif, occupé ou non, est régie par les articles L. 443-7 et suivants du CCH.

A. – LOGEMENTS CESSIBLES

1° Principe

4110 **Acquis ou construits depuis plus de 10 ans** – Il s'agit des logements acquis ou construits depuis plus de 10 ans par un organisme d'HLM *(CCH, art. L. 443-7)*. Le délai de 10 ans court à compter de la date de déclaration d'achèvement des travaux prévue à l'article L. 462-1 du Code de l'urbanisme ou à compter de la date de l'acte d'acquisition.

4111 **État du logement** – Le logement doit répondre à des normes minimales d'habitabilité, d'entretien et de performance énergétique *(CCH, art. L. 443-7, al. 2, R. 443-11 à R 443-16)*. Ainsi, seuls les logements dont la consommation d'énergie est inférieure ou égale à 330 kilowattheures d'énergie primaire par mètre carré et par an estimée selon les conditions du diagnostic de performance énergétique peuvent être aliénés *(CCH, art. R. 443-11-1)*.

4112 **Logements réservés** – Les logements répondant aux conditions prévues aux articles L. 443-7 et L. 443-8 du CCH réservés par convention au profit d'une personne morale et relevant de l'exception à la gestion en flux de logements prévus à l'article L. 441-1 du CCH peuvent être vendus. Dans ce cas, l'organisme vendeur est tenu, à moins que les parties n'en décident autrement, de mettre à la disposition du réservataire, au moment de la vente, un logement équivalent. Le logement de remplacement sera par priorité situé dans le même ensemble immobilier ou, à défaut, dans la même commune que celui qui est aliéné, sauf accord du réservataire pour une localisation différente (*CCH, art. L. 443-9*).

2° Exceptions

4113 **Circonstances économiques ou sociales particulières** – Lorsque des circonstances économiques ou sociales particulières le justifient, la vente de logements locatifs acquis ou construits depuis moins de 10 ans peut être autorisée par décision motivée du représentant de l'État dans le département d'implantation du logement ou du président du conseil de la métropole lorsqu'une métropole a pris la compétence de délivrance aux organismes d'HLM des agréments d'aliénation de logements, après consultation de la commune d'implantation. La décision fixe les conditions de remboursement de tout ou partie des aides accordées par l'État pour la construction, l'acquisition ou l'amélioration de ce logement *(CCH, art. L. 443-8)*.

4114 **Décote** – Lorsque le logement a été construit ou a été acquis dans le cadre de programmes de logements sociaux sur des immeubles vendus par l'État ou ses établissements publics, le délai d'ancienneté devant être respecté avant la vente est de 20 ans et non plus de 10 ans *(CGPPP, art. L. 3211-7, IV, 2°)*.

4115 **Qualité de l'acquéreur** – Lorsque les logements sont vendus à un autre organisme d'habitations à loyer modéré ou à une société d'économie mixte ou à un organisme bénéficiant de l'agrément relatif à la maîtrise d'ouvrage prévu à l'article L. 365-2 du CCH, ou à un organisme de foncier solidaire défini à l'article L. 329-1 du Code de l'urbanisme en vue de la conclusion d'un bail réel solidaire, les conditions d'ancienneté, d'habitabilité et de performance énergétique ne sont pas applicables *(CCH, art. L. 443-11)*.

B. – BÉNÉFICIAIRES

1° Vente d'un logement occupé

4116 **Locataire** – Un logement occupé ne peut être vendu qu'à son locataire, s'il occupe le logement depuis au moins 2 ans. Toutefois, sur demande du locataire qui occupe le logement depuis au moins 2 ans le logement peut être vendu à son conjoint ou, s'ils ne disposent pas de ressources supérieures à celles exigées pour l'octroi des prêts aidés par l'Etat à ses ascendants ou descendants qui peuvent acquérir ce logement de manière conjointe avec leur conjoint, partenaire ayant conclu un pacte civil de solidarité ou concubin *(CCH, art. L. 443-11,*

II). Les ascendants et descendants ne doivent donc pas disposer de ressources supérieures à 130 % des plafonds des prêts mentionnés au 1er alinéa de l'article R. 331-12 du CCH. Pour apprécier la situation de chaque ménage ascendant ou descendant au regard du plafond de ressources, le montant des ressources à prendre en considération au cours d'une année donnée est égal à la somme des revenus fiscaux de référence au sens du 1° du IV de l'article 1417 du CGI de chaque personne composant le ménage au titre de l'avant-dernière année précédant celle de l'acquisition.

Attention **Lors de la signature de l'acte de vente, l'avis d'imposition sur le revenu de chaque personne constituant le ménage acquéreur, précisant sa situation au regard de l'impôt sur le revenu, doit être produit. Toutefois, lorsque l'avis d'imposition au titre de l'avant-dernière année précédant celle de l'acquisition n'est pas disponible, l'avis d'imposition sur le revenu délivré au titre de la dernière année précédant celle de l'acte de vente peut être pris en compte.**

4117 **Autres bénéficiaires** – Les logements peuvent également être vendus :
- à un autre organisme d'habitations à loyer modéré ;
- à une société d'économie mixte ;
- à un organisme bénéficiant de l'agrément relatif à la maîtrise d'ouvrage prévu à l'article L. 365-2 du CCH ;
- à un organisme de foncier solidaire en vue de la conclusion d'un bail réel solidaire.

Les locataires en place continuent à bénéficier des conditions antérieures de location (*CCH, art. L. 443-11, I*).

4118 **Opération de renouvellement urbain** – Les logements peuvent également être vendus dans le cadre d'opérations de renouvellement urbain aux établissements publics créés en application des articles L. 321-14 et L. 326-1 du Code de l'urbanisme, en vue de leur démolition préalablement autorisée par le représentant de l'État dans le département. Dans ce cas, les baux demeurent jusqu'au départ des locataires en place (*CCH, art. L. 443-11, V*).

4119 **Logement construit ou acquis par un organisme HLM depuis plus de 15 ans** – Les logements occupés auxquels sont appliqués les plafonds de ressources des prêts locatifs sociaux peuvent aussi être vendus, s'ils ont été construits ou acquis par un organisme d'HLM depuis plus de 15 ans, à des personnes morales de droit privé. Dans ce cas, les baux et la convention mentionnée à l'article L. 353-2 du CCH demeurent jusqu'au départ des locataires en place (*CCH, art. L. 443-11, II*).

4120 **Vente en bloc** – Lorsqu'il est procédé à la vente d'un ensemble de plus de cinq logements d'un même immeuble ou ensemble immobilier, vacants ou occupés, auxquels sont appliqués les plafonds de ressources des PLS et qui ont été construits ou acquis depuis plus de 15 ans par un organisme d'habitations à loyer modéré, ces logements peuvent être cédés à toute personne morale de droit privé. Les baux et la convention mentionnée à l'article L. 353-2 du CCH demeurent jusqu'au départ des locataires en place. Le prix de vente est librement fixé par l'organisme propriétaire *(CCH, art. L. 443-11, VII)*.

2° Vente d'un logement vacant

a) Principe

4121 **Vente aux personnes pouvant bénéficier d'un logement HLM** – Les logements vacants des organismes d'HLM doivent être vendus en priorité à toute personne physique remplissant les conditions auxquelles doivent satisfaire les bénéficiaires des opérations d'accession à la propriété, mentionnées à l'article L. 443-1 du CCH, parmi lesquels l'ensemble des locataires de logements appartenant aux bailleurs sociaux disposant de patrimoine dans le département, ainsi que les gardiens d'immeuble qu'ils emploient sont prioritaires.

4122 **Publicité** – La mise en vente du ou des logements doit se faire par voie d'une publicité et à un prix fixé par l'organisme propriétaire en prenant pour base le prix d'un logement comparable, libre d'occupation lorsque le logement est vacant, ou occupé lorsque le logement est occupé (*CCH, art. L. 443-11, IV*). Cette publicité est assurée :
- par voie d'affichage au siège social de l'organisme et aux emplacements habituellement utilisés pour l'information des locataires dans les immeubles collectifs appartenant à l'organisme et situés dans le département ;
- par une insertion dans deux journaux locaux diffusés dans le département ;
- et, s'il s'agit d'une maison individuelle, par l'apposition sur cette maison ou à proximité immédiate d'un écriteau visible de la voie publique.

4123 **Classement des offres des acquéreurs prioritaires** – Lorsque le logement est vendu à des bénéficiaires prévus au III de l'article L. 443-11 du CCH, l'organisme vend, par ordre de priorité défini au même article L. 443-11, à l'acheteur qui le premier formule l'offre qui correspond à ou qui est supérieure au prix évalué en application dudit article L. 443-11 ou, si l'offre est inférieure au prix évalué, qui en est la plus proche, dans des conditions à définir par voie de décret (*CCH, art. L. 443-12*).

4124 Délai de 2 mois – L'organisme HLM ne peut retenir une demande émanant d'une personne n'ayant pas la qualité de locataire avant l'expiration d'un délai de 2 mois courant à compter de l'exécution de l'ensemble des mesures de publicité.

b) Exception

4125 Absence d'acquisition par une personne pouvant bénéficier d'un logement HLM – A défaut de cession à une personne pouvant bénéficier d'un logement HLM, le logement peut être vendu :
- à toute autre personne physique ;
- à une collectivité locale ou un groupement de collectivités territoriales, à condition qu'ils prennent l'engagement de le mettre à disposition des personnes défavorisées pendant au moins 15 ans *(CCH, art. L. 443-11).*

4126 Logement construit ou acquis par un organisme HLM depuis plus de 15 ans – Les logements vacants auxquels sont appliqués les plafonds de ressources des prêts locatifs sociaux (PLS), s'ils ont été construits ou acquis par un organisme d'HLM depuis plus de 15 ans, peuvent être cédés, à défaut d'acquisition par une personne physique pouvant bénéficier d'un logement HLM, par une collectivité territoriale ou un groupement de collectivités territoriales, par toute autre personne physique, à toute personne morale de droit privé (*CCH, art. L. 443-11, III, 5e al.*).

4127 Vente en bloc – Lorsqu'il est procédé à la vente d'un ensemble de plus de cinq logements d'un même immeuble ou ensemble immobilier, vacants ou occupés, auxquels sont appliqués les plafonds de ressources des PLS et qui ont été construits ou acquis depuis plus de 15 ans par un organisme d'HLM, ces logements peuvent être cédés à toute personne morale de droit privé sans qu'il y ait lieu d'appliquer, pour les logements vacants, l'ordre de priorité mentionné au III de l'article L. 443-11 du CCH. Le prix de vente est alors librement fixé par l'organisme propriétaire.

4128 Opération de renouvellement urbain – Les logements peuvent également être vendus dans le cadre d'opérations de renouvellement urbain aux établissements publics créés en application des articles L. 321-14 et L. 326-1 du Code de l'urbanisme, en vue de leur démolition préalablement autorisée par le représentant de l'État dans le département (*CCH, art. L. 443-11, V*).

4129 Equilibre économique et social – Afin d'assurer l'équilibre économique et social d'un ou plusieurs ensembles d'habitations ou d'un quartier connaissant des difficultés particulières, les logements vacants peuvent même après accord du préfet, qui consulte la commune d'implantation, être vendus à des personnes physiques ou morales *(CCH, art. L. 443-11, VI).*

c) Interdiction

4130 Interdiction d'acquérir plus d'un logement – Lorsqu'une personne physique a acquis soit un logement vacant auprès d'un organisme d'HLM, soit un logement locatif appartenant à une SEM ou à l'association mentionnée à l'article L. 313-34 du CCH et faisant l'objet d'une convention conclue en application de l'article L. 351-2, elle ne peut se porter acquéreur d'un autre logement vacant appartenant aux personnes précédemment mentionnées et faisant l'objet d'une convention conclue en application de l'article L. 351-2 du CCH.

4131 Exceptions – Cette interdiction ne s'applique pas en cas de mobilité professionnelle impliquant un trajet de plus de 70 kilomètres entre le nouveau lieu de travail et le logement, ou si le logement est devenu inadapté à la taille du ménage ou en cas de séparation du ménage, sous réserve de la revente préalable du logement précédemment acquis (*CCH, art. L. 443-11, IV*).

4132 Sanction – La vente conclue en violation de cette interdiction est entachée de nullité *(CCH, art. L. 443-11, IV).*

Conseil pratique **Lors de la vente à une personne physique d'un logement vacant appartenant à l'une des personnes morales visées à l'article L. 443-11 du CCH, il convient de vérifier que l'acquéreur n'a pas déjà procédé à l'acquisition d'un tel logement. Une déclaration en ce sens de l'acquéreur sera stipulée dans l'acte.**

C. – PROCÉDURE

1° Initiative de la vente

4133 Initiative de l'organisme – Les cessions sont décidées par l'organisme d'HLM propriétaire. Cette décision ne doit pas avoir pour effet de réduire de manière excessive le parc de logements sociaux locatifs existant sur le territoire de la commune ou de l'agglomération concernée.

4134 Diminution de plus de 30 % du parc de logements locatifs – Lorsqu'une ou plusieurs décisions d'aliéner conduisent à diminuer de plus de 30 % le parc de logements locatifs détenu sur les 3 dernières années par un organisme d'HLM, le conseil d'administration ou le directoire doit motiver cette décision et déclarer au représentant de l'État dans le département s'il a l'intention de maintenir son activité ou de demander la dissolution de l'organisme. Dans ce dernier cas, la décision d'aliéner est examinée au regard des conditions de mise en œuvre des dispositions relatives à la dissolution de l'organisme *(CCH, art. L. 443-11, I)*.

Attention **En cas de non-respect de l'obligation précitée, l'acte entraînant le transfert de propriété est entaché de nullité. L'action en nullité peut être intentée par l'autorité administrative ou par un tiers dans un délai de 5 ans à compter de la publication de l'acte au fichier immobilier.**

4135 Demande du locataire – Tout locataire occupant son logement depuis au moins 2 ans peut adresser à l'organisme propriétaire une demande d'acquisition de son logement. La réponse de l'organisme doit être motivée et adressée à l'intéressé dans les 2 mois suivant la demande *(CCH, art. L. 443-11, II)*.

2° Autorisation de vente

a) Convention d'utilité sociale

4136 Dispense d'autorisation préfectorale – La convention d'utilité sociale mentionnée à l'article L. 445-1 du CCH vaut autorisation de vendre pour les logements mentionnés dans le plan de mise en vente qu'elle contient, ce pour la durée de la convention. Elle vaut autorisation de vendre pour les logements mentionnés dans le plan de mise en vente de cette convention au bénéfice de la société de vente d'HLM qui les a acquis auprès de l'organisme ayant conclu la convention. L'autorisation de vendre au bénéfice de la société de vente est valable pendant la durée de la convention précitée (*CCH, art. L. 443-7, al. 3 et 4*).

b) Compétence du préfet

4137 Non-opposition préfectorale – Pour les logements qui ne sont pas mentionnés dans le plan de mise en vente de la convention d'utilité sociale, toute décision de cession est subordonnée à la non-opposition du préfet du département qui dispose d'un délai de 4 mois pour éventuellement s'opposer à la cession de manière motivée. Le préfet doit préalablement consulter la commune du lieu d'implantation de l'immeuble ou les organismes qui ont accordé des emprunts à l'organisme vendeur. En cas de non-opposition, la décision d'aliéner de l'organisme est exécutoire *(CCH, art. L. 443-7, al. 5)*.

Attention **Cette autorisation est rendue caduque par la signature d'une nouvelle convention d'utilité sociale *(CCH, art. L. 443-7, al. 5)*.**

4138 Société de vente d'HLM – Un régime spécifique est prévu pour les sociétés de vente d'HLM. Il conduit à distinguer trois situations :

- le logement vendu est visé par le plan de mise en vente contenu dans la convention d'utilité sociale signée par l'organisme HLM ayant cédé le logement à la société de vente d'HLM : la convention d'utilité sociale vaut autorisation de vendre au bénéfice de la société de vente d'HLM. L'autorisation de vendre au bénéfice de la société de vente est valable pendant la durée de la convention précitée ;
- le logement vendu n'est pas visé par le plan de mise en vente contenu dans la convention d'utilité sociale signée par l'organisme HLM ayant cédé le logement à la société de vente mais a fait l'objet d'une autorisation de vendre : elle vaut autorisation de vendre au bénéfice de la société de vente d'HLM. L'autorisation de vendre est rendue caduque par la signature par l'organisme HLM ayant cédé l'immeuble à la société de vente d'HLM d'une nouvelle convention d'utilité sociale ;
- le logement vendu n'est pas visé par le plan de mise en vente contenu dans la convention d'utilité sociale signée par l'organisme HLM ayant cédé le logement à la société de vente mais a fait l'objet d'une autorisation de vendre devenue caduque : la société de vente d'HLM doit adresser au préfet une demande d'autorisation de vendre. Le préfet, après consultation de la commune d'implantation ainsi que les collectivités publiques qui ont accordé un financement ou leur garantie aux emprunts contractés pour la construction, l'acquisition ou l'amélioration des logements concernés, doit répondre dans un délai de 4 mois. A défaut d'opposition motivée du préfet dans ce délai de 4 mois, la vente est autorisée. L'autorisation est caduque à l'issue d'un délai de 6 ans.

Attention **Lorsque la société de vente d'HLM n'a pas obtenu d'autorisation de vendre, les logements sont cédés à un organisme d'HLM ou à une SEM agréée en application de l'article L. 481-1 du CCH dans un délai de 6 mois à compter du refus de vendre.**
Si la société de vente d'HLM n'a pas trouvé d'acquéreur, le ministre chargé du logement peut mettre en demeure un organisme d'HLM mentionné à l'article L. 411-2 ou une SEM agréée en application de l'article L. 481-1 du CCH d'acquérir tout ou partie de ces logements.

4139 Dispense d'autorisation préfectorale – Lorsque l'organisme propriétaire vend un logement à un autre organisme d'HLM ou à une SEM agréée au titre de l'article L. 481-1 du CCH ou à un organisme bénéficiant de l'agrément relatif à la maîtrise d'ouvrage prévu à l'article L. 365-2 du CCH ou à un organisme de foncier solidaire défini à l'article L. 329-1 du Code de l'urbanisme en vue de la conclusion d'un bail réel solidaire, l'autorisation prévue à l'article L. 443-7 du CCH n'est pas nécessaire. La vente doit alors faire l'objet d'une simple déclaration au préfet et au maire de la commune d'implantation du logement aliéné (*CCH, art. L. 443-11, I*).

4140 Sanction – En cas de non-respect de l'obligation d'autorisation de l'aliénation par le représentant de l'État dans le département ou par le président du conseil de la métropole, l'organisme vendeur est passible d'une sanction pécuniaire, dans la limite de 40 % du montant de la vente, hors frais d'acte, arrêtée par l'Agence nationale de contrôle du logement social ou le président du conseil de la métropole article.

c) Compétence du président du conseil de la métropole

4141 Non-opposition du président du conseil de la métropole – Lorsqu'une métropole ou la métropole de Lyon a pris la compétence de délivrance aux organismes d'habitations à loyer modéré des agréments d'aliénation de logements, la décision d'aliéner est transmise au président du conseil de la métropole où est situé le logement qui consulte la commune d'implantation ainsi que les collectivités publiques qui ont accordé un financement ou leur garantie aux emprunts contractés pour la construction, l'acquisition ou l'amélioration des logements.
La commune émet son avis dans le délai de 2 mois à compter du jour où le maire a reçu la consultation du président du conseil de la métropole. Faute d'avis de la commune à l'issue de ce délai, celui-ci est réputé favorable. À défaut d'opposition motivée du président du conseil de la métropole dans un délai de 4 mois, la décision est exécutoire (*CCH, art. L. 443-7*).

4142 Sanction – Se reporter à l'étude spécifique *(V. n° **4140**)*.

D. – CONDITIONS DE LA VENTE

1° Détermination du prix

4143 Vente d'un logement à un organisme d'HLM ou à une SEM agréée au titre de l'article L. 481-1 du CCH ou à un organisme bénéficiant de l'agrément relatif à la maîtrise d'ouvrage prévu à l'article L. 365-2 du CCH ou à un organisme de foncier solidaire – Le prix de vente est fixé librement par l'organisme HLM (*CCH, art. L. 443-11, I*).

4144 Autres ventes – La mise en vente du ou des logements doit se faire à un prix fixé par l'organisme propriétaire en prenant pour base le prix d'un logement comparable, libre d'occupation lorsque le logement est vacant, ou occupé lorsque le logement est occupé (*CCH, art. L. 443-11, IV*).

4145 Société de vente d'HLM – Lorsque la société de vente d'HLM n'a pas obtenu d'autorisation de vendre, qu'elle n'a pas trouvé d'acquéreur parmi les organismes HLM ou les SEM, après mise en demeure par le ministre chargé du logement d'acquérir tout ou partie des logements détenus par ladite société et en cas de désaccord constaté 6 mois après cette mise en demeure sur le prix d'acquisition des logements, le ministre chargé du Logement en fixe le prix après avis de la commission mentionnée à l'article L. 452-2-1 du CCH.
Les litiges relatifs à la fixation du prix sont portés devant la juridiction administrative.

2° Obligations de l'acquéreur, personne physique

4146 Absence d'engagement d'habiter – L'acquisition d'un logement par une personne physique n'est plus subordonnée à l'engagement de l'acquéreur de l'habiter pendant 5 ans.

4147 Location – Lorsque l'acquéreur a acquis son logement à un prix inférieur au prix de mise en vente fixé en application de l'article L. 443-11 du CCH et qu'il le loue dans les 5 ans qui suivent l'acquisition, le niveau de loyer ne doit pas excéder des plafonds fixés par l'autorité administrative *(CCH, art. L. 443-12-1)*.

4148 Revente dans les cinq ans – L'acquéreur qui souhaite revendre son logement dans les 5 ans qui suivent l'acquisition est tenu d'en informer l'organisme d'HLM, qui peut se porter acquéreur en priorité.
Par ailleurs, l'acquéreur ayant acquis son logement à un prix inférieur au prix de mise en vente fixé en application de l'article L. 443-11 du CCH et l'ayant vendu dans les 5 ans suivant cette acquisition est tenu de verser à l'organisme d'HLM une somme égale à la différence entre le prix de vente et le prix d'acquisition. Cette somme ne peut toutefois excéder l'écart constaté entre le prix de mise en vente lors de l'acquisition et le prix d'acquisition. Ces prix s'entendent hors frais d'acte et accessoires à la vente *(CCH, art. L. 443-12-1)*.

Attention A peine de nullité, le contrat de vente entre l'acquéreur et l'organisme d'HLM comporte la mention de ces obligations (*CCH, art. L. 443-12-1*).

3° Information de l'acquéreur

a) Acquéreur, personne physique

4149 Informations préalables – L'acquéreur, personne physique, doit se voir indiquer ou remettre préalablement à la vente :
- le montant des charges locatives et de copropriété des 2 dernières années ;
- la récapitulation des travaux des 5 dernières années sur les parties communes ;
- en tant que de besoin, la liste des travaux d'amélioration des parties communes et des éléments d'équipement commun qu'il serait souhaitable d'entreprendre et une évaluation du montant global de ces travaux et de la quote-part imputable à l'acquéreur *(CCH, art. L. 443-14-2)* ;
- sa qualité de débiteur de la taxe foncière sur les propriétés bâties avec un document précisant à l'acquéreur personne physique qu'il sera redevable, chaque année, de la taxe foncière sur les propriétés bâties, à compter de la première année suivant celle où a eu lieu le transfert de propriété *(CCH, art. R. 443-13-1)* ;
- si l'immeuble est soumis au statut de la copropriété, un exemplaire de l'état descriptif de division et du règlement de copropriété.

b) Mentions obligatoires

4150 Personne physique – À peine de nullité de l'acte de vente, les obligations résultant de l'article L. 443-12-1 du CCH doivent être mentionnées dans l'acte.

4151 Personne morale – Lorsqu'un logement est vendu à une collectivité locale ou un groupement de collectivités territoriales, l'acte authentique doit reproduire le texte de l'engagement de cette collectivité ou de ce groupement de mettre le logement pendant au moins 15 ans à la disposition de personnes défavorisées mentionnées au II de l'article L. 301-1 du CCH *(CCH, art. R. 443-12-2)*.

4152 Agrément – À peine de nullité de la vente d'un logement vacant par un organisme d'habitations à loyer modéré à un organisme qui bénéficie de l'agrément relatif à la maîtrise d'ouvrage prévu à l'article L. 365-2 du Code de la construction et de l'habitation, l'acte authentique doit reproduire le texte de la décision portant agrément *(CCH, art. R. 443-13)*.

4153 Logement conservant son caractère social – Lorsque le logement conserve son caractère social après la vente, il y a lieu, à peine de nullité de plein droit, de reproduire les dispositions de l'article L. 411-3 du CCH. L'action en nullité peut être intentée par tout intéressé ou par l'autorité administrative dans un délai de 5 ans à compter de la publication de l'acte au fichier immobilier *(CCH, art. L. 411-3)*.

E. – SORT DU CONVENTIONNEMENT

4154 Sauf dispositions spécifiques, la vente d'un logement entraîne la résiliation de droit de la convention mentionnée à l'article L. 353-2 du CCH lorsqu'elle ne porte que sur le ou les logements vendus. Si le ou les logements vendus figurent dans une convention mentionnée au même article L. 353-2 du CCH qui porte sur un ensemble de logements plus important, elle est révisée afin d'exclure les logements vendus. Cette disposition a pour objet de faciliter les cessions *(CCH, art. L. 443-10 et L. 353-2)*.

F. – EXIGIBILITÉ DES EMPRUNTS

4155 Principe – En cas de cession d'un élément de patrimoine immobilier d'un organisme d'HLM, la fraction correspondante des emprunts éventuellement contractés pour la construction, l'acquisition ou l'amélioration de l'ensemble auquel appartient le bien vendu devient immédiatement exigible *(CCH, art. L. 443-13)*.

4156 Exceptions – L'organisme d'habitations à loyer modéré peut continuer à rembourser selon l'échéancier initialement prévu les prêts comportant une aide de l'État sous réserve que leur remboursement demeure garanti dans les conditions qui avaient permis l'obtention du prêt.
Par ailleurs, dans le cas d'une vente à un autre organisme d'HLM ou à une SEM, les emprunts sont transférés avec maintien des garanties y afférentes consenties par des collectivités territoriales, par leurs groupements ou par des chambres de commerce et d'industrie territoriales, sauf opposition des créanciers ou des garants dans les 3 mois qui suivent la notification du projet de transfert du prêt lié à la vente *(CCH, art. L. 443-13)*.

G. – AFFECTATION DU PRIX DE VENTE

4157 Une fois les emprunts et les aides remboursés, le surplus des sommes perçues est affecté en priorité au financement de programmes nouveaux de construction, à des travaux destinés à améliorer de façon substantielle un ensemble déterminé d'habitations ou à des acquisitions de logements en vue d'un usage locatif (*CCH, art. L. 443-13*).

III. Vente d'un logement destiné à l'accession à la propriété

4158 Au titre de la mission d'intérêt général que constitue la recherche de la mixité sociale et de la diversité de l'habitat, les organismes d'habitations à loyer modéré peuvent mettre en place des opérations d'accession sociale à la propriété.

A. – CHAMP D'APPLICATION

4159 **Personnes physiques** – Une opération d'accession sociale à la propriété en vue de ventes à des personnes physiques peut être mise en place :
- lorsqu'une offre satisfaisante de ces logements n'est pas assurée dans un îlot, un quartier ou une commune ;
- à la demande de la collectivité territoriale dans le cadre d'une action ou d'une opération d'aménagement ou de la mise en œuvre des objectifs de renouvellement urbain et de mixité sociale prévus dans les contrats de ville (*CCH, art. L. 421-1, 5°*).

4160 **Personnes morales** – Une opération d'accession sociale à la propriété en vue de ventes à des personnes morales peut être mise en place :
- dans les communes appartenant à une zone d'urbanisation continue de plus de 50 000 habitants définie à l'article 232 du CGI ;
- dans les communes de plus de 15 000 habitants en forte croissance démographique (*CCH, art. L. 421-1, 5°*).

B. – BÉNÉFICIAIRES

4161 **Personnes physiques** – Les acquéreurs peuvent être des personnes physiques. Elles doivent établir leur résidence principale dans le logement acquis, disposer de ressources inférieures ou égales à celles mentionnées à l'article R. 391-8 du CCH.

4162 **Personnes morales** – Dans les deux hypothèses visées ci-dessus, les personnes morales peuvent acquérir des logements dès lors qu'elles s'engagent à louer les logements à des personnes dont les ressources ne dépassent pas les plafonds fixés par le décret prévu au premier alinéa du III de l'article 199 novovicies du CGI.

C. – FIXATION DU PRIX

4163 **Absence d'avis préalable du service des domaines** – Cette dispense d'avis résulte de l'article L. 451-5 du CCH.

4164 **Prix maximum** – Lorsque les logements sont cédés à des personnes physiques, l'article R. 443-34 du CCH impose qu'un prix maximum soit respecté. Ce prix maximum est fixé par voie d'arrêté. De l'article 4 de l'arrêté du 3 mai 2002 relatif à la vente de logements dans les opérations d'accession des organismes d'habitation à loyer modéré, il résulte que le prix de vente maximum moyen pour les opérations prévues à l'article R. 443-34 est fixé selon les modalités mentionnées au premier et deuxième alinéas de l'article 3 de l'arrêté du 26 mars 2004 relatif aux conditions d'application des dispositions de la sous-section 2 bis relative aux prêts conventionnés pour des opérations de location-accession à la propriété immobilière *(NOR : EQUU0200768A)*.

D. – GARANTIES

4165 Pour sécuriser les opérations d'accession à la propriété, la loi ENL du 13 juillet 2006 a encadré la pratique des organismes HLM offrant des garanties aux accédants à la propriété. Ont été ainsi consacrées une garantie de rachat et une garantie de relogement. Ces garanties doivent être offertes aux accédants pour toutes les opérations d'accession à la propriété à l'exception :
- des opérations de location-accession avec PSLA (ces opérations faisant l'objet de leurs propres garanties) ;
- des ventes HLM de logements locatifs.

4166 **Mentions obligatoires** – Les contrats de vente de logements prévoyant les garanties de rachat et de relogement doivent reproduire les dispositions du III et du IV de l'article R. 443-2 du CCH.

1° Garantie de rachat

4167 Champ d'application – Lorsque l'acquéreur n'est pas un locataire, les dispositions combinées des articles L. 411-2 et R. 443-2 du CCH prévoient une garantie de rachat.

4168 Mise en œuvre – La garantie de rachat peut être demandée, par lettre recommandée avec avis de réception, pendant un délai de 15 ans suivant le transfert de propriété du logement. Le logement doit être occupé à titre de résidence principale. La demande visant à bénéficier de la garantie de rachat est faite par :
- l'accédant ;
- en cas de décès de celui-ci, par ses descendants directs ou son conjoint occupant le logement au jour du décès.

La demande doit intervenir dans un délai d'un an suivant la survenance de l'un des faits générateurs prévu par l'article R. 443-2 du CCH :
- décès de l'accédant, de son conjoint ou d'un descendant direct occupant le logement avec l'accédant ;
- mobilité professionnelle de l'accédant impliquant un trajet de plus de 70 km entre le nouveau lieu de travail et le logement ;
- chômage de l'accédant d'une durée supérieure à un an ;
- invalidité reconnue de l'accédant ;
- divorce de l'accédant ;
- dissolution d'un pacte civil de solidarité dont l'accédant était partie.

4169 Obligation de l'organisme HLM – L'organisme HLM, ou toute personne morale avec laquelle l'organisme a conclu une convention à cet effet, est dès lors tenu de racheter le logement à un prix qui ne peut être inférieur à 80 % du prix de la vente initiale, ou, en cas de location-accession, du prix arrêté lors de la levée de l'option.

4170 Réduction du prix restitué – L'article R. 443-2 précité prévoit des hypothèses de réduction de prix qui correspondent à :
- une diminution de 1,5 % au plus par année écoulée entre la sixième et la quinzième année suivant celle au cours de laquelle la vente initiale ou, en cas de location-accession, le transfert de propriété a eu lieu.
- à la déduction des frais des réparations rendues nécessaires du fait de dégradations qui ne relèvent pas de l'usage normal du logement ou de la vétusté de ses installations. Ces frais de réparation sont fixés sur la base du montant le moins élevé des trois devis à produire par l'organisme relatifs aux réparations à effectuer.

2° Garantie de relogement

4171 Mise en œuvre – La garantie de relogement peut être demandée, par lettre recommandée avec avis de réception, par l'accédant ou, en cas de décès, par son conjoint, dans les 15 ans qui suivent le transfert de propriété du logement et dans un délai d'un an suivant la survenance de l'un des faits qui conditionnent l'octroi de cette garantie. Sont visées les mêmes conditions que pour la garantie de rachat sauf celle de la mobilité professionnelle. Le logement doit avoir fait l'objet d'une promesse de vente au moment où est effectuée la demande de bénéfice de la garantie de relogement et les revenus de l'accédant ou, en cas de décès, de son conjoint, ne doivent pas excéder les plafonds de ressources maximum fixés par l'autorité administrative pour l'attribution des logements locatifs conventionnés *(CCH, art. R. 443-2)*.

4172 Obligation – Dans le cas où la garantie est mise en œuvre, l'organisme devra proposer trois offres écrites de relogement dans un logement locatif dans un délai de 3 mois. Le bénéficiaire de la garantie dispose d'un délai d'un mois à compter de la remise de la dernière offre pour exprimer son accord. À l'expiration de ce délai, la garantie cesse de s'appliquer s'il n'a pas accepté l'une des trois offres qui lui ont été proposées.

IV. Vente d'un logement-foyer

4173 La vente d'un logement-foyer fait l'objet de dispositions spécifiques prévues à l'article L. 443-15-6 du CCH. Elles s'appliquent à la vente par des organismes HLM de logements-foyers mais aussi aux logements-foyers appartenant aux collectivités territoriales ou aux sociétés d'économie mixte et faisant l'objet d'une convention conclue en application de l'article L. 351-2 du CCH ainsi que, dans les départements d'outre-mer, aux logements-foyers appartenant aux collectivités territoriales ou aux sociétés d'économie mixte construits, acquis ou améliorés à l'aide de subventions de l'État ou de prêts aidés par l'État.

A. – LOGEMENTS FOYERS CESSIBLES

4174 Principe – Pour pouvoir être cédé, un logement-foyer doit avoir été construit ou acquis depuis plus de 10 ans par l'organisme d'habitations à loyer modéré. Le délai de 10 ans court à compter de la date de déclaration d'achèvement des travaux prévue à l'article L. 462-1 du Code de l'urbanisme ou à compter de la date de l'acte d'acquisition *(CCH, art. L. 443-15-6 et R. 443-18)*.

4175 Exception – Cette condition d'ancienneté n'est pas applicable lorsque la vente est conclue avec un autre organisme d'habitations à loyer modéré, une société d'économie mixte de construction et de gestion de logements sociaux ou avec un organisme sans but lucratif bénéficiant de l'agrément relatif à la maîtrise d'ouvrage prévu à l'article L. 365-2 du CCH.

B. – BÉNÉFICIAIRES

4176 Principe – Les logements-foyers peuvent être vendus à d'autres organismes d'habitations à loyer modéré, à des sociétés d'économie mixte de construction et de gestion de logements sociaux, à des collectivités territoriales ou à leurs groupements, à des centres communaux ou intercommunaux d'action sociale, à des organismes sans but lucratif bénéficiant de l'agrément relatif à la maîtrise d'ouvrage prévu à l'article L. 365-2 du CCH ou à d'autres organismes sans but lucratif.

4177 Exception – Dans les communes de montagne classées station de tourisme, après avis conforme du conseil municipal de la commune concernée, les organismes d'habitations à loyer modéré peuvent vendre leurs logements-foyers de plus de 30 ans à une société de droit privé, dès lors qu'il est constaté une inoccupation de plus de 2 ans de ces logements et dès lors que la vente auprès des personnes morales mentionnées, bénéficiaires par principe des ventes de logements-foyers, est restée infructueuse. Cette faculté n'est pas ouverte aux communes auxquelles l'article L. 302-5 du CCH est applicable.

C. – CONDITIONS DE LA VENTE

4178 Caractère social – Les logements-foyers qui ont été construits, acquis ou acquis et améliorés avec le concours financier de l'État ou qui ont ouvert droit à l'aide personnalisée au logement en vertu d'une convention prévue à l'article L. 351-2 du CCH demeurent soumis à des règles d'attribution sous conditions de ressources et à des règles de fixation de redevance par l'autorité administrative pendant une période d'au moins 10 ans à compter de leur cession par un organisme d'habitations à loyer modéré.

4179 Mention – Tout acte transférant la propriété ou la jouissance de ces logements ou constatant ledit transfert doit, à peine de nullité de plein droit, reproduire les dispositions de l'article L. 443-15-6 du CCH. L'action en nullité peut être intentée par tout intéressé ou par l'autorité administrative dans un délai de 5 ans à compter de la publication de l'acte au fichier immobilier ou de l'inscription au livre foncier.

4180 Notification – Une copie de l'acte authentique de vente d'un logement-foyer par un organisme d'habitations à loyer modéré est notifiée par celui-ci, dès sa signature, au préfet signataire de la convention d'utilité sociale conclue par l'organisme avec l'État *(CCH, art. R. 443-19)*.

4181 Remboursement – Les emprunts éventuellement contractés pour la construction, l'acquisition ou l'amélioration du logement-foyer vendu deviennent immédiatement exigibles.
Toutefois, l'organisme d'habitations à loyer modéré peut continuer à rembourser selon l'échéancier initialement prévu les prêts comportant une aide de l'État, sous réserve que leur remboursement demeure garanti dans les conditions qui avaient permis l'obtention du prêt. En outre, les emprunts peuvent être transférés aux personnes morales bénéficiaires des ventes mentionnées au premier alinéa, avec maintien des garanties y afférentes consenties par des collectivités territoriales, par leurs groupements ou par des chambres de commerce et d'industrie territoriales, sauf opposition des créanciers ou des garants dans les 3 mois qui suivent la notification du projet de transfert du prêt lié à la vente.
Par ailleurs, en cas de vente d'un logement-foyer ayant fait l'objet de travaux d'amélioration financés avec l'aide de l'État depuis moins de 5 ans, l'organisme vendeur est tenu de rembourser cette aide.

4182 Affectation du prix – Le prix, une fois les emprunts et aides remboursés, est affecté en priorité au financement de programmes nouveaux de construction, à des travaux destinés à améliorer de façon substantielle un ensemble déterminé d'habitations ou à des acquisitions de logements ou de logements-foyers en vue d'un usage locatif.

V. Vente d'un immeuble autre qu'un logement

4183 Les formalités de vente d'un immeuble autre qu'un logement sont réduites. Il n'y a lieu que de procéder à une notification.

4184 Notification – Toute décision d'aliénation d'un élément du patrimoine immobilier d'un organisme d'habitations à loyer modéré autre que les logements est notifiée au représentant de l'État dans le département dans le délai d'un mois à compter de la date de l'acte la constatant *(CCH, art. L. 443-14)*.

Pour aller plus loin

Formules
- JCl. Notarial Formulaire, V° Vente d'immeuble, fasc. 105, par J. Lafond
- JCl. Notarial Formulaire, V° Vente d'immeuble, fasc. 125, par J. Lafond

Fiche pratique
- Fiche pratique n° 1721 : Rédiger une vente d'immeuble, par M. Suquet-Cozic

Commentaires
- JCl. Notarial Formulaire, V° Habitations à loyer modéré, fasc. 71, par E. Guillet
- JCl. Notarial Formulaire, V° Habitations à loyer modéré, fasc. 100, par J. Hugot et E. Guillet

Revues
- L. Cochet et M. Karpenschif, Un nouvel Elan pour le logement social : JCP A 2019, 2013
- J. Moreau et O. Poindron, Le financement des organismes de logement social dans la loi ELAN : AJDI 2019, p. 24
- Ch. Gijsbers, L'impact de la loi ELAN sur les ventes immobilières : RD imm. 2019, p. 38
- M.-H. Louvel, Loi Elan et vente HLM : aperçu des principales modifications : JCP N 2018, n° 51-52, 1373
- B. Wertenschlag, La loi ELAN et le logement social : AJDI 2019, p. 12

Vente d'un immeuble par une personne publique

4185 **Renvoi** – Se reporter à l'étude spécifique *(V. n° **1360** et s.)*.

Vente de l'immeuble d'un entrepreneur individuel

I. Évolution de la législation relative à l'entrepreneur individuel

4186 **Notion d'entrepreneur individuel** – L'entrepreneur individuel est une personne physique qui, sans avoir recours à une personne morale, exerce une activité professionnelle indépendante. Il s'agit donc des commerçants, des artisans, des agriculteurs ou encore des professions libérales *(JCl. Notarial Formulaire, V° Déclaration d'insaisissabilité, fasc. 10 ou JCl. Entreprise individuelle, fasc. 952, par M. Dagot et C. Lebel)*. Selon les cas, soit une immatriculation sera nécessaire à un registre de publicité légale à caractère professionnel (registre du commerce et des sociétés, registre des métiers etc.) soit une publicité dans un journal d'annonces légales.

- Dans le but de protéger cet entrepreneur, **la loi du n° 2003-721 du 1er août 2003 pour l'initiative économique** avait mis en place une déclaration d'insaisissabilité de ses droits sur sa résidence principale. Cette faculté de déclarer sa résidence principale insaisissable a été étendue, par la loi n° 2008-776 du 4 août 2008, à tout bien foncier bâti ou non bâti non affecté à un usage professionnel. Une tel e déclaration, reçue par notaire à peine de nullité *(C. com., art. L. 526-2)*, empêche donc les créanciers professionnels dont la créance est née postérieurement à la déclaration d'opérer la saisie des biens visés par celle-ci. La loi n° 2010-658 du 15 juin 2010 est allée encore plus loin puisqu'elle permet à tout entrepreneur individuel de diviser son patrimoine en deux, par la création d'un patrimoine affecté à son activité professionnelle. Le patrimoine affecté constituera le gage des créanciers professionnels tandis que le patrimoine personnel sera celui des autres créanciers.
- **La loi n° 2015-990 du 6 août 2015 dite « loi Macron »**, enfin, a instauré une **insaisissabilité de plein droit de la résidence principale de l'entrepreneur individuel**. Désormais, dès lors que l'entrepreneur sera immatriculé à un registre de publicité légale à caractère professionnel ou exercera une activité professionnelle agricole ou indépendante, ses droits sur l'immeuble où est fixée sa résidence principale seront insaisissables par les créanciers professionnels *(C. com., art. L. 526-1)*. Seules les créances professionnelles nées après l'entrée en vigueur de la loi Macron sont concernées par l'insaisissabilité de plein droit. Cette insaisissabilité est donc inopposable aux créances non professionnelles et aux créances professionnelles nées avant le 8 août 2015.

Malgré la possibilité de créer un patrimoine d'affectation et l'insaisissabilité de plein droit de la résidence principale, la déclaration d'insaisissabilité demeure pour les droits sur tout bien foncier, bâti ou non bâti, non affectés à l'usage professionnel de l'entrepreneur et qui ne constituent pas sa résidence principale.

II. Vente de l'immeuble insaisissable

4187 **Immeuble déclaré insaisissable** – Qu'il s'agisse d'un immeuble ayant fait l'objet d'une déclaration d'insaisissabilité ou de la résidence principale de plein droit insaisissable, l'insaisissabilité n'emporte pas inaliénabilité. Aucune atteinte au droit de disposer de l'entrepreneur ne résulte de l'insaisissabilité, ce que l'article L. 526-3 du Code de commerce confirmait en visant la cession des droits immobiliers désignés dans la déclaration d'insaisissabilité. Mais alors que cet article, dans sa version antérieure à la loi du 6 août 2015, prévoyait l'hypothèse de la cession des droits immobiliers désignés dans la déclaration d'insaisissabilité, le nouvel article L. 526-3 du Code de commerce ne vise plus que la cession des droits immobiliers sur la résidence principale. Il ne faut pas en déduire pour autant que la cession est désormais restreinte à la seule résidence principale. Encore une fois, l'insaisissabilité n'emporte pas inaliénabilité et une telle restriction au droit de disposer du propriétaire ne saurait être prévue de manière implicite.

Si la possibilité de céder un immeuble déclaré insaisissable ne fait pas de doute, le remploi prévu par l'article L. 526-3 du Code de commerce n'est désormais plus possible que pour la résidence principale. Antérieurement à la loi du 6 août 2015, il n'était déjà admis que restrictivement puisque le prix obtenu suite à la vente d'un ou plusieurs biens immobiliers ne constituant pas nécessairement la résidence principale devait être utilisé pour l'acquisition de la résidence principale. Désormais, le nouvel alinéa 1er de l'article L. 526-3 du Code de commerce dispose qu'*« en cas de cession des droits immobiliers sur la résidence principale, le prix obtenu demeure insaisissable, sous la condition du remploi dans le délai d'un an des sommes à l'acquisition par la personne mentionnée au*

VENTES ET CLAUSES PARTICULIÈRES

premier alinéa de l'article L. 526-1 d'un immeuble où est fixée sa résidence principale ». Aucun remploi n'est donc plus envisageable pour un immeuble faisant l'objet d'une déclaration d'insaisissabilité.

4188 Résidence principale – Lors de la cession de la résidence principale, l'insaisissabilité de plein droit de celle-ci peut se reporter sur le prix issu de cette cession *sous la condition du remploi dans le délai d'un an des sommes à l'acquisition par la personne mentionnée au premier alinéa de l'article L. 526-1 d'un immeuble où est fixée sa résidence principale (C. com., art. L. 526-3)*. Une part de l'intérêt du remploi a disparu puisqu'il est désormais inutile de vouloir faire reporter l'insaisissabilité bénéficiant à l'ancienne résidence principale sur la nouvelle. Sous cette condition que les créances professionnelles soient nées après l'entrée en vigueur de la loi Macron (8 août 2015), les créanciers ne pourront en effet jamais saisir la résidence principale. Même dans l'hypothèse où un entrepreneur fait l'acquisition d'un immeuble où sa résidence principale va être établie, alors qu'il a utilisé des fonds ne provenant pas de la cession des droits immobiliers sur la précédente résidence principale, aucune saisie par les créanciers ne sera possible en raison de l'insaisissabilité de plein droit de la résidence principale. Mais si une créance professionnelle est née avant l'entrée en vigueur de la loi Macron, l'insaisissabilité de plein droit ne peut jouer et l'entrepreneur qui avait opéré la déclaration d'insaisissabilité avant la naissance de ladite créance aura tout intérêt à faire jouer le remploi.

4189 Remploi – Le remploi demeure également utile pour le prix issu de la vente. Sous la condition du remploi dans le délai d'un an de la cession, le prix sera lui aussi insaisissable par les créanciers professionnels. La loi ne prévoit aucune autre condition mais il est recommandé d'isoler le prix de cession afin d'éviter les confusions avec le reste du patrimoine de l'entrepreneur.

Le prix peut tout à fait être utilisé, à la discrétion de l'entrepreneur, mais l'insaisissabilité ne jouera que si la nouvelle résidence principale est acquise dans le délai d'un an de la vente. Cela soulève la question de l'efficacité d'une saisie du prix de vente pendant le délai d'un an lorsque la nouvelle résidence principale n'a finalement pas été acquise. Une telle saisie ne pouvait produire un quelconque effet, puisque le prix était insaisissable. Mais peut-on considérer que l'effet de la saisie était simplement suspendu pendant ce délai d'un an et qu'elle produira finalement ses effets en cas de défaillance de la condition posée par l'article L. 526-3 du Code de commerce ? Un auteur l'a suggéré mais la réponse est incertaine *(JCl. Notarial Formulaire, V° Déclaration d'insaisissabilité, fasc. 10 ou JCl. Entreprise individuelle, fasc. 952, par M. Dagot et C. Lebel)*.

Remarque À noter que l'entrepreneur pourra *a priori* bénéficier de l'insaisissabilité du prix aussi souvent que l'opération de vente de sa résidence principale en vue de l'acquisition d'une nouvelle sera répétée.

4190 Prix insuffisant pour financer la nouvelle résidence principale – **Pour les créances professionnelles nées avant l'entrée en vigueur de la loi Macron**, une difficulté particulière se pose lorsque le prix issu de l'immeuble déclaré insaisissable est insuffisant pour financer la résidence principale de l'entrepreneur. En effet, l'article L. 526-3, alinéa 2 du Code de commerce, dans sa version antérieure au 8 août 2015, prévoit que *« les droits sur la résidence principale nouvellement acquise restent insaisissables à la hauteur des sommes réemployées à l'égard des créanciers visés au premier alinéa lorsque l'acte d'acquisition contient une déclaration de remploi des fonds »*. Cet alinéa est difficilement compréhensible. Ou l'immeuble est véritablement insaisissable et alors il doit l'être entièrement, ce qui prive cette règle d'intérêt. Ou l'immeuble peut être saisi et liquidé et seule la somme qui correspond au prix ayant fait l'objet du remploi ne pourra pas être saisie. Mais alors, c'est l'insaisissabilité même des droits sur l'immeuble qui est remise en cause. Quelle que soit l'interprétation choisie, il semble bien difficile d'effacer la contradiction émanant de ce texte. Il a ainsi été estimé que « pour limiter, comme l'alinéa 2 de l'article L. 526-3 du Code de commerce l'impose, la portée de l'insaisissabilité, on est nécessairement amené à admettre la saisissabilité de la résidence principale, pour faire reporter le bénéfice de la mesure sur une partie seulement du prix d'adjudication, celle correspondant au remploi » *(JCl. Notarial Formulaire, V° Déclaration d'insaisissabilité, fasc. 10 ou JCl. Entreprise individuelle, fasc. 952, par M. Dagot et C. Lebel)*.

4191 Appréciation – Une autre interprétation peut être avancée, plus respectueuse des intérêts de l'entrepreneur mais aussi plus éloignée de la lettre du texte. La résidence principale nouvellement acquise est insaisissable mais en cas de vente de celle-ci dans le cadre d'un nouveau remploi, le prix de vente ne sera insaisissable qu'à hauteur de la somme remployée initialement. Toutefois, avec une telle interprétation, ce sont les intérêts des créanciers qui sont mis à mal puisqu'à défaut de revente de la nouvelle résidence principale, les créanciers auront connu une diminution potentiellement importante de leur droit de gage (à hauteur de la somme complémentaire nécessaire pour financer l'acquisition de la résidence principale). Il aurait également été possible d'estimer que l'immeuble n'est insaisissable qu'autant que l'entrepreneur peut permettre aux créanciers de se désintéresser sur une somme équivalente à celle qui a été nécessaire, à titre complémentaire, pour financer l'acquisition de la résidence principale.

4192 Créances postérieures à la loi Macron – **Pour les créances professionnelles nées après l'entrée en vigueur de la loi Macron**, ces difficultés ne se retrouvent plus puisque l'alinéa 2 de l'article L. 526-3 du

Code de commerce a été supprimé. Dans la mesure où le nouvel alinéa 1er de l'article L. 526-3 n'évoque que l'insaisissabilité du prix obtenu suite à la cession des droits sur la résidence principale, il faut considérer que les sommes susceptibles d'être utilisées à titre complémentaire par l'entrepreneur pour financer sa nouvelle résidence principale sont parfaitement saisissables tant qu'elles n'ont pas été effectivement utilisées pour ledit financement. La nouvelle résidence principale sera, remploi ou non, de plein droit insaisissable.

4193 Échange – Avant la loi Macron, on pouvait se demander si, dans l'hypothèse d'un échange de l'ancienne résidence principale contre la nouvelle, cette dernière allait bénéficier du report d'insaisissabilité. Dès lors que la créance professionnelle est née après le 8 août 2015, cette question n'a plus d'importance puisque la nouvelle résidence sera de plein droit insaisissable par ces créanciers. Mais dans l'hypothèse où la créance est née avant l'entrée en vigueur de la loi Macron, l'entrepreneur ayant déclaré insaisissable sa résidence principale et ayant procédé à un échange bénéficiera-t-il du remploi ? Il est vrai qu'un échange ne correspond pas à l'opération visée par l'article L. 526-3 du Code de commerce dans sa rédaction antérieure à la loi Macron : cessions des droits immobiliers, obtention d'un prix, remploi du prix à l'acquisition d'une nouvelle résidence. Mais l'entrepreneur procédant à un échange de sa résidence principale mérite sans doute autant d'être protégé que celui procédant à une vente de son bien pour en acheter un autre. La jurisprudence pourrait opter pour une interprétation extensive de l'article L. 526-3 (ancien) dans la mesure où l'échange permettrait de réaliser la subrogation réelle prévue par le texte. Par prudence, il serait toujours possible de procéder à une double vente avec compensation des prix.

4194 Déclaration d'insaisissabilité – Pour les autres immeubles que la résidence principale (ou même à propos de la résidence principale vis-à-vis d'une créance née avant le 8 août 2015), une déclaration notariée d'insaisissabilité doit être opérée pour protéger l'immeuble visé dans la déclaration contre les futurs créanciers professionnels. Cette déclaration contient la description détaillée des biens et l'indication de leur caractère propre, commun ou indivis *(C. com., art. L. 526-2)*. Elle doit être publiée au fichier immobilier ou, dans les départements du Bas-Rhin, du Haut-Rhin et de la Moselle, au livre foncier, pour être opposable aux créanciers *(C. com., art. L. 526-1, al. 2)*.

Depuis la loi Macron, aucun remploi n'est prévu pour un immeuble ayant fait l'objet d'une déclaration d'insaisissabilité.

Pour aller plus loin

- D. Bert, L'insaisissabilité de droit de la résidence principale de l'entrepreneur individuel : une réforme insaisissable ? : RTD com. 2016, p. 241
- L. Firley, La résidence principale de l'entrepreneur individuel et la loi Macron : insaisissabilité ou saisissabilité légale ? : LPA 9 juin 2016, n° 115, p. 7
- C. Lisanti, Déclaration notariée d'insaisissabilité : une protection efficace du patrimoine de l'entrepreneur ? : JCP N 2017, n° 48, 1330

III. Vente de l'immeuble de l'entrepreneur individuel à responsabilité limitée

4195 Présentation – L'article L. 526-6 du Code de commerce permet à tout entrepreneur individuel d'affecter à son activité professionnelle un patrimoine séparé de son patrimoine personnel, sans création d'une personne morale. L'entrepreneur individuel peut ainsi bénéficier de deux patrimoines, le patrimoine affecté à son activité professionnelle et son patrimoine personnel, et même davantage puisqu'il est admis qu'il peut être titulaire de plusieurs patrimoines affectés *(C. com., art. L. 526-6)*.

Le patrimoine affecté est composé d'une part de l'ensemble des biens, droits, obligations ou sûretés dont l'entrepreneur individuel est titulaire, nécessaires à l'exercice de son activité professionnelle. Par « nécessaires », il faut entendre les biens qui, par nature, ne peuvent être utilisés que dans le cadre de cette activité *(C. com., art. R. 526-3-1)*.

4196 Entreprise agricole – Une exception est prévue pour l'entrepreneur individuel exerçant une activité agricole au sens de l'article L. 311-1 du Code rural et de la pêche maritime. En effet, les terres appartenant à ce dernier et utilisées pour l'exercice de son exploitation ne seront pas incluses automatiquement dans le patrimoine affecté, alors même qu'elles sont nécessaires à l'exercice de son activité professionnelle. L'entrepreneur pourra toutefois affecter ses terres à son activité professionnelle ce qui les inclura dans le patrimoine professionnel.

4197 Division de patrimoine – Le patrimoine affecté est composé des biens, droits, obligations ou sûretés dont l'entrepreneur individuel est titulaire, utilisés pour l'exercice de son activité professionnelle et affectés à celle-ci. Le reste des biens de l'entrepreneur compose son patrimoine personnel.

4198 Catégories de créanciers – Le patrimoine d'affectation, lequel existe dès la date du dépôt de la déclaration d'affectation visée à l'article L. 526-7 du Code de commerce, implique de distinguer plusieurs catégories de créanciers *(C. com., art. L. 526-12)* :

- les créanciers dont les droits sont nés antérieurement à la date de dépôt de la déclaration d'affectation, lesquels peuvent saisir les biens composant tant le patrimoine personnel que le patrimoine affecté ;
- les créanciers dont les droits sont nés postérieurement au dépôt et à l'occasion de l'exercice de l'activité professionnelle à laquelle le patrimoine est affecté, lesquels ont pour seul gage général le patrimoine affecté ;
- les autres créanciers dont les droits sont nés postérieurement au dépôt, lesquels ont pour seul gage général le patrimoine non affecté.

La vente d'un immeuble composant le patrimoine personnel d'un entrepreneur individuel à responsabilité limitée ne connaît aucune spécificité liée à son statut. Il en est de même de l'acquisition d'un immeuble ayant vocation à composer le patrimoine personnel. Qu'en est-il de la vente ou de l'acquisition d'un immeuble composant un patrimoine affecté ?

4199 Vente d'un immeuble composant le patrimoine affecté – Les règles relatives à l'entrepreneur individuel à responsabilité limitée n'abordent pas la question d'une vente isolée d'un immeuble composant le patrimoine affecté. On ne saurait déduire de ce silence une restriction du droit de disposer de l'entrepreneur. L'entrepreneur demeure propriétaire des biens composant son patrimoine affecté et on ne voit pas ce qui pourrait justifier une telle atteinte en l'absence d'un texte en ce sens. Cette position est sans doute confortée par la possibilité pour l'entrepreneur de céder à titre onéreux, transmettre à titre gratuit entre vifs ou apporter en société l'intégralité de son patrimoine affecté et en transférer la propriété, sous certaines conditions, sans procéder à sa liquidation *(C. com., art. L. 526-17)*. Qui peut le plus peut le moins.

Cela dit, la vente d'un immeuble composant le patrimoine affecté pourrait faire échapper l'immeuble du gage de certains créanciers professionnels. La situation serait donc peu satisfaisante si le prix reçu par le vendeur, ni nécessaire ni utilisé pour l'exercice de l'activité professionnelle, devait composer le patrimoine personnel. Justement, il faut considérer que le patrimoine d'affectation est une universalité de droit, c'est-à-dire « un ensemble de droits, tant réels que personnels, constituant un actif, lequel actif servira au besoin à répondre d'un passif spécifique » *(W. Dross, Droit des biens : LGDJ, 3e éd., 2017, n° 420)*. Dans la mesure où le patrimoine affecté est composé d'un actif et d'un passif comme en témoigne l'article L. 526-17, III du Code de commerce, et que l'actif répond du passif *(C. com., art. L. 526-12, 1°)*, le patrimoine affecté correspond parfaitement à la définition d'une universalité de droit *(JCl. Sociétés Traité, fasc. 4, par C. Lebel)*. Dès lors, il faudrait considérer que le prix de vente doit remplacer l'immeuble au sein du patrimoine affecté puisqu'il est traditionnellement admis que la subrogation réelle fonctionne dans les universalités *(F. Terré, Ph. Simler, Les biens : Précis Dalloz, 10e éd., 2018, n° 23)*. En réalité, déterminer les domaines dans lesquels la subrogation réelle doit jouer n'est pas aisé et il a été avancé que la subrogation réelle devait être admise « toutes les fois qu'il s'agit de conserver à sa destination la valeur d'un bien soumis à affectation spéciale » *(F. Terré, Ph. Simler, préc.)*. Même en retenant cette proposition doctrinale, il ne fait aucun doute que l'immeuble est affecté à une activité professionnelle et que le prix payé pour cet immeuble devrait connaître la même destination. La subrogation réelle devrait donc jouer dans le cas de la vente d'un immeuble composant le patrimoine affecté.

Attention Au regard de cette dernière proposition, il n'est pas évident que l'immeuble nouvellement acquis avec le prix issu de la précédente vente fasse partie du patrimoine affecté du fait de la subrogation réelle. En effet, il ne s'agit pas alors à proprement parler de « de conserver à sa destination la valeur d'un bien soumis à affectation spéciale ». D'ailleurs, le jeu de la subrogation réelle pourrait conduire à des situations surprenantes, par exemple, la nouvelle résidence principale de l'entrepreneur pourrait être rattachée au patrimoine affecté alors qu'elle n'est ni nécessaire ni même utilisée pour l'exercice de l'activité professionnelle.

4200 Achat d'un immeuble destiné à composer le patrimoine affecté – Si l'immeuble acquis est nécessaire à l'activité professionnelle de l'entrepreneur ou qu'il est utilisé pour l'exercice de cette activité et que l'entrepreneur décide de l'affecter à celle-ci, l'immeuble intégrera le patrimoine affecté.

Plusieurs exigences sont à respecter, comme le dépôt d'une **déclaration complémentaire au registre où est déposée la déclaration** prévue à l'article L. 526-7 du Code de commerce *(C. com., art. L. 526-9)* ou encore une **évaluation du bien**, conformément à l'article L. 526-10 du Code de commerce, si l'immeuble a une valeur supérieure à 30 000 euros *(C. com., art. D. 526-5)*.

Conseil pratique Le notaire, au titre de son devoir de conseil, devra attirer l'attention de l'entrepreneur sur ces exigences et sur les sanctions qui peuvent découler de leur non-respect. Ainsi, l'absence de dépôt d'une déclaration complémentaire au registre où est déposée la déclaration prévue à l'article L. 526-7 du Code de commerce entraîne l'inopposabilité de l'affectation *(C. com., art. L. 526-9, in fine)*.

Pour aller plus loin

Formules
- JCl. Notarial Formulaire, V° Déclaration d'insaisissabilité, fasc. 15, par M. Dagot
- JCl. Notarial Formulaire, V° Entreprise, fasc. 205

Fiches pratiques
- Fiche pratique n° 1681 : Rédiger une déclaration d'insaisissabilité, par A. Arnaud-Emery
- Fiche pratique n° 1709 : Rédiger une déclaration d'affectation de patrimoine, par A. Arnaud-Emery

Commentaires
- JCl. Notarial Formulaire, V° Déclaration d'insaisissabilité, fasc. 10, par M. Dagot et C. Lebel
- JCl. Notarial Formulaire, V° Entreprise, fasc. 200, par E. Dubuisson

Vente entre époux

4201 **Suppression de la prohibition** – Depuis l'entrée en vigueur, le 1er juillet 1986, de la loi n° 85-1372 du 23 décembre 1985, **la vente entre époux n'est plus interdite**. Cette suppression s'inscrit dans le mouvement de libéralisation des contrats entre époux.

4202 **Limites** – Quel que soit le régime des époux, la vente d'un bien propre ou personnel à l'autre époux ne pose pas de difficulté dès lors que le bien acquis demeure un bien propre ou personnel à l'autre époux.

Il en va différemment lorsqu'il s'agit de faire d'un bien propre un bien commun ou d'un bien commun un bien propre. Dans cette hypothèse, la vente entre époux pourrait être contraire au principe d'immutabilité du régime matrimonial, la vente entraînant modification de la qualification du bien.

Peut être invoqué en ce sens un arrêt de la première chambre civile du 21 janvier 1992 qui a précisé que les époux qui peuvent convenir de modifier leur régime matrimonial ou même d'en changer entièrement, peuvent à plus forte raison modifier seulement le statut d'un bien déterminé *(Cass. 1re civ., 21 janv. 1992, n° 90-14.459 : JurisData n° 1992-000081 ; JCP G 1992, I, 3614, G. Wiederkehr ; Bull. civ. I, n° 24 ; RTD civ. 1992, p. 812, obs. B. Vareille)*. En effet, dès lors que la Cour de cassation considère que faire d'un bien propre un bien commun correspond à une modification du régime matrimonial, il en résulte qu'une vente ayant cet effet serait nécessairement contraire au principe d'immutabilité et, par conséquent, nulle.

4203 **Précautions** – Pour éviter des contestations ultérieures, qu'il s'agisse du fisc, des héritiers ou des époux, des précautions doivent être prises :

- les **raisons conduisant les époux à vendre le bien** et à le faire passer d'une masse à une autre sont précisées dans l'acte ;
- le **prix est fixé le plus objectivement possible**. Pour ce faire, si le bien a été acquis de façon récente, le prix d'acquisition peut être pris en considération. Il peut également être procédé à une expertise du bien. Dans celle-ci, l'expert précise les éléments retenus pour la fixation du prix et l'état du bien vendu ;
- il convient également de retenir des **modalités de paiement du prix** permettant d'établir la preuve d'un paiement régulier ;
- **l'origine des deniers** est précisément exposée ;
- une **déclaration d'emploi ou de remploi** est incluse dans l'acte d'acquisition, conformément aux exigences de l'article 1434 du Code civil lorsqu'il s'agit de faire entrer un immeuble commun dans une masse propre.

Conseil pratique Enfin, lorsqu'est en cause la vente d'un immeuble commun pour le faire entrer dans une masse propre ou d'un immeuble propre pour le faire entrer dans la masse commune, une **reconnaissance d'avis donné** est établie après que le notaire ait attiré l'attention des époux sur les risques engendrés par l'opération et les inconvénients en cas de revente du bien. Il est précisé dans celle-ci que les époux ont refusé de procéder par voie de modification du régime matrimonial, permettant seule une sécurité juridique de l'opération souhaitée par les époux.

Pour aller plus loin

Formules

- JCl. Notarial Formulaire, V° Vente d'immeuble, fasc. 235, par J.-F. Pillebout

Fiches pratiques

- Fiche pratique n° 1721 : Rédiger une vente d'immeuble, par M. Suquet-Cozic
- Fiche pratique n° 3111 : Déterminer l'immeuble vendu et les sujétions le grevant au sein de la partie développée de l'acte authentique de vente, par S. Olivier

Commentaires

- JCl. Notarial Formulaire, Synthèse 1440 : Vente d'immeuble : préparation de l'acte, par V. Zalewski-Sicard
- JCl. Notarial Formulaire, V° Vente d'immeuble, fasc. 230, par M. Dagot et J.-F. Pillebout

Revues

- M. Dagot, La vente entre époux : JCP 1987, I, 3272
- G. Goubeaux, La construction édifiée pour partie sur un terrain propre et pour partie sur un terrain commun : Defrénois, 15 nov. 1993, n° 21, p. 1233
- G. Morin, Les ventes entre époux : Defrénois, 30 oct. 1991, n° 20, p. 1089
- J. Picard, La vente entre époux, Les temps modernes de la grande illusion : JCP N 1988, I, 79

Vente à un successible en ligne directe

4204 Renvoi – Se reporter aux études spécifiques *(V. n° **1117** et s. – n° **2360** et s.).*

Forme. Formalités

Vivien Zalewski-Sicard
Maître de conférences, Université Toulouse Capitole, membre de l'IEJUC

Forme. Formalités

Présentation générale

4205 Les formalités sont variées. Elles sont relatives tant à l'acte lui-même, qu'il s'agisse d'un acte authentique *(V. n° **4207** et s.)* ou d'un acte sous signature privée *(V. n° **4252** et s.)*, qu'à la publicité foncière *(V. n° **4319** et s.)* et aux différentes démarches qui doivent être réalisées après la vente. Elles donnent également l'occasion de préciser la rémunération du notaire *(V. n° **4280** et s.)*.

Pour aller plus loin

- Guide des formalités et de la fiscalité des actes notariés, par S. Bérard : éd. LexisNexis 2019
- Guide de la publicité foncière, par J. Lafond, S. Lamiaux, N. Gonzalez-Gharbi : éd. LexisNexis 2019
- Commentaire du tarif des notaires : éd. LexisNexis, publié sous l'égide et pour le compte du Conseil Supérieur du Notariat

Acte authentique

4206 Définition – L'acte authentique n'est pas réellement défini dans le nouvel article 1369 du Code civil. En effet, ce texte précise que l'acte authentique est celui qui a été reçu, avec les solennités requises, par un officier public ayant compétence et qualité pour instrumenter. Il décrit ainsi la procédure permettant d'établir un acte authentique et non l'acte authentique en lui-même.
L'acte authentique peut être défini, en l'opposant à l'acte sous seing privé, comme un acte sous signature publique, l'acte étant établi par un officier public.
Les effets permettent de le caractériser davantage : force probante et force exécutoire sont les atouts de l'acte notarié.

Pour aller plus loin

Formules
- JCl. Notarial Formulaire, V° Acte notarié, fasc. 12, par L. Grynbaum et fasc. 14 et 16, par D. Montoux et J.-F. Pillebout
- JCl. Notarial Formulaire, V° Acte notarié, fasc. 45, par D. Montoux et J.-F. Pillebout
- JCl. Notarial Formulaire, V° Vente d'immeuble, fasc. 105, par J. Lafond

Fiches pratiques
- Fiche pratique n° 3112 : Identifier et désigner l'immeuble vendu au sein de la partie normalisée de l'acte authentique de vente par S. Olivier
- Fiche pratique n° 3111 : Déterminer l'immeuble vendu et les sujétions le grevant au sein de la partie développée de l'acte authentique de vente, par S. Olivier
- Fiche pratique n° 1721 : Rédiger une vente d'immeuble, par M. Suquet-Cozic

Commentaires
- JCl. Notarial Formulaire, Synthèse 20, Acte notarié, caractères, par D. Montoux
- JCl. Notarial Formulaire, Synthèse 30, Acte notarié, rédaction et conservation, par D. Montoux

Revues
- L. Aynès, L'authenticité. Droit, histoire, philosophie, ss dir. : Doc. fr., 2014
- V. Bordas, Réflexions sur le formalisme de l'acte authentique notarié, p. 141, in Formalisme et néoformalisme, ss dir. M. Boudot, M. Faure-Abbad, M. U. Sperandio et D. Veillon : LGDJ&PUJP, 2017
- D. Coiffard, Authenticité et force exécutoire, L'arbre et le fruit : JCP N 2018, n° 6, 1096
- C. Gijsbers, La place de l'acte authentique dans la réforme du droit des obligations : JCP N 2017, n° 17, 1163
- O. Herrnberger, Pourquoi parle-t-on encore d'acte « authentique » ? : JCP N 2018, n° 49, act. 917
- L. Mauger-Vielpeau, Où en est la vente notariale interactive ? : JCP N 2018, n° 38, 1282
- O. Vix, Acter à distance, une (r)évolution dans l'air du temps : JCP N 2018, n° 48, act. 902
- X. Vuitton et A. Aynès, Droit de la preuve. Principes et mise en œuvre processuelle : LexisNexis, 2e éd., 2017

I. Acte authentique de vente d'immeuble

4207 Option – Si l'acte authentique ne peut être réduit aux actes notariés, pour autant, lorsqu'il s'agit de procéder à la vente d'un immeuble, l'acte authentique ne pourra correspondre qu'à deux types d'acte : un acte notarié ou un acte administratif. En effet, si la vente d'immeuble n'est pas un contrat solennel, pour autant, elle doit obligatoirement être publiée. Or, cette publication ne peut pas être réalisée si l'acte a été établi sous seing privé, même déposé au rang des minutes d'un notaire. En effet, ainsi que le précise l'article 710-1 du Code civil, tout acte ou droit doit, pour donner lieu aux formalités de publicité foncière, résulter d'un acte reçu en la forme authentique par un notaire exerçant en France, d'une décision juridictionnelle ou d'un acte authentique émanant d'une autorité administrative.

1° Acte authentique notarié

4208 L'acte authentique notarié est sans surprise l'acte authentique dressé par un notaire. Lorsqu'il s'agit de réaliser la vente d'un immeuble, seul un notaire peut établir un acte authentique de vente, ainsi qu'il résulte de l'article 710-1 du Code civil, pour que celui-ci puisse être publié.
Le notaire, lorsqu'il reçoit ainsi un acte, va en vérifier le contenu, le dresser, le contrôler et le conserver.

2° Acte administratif

4209 L'État, les collectivités territoriales et leurs groupements, ainsi que les établissements publics ont qualité pour passer en la forme administrative leurs actes d'acquisition d'immeubles et de droits réels immobiliers ou de fonds de commerce. Ces personnes publiques peuvent également procéder à ces acquisitions par acte notarié *(CGPPP, art. L. 1212-1)*. Il y a lieu ensuite de distinguer quelle personne publique procède à l'acquisition pour déterminer l'autorité compétente sachant que quelle que soit celle-ci, elle confère à l'acte d'acquisition l'authenticité en vue de sa publication au fichier immobilier.

4210 **Acte d'acquisition de l'État** – Les actes authentiques de l'État sont reçus par les préfets. Ils en assurent la conservation.

4211 **Acte d'acquisition d'un établissement public de l'État** – Les actes d'acquisition d'un établissement public de l'État peuvent être signés par les autorités de ces établissements dès lors qu'elles sont habilitées par les statuts de ceux-ci à signer les actes d'acquisitions immobilières passées en la forme administrative. Lesdites autorités reçoivent alors les actes et en assurent la conservation.

4212 **Acte d'acquisition par une collectivité territoriale, l'un de ses groupements ou l'un de ses établissements publics** – Les maires, les présidents des conseils départementaux et les présidents des conseils régionaux, les présidents des établissements publics rattachés à une collectivité territoriale ou regroupant ces collectivités et les présidents des syndicats mixtes sont habilités à recevoir et à authentifier, en vue de leur publication au fichier immobilier, les actes concernant les droits réels immobiliers. La collectivité territoriale ou l'établissement public parties à l'acte sont représentés, lors de la signature de l'acte, par un adjoint ou un vice-président dans l'ordre de leur nomination *(CGCT, art. L. 1311-13 et L. 2122-21 7°*, pour les communes. – *CGCT, art. R. 3213-1*, pour les départements. – *CGCT, art. L. 4231-1*, pour les régions*)*.

4213 **Acte d'acquisition par une collectivité territoriale des départements de la Moselle, du Bas-Rhin et du Haut-Rhin, l'un de ses groupements ou l'un de ses établissements publics** – Les maires des communes et les présidents des conseils départementaux des départements de la Moselle, du Bas-Rhin et du Haut-Rhin, les présidents des établissements publics rattachés à une collectivité territoriale ou regroupant ces collectivités et les présidents des syndicats mixtes qui ont leur siège dans ces départements, le président du conseil régional d'Alsace ainsi que le président du conseil régional de Lorraine pour les actes soumis à publication dans le département de la Moselle sont habilités à recevoir et à authentifier, en vue de leur publication au livre foncier, les actes concernant les droits réels immobiliers *(CGCT, art. L. 1311-14)*.

II. Acte notarié de vente d'immeuble

4214 L'acte notarié de vente d'immeuble doit tout d'abord être établi. Une fois établi, l'acte notarié de vente d'immeuble présente une force probante particulière, il a force exécutoire et date certaine. Il doit être conservé par le notaire.

A. – ÉTABLISSEMENT DE L'ACTE

4215 Pour l'établissement de l'acte, il y a tout d'abord lieu d'effectuer le choix du notaire devant intervenir à l'acte. Sauf exceptions, ce choix n'est limité ni par la compétence d'attribution ni par la compétence territoriale du notaire, dès lors que l'acte est passé en France. Il existe toutefois des incapacités dont il y a lieu de tenir compte. Le notaire retenu va recevoir l'acte. Le contenu de celui-ci doit respecter certaines exigences pour pouvoir être publié. Il doit également être signé, sachant que ledit acte peut être un acte électronique.

1° Choix du notaire

4216 **Principe du libre choix** – Toute personne physique ou morale de droit privé ou de droit public a le libre choix de son notaire.

4217 **Incapacité d'instrumenter** – Les notaires ne peuvent recevoir des actes dans lesquels leurs parents ou alliés, en ligne directe, à tous les degrés, et en ligne collatérale jusqu'au degré d'oncle ou de neveu inclusivement, sont parties, ou qui contiennent quelque disposition en leur faveur.
Les notaires associés des sociétés suivantes ne peuvent recevoir des actes dans lesquels l'un d'entre eux ou les parents ou alliés de ce dernier au degré prohibé par l'alinéa précédent sont parties ou intéressés :
– une société titulaire d'un office notarial ;
– une société de notaires ;

- une société en participation de notaires ;
- une société de participations financières de profession libérale de notaires ;
- une société de participations financières pluri-professionnelle ayant notamment pour objet la détention de parts ou d'actions de sociétés ayant elles-mêmes pour objet l'exercice de la profession de notaire *(D. n° 71-941, 26 nov. 1971, art. 2)*.

En cas de violation de cette incapacité, l'acte dressé n'est pas authentique et ne vaut pas titre exécutoire *(Cass. 1re civ., 31 oct. 2012, n° 11-25.789 : JurisData n° 2012-024374 ; JCP N 2012, n° 46, act. 974 ; JCP N 2013, n° 13, 1065, note É. Meiller ; Bull. civ. I, n° 223)*. Il vaut alors comme écrit sous signature privée, s'il a été signé par les parties *(C. civ., art. 1370)*.

4218 Interdictions du règlement national – Reprenant diverses dispositions du décret n° 45-0117 de 19 décembre 1945, le règlement national du 22 mai 2018 rappelle qu'il est interdit au notaire :
- de réaliser des démarches tendant à détourner le client du choix qu'il a fait d'un notaire ou bien encore de tirer profit de manœuvres extérieures qui auraient pour résultat de détourner le choix des parties ;
- de rémunérer de ses deniers personnels ou de ceux de la société dont il est membre, ou par quelque moyen que ce soit, les membres d'autres professions avec lesquels il collabore, ou recevoir de ceux-ci une rémunération ou un avantage direct ou indirect ;
- de réaliser une publicité à caractère personnel ;
- de prêter son nom à un confrère ;
- de recevoir sans y prêter une particulière attention les actes préparés par ses confrères intéressant directement ceux-ci ou les membres de leur famille ;
- de se prévaloir du choix ou de l'indication qui aurait été faite de quelque manière que ce soit de sa personne, par d'autres que les parties contractantes, pour recevoir au détriment de ses confrères, notaires de ces parties, des actes qui aux termes du présent règlement se trouveraient ne pas lui appartenir ;
- de faire des démarches auprès des clients d'un autre office à l'occasion d'une affaire quelconque sans s'adresser préalablement à son confrère.

Sans préjudice des poursuites disciplinaires, le notaire qui a reçu un acte en infraction au règlement national est tenu d'en verser les émoluments au notaire qui avait qualité pour le recevoir.

4219 Acte nécessitant le concours de deux notaires – Deux notaires parents ou alliés au degré prohibé par l'article 2 du décret n° 71-941 du 26 novembre 1971 ou membres de la même société civile professionnelle ne peuvent recevoir ensemble un acte nécessitant le concours de deux notaires.

4220 Témoins – Les parents et alliés soit du notaire, soit de l'associé du notaire, soit des parties contractantes, au degré prohibé par l'article 2 du décret n° 71-941 du décret du 26 novembre 1971, leurs clercs et leurs employés ne peuvent être témoins *(D. n° 71-941, 26 nov. 1971, art. 3, al. 2)*.

4221 Pluralité de notaires – Chaque partie peut souhaiter être assistée par « son notaire ». En ce cas, chaque notaire est tenu d'exécuter son devoir de conseil envers toutes les parties ; le notaire rédacteur de l'acte ne peut s'en dispenser sous prétexte que l'une des parties est assistée par un autre notaire *(Cass. 1re civ., 26 nov. 1996, n° 94-13.989 : JurisData n° 1996-004477 ; JCP N 1997, n° 15, p. 537 ; Bull. civ. I, n° 418. – Cass. 3e civ., 28 nov. 2007, n° 06-17.758 : JurisData n° 2007-041625 ; JCP N 2007, n° 50, act. 814 ; Bull. civ. III, n° 213)*.

Par ailleurs, tout notaire désigné par un tiers ou choisi par une collectivité publique, un établissement public ou un organisme financier doit faire connaître à l'avance aux parties à l'acte qu'ils sont en droit d'être assistés par un notaire de leur choix, sans qu'il en résulte une augmentation des frais et des émoluments, et ce, pour s'abstenir de tirer avantage de sa situation au détriment de ses confrères.

Le concours doit être distingué de la participation :
- dans le cadre du **concours**, le notaire intervient à la réception de l'acte, mais la minute en est attribuée à un autre notaire ;
- dans le cadre d'une participation, le notaire intervient lors de l'établissement de l'acte mais ne le reçoit pas.

Le concours, tout comme la **participation** d'un second notaire, donnent droit au partage d'émoluments et d'honoraires. Le second notaire peut également demander à son client la prise en charge de ses débours.

4222 Détermination du notaire instrumentaire – Lorsque plusieurs notaires interviennent à l'occasion de la rédaction d'un acte de vente immobilière, un seul aura le rôle de notaire instrumentaire. Les parties peuvent désigner elle-même celui-ci. À défaut d'accord et de décision de justice, le notaire instrumentaire sera celui que désignent les règlements des notaires. Parmi les critères pris en compte, apparaissent le lieu d'implantation de l'office, la situation géographique de l'immeuble, etc. Si les règlements des chambres ou des cours ne prévoient rien, c'est alors au regard du règlement intercours qu'il y aura lieu de déterminer le notaire instrumentaire *(règl., 22 mai 2018, art. 59 à 66)* :
- lorsque **l'avant-contrat de vente** est établi par acte authentique ou sous seing privé, le soin de le rédiger est confié au notaire choisi par le vendeur ;

- pour une **vente de gré à gré**, la minute de la vente appartient au notaire choisi par l'acquéreur, à moins que le bien vendu soit situé dans le ressort de la cour d'appel dans lequel est établi l'office du notaire choisi par le vendeur ou dans le ressort d'un tribunal de grande instance limitrophe de celui où est établi son office, auquel cas la minute appartient au notaire choisi par le vendeur. Toutefois, si le bien vendu est situé dans le ressort de la cour d'appel dans lequel est établi l'office du notaire choisi par l'acquéreur ou dans le ressort d'un tribunal de grande instance limitrophe de celui où est établi son office, la minute revient au notaire choisi par l'acquéreur ;
- pour une **vente amiable après négociation**, le notaire qui a reçu le mandat de négocier sera fondé à retenir la minute de la vente, sans pour autant exclure le concours ou la participation du notaire choisi par l'acquéreur. Toute clause contraire est réputée non écrite ;
- pour une **vente amiable suite à une tentative infructueuse d'adjudication**, pendant un délai de 6 mois, le notaire détenteur de la minute du cahier des charges est fondé à retenir la minute de la vente ; mais à condition d'être resté le notaire choisi par l'un au moins des vendeurs. Cette règle s'applique également si la vente de gré à gré est réalisée avant l'adjudication, mais postérieurement à l'apposition des affiches ou publication des insertions indiquant le jour de l'adjudication ;
- pour une **vente après division**, le notaire détenteur de la minute de l'acte constitutif de la division d'un immeuble non bâti, bâti ou à bâtir, en ce compris les divisions en volumes et les ZAC, retient pendant 10 ans à compter de cet acte, la minute de la première vente de chacun des divers lots, à la condition d'être le notaire choisi par au moins l'un des vendeurs. Ne sont pas considérées comme actes constitutifs de la division d'un immeuble, les autorisations administratives de division. Toutefois si, postérieurement à l'établissement de l'acte constatant la division, il a reçu l'acte de partage de l'immeuble, ce droit préférentiel à l'attribution de la minute de la première vente ne lui appartient plus.

Pour aller plus loin

- T. Delegrange, Le nouveau règlement national – règlement inter-cours : JCP N 2018, n° 25, act. 551

2° Compétence du notaire

4223 Compétence d'attribution – La compétence d'attribution est générale puisque les notaires peuvent recevoir tous les actes et contrats auxquels les parties doivent ou veulent faire donner le caractère d'authenticité attaché aux actes de l'autorité publique *(Ord. n° 45-2590, 2 nov. 1945, art. 1er)*.

Ils ne peuvent toutefois recevoir les actes pour lesquels il existe une incapacité d'instrumenter, notamment lorsque l'acte devant être reçu contient une disposition en leur faveur *(D. n° 71-941, 26 nov. 1971, art. 2)*.

4224 Compétence territoriale – Les notaires exercent leurs fonctions sur l'ensemble du territoire national, à l'exclusion de la Nouvelle-Calédonie, de la Polynésie française et des îles Wallis et Futuna *(D. n° 71-942, 26 nov. 1971, art. 8)*. Ils peuvent ainsi passer tout acte en France, cela y compris sur des immeubles situés hors de France. Il convient toutefois de prendre en compte que :

- **tout acte reçu en dehors du territoire** où les notaires sont autorisés à instrumenter est nul s'il n'est pas revêtu de la signature de toutes les parties ; lorsque l'acte est revêtu de la signature de toutes les parties contractantes, il ne vaut que comme écrit sous signature privée ;
- les notaires ne peuvent établir, **hors du ressort de la cour d'appel** dans lequel l'étude est établie ou du ressort des tribunaux de grande instance limitrophes de celui dans le ressort duquel est établi l'office, des actes constituant la première mutation à titre onéreux de biens immobiliers ou la première cession de parts ou actions à titre onéreux d'une société d'attribution après un état descriptif de division ou un arrêté de lotissement.

Pour aller plus loin

Formules
- JCl. Notarial Formulaire, V° Acte notarié, fasc. 45, par D. Montoux et J.-F. Pillebout
- JCl. Notarial Formulaire, V° Vente d'immeuble, fasc. 105, par J. Lafond

Fiches pratiques
- Fiche pratique n° 3112 : Identifier et désigner l'immeuble vendu au sein de la partie normalisée de l'acte authentique de vente par S. Olivier
- Fiche pratique n° 3111 : Déterminer l'immeuble vendu et les sujétions le grevant au sein de la partie développée de l'acte authentique de vente, par S. Olivier
- Fiche pratique n° 1721 : Rédiger une vente d'immeuble, par M. Suquet-Cozic

Commentaires
- JCl. Notarial Formulaire, Synthèse 1470, Vente d'immeuble, bien vendu
- JCl. Notarial Formulaire, Synthèse 1480, Vente d'immeuble, paiement du prix
- JCl. Notarial Formulaire, Synthèse 1500, Vente d'immeuble, charges et conditions, par V. Zalewski-Sicard
- JCl. Notarial Formulaire, V° Acte notarié, fasc. 30 et 32, par D. Montoux et J.-F. Pillebout

3° Réception de l'acte

4225 Réception par un notaire – L'acte de vente doit être reçu par un notaire, c'est-à-dire qu'il doit être lu et signé en sa présence. Il est à souligner que dans une telle hypothèse, l'acte est dispensé de toute mention manuscrite exigée par la loi *(C. civ., art. 1369, al. 3)*.
La réception par un seul notaire est, en principe, suffisante. Il en va toutefois différemment lorsque l'une des parties ne sait ou ne peut signer. En ce cas, l'acte est soumis à la signature d'un second notaire ou de deux témoins *(L. 25 ventôse an XI ou 16 mars 1803, art. 9, 3°)*.

4226 Réception par un clerc habilité – L'article 10 de la loi du 25 ventôse an XI (16 mars 1803) prévoyait que le notaire pouvait habiliter un ou plusieurs de ses clercs assermentés à l'effet de donner lecture des actes et des lois et recueillir les signatures des parties. Les actes ainsi dressés ont le caractère d'actes authentiques à compter de leur signature par le notaire, notamment en ce qui concerne les énonciations relatives aux constatations et formalités effectuées par le clerc assermenté.
La possibilité de recourir à un **clerc assermenté** a été abrogée par l'article 53, V, de la loi n° 2015-990 du 6 août 2015. À titre transitoire, il a toutefois été prévu que sauf révocation, les habilitations conférées avant le 1er janvier 2015 continuent à produire leurs effets jusqu'au 31 décembre 2020.

4° Contenu de l'acte

4227 L'acte authentique est celui qui a été reçu, avec les solennités requises *(C. civ., art. 1369, al. 1)*. Ces solennités, pour l'acte notarié, sont précisées par le décret n° 71-941 du 26 novembre 1971.

a) Dispositions communes

4228 L'acte de vente, comme tout acte notarié, doit contenir plusieurs éléments :
- le nom et le lieu d'établissement du notaire qui le reçoit ;
- les nom et domicile des témoins s'il y en a ;
- le lieu où l'acte est passé ;
- la date à laquelle est apposée chaque signature ;
- les noms, prénoms et domicile des parties et de tous les signataires de l'acte ;
- la mention qu'il a été lu par les parties ou que lecture leur en a été donnée.

Il y a lieu également de respecter certaines règles :
- les sommes sont énoncées en lettres à moins qu'elles ne constituent le terme ou le résultat d'une opération ou qu'elles ne soient répétées ;
- la date à laquelle l'acte est signé par le notaire doit être énoncée en lettres ;
- les abréviations sont autorisées dans la mesure où leur signification est précisée au moins une fois dans l'acte ;
- l'acte du notaire doit être établi de façon lisible ;
- l'acte est écrit en un seul et même contexte, sans blanc, sauf toutefois ceux qui constituent les intervalles normaux séparant paragraphes et alinéas et ceux nécessités par l'utilisation des procédés de reproduction ;
- l'acte doit être signé par les parties, les témoins et le notaire.

b) Dispositions relatives aux actes sur support papier

4229 Lorsque l'acte de vente est établi sur support papier, il convient que :
- le texte soit indélébile ;
- la qualité du papier offre toute garantie de conservation ;
- les signatures et paraphes qui y sont apposés soient indélébiles ;
- chaque page de texte soit numérotée ;
- le nombre de pages soit indiqué à la fin de l'acte ;
- il n'y ait ni surcharge ni interligne ni addition dans le corps de l'acte. Dans le cas contraire, les mots et les chiffres surchargés, interlignés ou ajoutés sont nuls :
- les blancs nécessités par l'utilisation des procédés de reproduction soient barrés ;
- le nombre de blancs barrés, celui des mots et des nombres rayés soient mentionnés à la fin de l'acte. Cette mention est paraphée par le notaire et les autres signataires de l'acte ;

- les renvois soient portés soit en marge, soit au bas de la page, soit à la fin de l'acte. Les renvois portés en marge ou au bas de la page doivent être, à peine de nullité, paraphés par le notaire et les autres signataires de l'acte. Les renvois portés à la fin de l'acte sont numérotés. S'ils précèdent les signatures il n'y a pas lieu de les parapher ;
- chaque feuille soit paraphée par le notaire et les signataires de l'acte sous peine de nullité des feuilles non paraphées. Toutefois, si les feuilles de l'acte et, le cas échéant, de ses annexes sont, lors de la signature par les parties, réunies par un procédé empêchant toute substitution ou addition, il n'y a pas lieu de les parapher ; il n'y a pas lieu non plus d'apposer sur les annexes la mention prevue au premier alinéa de l'article 22 c'est-à-dire une mention constatant cette annexe et signée du notaire.

c) Dispositions relatives aux actes sur support électronique

4230 L'acte authentique de vente peut être établi sur support électronique dès lors qu'il est établi et conservé conformément aux exigences du décret n° 71-941 du 26 novembre 1971 relatif aux actes établis par les notaires *(C. civ., art. 1369, al. 2)*.
Relativement à l'acte de vente authentique sur support électronique, il y a lieu de respecter les exigences suivantes :
- l'acte doit être signé par le notaire, les parties et les témoins *(sur les modalités, V. n° 4237)* ;
- lorsque l'acte doit contenir une mention manuscrite émanant d'une personne qui y concourt, le notaire énonce que la mention a été apposée dans le respect des conditions prévues au second alinéa de l'article 1174 du Code civil ;
- il ne doit y avoir ni surcharge, interligne, ou addition, ce à peine de nullité de ceux-ci ;
- les renvois sont portés en fin d'acte et précèdent la signature ;
- lorsqu'une partie ou toute autre personne concourant à un acte n'est ni presente ni représentée devant le notaire instrumentaire, son consentement ou sa déclaration est recueilli par un autre notaire devant lequel elle comparaît et qui participe à l'établissement de l'acte. Cet acte porte la mention de ce qu'il a été ainsi établi. L'échange des informations nécessaires à l'établissement de l'acte s'effectue au moyen du système de transmission de l'information agréé par le Conseil supérieur du notariat. Chacun des notaires recueille le consentement et la signature de la partie ou de la personne concourant à l'acte puis y appose sa propre signature (*O. Vix, Acter à distance, une (r)évolution dans l'air du temps : JCP N 2018, n° 48, act. 902*).

d) Annexes

4231 Mention – L'acte notarié porte mention des documents qui lui sont annexés.

4232 Procuration – Les procurations sont annexées à l'acte à moins qu'elles ne soient déposées aux minutes du notaire rédacteur de l'acte. Dans ce cas, il est fait mention dans l'acte du dépôt de la procuration au rang des minutes.
Relativement à cette obligation d'annexer les procurations ou de les déposer aux minutes du notaire, la Cour de cassation a précisé que sa violation n'a pas pour effet de faire perdre à l'acte son caractère authentique, partant son caractère exécutoire *(Cass. ch. mixte, 21 déc. 2012, n° 11-28.688 : JurisData n° 2012-030210. – Cass. ch. mixte, 21 déc. 2012, n° 12-15.063 : JurisData n° 2012-030211 : JCP N 2013, n° 1-2, act. 125)*.

4233 Annexes à un support papier – Lorsque l'acte est établi sur support papier, les pièces annexées à l'acte sont revêtues d'une mention constatant cette annexe et signée du notaire. Il n'est pas nécessaire que chaque feuille des annexes soit paraphée par le notaire *(Cass. 1re civ., 1er mars 2017, n° 15-28.432)*.

4234 Annexes à un support électronique – Lorsque l'acte est établi sur support électronique, les pièces annexées sont indissociablement liées à l'acte auquel elles se rapportent. La signature électronique du notaire en fin d'acte vaut également pour ses annexes.

5° Signature de l'acte

4235 Exigence commune – Les actes sont signés par les parties, les témoins et le notaire. Il est fait mention, à la fin de l'acte, de la signature des parties, des témoins et du notaire. Quand les parties ne savent ou ne peuvent signer, leur déclaration à cet égard doit être mentionnée à la fin de l'acte.

4236 Acte sur support papier – L'acte doit être signé par le notaire. Cette signature doit être indélébile. Par ailleurs, des paraphes s'avèrent nécessaires sur chaque feuille mais aussi en présence de blancs, de mots ou de nombres barrés, de renvois.

4237 Acte électronique – Lorsque l'acte est établi sur support électronique, l'acte doit être signé par le notaire au moyen d'un procédé de signature électronique sécurisée conforme aux exigences du décret n° 2017-1416 du 28 septembre 2017 relatif à la signature électronique. Cette signature est apposée par le notaire dès l'acte établi, si besoin après réunion des annexes à l'acte.

Pour leur signature, les parties et les témoins doivent utiliser un procédé permettant l'apposition sur l'acte notarié, visible à l'écran, de l'image de leur signature manuscrite.
L'acte est parfait lorsque le notaire instrumentaire y appose sa signature électronique sécurisée (*O. Vix, Acter à distance, une (r)évolution dans l'air du temps : JCP N 2018, n° 48, act. 902*).

4238 **Effet de la signature de l'acte par le notaire** – La signature de l'acte par le notaire confère à cet acte l'authenticité *(C. civ., art. 1367)*.

4239 **Absence de signature** – L'absence de signature par l'une des parties constitue un vice de forme infectant l'acte notarié de nullité absolue *(Cass. 1re civ., 12 juill. 2007, n° 06-10.362 : JurisData n° 2007-040110 : JCP N 2017, n° 30-34, act. 543 ; Bull. civ. I, n° 267)*. Pour autant, dès lors que l'authenticité n'est pas une condition de validité de la vente, sauf volonté contraire des parties, la nullité de l'acte authentique ne s'étend pas à l'acte juridique dont il est le support. L'acte dressé constitue alors un commencement de preuve par écrit, susceptible d'être complété par des éléments extrinsèques, permettant d'établir l'existence de la vente *(Cass. 1re civ., 28 oct. 2003, n° 01-02.654 : JurisData n° 2003-020631 ; JCP N 2004, n° 37, 1414, obs. J. Casey ; Defrénois 2004, art. 37894, obs. R. Libchaber ; Bull. civ. III, n° 216)*.

Pour aller plus loin

Formules
- JCl. Notarial Formulaire, V° Acte notarié, fasc. 45, par D. Montoux et J.-F. Pillebout
- JCl. Notarial Formulaire, V° Vente d'immeuble, fasc. 105, par J. Lafond

Fiches pratiques
- Fiche pratique n° 3112 : Identifier et désigner l'immeuble vendu au sein de la partie normalisée de l'acte authentique de vente par S. Olivier
- Fiche pratique n° 3111 : Déterminer l'immeuble vendu et les sujétions le grevant au sein de la partie développée de l'acte authentique de vente, par S. Olivier
- Fiche pratique n° 1721 : Rédiger une vente d'immeuble, par M. Suquet-Cozic

Commentaires
- JCl. Notarial Formulaire, Synthèse 1470, Vente d'immeuble, bien vendu, par V. Zalewski-Sicard
- JCl. Notarial Formulaire, Synthèse 1480, Vente d'immeuble, paiement du prix, par V. Zalewski-Sicard
- JCl. Notarial Formulaire, Synthèse 1500, Vente d'immeuble, charges et conditions, par V. Zalewski-Sicard
- JCl. Notarial Formulaire, V° Acte notarié, fasc. 30 et 32, par D. Montoux et J.-F. Pillebout

B. – FORCE PROBANTE DE L'ACTE

4240 L'acte authentique fait foi jusqu'à inscription de faux de ce que le notaire doit avoir personnellement accompli ou constaté *(C. civ., art. 1371)*. En cas de contestation quant au contenu de l'acte, la procédure diffère suivant qu'il s'agit de contester des faits personnellement constatés par le notaire ou des faits que le notaire n'a pas personnellement constatés.

4241 **Faits que le notaire a personnellement constatés** – Lorsque la contestation porte sur des faits personnellement constatés par le notaire, c'est la procédure de l'inscription de faux qui doit être suivie, telle qu'elle est décrite aux articles 303 et suivants du Code de procédure civile. Il appartient à celui qui s'est inscrit en faux contre un acte authentique d'établir l'inexactitude des énonciations litigieuses qu'il comporte *(Cass. 1re civ., 19 déc. 2006 : JurisData n° 2006-036609 ; JCP G 2017, IV, 1214 ; Bull. civ. I, n° 555)*.
Une telle action ne doit pas être introduite à la légère, ne serait-ce parce que le demandeur en faux qui succombe est condamné à une amende civile d'un maximum de 10 000 € sans préjudice des dommages-intérêts qui seraient réclamés *(CPC, art. 305)*.

4242 **Faits que le notaire n'a pas personnellement constatés** – Lorsque la contestation porte sur des faits non personnellement constatés par le notaire, la procédure d'inscription de faux n'a pas à être respectée. Il en est ainsi, de la consistance des biens vendus figurant dans un acte notarié qui est un fait qui n'est pas personnellement constaté par le notaire et qui fait donc foi simplement jusqu'à preuve contraire *(Cass. 3e civ., 3 mars 1993, n° 91-12.341)*. De même, la quittance d'une somme payée en dehors de la comptabilité du notaire ne fait foi que jusqu'à preuve contraire *(Cass. 3e civ., 10 mars 2016, n° 14-29.762, F-D : JurisData n° 2016-004831 ; JCP N 2016, n° 12, act. 416)*.

C. – FORCE EXÉCUTOIRE DE L'ACTE

4243 Les actes notariés font foi en justice et sont exécutoires dans toute l'étendue de la République. Il est donc possible à celui qui s'en prévaut d'en obtenir exécution, si nécessaire avec l'aide de la force publique, sans qu'un jugement préalable soit nécessaire *(CPC, art. L. 111-3)*.

Néanmoins, en cas de plainte en faux principal, l'exécution de l'acte argué de faux sera suspendue ; en cas d'inscription de faux faite incidemment, les tribunaux pourront, suivant la gravité des circonstances, suspendre provisoirement l'exécution de l'acte.

En principe, les irrégularités de fond ou de forme font perdre à l'acte son caractère authentique *(C. civ., art. 1370)* et donc sa force exécutoire.

Il n'en va toutefois pas ainsi lorsque le notaire a manqué à l'obligation d'annexer les procurations ou de les déposer au rang de ses minutes, la Cour de cassation ayant précisé que sa violation n'a pas pour effet de faire perdre à l'acte son caractère authentique, partant son caractère exécutoire *(Cass. ch. mixte, 21 déc. 2012, n° 11-28.688 : JurisData n° 2012-030210. - Cass. ch. mixte, 21 déc. 2012, n° 12-15.063 : JurisData n° 2012-030211 : JCP N 2013, n° 1-2, act. 125 et 126.* - Dans le même sens, *Cass. 1re civ., 11 mars 2014, n° 13-15.052 : JurisData n° 2014-004691 ; JCP N 2014, n° 13, act. 444. - Cass. 1re civ., 15 janv. 2015, n° 13-24.775 : JurisData n° 2015-000823 ; JCP N 2015, n° 5, act. 210)*. De même, l'irrégularité affectant l'acte dépourvu du sceau du notaire ne relève pas des défauts de forme que l'article 1370 du Code civil sanctionne par la perte du caractère authentique et partant, exécutoire, de cet acte, lesquels s'entendent de l'inobservation des formalités requises pour l'authentification par l'article 41 du décret du 26 novembre 1971 *(Cass. 2e civ., 1er févr. 2018, n° 16-25.097, P+B : JurisData n° 2018-001018 – V. Zalewski-Sicard, Absence de sceau : l'authenticité préservée : Lexis360 Notaires, 12 mars 2018)*.
Autrement dit, seules les solennités inhérentes à l'authenticité font perdre à l'acte son caractère authentique.

Pour aller plus loin

• D. Coiffard, Authenticité et force exécutoire. L'arbre et le fruit : JCP N 2018, n° 6, 1096

D. – DATE CERTAINE DE L'ACTE

4244 Un acte authentique, contrairement à un acte sous seing privé *(C. civ., art. 1377)*, fait foi de sa date vis-à-vis des tiers dès son établissement *(Cass. 3e civ., 14 avr. 2010, n° 06-17.347 : JurisData n° 2010-003921 ; JCP N 2010, n° 18, act. 389 ; Bull. civ. III, n° 87)*.

Pour aller plus loin

Formules
• JCl. Notarial Formulaire, V° Acte notarié, fasc. 45, par D. Montoux et J.-F. Pillebout
• JCl. Notarial Formulaire, V° Vente d'immeuble, fasc. 105, par J. Lafond

Fiches pratiques
• Fiche pratique n° 1721 : Rédiger une vente d'immeuble, par M. Suquet-Cozic
• Fiche pratique n° 3112 : Identifier et désigner l'immeuble vendu au sein de la partie normalisée de l'acte authentique de vente par S. Olivier
• Fiche pratique n° 3111 : Déterminer l'immeuble vendu et les sujétions le grevant au sein de la partie développée de l'acte authentique de vente, par S. Olivier
Fiche pratique n° 1721 : Rédiger une vente d'immeuble, par M. Suquet-Cozic

Commentaires
• JCl. Notarial Formulaire, Synthèse 20, Acte notarié, caractères, par D. Montoux
• JCl. Notarial Formulaire, Synthèse 30, Acte notarié, rédaction, conservation, par D. Montoux.
• JCl. Notarial Formulaire, V° Acte notarié, fasc. 16, par D. Montoux et J.-F. Pillebout

Revues
• D. Coiffard, Authenticité et force exécutoire. L'arbre et le fruit : JCP N 2018, n° 6, 1096

E. – SORT DE L'ACTE

1° Conservation de l'acte

4245 Minutes des ventes – Les notaires sont tenus de garder minute de tous les actes qu'ils reçoivent, à l'exception de ceux qui d'après la loi peuvent être délivrés en brevet, notamment les certificats de vie, procurations, actes de notoriété, quittances de fermages, de loyers, de salaires, arrérages de pensions et rentes.

4246 Vente sur support électronique – L'acte notarié dressé sur support électronique est enregistré pour sa conservation dans un minutier central dès son établissement par le notaire instrumentaire. Ce dernier, ou le notaire qui le détient, en conserve l'accès exclusif *(D. n° 71-941, 26 nov. 1971, art. 28, al. 2 et 3)*.

2° Délivrance de copies de l'acte

4247 Notaire détenteur de la minute – Le droit de délivrer des copies exécutoires et des copies authentiques appartient au notaire détenteur de la minute ou des documents qui lui ont été déposés pour minute.
Il en est de même dans les sociétés titulaires d'un office notarial, où chaque associé délivre les copies exécutoires et copies authentiques des actes même si ceux-ci ont été reçus par l'un des coassociés. Les notaires salariés peuvent de même délivrer les copies exécutoires et copies authentiques pour les actes de l'office dont ils sont salariés.

4248 Support et distinction – Les copies authentiques sont établies soit sur support papier, soit sur support électronique, quel que soit le support initial de l'acte. Les copies exécutoires sont les copies authentiques qui se terminent par la même formule que les jugements des tribunaux. Les autres copies authentiques ne peuvent être délivrées en forme exécutoire.

4249 Copie sur support papier – Sans être exhaustif, il peut être précisé que les copies exécutoires et les copies authentiques sont établies de façon lisible et indélébile sur un papier d'une qualité offrant toute garantie de conservation. Elles respectent les paragraphes et les alinéas de la minute. Chaque page de texte est numérotée, le nombre de ces pages est indiqué à la dernière d'entre elles. Chaque feuille est revêtue du paraphe du notaire à moins que toutes les feuilles ne soient réunies par un procédé empêchant toute substitution ou addition ou qu'elles ne reproduisent les paraphes et signatures de la minute. La signature du notaire et l'empreinte du sceau sont apposées à la dernière page et il est fait mention de la conformité de la copie exécutoire ou de la copie authentique avec l'original.

4250 Copie sur support électronique – Le notaire peut procéder à la copie sur support électronique d'un acte établi sur support papier après avoir utilisé un système de numérisation dans des conditions garantissant sa reproduction à l'identique. Le notaire qui délivre une copie sur support électronique y mentionne la date et y appose sa signature électronique sécurisée. La copie authentique comporte en outre l'image de son sceau. Mention est portée sur la copie délivrée de sa conformité à l'original.
Les copies exécutoires et copies authentiques peuvent être transmises par voie électronique dans des conditions garantissant l'intégrité de l'acte, la confidentialité de la transmission, l'identité de l'expéditeur et celle du destinataire.

3° Contestation du caractère authentique de l'acte

4251 Le caractère authentique d'un acte peut être contesté du fait de l'incompétence ou de l'incapacité de l'officier ou pour un défaut de forme.
Il convient alors de distinguer deux situations, suivant l'article 1370 du Code civil :
- **l'acte peut subsister en tant qu'acte sous seing privé** : en ce cas, il faut qu'il ait été signé par les parties. Il n'a pas à satisfaire à toutes les règles de forme des actes sous seing privé *(Cass. 1re civ., 28 sept. 2011, n° 10-13.733 : JurisData n° 2011-020301 ; JCP N 2012, n° 7, 1105 ; Bull. civ. I, n° 154)* ;
- **l'acte ne peut subsister en tant qu'acte sous seing privé** : en ce cas, la vente peut être annulée *(Cass. 1re civ., 17 juin 2015, n° 14-13.206 : JurisData n° 2015-014537 : JCP N 2015, n° 28, act. 745)*.

Pour aller plus loin

Formules
- JCl. Notarial Formulaire, V° Acte notarié, fasc. 45, par D. Montoux et J.-F. Pillebout
- JCl. Notarial Formulaire, V° Vente d'immeuble, fasc. 105, par J. Lafond

Fiches pratiques
- Fiche pratique n° 1721 : Rédiger une vente d'immeuble, par M. Suquet- Cozic
- Fiche pratique n° 3112 : Identifier et désigner l'immeuble vendu au sein de la partie normalisée de l'acte authentique de vente par S. Olivier
- Fiche pratique n° 3111 : Déterminer l'immeuble vendu et les sujétions le grevant au sein de la partie développée de l'acte authentique de vente, par S. Olivier

Commentaires
- JCl. Notarial Formulaire, Synthèse 30, Acte notarié, rédaction, conservation, par D. Montoux
- JCl. Notarial Formulaire, V° Acte notarié, fasc. 60 et 200, par D. Montoux

Acte sous signature privée

4252 **Définition** – L'acte sous seing privé est l'écrit établi avec uniquement la signature des parties. Cet acte peut ne pas être rédigé par les parties mais par un tiers qui, en matière de vente d'immeuble, sera le plus souvent soit un agent immobilier soit un notaire. Le Code civil n'en donne pas de définition mais en précise le régime. À cet égard, il y a lieu de distinguer entre l'acte sous seing privé qui est simplement signé par les parties et l'acte sous seing privé contresigné par un avocat. En effet, un régime propre à ce dernier acte existe et il convient donc de le distinguer de celui de l'acte sous seing privé pur et simple. Il est à remarquer que la rédaction d'un acte est d'ailleurs une des conditions permettant aux avocats d'intervenir dans le cadre d'une négociation immobilière *(V. n° **156** et s.)*.

I. Acte sous seing privé contresigné par avocat

4253 Créé par la loi n° 2011-331 du 28 mars 2011, l'acte sous seing privé contresigné par avocat fait foi de l'écriture et de la signature des parties *(C. civ., art. 1374)*. Un tel acte peut être utilisé pour un contrat préparatoire de vente d'immeuble avec toutefois un défaut majeur : il ne peut faire l'objet d'une publicité foncière. Il en va ainsi en toutes circonstances. En effet, même déposé au rang des minutes d'un notaire, l'acte sous seing privé, contresigné ou non, même avec reconnaissance d'écriture et de signature, ne peut donner lieu aux formalités de publicité foncière *(C. civ., art. 710-1, al. 2)*.

A. – ÉTABLISSEMENT DE L'ACTE

1° Devoir de conseil et d'information de l'avocat

4254 **Conséquences de l'acte** – En contresignant un acte sous seing privé, l'avocat atteste avoir éclairé pleinement la ou les parties qu'il conseille sur les conséquences juridiques de cet acte *(L. n° 71-1130, 31 déc. 1971, art. 66-3-1)*.

2° Support de l'acte

4255 Comme tout acte, l'acte sous seing privé contresigné par avocat peut être établi sur support électronique. En effet, l'écrit électronique a la même force probante que l'écrit sur support papier, sous réserve que puisse être dûment identifiée la personne dont il émane et qu'il soit établi et conservé dans des conditions de nature à en garantir l'intégrité *(C. civ., art. 1366)*.

3° Contenu de l'acte

4256 **Signatures** – L'acte contresigné par avocat doit être signé par les parties. Il n'y a pas ici de particularités par rapport à un acte sous seing privé pur et simple. Ainsi, la signature nécessaire à la perfection d'un acte juridique identifie son auteur. Elle manifeste son consentement aux obligations qui découlent de cet acte *(C. civ., art. 1367)*.
Il doit également être signé par le ou les avocats des parties.

4257 **Mentions manuscrites** – Comme l'acte notarié, l'acte sous seing privé contresigné par avocat est dispensé de toute mention manuscrite exigée par la loi.

4258 **Acte électronique** – Lorsque l'acte est établi sur support électronique et que la signature est électronique, cette dernière consiste en l'usage d'un procédé fiable d'identification garantissant son lien avec l'acte auquel elle s'attache. La fiabilité de ce procédé est présumée, jusqu'à preuve contraire, lorsque la signature électronique est créée, l'identité du signataire assurée et l'intégrité de l'acte garantie.
À cet égard, le décret n° 2017-1416 du 28 septembre 2017 apporte des précisions. Ainsi, la fiabilité d'un procédé de signature électronique est présumée, jusqu'à preuve du contraire, lorsque ce procédé met en œuvre une signature électronique qualifiée sachant qu'est une signature électronique qualifiée une signature électronique avancée, conforme à l'article 26 du règlement (UE) n° 910/2014 du Parlement européen et du Conseil du 23 juillet 2014 sur l'identification électronique et les services de confiance pour les transactions électroniques au sein du marché intérieur et abrogeant la directive 1999/93/CE et créée à l'aide d'un dispositif de création de signature

électronique qualifié répondant aux exigences de l'article 29 du règlement précité, qui repose sur un certificat qualifié de signature électronique répondant aux exigences de l'article 28 dudit règlement.

4° Nombre d'exemplaires

4259 L'intervention de l'avocat et sa signature ne modifient en rien les règles prévues par l'article 1375 du Code civil. Elles ont toutefois potentiellement un impact sur l'application de l'article 1376 du même code.

4260 Acte sur support papier – Le nombre d'exemplaires varie suivant qu'il s'agit d'un contrat synallagmatique ou d'un contrat unilatéral. Un contrat est synallagmatique lorsque les contractants s'obligent réciproquement les uns envers les autres alors qu'il est unilatéral lorsqu'une ou plusieurs personnes s'obligent envers une ou plusieurs autres sans qu'il y ait d'engagement réciproque de celles-ci *(C. civ., art. 1106)*. Si la vente est nécessairement un contrat synallagmatique, il peut en aller différemment pour les contrats préparatoires à la vente d'immeuble. Il y a donc lieu de distinguer suivant le contrat dont il s'agit :

- **si le contrat est un contrat synallagmatique**, l'acte sous signature privée qui le constate ne fait preuve que s'il a été fait en autant d'originaux qu'il y a de parties ayant un intérêt distinct, à moins que les parties ne soient convenues de remettre à un tiers l'unique exemplaire dressé. Chaque original doit mentionner le nombre des originaux qui en ont été faits. L'absence de respect de ces exigences n'affecte pas la validité du contrat. Ainsi, une partie pourra se prévaloir du contrat mais en établissant l'existence de celui-ci par un autre mode de preuve admissible. Elle peut d'ailleurs tout à fait se prévaloir de l'exemplaire dont elle dispose qui correspondra alors à un commencement de preuve par écrit. En outre et en tout état de cause, celui qui a exécuté le contrat, même partiellement, ne peut opposer le défaut de la pluralité d'originaux ou de la mention de leur nombre *(C. civ., art. 1375)*. Son cocontractant pourra se prévaloir de l'écrit portant le contrat synallagmatique bien que celui-ci ne soit pas conforme aux exigences de l'article 1375 du Code civil ;
- **si le contrat est unilatéral**, l'acte sous signature privée contresigné par avocat peut être établi en un seul exemplaire. Afin d'assurer la protection de la partie qui ne dispose pas d'un original, l'article 1376 du Code civil précise que lorsqu'une partie s'engage envers une autre à lui payer une somme d'argent, l'acte ne fait preuve que s'il comporte la signature de celui qui souscrit cet engagement ainsi que la mention écrite par lui-même, de la somme ou de la quantité en toutes lettres et en chiffres. Cette exigence est applicable même lorsque l'acte est contresigné par un avocat puisque l'alinéa 3 de l'article 1374 du Code civil ne vise que les mentions manuscrites. Or, ce qu'impose l'article 1376 du même code, ce n'est pas une mention manuscrite mais une mention écrite par le débiteur. En outre, dès lors que l'acte n'est pas conservé par l'avocat, le débiteur n'est pas protégé contre une altération ultérieure, ce qui va à nouveau dans le sens du maintien de l'exigence du respect de l'article 1376 du Code civil.

4261 Acte sur support électronique – L'acte sur support électronique peut être un contrat synallagmatique ou un contrat unilatéral.
Lorsqu'il s'agit d'un contrat synallagmatique, l'exigence d'une pluralité d'originaux est réputée satisfaite pour les contrats sous forme électronique lorsque l'acte est établi et conservé conformément aux articles 1366 et 1367, et que le procédé permet à chaque partie de disposer d'un exemplaire sur support durable ou d'y avoir accès *(C. civ., art. 1375)*.

B. – FORCE PROBANTE DE L'ACTE

4262 Preuve contre l'acte – L'acte sous signature privé contresigné par avocat a une force probante supérieure à celle d'un acte sous seing privé pur et simple. En effet, ledit acte fait foi de l'écriture et de la signature des parties tant à leur égard qu'à celui de leurs héritiers ou ayants cause. Pour ces éléments (écriture et signature) et uniquement ceux-ci, comme pour l'acte authentique, la procédure de faux prévue par le Code de procédure civile lui est applicable.
S'agissant du contenu de l'acte lui-même, l'acte contresigné par avocat a la même force probante qu'un acte sous signature privée pur et simple. Les énonciations de l'acte ne font donc foi que jusqu'à preuve contraire. Il n'y a aucune distinction ici à effectuer entre les constatations que l'avocat a faites personnellement et celles qu'il n'a pas faites personnellement.

4263 Date de l'acte – L'acte sous signature privé contresigné par avocat demeure un acte sous signature privé. Par conséquent, il n'a pas date certaine. Cette date certaine n'est acquise à l'égard des tiers que du jour où il a été enregistré, du jour de la mort d'un signataire, ou du jour où sa substance est constatée dans un acte authentique *(C. civ., art. 1377)*.

4264 Copie de l'acte – La copie fiable a la même force probante que l'original, sachant que si l'original subsiste, sa présentation peut toujours être exigée.

La fiabilité est laissée à l'appréciation du juge. Est toutefois présumée fiable jusqu'à preuve du contraire toute copie résultant d'une reproduction à l'identique de la forme et du contenu de l'acte, et dont l'intégrité est garantie dans le temps par un procédé conforme à des conditions fixées par le décret n° 2016-1673 du 5 décembre 2016 relatif à la fiabilité des copies. Ce procédé varie suivant qu'il intervient ou non par voie électronique :

- **pour une copie sur support papier**, le procédé doit entraîner une modification irréversible du support de la copie ;
- **pour une copie sur support électronique**, le procédé de reproduction doit produire des informations liées à la copie et destinées à l'identification de celle-ci. Elles précisent le contexte de la numérisation, en particulier la date de création de la copie. La qualité du procédé doit être établie par des tests sur des documents similaires à ceux reproduits et vérifiée par des contrôles. L'intégrité de la copie résultant d'un procédé de reproduction par voie électronique est attestée par une empreinte électronique qui garantit que toute modification ultérieure de la copie à laquelle elle est attachée est détectable. Cette condition est présumée remplie par l'usage d'un horodatage qualifié, d'un cachet électronique qualifié ou d'une signature électronique qualifiée, au sens du règlement (UE) n° 910/2014 du Parlement européen et du Conseil du 23 juillet 2014 sur l'identification électronique et les services de confiance pour les transactions électroniques au sein du marché intérieur. La copie électronique est conservée dans des conditions propres à éviter toute altération de sa forme ou de son contenu. Les opérations requises pour assurer la lisibilité de la copie électronique dans le temps ne constituent pas une altération de son contenu ou de sa forme dès lors qu'elles sont tracées et donnent lieu à la génération d'une nouvelle empreinte électronique de la copie.

C. – SORT DE L'ACTE

4265 Conservation de l'acte – La conservation de l'acte sous seing privé contresigné par avocat n'est pas réglementée, ce qui est tout à fait justifié dès lors que cet acte n'a pas vocation à être conservé par l'avocat. Pour autant, les avocats ont développé des moyens permettant d'assurer une telle conservation. Ainsi, une plate-forme connectée au réseau privé des avocats *(https ://ebarreau.fr)* permet d'assurer ladite conservation, celle-ci étant sous la responsabilité du Conseil national des barreaux.

4266 Acte électronique – Pour que l'écrit électronique ait la même force probante que l'écrit sur support papier, il faut qu'il soit établi et conservé dans des conditions de nature à en garantir l'intégrité.

II. Acte sous seing privé pur et simple

A. – ÉTABLISSEMENT DE L'ACTE

1° Support de l'acte

4267 L'acte sous seing privé contresigné peut être établi sur support papier ou sur support électronique. En effet, l'écrit électronique a la même force probante que l'écrit sur support papier, sous réserve que puisse être dûment identifiée la personne dont il émane et qu'il soit établi et conservé dans des conditions de nature à en garantir l'intégrité *(C. civ., art. 1366)*.

2° Contenu de l'acte

4268 Signatures – La signature nécessaire à la perfection d'un acte juridique identifie son auteur. Elle manifeste son consentement aux obligations qui découlent de cet acte *(C. civ., art. 1367)*.

4269 Mentions – Lorsque le contrat est unilatéral et parce que l'acte sous signature privée peut être établi en un seul exemplaire, l'article 1376 du Code civil précise que lorsqu'une partie s'engage envers une autre à lui payer une somme d'argent, l'acte ne fait preuve que s'il comporte la signature de celui qui souscrit cet engagement ainsi que la mention écrite par lui-même, de la somme ou de la quantité en toutes lettres et en chiffres. Cette mention n'est pas obligatoirement manuscrite.
Par ailleurs, dès lors que les conditions d'application des règles du crédit immobilier sont réunies *(C. consom., art. L. 313-1)* et que l'acquéreur n'emprunte pas pour financer l'acquisition, il y aura lieu de faire figurer dans l'acte la mention manuscrite de l'acquéreur indiquant qu'il n'entend pas emprunter pour financer l'acquisition et que s'il recourt néanmoins à un prêt, il ne pourra se prévaloir des règles relatives au crédit immobilier dont la condition suspensive d'obtention du prêt.

4270 Acte électronique – Lorsque l'acte est établi sur support électronique et que la signature est électronique, cette dernière consiste en l'usage d'un procédé fiable d'identification garantissant son lien avec l'acte

auquel elle s'attache. La fiabilité de ce procédé est présumée, jusqu'à preuve contraire, lorsque la signature électronique est créée, l'identité du signataire assurée et l'intégrité de l'acte garantie.
À cet égard, le décret n° 2017-1416 du 28 septembre 2017 apporte des précisions. Ainsi, la fiabilité d'un procédé de signature électronique est présumée, jusqu'à preuve du contraire, lorsque ce procédé met en œuvre une signature électronique qualifiée sachant qu'est une signature électronique qualifiée une signature électronique avancée, conforme à l'article 26 du règlement (UE) n° 910/2014 du Parlement européen et du Conseil du 23 juillet 2014 sur l'identification électronique et les services de confiance pour les transactions électroniques au sein du marché intérieur et abrogeant la directive 1999/93/CE et créée à l'aide d'un dispositif de création de signature électronique qualifié répondant aux exigences de l'article 29 du règlement précité, qui repose sur un certificat qualifié de signature électronique répondant aux exigences de l'article 28 dudit règlement.

3° Nombre d'exemplaires

4271 Acte sur support papier – Le nombre d'exemplaires varie suivant qu'il s'agit d'un contrat synallagmatique ou d'un contrat unilatéral. Un contrat est synallagmatique lorsque les contractants s'obligent réciproquement les uns envers les autres alors qu'il est unilatéral lorsqu'une ou plusieurs personnes s'obligent envers une ou plusieurs autres sans qu'il y ait d'engagement réciproque de celles-ci *(C. civ., art. 1106)*. Si la vente est nécessairement un contrat synallagmatique, il peut en aller différemment pour les contrats préparatoires à la vente d'immeuble. Il y a donc lieu de distinguer suivant le contrat dont il s'agit :

- **si le contrat est un contrat synallagmatique**, l'acte sous signature privée qui le constate ne fait preuve que s'il a été fait en autant d'originaux qu'il y a de parties ayant un intérêt distinct, à moins que les parties ne soient convenues de remettre à un tiers l'unique exemplaire dressé. Chaque original doit mentionner le nombre des originaux qui en ont été faits. L'absence de respect de ces exigences n'impacte pas la validité du contrat. Ainsi, une partie pourra se prévaloir du contrat mais en établissant l'existence de celui-ci par un autre mode de preuve admissible. Elle peut d'ailleurs tout à fait se prévaloir de l'exemplaire dont elle dispose qui correspondra alors à un commencement de preuve par écrit. En outre et en tout état de cause, celui qui a exécuté le contrat, même partiellement, ne peut opposer le défaut de la pluralité d'originaux ou de la mention de leur nombre *(C. civ., art. 1375)*. Son cocontractant pourra se prévaloir de l'écrit portant le contrat synallagmatique bien que celui-ci ne soit pas conforme aux exigences de l'article 1375 du Code civil ;
- **si le contrat est unilatéral**, l'acte sous signature privée peut être établi en un seul exemplaire. Afin d'assurer la protection de la partie qui ne dispose pas d'un original, l'article 1376 du Code civil précise que lorsqu'une partie s'engage envers une autre à lui payer une somme d'argent, l'acte ne fait preuve que s'il comporte la signature de celui qui souscrit cet engagement ainsi que la mention écrite par lui-même, de la somme ou de la quantité en toutes lettres et en chiffres. L'absence de respect des dispositions de l'article 1376 du Code civil n'impacte pas la validité du contrat. Dès lors, lorsque le contrat ne respecte pas l'article 1376 du Code civil, chaque partie pourra toujours se prévaloir du contrat mais en établissant l'existence de celui-ci par un autre mode de preuve admissible. Il est d'ailleurs tout à fait possible à une partie de se prévaloir de l'exemplaire dont elle dispose qui correspondra alors à un commencement de preuve par écrit.

4272 Acte sur support électronique – L'acte sur support électronique peut être un contrat synallagmatique ou un contrat unilatéral :

- **si le contrat est synallagmatique**, l'exigence d'une pluralité d'originaux est réputée satisfaite pour les contrats sous forme électronique lorsque l'acte est établi et conservé conformément aux articles 1366 et 1367, et que le procédé permet à chaque partie de disposer d'un exemplaire sur support durable ou d'y avoir accès *(C. civ., art. 1375)* ;
- **si le contrat est unilatéral**, l'acte sous signature privée peut être établi en un seul exemplaire. Afin d'assurer la protection de la partie qui ne dispose pas d'un original, l'article 1376 du Code civil précise que lorsqu'une partie s'engage envers une autre à lui payer une somme d'argent, l'acte ne fait preuve que s'il comporte la signature de celui qui souscrit cet engagement ainsi que la mention écrite par lui-même, de la somme ou de la quantité en toutes lettres et en chiffres. Lorsque l'acte a un support électronique, cela ne fait nullement obstacle à ce que la mention de la somme soit écrite par le débiteur et qu'il signe électroniquement l'acte. Il faut alors pouvoir prouver que c'est bien le débiteur qui est l'auteur de la mention.

B. – FORCE PROBANTE DE L'ACTE

4273 Preuve d'un acte juridique – La preuve d'un acte juridique peut être préconstituée par un écrit sous signature privée *(C. civ., art. 1364)*. L'acte sous signature privée, reconnu par la partie à laquelle on l'oppose ou légalement tenu pour reconnu à son égard, fait foi entre ceux qui l'ont souscrit et à l'égard de leurs héritiers et ayants cause *(C. civ., art. 1372)*.

4274 Preuve contre l'acte – La partie à laquelle on oppose un acte sous signature privée peut désavouer son écriture ou sa signature. Les héritiers ou ayants cause d'une partie peuvent pareillement désavouer l'écriture ou la signature de leur auteur, ou déclarer qu'ils ne les connaissent. Dans ces cas, il y a lieu à vérification d'écriture *(C. civ., art. 1373)*. Ce sont alors les articles 287 et suivants du Code de procédure civile qu'il y aura lieu d'appliquer. Ainsi, il appartient au juge de procéder à la vérification d'écriture au vu des éléments dont il dispose après avoir, s'il y a lieu, enjoint aux parties de produire tous documents à lui comparer et fait composer, sous sa dictée, des échantillons d'écriture. Dans la détermination des pièces de comparaison, le juge peut retenir tous documents utiles provenant de l'une des parties, qu'ils aient été émis ou non à l'occasion de l'acte litigieux. Lorsque la signature électronique bénéficie d'une présomption de fiabilité, il appartient au juge de dire si les éléments dont il dispose justifient le renversement de cette présomption.
Les tiers, autres que les ayants cause, peuvent rapporter la preuve contraire au contenu de l'acte par tout moyen.

4275 Date de l'acte – L'acte sous signature privée n'acquiert date certaine à l'égard des tiers que du jour où il a été enregistré, du jour de la mort d'un signataire, ou du jour où sa substance est constatée dans un acte authentique *(C. civ., art. 1377)*. Il n'est d'ailleurs pas obligatoire d'indiquer une date de l'acte sous seing privé, mais cela n'est pour autant guère opportun.

4276 Copie de l'acte – La copie fiable a la même force probante que l'original, sachant que si l'original subsiste, sa présentation peut toujours être exigée.
La fiabilité est laissée à l'appréciation du juge. Est toutefois présumée fiable jusqu'à preuve du contraire toute copie résultant d'une reproduction à l'identique de la forme et du contenu de l'acte, et dont l'intégrité est garantie dans le temps par un procédé conforme à des conditions fixées par le décret n° 2016-1673 du 5 décembre 2016 relatif à la fiabilité des copies. Ce procédé varie suivant qu'il intervient ou non par voie électronique :

- **pour une copie sur support papier**, le procédé doit entraîner une modification irréversible du support de la copie ;
- **pour une copie sur support électronique**, le procédé de reproduction doit produire des informations liées à la copie et destinées à l'identification de celle-ci. Elles précisent le contexte de la numérisation, en particulier la date de création de la copie. La qualité du procédé doit être établie par des tests sur des documents similaires à ceux reproduits et vérifiée par des contrôles. L'intégrité de la copie résultant d'un procédé de reproduction par voie électronique est attestée par une empreinte électronique qui garantit que toute modification ultérieure de la copie à laquelle elle est attachée est détectable. Cette condition est présumée remplie par l'usage d'un horodatage qualifié, d'un cachet électronique qualifié ou d'une signature électronique qualifiée, au sens du règlement (UE) n° 910/2014 du Parlement européen et du Conseil du 23 juillet 2014 sur l'identification électronique et les services de confiance pour les transactions électroniques au sein du marché intérieur. La copie électronique est conservée dans des conditions propres à éviter toute altération de sa forme ou de son contenu. Les opérations requises pour assurer la lisibilité de la copie électronique dans le temps ne constituent pas une altération de son contenu ou de sa forme dès lors qu'elles sont tracées et donnent lieu à la génération d'une nouvelle empreinte électronique de la copie.

C. – SORT DE L'ACTE

1° Conservation de l'acte

4277 Acte électronique – Pour que l'écrit électronique ait la même force probante que l'écrit sur support papier, il faut qu'il soit établi et conservé dans des conditions de nature à en garantir l'intégrité.

4278 Conservation par les parties – L'acte est conservé par les parties ou une partie. Lorsqu'il s'agit d'un contrat synallagmatique, chaque partie dispose d'un original. Lorsqu'il s'agit d'un contrat unilatéral, une des parties peut être seule à détenir un original.

2° Dépôt au rang des minutes d'un notaire

4279 Suivant l'article 710-1 du Code civil, tout acte ou droit doit, pour donner lieu aux formalités de publicité foncière, résulter d'un acte reçu en la forme authentique par un notaire exerçant en France, d'une décision juridictionnelle ou d'un acte authentique émanant d'une autorité administrative. Le dépôt au rang des minutes d'un notaire n'est pas suffisant puisque suivant le même texte, le dépôt au rang des minutes d'un notaire d'un acte sous seing privé, contresigné ou non, même avec reconnaissance d'écriture et de signature, ne peut donner lieu aux formalités de publicité foncière. Il n'y a donc plus d'intérêt à déposer au rang des minutes d'un notaire une promesse sous seing privé.
Pour qu'une telle promesse puisse être publiée, il convient de la réitérer dans un acte notarié.

Pour aller plus loin

Fiches pratiques
- Fiche pratique n° 1672 : Rédiger un compromis de vente immobilière, par M. Suquet-Cozic

Commentaires
- JCl. Notarial Formulaire, V° Acte notarié, fasc. 10, par D. Montoux et J.-F. Pillebout (Notions sur la preuve)
- JCl. Notarial Formulaire, V° Acte notarié, fasc. 12, par L. Grynbaum (Écrit électronique)

Rémunération du notaire

Dernières *actualités*

■ **L'article 20 de la loi n° 2019-222 du 23 mars 2019, dite loi de programmation 2018-2022 et de réforme pour la justice, modifie les règles relatives aux tarifs des professions réglementées. Ainsi, est modifié l'article L.444-2 du Code de commerce pour prévoir que l'arrêté conjoint des ministres de la Justice et de l'Économie *« fixe les tarifs sur la base d'un objectif de taux de résultat moyen, dont les modalités de détermination sont définies par un décret en Conseil d'état, et dont le montant est estimé globalement pour chaque profession pour l'ensemble des prestations tarifées en application de l'article L. 444-1 »*.**

■ **En outre, relativement aux remises, il est désormais prévu que « pour certaines prestations et au-delà d'un montant d'émolument (...) le professionnel et son client peuvent convenir du taux des remises ».**

■ **Ces modifications entreront en vigueur après parution du décret et de l'arrêté précisant les modalités de leur application *(A. Tani, Nouvelles conditions de fixation des tarifs et d'octroi des remises : JCP N 2019, n° 13, act. 333)*.**

I. Émoluments

4280 L'examen de la rémunération du notaire conduit à distinguer les émoluments d'actes, les émoluments de formalités, les honoraires de négociation et les honoraires de consultation.

Attention Les notaires doivent afficher les tarifs qu'ils pratiquent, de manière visible et lisible, dans leur lieu d'exercice et sur leur site Internet, selon des modalités fixées dans les conditions prévues à l'article L. 112-1 du Code de la consommation *(C. com., art. L. 444-4)*

A. – ÉMOLUMENTS D'ACTES

1° Détermination des émoluments d'actes

4281 Calcul des émoluments – Les émoluments proportionnels sont perçus sur le capital énoncé dans les actes, augmenté de la valeur des charges figurant dans lesdits actes ou sur l'évaluation retenue pour la liquidation des droits et taxes, si elle est supérieure. L'assiette de l'émolument est arrondie à l'euro le plus proche. En outre, les émoluments proportionnels sont arrondis au centime d'euro le plus proche.

Sont considérées comme **charges** les sommes que, dans l'acte et outre le prix, les parties s'engagent à payer ainsi que les prestations en nature qu'elles s'engagent à fournir. Il convient ensuite d'effectuer différentes distinctions.

Lorsque, réalisée par un seul acte, une convention porte sur des **biens de nature différente** mais soumis à une même tarification, l'émolument est calculé sur la valeur totale de ces biens *(C. com., art. A. 444-55)*.

C'est le cas lorsqu'un bâtiment est vendu avec les meubles s'y trouvant.

À défaut d'accord entre les parties et le notaire sur cette valeur estimative, les émoluments sont perçus sur la valeur vénale déterminée par le juge chargé de la taxation.

4282 Transfert de propriété ou de jouissance entre collectivités territoriales et/ou établissements publics – Lorsqu'est en cause le transfert de propriété ou de jouissance entre collectivités territoriales et/ou établissements publics *(C. com., art. A. 444-90)*, l'émolument est déterminé suivant le barème ci-dessous :

TRANCHES D'ASSIETTE	TAUX APPLICABLE
De 0 à 6 500 €	1,972 %
De 6 500 € à 17 000 €	0,814 %
De 17 000 € à 60 000 €	0,542 %
Plus de 60 000 €	0,407 %

4283 Vente de gré à gré – S'il s'agit d'une vente de gré à gré *(C. com., art A. 444-91)*, elle donne lieu à perception d'un émolument proportionnel déterminé selon le barème ci-dessous :

TRANCHES D'ASSIETTE	TAUX APPLICABLE
De 0 à 6 500 €	3,945 %
De 6 500 € à 17 000 €	1,627 %
De 17 000 € à 60 000 €	1,085 %
Plus de 60 000 €	0,814 %

4284 Première vente en l'état futur d'achèvement (VEFA) ou vente de locaux achevés – S'il s'agit de la première vente en l'état futur d'achèvement ou achevé de locaux d'habitation, appartements ou maisons individuelles d'immeubles HLM n'ayant jamais été habités *(C. com., art. A. 444-92)*, l'émolument proportionnel est déterminé selon le barème ci-dessous :

	TAUX APPLICABLE Selon que le permis de construire concerne (en nombre d'unités principales d'habitation)			
Tranches d'assiette	Au plus 100 unités	Plus de 100 et moins de 250 unités	250 ou plus de 250, et moins de 500 unités	500 ou plus de 500 unités
De 0 à 6 500 €	2,367 %	1,972 %	1,578 %	1,315 %
De 6 500 € à 17 000 €	0,976 %	0,814 %	0,651 %	0,542 %
De 17 000 € à 60 000 €	0,651 %	0,542 %	0,434 %	0,362 %
Plus de 60 000 €	0,488 %	0,407 %	0,325 %	0,271 %

4285 Première vente à terme ou location-vente – S'il s'agit de la première vente à terme ou location-vente de locaux d'habitation, appartements ou maisons individuelles d'immeubles HLM n'ayant jamais été habités *(C. com., art. A. 444-93)*, il y a lieu de distinguer suivant que :

- **le transfert de propriété s'opère par la constatation de l'achèvement de l'immeuble** : il y a alors perception sur le premier acte, d'un émolument proportionnel non dégressif égal à celui correspondant à la tranche supérieure de l'émolument de vente, en tenant compte des distinctions établies à l'article A. 444-92 en fonction du nombre d'unités principales d'habitation concernées par le permis de construire. Sur le second acte notarié constatant le transfert de propriété, il y a lieu à perception d'un émolument calculé selon les modalités prévues à l'article A. 444-92, diminué de l'émolument perçu sur le premier acte ;
- **le transfert de propriété s'opère par la constatation du paiement intégral du prix** : il y alors sur le premier acte perception d'un émolument calculé selon les modalités prévues à l'article A. 444-92. Sur le deuxième acte portant constatation du paiement intégral du prix et transfert de propriété, il y a lieu à perception d'un émolument proportionnel, selon le barème suivant :

TRANCHES D'ASSIETTE	TAUX APPLICABLE
De 0 à 6 500 €	1,183 %
De 6 500 € à 17 000 €	0,651 %
De 17 000 € à 30 000 €	0,444 %
Plus de 30 000 €	0,325 %

4286 Revente de locaux d'habitation, appartements ou maisons individuelles d'immeubles HLM – La revente de locaux, appartements ou maisons mentionnés à l'article A. 444-92, passée dans l'office du notaire qui a reçu le premier acte de vente, et intervenant dans un délai de 3 ans à compter de la première vente donne lieu à la perception d'émoluments calculés en application des articles A. 444-92 et A. 444-93 du Code de commerce.

4287 Première vente en l'état futur d'achèvement (VEFA) ou vente achevé de locaux d'habitation compris dans un immeuble ou dans un ensemble immobilier autre que HLM – La première vente en l'état futur d'achèvement ou achevé de locaux d'habitation compris dans un immeuble ou dans un ensemble immobilier autre que HLM ayant fait l'objet d'un même permis de construire donne lieu à la perception d'un émolument proportionnel, dont le taux est fonction du nombre d'unités principales d'habitation concernées par le permis de construire, selon le barème suivant *(C. com., art. A. 444-95)* :

	TAUX APPLICABLE Selon que le permis de construire concerne (en nombre d'unités principales d'habitation)					
Tranches d'assiette	Au plus 10 unités	Plus de 10 et moins de 25 unités	25 ou plus de 25 unités, et moins de 100 unités	100 ou plus de 100 unités, et moins de 250 unités	250 ou plus de 250 unités, et moins de 500 unités	500 ou plus de 500 unités
De 0 à 6 500 €	3,945 %	3,156 %	2,630 %	1,972 %	1,578 %	1,315 %
De 6 500 € à 17 000 €	1,627 %	1,302 %	1,085 %	0,814 %	0,651 %	0,542 %
De 17 000 € à 60 000 €	1,085 %	0,868 %	0,723 %	0,542 %	0,434 %	0,362 %
Plus de 60 000 €	0,814 %	0,651 %	0,542 %	0,407 %	0,325 %	0,271 %

4288 Première vente à terme de locaux d'habitation compris dans un immeuble ou dans un ensemble immobilier autre que HLM – La première vente à terme d'un local d'habitation mentionné à l'article A. 444-95 (numéro 60 du tableau 5) donne lieu à la perception :

- **sur le premier acte contenant le contrat de vente à terme** proprement dit, d'un émolument proportionnel non dégressif égal à celui correspondant à la tranche supérieure de l'émolument de vente, en tenant compte des distinctions établies à l'article A. 444-95 du Code de commerce fonction du nombre d'unités principales d'habitation concernées par le permis de construire ;
- **sur le second acte notarié portant transfert de propriété après achèvement des travaux de construction**, d'un émolument calculé selon les modalités prévues à l'article A. 444-95 diminué de l'émolument déjà perçu en vertu du 1° du présent article, augmenté de 80,77 €.

4289 Revente de locaux d'habitation compris dans un immeuble ou dans un ensemble immobilier autre que HLM – La revente d'un local d'habitation mentionné à l'article A. 444-95 du Code de commerce, passée dans l'office du notaire qui a reçu le premier acte de vente et intervenant dans un délai de 3 ans à compter de la première vente donne lieu à la perception d'émoluments calculés en application des articles A. 444-95 et A. 444-96 du Code de commerce.

4290 Ventes de locaux HLM à usage locatif – Les ventes de locaux HLM à usage locatif donnent lieu à la perception d'un émolument proportionnel, dont le taux est fonction du type de vente, selon le barème suivant :

TRANCHES D'ASSIETTE	VENTE DE GRÉ À GRÉ	VENTE PAR ADJUDICATION volontaire	VENTE PAR ADJUDICATION judiciaire
De 0 à 6 500 €	2,367 %	4,734 %	3,550 %
De 6 500 € à 17 000 €	0,976 %	1,953 %	1,465 %
De 17 000 € à 60 000 €	0,651 %	1,302 %	0,976 %
Plus de 60 000 €	0,488 %	0,976 %	0,732 %

4291 Ventes de terrains à bâtir, équipés ou avec obligation, pour le vendeur, de les équiper, consentis par les départements, communes, établissements publics et sociétés d'équipement, à des organismes d'HLM – Les ventes, cessions à titre gratuit ou apports de terrains à bâtir, équipés ou avec obligation, pour le vendeur, de les équiper, consentis par les départements, communes, établissements publics et sociétés d'équipement, à des organismes d'HLM donnent lieu à la perception d'un émolument proportionnel, selon le barème suivant :

TRANCHES D'ASSIETTE	TAUX APPLICABLE
De 0 à 6 500 €	2,367 %
De 6 500 € à 17 000 €	0,976 %
De 17 000 € à 60 000 €	0,651 %
Plus de 60 000 €	0,488 %

4292 Ventes par adjudications volontaires – Les ventes par adjudication volontaire de tous biens et droits autres que meubles et objets mobiliers, arbres en détail et bateaux donnent lieu à la perception d'un émolument proportionnel, selon le barème suivant :

TRANCHES D'ASSIETTE	TAUX APPLICABLE
De 0 à 6 500 €	7,890 %
De 6 500 € à 17 000 €	3,254 %
De 17 000 € à 60 000 €	2,170 %
Plus de 60 000 €	1,628 %

Pour aller plus loin

Formules
- JCl. Notarial Formulaire, V° Émoluments et honoraires, fasc. 75, par J.-F. Pillebout

Commentaires
- JCl. Notarial Formulaire, V° Émoluments et honoraires des notaires, fasc. 30, 32, 34 et 36, par F. Hébert et J.-F. Pillebout
- JCl. Pratique notariale - L'entreprise notariale, fasc. 820
- JCl. Commentaire du tarif des notaires : éd. LexisNexis

2° Remise des émoluments

4293 Renonciation ou remise totale – Le notaire peut renoncer à la totalité des émoluments afférents à un acte déterminé ou aux différents actes reçus à l'occasion d'une même affaire *(C. com., art. R. 444-70)*. Cette renonciation porte tant sur les émoluments d'acte que sur les émoluments de formalité. Le notaire ne peut accorder de remise totale sur l'un des actes reçus à l'occasion d'une même affaire, ainsi que le précise l'article 15 du règlement national.

4294 Remise partielle – Des remises peuvent être consenties lorsqu'un tarif est déterminé proportionnellement à la valeur d'un bien ou d'un droit et lorsque l'assiette de ce tarif est supérieure à un seuil précisé par l'article A. 444-174 du Code de commerce *(C. com., art. L. 444-2, al. 5)*. Ces remises ne concernent alors que l'émolument proportionnel. De telles remises peuvent ainsi intervenir à l'occasion de la vente d'un immeuble. Après détermination du montant des émoluments, les remises sont consenties par les notaires sur les émoluments proportionnels selon les modalités suivantes :

- **dans la limite d'un taux de remise maximal de 40 %** applicable à la part d'émolument calculée sur les tranches d'assiette supérieures ou égales à 10 millions €, le cas échéant pour la portion fixée au III de l'article R. 444-10, pour les prestations mentionnées au II de cet article, portant sur la mutation ou le financement de biens ou droits à usage non résidentiel ou résidentiel social ou sur la mutation de parts, actions, ou biens exonérés de droits de mutation en application des articles 787 B et 787 C du CGI ;
- **dans la limite d'un taux de remise maximal de 10 %** applicable à la part d'émolument calculée sur les tranches d'assiette supérieures ou égales à 150 000 €, pour les autres prestations *(C. com., art. A. 444-174)*.

Lorsque le notaire consent de telles remises, il doit :

- avertir le client par voie d'affichage au sein de l'office ou sur Internet ;
- préciser les types d'actes concernés par la remise ;
- indiquer le taux de remise appliqué (0.1 % à 10 % ou 40 % selon le cas) ;
- déterminer la période concernée par la remise ;
- proposer la remise à tous les clients.

3° Partage des émoluments

4295 Pluralité de notaires – L'intervention de plusieurs notaires dans la rédaction ou la réception d'un acte n'en augmente pas l'émolument, sauf si l'acte est rétribué en fonction du nombre d'heures passées *(C. com., art. R. 444-63)*.

4296 Droit au partage des émoluments – Le droit au partage des émoluments résulte du concours ou de la participation. Ainsi, lorsqu'il est établi un contrat préparatoire de vente d'immeuble ou une vente, le droit au partage résulte de la participation effective à l'élaboration ou à la rédaction ou à l'étude de l'acte au nom de l'une des parties, même si le notaire en cause n'a pas le pouvoir de concourir à la réception de l'acte avec son confère instrumentant, dès l'instant où il agit sur la réquisition d'un de ses clients.

4297 Répartition des émoluments – Selon l'article 68 du règlement national du 22 mai 2018, la répartition des émoluments proportionnels d'un acte entre notaires et résultant d'un concours ou d'une participation est effectuée :

- entre le notaire détenteur de la minute de l'acte ;
- et le ou les notaires intervenants.

La répartition s'effectue de la façon suivante :

- **20 %** des émoluments rémunèrent spécialement partie de la charge correspondant à la rédaction de l'acte et sont attribués au notaire détenteur de la minute ;
- les **80 %** de surplus de ces émoluments sont partagés au prorata des intérêts représentés entre tous les notaires intervenants (y compris le notaire détenteur de la minute).

Toutefois, le notaire détenteur de la minute a droit à la moitié des émoluments du notaire participant lorsque ce dernier est **absent et non représenté** à la fois :

- à la signature de l'avant-contrat authentique ou sous seing privé rédigé par un notaire ;
- et à la signature de l'acte définitif.

Le notaire qui dispose d'un système de visioconférence actif est considéré comme présent.

4298 Règles particulières – Selon l'article 69 du règlement national du 22 mai 2018, les règles de répartition diffèrent et le notaire détenteur de la minute reçoit au moins les 67 % de l'émolument global, le surplus revenant à l'autre ou aux autres notaires intervenants lorsque sont en cause :

- les **premières ventes des lots survenant pendant 10 ans à compter de l'acte constitutif de la division d'un immeuble** non bâti, bâti ou à bâtir, en ce compris les divisions en volumes et les ZAC lorsque le bien vendu est situé dans le ressort de la cour d'appel où est établi son office ou dans le ressort des tribunaux de grande instance limitrophe de celui où est établi l'office ;
- les **ventes dont le prix ou partie du prix est acquitté au moyen de deniers provenant d'un emprunt.** En ce cas, lorsque le notaire choisi par l'acquéreur détient la minute, les émoluments d'obligation lui reviennent en totalité, sauf à lui à en faire le partage avec le notaire choisi par le prêteur si ce dernier demande la partici-

pation de son notaire. Lorsque le notaire choisi par le vendeur détient la minute, les émoluments d'obligation lui reviennent pour 20 % et le surplus revient au notaire de l'acquéreur, sauf à lui à en faire le partage avec le notaire choisi par le prêteur si ce dernier demande la participation de son notaire, dans les conditions suivantes : 47 % au notaire choisi par l'emprunteur et 33 % au notaire choisi par le prêteur.

4299 **Remise des émoluments** – En cas de pluralité de notaires, chacun peut faire la remise partielle des émoluments lui revenant. La remise respectivement consentie par chaque intervenant est, le cas échéant, déduite de la part lui revenant *(C. com., art. R. 444-63)*. Faute d'information de la part du notaire participant quant à une éventuelle remise, le notaire instrumentaire reçoit la totalité des frais et restitue le montant de la remise. Ainsi, le notaire instrumentaire taxe en appliquant sa remise, et remet au notaire participant sa quote-part entière d'émolument afin que ce dernier la taxe, le cas échéant en appliquant la remise qu'il pratique (auquel cas il doit alors restituer au notaire le reliquat).

Pour aller plus loin

- T. Delegrange, Le nouveau règlement national - règlement inter-cours : JCP N 2018, n° 25, act. 551

4° Interdictions

4300 **Interdiction du partage avec un tiers** – Il est interdit aux notaires, sous peine de sanctions disciplinaires, de partager le prix ou le tarif réglementé de leurs prestations avec un tiers ou d'accepter qu'un tiers leur remette tout ou partie de la rétribution par lui reçue à l'occasion soit de la conclusion d'un acte, soit des pourparlers ou démarches qui ont précédé ou accompagné une convention à laquelle ils interviennent à quelque titre que ce soit *(C. com., art. R. 444-65)*.

4301 **Interdiction de percevoir un droit de recette** – Les notaires ne peuvent percevoir aucun droit de recette pour l'encaissement ou la garde des capitaux et valeurs déposés pour l'exécution directe d'un acte de vente ou d'emprunt passé dans leur étude.
Par ailleurs, ils doivent, en cas de dépôt obligatoire ou de consignation de fonds, en vertu de l'article 15 du décret n° 45-0117 du 19 décembre 1945 pris pour l'application du statut du notariat, tenir compte à leurs clients des intérêts qui leur sont servis, sans préjudice des obligations résultant pour eux des articles 547 et 548 du Code civil pour les autres fonds appartenant aux clients.

5° Situations particulières

4302 **Unique *instrumentum* et pluralité de *negotia*** – Lorsqu'un acte contient plusieurs conventions dérivant ou **dépendant** les unes des autres, seul est perçu l'émolument de la convention principale.
Si les conventions sont **indépendantes** et donnent lieu à des droits distincts pour l'enregistrement, la taxe de publicité foncière ou la taxe à la valeur ajoutée, les émoluments sont dus pour chacune d'elles-mêmes si elles sont comprises dans un seul acte *(C. com., art. R. 444-59, al. 1 et 2)*.

4303 **Acte conditionnel ou imparfait** – L'émolument est réduit de moitié pour les actes conclus sous condition suspensive : il en est de même pour les actes imparfaits sur lesquels fait défaut la signature de l'une au moins des parties. Dès réalisation des conditions suspensives ou perfection de l'acte, l'émolument est dû en entier, sous déduction de la part perçue sur l'acte conditionnel ou imparfait.

4304 **Acte nul** – Aucun émolument n'est dû pour l'acte, la copie ou l'extrait déclarés nuls ou inutiles par la faute du notaire *(C. com., art. R. 444-64)*.

Pour aller plus loin

Commentaires
- JCl. Notarial Formulaire, V° Émoluments et honoraires, fasc. 10, 12, 14 et 20, par F. Hébert et J.-F. Pillebout
- JCl. Pratique notariale - L'entreprise notariale, fasc. 820
- JCl. Commentaire du tarif des notaires : éd. LexisNexis

ACTE NOTARIÉ

B. – ÉMOLUMENTS DE FORMALITÉS

4305 Lorsqu'à l'occasion d'un acte, le notaire effectue des formalités, celles-ci sont rémunérées par un émolument exprimé en euros. S'agissant des formalités accomplies à l'occasion d'une vente immobilière, il convient de se référer aux tableaux 5 et 6 annexés à l'article R. 444-3 du Code de commerce.

Tableau 5 (extrait)

NOTAIRE				
Numéro	Catégorie	Sous-catégorie	Sous-ensemble	Nature de la prestation
44		Actes relatifs principalement aux biens immobiliers et fonciers Actes relatifs à la propriété et la mutation de propriété		Établissement d'un cahier des charges en vue d'une adjudication pour une vente immobilière
45				Établissement d'un cahier des charges en vue d'une adjudication pour une vente immobilière sans effet
46				Établissement d'un cahier des charges en vue d'une adjudication pour une vente mobilière
47				Certificats de propriété et autres certificats ou attestations constatant le transfert de propriété de biens de nature mobilière
48				Licitation de gré à gré
49				Licitation par adjudication volontaire
50				Licitation par adjudication judiciaire, selon que le cahier des charges est rédigé par le notaire ou par l'avocat
51				Origine de propriété (par acte séparé)
52				Résiliation ou résolution de vente
53				Transfert de propriété ou de jouissance entre collectivités territoriales et/ou établissements publics
54				Vente ou cession de gré à gré de tous biens et droits quelconques mobiliers ou immobiliers, corporels ou incorporels, sauf dispositions contraires au présent tableau.
55				Première vente en l'état futur d'achèvement ou achevé de locaux d'habitation, appartements ou maisons individuelles d'immeubles HLM n'ayant jamais été habités
56				Première vente à terme ou location-vente d'un local mentionné au numéro 55 du présent tableau lorsque le transfert de propriété s'opère par la constatation de l'achèvement de l'immeuble
57				Première vente à terme ou location-vente d'un local mentionné au numéro 55 du présent tableau lorsque le transfert de propriété s'opère par la constatation du paiement intégral du prix
58				Revente en l'état futur d'achèvement, achevé ou à terme de locaux mentionnés au numéro 55 du présent tableau, intervenant dans un délai de 3 ans à compter de la première vente d'un local d'habitation compris dans le même immeuble ou ensemble immobilier et passé dans l'office du notaire qui a reçu le premier acte de vente.
59				Première vente d'un local d'habitation en l'état futur d'achèvement ou achevé, compris dans un immeuble ou dans un ensemble immobilier autre que HLM ayant fait l'objet d'un même permis de construire
60				Première vente à terme d'un local mentionné au numéro 59 du présent tableau
61				Revente en l'état futur d'achèvement, achevé ou à terme des locaux d'habitation mentionnés au numéro 59 du présent tableau, intervenant dans un délai de 3 ans à compter de la première vente d'un local d'habitation compris dans le même immeuble ou ensemble immobilier lorsque l'acte est passé dans l'office du notaire qui a reçu le premier acte de vente
62				Vente ou cession de gré à gré de locaux HLM à usage locatif
63				Vente ou cession par adjudication volontaire de locaux HLM à usage locatif

Numéro	Catégorie	Sous-catégorie	Sous-ensemble	Nature de la prestation
64		Actes relatifs principalement aux biens immobiliers et fonciers Actes relatifs à la propriété et la mutation de propriété		Vente ou cession par adjudication judiciaire de locaux HLM à usage locatif
65				Ventes, cessions à titre gratuit ou apports de terrains à bâtir, équipés ou avec obligation, pour le vendeur, de les équiper, consentis par les départements, communes, établissements publics et sociétés d'équipement, à des organismes d'HLM.
66				Conclusion du contrat initial de location-accession régie par la loi n° 84-595 du 12 juillet 1984 définissant la location-accession à la propriété immobilière
67				Acte de transfert de propriété dans le cadre d'une location-accession mentionnée au numéro 66 du présent tableau
68				Ventes, soumises à publicité foncière, des biens et droits suivants : fonds de commerce, éléments de fonds de commerce, unités de production, de branches d'activité d'entreprise, au sens du livre VI du présent code
69				Ventes par adjudication judiciaire de tous biens et droits autres que meubles et objets mobiliers, arbres en détail, et bateaux
89			Actes relatifs principalement aux contrats et conventions liés aux biens immobiliers et fonciers Actes relatifs principalement au patrimoine et la propriété de l'activité économique	Convention d'indivision mentionnée aux articles 815-1 et 1873-1 à 1873-18 du Code civil
90				Déclaration de mobilier pour éviter une confusion
91				Lotissement de biens indivis, selon qu'il y a ou non tirage au sort ou attribution amiable
92				Constitution, convention modificative ou cession de mitoyenneté ou servitudes
93				Abandon de mitoyenneté ou servitudes
94				Établissement de l'acte de règlement de copropriété ou descriptif en volume
95				Mise en conformité du règlement de copropriété ou descriptif en volume
96				Échange bilatéral
97				Échange multilatéral
98		Actes relatifs principalement à l'activité économique Actes divers Actes divers Formalités relatives au crédit et à l'immobilier	Actes relatifs principalement au patrimoine et la propriété de l'activité économique Actes relatifs principalement aux prêts, dettes et sûretés participant à l'activité économique Actes relatifs principalement aux prêts, dettes et sûretés participant à l'activité économique Actes relatifs principalement aux contrats et conventions liés à l'activité économique	Acte d'abandon de biens ou droits par acte séparé
99				Vente à réméré
100				Partage de sociétés de construction
101				Partage volontaire ou judiciaire, avec ou sans liquidation de communauté, de succession, de société (autre que celles mentionnées au numéro 100 du présent tableau) ou d'association
102				Partage de biens indivis, dans les cas autres que ceux prévus au numéro 101 du présent tableau.
103				Liquidation sans partage
104				Ventes par adjudication judiciaire de meubles et objets mobiliers, d'arbres en détail et de bateaux
105				Établissement de l'acte et le dépôt prévus à l'article L. 526-9 dans le cadre d'une affectation d'un bien immobilier dans le patrimoine de l'entrepreneur individuel à responsabilité limitée mentionné à l'article L. 526-6

ACTE NOTARIÉ

Numéro	Catégorie	Sous-catégorie	Sous-ensemble	Nature de la prestation
106				Renonciation à l'affectation prévue à l'article 526-15
107				Acte comportant reprise, cession ou apport du bien affecté, prévu aux articles L. 526-16 et L. 526-17
108				Évaluation d'un bien immobilier dont la valeur doit être déclarée en vertu de l'article L. 526-10.
109				Acte de consentement à l'antériorité
110				Antichrèse par acte séparé
111				Cautionnement
112			Actes relatifs principalement aux prêts, dettes et sûretés participant à l'activité économique Actes relatifs principalement aux contrats et conventions liés à l'activité économique Actes relatifs principalement aux contrats et conventions liés à l'activité économique Acte complémentaire ou interprétatif Acte rectificatif	Compensation
113				Vente à la société de crédit-bail dans le cadre d'un crédit-bail ou d'une cession-bail
114				Crédit-bail
115				Vente à l'utilisateur
116				Cession de crédit-bail pure et simple
117				Cession de crédit-bail moyennant un prix
118				Dation en paiement
119				Délégation de créance parfaite par acte séparé
120				Délégation de créance parfaite intervenant dans un acte dont elle n'est pas l'objet principal
121				Délégation imparfaite
122				Distribution de deniers par contribution
123				Acte d'affectation hypothécaire
124				Division d'hypothèque, dans le cas de partage de société de construction ou de vente de logements dépendant d'un même ensemble immobilier
125				Convention de rechargement d'une hypothèque
126				Avenant transformant la dernière hypothèque conventionnelle inscrite antérieurement à l'entrée en vigueur de l'ordonnance n° 2006-346 du 23 mars 2006, en hypothèque rechargeable
127				Forfait lorsque les actes mentionnés aux numéros 125 et 126 du présent tableau sont reçus simultanément
128				Prêt hypothécaire destiné à financer une activité professionnelle
129				Translation d'hypothèque portant sur la totalité du gage
130				Translation d'hypothèque partielle
131				Mainlevée de saisie
132				Mainlevée d'inscription hypothécaire, de privilège, de nantissement, de gage et réduction d'hypothèque définitive ou partielle réduisant la créance
133				Mainlevée d'inscription réduisant le gage ou le nantissement
134				Mainlevée d'inscription réduisant la créance et le gage ou le nantissement
135				Prêt viticole ou agricole
136				Prêt maritime
137				Prêt, obligation avec ou sans garantie, reconnaissance de dette, et ouverture de crédit
138				Prêts conventionnés, prêts d'épargne logement et prêts complémentaires ou d'anticipation de ceux-ci, et les autres prêts du secteur aidé

Numéro	Catégorie	Sous-catégorie	Sous-ensemble	Nature de la prestation
139			Actes relatifs principalement aux prêts, dettes et sûretés participant à l'activité économique Actes relatifs principalement aux contrats et conventions liés à l'activité économique Actes relatifs principalement aux contrats et conventions liés à l'activité économique Acte complémentaire ou interprétatif Acte rectificatif	Déclaration d'insaisissabilité de la résidence principale, prévue aux articles L. 526-1 et L. 526-2
140				Renonciation à l'insaisissabilité des droits sur la résidence principale ou à la déclaration mentionnée au numéro 139, prévue à la première phrase du deuxième alinéa de l'article L. 526-3
141				Révocation de la renonciation mentionnée au numéro 140, prévue à la quatrième phrase du deuxième alinéa de l'article L. 526-3
142				Endossement de copie exécutoire à ordre mentionnée dans la loi n° 76-519 du 15 juin 1976 relative à certaines formes de transmission des créances sans négociation
143				Endossement mentionné au numéro 142 du présent tableau avec négociation
144				Endossement dans les autres cas que ceux visés aux 142 et 143 du présent tableau
145				Réalisation de crédit ou de prêt conditionnel
146				Nantissement et gage
147				Warrant agricole
148				Cession de biens par un débiteur à ses créanciers, prévue aux articles 1265 et suivants du Code civil, avec mutation de propriété
149				Compromis prévu au titre XVI du livre III du Code civil
150				Contrat de franchisage
151				Certificat de légalité pour les fusions de sociétés européennes
152			Actes relatifs principalement aux contrats et conventions liés à l'activité économique Acte complémentaire ou interprétatif Acte rectificatif Autorisations (en général)	Certificat de légalité pour les transferts de siège de sociétés européennes
153				Devis et marché vente en dehors du cas prévu à l'article 1831-1 du Code civil
154				Devis et marché bail en dehors du cas prévu à l'article 1831-1 du Code civil
155				Promesse d'attribution faite dans un procès-verbal d'adjudication judiciaire
156				Inventaire
157				Liquidation de reprise (par acte séparé)
158				Ordre amiable, avec ou sans quittance
159				Sociétés (biens faisant l'objet d'une publicité foncière)
160				Association (biens faisant l'objet d'une publicité foncière)
161				Règlement d'indemnité en cas d'expropriation pour cause d'utilité publique, avant expropriation prononcée
162				Règlement d'indemnité en cas d'expropriation pour cause d'utilité publique, après expropriation prononcée sans traité d'adhésion
163				Règlement d'indemnité en cas d'expropriation pour cause d'utilité publique, après expropriation prononcée avec traité d'adhésion
164				Quittance pure et simple ou dans les cas prévus par les articles 1346-2, et 1346 du Code civil
165				Quittance d'ordre judiciaire
166				Subrogation, prévue à l'article 1346-1 du Code civil
167				Transports de droits litigieux

Numéro	Catégorie	Sous-catégorie	Sous-ensemble	Nature de la prestation
168				
169				
170				
171		Actes divers Formalités relatives au crédit et à l'immobilier Formalités relatives au crédit et à l'immobilier Formalités relatives aux démarches administratives et fiscales		Compte d'administration légale, d'acceptation de la succession à concurrence de l'actif net, de copropriété, d'exécution testamentaire, de gestion de mandat, de séquestre et autres
172				Décharge (par acte séparé) de cautionnement, d'exécution testamentaire, de mandat, d'objets mobiliers, de pièces, de solidarité et autres
173				Dépôt d'actes sous seing privé autres que les testaments olographes
174				Procès-verbal de dires, de protestations, de difficultés, de bornage
175				Procès-verbal de carence
176				Procuration
177				Prorogation de délai
178				Attestation de créancier
179				Paiement à des entrepreneurs des fonds versés par organismes de crédit
180				Ensemble des demandes de documents cadastraux, notamment l'extrait cadastral, le document d'arpentage, et les formulaires de division de parcelle
181	Formalités	Formalités relatives au crédit et à l'immobilier Formalités relatives aux démarches administratives et fiscales Formalités relatives aux démarches administratives et fiscales Autres formalités diverses		Vérification auprès du casier judiciaire de la situation pénale de l'acquéreur au regard de l'interdiction mentionnée au 5° bis de l'article 225-19 du Code pénal, en cas d'infraction prévue à l'article 225-14 du même code
182				Vérification du respect des dispositions de l'article L. 711-2 du Code de la construction et de l'habitation dans le cadre de l'élaboration de l'acte authentique mentionné au premier alinéa de l'article L. 711-5 du même code
183				Immatriculation d'office du syndicat de copropriétaires dans les cas prévus au deuxième alinéa de l'article L. 711-5 du Code de la construction et de l'habitation
184				Immatriculation du syndicat de copropriétaires d'un immeuble mis en copropriété dans le cas prévu au I de l'article L. 711-4 du Code de la construction et de l'habitation
185				Copie figurée ou collationnée, pour publicité foncière
186				Demande de subvention dans le cadre d'un échange de biens ruraux
187				Notification nécessaire à la purge d'un droit de préemption
188				Réquisition de publication ou de mention en matière de publicité foncière
189				Inscription d'une hypothèque légale par le notaire sans acte notarié
190				Mention en marge d'une convention de rechargement
191				Bordereau d'inscription en suite immédiate d'un acte
192				Renouvellement d'inscription
193				Réquisition d'un état

Numéro	Catégorie	Sous-catégorie	Sous-ensemble	Nature de la prestation
194	Formalités	Formalités relatives au crédit et à l'immobilier Formalités relatives aux démarches administratives et fiscales Formalités relatives aux démarches administratives et fiscales Autres formalités diverses		Forfait pour les actes destinés à être publiés au fichier immobilier, comprenant l'ensemble des formalités suivantes : actes d'état civil, attestations, demandes de cadastre, copies authentiques, copies sur papier libre, copies publicité foncière, extraits d'acte, réquisitions d'état
195				Transmission au Conseil supérieur du notariat des informations relatives aux mutations d'immeubles à titre onéreux nécessaires à l'exercice de la mission de service public prévue à l'article 6-1 de l'ordonnance n° 45-2590 du 2 novembre 1945 relative au statut du notariat
196				Ensemble des demandes concernant l'état civil des personnes physiques et l'immatriculation des personnes morales
197				Attestation en général ou la certification écrite d'une situation de fait ou de droit délivrée par le notaire
198				Demande de renseignements en matière de législation sociale
199		Formalités relatives aux démarches administratives et fiscales Autres formalités diverses Autres formalités diverses		Remise au greffe de procès-verbal de difficultés, testament ou autres actes
200				Formalités de publicité d'une déclaration de pacte civil de solidarité reçu par un notaire (pour les deux partenaires)
201				Formalités de publicité d'une modification de pacte civil de solidarité
202				Formalités de publicité d'une dissolution de pacte civil de solidarité
203				Rédaction et envoi d'une requête au juge des tutelles
204				Obtention de tout document nécessaire à la rédaction d'un acte et non tarifé par ailleurs
205				Demande d'autorisation de cumul
206				Établissement de la déclaration et le paiement de l'impôt sur les plus-values
207				Demande de paiement fractionné ou différé des droits quand la garantie proposée est hypothécaire
208				Demande de paiement fractionné ou différé des droits dans les cas autres que celui prévu au numéro 207 du présent tableau
209				Démarches pour l'application de la réglementation applicable en matière de relations financières avec l'étranger
210				Demande dégrèvement ou de restitution de droits ou taxes, lorsqu'il n'y a pas de démarches auprès de l'administration
211				Rédaction d'imprimés administratifs relatifs à la taxe sur la valeur ajoutée
212				Copie exécutoire, authentique, par extrait
213				Copie sur papier libre
214				Archivage numérisé des actes
215		Autres formalités diverses		Extrait d'acte, y compris le bordereau récapitulatif
216				Notification, sauf en matière de préemption
217				Demande de remise de pénalité, pour des faits non-imputables au notaire
218				Rédaction d'affiches ou d'insertions dans les journaux en vue de publications diverses
219				Consultation de fichier public

Tableau 6

Numéro	Catégorie	Sous-catégorie	Nature de la prestation
1		Actes	Actes de procédure réalisés dans le cadre d'une saisie immobilière
2			Actes de procédure réalisés dans le cadre d'une licitation d'immeubles par adjudication judiciaire
3			Actes de procédure réalisés dans le cadre d'une licitation de meubles par adjudication judiciaire
4			Actes de procédure réalisés dans le cadre de la distribution du prix d'un immeuble ou d'un meuble vendu par adjudication judiciaire
5	Prestations de postulation réalisées dans le cadre d'une vente de meubles ou d'immeubles par adjudication judiciaire (saisie immobilière ou licitation judiciaire)	Formalités	Réquisitions et demandes de renseignements sur la personne du débiteur saisi
6			Réquisitions et demandes de renseignements sur l'immeuble saisi
7			Rédaction du bordereau de publication et éventuellement du bordereau rectificatif, en application des articles R. 321-6 et R. 321-7 du Code des procédures civiles d'exécution
8			Publication du commandement de payer au service de la publicité foncière
9			Publication au service de la publicité foncière de la décision de justice ordonnant la suspension des voies d'exécution, le report de la vente ou la prorogation du commandement de payer, en application de l'article R. 321-22 du Code des procédures civiles d'exécution
10			Rédaction de la dénonciation au conjoint du commandement de payer en application du premier alinéa de l'article R. 321-1 du Code des procédures civiles d'exécution
11			S'il existe un tiers détenteur de l'immeuble saisi, rédaction du commandement à fin de saisie à tiers détenteur, en application de l'article R. 321-4 du Code des procédures civiles d'exécution
12			Mention, en marge de publication du commandement de payer, de l'assignation à comparaître à l'audience d'orientation et des dénonciations, en application de l'article R. 322-9 du Code des procédures civiles d'exécution
13			Rédaction du cahier des conditions de la vente ou du cahier des charges
14			Dépôt au greffe du cahier des conditions de la vente ou du cahier des charges, de la copie de l'assignation et du procès-verbal de descriptif de l'immeuble saisi, en application des articles R. 322-10 et R. 322-11 du Code des procédures civiles d'exécution
15			Dire au cahier des conditions de la vente pour renseignements complémentaires
16			Rédaction d'une signification de jugement à avocat et à partie
17			Lettre en recommandé avec accusé de réception au syndic de copropriété concernant l'amiante et l'état de l'immeuble saisi, en application des articles R. 1334-14 à R. 1334-29-7 du Code de la santé publique
18			Déclaration au greffe pour informations complémentaires
19			Si l'immeuble saisi est soumis à un droit de préemption urbain, rédaction de la déclaration d'intention d'aliéner et envoi en mairie en cinq exemplaires

<table>
<tr><th>Numéro</th><th>Catégorie</th><th>Sous-catégorie</th><th colspan="2">Nature de la prestation</th></tr>
<tr><td>20</td><td rowspan="17">Prestations de postulation réalisées dans le cadre d'une vente de meubles ou d'immeubles par adjudication judiciaire (saisie immobilière ou licitation judiciaire)</td><td rowspan="17">Formalités</td><td colspan="2">Formalités de publicité légale prévues aux articles R. 322-32 à R. 322-70 du Code des procédures civiles d'exécution</td></tr>
<tr><td>21</td><td colspan="2">Dépôt au greffe de l'avis de publicité pour apposition</td></tr>
<tr><td>22</td><td colspan="2">Lettre en recommandé avec accusé de réception au locataire ou, si l'immeuble est occupé par le propriétaire, à la mairie, en application de l'article L. 616 du Code de la construction et de l'habitation</td></tr>
<tr><td>23</td><td colspan="2">Rédaction d'une notification aux fins de purge des droits de préemption et de substitution, en application de l'article 10 de la loi n° 75-1351 du 31 décembre 1975 relative à la protection des occupants de locaux à usage d'habitation</td></tr>
<tr><td>24</td><td colspan="2">Levée auprès du greffe du certificat constatant le défaut de consignation du prix ou de paiement des frais, en application de l'article R. 322-67 du Code des procédures civiles d'exécution</td></tr>
<tr><td>25</td><td colspan="2">Rédaction d'une sommation de payer à l'avocat de l'adjudicataire</td></tr>
<tr><td>26</td><td colspan="2">Déclaration d'adjudicataire au greffe, en application de l'article R. 322-46 du Code des procédures civiles d'exécution</td></tr>
<tr><td>27</td><td colspan="2">Concernant les lots de copropriété, notification au syndic de l'avis de mutation en application de l'article 5-1 du décret n° 67-223 du 17 mars 1967</td></tr>
<tr><td>28</td><td colspan="2">Concernant les lots de copropriété, notification au syndic du transfert de propriété en application de l'article 6 du décret n° 67-223 du 17 mars 1967</td></tr>
<tr><td>29</td><td colspan="2">Concernant les lots de copropriété, notification aux créanciers inscrits de l'opposition à la vente formulée par le syndic, en application de l'article 6-1 du décret n° 67-223 du 17 mars 1967</td></tr>
<tr><td>30</td><td colspan="2">Dépôt d'une déclaration de surenchère au greffe du juge de l'exécution</td></tr>
<tr><td>31</td><td colspan="2">Rédaction de la dénonciation de la surenchère au créancier poursuivant, au premier adjudicataire et au débiteur saisi au greffe</td></tr>
<tr><td>32</td><td colspan="2">S'il n'existe qu'un seul créancier, notification au débiteur du montant versé au créancier poursuivant, en application de l'article R. 332-1 du Code des procédures civiles d'exécution</td></tr>
<tr><td>33</td><td rowspan="3">S'il existe plusieurs créanciers</td><td>Notification de la demande de la déclaration actualisée des créances, en application de l'article R. 332-2 du Code des procédures civiles d'exécution</td></tr>
<tr><td>34</td><td>Notification du projet de distribution du prix aux créanciers, en application des articles R. 332-4 et R. 332-5 du Code des procédures civiles d'exécution</td></tr>
<tr><td>35</td><td>Notification du projet de distribution du prix au syndic de copropriété, au débiteur saisi et au Trésor public</td></tr>
<tr><td>36</td><td colspan="2">Réquisition auprès du service de la publicité foncière aux fins de radiation des inscriptions et publications</td></tr>
</table>

Numéro	Catégorie	Sous-catégorie	Nature de la prestation
37	Prestations de postulation réalisées dans le cadre d'un partage ou d'une licitation par adjudication volontaire	Actes	Actes de procédure réalisés dans le cadre d'une demande contestée en partage de biens meubles ou immeubles, y compris en cas de licitation par adjudication volontaire
38			Actes de procédure réalisés dans le cadre d'une demande non contestée en partage de biens immeubles
39			Actes de procédure réalisés dans le cadre d'une demande contestée en homologation du projet d'état liquidatif des biens à partager
40		Formalités	Publication du jugement au service de la publicité foncière
41	Prestations de postulation réalisées en matière de sûretés judiciaires	Actes	Actes de procédure réalisés pour l'inscription d'une sûreté judiciaire avec demande d'obtention d'un titre exécutoire, en application de l'article R. 531-1 du Code des procédures civiles d'exécution
42			Actes de procédure réalisés pour l'inscription d'une sûreté judiciaire sans demande d'obtention d'un titre exécutoire en application de l'article R. 531-1 du Code des procédures civiles d'exécution ou en application de l'article 2412 du Code civil
43		Formalités	Réquisitions et demandes de renseignements sur la personne du débiteur
44			Réquisitions et demandes de renseignements sur l'immeuble
45			Réquisitions et demandes de renseignements sur la société
46			Formalités de publicité provisoire, en application des articles R. 532-1 à R. 532-9 du Code des procédures civiles d'exécution
47			Formalités de publicité définitive en application des articles R. 533-1 à R. 533-6 du Code des procédures civiles d'exécution
48	Incidents	Incidents	Actes et formalités de procédure réalisés en matière d'incidents (incidents relevant de l'article 771 du Code de procédure civile et contestations et demandes incidentes mentionnées à l'article R. 311-6 du Code des procédures civiles d'exécution)

Une fois déterminé le numéro de la formalité, il convient pour déterminer l'émolument de se référer aux articles A. 444-169 et suivants du Code de commerce :

– les prestations figurant aux numéros 178 à 180 du tableau 5 donnent lieu à la perception des émoluments suivants (*C. com., art. A. 444-169*) :

NUMÉRO DE LA PRESTATION (tableau 5 de l'article annexe 4-7)	DÉSIGNATION DE LA PRESTATION	ÉMOLUMENT
178	Attestation de créancier	7,69 €
179	Paiement à des entrepreneurs des fonds versés par organismes de crédit (par règlement)	7,69 €
180	Ensemble des demandes de documents cadastraux, notamment l'extrait cadastral, le document d'arpentage, et les formulaires de division de parcelle	11,54 €

– la vérification de la situation pénale de l'acquéreur auprès du casier judiciaire (numéro 181 du tableau 5) donne lieu à la perception des émoluments suivants : en cas d'acquisition par une ou plusieurs personnes physiques ou par une personne morale jusqu'à 5 associés inclus : 38,46 € par dossier ; en cas d'acquisition par une personne morale, au-delà de 5 associés : 76,92 € par dossier. Le renouvellement de l'extrait de casier judiciaire, avec réinitialisation de la demande, donne lieu à la perception d'un nouvel émolument fixé selon les modalités indiquées précédemment *(C. com., art. A. 444-170)* ;

– les prestations figurant aux numéros 182 à 195 du tableau 5 donnent lieu à la perception des émoluments suivants *(C. com., art. A. 444-171)* :

NUMÉRO DE LA PRESTATION (tableau 5 de l'article annexe 4-7)	DÉSIGNATION DE LA PRESTATION	ÉMOLUMENT
182	Vérification du respect des dispositions de l'article L. 711-2 du Code de la construction et de l'habitation dans le cadre de l'élaboration de l'acte authentique mentionné au premier alinéa de l'article L. 711-5 du même code	15,38 €
183	Immatriculation d'office du syndicat de copropriétaires dans les cas prévus au deuxième alinéa de l'article L. 711-5 du Code de la construction et de l'habitation	19,23 €
184	Immatriculation du syndicat de copropriétaires d'un immeuble mis en copropriété dans le cas prévu au I de l'article L. 711-4 du Code de la construction et de l'habitation	19,23 €
185	Copie figurée ou collationnée, pour publicité foncière (par page)	1,15 €
186	Demande de subvention dans le cadre d'un échange de biens ruraux	19,23 €
187	Notification nécessaire à la purge d'un droit de préemption (par notification)	38,46 €
188	Réquisition de publication ou de mention en matière de publicité foncière	19,23 €
189	Inscription d'une hypothèque légale par le notaire sans acte notarié	19,23 €
190	Mention en marge d'une convention de rechargement	19,23 €
191	Bordereau d'inscription en suite immédiate d'un acte	7,69 €
192	Renouvellement d'inscription	38,46 €
193	Demande d'état (par réquisition)	3,85 €
194	Actes destinés à être publiés au fichier immobilier : actes d'état civil, attestations, demandes de cadastre, copies authentiques, copies sur papier libre, copies publicité foncière extraits d'acte, réquisitions d'état	346,16 €
195	Transmission au Conseil supérieur du notariat des informations relatives aux mutations d'immeubles à titre onéreux nécessaires à l'exercice de la mission de service public prévue à l'article 6-1 de l'ordonnance n° 45-2590 du 2 novembre 1945 relative au statut du notariat	15,60 €

– les prestations figurant aux numéros 196 à 211 du tableau mentionne à l'article A. 444-53 donnent lieu à la perception des émoluments suivants *(C. com., art. A. 444-172)* :

NUMÉRO DE LA PRESTATION (tableau 5 de l'article annexe 4-7)	DÉSIGNATION DE LA PRESTATION	ÉMOLUMENT
196	Ensemble des demandes concernant l'état civil des personnes physiques et l'immatriculation des personnes morales (actes de l'état civil)	11,54 €
197	Attestation en général ou la certification écrite d'une situation de fait ou de droit délivrée par le notaire (par attestation délivrée)	3,85 €
198	Demande de renseignements en matière de législation sociale (par demande)	3,85 €
199	Remise au greffe de procès-verbal de difficultés, testament ou autres actes (pour toutes les pièces comprises dans la même remise, frais de déplacement en sus)	9,23 €
200	Formalités de publicité d'une déclaration de pacte civil de solidarité reçu par un notaire (pour les deux partenaires)	11,54 €
201	Formalités de publicité d'une modification de pacte civil de solidarité reçu par un notaire (pour les deux partenaires)	11,54 €
202	Formalités de publicité d'une dissolution de pacte civil de solidarité reçu par un notaire (pour les deux partenaires)	11,54 €

ACTE NOTARIÉ

NUMÉRO DE LA PRESTATION (tableau 5 de l'article annexe 4-7)	DÉSIGNATION DE LA PRESTATION	ÉMOLUMENT
203	Rédaction et envoi d'une requête au juge des tutelles	38,46 €
204	Obtention de tout document nécessaire à la rédaction d'un acte et non tarifé par ailleurs	57,69 €
205	Demande d'autorisation de cumul	38,46 €
206	Établissement de la déclaration et le paiement de l'impôt sur les plus-values	57,69 €
207	Demande de paiement fractionné ou différé des droits quand la garantie proposée est hypothécaire	38,46 €
208	Demande de paiement fractionné ou différé des droits dans les cas autres que celui prévu au numéro 202 du présent tableau	76,92 €
209	Démarches pour l'application de la réglementation applicable en matière de relations financières avec l'étranger	46,15 €
210	Demande dégrèvement ou de restitution de droits ou taxes, lorsqu'il n'y a pas de démarches auprès de l'administration	38,46 €
211	Rédaction d'imprimés administratifs relatifs à la taxe sur la valeur ajoutée	19,23 €

– les démarches concernant l'obtention et la vérification d'un certificat de mesurage ou d'un document composant le dossier de diagnostic technique donnent lieu à la perception d'un émolument fixe conformément au tableau ci-après *(C. com., art. 444-172-1)* :

DÉSIGNATION DE LA PRESTATION	ÉMOLUMENT
Certificat de mesurage en application l'article 46 de la loi n° 65-557 du 10 juillet 1965 fixant le statut de la copropriété des immeubles bâtis	15,38 €
Chacun des documents composant le dossier de diagnostic technique prévu à l'article L. 271-4 du Code de la construction et de l'habitation, mentionnés au I de cet article	15,38 €

– les prestations figurant aux numéros 212 à 219 du tableau 5 donnent lieu à la perception des émoluments suivants *(C. com. A. 444-173)* :

NUMÉRO DE LA PRESTATION (tableau 5 de l'article annexe 4-7)	DÉSIGNATION DE LA PRESTATION	ÉMOLUMENT
212	Copie exécutoire, authentique, par extrait	1,15 €
213	Copie sur papier libre	0,38 €
214	Archivage numérisé des actes	0,19 €
215	Extrait d'acte, y compris le bordereau récapitulatif	19,23 €
216	Notification, sauf en matière de préemption	15,38 €
217	Demande de remise de pénalité, pour des faits non-imputables au notaire	38,46 €
218	Rédaction d'affiches ou d'insertions dans les journaux en vue de publications diverses (par texte rédigé)	38,46 €
219	Consultation de fichier public	11,54 €

– les prestations figurant aux numéros 212 à 219 du tableau 5 donnent lieu à la perception des émoluments suivants *(C. com., art. A. 444-173)* :

NUMÉRO DE LA PRESTATION (tableau 5 de l'article annexe 4-7)	DÉSIGNATION DE LA PRESTATION	ÉMOLUMENT
212	Copie exécutoire, authentique, par extrait	1,15 €
213	Copie sur papier libre	0,38 €
214	Archivage numérisé des actes	0,19 €
215	Extrait d'acte, y compris le bordereau récapitulatif	19,23 €
216	Notification, sauf en matière de préemption	15,38 €

NUMÉRO DE LA PRESTATION (tableau 5 de l'article annexe 4-7)	DÉSIGNATION DE LA PRESTATION	ÉMOLUMENT
217	Demande de remise de pénalité, pour des faits non-imputables au notaire	38,46 €
218	Rédaction d'affiches ou d'insertions dans les journaux en vue de publications diverses (par texte rédigé)	38,46 €
219	Consultation de fichier public	11,54 €

Pour aller plus loin

Formules
- JCl. Notarial Formulaire, V° Émoluments et honoraires, fasc. 75, par J.-F. Pillebout

Commentaires
- JCl. Notarial Formulaire, V Émoluments et honoraires, fasc. 38, par F. Hébert et J.-F. Pillebout
- JCl. Pratique notariale - L'entreprise notariale, fasc. 820
- JCl. Commentaire du tarif des notaires : éd. LexisNexis

C. – PLAFONNEMENT DES ÉMOLUMENTS

4306 Somme des émoluments – La somme des émoluments perçus par le notaire au titre des prestations relatives à la mutation d'un bien ou d'un droit immobilier ne peut excéder **10 % de la valeur** de ce bien ou droit, sans pouvoir être inférieure à un montant fixé par l'arrêté prévu à l'article L. 444-3, sans pouvoir être inférieure **à 90 €** *(C. com., art. R 444-9)*.

4307 Application – Pour l'application de l'article R. 444-9 du Code de commerce, le notaire procède au calcul de la somme des émolumentss'agissant respectivement de l'acte de mutation immobilière et des formalités liées à son accomplissement, desquels il déduit, le cas échéant, les remises qu'il a consenties dans les conditions prévues à l'article A. 444-174 du Code de commerce.
Si la somme excède 10 % de la valeur du bien ou du droit faisant l'objet de la mutation, le total des émoluments perçus par le notaire au titre de cette mutation est écrêté à ce montant, sans pouvoir être inférieur à 90 €.
Le détail des émoluments et des remises, ainsi que le montant de l'écrêtement pratiqué, sont portés, sous le nom du client débiteur, sur le registre de frais d'actes prévu par l'article 18 du décret n° 45-0117 du 19 décembre 1945 pris pour l'application du statut du notariat.

4308 Pluralité de notaires – Chaque notaire intervenant subit l'écrêtement. Pour déterminer si le seuil de 10 % est atteint, il y a lieu de tenir compte des émoluments de formalités figurant sur la note de frais préalables du notaire représentant le vendeur.

II. Honoraires

A. – EXIGENCES COMMUNES

4309 Fixation – Les honoraires ne sont pas réglementés. Par conséquent, chaque notaire fixe librement ceux-ci. Toutefois, l'article L. 443-1 du Code commerce précise que les honoraires rémunérant ces prestations tiennent compte, selon les usages, de la situation de fortune du client, de la difficulté de l'affaire, des frais exposés par les professionnels concernés, de leur notoriété et des diligences de ceux-ci.

4310 Convention d'honoraire – Les notaires concluent par écrit avec leur client une convention d'honoraires, qui précise, notamment, le montant ou le mode de détermination des honoraires couvrant les diligences prévisibles, ainsi que les divers frais et débours envisagés.

B. – DIFFÉRENTS HONORAIRES

4311 Honoraires de négociation – Ils sont dus pour les négociations, définies comme les prestations par lesquelles le notaire, agissant en vertu d'un mandat écrit que lui a donné à cette fin l'une des parties, recherche un cocontractant, le découvre et le met en relation avec son mandant, soit directement, soit par l'intermédiaire du représentant de ce cocontractant, reçoit l'acte ou participe à sa réception *(V. n° 70 et s.)*.

4312 Honoraires de consultation – Les notaires peuvent percevoir des honoraires pour les consultations, sous réserve qu'elles soient détachables des prestations figurant sur la liste prévue au 1° de l'article R. 444-3 du Code de commerce. Cette consultation ne doit pas être indispensable à la rédaction de l'acte, ce qui suppose qu'elle peut être réalisée par un autre professionnel du droit.

4313 Honoraires de transaction – Le notaire peut percevoir des honoraires pour les transactions définies comme les prestations par lesquelles le notaire chargé de recevoir un acte dont la réalisation est subordonnée à la solution d'un désaccord, rapproche ou participe au rapprochement des parties, obtient ou participe à l'obtention de leur accord et rédige la convention prévue par l'article 2044 du Code civil *(C. com., ann. 4-9)*.

4314 Honoraires de rédaction – Pour les actes ne donnant pas lieu à émolument, les notaires peuvent donc percevoir des honoraires. Il en va ainsi notamment pour la rédaction d'un pacte de préférence, d'une promesse de vente qui n'est pas obligatoirement notariée *(V. n° **154** et s. – V. n° **212** et s. – V. n° **323** et s. – V. n° **566** et s.)*. Une lettre de mission doit alors être établie, ce afin de respecter l'article L. 444-1 du Code de commerce. Il n'est pas suffisant de mentionner seulement dans le contrat préparatoire le montant des honoraires. De plus, l'article 9.1 du règlement national du 22 mai 2018 impose l'établissement préalable d'une convention d'honoraires qui doit être approuvée par le client, tout comme la lettre de mission.

Formule – Exemple de lettre de mission

Destinataire

LETTRE DE MISSION POUR UNE VENTE D'IMMEUBLE

Madame, Monsieur,
Vous souhaitez nous confier la mission de vous accompagner dans l'acquisition d'un immeuble situé à...

Mission

Cette mission correspondra à :
- la rédaction du contrat préparatoire à la vente d'immeuble et l'acte authentique de vente ;
- la collecte et l'analyse des documents nécessaires à la vente de l'immeuble et à la rédaction des actes ;
- l'accomplissement des formalités légales et administratives relatives à la vente de l'immeuble ;
- la fourniture de conseils sur l'opération envisagée.

Montant des honoraires proposés

Pour la réalisation de cette mission, le coût global serait de... € HT au titre de l'article L. 444-1 du Code de commerce.
À ce coût, s'ajoute la TVA au taux actuellement en vigueur soit un montant total TTC de... € (...euros).

Conditions

Le montant des honoraires a été déterminé en fonction de..., ce conformément à l'article L. 444-1 du Code de commerce.

Règlement des honoraires

La facture sera émise lors de la signature du contrat préparatoire et payable comptant.

Interlocuteur

Votre interlocuteur au sein de l'office pour la réalisation de cette mission sera :...

Acceptation

Nous vous remercions de nous faire part de votre accord en nous retournant un exemplaire revêtu de votre signature accompagné d'un acompte d'un montant de... € TTC.
Cette somme sera acquise à l'office dans l'hypothèse où après avoir accepté la présente convention, son bénéficiaire décidait de ne pas poursuivre son projet d'acquisition au titre des démarches d'ores et déjà effectuées par l'office.
Restant à votre disposition, recevez, Madame, Monsieur, nos meilleures salutations.
Fait à..., le...

Signature

III. Débours

4315 Définition – Il s'agit de la somme avancée pour le compte du client ou du débiteur par le professionnel pour la réalisation d'une prestation.

4316 Remboursement – Le notaire peut demander le remboursement de :
- tous les frais, notamment les frais de déplacement et les frais exceptionnels exposés à la demande expresse du client à l'occasion de l'élaboration et de la rédaction d'un acte ou de l'accomplissement des formalités

mentionnés à l'article annexe 4-7 du Code de commerce, à l'exception des frais accessoires, tels que frais de papeterie ou de bureau ;
- toute somme due à des tiers et payée par le notaire pour le compte de son client à l'occasion d'une prestation listée à l'article annexe 4-7 du Code de commerce.

IV. Consignation d'une provision

4317 Obligation de consignation – Le notaire ne peut recevoir un acte sans avoir été provisionné d'une somme suffisante pour couvrir les déboursés, droits, émoluments et honoraires *(C. com., art. R. 444-61)*. Il lui est interdit de consentir à son client une avance sous quelque forme et à quelque titre que ce soit.

4318 Faute – Le notaire qui reçoit un acte sans avoir provisionné une somme suffisante commet une faute. Il encourt dès lors des sanctions disciplinaires. Il peut également voir sa responsabilité engagée. Cette faute peut être opposée à la demande en paiement par celui à qui ce manquement porte préjudice *(Cass. 1re civ., 26 févr. 2002, n° 99-11.503 : JurisData n° 2002-013232 ; JCP N 2002, n° 40, 1536 ; Bull. civ. I, n° 69)*. De même, une partie à un acte notarié ne peut être condamnée à payer au notaire la part des frais qu'une autre partie devait conventionnellement supporter, dès lors qu'il n'a pas réclamé, avant de procéder à la signature de l'acte, à la consignation des frais et émoluments prévues à l'article R. 444-61 du Code de commerce *(Cass. 1re civ., 16 mai 1995, n° 93-14.330 : JurisData n° 1995-001118 ; JCP N 1995, II, n° 43, p. 1519 ; Defrénois 1996, art. 36228, p. 37, note B. Gelot ; Bull. civ. I, n° 212)*.

Pour aller plus loin

Formules
- JCl. Notarial Formulaire, V° Émoluments et honoraires, fasc. 75, par J.-F. Pillebout

Commentaires
- JCl. Notarial Formulaire, V° Émoluments et honoraires, fasc. 10, par F. Hébert et J.-F. Pillebout
- JCl. Pratique notariale - L'entreprise notariale, fasc. 820
- JCl. Commentaire du tarif des notaires : éd. LexisNexis, publié sous l'égide et pour le compte du Conseil Supérieur du Notariat

Publicité foncière

I. Introduction

4319 La vente d'un immeuble donne lieu à publicité foncière. Pour autant, ce n'est pas uniquement lors de la publication de l'acte que la publicité foncière intéresse le rédacteur d'acte. En effet, pour déterminer la situation juridique de l'immeuble, il va être nécessaire d'interroger le service de la publicité foncière ou d'effectuer une demande via un serveur mis à disposition par la direction générale des finances publiques.
Tant lors de cette interrogation que lors de la publication, des règles spécifiques vont devoir être respectées. Une fois l'acte publié, la publication produit des effets qu'il y a lieu de préciser.

II. Interrogation du service de publicité foncière

4320 L'interrogation du service de publicité foncière permet de connaître la situation juridique de l'immeuble dont la vente est envisagée. Une demande doit être faite au service chargé de la publicité foncière qui sera tenu de faire droit à celle-ci dans des conditions déterminées (*C. civ., art. 2449*).

A. – DEMANDE

4321 **Double exemplaire et modèle** – La demande de copie de documents et la demande de renseignements sont établies en double exemplaire par procédé bureautique sur un formulaire fourni par l'Administration ou reproduit selon des normes fixées par instruction publiée au Bulletin officiel des finances publiques - Impôts, le second exemplaire étant obtenu par duplication.
Les différents modèles sont les suivants :

1 - Renseignements portant sur la documentation hypothécaire constituée avant le 1er janvier 1956.	
N° de nomenclature	Nature des imprimés
3230-SD	Demande de relevé des formalités
3231-SD	Demande de copie de documents
2 - Renseignements portant sur la documentation hypothécaire constituée depuis le 1er janvier 1956.	
N° de nomenclature	Nature des imprimés
3233-SD	Demande de renseignements
3236-SD	Demande de copie de documents
3240-SD	Demande complémentaire de renseignements

4322 **Date et signature** – Les demandes sont datées et signées par ceux qui les formulent.

4323 **Contenu de la demande** – Sous réserve de l'application du 1 de l'article 40 du décret n° 55-22 du 4 janvier 1955, les **demandes de renseignements** comportent :
- tous les éléments d'identification : pour les personnes physiques, les nom et prénoms dans l'ordre de l'état civil, et les date et lieu de naissance ; pour les personnes morales, leur dénomination, la forme juridique et le siège, lorsque la personne morale est inscrite au répertoire prévu à l'article R. 123-220 du Code de commerce, le numéro d'identité qui lui a été attribué, complété, si celle-ci est assujettie à immatriculation au Registre du commerce et des sociétés, par la mention RCS suivie du nom de la ville où se trouve le greffe où elle est immatriculée, les nom, prénoms et domicile du ou des représentants de la personne morale ;
- la désignation individuelle des immeubles auxquels elles se rapportent, à savoir l'indication de la commune de situation, de la section et du numéro de plan cadastral et en outre pour les fractions d'immeubles l'indication du numéro du lot.

Les **demandes de copie de documents** comportent :
- la nature du document ;
- la date de publication du document au fichier immobilier ;
- la date, le volume et le numéro d'ordre correspondant au classement du document dans le volume.

4324 **Distinction demande réelle/demande personnelle** – Suivant le contenu de la demande, le service chargé de la publicité foncière ne délivrera pas les mêmes renseignements :

- demande relative à une ou plusieurs personnes (demande personnelle) : le service de publicité foncière délivre toutes les informations contenues dans les documents publiés qui concernent la ou les personnes identifiées ;
- demande relative à un ou plusieurs immeubles (demande réelle) : le service de publicité foncière délivre toutes les informations contenues dans les documents publiés qui concernent le ou les immeubles désignés ;
- demande relative à une ou plusieurs personnes et un ou plusieurs immeubles (demande réelle et personnelle) : le service de publicité foncière délivre les informations contenues dans les documents publiés et qui concernent à la fois la ou les personnes identifiées et le ou les immeubles désignés.

4325 **Demande incomplète** – Le dépôt de la demande est refusé en cas de demande incomplète.

4326 **Ordre des demandes** – Afin d'optimiser les recherches relativement à la situation juridique d'un immeuble, il est recommandé d'user de la demande n° 3233 qui permet d'obtenir les principales informations contenues dans les documents publiés et conservés. Suite à l'obtention des renseignements, une nouvelle demande pourra être effectuée en usant de l'imprimé n° 3236 qui permet d'obtenir la copie intégrale des documents publiés et conservés par le service de publicité foncière.

Pour aller plus loin

Formules
- JCl. Notarial Formulaire, V° Publicité foncière, fasc. 105 (document hypothécaire normalisé)

Fiches pratiques
- Fiche pratique, n° 3111 : Déterminer l'immeuble vendu et les sujétions le grevant au sein de la partie développée de l'acte authentique de vente par S. Olivier
- Fiche pratique, n° 3112 : Identifier et désigner l'immeuble vendu au sein de la partie normalisée de l'acte authentique de vente, par S. Olivier

Commentaires
- JCl. Notarial Formulaire, Synthèse 1120, Publicité foncière, par S. Piedelièvre
- JCl. Notarial Formulaire, V° Publicité foncière, fasc. 50 et 80, par S. Piedelièvre

B. – DOCUMENTS ACCESSIBLES ET LES TARIFS

4327 **Documents accessibles** – Les services chargés de la publicité foncière sont tenus de délivrer, à tous ceux qui le requièrent :

- copie ou extrait des documents, autres que les bordereaux d'inscription, qui y sont déposés dans la limite des 50 années précédant celle de la réquisition ;
- copie ou extrait des inscriptions subsistantes ou certificat qu'il n'existe aucun document ou inscription entrant dans le cadre de la réquisition.

Ils sont également tenus de délivrer sur réquisition, dans un délai de 10 jours, des copies ou extraits du fichier immobilier ou certificat s'il n'existe aucune fiche entrant dans le cadre de la réquisition (*C. civ., art. 2449*).

N° de nomenclature	Nature des imprimés
1 – Les copies de documents imprimé 3231-SD imprimé 3236-SD	Il s'agit de la copie intégrale des documents publiés et conservés par le service de publicité foncière et principalement : – des actes constatant la transmission de la propriété d'un immeuble bâti ou non bâti (vente, donation, partage, transmission par décès...) ; – des bordereaux d'inscriptions hypothécaires en cours ; – des règlements de copropriété et des états descriptifs de division.
2 – Les renseignements extraits de la documentation hypothécaire imprimé 3233-SD	Il s'agit des principales informations contenues dans les documents publiés et conservés par le service de publicité foncière et que ce dernier délivre selon que la demande concerne : – une ou plusieurs personnes : le service de publicité foncière délivre toutes les informations contenues dans les documents publiés qui concernent la ou les personnes identifiées ; – un ou plusieurs immeubles : le service de publicité foncière délivre toutes les informations contenues dans les documents publiés qui concernent le ou les immeubles désignés ; – une ou plusieurs personnes et un ou plusieurs immeubles : le service de publicité foncière délivre les informations contenues dans les documents publiés et qui concernent à la fois la ou les personnes identifiées et le ou les immeubles désignés.

N° de nomenclature	Nature des imprimés
	Les informations délivrées prennent la forme : – pour la période allant du 1er janvier 1956 à la date d'informatisation du fichier immobilier, qui varie selon les services de publicité foncière sans pouvoir être postérieure à l'année 2003 : de la copie d'une ou plusieurs fiches manuscrites ; – à compter de la date d'informatisation du fichier immobilier : d'un état réponse informatique.
3 – La demande complémentaire de renseignements (actualisation des renseignements initialement délivrés) imprimé 3240-SD	L'usager qui a déjà obtenu des renseignements en réponse à une demande établie sur l'imprimé n° 3233-SD, peut en obtenir une actualisation. Pour ce faire, dans un délai de 12 mois à compter de la demande initiale, il renseigne dans l'imprimé n° 3240-SD le numéro de traitement de celle-ci. Ce numéro figure dans l'annexe à l'état réponse précédemment reçu.
4 – Le relevé des formalités imprimé 3230-SD	L'usager qui ne connaît pas les références données à la publication d'un document opérée avant le 1er janvier 1956 peut demander, au préalable d'une demande de copie de documents, la délivrance d'un relevé des formalités répertoriées au nom d'une personne, dont il indique les éléments d'identification.

Pour les demandes portant sur la documentation hypothécaire constituée depuis le 1er janvier 1956 (3233-SD, 3236-SD, et 3240-SD)	
1 – Les renseignements extraits de la documentation hypothécaire imprimé 3233-SD	Par défaut, les renseignements sont délivrés sur la période à compter du 1er janvier 1956 (ou date de rénovation du cadastre pour les demandes portant uniquement sur les immeubles) jusqu'à la date de réception de la demande (ou date de mise à jour du fichier immobilier au jour de réception de la demande pour les demandes portant uniquement sur les personnes). Le demandeur peut cependant fixer un point de départ et un point d'arrivée de son choix.
2 – La demande complémentaire de renseignements (actualisation des renseignements initialement délivrés) imprimé 3240-SD	Les renseignements sont délivrés sur la période à compter du jour suivant le terme du relevé de formalités publiées, délivré lors de la demande initiale, jusqu'à la date de réception de la demande complémentaire (ou date de mise à jour du fichier immobilier au jour de la demande complémentaire pour les demandes portant uniquement sur les personnes). Pour une demande complémentaire faisant suite à une demande portant uniquement sur les personnes, le demandeur peut choisir une délivrance à la date de réception de la demande complémentaire.
3 – Les copies de documents imprimé 3236-SD	Délivrance des copies demandées.

Pour les demandes portant sur la documentation hypothécaire constituée avant le 1er janvier 1956 (3230-SD et 3231-SD)	
1 – Le relevé des formalités imprimé 3230-SD	Délivrance des renseignements ou copies demandés s'ils sont encore en la possession du service de publicité foncière réceptionnaire de la demande. En effet, en application de l'article 10 du décret modifié n° 55-22 du 4 janvier 1955, le service de publicité foncière peut avoir transféré à un service départemental d'archives la documentation à utiliser pour répondre à la demande. Dans ce cas, le service de publicité foncière indique à l'usager le service départemental d'archives où la documentation peut désormais être consultée.
2 – Les copies de documents imprimé 3231-SD	

4328 Tarifs – La contribution de sécurité immobilière due à raison de la demande de renseignements est payable d'avance, lors de son dépôt au service de publicité foncière. Le coût est déterminé en fonction des éléments indiqués dans la demande, conformément au barème en vigueur ci-dessous (*CGI, art. 881 D*).

1 – Demandes concernant la documentation publiée au fichier immobilier depuis le 1er janvier 1956.			
Imprimé à utiliser	Nature de la demande	Renseignements demandés	Tarifs
		Renseignements relatifs à une ou plusieurs personnes (= demande personnelle)	12 € par personne individuellement désignée dans la demande
		Renseignements relatifs à un ou plusieurs immeubles (= demande réelle)	12 € par immeuble indiqué dans la demande
n° 3233-SD	Demande de renseignements		12 € dans la limite de 3 personnes et de 5 immeubles

ACTE NOTARIÉ

1 - Demandes concernant la documentation publiée au fichier immobilier depuis le 1er janvier 1956.			
		Renseignements relatifs à une ou plusieurs personnes limités aux informations concernant certains immeubles (= demande réelle-personnelle)	+ 5 € par personne supplémentaire au-delà de la troisième personne
			+ 2 € par immeuble supplémentaire au-delà du cinquième immeuble
n° 3240-SD	Demande complémentaire de renseignements	Actualisation des renseignements initialement délivrés	Coût identique à celui de la demande initiale
n° 3236-SD	Copies de documents avec références de publication	Copie d'état descriptif de division ou de règlement de copropriété	30 € par état descriptif de division ou règlement de copropriété
		Copie de bordereau d'inscription	6 € par bordereau d'inscription demandé
		Copie des autres documents publiés	15 € pour tout autre document demandé

2 - Demandes concernant la documentation transcrite dans les registres hypothécaires avant le 1er janvier 1956.			
Imprimé à utiliser	Nature de la demande	Renseignements demandés	Tarifs
n° 3230-SD	Relevés de formalités	Références de transcription dans la documentation hypothécaire des documents reçus avant le 1er janvier 1956	5 € par personne désignée
n° 3231-SD	Copies de documents avec références de publication	Copie de règlement de copropriété	30 € par règlement de copropriété
		Copie de bordereau d'inscription	6 € par bordereau d'inscription demandé
		Copie des autres documents publiés	15 € pour tout autre document demandé
	Copies de documents sans référence de publication	Toute copie	Acompte provisionnel de 15 € non remboursable. Si la contribution, une fois recalculée, est supérieure à 15 €, le complément est réclamé au requérant lors de la délivrance des copies

3 - Frais d'envoi postal des renseignements et copies de documents (uniquement si l'usager souhaite le renvoi des pièces par voie postale)		
Imprimé à utiliser	Nature de la demande	Tarifs
n° 3231-SD n° 3236-SD	Copies de documents	1 € par copie de bordereau d'inscription 2 € par copie de tout autre document
n° 3230-SD n° 3233-SD n° 3240-SD	Relevé des formalités Demande de renseignements Demande complémentaire de renseignements	2 €

Pour aller plus loin

Fiches pratiques

- Fiche pratique n° 2178 : Vente de l'immeuble hypothéqué, par Ch. Guilloteau-Paliss
- Fiche pratique n° 1721 : Rédiger une vente d'immeuble, par M. Suquet-Cozic

Commentaires

- JCl. Notarial Formulaire, Synthèse 1120, Publicité foncière, par S. Piedelièvre
- JCl. Notarial Formulaire, V° Publicité foncière, fasc. 80, par S. Piedelièvre

III. Accès des notaires au fichier immobilier ou ANF

4329 **Documents visés** – Les notaires peuvent obtenir, en présentant à cet effet une demande à la direction générale des finances publiques au moyen d'une application informatique dédiée mise en place par celle-ci, la délivrance de renseignements ou de copies concernant :
- les documents publiés en application des articles 28,35 à 37 et 39 du décret du 4 janvier 1955 autres que les saisies non émargées de la mention de publication de l'adjudication ou de la mention du jugement constatant la conformité de la vente amiable ;
- les saisies en cours ;
- les inscriptions subsistantes ;
- les mesures de gel des avoirs immobiliers en cours (*D. n° 55-1350, 14 oct. 1955, art. 54 ter*).

4330 **Objet de la demande** – Les demandes de renseignements peuvent être formulées :
- du chef d'une ou de plusieurs personnes individuellement désignées, sur tous immeubles dans le ressort d'un service chargé de la publicité foncière ;
- sur un ou plusieurs immeubles déterminés, sans indication de personnes ;
- du chef d'une ou de plusieurs personnes individuellement désignées et sur un ou plusieurs immeubles déterminés dans le ressort d'un service chargé de la publicité foncière ;
- en vue d'obtenir la copie d'un document numérisé publié en application des articles 28,35 à 37 et 39 du décret du 4 janvier 1955 susvisé, à l'exclusion des commandements valant saisie et des différents actes de procédure qui s'y rattachent ainsi que des procès-verbaux de réorganisation foncière ou de remembrement (*D. n° 55-1350, 14 oct. 1955, art. 54 quater*).

4331 **Forme de la demande** – Les demandes de renseignements et de copies indiquent, selon le cas :
- tous les éléments, prévus à l'article 9 du décret du 4 janvier 1955 et au b du 2° de l'article 39 du décret du 14 octobre 1955, d'identification des personnes physiques ou morales ou des immeubles et fractions d'immeubles du chef desquels les informations sont demandées ;
- le service chargé de la publicité foncière, l'année, le volume et le numéro d'ordre correspondant au classement du document dans le volume lorsque la demande se rapporte à un document publié (*D. n° 55-1350, 14 oct. 1955, art. 54 quinquies*).

4332 **Tarifs** – Ils sont identiques à ceux précisés au n° ***4328*** (*CGI, art. 881 D*).

IV. Conditions de la publicité foncière

A. – CONTENU DES ACTES : UNE PARTIE NORMALISÉE

4333 La publicité donne lieu obligatoirement au dépôt simultané, au service chargé de la publicité foncière, de deux expéditions, extraits littéraux ou copies de l'acte ou de la décision judiciaire à publier.

S'agissant des ventes autres que judiciaires, les expéditions, extraits littéraux ou copies de l'acte doivent comporter une partie normalisée, seule publiée au fichier immobilier, qui contient uniquement les éléments indispensables à la publicité des droits réels et à l'assiette de la contribution prévue à l'article 879 du CGI, des, impôts, droits et taxes. L'un de ces documents est rendu au déposant, après avoir été revêtu par le service chargé de la publicité foncière d'une mention attestant l'exécution de la formalité.

L'autre, qui doit porter la mention de certification de l'identité des parties prescrite par les articles 5 et 6 du décret n° 55-22 du 4 janvier 1955, est conservé au service chargé de la publicité foncière.

Différents éléments doivent obligatoirement être présents dans la partie normalisée dans un ordre déterminé, sachant que la partie normalisée doit figurer au début des expéditions, extraits littéraux ou copies déposées et comporter une mention de clôture *(D. n° 55-22, 4 janv. 1955, art. 34-1)* :
- date et rédacteur de l'acte ;
- qualification juridique de l'acte complétée, le cas échéant, pour les opérations complexes, d'un exposé sommaire relatant le contexte juridique des dispositions de l'acte soumis à publicité ;
- état civil des parties à l'acte ;
- désignation complète des immeubles ;
- références de publication du titre constituant l'origine de propriété immédiate ;
- références de publication de l'état descriptif de division et de ses modificatifs éventuels pour les fractions d'immeubles. Dans l'hypothèse où l'acte concerne plusieurs immeubles dont l'origine de propriété immédiate résulte de titres distincts, chaque référence de publication doit mentionner l'immeuble concerné par cette énonciation ;

- le cas échéant, autres opérations juridiques devant faire l'objet d'une publication au fichier immobilier ;
- charges et conditions ;
- propriété, entrée en jouissance ;
- prix et modalités de paiement ;
- déclarations nécessaires à la liquidation, à l'assiette ou au contrôle de tous impôts, droits, taxes et de la contribution prévue à l'article 879 du CGI.

Sont apportées ci-après des précisions sur les énonciations relatives à l'identification des personnes et à la désignation de l'immeuble.

1° Identification des personnes

4334 **Identification des personnes physiques** – Tout acte ou décision judiciaire sujet à publicité dans un service chargé de la publicité foncière doit contenir les nom, prénoms dans l'ordre de l'état civil, domicile, date et lieu de naissance et profession des parties, ainsi que le nom de leur conjoint.
Les nom, prénoms dans l'ordre de l'état civil, domicile, date et lieu de naissance des parties, le nom de leur conjoint, doivent être certifiés par un notaire, avocat, huissier de justice, mandataire judiciaire, administrateur judiciaire ou une autorité administrative, au pied de tout bordereau, extrait, expédition ou copie, déposé pour l'exécution de la formalité.
Le certificat est établi au vu d'un extrait de l'acte de naissance ayant moins de 6 mois de date au jour de l'acte ou de la décision judiciaire *(D. n° 55-22, 4 janv. 1955, art. 5)*.

4335 **Identification des personnes morales** – Tout acte ou décision judiciaire soumis à publicité dans un service chargé de la publicité foncière doit contenir les **éléments suivants d'identification des personnes morales** :
- dénomination ;
- forme juridique et siège. En ce qui concerne les associations et les syndicats, l'acte ou la décision doivent, en outre, comporter la date et le lieu de leur déclaration ou du dépôt de leurs statuts ;
- lorsque la personne morale est inscrite au répertoire prévu à l'article R. 123-220 du Code de commerce, le numéro d'identité qui lui a été attribué, complété, si celle-ci est assujettie à immatriculation au Registre du commerce et des sociétés, par la mention RCS suivie du nom de la ville où se trouve le greffe où elle est immatriculée.

En outre, doivent être indiqués les nom, prénoms et domicile du ou des représentants de la personne morale.
L'identification des personnes morales est certifiée dans les conditions prévues aux alinéas 2 et 3 de l'article 5 du décret n° 55-22 du 4 janvier 1955. Lorsque la personne morale n'est pas inscrite au répertoire des entreprises et de leurs établissements, ou lorsqu'elle est en cours d'inscription, le certificat d'identité doit être complété d'une mention attestant de cette situation.
Le certificat est établi au vu de l'original, d'une expédition ou d'une copie collationnée de tout document constatant la dénomination, la forme juridique et le siège actuels de la personne morale ainsi que, si elle est inscrite au répertoire Sirene, son numéro d'identité.
Toutefois, si le siège de la personne morale n'est pas en France métropolitaine ou dans les départements d'outre-mer, le document au vu duquel le certificat est établi doit être délivré ou certifié par l'autorité administrative ou par l'agent diplomatique ou consulaire qui représente la République française au lieu du siège et accompagné, s'il est rédigé en langue étrangère, d'une traduction en français certifiée soit par cet agent, soit par un interprète habituellement commis par les tribunaux *(D. n° 55-22, 4 janv. 1955, art. 6)*.

2° Désignation de l'immeuble

4336 Tout acte ou décision judiciaire sujet à publicité dans un service chargé de la publicité foncière doit indiquer, pour chacun des immeubles qu'il concerne, la nature, la situation, la contenance et la désignation cadastrale (section, numéro du plan et lieu-dit). Le lieu-dit est remplacé par l'indication de la rue et du numéro pour les immeubles situés dans les parties agglomérées des communes urbaines. La désignation est faite conformément à un extrait cadastral ayant moins de 6 mois de date au jour de la remise au service chargé de la publicité foncière.

4337 **Division foncière** – Lorsqu'il réalise ou constate une division de la propriété du sol entraînant changement de limite, l'acte ou la décision doit désigner l'immeuble tel qu'il existait avant la division et chacun des nouveaux immeubles résultant de cette division, sauf en cas de lotissement effectué dans le cadre de la législation sur les lotissements ou s'il s'agit d'immeubles situés dans les communes où le cadastre n'est pas rénové. La constitution sur une fraction de parcelle d'un droit d'usufruit, d'un droit de superficie ou d'un bail emphytéotique est considérée comme un changement de limite de propriété.
La désignation est alors faite d'après les documents d'arpentage établis spécialement en vue de la conservation du cadastre. Ces documents doivent être remis au service chargé de la publicité foncière à l'appui de la réquisition de la formalité.

4338 Fractions d'immeuble – Lorsque, sans réaliser ou constater une division de la propriété du sol entraînant changement de limite, il ne concerne qu'une ou plusieurs fractions d'un immeuble, l'acte ou la décision judiciaire doit comporter à la fois la désignation desdites fractions et celle de l'ensemble de l'immeuble.
La désignation de la fraction est faite conformément à un état descriptif de division, ou, éventuellement, à un état modificatif et préalablement publié. Elle doit mentionner le numéro du lot dans lequel la fraction est comprise, et, sous réserve des exceptions prévues audit décret, la quote-part dans la propriété du sol afférente à ce lot. Les mêmes indications doivent obligatoirement figurer dans tout bordereau, extrait, expédition ou copie, déposé en vue de l'exécution de la formalité.
Ces exigences ne sont pas applicables lorsque l'acte ou la décision concerne soit une servitude, soit un droit d'usage ou d'habitation, soit un bail de plus de 12 années. Elles sont également sans application lorsque l'acte ou la décision entraîne la suppression de la division de l'immeuble.

B. – DÉPÔT DES ACTES

4339 Dépôt électronique – Sous peine du refus du dépôt, les documents établis par acte notarié ou qui requièrent l'intervention d'un notaire dont la liste est fixée par un arrêté du 2 juin 2017 sont déposés par les notaires, auprès des services chargés de la publicité foncière dotés d'un fichier immobilier informatisé, par voie électronique au moyen d'une application informatique dédiée. Une telle obligation concerne tous les documents signés à compter du 1er janvier 2018 et est relative :
- aux actes de vente, y compris ceux accompagnés d'une déclaration de plus-value immobilière et/ou des taxes prévues aux articles 1529 et 1605 nonies du CGI et/ou d'un ou plusieurs documents d'arpentage, à l'exception des actes de vente donnant lieu au dépôt d'une déclaration de taxe sur la valeur ajoutée ;
- aux actes portant constitution d'une servitude ;
- aux attestations immobilières après décès ;
- aux actes rectificatifs et les attestations rectificatives, faisant suite à la notification d'une ou plusieurs causes de rejet ;
- aux actes portant convention de rechargement d'une hypothèque conventionnelle ;
- aux actes portant mainlevée d'une inscription et les actes par lesquels le notaire certifie que le créancier a, à la demande du débiteur, donné son accord à la radiation d'une ou plusieurs inscriptions.

Il en va toutefois différemment lorsque les actes font état d'une ou plusieurs dispositions légales d'exonération de droits et de contribution de sécurité immobilière conduisant à une absence totale de perception par le service chargé de la publicité foncière.

4340 Date du dépôt – Il convient de distinguer suivant que l'acte devant être publié est assujetti ou non à la formalité unique :
- **si l'acte est soumis à la formalité unique**, la formalité fusionnée doit être requise dans le délai d'un mois à compter de la date de l'acte. Toutefois, en cas d'adjudication, ce délai est porté à 2 mois. En ce qui concerne les actes dont la publication ou ceux portant sur des droits dont l'inscription est facultative, les formalités de l'enregistrement et de la publicité foncière ou de l'inscription demeurent distinctes si la formalité fusionnée n'a pas été requise dans le délai prévu à l'article 635 pour la formalité de l'enregistrement *(CGI, art. 647, III)* ;
- **si l'acte n'est pas soumis à la formalité fusionnée**, le délai est de 3 mois à compter de leur date. Toutefois, le délai est réduit à 2 mois pour les actes et décisions en vertu desquels peut être requise l'inscription des privilèges prévus aux articles 2379 et 2381 du Code civil. Au cas où la publicité doit être opérée dans deux ou plusieurs services chargés de la publicité foncière, les délais prévus sont prorogés d'un mois pour chaque service en sus du premier.

C. – REFUS ET REJETS

4341 Refus légitime – Le dépôt est refusé :
- si l'expédition, extrait ou copie qui doit être conservé au service chargé de la publicité foncière ne comporte pas la mention de certification de l'identité des parties ;
- si les immeubles ne sont pas individuellement désignés, avec indication de la commune où ils sont situés ;
- en cas de défaut de remise de l'extrait cadastral ou des documents d'arpentage ;
- en cas de non-production de la partie normalisée de l'acte.

4342 Rejet légitime – La formalité est rejetée si, après avoir accepté le dépôt, le service chargé de la publicité foncière constate :
- soit l'omission d'une des énonciations prescrites par les articles 5, 6 et 7, sous réserve du droit pour les intéressés de redresser les erreurs matérielles de l'expédition, extrait, ou copie, par un document rectificatif prenant effet à la date de son dépôt ;
- soit une discordance entre, d'une part, les énonciations relatives à l'identification des parties ou à la désignation des immeubles contenues dans le document à publier, et, d'autre part, les énonciations correspondantes

contenues dans les titres déjà publiés depuis le 1er janvier 1956, sauf justification de l'exactitude du document à publier ;
- soit, pour les ventes autres que judiciaires, la production d'une partie normalisée incomplète, sous réserve du droit, pour les intéressés, de redresser les erreurs matérielles de cette partie.

4343 Recours – Lorsqu'un document sujet à publicité dans un service chargé de la publicité foncière a fait l'objet d'un refus du dépôt ou d'un rejet de la formalité, le recours de la partie intéressée contre la décision du service chargé de la publicité foncière est porté, dans les 8 jours de la notification de cette décision, devant le président du tribunal de grande instance dans le ressort duquel sont situés les immeubles.
Il est statué comme en matière de référé.
L'ordonnance du président du tribunal de grande instance n'est pas susceptible d'exécution provisoire.
En cas d'exercice des voies de recours, il est statué par priorité et d'extrême urgence.
Dès que la décision est passée en force de chose jugée, la formalité litigieuse est, suivant le cas :
- soit définitivement refusée ou rejetée ;
- soit exécutée dans les conditions ordinaires. Dans ce cas, elle prend rang à la date d'enregistrement du dépôt.

4344 Refus ou rejet illégitime – En dehors des cas où ils sont fondés à refuser le dépôt ou à rejeter une formalité, conformément aux dispositions législatives ou réglementaires, sur la publicité foncière, les services chargés de la publicité foncière ne peuvent refuser ni retarder l'exécution d'une formalité ni la délivrance des documents régulièrement requis, sous peine des dommages et intérêts des parties.

Pour aller plus loin

Fiches pratiques
- Fiche pratique n° 1721 : Rédiger une vente d'immeuble, par M. Suquet-Cozic

Commentaires
- JCl. Notarial Formulaire, Synthèse 1120, Publicité foncière, par S. Piedelièvre
- JCl. Notarial Formulaire, V° Publicité foncière, fasc. 20 (Champ d'application), par S. Piedelièvre
- JCl. Notarial Formulaire, V° Publicité foncière, fasc. 50, 60 (Conditions), par S. Piedelièvre
- JCl. Notarial Formulaire, V° Publicité foncière, fasc. 70 (Refus, Rejet), par S. Piedelièvre

V. Actes et la publicité foncière

A. – ACTES NE POUVANT ÊTRE PUBLIÉS

1° Actes sous seing privé

a) Principe

4345 Principe – La publication d'un contrat sous seing privé n'est pas possible. Suivant l'article 710-1 du Code civil, tout acte ou droit doit, pour donner lieu aux formalités de publicité foncière, résulter d'un acte reçu en la forme authentique par un notaire exerçant en France, d'une décision juridictionnelle ou d'un acte authentique émanant d'une autorité administrative.
Le dépôt au rang des minutes d'un notaire n'est pas suffisant puisque suivant le même texte, le dépôt au rang des minutes d'un notaire d'un acte sous seing privé, contresigné ou non, même avec reconnaissance d'écriture et de signature, ne peut donner lieu aux formalités de publicité foncière.
La seule possibilité pour qu'une telle promesse puisse être publiée est de la réitérer dans un acte notarié.

b) Exception

4346 Exécution forcée d'une promesse sous seing privé – Lorsque l'une des parties refuse l'exécution d'une promesse de vente, l'autre peut agir pour l'y contraindre. Dans une telle hypothèse, il est possible que ladite promesse, bien qu'établie sous seing privé, donne lieu à publication.
Suivant ce que la promesse aura précisé, les étapes suivies par la partie demandant en justice l'exécution forcée peuvent être variables. En effet, il existe deux voies procédurales et, à défaut de précision dans la promesse, un choix peut être effectué :
- il est tout d'abord possible de demander **immédiatement l'exécution forcée** de la promesse. Cette demande en justice tendant à obtenir la réitération ou la réalisation en la forme authentique de la promesse pourra être

publiée dès lors qu'y sera annexée la promesse, ce même si elle n'a pas été établie en la forme authentique *(D. n° 55-22, 4 janv. 1955, art. 37, 1°)* ;

- il peut ensuite être choisi de **procéder par étape et de faire intervenir un notaire**. En ce cas, le notaire, à la demande de la partie requérante, peut établir, par acte notarié, la déclaration de ladite partie d'exiger la réitération de la promesse. Cette déclaration pourra alors être publiée, dès lors qu'y sera annexée la promesse de vente *(D. n° 55-22, 4 janv. 1955, art. 37, 3°)*. Il est également possible de demander audit notaire qu'il dresse un procès-verbal de carence et que soit ensuite suivie la procédure décrite ci-après. En toute hypothèse, le notaire doit, avant d'établir l'un desdits actes, conformément à l'article R. 444-61 du Code de commerce, réclamer la consignation d'une provision suffisante pour couvrir l'émolument correspondant ainsi que, le cas échéant, les frais et débours. En ne le faisant pas, le notaire s'expose à devoir faire l'avance desdits frais, en application de l'article 1705, 1°, du CGI.

4347 Procès-verbal de carence – À la demande de la partie requérante, le notaire convoquera les parties à la signature. Si les parties obtempèrent et signent l'acte, il n'est plus alors nécessaire de poursuivre l'exécution forcée. Dans le cas inverse, deux situations peuvent se produire :

- **l'une des parties ne se présente pas** : un procès-verbal de carence sera alors dressé à la demande de la partie présente. Le procès-verbal doit alors préciser les faits et actes intervenus préalablement à son établissement et mentionner l'absence de l'une des parties à l'acte ;
- **les deux parties sont présentes** mais l'une d'entre elles refuse de signer l'acte. Le procès-verbal devra alors préciser que les parties sont présentes, que l'une d'entre elles refuse de signer et mentionner les dires respectifs des parties.

Ce procès-verbal de carence peut faire l'objet d'une publicité foncière, en application de l'article 37 du décret du 4 janvier 1955. Est annexé à ce procès-verbal ou est littéralement reproduit dans celui-ci la promesse, même si celle-ci n'a pas été dressée en la forme authentique.

Précisons que lorsque c'est l'acquéreur qui effectue la demande, il est tenu de procéder au paiement du prix afin que, dans l'éventualité où le vendeur signerait l'acte authentique, le prix de vente puisse lui être remis.

4348 Saisine du juge – La partie intéressée saisira le juge en produisant tout à la fois la promesse de vente ainsi que le procès-verbal de carence établi par le notaire. La demande en justice peut également faire l'objet d'une publicité foncière, en application de l'article 37 du décret du 4 janvier 1955. La promesse sera alors annexée au jugement.

4349 Jugement – Le jugement constatera la vente et correspondra à une déclaration judiciaire opérant transfert de propriété.

4350 Publicité foncière – Le jugement valant acte de vente doit être publié à la publicité foncière, ce en application de l'article 33 du décret n° 55-22 du 4 janvier 1955. Les décisions judiciaires, une fois devenues définitives, doivent être publiées dans un délai de 3 mois. Le greffier est tenu d'y procéder, dans les délais fixés à l'article 33, et indépendamment de la volonté des parties.

Cette publicité vient ainsi conforter la publicité provisoire effectuée en application de l'article 37 du décret du 4 janvier 1955. Soulignons que cette publicité confortative doit en principe intervenir dans un délai de 3 ans après la publicité provisoire. Toutefois, en cas d'instance judiciaire, ce délai peut être prorogé par la publication d'une ou plusieurs ordonnances successives rendues à cet effet par le président du tribunal saisi. Tout l'intérêt de cette publicité provisoire est de rendre opposable aux tiers les actes publiés, ce à compter du jour de la formalité. En effet, une fois publier le jugement, la mesure de publicité rétroagit à la date de l'inscription provisoire.

2° Promesse unilatérale d'achat

4351 La promesse unilatérale d'achat ne peut être publiée dès lors qu'elle ne porte ni ne constate de mutation, sachant qu'en outre, le propriétaire de l'immeuble ne s'engage pas à vendre.

3° Offre de vente ou d'achat

4352 De telles offres ne modifiant pas la situation juridique de l'immeuble concerné n'intéressent pas la publicité foncière.

B. – ACTES POUVANT ÊTRE PUBLIÉS

1° Pacte de préférence

4353 Pacte établi par acte authentique – Le pacte de préférence n'est pas un contrat solennel. Ainsi, lorsqu'aucune contrepartie n'est prévue au bénéfice du promettant, il n'a pas à être établi par écrit. Pour autant, pour en établir l'existence et le contenu, il apparaît nécessaire de dresser un écrit.

Lorsqu'une contrepartie est prévue au bénéfice du promettant, le pacte de préférence correspond alors à un contrat synallagmatique au sens de l'article 1106 du Code civil. En ce cas, il y a lieu de tenir compte de l'article 1375 du Code civil. Ce dernier précise que l'acte sous signature privée qui constate un contrat synallagmatique ne fait preuve que s'il a été fait en autant d'originaux qu'il y a de parties ayant un intérêt distinct, à moins que les parties ne soient convenues de remettre à un tiers l'unique exemplaire dressé. Chaque original doit mentionner le nombre des originaux qui en ont été faits. Celui qui a exécuté le contrat, même partiellement, ne peut opposer le défaut de la pluralité d'originaux ou de la mention de leur nombre. L'exigence d'une pluralité d'originaux est réputée satisfaite pour les contrats sous forme électronique lorsque l'acte est établi et conservé conformément aux articles 1366 et 1367, et que le procédé permet à chaque partie de disposer d'un exemplaire sur support durable ou d'y avoir accès.
Lorsque les parties souhaitent que le pacte fasse l'objet d'une publicité foncière, le pacte sera établi par acte authentique.

4354 **Publicité facultative** – La publicité du pacte de préférence n'est pas obligatoire mais seulement facultative *(D. n° 55-22, 4 janv. 1955, art. 37)*. La publication du pacte ne le rend donc pas opposable aux tiers, mais constitue un élément probatoire parmi d'autres pouvant permettre d'établir que les tiers en connaissaient l'existence et d'engager la responsabilité du notaire qui passerait un contrat en violation du pacte de préférence *(Cass. 1re civ., 11 juill. 2006, n° 03-18.528 : JurisData n° 2006-034537 : Bull. civ. I, n° 389)*.

4355 **Pacte accessoire** – Lorsque le pacte de préférence est accessoire à un autre acte devant obligatoirement être publié, la publicité du pacte de préférence devra expressément être demandée par le notaire pour que celle-ci soit effectuée par le service chargé de la publicité foncière.
Trois situations peuvent être distinguées :
- **lorsque le pacte est accessoire à un autre acte soumis obligatoirement à publicité foncière**, il y a lieu de tenir compte des articles 671 et 672 du CGI. De ces dispositions, il résulte qu'une distinction doit être faite suivant que le pacte de préférence est considéré comme étant indépendant ou dépendant de l'acte dans lequel il est inclus ;
- **lorsque le pacte de préférence est indépendant de l'acte dans lequel il est inclus**, c'est-à-dire qu'il pourrait être éliminé de l'acte sans qu'il cesse d'être complet en lui-même et de produire ses effets juridiques normaux, compte tenu tout à la fois de l'intention des parties et des dispositions de l'acte prises abstraitement, la taxe de publicité foncière n'est pas due. Quant à la contribution de sécurité immobilière, elle sera perçue sur déclaration estimative de la valeur des immeubles concernés.
- **lorsque le pacte de préférence est dépendant de l'acte dans lequel il est inclus**, c'est-à-dire que l'acte dans lequel il est inclus n'aurait pas été conclu, la taxe foncière n'est perçue que sur la disposition principale.

4356 **Pacte autonome** – En cas de publication d'un pacte de préférence autonome, la taxe de publicité foncière est perçue au tarif fixe des actes innomés *(CGI, art. 680)*. En outre, la contribution de sécurité immobilière est due au tarif ordinaire des publications *(CGI, ann. III, art. 253)*. En application de l'article 881 K du CGI, la contribution perçue pour la publication de chaque acte est liquidée au taux unique de 0,10 % sur les sommes énoncées ou la valeur estimée par les requérants, sous peine de refus du dépôt, des immeubles ou des droits faisant l'objet de la publication.

2° Promesses unilatérales de vente

4357 **Promesse unilatérale authentique** – Les promesses unilatérales de vente sont admises à titre facultatif à publicité foncière en application de l'article 37 du décret n° 55-22 du 4 janvier 1955 portant réforme de la publicité foncière. Elle est alors uniquement destinée à l'information des usagers.

4358 **Contribution de sécurité immobilière** – Cette publication donne lieu à perception de la contribution de sécurité immobilière correspondant à 0,10 % de la valeur de l'immeuble.

4359 **Levée d'option** – La levée d'option ne pourra être publiée que si :
- elle donne lieu à l'établissement d'un acte authentique ;
- la promesse de vente a elle-même été publiée *(Ch. Gijsbers, Négocier, promettre et vendre l'immeuble après l'ordonnance du 10 février 2016 : Bull. Cridon Paris, 15 sept. 2016, n° 18)*.

C. – ACTES DEVANT ÊTRE PUBLIÉS

4360 Les notaires et autorités administratives sont tenus de faire publier, dans les délais fixés à l'article 33, et indépendamment de la volonté des parties, les actes ou décisions judiciaires visés à l'article 28, 1°, 2° et 4° à 9° dressés par eux ou avec leur concours.

4361 Promesse synallagmatique de vente valant vente par acte authentique – La publication de la promesse est obligatoire en vertu du 1° de l'article 28 du décret du 4 janvier 1955 qui vise tous actes, même assortis d'une condition suspensive, portant ou constatant entre vifs d'une mutation. Elle rend exigible la taxe fixe de publicité foncière de 125 € *(CGI, art. 679)* si à cette date, les conditions suspensives ne sont pas réalisées. Par ailleurs et dans tous les cas, la contribution de sécurité immobilière proportionnelle est exigible.

4362 Promesse autonome par acte authentique – Dès lors que la promesse autonome ne porte pas mutation de droits réels immobiliers, elle ne peut être publiée au titre du 1° de l'article 28 du décret n° 55-22 du 4 janvier 1955. Toutefois, dès lors qu'il est précisé dans celle-ci que le promettant s'engage à ne pas vendre à un tiers pendant la durée de validité de la promesse, celle-ci doit dès lors être publiée en application du 2° de l'article 28 du décret précité, celui-ci imposant la publication des actes emportant restriction au droit de disposer.

4363 Vente – L'acte de vente, que celle-ci comporte ou non des conditions, doit être publié, en application du 1° de l'article 28 du décret n° 55-22 du 4 janvier 1955.

Pour aller plus loin

Fiches pratiques
- Fiche pratique n° 1721 : Rédiger une vente d'immeuble, par M. Suquet-Cozic

Commentaires
- JCl. Notarial Formulaire, Synthèse 1120, Publicité foncière, par S. Piedelièvre
- JCl. Notarial Formulaire, V° Publicité foncière, fasc. 20 (Champ d'application) par S. Piedelièvre
- JCl. Notarial Formulaire, V° Publicité foncière, 50 et 60 (Conditions), par S. Piedelièvre

VI. Conséquences de la publicité foncière

A. – PUBLICITÉ FACULTATIVE

4364 La publication facultative de l'acte ne le rend pas opposable aux tiers, mais constitue un élément probatoire parmi d'autres pouvant permettre d'établir que les tiers en connaissaient l'existence. Elle est effectuée en vue de l'information des usagers *(D. n° 55-22, 4 janv. 1955, art. 37)*.

B. – PUBLICATION OBLIGATOIRE

4365 Publicité et opposabilité – La publicité de l'acte le rend opposable aux tiers qui ont acquis des droits concurrents sur le même immeuble. Le premier qui a publié l'emporte donc, même si l'acte qu'il a conclu est postérieur à l'acte qui lui est opposé.
Il convient toutefois désormais de tenir compte du second alinéa de l'article 1198 du Code civil qui précise que lorsque deux acquéreurs successifs de droits portant sur un même immeuble tiennent leur droit d'une même personne, celui qui a, le premier, publié son titre d'acquisition passée en la forme authentique au fichier immobilier est préféré, même si son droit est postérieur, à condition qu'il soit de bonne foi.

4366 Absence de publicité et inopposabilité – Les actes soumis à publicité par application du 1° de l'article 28 sont, s'ils n'ont pas été publiés, inopposables aux tiers qui, sur le même immeuble, ont acquis, du même auteur, des droits concurrents en vertu d'actes ou de décisions soumis à la même obligation de publicité et publiés, ou ont fait inscrire des privilèges ou des hypothèques. Ils sont également inopposables, s'ils ont été publiés, lorsque les actes, décisions, privilèges ou hypothèques, invoqués par ces tiers, ont été antérieurement publiés.
Ne peuvent toutefois se prévaloir de cette disposition les tiers qui étaient eux-mêmes chargés de faire publier les droits concurrents, ou leurs ayants cause à titre universel.
Les ayants cause à titre particulier du titulaire d'un droit visé au 1° de l'article 28, qui ont publié l'acte ou la décision judiciaire, constatant leur propre droit, ne peuvent se voir opposer les actes entre vifs dressés distinctement pour constater des clauses d'inaliénabilité temporaire et toutes autres restrictions au droit de disposer, ou les décisions judiciaires constatant de telles clauses, lorsque lesdits actes ou décisions ont été publiés postérieurement à la publicité donnée à leur propre droit.

Pour aller plus loin

Fiches pratiques
- Fiche pratique n° 1721 : Rédiger une vente d'immeuble, par M. Suquet-Cozic

Commentaires
- JCl. Notarial Formulaire, Synthèse 1120, Publicité foncière, par S. Piedelièvre
- JCl. Notarial Formulaire, V° Publicité foncière, fasc. 20 (Champ d'application), par S. Piedelièvre
- JCl. Notarial Formulaire, V° Publicité foncière, fasc. 30 (Effets), par S. Piedelièvre
- JCl. Notarial Formulaire, V° Publicité foncière, fasc. 50 et 60 (Conditions), par S. Piedelièvre

Revues
- V. Streiff et C. Pommier, Gestion des conflits entre acquéreurs successifs et publicité, la réforme du droit des contrats : JCP N 2016, n° 21, 1170

Ouvrages
- J. Lafond, Guide de la publicité foncière : éd. LexisNexis 2019

Formalités préalables à la vente

4367 Le notaire est tenu professionnellement de s'assurer de l'efficacité des actes qu'il rédige et d'éclairer les parties sur leur portée, leurs effets et leurs risques *(Cass. 1re civ., 29 juin 2016, n° 15-15.683 : JurisData n° 2016-012773)*. Il doit donc effectuer toutes investigations utiles.

Ce devoir auquel est tenu le notaire d'assurer l'efficacité de son acte le conduit à effectuer diverses formalités préalables. Celles-ci sont relatives :

- aux divers droits de préemption et de priorité existants, en fonction de la situation juridique et de l'environnement juridique de l'immeuble *(V. n° **3060** et s.)* ;
- aux notifications et autorisations préalables ;
- aux documents d'urbanisme *(V. n° **2227** et s.)* ;
- à l'existence ou à l'absence d'assurances construction *(V. n° **2207** et s.)* ;
- aux renseignements hypothécaires *(V. n° **4319** et s.)* ;
- à la loi du 10 juillet 1965 lorsqu'est cédé un lot de copropriété *(V. n° **1637** et s. – J. Lafond, Vente d'un lot : clauses concernant les formalités préalables à la vente : Loyers et copr. 2016, form. 3)* ;
- à l'identité des parties *(V. n° **790** et s.)* ;
- à l'absence d'interdiction d'acquérir ou d'aliéner ou d'être usufruitier *(V. n° **854** et s.)* ;
- à la capacité des parties *(V. n° **833** et s.)* ;
- aux pouvoirs des parties *(V. n° **887** et s.)* ;
- à la portée des procurations *(V. n° **887** et s.)*.

Pour aller plus loin

- S. Bérard, Guide des formalités et de la fiscalité des actes notariés : éd. LexisNexis 2019

Formalités postérieures à la vente

I. Formalités internes

4368 Les formalités internes correspondent à la tenue d'une part d'un répertoire et d'autre part d'un registre des formalités.

1° Répertoire

4369 La tenue d'un répertoire est obligatoire pour les notaires. Cette obligation est prévue tant par le décret n° 71-941 du 26 novembre 1971 relatif aux actes établis par les notaires que par l'article 867 du CGI. Les notaires doivent tenir des répertoires à colonnes, sur lesquels ils inscrivent, jour par jour, et par ordre de numéros tous les actes qu'ils reçoivent.

4370 **Support du répertoire** – Les notaires tiennent un répertoire sur support papier ou sur support électronique de tous les actes qu'ils reçoivent.

4371 **Indications devant figurer sur le répertoire** – Le répertoire est tenu jour par jour. Il contient la date, la nature, l'espèce de l'acte, les noms des parties, le support sur lequel il a été établi et toutes autres mentions prescrites par les lois et règlements.

Remarque Chaque article du répertoire contient :
- son numéro ;
- la date de l'acte ;
- sa nature ;
- les noms et prénoms des parties et leur domicile ;
- l'indication des biens, leur situation et le prix, lorsqu'il s'agit d'actes qui ont pour objet la propriété, l'usufruit ou la jouissance de biens - fonds ;
- la relation de l'enregistrement ou de la formalité fusionnée ;
- les sommes perçues au titre de l'acte lorsqu'il est soumis à la taxe prévue à l'article 302 bis Y du CGI.

4372 **Répertoire sur support papier** – Lorsqu'il est tenu sur support papier, le répertoire peut être établi sur feuilles mobiles. Ses pages sont numérotées. Elles sont visées et paraphées par le président de la chambre des notaires ou son délégué. La formalité du paraphe peut toutefois être remplacée par l'utilisation d'un procédé empêchant toute substitution ou addition de feuilles.

4373 **Répertoire sur support électronique** – Lorsqu'il est tenu sur support électronique, le répertoire est signé par le président de la chambre des notaires ou son délégué au moyen d'un procédé de signature électronique sécurisée tel que défini par le décret du 30 mars 2001.

2° Registre des formalités

4374 Le registre des formalités mentionne tous les actes que reçoivent les notaires dans un ordre chronologique. Il contient en fonction de la nature des actes la date des événements et des formalités effectuées : enregistrement, publicité foncière, date et montant des droits acquittés refus et rejets date de régularisation, date où toutes les formalités sont terminées, date de remise du titre de propriété, etc.

II. Formalités attachées à la vente

4375 **Attestation de vente** – Compte tenu des délais nécessaires à la publicité foncière, l'acte de vente ne peut être remis immédiatement à l'acquéreur. Afin que ce dernier puisse toutefois justifier de sa qualité, une attestation lui est remise par le notaire ayant dressé l'acte, précisant qui sont le nouveau propriétaire, le vendeur et le (s) bien (s) concerné(s).

4376 **Mainlevées** – Le notaire doit veiller à ce que le bien délivré à l'acquéreur soit libre de toute hypothèque et privilège. Lorsque tel n'est pas le cas, il doit en obtenir la mainlevée. En application de l'article 2440 du Code civil, les inscriptions sont rayées du consentement des parties intéressées et ayant la capacité à cet effet, ou en vertu d'un jugement rendu en dernier ressort ou passé en force de chose jugée.

Conseil pratique **Le notaire qui requiert la radiation dépose au service chargé de la publicité foncière l'expédition de l'acte authentique portant consentement.**

Aucune pièce justificative n'est exigée à l'appui de l'expédition de l'acte authentique en ce qui concerne les énonciations établissant l'état, la capacité et la qualité des parties, lorsque ces énonciations sont certifiées exactes dans l'acte par le notaire ou l'autorité administrative.
La radiation de l'inscription peut être requise par le dépôt au service chargé de la publicité foncière d'une copie authentique de l'acte notarié certifiant que le créancier a, à la demande du débiteur, donné son accord à cette radiation ; le contrôle opéré par ce service se limite à la régularité formelle de l'acte à l'exclusion de sa validité au fond.

4377 Avis de mutation au syndic – Lors de la mutation à titre onéreux d'un lot de copropriété, et si le vendeur n'a pas présenté au notaire un certificat du syndic ayant moins d'un mois de date, attestant qu'il est libre de toute obligation à l'égard du syndicat, avis de la mutation doit être donné par le notaire au syndic de l'immeuble par lettre recommandée avec avis de réception dans un délai de 15 jours à compter de la date du transfert de propriété *(L. n° 65-557, 10 juill. 1965, art. 20. – V. n°* ***1637*** *et s.).*

Avant l'expiration d'un délai de 15 jours à compter de la réception de cet avis, le syndic peut former au domicile élu, par acte extrajudiciaire, **opposition au versement des fonds** dans la limite ci-après pour obtenir le paiement des sommes restant dues par l'ancien propriétaire.

Cette opposition contient élection de domicile dans le ressort du tribunal de grande instance de la situation de l'immeuble et, à peine de nullité, énonce le montant et les causes de la créance.

Le notaire libère les fonds dès l'accord entre le syndic et le vendeur sur les sommes restant dues.

À défaut d'accord, dans un délai de 3 mois après la constitution par le syndic de l'opposition régulière, il verse les sommes retenues au syndicat, sauf contestation de l'opposition devant les tribunaux par une des parties. Les effets de l'opposition sont limités au montant ainsi énoncé.

Tout paiement ou transfert amiable ou judiciaire du prix opéré en violation des dispositions de l'alinéa précédent est inopposable au syndic ayant régulièrement fait opposition.

L'opposition régulière vaut au profit du syndicat mise en œuvre du privilège mentionné à l'article 19-1 de la loi du 10 juillet 1965.

4378 Notifications – Suivant la situation juridique de l'immeuble, des notifications s'avèrent nécessaires postérieurement à la vente. Elles peuvent être imposées par la loi ou avoir été conventionnellement prévues (pacte de préférence, convention d'indivision, contrat de bail, acte portant démembrement de propriété, etc.).

Les notifications imposées ou rendues nécessaires par la loi sont celles relatives à l'aliénation d'un immeuble :

- **situé dans une réserve naturelle**. – La notification doit être faite dans les 15 jours à l'autorité administrative compétente par le notaire du cédant ou par la personne qui l'a consentie *(C. envir., art. L. 332-7. – V. n°* ***2658*** *et s.)* ;
- **sujet au droit de préemption urbain ou en zone d'aménagement différée**. – Lorsque le titulaire du droit de préemption n'exerce pas son droit, le propriétaire va pouvoir céder son bien sans procéder à une nouvelle déclaration d'intention d'aliéner dès lors qu'il respecte les conditions énoncées à l'article L. 213-8 du Code de l'urbanisme. En une telle hypothèse, l'article R. 213-13 du Code de l'urbanisme impose au propriétaire d'informer le titulaire du droit de préemption du prix auquel la vente a été réalisée *(V. Zalewski-Sicard, Renonciation au droit de préemption suivie d'une mutation amiable – Formule : Constr.-Urb. 2017, formule 11)* ;
- **classé ou inscrit au titre des monuments historiques** *(C. patr., art. L. 621-20)* ;
- **inclus dans le périmètre d'une association syndicale de propriétaires**. – Le notaire est tenu de notifier au président de l'association syndicale la vente intervenue *(Ord. n° 2004-632, 1er juill. 2004, art. 4)* ;
- **inclus dans le périmètre d'une association syndicale de défense contre l'incendie** *(C. for., art. L. 131-5)* ;
- **inclus dans le périmètre d'une association foncière urbaine**. – Le notaire est tenu d'adresser un avis de mutation à l'association *(C. urb., art. L. 322-9)* ;
- **frappé d'un arrêté en matière d'insalubrité de l'immeuble** pris en application de l'article L. 1331-28 du Code de la santé publique ou des articles L. 123-3, L. 129-2, L. 511-2 du CCH. – Le notaire qui dresse l'acte notifie sans délai cette mutation à l'auteur de l'arrêté ainsi qu'au maire de la commune ;
- **ayant fait l'objet d'une convention en matière d'APL** en application de l'article L. 351-2 du CCH. – En vue de l'information du préfet, et, le cas échéant, du président de l'établissement public de coopération intercommunale ou du président du conseil général partie à la convention, des locataires et des organismes liquidateurs de l'aide personnalisée au logement, le ou les nouveaux propriétaires leur font connaître leur identification dans les conditions conformes soit à l'article 5, soit à l'article 6 du décret n° 55-22 du 4 janvier 1955 modifié, par acte extrajudiciaire, lettre recommandée avec demande d'avis de réception ou remise contre décharge dans un délai d'un mois à compter de ladite mutation ;
- **ayant bénéficié d'une aide de l'Anah**. – En application de l'article R. 321-20 du Code de la construction et de l'habitation, toute mutation de propriété des logements ou locaux d'habitation inclus dans un bail commercial ou un bail à ferme intervenant pendant la période mentionnée au règlement général de l'agence doit être déclarée par le bénéficiaire de la subvention au délégué de l'agence dans le département ou au délégataire de compétence dans un délai de 2 mois suivant l'événement ;
- **dépendant d'une exploitation ou d'une entreprise agricole**. – En effet, chaque caisse de mutualité sociale agricole (MSA) tient le fichier des bases cadastrales afférentes à ces mêmes exploitations ainsi que le fichier d'immatriculation *(C. rur., art. R. 722-16)*. Afin que l'actualisation de ce fichier puisse être faite, lors de chaque de mutation, le preneur de terres, via un bulletin de mutation des terres, est invité à indiquer les parcelles reprises au cédant afin que la MSA attribue alors les terres au preneur dans le fichier des bases cadastrales ;

➤ **correspondant à un bien rural.** – L'article L. 412-9 du Code rural et de la pêche maritime impose que toute vente du fonds soit notifiée dans les 10 jours au bénéficiaire du droit de préemption ;
➤ **correspondant à un logement-foyer.** – L'article R. 443-19 du CCH impose qu'une copie de l'acte authentique de vente d'un logement-foyer par un organisme d'habitations à loyer modéré soit notifiée par celui-ci, dès sa signature, au préfet signataire de la convention d'utilité sociale conclue par l'organisme avec l'État ;
➤ **correspondant à un logement intermédiaire ou à un élément du patrimoine immobilier d'un organisme d'habitations à loyer modéré autre que les logements.** – L'acte de vente est notifié au représentant de l'État dans le département dans le délai d'un mois à compter de la date de l'acte constatant la vente *(CCH, art. L. 443-14)* ;
➤ **loué sous le régime de la loi n° 89-462 du 6 juillet 1989.** – En effet, en cas de mutation du logement, le nouveau bailleur est tenu de notifier au locataire son nom ou sa dénomination et son domicile ou son siège social ainsi que, le cas échéant, ceux de son mandataire *(L. n° 89-462, 6 juill. 1989, art. 3)* ;
➤ **correspondant à un lot de copropriété.** – En effet, tout transfert de propriété d'un lot ou d'une fraction de lot, toute constitution sur ces derniers d'un droit d'usufruit, de nue-propriété, d'usage ou d'habitation, tout transfert de l'un de ces droits est notifié, sans délai, au syndic, soit par les parties, soit par le notaire qui établit l'acte de vente. Cette notification comporte la désignation du lot ou de la fraction de lot intéressé ainsi que l'indication des nom, prénoms, domicile réel ou élu de l'acquéreur ou du titulaire de droit et, le cas échéant, du mandataire commun prévu à l'article 23 *(al. 2)* de la loi du 10 juillet 1965. Elle comporte également, le cas échéant, l'indication des accords prévus à l'article 26-8 de cette loi. Cette notification doit être faite indépendamment de l'avis de mutation prévu à l'article 20 de cette même loi *(D. n° 65-557, 10 juill. 1965, art. 6)* ;
➤ **dont le prix est payé au moyen d'un prêt.** – Une notification est effectuée à la compagnie d'assurance de l'acquéreur et du syndicat des copropriétaires. Cette notification est justifiée par l'article L. 121-13 du Code des assurances qui accorde aux créanciers bénéficiant d'un privilège ou d'une hypothèque le droit de percevoir les indemnités dues par l'assureur en cas de sinistre. La notification de la mutation à l'assureur permet d'éviter que le paiement de l'indemnité ne revienne à l'acquéreur, ce qui pourrait être reproché au notaire s'il ne procédait pas à la notification de la mutation ;
➤ **vendu par un héritier ayant accepté à concurrence de l'actif net la succession.** – En effet, l'article 794 du Code civil impose à l'héritier d'effectuer une déclaration d'aliénation dans les 15 jours au tribunal qui en assure la publicité ;
➤ **acquis ou vendu par une association.** – En effet, en application du 4° de l'article 3 du décret du 16 août 1901, les acquisitions et les aliénations d'immeubles doivent être déclarées à la préfecture. À la déclaration, doivent être joints un état descriptif s'il s'agit d'une acquisition et l'indication des prix d'acquisition ou d'aliénation. Cette déclaration doit intervenir dans un délai de 3 mois à compter de l'acquisition ou de l'aliénation *(L. 1er juill. 1901, art. 5)*. L'absence de déclaration est sanctionnée pénalement *(L. 1er juill. 1901, art. 8)*.

III. Formalités relatives à la situation juridique de l'immeuble

4379 État sur formalités – Afin de déterminer si la situation juridique de l'immeuble est bien celle qui a été présentée lors de la vente, il y a lieu de vérifier qu'il n'y a pas eu de publications réalisées depuis la délivrance de l'état hors formalités. Cette vérification s'effectue par le biais d'une demande d'état sur formalités effectuée après la vente.

4380 Envoi à l'établissement de crédit et à l'acquéreur – Une fois toutes les démarches effectuées, il sera réalisé un envoi :
– aux établissements de crédit : un bordereau d'inscription, une copie exécutoire et un état sur formalités ;
– à l'acquéreur : la copie authentique, le relevé de compte détaillant l'ensemble des opérations de comptable et le chèque de solde de compte.

Pour aller plus loin

Fiches pratiques
• Fiche pratique n° 1721 : Rédiger une vente d'immeuble, par M. Suquet-Cozic
• Fiche pratique n° 1779 : Rédiger une quittance, par D. Montoux

Formules
• JCl. Notarial Formulaire, V° Bordereaux d'inscription hypothécaire, fasc. 115, par P. Frémont et J. Lafond
• JCl. Notarial Formulaire, V° Répertoire, fasc. 15

Commentaires
• JCl. Notarial Formulaire, V° Vente d'immeuble, fasc. 40, par B. Magcis

Ouvrage
• S. Bérard, Guide des formalités et de la fiscalité des actes notariés : éd. Lexisnexis 2019

Fiscalité

Filiz Alparslan
Avocate, Fidal

Julien Chateauneuf
Avocat au barreau de Montpellier

Cédric Provôt
Avocat, Fidal

Sandrine Quilici
Directrice de l'ingénierie patrimoniale, Pictet Wealth Management

Béatrix Zilberstein
Avocate associée, Fidal

Cession et échange d'immeuble

Sources

CGI, art. 647 ; art. 666 ; art. 670 ; art. 682 ; art. 683 ; art. 684 ; art. 699 ; art. 708 ; art. 714 ; art. 726 ; art. 727 ; art. 728 ; art. 735 ; art. 851 ; art. 879 ; art. 1020 ; art. 1023 ; art. 1025 ; art. 1028 à 1028 ter ; art. 1030 et s. ; art. 1039 ; art. 1040 ; art. 1041 ; art. 1042 ; art. 1045 ; art. 1049 ; art. 1050 ; art. 1051 ; art. 1055 bis ; art. 1058 ; art. 1064 et s. ; art. 1071 ; art. 1080 ; art. 1085 ; art. 1087 ; art. 1089 ; art. 1115 ; art. 1137 ; art. 1584 ; art. 1584 bis ; art. 1584 ter ; art. 1594 A et s. ; art. 1594 F quinquies ; art. 1594 F ter ; art. 1594 G à 1594 I ; art. 1594-0 G ; art. 1599 quater C ; art. 1599 quater D ; art. 1599 sexies ; art. 1647
BOI-ENR-DMTCI, 6 avr. 2016
BOI-ENR-DG-40, 12 sept. 2012

4381 L'impôt de mutation est un **impôt réel** qui ne peut, en principe, atteindre que les **biens situés sur le territoire français** (France métropolitaine et DOM). Il convient cependant de prendre en compte certains **éléments d'extranéité** *(V. n° 4385)*.

Concernant la **contribution de sécurité immobilière** *(CGI, art. 879)*. Il est rappelé que lorsqu'un texte législatif prévoit une exonération de TPF ou d'impôts, de droits et taxes, cette exonération ne s'applique pas à cette contribution, sauf disposition expresse du texte.

4382 En principe, les actes constatant des **mutations à titre onéreux d'immeubles** (cessions et échanges d'immeubles) donnent lieu à la **formalité unique** lors de leur publication au service de la publicité foncière du lieu de situation du bien immobilier. Cette formalité suppose le respect de certaines conditions, notamment la forme authentique de l'acte.

Un acte sous-seing privé ne peut donc pas être soumis à la formalité unique, mais la mutation qu'il constate doit être déclarée dans le délai d'1 mois. Un acte est alors dressé ultérieurement aux fins de publicité foncière, qui sera dispensé de TPF.

4383 Les droits de mutation auxquels sont soumises les mutations taxables relèvent soit du **taux de droit commun** *(V. n° 4409)*, soit du **taux réduit** *(V. n° 4410)* ; pour certaines mutations, un **abattement** est appliqué sur l'assiette ; d'autres, enfin, sont **exonérées**.

Dernières *actualités*

- **Imposition dans la catégorie des revenus de capitaux mobiliers de la remise de biens immobiliers à titre de paiement de dividendes** *(V. n° 4386)*
- **La cession d'usufruit à une société pour la durée de vie d'une personne physique est de nature viagère et doit donc être évaluée en fonction du barème de l'article 669, I du CGI** *(V. n° 4402)*
- **Taux, abattements et exonérations applicables aux ventes d'immeubles du 1er juin 2018 au 31 mai 2019** *(V. n° 4409, V. n° 4417, V. n° 4446)*
- **Suppression du régime de faveur applicable aux investissements dans les logements sociaux outre-mer** *(V. n° 4415)*
- **Suppression de l'exonération des cessions de logements donnés en location nue à un bailleur social ou à un organisme assimilé outre-mer** *(V. n° 4443, Remarque)*

I. Mutations d'immeubles autres que les échanges

1° Conditions de taxation

4384 Les actes civils et judiciaires translatifs de propriété ou d'usufruit de biens immeubles à titre onéreux sont assujettis à la TPF ou à un droit *(CGI, art. 683, I, al.1)*.

Sous réserve des règles de territorialité *(V. n° 4385)*, l'exigibilité de la TPF ou du droit d'enregistrement est subordonnée à la double condition :

- que la convention s'analyse en une mutation à titre onéreux *(V. n° 4386)* ;
- que la mutation porte sur un bien présentant le caractère immobilier *(V. n° 4394)*.

4385 Territorialité – L'extranéité des actes ou des biens emporte plusieurs conséquences fiscales :

L'expression « en France » vise aussi bien la France métropolitaine que les départements d'outre-mer : Martinique, Guadeloupe, Guyane, La Réunion et Mayotte *(BOI-ENR-DMTOI-10-10-10, 8 mars 2017, § 320)*. Les règles applicables aux mutations d'immeubles situés dans les départements d'outre-mer sont donc celles des mutations d'immeubles situés en France.

- les mutations d'**immeubles sis en France** constatées par **actes passés à l'étranger** donnent ouverture au **droit d'enregistrement** au même tarif que la TPF prévue pour les biens de même nature ;

  Cet acte ne peut pas être soumis à la formalité unique (un acte authentique étranger a, en France, la valeur d'un acte sous seing privé *(V. n° 4382)*. L'acte dressé ultérieurement en vue de la publication est dispensé de TPF *(BOI-ENR-DMTOI-10-10-10, 8 mars 2017, § 330)*.

- les mutations d'**immeubles sis à l'étranger** constatées par **actes passés en France** ne sont pas, en elles-mêmes, soumises à la formalité de l'enregistrement, sauf s'il s'agit d'actes notariés (dans ce cas, ils donnent ouverture au droit de **5 %** *(CGI, art. 714)*) ;
  En présence d'un acte sous seing privé, le droit de 5 % n'est perçu qu'en cas de présentation volontaire de l'acte à la formalité. Bien entendu, ces mutations ne sont **pas soumises** à **publicité foncière**.
- les mutations d'**immeubles sis à l'étranger** constatées par **actes passés à l'étranger** ne sont soumises à **aucune formalité** en **France**, sauf présentation volontaire de l'acte à la formalité qui donne ouverture au droit de **5 %** (ou tarif en vigueur au moment de la présentation) ;
- les mutations d'**immeubles situés dans les collectivités d'outre-mer** où l'**enregistrement** est **établi**, et constatées par actes passés en France, sont soumises au **droit fixe** des actes innomés de **125 €** ;
- les mutations d'**immeubles situés dans les collectivités d'outre-mer** où l'**enregistrement** n'est **pas établi**, et constatées par actes passés en France, donnent ouverture au droit de **5 %.**
  Il s'agit des collectivités suivantes : Saint-Pierre-et-Miquelon, Nouvelle-Calédonie, Polynésie française, îles Wallis et Futuna et Terres australes et antarctiques françaises.

Pour plus de détails, *V. BOI-ENR-DMTOI-10-10-10, 8 mars 2017, § 310 à 370.*

a) Mutations à titre onéreux

4386 Les conventions taxables sont constituées essentiellement par les ventes, mais elles englobent d'une manière générale toutes les conventions qui, sans revêtir la forme d'une vente, emportent, en droit fiscal, **transfert à titre onéreux** de la **propriété** ou de l'**usufruit** de **biens immobiliers**.

Selon une jurisprudence constante de la Cour de cassation, la remise de biens immobiliers à titre de **paiement de dividendes** ne constitue pas une transmission de propriété de bien immobilier à titre onéreux et n'est donc **pas taxable aux droits de mutation à titre onéreux** *(Cass. com., 12 févr. 2008, n° 05-17.085 : Dr. fisc. 2008, n° 29, comm. 416)*. L'attribution aux associés de produits en nature, telle que la remise d'un immeuble gratuitement ou à prix réduit, constitue une distribution imposable à l'IR dans la catégorie des revenus de capitaux mobiliers sur le fondement de l'article 109 du CGI *(Rép. min. n° 3508 : JOAN 15 mai 2018)*.

4387 Ventes taxables – La vente est la convention par laquelle une personne, le vendeur, transfère une chose à une autre, l'acquéreur, moyennant un prix *(C. civ., art. 1582)*. Pour être taxable, la vente doit être parfaite *(V. n° **4388** à **4390**)* et emporter des effets certains et actuels *(V. n° **4391**)*.

Elle est imposable, en principe, quelles que soient sa qualification et sa forme : conventions conclues à l'amiable, adjudications ou ventes aux enchères publiques (adjudications volontaires et adjudications judiciaires).

En ce qui concerne les ventes **à réméré**, *V. BOI-ENR-DMTOI-10-10-30-40, 12 sept. 2012* ; la **déclaration de command**, *V. BOI-ENR-DMTOI-10-10-30-30, 15 oct. 2014* ; les **adjudications**, *V. BOI-ENR-DMTOI-10-10-30-20, 12 sept. 2012.*

4388 Vente parfaite – En droit civil, la vente est parfaite entre les parties, et la propriété acquise de droit à l'acheteur à l'égard du vendeur, dès accord sur la chose et sur le prix, quoique la chose n'ait pas encore été livrée ni le prix payé. *(C. civ., art. 1583)*. Le droit proportionnel est donc dû sur les **promesses synallagmatiques de vente** valant vente.

À l'inverse, l'offre de vente non acceptée ne donne ouverture qu'au droit fixe des actes innomés de 125 €, en l'absence de mutation.

4389 L'objet de la vente doit être désigné de façon à pouvoir être identifié, mais il n'est pas nécessaire que ses caractéristiques soient entièrement connues.

Remarque L'incertitude portant sur la contenance de l'immeuble ne retire pas à la vente son caractère parfait entre les parties et ne met pas obstacle à la perception de l'impôt.
La vente peut porter sur une **chose future** ; c'est le cas, fréquent, des constructions vendues en l'état futur d'achèvement.
Enfin, bien que la **vente de la chose d'autrui** soit nulle *(C. civ., art. 1599)*, si l'acte qui la constate présente toutes les apparences de la validité, l'impôt est perçu *(BOI-ENR-DMTOI-10-10-10, 8 mars 2017, § 100)*.

4390 Les parties doivent être d'**accord sur le prix et** les **charges** qui s'y ajoutent.

Il suffit d'ailleurs qu'elles le soient sur la manière de le fixer, même s'il n'est pas liquidé dans l'acte, mais il importe que sa fixation ne dépende pas de la volonté de l'une des parties ou d'un tiers. En outre, le mode de paiement du prix doit être arrêté entre les parties *(BOI-ENR-DMTOI-10-10-10, 8 mars 2017, § 110)*.

4391 Effets certains et actuels de la vente – La **vente** doit également emporter des **effets certains et actuels** (telles les ventes à terme ou sous condition résolutoire).

En ce qui concerne la condition suspensive et les autres modalités affectant les contrats.

4392 Situations particulières – La **rétrocession** ou **revente par l'acheteur au vendeur** est taxée à l'impôt de mutation au tarif proportionnel sur le prix de la nouvelle aliénation.

Cette opération forme un nouveau contrat mais laisse le contrat originaire subsister au regard des tiers.

L'**annulation** ou la **résolution volontaire** d'une vente d'immeuble donne ouverture à l'impôt de mutation liquidé :
- sur le prix stipulé dans l'acte de résolution ou d'annulation,
- ou à défaut dans le contrat primitif, sauf si le contrat est résolu en vertu d'une clause de dédit (dans ce cas, la TPF ou le droit d'enregistrement ne sont perçus qu'au taux fixe des actes innomés) ;

Les droits initialement perçus ne sont en principe pas restituables *(CGI, art. 1961)*.

4393 Conventions assimilées fiscalement à des mutations à titre onéreux – Sont soumis aux **mêmes droits et taxes** que ceux prévus en cas de **vente d'immeuble** :

- les **soultes d'échanges** ;
- les **soultes de partages** (sauf régime dérogatoire) ;

Sauf régime dérogatoire, les partages sont considérés comme **translatifs dans la limite des soultes ou plus-values** et donnent ouverture, dans cette limite, aux droits de mutation aux taux prévus selon la nature des biens compris dans le lot grevé de la soulte ou comportant une plus-value.

- les **apports en société à titre onéreux d'immeubles** ;
- les **dations en paiement** ;

La dation en paiement est la convention par laquelle un créancier accepte de recevoir un immeuble en paiement d'une dette.

- certaines **transactions** ;

Sont visées les transactions par l'effet desquelles la **propriété** ou **partie de propriété** en litige est **attribuée à celui qui**, d'après la loi ou les titres ostensibles, **n'était pas le possesseur ou le propriétaire apparent**. Par exemple, l'annulation amiable d'une vente d'immeuble à titre de transaction constitue une rétrocession soumise à cet impôt *(V. n° **4392**)*.

- les biens recueillis en vertu de **clauses d'accroissement ou de tontine** ;

En droit fiscal, les immeubles et biens mobiliers recueillis en vertu d'une telle clause sont considérés comme **transmis à titre onéreux** uniquement dans les hypothèses où l'accroissement ne donne pas ouverture aux droits de mutation à titre gratuit de plein droit ou sur option en vertu de l'article 754 A du CGI *(V. BOI-ENR-DMTOI-10-10 30-10, 12 sept. 2012, § 180 à 230)*.

- les **locations-ventes** et **locations-attributions**, si l'immeuble entre dans le champ de la TVA ;

Pour le régime spécial, *V. BOI-ENR-DMTOI-10-10-30-50, 24 juin 2013, § 90 et s.*

Remarque Le **procès-verbal de bornage**, lorsqu'il a pour effet de modifier la consistance des fonds, rend la TPF exigible sur la valeur de la superficie prélevée d'une unité foncière pour l'adjoindre à l'autre.

b) Biens présentant un caractère immobilier

4394 Les mutations à titre onéreux assujetties au tarif immobilier *(V. n° **4409** et s.)* sont celles qui ont pour objet des **biens immeubles**.

Le caractère de ces biens est déterminé, en principe et sauf dispositions particulières du droit fiscal, selon les règles du droit civil.

Remarque **1.** Des règles spéciales sont prévues pour les cessions :
- de droits sociaux représentatifs d'apports en nature d'immeubles ;
- de droits sociaux dans les sociétés immobilières de copropriété dotées de la transparence fiscale, d'actions ou de parts conférant à leurs possesseurs le droit à la jouissance d'immeubles ou de fractions d'immeubles, bien qu'il ne s'agisse pas de droits sociaux de sociétés transparentes ;
- de droits sociaux dans des personnes morales à prépondérance immobilière.

2. Les **cessions de parts** de **sociétés immobilières** détenant des immeubles ou des droits immobiliers situés en France, **réalisées à l'étranger**, doivent faire l'objet d'un **acte authentique** établi par un notaire exerçant en France, et être enregistrées dans le délai d'1mois à compter de leur date.

4395 Immeubles par nature – Sont immeubles par nature :

- les fonds de terre, bâtiments, canalisations d'eau et d'autres fluides ainsi que les matériaux servant à la construction d'un bâtiment au fur et à mesure de leur incorporation à la construction ;
- les récoltes pendant par racines et les fruits des arbres non encore recueillis et les coupes de bois, taillis et de futaies, tant que les arbres ne sont pas abattus *(C. civ., art. 518 à 521)*.

La mutation à titre onéreux de ces biens entre dans le champ de la TPF. Ils peuvent perdre le caractère d'immeuble lorsque les coupes de bois ou les récoltes sont vendues sur pied.

4396 Immeubles par destination – Ce sont des objets mobiliers que le propriétaire d'un fonds a :

- soit placés pour le service et l'exploitation de ce fonds *(C. civ., art. 524)* ;
- soit attachés à perpétuelle demeure *(C. civ., art. 525)*.

IMPORTANT **Pour que des objets mobiliers soient immeubles par destination, il faut, d'une part, qu'ils soient attachés à un fonds, c'est-à-dire à un immeuble par nature, quelle que soit la destination de ce fonds, d'autre part, qu'ils y aient été attachés par le propriétaire du fonds *(BOI-ENR-DMTOI-10-10-10, 8 mars 2017, § 250 à 270)*.**
Le matériel installé dans un bâtiment, immeuble par nature, devient immeuble par destination dès lors qu'il y est placé par le propriétaire de ce bâtiment. Par contre, les objets mobiliers placés sur un fonds par un locataire qui acquiert ultérieurement la propriété de ce fonds restent des meubles.

4397 Immeubles par l'objet auquel ils s'appliquent – Sont immeubles :

- l'usufruit des choses immobilières *(V. n° **4399**)*,
- les servitudes ou services fonciers,
- les actions tendant à revendiquer un immeuble *(C. civ., art. 526)* ;

Cette liste n'est pas limitative. Ont ainsi le caractère immobilier : le droit d'usage et d'habitation, les hypothèques et antichrèses, le droit du concessionnaire de mines, le droit au bénéfice d'un arrêté ministériel autorisant l'exploitation d'une source d'eau minérale *(BOI-ENR-DMTOI-10-10-10, 8 mars 2017, § 280)*.

4398 Immeubles par détermination de la loi – Des lois spéciales peuvent accorder le caractère immobilier à des objets ou droits mobiliers.

FISCALITÉ

Certaines indemnités ont un caractère immobilier lorsqu'elles sont attachées à des immeubles. Par exemple, des redevances tréfoncières versées au propriétaire du sol par le titulaire d'une concession minière.

4399 Conventions relatives à l'usufruit – Sauf ouverture d'un usufruit successif, l'**extinction de l'usufruit** entraîne réunion de l'usufruit à la nue-propriété. Cette réunion ne donne ouverture à **aucun impôt ou taxe**, dès lors qu'elle a lieu :
- par l'**expiration du temps fixé** pour l'usufruit (usufruit temporaire) ;
- ou par le **décès** de l'usufruitier (usufruit viager ou temporaire si l'usufruitier décède avant l'expiration du terme) *(CGI, art. 1133)*.

4400 À l'inverse, **l'impôt de mutation** est **dû** lorsque cette réunion a lieu **avant l'expiration** du terme convenu, ou avant son expiration normale par le décès de l'usufruitier, par l'effet d'une **renonciation de l'usufruitier** ou d'une **convention quelconque**.

4401 S'agissant de la **conversion** d'un usufruit en une **rente viagère**, elle constitue en principe une **mutation à titre onéreux** assujettie à **l'impôt de mutation**, sauf :
- lorsqu'elle s'analyse en un **complément de donation avec charge**, dès lors qu'elle est effectuée en application d'une clause d'un acte de donation antérieur, entre les mêmes personnes *(V. BOI-ENR-DMTG-20-10-10, 11 déc. 2013, § 170)* ;
  Dans les autres hypothèses, notamment lorsque la faculté de conversion n'a pas été réservée dans une donation préalable, l'acte par lequel une rente est substituée à un usufruit s'analyse, selon le cas, soit en une mutation à titre onéreux dont la rente constitue le prix de cession *(V. BOI-ENR-DMTG-20-10-10, 11 déc. 2013, § 180)*, soit en une libéralité avec charge.
  Comme critères permettant de qualifier un tel acte, on peut citer à titre indicatif, l'existence ou non de l'*animus donandi*, les liens de parenté entre les parties, etc.
- ou s'il est fait **application de l'article 759 du Code civil.**
  L'hypothèse envisagée est celle de la faculté offerte à l'un des héritiers nus-propriétaires ou au conjoint successible lui-même, de demander la conversion en rente viagère de tout usufruit appartenant au conjoint sur les biens du prédécédé. Cette conversion n'opère pas mutation et est passible du **droit fixe** des **actes innomés**.

Enfin, la **conversion en toute propriété de l'usufruit légal du conjoint survivant** s'analyse en principe en un **échange** d'usufruit contre une nue-propriété et devrait normalement être taxée. Il est cependant admis de l'analyser comme une **opération de partage** *(V. BOI-ENR-DMTOI-10-10-10, 8 mars 2017, § 190)*.

2° Principes de taxation

a) Assiette des droits

4402 La TPF ou le droit d'enregistrement (ainsi que les taxes additionnelles à ce droit) sont liquidés :
- sur le **prix exprimé dans l'acte** constatant la mutation *(V. n° **4403**)* ;
  Le prix exprimé s'entend du prix hors TVA lorsque le montant de la TVA due par le cédant est indiqué dans l'acte. Il s'entend du prix payé par l'acquéreur, comprenant la TVA, dans le cas contraire.
- augmenté le cas échéant, des **charges augmentatives** *(V. n° **4405**)*, des **réserves** *(V. n° **4406**)* et de toutes les **indemnités** stipulées **au profit du vendeur** à quelque titre et pour quelque cause que ce soit *(V. n° **4407**)* ;
- diminué, le cas échéant, des **obligations contractées par le vendeur** en lieu et place de l'acquéreur *(V. n° **4408**)*.

Attention L'Administration est autorisée à percevoir le droit de vente sur la **valeur vénale réelle** des immeubles lorsque cette valeur est supérieure au prix exprimé dans la convention. Ce droit n'appartenant qu'à l'Administration, les parties ne peuvent pas demander que l'impôt soit calculé sur cette valeur lorsqu'elle est inférieure au prix.
En cas de cession de **droits démembrés**, le barème fixé par l'article 669 du CGI prime sur le prix exprimé ; l'article 683 du CGI ne peut donc pas s'appliquer dans cette situation *(BOI-ENR-DMTOI-10-10-10, 8 mars 2017, § 125)*. Ainsi, la liquidation des droits d'enregistrement afférents à la **cession de l'usufruit** d'un bien immobilier intervenue entre deux sociétés est soumise au **I de l'article 669**, dès lors que **l'usufruit**, qui n'est **cédé que pour la durée de la survivance des gérants**, est **de nature viagère**, peu important que cet usufruit entre personnes morales ne puisse excéder 30 ans aux termes de l'article 619 du Code civil *(Cass. com., 26 sept. 2018, n° 16-26.503 : Dr. fisc. 2018, n° 41, comm. 418 ; RFP 2018, comm. 14)*.

4403 Prix de vente – Le **prix de vente** est constitué par tout ce que le vendeur reçoit de l'acquéreur en contrepartie de l'immeuble vendu, c'est-à-dire :
- une **somme d'argent** ;
  Les intérêts sont exclus de l'assiette en cas de prix payable à terme *(BOI-ENR-DMTOI-10-10-20-10, 12 sept. 2012, § 20)* ;
- des **biens de toute nature** ;
  La mutation de l'immeuble et celle du bien donné en paiement constituent deux dispositions dépendantes ; l'application des articles 670 et 671 du CGI conduit, en général, à percevoir la TPF ou le droit d'enregistrement au tarif prévu pour les immeubles *(BOI-ENR-DMTOI-10-10-20-10, 12 sept. 2012, § 40)*.
  L'impôt est liquidé :
  - si le prix consiste en la remise d'objets mobiliers : sur leur valeur déterminée par une déclaration estimative ;
  - si le prix consiste en une créance : sur le capital nominal de la créance ;
  - si le prix est formé par une rente viagère : sur le capital de la rente exprimé dans l'acte (taxation du prix converti en rente viagère) ou fixé par une déclaration estimative des parties (prix consistant directement en rente viagère) *(BOI-ENR-DMTOI-10-10-20-10, 12 sept. 2012, § 60) (V. n° **4404**)*.

➤ une **obligation de faire** à la charge de l'acquéreur ;
L'obligation formant le prix de la vente doit faire l'objet d'une déclaration estimative des parties.

4404 Les **modalités de paiement** du prix doivent être prise en compte :
- lorsque le prix est stipulé **payable par annuités**, l'impôt est perçu sur le total des annuités, sans déduction des intérêts à échoir qui s'y trouvent compris, sauf si l'acte renferme une **ventilation sérieuse** équivalant à la fixation d'un **prix principal** avec **stipulation d'intérêt** ;
- lorsque le **prix définitif** dépend d'**évènements postérieurs à la conclusion** du contrat, l'impôt est liquidé sur une évaluation fournie par les parties, et un **complément de droits** devient ensuite exigible si les sommes effectivement payées excèdent le montant de l'évaluation primitive ;
- lorsque la **rente** est stipulée pour une **durée fixe**, le contrat s'analyse en une vente moyennant un prix **payable par annuités.**

Pour plus de détails, *V. BOI-ENR-DMTOI-10-10-20-10, 12 sept. 2012, § 70 et s.*

4405 Charges augmentatives du prix – Ces « charges » s'entendent de :
- toutes les prestations supplémentaires que le contrat impose à l'acquéreur ;
- tous les avantages indirects que l'acquéreur procure au vendeur, soit en acquittant ses dettes, soit autrement *(BOI-ENR-DMTOI-10-10-20-20, 12 sept. 2012, § 10 et s.).*

Attention Ne **constituent pas** des charges les obligations incombant à l'acquéreur **de plein droit**, tels les **frais d'acte**.

Lorsqu'elles ne sont pas évaluées dans l'acte, ces charges doivent faire l'objet d'une **déclaration estimative** des parties.

Exemple Constituent notamment des **charges augmentatives** du prix de vente :
- les **commissions d'intermédiaire** mises contractuellement à la charge du vendeur et acquittées par l'acquéreur : si le **mandat** met **à la charge de l'acquéreur** la commission versée à l'agent immobilier, cette dernière ne constitue **pas une charge augmentative** du prix *(Rép. min. n°98694 : JOAN Q 7 mars 2017, Reynès)* ;
- les **autres frais exposés en vue de la vente** (publicité, annonces dans les journaux... incombant au vendeur) mis à la charge de l'acquéreur ;
- les **frais postérieurs à la vente** (frais de recouvrement du prix, de purge des hypothèques) acquittés par l'acquéreur ;
- les **impôts** dont le paiement incombe au vendeur et pris en charge par l'acquéreur (taxe foncière pour la période antérieure à l'entrée en jouissance etc.) ;
- le **montant des dettes du vendeur** acquittées par l'acquéreur (coût des travaux antérieurement exécutés et non réglés au jour de la vente).

Pour d'autres exemples, *V. BOI-ENR-DMTOI-10-10-20-20, 12 sept. 2012, § 30 et s.*

4406 Réserves – Lorsqu'une vente s'accompagne de **réserves** au profit du vendeur, on distingue celles ayant pour objet un droit personnel et celles portant sur un droit réel :
- si la mutation a pour objet la propriété d'un immeuble et que le vendeur se réserve tout ou partie des revenus générés par le bien, il y a **charge augmentative** du prix dès lors l'acquéreur doit payer le prix et renoncer aux revenus auxquels il a droit par voie d'accession *(V. n° **4405**)* ;
- lorsque le vendeur se réserve un **droit réel** (usufruit, droit d'usage et d'habitation), le prix correspond à la partie du **bien cédé** (par exemple, la nue-propriété en cas de réserve d'usufruit), de sorte que la réserve ne constitue pas une charge à ajouter au prix.

Pour des exemples de réserve, *V. BOI-ENR-DMTOI-10-10-20-20, 12 sept. 2012, § 270 et s.*

4407 Indemnités – L'impôt de mutation est dû sur les « indemnités stipulées au profit du cédant à quelque titre ou pour quelque cause que ce soit » *(CGI, art. 683, I, al.2).*

4408 Déductions à opérer sur le prix – Les obligations contractées par le vendeur aux lieu et place de l'acquéreur viennent en diminution du prix.

La détermination du montant de ces obligations doit faire l'objet d'une déclaration estimative *(BOI-ENR-DMTOI-10-10-20-30, 12 sept. 2012).*

En pratique **Il en est ainsi, notamment, en cas de vente « contrat en mains », lorsque le vendeur se charge de tous les frais qu'entraîne la transmission du bien.**
Dans le cas d'une vente aux enchères devant notaires, contrat en mains, seuls les honoraires du notaire prévus pour les ventes de gré à gré sont déductibles *(BOI-ENR-DMTOI-10-10-20-30, 12 sept. 2012, § 20).*

b) Taux

4409 Taux de droit commun – Les ventes d'immeubles qui n'entrent pas dans le champ de la TVA *(BOI-ENR-DMTOI-10-40, 1er juin 2016, § 40)* sont en principe assujetties à un droit de mutation d'immeuble (TPF ou droit d'enregistrement) dont le taux est composé :

➤ du droit de **3,80 %** perçu au profit du **département** du lieu de situation de l'immeuble ;
Ce taux peut être modifié par les conseils départementaux, sans que ces modifications puissent avoir pour effet de le réduire, en principe, à moins de 1,20 % ou de le relever au-delà de 4,50 %. Initialement prévue à titre temporaire, la possibilité pour les dépar-

FISCALITÉ

tements d'augmenter le taux jusqu'à 4,50 % a été pérennisée par la loi de finances pour 2015 pour les actes passés et conventions conclues à compter du 1er mars 2016 *(L. n° 2014-1654, 29 déc. 2014, art. 116)*. Les **départements** qui avaient relevé le taux à son niveau maximal (**4,50 %**) l'ont **maintenu au 1er juin 2018**. Comme pour la période précédente, le taux de **3,80 %** ne reste donc applicable entre le **1er juin 2018 et le 31 mai 2019** que dans **4 départements** : **Indre**, **Isère**, **Morbihan** et **Mayotte** *(Note DGFiP 1er juin 2018)*.

- de la taxe additionnelle de **1,20 %** perçue au profit de la **commune** de situation de l'immeuble ;

Les conseils municipaux (communes de plus de 5 000 habitants) qui perçoivent directement la taxe communale additionnelle aux droits d'enregistrement peuvent, à titre facultatif, réduire le taux de cette taxe jusqu'à 0,5 % pour certaines mutations *(CGI, art. 1584 bis)* et voter une exonération pour certaines cessions de parts de sociétés civiles immobilières de capitalisation *(CGI, art. 1584 ter)*. La réduction et l'exonération continuent de s'appliquer, du 1er juin 2018 au 31 mai 2019, dans les communes du Lamentin (Guadeloupe) et du Tsingoni (Mayotte) *(Note DGFiP 1er juin 2018, annexe 4)*.

- du prélèvement de **2,37 %** pour **frais d'assiette et de recouvrement** (calculé sur le seul droit départemental) perçu au profit de l'État (soit 4,50 % (ou 3,80 %) x 2,37 %).

En pratique **Taux global :**
- dans les départements (la grande majorité) ayant porté le taux du droit départemental à 4,50 %, le droit de mutation d'immeuble est donc perçu au taux global de 5,80 % (plus précisément 5,80665 %) ;
- dans les 4 départements ayant maintenu le taux de 3,80 %, le droit de mutation d'immeuble est perçu au taux global de 5,09 % (plus précisément 5,09006 %).

Attention **Taxe additionnelle en Île-de-France : À compter du 1er janvier 2016, il est perçu au profit de cette région une taxe additionnelle de 0,6 % aux droits d'enregistrement ou à la TPF pour les mutations à titre onéreux de locaux à usage de bureaux, de locaux commerciaux et de locaux de stockage** ***(CGI, art. 1599 sexies ; L. n° 2015-1786, 29 déc. 2015, art. 50, I, 2°)*****. Pour ce type de locaux, le taux global est ainsi de 6,40665 % dans tous les départements d'Île-de-France. Cette taxe ne s'applique pas aux mutations exonérées de droits d'enregistrement ou de TPF** ***(BOI-ENR-DG-60-10-20, 6 avr. 2016, § 110)*****. Elle ne s'applique pas non plus en cas d'engagement de revendre** ***(V. n° 4425)*****.**

4410 **Taux réduit** – Pour les régimes spéciaux *(V. n° **4415** et s.)*, la TPF est perçue au **taux global** de **0,715 %** (plus précisément 0,71498 %) (**0,70 %** de droit départemental + frais d'assiette et de recouvrement de **2,14 %** calculé sur le seul droit départemental (soit, 0,70 % x 2,14 %) *(CGI, art. 1647, V, b, modifié) (BOI-ENR-DMTOI-10-40, 1er juin 2016, § 90 et s.)*.

c) Ventes simultanées de meubles et d'immeubles

4411 **Application du droit d'enregistrement au tarif immobilier** – Lorsqu'un **acte translatif** de propriété ou d'usufruit comprend des **meubles** corporels ou incorporels (créances, valeurs mobilières, etc.) et des **immeubles** par nature ou par destination, le droit d'enregistrement est perçu sur la **totalité du prix**, au taux prévu pour les **immeubles**, si :
- les objets mobiliers ne font pas l'objet d'un prix particulier et ne sont pas désignés et estimés, article par article,
- et si le **tarif** du droit applicable aux **immeubles** est **plus élevé** que celui du droit exigible sur les meubles *(CGI, art. 735)*.

Lorsque le tarif du droit de vente d'immeubles est inférieur au taux prévu pour la vente des meubles cédés simultanément, on taxe chaque bien au tarif qui lui est propre en demandant, le cas échéant, aux parties d'effectuer une ventilation du prix global *(BOI-ENR-DMTOI-10-120, 12 sept. 2012, § 110)*.

Remarque Ce dispositif a pour but de **déjouer la fraude** consistant à augmenter la fraction du prix des meubles dont la vente est soit exonérée, soit taxée à un tarif moins élevé. C'est aussi un moyen pour l'Administration de contrôler si le prix fixé pour les immeubles correspond à leur valeur vénale.
C'est le service chargé de la publicité foncière du lieu de situation de l'immeuble qui est compétent pour exécuter la formalité fusionnée d'enregistrement et de publicité foncière *(BOI-ENR-DMTOI-10-120, 12 sept. 2012, § 20)*.

IMPORTANT L'article 735 du CGI n'est applicable aux meubles que si la **vente des meubles et des immeubles** est **consentie à la même personne**. De même, il est écarté lorsque les meubles et les immeubles vendus à un même acquéreur appartiennent à des propriétaires différents *(BOI-ENR-DMTOI-10-120, 12 sept. 2012, § 100)*.

4412 **Actes visés par l'article 735 du CGI** – Il s'agit des actes translatifs de propriété ou d'usufruit de meubles et d'immeubles, tels :
- les ventes amiables ou judiciaires ;
- les dations en paiement ;
- les apports en société à titre onéreux ;
- les partages de sociétés avec soulte *(BOI-ENR-DMTOI-10-120, 12 sept. 2012, § 40)*.

4413 **Actes non visés par l'article 735 du CGI** – Les dispositions de l'article 735 ne s'appliquent pas :
- aux baux ;
- aux donations ;
- aux échanges ;
- aux partages visés à l'article 748 du CGI de biens dépendant d'une succession ou d'une communauté ou indivision conjugale et aux licitations et aux cessions de droits successifs visés à l'article 750-II du CGI ;
- aux partages d'ascendants avec soultes ;

- aux cessions de parts d'intérêt dans les 3 ans de la réalisation définitive de l'apport, lorsque les parts transmises représentent des meubles et des immeubles ;
- à la vente simultanée d'immeubles placés dans le champ d'application de la TVA et de meubles *(BOI-ENR-DMTOI-10-120, 12 sept. 2012, § 50 à 90)*.

Enfin, il est admis que l'article 735 précité ne s'applique pas aux cessions de droits sociaux émis par les sociétés immobilières de copropriété *(CGI, art. 1655 ter) (BOI-ENR-DMTOI-10-120, 12 sept. 2012, § 70)*.

4414 Conditions d'application de tarifs distincts – Pour que les meubles vendus avec les immeubles échappent au droit d'enregistrement au tarif immobilier et soient taxés au taux qui leur est propre ou exonérés de tout droit proportionnel en cas de vente amiable, les 2 conditions suivantes doivent être simultanément remplies :
- le **prix particulier** pour les **meubles** est stipulé dans l'acte de vente lui-même, dans un document annexé à l'acte de vente ou dans un acte ou état détaillé antérieur à la vente et auquel les parties se réfèrent expressément ;
- et les **meubles** sont **désignés** et **estimés article par article** *(BOI-ENR-DMTOI-10-120, 12 sept. 2012, § 180)*.

Cette règle ne s'applique qu'aux meubles qui, par leur nature et leur forme extérieure, peuvent être détaillés, désignés et évalués article par article. Au contraire, les objets de même nature (matériaux, bestiaux, vaisselle, etc.) peuvent être estimés globalement *(BOI-ENR-DMTOI-10-120, 12 sept. 2012, § 190)*.

3° Régimes de faveur

a) Exonérations ou réductions de taux obligatoires

4415 Le tableau ci-après présente de façon synthétique les différents régimes de faveur applicables **de plein droit**.

Nature de la mutation	Régime de faveur	Article du CGI	Référence
Mutations d'immeubles neufs et de terrains à bâtir soumises obligatoirement à la TVA sur le prix total	Taux réduit	CGI, art. 1594 F quinquies, A	*V. n°* **4418**
Acquisition par un assujetti à la TVA qui prend l'engagement de revendre le bien	Taux réduit	CGI, art. 1115	*V. n°* **4425**
Acquisition par un assujetti à la TVA qui prend l'engagement de construire un bien	Exonération [1]	CGI, art. 1594-0G, A	*V. n°* **4419**
Acquisition de terres incultes ou insuffisamment exploitées (DOM et Mayotte)	Taux réduit	CGI, art. 1025, 1594 F quinquies, F et 1594-0 F sexies	BOI-ENR-DMTOI-10-70-70, 9 juill. 2014
Acquisition d'immeubles par des organismes d'aide ou d'assistance à l'enfance	Exonération (sous conditions)	CGI, art. 1066 et 1067	BOI-ENR-DMTOI-10-90-10, 2 mars 2016
Acquisition d'immeubles ruraux situés dans une ZRR :			
- par les jeunes agriculteurs (exploitants individuels ou associés de société civile à objet agricole) bénéficiaires des aides à l'installation	Taux réduit sur la fraction du prix ou de la valeur des biens acquis n'excédant pas **99 000 €** [2, 3]	CGI, art. 1594 F quinquies, E	BOI-ENR-DMTOI-10-70-10, 12 sept. 2012
- par un acquéreur qui s'engage à les donner à bail à de jeunes agriculteurs bénéficiaires des aides à l'installation			BOI-ENR-DMTOI-10-70-20, 12 sept. 2012
Acquisition d'immeubles ruraux par les fermiers	Taux réduit	CGI, art. 1594 F quinquies, D	*V. n°* **4431** et s. BOI-ENR-DMTOI-10-70-30, 6 avr. 2016
Acquisition et cessions d'immeubles ruraux par les SAFER	Exonération	CGI, art. 1028, 1028 bis et 1028 ter	*V. n°* **4437** BOI-ENR-DMTOI-10-70-40, 12 sept. 2012
Acquisitions dans le cadre de cessions-bail par une société de crédit-bail qui acquiert un immeuble et concède immédiatement la jouissance au vendeur par un contrat de crédit-bail	Taux réduit	CGI, art. 1594 F quinquies, H	*V. n°* **4428**
Acquisitions et échanges par l'établissement public d'immeubles situés dans les zones centrales d'un parc national	Exonération	CGI, art. 1045 bis	
Acquisitions et échanges réalisés par l'État et par les établissements publics fonciers [4]	Exonération	CGI, art. 1040	
Acquisitions effectuées par les collectivités locales et les établissements publics locaux	Exonération	CGI, art. 1042, I, modifié	BOI-ENR-DMTOI-10-80-10, 4 juill. 2018

FISCALITÉ

Nature de la mutation	Régime de faveur	Article du CGI	Référence
Acquisitions effectuées par les collectivités locales et les établissements publics locaux [5]	Exonération	CGI, art. 1042, III, modifié	
Acquisitions par la Croix Rouge française	Exonération sous réserve des dispositions de l'art. 1020 du CGI	CGI, art. 1071, al. 2	BOI-ENR-DMTOI-10-90-10, 2 mars 2016
Acquisition par les organismes de sécurité sociale	Exonération	CGI, art. 1027, 1084 et 1085	BOI-ENR-DMTOI-10-90-10, 2 mars 2016
Opérations réalisés par des personnes de droit public en raison de leur finalité : – acquisitions réalisées par un droit de préemption (biens soumis au droit de préemption urbain ou au droit de préemption institué dans les ZAD, collectivités ou établissements publics bénéficiant du droit de préemption, directement, par substitution ou par délégation) – opérations réalisées par un établissement public foncier dans le cadre des opérations de requalification des copropriétés dégradées d'intérêt national, – rétrocessions consenties en application de Code de l'urbanisme	Exonération	CGI, art. 1594-0 G B, *a, b, d, f, h et k* CGI, art. 1594-0 GB, *c, e, g et i*	BOI-ENR-DMTOI-10-80-20, 21 mai 2015, § 250 à 300
Cessions d'actifs opérés par l'Association foncière logement ou par des SCI dont elles détiennent la majorité des parts, en faveur des régimes de retraite complémentaires obligatoires des salariés du secteur privé par répartition institués par les accords collectifs interprofessionnels	Exonération	CGI, art. 1594-0 GB, *j*	
Cessions effectuées dans le département de Mayotte par une personne publique [6]	Exonération	CGI, art. 1043 B	
Expropriation pour cause d'utilité publique	Exonération	CGI, art. 1045	BOI-ENR-DMTOI-10-80-20, 21 mai 2015, § 1 à 150
Opérations de remembrement foncier réalisées par des associations foncières urbaines	Exonération sous réserve des dispositions de l'art. 1020 du CGI	CGI, art. 1055	
Acquisition en vue de leur revente de lots de copropriété faisant l'objet d'un plan de sauvegarde des organismes d'HLM	Taux réduit	CGI, art. 1594 F quinquies, L	BOI-ENR-DMTOI-10-90-20, 5 avr. 2017, § 440 à 460
Acquisitions, dans les DOM, de terrains compris dans le périmètre de lotissements agréés dans des conditions fixées par décret	Taux réduit	CGI, art. 1594 F quinquies, K	BOI-ENR-DMTOI-10-100, 12 sept. 2012, § 320
Opérations effectuées dans le cadre de la législation sur les HLM	Exonération ou 125 €	CGI, art. 1049 à 1051	BOI-ENR-DMTOI-10-90-20, 5 avr. 2017
Transferts d'immeubles par un HLM à sa filiale de logements locatifs intermédiaires mentionnée aux articles L. 421-1, L. 422-2 et L.422-3 du CCH ou à une société sur laquelle il exerce un contrôle conjoint	125 €	CGI, art. 1051, 3°	BOI-ENR-DMTOI-10-90-20, 5 avr. 2017, § 420
Acquisitions de biens immobiliers bâtis entre les organismes HLM, les sociétés anonymes de crédit immobilier ou leurs unions et organismes agréés, les SEM exerçant une activité de construction ou de gestion de logements sociaux et les sociétés créées pour la mise en œuvre des articles 199 undecies C et 217 undecies CGI [7]	125 €	CGI, art. 1051, 4° **abrogé** *(L. n° 2018-1317, 28 déc. 2018, art. 30)*	Le droit fixe demeure applicable aux livraisons à soi-même, ventes, apport, acquisitions et cessions de logements qui relèvent des articles 199 undecies C et 217 undecies du CGI, dans leur rédaction antérieure à l'article 30 de la loi de finances pour 2019

FISCALITÉ

Nature de la mutation	Régime de faveur	Article du CGI	Référence
Dispositifs particuliers d'accession sociale à la propriété : – opérations de location-accession à la propriété conventionnées et agréées, – opérations portant sur les logements situés dans les zones faisant l'objet d'une convention de rénovation urbaine, – opérations d'accession à la propriété assortie d'une acquisition différée du terrain ou d'un prêt à remboursement différé, – opération d'accession sociale à la propriété dans le cadre d'un bail réel et solidaire	taux réduit, voire exonération, sous conditions	CGI, art. 1594 F quinquies CGI, art. 1042, modifié CGI, art. 1049 (TVA au taux réduit pour certains dispositifs d'accession sociale : CGI, art. 278 sexies)	BOI-ENR-DMTOI-10-90-30, 2 août 2017 BOI-TVA-IMM-20-20, 2 août 2017
Opérations réalisées par des collectivités publiques ou des organismes para-publics : – opérations de rénovation urbaine – cessions gratuites aux collectivités de terrains classés comme espaces boisés, à protéger ou à créer	Taux réduit	CGI, art. 1594 F quinquies, E CGI, art. 1594 F quinquies, C	BOI-ENR-DMTOI-10-80-20, 21 mai 2015
Opérations réalisées par des coopératives agricoles de céréales, d'insémination artificielle ou d'utilisation de matériel agricole (ou leurs unions)	Taux réduit	CGI, art. 1030 et 1031	BOI-ENR-DMTOI-10-70-60, 12 sept. 2012
Transferts d'immeubles par les mutuelles, les sociétés de secours des employés et ouvriers des mines et les associations d'étudiants reconnues d'utilité publique	Exonération sous réserve des dispositions de l'art. 1020 du CGI	CGI, art. 1080, 1087 et 1089	
Transferts d'immeubles entre organismes d'intérêt public et établissements d'utilité publique	Exonération (sous conditions) et sous réserve des dispositions de l'art. 1020 du CGI	CGI, art. 1039	
Transferts de biens au profit d'un comité professionnel de développement économique	Exonération sous réserve des dispositions de l'art. 1020 du CGI	CGI, art. 1039 A	
Acquisitions et échanges faits par l'État et partages de biens entre l'État et les particuliers	Exonération	CGI, art. 1040, I	BOI-ENR-DMTOI-10-80-10, 4 juill. 2018, § 1 à 60
Acquisitions et échanges d'immeubles situés sur le littoral et faits par le Conservatoire de l'espace littoral et des rivages lacustres	Exonération	CGI, art. 1041	BOI-ENR-DMTOI-10-80-10, 4 juill. 2018, § 80

(1) Un droit fixe de **125 €** est exigible *(CGI, art. 691 bis)*.

(2) Le surplus est imposé au taux de droit commun.

(3) L'acquéreur doit prendre, dans l'acte d'acquisition, l'engagement de justifier, au plus tard dans le délai d'1 an à compter de la date du transfert de propriété, que le bien acquis a été donné à bail à long terme.

(4) L'exonération des droits d'enregistrement et de la TPF est étendue aux acquisitions et échanges réalisés depuis le **30 décembre 2017** par les établissements publics fonciers créés en application des articles L. 321-1 à L. 321-13 du Code de l'urbanisme *(L. fin. rect. 2017, n° 2017-1775, 28 déc. 2017, art. 22)*.

(5) Exonération des acquisitions faites à l'amiable et à titre onéreux des immeubles domaniaux reconnus inutiles par le ministre de la Défense, dans le cadre des opérations de restructuration de la défense par des sociétés publiques locales *(CGCT, art. L. 1531-1)*, par des sociétés publiques locales d'aménagement *(C.urb., art. L. 327-2)* ou, à compter du **2 mars 2017**, par des **sociétés publiques locales d'aménagement d'intérêt national** *(C. urb., art. L. 327-3)*, dès lors que ces sociétés agissent en tant que concessionnaire de l'opération d'aménagement *(L. n° 2017-257, 28 févr. 2017 relative au statut de Paris et à l'aménagement métropolitain, art. 47, III)*.

(6) Dans le département de Mayotte, **du 1er janvier 2018 au 31 décembre 2025**, les cessions sont exonérées de droit d'enregistrement ou de TPF lorsqu'elles sont réalisées au profit de propriétaires irréguliers de biens immeuble *(L. fin. rect. 2017, n° 2017-1775, 28 déc. 2017, art. 64, 2)*.

(7) À compter du **2 mars 2017**, application du **droit fixe** aux acquisitions de biens immobiliers bâtis entre les organismes HLM, les sociétés anonymes de crédit immobilier ou leurs unions et organismes agréés, les SEM exerçant une activité de construction ou de gestion de logements sociaux et les sociétés créées pour la mise en œuvre des articles 199 undecies C et 217 undecies du CGI, lorsque ces biens ont été partiellement financés à l'aide de prêts conventionnés *(CCH, art. R. 372-20 et s.)*, de subventions publiques et qu''ils sont à usage de logement social au sens de l'article L. 411-1 du CCH *(L. n° 2017-256, 28 févr. 2017, art. 130)*.

Remarque **Exonération** de droits, taxes et contributions, y compris de contribution de sécurité immobilière, des transferts de biens, droits et obligations, intervenus au profit des centres communaux d'action sociale, au profit de l'Établissement public d'aménagement de Paris Saclay et au profit de l'Établissement public foncier d'Île de France, ainsi que dans le cadre des opérations de fusion entre SAFER ou de dévolutions des biens des organismes collecteurs de la taxe d'apprentissage (OCTA) dont l'habilitation n'a pas été renouvelée *(L. n° 2016-1918, 29 déc. 2016, art. 74)*.

b) Exonérations ou réductions de taux facultatives

4416 Sur décision du conseil départemental, les opérations suivantes peuvent être **exonérées** du droit départemental :
- cessions de logements par les organismes d'HLM et les sociétés d'économie mixte (SEM) à leurs locataires *(CGI art. 1594 G ; BOI-ENR-DMTOI-10-90-20, 5 avr. 2017, § 40 à 160)* ;
- rachats par les organismes d'HLM et les SEM de logements :
  - d'accédants à la propriété en difficulté *(CGI art. 1594 H ; BOI-ENR-DMTOI-10-90-20, 5 avr. 2017, § 230 à 340)* ;
  - de logements en cas de mise en œuvre d'une garantie de rachat *(CGI art. 1594 H-0 bis, modifié)* ;
- cessions de parts de sociétés civiles immobilières de capitalisation *(CGI art. 1594 H bis)* ;
  L'exonération s'applique aux cessions, autres que la première, de chacune des parts de sociétés civiles immobilières d'accession progressive à la propriété *(CCH, art. L. 443-6-2 ; BOI-ENR-DMTOI-10-90-20, 5 avr. 2017, § 360 et 370).*
- acquisitions d'immeubles par les mutuelles de retraite des anciens combattants et victimes de guerre *(CGI art. 1594 I)* ;
- baux à réhabilitation *(CGI art. 1594 J)* ;
- baux de plus de 12 ans portant sur des résidences de tourisme classées *(CGI art. 1594 J bis)* ;

Pour les **opérations réalisées dans les DOM**, *V. n° **4443***.

4417 Sur décision du conseil départemental, peuvent bénéficier d'une **réduction du taux** du droit d'enregistrement et de la TPF, les mutations réalisées dans le cadre d'une opération consistant :
- soit en des ventes par lots déclenchant le droit de préemption ;
- soit en la vente d'un ou plusieurs lots consécutive à la mise en copropriété d'un immeuble en raison de l'exercice par l'un des locataires du droit de préemption *(CGI art. 1594 F sexies).*

Seul le département des Hautes-Pyrénées a voté cette réduction, fixée à 0,70 % ; le taux après réduction applicable pour ces opérations s'élève donc dans ce département à 3,80 % (4,50 % – 0,7 %) *(Note DGFiP 1er juin 2018).*

c) Application du taux réduit aux mutations soumises de plein droit à la TVA

4418 Les mutations à titre onéreux de terrains à bâtir et d'immeubles neufs sont soumises à la TPF ou au droit d'enregistrement au **taux réduit** *(V. n° **4410**)* (sous réserve d'application de l'article 1594-0 G du CGI), lorsqu'elles sont soumises à la TVA, telles les acquisitions :
- de terrains à bâtir réalisées auprès d'un assujetti à la TVA, lorsqu'elles sont soumises à la TVA sur le prix total,
- d'immeubles bâtis achevés depuis 5 ans au plus réalisées auprès d'un assujetti ou auprès d'un non-assujetti lorsque celui-ci a acquis l'immeuble comme immeuble à construire *(BOI-ENR-DMTOI-10-40, 1er juin 2016, § 110).*

d) Exonération liée à l'engagement de construire

4419 L'article 1594-0 G, A, I, du CGI permet aux **personnes assujetties à la TVA** d'acquérir un immeuble moyennant la simple perception de la TPF au taux fixe de **125 €** *(CGI, art. 691 bis)* en prenant **l'engagement** d'effectuer certains travaux dans un **délai de 4 ans**.

Selon l'Administration, le bénéfice du régime de faveur est limité aux acquéreurs ayant déjà souscrit la déclaration d'existence prévue à l'article 286, I, 1° du CGI *(BOI-ENR-DMTOI-10-40, 1er juin 2016, § 150).*

4420 Engagement de construire – L'**acte d'acquisition** (ou un **acte complémentaire** présenté à l'enregistrement : *V. BOI-ENR-DMTOI-10-40, 1er juin 2016, § 270)* doit contenir **l'engagement** pris par l'acquéreur (assujetti à la TVA) d'effectuer :
- dans un délai de **4 ans** à compter de la date de l'acte,
  Sur demande de l'acquéreur, une prolongation annuelle renouvelable de ce délai peut être accordée par le directeur départemental ou régional des finances publiques du lieu de situation de l'immeuble. Cette prorogation peut être renouvelée dans les mêmes conditions. La demande doit être formulée au plus tard dans le mois qui suit l'expiration du délai de 4 ans précédemment imparti pour construire, et adressée par pli recommandé avec avis de réception. L'absence de notification d'un refus motivé de l'Administration dans les 2 mois de la demande de prolongation vaut acceptation de celle-ci. Pour plus de détails, *V. BOI-ENR-DMTOI-10-40, 1er juin 2016, § 310 et s.*
- les **travaux nécessaires**, selon le cas, pour :
  - édifier un immeuble ou un groupe d'immeubles ;
  - terminer les immeubles inachevés ;
  - construire de nouveaux locaux en surélévation.

L'acte d'acquisition doit préciser le nombre, la nature et la destination des immeubles dont la construction est projetée.

4421 Portée de l'exonération – L'exonération de droits de mutation n'est applicable qu'à concurrence d'une **certaine superficie du terrain d'assiette de la construction**, qui varie selon qu'il s'agit de construction de maisons individuelles, d'immeubles collectifs ou d'immeubles non affectés à l'habitation pour les ¾ au moins de leur superficie totale, ou d'une surélévation à partir d'immeubles préexistants.
S'il y a lieu, le surplus est soumis au droit de vente dans les conditions de droit commun.

Les précisions suivantes sont apportées :

- **Construction de maisons individuelles** : une construction nouvelle s'entend de toute construction incorporée au sol à partir d'un terrain nu ou qui, lors de son acquisition, était recouvert de bâtiments destinés à être démolis *(BOI-ENR-DMTOI-10-40, 1er juin 2016, § 200)*.
  Lorsque le terrain est destiné dans son intégralité à la construction d'une maison individuelle avec ses dépendances, l'exonération est applicable à concurrence d'une superficie de 2 500 m2 par maison, sauf dans le cas où la superficie minimale exigée par la réglementation de l'urbanisme est supérieure *(CGI, art. 1594-0 G, A, III)*.
- **Constructions d'immeubles collectifs destinés à l'habitation** : l'**exonération** s'applique, **sans limitation de superficie** aux acquisitions de terrains destinés à la construction d'immeubles collectifs destinés à l'habitation pour les ¾ au moins de leur superficie totale à la condition que ceux-ci couvrent, avec leurs cours et jardins, la totalité des terrains acquis *(CGI, art. 1594-0 G, A, III, al. 2)* ;
- **Surélévation d'un immeuble** : une surélévation à partir d'un immeuble existant n'ouvre droit à l'**exonération** de l'acquisition de l'immeuble d'emprise qu'**à proportion** de la surface de plancher de la construction résultant des constructions réalisées en surélévation rapportée au total de cette même surface et de celle des locaux préexistants *(BOI-ENR-DMTOI-10-40, 1er juin 2016, § 220)* ;
  Lorsque l'acquisition ne porte que sur le droit de surélévation, il est admis que l'exonération soit acquise à proportion de la surface de plancher de la construction construite rapportée à la superficie de l'emprise du bâtiment qui la supporte.
- **Immeubles destinés à être remis en état neuf** : la remise à l'état neuf d'un immeuble existant ouvre droit à l'exonération de l'acquisition de l'ensemble du bâtiment qui fait l'objet de cette rénovation ;
  La justification des travaux prévus est assurée dans les conditions prévues à l'article 266 bis de l'annexe III au CGI ou au moyen du dépôt en mairie de la déclaration d'achèvement et de conformité des travaux.
- **Achèvement d'un immeuble** : les travaux nécessaires pour terminer un immeuble inachevé ouvrent droit à exonération de l'acquisition de cet immeuble, dès lors qu'ils sont justifiés dans les conditions prévues à l'article 266 bis de l'annexe III au CGI.

4422 Issue de l'engagement – Si l'engagement est **respecté** : l'acquéreur doit justifier à l'expiration du délai de **4 ans**, éventuellement prorogé, de l'exécution des travaux et de la destination des locaux construits ou achevés *(CGI, art. 1594-0 G, A, II, al. 1)*.

Si l'engagement n'est **pas respecté** : sauf cas de force majeure, le défaut de production de la justification dans le délai légal, éventuellement prorogé, entraîne l'**exigibilité**, dans le mois suivant l'expiration de ce délai :
- de **l'impôt de mutation** dont l'acquéreur avait été exonéré *(CGI, art. 1840 G ter)*,
- et de l'**intérêt de retard**.

4423 Revente de l'immeuble avant l'expiration du délai pour construire et possibilité de reprise de l'engagement par l'acquéreur – En cas d'acquisitions successives par des personnes assujetties à la TVA, le nouvel acquéreur est libre de reprendre ou non l'engagement de construire pris par le cédant. S'il choisit de reprendre cet engagement (ce qui suppose que ce délai n'est pas forclos), l'acquéreur devra respecter le délai imparti au cédant pour réaliser les travaux conduisant à la production d'un immeuble neuf. L'acquéreur peut aussi prendre personnellement un engagement de construire (peu importe qu'il ait ou non repris celui du cédant) *(CGI, art. 1594-0 G, A, II, al. 2)*.

Si l'engagement n'est pas repris par l'acquéreur, le cédant, qui ne sera pas en mesure de justifier avoir tenu son engagement de construire, peut, préalablement à la revente, lui substituer un engagement de revente *(V. n° 4424)*.

En pratique **La reprise de l'engagement, qui doit être formalisée dans l'acte d'acquisition, libère le cédant de tout rappel éventuel, pour le cas où le nouvel acquéreur ne serait pas en mesure de justifier de l'exécution des travaux requise au terme du délai qu'il a repris, sauf à en obtenir la prolongation *(BOI-ENR-DMTOI-10-40, 1er juin 2016, § 380 et s.)*.**

4424 Possibilité pour le cédant de substituer un engagement de revendre à l'engagement de construire – Le cédant peut, dans les 5 ans suivant la première acquisition à raison de laquelle il avait souscrit un engagement de construire (sous réserve, au-delà de 4 ans, que cet engagement ait fait l'objet d'une première prolongation), y substituer un engagement de revendre, lequel sera forcément satisfait lors de la revente à son acquéreur *(CGI, art. 1594-0 G, A, II, al. 3)*.

L'engagement de revendre est réputé avoir pris effet à compter de la même date que l'engagement initial de construire.

Les modalités de cette substitution, qui prend la forme d'un **acte complémentaire** à l'acte de mutation comportant l'engagement de construire auquel il se substitue, sont précisées au VI de l'article 266 bis de l'annexe III au CGI *(BOI-ENR-DMTOI-10-40, 1er juin 2016, § 510 et s.)*.

e) Achats effectués en vue de la revente

4425 Sont soumises au droit de vente au **taux réduit** *(V. n° 4410)* :
- les acquisitions d'immeubles ou de droits immobiliers, qu'il s'agisse de terrains (à bâtir ou non) ou de constructions achevées depuis plus de 5 ans,

FISCALITÉ

Les acquisitions de fonds de commerce et de parts de sociétés immobilières non transparentes sont exonérées, lorsque le même engagement de revente a été pris.

- effectuées par des **personnes assujetties à la TVA** qui s'engagent à revendre les biens dans un délai de **5 ans** à compter de la date d'acquisition *(CGI, art. 1115 ; BOI-ENR-DMTOI-10-50, 29 avr. 2014, § 40)*.

Le délai de **5 ans** est ramené à **2 ans** lorsque les biens revendus font l'objet d'un droit de préemption du locataire *(BOI-ENR-DMTOI-10-50, 29 avr. 2014, § 30)*. Ce délai ne peut **pas** être **prorogé** (à l'inverse de l'engagement de construire), sauf pour les immeubles situés dans le périmètre d'une ZAC *(BOI-ENR-DMTOI-10-50, 29 avr. 2014, § 60)*.

IMPORTANT L'engagement de revendre doit être souscrit dans l'acte d'acquisition *(BOI-ENR-DMTOI-10-50, 29 avr. 2014, § 30)*. L'Administration ne prévoit pas, à la différence de l'engagement de construire *(V. n° 4420)*, la possibilité de souscrire cet engagement dans un acte complémentaire, en cas d'omission.

Remarque 1. En cas d'**acquisitions successives** par des personnes assujetties, le délai imparti au premier acquéreur s'impose aux acquéreurs successifs. C'est donc celui qui se trouve propriétaire de l'immeuble à l'expiration du délai de 5 ans décompté à compter de la première acquisition qui a donné lieu à l'application du taux réduit qui est tenu d'acquitter le complément de taxe, frais et intérêt, sur la valeur de sa propre acquisition dès lors qu'il s'est placé sous le bénéfice de ce régime *(BOI-ENR-DMTOI-10-50, 29 avr. 2014, § 50)*.
2. Les assujettis ayant pris un engagement de revendre ne sont **pas redevables de la taxe additionnelle de 0,6 % applicable en Île de France** *(V. n° 4409)*. Mais, en cas de non-respect de l'engagement, l'acquéreur sera redevable de l'intégralité des droits dont il a été dispensé, y compris cette taxe, liquidés d'après les tarifs en vigueur au jour de l'acquisition *(Rép. min. n° 95848 : JOAN 6 déc. 2016, Fasquelle)*.

4426 Substitution d'un engagement de construire à l'engagement de revendre – L'engagement de revendre est réputé respecté si l'acquéreur auquel il est opposable y a substitué avant son échéance un engagement de construire.

Cette substitution s'opère par souscription auprès de l'Administration d'une déclaration dont les modalités sont précisées au *BOI-ENR-DMTOI-10-50, 29 avr. 2014, § 100*.

4427 Non-respect de l'engagement – Sauf cas de force majeure, la déchéance est encourue du seul fait que les biens acquis n'ont pas été revendus dans le délai de **5 ans**. L'acquéreur est alors redevable des droits dont il a été dispensé, liquidés d'après les tarifs en vigueur au jour de l'acquisition du bien en cause *(CGI, art. 1840 G ter)*, ainsi que du complément de frais d'assiette, de recouvrement, de dégrèvement et de non-valeur qui en résultent. L'intérêt de retard est dû.

En cas d'**exécution partielle de l'engagement** à l'échéance du délai de 5 ans, l'acquéreur est redevable des droits dont il a été dispensé ainsi que des frais et intérêts de retard en résultant, à hauteur de la différence entre le prix auquel il avait acquis le bien et le prix auquel a été vendu la (ou les) fraction (s) du bien pour laquelle l'engagement a été respecté. Cette solution s'applique par parcelle ou lot lorsque le prix d'acquisition a été distingué dans l'acte *(BOI-ENR-DMTOI-10-50, 29 avr. 2014, § 110)*.

f) Crédit-bail immobilier

4428 Régime de faveur à la levée de l'option – Les acquisitions immobilières réalisées lors de la levée d'option par le crédit-preneur sont soumises au régime fiscal de droit commun, mais les **droits sont liquidés sur le prix de cession, abstraction faite de la valeur vénale du bien transmis**, à condition que le contrat, s'il a une durée supérieure à 12 ans, ait été régulièrement publié au service de la publicité foncière et soumis à la TPF *(BOI-ENR-DMTOI-10-60, 8 avr. 2013, § 70)*..

Si le contrat de crédit-bail dont la publication était obligatoire n'a **pas été publié** ou a été **publié tardivement**, l'assiette des droits de mutation à titre onéreux sera constituée par la **valeur vénale du bien au jour de l'acquisition par le preneur si elle est supérieure au prix de cession** *(BOI-ENR-DMTOI-10-60, 8 avr. 2013, § 80)*.

Remarque Ce **régime de faveur** s'applique également aux contrats conclus pour une **durée inférieure à 12 ans** et non publiés, dès lors que ces contrats ne sont pas soumis à cette obligation de publication. Les droits dus à l'occasion de la levée d'option d'achat de ces contrats sont donc **toujours assis sur le prix de vente, quelle que soit la valeur vénale réelle des biens transmis** *(BOI-ENR-DMTOI-10-60, 8 avr. 2013, § 75)*.

Exemple Ce régime est notamment applicable aux **contrats administratifs de location consentis par les communes** aux **entreprises locataires** et portant sur des **usines ou ateliers relais** ainsi qu'aux conventions de location de même nature consenties par les chambres de commerce et d'industrie *(Rép. min. n° 54994, JOAN 4 mai 1992, Gambier : BOI-ENR-DMTOI-10-60, 8 avr. 2013, § 90)*.
Il est admis que le **régime de faveur** s'applique à une **tierce personne substituée à l'entreprise utilisatrice d'usines ou d'ateliers-relais**. « En effet, la cession d'un contrat de crédit-bail n'est pas de nature, à elle-seule, à priver le nouveau titulaire de la promesse d'achat du régime fiscal de faveur selon lequel les droits sont liquidés sur le prix de cession, quelle que soit la valeur vénale du bien à cette date » *(Rép. min. n° 50908, JOAN 20 avr. 1992, Besnard : BOI-ENR-DMTOI-10-60, 8 avr. 2013, § 100)*.

4429 Cession-bail (lease-back) – L'article 1594 F quinquies, H du CGI soumet l'acquisition par la société de crédit-bail à un **régime de faveur**. Ainsi, **l'acquisition par une société de crédit-bail**, d'immeubles dont elle concède immédiatement la jouissance au vendeur par un contrat de crédit-bail, est soumise à la TPF ou au droit d'enregistrement au **taux réduit**, à la condition que le contrat de crédit-bail fasse l'objet d'une publication si cette formalité est obligatoire.

Il doit être justifié de la conclusion simultanée du contrat de crédit-bail au profit du vendeur et l'acte d'acquisition doit préciser que la publication du contrat de crédit-bail est requise simultanément si la durée du bail est supérieure à 12 ans *(BOI-ENR-DMTOI-10-60, 8 avr. 2013, § 130)*.

Les acquisitions réalisées en vertu d'une convention de cession-bail sont soumises aux mêmes règles que celles régissant les opérations de crédit-bail *(V. n° **4428**)*.

4430 Construction sur un terrain donné à bail à la société de crédit-bail – Lorsque l'immeuble loué a été édifié sur un terrain préalablement donné à bail par l'entreprise utilisatrice à la société de crédit-bail, la propriété de l'immeuble est transférée à l'entreprise propriétaire du terrain en vertu des droits qu'elle tient du bail qu'elle a consenti, et la TPF n'est exigible qu'au **taux réduit**.

En effet, le transfert est opéré en application du droit d'accession s'il s'agit d'un **bail emphytéotique** ou d'un **bail ordinaire** prévoyant l'obligation pour le preneur d'édifier des constructions devant revenir au propriétaire du terrain avec ou sans indemnité *(BOI-ENR-DMTOI-10-60, 8 avr. 2013, § 140)*.

Remarque S'il est réalisé en application d'un **bail à construction**, le transfert de propriété est exonéré de TPF *(CGI, art. 743, 1°)*.

g) Acquisitions d'immeubles ruraux par les fermiers

4431 Les acquisitions d'immeubles ruraux faites par les fermiers, pour eux-mêmes ou en vue de l'installation d'un descendant, majeur ou mineur émancipé, sont, sous certaines conditions, soumises à la TPF ou au droit d'enregistrement au **taux réduit** *(CGI, art. 1594 F quinquies, D ; BOI-ENR-DMTOI-10-70-30, 6 avr. 2016)*.

4432 Champ d'application – Ce régime est susceptible de bénéficier :

- à **toute mutation à titre onéreux** de propriété, d'usufruit ou de nue-propriété d'immeuble passible du droit de vente ;

  Il s'applique notamment aux ventes, aux soultes d'échanges, de partages, cessions de droits indivis entre ex-époux séparés de biens *(BOI-ENR-DMTOI-10-70-30, 6 avr. 2016, § 50 et s.)*. Ce régime n'est en principe pas applicable aux **échanges** d'immeubles, mais il est admis que le régime établi pour les échanges d'immeubles dont la vente serait susceptible de bénéficier d'une taxation réduite puisse profiter aux échanges qui ont pour objet des immeubles ruraux dont la mutation à titre onéreux entre dans les prévisions de ce dispositif *(BOI-ENR-DMTOI-10-70-30, 6 avr. 2016, § 70 et s.)*.

  L'acte constatant une vente susceptible de bénéficier de ce régime et soumise à une **condition suspensive** est assujetti au droit fixe des actes innomés de **125 €**

- à **tout immeuble rural**, sans limitation de superficie et de prix, c'est-à-dire :
  - cheptel et matériel présentant le caractère d'immeubles par destination ;
  - terrains et bâtiments d'exploitation ;
  - bâtiments servant à l'habitation de l'exploitant et de son personnel dès lors qu'ils sont l'accessoire de l'exploitation agricole.

  Les immeubles ruraux sont des immeubles principalement affectés à la production agricole au jour du transfert de propriété.

4433 Conditions d'application – L'acquéreur doit :

- **préalablement justifier** que les immeubles sont **exploités depuis au moins 2 ans** :
  - soit en vertu d'un **bail** consenti à l'acquéreur (personne physique ou morale) ;

    La location peut être **consentie** à l'acquéreur personne physique lui-même, à son conjoint, à ses ascendants ou à ceux de son conjoint. En cas d'acquisition par le conjoint du titulaire du bail, la loi ne prend pas en considération le régime matrimonial des époux.

    Lorsque l'acquéreur n'est locataire que d'une partie de l'exploitation, le régime de faveur n'est susceptible de s'appliquer qu'à la fraction correspondante du prix.

    Ce régime n'est pas applicable en cas d'acquisition :

    - par l'associé d'une société civile agricole de biens ruraux loués à celle-ci,
    - ou par un GAEC d'un immeuble rural pris à bail par un de ses associés.

    La **location** écrite ou verbale dont il se prévaut doit avoir été enregistrée ou déclarée **2 ans** au moins avant l'acquisition. Pour le calcul du **délai de 2 ans**, il est admis de tenir compte de la location immédiatement antérieure consentie au preneur ou à un ascendant, à son conjoint ou à un ascendant de son conjoint, lorsque la location invoquée ne présente pas une antériorité de 2 ans au moins au jour de l'acquisition *(BOI-ENR-DMTOI-10-70-30, 6 avr. 2016, § 225)*.

  - soit en vertu d'une **mise à disposition** par le preneur au profit de la personne morale acquéreur ;
- et **prendre l'engagement** pour lui et ses ayants cause à titre gratuit, **d'exploiter personnellement** les immeubles concernés pendant au moins **5 ans** à compter de la date du transfert de propriété.

  Le cas échéant, cet engagement peut être pris par **l'enfant installé**. L'engagement d'exploitation personnelle doit être pris **dans l'acte d'acquisition** mais en cas d'omission, il peut être pris dans un acte authentique complémentaire.

Remarque Dès lors que cet engagement oblige tous les ayants cause à titre gratuit de l'acquéreur, c'est-à-dire, outre ses héritiers, les légataires et donataires qu'il a institués, la **donation** des immeubles acquis consentie moins de **5 ans** après leur acquisition n'entraîne pas la déchéance du régime de faveur si le gratifié continue à exploiter personnellement les immeubles considérés. Lorsque l'acquisition est faite par une **société**, celle-ci se borne à prendre l'engagement de mettre **personnellement** en valeur les biens acquis pendant un délai minimum de **5 ans** à compter de la date du transfert de propriété, dès lors qu'elle ne peut prendre cet engagement pour ses ayants cause à titre gratuit.

4434 Déchéance du régime – Il y a déchéance :

- en cas de cessation par l'acquéreur ou ses ayants cause à titre gratuit – ou le cas échéant par le descendant installé – de l'exploitation personnelle du fonds, dans le délai de **5 ans** à compter de la date de son acquisition ;
- en cas d'aliénation à titre onéreux, dans ce même délai, de tout ou partie du fonds.

4435 **Maintien du régime** – Il n'y a pas déchéance en cas, notamment :

➤ de **force majeure** ;

➤ d'**apport pur et simple** ou de **transfert à titre onéreux de la jouissance** des biens à un GAEC, à un GFA, à une EARL ou à une SCEA, lorsque l'acquéreur initial prend l'engagement pour lui, son conjoint et ses ayants cause à titre gratuit de conserver les parts jusqu'à l'expiration du délai de 5 ans à compter de la date d'acquisition des biens apportés ;
Cette solution s'applique également en cas de transfert de jouissance à titre onéreux à un GFR.

➤ de **partage** de biens ruraux consécutif à l'acquisition de droits indivis sur ceux-ci, si la valeur des biens attribués à l'ex-fermier est au moins égale à celle des droits indivis qu'il avait acquis ;

➤ d'**aliénation à titre onéreux** ou de **location** du fonds, même non motivée par un cas de force majeure :
- lorsqu'elle est consentie soit à un descendant ou au conjoint d'un descendant de l'acquéreur qui s'engage lui-même à continuer l'exploitation personnelle du fonds jusqu'à l'expiration du délai de **5 ans** à compter de la date de l'acquisition initiale, soit au descendant pour l'installation duquel l'acquisition a été réalisée ;
- lorsqu'elle procède d'un **échange**, à la double condition que les biens reçus en contre-échange soient d'une valeur au moins égale à celle des immeubles cédés et que l'engagement d'exploitation personnelle souscrit pour les biens cédés soit reporté sur les immeubles reçus ;
Si les biens reçus en contre-échange ont une valeur inférieure à ceux acquis initialement, la déchéance n'est encourue que pour la différence de valeur.

➤ lorsque l'acquéreur a consenti à un descendant ou au conjoint d'un descendant, dans le cadre d'un bail rural, la jouissance d'un bien acquis au taux réduit de 0,70 % ;

➤ lorsque les biens acquis sont exploités par le conjoint de l'acquéreur.
Il en est ainsi quel que soit le régime matrimonial des époux. Mais une telle solution ne pourrait être maintenue en cas de rupture de la « communauté légale » si l'époux acquéreur était séparé de corps et n'exploitait pas personnellement l'installation.

➤ de **départ en retraite de l'exploitant** dans le délai de **5 ans** de l'acquisition.

4436 La déchéance n'atteint que la partie du prix d'acquisition afférente aux immeubles affectés par l'événement qui la provoque (aliénation ou cessation de l'exploitation personnelle).

h) Opérations réalisées par les SAFER

4437 Sont **exonérées** de toute perception au profit du Trésor :
- d'une part, toutes les **acquisitions effectuées par les SAFER** conformément à leur mission et à leurs moyens d'actions définis à l'article L. 141-1 du Code rural et de la pêche maritime *(CGI, art. 1028 bis)* ;
- d'autre part, toutes les **cessions effectuées par les SAFER** au titre de l'article L. 141-1 précité, dont la destination répond aux dispositions dudit article et qui sont assorties d'un engagement de l'acquéreur pris pour lui et ses ayants cause de conserver cette destination pendant un délai de 10 ans à compter du transfert de propriété *(CGI, art. 1028 ter, I)* ;
Ce régime vise les cessions et ne s'applique donc ni aux apports, ni aux baux, sauf s'il s'agit de baux emphytéotiques *(BOI-ENR-DMTOI-10-70-40, 12 sept. 2012, § 100)*.
- et, sous les mêmes conditions, les « **acquisitions réalisées par une personne substituée dans les droits à l'achat conférés à une SAFER** par une promesse de vente ayant acquis date certaine, dans les 6 mois de la conclusion de ladite promesse » *(CGI, art. 1028 ter, II ; BOI-ENR-DMTOI-10-70-40, 12 sept. 2012, § 110 à 140 ; V. n° **4462** à propos des échanges)*.

4438 **Conditions d'application du régime de faveur de l'article 1028 ter du CGI** – Sont visés les biens pouvant faire l'objet d'une cession par la SAFER, c'est-à-dire les biens ruraux, terres, exploitations agricoles et forestières, sans qu'il soit besoin de contrôler la qualification des biens.
Sont également visées les parts de sociétés donnant vocation à l'attribution en propriété ou en jouissance de biens agricoles ou forestiers *(BOI-ENR-DMTOI-10-70-40, 12 sept. 2012, § 150)*.

IMPORTANT Sont seuls visés **les biens acquis par les SAFER depuis le 26 janvier 1990**, date de publication de la loi du 23 janvier 1990. Les immeubles acquis avant cette date sont en principe éligibles aux dispositions de l'article 1028 du CGI et leurs cessions sont soumises à la seule TPF perçue au profit du département au taux réduit augmentée des frais d'assiette et de recouvrement, sans condition particulière *(BOI-ENR-DMTOI-10-70-40, 12 sept. 2012, § 160)*.

4439 En outre, l'acquéreur doit s'engager, pour lui et ses ayants cause, à conserver au bien acquis une destination conforme aux dispositions de l'article L. 141-1 précité pendant 10 ans à compter du transfert de propriété.
Cette condition n'est remplie que lorsque l'acquéreur des biens a pris cet engagement dans un cahier des charges établi par la SAFER.

Attention La constatation de cette condition résulte de la référence, dans l'acte d'acquisition auquel participe la SAFER, à la souscription d'un tel engagement prévu par le cahier des charges. À défaut, les droits sont dus dans les conditions de droit commun *(BOI-ENR-DMTOI-10-70-40, 12 sept. 2012, § 180)*.

4440 **Déchéance du régime** – La déchéance du régime de faveur est encourue lorsque l'acquéreur ou ses ayants cause ne se conforment pas aux obligations de maintien de la destination des biens prévue par le cahier des charges pendant la période de 10 ans courant à compter du transfert de propriété *(pour plus de détails, V. BOI-ENR-DMTOI-10-70-40, 12 sept. 2012, § 210 à 250)*.

i) Opérations des collectivités publiques et organismes parapublics

4441 Sont notamment **exonérées** de **TPF** les acquisitions faites :

- par l'État et les établissements publics scientifiques, d'enseignement, d'assistance et de bienfaisance et les établissements publics fonciers créés en application du chapitre I, du titre II, du livre III de la partie législative du Code de l'urbanisme (*CGI, art. 1040, I ; BOI-ENR-DMTOI-10-80-10, 4 juill. 2018, § 1 à 80*) ;
  À l'inverse, les ventes d'immeubles consenties par l'État, les établissements publics scientifiques, d'enseignement, d'assistance et de bienfaisance et les établissements publics fonciers créés en application du chapitre I, du titre II, du livre III de la partie législative du Code de l'urbanisme sont soumises à la TPF dans les conditions ordinaires à moins que l'acquéreur ne puisse invoquer le bénéfice d'une disposition de faveur.
- à l'amiable et à titre onéreux par les communes ou syndicats de communes, les départements, les régions, les établissements publics fonciers créés en application des articles L. 321-1 et s. du Code de l'urbanisme, par la société mentionnée au 2e alinéa du I de la loi de finances rectificative pour 2006, et par les établissements publics communaux, départementaux ou régionaux (*CGI, art. 1042, I, modifié ; BOI-ENR-DMTOI-10-80-10, 4 juill. 2018, § 90 à 150 ; V. n° **4415** également*) ;
  En bénéficient notamment les chambres de commerce, chambre de métiers et chambres d'agriculture les offices publics d'aménagement et de construction, les offices publics d'HLM.

4442 Sont soumises à une **TPF** au **taux réduit** (*V. n° **4410***) :

- les **opérations de rénovation urbaine**, dès lors qu'elles ne sont pas exonérées ;
  Les opérations de rénovation urbaine sont poursuivies par les communes, par des associations foncières urbaines ou des organismes publics ou privés *(BOI-ENR-DMTOI-10-80-20, 21 mai 2015, § 160 à 240)*.
- les **cessions gratuites aux collectivités publiques** (État, communes et établissements publics ayant pour objet de réaliser des opérations d'urbanisme), de terrains classés, par un plan d'occupation des sols ou un plan local d'urbanisme, comme **espace boisé** à conserver, protéger ou créer (*BOI-ENR-DMTOI-10-80-20, 21 mai 2015, § 310 à 330 ; V. n° **4415** également*).

j) Immeubles situés dans les DOM

4443 Sur délibération des conseils départementaux des DOM, et sous certaines conditions, peuvent être **exonérées** de droits d'enregistrement et de TPF :

- les acquisitions d'immeubles que l'acquéreur s'engage à affecter, dans un délai de **4 ans** suivant la date de l'acte d'acquisition, à l'exploitation d'un hôtel, d'une résidence de tourisme ou d'un village de vacances classés pour une durée minimale de **8 ans** (*CGI, art. 1594, I bis ; BOI-ENR-DMTOI-10-100, 12 sept. 2012, § 20 à 110*) ;
- les cessions de parts de copropriétés hôtelières (investissement « loi Pons ») (*CGI, art. 1594 I ter ; BOI-ENR-DMTOI-10-100, 12 sept. 2012, § 120*).
  Cette exonération n'a été votée par aucun des conseils généraux des départements d'outre-mer.

Remarque **1.** L'article 1594 I quater du CGI, dans sa rédaction antérieure à l'article 30 de la loi de finances pour 2019 (exonération des cessions de logements donnés en location nue à un bailleur social ou à un organisme assimilé), demeure applicable aux **cessions de logements qui relèvent des articles 199 undecies C du CGI dans sa rédaction antérieure** (*CGI, art. 1594 I quater abrogé L. n° 2018-1317, 28 déc. 2018, art. 30*).
2. Dans le département de la **Guyane**, les droits d'enregistrement et la TPF sont réduits de moitié, sauf lorsque « ces droits et taxes sont perçus au taux prévu par l'article 1594 D », c'est-à-dire au taux 4,50 % (*CGI, art. 1043 A, al. 2*).

4444 Le régime de faveur pour les opérations immobilières réalisées par les SAFER (*CGI, art. 1028 à 1028 ter : V. n° **4437***) s'applique dans les DOM dans les mêmes conditions qu'en métropole (*BOI-ENR-DMTOI-10-70-40, 12 sept. 2012, § 1*).

k) Abattements

4445 Les abattements prévus aux articles 1594 F ter (*V. n° **4446***) et 1055 bis du CGI (*V. n° **4447***) **peuvent se cumuler** (*BOI-ENR-DMTOI-10-10-20-50, 12 sept. 2012, § 40 ; BOI-ENR-DMTOI-10-30, 12 sept. 2012, § 280*).

4446 Acquisition d'immeubles destinés à l'habitation et aux garages – Les conseils départementaux peuvent instituer un abattement compris entre **7 600 € et 46 000 €** qui s'applique uniquement sur l'assiette du droit de vente exigible pour les **acquisitions** :

- d'immeubles ou fractions d'immeubles destinés à être affectés à l'habitation, dès lors que l'acquéreur prend l'engagement de ne pas les affecter à un autre usage pendant une durée minimale de 3 ans à compter de la date de l'acte d'acquisition ;
- de terrains ou locaux à usage de garages, à la condition que l'acquéreur prenne l'engagement de ne pas les affecter à une exploitation de caractère commercial ou professionnel pendant une durée minimale de 3 ans à compter de la date de l'acte d'acquisition (*CGI, art. 1594 F ter*).

FISCALITÉ

L'engagement de l'acquéreur doit être contenu dans l'acte d'acquisition, ou le cas échéant dans un acte complémentaire soumis au droit fixe. C'est la date de l'acte d'acquisition, et non celle de l'acte complémentaire, qui sert de point de départ au délai de 3 ans.

Remarque Le champ d'application territorial de cet abattement, normalement constitué par l'ensemble du territoire départemental, peut être restreint par les conseils départementaux aux **biens situés dans les zones de revitalisation rurale (ZRR)** *(CGI, art. 1594 F ter, avant dernier al. ; BOI-ENR-DMTOI-10-30, 12 sept. 2012, § 110 à 170)*.

En pratique Les abattements déjà institués par certains départements les années antérieures ont été **reconduits au 1er juin 2018**.
Sont applicables, du 1er juin 2018 au 31 mai 2019 :
- un abattement de 46 000 € dans le **Calvados** et **l'Isère** ;
- un abattement de 30 400 € en **Saône-et-Loire** ;
- un abattement de 7 600 € dans la **Marne**.

Aucun abattement n'est applicable dans les autres départements *(Note DGFiP 1er juin 2018)*.

4447 Première cession de logements acquis neufs – Un abattement de **91 000 €** est susceptible d'être appliqué sur l'assiette du droit de vente exigible lors de la **1re cession à titre onéreux d'immeubles acquis** neufs ou en l'état futur d'achèvement, par acte authentique signé **entre le 1er juin 1993 et le 31 décembre 1994**, sous réserve :
- que l'immeuble ait été **exclusivement affecté à l'habitation principale** pendant une durée minimale de **5 ans** depuis son acquisition ou son achèvement s'il est postérieur ;
- que l'immeuble cédé n'ait pas fait l'objet d'une transmission à titre gratuit depuis son acquisition ;
- et que le nouvel acquéreur prenne l'engagement, dans l'acte d'acquisition, de ne pas affecter l'immeuble à un autre usage que l'habitation pendant une durée minimale de **3 ans** à compter de la date de l'acte d'acquisition *(CGI, art. 1055 bis)*.

  La déchéance du régime est encourue, en principe, dès lors qu'à un moment quelconque au cours du délai de **3 ans**, l'immeuble se trouve affecté à un usage autre que l'habitation.

  Ce régime ne s'applique pas aux immeubles dont le « premier » acquéreur a bénéficié de la réduction d'impôt pour investissement immobilier locatif ou pour investissement outre-mer *(CGI, art. 199 undecies A)*.

Remarque Ce dispositif ne s'applique ni aux terrains à bâtir, ni aux parts de sociétés de gestion ou d'investissement (SCI, SCPI, SII). Il s'applique :
- aux parts des sociétés mentionnées à l'article 1655 ter du CGI dont les associés sont réputés être directement propriétaires des logements correspondant à leurs droits dans la société ;
- aux opérations portant sur des immeubles ayant fait l'objet d'une rénovation lourde ou de réhabilitation exceptionnelle achevés avant le 1er juillet 1994 et acquis entre le 1er juin 1993 et le 31 décembre 1994 sous le régime de la TVA immobilière.

En pratique L'abattement de **91 000 €** est un **abattement global**, attaché à la valeur totale de l'immeuble, de sorte qu'en cas de cession d'une quote-part de l'immeuble, il s'applique au prorata de la valeur des droits indivis ou démembrés cédés par rapport à la valeur totale de l'immeuble.
Sur les obligations déclaratives des parties dans l'acte, *V. BOI-ENR-DMTOI-10-30, 12 sept. 2012, § 300.*

4448 Déchéance de ces régimes – En cas de **non-respect de l'engagement d'affectation à l'habitation** souscrit dans le cadre des articles 1594 F ter ou 1055 bis du CGI, l'acquéreur est tenu d'acquitter le complément de TPF ou de droits d'enregistrement et de frais d'assiette, de recouvrement, de dégrèvements et de non-valeurs dont l'acquisition a été dispensée, augmentés de l'intérêt de retard.

En cas de déchéance du régime applicable à la première cession de logements acquis neufs *(V. n° 4447)*, l'allégement fiscal est remis en cause, en totalité ou en partie *(BOI-ENR-DMTOI-10-30, 12 sept. 2012, § 330)*.

II. Échanges d'immeubles

4449 L'échange est un contrat par lequel les parties se donnent respectivement une chose pour une autre *(C. civ., art. 1702)*. En droit fiscal, l'échange n'est spécialement tarifé que lorsqu'il porte exclusivement sur des immeubles *(CGI, art. 684, al.1er)*.

Le régime fiscal des échanges est donc applicable aux échanges portant sur des immeubles par nature ou par destination ou par l'objet auxquels ils s'appliquent *(C. civ., art. 517)* et aux échanges portant sur des droits immobiliers *(V. LexisNexis, Guide de la publicité foncière 2018, § 3273 et s.)*.

Les autres échanges, qu'il s'agisse de l'échange d'un immeuble contre un meuble ou d'un meuble contre un autre meuble, constituent de véritables ventes et sont soumis comme tels au régime de droit commun des mutations à titre onéreux *(BOI-ENR-DMTOI-20, 12 sept. 2012, § 10) (V. n° 4459 et s.)*.

4450 Plusieurs régimes sont susceptibles de s'appliquer :
- régime de droit commun *(V. n° 4451)* ;
- régime d'échanges d'un immeuble contre un meuble *(V. n° 4459)* ;
- régimes spéciaux *(V. n° 4462)*.

FISCALITÉ

1° Régime de droit commun

4451 Relèvent de ce régime, les échanges d'immeubles entrant dans le champ de la TPF, avec une distinction selon que l'échange est pur et simple ou comporte une soulte ou une plus-value.

4452 Échange pur et simple d'immeubles – L'échange est dit pur et simple lorsqu'il porte sur des immeubles d'**égale valeur**. Cet échange est alors soumis à la TPF au taux de 5 % sur la valeur de l'un des lots, à l'exclusion des taxes additionnelles.

La TPF due sur ces échanges étant perçue au profit de l'État *(CGI, art. 1594 B)*, le prélèvement pour frais d'assiette, de recouvrement, de dégrèvements et de non-valeurs n'est pas dû *(BOI-ENR-DMTOI-20-10, 12 sept. 2012, § 10 et 40)*.

4453 Les immeubles sont estimés d'après leur **valeur vénale réelle** à la date de la transmission, déterminée par une déclaration estimative des parties.

En cas d'adjudication des immeubles échangés dans les 2 années précédant ou suivant l'acte d'échange, la taxe exigible lors de l'échange ne peut être calculée sur une somme inférieure au prix de l'adjudication, en y ajoutant toutes les charges en capital, à moins qu'il ne soit justifié que la consistance des immeubles a subi, dans l'intervalle, des transformations susceptibles d'en modifier la valeur *(CGI, art. 684, al. 4 ; BOI-ENR-DMTOI-20-10, 12 sept. 2012, § 30)*.

4454 Échange d'immeubles avec soulte ou plus-value – Lorsque les immeubles échangés sont d'**inégale valeur** :

- soit les parties conviennent d'établir l'égalité en imposant une soulte à la charge de l'un des coéchangistes : il y a échange avec **soulte** ;
  La soulte, égale à la différence de valeur des deux lots, peut consister dans le versement d'une somme d'argent ou dans l'acquit par un échangiste pour le compte de son cocontractant de dettes ou de charges incombant personnellement à celui-ci.
- soit aucune soulte n'est stipulée malgré cette différence de valeur : il y a **plus-value** d'un lot sur l'autre.
  Cette plus-value est fiscalement taxée comme une soulte.

4455 Du point de vue fiscal, l'opération s'analyse :

- en un **échange** à concurrence de la valeur du lot le plus faible ;
- et en une **vente** à concurrence du montant de la soulte ou de la plus-value.

L'acte donne ouverture :

- à la TPF au taux de 5 % au profit de l'État sur la valeur du lot le plus faible,
- et à la taxe départementale de publicité foncière au taux prévu pour la vente du ou des immeubles compris dans le lot le plus important à concurrence du montant de la soulte ou de la plus-value. La taxe additionnelle communale ainsi que le prélèvement pour frais d'assiette sont exigibles sur le montant des soultes ou plus-values *(BOI-ENR-DMTOI-20-10, 12 sept. 2012, § 50 et 60)*.

4456 Lorsque les immeubles échangés sont soumis, en cas de vente, à des tarifs différents, l'**imputation de la soulte ou plus-value** doit être effectuée **proportionnellement** à l'importance respective de ces biens *(BOI-ENR-DMTOI-20-10, 12 sept. 2012, § 70)*.

4457 Lorsque la **soulte et la plus-value** sont d'**inégal montant**, les **taxes** sont **perçues** sur **le plus élevé** *(BOI-ENR-DMTOI-20-10, 12 sept. 2012, § 80)*.

Ce principe peut trouver à s'appliquer à la suite d'un **redressement**.

4458 Lorsqu'il est stipulé **deux soultes réciproques**, la **taxe perçue** au profit du département au tarif des ventes n'est due que **sur la différence des deux soultes** *(BOI-ENR-DMTOI-20-10, 12 sept. 2012, § 90)*.

2° Régime d'échanges d'un immeuble contre un meuble

4459 N'étant pas spécialement tarifés par la loi fiscale, ces échanges doivent être soumis au régime de droit commun des mutations à titre onéreux. Toutefois, les règles relatives à la taxation des ventes doivent être combinées avec la théorie des dispositions dépendantes et indépendantes *(CGI, art. 670)*.

En vertu de ce principe général, lorsqu'un acte renferme deux dispositions tarifées différemment mais qui, à raison de leur corrélation, ne sont pas de nature à donner ouverture à la pluralité des droits, la disposition qui sert de base à la perception est celle qui donne lieu au tarif le plus élevé.

4460 Application combinée du régime de droit commun des mutations à titre onéreux et de la théorie des dispositions dépendantes et indépendantes – Conformément aux dispositions qui précèdent, et dès lors que l'obligation de transférer chacun des biens trouve sa cause dans l'obligation de transférer l'autre bien, **un seul impôt de mutation** est exigible **au tarif le plus élevé** *(BOI-ENR-DMTOI-20-20, 12 sept. 2012, § 1 à 20)*.

Concrètement, si les biens échangés sont, en cas de vente, des biens soumis :

- à **des droits de même nature**, le droit à percevoir est celui dont le **taux est le plus élevé** ;
  Le bien auquel s'applique ce taux est réputé être l'objet transmis, tandis que l'autre est considéré comme faisant fonction de prix.

FISCALITÉ

- à **des droits de nature différente**, on **taxe la transmission** qui doit être considérée comme **principale**, c'est-à-dire la disposition dont l'objet est le plus important d'après la nature de l'acte et le but poursuivi par les parties *(BOI-ENR-DMTOI-20-20, 12 sept. 2012, § 40)*.
  Par exemple, l'échange d'un immeuble contre un meuble corporel ou une créance donne lieu à la perception du droit de vente d'immeuble.

4461 Lorsque **l'échange comporte une soulte**, les règles ci-dessus *(V. n° **4455**)* ne sont appliquées que dans la mesure où il y a échange, c'est-à-dire à concurrence de la valeur du lot le plus faible. La soulte est taxée comme le prix de vente du lot le plus fort sur lequel elle s'impute.

Si ce lot est composé de biens dont la vente est passible de tarifs différents, la soulte est répartie proportionnellement à la valeur de chacun de ces biens et taxée selon le régime fiscal prévu pour la vente de chacun d'eux *(BOI-ENR-DMTOI-20-20, 12 sept. 2012, § 50)*.

3° Régimes spéciaux

4462 Échanges d'immeubles ruraux – Bénéficient d'un régime de faveur :

- les **remembrements collectifs** ;
  Pour bénéficier de l'**exonération de tous droits et taxes** *(CGI, art. 1023)*, les actes doivent contenir certaines mentions expresses ; la formalité demeure obligatoire *(BOI-ENR-DMTOI-20-30, 4 juill. 2018, § 20 et 30)*.
- certains **échanges individuels ou multilatéraux** ;
  Sous réserve du respect de certaines conditions, les échanges effectués conformément aux articles L. 124-3 à L. 124-4 du Code rural et de la pêche maritime sont exonérés de la TPF ou, le cas échéant, du droit d'enregistrement *(CGI, art. 708) (sur les conditions, V. BOI-ENR-DMTOI-20-30, 4 juill. 2018, § 50 à 110)*. Les soultes ou plus-values de lots sont soumises, sauf dispositions particulières, au tarif prévu pour les ventes d'immeubles. Toutefois, la TPF au taux réduit ***(CGI, art. 1594 F quinquies, D** : V. n° **4431**)* est applicable si le coéchangiste débiteur de la soulte est fermier des biens qu'il reçoit et si les conditions sont réunies *(BOI-ENR-DMTOI-20-30, 4 juill. 2018, § 150)*.
  L'Administration étend aux échanges multilatéraux d'immeubles ruraux les avantages fiscaux dont bénéficient les échanges d'immeubles de même nature intervenus entre deux coéchangistes *(BOI-ENR-DMTOI-20-30, 4 juill. 2018, § 60)*.
- les **échanges réalisés par les SAFER.**
  Ces échanges ne donnent lieu à aucune perception au profit du Trésor *(CGI, art. 1028, art. 1028 bis, art. 1028 ter ; BOI-ENR-DMTOI-20-30, 4 juill. 2018, § 160)*.

4463 Remembrement foncier urbain – Les actes, pièces et écrits relatifs à la réalisation de **remembrements fonciers amiables** portant sur des **terrains destinés à la construction d'immeubles à usage d'habitation** sont en principe exonérés de droits d'enregistrement, à condition que ces remembrements aient fait l'objet de l'autorisation préfectorale prévue par la règlementation en matière de lotissements *(CGI, art. 1055, al. 1er)*.

Les remembrements entrant dans les prévisions de l'article 1020 du CGI sont soumis à la TPF au taux de 0,70 % (0,71498 % avec les perceptions additionnelles).

Ces dispositions sont applicables aux actes, pièces et écrits relatifs à la réalisation de **remembrements** effectués par les **associations foncières urbaines** ou par les **associations syndicales de remembrement** *(CGI, art. 1055, al. 2)*.

Les procès-verbaux de réorganisation foncière ou de remembrement et les arrêtés en vue du remembrement préalable à la reconstruction sont exonérés de TPF *(CGI, art. 1055, al. 3)*.

V. BOI-ENR-DMTOI-20-30, 4 juill. 2018, § 170 à 200.

4464 Échanges de mines et carrières – Les échanges portant sur tout ou partie des mines concédées ou amodiées et effectués en vue de la rationalisation de leur exploitation et de l'accroissement de leur productivité bénéficient du régime fiscal prévu pour les échanges d'immeubles ruraux par l'article 708 du CGI *(CGI, art. 699)*. Ils sont dispensés de TPF s'ils sont **purs et simples**.

Lorsqu'ils comportent une **soulte** ou une **plus-value**, l'exonération s'applique à concurrence du lot le moins important, mais la TPF au profit du département au taux prévu pour les ventes, la taxe additionnelle communale ainsi que le prélèvement pour frais d'assiette, de recouvrement, de dégrèvements et de non-valeurs sont dus à raison de la soulte ou de la plus-value.

L'octroi de ce régime de faveur est subordonné à **plusieurs conditions** *(CGI, art. 699 ; BOI-ENR-DMTOI-20-30, 4 juill. 2018, § 260)*.

Les échanges de droits de propriété ou de droits d'exploitation portant sur des carrières ou des mines rendues concessibles par décret, lorsque les conditions prévues à l'article 700 du CGI sont remplies, bénéficient d'une exonération de tous droits au profit de l'État, sauf en ce qui concerne les soultes ou plus-values.

4465 Échanges faits par l'État et certaines personnes ou collectivités publiques – Les **échanges faits par l'État et les établissements publics, scientifiques, d'assistance et de bienfaisance de l'État** ainsi que par les **établissements publics fonciers** créés en application du chapitre I, du titre II, du livre III de la partie législative du Code de l'urbanisme sont exonérés de TPF, sauf les **soultes** payées à l'État ou à ces établissements, qui donnent ouverture à la **TPF** au taux prévu pour les ventes *(CGI, art. 1040)*.

4466 Les **échanges faits pour le compte de l'État par un établissement public d'aménagement** ne sont pas susceptibles de donner ouverture aux droits d'enregistrement et à la TPF *(CGI, art. 1040)*.

FISCALITÉ

À l'inverse, les **échanges faits pour son propre compte par un tel établissement** sont imposables dans les conditions de droit commun *(BOI-ENR-DMTOI-20-30, 4 juill. 2018, § 320)*.

4467 Il est admis que l'exonération de l'article 1042 du CGI s'applique en cas d'**échange avec soulte entre un particulier et les collectivités** concernées, lorsque la soulte est à la charge de ces dernières. L'exonération de la TPF est alors acquise pour les deux parties à l'acte *(BOI-ENR-DMTOI-20-30, 4 juill. 2018, § 330)*.

Lorsque la **soulte est à la charge du particulier**, les droits sont dus par ce dernier dans les conditions de droit commun.

Remarque Cette tolérance est applicable aux **établissements publics d'aménagement** lorsqu'ils agissent pour le compte des collectivités locales et établissements publics locaux visés à l'article 1042 du CGI.

4468 Les échanges faits par le **Conservatoire de l'espace littoral et des rivages lacustres** sont exonérés des droits d'enregistrement et de la TPF *(CGI, art. 1041)*.

L'exonération s'applique aux échanges purs et simples et aux échanges avec soulte, lorsque la soulte est payée par le Conservatoire. Lorsque la soulte est payée au Conservatoire, l'acte est soumis à la TPF au taux prévu pour les ventes *(BOI-ENR-DMTOI-20-30, 4 juill. 2018, § 340)*.

4469 Échanges d'immeubles dont la vente est susceptible de bénéficier d'un régime de faveur – Lorsque l'échange porte sur des immeubles dont la vente pourrait bénéficier d'un régime de faveur et que les **parties le requièrent expressément**, le régime des ventes est applicable dans tous les cas où une telle solution serait moins onéreuse pour elles *(BOI-ENR-DMTOI-20-30, 4 juill. 2018, § 210 et s.)*.

Il convient, en principe de procéder à une double liquidation et de retenir celle dont le résultat est le moins élevé. Le droit de vente appliqué à l'immeuble échangé reste perçu au profit de l'État.

Remarque Les **échanges**, qu'ils soient taxés au droit d'échange ou, à la demande des parties, au droit de vente de l'immeuble, **continuent à être assujettis aux droits d'enregistrement** ou à **la TPF** perçus au profit de l'État *(BOI-ENR-DMTOI-20-30, 4 juill. 2018, § 210)*. À l'inverse, les soultes ou plus-values entrent dans le champ des droits et taxe perçus au profit du département.

4470 Pour déterminer le régime fiscal le plus favorable, la **double liquidation** conduit à procéder :

- à une liquidation dans les conditions ordinaires de la TPF au taux prévu pour les échanges et éventuellement des soultes et plus-values au taux prévu pour les ventes ;
- et à une liquidation de l'imposition exigible sur la vente du lot passible de la taxation la plus élevée.
  En cas d'échange de lots d'inégale valeur dont le plus faible serait passible de l'imposition la plus élevée, la vente est réputée porter sur le lot le plus faible à concurrence de sa valeur et sur le lot le plus fort à concurrence de la soulte ou plus-value *(BOI-ENR-DMTOI-20-30, 4 juill. 2018, § 220)*.

Dans certains cas, la double liquidation est inutile.

Pour plus de détails, *V. BOI-ENR-DMTOI-20-30, 4 juill. 2018, § 220 et 230.*

4471 Échanges d'immeubles situés à l'étranger – Les actes d'échanges d'**immeubles tous situés à l'étranger** peuvent donner lieu à la formalité de l'enregistrement en raison de leur forme et sont alors taxés au droit de **5 %** sur la valeur du lot le plus important *(V. n° **4384**) (BOI-ENR-DMTOI-20-30, 4 juill. 2018, § 280)*.

4472 Les **échanges d'immeubles français contre des immeubles étrangers** échappent à la formalité unique et sont soumis au **droit de vente** d'immeubles au tarif prévu pour les immeubles français.

Lorsque l'échange comporte une **soulte** :

- elle est assujettie au droit de 5 %, si la soulte s'impute sur un immeuble étranger ;
  Dans ce cas, la soulte est payée par le titulaire du bien français.
- l'opération est entièrement assimilée à la vente des immeubles français, si la soulte s'impute sur des immeubles français.

Remarque La publication de la mutation des immeubles français au service de la publicité foncière ne donne lieu au paiement d'**aucune taxe** *(BOI-ENR-DMTOI-20-30, 4 juill. 2018, § 300)*.

Pour aller plus loin

Commentaires

- JCl. Fiscalité immobilière, fasc. 110 à 185 (Enregistrement et publicité foncière)
- JCl. Enregistrement Traité, V° Ventes d'immeubles, fasc. 2 à 50

Ouvrages

- Guide de la publicité foncière, LexisNexis, juin 2018
- Fiscalité immobilière, LexisNexis, juillet 2018

TVA immobilière

Sources

Cons. UE, règl. (UE) n° 1042/2013, 7 oct. 2013, art. 13 ter
CGI, art. 256 ; art. 257 ; art. 257 bis ; art. 258 ; art. 260 ; art. 261 ; art. 261 D ; art. 266 ; art. 268 ; art. 269 ; art. 270 ; art. 278-0 bis A ; art. 278 sexies ; art. 278 sexies-0 A ; art. 278 sexies A ; art. 279-0 bis A ; art. 283 ; art. 284 ; art. 1378 ter
CGI, ann. II, art. 194 ; art. 195 A ; art. 201 quater ; art. 209 ; art. 244
BOI-TVA-IMM-10, 12 sept. 2012
BOI-TVA-IMM-20, 1er juill. 2015
BOI-TVA-IMM-30, 6 avr. 2016
BOI-TVA-CHAMP-10-10-30, 15 févr. 2013
BOI-TVA-CHAMP-10-10-50-30, 12 sept. 2012
BOI-TVA-DED-60-20-10, 3 janv. 2018
BOI-BAREME-000016, 4 avr. 2018
BOI-BAREME-000017, 11 juin 2018

4473 Les opérations concourant à la **production ou à la livraison d'immeubles** sont en principe soumises à la TVA dans les **conditions de droit commun**. Il existe cependant certaines **dispositions spécifiques** au secteur immobilier.

Dernières *actualités*

■ **Crédit-bail immobilier portant sur un immeuble affecté à une activité locative en TVA : la dispense de TVA s'applique tant à la levée de l'option qu'à la revente de l'immeuble si le sous-acquéreur poursuit cette activité** *(V. n° **4480**)*
■ **Assouplissement de la doctrine administrative pour l'application du régime de la marge aux acquisitions de terrains ou immeubles revendus en plusieurs lots** *(V. n° **4485**)*

I. Règles générales

1° Champ d'application

a) Livraisons d'immeubles réalisées par un assujetti agissant en tant que tel

4474 Notion d'assujetti – Toutes les livraisons d'immeubles entrent dans le champ d'application de la TVA dès lors qu'elles sont réalisées par un **assujetti agissant en tant que tel** *(CGI, art. 256)*.
Pour des exemples sur la notion d'assujetti dans le cadre des opérations immobilières, *V. BOI-TVA-IMM-10-10-10-10, 12 sept. 2012*.

IMPORTANT Il convient de distinguer les activités exercées à titre privé (opération patrimoniale réalisée par un assujetti ou un particulier) des opérations économiques liées à un immeuble (démarches actives de commercialisation foncière en mobilisant des moyens similaires à ceux déployés par un producteur, un commerçant ou un prestataire de services) *(CJUE, 15 sept. 2011, aff. C-180 et C-181/10 : Dr. fisc. 2011, n° 48, comm. 608 ; CJUE, 9 juill. 2015, aff. C-331/14 ; CAA Lyon, 25 oct. 2016, n° 15LY00831)*.
Par exemple, en matière de location immobilière, l'Administration considère que la perception de loyers ne suffit pas à caractériser une opération économique par nature imposable à la TVA. Elle établit en effet une présomption réfragable selon laquelle un investisseur privé qui donne en location un immeuble dont il est propriétaire n'agit qu'à ce titre et qu'il n'y pas lieu de l'assujettir à raison de ces opérations s'il n'entend pas les placer dans une logique économique *(BOI-TVA-IMM-10-10-10-10, 12 sept. 2012, § 50)*.

4475 Territorialité des opérations liées à un immeuble – Peu importe le lieu d'établissement ou de domiciliation des parties ou le lieu de signature de l'acte portant sur un immeuble, les opérations liées à un **immeuble situé en France** sont **toujours taxables en France** *(CGI, art. 258)*.
Sur la définition de l'immeuble, *V. Cons. UE, règl. (UE) n° 1042/2013, 7 oct. 2013, art. 13 ter*.

4476 Livraisons d'immeubles imposables de plein droit – Sont imposables de plein droit les livraisons d'immeubles réalisées, à titre onéreux, par un assujetti agissant en tant que tel, qui ne sont pas visées par une mesure d'exonération. Il s'agit :
– des **terrains à bâtir** *(V. n° **4477**)* ;
– des **immeubles neufs** *(V. n° **4478**)*.

4477 Un **terrain à bâtir** est défini comme un terrain sur lequel, au jour de la vente, des **constructions peuvent être autorisées** en application des **règles d'urbanisme** (par ex. plan local d'urbanisme, carte communale) *(CGI, art. 257, I, 2, 1°)*.

Il s'agit notamment des terrains situés dans :
- les zones urbaines (zones « U ») ;
- les zones à urbaniser (zones « AU ») ;
- les zones constructibles des cartes communales *(C. urb., art. L. 111-3)* ;
- les périmètres constructibles en zones naturelles et forestières (zones « N »).

Les terrains classés en zones agricoles (« zones « A ») sont réputés non à bâtir, sous réserve d'une autorisation de construire.

Attention 1. Un immeuble dont l'état le rend **impropre à un quelconque usage est assimilé à un terrain à bâtir** *(BOI-TVA-IMM-10-10-10-20, 29 sept. 2014 § 100)*.
2. La définition de terrain à bâtir est exclusive d'un immeuble bâti. Le terrain à bâtir correspond en principe à un **terrain vierge de toute construction** sauf si l'état de la construction ou de l'immeuble le rend impropre à un quelconque usage (ruine...) *(BOI-TVA-IMM-10-10-10-20, 29 sept. 2014, § 110 ; CAA Nantes, 13 déc. 2018, n° 17NT00603)*.

4478 Est qualifié d'**immeuble neuf** un immeuble **achevé depuis moins de 5 ans**, cet achèvement résultant *(CGI, art. 257, I, 2, 2°)* :
- d'une construction nouvelle ;
- de travaux portant sur des immeubles existants ayant consisté en une surélévation ou qui ont rendu à l'état neuf :
  - soit la majorité des fondations,
  - soit la majorité des éléments hors fondations déterminant la résistance et la rigidité de l'ouvrage,
  - soit la majorité de la consistance des façades hors ravalement,
  - soit l'ensemble des éléments de second œuvre *(CGI, ann. II, art. 245 A)* dans une proportion au moins égale aux **2/3 pour chacun d'eux**, à savoir : les planchers non porteurs, les huisseries extérieures, les cloisons intérieures, les installations sanitaires et de plomberie, les installations électriques et, en métropole, le système de chauffage.

En pratique L'appréciation des seuils (de 50 % ou des 2/3 pour le second œuvre) est réalisée :
- selon un **critère physique** objectif approprié tel que la surface, le linéaire, le volume ;
- ou **en valeur** si ce critère paraît plus adapté au lot affecté par les travaux.

Le maître d'ouvrage peut retenir toute méthode dont il peut justifier la pertinence et lui permettant de comparer les éléments neufs au total formé par ceux-ci avec la partie conservée. Pour des illustrations, *V. BOI-TVA-IMM-10-10-10-20, 29 sept 2014, § 270*.

4479 Livraisons d'immeubles exonérées avec possibilité d'option – Les livraisons de **terrains non à bâtir** et **d'immeubles achevés depuis plus de 5 ans** sont **exonérées de TVA** *(CGI, art. 261, 5 ; V. CAA Nantes, 13 déc. 2018, n°17NT00603)*. Elles peuvent toutefois être soumises à la TVA sur **option** *(CGI, art. 260, 5° bis)*.

En pratique L'option doit être formulée **dans l'acte** constatant la mutation et **de manière distincte par immeuble**, fraction d'immeuble ou droit immobilier *(CGI, ann. II, art. 201 quater)*.

4480 Transmission d'universalité totale ou partielle de biens (dispense de TVA) – Les livraisons de biens réalisées entre redevables de la TVA dans le cadre de la transmission d'une universalité totale ou partielle de biens sont **dispensées de TVA** *(CGI, art. 257 bis)*. Cette dispense s'applique de plein droit et il n'est pas possible d'y déroger ou d'opter pour la TVA sur la vente.

La cession d'un immeuble immobilisé et donné en location en TVA avant et après la cession s'analyse comme la transmission d'une universalité et bénéficie de la dispense (immeuble non destiné à la revente). Il en va de même de la revente, dès son acquisition, d'un immeuble par un crédit preneur ayant préalablement levé l'option d'achat auprès du crédit bailleur, lorsque le nouvel acquéreur poursuit l'activité de location des locaux *(BOI-TVA-DED-60-20-10, 3 janv. 2018, § 282 et s. ; CE, 23 nov. 2015, n° 375054 et 375055 ; Dr. fisc. 2016, n° 16, comm. 292 ; CJUE, 19 déc. 2018, aff. C-17/18)*.

Le fait que l'immeuble soit provisoirement vacant n'a pas d'incidence si le cédant peut démontrer qu'il recherche activement un locataire *(Rép. min. n° 90962 : JOAN 8 mars 2016, Gérard)*.

Remarque La dispense de taxation ou de régularisation s'applique lorsqu'un immeuble donné en location dans le cadre d'un contrat de crédit-bail immobilier soumis à la TVA est cédé par le crédit bailleur au crédit-preneur à l'occasion de la levée d'option d'achat et que celui-ci, qui affectait lui-même l'immeuble à une activité de sous-location également soumise à la TVA, entend revendre l'immeuble le jour même de la levée d'option à un nouvel acquéreur qui entend inscrire l'immeuble à son actif immobilisé et l'affecter à une activité de location soumise à la taxe. Dans cette situation, les deux ventes successives de l'immeuble bénéficient de la dispense. Le fait que le crédit-preneur ou l'acquéreur final prenne par ailleurs un engagement de revendre ou de construire pour les besoins des droits de mutation est sans incidence dès lors que l'immeuble n'est pas inscrit en stock *(Rép. min. n° 7359 : JOAN 10 juill. 2018, Grau)*.

b) Opérations imposées par assimilation aux livraisons d'immeubles

4481 La **cession de certains droits portant sur des immeubles** suit le **même régime que celui qui serait applicable à la cession de l'immeuble** sur lequel ils portent. Il s'agit *(CGI, art. 257, I, 1, 1° à 4°)* :
- des **droits réels immobiliers** (nue-propriété, usufruit, droit indivis, droit de superficie, servitude, etc.) à l'exception des locations résultant de baux qui confèrent un droit de jouissance ;
- des **droits relatifs aux promesses de vente** ;

FISCALITÉ

- des **parts d'intérêts ou actions** dont la possession assure en droit ou en fait l'attribution en propriété ou en jouissance d'un immeuble ou d'une fraction d'immeuble ;
- des droits au titre d'un **contrat de fiducie** représentatifs d'un bien immeuble ;
- des droits réels du bailleur et du preneur attachés à un **bail à construction** *(CGI, art. 1378 ter)*.

c) Livraisons à soi-même

4482 La livraison à soi-même est l'opération par laquelle l'assujetti cumule la qualité de fournisseur et celle d'acquéreur. Une telle opération est soumise à la TVA afin de garantir le respect du principe de neutralité et d'éviter les distorsions de concurrence dans l'hypothèse où un assujetti agissant en tant que tel ne dispose pas d'un droit à déduction complet et réalise :
- une opération d'**autoconsommation** : prélèvement opéré sur les biens ou services de l'entreprise pour des besoins privés ;
- une opération d'**autofabrication** : fabrication par l'entreprise d'un bien affecté à ses propres besoins.

Les livraisons à soi-même sont fréquentes dans le domaine immobilier :
- livraison à soi-même d'un immeuble neuf affecté à une exploitation par un assujetti qui n'est pas un déducteur intégral *(CGI, art. 257, II, 1, 2°)* ;
- livraison à soi-même de travaux immobiliers contribuant à la valorisation ou à la prolongation de vie d'un immeuble affecté à des opérations n'ouvrant pas droit à une déduction complète de la TVA *(CGI, art. 257, II, 1, 2°)* ;
- livraison à soi-même de logements sociaux locatifs *(CGI, art. 278 sexies, II)* ;
- livraison à soi-même de certains travaux dans le domaine du logement social *(CGI, art. 278 sexies, III et 278 sexies A)*.

2° Modalités d'imposition

a) Base d'imposition

4483 Livraisons d'immeubles taxées sur le prix total – La base d'imposition des livraisons d'immeubles est constituée de **toutes les sommes, valeurs, biens ou services reçus ou à recevoir** *(CGI, art. 266, 1, a)*. Les opérations immobilières suivantes sont soumises à la TVA sur le prix total :
- livraisons d'immeubles achevées depuis moins de 5 ans ;
- livraisons de terrains à bâtir dont l'acquisition a ouvert droit à déduction ;
- livraisons d'immeubles achevées depuis plus de 5 ans, soumises à la TVA par option du cédant, et dont l'acquisition a ouvert droit à déduction ;
- livraisons de terrain non à bâtir soumises à la TVA par option du cédant.

4484 Doivent être **intégrées dans la base d'imposition** :
- les **charges augmentatives de prix** telles que la commission des intermédiaires payée par l'acquéreur pour le compte du vendeur ;
- les **prestations supplémentaires, frais accessoires et obligations incombant au vendeur** et prises en charge par l'acquéreur (par exemple, la taxe foncière refacturée par le bailleur vendeur pour la période postérieure à l'acquisition) *(BOI-TVA-IMM-10-20-10, 2 mars 2016, § 140 et 150)*.

4485 Livraisons d'immeubles taxées sur la marge – Par dérogation au principe de taxation sur le prix total, lorsque leur **acquisition n'a pas ouvert droit à déduction**, sont taxées **sur la marge** *(CGI, art. 268)* :
- les livraisons de **terrains à bâtir** ;
- les livraisons d'**immeubles achevés depuis plus de 5 ans soumises à la TVA sur option** du cédant.

Selon l'Administration, la taxation sur la marge s'applique aux seules livraisons d'immeubles acquis et revendus en gardant la **même qualification juridique** (terrains ou immeubles bâtis) *(BOI-TVA-IMM-10-20-10, 2 mars 2016, § 20)*, et ce même si les **caractéristiques physiques** ont été **modifiées (par exemple, division d'un terrain en plusieurs terrains en vue de la revente)** *(Rép. min n° 4171 : JO Sénat 17 mai 2018, Vogel : V. D.O Actualité 21/2018, n° 5)*.

4486 L'**acquisition initiale** est réputée ne pas avoir ouvert droit à déduction :
- si elle n'a pas été soumise à la TVA,
- si son coefficient d'assujettissement était nul lors de l'affection initiale du bien,
- ou si aucune TVA ne figurait dans l'acte d'acquisition ou document valant facture.

Lorsque l'acquisition initiale a été soumise à la dispense de TVA de l'article 257 bis du CGI *(V. n° **4480**)*, il convient de se référer au régime de l'acquisition antérieure.

4487 La **marge imposable** correspond à la différence entre :
- le prix payé par le cessionnaire majoré des charges augmentatives du prix,
- et le prix d'achat incluant les dépenses supportées par l'acquéreur à ce titre (notamment les droits de mutation, à l'exception des frais et honoraires grevés de TVA).

En cas de marge nulle ou négative, la base d'imposition retenue est de zéro.

4488 Livraisons à soi-même – La base d'imposition des livraisons à soi-même d'**immeubles** est constituée par le **prix de revient total** de l'immeuble, incluant le coût des terrains ou leur valeur d'apport *(CGI, art. 266, 2, a)*. Elle comprend notamment les frais facturés par les intermédiaires et tous les frais généraux engagés pour la construction (incluant les frais de personnel), ainsi que les frais financiers engagés pour la construction (sauf pour la partie habitation).

4489 La base d'imposition des livraisons à soi-même de **travaux immobiliers** correspond au **prix de revient total des travaux** *(CGI, art. 266, 6)*.

4490 Bail à construction – Au regard de la TVA, le bail à construction s'analyse comme une location de terrain. Lorsqu'il est soumis à la TVA sur option du bailleur, la base d'imposition est constituée par :
- la **valeur du droit de reprise** des immeubles devant revenir au bailleur en fin de bail, **abstraction faite de l'indemnité de reprise** stipulée au profit du preneur et des **loyers** qui sont soumis à la TVA par ailleurs *(CGI, art. 266, 5)* ;
- le montant des **loyers**.

b) Fait générateur et exigibilité

4491 Livraisons d'immeubles et cessions de droits – Le fait générateur et, corrélativement, l'exigibilité interviennent **à la livraison du bien** indépendamment du fait qu'un acte ait été ou non établi et présenté à la formalité *(CGI, art. 269, 1, a)*. En pratique, la livraison correspond généralement à la **date de l'acte de vente**.
L'**exigibilité** intervient en principe **lors de la réalisation du fait générateur**. Pour les livraisons d'**immeubles à construire**, la TVA est toutefois exigible **au fur et à mesure du versement** des sommes correspondant aux différentes échéances prévues par le contrat en fonction de l'avancement des travaux *(CGI, art. 269, 2, a bis)*.

4492 Livraisons à soi-même d'immeubles neufs – Le **fait générateur** et, corrélativement, **l'exigibilité** des LASM d'immeubles neufs interviennent **à la livraison**, correspondant en pratique au dépôt en mairie de la **déclaration d'achèvement et de conformité** prévue par la réglementation relative au permis de construire ou lors de l'achèvement de la construction *(CGI, art. 269, 1, b et 2, a ; CGI, ann. II, art. 244)*.
Toutefois, la **liquidation** de la TVA **peut être effectuée jusqu'au 31 décembre de la 2e année qui suit** celle au cours de laquelle est intervenu **l'achèvement de l'immeuble** *(CGI, art. 270, II)*.

4493 Bail à construction – Le **fait générateur** intervient à la **date de la prise d'effet du bail**.
L'**exigibilité** intervient :
- lors de la **conclusion du bail**, en ce qui concerne la valeur du **droit de reprise** ;
- et s'il y a lieu, lors de l'**encaissement effectif** pour les **loyers** *(CGI, art. 269, 2, c bis)*.

c) Taux

4494 Les opérations concourant à la production ou à la livraison d'immeubles sont soumises à la TVA au **taux normal de 20 %**, sous réserve de l'application du **taux réduit de 5,5 % ou du taux intermédiaire de 10 %** dans certaines opérations intervenant dans le cadre du logement social et du logement intermédiaire *(V. n° **4498**)*.
Des taux particuliers s'appliquent à certaines opérations réalisées dans les départements d'outre-mer et en Corse.

d) Redevable de la TVA

4495 Le redevable de la TVA est en principe le **vendeur**.
Toutefois, si le vendeur n'est pas établi en France, la TVA est acquittée par l'acquéreur si celui-ci agit en tant qu'assujetti et dispose d'un numéro d'identification à la TVA en France *(CGI, art. 283, 1)*.
Pour les livraisons à soi-même, le redevable de la TVA correspond à celui qui réalise l'opération imposable.

e) Obligations des redevables

4496 Les assujettis acquittent la TVA sur leurs opérations imposables sur leurs déclarations n° 3310-CA 3 (n° 3517-S-SD pour les redevables relevant du régime simplifié) dans les conditions habituelles.

f) Droit à déduction

4497 La TVA grevant les dépenses de construction d'un immeuble neuf, grevant une livraison à soi-même, ou grevant les éléments du prix de cession d'un immeuble est **déductible dans les conditions de droit commun, sous réserve de spécificités**, dont certaines sont reprises ci-après :
- la **TVA sur la marge** acquittée par l'acquéreur d'un immeuble est déductible dans les conditions de droit commun dès lors qu'il affecte l'immeuble à des opérations ouvrant droit à déduction et que le montant de la TVA est mentionné dans l'acte de vente valant facture et comportant l'ensemble des mentions obligatoires *(BOI-TVA-IMM-10-30, 2 mars 2016, § 60)* ;

FISCALITÉ

- la TVA grevant les frais directement attachés à la livraison d'un terrain qui n'est pas à bâtir ou d'un immeuble achevé depuis plus de 5 ans (opérations exonérées de TVA en principe) **ne peut être déduite qu'une fois que le vendeur a effectivement exercé l'option pour la TVA** sur la livraison *(V. n° **4479**) (BOI-TVA-IMM-10-30, 2 mars 2016, § 80)* ;
- lorsque la **cession d'un immeuble n'est pas soumise à la TVA** et que les frais de cession constituent un élément de son prix, le cédant ne peut pas déduire la TVA y afférente ; toutefois, il peut déduire la TVA à raison des **frais généraux de l'entreprise** s'il est en mesure d'établir que, dans les circonstances propres à cette cession et à son activité, les frais de cession sont normalement intégrés dans les charges courantes *(BOI-TVA-IMM-10-30, 2 mars 2016, § 90)* ;
  L'existence de données de comptabilité analytique allant dans ce sens représente un élément significatif d'appréciation à cet égard.
- certaines règles particulières de **régularisation** sont également prévues pour les immeubles loués en crédit-bail ainsi que pour les immeubles conservés en stock ou en attente de cession *(V. BOI-TVA-IMM-10-30, 2 mars 2016, § 240 et s.)*.

II. Logement social et logement intermédiaire

4498 Certaines opérations immobilières réalisées dans le cadre de la **politique sociale** peuvent bénéficier du **taux réduit de 5,5 % ou de 10 %** *(CGI, art. 278 sexies ; art. 278 sexies-0 A)*. Les livraisons de certains logements destinés à la location dans le **secteur intermédiaire** peuvent bénéficier du **taux réduit de 10 %** *(CGI, art. 279-0 bis A)*.

1° Opérations locatives sociales

4499 Livraisons de terrains à bâtir et de logements sociaux – Peuvent bénéficier du **taux de 10 %** *(CGI, art. 278 sexies-0 A, 2°)* :

- les livraisons de **terrains à bâtir** réalisées au profit d'organismes HLM *(CCH, art. L. 411-2)* ou de personnes bénéficiaires d'un prêt conventionné locatif *(CCH, art. R. 331-1)* pour la construction de logements affectés à un usage locatif par une convention ouvrant droit à l'APL *(CCH, art. L.351-2, 3° et 5°) (CGI, art. 278 sexies, I, 1)* ;
- les livraisons de **logements sociaux neufs à usage locatif** *(CCH, art. L.351-2, 3° et 5°)*, à condition que ;
  - le bailleur bénéficie d'un prêt conventionné locatif *(CCH, art. R. 331-1)* ou d'une subvention de l'ANRU ;
  - l'immeuble soit affecté à un usage locatif par une convention ouvrant droit à l'APL *(CCH, art. L.351-2, 3° et 5°)* ;
  - la construction fasse l'objet d'un agrément préfectoral *(CCH, art. R. 331-3 et R. 331-6) (CGI, art. 278 sexies, I, 2)*.

  Les bailleurs sociaux peuvent acquérir l'immeuble :
  - soit pour affecter les locaux à une activité de logement social, au besoin après réaménagement ;
  - soit en vue de la démolition et de la construction d'un immeuble locatif neuf *(BOI-TVA-IMM-20-10-10-10, 1er juill. 2015, § 100)*.

4500 La qualité du bailleur n'est pas un critère déterminant, les caractéristiques intrinsèques du logement et la qualité du financement étant seuls pris en considération. Les **bailleurs sociaux** peuvent notamment être :
- des organismes d'habitation à loyer modéré (HLM) *(CCH, art. L. 411-2)* ;
- des sociétés d'économie mixte (SEM) ayant pour objet la construction de logement ;
- des collectivités publiques ;
- des opérateurs privés *(BOI-TVA-IMM-20-10-10-10, 1er juill. 2015, § 10)*.

> **Attention** 1. L'application du taux réduit aux **livraisons d'immeubles** est subordonnée à la production par le vendeur, à l'appui de sa déclaration de chiffre d'affaires, d'une **attestation notariée** ou d'une **copie de l'acte de vente** précisant :
> - que l'acquisition du logement concerné a été financée au moyen d'un **prêt conventionné locatif** *(CCH, art. R. 331-1)* ;
> - que l'acquéreur (bailleur) prend l'engagement de louer les logements dans les conditions prévues aux 3° et 5° de l'article L. 351-2 du CCH.
>
> 2. Le **changement d'affectation** se traduit par un **versement de TVA** lorsque les conditions d'application du taux réduit ne sont plus remplies.

4501 Travaux sur logements sociaux locatifs – Les travaux sont en principe soumis au taux normal. Cependant, il est possible que les taux réduits de TVA s'appliquent à certains travaux portant sur des locaux à usage habitation, **dont les logements sociaux locatifs**. Sont soumis :
- au **taux de 5,5 %** : les travaux d'amélioration de la qualité énergétique des locaux à usage d'habitation achevés depuis plus de 2 ans *(CGI, art. 278-0 bis A)* ;
- au **taux de 10 %** : les travaux d'amélioration, de transformation ou d'aménagement et d'entretien autres que ceux mentionnés à l'article 278-0 bis A portant sur des locaux à usage d'habitation, achevés depuis plus de 2 ans *(CGI, art. 279-0 bis)*.

Remarque Si les travaux bénéficient des taux réduits prévus aux articles 278-0 bis A ou 279-0 bis du CGI, les dispositifs de la livraison à soi-même prévus à l'article 278 sexies, III du CGI et à l'article 278 sexies A du CGI *(V. n° 4503)* ne s'appliquent pas.

4502 Livraisons à soi-même d'immeubles – Sous certaines circonstances, un assujetti peut être amené à constater une livraison à soi-même d'immeuble *(V. n° 4482)*. Cette opération est en principe soumise au taux normal, à moins qu'elle ne porte sur un immeuble dont l'acquisition aurait bénéficié du taux réduit de TVA *(CGI, art. 278 sexies, I et II)*.

Les livraisons à soi-même de certains immeubles, dont les **logements sociaux locatifs ou les terrains à bâtir, réalisées au profit d'organismes HLM** *(V. n° 4499)*, sont alors soumises au **taux de 10 %** *(CGI, art. 278 sexies-0 A, 2°)*.

L'imposition de la livraison à soi-même entraine la déductibilité de la TVA ayant grevé les travaux. La TVA grevant la livraison à soi-même, au taux de 5,5 % ou de 10 %, n'est pas déductible dans la mesure où la location de logements est exonérée de TVA.

L'immeuble, l'ensemble d'immeubles ou la fraction d'immeuble dans lequel sont réalisés les travaux donnant lieu à la livraison à soi-même imposée à la TVA constitue un secteur distinct d'activité *(CGI, ann. II, art. 209)*.

4503 Livraisons à soi-même de travaux – La réception de travaux immobiliers par un assujetti peut donner lieu à la constatation d'une livraison à soi-même *(V. n° 4482)*.

À condition que les travaux ne bénéficient pas des taux de 5,5 % ou de 10 % des articles 278-0 bis A ou 279-0 bis du CGI *(V. n° 4501)*, les **livraisons à soi-même de travaux d'amélioration, de transformation, d'aménagement ou d'entretien** des logements sociaux locatifs sont soumises au **taux de 10 %** *(CGI, art. 278 sexies A)*.

Enfin, les **livraisons à soi-même de travaux** portant sur certains logements sociaux locatifs *(CGI, art. 278 sexies, I, 2, 5, 6 et 8)* sont soumises au **taux de 10 %** lorsqu'ils consistent en une **extension** ou **rendent l'immeuble à l'état neuf**, sous réserve de leur prise en compte dans la convention APL *(CGI, art. 278 sexies, III, 1, et art. 278 sexies-0 A, 2°)*.

4504 Établissements accueillant des personnes handicapées ou âgées – Le **taux de 5,5 %** est applicable *(CGI, art. 278 sexies-0 A, 1°)* :

- aux livraisons et livraisons à soi-même de **locaux de ces établissements** *(CGI, art. 278 sexies, I, 8 et II)*
- aux livraisons à soi-même de **travaux** lorsqu'ils consistent en une **extension** ou **rendent l'immeuble à l'état neuf**, sous réserve de leur prise en compte dans la convention entre le propriétaire ou le gestionnaire des locaux et le préfet *(CGI, art. 278 sexies, III)*.

Les livraisons à soi-même de **travaux d'amélioration, de transformation, d'aménagement ou d'entretien** de ces établissements sont **en principe** soumises au taux de **10 %** *(CGI, art. 278 sexies A)*, à moins de bénéficier des taux réduits prévus aux articles 278-0 bis A et 279-0 bis du CGI.

Sont concernés :

- les établissements accueillant des personnes âgées éligibles au prêt locatif social *(CASF, art. L. 312-1, I, 6°)* ;
- les établissements accueillant des personnes adultes handicapées *(CASF, art. L. 312-1, I, 7°)* ;
- pour la seule partie des locaux dédiée à l'hébergement, les établissements accueillant des mineurs ou jeunes adultes handicapés *(CASF, art. L. 312-1, I, 2°)*

L'application du taux réduit est réservée aux seuls établissements agissant à **but non lucratif**, dont la **gestion** est **désintéressée** et qui font l'objet d'une **convention** à cette fin entre le propriétaire ou le gestionnaire des locaux et le préfet.

Pour plus de détails, *V. BOI-TVA-IMM-20-10-30, 1er juill. 2015.*

2° Opérations d'accession sociale à la propriété

4505 Opérations de location-accession conventionnées et agréées – La location-accession est un contrat qui comporte une période de location assortie d'une promesse unilatérale de vente. Durant la phase locative, le locataire-accédant verse une redevance constituée :

- d'une fraction locative, assimilable à un loyer et définitivement acquise au vendeur ;
- d'une fraction acquisitive, correspondant au paiement anticipé du prix du logement et imputable sur celui-ci.

Au terme du contrat, la levée d'option par l'accédant entraine le transfert de propriété du logement à son profit et le paiement du solde du prix du logement. En l'absence de levée d'option, la fraction acquisitive de la redevance est restituée au locataire-accédant sous déduction d'une indemnité.

4506 Les livraisons et les livraisons à soi-même de logements destinés à être occupés par des titulaires de **contrats de location-accession qui ont été conventionnés et agréés par le préfet** sont soumises au **taux de 5,5 %** *(CGI, art. 278 sexies, I, 4 ; art. 278 sexies, II ; art.°278 sexies-0 A, 1°)*.

Les conditions pour que ces opérations soient conventionnées et agréées reposent notamment sur le financement de l'opération à l'aide d'un prêt social de location-accession (PSLA) ouvrant droit à l'APL et sur l'occupation des logements à titre de résidence principale par des personnes physiques dont les ressources sont inférieures à certains plafonds.

FISCALITÉ

En pratique, le taux réduit bénéficie aux bailleurs qui construisent ces logements (livraison à soi-même) ou qui les achètent à des promoteurs, ainsi qu'aux ménages qui les achètent aux bailleurs dans le cadre de la levée d'option du contrat de location-accession.

4507 Opérations portant sur les logements situés dans les zones ciblées par la politique de la ville – Le **taux de 5,5 %** s'applique aux **livraisons et livraisons à soi-même d'immeubles** ainsi qu'aux **travaux** réalisés en application d'un **contrat unique** de construction de logement, dans le cadre d'une opération d'accession à la propriété à usage de résidence principale, destinés à des personnes physiques **dont les ressources ne dépassent pas certains plafonds** *(CCH, art. L. 411-2, al. 8)*, lorsqu'ils sont :

- soit situés dans des **quartiers** faisant l'objet d'une **convention pluriannuelle de rénovation urbaine** (quartiers NPNRU) ou **entièrement** situés à **moins de 300 m** de la limite de ces quartiers *(CGI, art. 278 sexies, I, 11)* ;
- soit situés dans des **quartiers prioritaires de la politique de la ville (QPV)** faisant l'objet d'un **contrat de ville**, ou **entièrement** situés à **moins de 300 m** de la limite de ces quartiers *(CGI, art. 278 sexies, I, 11 bis)* ;
- soit **intégrés à un ensemble immobilier** :
  - **entièrement** situé à **moins de 500 m** de la limite de **QPV** faisant l'objet d'un **contrat de ville** et d'une **convention pluriannuelle de rénovation urbaine** passée par l'ANRU ;
  - **et partiellement** à **moins de 300 m** de cette même limite *(CGI, art. 278 sexies, I, 11 bis) (BOI-TVA-IMM-20-20-20, 7 juin 2018)*.

Dans cette dernière hypothèse, le taux de 5,5 % s'applique aux opérations pour lesquelles la demande de permis de construire est déposée à compter du **1er janvier 2017**. Il s'applique également aux opérations dont la demande de permis de construire a été déposée **entre le 1er janvier 2018 et la date de signature de la convention de rénovation urbaine** dès lors qu'un **protocole de préfiguration** a été signé. *(L. n° 2016-1917, 29 déc. 2016, art. 30, II modifié L. n° 2017-1775, 28 déc. 2017, art. 66 ; BOI-TVA-IMM-20-20-20, 7 juin 2018, § 88).*

En pratique 1. Liste des quartiers faisant l'objet d'une convention de rénovation urbaine : *V. www.anru.fr*
Liste des QPV faisant l'objet d'un contrat de ville : *V. www.ville.gouv.fr*
Périmètres des QPV et détermination de l'appartenance d'une adresse à un QPV : *V. sig.ville.gouv.fr*
2. Conditions de ressources pour l'application du taux réduit : *V. BOI-BAREME-000016, 4 avr. 2018 ; V. BOI-RES-000003, 7 juin 2018*

4508 Opérations d'accession à la propriété réalisées dans le cadre d'un bail réel solidaire – Le bail réel solidaire (BRS) *(CCH, art. L. 255-1 et s.)* est un bail de longue durée par lequel un organisme foncier solidaire (OFS) consent à un preneur, s'il y a lieu avec obligation de construire ou de réhabiliter des constructions existantes, des droits réels en vue de la location ou de l'accession à la propriété des logements destinés à être occupés à titre de résidence principale pendant toute la durée du contrat de bail, sous des conditions de plafonds de ressources, de loyers *(V. BOI-BAREME-000016, 4 avr. 2018)* et, le cas échéant, de prix de cession.
Les livraisons d'immeubles et assimilées réalisées dans le cadre d'un bail réel et solidaire bénéficient du **taux de 5,5 %** *(CGI, art. 278 sexies, I, 13 ; art. 278 sexies-0 A ; BOI-TVA-IMM-20-20-50, 2 août 2017).*

En cas de non-respect des conditions ayant permis le bénéfice du taux réduit, les OFS sont tenus au paiement d'un complément de TVA *(CGI, art. 284, II modifié L. n° 2018-1317, 28 déc. 2018, art. 76 : Dr. fisc. 2019, n° 3, comm. 87 ; D.O Actualité 3/2019, n° 32).*

3° Logement intermédiaire

4509 Les livraisons à **certains organismes** de logements neufs et de logements issus de la transformation de locaux à usage de bureaux considérés comme neufs au sens de l'article 257 I, 2, 2° du CGI, et destinés à la **location à usage de résidence principale** dans le cadre d'une **opération de construction** ayant fait l'objet d'un **agrément préalable** entre le propriétaire ou le gestionnaire des logements et le préfet, sont soumises au **taux de 10 %** *(CGI, art. 279-0 bis A ; BOI-TVA-IMM-30, 6 avr. 2016)*.

Les organismes concernés sont notamment :

- les organismes d'HLM,
- les filiales des organismes collecteurs agréés ;
- les personnes morales dont le capital est détenu en totalité par des personnes passibles de l'IS ;
- des établissements publics administratifs.

Les logements doivent être situés dans les zones A et B1 *(CCH, art. R. 304-1 ; A. 1er août 2014, ann. I modifiée A. 30 sept. 2014)*, être intégrés dans un ensemble immobilier comprenant, au minimum 25 % de surface de logements sociaux et être loués pendant 20 ans à usage de résidence principale à des personnes physiques dont les ressources ne dépassent pas certains plafonds *(V. BOI-BAREME-000017, 11 juin 2018, § 270)*.

Le quota de 25 % de logements sociaux n'est pas exigé lorsque la commune où est situé l'ensemble immobilier compte déjà plus de 50 % (35 % à compter du 1er janvier 2019) de logements locatifs sociaux ou dans les quartiers faisant l'objet d'un projet de renouvellement urbain au titre du nouveau programme national renouvellement urbain (NPNRU).

Toute personne qui a acquis les logements au taux de 10 % est tenue au paiement du complément de TVA résultant de la différence entre ce taux et le taux normal lorsque les conditions d'application du régime cessent d'être remplies (notamment cessation de la location dans les 20 ans, sauf exceptions).

III. Locations immobilières

1° Locations imposables de plein droit

a) Locations d'immeubles aménagés

4510 Locaux à usage professionnel aménagés – Les locations d'immeubles aménagés sont **soumises à la TVA sur le prix de location**, même dans le cas où tous les autres éléments du fonds ne sont pas compris dans la location *(CGI, art. 261 D, 2° a contrario ; BOI-TVA-CHAMP-10-10-50-30, 12 sept. 2012, § 40)*.

Tel est le cas notamment de toutes les locations de locaux à usage professionnel munis de mobilier, du matériel ou des installations nécessaires à l'exercice de l'activité.

Sont notamment taxables les locations :

- de salles meublées à usage de réunion ;
- de courts de tennis moyennant redevances horaires ou saisonnières ;
- d'installations de radiologie par un radiologue ;
- d'immeubles à usage de clinique comportant des installations spécialisées ;
- de salles de spectacles aménagées pour recevoir les spectateurs ou auditeurs ;
- d'immeuble à usage de casino et de théâtre muni d'une partie importante du mobilier et des installations nécessaires à son fonctionnement ;
- de stands dans les foires et expositions ;
- de locaux professionnels aménagés consentis dans le cadre d'un contrat de collaboration.

Attention Une SCI qui, à l'occasion de la location de locaux nus à usage de bureaux, contraint le preneur à conclure avec une tierce société un contrat stipulant le versement d'une somme fixée à un pourcentage du loyer et donnant droit à la mise à disposition de mobilier et de personnel et à l'exécution de prestations de services, doit être regardée comme assurant en fait la location de bureaux meublés, activité passible de la TVA *(CE, 25 mars 1983, n° 30787 : Dr. fisc. 1983, n° 46, comm. 2177)*.

4511 Terrains aménagés – La location de terrains aménagés, et notamment de terrains de camping pourvus d'aménagements (tels que sanitaires, emplacements, etc.), est soumise à la TVA *(CGI, art. 261 D, 2° a contrario ; BOI-TVA-CHAMP-10-10-50-30, 12 sept. 2012, § 80)*.

Doit être regardée comme une location de terrains aménagés, soumise à la TVA, celle qui porte sur des terrains qui sont pourvus des aménagements nécessaires, c'est-à-dire de ceux sans lesquels l'exploitation commerciale à laquelle ils sont destinés n'est pas possible *(CE, 26 déc. 2013, n° 360124 : Dr. fisc. 2014, n° 13, comm. 243)*.

Cette solution vaut également pour les locaux à usage professionnel.

b) Locations d'immeubles nus réputées commerciales

4512 La location de terrains nus ou d'immeubles non aménagés est en principe exonérée de TVA. Elle est toutefois soumise de plein droit à la TVA lorsqu'elle constitue pour le **bailleur** un **moyen de poursuivre**, sous une autre forme, **l'exploitation d'un actif commercial ou d'accroître ses débouchés** ou lorsque le bailleur **participe aux résultats de l'entreprise locataire** *(BOI-TVA-CHAMP-30-10-50, 12 sept. 2012, § 40)*.

c) Locations d'emplacements de stationnement

4513 La location d'emplacements pour le stationnement des véhicules est soumise à la TVA de plein droit. Toutefois, la TVA ne s'applique pas dans les cas suivants :

- la location est étroitement liée à celle exonérée, de biens immeubles destinés à un autre usage (habitation ou professionnel) : les emplacements sont situés dans le même ensemble immobilier, loués par le même bailleur au même locataire, et sont l'accessoire des autres locaux exonérés de TVA qui constituent l'objet principal du bail.
- les autorisations payantes de stationnement sur la voie publique accordées par les collectivités locales *(BOI-TVA-CHAMP-10-10-30, 15 févr. 2013, § 150 et s.)*.

d) Locations en meublé

4514 Les locations directes ou indirectes de logement meublé peuvent être soumises à la TVA de plein droit **dans certaines situations** *(CGI, art. 261 D, 4°)*.

2° Locations exonérées

4515 Locations de terres et de locaux nus – Sont exonérées de TVA :

- les locations de **terres et bâtiments à usage agricole** *(CGI, art. 261 D, 1°)* ;
- les locations de **terrains non aménagés** et des **locaux nus** *(CGI, art. 261 D, 2°)*, à l'exception des emplacements pour le stationnement des véhicules *(V. n° **4513**)* ;

FISCALITÉ

Les **locations de terrains non aménagés** sont exonérées de TVA **sans possibilité d'option**, **sauf** lorsque les locations constituent pour le bailleur un **moyen de poursuivre l'exploitation d'un actif commercial ou d'accroitre ses débouchés** ou lorsque **le bailleur participe aux résultats de l'entreprise** *(CGI, art. 261 D, 2°)*.
Un terrain est considéré comme aménagé lorsqu'il a reçu les aménagements nécessaires à son utilisation *(CE, 26 déc. 2013, n° 360124 : Dr. fisc. 2014, n° 13, comm. 243)*.

- les locations ou concessions portant sur ces immeubles dans la mesure où elles relèvent de la **gestion d'un patrimoine foncier** *(CGI, art. 261 D, 3°)*.

L'exonération n'est pas applicable lorsque ces locations sont réputées commerciales *(V. n° **4512**)*.

4516 **Locations en meublé** – Sous réserve de certaines exceptions, sont exonérées, sans possibilité d'option, les locations occasionnelles, permanentes ou saisonnières de logements meublés ou garnis à usage d'habitation *(CGI, art. 261 D, 4°)*.

3° Option pour la TVA

a) Champ d'application de l'option

4517 L'option pour la TVA est possible pour les **locaux nus** donnés en location pour les besoins de l'activité :
- d'un **preneur assujetti**,
- ou d'un **preneur non assujetti** à condition que le bail fasse **mention expresse** de l'option par le bailleur *(CGI, art. 260, 2°)*.

En principe, le bailleur n'a pas besoin de l'accord du locataire pour opter pour l'assujettissement des loyers à la TVA. S'agissant du **locataire non assujetti** et uniquement celui-ci, le bail doit toutefois **expressément faire mention de l'option du bailleur** (clause particulière à insérer dans le bail). À défaut, le locataire peut contester le paiement de la TVA sur les loyers *(BOI-TVA-CHAMP-50-10, 4 avr. 2014, § 50)*.

L'option ne peut pas être exercée si les locaux nus donnés en location sont destinés à l'habitation ou à un usage agricole.

Attention Les locations de **terrains non aménagés** sont exonérées **sans possibilité d'option**, sauf exception *(V. n° **4515**)*.

4518 L'option peut porter sur des locaux que les preneurs utilisent **pour les besoins de leurs activités** :
- situées dans le champ d'application de la TVA, qu'elles soient imposées ou exonérées,
- ou situées hors du champ d'application de la TVA.

En pratique, est concerné l'**ensemble des activités économiques** (y compris celles des personnes physiques placées hors du champ d'application en raison de l'existence d'un lien de dépendance) que peuvent exercer des personnes de droit privé ou de droit public, ainsi que les activités administratives exercées par les personnes de droit public ou certains organismes qui interviennent dans des conditions similaires *(BOI-TVA-CHAMP-50-10, 4 avr. 2014, § 30)*.

En revanche, l'option n'est pas possible en ce qui concerne les locaux nus que leurs preneurs utilisent pour des besoins autres que ceux de leur activité économique ou administrative (par exemple, locaux utilisés pour des besoins privés, locaux à usage d'habitation).

b) Modalités et effets de l'option

4519 L'option peut être exercée par lettre simple adressée au service des impôts territorialement compétent, formalisant l'intention de son auteur de soumettre à la TVA son activité de location de locaux nus à usage professionnel *(BOI-TVA-CHAMP-50-10, 4 avr. 2014, § 210)*.

La validité de l'option n'est pas subordonnée à ce que cette déclaration soit accompagnée d'un bail, d'une promesse de bail ou de tout document analogue. Toutefois, l'Administration est fondée à rejeter l'option en cas de situation frauduleuse ou abusive.

En pratique Le bailleur doit formuler une **option expresse, claire et précise** sur l'immeuble qu'il souhaite donner en location en TVA. En principe, le fait de facturer la TVA et/ou de préciser dans la déclaration de constitution de la société l'option pour la soumission au régime réel de TVA de l'activité de l'immeuble ne suffisent pas *(V. notamment CE, 23 déc. 2011, n° 323189 : Dr. fisc. 2012, n° 10, comm. 178)*.

4520 L'option prend effet le 1er jour du mois au cours duquel elle est formulée. Une fois exercée, elle s'applique aussi longtemps qu'elle n'a pas été dénoncée *(BOI-TVA-CHAMP-50-10, 4 avr. 2014, § 220)*.

Elle peut être exercée alors même que celui qui opte n'est pas encore propriétaire ou n'a pas encore la jouissance de la fraction d'immeuble, de l'immeuble ou de l'ensemble immobilier concerné.

4521 L'option peut être dénoncée à partir du 1er janvier de la 9e année civile qui suit celle au cours de laquelle elle a été exercée. La dénonciation prend effet à compter du 1er jour du mois au cours duquel elle est formulée *(CGI, ann. II, art. 194)*.

4522 Les personnes qui se placent ainsi volontairement sous le régime de la TVA sont soumises à l'**ensemble des obligations qui incombent aux redevables** de cette taxe *(CGI, ann. II, art. 195 A)*.

Les règles relatives à l'assiette, à la liquidation, au recouvrement, au contrôle et au contentieux de la TVA leur sont applicables.

Pour aller plus loin

Commentaires

- JCl. Fiscal Chiffre d'affaires, fasc. 2055 (TVA immobilière. Généralités)
- JCl. Fiscal Chiffre d'affaires, fasc. 2055-5 (Opérations imposables)
- JCl. Fiscal Chiffre d'affaires, fasc. 2055-10 (Terrains à bâtir)
- JCl. Fiscal Chiffre d'affaires, fasc. 2055-20 (Logements sociaux)
- JCl. Fiscal Chiffre d'affaires, fasc. 2055-35 (Assiette. Fait générateur. Taux)
- JCl. Fiscal Chiffre d'affaires, fasc. 2055-40 (Déductions)
- JCl. Fiscal Chiffre d'affaires, fasc. 2055-50 (Recouvrement. Sanction. Obligations des assujettis)
- JCl. Fiscal Chiffre d'affaires, fasc. 2056 (Établissements accueillant des personnes handicapées ou âgées)

Revues

- F. Alparslan et L. Chetcuti, TVA et prestation de services se rattachant à un immeuble : ce qui change au 1er janvier 2017 : Dr. fisc. 2016, n° 23, étude 360
- C. Deleu, Exonération des locations de terrains non aménagés (CGI, art. 261 D, 2°) : sont aménagés les terrains pourvus des aménagements nécessaires à leur exploitation commerciale (CE, 26 déc. 2013, n° 360124) : Dr. fisc. 2014, n° 13, comm. 243
- F. Alparslan et A. Moraine, Cession d'un immeuble détenu en stock et transfert d'universalité : l'équation possible ? : Dr. fisc. 2012, n° 47, act. 459

Plus-values imposables

Sources

CGI, art. 8 à 8 ter ; art. 150 UB ; art. 150 UC ; art. 151 septies, VII ; art. 164 B ; art. 239 nonies ; art. 244 bis A ; art. 1655 ter

BOI-RFPI-PVI-10, 13 oct. 2014
BOI-RFPI-SPI-10, 12 sept. 2012
BOI-RFPI-PVINR-10, 24 juin 2013

4523 Le régime des plus-values immobilières privées s'applique aux plus-values réalisées par les personnes physiques et certaines sociétés à prépondérance immobilière dans le cadre de la gestion de leur patrimoine privé *(V. n° **4526** et s.)*.

4524 Sont imposables les mutations à titre onéreux portant sur des immeubles, qu'ils soient bâtis ou non bâtis, des droits portant sur ces immeubles ou encore les cessions de parts de sociétés à prépondérance immobilière *(V. n° **4532** et s.)*.

Il existe un certain nombre d'exonérations lié à la nature du bien cédé ou des opérations réalisées, au montant des cessions, à la qualité du cédant ou encore à celle de l'acquéreur.

4525 Un mode particulier d'imposition est prévu pour les contribuables non domiciliés fiscalement en France *(V. n° **4543** et s.)*.

I. Plus-values de cession d'immeuble ou de droits immobiliers

1° Personnes imposables

4526 **Personnes physiques** – Sont visés par ce régime d'imposition, les personnes physiques qui réalisent des plus-values dans le cadre de la gestion de leur patrimoine privé.

Le régime d'imposition ne s'applique pas aux profits tirés d'une activité professionnelle imposables au titre des bénéfices industriels et commerciaux, bénéfices agricoles et bénéfices non commerciaux.

Ainsi, les profits réalisés par les marchands de biens et lotisseurs ayant cette qualité, ainsi que les profits de construction réalisés à titre habituel ne sont pas concernés par le régime d'imposition des plus-values immobilières des particuliers mais relèvent des BIC.

En revanche, sont susceptibles de relever des plus-values des particuliers, les gains réalisés sur des immeubles ou droits immobiliers **inscrits à l'actif** d'une entreprise individuelle ou d'une société de personnes relevant de l'article 8 du CGI dans la mesure où ils ne sont **pas utilisés pour les besoins de l'exploitation** (*CGI, art. 155, II ; V*).

Remarque Sous réserve des dispositions des conventions internationales, un résident fiscal français est imposable en France sur l'ensemble de ses plus-values immobilières, qu'elles soient réalisées sur un immeuble situé en France ou à l'étranger. Toutefois, le plus souvent, les conventions accordent le droit d'imposer (de manière exclusive ou non) à l'État du lieu de situation du bien. S'agissant des non-résidents, *V. n° **4543** et s.*.

4527 **Sociétés de personnes soumises à l'impôt sur le revenu** – Ce régime d'imposition s'applique également aux cessions à titre onéreux d'immeubles, de droits immobiliers ou de parts de sociétés à prépondérance immobilière réalisées par des sociétés qui relèvent de plein droit ou sur option du régime des sociétés de personnes, c'est-à-dire des sociétés non soumises à l'impôt sur les sociétés (IS), qui exercent une activité non professionnelle et dont le siège est en France.

4528 Sont ainsi visées :

- les **sociétés de personnes non transparentes** dont les bénéfices sont imposées entre les mains de leurs associés pour la part qui leur revient dans les bénéfices sociaux *(CGI, art. 8)*.

  Le régime d'imposition des plus-values réalisées par ces sociétés dépend des règles applicables pour la détermination de leur résultat imposable. Ce dernier est déterminé selon des modalités qui tiennent compte de la qualité des associés (*CGI, art. 238 bis K*). Le régime d'imposition des plus-values immobilières ne s'applique pas aux sociétés de personnes ayant une activité industrielle, commerciale, artisanale, agricole ou libérale ***(sauf application de l'article 155, II du CGI, V. n° 4526)***. La plus-value relève alors du régime des plus-values professionnelles.

  En pratique, sont soumises au régime des plus-values immobilières les sociétés civiles immobilières n'ayant pas opté pour leur assujettissement à l'IS.

- les **sociétés immobilières transparentes** (*CGI, art. 1655 ter ; V*).

  Les sociétés transparentes sont réputées, sur le plan fiscal, ne pas avoir de personnalité distincte de celle de leurs membres. Elles ne sont donc pas personnellement soumises à l'impôt sur le revenu afférent à la plus-value qu'elles réalisent. Dès lors, leurs associés sont traités fiscalement comme s'ils étaient directement propriétaires des immeubles possédés par la société et auxquels donnent vocation les droits sociaux qu'ils détiennent. Lorsqu'il s'agit de personnes physiques agissant dans le cadre de leur patrimoine privé ou de sociétés qui relèvent des sociétés de personnes non soumises à l'IS, ces associés doivent être imposés pour les profits occasionnels retirés, soit de la cession de droits sociaux, soit, le cas échéant de la vente par la société de biens composant son patrimoine.

Remarque Lorsque ces sociétés ou groupements ont leur siège en France, leurs **associés non-résidents** sont imposables au prélèvement libératoire de l'impôt sur le revenu *(V. n° **4543** et s.)*.

4529 **Fonds de placement immobilier (FPI)** – Les FPI sont des copropriétés qui n'ont pas la personnalité morale. Les porteurs de parts sont imposés sur les revenus et plus-values qui leur sont effectivement distribués par le fonds (*C. mon. fin., art. L. 214-81*). Dès lors, **les plus-values distribuées** résultant de **la cession d'actifs immobiliers** par un FPI sont soumises, du chef du porteur des parts qui ne les a pas inscrites à son activité professionnelle, au régime d'imposition des plus-values immobilières *(CGI, art. 239 nonies)*.

Si le FPI cède des **immeubles loués meublés**, le régime d'imposition des plus-values distribuées diffère selon que l'activité de loueur en meublé constitue une activité professionnelle ou non professionnelle :

- le porteur de parts qui exerce à titre non professionnel est imposé selon le régime des plus-values immobilières des particuliers (*CGI, art. 150 UC à 150 VH*) (*CGI, art. 239 nonies, II, 1, c*) ;
- le porteur de parts qui exerce à titre professionnel est imposé selon le régime des plus-values professionnelles *(CGI, art. 239 nonies, II, 1, f)*.

Remarque Les **distributions** de **plus-values de cessions de valeurs mobilières** réalisées par les FPI sont imposables dans la catégorie des plus-values sur titres. Dès lors, depuis le 1er janvier 2018, elles sont soumises au **PFU**, sauf option pour une imposition au barème progressif de l'IR *(CGI, art. 150-0 F)*.

2° Biens imposables

4530 Les plus-values imposables sont celles qui proviennent de la **cession à titre onéreux** de biens immobiliers bâtis ou non bâtis ou de droits relatifs à ces biens (usufruit, nue-propriété, servitudes, droit de surélévation, mitoyenneté, bail emphytéotique, etc.).

Attention Le produit de la **première cession d'un usufruit temporaire** portant sur un bien immobilier ou sur des parts de société à prépondérance immobilière est susceptible d'être imposé dans la catégorie des revenus fonciers (*CGI, art. 13, 5*).

4531 Le régime d'imposition des plus-values des particuliers **ne s'applique pas**, en principe *(toutefois, V. n° **4526**)*, aux plus-values réalisées **sur des biens figurant à l'actif d'une entreprise** industrielle, artisanale, commerciale, agricole ou libérale. **Toutefois**, les plus-values de cession de locaux d'habitation meublés réalisées par des **loueurs en meublé non professionnels** relèvent du régime d'imposition des plus-values des particuliers (*CGI, art. 151 septies, VII ; V*).

3° Opérations imposables

4532 Sont imposables les plus-values réalisées lors d'une **cession à titre onéreux** d'un bien immobilier ou d'un droit y afférent. Cette cession constitue le fait générateur de l'impôt.

Sont visées **toutes les transmissions qui comportent une contrepartie en faveur du cédant sans que soit tenu compte :**

- **des motifs** qui ont conduit le contribuable à céder son bien ;
- **de la forme et du caractère de la cession** qui peut être amiable, volontaire ou judiciaire ;
- **des modalités de paiement du prix** qui peut être différé ou consister en une rente viagère ;
- **de l'affectation donnée aux disponibilités** dégagées par la cession.

4533 Constituent des cessions à titres onéreux :

- **la vente** ;
- **l'apport en société** (pour les sociétés immobilières, *V. n° **4534***) ;

  Si la vente est **annulée, résolue ou rescindée**, le contribuable peut obtenir, sur réclamation, une restitution partielle ou totale des droits indûment perçus (sauf en cas d'exercice du droit de préemption puisque l'exercice de ce droit n'a d'autre effet que de subroger l'État à l'acquéreur évincé). La demande de dégrèvement de l'imposition initialement établie peut être présentée dans un délai dont le point de départ est constitué par la date de l'annulation, de la résolution ou la rescision, et qui expire le 31 décembre de la deuxième année suivant cette date.
- **l'expropriation** (il existe une exonération sous condition de remploi ;
- **l'échange**, même sans soulte, doit être considéré comme une vente suivie d'un achat sous réserve de certaines exonérations ;
- **l'attribution d'un bien propre de l'ex-époux débiteur, en paiement d'une prestation compensatoire en capital** ;

  Cette attribution a pour effet de transférer la propriété du bien à l'ex-époux attributaire et de libérer l'ex-époux débiteur de sa dette.
- **les partages** donnant lieu au versement d'une **soulte et les licitations**, sauf exonérations liées à l'origine de l'indivision.

FISCALITÉ

Remarque L'**inscription d'un bien** ayant préalablement figuré dans le patrimoine privé **à l'actif d'une entreprise individuelle** est neutre fiscalement. **Lors de sa cession ultérieure**, il conviendra de déterminer **deux plus-values** soumises à des régimes fiscaux différents :
- la plus-value acquise par le bien depuis la date d'inscription au bilan (ou au tableau des immobilisations) jusqu'à la date de la cession ou du retrait, selon le cas. Cette plus-value est soumise au régime des plus-values professionnelles ;
- la plus-value acquise par ce bien durant la ou les périodes de détention dans le patrimoine privé du contribuable. Cette plus-value est imposable selon le régime des plus-values des particuliers et bénéficie, le cas échéant, des exonérations propres à ce régime.

4534 Constituent également des cessions à titre onéreux **certaines opérations affectant les sociétés immobilières** qui s'entendent principalement des sociétés civiles immobilières (SCI) imposées à l'IR et des sociétés transparentes visées à l'article 1655 ter du CGI (*V. n°* ***4528***).
Sont ainsi susceptibles de générer une plus-value imposable :
- **l'apport** d'un immeuble au profit d'une société, réalisé par une personne physique ou une SCI relevant de l'article 8 du CGI ;
  L'apport réalisé au profit d'une société immobilière transparente (*CGI, art. 1655 ter*) ne constitue pas une cession à titre onéreux pour la fraction de l'immeuble correspondant aux droits de l'apporteur.
- **la vente** de l'immeuble par la société ;
  Les sociétés transparentes ne sont en principe pas appelées à céder les éléments de leur patrimoine immobilier (Pour plus de détails, *V. BOI-RFPI-PVI-10-30, 11 févr. 2013, § 230).*
- **la dissolution d'une société**, mais uniquement à la date de publication de la clôture de la liquidation de la société ;
  C'est à cette date que la propriété des biens sociaux est transférée de la société vers celle de chaque associé. Il s'opère ainsi une cession à titre onéreux qui est susceptible de dégager une plus-value sur élément d'actif, imposable au nom de chaque associé au prorata de leurs droits. Si en cours de liquidation, des éléments de cet actif sont cédés à des tiers ou attribués à un ou plusieurs associés, la plus-value est considérée comme réalisée par la société elle-même et imposable au nom des associés au prorata de leurs droits.
  En présence d'une société transparente, une telle opération ne dégage pas de plus-value imposable.
- **le retrait d'un associé** d'une SCI, lorsqu'il s'accompagne de l'attribution d'un élément de l'actif social ;
- **le changement de régime fiscal** d'une SCI ou **sa transformation** sous certaines réserves (*V. BOI-RFPI-PVI-10-30, 11 févr. 2013, § 160 et 170*).

Sur les incidences fiscales des transformations susceptibles d'affecter une société transparente, *V. BOI-RFPI-PVI-10-30, 11 févr. 2013, § 210 et 220.*

II. Plus-values de cession de titres de sociétés à prépondérance immobilière

4535 Principe d'imposition – Les plus-values réalisées lors de la cession de titres de sociétés ou groupement à prépondérance immobilière relèvent :
- du **régime d'imposition des plus-values immobilières des particuliers** lorsqu'elles sont réalisées à titre occasionnel par des personnes physiques ou par des sociétés imposées selon le régime des sociétés de personnes soumises à l'IR (*CGI, art. 150 UB*) ;
- du **régime des plus-values sur valeurs mobilières** et droits sociaux lorsque la société dont les titres sont cédés est soumise à l'IS (*CGI, art. 150-0 A*) ;
- d'un mode particulier d'imposition lorsque le **contribuable n'a pas son domicile fiscal en France** (*V. n°* ***4543*** *et s.*).

Ce mode particulier d'imposition vise également les titres de sociétés soumises à l'IS dès lors qu'elles sont à prépondérance immobilière.

4536 Le régime des plus-values immobilières des particuliers s'applique donc, hors cas particulier des non-résidents, aux gains nets retirés des cessions à titre onéreux de **sociétés ou groupements qui relèvent de l'IR**, dont l'actif est principalement constitué d'immeubles ou de droits portant sur des immeubles.
Relèvent également du régime des plus-values immobilières des particuliers :
- les gains nets issus de la cession ou du rachat de parts d'un **FPI** (ou d'un organisme de droit étranger qui a un objet équivalent et une forme similaire à celle d'un FPI) ;
- les gains nets réalisés lors de la cession à titre onéreux de tout ou partie des droits représentatifs des biens ou droits du patrimoine **fiduciaire** pour la quote-part de ces droits qui porte sur des biens ou droits immobiliers.

4537 Sont concernées les cessions portant sur la pleine propriété des titres mais également celles portant sur de la nue-propriété ou sur de l'usufruit.
Sur la première cession d'un **usufruit temporaire** portant sur des parts de société à prépondérance immobilière, *V. n°* ***4530***.

4538 Notion de prépondérance immobilière – Sont considérés comme étant à prépondérance immobilière les sociétés ou groupements dont l'actif est, à la clôture des 3 exercices qui précèdent la cession, constitué pour plus de **50 % de sa valeur réelle par des immeubles ou des droits portant sur des immeubles, non affectés par ces sociétés à leur propre exploitation** industrielle, commerciale, agricole ou à l'exercice d'une profession non commerciale (*CGI, art. 150 UB*).

Si la société dont les droits sociaux sont cédés n'a pas encore clos son 3ème exercice, la composition de l'actif est appréciée à la clôture du ou des seuls exercices clos ou, à défaut, à la date de la cession.

Par ailleurs, pour l'appréciation du seuil des 50 %, il y a lieu de **prendre également en considération les titres de sociétés elles-mêmes à prépondérance immobilière** inscrits à l'actif de la société dont les titres sont cédés.

Sur l'appréciation de la proportion de 50 %, *V. BOI-RFPI-SPI-10-20, 6 juill. 2016, § 70.*

4539 Les immeubles affectés à l'exploitation s'entendent exclusivement des moyens permanents d'exploitation.

Ne sont donc notamment pas visés les immeubles constituant le stock immobilier des sociétés de construction-vente ou des sociétés qui se livrent à une activité de marchand de biens ainsi que les immeubles donnés en location et ce, qu'ils soient loués nus, meublés ou équipés.

En revanche, n'ont pas à être pris en compte pour l'appréciation du seuil de 50 %, les droits détenus dans le cadre d'un contrat de crédit-bail immobilier.

4540 **Opérations imposables** – La **cession à titre onéreux** de titres de sociétés de personnes ou de groupement à prépondérance immobilière constitue une opération imposable *(sur la notion de cession à titre onéreux, V. n°* ***4532*** *et s.).*

Les plus-values de cessions de titres de sociétés à prépondérance immobilière bénéficient :

- de l'abattement pour délai de détention ;
- d'une exonération lorsque la cession porte sur de titres d'une société qui met, en droit ou en fait, gratuitement un logement à la disposition de l'associé cédant qui l'occupe à titre **d'habitation principale.** L'exonération s'applique à la fraction de la plus-value déterminée en fonction de la valeur du logement occupé par l'associé (et des dépendances immédiates et nécessaires) par rapport à la valeur globale de l'actif social *(BOI-RFPI-SPI-10-20, 6 juill. 2016, § 160).*

4541 Toutefois, la **plus-value d'échange de titres** réalisée à l'occasion d'une opération de fusion, de scission ou d'un apport de titres à une société soumise à l'IS bénéficie d'un **sursis d'imposition** (*CGI, art. 150 UB, II*).

En présence d'**échange avec soulte réalisé à compter du 1er janvier 2017** :

- si la soulte reçue par le contribuable excède **10 %** de la valeur nominale des titres reçus, la totalité de la plus-value est imposée au titre de l'année d'échange ;
- si la soulte reçue n'excède pas ce seuil, la **plus-value** réalisée est **imposée immédiatement** au titre de l'année de l'échange, **à concurrence du montant de cette soulte** *(CGI, art. 150 UB, II).*

La plus-value, qui n'est pas constatée au titre de l'année de l'échange, n'a pas à être déclarée par le contribuable. Lors de la cession ultérieure des titres, la plus-value est déterminée par différence entre le prix de cession et le prix ou la valeur d'acquisition des titres remis à l'échange diminué du montant de la soulte reçue non imposée au titre de l'année de l'échange, ou majoré de la soulte versée lors de cet échange *(CGI, art. 150 VB).*

Les modalités d'imposition du gain dépendront de la situation de la société (à prépondérance immobilière ou pas) au moment de la cession.

4542 Pour les **opérations d'échange avec soulte réalisées à partir du 1er janvier 2000 et jusqu'au 31 décembre 2016**, le sursis d'imposition s'appliquait sur la totalité de la plus-value si la soulte reçue par le contribuable n'excédait pas 10 % de la valeur nominale des titres reçus. En revanche, si la soulte excédait ce seuil, la totalité de la plus-value était imposée au titre de l'année de l'échange.

Dans le cadre de ce régime, lors de la cession ultérieure des titres, la plus-value imposable est calculée par référence, le cas échéant, au prix ou à la valeur d'acquisition des titres remis à l'échange, diminué de la soulte reçue ou majoré de la soulte versée lors de l'échange *(CGI, art. 150 VB dans sa rédaction en vigueur avant le 1er janvier 2017 ; BOI-RFPI-SPI-10-30, 21 oct. 2013, § 60).*

Attention Les **opérations d'échange effectuées avant le 1er janvier 2000** pouvaient être placées sous un régime de **report d'imposition**. La plus-value était calculée et déclarée lors de l'échange des titres mais son imposition effective est différée au moment où s'opérera la cession des titres reçus lors de l'échange. La cession ultérieure des titres emporte donc :
- d'une part, l'imposition de la plus-value en report ;
- d'autre part, la constatation d'une nouvelle imposition établie sur la différence entre le prix de cession et le prix ou la valeur des titres reçus lors de l'échange.

Les modalités de taxation de ces deux plus-values dépendent de la situation de la société (à prépondérance immobilière ou pas) au moment de la cession (*BOI-RFPI-SPI-10-30, 21 oct. 2013, § 100*). Si ces deux plus-values relèvent du régime d'imposition des plus-values sur titres *(CGI, art. 150-0 A)*, il conviendra d'**actualiser** le **prix d'acquisition** retenu pour le calcul de la plus-value en report en fonction du **dernier indice** des prix à la consommation hors tabac publié par l'INSEE **à la date** de réalisation de **l'opération à l'origine du report** *(CGI, art. 150-0 D, 2 bis).*

FISCALITÉ

III. Prélèvement sur les plus-values immobilières des non-résidents

4543 Sous réserve des conventions internationales, les plus-values immobilières de source française réalisées par des non-résidents sont soumises à un prélèvement spécifique au taux de 19 % ou de 31 % selon les cas *(CGI, art. 244 bis A ; V. n°4608)*.

Les redevables personnes physiques non-résidents sont également soumis aux prélèvements sociaux dont le taux varie en fonction de leur Etat d'affiliation à un régime obligatoire de sécurité sociale ainsi qu'à la taxe sur les plus-values immobilières élevées.

4544 Personnes imposables – Les plus-values immobilières de source française réalisées à titre occasionnel par les personnes suivantes sont soumises à ce prélèvement :

- les **personnes physiques** qui ne sont pas fiscalement domiciliées en France ;
- les **personnes morales ou organismes**, quelle qu'en soit la forme, **dont le siège social est situé hors de France** ;
  Le prélèvement s'applique aussi bien aux personnes morales non-résidentes (sociétés de capitaux, sociétés de personnes, etc.), qu'aux organismes non-résidents, de toute nature, même s'ils ne sont pas dotés de la personnalité morale (trusts, associations, caisses de retraite, fonds de pension, fiducies, « *partnerships* », etc.).
- les sociétés ou groupements dont le siège social est situé en France et qui relèvent des **sociétés de personnes non soumises à l'IS**, au prorata des droits détenus par des associés qui ne sont pas fiscalement domiciliés en France ou dont le siège social est situé hors de France ;
- les **FPI**, au prorata des parts détenues par des porteurs qui ne sont pas fiscalement domiciliés en France ou dont le siège est situé hors de France.

Remarque Les organisations internationales, les États étrangers, les banques centrales et les institutions financières publiques de ces États sont exonérés du prélèvement *(CGI, art. 244 bis, I, 1, al. 3 ; CGI, art. 131 sexies)*.

4545 Biens imposables – Sous réserve des conventions internationales, le prélèvement s'applique aux **plus-values immobilières de source française** résultant de la cession :

- d'**immeubles situés en France** ou de **droits** relatifs à ces immeubles ;
  Sont exonérés du prélèvement, les cessions d'immeubles réalisées par des personnes physiques ou morales ou des organismes, fiscalement non-domiciliés en France, qui exploitent en France une entreprise industrielle, commerciale ou agricole ou y exercent une profession non-commerciale à laquelle ces immeubles sont affectés.
- de **FPI** ou d'organismes étrangers équivalents ;
- d'actions de **sociétés d'investissements immobiliers cotées** (SIIC) ou d'organismes étrangers équivalents, lorsque le cédant détient directement ou indirectement au moins 10 % du capital de la société dont les actions sont cédées ;
- d'actions de **sociétés de placement à prépondérance immobilière à capital variable** (SPPICAV) ou d'organismes étrangers équivalents, lorsque le cédant détient directement ou indirectement au moins 10 % du capital de la société dont les actions sont cédées ;
- de parts ou actions de **sociétés à prépondérance immobilières cotées** sur un marché français ou étranger, autres que les SIIC ou organismes étrangers de droit équivalent, lorsque le cédant détient directement ou indirectement au moins 10 % du capital de la société dont les parts ou actions sont cédées ;
- de parts, d'actions ou de droits dans des **sociétés ou organismes non cotés**, autres que les FPI, les SIIC, les SPPICAV ou organismes étrangers de droit équivalent *(CGI, art. 164 B, I, e bis et e ter ; CGI, art. 244 bis A, I)*.

4546 Seules les cessions de parts, actions ou droits dans des sociétés et organismes dont l'actif est principalement constitué directement ou indirectement de biens et droits immobiliers situés en France sont susceptibles d'être soumises au prélèvement.

Sur l'appréciation de la prépondérance immobilière, *V. n° 4538 et BOI-RFPI-PVINR-10-20, 7 juin 2018 § 110 et s.*

4547 Exonérations – Les non-résidents relevant de l'IR bénéficient des **mêmes exonérations que les résidents**lorsqu'ils cèdent un immeuble **à l'exception** :

- de l'exonération de la première cession d'un logement autre que la résidence principale ;
- de l'exonération de l'ancienne résidence principale en faveur des personnes âgées ou handicapées qui résident dans un établissement social ou médico-social.

Par ailleurs, l'exonération en faveur des titulaires de pensions vieillesses ou d'une carte invalidité est en principe limitée aux ressortissants d'un État membre de l'UE, Norvège, Islande ou Liechtenstein (*CGI, art. 150 U, III ; CGI, art. 244 bis A, II, 2°*). Toutefois, il est admis que l'exonération soit applicable aux ressortissants d'un État tiers à l'UE qui peut invoquer le bénéfice d'une clause conventionnelle de non-discrimination.

Remarque À compter du 1er janvier 2019, les non-résidents peuvent bénéficier, sous certaines conditions, d'une exonération totale de la plus-value de cession de leur ancienne résidence principale.
Ils sont par ailleurs susceptibles de bénéficier d'une exonération spécifique au titre de la cession d'un logement situé en France

4548 Lorsque la cession porte sur des **titres de sociétés à prépondérance immobilière**, seule l'exonération liée à **l'abattement pour durée de détention** est applicable.

Attention Lorsque la plus-value est réalisée par un non-résident, **la notion de prépondérance immobilière ne tient pas compte du régime d'imposition de la société.** Ainsi, la plus-value de cession de titres d'une SCI imposée à l'IS réalisée par un non-résident bénéficie de l'abattement pour durée de détention.

Pour aller plus loin

- JCl. Fiscalité Immobilière, fasc. 365 (Plus-values réalisées à compter du 1er janvier 2004. – Immeubles)
- JCl. Fiscalité Immobilière, fasc. 368 (Parts de sociétés)
- JCl. Fiscalité Immobilière, fasc. 370 (Biens figurant ou ayant figuré à l'actif d'une entreprise)
- JCl. Fiscalité Immobilière, fasc. 372 (Opérations imposables)

Plus-values exonérées

Sources

CGI, art. 150 U
CGI, ann. III, art. 41 duovicies-0 H
BOI-RFPI-PVI-10-40, 6 juin 2014

4549 Il existe de nombreuses exonérations liées :
- à la nature des biens cédés *(V. n° **4550** et s.)* ;
- à la nature des opérations réalisées *(V. n° **4552** et s.)* ;
- à la qualité du cédant *(V. n° **4569**)* ou de l'acquéreur *(V. n° **4573**)* ;
- au montant des cessions *(V. n° **4573**)* ;
- au mécanisme de l'abattement pour délai de détention.

Dernières *actualités*

- **Publication des commentaires administratifs sur l'exonération liée à la cession d'un droit de surélévation** *(V. n° 4556)*
- **Instauration d'une exonération totale pour les non-résidents** *(V. n° 4558)*
- **Assouplissement de l'exonération partielle en faveur des non-résidents** *(V. n° 4559)*
- **Précisions administratives sur l'exonération en cas d'exercice du droit de délaissement** *(V. n° 4562)*
- **Suppression de l'exonération en faveur des cessions au profit de la Société Foncière Publique Solidaire** *(V. n° 4573)*

I. Exonération liée à la nature des biens cédés

1° Résidence principale

4550 Les plus-values réalisées lors de la cession de la résidence principale du cédant **au jour de la cession** sont exonérées *(CGI, art. 150 U, II, 1°)*.

L'exonération ne s'applique pas aux cessions portant sur des immeubles qui, au jour de la cession, sont donnés en location, sont occupés gratuitement par des membres de la famille du propriétaire (même s'ils sont membres du foyer fiscal du cédant) ou des tiers ou sont devenus vacants. **Bénéficient néanmoins de l'exonération** :

- **l'immeuble qui a été occupé par le cédant jusqu'à sa mise en vente**, si la cession intervient dans des délais normaux et sous réserve que le logement n'ait pas, pendant cette période, été donné en location ou occupé gratuitement par des membres de la famille du propriétaire ou des tiers. Aucun délai maximum pour la réalisation de la cession ne peut être fixé *a priori*. Toutefois, dans un contexte économique normal, dont l'appréciation dépend des circonstances de fait, un délai d'**1 année** constitue en principe le délai maximal *(BOI-RFPI-PVI-10-40-10, 19 déc. 2018, § 190)* ;
- **l'immeuble occupé par le futur acquéreur** avec qui un compromis de vente a été signé, lorsque la convention d'occupation temporaire est intrinsèquement liée à la vente et que le contrat de vente est passé dans un délai normal à compter de la signature du compromis ;
- **l'immeuble qui constituait, lors de la séparation, la résidence principale des époux séparés ou divorcés**, des concubins séparés ou des partenaires ayant rompu un PACS même pour celui qui n'y réside plus *(BOI-RFPI-PVI-10-40-10, 19 déc. 2018, § 250 et s.)* ;
- **l'immeuble en cours de construction cédé par des époux en instance de divorce**, des concubins qui se séparent ou des partenaires qui rompent leur PACS lorsque le bien était destiné à leur habitation principale et qu'ils n'étaient pas propriétaires du logement qu'ils occupaient durant l'édification de leur future résidence principale ;
- **l'immeuble en cours de construction cédé suite à une mutation professionnelle, une invalidité ou le décès** du cédant ou de son conjoint sous certaines conditions *(V. BOI-RFPI-PVI-10-40-10, 19 déc. 2018, § 300 et s.)*.

4551 Sont considérés comme résidences principales, les **immeubles**, **parties d'immeubles** et les **droits relatifs à ces biens** qui constituent la **résidence habituelle et effective du propriétaire.**

Peuvent également bénéficier de l'exonération :

- l'habitation dans laquelle réside effectivement et de manière permanente le conjoint et les enfants d'un époux titulaire d'un **logement de fonction** ;
- un **bien à usage mixte** pour la fraction de la plus-value afférente à la cession de la partie privative qui constitue la résidence principale du cédant ;
- un **bien démembré**, pour l'usufruitier qui l'utilise à titre de résidence principale à hauteur de la quote-part de plus-value correspondant à ses droits. Si le logement est la résidence principale de l'usufruitier et du nu-propriétaire, la plus-value réalisée peut bénéficier de l'exonération ;
- la **cession de l'usufruit ou de la nue-propriété** d'un bien préalablement détenu en pleine propriété si l'ensemble des conditions sont remplies ;

- **l'immeuble cédé par une SCI relevant de l'IR** dès lors que cette dernière le met, en droit ou en fait, gratuitement à la disposition de ses associés. L'exonération n'est acquise qu'à l'associé qui utilise le bien à titre de résidence principale et à hauteur de la quote-part lui revenant ;
- **les titres de sociétés à prépondérance immobilière ;**
- **les péniches** dès lors qu'elles ne sont pas destinées à la navigation, qu'elles sont soumises à la taxe foncière sur les propriétés bâties et qu'elles sont effectivement utilisées au jour de la cession en un point fixe à usage d'habitation principale de son propriétaire.

4552 Les **dépendances immédiates et nécessaires** de la résidence principale sont **également exonérées** à condition que leur cession intervienne simultanément avec cette dernière. La circonstance que la vente soit réalisée auprès d'acquéreurs distincts ne fait pas obstacle au bénéfice de l'exonération. Dans cette situation, la condition de cession simultanée est satisfaite lorsque les cessions interviennent dans un délai normal.

Sont considérées comme dépendances immédiates et nécessaires, les terrains entourant l'immeuble (à l'exception des terrains vendus comme terrain à bâtir), les garages situés à moins de 1km de la résidence principale, remises, parking, maison de gardien, tous les terrains servant de voies d'accès à l'habitation et ses annexes ou encore les chambres de bonnes situées dans le même immeuble que la résidence principale.

Remarque Il est admis que les parcs et jardins des **monuments historiques** ne soient pas dissociés des éléments bâtis (immeubles proprement dits et constructions accessoires). Ceux-ci doivent être considérés comme dépendances immédiates et nécessaires, à moins qu'ils ne soient destinés à être livrés à la construction *(BOI-RFPI-PVI-10-40-10, 19 déc. 2018, § 370)*.

2° Première cession d'un logement autre que la résidence principale

4553 Les plus-values qui résultent de la **première cession d'un logement intervenue depuis le 1er janvier 2012**, y compris ses dépendances immédiates et nécessaires, **autre que la résidence principale** sont exonérées, à la double condition :

➤ que le cédant n'ait **pas été propriétaire de sa résidence principale**, directement ou par personne interposée, au cours des 4 années précédant la cession ;

Les précisions suivantes doivent être apportées :

- chaque cédant (co-indivisaire, époux, associé ou membre d'une société de personnes ou d'un groupement relevant des articles 8, 8 bis et 8 ter du CGI) peut bénéficier de l'exonération au titre d'une seule cession ;
- le cédant titulaire d'un droit démembré ou d'un droit indivis sur immeuble affecté à la résidence principale est privé de l'exonération ;
- l'acquisition de la résidence principale avant la cession du logement, notamment au moyen d'un prêt relais, n'exclut pas le bénéfice de l'exonération si la mise en vente du logement est antérieure à l'acquisition de la résidence principale, si la cession du logement intervient dans un délai normal et si le prix de cession est effectivement remployé dans l'acquisition ou la construction d'une résidence principale ; l'affection peut prendre la forme du remboursement anticipé de l'emprunt ou du prêt relais.

➤ et qu'il **remploie** tout ou partie du prix de cession, dans un délai de **24 mois** à compter de la cession, **à l'acquisition ou la construction d'un logement en pleine propriété affecté à son habitation principale** *(CGI, art. 150 U, II, 1bis et 3°)*.

Le remploi peut également prendre les formes suivantes :

- **versement d'une soulte** dans le cadre d'un partage ou d'une licitation ;
- **paiement des droits d'enregistrement** relatif à une donation ou une succession portant sur le logement ;
- **acquisition d'un immeuble destiné à être transformé en logement,** dès lors que les travaux de transformation sont effectués concomitamment à l'acquisition du local et qu'ils sont achevés et payés dans les 24 mois suivent la date de l'acquisition de l'immeuble ;
- **réalisation de travaux d'amélioration, d'agrandissement ou encore portant modifications importantes du gros œuvre** (addition de construction, démolition...), dès lors qu'ils sont effectués concomitamment à l'acquisition du logement et qu'ils sont achevés et payés dans les 12 mois qui suivent cette acquisition ;
- **acquisition de parts de sociétés immobilières transparentes** *(CGI, art. 1655 ter)*. En revanche, le remploi dans l'acquisition ou la souscription de parts de toutes autres sociétés tels que SCI, GFA, SCPI n'ouvre pas droit à l'exonération.

L'exonération est applicable à la **fraction du prix** de cession **que le cédant remploie**.

Remarque Les biens immobiliers acquis en remploi peuvent être situés au sein d'un autre État membre de l'UE ou de l'EEE *(Rép. min. n° 103716 : JOAN Q 23 août 2011, p. 9087)*.

4554 En cas de manquement à l'une de ces conditions, l'exonération est remise en cause au titre de l'année du manquement.

Elle n'est cependant pas remise en cause lorsque le contribuable ou l'un des membres du couple soumis à imposition commune est atteint d'une invalidité correspondant au classement dans la 2e ou 3e catégorie, fait l'objet d'une rupture de son contrat de travail à l'initiative de l'employeur (salariés licenciés ou mis à la retraite) ou décède.

4555 L'exonération s'applique sur **demande** du cédant par une **mention portée dans l'acte de cession**. Elle est facultative.

L'acte de cession doit mentionner l'identité du bénéficiaire de l'exonération, les droits du bénéficiaire sur le prix de cession, la fraction du prix de cession que le cédant destine au remploi et le montant de la plus-value exonérée *(CGI, ann. III, art. 41 duovicies-0 H, I)*.

3° Droit de surélévation

4556 Les plus-values de cession d'un droit de surélévation réalisées **jusqu'au 31 décembre 2020** en vue de la réalisation de locaux destinés à l'habitation bénéficient d'une exonération. Elle est subordonnée à la condition que la personne cessionnaire s'engage à achever exclusivement des locaux destinés à l'habitation dans un délai de **4 ans** à compter de la date de l'acquisition. À défaut, une amende d'un montant égal à 25 % de la valeur de cession du droit de surélévation s'applique à l'encontre du cessionnaire *(CGI, art. 150 U, II, 9° ; BOI-RFPI-PVI-10-40-40, 22 févr. 2018)*.

L'amende n'est pas applicable lorsque :

- le cessionnaire ou l'un des membres du couple soumis à imposition commune, postérieurement à l'acquisition est atteint d'une **invalidité** correspondant au classement dans la **2e ou 3e** des catégories, fait l'objet d'une **rupture de son contrat de travail** à l'initiative de l'employeur (salariés licenciés ou mis à la retraite) ou **décède** ;
- l'acquéreur personne morale est absorbée et que la société absorbante s'engage, dans l'acte de **fusion**, à se substituer à la société absorbée pour le respect de l'engagement d'achèvement pour le délai restant à courir ;
- le cessionnaire peut justifier de circonstances exceptionnelles indépendantes de sa volonté, comme des cas de force majeure ou de catastrophe naturelle.

4557 La mention du bénéfice de l'exonération dans l'acte authentique vaut engagement pour le cessionnaire de réaliser et d'achever des locaux destinés à l'habitation dans le délai imparti.

4° Non-résidents

4558 Exonération totale – A compter du 1er janvier 2019, les non-résidents sont susceptibles de bénéficier d'une exonération totale aux conditions suivantes *(CGI, art. 244 bis A, I, 1 et II, 1° et 2° modifiés L. fin., n° 2018-1317, 28 déc. 2018, art. 43, I, B ; Dr. fisc. 2019, comm. 73 ; D.O Actualité 3/2019, n° 18)* :

- l'immeuble constituait la **résidence principale** en France du cédant à la date du transfert de son domicile fiscal hors de France ;
  L'exonération s'applique également à la cession des dépendances immédiates et nécessaires de l'immeuble, à condition que leur cession intervienne simultanément.
- le transfert de domicile est intervenu au profit soit d'un Etat membre de l'UE soit d'un Etat ou territoire lié avec la France par certaines conventions fiscales ;
  L'Etat ou territoire tiers à l'UE doit avoir conclu avec la France une convention d'assistance administrative en vue de lutter contre la fraude et l'évasion fiscales ainsi qu'une convention d'assistance mutuelle en matière de recouvrement ayant une portée similaire à celle prévue par la directive 2010/24/UE du Conseil du 16 mars 2010. Par ailleurs, l'Etat ou le territoire ne doit pas être un ETNC.
- la **cession est réalisée au plus tard le 31 décembre de l'année suivant celle du transfert** par le cédant de son domicile fiscal hors de France ;
- l'immeuble **n'a pas été mis à la disposition de tiers**, à titre gratuit ou onéreux entre ce transfert et la cession ;
- le contribuable n'a pas déjà bénéficié de l'exonération partielle de 150 000 € *(V. n° **4559**)*.

Attention **Sous peine de refus du dépôt ou de la formalité d'enregistrement, l'acte de cession doit préciser la nature et le fondement de cette exonération ou de cette absence de taxation.**

4559 Exonération partielle – Une **exonération** en faveur des plus-values réalisées au titre de la **cession d'un logement situé en France par des personnes physiques non-résidentes**, ressortissantes d'un État membre de l'UE, d'un autre État partie à l'accord sur l'EEE ou d'un État tiers pouvant se prévaloir d'une clause conventionnelle de non-discrimination, s'applique **dans la limite d'une résidence par contribuable et de 150 000 € de plus-value nette imposable**, à la double condition que :

- le cédant ait été fiscalement domicilié en France de manière continue pendant au moins **2 ans** à un moment quelconque antérieurement à la cession ;
  La justification de cette domiciliation n'est soumise à aucun formalisme. Sont notamment admis la production d'avis d'imposition à l'IR ou d'avis d'imposition à la taxe d'habitation à titre de résidence principale. En outre, le cédant peut se prévaloir des années au titre desquelles il était, en tant qu'enfant mineur, rattaché au foyer fiscal de ses parents eux-mêmes domiciliés fiscalement en France.
- la cession porte sur un logement dont le cédant a la **libre disposition** au **moins depuis le 1er janvier de l'année qui précède celle de la cession** ou, dans le cas contraire, que la cession intervienne au plus tard le 31 décembre de la **10e année** suivant celle du transfert du domicile fiscal hors de France *(CGI, art. 150 U, II, 2°, a modifié L. fin., n° 2018-1317, 28 déc. 2018, art. 43, I, A ; Dr. fisc. 2019, comm. 73 ; D.O Actualité 3/2019, n° 18)*.
  Pour les cessions réalisées jusqu'au 31 décembre 2018, la cession de l'immeuble ne respectant pas la condition de libre disposition devait intervenir au plus tard le 31 décembre de la 5e année suivant celle du transfert du domicile fiscal hors de France.

4560 L'exonération est limitée à la seule fraction de la plus-value nette imposable inférieure ou égale à 150 000 €. Dès lors, la **fraction de la plus-value supérieure à ce montant est imposable dans les conditions de droit commun.** Elle se voit donc appliquer l'abattement pour délai détention ainsi que le cas échéant, les abattements exceptionnels temporaires.

Le plafonnement à 150 000 € s'apprécie par cédant, étant précisé que chacun des concubins, des partenaires de PACS et même des **époux communs en biens** bénéficie de l'exonération à hauteur de la quote-part de plus-value lui revenant.

4561 Ces dispositions s'appliquent aux plus-values réalisées au titre des cessions intervenues **depuis le 1er janvier 2014.**

Attention Les non-résidents qui auraient déjà bénéficié d'une exonération sur le fondement de cette disposition dans sa rédaction en vigueur entre le 1er janvier 2006 et le 31 décembre 2013, ne peuvent plus bénéficier de l'exonération pour une cession qui interviendrait à compter du 1er janvier 2014. En revanche, il n'est pas tenu compte des cessions qui ont bénéficié d'un autre motif d'exonération ou d'une absence d'imposition en application des abattements pour délai de détention. Par ailleurs, il n'est pas tenu compte des cessions ayant donné lieu à imposition sauf si elles remplissaient les conditions leur permettant de bénéficier de l'exonération prévue en faveur des non-résidents *(BOI-RFPI-PVINR-10-20, 6 juin 2018, § 380)*. Enfin, un contribuable qui aurait bénéficié de l'exonération totale *(V. n° 4558)*, ne peut bénéficier de l'exonération partielle *(CGI, art. 244 bis A, II, 1° modifié L. fin., n° 2018-1317, 28 déc. 2018, art. 43, I, B, 2°, a) ; Dr. fisc. 2019, comm. 73 ; D.O Actualité 3/2019, n° 18).*

II. Exonérations liées à la nature des opérations

4562 **Expropriations et exercice du droit de délaissement** – Les plus-values réalisées lors de la cession d'immeubles, de parties d'immeubles ou de droits relatifs à ces biens, pour lesquels une déclaration d'utilité publique a été prononcée en vue d'une **expropriation** ou pour lesquels le cédant a exercé **le droit de délaissement** prévu aux articles L. 152-2 et L. 311-2 ainsi qu'au dernier alinéa de l'article L. 424-1 du code de l'urbanisme ou au I de l'article L. 515-16-3 du code de l'environnement, sont exonérées lorsque le cédant **remploie** *(CGI, art. 150 U, II, 4°)* :

- **l'intégralité de l'indemnité** ou du prix de cession par l'acquisition, la construction, la reconstruction ou l'agrandissement d'un ou de plusieurs immeubles situé en France ou dans un État membre de l'EEE ;

  L'indemnité ou le prix de cession peut être affectée à l'acquisition de droits relatifs à un immeuble (nue-propriété, usufruit) ou de droits indivis (en pleine propriété, en nue-propriété ou en usufruit). Elle peut également être utilisée au paiement des frais afférents à l'acquisition, tels que la TVA, les droits de mutation et les frais d'actes (honoraires du notaire, frais de timbre et de publicité foncière).
  En revanche, la plus-value n'est **pas exonérée** en cas de remploi de l'indemnité ou du prix de cession :
  - dans des **travaux d'amélioration**, sauf s'ils ont été effectués à l'occasion de travaux de construction ou de reconstruction et sont indissociables de ceux-ci ;
  - dans **l'acquisition de parts ou actions de sociétés ou groupements** (groupements fonciers agricoles, sociétés civiles de placement immobilier, sociétés immobilières d'investissement, sociétés immobilières pour le commerce et l'industrie notamment). L'apport d'une indemnité d'expropriation ou du prix de cession à une société ou un groupement ne permet pas au contribuable de bénéficier de cette exonération.
    La condition de remploi intégrale est réputée satisfaite si **90 %** de l'indemnité ou du prix de cession est remployée.
- **dans un délai de 12 mois** à compter de la date de perception de l'indemnité ou du prix de cession ou à compter de la date de perception du solde s'ils sont versés par fractions successives.

  Il est admis que le remploi soit effectué avant la réalisation de l'expropriation ou avant la cession résultant de l'exercice du droit de délaissement et, partant, avant les paiements y afférents, à la condition que l'achat soit motivé par la perspective de cette expropriation ou de l'exercice du droit de délaissement par le contribuable *(BOI-RFPI-PVI-10-40-60, 9 mai 2018, § 170)*.

Remarque Lorsque le bien exproprié ou délaissé appartient à une **SCI**, le remploi peut être effectué par la SCI elle-même ou par l'ensemble des associés *(BOI-RFPI-PVI-10-40-60, 9 mai 2018, § 90)*.

4563 L'indemnité qui doit être remployée s'entend de celle qui est retenue pour le calcul de la plus-value de cession, à l'exclusion des indemnités qui ne sont pas représentatives de la valeur de cession du bien exproprié (telles que les indemnités pour trouble de jouissance, ou celles qui ont le caractère de revenu imposable (perte de loyers par exemple) ou encore celles représentatives de frais de déménagement de l'exproprié.

4564 Il est admis que **l'exonération s'applique**, sous les mêmes conditions et limites, aux cessions de **biens immobiliers exposés à un risque naturel majeur** effectuées dans le cadre de la procédure d'acquisition amiable *(BOI-RFPI-PVI-10-40-60, 9 mai 2018, § 200)*.

4565 **Opérations de remembrement et assimilés** – Les plus-values d'échange réalisées dans le cadre de remembrements urbains ou ruraux ou d'opérations assimilées ne constituent pas un fait générateur d'impôt de plus-value. Toutefois, en cas de vente des biens ainsi reçus, la plus-value est calculée à partir de la date et du prix d'acquisition du bien originel ou de la partie constitutive la plus ancienne dans les cas de vente de lots remembrés *(CGI, art. 150 U, II, 5°)*.

Les opérations visées sont celles réalisées dans le cadre d'opérations de remembrement mentionnées à l'article 1055 du CGI, d'opérations effectuées conformément aux articles L. 123-1, L. 123-24 et L. 124-1 du Code rural ainsi qu'aux soultes versées en application de l'article L. 123-4 du Code rural.

Pour plus de détails, *V. BOI-RFPI-PVI-10-40-60, 9 mai 2018, § 220 et s.*

4566 **Partages et licitations** – Les **partages** avec soulte **ayant pour origine une succession ou une donation-partage** effectuée entre membres originaires de l'indivision, leurs conjoints, des ascendants, des descendants ou des ayants-droit à titre universel de l'un ou plusieurs d'entre eux ne donnent pas lieu à imposition. Sont

FISCALITÉ

également exonérés les partages avec soulte de biens provenant d'une **indivision conjugale** (le régime matrimonial est indifférent), d'une indivision entre partenaire de PACS ou concubins *(CGI, art. 150 U, IV)*.

Les plus-values réalisées lors des partages d'immeubles reçus en conversion du prix de vente d'un terrain à bâtir recueilli dans le patrimoine du défunt, restent imposables à hauteur des soultes versées.

4567 La **licitation** (vente de biens indivis à l'amiable ou aux enchères) **ne donne également pas lieu à imposition** si elle est effectuée au profit de l'un des coïndivisaires, son conjoint, ses descendants, ascendants ou ayants droit à titre universel dans les conditions vues ci-avant en matière de partage.

4568 Pour la détermination de la plus-value réalisée lors de la cession ultérieure du bien par l'attributaire du partage ayant bénéficié du régime de faveur, le prix d'acquisition s'entend de la valeur vénale du bien au jour de l'entrée dans l'indivision.

Corrélativement, la date d'acquisition à retenir, pour la détermination de l'abattement pour durée de détention prévu à l'article 150 VC du CGI, s'entend de la date d'entrée en indivision.

III. Exonérations liées à la qualité du cédant

4569 Personnes résidentes d'un établissement social, médico-social d'accueil de personnes âgées ou d'adultes handicapés – La plus-value réalisée par une personne domiciliée fiscalement en France et qui réside dans un établissement destiné à accueillir des personnes âgées (EPHA, EHPAD, logements foyers, petites unités de vie, unité pour personnes désorientées) ou handicapées (foyers de vie ou foyers occupationnels, FAM ou MAS) est susceptible d'être exonérée dès lors que :

- l'immeuble cédé a constitué sa **résidence principale** avant son entrée dans un établissement social ou médico-social, même s'il ne s'agissait plus de sa résidence principale au jour de l'entrée dans l'établissement du fait, par exemple, d'un hébergement chez des proches ;

  L'ancienne résidence principale du cédant ne doit avoir fait l'objet d'aucune occupation depuis que le bien a cessé de constituer sa résidence principale. Toutefois, l'exonération n'est pas remise en cause lorsque les membres du foyer fiscal du cédant ou son concubin, qui résidaient dans le logement au jour de son départ, ont continué à occuper le logement alors même que le cédant n'y réside plus *(BOI-RFPI-PVI-10-40-20, 14 juin 2013, § 90)*.
- le cédant n'est **pas passible de l'impôt sur la fortune** immobilière au titre de l'avant dernière année précédant celle de la cession ;
- le cédant dispose d'un **revenu fiscal de référence (RFR) inférieur**, pour les cessions effectuées en 2019, à 25 432 € pour la première part de quotient familial, majoré de 5 942 € pour la première demi-part et de 4 677 € pour chaque demi-part supplémentaire ;

  Il convient de retenir le RFR qui figure sur l'avis d'imposition d'IR établi au titre des revenus de l'avant dernière année précédant celle de la cession. Ainsi pour les cessions intervenues en 2019, on retient le RFR figurant sur l'avis d'IR établi en 2018 au titre des revenus de l'année 2017.
- la **cession** intervient dans un **délai inférieur à 2 ans** suivant l'entrée dans un établissement *(CGI, art. 150 U, II, 1° ter)*.

4570 Titulaires de pension vieillesse ou invalides – Les titulaires de pensions de vieillesse ou de la carte mobilité inclusion portant la mention invalidité *(CASF, art. L. 241-3)* qui cèdent un immeuble, une partie d'immeuble ou un droit relatif à ces biens n'entrent pas dans le champ de l'impôt sur le revenu afférent à la plus-value, à la double condition que :

- ils ne soient **pas passibles de l'impôt sur la fortune immobilière** au titre de l'avant-dernière année précédant celle de la cession ;
- leur **RFR** de l'avant-dernière année précédant celle de la cession soit **inférieur à une certaine limite** (10 815 € pour la première part de quotient familial majoré de 2 888 € pour chaque demi-part supplémentaire, pour les cessions réalisées en 2019) *(CGI, art. 150 U, III)*.

Lorsque le cédant, titulaire de la carte d'invalidité, est rattaché ou à la charge du foyer fiscal de ses parents, seuls ses bénéfices ou revenus (ou ceux de son ménage lorsqu'il est marié) sont pris en compte pour apprécier la condition relative au niveau du RFR, au titre de l'avant dernière année précédant celle de la cession *(BOI-RFPI-PVI-10-40-90, 14 avr. 2014, § 140)*.

4571 L'exonération s'applique également si c'est le **conjoint du cédant**, soumis à imposition commune, qui est titulaire d'une pension de vieillesse ou de la carte d'invalidité. De même, **le conjoint survivant** qui perçoit une pension de réversion peut bénéficier de cette disposition.

IV. Autres exonérations

4572 Montant des cessions – Les plus-values résultant de la cession d'immeubles, parties d'immeubles ou droits relatifs à ces biens sont exonérées d'impôt lorsque le **prix de cession** est inférieur ou égal à **15 000 €**.

Ce seuil s'apprécie bien par bien, en tenant compte de la valeur en pleine propriété de l'immeuble ou de la partie de l'immeuble cédé (*CGI, art. 150 U, II, 6°*).

Ce seuil appelle les précisions suivantes :

- en cas de cession d'un bien immobilier détenu en **indivision**, le seuil d'imposition s'apprécie au regard de chaque quote-part indivise, quelle que soit la valeur totale du bien cédé ;
- en cas de **cession isolée ou conjointe de l'usufruit ou de la nue-propriété d'un bien**, le seuil s'apprécie en tenant compte de la valeur en pleine propriété de l'immeuble cédé ;
- en cas de cession d'un **droit démembré détenu en indivision**, le seuil s'apprécie au regard de chaque quote-part indivise en pleine propriété ;
- en cas de cession de parcelles ou de lots à des **acquéreurs distincts**, il y a lieu d'apprécier le seuil d'imposition cession par cession, c'est-à-dire acquéreur par acquéreur ; à l'inverse, si la cession intervient au profit **d'un seul acquéreur**, le seuil d'imposition s'apprécie en tenant compte du prix de cession global ;
- en cas de cession par des époux, le seuil s'apprécie au regard de la quote-part de chacun d'entre eux y compris en cas de mariage sous le régime de la communauté légale ou conventionnelle.

4573 **Immeubles destinés au logement social** – Sont susceptibles d'être exonérées les plus-values de cessions de biens immobiliers réalisées au profit :

- d'un **organisme en charge du logement social** (HLM...) *(CGI, art. 150 U, II, 7°)* ;
- d'une **collectivité territoriale**, d'un établissement public de coopération intercommunale ou d'un établissement public foncier en vue de la cession ultérieure des biens concernés à un organisme en charge du logement social *(CGI, art. 150 U, II, 8°)* ;

  A compter des cessions réalisées depuis le 25 novembre 2018, les cessions au profit de la Société Foncière Publique Solidaire ne bénéficient plus de l'exonération *(L. n° 2018-1021, 23 nov. 2018, art. 24, I, 1° ; Dr. fisc. 2018, act. 553 ; D.O Actualité 51/2018, n° 1)*.
- d'un **opérateur privé** qui s'engage à réaliser et achever des logements sociaux (uniquement les logements ouvrant droit à l'APL visés aux 3° et 5° de l'article L. 351-2 du CCH) dans un délai de **4 ans** ; l'exonération s'applique au prorata de la surface habitable des logements sociaux construits par rapport à la surface totale des constructions prévues au permis de construire *(CGI, art. 150 U, II, 7°)*.

Le non-respect de cet engagement est sanctionné par une amende égale à 10 % du prix d'acquisition.

Pour plus de détails, *V. BOI-RFPI-PVI-10-40-110, 7 juin 2018*.

4574 Ces exonérations s'appliquent aux cessions réalisées **jusqu'au 31 décembre 2020** *(CGI, art. 150 U, II, 7° et 8°)*.

Pour aller plus loin

- JCl. Fiscalité Immobilière, fasc. 365 (Immeubles exonérés)

FISCALITÉ

Détermination de la plus-value

Sources

CGI, art. 150 V à 150 VD
CGI, ann. II, art. 74 SC à 74 SG
L. fin. 2015, n° 2014-1654, 29 déc. 2014, art. 4
L. fin. 2014, n° 2013-1278, 29 déc. 2013, art. 27
BOI-RFPI-PVI-20, 12 sept. 2012
BOI-RFPI-PVI-30, 12 sept. 2012
BOI-RFPI-SPI-20, 24 août 2018

4575 La plus-value imposable résulte de la différence entre le prix de cession et le prix d'acquisition du bien ou droit immobilier cédé *(V. n° **4577** et s.)*, diminué le cas échéant d'un abattement pour durée de détention et/ou d'un abattement exceptionnel de 70 % ou 85 % selon la nature du bien cédé et la date de sa cession *(V. n° **4588** et s.)*.

4576 Les plus-values sur titres de sociétés à prépondérance immobilière obéissent aux mêmes règles de détermination que les plus-values sur les immeubles avec néanmoins quelques spécificités, notamment quant aux modalités de détermination du prix d'acquisition *(V. n° **4601** et s.)*.
Concernant les règles applicables en présence d'opérations d'échanges de titres, *V. n° **4541** et s.*

Dernières *actualités*

- **Les matériaux achetés par le contribuable et posés par un tiers ne sont pas pris en compte pour la détermination du prix d'acquisition** *(V. n° 4584)*
- **Publication des commentaires administratifs sur l'abattement exceptionnel pour les immeubles situés dans les zones tendues** *(V. n° 4597)*

I. Détermination de la plus-value brute

4577 La plus-value brute est égale à la différence entre le prix de cession et le prix d'acquisition *(CGI, art. 150 V ; BOI-RFPI-PVI-20-10, 12 sept. 2012)*.

1° Prix de cession

4578 Le prix de cession est le **prix réel tel qu'il est stipulé dans l'acte** indépendamment de ses modalités de paiement :

- **majoré** de toutes les **charges en capital et indemnités stipulées au profit du cédant** ;
  Les charges ne s'entendent que de celles que le contrat impose à l'acquéreur à la décharge du vendeur *(V. BOI-RFPI-PVI-20-10-10, 2 mars 2016, § 30 et s.)*. Les **indemnités d'assurance** consécutives à un sinistre partiel ou total d'un immeuble n'ont pas à être ajoutées au prix de vente pour le calcul de la plus-value *(CGI, art. 150 VA, II)*.
- **réduit**, sur justificatifs, du montant de la **TVA acquittée et des frais de cession** supportés par le vendeur.
  Il s'agit exclusivement, des frais versés à un intermédiaire ou à un mandataire, des frais liés aux certifications et diagnostics rendus obligatoires, des indemnités d'éviction versées au locataire, des honoraires d'architecte et des frais de mainlevée de l'hypothèque.

Lorsqu'une dissimulation de prix est établie, le prix de cession doit être majoré du montant dissimulé. En revanche, les insuffisances d'évaluation ne sont pas prises en compte.

4579 La variété des situations nécessite les **précisions** suivantes :

- si **le prix de vente est payable à terme ou par annuités échelonnées**, le prix de cession est égal au montant cumulé des versements, hors intérêts, afférents aux diverses échéances stipulées au contrat ;
- en présence d'un **échange**, le prix de cession est constitué par la valeur réelle du bien acquis en contrepartie du bien cédé, éventuellement majorée du montant de la soulte reçue ou diminuée du montant de la soulte payée ;
- en cas **d'apport en société**, le prix de cession est égal à la valeur réelle des titres représentatifs de l'apport ;
- en présence d'une **indivision**, la plus-value est imposée au nom de chaque coïndivisaire à raison de la fraction du prix de vente correspondant à ses droits dans l'indivision ;
  Les arrangements intervenus entre les coïndivisaires sur la répartition du prix de cession sont sans influence sur le calcul de la plus-value.
- si le bien est cédé contre une **rente viagère**, le prix de cession s'entend du montant de la valeur en capital de la rente (hors intérêts) majorée, le cas échéant de la fraction payée comptant. Si le bien cédé a été acquis contre une rente viagère, le prix de cession, comprenant le cas échéant les arrérages restant à courir, est celui stipulé à l'acte ;

- en présence d'un **partage**, *V. BOI-RFPI-PVI-20-10-10, 2 mars 2016, § 330 et s. et BOI-RFPI-PVI-10-40-100, 14 avr. 2014, § 80 ; V. n°4549* ;
- en présence d'une **dation en paiement** (cession de terrains contre remise d'immeubles à construire) le prix de cession est celui qui résulte de l'acte de vente quelles que soient les modalités de paiement du prix ;
- en présence d'un **immeuble construit par le cédant**, l'appréciation du délai détention (*V. n° 4588*) impose de ventiler le prix de cession entre la part revenant au terrain et la part revenant à la construction ;
- en présence d'un immeuble acquis par voie d'**accession**, le prix de cession doit être également ventilé entre la part relative au terrain acquis par le bailleur cédant et la part relative à la construction édifiée par le locataire et revenue au bailleur au terme du bail ;
- en présence d'un **démembrement de propriété**, le prix de cession du droit cédé est le prix réel stipulé à l'acte ;
  En cas de **cessions conjointes par le nu-propriétaire et l'usufruitier de leurs droits respectifs** avec répartition du prix de vente, ce dernier doit être ventilé de manière à faire apparaître distinctement le prix de cession de chacun des droits en fonction de leur valeur réelle au jour de la vente. L'Administration admet que cette ventilation puisse être opérée en appliquant le barème de l'article 669 du CGI.
- si des **meubles** sont **cédés avec l'immeuble**, leur valeur n'est pas prise en compte pour la détermination de la plus-value à condition que l'existence et la valeur de ces biens au cours de la cession soient justifiées (production de facture, inventaire des commissaires-priseurs, etc.)

2° Prix d'acquisition

4580 Acquisition à titre onéreux – Le prix acquitté par le cédant est celui stipulé dans l'acte majoré :
- des **charges et indemnités stipulées au profit du cédant** ;
- des **frais d'acquisition** retenus **soit** pour leur **montant réel** et dûment justifiés (honoraires du notaire ou du rédacteur de l'acte, commissions versées aux intermédiaires dues par l'acquéreur en vertu du mandat, des droits d'enregistrement ou de la TVA), **soit** pour un montant fixé forfaitairement à **7,5 % du prix d'acquisition** ;
  Si l'acquisition avait été soumise à la TVA, *V. BOI-RFPI-PVI-20-10-20-20, 20 déc. 2013, § 70.*
- des **dépenses de travaux** *(V. n° 4584)*.

Lorsque l'acte ne mentionne **aucun prix**, il convient de retenir la valeur vénale du bien à la date d'entrée dans le patrimoine du cédant d'après une déclaration détaillée et estimative des parties. Par ailleurs, lorsqu'une **dissimulation** de prix est établie, le prix d'acquisition doit être majoré du montant dissimulé *(CGI, art. 150 VB)*.

4581 La variété des situations nécessite les **précisions** suivantes :
- si le bien a été acquis moyennant le paiement d'une **rente viagère** le prix d'acquisition est la valeur du capital représentatif de la rente, majorée, le cas échéant, de la fraction du prix d'acquisition payée comptant ;
  Le contribuable peut substituer, sur sa demande, au capital représentatif de la rente apprécié au moment de l'acquisition, le total formé par les arrérages versés et le capital représentatif de la rente restant à verser à la date de la vente. Si le crédirentier est décédé au moment de la vente du bien, le contribuable pourra demander à ce que soit retenu comme prix d'acquisition le montant des arrérages versés majorés, le cas échéant, de la fraction du prix d'acquisition payé comptant.
- si le bien a été acquis dans le cadre d'un **échange**, soit celui-ci est intervenu à titre **pur et simple** et le prix d'acquisition est la valeur réelle du bien remis en échange, soit celui-ci est intervenu avec **soulte** et dans ce cas, si cette dernière a été payée, le prix d'acquisition est constitué par la valeur réelle du bien remis en échange à laquelle s'ajoute le montant de la soulte ; si la soulte a été reçue, le prix s'entend de la valeur réelle du bien remis, diminué du montant de la soulte ;
- si le bien a été acquis dans le cadre d'un **partage**, *V. n° 4578 et BOI-RFPI-PVI-20-10-20-10, 12 sept. 2012, § 250 à 280* ;
- si **l'immeuble a été construit par le cédant**, le prix d'acquisition s'entend des travaux de construction d'une part et du prix d'acquisition du terrain d'autre part ;
  Le prix des travaux comprend également les frais d'architecte et les taxes et participations liées à la construction. Si les travaux ne sont pas réalisés par une entreprise, ils s'entendent du prix d'achat des matériaux et le coût de la main d'œuvre à l'exclusion du travail personnel du contribuable. Est sans incidence le fait que ces travaux aient pu donner lieu à une diminution de l'assiette imposable ou à une réduction d'impôt (Périssol, Besson, Robien, Scellier...).
- si le bien a été reçu à la suite d'une **dissolution de société**, il est réputé avoir été acquis pour sa valeur réelle au jour de la publication de la clôture de la liquidation ;
  En revanche, il convient de retenir la valeur du bien à la date du partage à concurrence des droits appartenant aux co-partageants autre que l'attributaire du bien qui, du fait du partage, ont été cédés par eux à ce dernier.
- si le bien a été acquis dans le cadre d'une **vente d'immeuble à rénover**, le prix d'acquisition comprend à la fois le prix de l'existant et le coût des travaux de rénovation ;
- si l'immeuble a été acquis par voie d'**accession**, le prix d'acquisition comprend, d'une part, celui du terrain et, d'autre part, le prix des constructions reçues par le bailleur ;
  En cas de versement d'une indemnité, le prix d'acquisition du terrain est majoré soit du montant de cette indemnité soit du prix de revient des constructions s'il est supérieur.
- si l'immeuble, cédé par la société, a été acquis par voie d'**apport**, le prix d'acquisition est constitué par la valeur réelle des droits sociaux rémunérant l'apport (la valeur du bien apporté).

4582 **Acquisition à titre gratuit** – Le prix d'acquisition à titre gratuit s'entend de la valeur retenue pour la détermination des droits de mutation à titre gratuit *(CGI, art. 150 VB)*. Il correspond à la valeur vénale qui a servi de base à la liquidation des droits de mutation à titre gratuit diminuée, le cas échéant, de l'abattement de **20 %** sur la valeur vénale réelle de l'immeuble qui constituait au jour du décès la résidence principale du défunt et de sa famille.

Lorsque la succession n'a donné lieu à aucune imposition ou lorsqu'elle n'a pas été imposable en France, il convient de retenir la valeur qui figure dans l'attestation immobilière si celle-ci correspond à la valeur du bien au jour de la mutation à titre gratuit qui l'a fait entrer dans le patrimoine du cédant *(BOI-RFPI-PVI-20-10-20-10, 12 sept. 2012, § 30)*.

Si le bien a été acquis dans le cadre d'un **partage**, *V. n° **4581***.

4583 Le prix d'acquisition peut être majoré :

- des **charges en capital et indemnités** stipulées au profit du cédant ;
  Lorsque le bien a été acquis par voie de donation avec prise en charge de dettes *(CGI, art. 776 bis)* le prix d'acquisition s'entend de la valeur des biens transmis retenue pour la détermination des droits de donation, avant déduction du montant des dettes *(BOI-ENR-DMTG-20-30-10, 30 oct. 2014, § 290)*.
- des **frais d'acquisition** retenus pour leur montant réel sur justification et effectivement supportés par le cédant ;
  Il s'agit des frais d'acte et de déclaration (y compris les honoraires du notaire), des frais de timbre et de publicité foncière ainsi que des droits de mutation payés (les droits de donation supportés par le donateur ne peuvent venir majorer le prix d'acquisition du donataire).
- des **dépenses de travaux** *(V. n° **4584**)*.

4584 **Dépenses de travaux** – Les dépenses de **construction, de reconstruction, d'agrandissement ou d'amélioration** réalisées sur un immeuble viennent en majoration du prix d'acquisition *(CGI, art. 150 VB, II, 4°)* :

- soit pour leur **montant réel** ;
  Ne peuvent être pris en compte :
  - les dépenses d'entretien et de réparation ;
  - les **dépenses locatives** (peintures, papiers peints, menues réparations...) **sauf** si elles sont consécutives et **indissociables** de travaux de construction, reconstruction, d'agrandissement ou d'amélioration ;
  - les **intérêts des emprunts** contractés pour la réalisation des travaux ;
  - les **dépenses** qui ont **déjà été prises en compte pour la détermination de l'IR** (revenu global, revenus catégoriels ou qui ont été incluses dans la base d'une réduction ou d'un crédit d'impôt) **sauf** celles qui ont données lieu à une réduction d'impôt dans le cadre des régimes **Scellier**, **Censi-Bouvard** (ou LMNP) et **Demessisne** (uniquement s'il s'agit de logements acquis neufs, en l'état futur d'achèvement ou en vue de la réalisation de travaux, *V. BOI-RFPI-PVI-20-10-20-20, 20 déc. 2013, § 265*) ou, si elles ont été effectuées avant la 1re mise en location du logement, à une déduction au titre de l'amortissement (**Périssol, Besson, Robien**...) ;
  - les **travaux réalisés par le contribuable lui-même** ou par une tierce personne autre qu'une entreprise, ainsi que le **coût des matériaux achetés par le contribuable**, même si leur installation est effectuée par une entreprise *(CE, 12 oct. 2018, n° 419294)*.

  Sont en revanche **admises en majoration** :
  - les dépenses éligibles réalisées par une entreprise ;
  - les **déficits fonciers** liés à des dépenses d'amélioration qui n'ont pu être intégralement imputés *(BOI-RFPI-PVI-20-10-20-20, 20 déc. 2013, § 170)* ;
  - les **dépenses de démolition** d'une construction vétuste pour faciliter la vente de l'immeuble en tant que terrain à bâtir *(BOI-RFPI-PVI-20-10-20-20, 20 déc. 2013, § 180)* ainsi que les frais de démolition et de réalisation **de fondations sur un bien qualifié de terrain à bâtir** lors de sa vente *(CE, 30 juin 2016, n° 375547 : Dr. fisc. 2016, n° 49, comm. 634)*.

  Ces dépenses doivent avoir été effectivement supportées par le cédant et pouvoir être justifiées sur demande de l'Administration.
- soit **forfaitairement**, pour un montant de **15 %** du prix d'acquisition (d'un immeuble bâti uniquement), à la condition que le contribuable cède l'immeuble plus de **5 ans** après son acquisition.

Il n'y a pas lieu d'établir la réalité des travaux ou leur montant ni même à rechercher si ces dépenses ont déjà été prises en compte pour l'assiette de l'IR.

En pratique Lorsque le contribuable détient l'immeuble depuis **plus de 5 ans** et qu'il est dans l'impossibilité de justifier de travaux d'un moment supérieur au forfait ou qu'il n'a pas réalisé de travaux, il aura tout intérêt à demander l'application du forfait de 15 %. À noter que s'il demande également l'application du forfait de 7,5 % pour frais d'acquisition, **la plus-value, avant abattement pour délai de détention, se trouvera d'ores et déjà réduite de 22,5 %.**

4585 **Frais de voirie, réseaux et distribution** – Les frais de voirie, réseaux et distribution exposés sur des **terrains à bâtir** viennent en majoration du prix d'acquisition *(CGI, art. 150 VB, II, 5°)*.

Sur la prise en compte de frais de démolition et de début de construction, *V. n° **4584***.

4586 **Cas particulier de l'immeuble démembré**

Situation		Prix d'acquisition
Cession isolée de l'usufruit ou de la nue-propriété	Usufruit ou nue-propriété acquis isolément	Valeur d'acquisition de l'usufruit ou de la nue-propriété cédée [1]
	Bien acquis en pleine propriété	Fraction de la valeur d'acquisition de la pleine propriété afférente au droit cédé [2]
Cession de la pleine propriété d'un bien dont l'usufruit et la nue-propriété appartiennent à deux personnes différentes		Détermination de 2 plus-values. Le prix d'acquisition à retenir est celui du droit cédé pour chaque cédant

Situation		Prix d'acquisition
Cession de la pleine propriété après réunion de l'usufruit à la nue-propriété	Usufruit et nue-propriété tous deux acquis soit à titre gratuit soit à titre onéreux	Valeur d'acquisition de l'usufruit + valeur d'acquisition de la nue-propriété [1]
	Nue-propriété acquise à titre gratuit et usufruit acquis à titre onéreux	Valeur vénale de la nue-propriété retenue dans l'acte de donation ou la succession + prix d'acquisition de l'usufruit
	Nue-propriété acquise à titre onéreux et usufruit par voie d'extinction	Valeur vénale de l'usufruit et de la nue-propriété à la date d'entrée de la nue-propriété dans le patrimoine du cédant

(1) Prix stipulé dans l'acte d'achat ou valeur vénale retenue dans l'acte de donation ou à la succession. Si le démembrement résulte d'une succession antérieure à 2004 nécessité de retraiter la valeur d'acquisition du droit en application du barème de l'article 669 du CGI en retenant l'âge de l'usufruitier au jour de la cession.

(2) Obligatoirement déterminée en application du barème de l'article 669 du CGI *(CGI, ann. II, art. 74 SE)*.

II. Calcul de la plus-value imposable

1° Absence de prise en compte des moins-values

4587 Le principe est celui de la non-imputation des moins-values immobilières sur les plus-values de même nature, sauf en cas *(CGI, art. 150 VD)* :

- de **vente en bloc d'un immeuble acquis par fractions successives** constatée par le même acte et entre les mêmes parties ;
  Sont concernées les ventes en bloc d'un immeuble acquis par parts indivises successives, d'un immeuble dont le propriétaire a acquis successivement les droits démembrés (ou des parts indivises sur ces droits), d'un immeuble provenant de la fusion de deux unités d'habitation acquises à des dates différentes.
  La ou les moins-values brutes réduites de l'abattement pour délai de détention s'imputent sur la ou les plus-values brutes corrigées également dudit abattement. En cas de résultat négatif, la moins-value n'est pas imputable.
- ou d'imposition consécutive à la **fusion de société civile de placements immobiliers** *(V. BOI-RFPI-PVI-20-20, 24 août 2018, § 170 et s.)*.

2° Abattement pour durée de détention

4588 La plus-value brute réalisée sur les biens, droits immobiliers ou part de sociétés de personnes à prépondérance immobilière est réduite d'un abattement pour chaque année de détention au-delà de la **5e** *(CGI, art. 150 VC, I et CSS, art. L.136-7, VI)*.

Les délais de possession doivent être calculés par périodes de **12 mois** depuis la date d'acquisition jusqu'à la date de cession. **Le point de départ du délai de détention diffère selon la nature de l'acquisition** : pour plus de détails *V. BOI-RFPI-PVI-20-20, 10 avr. 2015, § 40.*

4589 Le taux et la cadence de l'abattement pour délai de détention diffèrent selon qu'il s'agit de déterminer l'assiette imposable à l'IR ou aux prélèvements sociaux :

- pour **l'IR**, l'abattement pour durée de détention est de :
  - **6 %** pour chaque année de détention au-delà de la **5e** et jusqu'à **21e** ;
  - **4 %** au terme de la **22e** année de détention.

  L'exonération d'impôt sur le revenu est acquise au-delà d'un délai de détention de **22 ans.**
- pour **les prélèvements sociaux**, l'abattement pour durée de détention est de :
  - **1,65 %** pour chaque année de détention au-delà de la **5e** et jusqu'à **21e** ;
  - **1,60 %** pour la **22e** année de détention ;
  - **9 %** pour chaque année au-delà de la **22e**.

L'exonération des prélèvements sociaux est acquise au-delà d'un délai de détention de **30 ans.**

3° Abattements exceptionnels de 25 % ou 30 % pour l'immobilier bâti

4590 Les plus-values résultant de la **cession d'immeubles bâtis** (ou de droits portant sur ces biens) **destinés à la démolition en vue de la reconstruction de logements** sont déterminées après application d'un abattement exceptionnel de :

- 25 % pour les cessions réalisées entre le 1er janvier 2015 et le 31 décembre 2016, à condition qu'elles aient été engagées par une promesse de vente ayant acquis date certaine au plus tard le 31 décembre 2014 *(L. n° 2013-1278, 29 déc. 2013, art. 27, III et IV)* ;
- 30 % pour les cessions réalisées entre le 1er janvier 2015 et le 31 décembre 2017, à condition qu'elles aient été engagées par une promesse de vente ayant acquis date certaine entre le 1er janvier et le 31 décembre 2015 *(L. n° 2014-1654, 29 déc. 2014, art. 4, III)*.

4591 Cet abattement est réservé aux cessions de **biens situés dans des communes appartenant à une zone d'urbanisation continue de plus de 50 000 habitants** où existe un déséquilibre marqué entre l'offre et la demande de logements entraînant des difficultés sérieuses d'accès au logement.

4592 Le cessionnaire doit s'engager à démolir la ou les constructions existantes en vue de la **reconstruction de logements représentant une surface de plancher au moins égale à 90 %** de la surface de plancher maximale autorisée par le PLU ou le POS, dans un délai de 4 ans à compter de la date d'acquisition.

Sur les conséquences du non-respect de son engagement par le cessionnaire, *V. BOI-RFPI-PVI-20-20,10 avr. 2015, § 330 et s.*

4593 L'abattement **ne s'applique pas** aux cessions réalisées **au profit de personnes liées**.

Sont visés :

- le conjoint, le partenaire de PACS, le concubin notoire, les ascendants ou descendants du cédant ou de l'une ou de plusieurs de ces personnes ;
- les personnes morales dont le cédant, son conjoint, son partenaire de PACS, son concubin notoire, un ascendant ou descendant de l'une ou de plusieurs de ces personnes est un associé ou le devient à l'occasion de cette cession.

4594 Il **s'applique, après prise en compte de l'abattement pour durée de détention**, pour la détermination de l'assiette imposable à l'IR, des prélèvements sociaux et de la taxe sur les plus-values immobilières élevées *(V. n° **4608**)*.

4° Abattement exceptionnel de 30 % pour les terrains à bâtir

4595 Les plus-values de cession de terrains à bâtir (ou de droits s'y rapportant) bénéficient d'un abattement de 30 % à la **double condition** que la cession :

- soit précédée d'une promesse de vente ayant acquis date certaine entre le 1er septembre 2014 et le 31 décembre 2015 ;
- soit réalisée au plus tard le 31 décembre de la deuxième année suivant celle au cours de laquelle la promesse de vente a acquis date certaine (soit au plus tard le 31 décembre 2017) *(L. n° 2014-1654, 29 déc. 2014, art. 4, II)*.

4596 La cession ne doit pas être réalisée au profit d'une personne liée *(V. n° **4593**)* et l'abattement s'applique selon les mêmes modalités que celles visées plus haut *(V. n° **4594**)*.

5° Abattement exceptionnel pour les immeubles dans les zones tendues

4597 Les plus-values de cession de **terrains à bâtir**, **d'immeubles bâtis**, ou de droits relatifs à ces mêmes biens, bénéficient d'un **abattement exceptionnel de 70 ou 85 %** lorsque :

- ceux-ci sont situés des zones géographiques se caractérisant par un déséquilibre particulièrement important entre l'offre et la demande de logements ;
  Il s'agit des communes classées dans les zones A bis et A définies à l'article R. 304-1 du Code de la construction et de l'habitation.
- la cession est précédée d'une promesse de vente ayant date certaine à compter du 1er janvier 2018 et au plus tard le 31 décembre 2020, puis réalisée au plus tard le 31 décembre de la deuxième année suivant celle au cours de laquelle la promesse a acquis date certaine ;
- le cessionnaire **s'engage à construire**, dans un délai de 4 ans à compter de la date d'acquisition, un ou plusieurs bâtiments d'habitation collectifs dont le gabarit est au moins égal à 75 % du gabarit maximal autorisé par le PLU ou le POS *(L. fin. rect. 2017, n° 2017-1775, 28 déc. 2017, art. 28, II ; BOI-RFPI-PVI-20-20, 24 août 2018, § 190 et s)*.
  En cas d'acquisition d'immeubles bâtis, l'engagement doit en outre prévoir la démolition de la ou des constructions existantes.

Remarque L'abattement exceptionnel s'applique aux plus-values réalisées par :

- les personnes physiques ;
- les sociétés de personnes imposées à l'IR ;
- les sociétés transparentes de l'article 1655 ter du CGI ;
- les contribuables non-résidents assujettis à l'IR *(BOI-RFPI-PVI-20-20, 24 août 2018, § 220)*.

4598 Le taux de l'abattement exceptionnel est de :

- **70 %** en principe ;
- **85 % lorsque le cessionnaire s'engage à réaliser et à achever des logements sociaux** *(CCH, art. L. 351-2, 3° et 5°)* **ou intermédiaires** *(CCH, art. L. 302-16)* dont la surface habitable représente au moins 50 % de la surface totale des constructions mentionnées sur le permis de construire du programme immobilier.

4599 La cession ne doit pas être réalisée au profit d'une personne liée *(V. n° **4593**)* et l'abattement s'applique selon les mêmes modalités que celles visées plus haut *(V. n° **4594**)*.

4600 En cas de manquement à ces engagements, le cessionnaire est redevable d'une **amende égale à 10 % du prix de cession** mentionné dans l'acte.

En cas de **fusion de sociétés**, l'engagement n'est pas rompu lorsque la société absorbante s'engage, dans l'acte de fusion, à se substituer à la société absorbée pour le respect de l'engagement dans le délai restant à courir. Le non-respect de cet engagement par la société absorbante entraîne l'application de l'amende à cette société.

III. Cas particulier : titres de sociétés de personnes

1° Détermination de la plus-value

4601 La plus-value est calculée par différence entre le prix de cession et le prix d'acquisition des titres augmenté de certains frais *(CGI, art. 150 V)*.

Concernant les règles applicables en présence d'opérations d'échanges de titres, *V. n° **4541** et s.*

4602 Prix de cession – Il s'agit du prix réel tel qu'il est stipulé dans l'acte.

Ce prix est majoré des charges en capital et indemnités prévues au profit du vendeur et réduit du montant de certains frais supportés par le vendeur à l'occasion de la cession *(CGI, art. 150 VA)*. Lorsqu'une dissimulation de prix est établie, le prix porté dans l'acte doit être majoré de cette dissimulation.

4603 Prix d'acquisition – Le prix d'acquisition est le prix effectivement acquitté par le cédant, tel qu'il a été stipulé dans l'acte. En cas d'acquisition à titre gratuit, le prix d'acquisition s'entend de la valeur retenue pour la détermination des droits de mutation à titre gratuit *(CGI, art. 150 VB)* majoré des frais d'acquisition, qui ne peuvent être pris en compte que pour leur montant réel *(CGI, art. 150 VB, II, 3°)*.

4604 Néanmoins, afin de tenir compte des modalités spécifiques d'imposition des sociétés de personnes, le prix d'acquisition est susceptible de faire l'objet d'un retraitement *(CE, 9 mars 2005, n° 248825 : Dr. fisc. 2006, n° 10, comm. 223)*.

Afin d'éviter que la plus-value exonérée au niveau de la société ne se retrouve taxée entre les mains de l'associé cédant, le prix d'acquisition des parts sociales doit être majoré de la quote-part lui revenant des plus-values immobilières non imposables réalisées par la société *(CE, 8 nov. 2017, n° 389990 : Dr. fisc. 2018, n° 27, comm. 320)*.

2° Calcul de la plus-value imposable

4605 Prise en compte des moins-values – La moins-value brute réalisée sur la cession de parts n'est pas prise en compte *(CGI, art. 150 VD)*. Toutefois, en cas de **cession en bloc de tout ou partie des parts** d'une même société à prépondérance immobilière détenues par un contribuable, il est admis que la ou les moins-values brutes, réduites de l'abattement pour durée de détention, s'imputent sur la ou les plus-values réalisées sur les autres parts de la même société à prépondérance immobilière et par le même contribuable.

La circonstance que la cession soit réalisée auprès d'acquéreurs distincts ne fait pas obstacle au bénéfice de cette mesure de tempérament, toutes conditions étant par ailleurs remplies.

4606 Abattement pour délai de détention – Lorsque la vente porte sur des titres détenus depuis plus de 5 ans, la plus-value est diminuée de l'abattement pour durée de détention *(CGI, art. 150 VC)*.

Les délais de possession sont décomptés à partir de la date exacte d'acquisition et si le vendeur ne peut en justifier, les titres sont réputés avoir été acquis depuis moins de 5 ans. Lorsque des titres de même nature ont été acquis à des dates différentes mais que la date d'acquisition de chacun d'eux ne peut être déterminée, il convient de répartir le nombre de titres cédés au cours d'une même année, au prorata du nombre de titres de même nature acquis aux diverses dates d'acquisition. Par ailleurs, en présence de :

- titres souscrits à la **constitution d'une société**, la date d'acquisition est celle de la souscription au capital quand bien même les titres sont libérés ultérieurement ;
- titres acquis par voie de **distribution gratuite à la suite d'une augmentation de capital par incorporation de réserves ou de primes**, la durée de possession se décompte à partir de la date d'acquisition des droits initiaux et non de celle de l'attribution gratuite ;
- titres attribués à l'occasion d'une **augmentation de capital en contrepartie de l'apport de droits sociaux**, la durée de détention des titres reçus doit être décomptée à partir de leur date d'entrée effective dans le patrimoine de l'associé, c'est-à-dire la date à laquelle l'apport a été effectué *(Rép. min. n° 56411, JOAN Q 12 avr. 2005, p. 3791)* ;
- **titres de sociétés transparentes** *(CGI, art. 1655 ter)*, le délai de détention est décompté à partir de la date d'acquisition ou de souscription des titres.

4607 Abattements exceptionnels – L'abattement exceptionnel de 75 % ou de 85 % *(V. n° **4597**)* ne bénéficie pas aux cessions de titres de SCI *(BOI-RFPI-SPI-20, 24 août 2018, § 1)*.

Pour aller plus loin

- JCl. Fiscal Impôts directs Traité, fasc. 1001 (Impôt sur le revenu. – Revenu global. – Imputation et report des déficits)
- JCl. Fiscalité immobilière, fasc. 375 (Calcul de la plus-value brute. – Prix de cession à retenir)
- JCl. Fiscalité immobilière, fasc. 377 (Prix d'acquisition ou valeur vénale)
- JCl. Fiscalité immobilière, fasc. 380 (Calcul de la plus-value imposable. – Abattements. Moins-value)
- JCl. Fiscalité immobilière, fasc. 382 (Plus-values réalisées à compter du 1er janvier 2004 (CGI, art. 150 U à 150 VH) – Modalités d'imposition – Calcul de l'impôt – Exemple chiffré)

Calcul des impositions fiscales et sociales

Sources

CGI, art. 150 VF, III ; art. 200 B ; art. 244 bis A ; art. 1609 nonies G
CGI, ann. II, art. 74 SA

BOI-RFPI-PVI, 12 sept. 2012
BOI-RFPI-PVINR-20, 1er juill. 2015
BOI-RFPI-TPVIE, 6 août 2013

4608 Les plus-values immobilières sont passibles :
- de l'impôt sur le revenu au taux proportionnel de 19 % lorsqu'elles sont réalisées par des personnes physiques et des sociétés de personnes à prépondérance immobilière, domiciliées en France *(V. n° 4609)* ;
- d'un prélèvement spécial fixé à un taux de 19 % ou 31 % selon les cas, pour les non-résidents *(V. n° 4611)* ;
- de la taxe sur les plus-values élevées *(V. n° 4616)* ;
- des prélèvements sociaux en principe au taux de 17,2 %.

À compter du 1er janvier 2019, les non-résidents qui ne sont pas à la charge du régime obligatoire de la sécurité sociale française mais qui sont affiliés à un régime obligatoire de sécurité sociale d'un autre État de l'UE, de l'EEE ou de la Suisse sont exonérés de CSG et de CRDS et ne sont soumis qu'au prélèvement de solidarité au taux de 7,5 % *(CGI, art. 235 ter nouveau)*.

Dernières *actualités*

■ **Incidence de la baisse du taux de l'impôt sur les sociétés sur celui du prélèvement appliqué aux non- résidents** *(V. n° 4613)*.

I. Calcul de l'impôt sur le revenu

4609 **Fait générateur** – Le fait générateur de l'imposition est constitué par la cession à titre onéreux du bien ou droit qui correspond à la date du transfert de propriété *(V. n° 4532)*.

La cession intervient à la date de l'acte authentique ou de la signature de la promesse synallagmatique de vente. Lorsqu'une vente est réalisée sous **condition suspensive**, la plus-value est déterminée et déclarée l'année de réalisation de la condition *(CGI, ann. II, art. 74 SA)*. Par ailleurs, dans le cadre d'une **action en rescision pour lésion** de la vente, si l'acquéreur choisit de conserver le bien en payant le « supplément du juste prix », ce dernier est imposé au titre de l'année de cession et non au titre de celle de la perception du supplément *(CE, 9 nov. 2015, n° 371571 ; Dr. fisc. 2016, n° 6, comm. 156)*.

4610 **Taux d'imposition** – Les plus-values sont imposées au taux proportionnel de **19 %** *(CGI, art. 200 B)*.

Lorsque la cession est réalisée par une personne physique et porte sur un **peuplement forestier**, l'impôt afférent à la plus-value est diminué d'un abattement de **10 € par année** de détention et par hectare cédé *(CGI, art. 150 VF, III)*. Il est admis que cet abattement s'applique sur l'ensemble de la plus-value réalisée lors de la cession du terrain à usage de bois et forêts (terres et peuplements forestiers). Le délai de possession doit être calculé par période de **12 mois** depuis la date d'acquisition jusqu'à la date de cession du terrain à usage forestier sur lequel sont situés les peuplements forestiers. Cet abattement n'est pas applicable au montant des prélèvements sociaux *(BOI-RFPI-PVI-30-30-10, 6 août 2013, § 20)*.

II. Calcul du prélèvement afférent à la plus-value réalisée par un contribuable domicilié hors de France

4611 **Assiette du prélèvement** – Lorsque le prélèvement est dû par des contribuables **assujettis à l'impôt sur le revenu** (personnes physiques ou sociétés de personnes), les modalités de détermination de la plus-value réalisée par les contribuables domiciliés en France sont applicables aux plus-values réalisées par les non-résidents, qu'ils soient ou non ressortissants de l'UE *(V. n° 4542 et n° 4575)*.

Les honoraires de représentation fiscale viennent en diminution du prix de cession pour le calcul de la plus-value brute *(BOI-RFPI-PVINR-20-10, 24 août 2018, § 30)*. En outre, les plus-values d'échange de titres sont susceptibles de bénéficier du sursis d'imposition *(V. n°4523)*.

4612 Lorsque le prélèvement est dû par une **personne morale à l'IS**, l'assiette taxable diffère selon son lieu de résidence :
- si la personne morale est établie dans un État de l'UE ou de l'EEE, les règles d'assiette sont les mêmes que celles prévues en matière d'IS pour des personnes morales résidentes de France ;
- si la personne morale est établie dans un État tiers, la plus-value est déterminée par différence entre, d'une par le prix de cession du bien et, d'autre part, son prix d'acquisition diminué, pour les immeubles bâtis, d'une somme égale à 2 % de son montant par année entière de détention *(CGI, art. 244 bis A, III ; BOI-RFPI-PVINR-20-10, 24 août 2018, § 50 et s.)*.

4613 Taux du prélèvement – Le taux d'imposition est de **19 %** pour les plus-values réalisées par :
- les personnes physiques, les associés personnes physiques de sociétés de personnes françaises, les porteurs de parts de FPI *(CGI, art. 244 bis A, III bis)* ;
  Il peut s'agir d'un fonds français ou d'un organisme de droit étranger ayant un objet équivalent et une forme similaire aux FPI français.
- les personnes morales résidentes de l'UE ou de l'EEE pour les plus-values qui auraient pu bénéficier du taux réduit de l'IS à 19 % si elles avaient été réalisées par une personne morale résidente de France *(CGI, art. 244 bis A, III)*.
  Exemple des plus-values de cession de titres de participation au sein de sociétés à prépondérance immobilière cotées *(CGI, art. 219, I, a)*.

Il est de **31 %** dans toutes les autres situations.
Corrélativement à la baisse de l'IS, ce taux sera ramené à 28 % en 2020, 26,5 % en 2021 puis à 25 % à partir de 2022 *(L. n° 2017-1837, 30 déc. 2017, art. 84 ; Dr. fisc. 2018, n° 1, comm. 35 ; D.O Actualité 1/2018, n° 35)*.

4614 Caractère libératoire ou imputation du prélèvement – Lorsque le cédant est **assujetti à l'IR**, le prélèvement est libératoire de cet impôt.

4615 Lorsque le cédant est **assujetti à l'IS**, le prélèvement s'impute sur le montant de cet impôt dû en France au titre de l'exercice fiscal de la réalisation de la plus-value à raison de l'ensemble des produits dont l'imposition est réservée à la France par les conventions fiscales internationales.
Si le prélèvement excède l'impôt dû, l'excédent est restitué aux seules sociétés résidentes de l'UE ou de l'EEE.

III. Taxe sur les plus-values immobilières élevées

4616 Lorsque le montant de la plus-value immobilière (y compris celles réalisées sur les cessions de parts de sociétés ou groupements à prépondérance immobilière ou de parts de FPI) réalisée par une personne physique, une société ou groupement qui relèvent de l'IR ou un non-résident assujetti à l'IR **est supérieur à 50 000 €**, elle est soumise à une taxe spécifique *(CGI, art. 1609 nonies G ; BOI-RFPI-TPVIE, 6 août 2013)*.
Cette taxe **ne s'applique pas** :
- aux plus-values réalisées lors de la cession de **terrains à bâtir** ou de droits s'y rapportant ;
- aux **plus-values exonérées** (résidence principale, délai de détention...).

4617 Lorsque la **cession est réalisée conjointement** par des indivisaires, des concubins, un couple marié (cédant un bien de communauté), des partenaires de PACS, l'appréciation du seuil de 50 000 € s'effectue individuellement au niveau de la quote-part de la plus-value totale revenant à chacun.

4618 Si la cession est réalisée par une **personne morale soumise à l'IR**, c'est à son niveau que doit s'apprécier le seuil de 50 000 €. Toutefois, il est admis que ce seuil soit apprécié au regard de la plus-value imposable correspondant aux droits des seuls associés redevables de l'IR *(BOI-RFPI-TPVIE-20, 24 août 2018, § 60)*.
Il n'est donc pas tenu compte de la quote-part de plus-value revenant à des associés soumis à l'IS ou à des personnes physiques qui bénéficient d'une exonération liée à la cession de la résidence principale ou à la cession d'un logement en vue de l'acquisition de celle-ci.

4619 Cette taxe est **assise sur le montant imposable des plus-values** déterminé dans les conditions de droit commun en matière d'IR.
Son assiette tient donc compte des différents abattements applicables (délai de détention, abattement exceptionnel de 70 ou 85 %).

4620 La plus-value imposable est **soumise**, dans sa totalité et **dès le premier euro**, au **barème** suivant :

Montant de la plus-value imposable (PV)	Montant de la taxe
De 50 001 à 60 000	2 % PV – (60 000 – PV) × 1/20
De 60 001 à 100 000	2 % PV
De 100 001 à 110 000	3 % PV – (110 000 – PV) × 1/10

FISCALITÉ

Montant de la plus-value imposable (PV)	Montant de la taxe
De 110 001 à 150 000	3 % PV
De 150 001 à 160 000	4 % PV – (160 000 – PV) × 15/100
De 160 001 à 200 000	4 % PV
De 200 001 à 210 000	5 % PV – (210 000 – PV) × 20/100
De 210 001 à 250 000	5 % PV
De 250 001 à 260 000	6 % PV – (260 000 – PV) × 25/100
Supérieur à 260 000	6 % PV

La taxe due par le cédant est exigible lors de la cession. Elle est versée lors du dépôt, selon le cas, de la déclaration n° 2048-IMM ou de la déclaration n° 2048-M. Elle est contrôlée sous les mêmes garanties et sanctions qu'en matière d'IR.

La taxe due par les non-résidents est acquittée, le cas échéant, sous la responsabilité d'un représentant fiscal *(V. n°**4621**)*.

Pour aller plus loin

- JCl. Fiscalité immobilière, fasc. 382 (Calcul de l'impôt. - exemple chiffré)
- JCl. Fiscalité immobilière, fasc. 382-10 (Taxe sur les plus-values immobilières supérieures à 50 000 €)
- JCl. Fiscalité immobilière, fasc. 395 (Régime d'imposition applicable aux contribuables non domiciliés en France (CGI, art. 244 bis A)

Déclaration et paiement

Sources

CGI, art. 150 VG ; art. 150 VH ; art. 244 bis A
CGI, ann. II, art. 74 SH à 74 SJ ; art. 171 quater
BOI-RFPI-PVI-30-40, 24 févr. 2014
BOI-RFPI-SPI-40, 12 sept. 2012
BOI-RFPI-PVINR-30, 24 juin 2013

4621 L'impôt sur le revenu afférent à la plus-value réalisée lors de la cession d'un immeuble ou de droits relatifs à un immeuble est, en principe, déclaré et payé à la conservation des hypothèques en utilisant l'imprimé n° 2048 IMM-SD ou n° 2048-TAB-SD pour les cessions de terrains à bâtir *(V. n° **4622**)*. Lorsque la cession porte sur des titres de sociétés à prépondérance immobilière l'impôt est, en principe, déclaré et payé à la recette des impôts en utilisant l'imprimé n° 2048 M *(V. n° **4628**)*. Certains non-résidents doivent désigner un représentant fiscal accrédité *(V. n° **4632**)*.

Les prélèvements sociaux sont versés en même temps que l'impôt de plus-value tant pour les résidents que pour les non-résidents.

Dernières *actualités*

- Modification des formalités déclaratives des non-résidents *(V. n° **4632**)*

I. Plus-values immobilières

4622 Déclaration et paiement – Les plus-values immobilières doivent être **déclarées** au moyen du formulaire **n° 2048-IMM-SD** ou **2048-TAB-SD** s'il s'agit d'un terrain à bâtir, et l'impôt sur le revenu correspondant **payé** en principe au service de publicité foncière du lieu de situation de l'immeuble *(CGI, art. 150 VG et 150 VH)*. Toutefois, les obligations déclaratives et de paiement varient en fonction de la nature de l'acte qui constate la cession :

- en présence d'un **acte notarié**, la déclaration, accompagnée du paiement de l'impôt, doit être déposée par le notaire, en un seul exemplaire dans le délai d'un mois (2 mois en cas d'adjudication) à compter de l'acte, **au service de la publicité foncière** du lieu de situation de l'immeuble. **Toutefois**, la déclaration doit être déposée au **service des impôts** dont relève le domicile du vendeur :
  - lorsque l'impôt afférent à la plus-value ne peut être intégralement acquitté en raison de créances primant le privilège du Trésor ;
  - lorsque la cession est constatée au profit d'une collectivité publique (l'impôt est versé par le notaire dès la mise à disposition des fonds par la collectivité).

  Pour les cessions de biens situés en **Alsace-Moselle**, la déclaration est remise lors de la présentation à l'enregistrement.
- en présence d'une **ordonnance judiciaire**, la déclaration, accompagnée du paiement de l'impôt, doit être déposée par le vendeur au service des impôts de son domicile dans le délai d'un mois à compter de la date du versement du prix de cession.
- en présence d'un **acte passé en la forme administrative** (ex : expropriation), la déclaration est remise à la collectivité publique cessionnaire avant la publication de l'acte puis, le comptable de la DGFiP, au vu de la déclaration transmise par la collectivité publique, paye l'impôt au service des impôts du domicile du vendeur.

4623 La déclaration doit être **signée par le cédant** (ou le gérant de la société qui cède) **ou** par son **mandataire** *(CGI, ann. II, art. 74 SH)*.

Le mandat doit figurer dans l'acte de cession ou être joint à l'appui de la déclaration

4624 Les pièces justificatives afférentes aux frais et charges venant en diminution du prix de cession ou en majoration du prix d'acquisition ou justifiant du remploi de l'indemnité en cas d'expropriation, **sont fournies** par le contribuable **uniquement sur demande de l'Administration** *(CGI, ann. II, art. 74 SI)*.

4625 Aucune déclaration ne doit être déposée **lorsque la plus-value est exonérée** (exonération expresse ou application de l'abattement pour durée de détention) ou lorsque la cession ne donne pas lieu à une imposition (plus-value nulle ou moins-value).

4626 Le **montant net des plus-values imposables**, comprises dans le revenu fiscal de référence, doit être **reporté** sur la déclaration d'ensemble des revenus **n° 2042.** Tout manquement à cette obligation déclarative est sanctionné par l'application d'une amende égale à **5 %** des sommes non déclarées, dans les limites de **150 €** et de **1 500 €**. Ces montants sont réduits respectivement à **75 €** et **750 €** lorsqu'aucune infraction n'a été commise au cours des **3 années** précédentes.

Les plus-values exonérées ne sont pas concernées par cette obligation, sauf celles relative à la première cession d'un logement par un contribuable qui n'est pas propriétaire de sa résidence principale *(CGI, art. 150 U, II, 1° bis)* qui sont assorties d'une obligation déclarative spécifique (sans pour autant qu'elles soient prises en compte dans le revenu fiscal de référence). Pour les plus-values réalisées par des sociétés non transparentes relevant du régime des sociétés de personnes, chaque **associé** personne physique doit reporter sur sa déclaration n° 2042 la plus-value nette imposable au prorata des parts et droits sociaux dans ladite société.

4627 Mentions obligatoires à porter dans l'acte de vente – Sous peine de refus de dépôt ou de la formalité d'enregistrement,

➤ l'acte doit comporter *(CGI, ann. II, art. 74 SJ ; CGI, art. 150 VG, III)* :
- l'adresse du service des impôts ou, le cas échéant, l'adresse du service des impôts du cédant *(V. n° **4622**)* ;
- le prix de cession de chacun des biens ;
- le prix d'acquisition du bien, ou s'il s'agit d'une acquisition à titre gratuit, le nom du précédent propriétaire, son domicile et éventuellement la date de son décès ;
- en cas de dispense de déclaration de plus-value, la nature et le fondement de l'exonération ou de l'absence de taxation ;

  Il existe des mentions particulières à porter dans l'acte si le bénéfice de l'exonération d'un premier logement autre que la résidence principale est demandé *(V. n° **4549**)*.

➤ et selon les cas :
- la mention du lieu où le notaire rédacteur de l'acte dépose la déclaration ;
- la mention que l'impôt sur le revenu afférent à la plus-value ne peut être intégralement acquitté ou que la cession est constatée au profit d'une collectivité publique.

II. Plus-values de cession de titres de sociétés à prépondérance immobilière

4628 Déclaration et paiement – La plus-value est déclarée, accompagnée du paiement, dans le mois de la cession, sur le formulaire **n° 2048-M-SD** déposé lors de l'accomplissement de cette formalité au service des impôts des entreprises (SIE) dans le ressort duquel le notaire rédacteur de l'acte réside ou, dans les autres cas, au SIE du domicile de l'une des parties contractantes. Cette déclaration est remise sous peine de refus de la formalité de l'enregistrement.

Cette déclaration, signée par le cédant ou par son mandataire, doit être déposée par le contribuable en double exemplaire pour chaque opération de cession de titres d'une même société.

4629 Aucune déclaration ne doit être déposée lorsque la plus-value est exonérée par une exonération expresse ou par l'effet de l'abattement pour durée de détention, ou lorsque la cession ne donne lieu à aucune imposition.

4630 Le **montant net des plus-values imposables** doit être **reporté** sur la déclaration d'ensemble des revenus n° 2042.

4631 Mentions obligatoires à porter dans l'acte – L'acte de cession présenté à l'enregistrement doit préciser, sous peine de refus de la formalité *(CGI, ann. II, art. 74 SJ ; CGI, art. 150 VG, III)* :
- l'adresse du service des impôts dont le cédant dépend pour la déclaration de ses revenus ou bénéfices ;
- le prix de cession de chacun des titres ;
- le prix d'acquisition des titres, ou s'il s'agit d'une acquisition à titre gratuit, du nom du précédent propriétaire, de son domicile et, éventuellement, de la date de son décès ;
- en cas de dispense de déclaration, la nature et le fondement de l'exonération ou de l'absence de taxation.

III. Plus-values immobilières des non-résidents

4632 Une déclaration **n° 2048-IMM-SD, n° 2048-TAB-SD ou n° 2048-M-SD** doit être déposée auprès du service compétent, accompagnée, s'il y a lieu, du paiement du prélèvement et, le cas échéant, des prélèvements sociaux.

Sur les mentions obligatoires à porter dans la déclaration et dans l'acte, *V. BOI-RFPI-PVINR-30-30, 1er juill. 2015, § 10 et 50.*

Les personnes physiques sont dispensées de produire une déclaration en cas de cession portant sur un bien exonéré par l'effet de l'abattement pour durée de détention, d'un prix de cession inférieur ou égal à **15 000 €** ou du bénéfice de l'exonération totale pour cession d'une résidence principale *(V. n° **4558**)*.

Attention **Du fait de la dispense du dépôt d'une déclaration en présence d'une exonération, l'acte de cession doit préciser la nature et le fondement des exonérations ou de l'absence de taxation, sous peine de refus du dépôt ou de la formalité d'enregistrement** ***(CGI, art. 244 bis A, II, 2° modifié L. fin., n° 2018-1317, 28 déc 2018, art. 43, I, B, 2°, b) ; Dr. fisc. 2019, n° 3, comm. 73 ; V. D.O Actualité 3/2019, n° 18, § 10).***

4633 Lorsque le cédant est domicilié, établi ou constitué hors d'un État de l'UE, de l'Islande ou de la Norvège, la déclaration doit comporter la désignation d'un **représentant fiscal** accrédité (l'acquéreur domicilié fiscalement en France, une banque ou un établissement de crédit exerçant leur activité en France ou toute personne accréditée ponctuellement ou de manière permanente par l'administration) dont la mission est d'accomplir les formalités et payer l'impôt en lieu et place du cédant *(CGI, art. 244 bis A, IV ; CGI, ann. II, art. 171 quater)*.

Lorsque le cédant est une société relevant du régime des sociétés de personnes, l'obligation d'une telle désignation s'apprécie au regard de la situation de chacun des associés. Par ailleurs, l'administration accorde une dispense de désignation d'un représentant fiscal lorsque le prix de cession de l'immeuble est inférieur ou égal à 150 000 € ou si la plus-value est totalement exonérée (impôt sur le revenu et prélèvements sociaux) compte tenu de la durée de détention du bien *(BOI-RFPI-PVINR-30-20, 6 juin 2018, § 180 et s. et 220)*.

Pour aller plus loin

- JCl. Fiscalité immobilière, fasc. 385 (Obligations déclaratives et de paiement. - Cession d'immeubles. Cession de parts. - Cession réalisée par une société)
- Fiscalité immobilière, fasc. 395 (Contribuables non domiciliés en France)
- Fiscalité immobilière, fasc. 947 (Déclarations fiscales. - Personnes domiciliées en France. - Formules)
- Fiscalité immobilière, fasc. 948 (Déclarations fiscales. - Personnes domiciliées hors de France)

Taxes sur la cession d'un terrain nu devenu constructible

Sources

CGI, art. 1529 ; art. 1605 nonies

BOI-RFPI-TDC, 23 déc. 2013

4634 Il existe deux taxes sur les cessions de terrains nus devenus constructibles :
- une **taxe de niveau local**, instituée par les communes ou les établissements publics de coopération intercommunale (EPCI) *(V. n° **4635** ; BOI-RFPI-TDC-10, 22 juin 2016)* ;
- une **taxe de niveau national** *(V. n° **4648** ; BOI-RFPI-TDC-20, 10 févr. 2015)*.

IMPORTANT Ces deux taxes peuvent se cumuler.

Dernières *actualités*

■ **Exclusion de la taxe locale sur la cession d'un terrain nu devenu constructible en cas de démembrement de propriété** *(V. n° 4635)*.
■ **Exclusion de l'exonération prévue pour les terrains constituant la dépendance immédiate et nécessaire de l'habitation principale dans le cas d'un terrain à bâtir** *(V. n° 4640)*.

I. Taxe de niveau local

1° Champ d'application

4635 Opérations imposables – Les opérations imposables sont les cessions de terrains réalisées à titre onéreux, c'est-à-dire :
- les **ventes** ;
- les **partages** et **licitations** à hauteur de la soulte versée par le ou les attributaires aux autres co-partageants, sauf si le partage intervient entre les membres originaires de l'indivision ou leurs descendants et portent sur des biens provenant d'une indivision successorale ou conjugale ;
- les **expropriations** pour lesquelles les conditions de remploi ne sont pas satisfaites ;
- les **apports en société** *(CGI, art. 1529)*.

Remarque **L'inscription à l'actif du bilan d'une entreprise individuelle** n'est toutefois pas constitutive d'une opération imposable.

IMPORTANT Les cessions de droits démembrés relatifs à des terrains nus n'entrent pas dans le champ d'application de la taxe. Cette solution concerne la cession isolée de l'usufruit ou de la nue-propriété, mais également la cession conjointe de ces deux droits à un même acquéreur, sous réserve de la mise en œuvre de la procédure de l'abus de droit prévue à l'article L. 64 du LPF *(Rép. min. n° 03693 : JOAN 3 avr. 2018, p. 2804 : Revue fiscale du patrimoine 5/2018, act. 92)*.
Cette solution se fonde sur la lettre de l'article 1529 du CGI, qui vise les cessions de terrains nus devenus constructibles, et non les cessions de droits relatifs à ces terrains.
Elle n'est donc pas transposable à la taxe nationale *(V. n° **4648**)* qui vise expressément les cessions de droits relatifs à des terrains nus devenus constructibles *(BOI-RFPI-TDC-20-10, 8 oct. 2012, § 130)*.

4636 Personnes imposables – Les personnes imposables sont :
- les **personnes physiques** qui réalisent des **plus-values immobilières** imposables dans le cadre de la gestion de leur patrimoine privé ;
- les **sociétés et groupements non soumis à l'IS** ;
- les **contribuables domiciliés hors de France** qui sont soumis **au prélèvement sur les plus-values immobilières** *(CGI, art. 244 bis A : V. n° **4543**)*.

4637 Biens imposables – Seules sont imposables les cessions de **terrains nus** et de **terrains à bâtir** :
- situés dans une **commune où la taxe a été instituée** par les organismes compétents pour l'élaboration des documents locaux d'urbanisme ;
  Une liste de ces communes à jour au 1er janvier 2019 se trouve sur le site www.collectivites-locales.gouv.fr, à la rubrique « Finances locales > Fiscalité locale > Fiscalité directe locale > Taxe forfaitaire sur la cession à titre onéreux de terrains nus ».
- rendus **constructibles** en raison de leur **classement par un plan local d'urbanisme (PLU) ou un document d'urbanisme** en tenant lieu, **dans une zone urbaine ou à urbaniser ouverte à l'urbanisation ou par une carte communale dans une zone constructible.**

4638 Les terrains situés dans les communes qui ne sont pas dotées d'un document d'urbanisme propre et qui relèvent du règlement national d'urbanisme ne sont pas inclus dans le champ d'application de la taxe.

Les plans d'occupation des sols (POS) approuvés avant l'entrée en vigueur de la loi n° 2000-1208 du 13 décembre 2000 relative à la solidarité et au renouvellement urbains ont les mêmes effets et sont soumis au même régime juridique que les PLU. Toutefois, les **POS sont en principe devenus caducs à compter du 1er janvier 2016.** Du fait de la caducité d'un POS non transformé en PLU au 31 décembre 2015 ou non engagé dans une procédure de révision avant cette même date, le règlement national d'urbanisme s'applique alors sur le territoire communal, et la taxe forfaitaire cesse de s'appliquer sur le territoire de la commune *(BOI-RFPI-TDC-10-10, 7 juin 2018, § 130).*

2° Exonérations

4639 Il existe deux séries d'exonérations : celles qui sont la conséquence de l'exonération de la plus-immobilière réalisée lors de la cession du terrain, et celles qui tiennent au terrain lui-même

4640 Exonération de taxe liée à l'exonération de la plus-value immobilière – La taxe forfaitaire n'est pas applicable aux cessions suivantes :

- cession de terrains qui constituent les **dépendances immédiates et nécessaires de l'habitation principale** du cédant, lorsque ces dépendances sont cédées conjointement *(CGI, art. 150 U, II, 3°)* ;

IMPORTANT **Par définition, un terrain à bâtir ne saurait constituer une dépendance immédiate et nécessaire de l'habitation principale *(BOI-RFPI-TDC-10-10, 7 juin 2018, § 320)*, sous réserve des précisions apportées par l'Administration pour les parcelles utilisées par le propriétaire comme annexes à son habitation (garage, parking, remise, maison de gardien), et, de manière générale, pour les parcelles servant de voies d'accès à l'habitation et à ses annexes *(BOI-RFPI-PVI-10-40-10, 19 déc. 2018, § 340).***

- cession pour laquelle une **déclaration d'utilité publique en vue d'une expropriation** a été prononcée, lorsque la condition de remploi de l'indemnité dans l'acquisition, la construction, la reconstruction ou l'agrandissement d'un ou plusieurs immeubles dans un délai de 12 mois est satisfaite *(CGI, art. 150 U, II, 4°)* ;
- échange de terrains dans le cadre d'**opérations de remembrement ou assimilées** *(CGI, art. 150 U, II, 5°)* ;
- **cession dont le prix est inférieur à 15 000 €** *(CGI, art. 150 U, II, 6°).*

4641 Exonération de taxe liée à des terrains particuliers – Des exonérations spécifiques sont prévues en faveur :

- des **terrains classés en zones constructibles depuis plus de 18 ans** *(CGI, art. 1529, II, b)* ;
- des **terrains dont le prix de cession est inférieur au prix d'acquisition, majoré d'un montant égal à 200 % de ce prix** *(CGI, art. 1529, II, c).*

3° Détermination, déclaration et paiement de la taxe

4642 Assiette – L'assiette de la taxe est en principe égale au montant de la **plus-value réalisée** ou, en l'absence d'éléments de référence pertinents, aux 2/3 du prix de cession.

4643 Le montant de la plus-value correspond à la différence entre le prix de cession et le prix stipulé dans l'acte d'acquisition ou la valeur retenue pour la détermination des droits de mutation en cas d'acquisition à titre gratuit, actualisé en fonction des **coefficients d'érosion monétaire publiés annuellement par l'administration fiscale** (pour les cessions intervenant en 2019, *V. BOI-ANNX-000097, 12 févr. 2019*).

4644 Taux – Le taux de la taxe est fixé forfaitairement à **10 %** du montant de la plus-value.

4645 Obligations déclaratives – La taxe est due par le cédant. Elle est versée lors du dépôt d'une **déclaration n° 2048-TAB-SD** qui doit être signée par le cédant ou son mandataire. Lorsque la taxe est due par un non-résident, elle est acquittée sous la responsabilité d'un représentant fiscal.

4646 La déclaration doit être déposée au service de la publicité foncière du lieu de situation du terrain ou, à défaut, auprès du service des impôts dont relève le domicile du cédant.

4647 Lorsque la taxe forfaitaire n'est pas applicable, la nature et le fondement de l'exonération ou de l'absence de taxation doivent être précisés dans la déclaration.

II. Taxe de niveau national

1° Champ d'application

4648 Opérations imposables – Les opérations imposables sont les mêmes que pour la taxe locale *(V. n° **4635**).* Ceci étant, la taxe nationale ne s'applique qu'à la **première cession** des terrains nus ou portant sur des droits relatifs à des terrains nus **devenus constructibles** postérieurement au 13 janvier 2010 *(CGI, art. 1605 nonies)*

4649 **Personnes imposables** – Les personnes imposables sont :
- les particuliers ;
- les professionnels (relevant des BIC, des BA ou des BNC) ;
- les personnes morales, quelle que soit leur forme juridique et leur situation au regard de l'impôt (dans le champ, hors champ ou exonérées de l'IR ou de l'IS) ;
- les personnes domiciliées hors de France, qu'elles soient soumises au prélèvement sur les plus-values immobilières ou exonérées de celui-ci *(CGI, art. 244 bis A)*.

4650 **Biens imposables** – Les biens imposables sont les terrains nus ou droits relatifs à des terrains nus rendus constructibles en raison de leur classement par un plan local d'urbanisme (PLU) ou un document d'urbanisme en tenant lieu, dans une zone urbaine ou à urbaniser ouverte à l'urbanisation ou par une carte communale dans une zone constructible **à une date postérieure au 13 janvier 2010.**

La constructibilité d'un terrain, dans le cas où ce terrain est issu de la division d'une parcelle plus étendue, s'apprécie en prenant en compte uniquement la constructibilité de ce terrain objet de la cession, et non celle de la parcelle dont il est issu *(CE, 11 oct. 2017, n° 400766 : Dr. fisc. 2018 n° 29, comm. 345)*. Cette solution, retenue pour l'application de la taxe nationale, semble transposable à la taxe locale *(V. n° **4637**)*.

2° Exonérations

4651 Des exonérations sont prévues en faveur des cessions de terrains :
- pour lesquelles une déclaration d'utilité publique a été prononcée en vue d'une expropriation ;
- ou de droits relatifs à ces terrains lorsque le prix de cession est inférieur à 15 000 € ;
- pour lesquelles le rapport entre prix de cession et prix d'acquisition ou valeur vénale n'excède pas 10 ;
- réalisées plus de 18 ans après la date à laquelle le terrain a été rendu constructible.

3° Calcul et obligations déclaratives

4652 **Assiette** – Elle correspond à la différence entre le prix de cession d'une part et le prix d'acquisition mentionné dans les actes ou la valeur vénale d'autre part, actualisé en fonction des coefficients d'érosion monétaire publiés annuellement par l'administration fiscale *(V. n° **4643**)*.

4653 L'assiette de la taxe est réduite d'un abattement de 10 % par année de détention au-delà de la 8e année suivant la date à laquelle le terrain a été rendu constructible.

4654 **Taux** – Le taux de la taxe varie en fonction du rapport existant entre le prix de cession et le prix d'acquisition. Il est fixé à :
- **5 %** pour un rapport compris **entre 10 et 30** ;
- **10 %** pour un rapport **supérieur à 30.**

4655 **Obligations déclaratives** – Ces obligations sont identiques à celles prévues pour la taxe locale *(V. n° **4645**)*.

Pour aller plus loin

- JCl. Fiscalité immobilière, fasc. 396 (Taxe sur la cession de terrains devenus constructibles)
- JCl. Fiscalité immobilière, fasc. 397 (Taxe sur la cession à titre onéreux de terrains nus rendus constructibles)
- JCl. Fiscalité immobilière, fasc. 397-10 (Taxe sur la cession à titre onéreux de terrains nus rendus constructibles. Annexes)

Contentieux

Julien Laurent
Maître de conférences, Université Toulouse Capitole, membre de l'IEJUC

Matthieu Poumarède
Professeur, Université Toulouse Capitole, directeur de l'IEJUC

Vivien Zalewski-Sicard
Maître de conférences, Université Toulouse Capitole, membre de l'IEJUC

Contentieux de la formation de la vente d'immeuble

Action en nullité de la vente d'immeuble

4656 Nullité – La nullité constitue la sanction principale des conditions de formation du contrat de vente d'immeuble. Elle permet de sanctionner leur irrégularité ou leur absence. À titre accessoire, d'autres sanctions peuvent intervenir, puisque tant la responsabilité pénale que la responsabilité civile sont appelées à jouer un rôle.

4657 Responsabilités – La responsabilité pénale pourra, par exemple, être mise en œuvre en cas de dol si les manœuvres utilisées pour convaincre son contractant de conclure le contrat relèvent d'une infraction pénale telle que l'escroquerie *(C. pén., art. 313-1)*. Quant à la responsabilité civile, elle a vocation à intervenir à chaque fois qu'une faute entraînant un dommage a été commise lors de la formation du contrat *(C. civ., art. 1240)*.

Pour aller plus loin

- Y. Lequette, Responsabilité civile versus vices du consentement, in Mél M.-S. Payet : Dalloz, 2012, p. 363

4658 Définition de la nullité – En matière de formation, les responsabilités civile et pénale apparaissent comme des accessoires à la sanction « normale » de l'irrégularité de la vente immobilière : la nullité. Celle-ci peut se définir comme la sanction encourue par une vente d'immeuble irrégulièrement formée. Elle tend à son anéantissement rétroactif. Ainsi, lorsqu'elle est prononcée, ce qui est nécessaire à moins que *les parties ne la constatent d'un commun accord (C. civ., art. 1178)*, la nullité du contrat conduit à faire comme si le contrat n'avait jamais existé. Elle l'efface, le réduit à néant *(*sur la question voisine de la clause réputée non écrite, *Cass. 3ᵉ civ., 28 avr. 2011, n° 10-14.298 : JurisData n° 2011-007833 ; Loyers et copr. 2011, comm. 223, obs. G. Vigneron)*.

Remarque On parle aussi de rescision dans les cas où la nullité est fondée sur la lésion. Par exemple, les contrats conclus par un mineur peuvent être rescindés pour cause de lésion *(V. n° **4743** et s.)*. Il ne s'agit là que d'une application particulière de la nullité.

I. Causes de nullité (renvoi)

4659 Causes de nullité de droit commun – En matière de vente immobilière, les causes de nullité sont celles du droit commun : les irrégularités affectant la capacité *(*minorité, *V. n° **932** et s.* – majeur sous protection, *V. n° **957** et s.)*, le pouvoir, le consentement *(*trouble mental, erreur, dol, violences, *V. n° **301** et s.)*, mais également le contenu du contrat *(*prix de vente dérisoire ou indéterminé, immeuble indéterminé, etc.*)*, peuvent entraîner la nullité de la vente d'immeuble.

4660 Causes de nullité propres à la vente d'immeuble – La méconnaissance de nombreuses conditions propres à la vente d'immeuble peut également conduire au prononcé de la nullité du contrat, voire de ses avant-contrats. Il peut s'agir, par exemple de la nullité de la promesse unilatérale qui n'aurait pas été enregistrée *(C. civ., art. 1589-2. – V. n° **265** et s.)*, de la nullité de l'avant-contrat en cas de méconnaissance du délai de rétractation *(CCH, art. L. 271-1. – V. n° **646** et s.)*, ou encore de la rescision pour cause de lésion. *(V. n° **4708** et s.)*.

II. Mise en œuvre de la nullité

4661 Distinction – La nullité entraîne l'anéantissement du contrat au motif qu'il est affecté d'une tare originelle, qui peut être relative ou absolue. Si la distinction a perdu une partie de son utilité en ce que les régimes des nullités tendent à se rapprocher, il n'en demeure pas moins que subsistent deux régimes différents.

4662 Critères de distinction – Ainsi que l'article 1179 du Code civil le prévoit, le critère de distinction est fondé sur la finalité poursuivie par la règle transgressée par les parties au contrat, si tant est qu'elle puisse être déterminée avec précision.

4663 Sauvegarde de l'intérêt général – Soit une règle ayant pour objet la sauvegarde de l'intérêt général a été transgressée, par exemple, une règle d'ordre public de direction *(Cass. 1re civ., 16 janv. 2013, n° 11-27.837 : JurisData n° 2013-000324 ; Contrats-Marchés publ. 2013, comm. 85 ; D. 2013, p. 245 ; AJDA 2013, p. 146, et 1226, note P. Cassia ; AJCT 2013, p. 297, obs. B. Hédin ; RFDA 2013, p. 541, note B. Plessix ; RDC 2013, p. 537, obs. Y.-M. Laithier)* ; c'est alors la nullité absolue qui sanctionne cette violation.

4664 Sauvegarde d'un intérêt privé – Soit la règle méconnue avait été édictée pour la sauvegarde d'un intérêt privé, et seule une nullité relative peut être mise en œuvre. Il s'agit alors d'une nullité de protection. Ainsi, l'action en nullité des cessions de parts conclues pour un prix indéterminé ou vil ne tendant qu'à la protection des intérêts privés des cédants relève du régime des actions en nullité relative *(Cass. com., 22 mars 2016, n° 14-14.218, FS-P+B : JurisData n° 2016-005478 ; Dr. sociétés 2016, comm. 120, R. Mortier)*.

4665 Critère fiable – Malgré ses imperfections, dès lors que le passage de l'intérêt particulier à l'intérêt général est assurément perceptible, ce critère semble offrir une directive satisfaisante dans la plupart des cas. Dès avant la réforme du droit des contrats et des obligations du 10 février 2016, la plupart des chambres de la Cour de cassation s'y référait.

A. – ATTRIBUTION DE L'ACTION EN NULLITÉ

4666 La distinction des nullités relative et absolue trouve ici à s'exprimer dès lors qu'en principe l'action en nullité relative n'est ouverte qu'à certaines personnes, là où l'action en nullité absolue peut être exercée par toute personne ayant un intérêt.

1° Attribution de l'action en nullité relative

4667 Action attitrée – L'action en nullité relative ne peut être exercée que par le contractant, vendeur ou acquéreur, au profit duquel la règle violée a été édictée. Reste alors à identifier les règles protectrices, afin d'en déduire les hypothèses où la nullité est relative, ce qui ne paraît pas toujours simple.

4668 Domaine de la nullité relative – Dans la pratique, la nullité est relative de manière certaine dans trois principales séries de cas.

4669 Vices du consentement – Lorsque, tout d'abord, le vendeur ou l'acquéreur est victime d'un vice du consentement, on admet que la nullité est relative, dès lors qu'elle a pour objet de protéger la partie affectée par le vice : l'intérêt méconnu est toujours celui de l'errans. Il a été jugé, à propos d'une erreur obstacle, qu'il s'agissait d'une nullité relative, l'erreur invoquée ne portant pas atteinte à l'intérêt général *(Cass. 3e civ., 26 juin 2013, n° 12-20.934 : JurisData n° 2013-013241 ; JCP N 2013, n° 30-34, act. 829 ; JCP G 2013, doctr. 974-9, obs. Y.-M. Serinet)*.

4670 Défaut de capacité d'exercice – Pour la même raison, le défaut de capacité d'exercice du vendeur ou de l'acquéreur peut donner lieu à une nullité relative que seul peut invoquer l'incapable ou son représentant, sous certaines conditions.

4671 Violation d'une règle d'ordre public de protection – Enfin, et plus généralement, chaque fois qu'une règle d'ordre public de protection est violée, seul le contractant protégé par cette règle peut s'en prévaloir qu'il s'agisse d'une règle de fond ou de forme, si tant est que la sanction prévue soit la nullité. On peut donc considérer que sont notamment sanctionnées par une nullité relative :

- la méconnaissance des règles de forme énoncées par la loi Hoguet et son décret d'application en matière de mandat (*Cass. ch. mixte, 24 févr. 2017, n° 15-20.411 : JurisData n° 2017-003187 ; JCP N 2017, n° 9, act. 294 ; JCP G 2017, 306, note G. Pignarre*) ;
- la méconnaissance par l'agent immobilier de son interdiction d'acheter le bien qu'il est chargé de vendre *(C. civ., art. 1596)* ;
- la perception d'un versement en contravention de l'article 1589-1 du Code civil ;
- la méconnaissance des droits du bénéficiaire d'un pacte de préférence dans les termes de l'article 1123 du Code civil ;
- la conclusion d'une vente dans les termes de l'article 1124 du Code civil en méconnaissance d'une promesse unilatérale ;
- la violation du droit de préférence des propriétaires de parcelles boisées contiguës *(C. for., art. L. 331-20)* ;

- la vente sans purge préalable du droit de préemption de l'État et des communes sur les bois et forêts *(C. for., art. L. 331-22 et s.)* ;
- l'absence d'indication de la superficie de la partie privative *(L. 10 juill. 1965, art. 46)* ;
- l'absence de déclaration d'intention d'aliéner, mais également une déclaration tardive ou irrégulière *(C. urb., art. L. 213-2)* ;
- la méconnaissance des dispositions relatives aux droits de rétractation et de réflexion énoncées par l'article L. 271-1 du CCH ;
- la vente de la chose d'autrui *(C. civ., art. 1599)* ;
- la vente du logement de la famille sans l'accord du conjoint *(C. civ., art. 215)*.

4672 Absence de contrepartie (cause et objet) – Au-delà de ces hypothèses, il peut exister des incertitudes lorsque la finalité de la règle violée est plus difficile à identifier. Tel est le cas en matière de contrepartie (cause et objet). Néanmoins, à la faveur de l'émergence du nouveau critère de distinction des nullités relative et absolue, la première chambre civile de la Cour de cassation, dès la fin des années 1990 décida que la demande en nullité de contrat pour défaut de cause tenant à l'impossibilité de réaliser un profit ne visait que la protection des intérêts du demandeur et que ce défaut de cause existait dès les ventes sans garantie ;la cour d'appel en a exactement déduit qu'il s'agissait d'une nullité relative *(Cass. 1re civ., 9 nov. 1999, n° 97-16.800 : JurisData n° 1999-003918 ; JCP E 2000, p. 1186, note E. Roueil ; RGDA 2000, p. 33, note J. Kullmann ; Defrénois 2000, p. 250, note J.-L. Aubert ; D. 2000, p. 507, note A. Cristau ; RTD civ. 2000, p. 568, obs. J. Mestre et B. Fages).*
Cette sanction de l'absence de cause par la nullité relative fut plus récemment reprise par la troisième chambre civile *(Cass. 3e civ., 29 mars 2006, n° 05-16.032 : JurisData n° 2006-032919 ; Bull. civ. III, n° 88 ; Dr. sociétés 2007, comm. 209, H. Lecuyer ; RDC 2006, p. 1072, obs. D. Mazeaud ; D. 2007, p. 477, note J. Ghestin ; D. 2006, Pan., p. 2642, obs. B. Fauvarque-Cosson et S. Amrani Mekki)*, puis par la chambre commerciale de la Cour de cassation *(Cass. com., 22 mars 2016, n° 14-14.218 : JurisData n° 2016-005478 ; JCP N 2016, n° 15, act. 529).*
L'absence de cause étant désormais sanctionnée par la nullité relative, il devrait en aller de même de l'absence d'objet pourtant traditionnellement sanctionnée par une nullité absolue. Sous l'empire de la réforme du 10 février 2016, l'absence de contrepartie (*C. civ., art. 1169*) devrait donc être sanctionnée par une nullité relative.

2° Attribution de l'action en nullité absolue

4673 Action pouvant être invoquée par tout intéressé – La nullité absolue, visant à sanctionner la méconnaissance d'une règle d'intérêt général, peut être invoquée par tout intéressé, sauf disposition légale contraire. La seule condition pour invoquer une telle nullité est, en effet, celle de l'intérêt à agir, ce qui signifie que toute personne qui peut retirer un avantage de la nullité du contrat peut agir.

Remarque Dans la pratique, il en résulte qu'un tel intérêt existera assez rarement chez d'autres personnes que les parties au contrat, vendeur et acquéreur, et leurs ayants cause, même si l'hypothèse n'est pas à exclure. Ainsi, les créanciers du vendeur pourraient avoir intérêt à solliciter la nullité du contrat par lequel la chose a été vendue, afin qu'elle regagne le patrimoine de leur débiteur. Pour cela, toutefois, ils doivent invoquer un droit contraire à celui qui résulte du contrat.

4674 Domaine de l'action en nullité absolue – Reste, toutefois, à savoir dans quel cas l'on est en présence d'une nullité absolue. Il semble possible de distinguer deux hypothèses.

- D'une part, lorsqu'une irrégularité dans la formation du contrat constitue une **violation d'une règle d'intérêt général**, elle est susceptible, comme telle, d'être sanctionnée par la nullité absolue. Il en va certainement ainsi lorsque le contenu présente un caractère illicite. En effet, l'appréciation de l'illicéité du contenu du contrat permet un contrôle du contrat destiné à protéger l'ordre public et les bonnes mœurs. De même, la violation d'une règle d'ordre public de direction conduit à une nullité absolue, qu'il s'agisse d'une règle de forme ou de fond. Par exemple est nul de nullité absolue le contrat par lequel la rente a été créée sur la tête d'une personne atteinte de la maladie dont elle est décédée dans les 20 jours de la date du contrat *(C. civ., art. 1975)*. De même, la sanction de la condition illicite est la nullité de l'obligation, cette nullité étant absolue *(C. civ., art. 1304-1)*.
- D'autre part, lorsque certains **éléments essentiels à la formation du contrat font défaut**, la jurisprudence tend toujours à retenir l'existence d'une nullité absolue. Par exemple, l'absence totale de consentement est sanctionnée par une nullité absolue. Il est vrai que dans ce cas, la vente n'existe pas.

B. – CONFIRMATION DE L'ACTE ENCOURANT UNE NULLITÉ

4675 Obstacles à l'action en nullité – Tant que la nullité n'est pas prononcée (ou que les parties ne l'ont constaté d'un commun accord), la vente est censée être valable et obligatoire pour les parties. Toutefois, celles-ci courent alors un risque important tant que l'action en nullité n'est pas prescrite : l'anéantissement rétroactif de la vente. Aussi, il existe un certain nombre de moyens permettant de faire obstacle à l'action en nullité.

- Les parties elles-mêmes peuvent décider de « purger » leur contrat, notamment en supprimant une clause dont la nullité pourrait rejaillir sur tout le contrat.
- Le législateur offre aux parties un certain nombre de mécanismes permettant de régulariser l'acte entaché d'une irrégularité soit en ajoutant l'élément qui faisait défaut (par exemple, la ratification d'une vente conclue sans pouvoir) soit en supprimant le vice qui affectait le contrat (par exemple, la régularisation de la vente affectée d'une lésion en payant le complément du juste prix).
- Enfin, en marge de ces divers moyens destinés à éviter une action en nullité, l'article 1181 du Code civil prévoit, dans certaines hypothèses, la possibilité de confirmer un acte nul. Il s'agit alors pour le titulaire de l'action en nullité de renoncer à l'invoquer *(C. civ., art. 1182)*.

Remarque L'article 1178 du Code civil permet aux parties de constater d'un commun accord la nullité, faisant ainsi l'« économie » d'une action judiciaire, le juge n'ayant pas à prononcer la nullité. L'on notera néanmoins qu'en vertu de l'article 1961 du CGI, en cas de rescision d'un contrat pour cause de lésion, ou d'annulation d'une vente pour cause de vices cachés *(sic)* et, au surplus, dans tous les cas où il y a lieu à annulation, les impositions visées au premier alinéa perçues sur l'acte annulé, résolu ou rescindé ne sont restituables que si l'annulation, la résolution ou la rescision a été prononcée par un jugement ou un arrêt passé en force de chose jugée. Il s'agit des droits d'enregistrement ou de la taxe de publicité foncière lorsqu'elle tient lieu de ces droits et de la contribution prévue à l'article 879 du CGI.

1° Domaine de la confirmation

4676 Confirmation de la nullité relative – Le domaine de la confirmation coïncide avec celui de la nullité relative *(C. civ., art. 1181)*. En revanche, la nullité absolue, selon l'article 1180 du Code civil « *ne peut être couverte par la confirmation du contrat* ». La coïncidence des domaines de la confirmation et de la nullité relative s'explique à l'aune du critère de la finalité de la règle transgressée.

2° Conditions de la confirmation

4677 Acte juridique unilatéral – La confirmation est un acte juridique unilatéral, ne supposant pas l'accord des parties, soumis à un certain nombre de conditions de fond et de forme, dont certaines sont visées par l'article 1182 du Code civil.

4678 Conditions de fond – La confirmation d'un acte encourant une nullité par la personne pouvant se prévaloir de la nullité suppose une manifestation de volonté exprimée après que le contrat a été conclu *(C. civ., art. 1182, al. 2)*. En premier lieu, la manifestation de volonté doit exprimer la volonté de son auteur de renoncer à invoquer la nullité. En second lieu, cette première condition implique que l'auteur de la confirmation ait eu la connaissance préalable du vice *(Cass. 3e civ., 20 nov. 2013, n° 12-27.041, FS-P+B+I : JurisData n° 2013-026348 ; JCP N 2013, n° 49, act. 1186 ; Constr.-Urb. 2014, comm. 14, obs. Ch. Sizaire ; JCP G 2014, doctr. 115, Y.-M. Serinet)* : le vice affectant le contrat doit d'ailleurs être mentionné dans l'acte, de même que l'objet de l'obligation. À défaut, l'intention de confirmer ne pourrait être considérée comme certaine et ne serait pas valable. En dernier lieu, il est précisé par l'article 1182, alinéa 3, qu'en cas de violence la confirmation ne peut intervenir qu'après qu'elle a cessé.

4679 Conditions de forme – La confirmation peut être expresse. Elle pourra être verbale ou consignée dans un écrit qui, selon l'article 1182 du Code civil, doit contenir certains éléments : l'objet de l'obligation et le vice affectant le contrat. Mais l'article 1182, alinéa 3, du Code civil admet que la confirmation puisse être tacite. Plus précisément, l'exécution volontaire du contrat, en connaissance de la cause de nullité, vaut confirmation.

3° Effets de la confirmation

4680 Renonciation – Par la confirmation, le titulaire de l'action en nullité renonce à l'invoquer. Il en résulte que le contrat est valable entre les parties, *sans préjudice [...] du droit des tiers*, ainsi que le précise l'article 1182, alinéa 4, du Code civil.

4681 Effets entre les parties – En confirmant la nullité, celui qui pouvait s'en prévaloir renonce à solliciter l'annulation du contrat, tant par voie d'action que par voie d'exception. La confirmation a donc pour effet de rendre l'acte valable rétroactivement. Toutefois, il convient de réserver le cas où plusieurs personnes pouvaient se prévaloir de la nullité relative. En effet, la confirmation par l'une des parties rend l'acte valable à son égard, mais laisse intacts les droits des autres. Ces derniers conservent ainsi le droit d'agir en nullité.

4682 **Interpellation interrogatoire** – Une partie peut demander par écrit à l'autre qui pourrait se prévaloir d'une nullité de confirmer le contrat ou d'agir en nullité dans un délai de 6 mois à peine de forclusion. Cette interpellation doit être écrite et mentionner expressément qu'à défaut d'action en nullité exercée avant l'expiration du délai de 6 mois, le contrat sera réputé confirmé *(C. civ., art. 1183).*

4683 **Effets à l'égard des tiers** – L'article 1182, alinéa 4, du Code civil réserve les droits des tiers, ce qui mérite d'être explicité, bien que les hypothèses de conflits soient plutôt rares en pratique. Les tiers visés par cette disposition sont les ayants cause à titre particulier, c'est-à-dire ceux qui ont acquis de l'acquéreur un droit qui dépend de la nullité de ce contrat.

Par exemple, un mineur non émancipé vend seul l'un de ses biens. L'acte de disposition est donc susceptible d'être annulé. Puis, une fois majeur, il le vend une nouvelle fois à un autre acheteur. S'il venait à confirmer la première vente, celle-ci deviendrait valable rétroactivement ainsi qu'on l'a vu. Aussi le second acheteur risquerait d'être évincé dès lors qu'il a acheté le bien *a non domino* (d'un non-propriétaire). Cette situation est celle que vise l'article 1182, alinéa 4, du Code civil en prévoyant que la confirmation est inopposable au second acquéreur qui avait conclu un contrat valable. Cette disposition donne donc la priorité à l'ayant cause à titre particulier (le second acheteur) qui avait conclu un acte valable au détriment de celui qui avait conclu un acte nul dont la confirmation lui est inopposable.

En revanche, la réserve du droit des tiers par l'article 1182, alinéa 4, du Code civil ne vise que les hypothèses dans lesquelles l'ayant cause à titre particulier a acquis son droit antérieurement à la confirmation.

Par exemple, si un majeur confirme la première vente passée alors qu'il était mineur, elle sera naturellement opposable au second acquéreur ayant acquis le même bien postérieurement à la confirmation *(Cass. civ., 25 nov. 1856 : DP 1856, 1, p. 385).*

C. – PRESCRIPTION DE L'ACTION EN NULLITÉ

4684 **Voie d'action et voie d'exception** – La nullité peut être demandée soit par voie d'action, soit par voie d'exception. Cette distinction se traduit du point de vue de la prescription, dès lors que si l'action en nullité est enfermée dans un délai, l'exception de nullité est perpétuelle.

1° Action en nullité

4685 **Alignement des délais** – La loi du 17 juin 2008 a aligné les délais de prescription des actions en nullité relative et absolue.

4686 **Durée du délai de prescription** – La durée de la prescription des actions en nullité relative et absolue est de 5 ans *(C. civ., art. 2224).*

4687 **Point de départ du délai de prescription** – Le délai de prescription court *à compter du jour où le titulaire d'un droit a connu ou aurait dû connaître les faits lui permettant de l'exercer (C. civ., art. 2224).*

4688 **Extinction de l'action** – La prescription, une fois acquise par l'écoulement des délais, éteint le droit d'agir en nullité. Ainsi, la personne qui a laissé s'écouler le délai de prescription ne pourra plus s'en prévaloir.

2° Exception de nullité

4689 **Exception perpétuelle de nullité** – Parfois, la nullité peut être invoquée par voie d'exception. Tel est le cas lorsque l'une des parties sollicite l'exécution d'un contrat et que le cocontractant invoque alors la nullité de celui-ci pour se délier. Dans ce cas, l'exception de nullité est perpétuelle en application de l'adage *quae temporalia sunt ad agendum, perpetua sunt ad excipiendum,* repris par l'article 1185 du Code civil conformément à la jurisprudence antérieure selon laquelle « l'exception de nullité peut seulement jouer pour faire échec à la demande d'exécution d'un acte juridique qui n'a pas encore été exécuté » *(Cass. 1re civ., 13 mars 2001, n° 98-19.691 : JurisData n° 2001-008613 ; Bull. civ. I, n° 70 ; Contrats, conc. consom. 2001, comm. 113, G. Raymond. – Cass. 1re civ., 17 juin 2010, n° 09-14.470 : JurisData n° 2010-009360 ; Dr. sociétés 2010, comm 181, M. Roussille).*

Ainsi, sauf, semble-t-il, si elle est invoquée pendant le délai de la prescription, l'exception de nullité est limitée aux hypothèses dans lesquelles il y a inexécution totale du contrat, « peu important que ce commencement d'exécution ait porté sur d'autres obligations que celle arguée de nullité » *(Cass. com., 13 mai 2014, n° 12-28.013 et 12-28.654 : JurisData n° 2014-010047 ; JCP G 2014, 655).* En revanche, il n'y a pas à faire de distinction selon que la nullité est relative ou absolue *(Cass. 1re civ., 24 avr. 2013, n° 11-27.082 : JurisData n° 2013-007872 ; Contrats, conc. consom. 2013, 154, obs. L. Leveneur ; Gaz. Pal. 4 juill. 2013, p. 13, obs. D. Houtcieff ; LEDC juin 2013, 1, obs. O. Sabard).*

D. – EFFETS DE LA NULLITÉ

4690 Qu'elle soit relative ou absolue, la nullité entraîne l'anéantissement du contrat. On va alors faire comme s'il n'avait jamais existé, ce qui entraîne un certain nombre de conséquences.

1° Anéantissement du contrat

4691 **Anéantissement de la vente** – Il s'agit ici de déterminer la portée de la nullité. Celle-ci doit s'apprécier dans le temps, mais aussi quant aux clauses contractuelles qui doivent être effacées, ce qui implique de déterminer son étendue.

4692 **Anéantissement intégral** – L'existence d'une irrégularité lors de la formation de la vente entraîne en principe sa nullité intégrale. Il en va ainsi lorsque le consentement d'une partie est affecté d'un vice, lorsqu'elle a conclu un contrat sans respecter les règles relatives à la capacité ou encore lorsque le contenu du contrat est illicite. Dans cette hypothèse, l'irrégularité implique l'anéantissement de l'ensemble de la vente, qu'il s'agisse des obligations principales ou accessoires.

4693 **Anéantissement partiel** – Dans certaines hypothèses, seule une clause est viciée par une irrégularité, à l'exclusion des dispositions principales de la vente. La question est alors de savoir si le contrat peut être amputé de cette clause ou s'il doit être totalement annulé. L'article 1184 prévoit que *Lorsque la cause de nullité n'affecte qu'une ou plusieurs clauses du contrat, elle n'emporte nullité de l'acte tout entier que si cette ou ces clauses ont constitué un élément déterminant de l'engagement des parties ou de l'une d'elles*, privilégiant un critère subjectif. C'est donc à une recherche de l'intention des parties que le juge doit procéder pour déterminer l'étendue de la nullité.

2° Rétroactivité de la nullité

4694 *Le contrat annulé est censé n'avoir jamais existé (C. civ., art. 1178, al. 2)*. La Cour de cassation a eu l'occasion de viser « le principe selon lequel ce qui est nul est réputé n'avoir jamais existé » *(Cass. 3e civ., 22 juin 2005, n° 03-18.624 : JurisData n° 2005-029067 ; JCP E 2005, 1868, note Y. Dagorne-Labbe ; Loyers et copr. 2005, comm. 194, note B. Vial-Pedroletti)*. Le contrat est donc effacé du monde juridique. Pour l'avenir, une telle solution ne pose pas vraiment de difficultés lorsque le contrat n'a pas encore été exécuté. Dans ces deux cas, aucune des deux parties ne peut plus solliciter son exécution ; le contrat ne produit plus d'effets. En revanche, ce principe de la rétroactivité de la nullité pose de délicates difficultés lorsque le contrat a été exécuté totalement ou partiellement. En effet, il faut alors faire comme si le contrat n'avait jamais été conclu, ce qui implique une remise en cause totale de tous les effets passés du contrat, qui sont rétroactivement effacés.

III. Restitutions consécutives à la nullité

4695 L'effacement rétroactif de la vente d'immeuble implique nécessairement des restitutions, mais également, le cas échéant, la réparation des préjudices subis par le vendeur ou l'acquéreur.

A. – RESTITUTIONS

4696 **Restitutions entre les parties et à l'égard des tiers** – Il va falloir procéder à des restitutions entre les parties à la vente d'immeuble, car celles-ci doivent être remises en l'état où elles se trouvaient avant la conclusion de la vente. Il faut prendre en considération le sort des tiers qui peuvent être atteints par la nullité de la vente, notamment lorsqu'ils ont acquis des droits de l'une des parties.

1° Restitutions entre les parties

4697 **Retour au *statu quo ante*** – *A priori*, le mécanisme des restitutions est assez simple, même si son fondement est discuté sans que le chapitre désormais consacré aux restitutions dans le Code civil n'apporte réellement d'éclaircissements *(C. civ., art. 1352 à 1352-9)*. Chacune des parties doit restituer à l'autre ce qu'elle a reçu en vertu de la vente afin de rétablir le *statu quo ante*. Il existe donc un véritable principe de retour aux situations initiales. Dans le cadre d'une vente, le vendeur restituera donc le prix et l'acheteur la chose. Toutefois, tant pour des raisons matérielles que juridiques, il est parfois fait obstacle aux restitutions. *La restitution a [donc] lieu en nature ou, lorsque cela est impossible, en valeur (C. civ., art. 1352).*

a) Principe : restitution en nature

4698 **Questions** – Dire que les parties doivent restituer est une chose, exposer précisément ce qu'elles doivent restituer en est une autre. À ce titre, d'innombrables questions doivent se poser :

- la somme d'argent restituée par le vendeur doit-elle être revalorisée au jour de la restitution ?

➤ les fruits que la chose vendue a généré doivent-ils être restitués par le vendeur en même temps que celle-ci ?
➤ que se passe-t-il lorsque la vente d'un terrain est annulée alors que l'acheteur y a édifié une construction ? etc.
Ainsi, il convient de déterminer avec précision ce qui doit être restitué lorsque l'annulation d'une vente immobilière est prononcée. Or le principe est celui des restitutions en nature *(C. civ., art. 1352)*, ce qui engendre plusieurs conséquences en matière de vente d'immeuble.

4699 **Restitution de l'immeuble** – Hors le cas des fruits et de la valeur de la jouissance que la chose a procurée qu'il convient de restituer *(C. civ., art. 1352-3)*, il convient de prendre en compte tant les améliorations apportées à l'immeuble que les dégradations et détériorations qu'elle a subies.

4700 **Améliorations** – Lorsque l'acquéreur a effectué des améliorations sur l'immeuble en réalisant des travaux de construction sur le terrain ou des travaux de rénovation sur un immeuble bâti, les restitutions doivent en tenir compte dans la limite de la plus-value estimée au jour de la restitution. Autrement, il tirerait un profit de la situation, ce qui est incompatible avec l'idée que le contrat est censé n'avoir jamais existé.

4701 **Dégradations et détériorations** – Inversement, il se peut que le bien ait subi des dégradations et détériorations. Selon l'article 1352-1, celui qui restitue la chose répond des dégradations et détériorations qui en ont diminué la valeur. Néanmoins, l'acquéreur n'en répond pas s'il est de bonne foi et si elles ne sont pas dues à sa faute.

b) Restitution par équivalent

4702 **Limites tenant à l'impossibilité de restituer en nature** – Dans certaines hypothèses, on se trouve confronté à l'impossibilité de restituer l'immeuble en nature, ce qui n'empêche toutefois pas la rétroactivité de jouer. Tel est le cas en premier lieu, lorsqu'il a péri. Dans ce cas, l'impossibilité de restituer est matérielle, le bien ayant disparu. En conséquence, l'article 1352 du Code civil admet que la restitution puisse avoir lieu en valeur. La question qui se pose alors est celle de savoir à quel moment s'apprécie la valeur du bien. Le Code civil précise que la valeur doit être estimée au jour de la restitution. Au-delà, se pose la question de la restitution en cas d'aliénation de l'immeuble par l'acquéreur. L'article 1352-2 du Code civil prévoit cette hypothèse en disposant que *celui qui l'ayant reçue de bonne foi a vendu la chose ne doit restituer que le prix de vente. S'il l'a reçue de mauvaise foi, il en doit la valeur au jour de la restitution lorsqu'elle est supérieure au prix*.

4703 **Limites tenant à la protection d'une partie** – Lorsque la nullité du contrat trouve sa cause dans l'incapacité d'un contractant qu'il s'agisse d'un mineur non émancipé ou d'un majeur protégé, l'article 1352-4 du Code civil prévoit que les restitutions dues sont réduites à proportion du profit qu'il a retiré de l'acte annulé. Cela signifie qu'il n'est tenu de restituer que ce qu'il détient encore.
Par exemple, lorsqu'un contrat de vente a été conclu au mépris des règles relatives à la capacité de contracter, son annulation devrait conduire à ce que l'incapable, le vendeur, restitue le prix. Or, il arrivera qu'il ait d'ores et déjà dépensé cette somme d'argent. Ainsi, pour mieux le protéger, il est admis qu'il ne doit restituer que ce qu'il lui reste.

2° Restitutions à l'égard des tiers

4704 **Sort des ayants cause à titre particulier** – L'hypothèse est la suivante : avant l'annulation de la vente, l'acquéreur a conféré à un tiers (le sous-acquéreur) des droits sur la chose qui faisait l'objet du contrat (une vente) annulé. L'annulation du premier contrat doit entraîner, en cascade, l'annulation du second. En effet, celui-ci a été conclu par une personne qui n'était pas propriétaire de la chose, le contrat qui lui en avait transféré la propriété ayant été annulé. Cet « effet domino » de l'annulation d'un acte, fermement affirmé par la Cour de cassation, présente de graves inconvénients. Pour logique qu'elle soit, une telle conséquence attribuée à l'annulation du premier contrat paraît en effet dangereuse pour les tiers qui ne connaissaient pas nécessairement le vice affectant le contrat initial. C'est la raison pour laquelle, lorsque le tiers est de bonne foi, la rétroactivité de la nullité est par exception écartée par le jeu de deux techniques : la possession et la théorie de l'apparence.

B. – RÉPARATIONS

4705 **Responsabilité extracontractuelle** – Si la nullité est la sanction naturelle de la formation du contrat, il n'en demeure pas moins que la responsabilité extracontractuelle a vocation à la compléter lorsqu'une faute commise a causé un préjudice à l'une des parties au contrat *(C. civ., art. 1240)*.

4706 **Faute** – La faute est généralement constituée par le fait que l'une des parties connaissait le vice affectant le contrat. Il en résulte que la faute sera le plus souvent caractérisée lorsque l'erreur de l'une des parties a été provoquée par le dol ou extorquée par la violence.

CONTENTIEUX

4707 **Préjudice** – Il se peut que les restitutions ne permettent pas de rétablir totalement le *statu quo ante*, laissant subsister un préjudice à la charge de l'une des parties. Il peut s'agir d'un préjudice patrimonial, par exemple, lorsqu'une partie avait emprunté une somme d'argent afin de financer l'acquisition d'un bien, par la suite annulée. Ou encore lorsque le contractant victime avait engagé des frais pour la conclusion du contrat (études de marché, etc.) ou son exécution. Mais le préjudice peut également être moral, par exemple en cas de vice de violence. Dans tous ces cas, il sera réparé si une faute, à son origine, a été commise par le cocontractant.

Pour aller plus loin

Formules
- JCl. Notarial Formulaire, V° Vente d'immeuble, fasc. 35 (questionnaire remis au vendeur)
- JCl. Notarial Formulaire, V° Vente d'immeuble, fasc. 525 (délivrance), par D. Montoux
- JCl. Notarial Formulaire, V° Vente d'immeuble, fasc. 655 (ratification, confirmation)

Fiches pratiques
- Fiche pratique n° 1721 : Rédiger une vente d'immeuble, par M. Suquet-Cozic
- Fiche pratique n° 1806 : Rédiger une vente d'immeubles à construire, par D. Boulanger
- Fiche pratique n° 1807 : Rédiger une vente d'immeubles à rénover, par D. Boulanger
- Fiche pratique n° 115 : Responsabilité et garantie des vices de construction, par A. Le Saint

Commentaires
- JCl. Notarial Formulaire, Synthèse 1520, Vente d'immeuble, contentieux, par V. Zalewski-Sicard
- JCl. Notarial Formulaire, V° Vente d'immeuble, fasc. 410 (vente de la chose d'autrui), par R. Le Guidec et J. Lafond
- JCl. Notarial Formulaire, V° Vente d'immeuble, fasc. 500 (charges et conditions), par J. Lafond et V. Zalewski-Sicard
- JCl. Notarial Formulaire, V° Vente d'immeuble, fasc. 530 (garantie, clauses de l'acte), par J. Lafond et V. Zalewski-Sicard
- JCl. Notarial Formulaire, V° Vente d'immeuble, fasc. 590 (résolution, résiliation), par A. Walravens

Contentieux de la formation de la vente d'immeuble

Rescision pour lésion

4708 **Présentation générale** – Par principe, le prix voulu par les parties (hors les hypothèses de prix simulé ou dérisoire, *V. n° **2918** et s.)* n'a pas nécessairement à être juste ou équilibré. La volonté éclairée des parties exprimée lors de la formation du contrat s'impose au juge, spécialement quant au prix, pourvu qu'il fût réel et sérieux. Ce principe découle naturellement de la force obligatoire du contrat *(C. civ., art. 1103)*. **L'exception à ce principe** réside dans la prise en compte par le Code civil de la lésion – c'est-à-dire d'un déséquilibre objectif du prix – dans certaines ventes précises, dont la vente immobilière *(C. civ., art. 1674)*. La lésion est donc exceptionnellement prise en compte dans ce cas *(C. civ., art. 1168)*.
En cas de lésion, la loi autorise une action correctrice, **l'action en rescision**, par laquelle le vendeur peut remédier à ce déséquilibre.
On déterminera le domaine de la lésion (*V. n° **4709***) avant d'étudier le régime de l'action en rescision pour lésion (*V. n° **4725***).

I. Domaine de la lésion

A. – VENTE D'IMMEUBLE

1° Vente

4709 **Qualification du contrat** – L'article 1674 du Code civil ne prend en compte la lésion que pour la vente d'un immeuble. Les opérations qui se rapprochent économiquement d'une vente tout en s'en distinguant juridiquement ne sont donc pas susceptibles d'une action en rescision.
La lésion est ainsi exclue pour une donation déguisée, un échange, un apport en société, même portant sur un immeuble. En revanche, de manière plus étonnante, une dation en paiement portant sur un immeuble peut être rescindée.

4710 **Contrats complexes** – La question est plus délicate s'agissant de contrats complexes, c'est-à-dire de contrats formés de deux ou plusieurs opérations imbriquées, incluant une vente. C'est notamment le cas des baux assortis d'une promesse de vente, qu'il s'agisse d'un ensemble contractuel (bail + vente) ou d'un contrat de crédit-bail (location avec option d'achat chapeautée par une opération de crédit). Pour un contrat complexe ou un ensemble contractuel formant un tout indivisible, la qualification de vente *in globo* est exclue et l'action ne sera pas ouverte. *A contrario*, en cas de divisibilité des opérations contractuelles, s'il est possible d'isoler un acte de vente détachable de l'ensemble, ce dernier peut donner lieu à la lésion. Pour un contrat de crédit-bail, dont l'objet est précisément d'offrir une option de vente à la fin d'une période de location, on considère qu'il n'est pas éligible à la lésion car le prix modique de vente (en fait une soulte au regard des loyers déjà versés) se justifie par l'économie de ce contrat.

2° Immeuble

4711 **Bien immobilier** – La lésion n'est reconnue en matière de vente que pour la vente d'immeuble *(C. civ., art. 1674)*. L'objet de la vente doit donc répondre nécessairement à cette qualification immobilière. Outre le cas des immeubles par nature *(C. civ., art. 517 à 523)* et par destination *(C. civ., art. 524 à 526)*, la cession de droits immobiliers par l'objet *(C. civ., art. 525)* ou de droits indivis *(C. civ., art. 815-14)* peut être rescindée.
A contrario, la nature mobilière des parts d'une société civile immobilière exclut l'action en rescision au profit du cédant.

B. – VENTES PARTICULIÈRES

4712 Certaines ventes d'immeuble, en raison de leur caractère particulier, ne relèvent pas du domaine de la rescision pour lésion.

1° Vente judiciaire

4713 **Le rôle du juge exclut la lésion** – La loi exclut la lésion pour les ventes qui ne peuvent être faites **que par autorité de justice** *(C. civ., art. 1684)*. Ainsi, ne sont pas susceptibles de lésion :

- les ventes **forcées** prononcées sur saisies mais aussi, toujours dans le cadre d'une saisie immobilière, les ventes amiables sur autorisation judiciaire ; bien que ces dernières produisent les effets d'une vente volontaire, l'article L. 322-3 du Code des procédures civiles d'exécution précise qu'elles ne peuvent donner lieu à rescision pour lésion ; de fait, le juge contrôle entièrement la vente *(CPC exéc., art. R. 332-21)* ;
- les ventes intervenues **suite à une expropriation** pour cause d'utilité publique ; toutefois, la cession amiable consentie après déclaration d'utilité publique demeure un contrat de droit privé et est en conséquence rescindable pour cause de lésion ;
- les ventes **imposées par le juge** en raison du désaccord persistant des vendeurs dans le cadre d'une mesure de protection ;
- les ventes des immeubles d'un débiteur en **liquidation judiciaire**, fussent-elles de gré à gré, sont des ventes qui, aux termes de l'article L. 642-18 du Code de commerce, ne peuvent être faites que par autorité de justice et, par conséquent, ne sont pas susceptibles de rescision pour lésion *(Cass. com., 16 juin 2004, n° 01-17.185 : JurisData n° 2004-024158 ; D. 2004, AJ, p. 2045 ; JCP G 2004, II, 10173, note Rakotovahiny ; JCP N 2004, 1475, note J.-P. Garçon. – Cass. 3e civ., 6 oct. 2010, n° 09-66.683 : JurisData n° 2010-017693 ; Bull. civ. III, n° 182 ; Act. proc. coll. 2010, comm. 248, note J. Vallansan ; D. 2010, Actu., p. 2429, obs. Lienhard)*.

4714 Cas particulier de la conversion en vente amiable – Notons le cas particulier de la vente amiable qui n'est pas intervenue sur conversion en vente volontaire, mais après accord du créancier poursuivant, avec à la clé abandon de la procédure de saisie. La situation est différente d'une vente amiable autorisée par le juge. Elle consiste, pour les parties intéressées, à sortir de la procédure de saisie immobilière pour lui substituer une vente ordinaire, les créanciers étant payés par le notaire le jour de la signature de l'acte authentique, et entrainant la mainlevée du commandement de saisie et de leurs inscriptions sur le bien. Pour la jurisprudence, cette vente n'étant pas qualifiée de vente « ne pouvant être faite que d'autorité de justice », elle était soumise au droit commun de la vente immobilière et pouvait, à ce titre, être rescindée pour lésion *(Cass. 3e civ., 4 juin 2008, n° 07-13.479 : JurisData n° 2008-044210 ; Bull. civ. III, n° 102 ; Contrats, conc. consom. 2008, comm. 257, obs. L. Leveneur ; Defrénois 2008, p. 2176, obs. Ph. Malaurie ; D. 2008, p. 1692, obs. I. Gallmeister, 2480, note L. Mauger-Vielpeau, et 2742, chron. F. Nési ; AJDI 2009, p. 61, obs. F. Cohet-Cordey)*. Toutefois, on se demande ce que devient cette hypothèse depuis que la Cour de cassation a affirmé que le jugement d'orientation qui ordonne la vente forcée de l'immeuble saisi interdit de procéder à la vente du bien selon une autre modalité que celle qu'il a prévue *(Cass. 2e civ., 9 avr. 2015, n° 14-16.878 : JurisData n° 2015-007654 ; JCP N 2015, n° 26, 1109, note F. Vauvillé ; D. 2015, p. 1928, note P. Théry et C. Brenner, et 1791, chron. H. Adida-Canac, T. Vasseur et E. de Leiris)*. À notre sens, sauf revirement, cette possibilité semble désormais fermée.

2° Vente aléatoire

4715 Notion – Un contrat est aléatoire *lorsque les parties acceptent de faire dépendre les effets du contrat, quant aux avantages et aux pertes qui en résulteront, d'un évènement incertain (C. civ., art. 1108, al. 2, nouveau)*. En vertu de l'adage « l'aléa chasse la lésion », la vente aléatoire n'est en principe pas susceptible de lésion, pour la raison que le défaut d'équivalence des prestations réciproques ne résulte pas d'une contrainte sur la volonté du vendeur – qui fonde en principe la lésion – mais de la volonté des parties. Autrement dit, comme les parties ont accepté de courir un risque dans l'espoir d'obtenir un gain, elles ne peuvent plus se plaindre du déséquilibre objectif des prestations, consécutif à la survenance d'un aléa.

4716 Appréciation – Le caractère aléatoire de la vente s'apprécie souverainement par les juges du fond. L'aléa s'apprécie au jour de la réalisation de la vente *(Cass. 3e civ., 7 juill. 2010, n° 09-14.579 : JurisData n° 2010-011205 ; JCP E 2010, n° 51-52, chron.2134. J.-B. Seube)*.

C. – EXISTENCE D'UN PRIX LÉSIONNAIRE

4717 Caractérisation – Une lésion suppose l'existence d'un déséquilibre objectif, autrement dit d'un prix lésionnaire. La loi fixe elle-même dans quelle proportion le prix de vente est lésionnaire (*V. n°* ***4718***). Constater une lésion suppose donc de déterminer la valeur de l'immeuble et de la comparer au prix de vente de celui-ci (*V. n°* ***4719***).

1° Seuil de fixation de la lésion

4718 Sept douzièmes – L'article 1674 du Code civil fixe la lésion à plus de sept douzièmes dans le prix d'un immeuble. Autrement dit, pour qu'il y ait lésion, le prix indiqué à l'acte de vente doit être **inférieur aux cinq douzièmes** de la valeur de l'immeuble au moment de la vente. **Aucune autre condition n'est exigée**.

> **Exemple** Il faut donc multiplier le prix par cinq douzièmes soit 2,4. Pour un bien revendu 240 000 €, il faudrait que le prix de la vente d'origine ne soit pas inférieur à 100 000 € (240 000 ÷ 2,4 = 100 000). Par cette opération, on obtient les cinq douzièmes de sa valeur, donc le minimum qu'aurait dû percevoir le vendeur d'origine pour que cette vente initiale ne soit pas lésionnaire. À défaut, le vendeur n'aurait pas perçu au moins cinq douzièmes de la valeur du bien.

2° Constat de la lésion

4719 **Comparaison des prix** – Le constat de la lésion exige de déterminer, d'une part, la valeur vénale de l'immeuble ; et d'autre part, le prix de vente de l'immeuble.

a) Détermination de la valeur de l'immeuble

4720 **Prix de marché** – La valeur vénale de l'immeuble correspond au prix que le vendeur aurait pu obtenir à **des conditions normales de marché au moment de la vente.** Les juges du fond apprécient souverainement la valeur de l'immeuble, et peuvent, ou non, s'appuyer sur le rapport d'expertise exigé par la loi pour démontrer l'existence de la lésion *(C. civ., art. 1678. – V. n°* ***4722****)*. Dans ce cadre, tous les éléments utiles peuvent être pris en compte.

4721 **Jurisprudence** – L'étude de la jurisprudence révèle que l'appréciation des juges peut s'appuyer notamment sur **les éléments suivants :**
- la **situation** de l'immeuble ;
- la **contenance** de l'immeuble ; il faut toutefois noter que la jurisprudence juge que pour un terrain non bâti, constructible, la lésion s'apprécie par rapport à la surface stipulée à l'acte de vente et non par rapport à celle mentionnée au cadastre ;
- la **destination** de l'immeuble ; en cas de pluralité d'hypothèses d'utilisation de l'immeuble, la valeur de celui-ci doit être fixée au plus élevé des prix de vente que le vendeur aurait pu en obtenir ;
- la moins-value résultant de l'existence d'un bail, même si l'acquéreur était le locataire de l'immeuble ;
- la **dévalorisation** que fait subir à l'immeuble le risque né de l'incertitude sur les possibilités d'obtenir les autorisations administratives nécessaires pour construire, risque couru par le seul acquéreur ;
- **l'avantage conféré** à l'acquéreur par la stipulation du paiement du **prix de vente à crédit**.

4722 **Appréciation souveraine** – Compte tenu de ces éléments d'appréciation, **la méthode de calcul retenue par les juges du fond est libre**. Ils peuvent ou non se fonder sur les rapports d'expertise exigés dans le cadre de la preuve de la lésion *(C. civ., art. 1678)*. Trois méthodes sont globalement envisageables :
- la méthode par **comparaison** qui consiste à comparer l'immeuble avec d'autres immeubles de même type ayant fait l'objet de transactions récentes, d'expertises, de décisions de justice ou encore de décisions de l'administration fiscale ;
- la méthode **d'évaluation par capitalisation** qui consiste à partir des revenus que le bien est susceptible de produire pour remonter au prix du capital, par exemple en partant des loyers ;
- la méthode par **estimation du coût de remplacement** déprécié qui consiste à estimer le coût de remplacement de l'immeuble (équivalent au coût de reconstruction moins les désuétudes observées) et à appliquer au résultat un coefficient de vétusté.

4723 **Date de l'estimation de la lésion** – L'immeuble doit être estimé *suivant son état et sa valeur au moment de la vente (C. civ., art. 1675)*. La jurisprudence a eu l'occasion de préciser que « le moment de la vente » visé par l'article 1675 du Code civil est celui de la rencontre des volontés sur les éléments essentiels du contrat, à savoir, la chose et le prix.
La lésion s'apprécie donc en principe **au moment de la formation du contrat**.

Remarque Ainsi, la rétroactivité de l'annulation de la révision du plan d'occupation des sols se traduisant par l'application de l'ancien POS, plus favorable à l'acheteur, n'autorise pas une action en rescision pour lésion *(Cass. 3e civ., 17 juin 2009, n° 08-15.055 : JurisData n° 2009-048648 ; JCP N 2009, n° 28, act. 511 ; Constr.-Urb. 2009, comm. 96, P. Cornille ; D. 2009, p. 2588, note Chantepie ; AJDI 2010, p. 415, obs. Cohet-Cordey ; Defrénois 2009, 2078, obs. Dagorne-Labbe)*.
Les modifications qui affectent la valeur de l'immeuble **après la vente** ne sont en principe pas prises en compte. Toutefois, s'agissant d'un terrain, la jurisprudence juge qu'il est possible de prendre compte un projet de modification d'un plan d'occupation des sols laissant envisager la constructibilité prochaine du terrain. De même, la valeur d'un terrain doit être déterminée au vu de son classement futur et certain en zone constructible du POS de la commune, et non de son classement effectif au jour de la vente, à condition toutefois que cette décision de classement soit intervenue au moment de l'instance.

En cas de **promesse unilatérale de vente**, la lésion s'apprécie au jour de la réalisation *(C. civ., art. 1675, al. 2)*, c'est-à-dire au jour de levée de l'option.
En cas de **promesse synallagmatique de vente**, la lésion doit s'apprécier au jour de la signature de la promesse, et non à la date de réalisation de la condition suspensive.
Lorsque l'acte apparent de vente est précédé **d'une contre-lettre**, c'est à la date de cette dernière que remonte l'accord des volontés et par conséquent que doit être appréciée la lésion.

b) Détermination du prix de vente

4724 Le prix de vente à prendre en compte est le prix de vente stipulé au contrat c'est-à-dire la somme d'argent et les éventuelles prestations en nature imposées à l'acheteur.

Il faut aussi tenir compte :

- des frais payés par l'acheteur relevant normalement du vendeur ; ainsi, on peut tenir compte des frais d'hypothèques légales mais pas de la TVA ;
- de l'indemnité versée par l'acquéreur au vendeur en contrepartie de la renonciation au bénéfice d'une condition suspensive ;
- de la somme versée par l'acheteur à l'occupant des lieux pour qu'il les quitte ;
- de l'avantage conféré à l'acquéreur par la stipulation du paiement du prix de vente à crédit sur 15 ans sans intérêt ni indexation.

II. Régime de l'action en rescision

4725 L'action en rescision doit répondre à certaines conditions (*V. n°* ***4726***). Elle produit deux types d'effets : soit une annulation de la vente, soit une révision du prix (*V. n°* ***4737***).

A. – CONDITIONS DE L'ACTION

1° Qualité pour agir

a) Demandeur

4726 **Exclusivité du vendeur** – Seul le vendeur peut agir en rescision pour lésion. L'article 1683 du Code civil rappelle que la rescision pour lésion n'a pas lieu en faveur de l'acheteur. Les **créanciers du vendeur** peuvent toutefois exercer l'action en rescision pour lésion par la voie oblique *(C. civ., art. 1341-1).*

4727 **Interdiction d'une renonciation au moment de la conclusion du contrat** – Aux termes de l'article 1674 du Code civil, le vendeur peut agir en rescision de la vente *quand même il aurait expressément renoncé dans le contrat à demander cette rescision*. Il résulte de ce texte que toute clause stipulée dans le contrat lésionnaire, lors de sa conclusion, par laquelle le contractant lésé a renoncé à agir en rescision est inefficace. En revanche, les **renonciations postérieures** à l'exécution du contrat, c'est-à-dire au paiement du prix, sont valables et interdisent donc une action en rescision, à condition que le vendeur ait eu connaissance de la lésion. Enfin, le vendeur peut invoquer la lésion **même s'il a déclaré donner la plus-value** *(C. civ., art. 1674).*

4728 **Pluralité de demandeurs** – L'article 1685 du Code civil prévoit que, dans les cas où **plusieurs vendeurs** ont vendu conjointement ou séparément (ou le cas échéant **leurs héritiers**), ces derniers se voient appliquer, pour l'exercice de l'action en rescision, les mêmes règles que pour la faculté de rachat (règles prévues à la section précédente du code aux articles 1659 et suivants, et notamment 1668 et 1669). En vertu de ces articles, l'action en rescision ne peut être exercée **que pour la part détenue par chaque vendeur ou chaque héritier** *(C. civ., art. 1668).*

Remarque Il en résulte que la décision rendue sur la lésion n'aura d'effet qu'à l'égard du vendeur ou de l'héritier qui a agi, et que la rescision ne sera que **partielle**. La conséquence est qu'il en découlera une indivision entre l'acquéreur et les vendeurs (ou les héritiers) qui ont exercé l'action. Afin d'éviter ce dernier inconvénient, l'article 1670 du Code civil prévoit la possibilité d'exiger que tous les covendeurs ou tous les cohéritiers soient mis en cause, afin de se concilier entre eux pour la reprise de l'immeuble. Autrement dit, ils doivent s'entendre à l'unanimité pour agir. À défaut d'accord entre les demandeurs, il sera opposé une fin de non-recevoir à l'action *(C. civ., art. 1670, in fine).*

b) Défendeur

4729 **Acquéreur et « tiers possesseur »** – Le défendeur est en principe l'acquéreur. Lorsque l'acquéreur a revendu l'immeuble entre temps, le vendeur peut selon nous agir directement contre le sous-acquéreur en rescision. Réciproquement, le **sous-acquéreur** peut intervenir à l'instance afin d'écarter la lésion en offrant de payer le supplément de prix *(C. civ., art. 1681, al. 12)*. Plus généralement, tout « tiers possesseur » *(C. civ., art. 1681, al. 2)* peut faire de même, afin d'éviter l'annulation de la vente : l'expression englobe notamment le **créancier hypothécaire.**

4730 **Pluralité d'héritiers** – En cas de décès de l'acheteur et d'une pluralité d'héritiers, l'action en rescision ne peut être exercée contre chacun d'eux que pour sa part dans le cas où l'immeuble est encore indivis *(C. civ., art. 1672, al. 1er et 1685)*. Si le partage a déjà eu lieu et que l'immeuble est échu au lot de l'un des héritiers, l'action en rescision peut être exercée contre lui pour le tout *(C. civ., art. 1672, al. 2 et 1685).*

2° Délai pour agir

4731 **Deux ans** – Le vendeur doit exercer son action dans un délai de 2 ans à compter du *jour de la vente (C. civ., art. 1676, al. 1er)*. Il s'agit d'un **délai préfix** qui n'est pas susceptible de suspension. En revanche, il peut être interrompu depuis la loi n° 85-677 du 5 juillet 1985 *(C. civ., art. 2241 [anc. art. 2244])*.
Lorsque ce délai est expiré, la rescision **ne peut plus être demandée, ni par voie d'action ni par voie d'exception.**

4732 **Point de départ** – En cas de **vente sous conditions suspensives,** la prescription de l'article 1676 ne commence à courir qu'à compter du jour de leur **réalisation** ou de la **renonciation** au bénéfice de ces conditions. En cas de vente sous **condition résolutoire**, le délai court à compter du contrat, car la vente est parfaite dès sa conclusion.
Pour la **promesse unilatérale de vente**, la levée de l'option constitue le point de départ du délai. En cas de **location-accession**, lorsque le contrat indique que l'accédant à la propriété entend recourir à un ou plusieurs prêts régis par les articles du Code de la consommation, la vente conclue en exécution de ce contrat est nécessairement conclue sous la condition suspensive de l'obtention des prêts indiqués, de sorte que le délai de prescription de l'action en rescision ne peut avoir commencé à courir à la date de la levée de l'option.
En matière de **promesse synallagmatique de vente**, c'est le jour de la conclusion de l'acte qui est retenu.
Si survient un **remplacement** ou une **modification** d'un premier accord, le délai ne court que du jour du remplacement ou de la modification.

3° Publicité

4733 **Publication de la demande** – La demande en rescision doit être publiée au service de la publicité foncière du lieu de l'immeuble, à peine d'irrecevabilité *(D. n° 55-22, 4 janv. 1955, art. 28, 4°, c et 30, 5°)*. Une publication tardive n'entraîne toutefois aucune déchéance, à condition que la demande soit publiée avant la clôture des débats, même en cause d'appel *(V. JCl. Notarial Formulaire, V° Vente d'immeuble, fasc. 650)*.

4° Preuve de la lésion

4734 **Système contraignant** – Afin d'établir la preuve de la lésion, le législateur a mis au point un système de filtrage de l'action. Certes, conformément au droit commun (*Actori incumbit probatio*) c'est naturellement au vendeur (demandeur à l'action) de rapporter la preuve de l'existence de la lésion *(sur sa caractérisation, V. n° **4717** et s.)*. Toutefois, la preuve de la lésion ne peut être rapportée qu'à l'intérieur d'un système contraignant à deux égards : d'une part, il faut un jugement préalable établissant la vraisemblance de la lésion et d'autre part, la preuve de la lésion doit nécessairement donner lieu à un rapport d'expertise prévue par la loi.

4735 **Jugement de vraisemblance préalable** – En premier lieu, la loi prévoit que *La preuve de la lésion ne pourra être admise que par jugement, et dans le cas seulement où les faits articulés seraient assez vraisemblables et assez graves pour faire présumer la lésion. (C. civ., art. 1677)*. Il en résulte que les juges ne peuvent prononcer au fond la lésion avant de trancher par jugement la question de la vraisemblance de la lésion. L'office du juge consiste à rechercher si les faits articulés sont assez vraisemblables et assez graves pour faire présumer la lésion.

4736 **Expertise** – En second lieu, une fois admise la recevabilité de l'action, la loi prévoit que la preuve de la lésion ne peut être rapportée que par un **rapport de trois experts**, qui seront tenus de dresser un seul procès-verbal commun, et de ne former qu'un seul avis à la pluralité des voix *(C. civ., art. 1678)*. Ces trois experts seront nommés d'office, à moins que les parties ne se soient accordées pour les nommer tous les trois conjointement *(C. civ., art. 1680)*. S'il y a des avis différents d'experts, le procès-verbal en contiendra les motifs, sans qu'il soit permis de faire connaître de quel avis chaque expert a été *(C. civ., art. 1679)*.

Remarque Concernant la **portée** de ce rapport d'expertise, il faut noter que le **pouvoir souverain** des juges du fond **prime**. Ils ne sont pas tenus de suivre l'avis des experts.

B. – EFFETS DE L'ACTION

4737 **Option de l'acquéreur** – La vente lésionnaire peut, lorsque les conditions de l'action exercée par le contractant lésé sont remplies, être **révisée** (*V. n° **4738***) ou **rescindée** par le juge (*V. n° **4741***).
L'exercice de l'option entre ces deux sanctions appartient **uniquement à l'acquéreur**, ou au tiers possesseur, s'il a un intérêt à agir, notamment le sous-acquéreur. Ainsi, si le vendeur invoque la lésion, il ne peut en tirer comme conséquence que la rescision de la vente ; seul l'acquéreur peut offrir une revalorisation du prix pour éviter que la vente ne soit rescindée.

1° Révision du contrat lésionnaire

4738 **Rééquilibre** – La sanction naturelle de la lésion est le rééquilibrage du contrat et, s'agissant du prix lésionnaire, le versement d'un complément de prix. L'acquéreur peut donc choisir de conserver l'immeuble

CONTENTIEUX

en payant le supplément de prix pour mettre fin à la lésion *(C. civ., art. 1681)*. Toutefois, il faut déduire de ce supplément de prix le dixième du prix total *(C. civ., art. 1681, al. 1er)*, résultant des deux versements, initial et complémentaire, de l'acquéreur.

4739 **Calcul du supplément de prix** – Le complément de prix pour échapper à la restitution de l'immeuble correspond **non à la valeur vénale** de l'immeuble au moment où il a été vendu, **mais à sa valeur réelle à l'époque où doit intervenir ce règlement complémentaire**.
Il en résulte que l'immeuble devra être évalué deux fois : une fois à la date de la vente pour établir la lésion et une fois au jour du paiement pour évaluer le supplément du prix.

4740 **Intérêts sur le supplément du prix** – Si l'acquéreur opte pour le versement du supplément du prix, il doit l'intérêt du supplément, **du jour de la demande en rescision** *(C. civ., art. 1682)*. Ces intérêts sont payés au taux légal.

2° Rescision du contrat lésionnaire

4741 **Anéantissement rétroactif du contrat** – La rescision du contrat lésionnaire entraîne son anéantissement rétroactif, le retour au *statu quo ante*. Ainsi, l'acquéreur doit restituer l'immeuble vendu et le vendeur, le prix versé. Hormis quelques différences tenant à son régime, la rescision est une notion identique à la nullité relative. Par conséquent, les éventuels contentieux liés à la restitution de l'immeuble (dégradation) seront réglés conformément aux règles applicables en matière de nullité *(V. n° **4656** et s.)*.

4742 **Restitutions réciproques** – L'**acquéreur**, outre la restitution de l'immeuble, doit rendre les **fruits** du jour de la demande *(C. civ., art. 1682, al. 2)*. Le vendeur doit restituer le **prix** de vente. La restitution du prix doit s'accompagner du paiement des **intérêts** au taux légal, qui courent à partir du jour de la demande en rescision ou du jour du paiement si l'acheteur n'a touché aucun fruits *(C. civ., art. 1682, al. 3)*. Enfin, les **frais de mutation** et d'enregistrement payés par l'acheteur sont restituables à condition que la rescision ait été prononcée par un jugement ou un arrêt passé en force de chose jugée *(CGI, art. 1961, al. 2)*. L'acheteur ne peut donc en demander remboursement au vendeur.

Pour aller plus loin

Formules
- JCl. Notarial Formulaire, V° Vente d'immeuble, fasc. 655 (ratification, confirmation)

Fiches pratiques
- Fiche pratique n° 3111 : Déterminer l'immeuble vendu et les sujétions le grevant au sein de la partie développée de l'acte authentique de vente, par S. Olivier
- Fiche pratique n° 1721 : Rédiger une vente d'immeuble, par M. Suquet-Cozic

Commentaires
- JCl. Notarial Formulaire, Synthèse 1520, Vente d'immeuble, contentieux, par V. Zalewski-Sicard
- JCl. Notarial Formulaire, V° Vente d'immeuble, fasc. 650, par S. Castagné et V. Zalewski-Sicard

Contentieux de l'exécution de la vente d'immeuble

Action en résolution de la vente d'immeuble

4743 **Non-paiement du prix** – *Outre les actions rédhibitoires en cas de vice caché ou d'éviction (V. n° 4796 et s.)*, la principale cause de résolution en matière de vente immobilière est constituée par le non-paiement de tout ou partie du prix par l'acquéreur : l'inexécution par l'acquéreur de son obligation principale peut en effet conduire à la résolution de la vente. Ainsi qu'en dispose l'article 1654 du Code civil, *si l'acheteur ne paie pas le prix, le vendeur peut demander la résolution de la vente*. Le défaut de paiement du prix s'entend du prix proprement dit, mais également des intérêts du prix et du défaut de remboursement des frais de la vente par l'acquéreur.

4744 **Typologie des résolutions** – Conformément à l'article 1224 du Code civil, *la résolution résulte soit de l'application d'une clause résolutoire soit, en cas d'inexécution suffisamment grave, d'une notification du créancier au débiteur ou d'une décision de justice.*

I. Action en résolution judiciaire

A. – CONDITIONS DE LA RÉSOLUTION JUDICIAIRE

4745 Classiquement considérée comme une sanction propre aux contrats synallagmatiques, dont la vente d'immeuble est le modèle parmi les modèles, le prononcé par le juge de la résolution suppose une *inexécution suffisamment grave (C. civ., art. 1224)*. Au surplus, dans le cas de la résolution de la vente d'immeuble, il doit en être fait publicité.

1° Contrat de vente immobilière

4746 **Champ de la résolution judiciaire** – L'ancien article 1184, alinéa 1er disposait expressément que *la condition résolutoire est toujours sous-entendue dans les contrats synallagmatiques [...]*. Cette référence aux contrats synallagmatiques a néanmoins disparue des articles 1224 à 1230 du Code civil.

4747 **Toute vente d'immeuble** – Quoi qu'il en soit, la résolution judiciaire suppose des obligations réciproques que l'on retrouve non seulement dans les contrats synallagmatiques, telle la vente immobilière, mais également dans les contrats unilatéraux à titre onéreux, tel un contrat de prêt immobilier. Bien que ces contrats soient unilatéraux, il paraît justifié d'admettre à leur propos la résolution judiciaire dès lors qu'ils supposent une prestation de la part du créancier de l'obligation principale engendrée par le contrat. Par exemple, lorsqu'un emprunteur ne rembourse pas les intérêts convenus, il est admis que le prêteur puisse provoquer la résolution en saisissant le juge.

4748 **Vente consentie moyennant une rente viagère** – Certains contrats, quand bien même seraient-ils synallagmatiques, échappent à la résolution judiciaire pour des raisons variées illustrant le troisième alinéa de l'article 1224 du Code civil. Outre le cas de l'expropriation, la vente consentie moyennant une rente viagère ne supporte pas *a priori* la résolution pour non-paiement des arrérages de la rente. L'article 1978 du Code civil précise en effet que *le seul défaut de paiement des arrérages de la rente n'autorise point celui en faveur de qui elle est constituée à demander le remboursement du capital ou à rentrer dans le fonds par lui aliéné....* Le vendeur crédit rentier ne peut que faire saisir et vendre les biens du débiteur et solliciter qu'il soit ordonné sur le produit de la vente l'emploi de la somme nécessaire au service des arrérages (*V. n° 212*).

4749 **Exceptions** – Néanmoins, il convient de souligner que :

- lorsque la vente est consentie moyennant la constitution d'une rente viagère, mais également d'autres obligations (par exemple, le paiement à terme d'une partie du prix), l'inexécution de ces autres obligations peut conduire à la résolution de la vente. Ce faisant la Cour de cassation retient une conception restrictive de l'article 1978 du Code civil : la résolution de la vente pour défaut de paiement de la partie du prix payable à terme en capital ;

- les parties peuvent prévoir différemment, en stipulant (et c'est souvent le cas) une clause résolutoire, la jurisprudence, de manière constante décidant que les dispositions de l'article 1978 ne sont pas d'ordre public. En conséquence à défaut de paiement des arrérages, la clause résolutoire pour défaut de paiement du prix s'applique conformément au droit commun applicable aux clauses résolutoires *(Cass. ass. plén., 4 avr. 2008 : JurisData n° 2008-043506 ; JCP N 2008, n° 16, act. 394 ; Defrénois, 2008, p. 1829, note Y. Dagorne-Labbé ; JCP N 2009, n° 1, 1001-17, obs. S. Piedelièvre).*

2° Non-paiement du prix par l'acquéreur

4750 Plan – De manière générale, l'inexécution par l'une des parties de ses obligations est la seule condition de fond nécessaire pour que le créancier de l'obligation puisse solliciter la résolution du contrat. Il en résulte trois conséquences.

4751 L'inutilité du préjudice – Peu importe que le vendeur subisse ou non un préjudice à raison du non-paiement du prix. Si tel est le plus souvent le cas, le vendeur n'aura en tout état de cause pas à en rapporter la preuve. Dans tous les cas, si un préjudice devait résulter du non-paiement du prix par l'acquéreur, le vendeur pourrait solliciter, au surplus, des dommages et intérêts *(C. civ., art. 1217).*

4752 L'inexécution d'une obligation – Il importe peu que l'inexécution soit fautive ou non. Cette considération n'intéresse pas la résolution judiciaire qui peut être sollicitée dans tous les cas. Mais encore faut-il qu'il y ait inexécution pour que l'on entre dans le cadre de la résolution sanction. Autrement dit, il faut que le prix ait été exigible.

4753 L'ampleur de l'inexécution – L'inexécution pourra être totale ou partielle. Lorsqu'elle est totale, elle justifie aisément l'anéantissement du contrat. En cas d'inexécution partielle (paiement d'une partie du prix, exécution de certaines obligations, etc.) ou défectueuse, le créancier a (presque toujours) le droit de solliciter l'exécution forcée de la vente immobilière assortie le cas échéant de dommages et intérêts. Mais peut-il provoquer la résolution du contrat ? L'article 1224 du Code civil prévoit que l'inexécution doit être *suffisamment grave*. Le juge doit donc vérifier si l'inexécution met ou non en péril le contrat en raison de la gravité de l'inexécution. En effet, la résolution peut être prononcée par le juge en cas d'inexécution partielle dès lors qu'elle porte sur une obligation déterminante de la conclusion du contrat : tel est manifestement le cas du paiement du prix.

Remarque Le vendeur peut renoncer à solliciter la résolution une fois la défaillance de l'acquéreur consommée ou par une clause du contrat de manière anticipée. La Cour de cassation admet une telle possibilité au motif que « l'article 1184 du Code civil n'est pas d'ordre public et un contractant peut renoncer par avance au droit de demander la résolution judiciaire du contrat » *(Cass. 3e civ., 3 nov. 2011, n° 10-26.203 : JurisData n° 2011-023715 ; JCP N 2012, n° 8-9, 1117, note L. Leveneur. – M. Dagot, La renonciation anticipée à l'action résolutoire de la vente d'immeuble : JCP N 1986, I, 361).* Cette renonciation doit être non équivoque *(Cass. 3e civ., 13 juill. 2016, n° 14-26.958 : JurisData n° 2016-013751 : JCP N 2016, n° 30-34, act. 930 ; Contrats, conc. consom. 2016, comm. 230, L. Leveneur).* Cette jurisprudence doit perdurer sous l'empire des articles 1217 à 1231-7 du Code civil.

3° Publication de la demande en résolution

4754 Publicité foncière – La demande en résolution d'une vente immobilière n'est recevable que si elle a fait l'objet d'une publicité foncière, par application des articles 28 et 30 du décret n° 55-22 du 4 janvier 1955. Le juge ne peut pas soulever d'office l'irrecevabilité. Au surplus, l'article 28 précité dispose que la décision qui prononce la résolution de la vente doit être publiée. Lorsqu'une telle publicité n'est pas réalisée, le tiers qui a traité avec l'acquéreur après la résolution pourra réclamer des dommages et intérêts, mais il ne pourra refuser de reconnaître l'existence du jugement.

B. – MISE EN ŒUVRE DE LA RÉSOLUTION JUDICIAIRE

4755 Plan – Par nature, la résolution judiciaire de la vente d'immeuble suppose le recours au juge qui, éventuellement, la prononcera si les conditions en sont réunies. L'ancien article 1184 ne disait pas autre chose lorsqu'il prévoyait que *le contrat n'est point résolu de plein droit*. Il convient donc de déterminer qui peut solliciter la résolution de la vente d'immeuble et quels sont les pouvoirs du juge.

1° Exercice de l'action en résolution judiciaire

4756 Action facultative – L'action en résolution est facultative pour le vendeur dont l'acquéreur ne paie pas le prix de la vente. En effet, il a le choix entre provoquer la résolution judiciaire et solliciter l'exécution forcée en nature. Bien qu'aucun texte du Code civil ne l'exprime plus directement (comp. *C. civ., art. 1217*), il convient de considérer que la règle selon laquelle *la partie envers laquelle l'engagement n'a point été exécuté, a* *le choix ou de forcer l'autre à l'exécution de la convention lorsqu'elle est possible, ou d'en demander la résolution avec dommages et intérêts* (ancien art. 1184) demeure. Ainsi, tant qu'il n'a renoncé ni à l'une ni à l'autre de ces possibilités, le vendeur conserve la liberté de choisir le fondement de son action en fonction des circonstances et de l'intérêt qu'il peut y trouver. Ce choix comporte cependant une limite énoncée, de manière générale, par l'article 1217 du Code civil : *les sanctions qui ne sont pas incompatibles peuvent être cumulées*. L'exécution forcée et la résolution sont incompatibles : le créancier ne peut demander tout (la résolution) et son contraire (l'exécution forcée).

4757 Action alternative – En prévoyant que *la résolution peut, en toute hypothèse, être demandée en justice, l'article 1227 du Code civil entend préciser que le vendeur conserve toujours une option entre les différentes modalités de résolution qui lui sont offertes par le Code civil. Ainsi, si le créancier peut mettre fin au contrat par voie de notification, il peut également choisir de recourir au juge s'il y trouve un intérêt. De même si le contrat contient une clause résolutoire (V. n°* **4780** et s.), le vendeur peut préférer solliciter la résolution judiciaire. Il n'a aucune obligation de mettre en œuvre la clause.

4758 Action liée au privilège du vendeur – Suivant le deuxième alinéa de l'article 2379 du Code civil, *l'action résolutoire établie par l'article 1654 ne peut être exercée après l'extinction du privilège du vendeur, ou à défaut d'inscription de ce privilège dans le délai [de deux mois à compter de l'acte de vente], au préjudice des tiers qui ont acquis des droits sur l'immeuble du chef de l'acquéreur et qui les ont publiés.*

4759 Mise en demeure inutile – Le vendeur n'a pas à mettre nécessairement en demeure l'acquéreur de payer le prix. En effet, s'agissant d'une résolution judiciaire, l'assignation permet de l'avertir et donc suffit à mettre l'acquéreur en demeure de s'exécuter.

4760 Preuve de l'inexécution – En tant que demandeur, c'est à la partie qui invoque la résolution judiciaire, le vendeur, de rapporter la preuve de la défectuosité de l'exécution et de son ampleur. Toutefois, l'acquéreur peut chercher à éviter la résolution, soit en rapportant la preuve qu'il a bien exécuté le contrat conformément à ses termes et conditions, soit en offrant de payer le prix, y compris en cours d'instance.

2° Pouvoirs du juge

4761 Pouvoir d'appréciation du juge – Le juge, auquel il revient de prononcer ou non la résolution de la vente d'immeuble, dispose d'un pouvoir d'appréciation ainsi que l'exprime l'article 1228 du Code civil. En effet, si la résolution peut être, en toute circonstance, demandée en justice, il n'en demeure pas moins que le juge peut, selon les circonstances prononcer la résolution ou ordonner l'exécution de la vente d'immeuble (ou même allouer seulement des dommages et intérêts *(C. civ., art. 1228)*. Le juge n'est donc aucunement lié. Il doit apprécier la gravité de l'inexécution avant de prononcer la résolution de la vente d'immeuble.

4762 Prononcé de la résolution – Si le prix venait à ne pas être payé et la résolution de la vente d'immeuble sollicitée, le juge la prononcera, en l'assortissant éventuellement d'une condamnation à des dommages et intérêts. En revanche, le contrôle effectué par le juge sera plus délicat en cas d'inexécution partielle. En effet, il doit apprécier si, « selon les circonstances », cette inexécution justifie l'anéantissement du contrat *(C. civ., art. 1228)*. Or, ce n'est que lorsqu'elle est suffisamment grave que le juge sera amené à prononcer la résolution. Telle est la raison pour laquelle l'article 1655 du Code civil permet au juge, lorsque le vendeur ne court pas le risque de perdre la chose et le prix, d'accorder à l'acquéreur un délai plus ou moins long selon les circonstances. À défaut de paiement dans ce délai, la résolution est alors prononcée. Ainsi, *le juge peut, selon les circonstances, constater ou prononcer la résolution ou ordonner l'exécution du contrat, en accordant éventuellement un délai au débiteur, ou allouer seulement des dommages et intérêts (C. civ., art. 1228)*.

4763 Rejet de la résolution – Lorsque le juge ne prononce pas la résolution, il peut prendre des mesures alternatives ainsi qu'en dispose l'article 1228 du Code civil. Principalement, il peut décider, lorsque l'inexécution ne paraît pas de nature à permettre le prononcé de la résolution du contrat, d'ordonner l'exécution forcée de celui-ci ou d'allouer des dommages et intérêts au créancier.

C. – EFFETS DE LA RÉSOLUTION JUDICIAIRE

4764 Restitutions – Tant que la résolution n'est pas prononcée, la vente demeure. C'est donc son prononcé qui « met fin au contrat », dont certains des effets peuvent être rétroactivement anéantis. Cet anéantissement rétroactif et ses conséquences ne sont que rarement souhaités par les parties à la vente.

4765 Restitutions dues par le vendeur – Le vendeur doit restituer à l'acquéreur le prix qu'il a perçu *(C. civ., art. 1352-6)* et qu'il peut avoir dépensé. Il peut au surplus être amené à devoir verser une indemnité à l'acquéreur lorsque celui-ci a réalisé des dépenses nécessaires à la conservation de la chose et des dépenses qui ont augmenté la valeur, dans la limite de la plus-value estimée au jour de la restitution *(C. civ., art. 1352-5)*.

4766 Restitutions dues par l'acquéreur – Quant à l'acquéreur, il doit restituer au vendeur l'immeuble ainsi que ses accessoires *(C. civ., art. 1352)*, y compris, selon l'article 1352-1 les fruits et la valeur de la jouissance que la chose a procurée. Il peut également être amené à devoir verser au vendeur des indemnités notamment en raison de la dépréciation du bien, en raison de l'utilisation qu'il en a faite ou de la perception de revenus. Notamment, l'acquéreur répond des dégradations et détériorations qui ont diminué la valeur de l'immeuble, à moins qu'il ne soit de bonne foi et que celles-ci ne soient pas dues à sa faute *(C. civ., art. 1352-1)*.

4767 Prise d'effet de la résolution – Conformément au deuxième alinéa de l'article 1229 du Code civil, la résolution judiciaire prend effet à la date fixée par le juge ou, à défaut, au jour de l'assignation en justice. En effet, contrairement au prononcé de la nullité de la vente qui entraîne son anéantissement rétroactif dès lors qu'il était affecté d'une tare originelle (la vente, nulle, n'est censée n'avoir jamais existé), ici la vente a existé. Et comment le nier puisque la résolution a pour cause son inexécution ! En disposant que la résolution prend effet à la date fixée par le juge ou, à défaut, au jour de l'assignation en justice, le législateur entend donc se démarquer de toute assimilation de la résolution à la nullité. Il en résulte d'importantes conséquences.

4768 Effet rétroactif de la résolution d'une vente d'immeuble – Si le contrat n'a pas reçu de commencement d'exécution, les difficultés sont ténues. En revanche, dans le cas contraire, il convient de déterminer précisément à partir de quel moment il est mis fin au contrat, ce qui peut engendrer, le cas échéant, des restitutions. Si ces restitutions ont lieu dans les conditions prévues par les articles 1352 à 1352-9 du Code civil *(V. n° **4764**)*, leur ampleur diffère néanmoins selon l'économie du contrat (« contrat à utilité globale et à utilité continue »), ainsi qu'en dispose l'article 1229, alinéa 3 qui distingue les contrats à utilité continue (un bail par exemple), des contrats à utilité globale telle que la vente d'immeuble. Dans une vente d'immeuble, les prestations échangées ne trouvaient leur utilité que par l'exécution complète du contrat résolu. Dans ce cas, et sans que l'existence de la vente soit remise en cause, les parties devront restituer l'intégralité de ce qu'elles se sont procurées l'une à l'autre. C'est ce que l'on dénomme la résolution. D'une certaine manière celle-ci est donc rétroactive, dans la mesure où les restitutions concernent toutes les prestations réalisées par le passé. Le vendeur se voit donc restituer la chose par l'acquéreur et, éventuellement, il doit lui restituer la partie du prix qui lui avait été payée.

4769 Étendue de la résolution – Si la résolution affecte les effets du contrat, l'article 1230 du Code civil précise que *la résolution n'affecte ni les clauses relatives au règlement des différends, ni celles destinées à produire effet même en cas de résolution, telles les clauses de confidentialité et de non-concurrence*. Cette précision est bienvenue, alors que la Cour de cassation, après une période d'hésitation *(Cass. com., 5 oct. 2010, n° 08-11.630 : JurisData n° 2010-017800 ; JCP G 2011, 63, obs. P. Grosser ; RDC 2011, p. 431, obs. T. Genicon)*, acceptait de maintenir :

- des clauses compromissoires ;
- des clauses attributives de juridiction ;
- des clauses pénales (*Cass. 3e civ., 26 janv. 2011, n° 10-10.376 : JurisData n° 2011-000680 ; JCP N 2011, n° 6, act. 207 ; Contrats, conc. consom. 2011, comm. 87, obs. L. Leveneur*) ;
- ou encore des clauses limitatives de réparation (*Cass. com., 7 févr. 2018, n° 16-20.352 : JurisData n° 2018-001431 ; JCP E 2018, 1295, note N. Dissaux*).

L'article 1230 clarifie donc la situation : les clauses attributives de compétence, les clauses compromissoires ou encore les clauses de conciliation ne doivent pas être affectées par la résolution. De même, mais de manière moins nette, survivent à la résolution les clauses destinées à produire effet même en cas de résolution, l'article 1230 en donnant deux illustrations : la clause de confidentialité et celle de non-concurrence, auxquelles il est possible d'ajouter, par exemple, les clauses pénales, les clauses limitatives de réparation, etc.

4770 Effets à l'égard des tiers – Les effets de la vente ayant été résolus, les droits transmis par l'acquéreur sont consécutivement anéantis *(P. Ancel, La rétroactivité et la sécurité des tiers : RDC 2008, p. 35)*. Il en va ainsi de la vente qu'il aurait conclue avec un tiers, de la constitution d'un droit réel ou d'une sûreté réelle. Quant aux actes d'administration, ils subsistent et sont opposables au vendeur dès lors qu'ils ont été consentis avant la résolution avec un tiers de bonne foi.

II. Résolution unilatérale de la vente d'immeuble

4771 Plan – Alors que la jurisprudence l'avait admise depuis quelques années sous certaines conditions, le législateur a consacré la résolution unilatérale des contrats, comme sanction de leur inexécution, en même temps qu'il en a assoupli les conditions, le vendeur pouvant mettre en œuvre cette résolution par une notification.

A. – CHAMP D'APPLICATION DE LA RÉSOLUTION UNILATÉRALE

4772 Admission par la jurisprudence de la résolution unilatérale – Depuis quelques années, la Cour de cassation avait reconnu au juge la possibilité d'admettre, *a posteriori*, la validité d'une rupture unilatérale du contrat dans des circonstances exceptionnelles d'urgence, notamment en cas de manquements particulièrement graves par l'une des parties à ses obligations. Par plusieurs décisions, la première chambre civile de la Cour de cassation a jugé que « la gravité du comportement d'une partie à un contrat peut justifier que l'autre partie y mette fin de façon unilatérale à ses risques et périls » *(Cass. 1re civ., 13 oct. 1998 : JurisData n° 1998-003820 ; Bull. civ. I, n° 300 ; D. 1999, p. 197, note C. Jamin ; JCP 1999, II, 10133, note N. Rzepecki)*, que le contrat soit à durée déterminée ou non.

Aussi, dans des cas extrêmes, la rupture unilatérale venait concurrencer le principe de la résolution judiciaire inscrit à l'ancien article 1184, même si, faut-il le rappeler, la rupture unilatérale de la relation contractuelle se faisait dans tous les cas « aux risques et périls » de la partie qui avait jugé bon de mettre fin au contrat.

4773 Généralisation par le Code civil de la résolution unilatérale – L'article 1224 du Code civil maintient néanmoins cette jurisprudence, en même temps qu'il place sur un même plan la résolution judiciaire et la résolution par voie de notification en disposant qu'en *cas d'inexécution suffisamment grave, [la résolution résulte] d'une notification du créancier au débiteur ou d'une décision de justice*. On peut donc naturellement penser qu'en cas de non-paiement du prix, le vendeur puisse notifier la résolution du contrat à l'acquéreur. Dans la plupart des cas, l'acte de vente prévoira également une clause résolutoire à raison du non-paiement du prix s'il a été stipulé à terme. Cette voie de la résolution par notification, non sans danger, sera donc rarement entreprise en cas de non-paiement du prix.

B. – CONDITIONS DE LA RÉSOLUTION UNILATÉRALE

4774 Gravité de l'inexécution – Les résolutions judiciaire et unilatérale partagent en partie les mêmes conditions. Ainsi la gravité de l'inexécution est, en vertu de l'article 1224 du Code civil, une condition commune aux deux modalités de la résolution. Cela marque certainement une inflexion de la jurisprudence antérieure, qui avait tendance à exiger un surcroît de gravité lorsqu'une des parties notifiait à l'autre sa volonté de mettre fin au contrat. En d'autres termes toute inexécution dès lors qu'elle est suffisamment grave pourra également donner lieu à une résolution judiciaire ou unilatérale par notification : le non-paiement du prix en est certainement.

4775 Mise en demeure nécessaire – L'article 1226 du Code civil prévoit que le créancier souhaitant résoudre le contrat unilatéralement doit mettre en demeure le débiteur défaillant de satisfaire à ses engagements dans un délai raisonnable. Il s'agit là d'une disposition qui tendra sans doute à adoucir quelque peu la rigueur de la résolution unilatérale par voie de notification en cas de non-paiement. En quelque sorte, cela banalise ce cas de résolution qui est désormais soumise à une mise en demeure préalable.

4776 Dispense de mise en demeure – Est toutefois prévue une dispense de mise en demeure en cas d'urgence. Ici, en effet, la résolution unilatérale constitue une réplique à une situation provoquée par l'acquéreur et mettant gravement en péril les intérêts du vendeur. Il est donc possible en cas d'urgence de notifier la résolution à l'acquéreur sans l'avoir préalablement mis en demeure.

C. – MISE EN ŒUVRE DE LA RÉSOLUTION UNILATÉRALE

4777 Notification de la résolution unilatérale – Hormis le cas de l'urgence, ce n'est que lorsque le non-paiement persiste après la mise en demeure que le vendeur pourra notifier à l'acquéreur la résolution du contrat *(C. civ., art. 1226)*. Si le législateur ne prévoit pas de forme à la notification, l'on pourra envisager qu'elle soit réalisée par lettre recommandée avec accusé de réception ou par voie d'huissier de justice, voire également par lettre recommandée électronique *(C. civ., art. 1127-5. – D. n° 2018-347, 9 mai 2018, relatif à la lettre recommandée électronique)*.

4778 Motivation de la résolution – Contrairement à la réduction du prix, dont la sollicitation ne suppose pas *a priori* d'être motivée, la notification doit énoncer les raisons qui motivent la résolution : le non-paiement total ou, plus sûrement, partiel, du prix. Ainsi, l'acquéreur, recevant la notification, prend connaissance de la raison motivant la résolution : le non-paiement du prix. Cette connaissance lui permettra d'apprécier l'opportunité d'un recours au juge qui lui est expressément ouvert par l'article 1226 du Code civil. En effet, il est prévu qu'à tout moment l'acquéreur puisse saisir le juge pour contester la résolution, étant précisé que dans ce cas c'est alors au vendeur de rapporter la preuve de la gravité de l'inexécution. Ainsi qu'il résulte du premier alinéa de l'article 1226 du Code civil, la résolution unilatérale est aux risques et péril du créancier de l'obligation inexécutée, ici le vendeur.

D. – EFFETS DE LA RÉSOLUTION UNILATÉRALE

4779 Prise d'effet de la résolution – La résolution unilatérale engendre des effets identiques à ceux de la résolution judiciaire : elle met fin aux contrats dans les conditions décrites par l'article 1229 du Code civil *(V. n° **4764** et s.)*. Toutefois, il convient de relever que la prise d'effet de la résolution unilatérale est fixée par ce même article à la date de la réception par l'acquéreur de la notification faire par le vendeur.

III. Clause résolutoire

4780 Intérêts d'une clause résolutoire – Très fréquente en matière immobilière lorsqu'un paiement à terme est prévu, la clause résolutoire n'apporte pas de solution à la problématique des restitutions. Mais elle permet au vendeur d'échapper au caractère aléatoire du prononcé de la résolution judiciaire de la vente et peut être plus simple à mettre en œuvre que la résolution unilatérale par voie de notification. La validité d'une telle clause au sein d'une vente immobilière ne fait pas de doute puisqu'elle est expressément visée par l'article 1656 du Code civil. Mais, la radicalité de ses effets implique que sa rédaction et sa mise en œuvre soient strictement encadrées par les juges.

4781 Clause résolutoire et clause abusive – Sont abusives, les clauses qui permettent au professionnel de résilier discrétionnairement le contrat, sans reconnaître le même droit au non-professionnel ou au consommateur *(C. consom., art. R. 212-1, 8°)*. Une clause résolutoire ne permettant pas au professionnel de résilier discrétionnairement le contrat puisque la clause ne peut être mise en œuvre qu'en cas d'inexécution par le non-professionnel ou le consommateur, elle ne peut être présumée de façon irréfragable abusive.
La clause résolutoire ne pourra donc être considérée comme abusive que si elle a pour objet ou pour effet de créer, au détriment du consommateur ou du non-professionnel, un déséquilibre significatif entre les droits et obligations des parties.

Conseil pratique **Pour éviter une telle qualification, la clause résolutoire ne doit viser que l'inexécution des obligations principales du consommateur ou du non-professionnel. Il peut également être conseillé de prévoir qu'une telle clause jouera, tant pour le manquement du professionnel à ses obligations, que pour le manquement du consommateur ou du non-professionnel aux siennes.**

A. – CONDITIONS DE LA CLAUSE RÉSOLUTOIRE

4782 Généralités – En vertu de la liberté contractuelle *(C. civ., art. 1103, ancien art. 1134, al. 1)*, les parties peuvent valablement prévoir, par une clause particulière, que la vente sera résolue avec telle ou telle précision sur les circonstances ou les modalités de la mesure, ainsi qu'en dispose l'article 1224 du Code civil : *la résolution résulte soit de l'application d'une clause résolutoire soit, en cas d'inexécution suffisamment grave, d'une notification du créancier au débiteur ou d'une décision de justice*. Il est notable que la clause résolutoire doit avoir fait l'objet d'une publication ainsi que l'exige l'article 28 du décret du 4 janvier 1955. Cette publication intervient en même temps que l'acte de vente.

4783 Clauses sous surveillance – La clause résolutoire confère un droit potestatif à son bénéficiaire, l'inexécution de l'autre partie étant acquise. Toutefois, la jurisprudence, mais également le législateur *(C. civ., art. 1225)*, encadrent l'exercice de ce droit, tant du point de vue formel que du point de vue de la procédure à suivre. *In fine* l'on peut sans doute dire que la jurisprudence et le législateur manifestent une sympathie plutôt restrictive à l'égard de ces clauses qui se manifeste ainsi :

- **le contenu de la clause résolutoire doit être explicite et précis**, tant concernant son champ d'application que les modalités de sa mise en œuvre : l'article 1225 du Code civil prévoit ainsi la clause résolutoire précise les engagements dont l'inexécution entraînera la résolution du contrat ; ainsi la clause résolutoire visera, par exemple, le non-paiement du prix ; au surplus, sa mise en œuvre sera précisée ;
- **la résolution est en principe subordonnée à une mise en demeure infructueuse** *(C. civ., art. 1225, al. 2)*, mise en demeure qui doit mentionner expressément la clause résolutoire et mettre en exergue les manquements reprochés au débiteur au regard de cette clause résolutoire, tel le non-paiement du prix ; en effet, la mise en demeure se comprend comme une « dernière chance de payer » laissée à l'acquéreur, sous peine de résolution du contrat ; encore faut-il, par conséquent que le vendeur manifeste sa volonté dans la mise en demeure d'invoquer la résolution si le débiteur persistait à ne pas exécuter ; la Cour de cassation a en effet rappelé que même si la vente contient une clause résolutoire à raison du non-paiement du prix, sa mise en œuvre est toujours facultative, le vendeur pouvant, au surplus, préférer demander la résolution en justice ; il convient donc de faire savoir à l'acquéreur que l'on entend exercer cette faculté.

4784 Absence de mise en demeure – La variante la plus énergique prévoit que la résolution aura lieu sans mise en demeure (ou sans sommation ; *C. civ., art. 1656*). Ce type de clause est parfaitement valable en droit positif, l'exigence de la mise en demeure n'étant pas d'ordre public, ainsi que le rappelle l'article 1225 du Code civil qui réserve l'hypothèse dans laquelle la résolution peut résulter du seul fait du non-paiement.

Remarque La mise en demeure n'est pas impérative. En effet, il peut être convenu que la résolution interviendra du seul fait de l'inexécution de l'obligation visée dans ladite clause *(C. civ., art. 1225, al. 2)*.

4785 Omission – Le notaire qui omet de conseiller à ses clients d'insérer dans la vente une clause résolutoire peut voir sa responsabilité engagée. Il en a été ainsi dans une espèce où les garanties constituées étaient insuffisantes pour prémunir le vendeur des conséquences patrimoniales d'une défaillance de l'acquéreur dans l'exécution de ses obligations, alors qu'une telle hypothèse devait être envisagée en vue d'assurer l'efficacité même de l'acte *(Cass. 1re civ., 29 nov. 2005, n° 02-13.550 : JurisData n° 2005-031020 ; Bull. civ. I, n° 451)*.

B. – MISE EN ŒUVRE DE LA CLAUSE RÉSOLUTOIRE

4786 Rôle de la bonne foi – La clause résolutoire est une convention. Comme telle, elle doit être exécutée de bonne foi par le créancier qui la met en œuvre *(C. civ., art. 1104)*. La bonne foi qui doit dominer tous les contrats et toute la vie contractuelle conduit à limiter l'efficacité de la clause résolutoire, y compris pour un motif étranger à la délivrance du commandement. Même en présence de clauses résolutoires de plein droit, la Cour de cassation invite les juges du fond à vérifier la bonne foi du créancier dans la mise en œuvre de la clause résolutoire ((*Cass. 3e civ., 8 sept. 2016, n° 13-28.063 : JCP N 2016, n° 49, 1338 obs. J. Monéger. – Cass. 3e civ., 10 nov. 2010, n° 09-15.937 : JurisData n° 2010-020753 ; Bull. civ. III, n° 199)*. Par contre, la bonne foi du débiteur est indifférente *(Cass. 3e civ., 5 mai 2009, n° 08-12.565 et 08-12.568 : JCP G 2009, n° 39, 273, obs. P. Grosser. – Cass. 3e civ., 10 mars 1993, n° 91-12.031)*.

4787 Jeu de la clause résolutoire – Une fois invoquée par l'une des parties à la vente, la clause résolutoire n'échappe pas nécessairement à la connaissance du juge. Rien n'interdit, en effet, à l'acquéreur de saisir le juge s'il conteste la réalité du non-paiement, le principe de la clause résolutoire ou la régularité de sa mise en œuvre. Cependant, le juge n'a pas alors le pouvoir de prononcer ou non la résolution ni à apprécier la gravité du manquement contractuel.

4788 Absence de pouvoir modérateur du juge – Le juge n'a pas la possibilité de faire échec à la clause résolutoire en appréciant la proportionnalité entre l'obligation inexécutée et la résolution imposée. Il peut simplement accorder au débiteur des délais de grâce pour s'exécuter dès lors, du moins que l'acquéreur a saisi le juge en ce sens avant l'expiration de la mise en demeure. Il résulte de l'article 1656 du Code civil que lorsqu'il a été prévu une clause résolutoire de plein droit en cas de non-paiement par l'acquéreur, ce dernier peut néanmoins payer après l'expiration du délai tant qu'il n'a pas été mis en demeure par une sommation. Après cette sommation, le juge ne peut pas lui accorder de délai. Le juge, dès lors que le vendeur a sommé l'acquéreur de s'acquitter de ses obligations, sera tenu de constater la résolution de la vente.

4789 Exécution forcée en nature – Tant qu'un cocontractant ne s'est pas prévalu de la clause résolutoire, il peut décider d'agir en exécution forcée en nature du contrat *(Cass. 3e civ., 2 oct. 2012, n° 11-24.222 : JurisData n° 2012-022348)*.

4790 Autre mode de résolution – La présence d'une clause résolutoire dans le contrat n'interdit pas au contractant de demander la résolution judiciaire du contrat ou de procéder par voie de notification au débiteur *(C. civ., art. 1227. – Cass. 3e civ., 10 déc. 2014, n° 13-27.332 : JurisData n° 2014-030642 ; Constr.-Urb., 2015, comm. 23, Chr. Sizaire. – Cass. 3e civ., 29 avr. 1985, n° 83-14.916 : JurisData n° 1985-701189 ; Bull. civ. III, n° 70)*. Le créancier doit alors prendre en compte le fait que pour ces deux dernières possibilités il faut nécessairement que l'inexécution soit suffisamment grave.

4791 Inexécution illégitime – Pour que la clause résolutoire puisse produire effet, encore faut-il que l'inexécution dont se prévaut le créancier soit bien illégitime. Or, tel n'est pas le cas si les conditions sont réunies pour que le débiteur puisse invoquer une exception d'inexécution *(Cass. 3e civ., 15 déc. 1999, n° 98-15.290)*. Il en va de même lorsque l'inexécution est liée à un cas de force majeure *(Cass. 3e civ., 17 févr. 2010, n° 08-20.943 : JurisData n° 2010-000804 ; Loyers et copr. 2010, comm. 106, note E. Chavance ; Bull. civ. III, n° 47)*.

4792 Fin du contrat – Lorsque la résolution du contrat résulte de la mise en œuvre d'une clause résolutoire, le contrat prend fin dans les conditions prévues par la clause.

4793 Maintien de certaines clauses – La résolution n'affecte ni les clauses relatives au règlement des différends, ni celles destinées à produire effet même en cas de résolution, telles les clauses de confidentialité et de non-concurrence.

4794 **Restitutions** – Les restitutions ont lieu dans les conditions prévues aux articles 1352 à 1352-9 du Code civil *(V. n° 4764 et s.)*.

4795 **Droits des tiers** – Lorsque la résolution de la vente intervient en raison de la mise en œuvre d'une clause résolutoire, cette résolution n'est opposable aux tiers que si, et seulement si, la clause a été publiée. Ainsi, la Cour de cassation a-t-elle retenu que la clause résolutoire insérée dans un contrat de vente doit, pour être opposable aux tiers ayant acquis des droits sur l'immeuble du chef de l'acquéreur, être publiée *(Cass. 3e civ., 15 oct. 2015, n° 14-20.400 : JurisData n° 2015-022822 ; JCP N 2015, n° 44, act. 1033 ; Constr.-Urb. 2015, comm. 170, Chr. Sizaire ; JCP N 2016, n° 9, 1090 ; Bull. civ. III, n° 98)*.

Formule – Vente en viager. Clause résolutoire

Cette formule est extraite du JurisClasseur *(V. JCl. Notarial Formulaire, V° Vente d'immeuble, fasc. 495, par D. Montoux)*.

Clause résolutoire de plein droit

À défaut de paiement à son échéance exacte d'un seul terme de la rente et trente jours après un simple commandement de payer contenant déclaration par le crédirentier de son intention de se prévaloir de la présente clause et resté sans effet, la présente vente sera résolue de plein droit, purement et simplement, sans qu'il y ait besoin de remplir aucune formalité judiciaire, nonobstant l'offre postérieure des arrérages.
Obs. – Sous peine de requalification par le juge, la stipulation d'une résolution conventionnelle doit être claire ; il convient donc d'éviter l'emploi des termes « si bon semble au crédirentier » (V. JCl. Notarial Formulaire, V° Vente d'immeuble, fasc. 490).

Lors de la résolution, tous les arrérages perçus par le crédirentier et tous embellissements et améliorations apportés à l'immeuble vendu seront de plein droit définitivement acquis au crédirentier, sans recours ni répétition, à titre de dommages et intérêts et d'indemnité forfaitaire.
La partie du prix payée comptant sera, en ce cas, restituée sans délai au débirentier.
Obs. – Une variante est ensuite prévue dans la formule du JurisClasseur. La clause résolutoire peut prévoir une demande en justice préalable.

Pour aller plus loin

Formules
- JCl. Notarial Formulaire, V° Vente d'immeuble, fasc. 475 (paiement du prix), par D. Montoux
- JCl. Notarial Formulaire, V° Vente d'immeuble, fasc. 485 (garanties du vendeur et du prêteur), par D. Montoux

Fiches pratiques
- Fiche pratique n° 3111 : Déterminer l'immeuble vendu et les sujétions le grevant au sein de la partie développée de l'acte authentique de vente, par S. Olivier
- Fiche pratique n° 1721 : Rédiger une vente d'immeuble, par M. Suquet-Cozic
- Fiche pratique n° 1786 : Préparer une résolution de contrat, par L. Thibierge

Commentaires
- JCl. Notarial Formulaire, Synthèse 1520, Vente d'immeuble : contentieux, par V. Zalewski-Sicard
- JCl. Notarial Formulaire, V° Vente d'immeuble, fasc. 640 (résolution), par S. Castagné et V. Zalewski-Sicard

Revues
- G. Brunaux, La clause résolutoire depuis l'ordonnance n° 2016-131 du 10 février 2016 portant réforme du droit des contrats, du régime général et de la preuve des obligations : Contrats, conc. consom. 2017, form. 9.
- H. Lécuyer, L'inexécution du contrat : Contrats, conc. consom. 2016, dossier 7

Contentieux de l'exécution de la vente d'immeuble

Action en garantie

4796 Double garantie – L'action en garantie se dédouble entre l'action en garantie d'éviction *(C. civ., art. 1626 à 1640)* et l'action en garantie des vices cachés *(C. civ., art. 1641 à 1649)*.

I. Garantie d'éviction

A. – RÉGIME LÉGAL DE LA GARANTIE D'ÉVICTION

1° Contenu de la garantie

4797 Contenu – La garantie contre l'éviction, énoncée par les articles 1626 à 1640 du Code civil, a pour objet de garantir la possession paisible de l'immeuble vendu après sa délivrance à l'acquéreur. Néanmoins, elle se dédouble :
D'une part, le vendeur ne peut porter atteinte au droit de l'acquéreur : cette garantie du fait personnel est d'ordre public ; toute convention contraire est nulle : « qui doit garantie ne peut évincer » ;
D'autre part, le vendeur garantit également son cocontractant contre certains troubles causés par des tiers, l'acquéreur devant révéler leur violation *(Cass. 3e civ., 7 janv. 2016, n° 14-24.777 et 14-24.842 : JurisData n° 2016-000062 ; JCP N 2016, n° 3, act. 173 ; JCP N 2016, n° 10, 1094, note et formule par É. Meiller et F. Collard)* ; une clause peut exclure cette garantie du fait du tiers ; une telle clause est, en effet, valable sous les réserves habituelles.

4798 Rôle de la bonne foi du vendeur – La bonne ou la mauvaise foi du vendeur n'a pas d'incidence sur le jeu de la garantie d'éviction. Celle-ci sera due par le vendeur dans les deux hypothèses.

4799 Rôle du notaire – Tenu d'éclairer les parties et d'appeler leur attention de manière complète et circonstanciée sur la portée, les effets et les risques attachés aux actes auxquels il est requis de donner la forme authentique, le notaire qui a connaissance d'un risque d'éviction et/ou qui insère une clause d'exclusion de garantie d'éviction du fait d'un tiers, dite convention de voisinage, doit informer l'acquéreur sur l'exacte portée de l'acte conclu *(J.-Y. Camoz, Formation du contrat et obligation d'information du notaire, le point de vue du praticien : JCP N 2018, n° 12, 1136)*.

4800 Bénéficiaires de la garantie d'éviction – La garantie bénéficie à l'acquéreur et à toute personne qui tient de l'acquéreur ses droits sur la chose vendue : tous les ayants cause de l'acquéreur, à titre particulier autant qu'universel (sous-acquéreurs, donataire, héritiers, légataires...). Tous bénéficient de la garantie du fait personnel et du fait des tiers dont ils peuvent se prévaloir à l'encontre du vendeur primitif. La garantie est en effet transmise telle un accessoire de l'immeuble, si bien que l'ayant cause (le sous-acquéreur par exemple) bénéficie des mêmes droits et actions que son auteur (l'acquéreur). La solution est la même lorsque le contrat liant l'acquéreur au sous-acquéreur comporte une clause exclusive de garantie du fait des tiers. Si le sous-acquéreur ne peut alors pas agir contre son propre vendeur, il peut exercer contre le vendeur primitif l'action en garantie d'éviction.

4801 Débiteurs de la garantie d'éviction – Le débiteur est au premier chef le vendeur (et s'agissant de la garantie du fait personnel, le donateur). Au-delà, la garantie d'éviction pèse sur les ayants cause universels du vendeur, étant rappelé que chacun d'entre eux est tenu pour le tout, la garantie étant indivisible par nature. Concrètement, les héritiers purs et simples du vendeur sont tenus comme leur auteur, à l'inverse des héritiers acceptant à concurrence de l'actif net qui ne sont pas tenus à la garantie d'éviction.

4802 Transmission de la garantie d'éviction – L'action en garantie d'éviction se « transmet » en principe avec le bien vendu au sous-acquéreur. C'est ainsi que le sous-acquéreur, si nécessaire, bénéficie de cette action. Il n'en demeure pas moins que le vendeur intermédiaire ne perd pas nécessairement la faculté de l'exercer dès lors qu'elle présente un intérêt direct et certain pour lui. Autrement dit, une fois condamné sur le fondement de la garantie d'éviction à rembourser le sous-acquéreur et à lui verser des dommages et intérêts, il peut agir, s'il y a un intérêt, contre le vendeur initial.

4803 Objectif identique – Qu'elle soit du fait personnel ou du fait des tiers, la garantie d'éviction permet de mettre fin aux troubles subis par l'acquéreur évincé en tout ou partie de l'immeuble.

a) Garantie du fait personnel

4804 Notion de garantie du fait personnel – D'ordre public, la garantie s'impose au vendeur qui doit garantir à l'acquéreur la possession paisible de la chose vendue : il ne peut, par exemple, revendre le bien à un tiers ; il ne peut davantage prétendre acquérir la propriété du bien vendu par l'effet d'une prescription acquisitive (trouble de droit) ou encore gêner, par son comportement, l'acquéreur (trouble de fait). Dans la mesure où l'acquéreur est évincé en tout ou partie de la chose vendue, la garantie peut jouer afin de mettre fin à ce trouble de jouissance. La garantie du fait personnel garantit donc tant les troubles de fait (tels des actes de concurrence), que les troubles de droit (vendeur se prétendant titulaire de droits sur la chose vendue).

4805 Garantie contre les troubles de droit – Le vendeur ne peut invoquer un droit sur l'immeuble vendu : une telle revendication traduirait un trouble de droit que le vendeur doit garantir. Aussi, si le vendeur peut naturellement solliciter la nullité de la vente, voire sa résolution, il ne peut en revanche prétendre être propriétaire, en tout ou partie, du bien qu'il a vendu (par le jeu de la prescription acquisitive notamment), en être usufruitier ou titulaire d'un droit réel si la convention ne l'a pas prévu.

Attention Lorsqu'un fonds rural appartient à des copropriétaires dont l'un est le preneur, se pose la question de savoir si la garantie d'éviction due à l'acquéreur paralyse le droit de préemption dont le preneur-vendeur est titulaire ? La réponse est négative. La vente du fonds s'opère sous la réserve du droit de préemption qui demeure un droit du preneur, sans que la garantie d'éviction n'y fasse échec.

4806 Garantie contre les troubles de fait – Le vendeur doit s'interdire toute action et plus généralement tout comportement qui engendrerait un trouble de fait conduisant à la diminution de la valeur du bien.

4807 Mise en œuvre de la garantie du fait personnel – La garantie du fait personnel peut être mise en œuvre sans considération de la bonne ou mauvaise foi du vendeur. Celle-ci, en effet, n'a, éventuellement, qu'une incidence sur les dommages et intérêts dus à l'acheteur.

4808 Invocation par voie d'exception – La garantie d'éviction du fait personnel due par le vendeur et ses ayants cause universels, qui ne peut être écartée conventionnellement par les parties à la vente immobilière, peut être invoquée par voie d'exception (perpétuelle) par le créancier de la garantie contre son débiteur à chaque fois que ce dernier demande à se voir reconnaître un droit sur la chose. Il s'agit là d'une défense ayant pour objectif de contraindre le débiteur de la garantie à s'abstenir de troubler l'acquéreur. Par exemple, elle sera opposée au vendeur qui invoquerait la prescription acquisitive (*Cass. 3e civ., 20 oct. 1981, n° 80-10.660 : JurisData n° 1981-002950*). Néanmoins, elle ne peut pas être opposée à l'exercice du privilège du vendeur, à une action en nullité ou en résolution, par exemple. Dans ces hypothèses, il s'agit juste de faire exécuter le contrat ou, au contraire, de sanctionner son inexécution.

4809 Invocation par voie d'action – Lorsqu'est en jeu un trouble de fait, le créancier de la garantie, souvent l'acquéreur, agira contre le débiteur de la garantie pour le faire cesser : il actionnera donc le vendeur en garantie afin de faire cesser les atteintes et solliciter, éventuellement, des dommages et intérêts.

b) Garantie du fait des tiers

4810 Garantie contre les troubles de droit – La garantie du fait des tiers a un champ plus restreint que la garantie du fait personnel. La garantie du fait des tiers ne concerne que les troubles de droit menaçant l'acheteur d'une éviction. Si les articles 1626 à 1640 du Code civil ne semblent pas porter attention à la nature du trouble, il n'en demeure pas moins que la distinction doit être réalisée entre les troubles de fait et les troubles de droit comme le fait le Code civil à l'article 1725, à propos du louage d'ouvrage. On ne voit pas en effet en quoi le vendeur devrait garantir les troubles de fait causés par les tiers : les dégradations commises par un tiers sur l'immeuble doivent être réparées par leur auteur, le tiers, sans qu'il y ait de raisons que le vendeur de l'immeuble ait à intervenir (*Cass. 3e civ., 11 mai 2011, n° 10-13.679 : JurisData n° 2011-008384*).

Attention Le principal risque, mais il est grand, visé par la garantie du fait des tiers est donc la revendication par un tiers d'un droit réel sur l'immeuble vendu, qu'elle soit totale ou partielle. Toutefois, il convient de ne pas négliger un trouble peut-être plus rare, mais néanmoins possible : le trouble résultant de l'action paulienne exercée par un créancier du vendeur dans les termes de l'article 1341-2 du Code civil.

4811 Mise en œuvre de la garantie du fait des tiers – Sauf si une clause excluant la garantie est prévue dans l'acte de vente d'immeuble (*V. n° **4819** et s.*), la garantie du fait des tiers est mise en œuvre lorsqu'un tiers prétend être titulaire d'un droit sur la chose vendue (*Cass. 3e civ., 30 juin 2016, n° 14-24.682 et n° 15-14.177*).

Dans cette hypothèse, et à la condition que l'acquéreur n'ait pas eu connaissance pleinement et préalablement du risque d'éviction, il pourra appeler le vendeur en la cause lorsque le tiers prétendra être titulaire d'un droit sur l'immeuble : la pratique la dénomme alors garantie incidente.

4812 Action principale – Mais, il est également possible que l'acquéreur invoque la garantie du fait du tiers contre le vendeur par la voie d'une action principale. Ce sera principalement le cas, lorsque l'acquéreur agit contre le vendeur après avoir été évincé totalement ou partiellement par le tiers. Néanmoins, dans ce dernier cas, l'article 1640 du Code civil dispose que la garantie d'éviction *cesse lorsque l'acquéreur s'est laissé condamner par un jugement en dernier ressort, ou dont l'appel n'est plus recevable, sans appeler son vendeur, si celui-ci prouve qu'il existait des moyens suffisants pour faire rejeter la demande*.

4813 Action en responsabilité civile du vendeur contre le tiers – Le vendeur dispose d'une action récursoire en responsabilité civile de droit commun contre le tiers responsable en vue de l'indemnisation du préjudice que lui cause l'obligation de garantir l'acquéreur de l'éviction qu'il subit (*Cass. 3e civ., 7 janv. 2016, n° 14-24.777, n° 14-24.842 : JurisData n° 2016-000062*).

2° Effets de la garantie d'éviction

4814 *Specialia generalibus derogant* – Les effets de la garantie d'éviction sont régis par les articles 1630 à 1640 du Code civil, le droit commun des obligations n'ayant vocation à s'appliquer qu'à défaut de disposition particulière, ainsi que le précise l'article 1639 du Code civil : *Les autres questions auxquelles peuvent donner lieu les dommages et intérêts résultant pour l'acquéreur de l'inexécution de la vente doivent être décidées suivant les règles générales établies au titre « Des contrats ou des obligations conventionnelles en général*, désormais intitulé « Des sources d'obligations » *(Ord. 10 févr. 2016)*. Cette précision faite, il convient de distinguer entre deux situations. Soit l'éviction de l'acquéreur est totale, soit elle n'est que partielle.

4815 Éviction totale – L'action en revendication du tiers a abouti : l'acquéreur est totalement évincé. Il perd la propriété. On considère alors que la vente est résolue. Dans ce cas, l'article 1630 du Code civil prévoit que l'acquéreur dispose alors de plusieurs possibilités, la principale étant la restitution du prix initial. Ce droit s'exerce même si la chose a perdu de sa valeur *(C. civ., art. 1631)*. Il n'en va différemment que si l'acquéreur, du temps où il était propriétaire, a tiré profit des dégradations qu'il a faites, par exemple, en vendant les arbres de la coupe qu'il a effectuée *(C. civ., art. 1632)*. Dans ce cas, le vendeur a le droit de retenir sur le prix une somme égale à ce profit.

À l'inverse, lorsque la valeur de la chose vendue s'est accrue, quelle qu'en soit la cause et y compris sans intervention de l'acquéreur (à cause par exemple d'une hausse des prix de l'immobilier), le vendeur est tenu de payer le supplément de prix *(C. civ., art. 1633)*. Cette plus-value due à l'acquéreur en vertu de l'article 1633 du Code civil, n'a pas la nature d'une restitution, mais d'une indemnisation de la perte subie par l'effet de l'éviction. En conséquence, il a été décidé que le notaire peut être condamné à indemniser ce préjudice et à garantir les vendeurs *(Cass. 3e civ., 27 oct. 2016, n° 15-21.495 : JurisData n° 2016-022764 ; JCP N 2016, n° 45, act. 1204 ; JCP N 2017, 45, n° 1304-5, obs. H. Périnet-Marquet)*.

Dans tous les cas, l'évaluation a lieu à la date de la décision constatant l'éviction (*Cass. 3e civ., 7 juill. 2010, n° 09-12.055 : JurisData n° 2010-011700*).

4816 Autres droits – L'acquéreur évincé peut encore obtenir :

- la restitution des fruits lorsqu'il est obligé de les rendre au propriétaire qui l'évince ;
- le paiement des frais occasionnés par l'action en garantie, mais également ceux occasionnés par le contrat initial de vente ;
- des dommages et intérêts compensant les réparations et améliorations utiles auxquelles il aura procédé sur le fonds *(C. civ., art. 1634)* ; cette indemnisation s'étend aux dépenses voluptuaires ou d'agrément faites par l'acquéreur au fonds, lorsque le vendeur avait vendu de mauvaise foi *(C. civ., art. 1635)*.

4817 Éviction partielle – Lorsque l'éviction est partielle, l'acquéreur dispose d'un choix, sous conditions.

- soit la partie dont il a été évincé est telle qu'il n'eût point acheté sans elle *(C. civ., art. 1636)* ; il doit en rapporter la preuve. Dans ce cas, l'acquéreur peut solliciter la **résolution du contrat de vente**. Il peut en aller ainsi lorsque l'acquéreur a acquis un terrain en vue d'y édifier une construction qu'il ne peut plus faire construire à raison de l'éviction partielle. Si la résolution venait à être prononcée par le juge, les conséquences seraient celles d'une résolution prononcée pour une éviction totale (*V. n°* ***4815***). À cette situation d'éviction partielle grave, est assimilée celle dans laquelle sont découvertes des servitudes non apparentes et non légales *(C. civ., art. 1638)*.
- soit, lorsque la résolution n'est pas demandée, l'acquéreur préférant demeurer en possession, ou ne peut être obtenue, l'article 1637 du Code civil dispose que l'acquéreur peut solliciter et obtenir des **dommages et intérêts** correspondant à la valeur de la partie dont l'acquéreur est évincé. Il en va ainsi que l'immeuble vendu ait augmenté ou diminué de la valeur. L'article 1637 du Code civil prévoit que l'estimation doit être

CONTENTIEUX

faite à l'époque de l'éviction, et non proportionnellement au prix total de la vente. La solution la même que celle prévue en cas d'éviction totale (*V. n°* ***4815***).

Attention Il est nécessaire de garder à l'esprit que l'éviction partielle ne peut être confondue avec une délivrance non-conforme de l'immeuble qui se traduit parfois par un défaut de contenance régi par les articles 1616 à 1623 du Code civil : en effet la différence de contenance constatée ne porte pas atteinte à la possession paisible de la chose. Il en résulte des actions distinctes obéissant à un régime différent, le défaut de contenance ne donnant lieu qu'à diminution du prix dès lors du moins qu'il est supérieur à un vingtième *(C. civ., art. 1619)*. Au surplus les clauses limitatives de responsabilité sont en principe valables s'agissant de la garantie de contenance, ainsi que la Cour de cassation l'a décidé à plusieurs reprises. Il en résulte que la clause de non garantie de contenance, lorsqu'elle est valable, ne dispense pas le vendeur de garantir l'acheteur contre l'éviction d'une partie du terrain vendu.

4818 Allocation de dommages et intérêts – Le vendeur doit dans tous les cas, outre par exemple la restitution d'une partie du prix, réparer les préjudices subis par l'acheteur du fait de l'éviction partielle, dès lors, du moins, que celui-ci est de bonne foi.

B. – GARANTIE CONVENTIONNELLE D'ÉVICTION

4819 Aménagement conventionnel de la garantie d'éviction – Il résulte de la combinaison des articles 1627 et 1628 du Code civil que les parties peuvent, par des conventions particulières, modifier le régime légal de la garantie d'éviction *(C. civ., art. 1627)*, sous une limite : la garantie du fait personnel. Ainsi qu'en dispose l'article 1628 du Code civil : *Quoiqu'il soit dit que le vendeur ne sera soumis à aucune garantie, il demeure cependant tenu de celle qui résulte d'un fait qui lui est personnel : toute convention contraire est nulle*. Sous cette réserve, les parties peuvent restreindre la garantie d'éviction, mais également en étendre le champ d'application.

4820 Extension de la garantie d'éviction – Les parties sont libres de convenir d'une extension de garantie en faveur de l'acheteur, par exemple. De manière générale, et contrairement aux clauses visant à restreindre la garantie d'éviction, ce type de clause ne pose pas de problème de validité en ce qu'elles apportent un surcroît de protection à l'acquéreur. Une telle clause qui sera expresse peut prévoir d'étendre le champ de la garantie. Elle prévoira par exemple que le vendeur garantit l'acheteur contre les troubles de fait émanant des tiers ou, plus raisonnablement, qu'il garantit l'acheteur avant que l'éviction soit effectivement réalisée, qu'il garantit l'acheteur contre tel ou tel trouble précisément identifié (par exemple l'expropriation pour cause d'utilité publique) qui ne rentre pas dans le cadre étroit de la garantie légale, etc. Mais, la clause extensive de garantie d'éviction peut aussi étendre les effets de la garantie d'éviction. Par exemple, une clause peut prévoir que le vendeur doit rembourser toutes les dépenses exposées par l'acquéreur quelle que soit la bonne ou mauvaise foi du vendeur *(C. civ., art. 1635)*.

Dans tous les cas, si les parties étendent la garantie d'éviction, il conviendra que la clause soit suffisamment précise pour que les juges l'admettent. Au contraire, ne seront pas utiles les clauses prévoyant que « le vendeur garantit tous les troubles ou empêchements quelconques », le vendeur s'engage à « toutes garanties de droit et de fait ». Au surplus, la clause sera utilement assortie d'un délai, le vendeur ne pouvant être personnellement tenu perpétuellement.

Remarque Peu commune dans la vente d'immeuble, les clauses extensives de la garantie d'éviction sont fréquentes en matière de vente de fonds de commerce. Il est usuellement prévu que le vendeur s'engage à une obligation de non-concurrence ou de non-rétablissement par laquelle il s'engage, pour un certain temps et une certaine durée, à n'ouvrir aucun fonds de commerce. La clause étend donc la garantie légale d'éviction qui ne prohibe que l'installation d'un fonds de commerce susceptible de concurrencer le fonds cédé. Naturellement, cette extension de la garantie d'éviction doit être limitée dans le temps et dans l'espace.

4821 Limitations à la garantie d'éviction – Il convient ici d'opérer une distinction selon l'objet de la garantie. La garantie du fait personnel est d'ordre public : toute convention contraire est nulle *(C. civ., art. 1628)*. Il n'est donc pas envisageable de la limiter, d'une manière ou d'une autre (champ d'application, effet). Quelques arrêts ont toutefois pu admettre que l'article 1628 n'interdit pas une clause par laquelle l'acquéreur, pleinement informé sur une circonstance particulière éventuellement susceptible de provoquer son éviction, accepte d'en supporter le risque.

4822 Clauses – Les clauses limitant la garantie d'éviction sont d'usage assez courant en matière de vente immobilière. Elles ne sont naturellement pas sans limite. Certaines résultent du droit commun : la clause doit être suffisamment claire. De la seule connaissance du risque d'éviction par l'acquéreur ne peut être déduite une exonération de la garantie d'éviction. Au surplus, ces clauses ne sauraient prospérer dans les relations entre professionnel et consommateur, en ce qu'elles sont visées par l'article R. 212-1, 6° du Code de la consommation qui prévoit que sont de manière irréfragable présumées abusives les clauses qui ont pour objet ou pour effet, de *supprimer ou réduire le droit à réparation du préjudice subi par le consommateur en cas de manquement par le professionnel à l'une quelconque de ses obligations*. Mais, si elles sont irréfragablement écartées dans les relations entre professionnel et consommateur, ces clauses limitant la garantie d'éviction ne sont pas à l'abri d'être réputées non écrites si la vente d'immeuble peut être qualifiée de contrat d'adhésion *(C. civ. art. 1110 et 1171)*.

II. Garantie des vices cachés

4823 **Contenu de la garantie des vices cachés** – En vertu de l'article 1641 du Code civil, *le vendeur est tenu de la garantie à raison des défauts cachés de la chose vendue qui la rendent impropre à l'usage auquel on la destine, ou qui diminuent tellement cet usage, que l'acheteur ne l'aurait pas acquise, ou n'en aurait donné qu'un moindre prix, s'il les avait connus.* Il s'agit donc d'une garantie des défauts d'usage : la chose est délivrée mais elle ne peut être affectée à un usage normal.

A. – DISTINCTIONS

4824 Cette garantie ne peut être confondue avec d'autres régimes protecteurs des intérêts de l'acquéreur.

4825 **Garantie des vices cachés et garantie d'éviction** – Une servitude non apparente ne constitue pas un vice caché au sens de l'article 1641 du Code civil. Elle relève de l'article 1638 du même code, ainsi qu'en a décidé la Cour de cassation à propos d'une canalisation dont la présence en sous-sol interdisait toute construction sur une partie du terrain acquis *(Cass. 3e civ., 27 févr. 2013, n° 11-28.783 : JurisData* n° 2013-003184 *; JCP N 2013, n° 12, act. 380 ; JCP N 2013, n° 22, 1151, note É. Meiller ; D. 2013, p. 973, note Le Gac-Pech ; D. 2013, Pan., p. 2123, obs. Reboul-Maupin ; RTD civ. 2013, p. 410, obs. W. Dross ; JCP G 2013, n° 498, note J.-J. Barbiéri).*

4826 **Distinction entre la garantie des vices cachés et le défaut de délivrance conforme** – En matière immobilière, c'est aussi avec la responsabilité contractuelle pour défaut de délivrance conforme qu'il convient de distinguer avec précision la garantie des vices cachés. La garantie des vices cachés vise à pallier un défaut d'usage de l'immeuble : il ne peut servir à l'usage auquel il est normalement destiné. Le défaut de conformité est, quant à lui, apprécié par rapport aux stipulations contractuelles : une différence de quantité ou une différence de nature entre la chose promise et la chose délivrée conduit à caractériser un défaut de conformité ; il n'y a alors guère de difficultés à distinguer ces hypothèses d'un vice caché relevant des articles 1641 à 1649 du Code civil (*Cass. 3e civ., 28 janv. 2015, n° 13-19.945 : JurisData n° 2015-001123 ; Bull. civ. 2015, III, n° 15*). L'immeuble n'est pas affecté dans son usage normal, il n'est seulement pas conforme à l'immeuble vendu.

4827 **Application** – La distinction entre garantie des vices cachés et la délivrance conforme est toutefois plus délicate, notamment en matière immobilière, lorsque ce n'est plus une question de quantité ou de nature, mais de qualité : les frontières sont alors plus floues entre le défaut de conformité et le vice caché.

Ainsi les défauts esthétiques affectant l'immeuble vendu constituent, plutôt, un défaut de conformité engageant la responsabilité du vendeur pour manquement à son obligation de délivrer une chose conforme et non un vice caché au sens de l'article 1641 du Code civil. Par exemple, il a été jugé qu'un défaut de coloration des ardoises constitue un défaut de conformité soumis à la prescription quinquennale du droit commun *(C. civ., art. 2224)* et non un vice caché enfermé dans le délai biennal de l'article 1648 du Code civil *(Cass. 3e civ., 30 juin 2016, n° 15-12.447 et 15-22.690 : JurisData n° 2016-012856 ; Constr.-Urb. 2016, comm. 138, M.-L. Pagès-de Varenne)*. À l'inverse, constituent des vices cachés, comme tels susceptibles d'entraîner la garantie, des désordres matériels affectant l'immeuble. Ainsi lorsque l'impropriété des tuiles gélives résulte non pas de ce que les tuiles livrées étaient différentes de celles objet de la commande, mais de ce qu'elles étaient affectées de défauts de nature à les rendre impropres à leur destination normale, seule l'action en garantie des vices cachés est ouverte. Et les illustrations sont nombreuses en ce sens : constitue un vice caché au sens de l'article 1641 du Code civil des bordures de trottoirs gélives, un défaut d'étanchéité d'une toiture terrasse, etc.

> **Attention** L'inconstructibilité d'un terrain est-elle un vice caché ? Au-delà des vices cachés matériels, affectant physiquement l'immeuble, l'inconstructibilité d'un terrain peut également, mais exceptionnellement, constituer un vice caché entrant dans les prévisions des articles 1641 à 1648 du Code civil. Toutefois, la frontière entre la non-conformité et la caractérisation d'un vice caché est mince *(Cass. 3e civ., 13 juill. 2017, n° 16-19.355, F-D : JurisData n° 2017-014649 ; JCP N 2017, n° 30-34, act. 746)* ; au surplus cette inconstructibilité peut également constituer une erreur sur les qualités essentielles de l'immeuble.

4828 **Inconstructibilité, vice du consentement** – L'inconstructibilité d'un terrain peut constituer un vice du consentement lorsque, au moment de l'acquisition, l'acquéreur croyait à tort le terrain constructible, que cette croyance ait été subjective (l'acquéreur a mal compris) ou objective (il n'était pas possible, juridiquement ou matériellement, de construire). Naturellement, si l'acte de vente mentionne expressément une inconstructibilité dont les acquéreurs déclarent avoir une parfaite connaissance, ils ne seront pas admis à se prévaloir d'une erreur sur la constructibilité. De même il ne saurait y avoir erreur sur la constructibilité du terrain si les acquéreurs sont parfaitement informés des aléas entourant cette constructibilité.

4829 **Inconstructibilité et exécution de la vente d'immeuble** – Dans les autres cas, relevant, non plus de la formation du contrat mais de l'inexécution contractuelle (ce qui suppose que le terrain, constructible au moment de la vente, ne l'est plus au stade de l'exécution), il convient à nouveau de distinguer selon que l'inconstructibilité constitue un cas de non-conformité ou un vice caché.

A priori, le plus fréquemment, il s'agira d'une non-conformité : le terrain (non-constructible) délivré n'est en effet pas conforme au terrain (constructible) vendu, sans que l'on puisse caractériser de vice caché. Toutefois, il peut en aller autrement, et certaines décisions rendues par la Cour de cassation ont pu conduire à qualifier l'inconstructibilité de vice caché au sens de l'article 1641 du Code civil dès lors du moins que le vice d'inconstructibilité était antérieur à la vente, ce que l'acquéreur doit prouver.
On remarquera enfin que l'annulation ou le retrait du permis de construire après la vente du terrain pose une difficulté supplémentaire. En effet, ils ne peuvent entraîner ni la nullité de la vente ni la garantie des vices cachés, dès lors que l'erreur doit s'apprécier au moment de la vente, tandis que le vice caché, lui, doit être antérieur.

B. – RÉGIME LÉGAL DE LA GARANTIE DES VICES CACHÉS

1° Créancier et débiteur de la garantie

4830 Créancier de la garantie – Le bénéficiaire de la garantie est l'acquéreur de l'immeuble qui peut agir à l'encontre du vendeur. Au-delà du seul acquéreur, sont créancières de la garantie des vices cachés toutes les personnes qui tiennent leurs droits sur l'immeuble affecté d'un vice caché de l'acquéreur. En effet, il est traditionnellement admis que la garantie des vices cachés se transmet avec l'immeuble, tel un accessoire. Plus exactement sans doute, il faudrait considérer que le sous-acquéreur bénéficie de la même garantie que l'acquéreur contre le vendeur initial (et contre le vendeur intermédiaire), ce qui permet d'expliquer que le vendeur intermédiaire peut invoquer le fondement de la garantie des vices cachés lorsqu'il a un intérêt direct et personnel à agir : l'acheteur intermédiaire a intérêt à agir dès lors qu'il a lui-même été condamné à rembourser le prix à son propre acheteur. Concrètement, le sous-acquéreur, victime d'un vice caché peut agir sur le fondement des articles 1641 à1648 du Code civil et à son choix contre son propre vendeur (le vendeur intermédiaire) ou contre l'un des débiteurs précédents de la garantie (le vendeur initial par exemple) ; il peut agir contre l'un ou les autres, ou même solliciter leur condamnation in *solidum*. On soulignera néanmoins que lorsque le sous-acquéreur entend, par exemple, agir à l'encontre du vendeur initial, ce dernier lui opposera les clauses contenues dans le contrat par lequel il a lui-même vendu l'immeuble sans que le sous-acquéreur puisse fonder son action sur une responsabilité extracontractuelle afin d'y échapper (*V. n°* ***4854***).

Remarque Le syndicat des copropriétaires ayant qualité pour agir en vue de la sauvegarde des droits afférents à l'immeuble, il a qualité pour exercer, contre le vendeur des lots, l'action en réparation des désordres affectant les parties communes de l'immeuble vendu consécutifs à un vice caché (*Cass. 3e civ., 24 juin 2015, n° 14-15.205 : JurisData n° 2015-015492 ; JCP N 2015, n° 29, act. 774*). Un locataire, voire un crédit-preneur (sauf aménagement contractuel), en revanche, ne saurait invoquer la garantie des vices cachés, l'action ne lui étant pas transmise : s'il devait être victime d'un vice caché, seule la voie extracontractuelle lui serait ouverte contre le vendeur initial.

4831 Usufruit – En cas de démembrement de la propriété immobilière entre un nu-propriétaire et un usufruitier, c'est à ce dernier que reviennent les droits attachés à la garantie des vices cachés. En effet, le vice caché diminue l'usage de l'immeuble. C'est ainsi que l'usufruitier pourra exercer l'action estimatoire consécutive à la mise en œuvre de la garantie des vices cachés et percevoir la partie du prix restituée en conséquence (*V. n°* ***4849*** *et s.*). Néanmoins, c'est au nu-propriétaire qu'il reviendrait le droit d'exercer, si besoin, une action rédhibitoire (*V. n°* ***4851***). En effet cette action entraîne la résolution de la vente ; comme telle, elle constitue un acte de disposition. Son succès suppose néanmoins que l'usufruitier consente à se séparer de la chose. À défaut, seule l'action estimatoire pourra prospérer.

4832 Débiteur de la garantie des vices cachés – Le débiteur de la garantie est le vendeur de l'immeuble, cocontractant de l'acquéreur, mais également les vendeurs antérieurs qui peuvent voir leur garantie recherchée dans les mêmes conditions. La chaîne des garanties peut même remonter jusqu'aux constructeurs. Néanmoins, il convient de préciser que toute vente d'immeuble n'engendre pas au débit du vendeur une obligation de garantir les vices cachés.

4833 Exclusion des ventes faites par autorité de justice – Au-delà du cas de la vente aléatoire, rare en matière immobilière, sont en premier lieu exclues du champ d'application de la garantie des vices cachés les *ventes faites par autorité de justice (C. civ., art. 1649)* ; cet article qui conduit à exclure la garantie des vices cachés est néanmoins strictement interprété. Autrement dit, la garantie est exclue lorsque la loi, pour l'essentiel, impose la vente après saisie. En revanche, la garantie des vices continue notamment de jouer pour les ventes que les parties ont décidées volontairement de réaliser dans la forme judiciaire ou sous toute autre forme semblable.

4834 Exclusion des ventes d'immeuble à construire – En second lieu, le vendeur d'immeuble à construire n'est pas tenu de la garantie des vices cachés énoncée par les articles 1641 à 1648 du Code civil. D'une part, il est tenu, envers les acquéreurs à compter de la réception des travaux, des obligations dont les architectes, entrepreneurs et autres constructeurs sont eux-mêmes tenus en application des articles 1792 et suivants du Code civil. Il s'agit des garanties biennales *(C. civ., art. 1792-3)* et décennale *(C. civ., art. 1792 et 1792-2)*. D'autre part, en raison de la nature particulière de la vente (d'un immeuble à construire), le vendeur est tenu d'une garantie des vices apparents (mais également des défauts de conformité) énoncée par l'article 1642-1 du Code civil : *Le vendeur d'un immeuble à construire ne peut être déchargé, ni avant la réception des travaux, ni avant l'expiration d'un délai d'un mois après la prise de possession par l'acquéreur, des vices de construction ou des défauts de conformité alors apparents.*

Attention **Cette garantie suit un régime différent de celui de la garantie des vices cachés de l'article 1641 du Code civil. Notamment, l'action doit être introduite par l'acquéreur, à peine de forclusion, dans l'année qui suit la date à laquelle le vendeur peut être déchargé des vices ou des défauts de conformité apparents.**

4835 Débiteur particulier : le vendeur après achèvement – Si les vendeurs ne sont pas toujours tenus à la garantie des vices cachés énoncée par l'article 1641 du Code civil, certaines formes de ventes en étant exclues, celle-ci se double parfois, en revanche, d'une autre garantie, celle des articles 1792 et suivants du même code. En effet, les « vendeurs après achèvement » visés par l'article 1792-1 du Code civil sont non seulement soumis à la garantie des vices cachés de la vente immobilière, mais également aux garanties légales des articles 1792 et suivants du Code civil qui sont, de surcroît, d'ordre public, toute clause qui viserait à les écarter étant réputée non écrite *(C. civ., art. 1792-5)*. En conséquence, celui qui a construit ou fait construire un ouvrage immobilier au sens de l'article 1792 du Code civil sera, si les conditions en sont réunies, non seulement tenu à l'égard de l'acquéreur, à la garantie des vices cachés des articles 1641 et suivants, mais également des garanties légales des articles 1792 et suivants *(Cass. 3e civ., 11 mai 2010, n° 09-13.358 : JurisData n° 2010-006117)*.
Ainsi, le vendeur après achèvement qu'il soit professionnel ou non, est tenu à deux garanties distinctes dont les champs d'applications s'entrecroisent sans que les juges ne distinguent quels sont les vices qui relèvent de l'une ou de l'autre des garanties. Au surplus, il est notable que si les garanties des constructeurs ne peuvent être écartée par une clause contraire *(C. civ., art. 1792-5)*, la garantie des vices cachés peut l'être. Néanmoins, les conditions de l'exonération sont telles que tous les constructeurs-vendeur après achèvement ne peuvent s'en exonérer *(V. n° **4854** et s.)*.

4836 Sociétés civiles immobilières – Il convient de souligner que l'application de la garantie des vices cachés telle qu'elle est visée aux articles 1641 et suivants du Code civil doit être combinée avec le recours en ce domaine aux sociétés immobilières. Il en résulte quelques conséquences. En effet, si la garantie des vices cachés s'applique, *a priori*, indifféremment, que les parties à la vente d'immeuble soient des personnes physiques ou morales, encore faut-il que soit caractérisée une vente d'immeuble. Ainsi, il a pu être jugé que les articles 1641 et suivants du Code civil sont inapplicables aux associés d'une société anonyme ayant reçu en toute propriété des locaux correspondant à leurs actions et une quote-part des parties communes à la suite du partage en nature de l'actif social. (dans un domaine voisin, il a été décidé, à raison, qu'une société coopérative de location-attribution n'a pas la qualité de vendeur, ce qui exclut, *de facto*, la garantie des vices cachés *(Cass. 3e civ., 27 nov. 1990, n° 88-19.437)*.
Plus généralement, on rappellera qu'il convient de distinguer le vice dont peut être affecté l'immeuble, élément d'actif d'une société, de celui dont des parts sociales peuvent être affectées. C'est ainsi qu'il a pu être, par exemple décidé, que la non-conformité des locaux d'un hôtel à des normes de sécurité ne constitue pas un vice affectant les actions cédées, dès lors que la société exploitant l'hôtel a pu continuer à exercer l'activité hôtelière constituant son objet social en engageant des dépenses pour effectuer les travaux prescrits *(Cass. com., 12 déc. 1995, n° 93-21.304 : JurisData n° 1995-003691 ; Bull. civ. IV, n° 302 ; JCP N 1996, I, 1513, note Guyon)*.

2° Conditions de la garantie des vices cachés

4837 Trois conditions – La garantie des vices cachés suppose la réunion de trois conditions énoncées par l'article 1641 du Code civil, que le bien acquis soit neuf ou, comme c'est souvent le cas en matière immobilière, ancien. Dans cette hypothèse, il est notable que la garantie des vices cachés ne disparaît pas nécessairement ni totalement. Les ventes d'immeuble ancien sont en effet, à défaut de clause contraire, soumise à la garantie des vices cachés. Seule une clause de vente en l'état ou la révélation du vice conduisent à exclure la garantie. Toutefois, on remarquera utilement que :

- la vétusté normale ne constitue pas un vice au sens de l'article 1641 du Code civil ;
- l'acheteur d'un immeuble ancien doit faire preuve d'une réelle attention, même s'il n'est pas tenu en sa seule qualité d'acheteur de procéder à des investigations particulières.

4838 Vice du bien – Parfois dénommé défaut, le vice doit affecter l'immeuble vendu. Il doit lui être inhérent. Ainsi, l'existence d'un litige opposant le vendeur au locataire de l'immeuble ne constitue pas un défaut au sens de l'article 1641 du Code civil. De même, l'absence de syndic ne constitue pas un vice de nature à rendre l'immeuble impropre à son usage d'habitation ni à en diminuer tellement cet usage que l'acheteur ne l'aurait acquis qu'à un prix moindre ; il ne s'agit pas là d'un vice au sens de l'article 1641 du Code civil.
Positivement, peuvent être qualifiés de vice inhérent à l'immeuble, et dès lors que les autres conditions sont réunies, des termites, du bruit généré par des chaudières (éléments d'équipement de l'immeuble), de l'amiante, des malfaçons, etc.

4839 Vice antérieur à la vente – Le vice, au sens de l'article 1641 du Code civil doit être antérieur à la vente. Si cette condition n'est pas expressément visée par les articles 1641 à 1648 du Code civil, elle est de bon sens. Pour que le vendeur le garantisse encore faut-il que le vice lui soit imputable. Si la preuve de l'antériorité, qui pèse sur les épaules de l'acquéreur est parfois malaisée à rapporter (et plus l'on s'éloigne de la date de la vente, plus la tâche est difficile), il s'agit là d'une condition de bon sens que les juges du fond apprécient *(Cass. 1re civ., 12 janv. 1977, n° 75-13.434 : JurisData n° 1977-000028 ; Bull. civ. I, n° 28). A contrario*, on comprend que les défauts qui résultent de l'usure ou de la mauvaise utilisation de l'immeuble postérieurement au transfert des risques à l'acquéreur ne relèvent pas de la garantie des vices cachés. De même, une modification de la substance de la chose, postérieurement à la vente ne peut conduire à mettre en œuvre la garantie des vices cachés. Ainsi du « vice » d'inconstructibilité d'un terrain qui n'était pas antérieur à la vente dès lors qu'il résultait d'un classement en zone inconstructible inondable postérieur à cette vente *(Cass. 3e civ., 24 nov. 2016, n° 15-26.226 : JurisData n° 2016-024750 ; JCP N 2016, n° 49, act. 1307 ; Constr.-Urb. 2017, comm. 6, P. Cornille ; LEDIU janv. 2017, p. 1, F. Rouvière).*

4840 Vice caché au jour de la vente – Antérieur à la vente, le vice doit être occulte au jour de la vente ainsi que cela résulte de l'article 1641 du Code civil. Il ne peut pas être apparent lors de la vente sans quoi il ne peut être réparé à ce titre. Selon les juges, est caché le vice que l'acquéreur normalement diligent ne pouvait pas déceler et dont il n'a pas eu connaissance au moment de la vente. L'apparence du vice, appréciée *in concreto*, chasse donc la garantie.

4841 Vice apparent – S'il est apparent ou connu lors de la vente, il ne peut donner lieu à garantie ; l'article 1642 du Code civil le dit très bien : *le vendeur n'est pas tenu des vices apparents et dont l'acheteur a pu se convaincre*. Autrement dit, si l'acheteur a pris connaissance, notamment lors de visites, de défauts affectant l'immeuble et, malgré tout, l'accepte en connaissance de cause, il ne peut plus solliciter la garantie du vendeur.
Encore faut-il, toutefois, que l'acquéreur ait pu pleinement se convaincre des vices apparents. Pour s'en assurer les juges procèdent à une appréciation *in concreto* de la connaissance du vice. Au premier chef, il convient, en effet, de s'assurer que l'acquéreur ait connu le vice « dans sa cause et son amplitude », « dans son ampleur et ses conséquences » ou dans « son étendue et sa gravité ». À défaut, l'acquéreur qui n'est pas pleinement convaincu, selon les termes de l'article 1642 du Code civil, pourra continuer à agir sur le fondement de la garantie des vices cachés. Au surplus, l'appréciation de la connaissance du vice dépend en grande partie de la qualité de l'acquéreur. Selon qu'il est professionnel ou non, les juges apprécieront sa capacité à déceler les vices.

4842 Acquéreur profane – L'acquéreur profane se verra opposer les vices très apparents, même s'il n'est pas pour autant exonéré de procéder aux vérifications élémentaires. Il ne saurait en effet garder les yeux fermés. À cette condition, les juges sont alors bienveillants à son égard. Ne seront considérés comme apparents que les vices facilement décelables. Au contraire, une fissure masquée par un revêtement, des désordres affectant des combles difficiles d'accès ne sont pas décelables par un acquéreur non professionnel. On soulignera au surplus qu'il ne saurait être reproché à un acquéreur de ne pas s'être fait assister par un professionnel, même si cela peut être conseillé.

4843 Acquéreur professionnel – Tout à l'inverse, un acquéreur professionnel (un marchand de biens par exemple) est à même de procéder à toutes les vérifications, y compris les plus minutieuses de nature à révéler les vices. À son égard le degré d'attention s'élève ; il doit être attentif, curieux, garder les yeux ouverts. Il n'existe toutefois pas de présomption irréfragable de connaissance des vices par l'acheteur professionnel (V. aussi Audit de l'immeuble).

4844 Risque de vice caché – De cette situation où le vice est apparent, peut être rapprochée celle dans laquelle il existe un risque de survenance d'un vice dont l'acquéreur est parfaitement informé. S'il accepte, en connaissance de cause, d'en « faire son affaire personnelle », il ne pourra se prévaloir de la garantie des vices cachés si le défaut survenait. Naturellement, il ne suffit pas que l'acquéreur déclare bien connaître la chose. Il convient de s'assurer qu'il a une parfaite connaissance du vice qui pourrait survenir (dans sa nature, sa gravité, son étendue) mais qu'il accepte malgré tout l'immeuble. Naturellement, s'il est pleinement informé de l'existence même d'un vice et qu'il conclut en connaissance de cause la vente, l'acquéreur ne peut plus solliciter la garantie des vices cachés.

4845 Vice portant atteinte à la destination normale de la chose – Le vice visé par l'article 1641 du Code civil n'est pas n'importe quel vice. Il doit avoir une résonnance particulière : il doit nuire à l'usage de l'immeuble. Deux précisions s'imposent :

- d'une part, l'article 1641 n'exige pas qu'il rende nécessairement impossible l'usage de l'immeuble (même si cela peut être le cas) ; le vice doit rendre l'immeuble impropre à l'usage auquel on le destine, ou diminuer tellement cet usage que l'acheteur ne l'aurait pas acquis, ou n'en aurait donné qu'un moindre prix. Ainsi, le vice caché doit avoir un impact d'une certaine intensité sur l'usage de l'immeuble ;
- d'autre part et selon une formule souvent employée par les juges, le vice caché doit donc « rendre la chose impropre à sa destination normale » : une qualité normalement attendue fait ainsi défaut. Précisément, il s'agit

ici d'apprécier le vice par rapport à la destination de la chose, ce qui implique *a priori* plutôt une appréciation *in abstracto*. La destination d'une maison est d'être habitable.

Exemple La présence d'insectes affectant sa solidité, l'état vétuste de la toiture, des désordres affectant les poutres, un défaut d'étanchéité, la pollution sont autant de vices cachés. Un terrain acheté pour y construire un immeuble suppose d'être constructible ; la présence d'une carrière engendrant une instabilité du terrain peut constituer un vice caché.

3° Mise en œuvre de la garantie des vices cachés.

4846 Délai biennal – L'article 1648 du Code civil prévoit que l'action en garantie des vices cachés doit être intentée par l'acquéreur dans un délai de 2 ans à compter de la découverte du vice. *(Cass. 3e civ., 5 janv. 2017, n° 15-12.605 : JurisData n° 2017-000026)*. Ce délai, institué par l'article 3 de l'ordonnance n° 2005-136 du 17 février 2005 s'applique aux contrats de vente d'immeuble conclus postérieurement à l'entrée en vigueur de cette l'ordonnance *(Ord. 17 févr. 2005, art. 5)*, soit le 19 février 2005. Les contrats conclus antérieurement à cette date demeurent soumis au bref délai.
Il revient à celui qui oppose la fin de non-recevoir tirée du dépassement du délai d'exercice de l'action, le vendeur le plus souvent, d'en justifier. Naturellement, ce délai ne s'applique pas à l'action pour défaut de conformité qui relève du droit commun de la prescription *(C. civ., art. 2224)*.

4847 Point de départ du délai biennal de la garantie des vices cachés – Ainsi qu'en dispose l'article 1648 du Code civil, le délai biennal de la garantie ne commence à courir qu'à compter de la découverte du vice *(C. civ., art. 1648)*. Toutefois, lorsque l'identification de la cause du défaut suppose une expertise, le point de départ du délai est naturellement repoussé à son issue.

Remarque La jurisprudence décide avec constance qu'en cas de ventes successives puis d'actions récursoires en garantie, le délai ne court alors que du jour de l'assignation par l'acquéreur qui a eu à souffrir du vice caché. On considère en effet que c'est à ce jour que le défaut s'est révélé à l'acquéreur intermédiaire.

4848 Interversion de la prescription – Conformément à l'article 2231 du Code civil tel qu'il est rédigé depuis la réforme de la prescription en 2008, la nomination d'un expert par une ordonnance de référé interrompt le délai à compter de sa date et fait courir un nouveau délai de 2 années et non de 5 ans comme auparavant. En conséquence, l'action en garantie est prescrite si l'assignation au fond est postérieure à l'échéance de ce délai biennal *(Cass. 3e civ., 5 janv. 2017, n° 15-12.605 : JurisData n° 2017-000026 ; JCP N 2017, n° 43-44, 1296, note G. Durand-Pasquier)*. L'effet interversif des actes interruptifs est désormais écarté.

4° Effets de la garantie des vices cachés.

4849 Effets de la garantie des vices cachés – Lorsque les conditions de la garantie sont réunies, l'acquéreur peut solliciter et obtenir soit l'anéantissement du contrat (action rédhibitoire), soit une diminution du prix (action estimatoire) auxquels peuvent s'adjoindre parfois des dommages et intérêts *(C. civ., art. 1644)*. Il revient, en principe, à l'acquéreur de choisir entre l'action rédhibitoire et l'action estimatoire.

4850 Choix entre l'action estimatoire et l'action rédhibitoire – Ce choix est en principe discrétionnaire, l'acquéreur n'ayant pas à justifier sa demande, tandis que le juge ne peut choisir à la place de l'acquéreur de prononcer l'action estimatoire ou l'action rédhibitoire. Ce dernier n'a d'ailleurs pas à motiver sa décision sur ce point. Toutefois, la Cour de cassation a pu décider que lorsque l'acquéreur exerce à titre principal une action rédhibitoire et à titre subsidiaire une action estimatoire et que l'acquéreur a occupé le bien pendant plus de 2 ans, les juges du fond peuvent retenir que l'action rédhibitoire ne peut être accueillie et décider de faire droit à la demande subsidiaire en paiement de dommages et intérêts *(Cass. 3e civ., 25 juin 2014, n° 13-17.254 : JurisData n° 2014-014348 ; Constr.-Urb. 2014, comm. 119, Ch. Sizaire)*. Naturellement, si l'acquéreur a vendu ou donné l'immeuble, il ne peut plus solliciter l'action rédhibitoire. Il en va de même si l'immeuble a été détruit, à moins qu'il ait « péri par suite de sa mauvaise qualité » *(C. civ., art. 1647)*. Il pourrait en aller ainsi lorsque l'immeuble a péri du fait du vice lui-même.

4851 Action rédhibitoire – L'acquéreur peut choisir de rendre la chose viciée et se faire restituer le prix. La mise en œuvre de cette action suppose, en principe, que l'acquéreur puisse restituer la chose viciée. L'action rédhibitoire va avoir pour effet d'anéantir rétroactivement la vente. L'immeuble vendu est censé n'être jamais sorti du patrimoine du vendeur.

4852 Action estimatoire – Bien que l'immeuble soit affecté d'un vice, au sens de l'article 1641 du Code civil, l'acquéreur peut préférer le conserver. Il intentera alors contre le débiteur de la garantie, le vendeur le plus souvent, une action estimatoire qui conduira à une restitution d'une partie du prix payé.
Naturellement, l'acquéreur ne peut solliciter ni obtenir la restitution d'une somme égale au prix de vente de la chose. Il ne peut obtenir qu'une partie du prix. Le juge détermine donc la partie du prix devant être restituée

à l'acquéreur. Cette partie du prix restituée a pour objet de compenser la perte d'utilité de l'immeuble. Ainsi, l'action estimatoire permet de replacer l'acheteur dans la situation où il se serait trouvé si la chose vendue n'avait pas été atteinte d'un vice. Il ne s'agit donc pas de décider que l'immeuble ayant été affecté d'un vice, le prix aurait dû être moindre. Il s'agit de faire en sorte que de compenser l'existence du vice ; cela explique que la valeur vénale n'est pas nécessairement prise en compte. La restitution du prix peut en revanche correspondre aux coûts des travaux nécessaires pour remédier aux vices *(Cass. 3e civ., 1er févr. 2006, n° 05-10.845 : JurisData n° 2006-031925 ; Bull. civ. III, n° 22 ; D. 2006, p. 1213, note L. Eyrignac)*.

Remarque L'intervention d'un expert pour évaluer le montant de la restitution partielle du prix n'est plus nécessaire depuis l'entrée en vigueur de la loi n° 2015-177 du 16 février 2015 : son article 10 a modifié l'article 1644 du Code civil en supprimant les mots *telle qu'elle sera arbitrée par experts*. Jusqu'alors, la désignation d'un expert était une obligation pour le juge, quand bien même les parties ne l'avaient pas sollicité. En conséquence, la Cour de cassation censurait les arrêts de cours d'appel lorsque les juges avaient procédé directement à l'estimation, sans avoir eu recours à des experts, en violation de l'ancien article 1644 du Code civil.

Conseil pratique **Afin de simplifier et d'alléger le coût de la procédure, l'article 10 de la loi du 16 février 2015 a donc supprimé le recours obligatoire à l'expertise, le juge pouvant désormais en apprécier l'opportunité et, éventuellement, désigner un expert sur le fondement des articles 10 et 143 du Code de procédure civile.**

4853 Indemnisation de l'acquéreur – L'acquéreur peut solliciter des dommages et intérêts en réparation des préjudices qu'il a subi. Cette action peut être accessoire à une action rédhibitoire ou à une action estimatoire fondée sur les articles 1641 et suivants du Code civil. Elle peut aussi être intentée indépendamment de telles actions. Il convient toutefois de rappeler que lorsque le vendeur ignorait les vices de la chose (vendeur de bonne foi), l'article 1646 prévoit que l'acheteur a droit à la restitution du prix et au remboursement des frais occasionnés par la vente, à l'exclusion de toute autre indemnisation *(Cass. 3e civ., 8 juill. 2014, n° 13-19.103 : JurisData n° 2014-016442)*. En revanche, l'article 1645 prévoit qu'en cas de mauvaise foi du vendeur, il doit indemniser l'acquéreur de tous les préjudices liés à la présence du vice caché.

C. – CLAUSES RELATIVES À LA GARANTIE DES VICES CACHÉS

4854 Principe de validité des clauses de garantie des vices cachés – Conformément au principe de la liberté contractuelle, notamment énoncé par l'article 1102 du Code civil, les clauses relatives à la garantie des vices cachés sont licites qu'elles allègent la garantie ou qu'elles l'aggravent. L'article 1643 du même code le confirme en permettant au vendeur de stipuler « qu'il ne sera obligé à aucune garantie ». L'aggravation peut résulter tant des conditions de fond de la garantie que de ses conditions de mise en œuvre. L'on peut, notamment, penser à l'allongement du délai de garantie. Néanmoins, le plus souvent en matière de vente immobilière, les clauses visent à restreindre la garantie des vices cachés, voire à l'exclure. En elles-mêmes, ces restrictions et exclusion sont licites. En matière immobilière, elles prennent la forme d'une clause dite de « vente en l'état ».

4855 Limites à la validité des clauses de garantie des vices cachés – Au premier chef, les clauses limitant ou excluant la garantie des vices cachés peuvent être qualifiées d'abusives. Si elles relèvent du champ d'application de l'article L. 212-1 du Code de la consommation, elles sont mêmes irréfragablement présumées abusives dès lors qu'elles constituent, au sens de l'article R. 212-1, 6°, du Code de la consommation, une clause ayant pour objet ou pour effet de *supprimer ou réduire le droit à réparation du préjudice subi par le consommateur en cas de manquement par le professionnel à l'une quelconque de ses obligations*. Et, si, au sens de l'article 1171 du Code civil, elles peuvent également constituer une clause abusive, il reviendra, cette fois-ci, à l'acquéreur d'en rapporter la preuve.

4856 Vice connu du vendeur – Au-delà, et en dehors même d'une telle qualification, la clause peut être nulle lorsque le vendeur connaissait le vice de la chose, ainsi que cela résulte d'une interprétation *a contrario* de l'article 1643 du Code civil. Selon cette disposition, en effet, le vendeur *est tenu des vices cachés, quand même il ne les aurait pas connus, à moins que, dans ce cas, il n'ait stipulé qu'il ne sera obligé à aucune garantie*. Il en résulte donc que la connaissance par le vendeur des vices cachés, qui témoigne de sa mauvaise foi, exclut qu'il puisse s'exonérer de la garantie des vices cachés. Plus grave, il est tenu dans ce cas de réparer tous les préjudices subis par l'acquéreur (*V. n° **4853***). Les clauses excluant la garantie des vices cachés sont donc nulles lorsque le vendeur connaissait les vices. Cette circonstance peut résulter de données purement factuelles.

Attention **La jurisprudence fait preuve d'une sévérité certaine à l'égard des professionnels, et également des vendeurs qui ont construit l'immeuble, voire des exploitants de l'immeuble. Ainsi, à l'égard de ces personnes, la clause de vente en l'état ne peut prospérer.**

4857 Vendeur professionnel – Au premier chef, le vendeur professionnel est, selon une jurisprudence constante, irréfragablement présumé connaître les vices. Au-delà des ventes d'immeubles par des marchands de bien, cette jurisprudence concerne les sociétés civiles immobilières qui vendent des immeubles.

4858 Vendeur constructeur – Au surplus, selon une solution désormais bien établie en jurisprudence le vendeur est celui-là même qui a construit l'ouvrage ne peut s'exonérer de la garantie des vices cachés *(Cass. 3e civ., 29 juin 2017, n° 15-20.646 : JurisData n° 2017-013 ; Constr.-Urb. 2017, comm. 124, Chr. Sizaire. – C.-É. Bucher, La clause d'exclusion de la garantie des vices cachés dans la vente : Contrats, conc. consom. 2018, form. 2).*
Au même titre que le vendeur professionnel, le castor-vendeur, dénommé « auto-entrepreneur des travaux » par la Cour de cassation dans son arrêt rendu le 29 juin 2017, est ainsi présumé (irréfragablement ?) connaître les vices de la chose vendue. D'un côté, cette jurisprudence conduit à un heureux rapprochement avec l'action fondée sur la garantie décennale dont le constructeur, même non professionnel, ne peut s'exonérer en prouvant qu'il ne connaissait pas les vices *(C. civ., art. 1792-5)*. D'un autre côté, elle est sévère avec le constructeur-vendeur même non professionnel qui est ainsi tenu de la garantie des vices cachés sur le fondement de l'article 1641 du Code civil au-delà même du délai décennal de l'article 1792 du Code civil, au motif qu'il est présumé connaître les vices de l'ouvrage qu'il a construit.

4859 Vendeur exploitant – Enfin, la Cour de cassation dans un arrêt rendu le 29 juin 2017, publié et promis aux honneurs du rapport annuel, a étendu cette présomption à l'exploitant d'un immeuble *(Cass. 3e civ., 29 juin 2017, n° 16-18.087 : JurisData n° 2017-012784 ; JCP N 2017, n° 28, act. 711 ; Contrats, conc. consom. 2017, comm. 192, L. Leveneur ; JCP N 2018, n° 23, 1200-21, obs. S. Piedelièvre).*
En l'espèce, une société civile immobilière avait acquis, afin de le transformer en local à usage d'habitation, un immeuble dans lequel était exploité un garage automobile depuis de longues années, ce dont elle avait été informée. Lors des travaux de restructuration, la société découvrit la présence, dans le sol, d'hydrocarbures et de métaux lourds provenant de cuves fuyardes. Agissant sur le fondement de la garantie des vices cachés, elle se vit opposer une clause de vente en l'état contenu dans l'acte de vente. Les juges du fond n'ayant que partiellement fait droit à la demande des acquéreurs, ils formèrent un pourvoi en cassation, la troisième chambre civile décidant, *in fine*, d'écarter la clause exonératoire au motif qu'en sa qualité de dernier exploitant du garage précédemment exploité par son père, le vendeur ne pouvait ignorer les vices affectant les locaux. Ce faisant, la qualité d'exploitant de l'immeuble engendre donc une présomption de connaissance des vices de la chose, ce qui est sans doute sévère, mais tient à l'idée même de garantie qui ne peut être réduite à celle de responsabilité. Restera à savoir s'il existe une corrélation nécessaire et obligatoire entre la qualité d'exploitant et la présomption de connaissance des vices ou si le fait que l'exploitation ait été, en l'espèce, très ancienne (ce que la Cour n'a pas manqué de souligner) a eu une influence sur la solution

4860 Appréciation – Si le principe de la validité des clauses exclusives de garantie des vices cachés n'est pas remis en cause par cette jurisprudence, il n'en demeure pas moins que son champ d'application est relativement étroit. Ces clauses sont ainsi valables au premier chef lorsque le vendeur, de bonne foi, n'est pas un professionnel (y compris les SCI), le constructeur de l'immeuble ou son exploitant, à moins que l'acquéreur soit un professionnel de la même spécialité que le vendeur, alors même que ce dernier connaissait le vice de la chose (ce qui peut paraître plus étonnant). L'on peut donc penser que la vente d'un immeuble à une SCI par une SCI puisse contenir une clause de vente en l'état.

Pour aller plus loin

Formules
- JCl. Notarial Formulaire, V° Vente d'immeuble, fasc. 35 (questionnaire remis au vendeur)
- JCl. Notarial Formulaire, V° Vente d'immeuble, fasc. 655 (ratification, confirmation)

Fiches pratiques
- Fiche pratique n° 1721 : Rédiger une vente d'immeuble, par M. Suquet-Cozic
- Fiche pratique n° 1806 : Rédiger une vente d'immeubles à construire, par D. Boulanger
- Fiche pratique n° 1807 : Rédiger une vente d'immeubles à rénover, par D. Boulanger
- Fiche pratique n° 115 : Responsabilité et garantie des vices de construction, par A. Le Saint

Commentaires
- JCl. Notarial Formulaire, Synthèse 1520, Vente d'immeuble, contentieux, par V. Zalewski-Sicard
- JCl. Civil Code, Art. 1630 à 1637, 1638 à 1640 par M. Mignot • Art. 1641 à 1649, fasc. 10, 20, 30, 50, par J. Huet
- JCl. Notarial Formulaire, V° Vente d'immeuble, fasc. 410 (vente de la chose d'autrui), par R. Le Guidec et J. Lafond
- JCl. Notarial Formulaire, V° Vente d'immeuble, fasc. 500 (charges et conditions), par J. Lafond et V. Zalewski-Sicard
- JCl. Notarial Formulaire, V° Vente d'immeuble, fasc. 530 (garantie, clauses de l'acte), par J. Lafond et V. Zalewski-Sicard
- JCl. Notarial Formulaire, V° Vente d'immeuble, fasc. 590 (résolution, résiliation), par A. Walravens

Contentieux de l'exécution de la vente d'immeuble

Clause pénale

4861 Utilités de la clause pénale – La clause pénale est d'utilisation fréquente en matière immobilière. On la retrouve dès le stade de l'avant-contrat.

- Au sein de la promesse synallagmatique, peut être par exemple stipulée une clause pénale par laquelle le promettant (vendeur ou acquéreur) s'engage à verser à l'autre partie, à titre de dommages et intérêts, une somme forfaitairement fixée en cas d'inexécution de son obligation.
- La somme due au titre de la clause pénale peut être associée à celle que le promettant acquéreur a d'ores et déjà versée au vendeur, et qui lui restera acquise en cas d'inexécution par le promettant acquéreur de son obligation.
- La clause pénale peut avoir un rôle à jouer afin de « garantir » le versement d'une indemnité d'immobilisation due par le bénéficiaire d'une promesse unilatérale : c'est alors une clause pénale moratoire que les parties prévoient afin de sanctionner le retard de paiement ou même une clause pénale en cas d'inexécution.
- La clause pénale peut être stipulée dans l'acte de vente définitif en cas, par exemple, de clause de jouissance différée afin d'éviter les risques de non libération des lieux par le vendeur : il s'agira alors d'une somme fixe due en cas d'inexécution par le vendeur de son obligation ou, plus sûrement, d'une clause pénale moratoire consistant en une somme à verser par jour de retard.

S'illustrant à de nombreuses reprises au cours du processus de vente immobilière, la clause pénale est soumise à un certain nombre de conditions qui lui confèrent une nature propre dont résulte un régime très particulier.

> **Attention** La clause pénale peut sanctionner aussi bien un manquement aux obligations principales qu'aux obligations accessoires. Il convient d'être précis à cet égard, car la clause pénale ne pourra être mise en œuvre pour sanctionner le manquement à des obligations qui ne sont pas visées par ladite clause *(Cass. 3e civ., 1er juin 2017, n° 16-15.237. – Cass. 3e civ., 8 avr. 2014, n° 13-14.439).*

4862 Définitions – La clause pénale était définie par l'ancien article 1226 du Code civil comme *celle par laquelle une personne, pour assurer l'exécution d'une convention, s'engage à quelque chose en cas d'inexécution*. Quant à la Cour de cassation, elle disposait que « constitue une clause pénale la clause d'un contrat par laquelle les parties évaluent forfaitairement et d'avance l'indemnité à laquelle donnera lieu l'inexécution de l'obligation contractée ». Ces définitions conservent sans doute un intérêt. En effet, l'article 1231-5 du Code civil peine à éclairer la nature de la clause pénale, lorsqu'il dispose que *lorsque le contrat stipule que celui qui manquera de l'exécuter paiera une certaine somme à titre de dommages et intérêts, il ne peut être alloué à l'autre partie une somme plus forte ni moindre* : si cet article met en valeur le caractère forfaitaire des dommages et intérêts dus en cas d'inexécution, il ne va guère plus loin. Quoi qu'il en soit, ces quelques précisions sur la nature de la clause pénale sont utiles à sa rédaction dans les avant-contrats ou dans l'acte définitif.

I. Distinctions

4863 Clause pénale et clause limitative de responsabilité – La clause pénale se distingue des clauses limitatives de réparation, plus rarement employées en matière de vente immobilière. À la différence de la clause pénale qui prévoit un forfait, la clause limitant la réparation stipule un plafond au-delà duquel les dommages ne seront pas réparés. Si les dommages le dépassent, ils ne seront donc que partiellement réparés ; s'ils sont inférieurs, la réparation sera intégrale sans atteindre le montant stipulé. À la différence du montant forfaitaire de la clause pénale qui peut, exceptionnellement, être révisé par le juge (*V. n°* **4872**), le plafond de réparation prévu par une clause limitant la réparation ne peut jamais être révisé par le juge. Il pourrait simplement être écarté en certaines circonstances telles que le dol ou la faute lourde du débiteur, ou si, par exemple, il privait de sa substance l'obligation essentielle du débiteur *(C. civ., art. 1170)* ou constituait une clause abusive au sens de l'article L. 212-1 du Code de la consommation, voire de l'article 1171 du Code civil relatif au contrat d'adhésion.

4864 Clause pénale et clause de dédit – La clause de dédit est un droit conventionnel de repentir qui, à la différence de la clause pénale, ne suppose pas une inexécution imputable au débiteur. Il ne s'agit donc pas de sanctionner un débiteur qui n'aurait pas tenu ses engagements, mais de lui permettre de se délier de son engagement (*Cass. com., 27 juin 2018, n° 17-16.529*). Si la frontière entre les deux clauses est ténue, elle est essentielle : en effet, le juge n'a pas le pouvoir de modifier le montant de la clause de dédit.

4865 **Clause pénale et indemnité d'immobilisation** – Fréquemment stipulée dans les promesses unilatérales de vente d'immeuble, l'indemnité d'immobilisation est la contrepartie versée par le bénéficiaire au promettant de l'option qui lui est offerte pendant un certain délai : le prix de l'option. L'indemnité d'immobilisation rémunère donc l'immobilisation du bien par le promettant au profit du bénéficiaire (*V. n°* ***239****. – V. n°* ***400***).
Elle se distingue bien de la clause pénale à moins qu'il ne soit établi qu'elle « avait pour objet de faire assurer par l'acquéreur l'exécution de son obligation de diligence » concernant l'obtention du prêt nécessaire à l'acquisition. Dans ce cas, elle change de nature et constitue alors une clause pénale (*Cass. 3e civ., 24 sept. 2008, n° 07-13.989 : Bull. civ. III, n° 139 ; RTD civ. 2008, p. 675, obs. B. Fages*).

II. Conditions de validité

4866 **Principe** – La validité de principe des clauses pénales ne fait aucun doute, celle-ci résultant de l'article 1231-5 du Code civil. Par contre, des doutes existants quant à la possibilité de prévoir une clause pénale en nature, c'est-à-dire portant sur autre chose qu'une somme d'argent, il est préférable de s'en tenir à une clause pénale dont l'objet est monétaire (*P. Lemay, La clause pénale en nature : RTD com. 2017, p. 801. – G. Viney, P. Jourdain et S. Carval, Traité de droit civil, Les effets de la responsabilité, n° 385 : LGDJ, 4e éd., 2017*).

4867 **Clause pénale et agent immobilier** – Pour que la clause pénale soit valable dans un mandat conclu par un agent immobilier, il faut que cette clause résulte d'une stipulation expresse d'un mandat dont un exemplaire a été remis au mandant. Cette clause, mentionnée en caractères très apparents, ne peut prévoir le paiement d'une somme supérieure au montant des honoraires stipulés dans le mandat pour l'opération à réaliser *(D. n° 72-678, 20 juill. 1972, art. 78)*. En outre, l'agent immobilier ne pourra invoquer ladite clause que si la vente à laquelle il a prêté son concours s'est réalisée, ce en application de l'article 6 de la loi Hoguet du 2 janvier 1970 *(Cass. 1re civ., 14 nov. 2018, n° 17-14.885. – Cass. 3e civ., 9 juill. 2014, n° 13-19.061 : JurisData n° 2014-016011 ; JCP N 2014, n° 31-35, act. 878 ; Bull. civ. III, n° 96)*. Tel est bien le cas lorsqu'une promesse synallagmatique de vente a été conclue, peu important que les bénéficiaires de la promesse refusent ensuite fautivement de réitérer la vente par acte authentique (*Cass. 1re civ., 10 oct. 2018, n° 16-21.044*).

4868 **Clause pénale et clause abusive** – Lorsque le contrat préparatoire ou la vente est conclu entre un professionnel et un consommateur ou un non-professionnel au sens de l'article liminaire du Code de la consommation, il résulte de l'article R. 212-2, 3° du Code de la consommation qu'une clause pénale peut être réputée abusive si le consommateur ou le non-professionnel parvient à prouver que l'indemnité prévue par ladite clause est d'un montant manifestement disproportionné. S'il parvient à établir une telle preuve, le professionnel devra, pour échapper à la législation sur les clauses abusives, démontrer l'absence de déséquilibre significatif.

Conseil pratique **L'intérêt pour le consommateur d'invoquer la législation sur les clauses abusives au lieu de demander la réduction de l'indemnité sur le fondement de l'article 1231-5 du Code civil est qu'en cas de reconnaissance du caractère abusif de la clause, il ne devra verser aucune indemnité au titre de celle-ci, la clause étant réputée non écrite.**

III. Nature de la clause pénale

4869 **Évaluation forfaitaire des dommages et intérêts** – Tout d'abord, il ne doit pas pouvoir être demandé en même temps le principal et la peine, sauf si la clause pénale a été stipulée pour le simple retard et couvre alors les seuls intérêts moratoires *(ancien art. 1229, al. 2)*. Si cela ressortait mieux de l'ancien article 1229, il semble que l'on puisse déduire de la rédaction de l'article 1231-5, alinéa 1er (*à titre de dommages et intérêts*) que le créancier ne peut en principe demander, en sus de la clause pénale, des dommages et intérêts (le principal), quand bien même la somme forfaitaire prévue par le contrat à titre de dommages et intérêts (la peine) ne couvrirait pas tous ses dommages.
Il pourrait en aller autrement lorsque le principal et la peine sont demandés à des personnes différentes, tel un tiers ayant participé à l'inexécution de la vente d'immeuble : par exemple du tiers qui a contribué à la violation du pacte de préférence. Il pourrait, sur le fondement de l'article 1123 du Code civil, être tenu de réparer le préjudice subi par le bénéficiaire du pacte, tandis que le promettant ne serait tenu que dans les limites de la clause pénale stipulée pour le dissuader de ne pas exécuter son engagement. Il pourrait également en aller

ainsi si la réparation était allouée pour un préjudice distinct de celui réparé forfaitairement par la clause pénale, ce que doit prouver le créancier.

4870 Forfait monétaire – Ensuite, l'article 1231-5 du Code civil prévoit que la clause pénale consiste dans l'attribution d'une somme d'argent au créancier, en cas d'inexécution. Même si tel est ce qui est le plus souvent stipulé, on peut néanmoins regretter que la pénalité soit nécessairement monétaire.

4871 Forfait exceptionnellement révisable par le juge – Le principe selon lequel la somme d'argent fixée par la clause ne peut être modifiée par le juge est de l'essence même de la clause pénale : la clause pénale est un forfait. Cela évite la nécessité d'établir la réalité du préjudice et les difficultés d'évaluation judiciaire des dommages et intérêts. Mais, cela conduit aussi à repousser, en principe, toute révision judiciaire de son montant à la hausse ou à la baisse.
Néanmoins, le forfait prévu par la clause est toutefois rarement équivalent au préjudice. Parfois elle est insuffisante, ce qui explique que le juge puisse l'augmenter, à condition qu'elle soit dérisoire. Une clause pénale dérisoire a manifestement manqué son but. Le plus souvent, en effet, le montant du forfait est élevé, l'objectif d'une clause pénale étant de faire pression sur le débiteur afin qu'il exécute son obligation. Toutefois, ce caractère comminatoire, souvent mentionné au rang des critères essentiels de la clause pénale, n'en est pas un élément de qualification ni de validité, ainsi que le rappelle la jurisprudence qui passe le plus souvent sous silence ce caractère (qui n'en est pas nécessairement un), se contentant de relever que la clause pénale est une indemnité forfaitaire. Au demeurant l'article 1231-5 du Code civil n'évoque pas ce caractère comminatoire se contentant de mettre en avant le caractère forfaitaire du montant des dommages et intérêts. Ainsi, une clause au terme de laquelle toutes les sommes versées par l'acquéreur « seront de plein droit définitivement acquises au vendeur, sans recours ni répétition, à titre de dommages-intérêts et d'indemnité forfaitaire » constitue une clause pénale quand bien même ne présenterait-elle pas de caractère comminatoire.

4872 Révision – Quoi qu'il en soit, l'article 1231-5 dans la continuité de l'ancien article 1152 du Code civil prévoit *que le juge peut, même d'office, modérer [...] la pénalité ainsi convenue si elle est manifestement excessive [...]*. C'est ainsi que la clause qui stipulerait, dans une vente d'immeuble à terme, que les sommes versées par l'acquéreur en paiement du prix resteront acquises au titre d'une clause pénale en cas d'inexécution par l'acquéreur de son obligation de payer le prix en totalité, pourrait être révisée par le juge s'il estime qu'elle est manifestement excessive au regard du préjudice réellement subi par le vendeur.

4873 Mandat d'entremise – Par nature, la clause pénale présente des dangers. Telle est la raison pour laquelle si elle est en principe valable, elle est souvent encadrée par le législateur. Par exemple les articles 6, I, de la loi du 2 janvier 1970 et 78 du décret du 20 juillet 1972 prévoient que l'insertion d'une clause pénale dans un mandat d'entremise est soumise à la double condition qu'elle résulte d'une stipulation expresse du contrat dont un exemplaire a été immédiatement remis au mandant et, d'autre part, qu'elle y soit mentionnée en caractères très apparents. Au surplus le dernier de ces textes prévoit que *passé un délai de trois mois à compter de sa signature, le mandat contenant une telle clause peut être dénoncé à tout moment par chacune des parties, à charge pour celle qui entend y mettre fin d'en aviser l'autre partie quinze jours au moins à l'avance par lettre recommandée avec demande d'avis de réception*.

IV. Mise en œuvre de la clause pénale

4874 Fonction indemnitaire – Juridiquement, la clause pénale demeure de la nature des dommages et intérêts. En témoigne la place de l'article 1231-5 du Code civil, dans la section intitulée La réparation du préjudice résultant de l'inexécution du contrat. Cette qualification emporte plusieurs conséquences.
D'abord, son application demeure à la discrétion du créancier, qui peut préférer poursuivre l'exécution en nature de l'obligation principale, tant qu'elle est possible ainsi que le Code civil lui en laisse le choix *(C. civ., art. 1217)*.
Ensuite, son application est subordonnée à une inexécution du contrat (valable) imputable au débiteur.

- **Un contrat valable** : la nullité de la vente, prononcée par les juges du fond, entraîne la nullité de la clause pénale qui s'y trouvait insérée. En revanche, la clause pénale survit logiquement à l'extinction du contrat par résiliation, résolution ou caducité *(C. civ., art. 1230. – Cass. 3e civ., 8 déc. 2016, n° 15-26.561. – Cass. 3e civ., 11 janv. 2011, n° 10-10.038 : JurisData n° 2011-000210)*.
- **Un contrat inexécuté** : encore faut-il, dispose l'article 1231-5 du Code civil, que le créancier ait mis en demeure le débiteur d'exécuter le contrat (sauf clause contraire du contrat ou si l'exécution est définitive) et que cette mise en demeure soit restée infructueuse, caractérisant ainsi le manquement du débiteur au contrat l'ait mis en demeure.

Enfin, la preuve de l'existence d'un préjudice subi par le créancier n'est pas nécessaire.

Attention Lorsque le contrat préparatoire ou la vente sont annulés, la clause pénale ne survit pas *(Cass. 1re civ., 3 mars 2010, n° 08-18.947 : JurisData n° 2010-001121 ; JCP N 2010, n° 13, act. 331 ; Dr. famille 2010, comm. 72, V. Larribau-Terneyre ; JCP N 2010, n° 24, 1226, note V. Brémond ; Bull. civ. I, n° 54)*. Un cocontractant ne peut donc tout à la fois agir en nullité et demander que soit appliquée la clause pénale.

4875 **Pouvoirs du juge** – Afin de protéger les parties les plus faibles, un pouvoir dérogatoire, car contraire à l'autonomie de la volonté, a été initialement accordé au juge par la loi du 9 juillet 1975 (ancien art. 1152) et repris par l'article 1231-5 du Code civil. En cas d'abus évident, le juge a reçu la mission légale de modérer la peine en équité : l'article 1231-5 précise que le juge peut intervenir, même d'office, si la peine est *manifestement excessive ou dérisoire*. En principe, le pouvoir du juge n'est qu'un pouvoir de révision : il ne peut, sur le seul fondement de l'article 1231-5, annuler la clause pénale, sauf à ce qu'elle présente un caractère abusif ; mais, alors, le fondement de la sanction diffère ; cependant, il peut décider d'en réduire le montant à un euro symbolique à condition qu'il en justifie.

4876 **Devoirs du juge** – Les juges du fond, lorsqu'ils utilisent cette faculté, y compris d'office *(C. civ., art. 1231-5)*, doivent soigneusement rechercher et indiquer en quoi le montant était excessif ou dérisoire par rapport au préjudice effectivement subi par le créancier ; ils n'ont pas à motiver spécialement leur décision lorsqu'ils refusent de retenir le caractère excessif de la clause. Pour apprécier le caractère excessif de la clause, les juges doivent se placer à la date de leur décision, et non pas au moment où la pénalité est devenue exigible.

4877 **Cas particulier de l'exécution partielle** – En cas d'exécution partielle de l'obligation convenue, appréciée souverainement par les juges du fond, le troisième alinéa de l'article 1231-5 du Code civil prévoit la possibilité pour le juge de réduire la peine, même d'office, à proportion de l'intérêt que cette exécution partielle a procuré au créancier. Toute stipulation contraire est réputée non écrite. Ce pouvoir n'est du reste pas exclusif de celui du deuxième alinéa du même article 1231-5 (*sans préjudice de l'application de l'alinéa précédent*), ce qui signifie que le juge peut tout à la fois réduire le montant de la clause pénale au prorata de l'exécution et, le cas échéant, réduire de nouveau ce montant en cas d'excès manifeste.

Il arrive cependant que les parties aient elles-mêmes prévu la situation de l'exécution partielle et fixé, dans le contrat, un barème de diminution de la peine en proportion de l'avantage retiré par le créancier. Il est alors évident que la disposition du troisième alinéa de l'article 1231-5 devient inopérante puisque l'opération qu'il envisage est déjà intervenue. Le deuxième alinéa de l'article 1231-5 n'en demeure pas moins applicable pour le surplus.

Conseil pratique Afin d'éviter que le juge n'exerce le pouvoir prévu par l'article 1231-5 du Code civil, il convient de fixer le montant de l'indemnité de façon suffisamment conséquente pour que le rôle comminatoire soit joué tout en évitant un montant excessif. Pour ce faire, le préjudice pouvant être subi en raison de l'inexécution de l'obligation visée par la clause pénale peut être évalué. Il sera ensuite retenu une valeur supérieure à cette évaluation sans que, par exemple, un seuil de 40 % ne soit dépassé. Pour éviter que cette détermination ne se retourne contre le cocontractant non fautif, il doit, en outre, être prévu que la clause pénale ne pourra avoir pour effet de priver le cocontractant d'obtenir la réparation intégrale du préjudice qu'il subirait du fait de l'inexécution si l'indemnité contractuellement prévue s'avérait d'un montant inférieur au montant du préjudice.

Formule – Compromis de vente immobilière. Clause pénale

Cette formule est extraite du JurisClasseur *(V. JCl. Notarial Formulaire, V° Avant-contrat, fasc. 117, par J.-F. Pillebout)*.

Clause pénale

Au cas où l'une quelconque des parties, après avoir été mise en demeure, ne régulariserait pas l'acte authentique et ne satisferait pas ainsi aux oblgations alors exigibles, elle devra verser à l'autre partie la somme de...... € à titre de clause pénale, conformément aux dispositions de l'article 1235-1 du Code civil.

Il est précisé que la présente clause ne peut être assimilée à une stipulation d'arrhes et n'emporte pas novation. Ainsi chacune des parties aura la possibilité de poursuivre l'autre en exécution de la vente.

Pour aller plus loin

Formules

- JCl. Notarial Formulaire, V° Avant-contrat, fasc. 65 et 115, par J.-F. Pillebout

Fiches pratiques

- Fiche pratique n° 1721 : Rédiger une vente d'immeuble, par M. Suquet-Cozic
- Fiche pratique n° 1786 : Préparer une résolution de contrat, par L. Thibierge
- Fiche pratique n° 2173 : Défaillance de l'une des parties à la promesse unilatérale de vente, par Ch. Guilloteau-Palisse

Commentaires
• JCl. Notarial Formulaire, Synthèse 1520, Vente d'immeuble, contentieux, par V. Zalewski-Sicard
• JCl. Civil Code, Art. 1231 à 1231-7, fasc. 22, par Ph. Delebecque
• JCl. Notarial Formulaire, V° Avant-contrat, fasc. 30 et 50, par D. Mazeaud et S. Piedelièvre
• JCl. Notarial Formulaire, V° Vente d'immeuble, fasc. 290, par D. Montoux et V. Zalewski-Sicard
• JCl. Notarial Formulaire, V° Vente d'immeuble, fasc. 490, par D. Montoux
• JCl. Notarial Formulaire, V° Vente d'immeuble, fasc. 510, 520, par J. Lafond et V. Zalewski-Sicard
• JCl. Notarial Formulaire, V° Vente d'immeuble, fasc. 590, par A. Walravens
• JCl. Notarial Formulaire, V° Vente d'immeuble, fasc. 640, par S. Castagné et V. Zalewski-Sicard

Revues
• N. Blanc et F. de Saint Maurice, Les clauses relatives à l'exécution et à l'inexécution : JCP N 2015, n° 47, 1210

Responsabilité du notaire

4878 La loi et la jurisprudence mettent à la charge du notaire divers devoirs tels que l'efficacité ou le conseil *(M. Latina, Le notaire et la sécurité juridique : JCP N 2010, 1325 et 1326. – P. Sargos, Les principes d'efficacité et de proportionnalité en matière de responsabilité civile des notaires : JCP N 2007, 1301. – J.-L. Aubert, La responsabilité du notaire : LPA 11 juin 2002, p. 9)*. Il convient toutefois de souligner que ces devoirs ne s'assimilent pas à des obligations de résultat. Autrement dit, ce n'est pas parce que l'acte de vente d'immeuble se révélerait affecté d'une tare le rendant inefficace que le notaire verrait de manière automatique sa responsabilité engagée. En effet, l'inefficacité de l'acte instrumenté par un officier public n'est susceptible d'entraîner sa responsabilité professionnelle que si elle est la conséquence d'une défaillance de celui-ci *(Cass. 1re civ., 7 mai 2002, n° 99-12.216, NPB : JurisData n° 2002-014278 ; Resp. civ. et assur. 2002, comm. 265)*.
Ainsi, seule une faute commise par le notaire est susceptible d'engager sa responsabilité civile à l'égard des parties à l'acte, vendeur comme acquéreur.

I. Fondement de la responsabilité civile du notaire

4879 Responsabilité extracontractuelle – Traditionnellement, la responsabilité civile du notaire a pour fondement l'article 1240 du Code civil (anciennement 1382 du Code civil). L'utilisation de ce fondement par les juges s'explique par le statut d'officier public et ministériel du notaire. Il résulte en effet de ce statut que le notaire ne conclut, en principe, pas de contrat avec ses clients. Il n'en est pas le mandataire et plus généralement le représentant.

4880 Responsabilité pour faute – Ainsi dans le cadre de sa mission de rédacteur d'acte de vente d'immeuble, le notaire est tenu des fautes qu'il commet sur le fondement de l'article 1240 du Code civil. Naturellement, cette responsabilité extracontractuelle n'est pas restrictivement limitée au champ de l'authenticité, mais inclut l'ensemble des actes qui lui sont nécessaires. Ainsi que le décide fréquemment la Cour de cassation « les obligations du notaire, lorsqu'elles ne tendent qu'à assurer l'efficacité d'un acte instrumenté par lui et ne constituent que le prolongement de sa mission de rédacteur d'acte, relèvent de sa responsabilité délictuelle ».
Par exemple, la faute commise par le notaire dans le maniement de fonds remis par les parties dans le cadre d'une vente d'immeuble relève de sa responsabilité délictuelle *(Cass. 1re civ., 6 juill. 2018, n° 17-13.975 : JurisData n° 2018-009669 ; JCP N 2018, n° 25, act. 558)*.

Remarque Il convient de ne pas exclure que le notaire puisse engager sa responsabilité sur le fondement de la responsabilité des commettants du fait de leurs préposés *(C. civ., art. 1242-5)*. En effet, il est commettant des notaires salariés et plus généralement de l'ensemble des salariés et collaborateurs de l'étude.

4881 Responsabilité d'ordre public – Responsabilité extracontractuelle, de surcroît pour faute, la responsabilité civile du notaire n'est pas susceptible d'être écartée d'une manière ou d'une autre par le jeu d'une clause exonératoire de responsabilité. Les décharges de responsabilité ou toute autre clause similaire sont donc nulles. En conséquence, le notaire ne saurait inviter les parties à faire leur affaire personnelle de tels ou tels actes ou circonstances sans les avoir au préalable pleinement informées et utilement conseillées. Autrement dit, les « reconnaissances de conseil donné » ne peuvent en aucune manière constituer des décharges ou exonérations de responsabilité civile. Elles ne sont utiles que pour ce qu'elles sont : un document matérialisant un conseil destiné à éclairer le consentement des clients. Cette matérialisation du conseil donné peut permettre au surplus de rapporter la preuve que le conseil a bien été donné, preuve qui incombe au notaire *(V. n° **4909**)*.

4882 Responsabilité contractuelle résiduelle – Exceptionnellement, la responsabilité du notaire peut être contractuelle. Il en sera ainsi lorsque le notaire a conclu un mandat avec son client en vertu duquel il le représente dans la conclusion d'acte. Bien que cela n'épuise pas la matière, c'est essentiellement lorsque le notaire développe une activité accessoire de négociation que sa responsabilité sera contractuelle.

II. Manifestations de la responsabilité civile du notaire

4883 Faute – Pour que la responsabilité civile du notaire puisse être retenue encore faut-il qu'il ait commis une faute à l'origine d'un dommage subi par l'une des parties à l'acte de vente, ou éventuellement un tiers.

Cette faute se caractérise le plus souvent comme une contravention à un devoir exprimé par la loi, les règles professionnelles : le règlement national et le règlement intercours, ou encore par la jurisprudence. L'expression de ces devoirs permet aux juges de décider, *a contrario*, de l'existence d'une faute lorsqu'ils sont méconnus. Bien que cela n'épuise pas la question, ce sont surtout les manquements aux devoirs de conseil et d'efficacité qui concentrent l'essentiel de la jurisprudence concernant la responsabilité civile des notaires.

III. Manquement au devoir d'efficacité

4884 Efficacité des actes : objectif intangible – Les illustrations de l'exigence d'efficacité sont innombrables : les juges décident que le notaire a le devoir d'« assurer l'efficacité des actes » qu'il rédige, « l'exactitude et l'efficacité des actes de son ministère » ou encore de « s'assurer de la validité et de l'efficacité des actes » Diverses décisions retiennent que le notaire est tenu « de prendre toutes dispositions utiles pour en assurer l'efficacité » d'« assurer l'utilité et l'efficacité de l'acte » (ou encore « l'efficacité et la sécurité des actes »). Mais, dire que le notaire est tenu d'assurer l'efficacité de l'acte qu'il instrumente est une chose. Analyser en quoi consiste ce devoir en est une autre. Pour le savoir il convient de déterminer quand le notaire est-il défaillant, quand commet-il une faute ? Il résulte de la jurisprudence un principe et des exceptions de plus en plus nombreuses.

A. – PRINCIPE : LE NOTAIRE PEUT S'EN TENIR AUX APPARENCES EN L'ABSENCE DE DOUTES

1° Notaire et apparences

4885 En principe, les juges admettent que le notaire puisse s'en tenir aux apparences à défaut de raisons pouvant lui faire douter de leur réalité. Ces apparences sont le fruit des déclarations recueillies des parties ou des documents transmis au notaire.
La confiance que le notaire peut accorder aux apparences concerne tant la situation des parties à l'acte que l'objet même de l'acte.

4886 Apparences et situation des parties – Une jurisprudence constante concerne l'insanité d'esprit de l'une des parties.
Le notaire n'a pas un devoir général d'investigation concernant la situation des parties pas davantage qu'à propos de la solvabilité d'une caution.

4887 Apparences et objet de l'acte – Il est admis que le notaire puisse s'en tenir aux apparences s'agissant de la contenance du bien vendu. Ainsi, *a contrario*, en l'absence de doutes, la responsabilité du notaire ne saurait être engagée ; il en irait différemment si l'acte ne mentionnait aucune superficie contrairement aux dispositions de l'article 4-3 du décret n° 67-223 du 17 mars 1967.

4888 Notaire et documents transmis – De manière générale, il est admis que le notaire puisse s'en tenir aux documents qu'il a recherchés ou qui lui sont transmis. Il en va ainsi lorsque les documents sont « officiels » ; le notaire peut s'en tenir au contenu apparent d'un certificat d'urbanisme, d'extraits cadastraux et plus généralement de tout document administratif qui lui est transmis. En conséquence, s'il s'est avéré erroné ou incomplet, le notaire n'engage pas sa responsabilité, à moins qu'il ait pu avoir douté de sa sincérité. Diverses décisions admettent que le notaire n'a pas à vérifier le contenu des documents techniques, tels que les certificats antiparasitaires au motif qu'il est « professionnel du droit et non technicien du bois » ! Il peut se fier à ces documents élaborés par des techniciens, sauf s'il a des doutes ou la connaissance des vices.

2° Notaire saisi par les doutes

4889 Curiosité du notaire – Lorsque le notaire est saisi de doutes, il doit réagir. Il ne peut demeurer passif : il a un devoir de curiosité. À défaut, il commettrait une faute susceptible d'engager sa responsabilité civile s'il en est résulté un préjudice. Tel est le cas lorsqu'il existe des « raisons objectives » ou des « indices sérieux » qui auraient dû le faire douter, en raison de « circonstances extérieures » qui auraient dû éveiller sa curiosité ou encore du fait des « éléments » dont il disposait et dont il aurait dû vérifier la teneur, décident les juges. Malgré ces variations, l'étude des décisions rendues permet de dresser une typologie des circonstances douteuses dans lesquelles le notaire ne peut plus se fier aux apparences.

4890 Contenu douteux des documents en la possession du notaire – Plusieurs décisions ont retenu la responsabilité du notaire dès lors que l'insuffisance des documents qui lui ont été transmis, leurs contradictions ou encore leurs contenus, aurait dû l'alerter, fussent-ils des documents officiels.

➤ Par exemple, engage sa responsabilité le notaire qui n'a pas vérifié que les lieux vendus étaient occupés alors qu'il ne pouvait enregistrer sans précaution les déclarations du vendeur, puisqu'il était informé de la restriction locative par le premier acte de vente qu'il avait signé.
➤ De même, commet une faute le notaire qui n'a pas mené d'investigations supplémentaires auprès du syndic, alors qu'il avait reçu une copie d'un procès-verbal de l'assemblée générale des copropriétaires évoquant des doutes sur la solidité de l'immeuble jouxtant celui concerné par la vente.
➤ Encore, l'omission d'un héritier constitue une faute, dès lors que la lecture du livret de famille démontrant l'existence d'une union précédente devait permettre au notaire de « suspecter l'existence d'une descendance, devant le conduire à examiner le jugement de divorce qui faisait état d'un enfant du premier lit ».

B. – EXCEPTION : LE DEVOIR D'INVESTIGATION SYSTÉMATIQUE DU NOTAIRE

4891 Devoir d'investigation systématique du notaire – Le notaire, professionnel, doit assurer tant l'efficacité objective de l'acte, que son efficacité subjective, même si, en principe, il ne se porte pas garant de l'opportunité, voire de l'équilibre économique *(CA Rennes, 9 nov. 2004 : JurisData n° 2004-267509)* de l'acte qu'il authentifie.

1° Investigations nécessaires

4892 Efficacité objective de l'acte – En matière de transfert de propriété, le notaire est tenu de faire des recherches complètes sur un certain nombre de points au cœur de sa mission.

4893 Consistance du bien vendu – Ainsi, est condamné un notaire n'ayant pas vérifié préalablement auprès de la conservation des hypothèques l'existence d'une servitude conventionnelle portant sur le terrain litigieux au motif que « l'officier public appelé à rédiger en la forme authentique un acte de vente a l'obligation de faire des recherches complètes sur l'origine de propriété du bien vendu et sur les charges dont il peut se trouver grevé et notamment de vérifier l'étendue et la nature des droits réels pesant sur le bien immobilier cédé, plus particulièrement lorsqu'il s'agit d'une parcelle de terrain à bâtir, sans s'arrêter aux déclarations des parties dont il lui appartient de vérifier la sincérité » *(Cass. 1re civ., 15 nov. 1988, n° 85-13.306)*. Cette solution est constante dans son principe.

4894 Origine de propriété du bien – Le notaire ne peut s'en tenir aux déclarations du vendeur, pas davantage qu'à un acte antérieur qui s'est révélé erroné ou encore à « une lettre du service des Domaines mentionnant que [le vendeur] était seul propriétaire de [la] terre léguée par son père », sans effectuer d'investigations personnelles telles que la consultation du fichier immobilier. C'est ainsi qu'il a été décidé que le notaire qui n'avait pas vérifié si le bien appartenait en propre à l'un des époux ou à la communauté de biens a commis une faute et ne pouvait s'exonérer en affirmant que les époux lui avaient communiqué des fausses informations, alors que ces derniers n'étaient pas juristes. Le notaire, dont la qualité de professionnel est ici mise en exergue, doit donc être vigilant dans la recherche de l'origine de propriété des biens vendus.

4895 Accessoires du bien vendu – Le notaire doit, par exemple, vérifier les déclarations du vendeur relatives à la catégorie de licence de débit de boissons, dès lors qu'elle détermine l'étendue de l'activité exercée et en conséquence le prix du fonds. A fortiori, le notaire doit s'assurer de l'effectivité des droits du cédant et notamment de la validité de la licence cédée. Au demeurant, le notaire, n'ayant pas vérifié qu'une marque constituant un élément de la vente était bien inscrite auprès de l'Institut national de la propriété industrielle, commet une faute. *(Cass. 1re civ., 6 mai 2009, n° 07-21.242 : JurisData n° 2009-048200 ; JCF N 2009, n° 29, 1243, obs. J.-J. Barbiéri)*.

Conseil pratique **Le notaire doit vérifier systématiquement la situation du vendeur au regard des procédures collectives. C'est du moins ce que décide de manière constante la Cour de cassation.**
Le motif de cette jurisprudence peut être certainement recherché dans « l'accessibilité de l'information ». Or, la création de la version électronique du BODACC *(www.BODACC.fr)* a manifestement permis de rendre « aisément accessible » la publicité légale : l'ensemble des avis relatifs aux procédures collectives (jugements d'ouverture et de conversion, extraits de jugement de faillite personnelle, ...) et des avis rendus dans le cadre de la procédure de rétablissement personnel peuvent y être consultés librement et gratuitement. Le notaire devient donc « impardonnable » lorsqu'il ne consulte pas ce site pour vérifier les déclarations du vendeur.

4896 Efficacité subjective de l'acte – Là encore les illustrations du devoir d'investigation sont innombrables. Lorsqu'il en a connaissance, le notaire doit s'assurer qu'en droit et en fait, le bien puisse satisfaire à l'usage que veulent en faire les parties. Cela doit le conduire à rechercher l'existence de servitudes privées ou publiques. Par exemple, la responsabilité d'un notaire a été engagée en raison de la fermeture administrative d'un local loué à usage commercial dès lors qu'il n'avait pas vérifié l'existence d'un périmètre de protection autour du site. De même, le notaire ayant connaissance de l'existence d'un bail commet une faute en ne signalant pas cette situation à l'acheteur d'un immeuble. Le notaire, tenu de s'assurer de l'efficacité de l'acte, doit « à ce

titre [...] vérifier la situation de l'immeuble au regard des exigences administratives », ce qui passe, notamment, par la nécessité d'obtenir un certificat d'urbanisme, de s'assurer que le fonds de commerce vendu ne fait pas l'objet d'un procès-verbal de fermeture, de vérifier les heures d'ouverture du fonds de commerce de bar-discothèque auprès de la préfecture ou encore la constructibilité effective du bien en cas d'acquisition d'un terrain pour construire.
Assurer l'utilité de l'acte, c'est aussi, en matière fiscale, s'assurer, au-delà de son devoir de conseil à la portée délicate en cette matière, que les conditions d'application d'un dispositif fiscal soient réunies si les parties ont porté à la connaissance du notaire leur volonté de s'y conformer.

2° Limites au devoir d'investigation systématique du notaire

4897 Les investigations du notaire ne sauraient être sans limites, sauf à ce que sa responsabilité devienne systématique. Il semble que, au gré des espèces, plusieurs d'entre elles puissent être mises en valeur.

4898 **Première limite : dol des clients** – À plusieurs reprises, les juridictions ont admis qu'en présence d'une dissimulation dolosive du client le notaire qui a toutefois procédé à des recherches sérieuses, ne commet pas de faute. Ainsi, n'est pas responsable le notaire qui a obtenu quelques jours avant la vente un état hypothécaire et qui s'est dessaisi du prix en respectant les données juridiques de cet état, alors qu'une inscription hypothécaire a été prise et signifiée au vendeur quelques jours avant la vente qui en avait donc connaissance et n'en avait pas informé le notaire.

4899 **Deuxième limite : accessibilité des informations** – La Cour de cassation a admis que s'il entrait dans les devoirs du notaire de s'assurer de la conformité des biens vendus aux déclarations des vendeurs, ce professionnel n'était pas tenu de rechercher si ces biens étaient soumis, pour leur exploitation, à des prescriptions administratives qui n'étaient soumises à aucune publicité.

4900 **Troisième limite : vérifications sur place** – Une jurisprudence constante décide que le notaire n'a pas à effectuer de vérification sur place, mais simplement sur pièce.

4901 **Quatrième limite : compétences du notaire** – Le devoir d'efficacité du notaire ne peut s'exercer que dans le cadre de ses compétences professionnelles. Il s'agit là d'un principe constant qui est à même d'expliquer certaines solutions. Par exemple, il en est généralement déduit que si le notaire doit s'assurer de l'efficacité juridique des garanties, il n'a pas à s'assurer de leur efficacité économique.

4902 **Cinquième limite : recherche de la volonté des parties** – S'il est acquis que le notaire est tenu d'effectuer les investigations nécessaires pour assurer l'utilité de l'acte, une interrogation demeure : est-il tenu de se renseigner sur les motifs des parties ? A-t-il, à ce titre, un devoir d'investigation ? La jurisprudence, sur ce point, demeure trop souvent évasive. En effet, si la plupart des décisions condamnant le notaire pour n'avoir pas assuré l'utilité de l'acte relève qu'il avait connaissance des motifs des parties, cela ne met pas, positivement, à sa charge un devoir de les rechercher. Au contraire, il est parfois décidé que le notaire n'a pas à vérifier la conformité de l'opération à la volonté des parties s'il n'en a pas connaissance. Est-ce à dire qu'il n'a pas un devoir de rechercher la volonté des parties ? Rien n'est moins sûr, mais cela irait mieux en le décidant clairement.

IV. Devoir de conseil du notaire

4903 **Conseil au cœur de l'activité notariale** – À l'instar d'autres rédacteurs d'acte, le notaire doit assurer un conseil complet afin que ses clients puissent conclure la vente en toute connaissance de cause. De manière générale, la première chambre civile de la Cour de cassation, affirme dans des termes généraux que « les rédacteurs d'actes sont tenus d'une obligation de conseil envers toutes les parties en présence et doivent s'assurer de la validité et de l'efficacité des actes qu'ils confectionnent ». Toutefois, le notaire n'est, en revanche, pas tenu de vérifier les déclarations d'ordre factuel faites par les parties en l'absence d'éléments de nature à éveiller ses soupçons quant à la véracité des renseignements donnés.

4904 **Déclinaisons du devoir de conseil** – Les déclinaisons du devoir de conseil sont nombreuses y compris en matière de vente immobilière. Elles connaissent toutefois quelques constantes.

4905 **Équilibre des intérêts** – Le notaire doit en toute occasion veiller à assurer un équilibre de l'ensemble des intérêts en présence. Il en résulte qu'il doit conseiller les deux parties.

4906 **Compétences des clients** – La jurisprudence a inauguré au milieu des années 1990 une solution selon laquelle « le notaire n'est pas déchargé de son devoir de conseil par les compétences personnelles de son client ».

4907 **Connaissances des clients** – La Cour de cassation a décidé que le notaire n'a pas « à renseigner son client sur l'existence de données de fait dont celui-ci a connaissance ».

4908 **Opportunité économique des actes** – Le notaire « n'est en principe pas tenu de s'assurer de la viabilité et de l'opportunité économique de l'opération » *(M. Poumarède, Opportunité économique de l'opération et devoir de conseil et de mise en garde du notaire : JCP N 2012, n° 5, 1063. – J. Attard, Notaire et opportunité économique d'une opération de prêt : Defrénois 2018, n° 8, 133a7, p. 16).*

4909 **Charge de la preuve de l'obligation de conseil** – La charge probatoire de l'obligation de conseil incombe au notaire.

Pour aller plus loin

Formules
- JCl. Notarial Formulaire, V° Responsabilité notariale, fasc. 35, Reconnaissance de conseils donnés, par J.-F. Pillebout et Th. Sanséau

Commentaires
- JCl. Notarial Formulaire, V° Responsabilité notariale, fasc. 1 à 32, par J. de Foulpiquet, Ph. Pierre, J.-F. Pillebout et Th. Sanséau

Responsabilité de l'agent immobilier

4910 **Fondement** – La responsabilité civile de l'agent immobilier s'apprécie à la fois au regard de sa qualité générale de mandataire *(C. civ., art. 1984 à 2010)* et au regard de la loi n° 70-9 du 2 janvier 1970 et du décret n° 72-678 du 20 juillet 1972. Cette dernière règlementation ne contenant aucune règle spécifique sur la responsabilité civile de l'agent immobilier, il faut par conséquent appliquer les principes du droit commun de la responsabilité civile *(C. civ., art. 1217, 1218, 1231 à 1231-7 et 1240 à 1244)*, combinés avec ceux des articles 1984 à 2010 du Code civil gouvernant spécialement la responsabilité du mandataire, notamment les articles 1991 et suivants relatifs aux obligations des parties.

4911 **Exigence de souscription d'une assurance de responsabilité civile professionnelle** – Aux termes de l'article 3 de la loi n° 70-9 du 2 janvier 1970, *les activités visées à l'article 1er ne peuvent être exercées que par les personnes physiques ou morales titulaires d'une carte professionnelle*, sachant que cette carte ne peut être délivrée qu'aux personnes qui satisfont à certaines conditions parmi lesquelles celle-ci : *contracter une assurance contre les conséquences pécuniaires de leur responsabilité civile professionnelle.* L'article 49, alinéa 1er, du décret n° 72-678 du 20 juillet 1972 précise d'ailleurs que ces personnes *doivent être en mesure de justifier à tout moment de l'existence d'un contrat d'assurance couvrant, pour chaque établissement, succursale, agence ou bureau, les conséquences pécuniaires de la responsabilité civile professionnelle qu'elles peuvent encourir en raison de leur activité.*

4912 **Extinction de l'action en responsabilité** – La responsabilité civile de l'agent immobilier se prescrit par 5 ans, en application de l'article L. 110-4 du Code de commerce, les intermédiaires immobiliers ayant la qualité de commerçant. Le délai court à compter du jour où les faits reprochés ont été connus ou auraient dû l'être par celui qui a subi le dommage *(C. civ., art. 2224)* ; on notera qu'avant la réforme issue de la loi n° 2008-561 du 17 juin 2008 portant réforme de la prescription en matière civile, toute action en responsabilité contre les agents immobiliers devait être exercée dans le délai décennal à compter de la réalisation du dommage.
Outre la prescription, l'action en responsabilité civile peut en outre s'éteindre par la ratification des actes irréguliers faits par le mandataire *(C. civ., art. 1998, al. 2)* ou par le quitus qui lui est donné de sa gestion par le mandant.

4913 **Nature de la responsabilité** – Il résulte des textes du droit commun de la responsabilité et du droit spécial du mandat que la responsabilité de l'agent immobilier est soit de nature contractuelle (*V. n°* ***4914*** *et s.*) à l'égard de ses clients, soit de nature extracontractuelle à l'égard des tiers (*V. n°* ***4930*** *et s.*).

I. Responsabilité contractuelle de l'agent immobilier

A. – MISE EN CAUSE DE LA RESPONSABILITÉ

4914 **Conditions de forme de la responsabilité contractuelle** – Le déclenchement de la responsabilité contractuelle nécessite, au préalable, la mise en demeure du débiteur défaillant *(C. civ., art. 1231)*.
La mise en demeure constitue un avertissement (par acte d'huissier de justice ou autre) rappelant au débiteur fautif ses engagements et le désir de le voir les exécuter. Cette formalité, en principe obligatoire, devient néanmoins inutile lorsque la défaillance contractuelle est d'ores et déjà certaine et irrémédiable *(C. civ., art. 1231)* comme, par exemple, lorsqu'un délai impératif convenu est déjà dépassé.

4915 **Conditions de fond de la responsabilité contractuelle** – Sous réserve de certains aménagements contractuels – en principe licites, mais très surveillés : clauses exclusives ou limitatives de responsabilité, clauses pénales, clauses relatives à la preuve, etc. – la responsabilité contractuelle fait l'objet d'un régime légal. Trois conditions sont exigées : une faute contractuelle (imputable au débiteur), un dommage prévisible et un lien de causalité entre les deux. Quant au dommage, il doit nécessairement exister, être la suite de la défaillance contractuelle et, en principe, avoir été prévisible lors de la conclusion du contrat *(C. civ., art. 1231-3)*. Ses formes ou natures sont variables : gain manqué ou perte subie, dommage matériel ou patrimonial, dommage moral ou affectif, dommage corporel ou physique, etc.

4916 **Faute dans l'exécution de son contrat** – La caractérisation d'une inexécution fautive par l'agent immobilier est nécessaire pour mettre en cause sa responsabilité civile. Cette exigence résulte tant du droit commun de la responsabilité contractuelle que du droit spécial du mandat. Concernant le droit commun, l'article 1231-1 du Code civil dispose que *le débiteur est condamné, s'il y a lieu, au paiement de dommages et intérêts, soit à raison*

de l'inexécution de l'obligation, soit à raison du retard dans l'exécution toutes les fois qu'il ne justifie pas que l'inexécution provient d'une cause étrangère qui ne peut lui être imputée, encore qu'il n'y ait aucune mauvaise foi de sa part.
Concernant le droit du mandat, ces obligations résultent de plusieurs textes épars du Code civil : *le mandataire est tenu d'accomplir le mandat tant qu'il en demeure chargé, et répond des dommages-intérêts qui pourraient résulter de son inexécution (C. civ., art. 1991, al. 1er) ; le mandataire répond non seulement du dol, mais encore des fautes qu'il commet dans sa gestion (C. civ., art. 1992, al. 1er) ; le mandataire répond de celui qu'il s'est substitué dans la gestion : 1° quand il n'a pas reçu le pouvoir de se substituer quelqu'un ; 2° quand ce pouvoir lui a été conféré sans désignation d'une personne, et que celle dont il a fait choix était notoirement incapable ou insolvable (C. civ., art. 1994, al. 1er à 3).*

4917 Intensité variable de la responsabilité – L'intensité de la responsabilité de l'agent immobilier varie selon que l'obligation méconnue par l'agent est une obligation de moyens (auquel cas il faut, outre l'inexécution établir un manquement du débiteur) ou une obligation de résultat (auquel cas la seule inexécution fait présumer la responsabilité). La responsabilité de l'agent varie en outre en fonction de la gravité de la faute commise (faute intentionnelle, faute lourde, faute dolosive, faute simple, faute légère, faute très légère). Notons à cet égard que le deuxième alinéa de l'article 1992 du Code civil fait varier l'appréciation de la faute en fonction du caractère intéressé ou désintéressé du mandat : *la responsabilité relative aux fautes est appliquée moins rigoureusement à celui dont le mandat est gratuit qu'à celui qui reçoit un salaire.*
La responsabilité est notamment plus grande lorsque l'agent immobilier a agi en qualité de rédacteur d'actes. S'ajoute alors à sa mission d'entremise l'obligation d'assurer l'efficacité juridique de la convention, y compris à l'égard de l'autre partie, bien qu'alors cette responsabilité soit extracontractuelle à cet égard. Cette obligation s'entend, d'une part, de la vérification des conditions de fond de l'acte ; d'autre part de la vérification des conditions de forme de l'acte : il est ainsi responsable en cas de non-respect des formalités afférentes à la vente : enregistrement, privilège du vendeur, inscription, etc.

4918 Variété des fautes contractuelles – Les agents immobiliers doivent être déclarés responsables de toutes « fautes ou négligences susceptibles d'avoir causé tout ou partie des dommages » subis par leurs mandants. Ces fautes consistent dans la violation des obligations dont sont tenus les agents immobiliers dans le cadre de leur mission de mandataire : d'une part, les obligations qui relèvent de la mission d'entremise proprement dite (a) ; d'autre part, celles qui relèvent d'un devoir plus général de loyauté à l'égard des parties contractantes (b).

1° Violation des obligations relatives à la mission d'entremise

4919 Obligation principale et obligation accessoire – L'agent immobilier est tenu d'une obligation principale consistant à exécuter sa mission d'entremise (*V. n° 4920 et s.*). À ce titre, il doit notamment veiller à poursuivre l'efficacité de l'opération de vente pour laquelle il a été mandaté. Accessoirement à cette obligation principale, l'agent immobilier assure un devoir de conseil et d'information (*V. n° 4923 et s*).

a) Exécution de la mission d'entremise ou de gestion

4920 Obligation essentielle : recherche d'efficacité de l'opération – Les agents immobiliers assument une obligation de moyens dans l'accomplissement de leurs missions d'entremise ou de gestion. À ce titre, ils doivent, comme tous les mandataires, répondre de l'inexécution des mandats reçus ou de leur mauvaise exécution. La jurisprudence considère de manière générale que l'exécution du mandat par l'agent immobilier implique l'obligation de rechercher l'efficacité de l'opération, même à l'égard de la partie qui ne l'a pas mandaté.
Cette recherche concerne d'abord la qualité des parties. Ainsi, le mandataire doit s'assurer de la réalité et de l'étendue de la capacité des droits et des pouvoirs des parties pour conclure valablement les actes considérés *(Cass. 1re civ., 16 oct. 2013, n° 12-24.267 : JurisData n°2013-022950).*
L'agent immobilier doit ensuite vérifier la consistance matérielle et juridique du bien et, éventuellement, lever ou faire lever tous les risques juridiques, administratifs ou financiers portant sur l'immeuble objet du contrat.

4921 Limites de l'obligation de l'agent immobilier – Les obligations pesant sur l'agent immobilier s'apprécient *in concreto* en fonction des circonstances et du degré d'expertise de l'agent immobilier. Ainsi, n'étant pas tenu à des obligations de conseil juridique et financier, il n'a pas à vérifier l'existence d'une stricte concordance du classement d'un hôtel avec la règlementation. De même, il n'a pas à vérifier l'authenticité des signatures portées sur les accusés de réception de notification dans le cadre du droit de rétractation ; également sur l'importance de travaux à entreprendre dès lors qu'il n'a eu qu'une mission d'entremise.

4922 Sélection du cocontractant – Comme intermédiaire, l'agent immobilier peut voir sa responsabilité mise en cause en cas de violation de l'obligation de diligence dans la sélection d'un (éventuel) cocontractant pour le mandant. Ainsi, par exemple, l'intermédiaire doit s'assurer, par des vérifications sérieuses, de la solvabilité réelle du client qu'il a trouvé (ou de sa caution), qu'il s'agisse d'un locataire ou d'un acquéreur, même s'il est bien acquis qu'il ne garantit pas que ce dernier exécutera convenablement ses obligations ; en outre, l'intermédiaire doit demander et vérifier, le cas échéant, la souscription effective d'une assurance obligatoire.

b) Devoir d'information et de conseil

4923 Obligation accessoire d'information ou de conseil – L'agent immobilier, comme tout professionnel, est soumis à un devoir de conseil et d'information à l'égard de son mandant. En cas de violation de son obligation d'information, de conseil ou de mise en garde à l'égard du mandant, l'intermédiaire immobilier engage sa responsabilité contractuelle. Ainsi, s'il n'informe pas son client sur les risques financiers de l'opération envisagée et qu'il ne conseille pas sur les moyens de les éviter.

4924 Limites – Ce devoir d'information et de conseil s'apprécie *in concreto*, au regard des informations dont l'agent et les parties disposent. Ainsi, l'agent immobilier n'a pas à informer les parties d'un risque qui résulte d'éléments dont il n'a pas été informé. De même, il n'a pas à informer les parties d'éléments qu'elles connaissent déjà ou auxquels elles peuvent avoir facilement accès.

2° Violation du devoir de loyauté

4925 Devoir déontologique – Comme intermédiaire, l'agent immobilier est soumis à une obligation générale de loyauté et de façon générale d'impartialité à l'égard des parties. Le devoir de loyauté est d'ailleurs une des obligations déontologiques de l'agent immobilier *(C. déont., art. 2 institué par D. n° 2015-1090, 28 août 2015)*. D'une manière générale, il doit ainsi veiller à ne pas inciter une des parties à effectuer des actes contraires à ses intérêts. Ainsi, l'agent immobilier commet par exemple une faute en retenant une information qu'il sait pouvoir influer sur la vente, en cachant la réalité d'une inconstructibilité, en dénaturant l'information donnée par l'Administration. Il doit donner des informations loyales sur la valeur du bien mis en vente.

B. – EFFETS DE LA RESPONSABILITÉ

4926 Effets légaux de la responsabilité contractuelle – La mise en cause de la responsabilité donne lieu à versement de dommages-intérêts qui sont, en règle générale, évalués par le juge dans les limites déterminées par le Code civil : *Le débiteur n'est tenu que des dommages et intérêts qui ont été prévus ou qui pouvaient être prévus lors de la conclusion du contrat, sauf lorsque l'inexécution est due à une faute lourde ou dolosive (C. civ., art. 1231-3)* et *dans le cas même où l'inexécution de la convention résulte du dol du débiteur, les dommages et intérêts ne doivent comprendre à l'égard de la perte éprouvée par le créancier et du gain dont il a été privé, que ce qui est une suite immédiate et directe de l'inexécution de la convention (C. civ., art. 1231-4)*.
Cela dit, il apparaît que les intermédiaires immobiliers (et leurs assureurs) sont souvent condamnés à réparer l'ensemble des dommages subis par leurs mandants du fait de leurs défaillances. Il a ainsi été jugé, par exemple, que l'agent immobilier, fautif d'avoir choisi un locataire dont les revenus ne lui permettaient pas de faire face à ses obligations financières, doit être condamné à réparer l'entier préjudice subi par le bailleur : paiement des loyers impayés, versement d'une indemnité d'occupation jusqu'à la restitution des clés et règlement des primes d'assurance inutilement payées par le propriétaire.
Le mandat étant un contrat synallagmatique, sans préjudice d'éventuels dommages et intérêts, le juge peut condamner l'agent à restituer tout ou partie de la rémunération perçue en vertu de l'article 1223 du Code civil : *Le créancier peut, après mise en demeure, accepter une exécution imparfaite du contrat et solliciter une réduction proportionnelle du prix.*

4927 Clause pénale – Lorsque les parties ont prévu à l'avance, dans le contrat, le montant forfaitaire des dommages-intérêts qui seraient dus en cas d'inexécution, le contrat contient une clause pénale *(V. n° **4861** et s.)*. Son régime est régi à l'article 1231-5 du Code civil. Conformément au principe de la force obligatoire du contrat, la clause pénale doit être appliquée purement et simplement, dès lors que l'acte la contenant est lui-même valable. Toutefois, il est possible au juge, « même d'office », de *modérer ou augmenter la peine qui avait été convenue, si elle est manifestement excessive ou dérisoire*, sachant que *toute stipulation contraire sera réputée non écrite (C. civ., art. 1231-5, al. 2)*.
Ces clauses sont soumises au formalisme légal s'imposant aux agents immobiliers *(L. n° 70-9, 2 janv. 1970, art. 6, I. – D. n° 72-678, 20 juill. 1972, art. 78, al. 1er)*. Quant à leur validité de fond, les clauses pénales stipulées dans les contrats de consommation peuvent tomber sous le coup de l'interdiction légale et réglementaire des clauses abusives *(C. consom., art. L. 212-1)*. Dans les contrats entre professionnels, de telles clauses pourraient tomber sous la même sanction, si toutefois le contrat d'agence était qualifié de contrat d'adhésion *(C. civ., art. 1171)*.

4928 Clauses limitatives ou élusives de responsabilité – Selon le droit civil commun, les clauses limitatives ou élusives de responsabilité sont, en principe, valables dès lors qu'elles sont connues et acceptées des cocontractants. Cela dit, cette validité connaît certaines limites. Conformément au nouvel article 1170 du Code civil, *toute clause qui prive de sa substance l'obligation essentielle du débiteur est réputée non écrite*. En outre, de telles clauses sont écartées en présence d'une faute dolosive ou d'une faute lourde du débiteur *(C. civ., art. 1231-3)*. Par conséquent, l'agent ne peut se ménager une impunité pour ensuite manquer volontairement et gravement à ses obligations. Comme pour les clauses pénales, de telles clauses pourraient être qualifiées de clauses abusives si le contrat d'agence était qualifié de contrat d'adhésion *(C. civ., art. 1171)*.

À ces réserves tirées du droit commun, il convient d'ajouter les restrictions posées, quant à la qualité des parties au contrat, par le droit de la consommation. En effet, *dans les contrats conclus entre professionnels et non-professionnels ou consommateurs, sont abusives (et réputées non écrites), les clauses qui ont pour objet ou pour effet de créer, au détriment du non-professionnel ou du consommateur, un déséquilibre significatif entre les droits et obligations des parties au contrat (C. consom., art. L. 212-1, al. 1er).*

4929 Exonérations de responsabilité – Les intermédiaires immobiliers peuvent s'exonérer de leur responsabilité, intégralement ou en partie, en se prévalant des causes d'exonération tirées du droit commun : la force majeure, la faute de la victime ou le fait d'un tiers et, plus généralement, leur absence de faute.

La jurisprudence reste généralement très rigoureuse à l'égard des professionnels. Ainsi, il a été jugé que la responsabilité de l'agent immobilier n'est pas effacée par le fait que le vendeur ait commis une dissimulation, ni par les fautes du notaire qui a concouru à la réalisation du dommage, ni par les erreurs des organismes de crédit quant à la solvabilité d'un client. *(Cass. 1re civ., 19 janv. 1988, n° 86-11.829 : JurisData n° 1988-000190 ; RD imm. 1988, p. 226, obs. D. Tomasin).*

II. Responsabilité extracontractuelle à l'égard des tiers

4930 Tiers intéressés et tiers absolus – La responsabilité extracontractuelle de l'agent immobilier peut être mise en cause dans deux situations. Soit à l'égard des tiers et, surtout des « tiers contractants » (c'est-à-dire ceux avec qui le contrat de vente est conclu) soit à l'égard des autres tiers, tiers « absolus ».

À l'égard des tiers, comme représentant, le mandataire qui a agi ès qualités n'est pas tenu personnellement du contrat qu'il a conclu et ne répond pas envers le tiers contractant de sa bonne ou mauvaise exécution *Lorsque le représentant agit dans la limite de ses pouvoirs au nom et pour le compte du représenté, celui-ci est seul tenu de l'engagement ainsi contracté* (en droit commun, *C. civ., art. 1154.* - En droit du mandat, *C. civ., art. 1997).*

Il peut néanmoins, s'il s'est rendu coupable d'agissements fautifs envers les tiers, engager sa responsabilité extracontractuelle.

4931 Cas de responsabilité délictuelle – En cas d'agissements fautifs envers les tiers (actes irréguliers, faux renseignements, etc.), qu'il s'agisse de tiers absolus ou des tiers ayant contracté avec le mandant, le mandataire engage sa responsabilité envers eux, quand bien même il aurait exécuté sa mission à titre gratuit. Cette responsabilité est de nature extracontractuelle, y compris lorsque le mandataire a agi sur les instructions de son mandant.

Ainsi, en cas de dépassement de ses pouvoirs par le mandataire, l'acte sera nul, mais le tiers pourra demander au mandataire réparation du préjudice causé par cette nullité *(C. civ., art. 1997, a contrario).* Il en est de même pour toute autre faute, y compris les agissements sans mandat, le simple défaut de renseignement ou de conseil, la simple négligence, la diffusion de renseignements erronés dans ses annonces.

On trouve également des cas de responsabilité extracontractuelle pour violation de l'obligation de sécurité ayant entraîné des dommages corporels.

Pour aller plus loin

Formules
- JCl. Notarial Formulaire, V° Avant-contrat, fasc. 265 (vente par intermédiaire), par D. Montoux
- JCl. Notarial Formulaire, V° Responsabilité notariale, fasc. 35 (reconnaissance de conseils donnés), par Th. Sanséau et J.-F. Pillebout
- JCl. Notarial Formulaire, V° Vente d'immeuble, fasc. 109 (reconnaissance de conseils donnés), par J. Lafond et J.-F. Pillebout

Fiches pratiques
- Fiche pratique n° 3111 : Déterminer l'immeuble vendu et les sujétions le grevant au sein de la partie développée de l'acte authentique de vente, par S. Olivier
- Fiche pratique n° 1721 : Rédiger une vente d'immeuble, par M. Suquet-Cozic

Commentaires
- JCl. Notarial Formulaire, V° Avant-contrat, fasc. 250 et 260 (vente par intermédiaire), par D. Montoux
- JCl. Notarial Formulaire, V° Responsabilité notariale, fasc. 1 à 32, par J. de Foulpiquet, Th. Sanséau, Ph. Pierre, J.-F. Pillebout, J.-F. Sagaut
- JCl. Notarial Formulaire, V° Avant-contrat, fasc. 250 et 260 (vente par intermédiaire), par D. Montoux

CONTENTIEUX

Table des formules

Parties à l'acte

Incapacités spéciales

Mineurs et majeurs protégés

Porte-fort

Couple

Héritiers

Indivisaires

Étrangers

Procédures collectives et surendettement

Immeuble vendu

Nature de l'immeuble

Détermination de l'immeuble

Cession de la mitoyenneté d'un mur séparatif construit contre la limite de deux propriétés	V. n° *1952*

Audit de l'immeuble

Clause de condition suspensive d'obtention d'un permis de construire	V. n° *2271*
Clause de condition suspensive du transfert du permis de construire	V. n° *2321*

Origine de propriété

Consentement des héritiers dans l'acte de donation	V. n° *2879*

Droits de préemption et droit de priorité

Notification de cession de droits indivis	V. n° *3075*
Notification de l'exercice du droit de préemption Mise en demeure adressée au coïndivisaire d'avoir à réaliser la vente	V. n° *3078*

Effets de la vente

Obligations de l'acquéreur

Revente d'immeubles à usage d'habitation ou de garages	V. n° *3433*
Constitution d'un droit réel de jouissance spéciale	V. n° *3513*
Clause compromissoire	V. n° *3571*

Ventes et clauses particulières

Recours à une condition ou à un terme

Droit de préemption urbain. Vente amiable et déclaration d'intention d'aliéner Droit de préemption du preneur. Bail rural	V. n° *3619*
Condition d'obtention d'une autorisation	V. n° *3622*
Compromis de vente. Délai de réalisation ou de réitération	V. n° *3626*
Condition suspensive de vente par le bénéficiaire de la promesse d'un bien lui appartenant	V. n° *3638*
Renonciation à la condition d'obtention d'un prêt dans une promesse de vente	V. n° *3644*
Condition d'obtention d'un permis de construire	V. n° *3649*
Détérioration par cas fortuit de l'immeuble vendu	V. n° *3670*
Défaillance de la condition suspensive. Absence d'automaticité Défaillance de la condition suspensive. Automaticité	V. n° *3677*
Défaillance de la condition résolutoire. Absence d'automaticité Défaillance de la condition résolutoire. Automaticité	V. n° *3691*
Clause relative au privilège de vendeur et à l'action résolutoire	V. n° *3703*
Détérioration par cas fortuit de l'immeuble vendu	V. n° *3721*

Formes. Formalités

Lettre de mission	V. n° *4314*

Contentieux

Index

A

B

C

INDEX

D

E

INDEX

F

G

H

I

INDEX

J

L

M

INDEX

N

O

INDEX

P

INDEX

Q

R

INDEX

S

INDEX

T

U

V

INDEX

Z

Photocomposition Nord Compo Multimédia
59650 Villeneuve-d'Ascq

Achevé d'imprimer en avril 2019
dans les ateliers de Druckerei C.H.Beck à Nördlingen
Dépôt légal : mai 2019
Imprimé en Allemagne